Nichigai Associates, Inc.

【シリーズ災害・事故史】

台風・気象 災害全史
宮澤清治,日外アソシエーツ 共編
A5・480頁 定価9,800円(本体9,333円) 2008.7刊
台風、豪雨、豪雪、竜巻など、西暦500年代から2007年までの気象災害2,461件を調べられる。

地震・噴火 災害全史
災害情報センター,日外アソシエーツ 共編
A5・390頁 定価9,800円(本体9,333円) 2008.2刊
古代～2007年までの地震・噴火災害1,847件を調べられる。

災害・事故を年月日順に一覧できる概略付きの年表と、経過・被害を詳細に記載した解説で構成

鉄道・航空機 事故全史
災害情報センター,日外アソシエーツ 共編
A5・510頁 定価8,400円(本体8,000円) 2007.5刊
明治～2006年までに発生した事故2,298件を調べられる。

環境史事典 ―トピックス1927-2006
日外アソシエーツ編集部 編 A5・650頁 定価14,490円(本体13,800円) 2007.6刊
昭和の初めから現代まで、80年間にわたる日本の環境問題に関する出来事を年月日順に掲載した記録事典。戦前の土呂久鉱害、ゴミの分別収集開始からクールビズ、ロハスなどの新しい動き、国際会議・法令・条約・市民運動まで幅広いテーマを収録。

事典 日本の観光資源 ―○○選と呼ばれる名所15000
日外アソシエーツ 編 A5・590頁 定価8,400円(本体8,000円) 2008.1刊
「名水百選」など全国から選ばれた名数選や「かながわの公園50選」など地方公共団体による名数選、計1.5万件を収録。地域別・選定別の2部構成で、観光資源を一覧。

企業不祥事事典 ―ケーススタディ150
齋藤憲 監修 A5・500頁 定価5,800円(本体5,524円) 2007.7刊
近年の企業不祥事150件について、事件の背景、経緯、警察・検察の動き、裁判までを詳細に記述。贈収賄、架空取引、顧客情報流出、システム障害など様々なケースを収録。

技術革新はどう行われてきたか 新しい価値創造に向けて
馬渕浩一 著 A5・260頁 定価3,800円(本体3,619円) 2008.2刊
技術史の視点から技術革新の要因を考察。技術革新を引き起こすためには、それ相応の科学や技術の蓄積があって初めて実現するという理論の下、明治以降の事例を分析。

ビジネス技術 わざの伝承 ものづくりからマーケティングまで
柴田亮介 著 四六判・260頁 定価1,980円(本体1,886円) 2007.5刊
マーケティングの仕事を次世代へ伝える方法を伝授！ 状況判断、問題設定、解決目標などのノウハウの伝え方を、古典芸能の世界の弟子養成術からヒントを得、解き明かす。

日本の作曲家 ―近現代音楽人名事典

A5・960頁　定価14,800円（本体14,095円）　2008.6刊

細川周平・片山杜秀監修。日本の音楽史上、顕著な業績を残した作曲家・編曲家の詳細なプロフィールと関連書籍を集成。クラシック、歌謡曲、ロック、ジャズ、映画・テレビ・舞台等の劇伴、CM音楽、ゲーム音楽など、ジャンルを越えた1,247人を収録。

日本映画原作事典
A5・850頁　定価12,600円（本体12,000円）　2007.11刊
外国映画原作事典
A5・890頁　定価12,600円（本体12,000円）　2008.8刊行

スティングレイ・日外アソシエーツ共編。戦後から現在までに日本で封切られた映画の原作と映画情報（タイトル・監督・脚本・出演者など）を総覧できるガイド。主要作品には詳細な映画解説も記載。日本映画6,000本、外国映画4,800本を収録。

日本の映画人 ―日本映画の創造者たち

佐藤忠男 編　A5・720頁　定価12,600円（本体12,000円）　2007.6刊

"佐藤忠男が選ぶ"1,472人の映画人！ プロデューサー、シナリオライター、撮影監督、照明技師、録音技師、美術監督、批評家など、日本映画に関わってきた人物の総合事典。

日本芸能事典 ―50年の記録

日外アソシエーツ編集部 編　A5・890頁　定価14,800円（本体14,095円）　2008.2刊

昭和33年から平成19年まで、テレビ・ラジオ、映画、演劇、音楽、舞踊など、日本芸能界50年間のトピックス5,600件を年月日順に一覧できる記録年表。

装いのアーカイブズ　ヨーロッパの宮廷・騎士・農漁民・祝祭・伝統衣装

平井紀子 著　A5・250頁　定価3,360円（本体3,200円）　2008.5刊

ヨーロッパの中世から近代を中心に、当時の人々の衣装・衣服の実像の一端に迫る。「君主および皇帝・皇后の服装」「戦士の服装」「作業服・農民服・職業服」「地域の伝統衣装」「スポーツ・レジャー服」等諸階層の服装について、時代・社会背景とともに解説。

須賀敦子と9人のレリギオ　カトリシズムと昭和の精神史

神谷光信 著　四六判・220頁　定価3,800円（本体3,619円）　2007.11刊

須賀敦子、没後10年─彼女の生涯と文学に光をあてるとともに、同時代を生きたカトリックゆかりの文学者、哲学者、彫刻家、科学史家等を取り上げた意欲的評論集。

三国志研究入門

渡邉義浩 著・三国志学会 監修　A5・270頁　定価2,300円（本体2,190円）　2007.7刊

正史『三国志』、小説『三国志演義』の研究論文を書くための指南書。参考図書の紹介、文献の収集方法、データベースの利用方法等を紹介する「研究入門篇」、各テーマごとに主要な研究論文を解説する「研究動向篇」、書誌を記載した「文献目録篇」で構成。

367日命日大事典

●データブック●

忌日暦

日外アソシエーツ

The Obit Book

Compiled by
Nichigai Associates, Inc.

©2008 by Nichigai Associates, Inc.
Printed in Japan

本書はディジタルデータでご利用いただくことができます。詳細はお問い合わせください。

●編集担当● 安藤 真由子／若林 月子
装 丁：赤田 麻衣子

刊行にあたって

　「今日生まれた人物、今日亡くなった人物には誰がいる？」というのは誰もが持つ疑問で、1年365日の出来事とともに誕生日・命日を紹介する書物は多い。桜桃忌など著名な作家・文人の忌日は歳時記に掲載されている。インターネット上にも多くの情報があるが、出来事を中心とした簡単な情報だけであったり、話題の有名人のみであったり、名前だけの列挙であったり、と断片的・一面的であることが多い。

　本書は、命日の判明している人物をできるだけ幅広く掲載する方針の下、類書中最大の3万人近くを収録した命日事典(忌日暦)である。

　収録対象は、紀元前から21世紀までの2000年以上にわたり、日本・東洋・西洋の幅広い地域・階層の人物を含んでいる。本文は月日順に構成しており、閏年の2月29日、旧暦にあった2月30日を含む367日の1日ごとに、記念日・歴史上の出来事の情報と、その日に亡くなった人物を一覧できる。本文で関心のある月日のページを開いて人物を一覧する、人名五十音順の索引を手がかりにある人物と同じ命日の人物を調べる、など人によって色々な使い方、発見があるであろう。また、本書は昨年刊行の「367日誕生日大事典」と対をなす内容でもある。この人が生まれた日にこの人が亡くなったというように、2冊合わせて歴史の偶然を楽しむこともできるのではないだろうか。

　編集にあたっては遺漏のないよう、また年月日や記述は正確を期すよう努めたが、不十分な点もあるかと思われる。お気づきの点はご教示いただければ幸いである。

　本書が人物の命日を調べるツールとして、また歴史に親しむ参考書として、広く活用されることを期待したい。

2008年8月

　　　　　　　　　　　　　　　　　　　　　　　　日外アソシエーツ

凡　例

1. 本書の内容

　　本書は、古今東西の有名人を367日の命日毎に一覧できるようにした事典である。

2. 収録対象
   1) 古代から現在までの著名な人物のうち、命日が判明している人物を収録した。
   2) 収録人数は27,658人である。

3. 排　列
   1) 全体を命日の日付順に構成した。
   2) 日毎に収録人物を没年順に排列し、没年が同じ場合は名前の五十音順に排列した。

4. 記載事項
   1) 見出し
      月日／記念日・出来事
   2) 人物
      人名／没年（没年齢）／プロフィール（／生年）

5. 記載形式
   1) 人名は、本名、別名、筆名などのうち、一般に最も多く使用されているものを採用した。
   2) 日本人の命日については、原則として明治5年（1872年）までは太陰太陽暦（旧暦）、明治6年以降は太陽暦（新暦）に拠った。

3）年表示は西暦で記載した。明治5年（1872年）以前の日本人の生没年は、和暦（元号）の年から換算した西暦を記載した。

4）亡くなった月が閏月の場合には、没年の後に（閏1月）のように示した。

5）プロフィールは、職業・肩書き等を簡潔な形で記載した。

6. **人名索引**

1）本文に収録した人名の読みの五十音順に排列した。濁音・半濁音は清音扱いとし、拗促音は直音扱いとした。

2）読みが同じ人物は命日の日付順に排列した。

7. **参考資料**

「外国人物レファレンス事典　古代-19世紀」　日外アソシエーツ　1999

「外国人物レファレンス事典　20世紀」　日外アソシエーツ　2002

「新訂増補人物レファレンス事典　古代・中世・近世編」　日外アソシエーツ　1996

「新訂増補人物レファレンス事典　明治・大正・昭和（戦前）編」　日外アソシエーツ　2000

「新訂増補人物レファレンス事典　昭和（戦後）・平成編」　日外アソシエーツ　2003

「新訂増補人物レファレンス事典　古代・中世・近世編II」　日外アソシエーツ　2007

データベース「WHO」　日外アソシエーツ

1月
January
睦月

◎忌　日◎
良寛忌(1.6) ／ 徂徠忌(1.19)
実朝忌(1.27) ／ 雨情忌(1.27)

1月1日

○記念日○ 元旦
　　　　　恵方詣り
○出来事○ 太陽暦実施（1873）
　　　　　天皇の人間宣言（1946）
　　　　　『鉄腕アトム』放映開始（1963）

明帝（魏）　めいてい　239没（34歳）。中国、三国時代魏の第2代皇帝（在位226～239）。205生。

庾亮　ゆりょう　340没（51歳）。中国、東晋の政治家。289生。

ユード　898没（38?歳）。パリ伯、フランス王（在位888～98）。860頃生。

安楽尼　あんらくに　1011没（78歳）。平安時代中期の女性往生者。934生。

ギヨーム・ド・サン-ベニーニュ　1031没（69歳）。クリュニー改革運動の推進者、聖人。962生。

藤原公任　ふじわらのきんとう　1041没（76歳）。平安時代中期の歌人・公卿。966生。

藤原隆家　ふじわらのたかいえ　1044没（66歳）。平安時代中期の公卿。979生。

日元　にちげん　1277没。鎌倉時代前期の日蓮宗の僧。

高倉永康　たかくらながやす　1302没。鎌倉時代後期の公卿。

頼瑜　らいゆ　1304没（79歳）。鎌倉時代後期の真言宗の僧。1226生。

藤原範世　ふじわらののりよ　1308没。鎌倉時代後期の公卿。

千葉貞胤　ちばさだたね　1351没（61歳）。鎌倉時代後期・南北朝時代の武将。千葉介、下総守護、胤宗の子。1291生。

悦堂常喜　えつどうじょうき　1407没。室町時代の曹洞宗の僧。

ルイ12世　1515没（52歳）。フランスの国王（在位1498～1515）。1462生。

クリスティアン3世　1559没（55歳）。デンマーク、ノルウェー王（1534～59）。1503生。

デュ・ベレー、ジョアシャン　1560没（37歳）。フランスの詩人。1522生。

プフェフィンガー、ヨーハン　1573没（79歳）。ドイツのルター派神学者、ライプツィヒの宗教改革者。1493生。

村上義清　むらかみよしきよ　1573没（73歳）。戦国時代の信濃の武将。1501生。

勧修寺晴秀　かじゅうじはるひで　1577没（55歳）。戦国時代・安土桃山時代の公卿。1523生。

エラストゥス、トマス　1583没（58歳）。スイスの医学者、ツウィングリ派神学者。1524生。

ホルツィウス、ヘンドリック　1617没（59歳）。オランダの画家、彫刻家、銅版画家。1558生。

トルケマーダ、ホアン・デ　1624没（61?歳）。スペインのフランシスコ会士。1563頃生。

板倉重昌　いたくらしげまさ　1638没（51歳）。江戸時代前期の大名。1588生。

浅妻検校　あさづまけんぎょう　1690没。江戸時代前期の地唄演奏者・作曲者。

浅井了意　あさいりょうい　1691没（80歳）。江戸時代前期の仮名草子作者、唱導僧。1612生。

ウィチャリー、ウィリアム　1716没（76?歳）。イギリスの劇作家。1640頃生。

ベルヌーイ、ヨハン　1748没（80歳）。スイスの数学者。1667生。

坂東彦三郎（初代）　ばんどうひこさぶろう　1751没（59歳）。江戸時代中期の歌舞伎役者。1693生。

バッハ、ヨーハン・クリスティアン　1782没（46歳）。ドイツの作曲家。1735生。

グアルディ、フランチェスコ　1793没（80歳）。イタリアの風景画家。1712生。

クラプロート、マルティン・ハインリヒ　1817没（73歳）。ドイツの化学者、薬剤師。1743生。

スカルヴィーニ、ジョヴィータ　1843没（51歳）。イタリアの小説家。1791生。

杵屋弥十郎（5代目）　きねややじゅうろう　1873没（34歳）。江戸・明治時代の長唄三味線方、唄方。1840生。

ブランキ、オーギュスト　1881没（75歳）。フランスの社会主義者、革命家。1805生。

1月1日

ブラウン、ネイサン　1886没(78歳)。アメリカのバプテスト派教会宣教師。1807生。

ヘルツ、ハインリヒ・ルドルフ　1894没(36歳)。ドイツの物理学者。1857生。

ドネリー、イグネイシャス　1901没(69歳)。アメリカの政治家、著述家。1831生。

岡田良一郎　おかだりょういちろう　1915没(77歳)。明治時代の農政家。参議院議員、報徳社社長。1839生。

フラー、ロイ　1928没(66歳)。アメリカの舞踊家。1862生。

ベイエリンク　1931没(79歳)。オランダの微生物学者。1851生。

ベリマン、ヤルマル　1931没(47歳)。スウェーデンの小説家、劇作家。1883生。

ヴァッサーマン、ヤーコプ　1934没(60歳)。ユダヤ系ドイツの小説家。1873生。

佐々木安五郎　ささきやすごろう　1934没(63歳)。明治・大正時代の政治家。衆議院議員。1872生。

及川平治　おいかわへいじ　1939没(65歳)。大正時代の教育者。1875生。

望月圭介　もちづきけいすけ　1941没(75歳)。明治〜昭和時代の政治家。衆議院議員。1867生。

カウフマン　1947没(75歳)。ドイツの物理学者。1871生。

今村明恒　いまむらあきつね　1948没(79歳)。明治〜昭和時代の地震学者。1870生。

ツィルヒャー、ヘルマン　1948没(66歳)。ドイツの作曲家、指揮者、ピアノ演奏家。1881生。

宇野円空　うのえんくう　1949没(65歳)。大正・昭和時代の宗教学者。東洋文化研究所所長、龍谷大学教授。1885生。

細野長良　ほそのちょうりょう　1950没(66歳)。大正・昭和時代の裁判官。1883生。

梨本守正　なしもともりまさ　1951没(76歳)。明治〜昭和時代の皇族、陸軍軍人。元帥。1874生。

ウィリアムズ、ハンク　1953没(29歳)。アメリカのウェスタン歌手。1923生。

樋貝詮三　ひがいせんぞう　1953没(62歳)。昭和時代の政治家。衆議院議員。1890生。

太田水穂　おおたみずほ　1955没(78歳)。大正・昭和時代の歌人、国文学者。日本歯科大学教授。1876生。

服部達　はっとりたつ　1956没(33歳)。昭和時代の文芸評論家。1922生。

ウェストン、エドワード　1958没(71歳)。アメリカの写真家。1886生。

帆足理一郎　ほあしりいちろう　1963没(81歳)。大正・昭和時代の哲学者、評論家。1881生。

シンプソン、サー・ジョージ・クラーク　1965没(86歳)。イギリスの気象学者。1878生。

オリオル、ヴァンサン　1966没(81歳)。フランスの政治家、第4共和制初代大統領(1947〜54)。1884生。

中村福助(5代目)　なかむらふくすけ　1969没(58歳)。大正・昭和時代の歌舞伎俳優。1910生。

シュヴァリエ、モーリス　1972没(83歳)。フランスのシャンソン歌手、俳優。1888生。

森恒夫　もりつねお　1973没(28歳)。昭和時代の赤軍派運動家。連合赤軍最高幹部。1944生。

荻野久作　おぎのきゅうさく　1975没(92歳)。明治〜昭和時代の医師。産婦人科、竹山病院院長。1882生。

竹本小土佐　たけもとことさ　1977没(104歳)。明治〜昭和時代の女義太夫の太夫。1872生。

ネンニ、ピエトロ　1980没(88歳)。イタリアの政治家。1891生。

松尾国三　まつおくにぞう　1984没(84歳)。昭和時代の実業家、興行師。雅叙園観光社長、日本ドリーム観光社長。1899生。

セシル、デイヴィッド　1986没(83歳)。イギリスの文学者。1902生。

ウィグナー、ユージン・ポール　1995没(92歳)。ハンガリー生まれのアメリカの物理学者。1902生。

永積安明　ながずみやすあき　1995没(86歳)。昭和・平成時代の日本文学者。神戸大学教授、清泉女子大学教授。1908生。

高屋窓秋　たかやそうしゅう　1999没(88歳)。昭和・平成時代の俳人。1910生。

井上宗和　いのうえむねかず　2000没(75歳)。昭和・平成時代の写真家、城郭研究家。1924生。

出羽錦忠雄　でわにしきただお　2005没(79歳)。昭和時代の力士。関脇。1925生。

1月2日

○記念日○ 皇室一般参賀
　　　　　箱根駅伝
○出来事○ 旅順開城(1905)
　　　　　ソ連が月ロケット打ち上げに成功
　　　　　(1959)

安禄山　あんろくさん　757没(52歳)。中国、ソグド系突厥の雑胡で唐の節度使。安史の乱の中心人物。705生。
吉備由利　きびのゆり　774没。奈良時代の女官。
アーダルハルト　826没(76?歳)。北フランスのコルビー大修道院長。750頃生。
柔子内親王　じゅうしないしんのう　959没。平安時代中期の女性。宇多天皇の第2皇女。
李継遷　りけいせん　1004没(41歳)。中国、西夏国王室の祖。963生。
源資綱　みなもとのすけつな　1082没(63歳)。平安時代中期・後期の公卿。1020生。
滋野井実国　しげのいさねくに　1183没(44歳)。平安時代後期の公卿。1140生。
式乾門院　しきけんもんいん　1251没(55歳)。鎌倉時代前期の女性。後高倉院守貞親王の皇女。1197生。
イブン-アルアッバール　1260没(61歳)。西方のムスリム歴史家、伝承学者、詩人。1199生。
アラー・ウッディーン・ハルジー　1316没(50歳)。インド、デリー諸王朝のハルジー朝第2代王(在位1296～1316)。1266生。
東沼周厳　とうしょうしゅうげん　1462没(72歳)。室町時代の臨済宗の僧。1391生。
音阿弥　おんあみ　1467没(70歳)。室町時代の能役者。1398生。
良椿　りょうちん　1488没。室町時代・戦国時代の曹洞宗の僧。
日遵　にちじゅん　1521没。戦国時代の日蓮宗の僧。
フィエスコ　1547没(23?歳)。ジェノヴァの貴族。1524頃生。
六角定頼　ろっかくさだより　1552没(58歳)。戦国時代の大名。1495生。
ポントルモ、ヤコボ・ダ　1557没(62歳)。イタリアの画家。1494生。
土御門有脩　つちみかどありやす　1577没(51歳)。戦国時代・安土桃山時代の暦学者、公卿。1527生。
リューディンガー、エスローム　1590没(66歳)。ドイツのルター派神学者、教育者。1523生。
織田信則　おだのぶのり　1630没(32歳)。江戸時代前期の大名。1599生。
日野光慶　ひのみつよし　1630没(40歳)。江戸時代前期の公家。1591生。
持明院基子　じみょういんもとこ　1644没。江戸時代前期の女性。後陽成天皇の宮人。
無能　むのう　1719没(37歳)。江戸時代中期の浄土宗の僧。1683生。
岡島冠山　おかじまかんざん　1728没(55歳)。江戸時代中期の漢学者。1674生。
才麿　さいまろ　1738没(83歳)。江戸時代前期・中期の俳人。1656生。
スチュアート、ジェイムズ、王子　1766没(77歳)。イギリスの王位僭称者。1688生。
ボードマー、ヨハン・ヤーコプ　1783没(84歳)。スイスの評論家、作家。1698生。
ラーヴァター、ヨハン・カスパル　1801没(59歳)。スイスの神学者、新教の牧師。1741生。
ターナー　1802没(53?歳)。イギリスの外交官、旅行家。1749頃生。
鏑木梅渓　かぶらぎばいけい　1803没(54歳)。江戸時代中期の画家。1750生。
ギトン・ド・モルヴォー男爵、ルイ・ベルナール　1816没(78歳)。フランスの化学者。1737生。
マリア・ルイザ　1819没(67歳)。スペイン王妃。1751生。
ニーブア、バルトルト・ゲオルク　1831没(54歳)。ドイツの歴史家。1776生。
山本梅逸　やまもとばいいつ　1856没(74歳)。江戸時代後期の南画家。1783生。
伊東玄朴　いとうげんぼく　1871没(72歳)。江戸時代末期・明治時代の蘭方医、肥前佐賀藩士。1800生。

1月2日

ヴィーンバルク, ルードルフ　1872没（69歳）。ドイツの評論家。1802生。

辻辰之助　つじたつのすけ　1875没（57歳）。江戸時代末期・明治時代の志士。1819生。

クッシング, ケイレブ　1879没（78歳）。アメリカの法律家, 政治家。1800生。

物集高世　もずめたかよ　1883没（67歳）。江戸・明治時代の国学者。宣教権少博士。1817生。

菅野八郎　かんのはちろう　1888没（79歳）。江戸・明治時代の一揆指導者。1810生。

中能島松声　なかのしましょうせい　1894没（57歳）。明治時代の山田流筝曲家。中能島家初代家元。1838生。

フレール・オルバン　1896没（83歳）。ベルギーの自由主義的政治家。1812生。

尾高惇忠　おだかあつただ　1901没（72歳）。明治時代の養蚕製糸業者。1830生。

近衛篤麿　このえあつまろ　1904没（42歳）。明治時代の政治家。貴族院議員, 公爵。1863生。

カルロス1世　1908没（44歳）。ポルトガル王（在位1889〜1908）。1863生。

テスラン・ド・ボー, レオン・フィリップ　1913没（57歳）。フランスの気象学者。1855生。

ゴルドマルク, カーロイ　1915没（84歳）。ハンガリーの作曲家。1830生。

タイラー, エドワード　1917没（84歳）。イギリスの人類学者。1832生。

アダン, ポール　1920没（57歳）。フランスの自然主義作家。1862生。

ベートマン・ホルヴェーク, テオバルト・フォン　1921没（64歳）。ドイツの政治家。1856生。

ローゼン　1922没（74歳）。ロシアの外交官。1847生。

村井吉兵衛　むらいきちべえ　1926没（63歳）。明治・大正時代の実業家。1864生。

アハド・ハーアム　1927没（70歳）。ロシア系ユダヤ人のタルムッド学者, 哲学者, 随筆家。1856生。

ドモフスキ　1939没（74歳）。ポーランドの政治家。1864生。

ヤニングス, エーミル　1950没（65歳）。ドイツの俳優。1884生。

堺為子　さかいためこ　1959没（86歳）。明治〜昭和時代の社会運動家。1872生。

アドラー　1960没（80歳）。オーストリアの社会主義者。1879生。

藤沼庄平　ふじぬましょうへい　1962没（78歳）。大正・昭和時代の内務官僚, 政治家。貴族院議員, 衆議院議員。1883生。

藤蔭静樹　ふじかげせいじゅ　1966没（85歳）。明治〜昭和時代の日本舞踊家。1880生。

矢野仁一　やのじんいち　1970没（97歳）。明治〜昭和時代の東洋史学者。1872生。

檀一雄　だんかずお　1976没（63歳）。昭和時代の小説家。1912生。

ガーナー, エロール　1977没（54歳）。アメリカのジャズ・ピアニスト。1923生。

黄谷柳　こうこくりゅう　1977没（68歳）。中国の作家。1908生。

藤田若雄　ふじたわかお　1977没（64歳）。昭和時代の労働法学者。国際基督教大学教授。1912生。

シチパチョーフ, ステパン・ペトローヴィチ　1980没（81歳）。ソ連邦の詩人。1898生。

小池厚之助　こいけこうのすけ　1985没（85歳）。昭和時代の実業家。高千穂学園理事長, 山一証券社長。1899生。

実藤恵秀　さねとうけいしゅう　1985没（88歳）。昭和時代の中国研究者。早稲田大学教授。1896生。

秦慧玉　はたえぎょく　1985没（88歳）。大正・昭和時代の僧侶。曹洞宗管長, 曹洞宗大本山永平寺76世貫首。1896生。

ラクルテル, ジャック・ド　1985没（96歳）。フランスの小説家。1888生。

野間宏　のまひろし　1991没（75歳）。昭和時代の小説家, 評論家。1915生。

浜口隆一　はまぐちりゅういち　1995没（78歳）。昭和・平成時代の建築評論家。早稲田大学教授。1916生。

バーレ, シアド　1995没（76歳）。ソマリアの軍人, 政治家。1919生。

清元志寿太夫　きよもとしずたゆう　1999没（100歳）。大正・昭和時代の清元節太夫。1898生。

リーバーマン, ロルフ　1999没（88歳）。スイスの作曲家。1910生。

島上善五郎　しまがみぜんごろう　2001没（97歳）。昭和時代の労働運動家, 政治家。衆議院議員。1903生。

ロジャーズ, ウィリアム・ピアース　2001没（87歳）。アメリカの政治家。1913生。

富小路禎子　とみのこうじよしこ　2002没（75歳）。昭和・平成時代の歌人。「沃野」発行人。1926生。

1月3日

○記念日○ 瞳の日
○出来事○ 戊辰戦争（1868）
ツタンカーメンの墓発見（1922）
第1回NHK紅白歌合戦（1951）

源定　みなもとのさだむ　863没（49歳）。平安時代前期の公卿。815生。

真雅　しんが　879没（79歳）。平安時代前期の真言宗の僧。801生。

義照　ぎしょう　969没（50歳）。平安時代中期の三論宗の僧。920生。

法蔵　ほうぞう　969没（65歳）。平安時代中期の法相・真言宗の僧。905生。

良源　りょうげん　985没（74歳）。平安時代中期の天台宗の僧。912生。

鎌田正清　かまたまさきよ　1160没（38歳）。平安時代後期の武士。1123生。

源義朝　みなもとのよしとも　1160没（38歳）。平安時代後期の武将。1123生。

田中道清　たなかどうせい　1206没（38歳）。鎌倉時代前期の石清水八幡宮寺別当。1169生。

フィリップ5世　1322没（29歳）。フランス王（在位1316～22）。1293生。

教外得蔵　きょうげとくぞう　1365没。南北朝時代の禅僧。

カトリーヌ・ド・ヴァロワ　1437没（35歳）。イングランド王ヘンリー5世の妃。1401生。

ナヴァーイー，アリー・シール　1501没（60歳）。ティムール帝国の政治家，学者，芸術家。1441生。

カブリリョ　1543没。スペインの航海者。

シルヴィウス　1555没（77歳）。フランスの解剖学者。1478生。

ラツェベルガー，マテーウス　1559没（58歳）。ドイツの医師。1501生。

ラトームス，バルトロメーウス　1570没（80?歳）。ドイツのカトリック人文主義者。1490頃生。

ヨアヒム2世　1571没（65歳）。ブランデンブルク選挙侯（在位1535～71）。1505生。

覚恕　かくじょ　1574没（54歳）。戦国時代・安土桃山時代の天台宗の僧。1521生。

由良国繁　ゆらくにしげ　1611没（62歳）。安土桃山時代・江戸時代前期の武将。1550生。

宗義智　そうよしとし　1615没（48歳）。安土桃山時代・江戸時代前期の大名。1568生。

ホロックス，ジェレマイア　1641没（24?歳）。イギリスの天文学者，聖職者。1617頃生。

那波活所　なわかっしょ　1648没（54歳）。江戸時代前期の儒学者。1595生。

モンク　1670没（61歳）。イギリスの軍人。1608生。

榊原篁洲　さかきばらこうしゅう　1706没（51歳）。江戸時代前期・中期の漢学者。1656生。

お染・久松　おそめ・ひさまつ　1710没。江戸時代前期の大坂で心中した男女。

野坡　やば　1740没（79歳）。江戸時代中期の俳人。1662生。

沢村宗十郎（初代）　さわむらそうじゅうろう　1756没（72歳）。江戸時代中期の歌舞伎役者，歌舞伎作者。1685生。

ガルッピ，バルダッサーロ　1785没（78歳）。イタリアの作曲家，チェンバロ奏者。1706生。

文珠九助　もんじゅくすけ　1788没（64歳）。江戸時代中期の刃物鍛冶屋の7代。1725生。

ウェッジウッド，ジョサイア　1795没（64歳）。イギリスの陶芸家。1730生。

乾隆帝　けんりゅうてい　1799没（87歳）。中国，清朝の第6代皇帝（在位1735～96）。1711生。

柳原紀光　やなぎはらもとみつ　1801没（56歳）。江戸時代中期・後期の公家。1746生。

フェルディナンド1世　1825没（73歳）。両シチリア国王（1816～25）。1751生。

イプシランティ　1832没（38歳）。ギリシア独立運動の志士。1793生。

ラシェル　1858没（36歳）。フランスの女優。1821生。

ウシンスキー　1871没（46歳）。革命前ロシアの教育思想家。1824生。

ラルース，ピエール-アタナーズ　1875没（57歳）。フランスの文法学者，辞書編纂者。1817生。

1月3日

エインズワース, ウィリアム・ハリソン　1882没(76歳)。イギリスの作家。1805生。

堀達之助　ほりたつのすけ　1894没(72歳)。江戸・明治時代の英学者, 通訳。1823生。

スクリバ　1905没(56歳)。ドイツの外科医。1848生。

岩村高俊　いわむらたかとし　1906没(62歳)。江戸・明治時代の土佐藩士, 官僚。男爵, 貴族院議員。1845生。

ヤング　1908没(73歳)。アメリカの天文学者。1834生。

千家尊福　せんげたかとみ　1918没(74歳)。明治時代の神道家, 政治家。東京府知事, 西園寺内閣法相。1845生。

薗田宗恵　そのだしゅうえ　1922没(61歳)。明治・大正時代の真宗本願寺派の僧, 仏教学者。龍谷大学学長。1862生。

デルブリュック　1922没(79歳)。ドイツの言語学者。1842生。

ヘルマン, ヨーハン・ヴィルヘルム　1922没(75歳)。ドイツのルター派神学者。1846生。

ハシェク, ヤロスラフ　1923没(39歳)。チェコの小説家, ジャーナリスト。1883生。

ルンゲ　1923没(83歳)。ドイツの化学者。1839生。

中村精男　なかむらきよお　1930没(76歳)。明治〜昭和時代の気象学者。東京物理学校校長。1855生。

ジョフル, ジョゼフ・ジャック・セゼール　1931没(78歳)。フランスの将軍。1852生。

フォークト　1932没(73歳)。ノルウェーの岩石学者, 鉱床学者。1858生。

内田嘉吉　うちだかきち　1933没(68歳)。明治・大正時代の官僚, 政治家。台湾総督, 貴族院議員。1866生。

ミュア, エドウィン　1959没(71歳)。イギリスの詩人, 小説家, 批評家。1887生。

和田英作　わだえいさく　1959没(84歳)。明治〜昭和時代の洋画家。東京美術学校教授。1874生。

ショーストレーム, ヴィクトル　1960没(80歳)。スウェーデン無声映画時代の代表的な監督。1879生。

石原忍　いしはらしのぶ　1963没(83歳)。大正・昭和時代の眼科医学者。東京帝国大学教授。1879生。

ガーデン, メアリ　1967没(92歳)。イギリスのソプラノ歌手。1874生。

竹本綱太夫(8代目)　たけもとつなたゆう　1969没(79歳)。明治〜昭和時代の義太夫節太夫。1904生。

大妻コタカ　おおつまこたか　1970没(85歳)。明治〜昭和時代の家事評論家。1884生。

永野護　ながのまもる　1970没(79歳)。大正・昭和時代の政治家。参議院議員。1890生。

中野実　なかのみのる　1973没(71歳)。昭和時代の劇作家, 小説家。1901生。

ヴィルター, ニコライ・エヴゲニエヴィチ　1976没(69歳)。ソ連の小説家, 劇作家。1906生。

阿部豊　あべゆたか　1977没(81歳)。大正・昭和時代の映画監督。1895生。

久松喜世子　ひさまつきよこ　1977没(90歳)。大正・昭和時代の女優。1886生。

ヒルトン, コンラッド　1979没(91歳)。アメリカのホテル経営者。1887生。

北沢新次郎　きたざわしんじろう　1980没(92歳)。大正・昭和時代の経済学者。早稲田大学教授, 東京経済大学学長。1887生。

フレイザー, G.S.　1980没(64歳)。イギリスの詩人, 批評家, レスター大学英文学講師。1915生。

星島二郎　ほしじまにろう　1980没(92歳)。大正・昭和時代の政治家。衆議院議長, 衆議院議員(自民党)。1887生。

北原泰作　きたはらたいさく　1981没(75歳)。大正・昭和時代の部落解放運動家。1906生。

北村寿夫　きたむらひさお　1982没(86歳)。昭和時代の劇作家, 児童文学者。1895生。

梶原緋佐子　かじわらひさこ　1988没(91歳)。大正・昭和時代の日本画家。日展参与。1896生。

渋谷定輔　しぶやていすけ　1989没(83歳)。大正・昭和時代の詩人, 農民運動家。思想の科学研究会長。1905生。

アンダーソン, デイム・ジュディス　1992没(93歳)。アメリカの女優。1898生。

長谷川周重　はせがわのりしげ　1998没(90歳)。昭和時代の実業家。住友化学工業会長, 日本経営者団体連盟理事。1907生。

山口勇子　やまぐちゆうこ　2000没(83歳)。昭和・平成時代の作家。原水爆禁止日本協議会代表。1916生。

林裕章　はやしひろあき　2005没(62歳)。昭和・平成時代の実業家。吉本興業社長・会長。1942生。

1月4日

○記念日○ 官公庁御用始め
取引所大発会
石の日
○出来事○ 軍人勅諭が発布(1882)
NHKが初のマラソン中継(1953)

フェレオルス(ユゼの) 584没。ユゼの司教, 聖人。
藤原貞嗣 ふじわらのさだつぐ 824没(66歳)。奈良時代・平安時代前期の公卿。759生。
直世王 なおよおう 834没(60?歳)。平安時代前期の公卿。0775頃生。
李克用 りこくよう 908没(51歳)。中国, 五代後唐の始祖。856生。
藤原穏子 ふじわらのおんし 954没(70歳)。平安時代中期の女性。醍醐天皇の皇后。885生。
聖賢 しょうけん 1147没(65歳)。平安時代後期の真言宗の僧。1083生。
王重陽 おうじゅうよう 1170没(57歳)。中国, 金の道士。1113生。
雅西 がさい 1201没。鎌倉時代前期の真言宗の僧。
平有親 たいらありちか 1261没(69歳)。鎌倉時代前期の公卿。1193生。
如信 にょしん 1300没(66歳)。鎌倉時代後期の真宗の僧。1235生。
アンジェラ 1309没(61歳)。イタリアのフランシスコ会修道女, 神秘思想家。1248生。
三条実忠 さんじょうさねただ 1347没(44歳)。鎌倉時代後期・南北朝時代の公卿。1304生。
上杉憲基 うえすぎのりもと 1418没(27歳)。室町時代の武将, 関東管領。1392生。
スフォルツァ, ジャコムッツォ・アッテンドロ 1424没(54歳)。イタリアの貴族。1369生。
山科家豊 やましないえとよ 1431没。室町時代の公卿。
東坊城長清 ひがしぼうじょうながきよ 1471没(34歳)。室町時代の公卿。1438生。
ベーブリンガー, ハンス 1482没。ドイツの建築家。
高辻章長 たかつじあきなが 1525没(57歳)。戦国時代の公卿。1469生。
クローヴィオ, ジューリオ 1578没(80歳)。イタリア・ルネサンス期の画家, ミニアテュリスト。1498生。

ロウパー, ウィリアム 1578没(83?歳)。イングランドの法律家, トマス・モアの伝記記者。1495頃生。
泰室宗慧 たいしつそうえ 1579没。戦国時代・安土桃山時代の曹洞宗の僧。
是庵 ぜあん 1581没(96歳)。戦国時代・安土桃山時代の画僧。1486生。
シュティンマー, トビアス 1584没(44歳)。スイスの画家, 木版およびガラス絵の下絵画家。1539生。
曲直瀬道三(初代) まなせどうさん 1594没(88歳)。戦国時代・安土桃山時代の医師。1507生。
コニンクスロー, ヒリス・ヴァン 1607没(62)。フランドルの風景画家。1544生。
ヘイルズ, スティーヴン 1761没(83歳)。イギリスの生理・化学・植物学者, 牧師。1677生。
フレデリク5世 1766没(42歳)。デンマーク, ノルウェー王(1746~66)。1723生。
ガブリエル, ジャック・アンジュ 1782没(83歳)。フランスの建築家。1698生。
メンデルスゾーン, モーゼス 1786没(56歳)。ドイツのユダヤ人哲学者。1729生。
河原崎権之助(4代目) かわらざきごんのすけ 1796没(62歳)。江戸時代中期の歌舞伎役者, 歌舞伎座本。1735生。
村本三五郎 むらもとさんごろう 1820没(85歳)。江戸時代中期・後期の周防岩国藩豪農。1736生。
島津久治 しまづひさはる 1872没(32歳)。江戸・明治時代の鹿児島藩士。1841生。
滝山 たきやま 1876没(71歳)。江戸時代末期・明治時代の女性。大奥最後の年寄。1806生。
ヴァンダービルト, コーニーリアス 1877没(82歳)。アメリカの実業家。1794生。
フォイエルバッハ, アンゼルム・フォン 1880没(50歳)。ドイツの画家。1829生。

1月4日

ドレイパー, ジョン・ウィリアム　1882没（70歳）。イギリス生れの化学者, 生理学者。1811生。

エアリー, サー・ジョージ・ビッデル　1892没（90歳）。イギリスの天文学者。1801生。

志田林三郎　しだりんざぶろう　1892没（37歳）。明治時代の電気工学者。工部大学校教授。1856生。

辻維岳　つじいがく　1894没（72歳）。江戸・明治時代の広島藩士。1823生。

横井玉子　よこいたまこ　1903没（49歳）。明治時代の女子教育家。1855生。

九条道孝　くじょうみちたか　1906没（68歳）。江戸・明治時代の公卿。1839生。

福地源一郎　ふくちげんいちろう　1906没（66歳）。明治時代の新聞人, 劇作家。東京日日新聞社長, 衆議院議員。1841生。

ムザッファル・ウッディーン　1907没（54歳）。イランのカージャール朝第5代のシャー（在位1896～1907）。1853生。

ワルラス, マリー・エスプリ・レオン　1910没（75歳）。フランスの経済学者。1834生。

東久世通禧　ひがしくぜみちとみ　1912没（80歳）。江戸・明治時代の公家, 政治家。伯爵。1833生。

シュリーフェン, アルフレート, 伯爵　1913没（79歳）。ドイツの陸軍軍人。1833生。

ミッチェル, サイラス・ウィア　1914没（84歳）。アメリカの医学者, 小説家。1829生。

ヘルトリング, ゲオルク・フォン　1919没（75歳）。ドイツの政治家, 哲学者。1843生。

ペレス-ガルドス, ベニート　1920没（76歳）。スペインの小説家, 劇作家。1843生。

三井高保　みついたかやす　1922没（73歳）。江戸～大正時代の実業家。三井銀行社長。1850生。

平瀬作五郎　ひらせさくごろう　1925没（70歳）。明治時代の植物学者, 図学者。1856生。

比田井天来　ひだいてんらい　1939没（68歳）。明治～昭和時代の書家。1872生。

根津嘉一郎（初代）　ねづかいちろう　1940没（81歳）。明治～昭和時代の実業家, 政治家。東武鉄道社長。1860生。

ベルクソン, アンリ　1941没（81歳）。フランスの哲学者。1859生。

尾高豊作　おだかほうさく　1944没（51歳）。大正・昭和時代の実業家, 教育運動家。郷土教育連盟理事, 日本技術教育協会長。1894生。

ムンク, カイ　1944没（45歳）。デンマークの劇作家。1898生。

グレチャニーノフ, アレクサンドル・チーホノヴィチ　1956没（91歳）。ロシアの作曲家。1864生。

成瀬無極　なるせむきょく　1958没（72歳）。大正・昭和時代のドイツ文学者, 随筆家。京都大学教授。1885生。

風巻景次郎　かざまきけいじろう　1960没（57歳）。昭和時代の国文学者。北海道大学教授。1902生。

カミュ, アルベール　1960没（46歳）。フランスの小説家, 評論家。1913生。

シュレーディンガー, エルヴィン　1961没（73歳）。オーストリアの理論物理学者。1887生。

エリオット, T.S.　1965没（76歳）。イギリスの詩人, 批評家, 劇作家。1888生。

レーヴィ, カルロ　1975没（72歳）。イタリアの小説家。1902生。

池田蘭子　いけだらんこ　1976没（82歳）。大正・昭和時代の小説家。1893生。

小山内宏　おさないひろし　1978没（61歳）。昭和時代の軍事評論家。1916生。

河野密　こうのみつ　1981没（83歳）。大正・昭和時代の政治家, 弁護士。日本社会党副委員長, 衆議院議員。1897生。

中村栄孝　なかむらひでたか　1984没（81歳）。昭和時代の東洋史学者。天理大学教授, 名古屋大学教授。1902生。

マタチッチ, ロヴロ・フォン　1985没（85歳）。ユーゴスラヴィアの指揮者。1899生。

イシャウッド, クリストファー　1986没（81歳）。アメリカの作家。1904生。

ラスキーヌ, リリ　1988没（94歳）。フランスのハープ奏者。1893生。

藤田たき　ふじたたき　1993没（94歳）。昭和時代の教育者, 婦人問題研究家。津田塾大学学長, 労働省婦人少年局長。1898生。

花村仁八郎　はなむらにはちろう　1997没（88歳）。昭和時代の財界人。経団連事務総長, 日本航空会長。1908生。

夏堀正元　なつぼりまさもと　1999没（73歳）。昭和・平成時代の小説家。1925生。

向井敏　むかいさとし　2002没（71歳）。昭和・平成時代のエッセイスト, 文芸評論家。1930生。

1月5日

○記念日○ 囲碁の日
　　　　　魚河岸初競り
○出来事○ 京橋-新橋の馬車道完成(1874)
　　　　　「天声人語」第1回掲載(1904)
　　　　　ナチス結成(1919)

ムータシム　842没(47?歳)。アッバース朝の第8代カリフ(在位833～42)。795頃生。

エドワード(告解王,証聖者)　1066没(63?歳)。イングランド王(在位1042～66)。1003頃生。

藤原顕頼　ふじわらのあきより　1148没(55歳)。平安時代後期の公卿。1094生。

禛子内親王　しんしないしんのう　1156没(76歳)。平安時代後期の女性。白河天皇の皇女。1081生。

サムアーニー　1167没(53歳)。アラブのシャーフィイー派法学者,伝承学者。1113生。

藤原光頼　ふじわらのみつより　1173没(50歳)。平安時代後期の公卿。1124生。

和気貞説　わけのさだとき　1179没。平安時代後期の宮廷医。

イブン-バシュクワール　1183没(81歳)。アラブ系歴史家。1101生。

妙雲尼　みょううんに　1191没。平安時代後期の女性。平清盛の娘。

藤原盛兼　ふじわらのもりかね　1245没(55歳)。鎌倉時代前期の公卿。1191生。

宣仁門院　せんにんもんいん　1262没(36歳)。鎌倉時代前期の女性。四条天皇の妃。1227生。

日法　にっぽう　1341没(83歳)。鎌倉時代後期の日蓮宗の僧。1259生。

楠木正家　くすのきまさいえ　1348没。南北朝時代の南朝方の武将。

楠木正行　くすのきまさつら　1348没(23歳)。南北朝時代の武将。1326生。

楠木正時　くすのきまさとき　1348没。南北朝時代の武将。

和田賢秀　にぎたけんしゅう　1348没。鎌倉時代後期・南北朝時代の武将。

無涯仁浩　むがいにんこう　1359没(66歳)。鎌倉時代後期・南北朝時代の臨済宗の僧。1294生。

勧修寺経顕　かじゅうじつねあき　1373没(76歳)。鎌倉時代後期・南北朝時代の公卿。1298生。

ペドロ4世　1387没(68歳)。アラゴン王(在位1336～87)。1319生。

ヴィヨン, フランソワ　1463没(32歳)。中世フランスの詩人。1431生。

ドルレアン公爵, シャルル　1465没(74歳)。フランスの抒情詩人。1391生。

シャルル豪胆公　1477没(43歳)。フランスのブルゴーニュ公。1433生。

ナウクレールス, ヨハネス　1510没(85歳)。ドイツの人文主義者,歴史家。1425生。

フランチャ　1517没(67歳)。イタリアの画家,金工家。1450生。

カトリーヌ・ド・メディシス　1589没(69歳)。フランスのアンリ2世の王妃。1519生。

正親町天皇　おおぎまちてんのう　1593没(77歳)。第106代の天皇。1517生。

九条種通　くじょうたねみち　1594没(88歳)。戦国時代・安土桃山時代の公卿。1507生。

毛利秀就　もうりひでなり　1651没(57歳)。江戸時代前期の大名。1595生。

中村四郎五郎(初代)　なかむらしろごろう　1712没(62歳)。江戸時代中期の歌舞伎役者。1651生。

ロッティ, アントニオ　1740没(73歳)。イタリアの作曲家。1666生。

豊竹肥前掾　とよたけひぜんのじょう　1758没(54歳)。江戸時代中期の義太夫節の太夫。1705生。

エリザヴェータ・ペトロヴナ　1762没(52歳)。ロシアの女帝(在位1741～62)。1709生。

高橋至時　たかはしよしとき　1804没(41歳)。江戸時代中期・後期の暦算家。1764生。

安田躬弦　やすだみつる　1816没(49歳)。江戸時代中期・後期の国学者,歌人。1768生。

ポルタ, カルロ　1821没(45歳)。イタリアの詩人。1775生。

1月5日

フレデリック，ヨーク公爵　1827没（63歳）。イギリスの軍人。1763生。

シュヴェーグラー，アルベルト　1857没（37歳）。ドイツの哲学者，哲学史家。1819生。

横井小楠　よこいしょうなん　1869没（61歳）。江戸・明治時代の熊本藩士，論策家。1809生。

富田高慶　とみたたかよし　1890没（77歳）。江戸・明治時代の農政家。1814生。

秋月悌次郎　あきづきていじろう　1900没（77歳）。江戸・明治時代の会津藩士，教育者。1824生。

サガスタ　1903没（75歳）。スペインの政治家。1827生。

岩佐純　いわさじゅん　1912没（77歳）。明治時代の医師。男爵，明治天皇侍医。1836生。

カイユテ，ルイ・ポール　1913没（80歳）。フランスの物理学者，工学者。1832生。

永倉新八　ながくらしんぱち　1915没（77歳）。江戸・明治時代の幕末の新撰組隊士。1839生。

和田雄治　わだゆうじ　1918没（60歳）。明治時代の気象学者，海洋学者。1859生。

松井須磨子　まついすまこ　1919没（34歳）。明治・大正時代の女優。1886生。

シャクルトン，サー・アーネスト・ヘンリー　1922没（47歳）。イギリスの探検家。1874生。

ブラウン　1926没（63歳）。イギリスの東洋学者。1862生。

クーリッジ，カルヴィン　1933没（60歳）。アメリカの政治家，第30代大統領。1872生。

バリエ-インクラン，ラモン・デル　1936没（69歳）。スペインの小説家，劇作家，詩人。1866生。

永野修身　ながのおさみ　1947没（68歳）。明治～昭和時代の海軍軍人。海軍大臣，軍令部総長，元帥。1880生。

徐載弼　じょさいひつ　1951没（84歳）。朝鮮の独立運動家。1866生。

プラトーノフ，アンドレイ・プラトノヴィチ　1951没（51歳）。ソ連の作家。1899生。

西川正治　にしかわしょうじ　1952没（67歳）。大正・昭和時代の物理学者。1884生。

タルレ　1955没（80歳）。ソ連の歴史家。1875生。

ミスタンゲット　1956没（80歳）。フランスのシャンソン歌手，踊り子。1875生。

中野鈴子　なかのすずこ　1958没（51歳）。昭和時代の詩人。1906生。

松坂広政　まつさかひろまさ　1960没（75歳）。昭和時代の司法官僚，弁護士。検事総長。1884生。

石川武美　いしかわたけよし　1961没（73歳）。明治～昭和時代の出版人。主婦の友社創業者，東京出版販売社長。1887生。

芳沢謙吉　よしざわけんきち　1965没（90歳）。大正・昭和時代の外交官。外相，貴院議員。1874生。

ウィルソン，ジョン・ドーヴァー　1969没（87歳）。イギリスのシェイクスピア学者。1881生。

ボルン，マックス　1970没（87歳）。ドイツの理論物理学者。1882生。

オボリン，レフ　1974没（66歳）。ソ連のピアニスト。1907生。

田中啓爾　たなかけいじ　1975没（89歳）。大正・昭和時代の地理学者。1885生。

コステロ，ジョン　1976没（84歳）。アイルランドの政治家。1891生。

浜田庄司　はまだしょうじ　1978没（83歳）。大正・昭和時代の陶芸家。日本民芸協会会長，益子参考館理事長。1894生。

ユーリイ，ハロルド・クレイトン　1981没（87歳）。アメリカの物理化学者。1893生。

佐和隆研　さわりゅうけん　1983没（71歳）。昭和時代の美術史家，僧侶（真言宗醍醐派）。京都市立芸術大学学長。1911生。

秋山さと子　あきやまさとこ　1992没（68歳）。昭和・平成時代の著述家。東洋ユング研究会主宰。1923生。

大西民子　おおにしたみこ　1994没（69歳）。昭和・平成時代の歌人。1924生。

福地泡介　ふくちほうすけ　1995没（57歳）。昭和・平成時代の漫画家。1937生。

和達清夫　わだちきよお　1995没（92歳）。昭和・平成時代の気象学者。環境庁顧問，埼玉大学学長。1902生。

飯島正　いいじまただし　1996没（93歳）。昭和時代の映画評論家。1902生。

小島剛夕　こじまごうせき　2000没（71歳）。昭和・平成時代の劇画家。1928生。

三浦敬三　みうらけいぞう　2006没（101歳）。昭和・平成時代のアルペンスキーヤー。1904生。

安藤百福　あんどうももふく　2007没（96歳）。昭和・平成時代の実業家。日清食品創業者。1910生。

1月6日

○記念日○ 佐久鯉誕生の日
東京消防出初め式の日
○出来事○ 日本初の水上競技大会(1920)
ハイセイコー引退式(1974)
中央省庁再編(2001)

橘諸兄 たちばなのもろえ 757没(74歳)。飛鳥時代・奈良時代の公卿。684生。

アボ(トビリシの) 786没。グルジアの殉教者。

慧子内親王 けいしないしんのう 881没。平安時代前期の女性。文徳天皇の皇女。

ベレンガリウス 1088没(89?歳)。フランスのカトリック神学者。999頃生。

源経信 みなもとのつねのぶ 1097(閏1月)没(82歳)。平安時代中期・後期の歌人・公卿。1016生。

源義親 みなもとのよしちか 1108没。平安時代後期の武将。

由利維平 ゆりこれひら 1190没。平安時代後期の武将。

北条時政 ほうじょうときまさ 1215没(78歳)。平安時代後期・鎌倉時代前期の武将，鎌倉幕府初代の執権。1138生。

長西 ちょうさい 1266没(83歳)。鎌倉時代前期の浄土宗の僧。1184生。

ライムンドゥス(ペニャフォルテの) 1275没(100?歳)。スペインの教会法学者。1175頃生。

成良親王 なりよししんのう 1344没(19歳)。南北朝時代の後醍醐天皇の皇子。1326生。

一色満範 いっしきみつのり 1409没。南北朝時代・室町時代の武将，丹後守護。

ベルゲテ，ペドロ 1504没(54?歳)。スペインの画家。1450頃生。

ペルッツィ，バルダッサーレ 1536没(54歳)。イタリアの画家，建築家。1481生。

浅井亮政 あさいすけまさ 1542没(48歳)。戦国時代の北近江の大名。1495生。

ファン・オルレイ，バレント 1542没(50?歳)。フランドルの画家。1492頃生。

ギルランダイオ，リドルフォ 1561没(78歳)。イタリアの画家。1483生。

ホル，エリアス 1646没(72歳)。ドイツの建築家。1573生。

波多野検校 はたのけんぎょう 1651没。江戸時代前期の平家琵琶演奏者。

夕霧 ゆうぎり 1678没(22歳)。江戸時代前期の女性。大坂新町の遊女。1657生。

グラヴィーナ，ジャン・ヴィンチェンツォ 1718没(53歳)。イタリアの評論家。1664生。

狩野周信 かのうちかのぶ 1728没(69歳)。江戸時代中期の画家。1660生。

土肥二三 どひじさん 1732没(94歳)。江戸時代前期・中期の茶人。1639生。

デニス，ジョン 1734没(77歳)。イギリスの批評家。1657生。

雨森芳洲 あめのもりほうしゅう 1755没(88歳)。江戸時代中期の儒学者。1668生。

恩田木工 おんだもく 1762没(46歳)。江戸時代中期の武士。1717生。

ゴルドーニ，カルロ 1793没(85歳)。イタリアの劇作家。1707生。

ボグダノーヴィチ，イッポリート・フォードロヴィチ 1803没(59歳)。ロシアの詩人。1743生。

式亭三馬 しきていさんば 1822(閏1月)没(47歳)。江戸時代後期の黄表紙・合巻・滑稽本作者。1776生。

シュタイン，シャルロッテ・フォン 1827没(84歳)。ワイマール大公国の公妃侍女。1742生。

良寛 りょうかん 1831没(74歳)。江戸時代中期・後期の歌人，漢詩人。1758生。

バーニー，ファニー 1840没(87歳)。イギリスの女流小説家，日記作者。1752生。

佐藤信淵 さとうのぶひろ 1850没(82歳)。江戸時代中期・後期の経世家。1769生。

ブライユ，ルイ 1852没(43歳)。フランスの盲目教育家，オルガン奏者。1809生。

大谷友右衛門(4代目) おおたにともえもん 1861没(71歳)。江戸時代末期の歌舞伎役者。1791生。

デイナ, リチャード・ヘンリー, 2世　1882没（66歳）。アメリカの小説家, 弁護士。1815生。

メンデル, グレゴール・ヨハン　1884没（61歳）。オーストリアの遺伝学者。1822生。

アスビョルンセン, ペーテル・クリステン　1885没（72歳）。ノルウェーの民話研究家。1812生。

落合直澄　おちあいなおずみ　1891没（52歳）。江戸・明治時代の国学者。皇典講究所講師。1840生。

大給恒　おぎゅうゆずる　1910没（72歳）。江戸・明治時代の竜岡藩知事, 伯爵。1839生。

カントール, ゲオルク・フェルディナント・ルートヴィヒ・フィリップ　1918没（72歳）。ドイツの数学者。1845生。

ローズヴェルト, シーオドア　1919没（60歳）。アメリカの政治家, 第26代大統領。1858生。

六合新三郎（6代目）　ろくごうしんざぶろう　1927没（69歳）。明治・大正時代の長唄囃子方。1859生。

宇田川文海　うだがわぶんかい　1930没（83歳）。明治時代の小説家, 新聞記者。1848生。

パッハマン, ヴラディミル・ド　1933没（84歳）。ロシアのピアニスト。1848生。

ベイカー, ジョージ・ピアス　1935没（68歳）。アメリカの演劇学者。1866生。

大江美智子（初代）　おおえみちこ　1939没（30歳）。大正・昭和時代の女優。1910生。

カルヴェ, エンマ　1942没（83歳）。フランスのソプラノ歌手。1858生。

ベリャーエフ, アレクサンドル・ロマノヴィチ　1942没（57歳）。ソビエトSFの創始者の1人。1884生。

ターベル, アイダ・M　1944没（86歳）。アメリカの女流伝記作家, 評論家。1857生。

ヴェルナツキー, ウラジーミル・イワノヴィチ　1945没（81歳）。ソ連の地球化学者, 鉱物学者。1863生。

大江スミ　おおえすみ　1948没（74歳）。明治～昭和時代の女子教育者。1875生。

ボーマン, アイザイア　1950没（71歳）。アメリカの地理学者。1878生。

南薫造　みなみくんぞう　1950没（66歳）。明治～昭和時代の洋画家。東京美術学校教授。1883生。

タルヴィオ, マイラ　1951没（79歳）。フィンランドの女流小説家。1871生。

登張竹風　とばりちくふう　1955没（81歳）。明治～昭和時代のドイツ文学者, 評論家。1873生。

渡辺義介　わたなべぎすけ　1956没（67歳）。大正・昭和時代の経営者。八幡製鉄社長。1888生。

観世華雪　かんぜかせつ　1959没（74歳）。明治～昭和時代の能楽師（観世流シテ方）。観世流分家銕之丞家6代目。1884生。

観世銕之丞（6代目）　かんぜてつのじょう　1959没（74歳）。昭和時代の能楽師, 観世流シテ方。1884生。

花柳章太郎　はなやぎしょうたろう　1965没（70歳）。大正・昭和時代の俳優。1894生。

リュルサ, ジャン　1966没（73歳）。フランスの画家。1892生。

鶴田吾郎　つるたごろう　1969没（78歳）。大正・昭和時代の洋画家。日本山村美術協会代表。1890生。

陳毅　ちんき　1972没（71歳）。中国の政治家。1901生。

ロビンソン, エドワード・G　1973没（79歳）。ルーマニア生まれのアメリカの映画俳優。1893生。

原田実　はらだみのる　1975没（84歳）。大正・昭和時代の教育学者, 教育評論家。早稲田大学教授。1890生。

秋山光夫　あきやまてるお　1977没（88歳）。大正・昭和時代の美術史学者。金沢美術工芸大学教授。1888生。

クローニン, A.J.　1981没（84歳）。イギリスの小説家。1896生。

耕治人　こうはると　1988没（81歳）。昭和時代の詩人, 小説家。1906生。

リーチ, エドマンド・ロナルド　1989没（78歳）。イギリスの人類学者。1910生。

チェレンコフ, パーヴェル・アレクセイエヴィッチ　1990没（85歳）。ソ連の物理学者。1904生。

ギレスピー, ディジー　1993没（75歳）。アメリカのジャズトランペット奏者。1917生。

ヌレーエフ, ルドルフ　1993没（54歳）。ソ連からイギリスに亡命したバレエ・ダンサー。1938生。

安江良介　やすえりょうすけ　1998没（62歳）。昭和・平成時代の編集者, 出版経営者。岩波書店社長。1935生。

加藤芳郎　かとうよしろう　2006没（80歳）。昭和・平成時代の漫画家。1925生。

1月6日

1月7日

○記念日○ 七草
人日の節句
○出来事○ ガリレオが木星の衛星を発見（1610）
聖徳太子像の千円札初登場（1950）
トヨタ・クラウンが登場（1955）

ルキアノス 312没（72?歳）。キリスト教神学者。240頃生。

坂上苅田麻呂 さかのうえのかりたまろ 786没（59歳）。奈良時代の武将、坂上田村麻呂の父。728生。

如宝 にょほう 815没。平安時代前期の律宗の渡来僧。

成尊 せいそん 1074没（63歳）。平安時代中期の真言宗の僧。1012生。

平親国 たいらのちかくに 1208没（44歳）。平安時代後期・鎌倉時代前期の公卿。1165生。

シャルル1世 1285没（59歳）。フランス王ルイ8世の子。1226生。

ディニス 1325没（63歳）。ポルトガル国王（在位1279〜1325）。1261生。

二階堂貞衡 にかいどうさだひら 1332没（42歳）。鎌倉時代後期の武士。1291生。

源翁心昭 げんのうしんしょう 1400没（72歳）。南北朝時代・室町時代の曹洞宗の僧。1329生。

フェリクス5世 1451没（67歳）。最後の対立教皇（在位1439〜49）。1383生。

竺雲等連 じくうんとうれん 1471没（89歳）。室町時代の臨済宗の僧。1383生。

足利義政 あしかがよしまさ 1490没（55歳）。室町幕府第8代の将軍。1436生。

足利義視 あしかがよしみ 1491没（53歳）。室町時代・戦国時代の武将。第8代将軍足利義政の弟。1439生。

ロッセッリ, コージモ 1507没（68歳）。イタリアの画家。1439生。

フィッシャー, ペーター 1529没（69?歳）。ドイツの彫刻家。1460頃生。

キャサリン 1536没（50歳）。イギリス国王ヘンリー8世の最初の妃。1485生。

織田信長の母 おだのぶながのはは 1594没。戦国時代・安土桃山時代の女性。織田弾正信秀の正室。

ヒリアード, ニコラス 1619没（72歳）。イギリスの細密肖像画家。1547生。

サルピ, パーオロ 1623没（70歳）。イタリアのカトリック神学者、科学者、歴史家、政治家。1552生。

ジョヴァンネッリ, ルッジェロ 1625没（65?歳）。イタリアの作曲家。1560頃生。

喜多七太夫（初代） きたしちだゆう 1653没（68歳）。江戸時代前期の能役者。1586生。

インノケンティウス10世 1655没（80歳）。教皇（在位1644〜55）。1574生。

奥寺八左衛門 おくでらはちざえもん 1686没（61歳）。江戸時代前期の陸奥盛岡藩の治水家。1626生。

フェヌロン, フランソワ・ド・サリニャック・ド・ラ・モット 1715没（63歳）。フランスの宗教家、神秘的神学者。1651生。

市川雷蔵（2代目） いちかわらいぞう 1778没（25歳）。江戸時代中期の歌舞伎役者。1754生。

曾我蕭白 そがしょうはく 1781没（52歳）。江戸時代中期の画家。1730生。

小杉玄适 こすぎげんてき 1791没（62歳）。江戸時代中期の漢方医。1730生。

石原正明 いしはらまさあきら 1821没（62歳）。江戸時代後期の国学者、有職故実家。1760生。

歌川豊国（初代） うたがわとよくに 1825没（57歳）。江戸時代後期の浮世絵師。1769生。

カルロタ 1830没（54歳）。ポルトガル王ジョアン6世の妃。1775生。

ローレンス, サー・トマス 1830没（60歳）。イギリスの肖像画家。1769生。

瀬川菊之丞（5代目） せがわきくのじょう 1832没（31歳）。江戸時代後期の歌舞伎役者。1802生。

徳川家斉 とくがわいえなり 1841（閏1月）没（69歳）。江戸幕府第11代の将軍。1773生。

1月7日

ストークス 1878没(74歳)。アイルランドの医者。1804生。
アウグスタ 1890没(78歳)。プロシア王、ドイツ皇帝ウィルヘルム1世の皇后。1811生。
タウフィーク・パシャ, ムハンマド 1892没(39歳)。エジプトのヘディーヴ(副王)(在位79～92)。1852生。
シュテファン, ヨーゼフ 1893没(57歳)。オーストリアの物理学者。1835生。
小山正太郎 こやましょうたろう 1916没(60歳)。明治・大正時代の洋画家。1857生。
ヴェルハウゼン, ユリウス 1918没(73歳)。ドイツのオリエントおよび旧約学者。1844生。
エルトマン 1921没(69歳)。ドイツの哲学者、論理学者。1851生。
ジョーンズ, ヘンリー・アーサー 1929没(77歳)。イギリスの劇作家。1851生。
マジノ, アンドレ 1932没(54歳)。フランスの政治家、マジノ線の提案者。1877生。
田村直臣 たむらなおおみ 1934没(77歳)。明治～昭和時代のプロテスタント牧師。1858生。
ワシントン 1934没(66歳)。アメリカの地質学者。1867生。
一龍斎貞山(5代目) いちりゅうさいていざん 1935没(72歳)。明治～昭和時代の講談師。1864生。
ユーイング, サー・ジェイムズ・アルフレッド 1935没(79歳)。スコットランドの物理学者。1855生。
テスラ, ニコラ 1943没(86歳)。アメリカの電気工学者、発明家。1856生。
相馬半治 そうまはんじ 1946没(78歳)。明治～昭和時代の実業家。1869生。
塩野季彦 しおのすえひこ 1949没(70歳)。明治～昭和時代の検察官、政治家。法相、大審院次長検事。1880生。
キース, サー・アーサー 1955没(88歳)。イギリスの解剖学者、人類学者。1866生。
塩原又策 しおばらまたさく 1955没(77歳)。明治～昭和時代の実業家。三共社長。1877生。
ラヴレニョーフ, ボリス・アンドレーヴィチ 1959没(67歳)。ソ連の小説家、劇作家。1891生。
石井漠 いしいばく 1962没(75歳)。大正・昭和時代の舞踊家。1886生。

シューリヒト, カール 1967没(86歳)。ドイツの指揮者。1880生。
広川弘禅 ひろかわこうぜん 1967没(64歳)。昭和時代の政治家。衆議院議員。1902生。
宇治紫文(5代目) うじしぶん 1970没(83歳)。明治～昭和時代の浄瑠璃演奏家。1886生。
榎本健一 えのもとけんいち 1970没(65歳)。昭和時代の喜劇俳優。日本喜劇人協会会長。1904生。
内田信也 うちだのぶや 1971没(90歳)。大正・昭和時代の実業家、政治家。衆議院議員。1880生。
榊原紫峰 さかきばらしほう 1971没(83歳)。明治～昭和時代の日本画家。京都市立絵画専門学校教授。1887生。
ベリマン, ジョン 1972没(57歳)。アメリカの詩人、評論家。1914生。
クールソン, チャールズ・アルフレッド 1974没(63歳)。イギリスの物理化学者。1910生。
シケイロス, ダビード・アルファロ 1974没(77歳)。メキシコの画家。1896生。
広重徹 ひろしげてつ 1975没(46歳)。昭和時代の科学史家。日本大学教授。1928生。
カストラー 1984没(81歳)。フランスの物理学者。1902生。
ルルフォ, フアン 1986没(67歳)。メキシコの小説家。1918生。
坂東八重之助 ばんどうやえのすけ 1987没(77歳)。大正・昭和時代の歌舞伎俳優。1909生。
昭和天皇 しょうわてんのう 1989没(87歳)。第124代天皇。1901生。
井筒俊彦 いづつとしひこ 1993没(78歳)。昭和・平成時代のイスラム学者。慶應義塾大学教授、イラン王室哲学研究所教授。1914生。
ウォンウィチット 1994没(84歳)。ラオスの民族解放運動指導者。1910生。
岡本太郎 おかもとたろう 1996没(84歳)。昭和・平成時代の芸術家、評論家。1911生。
プレログ, ヴラディーミル 1998没(91歳)。スイスの有機化学者。1906生。
エチャンブル, ルネ 2002没(92歳)。フランスの批評家、小説家。1909生。
花柳寿楽(2代目) はなやぎじゅらく 2007没(88歳)。昭和・平成時代の日本舞踊家。1918生。

1月8日

1月8日

○記念日○ 外国郵便の日
　　　　　勝負事の日
○出来事○ モナコ独立(1297)
　　　　　国産初の人工衛星打上げ(1985)
　　　　　昭和から平成に改元(1989)

セウェリヌス　482没(27?歳)。ノリクム(オーストリア)の使徒、聖人。455頃生。

小長谷女王　おはせのじょおう　767没。奈良時代の女官。

道嶋嶋足　みちしまのしまたり　783没。奈良時代の武将。

行円　ぎょうえん　1047没(62歳)。平安時代中期の天台宗の僧。986生。

敦明親王　あつあきらしんのう　1051没(58歳)。平安時代中期の三条天皇の第1皇子。994生。

寛暁　かんぎょう　1159没(57歳)。平安時代後期の真言宗の僧。1103生。

ケレスチヌス3世　1198没(92?歳)。教皇(在位1191～98)。1106頃生。

覚教　かくきょう　1242没(76歳)。平安時代後期・鎌倉時代前期の僧。1167生。

桑田道海　そうでんどうかい　1309没。鎌倉時代後期の僧。

マルコ・ポーロ　1324没(70歳)。イタリアの商人。1254生。

禅爾　ぜんに　1325没(74歳)。鎌倉時代後期の華厳・律宗兼学の学僧。1252生。

了源　りょうげん　1336没(52歳)。鎌倉時代後期・南北朝時代の真宗の僧。1285生。

ジョット・ディ・ボンドーネ　1337没(71?歳)。イタリアの画家、美術史上重要な巨匠。1266頃生。

中巌円月　ちゅうがんえんげつ　1375没(76歳)。鎌倉時代後期・南北朝時代の臨済宗の僧。1300生。

春庭見芳　しゅんていけんぽう　1440没(71歳)。室町時代の曹洞宗の僧。1370生。

ラウレンティウス・ユスティニアーニ　1455没(73歳)。イタリアの大司教、聖人。1381生。

伊達持宗　だてもちむね　1469没(77歳)。室町時代の武将。1393生。

ウァスキ、ヤン　1560没(61歳)。ポーランドの宗教改革者。1499生。

ドロルム、フィリベール　1570没(60?歳)。フランス・ルネサンスの建築家、建築理論家。1510頃生。

高山右近　たかやまうこん　1615没(64歳)。安土桃山時代・江戸時代前期のキリシタン、大名。1552生。

彦坂元正　ひこさかもとまさ　1634没。江戸時代前期の代官頭。

安楽庵策伝　あんらくあんさくでん　1642没(89歳)。安土桃山時代・江戸時代前期の浄土宗の僧。1554生。

ガリレオ・ガリレイ　1642没(77歳)。イタリアの物理学者、天文学者。1564生。

理昌女王　りしょうじょおう　1656没(26歳)。江戸時代前期の女性。尼僧。1631生。

三千風　みちかぜ　1707没(69歳)。江戸時代前期・中期の俳人。1639生。

北条団水　ほうじょうだんすい　1711没(49歳)。江戸時代中期の俳人、浮世草子作者。1663生。

中村篁渓　なかむらこうけい　1712没(66歳)。江戸時代前期・中期の儒学者、水戸藩士。1647生。

コレリ、アルカンジェロ　1713没(59歳)。イタリアの作曲家、ヴァイオリン奏者。1653生。

植村政勝　うえむらまさかつ　1777没(83歳)。江戸時代中期の本草学者。1695生。

森川馬谷(初代)　もりかわばこく　1791没(78歳)。江戸時代中期の講釈師。1714生。

メーザー、ユストゥス　1794没(73歳)。ドイツの評論家、歴史家。1720生。

コロー・デルボワ、ジャン・マリー　1796没(45歳)。フランス、ジャコバン党の革命家。1751生。

赤松滄洲　あかまつそうしゅう　1801没(81歳)。江戸時代中期・後期の儒学者、播磨赤穂藩家老。1721生。

16

1月8日

ニコライ, クリストフ・フリードリヒ　1811没(77歳)。ドイツ啓蒙期の通俗哲学者。1733生。

村山伝兵衛(3代目)　むらやまでんべえ　1813没(76歳)。江戸時代中期・後期の北海道松前の豪商, 場所請負人。1738生。

ウィットニー, イーライ　1825没(59歳)。アメリカの発明家。1765生。

プフタ　1846没(47歳)。ドイツの法学者。1798生。

中山胡民　なかやまこみん　1870没(63歳)。江戸・明治時代の蒔絵師。1808生。

ラスパイユ　1878没(83歳)。フランスの化学者, 政治家。1794生。

ケーシャブ・チャンドラ・セーン　1884没(46歳)。インドの宗教改革家。1838生。

ヴェルレーヌ, ポール-マリ　1896没(51歳)。フランスの詩人。1844生。

関谷清景　せきやきよかげ　1896没(42歳)。明治時代の地震学者。帝国大学理科大学教授。1855生。

クロス　1914没(90歳)。イギリスの政治家。1823生。

アルテンベルク, ペーター　1919没(59歳)。オーストリアの短篇作家。1859生。

植村正久　うえむらまさひさ　1925没(68歳)。明治・大正時代の牧師。1858生。

ベールイ, アンドレイ　1934没(53歳)。ロシアの詩人, 小説家, 評論家。1880生。

原静枝　はらしずえ　1935没(21歳)。昭和時代の女優。1915生。

柏木義円　かしわぎぎえん　1938没(79歳)。昭和時代のキリスト教思想家, 牧師。安中教会牧師, 熊本英学校校長代理。1860生。

池田大伍　いけだたいご　1942没(58歳)。明治〜昭和時代の劇作家。1885生。

シュヴィッタース, クルト　1948没(60歳)。ドイツの画家。1887生。

タウバー, リヒャルト　1948没(55歳)。イギリス(オーストリア生れ)のテノール歌手。1892生。

梅津美治郎　うめづよしじろう　1949没(68歳)。大正・昭和時代の陸軍軍人。大将, 関東軍総司令官。1882生。

蔵原惟郭　くらはらこれひろ　1949没(89歳)。明治〜昭和時代の政治家, 教育家。衆議院議員。1861生。

小金井蘆洲(4代目)　こがねいろしゅう　1949没(62歳)。明治〜昭和時代の講談師。1888生。

シュンペーター, ジョーゼフ・アロイス　1950没(66歳)。アメリカの経済学者。1883生。

メリアム　1953没(78歳)。アメリカの政治学者。1874生。

吉田甲子太郎　よしだきねたろう　1957没(62歳)。昭和時代の児童文学作家, 英米文学者。1894生。

河野省三　こうのせいぞう　1963没(80歳)。大正・昭和時代の神官, 神道学者。玉敷神社宮司, 国学院大学教授。1882生。

アニアンズ, チャールズ・トールバット　1965没(91歳)。イギリスの言語学者。1873生。

三好伊平次　みよしへいじ　1969没(95歳)。明治〜昭和時代の融和運動家。部落解放全国委員会中央本部顧問。1873生。

黒田三郎　くろださぶろう　1980没(60歳)。昭和時代の詩人, 評論家。詩人会議運営委員長, 日本放送協会研修所教授。1919生。

モークリー, ジョン・ウィリアム　1980没(72歳)。アメリカの電子工学技術者。1907生。

猪野省三　いのしょうぞう　1985没(79歳)。昭和時代の児童文学者。1905生。

稀音家幸　きねやこう　1985没(83歳)。大正・昭和時代の長唄三味線方。稀音家会主宰。1901生。

フルニエ, ピエール　1986没(79歳)。フランスのチェリスト。1906生。

上田三四二　うえだみよじ　1989没(65歳)。昭和時代の歌人, 文芸評論家。1923生。

サマヴィル　1994没(88歳)。アメリカの哲学者。1905生。

朱学範　しゅがくはん　1996没(90歳)。中国の労働運動指導者。1905生。

ミッテラン, フランソワ　1996没(79歳)。フランスの政治家。1916生。

三橋美智也　みはしみちや　1996没(65歳)。昭和・平成時代の歌手。民謡三橋流家元。1930生。

カルヴィン, メルヴィン　1997没(85歳)。アメリカの有機化学者, 生化学者。1911生。

プロホロフ, アレクサンドル・ミハイロヴィチ　2002没(85歳)。ソ連の物理学者。1916生。

小森和子　こもりかずこ　2005没(95歳)。昭和・平成時代の映画評論家。1909生。

1月9日

○記念日○ とんちの日
風邪の日
○出来事○ 明治天皇即位(1867)
内村鑑三の不敬事件(1891)
両国新国技館落成式(1985)

ダゴベルト1世　639没(39?歳)。メロビング朝フランク王(在位629〜639)。600頃生。

ハドリアーヌス(カンタベリの)　709没。北アフリカ出身のベネディクト会修道士。

仁隆　にんりゅう　1205没(62歳)。平安時代後期・鎌倉時代前期の真言宗の僧。1144生。

四条天皇　しじょうてんのう　1242没(12歳)。第87代の天皇。1231生。

三条公茂　さんじょうきんしげ　1324没(41歳)。鎌倉時代後期の公卿。1284生。

中院光顕　なかのいんみつあき　1404没。南北朝時代・室町時代の公卿。

ポルカーロ、ステーファノ　1453没。イタリアの革命家。

聖深　しょうじん　1458没。室町時代の浄土宗の僧。

アンヌ・ド・ブルターニュ　1514没(38歳)。ブルターニュ公フランソア2世の娘。1476生。

忠室宗孝　ちゅうしつそうこう　1533没。戦国時代の曹洞宗の僧。

アヴェンティーヌス、ヨハネス　1534没(56歳)。ドイツの人文主義者、歴史家。1477生。

圭庵伊白　けいあんいはく　1538没。戦国時代の曹洞宗の僧。

デュ・ベレー、ギヨーム　1543没(52歳)。フランスの軍人、政治家。1491生。

ツェル、マテーウス　1548没(70歳)。ドイツの宗教改革者。1477生。

雲叔宗慶　うんしゅくそうきょう　1566没(72歳)。戦国時代の臨済宗の僧。1495生。

プレトーリウス、アブディーアス　1573没(48歳)。ドイツのルター派神学者。1524生。

ガゴ、バルタザール　1583没(68?歳)。ポルトガルのイエズス会士。1515頃生。

永井直清　ながいなおきよ　1671没(81歳)。江戸時代前期の大名。1591生。

顧炎武　こえんぶ　1682没(68歳)。中国、明末清初の学者。1613生。

フォントネル、ベルナール・ル・ボヴィエ・ド　1757没(99歳)。フランスの劇作家、思想家。1657生。

榊山小四郎(2代目)　さかきやまこしろう　1768没(72歳)。江戸時代中期の歌舞伎役者、歌舞伎座本。1697生。

ブロンデル、ジャック-フランソワ　1774没(68歳)。フランスの建築家、建築史学者。1705生。

湯浅常山　ゆあさじょうざん　1781没(74歳)。江戸時代中期の儒者、備前岡山藩士。1708生。

谷風梶之助(2代目)　たにかぜかじのすけ　1795没(46歳)。江戸時代中期の力士。1750生。

ノアイユ、ルイ・マリー・アントアヌ　1804没(47歳)。フランスの政治家、軍人。1756生。

節松嫁々　ふしまつのかか　1810没(66歳)。江戸時代中期・後期の女性。狂歌師。1745生。

新宮凉庭　しんぐうりょうてい　1854没(68歳)。江戸時代後期の蘭方医。1787生。

柴山良助　しばやまりょうすけ　1868没(35歳)。江戸・明治時代の志士。薩摩藩士。1834生。

ゲルツェン、アレクサンドル・イワノヴィチ　1870没(57歳)。ロシアの思想家、作家。1812生。

広沢真臣　ひろさわさねおみ　1871没(39歳)。江戸・明治時代の萩藩士。1833生。

有栖川宮貞子　ありすがわのみやさだこ　1872没(23歳)。明治時代の皇族。1850生。

ナポレオン3世　1873没(70歳)。フランス第二帝政の皇帝(在位1852〜70)。1803生。

ハウ、サミュエル　1876没(74歳)。アメリカの教育家。1801生。

ヴィットリオ・エマヌエレ2世　1878没(57歳)。サルディニア国王(在位1849〜61)、イタリア国王(在位61〜78)。1820生。

エスパルテロ　1879没(86歳)。スペインの軍人、政治家。1792生。

1月9日

中西耕石 なかにしこうせき 1884没(78歳)。江戸・明治時代の南画家。1807生。

ファーガスン, ジェームズ 1886没(77歳)。スコットランドの建築史家。1808生。

関沢明清 せきざわあききよ 1897没(55歳)。明治時代の官吏。東京農林学校教授。1843生。

ミシェル, ルイーズ 1905没(74歳)。フランスの女性革命家。1830生。

ブッシュ, ヴィルヘルム 1908没(75歳)。ドイツの詩人, 諷刺画家。1832生。

柳川春葉 やながわしゅんよう 1918没(42歳)。明治時代の小説家。1877生。

マイエット 1920没(74歳)。ドイツの御雇教師。1846生。

鈴木文太郎 すずきぶんたろう 1921没(58歳)。明治・大正時代の解剖学者。京都帝国大学医科大学教授。1864生。

日比谷平左衛門 ひびやへいざえもん 1921没(74歳)。明治・大正時代の実業家。日清紡績会長。1848生。

竹内綱 たけのうちつな 1922没(84歳)。江戸～大正時代の高知藩士, 政治家, 実業家。衆議院議員。1839生。

マンスフィールド, キャサリン 1923没(34歳)。ニュージーランドの女流小説家。1888生。

チェンバリン, H.S. 1927没(71歳)。ドイツの政治哲学者。1855生。

スタヴィスキー, アレクサンドル 1934没(48?歳)。フランス(ロシア生れ)の詐欺師。1886頃生。

松瀬青々 まつせせいせい 1937没(69歳)。明治～昭和時代の俳人。1869生。

コリングウッド, R.G. 1943没(53歳)。イギリスの哲学者, 歴史学者, 考古学者。1889生。

マンハイム, カール 1947没(53歳)。ハンガリー生まれのドイツの社会学者。1893生。

グラープマン, マルティーン 1949没(74歳)。ドイツのカトリック神学者, 中世哲学史家。1875生。

藤間房子 ふじまふさこ 1954没(71歳)。明治～昭和時代の女優。1882生。

潮恵之輔 うしおけいのすけ 1955没(73歳)。大正・昭和時代の内務官僚, 政治家。内務次官, 内相。1881生。

ハリデ・エディプ 1964没(80歳)。トルコの女流作家。1884生。

円谷幸吉 つぶらやこうきち 1968没(27歳)。昭和時代のマラソン選手。1940生。

佐久間鼎 さくまかなえ 1970没(81歳)。大正・昭和時代の心理学者, 言語学者。東洋大学学長。1888生。

ショーン, テッド 1972没(80歳)。アメリカの舞踊家。1891生。

高津正道 たかつせいどう 1974没(80歳)。大正・昭和時代の社会運動家, 政治家。社会党顧問。1893生。

フレネー, ピエール 1975没(77歳)。フランスの俳優。1897生。

李富春 りふしゅん 1975没(75歳)。中国の政治家。1900生。

市川小太夫(2代目) いちかわこだゆう 1976没(73歳)。大正・昭和時代の歌舞伎俳優。舞踊琴吹流家元。1902生。

市川小文治(3代目) いちかわこぶんじ 1976没(82歳)。大正・昭和時代の俳優。1893生。

ジューヴ, ピエール-ジャン 1976没(88歳)。フランスの詩人。1887生。

ネルヴィ, ピエール・ルイジ 1979没(87歳)。イタリアの建築家, エンジニア。1891生。

安井英二 やすいえいじ 1982没(91歳)。昭和時代の官僚, 政治家。文部大臣, 内務大臣, 貴院議員。1890生。

中川一郎 なかがわいちろう 1983没(57歳)。昭和時代の政治家。衆議院議員, 農林大臣。1925生。

三遊亭円遊(6代目) さんゆうていえんゆう 1984没(81歳)。昭和時代の落語家。1902生。

藤井日達 ふじいにったつ 1985没(99歳)。大正・昭和時代の僧侶, 平和運動家。日本山妙法寺山主。1885生。

宇野重吉 うのじゅうきち 1988没(73歳)。昭和時代の俳優, 演出家。1914生。

坂本賢三 さかもとけんぞう 1991没(59歳)。昭和・平成時代の科学哲学者。千葉大学教授。1931生。

スファヌヴォン 1995没(86歳)。ラオスの政治家。1909生。

福井謙一 ふくいけんいち 1998没(79歳)。昭和・平成時代の化学者。京都大学教授, 京都工芸繊維大学学長。1918生。

芦田伸介 あしだしんすけ 1999没(81歳)。昭和・平成時代の俳優。芦田プロダクションズ代表。1917生。

1月10日

○記念日○ 110番の日
　　　　　明太子の日
○出来事○ 世界初の地下鉄が開通(1863)
　　　　　国際連盟発足(1920)
　　　　　NHK教育テレビ開局(1959)

アガト　681没(104?歳)。ローマ教皇(在位678〜681)、聖人(祝日1.10)。577頃生。

秋篠安人　あきしののやすひと　821没(70歳)。奈良時代・平安時代前期の公卿。752生。

オルセオーロ, ペトルス　987没(59歳)。イタリアのヴェネツィア提督、ベネディクト会隠修士、聖人。928生。

源国信　みなもとのくにざね　1111没(43歳)。平安時代後期の公卿。1069生。

紀二位　きのにい　1166没。平安時代後期の貴族。

陸象山　りくしょうざん　1192没(52歳)。中国、宋の思想家。1139生。

グレゴリウス10世　1276没(66歳)。教皇(在位1271〜76)。1210生。

日秀　にっしゅう　1334没(70歳)。鎌倉時代後期の日蓮宗の僧。1265生。

足利満隆　あしかがみつたか　1417没。室町時代の武将。

足利持仲　あしかがもちなか　1417没。室町時代の武将。

上杉氏憲　うえすぎうじのり　1417没。室町時代の武将、関東管領、朝宗の子。

世尊寺行康　せそんじゆきやす　1478没(67歳)。室町時代の書家、公卿。1412生。

吉田兼右　よしだかねすけ　1573没(58歳)。戦国時代の神道家、公卿。1516生。

グスマン　1605没(62歳)。スペインのイエズス会宣教師。1543生。

康正　こうしょう　1621没(88歳)。安土桃山時代・江戸時代前期の仏師、定朝21代目、康秀の子。1534生。

結城ディエゴ　ゆうきでぃえご　1636没(63歳)。安土桃山時代・江戸時代前期のイエズス会日本人神父。1574生。

ロード, ウィリアム　1645没(71歳)。イギリスの聖職者。1573生。

徳川頼宣　とくがわよりのぶ　1671没(70歳)。江戸時代前期の大名。1602生。

月舟宗胡　げっしゅうそうこ　1696没(79歳)。江戸時代前期の曹洞宗の僧。1618生。

大和屋甚兵衛(2代目)　やまとやじんべえ　1704没。江戸時代前期・中期の歌舞伎役者、櫓主、座本。

徳川綱吉　とくがわつなよし　1709没(64歳)。江戸幕府第5代の将軍。1646生。

エーゲル, パウル　1752没(60歳)。ドイツの彫刻家。1691生。

リンネ, カール・フォン　1778没(70歳)。スウェーデンの植物ならびに動物の分類学者。1707生。

フォルスター, ゲオルク　1794没(39歳)。ドイツの自然科学者。1754生。

ビットリオ・エマヌエレ1世　1824没(64歳)。イタリア、サルジニア国王(在位1802〜21)。1759生。

ルジャンドル, アドリアン-マリー　1833没(80歳)。フランスの数学者。1752生。

菅野序遊(2代目)　すがのじょゆう　1841没(58歳)。江戸時代後期の一中節菅野系の家元。1784生。

矢沢頼尭　やざわよりたか　1841没(47歳)。江戸時代後期の信濃松代藩士。1795生。

セナンクール, エチエンヌ・ピヴェール・ド　1846没(75歳)。フランスの小説家、思想家。1770生。

ミットフォード, メアリー・ラッセル　1855没(67歳)。イギリスの女流文学者。1787生。

コルト, サミュエル　1862没(47歳)。アメリカの兵器発明家。1814生。

デリンガー, ヨハン・ヨーゼフ・イグナーツ・フォン　1890没(90歳)。ドイツの教会史学者、司祭。1799生。

村上英俊　むらかみえいしゅん　1890没(80歳)。江戸・明治時代のフランス語学者。1811生。

ゴダール, バンジャマン　1895没(45歳)。フランスのビオラ奏者、作曲家。1849生。

1月10日

河竹新七(3代目) かわたけしんしち 1901没(60歳)。江戸・明治時代の歌舞伎作者。1842生。

ジェローム, ジャン・レオン 1904没(79歳)。フランスの画家, 彫刻家。1824生。

ウェスト 1908没(60歳)。イギリスの機械工学者。1848生。

三木竹二 みきたけじ 1908没(42歳)。明治時代の劇評家, 医師。1867生。

コーディ, ウィリアム・フレデリック 1917没(70歳)。アメリカの開拓者, ショー演出家。1846生。

芳川顕正 よしかわあきまさ 1920没(79歳)。明治・大正時代の官僚, 政治家。伯爵, 枢密顧問官。1842生。

大隈重信 おおくましげのぶ 1922没(85歳)。明治・大正時代の政治家, 教育者。内閣総理大臣, 早稲田大学総長, 侯爵。1838生。

跡見花蹊 あとみかけい 1926没(87歳)。明治・大正時代の女子教育家。1840生。

レイノ, エイノ 1926没(47歳)。フィンランドの抒情詩人。1878生。

押川方義 おしかわまさよし 1928没(77歳)。明治時代のキリスト教伝道者, 政治家。東北学院院長, 衆議院議員。1852生。

高島北海 たかしまほっかい 1931没(82歳)。明治・大正時代の日本画家。1850生。

プラトーノフ, セルゲイ・フョードロヴィチ 1933没(72歳)。ロシアの歴史家。1860生。

町田経宇 まちだけいう 1939没(75歳)。明治〜昭和時代の陸軍軍人。大将, 軍事参議官。1865生。

ボルヒャルト, ルードルフ 1945没(67歳)。ドイツの作家。1877生。

伊良子清白 いらこせいはく 1946没(70歳)。明治時代の詩人, 医師。1877生。

織田作之助 おださくのすけ 1947没(35歳)。昭和時代の小説家。1913生。

小畑敏四郎 おばたとししろう 1947没(63歳)。明治〜昭和時代の陸軍軍人。中将。1885生。

フリエス, エミール-オトン 1949没(69歳)。フランスの画家。1879生。

プール, アーネスト 1950没(69歳)。アメリカのジャーナリスト, 小説家。1880生。

仁科芳雄 にしなよしお 1951没(60歳)。大正・昭和時代の原子物理学者。理化学研究所所長, 科学研究所社長。1890生。

ルイス, シンクレア 1951没(65歳)。アメリカの小説家。1885生。

有馬頼寧 ありまよりやす 1957没(72歳)。大正・昭和時代の政治家, 伯爵。衆議院議員, 農業大臣。1884生。

ミストラル, ガブリエラ 1957没(67歳)。チリの女流詩人。1889生。

ハメット, ダシール 1961没(66歳)。アメリカの推理小説作家。1894生。

松沢一鶴 まつざわいっかく 1965没(64歳)。昭和時代の水泳選手, 水泳指導者。1900生。

カーザック, ヘルマン 1966没(69歳)。ドイツの小説家, 詩人。1896生。

シャネル, ココ 1971没(87歳)。フランスのデザイナー。通称ココ・シャネル。1883生。

生野祥雲斎 しょうのしょううんさい 1974没(69歳)。大正・昭和時代の竹工芸家。1904生。

木佐木勝 きさきまさる 1979没(84歳)。大正・昭和時代の編集者。1894生。

ミーニー, ジョージ 1980没(85歳)。アメリカの労働組合指導者。1894生。

カラス, アントン 1985没(78歳)。オーストリアのツィター奏者。1906生。

猪谷六合雄 いがやくにお 1986没(95歳)。昭和時代のスキー指導者。1890生。

サイフェルト, ヤロスラフ 1986没(84歳)。チェコの代表的詩人。1901生。

松本重治 まつもとしげはる 1989没(89歳)。昭和時代のジャーナリスト。1899生。

岡田禎子 おかだていこ 1990没(87歳)。昭和時代の劇作家。1902生。

高島善哉 たかしまぜんや 1990没(85歳)。昭和時代の経済学者, 社会学者。一橋大学教授。1904生。

栃錦清隆 とちにしききよたか 1990没(64歳)。昭和時代の力士。第44代横綱, 日本相撲協会理事長。1925生。

弘世現 ひろせげん 1996没(91歳)。昭和時代の実業家。日本生命保険社長。1904生。

トッド, アレグザンダー・ロバート 1997没(89歳)。イギリスの有機化学者。1907生。

田中一光 たなかいっこう 2002没(88歳)。昭和・平成時代のグラフィックデザイナー。1913生。

木暮正夫 こぐれまさお 2007没(67歳)。昭和・平成時代の児童文学作家。1939生。

ポンティ, カルロ 2007没(94歳)。イタリアの映画プロデューサー。1912生。

1月11日

○記念日○ 塩の日
　　　　　鏡開き
○出来事○ 太平天国の乱（1851）
　　　　　徳川一行、パリ万博へ（1867）
　　　　　東京で初のスモッグ警報（1965）

テオドシオス（パレスティナの） 529没（106?歳）。パレスティナの修道院長。423頃生。

県犬養橘三千代 あがたいぬかいのたちばなのみちよ 733没。奈良時代の女性。光明皇后の母。

菅原淳茂 すがわらのあつしげ 926没。平安時代中期の学者。

コンスタンティヌス9世 1055没（55?歳）。東ローマ皇帝（在位1042～55）。1000頃生。

藤原隆季 ふじわらのたかすえ 1185没（59歳）。平安時代後期の公卿。1127生。

道覚入道親王 どうかくにゅうどうしんのう 1250没（47歳）。鎌倉時代前期の僧。1204生。

九条行家 くじょうゆきいえ 1275没（53歳）。鎌倉時代前期の歌人・公卿。1223生。

飛鳥井雅有 あすかいまさあり 1301没（61歳）。鎌倉時代後期の歌人、公卿。1241生。

結城親光 ゆうきちかみつ 1336没。南北朝時代の南朝方の武将。

瓜生保 うりゅうたもつ 1337没。南北朝時代の越前の武将。

大陽義冲 たいようぎちゅう 1356没（71歳）。鎌倉時代後期・南北朝時代の臨済宗の僧。1286生。

無徳至孝 むとくしこう 1363没（80歳）。鎌倉時代後期・南北朝時代の僧。1284生。

ギルランダイオ，ドメニコ 1494没（45歳）。イタリアのフィレンツェ派画家。1449生。

ゴンサーレス・デ・メンドーサ，ペドロ 1495没（66歳）。スペインの聖職者、枢機官、政治家、人文学者。1428生。

豊楽門院 ぶらくもんいん 1535没（72歳）。戦国時代の女性。後柏原天皇の宮人。1464生。

コッホレーウス，ヨハネス 1552没（73歳）。ドイツのカトリック神学者。1479生。

少弐時尚 しょうにときひさ 1559没。戦国時代の武将。

渡辺高綱 わたなべたかつな 1564没（44歳）。戦国時代の武将。1521生。

ルンゲ，ヤーコプ 1595没（67歳）。ドイツのプロテスタント神学者，ポンメルンの宗教改革者。1527生。

楠正虎 くすのきまさとら 1596没（77歳）。戦国時代・安土桃山時代の書家, 豊臣秀吉の右筆。1520生。

岡本文弥（初代） おかもとぶんや 1694没（62歳）。江戸時代前期の古浄瑠璃の太夫。1633生。

ジュリュー，ピエール 1713没（75歳）。フランスのカルバン主義神学者。1637生。

チマローザ，ドメーニコ 1801没（51歳）。イタリアの作曲家。1749生。

ドワイト，ティモシー 1817没（64歳）。アメリカの教育家，神学者，詩人。1752生。

ジェラール，フランソワ 1837没（66歳）。フランスの画家。1770生。

フィールド，ジョン 1837没（54歳）。アイルランドのピアニスト，作曲家。1782生。

キー，フランシス・スコット 1843没（63歳）。アメリカの法律家，弁護士。1779生。

菅井梅関 すがいばいかん 1844没（61歳）。江戸時代後期の画家。1784生。

金子重輔 かねこじゅうすけ 1855没（25歳）。江戸時代末期の小吏。1831生。

ナデージジン，ニコライ・イワノヴィチ 1856没（51歳）。ロシアの評論家，歴史家，民俗学者。1804生。

門田朴斎 もんでんぼくさい 1873没（77歳）。江戸時代末期・明治時代の漢詩人，備後福山藩儒。1797生。

シュヴァン，テオドール 1882没（71歳）。ドイツの生理学，解剖学者。1810生。

小野梓 おのあずさ 1886没（35歳）。明治時代の政治家，法学者。太政官少書記官。1852生。

英照皇太后 えいしょうこうたいごう 1897没（64歳）。江戸・明治時代の皇族。孝明天皇の皇后。1834生。

1月11日

ローデ, エルヴィン　1898没(52歳)。ドイツの古典学者, 文献学者。1845生。

ティーレ, コルネーリス・ペトリュス　1902没(71歳)。オランダのプロテスタント神学者, 宗教学者。1830生。

高島鞆之助　たかしまとものすけ　1916没(73歳)。明治時代の陸軍軍人。中将, 子爵。1844生。

コンスタンチノス1世　1923没(54歳)。ギリシア国王(在位1913～17, 20～22)。1868生。

ヒルト　1927没(81歳)。ドイツの東洋史学者。1845生。

ハーディ, トマス　1928没(87歳)。イギリスの小説家, 詩人。1840生。

生田長江　いくたちょうこう　1936没(55歳)。明治～昭和時代の評論家, 小説家。1882生。

野口援太郎　のぐちえんたろう　1941没(74歳)。大正・昭和時代の教育家。城西学園園長。1868生。

チアーノ, ガレアッツォ, コルテラッツォ伯爵　1944没(40歳)。イタリアの政治家, 外交官。1903生。

デ・ボーノ, エミリオ　1944没(77歳)。イタリアの軍人。1866生。

ネーグリ, アーダ　1945没(74歳)。イタリアの女流作家。1870生。

五十嵐力　いがらしちから　1947没(74歳)。大正・昭和時代の国文学者。早稲田大学教授。1874生。

結城孫三郎(9代目)　ゆうきまごさぶろう　1947没(77歳)。明治～昭和時代の糸操り人形遣い。1871生。

藤井健次郎　ふじいけんじろう　1952没(85歳)。明治～昭和時代の植物学者。東京帝国大学教授。1866生。

ラトル・ド・タシニー, ジャン・ド　1952没(62歳)。フランスの陸軍軍人, 大将。1889生。

森正蔵　もりしょうぞう　1953没(52歳)。昭和時代の新聞記者。毎日新聞社社長。1900生。

横田成年　よこたせいねん　1953没(77歳)。明治～昭和時代の航空学者, 造船学者。1875生。

サイモン, ジョン, 初代子爵　1954没(80歳)。イギリスの政治家, 法律家。1873生。

河原崎権十郎(2代目)　かわらさきごんじゅうろう　1955没(74歳)。明治～昭和時代の歌舞伎役者。1880生。

リスト　1955没(81歳)。フランスの経済学者。1874生。

石田一松　いしだいちまつ　1956没(53歳)。昭和時代の演歌師, 政治家。衆議院議員。1902生。

ゲルハルト, エレナ　1961没(77歳)。ドイツの女流歌手。1883生。

ジャコメッティ, アントーニオ・アウグスト　1966没(64歳)。スイスの画家。1901生。

シャーストリー, ラール　1966没(61歳)。インドの政治家。1904生。

ヴィーゼ　1969没(92歳)。ドイツの社会学者, 経済学者。1876生。

鍋井克之　なべいかつゆき　1969没(80歳)。大正・昭和時代の洋画家, 随筆家。1888生。

喜多六平太　きたろっぺいた　1971没(96歳)。明治～昭和時代の能楽師。喜多流シテ方, 喜多流14世家元。1874生。

コラム, パードリック　1972没(90歳)。アイルランドの劇作家, 詩人。1881生。

徳永恕　とくながゆき　1973没(85歳)。大正・昭和時代の社会事業家。二葉保育園園長。1887生。

山本有三　やまもとゆうぞう　1974没(86歳)。大正・昭和時代の劇作家, 小説家。参院議員。1887生。

堀越二郎　ほりこしじろう　1982没(78歳)。昭和時代の航空機設計者, 航空評論家。1903生。

松本白鸚(初代)　まつもとはくおう　1982没(71歳)。昭和時代の歌舞伎俳優。1910生。

真壁仁　まかべじん　1984没(76歳)。昭和時代の詩人, 評論家,「地下水」主宰。1907生。

上村一夫　かみむらかずお　1986没(45歳)。昭和時代の劇画家。1940生。

ラービ, イジドール・アイザック　1988没(89歳)。オーストリア生まれのアメリカの物理学者。1898生。

アンダーソン, カール・デヴィッド　1991没(85歳)。アメリカの物理学者。1905生。

プラトリーニ, ヴァスコ　1991没(77歳)。イタリアの小説家。1913生。

ウェルズ, ニム　1997没(90歳)。アメリカの女流ジャーナリスト・著述家。1907生。

矢代静一　やしろせいいち　1998没(70歳)。昭和・平成時代の劇作家。1927生。

1月12日

○記念日○　スキーの日
○出来事○　東北3県の士族を募り屯田兵に（1875）
桜島大噴火（1914）
大相撲ラジオ放送開始（1928）

聖ベネディクト・ビスコプ　689没（61?歳）。イギリスのベネディクト派修道士, 聖者。628頃生。

アブー・サアイード・ブン・アビル・ハイル　1049没（81?歳）。ペルシアの神秘主義者, 詩人。967頃生。

哲宗（北宋）　てっそう　1100没（23歳）。中国, 北宋第7代皇帝（在位1085～1100）。1076生。

シュジェル　1151没（70歳）。パリ郊外サン＝ドニー修道院長（在職1122～51）。1081生。

藤原公光　ふじわらのきんみつ　1178没（49歳）。平安時代後期の公卿。1130生。

賀茂重保　かもしげやす　1191没（73歳）。平安時代後期の歌人。1119生。

延朗　えんろう　1208没（79歳）。平安時代後期・鎌倉時代前期の天台宗の僧。1130生。

大友貞載　おおともさだのり　1336没。鎌倉時代後期・南北朝時代の武将。

佐竹義篤　さたけよしあつ　1362没（52歳）。南北朝時代の武将。1311生。

此山妙在　しざんみょうざい　1377没（82歳）。鎌倉時代後期・南北朝時代の臨済宗の僧。1296生。

椿庭海寿　ちんていかいじゅ　1401没（84歳）。南北朝時代の臨済宗古林派の僧, 南禅寺第46世住持。1318生。

荒木田氏経　あらきだうじつね　1487没（86歳）。室町時代の祠官。1402生。

二条持通　にじょうもちみち　1493没（78歳）。室町時代・戦国時代の公卿。1416生。

マクシミリアン1世　1519没（59歳）。ドイツ王（在位1486～1519）, 神聖ローマ皇帝（在位1493～1519）。1459生。

輝山宗珠　きざんそうじゅ　1528没（121歳）。室町時代・戦国時代の曹洞宗の僧。1408生。

クレーディ, ロレンツォ・ディ　1537没（78?歳）。イタリアの画家。1459頃生。

アルバ公爵, フェルナンド・アルバレス・デ・トレド　1582没（74歳）。スペインの将軍, 公爵。1507生。

リバルタ, フランシスコ　1628没（63歳）。スペインの画家。1565生。

宝蔵院胤舜　ほうぞういんいんしゅん　1648没（60歳）。江戸時代前期の槍術家。1589生。

フェルマ, ピエール・ド　1665没（63歳）。フランスの数学者。1601生。

カリッシミ, ジャーコモ　1674没（68歳）。イタリアの作曲家。1605生。

バルトリ, ダニエッロ　1685没（76歳）。イタリアのイエズス会宣教師, 文学者, 歴史家。1608生。

ジョルダーノ, ルカ　1705没（71歳）。イタリアの画家。1634生。

村山四郎次　むらやましろうじ　1713没。江戸時代中期の歌舞伎役者。

エックルズ, ジョン　1735没（85?歳）。イギリスの作曲家。1650頃生。

荒木田麗　あらきだれい　1806没（75歳）。江戸時代中期・後期の女性。文学者。1732生。

月僊　げっせん　1809没（69歳）。江戸時代中期・後期の画僧。1741生。

歌川豊春　うたがわとよはる　1814没（80歳）。江戸時代中期・後期の浮世絵師。1735生。

十寸見蘭洲（3代目）　ますみらんしゅう　1828没。江戸時代後期の河東節の名家。

シュレーゲル, カール・ヴィルヘルム・フリードリヒ・フォン　1829没（56歳）。ドイツ・ロマン主義芸術運動の指導者。1772生。

グレンヴィル, ウィリアム・グレンヴィル, 男爵　1834没（74歳）。イギリスの政治家。1759生。

コッホ, ヨーゼフ・アントン　1839没（70歳）。ドイツ浪漫派の風景画家。1768生。

シトゥール, リュドヴィート　1856没（40歳）。スロバキアの啓蒙家。1815生。

1月12日

永岡久茂　ながおかひさしげ　1877没（38歳）。江戸・明治時代の会津藩士。1840生。

ホフマイスター，ヴィルヘルム　1877没（52歳）。ドイツの植物学者。1824生。

竹内玄同　たけのうちげんどう　1880没（76歳）。江戸・明治時代の医師。1805生。

大村純熈　おおむらすみひろ　1882没（58歳）。江戸時代末期・明治時代の大名，伯爵。1825生。

コルディコット，ランドルフ　1886没（39歳）。イギリスの挿絵画家。1846生。

オスマン，ジョルジュ・ウジェーヌ　1891没（81歳）。フランスの政治家。1809生。

伊達邦直　だてくになお　1891没（58歳）。江戸・明治時代の仙台藩主。1834生。

カトルファージュ　1892没（81歳）。フランスの博物学者，人類学者。1810生。

ミンコフスキー，ヘルマン　1909没（44歳）。ロシア，ドイツの数学者。1864生。

イェリネック　1911没（59歳）。ドイツの公法学者。1851生。

有坂成章　ありさかなりあきら　1915没（64歳）。明治時代の陸軍軍人。中尉。1852生。

シェーファー　1929没（83歳）。ドイツの歴史家。1845生。

大槻如電　おおつきじょでん　1931没（87歳）。明治・大正時代の蘭学者。文部省字書取調掛。1845生。

野田英夫　のだひでお　1939没（32歳）。昭和時代の洋画家。1908生。

イエンシュ　1940没（56歳）。ドイツの心理学者。1883生。

ベネディクトソン，エイナル　1940没（75歳）。アイスランドの詩人。1864生。

森広蔵　もりこうぞう　1944没（72歳）。大正・昭和時代の財界人。東京手形交換所理事長，安田銀行副頭取。1873生。

コーン　1947没（77歳）。ドイツの哲学者，美学者。1869生。

竹越与三郎　たけこしよさぶろう　1950没（84歳）。明治～昭和時代の日本史家，政治家。1865生。

スタルヒン　1957没（40歳）。ロシア生まれのプロ野球投手。1916生。

ゴメス-デ-ラ-セルナ，ラモン　1963没（74歳）。スペインの小説家。1888生。

大坪砂男　おおつぼすなお　1965没（60歳）。昭和時代の小説家。1904生。

三輪田元道　みわだげんどう　1965没（92歳）。明治～昭和時代の教育者。三輪田学園理事長。1872生。

寺島紫明　てらしましめい　1975没（78歳）。大正・昭和時代の日本画家。1896生。

間宮茂輔　まみやもすけ　1975没（75歳）。大正・昭和時代の小説家。1899生。

クリスティ，アガサ　1976没（85歳）。イギリスの女流推理小説家。1890生。

田島ひで　たじまひで　1976没（74歳）。大正・昭和時代の婦人運動家。衆議院議員。1901生。

クルーゾ，アンリ・ジョルジュ　1977没（69歳）。フランスの映画監督。1907生。

森本治吉　もりもとじきち　1977没（77歳）。昭和時代の日本文学者，歌人。「白路」主宰，二松学舎大学教授。1900生。

杵屋栄左衛門　きねやえいざえもん　1982没（87歳）。大正・昭和時代の長唄三味線方。長唄協会理事。1894生。

ポドゴルヌイ，ニコライ・ヴィクトロヴィチ　1983没（79歳）。ソ連の政治家。1903生。

小山久二郎　おやまひさじろう　1984没（78歳）。昭和時代の実業家。小山書店代表。1905生。

アルラン，マルセル　1986没（86歳）。フランスの小説家，評論家。1899生。

大久保康雄　おおくぼやすお　1987没（81歳）。昭和時代の英文学者，翻訳家。1905生。

立石一真　たていしかずま　1991没（90歳）。昭和時代の実業家。立石電機社長。1900生。

石井良助　いしいりょうすけ　1993没（85歳）。昭和・平成時代の法制史学者。1907生。

入江たか子　いりえたかこ　1995没（83歳）。昭和時代の女優。1911生。

ハギンズ，チャールズ・ブレントン　1997没（95歳）。アメリカの医学者，外科医，泌尿器科医。1901生。

野々村一雄　ののむらかずお　1998没（84歳）。昭和・平成時代の経済学者。1913生。

田宮裕　たみやひろし　1999没（66歳）。昭和・平成時代の法学者。立教大学教授。1933生。

沢村宗十郎（9代目）　さわむらそうじゅうろう　2001没（67歳）。昭和・平成時代の歌舞伎役者。1933生。

深作欣二　ふかさくきんじ　2003没（72歳）。昭和・平成時代の映画監督。1930生。

1月13日

○記念日○　たばこの日
○出来事○　咸臨丸が米国へ出航（1860）
　　　　　英米音楽を禁止（1943）
　　　　　共通一次試験スタート（1979）

マリウス，ガイウス　前86没（70?歳）。ローマ共和制末期の将軍。前156頃生。

聖ケンティガン　603没（85?歳）。スコットランドの宣教者，使徒，聖人。518頃生。

巨勢徳太古　こせのとこたこ　658没（66歳）。飛鳥時代の廷臣。593生。

安積親王　あさかしんのう　744（閏1月）没（17歳）。奈良時代の聖武天皇の皇子。728生。

藤原河子　ふじわらのかわこ　838没。平安時代前期の女性。桓武天皇の宮人。

カルル3世　888没（49歳）。東フランクの王（在位876～887）。839生。

藤原基経　ふじわらのもとつね　891没（56歳）。平安時代前期の公卿。836生。

ベルノ（ボームの）　927没（77?歳）。フランスの高僧。850頃生。

敦子内親王　あつこないしんのう　930没。平安時代中期の女性。清和天皇の第5皇女，加茂斎院。

向太后　しょうたいこう　1101没（55歳）。中国，北宋第6代皇帝神宗の皇后。1046生。

源頼朝　みなもとのよりとも　1199没（53歳）。平安時代後期・鎌倉時代前期の武将。鎌倉幕府初代の将軍。1147生。

北畠師重　きたばたけもろしげ　1321没（52歳）。鎌倉時代後期の公卿。1270生。

赤松則村　あかまつのりむら　1350没（74歳）。鎌倉時代後期・南北朝時代の武将，法名円心，播磨守護。1277生。

崇光天皇　すこうてんのう　1398没（65歳）。南北朝時代の北朝第3代の天皇。1334生。

フィッシャー，ヘルマン　1488没（59?歳）。ドイツの鋳物師。1429頃生。

平手政秀　ひらてまさひで　1553（閏1月）没（62歳）。戦国時代の武将。1492生。

デュボア　1555没（77歳）。フランスの解剖学者。1478生。

フィーリプス，ディルク　1568没（64?歳）。オランダの再洗礼派指導者。1504頃生。

サリーナス，フランシスコ・デ　1590没（76歳）。スペインの音楽理論家，オルガン奏者。1513生。

スペンサー，エドマンド　1599没（47?歳）。イギリスの詩人。1552生。

ブリューゲル，ヤン1世　1625没（57歳）。フランドルの画家。1568生。

元寿　げんじゅ　1648没（74歳）。安土桃山時代・江戸時代前期の真言宗の僧。1575生。

大蔵虎明　おおくらとらあきら　1662没（66歳）。江戸時代前期の狂言師。1597生。

フォックス，ジョージ　1691没（66歳）。イギリスの宗教家。1624生。

文智女王　ぶんちじょおう　1697没（79歳）。江戸時代前期・中期の女性。後水尾天皇の第1皇女。1619生。

桃田柳栄　ももたりゅうえい　1698没（52歳）。江戸時代前期の画家。1647生。

ドーノワ夫人，マリー－カトリーヌ・ル・ジュメル・ド・バルヌヴィル　1705没（55?歳）。フランスの女流作家。1650頃生。

英一蝶（初代）　はなぶさいっちょう　1724没（73歳）。江戸時代前期・中期の風俗画家。1652生。

浅野吉長　あさのよしなが　1752没（72歳）。江戸時代中期の大名。1681生。

エルドン　1838没（86歳）。イギリスの政治家，大法官（1801～6，7～27）。1751生。

フォレン，カール・テーオドーア・クリスティアン　1840没（44歳）。ドイツの詩人，政治家。1795生。

ドン・カルロス　1861没（42歳）。スペインの王位継承者。1818生。

フォスター，スティーヴン・コリンズ　1864没（37歳）。アメリカの作曲家，作詞家。1826生。

ペルシニ　1872没（64歳）。フランスの政治家。1808生。

アマデオ1世　1890没（44歳）。アオスタ公，スペイン王（在位1870～73）。1845生。

26

1月13日

シーリ, ジョン・ロバート　1895没(60歳)。イギリスの歴史学者。1834生。

ウォーゲ, ペーター　1900没(66歳)。ノルウェーの化学者。1833生。

ウィムズハースト　1903没(70歳)。イギリスの電気工学者。1832生。

石坂昌孝　いしざかまさたか　1907没(67歳)。明治時代の自由民権運動家, 政治家。神奈川県会議員初代議長, 衆議院議員。1841生。

橋本雅邦　はしもとがほう　1908没(74歳)。明治時代の日本画家。日本美術院主幹。1835生。

ウエルタ　1916没(61歳)。メキシコの軍人, 大統領(1913～14)。1854生。

外山脩造　とやましゅうぞう　1916没(75歳)。明治時代の官僚, 銀行家, 実業家。阪神電気鉄道初代社長, 衆議院議員。1842生。

牟田口元学　むだぐちげんがく　1920没(76歳)。明治・大正時代の政治家, 実業家。貴族院議員。1845生。

フェランティ, セバスチャン・ジアーニ・ド　1930没(65歳)。イギリスの電気技術者。1864生。

ラトー　1930没(66歳)。フランスの技術家。1863生。

早田文蔵　はやたぶんぞう　1934没(61歳)。明治・大正時代の植物分類学者。東京帝国大学教授。1874生。

ジョイス, ジェイムズ　1941没(58歳)。アイルランドの小説家。1882生。

鷲尾順敬　わしおじゅんきょう　1941没(74歳)。明治～昭和時代の仏教史学者。東洋大学教授, 東京帝国大学史料編纂官。1868生。

三遊亭円馬(3代目)　さんゆうていえんば　1945没(64歳)。 明治～昭和時代の落語家。1882生。

木村謹治　きむらきんじ　1948没(60歳)。大正・昭和時代のドイツ文学者。東京帝国大学教授。1889生。

財部彪　たからべたけし　1949没(83歳)。明治～昭和時代の海軍人。1867生。

ニグリ　1953没(64歳)。スイスの鉱物学者。1888生。

スティード　1956没(84歳)。イギリスのジャーナリスト。1871生。

ファイニンガー, ライオネル　1956没(84歳)。アメリカの画家。1871生。

尾上柴舟　おのえさいしゅう　1957没(80歳)。明治～昭和時代の歌人, 国文学者。東京女子高等師範学校教授。1876生。

フランク　1957没(67歳)。アメリカの裁判官, 法学者。1889生。

グッドスピード, エドガー・ジョンスン　1962没(90歳)。アメリカのギリシア学者, 新約学者。1871生。

ゴーシュ　1962没(53歳)。インドの政治家。1909生。

オリンピオ　1963没(61歳)。トーゴの政治家, 初代大統領。1902生。

畔柳二美　くろやなぎふみ　1965没(52歳)。昭和時代の小説家。1912生。

野沢松之輔　のざわまつのすけ　1975没(72歳)。大正・昭和時代の義太夫節三味線方, 作曲家。豊本節宗家。1902生。

舟橋聖一　ふなばしせいいち　1976没(71歳)。昭和時代の小説家, 劇作家。明治大学教授, 横綱審議委員会委員長。1904生。

ハンフリー, ヒューバート・H　1978没(66歳)。アメリカの政治家。1911生。

コステラネッツ, アンドレ　1980没(78歳)。ロシア生れのアメリカの編曲家, 指揮者。1901生。

アトキンソン, ブルックス　1984没(89歳)。アメリカの劇評家。1894生。

前川文夫　まえかわふみお　1984没(75歳)。昭和時代の植物学者。東京大学教授。1908生。

前田透　まえだとおる　1984没(69歳)。昭和時代の歌人。明星大学教授,「詩歌」主宰。1914生。

蒋経国　しょうけいこく　1988没(77歳)。台湾の軍人, 政治家。1910生。

三井礼子　みついれいこ　1989没(83歳)。昭和時代の女性史研究家。1905生。

プレヴァン　1993没(91歳)。フランスの政治家。1901生。

城夏子　じょうなつこ　1995没(92歳)。昭和時代の小説家。1902生。

陸井三郎　くがいさぶろう　2000没(81歳)。昭和・平成時代の国際評論家。アメリカ研究所長。1918生。

丸木俊　まるきとし　2000没(87歳)。昭和・平成時代の洋画家。1912生。

本多秋五　ほんだしゅうご　2001没(92歳)。昭和・平成時代の文芸評論家。明治大学教授。1908生。

1月14日

○記念日○ 左義長（どんど焼き）
　　　　　飾納
○出来事○ 『トスカ』初演（1900）
　　　　　南極でタロとジロの生存を確認（1959）
　　　　　伊豆大島近海地震（1978）

円仁　えんにん　864没（71歳）。平安時代前期の天台宗の僧。794生。

エッケハルト1世　973没（73?歳）。中世ドイツの聖ガレン修道院修道士。900頃生。

延救　えんく　1067没（70歳）。平安時代中期の真言宗の僧。998生。

藤原長輔　ふじわらのながすけ　1156没（54歳）。平安時代後期の公卿。1103生。

高倉天皇　たかくらてんのう　1181没（21歳）。第80代の天皇。1161生。

新田義重　にったよししげ　1202没（68歳）。平安時代後期・鎌倉時代前期の武将。1135生。

サバ（セルビアの）　1235没（60?歳）。初代セルビア大主教、文筆家、聖人。1175頃生。

藤原経範　ふじわらのつねのり　1257没（71歳）。鎌倉時代前期の公卿。1187生。

道仁法親王　どうにんほっしんのう　1263没（54歳）。鎌倉時代前期の土御門天皇の皇子。1210生。

オドリック　1331没（45?歳）。イタリアの旅行家。1286頃生。

舜昌　しゅんじょう　1335没（81歳）。鎌倉時代後期の浄土宗の僧。1255生。

二条師忠　にじょうもろただ　1341没（88歳）。鎌倉時代後期・南北朝時代の公卿。1254生。

世尊寺行尹　せそんじゆきただ　1350没。南北朝時代の公卿。

隆舜　りゅうしゅん　1353没（74歳）。鎌倉時代後期・南北朝時代の真言僧。1280生。

大綱明宗　だいこうみょうしゅう　1437没（75歳）。南北朝時代・室町時代の僧。1363生。

春浦宗熙　しゅんぽそうき　1496没（88歳）。室町時代・戦国時代の臨済宗の僧。1409生。

ポルデノーネ　1539没（56?歳）。イタリアの画家。1483頃生。

ヘリンク、ループス　1541没（46?歳）。ドイツの司祭、教会音楽作曲家。1495頃生。

朝日方　あさひのかた　1590没（48歳）。安土桃山時代の女性。徳川家康の継室。1543生。

西尾忠永　にしおただなが　1620没（37歳）。江戸時代前期の大名。1584生。

松平家信　まつだいらいえのぶ　1638没（74歳）。安土桃山時代・江戸時代前期の大名。1565生。

カヴァッリ、ピエル・フランチェスコ　1676没（73歳）。イタリアのオペラ作曲家。1602生。

バルトリン、エラスムス　1698没（72歳）。デンマークの物理学者。1625生。

萱野三平　かやのさんぺい　1702没（28歳）。江戸時代前期の播磨赤穂藩士。1675生。

ハリー、エドモンド　1742没（85歳）。イギリスの天文学者。1656生。

バークリー、ジョージ　1753没（67歳）。イギリスの哲学者、聖職者。1685生。

藤林普山　ふじばやしふざん　1836没（56歳）。江戸時代後期の蘭学者。1781生。

バレール、ベルトラン　1841没（85歳）。フランスの政治家。1755生。

道光帝　どうこうてい　1850没（68歳）。中国、清朝の第8代皇帝（在位1820～50）。1782生。

金井烏洲　かないうしゅう　1857没（62歳）。江戸時代末期の画家、画論家、勤王家。1796生。

近藤長次郎　こんどうちょうじろう　1866没（29歳）。江戸時代末期の商人大黒屋伝次の子、勝海舟の門弟。1838生。

高島秋帆　たかしましゅうはん　1866没（69歳）。江戸時代末期の砲術家、洋式兵学者。1798生。

アングル、ジャン・オーギュスト・ドミニク　1867没（86歳）。フランスの画家。1780生。

クーザン、ヴィクトール　1867没（74歳）。フランスの哲学者。1792生。

広川晴軒　ひろかわせいけん　1884没（82歳）。江戸・明治時代の洋学者。1803生。

柳楢悦　やなぎならよし　1891没（60歳）。江戸・明治時代の津藩士、数学者。東京数学会社

社長。1832生。
キャロル, ルイス　1898没(65歳)。イギリスの文学者, 数学者。1832生。
エルミート, シャルル　1901没(78歳)。フランスの数学者。1822生。
グルベルグ, カトー・マキシミリアン　1902没(65歳)。ノルウェーの化学者, 数学者。1836生。
アッベ, エルンスト　1905没(64歳)。ドイツの物理学者。1840生。
華頂宮郁子　かちょうのみやいくこ　1908没(56歳)。江戸・明治時代の皇族。1853生。
ドラックマン, ホルガー　1908没(61歳)。デンマークの詩人。1846生。
ロジェストヴェンスキー　1909没(60歳)。ロシアの提督。1848生。
リープマン　1912没(71歳)。ドイツの新カント学派の哲学者。1840生。
金原明善　きんばらめいぜん　1923没(92歳)。明治・大正時代の実業家。1832生。
ガーボルグ, アーネ・エヴェンソン　1924没(72歳)。ノルウェーの小説家, 劇作家。1851生。
原勝郎　はらかつろう　1924没(54歳)。明治・大正時代の史学者。京都帝国大学教授。1871生。
ヴィダル　1929没(66歳)。フランスの医師, 細菌学者。1862生。
マルシャン, ジャン・バティスト　1934没(70歳)。フランスの軍人。1863生。
野村万斎(初代)　のむらまんさい　1938没(77歳)。明治〜昭和時代の狂言師。1862生。
春風亭柳枝(7代目)　しゅんぷうていりゅうし　1941没(49歳)。大正・昭和時代の落語家。1893生。
長谷川テル　はせがわてる　1947没(36歳)。昭和時代のエスペランティスト, 反戦活動家。1912生。
トゥリーナ, ホアキン　1949没(66歳)。スペインの作曲家。1882生。
増田次郎　ますだじろう　1951没(82歳)。大正・昭和時代の政治家, 実業家。1868生。
鳥居竜蔵　とりいりゅうぞう　1953没(82歳)。明治〜昭和時代の人類学者, 考古学者。国学院大学教授, 上智大学教授。1870生。
ボガート, ハンフリー　1957没(57歳)。アメリカの映画俳優。1899生。
松本彦次郎　まつもとひこじろう　1958没(77歳)。明治〜昭和時代の日本史学者, 俳人。

東京文理科大学教授。1880生。
青木孝義　あおきたかよし　1962没(64歳)。昭和時代の経済学者, 政治家。日本大学教授, 衆議院議員。1897生。
伊藤証信　いとうしょうしん　1963没(86歳)。明治〜昭和時代の仏教思想家, 社会運動家。1876生。
田辺至　たなべいたる　1968没(81歳)。大正・昭和時代の洋画家。東京美術学校教授。1886生。
植村益蔵　うえむらますぞう　1969没(83歳)。明治〜昭和時代の宗教家。日本救世軍司令官。1885生。
河合卯之助　かわいうのすけ　1969没(79歳)。大正・昭和時代の陶芸家。1889生。
フレデリク9世　1972没(72歳)。デンマーク王, ノルウェー王(在位1947〜72年)。1899生。
梅本克己　うめもとかつみ　1974没(61歳)。昭和時代の哲学者, マルクス主義思想家。1912生。
坂西志保　さかにししほ　1976没(79歳)。昭和時代の評論家。1896生。
ラザク　1976没(53歳)。マレーシアの政治家。1922生。
イーデン, サー・アントニー, 初代エイヴォン伯爵　1977没(79歳)。イギリスの首相(1955〜57)。1897生。
中部謙吉　なかべけんきち　1977没(80歳)。大正・昭和時代の実業家。大洋漁業社長, 大日本水産会会長。1896生。
ニン, アナイス　1977没(73歳)。アメリカの女流作家。1903生。
ゲーデル, クルト　1978没(71歳)。アメリカの数学者, 論理学者。1906生。
花森安治　はなもりやすじ　1978没(66歳)。昭和時代の編集者, 装幀家。「暮しの手帖」編集長。1911生。
リリエンソール　1981没(81歳)。アメリカの公共事業行政官。1899生。
マレンコフ, ゲオルギー・マクシミリアノヴィチ　1988没(86歳)。ソ連の政治家。1902生。
グロトフスキ, イエジィ　1999没(65歳)。ポーランドの演出家。1933生。
ペイネ　1999没(90歳)。フランスの漫画家。1908生。

1月14日

1月15日

○記念日○ 小正月（女正月）
　　　　　上元
○出来事○ 坂下門外の変（1862）
　　　　　双葉山の連勝記録69で止まる（1939）

ガルバ, セルウィウス・スルピキウス　69没（70歳）。ローマ皇帝（在位68～69）。前3生。

大伴御行　おおとものみゆき　701没（56歳）。飛鳥時代の廷臣。646生。

延昌　えんしょう　964没（85歳）。平安時代中期の天台宗の僧。880生。

イブン・ジンニー　1002没（61?歳）。アラビアの言語学者。941頃生。

寛助　かんじょ　1125没（69歳）。平安時代後期の真言宗の僧。1057生。

藤原顕隆　ふじわらのあきたか　1129没（58歳）。平安時代後期の公卿。1072生。

真誉　しんよ　1137没（69歳）。平安時代後期の僧。1069生。

李綱　りこう　1140没（55歳）。中国, 北宋末～南宋初めの政治家。1085生。

平忠盛　たいらのただもり　1153没（58歳）。平安時代後期の武士。1096生。

ペトルス（カステルノーの）　1208没。フランス出身のローマ教皇特使, 殉教者, 尊者。

空阿　くうあ　1228没（74歳）。鎌倉時代前期の浄土宗の僧。1155生。

津戸為守　つのとためもり　1243没（81歳）。平安時代後期・鎌倉時代前期の武蔵国の御家人。1163生。

道助入道親王　どうじょにゅうどうしんのう　1249没（54歳）。鎌倉時代前期の僧。1196生。

大炊御門師経　おおいみかどもろつね　1259没（84歳）。鎌倉時代前期の公卿。1176生。

小山若犬丸　おやまわかいぬまる　1397没。南北朝時代・室町時代の下野の武将。

酉岡　ゆうげい　1507没。戦国時代の浄土宗の僧。

長尾景長　ながおかげなが　1528没（60歳）。戦国時代の武将。1469生。

エレーラ・イ・グティエレス・デ・ラ・ベーガ, ファン・デ　1597没（67?歳）。スペイン・ルネサンスの建築家。1530頃生。

サラビア, ハドリアン・ア　1613没（82歳）。スペイン系のプロテスタント神学者。1531生。

村越直吉　むらこしなおよし　1614没（53歳）。安土桃山時代・江戸時代前期の武将。1562生。

レシーユス, レーオンハルト　1623没（68歳）。ベルギーの神学者。1554生。

西類子　にしるいす　1646没。江戸時代前期の貿易家。

ネッチャー, カスパル　1684没（45歳）。オランダの画家。1639生。

北村湖春　きたむらこしゅん　1697没（50歳）。江戸時代前期の俳人, 歌学者。1648生。

サンマルティーニ, ジョヴァンニ・バッティスタ　1775没（75?歳）。イタリアの音楽家。1700頃生。

ハミルトン, エマ　1815没（49歳）。イギリスの外交官の夫人でネルソン提督の愛人。1765生。

島津重豪　しまづしげひで　1833没（89歳）。江戸時代中期・後期の大名。1745生。

黒沢琴古（4代目）　くろさわきんこ　1860没。江戸時代末期の琴古流尺八演奏者。

河本杜太郎　かわもともりたろう　1862没（23歳）。江戸時代末期の志士。1840生。

河野顕三　こうのけんぞう　1862没（25歳）。江戸時代末期の尊攘派の志士。1838生。

エヴァレット, エドワード　1865没（70歳）。アメリカのユニテリアン派の牧師, 教育者。1794生。

ダゼリオ, マッシモ・タパレッリ　1866没（67歳）。イタリアの小説家, 政治家。1798生。

阪谷朗廬　さかたにろうろ　1881没（60歳）。江戸・明治時代の儒学者。1822生。

有栖川宮熾仁親王　ありすがわのみやたるひとしんのう　1895没（61歳）。江戸・明治時代の皇族。参謀総長。1835生。

ブレイディ, マシュー　1896没（73歳）。アメリカの写真家。1823生。

1月15日

子安峻　こやすたかし　1898没(63歳)。明治時代の実業家。1836生。

ハイヤット　1902没(63歳)。アメリカの古生物学者。1838生。

丹羽長国　にわながくに　1904没(71歳)。江戸・明治時代の大名。1834生。

坂東玉三郎(3代目)　ばんどうたまさぶろう　1905没(23歳)。明治時代の歌舞伎役者。1883生。

ヴィルデンブルッフ, エルンスト・フォン　1909没(63歳)。ドイツの劇作家, 詩人。1845生。

近藤朔風　こんどうさくふう　1915没(36歳)。明治・大正時代の訳詞家。1880生。

ド・モーガン, ウィリアム　1917没(77歳)。イギリスの陶芸家, 小説家。1839生。

宮原二郎　みやはらじろう　1918没(61歳)。明治時代の海軍軍人, 軍事技術者。中将, 東京帝国大学教授, 貴族院議員。1858生。

リープクネヒト, カール　1919没(47歳)。ドイツの左派社会主義運動の指導者。1871生。

ルクセンブルク, ローザ　1919没(47歳)。ドイツの女性革命家。1871生。

小栗風葉　おぐりふうよう　1926没(52歳)。明治・大正時代の小説家。1875生。

トゼリ, エンリーコ　1926没(42歳)。イタリアのピアニスト, 作曲家。1883生。

ケルシェンシュタイナー　1932没(77歳)。ドイツの教育学者, 教育改革家。1854生。

バール, ヘルマン　1934没(70歳)。オーストリアの評論家, 劇作家。1863生。

野口遵　のぐちしたがう　1944没(72歳)。明治～昭和時代の実業家。1873生。

カッセル, グスタフ　1945没(78歳)。スウェーデンの経済学者。1866生。

野村徳七　のむらとくしち　1945没(68歳)。明治～昭和時代の実業家。1878生。

日野熊蔵　ひのくまぞう　1946没(69歳)。明治～昭和時代の陸軍軍人。中佐, 十条火薬製造所長。1878生。

サリヴァン, ハリ・スタック　1949没(56歳)。アメリカの精神医学者。1892生。

タンギー, イヴ　1955没(55歳)。フランス生れのアメリカの画家。1900生。

シュワルツ, エヴゲーニー・リヴォヴィチ　1958没(61歳)。ソ連の劇作家。1896生。

竹本住太夫(6代目)　たけもとすみたゆう　1959没(72歳)。明治～昭和時代の浄瑠璃太夫。1886生。

冨田満　とみたみつる　1961没(77歳)。大正・昭和時代の牧師。日本基督教団初代統理。1883生。

ティーガーデン, ジャック　1964没(58歳)。アメリカのジャズ。1905生。

バレワ, サー・アブバカル・タファワ　1966没(54歳)。ナイジェリアの政治家。1912生。

インフェルト　1968没(69歳)。アメリカ(ポーランド生れ)の理論物理学者。1898生。

武内了温　たけうちりょうおん　1968没(76歳)。大正・昭和時代の宗教家, 社会運動家。真身会会長, 光明会会長。1891生。

関山利一　せきやまりいち　1970没(60歳)。昭和時代の棋士。囲碁本因坊(第1期)。1909生。

富沢有為男　とみさわういお　1970没(67歳)。大正・昭和時代の画家, 小説家。1902生。

ペトロフスキー　1973没(71歳)。ソ連の数学者。1901生。

スムルコフスキー　1974没(62歳)。チェコスロバキアの政治家。1911生。

坂本清馬　さかもとせいま　1975没(89歳)。明治～昭和時代の社会運動家, 政治家。高知県中村町会議員。1885生。

長谷川伝次郎　はせがわでんじろう　1976没(81歳)。昭和時代の写真家。1894生。

百武源吾　ひゃくたけげんご　1976没(93歳)。明治～昭和時代の海軍軍人。大将。1882生。

市川百々之助　いちかわもものすけ　1978没(71歳)。大正・昭和時代の俳優。1906生。

十和田操　とわだみさお　1978没(77歳)。昭和時代の小説家。1900生。

藤田巌　ふじたいわお　1979没(74歳)。昭和時代の官僚, 水産庁長官。1904生。

マックブライド　1988没(83歳)。アイルランドの平和運動家。1904生。

橋本徳寿　はしもととくじゅ　1989没(94歳)。大正・昭和時代の歌人, 造船技師。現代歌人協会理事。1894生。

熊谷太三郎　くまがいたさぶろう　1992没(85歳)。昭和・平成時代の政治家, 実業家。参議院議員, 熊谷組会長。1906生。

モショエショエ2世　1996没(57歳)。レソト国王。1938生。

井本稔　いもとみのる　1999没(90歳)。昭和時代の化学者。日本化学会会長。1908生。

牧羊子　まきようこ　2000没(76歳)。昭和・平成時代の詩人, 随筆家。1923生。

1月16日

○記念日○ 初閻魔
念仏の口開け
○出来事○ 米のペリーが再来航(1854)
白瀬矗らが南極に到着(1912)
石油消費規制でネオン消える(1974)

フルサ 648没。アイルランドの修道士、修院長、聖人。

陽明門院 ようめいもんいん 1094没(82歳)。平安時代中期・後期の女性。後朱雀天皇の皇后。1013生。

藤原基俊 ふじわらのもととし 1142没(83歳)。平安時代後期の歌人。1060生。

二条定高 にじょうさだたか 1243没(54歳)。鎌倉時代前期の公卿。1190生。

藤原長房 ふじわらのながふさ 1243没(74歳)。鎌倉時代前期の公卿。1170生。

千葉宗胤 ちばむねたね 1294没(30歳)。鎌倉時代後期の武将。1265生。

ニケーフォロス・クームノス 1327没(77?歳)。ビザンティンの政治家、修辞学者、神学的・修徳的文書作者。1250頃生。

今出川兼季 いまでがわかねすえ 1339没(59歳)。鎌倉時代後期・南北朝時代の公卿。1281生。

空谷明応 くうこくみょうおう 1407没(80歳)。南北朝時代・室町時代の臨済宗の僧。1328生。

ガッタメラータ 1443没(73?歳)。ヴェネツィアの傭兵隊長。1370頃生。

高山宗砌 たかやまそうぜい 1455没。室町時代の連歌師。

シュパーラティーン、ゲオルク 1545没(60歳)。ドイツの宗教改革者。1484生。

シェーナー 1547没(70歳)。ドイツの数学者、地理学者、天文学者。1477生。

ペダーセン、クリスティアーン 1554没(74?歳)。デンマークの宗教改革期の神学者、文筆家。1480頃生。

ヴェストファール、ヨーアヒム 1574没(64歳)。ドイツのルター派神学者。1510生。

中山孝親 なかやまたかちか 1578没(67歳)。戦国時代・安土桃山時代の公卿。1512生。

ヘンズロー、フィリップ 1616没(66?歳)。イギリスの劇場経営者。1550頃生。

土佐光則 とさみつのり 1638没(56歳)。江戸時代前期の土佐派の画家。1583生。

ノービリ、ロベルト・デ 1651没(73歳)。イタリアのカトリック布教者。1577生。

サブレ夫人 1678没(79歳)。フランスの女流文人。1599生。

度会延佳 わたらいのぶよし 1690没(76歳)。江戸時代前期の神道家。1615生。

渡辺秀石 わたなべしゅうせき 1709没(69歳)。江戸時代前期・中期の画家。1641生。

湛海 たんかい 1716没(88歳)。江戸時代前期・中期の修験僧。1629生。

ブロッケス、バルトルト・ハインリヒ 1747没(66歳)。ドイツの詩人。1680生。

ギボン、エドワード 1794没(56歳)。イギリスの歴史家。1737生。

ルブラン、ニコラ 1806没(63歳)。フランスの化学者。1742生。

稲村三伯 いなむらさんぱく 1811没(54歳)。江戸時代後期の蘭学者。1758生。

ポレジャーエフ、アレクサンドル・イワノヴィチ 1838没(33?歳)。ロシアの詩人。1804頃生。

喬子女王 たかこじょおう 1840没(46歳)。江戸時代後期の女性。12代将軍徳川家慶の正室。1795生。

江川太郎左衛門(36代目) えがわたろうざえもん 1855没(55歳)。江戸時代末期の代官、洋式砲術家。1801生。

ヒュースケン 1861没(28歳)。オランダ人の駐日アメリカ公使館通訳官。1832生。

シュルツェ、マックス・ヨーハン・ジギスムント 1874没(48歳)。ドイツの医学者、組織学者。1825生。

ルメートル、フレデリック 1876没(75歳)。フランスの俳優。1800生。

林鶴梁 はやしかくりょう 1878没(73歳)。江戸・明治時代の儒学者。1806生。

1月16日

菊池海荘　きくちかいそう　1881没(83歳)。江戸・明治時代の志士。1799生。

前田斉泰　まえだなりやす　1884没(74歳)。江戸時代末期・明治時代の大名。1811生。

ポンキエッリ, アミルカレ　1886没(51歳)。イタリアの作曲家。1834生。

ドリーブ, クレマン・フィリベール・レオ　1891没(54歳)。フランスの作曲家。1836生。

今北洪川　いまきたこうせん　1892没(77歳)。江戸・明治時代の臨済宗僧侶。1816生。

中村芝翫(4代目)　なかむらしかん　1899没(70歳)。江戸・明治時代の歌舞伎役者。1830生。

ベックリン, アルノルト　1901没(73歳)。スイスの画家。1827生。

常磐津文字兵衛(初代)　ときわづもじべえ　1905没(67歳)。江戸・明治時代の常磐津三味線方。1839生。

シュプルング　1909没(60歳)。ドイツの気象学者。1848生。

ハイム, ゲオルク　1912没(24歳)。ドイツの詩人。1887生。

伊東祐亨　いとうすけゆき　1914没(72歳)。明治時代の海軍軍人。元帥。1843生。

北垣国道　きたがきくにみち　1916没(81歳)。明治時代の官僚。京都府知事。1836生。

デューイ, ジョージ　1917没(79歳)。アメリカの海軍軍人。1837生。

ラシュリエ, ジュール　1918没(85歳)。フランスの観念論哲学者。1832生。

クロパトキン, アレクセイ・ニコラエヴィチ　1925没(76歳)。ロシア軍人。1848生。

珍田捨巳　ちんだすてみ　1929没(73歳)。明治～昭和時代の外交官。東宮大夫。1857生。

岡田時彦　おかだときひこ　1934没(32歳)。大正・昭和時代の映画俳優。1903生。

コノート, プリンス・アーサー, 公爵　1942没(91歳)。イギリスの王子、陸軍軍人。1850生。

ヤフヤー・ハミード・アッディーン　1948没(79?歳)。イェーメン国王。1869頃生。

クルップ, グスタフ　1950没(79歳)。ドイツの実業家。1870生。

米窪満亮　よねくぼみつすけ　1951没(62歳)。大正・昭和時代の労働運動家、政治家。労相、衆院議員(社会党)。1888生。

プリーシヴィン, ミハイル・ミハイロヴィチ　1954没(80歳)。ロシア、ソ連の小説家。1873生。

トスカニーニ, アルトゥーロ　1957没(89歳)。イタリアの指揮者。1867生。

山本一清　やまもといっせい　1959没(69歳)。大正・昭和時代の天文学者。1889生。

桂三木助(3代目)　かつらみきすけ　1961没(58歳)。大正・昭和時代の落語家。1902生。

伊達得夫　だてとくお　1961没(40歳)。昭和時代の出版人。書肆ユリイカ社主。1920生。

古川緑波　ふるかわろっぱ　1961没(57歳)。昭和時代の喜劇俳優。1903生。

トーニー, リチャード・ヘンリー　1962没(81歳)。イギリスの経済史家、経済学者。1880生。

メシュトロヴィチ, イヴァン　1962没(78歳)。ユーゴスラビアの彫刻家。1883生。

長谷川勘兵衛(16代目)　はせがわかんべえ　1964没(74歳)。大正・昭和時代の歌舞伎大道具方。1889生。

ヴァン・デ・グラーフ, ロバート・ジェミソン　1967没(65歳)。アメリカの物理学者。1901生。

坂東三津五郎(8代目)　ばんどうみつごろう　1975没(68歳)。大正・昭和時代の歌舞伎役者。1906生。

田中二郎　たなかじろう　1982没(75歳)。昭和時代の行政法学者、裁判官。1906生。

柳田謙十郎　やなぎだけんじゅうろう　1983没(89歳)。昭和時代の哲学者。1893生。

仁田勇　にったいさむ　1984没(84歳)。大正・昭和時代の化学者、日本化学会会長。1899生。

梅原龍三郎　うめはらりゅうざぶろう　1986没(97歳)。大正・昭和時代の洋画家。東京美術学校教授。1888生。

カスー, ジャン　1986没(88歳)。フランスの小説家、美術評論家。1897生。

入江泰吉　いりえたいきち　1992没(86歳)。昭和時代の写真家。1905生。

寿岳文章　じゅがくぶんしょう　1992没(91歳)。昭和時代の英文学者、和紙研究家。1900生。

大屋政子　おおやまさこ　1999没(78歳)。昭和・平成時代のタレント、実業家。1920生。

いぬいとみこ　2002没(77歳)。昭和・平成時代の児童文学作家。1924生。

秋山庄太郎　あきやましょうたろう　2003没(82歳)。昭和・平成時代の写真家。1920生。

1月17日

○記念日○　おむすびの日
○出来事○　湾岸戦争始まる（1991）
　　　　　　ロサンゼルス大地震（1994）
　　　　　　阪神大震災（1995）

テオドシウス1世　395没（49?歳）。ローマ皇帝（在位379～395）。346頃生。

仲野親王　なかのしんのう　867没（76歳）。桓武天皇の皇子。792生。

郭威　かくい　954没（49歳）。中国、五代後周の初代皇帝。904生。

源清延　みなもとのきよのぶ　996没。平安時代中期の公卿。

アルベルトゥス1世（リガの）　1229没（64?歳）。ブレーメン出身の司教。1165頃生。

経玄　きょうげん　1231（閏1月）没（72歳）。平安時代後期・鎌倉時代前期の天台宗の僧。1160生。

深寛　しんかん　1287没（62歳）。鎌倉時代後期の真言僧。1226生。

徳大寺実孝　とくだいじさねたか　1322没（30歳）。鎌倉時代後期の公卿。1293生。

清拙正澄　せいせつしょうちょう　1339没（66歳）。鎌倉時代後期・南北朝時代の臨済宗破庵派の渡来禅僧。1274生。

正親町実明　おおぎまちさねあき　1351没（82歳）。鎌倉時代後期・南北朝時代の公卿。1270生。

高師冬　こうのもろふゆ　1351没。南北朝時代の武将。

畠山基国　はたけやまもとくに　1406没（56歳）。南北朝時代・室町時代の武将、室町幕府管領。1351生。

カスティーリョーネ、バルダッサーレ、ノヴィラーラ伯爵　1529没（50歳）。イタリアの詩人、外交官。1478生。

玉堂宗条　ぎょくどうそうじょう　1561没（81歳）。戦国時代の臨済宗の僧。1481生。

別所長治　べっしょながはる　1580没（23歳）。安土桃山時代の武将。1558生。

古渓宗陳　こけいそうちん　1597没（66歳）。戦国時代・安土桃山時代の臨済宗の僧。1532生。

フョードル1世　1598没（40歳）。ロシアの皇帝（在位1584～98）。1557生。

立花誾千代　たちばなぎんちよ　1602没（34歳）。安土桃山時代の女性。筑前国立花城主立花鑑連の娘。1569生。

アルバレス、ディエゴ　1620没（60歳）。スペインの神秘家、イエズス会士。1560生。

成瀬正成　なるせまさなり　1625没（58?歳）。安土桃山時代・江戸時代前期の大名。1568頃生。

阿江与助　あこうよすけ　1634没。江戸時代前期の治水家。

ポッター、パウル　1654没（28歳）。オランダの画家、銅版画家。1625生。

フルテンバハ、ヨーゼフ　1667没（75歳）。ドイツの建築家、建築理論家。1591生。

亀姫　かめひめ　1681没（65歳）。江戸時代前期の女性。徳川家康の長女。1617生。

ドルチ、カルロ　1686没（69歳）。イタリアの画家。1616生。

ローワー、リチャード　1691没（60歳）。イギリスの解剖学者、生理学者。1631生。

レイ、ジョン　1705没（77歳）。イギリスの博物学者。1627生。

ペッペルマン、マテウス・ダニエル　1736没（73歳）。ドイツの建築家。1662生。

アルビノーニ、トマゾ　1751没（79歳）。イタリアの作曲家。1671生。

アンクティル-デュペロン、アブラアム・ヤサント　1805没（73歳）。フランスの東洋学者。1731生。

若杉五十八　わかすぎいそはち　1805没（47歳）。江戸時代中期・後期の長崎の洋風画家。1759生。

ミュラー、アーダム・ハインリヒ　1829没（49歳）。ドイツの保守的国家学者、経済学者。1779生。

朝寝坊むらく（初代）　あさねぼうむらく　1831没（55歳）。江戸時代後期の落語家。1777生。

ケーニッヒ　1833没（58歳）。ドイツの印刷技術者。1774生。

1月17日

中村歌右衛門(4代目)　なかむらうたえもん　1852没(55歳)。江戸時代末期の歌舞伎役者。1798生。

モンテス，ローラ　1861没(39歳)。アイルランド生まれの女優・高級娼婦。ルードヴィヒ1世の愛人。1821生。

サイード・パシャ　1863没(41歳)。エジプト最後の王朝第4代の君主(1854～63)。1822生。

ダルゴムイシスキー，アレクサンドル・セルゲエヴィチ　1869没(55歳)。ロシアの作曲家，ピアニスト。1813生。

ボドリー，ポール・ジャック・エメ　1886没(57歳)。フランスの画家。1828生。

モンタルボ，フアン　1889没(56歳)。エクアドルの作家。1832生。

バンクロフト，ジョージ　1891没(90歳)。アメリカの歴史家，政治家，外交官。1800生。

ヘイズ，ラザフォード・B　1893没(70歳)。アメリカ第19代大統領。1822生。

天田愚庵　あまたぐあん　1904没(51歳)。明治時代の歌人，漢詩人，僧。1854生。

荒木古童(2代目)　あらきこどう　1908没(86歳)。江戸・明治時代の琴古流尺八奏者。1823生。

コールラウシュ，フリードリヒ・ヴィヘルム・ゲオルク　1910没(69歳)。ドイツの物理学者。1840生。

ナブーコ・デ・アラウージョ，ジョアキン　1910没(60歳)。ブラジルの政治家，外交官，著作家。1849生。

ゴールトン，サー・フランシス　1911没(88歳)。イギリスの遺伝学者。1822生。

ローベルト，カール　1922没(71歳)。ドイツの古典学者，考古学者。1850生。

ゴア，チャールズ　1932没(78歳)。英国教会の神学者，主教。1853生。

ティファニー，ルイス・カムフォート　1933没(84歳)。アメリカの工芸家。1848生。

石川千代松　いしかわちよまつ　1935没(76歳)。明治～昭和時代の動物学者，生物学者。帝大農科大学教授。1860生。

銭玄同　せんげんどう　1939没(51歳)。中国，民国の学者。1887生。

嶋中雄作　しまなかゆうさく　1949没(63歳)。大正・昭和時代の出版人。中央公論社長，国民生活協会理事長。1887生。

波多野精一　はたのせいいち　1950没(72歳)。明治～昭和時代の宗教哲学者。京都帝大教授，玉川大学学長。1877生。

河辺貞吉　かわべていきち　1953没(88歳)。明治～昭和時代の牧師。1864生。

堀口由己　ほりぐちよしき　1959没(73歳)。大正・昭和時代の気象学者。神戸海洋気象台長。1885生。

山本熊一　やまもとくまいち　1963没(73歳)。昭和時代の外交官。官日本経済友好訪華代表団長，国際貿易促進協会会長。1889生。

河井酔茗　かわいすいめい　1965没(90歳)。明治～昭和時代の詩人。1874生。

朴烈　ぼくれつ　1974没(71歳)。朝鮮の政治家。1902生。

上野照夫　うえのてるお　1976没(68歳)。昭和時代の美術史学者，美術評論家。京都大学教授。1907生。

小沼正　おぬましょう　1978没(66歳)。昭和時代の右翼活動家。1911生。

ネスメヤーノフ　1980没(80歳)。ソ連の有機化学者。1899生。

原田敏明　はらだとしあき　1983没(89歳)。昭和時代の宗教史学者。東海大学教授。1893生。

児玉誉士夫　こだまよしお　1984没(72歳)。昭和時代の右翼運動家，実業家。ロッキード航空機会社秘密代理人。1911生。

グットゥーゾ，レナート　1987没(75歳)。イタリアの画家。1912生。

オラフ5世　1991没(87歳)。ノルウェーの国王。1903生。

マンズー，ジャコモ　1991没(82歳)。イタリアの彫刻家。1908生。

高良とみ　こうらとみ　1993没(96歳)。昭和時代の婦人運動家，政治家。タゴール会会長，参議院議員。1896生。

三宅艶子　みやけつやこ　1994没(81歳)。昭和・平成時代の小説家，評論家。1912生。

トンボー，クライド・ウィリアム　1997没(90歳)。現代アメリカの天文学者。1906生。

コーソー，グレゴリー　2001没(70歳)。アメリカのビート・ジェネレーションの詩人。1930生。

井沢八郎　いざわはちろう　2007没(69歳)。昭和・平成時代の歌手。1937生。

1月18日

- ○記念日○ 都バス記念日
- ○出来事○ 振袖火事が発生（1657）
  富山市で米騒動（1890）
  大逆事件で幸徳秋水らに死刑判決（1911）

クロディウス　前52没（41歳）。ローマの政治家。前93生。

コンスタンス，フラーウィウス・ユーリウス　350没（27?歳）。ローマ皇帝（在位337～350）。323頃生。

藤原氷上娘　ふじわらのひかみのいらつめ　682没。飛鳥時代の女性。天武天皇の妃。

巨勢麻呂　こせのまろ　717没。飛鳥時代・奈良時代の廷臣。

藤原寛子　ふじわらのかんし　945没（40歳）。平安時代中期の女性。醍醐天皇の第4皇子重明親王の妃。906生。

ハットー2世　970没。マインツの大司教（968～70）。

韶子内親王　しょうしないしんのう　980没（63歳）。平安時代中期の女性。醍醐天皇の皇女。918生。

後朱雀天皇　ごすざくてんのう　1045没（37歳）。第69代の天皇。1009生。

藤原実資　ふじわらのさねすけ　1046没（90歳）。平安時代中期の公卿。957生。

勝範　しょうはん　1077没（82歳）。平安時代中期の僧。996生。

ウルフスタン（ウースターの）　1095没（86?歳）。イギリスのウースターの司教，聖人。1009頃生。

ギョーム・ド・シャンポー　1121没（51?歳）。フランスの哲学者，神学者。1070頃生。

久我通光　こがみちみつ　1248没（62歳）。鎌倉時代前期の歌人・公卿。1187生。

マルガレータ（ハンガリーの）　1270没（28?歳）。ハンガリーの王女，ドミニコ会聖人。1242頃生。

ペドロ1世　1367没（46歳）。ポルトガル王（在位1357～67）。1320生。

聖珍法親王　しょうちんほっしんのう　1382（閏1月）没。南北朝時代の皇族。伏見天皇の皇子。

足利義持　あしかがよしもち　1428没（43歳）。室町幕府第4代の将軍。1386生。

ルートウィヒ9世（富裕公）　1479没（61歳）。バイエルン＝ランツフート公（在位1450～79）。1417生。

ベンボ，ピエートロ　1547没（76歳）。イタリアの人文主義者，詩人。1470生。

北向道陳　きたむきどうちん　1562没（59歳）。戦国時代の堺の茶人。1504生。

スカンデロ，アントーニオ　1580没（63歳）。イタリアの作曲家。1517生。

マルガレータ・ド・パルマ　1586没（63歳）。パルマ公夫人。1522生。

最上義光　もがみよしあき　1614没（69歳）。安土桃山時代・江戸時代前期の大名。1546生。

ハイデガー，ヨーハン・ハインリヒ　1698没（64歳）。スイスの神学者。1633生。

土芳　どほう　1730没（74歳）。江戸時代前期・中期の俳人。1657生。

観世元章　かんぜもとあきら　1774没（53歳）。江戸時代中期の能役者。1722生。

屋嘉比朝寄　やかびちょうき　1775没（60歳）。江戸時代中期の沖縄古典音楽の演奏者。1716生。

屋代弘賢　やしろひろかた　1841（閏1月）没（84歳）。江戸時代中期・後期の考証学者。1758生。

タイラー，ジョン　1862没（71歳）。アメリカの第10代大統領（1841～45）。1790生。

ニールソン　1865没（72歳）。イギリスの技術者。1792生。

鍋島直正　なべしまなおまさ　1871没（58歳）。江戸・明治時代の大名。1814生。

ブルワー・リットン，エドワード　1873没（69歳）。イギリスの小説家，劇作家。1803生。

桜田百衛　さくらだももえ　1883没（25歳）。明治時代の小説家。1859生。

リデル，ヘンリー・ジョージ　1898没（86歳）。イギリスのギリシア語学者。1811生。

1月18日

大谷光尊　おおたにこうそん　1903没（54歳）。明治時代の真宗大谷派僧侶。本願寺21代法主。1850生。

ミトレ，バルトロメ　1906没（84歳）。アルゼンチンの政治家，軍人，歴史家，初代大統領。1821生。

スネレン　1908没（74歳）。オランダの眼科医。1834生。

速水堅曹　はやみけんぞう　1913没（75歳）。明治時代の製糸指導者。1839生。

菊池芳文　きくちほうぶん　1918没（57歳）。明治・大正時代の日本画家。京都市立絵画専門学校教授。1862生。

ヒルデブラント，アドルフ　1921没（73歳）。ドイツの彫刻家。1847生。

神保小虎　じんぼことら　1924没（58歳）。明治・大正時代の地質鉱物学者。東京地質学会会長，東京地学協会会長。1867生。

チャニング　1931没（74歳）。アメリカの歴史家。1856生。

チーリコフ，エヴゲーニー・ニコラエヴィチ　1932没（67歳）。ロシアの作家。1864生。

三宅やす子　みやけやすこ　1932没（43歳）。大正・昭和時代の小説家，評論家。1890生。

キップリング，ラドヤード　1936没（70歳）。インド生れのイギリスの小説家，詩人。1865生。

ポロック　1937没（91歳）。イギリスの法学者。1845生。

テトマイエル，カジミェシュ・プシェルヴァ　1940没（74歳）。ポーランドの詩人，小説家。1865生。

本因坊秀哉　ほんいんぼうしゅうさい　1940没（67歳）。明治～昭和時代の囲碁家元。1874生。

大原孫三郎　おおはらまごさぶろう　1943没（64歳）。大正・昭和時代の実業家。倉敷紡績社長。1880生。

ブランシュヴィク，レオン　1944没（74歳）。フランスの観念論哲学者。1869生。

杉村広蔵　すぎむらこうぞう　1948没（54歳）。昭和時代の経済哲学者。1895生。

藤村トヨ　ふじむらとよ　1955没（77歳）。明治～昭和時代の体育指導者。1877生。

マントー，サアーダット・ハサン　1955没（42歳）。パキスタンのウルドゥー語作家。1912生。

牧野富太郎　まきのとみたろう　1957没（94歳）。明治～昭和時代の植物学者。1862生。

ゲイツケル，ヒュー　1963没（56歳）。イギリスの政治家，経済学者。1906生。

ウェイガン，マクシム　1965没（97歳）。フランスの軍人。1867生。

フライアー　1969没（81歳）。ドイツの社会学者。1887生。

スティーヴンズ，スタンリー・スミス　1973没（66歳）。アメリカの心理学者。1906生。

江口渙　えぐちきよし　1975没（87歳）。大正・昭和時代の小説家，評論家。1887生。

音丸　おとまる　1976没（69歳）。昭和時代の歌手。1906生。

ツックマイアー，カール　1977没（80歳）。ドイツの劇作家，小説家。1896生。

ライマン　1977没（79歳）。ドイツの政治家。1898生。

ビートン，セシル　1980没（76歳）。イギリスの舞台美術家。1904生。

福原麟太郎　ふくはらりんたろう　1981没（86歳）。大正・昭和時代の英文学者，随筆家。東京教育大学教授。1894生。

三益愛子　みますあいこ　1982没（71歳）。昭和時代の女優。1910生。

鈴木澄子　すずきすみこ　1985没（80歳）。大正・昭和時代の映画女優。1904生。

石母田正　いしもだしょう　1986没（73歳）。昭和時代の日本史学者。法政大学教授。1912生。

市川八百蔵（9代目）　いちかわやおぞう　1987没（80歳）。大正・昭和時代の歌舞伎役者。1906生。

福田蓼汀　ふくだりょうてい　1988没（82歳）。昭和時代の俳人。俳人協会会長，「山火」主宰。1905生。

ボゴリューボフ，ニコライ・ニコラエヴィッチ　1992没（82歳）。ソ連の理論物理学者。1909生。

ブーテナント，アドルフ・フリードリヒ・ヨハン　1995没（91歳）。ドイツの生化学者。1903生。

フィニー，レオノール　1996没（87歳）。アルゼンチン出身でパリで活躍する女流画家。1908生。

土居まさる　どいまさる　1999没（58歳）。昭和・平成時代のアナウンサー，司会者。1940生。

生方たつゑ　うぶかたたつゑ　2000没（94歳）。昭和・平成時代の歌人。1905生。

1月19日

○記念日○　カラオケの日
　　　　　　家庭消火器点検の日
○出来事○　咸臨丸、アメリカを目指し出帆（1860）
　　　　　　日米新安保条約調印（1960）
　　　　　　東大安田講堂陥落（1969）

和気広虫　わけのひろむし　799没（70歳）。奈良時代・平安時代前期の女官。730生。

ズー-アンヌーン　861没（65?歳）。イスラム教神秘派（スーフィー）の先駆者の一人。796頃生。

大原内親王　おおはらのないしんのう　863没。平安時代前期の女性。平城天皇の皇女。

遍昭　へんじょう　890没（75歳）。平安時代前期の官人、僧、歌人。816生。

源希　みなもとのまれ　902没（54歳）。平安時代前期の公卿。849生。

ヨアンネス1世　976没（51?歳）。ビザンチン皇帝（在位969～76）。925頃生。

藤原定頼　ふじわらのさだより　1045没（51歳）。平安時代中期の歌人・公卿。995生。

秦公春　はたのきみはる　1153没。平安時代後期の随身。

源義平　みなもとのよしひら　1160没（20歳）。平安時代後期の武士。1141生。

明恵　みょうえ　1232没（60歳）。鎌倉時代前期の華厳宗の学僧。1173生。

藤原経任　ふじわらのつねとう　1297没（68歳）。鎌倉時代後期の公卿。1230生。

鷹司冬平　たかつかさふゆひら　1327没（53歳）。鎌倉時代後期の公卿。1275生。

実融　じつゆう　1339没（93歳）。鎌倉時代後期・南北朝時代の真言宗の僧。1247生。

ロベール　1343没（68歳）。アンジュー公、ナポリ王（1309～43）。1275生。

覚如　かくにょ　1351没（82歳）。鎌倉時代後期・南北朝時代の真宗の僧。1270生。

柳原忠光　やなぎはらただみつ　1379没（46歳）。南北朝時代の公卿。1334生。

今参局　いままいりのつぼね　1459没。室町時代の女性。足利義政の側室。

シャンビージュ，ピエール1世　1544没。フランスの建築家。

以天宗清　いてんそうせい　1554没（83歳）。戦国時代の臨済宗の僧。1472生。

ライネス，ディエゴ　1565没（53歳）。イエズス会第2代総会長。1512生。

ボルドーネ，パリス　1571没（70歳）。イタリアの画家。1500生。

ザックス，ハンス　1576没（81歳）。ドイツの職匠歌人、劇作家。1494生。

カッターネオ，ラッザロ　1640没（80歳）。イタリアのイエズス会士。1560生。

オレンテ，ペドロ　1645没（65歳）。スペインの画家。1580生。

角屋七郎兵衛　かどやしちろうべえ　1672没（63歳）。江戸時代前期の貿易家。1610生。

佐々木志頭磨　ささきしずま　1695没（77歳）。江戸時代前期の書家。1619生。

荻生徂徠　おぎゅうそらい　1728没（63歳）。江戸時代中期の儒者。1666生。

コングリーヴ，ウィリアム　1729没（58歳）。イギリスの劇作家。1670生。

吉田文三郎（初代）　よしだぶんざぶろう　1760没。江戸時代中期の人形浄瑠璃の人形遣いの名手。

カルロス4世　1819没（70歳）。スペイン王（在位1788～1808）。1748生。

エロール，ルイ・ジョゼフ・フェルディナン　1833没（41歳）。フランスの作曲家。1791生。

プルードン，ピエール-ジョゼフ　1865没（56歳）。フランスの社会哲学者、社会改革論者。1809生。

ホフマン・フォン・ファラースレーベン，アウグスト・ハインリヒ　1874没（75歳）。ドイツの詩人、文学者。1798生。

ルニョー，アンリ・ヴィクトル　1878没（67歳）。フランスの化学者、物理学者。1810生。

マリエット，オーギュスト　1881没（59歳）。フランスのエジプト学者。1821生。

シュラーギントヴァイト，ヘルマン　1882没（55歳）。ドイツの探検家。1826生。

1月19日

ナドソン, セミョーン・ヤーコヴレヴィチ　1887没(24歳)。ロシアの詩人。1862生。

ド・バリー, ハインリヒ・アントン　1888没(56歳)。ドイツの植物学者。1831生。

箱田六輔　はこだろくすけ　1888没(39歳)。明治時代の自由民権家。1850生。

ハラタマ　1888没(56歳)。オランダの化学者, 陸軍軍医。1831生。

勝海舟　かつかいしゅう　1899没(77歳)。江戸・明治時代の蘭学者, 政治家。1823生。

ブロイ, アルベール・ヴィクトル　1901没(79歳)。フランスの政治家, 歴史家。1821生。

タゴール　1905没(87歳)。インドの近代宗教改革者。1817生。

梅若実(初代)　うめわかみのる　1909没(82歳)。明治時代の能役者。1828生。

マイツェン　1910没(87歳)。ドイツ農制史の研究家, 統計学者。1822生。

御船千鶴子　みふねちづこ　1911没(26歳)。明治時代の女性。透視能力者。1886生。

鶴沢清六(3代目)　つるざわせいろく　1922没(55歳)。明治・大正時代の義太夫節三味線方。1868生。

ロジャーンコ　1924没(65歳)。ロシアの政治家。1859生。

グレーベ, カール　1927没(85歳)。ドイツの化学者。1841生。

シャルロッテ　1927没(86歳)。ベルギー王レオポルド1世の娘, メキシコ皇帝マクシミリアンの妃。1840生。

梁啓超　りょうけいちょう　1929没(55歳)。中国, 清末～民国初期の啓蒙思想家, ジャーナリスト, 政治家。1873生。

ヌシッチ, ブラニスラヴ　1938没(73歳)。セルビアの小説家, 劇作家。1864生。

猪俣津南雄　いのまたつなお　1942没(54歳)。大正・昭和時代の経済学者, 社会主義者。1889生。

郷誠之助　ごうせいのすけ　1942没(78歳)。明治～昭和時代の実業家。日本運輸社長, 日本商工会議所会頭。1865生。

靉光　あいみつ　1946没(40歳)。昭和時代の洋画家。1907生。

石原純　いしはらじゅん　1947没(67歳)。明治～昭和時代の物理学者, 科学思想家。岩波書店顧問。1881生。

ガルニエ, トニー　1948没(78歳)。フランスの建築家。1869生。

出口王仁三郎　でぐちおにさぶろう　1948没(78歳)。明治～昭和時代の宗教家。大本教教師。1871生。

セラフィモーヴィチ, アレクサンドル・セラフィーモヴィチ　1949没(86歳)。ソ連の小説家。1863生。

秋山定輔　あきやまていすけ　1950没(81歳)。明治～昭和時代のジャーナリスト, 政治家。1868生。

星一　ほしはじめ　1951没(77歳)。明治～昭和時代の実業家, 政治家。星製薬創業者, 衆議院議員(政友会)。1873生。

シェーファー, ヴィルヘルム　1952没(83歳)。ドイツの作家。1868生。

田原淳　たわらすなお　1952没(78歳)。明治～昭和時代の病理学者。1873生。

トゥルンバルト　1954没(84歳)。ドイツの機能主義を代表する民族学者, 社会学者。1869生。

武部六蔵　たけべろくぞう　1958没(65歳)。大正・昭和時代の官僚。満州国国務院総務長官。1893生。

安井誠一郎　やすいせいいちろう　1962没(70歳)。昭和時代の官僚, 政治家。東京都知事, 衆院議員。1891生。

パラフ, ヤン　1969没(20歳)。チェコスロバキアの学生。"プラハの春"の英雄。1948生。

ベントン, トーマス・ハート　1975没(85歳)。アメリカの風俗画家, 壁画家。1889生。

八木秀次　やぎひでつぐ　1976没(89歳)。大正・昭和時代の電気通信工学者。大阪大学総長, 八木アンテナ社長, 参院議員。1886生。

モリス　1979没(77歳)。アメリカの哲学者。1901生。

今泉篤男　いまいずみあつお　1984没(81歳)。昭和時代の美術評論家。京都国立近代美術館館長。1902生。

ゴールドバーグ, アーサー・J　1990没(81歳)。アメリカの法律家, 政治家。1908生。

橋本登美三郎　はしもととみさぶろう　1990没(88歳)。昭和時代の政治家。衆議院議員(自民党), 運輸相。1901生。

宇佐美毅　うさみたけし　1991没(87歳)。昭和時代の官僚。宮内庁長官, 東京都教育庁。1903生。

1月20日

○記念日○ 二十日正月
○出来事○ 学校給食開始（1947）
　　　　　ケネディが大統領就任（1961）

エウテュミオス（大）　473没（96歳）。パレスティナの隠修士，修道会の創立者。377生。

シャーフィイー　820没（53歳）。アラビアのイスラム法学者。767生。

テオフィルス　842没。東ローマ皇帝（在位829〜842）。

源貞子　みなもとのていし　873没。平安時代前期の女性。清和天皇の女御。

ルードヴィヒ3世（少年王）　882没。東フランク（ドイツ）王（876〜82）。

妙蓮尼　みょうれんに　1134没。平安時代後期の尼僧。

今井兼平　いまいかねひら　1184没（33歳）。平安時代後期の武士。1152生。

源義仲　みなもとのよしなか　1184没（31歳）。平安時代後期の武将。1154生。

梶原景季　かじわらかげすえ　1200没（39歳）。平安時代後期・鎌倉時代前期の武将。1162生。

梶原景時　かじわらかげとき　1200没。平安時代後期・鎌倉時代前期の武将。

広橋兼仲　ひろはしかねなか　1308没（65歳）。鎌倉時代後期の公卿。1244生。

教寛　きょうかん　1337没（57歳）。鎌倉時代後期の真言宗の僧。1281生。

ホウィータムステッド，ジョン　1465没（73?歳）。イングランドのベネディクト会士，セント・オールバンズ大修道院院長。1392頃生。

島津忠国　しまづただくに　1470没（68歳）。室町時代の薩摩・大隅・日向国守護。1403生。

河野教通　こうののりみち　1500没。戦国時代の武将。

花山院忠輔　かざんいんただすけ　1542没（60歳）。戦国時代の公卿。1483生。

正親町三条公兄　おおぎまちさんじょうきんえ　1578没（85歳）。戦国時代・安土桃山時代の公卿。1494生。

ベネデッテイ　1590没（59歳）。イタリアの物理学者。1530生。

多田昌綱　ただまさつな　1605没（39歳）。安土桃山時代の武将。1567生。

ヴァリニャーノ，アレッサンドロ　1606没（68歳）。イタリアのイエスズ会宣教師。1537生。

ルドルフ2世　1612没（59歳）。ハプスブルク家出身の神聖ローマ皇帝（在位1576〜1612）。1552生。

以心崇伝　いしんすうでん　1633没（65歳）。安土桃山時代・江戸時代前期の臨済宗の僧。1569生。

ウォード，メアリ　1645没（59?歳）。イギリスの宗教改革者，女子修道会の創設者。1585頃生。

狩野一渓　かのういっけい　1662没（64歳）。江戸時代前期の画家，幕府御用絵師。1599生。

アンヌ・ドートリシュ　1666没（64歳）。フランス国王ルイ13世の王妃。1601生。

木庵性瑫　もくあんしょうとう　1684没（74歳）。江戸時代前期の黄檗宗の渡来僧。1611生。

新中和門院　しんちゅうかもんいん　1720没（19歳）。江戸時代中期の女性。中御門天皇の女御，桜町天皇の母。1702生。

若林強斎　わかばやしきょうさい　1732没（54歳）。江戸時代中期の儒学者。1679生。

カルル7世　1745没（47歳）。バイエルン選帝侯。1697生。

津打治兵衛（2代目）　つうちじへえ　1760没（82歳）。江戸時代中期の歌舞伎役者，歌舞伎作者。1679生。

シルエット，エティエンヌ・ド　1767没（57歳）。フランスの政治家。1709生。

ギャリック，デイヴィッド　1779没（61歳）。イギリスの俳優。1717生。

ハワード，ジョン　1790没（63歳）。イギリスの監獄改革の先駆者。1726生。

暁台　きょうたい　1792没（61歳）。江戸時代中期の俳人。1732生。

カンナビヒ，ヨーハン・クリスティアン　1798没（66歳）。ドイツのヴァイオリン奏者，指揮者，作曲家。1731生。

1月20日

シャルグラン, ジャン-フランソワ・テレーズ 1811没(72歳)。フランスの古典主義の建築家。1739生。

ヴィーラント, クリストフ・マルティン 1813没(79歳)。ドイツ啓蒙主義の作家。1733生。

ソーン, サー・ジョン 1837没(83歳)。イギリスの建築家。1753生。

クリスティアン8世 1848没(61歳)。デンマーク王(1839〜48)。1786生。

エーレンシュレーヤー, アーダム 1850没(70歳)。デンマークの詩人。1779生。

アルニム, ベッティーナ・フォン 1859没(73?歳)。ドイツの女流作家。1785頃生。

ミレー, ジャン・フランソワ 1875没(60歳)。フランスの画家。1814生。

ラスキン, ジョン 1900没(80歳)。イギリスの評論家, 画家。1819生。

伊藤圭介 いとうけいすけ 1901没(99歳)。江戸・明治時代の本草学者, 植物学者。東京帝国大学教授。1803生。

グラム, ゼノブ・テオフィル 1901没(74歳)。ベルギーの電気学者。1826生。

角藤定憲 すどうさだのり 1907没(41歳)。明治時代の新派俳優。1867生。

雨宮敬次郎 あめのみやけいじろう 1911没(66歳)。明治時代の実業家。1846生。

ローゼンブッシュ 1914没(77歳)。ドイツの岩石学者。1836生。

大須賀乙字 おおすがおつじ 1920没(40歳)。明治・大正時代の俳人。東京音楽学校教授。1881生。

ジョルダン, カミーユ 1922没(84歳)。フランスの数学者。1838生。

戸水寛人 とみずひろんど 1935没(75歳)。明治・大正時代の法学者, 政治家。東京帝国大学教授, 衆議院議員。1861生。

ジョージ5世 1936没(70歳)。イギリス国王(在位1910〜36), インド皇帝。1865生。

横山又次郎 よこやままたじろう 1942没(83歳)。明治〜昭和時代の地質学者。1860生。

カッテル 1944没(83歳)。アメリカの心理学者。1860生。

中山岩太 なかやまいわた 1949没(55歳)。大正・昭和時代の写真家。1895生。

井野辺茂雄 いのべしげお 1954没(76歳)。大正・昭和時代の歴史学者。国学院大学教授, 東洋大学教授。1877生。

ゴルバートフ, ボリス・レオンチエヴィチ 1954没(45歳)。ソ連の小説家。1908生。

ジェファーズ, ロビンソン 1962没(75歳)。アメリカの詩人。1887生。

鈴木虎雄 すずきとらお 1963没(85歳)。大正・昭和時代の中国文学者。1878生。

吉田奈良丸(2代目) よしだならまる 1967没(89歳)。明治〜昭和時代の浪曲師。1878生。

柳家三亀松(初代) やなぎやみきまつ 1968没(66歳)。大正・昭和時代の漫談家。東京演芸協会会長, 東京ボーイズ協会会長。1901生。

石川一郎 いしかわいちろう 1970没(84歳)。昭和時代の実業家。日産化学社長, 原子力研究所初代理事長。1885生。

カブラル 1973没(48歳)。ギニア・ビサウ共和国の解放闘争の指導者。1924生。

天野辰夫 あまのたつお 1974没(81歳)。大正・昭和時代の国家主義者。1892生。

ブランデン, エドマンド 1974没(77歳)。イギリスの詩人, 批評家。1896生。

ヴォロンコーワ, リュボーフィ・フョードロヴナ 1976没(69歳)。ソ連の女流児童文学者。1906生。

水沢謙三 みずさわけんぞう 1978没(70歳)。昭和時代の経営者。東京海上火災保険社長。1907生。

ムラヴィンスキー, エフゲーニー・アレクサンドロヴィチ 1988没(81歳)。ソ連の指揮者。1906生。

ツィランキェヴィチ, ユゼフ 1989没(77歳)。ポーランドの政治家。1911生。

スタンウィック, バーバラ 1990没(82歳)。アメリカの女優。1907生。

東久邇稔彦 ひがしくになるひこ 1990没(102歳)。明治〜昭和時代の皇族, 陸軍軍人。首相。1887生。

園山俊二 そのやましゅんじ 1993没(57歳)。昭和・平成時代の漫画家。1935生。

ヘップバーン, オードリー 1993没(63歳)。ベルギー生まれのアメリカの映画女優。1929生。

金子信雄 かねこのぶお 1995没(71歳)。昭和・平成時代の俳優, 料理研究家。1923生。

杉森久英 すぎもりひさひで 1997没(84歳)。昭和・平成時代の小説家, 評論家。日本ペンクラブ副会長。1912生。

曽我廼家五郎八 そがのやごろはち 1998没(95歳)。大正〜平成時代の喜劇俳優。1902生。

1月21日

○記念日○ 料理番組の日
○出来事○ ルイ16世処刑される（1793）
　　　　　薩長同盟結ばれる（1866）
　　　　　コンコルドが商業運行開始（1976）

多治比広足　たじひのひろたり　760没（80歳）。飛鳥時代・奈良時代の官人。681生。

マインラード　861没。ドイツ、ライヘナウのベネディクト会系隠修士、司祭。

藤原玄上　ふじわらのくろかみ　933没（78歳）。平安時代前期・中期の公卿。856生。

文同　ぶんどう　1079没（60歳）。中国、北宋の文学者、画家。1019生。

パスカリス2世　1118没（68?歳）。教皇（在位1099～18）。1050頃生。

実継　じっけい　1204没（51歳）。平安時代後期・鎌倉時代前期の真言宗の僧。1154生。

東二条院　ひがしにじょういん　1304没（73歳）。鎌倉時代の女性。後深草天皇の皇后。1232生。

高倉永定　たかくらながさだ　1306没（55歳）。鎌倉時代後期の公卿。1252生。

ワァルテル（ブリュッヘの）　1307没（82?歳）。ベルギーのボナヴェントゥーラ学派に属するフランシスコ会神学者, 哲学者。1225頃生。

日朗　にちろう　1320没（76歳）。鎌倉時代後期の日蓮宗の僧。1245生。

桜山茲俊　さくらやまこれとし　1332没。鎌倉時代後期の備後国の勤王武将。

バルドゥイーン　1354没（69歳）。トリエル大司教（1307～54）。1285生。

盛誉　じょうよ　1362没（90歳）。鎌倉時代後期・南北朝時代の華厳宗の僧。1273生。

サリー、ヘンリー・ハワード　1547没（30?歳）。イギリスの詩人, 軍人。1517頃生。

マリー、ジェイムズ・スチュアート　1570没（39歳）。スコットランドの貴族。1531生。

足利義氏　あしかがよしうじ　1583没（43歳）。安土桃山時代の第5代の古河公方。1541生。

スカリジェール, ジョゼフ-ジュスト　1609没（68歳）。フランスの人文主義者。1540生。

島津義久　しまづよしひさ　1611没（79歳）。安土桃山時代・江戸時代前期の薩摩の大名。1533生。

慶岩　きょうがん　1617没（64歳）。安土桃山時代・江戸時代前期の浄土宗鎮西義の僧。1554生。

中井正清　なかいまさきよ　1619没（55歳）。安土桃山時代・江戸時代前期の大工, 京大工頭, 中井家の初代。1565生。

袋中　たいちゅう　1639没（88歳）。安土桃山時代・江戸時代前期の浄土宗の僧。1552生。

覚深入道親王　かくじんにゅうどうしんのう　1648（閏1月）没（61歳）。後陽成天皇の第1皇子。1588生。

加藤明成　かとうあきなり　1661没（70歳）。江戸時代前期の大名。1592生。

デュヴァル, クロード　1670没（27歳）。フランス人の追いはぎ。1643生。

ラカン, オノラ・ド　1670没（80歳）。フランスの詩人。1589生。

ヴェルデ, アドリエン　1672没（37?歳）。オランダの画家。1635頃生。

シャフツベリー, アントニー・アシュリー・クーパー, 初代伯爵　1683没（61歳）。イギリスの政治家。1621生。

ブロンデル, ニコラ-フランソワ　1686没（69歳）。フランスの建築家, 建築理論家。1617生。

宇治加賀掾　うじかがのじょう　1711没（77歳）。江戸時代前期・中期の上方の浄瑠璃の名太夫, 嘉太夫筋の流祖。1635生。

マンデヴィル, バーナード・ド　1733没（62歳）。イギリスで活躍したオランダの医者, 啓蒙思想家。1670生。

プガチョフ, エメリヤン・イヴァノヴィチ　1775没（49歳）。ロシアの農民反乱（プガチョフの乱）の指導者。1726生。

ドルバック, ポール-アンリ・チリ　1789没（65歳）。フランスの哲学者。1723生。

ルイ16世　1793没（38歳）。フランスの国王（在位1774～93）。1754生。

1月21日

緒方春朔　おがたしゅんさく　1810没(63歳)。江戸時代中期・後期の医学者。1748生。

ベルナルダン・ド・サン-ピエール, ジャック-アンリ　1814没(77歳)。フランスの作家。1737生。

クラウディウス, マティーアス　1815没(74歳)。ドイツの詩人。1740生。

アルニム, アヒム・フォン　1831没(49歳)。ドイツの詩人, 小説家, 劇作家。1781生。

ロルツィング, アルベルト　1851没(49歳)。ドイツの作曲家。1801生。

鶴屋南北(5代目)　つるやなんぼく　1852没(57歳)。江戸時代末期の歌舞伎役者, 歌舞伎作者。1796生。

三宅董庵　みやけとうあん　1859没(46歳)。江戸時代末期の蘭方医。1814生。

ニェムツォヴァー, ボジェナ　1862没(41歳)。チェコの女流作家。1820生。

豊田天功　とよだてんこう　1864没(60歳)。江戸時代末期の漢学者, 歴史家, 水戸藩士。1805生。

中島広足　なかじまひろたり　1864没(73歳)。江戸時代末期の国学者, 歌人。1792生。

グリルパルツァー, フランツ　1872没(81歳)。オーストリアの劇作家。1791生。

カラヴェロフ, リュベン　1879没(45?歳)。ブルガリアの作家, 革命家。1834頃生。

ピーセムスキー, アレクセイ・フェオフィラクトヴィチ　1881没(59歳)。ロシアの小説家。1821生。

アダムズ, ジョン・クーチ　1892没(72歳)。イギリスの天文学者。1819生。

グレイ, イライシャ　1901没(65歳)。アメリカの発明家。1835生。

田能村直入　たのむらちょくにゅう　1907没(94歳)。明治時代の南画家。1814生。

クヌッセン, ヤコブ　1917没(58歳)。デンマークの小説家。1858生。

李太王　りたいおう　1919没(67歳)。朝鮮, 李朝の第26代王(在位1863〜1907)。1852生。

レーニン, ヴラジーミル・イリイチ　1924没(53歳)。ロシアの革命家。1870生。

ゴルジ, カミロ　1926没(82歳)。イタリアの医師, 神経学者。1843生。

ゴーサルズ, ジョージ・ワシントン　1928没(69歳)。アメリカの技師。1858生。

ストレイチー, リットン　1932没(51歳)。イギリスの批評家, 伝記作家。1880生。

ムア, ジョージ　1933没(80歳)。アイルランドの文学者。1852生。

坪井九馬三　つぼいくめぞう　1936没(79歳)。明治・大正時代の歴史学者。1858生。

メリエス, ジョルジュ　1938没(76歳)。映画の開拓者。1861生。

リャザノフ　1938没(67歳)。ソ連邦のマルクス主義文献学者。1870生。

ボース, ラス・ビハリ　1945没(58歳)。インドの独立運動家。1886生。

杉田久女　すぎたひさじょ　1946没(57歳)。大正・昭和時代の俳人。1890生。

吉村信吉　よしむらしんきち　1947没(41歳)。昭和時代の湖沼学者。1907生。

ヴォルフ-フェラーリ, エルマンノ　1948没(72歳)。イタリアの作曲家。1876生。

オーウェル, ジョージ　1950没(46歳)。イギリスの作家。1903生。

宮本百合子　みやもとゆりこ　1951没(51歳)。大正・昭和時代の小説家。1899生。

山脇信徳　やまわきしんとく　1952没(65歳)。明治〜昭和時代の洋画家。1886生。

デミル, セシル・B　1959没(77歳)。アメリカの映画監督, 製作者。1881生。

サンドラール, ブレーズ　1961没(73歳)。フランスの詩人, 小説家。1887生。

ロート, アンドレ　1962没(76歳)。フランスの画家, 美術批評家。1885生。

有本芳水　ありもとほうすい　1976没(89歳)。明治〜昭和時代の詩人, 歌人。1886生。

板垣直子　いたがきなおこ　1977没(80歳)。大正・昭和時代の文芸評論家。1896生。

里見弴　さとみとん　1983没(94歳)。明治〜昭和時代の小説家。1888生。

ワイズミューラー, ジョニー　1984没(79歳)。アメリカの水泳選手, 俳優。1904生。

土方巽　ひじかたたつみ　1986没(57歳)。昭和時代の舞踊家。1928生。

岸俊男　きしとしお　1987没(66歳)。昭和時代の日本史学者。1920生。

梶原一騎　かじわらいっき　1988没(51歳)。昭和時代の劇画作家。1936生。

横山やすし　よこやまやすし　1996没(51歳)。昭和・平成時代の漫才師。1944生。

上田音市　うえだおといち　1999没(101歳)。大正・昭和時代の部落解放運動家。1897生。

1月22日

○記念日○ カレーの日
ジャズの日
○出来事○ 日本に電灯がともった日（1887）
ロシアで「血の日曜日」（1905）
国産初の飛行船飛ぶ（1916）

百済慶命　くだらのきょうみょう　849没。平安時代前期の女性。嵯峨天皇の女御。

兼慶　けんごう　1189没（71歳）。平安時代後期の真言宗の僧。1119生。

藤原俊経　ふじわらのとしつね　1191没（79歳）。平安時代後期の公卿。1113生。

藤原定高　ふじわらのさだたか　1238没（49歳）。鎌倉時代前期の公卿。1190生。

新陽明門院　しんようめいもんいん　1296没（35歳）。鎌倉時代後期の女性。亀山天皇の妃。1262生。

覚済　かくぜい　1303没（77歳）。鎌倉時代後期の真言僧。1227生。

梶原性全　かじわらしょうぜん　1337没（72歳）。鎌倉時代後期・南北朝時代の僧医。1266生。

愚咄　ぐとつ　1352没。南北朝時代の浄土真宗の僧。

友峰等益　ゆうほうとうやく　1405没（79歳）。南北朝時代・室町時代の臨済宗の僧。1327生。

顕窓慶字　けんそうきょうじ　1433没。室町時代の禅僧。

ギヨーム（ヴォリヨンの）　1463没（73?歳）。ベルギー出身のフランシスコ会哲学者、神学者。1390頃生。

月江正文　げっこうしょうぶん　1463没。室町時代の曹洞宗の僧。

サルト、アンドレア・デル　1531没（44歳）。イタリアの画家。1486生。

ヤン・ファン・レイデン　1536没（27歳）。オランダの宗教改革者、再洗礼派指導者。1509生。

サマーセット、エドワード・シーモア、公爵　1552没（46?歳）。イギリスの政治家。1506頃生。

羽柴秀長　はしばひでなが　1591没（52歳）。安土桃山時代の武将、豊臣秀吉の異母弟。1540生。

マルヴェッツィ、クリストファノ　1599没（51歳）。イタリアのオルガン奏者、作曲家。1547生。

フェルナンデス、グレゴリオ　1636没（60?歳）。スペインの彫刻家。1576頃生。

阿茶局　あちゃのつぼね　1637没（84歳）。安土桃山時代・江戸時代前期の女性。徳川家康の側室。1554生。

戸沢政盛　とざわまさもり　1648（閏1月）没（64歳）。江戸時代前期の大名。1585生。

後藤顕乗　ごとうけんじょう　1663没（78歳）。江戸時代前期の金工。1586生。

蒲松齢　ほしょうれい　1715没（75歳）。中国、清初の小説家、劇作家。1640生。

パターソン、ウィリアム　1719没（60歳）。イギリスの実業家。1658生。

ヴィーコ、ジャンバッティスタ　1744没（75歳）。イタリアの哲学者、文学者。1668生。

グランヴィル　1763没（72歳）。イギリスの政治家。1690生。

中村宗哲（3代目）　なかむらそうてつ　1776没（78歳）。江戸時代中期の京都の漆工。1699生。

ソシュール、オラス・ベネディクト・ド　1799没（58歳）。スイスの植物学者、地質学者、登山家。1740生。

ブルーメンバッハ、ヨハン・フリードリヒ　1840没（87歳）。ドイツの生理学者、比較解剖学者。1752生。

池内大学　いけうちだいがく　1863没（50歳）。江戸時代末期の儒者、尊攘派志士。1814生。

ヴァイトリング、ヴィルヘルム　1871没（62歳）。ドイツの共産主義者。1808生。

ウィットワース、サー・ジョゼフ　1887没（83歳）。イギリスの機械技術者。1803生。

竹本住太夫（4代目）　たけもとすみたゆう　1889没（61歳）。江戸・明治時代の義太夫太夫。1829生。

小笠原長行　おがさわらながみち　1891没（70歳）。江戸時代末期・明治時代の幕府老中。1822生。

1月22日

元田永孚　もとだながざね　1891没（74歳）。江戸・明治時代の熊本藩士, 儒学者。1818生。

河竹黙阿弥　かわたけもくあみ　1893没（78歳）。江戸・明治時代の歌舞伎作者。1816生。

ヒューズ, デイヴィド　1900没（68歳）。イギリス生れのアメリカの発明家, 物理学者。1831生。

ヴィクトリア　1901没（81歳）。イギリスの女王。1819生。

エルレンマイヤー, エミール　1909没（83歳）。ドイツの化学者。1825生。

吉田東伍　よしだとうご　1918没（55歳）。明治時代の歴史地理学者。1864生。

ラールソン, カール　1919没（65歳）。スウェーデンの画家。1853生。

ブライス, ジェームズ　1922没（83歳）。イギリスの法学者, 政治学者, 政治家。1838生。

ベネディクツス15世　1922没（67歳）。教皇（在位1914〜22）。1854生。

ローズ　1927没（78歳）。アメリカの実業家, 歴史家。1848生。

森本六爾　もりもとろくじ　1936没（34歳）。大正・昭和時代の考古学者。1903生。

瀬木博尚　せきひろなお　1939没（88歳）。昭和時代の実業家。博報堂創立者。1852生。

シッカート, ウォルター・リチャード　1942没（81歳）。イギリスの画家。1860生。

蕭紅　しょうこう　1942没（30歳）。中国の女流小説家。1911生。

シモンズ, アーサー　1945没（79歳）。イギリスの詩人, 批評家。1865生。

ラスカー-シューラー, エルゼ　1945没（75歳）。ドイツの女流詩人。1869生。

二葉かほる　ふたばかおる　1948没（78歳）。大正・昭和時代の女優。1871生。

ヘルツフェルト, エルンスト　1948没（68歳）。ドイツの考古学者。1879生。

ヴィトラック, ロジェ　1952没（52歳）。フランスの劇作家, 詩人, 評論家。1899生。

河原田稼吉　かわらだかきち　1955没（69歳）。大正・昭和時代の政治家。文部大臣, 衆議院議員。1886生。

豊沢広助(7代目)　とよざわひろすけ　1957没（78歳）。明治〜昭和時代の浄瑠璃三味線方。1878生。

ペリ　1957没（80歳）。アメリカの実在論哲学者。1876生。

ワルデン, パウル　1957没（93歳）。ドイツの化学者。1863生。

川田順　かわだじゅん　1966没（84歳）。大正・昭和時代の歌人, 実業家。住友総本社常務理事。1882生。

山宮允　さんぐうまこと　1967没（76歳）。大正・昭和時代の詩人, 英文学者。1890生。

松永東　まつながとう　1968没（80歳）。大正・昭和時代の政治家, 弁護士。衆議院議員, 文部大臣。1887生。

花柳寿輔(2代目)　はなやぎじゅすけ　1970没（76歳）。大正・昭和時代の振付師, 日本舞踊家。1893生。

西角井正慶　にしつのいまさよし　1971没（70歳）。昭和時代の日本文学者, 歌人。1900生。

ジョンソン, L.　1973没（64歳）。アメリカの第36代大統領。1908生。

宇治紫文(6代目)　うじしぶん　1974没（66歳）。昭和時代の浄瑠璃演奏家。1908生。

山本修二　やまもとしゅうじ　1976没（81歳）。大正・昭和時代の英文学者, 演劇評論家。1894生。

野村平爾　のむらへいじ　1979没（76歳）。昭和時代の法学者, 弁護士。早稲田大学教授, "明るい革新都政をつくる会"幹事。1902生。

一万田尚登　いちまだひさと　1984没（90歳）。昭和時代の銀行家, 政治家。日本銀行総裁, 衆議院議員。1893生。

向坂逸郎　さきさかいつろう　1985没（87歳）。大正・昭和時代の経済学者。1897生。

山田宗徧　やまだそうへん　1987没（78歳）。昭和時代の茶道家。1908生。

高橋栄清(2代目)　たかはしえいせい　1989没（87歳）。大正・昭和時代の筝曲家。1901生。

安部公房　あべこうぼう　1993没（68歳）。昭和・平成時代の小説家, 劇作家。1924生。

灘尾弘吉　なだおひろきち　1994没（94歳）。昭和時代の政治家, 官僚。衆議院議員。1899生。

バロー, ジャン-ルイ　1994没（83歳）。フランスの俳優, 演出家。1910生。

下田武三　しもだたけぞう　1995没（87歳）。昭和時代の外交官。最高裁判所判事, 駐米大使。1907生。

下村寅太郎　しもむらとらたろう　1995没（92歳）。昭和・平成時代の哲学者。1902生。

アーミテージ, ケネス　2002没（85歳）。イギリスの彫刻家。1916生。

レジャー, ヒース　2008没（28歳）。オーストラリアの俳優。1979生。

1月23日

○記念日○　電子メールの日
○出来事○　八甲田雪中行軍遭難事件(1902)
　　　　　　冥王星発見(1930)

オットー3世　1002没(22歳)。神聖ローマ皇帝(在位996〜1002)。980生。
頼厳　らいごん　1099没(50歳)。平安時代中期・後期の法相宗の僧。1050生。
長俊　ちょうしゅん　1134没。平安時代後期の仏師。
三浦義澄　みうらよしずみ　1200没(74歳)。平安時代後期・鎌倉時代前期の武士。1127生。
伊賀光宗　いがみつむね　1257没(80歳)。鎌倉時代前期の武将, 政所執事。1178生。
吉田定房　よしださだふさ　1338没(65歳)。鎌倉時代後期・南北朝時代の公卿。1274生。
南部信光　なんぶのぶみつ　1376没。南北朝時代の武将。
了明尼　りょうみょうに　1376没(83歳)。鎌倉時代後期・南北朝時代の真宗の尼僧。1294生。
雲章一慶　うんしょういっけい　1463没(78歳)。室町時代の臨済宗の僧。1386生。
正宗竜統　しょうじゅうりゅうとう　1498没(71歳)。室町時代・戦国時代の臨済宗黄竜派の僧。1428生。
山名政豊　やまなまさとよ　1499没(59歳)。室町時代・戦国時代の武将。1441生。
フェルナンド5世　1516没(63歳)。スペイン統一を実現した王。1452生。
ホンター, ヨハネス　1548没(50歳)。オーストリアの宗教改革者。1498生。
在天宗鳳　ざいてんそうほう　1572没(83歳)。戦国時代の曹洞宗の僧。1490生。
松井康之　まついやすゆき　1612没(63歳)。安土桃山時代・江戸時代前期の武将。1550生。
バッフィン, ウィリアム　1622没(38?歳)。イギリスの航海家。1584頃生。
ロハス‐ソリーリャ, フランシスコ・デ　1648没(40歳)。スペインの劇作家。1607生。
林羅山　はやしらざん　1657没(75歳)。江戸時代前期の儒学者。1583生。
高田又兵衛　たかだまたべえ　1671没(82歳)。江戸時代前期の槍術家。1590生。

千宗室(4代目)　せんのそうしつ　1697没(76歳)。江戸時代前期の茶人。1622生。
ムラトーリ, ロドヴィーコ・アントーニオ　1750没(77歳)。イタリアの歴史家。1672生。
瀬川如皐(初代)　せがわじょこう　1794没(56歳)。江戸時代中期の歌舞伎役者, 歌舞伎作者。1739生。
十時梅厓　ととき ばいがい　1804没(73歳)。江戸時代中期・後期の儒学者。1732生。
シャップ, クロード　1805没(41歳)。フランスの技術家。1763生。
ピット, ウィリアム　1806没(46歳)。イギリスの政治家, 首相。1759生。
リッター, ヨハン・ヴィムヘルム　1810没(33歳)。ドイツの物理学者。1776生。
フケー, フリードリヒ・ド・ラ・モット　1843没(65歳)。フランス系ドイツの作家。1777生。
山木検校(2代目)　やまきけんぎょう　1854没(55歳)。江戸時代末期の山田流箏曲家。1800生。
イッショルチョンドロ・グプト　1859没(46歳)。インドの詩人。1812生。
シェーンライン　1864没(70歳)。ドイツの医師, 現代臨床医学の創始者。1793生。
ピーコック, トマス・ラヴ　1866没(80歳)。イギリスの小説家, 詩人。1785生。
キングズリー, チャールズ　1875没(55歳)。イギリスの牧師, 小説家。1819生。
間秀矩　はざまひでのり　1876没(55歳)。江戸・明治時代の国学者。1822生。
ホフマン　1878没(72歳)。ドイツの日本学者。1805生。
ドレ, ギュスターヴ　1883没(51歳)。フランスの版画家, 画家。1832生。
ラビッシュ, ウージェーヌ　1888没(72歳)。フランスの劇作家。1815生。
カバネル, アレクサンドル　1889没(65歳)。フランスの画家。1823生。

46

1月23日

竹本長門太夫(4代目) たけもとながとだゆう 1890没(77歳)。江戸・明治時代の義太夫節太夫。1814生。

新島襄 にいじまじょう 1890没(48歳)。明治時代のキリスト教主義教育家，宗教家。1843生。

植木枝盛 うえきえもり 1892没(36歳)。明治時代の自由民権思想家。1857生。

ソリーリャ, ホセ 1893没(75歳)。スペインの劇作家，詩人。1817生。

マクダウェル, エドワード 1908没(47歳)。アメリカの作曲家。1860生。

シーボルト 1911没(64歳)。ドイツの外交官。1846生。

手島精一 てじませいいち 1918没(69歳)。明治・大正時代の教育家。東京職工学校校長。1850生。

ヴァルダイヤー-ハルツ, ハインリヒ・ヴィルヘルム・ゴットフリート・フォン 1921没(84歳)。ドイツの解剖学者。1836生。

ニキシュ, アルトゥール 1922没(66歳)。ハンガリー生れのドイツの指揮者。1855生。

藤間勘右衛門(2代目) ふじまかんえもん 1925没(86歳)。江戸・明治時代の振付師, 日本舞踊家。1840生。

メルシエ, デジレー・フェリシアン・フランソワ・ジョゼフ 1926没(74歳)。ベルギーのローマ・カトリック哲学者, 枢機卿。1851生。

パヴロヴァ, アンナ 1931没(50歳)。ロシアのバレリーナ。1881生。

堺利彦 さかいとしひこ 1933没(63歳)。明治～昭和時代の社会主義者。東京市議会議員。1871生。

三遊亭円生(5代目) さんゆうていえんしょう 1940没(57歳)。明治～昭和時代の落語家。1884生。

ムンク, エドヴァルト 1944没(80歳)。ノルウェーの画家, 版画家。1863生。

ボナール, ピエール 1947没(79歳)。フランスの画家。1867生。

白井松次郎 しらいまつじろう 1951没(73歳)。明治～昭和時代の実業家, 演劇興行主。松竹創立者。1877生。

コルダ, サー・アレグザンダー 1956没(62歳)。イギリスの映画監督, プロデューサー。1893生。

柴山兼四郎 しばやまかねしろう 1956没(66歳)。大正・昭和時代の陸軍軍人。陸軍中将。1889生。

石垣栄太郎 いしがきえいたろう 1958没(64歳)。明治～昭和時代の洋画家。1893生。

北原怜子 きたはらさとこ 1958没(28歳)。昭和時代の福祉活動家。1929生。

カイザー, ヴォルフガング 1960没(53歳)。ドイツの文学史家。1906生。

西川文子 にしかわふみこ 1960没(77歳)。明治～昭和時代の婦人運動家。1882生。

大村能章 おおむらのうしょう 1962没(68歳)。大正・昭和時代の作曲家。1893生。

アリー 1963没(53歳)。パキスタンの外交官, 政治家。1909生。

林貞三 はやしていぞう 1964没(69歳)。昭和時代の蚕糸学者。信州大学教授。1894生。

宮崎竜介 みやざきりゅうすけ 1971没(78歳)。大正・昭和時代の弁護士。1892生。

江馬修 えまなかし 1975没(85歳)。大正・昭和時代の小説家。1889生。

ロブソン, ポール 1976没(77歳)。アメリカの黒人俳優, 歌手。1898生。

大田黒元雄 おおたぐろもとお 1979没(86歳)。大正・昭和時代の音楽評論家。1893生。

谷内六郎 たにうちろくろう 1981没(59歳)。昭和時代の童画家。1921生。

バーバー, サミュエル 1981没(70歳)。アメリカの作曲家。1910生。

ボイス, ヨーゼフ 1986没(64歳)。西ドイツの彫刻家。1921生。

高橋良明 たかはしよしあき 1989没(16歳)。昭和時代の俳優。1972生。

ダリ, サルバドール 1989没(84歳)。スペイン生れのアメリカの画家。1904生。

フライ, ノースロップ 1991没(78歳)。カナダの批評家。1912生。

杉全直 すぎまたただし 1994没(79歳)。昭和・平成時代の洋画家。多摩美術大学教授, 東京芸術大学教授。1914生。

安田元久 やすだもとひさ 1996没(77歳)。昭和・平成時代の日本中世史学者。学習院大学教授, 日本古文書学会長。1918生。

ブルデュー, ピエール 2002没(71歳)。フランスの社会学者。1930生。

1月24日

○記念日○ 初地蔵
　　　　　法律扶助の日
○出来事○ 郵便制度スタート（1871）
　　　　　ザ・タイガース解散（1971）

カリグラ, ガーイウス・ユーリウス・カエサル・ゲルマーニクス　41没（28歳）。ローマ皇帝（在位37～41）。12生。

アリー　661没（63歳）。イスラムの第4代カリフ。598生。

ステファヌス3世（4世）　772没（52?歳）。教皇（在位768～772）。720頃生。

アルノー（ザルツブルクの）　821没（75?歳）。ザルツブルクの初代大司教。746頃生。

仁子内親王　じんしないしんのう　889没。平安時代前期の女性。嵯峨天皇の皇女。

新子内親王　しんしないしんのう　897没。平安時代前期の女性。仁明天皇の皇女。

覚超　かくちょう　1034没（73歳）。平安時代中期の天台宗の僧。962生。

藤原資房　ふじわらのすけふさ　1057没（51歳）。平安時代中期の公卿。1007生。

円能　えんのう　1151没。平安時代後期の僧。

北条時房　ほうじょうときふさ　1240没（66歳）。鎌倉時代前期の武士。1175生。

増忠　ぞうちゅう　1298没（65歳）。鎌倉時代後期の僧。1234生。

古先印元　こせんいんげん　1374没（80歳）。鎌倉時代後期・南北朝時代の臨済宗の僧。1295生。

足利義嗣　あしかがよしつぐ　1418没（25歳）。室町時代の武将。第3代将軍足利義満の次子。1394生。

上杉顕房　うえすぎあきふさ　1455没（21歳）。室町時代の武将。1435生。

瑚海仲珊　こかいちゅうさん　1469没（80歳）。室町時代の曹洞宗の僧。1390生。

パウマン, コンラート　1473没（58?歳）。ドイツの盲目のオルガン奏者, リュート奏者, 作曲家。1415頃生。

フランチャビージョ　1525没（43歳）。イタリアの画家。1482生。

ブリソンネー, ギヨーム　1534没（62歳）。フランス宗教改革期の聖職者。1472生。

フマーユーン　1556没（48歳）。インド, ムガル帝国第2代皇帝（在位1530～56）。1508生。

三条西実世　さんじょうにしさねよ　1579没（69歳）。戦国時代・安土桃山時代の歌人・公卿。1511生。

東儀季兼　とうぎすえかね　1616没（53歳）。安土桃山時代・江戸時代前期の天王寺方楽人。1564生。

徳川秀忠　とくがわひでただ　1632没（54歳）。江戸幕府第2代の将軍。1579生。

森川重俊　もりかわしげとし　1632没（49歳）。江戸時代前期の大名。1584生。

フリードリヒ2世　1708没（74歳）。ヘッセン・ホンブルク方伯（在位1681～1708）。1633生。

滝鶴台　たきかくだい　1773没（65歳）。江戸時代中期の儒学者, 長州（萩）藩の御手大工引頭市右衛門重慶の長男。1709生。

ファルコネ, エティエンヌ・モーリス　1791没（74歳）。フランスの彫刻家。1716生。

北尾重政　きたおしげまさ　1820没（82歳）。江戸時代中期・後期の浮世絵師。1739生。

スポンティーニ, ガスパーレ　1851没（76歳）。イタリアの作曲家。1774生。

メドハースト, ウォルター・ヘンリ　1857没（60歳）。イギリスの組合教会伝道師。1796生。

エスピー, ジェイムズ・ポラード　1860没（74歳）。アメリカの気象学者。1785生。

五十嵐篤好　いがらしあつよし　1861没（69歳）。江戸時代末期の国学者, 歌人。1793生。

トレンデレンブルク, フリードリヒ・アードルフ　1872没（69歳）。ドイツの哲学者。1802生。

ポッゲンドルフ, ヨハン・クリスティアン　1877没（80歳）。ドイツの物理学者, 科学史家。1796生。

ガイスラー, ハインリヒ　1879没（64歳）。ドイツの機械技師。1814生。

フロトー, フリードリヒ, 男爵　1883没（70歳）。ドイツのオペラ作曲家。1812生。

1月24日

有栖川宮幟仁親王　ありすがわのみやたかひとしんのう　1886没(75歳)。江戸・明治時代の皇族。1812生。

チャーチル, ロード・ランドルフ　1895没(45歳)。イギリスの政治家。1849生。

山々亭有人　さんさんていありんど　1902没(71歳)。江戸・明治時代の戯作者。1832生。

野村靖　のむらやすし　1909没(68歳)。江戸・明治時代の政治家。子爵, 内務大臣, 逓信大臣。1842生。

内山愚童　うちやまぐどう　1911没(38歳)。明治時代の曹洞宗僧侶, 無政府主義者。箱根林泉寺住職。1874生。

大石誠之助　おおいしせいのすけ　1911没(45歳)。明治時代の医師, 社会主義者。1867生。

奥宮健之　おくのみやけんし　1911没(55歳)。明治時代の社会運動家。1857生。

幸徳秋水　こうとくしゅうすい　1911没(41歳)。明治時代の社会主義者。1871生。

宮下太吉　みやしたたきち　1911没(37歳)。明治時代の無政府主義者, 機械工。1875生。

森近運平　もりちかうんぺい　1911没(32歳)。明治時代の社会主義者。1880生。

ギル, サー・デイヴィド　1914没(70歳)。スコットランドの天文学者。1843生。

大林芳五郎　おおばやしよしごろう　1916没(53歳)。明治・大正時代の実業家。1864生。

森永太一郎　もりながたいちろう　1937没(73歳)。大正時代の実業家。1865生。

河野広躰　こうのひろみ　1941没(77歳)。明治時代の自由民権家。1865生。

木谷千種　きたにちぐさ　1947没(53歳)。大正・昭和時代の日本画家。1895生。

ティンメルマンス, フェリックス　1947没(60歳)。ベルギーのオランダ語の小説家。1886生。

バーナード　1951没(69歳)。アメリカのシカゴ学派の社会学者。1881生。

火野葦平　ひのあしへい　1960没(52歳)。昭和時代の小説家。1907生。

フィッシャー, エトヴィン　1960没(73歳)。スイスのピアニスト, 指揮者。1886生。

川崎九淵　かわさききゅうえん　1961没(86歳)。明治～昭和時代の能楽囃子方(葛野流大鼓方)。葛野流大鼓宗家預り。1874生。

東恩納寛惇　ひがしおんなかんじゅん　1963没(80歳)。大正・昭和時代の歴史家。拓殖大学教授。1882生。

チャーチル, ウィンストン　1965没(90歳)。イギリスの政治家, 首相。1874生。

宮坂哲文　みやさかてつふみ　1965没(46歳)。昭和時代の教育学者。東京大学教授, 日本教育学会常任理事。1918生。

バーバー　1966没(56歳)。インドの物理学者。1909生。

アーヴィン, スン・ジョン　1971没(87歳)。イギリス(アイルランド)の劇作家, 小説家。1883生。

矢部良策　やべりょうさく　1973没(79歳)。大正・昭和時代の出版人。創元社創立者。1893生。

神吉晴夫　かんきはるお　1977没(75歳)。昭和時代の出版人。光文社社長, 日本ジャーナリスト会議副議長。1901生。

赤松俊秀　あかまつとしひで　1979没(71歳)。昭和時代の日本史学者。京都大学教授。1907生。

金倉円照　かなくらえんしょう　1987没(90歳)。大正・昭和時代のインド哲学者。東北大学教授, 宮城教育大学学長。1896生。

矢島せい子　やじませいこ　1988没(84歳)。昭和時代の社会福祉運動家。1903生。

アロンソ, ダマソ　1990没(91歳)。スペインの詩人, 評論家。1898生。

渋川驍　しぶかわぎょう　1993没(87歳)。昭和・平成時代の小説家, 文芸評論家。1905生。

土田直鎮　つちだなおしげ　1993没(69歳)。昭和・平成時代の日本史学者。東京大学教授, 国立歴史民俗博物館館長。1924生。

戸板康二　といたやすじ　1993没(77歳)。昭和・平成時代の演劇評論家, 小説家。日本演劇協会常任理事, 「日本演劇」編集長。1915生。

マーシャル, サーグッド　1993没(84歳)。アメリカ史上初の黒人最高裁判事。1908生。

丸山邦男　まるやまくにお　1994没(73歳)。昭和・平成時代の評論家。1920生。

結城昌治　ゆうきしょうじ　1996没(68歳)。昭和・平成時代の小説家。1927生。

夏川静枝　なつかわしずえ　1999没(89歳)。大正・昭和時代の女優。1909生。

山本達郎　やまもとたつろう　2001没(90歳)。昭和・平成時代の東洋史学者。東京大学教授。1910生。

ペン, クリス　2006没(40歳)。アメリカの俳優。1965生。

1月25日

○記念日○ 左遷の日
　　　　　初天神
○出来事○ 菅原道真が太宰府に左遷(901)
　　　　　朝日新聞大阪で創刊(1879)
　　　　　第1回冬季オリンピック開催(1924)

ネルウァ，マルクス・コッケイウス　98没(66?歳)。ローマ皇帝(在位96～98)。32頃生。

ガイセリック　477没(87?歳)。バンダル族の王(在位428～477)。390頃生。

紀吉継　きのよしつぐ　784没。奈良時代の女官。

大中臣子老　おおなかとみのこおゆ　789没。奈良時代の官人。

グレゴリウス4世　844没。教皇(在位827～844)。

源弘　みなもとのひろむ　863没(52歳)。平安時代前期の公卿。812生。

源全姫　みなもとのまたひめ　882没(71歳)。平安時代前期の女性。嵯峨天皇の皇女、尚侍。812生。

藤原苡子　ふじわらのいし　1103没(28歳)。平安時代後期の女性。堀河天皇の女御。1076生。

アナクレートゥス2世　1138没。対立教皇。

イブン・アサーキル　1176没(71歳)。アラブの歴史家。1105生。

式子内親王　しきしないしんのう　1201没(50?歳)。平安時代後期・鎌倉時代前期の女性。歌人。1152頃生。

法然　ほうねん　1212没(80歳)。平安時代後期・鎌倉時代前期の浄土宗の開祖。1133生。

狛近真　こまちかざね　1242没(66歳)。鎌倉時代前期の雅楽演奏者。1177生。

中院通冬　なかのいんみちふゆ　1363(閏1月)没(49歳)。南北朝時代の公卿。1315生。

ゾイゼ，ハインリヒ　1366没(70?歳)。ドイツの神秘主義者。1295頃生。

一色範光　いっしきのりみつ　1388没(64歳)。南北朝時代の武将。1325生。

冷泉為尹　れいぜいためただ　1417没(57歳)。南北朝時代・室町時代の歌人・公卿。1361生。

フェルディナンド1世　1494没(71歳)。アラゴン家出身のナポリ王。1423生。

エルコレ1世　1505没(73歳)。フェララ公。1431生。

クリスティアン2世　1559没(77歳)。デンマーク、ノルウェー王(1513～23)、スウェーデン王(20～21)。1481生。

ラーマラーヤ・サールヴァ　1565没。インドのヴィジャヤナガル王国の政治家。

京極高吉　きょうごくたかよし　1581没(78歳)。戦国時代・安土桃山時代の近江の武将。1504生。

クラーナハ，ルーカス(子)　1586没(70歳)。ドイツの画家。1515生。

池田輝政　いけだてるまさ　1613没(50歳)。安土桃山時代・江戸時代前期の大名。1564生。

新庄直忠　しんじょうなおただ　1620没(79歳)。安土桃山時代・江戸時代前期の武将。1542生。

佐竹義宣　さたけよしのぶ　1633没(64歳)。安土桃山時代・江戸時代前期の大名。1570生。

稲葉正勝　いなばまさかつ　1634没(38歳)。江戸時代前期の大名。1597生。

バートン，ロバート　1640没(62歳)。イギリスの古典文学研究家、牧師。1577生。

ベラン，ジャン　1711没(73?歳)。フランスの装飾図案家。1637頃生。

三輪執斎　みわしっさい　1744没(76歳)。江戸時代中期の儒学者。1669生。

木村蒹葭堂　きむらけんかどう　1802没(67歳)。江戸時代中期・後期の文人、商人、好事家。1736生。

唐来参和　とうらいさんな　1810没(67歳)。江戸時代中期・後期の黄表紙・洒落本作者。1744生。

宮薗鶯鳳軒(2代目)　みやぞのうぐいすほうけん　1812没(65歳)。江戸時代後期の宮薗節の太夫。1748生。

宝山左衛門(初代)　たからさんざえもん　1844没。江戸時代後期の歌舞伎囃子方。

1月25日

お定の方　おさだのかた　1847没。江戸時代後期の女性。12代将軍徳川家慶の側室。

ベリングスハウゼン, ファビアン・ゴットリープ・ベンヤミン・フォン　1852没(73歳)。ロシアの海将, 探検家。1778生。

ワーズワス, ドロシー　1855没(83歳)。イギリスの日記作者。1771生。

赤根武人　あかねたけと　1866没(29歳)。江戸時代末期の志士, 長州(萩)藩士。1838生。

レイトン, フレデリック　1896没(65歳)。イギリスの画家, 彫刻家。1830生。

栗田寛　くりたひろし　1899没(65歳)。江戸・明治時代の儒学者, 歴史学者。1835生。

ラヴロフ, ピョートル・ラヴロヴィチ　1900没(76歳)。ロシアの革命家, 哲学者。1823生。

ウィーダ　1908没(69歳)。イギリスの女流作家。1839生。

管野すが　かんのすが　1911没(31歳)。明治時代の社会主義革命家, 記者。1881生。

佐々木長淳　ささきちょうじゅん　1916没(87歳)。江戸〜大正時代の養蚕技術者, 官吏。養蚕御用係。1830生。

モディリアーニ, アメデオ　1920没(35歳)。イタリア生れでパリで活躍した画家。1884生。

ストゥーチカ　1932没(66歳)。ソ連の法学者。1865生。

クイビシェフ　1935没(46歳)。ソ連邦の政治家。1888生。

アマン-ジャン, エドモン・フランソワ　1936没(76歳)。フランスの画家, 版画家。1860生。

ポリワーノフ, エヴゲーニー・ドミトリエヴィチ　1938没(46歳)。ソ連の言語学者, 音声学者。1891生。

カポネ, アル　1947没(48歳)。1920年代のシカゴのギャング団のボス。1899生。

高野辰之　たかのたつゆき　1947没(72歳)。明治〜昭和時代の国文学者, 作詞家。1876生。

牧野伸顕　まきののぶあき　1949没(87歳)。明治〜昭和時代の政治家。1863生。

ヴァヴィロフ　1951没(59歳)。ソ連邦の物理学者。1891生。

加藤一夫　かとうかずお　1951没(63歳)。大正・昭和時代の詩人, 評論家。1887生。

ビョルンソン, スヴェイン　1952没(70歳)。アイスランド初代大統領。1881生。

小林一三　こばやしいちぞう　1957没(84歳)。明治〜昭和時代の実業家, 政治家。阪急グループ創始者。1873生。

志賀潔　しがきよし　1957没(85歳)。明治〜昭和時代の細菌学者。慶応義塾大学教授, 京城帝国大学総長。1871生。

グーテンベルク, ベーノ　1960没(70歳)。ドイツ生れのアメリカの地球物理学者。1889生。

バスティアニーニ, エットーレ　1967没(44歳)。イタリアのバリトン歌手。1922生。

円谷英二　つぶらやえいじ　1970没(68歳)。昭和時代の特撮監督, 映画監督。円谷特技プロ社長。1901生。

与謝野秀　よさのしげる　1971没(66歳)。昭和時代の外交官。東京五輪組織委員会事務総長。1904生。

大場政夫　おおばまさお　1973没(23歳)。昭和時代のプロボクサー。1949生。

王稼祥　おうかしょう　1974没(67歳)。中国の政治家。1907生。

寒川光太郎　さむかわこうたろう　1977没(69歳)。昭和時代の小説家。1908生。

隈元謙次郎　くまもとけんじろう　1978没(74歳)。昭和時代の美術史家。1903生。

スースロフ, ミハイル・アンドレエヴィチ　1982没(79歳)。ソ連の政治家。1902生。

松本俊一　まつもとしゅんいち　1987没(89歳)。大正・昭和時代の外交官, 政治家。松本建設社長, 外務事務次官, 衆院議員。1897生。

西川正身　にしかわまさみ　1988没(83歳)。昭和時代のアメリカ文学者。1904生。

ガードナー, エヴァ　1990没(67歳)。アメリカの女優。1922生。

蔵原惟人　くらはらこれひと　1991没(88歳)。昭和時代の文芸評論家。日本共産党名誉幹部会委員。1902生。

ショー, ロバート　1999没(82歳)。アメリカの指揮者。1916生。

三木のり平　みきのりへい　1999没(73歳)。昭和・平成時代の俳優。1925生。

ブランケルス-クーン, ファニー　2004没(85歳)。オランダの女子陸上選手。1918生。

ジョンソン, フィリップ　2005没(98歳)。アメリカの建築家。1906生。

1月26日

○記念日○ 文化財防火デー
○出来事○ 帝銀事件(1948)
　　　　　貴花田、19歳5カ月で初優勝(1992)

パウラ　404没(56歳)。聖女。347生。
マルキアヌス　457没(61歳)。東ローマ皇帝(在位450～7)。396生。
平恩　へいおん　889没。平安時代前期の西大寺の僧。
アルベリク　1108没。フランスのシトー修道院第2代院長、聖人。
レオニウス　1163没。フランドル出身のベネディクト会修道士、福者。
エイステイン・エルレンソン　1188没(58?歳)。ノルウェー、ニダロス(トロニエム)大司教。1130頃生。
オド(シャトルーの)　1273没(65?歳)。フランス人枢機卿。1208頃生。
ジファド、ゴドフリ　1302没(67?歳)。イングランドの大臣、ウースターの司教。1235頃生。
信空　しんくう　1316没(86歳)。鎌倉時代後期の律僧。1231生。
了海房　りょうかいぼう　1320没(82歳)。鎌倉時代の僧。1239生。
鷹司冬教　たかつかさふゆのり　1337没(33歳)。鎌倉時代後期・南北朝時代の公卿。1305生。
二条師基　にじょうもろもと　1365没(65歳)。鎌倉時代後期・南北朝時代の公卿。1301生。
源仲興　みなもとのなかおき　1406没。南北朝時代・室町時代の公卿。
小早川則平　こばやかわのりひら　1433没(61歳)。南北朝時代・室町時代の武将。1373生。
日峰宗舜　にっぽうそうしゅん　1448没(81歳)。南北朝時代・室町時代の臨済宗の僧。1368生。
海門興徳　かいもんこうとく　1476没。室町時代の曹洞宗の僧。
徳大寺公有　とくだいじきんあり　1486没(65歳)。室町時代・戦国時代の公卿。1422生。
プラッター、トーマス　1582没(82歳)。スイスの作家、人文主義者。1499生。

亀井茲矩　かめいこれのり　1612没(56歳)。安土桃山時代・江戸時代前期の武将、大名。1557生。
大姥局　おおばのつぼね　1613没(89歳)。戦国時代～江戸時代前期の女性。2代将軍徳川秀忠の乳母、岡部善石衛門の後家。1525生。
ブリッグズ、ヘンリー　1630没(68歳)。イギリスの数学者、天文学者。1561生。
鴻池善右衛門(初代)　こうのいけぜんえもん　1693没(86歳)。江戸時代前期の大坂の豪商の家祖。1608生。
玉城朝薫　たまぐすくちょうくん　1734没(51歳)。琉球王国の宮廷演劇・組踊の大成者。1684生。
阿部将翁　あべしょうおう　1753没(104?歳)。江戸時代中期の本草学者。1650頃生。
バッハ、ヨーハン・クリストフ・フリードリヒ　1795没(62歳)。ドイツの作曲家。1732生。
ジェンナー、エドワード　1823没(73歳)。イギリスの臨床医。1749生。
ジェリコー、テオドール　1824没(32歳)。フランスの画家。1791生。
ラム、キャロライン　1828没(42歳)。イギリスの女流作家。1785生。
仁孝天皇　にんこうてんのう　1846没(47歳)。第120代の天皇。1800生。
ベドーズ、トマス・ラヴェル　1849没(45歳)。イギリスの詩人、劇作家、医師。1803生。
ジョーンズ　1855没(65歳)。イギリスの経済学者。1790生。
ネルヴァル、ジェラール・ド　1855没(46歳)。フランスの詩人、小説家。1808生。
安冨祖正元　あふそせいげん　1865没(81歳)。江戸時代後期の琉球音楽演奏者。1785生。
ラルテ、エドゥアール・アルマン・イジドール・イッポリート　1871没(69歳)。フランスの地質学者、考古学者。1801生。
ヴェーバー、エルンスト・ハインリヒ　1878没(82歳)。ドイツの解剖学者、生理学者。1795生。

1月26日

ゴードン, チャールズ・ジョージ　1885没(51歳)。イギリスの軍人。1833生。

モーニッケ　1887没(72歳)。ドイツのオランダ陸軍軍医。1814生。

オットー, ニコラウス　1891没(58歳)。ドイツの技術者。1832生。

ケイリー, アーサー　1895没(73歳)。イギリスの数学者。1821生。

ディルク, サー・チャールズ・ウェントワース　1911没(67歳)。イギリスの自由党政治家。1843生。

モリス, ジェーン　1914没(74歳)。イギリスの画家ウィリアム・モリスの妻。1839生。

ヘリング　1918没(83歳)。ドイツの生理学者, 心理学者。1834生。

グロッセ　1927没(64歳)。ドイツの民族学者, 芸術学者。1862生。

大岡育造　おおかいくぞう　1928没(73歳)。明治〜昭和時代の政治家。中央新聞社社長, 衆議院議員。1856生。

渡辺海旭　わたなべかいきょく　1933没(62歳)。明治・大正時代の浄土宗僧侶, 仏教学者。1872生。

山下りん　やましたりん　1939没(83歳)。明治〜昭和時代の聖像(イコン)画家。1857生。

ロイーブ　1941没(96歳)。ドイツの生理化学者。1844生。

ハウスドルフ, フェリックス　1942没(73歳)。ドイツの数学者。1868生。

ヴァヴィロフ, ニコライ・イヴァノヴィチ　1943没(55歳)。ソ連邦の農学者, 作物地理学者, 作物学者。1887生。

林倭衛　はやししずえ　1945没(51歳)。大正・昭和時代の洋画家。1895生。

倉富勇三郎　くらとみゆうざぶろう　1948没(96歳)。明治〜昭和時代の官僚, 政治家。貴族院議員。1853生。

吉田玉造(4代目)　よしだたまぞう　1948没(64歳)。明治〜昭和時代の人形浄瑠璃の人形遣い。1885生。

小金井喜美子　こがねいきみこ　1956没(84歳)。明治〜昭和時代の翻訳家, 小説家。1871生。

重光葵　しげみつまもる　1957没(69歳)。大正・昭和時代の外交官, 政治家。駐英大使, 衆議院議員。1887生。

佐々木象堂　ささきしょうどう　1961没(78歳)。明治〜昭和時代の鋳金家。1882生。

飛田穂洲　とびたすいしゅう　1965没(78歳)。明治〜昭和時代の野球評論家。早稲田大学野球部初代監督。1886生。

名寄岩静男　なよろいわしずお　1971没(56歳)。昭和時代の力士。大関。1914生。

ジョーンズ, イーライ・スタンリー　1973没(89歳)。アメリカ出身のメソジスト派宣教師。1884生。

高間惣七　たかまそうしち　1974没(84歳)。大正・昭和時代の洋画家。1889生。

ダル・モンテ, トーティ　1975没(81歳)。イタリアのソプラノ歌手。1893生。

ロックフェラー, ネルソン・オールドリッチ　1979没(70歳)。アメリカの政治家。1908生。

ロルジュ, ベルナール　1986没(77歳)。フランスの画家。1908生。

マクラレン, ノーマン　1987没(72歳)。カナダのアニメイション作家。1914生。

ウィリアムズ, レイモンド　1988没(66歳)。イギリスの学者, 評論家。1921生。

関敬吾　せきけいご　1990没(90歳)。昭和時代の民俗学者。東京学芸大学教授, 東洋大学教授。1899生。

黒田俊雄　くろだとしお　1993没(67歳)。昭和・平成時代の日本史学者。大谷大学教授, 大阪大学教授。1926生。

藤沢周平　ふじさわしゅうへい　1997没(69歳)。昭和・平成時代の小説家。1927生。

鈴木鎮一　すずきしんいち　1998没(99歳)。大正・昭和時代のバイオリン教育指導者。(社)才能教育研究会会長。1898生。

バッジ, ドン　2000没(84歳)。アメリカのテニス選手。1915生。

トレヴァー=ローパー, ヒュー　2003没(89歳)。イギリスの歴史学者。1914生。

北原謙二　きたはらけんじ　2005没(65歳)。昭和・平成時代の歌手。1939生。

1月27日

○記念日○ 国旗制定記念日
○出来事○ 曙が初の外国人横綱に(1993)

シモン 前134没。ユダヤのハスモン王朝の王。
ヴィタリアーヌス 672没。教皇(在位657～672)、聖人。
阿倍宿奈麻呂 あべのすくなまろ 720没。飛鳥時代・奈良時代の官人。
牟漏女王 むろのじょおう 746没。奈良時代の女性。美努王の娘、藤原房前の妻。
ジャアファル・アルバルマキー 803没(36歳)。サラセンのアッバース朝の重臣。767生。
セルギウス2世 847没。ローマ教皇。
劉知遠 りゅうちえん 948没(52歳)。中国、五代後漢の建国者(在位947～948)。895生。
戒算 かいざん 1053没(91歳)。平安時代中期の天台宗の僧。963生。
サンチョ6世 1194没。ナバラ王(1150～94)。
公暁 くぎょう 1219没(20歳)。鎌倉時代前期の僧。1200生。
源実朝 みなもとのさねとも 1219没(28歳)。鎌倉幕府第3代の将軍。1192生。
源仲章 みなもとのなかあきら 1219没。鎌倉時代前期の儒者、武士。
慶円 きょうえん 1223没(84歳)。平安時代後期・鎌倉時代前期の法相僧。1140生。
北条時茂 ほうじょうときしげ 1270没(30歳)。鎌倉時代前期の武士。1241生。
真教 しんきょう 1319没(83歳)。鎌倉時代後期の時宗の僧。1237生。
通翁鏡円 つうおうきょうえん 1325没(68歳)。鎌倉時代後期の臨済宗大応派の僧。1258生。
上杉憲房 うえすぎのりふさ 1336没。鎌倉時代後期・南北朝時代の武将。
三浦貞連 みうらさだつら 1336没。鎌倉時代後期・南北朝時代の武将。
グリハルバ 1527没(37?歳)。スペインの探検家、征服者。1490頃生。
メリーチ、アンジェラ 1540没(65歳)。イタリアのウルスラ会の創立者、聖人。1474生。
大林宗套 だいりんそうとう 1568没(89歳)。戦国時代の臨済宗の僧。1480生。

アッバース1世 1629没(86歳)。ペルシアのサファビー朝第5代王(在位1587～1629)。1571生。
川村重吉 かわむらじゅうきち 1648(閏1月)没(74歳)。安土桃山時代・江戸時代前期の土木治水の功労者。1575生。
ブルーマールト、アブラハム 1651没(86歳)。オランダの画家、版画家。1564生。
テンプル、サー・ウィリアム 1699没(70歳)。イギリスの政治家、外交官、著述家。1628生。
狩野常信 かのうつねのぶ 1713没(78歳)。江戸時代前期・中期の画家。1636生。
天野屋利兵衛 あまのやりへえ 1727没(66?歳)。江戸時代前期の侠客。1662頃生。
跡部良顕 あとべよしあき 1729没(72歳)。江戸時代中期の垂加神道家、旗本。1658生。
小野蘭山 おのらんざん 1810没(82歳)。江戸時代中期・後期の本草博物学者。1729生。
柏原瓦全 かしわばらがぜん 1825没(82歳)。江戸時代中期・後期の俳人。1744生。
ベル、アンドルー 1832没(78歳)。イギリス、スコットランド生れの牧師、教育家。1753生。
ノディエ、シャルル 1844没(63歳)。フランスの小説家。1780生。
オーデュボン、ジョン・ジェイムズ 1851没(65歳)。アメリカの動物画家。1785生。
ボヤイ、ヤーノシュ 1860没(57歳)。ハンガリーの数学者。1802生。
セジウィック、アダム 1873没(87歳)。イギリスの地質学者。1785生。
ブレイン、ジェイムズ・G 1893没(62歳)。アメリカの政治家。1830生。
ヴェルディ、ジュゼッペ 1901没(87歳)。イタリアのオペラ作曲家。1813生。
三遊亭円生(4代目) さんゆうていえんしょう 1904没(59歳)。明治時代の落語家。1846生。
コクラン、ブノワ-コンスタン 1909没(68歳)。フランスの俳優。1841生。

1月27日

アディ・エンドレ　1919没(41歳)。ハンガリーの詩人。1877生。

高木壬太郎　たかぎみずたろう　1921没(58歳)。明治・大正時代の神学者、牧師。青山学院院長。1864生。

ヴェルガ, ジョヴァンニ　1922没(81歳)。イタリアの小説家、劇作家。1840生。

日下部鳴鶴　くさかべめいかく　1922没(85歳)。明治・大正時代の書家。1838生。

長谷川好道　はせがわよしみち　1924没(75歳)。明治・大正時代の陸軍軍人。大将、元帥。1850生。

ヒューゲル, フリードリヒ・フォン　1925没(72歳)。イギリスのカトリック神学者、哲学者。1852生。

西ノ海嘉治郎(2代目)　にしのうみかじろう　1931没(52歳)。明治・大正時代の力士。横綱。1880生。

関淑子　せきとしこ　1935没(28歳)。昭和時代の社会運動家。1908生。

野口雨情　のぐちうじょう　1945没(64歳)。大正・昭和時代の詩人。1882生。

清水三男　しみずみつお　1947没(39歳)。昭和時代の歴史学者。1909生。

アサーフィエフ, ボリース・ウラジーミロヴィチ　1949没(64歳)。ソ連邦のバレエ作曲家。1884生。

松本幸四郎(7代目)　まつもとこうしろう　1949没(80歳)。明治～昭和時代の歌舞伎役者。1870生。

野口幽香　のぐちゆか　1950没(83歳)。明治～昭和時代の幼児教育家。華族女学校教授。1866生。

マンネルハイム, カール・グスタヴ, 男爵　1951没(83歳)。フィンランドの軍人、政治家。1867生。

ペンツォルト, エルンスト　1955没(62歳)。ドイツの作家。1892生。

クライバー, エーリヒ　1956没(65歳)。オーストリアの指揮者。1890生。

細木原青起　ほそきばらせいき　1958没(72歳)。明治～昭和時代の漫画家、挿絵画家。1885生。

明石国助　あかしくにすけ　1959没(71歳)。明治～昭和時代の染織工芸研究家。文化財保護審議会専門委員。1887生。

アラーニャ　1960没(65歳)。ブラジルの政治家、外交官。1894生。

前田雀郎　まえだじゃくろう　1960没(62歳)。大正・昭和時代の川柳作家。日本川柳協会創立委員長。1897生。

吉田秀雄　よしだひでお　1963没(59歳)。昭和時代の経営者。1903生。

三船久蔵　みふねきゅうぞう　1965没(81歳)。明治～昭和時代の柔道家。1883生。

ジュアン, アルフォンス　1967没(78歳)。フランスの軍人。1888生。

オヴェーチキン, ワレンチン・ウラジーミロヴィチ　1968没(63歳)。ソヴェトの作家。1904生。

ヘッケル, エーリヒ　1970没(86歳)。ドイツの画家。1883生。

ジャクソン, マヘリア　1972没(60歳)。アメリカの黒人女性歌手。1911生。

グリヴァス, ゲオルギオス　1974没(75歳)。キプロスのギリシャ系民族運動指導者。1898生。

土川元夫　つちかわもとお　1974没(70歳)。昭和時代の実業家。名古屋鉄道社長、名古屋商工会議所会頭。1903生。

ビドー, ジョルジュ　1983没(83歳)。フランスの政治家。1899生。

近藤紘一　こんどうこういち　1986没(45歳)。昭和時代のジャーナリスト、作家。サンケイ新聞編集委員。1940生。

小原鉄五郎　おばらてつごろう　1989没(89歳)。大正・昭和時代の実業家。城南信用金庫会長、全国信用金庫連合会会長。1899生。

江戸アケミ　えどあけみ　1990没(36歳)。昭和・平成時代のミュージシャン。1953生。

豊平良顕　とよひらりょうけん　1990没(85歳)。昭和時代の新聞記者、実業家。県史編集審議会会長、沖縄文化財保護審議会会長。1904生。

景山民夫　かげやまたみお　1998没(50歳)。昭和・平成時代の放送作家、小説家、エッセイスト。アンクル・プロダクションズ代表取締役。1947生。

大原富枝　おおはらとみえ　2000没(87歳)。昭和・平成時代の小説家。1912生。

上野瞭　うえのりょう　2002没(73歳)。昭和・平成時代の児童文学作家・評論家。1928生。

1月28日

○記念日○　コピーライターの日
　　　　　　初不動
○出来事○　上海事変（1932）
　　　　　　GHQが映画検閲開始（1946）

マウリキウス　602没（63歳）。東ローマ皇帝（582〜602）。539生。

平群広成　へぐりのひろなり　753没。奈良時代の官人。

カール大帝　814没（71歳）。フランク王（在位768〜814），神聖ローマ皇帝（在位800〜814）。742生。

興昭　こうしょう　883没。平安時代前期の僧。

藤原超子　ふじわらのちょうし　982没。平安時代中期の女性。冷泉天皇の女御。

藤原伊周　ふじわらのこれちか　1010没（37歳）。平安時代中期の公卿。974生。

藤原経定　ふじわらのつねさだ　1156没（57歳）。平安時代後期の公卿。1100生。

重仁親王　しげひとしんのう　1162没（23歳）。崇徳天皇の第1皇子。1140生。

平時実　たいらのときざね　1213没（63歳）。平安時代後期・鎌倉時代前期の公卿。1151生。

西仏　さいぶつ　1241没（85歳）。平安時代後期・鎌倉時代前期の僧。1157生。

土御門定通　つちみかどさだみち　1247没（60歳）。鎌倉時代前期の公卿。1188生。

ヴィルヘルム　1256没（29歳）。神聖ローマ皇帝（在位1247〜56）。1227生。

中御門宗雅　なかみかどむねまさ　1269没（53歳）。鎌倉時代前期の公卿。1217生。

大朴玄素　たいぼくげんそ　1346没（59歳）。鎌倉時代後期・南北朝時代の臨済宗の僧。1288生。

陽禄門院　ようろくもんいん　1352没（42歳）。鎌倉時代後期・南北朝時代の女性。光厳天皇の妃。1311生。

三条西公保　さんじょうにしきんやす　1460没（64歳）。室町時代の公卿。1397生。

願知　がんち　1527没（89歳）。室町時代・戦国時代の浄土真宗の僧。1439生。

ヘンリー8世　1547没（55歳）。チューダー朝第2代のイングランド王（在位1509〜47）。1491生。

エリーアス，レヴィータ　1549没（80歳）。ドイツ出身のユダヤ教のラビ，ヘブル原典研究者。1469生。

ドレイク，サー・フランシス　1596没（56?歳）。イギリスの海賊，海軍提督。1540頃生。

パウルス5世　1621没（68歳）。教皇（在位1605〜21）。1552生。

トゥルン　1640没（72歳）。オーストリアの政治家。1567生。

古筆了佐　こひつりょうさ　1662没（91歳）。安土桃山時代・江戸時代前期の古筆鑑定家，古筆家の始祖。1572生。

鉄心道印　てっしんどういん　1680没（88歳）。江戸時代前期の曹洞宗の僧。1593生。

鄭経　ていけい　1681没（39歳）。中国，明末，清初期の武人。1642生。

ヘヴェリウス，ヨハネス　1687没（91歳）。ドイツの天文学者。1611生。

ヴェルビースト，フェルディナント　1688没（64歳）。ベルギー出身のイエズス会士。1623生。

山井崑崙　やまのいこんろん　1728没（39歳）。江戸時代中期の漢学者。1690生。

ホルベア，ルドヴィ　1754没（69歳）。デンマークの劇作家，歴史家。1684生。

アンヴィル，ジャン・バティスト・ブルギニョン・ド　1782没（84歳）。フランスの地理学者。1697生。

沢村田之助（2代目）　さわむらたのすけ　1817没（30歳）。江戸時代後期の歌舞伎役者。1788生。

ラングレ　1824没（60歳）。フランスの東洋学者。1763生。

奈須恒徳　なすつねのり　1841没（68歳）。江戸時代後期の幕府医師。1774生。

長谷川雪旦　はせがわせったん　1843没（66歳）。江戸時代後期の画家。1778生。

ボス　1844没（63歳）。オランダ東インド総督（在任1830〜33）。1780生。

1月28日

シャドウ, ヨハン・ゴットフリート　1850没(85歳)。ドイツの彫刻家。1764生。

プレスコット, ウィリアム・ヒックリング　1859没(62歳)。アメリカの歴史家。1796生。

クラペイロン, ブノワ・ポール・エミール　1864没(64歳)。フランスの物理学者。1799生。

シュティフター, アーダルベルト　1868没(62歳)。オーストリアの作家。1805生。

武田成章　たけだなりあき　1880没(54歳)。江戸・明治時代の兵学者。1827生。

ドストエフスキー, フョードル・ミハイロヴィチ　1881没(59歳)。ロシアの作家。1821生。

堤磯右衛門　つつみいそえもん　1891没(59歳)。明治時代の実業家。1833生。

花柳寿輔(初代)　はなやぎじゅすけ　1903没(83歳)。江戸・明治時代の振付師, 日本舞踊家。1821生。

ミハイロフスキー, ニコライ・コンスタンチノヴィチ　1904没(61歳)。ロシアの社会主義者, ナロードニキ運動の理論的指導者。1842生。

ステッセル　1915没(67歳)。ロシアの将軍。1848生。

ブラガ, テオフィロ　1924没(80歳)。ポルトガルの詩人, 文学史家。1843生。

加藤高明　かとうたかあき　1926没(67歳)。明治・大正時代の政治家, 外交官。内閣総理大臣。1860生。

三浦梧楼　みうらごろう　1926没(80歳)。江戸・明治時代の陸軍軍人, 政治家, 萩藩士。中将, 子爵。1847生。

石橋思案　いしばししあん　1927没(61歳)。明治時代の小説家。1867生。

ブラスコ-イバニェス, ビセンテ　1928没(60歳)。スペインの小説家。1867生。

セインツベリー, ジョージ　1933没(87歳)。イギリスの文学史家, 批評家。1845生。

古市公威　ふるいちこうい　1934没(81歳)。明治・大正時代の土木工学者。東京帝大工科大学初代学長, 土木学会初代会長。1854生。

イッポリートフ-イワーノフ, ミハイール・ミハイーロヴィチ　1935没(75歳)。ロシアの作曲家。1859生。

イェイツ, W.B.　1939没(73歳)。アイルランドの詩人, 劇作家。1865生。

桜井錠二　さくらいじょうじ　1939没(82歳)。明治〜昭和時代の化学者。東京大学長, 日本学術振興会理事長。1858生。

荒木寅三郎　あらきとらさぶろう　1942没(77歳)。明治〜昭和時代の生化学者。京都帝国大学総長, 学習院長。1866生。

アーン, レイナルド　1947没(71歳)。ヴェネズエラの作曲家。1875生。

コーエン, M.R.　1947没(66歳)。アメリカの哲学者, 法哲学者。1880生。

タロー, ジェローム　1953没(78歳)。フランスの小説家, 回想録作者。1874生。

緒方竹虎　おがたたけとら　1956没(67歳)。大正・昭和時代の政治家, 新聞人。衆議院議員, 朝日新聞社副社長。1888生。

中村時蔵(4代目)　なかむらときぞう　1962没(34歳)。昭和時代の歌舞伎役者。1927生。

ピカール, ジャン・フェリックス　1963没(79歳)。アメリカの化学者。1884生。

高橋元吉　たかはしもときち　1965没(71歳)。大正・昭和時代の詩人。1893生。

ザイツェフ, ボリス・コンスタンチノヴィチ　1972没(90歳)。ロシアの小説家。1881生。

ブッツァーティ, ディーノ　1972没(65歳)。イタリアの小説家。1906生。

ノヴォトニー, アントニーン　1975没(70歳)。チェコスロバキアの政治家。1904生。

柴田雄次　しばたゆうじ　1980没(88歳)。大正・昭和時代の化学者。東京都立大学総長。1882生。

田崎広助　たざきひろすけ　1984没(85歳)。大正・昭和時代の洋画家。1898生。

岡崎清一郎　おかざきせいいちろう　1986没(85歳)。大正・昭和時代の詩人。1900生。

パンチェン・ラマ10世　1989没(53歳)。チベット族のラマ教の高僧。1936生。

山階芳麿　やましなよしまろ　1989没(88歳)。昭和時代の鳥類学者。山階鳥類研究所理事長。1900生。

タリアヴィーニ, フェルッチョ　1995没(81歳)。イタリアのテノール歌手。1913生。

サン・ユ　1996没(78歳)。ビルマの軍人, 政治家。1918生。

ブロツキー, ヨシフ・アレクサンドロヴィチ　1996没(55歳)。ロシアの詩人。1940生。

石ノ森章太郎　いしのもりしょうたろう　1998没(60歳)。昭和・平成時代の漫画家。日本漫画家協会常務理事。1938生。

リンドグレン, アストリッド　2002没(94歳)。スウェーデンの女流童話作家。1907生。

1月29日

○記念日○ タウン情報の日
○出来事○ 初の全国戸籍調査(1872)
　　　　　南極に昭和基地を設営(1957)

藤原北夫人　ふじわらきたのふじん　760没。奈良時代の女性。聖武天皇の妃。

禔子内親王　ししないしんのう　1048(閏1月)没(46歳)。平安時代中期の女性。三条天皇の皇女。1003生。

増誉　ぞうよ　1116没(85歳)。平安時代中期・後期の天台宗の僧。1032生。

藤原宗頼　ふじわらのむねより　1203没(50歳)。平安時代後期・鎌倉時代前期の公卿。1154生。

道忠　どうちゅう　1281没。鎌倉時代前期の僧。

花山院経定　かざんいんつねさだ　1326没(27歳)。鎌倉時代後期の公卿。1300生。

土御門通房　つちみかどみちふさ　1345没(28歳)。鎌倉時代後期・南北朝時代の公卿。1318生。

源性入道親王　げんしょうにゅうどうしんのう　1353没(27歳)。花園天皇の皇子。1327生。

後光厳天皇　ごこうごんてんのう　1374没(37歳)。南北朝時代の北朝第4代の天皇。1338生。

土御門有世　つちみかどありよ　1405没(79歳)。南北朝時代・室町時代の暦学者、公卿。1327生。

千種雅光　ちくさまさみつ　1420没。室町時代の公卿。

伊作久義　いさくひさよし　1422没。南北朝時代・室町時代の武将。

ルブリョフ、アンドレイ　1430没(70?歳)。ロシアの代表的聖像画家。1360頃生。

一宇俊箇　いちうしゅんこ　1508没。戦国時代の曹洞宗の僧。

メディナ、バルトロメ・デ　1580没(53?歳)。スペインのドミニコ会神学者。1527頃生。

アンマーバッハ、エリーアス・ニコラウス　1597没(67?歳)。ドイツのオルガン奏者、作曲家。1530頃生。

ホワイト　1645没(54歳)。イギリスの政治家。1590生。

ミアズ　1647没(82歳)。イギリスの教育家、批評家、神学者。1565生。

アルノー、アンジェリーク・ド・サン-ジャン　1684没(59歳)。フランスのヤンセン派の修道女、アントワーヌ・アルノーの姪。1624生。

イワン5世　1696没(29歳)。ロシア皇帝(在位1682～96)。1666生。

ピョートル2世　1730没(14歳)。ロシアの皇帝(在位1727～30)。1715生。

三宅尚斎　みやけしょうさい　1741没(80歳)。江戸時代中期の武蔵忍藩士、播磨明石藩士、儒学者。1662生。

フルーリー、アンドレ-エルキュール・ド　1743没(89歳)。フランスの枢機卿、政治家。1653生。

尚敬　しょうけい　1751没(52歳)。琉球王国の第二尚氏王朝13代の王。1700生。

青綺門院　せいきもんいん　1790没(75歳)。江戸時代中期・後期の女性。桜町天皇の妃。1716生。

クレロン嬢　1803没(80歳)。フランスの悲劇女優。1723生。

フィヒテ、ヨハン・ゴットリープ　1814没(51歳)。ドイツの哲学者。1762生。

ジョージ3世　1820没(81歳)。イギリス、ハノーバー朝第3代国王(在位1760～1820)。1738生。

笠森お仙　かさもりおせん　1827没(77歳)。江戸時代中期～後期の女性。江戸谷中笠森稲荷門前の水茶屋の娘、美女として知られる。1751生。

バラス、ポール・フランソワ・ジャン・ニコラ、伯爵　1829没(73歳)。フランスの政治家、テルミドール派の指導者。1755生。

プーシキン、アレクサンドル・セルゲーヴィチ　1837没(37歳)。ロシアの詩人。1799生。

岩崎灌園　いわさきかんえん　1842没(57歳)。江戸時代後期の本草学者、博物学者、幕府御家人。1786生。

1月29日

ゲレス, ヨーゼフ 1848没(72歳)。ドイツの学者, 思想家。1776生。

アルント, エルンスト・モーリッツ 1860没(90歳)。ドイツの愛国詩人。1769生。

デアーク, フェレンツ 1876没(72歳)。ハンガリーの政治家。1803生。

戸塚静海 とつかせいかい 1876没(78歳)。江戸時代末期・明治時代の蘭方医, 幕府奥医師。1799生。

ヒルデブラント 1878没(65歳)。ドイツの経済学者, 統計学者。1812生。

リア, エドワード 1888没(75歳)。イギリスの詩人, 画家。1812生。

コワレフスカヤ, ソフィヤ・ワシリエヴナ 1891没(41歳)。ロシアの女性数学者, 作家。1850生。

シスレー, アルフレッド 1899没(59歳)。イギリスの画家。1839生。

クリスティアン9世 1906没(87歳)。デンマーク王(1863～1906)。1818生。

バング, ヘアマン 1912没(54歳)。デンマークの小説家。1857生。

クローマー, イヴリン・ベアリング 1917没(75歳)。イギリスの植民地政治家。1841生。

シャヴァンヌ, エドワール 1918没(52歳)。フランスの中国学者。1865生。

メーリング, フランツ 1919没(72歳)。ドイツの文芸評論家, 歴史家。1846生。

バラ, ジェイムズ・ハミルトン 1920没(87歳)。アメリカの改革派(カルバン系)教会宣教師。1832生。

古今亭志ん生(4代目) ここんていしんしょう 1926没(50歳)。明治・大正時代の落語家。1877生。

ティーズデイル, セアラ 1933没(48歳)。アメリカの女流詩人。1884生。

ハーバー, フリッツ 1934没(65歳)。ドイツの化学者。1868生。

パラシオ-バルデス, アルマンド 1938没(84歳)。スペインの小説家。1853生。

メタクサス, イオアンニス 1941没(69歳)。ギリシアの軍人, 政治家。1871生。

鳩山秀夫 はとやまひでお 1946没(63歳)。大正・昭和時代の民法学者, 政治家。東京帝国大学教授, 衆議院議員(立憲政友会)。1884生。

本多静六 ほんだせいろく 1952没(85歳)。明治～昭和時代の林学者。1866生。

清水良雄 しみずよしお 1954没(62歳)。大正・昭和時代の洋画家, 童画家。1891生。

日野草城 ひのそうじょう 1956没(54歳)。大正・昭和時代の俳人。1901生。

メンケン, H.L. 1956没(75歳)。アメリカの批評家, ジャーナリスト。1880生。

クライスラー, フリッツ 1962没(86歳)。オーストリアのヴァイオリン奏者, 作曲家。1875生。

フロスト, ロバート・リー 1963没(88歳)。アメリカの詩人。1874生。

久原房之助 くはらふさのすけ 1965没(95歳)。明治～昭和時代の実業家, 政治家。衆議院議員。1869生。

藤田嗣治 ふじたつぐはる 1968没(81歳)。大正・昭和時代の洋画家。1886生。

ダレス, アレン・W 1969没(75歳)。アメリカの法律家, 外交官。1893生。

リデル・ハート, サー・バジル 1970没(74歳)。イギリスの軍事評論家。1895生。

ベイツ, H.E. 1974没(68歳)。イギリスの小説家。1905生。

萩原雄祐 はぎわらゆうすけ 1979没(81歳)。大正・昭和時代の天文学者。1897生。

林家正蔵(8代目) はやしやしょうぞう 1982没(86歳)。大正・昭和時代の落語家。1895生。

カッソーラ, カルロ 1987没(69歳)。イタリアの作家。1917生。

花岡大学 はなおかだいがく 1988没(78歳)。昭和時代の児童文学者。1909生。

浅野晃 あさのあきら 1990没(88歳)。昭和時代の詩人, 評論家。日本評論家協会理事。1901生。

井上靖 いのうえやすし 1991没(83歳)。昭和・平成時代の小説家。日本ペンクラブ会長, 日中文化交流協会会長。1907生。

滝川政次郎 たきかわまさじろう 1992没(94歳)。昭和時代の弁護士, 法制史学者。1897生。

服部四郎 はっとりしろう 1995没(86歳)。昭和・平成時代の言語学者。1908生。

布川角左衛門 ぬのかわくざえもん 1996没(94歳)。昭和・平成時代の編集者, 出版研究者。栗田書店社長, 日本出版学会会長。1901生。

ナムジュン・パイク 2006没(73歳)。韓国系アメリカ人の現代美術家。1932生。

1月30日

○記念日○ 3分間電話の日
○出来事○ 日英同盟調印(1902)
ヒトラーがドイツ首相に(1933)
北アイルランド「血の日曜日」(1972)

増祐　ぞうゆう　976没。平安時代中期の天台宗の僧。

永尋　えいじん　1129没(91歳)。平安時代中期・後期の天台宗の僧。1039生。

藤原宗輔　ふじわらのむねすけ　1162没(86歳)。平安時代後期の公卿。1077生。

アルノー(ライヒャスベルクの)　1175没(75?歳)。ドイツのライヒャスベルクの司教座聖堂参事会長。1100頃生。

徳大寺公継　とくだいじきんつぐ　1227没(53歳)。鎌倉時代前期の公卿。1175生。

賢季　けんき　1358没。南北朝時代の真言宗の僧。

亮性法親王　りょうしょうほっしんのう　1363没(46歳)。南北朝時代の皇族。後伏見天皇の皇子。1318生。

唄庵義梵　ばいあんぎぼん　1431没。室町時代の曹洞宗の僧。

プールビュス, ピーテル　1584没(74?歳)。オランダの画家。1510頃生。

マデルナ, カルロ　1629没(73歳)。イタリアの建築家。1556生。

加々爪忠澄　かがづめただずみ　1641没(56歳)。江戸時代前期の旗本、大目付。1586生。

チリングワース, ウィリアム　1644没(41歳)。イギリスの神学者、論争家。1602生。

チャールズ1世　1649没(48歳)。イギリス, スチュアート朝の国王(在位1625~49)。1600生。

ラ・トゥール, ジョルジュ・ド　1652没(58歳)。フランスの画家。1593生。

アレクセイ1世　1676没(46歳)。ロシア皇帝(在位1645~76)。1629生。

田辺茂啓　たなべもけい　1768没(81歳)。江戸時代中期の長崎地役人。1688生。

マルティン・イ・ソレル, ビセンテ　1806没(51歳)。スペインの作曲家。1754生。

グリボエードフ, アレクサンドル・セルゲーヴィチ　1829没(34?歳)。ロシアの劇作家、外交官。1795頃生。

ロス　1836没(84歳)。アメリカ国旗をつくった人物。1752生。

コズローフ, イワン・イワノヴィチ　1840没(60歳)。ロシアの詩人。1779生。

古賀侗庵　こがどうあん　1847没(60歳)。江戸時代後期の儒学者。1788生。

カールトン, ウィリアム　1869没(74歳)。アイルランドの作家。1794生。

チェズニー, フランシス・ロードン　1872没(82歳)。イギリスの将軍, 探検家。1789生。

ゲランジェ, プロスペール　1875没(69歳)。フランスの典礼学者。1805生。

入江文郎　いりえふみお　1878没(45歳)。江戸・明治時代のフランス語学者。1834生。

グレイ, エイサ　1888没(77歳)。アメリカの植物分類学者。1810生。

ヴェッツェラ, マリー　1889没(17歳)。オーストリア皇太子と心中した貴族の娘。1871生。

ルドルフ　1889没(30歳)。ハプスブルク帝国の皇太子。1858生。

ブラッドロー, チャールズ　1891没(57歳)。イギリスの社会改革家。1833生。

大寺安純　おおでらやすずみ　1895没(50歳)。明治時代の陸軍軍人、第一師団参謀長。1846生。

長谷川昭道　はせがわあきみち　1897没(83歳)。江戸・明治時代の松代藩士。1815生。

敷田年治　しきだとしはる　1902没(86歳)。江戸・明治時代の国学者。神宮皇学館学頭。1817生。

中島歌子　なかじまうたこ　1903没(60歳)。明治時代の歌人。1844生。

林遠里　はやしえんり　1906没(76歳)。明治時代の勧農家。1831生。

石井十次　いしいじゅうじ　1914没(50歳)。明治時代のキリスト教社会事業家。1865生。

1月30日

デルーレード，ポール　1914没（67歳）。フランスの詩人，政治家。1846生。

ルッソ，フェルディナンド　1927没（58歳）。イタリアのナポリ方言詩人，劇作家。1868生。

フィビガー，ヨハーネス・アンドレアス・グリブ　1928没（60歳）。デンマークの病理学者。1867生。

ブライプトロイ，カール　1928没（69歳）。ドイツ自然主義の小説家，評論家。1859生。

神田伯山（3代目）　かんだはくざん　1932没（61歳）。明治時代の講談師。1872生。

橋本進吉　はしもとしんきち　1945没（64歳）。大正・昭和時代の国語学者。東京帝国大学教授。1882生。

ハーベルラント　1945没（90歳）。ドイツの植物学者。1854生。

河上肇　かわかみはじめ　1946没（68歳）。明治〜昭和時代の経済学者，社会主義者。京都帝国大学教授。1879生。

蓑田胸喜　みのだむねき　1946没（53歳）。大正・昭和時代の国家主義者。原理日本社主宰。1894生。

ガンディー，M.K.　1948没（78歳）。インドの政治家。1869生。

ライト，オーヴィル　1948没（76歳）。アメリカの発明家。1871生。

田辺治通　たなべはるみち　1950没（71歳）。昭和時代の官僚，政治家。大阪府知事，貴族院議員。1878生。

金策　きんさく　1951没（47歳）。朝鮮の政治家。1904生。

ハインケル，エルンスト　1958没（70歳）。ドイツの飛行機設計家。1888生。

フランクル，パウル　1962没（83歳）。ドイツの建築史家，美術批評家。1878生。

プーランク，フランシス　1963没（64歳）。フランスの作曲家。1899生。

三浦一雄　みうらくにお　1963没（67歳）。昭和時代の官僚，政治家。衆院議員。1895生。

ピール，ドミニク　1969没（58歳）。ベルギーのドミニコ会士。1910生。

李宗仁　りそうじん　1969没（79歳）。中華民国の軍人。1890生。

渡辺白泉　わたなべはくせん　1969没（55歳）。昭和時代の俳人。1913生。

南喜一　みなみきいち　1970没（76歳）。大正・昭和時代の労働運動家，実業家。日本国策パルプ工業社長。1893生。

寺尾とし　てらおとし　1972没（70歳）。昭和時代の社会運動家。1901生。

ブラッハー，ボリス　1975没（72歳）。ドイツの作曲家。1903生。

石垣純二　いしがきじゅんじ　1976没（64歳）。昭和時代の医事評論家。1912生。

ゲーレン　1976没（72歳）。ドイツの社会心理学者，哲学者。1904生。

山口常光　やまぐちつねみつ　1977没（82歳）。昭和時代の指揮者。1894生。

袁牧之　えんぼくし　1978没（68歳）。中国の演劇家。1909生。

ダミア　1978没（89歳）。フランスの女性シャンソン歌手。1889生。

岩下俊作　いわしたしゅんさく　1980没（73歳）。昭和時代の小説家。1906生。

塚本善隆　つかもとぜんりゅう　1980没（81歳）。大正・昭和時代の仏教史学者，僧侶。華頂短期大学学長，京都大学教授。1898生。

宮本常一　みやもとつねいち　1981没（73歳）。昭和時代の民俗学者。武蔵野美術大学教授。1907生。

ホプキンス，ライトニン　1982没（69歳）。アメリカのブルース歌手，ギタリスト。1912生。

毛利与一　もうりよいち　1982没（80歳）。昭和時代の弁護士。大阪弁護士会会長。1901生。

北山茂夫　きたやましげお　1984没（74歳）。昭和時代の日本史学者。立命館大学教授。1909生。

パパーニン　1986没（92歳）。ソ連邦の科学者，探検家。1894生。

バーディーン，ジョン　1991没（82歳）。アメリカの物理学者。1908生。

服部良一　はっとりりょういち　1993没（85歳）。昭和時代の作曲家，指揮者。日本作曲家協会会長，日本音楽著作権協会名誉会長。1907生。

森泰吉郎　もりたいきちろう　1993没（88歳）。昭和・平成時代の経営者，商学者。森ビル社長。1904生。

豊田穣　とよだみのる　1994没（73歳）。大正・昭和時代の小説家。「季刊作家」編集主幹。1920生。

大槻健　おおつきたけし　2001没（80歳）。昭和・平成時代の教育学者。早稲田大学教授，日本教育学会常任理事。1920生。

シェルダン，シドニィ　2007没（89歳）。アメリカの作家。1917生。

1月31日

○記念日○ 晦日正月（晦日節）
　　　　　生命保険の日
○出来事○ 二・一ゼネスト中止命令（1947）
　　　　　日本初の五つ子誕生（1976）
　　　　　マクドナルドがモスクワに開店（1990）

ロンシャン, ウィリアム・ド　1197没。イギリスの政治家, 聖職者。

シャルル4世　1328没（34歳）。カペー朝最後のフランス王（在位1322～28）。1294生。

ピエール・ド・ラ・パリュ　1342没（65?歳）。フランスのドミニコ会神学者, イェルサレム総大司教。1277頃生。

ケーベル　1533没（63歳）。ドイツの算数教師。1470生。

アレアンドロ, ジローラモ　1542没（61歳）。イタリア人の枢機卿, 人文主義者。1480生。

フェッラーリ, ガウデンツィオ　1546没（62?歳）。イタリアの画家, 彫刻家。1484頃生。

メノー・シモンズ　1561没（65歳）。オランダの再洗礼派（のちにメノー派と呼ばれた）の理論的指導者。1496生。

ドラシュコヴィチ, ユライ　1587没（61歳）。ハンガリーのクロアティア人神学者, 枢機卿, 政治家。1525生。

フォークス, ガイ　1606没（35歳）。イギリスの火薬陰謀事件の実行担当者。1570生。

アクアヴィーヴァ, クラウディウス　1615没（71?歳）。イタリアの聖職者。1543頃生。

ビュルギ　1632没（79歳）。スイスの宮廷時計師, 数学者, 天文学者。1552生。

ナイエンローデ　1633没。オランダの平戸商館長。

クラウベルク, ヨーハン・クリストフ　1665没（42歳）。ドイツの哲学者, 神学者。1622生。

ブーゼンバウム, ヘルマン　1668没（67歳）。ドイツ生まれのイエズス会神学者。1600生。

メーレ, ジャン　1686没（82歳）。フランスの劇作家。1604生。

ユヴァーラ, フィリッポ　1736没（57歳）。イタリアの建築家, 舞台装置家。1678生。

イプシランディス　1828没（35歳）。ギリシア独立戦争の指導者。1792生。

チェーン　1836没（58歳）。スコットランドの医者。1777生。

ペッリコ, シルヴィオ　1854没（64歳）。イタリアの作家, 愛国者。1789生。

リュッケルト, フリードリヒ　1866没（77歳）。ドイツの詩人。1788生。

セギュール, ソフィ・ド　1874没（74歳）。ロシア生れのフランスの女流小説家。1799生。

高橋お伝　たかはしおでん　1879没（30歳）。明治時代の娼婦。1850生。

小河一敏　おがわかずとし　1886没（74歳）。江戸・明治時代の豊後岡藩士。堺県知事。1813生。

メッソニエ, ジャン-ルイ-エルネスト　1891没（75歳）。フランスの画家。1815生。

西村七右衛門　にしむらしちえもん　1895没（82歳）。江戸・明治時代の開墾家。1814生。

西周　にしあまね　1897没（69歳）。江戸・明治時代の啓蒙思想家, 哲学者。東京師範校長, 男爵。1829生。

副島種臣　そえじまたねおみ　1905没（78歳）。江戸・明治時代の佐賀藩士, 政治家。松方内閣内相, 伯爵。1828生。

西村勝三　にしむらかつぞう　1907没（71歳）。明治時代の実業家。1837生。

フォイト　1908没（76歳）。ドイツの生理学者。1831生。

広瀬宰平　ひろせさいへい　1914没（87歳）。江戸・明治時代の実業家。大阪製銅社長, 大阪商船社長。1828生。

中村仲蔵（4代目）　なかむらなかぞう　1916没（62歳）。江戸～大正時代の歌舞伎役者。1855生。

朝吹英二　あさぶきえいじ　1918没（70歳）。明治時代の実業家。1849生。

磯村春子　いそむらはるこ　1918没（42歳）。明治・大正時代のジャーナリスト, 新聞記者。1877生。

1月31日

藤沢南岳　ふじさわなんがく　1920没(79歳)。江戸・明治時代の儒学者。1842生。

プフェッファー, ヴィルヘルム・フリードリヒ・フィリップ　1920没(74歳)。ドイツの植物生理学者。1845生。

奥田正香　おくだまさか　1921没(75歳)。明治・大正時代の実業家。名古屋商業会議所頭。1847生。

石川照勤　いしかわしょうきん　1924没(56歳)。明治・大正時代の僧侶。成田山新勝寺住職。1869生。

ケイブル, ジョージ・ワシントン　1925没(80歳)。アメリカの小説家。1844生。

ゴールズワージー, ジョン　1933没(65歳)。イギリスの劇作家, 小説家。1867生。

ブリュノ, フェルディナン・ウージェーヌ　1938没(77歳)。フランスの言語学者。1860生。

シッケレ, ルネ　1940没(56歳)。ドイツの作家。1883生。

竹本綾之助(初代)　たけもとあやのすけ　1942没(68歳)。明治・大正時代の義太夫節女流太夫。1875生。

ジロドゥー, ジャン　1944没(61歳)。フランスの劇作家, 小説家, 外交官。1882生。

鈴木政吉　すずきまさきち　1944没(86歳)。明治〜昭和時代のバイオリン製作者。鈴木バイオリン製造社長。1859生。

コクラン, サー・チャールズ・ブレイク　1951没(78歳)。イギリスの興行師。1872生。

香取秀真　かとりほずま　1954没(80歳)。明治〜昭和時代の鋳金家, 金工史家, 歌人。東京美術学校教授。1874生。

赤城泰舒　あかぎやすのぶ　1955没(65歳)。明治〜昭和時代の水彩画家。1889生。

下村千秋　しもむらちあき　1955没(61歳)。大正・昭和時代の小説家。1893生。

モット, ジョン・ローリ　1955没(89歳)。アメリカのキリスト教伝道者, 慈善運動家。1865生。

沖野岩三郎　おきのいわさぶろう　1956没(80歳)。明治〜昭和時代の小説家, 牧師。1876生。

ミルン, A.A.　1956没(74歳)。イギリスの随筆家, 詩人, 劇作家。1882生。

高木作太　たかぎさくた　1966没(71歳)。昭和時代の実業家。三菱鉱業社長, 武甲セメント社長。1894生。

ブラウワー, ディルク　1966没(63歳)。オランダの天文学者。1902生。

ディベリウス, カール・フリードリヒ・オットー　1967没(86歳)。ドイツ福音主義教会の指導者, ベルリンの監督。1880生。

ジルムンスキー, ヴィクトル・マクシモヴィチ　1971没(79歳)。ソ連邦の文献学者。1891生。

マヘーンドラ　1972没(51歳)。ネパールの国王(在位1955〜72)。1920生。

フリッシュ　1973没(77歳)。ノルウェーの経済学者, 統計学者。1895生。

小川太郎　おがわたろう　1974没(66歳)。昭和時代の俳人, 教育学者。神戸大学教授, 日本福祉大学教授。1907生。

ゴールドウィン, サミュエル　1974没(91歳)。アメリカの映画プロデューサー。1882生。

馮雪峰　ふうせっぽう　1976没(72歳)。中国の文学評論家。1903生。

シニズガッリ, レオナルド　1981没(72歳)。イタリアの詩人。1908生。

林家小染(4代目)　はやしやこそめ　1984没(36歳)。昭和時代の落語家。1947生。

石川達三　いしかわたつぞう　1985没(79歳)。昭和時代の小説家。日本ペンクラブ会長。1905生。

田中六助　たなかろくすけ　1985没(62歳)。昭和時代の政治家。衆議院議員, 自民党幹事長。1923生。

宮田東峰　みやたとうほう　1986没(87歳)。大正・昭和時代のハーモニカ奏者。日本コロムビア常任顧問。1898生。

芥川也寸志　あくたがわやすし　1989没(63歳)。昭和時代の作曲家, 指揮者。日本音楽著作権協会理事長。1925生。

ナモーラ, フェルナンド　1989没(69歳)。ポルトガルの小説家。1919生。

バーチ　1992没(88歳)。アメリカの地球物理学者。1903生。

アボット, ジョージ　1995没(107歳)。アメリカの劇作家, 演出家。1887生。

太田善麿　おおたよしまろ　1997没(78歳)。昭和・平成時代の国文学者。東京学芸大学教授, 上智大学教授。1918生。

ジャイアント馬場　じゃいあんとばば　1999没(61歳)。昭和・平成時代のプロレスラー。全日本プロレスリング社長。1938生。

中尊寺ゆつこ　ちゅうそんじゆつこ　2005没(42歳)。昭和・平成時代の漫画家。1962生。

2月
February
如月

◎忌　日◎
菜の花忌(2.12) ／ 西行忌(2.15)
安吾忌(2.17) ／ 茂吉忌(2.25)

2月1日

○記念日○ テレビ放送記念日
　　　　　京都市電開業記念日
○出来事○ 東京-大阪間電話開通(1899)
　　　　　マリリン・モンロー来日(1954)

エフラエム　378没(72?歳)。シリア教会の神学者, 説教家, 著述家。306頃生。
良忍　りょうにん　1132没(60歳)。平安時代後期の浄土教の僧。1073生。
藤原季成　ふじわらのすえなり　1165没(54歳)。平安時代後期の公卿。1112生。
隆暁　りゅうぎょう　1206没(72歳)。平安時代後期・鎌倉時代前期の僧。1135生。
真性　しんしょう　1304没(69歳)。鎌倉時代後期の律宗の僧。1236生。
村上義光　むらかみよしてる　1333(閏2月)没。鎌倉時代後期の武将。
大川道通　たいせんどうつう　1339没(75歳)。鎌倉時代後期・南北朝時代の臨済宗の僧。1265生。
長楽門院　ちょうらくもんいん　1352没(70歳)。鎌倉時代後期・南北朝時代の女性。後二条天皇の皇后。1283生。
飛鳥井雅世　あすかいまさよ　1452没(63歳)。室町時代の歌人, 公卿。1390生。
ラ・マルシュ, オリヴィエ・ド　1502没(77?歳)。フランスの年代記史家, 詩人。1425頃生。
ヴィアトール　1524没(89?歳)。フランスの芸術理論家, 彫刻家。1435頃生。
クロプリス, ヨーハン　1535没。ドイツの再洗礼派の指導者のひとり。
一条兼冬　いちじょうかねふゆ　1554没(26歳)。戦国時代の公卿。1529生。
ヒペーリウス, アンドレーアス　1564没(52歳)。ドイツのルター派神学者, 説教者。1511生。
ハンフリ, ローレンス　1591没(64?歳)。イギリスのプロテスタント神学者。1527頃生。
喜連川国朝　きつれがわくにとも　1593没(22歳)。安土桃山時代の武将, 大名。1572生。
勧修寺尹豊　かじゅうじただとよ　1594没(92歳)。戦国時代・安土桃山時代の公卿。1503生。
井伊直政　いいなおまさ　1602没(42歳)。安土桃山時代の大名。1561生。

コストレ, ギヨーム　1606没(75歳)。フランスの作曲家。1531生。
大久保彦左衛門　おおくぼひこざえもん　1639没(80歳)。安土桃山時代・江戸時代前期の旗本, 旗奉行。1560生。
シャー・ジャハーン　1666没(74歳)。インド, ムガール帝国第5代皇帝(在位1627～58)。1592生。
松林左馬助　まつばやしさまのすけ　1667(閏2月)没(75歳)。江戸時代前期の剣術家, 陸奥仙台藩剣術指南役。1593生。
アレクサンデル8世　1691没(80歳)。教皇(在位1689～91)。1610生。
フリードリヒ・アウグスト1世　1733没(62歳)。ザクセン選帝侯(在位1694～1733)。1670生。
ムスタファ3世　1774没(57歳)。オスマン・トルコ帝国の第26代スルタン(在位1757～74)。1717生。
常磐津文字太夫(初代)　ときわづもじたゆう　1781没(73歳)。江戸時代中期の常磐津節の創始者。1709生。
シェリー, メアリー　1851没(53歳)。イギリスの小説家。1797生。
フリードリヒ・ウィルヘルム4世　1861没(65歳)。プロシア王(在位1840～61)。1795生。
玉楮象谷　たまかじぞうこく　1869没(63歳)。江戸時代末期の漆芸家。1807生。
大谷広次(5代目)　おおたにひろじ　1873没(41歳)。江戸・明治時代の歌舞伎役者。1833生。
モーリー, マシュー・フォンテイン　1873没(67歳)。アメリカの海軍軍人, 海洋学者, 地理学者。1806生。
クルックシャンク, ジョージ　1878没(85歳)。イギリスの諷刺画家, 挿絵画家。1792生。
メーリニコフ, パーヴェル・イワノヴィチ　1883没(64歳)。ロシアの小説家。1818生。

2月1日

トーマス, シドニー・ギルクリスト　1885没（34歳）。イギリスの製鋼技術者, 発明家。1850生。

五姓田芳柳(初代)　ごせだほうりゅう　1892没（66歳）。江戸・明治時代の洋画家。1827生。

ヤーダスゾーン, ザロモン　1902没（70歳）。ドイツの音楽理論家, 作曲家。1831生。

ストークス, サー・ジョージ・ゲイブリエル　1903没（83歳）。イギリスの数学者, 物理学者。1819生。

デルブリュック　1903没（85歳）。プロシアの政治家。1817生。

清元梅吉(初代)　きよもとうめきち　1907没（67歳）。江戸・明治時代の清元節の三味線方。1841生。

田中不二麿　たなかふじまろ　1909没（65歳）。江戸・明治時代の政治家。子爵, 枢密院顧問官, 法相。1845生。

ビーアバウム, オットー・ユーリウス　1910没（44歳）。ドイツの作家, ジャーナリスト。1865生。

松井直吉　まついなおきち　1911没（55歳）。明治時代の化学者, 教育行政家。東京帝国大学教授。1857生。

山県有朋　やまがたありとも　1922没（85歳）。江戸〜大正時代の陸軍軍人, 政治家。元帥, 首相, 公爵。1838生。

トレルチュ, エルンスト　1923没（57歳）。ドイツのプロテスタント神学者, 歴史哲学者。1865生。

萩野由之　はぎのよしゆき　1924没（65歳）。明治・大正時代の国史・国文学者。東京帝国大学教授。1860生。

石橋忍月　いしばしにんげつ　1926没（62歳）。明治・大正時代の文芸評論家, 小説家。1865生。

ナウマン, エドムント　1927没（77?歳）。ドイツの地質学者。1850頃生。

中村鴈治郎(初代)　なかむらがんじろう　1935没（76歳）。明治〜昭和時代の歌舞伎役者。1860生。

浅野長勲　あさのながこと　1937没（96歳）。江戸・明治時代の広島藩主, 政治家。貴族院議員, 侯爵。1842生。

河東碧梧桐　かわひがしへきごとう　1937没（65歳）。明治〜昭和時代の俳人。1873生。

田中貢太郎　たなかこうたろう　1941没（62歳）。大正・昭和時代の小説家, 随筆家。1880生。

モンドリアン, ピート　1944没（71歳）。オランダの画家。1872生。

ハイジンハ, ヨハン　1945没（72歳）。オランダの歴史家。1872生。

谷本富　たにもととみ　1946没（80歳）。明治〜昭和時代の教育学者。1867生。

シュミット　1950没（67歳）。ドイツの経営経済学者。1882生。

アームストロング, エドウィン・H　1954没（63歳）。アメリカの電気技師。1890生。

市川団十郎(10代目)　いちかわだんじゅうろう　1956没（73歳）。明治〜昭和時代の歌舞伎役者。1882生。

ダヴィソン, クリントン・ジョゼフ　1958没（76歳）。アメリカの物理学者。1881生。

新木栄吉　あらきえいきち　1959没（67歳）。大正・昭和時代の銀行家。日銀総裁, 駐米大使。1891生。

大鹿卓　おおしかたく　1959没（60歳）。昭和時代の詩人, 小説家。1898生。

キートン, バスター　1966没（70歳）。アメリカの映画俳優。1895生。

野淵昶　のぶちあきら　1968没（71歳）。昭和時代の演出家, 映画監督。1896生。

ハイゼンベルク, ヴェルナー・カール　1976没（74歳）。ドイツの物理学者。1901生。

ホイップル, ジョージ・ホイト　1976没（97歳）。アメリカの病理学者。1878生。

湯浅年子　ゆあさとしこ　1980没（70歳）。昭和時代の原子物理学者。1909生。

ダグラス, ドナルド・ウィリス　1981没（88歳）。米航空機会社マグドネル・ダグラス社名誉会長。1892生。

ミュルダール, アルヴァ　1986没（84歳）。スウェーデンの女性政治家。1902生。

倉俣史朗　くらまたしろう　1991没（56歳）。昭和・平成時代のインテリアデザイナー。1934生。

谷崎松子　たにざきまつこ　1991没（87歳）。昭和時代の随筆家。1903生。

川瀬一馬　かわせかずま　1999没（93歳）。昭和時代の書誌学者, 国文学者。青山学院女子短期大学教授。1906生。

2月2日

○記念日○ 交番設置記念日
頭痛の日
○出来事○ 大日本婦人会誕生（1942）
横井庄一さん帰国（1972）
『徹子の部屋』放映開始（1976）

ラウレンティウス（カンタベリの） 619没。カンタベリの第2代大司教、聖人。

行基 ぎょうき 749没（82歳）。飛鳥時代・奈良時代の僧。668生。

祈親 きしん 1047没（90歳）。平安時代中期の僧。958生。

ヤロスラフ1世 1054没（76歳）。ロシア、キエフ大公。978生。

藤原頼通 ふじわらのよりみち 1074没（83歳）。平安時代中期の公卿。992生。

樋口兼光 ひぐちかねみつ 1184没。平安時代後期の武士。

藤原言家 ふじわらときいえ 1240没。鎌倉時代前期の公卿。

唯善 ゆいぜん 1317没（52歳）。鎌倉時代後期の真宗の僧。1266生。

二階堂行貞 にかいどうゆきさだ 1329没（61歳）。鎌倉時代後期の政所執事。1269生。

東坊城茂長 ひがしぼうじょうしげなが 1343没（61歳）。鎌倉時代後期・南北朝時代の公卿。1283生。

ヴィットリーノ・ダ・フェルトレ 1446没（68?歳）。イタリアの教育者。1378頃生。

ショーンガウアー、マルティン 1491没（41歳）。ドイツの画家、銅版画家。1450生。

太田資清 おおたすけきよ 1492没（82歳）。室町時代・戦国時代の武将、歌人。1411生。

実如 じつにょ 1525没（68歳）。戦国時代の真宗の僧。1458生。

ノイジードラー、ハンス 1563没（55?歳）。ハンガリー系のドイツのリュート奏者、作曲家、リュート製作者。1508頃生。

カタリーナ（リッチの） 1590没（67歳）。ドミニコ会女子修道院長、聖女。1522生。

エボリ 1592没（51歳）。スペインのフェリペ2世の寵妾。1540生。

パレストリーナ、ジョヴァンニ・ピエールルイージ・ダ 1594没（68歳）。イタリアの作曲家。1525生。

ファルケンボルヒ、ルカス・ファン 1597没（62?歳）。ネーデルランドの画家。1535生。

加藤景延 かとうかげのぶ 1632没。江戸時代前期の美濃焼の陶工。

ル・ポートル、ジャン 1682没（63歳）。フランスの金工家、工芸意匠家、銅版彫刻家。1618生。

デュケーヌ、アブラム、侯爵 1688没（78歳）。フランスの海軍軍人。1610生。

クレメンス13世 1769没（75歳）。教皇（在位1758～69）。1693生。

関通 かんつう 1770没（75歳）。江戸時代中期の浄土宗の僧。1696生。

千宗室（8代目） せんのそうしつ 1771没（53歳）。江戸時代中期の裏千家流茶道家元。1719生。

荷田蒼生子 かだのたみこ 1786没（65歳）。江戸時代中期の女性。歌人、歌学者。1722生。

江村北海 えむらほっかい 1788没（76歳）。江戸時代中期の漢詩人。1713生。

竜草廬 りゅうそうろ 1792没（79歳）。江戸時代中期の漢詩人。1714生。

並木五瓶（初代） なみきごへい 1808没（62歳）。江戸時代中期・後期の歌舞伎作者。1747生。

ブリヤ-サヴァラン、ジャン-アンテルム 1826没（70歳）。フランスの司法官、文人。1755生。

上杉斉定 うえすぎなりさだ 1839没（52歳）。江戸時代後期の大名。1788生。

富士田音蔵（2代目） ふじたおとぞう 1859没（62歳）。江戸時代末期の長唄唄方。1798生。

エトヴェシュ・ヨージェフ 1871没（57歳）。ハンガリーの作家。1813生。

助高屋高助（4代目） すけたかやたかすけ 1886没（49歳）。江戸・明治時代の歌舞伎役者。1838生。

幸野楳嶺 こうのばいれい 1895没（52歳）。明治時代の日本画家。1844生。

2月2日

林洞海　はやしどうかい　1895没(83歳)。江戸・明治時代の蘭方医。大阪医学校校長。1813生。

川田甕江　かわだおうこう　1896没(67歳)。江戸・明治時代の儒者, 漢学者。東京帝国大学教授, 宮中顧問官。1830生。

大院君　たいいんくん　1898没(77歳)。朝鮮, 李朝末期の執政者。1820生。

ラブリオーラ　1904没(60歳)。イタリアのマルクス主義哲学者。1843生。

バスティアン, アドルフ　1905没(78歳)。ドイツの民族学者。1826生。

メンデレーエフ, ドミトリー・イヴァノヴィチ　1907没(72歳)。ロシアの化学者, 周期律の発見者。1834生。

ド-ラバル　1913没(67歳)。スウェーデンの技師。1845生。

ラヴァル, カール・グスタフ・パトリック・ド　1913没(67歳)。スウェーデンの技術者, 発明家。1845生。

スホムリーノフ　1926没(77歳)。ロシアの軍人。1848生。

宮川経輝　みやがわつねてる　1936没(80歳)。明治～昭和時代の牧師。1857生。

シュラーフ, ヨハネス　1941没(78歳)。ドイツの小説家, 劇作家, 翻訳家。1862生。

水野葉舟　みずのようしゅう　1947没(65歳)。明治～昭和時代の歌人, 詩人, 小説家。1883生。

高須梅渓　たかすばいけい　1948没(69歳)。明治～昭和時代の評論家。1880生。

カラテオドリ　1950没(76歳)。ドイツの数学者。1873生。

小野三千麿　おのみちまろ　1956没(58歳)。大正・昭和時代の野球選手。1897生。

コンチャロフスキー, ピョートル　1956没(79歳)。ソ連の人民画家。1876生。

ラルボー, ヴァレリー　1957没(75歳)。フランスの作家。1881生。

富崎春昇　とみざきしゅんしょう　1958没(77歳)。明治～昭和時代の地歌・箏曲家。1880生。

大倉喜七郎　おおくらきしちろう　1963没(80歳)。大正・昭和時代の実業家, 作曲家。帝国ホテル社長, 大日本音楽協会会長。1882生。

林きむ子　はやしきむこ　1967没(80歳)。大正・昭和時代の日本舞踊家。林流創始者, 日本舞踊協会監事。1886生。

松山省三　まつやましょうぞう　1970没(85歳)。明治～昭和時代の洋画家。1884生。

ラッセル, バートランド　1970没(97歳)。イギリスの哲学者, 数学者, 評論家。1872生。

岩瀬徳三郎　いわせとくさぶろう　1971没(83歳)。大正・昭和時代の実業家。1887生。

高田保馬　たかだやすま　1972没(88歳)。大正・昭和時代の社会学者, 経済学者。京都大学教授, 大阪大学教授。1883生。

斎藤素巌　さいとうそがん　1974没(84歳)。大正・昭和時代の彫刻家。1889生。

ラカトシュ, イムレ　1974没(51歳)。イギリスの科学哲学者。1922生。

シド・ヴィシャス　1979没(21歳)。イギリスのパンクロッカー。1957生。

谷口吉郎　たにぐちよしろう　1979没(74歳)。昭和時代の建築家, 美学者。東京工業大学教授。1904生。

江崎利一　えざきりいち　1980没(97歳)。明治～昭和時代の実業家。江崎グリコ会長。1882生。

スタイン, ウィリアム・ハワード　1980没(68歳)。アメリカの生化学者。1911生。

真境名由康　まじきなゆうこう　1982没(92歳)。明治～昭和時代の琉球舞踊家, 琉球芸能家。沖縄伝統組踊保存会会長。1889生。

御木徳近　みきとくちか　1983没(82歳)。昭和時代の宗教家。PL教団2代目教主。1900生。

マクリーン, アリステア　1987没(64歳)。イギリスの小説家。1922生。

山本豊市　やまもととよいち　1987没(87歳)。大正・昭和時代の彫刻家。東京芸術大学教授。1899生。

小林行雄　こばやしゆきお　1989没(77歳)。昭和時代の考古学者。京都大学教授。1911生。

松島清重　まつしまきよしげ　1990没(88歳)。昭和時代の実業家。1901生。

谷川雁　たにがわがん　1995没(71歳)。昭和・平成時代の詩人, 評論家。1923生。

ケリー, ジーン　1996没(83歳)。アメリカの舞踊家, 映画俳優, 振付師。1912生。

柴田南雄　しばたみなお　1996没(79歳)。昭和・平成時代の作曲家, 音楽評論家。東京芸術大学教授。1916生。

徳川義寛　とくがわよしひろ　1996没(89歳)。昭和時代の官僚。宮内庁侍従長。1906生。

2月3日

○出来事○　大岡越前守が江戸町奉行に（1717）
ソ連無人探査機が月面軟着陸（1966）
札幌五輪開幕（1972）

レオ1世，フラヴィウス　474没（73歳）。東ローマ皇帝（在位457～74）。401生。

大伴伯麻呂　おおとものおじまろ　782没（65歳）。奈良時代の官人。718生。

聖アンスガール　865没（63歳）。ハンブルク，ブレーメンの最初の大司教，聖人。801生。

賀楽内親王　からのないしんのう　874没。平安時代前期の女性。桓武天皇の皇女。

玄昭　げんしょう　917没（72歳）。平安時代前期・中期の天台宗の僧。846生。

スウェイン1世　1014没。デンマーク王（在位987頃～1014）。

藤原頼宗　ふじわらのよりむね　1065没（73歳）。平安時代中期の公卿。993生。

維範　ゆいはん　1096没（86歳）。平安時代中期・後期の真言宗の僧。1011生。

オルデリークス・ヴィターリス　1143没（67歳）。ノルマンディーの修道士。1075生。

貞慶　じょうけい　1213没（59歳）。平安時代後期・鎌倉時代前期の法相宗の学僧。1155生。

ジョン・オヴ・ゴーント　1399没（58歳）。ランカスター公。1340生。

斯波義種　しばよしたね　1408没（57歳）。南北朝時代・室町時代の武将。1352生。

ウィントン，アンドルー　1423没（49歳）。スコットランドの年代記作家。1350生。

岐陽方秀　ぎようほうしゅう　1424没（64歳）。南北朝時代・室町時代の臨済宗の僧。1361生。

六角寂済　ろっかくじゃくさい　1424没（77?歳）。南北朝時代・室町時代の宮廷絵所絵師。1348頃生。

グーテンベルク，ヨハネス　1468没（68歳）。ドイツの活字印刷術創始者。1400生。

日意　にちい　1519没（76歳）。室町時代・戦国時代の日蓮宗の僧。1444生。

フィッツジェラルド　1537没（24歳）。アイルランドの貴族。1513生。

アロンソ・デ・カストロ　1558没（63歳）。スペインの神学者，フランシスコ会士。1495生。

ピロン，ジェルマン　1590没（53歳）。フランスの彫刻家。1537生。

留守政景　るすまさかげ　1607没（59歳）。安土桃山時代・江戸時代前期の武将。1549生。

長連竜　ちょうつらたつ　1619没（74歳）。安土桃山時代・江戸時代前期の加賀藩士。1546生。

本阿弥光悦　ほんあみこうえつ　1637没（80歳）。安土桃山時代・江戸時代前期の能書家，工芸家。1558生。

松平勝隆　まつだいらかつたか　1666没（78歳）。江戸時代前期の大名。1589生。

松平直政　まつだいらなおまさ　1666没（66歳）。江戸時代前期の大名。1601生。

ステーン，ヤン　1679没（53歳）。オランダの風俗画家。1626生。

中村七三郎（初代）　なかむらしちさぶろう　1708没（47歳）。江戸時代前期・中期の歌舞伎役者。1662生。

木村探元　きむらたんげん　1767没（89歳）。江戸時代中期の狩野派の画家。1679生。

レティフ，ニコラ・エドム　1806没（71歳）。フランスの風俗小説家。1734生。

クラブ，ジョージ　1832没（77歳）。イギリスの詩人。1754生。

奈河篤助（初代）　ながわとくすけ　1842没（79歳）。江戸時代中期・後期の歌舞伎作者。1764生。

グリンカ，ミハイル・イワノヴィチ　1857没（52歳）。ロシアの作曲家。1804生。

ビオー，ジャン・バティスト　1862没（87歳）。フランスの物理学者。1774生。

ガルノー，フランソワ-グザヴィエ　1866没（56歳）。フランス系カナダ人の歴史家。1809生。

モシェシュ1世　1870没（74?歳）。バストランド（現レソト）のバクワナ首長，バスト国創設者。1796頃生。

ポトヒーテル，E.J.　1875没（66歳）。オランダの文学者。1808生。

2月3日

メイン　1888没(65歳)。イギリスの法学者, 歴史学者。1822生。

ボイス・バロット, クリストフ・ヘンドリック・ディーデリック　1890没(72歳)。オランダの気象学者。1817生。

グティエレス－ナヘラ, マヌエル　1895没(35歳)。メキシコの詩人。1859生。

加納夏雄　かのうなつお　1898没(71歳)。江戸・明治時代の彫金家。1828生。

福沢諭吉　ふくざわゆきち　1901没(68歳)。江戸・明治時代の啓蒙思想家, 教育家, ジャーナリスト。1834生。

藤岡作太郎　ふじおかさくたろう　1910没(41歳)。明治時代の国文学者。1870生。

島地黙雷　しまぢもくらい　1911没(74歳)。明治時代の僧侶。1838生。

織田純一郎　おだじゅんいちろう　1919没(69歳)。明治時代の翻訳家, 新聞記者。大阪朝日新聞主筆。1851生。

ピッカリング, エドワード・チャールズ　1919没(72歳)。アメリカの天文学者。1846生。

ビュッチュリ　1920没(71歳)。ドイツの動物学者, 細胞学者。1848生。

黒木為楨　くろきためもと　1923没(80歳)。明治時代の陸軍軍人。伯爵。1844生。

ウィルソン, トマス・ウッドロウ　1924没(67歳)。アメリカの28代大統領。1856生。

ヘヴィサイド, オリヴァー　1925没(74歳)。イギリスの電気工学者, 物理学者。1850生。

リデル, ハンナ　1932没(76歳)。イギリスの女性宣教師(聖公会)。1855生。

大谷嘉兵衛　おおたにかひょうえ　1933没(89歳)。明治・大正時代の実業家。1845生。

メイエルホリド, フセヴォロド・エミリエヴィチ　1940没(66歳)。ソ連の俳優, 演出家。1874生。

飯野吉三郎　いいのきちさぶろう　1944没(78歳)。明治・大正時代の宗教家, 神道行者。1867生。

ギルベール, イヴェット　1944没(77歳)。フランスの歌手。1867生。

加藤正　かとうただし　1949没(44歳)。昭和時代の哲学者, 評論家。1906生。

蒲原有明　かんばらありあけ　1952没(75歳)。明治時代の詩人。1876生。

ブレイエ　1952没(75歳)。フランスの哲学史家。1876生。

ヤーキズ　1956没(79歳)。アメリカの心理学者。1876生。

河上弘一　かわかみこういち　1957没(70歳)。大正・昭和時代の銀行家。日本輸出入銀行総裁, 日本興業銀行総裁。1886生。

ルイス　1964没(80歳)。アメリカの論理学者。1883生。

小松耕輔　こまつこうすけ　1966没(81歳)。明治〜昭和時代の作曲家, 音楽教育家。1884生。

武島羽衣　たけしまはごろも　1967没(94歳)。明治〜昭和時代の詩人, 国文学者。1872生。

セラフィン, トゥッリオ　1968没(89歳)。イタリアの指揮者。1878生。

モンドラーネ　1969没(48歳)。モザンビークの解放運動の指導者。1920生。

ビューラー, シャルロッテ・ベルタ　1974没(80歳)。ドイツ, オーストリア, アメリカの女性心理学者。1893生。

カルスーム, ウンム　1975没(77歳)。エジプトの歌手。1898生。

クーリッジ, ウィリアム・D　1975没(101歳)。アメリカの物理学者。1873生。

留岡清男　とめおかきよお　1977没(78歳)。昭和時代の教育者, 教育学者。1898生。

田村秋子　たむらあきこ　1983没(77歳)。昭和時代の女優。1905生。

高松宮宣仁親王　たかまつのみやのぶひとしんのう　1987没(82歳)。大正・昭和時代の皇族。日本美術協会総裁, 日本工芸会総裁。1905生。

青山虎之助　あおやまとらのすけ　1989没(74歳)。昭和時代の出版人。新生社社長。1914生。

帆足計　ほあしけい　1989没(83歳)。昭和時代の政治家。1905生。

古井喜実　ふるいよしみ　1995没(92歳)。昭和時代の政治家。衆議院議員, 日中友好会館会長。1903生。

与田準一　よだじゅんいち　1997没(91歳)。昭和・平成時代の児童文学者。「赤い鳥」代表, 日本児童文学者協会会長。1905生。

二階堂進　にかいどうすすむ　2000没(90歳)。昭和・平成時代の政治家。衆議院議員。1909生。

マイヤー, エルンスト　2005没(100歳)。アメリカの動物学者。1904生。

2月4日

○記念日○ 銀閣寺の日
西の日
○出来事○ 赤穂浪士46名に切腹命令（1703）
ヤルタ会談（1945）
全日空羽田沖墜落事故（1966）

セウェルス, ルキウス・セプティミウス　211没（64歳）。ローマ皇帝（在位193～211）。146生。

セプティミウス・セウェールス　211没（66?歳）。ローマ皇帝（在位193～211）。145頃生。

フィレアス（トゥムイスの）　306没。エジプトの殉教者, 主教。

馬祖道一　ばそどういつ　788没（79歳）。中国, 唐の禅僧。709生。

ラバヌス・マウルス　856没（72歳）。ドイツのカトリック聖職者, 神学者。784生。

賢安　けんあん　858没。平安時代前期の行者。

藤原山蔭　ふじわらのやまかげ　888没（65歳）。平安時代前期の公卿。824生。

藤原守義　ふじわらのもりよし　974没（79歳）。平安時代中期の公卿。896生。

平清盛　たいらのきよもり　1181（閏2月）没（64歳）。平安時代後期の武将, 太政大臣。1118生。

ギルバート・オヴ・センプリンガム　1189没（106?歳）。イングランドの聖職者, 聖人。1083頃生。

寒河尼　さむかわのあま　1228没（91歳）。平安時代後期・鎌倉時代前期の女性。源頼朝の乳母。1138生。

最助法親王　さいじょほっしんのう　1293没（49歳）。鎌倉時代後期の天台宗の僧。1245生。

二条道平　にじょうみちひら　1335没（48歳）。鎌倉時代後期・南北朝時代の公卿。1288生。

ポライウオロ, アントニオ　1498没（66?歳）。イタリアの鋳金家, 彫刻家, 画家, 版画家。1432頃生。

ジャンヌ（フランスの, ヴァロワの）　1505没（40歳）。フランス王妃, 聖人。1464生。

ツェルティス, コンラート　1508没（49歳）。ドイツの人文主義者, ラテン語詩人。1459生。

ヘツァー, ルートヴィヒ　1529没（29?歳）。スイスの宗教家。1500頃生。

天祐宗津　てんゆうそうしん　1532没（71歳）。戦国時代の曹洞宗の僧。1462生。

ロジャーズ, ジョン　1555没（55?歳）。イギリスの宗教改革者。1500頃生。

デッラ・ポルタ, ジャンバッティスタ　1615没（80歳）。イタリアの自然哲学者, 劇作家。1535生。

エスピネル, ビセンテ・マルティネス・デ　1624没（73歳）。スペインの小説家, 詩人。1550生。

アルヘンソラ, バルトロメ・ルオナルド・デ　1631没（68歳）。スペインの詩人。1562生。

大橋重保　おおはししげやす　1645没（63歳）。江戸時代前期の武士。1583生。

山脇和泉（初代・元宣）　やまわきいずみ　1659没（64歳）。江戸時代前期の狂言師。1596生。

赤埴源蔵　あかはねげんぞう　1703没（35歳）。江戸時代中期の播磨赤穂藩士。1669生。

大石内蔵助　おおいしくらのすけ　1703没（45歳）。江戸時代中期の播磨赤穂藩家老。1659生。

大石主税　おおいしちから　1703没（16歳）。江戸時代中期の播磨赤穂藩士。1688生。

大高源五　おおたかげんご　1703没（32歳）。江戸時代中期の播磨赤穂藩士。1672生。

小野寺十内　おのでらじゅうない　1703没（61歳）。江戸時代中期の播磨赤穂藩士。1643生。

神崎与五郎　かんざきよごろう　1703没（38歳）。江戸時代中期の播磨赤穂藩士。1666生。

竹林唯七　たけばやしただしち　1703没（32歳）。江戸時代中期の播磨赤穂藩士。1672生。

富森助右衛門　とみもりすけえもん　1703没（34歳）。江戸時代中期の播磨赤穂藩士。1670生。

間十次郎　はざまじゅうじろう　1703没（26歳）。江戸時代中期の播磨赤穂藩士。1678生。

不破数右衛門　ふわかずえもん　1703没（34歳）。江戸時代中期の播磨赤穂藩士。1670生。

2月4日

堀部安兵衛　ほりべやすべえ　1703没(34歳)。江戸時代中期の播磨赤穂藩士。1670生。
堀部弥兵衛　ほりべやへえ　1703没(77歳)。江戸時代前期・中期の播磨赤穂藩士。1627生。
矢頭右衛門七　やとうえもしち　1703没(18歳)。江戸時代中期の播磨赤穂藩士。1686生。
横川勘平　よこがわかんぺい　1703没(37歳)。江戸時代中期の播磨赤穂藩士。1667生。
ブレア, ロバート　1746没(46歳)。スコットランドの詩人。1699生。
近松半二　ちかまつはんじ　1783没(59歳)。江戸時代中期の浄瑠璃作者。1725生。
バトーニ, ポンペオ・ジロラモ　1787没(79歳)。イタリアの画家。1708生。
嵐雛助(2代目)　あらしひなすけ　1801没(28歳)。江戸時代中期・後期の歌舞伎役者。1774生。
千葉胤秀　ちばたねひで　1849没(75歳)。江戸時代後期の和算家。1775生。
御粥安本　ごかゆやすもと　1862没(69歳)。江戸時代末期の和算家。1794生。
武田耕雲斎　たけだこううんさい　1865没(62歳)。江戸時代末期の水戸藩尊攘派の首領。1804生。
田丸稲之衛門　たまるいなのえもん　1865没(61歳)。江戸時代末期の尊攘派水戸藩士。1805生。
藤田小四郎　ふじたこしろう　1865没(24歳)。江戸時代末期の尊攘派水戸藩士。1842生。
佐藤三喜蔵　さとうみきぞう　1870没(52歳)。明治時代の農民一揆指導者。1819生。
曾国藩　そうこくはん　1872没(60歳)。中国, 清末の政治家。1811生。
山川浩　やまかわひろし　1898没(54歳)。江戸・明治時代の会津藩士, 陸軍軍人。少将, 貴族院議員。1845生。
税所敦子　さいしょあつこ　1900没(76歳)。江戸・明治時代の歌人。1825生。
秋山真之　あきやまさねゆき　1918没(51歳)。明治・大正時代の海軍軍人。中将。1868生。
須藤南翠　すどうなんすい　1920没(64歳)。明治時代の小説家, 新聞記者。1857生。
ハウプトマン, カール　1921没(62歳)。ドイツの小説家, 劇作家。1858生。
橋口五葉　はしぐちごよう　1921没(42歳)。明治・大正時代の洋画家, 版画家。1880生。
伏見宮貞愛親王　ふしみのみやさだなるしんのう　1923没(66歳)。明治・大正時代の皇族, 陸軍軍人。元帥。1858生。

東儀鉄笛　とうぎてってき　1925没(57歳)。明治・大正時代の俳優, 音楽家。1869生。
ローレンツ, ヘンドリック・アントーン　1928没(74歳)。オランダの物理学者。1853生。
サピア, エドワード　1939没(55歳)。アメリカの言語学者, 人類学者。1884生。
デタディング　1939没(72歳)。オランダの石油王。1866生。
林銑十郎　はやしせんじゅうろう　1943没(68歳)。大正・昭和時代の陸軍軍人, 政治家。総理大臣。1876生。
湯浅半月　ゆあさはんげつ　1943没(86歳)。明治～昭和時代の詩人, 聖書学者, 図書館学者。1858生。
ルッソロ, ルイージ　1947没(61歳)。イタリアの画家, 音楽家。1885生。
ボレル, フェリクス　1956没(85歳)。フランスの数学者, 政治家。1871生。
アレヴィ, ダニエル　1962没(89歳)。フランスの歴史家, 随筆家。1872生。
南漢宸　なんかんしん　1967没(72歳)。中国の政治家。1895生。
尾崎喜八　おざききはち　1974没(82歳)。大正・昭和時代の詩人, 随筆家。1892生。
人見東明　ひとみとうめい　1974没(91歳)。明治～昭和時代の詩人。昭和女子大学教授・理事長, 日本詩人クラブ理事。1883生。
ボース, サチェンドラ・ナス　1974没(80歳)。インドの物理学者。1894生。
小宮義孝　こみやよしたか　1976没(75歳)。大正・昭和時代の寄生虫学者。1900生。
土師清二　はじせいじ　1977没(83歳)。大正・昭和時代の小説家, 俳人。1893生。
ライェ, カマラ　1980没(52歳)。ギニアの小説家。1928生。
カーペンター, カレン　1983没(32歳)。アメリカの歌手, ドラマー。1950生。
楳茂都陸平　うめもとりくへい　1985没(87歳)。大正・昭和時代の日本舞踊家。楳茂都流3代目家元。1897生。
ロジャーズ, カール・ランサム　1987没(85歳)。アメリカの臨床心理学者。1902生。
クセナキス, イアンニス　2001没(78歳)。ギリシャの作曲家, 建築家。1922生。
野上素一　のがみそいち　2001没(91歳)。昭和・平成時代のイタリア文学者。1910生。
フリーダン, ベティ　2006没(85歳)。アメリカの女性解放運動家。1921生。

73

2月5日

○記念日○　プロ野球の日
○出来事○　造幣局設置(1869)
　　　　　早稲田・慶応義塾を私立大学として初めて認可(1920)
　　　　　全日本職業野球連盟結成(1936)

玄奘　げんじょう　664没(64歳)。中国, 唐代の仏僧, 訳経家。600生。

粟田真人　あわたのまひと　719没。飛鳥時代・奈良時代の学者, 官人。

修子内親王　しゅうしないしんのう　933没。平安時代中期の女性。醍醐天皇の第8皇女。

行尊　ぎょうそん　1135没(81歳)。平安時代後期の僧, 歌人。1055生。

李燾　りとう　1184没(68歳)。中国, 南宋の史学者。1115生。

平六代　たいらのろくだい　1198没(26歳)。平安時代後期・鎌倉時代前期の僧。1173生。

藤原忠基　ふじわらのただもと　1263没(34歳)。鎌倉時代前期の公卿。1230生。

葉室頼親　はむろよりちか　1306没(71歳)。鎌倉時代後期の公卿。1236生。

源雅憲　みなもとのまさのり　1326没。鎌倉時代後期の公卿。

ザハビー　1348没(73歳)。シリアのトルコ系歴史家。1274生。

天関瑞冲　てんかんずいちゅう　1385没(55歳)。南北朝時代の臨済宗の僧。1331生。

如仲天誾　じょちゅうてんぎん　1440没(76歳)。南北朝時代・室町時代の曹洞宗の禅僧。1365生。

ムラト2世　1451没(50?歳)。オスマン・トルコ帝国第6代のスルタン(在位1421～44, 46～51)。1401頃生。

榊原ジョアチン　さかきばらじょあちん　1572没(16?歳)。安土桃山時代のキリシタン。1557頃生。

モローニ, ジョヴァンニ・バッティスタ　1578没(53歳)。イタリアの画家。1525生。

アッセンシオン　1597没(29歳)。スペインの宣教師, 聖人。1567生。

茨木パウロ　いばらぎぱうろ　1597没(51?歳)。安土桃山時代のキリシタン。1547頃生。

茨木ルイス　いばらきるいす　1597没(13歳)。安土桃山時代のキリシタン。1585生。

ガルシア　1597没(39?歳)。スペインのフランシスコ会宣教師。1558頃生。

喜斎ディエゴ　きさいでぃえご　1597没(64歳)。安土桃山時代のキリシタン。1534生。

小崎トマス　こざきとます　1597没(16?歳)。安土桃山時代のキリシタン。1582頃生。

パリリャ　1597没(52?歳)。スペインのフランチェスコ会宣教師, 聖人。1545頃生。

フェリーペ・デ・ヘスース・カサス・マルティネス　1597没(24歳)。日本二十六聖人の一人, メキシコの守護聖人。1572生。

ブランコ　1597没(29歳)。スペインのフランシスコ会宣教師, 聖人。1568頃生。

ペドロ・バプチスタ　1597没(54歳)。スペイン人のフランシスコ会司祭。1542生。

督姫　とくひめ　1615没(51歳)。安土桃山時代・江戸時代前期の女性。徳川家康の2女。1565生。

大田原晴清　おおたわらはるきよ　1631没(65歳)。安土桃山時代・江戸時代前期の武将, 大名。1567生。

里村昌琢　さとむらしょうたく　1636没(63歳)。安土桃山時代・江戸時代前期の連歌作者。1574生。

振姫　ふりひめ　1659没(53歳)。江戸時代前期の女性。陸奥仙台藩主伊達忠宗の正室。1607生。

ヴォンデル, ヨースト・ヴァン・デン　1679没(91歳)。オランダの詩人, 劇作家。1587生。

シュペーナー, フィーリップ・ヤーコプ　1705没(70歳)。ルター派牧師。1635生。

津田永忠　つだながただ　1707没(68歳)。江戸時代前期・中期の備前岡山藩士。1640生。

フォンターナ, カルロ　1714没(80?歳)。イタリアの建築家。1634頃生。

カレン, ウィリアム　1790没(79歳)。スコットランドの医師。1710生。

中井竹山　なかいちくざん　1804没(75歳)。江戸時代中期・後期の儒学者。1730生。

2月5日

アリー・パシャ　1822没(81歳)。オスマン・トルコ帝国、アルバニアの首領、政治家。1741生。
コッツェブー, オットー　1846没(58歳)。ドイツの探検家。1787生。
ナーシーフ-アルヤージジー　1871没(71歳)。近代アラブの文学者。1800生。
カーライル, トマス　1881没(85歳)。イギリスの著述家、歴史家。1795生。
歌川国久(2代目)　うたがわくにひさ　1891没(60歳)。江戸・明治時代の浮世絵師。1832生。
杵屋勝三郎(2代目)　きねやかつさぶろう　1896没(77歳)。江戸・明治時代の長唄三味線方。1820生。
末広鉄腸　すえひろてっちょう　1896没(48歳)。明治時代のジャーナリスト、小説家。衆議院議員。1849生。
奥村五百子　おくむらいおこ　1907没(63歳)。明治時代の社会運動家。1845生。
ローザノフ, ワシーリー・ワシリエヴィチ　1919没(62歳)。ロシアの宗教思想家、批評家。1856生。
アールネ, アンティ　1925没(57歳)。フィンランドの民俗学者。1867生。
横田千之助　よこたせんのすけ　1925没(56歳)。明治・大正時代の政治家、弁護士。衆議院議員。1870生。
グリフィス, ウィリアム・エリオット　1928没(84歳)。アメリカの科学者、教育者。1843生。
藤井斉　ふじいひとし　1932没(29歳)。大正・昭和時代の海軍軍人。少佐。1904生。
デイヴィス, ウィリアム・モリス　1934没(83歳)。アメリカの地理学者、地形学者。1850生。
留岡幸助　とめおかこうすけ　1934没(71歳)。昭和時代の社会事業家。1864生。
アンドレーアス-ザロメ, ルー　1937没(75歳)。ドイツの女流作家。1861生。
坂元雪鳥　さかもとせっちょう　1938没(60歳)。明治～昭和時代の能楽評論家、国文学者。日本大学教授。1879生。
パタソン, A.B.　1941没(76歳)。オーストラリアのバラッド作家。1864生。
小川平吉　おがわへいきち　1942没(73歳)。明治～昭和時代の弁護士、政治家。衆議院議員、司法大臣。1870生。
ファラダ, ハンス　1947没(53歳)。ドイツの小説家。1893生。

ザックス, クルト　1959没(77歳)。アメリカ(ドイツ生れ)の音楽学者。1881生。
イベール, ジャック　1962没(71歳)。フランスの作曲家。1890生。
ビンスヴァンガー, ルートヴィヒ　1966没(84歳)。スイスの精神病理学者。1881生。
佐藤得二　さとうとくじ　1970没(71歳)。昭和時代の哲学者、小説家。1899生。
中村孝也　なかむらこうや　1970没(85歳)。大正・昭和時代の日本史学者。東京帝国大学教授。1885生。
ラーコシ　1971没(78歳)。ハンガリーの政治家。1892生。
ムア, マリアン　1972没(84歳)。アメリカの女流詩人。1887生。
野間寛二郎　のまかんじろう　1975没(62歳)。昭和時代の作家、ジャーナリスト。アフリカ問題懇話会主宰。1912生。
磯田光一　いそだこういち　1987没(56歳)。昭和時代の文芸評論家。東京工業大学教授、日本近代文学館理事。1931生。
清元延寿太夫(6代目)　きよもとえんじゅだゆう　1987没(60歳)。昭和時代の浄瑠璃太夫。1926生。
桂ゆき　かつらゆき　1991没(77歳)。昭和時代の洋画家。1913生。
中川一政　なかがわかずまさ　1991没(97歳)。大正・昭和時代の洋画家、随筆家。1893生。
早川幸男　はやかわさちお　1992没(68歳)。昭和・平成時代の宇宙物理学者。名古屋大学学長、日本天文学会理事長。1923生。
マンキアヴィチュ, ジョーゼフ・L.　1993没(83歳)。アメリカの映画監督。1909生。
高橋竹山　たかはしちくざん　1998没(87歳)。昭和時代の津軽三味線演奏家。1910生。
武原はん　たけはらはん　1998没(95歳)。大正～平成時代の日本舞踊家、俳人。1903生。
富島健夫　とみしまたけお　1998没(66歳)。昭和・平成時代の小説家。1931生。
村井正誠　むらいまさなり　1999没(93歳)。昭和・平成時代の洋画家。武蔵野美術大学教授。1905生。
レオンティエフ, ヴァシリー　1999没(92歳)。アメリカの計量経済学者。1906生。
櫛田フキ　くしだふき　2001没(101歳)。昭和時代の女性運動家。1899生。
都留重人　つるしげと　2006没(93歳)。昭和・平成時代の経済学者。1912生。

2月6日

○記念日○ 海苔の日
　　　　　抹茶の日
○出来事○ 札幌五輪で日の丸飛行隊活躍（1972）
　　　　　ロッキード事件発覚（1976）

アマンドゥス　679没（95?歳）。メロヴィング王朝期のフランドル人への伝道者，聖人。584頃生。

大神高市麻呂　おおみわのたけちまろ　706没（50歳）。飛鳥時代の廷臣。657生。

佐伯三野　さえきのみの　779没。奈良時代の官人。

ポティオス　891没（71?歳）。コンスタンチノープルの総主教。820頃生。

寛空　かんくう　972没（89歳）。平安時代中期の真言宗の僧。884生。

経助　きょうじょ　1114没。平安時代後期の真言宗の僧。

陸秀夫　りくしゅうふ　1279没（43歳）。中国，南宋末の宰相。1236生。

安喜門院　あんきもんいん　1286没（79歳）。鎌倉時代前期の女性。後堀河天皇の皇后。1208生。

唯円　ゆいえん　1289没（68歳）。鎌倉時代後期の真宗の僧。1222生。

崇山居中　すうざんきょちゅう　1345没（69歳）。鎌倉時代後期・南北朝時代の入元禅僧。1277生。

王紱　おうふつ　1416没（54歳）。中国，明代の書家。1362生。

武田信満　たけだのぶみつ　1417没。室町時代の武将。

上杉憲実　うえすぎのりざね　1466（閏2月）没（57歳）。室町時代の武将，関東管領。1410生。

日暁　にちぎょう　1466（閏2月）没（54歳）。室町時代の日蓮宗の僧。1413生。

マヌーツィオ，アルド　1515没（65?歳）。イタリアの印刷業者，古典学者。1450頃生。

プラウデン，エドマンド　1585没（67歳）。イングランドのローマ・カトリック教会信徒，弁護士。1518生。

稲富直家　いなとみなおいえ　1611没（60歳）。安土桃山時代・江戸時代前期の砲術家，伊勢亀山藩士。1552生。

クラーヴィウス，クリストーフォロス　1612没（75歳）。ドイツの数学者。1537生。

小堀遠州　こぼりえんしゅう　1647没（69歳）。安土桃山時代・江戸時代前期の大名。1579生。

モーキ，フランチェスコ　1654没（73歳）。イタリアの彫刻家。1580生。

千姫　せんひめ　1666没（70歳）。江戸時代前期の女性。豊臣秀頼の妻。1597生。

チャールズ2世　1685没（54歳）。イギリス，スチュアート朝の国王（在位1660～85）。1630生。

クレメンス12世　1740没（87歳）。教皇（在位1730～40）。1652生。

千宗守（4代目）　せんのそうしゅ　1782没（58歳）。江戸時代中期の茶人。1725生。

ブラウン，ランスロット　1783没（68歳）。イギリスの造園家。1715生。

ブレー，エティエンヌ－ルイ　1799没（70歳）。フランスの建築家。1728生。

プリーストリー，ジョゼフ　1804没（70歳）。イギリスの化学者。1733生。

サンテール　1809没（56歳）。フランスの革命家，軍人。1752生。

秋山光彪　あきやまこうひょう　1832没（58歳）。江戸時代後期の国学者。1775生。

長井雅楽　ながいうた　1863没（45歳）。江戸時代末期の長州（萩）藩士。1819生。

カッテンディーケ　1866没（50歳）。オランダの海軍士官，海軍大臣。1816生。

河野鉄兜　こうのてっとう　1867没（43歳）。江戸時代末期の漢詩人。1825生。

ワイリ，アレグザーンダ　1887没（71歳）。イギリスの宣教師，中国学者。1815生。

ビルロート，クリスティアン・アルベルト・テオドール　1894没（64歳）。オーストリアの外科医。1829生。

ロイカルト，カール・ゲオルク・フリードリヒ・ルドルフ　1898没（75歳）。ドイツの動物学者。1822生。

2月6日

カプリーヴィ, ゲオルク・レオ, 伯爵　1899没(67歳)。ドイツの政治家, 軍人。1831生。

原善三郎　はらぜんざぶろう　1899没(73歳)。明治時代の実業家, 政治家。横浜商業会議所会頭, 衆議院議員。1827生。

落合芳幾　おちあいよしいく　1904没(72歳)。江戸・明治時代の画家, 浮世絵師。1833生。

メンガー　1906没(64歳)。オーストリアの法学者。1841生。

シーボーム　1912没(78歳)。イギリスの歴史家。1833生。

ダリオ, ルベン　1916没(49歳)。ニカラグアの詩人。1867生。

クリムト, グスタフ　1918没(55歳)。オーストラリアの画家。1862生。

市川段四郎(2代目)　いちかわだんしろう　1922没(68歳)。明治・大正時代の歌舞伎役者。1855生。

バーナード, エドワード・エマーソン　1923没(65歳)。アメリカの天文学者。1857生。

ベイトソン, ウィリアム　1926没(64歳)。イギリスの動物学者, 遺伝学者。1861生。

芳賀矢一　はがやいち　1927没(61歳)。明治・大正時代の国文学者, 国語学者。東京帝国大学教授。1867生。

都太夫一中(10代目)　みやこだゆういっちゅう　1928没(61歳)。明治〜昭和時代の一中節家元。1868生。

マリア・クリスティナ　1929没(72歳)。スペイン王アルフォンソ12世の妃。1856生。

ネルー, モーティーラール　1931没(69歳)。インドの政治家。1861生。

レギーア　1932没(68歳)。ペルーの政治家。1863生。

佐々木味津三　ささきみつぞう　1934没(39歳)。大正・昭和時代の小説家。1896生。

大谷光演　おおたにこうえん　1943没(69歳)。明治〜昭和時代の真宗大谷派僧侶。本願寺23代法主。1875生。

エストベリ, ラングナール　1945没(78歳)。スウェーデンの建築家。1866生。

ウィルキンソン, エレン・シシリー　1947没(55歳)。イギリスの女性政治家。1891生。

長野草風　ながのそうふう　1949没(65歳)。明治〜昭和時代の日本画家。1885生。

三田定則　みたさだのり　1950没(74歳)。明治〜昭和時代の法医学者。1876生。

ジョージ6世　1952没(56歳)。イギリス国王(在位1936〜52)。1895生。

マイネッケ, フリードリヒ　1954没(91歳)。ドイツの歴史学者。1862生。

モーガン, チャールズ　1958没(64歳)。イギリスの小説家, 劇評家。1894生。

大西克礼　おおにしよしのり　1959没(70歳)。大正・昭和時代の美学者。東京大学教授。1888生。

アブド・アル・カリーム　1963没(82歳)。モロッコの族長。1881生。

岡本良雄　おかもとよしお　1963没(49歳)。昭和時代の児童文学者。1913生。

アギナルド, エミリオ　1964没(94歳)。フィリピン革命の最高指導者。1870生。

モーゲンソー II, ヘンリー　1967没(75歳)。アメリカの政治家。1891生。

スチュワート, ジュリアン・H　1972没(70歳)。アメリカの社会人類学者。1902生。

佐藤賢了　さとうけんりょう　1975没(79歳)。大正・昭和時代の陸軍軍人, 実業家。中将, 東急管財社長。1895生。

金原亭馬の助　きんげんていうまのすけ　1976没(47歳)。昭和時代の落語家。1928生。

小絲源太郎　こいとげんたろう　1978没(90歳)。昭和時代の洋画家。1887生。

黒沢酉蔵　くろさわとりぞう　1982没(96歳)。大正・昭和時代の酪農家。札幌市議会副議長, 北海タイムス社長。1885生。

ニコルソン, ベン　1982没(87歳)。イギリスの画家。1894生。

ギリェン, ホルヘ　1984没(91歳)。スペインの詩人。1893生。

三原脩　みはらおさむ　1984没(72歳)。昭和時代のプロ野球選手・監督。1911生。

赤尾敏　あかおびん　1990没(91歳)。大正・昭和時代の右翼活動家。大日本愛国党総裁, 衆議院議員。1899生。

ルリア, サルヴァドール・エドワード　1991没(78歳)。アメリカの分子生物学者。1912生。

夏衍　かえん　1995没(94歳)。中国の劇作家。1900生。

ペルーツ, マックス・フェルディナント　2002没(87歳)。オーストラリア生れのイギリスの化学者。1914生。

皆川睦男　みながわむつお　2005没(69歳)。昭和・平成時代のプロ野球選手, 野球解説者。1935生。

2月7日

○記念日○　北方領土の日
○出来事○　一の谷の合戦(1184)
　　　　　ベトナム戦争で北爆開始(1965)
　　　　　長野五輪開幕(1998)

藤原氏宗　ふじわらのうじむね　872没(66歳)。平安時代前期の公卿。807生。

真喜　しんき　1000没(69歳)。平安時代中期の法相宗の僧。932生。

藤原綏子　ふじわらのやすこ　1004没(31歳)。平安時代中期の女性。三条天皇の宮人。974生。

脩子内親王　しゅうしないしんのう　1049没(54歳)。平安時代中期の女性。一条天皇の第1皇女。996生。

平敦盛　たいらのあつもり　1184没(16歳)。平安時代後期の武士。1169生。

平忠度　たいらのただのり　1184没(41歳)。平安時代後期の武将、歌人。1144生。

平経正　たいらのつねまさ　1184没。平安時代後期の武将。

平通盛　たいらのみちもり　1184没。平安時代後期の武将。

平盛俊　たいらのもりとし　1184没。平安時代後期の武士。

平師盛　たいらのもろもり　1184没(14歳)。平安時代後期の武士。1171生。

坊門隆清　ぼうもんたかきよ　1214没(47歳)。平安時代後期・鎌倉時代前期の公卿。1168生。

性真　しょうしん　1299没。鎌倉時代後期の僧。

日興　にっこう　1333没(88歳)。鎌倉時代後期の日蓮宗の僧。1246生。

バンディネリ, バッチョ　1560没(67?歳)。イタリアの彫刻家、画家。1493頃生。

明月　あきづき　1578没(24歳)。安土桃山時代の女性。備中国の郷士の娘。1555生。

三条実綱　さんじょうさねつな　1581没(20歳)。安土桃山時代の公卿。1562生。

アミヨ, ジャック　1593没(79歳)。フランスの古典学者、翻訳家。1513生。

蒲生氏郷　がもううじさと　1595没(40歳)。安土桃山時代の武将、若松若松城主。1556生。

妙春尼　みょうしゅんに　1598没(85歳)。戦国時代・安土桃山時代の女性。三河国刈谷城主水野忠政の娘。1514生。

本多康俊　ほんだやすとし　1621没(53歳)。安土桃山時代・江戸時代前期の大名。1569生。

丸目蔵人　まるめくらんど　1629没(90歳)。安土桃山時代・江戸時代前期の武士。1540生。

聖久女王　しょうきゅうじょおう　1631没(32歳)。江戸時代前期の女性。伏見宮邦房親王の第1王女。1600生。

天秀尼　てんしゅうに　1645没(37歳)。江戸時代前期の女性。尼僧。1609生。

安原貞室　やすはらていしつ　1673没(64歳)。江戸時代前期の俳人。1610生。

各務支考　かがみしこう　1731没(67歳)。江戸時代中期の俳人。1665生。

中根東里　なかねとうり　1765没(72歳)。江戸時代中期の儒者。1694生。

ボイス, ウィリアム　1779没(69歳)。イギリスの作曲家、オルガン奏者。1710生。

ホドヴィエツキ, ダニエル　1801没(74歳)。ドイツの画家、イラストレーター。1726生。

ラドクリフ, アン　1823没(58歳)。イギリスの女流小説家。1764生。

グスタフ4世　1837没(58歳)。スウェーデン王(1792～1809)。1778生。

朝川善庵　あさかわぜんあん　1849没(69歳)。江戸時代後期の儒学者。1781生。

マルティネス-デ-ラ-ロサ, フランシスコ　1862没(74歳)。スペインの劇作家、政治家。1787生。

カラジッチ, ヴーク・ステファノヴィチ　1864没(76歳)。セルビアの文学者、民俗学者。1787生。

近藤宗悦　こんどうそうえつ　1867没(47歳)。江戸時代末期の尺八、関西宗悦流の流祖。1821生。

グラトリ, オギュスト・アルフォンス　1872没(66歳)。フランスの哲学者。1805生。

レ・ファニュ, シェリダン　1873没(58歳)。アイルランドの小説家、ジャーナリスト。1814生。

2月7日

ピウス9世　1878没(85歳)。教皇。1792生。
岩崎弥太郎　いわさきやたろう　1885没(52歳)。明治時代の実業家。三菱商会社長。1834生。
フェルラータ, ドメーニコ　1897没(49歳)。イタリアの電気技術者。1847生。
楠本正隆　くすもとまさたか　1902没(65歳)。江戸・明治時代の官僚, 政治家。衆議院議員。1838生。
グレイシャー, ジェイムズ　1903没(93歳)。イギリスの気象学者。1809生。
ゴーシェン　1907没(75歳)。イギリスの政治家。1831生。
シュテッカー, アードルフ　1909没(73歳)。ドイツのプロテスタント神学者。1835生。
マンデス, カチュル　1909没(67歳)。フランスの詩人, 劇作家。1841生。
ミリューチン　1912没(95歳)。ロシアの軍人, 政治家。1816生。
コルチャーク, アレクサンドル・ヴァシリエヴィチ　1920没(46歳)。ロシア帝政の提督。1874生。
有栖川宮薫子　ありすがわのみやただこ　1923没(69歳)。明治時代の皇族。1855生。
九条武子　くじょうたけこ　1928没(42歳)。大正時代の歌人。1887生。
エクスナー　1930没(53歳)。オーストリアの気象学者。1876生。
胡也頻　こやひん　1931没(27歳)。中国の小説家。1903生。
柔石　じゅうせき　1931没(28歳)。中国の小説家。1902生。
馮鏗　ふうこう　1931没(23歳)。中国のプロレタリア女流文学者。1907生。
権田雷斧　ごんだらいふ　1934没(88歳)。明治〜昭和時代の密教学者。1847生。
ルート, イライヒュー　1937没(91歳)。アメリカの政治家。1845生。
ファイアストーン, ハーヴィー・S　1938没(69歳)。アメリカの実業家。1868生。
ローゼンベルク, アルトゥーア　1943没(53歳)。ドイツの歴史家。1889生。
パーク, ロバート・E　1944没(79歳)。アメリカの社会学者。1864生。
三上於菟吉　みかみおときち　1944没(54歳)。大正・昭和時代の小説家, 作家。1891生。
井上正夫　いのうえまさお　1950没(68歳)。明治〜昭和時代の俳優。1881生。
マラン, ダニエル　1959没(84歳)。南アフリカ連邦の政治家。1874生。

クルチャトフ, イゴール・ヴァシリェヴィッチ　1960没(57歳)。ソ連の物理学者。1903生。
ポルティナーリ, カンディード　1962没(58歳)。ブラジルの画家。1903生。
津島寿一　つしまじゅいち　1967没(79歳)。大正・昭和時代の政治家。衆議院議員, 日本オリンピック委員会委員長。1888生。
英百合子　はなぶさゆりこ　1970没(69歳)。大正・昭和時代の女優。1900生。
竺可楨　じくかてい　1974没(84歳)。中国の気象学者。1890生。
香山滋　かやましげる　1975没(65歳)。昭和時代の小説家。1909生。
メンゲレ, ヨーゼフ　1979没(67歳)。ドイツの医師, 医学者。1911生。
守随憲治　しゅずいけんじ　1983没(83歳)。大正・昭和時代の日本文学者。1899生。
武井武雄　たけいたけお　1983没(88歳)。大正・昭和時代の童画家, 版画家。1894生。
大野誠夫　おおののぶお　1984没(69歳)。昭和時代の歌人。1914生。
ヴィラ, クラウディオ　1987没(61歳)。イタリアのカンツォーネ歌手。1926生。
小山敬三　こやまけいぞう　1987没(89歳)。大正・昭和時代の洋画家。1897生。
春風亭柳朝(5代目)　しゅんぷうていりゅうちょう　1991没(61歳)。昭和・平成時代の落語家。1929生。
ボルノー, オットー・フリードリヒ　1991没(87歳)。ドイツの哲学者, 教育学者。1903生。
森茂好　もりしげよし　1991没(74歳)。昭和時代の能楽師。1916生。
小川紳介　おがわしんすけ　1992没(56歳)。昭和・平成時代の記録映画監督。1935生。
森田優三　もりたゆうぞう　1994没(92歳)。昭和時代の統計学者。1901生。
ルトスワフスキ, ヴィトルト　1994没(81歳)。ポーランドの作曲家。1913生。
シャフラン, ダニイル　1997没(73歳)。ソヴィエトのチェロ奏者。1923生。
武藤富男　むとうとみお　1998没(93歳)。昭和・平成時代の官僚, 教育家。1904生。
フセイン・イブン・タラール　1999没(63歳)。ヨルダン国王。1935生。
小松芳喬　こまつよしたか　2000没(93歳)。昭和・平成時代の経済史学者。1906生。

2月8日

○記念日○ デマークの日
御事始め
針供養の日
○出来事○ 黒部トンネル開通（1959）
ホテルニュージャパン火災（1982）

セウェーロス（セウェロス、アンティオキアの）538没（78?歳）。単性論の教義体系を整えたアンティオキアの総主教。460頃生。
エルフレッド　714没。イギリスの女子大修道院長。
泉内親王　いずみのないしんのう　734没。奈良時代の女性。天智天皇の皇女。
行賀　ぎょうが　803没（75歳）。奈良時代・平安時代前期の僧、興福寺別当。729生。
滋野貞主　しげののさだぬし　852没（68歳）。平安時代前期の学者、公卿。785生。
康済　こうさい　899没（72歳）。平安時代前期の天台宗の僧。828生。
花山天皇　かざんてんのう　1008没（41歳）。第65代の天皇。968生。
藤原実衡　ふじわらのさねひら　1142没（43歳）。平安時代後期の公卿。1100生。
寛瑜　かんゆ　1214没（80歳）。平安時代後期・鎌倉時代前期の真言宗の僧。1135生。
フラグ　1265没（47?歳）。イル・ハン国の建設者（在位1258～65）。1218頃生。
道俊　どうしゅん　1309没（81歳）。鎌倉時代後期の僧。1229生。
西園寺公顕　さいおんじきんあき　1321没（48歳）。鎌倉時代後期の公卿。1274生。
滋野井公尚　しげのいきんなお　1344（閏2月）没（40歳）。鎌倉時代後期・南北朝時代の公卿。1305生。
長助法親王　ちょうじょほっしんのう　1361没（42歳）。南北朝時代の皇族。後伏見天皇の皇子。1320生。
ビアンキ・フェッラーリ，フランチェスコ　1510没（50?歳）。イタリアの画家。1460頃生。
盛禅洞奭　せいぜんどうしゃく　1518没（85歳）。室町時代・戦国時代の曹洞宗の僧。1434生。
良授　りょうじゅ　1564没。戦国時代の浄土宗の僧。
メーリ・ステュアート　1587没（44歳）。スコットランドの女王（在位1542～67）。1542生。

北条氏規　ほうじょううじのり　1600没（56歳）。安土桃山時代の武将，相模三崎城城主。1545生。
リンスホーテン　1611没（48歳）。オランダの旅行家。1563生。
トレッリ，ジュゼッペ　1709没（50歳）。イタリアの作曲家，ヴァイオリン奏者。1658生。
ピョートル1世　1725没（52歳）。ロシアのツァーリ，皇帝。1672生。
サルヴィ，ニッコロ　1751没（53歳）。イタリアの建築家。1697生。
新居藤右衛門　にいとうえもん　1756没（79歳）。江戸時代中期の機業家，絹買商。1678生。
西玄哲　にしげんてつ　1760没（80歳）。江戸時代中期の蘭方医。1681生。
堀田正亮　ほったまさすけ　1761没（50歳）。江戸時代中期の老中。1712生。
ルカン　1778没（48歳）。フランスの俳優。1729生。
岡崎屋勘亭　おかざきやかんてい　1805没（60歳）。江戸の書家。1746生。
金子金陵　かねこきんりょう　1817没。江戸時代後期の画家。
谷素外　たにそがい　1823没（90?歳）。江戸時代中期・後期の俳人。1734頃生。
デュピュイトラン，ギョーム，男爵　1835没（57歳）。フランスの外科医。1777生。
岡田半江　おかだはんこう　1846没（65歳）。江戸時代後期の南画家。1782生。
プレシェルン，フランツェ　1849没（48歳）。スロベニアの詩人。1800生。
シュヴィント，モーリッツ・フォン　1871没（67歳）。オーストリア生れのドイツの画家，版画家。1804生。
本間棗軒　ほんまそうけん　1872没（69歳）。江戸・明治時代の医師。1804生。
シュトラウス，ダーフィト・フリードリヒ　1874没（66歳）。ドイツの神学者，哲学者，伝記

作家。1808生。
ワーグマン, チャールズ　1891没(57歳)。イギリスの新聞記者, 漫画家。1834生。
バランタイン, R.M.　1894没(68歳)。イギリスの小説家。1825生。
清水誠　しみずまこと　1899没(54歳)。明治時代の実業家。1846生。
松林伯円(2代目)　まつばやしはくえん　1905没(72歳)。江戸・明治時代の講釈師。1834生。
ローゼボーム, ヘンドリク・ウィレム・バクウィ　1907没(52歳)。オランダの物理化学者。1854生。
フレーディング, グスタヴ　1911没(50歳)。スウェーデンの詩人。1860生。
長塚節　ながつかたかし　1915没(37歳)。明治時代の歌人。1879生。
デーメル, リヒャルト　1920没(56歳)。ドイツの抒情詩人。1863生。
クロポトキン, ピョートル・アレクセーヴィチ　1921没(78歳)。ロシアの地理学者, 無政府主義の革命家。1842生。
ドヴォルジャーク, マックス　1921没(46歳)。オーストリアの美術史学者。1874生。
樺山資紀　かばやますけのり　1922没(86歳)。明治時代の海軍軍人。大将。1837生。
大谷光瑩　おおたにこうえい　1923没(72歳)。明治時代の僧侶。真宗大谷派東本願寺法主, 二十二代。1852生。
ボウズンキット, バーナード　1923没(74歳)。イギリス新ヘーゲル主義の最後の哲学者。1848生。
リーベルマン, マックス　1935没(87歳)。ドイツの画家, 銅版画家。1847生。
小倉進平　おぐらしんぺい　1944没(63歳)。大正・昭和時代の言語学者。1882生。
添田唖蝉坊　そえだあぜんぼう　1944没(73歳)。明治〜昭和時代の演歌師, 社会派詩人。1872生。
南弘　みなみひろし　1946没(78歳)。明治〜昭和時代の官僚, 政治家。1869生。
花柳寿美(初代)　はなやぎすみ　1947没(50歳)。大正・昭和時代の日本舞踊家。1898生。
テュッセン　1951没(77歳)。ドイツの工業家。1873生。
石射猪太郎　いしいいたろう　1954没(67歳)。大正・昭和時代の外交官。1887生。
柳家権太楼(初代)　やなぎやごんたろう　1955没(57歳)。大正・昭和時代の落語家。1897生。

フォン・ノイマン, ジョン　1957没(53歳)。ハンガリー生れのアメリカの数学者。1903生。
ボーテ, ヴァルター　1957没(66歳)。ドイツの物理学者。1891生。
オースティン, ジョン・ラングシャム　1960没(48歳)。イギリスの哲学者。1911生。
脇本楽之軒　わきもとらくしけん　1963没(79歳)。明治〜昭和時代の美術史家。1883生。
クレッチマー　1964没(75歳)。ドイツの精神医学者。1888生。
松田喜一　まつだきいち　1965没(65歳)。大正・昭和時代の部落解放運動家。1899生。
ツヴィッキー, フリッツ　1974没(75歳)。スイスの天体物理学者。1898生。
ムカジョフスキー, ヤン　1975没(83歳)。チェコの美学者, 文芸理論家。1891生。
小泉明　こいずみあきら　1977没(63歳)。昭和時代の経済学者。一橋大学学長。1913生。
チーホノフ, ニコライ・セミョーノヴィチ　1979没(82歳)。ソ連の詩人。1896生。
平野義太郎　ひらのよしたろう　1980没(82歳)。大正・昭和時代の法学者, 平和運動家。龍谷大学教授, 日本平和委員会会長。1897生。
石塚友二　いしづかともじ　1986没(79歳)。昭和時代の小説家, 俳人。1906生。
山花秀雄　やまはなひでお　1987没(82歳)。大正・昭和時代の労働運動家, 政治家。衆院議員, 社会党副委員長。1904生。
許滌新　きょてきしん　1988没(82歳)。中国の経済学者。1906生。
安西均　あんざいひとし　1994没(74歳)。昭和・平成時代の詩人。日本現代詩人会会長。1919生。
五味川純平　ごみかわじゅんぺい　1995没(78歳)。昭和・平成時代の小説家。1916生。
渋沢孝輔　しぶさわたかすけ　1998没(67歳)。昭和・平成時代の詩人, フランス文学者。明治大学教授。1930生。
ラックスネス, ハルドゥル・キリヤン　1998没(95歳)。アイスランドの小説家。1902生。
マウレル　2000没(97歳)。ルーマニアの政治家。1902生。
伊福部昭　いふくべあきら　2006没(91歳)。昭和・平成時代の作曲家。1914生。

2月8日

2月9日

○記念日○ 服の日
　　　　　福の日
○出来事○ 日本プロ野球で初試合(1936)
　　　　　NTT株が上場、1株160万円(1987)
　　　　　美浜原発事故(1991)

道昌　どうしょう　875没(78歳)。平安時代前期の真言宗の僧。798生。

一定　いちじょう　947没(64歳)。平安時代中期の真言宗の僧。884生。

藤原能信　ふじわらのよしのぶ　1065没(71歳)。平安時代中期の公卿。995生。

住蓮　じゅうれん　1207没(27歳)。鎌倉時代前期の浄土宗の僧。1181生。

遵西　じゅんさい　1207没。鎌倉時代前期の浄土宗の僧。

西園寺実材　さいおんじさねえだ　1267没(39歳)。鎌倉時代前期の公卿。1229生。

武田信時　たけだのぶとき　1289没。鎌倉時代後期の武将。

春日顕国　かすがあきくに　1344没。南北朝時代の東国の南党武将。

太田時連　おおたときつら　1345没(77歳)。鎌倉時代後期・南北朝時代の武将。鎌倉幕府評定衆、室町幕府問注所執事。1269生。

舜恵　しゅんえ　1382没(69歳)。南北朝時代の天台宗の僧。1314生。

老仙元聃　ろうせんげんたん　1399没。南北朝時代・室町時代の臨済宗の僧。

マクリージー　1442没(78歳)。マムルーク朝時代のアラブの歴史家。1364生。

日澄　にっちょう　1510没(70歳)。室町時代・戦国時代の日蓮宗の僧。1441生。

月渚永乗　げっしょえいじょう　1541没(77歳)。戦国時代の臨済宗の僧。1465生。

フーパー、ジョン　1555没(65?歳)。イギリスのプロテスタントの聖職者。1490頃生。

コクリコ、アドリアン・プティ　1563没(64?歳)。フランドルの作曲家、音楽理論家。1499頃生。

磯谷久次　いそがいひさつぐ　1578没。戦国時代の武将。

ルッフォ、ヴィンチェンツォ　1587没(79?歳)。イタリアの作曲家。1508頃生。

長谷川宗仁　はせがわそうにん　1606没(68歳)。安土桃山時代・江戸時代前期の茶人、武将。1539生。

春屋宗園　しゅんおくそうえん　1611没(83歳)。戦国時代・安土桃山時代の臨済宗の僧。1529生。

ヴァニーニ、ルチーリオ　1619没(34歳)。イタリアの自由思想家、自然哲学者。1585生。

ホランド　1637没(85歳)。イギリスの古典学者。1552生。

ムラト4世　1640没(29歳)。オスマン・トルコ帝国のスルタン第17代(1623〜40)。1611生。

フレデリク3世　1670没(60歳)。デンマーク、ノルウェー王(在位1648〜70)。1609生。

大庭源之丞　おおばげんのじょう　1702没。江戸時代前期・中期の箱根用水開削の発起人。

浄光院　じょうこういん　1709没(59歳)。江戸時代前期・中期の女性。徳川綱吉の正室。1651生。

惟然　いぜん　1711没。江戸時代中期の俳人。

嵐和歌家(2代目)　あらしわかの　1763没(37歳)。江戸時代中期の歌舞伎役者。1727生。

手島堵庵　てじまとあん　1786没(69歳)。江戸時代中期の石門心学者。1718生。

マスケリン、ネヴィル　1811没(78歳)。イギリスの天文学者。1732生。

ティツィング　1812没(67歳)。オランダの外科医、長崎出島のオランダ商館長。1744生。

石津亮澄　いしづすけずみ　1840没(62歳)。江戸時代後期の歌人、国学者。1779生。

滝善三郎　たきぜんざぶろう　1868没(32歳)。江戸時代末期の神戸事件の犠牲者。1837生。

ベッテルハイム、バーナド・ジーン　1870没(58歳)。プロテスタント宣教師、医者。1811生。

ミシュレ、ジュール　1874没(75歳)。フランスの歴史家。1798生。

2月9日

ヨンキント，ヨハン・バルトルト　1891没（71歳）。オランダの画家，銅板画家。1819生。

ダフィ，サー・チャールズ・ガヴァン　1903没（86歳）。アイルランドの政治家。1816生。

メンツェル，アドルフ・フォン　1905没（89歳）。ドイツの画家，版画家。1815生。

ダンバー，ポール・ロレンス　1906没（33歳）。アメリカの詩人，小説家。1872生。

コンダー，チャールズ・エドワード　1909没（40歳）。イギリスの画家。1868生。

涛川惣助　なみかわそうすけ　1910没（64歳）。明治時代の七宝製造家。1847生。

加藤弘之　かとうひろゆき　1916没（81歳）。明治時代の思想家，啓蒙学者。東京帝国大学総理。1836生。

近藤廉平　こんどうれんぺい　1921没（74歳）。明治・大正時代の実業家。日本郵船社長，貴族院議員。1848生。

村田経芳　むらたつねよし　1921没（84歳）。江戸・明治時代の鹿児島藩士，陸軍軍人。少将。1838生。

クルティウス，テオドール　1928没（70歳）。ドイツの化学者。1857生。

井上準之助　いのうえじゅんのすけ　1932没（64歳）。大正・昭和時代の財政家，政治家。日本銀行総裁，大蔵大臣。1869生。

兵藤静枝　ひょうどうしずえ　1934没（23歳）。昭和時代の女優。1912生。

加藤寛治　かとうひろはる　1939没（70歳）。明治～昭和時代の海軍軍人。大将。1870生。

フツマ　1943没（92歳）。オランダの東洋学者。1851生。

三井高棟　みついたかみね　1948没（92歳）。明治～昭和時代の実業家。1857生。

鷲尾雨工　わしおうこう　1951没（58歳）。大正・昭和時代の小説家。1892生。

ダグラス，ノーマン　1952没（83歳）。イギリスの小説家。1868生。

張瀾　ちょうらん　1955没（83歳）。中国の政治家。1872生。

安田庄司　やすだしょうじ　1955没（60歳）。大正・昭和時代の新聞人。読売新聞代表取締役主幹，セ・リーグ初代会長。1895生。

ホルティ，ミクローシュ　1957没（88歳）。ハンガリーの政治家，軍人。1868生。

ドホナーニ，エルンスト・フォン　1960没（82歳）。ハンガリーの作曲家，ピアニスト，指揮者。1877生。

カーシム，アブド・アル-カリーム　1963没（48歳）。イラクの軍人政治家。1914生。

タッカー，ソフィー　1966没（82歳）。アメリカの女流ボードビリアン。1884生。

オストロヴィチャノフ　1969没（77歳）。ソ連邦の経済学者。1892生。

荒川文六　あらかわぶんろく　1970没（91歳）。明治～昭和時代の電気工学者。1878生。

小谷喜美　こたにきみ　1971没（70歳）。大正・昭和時代の宗教家。霊友会会長。1901生。

中川紀元　なかがわきげん　1972没（79歳）。大正・昭和時代の洋画家。1892生。

福田栄一　ふくだえいいち　1975没（65歳）。大正・昭和時代の歌人。1909生。

ロビンソン，サー・ロバート　1975没（88歳）。イギリスの有機化学者。1886生。

石井小浪　いしいこなみ　1978没（72歳）。大正・昭和時代の舞踏家。1905生。

ガボール，デニス　1979没（78歳）。イギリスの電子物理学者。1900生。

高橋誠一郎　たかはしせいいちろう　1982没（97歳）。明治～昭和時代の経済学者，浮世絵研究家。1884生。

アンドロポフ，ユーリー　1984没（69歳）。ソ連の政治家。1914生。

真下信一　ましたしんいち　1985没（78歳）。昭和時代の哲学者。名古屋大学教授，多摩美術大学教授。1906生。

貝塚茂樹　かいづかしげき　1987没（82歳）。昭和時代の中国史家。東方学会会長。1904生。

手塚治虫　てづかおさむ　1989没（60歳）。昭和時代の漫画家。1928生。

大来佐武郎　おおきたさぶろう　1993没（78歳）。昭和・平成時代のエコノミスト，官僚。内外政策研究会会長，国際大学総長。1914生。

テミン，ハワード・マーティン　1994没（59歳）。アメリカの腫瘍学者，ウイルス学者。1934生。

フルブライト，ジェイムズ・ウィリアム　1995没（89歳）。アメリカの政治家。1905生。

久野収　くのおさむ　1999没（88歳）。昭和・平成時代の評論家，哲学者。1910生。

サイモン，ハーバート　2001没（84歳）。アメリカの経営学者。1916生。

マーガレット王女　2002没（71歳）。イギリス女王エリザベス2世の妹。1930生。

藤田元司　ふじたもとし　2006没（74歳）。昭和・平成時代のプロ野球選手・監督。1931生。

2月10日

○記念日○　ニットの日
　　　　　海の安全祈念日
　　　　　観劇の日
○出来事○　日露戦争開戦(1904)
　　　　　帝国劇場完成(1911)

ヘラクリウス　641没(66?歳)。ビザンチン皇帝(在位610～641)。575頃生。

紀長谷雄　きのはせお　912没(68歳)。平安時代前期・中期の学者,公卿。845生。

ギヨーム・ダキテーヌ　1127没(55歳)。フランスの最古のトルバドゥール宮廷抒情詩人。1071生。

アヴェロエス　1198没(72歳)。アラビア哲学者。1126生。

雅成親王　まさなりしんのう　1255没(56歳)。鎌倉時代前期の皇族。後鳥羽天皇の皇子。1200生。

延政門院　えんせいもんいん　1332没(74歳)。鎌倉時代後期の女性。後嵯峨天皇の第2皇女。1259生。

久我通嗣　こがみちつぐ　1353没(78歳)。鎌倉時代後期・南北朝時代の公卿。1276生。

履仲内礼　りちゅうげんれい　1413没。室町時代の僧。

中院通守　なかのいんみちもり　1418没(42歳)。室町時代の公卿。1377生。

エンジンゲン,ウルリヒ・フォン　1419没(60?歳)。ドイツのゴシック建築家。1359頃生。

煕永親王　よしながしんのう　1437没(76歳)。南北朝時代・室町時代の皇族。後光厳天皇の第5皇子。1362生。

足利満貞　あしかがみつさだ　1439没。室町時代の武将,稲村公方。

足利持氏　あしかがもちうじ　1439没(42歳)。室町時代の第4代の鎌倉公方。1398生。

ロッビア,ルカ・デラ　1482没(82?歳)。イタリアの彫刻家,陶芸家。1400頃生。

上杉持房　うえすぎもちふさ　1490没。室町時代・戦国時代の武将。

右京大夫　うきょうのだいぶ　1509没(88歳)。室町時代・戦国時代の三条西家の家女房。1422生。

エック,ヨーハン・フォン　1543没(56歳)。宗教改革期のドイツのカトリック聖職者。1486生。

ダーンリー,ヘンリー・スチュワート,卿　1567没(21歳)。スコットランド女王メアリ・スチュアートの2度目の夫。1545生。

宗謙　そうけん　1570没。戦国時代の曹洞宗の僧。

シュパンゲンベルク,ツィーリアクス　1604没(75歳)。ドイツのプロテスタント神学者,歴史家。1528生。

承秋門院　しょうしゅうもんいん　1720没(41歳)。江戸時代中期の女性。東山天皇の皇后。1680生。

モンテスキュー,シャルル-ルイ・ド・スゴンダ・ド　1755没(66歳)。フランスの啓蒙思想家,法学者,歴史家。1689生。

足羽敬明　あすわもりあき　1759没(88歳)。江戸時代中期の国学者,神道家。1672生。

レオ12世　1829没(68歳)。教皇(在位1823～29)。1760生。

小石元瑞　こいしげんずい　1849没(66歳)。江戸時代後期の蘭方医。1784生。

水野忠邦　みずのただくに　1851没(58歳)。江戸時代末期の大名,老中。1794生。

鈴木主税　すずきちから　1856没(43歳)。江戸時代末期の越前福井藩士,経世家。1814生。

トンプソン,デイヴィド　1857没(86歳)。カナダの探検家,地理学者,毛皮商人。1770生。

三浦命助　みうらめいすけ　1864没(45歳)。江戸時代末期の陸奥盛岡藩百姓一揆の指導者。1820生。

レオポルド1世　1865没(74歳)。ベルギーの初代国王(在位1831～65)。1790生。

レンツ,ハインリヒ・フリードリヒ・エミール　1865没(60歳)。ドイツの物理学者。1804生。

ブルースター,サー・デイヴィド　1868没(86歳)。イギリスの物理学者。1781生。

河野禎造　こうのていぞう　1871没(55歳)。江戸・明治時代の蘭学医, 農書著述家, 福岡藩士。1817生。

ベルナール, クロード　1878没(64歳)。フランスの生理学者。1813生。

ドーミエ, オノレ　1879没(70歳)。フランスの画家, 版画家。1808生。

松浦武四郎　まつうらたけしろう　1888没(71歳)。江戸・明治時代の探検家。1818生。

若松賎子　わかまつしずこ　1896没(33歳)。明治時代の翻訳家。1864生。

ペッテンコーフェル, マックス・ヨーゼフ・フォン　1901没(82歳)。ドイツの衛生学者, 化学者。1818生。

本因坊秀栄　ほんいんぼうしゅうえい　1907没(56歳)。明治時代の囲碁家元。1852生。

ムスタファ・カーミル・パシャ　1908没(34歳)。エジプトの民族主義者。1874生。

コミサルジェーフスカヤ　1910没(45歳)。ロシアの女優。1864生。

リスター, ジョゼフ　1912没(84歳)。イギリスの外科医。1827生。

永岡鶴蔵　ながおかつるぞう　1914没(52歳)。明治時代の労働運動家。1863生。

アブドゥル・ハミト2世　1918没(75歳)。オスマントルコ帝国第34代のスルタン(在位1876～1909)。1842生。

蜂須賀茂韶　はちすかもちあき　1918没(73歳)。江戸・明治時代の政治家。侯爵, 元老院議官, 文部大臣。1846生。

竹柴其水　たけしばきすい　1923没(77歳)。明治・大正時代の歌舞伎作者。1847生。

レントゲン, ヴィルヘルム・コンラート・フォン　1923没(77歳)。ドイツの物理学者。1845生。

ゾルマ, アグネス　1927没(61歳)。ドイツの女優。1865生。

長井長義　ながいながよし　1929没(85歳)。明治・大正時代の薬学者。東京大学教授, 大日本製薬会社社長。1845生。

ベッカー, カール・ハインリヒ　1933没(56歳)。ドイツの近東学者, 政治家。1876生。

ピウス11世　1939没(81歳)。教皇(在位1922～39)。1857生。

小栗虫太郎　おぐりむしたろう　1946没(46歳)。昭和時代の小説家。1901生。

安部磯雄　あべいそお　1949没(85歳)。明治～昭和時代の社会運動家。1865生。

モース, マルセル　1950没(77歳)。フランスの社会学者, 社会人類学者。1872生。

カッツ　1953没(68歳)。ドイツの心理学者。1884生。

シュミット, ヴィルヘルム　1954没(85歳)。ドイツの民族学者, カトリックの聖職者, 人類学者。1868生。

岡田茂吉　おかだもきち　1955没(72歳)。大正・昭和時代の宗教家。世界救世教教組。1882生。

ワイルダー, ローラ・インガルス　1957没(90歳)。アメリカの女流小説家。1867生。

岩住良治　いわずみよしはる　1958没(83歳)。明治～昭和時代の畜産学者。1875生。

岡田八千代　おかだやちよ　1962没(78歳)。明治～昭和時代の小説家, 劇作家。1883生。

ブロニェフスキ, ウワディスワフ　1962没(64歳)。ポーランドの詩人。1897生。

フラー, ジョン・フレデリック・チャールズ　1966没(87歳)。イギリスの軍人, 軍事評論家。1878生。

ソローキン, ピチリム・A　1968没(79歳)。アメリカの社会学者。1889生。

吉原治良　よしはらじろう　1972没(67歳)。昭和時代の洋画家。具体美術協会代表。1905生。

高橋亀吉　たかはしかめきち　1977没(82歳)。大正・昭和時代の経済評論家。高橋経済研究所所長, 拓殖大学教授。1894生。

池辺陽　いけべきよし　1979没(58歳)。昭和時代の建築家。東京大学教授。1920生。

カルデリ　1979没(69歳)。ユーゴスラビアの政治家。1910生。

山本丘人　やまもときゅうじん　1986没(85歳)。昭和時代の日本画家。1900生。

小川徹　おがわとおる　1991没(67歳)。昭和・平成時代の映画評論家, ジャーナリスト。映画芸術新社社長。1923生。

岡田嘉子　おかだよしこ　1992没(89歳)。大正・昭和時代の女優。1902生。

宮田登　みやたのぼる　2000没(63歳)。昭和・平成時代の民俗学者。筑波大学教授。1936生。

ケロール, ジャン　2005没(93歳)。フランスの詩人, 小説家。1911生。

ミラー, アーサー　2005没(89歳)。アメリカの劇作家。1915生。

2月10日

2月11日

○記念日○ 建国記念の日
　　　　　万歳三唱の日
○出来事○ 高田馬場の決闘(1694)
　　　　　大日本帝国憲法が公布(1889)
　　　　　イラン革命(1979)

グレゴリウス2世　731没(62歳)。教皇(在位715〜731)。669生。

ベネディクトゥス(アニアヌの)　821没(71?歳)。フランスのベネディクト会の改革者, 聖人。750頃生。

証観　しょうかん　1136没(70歳)。平安時代後期の天台宗の僧。1067生。

聖恵法親王　しょうえほうしんのう　1137没(44歳)。平安時代後期の皇族。白河天皇の第5皇子。1094生。

フーゴー　1141没(45歳)。スコラ哲学者, 神学者。1096生。

増俊　ぞうしゅん　1165没(82歳)。平安時代後期の僧。1084生。

藤原宗能　ふじわらのむねよし　1170没(86歳)。平安時代後期の公卿。1085生。

吉田経房　よしだつねふさ　1200(閏2月)没(59歳)。平安時代後期・鎌倉時代前期の公卿。1142生。

北条時章　ほうじょうときあきら　1272没(58歳)。鎌倉時代前期の武将。1215生。

鷹司院　たかつかさいん　1275没(58歳)。鎌倉時代前期の女性。後堀河天皇の皇后。1218生。

ハインリヒ・ハインブーヘ(ランゲンシュタインの)　1397没(72?歳)。ドイツのプロテスタント神学者。1325頃生。

治仁王　はるひとおう　1417没(37歳)。室町時代の皇族。1381生。

松堂高盛　しょうどうこうせい　1505没(75歳)。室町時代・戦国時代の僧。1431生。

フィッシャー, ヘルマン　1517没(31?歳)。ドイツの彫刻家。1486頃生。

那須資胤　なすすけたね　1583没。安土桃山時代の武将。

アウグスト1世　1586没(59歳)。ザクセン選帝侯(在位1553〜86)。1526生。

アコスタ, ホセ・デ　1600没(61歳)。スペインのイエズス会宣教師。1539生。

カタルディ　1626没(78歳)。イタリアの数学者。1548生。

内藤ジュリア　ないとうじゅりあ　1627没(62?歳)。安土桃山時代・江戸時代前期の女性。キリシタン。1566頃生。

乾局　いぬいのつぼね　1634没。江戸時代前期の女性。尾張藩主徳川光友の母。

デカルト, ルネ　1650没(53歳)。フランスの哲学者。1596生。

壬生院　みぶいん　1656没(55歳)。江戸時代前期の女性。後水尾天皇の後宮。1602生。

右衛門佐局　うえもんのすけのつぼね　1706没。江戸時代前期・中期の女性。大奥女中, 5代将軍徳川綱吉の侍女。

随流　ずいりゅう　1708没(80歳)。江戸時代前期・中期の貞門派の俳人。1629生。

佐久間洞巌　さくまどうがん　1736没(84歳)。江戸時代中期の儒学者, 書画家。1653生。

伊藤竜洲　いとうりょうしゅう　1755没(73歳)。江戸時代中期の漢学者。1683生。

奥村政信　おくむらまさのぶ　1764没(79歳)。江戸時代中期の浮世絵師。1686生。

ベルマン, カール・ミカエル　1795没(55歳)。スウェーデンの詩人。1740生。

スパランツァーニ, ラザロ　1799没(70歳)。イタリアの牧師, 生理学者。1729生。

エーケベリ, アンデルス・グスタフ　1813没(46歳)。スウェーデンの化学者, 鉱物学者。1767生。

雷電為右衛門　らいでんためえもん　1825没(59歳)。江戸時代中期・後期の力士。1767生。

クリントン, デ・ウィット　1828没(58歳)。アメリカの政治家。1769生。

大窪詩仏　おおくぼしぶつ　1837没(71歳)。江戸時代中期・後期の漢詩人。1767生。

コール, トマス　1848没(47歳)。アメリカの風景画家。1801生。

斎藤竹堂　さいとうちくどう　1852(閏2月)没(38歳)。江戸時代末期の儒学者。1815生。

吉住小三郎(2代目)　よしずみこさぶろう　1854没(55歳)。江戸時代末期の長唄唄方。1800生。

シダル, エリザベス　1862没(32歳)。イギリスのモデル, 詩人, 画家。1829生。

フーコー, ジャン・ベルナール・レオン　1868没(48歳)。フランスの物理学者。1819生。

ジュフラール　1879没(72歳)。ハイチの軍人, 政治家, 大統領。1806生。

談洲楼燕枝(初代)　だんしゅうろうえんし　1900没(63歳)。江戸・明治時代の落語家。1838生。

ミラン・オブレノビッチ4世　1901没(46歳)。セルビア王(1882〜89)。1854生。

宝山左衛門(3代目)　たからさんざえもん　1914没(56歳)。明治時代の長唄囃子方。1859生。

古谷久綱　ふるやひさつな　1919没(46歳)。明治・大正時代の官吏, 政治家。1874生。

ローブ, ジャック　1924没(64歳)。ドイツ生れのアメリカの実験生物学者。1859生。

パーソンズ, サー・チャールズ・アルジャーノン　1931没(76歳)。イギリスの技術者。1854生。

シュミット, フランツ　1939没(64歳)。オーストリアの指揮者, ピアニスト, 作曲家。1874生。

バカン, ジョン　1940没(64歳)。スコットランドの著述家。1875生。

ヒルファーディング　1941没(63歳)。ドイツの医者, 経済学者, 政治家。1877生。

エイゼンシテイン, セルゲイ・ミハイロヴィチ　1948没(50歳)。ソ連の映画監督, 映画理論家。1898生。

ベラール, クリスティアン　1949没(46歳)。フランスの画家, 舞台美術家。1902生。

桜井兵五郎　さくらいひょうごろう　1951没(70歳)。大正・昭和時代の政治家, 実業家。衆議院議員, 日本タイプライター社長。1880生。

河井道　かわいみち　1953没(75歳)。明治〜昭和時代の教育者。1877生。

西村伊作　にしむらいさく　1963没(78歳)。大正・昭和時代の教育者。文化学院創立者。1884生。

プラス, シルヴィア　1963没(30歳)。アメリカの女流詩人。1932生。

田中百畝　たなかひゃっぽ　1964没(62歳)。昭和時代の実業家。京浜急行電鉄社長。1901生。

邑井貞吉(4代目)　むらいていきち　1965没(85歳)。明治〜昭和時代の講談師。1879生。

山野千枝子　やまのちえこ　1970没(74歳)。大正・昭和時代の美容家。1895生。

細迫兼光　ほそさこかねみつ　1972没(75歳)。大正・昭和時代の政治家, 弁護士。衆議院議員(社会党)。1896生。

嵐吉三郎(7代目)　あらしきちさぶろう　1973没(78歳)。明治〜昭和時代の歌舞伎役者。1894生。

イェンゼン, ヨハネス・ハンス・ダニエル　1973没(65歳)。ドイツの理論物理学者。1907生。

島田啓三　しまだけいぞう　1973没(72歳)。昭和時代の漫画家。児童漫画会会長。1900生。

篠島秀雄　しのじまひでお　1975没(65歳)。昭和時代の実業家。三菱化成社長。1910生。

コナント, ジェイムズ・ブライアント　1978没(84歳)。アメリカの化学者, 教育家。1893生。

マッティンソン, ハリィ　1978没(73歳)。スウェーデンの小説家。1904生。

竹本大隅太夫(5代目)　たけもとおおすみだゆう　1980没(76歳)。大正・昭和時代の浄瑠璃太夫。1903生。

マリク, ヤコフ・アレクサンドロヴィチ　1980没(74歳)。ソ連の外交官。1906生。

市川房枝　いちかわふさえ　1981没(87歳)。大正・昭和時代の政治家, 婦人運動家。参議院議員, 日本婦人有権者同盟会長。1893生。

志村喬　しむらたかし　1982没(76歳)。昭和時代の俳優。1905生。

河上鈴子　かわかみすずこ　1988没(85歳)。大正・昭和時代の舞踊家。1902生。

三田幸夫　みたゆきお　1991没(90歳)。大正・昭和時代の登山家。1900生。

村上重良　むらかみしげよし　1991没(62歳)。昭和時代の宗教学者。1928生。

三谷十糸子　みたにとしこ　1992没(87歳)。昭和・平成時代の日本画家。1904生。

ホリー, ロバート・ウィリアム　1993没(71歳)。アメリカの遺伝生化学者。1922生。

林屋辰三郎　はやしやたつさぶろう　1998没(83歳)。昭和・平成時代の日本史学者。1914生。

ヴァディム, ロジェ　2000没(72歳)。フランスの映画監督。1928生。

日下圭介　くさかけいすけ　2006没(66歳)。昭和・平成時代の推理小説家。1940生。

2月11日

2月12日

○記念日○　ボブスレーの日
○出来事○　徳川家康、征夷大将軍に(1603)
　　　　　宣統帝が退位、清朝滅亡(1912)

膳王　かしわでのおおきみ　729没。飛鳥時代・奈良時代の長屋王の子。

吉備内親王　きびないしんのう　729没。奈良時代の女性。長屋王の妃。

長屋王　ながやおう　729没(46歳)。飛鳥時代・奈良時代の公卿。684生。

時子内親王　ときこないしんのう　847没。平安時代前期の女性。仁明天皇の第1皇女、賀茂斎院。

円融天皇　えんゆうてんのう　991没(33歳)。第64代の天皇。959生。

任覚　にんかく　1181没(74歳)。平安時代後期の真言宗の僧。1108生。

平信範　たいらののぶのり　1187没(76歳)。平安時代後期の公卿。1112生。

カンテループ　1266没。イギリスの高位聖職者。

禅助　ぜんじょ　1330没(84歳)。鎌倉時代後期の真言宗の僧。1247生。

畠山高国　はたけやまたかくに　1351没(47歳)。鎌倉時代後期・南北朝時代の武将。1305生。

留守家任　るすいえとう　1351没。鎌倉時代後期・南北朝時代の武将。

固山一鞏　こざんいっきょう　1360没(77歳)。鎌倉時代後期・南北朝時代の臨済宗の僧。1284生。

広橋仲光　ひろはしなかみつ　1406没(65歳)。南北朝時代・室町時代の公卿。1342生。

古幢周勝　ことうしゅうしょう　1433没(64歳)。室町時代の臨済宗の僧。1370生。

上杉房顕　うえすぎふさあき　1466没(32歳)。室町時代の武将、関東管領。1435生。

アルトドルファー、アルブレヒト　1538没(58?歳)。ドイツの画家、版画家。1480頃生。

大友義鑑　おおともよしあき　1550没(49歳)。戦国時代の武将、豊後守護。1502生。

グレイ、レイディ・ジェイン　1554没(17歳)。イングランド女王。1537生。

オットマン、フランソワ　1590没(65歳)。フランスの法律学者。1524生。

ラリヴェー、ピエール・ド　1619没(69?歳)。フランスの聖職者、喜劇作家。1550頃生。

松平忠重　まつだいらただしげ　1639没(39歳)。江戸時代前期の大名。1601生。

ル・ブラン、シャルル　1690没(70歳)。フランスの画家。1619生。

卍元師蛮　まんげんしばん　1710没(85歳)。江戸時代前期・中期の臨済宗の僧。1626生。

ステッファーニ、アゴスティーノ　1728没(73歳)。イタリアの作曲家、外交官。1654生。

マリヴォー、ピエール・ド　1763没(75歳)。フランスの劇作家、小説家。1688生。

スタニスワフ2世　1798没(66歳)。ポーランド最後の国王(在位1764~95)。1732生。

カント、イマーヌエル　1804没(79歳)。ドイツの哲学者。1724生。

シュライアーマッハー、フリードリヒ　1834没(65歳)。ドイツのプロテスタントの牧師、神学者、哲学者。1768生。

ベルネ、ルートヴィヒ　1837没(50歳)。ドイツのジャーナリスト、自由主義的革命思想家。1786生。

クーパー、サー・アストリー　1841没(72歳)。イギリスの外科医、解剖学者。1768生。

望月太左衛門(5代目)　もちづきたざえもん　1859没。江戸時代末期の歌舞伎囃子方望月流の宗家。

スミス　1874没(66歳)。イギリスの発明家。1808生。

ジャマン　1886没(67歳)。フランスの物理学者。1818生。

森有礼　もりありのり　1889没(43歳)。明治時代の政治家、教育家。駐英公使。1847生。

ビューロー、ハンス・グイード・フォン　1894没(64歳)。ドイツの指揮者、ピアニスト。1830生。

丁汝昌　ていじょしょう　1895没(59歳)。中国、清末の海軍軍人。1836生。

2月12日

トマ, アンブロワーズ　1896没（84歳）。フランスの作曲家。1811生。

ダファリン　1902没（75歳）。イギリスの政治家。1826生。

シュウォブ, マルセル　1905没（37歳）。フランスの随筆家, 小説家, ジャーナリスト。1867生。

アレンスキー, アントン・ステパノヴィチ　1906没（44歳）。ロシアの作曲家, ピアニスト。1861生。

下山順一郎　しもやまじゅんいちろう　1912没（60歳）。明治時代の薬学者。1853生。

ハンセン, アルマウエル・ゲルハルト・ヘンリク　1912没（70歳）。ノルウェーの医学者, 癩菌の発見者。1841生。

ヴァルトトイフェル, エミール　1915没（77歳）。フランスの作曲家。1837生。

デデキント, リヒャルト　1916没（84歳）。ドイツの数学者。1831生。

丸岡桂　まるおかかつら　1919没（42歳）。明治・大正時代の歌人, 謡曲文学研究家。1878生。

ウォルムス　1926没（56歳）。フランスの社会学者。1869生。

デュパルク, アンリ　1933没（85歳）。フランスの作曲家。1848生。

カントロヴィッツ　1940没（62歳）。ドイツの法学者。1877生。

杵屋正次郎（4代目）　きねやしょうじろう　1940没（71歳）。明治時代の長唄三絃。1870生。

ウッド, グラント・デヴォルスン　1942没（49歳）。アメリカの画家。1892生。

倉田百三　くらたひゃくぞう　1943没（53歳）。大正・昭和時代の劇作家, 評論家。1891生。

高丘カネ　たかおかかね　1945没（40歳）。大正・昭和時代の婦人水平社活動家。1906生。

レヴィン　1947没（56歳）。ドイツ出身でアメリカに移住した心理学者。1890生。

戴伝賢　たいでんけん　1949没（67歳）。中国, 国民党右派の政治家, 理論家。1882生。

ハサン・アルバンナー　1949没（43歳）。エジプトの宗教・社会運動家。1906生。

陶晶孫　とうしょうそん　1952没（54歳）。中国の作家。1897生。

ヴェルトフ, ジガ　1954没（58歳）。ソ連の映画監督。1896生。

本多光太郎　ほんだこうたろう　1954没（83歳）。明治〜昭和時代の物理学者, 冶金学者。1870生。

カシャン　1958没（88歳）。フランスの共産党指導者。1869生。

ハートリー, ダグラス・レイナー　1958没（60歳）。イギリスの理論物理学者。1897生。

アンタイル, ジョージ　1959没（58歳）。ポーランド系のアメリカのピアニスト, 作曲家。1900生。

ヴィットリーニ, エーリオ　1966没（57歳）。イタリアの小説家, 評論家。1908生。

岩佐作太郎　いわさくたろう　1967没（87歳）。明治〜昭和時代の社会運動家, アナキスト。1879生。

川村音次郎　かわむらおとじろう　1973没（82歳）。大正・昭和時代の実業家。1890生。

初山滋　はつやましげる　1973没（75歳）。大正・昭和時代の童画家, 版画家。1897生。

ルノワール, ジャン　1979没（84歳）。フランスの映画監督。1894生。

森暁　もりさとる　1982没（74歳）。昭和時代の経営者。昭和電工社長, 衆院議員。1907生。

桶谷繁雄　おけたにしげお　1983没（72歳）。昭和時代の評論家, 金属工学者。1910生。

手塚富雄　てづかとみお　1983没（79歳）。昭和時代のドイツ文学者, 評論家。1903生。

コルタサル, フリオ　1984没（69歳）。アルゼンチンの小説家。1914生。

古谷綱武　ふるやつなたけ　1984没（75歳）。昭和時代の文芸評論家。1908生。

国分一太郎　こくぶんいちたろう　1985没（73歳）。昭和時代の教育評論家, 児童文学者。1911生。

高木史朗　たかぎしろう　1985没（69歳）。昭和時代の演出家。1915生。

滝花久子　たきはなひさこ　1985没（78歳）。大正・昭和時代の女優。1906生。

野溝七生子　のみぞなおこ　1987没（90歳）。昭和時代の小説家, 近代文学研究家。1897生。

ジャッド, ドナルド　1994没（65歳）。アメリカの美術家。1928生。

司馬遼太郎　しばりょうたろう　1996没（72歳）。昭和・平成時代の小説家。1923生。

シュルツ, チャールズ・M.　2000没（77歳）。アメリカの漫画家。漫画『スヌーピー』で世界的に有名。1922生。

山川暁夫　やまかわあきお　2000没（72歳）。昭和・平成時代の国際政治評論家。1927生。

89

2月13日

○記念日○ 銀行強盗の日
　　　　　　地方公務員法施行記念日
○出来事○ 平民苗字必称義務令布告（1875）

延敞　えんじょう　929没（68歳）。平安時代前期・中期の真言宗の僧。862生。

ハーキム　1021没（36歳）。エジプト，ファーティマ朝の第6代カリフ（在位996〜1021）。985生。

藤原師実　ふじわらのもろざね　1101没（60歳）。平安時代中期・後期の公卿。1042生。

ホノリウス2世　1130没。教皇（在位1124〜30）。

源有仁　みなもとのありひと　1147没（45歳）。平安時代後期の公卿。1103生。

美福門院加賀　びふくもんいんのかが　1193没。平安時代後期の女性。藤原定家の母。

禅覚　ぜんかく　1214没（72歳）。鎌倉時代前期の天台宗の僧。1143生。

藤原定経　ふじわらのさだつね　1231没（74歳）。平安時代後期・鎌倉時代前期の公卿。1158生。

ネモラリウス　1236没（51歳）。数学者で力学者。1185生。

ヨルダン（ザクセンの）　1237没。ドイツ出身のドミニコ会総会長。

顕親門院　けんしんもんいん　1336没（72歳）。鎌倉時代後期・南北朝時代の女性。伏見天皇の宮人。1265生。

平宗経　たいらのむねつね　1349没（56歳）。鎌倉時代後期・南北朝時代の公卿。1294生。

土御門有宣　つちみかどありのぶ　1514没（82歳）。室町時代・戦国時代の公卿。1433生。

日野内光　ひのうちみつ　1527没（39歳）。戦国時代の公卿。1489生。

キャサリン・ハワード　1542没（20?歳）。イギリス国王ヘンリー8世の5番目の妃。1522頃生。

チェッリーニ，ベンヴェヌート　1571没（70歳）。イタリア・ルネサンス期の彫刻家，金工家，作家。1500生。

サルメロン，アルフォンソ　1585没（69歳）。スペインのカトリック神学者。1515生。

バッサーノ，ヤコポ・ダ　1592没（82?歳）。イタリアの画家。1510頃生。

尊朝法親王　そんちょうほっしんのう　1597没（46歳）。安土桃山時代の天台宗の僧。1552生。

ロマッツォ，ジョヴァンニ・パーオロ　1600没（61歳）。イタリアの画家，著作家。1538生。

生駒親正　いこまちかまさ　1603没（78歳）。戦国時代・安土桃山時代の武将。1526生。

ゴッソン　1624没（69歳）。イギリスの作家，牧師。1554生。

ヴェッカーリン　1653没（68歳）。ドイツの詩人。1584生。

カルル10世　1660没（37歳）。スウェーデン王（在位1654〜60）。1622生。

ファンツァーゴ，コージモ　1678没（87歳）。イタリアの建築家，彫刻家。1591生。

マザー，コトン　1728没（65歳）。アメリカの牧師。1663生。

フックス，ヨーハン・ヨーゼフ　1741没（81歳）。オーストリアの作曲家，音楽理論家。1660生。

香川修徳　かがわしゅうとく　1755没（73歳）。江戸時代中期の医師。1683生。

ボスコヴィチ，ルッジェーロ・ジュゼッペ　1787没（75歳）。イタリアの数学者，天文学者，物理学者。1711生。

ヴァッケンローダー，ヴィルヘルム・ハインリヒ　1798没（24歳）。ドイツの作家，評論家。1773生。

村田春海　むらたはるみ　1811没（66歳）。江戸時代中期・後期の歌人，国学者。1746生。

クラーク，ジョージ・ロジャーズ　1818没（65歳）。アメリカの測量技師，市民兵指揮官。1752生。

ベリー，シャルル・フェルディナン，公爵　1820没（42歳）。フランスのルイ18世の王弟アルトア伯の次子。1778生。

ララ，マリアノ・ホセ・デ　1837没（27歳）。スペインのジャーナリスト，劇作家。1809生。

2月13日

シュテフェンス, ヘンリク 1845没(71歳)。ノルウェー生れの哲学者, ルター派の宗教哲学者, 詩人。1773生。

中村富十郎(2代目) なかむらとみじゅうろう 1855没(70歳)。江戸時代後期の歌舞伎役者。1786生。

ゴッセン 1858没(47歳)。ドイツの経済学者。1810生。

池田孤村 いけだこそん 1866没(66歳)。江戸時代末期の画家。1801生。

ヴァーグナー, ヴィルヘルム・リヒャルト 1883没(69歳)。ドイツの作曲家, 音楽理論家。1813生。

高橋泥舟 たかはしでいしゅう 1903没(69歳)。江戸・明治時代の幕臣, 槍術家。1835生。

島村光津 しまむらみつ 1904没(74歳)。江戸・明治時代の祈祷師。連門教女性教祖。1831生。

トムスン, ハンス・ペーテル・ヨルゲン・ユリウス 1909没(82歳)。デンマークの化学者。1826生。

片倉兼太郎(初代) かたくらかねたろう 1917没(68歳)。明治・大正時代の実業家。1850生。

杉浦重剛 すぎうらじゅうごう 1924没(70歳)。明治・大正時代の教育者。衆議院議員。1855生。

エッジワース 1926没(81歳)。イギリスの経済学者。1845生。

小出楢重 こいでならしげ 1931没(45歳)。明治・大正時代の洋画家。二科会会員。1887生。

李東輝 りとうき 1935没(61歳)。朝鮮の独立運動家。1873生。

ジャイルズ, ハーバート・アレン 1935没(89歳)。イギリスの中国学者。1845生。

セーレンセン, ソーレン・ペーテル・ラウリッツ 1939没(71歳)。デンマークの生化学者。1868生。

安川雄之助 やすかわゆうのすけ 1944没(75歳)。大正・昭和時代の実業家。東洋拓殖会社総裁。1870生。

ルカシェーヴィチ 1956没(77歳)。ポーランドの哲学者, 論理学者。1878生。

ルオー, ジョルジュ 1958没(86歳)。フランスの画家。1871生。

平沼亮三 ひらぬまりょうぞう 1959没(79歳)。大正・昭和時代の政治家, スポーツ功労者。衆議院議員, 日本体育協会会長。1879生。

村松梢風 むらまつしょうふう 1961没(71歳)。大正・昭和時代の小説家。1889生。

ルムンバ, パトリス 1961没(35歳)。ザイールの政治家, 民族運動指導者。1925生。

ドールトン, ヒュー・ドールトン, 男爵 1962没(74歳)。イギリスの政治家, 経済学者。1887生。

キルパトリック 1965没(93歳)。アメリカの教育学者。1871生。

ロン, マルグリット 1966没(91歳)。フランスの女流ピアニスト。1874生。

鮎川義介 あゆかわよしすけ 1967没(86歳)。明治〜昭和時代の実業家, 政治家。参議院議員。1880生。

ピッツェッティ, イルデブランド 1968没(87歳)。イタリアの作曲家。1880生。

柏原兵三 かしわばらひょうぞう 1972没(38歳)。昭和時代の小説家, ドイツ文学者。東京芸術大学助教授。1933生。

池島信平 いけじましんぺい 1973没(63歳)。昭和時代の雑誌編集者, ジャーナリスト。文芸春秋社社長。1909生。

大浜信泉 おおはまのぶもと 1976没(84歳)。昭和時代の法学者。早稲田大学総長, プロ野球コミッショナー。1891生。

笹森順造 ささもりじゅんぞう 1976没(89歳)。大正・昭和時代の政治家, 教育者。参議院議員, 衆議院議員, 青山学院院長。1886生。

本郷新 ほんごうしん 1980没(74歳)。昭和時代の彫刻家。日本美術家協会理事。1905生。

江利チエミ えりちえみ 1982没(45歳)。昭和時代の歌手, 女優。1937生。

植村直己 うえむらなおみ 1984没(43歳)。昭和時代の登山家, 冒険家。1941生。

中沢圣夫 なかざわみちお 1985没(79歳)。昭和時代の小説家。1905生。

村上朝一 むらかみともかず 1987没(80歳)。昭和時代の司法官。最高裁長官(第6代)。1906生。

青山杉雨 あおやまさんう 1993没(80歳)。昭和・平成時代の書家。1912生。

木下和夫 きのしたかずお 1999没(79歳)。昭和・平成時代の経済学者。大阪大学教授。1919生。

ロストー, ウォルト・ウィットマン 2003没(86歳)。アメリカの経済学者。1916生。

2月14日

○記念日○ バレンタインデー
煮干の日
○出来事○ 「主婦之友」創刊(1917)
初の箱根駅伝(1920)
羽生善治が7冠制覇(1996)

紀阿閇麻呂 きのあへまろ 674没。飛鳥時代の官人。

智泉 ちせん 825没(37歳)。平安時代前期の真言宗の僧。789生。

大宅内親王 おおやけのないしんのう 849没。平安時代前期の女性。平城天皇の妃。

藤原関雄 ふじわらのせきお 853没(49歳)。平安時代前期の文人。805生。

キュリッロス 869没(42?歳)。ギリシアの神学者、言語学者、聖人。827頃生。

平子内親王 へいしないしんのう 877没。平安時代前期の女性。仁明天皇の皇女。

平将門 たいらのまさかど 940没。平安時代中期の武将。

小野好古 おののよしふる 968没(85歳)。平安時代中期の武将、公卿。884生。

聖ブルーノ 1009没(39歳)。ドイツの聖職者、聖人。970生。

覚樹 かくじゅ 1139没(59歳)。平安時代後期の三論宗の僧。1081生。

伊東祐親 いとうすけちか 1182没。平安時代後期の伊豆国の武士。

徳大寺実基 とくだいじさねもと 1273没(73歳)。鎌倉時代前期の公卿。1201生。

リチャード2世 1400没(33歳)。プランタジネット朝最後のイングランド王(在位1377～99)。1367生。

松嶺道秀 しょうれいどうしゅう 1417没(88歳)。南北朝時代・室町時代の臨済宗の僧。1330生。

ハインリヒ(アーハウスの) 1439没(70歳)。ドイツにおける共同生活兄弟団運動の組織者。1369生。

広橋綱光 ひろはしつなみつ 1477没(47歳)。室町時代の公卿。1431生。

アントネロ・ダ・メッシナ 1479没(49?歳)。イタリアの画家。1430頃生。

楠葉西忍 くすばさいにん 1486没(92歳)。室町時代の商人。1395生。

バハードゥル・シャー 1537没。インド、グジャラート・ムスリム王朝第11代王(在位1526～37)。

宇喜多直家 うきたなおいえ 1581没(53歳)。戦国時代・安土桃山時代の大名。1529生。

ザルリーノ、ジョゼッフォ 1590没(72歳)。イタリアの作曲家、理論家。1517生。

冷泉為満 れいぜいためみつ 1619没(61歳)。安土桃山時代・江戸時代前期の歌人・公家。1559生。

仁賀保挙誠 にかほたかのぶ 1624没(64歳)。安土桃山時代・江戸時代前期の武将。1561生。

永田徳本 ながたとくほん 1630没(118?歳)。戦国時代・安土桃山時代の医師。1513頃生。

ファブリキウス・ヒルダヌス 1634没(73歳)。ドイツの外科医。1560生。

雲谷等益 うんこくとうえき 1644没(54歳)。江戸時代前期の雲谷派の画家。1591生。

戸田氏鉄 とだうじかね 1655没(80歳)。安土桃山時代・江戸時代前期の大名。1576生。

佐山検校 さやまけんぎょう 1694没。江戸時代前期の地歌箏曲。

北島雪山 きたじませつざん 1697(閏2月)没(62歳)。江戸時代前期の書家、儒学者。1636生。

ハドリー、ジョン 1744没(61歳)。イギリスの数学者、天文学者。1682生。

クック、ジェイムズ 1779没(50歳)。イギリスの探検家。1728生。

ブラックストン、サー・ウィリアム 1780没(56歳)。イギリスの法学者。1723生。

混沌軒国丸 こんとんけんくにまる 1790没(57歳)。江戸時代中期の狂歌師。1734生。

ファルク、ヨハン・ダニエル 1826没(57歳)。ドイツの博愛家、著述家。1768生。

ゲレーロ 1831没(49歳)。メキシコ独立運動の指導者。1782生。

モーズリー、ヘンリー 1831没(59歳)。イギリスの機械技術者。1771生。

2月14日

多紀元堅　たきげんけん　1857没（63歳）。江戸時代末期の幕府医師。1795生。

メリヨン, シャルル　1868没（46歳）。フランスの版画家, 画家。1821生。

ジュリアン　1873没（73歳）。フランスの東洋学者。1799生。

ヴァレス, ジュール　1885没（52歳）。フランスの小説家, ジャーナリスト。1832生。

木村表斎　きむらひょうさい　1885没（68歳）。江戸・明治時代の漆工。1818生。

ホッチキス, ベンジャミン　1885没（58歳）。アメリカの兵器発明家, 製造家。1826生。

シャーマン, ウィリアム・テカムサ　1891没（71歳）。アメリカの陸軍軍人。1820生。

ウイリス　1894没（56歳）。イギリスの外科医。1837生。

雲英晃耀　きらこうよう　1910没（80歳）。明治時代の真宗大谷派学僧。1831生。

川端玉章　かわばたぎょくしょう　1913没（72歳）。明治・大正時代の画家。1842生。

松原新之助　まつばらしんのすけ　1916没（64歳）。明治時代の水産学者。水産講習所長。1853生。

リヴィエール, ジャック　1925没（38歳）。フランスの評論家。1886生。

大木遠吉　おおきえんきち　1926没（56歳）。明治・大正時代の政治家。1871生。

コレンス, カール・エーリヒ　1933没（68歳）。ドイツの植物学者, 遺伝学者。1864生。

横瀬夜雨　よこせやう　1934没（57歳）。明治～昭和時代の詩人。1878生。

諸井恒平　もろいつねへい　1941没（80歳）。大正・昭和時代の実業家。秩父セメント会長。1862生。

ヒルベルト, ダヴィッド　1943没（81歳）。ドイツの数学者, 論理学者。1862生。

甲賀三郎　こうがさぶろう　1945没（53歳）。大正・昭和時代の推理小説家。1893生。

木下竹次　きのしたたけじ　1946没（75歳）。大正・昭和時代の新教育運動指導者。1872生。

ジャンスキー, カール・ガス　1950没（44歳）。アメリカのラジオ技師。1905生。

相馬愛蔵　そうまあいぞう　1954没（83歳）。明治～昭和時代の実業家。中村屋創業者。1870生。

石川確治　いしかわかくじ　1956没（74歳）。明治～昭和時代の彫刻家。1881生。

岡野金次郎　おかのきんじろう　1958没（83歳）。明治～昭和時代の登山家。1874生。

橋本圭三郎　はしもとけいざぶろう　1959没（93歳）。明治～昭和時代の官僚, 実業家。1865生。

横江嘉純　よこえよしずみ　1962没（74歳）。大正・昭和時代の彫刻家。1887生。

朝日茂　あさひしげる　1964没（50歳）。昭和時代の社会運動家。日本患者同盟中央委員。1913生。

アンゲルブレシュト, デジレ-エミール　1965没（84歳）。フランスの指揮者, 作曲家。1880生。

プラクネット　1965没（68歳）。イギリスの歴史家。1897生。

保田竜門　やすだりゅうもん　1965没（73歳）。大正・昭和時代の彫刻家。1891生。

三宅周太郎　みやけしゅうたろう　1967没（74歳）。大正・昭和時代の演劇評論家。1892生。

山本周五郎　やまもとしゅうごろう　1967没（63歳）。昭和時代の小説家。1903生。

翁久允　おきなきゅういん　1973没（85歳）。大正・昭和時代の小説家, ジャーナリスト。1888生。

ウッドハウス, P.G.　1975没（93歳）。イギリスのユーモア作家。1881生。

ハクスレー, サー・ジュリアン・ソレル　1975没（87歳）。イギリスの生物学者。1887生。

雨宮育作　あめみやいくさく　1984没（94歳）。大正・昭和時代の水産動物学者。1889生。

ステュアート, ダグラス　1985没（71歳）。オーストラリアの詩人, 劇作家, 批評家。1913生。

鈴木いづみ　すずきいづみ　1986没（36歳）。昭和時代の小説家, 女優。1949生。

有末精三　ありすえせいぞう　1992没（96歳）。大正・昭和時代の軍人。陸軍中将, 日本郷友会連盟会長。1895生。

ウー・ヌ　1995没（87歳）。ビルマの政治家。1907生。

仲宗根政善　なかそねせいぜん　1995没（87歳）。昭和・平成時代の教育者, 言語学者。1907生。

屋良朝苗　やらちょうびょう　1997没（94歳）。昭和時代の教育者, 政治家。沖縄県知事。1902生。

ラフマン, アブドル　2002没。アフガニスタンの政治家。

2月15日

○記念日○　お菓子の日
　　　　　涅槃会
○出来事○　西南の役始まる(1877)
　　　　　初の人間国宝指定(1955)
　　　　　日本劇場が閉場(1981)

ブッダ　前480頃没(80?歳)。インドの聖者。仏教の開祖。前560頃生。
善仲　ぜんちゅう　768没(61歳)。奈良時代の僧。708生。
竹乙女　たけのおとめ　769没。奈良時代の女性。阿倍内親王(孝謙天皇)の乳母。
観規　かんき　782没。奈良時代の僧、仏師。
春原五百枝　はるはらのいおしげ　829没(70歳)。奈良時代・平安時代前期の公卿。760生。
安然　あんねん　915没(75歳)。平安時代前期・中期の天台宗の僧。841生。
渡辺綱　わたなべのつな　1025没(73歳)。平安時代中期の武将。953生。
源雅実　みなもとのまさざね　1127没(69歳)。平安時代後期の公卿。1059生。
ルキウス2世　1145没。教皇(在位1144～5)。
藤原伊通　ふじわらのこれみち　1165没(73歳)。平安時代後期の公卿。1093生。
小早川茂平　こばやかわしげひら　1264没。鎌倉時代前期の武士。
北条時輔　ほうじょうときすけ　1272没(25歳)。鎌倉時代前期の六波羅探題。1248生。
矢野倫長　やのみちなが　1273没(64歳)。鎌倉時代前期の奉行人。1210生。
聖戒　しょうかい　1323没(63歳)。鎌倉時代後期の僧。1261生。
二条為重　にじょうためしげ　1385没(52歳)。南北朝時代の歌人・公卿。1334生。
綾小路敦有　あやのこうじあつあり　1400没(78歳)。南北朝時代・室町時代の公卿。1323生。
法尊　ほうそん　1418没(23歳)。室町時代の真言宗の僧。1396生。
菊池能運　きくちよしかず　1504没(23歳)。戦国時代の武将。1482生。
島津忠昌　しまづただまさ　1508没(46歳)。戦国時代の薩摩・大隅・日向国守護。1463生。
季雲永岳　きうんえいがく　1526没。戦国時代の曹洞宗の僧。

ソドマ，イル　1549没(72歳)。イタリアの画家。1477生。
デュ・ベレー，ジャン　1560没(68歳)。フランスの枢機卿、外交官。1492生。
ブレデローデ　1568没(36歳)。スペインの貴族。1531生。
節香徳忠　せっこうとくちゅう　1570没(96歳)。戦国時代の曹洞宗の僧。1475生。
赤松義祐　あかまつよしすけ　1576没(76歳)。戦国時代・安土桃山時代の武将。1501生。
プレトリウス，ミヒャエル　1621没(65歳)。ドイツの作曲家、音楽理論家。1571生。
芝辻理右衛門　しばつじりえもん　1634没。江戸時代前期の鉄砲鍛冶。
フェルディナント2世　1637没(58歳)。神聖ローマ皇帝(在位1619～37)。1578生。
渡辺了慶　わたなべりょうけい　1645没。江戸時代前期の画家。
本庄重政　ほんじょうしげまさ　1676没(71歳)。江戸時代前期の兵法家、土木事業家。1606生。
スヴァンメルダム，ヤン　1680没(43歳)。オランダの医学者、博物学者。1637生。
シャフツベリー，アントニー・アシュリー・クーパー，3代伯爵　1713没(41歳)。イギリスの哲学者。1671生。
ドンナー，ゲオルク・ラファエル　1741没(47歳)。オーストリアの彫刻家。1693生。
レッシング，ゴットホルト・エーフライム　1781没(52歳)。ドイツの劇作家、評論家。1729生。
池上太郎左衛門　いけがみたろうざえもん　1798没(81歳)。江戸時代中期の新田開発家、殖産興業家。1718生。
市村羽左衛門(10代目)　いちむらうざえもん　1799没(52歳)。江戸時代中期の歌舞伎役者、歌舞伎座本。1748生。
中井履軒　なかいりけん　1817没(86歳)。江戸時代中期・後期の儒学者。1732生。

ポッツォ・ディ・ボルゴ 1842没(77歳)。ロシアの外交官, 伯爵。1764生。

中山文七(3代目) なかやまぶんしち 1853没(90歳)。江戸時代中期・後期の歌舞伎役者。1764生。

山本晴海 やまもとはるみ 1867没(64歳)。江戸時代末期の砲術家。1804生。

ガーリブ, アサドゥッラー・ハーン 1869没(71歳)。インドのウルドゥー語, ペルシア語詩人。1797生。

玉松操 たままつみさお 1872没(63歳)。江戸・明治時代の公卿, 国学者。1810生。

ハナ, マーク 1904没(66歳)。アメリカの資本家, 政治家。1837生。

ウォレス, ルー 1905没(77歳)。アメリカの将軍, 外交官, 大衆小説家。1827生。

本居豊頴 もとおりとよかい 1913没(80歳)。明治時代の国文学者, 歌人。1834生。

藤浪与兵衛(2代目) ふじなみよへえ 1921没(57歳)。明治・大正時代の演劇小道具製作者。1865生。

宇都宮太郎 うつのみやたろう 1922没(62歳)。明治・大正時代の陸軍軍人。大将, 軍事参議官。1861生。

木下利玄 きのしたりげん 1925没(40歳)。大正時代の歌人。1886生。

ゴベッティ, ピエーロ 1926没(24歳)。イタリアの政治思想家。1901生。

アスキス, ハーバート・ヘンリー, 初代オックスフォード伯爵 1928没(75歳)。イギリスの政治家, 首相。1852生。

ドゥーエ, ジュリオ 1930没(60歳)。イタリアの軍人, 航空戦略理論家。1869生。

常磐津文字太夫(6代目) ときわづもじたゆう 1930没(80歳)。明治〜昭和時代の常磐津節太夫。1851生。

チェンバレン, バジル・ホール 1935没(84歳)。イギリスの言語学者, 日本学者。1850生。

河合新蔵 かわいしんぞう 1936没(70歳)。明治〜昭和時代の洋画家。関西美術院教授。1867生。

福沢桃介 ふくざわももすけ 1938没(71歳)。明治・大正時代の実業家。大同電力社長。1868生。

ペトロフ-ヴォトキン, クジマ・セルゲエヴィチ 1939没(60歳)。ロシアの画家。1878生。

ロニー, ジョゼフ・アンリ・ボエス 1940没(83歳)。フランスの小説家、Séraphin-Justinの兄。1856生。

アードラー, グイード 1941没(85歳)。オーストリアの音楽学者。1855生。

ヴェーネルト 1944没(72歳)。ドイツの実験物理学者。1871生。

河合栄治郎 かわいえいじろう 1944没(54歳)。大正・昭和時代の社会思想家, 経済学者。1891生。

高島平三郎 たかしまへいざぶろう 1946没(82歳)。明治〜昭和時代の児童心理学者, 教育者。1865生。

徳永直 とくながすなお 1958没(59歳)。昭和時代の小説家。1899生。

リチャードソン, サー・オーウェン・ウィランズ 1959没(79歳)。イギリスの物理学者。1879生。

コール, ナット・キング 1965没(46歳)。アメリカのジャズおよびポピュラー歌手, ピアニスト。1919生。

杉山直治郎 すぎやまなおじろう 1966没(88歳)。大正・昭和時代の法学者。1878生。

スノー, エドガー 1972没(66歳)。アメリカのジャーナリスト, 中国通。1905生。

土方成美 ひじかたせいび 1975没(84歳)。大正・昭和時代の経済学者。1890生。

三木富雄 みきとみお 1978没(40歳)。昭和時代の彫刻家。1938生。

原信子 はらのぶこ 1979没(85歳)。大正・昭和時代の声楽家。1893生。

新田次郎 にったじろう 1980没(67歳)。昭和時代の小説家。1912生。

リヒター, カール 1981没(60歳)。ドイツの指揮者, オルガン奏者。1921生。

大西良慶 おおにしりょうけい 1983没(107歳)。明治〜昭和時代の僧侶。清水寺貫主, 北法相宗管長。1875生。

渋沢秀雄 しぶさわひでお 1984没(91歳)。大正・昭和時代の実業家, 随筆家。1892生。

マーマン, エセル 1984没(75歳)。アメリカの女優。1909生。

ファインマン, リチャード・フィリップス 1988没(69歳)。アメリカの理論物理学者。1918生。

シューマン, ウィリアム 1992没(81歳)。アメリカの作曲家。1910生。

山岡久乃 やまおかひさの 1999没(72歳)。昭和・平成時代の女優。1926生。

2月15日

2月16日

○記念日○　全国狩猟禁止
　　　　　　天気図記念日
○出来事○　カストロがキューバ首相に(1959)

藤原富士麻呂　ふじわらのふじまろ　850没(47歳)。平安時代前期の官人。804生。

タバリー　923没(84歳)。アッバース朝時代の歴史家, 神学者, 法学者。839生。

藤原経任　ふじわらのつねとう　1066没(67歳)。平安時代中期の公卿。1000生。

最雲法親王　さいうんほっしんのう　1162没(59歳)。堀河天皇の第3皇子。1104生。

リチャード(カンタベリの)　1184没。イングランドのカンタベリ大司教。

西行　さいぎょう　1190没(73歳)。平安時代後期の歌人, 僧。1118生。

藤原朝方　ふじわらのともかた　1201没(67歳)。平安時代後期・鎌倉時代前期の公卿。1135生。

二階堂行村　にかいどうゆきむら　1238没(84歳)。平安時代後期・鎌倉時代前期の吏僚。1155生。

ラスペ　1247没(45?歳)。テューリンゲン(ドイツ)の地方伯(1227～39, 41～47)。1202頃生。

アフォンソ3世　1279没(68歳)。ポルトガル王(在位1248～79)。1210生。

覚賢　かくけん　1306没。鎌倉時代後期の律宗の僧。

足利直義　あしかがただよし　1352没(47歳)。鎌倉時代後期・南北朝時代の武将, 副将軍。1306生。

無極志玄　むきょくしげん　1359没(78歳)。鎌倉時代後期・南北朝時代の臨済宗夢窓派の僧。1282生。

正親町三条実音　おおぎまちさんじょうさねおと　1384没(66歳)。南北朝時代の公卿。1319生。

中原康富　なかはらやすとみ　1457没(59歳)。室町時代の官人, 隼人正, 日向守, 権少外記。1399生。

ヒメーネス-デ-ケサダ　1579没(78?歳)。スペインの探検家, 征服者。1501生。

大儀院　だいぎいん　1604没(47歳)。安土桃山時代・江戸時代前期の女性。上杉景勝の正室。1558生。

セルケイラ, ルイス・デ　1614没(62歳)。ポルトガル出身のイエズス会士, 日本司教。1552生。

マリアナ, フアン・デ　1624没(87歳)。スペインの歴史家, 神学者。1536生。

ゲリブランド, ヘンリー　1636没(38歳)。イギリスの天文学者, 数学者。1597生。

青山幸成　あおやまよしなり　1643没(58歳)。江戸時代前期の大名。1586生。

コトン, チャールズ　1687没(56歳)。イギリスの詩人。1630生。

フレシエ, ヴァランタン・エスプリー　1710没(77歳)。フランスの聖職者。1632生。

プリュドン, ピエール・ポール　1823没(64歳)。フランスの画家。1758生。

ゴセック, フランソワ・ジョゼフ　1829没(95歳)。ベルギー生れのフランスの作曲家, 教育家。1734生。

高橋景保　たかはしかげやす　1829没(45歳)。江戸時代後期の天文・地理学者。1785生。

トレヴィラーヌス　1837没(61歳)。ドイツの医師, 博物学者。1776生。

クロイツァー, ゲオルク・フリードリヒ　1858没(86歳)。ドイツの文献学者。1771生。

片岡仁左衛門(8代目)　かたおかにざえもん　1863没(54歳)。江戸時代末期の歌舞伎役者。1810生。

伴林光平　ともばやしみつひら　1864没(52歳)。江戸時代末期の志士。1813生。

ホブスン, ベンジャミン　1873没(57歳)。イギリスの医療宣教師。1816生。

マキシモヴィッチ　1891没(63歳)。ロシアの植物学者。1827生。

ベイツ, ヘンリー・ウォルター　1892没(66歳)。イギリスの昆虫学者。1825生。

フォール　1899没(58歳)。フランス第3共和制の第6代大統領。1841生。

カルドゥッチ, ジョズエ 1907没（71歳）。イタリアの詩人, 古典文学者。1835生。

桂文治（6代目） かつらぶんじ 1911没（69歳）。明治時代の落語家。1843生。

ニコライ 1912没（75歳）。ロシア正教会大主教, 日本ハリストス正教会創立者。1836生。

青木周蔵 あおきしゅうぞう 1914没（71歳）。明治時代の外交官, 政治家。子爵, 貴族院議員。1844生。

ミルボー, オクターヴ 1917没（67歳）。フランスの小説家, 劇作家, ジャーナリスト。1850生。

ビュイッソン 1932没（90歳）。フランスの教育家。1841生。

バグリツキー, エドゥアルド・ゲオルギエヴィチ 1934没（38歳）。ロシア, ソ連の詩人。1895生。

村井知至 むらいともよし 1944没（84歳）。明治時代の社会主義者, 英語教育者。1861生。

モスクヴィーン 1946没（71歳）。ソ連の舞台俳優。1874生。

尾高尚忠 おだかひさただ 1951没（39歳）。昭和時代の指揮者, 作曲家。NHK交響楽団常任指揮者。1911生。

スルビク 1951没（72歳）。オーストリアの歴史家。1878生。

ルノルマン, アンリ・ルネ 1951没（68歳）。フランスの劇作家。1882生。

アインシュタイン, アルフレート 1952没（71歳）。ドイツ生れのアメリカの音楽学者。1880生。

サハ, メグナード 1956没（61歳）。インドの天文学者。1894生。

タウンゼンド, サー・ジョン・シーリィ・エドワード 1957没（88歳）。イギリスの物理学者。1868生。

杉浦翠子 すぎうらすいこ 1960没（74歳）。明治～昭和時代の歌人。1885生。

斎藤知一郎 さいとうちいちろう 1961没（71歳）。昭和時代の実業家。大昭和製紙創設者。1889生。

デッサウアー, フリードリヒ 1963没（81歳）。ドイツの生物物理学者, 哲学者。1881生。

奥井復太郎 おくいふくたろう 1965没（67歳）。昭和時代の社会学者。慶応義塾塾長。1897生。

満井佐吉 みついさきち 1967没（73歳）。大正・昭和時代の軍人。衆院議員。1893生。

堀場信吉 ほりばしんきち 1968没（81歳）。大正・昭和時代の物理化学者。京都大学教授, 大阪府立大学学長。1886生。

江木理一 えぎりいち 1970没（79歳）。昭和時代のラジオ体操指導。1890生。

ラウス, フランシス・ペイトン 1970没（90歳）。アメリカの病理学者。1879生。

末川博 すえかわひろし 1977没（84歳）。大正・昭和時代の民法学者, 随筆家。立命館大学総長。1892生。

岡本潤 おかもとじゅん 1978没（76歳）。大正・昭和時代の詩人。1901生。

ヒュッケル, エーリヒ・アルマント・アルトゥル・ヨセフ 1980没（83歳）。ドイツの物理化学者。1896生。

武市健人 たけちたてひと 1986没（84歳）。昭和時代の哲学者。大阪経済法科大学教授, 神戸大学教授。1901生。

坂本太郎 さかもとたろう 1987没（85歳）。昭和時代の古代史学者。日本歴史学会会長, 東京大学教授, 国学院大学教授。1901生。

葉紹鈞 ようしょうきん 1988没（93歳）。中国の文学者。1894生。

岡本忠成 おかもとただなり 1990没（58歳）。昭和・平成時代のアニメーション作家。1932生。

カーター, アンジェラ 1992没（51歳）。イギリスの女流作家。1940生。

日向方斉 ひゅうがほうさい 1993没（86歳）。昭和・平成時代の実業家。関西経済連合会会長。1906生。

日吉小三八 ひよしこさはち 1995没（87歳）。大正・昭和時代の長唄唄方。芦屋大学教授。1907生。

杵屋正邦 きねやせいほう 1996没（81歳）。昭和・平成時代の長唄演奏家, 作曲家。1914生。

岡三郎 おかさぶろう 1999没（84歳）。昭和時代の労働運動家, 政治家。1914生。

2月16日

2月17日

○出来事○ 『蝶々夫人』初演（1904）
コソボ共和国が独立（2008）

ヨウィアーヌス，フラーウィウス　364没（33?歳）。ローマ皇帝（在位363～4）。331頃生。

能登女王　のとのじょおう　781没（49歳）。奈良時代の女性。光仁天皇の皇女。733生。

イブン・サアド　845没（61?歳）。アッバース朝の史家。784頃生。

藤原常行　ふじわらのつねゆき　875没（40歳）。平安時代前期の公卿。836生。

尋禅　じんぜん　990没（48歳）。平安時代中期の天台宗の僧。943生。

源師房　みなもとのもろふさ　1077没（70歳）。平安時代中期の公卿。1008生。

覚英　かくえい　1157没（41歳）。平安時代後期の法相宗の僧，歌人。1117生。

弁雅　べんが　1201没（67歳）。平安時代後期・鎌倉時代前期の天台宗の僧。1135生。

藤原家行　ふじわらいえゆき　1226没（52歳）。鎌倉時代前期の公卿。1175生。

源光行　みなもとのみつゆき　1244没（82歳）。平安時代後期・鎌倉時代前期の政治家，学者。1163生。

後嵯峨天皇　ごさがてんのう　1272没（53歳）。第88代の天皇。1220生。

富小路公脩　とみのこうじきんなが　1337没（44歳）。鎌倉時代後期・南北朝時代の公卿。1294生。

中御門宗兼　なかみかどむねかね　1337没（30歳）。鎌倉時代後期・南北朝時代の公卿。1308生。

足室円給　そくしつえんきゅう　1458没（77歳）。室町時代の曹洞宗の僧。1382生。

勧修寺経郷　かじゅうじつねさと　1504没（73歳）。室町時代・戦国時代の公卿。1432生。

ティマン，ヨハネス　1557没（57?歳）。ドイツのルター派神学者。1500生。

玉泉　ぎょくせん　1588没（88歳）。戦国時代・安土桃山時代の浄土宗の僧。1501生。

ブルーノ，ジョルダーノ　1600没（52歳）。後期ルネサンスの哲学者。1548生。

千道安　せんのどうあん　1607没（62歳）。安土桃山時代・江戸時代前期の茶湯者。1546生。

ゲルモゲーン　1612没（82?歳）。ロシアの聖職者。1530頃生。

伊東長次　いとうながつぐ　1629没（70歳）。安土桃山時代・江戸時代前期の武将，大名。1560生。

西園寺公益　さいおんじきんます　1640没（59歳）。江戸時代前期の公家。1582生。

アッレグリ，グレゴリオ　1652没（70歳）。イタリアの作曲家。1582生。

ケナーン・パシャ　1659没。オスマン・トルコ帝国の提督。

ベジャール，マドレーヌ　1672没（54歳）。フランスの女優。1618生。

モリエール　1673没（51歳）。フランスの劇作家，俳優。1622生。

ホールズ，デンジル，男爵　1680没（80歳）。イギリスの政治家。1599生。

デズリエール夫人　1694没（56歳）。フランスの女性詩人。1637生。

ガラン，アントワーヌ　1715没（68歳）。フランスの東洋学者。1646生。

並木正三（初代）　なみきしょうぞう　1773没（44歳）。江戸時代中期の歌舞伎作者。1730生。

ラ・トゥール，モーリス・カンタン・ド　1788没（83歳）。フランスの画家。1704生。

ペスタロッチ，ヨハン・ハインリヒ　1827没（81歳）。スイスの教育家。1746生。

マーティン，ジョン　1854没（64歳）。イギリスの画家，版画家。1789生。

ハイネ，ハインリヒ　1856没（58歳）。ドイツの詩人。1797生。

ボンド，ジョージ・フィリップス　1865没（39歳）。アメリカの天文学者。1825生。

ケトレ，ランベール・アドルフ・ジャック　1874没（77歳）。ベルギーの統計学者，天文学者，気象学者。1796生。

アルゲランダー，フリードリヒ・ヴィルヘルム・アウグスト　1875没（75歳）。ドイツの天文学者。1799生。

2月17日

内田九一　うちだくいち　1875没（32歳）。江戸・明治時代の写真家。1844生。

ブッシュネル, ホラス　1876没（73歳）。アメリカの神学者。1802生。

ウィリアムズ, サミュエル・ウェルズ　1884没（71歳）。アメリカの宣教師。1812生。

ジェロニモ　1909没（79歳）。アメリカインディアンのチリカワ族の酋長。1829生。

柳川一蝶斎（3代目）　やながわいっちょうさい　1909没（63歳）。江戸・明治時代の日本手品師。1847生。

坂崎斌　さかざきびん　1913没（61歳）。明治時代の新聞人, 小説家。維新史料編纂会常置編纂委員。1853生。

ミラー, ホワーキン　1913没（75歳）。アメリカの詩人。1837生。

館山漸之進　たてやまぜんのしん　1916没（72歳）。明治時代の官吏, 音曲学者。1845生。

野口小蘋　のぐちしょうひん　1917没（71歳）。江戸〜大正時代の日本画家。1847生。

ローリエ, サー・ウィルフリッド　1919没（77歳）。カナダの政治家。1841生。

ルーベンス　1922没（56歳）。ドイツの実験物理学者。1865生。

大槻文彦　おおつきふみひこ　1928没（82歳）。明治・大正時代の国語学者, 洋学史。1847生。

アルベール1世　1934没（58歳）。ベルギー王（在位1909〜34）。1875生。

戸田氏共　とだうじたか　1936没（83歳）。明治・大正時代の宮内省官吏。伯爵, オーストリア駐在特命全権公使。1854生。

平賀譲　ひらがゆずる　1943没（66歳）。明治〜昭和時代の船舶工学者, 海軍軍人。東京帝国大学総長, 海軍技術研究所所長。1878生。

三谷隆正　みたにたかまさ　1944没（56歳）。大正・昭和時代のキリスト教育者, 法哲学者。1889生。

津田信夫　つだしのぶ　1946没（72歳）。明治〜昭和時代の鋳金家。1875生。

吉村忠夫　よしむらただお　1952没（53歳）。大正・昭和時代の日本画家。1898生。

坂口安吾　さかぐちあんご　1955没（48歳）。昭和時代の小説家。1906生。

ベズルチ, ペトル　1958没（90歳）。チェコの詩人。1867生。

バーカー, サー・アーネスト　1960没（85歳）。イギリスの政治哲学者。1874生。

ヴァルター, ブルーノ　1962没（85歳）。ドイツ生れのアメリカの指揮者。1876生。

野沢喜八郎（9代目）　のざわきはちろう　1964没（78歳）。大正・昭和時代の義太夫節の三味線方。1885生。

スローン, A.P.　1966没（90歳）。アメリカの企業家。1875生。

ホフマン, ハンス　1966没（85歳）。ドイツ生れのアメリカの画家。1880生。

アレグリア, シロ　1967没（57歳）。ペルーの作家。1909生。

アグノン, シュムエル・ヨセフ　1970没（81歳）。イスラエルの作家。1888生。

平林たい子　ひらばやしたいこ　1972没（66歳）。昭和時代の小説家。1905生。

河田重　かわたしげ　1974没（86歳）。昭和時代の実業家。日本鋼管社長。1887生。

森島守人　もりしまもりと　1975没（79歳）。大正・昭和時代の外交官, 政治家。衆院議員。1896生。

サザーランド, グレアム・ヴィヴィアン　1980没（76歳）。イギリスの画家。1903生。

ガーネット, デイヴィッド　1981没（88歳）。イギリスの作家。1892生。

ストラスバーグ, リー　1982没（80歳）。アメリカの俳優, 演出家, 俳優指導者。1901生。

モンク, セロニアス　1982没（65歳）。アメリカのジャズ・ピアニスト, 作曲家。1917生。

金井喜久子　かないきくこ　1986没（74歳）。昭和時代の作曲家。金井音楽研究所主宰。1911生。

カバレーフスキー, ドミートリー・ボリーソヴィチ　1987没（82歳）。ソ連の作曲家。1904生。

横田喜三郎　よこたきさぶろう　1993没（96歳）。昭和時代の法学者。東京大学教授, 最高裁判所長官。1896生。

永瀬清子　ながせきよこ　1995没（80歳）。昭和・平成時代の詩人。「女人随筆」主宰。1906生。

バザン, エルヴェ　1996没（84歳）。フランスの小説家。1911生。

市丸　いちまる　1997没（90歳）。昭和時代の歌手。1906生。

大森荘蔵　おおもりしょうぞう　1997没（75歳）。昭和・平成時代の哲学者。東京大学教授, 放送大学教授。1921生。

ユンガー, エルンスト　1998没（102歳）。ドイツの小説家, 評論家。1895生。

2月18日

○記念日○ エアメールの日
　　　　　嫌煙運動の日
　　　　　冥王星の日
○出来事○ 日本最初の蘭和辞典刊行(1796)
　　　　　スペースシャトル初飛行(1977)

藤原浜成　ふじわらのはまなり　790没(67歳)。奈良時代の官人。724生。

タラシオス　806没(76?歳)。コンスタンティノポリス総主教。730頃生。

アンギルベルト　814没(69?歳)。フランク人の詩人。745頃生。

サービト・ビン・クッラ　901没(67?歳)。イスラムの数学者, 医学者, 哲学者。834頃生。

藤原兼輔　ふじわらのかねすけ　933没(57歳)。平安時代前期・中期の歌人・公卿。877生。

余慶　よけい　991(閏2月)没(73歳)。平安時代中期の天台宗の僧。919生。

グレゴリウス5世　999没(27歳)。教皇(在位996〜999)。972生。

丹波雅忠　たんばのまさただ　1088没(68歳)。平安時代中期・後期の医師。1021生。

藤原実政　ふじわらのさねまさ　1093没(75歳)。平安時代中期・後期の公卿。1019生。

藤原経宗　ふじわらのつねむね　1189没(71歳)。平安時代後期の公卿。1119生。

呑海　どんかい　1327没(63歳)。鎌倉時代後期の時宗の僧。1265生。

一色範氏　いっしきのりうじ　1369没。南北朝時代の武将, 九州探題。

高倉永季　たかくらながすえ　1392没(55歳)。南北朝時代の公卿。1338生。

ティムール　1405没(68歳)。ティムール帝国の創建者。1336生。

鄂隠慧奯　がくいんえかつ　1425没(60歳)。南北朝時代・室町時代の臨済宗の僧, 五山文学僧。1366生。

烏丸豊光　からすまるとよみつ　1429没(52歳)。室町時代の公卿。1378生。

アグリッパ・フォン・ネッテスハイム, ヘンリクス・コルネリウス　1535没(48歳)。ルネサンスのドイツ哲学者。1486生。

ルター, マルティン　1546没(62歳)。ドイツの宗教改革者。1483生。

ミケランジェロ・ブオナッローティ　1564没(88歳)。イタリアの画家, 彫刻家, 建築家。1475生。

グラッツィーニ, アントン・フランチェスコ　1584没(79歳)。イタリアの詩人, 物語作家。1504生。

田中吉政　たなかよしまさ　1609没(62歳)。安土桃山時代・江戸時代前期の大名。1548生。

バルザック, ジャン-ルイ・ゲ・ド　1654没(56歳)。フランスの文人。1597生。

元政　げんせい　1668没(46歳)。江戸時代前期の日蓮宗の僧。1623生。

重富平左衛門　しげとみへいざえもん　1681没。江戸時代前期の治水功労者。

ロンゲーナ, バルダッサーレ　1682没(84歳)。イタリアの建築家。1598生。

フィップス, サー・ウィリアム　1695没(44歳)。アメリカ植民地時代のイギリスの官吏。1651生。

前田利昌　まえだとしまさ　1709没(26歳)。江戸時代中期の大名。1684生。

グライム, ヨハン・ヴィルヘルム・ルートヴィヒ　1803没(83歳)。ドイツの詩人。1719生。

柚木太淳　ゆのきたいじゅん　1803没(42歳)。江戸時代中期・後期の眼科医。1762生。

ラ・ロシュ, ゾフィー・フォン　1807没(75歳)。ドイツの女流小説家。1731生。

寺西封元　てらにしたかもと　1827没(79歳)。江戸時代中期・後期の代官。1749生。

坂東彦三郎(3代目)　ばんどうひこさぶろう　1828没(75歳)。江戸時代中期・後期の歌舞伎役者。1754生。

井上正鉄　いのうえまさかね　1849没(60歳)。江戸時代後期の神道家。1790生。

ヤコビ, カール・グスタフ・ヤーコプ　1851没(46歳)。ドイツの数学者。1804生。

ブレトノー, ピエール・フィデール　1862没(83歳)。フランスの伝染病学者。1778生。

2月18日

笠松謙吾　かさまつけんご　1872没（35歳）。江戸・明治時代の志士。1838生。

ゲルラハ，ルートヴィヒ・フォン　1877没（81歳）。ドイツの法律家，政治家。1795生。

中山みき　なかやまみき　1887没（90歳）。江戸・明治時代の宗教家。1798生。

アンドラーシ，ジュラ，伯爵　1890没（66歳）。ハンガリーの政治家，外交官。1823生。

三条実美　さんじょうさねとみ　1891没（55歳）。江戸・明治時代の公卿，政治家。1837生。

岡松甕谷　おかまつおうこく　1895没（76歳）。江戸・明治時代の儒学者。大学少博士，東京帝国大学教授。1820生。

リー，ソフス　1899没（56歳）。ノルウェーの数学者。1842生。

早矢仕有的　はやしゆうてき　1901没（65歳）。明治時代の実業家。丸屋書店社長。1837生。

小松宮彰仁親王　こまつのみやあきひとしんのう　1903没（58歳）。明治時代の皇族，陸軍軍人。元帥。1846生。

尾上菊五郎（5代目）　おのえきくごろう　1903没（60歳）。明治時代の歌舞伎役者，座本。1844生。

豊沢広助（5代目）　とよざわひろすけ　1904没（74歳）。江戸・明治時代の義太夫節三味線方。1831生。

イーストレイク，フランク・ウォリントン　1905没（47歳）。アメリカの言語学者，英語教育家。1858生。

橋本綱常　はしもとつなつね　1909没（65歳）。明治時代の陸軍軍医。1845生。

大山捨松　おおやますてまつ　1919没（60歳）。明治・大正時代の社会奉仕家。1860生。

福島安正　ふくしまやすまさ　1919没（68歳）。明治時代の陸軍軍人。大将，男爵。1852生。

ウッズ，ロバート・アーチ　1925没（59歳）。アメリカの社会事業家。1865生。

カレーエフ　1931没（80歳）。ロシアの歴史家，哲学者。1850生。

オルテンブルク　1934没（70歳）。ソ連の東洋学者，インド学者。1863生。

モホロヴィチッチ，アンドリヤ　1936没（79歳）。ユーゴスラビアの地震学者。1857生。

オルジョニキーゼ　1937没（50歳）。ソ連邦の政治家。1886生。

ルゴネス，レオポルド　1938没（63歳）。アルゼンチンの詩人。1874生。

岡本かの子　おかもとかのこ　1939没（51歳）。大正・昭和時代の小説家，歌人。1889生。

マレット，ロバート・ラナルフ　1943没（76歳）。イギリスの哲学者，人類学者。1866生。

建部遯吾　たけべとんご　1945没（75歳）。明治・大正時代の社会学者。1871生。

金性洙　きんせいしゅ　1955没（63歳）。韓国の教育家，政治家。1891生。

シャルパンティエ，ギュスターヴ　1956没（95歳）。フランスの作曲家。1860生。

西崎緑（初代）　にしざきみどり　1957没（45歳）。昭和時代の日本舞踊家。1911生。

ラッセル，ヘンリー・ノリス　1957没（79歳）。アメリカの天文学者。1877生。

徳川家正　とくがわいえまさ　1963没（78歳）。大正・昭和時代の外交官，政治家。1884生。

多田等観　ただとうかん　1967没（76歳）。大正・昭和時代の仏教学者。1890生。

菅礼之助　すがれいのすけ　1971没（87歳）。大正・昭和時代の実業家，俳人。石炭庁長官。1883生。

ストイカ　1975没（66歳）。ルーマニアの政治家。1908生。

進藤英太郎　しんどうえいたろう　1977没（77歳）。昭和時代の映画俳優。1899生。

梅若六郎（55代目）　うめわかろくろう　1979没（71歳）。大正・昭和時代の能楽師。1907生。

藤本定義　ふじもとさだよし　1981没（76歳）。昭和時代のプロ野球監督，野球評論家。1904生。

和田夏十　わだなつと　1983没（62歳）。昭和時代の脚本家。1920生。

平泉澄　ひらいずみきよし　1984没（89歳）。昭和時代の日本史学者，神官。1895生。

壬生照順　みぶしょうじゅん　1987没（79歳）。昭和時代の天台宗僧侶。1908生。

石田アヤ　いしだあや　1988没（79歳）。昭和時代の教育家，翻訳家。1908生。

鈴木清　すずききよし　1993没（85歳）。昭和時代の作家，評論家。1907生。

岩井章　いわいあきら　1997没（74歳）。昭和・平成時代の労働運動家。総評事務局長。1922生。

河原崎権十郎（3代目）　かわらさきごんじゅうろう　1998没（80歳）。昭和・平成時代の歌舞伎役者。1918生。

バルテュス　2001没（92歳）。フランスの画家。1908生。

2月19日

○記念日○ プロレスの日
　　　　　万国郵便連合加盟記念日
○出来事○ 屋島の戦い(1185)
　　　　　大塩平八郎の乱(1837)
　　　　　あさま山荘事件発生(1972)

ベアートゥス(リエバナの)　798没。スペインのベネディクト会修道院長、著作家。

春澄善縄　はるずみのよしただ　870没(74歳)。平安時代前期の学者、公卿。797生。

慶子内親王　けいしないしんのう　923没(21歳)。平安時代中期の女性。醍醐天皇の第4皇女。903生。

興世王　おきよおう　940没。平安時代中期の官人、武蔵権守。

真宗(宋)　しんそう　1022没(53歳)。中国、北宋の第3代皇帝(在位997～1022)。968生。

平知信　たいらのとものぶ　1144没。平安時代後期の貴族。

藤原忠通　ふじわらのただみち　1164没(68歳)。平安時代後期の公卿。1097生。

鎌田光政　かまたみつまさ　1185没。平安時代後期の武士。

佐藤継信　さとうつぐのぶ　1185没(28歳)。平安時代後期の武将。1158生。

珍玄　ちんげん　1204没(47歳)。平安時代後期・鎌倉時代前期の天台宗の僧。1158生。

実尊　じっそん　1236没(57歳)。鎌倉時代前期の法相宗の僧。興福寺、大乗院の僧。1180生。

アランデル、トマス　1414没(61歳)。イギリスのイングランドの聖職者、政治家、アランデル伯の3男。1353生。

吉田兼倶　よしだかねとも　1511没(77歳)。室町時代・戦国時代の神道家、公卿。1435生。

田代三喜　たしろさんき　1537没(73歳)。戦国時代の医師。1465生。

ラインホルト、エラスムス　1553没(41歳)。ドイツの天文学者。1511生。

カヴァデイル、マイルズ　1568没(80歳)。イギリスの聖職者。1488生。

アダムスン、パトリク　1592没(54歳)。スコットランド教会の聖職者、セント・アンドルーズ大主教。1537生。

ヴィジュネール、ブレーズ・ド　1596没(72歳)。フランス・ルネサンス期の著作家、翻訳家。1523生。

小笠原信嶺　おがさわらのぶみね　1598没(52歳)。安土桃山時代の武将、大名。1547生。

詮舜　せんしゅん　1600没(61歳)。戦国時代・安土桃山時代の天台宗の僧。1540生。

ヴェッキ、オラツィオ　1605没(54歳)。イタリアの作曲家、詩人。1550生。

大室永廓　だいしつえいかく　1605没。安土桃山時代・江戸時代前期の曹洞宗の僧。

松平家乗　まつだいらいえのり　1614没(40歳)。安土桃山時代・江戸時代前期の武将、大名。1575生。

サヴィル、サー・ヘンリー　1622没(72歳)。イギリスの数学者。1549生。

プールビュス、フランス2世　1622没(53歳)。オランダの画家。1569生。

ロッシ、ルイージ　1653没(55歳)。イタリアの作曲家、歌手、オルガン奏者。1598生。

リオラン　1657没(76歳)。フランスの解剖学者、生理学者。1580生。

チョーンシ、チャールズ　1672没(79歳)。アメリカ(イギリス生れ)の牧師、教育者。1592生。

市川団十郎(初代)　いちかわだんじゅうろう　1704没(45歳)。江戸時代前期・中期の歌舞伎役者、歌舞伎作者。1660生。

ドーロテ・エンゲルブレッツダッテル　1716没(82歳)。ノルウェーの女性詩人。1634生。

中山文七(2代目)　なかやまぶんしち　1798没(44歳)。江戸時代中期の歌舞伎役者。1755生。

頼春水　らいしゅんすい　1816没(71歳)。江戸時代中期・後期の安芸広島藩儒。1746生。

浜松歌国　はままつうたくに　1827没(52歳)。江戸時代後期の歌舞伎作者。1776生。

ビューヒナー、ゲオルク　1837没(23歳)。ドイツの劇作家、医者。1813生。

2月19日

杉田成卿　すぎたせいけい　1859没(43歳)。江戸時代末期の蘭学者。1817生。

パナーエフ, イワン・イワノヴィチ　1862没(49歳)。ロシアの作家, ジャーナリスト。1812生。

ブロニャール　1876没(75歳)。フランスの古植物学者。1801生。

岩井半四郎(8代目)　いわいはんしろう　1882没(54歳)。江戸・明治時代の歌舞伎役者。1829生。

ムルタトゥリ　1887没(66歳)。オランダの小説家。1820生。

ヴァイエルシュトラス, カール・ヴィルヘルム・テオドール　1897没(81歳)。ドイツの数学者。1815生。

ゴーカレー　1915没(48歳)。インドの政治家。1866生。

マッハ, エルンスト　1916没(78歳)。オーストリアの物理学者, 哲学者。1838生。

ハビーブッラー　1919没(47歳)。アフガニスタンのバーラクザーイー朝第5代の王(在位1901～19)。1872生。

ブランデス, ゲオウ・モリス・コーエン　1927没(85歳)。ユダヤ系デンマークの思想家, 文芸評論家。1842生。

伊東巳代治　いとうみよじ　1934没(78歳)。明治～昭和時代の政治家, 官僚。伯爵。1857生。

野呂栄太郎　のろえいたろう　1934没(35歳)。昭和時代の経済学者, 社会運動家。1900生。

キローガ, オラシオ　1937没(58歳)。ウルグアイの小説家。1878生。

ブロンデル　1939没(62歳)。フランスの精神病学者, 心理学者。1876生。

ハーティ, ハミルトン　1941没(61歳)。アイルランドの作曲家, 指揮者。1880生。

ジッド, アンドレ　1951没(81歳)。フランスの小説家, 評論家。1869生。

宮嶋資夫　みやじますけお　1951没(64歳)。大正・昭和時代の小説家。1886生。

ハムスン, クヌート　1952没(92歳)。ノルウェーの作家。1859生。

小岩井浄　こいわいきよし　1959没(61歳)。大正・昭和時代の政治学者, 弁護士。1897生。

グリアソン, ハーバート　1960没(94歳)。イギリスの文芸批評家。1866生。

熊谷岱蔵　くまがいたいぞう　1962没(81歳)。明治～昭和時代の医学者。1880生。

クヌシェヴィツキー, スヴャトスラフ　1963没(55歳)。ソ連のチェリスト。1908生。

尾崎士郎　おざきしろう　1964没(66歳)。大正・昭和時代の小説家。1898生。

グリアソン, ジョン　1972没(73歳)。イギリスにおける記録映画の確立者。1898生。

岩田専太郎　いわたせんたろう　1974没(72歳)。大正・昭和時代の挿絵画家。1901生。

宇野哲人　うのてつと　1974没(98歳)。明治～昭和時代の中国哲学者。1875生。

深見重助(13代目)　ふかみじゅうすけ　1974没(88歳)。明治～昭和時代の組紐師。1885生。

ダラピッコラ, ルイジ　1975没(71歳)。イタリアの作曲家。1904生。

クロスランド, トニー　1977没(58歳)。イギリスの政治家, 労働党の理論家。1918生。

哥沢芝金(4代目)　うたざわしばきん　1981没(88)。明治～昭和時代のうた沢節演奏家。1892生。

宇佐美洵　うさみまこと　1983没(82歳)。昭和時代の銀行家。三菱銀行頭取。1901生。

梅原末治　うめはらすえじ　1983没(89歳)。大正・昭和時代の考古学者。1893生。

阪本清一郎　さかもとせいいちろう　1987没(95歳)。大正・昭和時代の部落解放運動家, 政治家。1892生。

クールナン, アンドレ・フレデリック　1988没(92歳)。フランス生まれの生理学者。1895生。

柴田睦陸　しばたむつむ　1988没(74歳)。昭和時代の声楽家。東京芸術大学教授。1913生。

シャール, ルネ　1988没(80歳)。フランスの詩人。1907生。

鄧小平　とうしょうへい　1997没(95歳)。中国の政治家。1902生。

埴谷雄高　はにやゆたか　1997没(87歳)。昭和・平成時代の小説家, 評論家。1910生。

新井将敬　あらいしょうけい　1998没(50歳)。昭和・平成時代の政治家, 大蔵官僚。1948生。

クレイマー, スタンリー　2001没(87歳)。アメリカの映画製作者, 監督。1913生。

トルネ, シャルル　2001没(87歳)。フランスのシャンソン歌手, 作詞家, 作曲家。1913生。

岡本喜八　おかもときはち　2005没(81歳)。昭和・平成時代の映画監督。1924生。

茨木のり子　いばらぎのりこ　2006没(79歳)。昭和・平成時代の詩人。1926生。

2月20日

○記念日○ 歌舞伎の日
　　　　　旅券の日
○出来事○ 最初の普通選挙（1928）

藤原家宗　ふじわらのいえむね　877没（61歳）。平安時代前期の公卿。817生。

惟喬親王　これたかしんのう　897没（54歳）。文徳天皇の第1皇子。844生。

橘公頼　たちばなのきみより　941没（65歳）。平安時代前期・中期の公卿。877生。

悟円　ごえん　1041没（90歳）。平安時代中期の天台宗の僧。952生。

フィッツオズバーン　1071没。ウィリアム1世の側近の一人。

ペトルス（セルの）　1183没（68?歳）。フランスのベネディクト会修道士，司教，霊性著作家。1115頃生。

九条良通　くじょうよしみち　1188没（22歳）。平安時代後期の公卿。1167生。

日野資実　ひのすけざね　1223没（62歳）。平安時代後期・鎌倉時代前期の公卿。1162生。

細川頼春　ほそかわよりはる　1352（閏2月）没（54歳）。鎌倉時代後期・南北朝時代の武将，越前守護。1299生。

抜隊得勝　ばっすいとくしょう　1387没（61歳）。南北朝時代の臨済宗法燈派の僧。1327生。

土御門定具　つちみかどさだとも　1398没（59歳）。南北朝時代・室町時代の公卿。1340生。

瑞室　ずいしつ　1429没。室町時代の女性。崇光天皇の皇女。

マルティヌス5世　1431没（75歳）。教皇（在位1417～31）。1368生。

ジェームズ1世　1437没（42歳）。スコットランド王（在位1406～37年）。1394生。

庭田雅行　にわたまさゆき　1495没（62歳）。室町時代・戦国時代の公卿。1434生。

ベリーニ，ジェンティーレ　1507没（78?歳）。イタリアの画家。1429頃生。

文徴明　ぶんちょうめい　1559没（88歳）。中国，明代の画家，書家，詩人。1470生。

酒井敏房　さかいとしふさ　1577没。戦国時代・安土桃山時代の武将。

ベーコン，サー・ニコラス　1579没（69歳）。イギリスの政治家。1510生。

フレーチャ，フライ・マテオ　1604没（74歳）。スペインの詩人，作曲家。1530生。

ダウランド，ジョン　1626没（63歳）。イギリスの作曲家，リュート奏者。1563生。

松平忠国　まつだいらただくに　1659没（63歳）。江戸時代前期の大名。1597生。

ヨーゼフ2世　1790没（48歳）。神聖ローマ皇帝（在位1765～90）。1741生。

ボルダ，ジャン・シャルル・ド　1799没（65歳）。フランスの数学者，天文学者，物理学者。1733生。

ホーファー，アンドレアス　1810没（42歳）。チロルの愛国者。1767生。

芝山持豊　しばやまもちとよ　1815没（74歳）。江戸時代中期・後期の歌人・公家。1742生。

ゼルチュルナー，フリードリヒ・ヴィルヘルム・アダム・フェルディナント　1841没（57歳）。ドイツの薬剤師。1783生。

ヒューム　1855没（78歳）。イギリスの政治家，社会改革家。1777生。

スクリーブ，ウージェーヌ　1861没（69歳）。フランスの劇作家。1791生。

柳河春三　やながわしゅんさん　1870没（39歳）。江戸・明治時代の洋学者。1832生。

スパウェンタ　1883没（65歳）。イタリアのヘーゲル左派哲学者，哲学史家。1817生。

城多虎雄　きたとらお　1887没（32歳）。明治時代の官吏，新聞記者。「京都滋賀新報」主筆。1856生。

コップ，ヘルマン・フランツ・モリッツ　1892没（74歳）。ドイツの化学者。1817生。

ダグラス，フレデリック　1895没（78歳）。アメリカの奴隷解放論者。1817生。

モアッサン，フェルディナン・フレデリック・アンリ　1907没（54歳）。フランスの化学者。1852生。

岩村通俊　いわむらみちとし　1915没（76歳）。江戸・明治時代の高知藩士，官僚。男爵，農商

2月20日

務相。1840生。

アルヌルドソン　1916没（71歳）。スウェーデンの政治家，作家，平和運動家。1844生。

村山槐多　むらやまかいた　1919没（24歳）。大正時代の洋画家，詩人。1896生。

ピアリー，ロバート　1920没（63歳）。アメリカの北極探検家，海軍の軍人。1856生。

クナップ　1926没（83歳）。ドイツの経済学者。1842生。

内藤鳴雪　ないとうめいせつ　1926没（80歳）。明治・大正時代の俳人。1847生。

和田久太郎　わだきゅうたろう　1928没（36歳）。大正時代の無政府主義者。1893生。

江木欣々　えぎきんきん　1930没（54歳）。明治〜昭和時代の女性。法律学者江木衷の妻。1877生。

小林多喜二　こばやしたきじ　1933没（31歳）。昭和時代の小説家。1903生。

光永星郎　みつながほしお　1945没（80歳）。明治・大正時代の実業家。貴族院議員，日本電報通信社社長。1866生。

李烈鈞　りれっきん　1946没（64歳）。中国の軍人。1882生。

レーベジェフ‐クマーチ，ワシーリー・イワノヴィチ　1949没（50歳）。ソ連邦の詩人。1898生。

高田保　たかたたもつ　1952没（56歳）。大正・昭和時代の随筆家，演出家。1895生。

ニッティ　1953没（84歳）。イタリアの経済学者，政治家。1868生。

アヴェリー，オズワルド・セオドア　1955没（77歳）。アメリカの細菌学者。1877生。

シュマーレンバッハ　1955没（81歳）。ドイツ経営経済学の確立者。1873生。

バルクハウゼン，ハインリヒ・ゲオルク　1956没（74歳）。ドイツの物理学者，電気学者。1881生。

大麻唯男　おおあさただお　1957没（67歳）。大正・昭和時代の政治家。衆議院議員。1889生。

ハウスマン，ロレンス　1959没（93歳）。イギリスの作家，劇作家，挿絵画家。1865生。

ウーリ，チャールズ・レナード　1960没（79歳）。イギリスの考古学者。1880生。

グレンジャー，パーシー・オールドリッジ　1961没（78歳）。アメリカ（オーストラリア生れ）の作曲家，ピアノ演奏家。1882生。

鳥井信治郎　とりいしんじろう　1962没（83歳）。明治〜昭和時代の実業家。サントリー創業者。1879生。

フリッチャイ，フェレンツ　1963没（48歳）。ハンガリーの指揮者。1914生。

山川方夫　やまかわまさお　1965没（34歳）。昭和時代の小説家。1930生。

ニミッツ，チェスター・W　1966没（80歳）。アメリカの海軍軍人。1885生。

オッペンハイマー，ジュリアス・ロバート　1967没（62歳）。アメリカの物理学者。1904生。

アンセルメ，エルネスト　1969没（85歳）。スイスの指揮者。1883生。

メイヤー，マリア・ゲッパート‐　1972没（65歳）。ドイツ生れのアメリカの女流物理学者。1906生。

シゲティ，ヨーゼフ　1973没（80歳）。アメリカのバイオリニスト。1892生。

棚橋小虎　たなはしことら　1973没（84歳）。大正・昭和時代の社会運動家，政治家。参議院議員。1889生。

ショーレム，ゲーアハルト・ゲルショム　1982没（84歳）。イスラエルのユダヤ学者。1897生。

デュボス，ルネ・ジュール　1982没（81歳）。アメリカの細菌学者，実験病理学者。1901生。

早野寿郎　はやのとしろう　1983没（55歳）。昭和時代の演出家，俳優。1927生。

瀬川清子　せがわきよこ　1984没（88歳）。昭和時代の民俗学者。大妻女子大学教授。1895生。

中野好夫　なかのよしお　1985没（81歳）。昭和時代の評論家，英文学者。東京大学教授。1903生。

賀原夏子　かはらなつこ　1991没（70歳）。昭和時代の女優，演出家。劇団NLT主宰。1921生。

ボールト，ロバート　1995没（70歳）。イギリスの劇作家。1924生。

武満徹　たけみつとおる　1996没（65歳）。昭和・平成時代の作曲家，評論家。1930生。

松永健哉　まつながけんや　1996没（88歳）。昭和・平成時代の教育家，小説家。名古屋保健衛生大学教授。1907生。

榛葉英治　しんばえいじ　1999没（86歳）。昭和・平成時代の小説家。1912生。

トンプソン，ハンター・S　2005没（66歳）。アメリカのニュージャーナリスト。1939生。

2月21日

○出来事○ 東京日日新聞創刊(1872)
食糧管理法公布(1942)
ニクソン・ショック(1972)

マクシミアーヌス 556没(58歳)。ラヴェンナの司教、聖人。498生。
膳部菩岐岐美郎女 かしわでのほききみのいらつめ 622没。飛鳥時代の女性。聖徳太子の妃。
ザカリーアス 631没。イェルサレムの総主教。
大中臣諸魚 おおなかとみのもろな 797没(55歳)。奈良時代・平安時代前期の公卿。743生。
和気清麻呂 わけのきよまろ 799没(67歳)。奈良時代・平安時代前期の公卿。733生。
甘南備内親王 かんなびのないしんのう 817没(18歳)。平安時代前期の女性。桓武天皇野第12皇女。800生。
源忠清 みなもとのただきよ 988没(46歳)。平安時代中期の公卿。943生。
有慶 ゆうきょう 1071没(86歳)。平安時代中期の三論宗の僧。986生。
良禅 りょうぜん 1139没(92歳)。平安時代中期・後期の真言宗の僧。1048生。
藤原公衡 ふじわらのきんひら 1193没。平安時代後期の公卿。
雅縁 がえん 1223没(86歳)。平安時代後期・鎌倉時代前期の僧、興福寺別当。1138生。
九条道家 くじょうみちいえ 1252没(60歳)。鎌倉時代前期の歌人・公卿。1193生。
曇照 どんしょう 1259没(73歳)。鎌倉時代前期の律僧。1187生。
葉室長顕 はむろながあき 1390没(70歳)。南北朝時代の公卿。1321生。
飯尾貞連 いのおさだつら 1455没。室町時代の法曹家、式評定衆。
四条隆盛 しじょうたかもり 1466没(70歳)。室町時代の公卿。1397生。
伊勢貞親 いせさだちか 1473没(57歳)。室町時代の政所執事。1417生。
斎藤妙椿 さいとうみょうちん 1480没(70歳)。室町時代・戦国時代の武将、美濃国守護土岐成頼の守護代。1411生。
ユリウス2世 1513没(69歳)。教皇(在位1503～13)。1443生。

ボック 1554没(65?歳)。ドイツの植物学者、医者、本草家。1489頃生。
カステルヴェートロ、ルドヴィーコ 1571没(66歳)。イタリアの詩学者。1505生。
碧山瑞泉 へきざんずいせん 1586没。安土桃山時代の曹洞宗の僧。
サウスウェル、ロバート 1595没(34?歳)。イギリスの詩人、殉教者。1561頃生。
アイヒンガー、グレーゴル 1628没(63歳)。ドイツのオルガン奏者、作曲家。1564生。
幸阿弥(10代目) こうあみ 1651没(53歳)。江戸時代前期の蒔絵師。1599生。
スピノザ、バルフ・デ 1677没(44歳)。オランダの哲学者。1632生。
月尋堂 げつじんどう 1715没。江戸時代中期の浮世草子作者、俳人。
ベネディクツス13世 1730没(81歳)。教皇(在位1724～30)。1649生。
タル、ジェスロ 1741没(67歳)。イギリスの農業家。1674生。
ボナパルト、シャルル 1785没(38歳)。ナポレオン1世の父。1746生。
アレン、イーサン 1789没(51歳)。バーモントの政治家。1738生。
桜井雪館 さくらいせっかん 1790没(75歳)。江戸時代中期の画家。1716生。
感和亭鬼武 かんわていおにたけ 1818没(59歳)。江戸時代後期の戯作者。1760生。
ボアルネ、ユージェーヌ・ローズ・ド 1824没(42歳)。フランスの政治家、軍人。1781生。
市岡猛彦 いちおかたけひこ 1827没(47歳)。江戸時代後期の国学者、尾張藩士。1781生。
ゴーゴリ、ニコライ・ワシリエヴィチ 1852没(42歳)。ロシアの小説家、劇作家。1809生。
ケルナー、ユスティーヌス 1862没(75歳)。ドイツの詩人、医者。1786生。
マーガリー 1875没(28歳)。インド生れのイギリス駐華領事館員。1846生。

三野村利左衛門　みのむらりざえもん　1877没(57歳)。明治時代の実業家。三井銀行頭取。1821生。

ドービニー, シャルル・フランソワ　1878没(61歳)。フランスの画家, 版画家。1817生。

シェール・アリー　1879没(54歳)。アフガニスタンのバーラクザーイー朝第2代の王(在位1863〜79)。1825生。

レスコフ, ニコライ・セミョーノヴィチ　1895没(64歳)。ロシアの小説家。1831生。

中村富十郎(3代目)　なかむらとみじゅうろう　1901没(43歳)。明治時代の歌舞伎役者。1859生。

市来四郎　いちきしろう　1903没(76歳)。江戸・明治時代の鹿児島藩士。1828生。

レイノルズ, オズボーン　1912没(69歳)。イギリスの工学者。1842生。

アイスナー　1919没(51歳)。ドイツの社会主義者。1867生。

寺崎広業　てらさきこうぎょう　1919没(54歳)。明治・大正時代の日本画家。1866生。

カーメルリング・オンネス, ヘイケ　1926没(72歳)。オランダの物理学者。1853生。

サンディーノ, アウグスト・セサル　1934没(39歳)。ニカラグアの革命家。1895生。

ヘイル, ジョージ・エラリー　1938没(69歳)。アメリカの天文学者。1868生。

ラモンド, フレデリック　1948没(80歳)。イギリスのピアニスト, 作曲家。1868生。

水上泰生　みなかみたいせい　1951没(73歳)。大正・昭和時代の日本画家。1877生。

稲村順三　いなむらじゅんぞう　1955没(54歳)。大正・昭和時代の政治家, 農民運動家。衆議院議員。1900生。

赤木圭一郎　あかぎけいいちろう　1961没(21歳)。昭和時代の俳優。1939生。

下中弥三郎　しもなかやさぶろう　1961没(82歳)。大正・昭和時代の出版人, 教育運動家。平凡社社長, 日本書籍出版協会初代会長。1878生。

吉田文五郎　よしだぶんごろう　1962没(92歳)。明治〜昭和時代の文楽の人形遣い。1869生。

加納久朗　かのうひさあきら　1963没(76歳)。昭和時代の銀行家, 財界人。日本住宅公団初代総裁。1886生。

湯沢三千男　ゆざわみちお　1963没(74歳)。大正・昭和時代の官僚, 政治家。参院議員, 貴院議員, 内相。1888生。

マルコム・エックス　1965没(39歳)。アメリカの黒人指導者。1925生。

フローリー, サー・ハワード・ウォルター・フローリー, 男爵　1968没(69歳)。オーストラリアの病理学者。1898生。

原阿佐緒　はらあさお　1969没(80歳)。明治〜昭和時代の歌人。1888生。

土井辰雄　どいたつお　1970没(77歳)。大正・昭和時代のカトリック枢機卿。東京大司教。1892生。

アンデルシュ, アルフレート　1980没(66歳)。西ドイツの作家。1914生。

片岡弥吉　かたおかやきち　1980没(72歳)。昭和時代の教育者, 歴史家。長崎純心大学女子短期大学部教授。1908生。

ショーロホフ, ミハイル・アレクサンドロヴィチ　1984没(78歳)。ソ連の小説家。1905生。

泉重千代　いずみしげちよ　1986没(120歳)。昭和時代の長寿者。1865生。

松木謙治郎　まつきけんじろう　1986没(77歳)。昭和時代のプロ野球監督・選手, 野球評論家。1909生。

黒川利雄　くろかわとしお　1988没(91歳)。昭和時代の内科学者。東北帝国大学教授, 東北大学長。1897生。

日比野恒次　ひびのつねじ　1989没(85歳)。昭和時代の実業家。戸塚カントリー倶楽部理事。1903生。

マーライ, シャーンドル　1989没(88歳)。ハンガリーの小説家。1900生。

フォンテイン, マーゴット　1991没(71歳)。イギリスのバレリーナ。1919生。

麻生良方　あそうよしかた　1995没(71歳)。昭和時代の政治評論家, 政治家。衆議院議員。1923生。

グールド, モートン　1996没(82歳)。アメリカの楽団指揮者, 作曲家, 編曲家。1913生。

樋口清之　ひぐちきよゆき　1997没(88歳)。昭和・平成時代の考古学者。國學院大學教授, 國學院大學栃木短期大学学長。1909生。

宮島義勇　みやじまよしお　1998没(88歳)。昭和・平成時代の映画撮影監督。1910生。

糸川英夫　いとかわひでお　1999没(86歳)。昭和・平成時代の航空工学者。東京大学教授, ランド・システム社長, 組織工学研究所所長。1912生。

カブレラ-インファンテ, ギリェルモ　2005没(75歳)。キューバの小説家。1929生。

2月21日

2月22日

○記念日○ 国際友愛の日
食器洗い乾燥機の日
猫の日
○出来事○ 吉野ケ里で環濠集落発掘（1989）

サビーニアーヌス　606没。教皇（在位604～606）。

聖徳太子　しょうとくたいし　622没（49歳）。用明天皇の子、推古天皇の摂政。574生。

恵慈　えじ　623没。飛鳥時代の高句麗の僧。

阿倍広庭　あべのひろにわ　732没（74歳）。飛鳥時代・奈良時代の官人。659生。

藤原永手　ふじわらのながて　771没（58歳）。奈良時代の官人。714生。

源良姫　みなもとのよしひめ　884没。平安時代前期の女性。嵯峨天皇の皇女。

アブー・ダーウード　889没（72歳）。イスラムの伝承学者。817生。

賀茂保憲　かものやすのり　977没（61歳）。平安時代中期の陰陽家。917生。

スティガンド　1072没。カンタベリーの大司教。

ダミアーニ、ピエール　1072没（65歳）。イタリア出身のカトリックの隠修士、神学者。1007生。

ギベルトゥス（ジャンブルーの）　1213没（88歳）。フランスのベネディクト会修道院長、歴史家、聖人伝記作家。1125生。

阿野時元　あのときもと　1219没。鎌倉時代前期の武士。

後鳥羽天皇　ごとばてんのう　1239没（60歳）。第82代の天皇。1180生。

最仁法親王　さいにんほっしんのう　1295没（65歳）。土御門天皇の皇子。1231生。

マルゲリータ（コルトーナの）　1297没（48歳）。イタリアの修道女、聖女。1249生。

土岐頼貞　ときよりさだ　1339没（69歳）。鎌倉時代後期・南北朝時代の武将。美濃国守護、伯耆守、父は光定。1271生。

デーヴィド2世　1371没（46歳）。スコットランド王（在位1329～71）。1324生。

物外性応　もつがいしょうおう　1458没。室町時代の曹洞宗の僧。

綿谷周聴　めんこくしゅうてつ　1472没（68歳）。室町時代の臨済宗夢窓派の僧、五山文学僧。1405生。

ヴェスプッチ、アメリゴ　1512没（58歳）。イタリアの探検家、地理学者。1454生。

カルヴァーリョ、ディエゴ・デ　1624没（46歳）。ポルトガルのイエズス会司祭。1578生。

シャプラン、ジャン　1674没（78歳）。フランスの詩人、評論家。1595生。

後西天皇　ごさいてんのう　1685没（49歳）。第111代の天皇。1637生。

ヴォルフ、カスパール・フリードリヒ　1794没（61歳）。ドイツの医学者。1733生。

ミュンヒハウゼン、カール・フリードリヒ・ヒエロニュムス、男爵　1797没（76歳）。ドイツの軍人、狩猟家、冒険家。1720生。

快道　かいどう　1810没（60歳）。江戸時代後期の新義真言宗の僧。1751生。

ブラウン、チャールズ・ブロックデン　1810没（39歳）。アメリカ最初の職業小説家。1771生。

テナント、スミスソン　1815没（53歳）。イギリスの化学者。1761生。

ファーガソン、アダム　1816没（92歳）。イギリスの哲学者、歴史学者。1723生。

青地林宗　あおちりんそう　1833没（59歳）。江戸時代後期の蘭学者、伊予松山藩士。1775生。

丁若鏞　ていじゃくよう　1836没（73歳）。朝鮮、李朝後期の実学者。1762生。

スミス、シドニー　1845没（73歳）。イギリスの著述家、聖職者。1771生。

宇治紫文（初代）　うじしぶん　1858没（68歳）。江戸時代末期の一中節宇治派の創始者。1791生。

コロー、ジャン-バティスト-カミーユ　1875没（78歳）。フランスの画家。1796生。

ライエル、サー・チャールズ　1875没（77歳）。イギリスの地質学者。1797生。

ケプロン　1885没（80歳）。アメリカの農政家。1804生。

2月22日

フィッツジェラルド，ジョージ・フランシス　1901没（49歳）。イギリスの物理学者。1851生。

ヴォルフ，フーゴー　1903没（42歳）。ドイツのロマン派リートの代表的作曲家。1860生。

スティーヴン，レズリー　1904没（71歳）。イギリスの批評家，著作家。1832生。

高嶺秀夫　たかみねひでお　1910没（57歳）。明治時代の教育者。東京師範学校・女子高等師範学校校長。1854生。

野沢吉兵衛（5代目）　のざわきちべえ　1911没（71歳）。江戸・明治時代の文楽三味線方。1841生。

ソシュール，フェルディナン・ド　1913没（55歳）。スイスの言語学者。1857生。

マデーロ，フランシスコ　1913没（39歳）。メキシコの革命指導者，大統領（1911～13）。1873生。

スフバートル　1923没（30歳）。モンゴルの革命家。1893生。

デルカッセ，テオフィル　1923没（70歳）。フランスの政治家。1852生。

マチャード，アントニオ　1939没（63歳）。スペインの詩人。1875生。

ショル，ゾフィー　1943没（21歳）。ドイツ反ナチス抵抗運動〈白ばら〉の代表。1921生。

ショル，ハンス　1943没（24歳）。ドイツ反ナチス抵抗運動〈白ばら〉の代表。1918生。

実川延若（2代目）　じつかわえんじゃく　1951没（73歳）。明治～昭和時代の歌舞伎役者。1877生。

田中伝左衛門（10代目）　たなかでんざえもん　1955没（75歳）。明治～昭和時代の歌舞伎囃子方。1880生。

レオトー，ポール　1956没（84歳）。フランスの劇評家，随筆家。1872生。

アーザード　1958没（69歳）。インドの回教徒を代表する政治家。1889生。

岡倉士朗　おかくらしろう　1959没（49歳）。昭和時代の演出家。1909生。

岩田宙造　いわたちゅうぞう　1966没（90歳）。明治～昭和時代の弁護士，政治家。貴族院議員，日本弁護士連合会会長。1875生。

柳原白蓮　やなぎはらびゃくれん　1967没（81歳）。大正・昭和時代の歌人。1885生。

ニジンスカ，ブロニスラヴァ　1972没（81歳）。ロシアのバレリーナ。1891生。

ボーエン，エリザベス　1973没（73歳）。イギリスの女流作家。1899生。

渋沢元治　しぶさわもとじ　1975没（98歳）。明治～昭和時代の電気工学者。名古屋帝国大学総長。1876生。

家城巳代治　いえきみよじ　1976没（64歳）。昭和時代の映画監督。1911生。

薩摩治郎八　さつまじろはち　1976没（74歳）。大正・昭和時代の随筆家。1901生。

ポランニー，マイケル　1976没（84歳）。ハンガリーの物理化学者，社会科学者。1891生。

宇野弘蔵　うのこうぞう　1977没（79歳）。昭和時代の経済学者。東京大学教授。1897生。

川崎秀二　かわさきひでじ　1978没（66歳）。昭和時代の政治家。衆議院議員（自民党），厚生大臣。1911生。

富安風生　とみやすふうせい　1979没（93歳）。大正・昭和時代の俳人。「若葉」主宰。1885生。

石川準十郎　いしかわじゅんじゅうろう　1980没（80歳）。昭和時代の社会思想家。早稲田大学教授。1899生。

ココシュカ，オスカー　1980没（93歳）。オーストリア出身のイギリスの画家，詩人，舞台美術家，劇作家。1886生。

ジョーシュ　1982没（86?歳）。パキスタンのウルドゥー語詩人。1896頃生。

ジンバリスト，エフレム　1985没（95歳）。ロシア生れのアメリカのバイオリニスト。1889生。

藤山愛一郎　ふじやまあいいちろう　1985没（87歳）。昭和時代の政治家，実業家。衆議院議員，大日本製糖社長。1897生。

ウォーホル，アンディ　1987没（58歳）。アメリカの画家，映画製作者。1928生。

那須良輔　なすりょうすけ　1989没（75歳）。昭和時代の漫画家。1913生。

三木淳　みきじゅん　1992没（72歳）。昭和・平成時代の写真家。土門拳記念館館長，日本写真家協会会長。1919生。

春日正一　かすがしょういち　1995没（88歳）。昭和時代の政治家。日本共産党幹部会委員，参議院議員。1907生。

サヴィンビ，ジョナス　2002没（67歳）。アンゴラの解放勢力の指導者。1934生。

ファース　2002没（100歳）。イギリスの人類学者。1901生。

2月23日

○記念日○ ふろしきの日
　　　　　税理士記念日
　　　　　富士山の日
○出来事○ 金印発見(1784)
　　　　　ヨハネ・パウロ2世来日(1981)

揚子内親王　けいしないしんのう　914没。平安時代前期・中期の女性。文徳天皇の皇女、伊勢斎宮。

ヴィリギス(マインツの)　1011没(66?歳)。ドイツのマインツ大司教、政治家、聖人。945頃生。

顕恵　けんね　1175没(60歳)。平安時代後期の三論宗の僧。1116生。

藤原邦綱　ふじわらのくにつな　1181(閏2月)没(60歳)。平安時代後期の公卿。1122生。

イザベル(フランスの)　1270没(44歳)。フランスの王女、福者。1225生。

源海　げんかい　1278没(58歳)。鎌倉時代前期の浄土真宗の僧。1221生。

滋野井冬季　しげのいふゆすえ　1302没(39歳)。鎌倉時代後期の公卿。1264生。

坊城俊実　ぼうじょうとしざね　1350没(55歳)。鎌倉時代後期・南北朝時代の公卿。1296生。

東峰通川　とうほうつうせん　1353没(119歳)。鎌倉時代後期・南北朝時代の臨済宗の僧。1235生。

ペドロ1世　1369没(34歳)。レオン＝カスティリア王(在位1350～69)。1334生。

対御方　たいのおんかた　1372没。鎌倉時代後期・南北朝時代の女性。後伏見天皇の宮人。

月泉良印　げっせんりょういん　1400没(82歳)。南北朝時代・室町時代の曹洞宗の僧。1319生。

平惟有　たいらのこれあり　1419没。室町時代の公卿。

エウゲニウス4世　1447没(64歳)。教皇(在位1431～47)。1383生。

格翁桂逸　かくおうけいいつ　1573没(63歳)。戦国時代の曹洞宗の僧。1511生。

シャンデュ，アントワーヌ・ド・ラ・ロシュ　1591没(57?歳)。フランスの説教者。1534頃生。

ゴンサレス　1601没(54歳)。スペインの宣教師。1547生。

チェザルピーノ，アンドレア　1603没(83歳)。イタリアの博物学者。1519生。

池田忠継　いけだただつぐ　1615没(17歳)。江戸時代前期の大名。1599生。

バジーレ，ジャンバッティスタ　1632没(57?歳)。イタリアの詩人、小説家。1575頃生。

島津家久　しまづいえひさ　1638没(63歳)。安土桃山時代・江戸時代前期の大名。1576生。

道入　どうにゅう　1656没(58歳)。江戸時代前期の京都・楽焼の陶工。1599生。

クリューガー，ヨーハン　1663没(64歳)。ドイツの作曲家、音楽理論家、オルガン奏者。1598生。

ムッファト，ゲオルク　1704没(50歳)。ドイツの作曲家、オルガン奏者。1653生。

河瀬菅雄　かわせすがお　1725没(79歳)。江戸時代前期・中期の歌人。1647生。

スタニスワフ1世　1766没(88歳)。ポーランド国王(在位1704～11, 33～36)。1677生。

レノルズ，ジョシュア　1792没(68歳)。イギリスの画家。1723生。

マリュス，エティエンヌ・ルイ　1812没(36歳)。フランスの物理学者。1775生。

キーツ，ジョン　1821没(25歳)。イギリス・ロマン派の詩人。1795生。

スペランスキー，ミハイル・ミハイロヴィチ，伯爵　1839没(67歳)。ロシアの政治家。1772生。

アダムズ，ジョン・クインシー　1848没(80歳)。アメリカの政治家、第6代大統領。1767生。

ベーリー　1851没(88歳)。スコットランドの女流詩人、劇作家。1762生。

ガウス，カール・フリードリヒ　1855没(77歳)。ドイツの数学者。1777生。

クラシンスキ，ジグムント　1859没(47歳)。ポーランドのロマン主義文学者。1812生。

日輝　にちき　1859没(60歳)。江戸時代末期の日蓮宗の僧。1800生。

2月23日

バーリンゲーム　1870没(49歳)。アメリカの政治家, 外交官。1820生。

ローン, アルブレヒト, 伯爵　1879没(75歳)。プロシア, ドイツの軍人, 政治家。1803生。

牛島ノシ　うしじまのし　1887没(76歳)。江戸・明治時代の女性。絣織法の考案者。1812生。

ダウソン, アーネスト　1900没(32歳)。イギリスの詩人, 短篇小説家。1867生。

ガーディナー, サミュエル・ローソン　1902没(72歳)。イギリスの歴史家。1829生。

田中久重(2代目)　たなかひさしげ　1905没(60歳)。明治時代の技術者, 実業家。1846生。

エスマルヒ　1908没(85歳)。ドイツの外科医。1823生。

チェフ, スヴァトプルク　1908没(62歳)。チェコの詩人, 小説家。1846生。

瓜生寅　うりゅうはじめ　1913没(72歳)。明治時代の官僚, 実業家。1842生。

ダルブー　1917没(74歳)。フランスの数学者。1842生。

波多野鶴吉　はたのつるきち　1918没(61歳)。明治時代の実業家。郡是製糸社長。1858生。

ソープ, サー・トーマス・エドワード　1925没(79歳)。イギリスの化学者。1845生。

淡島寒月　あわしまかんげつ　1926没(68歳)。明治・大正時代の小説家, 随筆家, 俳人, 画家。1859生。

野田卯太郎　のだうたろう　1927没(75歳)。明治・大正時代の政治家, 実業家。1853生。

川面凡児　かわづらぼんじ　1929没(68歳)。明治〜昭和時代の神道家。1862生。

ヴェッセル, ホルスト　1930没(22歳)。ドイツのナチス突撃隊員。1907生。

メルバ, デイム・ネリー　1931没(69歳)。オーストラリアのソプラノ歌手。1861生。

湯浅一郎　ゆあさいちろう　1931没(64歳)。明治・大正時代の洋画家。1868生。

エルガー, エドワード・ウィリアム　1934没(76歳)。イギリスの作曲家。1857生。

市川左団次(2代目)　いちかわさだんじ　1940没(61歳)。明治〜昭和時代の歌舞伎役者。1880生。

ツヴァイク, シュテファン　1942没(60歳)。オーストリアの作家。1881生。

原胤昭　はらたねあき　1942没(90歳)。明治時代のキリスト教社会事業家。1853生。

ベークランド, レオ・ヘンドリック　1944没(80歳)。アメリカの化学者。1863生。

里村欣三　さとむらきんぞう　1945没(44歳)。昭和時代の小説家。1902生。

ドリオ　1945没(57歳)。フランスの政治家。1888生。

トルストイ, アレクセイ・ニコラエヴィチ　1945没(62歳)。ソ連の小説家。1882生。

山下奉文　やましたともゆき　1946没(62歳)。昭和時代の陸軍軍人。大将。1885生。

市村瓚次郎　いちむらさんじろう　1947没(84歳)。明治〜昭和時代の東洋史学者。1864生。

島小太郎　しまこたろう　1948没。昭和時代の軍人, インドネシア独立運動協力者。

野上豊一郎　のがみとよいちろう　1950没(66歳)。大正・昭和時代の能楽研究者, 英文学者。1883生。

鈴木文史朗　すずきぶんしろう　1951没(60歳)。大正・昭和時代のジャーナリスト, 政治家。朝日新聞社常務, 参院議員。1890生。

クローデル, ポール　1955没(86歳)。フランスの詩人, 劇作家, 外交官(駐日大使)。1868生。

サウード・ブン・アブド・アルアズィーズ　1969没(67歳)。サウジアラビア2代目の国王(在位1953〜64)。1902生。

リチャーズ, ディキンソン・ウッドラフ　1973没(77歳)。アメリカの医師。1895生。

ノーランド　1974没(65歳)。アメリカの政治家, 新聞発行人。1908生。

中村直勝　なかむらなおかつ　1976没(85歳)。大正・昭和時代の日本史学者。1890生。

田中筆子　たなかふでこ　1981没(67歳)。大正・昭和時代の女優。1913生。

矢川徳光　やがわとくみつ　1982没(81歳)。昭和時代の教育学者。1900生。

ボールト, エードリアン　1983没(93歳)。イギリスの指揮者。1889生。

ヨーンゾン, ウーヴェ　1984没(49歳)。ドイツの小説家。1934生。

ナーガル, アムリットラール　1990没(73歳)。インド, ヒンディー語の小説家。1916生。

ゲース, アルブレヒト　2000没(91歳)。西ドイツの詩人, 小説家。1908生。

マートン, ロバート　2003没(92歳)。アメリカの社会学者。1910生。

2月24日

○記念日○　クロスカントリーの日
　　　　　　鉄道ストの日
○出来事○　昭和天皇の大喪の礼（1989）

エゼルバート　616没（64?歳）。アングロ・サクソン期、ノーサンブリアの王。552頃生。

尊意　そんい　940没（75歳）。平安時代前期・中期の天台宗の僧。866生。

実運　じちうん　1160没（56歳）。平安時代後期の真言宗の僧。1105生。

頼源　らいげん　1183没。平安時代後期の代表的な絵仏師。

平時忠　たいらのときただ　1189没（63歳）。平安時代後期の公卿。1127生。

藤原忠光　ふじわらのただみつ　1192没。平安時代後期の武士。

結城朝光　ゆうきともみつ　1254没（88歳）。平安時代後期・鎌倉時代前期の武将。1167生。

四条隆康　しじょうたかやす　1291没（43歳）。鎌倉時代後期の公卿。1249生。

信日　しんにち　1307没。鎌倉時代後期の真言宗の僧。

冷泉業家　れいぜいかずいえ　1383没。南北朝時代の公卿。

日野氏種　ひのうじたね　1385没（57歳）。南北朝時代の公卿。1329生。

無端祖環　むたんそかん　1387没。南北朝時代の曹洞宗の僧。

永衍　えいえん　1450没（72歳）。室町時代の天台宗の僧。1379生。

了知　りょうち　1452没。室町時代の浄土宗の僧。

ジェム・スルタン　1495没（35歳）。オスマン・トルコ帝国の詩人、冒険者。1459生。

エーベルハルト5世　1496没（50歳）。ビュルテンベルク公。1445生。

コロンブス　1526没（46?歳）。コロンブスの長子。1480頃生。

ギーズ、フランソワ、2代公爵　1563没（44歳）。フランスの将軍。1519生。

ケスラー、ヨハネス　1574没（72?歳）。スイスの年代記者、宗教改革者。1502頃生。

イブラーヒーム・ミールザー　1577没。イランのサファヴィー朝の王子。

ヴァイアー、ヨハネス　1588没（73?歳）。フランドルの宗教改革期の医師。1515頃生。

平岡頼勝　ひらおかよりかつ　1607没（48歳）。安土桃山時代・江戸時代前期の武将、大名。1560生。

長谷川等伯　はせがわとうはく　1610没（72歳）。安土桃山時代・江戸時代前期の画家。1539生。

天野康景　あまのやすかげ　1613没（77歳）。安土桃山時代・江戸時代前期の大名。1537生。

小松姫　こまつひめ　1620没（48歳）。安土桃山時代・江戸時代前期の女性。本多平八郎忠勝の娘、信濃松代藩主真田信之の正室。1573生。

玉泉院　ぎょくせんいん　1623没。安土桃山時代・江戸時代前期の女性。加賀藩主前田利長の正室。

サントリオ　1636没（74歳）。イタリアの医師。1561生。

末吉長方　すえよしながかた　1639没（52歳）。江戸時代前期の豪商、朱印船貿易家。1588生。

ティルソ-デ-モリーナ　1648没（77?歳）。スペインの劇作家。1571頃生。

シャルパンティエ、マルカントワーヌ　1704没（70歳）。フランスの作曲家。1634生。

内藤丈草　ないとうじょうそう　1704没（43歳）。江戸時代前期・中期の俳人。1662生。

森田勘弥（3代目）　もりたかんや　1722没。江戸時代中期の歌舞伎座主、歌舞伎役者。

ジョゼ1世　1777没（62歳）。ポルトガル王（在位1750～77）。1714生。

徳川家基　とくがわいえもと　1779没（18歳）。第10代将軍徳川家治の継嗣。1762生。

リヒテンベルク、ゲオルク・クリストフ　1799没（56歳）。ドイツ啓蒙主義の作家、物理学者。1742生。

ベルジェニ・ダーニエル　1836没（59歳）。ハンガリーのロマン派詩人。1776生。

2月24日

ロバチェフスキー, ニコライ・イヴァノヴィッチ 1856没(63歳)。ロシアの数学者。1792生。

大槻西磐 おおつきせいばん 1857没(40歳)。江戸時代末期の儒学者。1818生。

斎藤留次郎 さいとうとめじろう 1860没(31歳)。江戸時代末期の水戸藩士。1830生。

インゲマン, ベアンハート・セヴェリン 1862没(72歳)。デンマークの詩人。1789生。

不知火光右衛門 しらぬいみつえもん 1879没(55歳)。江戸・明治時代の力士。横綱。1825生。

コンペーレ 1913没(70歳)。フランスの教育行政家, 教育学者。1843生。

デュラフォア, マルセル 1920没(75歳)。フランスの考古学者。1844生。

キリアン 1921没(60歳)。ドイツの耳鼻咽喉科学者。1860生。

エスピナス 1922没(77歳)。フランスの哲学者。1844生。

モーリー, エドワード・ウィリアムズ 1923没(85歳)。アメリカの化学者。1838生。

横田国臣 よこたくにおみ 1923没(74歳)。明治・大正時代の司法官。大審院長。1850生。

ブランティング, カール・ヤルマル 1925没(64歳)。スウェーデンの政治家, ジャーナリスト。1860生。

メサジェ, アンドレ 1929没(75歳)。フランスの指揮者, 作曲家。1853生。

芝不器男 しばふきお 1930没(28歳)。昭和時代の俳人。1903生。

久米邦武 くめくにたけ 1931没(93歳)。明治時代の歴史学者。帝国大学教授, 早稲田大学教授。1839生。

直木三十五 なおきさんじゅうご 1934没(44歳)。昭和時代の小説家。1891生。

レルケ, オスカル 1941没(56歳)。ドイツの詩人。1884生。

ジョンソン 1944没(65歳)。アメリカの地形学者。1878生。

河口慧海 かわぐちえかい 1945没(80歳)。明治〜昭和時代の仏教学者, 探検家。東洋大学教授。1866生。

上田進 うえだすすむ 1947没(41歳)。昭和時代のロシア文学者, 翻訳家。1907生。

ジャネ, ピエール 1947没(87歳)。フランスの心理学者, 精神病理学者。1859生。

ルントシュテット, ゲルト・フォン 1953没(77歳)。ドイツの軍人。1875生。

ヘルツェグ・フェレンツ 1954没(90歳)。ハンガリーの小説家, 劇作家。1863生。

胡適 こてき 1962没(70歳)。中国の学者, 教育家。1891生。

高碕達之助 たかさきたつのすけ 1964没(79歳)。大正・昭和時代の政治家, 実業家。衆院議員(自民党), 大日本水産会会長。1885生。

伊藤武雄 いとうたけお 1971没(75歳)。大正・昭和時代のドイツ文学者。金沢大学教授, 桃山学院大学教授。1895生。

ベルメール, ハンス 1975没(72歳)。フランスの美術家。1902生。

三橋節子 みつはしせつこ 1975没(35歳)。昭和時代の日本画家。1939生。

納富寿童 のうとみじゅうどう 1976没(80歳)。大正・昭和時代の尺八演奏家。日本三曲協会理事。1895生。

伊平タケ いひらたけ 1977没(91歳)。明治〜昭和時代の瞽女唄伝承者。1886生。

馬場義続 ばばよしつぐ 1977没(74歳)。昭和時代の検察官。検事総長。1902生。

白鳥由栄 しらとりよしえ 1979没(71歳)。昭和時代の脱獄囚。1907生。

藤原岩市 ふじわらいわいち 1986没(77歳)。昭和時代の自衛官。陸上自衛隊第一師団長, 陸将。1908生。

柳つる やなぎつる 1990没(86歳)。大正・昭和時代の社会運動家。1903生。

ショア, ダイナ 1994没(73歳)。アメリカの女性ジャズ歌手。1920生。

ムニャチコ, ラジスラウ 1994没(75歳)。チェコスロバキアの作家。1919生。

神代辰巳 くましろたつみ 1995没(67歳)。昭和・平成時代の映画監督, シナリオライター。1927生。

前畑秀子 まえはたひでこ 1995没(80歳)。昭和時代の水泳選手, 指導者。1914生。

田辺竹雲斎(2代目) たなべちくうんさい 2000没(89歳)。昭和・平成時代の竹工芸家。1910生。

シャノン, クロード・エルウッド 2001没(84歳)。アメリカの電気工学者, 数学者。1916生。

蔦谷喜一 つたやきいち 2005没(91歳)。昭和・平成時代の画家、塗り絵作家。1914生。

2月25日

○記念日○ 箱根用水完成の日
夕刊紙の日
○出来事○ 恵比寿ビール発売(1890)
夕刊フジ創刊(1969)

間人皇女 はしひとのひめみこ 665没。飛鳥時代の女性。舒明天皇の皇女。

菩提僊那 ぼだいせんな 760没(57歳)。奈良時代の渡来インド人僧。704生。

藤原高房 ふじわらのたかふさ 852没(58歳)。平安時代前期の官人。795生。

真済 しんぜい 860没(61歳)。平安時代前期の真言宗の僧。800生。

有子内親王 ゆうしないしんのう 862没。平安時代前期の女性。淳和天皇の皇女。

都良香 みやこのよしか 879没(46歳)。平安時代前期の学者、漢詩人。834生。

源冷 みなもとのすずし 890没(56歳)。平安時代前期の公卿。835生。

菅原道真 すがわらのみちざね 903没(59歳)。平安時代前期の学者、歌人、公卿。845生。

均子内親王 きんしないしんのう 910没(21歳)。平安時代前期・中期の女性。宇多天皇の皇女。890生。

澄心 ちょうしん 1014没(76歳)。平安時代中期の三論宗の僧。939生。

北条時定 ほうじょうときさだ 1193没(49歳)。平安時代後期の武将。1145生。

月林道皎 げつりんどうこう 1351没(59歳)。鎌倉時代後期・南北朝時代の五山禅僧。1293生。

大友親世 おおともちかよ 1418没。室町時代の武将、豊後守護。

楊梅兼邦 やまももかねくに 1420没。室町時代の公卿。

日隆 にちりゅう 1464没(80歳)。室町時代の日蓮宗の僧。1385生。

リリー、ウィリアム 1522没(54?歳)。イギリスの古典学者、文法学者。1468頃生。

大岳文禎 だいかくぶんてい 1527没(64歳)。戦国時代の曹洞宗の僧。1464生。

久峰文昌 きゅうほうぶんしょう 1529没。戦国時代の曹洞宗の僧。

コロンナ、ヴィットーリア 1547没(55?歳)。イタリアの女流詩人。1492頃生。

三条実香 さんじょうさねか 1559没(91歳)。戦国時代の公卿。1469生。

小笠原長時 おがさわらながとき 1583没(70歳)。戦国時代・安土桃山時代の武将、信濃守。1514生。

エセックス、ロバート・デヴルー、2代伯爵 1601没(34歳)。イギリスの貴族。1566生。

山科言緒 やましなときお 1620没(44歳)。安土桃山時代・江戸時代前期の公家。1577生。

バシェ・ド・メジリアク 1632没(50歳)。フランスの数学者。1581生。

ヴァレンシュタイン、アルブレヒト・ヴェンツェル・オイゼービウス・フォン 1634没(50歳)。ドイツの軍人。1583生。

小幡景憲 おばたかげのり 1663没(92歳)。江戸時代前期の兵学者。1572生。

森田勘弥(初代) もりたかんや 1679没。江戸時代前期の歌舞伎役者、歌舞伎座本。

ストラデラ、アレッサンドロ 1682没(40歳)。イタリアの作曲家、ヴァイオリン奏者、歌手。1642生。

契沖 けいちゅう 1701没(62歳)。江戸時代前期・中期の和学者。1640生。

フリードリヒ1世 1713没(55歳)。プロイセン国王(在位1701～13)。1657生。

レン、クリストファー 1723没(90歳)。イギリスの建築家、科学者。1632生。

お駒・才三郎 おこま・さいざぶろう 1727没(24?歳)。江戸時代中期の白子屋事件をもとにした浄瑠璃の主人公。1704頃生。

田中蘭陵 たなかられりょう 1734没(36歳)。江戸時代中期の儒学者。1699生。

グレイ、スティーヴン 1736没(66?歳)。イギリスの物理学者。1670頃生。

市川団十郎(4代目) いちかわだんじゅうろう 1778没(68歳)。江戸時代中期の歌舞伎役者。1711生。

草間直方 くさまなおかた 1831没(79歳)。江戸時代後期の両替商、経済学者。1753生。

黒住宗忠　くろずみむねただ　1850没（71歳）。
　江戸時代後期の神道家，黒住教の教祖。
　1780生。
ムア，トマス　1852没（72歳）。アイルランド
　生れの詩人。1779生。
水野忠央　みずのただなか　1865没（52歳）。江戸
　時代末期の紀伊和歌山藩士，新宮城主，江
　戸家老。1814生。
ルートヴィヒ，オットー　1865没（52歳）。ド
　イツの小説家，劇作家。1813生。
ハリス，タウンセンド　1878没（73歳）。アメ
　リカの外交官。1804生。
賀来惟熊　かくこれくま　1880没（85歳）。江戸
　時代末期・明治時代の社会事業家，造兵家。
　1796生。
マッケイ，スティール　1894没（51歳）。アメ
　リカの俳優，劇作家，演出家。1842生。
西川鯉三郎（初代）　にしかわこいさぶろう　1899没
　（76歳）。明治時代の振付師，日本舞踊家。
　1824生。
ロイター，パウル・ユリウス，男爵　1899没（82
　歳）。イギリス（ドイツ生れ）の通信事業家。
　1816生。
ウーデ，フリッツ・フォン　1911没（62歳）。ド
　イツの画家。1848生。
シュピールハーゲン，フリードリヒ　1911没
　（82歳）。ドイツの小説家，文芸評論家。
　1829生。
テニエル，ジョン　1914没（93歳）。イギリスの
　挿絵画家，諷刺画家。1820生。
フチーニ，レナート　1921没（77歳）。イタリ
　アの小説家，詩人。1843生。
マティエ　1932没（58歳）。フランスの歴史家。
　1874生。
マッグロー，ジョン　1934没（60歳）。アメリカ
　の職業野球の選手，監督。1873生。
伊庭孝　いばたかし　1937没（51歳）。大正・昭
　和時代の演出家，劇作家。1887生。
バンティング，サー・フレデリック・グラント
　1941没（49歳）。カナダの医師。1891生。
アンドラーデ，マリオ・デ　1945没（51歳）。ブ
　ラジルの詩人，小説家。1893生。
パーシェン　1947没（82歳）。ドイツの実験物
　理学者。1865生。
クリューガー，フェーリクス　1948没（73歳）。
　ドイツの心理学者。1874生。
マイノット，ジョージ・リチャーズ　1950没（64
　歳）。アメリカの医師。1885生。

桂春団治（2代目）　かつらはるだんじ　1953没（58
　歳）。大正・昭和時代の落語家。1894生。
斎藤茂吉　さいとうもきち　1953没（70歳）。大
　正・昭和時代の歌人，医師。精神科，青山脳
　病院院長。1882生。
能勢朝次　のせあさじ　1955没（60歳）。大正・昭
　和時代の国文学者，能楽研究家。東京教育
　大学教授，奈良学芸大学学長。1894生。
ハースコヴィッツ，メルヴィル・J　1963没（67
　歳）。アメリカの文化人類学者。1895生。
アーキペンコ，アレグザンダー・ポルフィリエ
　ヴィチ　1964没（76歳）。ロシア生まれの
　彫刻家。1887生。
竜粛　りょうすすむ　1964没（73歳）。大正・
　昭和時代の日本史学者。東京大学教授。
　1890生。
シロタ　1965没（79歳）。ロシアの音楽家。
　1885生。
高石真五郎　たかいししんごろう　1967没（88
　歳）。明治〜昭和時代のジャーナリスト，
　新聞経営者。毎日新聞社社長，IOC委員。
　1878生。
ロスコ，マーク　1970没（66歳）。アメリカの
　画家。1903生。
ムハンマド，イライジャ　1975没（77歳）。アメ
　リカの黒人団体「黒人回教団」の指導者。
　1897生。
水島早苗　みずしまさなえ　1978没（68歳）。昭和
　時代のジャズ歌手。1909生。
松村英一　まつむらえいいち　1981没（91歳）。大
　正・昭和時代の歌人。「国民文学」主宰。
　1889生。
ウィリアムズ，テネシー　1983没（71歳）。ア
　メリカの劇作家。1911生。
布施健　ふせたけし　1988没（75歳）。昭和時代
　の検察官。検事総長。1912生。
安房直子　あわなおこ　1993没（50歳）。昭和・平
　成時代の児童文学作家。1943生。
城達也　じょうたつや　1995没（63歳）。昭和・平
　成時代の声優，俳優。1931生。
シーボーグ，グレン・セオドア　1999没（86歳）。
　アメリカの物理化学者。1912生。
飯田龍太　いいだりゅうた　2007没（86歳）。昭
　和・平成時代の俳人。1920生。

2月25日

2月26日

○記念日○ 血液銀行開業記念日
　　　　　咸臨丸の日
○出来事○ 2・26事件発生（1936）

ポルフュリオス　420没（73?歳）。聖十字架の遺物を保管したガザの主教。347頃生。
円元　えんげん　782没（67歳）。奈良時代の僧。716生。
藤原継彦　ふじわらのつぎひこ　828没（80歳）。奈良時代・平安時代前期の公卿。749生。
恵詮　えしん　900没（70歳）。平安時代前期の華厳宗の僧。831生。
ロジェール2世　1154没（61歳）。シチリア王（在位1130～54）。1093生。
源資賢　みなもとのすけかた　1188没（76歳）。平安時代後期の歌人・公卿。1113生。
藤原基家　ふじわらもといえ　1214没（83歳）。平安時代後期・鎌倉時代前期の公卿。1132生。
マンフレート　1266没（35?歳）。シチリア王（在位1258～66）。1231頃生。
高師直　こうのもろなお　1351没。南北朝時代の武将。
高師泰　こうのもろやす　1351没。南北朝時代の武将、尾張守、越後守。師重の子、師直の兄弟。
高師世　こうのもろよ　1351没。南北朝時代の武将、室町幕府執事。
久我通宣　こがみちのぶ　1352没（57歳）。鎌倉時代後期・南北朝時代の公卿。1296生。
大道一以　だいどういちい　1370没（79歳）。鎌倉時代後期・南北朝時代の僧。1292生。
英仲法俊　えいちゅうほうしゅん　1416没（77歳）。南北朝時代・室町時代の禅僧。1340生。
快雅　かいが　1433没。室町時代の真言宗の僧。
ドルチ、ジョヴァンニ・デイ・ピエートロ・デ　1486没。イタリアの建築家、彫刻家。
クアウテモク　1525没（30?歳）。アステカ帝国最後の国王。1495頃生。
メーディチ、ロレンツィーノ・デ　1548没（34歳）。イタリアの作家。1513生。
上杉定実　うえすぎさだざね　1550没。戦国時代の武将。
モンテマヨル、ホルヘ・デ　1561没（41?歳）。スペインの小説家。1520頃生。
エーリック14世　1577没（43歳）。スウェーデン王（在位1560～68）。1533生。
以安智察　いあんちさつ　1587没（74歳）。戦国時代・安土桃山時代の臨済宗の僧。1514生。
堀直政　ほりなおまさ　1608没（62歳）。安土桃山時代・江戸時代前期の大名。1547生。
滝川雄利　たきがわかつとし　1610没（68歳）。安土桃山時代・江戸時代前期の大名。1543生。
ポッセヴィーノ、アントーニオ　1611没（78歳）。イタリアの聖職者。1533生。
蜂須賀至鎮　はちすかよししげ　1620没（35歳）。江戸時代前期の大名。1586生。
マクシミリアン2世　1726没（63歳）。バイエルン選帝侯（1679～1726）。1662生。
鳳潭　ほうたん　1738没（80歳）。江戸時代前期・中期の華厳宗の学僧。1659生。
タルティーニ、ジュゼッペ　1770没（77歳）。イタリアのヴァイオリン奏者、作曲家。1692生。
蓬莱山人帰橋　ほうらいさんじんききょう　1789没（30?歳）。江戸時代中期の戯作者。1760頃生。
セルゲル、ユーハン・トビアス　1814没（73歳）。スウェーデンの彫刻家。1740生。
メーストル、ジョゼフ・ド　1821没（67歳）。フランスの政治家、哲学者。1753生。
ケンブル、ジョン・フィリップ　1823没（66歳）。イギリスの俳優。1757生。
ゼーネフェルダー、アロイス　1834没（62歳）。チェコスロバキア生れの石版画の発明者（1796頃）。1771生。
間宮林蔵　まみやりんぞう　1844没（70歳）。江戸時代後期の北地探検家。1775生。
トゥーク　1858没（84歳）。イギリスの経済学者、実業家。1774生。
大前田英五郎　おおまえだえいごろう　1874没（82歳）。江戸・明治時代の博徒。1793生。
マルコヴィチ、スヴェトザル　1875没（28歳）。セルビアの文学評論家、思想家。1846生。

2月26日

セッキ, ピエトロ・アンジェロ　1878没（59歳）。イタリアの天文学者。1818生。

キャメロン, ジュリア・マーガレット　1879没（63歳）。イギリスの女流写真家。1815生。

品川弥二郎　しながわやじろう　1900没（58歳）。江戸・明治時代の萩藩士, 政治家。子爵。1843生。

エビングハウス, ヘルマン　1909没（59歳）。ドイツの心理学者。1850生。

メンガー　1921没（81歳）。オーストリアの経済学者。1840生。

オブライエン, ウィリアム　1928没（75歳）。アイルランド独立運動の指導者。1852生。

ヴァラッハ, オットー　1931没（83歳）。ドイツの有機化学者。1847生。

松原岩五郎　まつばらいわごろう　1935没（70歳）。明治時代のジャーナリスト, 記録文学者。1866生。

斎藤実　さいとうまこと　1936没（79歳）。明治・大正時代の海軍軍人, 政治家。海相, 内閣総理大臣。1858生。

高橋是清　たかはしこれきよ　1936没（83歳）。明治～昭和時代の財政家, 政治家。首相, 政友会総裁, 横浜正金銀行頭取, 日銀総裁, 大蔵大臣, 子爵。1854生。

渡辺錠太郎　わたなべじょうたろう　1936没（63歳）。明治～昭和時代の陸軍軍人。大将。1874生。

小崎弘道　こざきひろみち　1938没（83歳）。明治～昭和時代のキリスト教伝道者, 牧師。同志社英学校社長。1856生。

高安月郊　たかやすげっこう　1944没（76歳）。明治・大正時代の詩人, 劇作家。1869生。

田保橋潔　たぼはしきよし　1945没（49歳）。大正・昭和時代の歴史学者。1897生。

橋本関雪　はしもとかんせつ　1945没（63歳）。大正・昭和時代の日本画家。1883生。

イング, ウィリアム・ラーフ　1954没（93歳）。イギリスの神学者, 聖ポール寺院の司祭長（1911～34）。1860生。

横山大観　よこやまたいかん　1958没（89歳）。明治～昭和時代の日本画家。1868生。

ムハンマド5世　1961没（50歳）。モロッコ国王（在位1957～61）。1910生。

プラサード, ラージェーンドラ　1963没（78歳）。インドの政治家, 弁護士, 初代大統領。1884生。

セヴェリーニ, ジーノ　1966没（82歳）。イタリアの画家。1883生。

八杉貞利　やすぎさだとし　1966没（89歳）。明治～昭和時代のロシア語学者。1876生。

エシュコル　1969没（73歳）。シオニスト労働運動の指導者・イスラエルの政治家。1895生。

ヤスパース, カール　1969没（86歳）。ドイツの哲学者。1883生。

西岡虎之助　にしおかとらのすけ　1970没（74歳）。大正・昭和時代の日本史学者。1895生。

スヴェードベリ, テオドル　1971没（86歳）。スウェーデンの化学者。1884生。

渡辺順三　わたなべじゅんぞう　1972没（77歳）。大正・昭和時代の歌人。1894生。

赤井米吉　あかいよねきち　1974没（86歳）。大正・昭和時代の教育者。1887生。

穴沢喜美男　あなざわきみお　1974没（62歳）。昭和時代の舞台照明家。1911生。

ソブクウェ, ロバート・マンガリソ　1978没（53歳）。南アフリカ共和国のアフリカ人解放運動指導者。1924生。

ハンソン, ハワード　1981没（84歳）。スウェーデン系のアメリカの作曲家, 指揮者。1896生。

衣笠貞之助　きぬがさていのすけ　1982没（86歳）。大正・昭和時代の映画監督。1896生。

コープマンズ, チャリング・C　1985没（74歳）。アメリカ（オランダ生れ）の経済学者。1910生。

藤堂明保　とうどうあきやす　1985没（69歳）。昭和時代の中国文学者。1915生。

今村太平　いまむらたいへい　1986没（74歳）。昭和時代の映画評論家。1911生。

落合聡三郎　おちあいそうざぶろう　1995没（84歳）。昭和・平成時代の児童劇作家。少年演劇センター代表, 少年演劇主宰。1910生。

大藪春彦　おおやぶはるひこ　1996没（61歳）。昭和・平成時代の小説家。1935生。

田中希代子　たなかきよこ　1996没（64歳）。昭和・平成時代のピアニスト。1932生。

岡田隆彦　おかだたかひこ　1997没（57歳）。昭和・平成時代の美術評論家, 詩人。1939生。

植村鷹千代　うえむらたかちよ　1998没（86歳）。昭和・平成時代の美術評論家。サロン・デ・ボザール会長。1911生。

2月27日

○記念日○　新選組の日（壬生組結成）
○出来事○　パリ万博開幕（1867）
　　　　　　横綱審議委員会設置（1950）

元杲　げんごう　995没（82歳）。平安時代中期の真言宗の僧。914生。

ロベルトゥス（ムランの）　1167没（67?歳）。初期のスコラ神学者。1100頃生。

源雅通　みなもとのまさみち　1175没（58歳）。平安時代後期の公卿。1118生。

藤原隆信　ふじわらのたかのぶ　1205没（64歳）。平安時代後期・鎌倉時代前期の歌人，似絵絵師。1142生。

徳大寺実時　とくだいじさねとき　1404没（67歳）。南北朝時代・室町時代の公卿。1338生。

スレイマン・チェレビー　1411没。オスマン・トルコ帝国のスルタン（1403～10）。

足利義量　あしかがよしかず　1425没（19歳）。室町幕府第5代の将軍。1407生。

グロスター，ハンフリー，公爵　1447没（56歳）。イギリスの公爵。1391生。

越智家栄　おちいえひで　1500没（75歳）。室町時代・戦国時代の武将。1426生。

山科言経　やましなときつね　1611没（69歳）。安土桃山時代・江戸時代前期の公家。1543生。

蘆塚忠右衛門　あしづかちゅうえもん　1638没（51?歳）。江戸時代前期の農民。1588頃生。

ヴォージュラ，クロード・ファーヴル・ド　1650没（65歳）。フランスの文法学者。1585生。

中沼左京　なかぬまさきょう　1655没（77歳）。安土桃山時代・江戸時代前期の興福寺一乗院門跡諸大夫。1579生。

ヘームスケルク　1656没（59歳）。オランダの文学者。1597生。

ダンスター，ヘンリ　1659没（49歳）。イギリス生れのアメリカの教育者，東洋学者。1609生。

井上政重　いのうえまさしげ　1661没（77歳）。江戸時代前期の大名，大目付。1585生。

榊原政倫　さかきばらまさとも　1683没（19歳）。江戸時代前期の大名。1665生。

イーヴリン，ジョン　1706没（85歳）。イギリスの芸術愛好家。1620生。

バハードゥル・シャー1世　1712没（68歳）。インドのムガル王朝の王。1644生。

アーバスノット，ジョン　1735没（67歳）。イギリスの詩人，評論家。1667生。

市川団十郎（3代目）　いちかわだんじゅうろう　1742没（22歳）。江戸時代中期の歌舞伎役者。1721生。

鳥羽屋三右衛門（初代）　とばやさんえもん　1767没（56?歳）。江戸時代中期の三味線方。1712頃生。

渡辺蒙庵　わたなべもうあん　1775没（89歳）。江戸時代中期の漢学者。1687生。

ズルツァー，ヨハン・ゲオルク　1779没（58歳）。ドイツの美学者，哲学者，心理学者。1720生。

カダルソ，ホセ　1782没（40歳）。スペインの小説家，軍人。1741生。

久坂玄機　くさかげんき　1854没（35歳）。江戸時代末期の蘭学者。1820生。

ラムネー，フェリシテ-ロベール・ド　1854没（71歳）。フランスの哲学者，宗教思想家。1782生。

仙石佐多雄　せんごくさたお　1863没（22歳）。江戸時代末期の幕臣。1842生。

山登検校（初代）　やまとけんぎょう　1863没（82歳）。江戸時代後期の山田流箏曲家。1782生。

オドエフスキー，ウラジーミル・フョードロヴィチ　1869没（65?歳）。ロシアの小説家，音楽評論家。1803頃生。

ボロディン，アレクサンドル・ボルフィリエヴィチ　1887没（53歳）。ロシアの作曲家。1833生。

工藤他山　くどうたざん　1889没（72歳）。江戸・明治時代の儒学者。1818生。

ラングリー，サミュエル・ピアポント　1906没（71歳）。アメリカの天文・物理学者。1834生。

ホワイト　1913没(68歳)。イギリスの造船家。1845生。

森山芳平　もりやまよしへい　1915没(62歳)。明治時代の機業家。1854生。

富田鉄之助　とみたてつのすけ　1916没(82歳)。明治・大正時代の官僚。日本銀行総裁，貴族院議員。1835生。

ライト，ジョゼフ　1930没(74歳)。イギリスの言語学者。1855生。

パヴロフ，イヴァン・ペトロヴィチ　1936没(86歳)。ソ連の生理学者。1849生。

クルプスカヤ　1939没(70歳)。ソ連の教育家，教育学者。1869生。

ベーレンス，ペーター　1940没(71歳)。ドイツの建築家，工業デザイナー。1868生。

金子直吉　かねこなおきち　1944没(79歳)。明治～昭和時代の実業家。鈴木商店番頭。1866生。

稲田竜吉　いなだりゅうきち　1950没(75歳)。明治～昭和時代の内科学者。京都帝大福岡医科大学教授。1874生。

国府犀東　こくぶさいとう　1950没(77歳)。明治～昭和時代の詩人。1873生。

ゴル，イヴァン　1950没(58歳)。ドイツのシュールレアリスム詩人。1891生。

ラーミン，ギュンター　1956没(57歳)。ドイツのオルガン奏者，指揮者，作曲家。1898生。

筧克彦　かけいかつひこ　1961没(88歳)。明治～昭和時代の公法学者，神道思想家。東京帝国大学教授。1872生。

キーリン，デイヴィド　1963没(75歳)。イギリスの生化学者。1887生。

佐藤やい　さとうやい　1964没(65歳)。大正・昭和時代の医学者。東京女子医学専門学校教授，日本女医会長。1898生。

天田勝正　あまだかつまさ　1965没(58歳)。昭和時代の政治家，労働運動家。参議院議員，民主社会党参議院議員会長。1906生。

荒木暢夫　あらきのぶお　1966没(72歳)。大正・昭和時代の歌人。1893生。

上田広　うえだひろし　1966没(60歳)。昭和時代の小説家。1905生。

会田由　あいだゆう　1971没(67歳)。昭和時代のスペイン文学者。神奈川大学教授。1903生。

岩崎純孝　いわさきじゅんこう　1971没(69歳)。大正・昭和時代の翻訳者，児童文学者。1901生。

吉住小三郎(4代目)　よしずみこさぶろう　1972没(95歳)。明治～昭和時代の長唄唄方。1876生。

カー，ジョン・ディクソン　1977没(70歳)。アメリカの推理小説作家。1906生。

ダールバーグ，エドワード　1977没(76歳)。アメリカの小説家。1900生。

渡辺篤　わたなべあつし　1977没(78歳)。大正・昭和時代の俳優。1898生。

久松真一　ひさまつしんいち　1980没(90歳)。大正・昭和時代の宗教哲学者。京都大学教授。1889生。

蜷川虎三　にながわとらぞう　1981没(84歳)。昭和時代の経済学者，政治家。京都府知事，京都帝国大学教授。1897生。

井上光貞　いのうえみつさだ　1983没(65歳)。昭和時代の歴史家。東京大学教授，国立歴史民俗博物館館長。1917生。

金関丈夫　かなせきたけお　1983没(86歳)。昭和時代の人類学者，解剖学者，考古学者。帝塚山大学教授，九州大学教授。1897生。

一志茂樹　いっししげき　1985没(91歳)。大正・昭和時代の郷土史家，教育者。1893生。

亀井文夫　かめいふみお　1987没(78歳)。昭和時代の映画監督，記録映画作家。日本ドキュメントフィルム社代表。1908生。

佐藤重臣　さとうしげちか　1988没(55歳)。昭和時代の映画評論家。「映画評論」編集長。1932生。

ローレンツ，コンラート　1989没(85歳)。オーストリアの動物心理学者。1903生。

永田衡吉　ながたこうきち　1990没(96歳)。大正・昭和時代の劇作家，民俗芸能研究家。1893生。

ギッシュ，リリアン　1993没(99歳)。アメリカの女優。1893生。

稲垣史生　いながきしせい　1996没(83歳)。昭和・平成時代の時代考証家，小説家。1912生。

田中小実昌　たなかこみまさ　2000没(74歳)。昭和・平成時代の小説家，翻訳家。1925生。

網野善彦　あみのよしひこ　2004没(76歳)。昭和・平成時代の歴史家。1928生。

スウィージー　2004没(93歳)。アメリカのマルクス主義経済学者。1910生。

那須博之　なすひろゆき　2005没(53歳)。昭和・平成時代の映画監督。1952生。

2月27日

2月28日

○記念日○ エッセイ記念日
ビスケットの日
○出来事○ 吉田首相バカヤロー発言(1953)
あさま山荘突入(1972)
湾岸戦争終結(1991)

橘良殖　たちばなのよしまろ　920没(57歳)。平安時代前期・中期の公卿。864生。

レイモン4世　1105没(62?歳)。フランス、ツールーズ伯、プロバンス公。1043頃生。

玉手則清　たまてのりきよ　1133没(77歳)。平安時代後期の雅楽家。1057生。

藤原光能　ふじわらのみつよし　1183没(52歳)。平安時代後期の公卿。1132生。

賢隆　けんりゅう　1284没。鎌倉時代後期の真言宗の僧。

頼助　らいじょ　1296没(51歳)。鎌倉時代後期の真言宗の僧。1246生。

五条経世　ごじょうながつね　1315没(74歳)。鎌倉時代後期の公卿。1242生。

レオポルト1世　1326没(36?歳)。オーストリア公。1290頃生。

西園寺実長　さいおんじさねなが　1355没(22歳)。南北朝時代の公卿。1334生。

山名時氏　やまなときうじ　1371没(73歳)。鎌倉時代後期・南北朝時代の武将。1299生。

存覚　ぞんかく　1373没(84歳)。鎌倉時代後期・南北朝時代の真宗の僧。1290生。

日什　にちじゅう　1392没(79歳)。南北朝時代の日蓮宗の僧。1314生。

蘭坡景茝　らんぱけいし　1501没(83歳)。室町時代・戦国時代の臨済宗の僧。1419生。

山科言国　やましなときくに　1503没(52歳)。戦国時代の公卿。1452生。

コサ　1510没(50?歳)。スペインの航海者。1460頃生。

プレッテンベルク、ヴァルター・フォン　1535没(85?歳)。リボニア騎士団長(1494～1535)。1450頃生。

ブーツァー、マルティン　1551没(59歳)。ドイツのプロテスタント宗教改革者。1491生。

有馬晴純　ありまはるずみ　1566没(84歳)。戦国時代の肥前の武将。1483生。

チューディ　1572没(67歳)。スイスの歴史家。1505生。

千利休　せんのりきゅう　1591没(70歳)。戦国時代・安土桃山時代の茶人。1522生。

桑山一晴　くわやまかずはる　1604没(30歳)。安土桃山時代の武将、大名。1575生。

青山忠成　あおやまただなり　1613没(63歳)。安土桃山時代・江戸時代前期の大名、関東総奉行。1551生。

アルヘンソーラ、ルペルシオ・デ　1613没(53歳)。スペインの詩人。1559生。

ターナー、シリル　1626没(51歳)。イギリスの悲劇作家。1575生。

天草四郎　あまくさしろう　1638没(15?歳)。江戸時代前期の島原・天草一揆の指導者。1624生。

益田好次　ますだよしつぐ　1638没。江戸時代前期の島原・天草一揆の指導者。

森宗意軒　もりそういけん　1638没。江戸時代前期の島原の乱の指導者、小西行長の臣。

クリスティアン4世　1648没(70歳)。デンマーク、ノルウェー王(1588～1648)。1577生。

モラン、ジャン　1659没(68歳)。フランスの神学者。1591生。

中村伝次郎(初代)　なかむらでんじろう　1729没(57歳)。江戸時代中期の歌舞伎の振付師。1673生。

天英院　てんえいいん　1741没(80?歳)。江戸時代中期の女性。6代将軍徳川家宣の正室。1662頃生。

戸田旭山　とだきょくざん　1769没(74歳)。江戸時代中期の医師、本草家。1696生。

中村勘三郎(7代目)　なかむらかんざぶろう　1775没(59歳)。江戸時代中期の歌舞伎役者、歌舞伎座本。1717生。

キャヴェンディッシュ、ヘンリー　1810没(78歳)。イギリスの物理学者、化学者。1731生。

山片蟠桃　やまがたばんとう　1821没(74歳)。江戸時代中期・後期の町人学者。1748生。

2月28日

水野忠成　みずのただあきら　1834没（73歳）。江戸時代中期・後期の大名。1762生。

石崎融思　いしざきゆうし　1846没（79歳）。江戸時代中期・後期の画家。1768生。

ラマルチーヌ，アルフォンス・ド　1869没（78歳）。フランスの詩人，政治家。1790生。

歌沢能六斎　うたざわのろくさい　1886没（61歳）。江戸・明治時代の戯作者，ジャーナリスト，静岡新聞社社長。1826生。

モレリ，ジョヴァンニ　1891没（75歳）。イタリアの政治家，美術評論家。1816生。

桃川如燕（初代）　ももかわじょえん　1898没（67歳）。江戸・明治時代の講釈師。1832生。

池辺三山　いけべさんざん　1912没（49歳）。明治時代の新聞人。1864生。

高崎正風　たかさきまさかぜ　1912没（77歳）。江戸・明治時代の歌人。御歌所長。1836生。

岡鹿門　おかろくもん　1914没（82歳）。江戸・明治時代の漢学者。東京府学教授。1833生。

今村紫紅　いまむらしこう　1916没（37歳）。明治・大正時代の日本画家。1880生。

ジェイムズ，ヘンリー　1916没（72歳）。アメリカの小説家，批評家。1843生。

エーベルト，フリードリヒ　1925没（54歳）。ドイツの政治家，社会民主主義者。1871生。

ピルケ　1929没（54歳）。オーストリアの小児科医。1874生。

坪内逍遙　つぼうちしょうよう　1935没（77歳）。明治・大正時代の小説家，劇作家。1859生。

藤岡勝二　ふじおかかつじ　1935没（64歳）。明治〜昭和時代の言語学者。1872生。

ニコル，シャルル・ジュール・アンリ　1936没（69歳）。フランスの細菌学者。1866生。

上真行　うえさねみち　1937没（87歳）。明治〜昭和時代の雅楽家，作曲家。雅楽局楽長。1851生。

ドルメッチ，アーノルド　1940没（82歳）。イギリスの音楽学者。1858生。

アルフォンソ13世　1941没（54歳）。スペイン王（在位1886〜1931）。1886生。

パラマス，コスティス　1943没（84歳）。ギリシアの詩人。1859生。

周仏海　しゅうふつかい　1948没（50歳）。中国の政治家。1897生。

ヴィシネフスキー，フセヴォロド・ヴィタリエヴィチ　1951没（50歳）。ソ連邦の劇作家。1900生。

木村小左衛門　きむらこざえもん　1952没（64歳）。大正・昭和時代の政治家，実業家。衆議院副議長，日本硝子窯業社社長。1888生。

美濃部洋次　みのべようじ　1953没（52歳）。昭和時代の官僚。日本評論新社社長。1900生。

野中至　のなかいたる　1955没（87歳）。明治〜昭和時代の気象観測者。1867生。

リース，フリジェシュ　1956没（76歳）。ハンガリーの数学者。1880生。

アンダーソン，マックスウェル　1959没（70歳）。アメリカの劇作家，詩人。1888生。

高木貞治　たかぎていじ　1960没（84歳）。明治〜昭和時代の数学者。東京帝国大学教授，フィールズ賞選考委員。1875生。

辰野隆　たつのゆたか　1964没（75歳）。大正・昭和時代のフランス文学者，随筆家。1888生。

ルース，ヘンリー　1967没（68歳）。アメリカのジャーナリスト，出版業者。1898生。

大久保作次郎　おおくぼさくじろう　1973没（82歳）。大正・昭和時代の洋画家。1890生。

丹羽保次郎　にわやすじろう　1975没（81歳）。大正・昭和時代の電気工学者。1893生。

氷見晃堂　ひみこうどう　1975没（68歳）。昭和時代の木工芸家。1906生。

八木一夫　やぎかずお　1979没（60歳）。昭和時代の陶芸家。京都市立芸術大学教授。1918生。

周郷博　すごうひろし　1980没（72歳）。昭和時代の教育学者。お茶の水女子大学教授。1907生。

パルメ，オーロフ　1986没（59歳）。スウェーデンの政治家。1927生。

ケイ，ノラ　1987没（67歳）。アメリカのバレリーナ。1920生。

宮本研　みやもとけん　1988没（61歳）。昭和時代の劇作家。1926生。

本多猪四郎　ほんだいしろう　1993没（81歳）。昭和・平成時代の映画監督。1911生。

愛新覚羅溥傑　あいしんかくらふけつ　1994没（86歳）。満州国皇帝愛新覚羅溥儀の弟。1907生。

謝冰心　しゃひょうしん　1999没（98歳）。中国の作家，詩人，児童文学者。1900生。

ルーツィ，マーリオ　2005没（90歳）。イタリアの詩人，評論家，翻訳家。1914生。

加藤六月　かとうむつき　2006没（79歳）。昭和・平成時代の政治家。1926生。

2月29日

○記念日○ 閏日
肉の日
富士急の日
○出来事○ 明和の大火（1772）

ヒラリウス　468没。教皇（在位461～468）、聖人。

橘娘　たちばなのいらつめ　681没。飛鳥時代の女性。天智天皇の嬪。

清原峯成　きよはらのみねなり　861没（63歳）。平安時代前期の公卿。799生。

オスワルド　992没（67歳）。ヨークの大司教、聖人、デーン人。925生。

藤原正光　ふじわらのまさみつ　1014没（58歳）。平安時代中期の公卿。957生。

聖誉　しょうよ　1167没。平安時代後期の真言宗の僧。

良慶　りょうけい　1191没（85歳）。平安時代後期の天台宗の僧。1107生。

藤原隆衡　ふじわらのたかひら　1201没。平安時代後期・鎌倉時代前期の武士。

弁長　べんちょう　1238（閏2月）没（77歳）。平安時代後期・鎌倉時代前期の僧。1162生。

定算　じょうさん　1296没。鎌倉時代後期の法相宗の僧。

日妙　にちみょう　1301没。鎌倉時代後期の日蓮宗の尼僧。

正親町三条公貫　おおぎまちさんじょうきんぬき　1315没（78歳）。鎌倉時代後期の公卿。1238生。

宣瑜　せんゆ　1325没（86歳）。鎌倉時代後期の西大寺流の律宗の僧、第3代西大寺長老。1240生。

少弐貞経　しょうにさだつね　1336没（64歳）。鎌倉時代後期・南北朝時代の武将。1273生。

実賢　じっけん　1356没。南北朝時代の日蓮宗の僧。

善如　ぜんにょ　1389没（57歳）。南北朝時代の真宗の僧。1333生。

ハミルトン，パトリック　1528没（25歳）。スコットランド宗教改革の最初の説教者、殉教者。1503生。

喜山宗忻　きさんそうきん　1556没。戦国時代の曹洞宗の僧。

松下之綱　まつしたゆきつな　1598没（61歳）。安土桃山時代の武将、大名。1538生。

ウィットギフト，ジョン　1604没（74?歳）。イギリスのカンタベリー大主教。1530頃生。

小堀政次　こぼりまさつぐ　1604没（65歳）。安土桃山時代の武将、大名。1540生。

小出吉政　こいでよしまさ　1613没（49歳）。安土桃山時代・江戸時代前期の大名。1565生。

孤舟　こしゅう　1620没。安土桃山時代・江戸時代前期の浄土宗の僧。

彦坂光正　ひこさかみつまさ　1623没（69歳）。安土桃山時代・江戸時代前期の駿府町奉行。1555生。

富田信高　とみたのぶたか　1633没。安土桃山時代・江戸時代前期の武将、大名。

堀直時　ほりなおとき　1643没（28歳）。江戸時代前期の大名。1616生。

中院通村　なかのいんみちむら　1653没（66歳）。江戸時代前期の公家。1588生。

円知　えんち　1658没。江戸時代前期の浄土宗の僧。

典嶺　てんれい　1659没。江戸時代前期の浄土宗の僧。

順波　じゅんば　1661没（53歳）。江戸時代前期の浄土宗の僧。1609生。

性承　しょうじょう　1678没（42歳）。江戸時代前期の真言宗の僧。1637生。

松平光永　まつだいらみつなが　1705没（63歳）。江戸時代前期・中期の大名。1643生。

伊奈忠順　いなただのぶ　1712没。江戸時代中期の関東郡代。

湛澄　たんちょう　1712没（62歳）。江戸時代中期の浄土宗の学僧。1651生。

パイアー　1712没（58歳）。スイスの医者、解剖学者。1653生。

デザギュリエ，ジョン・シオフィラス　1744没（60歳）。イギリスの科学者。1683生。

大中臣時令　おおなかとみのときりょう　1752没（81歳）。江戸時代中期の神官。1672生。

2月29日

杉浦真崎　すぎうらまさき　1754没(65歳)。江戸時代中期の女性。歌人。1690生。
本多忠統　ほんだただむね　1757没(67歳)。江戸時代中期の大名。1691生。
宮野尹賢　みやのこれかた　1758没(77歳)。江戸時代中期の儒学者、神道家。1682生。
花桐豊松(3代目)　はなぎりとよまつ　1796没(54歳)。江戸時代中期の歌舞伎役者。1743生。
坂本天山　さかもとてんざん　1803没(59歳)。江戸時代中期・後期の砲術家、信濃高遠藩士。1745生。
エッシェンブルク　1820没(76歳)。ドイツの文学史家、小説家、シェイクスピア翻訳家。1743生。
吉雄忠次郎　よしおちゅうじろう　1833没(47歳)。江戸時代後期のオランダ通詞。1787生。
ルジュヌ　1848没(73歳)。フランスの軍人、画家、石版画家。1775生。
遠山景元　とおやまかげもと　1855没(63歳)。江戸時代末期の幕臣。1793生。
シャプドレーヌ、オギュスト　1856没(42歳)。フランスのカトリック宣教師。1814生。
杉山宗立　すぎやまそうりゅう　1858没(83歳)。江戸時代後期の蘭方医。1776生。
ブリッジタワー、ジョージ・ポルグリーン　1860没(82歳)。イギリスのヴァイオリン奏者。1778生。
超然　ちょうねん　1868没(77歳)。江戸時代後期の浄土真宗本願寺派の学匠。1792生。
ルートウィヒ1世　1868没(81歳)。バイエルン王(在位1825～48)。1786生。
小田宅子　おだいえこ　1870没(82歳)。江戸・明治時代の歌人。1789生。
八木源左衛門　やぎげんざえもん　1871没(54歳)。江戸・明治時代の尊攘派志士。1818生。
近藤芳樹　こんどうよしき　1880没(80歳)。江戸・明治時代の国学者。1801生。
ラファエリ、ジャン-フランソワ　1924没(73歳)。フランスの画家、彫刻家、銅版画家。1850生。
アッピア、アードルフ　1928没(65歳)。スイスの舞台装置家。1862生。
クールブリス、アイナ　1928没(85歳)。アメリカの女性詩人。1842生。
ディアス　1928没(66歳)。イタリアの軍人。1861生。

山本露葉　やまもとろよう　1928没(50歳)。明治～昭和時代の詩人、小説家。1879生。
ヴィターリ　1932没(56歳)。イタリアの数学者。1875生。
野中四郎　のなかしろう　1936没(35歳)。昭和時代の陸軍軍人。陸軍歩兵大尉。1902生。
タピオヴァーラ、ニルキ　1940没(28歳)。フィンランドの映画監督。1911生。
スビンヒューブド　1944没(82歳)。フィンランドの政治家。1861生。
山口喜一郎　やまぐちきいちろう　1952没(79歳)。明治～昭和時代の日本語教育家。1872生。
キリノ　1955没(64歳)。フィリピンの政治家。1890生。
ハンゼルマン　1960没(74歳)。スイスの治療教育学者。1885生。
柳本城西　やなぎもとじょうせい　1964没(84歳)。明治～昭和時代の歌人。1879生。
エルヤセーテル、トーレ　1968没(81歳)。ノルウェーの詩人。1886生。
西田天香　にしだてんこう　1968没(96歳)。明治～昭和時代の宗教家、政治家。一燈園創始者、参議院議員(緑風会)。1872生。
ベニオフ　1968没(68歳)。アメリカの地球物理学者。1899生。
藤音得忍　ふじおととくにん　1972没(77歳)。大正・昭和時代の僧侶。浄土宗本願寺派総長、京都女子大学学長。1894生。
三浦百重　みうらももしげ　1972没(80歳)。昭和時代の精神病学者。京都大学教授。1891生。
リッチャウアー、フランツ　1972没(68歳)。オーストリアの指揮者、作曲家。1903生。
西原寛一　にしはらかんいち　1976没(76歳)。昭和時代の商法学者、経済法学者。大阪市立大学教授、神戸学院大学教授。1899生。
竹本雛太夫(5代目)　たけもとひなたゆう　1980没(81歳)。大正・昭和時代の浄瑠璃太夫。1898生。
田代文久　たしろふみひさ　1996没(95歳)。昭和時代の政治家。衆院議員、日本共産党中央市民対策部長。1900生。
松本英彦　まつもとひでひこ　2000没(73歳)。昭和・平成時代のジャズサックス奏者。1926生。

2月30日

○出来事○ イギリス公使パークスが刺客に襲われる（1868）

藤原頼資　ふじわらのよりすけ　1236没（55歳）。鎌倉時代前期の公卿。1182生。

花山院定雅　かざんいんさだまさ　1294没（77歳）。鎌倉時代後期の公卿。1218生。

真盛　しんせい　1495没（53歳）。室町時代・戦国時代の天台宗の僧。1443生。

其角　きかく　1707没（47歳）。江戸時代前期・中期の詩人。1661生。

蜂須賀宗英　はちすかむねてる　1743没（60歳）。江戸時代中期の大名。1684生。

井伊直幸　いいなおひで　1789没（61歳）。江戸時代中期の大名、大老。1729生。

内藤正苗　ないとうまさみつ　1802没（62歳）。江戸時代中期・後期の大名。1741生。

大恵　だいえ　1803没。江戸時代中期・後期の真言宗の僧。

唐橋在煕　からはしありひろ　1812没（56歳）。江戸時代中期・後期の公家。1757生。

本多助実　ほんだすけざね　1877没（59歳）。江戸・明治時代の飯山藩主、飯山藩知事。1819生。

2月30日?!——奇異に思われるかもしれない。現在の暦（太陽暦）では、2月は28日か29日（閏年）であり「2月30日」はない。しかし旧暦（太陰太陽暦）には2月30日があった。

太陰太陽暦では月の満ち欠けの周期（一朔望月）を1カ月とする。一朔望月は約29日半なので、1カ月は30日か29日になる。30日の月は「大の月」、29日の月は「小の月」と呼ばれる。月の日数は太陽暦のように固定せず、同じ月でも年によって大小が異なる。だから2月も大の月なら30日まで、小の月なら29日まであった。日本で太陽暦に改暦された明治5年（1872）末までの10年間の2月をみると、大の月が文久3年（1863）、慶応3年（1867）〜明治5年（1872）の7回、小の月が元治元年（1864）、慶応元年（1865）、慶応2年（1866）の3回あった。4年に一度の閏年だけ29日がある現在の感覚と比べても、2月30日は珍しくなかった。また、太陰太陽暦では2月29日は必ずあり、28日までで終わることはなかった。

2月30日には上に挙げたような人物が亡くなっている。俳人の其角（1707没）もその一人だ。赤穂浪士の討ち入り前日に大高源五と会い、其角の上の句に源五が下の句を付けた伝説（この逸話自体は後世の創作）でも知られ、忌日は俳句の季語として歳時記にも載っている。2月29日生まれは4年に一度しか誕生日がこない、と冗談まじりで言われる。2月30日に生まれた人・亡くなった人は、4年に一度どころか、太陽暦では誕生日や忌日が永遠に巡ってこない。このため、一月遅れの3月30日に行事を行うことが多いようだ。

3月
March
弥生

◎忌　日◎

檸檬忌(3.24)／犀星忌(3.26)

鑑三忌(3.28)／宗因忌(3.28)

3月1日

○記念日○ ビキニ・デー
　　　　　マーチの日（行進曲の日）
○出来事○ 帝国劇場開場（1911）
　　　　　労働組合法施行（1946）
　　　　　フジテレビ開局（1959）

3月1日

ヴァレンティニアヌス3世　455没（35歳）。西ローマ皇帝（在位425〜455）。419生。

フェリクス3世　492没。教皇（在位483〜492），聖人。

蘇我稲目　そがのいなめ　570没（65?歳）。飛鳥時代の官人。0506頃生。

ズイートベルト　713没。ノーサンブリア出身の修道士，ドイツ伝道者。

安澄　あんちょう　814没（52歳）。奈良時代・平安時代前期の大安寺の学僧。763生。

勝道　しょうどう　817没（83歳）。奈良時代・平安時代前期の僧。735生。

狛光高　こまみつたか　1048没（90歳）。平安時代中期の南都楽人。959生。

オルデガール　1137没（77歳）。スペインの司教，聖人。1060生。

覚任　かくにん　1152没（65歳）。平安時代後期の真言宗の僧。1088生。

僖子内親王　よしこないしんのう　1171没（13歳）。平安時代後期の女性。二条天皇の第1皇女。1159生。

済俊　さいしゅん　1179没（84歳）。平安時代後期の真言宗の僧。1096生。

月華門院　げっかもんいん　1269没（23歳）。鎌倉時代前期の女性。後嵯峨天皇の第1皇女。1247生。

日暹　にっせん　1327没。鎌倉時代後期の日蓮宗の僧。

良暁　りょうぎょう　1328没（78歳）。鎌倉時代後期の僧。1251生。

円観　えんかん　1356没（76歳）。鎌倉時代後期・南北朝時代の天台宗の僧。1281生。

大初啓原　たいしょけいげん　1407没（75歳）。南北朝時代・室町時代の臨済宗の僧。1333生。

バドビ，ジョン　1410没。イギリスの異端とされたローランド派の殉教者。

入江殿　いりえどの　1415没（19歳）。室町時代の女性。足利義満の娘。1397生。

古山良空　こざんりょうくう　1415没（53歳）。室町時代の曹洞宗の僧。1363生。

スィナン・パシャ　1486没（48歳）。オスマン・トルコ帝国のメフメット2世時代の宰相，学者。1438生。

景川宗隆　けいせんそうりゅう　1500没（76歳）。室町時代・戦国時代の僧。1425生。

宇喜也嘉　おぎやか　1505没（61歳）。琉球王尚真の母。1445生。

アルメイダ，フランシスコ・デ　1510没（60?歳）。ポルトガル領インド初代総督。1450頃生。

ウィッシャート，ジョージ　1546没（33?歳）。スコットランドの宗教改革者。1513頃生。

細川晴元　ほそかわはるもと　1563没（50歳）。戦国時代の武将，室町幕府管領。1514生。

江戸重通　えどしげみち　1598没（44歳）。安土桃山時代の武将，常陸国水戸城主。1555生。

キャンピオン，トマス　1620没（53歳）。イギリスの医師，詩人，作曲家，フルート奏者。1567生。

ロビンソン，ジョン　1625没（49?歳）。イギリスの牧師。1576頃生。

ハーバート，ジョージ　1633没（39歳）。イギリスの詩人，聖職者。1593生。

フレスコバルディ，ジロラモ　1643没（59歳）。イタリアのオルガン奏者，作曲家。1583生。

ディアシュ，エマヌエル　1659没（85歳）。ポルトガルの宣教師。1574生。

レーディ，フランチェスコ　1697没（71歳）。イタリアの医師，博物学者，詩人。1626生。

井沢弥惣兵衛　いざわやそべえ　1738没（85歳）。江戸時代前期・中期の農政家，治水家。1654生。

ライマールス，ヘルマン・ザームエル　1768没（73歳）。ドイツの哲学者。1694生。

ヴァーゲンザイル，ゲオルク・クリストフ　1777没（62歳）。オーストリアの作曲家，ピアニ

126

スト。1715生。
レオポルト2世　1792没(44歳)。神聖ローマ皇帝(在位1790～92)。1747生。
レザノフ, ニコライ・ペトロビッチ　1807没(42歳)。ロシアの事業家, 外交官。1764生。
村井琴山　むらいきんざん　1815没(83歳)。江戸時代中期・後期の医師。1733生。
片岡仁左衛門(7代目)　かたおかにざえもん　1837没(83歳)。江戸時代中期・後期の歌舞伎役者。1755生。
井上八千代(2代目)　いのうえやちよ　1868没(78歳)。江戸時代末期の女性。日本舞踊家, 京舞井上流家元。1791生。
ロペス　1870没(43歳)。パラグアイの軍人, 政治家, 独裁者。1826生。
コルビエール, トリスタン　1875没(29歳)。フランスの詩人。1845生。
トドハンター　1884没(63歳)。イギリスの数学史家。1820生。
富士松紫朝(初代)　ふじまつしちょう　1902没(76歳)。江戸・明治時代の新内節の太夫。1827生。
ペレーダ, ホセ・マリア・デ　1906没(73歳)。スペインの小説家。1833生。
ファント・ホフ, ヤコブス・ヘンリクス　1911没(58歳)。オランダの化学者。1852生。
赤羽一　あかばはじめ　1912没(38歳)。明治時代の社会主義者, ジャーナリスト。1875生。
ミントー　1914没(68歳)。イギリスの植民地行政官。1845生。
ムネ-シュリ　1916没(75歳)。フランスの俳優。1841生。
ニコラ1世　1921没(79歳)。モンテネグロ王(在位1910～18)。1841生。
カンパーナ, ディーノ　1932没(46歳)。イタリアの詩人。1885生。
春風亭柳枝(6代目)　しゅんぷうていりゅうし　1932没(52歳)。明治～昭和時代の落語家。1881生。
服部金太郎　はっとりきんたろう　1934没(75歳)。明治・大正時代の実業家。服部時計店社長。1860生。
ダンヌンツィオ, ガブリエーレ　1938没(74歳)。イタリアの詩人, 小説家, 劇作家。1863生。
岡本綺堂　おかもときどう　1939没(68歳)。明治～昭和時代の劇作家, 演劇評論家。中央新聞社記者。1872生。

森蕗昶　もりのぶてる　1941没(58歳)。大正・昭和時代の実業家, 政治家。衆議院議員。1884生。
別所梅之助　べっしょうめのすけ　1945没(74歳)。明治～昭和時代の牧師, 文筆家。青山学院教授。1872生。
ナイドゥ, サロウジニ　1949没(70歳)。インドの女流詩人, 社会運動家, 政治家。1879生。
コージブスキー, アルフレッド　1950没(70歳)。アメリカの哲学者。1879生。
アスエラ, マリアノ　1952没(79歳)。メキシコの作家。1873生。
久米正雄　くめまさお　1952没(60歳)。大正・昭和時代の劇作家, 俳人。鎌倉文庫社長。1891生。
桜間弓川　さくらまきゅうせん　1957没(67歳)。明治～昭和時代の能楽師。1889生。
ルイス, ウィンダム　1957没(74歳)。イギリスの画家, 小説家, 批評家。1882生。
バラ, ジャコモ　1958没(86歳)。イタリアの画家。1871生。
安在鴻　あんざいこう　1965没(74歳)。朝鮮の独立運動家・政治家。1891生。
平塚武二　ひらつかたけじ　1971没(66歳)。昭和時代の児童文学作家。1904生。
吉田一穂　よしだいっすい　1973没(74歳)。大正・昭和時代の詩人。1898生。
田中耕太郎　たなかこうたろう　1974没(83歳)。大正・昭和時代の政治家, 裁判官。参議院議員, 文部大臣。1890生。
マルティノン, ジャン　1976没(66歳)。フランスの指揮者。1910生。
岡潔　おかきよし　1978没(76歳)。昭和時代の数学者, 随筆家。奈良女子大学教授。1901生。
小林秀雄　こばやしひでお　1983没(80歳)。昭和時代の文芸評論家。1902生。
加藤嘉　かとうよし　1988没(75歳)。昭和時代の俳優。1913生。
ランド, エドウィン・ハーバート　1991没(81歳)。アメリカの発明家。1909生。
田中澄江　たなかすみえ　2000没(91歳)。昭和・平成時代の劇作家, 小説家。1908生。
飯島夏樹　いいじまなつき　2005没(38歳)。平成時代のプロウィンドサーファー。1966生。

3月1日

3月2日

○記念日○　ミニチュアの日
○出来事○　遠山の金さん江戸北町奉行になる
　　　　　　（1840）

シンプリキウス　483没。教皇（在位468〜483），聖人。

聖チャド　672没。イギリスの聖者。

多治比高子　たじひのたかこ　825没（39歳）。平安時代前期の女性。嵯峨天皇の妃。787生。

文室秋津　ふんやのあきつ　843没（57歳）。平安時代前期の公卿。787生。

道詮　どうせん　873没（77歳）。平安時代前期の三論宗の僧。797生。

敦実親王　あつみしんのう　967没（75歳）。宇多天皇の皇子。893生。

寂源　じゃくげん　1024没（60歳）。平安時代中期の天台宗の僧。965生。

藤原師兼　ふじわらのもろかね　1076没（29歳）。平安時代中期の公卿。1048生。

フルコ（ヌイイの）　1201没。フランスの中世の説教者。

アグネス（ボヘミアの）　1282没（77歳）。ボヘミアのクララ会修道女，福者。1205生。

如円　にょえん　1292没。鎌倉時代後期の浄土宗の僧。

五条季長　ごじょうすえなが　1313没（49歳）。鎌倉時代後期の公卿。1265生。

霊山道隠　りょうざんどういん　1325没（71歳）。鎌倉時代後期の臨済宗の僧。1255生。

ヴラディスラフ1世　1333没（73歳）。ポーランド国王（在位1320〜33）。1260生。

阿蘇惟直　あそこれなお　1336没。南北朝時代の武将。

玄慧　げんえ　1350没（82歳）。鎌倉時代後期・南北朝時代の天台宗の僧。1269生。

姉小路高基　あねがこうじたかもと　1358没。南北朝時代の公卿。

細川頼之　ほそかわよりゆき　1392没（64歳）。南北朝時代の武将，室町幕府管領。1329生。

慈観　じかん　1419没（86歳）。南北朝時代・室町時代の僧。1334生。

景徐周麟　けいじょしゅうりん　1518没（79歳）。室町時代・戦国時代の臨済宗の僧。1440生。

日尋　にちじん　1538没。戦国時代の日蓮宗の僧。

ドゥンゲルスハイム，ヒエローニムス　1540没（74歳）。ドイツの宗教改革期の哲学者，神学者。1465生。

永高女王　えいこうじょおう　1551没（12歳）。戦国時代の女性。正親町天皇の第2皇女。1540生。

山科言継　やましなときつぐ　1579没（73歳）。戦国時代・安土桃山時代の公卿。1507生。

諏訪勝右衛門の妻　すわかつえもんのつま　1582没。安土桃山時代の女性。高遠城主の夫と共に討死した。

アン（デンマークの）　1619没（44歳）。スコットランド王ジェームズ6世の妃，チャールズ1世の母。1574生。

栗山大膳　くりやまたいぜん　1652没（62歳）。江戸時代前期の武士，筑前福岡藩家老。1591生。

チュリゲーラ，ドン・ホセ　1725没（75歳）。スペインの建築家，画家。1650生。

サン・シモン，ルイ・ド・ルーヴロワ・ド　1755没（80歳）。フランスの軍人，文筆家。1675生。

ポティエ　1772没（73歳）。フランスの指導的な法学者。1699生。

山内道慶　やまのうちみちよし　1778没（84歳）。江戸時代中期の養蚕家。1695生。

ウェズリー，ジョン　1791没（87歳）。メソジスト教会の創設者。1703生。

ウォルポール，ホラス　1797没（79歳）。イギリスの小説家。1717生。

亀井南冥　かめいなんめい　1814没（72歳）。江戸時代中期・後期の儒学者，漢詩人。1743生。

ゼンメリング　1830没（75歳）。ドイツの解剖学者。1755生。

フランツ2世　1835没（67歳）。神聖ローマ帝国の最後の皇帝（在位1792〜1806）。1768生。

オルバース，ハインリヒ　1840没（81歳）。ドイツの天文学者，医者。1758生。

小宮山昌秀　こみやままさひで　1840没（77歳）。江戸時代中期・後期の水戸藩士。1764生。

西川扇蔵（4代目）　にしかわせんぞう　1845没（49歳）。江戸時代後期の歌舞伎振付師。1797生。

ニコライ1世　1855没（58歳）。ロシアの皇帝（在位1825～55）。1796生。

佐野長寛　さのちょうかん　1856没（63歳）。江戸時代末期の漆工。1794生。

藤間勘兵衛（6代目）　ふじまかんべえ　1867没。江戸時代末期の女性。舞踊藤間流本家。

ゴフ　1869没（89歳）。イギリスの軍人。1779生。

イスマーイール・パシャ　1895没（64歳）。ムハンマド・アリー朝第4代の王（在位1836～79）。1830生。

モリゾ，ベルト　1895没（54歳）。フランスの女流画家。1841生。

那珂通世　なかみちよ　1908没（58歳）。明治時代の東洋歴史学者，文学者。東京高等師範学校教授。1851生。

佐佐木高行　ささきたかゆき　1910没（81歳）。江戸・明治時代の高知藩士，政治家。侯爵。1830生。

土肥春曙　どいしゅんしょ　1915没（47歳）。明治時代の俳優。1869生。

エリーザベト　1916没（72歳）。ルーマニアの王妃，女流作家。1843生。

バタイユ，アンリ　1922没（49歳）。フランスの詩人，劇作家。1872生。

山極勝三郎　やまぎわかつさぶろう　1930没（68歳）。明治・大正時代の病理学者。日本病理学会初代会長。1863生。

ロレンス，デヴィッド・ハーバート　1930没（44歳）。イギリスの小説家，詩人。1885生。

松岡映丘　まつおかえいきゅう　1938没（58歳）。大正・昭和時代の日本画家。東京美術学校教授。1881生。

カーター，ハワード　1939没（65歳）。イギリスのエジプト考古学者。1874生。

クリスティアン，チャーリー　1942没（25歳）。アメリカのジャズ・ギタリスト。1916生。

イェルサン，アレクサンドル・エミール・ジョン　1943没（79歳）。スイス系のフランスの細菌学者。1863生。

沢村宗十郎（6代目，7代目）　さわむらそうじゅうろう　1949没（75歳）。明治～昭和時代の歌舞伎役者。1875生。

相馬黒光　そうまこっこう　1955没（78歳）。明治～昭和時代の随筆家，実業家。中村屋創業者。1876生。

アソリン　1967没（92歳）。スペインの随筆家，評論家，小説家。1874生。

鏑木清方　かぶらぎきよかた　1972没（93歳）。明治～昭和時代の日本画家。1878生。

村野四郎　むらのしろう　1975没（73歳）。大正・昭和時代の詩人。理研電解工業社長，日本現代詩人会会長。1901生。

久松潜一　ひさまつせんいち　1976没（81歳）。大正・昭和時代の日本文学者。東京大学教授，慶應義塾大学教授。1894生。

神崎清　かんざききよし　1979没（74歳）。昭和時代の社会評論家，ジャーナリスト。日本子どもを守る会会長，第五福竜丸保存平和協会理事。1904生。

イワシキエヴィッチ，ヤロスワフ　1980没（86歳）。ポーランドの小説家，詩人。1894生。

安井郁　やすいかおる　1980没（72歳）。昭和時代の国際法学者。法政大学教授，原水爆禁止日本協議会理事長。1907生。

蘆原英了　あしはらえいりょう　1981没（74歳）。昭和時代の音楽・舞踊評論家。1907生。

ディック，フィリップ・K．　1982没（53歳）。アメリカのSF作家。1928生。

シェリング，ヘンリク　1988没（69歳）。ポーランド生れのメキシコのバイオリニスト。1918生。

辻静雄　つじしずお　1993没（60歳）。昭和・平成時代の料理研究家。辻調理師専門学校理事長，辻製菓専門学校校長。1933生。

竹内理三　たけうちりぞう　1997没（89歳）。昭和・平成時代の日本史学者。東京大学教授，九州大学教授。1907生。

高橋健二　たかはしけんじ　1998没（95歳）。昭和・平成時代のドイツ文学者。中央大学教授。1902生。

生島治郎　いくしまじろう　2003没（70歳）。昭和・平成時代の小説家。1933生。

久世光彦　くぜてるひこ　2006没（70歳）。昭和・平成時代のテレビプロデューサー，演出家。1935生。

トロワイヤ，アンリ　2007没（95歳）。フランスの作家。1911生。

3月2日

3月3日

○記念日○ 耳の日
　　　　　桃の節句(上巳)
　　　　　平和の日
○出来事○ 桜田門外の変(1860)
　　　　　三陸沖地震(1933)

ウィンワロー(ランデヴァネクの) 532没(71?歳)。フランスの修道院長,聖人。461頃生。

石上麻呂　いそのかみのまろ　717没(78歳)。飛鳥時代・奈良時代の左大臣。640生。

史思明　ししめい　761没(57?歳)。中国,中唐期に起った安史の乱の指導者の一人。704頃生。

静安　じょうあん　844没(55歳)。平安時代前期の法相宗の僧。790生。

イブン・アブド・ラッビヒ　940没(79歳)。スペインのアラブ系文学者。860生。

輔子内親王　ほしないしんのう　992没(40歳)。平安時代中期の女性。村上天皇の第6皇女。953生。

クニグンデ　1033没。ドイツ皇帝ハインリヒ2世の妃,聖女。

アンセルムス(リエージュの)　1056没。リエージュの年代記者。

定秀　じょうしゅう　1076没(64歳)。平安時代中期の天台宗の僧。1013生。

アグネルス(ピーサの)　1232没(38?歳)。イギリスにおけるフランシスコ会の管区創設者,福者。1194頃生。

慈賢　じけん　1241没(67歳)。鎌倉時代前期の天台宗の僧。1175生。

道智　どうち　1269没(53歳)。鎌倉時代前期の僧。1217生。

善俊　ぜんしゅん　1282没(69歳)。鎌倉時代後期の浄土真宗の僧。1214生。

滋野井実前　しげのいさねまえ　1327没(50歳)。鎌倉時代後期の公卿。1278生。

岡崎範嗣　おかざきのりつぐ　1351没(69歳)。鎌倉時代後期・南北朝時代の公卿。1283生。

妙文　みょうもん　1358没(84歳)。鎌倉時代後期・南北朝時代の日蓮宗の僧。1275生。

珠巌道珍　しゅがんどうちん　1387没。南北朝時代の僧。

坂士仏　さかしぶつ　1415没(89歳)。南北朝時代・室町時代の医師。1327生。

マルク,アウシアス　1459没(62?歳)。スペインの詩人。1397頃生。

禅室珍目　ぜんしつちんもく　1473没(67歳)。室町時代の曹洞宗の僧。1407生。

芝岡宗田　しこうそうでん　1500没。室町時代・戦国時代の曹洞宗の僧。

鹿子木寂心　かのこぎじゃくしん　1549没。戦国時代の肥後の国人領主。

織田信秀　おだのぶひで　1551没(41歳)。戦国時代の武将。1511生。

ヨハン(宏量公)　1554没(50歳)。ザクセンの選挙侯(1532～47)。1503生。

シュトゥルム,ヨハネス　1589没(81歳)。ドイツのプロテスタント神学者。1507生。

土岐定政　ときさだまさ　1597没(47歳)。安土桃山時代の大名。1551生。

顕尊　けんそん　1599没(36歳)。安土桃山時代の浄土真宗の僧。1564生。

前田利家　まえだとしいえ　1599(閏3月)没(62歳)。安土桃山時代の大名。1538生。

ソツィーニ,ファウスト・パオロ　1604没(64歳)。ユニテリアン派の神学者。1539生。

フック,ロバート　1703没(67歳)。イギリスの物理学者。1635生。

アウラングゼーブ,ムヒー・ウッディーン・ムハンマド　1707没(88歳)。インド,ムガル帝国第6代皇帝(在位1658～1707)。1618生。

ポルポラ,ニコラ　1768没(81歳)。イタリアの作曲家,声楽教師。1686生。

南宮大湫　なんぐうたいしゅう　1778没(51歳)。江戸時代中期の漢学者。1728生。

アダム,ロバート　1792没(63歳)。イギリスの建築家,室内装飾家。1728生。

杉村直記　すぎむらなおき　1808没(68歳)。江戸時代中期・後期の対馬府中藩家老。1741生。

ヴィオッティ,ジョヴァンニ・バッティスタ　1824没(68歳)。イタリアの作曲家,ヴァイオリ

ン奏者。1755生。

有村次左衛門　ありむらじざえもん　1860没(23歳)。江戸時代末期の志士、薩摩藩士。1838生。

井伊直弼　いいなおすけ　1860没(46歳)。江戸時代末期の大名,大老。1815生。

相楽総三　さがらそうぞう　1868没(30歳)。江戸・明治時代の尊攘派志士。赤報隊1番隊隊長。1839生。

岡田佐平治　おかださへいじ　1878没(67歳)。江戸・明治時代の農政家。1812生。

クリフォード、ウイリアム　1879没(33歳)。イギリスの哲学者、数学者。1845生。

平野五岳　ひらのごがく　1893没(83歳)。江戸・明治時代の文人画家。1811生。

サレーユ　1912没(57歳)。フランスの法学者。1855生。

下岡蓮杖　しもおかれんじょう　1914没(92歳)。江戸・明治時代の写真家。1823生。

藤沢浅二郎　ふじさわあさじろう　1917没(52歳)。明治・大正時代の俳優。1866生。

カイペルス、ペトルス・ヨゼフス・ヒュベルトゥス　1921没(93歳)。オランダの建築家。1827生。

アルツイバーシェフ、ミハイル・ペトローヴィチ　1927没(48歳)。ロシアの作家。1878生。

トーロップ、ヤン　1928没(69歳)。オランダの画家。1858生。

クズミーン、ミハイル・アレクセーヴィチ　1936没(60歳)。ロシアの詩人、小説家。1875生。

ウィルソン、エドマンド・ビーチャー　1939没(82歳)。アメリカの動物学者。1856生。

ムック、カール　1940没(80歳)。ドイツの指揮者。1859生。

ベルンハイム　1942没(92歳)。ドイツの歴史家。1850生。

フォシヨン、アンリ　1943没(61歳)。フランスの美術史家。1881生。

クラウス、ヨハネス・バプティスタ　1946没(53歳)。ドイツの聖職者、経済史家。1892生。

安田せい　やすだせい　1952没(65歳)。昭和時代の婦人運動家。1887生。

フートン、アーネスト・A　1954没(66歳)。アメリカの自然人類学者。1887生。

ブノワ、ピエール　1962没(75歳)。フランスの小説家。1886生。

許広平　きょこうへい　1968没(70歳)。中国の文学者魯迅夫人。1898生。

高橋千代　たかはしちよ　1969没(78歳)。大正・昭和時代の婦人運動家。1890生。

佐藤観次郎　さとうかんじろう　1970没(68歳)。昭和時代のジャーナリスト、政治家。衆議院議員。1901生。

パノーワ、ヴェーラ・フョードロヴナ　1973没(67歳)。ソ連の女流作家。1905生。

ブルクハルト、カール・ヤーコプ　1974没(82歳)。スイスの歴史家、外交官、随筆家。1891生。

竹内好　たけうちよしみ　1977没(66歳)。昭和時代の中国文学者、評論家。東京都立大学教授。1910生。

山県昌夫　やまがたまさお　1981没(83歳)。昭和時代の造船工学者。東京大学教授。1898生。

松山文雄　まつやまふみお　1982没(79歳)。大正・昭和時代の漫画家。プロレタリア美術家同盟書記長。1902生。

ケストラー、アーサー　1983没(77歳)。ハンガリー系イギリス人の小説家。1905生。

星野立子　ほしのたつこ　1984没(80歳)。昭和時代の俳人。「玉藻」主宰。1903生。

浅賀ふさ　あさがふさ　1986没(92歳)。昭和時代の医療ケースワーカー、医療社会事業家。日本福祉大学教授、日本医療社会協会会長。1894生。

ケイ、ダニー　1987没(74歳)。アメリカのヴォードヴィリアン、喜劇映画俳優。1913生。

ライト、シューアル　1988没(98歳)。アメリカの遺伝学者。1889生。

大江宏　おおえひろし　1989没(75歳)。昭和時代の建築家。法政大学教授、日本建築家協会会長。1913生。

大坂志郎　おおさかしろう　1989没(69歳)。昭和時代の俳優。1920生。

セービン、アルバート・ブルース　1993没(86歳)。アメリカで活躍しているロシア生れの細菌学者。1906生。

デュラス、マルグリット　1996没(81歳)。フランスの女流小説家。1914生。

藤原弘達　ふじわらひろたつ　1999没(77歳)。昭和・平成時代の政治評論家。明治大学教授。1921生。

ヘルツバーグ、ゲルハルト　1999没(94歳)。カナダの化学者。1904生。

3月3日

3月4日

○記念日○　サッシの日
　　　　　ミシンの日
　　　　　円の日
○出来事○　著作権法公布（1899）

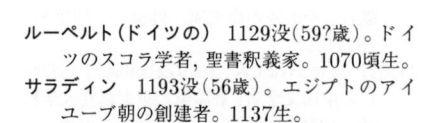

ルーペルト（ドイツの）　1129没(59?歳)。ドイツのスコラ学者，聖書釈義家。1070頃生。
サラディン　1193没(56歳)。エジプトのアイユーブ朝の創建者。1137生。
三条実親　さんじょうさねちか　1263没(69歳)。鎌倉時代前期の公卿。1195生。
藤原公蔭　ふじわらのきんかげ　1271没。鎌倉時代前期の公卿。
在先希譲　ざいせんきじょう　1403没(69歳)。南北朝時代・室町時代の臨済宗の僧。1335生。
天巽慶順　てんそんきょうじゅん　1498没(87歳)。室町時代・戦国時代の曹洞宗の僧。1412生。
存岡　ぞんがい　1499没。室町時代・戦国時代の浄土宗の僧。
日詮　にっせん　1500没(81歳)。室町時代・戦国時代の日蓮宗の僧。1420生。
一華碩由　いっかせきゆ　1507没(61歳)。室町時代・戦国時代の臨済宗の僧。1447生。
ユーデンキュニヒ，ハンス　1526没(81?歳)。ウィーンで活躍したリュート奏者，教師。1445頃生。
宗像氏貞　むなかたうじさだ　1586没(50歳)。安土桃山時代の神主・神官。1537生。
吉田重氏　よしだしげうじ　1638没(77歳)。安土桃山時代・江戸時代前期の弓術家。1562生。
長谷川勘兵衛(初代)　はせがわかんべえ　1659没。江戸時代前期の歌舞伎大道具師の元祖。
ギュラーグ，ガブリエル-ジョゼフ・ド・ラヴェルニュ・ド　1685没(56歳)。フランスの作家，駐トルコ大使。1628生。
トゥンプ，ペーター　1766没(84歳)。オーストリアの建築家。1681生。
ラ・ロシュジャクラン，アンリ　1794没(21歳)。フランスの貴族。1772生。
アビントン，ファニー　1815没(78歳)。イギリスの女優。1737生。
シャンポリョン，ジャン-フランソワ　1832没(41歳)。フランスの考古学者。1790生。
フォン・ブッフ，クリスティアン・レオポルト　1853没(78歳)。ドイツの地質学者，地理学者。1774生。
センコフスキー，オーシプ・イワノヴィチ　1858没(57歳)。ロシアの作家，批評家，ジャーナリスト，東洋学者。1800生。
ペリー，マシュー・ガルブレイス　1858没(63歳)。アメリカ海軍軍人。1794生。
ニエーヴォ，イッポーリト　1861没(29歳)。イタリアの小説家。1831生。
キャンベル，アレグザンダー　1866没(77歳)。アメリカの宗教指導者。1788生。
石蔵卯平　いしくらうへい　1868没(33歳)。江戸・明治時代の志士。長州騎兵隊。1836生。
江田国通　えだくにみち　1877没(30歳)。江戸・明治時代の鹿児島藩士，陸軍軍人。少佐。1848生。
篠原国幹　しのはらくにもと　1877没(42歳)。江戸・明治時代の鹿児島藩士，陸軍軍人。1836生。
スティーヴンズ，アレグザンダー・H　1883没(71歳)。アメリカの政治家。1812生。
オールコット，エイモス・ブロンソン　1888没(88歳)。アメリカの教育家，社会改革論者，哲学者。1799生。
吉田かね　よしだかね　1889没(62歳)。明治時代の女流茶道家。1828生。
松根図書　まつねずしょ　1894没(75歳)。江戸・明治時代の宇和島藩士。家老。1820生。
アルメイダ，フィアーリョ・デ　1911没(53歳)。ポルトガルの作家。1857生。
鷲尾隆聚　わしのおたかつむ　1912没(71歳)。江戸・明治時代の公卿。伯爵。1842生。
松田正久　まつだまさひさ　1914没(70歳)。明治・大正時代の政治家。衆議院議長。1845生。
マルク，フランツ　1916没(36歳)。ドイツの画家。1880生。
成瀬仁蔵　なるせじんぞう　1919没(62歳)。明治・大正時代の教育家。1858生。
和田豊治　わだとよじ　1924没(64歳)。明治・大正時代の実業家。富士瓦斯紡績社長。

1861生。
ウォード, ジェイムズ　1925没(82歳)。イギリスの哲学者, 心理学者。1843生。
モシュコフスキー, モーリツ　1925没(70歳)。ドイツのピアニスト, ピアノ教師, 作曲家。1854生。
愛沢寧堅　あいざわねいけん　1929没(81歳)。明治時代の政治家。衆議院議員。1849生。
沢田正二郎　さわだしょうじろう　1929没(38歳)。明治・大正時代の俳優。1892生。
坂本孝三郎　さかもとこうざぶろう　1935没(42歳)。大正・昭和時代の工具, 労働運動家。1894生。
ガーランド, ハムリン　1940没(79歳)。アメリカの作家。1860生。
丸山晩霞　まるやまばんか　1942没(76歳)。明治～昭和時代の水彩画家, 洋画家。日本水彩画会理事。1867生。
金森通倫　かなもりみちとも　1945没(89歳)。明治～昭和時代の牧師, 社会教育家。1857生。
田中義能　たなかよしとう　1946没(75歳)。明治～昭和時代の神道学者。1872生。
アルトー, アントナン　1948没(51歳)。フランスの劇作家, 詩人, 俳優。1896生。
エンジェル　1949没(79歳)。アメリカの心理学者。1869生。
三宅正太郎　みやけしょうたろう　1949没(63歳)。大正・昭和時代の司法官。大阪控訴院長。1887生。
シェリントン, サー・チャールズ・スコット　1952没(94歳)。イギリスの生理学者。1857生。
ペレ, オーギュスト　1954没(80歳)。ブリュッセル生れのフランスの建築家。1874生。
服部之総　はっとりしそう　1956没(54歳)。昭和時代の日本史学者。日本近代史研究会主宰, 法政大学教授。1901生。
ウィリアムズ, ウィリアム・カーロス　1963没(79歳)。アメリカの詩人。1883生。
有田八郎　ありたはちろう　1965没(80歳)。明治～昭和時代の外務官僚, 政治家。外務大臣。1884生。
佐成謙太郎　さなりけんたろう　1966没(75歳)。大正・昭和時代の国文学者, 能楽研究家。大東文化大学教授, 鎌倉女学院理事長。1890生。

井上日召　いのうえにっしょう　1967没(80歳)。明治～昭和時代の国家主義者。1886生。
和田博雄　わだひろお　1967没(64歳)。昭和時代の官僚, 政治家。社会党副委員長, 参院議員。1903生。
鈴木信太郎　すずきしんたろう　1970没(74歳)。大正・昭和時代のフランス文学者。東京大学教授。1895生。
グルニエ, ジャン　1971没(73歳)。フランスの小説家, 哲学者。1898生。
山茶花究　さざんかきゅう　1971没(56歳)。昭和時代の俳優, ボードヴィリアン。1914生。
スパーク　1975没(71歳)。フランスのシナリオライター。1903生。
ショットキー　1976没(89歳)。ドイツ(スイス生れ)の物理学者。1886生。
木川田一隆　きかわだかずたか　1977没(77歳)。昭和時代の実業家。東京電力社長, 経済同友会代表幹事。1899生。
保利茂　ほりしげる　1979没(77歳)。昭和時代の政治家。建設相, 農相, 労相。1901生。
斎藤清衛　さいとうきよえ　1981没(87歳)。大正・昭和時代の日本文学者。広島大学教授, 東京都立大教授。1893生。
唐牛健太郎　かろうじけんたろう　1984没(46歳)。昭和時代の学生運動家。全学連委員長。1937生。
上野満　うえのみつる　1985没(77歳)。昭和時代の集団農場運動者。新利根協同農学塾塾長。1907生。
丁玲　ていれい　1986没(81歳)。中国の女流作家。1904生。
北村西望　きたむらせいぼう　1987没(102歳)。明治～昭和時代の彫刻家。日展会長, 日本芸術院第一部長。1884生。
樫尾忠雄　かしおただお　1993没(75歳)。昭和時代の実業家。カシオ計算機社長。1917生。
平野利太郎　ひらのとしたろう　1994没(89歳)。大正・昭和時代の染色家。1904生。
後藤靖　ごとうやすし　1998没(72歳)。昭和・平成時代の日本史学者。京都橘女子大学教授, 立命館大学教授。1926生。
半村良　はんむらりょう　2002没(68歳)。昭和・平成時代の小説家。1933生。

3月4日

133

3月5日

○記念日○　スチュワーデスの日
　　　　　ミスコンの日
　　　　　珊瑚の日
○出来事○　初のミス日本発表（1908）

ゲラシモス　475没。パレスティナの隠修士，修道院長。

田形内親王　たがたのないしんのう　728没（54歳）。飛鳥時代・奈良時代の女性。天武天皇の皇女。675生。

神宗（宋）　しんそう　1085没（36歳）。中国，北宋の第6代皇帝（在位1067〜85）。1048生。

聖覚　せいかく　1235没（69歳）。平安時代後期・鎌倉時代前期の天台宗の僧。1167生。

堀川具定　ほりかわともさだ　1236没（37歳）。鎌倉時代前期の公卿。1200生。

定舜　じょうしゅん　1244没。鎌倉時代前期の律僧。

日明　にちみょう　1317没（65歳）。鎌倉時代後期の日蓮宗の僧。1253生。

喜純　きじゅん　1401没（54歳）。南北朝時代・室町時代の曹洞宗の僧。1348生。

四辻実茂　よつつじさねしげ　1405没。南北朝時代・室町時代の公卿。

マタエウス（クラクフの）　1410没（75?歳）。ヴォルムスの司教，神学者。1335頃生。

牛欄鑑心　ごらんかんしん　1487没。室町時代の曹洞宗の僧。

正親町三条実望　おおぎまちさんじょうさねもち　1530没（68歳）。戦国時代の公卿。1463生。

コルレッジョ，アントーニオ　1534没（39歳）。イタリアの画家。1494生。

大中臣時具　おおなかとみときとも　1559没（70歳）。戦国時代の神官。1490生。

三好義賢　みよしよしかた　1562没（37歳）。戦国時代の武将，阿波守護細川持隆の被官。1526生。

シュタフィルス，フリードリヒ　1564没（51歳）。ドイツの神学者。1512生。

武田信虎　たけだのぶとら　1574没（81歳）。戦国時代・安土桃山時代の武将。1494生。

良岡　りょうげい　1577没。戦国時代・安土桃山時代の浄土宗の僧。

ゴムウカ，ミコワイ　1591没（56?歳）。ポーランドの作曲家。1535頃生。

クレメンス8世　1605没（69歳）。教皇（在位1592〜1605）。1536生。

末吉利方　すえよしとしかた　1607没（82歳）。戦国時代・安土桃山時代の豪商，銀座頭役。1526生。

松平忠吉　まつだいらただよし　1607没（28歳）。安土桃山時代・江戸時代前期の大名。1580生。

筒井定次　つついさだつぐ　1615没（54歳）。安土桃山時代・江戸時代前期のキリシタン，大名。1562生。

小野お通　おののおつう　1616没（58?歳）。安土桃山時代・江戸時代前期の女性。「浄瑠璃御前物語」の作者に擬せられた。1559頃生。

ブルマイスター，ヨーアヒム　1629没（65歳）。ドイツの理論家，作曲家。1564生。

日遠　にちおん　1642没（71歳）。安土桃山時代・江戸時代前期の日蓮宗の僧。1572生。

寿章尼　じゅしょうに　1677没（69歳）。江戸時代前期の女性。尼僧。1609生。

モンパンシエ，アンヌ・マリー・ルイーズ・ドルレアン，女公爵　1693没（65歳）。ルイ13世の弟ガストン・ドルレアンの娘。1627生。

十寸見河東（2代目）　ますみかとう　1734没。江戸時代中期の河東節の太夫。

スメリー，ウィリアム　1763没（66歳）。イギリスの産科医。1697生。

永富独嘯庵　ながとみどくしょうあん　1766没（35歳）。江戸時代中期の医師。1732生。

アーン，トマス・オーガスティン　1778没（67歳）。イギリスの作曲家。1710生。

加藤文麗　かとうぶんれい　1782没（77歳）。江戸時代中期の幕臣，画家。1706生。

クルス，ラモン・デ・ラ　1794没（62歳）。スペインの劇作家。1731生。

メスマー，フランツ・アントン　1815没（80歳）。オーストリアの医者。1734生。

ヴォルタ，アレッサンドロ　1827没（82歳）。イタリアの物理学者。1745生。

ラプラス，ピエール・シモン，侯爵　1827没(77歳)。フランスの数学者。1749生。

歌川国芳　うたがわくによし　1861没(65歳)。江戸時代末期の浮世絵師。1797生。

テーヌ，イポリット-アドルフ　1893没(64歳)。フランスの評論家，歴史家，哲学者。1828生。

ローリンソン，サー・ヘンリー・クレジック　1895没(84歳)。イギリスの軍人，東洋学者。1810生。

パリス，ガストン　1903没(63歳)。フランスの文学者。1839生。

藤岡市助　ふじおかいちすけ　1918没(62歳)。明治時代の電気工学者，実業家。工部大学校教授。1857生。

レムゼン，アイラ　1927没(81歳)。アメリカの有機化学者。1846生。

片上伸　かたがみのぶる　1928没(45歳)。大正時代の文芸評論家，ロシア文学者。早稲田大学文学部教授。1884生。

松本剛吉　まつもとごうきち　1929没(68歳)。明治・大正時代の政治家，官僚。貴族院議員。1862生。

山本宣治　やまもとせんじ　1929没(41歳)。大正・昭和時代の生物学者，政治家。京都労働学校校長。1889生。

団琢磨　だんたくま　1932没(75歳)。明治〜昭和時代の実業家。三井合名理事長。1858生。

ホームズ，オリヴァー・ウェンデル，ジュニア　1935没(93歳)。アメリカの法律家。1841生。

蔡元培　さいげんばい　1940没(72歳)。中国の倫理学者，教育家。1868生。

国分青厓　こくぶせいがい　1944没(88歳)。明治〜昭和時代の漢詩人。1857生。

ジャコブ，マックス　1944没(67歳)。ユダヤ系フランスの詩人，画家。1876生。

カゼッラ，アルフレード　1947没(63歳)。イタリアの作曲家・ピアニスト・指揮者・評論家。1883生。

マスターズ，エドガー・リー　1950没(80歳)。アメリカの詩人。1869生。

スターリン，ヨシフ・ヴィサリオノヴィチ　1953没(73歳)。ソ連共産党指導者。1879生。

プロコーフィエフ，セルゲイ・セルゲーヴィチ　1953没(61歳)。ソ連の作曲家。1891生。

岸田国士　きしだくにお　1954没(63歳)。大正・昭和時代の小説家，演出家。1890生。

金光庸夫　かねみつよねお　1955没(77歳)。大正・昭和時代の政治家，実業家。衆議院議員(自由党)，厚生大臣。1877生。

小堀誠　こぼりまこと　1957没(71歳)。明治〜昭和時代の舞台俳優。1885生。

アベル，ケル　1961没(59歳)。デンマークの劇作家。1901生。

陳誠　ちんせい　1965没(66歳)。中国の軍人，政治家。1899生。

若林忠志　わかばやしただし　1965没(57歳)。昭和時代のプロ野球選手，監督。1908生。

アフマートワ，アンナ・アンドレーヴナ　1966没(76歳)。ロシア，ソ連の女流詩人。1889生。

モサデク，モハンマド　1967没(87歳)。イランの政治家。1880生。

洪命熹　こうめいき　1968没(79歳)。朝鮮の独立運動家・政治家。1888生。

東くめ　ひがしくめ　1969没(91歳)。明治〜昭和時代の教育家，作詞家。1877生。

北川義行　きたがわよしゆき　1971没(63歳)。昭和時代の労働運動家。総評常任幹事，全国金属労組書記長。1907生。

高野松山　たかのしょうざん　1976没(86歳)。大正・昭和時代の漆芸家。人間国宝，新綜工芸会主宰。1889生。

秋山謙蔵　あきやまけんぞう　1978没(75歳)。昭和時代の日本史学者。女子美術大学教授。1903生。

ブリアンション，モーリス　1979没(80歳)。フランスの画家。1899生。

平良幸市　たいらこういち　1982没(72歳)。昭和時代の政治家。沖縄県知事，沖縄社会大衆党委員長。1909生。

宮内寒弥　みやうちかんや　1983没(71歳)。昭和時代の小説家。1912生。

ゴッビ，ティート　1984没(68歳)。イタリアのオペラ歌手(バリトン)。1915生。

田辺尚雄　たなべひさお　1984没(100歳)。明治〜昭和時代の音楽学者，音楽評論家。東洋音楽学会会長。1883生。

貝谷八百子　かいたにやおこ　1991没(69歳)。昭和時代のバレリーナ。貝谷八百子バレエ団主宰，貝谷芸術専門学校校長。1921生。

サッラール　1994没(79歳)。イエメンの軍人，政治家。1915生。

3月5日

3月6日

○記念日○　世界一周記念日
○出来事○　初のスポーツ新聞創刊（1946）

大分稚見　おおきだのわかみ　679没。飛鳥時代の武将。

クローデガング　766没（51?歳）。ロートリンゲン（ロレーヌ地方）の首都メッツの大司教。715頃生。

円行　えんぎょう　852没（54歳）。平安時代前期の真言宗の僧。799生。

賢応　けんおう　868没。平安時代前期の元興寺の僧。

春興　しゅんこう　875没。平安時代前期の法相宗の僧。

良勇　りょうゆう　923没（69歳）。平安時代前期・中期の天台宗の僧。855生。

エンマ　1052没。イングランド王エセルレッド愚鈍王の王妃。

藤原忠能　ふじわらのただよし　1158没（65歳）。平安時代後期の公卿。1094生。

聖慶　しょうきょう　1175没（23歳）。平安時代後期の僧。1153生。

源為朝　みなもとのためとも　1177没（39歳）。平安時代後期の武将。1139生。

佐々木信綱　ささきのぶつな　1242没（62歳）。鎌倉時代前期の武将。1181生。

ローザ（ヴィテルボの）　1252没（17歳）。イタリアの少女聖人。1235生。

アラー・ウッディーン・ジュワイニー　1283没（58歳）。イランの政治家、歴史家。1225生。

善鸞　ぜんらん　1286没（70歳）。鎌倉時代後期の真宗の僧。1217生。

藤原光泰　ふじわらのみつやす　1305没（52歳）。鎌倉時代後期の公卿。1254生。

如一　にょいち　1321没（60歳）。鎌倉時代後期の浄土宗の僧。1262生。

気比氏治　けひうじはる　1337没。鎌倉時代後期・南北朝時代の越前敦賀気比神宮神官。

気比斉晴　けひなりはる　1337没。南北朝時代の武士。

尊良親王　たかながしんのう　1337没（27歳）。後醍醐天皇の皇子。1311生。

新田義顕　にったよしあき　1337没。鎌倉時代後期・南北朝時代の武将。

恒良親王　つねながしんのう　1338没（14?歳）。後醍醐天皇の皇子。1325頃生。

日伝　にちでん　1341没（65歳）。鎌倉時代後期・南北朝時代の日蓮宗の僧。1277生。

コレット, ニコレット・ボワレ　1447没（66歳）。フランスの聖女。1381生。

宗長　そうちょう　1532没（85歳）。室町時代・戦国時代の連歌師。1448生。

鷲尾隆康　わしのおたかやす　1533没（49歳）。戦国時代の公卿。1485生。

松平広忠　まつだいらひろただ　1549没（24歳）。戦国時代の武将。1526生。

後藤乗真　ごとうじょうしん　1562没（51歳）。戦国時代の装剣金工家。1512生。

ベロー, レミ　1577没（49歳）。フランスの詩人。1528生。

ウルジーヌス, ツァハリーアス　1583没（48歳）。ドイツの神学者。1534生。

春沢永恩　しゅんたくえいおん　1592没。安土桃山時代の臨済宗の僧。

松浦隆信　まつらたかのぶ　1599没（閏3月）没（71歳）。戦国時代・安土桃山時代の武将。1529生。

千宗恩　せんそうおん　1600没。安土桃山時代の女性。千利休の後妻。

ボーモント, フランシス　1616没（32?歳）。イギリスの劇作家。1584頃生。

丹羽長重　にわながしげ　1637没（閏3月）没（67歳）。安土桃山時代・江戸時代前期の大名。1571生。

村山又三郎（初代）　むらやまままたさぶろう　1652没（48歳）。江戸時代前期の歌舞伎役者、歌舞伎座本。1605生。

グアリーニ, グアリーノ　1683没（41歳）。イタリア・バロックの代表的建築家。1642生。

クロケット, デイヴィー　1836没（49歳）。アメリカの辺境開拓者, 政治家。1786生。

津山検校（初代）　つやまけんぎょう　1836没。江戸時代後期の地歌三弦家。

スティーヴンズ, J.　1838没(89歳)。アメリカの技術家, 発明家。1749生。

坂東三津五郎(5代目)　ばんどうみつごろう　1855没(43歳)。江戸時代末期の歌舞伎役者。1813生。

ヒューエル, ウィリアム　1866没(71歳)。イギリスの哲学者。1794生。

コルネリウス, ペーター・フォン　1867没(83歳)。ドイツの画家。1783生。

クリュヴィエ, ジャン　1874没(83歳)。フランスの病理学者。1791生。

斎藤月岑(9代目)　さいとうげっしん　1878没(75歳)。江戸・明治時代の文人。1804生。

徳川茂徳　とくがわもちなが　1884没(54歳)。江戸時代末期・明治時代の大名。1831生。

オールコット, ルイーザ・メイ　1888没(55歳)。アメリカの女流作家。1832生。

コレット, カミッラ　1895没(82歳)。ノルウェーの女流作家。1813生。

栗本鋤雲　くりもとじょうん　1897没(76歳)。江戸・明治時代の幕臣, 新聞人。1822生。

ダイムラー, ゴットリープ・ヴィルヘルム　1900没(65歳)。ドイツの機械技術者, 発明家。1834生。

ベヒシュタイン, フリードリヒ・ヴィルヘルム・カール　1900没(73歳)。ドイツのピアノ製作者。1826生。

モルレー　1905没(74歳)。アメリカの教育家。1830生。

スーリコフ, ヴァシリー・イヴァノヴィチ　1916没(68歳)。ロシアの画家。1848生。

佐々木月樵　ささきげっしょう　1926没(52歳)。明治・大正時代の真宗大谷派の僧。真宗大学教授, 大谷大学長。1875生。

ティルピッツ, アルフレート・フォン　1930没(80歳)。プロシア, ドイツの海軍軍人。1849生。

スーザ, ジョン・フィリップ　1932没(77歳)。アメリカの作曲家。1854生。

モーガン, C.L.　1936没(84歳)。イギリスの動物学者, 比較心理学者。1852生。

オットー, ルドルフ　1937没(67歳)。ドイツの神学教授。1869生。

シシコーフ, ヴァチェスラフ・ヤーコヴレヴィチ　1945没(71歳)。ソ連の小説家。1873生。

菊池寛　きくちかん　1948没(61歳)。大正・昭和時代の小説家, 劇作家。帝国芸術院会員, 大映社長。1888生。

ルブラン, アルベール　1950没(78歳)。フランスの政治家。1871生。

コダーイ, ゾルターン　1967没(84歳)。ハンガリーの作曲家, 音楽学者。1882生。

畑中政春　はたなかまさはる　1973没(65歳)。昭和時代のジャーナリスト, 平和運動家。原水爆禁止日本協議会代表理事, 日朝協会理事長。1907生。

バック, パール　1973没(80歳)。アメリカの女流小説家。1892生。

石坂泰三　いしざかたいぞう　1975没(88歳)。昭和時代の実業家, 財界人。経団連会長, 東芝社長。1886生。

天野貞祐　あまのていゆう　1980没(95歳)。大正・昭和時代の哲学者, 教育家。文部大臣, 京都大学教授。1884生。

荒畑寒村　あらはたかんそん　1981没(93歳)。明治〜昭和時代の社会主義運動家, 評論家。衆議院議員。1887生。

森永太平　もりながたへい　1983没(82歳)。昭和時代の実業家。森永製菓会長。1900生。

ニーメラー, マルティーン　1984没(92歳)。ドイツのルター派神学者。1892生。

オキーフ, ジョージア　1986没(98歳)。アメリカの女流画家。1887生。

志賀義雄　しがよしお　1989没(88歳)。昭和時代の社会運動家, 政治家。衆議院議員。1901生。

古在由重　こざいよししげ　1990没(88歳)。昭和時代の哲学者, 社会運動家。名古屋大学教授。1901生。

勝木保次　かつきやすじ　1994没(88歳)。昭和・平成時代の生理学者。東京医科歯科大学教授, 国立生理学研究所教授。1905生。

メルクーリ, メリナ　1994没(71歳)。ギリシアの文化・科学相, 映画女優。1923生。

浜谷浩　はまやひろし　1999没(83歳)。昭和・平成時代の写真家。1915生。

栗原貞子　くりはらさだこ　2005没(92歳)。昭和・平成時代の詩人。1913生。

ベーテ, ハンス・アルブレヒト　2005没(98歳)。ドイツ系アメリカの理論物理学者。1906生。

ボードリヤール, ジャン　2007没(77歳)。フランスの思想家。1929生。

3月6日

3月7日

○記念日○ 花粉症記念日
警察制度改正記念日
消防記念日
○出来事○ クックがハワイ島発見(1788)
未成年者の喫煙を禁止(1900)

アントーニーヌス・ピウス,ティトゥス 161没(74歳)。ローマ皇帝(在位137〜161)、5賢帝の一人。86生。

ペルペトゥア 202没。アフリカの殉教者、聖女。

推古天皇 すいこてんのう 628没(75歳)。第33代の天皇。554生。

益信 やくしん 906没(80歳)。平安時代前期・中期の真言宗の僧。827生。

藤原兼茂 ふじわらのかねしげ 923没。平安時代中期の公卿。

藤原敦忠 ふじわらのあつただ 943没(38歳)。平安時代中期の歌人・公卿。906生。

寛信 かんしん 1153没(69歳)。平安時代後期の僧。1085生。

九条良経 くじょうよしつね 1206没(38歳)。平安時代後期・鎌倉時代前期の公卿。1169生。

藤原宗房 ふじわらのむねふさ 1230没(42歳)。鎌倉時代前期の公卿。1189生。

トマス・アクィナス 1274没(49歳)。イタリアのドミニコ会士、神学者。1225生。

日台 にちだい 1366没(46歳)。南北朝時代の日蓮宗の僧。1321生。

ニコラウス(ディンケルスビュールの) 1433没(73歳)。ドイツのスコラ神学者。1360生。

卿内侍 きょうのないし 1543没(61歳)。戦国時代の女性。歌人。1483生。

ウィルヘルム4世 1550没(56歳)。バイエルン公(在位1508〜50)。1493生。

ダッハシュタイン,ヴォルフガング 1553没(66?歳)。ストラスブールの讃美歌作詞者、オルガン奏者。1487頃生。

バイヤー,ヨハン 1625没(53歳)。ドイツの天文学者。1572生。

関口柔心 せきぐちじゅうしん 1670没(74歳)。江戸時代前期の柔術家。1597生。

ソレル,シャルル 1674没(72?歳)。フランスの小説家。1602生。

狩野永納 かのうえいのう 1697没(67歳)。江戸時代前期の画家。1631生。

橘三喜 たちばなみつよし 1703没(69歳)。江戸時代前期・中期の神道家。1635生。

インノケンティウス13世 1724没(68歳)。教皇(在位1721〜24)。1655生。

陳書 ちんしょ 1736没(76歳)。中国、清初の女流画家。1660生。

ジャンノーネ,ピエートロ 1748没(71歳)。イタリアの歴史家、法律家。1676生。

堀南湖 ほりなんこ 1753没(70歳)。江戸時代中期の儒学者。1684生。

志道軒(初代) しどうけん 1765没(86?歳)。江戸時代中期の講釈師。1680頃生。

アルブレヒツベルガー,ヨハン・ゲオルグ 1809没(73歳)。オーストリアの作曲家、オルガン奏者、教育家。1736生。

コリンウッド,カスバート,男爵 1810没(59歳)。イギリスの海将。1750生。

バルトロッツィ,フランチェスコ 1815没(87歳)。イタリアの彫版師。1727生。

大原幽学 おおはらゆうがく 1858没(62歳)。江戸時代末期の思想家。1797生。

グラント 1875没(66歳)。イギリスの軍人。1808生。

グリーン 1883没(45歳)。イギリスの歴史家。1837生。

黒田長溥 くろだながひろ 1887没(77歳)。江戸時代末期・明治時代の大名。1811生。

松島庄五郎(2代目) まつしましょうごろう 1890没(58歳)。明治時代の長唄唄方。1833生。

池田泰真 いけだたいしん 1903没(79歳)。江戸・明治時代の蒔絵師。1825生。

竹崎順子 たけざきじゅんこ 1905没(81歳)。明治時代の教育家。1825生。

フォガッツァーロ,アントーニオ 1911没(68歳)。イタリアの小説家。1842生。

森槐南 もりかいなん 1911没(49歳)。明治時代の漢詩人。1863生。

熊谷直彦　くまがいなおひこ　1913没（86歳）。江戸・明治時代の文人画家。1828生。

福岡孝弟　ふくおかたかちか　1919没（85歳）。江戸・明治時代の政治家，高知藩士。子爵。1835生。

三島弥太郎　みしまやたろう　1919没（53歳）。明治・大正時代の実業家。子爵，日本銀行第8代総裁。1867生。

リヴォフ，ゲオルギー・エヴゲニエヴィチ公爵　1925没（63歳）。ロシアの政治家。1861生。

大村西崖　おおむらせいがい　1927没（60歳）。明治・大正時代の美術史家。東京美術学校教授。1868生。

ガッレン-カッレラ，アクセリ　1931没（65歳）。フィンランドの画家。1865生。

ドゥースブルフ，テオ・ファン　1931没（47歳）。オランダの画家，美術理論家，建築家。1883生。

三島霜川　みしまそうせん　1934没（59歳）。明治～昭和時代の小説家，劇評家。1876生。

ベッカー，パウル　1937没（54歳）。ドイツの音楽批評家，指揮者。1882生。

シェリング，アルノルト　1941没（63歳）。ドイツの音楽家，音楽美学者。1877生。

歌沢寅右衛門(4代目)　うたざわとらえもん　1943没（72歳）。明治～昭和時代の邦楽家。うた沢寅演家元。1872生。

加藤繁　かとうしげし　1946没（67歳）。明治～昭和時代の東洋史学者。東京帝国大学教授。1880生。

モギレフスキー，アレクサンドル　1953没（68歳）。ロシアのヴァイオリン奏者。1885生。

ディールス，オットー　1954没（78歳）。ドイツの有機化学者。1876生。

鳩山一郎　はとやまいちろう　1959没（76歳）。大正・昭和時代の政治家。首相，自民党初代総裁。1883生。

ピグー　1959没（81歳）。イギリスの経済学者。1877生。

富沢赤黄男　とみざわかきお　1962没（59歳）。昭和時代の俳人。1902生。

伊東三郎　いとうさぶろう　1969没（66歳）。大正・昭和時代のエスペランチスト，農民運動家。1902生。

鳴山草平　なるやまそうへい　1972没（69歳）。昭和時代の小説家。1902生。

難波英夫　なんばひでお　1972没（84歳）。大正・昭和時代の社会運動家。1888生。

バフチン，ミハイル・ミハイロヴィチ　1975没（79歳）。ソ連の文芸学者。1895生。

ディトレウセン，トーヴェ　1976没（58歳）。デンマークの女流詩人，小説家。1917生。

南日　なんにち　1976没（62歳）。北朝鮮の軍人，政治家。1914生。

平沢和重　ひらさわかずしげ　1977没（67歳）。昭和時代のジャーナリスト，外交評論家。1909生。

出光佐三　いでみつさぞう　1981没（95歳）。明治～昭和時代の実業家。出光興産代表取締役。1885生。

コンドラーシン，キリール・ペトローヴィチ　1981没（67歳）。ソ連出身の指揮者。1914生。

竹中郁　たけなかいく　1982没（77歳）。大正・昭和時代の詩人。1904生。

マルケーヴィチ，イーゴリ・ボリーソヴィチ　1983没（70歳）。ロシア生まれイタリアの指揮者・作曲家。1912生。

橋本峰雄　はしもとみねお　1984没（59歳）。昭和時代の哲学者，僧侶。神戸大学教授，法然院貫主。1924生。

市川寿美蔵(7代目)　いちかわすみぞう　1985没（82歳）。大正・昭和時代の歌舞伎役者。1902生。

森銑三　もりせんぞう　1985没（89歳）。大正・昭和時代の書誌学者。1895生。

有沢広巳　ありさわひろみ　1988没（92歳）。昭和時代の経済学者，統計学者。1896生。

鈴木成高　すずきしげたか　1988没（80歳）。昭和時代の西洋史学者。1907生。

土井勝　どいまさる　1995没（74歳）。昭和・平成時代の料理研究家。1921生。

パーセル，エドワード・ミルズ　1997没（84歳）。アメリカの物理学者。1912生。

キューブリック，スタンリー　1999没（70歳）。アメリカの映画監督。1928生。

鶴岡一人　つるおかかずと　2000没（83歳）。昭和時代の野球評論家，プロ野球監督。1916生。

林霊法　はやしれいほう　2000没（93歳）。昭和・平成時代の僧侶，教育者。1906生。

黒岩重吾　くろいわじゅうご　2003没（79歳）。昭和・平成時代の小説家。1924生。

3月7日

3月8日

○記念日○ エスカレーターの日
　　　　　ミツバチの日
　　　　　国際女性デー
○出来事○ 忠犬ハチ公死ぬ(1935)

アブー・マーシャル　886没(100?歳)。アラビアの天文学者。786頃生。

藤原邦基　ふじわらのくにもと　932没(58歳)。平安時代前期・中期の公卿。875生。

藤原安親　ふじわらのやすちか　996没(75歳)。平安時代中期の公卿。922生。

藤原重尹　ふじわらのしげただ　1051没(67歳)。平安時代中期の公卿。985生。

ベレムンドゥス　1092没(72?歳)。スペインのベネディクト会修道院長、聖人。1020頃生。

ケレスティーヌス2世　1144没。ローマ教皇。

足利義兼　あしかがよしかね　1199没(46歳)。平安時代後期・鎌倉時代前期の武将。1154生。

カドゥウベク, ヴィンツェンティ　1223没(63歳)。ポーランドの年代史作者。1160生。

俊芿　しゅんじょう　1227(閏3月)没(62歳)。平安時代後期・鎌倉時代前期の僧。1166生。

真仏　しんぶつ　1258没(50歳)。鎌倉時代前期の浄土真宗の僧。1209生。

アルノルフォ・ディ・カンビオ　1302没(57?歳)。イタリアの建築家、彫刻家。1245頃生。

日頂　にっちょう　1317没(66歳)。鎌倉時代後期の日蓮宗の僧。1252生。

天岸慧広　てんがんえこう　1335没(63歳)。鎌倉時代後期・南北朝時代の臨済宗の僧。1273生。

葉室長隆　はむろながたか　1344没(59歳)。鎌倉時代後期・南北朝時代の公卿。1286生。

救済　ぐさい　1378没(95歳)。鎌倉時代後期・南北朝時代の連歌師。1284生。

特峰妙奇　とくほうみょうき　1378没(80歳)。南北朝時代の臨済宗の僧。1299生。

上杉憲春　うえすぎのりはる　1379没。南北朝時代の武将、関東管領。

日源　にちげん　1386没(138歳)。鎌倉時代後期・南北朝時代の日蓮宗の僧。1249生。

バヤジット1世　1403没(49?歳)。オスマン・トルコ帝国第4代のスルタン(在位1389〜1402)。1354頃生。

俊鷹道青　しゅんようどうせい　1467没。室町時代の曹洞宗の僧。

足翁永満　そくおうえいまん　1505没(71歳)。室町時代・戦国時代の曹洞宗の僧。1435生。

ジェラルディーニ, アレハンドロ　1524没。イタリアの人文主義者。

津軽為信の母　つがるためのぶのはは　1560没。戦国時代の女性。陸奥弘前藩初代藩主津軽為信の母。

聖信　しょうしん　1592没(49歳)。琉球の王。1544生。

牧野康成　まきのやすしげ　1599没(52歳)。安土桃山時代の武将。1548生。

ヒルトン, ジョン1世　1608没。イギリスの作曲家。

五島玄雅　ごとうはるまさ　1612没(65歳)。安土桃山時代・江戸時代前期の武将, 大名。1548生。

如儡子　じょらいし　1674没(72?歳)。江戸時代前期の仮名草子作者。1603頃生。

ウィリアム3世　1702没(51歳)。イギリスのスチュアート朝の王(在位1689〜1702)。1650生。

ダービー1世　1717没(38歳)。イギリスの製鉄業者。1678生。

八重崎屋源六　やえざきやげんろく　1749没。江戸時代中期の商人。

建部清庵　たけべせいあん　1782没(71歳)。江戸時代中期の医師。1712生。

平秩東作(初代)　へづとうさく　1789没(64歳)。江戸時代中期の戯作者。1726生。

チェンバーズ, サー・ウィリアム　1796没(70歳)。イギリスの建築家。1726生。

梅荘顕常　ばいそうけんじょう　1801没(83歳)。江戸時代中期・後期の臨済宗相国寺派の僧。1719生。

レングレン, アンナ・マリーア　1817没(62歳)。スウェーデンの女性詩人。1754生。

三笑亭可楽(初代)　さんしょうていからく　1833没(57歳)。江戸時代後期の落語家。1777生。

カルル14世　1844没(81歳)。スウェーデン、ノルウェー王(在位1818〜44)。1763生。

斎藤監物　さいとうけんもつ　1860没(39歳)。江戸時代末期の水戸藩尊攘派。1822生。

ベルリオーズ、エクトール・ルイ　1869没(65歳)。フランス・ロマン主義の作曲家。1803生。

フィルモア、ミラード　1874没(74歳)。アメリカ合衆国第13代大統領。1800生。

絵金　えきん　1876没(65歳)。江戸・明治時代の浮世絵師。1812生。

アンネンコフ、パーヴェル・ワシリエヴィチ　1887没(73歳)。ロシアの批評家。1813生。

エリクソン、ジョン　1889没(86歳)。アメリカの造船家、発明家。1803生。

マイコフ、アポロン・ニコラエヴィチ　1897没(75歳)。ロシアの詩人。1821生。

外山正一　とやままさかず　1900没(53歳)。明治時代の教育者、詩人。東京帝国大学総長、貴族院議員。1848生。

ツェッペリン、フェルディナント、伯爵　1917没(78歳)。ドイツのツェッペリン飛行船の創始者。1838生。

児島虎次郎　こじまとらじろう　1929没(49歳)。明治・大正時代の洋画家。1881生。

渡瀬庄三郎　わたせしょうざぶろう　1929没(68歳)。明治・大正時代の動物学者。東京帝国大学教授。1862生。

タフト、ウィリアム・ハワード　1930没(72歳)。アメリカの第27代大統領、第10代連邦最高裁判所長官。1857生。

小藤文次郎　ことうぶんじろう　1935没(80歳)。明治〜昭和時代の地質学者。帝国大学教授。1856生。

フェルヴェイ、アルベルト　1937没(71歳)。オランダの詩人、評論家。1865生。

アンダーソン、シャーウッド　1941没(64歳)。アメリカの作家。1876生。

東家楽燕　あずまやらくえん　1950没(63歳)。明治〜昭和時代の浪曲師。1887生。

織田一磨　おだかずま　1956没(73歳)。明治〜昭和時代の版画家。1882生。

ビーチャム、サー・トマス　1961没(81歳)。イギリスの指揮者。1879生。

デボーリン　1963没(82歳)。ソ連の哲学者、科学史家。1881生。

アレグザンダー、フランツ　1964没(73歳)。アメリカ(ハンガリー生れ)の精神分析学者、精神病学者。1891生。

サンソム、ジョージ　1965没(81歳)。イギリスの外交官、日本歴史研究家。1883生。

大月照江　おおつきてるえ　1971没(66歳)。昭和時代の婦人運動家。日本女子大学教授。1904生。

ロイド、ハロルド　1971没(77歳)。アメリカの喜劇映画俳優。1893生。

スティーヴンズ、ジョージ　1975没(70歳)。アメリカの映画監督。1904生。

木内克　きのうちよし　1977没(84歳)。大正・昭和時代の彫刻家。1892生。

クリシャン・チャンダル　1977没(62歳)。インドのウルドゥー語作家。1914生。

桂文治(9代目)　かつらぶんじ　1978没(85歳)。大正・昭和時代の落語家。1892生。

永瀬義郎　ながせよしろう　1978没(87歳)。大正・昭和時代の版画家。1891生。

吾妻ひな子　あづまひなこ　1980没(55歳)。昭和時代の漫才師、漫談家。1924生。

李季　りき　1980没(57歳)。中国の詩人。1922生。

松本信広　まつもとのぶひろ　1981没(83歳)。昭和時代の民族学者、歴史学者。慶応義塾大学教授。1897生。

バトラー、リチャード・オースティン、バトラー男爵　1982没(79歳)。イギリスの政治家。1902生。

ウォルトン、ウィリアム　1983没(80歳)。イギリスの作曲家。1902生。

池田満寿夫　いけだますお　1997没(63歳)。昭和・平成時代の版画家、作家。1934生。

ディマジオ、ジョー　1999没(84歳)。アメリカのプロ野球選手。1914生。

田畑茂二郎　たばたしげじろう　2001没(89歳)。昭和・平成時代の法学者。世界人権問題研究センター所長、京都大学教授。1911生。

ド・ヴァロワ　2001没(102歳)。イギリスの舞踊家、振付師。1898生。

マスハドフ、アスラン　2005没(53歳)。チェチェン共和国大統領。1951生。

3月8日

3月9日

○記念日○　レコード針の日
　　　　　　記念切手記念日
○出来事○　三原山大爆発(1951)

石川王　いしかわおう　679没。飛鳥時代の皇族，官人。

源正明　みなもとのまさあきら　958没(66歳)。平安時代中期の公卿。893生。

エクベルト　993没。中世ドイツの政治家，大司教。

仁源　にんげん　1109没(51歳)。平安時代後期の天台宗の僧。1059生。

武田信義　たけだのぶよし　1186没(59歳)。平安時代後期の武将。1128生。

朱子　しゅし　1200没(69歳)。中国，南宋の学者，官僚，思想家。1130生。

藤原光雅　ふじわらのみつまさ　1200没(52歳)。平安時代後期・鎌倉時代前期の公卿。1149生。

スヴェリル・シーグルソン　1202没(52?歳)。ノルウェー王(在位1177～1202)。1150頃生。

浅原為頼　あさはらためより　1290没。鎌倉時代後期の武士。

アルグン-ハン　1291没(41?歳)。イランを統治したモンゴルのイル・ハン国の第4代ハン(在位1284.8.11～91.3.9)。1250頃生。

狛朝葛　こまのともかず　1331没(85歳)。鎌倉時代後期の雅楽演奏者。1247生。

上杉朝定　うえすぎともさだ　1352没(32歳)。南北朝時代の武将。1321生。

フランチェスカ(ローマの)　1440没(56歳)。ベネディクト献身修女会の創始者，聖女。1384生。

説通智幢　せっつうちどう　1442没。室町時代の曹洞宗の僧。

ブルーニ，レオナルド　1444没(74?歳)。イタリアの人文学者，歴史家。1370頃生。

カタリーナ(ボローニャの)　1463没(49歳)。聖女。1413生。

学宗　がくしゅう　1539没。戦国時代の浄土宗の僧。

ペデルセン，イェブル　1557没(67?歳)。ノルウェーの神学者，宗教改革者。1490頃生。

リッツィオ，ダヴィド　1566没(33?歳)。イタリア生れの音楽家。1533生。

赤井直正　あかいなおまさ　1578没(50歳)。戦国時代・安土桃山時代の武将，丹波国黒井城主。1529生。

ドルスチウス，パウルス　1589没(63歳)。ドイツのルター派学者。1526生。

伊集院忠棟　いじゅういんただむね　1599没。安土桃山時代の武将，島津氏の宿老。

大橋宗桂　おおはしそうけい　1634没(80歳)。安土桃山時代・江戸時代前期の将棋棋士名人。1555生。

ホランド伯　1649没(58歳)。イギリスの貴族。1590生。

マザラン，ジュール　1661没(58歳)。イタリア生れのフランスの枢機卿，政治家。1602生。

パッヘルベル，ヨハン　1706没(52歳)。ドイツのオルガン奏者，作曲家。1653生。

森田久右衛門　もりたきゅうえもん　1715没(76歳)。江戸時代前期・中期の土佐尾戸焼の陶工。1640生。

伊藤錦里　いとうきんり　1772没(63歳)。江戸時代中期の儒学者，越前福井藩儒。1710生。

南仙笑楚満人　なんせんしょうそまひと　1807没(59歳)。江戸時代中期・後期の戯作者。1749生。

バーボールド，アナ・レティシア　1825没(81歳)。イギリスの女流詩人。1743生。

亀田鵬斎　かめだほうさい　1826没(75歳)。江戸時代中期・後期の儒学者。1752生。

クリンガー，フリードリヒ・マクシミーリアン　1831没(79歳)。ドイツの小説家，劇作家。1752生。

デスチュット・ド・トラシー，アントワーヌ・ルイ・クロード　1836没(81歳)。フランスの哲学者。1754生。

エルステッド，ハンス・クリスティアン　1851没(73歳)。デンマークの物理学者。1777生。

3月9日

レシェートニコフ, フョードル・ミハイロヴィチ 1871没(29歳)。ロシアの小説家。1841生。

コレ, ルイーズ 1876没(65歳)。フランスの女流詩人, 小説家。1810生。

トインビー, アーノルド 1883没(30歳)。イギリスの経済学者, 社会改良家。1852生。

クラーク, ウィリアム・スミス 1886没(59歳)。アメリカの教育家, 化学鉱物学者。1826生。

ウィルヘルム1世 1888没(90歳)。ドイツ帝国の初代皇帝(1871〜88), プロシア王(1861〜88)。1797生。

カンドル 1893没(86歳)。スイスの植物学者。1806生。

ザッハー-マゾッホ, レーオポルト・フォン 1895没(59歳)。オーストリアの小説家。1836生。

アフガーニー 1897没(59歳)。イスラムの思想家, 政治運動家。1838生。

ソービー, ヘンリー・クリフトン 1908没(81歳)。イギリスの地質学者。1826生。

宝生九郎(16代目) ほうしょうくろう 1917没(81歳)。明治時代の能楽師。1837生。

ヴェーデキント, フランク 1918没(53歳)。ドイツの劇作家, 俳優。1864生。

納富介次郎 のうとみかいじろう 1918没(76歳)。明治時代の官吏, 工芸教育者。1843生。

ファン・デル・ワールス, ヨハネス・ディデリック 1923没(85歳)。オランダの物理学者。1837生。

三島通良 みしまみちよし 1925没(60歳)。明治・大正時代の医師。1866生。

奥好義 おくよしいさ 1933没(77歳)。明治〜昭和時代の雅楽家, 作曲家。1857生。

大工原銀太郎 だいくはらぎんたろう 1934没(67歳)。明治〜昭和時代の農学者。九州帝国大学総長, 同志社大学総長。1868生。

モア, ポール・エルマー 1937没(72歳)。アメリカの批評家, 古典学者。1864生。

田中国重 たなかくにしげ 1941没(72歳)。明治〜昭和時代の陸軍軍人。大将。1870生。

キャット, キャリー・チャップマン 1947没(88歳)。アメリカの婦人参政権運動と平和運動の指導者。1859生。

コロンタイ, アレクサンドラ・ミハイロヴナ 1952没(79歳)。ソ連の女性革命家, 外交官。1872生。

栞本一洋 まつもといちよう 1952没(58歳)。大正・昭和時代の日本画家。「耕人社」主宰。1893生。

佐野学 さのまなぶ 1953没(61歳)。大正・昭和時代の社会運動家, 経済学者。日本共産党中央委員長, 早稲田大学教授。1892生。

エークマン, ヴァグン・ヴァルフリッド 1954没(79歳)。スウェーデンの海洋物理学者。1874生。

池田小菊 いけだこぎく 1967没(74歳)。昭和時代の小説家。1892生。

クリスタラー, ヴァルター 1969没(75歳)。ドイツの地理学者。1893生。

水野利八 みずのりはち 1970没(85歳)。明治〜昭和時代の実業家。ミズノ創業者。1884生。

ハロッド, サー・ロイ 1978没(78歳)。イギリスの経済学者。1900生。

成田知巳 なりたともみ 1979没(66歳)。昭和時代の政治家。衆議院議員。1912生。

出隆 いでたかし 1980没(87歳)。大正・昭和時代の哲学者。東京大学教授。1892生。

大屋晋三 おおやしんぞう 1980没(85歳)。昭和時代の実業家, 政治家。帝人社長, 参議院議員。1894生。

デルブリュック, マックス 1981没(74歳)。アメリカの生物, 物理学者。1906生。

ハルシュタイン, ヴァルター 1982没(80歳)。ドイツ連邦共和国の法学者。1901生。

金一 きんいち 1984没(72歳)。北朝鮮の政治家。1912生。

小野清一郎 おのせいいちろう 1986没(95歳)。大正・昭和時代の刑法学者, 弁護士。東京大学教授, 第一東京弁護士会会長。1891生。

キージンガー, クルト・ゲオルク 1988没(83歳)。ドイツ連邦共和国の政治家。1904生。

池内友次郎 いけのうちともじろう 1991没(84歳)。昭和時代の作曲家, 俳人。日仏音楽協会会長。

ベギン, メナヘム 1992没(78歳)。イスラエルの政治家, ジャーナリスト。1913生。

パーキンソン, シリル・ノースコート 1993没(83歳)。イギリスの歴史学者, 経営研究者。1909生。

佐々木良作 ささきりょうさく 2000没(85歳)。昭和時代の政治家。衆議院議員, 民社党委員長。1915生。

3月10日

○記念日○ サボテンの日
　　　　　砂糖の日
　　　　　農山漁村女性の日
○出来事○ 平城遷都(710)

道昭　どうしょう　700没(72歳)。飛鳥時代の僧。629生。

大野仲仟　おおののなかち　781没。奈良時代の女性。内侍司・蔵司の長官。

藤原乙牟漏　ふじわらのおとむろ　790(閏3月)没(31歳)。奈良時代の女性。桓武天皇の皇后。760生。

源等　みなもとのひとし　951没(72歳)。平安時代中期の歌人・公卿。880生。

光智　こうち　979没(86歳)。平安時代中期の華厳宗の僧。894生。

藤原高光　ふじわらのたかみつ　994没(55?歳)。平安時代中期の歌人。0940頃生。

性空　しょうくう　1007没(98?歳)。平安時代中期の僧。0910頃生。

リカルドゥス(サン-ヴィクトールの)　1173没(63?歳)。イギリス生れのスコラ神学者。1110頃生。

宗賢　そうけん　1178没。平安時代後期の真言宗の僧。

義円　ぎえん　1181没(27歳)。平安時代後期の僧、武将。1155生。

大河兼任　おおかわかねとう　1190没。平安時代後期の武将。

藤原長方　ふじわらのながかた　1191没(53歳)。平安時代後期の公卿。1139生。

順信　じゅんしん　1250没。鎌倉時代前期の浄土真宗の僧。

相良長頼　さがらながより　1254没(78歳)。鎌倉時代前期の領主。1177生。

藤原顕家　ふじわらあきいえ　1306没。鎌倉時代後期の公卿。

ヨハネス(フライブルクの)　1314没(64?歳)。ドイツの神学者、ドミニコ会士。1250頃生。

一条経通　いちじょうつねみち　1365没(49歳)。南北朝時代の公卿。1317生。

町口経量　まちぐちつねかず　1380没(58歳)。南北朝時代の公卿。1323生。

山名満幸　やまなみつゆき　1394没。南北朝時代の武将。

ブーシェイ，トマス　1486没(82?歳)。イギリスの枢機卿、カンタベリー大司教。1404頃生。

ガイラー・フォン・カイザースベルク，ヨハネス　1510没(64歳)。ドイツの民衆的説教者。1445生。

フープマイアー，バルタザル　1528没(43?歳)。ドイツの宗教改革時代の急進思想家、再洗礼派。1485頃生。

ノートン，トマス　1584没(52歳)。イギリスの詩人、劇作家。1532生。

お市　おいち　1601没(34歳)。安土桃山時代の女性。田舎館城主千徳政武の妻。1568生。

日奥　にちおう　1630没(66歳)。安土桃山時代・江戸時代前期の日蓮宗の僧。1565生。

梅津政景　うめづまさかげ　1633没(53歳)。江戸時代前期の武将、出羽久保田藩家老。1581生。

本多正純　ほんだまさずみ　1637没(73歳)。安土桃山時代・江戸時代前期の大名。1565生。

グラウバー，ヨハン・ルドルフ　1668没(64歳)。ドイツの化学者。1604生。

デナム，ジョン　1669没(54歳)。イギリスの詩人。1615生。

日講　にちこう　1698没(73歳)。江戸時代前期の日蓮宗の僧。1626生。

並河誠所　なみかわせいしょ　1738没(71歳)。江戸時代中期の儒学者。1668生。

カラス，ジャン　1762没(63歳)。フランスの商人。1698生。

六如　りくにょ　1801没(68歳)。江戸時代中期・後期の漢詩人、天台宗の僧。1734生。

星野良悦　ほしのりょうえつ　1802没(49歳)。江戸時代中期・後期の蘭方医。1754生。

ヤコービ，フリードリヒ・ハインリヒ　1819没(76歳)。ドイツ啓蒙主義後期の哲学者。1743生。

ジョアン6世　1826没(58歳)。ポルトガル王(在位1816〜26)。1767生。

クレメンティ，ムジオ　1832没(80歳)。イタリアのピアニスト，教育家，作曲家。1752生。

ドン・カルロス　1855没(66歳)。スペイン王フェルナンド7世の弟。1788生。

シェフチェンコ，タラス・フリホロヴィチ　1861没(47歳)。ロシア，ウクライナの詩人，画家。1814生。

マッツィーニ，ジュゼッペ　1872没(66歳)。イタリアの革命家。1805生。

トムソン，サー・チャールズ・ワイヴィル　1882没(52歳)。イギリスの博物学者，海洋学者。1830生。

ヴァーベック，ギード・ヘルマン・フリードリーン　1898没(68歳)。オランダ人宣教師，教育家。1830生。

清野勉　きよのつとむ　1904没(52歳)。明治時代の哲学者。哲学館教授。1853生。

ライネッケ，カルル　1910没(85歳)。ドイツのピアニスト，作曲家，指揮者。1824生。

岩谷松平　いわやまつへい　1920没(72歳)。明治・大正時代の実業家。1849生。

鳥居素川　とりいそせん　1928没(62歳)。明治・大正時代のジャーナリスト。1867生。

金子みすゞ　かねこみすず　1930没(28歳)。大正・昭和時代の童謡詩人。1903生。

武藤山治　むとうさんじ　1934没(68歳)。明治〜昭和時代の実業家，政治家。衆議院議員，鐘淵紡績社長。1867生。

北白川宮富子　きたしらかわのみやとみこ　1936没(75歳)。江戸〜昭和時代の皇族。1862生。

セー　1936没(71歳)。フランスの経済史学者。1864生。

ベニゼロス，エレフセリオス　1936没(71歳)。ギリシアの政治家。1864生。

ザミャーチン，エヴゲーニー・イワノヴィチ　1937没(53歳)。ロシアの小説家。1884生。

安昌浩　あんしょうこう　1938没(59歳)。朝鮮の独立運動家，教育者，思想家。1878生。

クルーセンシャーナ，アグネス・フォン　1940没(45歳)。スウェーデンの女流作家。1894生。

ブルガーコフ，ミハイル・アファナシエヴィチ　1940没(48歳)。ソ連の作家。1891生。

フロイントリッヒ，ヘルベルト・マックス・フィンレ　1941没(61歳)。ドイツの化学者。1880生。

一龍斎貞山(6代目)　いちりゅうさいていざん　1945没(70歳)。明治〜昭和時代の講談師。講談・落語協会会長。1876生。

フィッツジェラルド，ゼルダ　1948没(48歳)。アメリカの作家スコット・フィッツジェラルドの妻。1900生。

マサリク，ヤン　1948没(61歳)。チェコスロバキアの政治家。1886生。

幣原喜重郎　しではらきじゅうろう　1951没(78歳)。大正・昭和時代の政治家，外交官。首相，衆議院議員。1872生。

カーティス，チャールズ　1953没(92歳)。アメリカの発明家，実業家。1860生。

峠三吉　とうげさんきち　1953没(36歳)。昭和時代の詩人。広島青年文化連盟委員長。1917生。

程硯秋　ていけんしゅう　1958没(54歳)。中国の京劇俳優。1904生。

東家楽遊(2代目)　あずまやらくゆう　1960没(78歳)。明治〜昭和時代の浪曲師。1881生。

石黒忠篤　いしぐろただあつ　1960没(76歳)。昭和時代の農政家。参議院議員，農林水産大臣。1884生。

瑛九　えいきゅう　1960没(48歳)。昭和時代の洋画家。1911生。

清元栄寿郎　きよもとえいじゅろう　1963没(58歳)。昭和時代の清元節三味線方。1904生。

オコナー，フランク　1966没(60歳)。アイルランドの小説家。1906生。

ゼルニケ，フリッツ　1966没(77歳)。オランダの物理学者。1888生。

長谷川才次　はせがわさいじ　1978没(74歳)。昭和時代のジャーナリスト，外交評論家。内外ニュース社長。1903生。

ジェラルディ，ポール　1983没(98歳)。フランスの詩人，劇作家。1885生。

フォン・オイラー，ウルフ・スヴァンテ　1983没(78歳)。スウェーデンの生理学者。1905生。

チェルネンコ，コンスタンチン・ウスチノヴィチ　1985没(73歳)。旧ソ連の政治家。1911生。

安井謙　やすいけん　1986没(74歳)。昭和時代の政治家。参院議員，自民党最高顧問。1911生。

萬屋錦之介　よろずやきんのすけ　1997没(64歳)。昭和・平成時代の俳優。1932生。

星ルイス　ほしるいす　2005没(57歳)。昭和・平成時代の漫才師(セント・ルイス)。1948生。

3月10日

3月11日

○記念日○　パンダ発見の日
○出来事○　甲州武田一族滅亡(1582)
　　　　　『風の谷のナウシカ』公開(1984)

ヘリオガバルス　222没(18歳)。ローマ皇帝(在位218〜222)。204生。

煬帝　ようだい　618没(49歳)。中国,隋朝の第2代皇帝(在位604〜618)。569生。

ソーフロニオス　638没(78?歳)。イェルサレム総主教,聖人。560頃生。

中臣大嶋　なかとみのおおしま　693没。飛鳥時代の官人。

エウロギウス(コルドバの)　859没(49?歳)。スペインの殉教者。810頃生。

奉基　ほうき　897没(82歳)。平安時代前期の法相宗の僧。816生。

藤原師経　ふじわらのもろつね　1066没。平安時代中期の公卿。

阿妙尼　あみょうに　1104没。平安時代後期の天台宗の僧。

澄賢　ちょうけん　1158没。平安時代後期の真言宗の僧。

藤原成子　ふじわらのせいし　1177没。平安時代後期の女性。後白河天皇の宮人。

倫円　りんえん　1204没(89歳)。平安時代後期・鎌倉時代前期の天台宗の僧。1116生。

飛鳥井雅経　あすかいまさつね　1221没(52歳)。鎌倉時代前期の歌人,公卿。1170生。

西園寺綸子　さいおんじりんし　1251没(60歳)。鎌倉時代前期の女性。九条道家の妻。1192生。

敬宗　きょうしゅう　1311没(93歳)。鎌倉時代後期の天台宗の僧。1219生。

後村上天皇　ごむらかみてんのう　1368没(41歳)。第97代(南朝第2代)の天皇。1328生。

山名師義　やまなもろよし　1376没(49歳)。南北朝時代の武将。1328生。

テオドリヒ(プラハの)　1381没(22歳)。ボヘミアの画家。1359生。

三条西公時　さんじょうにしきんとき　1383没(46歳)。南北朝時代の公卿。1338生。

自空　じくう　1412没(84歳)。南北朝時代・室町時代の時宗の僧。1329生。

菅原長方　すがわらのながかた　1422没。室町時代の公卿。

象初中孚　ぞうしょちゅうこう　1453没(69歳)。室町時代の臨済宗の僧。1385生。

九淵竜腺　きゅうえんりゅうちん　1474没。室町時代の臨済宗の僧。

ブラマンテ,ドナート　1514没(70歳)。イタリアの建築家,画家。1444生。

孝山祚養　こうざんそよう　1520没。戦国時代の曹洞宗の僧。

宗器　そうき　1533没(51歳)。戦国時代の臨済宗の僧。1483生。

フラーキウス・イリーリクス,マティーアス　1575没(55歳)。ドイツのルター派宗教改革者,教会史の開拓者。1520生。

武田勝頼　たけだかつより　1582没(37歳)。安土桃山時代の武将。1546生。

武田勝頼の妻　たけだかつよりのつま　1582没(19歳)。安土桃山時代の女性。小田原城主北条氏康の娘。1564生。

武田信勝　たけだのぶかつ　1582没(16歳)。安土桃山時代の武将。1567生。

仁科盛信　にしなもりのぶ　1582没(27歳)。安土桃山時代の武将。1556生。

佐須景満　さすかげみつ　1590没。安土桃山時代の武将。

カヴァリエリ,エミリオ・デ　1602没(52?歳)。イタリアの作曲家。1550頃生。

フェラボスコ,アルフォンソ2世　1628没(53?歳)。イタリアの音楽家。1575頃生。

祖心尼　そしんに　1675没(88歳)。江戸時代前期の女性。尼僧。1588生。

トーランド,ジョン　1722没(51歳)。アイルランドの思想家。1670生。

正親町町子　おおぎまちまちこ　1724没(37歳)。江戸時代中期の女性。文学者。1688生。

日本左衛門　にほんざえもん　1747没(29歳)。江戸時代中期の歌舞伎狂言「青砥稿花紅彩画」に登場する白浪五人男の首領。1719生。

3月11日

宋紫石　そうしせき　1786没（72歳）。江戸時代中期の南蘋派の画家。1715生。

木内石亭　きうちせきてい　1808没（85歳）。江戸時代中期・後期の弄石家。1724生。

ウェスト, ベンジャミン　1820没（81歳）。アメリカの画家。1738生。

マッケンジー, サー・アレグザンダー　1820没（65?歳）。スコットランド出身の探検家。1755頃生。

鎌田柳泓　かまだりゅうおう　1821没（68歳）。江戸時代後期の心学者。1754生。

サムナー, チャールズ　1874没（63歳）。アメリカの政治家。1811生。

司馬凌海　しばりょうかい　1879没（41歳）。江戸・明治時代の蘭方医。医学校3等教授, 愛知県病院医学教師。1839生。

ゴルチャコフ, アレクサンドル・ミハイロヴィチ公爵　1883没（84歳）。ロシアの政治家。1798生。

クーパー, アーチボルド・スコット　1892没（60歳）。イギリスの化学者。1831生。

ペフツォフ　1902没（59歳）。ロシアの中央アジア探検家。1843生。

佐藤誠実　さとうじょうじつ　1908没（70歳）。明治時代の国学者。1839生。

デ・アミーチス, エドモンド　1908没（61歳）。イタリアの小説家, 児童文学者。1846生。

長谷川泰　はせがわたい　1912没（71歳）。明治時代の医学者, 政治家。1842生。

セミョーノフ・チャンシャンスキー　1914没（87歳）。ロシアの地理学者。1827生。

小野金六　おのきんろく　1923没（72歳）。明治・大正時代の実業家。第十国立銀行東京支店長。1852生。

ゲゼル　1930没（67歳）。ドイツの商人, 経済学者。1862生。

鈴木鼓村　すずきこそん　1931没（57歳）。明治・大正時代の箏曲家, 作曲家, 画家。1875生。

ムルナウ, フリードリヒ・ヴィルヘルム　1931没（42歳）。ドイツの映画監督。1888生。

グンケル, ヘルマン　1932没（69歳）。ドイツの旧約学者。1862生。

夢野久作　ゆめのきゅうさく　1936没（48歳）。大正・昭和時代の小説家。1889生。

ビニヨン, ロレンス　1943没（73歳）。イギリスの美術研究家, 詩人, 劇作家。1869生。

平田禿木　ひらたとくぼく　1943没（71歳）。明治～昭和時代の英文学者, 翻訳家, 随筆家。1873生。

ヴァン・ルーン, ヘンドリック・ウィレム　1944没（62歳）。オランダ生れのアメリカの歴史家, 美術史家。1882生。

フレミング, サー・アレグザンダー　1955没（73歳）。イギリスの細菌学者。1881生。

神西清　じんざいきよし　1957没（53歳）。昭和時代の小説家, 評論家。1903生。

長谷川三郎　はせがわさぶろう　1957没（50歳）。昭和時代の洋画家。カリフォルニア美術大学客員教授。1906生。

バード, リチャード・イヴリン　1957没（68歳）。アメリカの極地探検家。1888生。

土橋八千太　つちはしやちた　1965没（98歳）。明治～昭和時代の神父, 天文学者。1866生。

ファラー, ジェラルディーン　1967没（85歳）。アメリカの歌劇ソプラノ歌手。1882生。

ウィンダム, ジョン　1969没（65歳）。イギリスのSF作家。1903生。

ガードナー, アール・スタンリー　1970没（80歳）。アメリカの推理小説作家。1889生。

ブロード, チャーリー・ダンバー　1971没（83歳）。イギリスの哲学者。1887生。

ブラウン, フレドリック　1972没（65歳）。アメリカの推理・SF作家。1906生。

伊藤雄之助　いとうゆうのすけ　1980没（60歳）。昭和時代の俳優。1919生。

植木庚子郎　うえきこうしろう　1980没（80歳）。昭和時代の官僚, 政治家。大蔵大臣。1900生。

宝生弥一　ほうしょうやいち　1985没（76歳）。昭和時代の能楽師（下掛宝生流ワキ方）。1908生。

清水慶子　しみずけいこ　1991没（84歳）。昭和時代の評論家。日本子供を守る会常任理事。1906生。

多田かおる　ただかおる　1999没（38歳）。昭和・平成時代の漫画家。1960生。

上村松篁　うえむらしょうこう　2001没（98歳）。大正・昭和時代の日本画家。京都市立芸術大学教授。1902生。

トービン, ジェイムズ　2002没（84歳）。アメリカの経済学者。1918生。

ミロシェビッチ, スロボダン　2006没（64歳）。セルビアの政治家。1941生。

3月12日

○記念日○ サイフの日
半ドンの日
モスの日
○出来事○ 小野田元少尉、30年ぶり帰国（1974）

マクシミリアーヌス 295没（21歳）。キリスト教の殉教者。274生。
インノケンティウス1世 417没。教皇（在位401～417）、聖人。
グレゴリウス1世 604没（64?歳）。教皇（在位590～604）。540頃生。
藤原真楯 ふじわらのまたて 766没（52歳）。奈良時代の歌人・官人。715生。
藤原高藤 ふじわらのたかふじ 900没（63歳）。平安時代前期の公卿。838生。
源光 みなもとのひかる 913没（69歳）。平安時代前期・中期の公卿。845生。
シメオン 1022没（73歳）。東ローマのキリスト教神秘主義者。949生。
娟子内親王 けんしないしんのう 1103没（72歳）。平安時代中期・後期の女性。後朱雀天皇の第2皇女。1032生。
中山忠親 なかやまただちか 1195没（65歳）。平安時代後期・鎌倉時代前期の公卿。1131生。
延杲 えんごう 1206没（84歳）。平安時代後期・鎌倉時代前期の真言宗の僧。1123生。
伊沢家景 いさわいえかげ 1215没。鎌倉時代前期の陸奥国留守職。
良尊 りょうそん 1246没（58歳）。鎌倉時代前期の僧。1189生。
真慶 しんきょう 1280没（77歳）。鎌倉時代前期の天台宗の僧。1204生。
大江重房 おおえしげふさ 1292没。鎌倉時代後期の公卿。
昭慶門院 しょうけいもんいん 1324没（52歳）。鎌倉時代後期の女性。亀山天皇の皇女。1273生。
三隅兼連 みすみかねつら 1355没。南北朝時代の南朝方の武将。
ヒグデン、ラナルフ 1364没（84?歳）。イギリスのベネディクト派修道僧、著作家。1280頃生。
傑翁是英 けつおうぜえい 1378没。南北朝時代の禅僧。

徳翁正聡 とくおうしょうてい 1400没。南北朝時代・室町時代の曹洞宗の僧。
柳原忠秀 やなぎわらただひで 1443没（51歳）。室町時代の公卿。1393生。
シャー・ルフ 1447没（69歳）。ティムール王朝第3代の王（在位1404～47）。1377生。
ディオニシウス・カルトゥシアヌス 1471没（69?歳）。ドイツの神秘主義に属する神学者、哲学者。1402頃生。
桃庵禅洞 とうあんぜんどう 1485没。室町時代・戦国時代の僧。
ボルジア、チェーザレ 1507没（31?歳）。イタリアの政治家。1476頃生。
サ、M.de 1572没（72?歳）。ポルトガルの政治家。1500頃生。
ブル、ジョン 1628没（66?歳）。イギリスの作曲家、オルガン、バージナル奏者。1562頃生。
西園寺実益 さいおんじさねます 1632没（73歳）。安土桃山時代・江戸時代前期の公家。1560生。
お竹の方 おたけのかた 1637没。江戸時代前期の女性。徳川家康の側室。
コルネリウス・ア・ラピーデ 1637没（69歳）。オランダの聖書学者。1567生。
三浦浄心 みうらじょうしん 1644没（80歳）。安土桃山時代・江戸時代前期の仮名草子作者。1565生。
阿部正之 あべまさゆき 1651没（68歳）。江戸時代前期の旗本、使番。1584生。
狩野山雪 かのうさんせつ 1651没（63歳）。江戸時代前期の画家。1589生。
西武 さいむ 1682没（73歳）。江戸時代前期の俳人。1610生。
伊藤仁斎 いとうじんさい 1705没（79歳）。江戸時代前期・中期の京都町衆。1627生。
牧徳右衛門 まきのとくえもん 1727没。江戸時代中期の美作国山中一揆の指導者。

中山高陽　なかやまこうよう　1780没（64歳）。江戸時代中期の南画家。1717生。

小野川喜三郎　おのがわきさぶろう　1806没（49歳）。江戸時代中期・後期の力士。1758生。

上杉治憲　うえすぎはるのり　1822没（72歳）。江戸時代中期・後期の大名。1751生。

二宮敬作　にのみやけいさく　1862没（59歳）。江戸時代末期の蘭方医。1804生。

国沢新九郎　くにさわしんくろう　1877没（30歳）。明治時代の洋画家。1848生。

トペリウス, サカリアス　1898没（80歳）。フィンランドの歴史学者, 詩人, 小説家, 児童文学者。1818生。

バルマー, ヨハン・ヤーコプ　1898没（72歳）。スイスの物理学者。1825生。

高野房太郎　たかのふさたろう　1904没（36歳）。明治時代の労働運動家。1869生。

松本良順　まつもとりょうじゅん　1907没（76歳）。江戸・明治時代の医師。初代陸軍軍医総監。1832生。

ウェスティングハウス, ジョージ　1914没（67歳）。アメリカの発明家, 事業家。1846生。

エーブナー-エッシェンバッハ, マリー・フォン　1916没（85歳）。オーストリアの女流作家。1830生。

シャルドネ, イレール・ベリニョー, 伯爵　1924没（84歳）。フランスの化学者。1839生。

孫文　そんぶん　1925没（58歳）。中国の革命家。1866生。

新海竹太郎　しんかいたけたろう　1927没（60歳）。明治・大正時代の彫刻家。1868生。

イラーセック, アロイス　1930没（78歳）。チェコの歴史小説家, 劇作家。1851生。

クリューゲル　1932没（52歳）。スウェーデンの実業家, 金融資本家。1880生。

ピューピン, マイケル　1935没（76歳）。アメリカの物理学者。1858生。

内田康哉　うちだこうさい　1936没（72歳）。明治～昭和時代の政治家, 外交官。外務大臣, 満鉄総裁。1865生。

ヴィドール, シャルル・マリー　1937没（93歳）。フランスのオルガン奏者, 作曲家。1844生。

フバイ, イェネー　1937没（78歳）。ハンガリーのヴァイオリン奏者, 作曲家。1858生。

ブラッグ, サー・ウィリアム・ヘンリー　1942没（79歳）。イギリスの物理学者。1862生。

ヴィーゲラン, アドルフ・グスタヴ　1943没（73歳）。ノルウェーの彫刻家。1869生。

鈴木文治　すずきぶんじ　1946没（62歳）。大正・昭和時代の労働運動家, 政治家。日本労働総同盟会長, 衆議院議員。1885生。

関根金次郎　せきねきんじろう　1946没（79歳）。明治～昭和時代の将棋棋士。1868生。

チャーチル, ウィンストン　1947没（75歳）。アメリカの小説家。1871生。

マン, ハインリヒ　1950没（78歳）。ドイツの小説家, 評論家。1871生。

フーゲンベルク　1951没（85歳）。ドイツの実業家, 政治家。1865生。

伊東静雄　いとうしずお　1953没（46歳）。昭和時代の詩人。1906生。

パーカー, チャーリー　1955没（34歳）。アメリカのサキソフォン奏者。1920生。

重森三玲　しげもりみれい　1975没（78歳）。大正・昭和時代の庭園研究家, 花道家。京都林泉協会会長。1896生。

上原正吉　うえはらしょうきち　1983没（85歳）。昭和時代の実業家, 政治家。大正製薬会長, 参議院議員。1897生。

オーマンディ, ユージン　1985没（85歳）。アメリカ（ハンガリー生れ）の指揮者。1899生。

武藤清　むとうきよし　1989没（86歳）。昭和時代の建築学者。武藤構造力学研究所所長, 東京大学教授。1903生。

スーポー, フィリップ　1990没（92歳）。フランスの詩人, ジャーナリスト。1897生。

レイマン, ロザモンド　1990没（89歳）。イギリスの女流小説家。1901生。

グラニット, ラグナル・アートゥル　1991没（90歳）。スウェーデンの神経生理学者。1900生。

宮本又次　みやもとまたじ　1991没（84歳）。昭和時代の経済史学者。大阪大学教授。1907生。

メニューイン, ユーディ・メニューイン, 男爵　1999没（82歳）。アメリカのバイオリニスト。1916生。

ブラウ　2002没（84歳）。アメリカの社会学者。1918生。

ファースト, ハワード・メルヴィン　2003没（88歳）。アメリカの小説家。1914生。

江間章子　えましょうこ　2005没（91歳）。昭和・平成時代の詩人。1913生。

桂文枝（5代目）　かつらぶんし　2005没（74歳）。昭和・平成時代の落語家。1930生。

3月12日

3月13日

○記念日○ サンドイッチ・デー
○出来事○ 音楽家が天王星を発見(1781)
新撰組結成(1863)
青函トンネル開通(1988)

ベリサリウス　565没(60歳)。東ローマ, ユスチニアヌス帝時代の将軍。505生。

後白河天皇　ごしらかわてんのう　1192没(66歳)。第77代の天皇。1127生。

静恵法親王　じょうえほっしんのう　1203没(40歳)。後白河天皇の皇子。1164生。

サンシア　1229没(49?歳)。ポルトガル第2代王サンショ1世の娘。1180頃生。

実勝　じっしょう　1291没(51歳)。鎌倉時代後期の真言宗の僧。1241生。

九条房実　くじょうふさざね　1327没(38歳)。鎌倉時代後期の公卿。1290生。

メトキテス, テオドロス　1332没(62歳)。ビザンチン期の文献学者。1270生。

菊池武時　きくちたけとき　1333没(42?歳)。鎌倉時代後期の肥後国の武将。1292頃生。

頓阿　とんあ　1372没(84歳)。鎌倉時代後期・南北朝時代の歌人。1289生。

白川顕邦王　しらかわあきくにおう　1393没(56歳)。南北朝時代の神祇伯。1338生。

バーバー, ジョン　1395没(75?歳)。スコットランドの詩人。1320頃生。

日慧　にちえ　1424没。南北朝時代・室町時代の日蓮宗の僧。

寰中元志　かんちゅうげんし　1428没(83歳)。南北朝時代・室町時代の臨済宗の僧。1346生。

隆寛　りゅうかん　1429没(53歳)。室町時代の真言宗の僧。1377生。

足利義昭　あしかがよしょう　1441没(38歳)。室町時代の僧, 武将。1404生。

渋川満頼　しぶかわみつより　1446没(75歳)。南北朝時代・室町時代の武将。1372生。

ガスコイン, トマス　1458没(55歳)。イギリスの司祭, 神学者, 教会改革者。1403生。

ムルチャー, ハンス　1467没(67?歳)。ドイツの彫刻家, 画家。1400頃生。

パルツ, ヨーハン・フォン　1511没(66?歳)。ドイツの神学者, アウグスティヌス会士でルターの師。1445頃生。

佐竹義舜　さたけよしきよ　1517没(48歳)。戦国時代の武将, 常陸太田城城主, 義治の子。1470生。

グロッパー, ヨーハン　1559没(56歳)。ドイツのローマ・カトリック神学者, 教会政治家。1503生。

ゲスナー, コンラート・フォン　1565没(48歳)。スイスの博物学者, 医者。1516生。

生駒吉乃　いこまよしの　1566没。戦国時代の女性。織田信長の側室。

コンデ, ブルボンのルイ1世, 親王　1569没(38歳)。フランスの新教徒の政治的軍事的指導者。1530生。

ロピタル, ミシェル・ド　1573没(69?歳)。フランスの政治家。1504頃生。

上杉謙信　うえすぎけんしん　1578没(49歳)。戦国時代・安土桃山時代の武将, 関東管領。1530生。

久松俊勝　ひさまつとしかつ　1587没(62歳)。戦国時代・安土桃山時代の武将, 佐渡守, 阿久比城の城主。1526生。

バーベッジ, リチャード　1619没(50?歳)。イギリスの俳優, 劇場経営者。1569頃生。

ボワロー, ニコラ　1711没(74歳)。フランスの詩人, 評論家。1636生。

ベットガー, ヨーハン・フリードリヒ　1719没(37歳)。ドイツの錬金術師, 陶芸家。1682生。

森尚謙　もりしょうけん　1721没(69歳)。江戸時代前期・中期の儒学者, 水戸藩士。1653生。

瀬川菊之丞(2代目)　せがわきくのじょう　1773(閏3月)没(33歳)。江戸時代中期の歌舞伎役者。1741生。

藤間勘兵衛(2代目)　ふじまかんべえ　1785没。江戸時代中期の劇場振附師、日本舞踊藤間流の宗家。

荒木田経雅　あらきだつねただ　1805没(64歳)。江戸時代中期・後期の神官, 国学者。1742生。

行智　ぎょうち　1841没(64歳)。江戸時代後期の山伏，修験道の教学者，悉曇学者。1778生。

ケルビーニ，ルイージ・カルロ・ザノービオ・サルヴァトーレ・マリーア　1842没(81歳)。イタリアの作曲家。1760生。

成田蒼虬　なりたそうきゅう　1842没(82歳)。江戸時代中期・後期の俳人。1761生。

ダニエル，ジョン・フレデリック　1845没(55歳)。イギリスの化学者，物理学者。1790生。

ラッハマン，カール　1851没(58歳)。ドイツの言語学者，評論家。1793生。

アマースト，ウィリアム・ピット，初代伯爵　1857没(84歳)。イギリスの政治家，外交官。1773生。

モンタランベール，シャルル・ド　1870没(59歳)。フランスの政治家，ジャーナリスト。1810生。

アレクサンドル2世　1881没(62歳)。ロシア皇帝(在位1855～81)。1818生。

バンヴィル，テオドール・ド　1891没(67歳)。フランスの詩人，劇作家。1823生。

長三洲　ちょうさんしゅう　1895没(63歳)。江戸・明治時代の勤王の志士，文人，書家。1833生。

ハリソン，ベンジャミン　1901没(67歳)。第23代アメリカ大統領。1833生。

ベーツ，ニコラース　1903没(88歳)。オランダの作家，牧師。1814生。

アンソニー，スーザン・B　1906没(86歳)。アメリカの女性社会運動家。1820生。

モニエ　1906没(83歳)。フランスの技術者，コンクリートの発明者。1823生。

ウィッテ　1915没(65歳)。ロシアの政治家。1849生。

ラグーザ，ヴィンチェンツォ　1927没(85歳)。イタリアの彫刻家。1841生。

ジード　1932没(84歳)。フランスの経済学者，消費協同組合の理論的指導者。1847生。

トムソン，イライヒュー　1937没(83歳)。アメリカの電気工学者，発明家。1853生。

レヴィ＝ブリュール，リュシヤン　1939没(81歳)。フランスの哲学者，人類学者。1857生。

永井建子　ながいけんし　1940没(76歳)。明治・大正時代の指揮者，作曲家。陸軍戸山学校軍楽隊長。1865生。

山室軍平　やまむろぐんぺい　1940没(69歳)。明治～昭和時代のキリスト教伝道者。1872生。

ベネー，スティーヴン・ヴィンセント　1943没(44歳)。アメリカの詩人，小説家。1898生。

ハウスホーファー　1946没(76歳)。ドイツの政治地理学者。1869生。

ジロー，アンリ・オノレ　1949没(70歳)。フランスの軍人。1879生。

原民喜　はらたみき　1951没(45歳)。昭和時代の小説家，詩人。1905生。

有坂秀世　ありさかひでよ　1952没(43歳)。昭和時代の言語学者，国語学者。1908生。

福来友吉　ふくらいともきち　1952没(82歳)。明治～昭和時代の心理学者。1869生。

ビエルート　1956没(63歳)。ポーランドの政治家。1892生。

マリー，ジョン・ミドルトン　1957没(67歳)。イギリスの批評家。1889生。

岩村通世　いわむらみちよ　1965没(81歳)。昭和時代の司法官，政治家。検事総長，法務大臣。1883生。

アンドリッチ，イヴォ　1975没(82歳)。ユーゴスラビアの作家。1892生。

重宗雄三　しげむねゆうぞう　1976没(82歳)。昭和時代の政治家，実業家。参議院議員，明電社社長。1894生。

藤岡由夫　ふじおかよしお　1976没(73歳)。大正・昭和時代の物理学者。東京教育大学教授，国連原子力局アイソトープ部長。1903生。

梅根悟　うめねさとる　1980没(76歳)。昭和時代の教育学者。東京教育大教授，和光大学学長。1903生。

ムーア，ジェラルド　1987没(87歳)。イギリスのピアニスト。1899生。

ミュンヒンガー，カール　1990没(74歳)。ドイツの指揮者。1915生。

ブラトヴィチ，ミオドラグ　1991没(61歳)。ユーゴスラヴィア(ツルナ・ゴーラ系)の小説家。1930生。

葦原邦子　あしはらくにこ　1997没(84歳)。昭和・平成時代の女優。1912生。

加太こうじ　かたこうじ　1998没(80歳)。昭和・平成時代の評論家。思想の科学社社長，日本福祉大学教授。1918生。

3月13日

3月14日

○記念日○　ホワイトデー
　　　　　　数学の日
○出来事○　五箇条の御誓文が発表(1868)
　　　　　　大阪万博開幕(1970)
　　　　　　新幹線のぞみ登場(1992)

アインハルト　840没(70?歳)。フランク王国の歴史家。770頃生。

為子内親王　いしないしんのう　899没。平安時代前期の女性。醍醐天皇の妃。

マティルデ　968没(78?歳)。ドイツ王ハインリヒ1世の妃。890頃生。

平惟仲　たいらのこれなか　1005没(62歳)。平安時代中期の公卿。944生。

藤原顕時　ふじわらのあきとき　1167没(58歳)。平安時代後期の公卿。1110生。

常久　じょうきゅう　1213没(74歳)。平安時代後期・鎌倉時代前期の天台宗の僧。1140生。

坊門信清　ぼうもんのぶきよ　1216没(58歳)。平安時代後期・鎌倉時代前期の公卿。1159生。

エンツィオ　1272没(52?歳)。神聖ローマ皇帝フリードリヒ2世の実子。1220頃生。

菅原高能　すがわらのたかよし　1288没。鎌倉時代後期の公卿。

オリーヴィ, ペトルス・ヨアニス　1298没(50歳)。フランシスコ会士の神学, 哲学者。1248生。

日澄　にっちょう　1310没(49歳)。鎌倉時代後期の日蓮宗の僧。1262生。

尊観　そんかん　1316没(78歳)。鎌倉時代の浄土宗の僧。1239生。

二条為定　にじょうためさだ　1360没(68歳)。鎌倉時代後期・南北朝時代の歌人。1293生。

四条隆蔭　しじょうたかかげ　1364没(68歳)。鎌倉時代後期・南北朝時代の公卿。1297生。

顧徳輝　ことくき　1369没(59歳)。中国, 元代の文人, 画家, 収蔵家。1310生。

スピネロ・アレティーノ　1410没(64?歳)。イタリアの画家。1346頃生。

蘆名盛詮　あしなもりあきら　1466没(36歳)。室町時代の武将, 奥州黒川城主。1431生。

マロリー, トマス　1471没(55?歳)。イギリスの小説家, 騎士。1416頃生。

ファブリ, フェーリクス　1502没(61?歳)。チューリヒ出身の博学なドミニコ会士。1441頃生。

キローガ, バスコ・デ　1565没(95歳)。メキシコで活躍したスペインの法律家, 司祭。1470生。

六角義賢　ろっかくよしかた　1598没(78歳)。戦国時代・安土桃山時代の大名。1521生。

奥平信昌　おくだいらのぶまさ　1615没(61歳)。安土桃山時代・江戸時代前期の大名。1555生。

後藤光乗　ごとうこうじょう　1620没(92歳)。戦国時代・安土桃山時代の彫金家。1529生。

松平定勝　まつだいらさだかつ　1624没(65歳)。安土桃山時代・江戸時代前期の大名。1560生。

ホーエ・フォン・ホーエネク, マティーアス　1645没(65歳)。ドイツのプロテスタント教会政治家。1580生。

フレデリック・ヘンドリック　1647没(63歳)。オラニェ＝ナッソウ公, ネーデルラント総督(在位1625～47)。1584生。

助広(2代目)　すけひろ　1682没(46歳)。江戸時代前期の刀工。1637生。

ロイスダール, ヤーコプ・ファン　1682没(53?歳)。オランダの画家。1628頃生。

田代重栄　たしろじゅうえい　1687没(72歳)。江戸時代前期の田代組村々の大庄屋。1616生。

浅野長矩　あさのながのり　1701没(35歳)。江戸時代前期・中期の大名。1667生。

ラ・ショッセ, ピエール-クロード・ニヴェル・ド　1754没(62歳)。フランスの劇作家。1692生。

三浦梅園　みうらばいえん　1789没(67歳)。江戸時代中期の哲学者, 経済学者。1723生。

河竹新七(初代)　かわたけしんしち　1795没(50歳)。江戸時代中期の歌舞伎作者。1746生。

クラシツキ, イグナツィ　1801没(66歳)。ポーランドの詩人。1735生。

クロップシュトク，フリードリヒ・ゴットリープ　1803没（78歳）。ドイツの詩人。1724生。

立原翠軒　たちはらすいけん　1823没（80歳）。江戸時代中期・後期の儒学者，水戸藩士。1744生。

デュムーリエ，シャルル・フランソワ　1823没（84歳）。フランスの将軍，政治家。1739生。

服部中庸　はっとりなかつね　1824没（68歳）。江戸時代中期・後期の国学者。1757生。

野呂介石　のろかいせき　1828没（82歳）。江戸時代中期・後期の南画家。1747生。

スパークス，ジャレッド　1866没（76歳）。アメリカの歴史家，伝記作家，教育家。1789生。

一竜斎貞山(2代目)　いちりゅうさいていざん　1874没（36歳）。江戸時代末期・明治時代の講釈師。1839生。

ロサス，ホアン・マヌエル　1877没（83歳）。アルゼンチンの政治家。1793生。

マルクス，カール　1883没（64歳）。ドイツの経済学者，哲学者，革命指導者。1818生。

ヴィントホルスト，ルートヴィヒ　1891没（79歳）。ドイツの政治家。1812生。

シュタインタール　1899没（75歳）。ドイツの言語学者。1823生。

秋田静臥　あきたせいが　1900没（83歳）。江戸・明治時代の陸奥三春藩士。三春藩大参事。1818生。

レベデフ，ピョートル・ニコラエヴィッチ　1912没（46歳）。ロシアの物理学者。1866生。

飯島魁　いいじまいさお　1921没（61歳）。明治・大正時代の動物学者。東京帝国大学教授。1861生。

イーストマン，ジョージ　1932没（77歳）。アメリカの発明家。1854生。

ターナー，フレデリック・ジャクソン　1932没（70歳）。アメリカの歴史家。1861生。

ハンチュ，アルトゥル・ルドルフ　1935没（78歳）。ドイツの化学者。1857生。

ホールデイン，ジョン・スコット　1936没（75歳）。イギリスの生理学者。1860生。

矢田津世子　やだつせこ　1944没（38歳）。昭和時代の小説家。1907生。

稲毛金七　いなげきんしち　1946没（60歳）。大正・昭和時代の教育学者，評論家。早稲田大学教授。1887生。

千家元麿　せんけもとまろ　1948没（61歳）。大正・昭和時代の詩人。1888生。

吉本せい　よしもとせい　1950没（60歳）。大正・昭和時代の興行師。吉本興業創業者。1889生。

ゴットヴァルト，クレメント　1953没（56歳）。チェコスロバキアの政治家，革命家。1896生。

春風亭柳好(3代目)　しゅんぷうていりゅうこう　1956没（67歳）。大正・昭和時代の落語家。1888生。

吉田隆子　よしだたかこ　1956没（46歳）。昭和時代の作曲家。1910生。

岸道三　きしみちぞう　1962没（62歳）。昭和時代の実業家。日本道路公団総裁，同和鉱業副社長。1899生。

正宗得三郎　まさむねとくさぶろう　1962没（78歳）。明治～昭和時代の洋画家。1883生。

唐沢俊樹　からさわとしき　1967没（76歳）。大正・昭和時代の政治家，内務官僚。衆議院議員（自民党），法務大臣。1891生。

シャーン，ベン　1969没（70歳）。アメリカの画家。1898生。

アダモフ，アルチュール　1970没（61歳）。フランスの劇作家。1908生。

ヘイワード，スーザン　1975没（55歳）。アメリカの女優。1919生。

本多延嘉　ほんだのぶよし　1975没（41歳）。昭和時代の革命運動家。革共同中核派書記長。1934生。

ハッタ　1980没（77歳）。インドネシアの政治家，経済学者。1902生。

高橋とよ　たかはしとよ　1981没（77歳）。大正・昭和時代の女優。1903生。

田畑忍　たばたしのぶ　1994没（92歳）。昭和・平成時代の法学者。同志社大学長。1902生。

ジンネマン，フレッド　1997没（89歳）。アメリカの映画監督。1907生。

若林真　わかばやしん　2000没（70歳）。昭和・平成時代のフランス文学者。慶応義塾大学教授。1929生。

芝田進午　しばしんご　2001没（70歳）。昭和・平成時代の哲学者。広島大学教授。1930生。

杉浦明平　すぎうらみんぺい　2001没（87歳）。昭和・平成時代の小説家，評論家。1913生。

鈴木ヒロミツ　すずきひろみつ　2007没（60歳）。昭和・平成時代の歌手，俳優。1946生。

3月14日

3月15日

○記念日○　オリーブの日
　　　　　　靴の記念日
　　　　　　世界消費者権利デー
○出来事○　新幹線新大阪-岡山間開業（1972）

カエサル，ガイユス・ユリウス　前44没（57?歳）。ローマ共和政末期最大の軍人，政治家。前101頃生。

オドアケル　493没（60歳）。ゲルマンの名門の出身。433生。

聖ザカリアス　752没。教皇（在位741～752），聖人，ギリシア人。

源隆俊　みなもとのたかとし　1075没（51歳）。平安時代中期の公卿。1025生。

珍西　ちんせい　1136没。平安時代後期の天台宗の僧。

定仁　じょうにん　1171没。平安時代後期の真言宗の僧。

信願　しんがん　1268没（78歳）。鎌倉時代前期の浄土真宗の僧。1191生。

土御門通持　つちみかどみちもつ　1276（閏3月）没（45歳）。鎌倉時代前期の公卿。1232生。

阿弥陀房　あみだぼう　1278没。鎌倉時代前期の浄土宗の僧。

西念　さいねん　1289没（108歳）。鎌倉時代前期の浄土宗の僧。1182生。

四条頼基　しじょうよりもと　1296没（68歳）。鎌倉時代後期の武士。1229生。

清水谷実連　しみずだにさねつら　1314没。鎌倉時代後期の公卿。

日範　にちはん　1320没（120?歳）。鎌倉時代後期の日蓮宗の僧。1201頃生。

松殿忠冬　まつどのただふゆ　1348没（53歳）。鎌倉時代後期・南北朝時代の公卿。1296生。

中山定宗　なかやまさだむね　1371没（55歳）。南北朝時代の公卿。1317生。

エーベルハルト2世　1392没。ドイツのヴュルッテンベルク伯。

原璞慧珉　げんぼくえきょう　1429没（57歳）。南北朝時代・室町時代の禅僧。1373生。

ヴァターブル，フランソワ　1547没（54?歳）。フランスのカトリック神学者，ヘブル語学者。1493頃生。

ミランダ，サ・デ　1558没（76歳）。ポルトガルの詩人。1481生。

智短　ちたん　1563没。戦国時代の浄土宗の僧。

慶尭　きょうぎょう　1568没（34歳）。戦国時代の浄土真宗の僧。1535生。

アンニーバレ・パドヴァーノ　1575没（48歳）。イタリアのオルガン奏者，作曲家。1527生。

オレヴィアーヌス，カスパル　1587没（50歳）。ドイツの神学者。1536生。

李卓吾　りたくご　1602没（74歳）。中国，明の思想家。1527生。

エルズミーア　1617没（77歳）。イギリスの法律家，外交官。1540生。

酒井家次　さかいいえつぐ　1618没（55歳）。安土桃山時代・江戸時代前期の大名。1564生。

モーリツ　1632没（59歳）。ヘッセン・カッセル地方伯。1572生。

水野勝成　みずのかつなり　1651没（88歳）。安土桃山時代・江戸時代前期の大名。1564生。

ローザ，サルヴァトール　1673没（57歳）。イタリアの画家，銅版画家，詩人，音楽家。1615生。

ギュンター，ヨハン・クリスティアン　1723没（27歳）。ドイツの詩人。1695生。

本木庄左衛門　もときしょうざえもん　1822没（56歳）。江戸時代中期・後期のオランダ通詞。1767生。

川路聖謨　かわじとしあきら　1868没（68歳）。江戸・明治時代の幕府官僚。勘定奉行。1801生。

村垣範正　むらがきのりまさ　1880没（68歳）。江戸時代末期・明治時代の幕臣。1813生。

養鸕徹定　うがいてつじょう　1891没（78歳）。江戸・明治時代の浄土宗僧侶。浄土宗管長，知恩院住職七十五世。1814生。

シルヴェスター，ジェイムズ・ジョゼフ　1897没（82歳）。イギリスの数学者。1814生。

ベッセマー，サー・ヘンリー　1898没（85歳）。イギリスの発明家。1813生。

グッゲンハイム, マイアー　1905没(77歳)。アメリカの実業家。1828生。
スクラム, アマーリー　1905没(58歳)。ノルウェーの女流小説家。1846生。
ランドルト, ハンス・ハインリヒ　1910没(78歳)。ドイツの化学者。1831生。
長谷場純孝　はせばすみたか　1914没(61歳)。明治時代の政治家。衆議院議長, 文部大臣。1854生。
クレイン, ウォルター　1915没(69歳)。イギリスの画家, 図案家, 著述家。1845生。
山路愛山　やまじあいざん　1917没(53歳)。明治時代の史論家。1865生。
フールマノフ, ドミートリー・アンドレーヴィチ　1926没(34歳)。ソ連の作家。1891生。
ラヴクラフト, H.P.　1937没(46歳)。アメリカの怪奇小説作家。1890生。
ブハーリン, ニコライ・イワノヴィチ　1938没(49歳)。ソ連の政治家。1888生。
ルイコフ, アレクセイ・イヴァノヴィチ　1938没(57歳)。ソ連の共産主義指導者, 政治家。1881生。
ヤヴレーンスキイ, アレクセーイ・ゲオールギエヴィチ　1941没(76歳)。ロシアの画家。1864生。
ツェムリンスキ, アレクサンダー・フォン　1942没(70歳)。オーストリア(ポーランド系)の作曲家, 指揮者。1871生。
シェーンヘル, カール　1943没(76歳)。オーストリアの劇作家。1867生。
市川正一　いちかわしょういち　1945没(54歳)。大正・昭和時代の社会運動家。1892生。
鈴江言一　すずえげんいち　1945没(52歳)。昭和時代の社会運動家, 中国研究者。1894生。
ブロック, ジャン-リシャール　1947没(62歳)。フランスの小説家, 劇作家, 評論家。1884生。
山崎達之輔　やまざきたつのすけ　1948没(69歳)。昭和時代の官僚, 政治家。衆議院議員。1880生。
岩田愛之助　いわたあいのすけ　1950没(60歳)。大正・昭和時代の国家主義者。1890生。
シジウィック, ネヴィル・ヴィンセント　1952没(78歳)。イギリスの化学者。1873生。
村田省蔵　むらたしょうぞう　1957没(78歳)。大正・昭和時代の経営者, 政治家。日本国際貿易振興協会会長, 大阪商船社長。1878生。
久保栄　くぼさかえ　1958没(57歳)。昭和時代の劇作家, 演出家。1900生。

浜田国太郎　はまだくにたろう　1958没(84歳)。明治～昭和時代の労働運動家。日本海員組合組合長。1873生。
ヤング, レスター　1959没(49歳)。アメリカのジャズ・テナーサクソフォーン奏者。1909生。
川本宇之介　かわもとうのすけ　1960没(71歳)。大正・昭和時代の聾唖教育者。東京聾唖学校校長, 国立聾唖教育学校校長。1888生。
コンプトン, アーサー・ホリー　1962没(69歳)。アメリカの物理学者。1892生。
パノフスキー, エルヴィン　1968没(75歳)。ドイツ生れのアメリカの美術史学者。1892生。
武蔵山武　むさしやまたけし　1969没(59歳)。昭和時代の力士。33代横綱。1909生。
ヴェーソース, タリエイ　1970没(72歳)。ノルウェーの作家。1897生。
松原至大　まつばらみちとも　1971没(78歳)。大正・昭和時代の童話作家, 翻訳家。1893生。
木村亀二　きむらかめじ　1972没(74歳)。大正・昭和時代の法学者。東北大学教授, 日本刑法学会理事長。1897生。
耳野卯三郎　みみのうさぶろう　1974没(82歳)。大正・昭和時代の洋画家。1891生。
オナシス　1975没(68歳)。ギリシャの船舶王。1907生。
井沢淳　いざわじゅん　1976没(60歳)。昭和時代の映画評論家。1916生。
マシーン, レオニード　1979没(82歳)。ロシア生れの舞踊家。1896生。
クレール, ルネ　1981没(82歳)。フランスの映画監督。1898生。
堀口大学　ほりぐちだいがく　1981没(89歳)。大正・昭和時代の詩人, 翻訳家。1892生。
ウェスト, レベッカ　1983没(90歳)。イギリスの女流小説家, 評論家。1892生。
江口朴郎　えぐちぼくろう　1989没(77歳)。昭和時代の歴史学者。東京大学教授, 津田塾大学教授。1911生。
田中寿美子　たなかすみこ　1995没(85歳)。昭和時代の評論家, 政治家。参議院議員。1909生。
大庭さち子　おおばさちこ　1997没(92歳)。昭和時代の小説家。1904生。
スポック, ベンジャミン・マクレイン　1998没(94歳)。アメリカの医者, 社会運動家。1903生。

3月15日

3月16日

○記念日○ 万国赤十字加盟記念日
○出来事○ 三浦按針、日本に漂着(1600)
瀬戸内海などが日本初の国立公園に(1934)
つくば科学万博開幕(1985)

ティベリウス、ユーリウス・カエサル・アウグストゥス 37没(77歳)。ローマ皇帝(14～37)。前42生。
巨勢紫檀 こせのしたの 685没。飛鳥時代の官人。
萄然 ちょうねん 1016没(79歳)。平安時代中期の東大寺の僧。938生。
ヘーリベルト(ケルンの) 1021没(51?歳)。ドイツのケルンの大司教、聖人。970頃生。
アダルベルト 1072没(72?歳)。ハンブルク、ブレーメンの大司教。1000頃生。
賢覚 げんかく 1156没(77歳)。平安時代後期の真言宗の僧。1080生。
藤原実家 ふじわらのさねいえ 1193没(49歳)。平安時代後期の公卿。1145生。
忠快 ちゅうかい 1227没(69歳)。平安時代後期・鎌倉時代前期の天台宗の僧。1159生。
静慶 じょうけい 1243没(94歳)。鎌倉時代前期の律宗の僧。1150生。
念信 ねんしん 1245没。鎌倉時代前期の浄土真宗の僧。
道善 どうぜん 1276没。鎌倉時代の真言宗の僧。
日春 にっしゅん 1311没(82歳)。鎌倉時代後期の日蓮宗の僧。1230生。
親玄 しんげん 1322没(74歳)。鎌倉時代後期の真言宗の僧。1249生。
ハートラウプ、ヨハネス 1340没。スイスの吟遊詩人。
葛西清貞 かさいきよさだ 1350没(38歳)。鎌倉時代後期・南北朝時代の南朝方の武将。1313生。
天庵懐義 てんあんえぎ 1361没。南北朝時代の曹洞宗の僧。
高辻国長 たかつじくになが 1370没(87歳)。鎌倉時代後期・南北朝時代の公卿。1284生。
久我具通 こがともみち 1397没(57歳)。南北朝時代・室町時代の公卿。1341生。

イブン・ハルドゥーン、アブドゥル・ラフマーン 1406没(73歳)。アラビアの歴史学者。1332生。
日野重光 ひのしげみつ 1413没(44歳)。南北朝時代・室町時代の公卿。1370生。
良弘 りょうぐ 1471没。室町時代の浄土宗の僧。
ウーテンハイム、クリストフ・フォン 1527没(77?歳)。ドイツの人文主義者、バーゼル司教。1450頃生。
十市遠忠 とおちとおただ 1545没(49歳)。戦国時代の武将、歌人。1497生。
灰屋紹由 はいやじょうゆう 1622没。江戸時代前期の京都の豪商、文化人。
ブレブーフ、ジャン・ド 1649没(55歳)。フランス出身のイエズス会宣教師。1593生。
松平信綱 まつだいらのぶつな 1662没(67歳)。江戸時代前期の大名、幕府老中。1596生。
レオノーラ・クリスティーナ 1698没(76歳)。デンマークの王女。1621生。
ペルゴレージ、ジョヴァンニ・バッティスタ 1736没(26歳)。イタリアの作曲家。1710生。
香月牛山 かつきぎゅうざん 1740没(85歳)。江戸時代中期の医師。1656生。
丹羽嘉言 にわよしとき 1786没(45歳)。江戸時代中期の南画家。1742生。
サヴァール、フェリックス 1841没(49歳)。フランスの物理学者。1791生。
モチャーロフ 1848没(47歳)。ロシアの悲劇俳優。1800生。
大楽源太郎 だいらくげんたろう 1871没(38歳)。江戸時代末期・明治時代の長州(萩)藩脱藩隊騒動の指導者。1834生。
森山多吉郎 もりやまたきちろう 1871没(52歳)。江戸時代末期・明治時代の通訳。1820生。
ムソルグスキー、モデスト・ペトローヴィチ 1881没(42歳)。ロシアの作曲家。1839生。

156

3月16日

フリーマン 1892没(68歳)。イギリスの歴史学者。1823生。
浅田宗伯 あさだそうはく 1894没(80歳)。江戸・明治時代の漢方医。1815生。
ビアズリー, オーブリー・ヴィンセント 1898没(25歳)。イギリスの画家。1872生。
プフリューガー 1910没(80歳)。ドイツの生理学者。1829生。
マレイ, サー・ジョン 1914没(73歳)。イギリスの海洋学者, 動物学者。1841生。
ヴァッセルマン, アウグスト・パウル・フォン 1925没(59歳)。ドイツの細菌学者。1866生。
コルディエ 1925没(75歳)。フランスの東洋学者。1849生。
大矢透 おおやとおる 1928没(78歳)。明治・大正時代の国語学者, 国文学者。1851生。
プリモ・デ・リベラ, M. 1930没(60歳)。スペインの軍人, 独裁者(1923〜30)。1870生。
マクラウド, ジェイムズ・リカード 1935没(58歳)。イギリスの生理学者。1876生。
チェンバリン, J.A. 1937没(73歳)。イギリスの政治家。1863生。
ラーゲルレーヴ, セルマ 1940没(81歳)。スウェーデンの女流小説家。1858生。
ドリュ・ラ・ロシェル, ピエール 1945没(52歳)。フランスの小説家。1893生。
片岡仁左衛門(12代目) かたおかにざえもん 1946没(65歳)。明治〜昭和時代の歌舞伎役者。1882生。
野田律太 のだりつた 1948没(68歳)。大正・昭和時代の労働運動家。「工場世界」編集主幹, 社会党香川県連労働組合部長。1881生。
宮部金吾 みやべきんご 1951没(91歳)。明治〜昭和時代の植物学者。北海道帝国大学教授。1860生。
加藤正治 かとうまさはる 1952没(81歳)。明治・昭和時代の法学者。1871生。
スタール, ニコラ・ド 1955没(41歳)。ロシア生れのフランスの画家。1914生。
ジョリオ-キュリー, イレーヌ 1956没(58歳)。フランスの物理学者。1897生。
ブランクーシ, コンスタンティン 1957没(81歳)。ルーマニアの彫刻家。1876生。
小林橘川 こばやしきっせん 1961没(78歳)。明治〜昭和時代の新聞人, 政治家。名古屋新聞副社長, 中部日本新聞取締役論説委員。1882生。

タリヒ, ヴァーツラフ 1961没(77歳)。チェコスロバキアの指揮者。1883生。
ベヴァリッジ, ウィリアム・ヘンリー・ベヴァリッジ, 男爵 1963没(84歳)。イギリスの法律, 経済学者。1879生。
太田垣士郎 おおたがきしろう 1964没(70歳)。昭和時代の実業家。関西電力社長, 電気事業連合会会長。1894生。
蔵原伸二郎 くらはらしんじろう 1965没(65歳)。昭和時代の詩人, 小説家。1899生。
カステルヌオーヴォ-テデスコ, マリオ 1968没(72歳)。アメリカのイタリア人作曲家。1895生。
デューイ, T.E. 1971没(68歳)。アメリカの政治家, 法律家。1902生。
山際正道 やまぎわまさみち 1975没(73歳)。昭和時代の官僚, 銀行家。日銀総裁, 大蔵事務次官。1901生。
ジュンブラート, カマール 1977没(58歳)。レバノンの政治家。1919生。
山手樹一郎 やまてきいちろう 1978没(79歳)。昭和時代の小説家。1899生。
モネ, ジャン 1979没(90歳)。フランスの経済学者。1888生。
磯村乙巳 いそむらおとみ 1981没(76歳)。昭和時代の実業家。磯村産業社長, 日経連常任理事。1905生。
山口華楊 やまぐちかよう 1984没(84歳)。大正・昭和時代の日本画家。日展顧問。1899生。
セッションズ, ロジャー 1985没(88歳)。アメリカの作曲家, 理論家, 教育者。1896生。
内藤誉三郎 ないとうよさぶろう 1986没(74歳)。昭和時代の官僚, 政治家。大妻女子大学長, 参議院議員。1912生。
笠智衆 りゅうちしゅう 1993没(86歳)。昭和・平成時代の俳優。1906生。
船山信一 ふなやましんいち 1994没(86歳)。昭和・平成時代の哲学者。立命館大学教授。1907生。
田中伝左衛門(11代目) たなかでんざえもん 1997没(89歳)。昭和・平成時代の歌舞伎囃子方。歌舞伎囃子協会会長。1907生。
村田武雄 むらたたけお 1997没(88歳)。昭和・平成時代の音楽評論家。国立音楽大学教授, 日本バッハ・アカデミー協会会長。1908生。
バートン, サー・デレク・ハロルド・リチャード 1998没(79歳)。イギリスの有機化学者。1918生。

3月17日

○出来事○ 硫黄島の日本軍全滅(1945)
「少年マガジン」「少年サンデー」創刊(1959)
千代の富士1000勝達成(1990)

マルクス・アウレリウス・アントニヌス 180没(58歳)。ローマ皇帝(在位161〜80)。121生。

パトリキウス, マゴヌス・スカトゥス 461没(76?歳)。アイルランドの使徒, 守護聖人。385頃生。

阿倍倉梯麻呂 あべのくらはしまろ 649没。飛鳥時代の廷臣。

桓武天皇 かんむてんのう 806没(70歳)。第50代の天皇。737生。

ハット(ライヒェナウの) 836没(73歳)。ドイツの司教, 修道院長, 神学者。763生。

和気時雨 わけのしぐれ 965没(67歳)。平安時代中期の宮廷医。899生。

ハロルド1世 1040没(24?歳)。デーン王朝第2代のイングランド王(在位1035〜40)。1016頃生。

経範 けいはん 1104没(74歳)。平安時代中期・後期の真言宗の僧。1031生。

ボヘムント1世 1111没(55?歳)。アンティオキア公。1056頃生。

禅誉 ぜんよ 1126没(69歳)。平安時代後期の真言宗の僧。1058生。

平基盛 たいらのもともり 1162没(24歳)。平安時代後期の武士。1139生。

藤原成範 ふじわらのなりのり 1187没(53歳)。平安時代後期の歌人・公卿。1135生。

藤原行隆 ふじわらのゆきたか 1187没(58歳)。平安時代後期の官人, 安徳天皇の蔵人。1130生。

俊証 しゅんしょう 1192没(87歳)。平安時代後期・鎌倉時代前期の僧。1106生。

源兼忠 みなもとのかねただ 1209没(50歳)。平安時代後期・鎌倉時代前期の公卿。1160生。

九条良平 くじょうよしひら 1240没(57歳)。鎌倉時代前期の公卿。1184生。

ピエール・ド・モントルイユ 1266没(66?歳)。フランスの建築家。1200頃生。

日賢 にちけん 1338没(96歳)。鎌倉時代後期・南北朝時代の日蓮宗の僧。1243生。

玄海 げんかい 1347没(81歳)。鎌倉時代後期・南北朝時代の真言宗の僧。1267生。

近衛道嗣 このえみちつぐ 1387没(56歳)。南北朝時代の公卿。1332生。

今川氏輝 いまがわうじてる 1536没(24歳)。戦国時代の武将。1513生。

木沢長政 きざわながまさ 1542没。戦国時代の武将, 河内守護畠山氏の守護代。

ルザンテ 1542没(46?歳)。イタリアの喜劇作家。1496頃生。

クラーコ, ゲオルク 1575没(49歳)。ドイツの人文学者, 法学者, 政治家。1525生。

上杉憲政 うえすぎのりまさ 1579没(57歳)。戦国時代・安土桃山時代の武将, 関東管領。1523生。

木曾義昌 きそよしまさ 1595没(56歳)。安土桃山時代の大名。1540生。

カルヴァールト, デニス 1619没(79歳)。フランドルの画家。1540生。

細川忠利 ほそかわただとし 1641没(56歳)。江戸時代前期の大名。1586生。

倪元璐 げいげんろ 1644没(50歳)。中国, 明末の政治家, 画家。1593生。

甲良宗広 こうらむねひろ 1646没(73歳)。安土桃山時代・江戸時代前期の大工。1574生。

ラ・ロシュフコー, フランソワ・ド 1680没(66歳)。フランスのモラリスト。1613生。

大山為起 おおやまためおき 1713没(63歳)。江戸時代前期・中期の垂加派の神道家。1651生。

バーネット, ギルバート 1715没(71歳)。イギリスの聖職者。1643生。

吉田三郎兵衛(初代) よしださぶろべえ 1747没。江戸時代中期の上方人形浄瑠璃の立役人形遣い。

五井蘭洲 ごいらんしゅう 1762没(66歳)。江戸時代中期の儒学者。1697生。

エーヴァル, ヨハネス 1781没(37歳)。デンマークの詩人。1743生。

ベルヌーイ，ダニエル　1782没(82歳)。スイスの理論物理学者。1700生。

馬場正通　ばばまさみち　1805没(26歳)。江戸時代後期の経済学者,探検家。1780生。

伊沢蘭軒　いざわらんけん　1829没(53歳)。江戸時代後期の医師,考証家。1777生。

ベッセル，フリードリヒ・ヴィルヘルム　1846没(61歳)。ドイツの天文学者,数学者。1784生。

ウィレム2世　1849没(56歳)。ネーデルラント国王(在位1840～49)。1792生。

ドップラー，クリスティアン・ヨハン　1853没(49歳)。オーストリアの物理学者。1803生。

アレヴィ，ジャック・フロマンタル　1862没(62歳)。フランスの作曲家。1799生。

チェインバーズ，ロバート　1871没(68歳)。スコットランドの出版者,著述家。1802生。

ボナパルト，ナポレオン・ジョゼフ・シャルル・ポール　1891没(68歳)。ナポレオン1世の甥。1822生。

フェリ　1893没(60歳)。フランスの政治家,弁護士。1832生。

井上毅　いのうえこわし　1895没(52歳)。明治時代の官僚,政治家。子爵,文相。1844生。

ゲラン，シャルル　1907没(33歳)。フランスの詩人。1873生。

平出修　ひらいでしゅう　1914没(37歳)。明治・大正時代の歌人,小説家,弁護士。1878生。

ジュコーフスキー　1921没(74歳)。ソ連邦の物理学者。1847生。

リーランド　1924没(73歳)。アメリカの医学者。1850生。

ブルシロフ，アレクセイ・アレクセエヴィチ　1926没(70歳)。ロシアの将軍。1856生。

マイアー-フェルスター，ヴィルヘルム　1934没(71歳)。ドイツの小説家,劇作家。1862生。

バーベリ，イサーク・エマヌイロヴィチ　1941没(46歳)。ロシア,ソ連の小説家。1894生。

三遊亭円遊(3代目)　さんゆうていえんゆう　1945没(68歳)。明治～昭和時代の落語家。1878生。

西竹一　にしたけいち　1945没(44歳)。昭和時代の馬術家,陸軍軍人。男爵。1902生。

マスペロ　1945没(61歳)。フランスの中国学者。1883生。

青木月斗　あおきげっと　1949没(71歳)。明治～昭和時代の俳人。1879生。

ビーヤ　1949没(87歳)。ドイツの外科医。1861生。

マイアー，アドルフ　1950没(83歳)。アメリカの精神病学者。1866生。

梅根常三郎　うめねつねさぶろう　1956没(72歳)。大正・昭和時代の金属工学者。中国工業部最高顧問。1884生。

マグサイサイ　1957没(49歳)。フィリピンの政治家。1907生。

藤原銀次郎　ふじわらぎんじろう　1960没(90歳)。大正・昭和時代の実業家,政治家。王子製紙社長,貴族院議員。1869生。

市河三喜　いちかわさんき　1970没(84歳)。大正・昭和時代の英語学者。東京帝国大学教授。1886生。

石井鶴三　いしいつるぞう　1973没(85歳)。大正・昭和時代の彫刻家,洋画家。東京美術学校教授。1887生。

カーン，ルイス・イザドア　1974没(73歳)。アメリカの建築家。1901生。

ヴィスコンティ，ルキーノ　1976没(69歳)。イタリアの映画監督。1906生。

伊馬春部　いまはるべ　1984没(75歳)。昭和時代の放送作家,歌人。日本放送作家協会理事。1908生。

安藤美紀夫　あんどうみきお　1990没(60歳)。昭和時代の児童文学作家,イタリア児童文学研究家。日本女子大学家政学部児童学科教授。1930生。

ヘイズ，ヘレン　1993没(92歳)。アメリカの女優。1900生。

クレマン，ルネ　1996没(82歳)。フランスの映画監督。1913生。

永井道雄　ながいみちお　2000没(77歳)。昭和・平成時代の教育社会学者。国連大学協力会理事長,上智大学教授。1923生。

新珠三千代　あらたまみちよ　2001没(71歳)。昭和・平成時代の女優。1930生。

ケナン，ジョージ・フロスト　2005没(101歳)。アメリカの外交官,外交史家。1904生。

船越英二　ふなこしえいじ　2007没(84歳)。昭和・平成時代の俳優。1923生。

3月17日

3月18日

○記念日○　精霊の日
○出来事○　人類初の宇宙遊泳（1965）
　　　　　東京ドームオープン（1988）

キュリロス　386没（71?歳）。エルサレムの司教、教会博士。315頃生。

泰澄　たいちょう　767没（86歳）。飛鳥時代・奈良時代の山岳修行者。682生。

エドワード（殉教者）　978没（15?歳）。イングランド王、殉教者、聖人。963頃生。

源泉　げんせん　1055没（79歳）。平安時代中期の天台宗の僧。977生。

明快　みょうかい　1070没（86歳）。平安時代中期の僧。985生。

アンセルムス2世（ルッカの）　1086没（50?歳）。イタリアのルッカの司教、聖人。1036頃生。

藤原頼定　ふじわらのよりさだ　1181没（57歳）。平安時代後期の公卿。1125生。

ホノリウス3世　1227没。教皇（在位1216～27）。

無準師範　むじゅんしはん　1249没（71歳）。中国、南宋の臨済宗僧侶。1177生。

ジャーク・ド・モレー　1314没（71?歳）。神殿騎士修道会の最後の総長。1243頃生。

菊池武朝　きくちたけとも　1407没（45歳）。南北朝時代・室町時代の肥後国の武将、守護大名。1363生。

竺山得仙　じくさんとくせん　1413没（70歳）。南北朝時代・室町時代の禅僧。1344生。

フラ・アンジェリコ　1455没（55?歳）。イタリアの画家。1400頃生。

義天玄承　ぎてんげんしょう　1462没（70歳）。室町時代の臨済宗の僧。1393生。

山名持豊　やまなもちとよ　1473没（70歳）。室町時代の武将。1404生。

慈伯道順　じはくどうじゅん　1491没。室町時代の曹洞宗の僧。

花山院政長　かざんいんまさなが　1525没（75歳）。戦国時代の公卿。1451生。

ペトレイウス　1550没（53歳）。ドイツの印刷出版業者。1497生。

十河一存　そごうかずまさ　1561没。戦国時代の武将。

大尖淳甫　だいせんじゅんぽ　1565没。戦国時代の曹洞宗の僧。

サルバトル・アブ・ホルタ　1567没（46歳）。スペインのフランシスコ会助修士、聖人。1520生。

シュテッセル, ヨーハン　1576没（51歳）。ドイツのルター派神学者。1524生。

イワン4世　1584没（53歳）。モスクワ大公（在位1533～84）。1530生。

スポンド, ジャン・ド　1595没（38歳）。フランスの詩人、ユマニスト。1557生。

生駒一正　いこまかずまさ　1610没（56歳）。安土桃山時代・江戸時代前期の大名。1555生。

細川興元　ほそかわおきもと　1619没（58歳）。安土桃山時代・江戸時代前期の大名。1562生。

マシンジャー, フィリップ　1640没（56歳）。イギリスの劇作家。1583生。

深見十左衛門　ふかみじゅうざえもん　1730没（90歳）。江戸時代前期・中期の俠客。1641生。

水野忠之　みずのただゆき　1731没（63歳）。江戸時代中期の大名。1669生。

ウォルポール, サー・ロバート, オーフォード伯爵　1745没（68歳）。イギリスの政治家、初代首相。1676生。

ボフラン, ガブリエル・ジェルマン　1754没（86歳）。フランスの建築家。1667生。

スターン, ロレンス　1768没（54歳）。イギリスの小説家。1713生。

建部綾足　たけべあやたり　1774没（56歳）。江戸時代中期の俳人、国学者、画家。1719生。

大江丸　おおえまる　1805没（84歳）。江戸時代中期・後期の俳人、飛脚問屋。1722生。

堀内素堂　ほりうちそどう　1854没（54歳）。江戸時代末期の蘭方医。1801生。

ポティンジャー　1856没（66歳）。イギリスの植民地行政官。1789生。

西田直養　にしだなおかい　1865没（73歳）。江戸時代末期の国学者。1793生。

ゲルヴィーヌス, ゲオルク・ゴットフリート　1871没（65歳）。ドイツの歴史家。1805生。

ド・モーガン，オーガスタス　1871没（64歳）。イギリスの数学者，論理学者，書誌学者。1806生。

秋月種殷　あきづきたねとみ　1874没（58歳）。江戸・明治時代の高鍋藩主，高鍋藩知事。1817生。

フライリヒラート，フェルディナント　1876没（65歳）。ドイツの詩人。1810生。

加藤春岱　かとうしゅんたい　1877没（76歳）。江戸時代末期・明治時代の瀬戸の陶工。1802生。

楠本端山　くすもとたんざん　1883没（56歳）。江戸時代末期・明治時代の儒学者，肥前平戸藩士。1828生。

坂東家橘　ばんどうかきつ　1893没（47歳）。江戸・明治時代の歌舞伎役者。1847生。

近衛忠煕　このえただひろ　1898没（91歳）。江戸・明治時代の公家。1808生。

マーシュ，オスニエル・チャールズ　1899没（67歳）。アメリカの古生物学者。1831生。

ベルテロー，ピエール・ウジェーヌ・マルスラン　1907没（79歳）。フランスの化学者。1827生。

ゲオルギオス1世　1913没（67歳）。ギリシアの王（在位1863〜1913）。1845生。

オルデンブルク　1920没（65歳）。ドイツのインド学者。1854生。

竹本越路太夫（3代目）　たけもとこしじだゆう　1924没（60歳）。明治・大正時代の義太夫節太夫。1865生。

吉野作造　よしのさくぞう　1933没（56歳）。明治〜昭和時代の政治学者。東京帝国大学教授。1878生。

ウェストン，ウォールター　1940没（78歳）。イギリスの登山家。1861生。

中村梅玉（3代目）　なかむらばいぎょく　1948没（74歳）。明治〜昭和時代の歌舞伎役者。1875生。

ハワース，サー・ウォルター・ノーマン　1950没（66歳）。イギリスの有機化学者。1883生。

前田米蔵　まえだよねぞう　1954没（72歳）。大正・昭和時代の政治家。衆議院議員。1882生。

ブロムフィールド，ルイス　1956没（59歳）。アメリカの小説家。1896生。

ウィーナー，ノーバート　1964没（69歳）。アメリカの数学者。1894生。

ゲオルギウ-デジ，ゲオルゲ　1965没（63歳）。ルーマニアの労働運動家，国家指導者。1901生。

ファールーク1世　1965没（45歳）。エジプトの最後の国王。1920生。

メルキオー，ラウリッツ　1973没（82歳）。デンマーク生れのアメリカのテノール歌手。1890生。

添田さつき　そえださつき　1980没（77歳）。昭和時代の小説家。1902生。

フロム，エーリヒ　1980没（79歳）。ドイツの精神分析学者。1900生。

佐伯孝夫　さえきたかお　1981没（78歳）。昭和時代の作詞家。日本音楽著作権協会理事。1902生。

北畠八穂　きたばたけやほ　1982没（78歳）。昭和時代の詩人，児童文学作家。1903生。

ウンベルト2世　1983没（78歳）。イタリア国王。1904生。

近藤真柄　こんどうまがら　1983没（80歳）。大正・昭和時代の婦人運動家，評論家。日本婦人有権者同盟会長。1903生。

渋谷天外（2代目）　しぶやてんがい　1983没（76歳）。大正・昭和時代の喜劇俳優，劇作家。1906生。

マラマッド，バーナード　1986没（71歳）。アメリカの小説家。1914生。

内田義彦　うちだよしひこ　1989没（76歳）。昭和時代の経済学者。専修大学教授。1913生。

菊島隆三　きくしまりゅうぞう　1989没（75歳）。昭和時代の脚本家，映画プロデューサー。1914生。

ジェフリーズ，サー・ハロルド　1989没（97歳）。イギリスの天文学者，地球物理学者。1891生。

鴨居羊子　かもいようこ　1991没（66歳）。昭和時代の服飾デザイナー，随筆家。チュニック社長。1925生。

ボールディング　1993没（83歳）。アメリカの近代経済学者，未来学や平和研究の開拓者。1910生。

小原豊雲　おはらほううん　1995没（86歳）。昭和・平成時代の華道家。華道家元，日本いけばな芸術協会副理事長。1908生。

エリティス，オジッセフス　1996没（84歳）。ギリシアの詩人。1911生。

島秀雄　しまひでお　1998没（96歳）。大正〜平成時代の鉄道技術者。宇宙開発事業団理事長，国鉄技師長。1901生。

3月18日

3月19日

○記念日○　ミュージックの日
○出来事○　辰野金吾設計の東京駅落成(1914)
　　　　　　初の団地入居者募集(1956)

杜如晦　とじょかい　630没(45歳)。中国, 初唐の名相。585生。

藤原田麻呂　ふじわらのたまろ　783没(62歳)。奈良時代の官人。722生。

観真　かんしん　1029没(79歳)。平安時代中期の華厳宗の僧。951生。

藤原基隆　ふじわらのもとたか　1132没(58歳)。平安時代後期の公卿。1075生。

藤原基衡　ふじわらのもとひら　1157没(53?歳)。平安時代後期の武将。1105頃生。

藤原成経　ふじわらのなりつね　1202没(47歳)。平安時代後期・鎌倉時代前期の公卿。1156生。

フーゴ(サン=シェルの)　1263没(63?歳)。フランスの聖職者, 神学者。1200頃生。

ジョヴァンニ(パルマの)　1289没(80?歳)。イタリアのフランシスコ会総長, 福者。1209頃生。

土御門顕実　つちみかどあきざね　1329没(29歳)。鎌倉時代後期の公卿。1301生。

菅原時親　すがわらのときちか　1378没。南北朝時代の公卿。

馬島清眼　まじませいがん　1379没。南北朝時代の僧医。

四条隆持　しじょうたかもち　1383没(66歳)。南北朝時代の公卿。1318生。

藤原隆広　ふじわらのたかひろ　1387没。南北朝時代の公卿。

春屋宗能　しょうおくそうのう　1456没(75歳)。室町時代の曹洞宗の僧。1382生。

斎藤基恒　さいとうもとつね　1471没(78歳)。室町時代の奉行人。1394生。

日慶　にちけい　1478没(82歳)。室町時代の日蓮宗の僧。1397生。

桃雲宗源　とううんそうげん　1516没(75歳)。室町時代・戦国時代の臨済宗の僧。1442生。

正空　しょうくう　1519没(69歳)。戦国時代の浄土宗の僧。1451生。

周仰　しゅうこう　1551没。戦国時代の浄土宗の僧。

ブラーラ, トーマス　1567没(71?歳)。コンスタンツの政治家。1496頃生。

ライフェンシュタイン, ヨーハン・ヴィルヘルム　1575没(55?歳)。ドイツの画家, 学者。1520頃生。

許蘭雪軒　きょらんせっけん　1589没(26歳)。朝鮮, 李朝の女流詩人。1563生。

竜岳道門　りゅうがくどうもん　1594没(81歳)。戦国時代・安土桃山時代の臨済宗の僧。1514生。

アンドラデ, アントニオ・デ　1634没(54歳)。ポルトガルのイエズス会宣教師。1580生。

酒井忠世　さかいただよ　1636没(65歳)。安土桃山時代・江戸時代前期の大名。1572生。

パーズマーニ, ペーテル　1637没(66歳)。ハンガリーの宗教家。1570生。

一糸文守　いっしぶんしゅ　1646没(39歳)。江戸時代前期の臨済宗の僧。1608生。

フォシウス　1649没(72歳)。オランダの人文学者, 神学者。1577生。

カリクストゥス, ゲオルク　1656没(69歳)。ドイツのルター派神学者。1586生。

ラ・サール, ルネ・ロベール・カヴリエ, 卿　1687没(43歳)。フランスの探検家。1643生。

クレメンス11世　1721没(71歳)。教皇(在位1700〜21)。1649生。

杵屋六三郎(初代)　きねやろくさぶろう　1734没。江戸時代中期の長唄三味線方。

マニャスコ, アレッサンドロ　1749没(82歳)。イタリアの画家。1667生。

原念斎　はらねんさい　1820没(47歳)。江戸時代後期の儒者。1774生。

大久保忠真　おおくぼただざね　1837没(57歳)。江戸時代後期の大名。1781生。

ヴィエニャフスキ, ヘンリク　1880没(44歳)。ポーランドのヴァイオリン奏者, 作曲家。1835生。

ロンルート, エリアス　1884没(81歳)。フィンランドの民俗学者。1802生。

クラシェフスキ, ユゼフ・イグナツィ　1887没（74歳）。ポーランドの小説家, 文芸評論家, 歴史家, 社会活動家。1812生。

クランプトン, トマス・ラッセル　1888没（71歳）。イギリスの技術者。1816生。

ヤブロチコフ　1894没（46歳）。ロシアの電気技術者。1847生。

オールドリッチ, トマス・ベイリー　1907没（70歳）。アメリカの小説家, 詩人, 編集者, 随筆家。1836生。

田添鉄二　たぞえてつじ　1908没（34歳）。明治時代の社会主義者。1875生。

ツェラー, エードゥアルト　1908没（94歳）。ドイツの哲学者, 哲学史家, 神学者。1814生。

中村又五郎（初代）　なかむらまたごろう　1920没（36歳）。明治・大正時代の歌舞伎役者。1885生。

豊沢広助（6代目）　とよざわひろすけ　1924没（83歳）。大正時代の義太夫三味線方。1842生。

岩下清周　いわしたせいしゅう　1928没（72歳）。明治・大正時代の実業家, 政治家。衆議院議員, 北浜銀行頭取。1857生。

ヴィーヘルト　1928没（66歳）。ドイツの地球物理学者。1861生。

ザッパー, アグネス　1929没（76歳）。ドイツの女流児童文学作家。1852生。

バルフォア, アーサー・ジェイムズ・バルフォア, 初代伯爵　1930没（81歳）。イギリスの政治家, 首相。1848生。

デヒーオ, ゲオルク　1932没（81歳）。ドイツの美術史学者。1850生。

ドゥイスベルク　1935没（73歳）。ドイツの化学者, 工業家。1861生。

国領五一郎　こくりょうごいちろう　1943没（42歳）。大正・昭和時代の労働運動家。日本共産党中央委員。1902生。

藤島武二　ふじしまたけじ　1943没（77歳）。明治～昭和時代の洋画家。東京美術学校教授。1867生。

ラーネッド, ドワイト・ホウィットニ　1943没（94歳）。アメリカのアメリカン・ボード派宣教師。1848生。

クリーク　1947没（64歳）。ドイツの教育学者。1882生。

小名木綱夫　おなぎつなお　1948没（38歳）。昭和時代の歌人。1911生。

バローズ, エドガー・ライス　1950没（74歳）。アメリカの小説家。1875生。

松村みね子　まつむらみねこ　1957没（79歳）。明治～昭和時代の歌人, 翻訳家。1878生。

新垣弓太郎　あらかきゆみたろう　1964没（91歳）。明治～昭和時代の自由民権運動家。1872生。

エドストレム　1964没（94歳）。スウェーデンの体育家, 実業家。1870生。

羽原又吉　はばらゆうきち　1969没（86歳）。大正・昭和時代の経済史学者。農林省水産講習所教授, 日本常民文化研究所常務理事。1882生。

ドルジュレス, ロラン　1973没（86歳）。フランスの小説家, 回想録作者。1886生。

南都雄二　なんとゆうじ　1973没（49歳）。昭和時代の漫才師。1923生。

高田せい子　たかだせいこ　1977没（81歳）。大正・昭和時代の舞踊家。現代舞踊家協会会長。1895生。

ローズ, ランディ　1982没（25歳）。アメリカのロックギタリスト。1956生。

中能島欣一　なかのしまきんいち　1984没（79歳）。昭和時代の箏曲家。山田流中能島派家元（4代目）, 山田流箏曲協会会長。1904生。

西原小まつ　にしはらこまつ　1984没（84歳）。大正・昭和時代の飛行家, 作家。日本婦人航空協会理事長。1899生。

坪内士行　つぼうちしこう　1986没（98歳）。大正・昭和時代の劇作家, 舞踊評論家。早稲田大学教授, 東宝芸能社長。1887生。

ブロイ, ルイ・ヴィクトル　1987没（94歳）。フランスの理論物理学者。1892生。

平良良松　たいらりょうしょう　1990没（82歳）。昭和時代の社会運動家, 政治家。那覇市長。1907生。

常磐津文字太夫（8代目）　ときわづもじたゆう　1991没（72歳）。昭和・平成時代の浄瑠璃太夫。1918生。

佐藤昇　さとうのぼる　1993没（76歳）。昭和・平成時代の評論家, 経済学者。岐阜経済大学教授。1916生。

デ・クーニング, ヴィレム　1997没（92歳）。アメリカの画家。1904生。

大隅健一郎　おおすみけんいちろう　1998没（93歳）。昭和・平成時代の法学者, 裁判官。京都帝国大学教授, 最高裁判事。1904生。

千野栄一　ちのえいいち　2002没（70歳）。昭和・平成時代の言語学者。1932生。

3月19日

3月20日

○記念日○　LPレコードの日
　　　　　電卓の日
○出来事○　神戸でポートピア'81(1981)
　　　　　地下鉄サリン事件(1995)

キンナ, ガイユス・ヘルウィウス　前44没。ローマの詩人。

聖カスバート　687没(52?歳)。スコットランド, リンディスファーンの司教。635頃生。

如意尼　にょいに　835没(33歳)。平安時代前期の女性。淳和天皇の妃。803生。

エッボ(ラーンスの)　851没(76?歳)。ラーンスの大司教。775頃生。

宗子内親王　そうしないしんのう　854没。平安時代前期の女性。嵯峨天皇の皇女。

藤原朝光　ふじわらのあさてる　995没(45歳)。平安時代中期の公卿。951生。

クレメンス3世　1191没。教皇(在位1187～91)。

ヨアキム・デ・フローリス　1202没(67?歳)。イタリアの文献学者, 歴史哲学者。1135頃生。

拙庵徳光　せったんとくこう　1203没(82歳)。中国, 南宋の禅僧。1121生。

ヘルマン・フォン・ザルツァ　1239没(69?歳)。ドイツ騎士団の創設者。1170頃生。

藤原公雅　ふじわらきんまさ　1248没(66歳)。鎌倉時代前期の公卿。1183生。

日常　にちじょう　1299没(84歳)。鎌倉時代後期の日蓮宗の僧。1216生。

大炊御門信嗣　おおいみかどのぶつぐ　1311没(76歳)。鎌倉時代後期の公卿。1236生。

邦良親王　くにながしんのう　1326没(27歳)。鎌倉時代後期の後二条天皇の第1皇子。1300生。

塩冶高貞　えんやたかさだ　1341没。鎌倉時代後期・南北朝時代の武将。

ムハンマド・ビン・トゥグルク　1351没。インド, デリー王朝, トゥグルク朝第2代の王(在位1325～51)。

ヤン(ネポムクの)　1393没(53?歳)。ボヘミアの殉教者。1340頃生。

ヘンリー4世　1413没(46歳)。ランカスター家出身の初のイングランド王(在位1399～1413)。1366生。

永智　えいち　1440没(85歳)。室町時代の曹洞宗の僧。1356生。

専順　せんじゅん　1476没(66歳)。室町時代の連歌師。1411生。

シーモア, トマス, 男爵　1549没(41?歳)。イギリスの貴族。1508頃生。

アルブレヒト　1568没(77歳)。最後のドイツ騎士団長, 最初のプロシア公。1490生。

ガライ　1583没(55?歳)。スペインの南アメリカ征服者。1528頃生。

黒田孝高　くろだよしたか　1604没(59歳)。安土桃山時代の武将, 大名。1546生。

マティアス　1619没(62歳)。ハプスブルク家出身の神聖ローマ皇帝(在位1612～19)。1557生。

上杉景勝　うえすぎかげかつ　1623没(69歳)。安土桃山時代・江戸時代前期の大名。1555生。

ロドリゲス, ツヅ・ジョアン　1634没(73?歳)。ポルトガル出身のイエズス会宣教師。1561頃生。

西島八兵衛　にしじまはちべえ　1680没(85歳)。江戸時代前期の水利技術者, 生駒藩国奉行。1596生。

鉄眼道光　てつげんどうこう　1682没(53歳)。江戸時代前期の黄檗宗の僧。1630生。

坪井杜国　つぼいとこく　1690没。江戸時代前期の俳人, 米穀商。

ニュートン, アイザック　1727没(84歳)。イギリスの数学者, 物理学者, 天文学者。1642生。

ラルジリエール, ニコラ・ド　1746没(89歳)。フランスの画家。1656生。

小宮山昌世　こみやましょうせい　1773(閏3月)没。江戸時代中期の儒者, 幕臣。

デュルゴー, アンヌ・ロベール・ジャック　1781没(53歳)。フランスの経済学者, 政治家。1727生。

竹本住太夫(初代)　たけもとすみたゆう　1810没(77歳)。江戸時代中期・後期の義太夫節の

太夫。1734生。

ドゥシーク, ヤン・ラジスラフ　1812没(52歳)。チェコの作曲家, ピアニスト。1760生。

マリア1世　1816没(81歳)。ポルトガル女王(在位1777～1816)。1734生。

中林竹洞　なかばやしちくどう　1853没(78歳)。江戸時代後期の南画家。1776生。

アスプディン, ジョゼフ　1855没(76歳)。イギリスのレンガ積み職人, 発明家。1779生。

トロワイヨン, コンスタン　1865没(54歳)。フランスの画家。1810生。

吉川経幹　きっかわつねもと　1867没(39歳)。江戸・明治時代の周防国岩国藩主。皇居整備。1829生。

植松茂岳　うえまつしげおか　1876没(83歳)。江戸・明治時代の国学者。1794生。

マイヤー, ユリウス・ロバート・フォン　1878没(63歳)。ドイツの医師, 物理学者。1814生。

リッチュル, アルブレヒト・ベンヤミン　1889没(66歳)。ドイツの福音主義神学者。1822生。

コシュート, ラヨシュ　1894没(91歳)。ハンガリーの政治家。1802生。

ナダール　1910没(89歳)。フランスの写真家, 漫画家, 文筆家。1820生。

カーゾン, ジョージ・ナサニエル, 侯爵　1925没(66歳)。イギリスの政治家。1859生。

フォッシュ, フェルディナン　1929没(77歳)。フランスの軍人。1851生。

ミュラー　1931没(54歳)。ドイツの政治家。1876生。

大熊氏広　おおくまうじひろ　1934没(79歳)。明治・大正時代の彫刻家, 文展審査委員。1856生。

速水御舟　はやみぎょしゅう　1935没(42歳)。大正・昭和時代の日本画家。1894生。

梅村蓉子　うめむらようこ　1944没(42歳)。昭和時代の映画女優。1903生。

リチャードソン, ヘンリー・ハンデル　1946没(76歳)。オーストラリアの女流小説家。1870生。

ゴルトシュミット, ヴィクトール・モリッツ　1947没(59歳)。ノルウェーの鉱物学者, 地球化学者。1888生。

トウォート, フレデリック・ウィリアム　1950没(72歳)。イギリスの細菌学者。1877生。

フレッチャー, ジョン・グールド　1950没(64歳)。アメリカの詩人, 評論家。1886生。

オグデン, C.K.　1957没(67歳)。イギリスの言語心理学者。1889生。

ドライアー, カール・テオドア　1968没(79歳)。デンマークの映画監督。1889生。

西光万吉　さいこうまんきち　1970没(74歳)。大正・昭和時代の社会運動家, 劇作家。1895生。

中川善之助　なかがわぜんのすけ　1975没(77歳)。昭和時代の民法学者。東北大学教授, 金沢大学学長。1897生。

細川ちか子　ほそかわちかこ　1976没(70歳)。昭和時代の女優。1905生。

正田建次郎　しょうだけんじろう　1977没(75歳)。昭和時代の数学者。大阪大学学長, 京都大学教授。1902生。

照国万蔵　てるくにまんぞう　1977没(58歳)。昭和時代の力士。第38代横綱, 相撲協会理事。1919生。

ヴィノグラードフ, イワン・マトレーヴィッチ　1983没(91歳)。ソ連邦の数学者。1891生。

田宮博　たみやひろし　1984没(81歳)。昭和時代の植物生理学者。東京大学教授, 応用微生物研究所長。1903生。

シュトライヒ, リータ　1987没(66歳)。ドイツのソプラノ歌手。1920生。

エヴァンズ, ギル　1988没(75歳)。カナダ生まれのジャズ編曲家。1912生。

五島昇　ごとうのぼる　1989没(72歳)。昭和時代の実業家。東京急行電鉄会長, 日本商工会議所名誉会頭。1916生。

クーシュ, ポリカープ　1993没(82歳)。アメリカの物理学者。1911生。

キングズリー, シドニー　1995没(88歳)。アメリカの劇作家。1906生。

花山信勝　はなやましんしょう　1995没(96歳)。昭和・平成時代の仏教学者, 僧。東京大学教授, 宗林寺住職。1898生。

三原順　みはらじゅん　1995没(42歳)。昭和・平成時代の漫画家。1952生。

プリチェット, V.S.　1997没(96歳)。イギリスの小説家, 批評家。1900生。

いかりや長介　いかりやちょうすけ　2004没(72歳)。昭和・平成時代のコメディアン, 俳優。1931生。

ユリアナ　2004没(94歳)。オランダ女王。1909生。

3月20日

3月21日

○記念日○ ランドセルの日
世界詩歌記念日
○出来事○ 国産初の総天然色映画公開(1951)
高松塚古墳で極彩色壁画発見(1972)

ベネディクトゥス　547没(67?歳)。キリスト教の聖人。480頃生。

高階遠成　たかしなのとおなり　818没(63歳)。奈良時代・平安時代前期の官人。756生。

空海　くうかい　835没(62歳)。平安時代前期の真言宗の開祖。774生。

仁明天皇　にんみょうてんのう　850没(41歳)。第54代の天皇。810生。

保明親王　やすあきらしんのう　923没(21歳)。醍醐天皇の皇子。903生。

藤原元方　ふじわらのもとかた　953没(66歳)。平安時代中期の公卿。888生。

定照　じょうしょう　983没(78歳)。平安時代中期の法相宗, 真言宗の僧。906生。

雅真　がしん　999没。平安時代中期の真言宗の僧, 高野山初代検校。

永昭　えいしょう　1030没(43歳)。平安時代中期の法相宗の僧。988生。

覚意　かくい　1107没(56歳)。平安時代後期の浄土宗の僧。1052生。

ジェラード(ヨークの)　1108没。イギリスのヨーク大司教。

アブサロン　1201没(72歳)。デンマークの大司教。1128生。

ヴァルデマール2世　1241没(71歳)。デンマーク王(在位1202〜41)。1170生。

洞院公宗　とういんきんむね　1263没(23歳)。鎌倉時代前期の公卿。1241生。

阿仏房　あぶつぼう　1279没(91歳)。鎌倉時代前期の日蓮宗の僧。1189生。

京極為兼　きょうごくためかね　1332没(79歳)。鎌倉時代後期の歌人, 公卿。1254生。

大仏高直　おさらぎたかなお　1334没。鎌倉時代後期の武将。

長崎高貞　ながさきたかさだ　1334没。鎌倉時代後期の得宗被官, 四郎左衛門尉。

坊門清忠　ぼうもんきよただ　1338没。鎌倉時代後期・南北朝時代の公卿。

日満　にちまん　1360没(106歳)。鎌倉時代後期・南北朝時代の日蓮宗の僧。1255生。

大友氏時　おおともうじとき　1368没。南北朝時代の武将, 豊後守護。

島津師久　しまづもろひさ　1376没(52歳)。南北朝時代の薩摩国守護。1325生。

ジェフリ・ハーデビ　1385没。イギリスのアウグスティヌス隠修士会の神学者。

性海霊見　しょうかいれいけん　1396没(82歳)。南北朝時代の臨済宗の僧。1315生。

骨皮道賢　ほねかわどうけん　1468没。室町時代の管領細川勝元の足軽大将。

ニコラウス(フリューエの)　1487没(78歳)。スイスの隠者, 国民聖人。1417生。

バレンシア, マルティン・デ　1534没(61?歳)。スペインのフランシスコ会宣教師。1473頃生。

日純　にちじゅん　1550没(69歳)。戦国時代の日蓮宗の僧。1482生。

クランマー, トマス　1556没(66歳)。イギリスの宗教改革者。1489生。

ルエダ, ロペ・デ　1565没(60?歳)。スペインの劇作家。1505頃生。

岡本大八　おかもとだいはち　1612没。江戸時代前期のキリシタン, 武士。

柳生三厳　やぎゅうみつよし　1650没(44歳)。江戸時代前期の大名。1607生。

中院通茂　なかのいんみちしげ　1710没(80歳)。江戸時代前期・中期の公家。1631生。

ロー　1729没(57歳)。イギリスの財政家。1671生。

ラカイユ, ニコラ・ルイ・ド　1762没(48歳)。フランスの天文学者。1713生。

志賀山勢以(9代目)　しがやません　1802没(46歳)。江戸時代中期・後期の女性。舞踊家, 志賀山流家元。1757生。

グルーズ, ジャン・バティスト　1805没(79歳)。フランスの画家。1725生。

3月21日

田中訥言　たなかとつげん　1823没(57歳)。江戸時代中期・後期の復古大和絵派の画家。1767生。

ヴィース, ヨハン・ルドルフ　1830没(49歳)。スイスの著作家。1781生。

冢田大峯　つかだたいほう　1832没(88歳)。江戸時代中期・後期の儒学者。1745生。

三遊亭円生(初代)　さんゆうていえんしょう　1838没(71歳)。江戸時代中期・後期の落語家。1768生。

サウジー, ロバート　1843没(68歳)。イギリスの詩人, 伝記作家。1774生。

ヴァイツ　1864没(43歳)。ドイツの民族学者, 哲学者。1821生。

ハワード　1864没(91歳)。イギリスの気象学者。1772生。

フランドラン, イポリット　1864没(54歳)。フランスの画家。1809生。

堀田正睦　ほったまさよし　1864没(55歳)。江戸時代末期の大名, 老中。1810生。

阿部真造　あべしんぞう　1878没(48歳)。江戸・明治時代の唐通事筆者, キリスト教導職。1831生。

パークス, ハリー・スミス　1885没(57歳)。駐日イギリス全権公使。1828生。

一龍斎貞山(3代目)　いちりゅうさいていざん　1889没(55歳)。江戸・明治時代の講釈師。1835生。

テイラー, フレデリック・W　1915没(59歳)。アメリカの機械技師。1856生。

トッツィ, フェデリーゴ　1920没(37歳)。イタリアの詩人, 小説家。1883生。

西川嘉義　にしかわかぎ　1921没(58歳)。明治・大正時代の日本舞踊家。1864生。

シュレーカー, フランツ　1934没(55歳)。ドイツの作曲家, 教育者。1878生。

グラズノーフ, アレクサンドル・コンスタンチーノヴィチ　1936没(70歳)。ロシアの作曲家。1865生。

クラーク　1938没(91歳)。アメリカの経済学者。1847生。

観世左近(24代目)　かんぜさこん　1939没(45歳)。明治～昭和時代の能楽師。観世流シテ方。1895生。

リーフマン　1941没(67歳)。ドイツの経済学者。1874生。

河合武雄　かわいたけお　1942没(66歳)。明治～昭和時代の新派俳優, 女形。1877生。

今井登志喜　いまいとしき　1950没(63歳)。大正・昭和時代の歴史学者。東京大学教授。1886生。

金剛巌(初代)　こんごういわお　1951没(64歳)。明治～昭和時代の能楽師シテ方。1886生。

煙山専太郎　けむやませんたろう　1954没(76歳)。明治～昭和時代の西洋史学者。早稲田大学教授。1877生。

カーロイ　1955没(79歳)。ハンガリーの政治家。1875生。

深田久弥　ふかだきゅうや　1971没(68歳)。昭和時代の山岳紀行家, ヒマラヤ研究家。1903生。

横山エンタツ　よこやまえんたつ　1971没(74歳)。昭和時代の漫才師, 俳優。1896生。

ガッダ, カルロ・エミーリオ　1973没(79歳)。イタリアの作家。1893生。

大橋国一　おおはしくにかず　1974没(42歳)。昭和時代の声楽家。1931生。

田中絹代　たなかきぬよ　1977没(67歳)。昭和時代の女優, 映画監督。1909生。

外山卯三郎　とやまうさぶろう　1980没(77歳)。昭和時代の美術評論家, 詩人。造形美術協会理事長, 武蔵野音楽大学教授。1903生。

シャギニャン, マリエッタ・セルゲーヴナ　1982没(94歳)。ソ連の女流作家。1888生。

白石凡　しらいしぼん　1984没(85歳)。昭和時代の評論家, 新聞人。日中文化交流協会常任理事, アジア・アフリカ作家日本委員会委員長。1898生。

金子洋文　かねこようぶん　1985没(90歳)。大正・昭和時代の小説家, 劇作家。参議院議員, 松竹歌舞伎審議会専門委員。1894生。

レッドグレイヴ, マイケル　1985没(77歳)。イギリスの俳優。1908生。

岩生成一　いわおせいいち　1988没(87歳)。昭和時代の日本史学者。東京大学教授。1900生。

神永昭夫　かみながあきお　1993没(56歳)。昭和時代の柔道家。全日本柔道連盟専務理事。1936生。

香山健一　こうやまけんいち　1997没(64歳)。昭和・平成時代の社会工学者。学習院大学教授, 全学連委員長。1933生。

ウラーノヴァ, ガリーナ・セルゲエヴナ　1998没(88歳)。ソ連のバレリーナ。1910生。

宮川泰　みやがわひろし　2006没(75歳)。昭和・平成時代の作曲家。1931生。

3月22日

○記念日○ 国連水の日
　　　　　放送記念日
○出来事○ 日本人初のエイズ患者（1985）

紀広純　きのひろずみ　780没。奈良時代の官人，武将。

清範　せいはん　999（閏3月）没（38歳）。平安時代中期の法相宗の僧。962生。

ウィリアム（ノーリジの）　1144没（12歳）。ユダヤ教徒に殺害され犠牲として献げられ，のち聖人となったというイギリスの少年。1132生。

太田康宗　おおたやすむね　1265没（54歳）。鎌倉時代前期の幕府官吏，問注所執事，評定衆。1212生。

北畠雅家　きたばたけまさいえ　1274没（60歳）。鎌倉時代前期の公卿。1215生。

月庵宗光　げつあんそうこう　1389没（64歳）。南北朝時代の禅僧。1326生。

無文元選　むもんげんせん　1390（閏3月）没（68歳）。南北朝時代の臨済宗の僧。1323生。

ケンプ，ジョン　1454没（74?歳）。イングランドのカンタベリ大司教，枢機卿，政治家。1380頃生。

イジー・ス・ポジェブラド　1471没（50歳）。ボヘミアの王（在位1453～71）。1420生。

ムハンマド・シャー3世　1482没（28歳）。インド，デッカンのバフマン王朝第13代の王（1463～82）。1454生。

コールハーゼ　1540没。ブランデンブルク，ケルンの商人。

朝倉孝景　あさくらたかかげ　1548没（56歳）。戦国時代の越前の大名，貞景の子。1493生。

アレーティウス，ベネディクトゥス　1574没（52?歳）。スイスの神学者，自然科学者。1522頃生。

カラッチ，アゴスティノ　1602没（44歳）。イタリアの画家。1557生。

小出秀政　こいでひでまさ　1604没（65歳）。安土桃山時代の武将，大名。1540生。

本多康重　ほんだやすしげ　1611没（58歳）。安土桃山時代・江戸時代前期の大名。1554生。

ディアリング，リチャード　1630没（50?歳）。イギリスのオルガン奏者，作曲家。1580頃生。

カルー，トマス　1639没（44?歳）。イギリスの詩人。1595生。

リュリ，ジャン‐バチスト　1687没（54歳）。イタリア生れのフランスの作曲家。1632生。

ジェルビヨン，ジャン・フランソワ　1703没（48歳）。フランス出身のイエズス会士，医学者。1654生。

エドワーズ，ジョナサン　1758没（54歳）。アメリカの牧師，神学者。1703生。

ジュースミル　1767没（59歳）。ドイツの統計学者。1707生。

カントン，ジョン　1772没（53歳）。イギリスの自然科学者。1718生。

鶴賀若狭掾（初代）　つるがわかさのじょう　1786没（70歳）。江戸時代中期の豊後節の太夫。1717生。

中村歌右衛門（2代目）　なかむらうたえもん　1798没（47歳）。江戸時代中期の歌舞伎役者。1752生。

中西深斎　なかにししんさい　1803没（80歳）。江戸時代中期・後期の医師。1724生。

中村大吉（初代）　なかむらだいきち　1823没（51歳）。江戸時代後期の歌舞伎役者。1773生。

北尾政美　きたおまさよし　1824没（61歳）。江戸時代中期・後期の浮世絵師。1764生。

サイミントン，ウィリアム　1831没（68歳）。スコットランドの機械技師，発明家。1763生。

ゲーテ，ヨーハン・ヴォルフガング　1832没（82歳）。ドイツ最大の詩人。1749生。

ポリニャック，オーギュスト・ジュール・アルマン・マリー，公爵　1847没（66歳）。フランス，復古王政期の政治家。1780生。

ライヒ，フェルディナンド　1882没（83歳）。ドイツの化学者，物理学者。1799生。

北沢伴助　きたざわばんすけ　1884没（89歳）。江戸・明治時代の義民。1796生。

シュヴァーロフ　1889没（61歳）。ロシアの政治家。1827生。

ヒューズ，トマス　1896没(73歳)。イギリスの小説家，思想家。1822生。

幸堂得知　こうどうとくち　1913没(71歳)。明治時代の小説家，劇作家。1843生。

宋教仁　そうきょうじん　1913没(31歳)。中国の革命家。1882生。

メンデンホール　1924没(82歳)。アメリカの物理学者。1841生。

井上良馨　いのうえよしか　1929没(85歳)。明治・大正時代の海軍軍人。子爵，元帥。1845生。

モイッシ　1935没(54歳)。オーストリアの俳優。1880生。

建畠大夢　たてはたたいむ　1942没(63歳)。大正・昭和時代の彫刻家。東京美術学校教授。1880生。

新美南吉　にいみなんきち　1943没(31歳)。昭和時代の児童文学者，詩人。1913生。

マクリュア　1949没(92歳)。アイルランド出身のアメリカの雑誌編集者。1857生。

メンゲルベルク，ヴィレム　1951没(79歳)。オランダの指揮者。1871生。

セナナヤカ，ドン・スティーヴン　1952没(67歳)。セイロンの政治家。1884生。

サートン，ジョージ・アルフレッド・レオン　1956没(71歳)。ベルギー生れのアメリカの科学史学者。1884生。

クニッペル・チェーホワ　1959没(90歳)。ソ連の女優。1868生。

西村陽吉　にしむらようきち　1959没(66歳)。大正・昭和時代の歌人。1892生。

児島善三郎　こじまぜんざぶろう　1962没(69歳)。大正・昭和時代の洋画家。1893生。

岩瀬英一郎　いわせえいいちろう　1963没(68歳)。昭和時代の実業家。三越社長，日本デパートメント協会会長。1894生。

コントノー，ジョルジュ　1964没(86歳)。フランスの考古学者。1877生。

艾思奇　がいしき　1966没(61歳)。中国の哲学者・マルクス主義理論家。1905生。

セリヴィンスキー，イリヤ・リヴォーヴィチ　1968没(68歳)。ソ連の詩人。1899生。

霧立のぼる　きりたちのぼる　1972没(55歳)。昭和時代の女優。1917生。

ケードロフ　1972没(78歳)。ソ連の演出家，俳優。1894生。

福田平八郎　ふくだへいはちろう　1974没(82歳)。大正・昭和時代の日本画家。1892生。

戒能通孝　かいのうみちたか　1975没(66歳)。昭和時代の法学者，弁護士。東京都立大学教授，東京都公害研究所初代所長。1908生。

阪本勝　さかもとまさる　1975没(75歳)。昭和時代の政治家，評論家。衆議院議員，兵庫県立美術館館長。1899生。

柳川昇　やながわのぼる　1975没(70歳)。昭和時代の経営学者。東京大学教授。1904生。

藤原義江　ふじわらよしえ　1976没(77歳)。大正・昭和時代のテノール歌手。1898生。

村山知義　むらやまともよし　1977没(76歳)。大正・昭和時代の劇作家，演出家。1901生。

矢次一夫　やつぎかずお　1983没(83歳)。大正・昭和時代の政治家。国策研究会代表常任理事。1899生。

宮原阿つ子　みやはらあつこ　1985没(77歳)。昭和時代の歌人。「白夜」代表。1907生。

上甲米太郎　じょうこうよねたろう　1987没(84歳)。大正・昭和時代の教育実践家，社会運動家。1902生。

土屋清　つちやきよし　1987没(76歳)。昭和時代の経済評論家。中東経済研究所会長，総合政策研究会理事長。1910生。

大関早苗　おおぜきさなえ　1989没(63歳)。昭和時代の美容家。1925生。

胡桃沢耕史　くるみざわこうし　1994没(68歳)。昭和・平成時代の小説家。1925生。

モーリヤック，クロード　1996没(81歳)。フランスの評論家，小説家，劇作家。1914生。

内田莉莎子　うちだりさこ　1997没(68歳)。昭和・平成時代の児童文学翻訳家。1928生。

奈良本辰也　ならもとたつや　2001没(87歳)。昭和・平成時代の日本史学者。朝日教育財団理事長，立命館大学教授。1913生。

阪田寛夫　さかたひろお　2005没(79歳)。昭和・平成時代の作家。1925生。

丹下健三　たんげけんぞう　2005没(91歳)。昭和・平成時代の建築家。1913生。

三遊亭円右(3代目)　さんゆうていえんう　2006没(82歳)。昭和・平成時代の落語家。1923生。

城山三郎　しろやまさぶろう　2007没(79歳)。昭和・平成時代の作家。1927生。

3月22日

3月23日

○記念日○ 世界気象デー
○出来事○ 中国帰還第一船、舞鶴港着(1953)
ファミコンが1000万台突破(1987)

ハムザ・ビン・アブドゥル・ムッタリブ 625没。イスラムの預言者マホメットの叔父。

正子内親王 まさこないしんのう 879没(71歳)。平安時代前期の女性。淳和天皇の皇后。809生。

藤原斉信 ふじわらのただのぶ 1035没(69歳)。平安時代中期の歌人・公卿。967生。

教尋 きょうじん 1141没。平安時代後期の真言宗の僧。

源彦仁 みなもとのひこひと 1298没。鎌倉時代後期の公卿。

坊城俊冬 ぼうじょうとしふゆ 1367没(49歳)。南北朝時代の公卿。1319生。

宝山宗珍 ほうざんそうちん 1395没。南北朝時代の曹洞宗の僧。

叡空 えいくう 1412没(80歳)。南北朝時代・室町時代の真言律宗の僧。1333生。

江中梵巴 こうちゅうぼんぱ 1446没。室町時代の曹洞宗の僧。

朴㙷 ぼくせん 1458没(80歳)。朝鮮、李朝の音楽家。1378生。

北畠教具 きたばたけのりとも 1471没(49歳)。室町時代の公卿、武将、伊勢国司。1423生。

シモン(トレントの) 1475没。イタリアの幼児、仮構の聖人。

コッツァレッリ, ジャコモ 1515没(61歳)。イタリアの彫刻家。1453生。

東坊城長淳 ひがしぼうじょうながあつ 1548没(43歳)。戦国時代の公卿。1506生。

トロメイ 1555没(63?歳)。イタリアの文筆家。1492生。

ユリウス3世 1555没(67歳)。教皇(在位1550～55)。1487生。

カスタニェダ 1559没(51歳)。ポルトガルの歴史家。1508生。

スピファム, ジャーク・ポル 1566没(64歳)。フランスの牧師。1502生。

クロメル, マルチン 1589没(77?歳)。ポーランドのカトリック聖職者、歴史家。1512頃生。

炭往 きゅうおう 1596没。安土桃山時代の浄土宗の僧。

毛利秀包 もうりひでかね 1601没(35歳)。安土桃山時代の大名。1567生。

東漸宗震 とうぜんそうしん 1602没(71歳)。戦国時代・安土桃山時代の臨済宗の僧。1532生。

トリビオ・アルフォンソ(リマの, モグロベホの) 1606没(67歳)。スペイン出身のリマの司教。1538生。

リプシウス, ユストゥス 1606没(58歳)。ベルギーの人文学者。1547生。

勢誉 せいよ 1612没(64歳)。安土桃山時代・江戸時代前期の真言宗の僧。1549生。

篠原孫左衛門 しのはらまござえもん 1625没(70歳)。安土桃山時代・江戸時代前期の阿波撫養塩田開発者。1556生。

ザッコーニ 1627没(71歳)。イタリアの歌手, 作曲家, 理論家。1555生。

松平忠明 まつだいらただあきら 1644没(62歳)。江戸時代前期の大名。1583生。

フーケ, ニコラ, ムラン・エ・ド・ヴォー子爵, ベリール侯爵 1680没(65歳)。フランス, ルイ14世期の財務卿。1615生。

中島三甫右衛門(初代) なかじまみほえもん 1762没(62歳)。江戸時代中期の歌舞伎役者。1701生。

田村藍水 たむららんすい 1776没(59歳)。江戸時代中期の本草学者。1718生。

楫取魚彦 かとりなひこ 1782没(60歳)。江戸時代中期の国学者。1723生。

清田儋叟 せいだたんそう 1785没(67歳)。江戸時代中期の漢詩人、越前福井藩儒。1719生。

コッツェブー, アウグスト 1819没(57歳)。ドイツの劇作家。1761生。

スタンダール 1842没(59歳)。フランスの小説家。1783生。

3月23日

小森桃塢　こもりとうう　1843没(62歳)。江戸時代後期の蘭方医。1782生。

高橋多一郎　たかはしたいちろう　1860没(47歳)。江戸時代末期の水戸藩士。1814生。

ネッセリローデ，カルル・ヴァシリエヴィチ，伯爵　1862没(81歳)。ロシアの外交官，政治家，伯爵。1780生。

ジョミニ，アントアーヌ・アンリ　1869没(90歳)。フランス，のちにロシアの将軍，軍事作家。1779生。

春日潜庵　かすがせんあん　1878没(68歳)。江戸・明治時代の儒者。奈良県知事。1811生。

スレプツォーフ，ワシーリー・アレクセーヴィチ　1878没(41歳)。ロシアの作家。1836生。

亀井茲監　かめいこれみ　1885没(61歳)。江戸・明治時代の伯爵，久留米藩主，津和野藩知事。1825生。

伊木忠澄　いぎただずみ　1886没(69歳)。江戸・明治時代の岡山藩士。1818生。

松平斉民　まつだいらなりたみ　1891没(78歳)。江戸・明治時代の津山藩主。1814生。

ヴィーデマン　1899没(72歳)。ドイツの物理学者。1826生。

ポベドノーストスツェフ，コンスタンチーン・ペトローヴィチ　1907没(79歳)。ロシアの政治家，法律家。1827生。

吉田玉造(2代目)　よしだたまぞう　1907没(42歳)。明治時代の文楽人形遣い。1866生。

黒田清綱　くろだきよつな　1917没(88歳)。明治時代の官僚，歌人。子爵。1830生。

ラバント　1918没(79歳)。ドイツの法学者。1838生。

ローランス，ジャン-ポール　1921没(82歳)。フランスの歴史画家。1838生。

杉田定一　すぎたていいち　1929没(79歳)。明治～昭和時代の政治家。衆議院議員，北海道庁長官。1851生。

岡田良平　おかだりょうへい　1934没(71歳)。明治～昭和時代の文部官僚，政治家。京都帝国大学総長。1864生。

杵屋六左衛門(13代目)　きねやろくざえもん　1940没(71歳)。明治・大正時代の長唄三味線方。1870生。

水上滝太郎　みなかみたきたろう　1940没(54歳)。明治～昭和時代の小説家，評論家，劇作家。1887生。

ショー，サー・ネイピア　1945没(91歳)。イギリスの気象学者。1854生。

ムーニエ，エマニュエル　1950没(44歳)。フランスの人格主義哲学者。1905生。

デュフイ，ラウル　1953没(75歳)。フランスの画家，デザイナー。1877生。

プラン，アリス　1953没(51歳)。フランスの歌手，女優，モデル，画家。"モンパルナスのキキ"として有名。1901生。

古田俊之助　ふるたしゅんのすけ　1953没(66歳)。大正・昭和時代の実業家。住友本社代表・総理事，関西経済連合会顧問。1886生。

ズナニエツキ　1958没(76歳)。アメリカの社会学者。1882生。

山川均　やまかわひとし　1958没(77歳)。明治～昭和時代の社会主義者。1880生。

勝本清一郎　かつもとせいいちろう　1967没(67歳)。昭和時代の文芸評論家，近代文学研究家。日本ユネスコ連盟理事長。1899生。

バレンシアーガ，クリストバル　1972没(77歳)。フランスの服飾デザイナー。1895生。

四賀光子　しがみつこ　1976没(90歳)。明治～昭和時代の歌人。1885生。

野口弥太郎　のぐちやたろう　1976没(76歳)。大正・昭和時代の洋画家。日本大学教授。1899生。

近藤日出造　こんどうひでぞう　1979没(71歳)。昭和時代の漫画家。日本漫画家協会協会理事長。1908生。

平田郷陽(2代目)　ひらたごうよう　1981没(77歳)。昭和時代の人形作家。1903生。

小池朝雄　こいけあさお　1985没(54歳)。昭和時代の俳優。1931生。

ハイエク，フリードリヒ・A　1992没(92歳)。オーストリアの経済学者。1899生。

芹沢光治良　せりざわこうじろう　1993没(96歳)。昭和時代の小説家。日本ペンクラブ会長。1896生。

マシーナ，ジュリエッタ　1994没(74歳)。イタリアの女優。1920生。

河野鷹思　こうのたかし　1999没(93歳)。昭和・平成時代のグラフィックデザイナー，舞台美術家。愛知県立芸術大学教授。1906生。

シャウプ　2000没(97歳)。アメリカの租税学者。1902生。

山室静　やまむろしずか　2000没(93歳)。昭和・平成時代の文芸評論家。日本女子大学教授。1906生。

3月24日

○記念日○ 世界結核デー
○出来事○ 壇の浦の合戦、平家滅亡(1185)
女性ファッション・モデル初登場(1928)
中国自動車道全線開通(1983)

ハールーン・アッ・ラシード 809没(43歳)。アッバース朝第5代のカリフ(在位786〜809)。766生。

藤原藤嗣 ふじわらのふじつぐ 817没(45歳)。平安時代前期の公卿。773生。

アルドリクス(ル・マンの) 856没(56歳)。フランク王国のル・マンの司教、福者。800生。

藤原高子 ふじわらのたかいこ 910没(69歳)。平安時代前期・中期の女性。清和天皇の皇后。842生。

藤原遠度 ふじわらのとおのり 989没。平安時代中期の公卿。

安徳天皇 あんとくてんのう 1185没(8歳)。第81代の天皇。1178生。

伊賀家長 いがいえなが 1185没。平安時代後期の武士。

平有盛 たいらのありもり 1185没。平安時代後期の武将。

平資盛 たいらのすけもり 1185没(28歳)。平安時代後期の武将。1158生。

平経盛 たいらのつねもり 1185没(62歳)。平安時代後期の武将。1124生。

平時子 たいらのときこ 1185没(60歳)。平安時代後期の女性。平清盛の妻。1126生。

平知盛 たいらのとももり 1185没(34歳)。平安時代後期の武将、平清盛の4男。1152生。

平教経 たいらののりつね 1185没(26歳)。平安時代後期の武将。1160生。

平教盛 たいらののりもり 1185没(58歳)。平安時代後期の武将。1128生。

平行盛 たいらのゆきもり 1185没。平安時代後期の武将。

藤原景経 ふじわらのかげつね 1185没。平安時代後期の武士。

千葉常胤 ちばつねたね 1201没(84歳)。平安時代後期・鎌倉時代前期の御家人。1118生。

独照祖輝 どくしょうそき 1335没(74歳)。鎌倉時代後期・南北朝時代の臨済宗の僧。1262生。

鷹司宗平 たかつかさむねひら 1346没(60歳)。鎌倉時代後期・南北朝時代の公卿。1287生。

カタリーナ(スウェーデンの,ヴァステーナの) 1381没(50?歳)。ビルギッタ修道女会の統率者。1331頃生。

宝山浮玉 ほうざんふぎょく 1383没(81歳)。鎌倉時代後期・南北朝時代の臨済宗の僧。1303生。

フローレンティウス・ラーデウェインス 1400没(50?歳)。オランダの共同生活兄弟団指導者。1350頃生。

ニコラウス5世 1455没(57歳)。教皇(在位1447〜55)。1397生。

行助 ぎょうじょ 1469没(65歳)。室町時代の連歌師。1405生。

寿桂尼 じゅけいに 1568没。戦国時代の女性。今川氏親の正室。

上杉景虎 うえすぎかげとら 1579没(27歳)。戦国時代・安土桃山時代の武将。1553生。

竜造寺隆信 りゅうぞうじたかのぶ 1584没(56歳)。戦国時代・安土桃山時代の肥前の武将。1529生。

エリザベス1世 1603没(69歳)。イギリス、チューダー朝の女王(在位1558〜1603)。1533生。

北条氏勝 ほうじょううじかつ 1611没(53歳)。安土桃山時代・江戸時代前期の大名。1559生。

カロ、ジャック 1635没(43?歳)。フランスの版画家。1592頃生。

シャイト、ザームエール 1654没(66歳)。ドイツの作曲家。1587生。

鍋島勝茂 なべしまかつしげ 1657没(78歳)。江戸時代前期の大名。1580生。

和佐大八郎 わさだいはちろう 1713没(53歳)。江戸時代中期の紀州竹林派弓術の名手。1661生。

チェスターフィールド、フィリップ・ドーマー・スタナップ、4代伯爵 1773没(78歳)。イ

ギリスの政治家, 外交官。1694生。
ハリソン, ジョン　1776没(82歳)。イギリスの時計師。1693生。
エベール, ジャック・ルネ　1794没(36歳)。フランスの政治家。1757生。
パーベル1世　1801没(46歳)。ロシアの皇帝(在位1796〜1801)。1754生。
間重富　はざましげとみ　1816没(61歳)。江戸時代中期・後期の暦算家。1756生。
石川雅望　いしかわまさもち　1830(閏3月)没(78歳)。江戸時代中期・後期の国学者, 狂歌師, 読本作者。1753生。
大谷友右衛門(2代目)　おおたにともえもん　1830(閏3月)没(62歳)。江戸時代後期の歌舞伎役者。1769生。
トルヴァルセン, ベアテル　1844没(75歳)。デンマークの彫刻家。1768生。
デーベライナー, ヨハン・ヴォルフガング　1849没(68歳)。ドイツの化学者, 薬学者。1780生。
安藤野雁　あんどうのかり　1867没(53歳)。江戸時代末期の国学者, 歌人。1815生。
寺門静軒　てらかどせいけん　1868没(73歳)。江戸・明治時代の儒者, 詩人。1796生。
バジョット, ウォルター　1877没(51歳)。イギリスのジャーナリスト, 経済学者。1826生。
ロングフェロー, ヘンリー・ワッズワス　1882没(75歳)。アメリカの詩人。1807生。
ミニェ　1884没(87歳)。フランスの歴史家。1796生。
クラムスコーイ, イヴァン・ニコラエヴィチ　1887没(49歳)。ロシアの画家。1837生。
ガルシン, フセヴォロド・ミハイロヴィチ　1888没(33歳)。ロシアの小説家。1855生。
ヤング, シャーロット　1901没(77歳)。イギリスの女流小説家, 歴史物語の作者。1823生。
ウスペンスキー, グレープ・イワノヴィチ　1902没(58歳)。ロシアの作家。1843生。
ヴェルヌ, ジュール　1905没(77歳)。フランスの小説家。1828生。
シング, J.M.　1909没(37歳)。アイルランドの劇作家。1871生。
杵屋勘五郎(5代目)　きねやかんごろう　1917没(43歳)。明治・大正時代の長唄三味線方。1875生。
キュイ, ツェザリ・アントノヴィチ　1918没(83歳)。フランス系ロシアの作曲家。1835生。

梶井基次郎　かじいもとじろう　1932没(32歳)。昭和時代の小説家。1901生。
牧野信一　まきのしんいち　1936没(41歳)。大正・昭和時代の小説家。1896生。
林歌子　はやしうたこ　1946没(82歳)。明治〜昭和時代の社会事業家。1865生。
ルイス, ギルバート・ニュートン　1946没(70歳)。アメリカの物理化学者。1875生。
大島健一　おおしまけんいち　1947没(90歳)。明治・大正時代の軍人。1858生。
ベルジャーエフ, ニコライ・アレクサンドロヴィチ　1948没(74歳)。ロシアの哲学者。1874生。
岡崎文夫　おかざきふみお　1950没(62歳)。大正・昭和時代の東洋史学者。東北帝国大学教授。1888生。
ラスキ, ハロルド・J.　1950没(56歳)。イギリスの政治学者。1893生。
結城素明　ゆうきそめい　1957没(81歳)。明治〜昭和時代の日本画家。1875生。
カサヴブ　1969没(59歳)。コンゴ(キンシャサ)の政治家, 初代大統領。1910生。
ヤコブセン, アルネ　1971没(69歳)。デンマークの建築家, 家具デザイナー。1902生。
保井コノ　やすいこの　1971没(91歳)。大正・昭和時代の植物学者。東京女子高等師範学校(お茶の水女子大学)教授。1880生。
吉田五十八　よしだいそや　1974没(79歳)。昭和時代の建築家。東京芸術大学教授。1894生。
モンゴメリー, B.　1976没(88歳)。イギリスの軍人。1887生。
諸井三郎　もろいさぶろう　1977没(73歳)。昭和時代の作曲家。洗足学園大学教授。1903生。
紙恭輔　かみきょうすけ　1981没(78歳)。昭和時代の作曲家, 指揮者。1902生。
荒木道子　あらきみちこ　1989没(72歳)。昭和時代の女優。1917生。
ハーシー, ジョン　1993没(78歳)。アメリカの雑誌記者, 作家。1914生。
小島政二郎　こじままさじろう　1994没(100歳)。大正・昭和時代の小説家。1894生。
尾上梅幸(7代目)　おのえばいこう　1995没(79歳)。大正〜平成時代の歌舞伎役者。1915生。
ニーダム, ジョゼフ　1995没(94歳)。イギリスの生化学者, 科学史家。1900生。

3月24日

3月25日

○記念日○　電気記念日
○出来事○　欧州経済共同市場条約調印（1957）
　　　　　愛知万博開幕（2005）

大原浄子　おおはらじょうし　841没。平安時代前期の女性。嵯峨天皇の女御。

平時望　たいらのときもち　938没（62歳）。平安時代前期・中期の公卿。877生。

ニコデーモス（モモラの，ツィロの）　990没（90?歳）。カラブリア（現イタリア）のギリシア人修道士，聖人。900頃生。

藤原娍子　ふじわらのせいし　1025没（54歳）。平安時代中期の女性。三条天皇の皇后。972生。

金光房　こんこうぼう　1217没（63歳）。平安時代後期・鎌倉時代前期の浄土宗の僧。1155生。

三善長衡　みよしながひら　1244没（77歳）。平安時代後期・鎌倉時代前期の文士。1168生。

入信　にゅうしん　1251没。鎌倉時代の浄土真宗の僧。

了遍　りょうへん　1311没（88歳）。鎌倉時代後期の僧。1224生。

永賢　えいけん　1382没。南北朝時代の日蓮宗の僧。

日野西資国　ひのにしすけくに　1428没（64歳）。南北朝時代・室町時代の公卿。1365生。

中明見方　ちゅうみょうけんぼう　1440没。室町時代の曹洞宗の僧。

惟忠守勤　いちゅうしゅごん　1447没。室町時代の曹洞宗の僧。

サンティリャナ侯爵　1458没（59歳）。スペインの詩人。1398生。

ロペス・デ・メンドーサ，イニーゴ　1458没（59歳）。スペインの詩人。1398生。

蓮如　れんにょ　1499没（85歳）。室町時代・戦国時代の浄土真宗の僧。1415生。

西湖良景　せいこりょうけい　1502没。室町時代・戦国時代の曹洞宗の僧。

朝倉貞景　あさくらさだかげ　1512没（40歳）。戦国時代の越前の大名。1473生。

オウファイリ，モリス　1513没（53?歳）。アイルランドのスコトゥス学派のコンヴェントゥアル修道会士，大司教。1460頃生。

上杉憲房　うえすぎのりふさ　1525没（59歳）。戦国時代の武将。1467生。

コルダートゥス，コンラート　1547没（71?歳）。ドイツのルター派牧師。1476頃生。

ディートリヒ，ファイト　1549没（42歳）。ドイツの宗教改革者。1506生。

ニザ，マルコス・デ　1558没（63?歳）。イタリアの修道士，探検家。1495頃生。

エメケン，ゲルト　1562没（62?歳）。ドイツの宗教改革者。1500頃生。

ヴァルター，ヨーハン　1570没（74歳）。ドイツの教会音楽家。1496生。

アニムッチャ，ジョヴァンニ　1571没（71?歳）。イタリアの作曲家。1500頃生。

クリザロウ，マーガレット　1586没（30?歳）。イングランドとウェールズの"40人の殉教者"の一人。1556頃生。

良穏　りょうおん　1590没（60歳）。戦国時代・安土桃山時代の浄土宗の僧。1531生。

宮部継潤　みやべけいじゅん　1599没（72歳）。戦国時代・安土桃山時代の武将，大名。1528生。

中院通勝　なかのいんみちかつ　1610没（55歳）。安土桃山時代・江戸時代前期の公家。1556生。

来島長親　くるしまながちか　1612没（31歳）。安土桃山時代・江戸時代前期の武将，大名。1582生。

文英清韓　ぶんえいせいかん　1621没（54歳）。安土桃山時代・江戸時代前期の臨済宗の僧。1568生。

マリーノ，ジャンバッティスタ　1625没（55歳）。イタリアの詩人。1569生。

谷一斎　たにいっさい　1695没（71歳）。江戸時代前期の儒学者。1625生。

グルー，ニーマイア　1712没（70歳）。イギリスの植物学者。1641生。

松本幸四郎（初代）　まつもとこうしろう　1730没（57歳）。江戸時代中期の歌舞伎役者。1674生。

3月25日

ホークスムア，ニコラス　1736没(75歳)。イギリスの建築家。1661生。

フレデリク1世　1751没(74歳)。スウェーデン王(在位1720～51)。1676生。

嵐音八(初代)　あらしおとはち　1769没(72歳)。江戸時代中期の歌舞伎役者。1698生。

ノヴァーリス　1801没(28歳)。ドイツ初期ロマン派の代表的詩人，小説家。1772生。

栗本瑞見　くりもとずいけん　1834没(79歳)。江戸時代中期・後期の本草学者，医師。1756生。

小山田与清　おやまだともきよ　1847没(65歳)。江戸時代後期の国学者，文人。1783生。

鼻山人　はなさんじん　1858没(68歳)。江戸時代末期の戯作者。1791生。

ルンゲ，フリードリープ・フェルディナント　1867没(72歳)。ドイツの有機化学者。1795生。

甲賀源吾　こうげんご　1869没(31歳)。江戸・明治時代の幕臣。1839生。

岩崎弥之助　いわさきやのすけ　1908没(58歳)。明治時代の実業家。男爵，三菱商会社長。1851生。

青木繁　あおきしげる　1911没(30歳)。明治時代の洋画家。1882生。

ミストラル，フレデリック　1914没(83歳)。フランスの詩人。1830生。

ドビュッシー，クロード　1918没(55歳)。フランスの作曲家。1862生。

辰野金吾　たつのきんご　1919没(66歳)。明治・大正時代の建築家。東京帝国大学工科大学長，建築学会会長。1854生。

レームブルック，ヴィルヘルム　1919没(38歳)。ドイツの彫刻家。1881生。

井口在屋　いのくちありや　1923没(68歳)。明治・大正時代の機械工学者。東京帝国大学教授。1856生。

米原雲海　よねはらうんかい　1925没(57歳)。明治・大正時代の彫刻家。1869生。

大島亮吉　おおしまりょうきち　1928没(30歳)。大正・昭和時代の登山家。1899生。

吉川霊華　きっかわれいか　1929没(55歳)。明治～昭和時代の日本画家。1875生。

中橋徳五郎　なかはしとくごろう　1934没(74歳)。明治～昭和時代の政治家，実業家。大阪商船社長。1861生。

山本条太郎　やまもとじょうたろう　1936没(70歳)。明治～昭和時代の実業家，政治家。三井物産常務，貴族院議員。1867生。

ドリンクウォーター，ジョン　1937没(54歳)。イギリスの詩人，劇作家。1882生。

ブランリ　1940没(95歳)。フランスの物理学者。1844生。

川島芳子　かわしまよしこ　1948没(43歳)。大正・昭和時代の満蒙独立活動家。1906生。

真山青果　まやませいか　1948没(71歳)。明治～昭和時代の劇作家。1878生。

柳亭左楽(5代目)　りゅうていさらく　1953没(81歳)。明治～昭和時代の落語家。1872生。

片岡良一　かたおかよしかず　1957没(60歳)。昭和時代の国文学者。法政大学教授。1897生。

ピカール，オーギュスト　1962没(78歳)。スイスの物理学者。1884生。

イッテン，ヨハネス　1967没(78歳)。スイスの画家，美術教育家。1888生。

エーヴェルラン，アルヌルフ　1968没(78歳)。ノルウェーの詩人。1889生。

下村定　しもむらさだむ　1968没(80歳)。大正・昭和時代の陸軍軍人，政治家。陸軍大将。1887生。

小林勝　こばやしまさる　1971没(43歳)。昭和時代の小説家，劇作家。1927生。

スタイケン，エドワード　1973没(93歳)。アメリカの写真家。1879生。

ファイサル　1975没(71歳)。サウジアラビアの第3代国王(在位1964～75年)。1904生。

橋本凝胤　はしもとぎょういん　1978没(80歳)。昭和時代の僧侶，仏教学者。大僧正，薬師寺長老。1897生。

安芸海節男　あきのうみせつお　1979没(64歳)。昭和時代の力士。37代目横綱。1914生。

大浜英子　おおはまひでこ　1982没(80歳)。昭和時代の社会評論家，婦人運動家。中央選挙管理会委員長，国民生活センター会長。1901生。

秋好馨　あきよしかおる　1989没(76歳)。昭和時代の漫画家。1912生。

田村魚菜　たむらぎょさい　1991没(76歳)。昭和時代の料理研究家。魚菜学園理事長，魚菜社長。1914生。

橋本明治　はしもとめいじ　1991没(86歳)。昭和時代の日本画家。日展常務理事。1904生。

上月晃　こうづきのぼる　1999没(56歳)。昭和・平成時代の舞台女優。1942生。

古尾谷雅人　ふるおやまさと　2003没(45歳)。昭和・平成時代の俳優。1957生。

3月26日

○出来事○ 『新古今和歌集』完成（1205）
多摩ニュータウン入居開始（1971）

リウドゲルス　809没（67?歳）。ミュンスターの司教。742頃生。

宗叡　しゅうえい　884没（76歳）。平安時代前期の真言宗の僧。809生。

藤原惟憲　ふじわらのこれのり　1033没（71歳）。平安時代中期の公卿。963生。

延殷　えんいん　1050没（83歳）。平安時代中期の天台宗の僧。968生。

忠縁　ちゅうえん　1115没（78歳）。平安時代中期・後期の真言の声明家。1038生。

藤原仲実　ふじわらのなかざね　1118没（62歳）。平安時代後期の歌人。1057生。

ゴフリドゥス（ヴァンドームの）　1132没（62?歳）。フランスのベネディクト会修道院長，枢機卿。1070頃生。

平時高　たいらときたか　1254没（59歳）。鎌倉時代前期の公卿。1196生。

菊池武房　きくちたけふさ　1285没（41歳）。鎌倉時代後期の肥後国の武士。1245生。

日昭　にっしょう　1323没（103歳）。鎌倉時代後期の日蓮宗の僧。1221生。

万秋門院　ばんしゅうもんいん　1338没（71歳）。鎌倉時代後期・南北朝時代の女性。後二条天皇の宮人。1268生。

近衛兼嗣　このえかねつぐ　1388没（29歳）。南北朝時代の公卿。1360生。

日存　にちぞん　1421没（53歳）。南北朝時代・室町時代の日蓮宗の僧。1369生。

畠山持国　はたけやまもちくに　1455没（58歳）。室町時代の武将，室町幕府管領。1398生。

足利義尚　あしかがよしひさ　1489没（25歳）。室町幕府第9代の将軍。1465生。

紹蓓　しょうばい　1499没（80歳）。室町時代・戦国時代の臨済宗の僧。1420生。

イザーク，ヘンリクス　1517没（67歳）。フランドル楽派の作曲家。1450生。

尭胤　ぎょういん　1530没（59歳）。戦国時代の天台宗の僧。1472生。

エリオット，トマス　1546没（56?歳）。イギリスの人文学者，外交官，散文作家。1490頃生。

カベソン，アントニオ・デ　1566没（55歳）。スペインのオルガン奏者，作曲家。1510生。

良縁　りょうえん　1589没（63歳）。戦国時代・安土桃山時代の浄土宗の僧。1527生。

アイラー，ヤーコブ　1605没（61歳）。ドイツの劇作家。1544生。

末吉孫左衛門　すえよしまござえもん　1617没（48歳）。安土桃山時代・江戸時代前期の豪商，朱印船貿易家。1570生。

柳生宗矩　やぎゅうむねのり　1646没（76歳）。安土桃山時代・江戸時代前期の大名。1571生。

ウィンスロップ，ジョン　1649没（61歳）。アメリカの法律家。1588生。

日根野吉明　ひねのよしあきら　1656没（69歳）。江戸時代前期の大名。1588生。

江崎善左衛門　えざきぜんざえもん　1675没（83歳）。江戸時代前期の尾張入鹿新田の開発者。1593生。

エルンスト1世　1675没（73歳）。ザクセン・ゴータ・アルテンブルク公。1601生。

本因坊道策　ほんいんぼうどうさく　1702没（58歳）。江戸時代前期・中期の囲碁棋士。1645生。

ヴァンブラ，ジョン　1726没（62歳）。イギリスの建築家。1664生。

青木鷺水　あおきろすい　1733没（76歳）。江戸時代前期・中期の俳人，浮世草子作者。1658生。

田沼意知　たぬまおきとも　1784没（36歳）。江戸時代中期の若年寄。1749生。

ハットン，ジェイムズ　1797没（70歳）。イギリスの化学，地質学者。1726生。

ギヨタン，ジョゼフ・イニャス　1814没（75歳）。フランスの医者，政治家。1738生。

藤本善右衛門　ふじもとぜんえもん　1822没（50歳）。江戸時代後期の養蚕家，蚕種商人。1773生。

ベートーヴェン，ルートヴィヒ・ヴァン　1827没（56歳）。ドイツの作曲家。1770生。

176

3月26日

中天游　なかてんゆう　1835没（53歳）。江戸時代後期の医師、蘭学者。1783生。

ブリッカ, スティーン・スティーンセン　1848没（65歳）。デンマークのロマン派詩人、小説家。1782生。

鈴木徳次郎　すずきとくじろう　1881没（55歳）。明治時代の人力車業家。1827生。

グリーン, トマス・ヒル　1882没（45歳）。イギリスの哲学者。1836生。

ホイットマン, ウォルト　1892没（72歳）。アメリカの詩人。1819生。

森岡昌純　もりおかまさずみ　1898没（66歳）。明治時代の官僚、実業家。日本郵船初代社長、貴族院議員。1833生。

中島信行　なかじまのぶゆき　1899没（54歳）。江戸・明治時代の政治家。男爵、貴族院議員。1846生。

ローズ, セシル・ジョン　1902没（48歳）。イギリス生れの南アフリカの政治家。1853生。

安重根　あんじゅうこん　1910没（30歳）。朝鮮の独立運動家。1879生。

本多庸一　ほんだよういつ　1912没（65歳）。明治時代のキリスト教指導者。日本メソジスト教会初代監督。1848生。

三ケ島葭子　みかしまよしこ　1927没（42歳）。明治・大正時代の歌人。1886生。

井口阿くり　いのくちあくり　1931没（61歳）。明治・大正時代の体操指導者。1871生。

呉秀三　くれしゅうぞう　1932没（68歳）。明治〜昭和時代の精神病医師、医史学者。東京帝国大学教授。1865生。

プランケット　1932没（77歳）。アイルランドの農業協同組合運動の指導者、政治家。1854生。

与謝野鉄幹　よさのてっかん　1935没（63歳）。明治〜昭和時代の歌人。1873生。

天野為之　あまのためゆき　1938没（78歳）。明治・大正時代の経済学者、政治家。「東洋経済新報」主幹、早稲田大学学長、衆議院議員。1861生。

吉江喬松　よしえたかまつ　1940没（61歳）。明治〜昭和時代の詩人、仏文学者。1880生。

西田ハル　にしだはる　1945没（41歳）。昭和時代の社会運動家。1905生。

ロイド・ジョージ, デビッド　1945没（82歳）。イギリスの政治家。1863生。

春野百合子（初代）　はるのゆりこ　1946没（47歳）。大正・昭和時代の浪曲師。1900生。

エリオ, エドゥアール　1957没（84歳）。フランスの政治家。1872生。

魚澄惣五郎　うおずみそうごろう　1959没（69歳）。大正・昭和時代の日本史学者。関西大学教授。1889生。

チャンドラー, レイモンド　1959没（70歳）。アメリカの推理小説作家。1888生。

室生犀星　むろうさいせい　1962没（72歳）。大正・昭和時代の詩人、小説家。1889生。

森川信　もりかわしん　1972没（60歳）。昭和時代の俳優。1912生。

カワード, ノーエル　1973没（73歳）。イギリスの劇作家、俳優。1899生。

林語堂　りんごどう　1976没（80歳）。中国の文学者。1895生。

スタッフォード, ジーン　1979没（63歳）。アメリカの女流小説家。1915生。

バルト, ロラン　1980没（64歳）。フランスの批評家、文学理論家、記号学者。1915生。

斎藤悠輔　さいとうゆうすけ　1981没（88歳）。大正・昭和時代の裁判官。最高裁判事。1892生。

水原茂　みずはらしげる　1982没（73歳）。昭和時代のプロ野球選手、監督。1909生。

岩内とみゑ　いわうちとみえ　1986没（87歳）。大正・昭和時代の社会運動家。1898生。

原弘　はらひろむ　1986没（82歳）。昭和時代のグラフィック・デザイナー。武蔵野美術大学教授。1903生。

ヨッフム, オイゲン　1987没（84歳）。ドイツの指揮者。1902生。

片岡仁左衛門（13代目）　かたおかにざえもん　1994没（90歳）。大正〜平成時代の歌舞伎役者。1903生。

角田喜久雄　つのだきくお　1994没（87歳）。昭和時代の小説家。1906生。

山口誓子　やまぐちせいし　1994没（92歳）。大正〜平成時代の俳人。「天狼」主宰。1901生。

キャラハン, ジェイムズ, 男爵　2005没（92歳）。イギリスの政治家、首相。1912生。

小篠綾子　こしのあやこ　2006没（92歳）。昭和・平成時代のファッションデザイナー。1913生。

3月27日

○記念日○　さくらの日
○出来事○　松尾芭蕉、『奥の細道』に旅立つ（1689）
　　　　　　日本が国際連盟脱退（1933）

ルーペルト（ザルツブルクの）　718没。ザルツブルク教会の創立者で同地方の守護聖人。

明一　みょういち　798没(71歳)。奈良時代・平安時代前期の東大寺法相宗の学僧。728生。

願暁　がんぎょう　874没。平安時代前期の元興寺三論宗の学僧。

延鑑　えんかん　965没(75歳)。平安時代中期の浄土真宗の僧。891生。

ミヒヤール・ビン・マルズーヤ　1037没。イラン系のアラビア語詩人。

円智　えんち　1357没。南北朝時代の浄土宗の僧。

橘知任　たちばなのともただ　1361没(64歳)。鎌倉時代後期・南北朝時代の公卿。1298生。

実翁聡秀　じつおうそうしゅう　1371没。南北朝時代の僧。

グレゴリウス11世　1378没(49?歳)。教皇(在位1370～78)。1329頃生。

懐良親王　かねながしんのう　1383没(55歳)。南北朝時代の後醍醐天皇の皇子、征西将軍。1329生。

了庵慧明　りょうあんえみょう　1411没(75歳)。南北朝時代・室町時代の曹洞宗の僧。1337生。

定庵殊禅　じょうあんしゅぜん　1432没(60歳)。南北朝時代・室町時代の曹洞宗の僧。1373生。

鈴木九郎　すずきくろう　1438没(68歳)。室町時代の開拓者。1371生。

越智通高　おちこれみち　1439没。室町時代の武将。

ワシーリー2世　1462没(47歳)。モスクワ大公(1425～62)、ワシーリー1世の子。1415生。

大功円忠　だいこうえんちゅう　1473没。室町時代の曹洞宗の僧。

マンリケ、ホルヘ　1479没(39?歳)。スペインの詩人、軍人。1440頃生。

杲観祖晦　こうかんそかい　1502没(82歳)。室町時代・戦国時代の臨済宗の僧。1421生。

一条冬良　いちじょうふゆら　1514没(51歳)。戦国時代の公卿。1464生。

ダーザー　1589没(64?歳)。ドイツの作曲家。1525頃生。

智眼　ちげん　1597没。安土桃山時代の浄土宗の僧。

曲直瀬正純　まなせまさずみ　1605没(47?歳)。安土桃山時代・江戸時代前期の医師。1559頃生。

バートリ　1613没(41歳)。トランシルバニア（ジーベンビュルゲン）公(1581～98, 1600～01)。1572生。

マルグリット・ド・フランス　1615没(61歳)。マルゴ妃(ナバル公妃)。1553生。

コックス　1624没(58歳)。平戸のイギリス商館長。1566生。

ジェームズ1世　1625没(58歳)。イギリス、スチュアート朝初代の国王(在位1603～25)、スコットランド王としてはジェームズ6世(1567～1625)。1566生。

トトネス伯　1629没(73歳)。イギリスの軍人、政治家。1555生。

フォス　1649没(72歳)。ハイデルベルク附近生れの古典語学者。1577生。

水野十郎左衛門　みずのじゅうろうざえもん　1664没。江戸時代前期の旗本奴。

原田甲斐　はらだかい　1671没(53歳)。江戸時代前期の奉行職。1619生。

シュターミツ、ヨハン・ヴェンツェル・アントン　1757没(39歳)。ドイツ、マンハイム楽派の代表的作曲家の一人。1717生。

ティエポロ、ジョヴァンニ・バッティスタ　1770没(73歳)。イタリアの画家。1696生。

鄒一桂　すういっけい　1772没(86歳)。中国、清中期の文人画家。1686生。

伊藤蘭嵎　いとうらんぐう　1778没(85歳)。江戸時代中期の儒者、紀伊和歌山藩儒。1694生。

178

沢村宗十郎（3代目）　さわむらそうじゅうろう　1801没（49歳）。江戸時代中期・後期の歌舞伎役者。1753生。

青山忠裕　あおやまただやす　1836没（69歳）。江戸時代後期の大名。1768生。

大塩平八郎　おおしおへいはちろう　1837没（45歳）。江戸時代後期の儒学者，大坂東町奉行所与力。1793生。

香川景樹　かがわかげき　1843没（76歳）。江戸時代後期の歌人。1768生。

キネ，エドガール　1875没（72歳）。フランスの詩人，歴史家，哲学者，政治家。1803生。

スコット，サー・ジョージ・ギルバート　1878没（67歳）。イギリスの建築家。1811生。

沢山保羅　さわやまぱうろ　1887没（36歳）。明治時代の牧師，教育家。1852生。

ブライト，ジョン　1889没（77歳）。イギリスの下院議員，演説家。1811生。

唐人お吉　とうじんおきち　1890没（50歳）。江戸・明治時代の芸者。1841生。

広瀬武夫　ひろせたけお　1904没（37歳）。明治時代の海軍軍人。1868生。

カリエール，ユージェーヌ　1906没（57歳）。フランスの画家，彫刻家。1849生。

ジェインズ，リロイ・ランシング　1909没（71歳）。アメリカの宣教師。1838生。

アガシ，アレグザンダー　1910没（74歳）。アメリカの海洋学者，自然科学者。1835生。

スコット，R.F.　1912没（43歳）。イギリスの南極探検家。1868生。

アダムズ，ヘンリー　1918没（80歳）。アメリカの歴史家，小説家。1838生。

デュアー，サー・ジェイムズ　1923没（80歳）。イギリスの化学者，物理学者。1842生。

ノイマン，カール　1925没（92歳）。ドイツの数学者，理論物理学者。1832生。

島木赤彦　しまきあかひこ　1926没（51歳）。明治・大正時代の歌人。1876生。

ベネット，アーノルド　1931没（63歳）。イギリスの小説家。1867生。

金剛右京　こんごううきょう　1936没（65歳）。明治～昭和時代の能楽師。1872生。

シュテルン　1938没（66歳）。ドイツの心理学者。1871生。

ゴンサレス，フリオ　1942没（65歳）。スペインの彫刻家。1876生。

ウシャクルギル，ハリト・ズィヤ　1945没（79歳）。民族主義的革命組織"青年トルコ"の指導者の一人，ジャーナリスト。1866生。

豊田喜一郎　とよだきいちろう　1952没（57歳）。大正・昭和時代の実業家。トヨタ自動車工業創立者。1894生。

武林無想庵　たけばやしむそうあん　1962没（82歳）。明治～昭和時代の小説家，翻訳家。1880生。

ヘイロフスキー，ヤロスロフ　1967没（76歳）。チェコスロバキアの電気化学者。1890生。

ガガーリン，ユーリー　1968没（34歳）。ソ連の宇宙飛行士。1934生。

エッシャー，モーリス　1972没（73歳）。オランダのグラフィック・アーティスト。1898生。

清水崑　しみずこん　1974没（61歳）。昭和時代の漫画家。1912生。

陳紹禹　ちんしょうう　1974没（67歳）。中国の政治家。1907生。

松本学　まつもとがく　1974没（87歳）。明治～昭和時代の官僚。世界貿易センター会長，貴院議員。1886生。

茅盾　ぼうじゅん　1981没（84歳）。中国の小説家，評論家。1896生。

青木茂　あおきしげる　1982没（84歳）。大正・昭和時代の児童文学作家。1897生。

手島右卿　てしまゆうけい　1987没（85歳）。昭和時代の書家。日本書道専門学校長，日展審査員。1901生。

カウリー，マルカム　1989没（90歳）。アメリカの評論家。1898生。

乾孝　いぬいたかし　1994没（82歳）。昭和・平成時代の心理学者。法政大学教授。1911生。

山本茂実　やまもとしげみ　1998没（81歳）。昭和・平成時代の小説家。1917生。

沖田浩之　おきたひろゆき　1999没（36歳）。昭和・平成時代の俳優。1963生。

河盛好蔵　かわもりよしぞう　2000没（97歳）。昭和・平成時代のフランス文学者，文芸評論家。東京教育大学教授，共立女子大学教授。1902生。

ワイルダー，ビリー　2002没（95歳）。アメリカの映画監督。1906生。

レム，スタニスワフ　2006没（84歳）。ポーランドのSF作家。1921生。

植木等　うえきひとし　2007没（80歳）。昭和・平成時代のタレント，俳優。1926生。

3月27日

3月28日

- ○記念日○　三つ葉の日
- ○出来事○　廃刀令発布(1876)
　　　　　　スリーマイル島原発事故(1979)

ペルティナクス　193没(66歳)。ローマ皇帝(在位193.1.～193.3.)。126生。

プロテリオス1世(アレクサンドリアの)　457没。アレクサンドリアの総主教、聖人。

泊瀬部内親王　はつせべのないしんのう　741没。奈良時代の女性。天武天皇の皇女。

ハイモ(ハルバシュタットの)　853没。ハルバシュタットの司教、神学者。

銭鏐　せんりゅう　932没(80歳)。中国、五代十国・呉越国の初代国王(在位907～932)。852生。

フロドアール　966没(72歳)。フランスの歴史家。894生。

藤原文範　ふじわらのふみのり　996没(88歳)。平安時代中期の公卿。909生。

日観　にっかん　1021没(70歳)。平安時代中期の法相宗の僧。952生。

行観　ぎょうかん　1073没(61歳)。平安時代中期の天台宗の僧。1013生。

仁覚　にんかく　1102没(58歳)。平安時代中期・後期の天台宗の僧。1045生。

ハーディング、聖スティーヴン　1134没(74?歳)。第2代シトー修道院長、第1代シトー修道会院長。1060頃生。

エックベルト(シェーナウの)　1184没(52?歳)。ドイツのベネディクト会士、ヘッセンのシェーナウ修道院長。1132生。

平維盛　たいらのこれもり　1184没(28?歳)。平安時代後期の武将。1157頃生。

九条教実　くじょうのりざね　1235没(26歳)。鎌倉時代前期の公卿。1210生。

菅原為長　すがわらのためなが　1246没(89歳)。平安時代後期・鎌倉時代前期の学者、公卿。1158生。

藤原兼頼　ふじわらのかねより　1269没。鎌倉時代前期の公卿。

マルティヌス4世　1285没(75?歳)。教皇(在位1281～5)。1210頃生。

北条顕時　ほうじょうあきとき　1301没(54歳)。鎌倉時代後期の武将。1248生。

明峰素哲　めいほうそてつ　1350没(74歳)。鎌倉時代後期・南北朝時代の曹洞宗の僧。1277生。

授翁宗弼　じゅおうそうひつ　1380没(85歳)。鎌倉時代後期・南北朝時代の僧。1296生。

万里小路藤房　までのこうじふじふさ　1380没(86歳)。鎌倉時代後期・南北朝時代の公卿。1295生。

敬法　きょうほう　1400没(81歳)。南北朝時代・室町時代の浄土宗の僧。1320生。

三条公宣　さんじょうきんのぶ　1410没。室町時代の公卿。

ジャンヌ・マリー・ド・メイエ　1414没(82歳)。フランスの神秘家、隠遁者、福者。1332生。

了顕　りょうけん　1474没。室町時代の浄土真宗の僧。

プッペル、ヨーハン(ゴッホの)　1475没(75?歳)。オランダの静寂主義の神秘主義者。1400頃生。

下間蓮崇　しもつまれんそう　1499没。室町時代・戦国時代の本願寺門徒。

グラレアーヌス、ヘンリクス　1563没(74歳)。スイスの音楽理論家。1488生。

ナバレーテ、フアン・フェルナンデス・デ　1579没(53?歳)。スペインの画家。1526頃生。

山崎片家　やまざきかたいえ　1591没(45歳)。安土桃山時代の武将、大名。1547生。

今出川晴季　いまでがわはるすえ　1617没(79歳)。安土桃山時代・江戸時代前期の公家。1539生。

リヌッチーニ、オッターヴィオ　1621没(59歳)。イタリアの詩人、オペラ台本作家。1562生。

ホラー、ヴェンツェル　1677没(69歳)。ボヘミアの銅版画家。1607生。

西山宗因　にしやまそういん　1682没(78歳)。江戸時代前期の連歌師、俳人。1605生。

勝見二柳　かつみじりゅう　1803没(81歳)。江戸時代中期・後期の俳人。1723生。

クロディオン　1814没（75歳）。フランスの彫刻家。1738生。

トムソン　1833没（48歳）。アイルランドの経済学者。1785生。

ティボー　1840没（68歳）。ドイツの法学者。1772生。

毛利敬親　もうりたかちか　1871没（53歳）。江戸・明治時代の萩藩主。1819生。

ハンセン　1874没（78歳）。デンマークの天文学者。1795生。

歌川広重（3代目）　うたがわひろしげ　1894没（53歳）。江戸・明治時代の浮世絵師。1842生。

金玉均　きんぎょくきん　1894没（43歳）。李氏朝鮮末期の開明的政治家。1851生。

アフマド・ハーン, サル・サイイッド　1898没（80歳）。インドのイスラム教徒の学者, 教育者。アリガール＝イスラム大学の創設者。1817生。

ライダー, アルバート・ピンカム　1917没（70歳）。アメリカの画家。1847生。

中原悌二郎　なかはらていじろう　1921没（34歳）。明治・大正時代の彫塑家。1888生。

ベルナール, サラ　1923没（78歳）。フランスの女優。1844生。

内村鑑三　うちむらかんぞう　1930没（70歳）。明治・大正時代のキリスト教伝道者, 思想家。1861生。

ハウス, エドワード・M　1938没（79歳）。アメリカの外交官, 政治家。1858生。

田中光顕　たなかみつあき　1939没（97歳）。江戸・明治時代の高知藩士, 政治家。子爵, 宮内相。1843生。

ウルフ, ヴァージニア　1941没（59歳）。イギリスの作家。1882生。

ラフマニノフ, セルゲイ・ヴァシリエヴィチ　1943没（69歳）。ロシアの作曲家, ピアニスト, 指揮者。1873生。

リーコック, スティーヴン　1944没（74歳）。イギリス系カナダのユーモア小説家, 経済学者。1869生。

モーリー, クリストファー　1957没（66歳）。アメリカの詩人, 小説家。1890生。

シーグフリード　1959没（83歳）。フランスの経済学者。1875生。

万代順四郎　まんだいじゅんしろう　1959没（75歳）。明治〜昭和時代の銀行家。帝国銀行頭取。1883生。

亀山直人　かめやまなおと　1963没（72歳）。大正・昭和時代の応用化学者。東京帝大教授, 日本学術会議初代会長。1890生。

沢村訥子（8代目）　さわむらとっし　1963没（75歳）。明治〜昭和時代の歌舞伎役者。1887生。

アイゼンハワー, ドワイト・デビット　1969没（78歳）。アメリカの軍人, 政治家。第34代大統領。1890生。

フェストデイク, シモン　1971没（72歳）。オランダの作家。1898生。

浅見淵　あさみふかし　1973没（73歳）。昭和時代の小説家, 文芸評論家。1899生。

椎名麟三　しいなりんぞう　1973没（61歳）。昭和時代の小説家, 劇作家。1911生。

ロゼー, フランソワズ　1974没（82歳）。フランスの女優。1891生。

守田勘弥（14代目）　もりたかんや　1975没（68歳）。大正・昭和時代の歌舞伎役者。1907生。

ジオーク, ウィリアム・フランシス　1982没（86歳）。アメリカの物理化学者。1895生。

宮本ミツ　みやもとみつ　1984没（83歳）。昭和時代の宗教家。妙智会教祖。1900生。

シャガール, マルク　1985没（97歳）。ロシア出身のフランスの画家, 版画家。1887生。

岡本唐貴　おかもととうき　1986没（82歳）。大正・昭和時代の洋画家, 社会運動家。1903生。

尾上辰之助（初代）　おのえたつのすけ　1987没（40歳）。昭和時代の歌舞伎役者, 日本舞踊家。1946生。

中屋健一　なかやけんいち　1987没（76歳）。昭和時代の歴史学者, 評論家。京都外国語大学教授, 東京大学教授。1910生。

イヨネスコ, ウージェーヌ　1994没（81歳）。フランスの劇作家。1912生。

金丸信　かねまるしん　1996没（81歳）。昭和・平成時代の政治家。自民党副総裁, 副総理。1914生。

ポーエル, アントニー　2000没（94歳）。イギリスの小説家。1905生。

ユスティノフ, ピーター　2004没（82歳）。イギリスの俳優, 劇作家。1921生。

ワインバーガー, キャスパー　2006没（89歳）。アメリカの政治家。1917生。

3月28日

3月29日

○記念日○ マリモの日
○出来事○ 初の無形文化財の指定（1952）
　　　　　南極越冬隊が南極上陸（1957）

ヴァルドー　814没（74?歳）。フランク王国時代の修道院長。740頃生。

紀今守　きのいまもり　872没。平安時代前期の中級貴族。

代明親王　よしあきらしんのう　937没（34歳）。醍醐天皇の皇子。904生。

藤原登子　ふじわらのとうし　975没。平安時代中期の女性。村上天皇の宮人。

太宗（宋）　たいそう　997没（57歳）。中国、北宋朝の第2代皇帝（在位976〜997）。939生。

ステファヌス9世（10世）　1058没（58?歳）。教皇（在位1057〜58）。1000頃生。

覚俊　かくしゅん　1126没（60歳）。平安時代後期の天台宗の僧。1067生。

源顕仲　みなもとのあきなか　1138没（75歳）。平安時代後期の公卿。1064生。

守子内親王　しゅしないしんのう　1156没（46歳）。平安時代後期の女性。後三条天皇第3皇子輔仁親王の王女。1111生。

藤原宗隆　ふじわらむねたか　1205没（40歳）。平安時代後期・鎌倉時代前期の公卿。1166生。

明義門院　めいぎもんいん　1243没（27歳）。鎌倉時代前期の女性。順徳天皇の第2皇女。1217生。

道光　どうこう　1330没（80歳）。鎌倉時代後期の浄土宗の僧。1251生。

伊勢貞継　いせさだつぐ　1391没（83歳）。南北朝時代の武士。1309生。

曇仲道芳　どんちゅうどうほう　1409没（43歳）。南北朝時代・室町時代の臨済宗の僧。1367生。

隆源　りゅうげん　1426没（85歳）。南北朝時代・室町時代の僧。1342生。

総一検校　そういちけんぎょう　1462没。室町時代の一方流の琵琶法師。

藤原為季　ふじわらのためすえ　1474没（61歳）。室町時代の公卿。1414生。

東海義易　とうかいぎえき　1497没。室町時代・戦国時代の曹洞宗の僧。

四辻季経　よつつじすえつね　1524没（78歳）。室町時代・戦国時代の公卿。1447生。

日真　にっしん　1528没（85歳）。室町時代・戦国時代の日蓮宗の僧。1444生。

ビュール, イドレット・ド　1549没。ジャン・カルヴァンの妻。

日白残夢　にちはくざんむ　1576没（139歳）。室町時代・戦国時代の臨済宗の僧。1438生。

一柳直末　ひとつやなぎなおすえ　1590没（38歳）。安土桃山時代の武将。1553生。

ブラガンサ　1602没（71歳）。ポルトガルの聖職者。1530生。

エレーラ・イ・トルデシーリャス, アントニオ・デ　1625没（76歳）。スペインの歴史家。1549生。

松平忠次　まつだいらただつぐ　1665没（61歳）。江戸時代前期の大名。1605生。

八百屋お七　やおやおしち　1683没（16歳）。江戸時代前期・中期の女性。江戸本郷の八百屋の娘。1668生。

楢林鎮山　ならばやしちんざん　1711没（64歳）。江戸時代前期・中期のオランダ通詞, 紅毛流外科医。1648生。

秋子内親王　あきこないしんのう　1756没（57歳）。江戸時代中期の女性。東山天皇の皇女。1700生。

殷元良　いんげんりょう　1767没（50歳）。琉球の画家。1718生。

富士田吉次（初代）　ふじたきちじ　1771没（58?歳）。江戸時代中期の歌舞伎役者, 長唄唄方。1714頃生。

スヴェーデンボリ, エマヌエル　1772没（84歳）。スウェーデンの科学者, 哲学者, 神学者。1688生。

片山兼山　かたやまけんざん　1782没（53歳）。江戸時代中期の折衷学派の儒者。1730生。

ウェズリー, チャールズ　1788没（80歳）。イギリスの宗教家, 讃美歌作者。1707生。

グスタフ3世　1792没（46歳）。スウェーデン王（1771〜92）。1746生。

嵐雛助(初代) あらしひなすけ 1796没(56歳)。江戸時代中期の歌舞伎役者。1741生。

岩井半四郎(4代目) いわいはんしろう 1800没(54歳)。江戸時代中期・後期の歌舞伎役者。1747生。

フォス, ヨハン・ハインリヒ 1826没(75歳)。ドイツの詩人, 翻訳家。1751生。

ブラメル, ジョージ・ブライアン 1840没(61歳)。イギリスの代表的ダンディ。1778生。

アスター, ジョン・ジェイコブ 1848没(84歳)。アメリカの毛皮業者。1763生。

キーブル, ジョン 1866没(73歳)。イギリスの説教者, 神学者, 詩人。1792生。

ドゥーロワ, ナデージダ・アンドレーヴナ 1866没(82歳)。ロシアの女性作家。1783生。

斎藤香玉 さいとうこうぎょく 1870没(57歳)。江戸時代後期の女性。画家。1814生。

内田五観 うちだいつみ 1882没(78歳)。江戸・明治時代の天文・暦算家。1805生。

スーラ, ジョルジュ-ピエール 1891没(31歳)。フランスの画家。1859生。

ボーマン, サー・ウィリアム 1892没(75歳)。イギリスの解剖学者, 生理学者, 眼科医。1816生。

大島高任 おおしまたかとう 1901没(76歳)。江戸・明治時代の鋳造家, 冶金学者。工部省出仕。1826生。

小杉榲邨 こすぎすぎむら 1910没(77歳)。明治時代の歌人, 国文学者, 文学博士。東京美術学校教授, 国語伝習所長。1834生。

海上胤平 うながみたねひら 1916没(88歳)。明治・大正時代の官吏, 歌人。1829生。

外山亀太郎 とやまかめたろう 1918没(52歳)。明治・大正時代の遺伝学者。東京帝国大学教授。1867生。

粛親王善耆 しゅくしんおうぜんき 1922没(56歳)。中国, 清末の貴族, 政治家。1866生。

鈴木三郎助(2代目) すずきさぶろうすけ 1931没(64歳)。明治～昭和時代の実業家。昭和肥料社長, 味の素創始者。1868生。

シマノフスキ, カロル 1937没(54歳)。ポーランドの作曲家。1882生。

立原道造 たちはらみちぞう 1939没(26歳)。昭和時代の詩人。1914生。

マチャード・イ・モラーレス 1939没(67歳)。キューバの軍人, 第5代大統領(1924～33)。1871生。

小寺融吉 こでらゆうきち 1945没(51歳)。大正・昭和時代の民俗芸能研究者, 舞踊研究者。1895生。

クラバム 1946没(72歳)。イギリスの経済史家。1873生。

稲畑勝太郎 いなはたかつたろう 1949没(88歳)。明治～昭和時代の実業家。大阪商業会議所会頭。1862生。

ケアリー, ジョイス 1957没(68歳)。イギリスの小説家。1888生。

武田祐吉 たけだゆうきち 1958没(71歳)。大正・昭和時代の国文学者。国学院大学教授。1886生。

ボルドー, アンリ 1963没(93歳)。フランスの小説家。1870生。

ヴォリンガー, ヴィルヘルム 1965没(84歳)。ドイツの美術史家。1881生。

クレショフ, レフ 1970没(71歳)。ソ連の映画監督。1899生。

ストロング 1970没(84歳)。アメリカの女流ジャーナリスト。1885生。

ランク, ジョゼフ・アーサー・ランク, 男爵 1972没(83歳)。イギリスの映画企業家, 制作者。1888生。

足立正 あだちただし 1973没(90歳)。大正・昭和時代の実業家。王子製紙社長, ラジオ東京社長。1883生。

木下孝則 きのしたたかのり 1973没(79歳)。大正・昭和時代の洋画家。1894生。

村上一郎 むらかみいちろう 1975没(54歳)。昭和時代の文芸評論家。1920生。

サルマン, ジャン 1976没(79歳)。フランスの劇作家, 小説家。1897生。

マントヴァーニ, アヌンチョ 1980没(74歳)。イタリア生れのイギリスのポピュラー音楽指揮者。1905生。

ウィリアムズ, エリック 1981没(69歳)。トリニダード・トバゴの社会学者, 政治家。1911生。

オルフ, カール 1982没(86歳)。ドイツの作曲家, 指揮者, 音楽教育家。1895生。

笹沢美明 ささざわよしあき 1984没(86歳)。大正・昭和時代の詩人, ドイツ文学者。明治大学教授, 工学院大学教授。1898生。

川又克二 かわまたかつじ 1986没(81歳)。昭和時代の実業家, 財界人。日産自動車社長, 経団連副会長。1905生。

成毛滋 なるもしげる 2007没(60歳)。昭和・平成時代のミュージシャン。1947生。

3月29日

3月30日

○記念日○ マフィアの日
○出来事○ アメリカがアラスカを買収(1867)
国立競技場落成(1958)
ルワンダ内戦終結(1991)

巨勢奈弖麻呂 こせのなでまろ 753没(88歳)。飛鳥時代・奈良時代の官人。666生。

菅原岑嗣 すがわらのみねつぐ 870没(78歳)。平安時代前期の医師。793生。

仁宗(宋) じんそう 1063没(52歳)。中国、北宋の第4代皇帝(在位1022～63)。1010生。

ジョアッキーノ・ダ・フィオーレ 1202没(72?歳)。イタリアの神学者。1130頃生。

八条院三位局 はちじょういんのさんみのつぼね 1218没。鎌倉時代前期の女房。

小山朝政 おやまともまさ 1238没(84歳)。平安時代後期・鎌倉時代前期の武将。1155生。

ギヨーム・ドーヴェルニュ 1249没(69?歳)。フランスの哲学者、神学者。1180頃生。

リチャード 1302没(53?歳)。イギリスの神学者, 哲学者。1249頃生。

土御門定実 つちみかどさだざね 1306没(66歳)。鎌倉時代後期の公卿。1241生。

法位 ほうい 1357没。南北朝時代の浄土宗の僧。

ムティアーヌス・ルーフス, コンラードゥス 1526没(55?歳)。ドイツの人文学者。1470頃生。

バーダー, アウグスティーン 1530没。ドイツの再洗礼派の指導者。

ラング, マテーウス 1540没(72歳)。ドイツの聖職者, 法学者, 政治家。1468生。

フェラー, ロバート 1555没(55歳)。ウェールズのセント・デイヴィズ主教。1500生。

リーゼ 1559没(67?歳)。ドイツの算術家。1492頃生。

ブルザソルチ, ドメーニコ 1567没(51歳)。イタリアの画家。1516生。

真喜姫 まきひめ 1571没。戦国時代の女性。三河国田原城主戸田康光の娘。

柳原資定 やなぎはらすけさだ 1578没(84歳)。戦国時代・安土桃山時代の公卿。1495生。

サドラー 1587没(80歳)。イギリスの外交官。1507生。

ヴォーバン, セバスティアン・ル・プレトル・ド 1707没(73歳)。フランスの武将, 戦術家, 築城家。1633生。

ケーグラー, イグナーツェ 1746没(65歳)。ドイツのイエズス会司祭。1680生。

ロカテッリ, アンドレーア 1764没(68歳)。イタリアのヴァイオリン奏者, 作曲家。1695生。

カロリーネ(ヘッセン・ダルムシュタットの) 1774没(53歳)。方伯ルードヴィヒ9世の妃。1721生。

ハンター, ウィリアム 1783没(64歳)。スコットランドの医者。1718生。

大槻玄沢 おおつきげんたく 1827没(71歳)。江戸時代後期の陸奥一関藩士, 陸奥仙台藩士, 蘭学者。1757生。

ヴィジェ-ルブラン, エリザベト 1842没(86歳)。フランスの女流画家。1755生。

プレイエル, マリ 1875没(63歳)。オーストリア出身のフランスの女性ピアニスト, 教師, 作曲家。1811生。

クーチュール, トマ 1879没(63歳)。フランスの歴史, 風俗画家。1815生。

戸田忠至 とだただゆき 1883没(75歳)。江戸・明治時代の下野高徳藩主。1809生。

伊藤六郎兵衛 いとうろくろべえ 1894没(66歳)。江戸・明治時代の宗教家。1829生。

メルケル 1896没(60歳)。ドイツの刑法学者。1836生。

篭手田安定 こてだやすさだ 1899没(60歳)。明治時代の官吏。男爵, 貴族院議員。1840生。

笑福亭松鶴(3代目) しょうふくていしょかく 1909没(65歳)。明治時代の落語家。1845生。

モレアス, ジャン 1910没(53歳)。フランスの詩人。1856生。

藤田伝三郎 ふじたでんざぶろう 1912没(72歳)。江戸・明治時代の実業家。男爵。1841生。

マイ, カール 1912没(70歳)。ドイツの小説家。1842生。

羽田恭輔 はだきょうすけ 1914没(74歳)。江戸・明治時代の志士。1841生。

ポインティング, ジョン・ヘンリー 1914没(61歳)。イギリスの物理学者。1852生。

中牟田倉之助 なかむたくらのすけ 1916没(80歳)。明治時代の海軍軍人, 子爵。横須賀造船所所長。1837生。

福原有信 ふくはらありのぶ 1924没(77歳)。明治・大正時代の実業家。日本薬剤師連合会委員長。1848生。

シュタイナー, ルードルフ 1925没(64歳)。ドイツの哲学者。1861生。

スペルビア, コンチータ 1936没(40歳)。スペインのメゾ・ソプラノ歌手。1895生。

古河虎之助 ふるかわとらのすけ 1940没(54歳)。大正・昭和時代の実業家。古河鉱業・古河商事社長。1887生。

ボイズ, サー・チャールズ・ヴァーノン 1944没(89歳)。 イギリスの実験物理学者。1855生。

小室翠雲 こむろすいうん 1945没(72歳)。明治～昭和時代の日本画家。1874生。

金子薫園 かねこくんえん 1951没(74歳)。明治～昭和時代の歌人。1876生。

醇親王載灃 じゅんしんおうさいほう 1951没(68歳)。中国, 清末の宗室。1883生。

ロンドン, フリッツ 1954没(54歳)。アメリカ(ドイツ生れ)の理論物理学者。1900生。

西山翠嶂 にしやますいしょう 1958没(78歳)。明治～昭和時代の日本画家。1879生。

原邦造 はらくにぞう 1958没(74歳)。大正・昭和時代の実業家。愛国生命社長, 室町物産(現・三井物産)会長。1883生。

ヘンチ, フィリップ・ショワルター 1965没(69歳)。アメリカの医師。1896生。

ピスカートア, エルヴィン 1966没(72歳)。ドイツの演出家。1893生。

加藤完治 かとうかんじ 1967没(83歳)。大正・昭和時代の教育家, 農本主義者。日本国民高等学校校長。1884生。

ブリューニング, ハインリヒ 1970没(84歳)。ドイツの政治家, 政治学者。1885生。

武井大助 たけいだいすけ 1972没(84歳)。昭和時代の海軍軍人, 実業家。主計中将。1887生。

橘孝三郎 たちばなこうざぶろう 1974没(81歳)。昭和時代の国家主義者, 農本主義者。1893生。

小林正 こばやしただし 1975没(63歳)。昭和時代のフランス文学者, 比較文学者。東京大学教授, 成城大学教授。1911生。

トン・ドゥック・タン 1980没(91歳)。ベトナム民主共和国の政治家。1888生。

ホルテル 1980没(72歳)。オランダの物理学者。1907生。

杉本キクイ すぎもときくい 1983没(85歳)。大正・昭和時代の瞽女唄伝承者。1898生。

服部智恵子 はっとりちえこ 1984没(75歳)。昭和時代の舞踊家。服部島田バレエ団主宰, 日本バレエ協会会長。1908生。

大島鎌吉 おおしまけんきち 1985没(76歳)。昭和時代の三段跳び選手, 体育学者。大阪体育大学教授, 日本オリンピック委員会常任理事。1908生。

笠置シヅ子 かさぎしづこ 1985没(70歳)。昭和時代の歌手, 女優。1914生。

野上弥生子 のがみやえこ 1985没(99歳)。明治～昭和時代の小説家。1885生。

キャグニー, ジェイムズ 1986没(86歳)。アメリカの俳優。1899生。

マルシャン, アンドレ 1987没(80歳)。フランスの画家。1907生。

田谷力三 たやりきぞう 1988没(89歳)。大正・昭和時代の声楽家。1899生。

フォール, エドガール 1988没(79歳)。フランスの政治家, 弁護士。1908生。

黒沢清 くろさわきよし 1990没(87歳)。昭和時代の会計学者。横浜国立大学教授, 独協大学教授。1902生。

田中竜夫 たなかたつお 1998没(87歳)。昭和・平成時代の政治家。山口県知事。1910生。

梅沢純夫 うめざわすみお 2000没(90歳)。昭和・平成時代の有機化学者。慶應義塾大学教授, 日本化学会会長。1909生。

キルヒシュレーガー 2000没(85歳)。オーストリアの政治家。1915生。

クリーリー, ロバート 2005没(78歳)。アメリカの詩人。1926生。

3月30日

3月31日

○記念日○ 教育基本法・学校教育法公布記念日
○出来事○ 日本の人口が1億人越え（1966）
よど号ハイジャック（1970）

- アッティクス，ティトゥス・ポンポニウス　前32没（77歳）。ローマの著述家。前109生。
- イヴァン1世　1340没（39歳）。モスクワ大公（在位1325～41）。1301生。
- フランソア1世　1547没（52歳）。フランス王（在位1515～47）。1494生。
- フィリップ1世　1567没（62歳）。ヘッセン方伯。1504生。
- フェリペ3世　1621没（42歳）。スペイン王（在位1598～1621）。1578生。
- ダン，ジョン　1631没（59歳）。イギリスの詩人，聖職者。1572生。
- ストロッツィ，ジューリオ　1652没（69歳）。イタリアの詩人，作家，台本作家。1583生。
- ブルマン　1741没（72歳）。オランダの古典語学者。1668生。
- カンテミール，アンチオフ・ドミトリエヴィチ　1744没（35歳）。ロシアの詩人，外交官。1708生。
- ダービー2世　1763没（52歳）。イギリスの製鉄業者。1711生。
- マカートニー　1806没（68歳）。イギリスの外交家，政治家。1737生。
- アズベリー，フランシス　1816没（70歳）。アメリカでのメソジスト監督教会の最初の監督。1745生。
- グリーン，ジョージ　1841没（47歳）。イギリスの数学者。1793生。
- カルフーン，ジョン・C　1850没（68歳）。アメリカの政治家。1782生。
- ジュスティ，ジュゼッペ　1850没（40歳）。イタリアの詩人。1809生。
- ブロンテ，シャーロット　1855没（38歳）。イギリスの女流小説家。1816生。
- クールノー　1877没（75歳）。フランスの数学者，経済学者，哲学者。1801生。
- ギュイヨー，ジャン-マリ　1888没（33歳）。フランスの道徳宗教哲学者，詩人。1854生。
- 高場乱　たかばおさむ　1891没（60歳）。江戸・明治時代の医師，教育家。眼科。1832生。
- スミス，ウィリアム・ロバートスン　1894没（47歳）。スコットランドの自由教会派牧師。1846生。
- 岩倉具定　いわくらともさだ　1910没（59歳）。明治時代の政治家。公爵，宮内大臣。1852生。
- モーガン，J.P.　1913没（75歳）。アメリカの大金融資本家。1837生。
- モルゲンシュテルン，クリスティアン　1914没（42歳）。ドイツの詩人。1871生。
- 竹添進一郎　たけぞえしんいちろう　1917没（76歳）。明治時代の漢学者，外交官。東京帝国大学教授。1842生。
- ベーリング，エミール・アドルフ・フォン　1917没（63歳）。ドイツの細菌学者。1854生。
- 康有為　こうゆうい　1927没（69歳）。中国の思想家，政治家，書家。1858生。
- ロッソ，メダルド　1928没（69歳）。イタリアの彫刻家。1858生。
- クロース，ウィレム　1938没（78歳）。オランダの詩人，評論家。1859生。
- ミリューコフ　1943没（84歳）。ロシアの歴史家，政治家。1859生。
- フィッシャー，ハンス　1945没（63歳）。ドイツの有機化学者。1881生。
- フランク，アンネ　1945没（15歳）。ナチに捕われて収容所で死亡したユダヤ人少女。1929生。
- 武田麟太郎　たけだりんたろう　1946没（43歳）。昭和時代の小説家。1904生。
- レーデブーア　1947没（97歳）。ドイツの政治家。1850生。
- キッシュ，エーゴン・エルヴィン　1948没（62歳）。チェコ出身のジャーナリスト，作家。1885生。
- ベルギウス，フリードリヒ　1949没（64歳）。ドイツの化学者。1884生。
- 河野通勢　こうのつうせい　1950没（54歳）。大正・昭和時代の洋画家。1895生。
- ブルム，レオン　1950没（77歳）。フランスの政治家。1872生。

野長瀬晩花　のながせばんか　1964没(74歳)。大正・昭和時代の日本画家。1889生。

木下茂　きのしたしげる　1966没(80歳)。大正・昭和時代の実業家。山一証券社長、日本証券金融会長。1885生。

伊藤熹朔　いとうきさく　1967没(67歳)。大正・昭和時代の舞台美術家。1899生。

マリノフスキー，ロジオン・ヤコヴレヴィチ　1967没(68歳)。ソ連の軍人。1898生。

杵屋佐之助　きねやさのすけ　1968没(70歳)。大正・昭和時代の長唄三味線方。長唄協会副理事長。1898生。

ナイ，エリー　1968没(85歳)。ドイツのピアニスト。1882生。

野依秀市　のよりひでいち　1968没(82歳)。明治〜昭和時代のジャーナリスト，政治家。衆議院議員(自民党)，帝都日日新聞社長。1885生。

鈴木乃婦　すずきのぶ　1970没(84歳)。明治〜昭和時代のアルト歌手。自由学園・東京家政学院短期大学教授。1885生。

チモシェンコ，セミョーン・コンスタンチノヴィチ　1970没(75歳)。ソ連の陸軍軍人。1895生。

足立源一郎　あだちげんいちろう　1973没(83歳)。大正・昭和時代の洋画家。1889生。

トーマス，クルト　1973没(68歳)。ドイツの指揮者，作曲家。1904生。

パヴェル，オタ　1973没(42歳)。チェコのユダヤ系作家。1930生。

吉川兼光　よしかわかねみつ　1973没(70歳)。昭和時代の政治家。衆院議員，日本農民組合連合会委員長。1902生。

深尾須磨子　ふかおすまこ　1974没(85歳)。明治〜昭和時代の詩人。1888生。

ホワイト，レズリー・A　1975没(75歳)。アメリカの文化人類学者。1900生。

矢野鉄山　やのてつざん　1975没(81歳)。大正・昭和時代の日本画家。全日本水墨画協会設立者。1894生。

ベスト，チャールズ・ハーバート　1978没(79歳)。カナダの生理学者。1899生。

オーウェンズ，ジェシー　1980没(66歳)。アメリカの黒人陸上競技選手。1913生。

ホラン，ヴラジミール　1980没(74歳)。チェコの代表的詩人，翻訳家。1905生。

尾崎一雄　おざきかずお　1983没(83歳)。昭和時代の小説家。1899生。

片岡千恵蔵　かたおかちえぞう　1983没(79歳)。昭和時代の映画俳優。1904生。

ステッド，クリスティナ　1983没(80歳)。オーストラリアの女性小説家。1902生。

ラーナー，カール　1984没(80歳)。西ドイツのカトリック神学者。1904生。

大森啓助　おおもりけいすけ　1987没(89歳)。大正・昭和時代の洋画家。1898生。

菅原克己　すがわらかつみ　1988没(77歳)。昭和時代の詩人。1911生。

マクマホン，サー・ウィリアム　1988没(79歳)。オーストラリアの政治家。1909生。

緒方富雄　おがたとみお　1989没(87歳)。昭和時代の医学者。(財)緒方医学化学研究所所長・理事長，東京大学教授。1901生。

帯刀貞代　たてわきさだよ　1990没(85歳)。昭和時代の婦人運動家，女性史研究家。1904生。

生野幸吉　しょうのこうきち　1991没(66歳)。昭和時代の詩人，ドイツ文学者。千葉大学教授，東京大学教授。1924生。

百目鬼恭三郎　どうめききょうさぶろう　1991没(65歳)。昭和・平成時代の文芸評論家。共立女子短期大学教授，朝日新聞社編集委員。1926生。

サバレータ，ニカノル　1993没(86歳)。スペインのハープ奏者。1907生。

久保亮五　くぼりょうご　1995没(75歳)。昭和・平成時代の物理学者。東京大学教授，仁科記念財団理事長。1920生。

天中軒雲月(4代目)　てんちゅうけんうんげつ　1995没(83歳)。昭和・平成時代の浪曲師。日本浪曲協会会長。1916生。

高安久雄　たかやすひさお　1996没(79歳)。昭和・平成時代の泌尿器科学者。東京大学教授，山梨医科大学学長。1916生。

スピッツァー，ライマン，ジュニア　1997没(82歳)。アメリカの天文学者，物理学者。1914生。

小野寺百合子　おのでらゆりこ　1998没(91歳)。昭和・平成時代の翻訳家，評論家。1906生。

シャル，クリフォード・グレンウッド　2001没(85歳)。アメリカの物理学者。1915生。

中村歌右衛門(6代目)　なかむらうたえもん　2001没(84歳)。昭和・平成時代の歌舞伎役者。1917生。

3月31日

4月
April
卯月

◎忌　日◎

虚子忌(4.8) ／ 啄木忌(4.13)

康成忌(4.16) ／ 木蓮忌(4.20)

4月1日

○記念日○　エイプリルフール
　　　　　　トレーニングの日
　　　　　　児童福祉法記念日
○出来事○　国鉄分割、JR発足（1987）
　　　　　　消費税スタート（1989）

アガペー（テッサロニーキの）　304没。ディオクレティアーヌス帝下の大迫害のテッサリアにおける殉教者。

阿倍御主人　あべのみうし　703（閏4月）没（69歳）。飛鳥時代の公卿。635生。

班子女王　はんしじょおう　900没（68歳）。平安時代前期の女性。光孝天皇の妃。833生。

李存勗　りそんきょく　926没（40歳）。中国、五代後唐の初代皇帝（在位923〜926）。885生。

朝晴　ちょうせい　1021没（64歳）。平安時代中期の三論宗の僧。958生。

勝覚　しょうかく　1129没（72歳）。平安時代後期の真言宗の僧。1058生。

フーゴ（グルノーブルの）　1132没（80?歳）。フランスのグルノーブル司教、聖人。1052頃生。

エレオノール（アキテーヌの、ギュイエンヌの）　1204没（82歳）。フランス王妃、のちにイングランド王妃。1122生。

一条実雅　いちじょうさねまさ　1228没（33歳）。鎌倉時代前期の公卿。1196生。

北条経時　ほうじょうつねとき　1246（閏4月）没（23歳）。鎌倉幕府第4代の執権。1224生。

藤原宗平　ふじわらのむねひら　1271没（75歳）。鎌倉時代前期の公卿。1197生。

アバーカー　1282没（48歳）。イル汗朝第2代の王（在位1265〜81）。1234生。

中原章房　なかはらあきふさ　1330没。鎌倉時代後期の明法家。

陳汝秩　ちんじょちつ　1385没（55歳）。中国、元末明初の文人、画家。1329生。

日伝　にちでん　1409没（68歳）。南北朝時代・室町時代の日蓮宗の僧。1342生。

梅巌義東　ばいがんぎとう　1423没（64歳）。南北朝時代・室町時代の曹洞宗の僧。1360生。

華蔵義曇　けぞうぎどん　1455没（81歳）。南北朝時代・室町時代の曹洞宗の僧。1375生。

月輪家輔　つきのわいえすけ　1455没。室町時代の公卿。

ホウルズ, アンドルー　1470没（70?歳）。イングランドの司祭、教会法学者、教皇侍従。1400頃生。

ロッチ, ジャウメ　1478没（78?歳）。スペイン、カタルーニャの作家。1400頃生。

広橋守光　ひろはしもりみつ　1526没（56歳）。戦国時代の公卿。1471生。

ジグムント1世　1548没（81歳）。ポーランド国王（在位1506〜48）。1467生。

朝山芳瞵　ちょうざんほうとん　1558没（84歳）。戦国時代の曹洞宗の僧。1475生。

冷泉為純　れいぜいためずみ　1578没（48歳）。戦国時代・安土桃山時代の公卿。1531生。

ムダラ, アロンソ　1580没（70?歳）。スペインの作曲家、ビウエラ奏者。1510頃生。

アルフェ, フアン　1603没（68歳）。スペインの鋳金家。1535生。

茶屋四郎次郎（2代目）　ちゃやしろうじろう　1603没（20歳）。安土桃山時代の京都町方頭役。1584生。

大関資増　おおぜきすけます　1607没（32歳）。安土桃山時代・江戸時代前期の武将、大名。1576生。

天愚孔平　てんぐこうへい　1817没（101歳）。江戸時代中期・後期の漢学者。1717生。

岩井半四郎（7代目）　いわいはんしろう　1845没（42歳）。江戸時代後期の歌舞伎役者。1804生。

佐々木中沢　ささきちゅうたく　1846没（57歳）。江戸時代後期の蘭方医。1790生。

シュタイナー, ヤーコプ　1863没（67歳）。スイスの数学者。1796生。

モリス, ジョン・フレドリク・デニスン　1872没（66歳）。イギリスの神学者。1805生。

モール, フーゴー・フォン　1872没（66歳）。ドイツの植物学者。1805生。

大原重徳　おおはらしげとみ　1879没（79歳）。江戸・明治時代の公家。従三位右近権中納言、刑法官知事。1801生。

ホフマン　1894没（56歳）。ドイツの海軍軍医。1837生。

豊沢団平(2代目)　とよざわだんぺい　1898没（71?歳）。江戸・明治時代の義太夫節三味線方。1828頃生。

ラウール, フランソワ・マリー　1901没（70歳）。フランスの化学者。1830生。

ベートリンク　1904没（88歳）。ドイツのサンスクリット学者。1815生。

ヴルーベリ, ミハイル・アレクサンドロヴィチ　1910没（54歳）。ソ連の画家。1856生。

上原六四郎　うえはらろくしろう　1913没（66歳）。明治時代の音楽理論家。1848生。

カルル1世　1922没（34歳）。オーストリア最後の皇帝（在位1916〜18）。1887生。

八代国治　やしろくにじ　1924没（52歳）。明治・大正時代の歴史学者。国学院大学教授, 東京帝国大学史料編纂官。1873生。

小酒井不木　こざかいふぼく　1929没（40歳）。大正・昭和時代の探偵小説家, 医師。東北帝国大学教授。1890生。

ヴァーグナー, コジマ　1930没（92歳）。ウィルヘルム・ヴァーグナーの妻。1837生。

フローレンツ　1939没（74歳）。ドイツの日本学者。1865生。

マカーレンコ, アントン・セミョーノヴィチ　1939没（51歳）。ソ連の教育家, 文学者。1888生。

ホブソン　1940没（81歳）。イギリスの改良主義的の経済学者。1858生。

白鳥庫吉　しらとりくらきち　1942没（78歳）。明治〜昭和時代の東洋史学者。学習院大学・東京帝国大学教授。1865生。

古賀峯一　こがみねいち　1944没（60歳）。大正・昭和時代の海軍軍人。1885生。

足立文太郎　あだちぶんたろう　1945没（81歳）。明治〜昭和時代の解剖学者, 人類学者。京都帝国大学教授。1865生。

小川郷太郎　おがわごうたろう　1945没（70歳）。大正・昭和時代の財政学者, 政治家。第二次近衛内閣鉄道相。1876生。

三谷民子　みたにたみこ　1945没（73歳）。明治〜昭和時代のキリスト教女子教育家。女子学院校長。1873生。

式守蝸牛(7代目)　しきもりかぎゅう　1946没（72歳）。明治〜昭和時代の茶道家。1875生。

ゲオルギオス2世　1947没（56歳）。ギリシア国王（在位1922〜23）。1890生。

三土忠造　みつちちゅうぞう　1948没（78歳）。明治〜昭和時代の政治家。衆院議員, 内相。1871生。

ラロ　1953没（76歳）。フランスの美学者。1877生。

マコーミック　1955没（74歳）。アメリカのジャーナリスト。1880生。

ヴァン・ベイヌム, エドゥアルト　1959没（58歳）。オランダの指揮者。1900生。

カスナー, ルードルフ　1959没（85歳）。オーストリアの思想家, 評論家。1873生。

ゲルドロード, ミシェル・ド　1962没（63歳）。ベルギーの劇作家, 小説家。1898生。

西東三鬼　さいとうさんき　1962没（61歳）。昭和時代の俳人, 医師。歯科, 大阪女子医大附属病院歯科部長。1900生。

ディモフ, ディミタル　1966没（56歳）。ブルガリアの小説家。1909生。

ランダウ, レフ・ダヴィドヴィチ　1968没（60歳）。ソ連の理論物理学者。1908生。

横山操　よこやまみさお　1973没（53歳）。昭和時代の日本画家。多摩美術大学教授。1920生。

大谷紝子　おおたにきぬこ　1974没（80歳）。大正・昭和時代の教育者。浄土真宗本願寺派大裏方, 西本願寺仏教婦人総連盟総裁。1893生。

エルンスト, マックス　1976没（84歳）。フランスの画家。1891生。

五味康祐　ごみやすすけ　1980没（58歳）。昭和時代の小説家。1921生。

林竹二　はやしたけじ　1985没（78歳）。昭和時代の教育哲学者。東北大学教授, 宮城教育大学学長。1906生。

ねずまさし　1986没（77歳）。昭和時代の歴史学者。1908生。

鶴田知也　つるたともや　1988没（86歳）。昭和時代の小説家。「農業・農民」編集長。1902生。

グレアム, マーサ　1991没（96歳）。アメリカの舞踊家。1894生。

坂東三津五郎(9代目)　ばんどうみつごろう　1999没（69歳）。昭和・平成時代の歌舞伎役者。1929生。

チャン, レスリー　2003没（46歳）。香港出身の映画俳優・歌手。1956生。

4月1日

4月2日

○記念日○ 歯列矯正の日
　　　　　週刊誌の日
○出来事○ フォークランド紛争（1982）

中臣勝海　なかとみのかつみ　587没。飛鳥時代の官人。

エウスタシウス　629没。フランスの修道院長。

紀船守　きのふなもり　792没（62歳）。奈良時代の官人。731生。

葛井親王　かどいしんのう　850没（53歳）。平安時代前期の皇族，官人。798生。

氏子内親王　うじこないしんのう　885没。平安時代前期の女性。淳和天皇の第1皇女。

綏子内親王　すいしないしんのう　925没。平安時代前期・中期の女性。光孝天皇第3皇女。

寛忠　かんちゅう　977没（72歳）。平安時代中期の真言宗の僧。906生。

長宴　ちょうえん　1081没（66歳）。平安時代中期・後期の天台宗の僧。1016生。

藤原実兼　ふじわらのさねかね　1112没（28歳）。平安時代後期の学者，文章生。1085生。

藤原為房　ふじわらのためふさ　1115没（67歳）。平安時代中期・後期の公卿。1049生。

ボードゥアン1世　1118没（60歳）。エルサレム王（在位1100～18）。1058生。

叡空　えいくう　1179没。平安時代後期の天台宗の学僧。

殷富門院　いんぷもんいん　1216没（70歳）。平安時代後期・鎌倉時代前期の女性。後白河天皇の第1皇女。1147生。

源雅清　みなもとのまさきよ　1230没（49歳）。鎌倉時代前期の公卿。1182生。

イレートミシュ　1236没。インド，奴隷王朝第3代王（在位1210～36）。

尊快入道親王　そんかいにゅうどうしんのう　1246没（43歳）。後高倉天皇の第7皇子。1204生。

スラミー　1262没（81?歳）。シリアのイスラム神学者，法学者。1181頃生。

リチャード　1272没（63歳）。イングランド国王ジョンの第2子。1209生。

作阿　さくあ　1294没。鎌倉時代後期の時宗の僧。

規庵祖円　きあんそえん　1313没（53歳）。鎌倉時代後期の臨済宗仏光派の僧。1261生。

アウグスティーヌス・トリウムフス（アンコーナの）　1328没（87?歳）。イタリアのアウグスティヌス会修道士，神学者。1241頃生。

徽安門院　きあんもんいん　1358没（41歳）。鎌倉時代後期・南北朝時代の女性。光厳天皇の妃。1318生。

ゴンサレス-デ-クラビホ，ルイ　1412没。スペインの外交官，旅行家。

フェルナンド1世　1416没（36歳）。アラゴン王（在位1412～16）。1380生。

山科行有　やましなゆきあり　1430没。室町時代の公卿。

ライムンド・サブンデ　1436没。スペインの哲学者，医者。

一条兼良　いちじょうかねよし　1481没（80歳）。室町時代・戦国時代の歌学者・公卿。1402生。

アーサー王子　1502没（15歳）。ヘンリー7世の長子。1486生。

聖フランチェスコ（パオラの）　1507没（91?歳）。イタリアのフランシスコ会士，聖人。1416頃生。

提室智闡　ていしつちせん　1536没（76歳）。戦国時代の曹洞宗の僧。1461生。

フレーミング，パウル　1640没（30歳）。ドイツの抒情詩人。1609生。

オリエ，ジャン-ジャーク　1657没（48歳）。フランスのカトリック神学者。1608生。

フェルディナント3世　1657没（48歳）。ドイツ皇帝（在位1637～57）。1608生。

山田宗偏　やまだそうへん　1708没（82歳）。江戸時代前期・中期の茶匠。1627生。

ゲイジ，トマス　1787没（66歳）。イギリス陸軍将軍。1721生。

ミラボー，オノレ・ガブリエル・リケティ，伯爵　1791没（42歳）。フランス革命期における立憲王政派の政治家。1749生。

伊東藍田　いとうらんでん　1809没(76歳)。江戸時代中期・後期の儒者。1734生。

ユング‐シュティリング，ヨハン・ハインリヒ　1817没(76歳)。ドイツの作家。1740生。

コブデン，リチャード　1865没(60歳)。イギリスの政治家。1804生。

モールス，サミュエル　1872没(80歳)。アメリカの画家，発明家。1791生。

ブラウン‐セカール，シャルル‐エドゥアール　1894没(76歳)。イギリスの生理学者。1817生。

ハイゼ，パウル　1914没(84歳)。ドイツの小説家，劇作家，詩人，翻訳家。1830生。

渡辺省亭　わたなべしょうてい　1918没(67歳)。明治・大正時代の日本画家。1852生。

ロールシャッハ，ヘルマン　1922没(37歳)。スイスの精神医学者。1884生。

小河滋次郎　おがわしげじろう　1925没(62歳)。明治・大正時代の監獄学者，社会事業家。東京帝国大学法化監獄学授業嘱託。1864生。

河瀬秀治　かわせひではる　1928没(89歳)。明治時代の官吏，実業家。武蔵知事，横浜同神社長。1840生。

リチャーズ，セオドア・ウィリアム　1928没(60歳)。アメリカの化学者。1868生。

松井千枝子　まついちえこ　1929没(31歳)。大正・昭和時代の女優。1899生。

十一谷義三郎　じゅういちやぎさぶろう　1937没(41歳)。大正・昭和時代の小説家。1897生。

バチェラー，ジョン　1944没(90歳)。イギリスの宣教師，アイヌ研究家。1854生。

大島伯鶴(2代目)　おおしまはっかく　1946没(70歳)。明治〜昭和時代の講談師。1877生。

加藤咄堂　かとうとつどう　1949没(80歳)。明治〜昭和時代の仏教学者，布教者。1870生。

モミリアーノ，アッティーリオ　1952没(69歳)。イタリアの文芸評論家。1883生。

モルナール，フェレンツ　1952没(74歳)。ハンガリーの劇作家，小説家。1878生。

リオ，ベルナール・フェルディナン　1952没(55歳)。フランスの天文学者。1897生。

高村光太郎　たかむらこうたろう　1956没(73歳)。明治〜昭和時代の彫刻家，詩人。1883生。

譚平山　たんぺいざん　1956没(69歳)。中国の政治家。1887生。

戸田城聖　とだじょうせい　1958没(58歳)。昭和時代の宗教家。創価学会第2代会長。1900生。

喜舎場永珣　きしゃばえいじゅん　1972没(86歳)。明治〜昭和時代の郷土史家，民俗学者。1885生。

福田須磨子　ふくだすまこ　1974没(52歳)。昭和時代の詩人。1922生。

ポンピドゥー，ジョルジュ　1974没(62歳)。フランスの政治家。1911生。

董必武　とうひつぶ　1975没(89歳)。中国の政治家。1886生。

池田亀三郎　いけだかめさぶろう　1977没(92歳)。昭和時代の事業家。三菱油化社長，三菱化成社長。1884生。

野宮初枝　ののみやはつえ　1978没(80歳)。昭和時代の平和運動家。婦人国際平和自由連盟日本支部会長。1898生。

高垣眸　たかがきひとみ　1983没(85歳)。大正・昭和時代の児童文学作家，小説家。1898生。

園田直　そのだすなお　1984没(70歳)。昭和時代の政治家。衆議院議員(自民党)，衆議院副議長。1913生。

高倉輝　たかくらてる　1986没(94歳)。大正・昭和時代の社会運動家，小説家。1891生。

セルゲーエフ　1992没(82歳)。ソ連の舞踊家，振付師。1910生。

若山富三郎　わかやまとみさぶろう　1992没(62歳)。昭和・平成時代の俳優。1929生。

西山夘三　にしやまうぞう　1994没(83歳)。昭和・平成時代の建築学者。京都大学教授，日本建築学会副会長。1911生。

アルフヴェン，ハンス・ウーラフ・イェースタ　1995没(86歳)。スウェーデンの物理学者。1908生。

小堀杏奴　こぼりあんぬ　1998没(88歳)。昭和時代の随筆家，小説家。1909生。

暉峻康隆　てるおかやすたか　2001没(93歳)。昭和・平成時代の国文学者，随筆家。早稲田大学教授。1908生。

ピアース，ジョン・ロビンソン　2002没(92歳)。アメリカの電気技師。1910生。

ヨハネ・パウロ2世　2005没(84歳)。ローマ法王。1920生。

4月2日

4月3日

○記念日○　いんげん豆の日
　　　　　シーサーの日
○出来事○　聖徳太子「憲法十七条」を制定（604）
　　　　　『仮面ライダー』放映開始（1971）

安慧　あんえ　868没（75歳）。平安時代前期の僧。794生。
藤原懐子　ふじわらのかいし　975没（31歳）。平安時代中期の女性。冷泉天皇の女御。945生。
源麗子　みなもとのれいし　1114没（75歳）。平安時代中期・後期の女性。右大臣源師房の娘。1040生。
良恵　りょうえ　1148没（60歳）。平安時代後期の融通念仏の行者。1089生。
小野義成　おのよしなり　1208（閏4月）没。平安時代後期・鎌倉時代前期の武士。
山科実教　やましなさねのり　1227没（78歳）。平安時代後期・鎌倉時代前期の公卿。1150生。
リチャード（チチェスターの）　1253没（56?歳）。イギリスのチチェスターの司教、聖人。1197頃生。
唯信　ゆいしん　1284没（85歳）。鎌倉時代の僧。1200生。
ホノリウス4世　1287没（77歳）。教皇（在位1285～87）。1210生。
北畠師行　きたばたけもろゆき　1296没（32歳）。鎌倉時代後期の公卿。1265生。
堀川基俊　ほりかわもととし　1319没（59歳）。鎌倉時代後期の公卿。1261生。
有元佐弘　ありもとすけひろ　1333没。鎌倉時代後期の武士。
有元佐光　ありもとすけみつ　1333没。鎌倉時代後期の武士。
有元佐吉　ありもとすけよし　1333没。鎌倉時代後期の武士。
植月重佐　うえつきしげすけ　1333没。鎌倉時代後期の土豪。
鷹取種佐　たかとりたねすけ　1333没。鎌倉時代後期の武士。
大覚　だいがく　1364没（68歳）。鎌倉時代後期・南北朝時代の日蓮宗の僧。1297生。
油小路隆家　あぶらのこうじたかいえ　1367没（30歳）。南北朝時代の公卿。1338生。

延信　えんしん　1372没（81歳）。鎌倉時代後期・南北朝時代の天台宗の僧。1292生。
寛胤法親王　かんいんほっしんのう　1376没（68歳）。鎌倉時代後期・南北朝時代の僧。1309生。
観中中諦　かんちゅうちゅうたい　1406没（65歳）。南北朝時代・室町時代の臨済宗の僧。1342生。
足利政知　あしかがまさとも　1491没（57歳）。室町時代・戦国時代の堀越公方。1435生。
春明師透　しゅんみょうしとう　1520没。戦国時代の曹洞宗の僧。
ルチェッラーイ，ジョヴァンニ　1525没（49歳）。イタリアの詩人。1475生。
永山本興　えいざんほんこう　1534没。戦国時代の曹洞宗の僧。
吉田重賢　よしだしげかた　1543没（82歳）。戦国時代の武士。1462生。
ゲバーラ，アントニオ・デ　1545没（65?歳）。スペインの神学者、作家。1480頃生。
慶光院清順　けいこういんせいじゅん　1566没。戦国時代の女性。臨済宗の尼僧、慶光院3世。
快川紹喜　かいせんじょうき　1582没。戦国時代・安土桃山時代の臨済宗の僧。
榊原忠政　さかきばらただまさ　1601没（61歳）。安土桃山時代の武将。1541生。
狩野内膳　かのうないぜん　1616没（47歳）。安土桃山時代・江戸時代前期の画家。1570生。
暹羅屋勘兵衛　しゃむろやかんべえ　1649没（84?歳）。安土桃山時代・江戸時代前期の商人。1566頃生。
薩摩外記（初代）　さつまげき　1672没（21歳）。江戸時代前期の外記節の創始者。1652生。
薩摩浄雲　さつまじょううん　1672没（80歳）。江戸時代前期の古浄瑠璃の太夫。1593生。
隠元　いんげん　1673没（82歳）。江戸時代前期の来日明僧、日本黄檗宗の開祖。1592生。
ムリーリョ，バルトロメ・エステバン　1682没（64?歳）。スペインの画家。1618生。

岩井半四郎(初代)　いわいはんしろう　1699没(48歳)。江戸時代中期の歌舞伎役者，歌舞伎座本。1652生。

住吉具慶　すみよしぐけい　1705没(75歳)。江戸時代前期・中期のやまと絵系の画家。1631生。

中山新九郎(初代)　なかやましんくろう　1775没(74歳)。江戸時代中期の歌舞伎役者。1702生。

佐野政言　さのまさこと　1784没(28歳)。江戸時代中期の旗本。1757生。

鳥居清満(初代)　とりいきよみつ　1785没(51歳)。江戸時代中期の鳥居派の浮世絵師。1735生。

新皇嘉門院　しんこうかもんいん　1823没(26歳)。江戸時代後期の女性。仁孝天皇の妃。1798生。

クラドニ，エルンスト・フロレンス・フリードリヒ　1827没(70歳)。ドイツの物理学者。1756生。

スウォヴァツキ，ユリウシュ　1849没(39歳)。ポーランドの詩人。1809生。

バルボ，チェーザレ　1853没(63歳)。イタリアの政治家，歴史家，文芸評論家。1789生。

ロス，サー・ジェイムズ・クラーク　1862没(61歳)。イギリスの海軍軍人，北極，南極探検家。1800生。

市川三左衛門　いちかわさんざえもん　1869没(54歳)。江戸・明治時代の水戸藩士。1816生。

松森胤保　まつもりたねやす　1892没(68歳)。江戸・明治時代の理学者。松山藩家老。1825生。

ブラームス，ヨハネス　1897没(63歳)。ドイツの作曲家。1833生。

沢村田之助(4代目)　さわむらたのすけ　1899没(43歳)。江戸・明治時代の歌舞伎役者，歌舞伎座主。1857生。

アウフレヒト　1907没(85歳)。ドイツのインド学者，言語学者。1822生。

高倉徳太郎　たかくらとくたろう　1934没(50歳)。大正・昭和時代の牧師，神学者。東京神学社校長。1885生。

鹿子木孟郎　かのこぎたけしろう　1941没(68歳)。明治～昭和時代の洋画家。関西美術院院長。1874生。

太刀山峰右衛門　たちやまみねえもん　1941没(65歳)。明治・大正時代の力士。1877生。

ファイト，コンラート　1943没(50歳)。ドイツの俳優。1893生。

阪井久良伎　さかいくらき　1945没(77歳)。明治～昭和時代の川柳作歌。1869生。

グロース　1946没(84歳)。ドイツの美学者，哲学者。1861生。

本間雅晴　ほんままさはる　1946没(60歳)。大正・昭和時代の陸軍軍人。1887生。

ヴァイル，クルト　1950没(50歳)。ドイツ生れのアメリカの作曲家。1900生。

エプスタン，ジャン　1953没(56歳)。フランスの映画理論家，監督。1897生。

カロル2世　1953没(59歳)。ルーマニア王(在位1930～40)。1893生。

三井甲之　みついこうし　1953没(69歳)。明治～昭和時代の歌人，国家主義者。1883生。

ホーファー，カール　1955没(76歳)。ドイツの画家。1878生。

小林古径　こばやしこけい　1957没(74歳)。明治～昭和時代の日本画家。東京芸術大学教授。1883生。

棚橋源太郎　たなはしげんたろう　1961没(91歳)。明治～昭和時代の理科教育者，博物館研究者。東京国立博物館長。1869生。

市川寿海(3代目)　いちかわじゅかい　1971没(84歳)。明治～昭和時代の歌舞伎役者。1886生。

クイーン，エラリー　1971没(66歳)。アメリカの推理小説家。1905生。

グローフェ，ファーデ　1972没(80歳)。アメリカの作曲家。1892生。

平野謙　ひらのけん　1978没(70歳)。昭和時代の文芸評論家。明治大学教授。1907生。

ピアーズ，ピーター　1986没(75歳)。イギリスのテノール歌手。1910生。

ヴォーン，サラ　1990没(66歳)。アメリカの女性ジャズ歌手。1924生。

グリーン，グレアム　1991没(86歳)。イギリスの小説家。1904生。

嶋中鵬二　しまなかほうじ　1997没(74歳)。昭和・平成時代の出版人。中央公論社社長。1923生。

佐々木たづ　ささきたづ　1998没(65歳)。昭和・平成時代の児童文学作家。1932生。

菊村到　きくむらいたる　1999没(73歳)。昭和・平成時代の小説家。1925生。

4月3日

4月4日

○記念日○　あんぱんの日
　　　　　ピアノ調律の日
　　　　　獅子の日
○出来事○　小泉八雲来日（1890）
　　　　　キャンディーズ最終公演（1978）
　　　　　『おしん』放映開始（1983）

アンブロシウス，アウレリウス　397没（58?歳）。イタリアの聖職者，教会博士。339頃生。

イシドルス　636没（76?歳）。聖人，教会博士，神学者，歴史家，ヨーロッパ最後の教父。560頃生。

飛鳥皇女　あすかのひめみこ　700没。飛鳥時代の女性。天智天皇の皇女。

紀古佐美　きのこさみ　797没（65歳）。奈良時代・平安時代前期の公卿。733生。

フォルモッス　896没（80?歳）。教皇（在位891〜896）。816頃生。

藤原時平　ふじわらのときひら　909没（39歳）。平安時代前期・中期の公卿。871生。

源順子　みなもとのじゅんし　925没（51歳）。平安時代前期・中期の女性。宇多天皇の皇女。875生。

林懐　りんかい　1025没（75歳）。平安時代中期の法相宗の僧。951生。

大中臣能隆　おおなかとみのよしたか　1234没（89歳）。平安時代後期・鎌倉時代前期の神官。1146生。

アルフォンソ10世　1284没（62歳）。レオン＝カスティリア王（在位1252〜84）。1221生。

北条時宗　ほうじょうときむね　1284没（34歳）。鎌倉幕府第8代の執権。1251生。

ニコラウス4世　1292没（64歳）。教皇（在位1288〜92）。1227生。

アグネス（モンテプルチャーノの）　1317没（49?歳）。イタリアのドミニコ会修道女，聖人。1268頃生。

日輪　にちりん　1359没（88歳）。鎌倉時代後期・南北朝時代の日蓮宗の僧。1272生。

平親顕　たいらちかあき　1378没（62歳）。南北朝時代の公卿。1317生。

義堂周信　ぎどうしゅうしん　1388没（64歳）。南北朝時代の臨済宗の僧。1325生。

土岐頼益　ときよります　1414没（64歳）。南北朝時代・室町時代の武将，美濃国守護，美濃守，左京大夫。1351生。

日寿　にちじゅ　1452没（22歳）。室町時代の日蓮宗の僧。1431生。

ボスティウス，アルノルト　1499没（54歳）。ベルギーのカルメル会の神学者，人文主義者。1445生。

九条政基　くじょうまさもと　1516没（72歳）。室町時代・戦国時代の公卿。1445生。

肖柏　しょうはく　1527没（85歳）。室町時代・戦国時代の連歌師。1443生。

ボルテッラ　1566没（57歳）。イタリアの画家。1509生。

フレデリク2世　1588没（53歳）。デンマーク，ノルウェー王（1559〜88）。1534生。

ベネディクトゥス（黒人）　1589没（63歳）。イタリアの聖人。1526生。

松屋久政　まつやひさまさ　1598没（78歳）。戦国時代・安土桃山時代の茶人。1521生。

プッシュマン　1600没（68歳）。ドイツのマイスタージンガー。1532生。

ネイピア，ジョン　1617没（67歳）。イギリスの数学者。1550生。

ラストマン，ピーテル　1633没（50歳）。オランダの画家。1583生。

伊東祐慶　いとうすけのり　1636没（48歳）。江戸時代前期の大名。1589生。

エピスコピウス，シモン　1643没（60歳）。オランダのアルミニウス派神学者。1583生。

蜂須賀忠英　はちすかただてる　1652没（42歳）。江戸時代前期の大名。1611生。

レズリ，アレグザーンダ　1661没（81?歳）。スコットランドの軍人。1580頃生。

工藤三助　くどうさんすけ　1758没（98歳）。江戸時代中期の水利功労者。1661生。

ロモノーソフ，ミハイル・ワシリエヴィチ　1765没（53歳）。ロシアの言語学者，詩人。1711生。

ゴールドスミス, オリヴァー 1774没（45歳）。イギリスの詩人, 劇作家, 小説家。1728生。

ラランド, ジョゼフ・ジェローム・ル・フランセ・ド 1807没（74歳）。フランスの天文学者。1732生。

レヴィツキー, ドミトリー・グリゴリエヴィチ 1822没（87?歳）。ロシアの画家。1735頃生。

ハリソン, ウィリアム・ヘンリー 1841没（68歳）。第9代アメリカ大統領。1773生。

クーパー, ピーター 1883没（92歳）。アメリカの工業家, 発明家, 慈善家。1791生。

ミクルーハ・マクライ 1888没（41歳）。ロシアの旅行家。1846生。

高砂浦五郎（初代） たかさごうらごろう 1900没（62歳）。明治時代の力士。東京大角力協会正取締。1839生。

ムーニエ, コンスタンタン 1905没（73歳）。ベルギーの彫刻家, 画家。1831生。

岸本辰雄 きしもとたつお 1912没（61歳）。明治時代の法律家, 教育者。司法省大審院判事。1852生。

クルックス, サー・ウィリアム 1919没（86歳）。イギリスの化学者, 物理学者。1832生。

マルトフ 1923没（49歳）。ロシアの政治家。1873生。

岡田信一郎 おかだしんいちろう 1932没（50歳）。大正・昭和時代の建築家。東京美術学校教授。1883生。

オストヴァルト, フリードリヒ・ヴィルヘルム 1932没（78歳）。ドイツの化学者。1853生。

ディ・ジャーコモ, サルヴァトーレ 1934没（74歳）。イタリアの詩人, 小説家, 劇作家。1860生。

観世喜之（初代） かんぜよしゆき 1940没（56歳）。明治〜昭和時代の能楽師。観世流シテ方。1885生。

コリツォーフ, ミハイル・エフィモヴィチ 1942没（43歳）。ソ連のルポルタージュ作家。1898生。

ビショップ, ジョン・ピール 1944没（51歳）。アメリカの詩人。1892生。

ラシルド 1953没（93歳）。フランスの女流小説家。1860生。

シュピートホフ 1957没（83歳）。ドイツの経済学者。1873生。

ノーマン, ハーバート 1957没（47歳）。カナダの外交官, 歴史家。1909生。

吉田源十郎 よしだげんじゅうろう 1958没（62歳）。昭和時代の漆芸家。日本漆工芸会主宰。1896生。

ウォレン, レナード 1960没（48歳）。アメリカのバリトン歌手。1911生。

キング, マーティン・ルーサー 1968没（39歳）。アメリカの黒人牧師, 人種差別撤廃運動家。1929生。

吉尾なつ子 よしおなつこ 1968没（68歳）。昭和時代の小説家。1899生。

ガリェゴス, ロムロ 1969没（84歳）。ベネズエラの小説家, 教育者, 政治家。1884生。

菊田一夫 きくたかずお 1973没（65歳）。昭和時代の劇作家, 演劇プロデューサー。東宝取締役。1908生。

平塚常次郎 ひらつかつねじろう 1974没（92歳）。明治〜昭和時代の実業家, 政治家。衆議院議員, 運輸大臣。1881生。

ブット, ズルフィカール・アリー 1979没（51歳）。パキスタンの政治家, 弁護士。1928生。

ジーゲル 1981没（84歳）。ドイツの数学者。1896生。

木俣修 きまたおさむ 1983没（76歳）。昭和時代の歌人, 日本文学者。実践女子大学教授。1906生。

スワンソン, グロリア 1983没（86歳）。アメリカの映画女優。1897生。

アッギェーエ, サッチダーナンド・ヒラーナンド・ヴァーツヤーヤン 1987没（76歳）。インドのヒンディー語詩人。1911生。

小林武 こばやしたけし 1987没（80歳）。昭和時代の労働運動家, 政治家。日教組委員長, 参議院議員。1906生。

フリッシュ, マックス 1991没（79歳）。スイスの作家。1911生。

藤本韶三 ふじもとしょうぞう 1992没（95歳）。大正・昭和時代の出版人, 美術ジャーナリスト。三彩新社社長。1896生。

鶴田錦史 つるたきんし 1995没（83歳）。昭和・平成時代の薩摩琵琶奏者。1911生。

野副鉄男 のぞえてつお 1996没（93歳）。昭和・平成時代の有機化学者。東北大学教授, 日本化学会長。1902生。

杉村春子 すぎむらはるこ 1997没（88歳）。昭和・平成時代の女優。1909生。

4月4日

4月5日

○記念日○　ヘアカットの日
　　　　　横町の日
○出来事○　第1回統一地方選挙(1947)
　　　　　長嶋茂雄初出場(1958)
　　　　　浅草の国際劇場閉場(1982)

永忠　えいちゅう　816没(74歳)。奈良時代・平安時代前期の三論集の入唐僧。743生。

イブン・ハビーブ　854没(58?歳)。スペインのアラブ系歴史家。796頃生。

済源　さいげん　960没(76歳)。平安時代中期の三論宗の僧。885生。

藤原朝成　ふじわらのともなり　974没(58歳)。平安時代中期の公卿。917生。

ゲラルドゥス(ソヴ・マジュールの)　1095没(70?歳)。フランスのベネディクト会修道院長、聖人。1025頃生。

永縁　ようえん　1125没(78歳)。平安時代中期・後期の女性。尼僧。1048生。

俊子内親王　しゅんしないしんのう　1132没(閏4月)(77歳)。平安時代後期の女性。後三条天皇第3皇女。1056生。

藤原頼輔　ふじわらのよりすけ　1186没(75歳)。平安時代後期の公卿。1112生。

九条兼実　くじょうかねざね　1207没(59歳)。平安時代後期・鎌倉時代前期の公卿。1149生。

藤原範光　ふじわらののりみつ　1213没(59歳)。平安時代後期・鎌倉時代前期の公卿。1155生。

藤原頼氏　ふじわらのよりうじ　1248没(51歳)。鎌倉時代前期の公卿。1198生。

ユリアーネ(リエージュの)　1258没(65歳)。ベルギーの"聖体の祝日"の提唱者。1193生。

日宗　にっしゅう　1291没。鎌倉時代後期の日蓮宗の僧。

綾小路成賢　あやのこうじなりかた　1391没。南北朝時代の公卿。

興信　こうしん　1391没(34歳)。南北朝時代の真言宗の僧。1358生。

絶海中津　ぜっかいちゅうしん　1405没(70歳)。南北朝時代・室町時代の臨済宗の僧、五山文学僧。1336生。

少林如春　しょうりんにょしゅん　1411没。室町時代の臨済宗の僧。

日東祖旭　にっとうそぎょく　1413没。南北朝時代・室町時代の臨済宗の僧。

ヴィンケンティウス・フェレリウス　1419没(69歳)。スペインのドミニコ会宣教師、聖人。1350生。

フーゴー・フォン・モンフォール　1423没(66歳)。オーストリアの詩人。1357生。

カルマニョーラ　1432没(42?歳)。イタリアの傭兵隊長。1390頃生。

筒井順永　つついじゅんえい　1476没(57歳)。室町時代の武将。1420生。

マフムード・ガーワーン　1481没(78?歳)。インドの政治家。1403頃生。

儀雲示敦　ぎうんじとん　1527没。戦国時代の臨済宗の僧。

マティス,ヤン　1534没。オランダ出身。

亨仲崇泉　こうちゅうすうせん　1549没。戦国時代の臨済宗の僧。

コルヴィーヌス,アントーニウス　1553没(52歳)。ドイツの宗教改革者。1501生。

カーヴァー,ジョン　1621没(46?歳)。イギリスの総督。1575頃生。

カロン　1673没(73歳)。江戸時代初期の平戸オランダ商館長(1639～41)。1600生。

ハリファックス　1695没(61歳)。イギリスの政治家。1633生。

フィッシャー・フォン・エルラッハ,ヨハン・ベルナルト　1723没(66歳)。オーストリアの建築家。1656生。

市川団蔵(初代)　いちかわだんぞう　1740没(57歳)。江戸時代中期の歌舞伎役者。1684生。

ヤング,エドワード　1765没(81歳)。イギリスの詩人。1683生。

松村理兵衛　まつむらりへえ　1785没(65歳)。江戸時代中期の治水家。1721生。

竹俣当綱　たけまたまさつな　1793没(65歳)。江戸時代中期の武士。1729生。

ダントン,ジョルジュ・ジャック　1794没(34歳)。フランス革命期における山岳党の指

導者の一人。1759生。

デムーラン, カミーユ 1794没(34歳)。フランス革命期のジャーナリスト。1760生。

安島直円 あじまなおのぶ 1798没(67歳)。江戸時代中期の和算家。1732生。

高田屋嘉兵衛 たかだやかへえ 1827没(59歳)。江戸時代中期・後期の海運業者。1769生。

ホジキン, トマス 1866没(67歳)。イギリスの医師。1798生。

岡本保孝 おかもとやすたか 1878没(82歳)。江戸・明治時代の国学者。大学中博士。1797生。

林広守 はやしひろもり 1896没(66歳)。明治時代の宮内省雅楽家。1831生。

古河市兵衛 ふるかわいちべえ 1903没(72歳)。明治時代の実業家。古河鉱業(足尾銅山)社長。1832生。

コヴァレーフスキィ 1916没(64歳)。ロシアの歴史家。1851生。

ヴィダル・ド・ラ・ブラシュ, ポール 1918没(73歳)。フランスの地理学者。1845生。

ベンツ, カール・フリードリヒ 1929没(84歳)。ドイツの技術者, 発明家。1844生。

宋哲元 そうてつげん 1940没(54歳)。中国の軍人。1885生。

マヤール, ロベール 1940没(68歳)。スイスの建築技師。1872生。

パルヴィーン・エッテサーミー 1941没(34歳)。イランの女流詩人。1907生。

梅原北明 うめはらほくめい 1946没(47歳)。大正・昭和時代の編集者, 翻訳家。1900生。

桂田富士郎 かつらだふじろう 1946没(80歳)。明治〜昭和時代の病理学者。1867生。

高野岩三郎 たかのいわさぶろう 1949没(79歳)。明治〜昭和時代の社会統計学者, 社会運動家。日本放送協会会長, 東京帝国大学教授。1871生。

吉田博 よしだひろし 1950没(73歳)。明治〜昭和時代の洋画家, 版画家。年太平洋画会会長。1876生。

馬場恒吾 ばばつねご 1956没(80歳)。明治〜昭和時代の新聞実業家, 政治評論家。読売新聞社社長, 日本新聞協会会長。1875生。

林譲治 はやしじょうじ 1960没(71歳)。昭和時代の政治家, 俳人。副総理, 自由党幹事長。1889生。

都築正男 つづきまさお 1961没(68歳)。大正・昭和時代の医師, 外科学者。1892生。

アウト, ヤコブス・ヨハネス・ピーテル 1963没(73歳)。オランダの建築家, デザイナー。1890生。

マッカーサー, ダグラス 1964没(84歳)。アメリカの軍人。1880生。

三好達治 みよしたつじ 1964没(63歳)。昭和時代の詩人。1900生。

エルマン, ミーシャ 1967没(76歳)。アメリカ(ウクライナ生れ)のバイオリン奏者。1891生。

マラー, ハーマン・ジョゼフ 1967没(76歳)。アメリカの生物学者, 遺伝学者。1890生。

クロスマン, リチャード 1974没(66歳)。イギリスの政治家。1907生。

蒋介石 しょうかいせき 1975没(87歳)。中華民国の軍人, 政治家。1887生。

那須辰造 なすたつぞう 1975没(70歳)。昭和時代の小説家, 児童文学者。1904生。

ヒューズ, ハウアド 1976没(70歳)。アメリカの企業家, 飛行家, 映画プロデューサー。1905生。

渡辺銕蔵 わたなべてつぞう 1980没(94歳)。昭和時代の実業家。東宝社長。1885生。

水戸光子 みとみつこ 1981没(62歳)。昭和時代の映画女優。1919生。

芹沢銈介 せりざわけいすけ 1984没(88歳)。大正・昭和時代の染色家。1895生。

中里恒子 なかざとつねこ 1987没(77歳)。昭和時代の小説家。1909生。

升田幸三 ますだこうぞう 1991没(73歳)。昭和時代の棋士。将棋9段, 実力制第4代名人。1918生。

コバーン, カート 1994没(26歳)。アメリカのロックミュージシャン。1967生。

グレーコ, エミーリオ 1995没(81歳)。イタリアの彫刻家。1913生。

磯村英一 いそむらえいいち 1997没(94歳)。昭和・平成時代の社会学者。1903生。

ギンズバーグ, アレン 1997没(70歳)。アメリカの詩人。1926生。

神島二郎 かみしまじろう 1998没(79歳)。昭和・平成時代の政治学者。1918生。

麻生三郎 あそうさぶろう 2000没(87歳)。昭和・平成時代の洋画家。1913生。

ベロー, ソール 2005没(89歳)。ユダヤ系のアメリカの小説家。1915生。

4月5日

4月6日

○記念日○ コンビーフの日
　　　　　新聞をヨム日
○出来事○ 板垣退助、襲われる（1882）
　　　　　アテネで第1回近代五輪（1896）
　　　　　ピアリー、北極点到達（1909）

カラカラ, マールクス・アウレーリウス・セウェールス・アントーニーヌス　217没（29歳）。ローマ皇帝（在位198～217）。188生。

熊野広浜　くまののひろはま　769没。奈良時代の女官。

聖メトディオス　885没（60?歳）。ギリシアのキリスト教伝道師。825頃生。

ノトケル・バルブルス　912没（72?歳）。ドイツの修道士。840頃生。

アリボ（マインツの）　1031没（41?歳）。ドイツのマインツの大司教。990頃生。

頼観　らいかん　1102没（71歳）。平安時代中期・後期の真言宗の僧。1032生。

源師時　みなもとのもろとき　1136没（60歳）。平安時代後期の公卿。1077生。

フリードリヒ2世　1147没（57歳）。シュワーベン公。1090生。

リチャード1世　1199没（41歳）。プランタジネット朝第2代のイングランド王（在位1189～99）。1157生。

ヴィルヘルム（エーベルホルトの）　1203没（76?歳）。デンマークの修道院長, 聖人。1127頃生。

藤原琮子　ふじわらのそうし　1231没。鎌倉時代前期の女性。後白河天皇の宮人。

中原季時　なかはらすえとき　1236没。鎌倉時代前期の御家人。京都守護, 右京進, 駿河守, 従五位下。

北条朝時　ほうじょうともとき　1245没（53歳）。鎌倉時代前期の武士。1193生。

ペトルス・マルティル　1252没（47?歳）。ドミニコ会士, 伝道者, 聖人。1205頃生。

藤原公世　ふじわらのきんよ　1301没。鎌倉時代後期の公卿。

日胤　にちいん　1306没。鎌倉時代の日蓮宗の僧。

後伏見天皇　ごふしみてんのう　1336没（49歳）。第93代の天皇。1288生。

洞院公賢　とういんきんかた　1360没（70歳）。鎌倉時代後期・南北朝時代の公卿。1291生。

大炊御門宗氏　おおいのみかどむねうじ　1421没（47歳）。南北朝時代・室町時代の公卿。1375生。

今川義忠　いまがわよしただ　1476没（41歳）。室町時代の武将。1436生。

ヴァルトマン　1489没（54?歳）。スイスの政治家。1435頃生。

マーチャーシュ1世　1490没（47歳）。ハンガリー王（在位1458～90）, ボヘミア王（在位1469～78）。1443生。

大路一遵　だいろいちじゅん　1518没（120歳）。室町時代の曹洞宗の僧。1399生。

ラファエロ, サンティ　1520没（37歳）。イタリアの画家。1483生。

デューラー, アルブレヒト　1528没（56歳）。ドイツの画家, 版画家, 美術理論家。1471生。

ケマル・パシャ・ザーデ　1535没。トルコの学者, 歴史家。

希雲楚見　きうんそけん　1536没（72歳）。室町時代・戦国時代の臨済宗の僧。1465生。

ヴァディアーン, ヨーアヒム　1551没（66歳）。スイスの人文主義者。1484生。

ペリカーヌス, コンラート　1556没（78歳）。スイスの神学者, 宗教改革者。1478生。

マヌティウス, パウルス　1574没（61歳）。イタリアの印刷業者。1512生。

ウォルシンガム, サー・フランシス　1590没（60?歳）。イギリスの政治家。1530頃生。

グリーンウッド, ジョン　1593没。イギリスの非国教徒の牧師。

林吉左衛門　はやしきちざえもん　1646没。江戸時代前期の南蛮天文学の祖。

フェルデ, ヴィレム・ファン・デ　1707没（73歳）。オランダの画家。1633生。

大田南畝　おおたなんぽ　1823没（75歳）。江戸時代中期・後期の戯作者, 狂歌師。1749生。

4月6日

アーベル, ニルス・ヘンリック　1829没(26歳)。ノルウェーの数学者。1802生。
コライス, アザマンディオス　1833没(84歳)。ギリシアの文学者。1748生。
岩井半四郎(5代目)　いわいはんしろう　1847没(72歳)。江戸時代後期の歌舞伎役者。1776生。
三笑亭可楽(3代目)　さんしょうていからく　1857没。江戸時代末期の落語家。
ポールディング, ジェイムズ・カーク　1860没(81歳)。アメリカの小説家, 歴史家, 官吏。1778生。
小栗忠順　おぐりただまさ　1868(閏4月)没(42歳)。江戸時代末期の幕臣。1827生。
ヘス　1875没(63歳)。ユダヤ系ドイツ人の社会主義者。1812生。
宮崎八郎　みやざきはちろう　1877没(27歳)。明治時代の自由民権運動家。1851生。
ガイベル, エマーヌエル　1884没(68歳)。ドイツの詩人, 評論家。1815生。
板倉勝静　いたくらかつきよ　1889没(67歳)。江戸時代末期・明治時代の大名, 老中。1823生。
ヒェラン, アレクサンデル　1906没(57歳)。ノルウェーの小説家。1849生。
パスコリ, ジョヴァンニ　1912没(56歳)。イタリアの詩人。1855生。
平沼専蔵　ひらぬませんぞう　1913没(78歳)。明治時代の実業家。貴族院・衆議院議員。1836生。
太田玉茗　おおたぎょくめい　1927没(57歳)。明治時代の詩人, 小説家。1871生。
志賀昂　しがしげたか　1927没(65歳)。明治〜昭和時代の地理学者。衆議院議員。1863生。
江戸家猫八(初代)　えどやねこはち　1932没(65歳)。大正・昭和時代の物真似芸人。1868生。
ロビンソン, エドウィン・アーリントン　1935没(65歳)。アメリカの詩人。1869生。
ラグーザ玉　らぐーざたま　1939没(79歳)。明治〜昭和時代の洋画家。1861生。
ミルラン　1943没(84歳)。フランスの政治家。1859生。
天中軒雲月(初代)　てんちゅうけんうんげつ　1945没(51歳)。明治〜昭和時代の浪曲師。1895生。
マンニネン, オット　1950没(77歳)。フィンランドの詩人。1872生。

ブルーム, ロバート　1951没(84歳)。イギリスの人類学, 古生物学者。1866生。
シュナイダー, ラインホルト　1958没(54歳)。ドイツの詩人, 随筆家。1903生。
高頭仁兵衛　たかとうじんべえ　1958没(80歳)。明治〜昭和時代の登山家。1877生。
ネズヴァル, ヴィーチェスラフ　1958没(57歳)。チェコの詩人。1900生。
金成マツ　かんなりまつ　1961没(85歳)。明治〜昭和時代のユーカラ記録者。1875生。
ボルデー, ジュール　1961没(90歳)。ベルギーの細菌学者。1870生。
ストルーヴェ, オットー　1963没(65歳)。ロシア系のアメリカの天文学者。1897生。
川上嘉市　かわかみかいち　1964没(79歳)。昭和時代の実業家, 政治家。1885生。
ブルンナー, エミール　1966没(76歳)。スイスのプロテスタント神学者。1889生。
スターテヴァント, アルフレッド　1970没(78歳)。アメリカの動物学者。1891生。
ストラヴィンスキー, イーゴリ　1971没(88歳)。ロシア生まれの作曲家。1882生。
リュプケ, ハインリヒ　1972没(77歳)。西ドイツの政治家。1894生。
ドゥドック, ヴィレム・マリヌス　1974没(89歳)。オランダの建築家。1884生。
木戸幸一　きどこういち　1977没(87歳)。昭和時代の政治家。貴族院議員, 内大臣。1889生。
幸祥光　こうよしみつ　1977没(84歳)。明治〜昭和時代の能楽囃子方(幸流小鼓方)。幸流小鼓宗家(16代目)。1892生。
コリア, ジョン　1980没(78歳)。イギリスの小説家, 詩人。1901生。
長谷川一夫　はせがわかずお　1984没(76歳)。昭和時代の俳優。"東宝歌舞伎"主宰。1908生。
アシモフ, アイザック　1992没(72歳)。ソ連生れのアメリカの生化学者, SF作家。1920生。
ブルギバ・ジュニア　2000没(96歳)。チュニジアの政治家。1903生。
加山又造　かやままたぞう　2004没(76歳)。昭和・平成時代の日本画家。1927生。
レーニエ3世　2005没(81歳)。モナコ大公国元首。1923生。

4月7日

○記念日○ 世界保健デー
　　　　　農林水産省創立記念日
○出来事○ 戦艦大和、撃沈される(1945)
　　　　　労働基準法公布(1947)

イエス・キリスト　30没(33?歳)。キリスト教の始祖。前4頃生。

十市皇女　とおちのひめみこ　678没。飛鳥時代の女性。天武天皇の第1皇女。

多治比広成　たじひのひろなり　739没。奈良時代の文人、官人。

道鏡　どうきょう　772没。奈良時代の政治家、僧、法王。

滋野内親王　しげのないしんのう　857没(49歳)。平安時代前期の女性。桓武天皇の皇女。809生。

明普　みょうふ　1006没。平安時代中期の天台宗の僧。

源覚　げんかく　1136没(58歳)。平安時代後期の真言宗の僧。1079生。

サンチョ7世　1234没。ナバラ王(在位1194～1234)。

ヘルマン・ヨーゼフ　1241没(91?歳)。ドイツのプレモントレ会の神秘家、著述家、聖人。1150生。

日野資宣　ひのすけのぶ　1292没(69歳)。鎌倉時代後期の公卿。1224生。

浄雅　じょうが　1319没(61歳)。鎌倉時代後期の天台宗の僧。1259生。

カプレオルス, ヨアネス　1444没(64?歳)。フランスのトマス学派の哲学者、神学者。1380頃生。

里見義実　さとみよしざね　1488没(72歳)。室町時代・戦国時代の武将。1417生。

シャルル8世　1498没(27歳)。フランス王(在位1483～98)。1470生。

ソーフィヤ・パレオローグ　1503没。ロシアのイヴァン3世の妃。

足利義稙　あしかがよしたね　1523没(58歳)。室町幕府第10代の将軍。1466生。

後柏原天皇　ごかしわばらてんのう　1526没(63歳)。第104代の天皇。1464生。

ミュコーニウス, フリードリヒ　1546没(55歳)。ドイツの宗教改革者。1490生。

奇伯瑞龐　きはくずいほう　1547没(85歳)。戦国時代の曹洞宗の僧。1463生。

半井明親　なからいあきちか　1547没。戦国時代の医師。

パンヴィーニオ, オノフリオ　1568没(38歳)。イタリアの教会史家。1530生。

ハミルトン, ジョン　1571没(59歳)。スコットランド、セント・アンドルーズ大主教。1512生。

マシウス, アンドレアス　1573没(58歳)。スペイン領オランダ(現ベルギー)のオリエント学者、釈義家。1514生。

ウォールポウル, ヘンリ　1595没(37歳)。イングランドのイエズス会士、殉教者。1558生。

一色藤長　いっしきふじなが　1596没。安土桃山時代の武将、足利義昭の近習。

バーキー　1600没(74歳)。オスマン・トルコ帝国の宮廷詩人。1526生。

真翁宗竜　しんのうそうりゅう　1603没。安土桃山時代の曹洞宗の僧。

浅野長政　あさのながまさ　1611没(65歳)。安土桃山時代・江戸時代前期の武将、大名。1547生。

エル・グレコ　1614没(73歳)。スペインの画家。1541生。

智仁親王　としひとしんのう　1629没(51歳)。安土桃山時代・江戸時代前期の皇族。1579生。

狩野尚信　かのうなおのぶ　1650没(44歳)。江戸時代前期の画家。1607生。

ダヴィナント, ウィリアム　1668没(62歳)。イギリスの劇作家、劇場支配人。1606生。

お初・徳兵衛　おはつ・とくべえ　1703没。江戸時代中期の大坂曾根崎心中の男女。

栗山潜鋒　くりやませんぽう　1706没(36歳)。江戸時代中期の儒学者。1671生。

ラ・サール, 聖ジャン・バティスト・ド　1719没(67歳)。フランスのカトリック聖職者、教育改革者。1651生。

カンペル　1789没(66歳)。オランダの解剖学者。1722生。
コンドルセ, マリ-ジャン-アントワーヌ-ニコラ・ド・カリタ・ド　1794没(50歳)。フランスの哲学者, 数学者, 革命家。1743生。
浅尾為十郎(初代)　あさおためじゅうろう　1804没(70歳)。江戸時代中期・後期の歌舞伎役者。1735生。
シュプレンゲル　1816没(65歳)。ドイツの植物, 博物学者。1750生。
シャルル, ジャック・アレクサンドル・セザール　1823没(76歳)。フランスの物理学者。1746生。
ゴドウィン, ウィリアム　1836没(80歳)。イギリスの思想家。1756生。
巻菱湖　まきりょうこ　1843没(67歳)。江戸時代後期の書家。1777生。
井戸覚弘　いどさとひろ　1858没(35歳)。江戸時代末期の幕臣, 長崎奉行, 大目付。1824生。
ガバリェロ, フェルナン　1877没(80歳)。スペインの女流作家。1796生。
ジーボルト, カール・テオドール・エルンスト・フォン　1885没(81歳)。ドイツの動物学者。1804生。
水野年方　みずのとしかた　1908没(43歳)。明治時代の日本画家。1866生。
ロッチ　1912没(51歳)。アメリカの気象学者。1861生。
ビンディング　1920没(78歳)。ドイツの法学者, 歴史学者。1841生。
ダイシー　1922没(87歳)。イギリスの憲法学者。1835生。
穂積陳重　ほづみのぶしげ　1926没(71歳)。明治・大正時代の法学者。東京帝国大学教授, 枢密院議長, 男爵。1856生。
渡辺霞亭　わたなべかてい　1926没(63歳)。明治・大正時代の小説家。1864生。
ボグダーノフ, アレクサンドル・アレクサンドロヴィチ　1928没(54歳)。ロシアの思想家, 医師。1873生。
上杉慎吉　うえすぎしんきち　1929没(52歳)。明治・大正時代の憲法学者。東京帝国大学教授。1878生。
ヴァラドン, シュザンヌ　1938没(69歳)。フランスの女流画家。1869生。
武内俊子　たけうちとしこ　1945没(41歳)。昭和時代の童謡詩人。1905生。

フォード, ヘンリー　1947没(83歳)。アメリカの実業家。1863生。
ハモンド, J.L.　1949没(76歳)。イギリスのジャーナリスト, 経済史家。1872生。
伊東忠太　いとうちゅうた　1954没(86歳)。明治～昭和時代の建築家, 建築史学者。1867生。
来栖三郎　くるすさぶろう　1954没(68歳)。昭和時代の外交官。駐ドイツ大使。1886生。
伍堂卓雄　ごどうたくお　1956没(78歳)。大正・昭和時代の政治家, 海軍軍人。造兵中将, 貴族院議員。1877生。
羽仁もと子　はにもとこ　1957没(83歳)。明治～昭和時代の教育者, 運動家。自由学園創設者,「家庭の友」(のち「婦人之友」に改題)創刊者。1873生。
椎尾弁匡　しいおべんきょう　1971没(94歳)。明治～昭和時代の宗教家, 仏教学者。増上寺(浄土宗大本山)第82世法主, 大正大学学長。1876生。
三橋鷹女　みつはしたかじょ　1972没(72歳)。昭和時代の俳人。1899生。
曽我廼家十吾　そがのやとおご　1974没(82歳)。明治～昭和時代の喜劇俳優, 脚本家。1891生。
和歌森太郎　わかもりたろう　1977没(61歳)。昭和時代の日本史学者, 民俗学者。東京教育大学教授。1915生。
ジュアンドー, マルセル　1979没(90歳)。フランスの小説家, 随筆家。1888生。
ホヴェイダー　1979没(61歳)。イランの政治家。1918生。
シュミット, カルル　1985没(96歳)。西ドイツの公法学者, 政治学者。1888生。
カントロヴィチ, レオニード・ヴィタリエヴィチ　1986没(74歳)。ソ連の数理経済学者。1912生。
亀井貫一郎　かめいかんいちろう　1987没(94歳)。昭和時代の社会運動家。衆議院議員(社会党)。1892生。
ガントナー, ヨーゼフ　1988没(91歳)。スイスの美術史家。1896生。
並木路子　なみきみちこ　2001没(76歳)。昭和・平成時代の歌手。1924生。
馬場のぼる　ばばのぼる　2001没(73歳)。昭和・平成時代の漫画家, 絵本作家。1927生。

4月7日

4月8日

○記念日○ 花祭り（潅仏会）
　　　　　参考書の日
　　　　　忠犬ハチ公の日
○出来事○ ミロのビーナス発見（1820）

フーゴ（ルアンの）　730没（50?歳）。フランスのベネディクト会士。680頃生。

南淵年名　みなぶちのとしな　877没（71歳）。平安時代前期の公卿。807生。

サアラブ　904没（89歳）。クーファ派のアラビア語学者。815生。

藤原家政　ふじわらのいえまさ　1115没（36歳）。平安時代後期の公卿。1080生。

源顕通　みなもとのあきみち　1122没（42歳）。平安時代後期の公卿。1081生。

信証　しんしょう　1142没（45歳）。平安時代後期の真言宗の僧。1098生。

ヨアンネス2世　1143没（55歳）。ビザンチン皇帝（在位1118〜43）。1088生。

賢信　けんしん　1187没（70歳）。平安時代後期の真言宗の僧。1118生。

飛鳥井教定　あすかいのりさだ　1266没（57歳）。鎌倉時代前期の学者、公卿。1210生。

阿仏尼　あぶつに　1283没（62?歳）。鎌倉時代後期の女性。歌人。1222頃生。

赤松範資　あかまつのりすけ　1351没（72?歳）。鎌倉時代後期・南北朝時代の武将。1280頃生。

近衛基嗣　このえもとつぐ　1354没（50歳）。鎌倉時代後期・南北朝時代の公卿。1305生。

ジャン2世　1364没（44歳）。フランス王（在位1350〜64）。1319生。

明巌正因　みょうがんしょういん　1369没。南北朝時代の臨済宗の僧。

プールバッハ，ゲオルク・フォン　1461没（37歳）。オーストリアの数学者、天文学者。1423生。

メーディチ，ロレンツォ・デ　1492没（43歳）。イタリア，フィレンツェの政治家，文人。1449生。

三条公敦　さんじょうきんあつ　1507没（69歳）。室町時代・戦国時代の公卿。1439生。

実伝宗真　じつでんそうしん　1507没（74歳）。室町時代・戦国時代の浄土宗の僧。1434生。

ケムニッツ，マルティン　1586没（63歳）。ドイツのプロテスタント神学者。1522生。

佐野氏忠　さのうじただ　1593没。安土桃山時代の武将。

結城秀康　ゆうきひでやす　1607（閏4月）没（34歳）。安土桃山時代・江戸時代前期の大名，徳川家康の次男。1574生。

味方但馬　みかたじま　1623没（61歳）。安土桃山時代・江戸時代前期の佐渡金山の山師。1563生。

有馬頼旨　ありまよりむね　1706没（22歳）。江戸時代中期の大名。1685生。

並河天民　なみかわてんみん　1718没（40歳）。江戸時代中期の儒学者。1679生。

米倉忠仰　よねくらただすけ　1735没（30歳）。江戸時代中期の大名。1706生。

ラーコーツィ・フェレンツ2世　1735没（59歳）。ハンガリー独立運動指導者。1676生。

松前邦広　まつまえくにひろ　1743（閏4月）没（39歳）。江戸時代中期の大名。1705生。

深江蘆舟　ふかえろしゅう　1757没（59歳）。江戸時代中期の京都の画家。1699生。

後藤梨春　ごとうりしゅん　1771没（76歳）。江戸時代中期の本草・博物学者，蘭学者。1696生。

牧墨僊　まきぼくせん　1824没（50歳）。江戸時代後期の浮世絵師，銅版画家。1775生。

中島藤右衛門　なかじまとうえもん　1825没（81歳）。江戸時代中期・後期の人。1745生。

フンボルト，ヴィルヘルム・フォン　1835没（67歳）。ドイツの言語学者，外交官。1767生。

岩井半四郎（6代目）　いわいはんしろう　1836没（38歳）。江戸時代後期の歌舞伎役者。1799生。

高久靄厓　たかくあいがい　1843没（48歳）。江戸時代後期の南画家。1796生。

ドニゼッティ，ガエターノ　1848没（50歳）。イタリアの作曲家。1797生。

ディアベッリ，アントン　1858没（76歳）。オーストリアの作曲家，出版業者。1781生。

セーチェーニー 1860没(68歳)。ハンガリーの政治家。1791生。

吉田東洋 よしだとうよう 1862没(47歳)。江戸時代末期の土佐藩士、学塾少林塾長。1816生。

パニッツィ, サー・アントニー 1879没(81歳)。イギリス(イタリア生れ)の文学史家, 司書官。1797生。

ボンキムチョンドロ・チョットパッダエ 1894没(55歳)。インドの小説家。1838生。

シュテファン 1897没(66歳)。ドイツの郵政家。1831生。

ビューラー 1898没(60歳)。オーストリアの東洋学者, インド学者。1837生。

ダイヴァース 1912没(74歳)。イギリスの化学者。1837生。

山田猪三郎 やまだいさぶろう 1913没(50歳)。明治時代の飛行船発明家。1864生。

エートヴェシュ, ローランド・フォン 1919没(70歳)。ハンガリーの実験物理学者。1848生。

エルスター, ユリウス 1920没(65歳)。ドイツの実験物理学者。1854生。

ファルケンハイン, エーリヒ・フォン 1922没(60歳)。ドイツの軍人。1861生。

カールフェルト, エーリック・アクセル 1931没(66歳)。スウェーデンの詩人。1864生。

森田恒友 もりたつねとも 1933没(53歳)。明治・大正時代の洋画家。帝国美術学校教授。1881生。

キャナン 1935没(74歳)。イギリスの経済学者。1861生。

二宮忠八 にのみやちゅうはち 1936没(71歳)。明治時代の発明家。大阪製薬社長。1866生。

バーラーニ, ロベルト 1936没(59歳)。スウェーデンの医師。1876生。

プレヴォー, マルセル 1941没(78歳)。フランスの小説家, 評論家。1862生。

国枝史郎 くにえだしろう 1943没(56歳)。大正・昭和時代の小説家。1888生。

ヴァインヘーバー, ヨーゼフ 1945没(53歳)。オーストリアの詩人。1892生。

葉挺 ようてい 1946没(50歳)。中国共産党の軍人。1896生。

島津久基 しまづひさもと 1949没(59歳)。大正・昭和時代の国文学者。東京帝国大学教授。1891生。

ニジンスキー, ヴァツラフ 1950没(60歳)。ロシアの舞踊家, 振付師。1890生。

ネイサン, ジョージ 1958没(76歳)。アメリカの文芸批評家, 劇評家。1882生。

高浜虚子 たかはまきょし 1959没(85歳)。明治〜昭和時代の俳人, 小説家。1874生。

夏川嘉久次 なつかわくじ 1959没(60歳)。昭和時代の実業家。近江絹糸紡績社長。1898生。

安藤幸 あんどうこう 1963没(84歳)。明治〜昭和時代のバイオリニスト。東京音楽学校教授。1878生。

石丸梧平 いしまるごへい 1969没(83歳)。大正・昭和時代の小説家, 評論家。1886生。

ピカソ, パブロ 1973没(91歳)。スペインの画家, 彫刻家。1881生。

吉川幸次郎 よしかわこうじろう 1980没(76歳)。昭和時代の中国文学者。京都大学教授, 東方学会理事長。1904生。

ブラッドリー, O. 1981没(88歳)。アメリカの軍人。1893生。

上代タノ じょうだいたの 1982没(95歳)。大正・昭和時代の平和運動家。日本女子大学学長。1886生。

小杉勇 こすぎいさむ 1983没(79歳)。大正・昭和時代の俳優, 映画監督。1904生。

岡部金治郎 おかべきんじろう 1984没(88歳)。大正・昭和時代の電子工学者。大阪大学教授, 近畿大学教授。1896生。

カピーツァ, ピョートル・レオニードヴィチ 1984没(89歳)。ソ連の物理学者。1894生。

岡田有希子 おかだゆきこ 1986没(18歳)。昭和時代の歌手。1967生。

ボヴェ, ダニエル 1992没(85歳)。イタリアの薬理学者。1907生。

アンダーソン, マリアン 1993没(91歳)。アメリカの黒人アルト歌手。1902生。

松岡英夫 まつおかひでお 2001没(88歳)。昭和・平成時代の政治評論家, 幕末史研究家。毎日新聞論説委員。1912生。

清家清 せいけきよし 2005没(86歳)。昭和・平成時代の建築家。1918生。

4月8日

4月9日

○記念日○ フォークの日
左官の日
○出来事○ 東大寺の大仏開眼（752）
琵琶湖疏水開通式（1890）
『セサミストリート』放映開始（1972）

ゼノン　491没(65歳)。東ローマ皇帝(在位474～491)。426生。

用明天皇　ようめいてんのう　587没(48歳)。第31代の天皇。540生。

ワルデトルーディス　688没(60?歳)。ベルギーのモン市の守護聖人。628頃生。

コンスタンティーヌス1世　715没。教皇(在位708～715)。

巨勢堺麻呂　こせのさかいまろ　761没。奈良時代の官人。

ベネディクトゥス8世　1024没。教皇(在位1012～24)。

藤原公通　ふじわらのきんみち　1173没(57歳)。平安時代後期の公卿。1117生。

佐々木定綱　ささきさだつな　1205没(64歳)。平安時代後期・鎌倉時代前期の武将。1142生。

大庭景義　おおばかげよし　1210没。鎌倉時代前期の武将。

長舜　ちょうしゅん　1226没(83歳)。鎌倉時代前期の天台宗の僧。1144生。

藤原家隆　ふじわらのいえたか　1237没(80歳)。平安時代後期・鎌倉時代前期の歌人・公卿。1158生。

リチャード・ド・モアズ　1242没(82?歳)。イングランドの教会法学者、司祭、アウグスティヌス修道会士。1160頃生。

花山院師継　かざんいんもろつぐ　1281没(60歳)。鎌倉時代後期の公卿。1222生。

藤原経氏　ふじわらのつねうじ　1285没。鎌倉時代後期の公卿。

承胤法親王　しょういんほっしんのう　1377没(61歳)。後伏見天皇の皇子。1317生。

日尭　にちぎょう　1396没。南北朝時代の日蓮宗の僧。

日出　にっしゅつ　1459没(79歳)。室町時代の日蓮宗の僧。1381生。

宥伝　ゆうでん　1470没(74歳)。室町時代の真言宗の僧。1397生。

日意　にちい　1473没(53歳)。室町時代の日蓮宗の僧。1421生。

エドワード4世　1483没(40歳)。イングランド王(在位1461～83)。1442生。

徳大寺実通　とくだいじさねみち　1545没(33歳)。戦国時代の公卿。1513生。

ラブレー、フランソワ　1553没(59?歳)。フランスの物語作家。1494生。

アグリコラ、ミーカエル・オラヴィ　1557没(47?歳)。フィンランドの宗教家。1510生。

アリー・アーディル・シャー　1580没。インド、ビージャープルのアーディル・シャー王朝第5代の王(1558～80)。

池田恒興　いけだつねおき　1584没(49歳)。安土桃山時代の武将。1536生。

森長可　もりながよし　1584没(27歳)。安土桃山時代の武将。1558生。

サンプスン、トマス　1589没(72?歳)。イギリス宗教改革期のカルヴァン派牧師。1517頃生。

島津以久　しまづゆきひさ　1610没(61歳)。安土桃山時代・江戸時代前期の武将、大名。1550生。

土屋忠直　つちやただなお　1612没(35歳)。安土桃山時代・江戸時代前期の武将、大名。1578生。

渡辺守綱　わたなべもりつな　1620没(79歳)。安土桃山時代・江戸時代前期の武将。1542生。

ベイコン、フランシス　1626没(65歳)。イギリスの哲学者。1561生。

レオポルト1世　1747没(70歳)。アンハルト・デッサウ公(在位1693～1747)。1676生。

ヴォルフ、クリスティアン　1754没(75歳)。ドイツ哲学者、数学者。1679生。

ミッチェル、ジョン　1793没(69歳)。イギリスの地質学者。1724生。

ネッケル、ジャック　1804没(71歳)。フランス、ルイ16世時代の財務総監。1732生。

ウィレム5世　1806没(58歳)。オランダ共和国の総督(1751～95)。1748生。

オービー, ジョン　1807没(45歳)。イギリスの画家。1761生。

魚屋北渓　ととやほっけい　1850没(71歳)。江戸時代後期の浮世絵師。1780生。

プラウト, ウィリアム　1850没(65歳)。イギリスの医者, 化学者。1785生。

大槻俊斎　おおつきしゅんさい　1862没(59歳)。江戸時代末期の蘭方医, 西洋医学所頭取。1804生。

玉虫左太夫　たまむしさだゆう　1869没(47歳)。江戸・明治時代の仙台藩士。養賢堂学頭副役。1823生。

ロセッティ, ダンテ・ゲイブリエル　1882没(53歳)。イギリスの詩人, 画家。1828生。

シェッフェル, ヨーゼフ・ヴィクトーア　1886没(60歳)。ドイツの詩人, 小説家。1826生。

シュヴルール, ミシェル・ユージェーヌ　1889没(102歳)。フランスの化学者。1786生。

シモンズ, ジョン・アディントン　1893没(52歳)。イギリスの作家。1840生。

イサベル2世　1904没(73歳)。スペインの女王(在位1833～68)。1830生。

李宝嘉　りほうか　1906没(38歳)。中国, 清末の小説家。1867生。

レフラー, フリードリヒ　1915没(62歳)。ドイツの細菌学者。1852生。

トマス, エドワード　1917没(39歳)。イギリスの詩人。1878生。

マンソン, サー・パトリック　1922没(77歳)。イギリスの寄生虫学者。1844生。

テニエス, フェルディナント　1936没(80歳)。ドイツの社会学者。1855生。

キャンベル, パトリック夫人　1940没(75歳)。イギリスの女優。1865生。

ボンヘッファー, ディートリヒ　1945没(39歳)。ヒトラー暗殺計画に参加したドイツのプロテスタント神学者。1906生。

中島孤島　なかじまことう　1946没(69歳)。明治～昭和時代の小説家, 評論家。1878生。

ガイタン　1948没(45歳)。コロンビアの政治家。1903生。

サーデク・ヘダーヤト　1951没(48歳)。イランの作家。1903生。

ビャークネス, ウィルヘルム・フリマン・コレン　1951没(89歳)。ノルウェーの気象学者, 海洋学者。1862生。

大辻司郎　おおつじしろう　1952没(55歳)。大正・昭和時代の漫談家, 活動写真弁士。1896生。

タロー, ジャン　1952没(74歳)。フランスの小説家, 回想録作者。1877生。

三鬼隆　みきたかし　1952没(60歳)。昭和時代の経営者。八幡製鉄社長。1892生。

ライヘンバッハ, ハンス　1953没(61歳)。ドイツ生まれのアメリカの科学哲学者。1891生。

中川末吉　なかがわすえきち　1959没(84歳)。大正・昭和時代の実業家。1874生。

ライト, フランク・ロイド　1959没(91歳)。アメリカの建築家。1867生。

ゾグ1世　1961没(65歳)。アルバニアの最後の王(在位1928～39)。1895生。

モイセイヴィチ, ベンノ　1963没(73歳)。ロシア生まれのピアニスト。1890生。

ギーディオン, ジークフリート　1968没(80歳)。スイスの建築史家。1888生。

高橋掬太郎　たかはしきくたろう　1970没(69歳)。昭和時代の作詞家。1901生。

バーンズ, ジェイムズ・F　1972没(92歳)。アメリカの政治家。1879生。

春日庄次郎　かすがしょうじろう　1976没(73歳)。昭和時代の労働運動家。1903生。

福島正実　ふくしままさみ　1976没(47歳)。昭和時代の小説家, 評論家。1929生。

武者小路実篤　むしゃのこうじさねあつ　1976没(90歳)。明治～昭和時代の小説家。1885生。

矢代秋雄　やしろあきお　1976没(46歳)。昭和時代の作曲家。東京芸術大学教授。1929生。

田中冬二　たなかふゆじ　1980没(85歳)。昭和時代の詩人。日本現代詩人会会長。1894生。

中山伊知郎　なかやまいちろう　1980没(81歳)。昭和時代の経済学者。1898生。

松下芳男　まつしたよしお　1983没(90歳)。大正・昭和時代の軍事評論家。1892生。

田宮虎彦　たみやとらひこ　1988没(76歳)。昭和時代の小説家。1911生。

野沢節子　のざわせつこ　1995没(75歳)。昭和・平成時代の俳人。「蘭」主宰。1920生。

鈴木治　すずきおさむ　2001没(74歳)。昭和・平成時代の陶芸家。京都市立芸術大学教授。1926生。

4月9日

4月10日

○記念日○ 女性の日
　　　　　婦人参政記念日
○出来事○ 『君の名は』放送開始（1952）
　　　　　今上陛下ご成婚パレード（1959）
　　　　　ビートルズ解散（1970）

ルイ2世　879没（33歳）。西フランク王（在位877〜79）。846生。

筒子内親王　かんしないしんのう　914没。平安時代前期・中期の女性。光孝天皇の第2皇女。

藤原道隆　ふじわらのみちたか　995没（43歳）。平安時代中期の公卿。953生。

ノートケル　1008没（68?歳）。リエージュの司教。940頃生。

藤原延子　ふじわらのえんし　1019没。平安時代中期の女性。三条天皇の第1皇子敦明親王の妃。

フュルベール　1028没（68?歳）。フランスの聖職者。960頃生。

藤原実遠　ふじわらのさねとお　1062没。平安時代中期の官人。

帰住　きじゅう　1145没。平安時代後期の真言宗の僧。

藤原俊憲　ふじわらのとしのり　1167没（46歳）。平安時代後期の公卿。1122生。

尊恵法親王　そんえほっしんのう　1192没（29歳）。三条天皇の皇子。1164生。

島津忠時　しまづただとき　1272没（71歳）。鎌倉時代前期の武将。1202生。

静仁法親王　じょうにんほっしんのう　1296没（81歳）。土御門天皇の皇子。1216生。

藤原伊定　ふじわらのこれさだ　1300没（54歳）。鎌倉時代後期の公卿。1247生。

ルードルフ（ザクセンの）　1377没（82?歳）。ドイツのキリスト教著述家。1295頃生。

正親町三条実豊　おおぎまちさんじょうさねとよ　1404没。南北朝時代・室町時代の公卿。

世尊寺行俊　せそんじゆきとし　1407没。南北朝時代・室町時代の公卿。

トレヴォー，ジョン　1410没。ウェールズのローマ・カトリック教会司教。

姚綬　ようじゅ　1495没（73歳）。中国，明代の書画家。1422生。

フレデリク1世　1533没（61歳）。デンマーク王（在位1523〜33），ノルウェー王（在位25〜33）。1471生。

フェスタ，コスタンツォ　1545没（55?歳）。イタリアの作曲家，歌手。1490頃生。

アグリーコラ，シュテファン　1547没（56?歳）。ドイツの福音主義の神学者。1491頃生。

ピサロ，ゴンサロ　1548没（42?歳）。スペインの探検家，征服者。1506頃生。

団芝清麐　だんししょうどん　1563没。戦国時代の曹洞宗の僧。

グレゴリウス13世　1585没（83歳）。教皇（在位1572〜85）。1502生。

エストレ，ガブリエル　1599没（28?歳）。アンリ4世の愛妾。1571頃生。

名古屋山三郎　なごやさんざぶろう　1603没（32歳）。安土桃山時代の歌舞伎役者，武士。1572生。

堀内氏善　ほりうちうじよし　1615没（67歳）。安土桃山時代・江戸時代前期の大名。1549生。

アガッツァーリ，アゴスティーノ　1640没（61歳）。イタリアの作曲家。1578生。

ブルースター，ウィリアム　1644没（77歳）。アメリカ初期開拓者の一人。1567生。

絵島　えじま　1741没（61歳）。江戸時代中期の女性。7代将軍徳川家継の大奥女中。1681生。

坂東三津五郎（初代）　ばんどうみつごろう　1782没（38歳）。江戸時代中期の歌舞伎役者。1745生。

朝日丹波　あさひたんば　1783没（79歳）。江戸時代中期の出雲松江藩家老。1705生。

橘南谿　たちばななんけい　1805没（53歳）。江戸時代中期・後期の儒医。1753生。

ゲイツ，ホレイシオ　1806没（78歳）。アメリカ合衆国独立戦争期の将軍。1728生。

ラグランジュ，ジョゼフ・ルイ，帝政伯爵　1813没（77歳）。イタリア生れのフランスの数学者。1736生。

山田検校　やまだけんぎょう　1817没（61歳）。江戸時代中期・後期の箏曲家。1757生。

クーリエ, ポール-ルイ　1825没(53歳)。フランスの政治諷刺作家, ギリシア研究者。1772生。

板倉勝明　いたくらかつあき　1857没(49歳)。江戸時代後期の大名。1809生。

新発田収蔵　しばたしゅうぞう　1859没(40歳)。江戸時代末期の蘭方医, 篆刻家。1820生。

アミーチ, ジョヴァンニ・バッティスタ　1868没(82歳)。イタリアの天文学者, 光学者。1786生。

テオドール2世　1868没(50歳)。エチオピアの皇帝(在位55〜68)。1818生。

佐藤泰然　さとうたいぜん　1872没(69歳)。江戸・明治時代の外科医師。1804生。

デュランチー, ルイ-エドモン　1880没(46歳)。フランスの小説家, 美術評論家。1833生。

木戸松子　きどまつこ　1886没(44歳)。江戸・明治時代の女性。木戸孝允の夫人。1843生。

田中頼庸　たなかよりつね　1897没(62歳)。明治時代の神道家。神宮宮司, 神道神宮教管長。1836生。

ガポーン, ゲオールギイ・アポローノヴィチ　1906没(36歳)。ロシア正教会の神父, 労働組合運動家。1870生。

林忠正　はやしただまさ　1906没(54歳)。明治時代の美術商, 西洋美術蒐集家。1853生。

スウィンバーン, アルジャーノン・チャールズ　1909没(72歳)。イギリスの詩人。1837生。

小野湖山　おのこざん　1910没(97歳)。江戸・明治時代の志士, 漢詩人。1814生。

モノ　1912没(68歳)。フランスの歴史家。1844生。

ベーカー　1915没(45歳)。アメリカの法律家。1869生。

サパタ, エミリアーノ　1919没(40歳)。メキシコ革命の農民軍指導者。1879生。

カントル, モーリッツ　1920没(90歳)。ドイツの数学史家。1829生。

シュティンネス　1924没(54歳)。ドイツ, ルール地方の実業家。1870生。

ポクローフスキー　1932没(63歳)。ソ連の歴史家。1868生。

パンツィーニ, アルフレード　1939没(75歳)。イタリアの小説家, 評論家。1863生。

ベッカー, カール　1945没(71歳)。アメリカの歴史家。1873生。

バイイ　1947没(82歳)。スイスの言語学者。1865生。

リュミエール, ルイ=ニコラス　1954没(91歳)。フランスの映画発明者。1862生。

テイヤール・ド・シャルダン, ピエール　1955没(73歳)。フランスの古生物学者, 哲学者, 神学者。1881生。

宮地嘉六　みやぢかろく　1958没(73歳)。大正・昭和時代の小説家。1884生。

ウォー, イーヴリン　1966没(62歳)。イギリスの小説家, 評論家。1903生。

川端龍子　かわばたりゅうし　1966没(80歳)。大正・昭和時代の日本画家。1885生。

山下新太郎　やましたしんたろう　1966没(84歳)。明治〜昭和時代の洋画家。1881生。

三浦義一　みうらぎいち　1971没(73歳)。昭和時代の国家主義者。全日本愛国者団体会議最高顧問, 大東塾顧問。1898生。

エヴァンズ, ウォーカー　1975没(71歳)。アメリカの写真家。1903生。

マイナルディ, エンリーコ　1976没(78歳)。イタリアのチェロ奏者, 作曲家。1897生。

ロータ, ニーノ　1979没(67歳)。イタリアの指揮者, 作曲家。1911生。

石川光男　いしかわみつお　1981没(62歳)。昭和時代の児童文学作家。1918生。

神田喜一郎　かんだきいちろう　1984没(86歳)。昭和時代の中国学者。1897生。

桑原武夫　くわばらたけお　1988没(83歳)。昭和時代のフランス文学者, 文芸評論家。1904生。

色川武大　いろかわたけひろ　1989没(60歳)。昭和時代の小説家。1929生。

扇谷正造　おうぎやしょうぞう　1992没(79歳)。昭和時代の評論家, ジャーナリスト。1913生。

末松保和　すえまつやすかず　1992没(87歳)。昭和時代の朝鮮史学者。1904生。

ミッチェル, ピーター・デニス　1992没(71歳)。イギリスの生化学者。1920生。

陳雲　ちんうん　1995没(89歳)。中国の政治家。1905生。

黛敏郎　まゆずみとしろう　1997没(68歳)。昭和・平成時代の作曲家。1929生。

大橋正　おおはしただし　1998没(82歳)。昭和・平成時代のグラフィックデザイナー, イラストレーター。1916生。

4月10日

4月11日

○記念日○　ガッツポーズの日
　　　　　　メートル法公布記念日
○出来事○　江戸城無血開城（1868）
　　　　　　マッカーサー元帥解任（1951）
　　　　　　ハレー彗星が接近（1986）

霊帝（後漢）　れいてい　189没（33歳）。中国，後漢の第12代皇帝（在位168～189）。156生。

グスラック　714没（41?歳）。イギリスの隠修士，聖人。673頃生。

武蔵家刀自　むさしのいえとじ　787没。奈良時代の女官。

藤原有家　ふじわらのありいえ　1216没（62歳）。平安時代後期・鎌倉時代前期の歌人・公卿。1155生。

実円　じつえん　1306没（73歳）。鎌倉時代後期の天台宗の僧。1234生。

マリニー　1315没（55?歳）。フランスの政治家，財政家。1260頃生。

慈道法親王　じどうほっしんのう　1341没（60歳）。鎌倉時代後期の天台宗の僧。1282生。

正親町三条公躬　おおぎまちさんじょうきんみ　1342没（53歳）。鎌倉時代後期・南北朝時代の公卿。1290生。

難波宗清　なんばむねきよ　1361没（44歳）。南北朝時代の公卿。1318生。

洞院実守　とういんさねもり　1372没（59歳）。南北朝時代の公卿。1314生。

東伝士啓　とうでんしけい　1374没。南北朝時代の僧。

天鑑存円　てんかんそんえん　1401没。南北朝時代・室町時代の臨済宗の僧。

箸尾為量　はしおためかず　1439没。室町時代の武将。

ボーフォート，ヘンリー　1447没（73?歳）。イギリスの大法官，枢機卿。1374頃生。

丹波盛長　たんばもりなが　1457没。室町時代の公卿。

マルッロ・タルカニオータ，ミケーレ　1500没（47歳）。コンスタンティノポリス生れのギリシア系人文主義者。1453生。

明巌志宣　みょうがんしせん　1515没。戦国時代の曹洞宗の僧。

愚底　ぐてい　1516没（72歳）。室町時代・戦国時代の浄土宗の僧。1445生。

飛鳥井雅俊　あすかいまさとし　1523没（63歳）。戦国時代の公卿。1461生。

ワイアット，サー・トマス　1554没（34?歳）。イギリスの軍人。1520生。

フアナ　1555没（75歳）。スペインのカスティリャ女王（1504～55）。1479生。

山上宗二　やまのうえそうじ　1590没（47歳）。安土桃山時代の堺の茶人。1544生。

クラーユス，ヨハネス　1592没（56歳）。ドイツの牧師，文法家。1535生。

一柱禅易　いっちゅうぜんえき　1598没。安土桃山時代の臨済宗の僧。

ゴエス，ベント・デ　1607没（45?歳）。ポルトガルの軍人，イエズス会士。1562頃生。

今井宗薫　いまいそうくん　1627没（76歳）。安土桃山時代・江戸時代前期の堺の商人，茶湯者。1552生。

ゲタールディ　1627没（61歳）。ユーゴスラヴィアの外交官，数学者。1566生。

寺沢広高　てらざわひろたか　1633没（71歳）。安土桃山時代・江戸時代前期の大名。1563生。

鵜飼錬斎　うかいれんさい　1693没（46歳）。江戸時代前期の儒学者，水戸藩士。1648生。

中御門天皇　なかみかどてんのう　1737没（37歳）。第114代の天皇。1701生。

パーニン　1783没（64歳）。ロシアの政治家，外交官，伯爵。1718生。

清源院　せいげんいん　1794没（70歳）。江戸時代中期の女性。歌人。1725生。

メシエ，シャルル　1817没（86歳）。フランスの天文学者。1730生。

松井幸三（2代目）　まついこうぞう　1830没（38歳）。江戸時代後期の歌舞伎作者。1793生。

マッカーサー，ジョン　1834没（66歳）。オーストラリアの牧羊の創始者。1767生。

バセドー　1854没（55歳）。ドイツの医者。1799生。

ウルキーサ　1870没（69歳）。アルゼンチンの軍人，政治家。1801生。

210

ルルー　1871没（73歳）。フランスの哲学者。1797生。

シュヴァーベ, ハインリヒ・ザムエル　1875没（85歳）。ドイツの天文学者。1789生。

セルウィン, ジョージ・オーガスタス　1878没（69歳）。アングリカン・チャーチの神学者、宣教師。1809生。

デュマ, ジャン・バティスト・アンドレ　1884没（83歳）。フランスの化学者。1800生。

リード, チャールズ　1884没（69歳）。イギリスの小説家。1814生。

上野景範　うえのかげのり　1888没（44歳）。江戸・明治時代の鹿児島藩士、外交官。元老院議員。1845生。

キオッソーネ, エドアルド　1898没（66歳）。イタリアの銅版彫刻家。1832生。

モニエル・ウィリアムズ　1899没（79歳）。イギリスの東洋学者、サンスクリット学者。1819生。

昭憲皇太后　しょうけんこうたいごう　1914没（66歳）。明治天皇の皇后。1849生。

十寸見河東（11代目）　ますみかとう　1919没（79歳）。明治時代の浄瑠璃河東節三味線方。1841生。

長谷幸輝　ながたにゆきてる　1920没（78歳）。江戸〜大正時代の地唄三味線演奏家。1843生。

瀬戸英一（初代）　せとえいいち　1934没（43歳）。大正・昭和時代の劇作家、劇評家、小説家。1892生。

ヴァン・ダイン, S.S.　1939没（50歳）。アメリカの推理小説家・美術批評家。1888生。

村松愛蔵　むらまつあいぞう　1939没（83歳）。明治時代の政治家。衆議院議員。1857生。

山本懸蔵　やまもとけんぞう　1942没（48歳）。大正・昭和時代の労働運動家。1895生。

アノトー　1944没（90歳）。フランスの歴史家、政治家。1853生。

フレンセン, グスタフ　1945没（81歳）。ドイツの小説家、新教の牧師。1863生。

ルーガード, フレデリック・ジョン・デルトリー, 男爵　1945没（87歳）。イギリスの植民地行政官。1858生。

クロフツ, F.W.　1957没（77歳）。イギリスの推理作家。1879生。

カーティス, マイケル　1962没（73歳）。ハンガリー、のちアメリカの映画監督。1888生。

竜村平蔵　たつむらへいぞう　1962没（85歳）。明治〜昭和時代の染織家。美術織物の制作や古代裂の復元にとりくんだ。1876生。

中谷宇吉郎　なかやうきちろう　1962没（61歳）。大正・昭和時代の物理学者、随筆家。1900生。

平良辰雄　たいらたつお　1969没（77歳）。昭和時代の政治家。沖縄群島政府知事、沖縄社会大衆党委員長。1892生。

オハーラ, ジョン　1970没（65歳）。アメリカの小説家。1905生。

マシス, アンリ　1970没（84歳）。フランスの評論家。1886生。

グロメール, マルセル　1971没（78歳）。フランスの画家。1892生。

上野直昭　うえのなおてる　1973没（90歳）。明治〜昭和時代の美学・美術史学者。東京芸術大学学長、愛知県立芸術大学学長。1882生。

プレヴェール, ジャック　1977没（77歳）。フランスの詩人、シナリオライター。1900生。

対馬忠行　つしまただゆき　1979没（77歳）。大正・昭和時代のトロツキスト。1901生。

山田智三郎　やまだちさぶろう　1984没（75歳）。昭和時代の美術史家。国立西洋美術館長、美術評論家連盟会長。1908生。

ホッジャ, エンヴェル　1985没（76歳）。アルバニアの革命運動指導者、政治家。1908生。

コールドウェル, アースキン　1987没（83歳）。アメリカの小説家。1903生。

田中伊三次　たなかいさじ　1987没（81歳）。昭和時代の政治家、弁護士。衆議院議員、法務大臣。1906生。

レーヴィ, プリーモ　1987没（67歳）。イタリアの小説家。1919生。

籾山政子　もみやままさこ　1989没（70歳）。昭和時代の生気象学者。医学地理研究所所長、女子栄養大学教授。1918生。

サペーニョ, ナタリーノ　1990没（88歳）。イタリアの評論家。1901生。

仲田好江　なかだよしえ　1995没（93歳）。昭和・平成時代の洋画家。1902生。

吉村順三　よしむらじゅんぞう　1997没（88歳）。昭和・平成時代の建築家。吉村順三設計事務所所長、東京芸術大学教授。1908生。

朝倉季雄　あさくらすえお　2001没（91歳）。昭和・平成時代の仏語学者。東京大学教授。1909生。

4月11日

4月12日

○記念日○ パンの記念日
○出来事○ 米国南北戦争始まる(1861)
東京大学開校(1877)
世界初の有人宇宙衛星打上げ(1961)

ユリウス1世　352没。教皇(在位337～52),聖人。

ゼーノー(ヴェローナの)　371没。北アフリカ出身の司教,説教家,聖人。

サバス(ゴート人の)　372没。ローマ帝国治下,現ルーマニアの殉教者。

ヴァルラム(ナウムベルクの)　1111没。ナウムベルクの司教。

定海　じょうかい　1149没(76歳)。平安時代後期の真言宗の僧。1074生。

坊門院　ぼうもんいん　1210没(34歳)。平安時代後期・鎌倉時代前期の女性。高倉天皇の第1(第2とも)皇女範子内親王。1177生。

覚仁法親王　かくにんほっしんのう　1266没(69歳)。鎌倉時代前期の園城寺長吏。1198生。

日義尼　にちぎに　1298没。鎌倉時代後期の日蓮宗信者。

仁恵法親王　にんえほっしんのう　1298没(55歳)。後嵯峨天皇の皇子。1244生。

覚恵　かくえ　1307没(69歳)。鎌倉時代後期の僧,本願寺創建者覚如の父。1239生。

菅原在嗣　すがわらのありつぐ　1308没(77歳)。鎌倉時代後期の公卿。1232生。

日保　にほ　1340没(83歳)。鎌倉時代後期・南北朝時代の日蓮宗の僧。1258生。

後亀山天皇　ごかめやまてんのう　1424没。第99代(南朝第4代)の天皇。

チチェリ,ヘンリー　1443没(81?歳)。カンタベリー大司教。1362頃生。

広橋兼郷　ひろはしかねさと　1446没(46歳)。室町時代の公卿。1401生。

日祝　にっしゅう　1513没(87歳)。室町時代・戦国時代の日蓮宗の僧。1427生。

レジナーリウス,バルタザル　1544没(59?歳)。ドイツの作曲家。1485頃生。

鷹司忠冬　たかつかさただふゆ　1546没(38歳)。戦国時代の公卿。1509生。

一条房基　いちじょうふさもと　1549没(28歳)。戦国時代の非参議・土佐国司。1522生。

ギーズ,クロード・ド・ロレーヌ,初代公爵　1550没(53歳)。フランスの武人。1496生。

鑁海　ばんかい　1555没。戦国時代の律宗の僧。

バルバロ,ダニエーレ　1570没(57歳)。イタリアの政治家,アクィレーイアの大司教,科学者。1513生。

武田信玄　たけだしんげん　1573没(53歳)。戦国時代の武将。1521生。

ヘルムボルト,ルートヴィヒ　1598没(66歳)。ドイツの讃美歌作者。1532生。

里村紹巴　さとむらじょうは　1602没(78歳)。戦国時代・安土桃山時代の連歌師。1525生。

長谷川長綱　はせがわながつな　1604没(62歳)。安土桃山時代の代官頭。1543生。

虎沢検校　とらざわけんぎょう　1654没。江戸時代前期の三味線組歌の創始者。

マザー,リチャード　1669没(73歳)。アメリカ組合教会の牧師。1596生。

アマーティ,ニコラ　1684没(87歳)。イタリア・クレモナの弦楽器製作家。1596生。

松平頼重　まつだいらよりしげ　1695没(74歳)。江戸時代前期の大名。1622生。

ボシュエ,ジャック-ベニーニュ　1704没(76歳)。フランスの聖職者,説教家,神学者。1627生。

ナービー,ユースフ　1712没(70歳)。オスマン・トルコ宮廷文学の第一人者。1642生。

ケント,ウィリアム　1748没(63歳)。イギリスの画家,建築家,室内装飾家。1685生。

市川雷蔵(初代)　いちかわらいぞう　1767没(44歳)。江戸時代中期の歌舞伎役者。1724生。

ノレ,ジャン・アントワーヌ　1770没(69歳)。フランスの物理学者。1700生。

クレビヨン,クロード・プロスペール・ジョリヨ・ド　1777没(70歳)。フランスの小説家。1707生。

メタスタージョ,ピエートロ　1782没(84歳)。イタリアの詩人。1698生。

桑楊庵光　そうようあんひかる　1796没(43歳)。江戸時代中期の狂歌師。1754生。

バーニー, チャールズ　1814没(88歳)。イギリスのオルガン奏者, 音楽学者。1726生。

メーラー, ヨーハン・アーダム　1838没(41歳)。ドイツのローマ・カトリック神学者。1796生。

ジャドソン, アドナイラム　1850没(61歳)。アメリカのバプテスト派の宣教師。1788生。

ジュコフスキー, ワシーリー・アンドレーヴィチ　1852没(69歳)。ロシア・ロマン主義の代表的詩人。1783生。

関口開　せきぐちひらく　1884没(43歳)。明治時代の数学者, 数学教育者。1842生。

マイヤー, ユリウス・ロタール　1895没(64歳)。ドイツの化学者。1830生。

コープ, エドワード・ドリンカー　1897没(56歳)。アメリカの脊椎動物化石の研究家。1840生。

岡本黄石　おかもとこうせき　1898没(88歳)。江戸・明治時代の近江彦根藩士。1811生。

サバティエ, ルイ・オギュスト　1901没(61歳)。フランスのプロテスタント神学者。1839生。

コルニュ　1902没(61歳)。フランスの物理学者。1841生。

サムナー, ウィリアム・グレイアム　1910没(69歳)。アメリカの社会学者。1840生。

バートン, クララ　1912没(90歳)。アメリカ赤十字の創立者。1821生。

コツュビンスキー, ミハイロ・ミハイロヴィチ　1913没(48歳)。ウクライナの作家。1864生。

ヴァーグナー, オットー　1918没(76歳)。オーストリアの建築家。1841生。

フェリ　1929没(73歳)。イタリアの刑法学者, 政治家。1856生。

アブドゥル・ハック・ハミト　1937没(86歳)。トルコの詩人, 文学者, 外交官。1851生。

アルバレス-キンテロ, セラフィン　1938没(67歳)。スペインの劇作家。1871生。

シャリアピン, フョードル・イヴァノヴィチ　1938没(65歳)。ロシアのバス歌手。1873生。

アザール, ポール　1944没(65歳)。フランスの評論家。1878生。

三笑亭可楽(7代目)　さんしょうていからく　1944没(59歳)。大正・昭和時代の落語家。1886生。

ルーズヴェルト, F.　1945没(63歳)。アメリカの政治家, 第32代大統領。1882生。

正木清　まさきよし　1961没(60歳)。大正・昭和時代の政治家, 社会運動家。衆議院議員。1900生。

コルベンハイアー, エルヴィン・グイード　1962没(83歳)。ドイツの小説家。1878生。

ペヴスナー, アントワーヌ　1962没(76歳)。ロシア構成主義の彫刻家。1886生。

広瀬豊作　ひろせとよさく　1964没(72歳)。昭和時代の官僚。大蔵大臣。1891生。

窪田空穂　くぼたうつぼ　1967没(89歳)。明治～昭和時代の歌人, 国文学者。1877生。

タム, イーゴリ・エヴゲニエヴィチ　1971没(75歳)。ソ連の物理学者。1895生。

ベイカー, ジョセフィン　1975没(68歳)。アメリカ生れのフランスの歌手, 舞踊家。1906生。

桑沢洋子　くわさわようこ　1977没(66歳)。昭和時代のファッション・デザイナー。桑沢デザイン研究所長。1910生。

清水善造　しみずぜんぞう　1977没(86歳)。大正時代のテニス選手。1891生。

船田中　ふなだなか　1979没(83歳)。昭和時代の政治家。衆議院議長, 自民党副総裁。1895生。

ルイス, ジョー　1981没(66歳)。アメリカの拳闘選手。1914生。

宮口精二　みやぐちせいじ　1985没(71歳)。昭和時代の俳優。1913生。

カターエフ, ワレンチン・ペトローヴィチ　1986没(89歳)。ソ連の作家。1897生。

北川冬彦　きたがわふゆひこ　1990没(89歳)。大正・昭和時代の詩人, 映画評論家。1900生。

安良城盛昭　あらきもりあき　1993没(65歳)。昭和時代の日本経済史学者。1927生。

関英雄　せきひでお　1996没(84歳)。昭和時代の児童文学作家, 批評家。1912生。

ウォルド, ジョージ　1997没(90歳)。アメリカの化学者。1906生。

大林太良　おおばやしりょう　2001没(71歳)。昭和・平成時代の民俗学者。東京大学教授, 国立民族博物館教授。1929生。

4月12日

4月13日

○記念日○ 喫茶店の日
　　　　　十三詣り
○出来事○ 巌流島の決闘(1612)
　　　　　軍事教練始まる(1925)
　　　　　アポロ13号事故発生(1970)

ユダス・マッカバイオス　前160没。ユダヤの英雄(反乱指導者)。
エルメネヒルド　585没。スペインの聖人。
定助　じょうじょ　957没(70歳)。平安時代中期の真言宗の僧。888生。
平維良　たいらのこれよし　1022没。平安時代中期の武将。
藤原広業　ふじわらのひろなり　1028没(53歳)。平安時代中期の公卿。976生。
藤原信家　ふじわらののぶいえ　1060没(42歳)。平安時代中期の公卿。1019生。
常寂　じょうじゃく　1074没(85歳)。平安時代中期の真言宗の僧。990生。
源雅俊　みなもとのまさとし　1122没(58歳)。平安時代後期の公卿。1065生。
フォルマル　1181没(35歳)。中世ドイツの神学者。1146生。
一条能保の妻　いちじょうよしやすのつま　1190没(46歳)。平安時代後期の女性。源頼朝の同母の妹、後鳥羽天皇の乳母。1145生。
山科教成　やましなのりしげ　1239没(63歳)。鎌倉時代前期の公卿。1177生。
イダ(ルーヴェンの)　1300没。ベルギーのシトー会修道女、福者。
ゴンサルヴス・ヒスパーヌス　1313没。スペイン出身のフランシスコ会15代総会長、哲学者、神学者。
冷泉頼隆　れいぜいよりたか　1329没。鎌倉時代後期の公卿。
小山朝郷　おやまともさと　1346没。鎌倉時代後期・南北朝時代の武将、下野守護。
ギヨーム・ド・マショー　1377没(77?歳)。フランスの詩人、音楽家。1300頃生。
小山義政　おやまよしまさ　1382没。南北朝時代の武将、下野守護。
コンラート(ゲルンハウゼンの)　1390没(70?歳)。ドイツの教会法学者、神学者。1320頃生。
四辻公彦　よつつじきんひこ　1400没。南北朝時代・室町時代の公卿。
敷政門院　ふせいもんいん　1448没(59歳)。室町時代の女性。伏見宮家3代貞成親王(後崇光院)の妃。1390生。
パルミエーリ, マッテーオ　1475没(69歳)。イタリアの歴史家, 詩人。1406生。
宗九　そうきゅう　1556没(77歳)。戦国時代の臨済宗の僧。1480生。
ゴトゥノーフ, ボリース・フョードロヴィチ　1605没(53?歳)。ロシアの皇帝(在位1598～1605)。1552頃生。
佐々木小次郎　ささきこじろう　1612没。安土桃山時代・江戸時代前期の剣術家。
ラ・フォンテーヌ, ジャン・ド　1695没(73歳)。フランスの詩人, 物語作家。1621生。
大瀬久左衛門　おおせきゅうざえもん　1700没(80歳)。江戸時代前期の甘藷栽培功労者。1621生。
安藤東野　あんどうとうや　1719没(37歳)。江戸時代中期の儒者。1683生。
池大雅　いけのたいが　1776没(54歳)。江戸時代中期の文人画家, 書家。1723生。
シャンフォール, セバスティアン・ロシュ・ニコラ　1794没(53歳)。フランスのモラリスト。1741生。
桑山玉洲　くわやまぎょくしゅう　1799没(54歳)。江戸時代中期の南画家。1746生。
リヴァロール, アントワーヌ　1801没(47歳)。フランスの作家。1753生。
ネッケール・ド・ソシュール夫人　1841没(75歳)。スイス・フランス語圏の女性作家。1766生。
松浦松洞　まつうらしょうどう　1862没(26歳)。江戸時代末期の絵師。1837生。
清川八郎　きよかわはちろう　1863没(34歳)。江戸時代末期の尊攘派志士。1830生。

江藤新平　えとうしんぺい　1874没(41歳)。江戸・明治時代の佐賀藩士，政治家。司法卿。1834生。

香月経五郎　かつきけいごろう　1874没(26歳)。明治時代の佐賀藩士。1849生。

島義勇　しまよしたけ　1874没(53歳)。江戸・明治時代の佐賀藩士，政治家。1822生。

バウアー，ブルーノ　1882没(72歳)。ドイツの神学者，哲学者，歴史家。1809生。

ル・プレー，フレデリク・ピエール・ギヨーム　1882没(76歳)。フランスの社会学者，採鉱技師。1806生。

シュピッタ，フィーリップ　1894没(52歳)。ドイツの音楽史学者。1841生。

ヴェレシチャーギン，ヴァシリー　1904没(61歳)。ロシアの画家。1842生。

斎藤緑雨　さいとうりょくう　1904没(37歳)。明治時代の小説家，評論家。1868生。

マカロフ　1904没(55歳)。ロシアの提督。1849生。

田口卯吉　たぐちうきち　1905没(51歳)。明治時代の歴史家，経済学者，実業家。衆議院議員。1855生。

鳥尾小弥太　とりおこやた　1905没(59歳)。明治時代の陸軍軍人，政治家。枢密院顧問官，子爵。1847生。

釈雲照　しゃくうんしょう　1909没(83歳)。江戸・明治時代の僧侶，仏教家。1827生。

石川啄木　いしかわたくぼく　1912没(27歳)。明治時代の歌人，詩人。1886生。

コルニロフ，ラヴル・ゲオルギエヴィチ　1918没(47歳)。ロシアの軍人。1870生。

高木兼寛　たかぎかねひろ　1920没(72歳)。明治・大正時代の海軍軍医。海軍軍医総監，男爵，貴族院議員。1849生。

後藤新平　ごとうしんぺい　1929没(73歳)。明治・大正時代の政治家。貴族院議員。1857生。

シミアン　1935没(61歳)。フランスの社会経済学者。1873生。

シャミナード，セシル　1944没(86歳)。フランスの女流ピアニスト，作曲家。1857生。

岩井半四郎(9代目)　いわいはんしろう　1945没(64歳)。明治〜昭和時代の歌舞伎役者。1882生。

カッシーラー，エルンスト　1945没(70歳)。ドイツのユダヤ人哲学者。1874生。

村岡典嗣　むらおかつねつぐ　1946没(63歳)。明治〜昭和時代の歴史学者。東北帝国大学教授。1884生。

笹川臨風　ささがわりんぷう　1949没(80歳)。明治〜昭和時代の美術評論家，俳人。1870生。

新納忠之介　にいろちゅうのすけ　1954没(85歳)。明治〜昭和時代の彫刻家，国宝修理家。1868生。

羽田亨　はねだとおる　1955没(72歳)。大正・昭和時代の東洋史学者。1882生。

ノルデ，エーミール　1956没(88歳)。ドイツの画家，版画家。1867生。

藤田元春　ふじたもとはる　1958没(79歳)。大正・昭和時代の歴史地理学者。1879生。

田宮嘉右衛門　たみやかえもん　1959没(83歳)。明治〜昭和時代の実業家。1875生。

春日とよ　かすがとよ　1962没(80歳)。大正・昭和時代の小唄演奏家。小唄春日派家元。1881生。

金光摂胤　こんこうせつたね　1963没(82歳)。明治〜昭和時代の宗教家。金光教教主。1880生。

カラ，カルロ　1966没(85歳)。イタリアの画家，美術評論家。1881生。

デュアメル，ジョルジュ　1966没(81歳)。フランスの小説家，評論家，詩人。1884生。

中村星湖　なかむらせいこ　1974没(90歳)。明治〜昭和時代の小説家，評論家。1884生。

エリセーエフ，セルゲイ・グリゴリエヴィチ　1975没(86歳)。アメリカの日本学者。1889生。

中村鴈治郎(2代目)　なかむらがんじろう　1983没(81歳)。明治〜昭和時代の歌舞伎役者。1902生。

篠田一士　しのだはじめ　1989没(62歳)。昭和時代の文芸評論家，英文学者。1927生。

西堀栄三郎　にしぼりえいざぶろう　1989没(86歳)。昭和時代の化学者，登山家。第一次南極観測越冬隊長，日本山岳会第13代会長。1903生。

西田修平　にしだしゅうへい　1997没(87歳)。昭和・平成時代の棒高跳び選手，陸上競技指導者。日本陸上競技連盟理事長。1910生。

清川正二　きよかわまさじ　1999没(86歳)。昭和時代の水泳選手，実業家。1913生。

曽我廼家明蝶　そがのやめいちょう　1999没(90歳)。昭和時代の俳優。1908生。

バッサーニ，ジョルジョ　2000没(84歳)。イタリアの小説家。1916生。

4月13日

4月14日

○記念日○　オレンジデー
○出来事○　リンカーン狙撃される（1865）
　　　　　　タイタニック号の最期（1912）
　　　　　　第1回モナコ・グランプリ開催（1929）

叡努内親王　えぬのないしんのう　835没。平安時代前期の女性。平城天皇の第2皇女。

セルギウス3世　911没。教皇（在位904～911）。

覚印　かくいん　1164没（68歳）。平安時代後期の真言宗の僧。1097生。

清原頼業　きよはらのよりなり　1189（閏4月）没（68歳）。平安時代後期の儒学者。1122生。

幸西　こうさい　1247没（85歳）。鎌倉時代前期の浄土教の僧。1163生。

摂津親致　せっつのちかむね　1303没（58歳）。鎌倉時代後期の評定衆。1246生。

直翁智侃　じきおうちかん　1322没（78歳）。鎌倉時代後期の臨済宗の僧。1245生。

ベリー　1345没（58歳）。イギリスの聖職者、政治家。1287生。

宗運　しゅうせん　1348没（95歳）。鎌倉時代後期・南北朝時代の天台宗の僧。1254生。

コンラート・フォン・メーゲンベルク　1374没（65?歳）。ドイツの科学者、神学者、歴史家。1309頃生。

空仏　くうぶつ　1380没（67歳）。南北朝時代の浄土真宗の僧。1314生。

花山院通定　かざんいんみちさだ　1400没。南北朝時代・室町時代の公卿。

山名勝豊　やまなかつとよ　1459没（29歳）。室町時代の武将。1431生。

ウォリック，リチャード・ネヴィル，伯爵　1471没（42歳）。イギリスの貴族（伯爵）。1428生。

ノーサンバーランド伯　1471没（40歳）。イギリス中世の貴族。1431生。

ギルランダイオ，ダーヴィド　1525没（73歳）。イタリアの画家。1452生。

ラウレンティウス・アンドレー　1552没（82?歳）。スウェーデンの宗教改革者、教会政治家。1470頃生。

朝倉景鏡　あさくらかげあきら　1574没。戦国時代・安土桃山時代の越前の武将。

ボスウェル，ジェイムズ・ヘップバーン，4代伯爵　1578没（43?歳）。スコットランドの貴族。1535頃生。

慶闇尼　けいぎんに　1600没（93歳）。戦国時代・安土桃山時代の女性。肥前国の武将龍造寺胤和の娘。1508生。

堰八安高　せきはちやすたか　1609没。安土桃山時代・江戸時代前期の陸奥弘前藩堰八村の堰役。

孝蔵主　こうぞうす　1626没。安土桃山時代・江戸時代前期の女性。豊臣秀吉の奥女房。

名越家昌　なごしいえまさ　1629没。江戸時代前期の釜師。

シヴァージー　1680没（52歳）。インド，マラータ王国の創始者（在位1674～80）。1627生。

アヴァクーム，ペトローヴィチ　1682没（62?歳）。ロシアの僧。1620頃生。

オトウェイ，トマス　1685没（33歳）。イギリスの劇作家。1652生。

戸田茂睡　とだもすい　1706没（78歳）。江戸時代前期・中期の歌人。1629生。

新上西門院　しんじょうさいもんいん　1712没（60歳）。江戸時代前期・中期の女性。霊元天皇の皇后。1653生。

トリントン　1716没（69歳）。イギリスの提督。1647生。

宇野明霞　うのめいか　1745没（48歳）。江戸時代中期の儒者。1698生。

丹羽正伯　にわせいはく　1756没（66歳）。江戸時代中期の本草学者。1691生。

ヘンデル，ゲオルク・フリードリヒ　1759没（74歳）。ドイツ生れのイギリスの作曲家。1685生。

キュヴィエ，ジャン-フランソワ・ド　1768没（72歳）。ドイツの建築家、室内装飾家。1695生。

ゴッヅィ，カルロ　1806没（85歳）。イタリアの劇作家。1720生。

216

4月14日

桜田治助（2代目）　さくらだじすけ　1829没（62歳）。江戸時代後期の歌舞伎作者。1768生。

大石真虎　おおいしまとら　1833没（42歳）。江戸時代後期の復古大和絵派の画家。1792生。

ランナー，ヨーゼフ　1843没（42歳）。オーストリアの作曲家。1801生。

チャアダーエフ，ピョートル・ヤーコヴレヴィチ　1856没（61歳）。ロシアの思想家。1794生。

飯岡助五郎　いいおかのすけごろう　1859没（68歳）。江戸時代後期の俠客。1792生。

モルガン　1859没（76歳）。アイルランドの女流作家。1783生。

カレーラ，ラファエル　1865没（50歳）。グアテマラの独裁者，大統領（1847〜65）。1814生。

高杉晋作　たかすぎしんさく　1867没（29歳）。江戸時代末期の長州（萩）藩士。1839生。

ベネジークトフ，ウラジーミル・グリゴリエヴィチ　1873没（65歳）。ロシアの詩人。1807生。

ジファール，アンリ　1882没（57歳）。フランスの技術者。1825生。

秦蔵六　はたぞうろく　1890没（85歳）。江戸・明治時代の鋳金家。1806生。

ストルーベ，オットー・ウィルヘルム　1905没（85歳）。ドイツの天文学者。1819生。

ウェストレーク　1913没（85歳）。イギリスの国際法学者。1828生。

木村正辞　きむらまさこと　1913没（87歳）。江戸・明治時代の国学者。帝国大学文科大学教授。1827生。

ハーゲンベック　1913没（68歳）。ドイツの動物園経営者。1844生。

スクリャービン，アレクサンドル・ニコラエヴィチ　1915没（43歳）。ロシアの作曲家。1872生。

ザメンホフ，ラザルス・ルードヴィク　1917没（57歳）。ポーランドの眼科医。1859生。

サリヴァン，ルイス・ヘンリー　1924没（67歳）。アメリカの建築家。1856生。

平田東助　ひらたとうすけ　1925没（77歳）。明治・大正時代の政治家。内務大臣，伯爵。1849生。

マヤコフスキー，ウラジーミル・ウラジーミロヴィチ　1930没（36歳）。ソ連の詩人。1893生。

ネーター，エミー　1935没（53歳）。ドイツの女性数学者。1882生。

萱野長知　かやのながとも　1947没（75歳）。明治〜昭和時代の大陸浪人。1873生。

ラマナ・マハリシ　1950没（70歳）。インドの宗教家。1879生。

ベヴィン，アーネスト　1951没（70歳）。イギリスの労働運動指導者，政治家。1881生。

関口泰　せきぐちたい　1956没（67歳）。昭和時代の教育家，ジャーナリスト。1889生。

平田のぶ　ひらたのぶ　1958没（63歳）。大正・昭和時代の教育家，婦人運動家。1895生。

パーカースト　1959没（72歳）。アメリカの教育家，ドールトン・プランの創案者。1887生。

野村胡堂　のむらこどう　1963没（80歳）。大正・昭和時代の小説家，音楽評論家。1882生。

カーソン，レイチェル　1964没（56歳）。アメリカの農学者。1907生。

フルシチョフ，ニキータ・セルゲーヴィチ　1971没（77歳）。ソ連の政治家。1894生。

佐郷屋嘉昭　さごうやよしあき　1972没（63歳）。昭和時代の国家主義者。1908生。

ケレーニー，カール　1973没（76歳）。ハンガリー出身の神話学者。1897生。

リーヴィス，F.R.　1978没（82歳）。イギリスの文学批評家。1895生。

藤岡謙二郎　ふじおかけんじろう　1985没（70歳）。昭和時代の地理学者。1914生。

ボーヴォワール，シモーヌ・ド　1986没（78歳）。フランスの小説家，評論家，劇作家。1908生。

森赫子　もりかくこ　1986没（71歳）。昭和時代の女優。1914生。

利根山光人　とねやまこうじん　1994没（72歳）。昭和・平成時代の洋画家。1921生。

梯明秀　かけはしあきひで　1996没（93歳）。昭和時代の哲学者。1902生。

綱淵謙錠　つなぶちけんじょう　1996没（71歳）。昭和・平成時代の小説家。1924生。

田久保英夫　たくぼひでお　2001没（73歳）。昭和・平成時代の小説家。1928生。

勅使河原宏　てしがわらひろし　2001没（74歳）。昭和・平成時代の映画監督，華道家。1927生。

三波春夫　みなみはるお　2001没（77歳）。昭和・平成時代の歌手。1923生。

4月15日

○記念日○　ヘリコプターの日
　　　　　遺言の日
○出来事○　『古今和歌集』完成（905）
　　　　　ヘレン・ケラー来日（1937）
　　　　　東京ディズニーランド開場（1983）

オトー，マルクス・サルウィウス　69没（36歳）。ローマ皇帝（在位69）。32生。
欽明天皇　きんめいてんのう　571没（62歳）。第29代の天皇。510生。
多治比水守　たじひのみなもり　711没。飛鳥時代の官人。
禅暁　ぜんぎょう　1220没。鎌倉幕府2代将軍源頼家の子。
プア，リチャード　1237没。イギリスのソールズベリの司教。
勘解由小路経光　かげゆこうじつねみつ　1273没（62歳）。鎌倉時代前期の公卿。1212生。
藤原経光　ふじわらのつねみつ　1274没（63歳）。鎌倉時代前期の公卿。1212生。
クリュソロラス，マヌエル　1415没（65?歳）。ビザンティンの貴族，人文学者。1350頃生。
南英周宗　なんえいしゅうそう　1438没（76歳）。南北朝時代・室町時代の臨済禅僧。1363生。
大輝霊曜　だいきりょうよう　1446没（64歳）。室町時代の曹洞宗の僧。1383生。
ブルネレスキ，フィリッポ　1446没（69歳）。イタリアの建築家，発明家。1377生。
雪叟一純　せっそういちじゅん　1455没（79歳）。室町時代の曹洞宗の僧。1377生。
飯篠長威斎　いいざさちょういさい　1488没（102歳）。室町時代の剣術家。1387生。
シュターディオン，クリストフ・フォン　1543没（65歳）。ドイツの司教。1478生。
フランチェスコ・ダ・ミラノ　1543没（45?歳）。イタリアのリュート奏者，作曲家。1497生。
フォックス，ジョン　1587没（71歳）。イギリスの宗教家。1516生。
明叟宗普　みょうそうそうふ　1590没（75歳）。戦国時代・安土桃山時代の臨済宗の僧。1516生。
マルカスター，リチャード　1611没（81?歳）。イギリスの教育家。1530頃生。
ボルティモア，ジョージ・カルヴァート，男爵　1632没（52?歳）。イギリスの政治家。1580頃生。
ドメニキーノ　1641没（59歳）。イタリアの画家。1581生。
青山忠俊　あおやまただとし　1643没（66歳）。安土桃山時代・江戸時代前期の大名。1578生。
ダッハ，ジーモン　1659没（53歳）。ドイツの詩人。1605生。
アパフィ・ミハーイー1世　1690没（57歳）。トランシルバニア公。1632生。
松平直矩　まつだいらなおのり　1695没（54歳）。江戸時代前期の大名。1642生。
カルル11世　1697没（41歳）。スウェーデン王（在位1660～97）。1655生。
マントノン，フランソワーズ・ドービニェ，侯爵夫人　1719没（83歳）。フランス国王ルイ14世の愛妾。1635生。
秋色　しゅうしき　1725没（57歳）。江戸時代中期の女性。俳人。1669生。
リッカティ，ヤコポ　1754没（77歳）。イタリアの数学者。1676生。
カリエーラ，ロザルバ　1757没（81歳）。イタリアの女流画家。1675生。
ボルコフ　1763没（34歳）。ロシアの劇団組織者，俳優。1729生。
ポンパドゥール，ジャンヌ・アントワネット・ポワソン，侯爵夫人　1764没（42歳）。フランス国王ルイ15世の愛妾。1721生。
ホイット，ロバート　1766没（51歳）。イギリスの生理学者。1714生。
エピネ　1783没（57歳）。フランスの女流作家。1726生。
ロベール，ユベール　1808没（74歳）。フランスの風景画家。1733生。
エヴァンズ，オリヴァー　1819没（63歳）。アメリカの発明家。1755生。
大黒屋光太夫　だいこくやこうだゆう　1828没（78歳）。江戸時代中期・後期の商人。1751生。
ブルフィンチ，チャールズ　1844没（80歳）。アメリカの建築家。1763生。

ローラン, オーギュスト　1853没(45歳)。フランスの化学者。1807生。

リンカーン, エイブラハム　1865没(56歳)。アメリカ合衆国第16代大統領。1809生。

小原鉄心　おはらてっしん　1872没(56歳)。江戸・明治時代の美濃大垣藩士。大垣藩大参事。1817生。

伊地知貞馨　いぢちさだか　1887没(62歳)。江戸・明治時代の鹿児島藩士, 官吏。1826生。

アーノルド, マシュー　1888没(65歳)。イギリスの詩人, 評論家。1822生。

鶴田皓　つるたあきら　1888没(53歳)。明治時代の官僚。1836生。

ディーツゲン　1888没(59歳)。ドイツの社会主義者。1828生。

ダミアン, ジョゼフ神父　1889没(49歳)。ハワイへ渡ったベルギー人カトリック宣教師。1840生。

ディナ, ジェイムズ・ドワイト　1895没(82歳)。アメリカの鉱物学者, 地質学者。1813生。

ダルー, ジュール　1902没(63歳)。フランスの彫刻家。1838生。

小出粲　こいでつばら　1908没(76歳)。明治時代の歌人。1833生。

山川登美子　やまかわとみこ　1909没(31歳)。明治時代の歌人。1879生。

佐久間勉　さくまつとむ　1910没(32歳)。明治時代の海軍軍人。1879生。

サージェント, ジョン・シンガー　1925没(69歳)。フィレンツェ生れの画家。1856生。

中浜哲　なかはまてつ　1926没(30歳)。大正時代の無政府主義者。1897生。

ルルー, ガストン　1927没(58歳)。フランスの小説家, ジャーナリスト。1868生。

クロス, チャールズ・フレデリック　1935没(79歳)。イギリスの有機化学者。1855生。

バリェーホ, セサル・アブラム　1938没(46歳)。ペルーの詩人。1892生。

鈴木梅四郎　すずきうめしろう　1940没(79歳)。明治・大正時代の実業家, 政治家。衆議院議員, 立憲国民党幹事長。1862生。

ムージル, ローベルト　1942没(61歳)。オーストリアの小説家。1880生。

ジェンティーレ, ジョヴァンニ　1944没(68歳)。イタリアの哲学者, 政治家。1875生。

ロハス　1948没(56歳)。フィリピンの政治家, 初代大統領(1946〜48)。1892生。

六角紫水　ろっかくしすい　1950没(83歳)。明治〜昭和時代の漆芸家。東京美術学校教授。1867生。

チェルノーフ　1952没(78歳)。ロシアの革命家。1873生。

水沼辰夫　みずぬまたつお　1965没(72歳)。大正・昭和時代の労働運動家。1892生。

港野喜代子　みなとのきよこ　1976没(63歳)。昭和時代の詩人。1913生。

五島美代子　ごとうみよこ　1978没(79歳)。昭和時代の歌人。晩香女学校校長, 専修大学教授。1898生。

有馬頼義　ありまよりちか　1980没(62歳)。昭和時代の小説家。1918生。

サルトル, ジャン-ポール　1980没(74歳)。フランスの哲学者, 文学者。1905生。

土岐善麿　ときぜんまろ　1980没(94歳)。明治〜昭和時代の歌人, 国文学者。国語審議会会長。1885生。

八田一朗　はったいちろう　1983没(76歳)。昭和時代のレスラー, 政治家。日本アマチュアレスリング協会長, 参議院議員。1906生。

エンプソン, ウィリアム　1984没(77歳)。イギリスの批評家, 詩人。1906生。

ジュネ, ジャン　1986没(75歳)。フランスの小説家。1910生。

胡耀邦　こようほう　1989没(73歳)。中国の政治家。1915生。

ガルボ, グレタ　1990没(84歳)。スウェーデン生れのアメリカの映画女優。1905生。

西村晃　にしむらこう　1997没(74歳)。昭和・平成時代の俳優。1923生。

郡司正勝　ぐんじまさかつ　1998没(84歳)。昭和・平成時代の演劇評論家。早稲田大学教授。1913生。

ポル・ポト　1998没(72歳)。民主カンボジア軍最高会議議長, 総司令官。1926生。

古沢岩美　ふるさわいわみ　2000没(88歳)。昭和・平成時代の洋画家。池坊御茶の水学院教授。1912生。

窪田章一郎　くぼたしょういちろう　2001没(92歳)。昭和・平成時代の歌人, 国文学者。「まひる野」主宰, 早稲田大学教授。1908生。

ラモーン, ジョーイ　2001没(50歳)。アメリカのロック歌手。1951生。

横山光輝　よこやまみつてる　2004没(69歳)。昭和・平成時代の漫画家。1934生。

4月15日

4月16日

○記念日○　国民年金法公布記念日
○出来事○　金閣寺上棟式(1397)
　　　　　日本初の女子フルマラソン(1978)

伴保平　とものやすひら　954没(88歳)。平安時代前期・中期の公卿。867生。

橘道貞　たちばなのみちさだ　1016没。平安時代中期の官人。

覚円　かくえん　1098没(68歳)。平安時代中期・後期の僧。1031生。

藤原光子　ふじわらのみつこ　1121没(62歳)。平安時代後期の女房、白河上皇の側近、堀河・鳥羽両天皇の乳母。1060生。

藤原具良　ふじわらのともよし　1331没(61歳)。鎌倉時代後期の公卿。1271生。

相馬重胤　そうましげたね　1336没。鎌倉時代後期・南北朝時代の武将。

日成　にちじょう　1337没。鎌倉時代後期・南北朝時代の日蓮宗の僧。

後醍醐天皇　ごだいごてんのう　1339没(52歳)。第96代(南朝初代)の天皇。1288生。

菅原在富　すがわらのありとみ　1375没。南北朝時代の公卿。

霊岩妙英　りょうがんみょうえい　1407没(62歳)。南北朝時代・室町時代の臨済宗の僧。1346生。

結城氏朝　ゆうきうじとも　1441没(40?歳)。室町時代の武将。1402頃生。

心敬　しんけい　1475没(70歳)。室町時代の連歌師、十住心院の住持。1406生。

高倉永康　たかくらながやす　1512没(49歳)。戦国時代の公卿。1464生。

天蔭徳樹　てんいんとくじゅ　1526没。戦国時代の臨済宗の僧。

四条隆永　しじょうたかなが　1538没(61歳)。戦国時代の公卿。1478生。

ヴィーナー, パウル　1554没。ドイツのルター派教会改革者。

ゴンザーガ, ジューリア　1566没(53歳)。イタリアのマントバの貴族。1513生。

英邵女王　えいしょうじょおう　1580没(12歳)。安土桃山時代の女性。陽光院の第1王女。1569生。

丹羽長秀　にわながひで　1585没(51歳)。安土桃山時代の武将。1535生。

クルーツィガー, カスパル　1597没(72歳)。ドイツの教会行政家、神学者。1525生。

信松院　しんしょういん　1616没(56歳)。安土桃山時代・江戸時代前期の女性。武田信玄の6女。1561生。

フェッティ, ドメーニコ　1624没(35?歳)。イタリアの画家。1589頃生。

バッキンガム, ジョージ・ヴィラーズ, 2代公爵　1687没(59歳)。イギリスの貴族。1628生。

ベイン, アフラ　1689没(48歳)。イギリスの劇作家、小説家。1640生。

尭恕入道親王　ぎょうじょにゅうどうしんのう　1695没(56歳)。江戸時代前期の天台宗の僧。1640生。

松平乗邑　まつだいらのりさと　1746没(61歳)。江戸時代中期の大名。1686生。

ビュフォン, ジョルジュ-ルイ・ド　1788没(80歳)。フランスの博物学者。1707生。

フューゼリ, ヘンリー　1825没(84歳)。スイスの画家。1741生。

ゴヤ・イ・ルシエンテス, フランシスコ・ホセ・デ　1828没(82歳)。スペインの画家、版画家。1746生。

花沢伊左衛門(2代目)　はなざわいざえもん　1829没。江戸時代後期の義太夫節の三味線方。

カトナ・ヨージェフ　1830没(38歳)。ハンガリーの劇作家。1791生。

松平頼恕　まつだいらよりひろ　1842没(45歳)。江戸時代後期の大名。1798生。

タッソー, マリー　1850没(88歳)。フランスの女流蝋人形作家。1761生。

クラーマー, ヨーハン・バプティスト　1858没(87歳)。イギリスのピアニスト、教育家。1771生。

トックヴィル, アレクシス・ド　1859没(53歳)。フランスの歴史家、政治家。1805生。

赤木忠春　あかぎただはる　1865没(50歳)。江戸時代末期の黒住教の高弟、布教者。

1816生。
片岡仁左衛門(10代目) かたおかにざえもん 1895没(45歳)。江戸・明治時代の歌舞伎役者。1851生。
ローランド, ヘンリー・オーガスタス 1901没(52歳)。アメリカの物理学者。1848生。
スマイルズ, サミュエル 1904没(91歳)。イギリスの著述家。1812生。
小幡篤次郎 おばたとくじろう 1905没(64歳)。明治時代の教育者。慶応義塾長。1842生。
渥美契縁 あつみかいえん 1906没(67歳)。明治時代の浄土真宗大谷派の僧。1840生。
ヒル, ジョージ 1914没(76歳)。アメリカの数理天文学者。1838生。
元田作之進 もとださくのしん 1928没(67歳)。明治〜昭和時代の牧師, 教育者。立教大学学長, 日本聖公会初代邦人主教。1862生。
前田寛治 まえたかんじ 1930没(35歳)。大正・昭和時代の洋画家。1896生。
マリアテギ, ホセ・カルロス 1930没(35歳)。ペルーの革命家, 思想家。1894生。
イストラチ, パナイト 1935没(50歳)。ルーマニアの作家。1884生。
チボーデ, アルベール 1936没(62歳)。フランスの文芸評論家。1874生。
ベルナーレ, エミール 1941没(72歳)。フランスの画家, 著述家。1868生。
荒井寛方 あらいかんぽう 1945没(68歳)。明治〜昭和時代の日本画家。1878生。
田村俊子 たむらとしこ 1945没(62歳)。明治・大正時代の小説家。1884生。
ルース, ベーブ 1948没(53歳)。アメリカの代表的プロ野球選手。1895生。
小杉放庵 こすぎほうあん 1964没(82歳)。明治〜昭和時代の画家, 歌人。1881生。
ファーバー, エドナ 1968没(80歳)。アメリカの女流小説家, 劇作家。1887生。
嵯峨根遼吉 さがねりょうきち 1969没(63歳)。昭和時代の物理学者。東京大学教授, 日本原子力研究所理事。1905生。
石原広一郎 いしはらこういちろう 1970没(80歳)。大正・昭和時代の実業家。石原産業社長。1890生。
ノイトラ, リチャード・ジョーゼフ 1970没(78歳)。オーストリア出身のアメリカの建築家。1892生。
川端康成 かわばたやすなり 1972没(72歳)。大正・昭和時代の小説家。ノーベル文学賞作家。1899生。
中村正義 なかむらまさよし 1977没(52歳)。昭和時代の日本画家。1924生。
山辺健太郎 やまべけんたろう 1977没(71歳)。大正・昭和時代の労働運動家。1905生。
クレイ, ルーシャス 1978没(80歳)。アメリカの軍人, 実業家。1897生。
黒田長礼 くろだながみち 1978没(88歳)。大正・昭和時代の動物学者。日本鳥学会会頭, 日本生物地理学会会長。1889生。
西尾実 にしおみのる 1979没(89歳)。大正・昭和時代の日本文学者, 国語教育家。国立国語研究所長, 法政大学教授。1889生。
湊正雄 みなとまさお 1984没(68歳)。昭和時代の地質学者。北海道大学教授, 日本地質学会会長。1915生。
西沢文隆 にしざわふみたか 1986没(71歳)。昭和時代の建築家。坂倉建築研究所所長。1915生。
三木澄子 みきすみこ 1988没(77歳)。昭和時代の小説家, 児童文学者。1911生。
リーン, デイヴィッド 1991没(83歳)。イギリスの映画監督。1908生。
グラインドル, ヨーゼフ 1993没(80歳)。ドイツのバス歌手。1912生。
藤枝静男 ふじえだしずお 1993没(85歳)。昭和・平成時代の小説家。1907生。
前田俊彦 まえだとしひこ 1993没(83歳)。昭和・平成時代の著述業, 社会運動家。延永村村長。1909生。
エリソン, ラルフ 1994没(80歳)。アメリカの黒人小説家, 評論家, 教師。1914生。
別当薫 べっとうかおる 1999没(78歳)。昭和時代のプロ野球選手, 監督。1920生。
ジャマルライル, サイド・プトラ 2000没(79歳)。マレーシア国王。1920生。
山主敏子 やまぬしとしこ 2000没(92歳)。昭和・平成時代の児童文学者, 翻訳家。1907生。
マーク, ペーター 2001没(81歳)。スイスの指揮者。1919生。

4月16日

4月17日

○記念日○　ハローワークの日（職安記念日）
　　　　　恐竜の日
○出来事○　下関条約で日清戦争講和（1895）
　　　　　地方自治法公布（1947）

アレクサンドロス　328没（78?歳）。アレクサンドリアの主教。250頃生。
シメオン・バル・サバエ　341没。ササン朝ペルシアの司教，殉教者。
プロクロス　485没（73?歳）。新プラトン派（アテネ派）の代表的哲学者。412頃生。
藤原房前　ふじわらのふささき　737没（57歳）。飛鳥時代・奈良時代の官人。681生。
藤原百能　ふじわらのももの　782没（63歳）。奈良時代の女性。京家藤原麻呂の娘。720生。
高津内親王　たかつないしんのう　841没。平安時代前期の女性。嵯峨天皇の妃。
馮道　ふうどう　954没（72歳）。中国，五代後唐，後晋，後漢，後周および遼の宰相。882生。
源自明　みなもとのよりあきら　958没（48歳）。平安時代中期の公卿。911生。
後一条天皇　ごいちじょうてんのう　1036没（29歳）。第68代の天皇。1008生。
源頼信　みなもとのよりのぶ　1048没（81歳）。平安時代中期の武将。968生。
源国明　みなもとのくにあき　1105没（42歳）。平安時代後期の貴族。1064生。
ロベール　1111没（84?歳）。貴族出身のベネディクト会士，聖人。1027頃生。
藤原清隆　ふじわらのきよたか　1162没（72歳）。平安時代後期の公卿。1091生。
清水谷実有　しみずだにさねあり　1260没（58歳）。鎌倉時代前期の公卿。1203生。
覚顕　かくけん　1290没（80歳）。鎌倉時代後期の天台宗の僧。1211生。
憲静　けんじょう　1295没。鎌倉時代後期の僧。
遊観　ゆうかん　1298没。鎌倉時代後期の浄土宗の僧。
藤原公兼　ふじわらのきんかね　1312没（73歳）。鎌倉時代後期の公卿。1240生。
ゲラルドゥス（ボローニャの）　1317没。イタリア出身のカルメル会修道士，同会のスコラ学者。
北畠親房　きたばたけちかふさ　1354没（62歳）。鎌倉時代後期・南北朝時代の公卿，武将。1293生。
ファリエーロ　1355没（81歳）。ヴェネツィアの統領（1354～）。1274生。
上杉能憲　うえすぎよしのり　1378没（46歳）。南北朝時代の武将，関東管領。1333生。
東漸健易　とうぜんけんえき　1423没（80歳）。南北朝時代・室町時代の僧。1344生。
小倉季煕　おぐらすえひろ　1529没（74歳）。戦国時代の公卿。1456生。
松颯　しょうさつ　1534没（80歳）。戦国時代の浄土宗の僧。1455生。
ゲオルク（髭公）　1539没（67歳）。ドイツの宗教改革期のザクセン大公（在位1500～39）。1471生。
カメラリウス，ヨアヒム　1574没（74歳）。ドイツの古典学者，ルター派の神学者。1500生。
蒲生賢秀　がもうかたひで　1584没（51歳）。安土桃山時代の武将。1534生。
吉田宗恂　よしだそうじゅん　1610没（53歳）。安土桃山時代・江戸時代前期の医師。1558生。
徳川家康　とくがわいえやす　1616没（75歳）。安土桃山時代，江戸時代前期の大名。江戸幕府の初代将軍。1542生。
ホーキンズ　1622没（60?歳）。イギリスの航海者。1562頃生。
朱舜水　しゅしゅんすい　1682没（81歳）。中国，明末・清初期の学者。1600生。
クルス，フアナ・イネス・デ・ラ　1695没（43歳）。メキシコの女流詩人。1651生。
セヴィニェ，マリー・ド・ラビュタン-シャンタル，侯爵夫人　1696没（70歳）。フランスの女流書簡文作家。1626生。
ヨーゼフ1世　1711没（32歳）。神聖ローマ皇帝（在位1705～11）。1678生。
公弁法親王　こうべんほっしんのう　1716没（18歳）。後西天皇の第6皇子。1699生。
マッテゾン，ヨーハン　1764没（82歳）。ドイツの作曲家，音楽理論家。1681生。

フランクリン、ベンジャミン　1790没(84歳)。アメリカの政治家, 科学者。1706生。
朽木昌綱　くつきまさつな　1802没(53歳)。江戸時代中期・後期の大名, 蘭学者。1750生。
杉田玄白　すぎたげんぱく　1817没(85歳)。江戸時代中期・後期の蘭方医, 外科医。1733生。
ブラウンソン、オレスティーズ・オーガスタス　1876没(72歳)。アメリカの聖職者, 文筆家。1803生。
フォンタネージ、アントーニオ　1882没(64歳)。イタリアの風景画家。1818生。
大浦慶　おおうらけい　1884没(57歳)。江戸・明治時代の貿易商。1828生。
イサアクス、ホルヘ　1895没(58歳)。コロンビアの詩人, 小説家。1837生。
ウェッブ、フィリップ　1915没(84歳)。イギリスの建築家。1831生。
リチャード、ティモシ　1919没(74歳)。イギリスのバプテスト教会中国宣教師。1845生。
尾崎放哉　おざきほうさい　1926没(42歳)。大正時代の俳人。1885生。
ゲディス、サー・パトリック　1932没(77歳)。イギリスの植物学者, 社会学者。1854生。
ドリーシュ、ハンス・アドルフ・エドゥアルト　1941没(73歳)。ドイツの生物学者, 生命哲学者。1867生。
ペラン、ジャン・バティスト　1942没(71歳)。フランスの化学者, 物理学者。1870生。
鈴木貫太郎　すずきかんたろう　1948没(81歳)。明治〜昭和時代の軍人, 政治家。首相。1868生。
コミサージェフスキー、シオドア　1954没(71歳)。イギリスで活躍したロシアの演出家。1882生。
川路柳虹　かわじりゅうこう　1959没(70歳)。明治〜昭和時代の詩人。1888生。
コクラン、エディ　1960没(22歳)。アメリカのロカビリー奏者。1938生。
陶孟和　とうもうわ　1960没(73歳)。中国の社会学者。1887生。
矢野橋村　やのきょうそん　1965没(74歳)。大正・昭和時代の日本画家。日本南画院会長。1890生。
カレツキ、ミハウ　1970没(70歳)。ポーランドの経済学者。1899生。
服部静夫　はっとりしずお　1970没(68歳)。昭和時代の植物生理化学者。東京大学教授, 岡山大学長。1902生。
近藤信男　こんどうのぶお　1973没(69歳)。昭和時代の実業家。近藤紡績所社長。1903生。
須山計一　すやまけいいち　1975没(69歳)。昭和時代の洋画家, 漫画家。日本プロレタリア美術家同盟(ヤップ)書記長。1905生。
ラーダークリシュナン、サー・サルヴェパリー　1975没(86歳)。インドの哲学者, 政治家。1888生。
ニコル　1976没(81歳)。イギリスの演劇学者。1894生。
清水六兵衛(6代目)　きよみずろくべえ　1980没(78歳)。昭和時代の陶芸家。1901生。
バンティング、バズル　1985没(85歳)。イギリスの詩人。1900生。
武内つなよし　たけうちつなよし　1988没(62歳)。昭和時代の漫画家。1926生。
ネーヴェルソン、ルイーズ　1988没(88歳)。ロシア生れのアメリカの女流彫刻家。1899生。
アバナシ、ラルフ・デイヴィド　1990没(64歳)。アメリカの牧師, 黒人運動家。1926生。
オザル、トゥルグト　1993没(66歳)。トルコの大統領(1989〜1993年)。1927生。
勝本正晃　かつもとまさあきら　1993没(97歳)。大正・昭和時代の法律学者, 弁護士。東北大学教授, 京都大学教授, 東京都労委会長。1895生。
湯浅佑一　ゆあさゆういち　1994没(87歳)。昭和・平成時代の経営者。ユアサコーポレーション社長, 湯川記念財団理事長。1906生。
稲葉秀三　いなばひでぞう　1996没(89歳)。昭和・平成時代の経済評論家。産経新聞社社長, 産業研究所理事長。1907生。
大木実　おおきみのる　1996没(82歳)。昭和・平成時代の詩人。1913生。
脇村義太郎　わきむらよしたろう　1997没(96歳)。昭和・平成時代の経済学者。東京大学教授, 日本学士院会長, 経済史学会会長。1900生。
山田智彦　やまだともひこ　2001没(65歳)。昭和・平成時代の小説家。1936生。
大村はま　おおむらはま　2005没(98歳)。昭和・平成時代の国語教育者。1906生。

4月17日

4月18日

○記念日○ お香の日
発明の日
良い歯の日
○出来事○ 米軍機が日本本土初空襲（1942）
アジア・アフリカ会議（1955）

道璿 どうせん 760没(59歳)。奈良時代の唐の渡来僧。702生。

隆尊 りゅうそん 760(閏4月)没(55歳)。奈良時代の元興寺僧。706生。

藤原元名 ふじわらのもとな 965没(81歳)。平安時代中期の公卿。885生。

藤原懐平 ふじわらのちかひら 1017没(65歳)。平安時代中期の公卿。953生。

テオバルド 1161没(71?歳)。カンタベリー大司教。1090頃生。

隆海 りゅうかい 1177没(58歳)。平安時代後期の真言宗の僧。1120生。

心蓮 しんれん 1181没。平安時代後期の真言宗の僧。

定恵法親王 じょうえほっしんのう 1196没(41歳)。後白河天皇の皇子。1156生。

立信 りゅうしん 1284没(72歳)。鎌倉時代前期の僧。1213生。

日栄 にちえい 1308没。鎌倉時代後期の日蓮宗の僧。

平惟継 たいらこれつぐ 1343没(78歳)。鎌倉時代後期・南北朝時代の公卿。1266生。

日教 にっきょう 1493没(75歳)。室町時代・戦国時代の日蓮宗の僧。1419生。

大岳祖益 だいがくそえき 1503没。戦国時代の曹洞宗の僧。

リッピ, フィリッピーノ 1504没(46?歳)。イタリアの画家。1458頃生。

ランベール, フランソワ 1530没(44歳)。プロテスタント神学者。1486生。

行然 ぎょうねん 1531没。戦国時代の浄土宗の僧。

陶興房 すえおきふさ 1539没。戦国時代の武将。

リーランド, ジョン 1552没(46?歳)。イギリスの古物収集家。1506頃生。

ヴァージル, ポリドア 1555没(85歳)。イタリア出身のローマ・カトリック教会司祭, イギリスの歴史学者, 古典学者。1470生。

アラマンニ, ルイージ 1556没(60歳)。イタリアの詩人。1495生。

大内義長 おおうちよしなが 1557没(18歳)。戦国時代の武将。1540生。

ドラコニテス, ヨハネス 1566没(72歳)。ドイツのルター派論争神学者, 聖書学者。1494生。

大村純忠 おおむらすみただ 1587没(55歳)。戦国時代・安土桃山時代の武将, キリシタン。1533生。

パーソンズ, ロバート 1610没(63歳)。イギリスのイエズス会宣教師。1546生。

建部昌興 たけべまさおき 1655没(76歳)。江戸時代前期の書家。1580生。

グラント 1674没(53歳)。イギリスの統計学者, 商人。1620生。

ホーフマン・フォン・ホーフマンスヴァルダウ, クリスティアン 1679没(61歳)。ドイツの詩人。1617生。

名古屋玄医 なごやげんい 1696没(69歳)。江戸時代前期の医師。1628生。

松平君山 まつだいらくんざん 1783没(87歳)。江戸時代中期の漢学者。1697生。

荒木元融 あらきげんゆう 1794没(67歳)。江戸時代中期の画家。1728生。

三宅嘯山 みやけしょうざん 1801没(84歳)。江戸時代中期・後期の俳人。1718生。

ダーウィン, エラズマス 1802没(70歳)。イギリスの医師, 博物学者, 詩人。1731生。

伊能忠敬 いのうただたか 1818没(74歳)。江戸時代後期の地理学者, 測量家。1745生。

ソシュール 1845没(77歳)。スイスの植物学者。1767生。

葛飾北斎 かつしかほくさい 1849没(90歳)。江戸時代後期の浮世絵師。1760生。

ターンティア・トーピー 1859没(40?歳)。インドの対英反乱(1857)の指導者。1819頃生。

レツィウス, アンデルス・アドルフ 1860没(63歳)。スウェーデンの解剖学者, 人類学者。

1796生。
望月太左衛門(4代目) もちづきたざえもん 1861没(78歳)。江戸時代後期の歌舞伎囃子方。1784生。
スマーク，サー・ロバート 1867没(85歳)。イギリスの建築家。1781生。
リービヒ，ユストゥス，男爵 1873没(69歳)。ドイツの化学者。1803生。
モロー，ギュスターヴ 1898没(72歳)。フランスの画家。1826生。
バレーラ，フアン 1905没(80歳)。スペインの小説家。1824生。
横井時冬 よこいときふゆ 1906没(47歳)。明治時代の歴史学者。1860生。
ウォード，L． 1913没(71歳)。アメリカ社会学の創始者。1841生。
上杉茂憲 うえすぎもちのり 1919没(76歳)。明治時代の政治家。元老院議官，貴族院議員。1844生。
大手拓次 おおてたくじ 1934没(48歳)。大正・昭和時代の詩人。1887生。
レスピーギ，オットリーノ 1936没(56歳)。イタリアの作曲家。1879生。
渡辺千冬 わたなべちふゆ 1940没(65歳)。明治～昭和時代の政治家，実業家。枢密顧問官，子爵。1876生。
山本五十六 やまもといそろく 1943没(60歳)。大正・昭和時代の海軍人。大将。1884生。
パイル，アーニー 1945没(44歳)。アメリカのジャーナリスト。1900生。
フレミング，サー・ジョン・アンブローズ 1945没(95歳)。イギリスの電気技術者。1849生。
津田信吾 つだしんご 1948没(68歳)。昭和時代の経営者。1881生。
ブルームフィールド，レナード 1949没(62歳)。アメリカの言語学者。1887生。
ヴァンデンバーグ，アーサー・H 1951没(67歳)。アメリカの政治家。1884生。
平山蘆江 ひらやまろこう 1953没(70歳)。大正・昭和時代の小説家。1882生。
アインシュタイン，アルベルト 1955没(76歳)。ドイツ生れのアメリカの理論物理学者。1879生。
ヘリゲル 1955没(71歳)。ドイツの哲学者。1884生。

ガムラン，モーリス・ギュスターヴ 1958没(85歳)。フランスの将軍。1872生。
長田新 おさだあらた 1961没(74歳)。大正・昭和時代の教育学者，教育家。広島文理科大学学長。1887生。
朝倉文夫 あさくらふみお 1964没(81歳)。明治～昭和時代の彫刻家。東京美術学校教授，日展審査員。1883生。
ヘクト，ベン 1964没(70歳)。アメリカの小説家，劇作家。1894生。
豊竹若太夫(10代目) とよたけわかたゆう 1967没(78歳)。明治～昭和時代の浄瑠璃太夫。1888生。
牧野英一 まきのえいいち 1970没(92歳)。明治～昭和時代の刑法学者。東京帝国大学教授。1878生。
井上康文 いのうえやすぶみ 1973没(75歳)。大正・昭和時代の詩人。1897生。
パニョル，マルセル 1974没(79歳)。フランスの劇作家。1895生。
城戸四郎 きどしろう 1977没(82歳)。大正・昭和時代の映画プロデューサー，実業家。松竹社長，日本映画製作者連盟会長。1894生。
江口榛一 えぐちしんいち 1979没(65歳)。昭和時代の詩人。1914生。
東井義雄 とういよしお 1991没(79歳)。昭和時代の教育者，僧侶。東光寺(浄土真宗本願寺派)住職，八鹿町立八鹿小学校長。1912生。
井上薫 いのうえかおる 1993没(86歳)。昭和時代の銀行家。第一銀行頭取。1906生。
神吉敬三 かんきけいぞう 1996没(63歳)。昭和・平成時代の美術評論家。上智大学教授。1932生。
秋岡芳夫 あきおかよしお 1997没(76歳)。昭和・平成時代のインダストリアルデザイナー。1920生。
三岸節子 みぎしせつこ 1999没(94歳)。大正～平成時代の洋画家。1905生。
ヘイエルダール，トール 2002没(87歳)。ノルウェーの人類学者，海洋探検家。1914生。
桂文朝 かつらぶんちょう 2005没(63歳)。昭和・平成時代の落語家。1942生。
伊藤一長 いとういっちょう 2007没(61歳)。昭和・平成時代の政治家。長崎市長。1945生。

4月18日

4月19日

○記念日○ 地図の日
○出来事○ アメリカ独立戦争勃発（1775）
　　　　　伊能忠敬、蝦夷地の測量に出発（1800）
　　　　　円、戦後最高値1ドル＝79円75銭（1995）

紀家守　きのいえもり　784没（60?歳）。奈良時代の官人。0725頃生。

小野岑守　おののみねもり　830没（53歳）。平安時代前期の文学者、公卿。778生。

丹波康頼　たんばのやすより　995没（84歳）。平安時代中期の医師。912生。

アルフェジ（カンタベリの）　1012没（58歳）。イギリスのカンタベリ大司教、ベネディクト会士。954生。

レオ9世　1054没（51歳）。教皇（在位1049～54）、聖人。1002生。

後冷泉天皇　ごれいぜいてんのう　1068没（44歳）。第70代の天皇。1025生。

藤原良基　ふじわらのよしもと　1075（閏4月）没（52歳）。平安時代中期の公卿。1024生。

加賀美遠光　かがみとおみつ　1230没（88歳）。平安時代後期・鎌倉時代前期の武将、信濃守。1143生。

円浄　えんじょう　1256没（68歳）。鎌倉時代前期の僧。1189生。

菅原在公　すがわらのありきみ　1287没。鎌倉時代後期の公卿。

近衛実香　このえさねよし　1325没（65歳）。鎌倉時代後期の公卿。1261生。

祐助法親王　ゆうじょほっしんのう　1359没（58歳）。後二条天皇の第3皇子。1302生。

ロバート2世　1390没（74歳）。スコットランド王（在位1371～90）。1316生。

越渓秀格　えっけいしゅうかく　1413没。室町時代の臨済宗の僧。

大林正通　だいりんしょうつう　1484没（91歳）。室町時代の曹洞宗の僧。1394生。

宗牧　そうもく　1517没（64歳）。戦国時代の臨済宗の僧。1454生。

モゼラーヌス、ペトルス　1524没（31歳）。ドイツの人文主義者、ギリシア語学者。1493生。

貞安　ていあん　1552没。戦国時代の浄土宗の僧。

ペートリ、オラーヴス　1552没（59歳）。スウェーデンの聖職者。1493生。

メランヒトン、フィーリップ　1560没（63歳）。ドイツの神学者、宗教改革者、教育者。1497生。

西洞院時秀　にしのとういんときひで　1566没（36歳）。戦国時代の公卿。1531生。

シュティーフェル、ミヒャエル　1567没（73歳）。ドイツの数学者。1487生。

ヴェロネーゼ、パオロ　1588没（60?歳）。イタリアの画家。1528頃生。

柳生宗厳　やぎゅうむねよし　1606没（78歳）。戦国時代・安土桃山時代の剣術家。1529生。

サックヴィル、トマス　1608没（72歳）。イギリスの詩人、政治家。1536生。

佐竹義重　さたけよししげ　1612没（66歳）。安土桃山時代・江戸時代前期の武将、常陸太田城主、義昭の子。1547生。

シルバ　1616没。スペインの植民地行政官。

富田重政　とだしげまさ　1625没（62歳）。安土桃山時代・江戸時代前期の武将、剣術家。1564生。

ヴァニョーニ、アルフォンソ　1640没（74歳）。イタリアの中国イエズス会士。1566生。

ファン・ディーメン　1645没（52歳）。オランダの植民政治家。1593生。

ウォリック、ジョン・リッチ、2代伯爵　1658没（71歳）。イギリスの植民地行政家。1587生。

クリスティナ　1689没（62歳）。スウェーデン女王（1644～54）。1626生。

プライス、リチャード　1791没（68歳）。イギリスの宗教家、哲学者。1723生。

洪景来　こうけいらい　1812没（32?歳）。朝鮮、李朝時代の平安道農民戦争の指導者。1780生。

ラッシュ、ベンジャミン　1813没（67歳）。アメリカの医師、政治家。1745生。

4月19日

バイロン, ジョージ・ゴードン　1824没(36歳)。イギリスの詩人。1788生。

渋江長伯　しぶえちょうはく　1830没(71歳)。江戸時代中期・後期の本草学者。1760生。

アンツィロン, ヨーハン・ペーター・フリードリヒ　1837没(68歳)。プロシアの政治家, 歴史家。1769生。

姉川新四郎(4代目)　あねがわしんしろう　1853没(45歳)。江戸時代末期の歌舞伎役者。1809生。

黒沢翁満　くろさわおきなまろ　1859没(65歳)。江戸時代後期の国学者, 歌人。1795生。

田宮如雲　たみやじょうん　1871没(64歳)。江戸・明治時代の名古屋藩士。1808生。

ディズレイリ, ベンジャミン　1881没(76歳)。イギリスの政治家。1804生。

ダーウィン, チャールズ　1882没(73歳)。イギリスの博物学者。1809生。

大音青山　おおおとせいざん　1886没(70歳)。江戸・明治時代の福岡藩士。藩老中。1817生。

瓜生岩　うりゅういわ　1897没(69歳)。江戸・明治時代の社会事業家。1829生。

ブラザ, ピエール・サヴォルニャン・ド　1905没(53歳)。フランスの探検家, 行政官, 仏領コンゴの創設者。1852生。

キュリー, ピエール　1906没(46歳)。フランスの物理学者。1859生。

足立正声　あだちまさな　1907没(67歳)。江戸・明治時代の鳥取藩士, 刑法官。1841生。

ヴィンクラー, フーゴー　1913没(49歳)。ドイツのアッシリア学者。1863生。

パース, チャールズ・サンダーズ　1914没(74歳)。アメリカの哲学者。1839生。

富士田吉次(2代目)　ふじたきちじ　1919没(75歳)。明治・大正時代の長唄唄方。1845生。

ドロ, ルイ　1931没(73歳)。ベルギーの古生物学者。1857生。

コンウェー　1937没(81歳)。イギリスの美術史家。1856生。

安藤利吉　あんどうりきち　1946没(63歳)。明治～昭和時代の陸軍軍人。大将。1884生。

小林徳三郎　こばやしとくさぶろう　1949没(66歳)。大正・昭和時代の洋画家。1884生。

クルツィウス, エルンスト・ローベルト　1956没(70歳)。ドイツの文学研究家, ラテン語学者。1886生。

永井松三　ながいまつぞう　1957没(80歳)。大正・昭和時代の外交官。1877生。

畑井新喜司　はたいしんきし　1963没(87歳)。明治～昭和時代の動物学者。東北帝大教授, 東京家政大学学長。1876生。

マレシャル, モリス　1964没(71歳)。フランスのチェロ演奏家。1892生。

アデナウアー, コンラート　1967没(91歳)。西ドイツの政治家。1876生。

上野精一　うえのせいいち　1970没(87歳)。大正・昭和時代の新聞経営者。朝日新聞社長。1882生。

アユーブ・カーン, ムハンマド　1974没(66歳)。パキスタンの政治家。1907生。

坂本万七　さかもとまんしち　1974没(74歳)。昭和時代の写真家。1900生。

傅作義　ふさくぎ　1974没(81歳)。中国の軍人。1893生。

大中寅二　おおなかとらじ　1982没(85歳)。昭和時代の作曲家。1896生。

アンジェイェフスキ, イェジィ　1983没(73歳)。ポーランドの作家。1909生。

田中一松　たなかいちまつ　1983没(87歳)。大正・昭和時代の日本美術史家。東京国立文化財研究所所長。1895生。

中原淳一　なかはらじゅんいち　1983没(70歳)。昭和時代の画家, 雑誌編集者。1913生。

チューダー, アントニー　1987没(79歳)。イギリスの舞踊家, 振付師。1908生。

テイラー, マクスウェル・D　1987没(85歳)。アメリカの陸軍軍人。1901生。

長谷川四郎　はせがわしろう　1987没(77歳)。昭和時代の作家, 詩人。法政大学教授。1909生。

宮永岳彦　みやながたけひこ　1987没(68歳)。昭和時代の洋画家。二紀会理事長。1919生。

デュ・モーリエ, ダフネ　1989没(81歳)。イギリスの女流作家。1907生。

パス, オクタビオ　1998没(84歳)。メキシコの詩人。1914生。

桂枝雀(2代目)　かつらしじゃく　1999没(59歳)。昭和・平成時代の落語家。1939生。

谷洋子　たにようこ　1999没(70歳)。昭和・平成時代の女優。1928生。

飯田善国　いいだよしくに　2006没(82歳)。昭和・平成時代の彫刻家。1923生。

4月20日

○記念日○　逓信記念日
○出来事○　日本初の女子大学開設(1901)
　　　　　　日本初の女子野球試合(1902)
　　　　　　『モナリザ』が日本公開(1974)

阿倍沙弥麻呂　あべのさみまろ　758没。奈良時代の官人。

在原友于　ありわらのともゆき　910没。平安時代前期・中期の公卿。

藤原宗忠　ふじわらのむねただ　1141没(80歳)。平安時代後期の公卿。1062生。

ヴィクトル4世　1164没。対立教皇。

静遍　じょうへん　1224没(59歳)。平安時代後期・鎌倉時代前期の真言宗の僧。1166生。

光宝　こうほう　1239没(63歳)。鎌倉時代前期の僧。1177生。

クレメンス5世　1314没(54?歳)。教皇(在位1305〜14)。1260頃生。

ゲルソニデス　1344没(56?歳)。フランスのユダヤ思想家、聖書学者。1288頃生。

大中臣通直　おおなかとみのみちなお　1428没。室町時代の神官。

惟肖得巌　いしょうとくがん　1437没(78歳)。南北朝時代・室町時代の臨済宗の僧、五山文学僧。1360生。

尚巴志　しょうはし　1439没(68歳)。琉球国王。1372生。

回夫慶文　かいふきょうもん　1524没。戦国時代の曹洞宗の僧。

バートン, エリザベス　1534没(28?歳)。"ケントの乙女"と称せられたイギリスの神秘家、預言者。1506生。

上杉朝定　うえすぎともさだ　1546没(22歳)。戦国時代の武将。1525生。

斎藤道三　さいとうどうさん　1556没(63歳)。戦国時代の美濃国の大名。1494生。

ブーゲンハーゲン, ヨーハン　1558没(72歳)。ドイツの宗教改革者。1485生。

ソト, ペドロ・デ　1563没(68?歳)。スペインのカトリック神学者。1495頃生。

中川清秀　なかがわきよひで　1583没(42歳)。安土桃山時代の武将、中川重清の子。1542生。

メルリン, マクシミーリアーン　1584没(67歳)。ドイツのルター派牧師。1516生。

津田宗及　つだそうきゅう　1591没。安土桃山時代の堺の豪商、茶人。

北条氏房　ほうじょううじふさ　1592没(28歳)。安土桃山時代の武将、武蔵岩槻城城主。1565生。

蛎崎季広　かきざきすえひろ　1595没(89歳)。戦国時代・安土桃山時代の蝦夷島代官。1507生。

竜派禅珠　りゅうはぜんしゅ　1636没(88歳)。安土桃山時代・江戸時代前期の五山派の僧。1549生。

デマンティウス, クリストフ　1643没(75歳)。ドイツの作曲家、著述家。1567生。

岡本玄冶　おかもとげんや　1645没(59歳)。江戸時代前期の医師。1587生。

史可法　しかほう　1645没(43歳)。中国、明末の忠臣。1602生。

阿部重次　あべしげつぐ　1651没(54歳)。江戸時代前期の大名。1598生。

徳川家光　とくがわいえみつ　1651没(48歳)。江戸幕府第3代の将軍。1604生。

堀田正盛　ほったまさもり　1651没(44歳)。江戸時代前期の大名。1608生。

ル・ナン, マテュー　1677没(70歳)。フランスの画家。1607生。

コエーリョ, クラウディオ　1693没(51歳)。スペイン, マドリード派最後の画家。1642生。

園女　そのめ　1726没(63歳)。江戸時代中期の女性。俳人。1664生。

長谷川千四　はせがわせんし　1733没(45歳)。江戸時代中期の浄瑠璃作者、歌舞伎作者。1689生。

カナレット　1768没(70歳)。イタリアの画家、銅版画家。1697生。

アリー・ベイ　1773没(45歳)。エジプトの支配者。1728生。

薮孤山　やぶこざん　1802没(68歳)。江戸時代中期・後期の儒学者。1735生。

荻野元凱　おぎのげんがい　1806没(70歳)。江戸時代中期・後期の医師。1737生。

ヤング, アーサー　1820没(78歳)。イギリスの農業理論家。1741生。

アシャール, フランツ　1821没(67歳)。ドイツの化学者。1753生。

世良修蔵　せらしゅうぞう　1868(閏4月)没(34歳)。江戸・明治時代の長州藩士。第二奇兵隊軍監。1835生。

レーヴェ, カール　1869没(72歳)。ドイツの作曲家。1796生。

ナハティガル　1885没(51歳)。ドイツのサハラ探検家, 医者。1834生。

フリーデル, シャルル　1899没(67歳)。フランスの化学者, 鉱物学者。1832生。

ストックトン, フランク・リチャード　1902没(68歳)。アメリカの小説家。1834生。

ストーカー, ブラム　1912没(64歳)。アイルランドの作家。1847生。

遠藤利貞　えんどうとしさだ　1915没(73歳)。明治時代の和算史家。1843生。

松平正直　まつだいらまさなお　1915没(72歳)。江戸・明治時代の福井藩士, 官僚, 政治家。貴族院議員, 内務次官。1844生。

ブラウン, カール・フェルディナント　1918没(67歳)。ドイツの物理学者。1850生。

春風亭柳枝(4代目)　しゅんぷうていりゅうし　1927没(60歳)。明治・大正時代の落語家。1868生。

ペアノ, ジュゼッペ　1932没(73歳)。イタリアの数学者, 論理学者。1858生。

馬越恭平　まごしきょうへい　1933没(90歳)。明治～昭和時代の実業家。日本工業倶楽部会長。1844生。

沢村源之助(4代目)　さわむらげんのすけ　1936没(78歳)。明治～昭和時代の歌舞伎役者。1859生。

ウィグモア, ジョン・ヘンリー　1943没(80歳)。アメリカの代表的な訴訟法学者。1863生。

米内光政　よないみつまさ　1948没(69歳)。明治～昭和時代の軍人, 政治家。首相, 海相。1880生。

前田夕暮　まえだゆうぐれ　1951没(67歳)。明治～昭和時代の歌人。1883生。

木村小舟　きむらしょうしゅう　1954没(72歳)。明治～昭和時代の児童文学者, 編集者。1881生。

下村湖人　しもむらこじん　1955没(70歳)。大正・昭和時代の小説家, 教育者。台北高等学校校長。1884生。

三島通陽　みしまみちはる　1965没(68歳)。大正・昭和時代の少年団体指導者。ボーイスカウト日本連盟創設者。1897生。

ジプシー・ローズ　1967没(32歳)。昭和時代のストリッパー。1934生。

ツェラーン, パウル　1970没(49歳)。オーストリアのユダヤ系詩人。1920生。

内田百閒　うちだひゃっけん　1971没(81歳)。大正・昭和時代の小説家, 随筆家。1889生。

サンソム, ウィリアム　1976没(64歳)。イギリスの小説家。1912生。

橋本英吉　はしもとえいきち　1978没(79歳)。昭和時代の小説家。1898生。

マクリーシュ, アーチボルド　1982没(89歳)。アメリカの詩人。1892生。

グエン・ズイ・チン　1985没(75歳)。ベトナム社会主義共和国の政治家。1910生。

アルブーゾフ, アレクセイ・ニコラエヴィチ　1986没(77歳)。ソ連の劇作家。1908生。

海老原博幸　えびはらひろゆき　1991没(51歳)。昭和時代のプロボクサー。ワールド・スポーツ会長。1940生。

オフェイロン, ショーン　1991没(91歳)。アイルランドの作家。1900生。

沖中重雄　おきなかしげお　1992没(89歳)。昭和時代の医師。内科, 東京大学教授。1902生。

島田謹二　しまだきんじ　1993没(92歳)。昭和・平成時代の比較文学者。東京大学教授。1901生。

川路龍子　かわじりゅうこ　1996没(80歳)。昭和時代の女優。SKDスター。1915生。

増村益城　ますむらましき　1996没(85歳)。昭和・平成時代の漆芸家。人間国宝。1910生。

東由多加　ひがしゆたか　2000没(54歳)。昭和・平成時代の演出家, 映画監督。1945生。

カッツ, サー・バーナード　2003没(92歳)。イギリスの生理学者。1911生。

丹羽文雄　にわふみお　2005没(100歳)。昭和・平成時代の作家。1904生。

4月20日

4月21日

○記念日○　民放の日
○出来事○　ゲームボーイ発売（1989）

ヒルティウス，アウルス　前43没（47?歳）。ローマの軍人，著述家。前90頃生。
元正天皇　げんしょうてんのう　748没（69歳）。第44代の天皇。680生。
善珠　ぜんじゅ　797没（75歳）。奈良時代・平安時代前期の興福寺法相宗の僧。723生。
アブー・ユースフ　798没（67歳）。イスラム法学者，ハナフィー学派創設者の一人。731生。
万多親王　まんだしんのう　830没（43歳）。桓武天皇の皇子。788生。
バルダス，カイサル　865没。ビザンティン帝国の政治家。
藤原保則　ふじわらのやすのり　895没（71歳）。平安時代前期の公卿。825生。
アレクサンデル2世　1073没。教皇（在位1061～73）。
聖アンセルム　1109没（76歳）。カンタベリーの大司教，神学者。1033生。
徽宗　きそう　1135没（52歳）。中国，北宋の第8代皇帝（在位1100～25）。1082生。
アベラール，ピエール　1142没（63歳）。フランスの神学者，哲学者。1079生。
令子内親王　れいしないしんのう　1144没（67歳）。平安時代後期の女性。白河天皇の第3皇女。1078生。
ヨアネス（フォードの）　1214没（74?歳）。イギリスのシトー会修道院長，神秘家，著述家。1140頃生。
慈猛　じみょう　1277没（67歳）。鎌倉時代前期の僧。1211生。
島津久経　しまづひさつね　1284（閏4月）没（60歳）。鎌倉時代後期の薩摩国守護。1225生。
堀川顕世　ほりかわあきよ　1309没（59歳）。鎌倉時代後期の公卿。1251生。
無際純証　むさいじゅんしょう　1381没。南北朝時代の曹洞宗の僧。
総融　そうゆう　1386没。南北朝時代の学僧。
清水谷実秋　しみずだにさねあき　1420没。室町時代の公卿。
尭仁法親王　ぎょうにんほっしんのう　1430没（68歳）。南北朝時代・室町時代の後光厳院の皇子。1363生。
日巌　にちごん　1445没。室町時代の日蓮宗の僧。
日典　にってん　1463没（63歳）。室町時代の日蓮宗の僧。1401生。
快元　かいげん　1469没。室町時代の学僧。
ヘンリー7世　1509没（52歳）。チューダー朝初代のイングランド王（在位1485～1509）。1457生。
上杉朝良　うえすぎともよし　1518没。戦国時代の武将。
アピアヌス　1552没（51歳）。ドイツの地理学者，天文学者。1501生。
メディチ，コジモ1世　1574没（54歳）。イタリアの財閥。1519生。
新庄直定　しんじょうなおさだ　1618没（57歳）。安土桃山時代・江戸時代前期の大名。1562生。
義演　ぎえん　1626（閏4月）没（69歳）。安土桃山時代・江戸時代前期の真言宗の僧，醍醐寺座主。1558生。
曾我古祐　そがひさすけ　1658没（73歳）。江戸時代前期の幕臣。1586生。
前田利治　まえだとしはる　1660没（43歳）。江戸時代前期の大名。1618生。
ラシーヌ，ジャン　1699没（59歳）。フランスの劇作家。1639生。
オイゲン，サヴォワ公爵　1736没（72歳）。オーストリアの将軍，政治家。1663生。
クローム，ジョン　1821没（52歳）。イギリスのノリッジ風景画派の画家。1768生。
プファッフ，フリードリヒ　1825没（59歳）。ドイツの数学者，天文学者。1765生。
アラクチェーエフ　1834没（64歳）。ロシアの軍人，政治家。1769生。
スレイター，サミュエル　1835没（66歳）。アメリカ紡績業の父。1768生。
松崎慊堂　まつざきこうどう　1844没（74歳）。江戸時代後期の儒学者，遠江掛川藩儒。1771生。

ゲルトナー、フリードリヒ・フォン　1847没(54歳)。ドイツの建築家。1792生。

河原崎国太郎(初代)　かわらさきくにたろう　1867没(19歳)。江戸時代末期の歌舞伎役者。1849生。

鈴木雅之　すずきまさゆき　1871没(35歳)。江戸・明治時代の国学者，神道学者，歌人。1837生。

浜口梧陵　はまぐちごりょう　1885没(66歳)。江戸・明治時代の官吏。和歌山県議会議長。1820生。

ダービー　1893没(66歳)。イギリスの政治家。1826生。

槇村正直　まきむらまさなお　1896没(63歳)。明治時代の官僚，萩藩士。京都府知事，貴族院議員。1834生。

沖禎介　おきていすけ　1904没(31歳)。明治時代の志士。1874生。

工藤行幹　くどうゆきもと　1904没(63歳)。明治時代の政治家。衆議院議員。1842生。

横川省三　よこがわしょうぞう　1904没(40歳)。明治時代の志士。1865生。

マーク・トウェイン　1910没(74歳)。アメリカの小説家。1835生。

リヒトホーフェン，マンフレート，男爵　1918没(36歳)。ドイツの空軍軍人，男爵。1882生。

ドゥーゼ，エレオノーラ　1924没(64歳)。イタリアの女優。1859生。

ブリッジズ，ロバート　1930没(85歳)。イギリスの詩人，批評家。1844生。

ル・コック，アルバート・フォン　1930没(69歳)。ドイツの東洋学者。1860生。

長岡外史　ながおかがいし　1933没(76歳)。明治・大正時代の陸軍軍人，政治家。中将，衆議院議員。1858生。

関直彦　せきなおひこ　1934没(78歳)。明治～昭和時代の政治家。衆議院議員，貴族院議員。1857生。

高峰筑風　たかみねちくふう　1936没(58歳)。明治・大正時代の筑前琵琶演奏家。筑前琵琶高峰流創始者。1879生。

イクバール，ムハンマド　1938没(63歳)。インドの詩人，哲学者。1875生。

ケインズ，ジョン・メイナード　1946没(62歳)。イギリスの経済学者。1883生。

千葉勇五郎　ちばゆうごろう　1946没(77歳)。明治～昭和時代の牧師，神学者。1870生。

大島正徳　おおしままさのり　1947没(68歳)。大正・昭和時代の哲学者，教育家。1880生。

山本忠興　やまもとただおき　1951没(69歳)。明治～昭和時代の電気工学者。早稲田大学教授。1881生。

クリップス，サー・スタッフォード　1952没(62歳)。イギリスの政治家，労働党員。1889生。

倉橋惣三　くらはしそうぞう　1955没(72歳)。大正・昭和時代の教育家，幼児教育指導者。お茶の水女子大学教授，教育刷新委員会委員。1882生。

吉田絃二郎　よしだげんじろう　1956没(69歳)。大正・昭和時代の小説家，劇作家，随筆家。1886生。

フォール，ポール　1960没(88歳)。フランスの詩人，劇作家。1872生。

伊藤正徳　いとうまさのり　1962没(72歳)。大正・昭和時代のジャーナリスト，軍事評論家。1889生。

ロバートソン　1963没(72歳)。イギリスの経済学者。1890生。

アップルトン，サー・エドワード・ヴィクター　1965没(72歳)。イギリスの実験物理学者。1892生。

大石順教　おおいしじゅんきょう　1968没(80歳)。昭和時代の尼僧，社会事業家。勧修寺(真言宗階山派大本山)門跡院主。1888生。

デュヴァリエ，フランソワ　1971没(64歳)。ハイチの大統領(1957～71)。1907生。

オパーリン，アレクサンドル・イヴァノヴィッチ　1980没(86歳)。ソ連の生化学者。1894生。

梅若万三郎(2代目)　うめわかまんざぶろう　1991没(83歳)。昭和・平成時代の能楽師。1908生。

ボスコフスキー，ヴィリー　1991没(81歳)。オーストリアのヴァイオリニスト・指揮者。1909生。

リンナ，ヴァイノ　1992没(71歳)。フィンランドの小説家。1920生。

マカパガル　1997没(86歳)。フィリピンの政治家。1910生。

ロドリゲス，アンドレス　1997没(73歳)。パラグアイの政治家，軍人。1923生。

ヴァイスコップ　2002没(93歳)。アメリカの物理学者。1908生。

4月21日

4月22日

○記念日○　アースデー
　　　　　　清掃デー
○出来事○　治安維持法公布(1925)
　　　　　　『サザエさん』連載開始(1946)
　　　　　　マザー・テレサ来日(1981)

テオドーロス(シュケオンの)　613没。ギリシア正教会の修道院長, 主教, 聖人。

イブン・アルファラディー　1012没(50歳)。アンダルシアのアラブ系歴史家。962生。

藤原宗家　ふじわらのむねいえ　1189(閏4月)没(51歳)。平安時代後期の公卿。1139生。

エリーアス(コルトーナの)　1253没(73?歳)。イタリアのフランシスコ会総会長。1180頃生。

アエギディウス(アッシージの)　1262没(72?歳)。イタリアのフランシスコ会修道士, 福者。1190頃生。

飯沼助宗　いいぬますけむね　1293没。鎌倉時代後期の武将, 得宗被官。

平頼綱　たいらのよりつな　1293没。鎌倉時代後期の武将。

光済　こうさい　1379(閏4月)没(54歳)。南北朝時代の真言宗の僧。1326生。

尊信　そんじん　1380没(57歳)。南北朝時代の京都勧修寺の僧, 亀山天皇の皇孫。1324生。

日実　にちじつ　1458没。室町時代の日蓮宗の僧。

太安養康　だいあんようこう　1549没(102歳)。室町時代・戦国時代の曹洞宗の僧。1448生。

大雲永瑞　だいうんえいずい　1562没(81歳)。戦国時代の曹洞宗の僧。1482生。

アンマナーティ, バルトロメーオ　1592没(80歳)。イタリアの建築家, 彫刻家。1511生。

高力正長　こうりきまさなが　1599没(42歳)。安土桃山時代の武将, 大名。1558生。

オルガンティーノ, ニェッキ‐ソルディ　1609没(79歳)。イタリアのイエズス会宣教師。1530生。

セルヴァンテス, ミゲール・デ　1616没(68歳)。スペインの小説家。1547生。

日真　にっしん　1626没(62歳)。安土桃山時代・江戸時代前期の日蓮宗の僧。1565生。

伊達政宗の娘　だてまさむねのむすめ　1635没(20歳)。江戸時代前期の女性。政宗と側室お勝の方の間に生まれた。1616生。

シャーンイェルム, イェオリ　1672没(73歳)。スウェーデンの詩人, 学者。1598生。

京極高広　きょうごくたかひろ　1677没(79歳)。江戸時代前期の大名。1599生。

市村羽左衛門(7代目)　いちむらうざえもん　1698没(18歳)。江戸時代中期の歌舞伎座本。1681生。

中島勘左衛門(初代)　なかじまかんざえもん　1716没(55歳)。江戸時代中期の歌舞伎役者。1662生。

エルベルフェルト　1722没(51歳)。ジャワの民族運動の先駆者。1671生。

ミール・マハムード　1725没。イランのアフガン朝の創始者(在位1722～25)。

唐崎彦明　からさきげんめい　1758没(45歳)。江戸時代中期の儒学者。1714生。

ジュシュー　1758没(71歳)。フランスの植物学者。1686生。

マルゼルブ, クレチヤン‐ギョーム・ド・ラモワニョン・ド　1794没(72歳)。フランスの政治家。1721生。

ル・シャプリエ　1794没(39歳)。フランスの政治家。1754生。

ヴィルヌーヴ, ピエール・ド　1806没(42歳)。フランスの海軍司令官。1763生。

秋広平六　あきひろへいろく　1807没(51歳)。江戸時代中期・後期の殖産興業家。1757生。

フランク　1821没(76歳)。ドイツの医師。1745生。

ローランドソン, トマス　1827没(70歳)。イギリスの画家, 諷刺画家。1756生。

トレヴィシック, リチャード　1833没(62歳)。イギリスの技術家, 発明家。1771生。

ダヴィドフ, デニス・ワシリエヴィチ　1839没(54歳)。ロシアの詩人, 軍人。1784生。

プリンセプ 1840没(40歳)。イギリスの東洋学者、インド考古学者。1800生。

スターリング 1865没(74歳)。イギリスの海軍東インド艦隊司令長官。1791生。

中林竹渓 なかばやしちくけい 1867没(52歳)。江戸時代末期の南画家。1816生。

吉井友実 よしいともざね 1891没(64歳)。江戸・明治時代の鹿児島藩士、政治家。枢密顧問官、日本鉄道社長。1828生。

ラロ, エドゥアール 1892没(69歳)。フランス(スペイン系)の作曲家。1823生。

スタッブズ, ウィリアム 1901没(75歳)。イギリスの聖職者、歴史家。1825生。

キャンベル-バナマン, サー・ヘンリー 1908没(71歳)。イギリスの政治家、自由党内閣首相(1905～08)。1836生。

荻原守衛 おぎわらもりえ 1910没(32歳)。明治時代の彫刻家。1879生。

カプレ, アンドレ 1925没(46歳)。フランスの作曲家。1878生。

大倉喜八郎 おおくらきはちろう 1928没(92歳)。明治・大正時代の実業家。大倉商会。1837生。

大倉桃郎 おおくらとうろう 1944没(66歳)。明治～昭和時代の小説家。万朝報記者。1879生。

コルヴィッツ, ケーテ 1945没(77歳)。ドイツの女流画家、版画家、彫刻家。1867生。

バハール, ミールザー・モハンマド・タキー 1951没(65歳)。イランの詩人。1886生。

ティーネマン 1960没(77歳)。ドイツの湖沼学者、動物学者。1882生。

リプソン 1960没(71歳)。イギリスの経済史家。1888生。

クァラントッティ・ガンビーニ, ピエール・アントーニオ 1965没(55歳)。イタリアの小説家。1910生。

杵屋勝太郎(4代目) きねやかつたろう 1966没(80歳)。明治～昭和時代の長唄三味線方。1885生。

神田松鯉(2代目) かんだしょうり 1967没(81歳)。明治～昭和時代の講談師。1885生。

豊竹山城少掾 とよたけやましろのしょうじょう 1967没(88歳)。明治～昭和時代の義太夫節太夫(文楽)。1878生。

尾崎孝子 おざきこうこ 1970没(73歳)。大正・昭和時代の歌人。1897生。

菊岡久利 きくおかくり 1970没(61歳)。昭和時代の詩人、小説家。1909生。

児山敬一 こやまけいいち 1972没(70歳)。昭和時代の哲学者、歌人。東洋大学教授。1902生。

豊田勝秋 とよだかつあき 1972没(74歳)。昭和時代の鋳金家。1897生。

マークス兄弟 1977没(80歳)。アメリカの喜劇俳優。1897生。

シュトラースマン, フリッツ 1980没(78歳)。ドイツの物理化学者。1902生。

鈴木鴻一郎 すずきこういちろう 1983没(72歳)。昭和時代の経済学者。帝京大学教授、東京大学教授。1910生。

ハインズ, アール 1983没(77歳)。アメリカのジャズ・ピアニスト。1905生。

安田徳太郎 やすだとくたろう 1983没(85歳)。昭和時代の医師、社会運動家。1898生。

アダムス, アンセル 1984没(82歳)。アメリカの写真家。1902生。

野長瀬正夫 のながせまさお 1984没(78歳)。昭和時代の詩人、児童文学作家。金の星社顧問。1906生。

エリアーデ, ミルチャ 1986没(79歳)。ルーマニア生れの宗教学者、神話学者。1907生。

セグレ, エミリオ・ジーノ 1989没(84歳)。アメリカの物理学者。1905生。

康克清 こうこくせい 1992没(82歳)。中国の婦人活動家。1910生。

西園寺公一 さいおんじきんかず 1993没(86歳)。昭和時代の政治家。日中文化交流協会常任理事、参議院議員。1906生。

ニクソン, リチャード・ミルハウス 1994没(81歳)。アメリカの第37代大統領(1968～74)。1913生。

有賀美智子 ありがみちこ 1999没(91歳)。昭和時代の官僚。国民生活センター会長、公正取引委員会委員。1907生。

武谷三男 たけたにみつお 2000没(88歳)。昭和・平成時代の物理学者、科学評論家。立教大学教授。1911生。

パオロッツィ, エデュアルド 2005没(81歳)。イギリスの彫刻家。1924生。

ポール牧 ぽーるまき 2005没(63歳)。昭和・平成時代のタレント。1941生。

4月22日

4月23日

○記念日○　子ども読書の日
　　　　　　地ビールの日
○出来事○　寺子屋騒動(1862)
　　　　　　三国干渉(1895)
　　　　　　日産・サニー発売(1966)

董卓　とうたく　192没。中国，後漢末の群雄の一人。

聖ジョージ　303没(33?歳)。ローマの軍人，14救難聖人の一人。270頃生。

藤原雄友　ふじわらのおとも　811没(59歳)。奈良時代・平安時代前期の公卿。753生。

藤原常嗣　ふじわらのつねつぐ　840没(45歳)。平安時代前期の公卿。796生。

安倍安仁　あべのやすひと　859没(67歳)。平安時代前期の公卿。793生。

エセルレッド1世　871没(41?歳)。アングロ・サクソン期ウェセックス王(在位865～71)。830頃生。

エッケハルト2世　990没(70?歳)。中世ドイツの聖ガレン修道院修道士。920頃生。

藤原済時　ふじわらのなりとき　995没(55歳)。平安時代中期の公卿。941生。

聖アダルベルト　997没(41歳)。聖人。956生。

エセルレッド2世　1016没(48歳)。イングランド王(在位978～1016)。968生。

ヨウン・エグムンズスン　1121没(69歳)。アイスランドの司教，聖人。1052生。

藤原兼光　ふじわらのかねみつ　1196没(52歳)。平安時代後期・鎌倉時代前期の公卿。1145生。

願性　がんしょう　1276没。鎌倉時代前期の武士，僧。

北条時村　ほうじょうときむら　1305没(64歳)。鎌倉時代後期の御家人。1242生。

日位　にちい　1318没(62歳)。鎌倉時代後期の日蓮宗の僧。1257生。

什弁　じゅうべん　1351没(92歳)。鎌倉時代後期・南北朝時代の天台宗の僧。1260生。

容山可允　ようざんかいん　1360没。南北朝時代の臨済宗の僧。

芳庵祖厳　ほうあんそごん　1418没。室町時代の曹洞宗の僧。

徳大寺実盛　とくだいじさねもり　1428没(29歳)。室町時代の公卿。1400生。

竹庵大縁　ちくあんだいえん　1439没(78歳)。南北朝時代・室町時代の臨済宗の僧。1362生。

姉小路基綱　あねがこうじもとつな　1504没(64歳)。室町時代・戦国時代の歌人，公卿。1441生。

悦堂英穆　えつどうえいぼく　1512没。戦国時代の曹洞宗の僧。

スタンパ，ガスパラ　1554没(31歳)。イタリアの女流作家。1523生。

ラ・ポルト，モーリス・ド　1571没(41歳)。フランスの文学者。1530生。

お不宇の方　おふうのかた　1611没(91歳)。戦国時代・安土桃山時代の女性。蜂須賀小六正勝の妻。1521生。

一凍紹滴　いっとうしょうてき　1612没(74歳)。安土桃山時代・江戸時代前期の禅僧。1539生。

シェイクスピア，ウィリアム　1616没(71歳)。イギリスの詩人，劇作家。英国ルネサンス文学の代表者。1564生。

筑紫広門　つくしひろかど　1623没(68歳)。安土桃山時代・江戸時代前期の大名。1556生。

マウリッツ，オラニエ公爵，ナッサウ伯爵　1625没(57歳)。ネーデルラント総督(1587～1625)。1567生。

ダングルベール，ジャン・アンリ　1691没(56歳)。フランスの作曲家，クラヴサン奏者，オルガン奏者。1635生。

ヴォーン，ヘンリー　1695没(73歳)。イギリスの詩人。1622生。

祇空　ぎくう　1733没(71歳)。江戸時代中期の俳人。1663生。

坂田半五郎(初代)　さかたはんごろう　1735没(53歳)。江戸時代中期の歌舞伎役者。1683生。

桜町天皇　さくらまちてんのう　1750没(31歳)。第115代の天皇。1720生。

黒沢琴古(初代)　くろさわきんこ　1771没(62歳)。江戸時代中期の尺八琴古流の流祖。1710生。

マブリー, ガブリエル・ボノ・ド　1785没（76歳）。フランスの歴史家, 哲学者。1709生。
カズンズ, アレグザンダー　1786没（69?歳）。イギリスの風景画家, 文筆家。1717頃生。
中村仲蔵（初代）　なかむらなかぞう　1790没（55歳）。江戸時代中期の歌舞伎役者。1736生。
堀平太左衛門　ほりへいたざえもん　1793没（78歳）。江戸時代中期の肥後熊本藩大奉行, 家老。1716生。
紀上太郎　きのじょうたろう　1799没（53歳）。江戸時代中期の豪商, 浄瑠璃作者, 狂歌師。1747生。
大田錦城　おおたきんじょう　1825没（61歳）。江戸時代中期・後期の加賀大聖寺藩士, 三河吉田藩士。学者, 詩人。1765生。
ミュラー, フリードリヒ　1825没（76歳）。ドイツの詩人。1749生。
ワーズワス, ウィリアム　1850没（80歳）。イギリスの詩人。1770生。
有馬新七　ありましんしち　1862没（38歳）。江戸時代末期の志士。1825生。
ナルバエス　1868没（67歳）。スペインの軍人政治家。1800生。
バルベー・ドールヴィイ, ジュール-アメデ　1889没（80歳）。フランスの小説家。1808生。
津田仙　つだせん　1908没（72歳）。明治時代の洋学者。1837生。
ブルック, ルーパート　1915没（27歳）。イギリスの詩人。1887生。
シュヴァルベ　1916没（71歳）。ドイツの人類学者, 解剖学者。1844生。
梶田半古　かじたはんこ　1917没（48歳）。明治・大正時代の日本画家。富山県立工芸学校教頭。1870生。
ヘルフェリッヒ　1924没（51歳）。ドイツの政治家, 資本家。1872生。
野村宗十郎　のむらそうじゅうろう　1925没（69歳）。明治・大正時代の印刷業者。1857生。
松本英子　まつもとえいこ　1928没（63歳）。明治〜昭和時代のジャーナリスト。1866生。
佐分真　さぶりまこと　1936没（39歳）。大正・昭和時代の洋画家。1898生。
近松秋江　ちかまつしゅうこう　1944没（69歳）。明治・大正時代の小説家, 評論家。1876生。
ドーズ, チャールズ・G　1951没（85歳）。アメリカの副大統領（1925〜29）, 外交官, 財政家。1865生。
シューマン, エリーザベト　1952没（66歳）。ドイツのソプラノ歌手。1885生。
キャンベル, ロイ　1957没（55歳）。イギリスの詩人。1901生。
河目悌二　かわめていじ　1958没（68歳）。大正・昭和時代の挿絵画家。1889生。
賀川豊彦　かがわとよひこ　1960没（71歳）。大正・昭和時代のキリスト教社会運動家, 牧師, 社会事業家。1888生。
ポランニー, カール　1964没（77歳）。ハンガリー生れの経済学者, 歴史学者。1886生。
李徳全　りとくぜん　1972没（76歳）。中国の女性政治家。馮玉祥夫人。1896生。
阿部知二　あべともじ　1973没（69歳）。昭和時代の小説家, 評論家, 英文学者。1903生。
キュヴィリエ　1973没（85歳）。フランスの社会学者。1887生。
稲垣平太郎　いながきへいたろう　1976没（87歳）。大正・昭和時代の政治家, 実業家。参議院議員, 通産大臣。1888生。
プレミンジャー, オットー　1986没（79歳）。アメリカの映画監督。1906生。
小沢栄太郎　おざわえいたろう　1988没（79歳）。昭和時代の俳優, 演出家。1909生。
ラムジ, アーサー・マイケル　1988没（83歳）。イギリスの第100代カンタベリー大主教。1904生。
ディオリ　1989没（72歳）。ニジェールの政治家。1916生。
チャベス, シーザー　1993没（66歳）。アメリカのメキシコ系労働者の指導者。1927生。
トラヴァーズ, P.L.　1996没（90歳）。イギリスの女流作家, ジャーナリスト, 舞踊家, シェイクスピア劇の女優。1906生。
吾妻徳穂　あづまとくほ　1998没（89歳）。大正〜平成時代の日本舞踊家。吾妻流宗家。1909生。
杉浦茂　すぎうらしげる　2000没（92歳）。昭和・平成時代の漫画家。1908生。
エリツィン, ボリス　2007没（76歳）。ロシアの政治家, 大統領。1931生。
ハルバースタム, デービッド　2007没（73歳）。アメリカのジャーナリスト。1934生。

4月23日

4月24日

○記念日○　植物学の日
○出来事○　第1回日本ダービー開催（1932）
　　　　　ベ平連、初のデモ行進（1965）
　　　　　ハッブル宇宙望遠鏡打上げ（1990）

メリトゥス　624没。イングランドの聖職者。
威奈大村　いなのおおむら　707没(46歳)。飛鳥時代の官僚。662生。
聖ウィルフリド　709没(75歳)。イギリス中世初期の聖職者。634生。
エグベルト（イオナの）　729没(90歳)。修道士、アイルランドの司教。639生。
神王　みわおう　806没(70歳)。奈良時代・平安時代前期の官人。737生。
文室綿麻呂　ふんやのわたまろ　823没(59歳)。奈良時代・平安時代前期の公卿。765生。
伊岐是雄　いきのこれお　872没(54歳)。平安時代前期の卜部、宮主。819生。
珍子内親王　ちんしないしんのう　877没。平安時代前期の女性。文徳天皇の皇女。
藤原顕忠　ふじわらのあきただ　965没(68歳)。平安時代中期の公卿。898生。
慶遍　ぎょうせん　1064没(72歳)。平安時代中期の天台宗の僧。993生。
源道良　みなもとのみちよし　1111没(62歳)。平安時代後期の公卿。1050生。
範俊　はんしゅん　1112没(75歳)。平安時代中期・後期の僧。1038生。
足利頼氏　あしかがよりうじ　1262没。鎌倉時代前期の武将。
藤原宗氏　ふじわらむねうじ　1315没(68歳)。鎌倉時代後期の公卿。1248生。
白川資継王　しらかわすけつぐおう　1371没(76歳)。鎌倉時代後期・南北朝時代の神祇伯。1296生。
綽如　しゃくにょ　1393没(44歳)。南北朝時代の真宗の僧。1350生。
赤松祐則　あかまつすけのり　1445没。室町時代の武将。
赤松満政　あかまつみつまさ　1445没。室町時代の武将。
小田朝久　おだともひさ　1455（閏4月）没(39歳)。室町時代の武将、常陸小田城主。1417生。

東海周洋　とうかいしゅうよう　1515没(58歳)。戦国時代の曹洞宗の僧。1458生。
パディリャ，フアン・デ　1521没(31?歳)。スペインの革命家。1490頃生。
宗碩　そうせき　1533没(60歳)。戦国時代の連歌師。1474生。
アマバハ，ボニファーティウス　1562没(66歳)。バーゼル（スイス）の法学者、美術品蒐集家。1495生。
小谷の方　おだにのかた　1583没(37歳)。戦国時代・安土桃山時代の女性。織田信長の妹、浅井長政・柴田勝家の妻。1547生。
柴田勝家　しばたかついえ　1583没(62歳)。戦国時代・安土桃山時代の武将。1522生。
万代屋宗安　もずやそうあん　1594没。安土桃山時代の堺の豪商、茶湯者。
アンクル，リュシニ男爵，侯爵　1617没。原名コンチノ・コンチニ。
三浦按針　みうらあんじん　1620没(57歳)。安土桃山時代・江戸時代前期の日本に来た最初のイギリス人。1564生。
日秀尼　にっしゅうに　1625没(93歳)。安土桃山時代・江戸時代前期の女性。豊臣秀吉の姉で秀次の実母。1533生。
堀利重　ほりとししげ　1638没(58歳)。江戸時代前期の大名。1581生。
鷺仁右衛門　さぎにえもん　1650没(91歳)。安土桃山時代・江戸時代前期の狂言師。1560生。
デフォー，ダニエル　1731没(71歳)。イギリスのジャーナリスト，小説家。1660生。
紀伊国屋文左衛門　きのくにやぶんざえもん　1734没(66?歳)。江戸時代中期の豪商, 材木問屋。1669頃生。
高芙蓉　こうふよう　1784没(63歳)。江戸時代中期の篆刻家。1722生。
松平治郷　まつだいらはるさと　1818没(68歳)。江戸時代中期・後期の大名。1751生。
豊竹若太夫(4代目)　とよたけわかたゆう　1835没。江戸時代後期の人形浄瑠璃太夫。

4月24日

田中謙助　たなかけんすけ　1862没（35歳）。江戸時代末期の薩摩藩士。1828生。

橋口壮介　はしぐちそうすけ　1862没（22歳）。江戸時代末期の薩摩藩士、尊攘派志士。1841生。

森山新五左衛門　もりやましんござえもん　1862没（20歳）。江戸時代末期の薩摩藩士。1843生。

モルトケ伯、ヘルムート・カルル・ベルンハルト　1891没（90歳）。プロシア、ドイツの軍人。1800生。

河野敏鎌　こうのとがま　1895没（52歳）。江戸・明治時代の政治家。子爵。1844生。

ルードヴィヒ、カール・フリードリヒ・ヴィルヘルム　1895没（78歳）。ドイツの生理学者。1816生。

アゼーフ　1918没（48歳）。ロシア革命史上最大の挑発者。1870生。

ホール、グランヴィル・スタンリ　1924没（80歳）。アメリカの心理学者。1844生。

辻本満丸　つじもとみつまる　1940没（64歳）。明治・大正時代の応用化学者。1877生。

ボイエ、カーリン　1941没（40歳）。スウェーデンの女流小説家。1900生。

モンゴメリー、L.M.　1942没（67歳）。カナダの女流児童文学作家。1874生。

ブレーディヒ、ゲオルク　1944没（75歳）。ドイツの化学者。1868生。

キャザー、ウィラ　1947没（70歳）。アメリカの女流小説家。1876生。

フィールカント　1953没（85歳）。ドイツ形式社会学の代表者の一人。1867生。

門野重九郎　かどのじゅうくろう　1958没（90歳）。明治〜昭和時代の実業家。日本商工会議所会頭。1867生。

ゴルトシュミット、リヒャルト・ベネディクト　1958没（80歳）。アメリカの動物学者、遺伝学者。1878生。

フォン・ラウエ、マックス・テオドール・フェリックス　1960没（80歳）。ドイツの物理学者。1879生。

佐竹晴記　さたけはるき　1962没（65歳）。昭和時代の政治家、弁護士。衆議院議員、民主社会党高知支部長。1896生。

ドーマク、ゲルハルト　1964没（68歳）。ドイツの生化学者。1895生。

野辺地天馬　のべちてんま　1965没（80歳）。大正・昭和時代の童話作家。1885生。

ブラナー、H.C.　1966没（62歳）。デンマークの作家。1903生。

古野伊之助　ふるのいのすけ　1966没（74歳）。昭和時代の経営者。同盟通信社長。1891生。

安西正夫　あんざいまさお　1972没（67歳）。昭和時代の実業家。昭和電工社長、日本東ドイツ経済委員長。1904生。

巽聖歌　たつみせいか　1973没（68歳）。大正・昭和時代の童謡詩人、歌人。1905生。

ダム、カール・ペーター・ヘンリック　1976没（81歳）。デンマークの生化学者。1895生。

トビー、マーク　1976没（85歳）。アメリカの画家。1890生。

小畑実　おばたみのる　1979没（55歳）。昭和時代の歌手。1923生。

カルペンティエル、アレーホ　1980没（75歳）。キューバの作家。1904生。

石塚庸三　いしづかようぞう　1982没（67歳）。昭和時代の実業家。パイオニア社長。1915生。

ゼノ　1982没（90歳）。ラテン教父、聖人。1891生。

ゼブロウスキ、ゼノ　1982没（92歳）。ポーランド生まれのカトリック修道士。「アリの町の神父」として知られる。1890生。

霧島昇　きりしまのぼる　1984没（69歳）。昭和時代の歌手。日本歌手協会副会長。1914生。

柳永二郎　やなぎえいじろう　1984没（88歳）。大正・昭和時代の俳優。1895生。

ウィンザー公爵夫人（シンプソン、ウォリス）　1986没（89歳）。アメリカ出身の女性。元英国国王エドワード8世の妻。1896生。

三戸部スエ　みとべすえ　1986没（62歳）。昭和時代の女優。1924生。

咲村観　さきむらかん　1988没（58歳）。昭和時代の小説家。1930生。

タンボ、オリヴァー　1993没（75歳）。南アフリカの黒人解放運動の指導者。1917生。

塚原亮一　つかはらりょういち　1993没（72歳）。昭和・平成時代の児童文学作家。国立音楽大学教授。1920生。

安東仁兵衛　あんどうじんべえ　1998没（70歳）。昭和・平成時代の出版編集者、社会運動家。現代の理論社代表、社会民主連合政策委員長。1927生。

秋元松代　あきもとまつよ　2001没（90歳）。昭和・平成時代の劇作家。1911生。

4月25日

○記念日○ 拾得物の日
○出来事○ フランスでギロチン実用化(1792)
　　　　　 初のハワイ移民が出航(1868)
　　　　　 大阪駅前に初の横断歩道橋(1963)

朝原内親王　あさはらないしんのう　817没(39歳)。平安時代前期の女性。桓武天皇の第2皇女。779生。

ラテーリウス(ヴェローナの)　974没(84?歳)。ベルギーのベネディクト会修道士。890頃生。

イブヌル・ハッジャージュ　1001没。アラブ系の詩人。

藤原宣孝　ふじわらののぶたか　1001没。平安時代中期の廷臣。

梅堯臣　ばいぎょうしん　1060没(58歳)。中国、北宋の詩人。1002生。

道恵法親王　どうえほっしんのう　1168没(37歳)。平安時代後期の天台宗寺門派の僧。1132生。

藤原実守　ふじわらのさねもり　1185没(39歳)。平安時代後期の公卿。1147生。

千手前　せんじゅのまえ　1188没(24歳)。平安時代後期の女性。白拍子。1165生。

ヘルマン1世　1217没(61?歳)。テューリンゲン地方伯。1156頃生。

厳海　ごんかい　1251没(79歳)。鎌倉時代前期の真言宗の僧。1173生。

性証　しょうしょう　1265没(77歳)。鎌倉時代前期の浄土真宗の僧。1189生。

サンチョ4世(勇猛王)　1295没(36歳)。カスティリア王、レオン王(在位1284～95)。1258生。

今出河院　いまでがわいん　1318没(67歳)。鎌倉時代の女性。亀山天皇の中宮。1252生。

ベネディクツス12世　1342没。第3代アビニョン教皇(在位1334～42)。

可翁宗然　かおうそうねん　1345没。鎌倉時代後期・南北朝時代の臨済宗の僧。

永陽門院　えいようもんいん　1346没(75歳)。鎌倉時代後期・南北朝時代の女性。後深草親王の第2皇女。1272生。

一源会統　いちげんえとう　1399没(71歳)。南北朝時代・室町時代の僧。1329生。

アルベルティ, レオン・バッティスタ　1472没(68歳)。イタリアの建築家、芸術理論家、人文主義者。1404生。

畠山政長　はたけやままさなが　1493(閏4月)没(52歳)。室町時代・戦国時代の武将、室町幕府管領。1442生。

赤松政則　あかまつまさのり　1496没(42歳)。室町時代・戦国時代の武将。1455生。

日鏡　にちきょう　1559没(53歳)。戦国時代の日蓮宗の僧。1507生。

ディアンヌ・ド・ポワティエ　1566没(66歳)。フランスの貴族。アンリ2世の愛妾。1499生。

南松院　なんしょういん　1566没。戦国時代の女性。武田信玄の姉。

ラベ, ルイーズ　1566没(42?歳)。フランスの女流詩人。1524頃生。

姉小路頼綱　あねがこうじよりつな　1587没(48歳)。安土桃山時代の飛騨国の大名。1540生。

タッソ, トルクァート　1595没(51歳)。イタリアの詩人。1544生。

慶光院周養　けいこういんしゅうよう　1611没。安土桃山時代・江戸時代前期の女性。臨済宗の尼僧、慶光院4世。

佐久間安政　さくまやすまさ　1627没(72歳)。安土桃山時代・江戸時代前期の武将、大名。1556生。

タッソーニ, アレッサンドロ　1635没(69歳)。イタリアの詩人。1565生。

有馬直純　ありまなおずみ　1641没(56歳)。江戸時代前期の大名。1586生。

テニールス, ダヴィッド　1690没(79歳)。フランドルの画家。1610生。

セルシウス, アンデシュ　1744没(42歳)。スウェーデンの天文学者。1701生。

古月禅材　こげつぜんざい　1751没(85歳)。江戸時代中期の臨済宗の僧。1667生。

クーパー, ウィリアム　1800没(68歳)。イギリスの詩人。1731生。

ボワソン, シメオン・ドニ　1840没（58歳）。フランスの数学者, 物理学者。1781生。

麗々亭柳橋（初代）　れいれいていりゅうきょう　1840没。江戸時代後期の落語家。

土川平兵衛　つちかわへいべえ　1843没（43歳）。江戸時代後期の近江国三上村庄屋。1801生。

ボーモント, ウィリアム　1853没（58歳）。アメリカの軍医。1795生。

結城寅寿　ゆうきとらじゅ　1856没（39歳）。江戸時代末期の水戸藩士。1818生。

松前崇広　まつまえたかひろ　1866没（38歳）。江戸時代末期の大名。1829生。

近藤勇　こんどういさみ　1868没（35歳）。江戸・明治時代の武士。新撰組組長。1834生。

シューエル, アナ　1878没（58歳）。イギリスの女流作家。1820生。

福田行誡　ふくだぎょうかい　1888没（80歳）。江戸・明治時代の浄土宗僧侶。知恩院門主, 浄土宗管長。1809生。

大洲鉄然　おおずてつねん　1902没（69歳）。明治時代の浄土真宗本願寺派僧侶。本山執行長。1834生。

ケイ, エレン　1926没（76歳）。スウェーデンの女流小説家, 思想家。1849生。

ウランゲリ, ピョートル・ニコラエヴィチ, 男爵　1928没（49歳）。ロシアの軍人, 男爵。1878生。

土田杏村　つちだきょうそん　1934没（44歳）。大正・昭和時代の思想家。1891生。

グラムシ, アントーニオ　1937没（46歳）。イタリアの共産党指導者, マルクス主義思想家。1891生。

デルプフェルト, ヴィルヘルム　1940没（86歳）。ドイツの建築家, 考古学者。1853生。

ネミローヴィチ-ダンチェンコ, ウラジーミル・イワノヴィチ　1943没（84歳）。ソ連の劇作家, 劇評家, 演出家。1858生。

岩波茂雄　いわなみしげお　1946没（66歳）。大正・昭和時代の出版人, 政治家。貴族院議員。1881生。

ハーゲスハイマー, ジョーゼフ　1954没（74歳）。アメリカの小説家。1880生。

兼常清佐　かねつねきよすけ　1957没（71歳）。大正・昭和時代の音楽学者, 音楽評論家。1885生。

アマヌッラー・ハーン　1960没（67歳）。アフガニスタンのバーラクザーイー朝第6代の王（在位1919～29）。1892生。

中島久万吉　なかじまくまきち　1960没（86歳）。大正・昭和時代の実業家, 政治家。古河電工社長, 貴族院議員。1873生。

クロイツベルク　1968没（65歳）。ドイツの舞踊家。1902生。

蔡廷鍇　さいていかい　1968没（76歳）。中国の軍人。1892生。

万城目正　まんじょうめただし　1968没（63歳）。昭和時代の作曲家。1905生。

石橋湛山　いしばしたんざん　1973没（88歳）。大正・昭和時代の政治家。首相, 自民党総裁。1884生。

水藤錦穣　すいとうきんじょう　1973没（61歳）。大正・昭和時代の琵琶楽（錦琵琶）演奏家。1911生。

デュクロ　1975没（78歳）。フランスの政治家。1896生。

ブライロフスキー, アレグザンダー　1976没（80歳）。ロシアのピアノ演奏家。1896生。

リード, キャロル　1976没（69歳）。イギリスの映画監督。1906生。

東郷青児　とうごうせいじ　1978没（80歳）。大正・昭和時代の洋画家。二科会会長。1897生。

曽祢益　そねえき　1980没（76歳）。昭和時代の政治家。衆院議員。1903生。

林達夫　はやしたつお　1984没（87歳）。昭和時代の評論家, 思想家。明治大学教授, 『世界大百科事典』編集長。1896生。

古賀忠道　こがただみち　1986没（82歳）。昭和時代の獣医師。世界野生生物基金日本委員会会長, 上野動物園長。1903生。

シマック, クリフォード　1988没（83歳）。アメリカのSF作家。1904生。

尾崎豊　おざきゆたか　1992没（26歳）。昭和・平成時代のシンガーソングライター。1965生。

佐々木基一　ささききいち　1993没（78歳）。昭和・平成時代の文芸評論家, 小説家。中央大学教授。1914生。

田川飛旅子　たがわひりょし　1999没（84歳）。昭和・平成時代の俳人, 応用化学者。現代俳句協会副会長, 古河電池専務。1914生。

チャドウィック, リン　2003没（88歳）。現代イギリスの彫刻家。1914生。

ガン, トム　2004没（74歳）。イギリスの詩人。1929生。

4月25日

4月26日

○記念日○ よい風呂の日
○出来事○ 関門海底トンネル開通(1939)
チェルノブイリ原発で爆発事故(1986)
中華航空機事故(1994)

ステファヌス2世(3世) 757没。教皇(在位752～757)。
パスカーシウス, ラドベルトゥス 860没(75?歳)。フランスの神学者。785頃生。
アダルベロ1世(メスの) 962没。メス(現フランスのロレーヌ地方)の司教, 政治家, 修道院改革者。
安秀 あんしゅう 971没(82歳)。平安時代中期の法相宗の僧。890生。
資子内親王 ししないしんのう 1015没(61歳)。平安時代中期の女性。村上天皇の皇女。955生。
藤原宗成 ふじわらのむねなり 1138没(54歳)。平安時代後期の公卿。1085生。
藤原範兼 ふじわらののりかね 1165没(59歳)。平安時代後期の学者, 歌人, 公卿。1107生。
清水義高 しみずよしたか 1184没(13歳)。平安時代後期の武士。1172生。
安達盛長 あだちもりなが 1200没(66歳)。平安時代後期・鎌倉時代前期の武将。1135生。
大田乗明 おおたじょうみょう 1283没(62歳)。鎌倉時代後期の武士。1222生。
天目 てんもく 1308没(64歳)。鎌倉時代後期の日蓮宗の僧。1245生。
藤原有清 ふじわらのありきよ 1310没。鎌倉時代後期の公卿。
日高 にちこう 1314没(58歳)。鎌倉時代後期の日蓮宗の僧。1257生。
興円 こうえん 1317没(56歳)。鎌倉時代後期の天台宗の僧。1262生。
足利基氏 あしかがもとうじ 1367没(28歳)。南北朝時代の初代の鎌倉公方。1340生。
万里小路頼房 までのこうじよりふさ 1389没。南北朝時代の公卿。
頼印 らいいん 1392没(70歳)。南北朝時代の真言宗の僧。1323生。
後円融天皇 ごえんゆうてんのう 1393没(36歳)。南北朝時代の北朝5代の天皇。1358生。

中山満親 なかやまみつちか 1421没(51歳)。南北朝時代・室町時代の公卿。1371生。
カンパン, ロベール 1444没(69?歳)。フランドルの画家。1375頃生。
日延 にちえん 1461没(32歳)。室町時代の日蓮宗の僧。1430生。
良察 りょうさつ 1468没。室町時代の浄土宗の僧。
大雅尚匡 たいがたんきょう 1518没。室町時代・戦国時代の曹洞宗の僧。
功甫玄勲 こうほげんくん 1524没。室町時代・戦国時代の臨済宗の僧。
アルマグロ, ディエゴ・デ 1538没(63歳)。クスコ, ペルーの征服者。1475生。
トロッツェンドルフ, ヴァーレンティーン 1556没(66歳)。ドイツの教育家, プロテスタント系人文主義者。1490生。
フェルネル, ジャン・フランソワ 1558没(61歳)。フランスの病理解剖学者。1497生。
玉田存麟 ぎょくでんそんりん 1586没。安土桃山時代の曹洞宗の僧。
ネアンダー, ミヒャエル 1595没(70歳)。ドイツの教育家。1525生。
ロー, ジャーコモ 1638没(45歳)。イタリアのイエズス会士。1593生。
ソマーズ, ジョン, 男爵 1716没(65歳)。イギリスの政治家。1651生。
大岡忠光 おおおかただみつ 1760没(52歳)。江戸時代中期の大名, 側用人, 若年寄。1709生。
吉見幸和 よしみゆきかず 1761没(89歳)。江戸時代中期の神道家。1673生。
河口信任 かわぐちしんにん 1811没(76歳)。江戸時代中期・後期の蘭方医。1736生。
鶴賀鶴吉(初代) つるがつるきち 1827没(67歳)。江戸時代中期・後期の女性。新内節鶴賀流家元。1761生。
松村景文 まつむらけいぶん 1843没(65歳)。江戸時代後期の四条派の画家。1779生。

沼尻墨僊　ぬまじりぼくせん　1856没（82歳）。江戸時代後期の地理学者。1775生。

ブース，ジョン・ウィルクス　1865没（26歳）。アメリカの俳優。大統領リンカーンを暗殺。1839生。

井上伝　いのうえでん　1869没（82歳）。江戸時代末期の女性。久留米絣の創始者。1788生。

河鍋暁斎　かわなべぎょうさい　1889没（59歳）。江戸・明治時代の浮世絵師。1831生。

フックス　1902没（68歳）。ドイツの数学者。1833生。

ビョルンソン，ビョルンスチェルネ　1910没（77歳）。ノルウェーの小説家，劇作家。1832生。

ベネデン，エドゥアール・ヴァン　1910没（64歳）。ベルギーの動物学者。1846生。

ジュース，エドゥアルト　1914没（82歳）。イギリスの地質学者，古生物学者。1831生。

モイマン　1915没（52歳）。ドイツの心理学者，教育学者。1862生。

ラマヌジャン　1920没（32歳）。インドの数学者。1887生。

伊集院彦吉　いじゅういんひこきち　1924没（61歳）。明治・大正時代の外交官。第二次山本内閣外務大臣。1864生。

ジリエロン，ジュール　1926没（71歳）。スイス生れのフランスの言語地理学者。1854生。

キュレル，フランソワ・ド　1928没（73歳）。フランスの劇作家。1854生。

ミード，ジョージ・ハーバート　1931没（68歳）。アメリカの社会学者，哲学者，心理学者。1863生。

フッサール，エトムント　1938没（79歳）。ドイツの哲学者。1859生。

ボッシュ，カール　1940没（65歳）。ドイツの工業化学者。1874生。

石黒忠悳　いしぐろただのり　1941没（97歳）。明治～昭和時代の医学者。日本赤十字社社長，貴族院議員。1845生。

カイザーリング，ヘルマン　1946没（65歳）。ドイツの哲学者，社会学者。1880生。

田中豊蔵　たなかとよぞう　1948没（68歳）。大正・昭和時代の美術史家。国立博物館付属美術研究所長，東京都美術館長。1881生。

カーペンター，ジョン・オールデン　1951没（75歳）。アメリカの作曲家。1876生。

ゾンマーフェルト，アーノルト・ヨハネス・ヴィルヘルム　1951没（82歳）。ドイツの理論物理学者。1868生。

クラマース　1952没（57歳）。オランダの理論物理学者。1894生。

シュナイダー　1955没（65歳）。オーストリアのスキー術の創始者。1890生。

スリヤニングラット　1959没（69歳）。インドネシアの民族運動家。1889生。

堤康次郎　つつみやすじろう　1964没（75歳）。大正・昭和時代の実業家，政治家。衆議院議員。1889生。

八田嘉明　はったよしあき　1964没（84歳）。昭和時代の政治家，財界人。日本商工会議所会頭，日本縦貫高速自動車道協会長。1879生。

プラット，E.J.　1964没（82歳）。カナダの詩人。1882生。

竹本春子太夫（3代目）　たけもとはるこだゆう　1969没（59歳）。昭和時代の浄瑠璃太夫。1909生。

森克己　もりかつみ　1981没（77歳）。昭和時代の日本史学者。中央大学教授。1903生。

藤原道子　ふじわらみちこ　1983没（82歳）。昭和時代の婦人運動家，政治家。参議院議員。1900生。

ベイシー，カウント　1984没（79歳）。アメリカのジャズ楽団指揮者，ピアニスト，ビブラフォーン奏者。1904生。

梁川剛一　やながわごういち　1986没（84歳）。昭和時代の彫刻家，挿絵画家。1902生。

北川民次　きたがわたみじ　1989没（95歳）。大正・昭和時代の洋画家，児童画教育者。二科会会長。1894生。

大山倍達　おおやまますたつ　1994没（70歳）。昭和・平成時代の空手家。極真会館（国際空手道連盟）総裁。1923生。

飯島清　いいじまきよし　1996没（66歳）。昭和・平成時代の政治評論家。1930生。

藤本英雄　ふじもとひでお　1997没（78歳）。昭和時代のプロ野球選手。1918生。

彭真　ほうしん　1997没（94歳）。中国の政治家。1902生。

安部英　あべたけし　2005没（88歳）。昭和・平成時代の医師，帝京大学副学長。1916生。

ロア-バストス，アウグスト　2005没（87歳）。パラグアイの小説家。1917生。

4月26日

4月27日

○記念日○　哲学の日
○出来事○　帝室図書館開館(1897)
　　　　　日本初の婦人警官(1946)

道綽　どうしゃく　645没(83歳)。中国、隋唐代の僧。562生。

井上内親王　いのえないしんのう　775没(59歳)。奈良時代の女性。光仁天皇の皇后、聖武天皇の長女。717生。

他戸親王　おさべしんのう　775没(15歳)。光仁天皇と井上内親王の子。761生。

和家麻呂　やまとのいえまろ　804没(71歳)。奈良時代・平安時代前期の公卿。734生。

清寿　しょうじゅ　1016没(58歳)。平安時代中期の真言宗の僧。959生。

藤原通房　ふじわらのみちふさ　1044没(20歳)。平安時代中期の公卿。1025生。

実任　じつにん　1169没(73歳)。平安時代後期の真言宗の僧。1097生。

承仁法親王　しょうにんほっしんのう　1197没(29歳)。平安時代後期の天台宗の僧。1169生。

ジータ　1272没(57?歳)。イタリアの聖人。1215頃生。

メイル・ベン・バールーク　1293没(73?歳)。ドイツのローテンブルクのユダヤ人学者。1220頃生。

智海　ちかい　1306没。鎌倉時代後期の律僧。

北条高家　ほうじょうたかいえ　1333没。鎌倉時代後期の武将。

乗運　じょううん　1386没。南北朝時代の日蓮宗の僧。

フィリップ2世　1404没(62歳)。フランス王ジャン2世の第4子。1342生。

エンゲルブレクト　1436没(46歳)。スウェーデンの民衆反乱の指導者。1390生。

以翼長佑　いよくちょうゆう　1502没(87歳)。室町時代・戦国時代の曹洞宗の僧。1416生。

界巌繁越　かいがんはんえつ　1510没(76歳)。室町時代・戦国時代の曹洞宗の僧。1435生。

マゼラン、フェルディナンド　1521没(41?歳)。ポルトガルの航海者。最初の地球周航者。1480頃生。

ベルカン、ルイ・ド　1529没(38歳)。フランスの宗教改革者、最初のプロテスタント殉教者のひとり。1490生。

サンナザーロ、ヤーコポ　1530没(74?歳)。イタリアの詩人。1455頃生。

上杉朝興　うえすぎともおき　1537没(50歳)。戦国時代の武将。1488生。

三休　さんく　1570没(53歳)。戦国時代の浄土宗の僧。1518生。

烏丸光康　からすまるみつやす　1579没(67歳)。戦国時代・安土桃山時代の公卿。1513生。

毛利輝元　もうりてるもと　1625没(73歳)。安土桃山時代・江戸時代前期の大名、五大老。1553生。

佐久間不干斎　さくまふかんさい　1631没(76歳)。安土桃山時代・江戸時代前期の武将、茶人。1556生。

ラティーヒウス、ヴォルフガング・フォン　1635没(63歳)。ドイツの教育家。1571生。

倉野たけ　くらのたけ　1644没(58歳)。江戸時代前期の女性。対馬藩主宗義智の継室。1587生。

ホントホルスト、ヘリット・ファン　1656没(65歳)。オランダの画家。1590生。

三上千那　みかみせんな　1723没(73歳)。江戸時代前期・中期の俳人。1651生。

ムハンマド・シャー　1748没(48?歳)。インドのムガル王朝第12代の王(1719～48)。1700頃生。

カマルゴ、マリア・アンナ・ド　1770没(60歳)。フランスのバレリーナ。1710生。

ジョーンズ、サー・ウィリアム　1794没(47歳)。イギリスの法学者、インド学者。1746生。

奥田頴川　おくだえいせん　1811没(59歳)。江戸時代中期・後期の陶工。1753生。

ベル、サー・チャールズ　1842没(67歳)。イギリスの医師、解剖学者。1774生。

荒木古童(初代)　あらきこどう　1851没。江戸時代末期の琴古流尺八の名人。

朝岡興禎　あさおかおきさだ　1856没(57歳)。江戸時代後期の画家、考証家。1800生。

山元荘兵衛　やまもとそうべえ　1856没（62歳）。江戸時代後期の薩摩藩の林政家。1795生。

錦小路頼徳　にしきのこうじよりのり　1864没（30歳）。江戸時代末期の公家。1835生。

河崎董　かわさきただす　1871没（49歳）。江戸・明治時代の砲術家。1823生。

ジラルダン，エミール・ド　1881没（74歳）。フランスの新聞経営者，政治家。1806生。

エマソン，ラルフ・ウォルドー　1882没（78歳）。アメリカの詩人，哲学者。1803生。

タリオーニ　1884没（80歳）。ロマンチック・バレエ期を代表するバレリーナ。1804生。

リチャードソン，ヘンリー・ホブソン　1886没（47歳）。アメリカの建築家。1838生。

肥田浜五郎　ひだはまごろう　1889没（60歳）。江戸・明治時代の造船技師，海軍軍人。海軍機関総監。1830生。

大迫貞清　おおさこさだきよ　1896没（72歳）。明治時代の官吏。警視総監。1825生。

盛宣懐　せいせんかい　1916没（71歳）。中国の官僚資本家。1844生。

中村翫右衛門（初代）　なかむらかんえもん　1919没（69歳）。明治・大正時代の歌舞伎役者。名題。1851生。

前島密　まえじまひそか　1919没（85歳）。明治時代の官吏，実業家。東京専門学校校長，男爵。1835生。

神田松鯉（初代）　かんだしょうり　1921没（79歳）。明治・大正時代の講談師。1843生。

クレイン，ハート　1932没（32歳）。アメリカの詩人。1899生。

ルーブナー，マックス　1932没（77歳）。ドイツの衛生学者，生理学者。1854生。

ピアソン，カール　1936没（79歳）。イギリスの数学者。1857生。

島薗順次郎　しまぞのじゅんじろう　1937没（61歳）。大正・昭和時代の内科医師。京都帝国大学・東京帝国大学教授。1877生。

ザウアー，エーミール・フォン　1942没（79歳）。ドイツのピアニスト，作曲家。1862生。

シュトラウベ，カール　1950没（77歳）。ドイツのオルガン奏者，指揮者，作曲家。1873生。

オグバーン　1959没（72歳）。アメリカの文化社会学者。1886生。

近藤浩一路　こんどうこういちろ　1962没（78歳）。大正・昭和時代の日本画家。1884生。

北村小松　きたむらこまつ　1964没（63歳）。大正・昭和時代の脚本家。1901生。

ブリッティング，ゲオルグ　1964没（73歳）。ドイツの詩人，小説家。1891生。

世耕弘一　せこうこういち　1965没（72歳）。昭和時代の政治家，学校経営者。衆議院議員（自民党），近畿大学総長。1893生。

マロー，エド・R　1965没（57歳）。アメリカのジャーナリスト。1908生。

二木謙三　ふたきけんぞう　1966没（93歳）。明治〜昭和時代の細菌学者，伝染病学者。東京帝国大学教授，日本伝染病学会会長。1873生。

下村兼史　しもむらけんじ　1967没（64歳）。昭和時代の記録映画作家。1903生。

アジャーエフ，ワシーリー・ニコラエヴィチ　1968没（53歳）。ソ連の作家。1915生。

西村栄一　にしむらえいいち　1971没（67歳）。昭和時代の政治家。民社党委員長，衆議院議員（民社党）。1904生。

ンクルマ，クワメ　1972没（62歳）。ガーナの政治家。1909生。

吉田富三　よしだとみぞう　1973没（70歳）。昭和時代の病理学者。東京大学教授，癌研究会癌研究所所長。1903生。

長沼弘毅　ながぬまこうき　1977没（70歳）。昭和時代の評論家，推理小説研究家。大蔵事務次官，日本コロムビア会長。1906生。

新関良三　にいぜきりょうぞう　1979没（89歳）。大正・昭和時代のドイツ文学者，演劇研究家。埼玉大学長。1889生。

北島織衛　きたじまおりえ　1980没（74歳）。昭和時代の実業家。大日本印刷会長。1905生。

山口長男　やまぐちたけお　1983没（80歳）。昭和時代の洋画家。武蔵野美術学園園長。1902生。

岡野直七郎　おかのなおしちろう　1986没（90歳）。大正・昭和時代の歌人。1896生。

松下幸之助　まつしたこうのすけ　1989没（94歳）。大正〜平成時代の実業家。松下電器産業会長。1894生。

シュターダー，マリア　1999没（87歳）。スイスのソプラノ歌手。1911生。

大社義規　おおこそよしのり　2005没（90歳）。昭和・平成時代の実業家。日本ハム創業者。1915生。

福井敏雄　ふくいとしお　2005没（84歳）。昭和・平成時代の気象解説者。1921生。

ロストロポーヴィチ，ムスティスラフ　2007没（80歳）。旧ソ連出身のチェリスト，指揮者，ピアニスト。1927生。

4月27日

4月28日

○記念日○　シニアの日
　　　　　象の日
○出来事○　第1回ブラジル移民出航（1908）
　　　　　第1回文化勲章授与式（1937）
　　　　　サンフランシスコ平和条約（1952）

裴行俊　はいこうけん　682没（63歳）。中国，初唐の名将。619生。

紀形名　きのかたな　779没。奈良時代の女官。

藤原東子　ふじわらのとうし　816没。平安時代前期の女性。桓武天皇の宮人。

孚子内親王　ふしないしんのう　958没。平安時代中期の女性。宇多天皇の皇女。

アーダルダーク　988没（88?歳）。ドイツの大司教，聖人。900頃生。

スウェイン2世　1074没（54?歳）。デンマーク王（在位1043～74）。1020生。

頼尊　らいそん　1091没（67歳）。平安時代中・後期の真言宗の僧。1025生。

フーゴ（クリュニーの）　1109没（85歳）。クリュニー大修道院第6代院長。1024生。

藤原教家　ふじわらののりいえ　1255没（62歳）。鎌倉時代前期の公卿。1194生。

澄覚法親王　ちょうかくほっしんのう　1289没（71歳）。鎌倉時代後期の天台宗の僧。1219生。

花山院家定　かざんいんいえさだ　1342没（60歳）。鎌倉時代後期・南北朝時代の公卿。1283生。

小島法師　こじまほうし　1374没。南北朝時代の人。

バルドゥス　1400没（73?歳）。イタリアの法学者。1327頃生。

清原業忠　きよはらのなりただ　1467没（59歳）。室町時代の儒学者。1409生。

嘉楽門院　からくもんいん　1488没（78歳）。室町時代・戦国時代の女性。後花園天皇の宮人。1411生。

マヌエル，ニコラウス　1530没（46歳）。スイスの画家，著述家，政治家。1484生。

ポーレンツ，ゲオルク・フォン　1550没（72歳）。ドイツのザームラント司教。1478生。

天啓宗歡　てんけいそういん　1551没（66歳）。戦国時代の臨済宗の僧。1486生。

万休永歳　ばんきゅうえいさい　1574没。戦国時代・安土桃山時代の曹洞宗の僧。

内藤信正　ないとうのぶまさ　1626没（59歳）。安土桃山時代・江戸時代前期の武将，大名。1568生。

奈良屋道汐　ならやどうせき　1630没。江戸時代前期の堺の豪商。

六郷政乗　ろくごうまさのり　1634没（68歳）。安土桃山時代・江戸時代前期の大名。1567生。

ローエンシュタイン，ダーニエル・カスパー　1683没（48歳）。ドイツの詩人，劇作家，小説家。1635生。

吉野屋慶寿　よしのやけいじゅ　1702没。江戸時代前期・中期の越中富山藩御用商人。

ベタートン，トマス　1710没（74歳）。イギリスの王政復古期の俳優。1635生。

涼菟　りょうと　1717没（59歳）。江戸時代前期・中期の俳人。1659生。

ピアッツェッタ，ジョヴァンニ・バッティスタ　1754没（72歳）。イタリアの画家。1682生。

大内熊耳　おおうちゆうじ　1776没（80歳）。江戸時代中期の漢学者，陸奥唐津藩儒。1697生。

クトゥーゾフ，ミハイル・イラリオノヴィチ，公爵　1813没（67歳）。ロシアの将軍。1745生。

ティーク，ルードヴィヒ　1853没（79歳）。ドイツ，前期ロマン派の小説家，劇作家。1773生。

ミュラー，ヨハネス・ペーター　1858没（56歳）。ドイツの生理学者，比較解剖学者。1801生。

二川滝子　ふたがわたきこ　1865没（61歳）。江戸時代末期の女性。書家，画家。1805生。

メーソン　1871没（72歳）。アメリカの政治家。1798生。

サルトゥイコフ-シチェドリン，ミハイル・エウグラフォヴィチ　1889没（63歳）。ロシアの諷刺作家。1826生。

244

トライチュケ，ハインリヒ・フォン　1896没（61歳）。ドイツの歴史家。1834生。

ギブズ，ジョサイア・ウィラード　1903没（64歳）。アメリカの物理学者，理論化学者。1839生。

西郷頼母　さいごうたのも　1903没（74歳）。江戸・明治時代の会津藩士。家老。1830生。

由利公正　ゆりきみまさ　1909没（81歳）。江戸・明治時代の福井藩士，政治家。子爵，貴族院議員。1829生。

河島醇　かわしまあつし　1911没（65歳）。明治時代の外務省官吏，滋賀・福岡県知事。日本勧業銀行総裁。1847生。

チミリャーゼフ　1920没（76歳）。ロシアの植物生理学者。1843生。

李大釗　りだいしょう　1927没（37歳）。中国，民国の思想家。1889生。

フアード1世　1936没（68歳）。メフメット・アリ朝第10代君主（1917～22，22～36）。1868生。

中里介山　なかざとかいざん　1944没（60歳）。明治～昭和時代の小説家。都新聞社会部長。1885生。

松岡寿　まつおかひさし　1944没（83歳）。明治～昭和時代の洋画家，美術教育家。1862生。

ムッソリーニ，ベニト　1945没（61歳）。イタリアの政治家，ファシズム運動の指導者。1883生。

米山梅吉　よねやまうめきち　1946没（79歳）。明治～昭和時代の銀行家。三井信託社長。1868生。

ハイリル・アンワル　1949没（26歳）。インドネシアの詩人。1922生。

ジューオー　1954没（74歳）。フランスの労働運動家。1879生。

渡辺世祐　わたなべよすけ　1957没（83歳）。明治～昭和時代の日本史学者。1874生。

郷古潔　ごうこきよし　1961没（78歳）。昭和時代の実業家。三菱重工業社長，兵器生産協力会会長。1882生。

コイレ，アレクサンドル　1964没（71歳）。フランスの哲学者。1892生。

山中峯太郎　やまなかみねたろう　1966没（80歳）。昭和時代の小説家，児童文学作家。1885生。

林博太郎　はやしひろたろう　1968没（94歳）。明治～昭和時代の教育学者，政治家。1874生。

マリタン，ジャック　1973没（90歳）。フランスの哲学者。1882生。

内田清之助　うちだせいのすけ　1975没（90歳）。明治～昭和時代の動物学者，随筆家。1884生。

岡田弥一郎　おかだやいちろう　1976没（83歳）。昭和時代の動物学者。1892生。

ヒューズ，リチャード　1976没（76歳）。イギリスの詩人，小説家，劇作家。1900生。

賀屋興宣　かやおきのり　1977没（88歳）。昭和時代の大蔵官僚，政治家。大蔵大臣，法務大臣，日本遺族会会長。1889生。

峯村国一　みねむらくにいち　1977没（88歳）。明治～昭和時代の歌人。1888生。

岡鹿之助　おかしかのすけ　1978没（79歳）。昭和時代の洋画家。1898生。

栗本順三　くりもとじゅんぞう　1979没（77歳）。昭和時代の実業家。栗本鉄工所社長，関西経済連合会副会長。1901生。

阿部行蔵　あべこうぞう　1981没（73歳）。昭和時代の宗教家，歴史学者。東京都立大学教授，立川市長。1908生。

高木八尺　たかぎやさか　1984没（94歳）。大正・昭和時代のアメリカ研究家。東京大学教授，津田塾大学理事長。1889生。

張天翼　ちょうてんよく　1985没（78歳）。中国の小説家，童話作家。1906生。

シュタイガー，エーミル　1987没（79歳）。スイスの文芸学者。1908生。

ベイコン，フランシス　1992没（82歳）。イギリスの画家。1909生。

メシアン，オリヴィエ　1992没（83歳）。フランスの作曲家。1908生。

ブエロ-バリェーホ，アントニオ　2000没（83歳）。スペインの劇作家。1916生。

蔦文也　つたふみや　2001没（77歳）。昭和・平成時代のプロ野球選手，高校野球監督。1923生。

ワイツゼッカー，カール・フリードリヒ・フォン　2007没（94歳）。ドイツの物理学者。1912生。

4月28日

4月29日

○記念日○ 昭和の日
○出来事○ 北海道夕張炭鉱爆発(1912)
ヘイエルダールがコンチキ号で出港(1947)

藤原安子　ふじわらのあんし　964没(38歳)。平安時代中期の女性。村上天皇の皇后。927生。

源惟正　みなもとのこれまさ　980没(75歳)。平安時代中期の公卿。906生。

覚縁　かくえん　1002没。平安時代中期の真言宗の僧。

狛光近　こまみつちか　1182没(65歳)。平安時代後期の南都楽人。1118生。

弁慶　べんけい　1189没。平安時代後期の僧。

恒恵　ごうえ　1206没(48歳)。平安時代後期・鎌倉時代前期の天台宗の僧。1159生。

阿野廉子　あのれんし　1359没(59歳)。鎌倉時代後期・南北朝時代の女性。後醍醐天皇の後宮、後村上天皇の母。1301生。

カタリナ（シエーナの，聖人）　1380没(33歳)。イタリアのドミニコ会修道女、聖女。1347生。

日野資教　ひのすけのり　1428没(73歳)。南北朝時代・室町時代の公卿。1356生。

滋野井実益　しげのいさねます　1447没。室町時代の公卿。

葉室光忠　はむろみつただ　1493(閏4月)没(53歳)。室町時代・戦国時代の公卿。1441生。

虚屋性宙　こおくしょうちゅう　1560没。戦国時代の曹洞宗の僧。

二条晴良　にじょうはれよし　1579没(54歳)。戦国時代・安土桃山時代の公卿。1526生。

ランダ，ディエゴ・デ　1579没(55?歳)。スペイン出身のフランシスコ会宣教師、司教。1524頃生。

クーパー，トマス　1594没(74歳)。英国教会のウィンチェスター主教。1520生。

塙直之　ばんなおゆき　1615没(49歳)。安土桃山時代・江戸時代前期の武将。1567生。

板倉勝重　いたくらかつしげ　1624没(80歳)。安土桃山時代・江戸時代前期の初代京都所司代。1545生。

小出三尹　こいでみつただ　1642没(54歳)。江戸時代前期の大名。1589生。

クリーヴランド，ジョン　1658没(44歳)。イギリスの詩人。1613生。

ロイテル，ミヒール・アドリアーンスゾーン・デ　1676没(69歳)。オランダの海軍軍人。1607生。

清原雪信　きよはらゆきのぶ　1682没(40歳)。江戸時代前期の女性。画家。1643生。

ファーカー，ジョージ　1707没(30?歳)。イギリスの劇作家。1677頃生。

フーレン　1742没(78歳)。スウェーデンの政治家。1664生。

サン・ピエール，シャルル・イレネ・カステル・ド　1743没(85歳)。フランスの著述家。1658生。

アザム，エーギット・クヴィリン　1750没(57歳)。ドイツ、ババリアの建築家、彫刻家。1692生。

ブラント，ゲオルク　1768没(73歳)。スウェーデンの化学者。1694生。

キング　1827没(72歳)。アメリカの上院議員、外交官。1755生。

ロビケ　1840没(60歳)。フランスの化学者。1780生。

ベルトラン，アロイジウス　1841没(34歳)。フランスの詩人。1807生。

シュルツェ・デリッチ　1883没(74歳)。ドイツの政治家、経済学者。1808生。

ドージ　1883没(63歳)。オランダのアラビア学者。1820生。

桜井忠興　さくらいただおき　1895没(49歳)。江戸・明治時代の尼崎藩主。尼崎藩知事、貴族院議員。1847生。

ロカート，ウィリアム　1896没(84歳)。イギリスの中国医療伝道の開拓者。1811生。

スティーヴンス，ジェイムズ　1901没(76歳)。アイルランドの独立運動家。1825生。

プリンツィプ，ガヴリロ　1918没(23歳)。セルビアの愛国者。1894生。

フェーデラー　1928没(61歳)。スイスの小説家。1866生。

島田清次郎　しまだせいじろう　1930没(32歳)。大正時代の小説家。1899生。
前田慧雲　まえだえうん　1930没(74歳)。明治・大正時代の仏教学者。高輪仏教大学学長,東洋大学学長。1857生。
カヴァフィス,コンスタンディノス　1933没(70歳)。ギリシアの詩人。1863生。
カロザース,ウォーレス・ヒューム　1937没(41歳)。アメリカの有機化学者。1896生。
キーズ,シドニー　1943没(20歳)。イギリスの詩人。1922生。
ノヴィコフ-プリボイ,アレクセイ・シールイチ　1944没(67歳)。ソ連の作家。1877生。
フィッシャー　1947没(80歳)。アメリカの経済学者,統計学者。1867生。
カーム,ジョージ・オリヴァー　1948没(88歳)。アメリカの文法家。1860生。
ヴィトゲンシュタイン,ルートヴィヒ　1951没(62歳)。イギリスを中心に活躍したオーストリアの哲学者。1889生。
相川春喜　あいかわはるき　1953没(43歳)。昭和時代の技術史家,社会運動家。プロレタリア科学同盟中央常任委員。1909生。
長崎英造　ながさきえいぞう　1953没(71歳)。大正・昭和時代の財界人。日本証券投資協会長,日本石油社長。1881生。
中山平次郎　なかやまへいじろう　1956没(84歳)。明治～昭和時代の病理学者,考古学者。1871生。
山口茂吉　やまぐちもきち　1958没(56歳)。昭和時代の歌人。「アザミ」主宰。1902生。
田辺元　たなべはじめ　1962没(77歳)。大正・昭和時代の哲学者。京都大学教授。1885生。
バチェラー八重子　ばちぇらーやえこ　1962没(77歳)。明治～昭和時代のキリスト教伝道者。1884生。
フェルナンデス-フロレス,ベンセスラオ　1964没(79歳)。スペインのユーモア作家。1885生。
カッチェン,ジュリアス　1969没(42歳)。アメリカのピアニスト。1926生。
三村伸太郎　みむらしんたろう　1970没(74歳)。昭和時代の脚本家。1895生。
李四光　りしこう　1971没(82歳)。中国の地質学者。1889生。
伊志井寛　いしいかん　1972没(71歳)。大正・昭和時代の俳優。1901生。

グルリット,マンフレート　1972没(81歳)。日本在住のドイツ人指揮者,作曲家。1890生。
島崎静子　しまざきしずこ　1973没(76歳)。大正・昭和時代の随筆家。1896生。
舟木重信　ふなきしげのぶ　1975没(81歳)。大正・昭和時代のドイツ文学者,小説家。学芸自由同盟書記長。1893生。
松原与三松　まつばらよそまつ　1975没(79歳)。昭和時代の経営者。日立造船社長,関西経営者協会長。1895生。
安田靫彦　やすだゆきひこ　1978没(94歳)。明治～昭和時代の日本画家。東京芸術大学教授,日本美術院理事長。1884生。
ヒッチコック,アルフレッド　1980没(80歳)。アメリカの映画監督。1899生。
朝田善之助　あさだぜんのすけ　1983没(80歳)。大正・昭和時代の部落解放運動家。部落解放同盟中央本部委員長。1902生。
ウォーターズ,モンティー　1983没(68歳)。アメリカのジャズ・サックス奏者。1915生。
小川鼎三　おがわていぞう　1984没(83歳)。昭和時代の解剖学者,医史学者。東京大学教授。1901生。
桜田武　さくらだたけし　1985没(81歳)。昭和時代の実業家,財界人。日清紡績社長,日経連会長。1904生。
プレビッシュ　1986没(85歳)。アルゼンチンの経済学者。1901生。
斯波四郎　しばしろう　1989没(79歳)。昭和時代の小説家。1910生。
ベンゼ,マックス　1990没(80歳)。ドイツの哲学者,美学者。1910生。
三宅正太郎　みやけしょうたろう　1992没(84歳)。昭和時代のジャーナリスト,美術評論家。帝京大学教授。1907生。
アントーノフ,セルゲイ・ペトローヴィチ　1995没(79歳)。ソ連の作家。1915生。
西谷能雄　にしたによしお　1995没(81歳)。昭和・平成時代の出版評論家,実業家。未来社社長,未来社会長。1913生。
ファム・ヴァン・ドン　2000没(93歳)。ベトナム社会主義共和国の政治家。1906生。
ガルブレイス,ジョン・ケネス　2006没(97歳)。カナダ出身の経済学者。1908生。

4月29日

4月30日

○記念日○ 図書館記念日
○出来事○ ベトナム戦争終結（1975）
　　　　　植村直己、単独北極点到達（1978）

ルカヌス，マルクス・アンナエウス　65没（25歳）。ローマの詩人。39生。

アマラスンタ　535没（37歳）。東ゴート王テオドリクスの娘。498生。

エルコンワルド（ロンドンの）　693没（63?歳）。ロンドンの司教。630生。

藤原鮮子　ふじわらのせんし　915没。平安時代前期・中期の女性。醍醐天皇の更衣。

源義経　みなもとのよしつね　1189（閏4月）没（31歳）。平安時代後期の武将。1159生。

フグッチョ（ピーサの）　1210没。イタリアの教会法学者，神学者，文法学者。

ヤコーブス（ヴィトリの）　1240没（70?歳）。アコンの司教，説教者。1170頃生。

義空　ぎくう　1241没（71歳）。鎌倉時代前期の僧。1171生。

足利尊氏　あしかがたかうじ　1358没（54歳）。鎌倉時代後期・南北朝時代の武将。室町幕府初代の将軍。1305生。

バヤール，ピエール・デュ・テライユ，騎士　1524没（48?歳）。フランスの武将。1476頃生。

オードリー，トマス，男爵　1544没（56歳）。イギリスの政治家。1488生。

織田信雄　おだのぶかつ　1630没（73歳）。安土桃山時代・江戸時代前期の大名，織田信長の次男。1558生。

ジグムント3世　1632没（65歳）。ポーランド国王（在位1587〜1632）。1566生。

ティリ，ヨハン・ツェルクラエス，伯爵　1632没（73歳）。バイエルン公国の軍人。1559生。

カンディディウス，ゲオルギウス　1647没（50歳）。ドイツの改革派教会宣教師。1597生。

ル・シュウール，ウスタッシュ　1655没（37歳）。フランスの画家。1617生。

ファン・ゴイエン，ヤン　1656没（60歳）。オランダの画家。1596生。

カルディム　1659没（63歳）。ポルトガルのイエズス会宣教師。1596生。

ギュイヤール，マリ　1672没（72歳）。新世界への最初の女性宣教者。1599生。

徳川家継　とくがわいえつぐ　1716没（8歳）。江戸幕府第7代の将軍。1709生。

沢田名垂　さわだなたり　1845没（71歳）。江戸時代後期の国学者，歌人，陸奥会津藩士。1775生。

カルル　1847没（75歳）。オーストリアの将軍。1771生。

ビショップ，サー・ヘンリー・ローリー　1855没（68歳）。イギリスの作曲家，指揮者。1786生。

アクサーコフ，セルゲイ・チモフェーヴィチ　1859没（67歳）。ロシアの作家。1791生。

バラール，アントワーヌ・ジェローム　1876没（73歳）。フランスの化学者。1802生。

マネ，エドゥアール　1883没（51歳）。フランスの画家。1832生。

ヤコブセン，J.P.　1885没（38歳）。デンマークの小説家。1847生。

フライターク，グスタフ　1895没（78歳）。ドイツの批評家，劇作家。1816生。

ビューヒナー，ルートヴィヒ　1899没（75歳）。ドイツの医師，唯物論哲学者。1824生。

シューラー，エーミール　1910没（65歳）。ドイツのプロテスタント新約学者。1844生。

スウィート，ヘンリー　1912没（66歳）。イギリスの言語学者。1845生。

池田謙斎　いけだけんさい　1918没（78歳）。明治〜昭和時代の医学者。陸軍軍医総監，宮内省侍医局長官。1841生。

荘田平五郎　しょうだへいごろう　1922没（76歳）。明治時代の実業家。東京海上会長，明治生命会長。1847生。

チャイコーフスキィ　1926没（75歳）。ロシアの社会主義者。1850生。

辜鴻銘　ここうめい　1928没（70歳）。中国の学者。1857生。

ラッセル，N.　1930没（79歳）。ロシアのナロードニキ革命家。1850生。

清水金太郎　しみずきんたろう　1932没（44歳）。大正・昭和時代のオペラ歌手。1889生。

ノアイユ，アドリアン・モーリス　1933没（56歳）。フランスの女流詩人，小説家。1876生。
ハウスマン，A.E.　1936没(77歳)。イギリスの古典学者，詩人。1859生。
ポーター，エドウイン・ストラトン　1941没(72歳)。アメリカの映画監督。1869生。
イェスペルセン，オットー　1943没(82歳)。デンマークの言語学者，英語学者。1860生。
ウェッブ，ビアトリス　1943没(85歳)。イギリスのフェビアン主義の代表的理論家。1858生。
ヒトラー，アドルフ　1945没(56歳)。ドイツの政治家。1889生。
ブラウン，エヴァ　1945没(35歳)。ヒトラーの愛人。1910生。
ヘンライン，コンラート　1945没(46歳)。ドイツの政治家。1898生。
ライト，サー・アルムロース・エドワード　1947没(85歳)。イギリスの病理学者，細菌学者。1861生。
キッピング，フレデリック・スタンレイ　1949没(85歳)。イギリスの化学者。1863生。
天光軒満月(初代)　てんこうけんまんげつ　1949没(52歳)。昭和・平成時代の浪曲家。1898生。
ヨーヴィネ，フランチェスコ　1950没(47歳)。イタリアの小説家。1902生。
キスリング，モイーズ　1953没(62歳)。フランスの画家。1891生。
宇垣一成　うがきかずしげ　1956没(87歳)。明治〜昭和時代の軍人，政治家。1868生。
バークリー，アルベン・W　1956没(78歳)。アメリカの政治家。1877生。
永井荷風　ながいかふう　1959没(79歳)。明治〜昭和時代の小説家，随筆家。慶応義塾大学教授，「三田文学」主宰。1879生。
服部卓四郎　はっとりたくしろう　1960没(59歳)。昭和時代の陸軍軍人。大佐，史実研究所所長。1901生。
高垣勝次郎　たかがきかつじろう　1967没(73歳)。大正・昭和時代の経営者。東京商工会議所副会頭，三菱商事社長。1893生。
早川かい　はやかわかい　1969没(84歳)。大正・昭和時代の婦人運動家。1884生。
須磨弥吉郎　すまやきちろう　1970没(77歳)。昭和時代の外交官，政治家。衆議院議員，自民党政調副会長。1892生。
大仏次郎　おさらぎじろう　1973没(75歳)。大正・昭和時代の小説家。1897生。
安成二郎　やすなりじろう　1974没(87歳)。大正・昭和時代の歌人，ジャーナリスト。1886生。
近藤忠義　こんどうただよし　1976没(74歳)。昭和時代の日本文学者。法政大学教授，和光大学教授。1901生。
新名丈夫　しんみょうたけお　1981没(74歳)。昭和時代の評論家，ジャーナリスト。毎日新聞記者。1906生。
フーヘル，ペーター　1981没(78歳)。ドイツの詩人，ジャーナリスト。1903生。
弟子丸泰仙　でしまるたいせん　1982没(67歳)。昭和時代の僧侶。ヨーロッパ禅協会会長。1914生。
青江舜二郎　あおえしゅんじろう　1983没(78歳)。昭和時代の劇作家，評論家。1904生。
バランシン，ジョルジュ　1983没(79歳)。ロシアの舞踊家。1904生。
ヒルデブランド，ジョエル・ヘンリー　1983没(101歳)。アメリカの化学者。1881生。
八木秋子　やぎあきこ　1983没(87歳)。昭和時代の社会運動家。1895生。
菊池一雄　きくちかずお　1985没(76歳)。昭和時代の彫刻家。東京芸術大学教授，京都市立美術大学教授。1908生。
庄司吉之助　しょうじきちのすけ　1985没(80歳)。昭和時代の日本史学者。福島大学教授。1905生。
棟田博　むねたひろし　1988没(79歳)。昭和時代の小説家。1908生。
殿山泰司　とのやまたいじ　1989没(73歳)。昭和時代の俳優。1915生。
李方子　りまさこ　1989没(87歳)。昭和時代の皇族。朝鮮の皇太子李垠の妻，社会福祉事業家。1901生。
大杉勝男　おおすぎかつお　1992没(47歳)。昭和時代のプロ野球選手。1945生。
メンデス・モンテネグロ　1996没(80歳)。グアテマラの法学者，政治家。1915生。
牧島象二　まきしましょうじ　2000没(92歳)。昭和時代の応用化学者。東京大学教授。1907生。

4月30日

5月
May
皐月

◎忌　日◎

朔太郎忌(5.11)／透谷忌(5.16)

らいてう忌(5.24)／晶子忌(5.29)

5月1日

○記念日○ スズランの日
　　　　　メーデー
○出来事○ 世界初の郵便切手発行(1840)
　　　　　ロンドンで第1回万博(1851)
　　　　　エンパイアステートビル完成(1911)

アルカディウス，フラーウィウス　408没(31歳)。東ローマ皇帝(在位383～408)。377生。

大伴安麻呂　おおとものやすまろ　714没。飛鳥時代の歌人，廷臣。

恒世親王　つねよしんのう　826没(21歳)。淳和天皇の第1皇子。806生。

藤原貞守　ふじわらのさだもり　859没(62歳)。平安時代前期の公卿。798生。

正躬王　まさみおう　863没(65歳)。平安時代前期の公卿。799生。

尊子内親王　そんしないしんのう　985没(20歳)。平安時代中期の女性。円融天皇の妃。966生。

ダーマット・マクマロー　1171没(61?歳)。アイルランドのレンスター王。1110頃生。

藤原為家　ふじわらのためいえ　1275没(78歳)。鎌倉時代前期の歌人・公卿。1198生。

宇都宮景綱　うつのみやかげつな　1298没(64歳)。鎌倉時代後期の武将。1235生。

アルブレヒト1世　1308没(52歳)。神聖ローマ皇帝，ドイツ王，オーストリア大公。1255生。

ラツィオーシ，ペレグリーネ　1345没(75?歳)。イタリアのマリアのしもべ会修道士，聖人。1270頃生。

二条師良　にじょうもろよし　1382没(38歳)。南北朝時代の公卿。1345生。

智通　ちつう　1403没(90歳)。南北朝時代・室町時代の浄土宗西山派の僧。1314生。

ルートウィヒ7世　1447没(82歳)。バイエルン＝インゴルシュタット公。1365生。

バルボサ　1521没(41?歳)。ポルトガルの航海家。1480頃生。

マルケルス2世　1555没(53歳)。教皇(在位1555.4.10～5.1)教会改革の指導者の一人。1501生。

ツヴィリング，ガーブリエル　1558没(71?歳)。ドイツの宗教改革者，牧師。1487頃生。

ピウス5世　1572没(68歳)。教皇(在位1566～72)，聖人。1504生。

マルドナド，ホアン　1583没(49歳)。スペインのイエズス会修道士，釈義家。1534生。

アルドロヴァンディ，ウリッセ　1605没(82歳)。イタリアの博物学者。1522生。

上田重安　うえだしげやす　1650没(88歳)。安土桃山時代・江戸時代前期の武将，安芸広島藩士。茶人，茶道上田流の祖。1563生。

ドライデン，ジョン　1700没(68歳)。イギリスの詩人，劇作家，批評家。1631生。

西川正休　にしかわせいきゅう　1756没(64歳)。江戸時代中期の天文家。1693生。

アッヘンヴァール　1772没(52歳)。ドイツの統計学者。1719生。

ドリール，ジャック　1813没(74歳)。フランスの詩人，神父。1738生。

橋本宗吉　はしもとそうきち　1836没(74歳)。江戸時代中期・後期の蘭学者。1763生。

カーアーニー　1854没(45歳)。ペルシアの頌詩，抒情詩人。1808生。

ウォーカー，ジョン　1859没(78?歳)。イギリスの薬剤師。1781頃生。

寿万宮　すまのみや　1861没(3歳)。江戸時代末期の女性。孝明天皇の第3皇女。1859生。

田中河内介　たなかかわちのすけ　1862没(48歳)。江戸時代末期の尊攘派志士。1815生。

竹本染太夫(6代目)　たけもとそめたゆう　1869没(73歳)。江戸・明治時代の義太夫節の太夫。1797生。

ラメ　1870没(74歳)。フランスの数学者。1795生。

トンマゼーオ，ニッコロ　1874没(71歳)。イタリアの文学者。1802生。

スティーヴンズ，アルフレッド　1875没(57歳)。イギリス新古典主義の代表的彫刻家。1818生。

江幡五郎　えばたごろう　1879没(53歳)。江戸・明治時代の盛岡藩士，儒学者。藩校教授。1827生。

那珂梧楼　なかごろう　1879没(53歳)。江戸・明治時代の思想家。1827生。

ブトルス・アルブスターニー　1883没(64歳)。アラブの文筆家。1819生。

中沼葵園　なかぬまきえん　1896没(81歳)。江戸・明治時代の儒学者。1816生。

ナーシル・ウッディーン　1896没(64歳)。イランのカージャール朝第4代の王(在位1848～96)。1831生。

ムンカーチ，ミハーイ　1900没(56歳)。ハンガリーの画家。1844生。

ドヴォルジャーク，アントニーン　1904没(62歳)。チェコの作曲家。1841生。

ヒス，ヴィルヘルム　1904没(72歳)。スイス系のドイツの解剖学者，発生学者。1831生。

イングラム　1907没(83歳)。アイルランドの経済学者。1823生。

フラッシュ，ハーマン　1914没(62歳)。ドイツの化学者。1851生。

ロドー，ホセ・エンリケ　1917没(45歳)。ウルグアイの代表的哲学者。1871生。

ギルバート，グローヴ　1918没(74歳)。アメリカの地質学者。1843生。

万鉄五郎　よろずてつごろう　1927没(43歳)。明治・大正時代の洋画家。1885生。

向警予　こうけいよ　1928没(33歳)。中国の女性革命家。1895生。

ハワード，サー・エビニーザー　1928没(78歳)。イギリスの田園都市運動の創始者。1850生。

ヴィヨン，エメー　1932没(88歳)。フランス人宣教師。1843生。

ウェルチ，ウィリアム・ヘンリー　1934没(84歳)。アメリカの病理，細菌学者。1850生。

有馬良橘　ありまりょうきち　1944没(84歳)。明治～昭和時代の海軍軍人。大将。1861生。

ゲッベルス，ヨーゼフ　1945没(47歳)。ナチス・ドイツの宣伝相。1897生。

ボルマン，マルティン　1945没(44歳)。ナチス・ドイツの政治家。1900生。

永井隆　ながいたかし　1951没(43歳)。昭和時代の放射線医学者。1908生。

ディーキン，アーサー　1955没(64歳)。イギリスの労働組合指導者。1890生。

後藤丹治　ごとうたんじ　1963没(66歳)。昭和時代の日本文学者。1897生。

サントス，ロペ・K.　1963没(83歳)。フィリピンのタガログ語の詩人，小説家，文芸評論家。1879生。

ニコルソン，ハロルド　1968没(81歳)。イギリスの批評家。1886生。

太田三郎　おおたさぶろう　1969没(84歳)。大正・昭和時代の洋画家。1884生。

永田春水　ながたしゅんすい　1970没(81歳)。大正・昭和時代の日本画家。1889生。

李垠　りぎん　1970没(72歳)。朝鮮李王朝最後の皇太子。1897生。

伊藤卯四郎　いとううしろう　1974没(79歳)。大正・昭和時代の政治家，労働運動家。衆議院議員。1894生。

斎田喬　さいだたかし　1976没(80歳)。大正・昭和時代の児童劇作家，画家。1895生。

ハチャトゥリヤン，アラム・イリイチ　1978没(74歳)。ソ連の作曲家。1903生。

加藤元一　かとうげんいち　1979没(89歳)。大正・昭和時代の生理学者。1890生。

大内兵衛　おおうちひょうえ　1980没(91歳)。大正・昭和時代の経済学者，財政学者。1888生。

五所平之助　ごしょへいのすけ　1981没(79歳)。大正・昭和時代の映画監督，俳人。1902生。

斎藤寅二郎　さいとうとらじろう　1982没(77歳)。昭和時代の映画監督。1905生。

プリムローズ，ウィリアム　1982没(78歳)。イギリスのヴィオラ奏者。1903生。

吉田謙吉　よしだけんきち　1982没(85歳)。大正・昭和時代の舞台装置家。日本演劇協会顧問。1897生。

司忠　つかさただし　1986没(92歳)。昭和時代の実業家。丸善社長。1893生。

沢田政広　さわだせいこう　1988没(93歳)。大正・昭和時代の彫刻家。日本彫塑家連盟理事長。1894生。

ヤニグロ，アントニオ　1989没(71歳)。イタリアのチェリスト・指揮者。1918生。

徳川宗敬　とくがわむねよし　1989没(91歳)。昭和時代の政治家，林学者。参議院議員，日本博物館協会長。1897生。

若井伸之　わかいのぶゆき　1993没(26歳)。平成時代のオートバイレーサー。1967生。

中山あい子　なかやまあいこ　2000没(78歳)。昭和・平成時代の小説家。1922生。

5月1日

5月2日

○記念日○ エンピツ記念日
　　　　　交通広告の日
○出来事○ 郵便貯金業務開始(1875)
　　　　　サマータイム実施(1948)

聖アタナシウス　373没(77?歳)。アレクサンドリアの司教，神学者。296頃生。

マルータス(タグリットの)　649没(84?歳)。ペルシアのヤコブ派単性論者。565頃生。

聖武天皇　しょうむてんのう　756没(56歳)。第45代の天皇。701生。

エゼルハルド　805没。カンタベリー大司教。

藤原兼経　ふじわらのかねつね　1043没(44歳)。平安時代中期の公卿。1000生。

経救　きょうく　1044没(67歳)。平安時代中期の法相宗の僧。978生。

延尋　えんじん　1049没(58歳)。平安時代中期の真言宗の僧。992生。

明禅　みょうぜん　1242没(76歳)。鎌倉時代前期の僧。1167生。

北条時盛　ほうじょうときもり　1277没(81歳)。鎌倉時代前期の武士。1197生。

源顕資　みなもとのあきすけ　1317没。鎌倉時代後期の公卿。

潜渓処謙　せんけいしょけん　1330没。鎌倉時代後期の僧。

日野資名　ひのすけな　1338没(54歳)。鎌倉時代後期・南北朝時代の公卿。1285生。

朝倉高景　あさくらたかかげ　1372没(59歳)。南北朝時代の武将。1314生。

アントニヌス　1459没(70歳)。フィレンツェの大司教(1446～)，聖人。1389生。

一渓宗統　いっけいそうとう　1491没。室町時代の臨済宗の僧。

蓮教　れんきょう　1492没(42歳)。室町時代・戦国時代の真宗の僧。1451生。

桂節宗昌　けいせつそうしょう　1496没(96歳)。室町時代の曹洞宗の僧。1401生。

尋尊　じんそん　1508没(79歳)。室町時代・戦国時代の法相宗の僧。1430生。

レオナルド・ダ・ヴィンチ　1519没(67歳)。イタリアの画家，彫刻家，建築家，科学者。1452生。

クルーツィガー，エリーザベト　1535没(30歳)。ドイツの讃美歌作者。1505生。

カランサ，バルトロメ・デ　1576没(73歳)。スペインの神学者。1503生。

織田信孝　おだのぶたか　1583没(26歳)。安土桃山時代の武将。1558生。

ヴィアダーナ，ロドヴィーコ　1627没(63?歳)。イタリアの作曲家。1564頃生。

溝口善勝　みぞぐちよしかつ　1634没(51歳)。江戸時代前期の大名。1584生。

ウィザー，ジョージ　1667没(78歳)。イギリスの詩人。1588生。

オスターデ，アドリアーン・ファン　1685没(74歳)。オランダの画家，版画家。1610生。

狩野昌運　かのうしょううん　1702没(66歳)。江戸時代前期の画家。1637生。

大高坂芝山　おおたかさかしざん　1713没(67歳)。江戸時代前期・中期の伊予松山藩士，土佐藩士，南学派の儒者。1647生。

怡渓宗悦　いけいそうえつ　1714没(71歳)。江戸時代前期・中期の茶人。1644生。

市川段四郎(初代)　いちかわだんしろう　1717没(67歳)。江戸時代中期の歌舞伎役者。1651生。

雲鼓　うんこ　1728没(63?歳)。江戸時代中期の俳人。1666頃生。

澄月　ちょうげつ　1798没(85歳)。江戸時代中期の僧，歌人。1714生。

嵐三五郎(2代目)　あらしさんごろう　1803没(72歳)。江戸時代中期・後期の歌舞伎役者，歌舞伎座本。1732生。

ダーンデルス　1818没(55歳)。オランダの軍人，東インド総督(在職1808～11)。1762生。

ベックフォード，ウィリアム　1844没(84歳)。イギリスの小説家。1760生。

浦上春琴　うらがみしゅんきん　1846没(68歳)。江戸時代後期の南画家。1779生。

小川可進　おがわかしん　1855没(70歳)。江戸時代後期の茶人，医師，煎茶小川流の祖。1786生。

ミュッセ, アルフレッド・ド　1857没(46歳)。フランスの詩人, 劇作家。1810生。

上田帯刀　うえだたてわき　1863没(55歳)。江戸時代末期の洋式兵学者, 国学者, 尾張藩士。1809生。

マイアーベーア, ジャコモ　1864没(72歳)。ドイツのオペラ作曲家。1791生。

池内蔵太　いけくらた　1866没(26歳)。江戸時代末期の志士, 土佐藩士。1841生。

富本豊前太夫(3代目)　とみもとぶぜんだゆう　1876没(72歳)。江戸・明治時代の富本節の太夫。1805生。

池上雪枝　いけがみゆきえ　1891没(66歳)。明治時代の社会事業家。1826生。

清元お葉　きよもとおよう　1901没(62歳)。明治時代の清元節演奏家, 作曲家。1840生。

蘇曼殊　そんまんしゅ　1918没(33歳)。中国, 清末, 民国初の小説家, 詩人。1884生。

ランダウアー, グスタフ　1919没(49歳)。ドイツの政治家。1870生。

福田英子　ふくだひでこ　1927没(63歳)。明治・大正時代の社会運動家。1865生。

コーガン, ピョートル・セミョーノヴィチ　1932没(59歳)。ロシア, ソ連の文学史家, 評論家。1872生。

荒木古童(3代目)　あらきこどう　1935没(57歳)。明治〜昭和時代の琴古流尺八奏者。1879生。

松下大三郎　まつしただいざぶろう　1935没(58歳)。明治〜昭和時代の国文学者。1878生。

ミッヘルス　1936没(60歳)。ドイツの社会学者。1876生。

セーニョボス　1942没(87歳)。フランスの歴史家。1854生。

丘浅次郎　おかあさじろう　1944没(77歳)。明治〜昭和時代の動物学者, 進化論啓蒙家。東京文理大学講師。1868生。

クロワザ, クレール　1946没(63歳)。フランスのメゾソプラノ歌手。1882生。

フレックスナー, サイモン　1946没(83歳)。アメリカの病理学者。1863生。

シャトーブリヤン, アルフォンス・ド　1951没(74歳)。フランスの小説家。1877生。

ベルトラム, エルンスト　1957没(72歳)。ドイツの詩人, 文学史家, 随筆家。1884生。

マカーシー, J.　1957没(47歳)。アメリカの政治家。1909生。

ウェーバー　1958没(89歳)。ドイツの経済地理学者。1868生。

小酒井五一郎　こさかいごいちろう　1962没(81歳)。明治〜昭和時代の出版人。研究社会長。1881生。

関桂三　せきけいぞう　1963没(79歳)。大正・昭和時代の実業家, 俳人。東洋紡績会長。1884生。

ブルックス, ヴァン・ワイク　1963没(77歳)。アメリカの評論家。1886生。

桐原葆見　きりはらしげみ　1968没(75歳)。大正・昭和時代の心理学者。1892生。

パーペン, フランツ・フォン　1969没(89歳)。ドイツの政治家, 外交官。1879生。

フーヴァー, J.E.　1972没(77歳)。アメリカの連邦捜査局(FBI)育ての親。1895生。

関鑑子　せきあきこ　1973没(73歳)。大正・昭和時代の声楽家, 合唱指導者。1899生。

今泉今右衛門(12代目)　いまいずみいまえもん　1975没(77歳)。昭和時代の陶芸家。1897生。

前田一　まえだはじめ　1978没(83歳)。昭和時代の財界人。日経連専務理事, 日本石炭鉱業連盟常任理事。1895生。

宮脇朝男　みやわきあさお　1978没(65歳)。昭和時代の農協運動家。全国農業協同組合中央会会長。1912生。

ナッタ, ジュリオ　1979没(76歳)。イタリアの化学者。1903生。

藤本真澄　ふじもとさねずみ　1979没(68歳)。昭和時代の映画プロデューサー。東宝副社長, 東宝映画社長。1910生。

パノムヨン　1983没(81歳)。タイの政治家。1901生。

カヴェーリン, ヴェニアミン・アレクサンドロヴィチ　1989没(87歳)。ソ連の作家。1902生。

春日一幸　かすがいっこう　1989没(79歳)。昭和時代の政治家。衆議院議員, 民社党委員長。1910生。

槇有恒　まきありつね　1989没(95歳)。大正・昭和時代の登山家。日本山岳会会長。1894生。

hide　ひで　1998没(33歳)。昭和・平成時代のミュージシャン。X JAPANのギタリスト。1964生。

倉林誠一郎　くらばやしせいいちろう　2000没(87歳)。昭和・平成時代の演劇プロデューサー。俳優座劇場社長。1912生。

5月2日

5月3日

○記念日○　ゴミの日
○出来事○　大阪で初の地下鉄開通（1933）
　　　　　東京裁判開廷（1946）
　　　　　第1回世界柔道選手権（1956）

平源　へいげん　949没（89歳）。平安時代前期・中期の法相宗の僧。861生。

フェオドーシイ・ペチェールスキイ　1074没（66?歳）。古代ルーシの修道士、著述家。1008頃生。

藤原季兼　ふじわらのすえかね　1164没。平安時代後期の公卿。

惇子内親王　じゅんしないしんのう　1172没（15歳）。平安時代後期の女性。後白河天皇の第5皇女。1158生。

千葉常重　ちばつねしげ　1180没（98歳）。平安時代後期の武士。1083生。

土屋宗遠　つちやむねとお　1213没。平安時代後期・鎌倉時代前期の武将。

土屋義清　つちやよしきよ　1213没。鎌倉時代前期の武将。

和田義盛　わだよしもり　1213没（67歳）。平安時代後期・鎌倉時代前期の武将。1147生。

惟明親王　これあきらしんのう　1221没（43歳）。鎌倉時代前期の親王。1179生。

大仏朝直　おさらぎともなお　1264没（59歳）。鎌倉時代前期の武士、引付衆の頭人。1206生。

ベーラ4世　1270没（64歳）。ハンガリー国王（在位1235～70）。1206生。

佐々木氏信　ささきうじのぶ　1295没（76歳）。鎌倉時代後期の武将。1220生。

室町院　むろまちいん　1300没（73歳）。鎌倉時代前期の女性。後堀河天皇の第1皇女。1228生。

足助重範　あすけしげのり　1332没（41歳）。鎌倉時代後期の武士。1292生。

尊胤法親王　そんいんほっしんのう　1358没（53歳）。後伏見天皇の皇子。1306生。

吉田兼熈　よしだかねひろ　1402没（55歳）。南北朝時代・室町時代の公卿。1348生。

アレクサンデル5世　1410没（71?歳）。対立教皇（在位1409～10）。1339頃生。

メフメット2世　1481没（49歳）。オスマン・トルコ帝国の第7代スルタン（在位1451～81）。1432生。

コスタ，ロレンツォ　1535没（75?歳）。イタリアの画家。1460頃生。

ペニコー，レオナール　1542没（72?歳）。フランスの七宝画師。1470頃生。

ヘルマン，ニーコラウス　1561没（81?歳）。ボヘミアの讃美歌作詞者、教会教育家。1480頃生。

原田直政　はらだなおまさ　1576没。戦国時代・安土桃山時代の武将。

京極高次　きょうごくたかつぐ　1609没（47歳）。安土桃山時代・江戸時代前期の大名。1563生。

雲谷等顔　うんこくとうがん　1618没（72歳）。安土桃山時代・江戸時代前期の画家。1547生。

ウルシス，サッバティーノ・デ　1620没（45歳）。イタリアのイエズス会士。1575生。

阿部忠秋　あべただあき　1675没（74歳）。江戸時代前期の大名。1602生。

ビーバー，ハインリヒ・イグナーツ・フランツ・フォン　1704没（59歳）。ボヘミアのヴァイオリン奏者、作曲家。1644生。

ベネディクトゥス14世　1758没（83歳）。教皇（在位1740～58）。1675生。

アルガロッティ，フランチェスコ　1764没（51歳）。イタリアの思想家、小説家。1712生。

蘭更　らんこう　1798没（73歳）。江戸時代中期の俳人。1726生。

中村勘三郎（10代目）　なかむらかんざぶろう　1810没。江戸時代後期の歌舞伎座主。

古賀精里　こがせいり　1817没（68歳）。江戸時代中期・後期の儒学者。1750生。

柴田鳩翁　しばたきゅうおう　1839没（57歳）。江戸時代後期の石門心学者。1783生。

リング　1839没（62歳）。スウェーデンの近代体育の先駆者。1776生。

フッド，トマス　1845没（45歳）。イギリスの詩人、ジャーナリスト。1799生。

ドノーソ‐コルテス, フアン　1853没（43歳）。スペインの外交官, 哲学者。1809生。

アダン, アドルフ‐シャルル　1856没（52歳）。フランスの作曲家。1803生。

稲村喜勢子　いなむらきせこ　1860没（71歳）。江戸時代後期の女性。歌人, 国学者。1790生。

中伊三郎　なかいさぶろう　1860没（71歳）。江戸時代末期の銅版画家。1790生。

川上冬崖　かわかみとうがい　1881没（54歳）。江戸・明治時代の洋画家。内国勧業博美術部審査主任。1828生。

小金井蘆州（2代目）　こがねいろしゅう　1908没（61歳）。江戸・明治時代の講釈師。1848生。

リケッツ, ハワード・テイラー　1910没（39歳）。アメリカの病理学者。1871生。

ナズィール・アフマド　1912没（82歳）。インドのウルドゥー語の小説家。1830生。

ピアース, パトリック・ヘンリー　1916没（36歳）。アイルランドの独立を目指すフェニアン（共和）主義派の民族主義者。1879生。

伊沢修二　いざわしゅうじ　1917没（67歳）。明治・大正時代の音楽教育家。東京音楽学校校長, 貴族院議員。1851生。

杉孫七郎　すぎまごしちろう　1920没（86歳）。江戸・明治時代の萩藩士, 政治家。1835生。

ウィクセル, ヨハン・グスタフ・クニュート　1926没（74歳）。スウェーデンの経済学者。1851生。

三遊亭金馬（2代目）　さんゆうていきんば　1926没（59歳）。明治・大正時代の落語家。1868生。

スターリング, アーネスト・ヘンリー　1927没（61歳）。イギリスの生理学者。1866生。

三輪田真佐子　みわたまさこ　1927没（85歳）。明治・大正時代の女子教育家。1843生。

池田菊苗　いけだきくなえ　1936没（73歳）。明治〜昭和時代の物理化学者。東京帝国大学教授。1864生。

田鎖綱紀　たくさりこうき　1938没（85歳）。明治時代の日本速記法の創始者。1854生。

大村嘉代子　おおむらかよこ　1953没（68歳）。大正・昭和時代の劇作家。1884生。

ベガン, アルベール　1957没（55歳）。フランスの批評家。1901生。

斎藤与里　さいとうより　1959没（73歳）。明治〜昭和時代の洋画家。1885生。

メルロ‐ポンティ, モーリス　1961没（53歳）。フランスの哲学者。1908生。

柳宗悦　やなぎむねよし　1961没（72歳）。大正・昭和時代の哲学者, 民芸運動の創始者。日本民芸館初代館長。1889生。

山岸巳代蔵　やまぎしみよぞう　1961没（59歳）。大正・昭和時代の社会思想家。山岸会創始者。1901生。

中勘助　なかかんすけ　1965没（79歳）。大正・昭和時代の小説家, 詩人。1885生。

岸田日出刀　きしだひでと　1966没（67歳）。大正・昭和時代の建築家, 随筆家。1899生。

小宮豊隆　こみやとよたか　1966没（82歳）。大正・昭和時代のドイツ文学者, 文芸評論家。1884生。

香山蕃　かやましげる　1969没（75歳）。昭和時代のラグビー指導者。日本ラグビーフットボール協会会長。1894生。

菅原卓　すがわらたかし　1970没（67歳）。昭和時代の演出家, 演劇評論家。劇団民芸演出家, 国際演劇協会常務理事。1903生。

ガードギール　1971没（70歳）。インドの経済学者。1901生。

高橋和巳　たかはしかずみ　1971没（39歳）。昭和時代の小説家, 評論家。京都大学助教授。1931生。

津川主一　つがわしゅいち　1971没（74歳）。大正・昭和時代の合唱指揮者, 牧師。東京バッハ・ヘンデル協会会長, 関東合唱連盟名誉会長。1896生。

牧野周一　まきのしゅういち　1975没（70歳）。昭和時代の漫談家。1905生。

生田蝶介　いくたちょうすけ　1976没（86歳）。明治〜昭和時代の歌人, 小説家。1889生。

ポントリャーギン, レフ・セミョーノヴィチ　1988没（79歳）。ソ連の数学者。1908生。

池波正太郎　いけなみしょうたろう　1990没（67歳）。昭和・平成時代の小説家。1923生。

コジンスキー, ジャージ　1991没（57歳）。ポーランド生まれのユダヤ系アメリカ人作家。1933生。

ケステン, ヘルマン　1996没（96歳）。ドイツの小説家, 劇作家, 詩人。1900生。

土井正治　どいまさはる　1997没（103歳）。昭和時代の実業家。1894生。

中田喜直　なかだよしなお　2000没（76歳）。昭和・平成時代の作曲家。1923生。

横山ノック　よこやまのっく　2007没（75歳）。昭和・平成時代のタレント, 政治家。1932生。

5月3日

5月4日

○記念日○　みどりの日
　　　　　　ラムネの日
　　　　　　競艇の日
○出来事○　プロ野球第1号本塁打(1936)
　　　　　　英国でサッチャー首相就任(1979)

粟田女王　あわたのじょおう　764没。奈良時代の女王。

藤原旅子　ふじわらのたびこ　788没(30歳)。奈良時代の女性。桓武天皇の妃。759生。

橘嘉智子　たちばなのかちこ　850没(65歳)。平安時代前期の女性。嵯峨天皇の皇后。786生。

藤原師輔　ふじわらのもろすけ　960没(53歳)。平安時代中期の公卿。908生。

多近方　おおのちかかた　1152没(65歳)。平安時代後期の宮廷楽人。1088生。

狛光時　こまみつとき　1159没(71歳)。平安時代後期の雅楽家。1089生。

横山時兼　よこやまときかね　1213没(61歳)。平安時代後期・鎌倉時代前期の武士。1153生。

和田常盛　わだつねもり　1213没(42歳)。平安時代後期・鎌倉時代前期の武士。1172生。

イブン・アル・アシール　1234没(73歳)。アラブの歴史家。1160生。

近衛兼経　このえかねつね　1259没(50歳)。鎌倉時代前期の公卿。1210生。

花山院通雅　かざんいんみちまさ　1276没(45歳)。鎌倉時代前期の公卿。1232生。

中原師連　なかはらのもろつら　1283没(65歳)。鎌倉幕府評定衆中原師員の子。1219生。

北条宗方　ほうじょうむねかた　1305没(28歳)。鎌倉時代後期の武将。1278生。

鷹司宗嗣　たかつかさむねつぐ　1326没(70歳)。鎌倉時代後期の公卿。1257生。

飛鳥井経有　あすかいつねあり　1343没。鎌倉時代後期・南北朝時代の公卿。

甘露寺藤長　かんろじふじなが　1361没(43歳)。南北朝時代の公卿。1319生。

赤橋登子　あかはしとうし　1365没(60歳)。鎌倉時代後期・南北朝時代の女性。足利尊氏の妻。1306生。

壬生匡遠　みぶただとお　1366没。南北朝時代の官人。

島津氏久　しまづうじひさ　1387(閏5月)没(60歳)。南北朝時代の大隅守護。1328生。

山名時義　やまなときよし　1389没(44歳)。南北朝時代の武将。1346生。

サルターティ, リーノ・コルッチョ　1406没(75歳)。イタリアの人文主義者。1331生。

島津伊久　しまづこれひさ　1407没(61歳)。南北朝時代・室町時代の薩摩国守護、師久の嫡子、上総介。1347生。

メフメット1世　1421没(47?歳)。オスマン・トルコ帝国の第5代スルタン(1413〜21)。1374頃生。

九条満家　くじょうみついえ　1449没(56歳)。室町時代の公卿。1394生。

シュトリーゲル, ベルンハルト　1528没(68?歳)。ドイツの画家。1460頃生。

足利義晴　あしかがよしはる　1550没(40歳)。室町幕府第12代の将軍。1511生。

ヴィレー, ピエール　1571没(60歳)。スイスの宗教改革者。1511生。

ギルピン, バーナード　1583没(66歳)。イギリス国教会の司祭。1517生。

荒木村重　あらきむらしげ　1586没(52歳)。安土桃山時代の摂津の武将。1535生。

メルロ, クラウディオ　1604没(71歳)。イタリアの作曲家、オルガン奏者。1533生。

インダイク　1664没。出島のオランダ商館長。

シャンピオン・ド・シャンボニエール, ジャック　1672没(71?歳)。フランスのクラブサン奏者、作曲家。1601頃生。

バロー, アイザック　1677没(46歳)。イギリスの聖職者, 古典学者, 数学者, 物理学者。1630生。

ジロー, クロード　1722没(49歳)。フランスの画家, 装飾美術家。1673生。

坂東彦三郎(2代目)　ばんどうひこさぶろう　1768没(28歳)。江戸時代中期の歌舞伎役者。1741生。

奥田三角　おくださんかく　1783没(81歳)。江戸時代中期の儒学者, 伊勢津藩儒。1703生。

ティープー・スルターン　1799没(50歳)。インド、マイソールの国王。1749生。

植松自謙　うえまつじけん　1810没(61歳)。江戸時代後期の心学者。1750生。

林良斎　はやしりょうさい　1849没(43歳)。江戸時代末期の儒学者。1807生。

エーヴァルト, ハインリヒ・ゲオルク・アウグスト　1875没(71歳)。ドイツのプロテスタント神学者、東洋学者。1803生。

マスプラット, ジェイムズ　1886没(92歳)。イギリスの化学工業家。1793生。

奈良専二　ならせんじ　1892没(71歳)。明治時代の篤農家。1822生。

ゴルツ　1902没(67歳)。ドイツの生理学者。1834生。

ネズビット, イーディス　1924没(65歳)。イギリスの女流児童文学者。1858生。

チェルマーク　1927没(91歳)。オーストリアの岩石学者、鉱物学者。1836生。

松村任三　まつむらじんぞう　1928没(73歳)。明治時代の植物学者。1856生。

粕谷義三　かすやぎそう　1930没(65歳)。明治・大正時代の政治家。衆議院議員。1866生。

オシエツキー, カール・フォン　1938没(50歳)。ドイツの著述家、平和運動者。1888生。

嘉納治五郎　かのうじごろう　1938没(79歳)。明治～昭和時代の教育家。講道館柔道の開祖。1860生。

グレーナー　1939没(71歳)。ドイツの軍人、政治家。1867生。

常磐津文字太夫(7代目)　ときわづもじたゆう　1951没(54歳)。大正・昭和時代の浄瑠璃太夫。1897生。

エネスコ, ジョルジュ　1955没(73歳)。ルーマニアのバイオリニスト、作曲家。1881生。

北見志保子　きたみしおこ　1955没(70歳)。大正・昭和時代の歌人、作詞家。1885生。

ブレゲ　1955没(75歳)。フランスの飛行機設計家。1880生。

オザンファン, アメデ　1966没(80歳)。フランスのピュリスムの画家、美術評論家。1886生。

シットウェル, オズバート　1969没(76歳)。イギリスの詩人、「輪」の新詩運動に参加。1892生。

ヴァン・スライク　1971没(88歳)。アメリカの生化学者。1883生。

ケンドール, エドワード・カルヴィン　1972没(86歳)。アメリカの生化学者。1886生。

鈴木朱雀　すずきすざく　1972没(80歳)。大正・昭和時代の日本画家。1891生。

水野成夫　みずのしげお　1972没(72歳)。昭和時代の経営者。フジテレビ社長、サンケイ新聞社長、国策パルプ社長。1899生。

高津春繁　こうづはるしげ　1973没(65歳)。昭和時代の言語学者。1908生。

ユーイング, ウィリアム・モーリス　1974没(67歳)。アメリカの地球物理学者。1906生。

ボスコ, アンリ　1976没(87歳)。フランスの小説家、詩人。1888生。

志村立美　しむらたつみ　1980没(73歳)。昭和時代の日本画家、挿画家。出版美術家連盟会長、日本出版美術連盟理事長。1907生。

チトー, ヨシップ・ブロズ　1980没(87歳)。ユーゴスラビアの政治家。1892生。

グリーン, ポール　1981没(87歳)。アメリカの劇作家。1894生。

寺山修司　てらやましゅうじ　1983没(47歳)。昭和・平成時代の劇作家、歌人。1935生。

永野重雄　ながのしげお　1984没(83歳)。昭和時代の実業家、財界人。日本商工会議所会頭。1900生。

前田久吉　まえだひさきち　1986没(93歳)。大正・昭和時代の実業家。サンケイ新聞社長、参議院議員。1893生。

森正　もりただし　1987没(65歳)。昭和時代の指揮者。1921生。

米田富　よねだとみ　1988没(87歳)。大正・昭和時代の社会運動家。部落解放同盟中央本部顧問。1901生。

桂小南　かつらこなん　1996没(76歳)。昭和・平成時代の落語家。1920生。

イエペス, ナルシソ　1997没(69歳)。スペインのギター奏者、作曲家。1927生。

エックルズ, サー・ジョン・カルー　1997没(94歳)。オーストラリアの生理学者。1903生。

丹下キヨ子　たんげきよこ　1998没(78歳)。昭和時代の女優。1920生。

長洲一二　ながすかずじ　1999没(79歳)。昭和・平成時代の政治家、経済学者。1919生。

吉行理恵　よしゆきりえ　2006没(66歳)。昭和・平成時代の作家、詩人。1939生。

5月4日

5月5日

○記念日○　こどもの日
　　　　　　端午の節句
○出来事○　カーネギーホール開場(1891)
　　　　　　「児童憲章」宣言(1951)
　　　　　　第1回国際見本市開催(1955)

ガレリウス，ウァレリウス・マクシミアーヌス　311没(61?歳)。ローマ皇帝(在位305～311)。250頃生。

石川垣守　いしかわのかきもり　786没。奈良時代の中級官人。

紀乙魚　きのおとな　840没。平安時代前期の女性。桓武天皇の宮人。

真子内親王　しんしないしんのう　870没。平安時代前期の女性。仁明天皇の皇女。

人康親王　さねやすしんのう　872没(42歳)。仁明天皇の第4皇子。831生。

藤原恒佐　ふじわらのつねすけ　938没(60歳)。平安時代前期・中期の公卿。879生。

煕子女王　きしじょおう　950没。平安時代中期の女性。醍醐天皇の皇子保明親王の王女。

ゴーデハルト　1038没(78?歳)。ドイツの聖職者，聖人。960頃生。

藤原宗俊　ふじわらのむねとし　1097没(57歳)。平安時代中期・後期の公卿。1041生。

源有賢　みなもとのありかた　1139没(70歳)。平安時代後期の公卿。1070生。

カジーミエシュ2世(公正王)　1194没(56歳)。ポーランド国王(在位1177～94)。1138生。

正親町三条実蔭　おおぎまちさんじょうさねかげ　1241没(41歳)。鎌倉時代前期の公卿。1201生。

大納言典侍近子　だいなごんのすけちかこ　1259没。鎌倉時代前期の女性。後深草院二条の母，四条隆親の娘。

通幻寂霊　つうげんじゃくれい　1391没(70歳)。南北朝時代の曹洞宗の僧。1322生。

薄以量　うすいのりかず　1496没(61歳)。室町時代・戦国時代の公卿。1436生。

ホサイン・バーイカラー　1506没(70?歳)。ティムール朝最後のイランの支配者(在位1466～1506)。1436頃生。

烏丸冬光　からすまるふゆみつ　1516没(44歳)。戦国時代の公卿。1473生。

ザクセン公フリードリヒ　1525没(62歳)。ザクセン選帝侯。1463生。

柏庭宗松　はくていそうしょう　1527没(91歳)。室町時代・戦国時代の臨済宗の僧。1437生。

高倉範久　たかくらのりひさ　1546没(54歳)。戦国時代の公卿。1493生。

遊佐長教　ゆさながのり　1551没。戦国時代の武将。

アルベルス，エラスムス　1553没(53?歳)。ドイツの詩人，神学者。1500頃生。

ボンベリ　1572没(42歳)。イタリアの数学者。1530生。

シドニー　1586没(56歳)。イギリスのアイルランド総督。1529生。

ニコ，ジャン　1600没(70歳)。フランスの外交官。1530生。

専誉　せんよ　1604没(75歳)。戦国時代・安土桃山時代の新義真言宗の学僧。1530生。

土佐光吉　とさみつよし　1613没(75歳)。安土桃山時代・江戸時代前期の画家。1539生。

岩見重太郎　いわみじゅうたろう　1615没。安土桃山時代・江戸時代前期の剣術家。

マンチェスター，エドワード・モンタギュー，2代伯爵　1671没(69歳)。イギリスの政治家，軍人。1602生。

クーパー，サミュエル　1672没(63歳)。イギリスの肖像画家。1609生。

林鵞峰　はやしがほう　1680没(63歳)。江戸時代前期の儒学者。1618生。

レオポルト1世　1705没(64歳)。神聖ローマ皇帝(在位1658～1705)。1640生。

三井高富　みついたかとみ　1709没(56歳)。江戸時代前期・中期の豪商。1654生。

神尾春央　かんおはるひで　1753没(67歳)。江戸時代中期の幕臣，勘定奉行。1687生。

アストリュク，ジャン　1766没(82歳)。フランスの医学者。1684生。

カバニス，ジョルジュ　1808没(50歳)。フランスの哲学者，医学者。1757生。

ナポレオン1世　1821没(51歳)。フランス第一帝政の皇帝(在位1804～14)。1769生。

フリードリヒ・アウグスト1世　1827没(76歳)。ザクセン王(在位1806～27)。1750生。

椎名道三　しいなどうさん　1858没(69歳)。江戸時代末期の新田開発功労者。1790生。

ディリクレ，ペーター・グスタフ・ルジューヌ　1859没(54歳)。ドイツの数学者。1805生。

岡田為恭　おかだためちか　1864没(42歳)。江戸時代末期の復古大和絵派の画家。1823生。

飯沼慾斎　いいぬまよくさい　1865(閏5月)没(83歳)。江戸時代後期の蘭方医，植物学者。1783生。

小林吟右衛門(2代目)　こばやしぎんえもん　1873没(74歳)。江戸・明治時代の商略家，実業家。1800生。

中村福助(3代目・成駒屋)　なかむらふくすけ　1888没(43歳)。江戸・明治時代の歌舞伎役者。1846生。

ホフマン，アウグスト・ヴィルヘルム・フォン　1892没(74歳)。ドイツの有機化学者。1818生。

フォークト　1895没(77歳)。ドイツの自然科学者。1817生。

ハート，ブレット　1902没(65歳)。アメリカの小説家，外交官。1836生。

阿部彦太郎　あべひこたろう　1904没(65歳)。明治時代の相場師，実業家。1840生。

ヨーカイ，モール　1904没(79歳)。ハンガリーの小説家。1825生。

川島甚兵衛(2代目)　かわしまじんべえ　1910没(58歳)。明治時代の織物業者。帝室技芸員。1853生。

豊沢団平(3代目)　とよざわだんぺい　1921没(63歳)。江戸～大正時代の義太夫節三味線演奏者。1859生。

フリーズ-グリーン，ウィリアム　1921没(65歳)。イギリス映画製作の先駆者。1855生。

原田二郎　はらだじろう　1930没(82歳)。明治・大正時代の実業家。1849生。

中村憲吉　なかむらけんきち　1934没(46歳)。明治～昭和時代の歌人。1889生。

鼈甲斎虎丸(3代目)　べっこうさいとらまる　1938没(54歳)。大正・昭和時代の浪曲師。1885生。

大橋新太郎　おおはししんたろう　1944没(82歳)。明治～昭和時代の実業家，出版人。博文館社長。1863生。

カンバン，グヴュズムンドル・ヨウンソン　1945没(55歳)。アイスランドの劇作家，小説家。1889生。

常盤大定　ときわだいじょう　1945没(76歳)。明治～昭和時代の仏教学者，真宗大谷派の僧。東京帝国大学教授，東洋大学教授。1870生。

ラリック，ルネ　1945没(85歳)。フランスの工芸家。1860生。

長田秀雄　ながたひでお　1949没(65歳)。明治～昭和時代の劇作家，詩人。1885生。

ローランス，アンリ　1954没(69歳)。フランスの彫刻家。1885生。

申翼熙　しんよくき　1956没(62歳)。朝鮮の政治家。1894生。

キャベル，ジェイムズ・ブランチ　1958没(79歳)。アメリカの小説家，詩人，歴史家。1879生。

サーベドラ・ラマス　1959没(80歳)。アルゼンチンの法律家，外交官，政治家。1878生。

岡村千曳　おかむらちびき　1964没(81歳)。大正・昭和時代の教育家，英文学者。早稲田大学教授，早稲田大学図書館長。1882生。

ウェルツェル　1977没(73歳)。西ドイツの刑法学者，法哲学者。1904生。

エアハルト，ルートヴィヒ　1977没(80歳)。ドイツ連邦共和国の政治家。1897生。

大谷東平　おおたにとうへい　1977没(71歳)。昭和時代の気象学者。気象大学長，気象研究所長。1905生。

清水多嘉示　しみずたかし　1981没(83歳)。大正・昭和時代の彫刻家。1897生。

賀川ハル　かがわはる　1982没(94歳)。大正・昭和時代の社会事業家。1888生。

森口多里　もりぐちたり　1984没(91歳)。大正・昭和時代の美術評論家。岩手大学教授。1892生。

吉岡隆徳　よしおかたかのり　1984没(74歳)。昭和時代の陸上競技選手，指導者。東京女子体育大学教授。1909生。

桑田忠親　くわたただちか　1987没(84歳)。昭和時代の日本史学者。国学院大学教授。1902生。

艾青　がいせい　1996没(86歳)。中国の詩人，評論家。1910生。

中島河太郎　なかじまかわたろう　1999没(81歳)。昭和・平成時代の文芸評論家，推理小説研究家。1917生。

5月5日

5月6日

○記念日○　ゴムの日
○出来事○　エッフェル塔公開(1889)
　　　　　東海村の第1号原子炉完成(1957)
　　　　　ユーロトンネル開通(1994)

高祖(唐)　こうそ　635没(69歳)。中国、唐朝の創立者。566生。
鑑真　がんじん　763没(76歳)。飛鳥時代・奈良時代の唐の学僧、日本律宗の開祖。688生。
恵亮　えりょう　860没(49歳)。平安時代前期の天台宗の僧。812生。
ムスリム　875没(58?歳)。イスラム教徒のハディース(伝承)学者。817頃生。
ロージャー　1236没。イングランドの修道僧、年代記作者。
九条忠教　くじょうただのり　1332没(85歳)。鎌倉時代後期の公卿。1248生。
中御門経宣　なかみかどつねのぶ　1340没(62歳)。鎌倉時代後期・南北朝時代の公卿。1279生。
東陵永璵　とうりょうえいよ　1365没(81歳)。鎌倉時代後期・南北朝時代の中国の渡来禅僧。1285生。
足利義満　あしかがよしみつ　1408没(51歳)。室町幕府第3代の将軍。1358生。
バウツ、ディーリック　1475没(60?歳)。ネーデルラントの画家。1415頃生。
ティレル　1502没。イギリス国王リチャード3世の家臣。
光教　こうきょう　1503没(74歳)。室町時代・戦国時代の浄土真宗の僧。1430生。
ブルボン、シャルル・ド　1527没(37歳)。フランスの軍人。1490生。
ビーベス、フアン・ルイス　1540没(48歳)。スペインの人文主義者、哲学者。1492生。
華陽院　けよういん　1560没(69歳)。戦国時代の女性。徳川家康の祖母。1492生。
ヴェルト、ジャッシュ・ド　1596没(61歳)。イタリアフランドル楽派の作曲家。1535生。
柳成竜　りゅうせいりゅう　1607没(64歳)。朝鮮、李朝の政治家、学者。1542生。
有馬晴信　ありまはるのぶ　1612没(52?歳)。安土桃山時代・江戸時代前期の大名、キリシタン。1561頃生。

仙石秀久　せんごくひでひさ　1614没(63歳)。安土桃山時代・江戸時代前期の武将、大名。1552生。
木村重成　きむらしげなり　1615没(23歳)。江戸時代前期の武将。1593生。
後藤基次　ごとうもとつぐ　1615没(56歳)。安土桃山時代・江戸時代前期の筑前福岡藩士、播磨姫路藩士。1560生。
薄田兼相　すすきだかねすけ　1615没。安土桃山時代・江戸時代前期の武功者。
コットン、サー・ロバート・ブルース　1631没(60歳)。イギリスの政治家、古物収集家。1571生。
ヤンセン、コルネーリーユス・オットー　1638没(52歳)。カトリック神学者、司教。1585生。
リー、ナサニエル　1692没(43?歳)。イギリスの劇作家。1649頃生。
三井高利　みついたかとし　1694没(73歳)。江戸時代前期の豪商。1622生。
星野勘左衛門　ほしのかんざえもん　1696没(56歳)。江戸時代前期の弓術家、尾張藩士。1641生。
ラヴァル‐モンモランシー、フランソワ・クサヴィエ　1708没(85歳)。フランスのカトリック聖職者。1623生。
蔦屋重三郎　つたやじゅうざぶろう　1797没(48歳)。江戸時代中期の書物・地本問屋。1750生。
矢島敏彦　やじまとしひこ　1828没(63歳)。江戸時代後期の数学者。1766生。
杉生十右衛門　すぎゅうじゅうえもん　1830没(66歳)。江戸時代後期の豊前小倉藩士。1765生。
サンタンデル、フランシスコ・デ・パウラ　1840没(48歳)。コロンビアの政治家、南米独立運動の指導者。1792生。
野中金右衛門　のなかきんえもん　1846(閏5月)没(79歳)。江戸時代中期・後期の日向飫肥藩士、植木方。1768生。

ハミルトン，サー・ウィリアム　1856没（68歳）。イギリスの哲学者。1788生。

フンボルト，アレクサンダー・フォン　1859没（89歳）。ドイツの博物学者，旅行家，地理学者。1769生。

ソロー，ヘンリー・デイヴィッド　1862没（44歳）。アメリカの随筆家，詩人，思想家。1817生。

貫名海屋　ぬきなかいおく　1863没（86歳）。江戸時代後期の儒者，書家，画家。1778生。

シンプスン，ジェイムズ・ヤング　1870没（58歳）。スコットランドの自然科学者。1811生。

ルーネベリ，ヨハン・ルードヴィグ　1877没（73歳）。フィンランドのロマン派詩人。1804生。

ウィリアムソン，アレグザンダー・ウィリアム　1904没（80歳）。イギリスの化学者。1824生。

レーンバッハ，フランツ・フォン　1904没（67歳）。ドイツの画家。1836生。

常磐津林中（初代）　ときわづりんちゅう　1906没（65歳）。明治時代の常磐津節太夫。1842生。

エドワード7世　1910没（68歳）。イギリス国王（在位1901～10）。1841生。

岡村柿紅　おかむらしこう　1925没（45歳）。明治・大正時代の劇作家，劇評家。「演芸倶楽部」編集主任。1881生。

ポンポン，フランソワ　1933没（77歳）。フランスの彫刻家。1855生。

平岡吟舟　ひらおかぎんしゅう　1934没（79歳）。明治～昭和時代の実業家。1856生。

九鬼周造　くきしゅうぞう　1941没（54歳）。大正・昭和時代の哲学者。京都帝国大学教授。1888生。

市村羽左衛門（15代目）　いちむらうざえもん　1945没（72歳）。明治～昭和時代の歌舞伎役者。1874生。

橋本国彦　はしもとくにひこ　1949没（46歳）。昭和時代の作曲家，バイオリニスト。1904生。

メーテルランク，モーリス　1949没（86歳）。ベルギーの劇作家，詩人，思想家。1862生。

カルタン，エリー・ジョゼフ　1951没（82歳）。フランスの数学者。1869生。

モンテッソリ，マリア　1952没（81歳）。イタリアの女医，教育家。1870生。

ブロッケルマン，カール　1956没（87歳）。ドイツの東洋学者，セム語学者。1868生。

ロマショーフ，ボリス・セルゲーヴィチ　1958没（62歳）。ソ連の劇作家。1895生。

久保田万太郎　くぼたまんたろう　1963没（73歳）。大正・昭和時代の小説家，劇作家，演出家，俳人。日本演劇協会会長。1889生。

小林太市郎　こばやしたいちろう　1963没（61歳）。昭和時代の美術史家，中国文学研究家。1901生。

佐藤春夫　さとうはるお　1964没（72歳）。大正・昭和時代の詩人，小説家。1892生。

長田幹彦　ながたみきひこ　1964没（77歳）。明治～昭和時代の小説家。1887生。

周作人　しゅうさくじん　1967没（82歳）。中国の随筆家，翻訳家。1885生。

ヴァイゲル，ヘレーネ　1971没（70歳）。ドイツの女優。1900生。

古畑種基　ふるはたたねもと　1975没（83歳）。大正・昭和時代の法医学者，血清学者。警察庁科学警察研究所長。1891生。

ミンゼンティ，ヨージェフ，枢機卿　1975没（83歳）。ハンガリーのカトリック聖職者。1892生。

野村万蔵（6代目）　のむらまんぞう　1978没（79歳）。明治～昭和時代の能楽師狂言方，能面作家。1898生。

蕗谷虹児　ふきやこうじ　1979没（80歳）。大正・昭和時代の挿絵画家，詩人。1898生。

リーチ，バーナード　1979没（92歳）。イギリスの陶芸家。1887生。

東畑精一　とうはたせいいち　1983没（84歳）。大正・昭和時代の農業経済学者，農政家。東京大学教授，農政審議会会長。1899生。

ディートリヒ，マルレーネ　1992没（87歳）。ドイツ生まれの映画女優。1904生。

東山魁夷　ひがしやまかいい　1999没（90歳）。昭和・平成時代の日本画家。1908生。

岩倉政治　いわくらまさじ　2000没（97歳）。昭和・平成時代の小説家。1903生。

萱野茂　かやのしげる　2006没（79歳）。昭和・平成時代のアイヌ文化研究者，政治家。1926生。

池宮彰一郎　いけみやしょういちろう　2007没（83歳）。昭和・平成時代の脚本家，作家。1923生。

北村和夫　きたむらかずお　2007没（80歳）。昭和・平成時代の俳優。1927生。

5月6日

5月7日

○記念日○　博士の日
　　　　　　粉の日
○出来事○　ベートーベン『第九交響曲』初演（1824）
　　　　　　日本最初の鉄道が開通（1872）

刑部親王　おさかべしんのう　705没。飛鳥時代の公卿。

県犬養八重　あがたいぬかいのやえ　760没。奈良時代の女官。

高志内親王　こしのないしんのう　809没（21歳）。平安時代前期の女性。桓武天皇の第2皇女。789生。

ボリス1世　907没。ブルガリアのツァー（在位852～89）。

貞純親王　さだずみしんのう　916没（44?歳）。清和天皇の皇子。0873頃生。

オットー1世　973没（60歳）。ザクセン朝第2代ドイツ王（在位936～973）。912生。

後三条天皇　ごさんじょうてんのう　1073没（40歳）。第71代の天皇。1034生。

藤原顕輔　ふじわらのあきすけ　1155没（66歳）。平安時代後期の歌人・公卿。1090生。

坂上明基　さかのうえのあきもと　1210没（73歳）。平安時代後期・鎌倉時代前期の明法家。1138生。

北条時益　ほうじょうときます　1333没。鎌倉時代後期の六波羅探題。

永福門院　えいふくもんいん　1342没（72歳）。鎌倉時代後期・南北朝時代の女性。歌人。1271生。

宣政門院　せんせいもんいん　1362没（48歳）。鎌倉時代後期・南北朝時代の女性。光厳天皇の宮人。1315生。

細川頼元　ほそかわよりもと　1397没（55歳）。南北朝時代・室町時代の武将、室町幕府管領。1343生。

斯波義将　しばよしまさ　1410没（61歳）。南北朝時代・室町時代の武将、室町幕府管領。1350生。

後藤祐乗　ごとうゆうじょう　1512没（73歳）。室町時代・戦国時代の刀装金工家。1440生。

ジッキンゲン，フランツ・フォン　1523没（42歳）。ドイツの騎士。1481生。

大井夫人　おおいふじん　1552没（56歳）。戦国時代の女性。武田信玄の母。1497生。

高坂虎綱　こうさかとらつな　1578没（52歳）。戦国時代の武将。1527生。

コエリョ，ガスパル　1590没（59歳）。ポルトガル人のイエズス会士。1531生。

大村由己　おおむらゆうこ　1596没（61?歳）。安土桃山時代の文化人。1536頃生。

小笠原秀政　おがさわらひでまさ　1615没（47歳）。安土桃山時代・江戸時代前期の大名。1569生。

真田幸村　さなだゆきむら　1615没（49歳）。安土桃山時代・江戸時代前期の武将。1567生。

トゥー，ジャック-オーギュスト・ド　1617没（63歳）。フランスの歴史家，司法官。1553生。

ファブリツィウス，ダーヴィト　1617没（53歳）。ドイツの神学者，天文学者。1564生。

薮内紹智（薮内流1代目）　やぶのうちじょうち　1627没（89歳）。安土桃山時代・江戸時代前期の茶人。1539生。

平野長泰　ひらのながやす　1628没（70歳）。安土桃山時代・江戸時代前期の武士。1559生。

徳川義直　とくがわよしなお　1650没（51歳）。江戸時代前期の大名。1600生。

フローベルガー，ヨハン・ヤーコプ　1667没（50歳）。ドイツのオルガン奏者，作曲家。1616生。

フョードル3世　1682没（20歳）。ロシアの皇帝（在位1676～82）。1661生。

佐々木文山　ささきぶんざん　1735没（77歳）。江戸時代前期・中期の書家。1659生。

市村羽左衛門（8代目）　いちむらうざえもん　1762没（65歳）。江戸時代中期の歌舞伎役者，歌舞伎座本。1698生。

ナルディーニ，ピエトロ　1793没（71歳）。イタリアのヴァイオリン奏者。1722生。

ピッチーニ，ニッコロ　1800没（72歳）。イタリアの作曲家。1728生。

シェルバーン, ウィリアム・ペティ・フィッツモーリス, 2代伯爵　1805没(67歳)。イギリスの政治家, 首相。1737生。

カンバランド, リチャード　1811没(79歳)。イギリスの劇作家。1732生。

山彦源四郎(3代目)　やまびこげんしろう　1818没。江戸時代後期の河東節の三味線方。

亜欧堂田善　あおうどうでんぜん　1822没(75歳)。江戸時代中期・後期の銅版画家, 陸奥白河藩士。1748生。

サリエリ, アントニオ　1825没(74歳)。イタリアの作曲家, オペラ指揮者。1750生。

ブルクミュラー, ノルベルト　1836没(26歳)。ドイツの作曲家。1810生。

エレディア, ホセ・マリア　1839没(35歳)。キューバの詩人。1803生。

フリードリヒ, カスパル・ダーヴィト　1840没(65歳)。ドイツの画家。1774生。

久米通賢　くめみちかた　1841没(62歳)。江戸時代後期の科学者, 造兵家。1780生。

カストレン　1852没(38歳)。フィンランドの言語学者。1813生。

ブルーム, ヘンリー・ピーター, ブルーム・アンド・ヴォクス男爵　1868没(89歳)。イギリスの政治家。1778生。

パエス, ホセ・アントニオ　1873没(82歳)。ベネズエラの政治家。1790生。

望月太左衛門(6代目)　もちづきたざえもん　1874没(45歳)。江戸・明治時代の歌舞伎囃子方。1830生。

ネイスミス, ジェイムズ　1890没(81歳)。スコットランドの技術者。1808生。

市川寿美蔵(5代目)　いちかわすみぞう　1906没(62歳)。江戸・明治時代の歌舞伎役者。1845生。

堀河紀子　ほりかわもとこ　1910没(74歳)。江戸・明治時代の女官。1837生。

ロープシン, V.　1925没(46歳)。ロシアの革命家, 作家。1879生。

ドゥメール　1932没(74歳)。フランスの政治家。1857生。

トマ　1932没(53歳)。フランスの政治家, 歴史家。1878生。

ゴガ, オクタヴィアン　1938没(57歳)。ルーマニアの詩人, 政治家。1881生。

竹本津太夫(3代目)　たけもとつだゆう　1941没(72歳)。明治・大正時代の義太夫節太夫。1870生。

フレイザー, ジェイムズ　1941没(87歳)。イギリスの人類学者, 民俗学者, 古典文献学者。1854生。

ヴァインガルトナー, フェーリクス・パウル・フォン　1942没(78歳)。オーストリアの指揮者, 作曲家。1863生。

木暮理太郎　こぐれりたろう　1944没(72歳)。明治～昭和時代の登山家。1873生。

スメドリー, アグニス　1950没(56?歳)。アメリカの女流ジャーナリスト。1894頃生。

ホフマン, ヨーゼフ　1956没(85歳)。オーストリアの建築家。1870生。

ヴァン・ジェネップ, アルノルト　1957没(84歳)。フランス(オランダ系)の民俗学者。1873生。

林頼三郎　はやしらいざぶろう　1958没(79歳)。明治～昭和時代の司法官, 教育者。貴族院議員, 私立学校振興会長。1878生。

ヴォーリズ, ウィリアム・メリル　1964没(83歳)。アメリカの宣教師, 建築家。1880生。

シーラー, チャールズ　1965没(81歳)。アメリカの画家, 写真家。1883生。

藤沢衛彦　ふじさわもりひこ　1967没(81歳)。大正・昭和時代の民俗学者, 児童文芸研究家。1885生。

矢部貞治　やべていじ　1967没(64歳)。昭和時代の政治学者。1902生。

鈴木茂三郎　すずきもさぶろう　1970没(77歳)。大正・昭和時代の政治家, 社会運動家。日本社会党委員長, 衆議院議員。1893生。

藤浪与兵衛(4代目)　ふじなみよへえ　1975没(48歳)。昭和時代の演劇・舞踊の小道具方。1926生。

山岸外史　やまぎしがいし　1977没(72歳)。昭和時代の文芸評論家。1904生。

野呂邦暢　のろくにのぶ　1980没(42歳)。昭和時代の小説家。1937生。

山本健吉　やまもとけんきち　1988没(81歳)。昭和時代の文芸評論家。1907生。

末永雅雄　すえながまさお　1991没(93歳)。昭和時代の考古学者。1897生。

フェアバンクス, ダグラス, ジュニア　2000没(90歳)。アメリカ出身の俳優。1909生。

並河萬里　なみかわばんり　2006没(74歳)。昭和・平成時代の写真家。1931生。

5月7日

5月8日

○記念日○ ゴーヤーの日
松の日
世界赤十字デー
○出来事○ 大阪夏の陣終わる(1615)
コカ・コーラ誕生(1886)

勤操　ごんぞう　827没(74歳)。奈良時代・平安時代前期の僧。754生。
秋篠室子　あきしののむろこ　829没(49歳)。平安時代前期の女官。781生。
淳和天皇　じゅんなてんのう　840没(55歳)。第53代の天皇。786生。
源勤　みなもとのつとむ　881没(58歳)。平安時代前期の公卿。824生。
盛明親王　もりあきらしんのう　986没(59歳)。醍醐天皇の第15皇子。928生。
藤原道兼　ふじわらのみちかね　995没(35歳)。平安時代中期の公卿。961生。
源重信　みなもとのしげのぶ　995没(74歳)。平安時代中期の公卿。922生。
ラミロ1世(アラゴン王)　1063没。アラゴン王国初代の王(在位1035～63)。
スタニスワフ　1079没(48歳)。ポーランドの守護聖人。1030生。
覚仁　かくにん　1110没。平安時代後期の真言宗の僧。
覚信　かくしん　1121没(57歳)。平安時代後期の法相宗の僧。1065生。
厳覚　ごんかく　1121(閏5月)没(66歳)。平安時代後期の真言宗の僧。1056生。
サンジャール　1157没(72歳)。イランにおける大セルジューク朝最後の主(1117～57)。1084生。
藤原実持　ふじわらのさねもち　1256没(68歳)。鎌倉時代前期の公卿。1189生。
真光　しんこう　1333没(57歳)。鎌倉時代後期の僧。1277生。
日秀　にっしゅう　1450没(68歳)。室町時代の日蓮宗の僧。1383生。
成雄　じょうゆう　1451没(71歳)。室町時代の僧。1381生。
瑞渓周鳳　ずいけいしゅうほう　1473没(83歳)。室町時代の臨済宗の僧。1391生。
知蓮　ちれん　1513没(55歳)。戦国時代の時宗の遊行上人。1459生。

仙林性菊　せんりんしょうきく　1516没。室町時代・戦国時代の曹洞宗の僧。
傑山道逸　けっさんどういつ　1565没(86歳)。戦国時代の曹洞宗の僧。1480生。
甘露寺経元　かんろじつねもと　1585没(51歳)。安土桃山時代の公卿。1535生。
織田秀信　おだひでのぶ　1605没(26歳)。安土桃山時代の大名。1580生。
虎哉　こさい　1611没(82歳)。安土桃山時代・江戸時代前期の臨済宗の僧。1530生。
近衛前久　このえさきひさ　1612没(77歳)。安土桃山時代・江戸時代前期の公家。1536生。
氏家行広　うじいえゆきひろ　1615没(70歳)。安土桃山時代・江戸時代前期の武将, 大名。1546生。
大野治長　おおのはるなが　1615没(49?歳)。安土桃山時代・江戸時代前期の武将。1567頃生。
豊臣秀頼　とよとみひでより　1615没(23歳)。江戸時代前期の大名。1593生。
安井道頓　やすいどうとん　1615没(83歳)。安土桃山時代・江戸時代前期の大坂町人。1533生。
淀殿　よどどの　1615没(49歳)。安土桃山時代・江戸時代前期の女性。浅井長政の長女, 豊臣秀吉の側室。1567生。
仁祖　じんそ　1649没(53歳)。朝鮮, 李朝の第16代王(在位1623～49)。1595生。
ウィンズロー, エドワード　1655没(59歳)。ピルグリム・ファーザーズの一人。1595生。
五郎八姫　いろはひめ　1661没(68歳)。江戸時代前期の女性。陸奥仙台藩主伊達政宗と正室愛姫の長女。1594生。
鄭成功　ていせいこう　1662没(39歳)。江戸時代前期の明の遺臣。1624生。
徳川家綱　とくがわいえつな　1680没(40歳)。江戸幕府第4代の将軍。1641生。
久須美疎安　くすみそあん　1728没(93歳)。江戸時代前期・中期の茶人。1636生。

大薩摩主膳太夫（初代） おおざつましゅぜんだゆう 1759没（66?歳）。江戸時代中期の大薩摩節の太夫。1694頃生。

紀逸 きいつ 1762没（68歳）。江戸時代中期の俳人。1695生。

ポンバル, セバスティアン・デ・カルヴァリョ, 侯爵 1782没（82歳）。ポルトガルの政治家。1699生。

ショワズル, エティエンヌ・フランソワ, 公爵 1785没（65歳）。フランスの外交家。1719生。

ロンギ, ピエトロ 1785没（83歳）。イタリアの風俗画家。1702生。

ラヴォワジエ, アントワーヌ・ローラン 1794没（50歳）。フランスの化学者。1743生。

篠崎小竹 しのざきしょうちく 1851没（71歳）。江戸時代後期の儒学者、漢詩人。1781生。

市川小団次（4代目） いちかわこだんじ 1866没（55歳）。江戸時代末期の歌舞伎役者。1812生。

ヴィルマン, アベル-フランソワ 1870没（79歳）。フランスの評論家、政治家。1790生。

ミル, ジョン・ステュアート 1873没（66歳）。イギリスの思想家、経済学者。1806生。

フロベール, ギュスターヴ 1880没（58歳）。フランスの小説家。1821生。

ブラヴァツキー, ヘレナ・ペトロヴナ 1891没（59歳）。ロシア生れの女流神智学者。1831生。

ゴーガン, ポール 1903没（54歳）。フランスの画家。1848生。

マイブリッジ, エドワード 1904没（74歳）。イギリスの写真家。1830生。

ザスーリチ, ヴェーラ・イワノヴナ 1919没（69歳）。ロシアの女性革命家。1849生。

クーリー 1929没（64歳）。アメリカの社会学者。1864生。

フォルケルト 1930没（81歳）。ドイツの哲学者、美学者。1848生。

福田徳三 ふくだとくぞう 1930没（57歳）。明治・大正時代の経済学者。1874生。

湯山八重子 ゆやまやえこ 1932没（22歳）。昭和時代の女性。坂田山心中事件のヒロイン。1911生。

シュペングラー, オスヴァルト 1936没（55歳）。ドイツの哲学者。1880生。

上田貞次郎 うえだていじろう 1940没（62歳）。大正・昭和時代の経済学者。1879生。

相馬御風 そうまぎょふう 1950没（66歳）。明治～昭和時代の詩人、文芸評論家。1883生。

フォックス 1952没（73歳）。アメリカの映画制作者。1879生。

鶴沢清六（4代目） つるざわせいろく 1960没（71歳）。明治～昭和時代の浄瑠璃三味線方。1889生。

志方益三 しかたますぞう 1964没（68歳）。大正・昭和時代の電気化学者、林産化学者。名古屋大学教授。1895生。

野村吉三郎 のむらきちさぶろう 1964没（86歳）。明治～昭和時代の海軍軍人、外交官。大将、参議院議員（自民党）。1877生。

加藤玄智 かとうげんち 1965没（91歳）。明治～昭和時代の宗教学者。1873生。

ライス, エルマー 1967没（74歳）。アメリカの劇作家。1892生。

伊東深水 いとうしんすい 1972没（74歳）。昭和・平成時代の日本画家、木版画家。1898生。

菊池知勇 きくちちゆう 1972没（83歳）。大正・昭和時代の綴方教育指導者、歌人。1889生。

ブランディッジ, エイヴァリー 1975没（87歳）。アメリカの体育家。1887生。

佐藤敬 さとうけい 1978没（71歳）。昭和時代の洋画家。1906生。

パーソンズ, タルコット 1979没（76歳）。アメリカの社会学者。1902生。

東山千栄子 ひがしやまちえこ 1980没（89歳）。昭和時代の女優。1890生。

ハインライン, ロバート・A. 1988没（80歳）。アメリカのSF小説作家。1907生。

ノーノ, ルイジ 1990没（66歳）。イタリアの作曲家。1924生。

ゼルキン, ルドルフ 1991没（88歳）。オーストリア生れのアメリカのピアニスト。1903生。

オブラスツォフ, セルゲイ・V. 1992没（90歳）。ソ連の人形劇演出家。1901生。

遠藤豊吉 えんどうとよきち 1997没（73歳）。昭和・平成時代の教育評論家、小学校教師。1924生。

ボガード, ダーク 1999没（78歳）。イギリスの俳優。1921生。

5月8日

5月9日

○記念日○ アイスクリームの日
　　　　　メイクの日
○出来事○ 上野公園開園式(1876)
　　　　　トーキー映画初公開(1929)
　　　　　南ア初の黒人政権誕生(1994)

ネポス, ユリウス　480没。西ローマ皇帝(在位474～480)。

藤原有相　ふじわらのありすけ　959没(52歳)。平安時代中期の公卿。908生。

源保光　みなもとのやすみつ　995没(72歳)。平安時代中期の公卿。924生。

三条天皇　さんじょうてんのう　1017没(42歳)。第67代の天皇。976生。

朝源　ちょうげん　1050没(87歳)。平安時代中期の真言宗の僧。964生。

慶信　きょうしん　1095没(55歳)。平安時代中期・後期の三論宗の僧。1041生。

和田胤長　わだたねなが　1213没(31歳)。鎌倉時代前期の武士。1183生。

マグヌス6世　1280没(42歳)。ノルウェー王(在位1263～80)。1238生。

慈実　じじつ　1300没(63歳)。鎌倉時代後期の天台宗の僧。1238生。

蔵山順空　ぞうざんじゅんくう　1308没(76歳)。鎌倉時代後期の臨済宗の僧。1233生。

北条仲時　ほうじょうなかとき　1333没(28歳)。鎌倉時代後期の六波羅探題。1306生。

伊達行朝　だてゆきとも　1348没(58歳)。鎌倉時代後期・南北朝時代の武将。1291生。

無涯智洪　むがいちこう　1351没。南北朝時代の曹洞宗の僧。

道阿弥　どうあみ　1413没。室町時代の能役者。

小倉宮　おぐらのみや　1443没。室町時代の恒敦親王の子。

海門承朝　かいもんじょうちょう　1443没(70歳)。室町時代の臨済宗の僧。1374生。

正徹　しょうてつ　1459没(79歳)。室町時代の臨済宗の僧、歌人。1381生。

ライシュ, グレーゴル　1525没(58?歳)。ドイツの人文主義者、カルトゥジオ会士。1467頃生。

只山宗友　しざんそうゆう　1557没。戦国時代の曹洞宗の僧。

モラーレス, ルイス・デ　1586没(76?歳)。スペインの宗教画家。1510頃生。

メンディエタ, ヘロニモ・デ　1604没(79歳)。スペインのフランシスコ会士。1525生。

見性院　けんしょういん　1622没(80歳)。戦国時代～江戸時代前期の女性。穴山梅雪の妻。1543生。

ドービニェ, アグリッパ　1630没(78歳)。フランスの詩人, 小説家。1552生。

ヴォス, コルネリス・デ　1651没(66歳)。フランドルの画家。1585生。

ブラッドフォード, ウィリアム　1657没(67歳)。初期アメリカ移民の一人。1590生。

ラ・モット・ル・ヴァイエ, フランソワ・ド　1672没(83歳)。フランスの哲学者。1588生。

フリードリヒ・ヴィルヘルム　1688没(68歳)。ブランデンブルク選帝侯(在位1640～88)。1620生。

ブクステフーデ, ディドリック　1707没(70?歳)。デンマークの作曲家, オルガン奏者。1637頃生。

前田綱紀　まえだつなのり　1724没(82歳)。江戸時代前期・中期の大名。1643生。

辰松八郎兵衛(初代)　たつまつはちろべえ　1734没。江戸時代中期の人形浄瑠璃の人形遣いの名手。

バージー・ラーオ1世　1740没(40歳)。インド, マラータ王国の第2代宰相(在職1722～40)。1700生。

ヴィターリ, トンマーゾ・アントニオ　1745没(82歳)。イタリアの音楽家。1663生。

ツィンツェンドルフ, ニコラウス・ルートヴィヒ・フォン　1760没(59歳)。ドイツの宗教指導者。1700生。

ラリ　1766没(64歳)。フランスの軍人。1702生。

土御門泰邦　つちみかどやすくに　1784没(74歳)。江戸時代中期の暦学者、公家。1711生。

宮薗鸞鳳軒（初代）　みやぞのらんぽうけん　1785没。江戸時代中期の宮薗節の創始者。

シラー，フリードリヒ　1805没(45歳)。ドイツの劇作家，詩人。1759生。

英暉女王　えいきじょおう　1845没(54歳)。江戸時代後期の女性。有栖川宮織仁親王の第6王女。1792生。

ゲー-リュサック，ジョゼフ・ルイ　1850没(71歳)。フランスの化学者，物理学者。1778生。

シュピース　1858没(47歳)。ドイツの体操家，体育学者。1810生。

シャンポリオン　1867没(88歳)。フランスの古代学，古文書学者。1778生。

マウラー　1872没(81歳)。ドイツの法制史家，政治家。1790生。

プラーティ，ジョヴァンニ　1884没(70歳)。イタリアの詩人。1814生。

沢太郎左衛門　さわたろうざえもん　1898没(65歳)。江戸・明治時代の幕臣，海軍軍人。1834生。

カニッツァーロ，スタニスラオ　1910没(83歳)。イタリアの化学者。1826生。

ヒギンスン，トマス・ウェントワース・ストロウ　1911没(87歳)。アメリカの改革家，軍人，著述家。1823生。

エルー，ポール・ルイ・トゥサン　1914没(51歳)。フランスの冶金技術者。1863生。

岩野泡鳴　いわのほうめい　1920没(48歳)。明治・大正時代の小説家，評論家。雑誌「日本主義」主幹。1873生。

マイケルソン，アルバート・エイブラハム　1931没(78歳)。ポーランド生れのアメリカの物理学者。1852生。

田中王堂　たなかおうどう　1932没(65歳)。明治・大正時代の哲学者，評論家。1868生。

ジョンストン，メアリ　1936没(65歳)。アメリカの女流作家。1870生。

韓竜雲　かんりゅううん　1944没(64歳)。朝鮮の独立運動家。1879生。

岩槻信治　いわつきしんじ　1947没(59歳)。明治～昭和時代の農業技術者。1889生。

ピンツァ，エツィオ　1957没(64歳)。アメリカのオペラ歌手。1892生。

及川古志郎　おいかわこしろう　1958没(75歳)。大正・昭和時代の海軍軍人。大将。1883生。

梁田貞　やなだただし　1959没(73歳)。大正・昭和時代の作曲家，音楽教育家。1885生。

槌田竜太郎　つちだりゅうたろう　1962没(59歳)。昭和時代の化学者。大阪帝国大学教授。1903生。

竹本素女　たけもとともめ　1966没(80歳)。明治～昭和時代の女義太夫節太夫。1885生。

ルーサー，ウォルター　1970没(62歳)。アメリカの労働組合指導者。1907生。

吉野信次　よしのしんじ　1971没(82歳)。大正・昭和時代の官僚，政治家。運輸相，参院議員（自民党）。1888生。

サザランド，アール　1974没(58歳)。アメリカの医学者。1915生。

小松摂郎　こまつせつろう　1975没(67歳)。昭和時代の哲学者。東海大学短期大学部教授。1908生。

野沢喜左衛門　のざわきざえもん　1976没(84歳)。昭和時代の義太夫三味線方。1891生。

大塚金之助　おおつかきんのすけ　1977没(84歳)。大正・昭和時代の経済学者，歌人。一橋大学教授。1892生。

ジョーンズ，ジェイムズ　1977没(55歳)。アメリカの作家。1921生。

モロ，アルド　1978没(61歳)。イタリアの法学者，政治家。1916生。

石田和外　いしだかずと　1979没(75歳)。昭和時代の裁判官。最高裁判所長官。1903生。

オルグレン，ネルソン　1981没(72歳)。アメリカの作家。1909生。

若山セツ子　わかやませつこ　1985没(55歳)。昭和時代の女優。1929生。

佐野美津男　さのみつお　1987没(54歳)。昭和時代の児童文学作家。相模女子大学短期大学部教授。1932生。

金子美雄　かねこよしお　1993没(83歳)。昭和時代の官僚。日本賃金研究センター所長，中央最低賃金審議会会長。1910生。

テレサ・テン　てれさてん　1995没(42歳)。台湾の歌手。1953生。

陸定一　りくていいち　1996没(95歳)。中国の政治家。1901生。

可愛かずみ　かわいかずみ　1997没(32歳)。昭和・平成時代の女優。1964生。

八十島義之助　やそしまよしのすけ　1998没(78歳)。昭和・平成時代の鉄道工学者。帝京平成大学学長，鉄道総合技術研究所会長，東京大学教授。1919生。

進藤純孝　しんどうじゅんこう　1999没(77歳)。昭和・平成時代の文芸評論家。1922生。

5月9日

5月10日

○記念日○ コットンの日
　　　　　愛鳥の日
○出来事○ アメリカ大陸横断鉄道が全通（1869）
　　　　　日本初の消防自動車登場（1911）

劉隠　りゅういん　911没（37歳）。中国, 五代十国・南漢の事実上の建国者。874生。

義海　ぎかい　946没（76歳）。平安時代前期・中期の天台宗の僧。871生。

アブー-アルアラーイ　1057没（83歳）。アラブの詩人。973生。

兼海　けんかい　1155没（49歳）。平安時代後期の真言宗の僧。1107生。

平時家　たいらのときいえ　1193没。平安時代後期の貴族。

藤原範季　ふじわらののりすえ　1205没（76歳）。平安時代後期・鎌倉時代前期の公卿。1130生。

実全　じつぜん　1221没（82歳）。平安時代後期・鎌倉時代前期の天台宗の僧。1140生。

管道昇　かんどうしょう　1319没（57歳）。中国, 元代の詩文書画にすぐれた才媛。1262生。

雲屋慧輪　うんおくえりん　1321没（74歳）。鎌倉時代後期の臨済宗の僧。1248生。

洞院公顒　とういんきんより　1367没（18歳）。南北朝時代の公卿。1350生。

心岳通知　しんがくつうち　1413没。室町時代の臨済宗の僧。

坊城俊顕　ぼうじょうとしあき　1471没（29歳）。室町時代の公卿。1443生。

飯尾元連　いのおもとつら　1492没（62歳）。室町時代・戦国時代の武士。1431生。

ブラント, セバスティアン　1521没（63歳）。ドイツの詩人, 法律家。1458生。

フックス, レオンハルト　1566没（65歳）。ドイツの植物学者。1501生。

フアン-デ-アビラ　1569没（69歳）。スペインの祭司, 神秘派神学者。1500生。

大福御前　だいふくごぜん　1593没。安土桃山時代の女性。武蔵国天神山城主藤田重利の娘。

小笠原貞慶　おがさわらさだよし　1595没（50歳）。安土桃山時代の武将。1546生。

テッシーン, ニコデムス　1728没（73歳）。スウェーデンの建築家。1654生。

アザム, コスマス・ダミアン　1739没（52歳）。ドイツ, ババリアの建築家, 彫刻家。1686生。

グラウプナー, ヨーハン・クリストフ　1760没（77歳）。ドイツの作曲家。1683生。

ルイ15世　1774没（64歳）。フランス国王（在位1715～74）。1710生。

ヴァンクーヴァー, ジョージ　1798没（40歳）。イギリスの航海者。1757生。

多紀元惠　たきげんとく　1801没（70歳）。江戸時代中期・後期の幕府医師。1732生。

ロシャンボー　1807没（81歳）。フランスの軍人。1725生。

リヴィア, ポール　1818没（83歳）。アメリカの愛国者。1735生。

ヤング, トマス　1829没（55歳）。イギリスの医師, 物理学者, 考古学者。1773生。

松本幸四郎（5代目）　まつもとこうしろう　1838没（75歳）。江戸時代中期・後期の歌舞伎役者。1764生。

ムラヴィヨーフ　1843没（46歳）。ロシアの軍人, 近衛大尉, デカブリスト。1796生。

鈴木春山　すずきしゅんさん　1846没（46歳）。江戸時代後期の蘭方医, 兵学者。1801生。

パーカー, シオドア　1860没（49歳）。アメリカのユニテリアン派牧師, 説教家, 神学者, 社会改良家。1810生。

ジャクソン, トマス・ジョナサン　1863没（39歳）。アメリカの陸軍軍人。1824生。

ヴュルツ, シャルル・アドルフ　1884没（66歳）。フランスの有機化学者。1817生。

ネーゲリ, カール・ヴィルヘルム・フォン　1891没（74歳）。スイスの植物学者。1817生。

ボニファシオ　1897没（33歳）。フィリピンの民族運動家。1863生。

芳村伊三郎（6代目）　よしむらいさぶろう　1902没（80歳）。明治時代の江戸長唄の家元。

1823生。

スタンリー, サー・ヘンリー・モートン　1904没（63歳）。アメリカの探検家, ジャーナリスト。1841生。

二葉亭四迷　ふたばていしめい　1909没（46歳）。明治時代の小説家, 翻訳家。1864生。

堀田正養　ほったまさやす　1911没（64歳）。江戸・明治時代の大名, 政治家。貴族院議員, 通信大臣, 子爵。1848生。

ランプレヒト　1915没（59歳）。ドイツの歴史家。1856生。

古今亭志ん生(3代目)　ここんていしんしょう　1918没（56歳）。明治・大正時代の落語家。1863生。

ハイアット, ジョン・ウェズリー　1920没（82歳）。アメリカの発明家。1837生。

ヴォロフスキー, ワツラフ・ワツラヴォヴィチ　1923没（51歳）。ソ連の評論家, 党活動家, 外交官。1871生。

クレッチュマー, ヘルマン　1924没（76歳）。ドイツの音楽史家, 音楽家。1848生。

木村貞子　きむらさだこ　1926没（71歳）。明治・大正時代の教育者。華族女学校教授。1856生。

下村観山　しもむらかんざん　1930没（58歳）。明治・大正時代の日本画家。1873生。

喜多文子　きたふみこ　1950没（75歳）。明治〜昭和時代の女流棋士。囲碁5段。1875生。

ハル, クラーク　1952没（67歳）。アメリカの心理学者。1884生。

安藤紀三郎　あんどうきさぶろう　1954没（75歳）。明治〜昭和時代の陸軍軍人, 政治家。陸軍中将, 内務大臣。1879生。

オレーシャ, ユーリー・カルロヴィチ　1960没（61歳）。ソ連の作家。1899生。

畑俊六　はたしゅんろく　1962没（82歳）。明治〜昭和時代の陸軍軍人。元帥。1879生。

ラリオノフ, ミハイル・フョードロヴィチ　1964没（82歳）。ソ連の画家, 舞台美術家。1881生。

栗栖赳夫　くるすたけお　1966没（70歳）。昭和時代の銀行家, 政治家。蔵相, 参議院議員, 日本興業銀行総裁。1895生。

ソコロフスキー　1968没（70歳）。ソ連の軍人。1897生。

箕作秋吉　みつくりしゅうきち　1971没（75歳）。昭和時代の作曲家。IMC国内委員会委員長。1895生。

服部嘉香　はっとりよしか　1975没（89歳）。明治〜昭和時代の詩人, 国語学者。早稲田大学教授, 日本詩人クラブ理事長。1886生。

渡辺一夫　わたなべかずお　1975没（73歳）。昭和時代のフランス文学者, 評論家。東京大学教授。1901生。

クローフォド, ジョーン　1977没（69歳）。アメリカの女優。1908生。

江馬務　えまつとむ　1979没（94歳）。大正・昭和時代の風俗史家。京都女子大学教授, 日本風俗史学会会長。1884生。

小野竹喬　おのちくきょう　1979没（89歳）。大正・昭和時代の日本画家。京都美術専門学校教授。1889生。

リーガル千太　りーがるせんた　1980没（78歳）。昭和時代の漫才師。1901生。

ヴァイス, ペーター　1982没（65歳）。ドイツの劇作家, 小説家, 画家。1916生。

馬寅初　ばいんしょ　1982没（99歳）。中国の経済学者。1882生。

江馬三枝子　えまみえこ　1983没（80歳）。昭和時代の民俗学研究者。1903生。

鵜飼信成　うかいのぶしげ　1987没（81歳）。昭和時代の法学者。東京大学教授, 国際基督教大学学長。1906生。

平沢貞通　ひらさわさだみち　1987没（95歳）。昭和時代のテンペラ画家。帝銀事件で逮捕された死刑囚。1892生。

沈従文　ちんじゅうぶん　1988没（85歳）。中国の小説家。1902生。

高橋高見　たかはしたかみ　1989没（60歳）。昭和時代の実業家。1928生。

岸輝子　きしてるこ　1990没（77歳）。昭和時代の女優。1895生。

袴田里見　はかまださとみ　1990没（85歳）。昭和時代の社会運動家。日本共産党副委員長。1904生。

ブルックス, クリアンス　1994没（87歳）。アメリカの文芸批評家。1906生。

上杉佐一郎　うえすぎさいちろう　1996没（77歳）。昭和・平成時代の部落解放運動家。1919生。

ねこぢる　1998没（31歳）。平成時代の漫画家。1967生。

シルヴァースタイン, シェル　1999没（67歳）。アメリカの詩人, 絵本作家。1932生。

リースマン, デイヴィド　2002没（92歳）。アメリカの社会科学者。1909生。

5月10日

5月11日

○記念日○ めんの日
　　　　　長良川鵜飼開きの日
○出来事○ 大津事件(1891)
　　　　　日本人初のエベレスト登頂(1970)

善謝　ぜんしゃ　804没(81歳)。奈良時代・平安時代前期の僧。724生。

橘永名　たちばなのながな　866没(87歳)。平安時代前期の公卿。780生。

レオ6世　912没(45歳)。ビザンチン皇帝(在位886〜912)。866生。

エウテュキオス　940没(62歳)。アレクサンドリア総主教，メルキタイ派の歴史家，神学者。877生。

マヨールス(クリュニーの)　994没(84?歳)。クリュニーの第4代修道院長，聖人。910頃生。

藤原景高　ふじわらのかげたか　1183没。平安時代後期の武将，家人。

俣野景久　またのかげひさ　1183没。平安時代後期の武士。

太田康有　おおたやすあり　1290没(63歳)。鎌倉時代後期の幕府官吏，問注所執事，評定衆。1228生。

ウィンチェルシー　1313没(73?歳)。カンタベリー大司教。1240頃生。

四条隆資　しじょうたかすけ　1352没(61歳)。鎌倉時代後期・南北朝時代の公卿。1292生。

長橋局　ながはしのつぼね　1352没。南北朝時代の女官。

石屋真梁　せきおくしんりょう　1423没(79歳)。南北朝時代・室町時代の曹洞宗の僧。1345生。

結城基光　ゆうきもとみつ　1430没(82歳)。南北朝時代・室町時代の武将。1349生。

細川勝元　ほそかわかつもと　1473没(44歳)。室町時代の武将，室町幕府管領。1430生。

三好之長　みよしゆきなが　1520没(63歳)。戦国時代の武将。1458生。

斎藤義竜　さいとうよしたつ　1561没(35歳)。戦国時代の美濃国の大名。1527生。

ルッジエーリ，ミケーレ　1607没(64歳)。イタリア人イエズス会宣教師。1543生。

リッチ，マッテーオ　1610没(57歳)。イタリアのイエズス会士。1552生。

アルント，ヨーハン　1621没(65歳)。ドイツのプロテスタント神学者。1555生。

テレンツ，ジャン　1630没(54歳)。スイスのイエズス会士。1576生。

石丸定次　いしまるさだつぐ　1679没(77歳)。江戸時代前期の幕臣，大坂東町奉行。1603生。

ゲーリケ，オットー・フォン　1686没(83歳)。ドイツの政治家，物理学者。1602生。

ラ・ブリュイエール，ジャン・ド　1696没(50歳)。フランスのモラリスト。1645生。

マンサール，ジュール・アルドゥアン　1708没(63歳)。フランスの建築家。1645生。

王士禎　おうしてい　1711没(76歳)。中国，清の詩人。1634生。

ピット，ウィリアム，初代チャタム伯爵　1778没(69歳)。イギリスの政治家。1708生。

大谷広次(3代目)　おおたにひろじ　1802没(57歳)。江戸時代中期・後期の歌舞伎役者。1746生。

大屋裏住　おおやのうらずみ　1810没(77歳)。江戸時代中期・後期の狂歌師。1734生。

ニコライ，オットー　1849没(38歳)。ドイツの作曲家。1810生。

レカミエ，ジュリー　1849没(71歳)。フランスの女性，サロンを主宰し，文人たちとの交友で知られる。1777生。

月性　げっしょう　1858没(42歳)。江戸時代末期の真宗の勤王僧。1817生。

ヨハン　1859没(77歳)。オーストリア大公，オーストリアの軍人。1782生。

関鉄之介　せきてつのすけ　1862没(39歳)。江戸時代末期の尊攘派水戸藩士。1824生。

岡田以蔵　おかだいぞう　1865没(28歳)。江戸時代末期の尊攘派志士。1838生。

武市瑞山　たけちずいざん　1865(閏5月)没(37歳)。江戸時代末期の土佐藩の剣術家，尊王家。1829生。

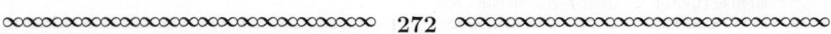

土方歳三　ひじかたとしぞう　1869没(35歳)。江戸時代末期の新撰組副長, 箱館五稜郭政権の陸軍奉行並。1835生。

ハーシェル, サー・ジョン・フレデリック・ウィリアム　1871没(79歳)。イギリスの天文学者。1792生。

アミエル, アンリ - フレデリック　1881没(59歳)。フランス系スイスの文学者, 哲学者。1821生。

川上操六　かわかみそうろく　1899没(52歳)。明治時代の陸軍軍人。参謀次官, 大将。1848生。

デ・レオン, ダニエル　1914没(61歳)。アメリカの社会主義者, 労働運動家。1852生。

シュヴァルツシルト, カール　1916没(72歳)。ドイツの天文学者。1843生。

レーガー, マックス　1916没(43歳)。ドイツの作曲家, 音楽教師。1873生。

渡辺国武　わたなべくにたけ　1919没(74歳)。明治時代の官僚, 政治家。子爵。1846生。

ハウエルズ, ウィリアム・ディーン　1920没(83歳)。アメリカの小説家, 評論家。1837生。

グリス, フアン　1927没(40歳)。スペインの画家。1887生。

萩原朔太郎　はぎわらさくたろう　1942没(57歳)。大正・昭和時代の詩人。1886生。

コモンズ, ジョン・ロジャーズ　1945没(82歳)。アメリカの経済学者。1862生。

アダムズ, ウォルター・シドニー　1956没(79歳)。アメリカの天文学者。1876生。

松本たかし　まつもとたかし　1956没(50歳)。昭和時代の俳人。1906生。

ロックフェラー2世　1960没(86歳)。アメリカの富豪, 慈善家。1874生。

小川未明　おがわみめい　1961没(79歳)。明治～昭和時代の小説家, 児童文学作家。児童文学協会初代会長。1882生。

ガッサー, ハーバート・スペンサー　1963没(74歳)。アメリカの生理学者。1888生。

塩田広重　しおたひろしげ　1965没(91歳)。明治～昭和時代の医師, 外科学者。日本医科大学学長, 東京帝国大学教授。1873生。

小泉信三　こいずみしんぞう　1966没(78歳)。大正・昭和時代の経済学者, 教育者。慶応義塾大学塾長, 東宮御所参与。1888生。

ポマー　1966没(76歳)。ドイツ無声映画の黄金時代を築いた大プロデューサー。1889生。

轟夕起子　とどろきゆきこ　1967没(49歳)。昭和時代の女優。1917生。

美土路昌一　みどろますいち　1973没(86歳)。昭和時代の新聞経営者。朝日新聞社社長, 全日本空輸創立者。1886生。

梶山季之　かじやまとしゆき　1975没(45歳)。昭和時代の小説家, ルポライター。1930生。

アールト, フーゴー・アルヴァー・ヘンリック　1976没(78歳)。フィンランドの建築家, デザイナー, 都市設計家。1898生。

ケンペ, ルドルフ　1976没(65歳)。ドイツの指揮者。1910生。

巌本真理　いわもとまり　1979没(53歳)。昭和時代のバイオリニスト。東京音楽学校教授。1926生。

不二洋子　ふじようこ　1980没(68歳)。昭和時代の舞台女優。1912生。

ハッセル, オッド　1981没(83歳)。ノルウェーの化学者。1897生。

マーリー, ボブ　1981没(36歳)。ジャマイカのレゲエミュージシャン。1945生。

高村象平　たかむらしょうへい　1989没(83歳)。昭和時代の経済史学者。慶応義塾塾長, 中央教育審議会会長。1905生。

エルトン, チャールズ・サザーランド　1991没(91歳)。イギリスの動物学者, 生態学者。1900生。

いずみたく　1992没(62歳)。昭和・平成時代の作曲家, プロデューサー。参議院議員。1930生。

竹田恒徳　たけだつねよし　1992没(83歳)。昭和時代の皇族, スポーツ功労者。JOC委員長, 日本スケート連盟会長。1909生。

アジキウェ, ヌナムディ　1996没(91歳)。ナイジェリアの政治家, 初代大統領。1904生。

上原真佐喜(2代目)　うえはらまさき　1996没(92歳)。昭和・平成時代の箏曲家。1903生。

亀倉雄策　かめくらゆうさく　1997没(82歳)。昭和時代のグラフィックデザイナー。亀倉デザイン研究室主宰, 日本グラフィックデザイナー協会会長。1915生。

パターソン, フロイド　2006没(71歳)。アメリカのボクサー。1935生。

三好京三　みよしきょうぞう　2007没(76歳)。昭和・平成時代の作家。1931生。

5月11日

5月12日

○記念日○　海上保安の日
　　　　　看護の日
○出来事○　ノモンハン事件(1939)
　　　　　母子手帳配付開始(1948)

聖エピファニオス　403没(88?歳)。サラミスの司教。315頃生。
百済足人　くだらのたるひと　770没。奈良時代の武官、鎮守副将軍。
三修　さんしゅう　899没(71歳)。平安時代前期の法相宗、真言宗の僧。829生。
忠子女王　ただこじょおう　904没。平安時代前期・中期の女性。清和天皇の女御。
藤原有実　ふじわらのありざね　914没(68歳)。平安時代前期・中期の公卿。847生。
ジェルベール　1003没(63?歳)。教皇(在位999～1003)。940頃生。
セルギウス4世　1012没。ローマ教皇。
能覚　のうかく　1182没(66歳)。平安時代後期の真言声明真相応院流の祖。1117生。
平知度　たいらのとものり　1183没。平安時代後期の武士。
源行家　みなもとのゆきいえ　1186没。平安時代後期の武将。
ユッタ(ザンガハウゼンの)　1260没。プロイセンの守護聖人。
中院俊通　なかのいんとしみち　1304没(49歳)。鎌倉時代後期の公卿。1256生。
エンゲルベルト(アドモントの)　1331没(81?歳)。オーストリアの修道院長、学者。1250頃生。
壬生雅顕　みぶまさあき　1348没(44歳)。鎌倉時代後期・南北朝時代の公卿。1305生。
良肇　りょうちょう　1438没。室町時代の浄土宗の僧。
智蘊　ちうん　1448没。室町時代の連歌師。
赤松則尚　あかまつのりなお　1455没(31歳)。室町時代の武将。1425生。
ノートケ、ベルント　1509没(69?歳)。ドイツの画家、彫刻家。1440頃生。
氏家卜全　うじいえぼくぜん　1571没。戦国時代の武将、西美濃三人衆の一人。
佐久間盛政　さくまもりまさ　1583没(30歳)。安土桃山時代の武将。1554生。

チャップマン、ジョージ　1634没(75?歳)。イギリスの詩人、劇作家。1559頃生。
ストラフォード、トマス・ウェントワース、初代伯爵　1641没(48歳)。イギリスの政治家。1593生。
マリオット、エドム　1684没(64歳)。フランスの物理学者。1620生。
杵屋喜三郎(3代目)　きねやきさぶろう　1715没(67?歳)。江戸時代前期・中期の長唄三味線方。1649頃生。
立花北枝　たちばなほくし　1718没。江戸時代中期の俳人。
陰山元質　かげやまげんしつ　1732没(64歳)。江戸時代中期の紀伊和歌山藩儒、数学者。1669生。
三谷宗鎮　みたにそうちん　1741没(77歳)。江戸時代中期の儒者、茶匠。1665生。
ファヴァール、シャルル・シモン　1792没(81歳)。フランスの劇作家。1710生。
成田屋宗兵衛　なりたやそうべえ　1835没(70歳)。江戸時代後期の歌舞伎役者。1766生。
中野碩翁　なかのせきおう　1842没(78歳)。江戸時代中期・後期の幕臣。1765生。
シュレーゲル、アウグスト・ヴィルヘルム　1845没(77歳)。ドイツ・ロマン主義芸術運動の指導者。1767生。
バリー、サー・チャールズ　1860没(64歳)。イギリスの建築家。1795生。
伊庭八郎　いばはちろう　1869没(27歳)。江戸時代末期の幕臣、剣術家、遊撃隊士。1843生。
スメタナ、ベドジヒ　1884没(60歳)。チェコの作曲家。1824生。
鵜飼玉川　うがいぎょくせん　1887没(82歳)。江戸・明治時代の写真家。1806生。
ブサンゴー、ジャン・バティスト　1887没(85歳)。フランスの農芸化学者。1802生。
カローニン、S.　1892没(38歳)。ロシアの作家。1853生。
カント、ミンナ　1897没(53歳)。フィンランドの女流小説家、劇作家。1844生。

ベック, アンリ　1899没（62歳）。フランスの劇作家。1837生。

野口寧斎　のぐちねいさい　1905没（39歳）。明治時代の漢詩人。1867生。

ユイスマンス, ジョリス‐カルル　1907没（59歳）。フランスの小説家。1848生。

ハギンズ, サー・ウィリアム　1910没（86歳）。イギリスの天文学者。1824生。

クリュチェフスキー, ワシーリー・オーシポヴィチ　1911没（70歳）。ロシア帝政期の代表的歴史家。1841生。

コノリー, ジェイムズ　1916没（47歳）。アイルランド独立運動の指導者。1868生。

柳家紫朝（初代）　やなぎやしちょう　1918没（46歳）。明治・大正時代の新内節の太夫。1873生。

ラドロフ　1918没（81歳）。ロシアの東洋学者。1837生。

三島中洲　みしまちゅうしゅう　1919没（90歳）。江戸・明治時代の漢学者、法律家、教育者。1830生。

パルド‐バサン, エミリア　1921没（69歳）。スペインの女流小説家。1852生。

ローウェル, エイミー　1925没（51歳）。アメリカの女流詩人。1874生。

トムセン　1927没（85歳）。デンマークの言語学者。1842生。

イザイ, ウジェーヌ　1931没（72歳）。ベルギーのヴァイオリン奏者、指揮者、作曲家。1858生。

ピウツツキ, ユゼフ　1935没（67歳）。ポーランドの独立運動家、政治家、国家元首、元帥。1867生。

胡漢民　こかんみん　1936没（57歳）。中国の政家。1879生。

満川亀太郎　みつかわかめたろう　1936没（49歳）。大正・昭和時代の国家主義者。拓殖大学教授。1888生。

川崎紫山　かわさきしざん　1943没（80歳）。明治・大正時代のジャーナリスト。中央新聞主筆。1864生。

クィラー‐クーチ, アーサー　1944没（80歳）。イギリスの学者、作家。1863生。

フォン・シュトロハイム, エリッヒ　1957没（71歳）。アメリカの映画監督、俳優。1886生。

堀悌吉　ほりていきち　1959没（75歳）。明治～昭和時代の海軍軍人。中将。1883生。

秋田雨雀　あきたうじゃく　1962没（79歳）。明治～昭和時代の劇作家、児童文学作家。1883生。

池田忠雄　いけだただお　1964没（59歳）。昭和時代の脚本家、映画監督。1905生。

ヴァイヤン, ロジェ　1965没（57歳）。フランスの小説家。1907生。

八木隆一郎　やぎりゅういちろう　1965没（59歳）。昭和時代の劇作家。1906生。

メイスフィールド, ジョン　1967没（88歳）。イギリスの詩人。1878生。

豊沢松太郎（2代目）　とよざわまつたろう　1968没（72歳）。明治～昭和時代の浄瑠璃三味線方。1895生。

ザックス, ネリー　1970没（78歳）。ドイツの女流詩人。1891生。

アッラール‐アルファーシー　1974没（66歳）。モロッコの民族運動の指導者。1908生。

内藤多喜夫　ないとうたきお　1976没（76歳）。昭和時代の薬学者、俳人。名城大学教授、名古屋市立大学教授。1900生。

井島勉　いじまつとむ　1978没（69歳）。昭和時代の美学者、美術評論家。京都市立美術館館長、京都大学教授。1908生。

沢田美喜　さわだみき　1980没（78歳）。昭和時代の社会事業家。エリザベス・サンダース・ホーム園長。1901生。

デュビュフェ, ジャン　1985没（83歳）。フランスの画家。1901生。

高宮晋　たかみやすすむ　1986没（77歳）。昭和時代の経営学者。組織学会会長、日本学術会議会員、産業能率大学学長。1908生。

松本かつぢ　まつもとかつじ　1986没（81歳）。昭和時代の童画家、漫画家。1904生。

望月太左衛門（10代目）　もちづきたざえもん　1987没（63歳）。昭和時代の歌舞伎囃子方。1923生。

キリレンコ　1990没（83歳）。ソ連の政治家。1906生。

エリクソン, エリック　1994没（91歳）。アメリカの精神分析者。1902生。

清崎敏郎　きよさきとしろう　1999没（77歳）。昭和・平成時代の俳人、日本文学者。「若葉」主宰、俳人協会副会長。1922生。

スタインバーグ, ソール　1999没（84歳）。ルーマニア生れのアメリカの漫画家、商業美術家。1914生。

コモ, ペリー　2001没（88歳）。アメリカのポピュラー歌手。1912生。

5月12日

5月13日

○記念日○　愛犬の日
　　　　　　母の日
○出来事○　大阪・千日デパートで火事(1972)

セルウァティウス　384没。ベルギーのトンゲルン(Tongern)の司教, 聖人。
テオドルス1世　649没。教皇(在位642～649)。
良真　りょうしん　1096没(75歳)。平安時代中期・後期の天台宗の僧。1022生。
雅宝　がほう　1190没(60歳)。平安時代後期の真言宗の僧。1131生。
岩松満純　いわまつみつずみ　1417(閏5月)没。室町時代の武将。
大朝宗賀　だいちょうそうが　1528没。戦国時代の曹洞宗の僧。
アエピヌス, ヨハネス　1553没(54歳)。ドイツのルター派の聖職者。1499生。
オルデンバルネヴェルト　1619没(71歳)。オランダの政治家。1547生。
安藤直次　あんどうなおつぐ　1635没(82歳)。安土桃山時代・江戸時代前期の紀伊和歌山藩付家老。1554生。
堀親良　ほりちかよし　1637没(58歳)。江戸時代前期の大名。1580生。
サンタ・マリア　1669没(67歳)。スペインのフランシスコ会宣教師。1602生。
前田利明　まえだとしあき　1692没(56歳)。江戸時代前期の大名。1637生。
浅利検校　あさりけんぎょう　1698没。江戸時代前期の地唄演奏者・作曲者。
ブルダルー, ルイ　1704没(71歳)。フランスのイエズス会修道士, 説教師。1632生。
立花鑑任　たちばなあきとう　1721没(39歳)。江戸時代中期の大名。1683生。
ソーンヒル, サー・ジェイムズ　1734没(58?歳)。イギリスの装飾画家。1675頃生。
酒井忠篤　さかいただあつ　1737没(35歳)。江戸時代中期の大名。1703生。
智幽　ちゆう　1752没(87歳)。江戸時代中期の僧。1666生。
久留島通祐　くるしまみちすけ　1791没(54歳)。江戸時代中期の大名。1738生。
山下万菊(初代)　やましたまんぎく　1791没(29歳)。江戸時代中期の歌舞伎役者。1763生。

ゲルベルト, マルティン　1793没(72歳)。ドイツの聖職者。1720生。
市川団十郎(6代目)　いちかわだんじゅうろう　1799没(22歳)。江戸時代中期・後期の歌舞伎役者。1778生。
霊瑞　れいずい　1804没(84歳)。江戸時代中期・後期の真言声明南山進流の声明家。1721生。
コンデ, ルイ・ジョゼフ　1818没(81歳)。フランスの軍人。1736生。
竹本弥太夫(初代)　たけもとやだゆう　1820没。江戸時代後期の義太夫節の太夫。
松平定信　まつだいらさだのぶ　1829没(72歳)。江戸時代中期・後期の大名, 老中。1758生。
キュヴィエ, ジョルジュ, 男爵　1832没(62歳)。フランスの博物学者。1769生。
ナッシュ, ジョン　1835没(82歳)。イギリスの建築家。1752生。
マコーリ, ザカリ　1838没(70歳)。イギリスの博愛主義者, 奴隷制廃止運動家。1768生。
フェシュ, ジョゼフ　1839没(76歳)。フランスの枢機卿。1763生。
大黒梅陰　だいこくばいいん　1851没(55歳)。江戸時代後期の儒学者。1797生。
三桝大五郎(4代目)　みますだいごろう　1859没(62歳)。江戸時代末期の歌舞伎役者。1798生。
ワグナー　1864没(58歳)。ドイツの生理学者, 解剖学者。1805生。
オベール, ダニエル-フランソワ-エスプリ　1871没(89歳)。フランスの作曲家。1782生。
御堀耕助　みほりこうすけ　1871没(31歳)。江戸時代末期・明治時代の長州(萩)藩士, 志士, 御楯隊総督。1841生。
小野原善言　おのはらぜんげん　1873没(64歳)。江戸・明治時代の儒学者。小倉新田藩教授。1810生。
ヘンリー, ジョセフ　1878没(80歳)。アメリカの物理学者。1797生。

5月13日

マッコーミック, サイラス 1884没(75歳)。アメリカの発明家, 実業家。1809生。

ヘンレ, フリードリヒ・グスタフ・ヤーコプ 1885没(75歳)。ドイツの解剖学者, 病理学者。1809生。

ユーイング, ジュリアーナ 1885没(43歳)。イギリスの女流児童文学者。1841生。

杵屋弥十郎(6代目) きねややじゅうろう 1897没(44歳)。江戸・明治時代の長唄三味線方, 唄方。1854生。

マビーニ 1903没(38歳)。フィリピンの弁護士, 政治家。1864生。

タルド, ・ガブリエル 1904没(61歳)。フランスの社会学者。1843生。

金井之恭 かないゆきやす 1907没(75歳)。江戸・明治時代の志士。1833生。

谷干城 たにたてき 1911没(75歳)。明治時代の陸軍軍人, 政治家。子爵, 貴族院議員。1837生。

ショレム・アレイヘム 1916没(57歳)。イディシュ(近代ユダヤ語)の作家。1859生。

杉贋阿弥 すぎがんあみ 1917没(48歳)。明治・大正時代の劇評家。1870生。

ミルナー, アルフレッド・ミルナー, 初代子爵 1925没(71歳)。イギリス(ドイツ生れ)の政治家。1854生。

田山花袋 たやまかたい 1930没(59歳)。明治・大正時代の小説家, 詩人。1872生。

ナンセン, フリチョフ 1930没(68歳)。ノルウェーの北極地方探検家, 科学者, 政治家。1861生。

エルンスト, パウル 1933没(67歳)。ドイツの小説家, 劇作家。1866生。

大錦卯一郎 おおにしきういちろう 1941没(51歳)。大正時代の力士。26代横綱。1891生。

立作太郎 たちさくたろう 1943没(70歳)。明治～昭和時代の国際法・外交史学者。東京帝国大学教授。1874生。

シュタイナハ 1944没(83歳)。オーストリアの生理学者。1861生。

ピンダー, ヴィルヘルム 1947没(68歳)。ドイツの美術史家。1878生。

中村武羅夫 なかむらむらお 1949没(64歳)。大正・昭和時代の小説家, 評論家。1886生。

ファジェーエフ, アレクサンドル・アレクサンドロヴィチ 1956没(54歳)。ソ連の小説家。1901生。

ブイコフ 1959没(73歳)。ソ連の生理学者。1886生。

クーパー, G 1961没(60歳)。アメリカの映画俳優。1901生。

駒井徳三 こまいとくぞう 1961没(75歳)。昭和時代の官僚, 実業家。富士開発会長。1885生。

クライン, フランツ 1962没(51歳)。アメリカの画家。1910生。

フライ, ダゴベルト 1962没(79歳)。オーストリアの美術史家。1883生。

中野秀人 なかのひでと 1966没(67歳)。大正・昭和時代の詩人, 小説家。1898生。

黒住宗和 くろずみむねかず 1973没(67歳)。昭和時代の宗教家。黒住教教主。1905生。

木村禧八郎 きむらきはちろう 1975没(74歳)。昭和時代の経済評論家, 政治家。木村禧八郎経済研究所所長, 参議院議員。1901生。

後藤文夫 ごとうふみお 1980没(96歳)。大正・昭和時代の政治家。内相, 参議院議員。1884生。

里見勝蔵 さとみかつぞう 1981没(85歳)。大正・昭和時代の洋画家。1895生。

鈴木伝明 すずきでんめい 1985没(85歳)。昭和時代の俳優。1900生。

小山田宗徳 おやまだむねのり 1986没(58歳)。昭和時代の俳優。1927生。

鈴木信太郎 すずきしんたろう 1989没(93歳)。大正・昭和時代の洋画家。1895生。

香川茂 かがわしげる 1991没(71歳)。昭和・平成時代の作家, 児童文学者。1920生。

村山七郎 むらやましちろう 1995没(86歳)。昭和・平成時代の言語学者。九州大学教授。1908生。

吉田玉五郎(2代目) よしだたまごろう 1996没(85歳)。大正～平成時代の人形浄瑠璃の人形遣い。1910生。

新井直之 あらいなおゆき 1999没(69歳)。昭和・平成時代の評論家。東京女子大学教授。1929生。

サラゼン 1999没(97歳)。アメリカのプロゴルファー。1902生。

吉田熈生 よしだひろお 2000没(69歳)。昭和時代の近代文学研究者。大妻女子大学教授。1930生。

ナラーヤン, R.K. 2001没(94歳)。インドの小説家。1906生。

5月14日

○記念日○ ゴールドデー
　　　　　 温度計の日
○出来事○ ジェンナーが種痘接種（1796）
　　　　　 チャップリン来日（1932）
　　　　　 横綱大鵬引退（1971）

聖パコミウス　346没(54?歳)。エジプトの修道士。292頃生。
常康親王　つねやすしんのう　869没。仁明天皇の第7皇子。
ヨハネス12世　964没(28?歳)。教皇(在位955～64)。936頃生。
藤原顕信　ふじわらのあきのぶ　1027没(34歳)。平安時代中期の貴族。994生。
藤原顕業　ふじわらのあきなり　1148没(59歳)。平安時代後期の公卿。1090生。
エロイーザ　1164没(63歳)。フランスの修道女。1101生。
ペンブルク　1219没(73?歳)。初代ペンブルク伯、イギリス王室の重臣。1146生。
後高倉院　ごたかくらいん　1223没(45歳)。鎌倉時代前期の上皇。1179生。
葉室頼藤　はむろよりふじ　1336没(83歳)。鎌倉時代後期・南北朝時代の公卿。1254生。
新室町院　しんむろまちいん　1337没(27歳)。鎌倉時代後期・南北朝時代の女性。後醍醐天皇の妃。1311生。
親慧　しんえ　1360没(64歳)。鎌倉時代後期・南北朝時代の真言宗の僧。1297生。
直仁親王　なおひとしんのう　1398没(64歳)。花園天皇の皇子。1335生。
足利満詮　あしかがみつあき　1418没(50歳)。南北朝時代・室町時代の武将。1369生。
広橋兼顕　ひろはしかねあき　1479没(31歳)。室町時代の公卿。1449生。
タラベラ，エルナンド・デ　1507没(79歳)。スペインのヘロニモ会士。1428生。
宗佺　そうせん　1552没(61歳)。戦国時代の臨済宗の僧。1492生。
アムスドルフ，ニーコラウス・フォン　1565没(81歳)。ドイツのプロテスタント神学者。1483生。
タフマースプ1世　1576没(62歳)。イランのサファビー朝第2代の王(在位1524～76)。1514生。

佐々成政　さっさなりまさ　1588(閏5月)没(53歳)。戦国時代・安土桃山時代の武将。1536生。
榊原康政　さかきばらやすまさ　1606没(59歳)。安土桃山時代・江戸時代前期の大名。1548生。
西郡の方　にしごおりのかた　1606没。安土桃山時代・江戸時代前期の女性。徳川家康の側室。
アンリ4世　1610没(56歳)。フランス国王(在位1589～1610)。1553生。
蒲生秀行　がもうひでゆき　1612没(30歳)。安土桃山時代・江戸時代前期の大名。1583生。
玉室宗珀　ぎょくしつそうはく　1641没(70歳)。安土桃山時代・江戸時代前期の臨済宗の僧。1572生。
ルイ13世　1643没(41歳)。フランスの国王(在位1610～43)。1601生。
スキュデリー，ジョルジュ・ド　1667没(65歳)。フランスの作家。1601生。
フュルチエール，アントワーヌ　1688没(68歳)。フランスの小説家，辞書編纂者。1619生。
都太夫一中(初代)　みやこだゆういっちゅう　1724没(75歳)。江戸時代前期・中期の一中節の創始者。1650生。
シュタール，ゲオルク・エルンスト　1734没(73歳)。ドイツの生理学者，化学者。1660生。
シンプソン，トマス　1761没(50歳)。スコットランドの数学者。1710生。
智運　ちせん　1768没(67歳)。江戸時代中期の浄土真宗本願寺派の学匠。1702生。
新井白蛾　あらいはくが　1792没(78歳)。江戸時代中期の儒学者，易家。1715生。
ルーンケン　1798没(75歳)。ドイツの古典学者。1723生。
森山孝盛　もりやまたかもり　1815没(78歳)。江戸時代中期・後期の幕臣，文人。1738生。

バルクライ・ド・トーリー, ミハイル・ボグダノヴィチ, 公爵　1818没(56歳)。ロシアの軍人。1761生。

天野宗歩　あまのそうほ　1859没(44歳)。江戸時代末期の将棋棋士。1816生。

ベヒシュタイン, ルートヴィヒ　1860没(58歳)。ドイツの小説家, 愛国詩人。1801生。

バイヤー, フェルディナント　1863没(59歳)。ドイツのピアニスト, 作曲家。1803生。

レイノー　1867没(71歳)。フランスの東洋学者。1795生。

広瀬林外　ひろせりんがい　1874没(39歳)。江戸・明治時代の儒学者。1836生。

大久保利通　おおくぼとしみち　1878没(49歳)。江戸・明治時代の政治家。大蔵卿, 内務卿。1830生。

クンマー, エルンスト・エドゥアルト　1893没(83歳)。ドイツの数学者。1810生。

コルサコフ　1900没(46歳)。ロシアの精神病理学者。1854生。

清元梅吉(2代目)　きよもとうめきち　1911没(58歳)。明治時代の清元三味線方。1854生。

ストリンドベリ, アウグスト　1912没(63歳)。スウェーデンの劇作家, 小説家。1849生。

フレデリク8世　1912没(68歳)。デンマーク王(在位1906～12)。1843生。

山辺丈夫　やまのべたけお　1920没(70歳)。明治・大正時代の実業家。東洋紡績社長。1851生。

バローネ　1924没(64歳)。イタリアの数理経済学者。1859生。

ハガード, ライダー　1925没(68歳)。イギリスの小説家。1856生。

ベラスコ, デイヴィッド　1931没(77歳)。アメリカの演出家, 劇作家, 劇場経営者。1853生。

ゴールドマン, エマ　1940没(71歳)。アメリカの女性無政府主義者。1869生。

三田村鳶魚　みたむらえんぎょ　1952没(82歳)。明治～昭和時代の江戸風俗研究家。1870生。

国吉康雄　くによしやすお　1953没(63歳)。大正・昭和時代の洋画家。アメリカ芸術家組合会長。1889生。

グデーリアン, ハインツ　1954没(65歳)。ドイツ陸軍軍人。1888生。

食満南北　けまなんぼく　1957没(76歳)。明治～昭和時代の劇作家。1880生。

ヴェルナー　1964没(74歳)。ドイツ, アメリカの心理学者。1890生。

光田健輔　みつだけんすけ　1964没(88歳)。明治～昭和時代の医学者。長島愛生園園長。1876生。

パーキンズ, フランシス　1965没(83歳)。アメリカの女性社会運動家。1882生。

河合良成　かわいよしなり　1970没(84歳)。大正・昭和時代の実業家, 政治家。小松製作所社長, 衆議院議員, 厚生大臣。1886生。

橘秋子　たちばなあきこ　1971没(63歳)。昭和時代のバレリーナ, 振付師。1907生。

コルネイチューク, アレクサンドル・エヴドキモヴィチ　1972没(67歳)。ソ連の劇作家。1905生。

モレーノ, ヤーコプ・L.　1974没(81歳)。ルーマニア生れのアメリカの精神病理学者, 社会心理学者。1892生。

奈良光枝　ならみつえ　1977没(53歳)。昭和時代の歌手。1923生。

ハッチンズ　1977没(78歳)。アメリカの教育者, 法学者。1899生。

新田潤　にったじゅん　1978没(73歳)。昭和時代の小説家。1904生。

森岩雄　もりいわお　1979没(80歳)。昭和時代の映画製作者。東宝副社長。1899生。

岡野清豪　おかのきよひで　1981没(91歳)。昭和時代の銀行家, 政治家。三和銀行頭取, 衆議院議員。1890生。

ヘイワース, リタ　1987没(68歳)。アメリカの女優。1918生。

江青　こうせい　1991没(77歳)。中国の政治家。1914生。

実川延若(3代目)　じつかわえんじゃく　1991没(70歳)。昭和時代の歌舞伎役者。1921生。

聶栄臻　じょうえいしん　1992没(92歳)。中国の軍人, 政治家, 科学者。1899生。

ピニョン, エドゥワール　1993没(88歳)。フランスの画家。1905生。

菅井汲　すがいくみ　1996没(77歳)。昭和・平成時代の美術家, 洋画家。1919生。

シナトラ, フランク　1998没(82歳)。アメリカのポピュラー歌手, 映画俳優。1915生。

小渕恵三　おぶちけいぞう　2000没(62歳)。昭和・平成時代の政治家。首相。1937生。

シャピロ, カール　2000没(86歳)。アメリカの詩人, 評論家。1913生。

5月14日

5月15日

○記念日○　ヨーグルトの日
○出来事○　上野彰義隊の戦い（1868）
　　　　　　五・一五事件（1932）
　　　　　　沖縄返還（1972）

ヴァレンティニアヌス2世　392没（21?歳）。ローマ皇帝（在位375〜392）。371頃生。

ニタルト　843没（53歳）。フランク王国の歴史家。790生。

崇子内親王　たかこないしんのう　848没。平安時代前期の女性。淳和天皇の皇女。

ハットー1世　913没（63?歳）。ドイツ中世の聖職者。850頃生。

ニコラオス1世・ミュスティコス　925没（73?歳）。コンスタンティノポリスの総主教。852頃生。

源基平　みなもとのもとひら　1064没（39歳）。平安時代中期の公卿。1026生。

イシドロ（農夫）　1130没（60?歳）。スペインのマドリード市の守護聖人。1070頃生。

ヌール・ウッディーン　1174没（56歳）。西アジア、ザンギー朝の君主（在位1146〜74）。1118生。

伊賀光季　いがみつすえ　1221没。鎌倉時代前期の武将、京都守護。

無象静照　むしょうじょうしょう　1306没（73歳）。鎌倉時代の臨済宗の僧。1234生。

近衛家平　このえいえひら　1324没（43歳）。鎌倉時代後期の公卿。1282生。

徹翁義亨　てっとうぎこう　1369没（75歳）。鎌倉時代後期・南北朝時代の臨済宗の僧。1295生。

今出川実直　いまでがわさねなお　1396没（55歳）。南北朝時代の公卿。1342生。

一色義貫　いっしきよしつら　1440没（41歳）。室町時代の武将、侍所頭人。1400生。

鶯芸　らんげい　1447没（61歳）。室町時代の浄土真宗の僧。1387生。

ドメニコ・ヴェネツィアーノ　1461没（61?歳）。イタリアの画家。1400頃生。

トスカネリ，パオロ　1482没（85歳）。イタリアの天文学者、医者。1397生。

村田珠光　むらたじゅこう　1502没（80歳）。室町時代・戦国時代の茶湯者。1423生。

雲岡舜徳　うんこうしゅんとく　1516没（79歳）。室町時代・戦国時代の曹洞宗の僧。1438生。

畠山稙長　はたけやまたねなが　1545没（41歳）。戦国時代の武将。1505生。

プリマティッチオ，フランチェスコ　1570没（66歳）。イタリアの画家、彫刻家、建築家、室内装飾家。1504生。

パスクアル・バイロン　1592没（51歳）。スペイン出身のフランシスコ会修道士、聖人。1540生。

クローチェ，ジョヴァンニ　1609没（52?歳）。イタリアの作曲家。1557頃生。

長宗我部盛親　ちょうそがべもりちか　1615没（41歳）。安土桃山時代・江戸時代前期の土佐の大名。1575生。

下間少進　しもつましょうしん　1616没（66歳）。安土桃山時代・江戸時代前期の本願寺坊官。1551生。

ケイゼル，ヘンドリック・デ　1621没（97歳）。オランダの建築家、彫刻家。1565生。

カメロ，ジョン　1625没（46?歳）。スコットランドの神学者。1579頃生。

千子　ちね　1688没（17歳）。江戸時代前期・中期の女性。俳人、芭蕉一門。1672生。

クプレー，フィリップ　1692没（67歳）。ベルギーのイエズス会士。1624生。

シャンメレ，マリ　1698没（56歳）。フランスの女優。1642生。

柴山伊兵衛　しばやまいへえ　1703没（93歳）。江戸時代前期・中期の美濃国の用水開削者。1611生。

ペロー，シャルル　1703没（75歳）。フランスの童話作家、詩人、評論家。1628生。

酒泉竹軒　さかいずみちくけん　1718没（65歳）。江戸時代中期の儒学者。1654生。

山中平九郎（初代）　やまなかへいくろう　1724没（83歳）。江戸時代中期の歌舞伎役者。1642生。

早川初瀬　はやかわはつせ　1730没。江戸時代中期の歌舞伎役者。

カンティヨン　1734没(54歳)。アイルランドの経済学者。1680生。

リッチ, セバスティアーノ　1734没(74歳)。イタリアの画家。1659生。

チェンバーズ, イーフレイム　1740没(60?歳)。イギリスの辞書編集者。1680頃生。

ウィルソン, リチャード　1782没(67歳)。イギリスの画家。1714生。

須田官蔵(初代)　すだかんぞう　1826没(72歳)。江戸時代中期・後期の須田新田の開拓者, 江戸高輪の商人。1755生。

青木木米　あおきもくべい　1833没(67歳)。江戸時代中期・後期の陶工, 南画家。1767生。

キーン, エドマンド　1833没(44?歳)。イギリスの俳優。1789頃生。

鈴木牧之　すずきぼくし　1842没(73歳)。江戸時代後期の随筆家, 文人。1770生。

ラス・カーズ, エマニュエル・ド　1842没(75歳)。フランスの歴史家。1766生。

オコンネル, ダニエル　1847没(71歳)。アイルランドの政治家。1775生。

ミルン, ウィリアム・チャールズ　1863没(48歳)。イギリスのロンドン伝道会宣教師。1815生。

クーザ　1873没(53歳)。ルーマニア公(1859～66)。1820生。

ゼンパー, ゴットフリート　1879没(75歳)。ドイツの建築家, 建築理論家。1803生。

カヴェーリン　1885没(66歳)。ロシアの歴史家, 哲学者, ジャーナリスト。1818生。

ディキンソン, エミリー　1886没(55歳)。アメリカの女流詩人。1830生。

坂本四方太　さかもとしほうた　1917没(45歳)。明治・大正時代の俳人, 写生文作家。1873生。

犬養毅　いぬかいつよし　1932没(78歳)。明治～昭和時代の政治家。内閣総理大臣。1855生。

マレーヴィチ, カジミール・ゼヴェリノヴィチ　1935没(57歳)。ソ連の画家。1878生。

スノーデン　1937没(72歳)。イギリス労働党政治家。1864生。

石光真清　いしみつまきよ　1942没(75歳)。明治～昭和時代の陸軍軍人。少佐。1868生。

佐藤惣之助　さとうそうのすけ　1942没(53歳)。大正・昭和時代の詩人。1890生。

セルギイ　1944没(77歳)。ロシア正教会の総主教。1867生。

ウィリアムズ, チャールズ　1945没(58歳)。イギリスの文学者。1886生。

フラナガン, エドワード・ジョウゼフ　1948没(61歳)。アメリカのカトリック神父。1886生。

相馬泰三　そうまたいぞう　1952没(66歳)。大正・昭和時代の小説家。1885生。

幸田成友　こうだしげとも　1954没(81歳)。明治～昭和時代の歴史学者。1873生。

尾高朝雄　おだかともお　1956没(57歳)。昭和時代の法哲学者, 社会思想家。1899生。

佐々木千里　ささきせんり　1961没(69歳)。昭和時代の劇団主宰者。1891生。

陳銘枢　ちんめいすう　1965没(73歳)。中国の軍人。1892生。

圭室諦成　たまむろたいじょう　1966没(64歳)。昭和時代の日本史学者。明治大学教授。1902生。

ホッパー, エドワード　1967没(84歳)。アメリカの画家。1882生。

ガスリ, ウィリアム　1971没(70歳)。スコットランドの長老派牧師。1900生。

マンロー, デーヴィッド　1976没(33歳)。イギリスのリコーダー奏者, 各種古楽木管楽器奏者。1942生。

ミールジナー, ジョー　1976没(75歳)。アメリカの舞台装置家。1901生。

網野菊　あみのきく　1978没(78歳)。大正・昭和時代の小説家。1900生。

メンジーズ, サー・ロバート・ゴードン　1978没(83歳)。オーストラリアの政治家。1894生。

蠟山政道　ろうやままさみち　1980没(84歳)。大正・昭和時代の政治学者。1895生。

神風正一　かみかぜしょういち　1990没(68歳)。昭和時代の相撲解説者, 力士(関脇)。1921生。

安倍晋太郎　あべしんたろう　1991没(67歳)。昭和・平成時代の政治家。衆議院議員, 外相。1924生。

川上正光　かわかみまさみつ　1996没(84歳)。昭和時代の電子工学者。東京工業大学教授・学長, 長岡技術科学大学学長。1912生。

高坂正堯　こうさかまさたか　1996没(62歳)。昭和・平成時代の国際政治学者。京都大学教授。1934生。

大沢昌助　おおさわしょうすけ　1997没(93歳)。昭和・平成時代の洋画家。1903生。

5月15日

5月16日

○記念日○ 旅の日
○出来事○ 東京・京都・奈良に帝国博物館発足（1889）
第1回アカデミー賞授賞式（1929）

聖ブレンダン 577没（93歳）。アイルランドの聖人。484生。

明詮 みょうせん 868没（80歳）。平安時代前期の法相宗の僧。789生。

橘広相 たちばなのひろみ 890没（54歳）。平安時代前期の公卿。837生。

仁海 にんがい 1046没（96歳）。平安時代中期の真言宗の僧。951生。

ウバルド（グッピオの） 1160没（80?歳）。イタリアの司教、聖人。1080頃生。

源師仲 みなもとのもろなか 1172没（57歳）。平安時代後期の公卿。1116生。

藤原忠清 ふじわらのただきよ 1185没。平安時代後期の武将。

藤原忠良 ふじわらのただよし 1225没（62歳）。平安時代後期・鎌倉時代前期の歌人・公卿。1164生。

シモン 1265没（100?歳）。イギリスの隠修士。1165頃生。

無為昭元 むいしょうげん 1311没（67歳）。鎌倉時代後期の僧。1245生。

真恵 しんえ 1347没（69歳）。鎌倉時代後期・南北朝時代の法律家。1279生。

菅原在登 すがわらのありのり 1350没（79歳）。鎌倉時代後期・南北朝時代の公卿。1272生。

土岐持頼 ときもちより 1440没。室町時代の武将、伊勢国守護。康政の子、刑部少輔、大膳大夫。

足利春王 あしかがはるおう 1441没（11歳）。室町時代の武将。1431生。

足利安王 あしかがやすおう 1441没（13歳）。室町時代の武将。1429生。

没倫紹等 ぼつりんじょうとう 1492没。室町時代・戦国時代の僧。

芥隠 かいいん 1495没。室町時代・戦国時代の臨済宗の僧。

自山得吾 じさんとくご 1522没（84歳）。室町時代・戦国時代の曹洞宗の僧。1439生。

ソツィーニ，レリオ 1562没（37歳）。イタリアの神学者。1525生。

鳥居強右衛門 とりいすねえもん 1575没。戦国時代・安土桃山時代の武将。

アダムズ，ウィリアム 1620没（55歳）。日本に来た最初のイギリス人。1564生。

本因坊算砂 ほんいんぼうさんさ 1623没（65歳）。安土桃山時代・江戸時代前期の囲碁棋士。1559生。

松木荘左衛門 まつきしょうざえもん 1652没（28?歳）。江戸時代前期の若狭小浜藩百姓一揆の指導者。1625頃生。

コルトーナ，ピエトロ・ダ 1669没（72歳）。イタリアの画家，建築家。1596生。

守澄入道親王 しゅちょうにゅうどうしんのう 1680没（47歳）。後水尾天皇の第6皇子。1634生。

ライスラー 1691没（51歳）。アメリカの反乱指導者。1640生。

松平忠弘 まつだいらただひろ 1700没（70歳）。江戸時代前期・中期の大名。1631生。

ルザット，モーゼス・ハイム 1746没（39歳）。イタリア系ユダヤのヘブライ劇作家。1707生。

菱田縫子 ひしだぬいこ 1801没（52歳）。江戸時代中期・後期の女性。歌人。1750生。

皆川淇園 みながわきえん 1807没（74歳）。江戸時代中期・後期の儒学者。1734生。

士朗 しろう 1812没（71歳）。江戸時代中期・後期の俳人。1742生。

ルイス，マシュー・グレゴリー 1818没（42歳）。イギリスの小説家。1775生。

コングリーヴ，サー・ウィリアム 1828没（55歳）。イギリスの技術者。1772生。

フーリエ，J.B.J. 1830没（62歳）。フランスの数学者，物理学者。1768生。

谷秋香 たにしゅうこう 1832没（61歳）。江戸時代後期の女性。画家。1772生。

ペリエ 1832没（54歳）。フランスの政治家。1777生。

ヘマンズ, フェリシア　1835没(41歳)。イギリスの女流詩人。1793生。

ウェイクフィールド, エドワード・ギボン　1862没(66歳)。イギリスの政治家。1796生。

カウフマン　1882没(64歳)。ロシアの軍人。1818生。

帆足杏雨　ほあしきょうう　1884没(75歳)。江戸・明治時代の南画家。1810生。

北村透谷　きたむらとうこく　1894没(27歳)。明治時代の文学者, 自由民権家。1868生。

桂文左衛門　かつらぶんざえもん　1916没(73歳)。明治・大正時代の落語家。1844生。

ゾーム, ルードルフ　1917没(75歳)。ドイツの法学者。1841生。

ボーイネ, ジョヴァンニ　1917没(29歳)。イタリアの小説家, 評論家。1887生。

和井内貞行　わいないさだゆき　1922没(65歳)。明治・大正時代の養魚事業家。1858生。

メフメット6世　1926没(65歳)。オスマン・トルコ帝国の第36代スルタン(1918〜22)。1861生。

片岡愛之助(4代目)　かたおかあいのすけ　1927没(47歳)。明治〜昭和時代の歌舞伎役者。1881生。

ゴス, エドマンド　1928没(83歳)。イギリスの批評家, 文学史家。1845生。

レーマン, リリー　1929没(80歳)。ドイツのソプラノ歌手。1848生。

木村泰賢　きむらたいけん　1930没(50歳)。大正・昭和時代のインド哲学・仏教学者。東京帝国大学教授。1881生。

川村清雄　かわむらきよお　1934没(83歳)。明治〜昭和時代の洋画家。1852生。

西村総左衛門　にしむらそうざえもん　1935没(81歳)。明治〜昭和時代の染織家。1855生。

金子堅太郎　かねこけんたろう　1942没(90歳)。明治時代の伯爵, 官僚, 政治家。首相秘書官。1853生。

マリノフスキー, ブロニスロー・カスパー　1942没(58歳)。ポーランド生れのイギリスの人類学者。1884生。

桑木彧雄　くわきあやお　1945没(68歳)。大正・昭和時代の物理学者, 科学史家。1878生。

宮地直一　みやぢなおいち　1949没(64歳)。大正・昭和時代の神道学者。1886生。

ラインハルト, ジャンゴ　1953没(43歳)。フランスのジャズ・ギタリスト。1910生。

クラウス, クレメンス　1954没(61歳)。オーストリアの指揮者。1893生。

エイジー, ジェイムズ　1955没(45歳)。アメリカの詩人, 小説家, 映画評論家。1909生。

吉田恒三　よしだつねぞう　1957没(85歳)。明治〜昭和時代の音楽教育家, 声明研究家。1872生。

クレーギー　1959没(75歳)。イギリスの外交官。1883生。

喜多村緑郎　きたむらろくろう　1961没(89歳)。明治〜昭和時代の新派俳優。1871生。

森下雨村　もりしたうそん　1965没(75歳)。大正・昭和時代の小説家。1890生。

西川甚五郎(13代目)　にしかわじんごろう　1967没(64歳)。昭和時代の実業家, 政治家。1902生。

水谷浩　みずたにひろし　1971没(65歳)。昭和時代の映画美術家。1906生。

岩村三千夫　いわむらみちお　1977没(68歳)。昭和時代の中国研究者, 日中友好運動家。1908生。

ケイタ　1977没(61歳)。マリの政治家。1915生。

春風亭柳橋(6代目)　しゅんぷうていりゅうきょう　1979没(79歳)。大正・昭和時代の落語家。1899生。

伏見直江　ふしみなおえ　1982没(73歳)。大正・昭和時代の女優。1908生。

ショー, アーウィン　1984没(71歳)。アメリカの劇作家, 小説家。1913生。

久保全雄　くぼまさお　1989没(77歳)。昭和時代の医師。新日本医師協会名誉会長。1911生。

西川寧　にしかわやすし　1989没(87歳)。昭和時代の書家。1902生。

デーヴィス, サミー・ジュニア　1990没(64歳)。アメリカのポピュラー歌手。1925生。

デ・サンティス, ジュゼッペ　1997没(80歳)。イタリアの映画監督。1917生。

沼田稲次郎　ぬまたいねじろう　1997没(82歳)。昭和・平成時代の法学者。1914生。

柳家小さん(5代目)　やなぎやこさん　2002没(87歳)。昭和・平成時代の落語家。1915生。

田村高廣　たむらたかひろ　2006没(77歳)。昭和・平成時代の俳優。1928生。

5月16日

5月17日

○記念日○ 世界電気通信記念日
　　　　　生命・きずなの日
○出来事○ 『太陽の季節』で石原裕次郎デビュー（1956）
　　　　　男女雇用機会均等法成立（1985）

曹丕　そうひ　226没（39歳）。中国、三国時代魏の初代皇帝（在位220〜226）、文学者。187生。

日下部子麻呂　くさかべのこまろ　773没。奈良時代の官人。

大津大浦　おおつのおおうら　775没。奈良時代の陰陽家。

グイード・ダレッツォ　1050没（60?歳）。イタリアの音楽理論家。990頃生。

覚晴　かくじょう　1148没（59歳）。平安時代後期の法相宗の僧。1090生。

平宗宣　たいらのむねのぶ　1232没（56歳）。鎌倉時代前期の公卿。1177生。

平時兼　たいらときかね　1249没（82歳）。平安時代後期・鎌倉時代前期の公卿。1168生。

六角泰綱　ろっかくやすつな　1276没。鎌倉時代前期の武将。

ガザン-ハン　1304没（32歳）。イル・ハン国の第7代ハン（在位1295〜1304）。1271生。

藤原実時　ふじわらのさねとき　1308没（58歳）。鎌倉時代後期の公卿。1251生。

飛鳥井雅孝　あすかいまさたか　1353没（71歳）。鎌倉時代後期・南北朝時代の公卿。1283生。

正親町三条実治　おおぎまちさんじょうさねはる　1353没（63歳）。鎌倉時代後期・南北朝時代の公卿。1291生。

古剣智訥　こけんちとつ　1382没。南北朝時代の臨済宗の僧。

三条公冬　さんじょうきんふゆ　1459没（68歳）。室町時代の公卿。1392生。

ボッティチェリ，サンドロ　1510没（65歳）。イタリアの画家。1445生。

申師任堂　しんしにんどう　1551没（46歳）。朝鮮、李朝の女流画家。1504生。

パーカー，マシュー　1575没（70歳）。イギリスの神学者、カンタベリー大主教。1504生。

ケットラー，ゴットハルト　1587没（70?歳）。ドイツ騎士団最後の団長（1559〜61）。1517頃生。

アマン，ヨースト　1591没（51歳）。スイスの木版画家、銅版画家。1539生。

応胤法親王　おういんほうしんのう　1598没（68歳）。戦国時代・安土桃山時代の伏見宮貞敦親王の第5王子。1531生。

織田信良　おだのぶよし　1626没（43歳）。江戸時代前期の大名。1584生。

聞証　もんしょう　1688没（55歳）。江戸時代前期の浄土宗の学僧。1634生。

井上正岑　いのうえまさみね　1722没（70歳）。江戸時代前期・中期の大名、老中。1653生。

エカテリーナ1世　1727没（43歳）。ロシア女帝（在位1725〜27）。1684生。

クラーク，サミュエル　1729没（53歳）。イギリスの神学者，哲学者。1675生。

柳瀬方塾　やなせみちいえ　1740没（56歳）。江戸時代中期の歌人。1685生。

オーベール，ジャック　1753没（63歳）。フランスのヴァイオリン奏者、作曲家。1689生。

オードラン，ジャン　1756没（89歳）。フランスの銅版画家。1667生。

滝瓢水　たきひょうすい　1762没（79歳）。江戸時代中期の俳人。1684生。

クレイロー，アレクシ・クロード　1765没（52歳）。フランスの数学者。1713生。

永谷義弘　ながたによしひろ　1778没（98歳）。江戸時代中期の製茶業者。1681生。

小田野直武　おだのなおたけ　1780没（32歳）。江戸時代中期の洋風画家。1749生。

坂田半五郎（2代目）　さかたはんごろう　1787没（64歳）。江戸時代中期の歌舞伎役者。1724生。

スデーヌ，ミシェル-ジャン　1797没（77歳）。フランスの劇作家。1719生。

アウエンブルッガー，レオポルト　1809没（86歳）。オーストリアの医師。1722生。

ジェイ，ジョン　1829没（83歳）。アメリカの政治家、外交官、裁判官。1745生。

亀井昭陽　かめいしょうよう　1836没（64歳）。江戸時代後期の古文辞系の儒者。1773生。

カイエ　1838没（38歳）。フランスの探検家。1799生。

タレーラン-ペリゴール，シャルル・モーリス・ド　1838没（84歳）。フランスの政治家。1754生。

小関三英　こせきさんえい　1839没（53歳）。江戸時代後期の蘭学者。1787生。

岸本由豆流　きしもとゆずる　1846（閏5月）没（59歳）。江戸時代後期の国学者。1788生。

ヒル，デイヴィド・オクテイヴィアス　1870没（68歳）。イギリスの風景画家，写真家。1802生。

ブレッキンリッジ，ジョン・C　1875没（54歳）。アメリカの法律家，政治家，軍人。1821生。

ズィヤ・パシャ　1880没（55?歳）。オスマン・トルコ帝国の政治家，文学者。1825頃生。

田代栄助　たしろえいすけ　1885没（52歳）。明治時代の自由民権家。1834生。

沼間守一　ぬまもりかず　1890没（47歳）。江戸・明治時代のジャーナリスト，政治家。東京横浜毎日新聞社長。1844生。

ド・フーイェ　1909没（72歳）。オランダの東洋学者。1836生。

ウェーバー　1913没（71歳）。ドイツの数学者。1842生。

ブレンターノ，フランツ　1917没（79歳）。オーストリアの哲学者，心理学者。1838生。

セラーヤ　1919没（65歳）。ニカラグアの独裁者，大統領（1893〜1909）。1853生。

中村歌六（3代目）　なかむらかろく　1919没（71歳）。江戸〜大正時代の歌舞伎役者。1849生。

有賀長雄　ありがながお　1921没（62歳）。明治・大正時代の国際法学者，社会学者。1860生。

ポターペンコ，イグナーチー・ニコラエヴィチ　1929没（72歳）。ロシアの作家。1856生。

デュカ，ポール　1935没（69歳）。フランスの作曲家，教師，評論家。1865生。

滝精一　たきせいいち　1945没（73歳）。大正・昭和時代の美術史学者。1873生。

逸見猶吉　へんみゆうきち　1946没（40歳）。昭和時代の詩人。1907生。

海野十三　うんのじゅうざ　1949没（53歳）。昭和時代の小説家。1897生。

神田伯竜　かんだはくりゅう　1949没（61歳）。大正・昭和時代の講談師。1889生。

貞明皇后　ていめいこうごう　1951没（66歳）。大正天皇の皇后。1884生。

十文字こと　じゅうもんじこと　1955没（84歳）。明治〜昭和時代の女子教育家。十文字学園理事長。1870生。

シュペルヴィエル，ジュール　1960没（76歳）。フランスの詩人，小説家，劇作家。1884生。

金春八条　こんぱるはちじょう　1962没（75歳）。明治〜昭和時代の能楽師。金春流宗家（78代目）。1886生。

クーシネン　1964没（82歳）。ソ連の革命家，政治家。1881生。

近藤益雄　こんどうえきお　1964没（57歳）。昭和時代の教育家，童謡詩人。なずな園創設者，のぎく学園創設者。1907生。

ザーリン　1974没（82歳）。スイスの経済学者，社会学者。1892生。

中村菊男　なかむらきくお　1977没（57歳）。昭和時代の政治学者。1919生。

ミュラー，エルウィン・ウィルヘルム　1977没（65歳）。ドイツ生まれのアメリカの物理学者。1911生。

服部富子　はっとりとみこ　1981没（64歳）。昭和時代の歌手，女優。1917生。

鈴木御水　すずきぎょすい　1982没（84歳）。昭和時代の挿絵画家。1898生。

成仿吾　せいほうご　1984没（86歳）。中国の評論家，教育者。1897生。

ミュルダール，グンナル　1987没（88歳）。スウェーデンの経済学者，社会学者。1898生。

猪熊弦一郎　いのくまげんいちろう　1993没（90歳）。大正〜平成時代の洋画家。1902生。

古岡秀人　ふるおかひでと　1994没（85歳）。昭和・平成時代の出版経営者。学習研究社社長。1908生。

村松剛　むらまつたけし　1994没（65歳）。昭和・平成時代の評論家。1929生。

倉橋健　くらはしたけし　2000没（80歳）。昭和・平成時代の演劇評論家，英米文学者。1919生。

団伊玖磨　だんいくま　2001没（77歳）。昭和・平成時代の作曲家，指揮者。1924生。

塩沢とき　しおざわとき　2007没（79歳）。昭和・平成時代の女優。1928生。

藤原伊織　ふじわらいおり　2007没（59歳）。昭和・平成時代の作家。1948生。

5月17日

5月18日

○記念日○ ことばの日
国際親善デー
国際博物館の日
○出来事○ バスコ・ダ・ガマ、インドを発見（1498）
光州事件（1980）

アレクサンデル・セウェールス，マールクス・アウレーリウス　235没（30歳）。ローマ皇帝（在位222〜235）。205生。

ヨハネス1世　526没（56?歳）。教皇（在位523〜6），聖人。470頃生。

李靖　りせい　649没（78歳）。中国，唐初の名将。571生。

小野恒柯　おののつねえだ　860没（53歳）。平安時代前期の官人，書家。808生。

藤原実頼　ふじわらのさねより　970没（71歳）。平安時代中期の公卿。900生。

エーリック9世　1160没。スウェーデン王（在位1150〜60）。

安達景盛　あだちかげもり　1248没。鎌倉時代前期の武士。

重如　じゅうにょ　1299没（74歳）。鎌倉時代後期の真言宗の僧。1226生。

吉田国房　よしだくにふさ　1330没（54歳）。鎌倉時代後期の公卿。1277生。

赤橋守時　あかはしもりとき　1333没（39歳）。鎌倉幕府第16代（最後）の執権。1295生。

菅原在淳　すがわらのありあつ　1354没（49歳）。鎌倉時代後期・南北朝時代の公卿。1306生。

ルプレヒト1世　1410没（58歳）。神聖ローマ皇帝（在位1400〜10）。1352生。

ポンポナッツィ，ピエートロ　1525没（62歳）。イタリアの哲学者。1462生。

ザットラー，ミヒャエル　1527没（27?歳）。ドイツの再洗礼派の指導者。1500頃生。

大透宗的　だいとうそうてき　1565没。戦国時代の曹洞宗の僧。

存貞　ぞんてい　1574没（53歳）。戦国時代・安土桃山時代の僧。1522生。

ハルデンベルク，アルベルト　1574没（64?歳）。ドイツのルター派神学者。1510頃生。

フェリーチェ（カンタリーチェの）　1587没（84歳）。イタリアのカプチン修道会初の聖人。1515生。

泉奘　せんしょう　1588没（71歳）。戦国時代の律宗の僧。1518生。

北条氏盛　ほうじょううじもり　1608没（32歳）。安土桃山時代・江戸時代前期の大名。1577生。

覚翁慧等　かくおうえとう　1610没。安土桃山時代・江戸時代前期の曹洞宗の僧。

松平忠良　まつだいらただよし　1624没（43歳）。江戸時代前期の大名。1582生。

レルマ公爵　1625没（72歳）。スペインの政治家，枢機卿。1553生。

埋忠明寿　うめただみょうじゅ　1631没（74歳）。安土桃山時代・江戸時代前期の装剣金工，刀工。1558生。

アシュモール，イライアス　1692没（74歳）。イギリスの考古学者，古物収集家。1617生。

杉山和一　すぎやまわいち　1694没（85歳）。江戸時代前期の鍼術家。1610生。

ベーム，ゲオルク　1733没（71歳）。ドイツのオルガン奏者，作曲家。1661生。

ケンドラー，ヨハン・ヨアヒム　1775没（69?歳）。ドイツの工芸家。1706頃生。

トゥパク・アマル2世　1781没（39?歳）。ペルーのインディオの反乱指導者。1742頃生。

浜辺黒人　はまべのくろひと　1790没（74歳）。江戸時代中期の狂歌師。1717生。

ボーマルシェ，ピエール−オーギュスタン・カロン・ド　1799没（67歳）。フランスの劇作家。1732生。

スヴォーロフ，アレクサンドル・ヴァシリエヴィチ　1800没（70歳）。ロシアの将軍。1729生。

山本北山　やまもとほくざん　1812没（61歳）。江戸時代中期・後期の儒学者。1752生。

菅沼奇淵　すがぬまきえん　1834没（70歳）。江戸時代中期・後期の俳人。1765生。

ボナパルト，カロリーヌ　1839没（57歳）。ナポレオン1世の妹。1782生。

ホーソーン, ナサニエル　1864没（59歳）。アメリカの小説家。1804生。
萱野権兵衛　かやのごんべえ　1869没（40歳）。江戸・明治時代の会津藩士。1830生。
ウェーバー　1871没（65歳）。ドイツの生理学者。1806生。
伊達千広　だてちひろ　1877没（76歳）。江戸・明治時代の歌人。1802生。
カンプハウゼン　1896没（83歳）。ドイツの政治家。1812生。
ラヴェッソン・モリアン　1900没（86歳）。フランスの哲学者。1813生。
アルベニス, イサーク　1909没（48歳）。スペインのピアニスト, 作曲家。1860生。
メレディス, ジョージ　1909没（81歳）。イギリスの詩人, 小説家。1828生。
オジェシュコヴァ, エリザ　1910没（68歳）。ポーランドの女流作家。1841生。
マーラー, グスタフ　1911没（50歳）。オーストリアの作曲家, 指揮者。1860生。
シュトラスブルガー, エドゥアルト　1912没（68歳）。ドイツの植物学者。1844生。
ボワボードラン, ポール・エミール・ルコック・ド　1912没（74歳）。フランスの化学者。1838生。
ラヴェラン, シャルル　1922没（76歳）。フランスの軍医, 寄生虫学者。1845生。
グレンフェル, バーナード・パイン　1926没（56歳）。イギリスのパピルス学者。1869生。
ヘイウッド, ウィリアム・D　1928没（59歳）。アメリカの労働運動家。1869生。
岩崎卓爾　いわさきたくじ　1937没（69歳）。明治～昭和時代の気象観測技師, 民俗研究者。石垣島測候所所長, 図書館館長。1869生。
土方寧　ひじかたやすし　1939没（81歳）。明治～昭和時代の法学者。1859生。
ビュノー・ヴァリーヤ, フィリップ・ジャン　1940没（80歳）。フランスの技師。1859生。
シェルシェネーヴィチ, ワジム・ガブリエーレヴィチ　1942没（49歳）。ソ連の詩人。1893生。
アダムズ　1949没（70歳）。アメリカの歴史家。1878生。
フォスラー　1949没（76歳）。ドイツの言語学者, ロマンス語学者。1872生。
中井正一　なかいまさかず　1952没（52歳）。昭和時代の美学者, 文化運動家。1900生。

益田太郎　ますだたろう　1953没（77歳）。明治～昭和時代の実業家, 劇作家。1875生。
モルガン・ユキ　1963没（81歳）。明治～昭和時代の祇園の芸妓。1881生。
オーストラル, フローレンス　1968没（74歳）。オーストラリアのソプラノ歌手。1894生。
大道憲二　おおみちけんじ　1970没（79歳）。大正・昭和時代の労働運動家。全労議長。1890生。
岩垣宏　いわがきひろし　1971没（72歳）。昭和時代の歯科学者。1898生。
クーロシュ　1971没（63歳）。ソヴィエトの数学者。1908生。
ランキン, ジャネット　1973没（92歳）。アメリカのフェミニスト, 平和主義者。1880生。
リカード, サー・ハリー　1974没（89歳）。イギリス人技術者。1885生。
アンダソン, リロイ　1975没（66歳）。アメリカの指揮者, 作・編曲家。1908生。
ファヤンス, カシミル　1975没（87歳）。アメリカ（ポーランド生れ）の化学者。1887生。
清野善兵衛　せいのぜんべえ　1978没（57歳）。昭和時代の気象技術者。第13次南極観測越冬隊長。1921生。
イドルス　1979没（57歳）。インドネシアの小説家, 劇作家。1921生。
サロイアン, ウィリアム　1981没（72歳）。アメリカの小説家, 劇作家。1908生。
ペン・ヌート　1985没（79歳）。カンボジアの政治家。1906生。
岩瀬順三　いわせじゅんぞう　1986没（52歳）。昭和時代の出版人。1933生。
田中路子　たなかみちこ　1988没（74歳）。昭和時代の声楽家。1913生。
ホアン・バン・ホアン　1991没（86歳）。ベトナム民主共和国の政治家。1905生。
団勝磨　だんかつま　1996没（91歳）。昭和・平成時代の生物学者。1904生。
松田毅一　まつだきいち　1997没（76歳）。昭和・平成時代の日本史学者。1921生。
シュナイダーハン, ヴォルフガング　2002没（86歳）。オーストリアのバイオリニスト。1915生。
平岡篤頼　ひらおかとくよし　2005没（76歳）。昭和・平成時代の仏文学者, 文芸評論家。1929生。

5月18日

5月19日

○記念日○ ボクシング記念日
○出来事○ 桶狭間の戦い(1560)
ハレー彗星大接近(1910)
新安保条約が強行採決(1960)

アルクイン 804没(67?歳)。イギリスの神学者,教育家。737頃生。

平高棟 たいらのたかむね 867没(64歳)。平安時代前期の公卿。804生。

聖ダンスタン 988没(79?歳)。イギリスの聖職者,聖人。909頃生。

ウラジーミル2世 1125没(72歳)。キエフの大公(在位1113～25)。1053生。

宗意 そうい 1148没(75歳)。平安時代後期の僧。1074生。

オットー4世 1218没(44?歳)。ドイツ王(1198～1215)。1174頃生。

河野通信 こうのみちのぶ 1223没(68歳)。平安時代後期・鎌倉時代前期の武士。1156生。

覚盛 かくじょう 1249没(57歳)。鎌倉時代前期の律宗の僧。1193生。

湛慶 たんけい 1256没(84歳)。鎌倉時代前期の仏師。1173生。

ケレスチヌス5世 1296没(81?歳)。教皇(在位1294)。1215頃生。

顕意 けんい 1304没(66歳)。鎌倉時代の浄土宗西山義の僧。1239生。

約翁徳倹 やくおうとくけん 1320没(77歳)。鎌倉時代後期の臨済宗の僧。1244生。

日祐 にちゆう 1374没(77歳)。鎌倉時代後期・南北朝時代の日蓮宗の僧。1298生。

観阿弥 かんあみ 1384没(52歳)。南北朝時代の能役者。1333生。

ディミートリィ・ドンスコーイ 1389没(38歳)。モスクワの公。1350生。

阿佐井野宗瑞 あさいのそうずい 1532没(60歳)。戦国時代の出版人,事業家。1473生。

アン-ブーリン 1536没(29歳)。イギリス王ヘンリ8世の2番目の妃,エリザベス1世の母。1507生。

今川義元 いまがわよしもと 1560没(42歳)。戦国時代の武将。1519生。

足利義輝 あしかがよしてる 1565没(30歳)。室町幕府第13代の将軍。1536生。

慶寿院 けいじゅいん 1565没(52歳)。戦国時代の女性。12代将軍足利義晴の正室。1514生。

真田幸隆 さなだゆきたか 1574没(62歳)。戦国時代・安土桃山時代の武将。1513生。

西郷局 さいごうのつぼね 1589没(28歳)。安土桃山時代の女性。徳川家康の側室。1562生。

長宗我部元親 ちょうそかべもとちか 1599没(61歳)。安土桃山時代の大名。1539生。

日樹 にちじゅ 1631没(58歳)。安土桃山時代・江戸時代前期の日蓮宗の僧。1574生。

宮本武蔵 みやもとむさし 1645没(62歳)。江戸時代前期の播磨姫路藩士,肥後熊本藩士,剣術家。1584生。

ヴァウヴェルマン,フィリップス 1668没(48歳)。オランダの風景,風俗,動物画家。1619生。

酒井忠清 さかいただきよ 1681没(58歳)。江戸時代前期の大名,大老。1624生。

井上播磨掾 いのうえはりまのじょう 1685没(54歳)。江戸時代前期の古浄瑠璃の太夫,播磨節浄瑠璃の祖。1632生。

ハリファックス,チャールズ・モンタギュー,初代伯爵 1715没(54歳)。イギリスの政治家。1661生。

新井白石 あらいはくせき 1725没(69歳)。江戸時代前期・中期の学者,政治家。1657生。

河村若元 かわむらじゃくげん 1744没(77歳)。江戸時代中期の画家。1668生。

森田勘弥(6代目) もりたかんや 1780没(57歳)。江戸時代中期の歌舞伎座主,歌舞伎役者。1724生。

長谷川平蔵 はせがわへいぞう 1795没(51歳)。江戸時代中期の旗本。1745生。

ボズウェル,ジェイムズ 1795没(54歳)。スコットランド生れの弁護士,著作家。1740生。

サン-シモン,クロード・アンリ・ド・ルーヴロワ,伯爵 1825没(64歳)。フランスの哲学者,経済学者。1760生。

狩野養信　かのうおさのぶ　1846没(51歳)。江戸時代後期の画家。1796生。

杵屋勝五郎(2代目)　きねやかつごろう　1853没。江戸時代後期の長唄三味線方。

但木土佐　ただきとさ　1869没(53歳)。江戸時代末期の陸奥仙台藩士、家老。1817生。

吉沢検校(2代目)　よしざわけんぎょう　1872没(65歳)。江戸・明治時代の箏曲家。1808生。

矢野玄道　やのはるみち　1887没(65歳)。江戸・明治時代の国学者。1823生。

マルティ, ホセ　1895没(42歳)。キューバの詩人、独立運動の指導者。1853生。

グラッドストン, ウィリアム・ユーアート　1898没(88歳)。イギリスの政治家、自由党内閣首相。1809生。

久保田米僊　くぼたべいせん　1906没(55歳)。明治時代の日本画家。1852生。

プルス, ボレスワフ　1912没(64歳)。ポーランドの小説家(本名Aleksander glowacki)。1847生。

メネンデス-イ-ペラーヨ, マルセリーノ　1912没(55歳)。スペインの文学史家、評論家。1856生。

福羽逸人　ふくばはやと　1921没(65歳)。明治・大正時代の園芸学者。子爵。1857生。

シェーラー, マックス　1928没(53歳)。ドイツの哲学者、社会哲学者。1874生。

生田春月　いくたしゅんげつ　1930没(39歳)。大正時代の詩人、翻訳家。1892生。

ロレンス, トーマス・エドワード　1935没(46歳)。"アラビアのロレンス"として知られるイギリスの軍人、考古学者。1888生。

望月太左衛門(7代目)　もちづきたざえもん　1938没(77歳)。明治〜昭和時代の江戸長唄囃子方。1862生。

ラーデック, カルル・ベルンガルド ヴィチ　1939没(54歳)。ソ連の共産主義理論家、急進世界革命主唱者。1885生。

ゾムバルト　1941没(78歳)。ドイツの経済学者、社会学者。1863生。

ラーモア, サー・ジョゼフ　1942没(84歳)。イギリスの物理学者。1857生。

トレニョーフ, コンスタンチン・アンドレーヴィチ　1945没(68歳)。ロシア、ソ連の劇作家、小説家。1876生。

半田良平　はんだりょうへい　1945没(59歳)。大正・昭和時代の歌人。1887生。

ターキントン, ブース　1946没(76歳)。アメリカの小説家、劇作家。1869生。

中部幾次郎　なかべいくじろう　1946没(81歳)。明治〜昭和時代の実業家。1866生。

イレムニツキー, ペテル　1949没(48歳)。チェコスロバキアの作家。1901生。

アイヴズ, チャールズ　1954没(79歳)。アメリカの作曲家。1874生。

橋本増吉　はしもとますきち　1956没(75歳)。大正・昭和時代の東洋史学者。1880生。

コールマン, ロナルド　1958没(67歳)。イギリスの映画俳優。1891生。

ドンブロフスカ, マリア　1965没(75歳)。ポーランドの代表的女流作家。1889生。

大谷米太郎　おおたによねたろう　1968没(86歳)。大正・昭和時代の実業家。大谷重工業社長。1881生。

山口薫　やまぐちかおる　1968没(60歳)。昭和時代の洋画家。東京芸術大学教授。1907生。

上村進　かみむらすすむ　1969没(86歳)。大正・昭和時代の弁護士、政治家。自由法曹団団長、衆議院議員。1883生。

南原繁　なんばらしげる　1974没(84歳)。大正・昭和時代の政治学者、評論家。東京大学総長、日本学士院長。1889生。

岩淵悦太郎　いわぶちえつたろう　1978没(72歳)。昭和時代の国語学者。1905生。

渋沢青花　しぶさわせいか　1983没(94歳)。大正・昭和時代の編集者、児童文学作家。1889生。

ベッチマン, ジョン　1984没(78歳)。イギリスの詩人、地誌作者。1906生。

阿部昭　あべあきら　1989没(54歳)。昭和時代の小説家。1934生。

高田なほ子　たかだなほこ　1991没(86歳)。昭和時代の婦人運動家、平和運動家。1905生。

オナシス, ジャクリーヌ・ケネディ　1994没(64歳)。ケネディ米国大統領(第35代)夫人。1929生。

北条秀司　ほうじょうひでじ　1996没(93歳)。昭和・平成時代の劇作家、演出家。1902生。

宇野宗佑　うのそうすけ　1998没(75歳)。昭和・平成時代の政治家。首相、衆議院議員。1922生。

金田一春彦　きんだいちはるひこ　2004没(91歳)。昭和・平成時代の国語学者、邦楽研究家。1913生。

5月19日

5月20日

○記念日○ ローマ字の日
森林の日
世界計量記念日
○出来事○ 応任の乱始まる(1467)
成田空港開港(1978)

蘇我馬子　そがのうまこ　626没(76歳)。飛鳥時代の官人。551生。

代宗(唐)　だいそう　779没(52歳)。中国,唐朝の第8代皇帝(在位762〜779)。726生。

源庶明　みなもとのもろあき　955没(53歳)。平安時代中期の公卿。903生。

ピルグリム(パッサウの)　991没。マジャール人(ハンガリー人)の改宗に努力したパッサウの司教(在位971〜没年)。

永円　えいえん　1044没(65歳)。平安時代中期の天台宗の僧。980生。

范仲淹　はんちゅうえん　1052没(62歳)。中国,北宋の政治家,文学者。989生。

佐竹隆義　さたけたかよし　1183没(66歳)。平安時代後期の常陸国の武将。1118生。

仲恭天皇　ちゅうきょうてんのう　1234没(17歳)。第85代の天皇。1218生。

ヨハネス21世　1277没(57?歳)。ローマ教皇(在位1276〜7)。1220頃生。

上真葛　うえさねかず　1288没(57歳)。鎌倉時代の雅楽家。1232生。

万里小路季房　までのこうじすえふさ　1333没。鎌倉時代後期の公卿。

北条時行　ほうじょうときゆき　1353没。南北朝時代の武将。

五条頼元　ごじょうよりもと　1367没(78歳)。鎌倉時代後期・南北朝時代の廷臣。1290生。

ベルナルディーノ(シエーナの,聖人)　1444没(63歳)。イタリアのフランシスコ会神学者,聖人。1380生。

ペドロ　1449没(56歳)。ポルトガル王ジョアン1世の子。1392生。

飯尾為種　いのおためたね　1458没。室町時代の法曹家。

武田信広　たけだのぶひろ　1494没(64歳)。室町時代・戦国時代の武将。1431生。

日野富子　ひのとみこ　1496没(57歳)。室町時代・戦国時代の女性。足利義政の正室。1440生。

コロンブス,クリストファー　1506没(54歳)。イタリアの航海者。1451生。

里見義弘　さとみよしひろ　1578没(54歳)。戦国時代・安土桃山時代の武将。1525生。

前田玄以　まえだげんい　1602没(64歳)。安土桃山時代の大名。1539生。

玄興　げんこう　1604没(67歳)。安土桃山時代の臨済宗妙心寺派の僧。1538生。

日野輝子　ひのてるこ　1607没(27歳)。安土桃山時代・江戸時代前期の女性。後陽成天皇の宮人。1581生。

閑室元佶　かんしつげんきつ　1612没(65歳)。安土桃山時代・江戸時代前期の臨済宗の僧,足利学校庠主。1548生。

遠山利景　とおやまとしかげ　1614没(74歳)。安土桃山時代・江戸時代前期の武将,美濃恵那郡明知の旗本遠山氏の初代。1541生。

前田利長　まえだとしなが　1614没(53歳)。安土桃山時代・江戸時代前期の大名。1562生。

ファブリキウス,ヒエロニュムス　1619没(73歳)。イタリアの解剖学者。1537生。

オスマン2世　1622没(17歳)。オスマン・トルコ帝国第16代のスルタン(1618〜22)。1605生。

即非如一　そくひにょいち　1671没(56歳)。江戸時代前期の渡来僧。1616生。

堀田正信　ほったまさのぶ　1680没(50歳)。江戸時代前期の大名。1631生。

原玄琢　はらげんたく　1718没(88歳)。江戸時代前期・中期の医師,造林提唱者。1631生。

嵐和歌野(初代)　あらしわかの　1728没(37歳)。江戸時代中期の歌舞伎役者。1692生。

グメリン　1755没(45歳)。ドイツの博物学者,旅行家。1709生。

山彦源四郎(初代)　やまびこげんしろう　1756没。江戸時代中期の河東節の三味線方。

ウォートン,トマス　1790没(62歳)。イギリスの学者,詩人。1728生。

ボネ, シャルル　1793没（73歳）。スイスの博物学者, 哲学者。1720生。

朋誠堂喜三二　ほうせいどうきさんじ　1813没（79歳）。江戸時代中期・後期の黄表紙・洒落本・狂歌師。1735生。

ラ・ファイエット侯爵　1834没（76歳）。フランスの軍人, 政治家。1757生。

立原杏所　たちはらきょうしょ　1840没（56歳）。江戸時代後期の南画家。1785生。

姉小路公知　あねがこうじきんとも　1863没（25歳）。江戸時代末期の公家, 宮廷政治家。1839生。

内山彦次郎　うちやまひこじろう　1864没（68歳）。江戸時代末期の大坂西町奉行与力。1797生。

クレア, ジョン　1864没（70歳）。イギリスの詩人。1793生。

ボテフ, フリスト　1876没（27歳）。ブルガリアの詩人, 革命家。1848生。

ミラー　1880没（79歳）。イギリスの結晶学者, 鉱物学者。1801生。

上杉斉憲　うえすぎなりのり　1889没（70歳）。江戸時代末期・明治時代の大名。1820生。

ライディ　1891没（67歳）。アメリカの動物学者。1823生。

福住正兄　ふくずみまさえ　1892没（69歳）。江戸・明治時代の農政家, 旅館経営者。1824生。

モレスコット　1893没（70歳）。オランダ生れのドイツの生理学者, 哲学者。1822生。

シューマン, クララ　1896没（76歳）。ドイツの女流ピアニスト。1819生。

グリジ　1899没（79歳）。イタリアのバレリーナ。1819生。

ホドラー, フェルディナンド　1918没（65歳）。スイスの画家。1853生。

カランサ, ベヌスティアーノ　1920没（60歳）。メキシコ革命の指導者, 大統領（1917～20）。1859生。

江原素六　えばらそろく　1921没（80歳）。明治・大正時代の政治家, 教育家。衆議院議員, 東洋英和学校幹事。1842生。

ブリュックナー　1927没（64歳）。オーストリアの地理学者, 気候学者。1862生。

今西龍　いまにしりゅう　1932没（58歳）。大正・昭和時代の朝鮮史家。京都帝国大学教授, 京城帝国大学教授。1875生。

ヘイデンスタム, ヴァーネル・フォン　1940没（80歳）。スウェーデンの詩人, 小説家。1859生。

閑院宮載仁親王　かんいんのみやことひとしんのう　1945没（81歳）。明治～昭和時代の皇族。1865生。

フェールスマン　1945没（61歳）。ソ連邦の地球化学者, 鉱物学者。1883生。

レーナルト, フィリップ・エドゥアルト・アントン　1947没（84歳）。ドイツの物理学者。1862生。

桂文治（8代目）　かつらぶんじ　1955没（72歳）。明治～昭和時代の落語家。1883生。

ビアボウム, マックス　1956没（83歳）。イギリスの文学者。1872生。

マリー, ギルバート　1957没（91歳）。オーストラリア出身のイギリスの古典学者。1866生。

シュッツ, アルフレッド　1959没（60歳）。オーストリア生れのアメリカの社会学者。1899生。

イェンゼン　1965没（66歳）。ドイツの民族学者。1899生。

ウォーナー, ウィリアム・ロイド　1970没（71歳）。アメリカの社会人類学者。1898生。

ヘップワース, バーバラ　1975没（72歳）。イギリスの女流彫刻家。1903生。

荻原井泉水　おぎわらせいせんすい　1976没（91歳）。明治～昭和時代の俳人。昭和女子大学教授。1884生。

淡徳三郎　だんとくさぶろう　1977没（75歳）。昭和時代の評論家, 社会運動家。1901生。

モンゴメリー, モンク　1982没（60歳）。アメリカのジャズ・ベース奏者。1921生。

牛原虚彦　うしはらきよひこ　1985没（88歳）。大正・昭和時代の映画監督, 劇作家。1897生。

今井兼次　いまいけんじ　1987没（92歳）。大正・昭和時代の建築家。早稲田大学教授。1895生。

ヒックス, サー・ジョン・リチャード　1989没（85歳）。イギリスの経済学者。1904生。

伊東正義　いとうまさよし　1994没（80歳）。昭和・平成時代の政治家。衆議院議員。1913生。

由利徹　ゆりとおる　1999没（78歳）。昭和・平成時代の俳優, コメディアン。日本喜劇人協会会長。1921生。

ランパル, ジャン-ピエール　2000没（78歳）。フランスのフルート奏者。1922生。

リクール, ポール　2005没（92歳）。フランスの哲学者。1913生。

5月20日

5月21日

○記念日○　リンドバーグ翼の日
　　　　　　小満
○出来事○　『日本書紀』完成（720）
　　　　　　長篠の戦い（1575）
　　　　　　日本初の小学校開校（1869）

源湛　みなもとのたたう　915没（71歳）。平安時代前期・中期の公卿。845生。

ルイ5世　987没（20歳）。フランス国王（在位986～87）。967生。

藤原実光　ふじわらのさねみつ　1147没（79歳）。平安時代後期の公卿。1069生。

斎藤実盛　さいとうさねもり　1183没（73歳）。平安時代後期の武士。1111生。

藤原秀能　ふじわらのひでよし　1240没（57歳）。鎌倉時代前期の歌人、後鳥羽上皇の近臣歌人。1184生。

コンラート4世　1254没（26歳）。ドイツ国王（在位1237～54）。1228生。

日野俊光　ひのとしみつ　1326没（67歳）。鎌倉時代後期の歌人・公卿。1260生。

雲山智越　うんざんちおつ　1358没（79歳）。鎌倉時代後期・南北朝時代の臨済宗の僧。1280生。

九条経教　くじょうつねのり　1400没（70歳）。南北朝時代・室町時代の公卿。1331生。

日陣　にちじん　1419没（81歳）。南北朝時代・室町時代の日蓮宗の僧。1339生。

東洋允澎　とうよういんぼう　1454没。室町時代の臨済宗の僧。

ヘンリー6世　1471没（49歳）。イングランド王（在位1422～61, 70～71）。1421生。

クリスチャン1世　1481没（27歳）。デンマーク王（1448～81）、ノルウェー王（50～81）、スウェーデン王（57～71）。1426生。

バルバロ，エルモーラオ（小）　1493没（40歳）。イタリアの聖職者，人文主義者，外交官。1453生。

勧修寺経茂　かじゅうじつねしげ　1500没（71歳）。室町時代・戦国時代の公卿。1430生。

デ・ソート，エルナンド　1542没（46?歳）。スペインの探険家。1496頃生。

武田信実　たけだのぶざね　1575没。戦国時代・安土桃山時代の武士。

馬場信春　ばばのぶはる　1575没（63歳）。戦国時代・安土桃山時代の武将。1513生。

松平伊忠　まつだいらこれただ　1575没（39歳）。安土桃山時代の武士。1537生。

鳳山等膳　ほうざんとうぜん　1590没。安土桃山時代の曹洞宗の僧。

カンパネッラ，トンマーゾ　1639没（70歳）。イタリアの哲学者。1568生。

ホーフト，P.C.　1647没（66歳）。オランダの詩人，劇作家，歴史家。1581生。

モントローズ，ジェイムズ・グレアム，初代侯爵　1650没（38歳）。スコットランドの軍人。1612生。

エリオット，ジョン　1690没（85歳）。北米インディアンへのイギリスの伝道者。1604生。

スマート，クリストファー　1771没（49歳）。イギリスの詩人。1722生。

シェーレ，カール・ヴィルヘルム　1786没（43歳）。スウェーデンの化学者。1742生。

カッフィエーリ，ジャン・ジャーコモ　1792没（67歳）。フランスの彫刻家，鋳金家，彫金家。1725生。

石野広通　いしのひろみち　1800没（83歳）。江戸時代中期・後期の歌人，幕臣。1718生。

エオン・ド・ボーモン　1810没（81歳）。フランスの外交官，著作家。1728生。

鳥居清長　とりいきよなが　1815没（64歳）。江戸時代中期・後期の浮世絵師。1752生。

ニコルソン，ウィリアム　1815没（62歳）。イギリスの科学者，著述家。1753生。

吉雄権之助　よしおごんのすけ　1831没（47歳）。江戸時代後期のオランダ通詞。1785生。

杉田伯元　すぎたはくげん　1833没（71歳）。江戸時代中期・後期の蘭方医。1763生。

西村太沖　にしむらたちゅう　1835没（69歳）。江戸時代中期・後期の暦算家。1767生。

グーツムーツ　1839没（79歳）。ドイツの教育家。1759生。

ニェムツェーヴィチ　1841没（84?歳）。ポーランドの詩人，劇作家，社会活動家。1757頃生。
ハラー，カール・ルートヴィヒ　1854没（85歳）。スイスの政治学者。1768生。
トムセン，クリスティアン・イェアゲンセン　1865没（76歳）。デンマークの考古学者。1788生。
伊藤小左衛門(5代目)　いとうこざえもん　1879没（62歳）。江戸・明治時代の商人。1818生。
プランテ，ガストン　1889没（55歳）。フランスの電気学者。1834生。
嵐璃寛(4代目)　あらしりかん　1894没（58歳）。江戸・明治時代の歌舞伎役者。1837生。
クント，アウグスト・エドゥアルト・エーベルハルト・アドルフ　1894没（54歳）。ドイツの物理学者。1839生。
ズッペ，フランツ・フォン　1895没（76歳）。オーストリアのオペレッタ作曲家。1819生。
ミュラー　1897没（76歳）。ドイツの動物学者。1821生。
杉村濬　すぎむらふかし　1906没（59歳）。明治時代の外交官。1848生。
鶴賀新内(7代目)　つるがしんない　1911没（33歳）。明治時代の新内節太夫。鶴賀新内〔7代〕家元。1879生。
中井太一郎　なかいたいちろう　1913没（84歳）。明治時代の農事改良家。1830生。
ピウツキ　1918没（52歳）。ポーランド出身のアイヌ研究家。1866生。
ゴルトシュミット，ハンス　1923没（62歳）。ドイツの化学者。1861生。
野口英世　のぐちひでよ　1928没（53歳）。明治〜昭和時代の細菌学者。1876生。
ローズベリー，アーチボルド・フィリップ・プリムローズ，5代伯爵　1929没（82歳）。イギリスの政治家，首相。1847生。
片岡直温　かたおかなおはる　1934没（76歳）。明治〜昭和時代の実業家，政治家。1859生。
アダムズ，ジェイン　1935没（74歳）。アメリカの女流社会事業家。1860生。
ド・フリース，フーゴー　1935没（87歳）。オランダの植物学者，遺伝学者。1848生。
クヴァラン，エイナル・ヒョルレイフスソン　1938没（78歳）。アイスランドの小説家。1859生。
富士松長門太夫(初代)　ふじまつながとだゆう　1938没（63歳）。昭和時代の新内節太夫。1876生。

ドーマル，ルネ　1944没（36歳）。フランスの詩人。1908生。
清沢洌　きよさわきよし　1945没（56歳）。大正・昭和時代の外交史家。1890生。
マン，クラウス　1949没（42歳）。ドイツの小説家。1906生。
田中館愛橘　たなかだてあいきつ　1952没（95歳）。明治〜昭和時代の物理学者。1856生。
ツェルメロ，エルンスト・フリードリヒ・フェルディナント　1953没（81歳）。ドイツの数学者。1871生。
ベントリー　1957没（86歳）。アメリカの政治社会学者，哲学者。1870生。
花井蘭子　はないらんこ　1961没（42歳）。昭和時代の映画女優。1918生。
フランク，ジェイムズ　1964没（81歳）。ドイツ系アメリカの物理学者。1882生。
デ・ハヴィランド，サー・ジェフリー　1965没（82歳）。イギリスの飛行機設計および製造家。1882生。
諸井貫一　もろいかんいち　1968没（72歳）。昭和時代の経営者，財界人。秩父セメント社長。1896生。
本島百合子　もとじまゆりこ　1972没（64歳）。昭和時代の政治家。衆院議員。1907生。
コネフ，イヴァン・ステパノヴィチ　1973没（75歳）。ソ連の軍人。1897生。
カラワーエワ，アンナ・アレクサンドロヴナ　1979没（85歳）。ソ連の女流作家。1893生。
稲垣浩　いながきひろし　1980没（74歳）。昭和時代の映画監督。1905生。
クラーク，ケネス　1983没（79歳）。イギリスの美術史家・評論家。1903生。
矢野峰人　やのほうじん　1988没（95歳）。大正・昭和時代の詩人，英文学者。1893生。
原泉　はらせん　1989没（84歳）。昭和時代の女優。1905生。
藤山寛美　ふじやまかんび　1990没（60歳）。昭和時代の喜劇俳優。松竹新喜劇座長。1929生。
ガンディー，ラジーヴ　1991没（46歳）。インドの政治家。1944生。
川島武宜　かわしまたけよし　1992没（82歳）。昭和時代の法学者，弁護士。1909生。
寺村輝夫　てらむらてるお　2006没（77歳）。昭和・平成時代の児童文学作家。1928生。

5月21日

5月22日

○記念日○　ガールスカウトの日
　　　　　国際生物多様性の日
○出来事○　鎌倉幕府滅亡(1333)
　　　　　第1回ラグビー・ワールドカップ開幕(1987)

コンスタンティヌス1世　337没(63?歳)。ローマ皇帝(在位306〜337)。274頃生。
藤原産子　ふじわらのさんし　829没(69歳)。奈良時代・平安時代前期の女性。嵯峨天皇の妃。761生。
貞子内親王　さだこないしんのう　834没。平安時代前期の女性。淳和天皇の皇女。
勝皎　しょうこう　890没(79歳)。平安時代前期の華厳宗の僧。812生。
藤原隆忠　ふじわらのたかただ　1245没(83歳)。平安時代後期・鎌倉時代前期の公卿。1163生。
道範　どうはん　1252没(75歳)。鎌倉時代前期の真言宗の僧、中世高野山の密教研究者。1178生。
法興　ほうこう　1271没(71歳)。鎌倉時代前期の浄土宗の僧。1201生。
平成輔　たいらのなりすけ　1332没(42歳)。鎌倉時代後期の公卿。1291生。
足助重氏　あすけしげうじ　1333没。鎌倉時代後期の武士。
安達時顕　あだちときあき　1333没(50?歳)。鎌倉時代後期の武将。1284頃生。
大仏貞直　おさらぎさだなお　1333没。鎌倉時代後期の武将。
金沢貞顕　かねさわさだあき　1333没(56歳)。鎌倉幕府第15代の執権。1278生。
金沢貞将　かねざわさだまさ　1333没。鎌倉時代後期の武将、六波羅探題。
長崎高重　ながさきたかしげ　1333没。鎌倉時代後期の得宗被官。
長崎高資　ながさきたかすけ　1333没。鎌倉時代後期の得宗被官、父は高綱、新左衛門尉、四郎左衛門尉。
長崎高綱　ながさきたかつな　1333没。鎌倉時代後期の得宗被官、父は光綱、三郎左衛門尉。
北条茂時　ほうじょうしげとき　1333没。鎌倉時代後期の武将。

北条高時　ほうじょうたかとき　1333没(31歳)。鎌倉幕府第14代の執権。1303生。
北条基時　ほうじょうもととき　1333没(49歳)。鎌倉幕府第13代の執権。1285生。
北畠顕家　きたばたけあきいえ　1338没(21歳)。鎌倉時代後期・南北朝時代の武将。1318生。
南部師行　なんぶもろゆき　1338没。鎌倉時代後期・南北朝時代の武将。
古鏡明千　こきょうみょうせん　1360没。南北朝時代の僧。
西園寺公名　さいおんじきんな　1468没(59歳)。室町時代の公卿。1410生。
グィッチャルディーニ, フランチェスコ　1540没(57歳)。イタリアの歴史家, 政治家。1483生。
蜂須賀正勝　はちすかまさかつ　1586没(61歳)。戦国時代・安土桃山時代の武将。1526生。
ヘーアブラント, ヤーコプ　1600没(78歳)。ドイツのルター派神学者。1521生。
ナバレテ　1617没(45歳)。スペインのドミニコ会宣教師。1571生。
加藤貞泰　かとうさだやす　1623没(44歳)。江戸時代前期の大名。1580生。
アレクサンデル7世　1667没(68歳)。教皇(在位1655〜67)。1599生。
池田光政　いけだみつまさ　1682没(74歳)。江戸時代前期の大名。1609生。
逢春門院　ほうしゅんもんいん　1685没(82歳)。江戸時代前期・中期の女性。後西天皇の生母。1604生。
河合曾良　かわいそら　1710没(62歳)。江戸時代前期・中期の俳人。1649生。
永応女王　えいおうじょおう　1754没(53歳)。江戸時代中期の女性。霊元天皇の第10皇女。1702生。
恵棟　けいとう　1758没(60歳)。中国, 清の学者。1697生。
レスピナス, ジュリ・ジャンヌ・エレオノール・ド　1776没(43歳)。フランスの女性。パ

リの有名な文学サロン主宰者。1732生。

麻田剛立 あさだごうりゅう 1799没（66歳）。江戸時代中期の天文暦学者，医学者。1734生。

カラムジン，ニコライ・ミハイロヴィチ 1826没（59?歳）。ロシアの作家，歴史家，ジャーナリスト。1766頃生。

エッジワース，マライア 1849没（82歳）。イギリスの女流作家。1767生。

チエリー，オーギュスタン 1856没（61歳）。フランスの歴史家。1795生。

フェルディナンド2世 1859没（49歳）。両シチリア国王（在位1830～59）。1810生。

プリュッカー，ユリウス 1868没（66歳）。ドイツの物理学者，数学者。1801生。

マンゾーニ，アレッサンドロ 1873没（88歳）。イタリアの詩人，小説家，劇作家。1785生。

ガーゲルン 1880没（80歳）。ドイツの政治家。1799生。

ユゴー，ヴィクトール 1885没（83歳）。フランスの詩人，小説家，劇作家。1802生。

平山省斎 ひらやませいさい 1890没（76歳）。江戸・明治時代の幕臣。1815生。

ベラミー，エドワード 1898没（48歳）。アメリカの小説家。1850生。

藤村操 ふじむらみさお 1903没（17歳）。明治時代の一高の学生。華厳滝で自殺した。1886生。

上野彦馬 うえのひこま 1904没（67歳）。江戸・明治時代の写真家。1838生。

ルナール，ジュール 1910没（46歳）。フランスの小説家，劇作家。1864生。

上野英三郎 うえのえいざぶろう 1925没（55歳）。明治・大正時代の農学者。「忠犬ハチ公」の飼い主。1871生。

グレゴリー，イザベラ・オーガスタ・レイディ 1932没（80歳）。アイルランドの劇作家。1852生。

海老名弾正 えびなだんじょう 1937没（82歳）。明治・大正時代の牧師，キリスト教指導者。同志社総長。1856生。

朝比奈知泉 あさひなちせん 1939没（78歳）。明治～昭和時代の新聞記者。1862生。

トラー，エルンスト 1939没（45歳）。ドイツのユダヤ系劇作家，詩人。1893生。

清元延寿太夫(5代目) きよもとえんじゅだゆう 1943没（82歳）。明治～昭和時代の清元節太夫。1862生。

フォレスタル，ジェイムズ 1949没（57歳）。アメリカの閣僚，初代国防長官。1892生。

プフィッツナー，ハンス 1949没（80歳）。ドイツの作曲家。1869生。

コッセル，ヴァルター 1956没（68歳）。ドイツの物理学者。1888生。

ボルケナウ 1957没（56歳）。ドイツの社会思想学者。1900生。

吉岡弥生 よしおかやよい 1959没（88歳）。明治～昭和時代の医師。東京女子医科大学創立者。1871生。

松林桂月 まつばやしけいげつ 1963没（86歳）。明治～昭和時代の日本画家。1876生。

ヒューズ，ラングストン 1967没（65歳）。アメリカの黒人詩人，小説家。1902生。

クルーチ，ジョーゼフ・ウッド 1970没（76歳）。アメリカの劇評家，文芸評論家。1893生。

岡邦雄 おかくにお 1971没（81歳）。昭和時代の科学史家。1890生。

デイ-ルイス，セシル 1972没（68歳）。イギリスの詩人，批評家。1904生。

広瀬久忠 ひろせひさただ 1974没（85歳）。昭和時代の官僚，政治家。厚生大臣，貴族院議員。1889生。

児玉隆也 こだまたかや 1975没（38歳）。昭和時代のジャーナリスト。1937生。

江田三郎 えださぶろう 1977没（69歳）。昭和時代の政治家。衆議院議員。1907生。

クロード，アルベール 1983没（85歳）。アメリカの細胞学者。1898生。

山岸徳平 やまぎしとくへい 1987没（93歳）。昭和時代の日本文学者。1893生。

相沢忠洋 あいざわただひろ 1989没（62歳）。昭和時代の考古学者。1926生。

八住利雄 やすみとしお 1991没（88歳）。昭和時代の脚本家。1903生。

広松渉 ひろまつわたる 1994没（60歳）。昭和・平成時代の哲学者。1933生。

ハーシェイ，アルフレッド・デイ 1997没（88歳）。アメリカの分子生物学者。1908生。

サン-ファール，ニキ・ド 2002没（71歳）。フランスの前衛美術家。1930生。

平岩外四 ひらいわがいし 2007没（92歳）。昭和・平成時代の経済人。1914生。

5月22日

5月23日

○記念日○ ラブレターの日
　　　　　乳酸菌の日
○出来事○ 初の『公害白書』(1969)
　　　　　長良川河口堰が運用開始(1995)

坂上田村麻呂　さかのうえのたむらまろ　811没(54歳)。奈良時代・平安時代前期の武将、征夷大将軍。758生。

藤原冬緒　ふじわらのふゆお　890没(84歳)。平安時代前期の公卿。807生。

藤原明子　ふじわらのあきらけいこ　900没(73歳)。平安時代前期の女性。文徳天皇の皇后。828生。

藤原清経　ふじわらのきよつね　915没(70歳)。平安時代前期・中期の公卿。846生。

藤原桑子　ふじわらのそうし　921没。平安時代中期の女性。歌人藤原兼輔の娘。

藤原祇子　ふじわらのぎし　1053没。平安時代中期の女性。藤原頼成の娘。

ハサン-サッバーフ　1124没。イスラム教イスマイル派のニザール派の指導者。

ハインリヒ5世　1125没(44歳)。ドイツ王(在位1098～1125)、神聖ローマ皇帝(在位06～25)。1081生。

頼仁親王　よりひとしんのう　1264没(64歳)。鎌倉時代前期の皇族。後鳥羽天皇の第5皇子。1201生。

レスキュレル　1304没。フランスの詩人・作曲家。

リチャード(ウォリングフォードの)　1336没(45?歳)。数学者、天文学者、修道院長。1291頃生。

益田兼堯　ますだかねたか　1485没。室町時代・戦国時代の武将。

サヴォナローラ, ジローラモ　1498没(45歳)。イタリアの聖職者、宗教改革者。1452生。

イスマーイール1世　1524没(36歳)。イランのサファビー朝の創始者(在位1501～24年)。1487生。

ミュンスター, ゼバスティアン　1552没(63歳)。ドイツの地理学者、数学者、天文学者、ヘブライ語学者。1489生。

スーリウス, ラウレンティウス　1578没(56?歳)。ドイツのカルトゥジオ修道会士、歴史家。1522頃生。

大友宗麟　おおともそうりん　1587没(58歳)。戦国時代・安土桃山時代のキリシタン、大名。1530生。

ブライズマン　1591没(66?歳)。イギリスのオルガン奏者、作曲家。1525頃生。

ヘミングセン, ニールス　1600没(87歳)。デンマークの神学者。1513生。

荒木元清　あらきもときよ　1610没(76歳)。安土桃山時代・江戸時代前期の馬術家。1535生。

豪姫　ごうひめ　1634没(61歳)。安土桃山時代・江戸時代前期の女性。前田利家の四女、宇喜多秀家の妻。1574生。

ル・ナン, ルイ　1648没(55?歳)。フランスの画家。1593頃生。

石川丈山　いしかわじょうざん　1672没(90歳)。江戸時代前期の漢詩人、蘭学者、書家。1583生。

キッド, ウィリアム　1701没(56?歳)。イギリスの私掠船船長、のちに海賊。1645頃生。

アーチャー, トマス　1743没(75歳)。イギリスの建築家。1668生。

ウッド, ジョン　1754没(50?歳)。イギリスの建築家。1704頃生。

安村検校　やすむらけんぎょう　1779没。江戸時代中期の地歌箏曲家。

オーティス, ジェイムズ　1783没(58歳)。アメリカ植民地時代の法律家、政治家。1725生。

伊藤伝右衛門　いとうでんえもん　1785没(45歳)。江戸時代中期の美濃大垣藩士、治水技術者。1741生。

ベニヨフスキー　1786没(41歳)。ハンガリーの軍人、冒険家。1744生。

バーダー, フランツ・クサーヴァー・フォン　1841没(76歳)。ドイツの哲学者、神学者。1765生。

エスプロンセダ, ホセ・デ　1842没(34歳)。スペインロマン主義の詩人。1808生。

コーシー, オーギュスタイン・ルイ, 男爵　1857没(67歳)。フランスの数学者。1789生。

ノルヴィト, ツィプリアン・カミル　1883没(61歳)。ポーランドの詩人, 作家。1821生。

毛利藤内　もうりとうない　1885没(37歳)。江戸・明治時代の家老, 銀行家。長州藩東上軍総督。1849生。

伊地知正治　いぢちまさはる　1886没(59歳)。江戸・明治時代の鹿児島藩士, 官吏。修史館総裁, 宮中顧問官。1828生。

ランケ, レーオポルト　1886没(90歳)。ドイツの歴史家。1795生。

ホジソン　1894没(94歳)。イギリスの東洋学者, 外交官。1800生。

ロウマーニズ, ジョージ・ジョン　1894没(46歳)。カナダ生れのイギリスの生物学者。1848生。

武井柯亭　たけいかてい　1895没(73歳)。江戸・明治時代の会津藩士。1823生。

ノイマン, フランツ　1895没(96歳)。ドイツの物理学者。1798生。

安場保和　やすばやすかず　1899没(65歳)。明治時代の官僚, 政治家。男爵, 貴族院議員。1835生。

広岡柳香　ひろおかりゅうこう　1902没(46歳)。明治時代の戯作家。1857生。

リヴァーモア, メアリ・アシュトン　1905没(85歳)。アメリカの婦選論者, 改革者。1820生。

イプセン, ヘンリック　1906没(78歳)。ノルウェーの劇作家。1828生。

コペ, フランソワ　1908没(66歳)。フランスの詩人, 劇作家。1842生。

山本幸彦　やまもとゆきひこ　1913没(70歳)。明治時代の政治家。衆議院議員。1844生。

ホル, カール　1926没(60歳)。ドイツの神学者。1866生。

唐継尭　とうけいぎょう　1927没(45歳)。中国の軍人・政治家。1882生。

クラーク, フランク　1931没(84歳)。アメリカの地球化学者。1847生。

レニエ, アンリ・ド　1936没(71歳)。フランスの詩人, 小説家。1864生。

ロックフェラー, ジョン・デイヴィソン　1937没(97歳)。アメリカの実業家, 慈善家。1839生。

ニザン, ポール　1940没(35歳)。フランスの小説家。1905生。

野沢吉兵衛(7代目)　のざわきちべえ　1942没(64歳)。大正・昭和時代の文楽三味線方。1879生。

藤井乙男　ふじいおとお　1945没(78歳)。明治～昭和時代の国文学者。京都大学教授。1868生。

保持研子　やすもちよしこ　1947没(63歳)。明治～昭和時代の「青鞜」発起人のひとりとして俳句, 短歌を発表する。1885生。

ラミュ, シャルル-フェルディナン　1947没(68歳)。スイスの小説家。1878生。

美濃部達吉　みのべたつきち　1948没(76歳)。明治～昭和時代の法学者。枢密顧問官, 東京帝国大学教授。1873生。

顔恵慶　がんけいけい　1950没(73歳)。中国の外交官。1877生。

殖田俊吉　うえだしゅんきち　1960没(69歳)。昭和時代の政治家, 官僚。1890生。

閻錫山　えんしゃくざん　1960没(77歳)。中国の軍閥。1883生。

クロード, ジョルジュ　1960没(89歳)。フランスの化学者, 物理学者。1870生。

スミス, デイヴィッド　1965没(59歳)。アメリカの金属彫刻家。1906生。

大下弘　おおしたひろし　1979没(56歳)。昭和時代のプロ野球選手。1922生。

内藤春治　ないとうはるじ　1979没(84歳)。大正・昭和時代の鋳金家。1895生。

吉野源三郎　よしのげんざぶろう　1981没(82歳)。昭和時代のジャーナリスト。岩波書店編集顧問,「世界」編集長。1899生。

三宅正一　みやけしょういち　1982没(81歳)。大正・昭和時代の農民運動家, 政治家。衆院副議長。1900生。

野村光一　のむらこういち　1988没(92歳)。昭和時代の音楽評論家。1895生。

トフストノーゴフ, ゲオールギー・アレクサンドロヴィチ　1989没(75歳)。ソ連の演出家。1913生。

ケンプ, ヴィルヘルム　1991没(95歳)。西ドイツのピアニスト。1895生。

ユパンキ　1992没(84歳)。アルゼンチンのギタリスト, 歌手。1908生。

波多野完治　はたのかんじ　2001没(96歳)。昭和・平成時代の児童心理学者, 教育心理学者。1905生。

5月23日

5月24日

○出来事○　日本初のゴルフ場開場（1903）
　　　　　　昭和天皇、初の大相撲観戦（1955）
　　　　　　チリ地震で日本に津波（1960）

院源　いんげん　1028没（78歳）。平安時代中期の天台宗の僧。951生。

ランフランク　1089没（84?歳）。中世のイタリア出身のイングランドの神学者、聖職者。1005頃生。

藤原家忠　ふじわらのいえただ　1136没（75歳）。平安時代後期の公卿。1062生。

デーヴィド1世　1153没（68?歳）。スコットランド王（在位1124～53）。1085頃生。

源顕平　みなもとのあきひら　1248没（58歳）。鎌倉時代前期の公卿。1191生。

菅原淳高　すがわらあつたか　1250没（77歳）。鎌倉時代前期の公卿。1174生。

京極為教　きょうごくためのり　1279没（53歳）。鎌倉時代前期の歌人、公卿。1227生。

孤峰覚明　こほうかくみょう　1361没（91歳）。鎌倉時代後期・南北朝時代の臨済宗法燈派の僧。1271生。

ダンバー　1367没（55?歳）。中世スコットランド貴族、ダンバー伯兼マーチ伯のパトリック・ダンバー夫人。1312頃生。

無夢一清　むぼういっせい　1368没。鎌倉時代後期・南北朝時代の臨済宗の僧。

大等一祐　だいとういちゆう　1415没。南北朝時代・室町時代の曹洞宗の僧。

定顕　じょうけん　1464没（49歳）。室町時代の浄土真宗の僧。1416生。

器之為璠　きしいばん　1468没（64歳）。室町時代の曹洞宗の僧。1405生。

雪巌侑松　せつがんゆうしょう　1486没。室町時代の曹洞宗の僧。

真翁宗見　しんおうそうけん　1516没。戦国時代の曹洞宗の僧。

凝念　ぎょうねん　1533没。戦国時代の浄土宗の僧。

コペルニクス、ニコラウス　1543没（70歳）。ポーランドの天文学者。1473生。

クレリウス、パウル　1579没（48歳）。ドイツの神学者。1531生。

ゼルネッカー、ニーコラウス　1592没（61歳）。ドイツのプロテスタント神学者。1530生。

セシル　1612没（47?歳）。イギリスの政治家。1565頃生。

象山徐芸　ぞうざんじょうん　1619没。安土桃山時代・江戸時代前期の曹洞宗の僧。

伊達政宗　だてまさむね　1636没（70歳）。安土桃山時代・江戸時代前期の大名。1567生。

松浦隆信　まつらたかのぶ　1637没（47歳）。江戸時代前期の大名。1591生。

ヴォワチュール、ヴァンサン　1648没（51歳）。フランスの詩人、書簡作家。1597生。

松尾宗二　まつおそうじ　1658没（80歳）。安土桃山時代・江戸時代前期の京都の数寄者。1579生。

西沢一風　にしざわいっぷう　1731没（67歳）。江戸時代中期の浮世草子作者、浄瑠璃作者、書肆。1665生。

レンツ、ヤーコプ・ミヒャエル・ラインホルト　1792没（41歳）。ドイツの劇作家。1751生。

ロドニー、ジョージ・ブリッジズ・ロドニー、男爵　1792没（74歳）。イギリスの海軍軍人、男爵。1718生。

ドロステ-ヒュルスホフ、アンネッテ・フォン　1848没（51歳）。ドイツの女流詩人。1797生。

橘守部　たちばなもりべ　1849没（69歳）。江戸時代後期の国学者。1781生。

日野鼎哉　ひのていさい　1850没（54歳）。江戸時代末期の蘭方医。1797生。

華頂宮博経親王　かちょうのみやひろつねしんのう　1876没（26歳）。明治時代の皇族、海軍軍人。少将。1851生。

キングズリー、ヘンリー　1876没（46歳）。イギリスの小説家。1830生。

鶴沢清六（初代）　つるざわせいろく　1878没（55歳）。江戸・明治時代の義太夫節三味線方。1824生。

ギャリソン、ウィリアム・ロイド　1879没（73歳）。アメリカの奴隷制廃止論者。1805生。

パーマー, サミュエル 1881没(76歳)。イギリスの画家, 版画家。1805生。

ヴァイツ, ゲオルク 1886没(72歳)。ドイツの歴史家。1813生。

アフメト・ジェヴデト・パシャ 1895没(73歳)。オスマン・トルコ帝国の歴史家, 政治家。1822生。

シルバ, ホセ・アスンシオン 1896没(30歳)。コロンビアの詩人。1865生。

渡辺洪基 わたなべこうき 1901没(54歳)。明治時代の官僚。帝国大学総長, 貴族院議員。1848生。

クリーヴランド, グローヴァー 1908没(71歳)。アメリカの政治家, 第22, 24代大統領。1837生。

鳥井駒吉 とりいこまきち 1909没(57歳)。明治時代の実業家。南海鉄道・大阪麦酒・堺酒造社長。1853生。

松平太郎 まつだいらたろう 1909没(71歳)。江戸・明治時代の幕臣, 官僚。1839生。

マルタン, ピエール・エミール 1915没(90歳)。フランスの製鋼技術者。1824生。

ネルボ, アマード・ルイス・デ 1919没(48歳)。メキシコの詩人。1870生。

スモール 1926没(72歳)。アメリカの社会学者。1854生。

桑原隲蔵 くわばらじつぞう 1931没(62歳)。明治〜昭和時代の東洋史学者。1870生。

マクマスター, ジョン 1932没(79歳)。アメリカの教育家, 歴史家。1852生。

ヒムラー, ハインリヒ 1945没(44歳)。ドイツの政治家。1900生。

ウェイヴェル, アーチボルド・パーシヴァル・ウェイヴェル, 初代伯爵 1950没(68歳)。イギリス軍人。1882生。

栗原百寿 くりはらはくじゅ 1955没(44歳)。昭和時代の農業経済学者, 農民運動理論家。拓殖大学教授。1910生。

ダレス, ジョン・フォスター 1959没(71歳)。アメリカの外交官, 政治家。1888生。

ティリヤード, E.M.W. 1962没(73歳)。イギリスの文学者。1889生。

田崎勇三 たざきゆうぞう 1963没(64歳)。昭和時代の医師。癌研究会付属病院長, 大相撲横綱審議会委員。1898生。

根本博 ねもとひろし 1966没(74歳)。大正・昭和時代の陸軍軍人。中将, 第3軍司令官。1891生。

大村清一 おおむらせいいち 1968没(76歳)。昭和時代の政治家。衆議院議員。1892生。

風間丈吉 かざまじょうきち 1968没(66歳)。昭和時代の社会運動家。1902生。

花柳徳兵衛 はなやぎとくべえ 1968没(60歳)。昭和時代の日本舞踊家, 創作舞踊家。花柳徳兵衛舞踊団主宰。1908生。

平塚らいてう ひらつからいてう 1971没(85歳)。大正・昭和時代の婦人解放運動家, 評論家。日本婦人団体連合会会長。1886生。

レーヴィト, カール 1973没(76歳)。ドイツの哲学者。1897生。

エリントン, デューク 1974没(75歳)。アメリカのジャズ作曲家, 楽団指揮者。1899生。

佐藤喜一郎 さとうきいちろう 1974没(80歳)。昭和時代の銀行家。三井銀行社長, 経団連副会長。1894生。

近衛十四郎 このえじゅうしろう 1977没(61歳)。昭和時代の俳優。1916生。

川喜多長政 かわきたながまさ 1981没(78歳)。昭和時代の映画事業家。1903生。

生松敬三 いきまつけいぞう 1984没(56歳)。昭和時代の思想史家, 哲学者。1928生。

ウェイン, ジョン 1994没(69歳)。イギリスの小説家, 評論家。1925生。

ウィルソン, J.H. 1995没(79歳)。イギリスの政治家, 首相。1916生。

宮崎市定 みやざきいちさだ 1995没(93歳)。昭和・平成時代の東洋史学者。1901生。

金達寿 キムタルス 1997没(77歳)。朝鮮出身の小説家。1919生。

小田切秀雄 おだぎりひでお 2000没(83歳)。昭和・平成時代の文芸評論家。1916生。

江崎誠致 えざきまさのり 2001没(79歳)。昭和・平成時代の小説家。1922生。

河本敏夫 こうもととしお 2001没(89歳)。昭和・平成時代の実業家, 政治家。衆議院議員(自民党), 通産相。1911生。

能村登四郎 のむらとしろう 2001没(90歳)。昭和・平成時代の俳人。「沖」主宰。1911生。

伊藤俊人 いとうとしひと 2002没(40歳)。平成時代の俳優。1962生。

石津謙介 いしづけんすけ 2005没(93歳)。昭和・平成時代の服飾評論家, ファッションデザイナー。1911生。

大庭みな子 おおばみなこ 2007没(76歳)。昭和・平成時代の作家。1930生。

5月24日

5月25日

○記念日○ 広辞苑記念日
　　　　　食堂車の日
○出来事○ 湊川の戦い(1336)
　　　　　ベートーベン『運命』日本初演(1918)
　　　　　『広辞苑』初版発行(1955)

聖アルドヘルム　709没(69?歳)。イギリスの文学者、聖職者。640頃生。

村上天皇　むらかみてんのう　967没(42歳)。第62代の天皇。926生。

源伊陟　みなもとのいちょく　995没(58歳)。平安時代中期の公卿。938生。

タングマル(ヒルデスハイムの)　1003没(53?歳)。ドイツの歴史家、サクソン人。950頃生。

藤原顕光　ふじわらのあきみつ　1021没(78歳)。平安時代中期の公卿。944生。

藤原経家　ふじわらのつねいえ　1068没(59歳)。平安時代中期の公卿。1010生。

グレゴリウス7世　1085没(65?歳)。教皇(在位1073~85)。1020頃生。

アレクサンデル4世　1261没。ローマ教皇(在位1254~61)。

赤橋英時　あかはしひでとき　1333没。鎌倉時代後期の鎮西探題。

菊池武吉　きくちたけよし　1336没。南北朝時代の武士。

楠木正成　くすのきまさしげ　1336没(43歳)。鎌倉時代後期・南北朝時代の武将。1294生。

楠木正季　くすのきまさすえ　1336没。鎌倉時代後期・南北朝時代の武将。

大用慧堪　だいゆうえかん　1347没(80歳)。鎌倉時代後期・南北朝時代の臨済宗の僧。1268生。

竹田昌慶　たけだしょうけい　1380没(43歳)。南北朝時代の医師。1338生。

慧春尼　えしゅんに　1408没。南北朝時代・室町時代の女性。曹洞宗の尼僧。

スタッフォード、ジョン　1452没。イングランドの大法官、カンタベリ大司教。

中山親通　なかやまちかみち　1462没(37歳)。室町時代の公卿。1426生。

蜷川親元　にながわちかもと　1488没(56歳)。室町時代・戦国時代の幕府吏僚。1433生。

応真　おうしん　1537没(48歳)。戦国時代の浄土真宗の僧。1490生。

茶屋明延　ちゃやあきのぶ　1591没。安土桃山時代の武士、豪商。

弾誓　たんぜい　1613没(63歳)。安土桃山時代・江戸時代前期の浄土宗の僧。1551生。

末次平蔵　すえつぐへいぞう　1630没。江戸時代前期の朱印船貿易家、長崎代官。

ル・ナン, アントワーヌ　1648没(60?歳)。フランスの画家。1588頃生。

岡田八十次(初代)　おかだやそじ　1650没(83歳)。安土桃山時代・江戸時代前期の近江商人。1568生。

カルデロン-デ-ラ-バルカ, ペドロ　1681没(81歳)。スペインの劇作家、宮廷詩人。1600生。

大梶七兵衛(初代)　おおかじしちべえ　1689没(69歳)。江戸時代前期の植林、水利、新田開発の功労者。1621生。

ラ・ファイエット夫人, マリー-マドレーヌ　1693没(59歳)。フランスの小説家。1634生。

ヤブロンスキー, ダーニエル・エルンスト　1741没(80歳)。ドイツのプロテスタント神学者。1660生。

大谷広次(初代)　おおたにひろじ　1747没(52歳)。江戸時代中期の歌舞伎役者。1696生。

石川豊信　いしかわとよのぶ　1785没(75歳)。江戸時代中期の浮世絵師。1711生。

石田幽汀　いしだゆうてい　1786没(66歳)。江戸時代中期の画家。1721生。

カルステンス, アスムス・ヤーコプ　1798没(44歳)。ドイツの歴史家、肖像画家。1754生。

松貫四(初代)　まつかんし　1798没。江戸時代中期の浄瑠璃作者。

ペイリー, ウィリアム　1805没(61歳)。イギリスの牧師、哲学者。1743生。

岩橋善兵衛　いわはしぜんべえ　1811没(56歳)。江戸時代中期・後期の望遠鏡制作者。1756

生。

マローン,エドマンド 1812没(70歳)。イギリスのシェイクスピア学者,編者。1741生。

ラクロア 1843没(78歳)。フランスの数学者。1765生。

ネストロイ,ヨハン・ネーポムク 1862没(60歳)。オーストリアの俳優,劇作家。1801生。

ムンク,ペーテル・アンドレアス 1863没(52歳)。ノルウェーの言語学者。1810生。

岸田俊子 きしだとしこ 1901没(41歳)。明治時代の婦人運動家,教師。1861生。

宗重正 そうしげまさ 1902没(56歳)。江戸・明治時代の官僚。伯爵,外務大丞。1847生。

平瀬与一郎 ひらせよいちろう 1925没(67歳)。明治・大正時代の貝類研究者。1859生。

ホールスト,グスターヴ 1934没(59歳)。イギリス(スウェーデン系)の作曲家。1874生。

シュタムラー 1938没(82歳)。ドイツの法哲学者。1856生。

フォイアマン,エマーヌエル 1942没(39歳)。オーストリアのチェロ奏者。1902生。

秦逸三 はたいつぞう 1944没(65歳)。昭和時代の実業家,化学者。第二帝国人絹糸社長。1880生。

安藤照 あんどうしょう 1945没(54歳)。大正・昭和時代の彫刻家。1892生。

石井菊次郎 いしいきくじろう 1945没(80歳)。明治〜昭和時代の外交官。外務大臣,貴族院議員。1866生。

織田万 おだよろず 1945没(78歳)。明治〜昭和時代の行政法学者。ハーグ国際司法裁判所判事。1868生。

ベードヌイ,デミヤン 1945没(62歳)。ソ連の詩人。1883生。

柳瀬正夢 やなせまさむ 1945没(46歳)。大正・昭和時代の洋画家。1900生。

フェデール,ジャック 1948没(62歳)。フランスの映画監督。1885生。

水谷まさる みずたにまさる 1950没(55歳)。大正・昭和時代の童話作家。1894生。

キャパ,ロバート 1954没(40歳)。報道写真家。1913生。

パンクラートワ 1957没(60歳)。ソ連の歴史家。1897生。

栗林一石路 くりばやしいっせきろ 1961没(66歳)。明治〜昭和時代の俳人。新俳句人連盟初代委員長。1894生。

グルー 1965没(84歳)。アメリカの外交官。1880生。

酒井朝彦 さかいあさひこ 1969没(74歳)。大正・昭和時代の児童文学者。1894生。

ドーソン,クリストファー 1970没(80歳)。イギリスの宗教哲学者,宗教史家,文明評論家。1889生。

水野清一 みずのせいいち 1971没(66歳)。昭和時代の考古学者。京都大学教授。1905生。

ニールゼン,アスタ 1972没(88歳)。デンマークの映画女優。1883生。

石田幹之助 いしだみきのすけ 1974没(82歳)。大正・昭和時代の東洋史学者。1891生。

寺尾威夫 てらおたけお 1974没(69歳)。昭和時代の銀行家。大和銀行頭取。1905生。

矢代幸雄 やしろゆきお 1975没(84歳)。大正・昭和時代の美術史家,美術評論家。大和文華館初代館長。1890生。

有賀鉄太郎 ありがてつたろう 1977没(78歳)。昭和時代のプロテスタント神学者,教会史・教理史学者。1899生。

今道潤三 いまみちじゅんぞう 1979没(78歳)。昭和時代の放送人,実業家。1900生。

影山正治 かげやままさはる 1979没(68歳)。昭和時代の国家主義者,歌人。1910生。

園部三郎 そのべさぶろう 1980没(73歳)。昭和時代の音楽評論家。1906生。

イドリス1世 1983没(93歳)。リビア国王。1890生。

ネイサン,ロバート 1985没(91歳)。アメリカの小説家,詩人。1894生。

一色次郎 いっしきじろう 1988没(72歳)。昭和時代の小説家。1916生。

池宮城秀意 いけみやぎしゅうい 1989没(82歳)。昭和時代のジャーナリスト。1907生。

ボストン,ルーシー 1990没(97歳)。イギリスの女流童話作家。1892生。

丸岡秀子 まるおかひでこ 1990没(87歳)。昭和時代の評論家。1903生。

佐々木哲蔵 ささきてつぞう 1994没(88歳)。昭和・平成時代の弁護士,裁判官。1906生。

山本和夫 やまもとかずお 1996没(89歳)。昭和・平成時代の詩人,児童文学作家。1907生。

米原万里 よねはらまり 2006没(56歳)。昭和・平成時代のロシア語通訳,エッセイスト。1950生。

5月25日

5月26日

○記念日○　ラッキーゾーンの日
○出来事○　第1回ル・マン開催（1923）
　　　　　双葉山第35代横綱に（1937）
　　　　　東名高速道路全線開通（1969）

アウグスティヌス（カンタベリーの，聖人）　604没。イギリスの聖人。
太宗（唐）　たいそう　649没（49歳）。中国，唐朝の第2代皇帝（在位626〜49）。600生。
聖ベーダ，尊師　735没（62?歳）。イギリスの歴史家，神学者，科学者，年代学者。673頃生。
繁子内親王　はんしないしんのう　916没。平安時代前期・中期の女性。光孝天皇の皇女。
ロベルトゥス（ジュミエージュの）　1055没。フランス出身のカンタベリ大司教。
源仲綱　みなもとのなかつな　1180没（55歳）。平安時代後期の武将，歌人。1126生。
源頼政　みなもとのよりまさ　1180没（77歳）。平安時代後期の武将，歌人。1104生。
以仁王　もちひとおう　1180没（30歳）。後白河天皇の皇子。1151生。
道教　どうきょう　1236没（37歳）。鎌倉時代前期の真言僧。1200生。
親快　しんかい　1276没（62歳）。鎌倉時代前期の真言宗の僧。1215生。
良胤　りょういん　1291没（80歳）。鎌倉時代の真言宗の僧。1212生。
小笠原貞宗　おがさわらさだむね　1347没（56歳）。鎌倉時代後期・南北朝時代の武将，信濃守護，小笠原流礼法の祖。1292生。
菊池武政　きくちたけまさ　1374没（33歳）。南北朝時代の肥後の南朝方の武将。1342生。
鷹司冬家　たかつかさふゆいえ　1428没（62歳）。南北朝時代・室町時代の公卿。1367生。
今川範忠　いまがわのりただ　1461没（54歳）。室町時代の武将。1408生。
マネッティ，アントーニオ・ディ・トゥッチョ　1497没（73歳）。イタリアの建築家，彫刻家。1423生。
悦渓宗悟　えっけいそうご　1525没（64歳）。戦国時代の臨済宗の僧。1462生。
北川殿　きたかわどの　1529没。戦国時代の女性。駿河国守護今川義忠の側室。
如幻宗悟　にょげんそうご　1530没（81歳）。戦国時代の曹洞宗の僧。1450生。

ベルニ，フランチェスコ　1535没（38?歳）。イタリアの詩人。1497頃生。
ダンティ，ヴィンチェンツォ　1576没（46歳）。イタリアの彫刻家。1530生。
金春喜勝　こんぱるよしかつ　1583没（74歳）。戦国時代・安土桃山時代の能役者。1510生。
ネーリ，聖フィリッポ　1595没（79歳）。イタリアの宗教家。1515生。
堀秀治　ほりひではる　1606没（31歳）。安土桃山時代・江戸時代前期の大名。1576生。
松浦鎮信　まつらしげのぶ　1614没（66歳）。安土桃山時代・江戸時代前期の大名。1549生。
尊純法親王　そんじゅんほっしんのう　1653没（63歳）。江戸時代前期の天台宗の僧。1591生。
フィルマー　1653没（64歳）。イギリスの政治思想家。1589生。
五十嵐道甫（初代）　いがらしどうほ　1678没。江戸時代前期の蒔絵師。
ピープス，サミュエル　1703没（70歳）。イギリスの政治家。1633生。
井戸平左衛門　いどへいざえもん　1733没（62歳）。江戸時代中期の民政家，石見国大森代官。1672生。
バウムガルテン，アレクサンダー・ゴットリープ　1762没（47歳）。ドイツの哲学者，美学者。1714生。
清元延寿太夫（初代）　きよもとえんじゅだゆう　1825没（49歳）。江戸時代後期の清元節の初代家元。1777生。
ラフィット　1844没（76歳）。フランスの銀行家，政治家。1767生。
ベリンスキー，ヴィサリオン・グリゴリエヴィチ　1848没（36歳）。ロシアの評論家。1811生。
高橋道八（2代目）　たかはしどうはち　1855没（73歳）。江戸時代後期の京都の陶工。1783生。
村田清風　むらたせいふう　1855没（73歳）。江戸時代後期の長州（萩）藩士，藩政改革の指導者。1783生。

田中新兵衛　たなかしんべえ　1863没（23歳）。江戸時代末期の薩摩藩士、尊攘派志士。1841生。

シールズフィールド, チャールズ　1864没（71歳）。オーストリアの作家。1793生。

パラッキー　1876没（77歳）。チェコスロバキア、チェコの歴史家、政治家。1798生。

木戸孝允　きどたかよし　1877没（45歳）。江戸・明治時代の萩藩士。地方長官会議議長。1833生。

アブド・アル-カーディル　1883没（76歳）。アルジェリアの反仏民族運動の指導者。1807生。

ソブレロ, アスカーニオ　1888没（75歳）。イタリアの化学者。1812生。

坪井正五郎　つぼいしょうごろう　1913没（51歳）。明治・大正時代の人類学者。東京帝国大学教授。1863生。

徳富一敬　とくとみかずたか　1914没（93歳）。江戸・明治時代の漢学者。1822生。

ラスク　1915没（39歳）。ドイツの哲学者。1875生。

柳家小せん（初代）　やなぎやこせん　1919没（37歳）。明治・大正時代の落語家。1883生。

ソルヴェー, エルネスト　1922没（84歳）。ベルギーの化学者。1838生。

ハーバート, ヴィクター　1924没（65歳）。アイルランド生れのアメリカの作曲家。1859生。

望月太左衛門（8代目）　もちづきたざえもん　1926没（36歳）。大正時代の歌舞伎囃子方。望月流家元。1891生。

バーネット, ジョン　1928没（64歳）。イギリスのギリシア哲学研究家。1863生。

白川義則　しらかわよしのり　1932没（64歳）。明治～昭和時代の陸軍軍人。陸軍大将、男爵。1869生。

関根正直　せきねまさなお　1932没（73歳）。明治～昭和時代の国文学者、教育家。東京女子高等師範学校教授。1860生。

武田千代三郎　たけだちよさぶろう　1932没（66歳）。明治・大正時代の体育・スポーツ指導者、政治家。兵庫県知事。1867生。

池上秀畝　いけがみしゅうほ　1944没（71歳）。明治～昭和時代の日本画家。1874生。

三浦環　みうらたまき　1946没（63歳）。明治～昭和時代のソプラノ歌手。1884生。

エルズワース, リンカーン　1951没（71歳）。アメリカの極地探検家。1880生。

古島一雄　こじまかずお　1952没（86歳）。明治～昭和時代の政治家。1865生。

サン-フォア, マリー-オリヴィエ-ジョルジュ・プーラン・ド　1954没（80歳）。フランスの音楽史家。1874生。

カルコ, フランシス　1958没（71歳）。フランスの詩人, 小説家, 美術評論家。1886生。

宗秋月　そうしゅうげつ　1964没（66歳）。大正・昭和時代の社会運動家。熱海市長。1898生。

小林剛　こばやしたけし　1969没（65歳）。昭和時代の美術史学者。奈良国立文化財研究所所長。1903生。

左卜全　ひだりぼくぜん　1971没（77歳）。昭和時代の俳優。1894生。

薄田研二　すすきだけんじ　1972没（73歳）。大正・昭和時代の俳優。1898生。

下川凹天　しもかわおうてん　1973没（81歳）。大正・昭和時代の漫画家。1892生。

ハイデガー, マルティン　1976没（86歳）。ドイツの哲学者。1889生。

藤森成吉　ふじもりせいきち　1977没（84歳）。大正・昭和時代の小説家, 俳人。1892生。

イカーサ, ホルヘ　1978没（71歳）。エクアドルの作家。1906生。

カルサヴィナ, タマーラ　1978没（93歳）。ロシアのバレリーナ。1885生。

ヨース, クルト　1979没（78歳）。ドイツの舞踊家。1901生。

植村環　うえむらたまき　1982没（91歳）。昭和時代の宗教家。日本YWCA会長。1890生。

東龍太郎　あずまりょうたろう　1983没（90歳）。大正・昭和時代の政治家, 医師。東京都知事, 東邦大学学長。1893生。

鷹司和子　たかつかさかずこ　1989没（59歳）。昭和・平成時代の皇族。伊勢神宮祭主。1929生。

大西伍一　おおにしごいち　1992没（94歳）。大正・昭和時代の農村教育者。府中市立図書館長。1898生。

ザッハー, パウル　1999没（93歳）。スイスの指揮者。1906生。

山村聡　やまむらそう　2000没（90歳）。昭和・平成時代の俳優, 映画監督。1910生。

5月26日

5月27日

○記念日○ 百人一首の日
○出来事○ 山陽線全線開通（1901）
　　　　　日本海海戦（1905）
　　　　　サンフランシスコの金門橋完成
　　　　　（1937）

羽栗翼　はくりのつばさ　798没（80歳）。奈良時代・平安時代前期の官人。719生。

滋岳川人　しげおかのかわひと　874没。平安時代前期の陰陽家。

藤原枝良　ふじわらのえだよし　917没（73歳）。平安時代前期・中期の公卿。845生。

源雅定　みなもとのまささだ　1162没（69歳）。平安時代後期の公卿。1094生。

祐尊　ゆうそん　1222没（76歳）。平安時代後期・鎌倉時代前期の僧。1147生。

明全　みょうぜん　1225没（42歳）。鎌倉時代前期の臨済宗黄竜派の僧。1184生。

北条政村　ほうじょうまさむら　1273没（69歳）。鎌倉幕府第7代の執権。1205生。

無雲義天　むうんぎてん　1367没（78歳）。鎌倉時代後期・南北朝時代の臨済宗の僧。1290生。

今川範国　いまがわのりくに　1384没（81歳）。鎌倉時代後期・南北朝時代の武将，歌人。1304生。

剛中玄柔　ごうちゅうげんじゅう　1388没（71歳）。南北朝時代の臨済宗の僧。1318生。

中山親雅　なかやまちかまさ　1402没（50歳）。南北朝時代・室町時代の公卿。1353生。

セルカンビ，ジョヴァンニ　1424没（77歳）。イタリアの小説家，年代記作家。1347生。

尊興　そんこう　1424没（50歳）。南北朝時代・室町時代の亀山天皇の玄孫。1375生。

興胤　こういん　1428没（35歳）。室町時代の僧。1394生。

今川範政　いまがわのりまさ　1433没（70歳）。南北朝時代・室町時代の武将，歌人。1364生。

伊勢貞国　いせさだくに　1454没（57歳）。室町時代の武将。1398生。

マイヤーノ，ベネデット・ダ　1497没（55歳）。イタリアの彫刻家。1442生。

汝南慧徹　じょなんえてつ　1507没。戦国時代の臨済宗の僧。

スフォルツァ，ルドヴィーコ　1508没（57歳）。ミラノ公。1451生。

ミュンツァー，トーマス　1525没（35歳）。ドイツの急進的宗教改革者，アナバプテスト。1489生。

プール，マーガレット　1541没（67歳）。イングランドのソールズベリ伯爵夫人。1473生。

レギウス，ウルバーヌス　1541没（52歳）。ドイツの宗教改革者，ルター派神学者。1489生。

足利晴氏　あしかがはるうじ　1560没（53歳）。戦国時代の第4代の古河公方。1508生。

カルヴァン，ジャン　1564没（54歳）。フランスの宗教改革者。1509生。

モンゴメリー伯　1574没（44歳）。フランスの軍人。1530生。

隈部親永　くまべちかなが　1588没。安土桃山時代の肥後の国人領主。

堀秀政　ほりひでまさ　1590没（38歳）。安土桃山時代の武将。1553生。

ティバルディ，ペッレグリーノ　1596没（69歳）。イタリアの画家，建築家。1527生。

ドミトリー1世　1606没。ロシアのツァーリ。

ラヴァヤック　1610没（32歳）。フランス王アンリ4世の暗殺者。1578生。

榊原康勝　さかきばらやすかつ　1615没（26歳）。江戸時代前期の大名。1590生。

増田長盛　ましたながもり　1615没（71歳）。安土桃山時代・江戸時代前期の武将，大名。1545生。

加納御前　かのうごぜん　1625没（66歳）。安土桃山時代・江戸時代前期の女性。徳川家康の長女。1560生。

アーガイル，アーチボルド・キャンベル，侯爵兼8代伯爵　1661没（54歳）。スコットランドの契約派貴族。1607生。

ゲーアハルト，パウル　1676没（69歳）。ドイツの宗教家。1607生。

レグレンツィ，ジョヴァンニ　1690没（63歳）。イタリアの作曲家。1626生。

モンテスパン, フランソワーズ・アテナイース・ド　1707没(65歳)。フランスの貴婦人。ルイ14世の寵姫。1641生。

オードラン, クロード3世　1734没(75歳)。フランスの銅版画家。1658生。

芝全交(初代)　しばぜんこう　1793没(44歳)。江戸時代中期の黄表紙作者。1750生。

バブーフ, フランソワ-ノエル　1797没(36歳)。フランスの革命家, 共産主義者。1760生。

鈴木芙蓉　すずきふよう　1816没(64歳)。江戸時代中期・後期の画家。1753生。

ヴラジミレスク　1821没(40歳)。ルーマニアの社会運動家。1780生。

パガニーニ, ニッコロ　1840没(57歳)。イタリアのヴァイオリン奏者, 作曲家。1782生。

吉田辰五郎(2代目)　よしだたつごろう　1844没。江戸時代後期の義太夫節の人形遣い。

高橋文右衛門　たかはしぶんえもん　1855没(81歳)。江戸時代後期の醬油醸造業者。1775生。

飯田忠彦　いいだただひこ　1860没(63歳)。江戸時代末期の有栖川宮家士, 史家。1798生。

トレンズ　1864没(84歳)。アイルランド生れのイギリスの軍人, 政治家, 経済学者。1780生。

モトリー　1877没(63歳)。アメリカの外交官, 歴史家。1814生。

永山武四郎　ながやまたけしろう　1904没(68歳)。明治時代の陸軍軍人。男爵, 中将。1837生。

コッホ, ハインリヒ・ヘルマン・ロベルト　1910没(66歳)。ドイツの医師。1843生。

哥沢芝金(3代目)　うたざわしばきん　1911没(72歳)。江戸・明治時代の邦楽家。うた沢芝派三代家元。1840生。

スワン, サー・ジョゼフ・ウィルソン　1914没(85歳)。イギリスの化学者, 写真感光材企業家。1828生。

ガリエニ, ジョゼフ・シモン　1916没(67歳)。フランスの軍人。1849生。

大砲万右衛門　おおづつまんえもん　1918没(50歳)。明治時代の力士。18代横綱。1869生。

萩原タケ　はぎわらたけ　1936没(60歳)。明治〜昭和時代の看護婦。日本看護婦会会長。1877生。

各務鎌吉　かがみけんきち　1939没(71歳)。大正・昭和時代の実業家, 財界人。東京海上火災保険会社社長。1869生。

ロート　1939没(44歳)。ドイツの地質学者, 岩石鉱物学者。1894生。

陳独秀　ちんどくしゅう　1942没(62歳)。中国, 近代の思想家, 政治家。1879生。

西村真次　にしむらしんじ　1943没(65歳)。大正・昭和時代の歴史学者, 人類学者。1879生。

栂尾祥雲　とがのおしょううん　1953没(71歳)。大正・昭和時代の僧侶(真言宗), 仏教学者。1881生。

太田亮　おおたあきら　1956没(71歳)。大正・昭和時代の歴史学者。1884生。

ペトリ, エゴン　1962没(81歳)。オランダのピアノ演奏家。1881生。

リベイロ, アキリーノ　1963没(77歳)。ポルトガルの小説家。1885生。

ネルー, ジャワハルラール　1964没(74歳)。インドの政治家。1889生。

坂本遼　さかもとりょう　1970没(65歳)。昭和時代の詩人, 児童文学者。1904生。

リプシッツ, ジャック　1973没(81歳)。フランス, アメリカで活躍したロシアの彫刻家。1891生。

シュヒター, ヴィルヘルム　1974没(62歳)。西ドイツの指揮者。1911生。

唐木順三　からきじゅんぞう　1980没(76歳)。昭和時代の評論家, 中世文学者。1904生。

五味保義　ごみやすよし　1982没(80歳)。大正・昭和時代の歌人。1901生。

桜間道雄　さくらまみちお　1983没(85歳)。大正・昭和時代の能楽師。1897生。

原田大六　はらだだいろく　1985没(68歳)。昭和時代の考古学者。1917生。

江戸家猫八(2代目)　えどやねこはち　1986没(74歳)。昭和時代の寄席芸人。1911生。

ダムディンスレン, ツェンディーン　1986没(77歳)。モンゴルの作家, 詩人, 文献学者。1908生。

ノースロップ, ジョン・ハワード　1987没(95歳)。アメリカの生化学者。1891生。

高峰三枝子　たかみねみえこ　1990没(71歳)。昭和時代の女優。1918生。

長谷川町子　はせがわまちこ　1992没(72歳)。昭和時代の漫画家。1920生。

坂井泉水　さかいいずみ　2007没(40歳)。昭和・平成時代の歌手(ZARD)。1967生。

5月27日

5月28日

○記念日○　ゴルフ記念日
　　　　　　国際アムネスティ記念日
○出来事○　曽我兄弟の仇討(1193)
　　　　　　張本勲、3000本安打(1980)

ゲルマーヌス(パリの)　576没(80?歳)。フランク王国を政治的・宗教的に指導したパリの司教、聖人。496頃生。

飯高諸高　いいだかのもろたか　777没(80歳)。奈良時代の采女。698生。

藤原帯子　ふじわらのたいし　794没。奈良時代の女性。平城天皇の皇后。

大伴弟麻呂　おおとものおとまろ　809没(79歳)。奈良時代・平安時代前期の公卿。731生。

ギヨーム(アキテーヌの)　812没(57?歳)。フランスの聖人、トゥルーズ伯、聖人。755頃生。

藤原有子　ふじわらのゆうし　866没。平安時代前期の女官。

在原業平　ありわらのなりひら　880没(56歳)。平安時代前期の歌人。825生。

紀安雄　きのやすお　886没(65歳)。平安時代前期の官人、武蔵守。822生。

藤原淑子　ふじわらのしゅくし　906没(69歳)。平安時代前期・中期の女官。838生。

ウルフスタン　1023没(73?歳)。ロンドン(996～1002)とウースター(02～16)の司教、ヨークの大司教(02～23)。950頃生。

教懐　きょうかい　1093没(93歳)。平安時代中期・後期の顕密の僧。1001生。

平家貞　たいらのいえさだ　1167没(86歳)。平安時代後期の武士。1082生。

工藤祐経　くどうすけつね　1193没。平安時代後期の武士。曽我兄弟に父の仇として討たれた。

曾我祐成　そがすけなり　1193没(22歳)。平安時代後期・鎌倉時代前期の武士。仇討で有名な曾我兄弟の兄。1172生。

千葉胤綱　ちばたねつな　1228没(21歳)。鎌倉時代前期の御家人。1208生。

長井時広　ながいときひろ　1241没。鎌倉時代前期の御家人。

一条実家　いちじょうさねいえ　1314没(65歳)。鎌倉時代後期の公卿。1250生。

覚誉法親王　かくよほっしんのう　1382没(63歳)。南北朝時代の僧。1320生。

霊仲禅英　れいちゅうぜんえい　1410没(49歳)。南北朝時代・室町時代の禅僧。1362生。

性恵　しょうえ　1441没(26歳)。室町時代の女性。後崇光太上天皇の第1王女。1416生。

陶弘護　すえひろもり　1482没(28歳)。室町時代・戦国時代の武将。1455生。

克補契嵒　こくほかいぎょう　1523没。戦国時代の曹洞宗の僧。

薄以緒　すすきもちお　1555没(62歳)。戦国時代の公卿。1494生。

片桐且元　かたぎりかつもと　1615没(60歳)。安土桃山時代・江戸時代前期の大名。1556生。

水野忠清　みずのただきよ　1647没(66歳)。江戸時代前期の大名。1582生。

サンドウィッチ, エドワード・モンタギュー, 初代伯爵　1672没(46歳)。イギリスの軍人, 提督。1625生。

ニコルズ　1672没(48歳)。アメリカ, ニューヨーク植民地の初代総督。1624生。

トゥルヴィル, アンヌ・イラリオン・ド・コンタンタン, 伯爵　1701没(58歳)。フランスの提督。1642生。

ヴォーヴナルグ, リュック・ド・クラピエ・ド　1747没(31歳)。フランスのモラリスト。1715生。

入江南溟　いりえなんめい　1765没(88歳)。江戸時代中期の漢学者。1678生。

伊勢貞丈　いせさだたけ　1784没(68歳)。江戸時代中期の和学者。1717生。

モーツァルト, レオポルト　1787没(67歳)。オーストリアの作曲家。1719生。

ボッケリーニ, ルイージ　1805没(62歳)。イタリアの作曲家, チェリスト。1743生。

グレゴワール, アンリ　1831没(80歳)。フランスの聖職者。1750生。

長瀬真幸　ながせまさき　1835没(71歳)。江戸時代中期・後期の肥後熊本藩士, 国学者。1765生。

レイハ, アントニーン　1836没（66歳）。フランスの音楽理論家, 作曲家。1770生。

ウェブスター, ノア　1843没（84歳）。アメリカの辞典編集者。1758生。

ブロンテ, アン　1849没（29歳）。イギリスの女流小説家。1820生。

内山真弓　うちやままゆみ　1852没（67歳）。江戸時代後期の歌人。1786生。

ビュルヌーフ　1852没（50歳）。フランスの言語学者, 東洋学者。1801生。

竹内貞基　たけのうちさだもと　1863没（51歳）。江戸時代末期の航海技術者。1813生。

椋梨藤太　むくなしとうた　1865（閏5月）没（61歳）。江戸時代末期の長州（萩）藩士, 右筆明倫館用掛。1805生。

戸田忠恕　とだただゆき　1868没（22歳）。江戸・明治時代の武士。宇都宮藩主, 越前守。1847生。

野中助継　のなかすけつぐ　1868没（41歳）。江戸・明治時代の土佐藩士。1828生。

ラッセル, J.　1878没（85歳）。イギリスの政治家, 首相。1792生。

グローヴ, ジョージ　1900没（79歳）。イギリスの音楽学者。1820生。

スタッケンバーグ　1903没（68歳）。ドイツ生れのアメリカの社会学者。1835生。

ミクサート・カールマーン　1910没（63歳）。ハンガリーの小説家。1847生。

ルボック, ジョン（エイヴベリー男爵初代公）　1913没（79歳）。イギリスの銀行家, 著述家。1834生。

フランコ, イワン・ヤコヴィチ　1916没（59歳）。ウクライナの作家, 社会評論家, 言語学者, 社会運動家。1856生。

ラヴィニャック, アルベール　1916没（70歳）。フランスの音楽理論家, 教育家。1846生。

アッスマン　1918没（73歳）。ドイツの気象学者。1845生。

フョードロフ　1919没（65歳）。ロシアの結晶学者, 鉱物学者。1853生。

並河靖之　なみかわやすゆき　1927没（83歳）。明治・大正時代の七宝製造家。1845生。

アドラー, アルフレート　1937没（67歳）。オーストリアの精神病学者, 心理学者。1870生。

堀内干城　ほりうちたてき　1951没（62歳）。大正・昭和時代の外交官。1889生。

堀辰雄　ほりたつお　1953没（48歳）。昭和時代の小説家。1904生。

稀音家浄観（2代目）　きねやじょうかん　1956没（82歳）。明治〜昭和時代の長唄三味線方。東京音楽学校教授。1874生。

坂田一男　さかたかずお　1956没（66歳）。大正・昭和時代の洋画家。1889生。

ヴァン・ドンゲン, キース　1968没（91歳）。フランスに帰化したオランダの画家。1877生。

馬淵美意子　まぶちみいこ　1970没（74歳）。大正・昭和時代の詩人。1896生。

ヴィラール, ジャン　1971没（59歳）。フランスの俳優, 演出家, 演劇指導者。1912生。

エドワード8世（ウィンザー公）　1972没（77歳）。イギリスの元国王。1894生。

大矢市次郎　おおやいちじろう　1972没（78歳）。大正・昭和時代の俳優。1894生。

小汀利得　おばまとしえ　1972没（82歳）。大正・昭和時代の経済評論家, ジャーナリスト。1889生。

シュミット-イッサーシュテット, ハンス　1973没（73歳）。ドイツの指揮者, 作曲家。1900生。

若水ヤエ子　わかみずやえこ　1973没（45歳）。昭和時代の女優。1927生。

平貞蔵　たいらていぞう　1978没（83歳）。大正・昭和時代の経済評論家, 労働運動家。1894生。

ヴィシンスキ, ステファン, 枢機卿　1981没（79歳）。ポーランドの宗教家。1901生。

森戸辰男　もりとたつお　1984没（95歳）。大正・昭和時代の社会学者, 政治家。1888生。

高田敏子　たかだとしこ　1989没（74歳）。昭和時代の詩人。「野火」主宰。1914生。

中村竹弥（2代目）　なかむらたけや　1990没（71歳）。昭和時代の俳優。1918生。

マンガネッリ, ジョルジョ　1990没（67歳）。イタリアの小説家, 評論家。1922生。

神彰　じんあきら　1998没（75歳）。昭和・平成時代の国際プロモーター, 実業家。1922生。

斎藤茂男　さいとうしげお　1999没（71歳）。昭和・平成時代のジャーナリスト, ノンフィクション作家。1928生。

プリゴジン, イリヤ　2003没（86歳）。ベルギーの物理学者, 化学者。1917生。

松岡利勝　まつおかとしかつ　2007没（62歳）。昭和・平成時代の政治家。1945生。

5月28日

5月29日

○記念日○ こんにゃくの日
　　　　　呉服の日
○出来事○ 麒麟ビール発売(1888)
　　　　　アッツ島守備隊玉砕(1943)
　　　　　ヒラリーがエベレスト初登頂(1953)

大伴牛養　おおとものうしかい　749(閏5月)没。奈良時代の官人。

藤原助　ふじわらのすけ　853没(55歳)。平安時代前期の公卿。799生。

藤原姚子　ふじわらのちょうし　989没(19歳)。平安時代中期の女性。花山天皇の女御。971生。

藤原相如　ふじわらのすけゆき　995没(45?歳)。平安時代中期の歌人。0951頃生。

藤原家成　ふじわらのいえなり　1154没(48歳)。平安時代後期の公卿。1107生。

足利義康　あしかがよしやす　1157没(31歳)。平安時代後期の武将。1127生。

曾我時致　そがときむね　1193没(19歳)。平安時代後期・鎌倉時代前期の武士。仇討で有名な曾我兄弟の弟。1174生。

近衛基通　このえもとみち　1233没(74歳)。平安時代後期・鎌倉時代前期の公卿。1160生。

康仁親王　やすひとしんのう　1355没(36歳)。南北朝時代の邦良親王の子。1320生。

聖憲　しょうけん　1392没(86歳)。鎌倉時代後期・南北朝時代の真言宗の僧。1307生。

コンスタンティヌス11世　1453没(49歳)。東ローマ帝国最後の皇帝(在位1449～53)。1404生。

起竜永春　きりゅうえいしゅん　1470没。室町時代の臨済宗の僧。

スコット，トマス　1500没(76歳)。イングランドのローマ・カトリック教会大司教。1423生。

ディアス，バルトロメウ　1500没(50?歳)。ポルトガルの航海者。1450頃生。

姉小路済継　あねがこうじなりつぐ　1518没(49歳)。戦国時代の公卿。1470生。

カイザー，ヤーコプ　1529没。スイスの宗教改革者。

ラトームス，ヤコブス　1544没(69歳)。ルーヴェンのスコラ神学者。1475生。

ビートン，デイヴィド　1546没(52歳)。イギリスの政治家，聖職者。1494生。

メルリン，ヨーアヒム　1571没(57歳)。ドイツの牧師，論争神学者。1514生。

ペンリ，ジョン　1593没(34歳)。イギリスの清教徒。1559生。

ゴンゴラ，ルイス・デ　1627没(65歳)。スペインの詩人。1561生。

岡田善同　おかだよしあつ　1631没(74歳)。安土桃山時代・江戸時代前期の武士。1558生。

常慶　じょうけい　1635没(75歳)。安土桃山時代・江戸時代前期の楽焼の陶工。1561生。

北条氏長　ほうじょううじなが　1670没(62歳)。江戸時代前期の幕府旗本，兵学者。1609生。

板倉重矩　いたくらしげのり　1673没(57歳)。江戸時代前期の大名，老中。1617生。

服部安休　はっとりあんきゅう　1681没(63歳)。江戸時代前期の儒学者，神道家。1619生。

クルムス　1745没(58歳)。ドイツの医学者。1687生。

加賀美光章　かがみみつあき　1782没(72歳)。江戸時代中期の神官，国学者。1711生。

ミュラー，ヨハネス・フォン　1809没(57歳)。ドイツの歴史家。1752生。

ジョゼフィーヌ・ド・ボアルネ　1814没(50歳)。フランス皇帝ナポレオン1世の妃。1763生。

海保青陵　かいほせいりょう　1817没(63歳)。江戸時代中期・後期の経世思想家。1755生。

デイヴィー，サー・ハンフリー　1829没(50歳)。イギリスの化学者。1778生。

フォイエルバッハ　1833没(57歳)。ドイツの刑法学者。1775生。

レレヴェル　1861没(75歳)。ポーランドの歴史家，政治家。1786生。

バックル　1862没(40歳)。イギリスの歴史家。1821生。

戸賀崎熊太郎(3代目)　とがさきくまたろう　1865没(59歳)。江戸時代末期の剣術師。1807

スコット，ウィンフィールド　1866没（79歳）。アメリカの陸軍軍人。1786生。

劉石秋　りゅうせきしゅう　1869没（74歳）。江戸・明治時代の儒学者。1796生。

ペローフ，ヴァシーリー・グリゴリエヴィチ　1882没（48歳）。ロシアの画家。1833生。

小川松民　おがわしょうみん　1891没（45歳）。明治時代の蒔絵師。東京美術学校漆工科雇い。1847生。

バハー・アッラー　1892没（74歳）。イランの宗教家，バハーイー教の始祖。1817生。

ドブレ，ガブリエル・オーギュスト　1896没（81歳）。フランスの地質学者，鉱物学者。1814生。

ザクス，ユリウス・フォン　1897没（64歳）。ドイツの植物学者。1832生。

沖牙太郎　おきぎばたろう　1906没（59歳）。明治時代の実業家。1848生。

バラキレフ，ミリー・アレクセエヴィチ　1910没（73歳）。ロシアの作曲家。1837生。

ギルバート，W.S.　1911没（74歳）。イギリスの劇作家。1836生。

ヒル，ジェイムズ　1916没（77歳）。アメリカの鉄道業者。1838生。

スーク，ユゼフ　1935没（60歳）。チェコのヴァイオリン奏者，作曲家。1875生。

レーデラー　1939没（56歳）。ドイツの経済学者。1882生。

与謝野晶子　よさのあきこ　1942没（65歳）。明治～昭和時代の歌人，詩人，評論家。1878生。

大瀬甚太郎　おおせじんたろう　1944没（80歳）。大正・昭和時代の教育学者。東京文理科大学学長。1865生。

中島重　なかじましげる　1946没（59歳）。大正・昭和時代の政治学者。1888生。

ボロディン　1951没（66歳）。ソ連の政治家。1884生。

柳沢健　やなぎさわけん　1953没（63歳）。大正・昭和時代の外交官，詩人。1889生。

アーベントロート，ヘルマン　1956没（73歳）。ドイツの音楽家。1883生。

ヨアンセン，ヨハネス　1956没（89歳）。デンマークの詩人。1866生。

ヒメネス，フアン・ラモン　1958没（76歳）。スペインの詩人。1881生。

マーケット　1960没（66歳）。GHQ経済科学局長。1894生。

林伯渠　りんはくきょ　1960没（78歳）。中国の政治家。1882生。

ゲゼル，アーノルド　1961没（80歳）。アメリカの児童心理学者。1880生。

橋本多佳子　はしもとたかこ　1963没（64歳）。昭和時代の俳人。「七曜」主宰。1899生。

大野伴睦　おおのばんぼく　1964没（73歳）。昭和時代の政治家。衆議院議員。1890生。

パープスト，ゲオルク・ヴィルヘルム　1967没（72歳）。ドイツの映画監督。1895生。

ショルツ，ヴィルヘルム・フォン　1969没（94歳）。ドイツの小説家，詩人，劇作家，随筆家。1874生。

ガンサー，ジョン　1970没（68歳）。アメリカのジャーナリスト。1901生。

伊藤忠兵衛　いとうちゅうべえ　1973没（86歳）。大正・昭和時代の実業家。伊藤忠商事社長，東洋パルプ会長。1886生。

バー・モー　1977没（84歳）。ビルマの政治家。1893生。

星野直樹　ほしのなおき　1978没（86歳）。昭和時代の官僚，政治家。内閣書記官長，貴院議員（勅選）。1892生。

ピックフォード，メアリ　1979没（86歳）。アメリカの映画女優。1893生。

宋慶齢　そうけいれい　1981没（91歳）。中国の政治家。1890生。

シュナイダー，ロミー　1982没（43歳）。オーストリア生まれの女優。1938生。

丹野セツ　たんのせつ　1987没（84歳）。大正・昭和時代の社会運動家。1902生。

スティーヴンズ，シアカ　1988没（82歳）。シエラレオネの政治家。1905生。

打木村治　うちきむらじ　1990没（86歳）。昭和時代の小説家，児童文学作家。1904生。

ホーネッカー，エーリヒ　1994没（81歳）。ドイツ民主共和国の政治家。1912生。

山際淳司　やまぎわじゅんじ　1995没（46歳）。昭和・平成時代のノンフィクション作家，小説家。1948生。

ゴールドウォーター，バリー・M　1998没（89歳）。アメリカの政治家。1909生。

矢川澄子　やがわすみこ　2002没（71歳）。昭和・平成時代の小説家，詩人，翻訳家。1930生。

岡田眞澄　おかだますみ　2006没（70歳）。昭和・平成時代の俳優。1935生。

5月29日

5月30日

○記念日○ ごみゼロの日
消費者の日
文化財保護法公布記念日
○出来事○ 米原子力潜水艦、横須賀に初寄港（1966）
テルアビブ空港乱射事件（1972）

三野王　みののおう　708没。飛鳥時代の官人。
聖ユベール　727没(71歳)。マーストリヒトおよびリエージュの司教、聖人。656生。
フェルナンド3世　1252没(53歳)。カスティリア王(在位1217～52)、レオン王(在位30～52)。1199生。
ヒエロニュムス(プラハの)　1416没(51?歳)。ボヘミアの哲学者J.フスの弟子。1365頃生。
聖ジャンヌ・ダルク　1431没(19歳)。フランスの聖女。1412生。
プロコプ(大)、アンドレーアス　1434没(54?歳)。ボヘミアの将軍。1380頃生。
プロコプ(小)　1434没。ボヘミアの将軍。
シャルル9世　1574没(23歳)。フランス王(在位1560～74)。1550生。
カービ、ルーク　1582没(34?歳)。イングランドのローマ・カトリック教会司祭。1548頃生。
マーロー、クリストファー　1593没(29歳)。イギリスの劇作家、詩人。1564生。
バラッシャ、バーリント　1594没(39歳)。ハンガリーの詩人。1554生。
レズリ、ジョン　1596没(68歳)。スコットランドの神学者、ロスの主教。1527生。
(グル・)アルジャン　1606没(43歳)。インドのシク教第5祖(1581～1606)。1563生。
デュシェーヌ、アンドレ　1640没(56歳)。フランスの歴史家。1584生。
ルーベンス、ペーテル・パウル　1640没(62歳)。フランドルの画家、外交官。1577生。
ミニャール、ピエール　1695没(82歳)。フランスの画家。1612生。
沾徳　せんとく　1726没(65歳)。江戸時代中期の俳人。1662生。
ポープ、アレグザンダー　1744没(56歳)。イギリスの詩人、批評家。1688生。
太宰春台　だざいしゅんだい　1747没(68歳)。江戸時代中期の儒学者。1680生。

ブーシェ、フランソワ　1770没(66歳)。フランスの画家。1703生。
ヴォルテール　1778没(84歳)。フランスの作家、啓蒙思想家。1694生。
マッキントッシュ　1832没(66歳)。スコットランドの評論家、政治家。1765生。
コンスタブル、ジョン　1837没(60歳)。イギリスの風景画家。1776生。
チャーマーズ、トマス　1847没(67歳)。イギリスの神学者。1780生。
ゴルチャコフ、ミハイル公爵　1861没(66歳)。ロシアの貴族、軍人。1795生。
山路諧孝　やまじゆきたか　1861没(85歳)。江戸時代後期の江戸幕府天文方。1777生。
鼎金城　かなえきんじょう　1863没(53歳)。江戸時代後期の画家。1811生。
カスティージャ、ラモン　1867没(69歳)。ペルーの軍人、政治家。1797生。
沖田総司　おきたそうじ　1868没(27歳)。江戸時代末期の剣士。1842生。
五明楼玉輔(初代)　ごめいろうたますけ　1868没(66歳)。江戸時代末期の落語家。1803生。
ワグナー　1887没(73歳)。ドイツの生物学者。1813生。
アイマー　1898没(54歳)。ドイツの動物学者。1843生。
アレン、ヤング・ジョン　1907没(71歳)。アメリカのメソジスト派宣教師。1836生。
ライト、ウィルバー　1912没(45歳)。アメリカの発明家。1867生。
グラーフ、アルトゥーロ　1913没(65歳)。イタリアの詩人、評論家。1848生。
プレハーノフ、ゲオールギー・ワレンチノヴィチ　1918没(61歳)。ロシアの革命家、思想家。1856生。
モリソン　1920没(58歳)。オーストラリア生れのイギリスのジャーナリスト、医者。1862生。

メラー・ヴァン・デン・ブルック　1925没（49歳）。ドイツの美術史家，政治評論家。1876生。

加藤時次郎　かとうときじろう　1930没（73歳）。明治・大正時代の医師，社会運動家。1858生。

畑英太郎　はたえいたろう　1930没（59歳）。明治・大正時代の陸軍軍人。大将。1872生。

木村庄之助(19代目)　きむらしょうのすけ　1932没（64歳）。明治～昭和時代の相撲行司。1869生。

白井光太郎　しらいみつたろう　1932没（70歳）。明治～昭和時代の植物学者。東京帝国大学教授。1863生。

東郷平八郎　とうごうへいはちろう　1934没（87歳）。明治・大正時代の海軍軍人。元帥，東宮御学文所総裁，侯爵。1848生。

ストモ　1938没（50歳）。インドネシアの民族運動家・医師。1888生。

バリモア，ジョン　1942没（60歳）。アメリカの俳優。1882生。

中山省三郎　なかやましょうざぶろう　1947没（44歳）。昭和時代の詩人，ロシア文学者。1904生。

三遊亭歌笑(3代目)　さんゆうていかしょう　1950没（32歳）。昭和時代の落語家。1917生。

ブロッホ，ヘルマン　1951没（64歳）。オーストリアの作家。1886生。

佐々木到一　ささきとういち　1955没（69歳）。大正・昭和時代の陸軍軍人。中将。1886生。

ペッカネン，トイヴォ　1957没（54歳）。フィンランドのプロレタリア作家。1902生。

ヤーベルク　1958没（81歳）。スイスの言語学者。1877生。

パステルナーク，ボリス・レオニードヴィチ　1960没（70歳）。ソ連の詩人。1890生。

玉松一郎　たままついちろう　1963没（57歳）。昭和時代の漫才師。1906生。

ジラード，リーオ　1964没（66歳）。ハンガリー生れのアメリカの物理学者。1898生。

知里波　ちりなみ　1964没（85歳）。明治～昭和時代のアイヌ文化伝承者。1879生。

イェルムスレウ，ルイス　1965没（65歳）。デンマークの言語学者。1899生。

レインズ，クロード　1967没（77歳）。イギリスの俳優。1889生。

古武弥四郎　こたけやしろう　1968没（88歳）。明治～昭和時代の生化学者。大阪帝国大学教授。1879生。

シャルドンヌ，ジャック　1968没（84歳）。フランスの小説家。1884生。

岡部長景　おかべながかげ　1970没（85歳）。大正・昭和時代の官僚，政治家。貴族院議員，国際文化新興会会長。1884生。

デュプレ，マルセル　1971没（85歳）。フランスの作曲家，オルガン奏者。1886生。

北野善朗　きたのよしろう　1975没（59歳）。昭和時代の実業家。日本ビクター社長。1915生。

片山哲　かたやまてつ　1978没（90歳）。大正・昭和時代の政治家，社会運動家，弁護士。首相，日本社会党委員長。1887生。

新関八洲太郎　にいぜきやすたろう　1978没（81歳）。大正・昭和時代の実業家。1897生。

天津乙女　あまつおとめ　1980没（74歳）。大正・昭和時代の女優。1905生。

王芸生　おううんせい　1980没（79歳）。中国のジャーナリスト。1901生。

ジアウル・ラフマーン　1981没（46歳）。バングラデシュの軍人・政治家。1935生。

ペリシェ　1983没（84歳）。ソ連の革命運動家，政治家。1899生。

今里広記　いまざとひろき　1985没（77歳）。昭和時代の実業家。日本精工社長，経団連常任理事。1907生。

原吉平　はらきちへい　1986没（86歳）。昭和時代の実業家。ジェトロ理事長，ユニチカ会長。1900生。

森永貞一郎　もりながていいちろう　1986没（75歳）。昭和時代の官僚，銀行家。日本銀行総裁。1910生。

武蔵川喜偉　むさしがわよしひで　1987没（78歳）。昭和時代の力士，親方。相撲博物館館長，日本相撲協会理事長。1909生。

ルスカ　1988没（81歳）。ドイツの電子技術者。1906生。

田淵行男　たぶちゆきお　1989没（83歳）。昭和時代の山岳写真家，高山蝶研究家。1905生。

井上光晴　いのうえみつはる　1992没（66歳）。昭和・平成時代の小説家，詩人。1926生。

オネッティ，ファン・カルロス　1994没（84歳）。ウルグアイの作家。1909生。

中村きい子　なかむらきいこ　1996没（68歳）。昭和・平成時代の小説家。1928生。

貴ノ花利彰　たかのはなとしあき　2005没（55歳）。昭和時代の力士。大関。1950生。

今村昌平　いまむらしょうへい　2006没（79歳）。昭和・平成時代の映画監督。1926生。

5月30日

5月31日

○記念日○　世界禁煙デー
○出来事○　浅間山が大噴火（1909）
　　　　　両国に国技館（1909）
　　　　　ペルー大地震で死者7万1000人（1970）

ムッサート，アルベルティーノ　1329没（68歳）。イタリアの文学者，歴史家，政治家。1261生。

ヴラディスラフ2世　1434没（86歳）。ポーランド国王（在位1386～1434）。1348生。

セーセル，クロード・ド　1520没（70?歳）。フランスの政治家，歴史家。1450頃生。

ブレー，ギー・ド　1567没（45歳）。南ネーデルラントの宗教改革者，プロテスタント殉教者。1522生。

ティントレット　1594没（75歳）。イタリアの画家。1518生。

パニガローラ，フランチェスコ　1594没（45歳）。イタリアのフランシスコ会厳修派の神学者，説教者。1548生。

コニンク，ジル・ド　1633没（61歳）。フランスのイエズス会神学者。1571生。

フリードリヒ・ウィルヘルム1世　1740没（51歳）。プロシア王（在位1713～40）。1688生。

オステルマン　1747没（60歳）。ロシアの外交官，政治家。1686生。

シル　1809没（33歳）。プロシアの軍人。1776生。

ハイドン，フランツ・ヨーゼフ　1809没（77歳）。オーストリアの作曲家。1732生。

ランヌ　1809没（40歳）。フランスの軍人。1769生。

亀台尼　きだいに　1810没（75歳）。江戸時代中期・後期の女性。俳人。1736生。

チャマーズ　1825没（83歳）。イギリスの歴史家。1742生。

ガロワ，エヴァリスト　1832没（20歳）。フランスの数学者。1811生。

バウムガルテン-クルージウス，ルートヴィヒ・フリードリヒ・オットー　1843没（54歳）。ドイツのプロテスタント神学者。1788生。

マルハイネケ，フィーリプ・コンラート　1846没（66歳）。ドイツのプロテスタント神学者。1780生。

ゲラン，ウージェニー・ド　1848没（43歳）。フランスの女流文学者。1805生。

岩松助左衛門　いわまつすけざえもん　1872没（69歳）。江戸・明治時代の漁民，庄屋。1804生。

ゲルシュテッカー，フリードリヒ　1872没（56歳）。ドイツの小説家。1816生。

オガリョーフ，ニコライ・プラトノヴィチ　1877没（63歳）。ロシアの詩人，評論家，革命運動家。1813生。

橘耕斎　たちばなこうさい　1885没（66歳）。明治時代の洋学者。1820生。

シュプリンガー，アントーン　1891没（65歳）。ドイツの美術史学者。1825生。

三国大学　みくにだいがく　1896没（87歳）。江戸・明治時代の儒学者。1810生。

フレシェット，ルイ　1908没（68歳）。フランス系カナダの詩人，ジャーナリスト，政治家。1839生。

ブラックウェル，エリザベス　1910没（89歳）。アメリカの医者。1821生。

水野仙子　みずのせんこ　1919没（32歳）。明治・大正時代の小説家。1888生。

三遊亭円遊（2代目）　さんゆうていえんゆう　1924没（58歳）。明治・大正時代の落語家。1867生。

モッセ　1925没（78歳）。ドイツの公法学者。1846生。

柳家つばめ（2代目）　やなぎやつばめ　1927没（52歳）。明治・大正時代の落語家。1876生。

マシューズ，ブランダー　1929没（77歳）。アメリカの文芸評論家。1852生。

ドージャー，チャールズ・ケルゼイ　1933没（57歳）。アメリカの南バプテスト派教会宣教師。1876生。

嶋田青峰　しまだせいほう　1944没（63歳）。明治～昭和時代の俳人。1882生。

オーデブレヒト　1945没（62歳）。ドイツの美学者。1883生。

坂西利八郎　ばんざいりはちろう　1950没（78歳）。明治〜昭和時代の陸軍軍人。中国政府顧問、貴族院議員。1871生。

タートリン, ヴラディミル・エヴグラフォヴィチ　1953没（67歳）。ロシアの彫刻家、建築家。1885生。

スタッフ, レオポルド　1957没（78歳）。ポーランドの抒情詩人。1878生。

フンク, ヴァルター　1960没（69歳）。ドイツの経済学者。1890生。

石森直人　いしもりなおと　1961没（71歳）。昭和時代の蚕糸学者。東京教育大学教授。1890生。

トルヒージョ・モリナ　1961没（69歳）。ドミニカの軍人、政治家。1891生。

アイヒマン, カール・アドルフ　1962没（56歳）。元ナチス秘密警察ユダヤ課長、親衛隊中佐。1906生。

高島春雄　たかしまはるお　1962没（55歳）。昭和時代の動物学者。1907生。

塩谷不二雄　しおのやふじお　1963没（80歳）。明治〜昭和時代の内科医学者。東京大学教授。1882生。

藤田武雄　ふじたたけお　1964没（73歳）。昭和時代の実業家。大成建設社長。1891生。

樺島勝一　かばしまかついち　1965没（76歳）。大正・昭和時代の挿絵画家。1888生。

酒詰仲男　さかづめなかお　1965没（63歳）。昭和時代の考古学者。同志社大学教授。1902生。

ボナール, アベル　1968没（84歳）。フランスの詩人、評論家。1883生。

リンデグレン, エーリック　1968没（57歳）。スウェーデンの詩人。1910生。

菊池豊三郎　きくちとよさぶろう　1971没（78歳）。大正・昭和時代の文部官僚。横浜市立大学長。1892生。

高橋鉄　たかはしてつ　1971没（63歳）。昭和時代の性風俗研究家、小説家。1907生。

山口蓬春　やまぐちほうしゅん　1971没（77歳）。大正・昭和時代の日本画家。1893生。

岩佐東一郎　いわさとういちろう　1974没（69歳）。大正・昭和時代の詩人、随筆家。1905生。

木村伊兵衛　きむらいへえ　1974没（72歳）。昭和時代の写真家。日本写真家協会会長、日中文化交流協会常任理事。1901生。

モノー, ジャック　1976没（66歳）。フランスの生化学者。1910生。

スンスネギ, ファン・アントニオ・デ　1982没（80歳）。スペインの小説家。1901生。

米原昶　よねはらいたる　1982没（73歳）。昭和時代の政治家。衆院議員。1909生。

デンプシー, ジャック　1983没（87歳）。アメリカのプロボクサー。1895生。

三木安正　みきやすまさ　1984没（70歳）。昭和時代の教育心理学者。東京大学教授、全日本特殊教育研究連盟理事長。1913生。

レインウォーター, レオ・ジェイムズ　1986没（68歳）。アメリカの物理学者。1917生。

福永健司　ふくながけんじ　1988没（77歳）。昭和時代の政治家。厚生大臣、労働大臣。1910生。

ラティモア, オーウェン　1989没（88歳）。アメリカのアジア研究家。1900生。

吉岡実　よしおかみのる　1990没（71歳）。昭和時代の詩人。1919生。

ウィルソン, アンガス　1991没（77歳）。イギリスの小説家。1913生。

グエン・バン・ロック　1991没（69歳）。ベトナム共和国の政治家。1922生。

星野芳樹　ほしのよしき　1992没（83歳）。昭和時代のジャーナリスト。静岡新聞編集主幹、参議院議員（労農党）。1909生。

西条凡児　さいじょうぼんじ　1993没（78歳）。昭和時代の漫談家、テレビ司会者。1914生。

佐橋滋　さはしげる　1993没（80歳）。昭和時代の官僚。通産省事務次官。1913生。

中谷泰　なかたにたい　1993没（84歳）。昭和・平成時代の洋画家。東京芸術大学教授。1909生。

富岡惣一郎　とみおかそういちろう　1994没（72歳）。昭和・平成時代の洋画家。1922生。

平岡武夫　ひらおかたけお　1995没（85歳）。昭和・平成時代の中国哲学者。京都大学教授、日本大学教授。1909生。

米川文子　よねかわふみこ　1995没（100歳）。明治〜昭和時代の地歌・箏曲家。1894生。

金子金治郎　かねこきんじろう　1999没（92歳）。昭和・平成時代の俳人、国文学者。東海大学教授。1907生。

ピューマ, ジョー　2000没（72歳）。アメリカのジャズ・ギタリスト。1927生。

プエンテ　2000没（75歳）。アメリカのティンバレス奏者・バンドリーダー。1925生。

5月31日

6月
June
水無月

◎忌　日◎
紅緑忌(6.3) ／ 桜桃忌(6.13)
独歩忌(6.23) ／ 芙美子忌(6.28)

6月1日

○記念日○ 衣替え(更衣)
　　　　　気象記念日
　　　　　電波の日
○出来事○ 日比谷公園開園(1903)
　　　　　マイルドセブン発売(1977)

藤原御楯　ふじわらのみたて　764没(50歳)。奈良時代の官人。715生。

藤原遵子　ふじわらのじゅんし　1017没(61歳)。平安時代中期の女性。円融天皇の皇后。957生。

藤原季仲　ふじわらのすえなか　1119没(74歳)。平安時代中期・後期の公卿。1046生。

西因　さいいん　1121没。平安時代後期の天台宗の僧。

西光　さいこう　1177没。平安時代後期の廷臣、僧。

藤原清季　ふじわらのきよすえ　1227没(54歳)。鎌倉時代前期の公卿。1174生。

坊門信家　ぼうもんのぶいえ　1274没。鎌倉時代前期の公卿。

ドルチーノ, フラ　1307没。イタリア中世の農民蜂起の指導者。

李士行　りしこう　1328没(46歳)。中国、元代の文人画家。1282生。

洞院実夏　とういんさねなつ　1367没(53歳)。南北朝時代の公卿。1315生。

聖観　しょうかん　1369没(83歳)。鎌倉時代後期・南北朝時代の浄土宗の僧。1287生。

友山思偲　ゆうざんしさい　1370没(70歳)。南北朝時代の臨済宗の僧。1301生。

日野家秀　ひのいえひで　1432没(32歳)。室町時代の公卿。1401生。

良大　りょうだい　1514没。戦国時代の浄土宗の僧。

普山彭寿　ふさんほうじゅ　1526没。戦国時代の曹洞宗の僧。

ジョアン3世　1557没(54歳)。ポルトガル王(在位1521～57)。1502生。

ストーリ, ジョン　1571没(61?歳)。ローマ・カトリックの殉教者。1510頃生。

里見義尭　さとみよしたか　1574没(68歳)。戦国時代・安土桃山時代の武将。1507生。

国巌大佐　こくがんだいさ　1616没。安土桃山時代・江戸時代前期の曹洞宗の僧。

エルナンド・デ・サン・ホセ　1617没(41歳)。スペインのアウグスティノ会宣教師。1575生。

デュルフェ, オノレ　1625没(58歳)。フランスの小説家, 詩人。1567生。

ユルフェ, オノレ・ド　1625没(57歳)。フランスの小説家。1568生。

文察女王　ぶんさつじょおう　1683没(30歳)。江戸時代前期・中期の女性。後水尾天皇の第18皇女。1654生。

林鳳岡　はやしほうこう　1732没(89歳)。江戸時代前期・中期の儒学者。1644生。

江島其磧　えじまきせき　1735没(70歳)。江戸時代中期の浮世草子作者。1666生。

矢田部通寿　やたべつうじゅ　1768没(72歳)。江戸時代中期の金工家。1697生。

佐竹曙山　さたけしょざん　1785没(38歳)。江戸時代中期の大名。1748生。

本間四郎三郎　ほんましろうさぶろう　1801没(70歳)。江戸時代中期・後期の大地主, 豪商。1732生。

ギルレイ, ジェイムズ　1815没(58歳)。イギリスの諷刺漫画家。1757生。

ダヴー, ルイ・ニコラ　1823没(53歳)。フランスの軍人。1770生。

生田万　いくたよろず　1837没(37歳)。江戸時代後期の石見浜田藩士, 上野館林藩士, 国学者。1801生。

ウィルキー, サー・デイヴィド　1841没(55歳)。スコットランドの風俗画家。1785生。

グレゴリウス16世　1846没(80歳)。教皇(在位1831～46)。1765生。

コンコーネ, ジュゼッペ　1861没(59歳)。イタリアの作曲家, 声楽教師。1801生。

洪秀全　こうしゅうぜん　1864没(50歳)。中国、太平天国の最高指導者。1814生。

シュタウト　1867没(69歳)。ドイツの数学者。1798生。

ブキャナン, ジェイムズ 1868没(77歳)。アメリカの政治家, 第15代大統領。1791生。

浦靭負 うらゆきえ 1870没(76歳)。江戸時代末期・明治時代の長州(萩)藩寄組。1795生。

川本幸民 かわもとこうみん 1871没(62歳)。江戸時代末期・明治時代の物理・化学・蘭方医学者。1810生。

ベネット, ジェイムズ・ゴードン 1872没(76歳)。アメリカの新聞編集者。1795生。

リーヴァー, チャールズ 1872没(65歳)。アイルランドの小説家。1806生。

リヴィングストン, デイヴィド 1873没(60歳)。イギリスの探検家, 伝道師。1813生。

近藤富蔵 こんどうとみぞう 1887没(83歳)。江戸・明治時代の地史家。1805生。

カステーロ・ブランコ, カミーロ 1890没(65歳)。ポルトガルの小説家。1825生。

グロート, クラウス 1899没(80歳)。ドイツの詩人。1819生。

大橋乙羽 おおはしおとわ 1901没(33歳)。明治時代の小説家。1869生。

バーナム, ダニエル・ハドソン 1912没(65歳)。アメリカの建築家。1846生。

ギトリー, リュシアン・ジェルマン 1925没(64歳)。フランスの俳優。1860生。

ビュリー, ジョン・バグネル 1927没(65歳)。イギリスの古典学者, 歴史学者。1861生。

福田雅太郎 ふくだまさたろう 1932没(67歳)。明治・大正時代の陸軍人。1866生。

久保天随 くぼてんずい 1934没(60歳)。明治～昭和時代の漢文学者。台北帝国大学教授。1875生。

金子馬治 かねこうまじ 1937没(68歳)。明治～昭和時代の文芸評論家, 哲学者。早稲田大学教授。1870生。

ロワジ, アルフレッド・フィルマン 1940没(83歳)。フランスの神学者, 聖書学者。1857生。

ウォルポール, ヒュー 1941没(57歳)。イギリスの小説家。1884生。

ベルガー, ハンス 1941没(68歳)。ドイツの精神病, 神経病学者。1873生。

ヴァンチュラ, ヴラジスラフ 1942没(50歳)。チェコの作家, 医者。1891生。

アントネスク, イオン 1946没(63歳)。ルーマニアの将軍。1882生。

スレザーク, レオ 1946没(72歳)。ドイツのテノール歌手。1873生。

アルタミラ・イ・クレベア 1951没(85歳)。スペインの歴史家, 法律家。1866生。

デューイ, ジョン 1952没(92歳)。アメリカの哲学者, 教育学者, 心理学者。1859生。

ネクセー, マーティン・アナセン 1954没(84歳)。デンマークの小説家。1869生。

西川たつ にしかわたつ 1959没(63歳)。明治～昭和時代の俗曲演奏家。1895生。

牧野良三 まきのりょうぞう 1961没(76歳)。大正・昭和時代の政治家。法相, 衆議院議員。1885生。

越野栄松(初代) こしのえいしょう 1965没(78歳)。大正・昭和時代の箏曲家。1887生。

清元梅吉(3代目) きよもとうめきち 1966没(76歳)。明治～昭和時代の浄瑠璃三味線方。1889生。

ルーカス, F.L. 1967没(72歳)。イギリスの文学者。1894生。

ケラー, ヘレン 1968没(87歳)。アメリカの女流教育家。1880生。

ニーバー, ラインホルト 1971没(78歳)。アメリカのプロテスタント神学者, 文明批評家。1892生。

グリーゼ, フリードリヒ 1975没(84歳)。ドイツの農民文学作家。1890生。

フォルスマン, ヴェルナー 1979没(74歳)。ドイツの外科医。1904生。

瓜生卓造 うりゅうたくぞう 1982没(62歳)。昭和時代の小説家。1920生。

ゼーガース, アンナ 1983没(82歳)。東ドイツの女流作家。1900生。

柳兼子 やなぎかねこ 1984没(92歳)。大正・昭和時代のアルト歌手。国立音楽大学教授。1892生。

樫山純三 かしやまじゅんぞう 1986没(84歳)。昭和時代の実業家。樫山会長。1901生。

岩村忍 いわむらしのぶ 1988没(82歳)。昭和時代の東洋史学者。京都大学教授, 日本モンゴル学会会長。1905生。

チーホノフ, ニコライ・アレクサンドロヴィチ 1997没(92歳)。ソ連邦の政治家。1905生。

松田道雄 まつだみちお 1998没(89歳)。昭和・平成時代の小児科医, 評論家。1908生。

ビレンドラ・ビル・ビクラム・シャー 2001没(55歳)。ネパール国王。1945生。

石立鉄男 いしだててつお 2007没(64歳)。昭和・平成時代の俳優。1942生。

6月1日

6月2日

○記念日○ 横浜港・長崎港開港記念日
　　　　　路地の日
○出来事○ 龍安寺創建（1450）
　　　　　本能寺の変（1582）
　　　　　エリザベス2世が戴冠式（1953）

紀大人　きのうし　683没。飛鳥時代の廷臣。
忌部色弗　いんべのしこぶち　701没。飛鳥時代の中級官僚。
巨勢多益須　こせのたやす　710没（48歳）。飛鳥時代の官人。663生。
橘常主　たちばなのつねぬし　826没（40歳）。平安時代前期の公卿。787生。
朱全忠　しゅぜんちゅう　912没（59歳）。中国、五代後梁の初代皇帝（在位907～912）。852生。
仁敘　にんこう　949没（75歳）。平安時代中期の法相宗の僧。875生。
オド（カンタベリの）　959没。イギリスのカンタベリの大司教、聖人。
平頼盛　たいらのよりもり　1186没（55歳）。平安時代後期の武将。1132生。
藤原光長　ふじわらのみつなが　1195没（52歳）。平安時代後期・鎌倉時代前期の公卿。1144生。
ジョン（オックスフォードの）　1200没。イングランドのノーリジの司教、法学者。
日野資朝　ひのすけとも　1332没（43歳）。鎌倉時代後期の公卿。1290生。
真観　しんかん　1341没（67歳）。鎌倉時代後期・南北朝時代の僧。1275生。
証賢　しょうけん　1345没（81歳）。鎌倉時代後期・南北朝時代の浄土宗の僧。1265生。
万里小路仲房　までのこうじなかふさ　1388没（66歳）。南北朝時代の公卿。1323生。
ルナ　1453没（63?歳）。サンチアゴの太守。1390生。
武田信賢　たけだのぶかた　1471没（52歳）。室町時代の武将。1420生。
雪同宗深　せっこうそうしん　1486没（79歳）。室町時代・戦国時代の僧。1408生。
ノーフォーク公　1572没（36歳）。イギリスの貴族。1536生。
波多野秀治　はたのひではる　1579没。戦国時代・安土桃山時代の武士。

穴山信君　あなやまのぶきみ　1582没（42歳）。安土桃山時代の武将。1541生。
阿野局　あののつぼね　1582没。安土桃山時代の女性。織田信長の侍女。
岡部又右衛門　おかべまたえもん　1582没。安土桃山時代の大工。
織田信忠　おだのぶただ　1582没（26歳）。安土桃山時代の武将。織田信長の長子。1557生。
織田信長　おだのぶなが　1582没（49歳）。安土桃山時代の武将、右大臣。1534生。
村井貞勝　むらいさだかつ　1582没。安土桃山時代の武将。
毛利新介　もうりしんすけ　1582没。安土桃山時代の武将。
森蘭丸　もりらんまる　1582没（17歳）。安土桃山時代の武将。1565生。
甫叔　ほしゅく　1586没（59歳）。戦国時代・安土桃山時代の浄土宗の僧。1528生。
海北友松　かいほうゆうしょう　1615没（83歳）。安土桃山時代・江戸時代前期の画家。1533生。
ブラウン，ロバート　1633没（83?歳）。イギリスの宗教家。1550頃生。
松永尺五　まつながせきご　1657没（66歳）。江戸時代前期の儒学者。1592生。
住吉如慶　すみよしじょけい　1670没（72歳）。江戸時代前期の画家。1599生。
スキュデリー，マドレーヌ・ド　1701没（93歳）。フランスの女流作家。1607生。
織田貞置　おださだおき　1705没（89歳）。江戸時代前期・中期の武士、茶人。1617生。
尾形光琳　おがたこうりん　1716没（59歳）。江戸時代前期・中期の画家、工芸家。1658生。
有賀長伯　あるがちょうはく　1737没（77歳）。江戸時代中期の歌人、歌学者。1661生。
尾形乾山　おがたけんざん　1743没（81歳）。江戸時代中期の京焼の名工、画家。1663生。
直仁親王　なおひとしんのう　1753没（50歳）。東山天皇の第6皇子。1704生。

大谷広次(2代目)　おおたにひろじ　1757没(41歳)。江戸時代中期の歌舞伎役者。1717生。

お古牟の方　おこむのかた　1766没(77歳)。江戸時代中期の女性。6代将軍徳川家宣の側室。1690生。

蘆東山　あしとうざん　1776没(81歳)。江戸時代中期の儒学者。1696生。

正親町三条公積　おおぎまちさんじょうきんつむ　1777没(57歳)。江戸時代中期の公家。1721生。

レ・クイ・ドン　1784没(57歳)。ベトナム黎朝末期の文学者, 政治家。1726生。

銅脈先生　どうみゃくせんせい　1801没(50歳)。江戸時代中期・後期の狂詩作者。1752生。

加納久周　かのうひさのり　1811没(59歳)。江戸時代中期・後期の大名, 若年寄。1753生。

烏亭焉馬(初代)　うていえんば　1822没(80歳)。江戸時代中期・後期の戯作者。1743生。

六郷新三郎(2代目)　ろくごうしんざぶろう　1834没(93歳)。江戸時代後期の長唄囃子方。1742生。

アラマン, ルーカス　1853没(60歳)。メキシコの政治家, 歴史家。1792生。

大橋慎　おおしいん　1872没(38歳)。江戸・明治時代の高知藩士。1835生。

オイレンブルク　1881没(65歳)。プロイセン(ドイツ)の政治家。1815生。

リトレ, エミール　1881没(80歳)。フランスの文献学者, 哲学者。1801生。

ガリバルディ, ジュゼッペ　1882没(74歳)。イタリアの愛国者, イタリア統一運動指導者。1807生。

オストロフスキー, アレクサンドル・ニコラエヴィチ　1886没(63歳)。ロシアの劇作家。1823生。

松平慶永　まつだいらよしなが　1890没(63歳)。江戸・明治時代の福井藩主。1828生。

森寛斎　もりかんさい　1894没(81歳)。江戸・明治時代の日本画家。1814生。

津田出　つだいずる　1905没(74歳)。江戸・明治時代の和歌山藩士。貴族院議員。1832生。

荒木寛畝　あらきかんぽ　1915没(85歳)。明治・大正時代の日本画家。1831生。

王国維　おうこくい　1927没(49歳)。中国, 清末・民国の歴史家, 文学者。1877生。

遠藤波津子(初代)　えんどうはつこ　1933没(72歳)。明治・大正時代の美容師。1862生。

ゲーリッグ, ルー　1941没(37歳)。アメリカのプロ野球選手。1903生。

平山信　ひらやましん　1945没(79歳)。明治〜昭和時代の天文学者。東京天文台台長。1867生。

アラン　1951没(83歳)。フランスの哲学者。1868生。

山川智応　やまかわちおう　1956没(77歳)。明治〜昭和時代の仏教学者。1879生。

コーフマン, ジョージ・S.　1961没(71歳)。アメリカの劇作家。1889生。

サックヴィル - ウェスト, ヴィタ　1962没(70歳)。イギリスの女流詩人, 小説家。1892生。

金沢庄三郎　かなざわしょうざぶろう　1967没(95歳)。明治〜昭和時代の言語学者, 国語学者。1872生。

ウンガレッティ, ジュゼッペ　1970没(82歳)。イタリアの詩人。1888生。

尾崎久弥　おざききゅうや　1972没(81歳)。大正・昭和時代の国文学者。1890生。

高村豊周　たかむらとよちか　1972没(81歳)。大正・昭和時代の鋳金家, 歌人。東京美術学校教授, 人間国宝。1890生。

近衛秀麿　このえひでまろ　1973没(74歳)。昭和時代の指揮者, 作曲家。新交響楽団主宰。1898生。

アッザーム　1976没(83歳)。エジプトの政治家。1893生。

小田岳夫　おだたけお　1979没(78歳)。大正・昭和時代の外交官, 小説家。1900生。

セゴヴィア, アンドレス　1987没(93歳)。スペインのギタリスト。1894生。

ペルー　1987没(83歳)。フランスの経済学者。1903生。

加倉井秋を　かくらいあきお　1988没(78歳)。昭和時代の俳人。武蔵大学教授。1909生。

ハリソン, レックス　1990没(82歳)。イギリスの俳優。1908生。

森脇将光　もりわきまさみつ　1991没(91歳)。昭和時代の金融業者。吹原産業社長。1900生。

井出一太郎　いでいちたろう　1996没(84歳)。昭和時代の政治家, 歌人。衆議院議員。1912生。

薮内清　やぶうちきよし　2000没(94歳)。昭和時代の天文学者, 科学史家。1906生。

羽田健太郎　はねだけんたろう　2007没(58歳)。昭和・平成時代の作曲家、ピアニスト。1949生。

6月2日

6月3日

○記念日○　山の日
　　　　　　測量の日
○出来事○　ペリーの黒船来航(1853)
　　　　　　福本豊、盗塁939の世界記録(1983)
　　　　　　雲仙普賢岳で火砕流(1991)

聖クロティルド　545没(71歳)。フランク王妃、聖女。474生。

大伴馬来田　おおとものまくだ　683没。飛鳥時代の廷臣。

藤原乙叡　ふじわらのたかとし　808没(48歳)。奈良時代・平安時代前期の公卿。761生。

藤原媓子　ふじわらのこうし　979没(33歳)。平安時代中期の女性。円融天皇の皇后。947生。

藤原重通　ふじわらのしげみち　1161没(63歳)。平安時代後期の公卿。1099生。

隆憲　りゅうけん　1208没(57歳)。平安時代後期・鎌倉時代前期の僧。1152生。

安達義景　あだちよしかげ　1253没(44歳)。鎌倉時代前期の武将、引付頭人。1210生。

綾小路茂賢　あやのこうじしげかた　1325没。鎌倉時代後期の公卿。

慈雲妙意　じうんみょうい　1345没(72歳)。鎌倉時代後期・南北朝時代の臨済宗法燈派の僧。1274生。

中御門宣明　なかみかどのぶあき　1365没(64歳)。鎌倉時代後期・南北朝時代の公卿。1302生。

不見明見　ふけんみょうけん　1410没(64歳)。南北朝時代・室町時代の曹洞宗の僧。1347生。

彦竜周興　げんりゅうしゅうこう　1491没(34歳)。室町時代・戦国時代の臨済宗の僧。1458生。

アリエンティ, ジョヴァンニ・サバディーノ・デッリ　1510没(65?歳)。イタリアの文人。1445頃生。

松木宗綱　まつきむねつな　1525没(81歳)。室町時代・戦国時代の公卿。1445生。

スマラガ, ホアン・デ　1548没(80?歳)。スペインの聖職者。1468頃生。

フーバー, ヴォルフ　1553没(73?歳)。ドイツの画家。1480生。

ウルダネータ, アンドレス・デ　1568没(70歳)。スペインのアウグスティノ会宣教師。1498生。

板部岡江雪　いたべおかこうせつ　1609没(74歳)。安土桃山時代・江戸時代前期の武将。1536生。

金森可重　かなもりよししげ　1615(閏6月)没(58歳)。安土桃山時代・江戸時代前期の大名。1558生。

鍋島直茂　なべしまなおしげ　1618没(81歳)。安土桃山時代・江戸時代前期の大名。1538生。

好仁親王　よしひとしんのう　1638没(36歳)。江戸時代前期の皇族。後陽成天皇の第7皇子。1603生。

長谷川角行　はせがわかくぎょう　1646没(106歳)。安土桃山時代・江戸時代前期の富士行者。1541生。

本多政重　ほんだまさしげ　1647没(68歳)。江戸時代前期の武将。1580生。

伊丹康勝　いたみやすかつ　1653没(79歳)。安土桃山時代・江戸時代前期の大名。1575生。

ハーヴィー, ウィリアム　1657没(79歳)。イギリスの医学者、生理学者。1578生。

下河辺長流　しもこうべちょうりゅう　1686没(60歳)。江戸時代前期の歌人・歌学者。1627生。

バルディヌッチ, フィリッポ　1696没(72歳)。イタリアの美術研究家。1624生。

佐々十竹　さっさじっちく　1698没(59歳)。江戸時代前期の歴史家。1640生。

永井直敬　ながいなおひろ　1711没(48歳)。江戸時代中期の大名。1664生。

米沢彦八(初代)　よねざわひこはち　1714没。江戸時代中期の落語家。

小川破笠　おがわはりつ　1747没(85歳)。江戸時代中期の漆芸家。1663生。

ハッチンソン, T.　1780没(68歳)。マサチューセッツ植民地総督。1711生。

伊庭可笑　いばかしょう　1783没(37歳)。江戸時代中期の戯作者。1747生。

アユイ, ルネ・ジュスト　1822没(79歳)。フランスの鉱物学者、結晶学の建設者。

1743生。

レミューザ　1832没(43歳)。フランスの中国学者。1788生。

日下誠　くさかまこと　1839没(76歳)。江戸時代後期の和算家。1764生。

アペール, ニコラ・フランソワ　1841没(92歳)。パリの料理人。1749生。

アングレーム, ルイ・アントワーヌ・ド・ブルボン, 公爵　1844没(68歳)。フランスの最後の王太子。1775生。

真田幸貫　さなだゆきつら　1852没(62歳)。江戸時代末期の大名。1791生。

ダグラス, S.A.　1861没(48歳)。アメリカの政治家。1813生。

ビゼー, ジョルジュ　1875没(36歳)。フランスの作曲家。1838生。

ケッヘル, ルートヴィヒ・フォン　1877没(77歳)。オーストリアの音楽史家。1800生。

トムソン, ジェイムズ　1882没(47歳)。イギリスの詩人。1834生。

岸本芳秀　きしもとよしひで　1890没(70歳)。江戸・明治時代の音楽家。1821生。

中山元成　なかやまもとなり　1892没(75歳)。江戸・明治時代の茶業家。1818生。

フィードラー, コンラート　1895没(53歳)。ドイツの芸術学者。1841生。

シュトラウス, ヨーハン　1899没(73歳)。オーストリアの作曲家, 指揮者, ヴァイオリン奏者。1825生。

横山源之助　よこやまげんのすけ　1915没(45歳)。明治時代の社会問題研究家。1871生。

カフカ, フランツ　1924没(40歳)。ユダヤ系ドイツ人の作家。1883生。

黎元洪　れいげんこう　1928没(64歳)。中国, 民国前期の軍人, 政治家。1864生。

ヴェレサーエフ, ヴィケンチー　1945没(78歳)。ロシア, ソ連の小説家。1867生。

カリーニン　1946没(70歳)。ソ連の政治家。1875生。

佐藤紅緑　さとうこうろく　1949没(76歳)。明治～昭和時代の小説家, 俳人。1874生。

白鳥敏夫　しらとりとしお　1949没(63歳)。昭和時代の外交官, 政治家。1887生。

恩地孝四郎　おんちこうしろう　1955没(63歳)。大正・昭和時代の版画家, 装幀家。1891生。

山本玄峰　やまもとげんぽう　1961没(95歳)。明治～昭和時代の臨済宗妙心寺派僧侶。妙心寺派管長。1866生。

塩谷温　しおのやおん　1962没(83歳)。明治～昭和時代の中国文学者。1878生。

ナズム・ヒクメト・ラン　1963没(61歳)。トルコの詩人, 劇作家。1902生。

ヨハネス23世　1963没(81歳)。教皇(在位1958～63)。1881生。

シッランパー, フランス・エーミル　1964没(75歳)。フィンランドの小説家。1888生。

クリュイタンス, アンドレ　1967没(62歳)。ベルギーの指揮者。1905生。

ランサム, アーサー　1967没(83歳)。イギリスの小説家。1884生。

石黒宗麿　いしぐろむねまろ　1968没(75歳)。大正・昭和時代の陶芸家。1893生。

シャハト, ヒャルマー　1970没(93歳)。ドイツ財政家。1877生。

カンピーリ, マッシモ　1971没(75歳)。イタリアの具象画家。1895生。

剣持勇　けんもちいさむ　1971没(59歳)。昭和時代のインテリア・デザイナー。1912生。

ホイル, フレッド　1971没(55歳)。イギリスの天文学者, 作家。1915生。

佐藤栄作　さとうえいさく　1975没(74歳)。昭和時代の政治家。衆議院議員, 内閣総理大臣。1901生。

川崎弘子　かわさきひろこ　1976没(64歳)。昭和時代の女優。1912生。

ヒル, アーチボルド・ヴィヴィアン　1977没(90歳)。イギリスの生理学者。1886生。

ロッセッリーニ, ロベルト　1977没(71歳)。イタリアの映画監督。1906生。

蝶花楼馬楽(6代目)　ちょうかろうばらく　1987没(79歳)。昭和時代の落語家。1908生。

ホメイニー, アーヤトッラー・ルーホッラー　1989没(89歳)。イランのイスラム教シーア派の最高指導者。1900生。

永田武　ながたたけし　1991没(77歳)。昭和時代の地球物理学者。1913生。

龍胆寺雄　りゅうたんじゆう　1992没(91歳)。昭和・平成時代の小説家。1901生。

エッカート, ジョン・プロスパー2世　1995没(76歳)。アメリカの電気工学者。1919生。

クイン, アンソニー　2001没(86歳)。アメリカの俳優。1915生。

清岡卓行　きよおかたかゆき　2006没(83歳)。昭和・平成時代の詩人, 作家。1922生。

6月3日

6月4日

○記念日○　虫の日
　　　　　虫歯予防デー
○出来事○　日本初の水力発電所完成（1892）
　　　　　張作霖爆殺事件（1928）
　　　　　天安門事件（1989）

長皇子　ながのみこ　715没。天武天皇の第4皇子。

秦嶋麻呂　はたのしままろ　747没。奈良時代の官人。

最澄　さいちょう　822没（56歳）。奈良時代・平安時代前期の僧。767生。

葛原親王　かつらはらしんのう　853没（68歳）。平安時代前期の皇族、官人。786生。

藤原忠輔　ふじわらのただすけ　1013没（70歳）。平安時代中期の公卿。944生。

コンラート2世　1039没（49?歳）。ザリエル朝初代の神聖ローマ皇帝（在位1024～39）。990頃生。

隆覚　りゅうかく　1158没（85歳）。平安時代後期の法相宗の僧。1074生。

重源　ちょうげん　1206没（86歳）。平安時代後期・鎌倉時代前期の僧。1121生。

藤原成家　ふじわらのなりいえ　1220没（66歳）。平安時代後期・鎌倉時代前期の公卿。1155生。

蔵叟朗誉　ぞうそうろうよ　1277没（84歳）。鎌倉時代前期の臨済宗の僧。1194生。

鷹司伊頼　たかつかさこれより　1283没（62歳）。鎌倉時代後期の公卿。1222生。

衣笠冬良　きぬがさふゆよし　1308没（42歳）。鎌倉時代後期の公卿。1267生。

御子左為親　みこひだりためつか　1341没。鎌倉時代後期・南北朝時代の公卿。

清渓　せいけい　1382没。南北朝時代の臨済宗の尼僧。

無因宗因　むいんそういん　1410没（85歳）。南北朝時代・室町時代の臨済宗の僧。1326生。

フラーヴィオ・ブロンド　1463没（70歳）。イタリアの考古学者、歴史家。1392生。

良本　りょうほん　1487没（80歳）。室町時代・戦国時代の浄土宗の僧。1408生。

相良為続　さがらためつぐ　1500没（54歳）。室町時代・戦国時代の武将。1447生。

大巌宗梅　たいがんそうばい　1502没。室町時代・戦国時代の曹洞宗の僧。

浦上村宗　うらがみむらむね　1531没。戦国時代の武将、播磨国守護代。

清水宗治　しみずむねはる　1582没（46歳）。安土桃山時代の武将。1537生。

ムレトゥス　1585没（59歳）。フランスの人文主義者、古典学者。1526生。

狩野光信　かのうみつのぶ　1608没（44歳）。安土桃山時代・江戸時代前期の画家。1565生。

カラッチョリ, フランチェスコ　1608没（44歳）。イタリアの聖職者、聖人。1563生。

真田昌幸　さなだまさゆき　1611没（65歳）。安土桃山時代・江戸時代前期の大名。1547生。

前田利孝　まえだとしたか　1637没（44歳）。江戸時代前期の大名。1594生。

ルメルシェ, ジャック　1654没（69?歳）。フランスの建築家。1585頃生。

聖竺女王　しょうじくじょおう　1670没（37歳）。江戸時代前期の女性。伏見宮貞清親王の王女。1634生。

菱川師宣　ひしかわもろのぶ　1694没（77歳）。江戸時代前期の浮世絵派の絵師。1618生。

真宮理子　さなのみやさとこ　1710没（20歳）。江戸時代中期の女性。徳川吉宗の正室、伏見宮貞致親王の第4王女。1691生。

伊達綱宗　だてつなむね　1711没（72歳）。江戸時代前期・中期の大名。1640生。

ルモワーヌ, フランソワ　1737没（49歳）。フランスの画家。1688生。

竹田出雲（初代）　たけだいずも　1747没。江戸時代中期の大坂の人形浄瑠璃興行主, 作者。

河村殷根　かわむらしげね　1768没（20歳）。江戸時代中期の歌人。1749生。

田安宗武　たやすむねたけ　1771没（57歳）。江戸時代中期の田安家の初代当主。1715生。

カサノーヴァ, ジョヴァンニ・ジャーコモ　1798没（73歳）。流浪と漁色の旅に生きたイタリア人。1725生。

道隠　どうおん　1813没(73歳)。江戸時代中期・後期の浄土真宗本願寺派の学僧。1741生。

グラタン, ヘンリー　1820没(73歳)。アイルランドの政治家。1746生。

スクレ, アントニオ・ホセ・デ　1830没(37歳)。ラテンアメリカ独立運動の指導者。1793生。

渡部斧松　わたなべおのまつ　1856没(64歳)。江戸時代末期の和田藩の農政家。1793生。

シーニアー　1864没(73歳)。イギリスの経済学者。1790生。

トルベッケ　1872没(74歳)。オランダの法学者, 政治家。1798生。

モニュシコ, スタニスワフ　1872没(53歳)。ポーランドの作曲家。1819生。

メーリケ, エードゥアルト　1875没(70歳)。ドイツの詩人。1804生。

アブデュル-アジズ　1876没(46歳)。オスマン・トルコ帝国第32代スルタン(在位1861～76)。1830生。

清水六兵衛(3代目)　きよみずろくべえ　1883没(62歳)。江戸時代末期・明治時代の京焼の陶工。1822生。

川村迂叟　かわむらうそう　1885没(64歳)。江戸・明治時代の商人。1822生。

矢野勘三郎　やのかんざぶろう　1894没(74歳)。江戸・明治時代の商人。1821生。

ロッシャー　1894没(76歳)。ドイツの経済学者。1817生。

徳大寺実則　とくだいじさねつね　1919没(81歳)。江戸・明治時代の幕末の公卿。明治天皇侍従長, 公爵。1839生。

イング, ジョン　1920没(79歳)。アメリカのメソジスト監督派教会宣教師。1840生。

ディールス　1922没(74歳)。ドイツの古典文献学者, 哲学史家。1848生。

リヴァーズ, ウィリアム・ホールス・リヴァーズ　1922没(58歳)。イギリスの医者, 心理・生理学者, 人類学者。1864生。

野沢吉兵衛(6代目)　のざわきちべえ　1924没(57歳)。明治・大正時代の文楽三味線方。1868生。

ルイス, ピエール　1925没(54歳)。フランスの詩人, 小説家。1870生。

張作霖　ちょうさくりん　1928没(53歳)。中国の軍閥。1875生。

フセイン・ブン・アリー　1931没(75歳)。ヒジャーズ王(1916～24)。1856生。

ウィルヘルム2世　1941没(82歳)。ドイツ帝国最後の皇帝。1859生。

カイザー, ゲオルク　1945没(66歳)。ドイツ表現主義の代表的劇作家。1878生。

ブロンデル, モーリス　1949没(87歳)。フランスのカトリック哲学者。1861生。

クーセヴィツキー, サージ　1951没(76歳)。ロシア生れのアメリカの指揮者, コントラバス奏者。1874生。

山崎朝雲　やまざきちょううん　1954没(87歳)。明治～昭和時代の彫刻家。1867生。

土方与志　ひじかたよし　1959没(61歳)。大正・昭和時代の演出家, 俳優。日ソ文化連絡協会会長。1898生。

前田多門　まえだたもん　1962没(78歳)。明治～昭和時代の政治家, 実業家。公明選挙連盟理事長, 東京通信工業(現・ソニー)社長。1884生。

ムクティボード, ガジャーナン・マーダヴ　1964没(46歳)。インドのヒンディー語詩人。1917生。

市川団蔵(8代目)　いちかわだんぞう　1966没(84歳)。明治～昭和時代の歌舞伎役者。1882生。

大橋八郎　おおはしはちろう　1968没(82歳)。昭和時代の通信官僚, 俳人。日本放送協会会長, 日本電電公社総裁。1885生。

ルカーチ, ジェルジュ　1971没(86歳)。ハンガリーの哲学者, 文芸理論家。1885生。

富永惣一　とみながそういち　1980没(77歳)。昭和時代の美術評論家。学習院大学教授, 国立西洋美術館館長。1902生。

黒田辰秋　くろだたつあき　1982没(77歳)。昭和時代の木工芸家, 漆芸家。人間国宝。1904生。

塩野谷九十九　しおのやつくも　1983没(77歳)。昭和時代の経済学者。名古屋大学教授。1905生。

ガードナー, ヘレン　1986没(78歳)。イギリスの女流英文学者。1908生。

大渡順二　おおわたりじゅんじ　1989没(84歳)。昭和時代の医事評論家。保健同人事業団理事長。1904生。

リーヴ, リチャード　1989没(58歳)。南アフリカ共和国の小説家。1931生。

ディペンドラ・ビル・ビクラム　2001没(30歳)。ネパール国王。1971生。

ベラウンデ・テリ　2002没(89歳)。ペルーの建築家, 政治家。1912生。

6月4日

6月5日

○記念日○ 世界環境デー
　　　　　熱気球記念日
○出来事○ 新撰組、池田屋襲撃(1864)
　　　　　ミッドウェー海戦(1942)
　　　　　国立国会図書館開館(1948)

エピファニオス(コンスタンティノポリスの) 535没。コンスタンティノポリスの総主教。

ヤコーボス(エデッサの) 708没(68?歳)。シリアのエデッサの主教。640頃生。

アダラール 754没。アングロ・サクソンの出身の司祭。

エオバ 754没。南イングランド出身の宣教師、聖人。

聖ボニファキウス 754没(74?歳)。イギリスの宣教者、殉教者、聖人。680頃生。

三浦光村 みうらみつむら 1247没(43歳)。鎌倉時代前期の武将。1205生。

三浦泰村 みうらやすむら 1247没(44?歳)。鎌倉時代前期の武将。1204頃生。

毛利季光 もうりすえみつ 1247没(46歳)。鎌倉時代前期の評定衆。1202生。

高信 こうしん 1264没(72歳)。鎌倉時代前期の僧。1193生。

ランカスター伯 1296没(51歳)。イングランドの貴族。1245生。

ルイ10世 1316没(26歳)。フランス国王(在位1314～16)。1289生。

藤原雅忠 ふじわらのまさただ 1336没。鎌倉時代後期・南北朝時代の官人。

脇屋義助 わきやよしすけ 1342没(42歳)。鎌倉時代後期・南北朝時代の武将。1301生。

二階堂行直 にかいどうゆきなお 1348没。南北朝時代の武将。

乗専 じょうせん 1357没(73歳)。鎌倉時代後期・南北朝時代の真宗の僧。1285生。

照玄 しょうげん 1358没(58歳)。鎌倉時代後期・南北朝時代の華厳宗の僧。1301生。

松岸旨淵 しょうがんしえん 1363没。鎌倉時代後期・南北朝時代の曹洞宗の僧。

弥天永釈 みてんようしゃく 1406没。南北朝時代・室町時代の臨済宗の僧。

玉翁融林 ぎょくおうゆうりん 1409没(66歳)。南北朝時代・室町時代の曹洞宗の僧。1344生。

日野町資藤 ひのまちすけふじ 1409没(44歳)。南北朝時代・室町時代の公卿。1366生。

パワー, ライオネル 1445没(70?歳)。イギリスの作曲家。1375生。

尚泰久 しょうたいきゅう 1460没(46歳)。琉球王国の第一尚氏王朝6代の王。1415生。

石庵周鑑 せきあんしゅうかん 1524没。戦国時代の曹洞宗の僧。

エグモント伯 1568没(45歳)。フランドルの政治家, 軍人。1522生。

ホルン 1568没(50歳)。フランドル地方の伯爵, 軍人, 政治家。1518生。

吉川元長 きっかわもとなが 1587没(40歳)。安土桃山時代の武将。1548生。

島津家久 しまづいえひさ 1587没(41歳)。安土桃山時代の武士。1547生。

多忠宗 おおのただむね 1588没(83歳)。戦国時代・安土桃山時代の雅楽家。1506生。

豪円 ごうえん 1611没(77歳)。安土桃山時代・江戸時代前期の天台宗の僧。1535生。

藤懸永勝 ふじかけながかつ 1617没(61歳)。安土桃山時代・江戸時代前期の武将。1557生。

細川マリア ほそかわまりあ 1618没(75歳)。安土桃山時代・江戸時代前期の女性。細川忠興の母。1544生。

ギボンズ, オーランドー 1625没(41歳)。イギリスの作曲家, オルガン奏者。1583生。

パッラヴィチーノ, ピエートロ・スフォルツァ 1667没(59歳)。イタリアの文学者, 歴史家。1607生。

ホッティンガー, ヨーハン・ハインリヒ 1667没(47歳)。スイスの言語学者, プロテスタント教会史家, 神学者。1620生。

フォールコン 1688没(38?歳)。タイ国アユタヤ王朝の宮廷事件に関係したギリシア系イギリス人。1650頃生。

牧野成貞 まきのなりさだ 1712没(79歳)。江戸時代前期・中期の大名。1634生。

コーツ, ロジャー　1716没(33歳)。イギリスの数学者。1682生。

クーナウ, ヨーハン　1722没(62歳)。ドイツのオルガン奏者, 作曲家, 著述家。1660生。

松本秀持　まつもとひでもち　1797没(68歳)。江戸時代中期の勘定奉行。1730生。

鎌田一窓　かまだいっそう　1804没(84歳)。江戸時代中期・後期の心学者。1721生。

木食五行　もくじきごぎょう　1810没(93歳)。江戸時代中期・後期の僧, 仏師。1718生。

パイジェッロ, ジョヴァンニ　1816没(76歳)。イタリアの作曲家。1740生。

ヴェーバー, カール・マリーア・フォン　1826没(39歳)。ドイツロマン派の作曲家。1786生。

林屋正蔵(初代)　はやしやしょうぞう　1842没(62歳)。江戸時代後期の落語家。1781生。

大高又次郎　おおたかまたじろう　1864没(44歳)。江戸時代末期の志士。1821生。

北添佶摩　きたぞえきつま　1864没(30歳)。江戸時代末期の大庄屋, 志士。1835生。

宮部鼎蔵　みやべていぞう　1864没(45歳)。江戸時代末期の肥後熊本藩士, 兵法師範職。1820生。

望月亀弥太　もちづきかめやた　1864没(27歳)。江戸時代末期の土佐藩士。1838生。

吉田稔麿　よしだとしまろ　1864没(24歳)。江戸時代末期の長州(萩)藩士。1841生。

渡忠秋　わたりただあき　1881没(71歳)。江戸・明治時代の歌人。1811生。

マレース, ハンス・フォン　1887没(49歳)。ドイツの画家。1837生。

小室信夫　こむろしのぶ　1898没(60歳)。明治時代の政治家, 実業家。日本郵船理事, 貴族院議員。1839生。

クレイン, スティーヴン　1900没(28歳)。アメリカの小説家。1871生。

ハルトマン, エードゥアルト・フォン　1906没(64歳)。ドイツの哲学者。1842生。

オー・ヘンリー　1910没(47歳)。アメリカの小説家。1862生。

キッチナー, ハーバート, 初代伯爵　1916没(65歳)。イギリスの軍人, 政治家。1850生。

井上円了　いのうええんりょう　1919没(62歳)。明治時代の仏教哲学者。1858生。

フェードー, ジョルジュ　1921没(58歳)。フランスの劇作家。1862生。

鳥潟右一　とりがたういち　1923没(41歳)。明治・大正時代の電気工学者。電気試験所所長。1883生。

パスキン, ジュール　1930没(45歳)。ブルガリア生れのアメリカの画家。1885生。

廖平　りょうへい　1932没(80歳)。中国, 清末期の学者。1852生。

マイアー-グレーフェ, ユーリウス　1935没(67歳)。ドイツの美術史家, 美術評論家。1867生。

阿部重孝　あべしげたか　1939没(50歳)。昭和時代の教育学者。東京帝国大学教授。1890生。

徳川家達　とくがわいえさと　1940没(78歳)。明治～昭和時代の華族, 公爵, 政治家。貴族院議員, 済生会長, 日本赤十字社長。1863生。

小野武夫　おののたけお　1949没(67歳)。大正・昭和時代の農学者。法政大学教授。1883生。

ティルデン, ビル　1953没(60歳)。アメリカのテニス選手。1893生。

小松清　こまつきよし　1962没(61歳)。昭和時代の文芸評論家, フランス文学者。1900生。

ファージョン, エリナー　1965没(84歳)。イギリスの童話作家。1881生。

川口軌外　かわぐちきがい　1966没(73歳)。大正・昭和時代の洋画家。1892生。

ケネディ, R.　1968没(42歳)。アメリカの政治家。1925生。

安達潮花　あだちちょうか　1969没(81歳)。大正・昭和時代の華道家。1887生。

田中隆吉　たなかりゅうきち　1972没(78歳)。大正・昭和時代の陸軍軍人。陸軍少将。1893生。

西脇順三郎　にしわきじゅんざぶろう　1982没(88歳)。大正・昭和時代の詩人, 英文学者。慶応義塾大学教授, 日本女子大教授。1894生。

高橋新吉　たかはししんきち　1987没(86歳)。大正・昭和時代の詩人, 小説家。1901生。

兼重寛九郎　かねしげかんくろう　1989没(90歳)。昭和時代の機械工学者。東京大学教授, 日本学術会議会長。1899生。

クズネツォーフ　1990没(89歳)。ソ連の政治家。1901生。

ロザンタル, マニュエル　2003没(98歳)。フランスの指揮者, 作曲家。1904生。

レーガン, ロナルド　2004没(93歳)。アメリカの第40代大統領。1911生。

6月5日

6月6日

○記念日○ かえるの日
梅の日
○出来事○ 高杉晋作、奇兵隊を結成(1863)
ノルマンディー上陸作戦(1944)
日本サッカーリーグ開幕(1965)

沙宅紹明 さたくじょうみょう 673(閏6月)没。飛鳥時代の百済からの渡来人。

高坂王 たかさかおう 683没。飛鳥時代の皇親。

巨勢邑治 こせのおおじ 724没。飛鳥時代・奈良時代の官人。

藤原乙縄 ふじわらのおとただ 781没。奈良時代の官人。

勝虞 しょうご 811没(80歳)。奈良時代・平安時代前期の法相宗の僧。732生。

康子内親王 やすこないしんのう 957没(38歳)。平安時代中期の女性。醍醐天皇の皇女。920生。

平忠常 たいらのただつね 1031没(65歳)。平安時代中期の東国の武士。967生。

ノルベルト 1134没(49?歳)。プレモントレ会創立者。1085頃生。

鏡久綱 かがみひさつな 1221没。鎌倉時代前期の武将。

深性法親王 しんしょうほっしんのう 1299没(25歳)。後深草天皇の第6皇子。1275生。

ロバート3世 1406没(66?歳)。スチュアート家第2代のスコットランド王(在位1390〜1406)。1340頃生。

寂門崇祐 じゃくもんすうゆう 1422没。室町時代の曹洞宗の僧。

仲翁守邦 ちゅうおうしゅほう 1445没(67歳)。室町時代の僧。1379生。

愚極礼才 ぐきょくれいさい 1452没(84歳)。室町時代の臨済宗の僧。1369生。

坊城俊秀 ぼうじょうとしひで 1465没(43歳)。室町時代の公卿。1423生。

ヴェッキエッタ 1480没(68?歳)。イタリアの画家、彫刻家、建築家。1412頃生。

華叟正䕺 かそうしょうがく 1482没(71歳)。室町時代の曹洞宗の僧。1412生。

文英 ぶんえい 1509没(85歳)。室町時代・戦国時代の曹洞宗の僧。1425生。

猪苗代兼載 いなわしろけんさい 1510没(59歳)。戦国時代の連歌師。1452生。

愚底 ぐてい 1517没。戦国時代の浄土宗の僧。

エレンボーク、ニーコラウス 1543没(62歳)。ドイツのベネディクト会士、人文主義者。1481生。

カストロ 1548没(48歳)。ポルトガルの軍人。1500生。

フサイン・ニザーム・シャー1世 1565没。インドのニザーム・シャー王朝第3代の王(1553〜65)。

酒井正親 さかいまさちか 1576没(56歳)。戦国時代・安土桃山時代の武将。1521生。

万休 まんきゅう 1576没。戦国時代・安土桃山時代の浄土宗の僧。

別所重宗 べっしょしげむね 1591没。安土桃山時代の武将、大名。

ブォンタレンティ、ベルナルド 1608没(72歳)。イタリアの建築家。1536生。

ヴィエイラ 1634没(63歳)。イタリアのイエズス会宣教師、巡察使。1571生。

ゴメス、ルイス 1634没(80歳)。ポルトガルのフランシスコ会宣教師。1554生。

小栗正信 おぐりまさのぶ 1661没(73歳)。江戸時代前期の幕臣。1589生。

マルティーニ、マルティーノ 1661没(47歳)。オーストリアのイエズス会士。1614生。

玉川庄右衛門 たまがわしょうえもん 1695没(74歳)。江戸時代前期の玉川上水開削請負人、江戸町人。1622生。

ラ・ヴァリエール、ルイーズ・ド 1710没(65歳)。フランスの貴婦人。ルイ14世の寵姫。1644生。

性慶 しょうけい 1737没(71歳)。江戸時代中期の天台宗寺門派の僧。1667生。

早野巴人 はやのはじん 1742没(67歳)。江戸時代中期の俳人。1676生。

富士松薩摩掾(初代) ふじまつさつまのじょう 1757没(72歳)。江戸時代中期の豊後節の太夫。1686生。

川崎定孝　かわさきさだたか　1767没(74歳)。江戸時代中期の農政家。1694生。

中村弥八(初代)　なかむらやはち　1777没(75歳)。江戸時代中期の日本舞踊中村流弥八・虎治派流祖。1703生。

ヘンリー, パトリック　1799没(63歳)。アメリカの政治家。1736生。

小田穀山　おだこくざん　1804没(66歳)。江戸時代後期の儒学者。1739生。

ドンブロフスキ　1818没(62歳)。ポーランドの将軍。1755生。

鹿都部真顔　しかつべのまがお　1829没(77歳)。江戸時代中期・後期の狂歌師。1753生。

ベンタム, ジェレミー　1832没(84歳)。イギリスの法学者, 倫理学者, 経済学者。1748生。

鈴木朖　すずきあきら　1837没(74歳)。江戸時代中期・後期の国学者。1764生。

ポルタレス　1837没(44歳)。チリの政治家。1793生。

市川団蔵(5代目)　いちかわだんぞう　1845没(58歳)。江戸時代後期の歌舞伎役者。1788生。

佐藤中陵　さとうちゅうりょう　1848没(87歳)。江戸時代中期・後期の本草学者。1762生。

カヴール, カミーロ・ベンソ, 伯爵　1861没(50歳)。イタリアの政治家。1810生。

ヴュータン, アンリ　1881没(61歳)。ベルギーのヴァイオリン奏者。1820生。

マクドナルド, J.A.　1891没(76歳)。カナダ(スコットランド生れ)の政治家。1815生。

寺島宗則　てらしまむねのり　1893没(62歳)。江戸・明治時代の政治家, 鹿児島藩士。枢密顧問官, 伯爵。1832生。

清沢満之　きよざわまんし　1903没(41歳)。明治時代の僧侶。真宗大学監。1863生。

クロネッカー　1914没(75歳)。スイスの生理学者。1839生。

袁世凱　えんせいがい　1916没(57歳)。中国の軍人, 政治家。1859生。

金谷範三　かなやはんぞう　1933没(61歳)。明治～昭和時代の陸軍軍人。陸軍大将。1873生。

中村不折　なかむらふせつ　1943没(78歳)。明治～昭和時代の洋画家, 書家。太平洋美術学校校長。1866生。

ハウプトマン, ゲーアハルト　1946没(83歳)。ドイツの劇作家, 小説家, 詩人。1862生。

リュミエール, ルイ　1948没(83歳)。フランスの映画機械シネマトグラフの発明者。1864生。

ビンガム, ハイラム　1956没(80歳)。アメリカの探検家。1875生。

ユング, カール・グスタフ　1961没(85歳)。スイスの心理学者, 精神病学者。1875生。

クライン, イーヴ　1962没(34歳)。フランスの美術家。1928生。

岡野喜太郎　おかのきたろう　1965没(101歳)。明治～昭和時代の銀行家。1864生。

黒崎幸吉　くろさきこうきち　1970没(84歳)。大正・昭和時代のキリスト教伝導者。1886生。

金子喜代太　かねこきよた　1971没(88歳)。大正・昭和時代の事業家。1883生。

大島浩　おおしまひろし　1975没(89歳)。明治～昭和時代の陸軍軍人, 外交官。中将, ドイツ大使。1886生。

田所太郎　たどころたろう　1975没(63歳)。昭和時代の編集者, 新聞経営者。図書新聞社社長。1911生。

ハンセン　1975没(87歳)。アメリカのケインズ学派の経済学者。1887生。

パンゼラ, シャルル　1976没(80歳)。フランスのバリトン歌手。1896生。

北園克衛　きたぞのかつえ　1978没(75歳)。昭和時代の詩人, 評論家。「VOU」主宰。1902生。

レクスロス, ケネス　1982没(76歳)。アメリカの詩人。1905生。

ジャンケレヴィッチ, ヴラディミール　1985没(81歳)。フランスの哲学者。1903生。

三上次男　みかみつぎお　1987没(80歳)。昭和時代の東洋史学者。1907生。

森茉莉　もりまり　1987没(84歳)。昭和時代の小説家, 随筆家。1903生。

ゲッツ, スタン　1991没(64歳)。アメリカのジャズ・テナーサックス奏者。1927生。

久保田正文　くぼたまさふみ　2001没(88歳)。昭和・平成時代の文芸評論家。1912生。

来栖良夫　くるすよしお　2001没(85歳)。昭和・平成時代の児童文学作家。1916生。

中村正也　なかむらまさや　2001没(75歳)。昭和・平成時代の写真家。1926生。

バンクロフト, アン　2005没(73歳)。アメリカの女優。1931生。

プレストン, ビリー　2006没(59歳)。アメリカのミュージシャン。1949生。

6月6日

6月7日

○出来事○ 第1回日本母親大会開催（1955）

ヴィギリウス　555没。教皇（在位537〜555）。
穴穂部皇子　あなほべのみこ　587没。欽明天皇の皇子。
光明皇后　こうみょうこうごう　760没（60歳）。奈良時代の女性。聖武天皇の皇后。701生。
大江維時　おおえのこれとき　963没（76歳）。平安時代中期の学者、公卿。888生。
曹彬　そうひん　999没（68歳）。中国、北宋初の武将。931生。
賀茂光栄　かものみつよし　1015没（77歳）。平安時代中期の陰陽家。939生。
源頼実　みなもとのよりざね　1044没（30歳）。平安時代中期の歌人。1015生。
周敦頤　しゅうとんい　1073没（56歳）。中国、北宋の学者。1017生。
尊長　そんちょう　1227没。鎌倉時代前期の僧、公卿、承久の乱の中枢。
上総秀胤　かずさひでたね　1247没。鎌倉時代前期の武士、鎌倉幕府評定衆。
西園寺実氏　さいおんじさねうじ　1269没（76歳）。鎌倉時代前期の公卿。1194生。
二階堂行綱　にかいどうゆきつな　1281没（65歳）。鎌倉時代後期の政所執事。1217生。
花山院冬雅　かざんいんふゆまさ　1325没。鎌倉時代後期の公卿。
ロバート1世　1329没（54歳）。スコットランド王（在位1306〜29）。1274生。
千種忠顕　ちぐさただあき　1336没。鎌倉時代後期・南北朝時代の公卿。
佐々木氏頼　ささきうじより　1370没（45歳）。南北朝時代の守護大名。1326生。
裏辻公仲　うらつじきんなか　1403没（46歳）。南北朝時代・室町時代の公卿。1358生。
一色詮範　いっしきあきのり　1406没。室町時代の武将、持所頭人。
エリザベス・ウッドヴィル　1492没（55歳）。イギリス王エドワード4世(在位1461〜83)の王妃。1437生。
カジーミエシュ4世、ヤギェロニチク　1492没（64歳）。ポーランド国王(在位1447〜92)。1427生。

鶴姫　つるひめ　1575没（33歳）。戦国時代・安土桃山時代の女性。備中国松山城主三村元親の妹。1543生。
松木宗房　まつきむねふさ　1593没（57歳）。安土桃山時代の公卿。1537生。
上林久茂　かんばやしひさもち　1606没（75歳）。安土桃山時代・江戸時代前期の宇治茶師。1532生。
明忍　みょうにん　1610没（35歳）。江戸時代前期の律僧。1576生。
本多正信　ほんだまさのぶ　1616没（79歳）。安土桃山時代・江戸時代前期の武将。1538生。
蘆名盛重　あしなもりしげ　1631没（57歳）。安土桃山時代・江戸時代前期の大名。1575生。
王時敏　おうじびん　1680没（87歳）。中国、明末清初の画家。1592生。
荻野安重　おぎのやすしげ　1690没（78歳）。江戸時代前期の砲術家。1613生。
隆光　りゅうこう　1724没（76歳）。江戸時代前期・中期の新義真言宗の僧。1649生。
中川淳庵　なかがわじゅんあん　1786没（48歳）。江戸時代中期の蘭方医、本草学者。1739生。
フラウンホーファー, ヨーゼフ・フォン　1826没（39歳）。ドイツの物理学者、光学機器技術者。1787生。
ベストゥージェフ, アレクサンドル・アレクサンドロヴィチ　1837没（39歳）。ロシアの作家, デカブリストの一人。1797生。
坂本藤吉　さかもととうきち　1839没（42歳）。江戸時代後期の川根茶改良の先駆者。1798生。
フリードリヒ・ウィルヘルム3世　1840没（69歳）。プロシア王（在位1797〜1840）。1770生。
ヘルダーリン, ヨハン・クリスティアン・フリードリヒ　1843没（73歳）。ドイツ最大の詩人の一人。1770生。

お蝶の方　おちょうのかた　1852没。江戸時代後期の女性。11代将軍徳川家斉の側室。

竹本津太夫（初代）　たけもとつだゆう　1855没（65歳）。江戸時代末期の義太夫節の太夫。1791生。

グルーバー，フランツ・クサーヴァー　1863没（75歳）。オーストリアの作曲家。1787生。

川瀬太宰　かわせださい　1866没（48歳）。江戸時代末期の勤王志士，学者。1819生。

今城嬉子　いまきたつこ　1875没（67歳）。江戸・明治時代の女性。仁孝天皇の女房となり，皇子常寂光院宮を生む。1809生。

ボードイン　1885没（64歳）。オランダの軍医。1820生。

中村正直　なかむらまさなお　1891没（60歳）。明治時代の啓蒙学者，教育者。東京大学教授，貴族院議員。1832生。

ブース，エドウィン・トーマス　1893没（59歳）。アメリカの俳優。1833生。

ウィットニー，ウィリアム・ドワイト　1894没（67歳）。アメリカの言語学者。1827生。

大里忠一郎　おおさとただいちろう　1898没（64歳）。明治時代の実業家。松代藩士，六工社社長。1835生。

内藤耻叟　ないとうちそう　1903没（77歳）。江戸・明治時代の歴史学者。弘道館教授，東京帝国大学教授。1827生。

岸田吟香　きしだぎんこう　1905没（73歳）。明治時代のジャーナリスト，実業家。東京日日新聞従軍記者。1833生。

ファゲ，エミール　1916没（68歳）。フランスの評論家。1847生。

マロリー　1924没（37歳）。イギリスの登山家。1886生。

フラマリオン，ニコラ・カミーユ　1925没（83歳）。フランスの天文学者。1842生。

豊竹呂昇　とよたけろしょう　1930没（57歳）。明治・大正時代の女義太夫。1874生。

ミチューリン，イヴァン・ウラジーミロヴィチ　1935没（79歳）。ソ連の園芸家，育種学者。1855生。

ハーロー，ジーン　1937没（26歳）。アメリカの女優。1911生。

三上参次　みかみさんじ　1939没（75歳）。明治～昭和時代の歴史学者。東京帝国大学教授。1865生。

西田幾多郎　にしだきたろう　1945没（76歳）。明治～昭和時代の哲学者。京都帝国大学教授。1870生。

鹿島鳴秋　かしまめいしゅう　1954没（63歳）。大正・昭和時代の童謡詩人，童話作家。1891生。

バンダ，ジュリヤン　1956没（88歳）。フランスの思想家，評論家。1867生。

高群逸枝　たかむれいつえ　1964没（70歳）。大正・昭和時代の女性史研究家，評論家。1894生。

安倍能成　あべよししげ　1966没（82歳）。明治～昭和時代の教育者，哲学者。文部大臣，学習院院長。1883生。

アルプ，ハンス　1966没（78歳）。フランスの画家，彫刻家。1887生。

ゴロデツキー，セルゲイ・ミトロファノヴィチ　1967没（83歳）。ロシア，ソ連の詩人。1884生。

パーカー，ドロシー　1967没（73歳）。アメリカの女流詩人，小説家。1893生。

柳田泉　やなぎだいずみ　1969没（75歳）。大正・昭和時代の英文学者，日本文学者，翻訳家。早稲田大学教授。1894生。

フォースター，E.M.　1970没（91歳）。イギリスの小説家，批評家。1879生。

大石ヨシエ　おおいしよしえ　1971没（74歳）。昭和時代の婦人運動家，政治家。社会民主党副書記長，協同党国会対策委員長。1897生。

武田久吉　たけだひさよし　1972没（89歳）。明治～昭和時代の植物学者，登山家。1883生。

吉田史子　よしだふみこ　1974没（42歳）。昭和時代の演劇プロデューサー。1932生。

大場磐雄　おおばいわお　1975没（75歳）。大正・昭和時代の考古学者。国学院大学教授，日本考古学協会委員長。1899生。

嶋田繁太郎　しまだしげたろう　1976没（92歳）。大正・昭和時代の海軍軍人。海軍大将。1883生。

ミラー，ヘンリー　1980没（88歳）。アメリカの小説家。1891生。

高木健夫　たかぎたけお　1981没（75歳）。昭和時代のジャーナリスト。読売新聞社論説委員，日本朝鮮文化交流協会理事長。1905生。

パス・エステンソロ，ビクトル　2001没（93歳）。ボリビアの政治家，弁護士。1907生。

岡野加穂留　おかのかおる　2006没（76歳）。昭和・平成時代の政治学者。1929生。

6月7日

6月8日

○記念日○　へその緒の日
　　　　　　バイキングの日
○出来事○　日本教職員組合結成（1947）
　　　　　　大鳴門橋開通（1985）

ムハンマド　632没（61?歳）。イスラム教の創始者。570頃生。

粟田人上　あわたのひとかみ　738没。奈良時代の官人、造薬師寺大夫。

道雄　どうゆう　851没。平安時代前期の真言宗の僧。

橘良基　たちばなのよしもと　887没（63歳）。平安時代前期の官人。825生。

源能有　みなもとのよしあり　897没（53歳）。平安時代前期の公卿。845生。

藤原温子　ふじわらのおんし　907没（36歳）。平安時代前期・中期の女性。宇多天皇の女御。872生。

恬子内親王　てんしないしんのう　913没（66歳）。平安時代前期・中期の女性。文徳天皇の皇女、斎宮。848生。

ロマヌス1世　948没（78?歳）。ビザンチン皇帝（在位920～44）。870頃生。

仁実　にんじつ　1131没（41歳）。平安時代後期の天台宗の僧。1091生。

ウィリアム（ヨークの）　1154没。イギリスのヨークの大司教、聖人。

シカルドゥス（クレモーナの）　1215没（65?歳）。イタリアの司教、教会法学者、典礼学者。1150頃生。

鴨長明　かものちょうめい　1216（閏6月）没（62歳）。平安時代後期・鎌倉時代前期の歌人、随筆家、文学者。1155生。

宣陽門院　せんようもんいん　1252没（72歳）。平安時代後期・鎌倉時代前期の女性。後白河法皇の皇女。1181生。

二階堂行方　にかいどうゆきかた　1267没（62歳）。鎌倉時代前期の幕府吏僚。1206生。

宗性　そうしょう　1278没（77歳）。鎌倉時代後期の学僧。1202生。

吉田経長　よしだつねなが　1309没（71歳）。鎌倉時代後期の公卿。1239生。

徳大寺公清　とくだいじきんきよ　1360没（49歳）。南北朝時代の公卿。1312生。

エドワード黒太子　1376没（45歳）。エドワード3世の長子。1330生。

久我邦通　こがくにみち　1531没（25歳）。戦国時代の公卿。1507生。

細川高国　ほそかわたかくに　1531没（48歳）。戦国時代の武将、室町幕府管領。1484生。

ブリル，マテイス（子）　1583没（33歳）。フランドルの画家。1550生。

ハスラー，ハンス・レーオ　1612没（47歳）。ドイツの作曲家、オルガン奏者。1564生。

チーゴリ，ロドヴィーコ・カルディ・ダ　1613没（53歳）。イタリアの画家、建築家。1559生。

加藤忠広　かとうただひろ　1653（閏6月）没（53歳）。江戸時代前期の大名。1601生。

伊達秀宗　だてひでむね　1658没（67歳）。江戸時代前期の大名。1592生。

本理院　ほんりいん　1674没（73歳）。江戸時代前期の女性。3代将軍徳川家光の正室。1602生。

宋時烈　そうじれつ　1689没（82歳）。朝鮮、李朝の学者、政治家。1607生。

トゥルノン，シャルル・トマ・マヤール・ド　1710没（41歳）。イタリア人の教皇庁枢機卿。1668生。

フランケ，アウグスト・ヘルマン　1727没（64歳）。ドイツの敬虔主義者、教育者。1663生。

ナーディル・シャー　1747没（58歳）。イランのアフシャール朝の創始者（在位1736～47）。1688生。

ヴィンケルマン，ヨハン・ヨアヒム　1768没（50歳）。ドイツの考古学者、美術史家。1717生。

ビュルガー，ゴットフリート・アウグスト　1794没（46歳）。ドイツの詩人。1747生。

ルイ17世　1795没（10歳）。フランスの名目上の王（1793～95）。1785生。

長沢蘆雪　ながさわろせつ　1799没（46歳）。江戸時代中期の画家。1754生。

ペイン, トマス 1809没(72歳)。イギリス生れのアメリカの思想家, 著述家。1737生。

シドンズ, セアラ 1831没(75歳)。イギリスの女優。1755生。

ロマニョージ 1835没(73歳)。イタリアの哲学者。1761生。

ジャクソン, アンドリュー 1845没(78歳)。アメリカの第7代大統領(1829~37)。1767生。

筒井政憲 つついまさのり 1859没(82歳)。江戸時代後期の幕臣。1778生。

平井収二郎 ひらいしゅうじろう 1863没(28歳)。江戸時代末期の土佐藩士, 勤王運動家。1836生。

弘瀬健太 ひろせけんた 1863没(28歳)。江戸時代末期の土佐藩士。1836生。

間崎滄浪 まざきそうろう 1863没(30歳)。江戸時代末期の土佐藩郷士。1834生。

パクストン, サー・ジョゼフ 1865没(63歳)。イギリスの造園家, 建築家。1801生。

サンド, ジョルジュ 1876没(71歳)。フランスの女流小説家。1804生。

田中平八 たなかへいはち 1884没(51歳)。江戸・明治時代の実業家。1834生。

権田直助 ごんだなおすけ 1887没(79歳)。江戸・明治時代の医師, 国学者。1809生。

ホプキンズ, ジェラード・マンリー 1889没(44歳)。イギリスの聖職者, 詩人。1844生。

マカートニー 1906没(73歳)。清末の中国官界で活動したスコットランド人。1833生。

リムスキー-コルサコフ, ニコライ・アンドレーヴィチ 1908没(64歳)。ロシアの作曲家。1844生。

中村梅玉(2代目) なかむらばいぎょく 1921没(81歳)。江戸~大正時代の歌舞伎役者。1841生。

伊沢蘭奢 いざわらんじゃ 1928没(40歳)。大正・昭和時代の女優。1889生。

デスノス, ロベール 1945没(44歳)。フランスの詩人。1900生。

安保清種 あぼきよかず 1948没(79歳)。明治~昭和時代の海軍軍人。大将, 男爵。1870生。

松本竣介 まつもとしゅんすけ 1948没(37歳)。昭和時代の洋画家。1912生。

チューリング, アラン・マシソン 1954没(41歳)。イギリスの数学者, 物理学者。1912生。

ローランサン, マリー 1956没(73歳)。フランスの女流画家。1883生。

フレシネ, マリー・ユージェーヌ・レオン 1962没(82歳)。フランスの建築技師。1879生。

富本憲吉 とみもとけんきち 1963没(77歳)。大正・昭和時代の陶芸家。東京美術学校教授, 京都市立美術大学教授。1886生。

笈田光吉 おいだこうきち 1964没(61歳)。昭和時代のピアニスト。1902生。

テイラー, ロバート 1969没(57歳)。アメリカの映画俳優。1911生。

マズロウ, エイブラハム・ハロルド 1970没(62歳)。アメリカの心理学者。1908生。

山田抄太郎 やまだしょうたろう 1970没(71歳)。大正・昭和時代の長唄三味線方, 作曲家。東京芸術大学教授。1899生。

波多腰ヤス はたこしやす 1972没(79歳)。大正・昭和時代の食品化学者。奈良女子大学家政学部長, 佐保女子学院短期大学長。1893生。

一松定吉 ひとつまつさだよし 1973没(98歳)。大正・昭和時代の政治家, 弁護士。衆議院議員, 参議院議員。1875生。

谷口善太郎 たにぐちぜんたろう 1974没(74歳)。大正・昭和時代の政治家, 小説家。衆議院議員。1899生。

前大峰 まえたいほう 1977没(86歳)。明治~昭和時代の漆芸家。1890生。

羽仁五郎 はにごろう 1983没(82歳)。昭和時代の歴史学者, 政治家。世界平和評議会評議員, 参議院議員。1901生。

胡風 こふう 1985没(82歳)。中国の文芸評論家。1902生。

田辺繁子 たなべしげこ 1986没(82歳)。昭和時代の法学者。専修大学教授。1903生。

青木日出雄 あおきひでお 1988没(61歳)。昭和時代の航空評論家。航空ジャーナル社社長。1927生。

中能島慶子 なかのしまけいこ 1988没(75歳)。昭和時代の箏曲家。山田流中能島派家元(5代目)。1912生。

フィゲレス 1990没(83歳)。コスタリカの政治家。1906生。

福田宏年 ふくだひろとし 1997没(69歳)。昭和・平成時代の文芸評論家。中央大学教授: 立教大学教授。1927生。

油井正一 ゆいしょういち 1998没(79歳)。昭和・平成時代の音楽評論家。1918生。

観世栄夫 かんぜひでお 2007没(79歳)。昭和・平成時代の能楽師。1927生。

6月8日

6月9日

○記念日○　リサイクルの日
○出来事○　皇太子、小和田雅子さんと結婚の儀（1993）

クラッスス、マルクス・リキニウス　前53没（62?歳）。古代ローマ共和政末期の政治家、富豪。前115頃生。

ネロ、クラウディウス・カエサル・アウグストゥス・ゲルマニクス　68没（30歳）。ローマ皇帝（在位54～68）。37生。

聖コルンバ　597没（75歳）。スコットランドの使徒。521生。

飛鳥田女王　あすかだのじょおう　782没（56?歳）。奈良時代の女性。舎人親王の娘。0727頃生。

宣子内親王　のぶこないしんのう　920（閏6月）没（19歳）。平安時代中期の女性。醍醐天皇の第2皇女。902生。

禅喜　ぜんき　955没（82歳）。平安時代中期の天台宗の僧。874生。

増賀　ぞうが　1003没（87歳）。平安時代中期の天台宗の僧。917生。

藤原延子　ふじわらのえんし　1095没（80歳）。平安時代中期・後期の女性。後朱雀天皇の女御。1016生。

頼助　らいじょ　1119没（66歳）。平安時代後期の奈良仏師。1054生。

孝宗（宋）　こうそう　1194没（66歳）。中国、南宋の第2代皇帝（在位1162～89）。1127生。

田中宗清　たなかそうせい　1237没（48歳）。鎌倉時代前期の石清水八幡宮寺別当。1190生。

吉田為経　よしだためつね　1256没（47歳）。鎌倉時代前期の公卿。1210生。

九条忠家　くじょうただいえ　1275没（47歳）。鎌倉時代前期の公卿。1229生。

藤原光俊　ふじわらのみつとし　1276没（74歳）。鎌倉時代前期の歌人。1203生。

大方元恢　だいほうげんかい　1368没。南北朝時代の僧。

エイク、ヤン・ヴァン　1441没（52?歳）。フランドルの画家。1389頃生。

行之正順　ぎょうししょうじゅん　1515没。戦国時代の曹洞宗の僧。

フィンク、ハインリヒ　1527没（82?歳）。ドイツの作曲家。1445頃生。

ジャンヌ・ダルブレー　1572没（43歳）。ナヴァール公妃。1528生。

万里小路惟房　までのこうじこれふさ　1573没（61歳）。戦国時代の公卿。1513生。

メイトランド（レシントンの）、ウィリアム　1573没（45?歳）。スコットランドの政治家。1528頃生。

観世元頼　かんぜもとより　1574没（56歳）。戦国時代・安土桃山時代の能役者。1519生。

カストロ　1592没（64歳）。スペインのドミニコ会宣教師。1527生。

アンチエタ、ホセ　1597没（63歳）。ブラジルのイエズス会修道士。1534生。

トムキンズ、トマス　1656没（84歳）。イギリスの作曲家、オルガン奏者。1572生。

中村勘三郎（初代）　なかむらかんざぶろう　1658没（61歳）。江戸時代前期の歌舞伎役者、歌舞伎座主。1598生。

陳元贇　ちんげんぴん　1671没（85歳）。江戸時代前期の尾張藩士、文人。1587生。

板垣聊爾斎　いたがきりょうじさい　1698没（61歳）。江戸時代前期の国学者。1638生。

ギュイヨン、ジャンヌ・マリー・ド・ラ・モット　1717没（69歳）。フランスの女性神秘思想家。1648生。

お伝の方　おでんのかた　1738没（81歳）。江戸時代前期・中期の女性。5代将軍徳川綱吉の側室。1658生。

万㘞道坦　ばんじんどうたん　1775没（78歳）。江戸時代中期の曹洞宗明峯派の僧。1698生。

ボナパルト、マリー・ポーリーヌ　1825没（45歳）。ナポレオン1世の妹。1780生。

ガルシア、マヌエル　1832没（57歳）。スペインの歌手、作曲家。1775生。

ゲンツ、フリードリヒ　1832没（68歳）。ドイツの政治評論家、政治家。1764生。

ケアリー、ウィリアム　1834没（72歳）。イギリスのバプテスト教会の牧師、東洋学者。

1761生。

湊長安　みなとちょうあん　1838没(53?歳)。江戸時代後期の蘭方医。1786頃生。

ディケンズ, チャールズ　1870没(58歳)。イギリスの小説家。1812生。

ユーバーヴェーク　1871没(45歳)。ドイツの哲学者。1826生。

小金井小次郎　こがねいこじろう　1881没(64歳)。江戸時代末期・明治時代の侠客。1818生。

山際七司　もたいたけし　1891没(43歳)。明治時代の自由民権家。衆議院議員。1849生。

大蘇芳年　たいそよしとし　1892没(54歳)。江戸・明治時代の浮世絵師。1839生。

飯降伊蔵　いぶりいぞう　1907没(74歳)。江戸・明治時代の宗教家。天理教本席。1834生。

カラジャーレ, イオン・ルカ　1912没(60歳)。ルーマニアの劇作家。1852生。

有島武郎　ありしまたけお　1923没(46歳)。大正時代の小説家, 評論家。1878生。

波多野秋子　はたのあきこ　1923没(30歳)。大正時代の雑誌記者。有島武郎の愛人。1894生。

ドール　1926没(82歳)。ハワイ共和国大統領 (1893〜1900)。1844生。

ロッセッリ, カルロ　1937没(37歳)。イタリアの政治家。1899生。

明石海人　あかしかいじん　1939没(39歳)。昭和時代の歌人, 詩人, 画家。1901生。

リュネ・ポー　1940没(70歳)。フランスの俳優, 演出家。1869生。

今藤長十郎(2代目)　いまふじちょうじゅうろう　1945没(80歳)。明治〜昭和時代の長唄三味線方。今藤家家元。1866生。

アーナンタマヒドン　1946没(20歳)。タイ国王。1925生。

入江波光　いりえこう　1948没(62歳)。大正・昭和時代の日本画家。1887生。

ブッシュ, アドルフ　1952没(60歳)。ドイツのヴァイオリン演奏家, 作曲家。1891生。

ベッティ, ウーゴ　1953没(61歳)。イタリアの劇作家, 詩人。1892生。

松本昇　まつもとのぼる　1954没(68歳)。大正・昭和時代の経営者, 政治家。資生堂社長, 参院議員。1886生。

ウォーナー, ラングドン　1955没(73歳)。アメリカの東洋美術研究家。1881生。

カンペンドンク, ハインリヒ　1957没(67歳)。ドイツの画家。1889生。

ヴィンダウス, アドルフ・オットー・ラインホルト　1959没(82歳)。ドイツの有機化学者。1876生。

知里真志保　ちりましほ　1961没(52歳)。昭和時代の言語学者。1909生。

ヴィヨン, ジャック　1963没(87歳)。フランスの画家。1875生。

ビーヴァーブルック, マックス・エイトケン, 男爵　1964没(85歳)。イギリスの政治家, 新聞経営者。1879生。

中沢不二雄　なかざわふじお　1965没(72歳)。大正・昭和時代の野球評論家。パ・リーグ初代会長。1892生。

山下太郎　やましたたろう　1967没(78歳)。大正・昭和時代の実業家。アラビア石油創業者。1889生。

徳岡神泉　とくおかしんせん　1972没(76歳)。昭和時代の日本画家。1896生。

アストゥリアス, ミゲル・アンヘル　1974没(74歳)。グアテマラの小説家, 詩人, 外交官。1899生。

コーネル, キャサリン　1974没(81歳)。アメリカの女優。1893生。

加藤将之　かとうまさゆき　1975没(73歳)。昭和時代の歌人, 哲学者。「水甕」主宰。1901生。

久板栄二郎　ひさいたえいじろう　1976没(77歳)。昭和時代の劇作家。1898生。

小西得郎　こにしとくろう　1977没(82歳)。昭和時代のプロ野球監督, 解説者。1894生。

荒正人　あらまさひと　1979没(66歳)。昭和時代の評論家。法政大学教授。1913生。

吉田精一　よしだせいいち　1984没(75歳)。昭和時代の日本文学者。1908生。

川口松太郎　かわぐちまつたろう　1985没(85歳)。昭和時代の小説家, 劇作家, 演出家。1899生。

ビードル, ジョージ・ウェルズ　1989没(85歳)。アメリカの遺伝学者。1903生。

アラウ, クラウディオ　1991没(88歳)。チリのピアニスト。1903生。

城間栄喜　しろまえいき　1992没(84歳)。昭和時代の染色家。紅型(びんがた)宗家13代目。1908生。

シーガル, ジョージ　2000没(75歳)。アメリカの彫刻家。1924生。

望月百合子　もちづきゆりこ　2001没(100歳)。大正〜平成時代の評論家。1900生。

6月9日

6月10日

○記念日○ 時の記念日
歩行者天国の日
路面電車の日
○出来事○ 世界初の大学対抗レガッタ(1829)
国立西洋美術館開館(1959)

多治比土作　たじひのはにし　771没。奈良時代の歌人・官人。

石川名足　いしかわのなたり　788没(61歳)。奈良時代の官人。728生。

東子女王　とうしじょおう　865没。平安時代前期の女性。文徳天皇の女御。

源是茂　みなもとのこれしげ　941没(56歳)。平安時代中期の公卿。886生。

源信　げんしん　1017没(76歳)。平安時代中期の天台宗の学僧、浄土教家。942生。

教円　きょうえん　1047没(69歳)。平安時代中期の僧。979生。

源俊実　みなもとのとしざね　1119没(74歳)。平安時代中期・後期の公卿。1046生。

フリードリヒ1世　1190没(67?歳)。ドイツ皇帝(在位1155～90)。1123頃生。

賀茂能久　かものよしひさ　1223没(53歳)。鎌倉時代前期の神官。1171生。

大江広元　おおえのひろもと　1225没(78歳)。平安時代後期・鎌倉時代前期の御家人、公文所別当、政所別当。1148生。

ヒメネス・デ・ラダ, ロドリーゴ　1247没(76?歳)。スペインのフランシスコ派聖職者、歴史家。1171頃生。

安達時盛　あだちときもり　1285没(45歳)。鎌倉時代前期の武将。1241生。

ドミニチ, ジョヴァンニ　1419没(63?歳)。イタリアのドミニコ会改革者、著述家、枢機卿。1356頃生。

足利満直　あしかがみつただ　1440没。室町時代の武将、篠川公方。

明秀　みょうしゅう　1487没(85歳)。室町時代・戦国時代の浄土宗の僧。1403生。

細川澄元　ほそかわすみもと　1520没(32歳)。戦国時代の武将、細川家当主政元の養子。1489生。

バークリー, アレグザンダー　1552没(77?歳)。イギリスの聖職者, 詩人。1475頃生。

アグリコラ, マルティン　1556没(70歳)。ドイツの音楽理論家。1486生。

カモンイス, ルイース・ヴァズ・デ　1580没(56歳)。ポルトガルの詩人。1524生。

ヴァイゲル, ヴァーレンティーン　1588没(55歳)。ドイツのプロテスタント神学者, 宗教哲学者。1533生。

平野藤次郎　ひらのとうじろう　1638没。江戸時代前期の銀座頭役, 朱印船貿易家。

アルガルディ, アレッサンドロ　1654没(56歳)。イタリアの彫刻家, 建築家。1598生。

ウィグルズワース, マイケル　1705没(73歳)。アメリカの牧師, 詩人。1631生。

陶山南涛　すやまなんとう　1766没(65歳)。江戸時代中期の漢学者。1702生。

加藤美樹　かとううまき　1777没(57歳)。江戸時代中期の国学者。1721生。

アンペール, アンドレ-マリー　1836没(61歳)。フランスの数学者, 物理学者。1775生。

滝亭鯉丈　りゅうていりじょう　1841没(64歳)。江戸時代後期の戯作者。1778生。

天親院　てんしんいん　1848没(26歳)。江戸時代後期の女性。13代将軍徳川家定の正室。1823生。

ブラウン, ロバート　1858没(84歳)。スコットランドの植物学者。1773生。

緒方洪庵　おがたこうあん　1863没(54歳)。江戸時代末期の医師, 蘭学者。1810生。

松尾多勢子　まつおたせこ　1894没(84歳)。江戸・明治時代の勤王家。1811生。

ショーソン, アメデ-エルネスト　1899没(44歳)。フランス近代の作曲家。1855生。

クレモナ　1903没(72歳)。イタリアの数学者。1830生。

デーニフレ, ハインリヒ・ゾイゼ　1905没(61歳)。オーストリアの歴史家, 中世哲学史家。1844生。

相良知安　さがらちあん　1906没(71歳)。明治時代の医師。1836生。

ボーイト, アッリーゴ 1918没(76歳)。イタリアの詩人, 作曲家。1842生。

カニンガム 1919没(69歳)。イギリスの歴史学派の経済学者。1849生。

ロチ, ピエール 1923没(73歳)。フランスの小説家。1850生。

マッテオッティ, ジャコモ 1924没(39歳)。イタリアの政治家。1885生。

大町桂月 おおまちけいげつ 1925没(57歳)。明治時代の詩人, 評論家。1869生。

ガウディ・イ・コルネ, アントニ 1926没(73歳)。スペインの建築家。1852生。

ハルナック, アードルフ・フォン 1930没(79歳)。ドイツの神学者, 教会史家。1851生。

ディーリアス, フレデリック 1934没(72歳)。イギリスの作曲家。1862生。

土田麦僊 つちだばくせん 1936没(50歳)。大正・昭和時代の日本画家。1887生。

ボーデン, サー・ロバート 1937没(82歳)。カナダの政治家。1854生。

ガーヴェイ, マーカス 1940没(52歳)。アメリカの黒人運動指導者。1887生。

宝生新 ほうしょうしん 1944没(75歳)。明治〜昭和時代の能楽師。1870生。

恩田鉄弥 おんだてつや 1946没(83歳)。明治〜昭和時代の園芸学者。東京農業大学教授, 園芸学会会長。1864生。

ウンセット, シーグリ 1949没(67歳)。ノルウェーの女流作家。1882生。

出羽ケ嶽文治郎 でわがたけぶんじろう 1950没(47歳)。大正・昭和時代の力士。1902生。

ビアンキ, ヴィターリー・ワレンチノヴィチ 1959没(65歳)。ソ連の児童文学者。1894生。

稲垣稔次郎 いながきとしじろう 1963没(61歳)。昭和時代の染織家。京都市立美術大学教授。1902生。

トレイシー, スペンサー 1967没(67歳)。アメリカの映画, 舞台俳優。1900生。

阪本越郎 さかもとえつろう 1969没(63歳)。大正・昭和時代の詩人, ドイツ文学者。お茶の水女子大学教授, 日本児童文芸家協会理事。1906生。

インジ, ウィリアム 1973没(60歳)。アメリカの劇作家。1913生。

ズーカー 1976没(103歳)。アメリカの映画製作者, 企業家。1873生。

浅野順一 あさのじゅんいち 1981没(81歳)。昭和時代の牧師, 神学者。日本基督教団砧教会・同新泉教会牧師, 青山学院大学教授。1899生。

小山祐士 こやまゆうし 1982没(76歳)。昭和時代の劇作家。1906生。

ファスビンダー, ライナー・ヴェルナー 1982没(36歳)。西ドイツの映画監督。1946生。

廖承志 りょうしょうし 1983没(74歳)。中国の政治家。1908生。

ヴェルコール 1991没(89歳)。フランスの小説家。1902生。

ディック・ミネ 1991没(82歳)。昭和・平成時代の歌手。日本歌手協会長。1908生。

葦津珍彦 あしづうずひこ 1992没(82歳)。昭和・平成時代の思想家, 神道研究家。神社新報論説主幹。1909生。

中村八大 なかむらはちだい 1992没(61歳)。昭和・平成時代の作曲家, ピアニスト。八大コーポレーション代表。1931生。

猪俣公章 いのまたこうしょう 1993没(55歳)。昭和・平成時代の作曲家。1938生。

神楽坂はん子 かぐらざかはんこ 1995没(64歳)。昭和時代の女優。1931生。

デュフレンヌ 1995没(85歳)。フランスの美学者。1910生。

宇野千代 うのちよ 1996没(98歳)。大正〜平成時代の小説家。1897生。

フランキー堺 ふらんきーさかい 1996没(67歳)。昭和・平成時代の俳優。大阪芸術大学教授。1929生。

金井直 かないちょく 1997没(71歳)。昭和・平成時代の詩人, 随筆家。1926生。

吉田正 よしだただし 1998没(77歳)。昭和・平成時代の作曲家。日本作曲家協会会長。1921生。

木戸蓊 きどしげる 2000没(68歳)。昭和・平成時代の国際政治学者。神戸学院大学教授, 神戸大学教授。1932生。

チャールズ, レイ 2004没(73歳)。アメリカのポピュラー歌手。1930生。

倉橋由美子 くらはしゆみこ 2005没(69歳)。昭和・平成時代の作家。1935生。

永島慎二 ながしましんじ 2005没(67歳)。昭和・平成時代の漫画家。1937生。

6月10日

6月11日

○出来事○ 日本初の銀行登場（1872）
田中角栄『日本列島改造論』発表（1972）

多治比真宗　たじひのまむね　823没（55歳）。奈良時代・平安時代前期の女性。桓武天皇の妃。769生。

朝野鹿取　あさののかとり　843没（70歳）。平安時代前期の文人、公卿。774生。

観賢　かんげん　925没（73歳）。平安時代前期・中期の真言宗の僧、東寺長者。853生。

峰禅　ほうぜん　925没（72歳）。平安時代前期・中期の真言宗の僧。854生。

藤原季平　ふじわらのすえひら　983没（62歳）。平安時代中期の公卿。922生。

主恩　しゅおん　989没（57歳）。平安時代中期の法相宗の僧。933生。

藤原道頼　ふじわらのみちより　995没（25歳）。平安時代中期の公卿。971生。

源頼定　みなもとのよりさだ　1020没（44歳）。平安時代中期の公卿。977生。

済信　さいしん　1030没（77歳）。平安時代中期の真言宗の僧。954生。

源倫子　みなもとのりんし　1053没（90歳）。平安時代中期の女性。藤原道長の妻。964生。

佐藤業時　さとうなりとき　1249没（60歳）。鎌倉時代前期の武士、鎌倉評定衆。1190生。

ベイコン、ロジャー　1292没（72?歳）。イギリスの哲学者、自然科学者。1220頃生。

バルトロマエウス（ピーサの）　1347没（87?歳）。イタリアのドミニコ会の神学者。1260頃生。

冷泉為秀　れいぜいためひで　1372没。南北朝時代の歌人・公卿。

蔵海性珍　ぞうかいしょうちん　1409没（75歳）。南北朝時代・室町時代の僧。1335生。

等熈　とうき　1462没（67歳）。室町時代の浄土宗一条派の僧。1396生。

飯尾為数　いのおためかず　1467没。室町時代の法曹家、政所執事代。

ジェームズ3世（スコットランド王）　1488没（36歳）。スコットランド王（在位1460〜88年）。1452生。

安禅寺宮　あんぜんじのみや　1497没（22歳）。戦国時代の女性。後土御門天皇の第3皇女。1476生。

浦上則宗　うらがみのりむね　1502没（74歳）。室町時代・戦国時代の武将、赤松政則の家臣。1429生。

メアリ（ギーズの）　1560没（44歳）。スコットランド王ジェームズ5世の妃、スコットランド女王メアリ・ステュアートの母。1515生。

古田織部　ふるたおりべ　1615没（72歳）。安土桃山時代・江戸時代前期の武将、茶人。1544生。

ディグビー、サー・ケネルム　1665没（61歳）。イギリスの廷臣。1603生。

杉木普斎　すぎきふさい　1706没（79歳）。江戸時代前期・中期の茶人。1628生。

佐瀬与次右衛門　させよじえもん　1711没（82歳）。江戸時代前期・中期の陸奥国会津郡幕内村の篤農家。1630生。

ヴァンドーム、ルイ・ジョゼフ、公爵　1712没（57歳）。フランスの貴族。1654生。

鳥山芝軒　とりやましけん　1715没（61歳）。江戸時代前期・中期の漢詩人。1655生。

ジョージ1世　1727没（67歳）。イギリス、ハノーバー朝初代国王（在位1714〜27）。1660生。

バルトリン　1738没（83歳）。デンマークの解剖学者。1655生。

伊佐幸琢（初代）　いさこうたく　1745没（62歳）。江戸時代中期の茶匠。1684生。

坂田兵四郎（初代）　さかたひょうしろう　1749没（48歳）。江戸時代中期の歌舞伎役者。1702生。

中沢道二　なかざわどうに　1803没（79歳）。江戸時代中期・後期の石門心学者。1725生。

美馬順三　みまじゅんぞう　1825没（31歳）。江戸時代後期の蘭方医。1795生。

フランクリン、サー・ジョン　1847没（61歳）。イギリスの北極探検家。1786生。

336

ブリュローフ, カルル・パヴロヴィチ　1852没(52歳)。ロシアの画家。1799生。

キレーエフスキー, イワン・ワシリエヴィチ　1856没(50歳)。ロシアの哲学者, ジャーナリスト。1806生。

メッタニヒ, クレーメンス・ヴェンツェル・フォン　1859没(86歳)。オーストリアの政治家, 外交官。1773生。

ブルック, ジェームズ　1868没(65歳)。イギリスの軍人, 探検家。1803生。

シムズ, ウィリアム・ギルモア　1870没(64歳)。アメリカの小説家。1806生。

長岡謙吉　ながおかけんきち　1872没(39歳)。江戸・明治時代の医師, 官吏。海援隊隊長, 三河県知事。1834生。

土井聱牙　どいごうが　1880没(64歳)。江戸・明治時代の儒学者。1817生。

ブラック　1880没(64歳)。イギリスのジャーナリスト。1816生。

竹本染太夫(7代目)　たけもとそめたゆう　1883没(72歳)。江戸・明治時代の人形浄瑠璃太夫。1812生。

アレクサンダル・オブレノビッチ5世　1903没(26歳)。セルビア王(在位1889～1903)。1876生。

磯野小右衛門　いそのこえもん　1903没(79歳)。明治時代の実業家。大阪商業会議所会頭。1825生。

ヘンリー, W.E.　1903没(53歳)。イギリスの詩人, 批評家, 劇作家。1849生。

ウェブスター, ジーン　1916没(39歳)。アメリカの女流作家。1876生。

デュボワ, フランソワ・クレマン・テオドール　1924没(86歳)。フランスの作曲家, オルガン奏者, 音楽理論家。1837生。

ギディングズ　1931没(76歳)。アメリカの社会学者。1855生。

ヴィゴツキー, レフ・セミョーノヴィチ　1934没(37歳)。ソ連邦の心理学者。1896生。

ニューランド, ジュリアス・アーサー　1936没(58歳)。アメリカの化学者。1878生。

トゥハチェフスキー, ミハイル・ニコラエヴィチ　1937没(44歳)。ソ連の軍人。1893生。

ジュパンチッチ, オトン　1949没(71歳)。スロベニア(ユーゴスラビア)の詩人。1878生。

和田小六　わだころく　1952没(61歳)。大正・昭和時代の航空工学者。東京工業大学教授。1890生。

アルヴァーロ, コッラード　1956没(61歳)。イタリアの詩人, 小説家。1895生。

ブラングヴィン, サー・フランク　1956没(89歳)。イギリスの画家。1867生。

金山穆韶　かなやまぼくしょう　1958没(81歳)。明治～昭和時代の高野山真言宗管長, 仏教者。1876生。

片山正夫　かたやままさお　1961没(83歳)。明治～昭和時代の物理化学者。1877生。

川島雄三　かわしまゆうぞう　1963没(45歳)。昭和時代の映画監督。1918生。

沈鈞儒　ちんきんじゅ　1963没(90歳)。中国の政治家。1873生。

長谷川伸　はせがわしん　1963没(79歳)。大正・昭和時代の小説家, 劇作家。1884生。

熊沢寛道　くまざわひろみち　1966没(76歳)。昭和時代の自称・皇統継承者。1889生。

ケーラー, ヴォルフガング　1967没(80歳)。ドイツの心理学者。1887生。

高柳賢三　たかやなぎけんぞう　1967没(80歳)。大正・昭和時代の法学者。東京大学教授, 成蹊大学学長。1887生。

ルイス, ジョン・L　1969没(89歳)。アメリカの労働運動指導者。1880生。

ケレンスキー, アレクサンドル・フョードロヴィチ　1970没(89歳)。ロシアの政治家。1881生。

鳥海青児　ちょうかいせいじ　1972没(70歳)。大正・昭和時代の洋画家。1902生。

ウェイン, ジョン　1979没(72歳)。アメリカの映画俳優。1907生。

中島健蔵　なかじまけんぞう　1979没(76歳)。昭和時代の評論家, フランス文学者。日中文化交流協会理事長。1903生。

本間久雄　ほんまひさお　1981没(94歳)。大正・昭和時代の文芸評論家, 国文学者。早稲田大学教授, 実践女子大学教授。1886生。

ベルリングエル, エンリコ　1984没(62歳)。イタリアの政治家。1922生。

木村京太郎　きむらきょうたろう　1988没(85歳)。大正・昭和時代の部落解放運動家。部落問題研究所常務理事。1902生。

サラガート　1988没(89歳)。イタリアの政治家。1898生。

駱賓基　らくひんき　1994没(77歳)。中国の作家。1917生。

熊谷尚夫　くまがいひさお　1996没(81歳)。昭和・平成時代の経済学者。大阪大学教授, 関西大学教授。1914生。

6月11日

6月12日

○記念日○ バザー記念日
育児の日
宮城県防災の日
○出来事○ 日本初のストライキ起こる(1886)
原子力船「むつ」進水(1969)

テオダハト　536没(46?歳)。イタリアの東ゴート王(534〜36)。490頃生。

蘇我入鹿　そがのいるか　645没。飛鳥時代の大臣。

紀広庭　きのひろにわ　777没。奈良時代の官人。

レオ3世　816没(66?歳)。教皇(在位795〜816)、聖人。750頃生。

寛朝　かんちょう　998没(83歳)。平安時代中期の真言宗の僧。916生。

平親信　たいらのちかのぶ　1017没(72歳)。平安時代中期の公卿。946生。

大仏宗宣　おさらぎむねのぶ　1312没(54歳)。鎌倉幕府第11代の執権。1259生。

高師詮　こうのもろあきら　1353没。南北朝時代の武将。

山井昇清　やまいしょうせい　1364没(39歳)。南北朝時代の石清水八幡宮祠官。1326生。

実峰良秀　じっぽうりょうしゅう　1405没(88歳)。南北朝時代・室町時代の僧。1318生。

トゥルネブス、アドリアーヌス　1565没(53歳)。フランスの古典学者、ギリシア語本文批評家。1512生。

リッチ、リチャード・リッチ　1567没(71?歳)。イングランドの大法官。1496頃生。

ルネ・ド・フランス　1575没(64歳)。イタリア、フェララ公妃。1510生。

レナータ(フェルラーラの)　1575没(64歳)。ルイ12世の王女、フランスのフェルラーラ侯エルコレ2世の妻。1510生。

上井覚兼　うわいかくけん　1589没(45歳)。安土桃山時代の武将、島津氏家臣。1545生。

小早川隆景　こばやかわたかかげ　1597没(65歳)。戦国時代・安土桃山時代の武将。1533生。

茶阿局　ちゃあのつぼね　1621没。安土桃山時代・江戸時代前期の女性。徳川家康の側室。

京極忠高　きょうごくただたか　1637没(45歳)。江戸時代前期の大名。1593生。

ボランドゥス、ヨハネス　1665没(68歳)。フランドルのイエズス会士。1596生。

八橋検校　やつはしけんぎょう　1685没(72歳)。江戸時代前期の箏曲家。1614生。

栗林次兵衛　くりばやしじへえ　1700没。江戸時代前期・中期の水利家。

前田吉徳　まえだよしのり　1745没(56歳)。江戸時代中期の大名。1690生。

コリンズ、ウィリアム　1759没(37歳)。イギリスの詩人。1721生。

徳川家重　とくがわいえしげ　1761没(51歳)。江戸幕府第9代の将軍。1711生。

中村十蔵(2代目)　なかむらじゅうぞう　1788没(49歳)。江戸時代中期の歌舞伎役者。1740生。

リオタール、ジャン-エティエンヌ　1789没(86歳)。スイスの画家。1702生。

黒沢琴古(2代目)　くろさわきんこ　1811没(65歳)。江戸時代中期・後期の琴古流尺八演奏者。1747生。

葛三　かつさん　1818没(57歳)。江戸時代中期の俳人。1762生。

アーノルド、トマス　1842没(46歳)。イギリスの教育家。1795生。

ジョフロワ・サン-ティレール、エティエンヌ　1844没(72歳)。フランスの動物学者、奇形学者。1772生。

メーストル、グザヴィエ・ド　1852没(88歳)。フランスの小説家。1763生。

真清水蔵六(初代)　ましみずぞうろく　1877没(56歳)。江戸・明治時代の陶工。1822生。

ブライアント、ウィリアム・カレン　1878没(83歳)。アメリカの詩人、ジャーナリスト。1794生。

中山忠能　なかやまただやす　1888没(80歳)。江戸・明治時代の公卿。侯爵。1809生。

エルトマン　1892没(86歳)。ドイツの哲学者、哲学史家。1805生。

清水次郎長　しみずのじろちょう　1893没（74歳）。江戸・明治時代の侠客。1820生。

斎藤高行　さいとうたかゆき　1894没（76歳）。江戸・明治時代の陸奥中村藩士，農政家。1819生。

山口尚芳　やまぐちなおよし　1894没（53歳）。明治時代の官吏，旧佐賀藩士。貴族院議員。1842生。

パシ　1912没（90歳）。フランスの経済学者。1822生。

井上友一　いのうえともいち　1919没（49歳）。明治・大正時代の金沢藩士，官吏。神社局長。1871生。

豊川良平　とよかわりょうへい　1920没（69歳）。明治時代の実業家。第百十九国立銀行頭取，三菱合資管事，貴族院議員。1852生。

モルガン，ジャック・ド　1924没（67歳）。フランスの考古学者，オリエント先史考古学の先駆者。1857生。

フリッチュ，グスタフ・テオドール　1927没（89歳）。ドイツの解剖学者，人類学者。1838生。

クラウス，カール　1936没（62歳）。オーストリアの詩人，劇作家，評論家。1874生。

後藤宙外　ごとうちゅうがい　1938没（73歳）。明治・大正時代の小説家，編集者，評論家。秋田時事新報社社長。1866生。

エーヴァース，ハンス・ハインツ　1943没（71歳）。ドイツの怪奇小説家。1871生。

寺内寿一　てらうちひさいち　1946没（68歳）。大正・昭和時代の陸軍軍人。1879生。

松本潤一郎　まつもとじゅんちろう　1947没（55歳）。大正・昭和時代の社会学者。1893生。

今村力三郎　いまむらりきさぶろう　1954没（88歳）。明治〜昭和時代の弁護士。1866生。

パーシキヴィ，ユホ・クスティ　1956没（85歳）。フィンランドの政治家。1870生。

小塩力　おしおつとむ　1958没（55歳）。昭和時代の牧師，聖書学者。1903生。

市川猿翁　いちかわえんおう　1963没（75歳）。大正・昭和時代の歌舞伎俳優。日本俳優協会理事長。1888生。

市川猿之助（2代目）　いちかわえんのすけ　1963没（75歳）。明治〜昭和時代の歌舞伎役者。1888生。

シェルヘン，ヘルマン　1966没（74歳）。ドイツの作曲家，指揮者，評論家。1891生。

リード，ハーバート　1968没（74歳）。イギリスの芸術批評家，詩人。1893生。

塩尻公明　しおじりこうめい　1969没（67歳）。昭和時代の評論家，哲学者。神戸大学教授。1901生。

六浦光雄　むつうらみつお　1969没（56歳）。昭和時代の漫画家。1913生。

ウィルソン，エドマンド　1972没（77歳）。アメリカの批評家。1895生。

ベルタランフィー　1972没（70歳）。オーストリア生まれのアメリカの理論生物学者。1901生。

マリー　1974没（76歳）。フランスの政治家。1897生。

小森宗太郎　こもりそうたろう　1975没（75歳）。昭和時代の打楽器奏者。国立音楽大学教授。1900生。

郭沫若　かくまつじゃく　1978没（85歳）。中国の文学者，政治家。1892生。

原田武一　はらだたけいち　1978没（79歳）。大正・昭和時代のテニス選手。1899生。

大平正芳　おおひらまさよし　1980没（70歳）。昭和時代の政治家。首相，衆議院議員。1910生。

シアラー，ノーマ　1983没（79歳）。アメリカの女優。1904生。

花岡菊子　はなおかきくこ　1984没（73歳）。昭和時代の映画女優。1910生。

華羅庚　からこう　1985没（74歳）。中国の数学者。1910生。

プレスナー，ヘルムート　1985没（92歳）。西ドイツの哲学者。1892生。

岡一太　おかかずた　1986没（83歳）。昭和時代の児童文学者，エスペランチスト。1903生。

藤沢桓夫　ふじさわたけお　1989没（84歳）。大正〜平成時代の小説家。1904生。

オクジャワ，ブラート・シャルヴォヴィチ　1997没（73歳）。ソ連の詩人，作家。1924生。

渡辺浩子　わたなべひろこ　1998没（62歳）。昭和・平成時代の演出家。新国立劇場演劇部門芸術監督。1935生。

芦部信喜　あしべのぶよし　1999没（75歳）。昭和・平成時代の憲法学者。東京大学教授，学習院大学教授。1923生。

ペック，グレゴリー　2003没（87歳）。アメリカの俳優。1916生。

門脇禎二　かどわきていじ　2007没（81歳）。昭和・平成時代の歴史学者。1925生。

6月12日

6月13日

○記念日○ FMの日
　　　　　小さな親切運動スタートの日
○出来事○ 一国一城令を布告(1615)
　　　　　衣笠祥雄、2131試合連続出場の世界記録(1987)

アレクサンドロス3世　前323没(32歳)。マケドニア王(在位前336〜323)。前356生。
蘇我蝦夷　そがのえみし　645没。飛鳥時代の官人。
藤原楓麻呂　ふじわらのかえでまろ　776没(54歳)。奈良時代の官人。723生。
修円　しゅうえん　834没(64歳)。平安時代前期の法相宗の僧。771生。
源常　みなもとのときわ　854没(43歳)。平安時代前期の公卿。812生。
石敬瑭　せきけいとう　942没(50歳)。中国、五代後晋の初代皇帝(在位936〜942)。892生。
源俊賢　みなもとのとしかた　1027没(68歳)。平安時代中期の公卿。960生。
高松院　たかまついん　1176没(36歳)。平安時代後期の女性。二条天皇中宮。1141生。
北条義時　ほうじょうよしとき　1224没(62歳)。鎌倉幕府第2代の執権。1163生。
アントニウス(パードヴァの、聖人)　1231没(36歳)。聖人。1195生。
アブー・シャーマ　1268没(65歳)。シリアの歴史家、文学者。1203生。
フアン・マヌエル、ドン　1348没(66歳)。スペインの政治家、著作家。1282生。
良尊　りょうそん　1349没(71歳)。鎌倉時代後期・南北朝時代の民間念仏僧。1279生。
佐々木秀綱　ささきひでつな　1353没。南北朝時代の守護大名。
斯波家兼　しばいえかね　1356没(49歳)。鎌倉時代後期・南北朝時代の武将。1308生。
九峰信虔　きゅうほうしんけん　1381没。南北朝時代の臨済宗の僧。
二条良基　にじょうよしもと　1388没(69歳)。南北朝時代の歌人・公卿。1320生。
文益漸　ぶんえきぜん　1398没(69歳)。朝鮮、高麗の学者、政治家。1329生。
今出川公行　いまでがわきんゆき　1421没。室町時代の公卿。

満済　まんさい　1435没(58歳)。室町時代の僧。1378生。
呉偉　ごい　1508没(49歳)。中国、明の画家。1459生。
ガンバラ、ヴェローニカ　1550没(64歳)。イタリアの女流詩人。1485生。
竹中半兵衛　たけなかはんべえ　1579没(36歳)。安土桃山時代の武将、美濃菩提山城主竹中重元の子。1544生。
明智光秀　あけちみつひで　1582没(55?歳)。戦国時代・安土桃山時代の武将。1528頃生。
伊奈忠次　いなただつぐ　1610没(61歳)。安土桃山時代・江戸時代前期の大名。1550生。
秋月種長　あきづきたねなが　1614没(48歳)。安土桃山時代・江戸時代前期の大名。1567生。
相良長毎　さがらながつね　1636没(63歳)。安土桃山時代・江戸時代前期の大名。1574生。
奈良屋茂左衛門(初代)　ならやもざえもん　1714没。江戸時代中期の豪商。
杉山杉風　すぎやまさんぷう　1732没(86歳)。江戸時代前期・中期の俳人。1647生。
クレビヨン、プロスペール・ジョリヨ・ド　1762没(88歳)。フランスの悲劇作家。1674生。
永皎女王　えいこうじょおう　1808(閏6月)没(77歳)。江戸時代中期・後期の女性。中御門天皇の第7皇女。1732生。
吉益南涯　よしますなんがい　1813没(64歳)。江戸時代中期・後期の医師。1750生。
古川氏清　ふるかわうじきよ　1820没(63歳)。江戸時代中期・後期の幕臣、和算家。1758生。
石塚竜麿　いしづかたつまろ　1823没(60歳)。江戸時代中期・後期の国学者。1764生。
嵐璃寛(2代目)　あらしりかん　1837没(50歳)。江戸時代後期の歌舞伎役者。1788生。
牧野康哉　まきのやすとし　1863没(46歳)。江戸時代末期の大名、若年寄。1818生。
住谷寅之介　すみやとらのすけ　1867没(50歳)。江戸時代末期の尊攘派水戸藩士。1818生。

大槻磐渓　おおつきばんけい　1878没(78歳)。江戸・明治時代の儒者, 砲術家。1801生。

秋元礼朝　あきもとひろとも　1883没(36歳)。江戸・明治時代の館林藩主。館林藩知事。1848生。

グッデン, ベルンハルト・フォン　1886没(62歳)。バイエルンの精神科医。1824生。

ルートウィヒ2世　1886没(40歳)。バイエルン王(在位1864～86)。1845生。

ヴェルニッケ, カール　1905没(57歳)。ドイツの精神科医。1848生。

ルモニエ, カミーユ　1913没(69歳)。ベルギーの小説家。1844生。

林賢徳　はやしけんとく　1914没(77歳)。明治時代の実業家。1838生。

ベックマン, エルンスト・オットー　1923没(69歳)。ドイツの化学者。1853生。

ブルームフィールド　1928没(73歳)。アメリカのインド学者。1855生。

北里柴三郎　きたざとしばさぶろう　1931没(79歳)。明治～昭和時代の細菌学者。慶応義塾大学医学部長。1853生。

ドイブラー, テーオドア　1934没(57歳)。ドイツの詩人。1876生。

ホルンボステル, エーリヒ・モーリツ・フォン　1935没(58歳)。オーストリアの心理学者。1877生。

真清水蔵六(2代目)　ましみずぞうろく　1936没(76歳)。明治～昭和時代の陶工。1861生。

石井亮一　いしいりょういち　1937没(71歳)。明治～昭和時代の社会事業家。1867生。

ギョーム, シャルル・エドゥアール　1938没(77歳)。フランスの実験物理学者。1861生。

中山太郎　なかやまたろう　1947没(72歳)。明治～昭和時代の民俗学者。1876生。

太宰治　だざいおさむ　1948没(40歳)。昭和時代の小説家。1909生。

山崎富栄　やまざきとみえ　1948没(30歳)。昭和時代の女性。太宰治とともに入水自殺した。1919生。

フランダン　1958没(69歳)。フランスの政治家。1889生。

加藤恭平　かとうきょうへい　1962没(79歳)。大正・昭和時代の実業家。1883生。

グーセンス, サー・ユージェーヌ　1962没(69歳)。イギリスの管絃楽指揮者, 作曲家。1893生。

ブーバー, マルティン　1965没(87歳)。オーストリア生れのユダヤ系宗教哲学者, 社会学者。1878生。

山田守　やまだまもる　1966没(72歳)。大正・昭和時代の建築家。1894生。

新海竹蔵　しんかいたけぞう　1968没(71歳)。大正・昭和時代の彫刻家。1897生。

田中栄三　たなかえいぞう　1968没(81歳)。大正・昭和時代の映画監督, 脚本家。1886生。

竹本三蝶　たけもとさんちょう　1971没(75歳)。明治～昭和時代の女義太夫節太夫。1896生。

日夏耿之介　ひなつこうのすけ　1971没(81歳)。大正・昭和時代の詩人, 英文学者。1890生。

原田三夫　はらだみつお　1977没(87歳)。大正・昭和時代の科学評論家。1890生。

柳青　りゅうせい　1978没(61歳)。中国の小説家。1916生。

クズネツォーフ, アナトーリー・ワシリエヴィチ　1979没(49歳)。ソ連の小説家。1929生。

長谷部文雄　はせべふみお　1979没(81歳)。昭和時代の経済学者, 翻訳者。1897生。

菅原通済　すがはらつうさい　1981没(87歳)。昭和時代の実業家, 文筆家。三悪追放協会会長, 売春対策審議会会長。1894生。

ハーリド　1982没(69歳)。サウジアラビアの第4代国王。1913生。

ランバート, デイム・マリー　1982没(94歳)。ポーランド生れのイギリスの舞踊家。1888生。

グッドマン, ベニー　1986没(77歳)。アメリカのジャズ・クラリネット奏者, 楽団指揮者。1909生。

木暮実千代　こぐれみちよ　1990没(72歳)。昭和時代の女優。1918生。

野口久光　のぐちひさみつ　1994没(84歳)。昭和・平成時代の音楽評論家, 映画評論家。1909生。

福田清人　ふくだきよと　1995没(90歳)。昭和・平成時代の小説家, 児童文学作家。日本児童文芸家協会会長。1904生。

斎藤義重　さいとうよししげ　2001没(97歳)。昭和・平成時代の洋画家, 美術家。1904生。

村田英雄　むらたひでお　2002没(73歳)。昭和・平成時代の歌手。1929生。

岩城宏之　いわきひろゆき　2006没(73歳)。昭和・平成時代の指揮者。1932生。

6月13日

6月14日

○記念日○　開発支援ツールの日
○出来事○　勝鬨橋完成記念式（1940）
　　　　　　映倫発足（1949）

メトディオス1世（コンスタンティノポリスの）　847没（59?歳）。コンスタンティノポリス総主教、聖人。788頃生。

ザマフシェリー　1144没（69歳）。イスラムの神学者、言語学者。1075生。

ナシュワーン　1178没。アラビアの言語学者。

ダンドロ, エリンコ　1205没（95?歳）。イタリアの政治家。1110頃生。

安東忠家　あんどうただいえ　1221没。鎌倉時代前期の駿河国の御家人。

仁科盛遠　にしなもりとお　1221没。鎌倉時代前期の武将。

若狭忠季　わかさただすえ　1221没。鎌倉時代前期の武将。

真性　しんしょう　1230没（64歳）。平安時代後期・鎌倉時代前期の僧。1167生。

三善康俊　みよしやすとし　1238没（72歳）。平安時代後期・鎌倉時代前期の幕府問注所執事、評定衆。1167生。

佐々木重綱　ささきしげつな　1267没（61歳）。鎌倉時代前期の武将。1207生。

ギヨーム・ド・ピエール・ド・ゴダン　1326没（66?歳）。フランスのドミニコ会神学者。1260頃生。

無底良韶　むていりょうしょう　1361没（49歳）。南北朝時代の曹洞宗の僧。1313生。

大中臣師盛　おおなかとみのもろもり　1424没。室町時代の神官。

ホウルト, ジョン　1504没。イングランドのラテン語学者。

牧中正授　ぼくちゅうしょうじゅ　1511没。室町時代・戦国時代の曹洞宗の僧。

芳郷光隣　ほうきょうこうりん　1536没。戦国時代の臨済宗の僧。

カルパントラ　1548没。フランスの作曲家。

ガルス, ニーコラウス　1570没（55歳）。ドイツの牧師。1515生。

毛利元就　もうりもとなり　1571没（75歳）。戦国時代の大名。1497生。

明智秀満　あけちひでみつ　1582没（46歳）。安土桃山時代の武将。1537生。

明智熙子　あけちひろこ　1582没（48歳）。戦国時代・安土桃山時代の女性。明智光秀の妻。1535生。

ラッシュ, オルランド・ド　1594没（64?歳）。フランドルの作曲家。1530頃生。

ヴェイン, サー・ヘンリー　1662没（49歳）。イギリスの政治家。1613生。

生田検校　いくたけんぎょう　1715没（60歳）。江戸時代前期・中期の箏曲家。1656生。

カンプラ, アンドレ　1744没（83歳）。フランスの作曲家。1660生。

マクローリン, コリン　1746没（48歳）。スコットランドの数学者。1698生。

小川笙船　おがわしょうせん　1760没（89歳）。江戸時代中期の医師。1672生。

渋井太室　しぶいたいしつ　1788没（69歳）。江戸時代中期の漢学者。1720生。

クレベール, ジャン・バティスト　1800没（47歳）。フランス革命期の将軍。1753生。

ランファン, ピエール・シャルル　1825没（70歳）。フランス生れのアメリカの建築家、工学者。1754生。

カール-アウグスト　1828没（70歳）。ザクセン＝ワイマール＝アイゼナハ公、ウィーン会議後大公。1757生。

津軽寧親　つがるやすちか　1833没（69歳）。江戸時代中期・後期の大名。1765生。

レオパルディ, ジャーコモ　1837没（38歳）。イタリアの詩人。1798生。

仁井田南陽　にいだなんよう　1848没（79歳）。江戸時代後期の漢学者。1770生。

帆足万里　ほあしばんり　1852没（75歳）。江戸時代後期の儒学者。1778生。

サンタナ　1864没（62歳）。ドミニカ共和国大統領（1844〜48、53〜57、58〜61）。1801生。

樋口真吉　ひぐちしんきち　1870没（56歳）。江戸・明治時代の志士。1815生。

尾上菊次郎（2代目）　おのえきくじろう　1875没（62歳）。江戸・明治時代の歌舞伎役者。1814生。

土御門藤子　つちみかどふじこ　1875没。江戸・明治時代の侍女。和宮側近筆頭。

カーペンター，メアリ　1877没（70歳）。イギリスの女性社会事業家。1807生。

フィッツジェラルド，エドワード　1883没（74歳）。イギリスの詩人，翻訳家。1809生。

白根専一　しらねせんいち　1898没（49歳）。明治時代の官僚，政治家。貴族院議員。1850生。

ゲーゲンバウエル，カール　1903没（76歳）。ドイツの比較解剖学者。1826生。

ミクリッチ・ラデツキ　1905没（55歳）。オーストリアの医者。1850生。

松旭斎天一（初代）　しょうきょくさいてんいち　1912没（60歳）。明治時代の奇術師。1853生。

ヴェーバー，マックス　1920没（56歳）。ドイツの社会科学者。1864生。

レジャーヌ　1920没（63歳）。フランスの女優。1857生。

ケーベル，ラファエル・フォン　1923没（75歳）。ロシア生れのドイツの哲学者。1848生。

ギルブレス，フランク・　1924没（55歳）。アメリカの技師。1868生。

カサット，メアリ　1926没（82歳）。アメリカの女流画家，版画家。1844生。

ジェローム，ジェローム・K.　1927没（68歳）。イギリスのユーモア作家。1859生。

パンクハースト，エミリーン　1928没（71歳）。イギリスの婦人参政権運動家。1857生。

ガルデル，カルロス　1935没（44歳）。アルゼンチンタンゴの歌手。1890生。

章炳麟　しょうへいりん　1936没（67歳）。中国，清末民国初の学者，革命家。1869生。

チェスタトン，G.K.　1936没（62歳）。イギリスのジャーナリスト，著作家。1874生。

ペルツィヒ，ハンス　1936没（67歳）。ドイツの建築家。1869生。

アルバレス-キンテロ，ホアキン　1944没（71歳）。スペインの劇作家。1873生。

ウビコ・カスタニェーダ　1946没（67歳）。グアテマラの軍人，独裁者，大統領（1931～44）。1878生。

幸田延　こうだのぶ　1946没（77歳）。明治～昭和時代のバイオリニスト，ピアニスト，音楽教育家。東京音楽学校教授。1870生。

ベアード，ジョン・ロージー　1946没（57歳）。イギリスの発明家。1888生。

マルケ，アルベール　1947没（72歳）。フランスの画家。1875生。

川島浪速　かわしまなにわ　1949没（85歳）。明治～昭和時代の大陸浪人。1865生。

小金井蘆洲（5代目）　こがねいろしゅう　1961没（83歳）。大正・昭和時代の講談師。1877生。

遠地輝武　おんちてるたけ　1967没（66歳）。大正・昭和時代の詩人，美術評論家。1901生。

クァジーモド，サルヴァトーレ　1968没（66歳）。イタリアの詩人。1901生。

岡山巌　おかやまいわお　1969没（74歳）。大正・昭和時代の歌人，医師。三菱製鋼診療所長，八幡製鉄本社診療所顧問。1894生。

三浦光子　みうらみつこ　1969没（52歳）。昭和時代の映画女優。1917生。

ガルシア　1971没（74歳）。フィリピンの大統領（1957～61）。1896生。

ベーケーシ，ゲオルク・フォン　1972没（73歳）。ハンガリー生れのアメリカの物理学者，生理学者。1899生。

鈴木力衛　すずきりきえ　1973没（62歳）。昭和時代のフランス文学者。学習院大学教授，日仏演劇協会会長。1911生。

アンダ，ゲーザ　1976没（54歳）。スイスのピアニスト，指揮者。1921生。

スルコフ，アレクセイ・アレクサンドロヴィチ　1983没（83歳）。ソ連の詩人。1899生。

ボルヘス，ホルヘ・ルイス　1986没（86歳）。アルゼンチンの詩人，小説家，評論家。1899生。

山崎謙　やまざきけん　1990没（87歳）。昭和時代の哲学者。1903生。

アシュクロフト，ペギー　1991没（83歳）。イギリスの女優。1907生。

マンシーニ，ヘンリー　1994没（70歳）。アメリカの映画音楽作曲家。1924生。

佐治賢使　さじただし　1999没（85歳）。昭和・平成時代の漆芸家。日本工匠会会長。1914生。

谷岡ヤスジ　たにおかやすじ　1999没（56歳）。昭和・平成時代の漫画家。1942生。

ジュリーニ，カルロ・マリア　2005没（91歳）。イタリアの指揮者。1914生。

ワルトハイム，クルト　2007没（88歳）。第4代国連事務総長。オーストリア大統領。1918生。

6月14日

6月15日

○記念日○ 暑中見舞いの日
　　　　　信用金庫の日
○出来事○ 明治三陸地震(1896)
　　　　　新橋-下関間に初の特急列車(1912)
　　　　　安保闘争国会突入(1960)

文武天皇　もんむてんのう　707没(25歳)。第42代の天皇。683生。

ロベール1世　923没(61?歳)。フランス国王(在位922〜3)。862頃生。

多資忠　おおのすけただ　1100没(55歳)。平安時代中期・後期の雅楽家。1046生。

寛意　かんい　1101没(48歳)。平安時代後期の真言宗の僧。1054生。

マグヌス5世　1184没(28歳)。ノルウェー王(在位1162〜84)。1156生。

小槻広房　おづきのひろふさ　1202没。平安時代後期・鎌倉時代前期の官人、官務、小槻氏大宮流の祖。

三浦胤義　みうらたねよし　1221没。鎌倉時代前期の武士。

山田重忠　やまだしげただ　1221没。鎌倉時代前期の武将。

北条泰時　ほうじょうやすとき　1242没(60歳)。鎌倉幕府第3代の執権。1183生。

聖雲法親王　しょううんほっしんのう　1314没(44歳)。亀山天皇の皇子。1271生。

趙孟頫　ちょうもうふ　1322没(68歳)。中国、元代の画家、書家。1254生。

アンドロニクス3世　1341没(45歳)。東ローマ皇帝(在位1328〜41)。1296生。

タイラー、ワット　1381没。イギリス農民反乱の指導者。

ヨアンネス6世　1383没(87歳)。東ローマ皇帝(在位1347〜55)。1296生。

ムラト1世　1389没(70歳)。オスマン・トルコ帝国の第3代スルタン(在位1362頃〜89)。1319生。

東坊城長綱　ひがしぼうじょうながつな　1392没。南北朝時代の公卿。

洞院公定　とういんきんさだ　1399没(60歳)。南北朝時代・室町時代の公卿。1340生。

ベリー、ジャン・ド・フランス　1416没(75歳)。フランスの貴族。1340生。

小笠原持長　おがさわらもちなが　1462没(67歳)。室町時代の武将、信濃守護。1396生。

日野勝光　ひのかつみつ　1476没(48歳)。室町時代の公卿。1429生。

桂庵玄樹　けいあんげんじゅ　1508没(82歳)。室町時代・戦国時代の臨済宗の僧。1427生。

ボルトラッフィオ、ジョヴァンニ・アントーニオ　1516没(49歳)。イタリアの画家。1467生。

長宗我部国親　ちょうそかべくにちか　1560没(57歳)。戦国時代の土佐国の武将。1504生。

長谷川久蔵　はせがわきゅうぞう　1593没(26歳)。安土桃山時代の画家。1568生。

日野資勝　ひのすけかつ　1639没(63歳)。安土桃山時代・江戸時代前期の公家。1577生。

木下長嘯子　きのしたちょうしょうし　1649没(81歳)。安土桃山時代・江戸時代前期の大名、歌人。1569生。

東福門院　とうふくもんいん　1678没(72歳)。江戸時代前期の女性。徳川秀忠の娘で、後水尾天皇の皇后。1607生。

尊覚女王　そんかくじょおう　1694没(79歳)。江戸時代前期・中期の女性。伏見宮邦房親王の王女。1616生。

北村季吟　きたむらきぎん　1705没(82歳)。江戸時代前期・中期の俳人、歌人、和学者、幕府歌学方。1624生。

岡田正利　おかだまさとし　1744没(84歳)。江戸時代中期の神道家。1661生。

榊山小四郎(初代)　さかきやまこしろう　1747没(77歳)。江戸時代中期の歌舞伎役者。1671生。

荻野八重桐(2代目)　おぎのやえぎり　1763没(38歳)。江戸時代中期の歌舞伎役者。1726生。

鈴木春信　すずきはるのぶ　1770没(46?歳)。江戸時代中期の浮世絵師。1725頃生。

ダカン、ルイ・クロード　1772没(77歳)。フランスのオルガン奏者、作曲家。1694生。

沢田東江　さわだとうこう　1796没(65歳)。江戸時代中期の書家。1732生。

吾妻藤蔵(3代目)　あづまとうぞう　1798没(43歳)。江戸時代中期の歌舞伎役者。1756生。

田中玄蕃(9代目)　たなかげんば　1811没(72歳)。江戸時代中期・後期の醤油醸造家。1740生。

知念績高　ちねんせっこう　1828没(68歳)。江戸時代中期・後期の沖縄古典音楽の演奏者。1761生。

フーバー, テレーゼ　1829没(65歳)。ドイツの女性小説家。1764生。

キャンベル, トマス　1844没(66歳)。イギリスの詩人。1777生。

ポーク, ジェイムズ・K　1849没(53歳)。第11代アメリカ大統領。1795生。

ノートン, キャロライン　1877没(69歳)。イギリスの女流詩人, 文学者。1808生。

フリードリヒ3世　1888没(56歳)。プロシア王, ドイツ皇帝(在位1888)。1831生。

エミネスク, ミハイ　1889没(39歳)。ルーマニアの詩人。1850生。

雲竜久吉　うんりゅうひさきち　1891没(69歳)。江戸時代末期・明治時代の力士。1823生。

エルケル, フェレンツ　1893没(82歳)。ハンガリーの作曲家, 指揮者。1810生。

船津伝次平　ふなづでんじへい　1898没(67歳)。明治時代の農業指導者。1832生。

佐々城豊寿　ささきとよじゅ　1901没(49歳)。明治時代の婦人運動家。1853生。

ジェニー, ウィリアム・ル・バロン　1907没(74歳)。アメリカの建築家。1832生。

川上眉山　かわかみびざん　1908没(40歳)。明治時代の小説家。1869生。

大道長安　だいどうちょうあん　1908没(66歳)。明治時代の仏教運動家。1843生。

大鳥圭介　おおとりけいすけ　1911没(79歳)。明治時代の外交家。学習院院長。1833生。

ヒューレット, モーリス　1923没(62歳)。イギリスの小説家, 随筆家, 詩人。1861生。

梅ケ谷藤太郎(初代)　うめがたにとうたろう　1928没(84歳)。明治・大正時代の力士。十五代横綱, 年寄。1845生。

平林初之輔　ひらばやしはつのすけ　1931没(40歳)。大正・昭和時代の文芸評論家, 社会評論家, 翻訳家。1892生。

藤川勇造　ふじかわゆうぞう　1935没(53歳)。大正・昭和時代の彫刻家。1883生。

大沢豊子　おおさわとよこ　1937没(65歳)。明治・大正時代の速記者。1873生。

キルヒナー, エルンスト・ルートヴィヒ　1938没(58歳)。ドイツ表現主義の画家。1880生。

フィーグネル　1942没(89歳)。ロシアの女性革命家。1852生。

カルダレッリ, ヴィンチェンツォ　1959没(72歳)。イタリアの詩人。1887生。

樺美智子　かんばみちこ　1960没(22歳)。昭和時代の学生運動家。東京大学文学部自治会副委員長。1937生。

コルトー, アルフレッド　1962没(84歳)。フランスのピアニスト, 指揮者。1877生。

石黒俊夫　いしぐろとしお　1964没(72歳)。昭和時代の実業家。三菱地所会長。1892生。

大賀一郎　おおがいちろう　1965没(82歳)。明治～昭和時代の植物学者。1883生。

正田篠枝　しょうだしのえ　1965没(54歳)。昭和時代の歌人。1910生。

林家染丸(3代目)　はやしやそめまる　1968没(62歳)。昭和時代の落語家。1906生。

マッキーヴァー　1970没(88歳)。アメリカの社会学者, 政治学者。1882生。

謝覚哉　しゃかくさい　1971没(87歳)。中国の司法指導者。1884生。

スタンレー, ウェンデル・メレディス　1971没(66歳)。アメリカの生化学者。1904生。

窪川鶴次郎　くぼかわつるじろう　1974没(71歳)。昭和時代の文芸評論家。1903生。

ペッパー, アート　1982没(56歳)。アメリカのジャズ・アルトサックス奏者。1925生。

竹山道雄　たけやまみちお　1984没(80歳)。昭和時代のドイツ文学者, 評論家, 小説家。1903生。

松田権六　まつだごんろく　1986没(90歳)。大正・昭和時代の漆芸家。1896生。

虫明亜呂無　むしあけあろむ　1991没(67歳)。昭和時代の評論家, 小説家。1923生。

今西錦司　いまにしきんじ　1992没(90歳)。昭和時代の生物学者, 登山家。1902生。

フィッツジェラルド, エラ　1996没(78歳)。アメリカの女性ジャズ歌手。1918生。

ロワ, ジュール　2000没(92歳)。アルジェリア出身のフランスの小説家。1907生。

糸園和三郎　いとぞのわさぶろう　2001没(89歳)。昭和・平成時代の洋画家。1911生。

室田日出男　むろたひでお　2002没(64歳)。昭和・平成時代の俳優。1937生。

白鳥映雪　しらとりえいせつ　2007没(95歳)。昭和・平成時代の日本画家。1912生。

6月15日

6月16日

○記念日○　ケーブルテレビの日
　　　　　　家庭裁判所創立記念日
　　　　　　和菓子の日
○出来事○　初の女性宇宙飛行士が宇宙へ
　　　　　　（1963）

アウレーリアーヌス（アルルの）　551没。アルルの大司教、聖人。
楊貴妃　ようきひ　756没（37歳）。中国、唐の皇妃。719生。
紀名虎　きのなとら　847没。平安時代前期の貴族。
高子内親王　たかこないしんのう　866没。平安時代前期の女性。仁明天皇の皇女、賀茂斎院。
ユーグ　956没。フランスの有力諸侯の一人。
藤原為光　ふじわらのためみつ　992没（51歳）。平安時代中期の公卿。942生。
媞子女王　せんしじょおう　1081没（77歳）。平安時代中期・後期の女性。村上天皇皇子具平親王の第3王女。1005生。
多忠方　おおのただかた　1135没（51歳）。平安時代後期の雅楽家。1085生。
一条忠頼　いちじょうただより　1184没。平安時代後期の武将。
源有綱　みなもとのありつな　1186没。平安時代後期の武士。
佐々木経高　ささきつねたか　1221没。鎌倉時代前期の武将。
明遍　みょうへん　1224没（83歳）。平安時代後期・鎌倉時代前期の高野山の僧。1142生。
タウラー、ヨハネス　1361没（61?歳）。ドイツの神秘思想家、説教家。1300頃生。
清水谷公広　しみずだにきんひろ　1377没（51歳）。南北朝時代の公卿。1327生。
順証　じゅんしょう　1390没（62歳）。南北朝時代の浄土真宗の僧。1329生。
ベンヴェヌート・デ・ランバルディ・ダ・イーモラ　1390没（60?歳）。イタリアの人文学者。1330頃生。
小田孝朝　おだたかとも　1414没（78歳）。南北朝時代・室町時代の武将、常陸国小田の領主。1337生。
エーリック7世　1459没（77?歳）。カルマル同盟初代王（在位1397～1439）。1382頃生。

ヴィンピナ、コンラート・コッホ　1531没（71?歳）。ドイツの哲学者、人文主義者。1460頃生。
純瑜　じゅんゆ　1582没（62歳）。戦国時代・安土桃山時代の真言宗の僧。1521生。
古田重勝　ふるたしげかつ　1606没（47歳）。安土桃山時代・江戸時代前期の武将、大名。1560生。
サラチェーニ、カルロ　1620没（41歳）。イタリアの画家。1579生。
生駒高俊　いこまたかとし　1659没（49歳）。江戸時代前期の大名。1611生。
ラージン、ステパン・チモフェエヴィチ　1671没（41?歳）。ロシアの革命家。1630頃生。
貞子内親王　さだこないしんのう　1675没（69歳）。江戸時代前期の女性。後陽成天皇の皇女。1607生。
河村瑞賢　かわむらずいけん　1699没（82歳）。江戸時代前期の商人。1618生。
人見必大　ひとみひつだい　1701没（60?歳）。江戸時代前期・中期の本草学者、食物研究家。1642頃生。
マールバラ、ジョン・チャーチル、初代公爵　1722没（72歳）。イギリスの軍人。1650生。
バトラー、ジョゼフ　1752没（60歳）。イギリスの神学者、哲学者。1692生。
エークホフ、コンラート　1778没（57歳）。ドイツの俳優。1720生。
河村秀穎　かわむらひでかい　1783没（66歳）。江戸時代中期の国学者。1718生。
横井也有　よこいやゆう　1783没（82歳）。江戸時代中期の俳人。1702生。
井上金峨　いのうえきんが　1784没（53歳）。江戸時代中期の漢学者。1732生。
北風六右衛門　きたかぜろくえもん　1789没。江戸時代中期の豪商。
金井三笑　かないさんしょう　1797没（67歳）。江戸時代中期の歌舞伎作者。1731生。

346

常磐津兼太夫(2代目) ときわづかねたゆう 1802没(48歳)。江戸時代中期・後期の常磐津節の太夫,号は恵橋。1755生。

ヒラー, ヨハン・アダム 1804没(75歳)。ドイツの作曲家,指揮者。1728生。

太田全斎 おおたぜんさい 1829没(71歳)。江戸時代後期の漢学者, 備後福山藩士。1759生。

近藤重蔵 こんどうじゅうぞう 1829没(59歳)。江戸時代後期の北方探検家,幕臣。1771生。

堀田正敦 ほったまさあつ 1832没(75歳)。江戸時代中期・後期の大名。1758生。

芳村伊三郎(4代目) よしむらいさぶろう 1847没(48歳)。 江戸時代後期の長唄唄方。1800生。

アイヒホルン, ヨーハン 1856没(77歳)。プロイセンの政治家。1779生。

池田幸 いけだこう 1865没(48歳)。江戸時代末期の女性。志士。1818生。

菊川英山 きくかわえいざん 1867没(81歳)。江戸時代後期の浮世絵師。1787生。

菊池容斎 きくちようさい 1878没(91歳)。江戸・明治時代の日本画家。1788生。

マクレナン 1881没(53歳)。スコットランドの社会人類学者。1827生。

グリム 1901没(73歳)。ドイツの美術史・文学史家。1828生。

関根正二 せきねしょうじ 1919没(21歳)。大正時代の洋画家。1899生。

新井奥邃 あらいおうすい 1922没(77歳)。明治・大正時代の宗教家。1846生。

ダース 1925没(54歳)。インド国民運動の指導者,スワラジ党首。1870生。

矢島楫子 やじまかじこ 1925没(93歳)。明治・大正時代の女子教育者,女性運動家。女子学院院長。1833生。

パリントン, ヴァーノン・ルイス 1929没(57歳)。アメリカの文芸評論家, 歴史家。1871生。

スペリー, エルマー・アンブローズ 1930没(69歳)。アメリカの発明家, 電気技師。1860生。

エーデン, フレデリック・ファン 1932没(72歳)。オランダの詩人, 小説家, 随筆家, 劇作家, 医師。1860生。

守田勘弥(13代目) もりたかんや 1932没(48歳)。明治〜昭和時代の歌舞伎役者。1885生。

ブロック, マルク 1944没(57歳)。フランスの歴史家。1886生。

フベルマン, ブロニスラフ 1947没(64歳)。ポーランドのヴァイオリン演奏家。1882生。

高橋俊乗 たかはししゅんじょう 1948没(57歳)。大正・昭和時代の教育学者。1892生。

フックス 1949没(81歳)。ドイツの演出家,演劇理論家。1868生。

パヴレンコ, ピョートル・アンドレーヴィチ 1951没(51歳)。ソ連の小説家。1899生。

ガイガー 1952没(60歳)。ドイツの社会学者。1891生。

市川荒次郎(2代目) いちかわあらじろう 1957没(67歳)。明治〜昭和時代の歌舞伎役者。1889生。

ナジ, イムレ 1958没(63歳)。ハンガリーの政治家。1895生。

金森徳次郎 かなもりとくじろう 1959没(73歳)。大正・昭和時代の官僚,憲法学者。1886生。

荒木正三郎 あらきしょうざぶろう 1969没(62歳)。昭和時代の労働組合運動家,教育者。参議院議員,日教組初代委員長。1906生。

アレグザンダー・オヴ・チュニス, サー・ハロルド, 初代伯爵 1969没(77歳)。イギリスの将軍。1891生。

チャップマン, シドニー 1970没(82歳)。イギリスの地球物理学者。1888生。

トリヨレ, エルザ 1970没(73歳)。フランスの女流小説家。1896生。

松永安左エ門 まつながやすざえもん 1971没(95歳)。明治〜昭和時代の実業家。1875生。

フォン・ブラウン, ヴェルナー 1977没(65歳)。ドイツ生れのロケット工学者。1912生。

チャーニー, ジュール・グレゴリー 1981没(64歳)。アメリカの理論気象学者。1917生。

鶴田浩二 つるたこうじ 1987没(62歳)。昭和時代の俳優。1924生。

水上達三 みずかみたつぞう 1989没(85歳)。昭和時代の経営者。1903生。

島田一男 しまだかずお 1996没(89歳)。昭和・平成時代の推理作家。1907生。

住井すゑ すみいすえ 1997没(95歳)。昭和・平成時代の小説家, 児童文学作家。1902生。

香淳皇后 こうじゅんこうごう 2000没(97歳)。大正〜平成時代の皇族。昭和天皇皇后。1903生。

6月16日

6月17日

○記念日○　おまわりさんの日
　　　　　砂漠化および干ばつと闘う世界デー
　　　　　薩摩の日
○出来事○　沖縄返還協定調印（1971）
　　　　　南アのアパルトヘイト法廃止（1991）

ウスマーン　656没(82?歳)。イスラム国家第3代カリフ(在位644～656)。574頃生。

玄賓　げんぴん　818没(85歳)。奈良時代・平安時代前期の法相宗の僧。734生。

藤原道明　ふじわらのみちあき　920没(65歳)。平安時代前期・中期の公卿。856生。

源延光　みなもとののぶみつ　976没(50歳)。平安時代中期の公卿。927生。

藤原保輔　ふじわらのやすすけ　988没。平安時代中期の下級官人。

ボレスワフ1世　1025没(59?歳)。ポーランド国王(在位992～1025)。966頃生。

藤原通季　ふじわらのみちすえ　1128没(39歳)。平安時代後期の公卿。1090生。

平盛子　たいらのもりこ　1179没(24歳)。平安時代後期の女性。平清盛の娘で近衛基実の妻。1156生。

テレジア(ポルトガルの)　1250没(72歳)。ルシタニア(ポルトガル)の第2代王サンショ1世の娘。ロルヴァーンのシトー会修道院創立者、聖人。1178生。

ヌワイリー　1332没(50?歳)。マムルーク朝期のエジプトの学者。1282頃生。

曇希　どんき　1350没(54歳)。鎌倉時代後期・南北朝時代の曹洞宗の僧。1297生。

朱徳潤　しゅとくじゅん　1365没(71歳)。中国、元の画家。1294生。

黙庵周諭　もくあんしゅうゆ　1373没(56歳)。南北朝時代の臨済宗の僧。1318生。

千葉兼胤　ちばかねたね　1430没(39歳)。室町時代の武将、千葉介、下総守護、清胤の子。1392生。

畠山義英　はたけやまよしひで　1532没。戦国時代の武将。基家の子、義就の孫、河内守護。

武田信玄の娘　たけだしんげんのむすめ　1569没(27歳)。戦国時代の武家女性。北条氏政の妻。1543生。

蘆名盛氏　あしなもりうじ　1580没(60歳)。戦国時代・安土桃山時代の武将。1521生。

斎藤利三　さいとうとしみつ　1582没(45歳)。安土桃山時代の武将。1538生。

梅北国兼　うめきたくにかね　1592没。安土桃山時代の武将、島津氏の有力家臣。

庭田重通　にわだしげみち　1598没(52歳)。安土桃山時代の公卿。1547生。

堀尾吉晴　ほりおよしはる　1611没(69歳)。安土桃山時代・江戸時代前期の武将、大名。1543生。

トレッリ、ジャーコモ　1678没(69歳)。イタリアの舞台装置家。1608生。

ヤン3世　1696没(66歳)。ポーランド国王(在位1674～96)。1629生。

土御門泰福　つちみかどやすとみ　1717没(63歳)。江戸時代前期・中期の陰陽家、公家。1655生。

アディソン、ジョーゼフ　1719没(47歳)。イギリスの随筆家、評論家、政治家。1672生。

ヴィラール、クロード・ルイ・エクトール、公爵　1734没(81歳)。ルイ14世時代のフランスの軍人。1653生。

竹沢弥七(初代)　たけざわやしち　1754没。江戸時代中期の義太夫節三味線方。

中井甃庵　なかいしゅうあん　1758没(66歳)。江戸時代中期の儒学者。1693生。

中村十蔵(初代)　なかむらじゅうぞう　1770没(77歳)。江戸時代中期の歌舞伎役者、歌舞伎座本。1694生。

ハンティンドン、セリーナ・ヘイスティングズ、伯爵夫人　1791没(83歳)。イギリスの伯爵夫人。1707生。

松岡青蘿　まつおかせいら　1791没(52歳)。江戸時代中期の俳諧師。1740生。

アーガー・ムハマンド・ハーン　1797没(77歳)。イランのカジャール朝の創始者(在位1796～97)。1720生。

梨木祐為　なしのきすけため　1801没（62歳）。江戸時代中期・後期の歌人。1740生。

ホランド，ヘンリー　1806没（60歳）。イギリスの建築家。1746生。

ライヒャルト，ヨーハン・フリードリヒ　1814没（61歳）。ドイツの作曲家，音楽理論家。1752生。

フェルディナンド3世　1824没（55歳）。トスカナ大公。1769生。

ジェルマン，ソフィ・マリ　1831没（55歳）。フランスの女性数学者。1776生。

ベンティンク，ロード・ウィリアム　1839没（64歳）。イギリスの軍人。1774生。

バラム，リチャード・ハリス　1845没（56歳）。イギリスの牧師，ユーモア作家。1788生。

ドビュロー，ジャン-バチスト-ガスパール　1846没（49歳）。フランスのパントマイムの俳優。1796生。

阿部正弘　あべまさひろ　1857没（39歳）。江戸時代末期の大名。1819生。

箕作阮甫　みつくりげんぽ　1863没（65歳）。江戸時代末期の蘭学者。1799生。

キャス，ルイス　1866没（83歳）。アメリカの軍司令官，政治家，外交官。1782生。

ロンベルク　1873没（77歳）。ドイツの医者，神経病学者。1795生。

山登検校（2代目）　やまとけんぎょう　1876没（62歳）。江戸・明治時代の山田流箏曲演奏者，作曲者。1815生。

オーウェン，ロバート・デイル　1877没（75歳）。スコットランド生れのアメリカの社会運動家，作家。1801生。

伊藤慎蔵　いとうしんぞう　1880没（56歳）。江戸・明治時代の洋学者。大野藩洋学館長。1825生。

マントイフェル　1885没（76歳）。プロシア，ドイツの軍人，外交官。1809生。

ホプキンズ，マーク　1887没（85歳）。アメリカの教育家，道徳哲学者。1802生。

バーン-ジョーンズ，エドワード　1898没（65歳）。イギリスの画家，デザイナー。1833生。

リーグル，アーロイス　1905没（47歳）。オーストリアの美術史家。1858生。

矢野二郎　やのじろう　1906没（62歳）。明治時代の教育者。貴族院議員。1845生。

バーネット，サミュエル・オーガスタス　1913没（69歳）。イギリス国教会牧師，社会改良家。1844生。

北村季晴　きたむらすえはる　1931没（60歳）。明治〜昭和時代の作曲家，演出家。1872生。

ハーデン，サー・アーサー　1940没（74歳）。イギリスの生化学者。1865生。

俵孫一　たわらまごいち　1944没（76歳）。大正・昭和時代の官僚，政治家。三重・宮城各県知事，衆議院議員。1869生。

乙竹岩造　おとたけいわぞう　1953没（77歳）。明治〜昭和時代の教育学者，教育史学者。東京文理大学教授。1875生。

リチャードソン，ドロシー　1957没（84歳）。イギリスの女流小説家。1873生。

ルヴェルディ，ピエール　1960没（70歳）。フランスの詩人。1889生。

山根翠堂　やまねすいどう　1966没（73歳）。大正・昭和時代の華道家。真生流初代家元。1893生。

杵屋六一朗　きねやろくいちろう　1974没（78歳）。大正・昭和時代の長唄三味線方。長唄協会副会長。1896生。

銭杏邨　せんきょうそん　1977没（77歳）。中国の評論家，文学史家。1900生。

中川信夫　なかがわのぶお　1984没（79歳）。昭和時代の映画監督。1905生。

加藤泰　かとうたい　1985没（68歳）。昭和時代の映画監督，シナリオライター。1916生。

谷口雅春　たにぐちまさはる　1985没（91歳）。大正・昭和時代の宗教家。1893生。

高田博厚　たかたひろあつ　1987没（86歳）。昭和時代の彫刻家，評論家。1900生。

上野益三　うえのますぞう　1989没（89歳）。昭和時代の動物学者。1900生。

永井智雄　ながいともお　1991没（77歳）。昭和時代の俳優。1914生。

村山リウ　むらやまりう　1994没（91歳）。昭和・平成時代の評論家。1903生。

金東里　きんとうり　1995没（81歳）。韓国の小説家。1913生。

クーン，トマス　1996没（73歳）。アメリカの科学史家。1922生。

津田恭介　つだきょうすけ　1999没（92歳）。昭和・平成時代の薬学者，有機化学者。東京大学教授，共立薬科大学長。1907生。

宿沢広朗　しゅくざわひろあき　2006没（55歳）。昭和・平成時代のラグビー選手・日本代表監督。1950生。

フェレ，ジャンフランコ　2007没（62歳）。イタリアのファッションデザイナー。1944生。

6月17日

6月18日

○記念日○　海外移住の日
○出来事○　ひめゆり部隊自決(1945)
　　　　　東京裁判の首席検事、天皇免訴を言明(1946)

レオ3世　741没(61?歳)。ビザンチン皇帝(在位717〜41)。680頃生。

玄昉　げんぼう　746没。奈良時代の僧。

久子内親王　きゅうしないしんのう　876没。平安時代前期の女性。仁明天皇の皇女、斎宮。

済棟　さいとう　905没(83歳)。平安時代前期・中期の法相宗の僧。823生。

源賢　げんけん　1020没(44歳)。平安時代中期の天台宗の僧、歌人。977生。

イブン・スィーナー, アブー・アリー　1037没(56歳)。ペルシアの哲学者、医者。980生。

尋清　じんしょう　1051没(78歳)。平安時代中期の真言宗の僧。974生。

藤原忠実　ふじわらのただざね　1162没(85歳)。平安時代後期の公卿。1078生。

エリーザベト(シェーナウの)　1164没(35歳)。ドイツのベネディクト会修道女、聖人、神秘家。1129生。

藤原範茂　ふじわらののりしげ　1221没(38歳)。鎌倉時代前期の公卿。1184生。

島津忠久　しまづただひさ　1227没(49歳)。鎌倉時代前期の武士。1179生。

北条時氏　ほうじょうときうじ　1230没(28歳)。鎌倉時代前期の武将。1203生。

藤原範宗　ふじわらののりむね　1233没(63歳)。鎌倉時代前期の公卿。1171生。

吉良長氏　きらながうじ　1290没(80歳)。鎌倉時代後期の武将、三河西条城主。1211生。

鷹司冬経　たかつかさふゆつね　1319没(37歳)。鎌倉時代後期の公卿。1283生。

道祐　どうゆう　1345没。鎌倉時代後期・南北朝時代の浄土真宗の僧。

四条房衡　しじょうふさひら　1357没(75歳)。鎌倉時代後期・南北朝時代の公卿。1283生。

覚雄　かくおう　1369没。南北朝時代の真言宗の僧。

綾小路信俊　あやのこうじのぶとし　1429没(75歳)。南北朝時代・室町時代の公卿。1355生。

海住山清房　うつやまきよふさ　1448没。室町時代の公卿。

存如　ぞんにょ　1457没(62歳)。室町時代の真宗の僧。1396生。

ヴァイデン, ロヒール・ファン・デル　1464没(64?歳)。フランドルの画家。1400頃生。

滋野井季国　しげのいすえくに　1535没(43歳)。戦国時代の公卿。1493生。

クロウリ, ロバート　1588没(70?歳)。イギリスの印刷業者、聖職者。1518頃生。

マルティネス・モンタニェース, ファン　1649没(81歳)。スペインの彫刻家。1568生。

三宅寄斎　みやけきさい　1649没(70歳)。江戸時代前期の儒者。1580生。

シャイナー, クリストフ　1650没(74歳)。ドイツの天文学者, カトリック聖職者。1575生。

喜安　きあん　1653(閏6月)没(89歳)。安土桃山時代・江戸時代前期の僧。1565生。

一木権兵衛　いちきごんべえ　1679没(52歳)。江戸時代前期の土木行政家。1628生。

道晃法親王　どうこうほうしんのう　1679没(68歳)。江戸時代前期の僧。1612生。

小野寺丹　おのでらたん　1703没。江戸時代前期・中期の女性。歌人。

ドラランド, ミシェル・リシャール　1726没(68歳)。フランスの作曲家。1657生。

ファン・スウィーテン　1772没(72歳)。オランダの医師。1700生。

中村喜代三郎(初代)　なかむらきよさぶろう　1777没(57歳)。江戸時代中期の歌舞伎役者。1721生。

尾上新七(2代目)　おのえしんしち　1818没(39歳)。江戸時代後期の歌舞伎役者。1780生。

コベット, ウィリアム　1835没(72歳)。イギリスの文筆家, 政治家。1763生。

薗田守良　そのだもりよし　1840没(56歳)。江戸時代後期の神道学者。1785生。

溝口直諒　みぞぐちなおあき　1858没(60歳)。江戸時代末期の大名。1799生。

350

ラクシュミー・バーイー　1858没（23歳）。インドのジャーンスィーの女王。1835生。

畔田翠山　くろだすいざん　1859没（68歳）。江戸時代末期の本草学者，紀伊和歌山藩医。1792生。

オブライエン，ウィリアム・スミス　1864没（60歳）。アイルランドの民族運動家。1803生。

グロート　1871没（76歳）。イギリスの歴史家。1794生。

サッター，ジョン・オーガスタス　1880没（77歳）。アメリカの開拓者。1803生。

バトラー，サミュエル　1902没（66歳）。イギリスの小説家，画家，音楽家。1835生。

鴻雪爪　おおとりせつそう　1904没（91歳）。江戸・明治時代の宗教家，神道家。教部省御用掛。1814生。

クレーヴェ，ペール・テオドール　1905没（65歳）。スウェーデンの化学者，博物学者。1840生。

コラッツィーニ，セルジョ　1907没（20歳）。イタリアの詩人。1887生。

タネーエフ，セルゲイ・イワーノヴィチ　1915没（58歳）。ロシアの作曲家。1856生。

モルトケ，ヘルムート・フォン　1916没（68歳）。プロシア，ドイツの軍人。1848生。

ビルケラン，クリスティアン　1917没（49歳）。ノルウェーの物理学者。1867生。

カプタイン，ヤコブス・コルネリウス　1922没（71歳）。オランダの天文学者。1851生。

ラ・フォレット，ロバート・M　1925没（70歳）。アメリカの政治家。1855生。

アムンゼン，ロアルド　1928没（55歳）。ノルウェーの極地探検家。1872生。

沢村紀久八　さわむらきくはち　1931没（68歳）。明治・大正時代の女優。1864生。

矢野龍渓　やのりゅうけい　1931没（82歳）。明治時代の政治家，小説家。1850生。

古在由直　こざいよしなお　1934没（71歳）。明治〜昭和時代の農芸化学者。東京帝国大学教授・総長。1864生。

瞿秋白　くしゅうはく　1935没（36歳）。中国の革命家，文学者。1899生。

ゴーリキー，マクシム　1936没（68歳）。ロシア，ソ連の小説家，劇作家。1868生。

レルシュ，ハインリヒ　1936没（46歳）。ドイツの詩人。1889生。

ドゥーメルグ　1937没（73歳）。フランスの政治家。1863生。

ケネリー，アーサー・エドウィン　1939没（77歳）。イギリス系アメリカの電気技師。1861生。

山上伊太郎　やまがみいたろう　1945没（43歳）。大正・昭和時代のシナリオ・ライター，映画監督。1903生。

シュルスヌス，ハインリヒ　1952没（63歳）。ドイツのバリトン歌手。1888生。

豊島与志雄　とよしまよしお　1955没（64歳）。大正・昭和時代の小説家，翻訳家。明治大学教授。1890生。

バリモア，エセル　1959没（79歳）。アメリカの女優。1879生。

石山脩平　いしやましゅうへい　1960没（60歳）。昭和時代の教育学者，教育史家。1899生。

モランディ，ジョルジョ　1964没（73歳）。イタリアの画家，銅版画家。1890生。

モンテ，ピエール　1966没（80歳）。フランスのエジプト学者。1885生。

山田道美　やまだみちよし　1970没（36歳）。昭和時代の将棋士。1933生。

小崎道雄　こざきみちお　1973没（84歳）。大正・昭和時代の牧師。日本基督教団総会議長。1888生。

ジューコフ，ゲオルギー・コンスタンチノヴィチ　1974没（77歳）。ソ連の軍人。1896生。

ケイシー，リチャード・ガーディナー・ケイシー，男爵　1976没（85歳）。オーストラリアの政治家。1890生。

日高信六郎　ひだかしんろくろう　1976没（83歳）。大正・昭和時代の外交官，登山家。駐イタリア大使，日本山岳会会長。1893生。

服部竜太郎　はっとりりゅうたろう　1977没（76歳）。昭和時代の音楽評論家。1900生。

チーヴァー，ジョン　1982没（70歳）。アメリカの小説家。1912生。

スアン・トゥイ　1985没（72歳）。北ベトナムの政治家。1912生。

宇治山哲平　うじやまてっぺい　1986没（75歳）。昭和時代の洋画家。1910生。

ストーン，イシドア・ファインスタイン　1989没（81歳）。アメリカのジャーナリスト。1907生。

正田英三郎　しょうだひでさぶろう　1999没（95歳）。昭和・平成時代の実業家。日清製粉社長。1903生。

6月18日

6月19日

○記念日○　元号の日
　　　　　朗読の日
○出来事○　日米修好通商条約調印(1858)
　　　　　マリアナ沖海戦(1944)

テオドシオス　566没。単性論派のアレクサンドリア総主教。

貞保親王　さだやすしんのう　924没(55歳)。清和天皇の皇子。870生。

円超　えんちょう　925没。平安時代中期の華厳宗の僧。

柴栄　さいえい　959没(37歳)。中国、五代後周の第2代皇帝(在位954〜959)。921生。

ロムアルド　1027没(75?歳)。カトリック聖職者、聖人。952頃生。

オド(カンブレーの)　1113没。フランスの神学者、哲学者、司教、福者。

近衛家基　このえいえもと　1296没(36歳)。鎌倉時代後期の公卿。1261生。

安東蓮聖　あんどうれんしょう　1329没(91歳)。鎌倉時代後期の武士、得宗被官、摂津守護代。1239生。

北畠具行　きたばたけともゆき　1332没(43歳)。鎌倉時代後期の公卿。1290生。

ジュリアーナ・デイ・ファルコニエーリ　1341没(71?歳)。イタリアの聖女。1270頃生。

鷹司冬通　たかつかさふゆみち　1386没(57歳)。南北朝時代の公卿。1330生。

大清宗渭　たいせいそうい　1391没(71歳)。南北朝時代の僧。1321生。

徳大寺公俊　とくだいじきんとし　1428没(58歳)。南北朝時代・室町時代の公卿。1371生。

近衛政家　このえまさいえ　1505没(62歳)。室町時代・戦国時代の公卿。1444生。

西園寺公藤　さいおんじきんふじ　1512没(58歳)。戦国時代の公卿。1455生。

伊達稙宗　だてたねむね　1565没(78歳)。戦国時代の武将。1488生。

土御門有春　つちみかどありはる　1569没(69歳)。戦国時代の公卿。1501生。

ウッドハウス、トマス　1573没。イングランドのイエズス会士、殉教者。

ジェンティーリ　1608没(56歳)。国際法の創始者。1552生。

那須資晴　なすすけはる　1609没(54歳)。安土桃山時代・江戸時代前期の武将。1556生。

角屋七郎次郎　かどやしちろうじろう　1614没。安土桃山時代・江戸時代前期の伊勢大湊の海運業者、徳川氏の御用商人。

酒井田柿右衛門(初代)　さかいだかきえもん　1666没(71歳)。江戸時代前期の伊万里焼の陶工。1596生。

ルメリ、ニコラ　1715没(69歳)。フランスの化学者、薬学者。1645生。

森田勘弥(2代目)　もりたかんや　1734没(59歳)。江戸時代中期の歌舞伎座主、歌舞伎役者。1676生。

真源　しんげん　1758没(69歳)。江戸時代中期の真言声明南山進流の声明家。1690生。

大岡春卜　おおおかしゅんぼく　1763没(84歳)。江戸時代中期の画家、画本作者。1680生。

グリーン、ナサニエル　1786没(43歳)。アメリカ独立戦争期の将軍。1742生。

リー　1794没(62歳)。アメリカの政治家。1732生。

チェイス、サミュエル　1811没(70歳)。アメリカの法律家。1741生。

吉田友直　よしだともなお　1811没(60歳)。江戸時代中期・後期の農学者、教育者。1752生。

バンクス、サー・ジョゼフ　1820没(77歳)。イギリスの博物学者。1743生。

アルティガス、ホセ・ヘルバシオ　1850没(83歳)。ウルグアイ建国の父。1764生。

佐藤解記　さとうげき　1859没(46歳)。江戸時代末期の和算家。1814生。

マクシミリアン、フェルディナント-ヨーゼフ　1867没(34歳)。メキシコ皇帝(在位1864〜67)。1832生。

淡海槐堂　おうみかいどう　1879没(58歳)。江戸・明治時代の尊攘派志士。大津裁判所参謀。1822生。

アルベルディ、フアン・バウティスタ　1884没(73歳)。アルゼンチンの法律学者。

1810生。
ドロイゼン　1884没(75歳)。ドイツの歴史家。1808生。
リヒター, アドリアン・ルートヴィヒ　1884没(80歳)。ドイツの画家, 版画家。1803生。
沢辺正修　さわべせいしゅう　1886没(31歳)。明治時代の自由民権家。1856生。
狩野探美　かのうたんび　1893没(54歳)。明治時代の日本画家。1840生。
アクトン, ジョン・エマリチ・エドワード・ダルバーグ　1902没(68歳)。イギリスの歴史家。1834生。
ヴォーン, ハーバート・アルフレッド　1903没(71歳)。イギリスの聖職者。1832生。
蟹江義丸　かにえよしまる　1904没(33歳)。明治時代の哲学者。1872生。
鍋島直大　なべしまなおひろ　1921没(76歳)。江戸～大正時代の佐賀藩主。元老院議官式部頭, 侯爵。1846生。
常陸山谷右衛門　ひたちやまたにえもん　1922没(49歳)。明治・大正時代の力士。十九代横綱。1874生。
プライキ, ソロモン・チェキシ　1932没(53歳)。南アフリカの作家。1879生。
今野大力　こんのだいりき　1935没(32歳)。大正・昭和時代の詩人。プロレタリア詩人。1904生。
バリー, J.M.　1937没(77歳)。イギリスの劇作家, 小説家。1860生。
ジョベール, モーリス　1940没(40歳)。フランスの作曲家。1900生。
羅振玉　らしんぎょく　1940没(74歳)。中国の金石学, 考証学者。1866生。
ノーマン, ダニエル　1941没(77歳)。カナダのメソジスト教会宣教師。1864生。
井坂孝　いさかたかし　1949没(80歳)。明治～昭和時代の実業家。1870生。
ナゾル, ヴラディミル　1949没(73歳)。ユーゴスラビアの詩人, 小説家。1876生。
木下東作　きのしたとうさく　1952没(74歳)。明治～昭和時代の生理学者, スポーツ評論家。1878生。
ローゼンバーグ, エセル　1953没(38歳)。原爆スパイ事件に関与したアメリカ人。1915生。
ローゼンバーグ, ジュリアス　1953没(35歳)。原爆スパイ事件に関与したアメリカ人。1918生。

市川照蔵(2代目)　いちかわてるぞう　1955没(69歳)。明治～昭和時代の歌舞伎俳優。1886生。
ウォトソン　1956没(82歳)。アメリカの実業家。1874生。
オーブルチェフ, ウラジーミル・アファナシエヴィチ　1956没(92歳)。ロシアの地理学者, 地質学者。1863生。
シュトラウス・ウント・トルナイ　1956没(82歳)。ドイツの女流小説家, バラード詩人。1873生。
ボーザージ, フランク　1961没(66歳)。アメリカの映画監督。1895生。
鈴木三郎助　すずきさぶろうすけ　1973没(82歳)。明治～昭和時代の実業家。1890生。
ヴァール, ジャン　1974没(86歳)。フランスの哲学者。1888生。
藤岡一　ふじおかはじめ　1974没(75歳)。昭和時代の洋画家。1899生。
秋山安三郎　あきやまやすさぶろう　1975没(89歳)。昭和時代の演劇評論家, 随筆家。1886生。
浅見緑蔵　あさみろくぞう　1984没(75歳)。昭和時代のプロゴルファー。1908生。
松原操　まつばらみさお　1984没(73歳)。昭和時代の歌手。1911生。
持田信夫　もちだのぶお　1986没(68歳)。昭和時代の経営者。持田製薬社長。1917生。
稲嶺一郎　いなみねいちろう　1989没(83歳)。昭和時代の実業家, 政治家。琉球石油社長, 参議院議員。1905生。
風早八十二　かざはややそじ　1989没(89歳)。昭和時代の弁護士, 社会主義学者。1899生。
アーサー, ジーン　1991没(85歳)。アメリカの女優。1905生。
ゴールディング, ウィリアム　1993没(81歳)。イギリスの作家。1911生。
加藤一郎　かとういちろう　1994没(69歳)。昭和・平成時代のロボット工学者。1925生。
飯田徳治　いいだとくじ　2000没(76歳)。昭和時代のプロ野球選手。1924生。
竹下登　たけしたのぼる　2000没(76歳)。昭和・平成時代の政治家。衆議院議員, 首相。1924生。
宗左近　そうさこん　2006没(87歳)。昭和・平成時代の詩人, 評論家。1919生。

6月19日

353

6月20日

○記念日○　ペパーミントデー
　　　　　　難民の日
○出来事○　玉川上水完成（1654）
　　　　　　初の日本製映画が上映（1899）

駿河内親王　するがのないしんのう　820没（20歳）。平安時代前期の女性。桓武天皇の皇女。801生。

ルートウィヒ1世　840没（62歳）。カロリング朝西ローマ皇帝（在位814～40）。778生。

藤原諸葛　ふじわらのもろくず　895没（70歳）。平安時代前期の公卿。826生。

藤原純友　ふじわらのすみとも　941没。平安時代中期の官人。

アーダルベルト（マクデブルクの）　981没。ドイツのマクデブルクの司教、聖人、ベネディクト会の宣教師。

瞻西　せんさい　1127没。平安時代後期の雲居寺の僧。

藤原公隆　ふじわらのきんたか　1153没（51歳）。平安時代後期の公卿。1103生。

藤原清輔　ふじわらのきよすけ　1177没（74歳）。平安時代後期の藤原氏北家末茂流。1104生。

公胤　こういん　1216（閏6月）没（72歳）。平安時代後期・鎌倉時代前期の天台宗の僧。1145生。

藤原範基　ふじわらののりもと　1226没（48歳）。鎌倉時代前期の公卿。1179生。

澄助　ちょうじょ　1346没。鎌倉時代後期・南北朝時代の天台宗の僧。

エーブナー，マルガレータ　1351没（60歳）。ドイツのドミニコ会修道女、神秘家。1291生。

従覚　じゅうかく　1360没（66歳）。鎌倉時代後期・南北朝時代の浄土真宗の僧。1295生。

少弐貞頼　しょうにさだより　1404没（33歳）。南北朝時代・室町時代の武将、太宰少弐、頼澄の子。1372生。

慶屋定紹　けいおくじょうしょう　1407没（69歳）。南北朝時代・室町時代の僧。1339生。

竹田法印定盛　たけだほういんさだもり　1508没（88歳）。室町時代・戦国時代の医師、能作者。1421生。

上杉顕定　うえすぎあきさだ　1510没（57歳）。戦国時代の武将、関東管領、山内上杉氏の当主。1454生。

順翁慶随　じゅんのうけいずい　1525没。戦国時代の曹洞宗の僧。

三好元長　みよしもとなが　1532没（32歳）。戦国時代の武将、筑前守。1501生。

筒井順昭　つついじゅんしょう　1550没（28歳）。戦国時代の武将、大和国人、興福寺官符衆徒、一乗院家坊人。1523生。

吉州梵貞　きっしゅうぼんてい　1558没。戦国時代の曹洞宗の僧。

張居正　ちょうきょせい　1582没（57歳）。中国、明の政治家。1525生。

水谷正村　みずのやまさむら　1596没（75歳）。戦国時代・安土桃山時代の武士。1522生。

フョードル2世　1605没（16歳）。ロシアの皇帝（在位1605.4～）。1589生。

穎川入徳　えがわにゅうとく　1674没（79歳）。江戸時代前期の明国出身の医師。1596生。

伊達綱村　だてつなむら　1719没（61歳）。江戸時代前期・中期の大名。1659生。

ディーンツェンホーファー，ヨハン　1726没（63歳）。ドイツの建築家。1663生。

徳川吉宗　とくがわよしむね　1751没（68歳）。江戸幕府第8代の将軍。1684生。

アーベル，カール・フリードリヒ　1787没（61歳）。ドイツのビオラ・ダ・ガンバ奏者、作曲家。1725生。

橋本経亮　はしもとつねあきら　1805没（51歳）。江戸時代中期・後期の国学者、有識故実家。1755生。

智恵内子　ちえのないし　1807没（63歳）。江戸時代中期・後期の女性。狂歌師。1745生。

フェルセン　1810没（54歳）。スウェーデンの軍人、外交官。1755生。

植松有信　うえまつありのぶ　1813没（56歳）。江戸時代後期の尾張藩士、国学者、板木師。1758生。

ベルグラーノ　1820没（50歳）。アルゼンチンの革命指導者。1770生。

シエース、エマニュエル・ジョゼフ、伯爵　1836没（88歳）。フランスの政治家。1748生。

ウィリアム4世　1837没（71歳）。イギリスのハノーバー朝第5代目の王（在位1830～37）。1765生。

新清和院　しんせいわいん　1846没（68歳）。江戸時代後期の女性。光格天皇の皇后。1779生。

平田玉蘊　ひらたぎょくうん　1855没（69歳）。江戸時代末期の女性。画家。1787生。

渋川景佑　しぶかわかげすけ　1856没（70歳）。江戸時代後期の天文暦学者。1787生。

富士松魯中（初代）　ふじまつろちゅう　1861没（65歳）。江戸時代末期の新内節中興の祖。1797生。

ゴンクール、ジュール　1870没（39歳）。フランスの作家。1830生。

サンタ・アナ、アントニオ・ロペス・デ　1876没（79歳）。メキシコの軍人、政治家。1797生。

コレンゾー、ジョン・ウィリアム　1883没（69歳）。英国教会の南アフリカのナタール主教。1814生。

リデル、フェリークス・クレール　1884没（53歳）。パリ外国宣教会所属のフランス人カトリック司祭、朝鮮代牧。1830生。

島津忠寛　しまづただひろ　1896没（69歳）。江戸・明治時代の佐土原藩主、伯爵。1828生。

広岡久右衛門（9代目）　ひろおかきゅうえもん　1909没（66歳）。明治時代の実業家。加島銀行頭取、大同生命保険初代社長。1844生。

明石博高　あかしひろあきら　1910没（72歳）。江戸・明治時代の化学者、殖産事業家、歌人。1839生。

松本重太郎　まつもとじゅうたろう　1913没（70歳）。明治・大正時代の実業家。明治銀行頭取。1844生。

ラテナウ　1915没（76歳）。ドイツの電気技術者、工業家。1838生。

饗庭篁村　あえばこうそん　1922没（68歳）。明治時代の小説家、劇評家。1855生。

ハルヴァックス　1922没（62歳）。ドイツの物理学者。1859生。

ビリャエスペサ、フランシスコ　1923没（45歳）。メキシコ革命の農民軍指導者。1878生。

アルダー、クルト　1958没（55歳）。ドイツの有機化学者。1902生。

芦田均　あしだひとし　1959没（71歳）。昭和時代の政治家。首相、日本民主党総裁。1887生。

シャーバン　1962没（53歳）。タンザニアの作家、スワヒリ文学者。1909生。

ベルトラン　1962没（95歳）。フランスの生化学者。1867生。

野村秀雄　のむらひでお　1964没（76歳）。昭和時代の実業家、新聞人。NHK会長、朝日新聞社代表取締役。1888生。

三田村四郎　みたむらしろう　1964没（67歳）。大正・昭和時代の労働運動家。1896生。

バルーク、バーナード　1965没（94歳）。アメリカの政治家、財務官。1870生。

ルメートル、アッベ・ジョルジュ・エドゥアール　1966没（71歳）。ベルギーの天文学者。1894生。

市川中車（8代目）　いちかわちゅうしゃ　1971没（74歳）。大正・昭和時代の歌舞伎役者。1896生。

曽我量深　そがりょうじん　1971没（96歳）。明治～昭和時代の宗教家、仏教学者。1875生。

大熊信行　おおくまのぶゆき　1977没（84歳）。大正・昭和時代の経済学者、歌人。1893生。

尾上多賀之丞（3代目）　おのえたがのじょう　1978没（90歳）。明治～昭和時代の歌舞伎役者。1887生。

ロブスン、マーク　1978没（64歳）。アメリカの映画監督、プロデューサー。1913生。

愛新覚羅浩　あいしんかくらひろ　1987没（73歳）。満洲国皇帝溥儀の弟溥傑の妻。1914生。

杵屋栄蔵（4代目）　きねやえいぞう　1988没（70歳）。昭和時代の長唄三味線方。1917生。

吉田耕作　よしだこうさく　1990没（81歳）。昭和時代の数学者。東京大学教授。1909生。

土橋治重　どはしはるしげ　1993没（84歳）。昭和・平成時代の詩人、小説家。1909生。

シヨラン、エミール　1995没（84歳）。ルーマニア出身のフランスの思想家、エッセイスト。1911生。

シャルガフ、エルウィン　2002没（96歳）。米の科学者。1905生。

鷺沢萠　さぎさわめぐむ　2004没（35歳）。小説家。1968生。

6月20日

355

6月21日

○記念日○ スナックの日
○出来事○ 正倉院建立(756)
ユネスコとILOに日本が加入(1951)

頼信　らいしん　1076没(67歳)。平安時代中期の法相宗の僧。1010生。
平清宗　たいらのきよむね　1185没(16歳)。平安時代後期の公卿、武将。1170生。
平宗盛　たいらのむねもり　1185没(39歳)。平安時代後期の武将。1147生。
岡崎義実　おかざきよしざね　1200没(89歳)。平安時代後期・鎌倉時代前期の武将。1112生。
フィリップ・フォン・シュワーベン　1208没(30?歳)。ドイツ王、神聖ローマ皇帝(1198～1208)。1178頃生。
山内首藤経俊　やまのうちすどうつねとし　1225没(89歳)。平安時代後期・鎌倉時代前期の武将。1137生。
ベンツェスラウス2世　1305没(34歳)。ボヘミア王(在位1278～1305)、ポーランド王(在位1300～05)。1271生。
持明院基長　じみょういんもとなが　1335没(80歳)。鎌倉時代後期・南北朝時代の公卿。1256生。
エドワード3世　1377没(64歳)。イングランド王(在位1327～77)。1312生。
聖冏　しょうこう　1402没(79歳)。南北朝時代・室町時代の僧。1324生。
申叔舟　しんしゅくしゅう　1475没(58歳)。朝鮮、李朝の学者、政治家。1417生。
武田国信　たけだくにのぶ　1490没(49歳)。室町時代・戦国時代の武将。1442生。
瑞見　ずいけん　1518没。戦国時代の曹洞宗の僧。
興宗宗松　こうじゅうそうしょう　1522没(78歳)。室町時代・戦国時代の禅僧。1445生。
マキアヴェッリ，ニッコロ　1527没(58歳)。イタリアの政治家、政治思想家。1469生。
スケルトン，ジョン　1529没(69?歳)。イギリスの詩人。1460頃生。
セバスティアーノ・デル・ピオンボ　1547没(62歳)。イタリアの画家。1485生。
長野業政　ながのなりまさ　1561没(63歳)。戦国時代の武将。1499生。

ゴンザーガ，ルイジ(聖)　1591没(23歳)。ローマのイエズス会士。1568生。
スミス，ジョン　1631没(51歳)。イギリスの軍人、探検家、作家。1580生。
木下利房　きのしたとしふさ　1637没(65歳)。安土桃山時代・江戸時代前期の大名。1573生。
鮭延秀綱　さけのぶひでつな　1646没(84歳)。安土桃山時代・江戸時代前期の出羽山形藩士、下総古川藩士。1563生。
清水道閑　しみずどうかん　1648没(70歳)。安土桃山時代・江戸時代前期の茶匠。1579生。
ジョーンズ，イニゴー　1652没(78歳)。イギリスの建築家、舞台美術家。1573生。
サッキ，アンドレア　1661没(61歳)。イタリアの画家。1599生。
畠山箕山　はたけやまきざん　1704没(79歳)。江戸時代前期・中期の俳人、鑑定家。1626生。
タウンゼント，C.　1738没(64歳)。イギリスの政治家、農業経営専門家。1674生。
室子女王　しつこじょおう　1756没(21歳)。江戸時代中期の女性。閑院宮直仁親王の第4王女。1736生。
服部南郭　はっとりなんかく　1759没(77歳)。江戸時代中期の古文辞学派の儒者、文人。1683生。
ハーマン，ヨハン・ゲオルク　1788没(57歳)。ドイツの哲学者。1730生。
林子平　はやししへい　1793没(56歳)。江戸時代中期の経世家。1738生。
桂川甫周(4代目)　かつらがわほしゅう　1809没(56歳)。江戸時代中期・後期の蘭方医、地理学者。1754生。
ミントー　1814没(63歳)。イギリスの外交官、政治家。1751生。
プティ，アレクシ・テレーズ　1820没(28歳)。フランスの実験物理学者。1791生。
フェルナンデス・デ・リサルディ，ホセ・ホアキン　1827没(50歳)。メキシコのジャーナリスト、小説家。1776生。

岡本甚左衛門　おかもとじんざえもん　1842没(69歳)。江戸時代後期の石見国の新田開発の功労者。1774生。

フレーベル、フリードリヒ　1852没(70歳)。ドイツの教育家、幼稚園の創立者。1782生。

テナール、ルイ・ジャック　1857没(80歳)。フランスの化学者。1777生。

エレット、チャールズ　1862没(52歳)。アメリカの技術者。1810生。

白井織部　しらいおりべ　1865没(46歳)。江戸時代末期の水戸藩の家老。1820生。

専行院お美代　せんこういんおみよ　1872没。江戸・明治時代の将軍家斉側室。

山内豊信　やまうちとよしげ　1872没(46歳)。江戸時代末期・明治時代の大名。1827生。

マイアー、ハインリヒ・アウグスト・ヴィルヘルム　1873没(73歳)。ドイツのプロテスタント神学者。1800生。

オングストレーム、アンデルス・ヨンス　1874没(59歳)。スウェーデンの物理学者。1814生。

スタンフォード、リーランド　1893没(69歳)。アメリカの政治家、鉄道建設者。1824生。

アバクロンビ　1897没(55歳)。イギリスの気象学者。1842生。

ボイコット、チャールズ・カニンガム　1897没(65歳)。イギリスの貴族領地管理人。1832生。

星亨　ほしとおる　1901没(52歳)。明治時代の政治家、自由民権運動家。通信大臣。1850生。

神鞭知常　こうむちともつね　1905没(58歳)。明治時代の官僚、政治家。衆議院議員。1848生。

税所篤　さいしょあつし　1910没(84歳)。江戸・明治時代の鹿児島藩士、政治家。子爵。1827生。

ズットナー、ベルタ、男爵夫人　1914没(71歳)。オーストリアの女流作家、平和主義者。1843生。

リスト　1919没(68歳)。ドイツの刑法学者。1851生。

コンドル、ジョサイア　1920没(67歳)。イギリスの建築家。1852生。

ホブハウス　1929没(64歳)。イギリスの哲学者、社会学者。1864生。

ヴュイヤール、エドゥアール　1940没(71歳)。フランスの画家。1868生。

エイデ、サムエル　1940没(73歳)。ノルウェーの技術者。1866生。

ハーゼンクレーヴァー、ヴァルター　1940没(49歳)。ドイツの抒情詩人、劇作家。1890生。

高楠順次郎　たかくすじゅんじろう　1945没(80歳)。明治〜昭和時代のインド学者、仏教学者。1866生。

トンプソン、サー・ダーシー　1948没(88歳)。イギリスの生物学者。1860生。

矢野庄太郎　やのしょうたろう　1949没(64歳)。昭和時代の政治家。蔵相、衆院議員。1886生。

山室千代子　やまむろちよこ　1951没(75歳)。明治〜昭和時代の胡弓奏者、箏曲家。1875生。

川田晴久　かわだはるひさ　1957没(50歳)。昭和時代の歌手、俳優。1907生。

クプカ、フランチシェク　1957没(85歳)。チェコの画家。1871生。

シュタルク、ヨハネス　1957没(83歳)。ドイツの物理学者。1874生。

ファレール、クロード　1957没(81歳)。フランスの小説家。1876生。

柳亜子　りゅうあし　1958没(71歳)。中国の革命的詩人。1887生。

スカルノ、アフマド　1970没(68歳)。インドネシアの政治家、初代大統領。1902生。

小唄勝太郎　こうたかつたろう　1974没(69歳)。昭和時代の歌手。1904生。

クートー、リュシアン　1977没(72歳)。フランスのシュールレアリスムの代表的画家。1904生。

ヒーゼン、ブルース・チャールズ　1977没(53歳)。アメリカの海洋学者、地質学者。1924生。

エルランデル　1985没(84歳)。スウェーデンの政治家。1901生。

李先念　りせんねん　1992没(82歳)。中国の政治家。1909生。

松岡信夫　まつおかのぶお　1993没(61歳)。昭和・平成時代の市民運動家。1932生。

勝新太郎　かつしんたろう　1997没(65歳)。昭和・平成時代の俳優。1931生。

クローロ、カール　1999没(84歳)。ドイツの抒情詩人。1915生。

ホヴァネス、アラン　2000没(89歳)。アメリカの作曲家、指揮者、オルガン奏者。1911生。

6月21日

6月22日

○記念日○　かにの日
　　　　　ボウリングの日
○出来事○　フランクリンが空中電気の実験
　　　　　（1752）
　　　　　日韓基本協約調印（1965）

エウセビオス（サモサタの）　380没。聖人。
パウリヌス　431没（78歳）。南イタリアのノラの司教、聖人。353生。
中臣意美麻呂　なかとみのおみまろ　711（閏6月）没。飛鳥時代の廷臣。
一条天皇　いちじょうてんのう　1011没（32歳）。第66代の天皇。980生。
惟宗允正　これむねのただまさ　1015没。平安時代中期の官人、明法家。
選子内親王　せんしないしんのう　1035没（72歳）。平安時代中期の女性。村上天皇の第10皇女。964生。
大中臣輔親　おおなかとみのすけちか　1038没（85歳）。平安時代中期の歌人、神官。954生。
藤原茂子　ふじわらのもし　1062没。平安時代中期の女性。尊仁親王（皇太弟、後三条天皇）の妃。
富弼　ふひつ　1083没（79歳）。中国、北宋の政治家。1004生。
豊原時元　とよはらときもと　1123没（66歳）。平安時代後期の京都方の楽家。1058生。
勝賢　しょうけん　1196没（59歳）。平安時代後期・鎌倉時代前期の真言宗の僧。1138生。
畠山重忠　はたけやましげただ　1205没（42歳）。平安時代後期・鎌倉時代前期の武将。1164生。
畠山重保　はたけやましげやす　1205没。平安時代後期・鎌倉時代前期の武将。
藤原範朝　ふじわらのりとも　1237没（60歳）。鎌倉時代前期の公卿。1178生。
重円　ちょうえん　1249没（88歳）。鎌倉時代の天台宗の僧。1162生。
中原師員　なかはらのもろかず　1251没（67歳）。鎌倉時代前期の評定衆。1185生。
インノケンティウス5世　1276没（51?歳）。ローマ教皇。1225頃生。
マルティヌス　1278没（78?歳）。中世のドミニコ会修道士、年代記作者。1200生。

宗貞盛　そうさだもり　1452没（68歳）。室町時代の武将、対馬守護。1385生。
中院通秀　なかのいんみちひで　1494没（67歳）。室町時代・戦国時代の公卿。1428生。
ミールフワーンド　1498没（66?歳）。イランの歴史家。1432頃生。
フィッシャー, 聖ジョン　1535没（66歳）。イギリスのカトリック司教、枢機卿、聖人。1469生。
西園寺公朝　さいおんじきんとも　1590没（76歳）。戦国時代・安土桃山時代の公卿。1515生。
ハドソン, ヘンリー　1611没（61?歳）。イギリスの航海者、探検家。1550頃生。
角倉素庵　すみのくらそあん　1632没（62歳）。安土桃山時代・江戸時代前期の京都の豪商、文化人。1571生。
松平正綱　まつだいらまさつな　1648没（73歳）。安土桃山時代・江戸時代前期の大名。1576生。
岩佐又兵衛　いわさまたべえ　1650没（73歳）。江戸時代前期の画家。1578生。
フィリップス, キャサリン　1664没（33歳）。イギリスの女流詩人。1631生。
小栗美作　おぐりみまさか　1681没（56歳）。江戸時代前期の越後高田藩家老。1626生。
チャイルド　1699没（69歳）。イギリスの商人。1630生。
桂昌院　けいしょういん　1705没（79歳）。江戸時代前期・中期の女性。3代将軍徳川家光の側室、5代将軍綱吉の生母。1627生。
津軽信明　つがるのぶあきら　1791没（30歳）。江戸時代中期の大名。1762生。
荻野検校　おぎのけんぎょう　1801没（71歳）。江戸時代中期・後期の平曲・地唄箏曲演奏者。1731生。
ハインゼ, ヴィルヘルム　1803没（57歳）。ドイツの小説家。1746生。

グラッフ，アントン　1813没(76歳)。ドイツの肖像画家。1736生。

黒沢琴古(3代目)　くろさわきんこ　1816没(45歳)。江戸時代後期の琴古流尺八演奏者。1772生。

蛎崎波響　かきざきはきょう　1826没(63歳)。江戸時代中期・後期の画家。1764生。

宇田川榕庵　うだがわようあん　1846没(49歳)。江戸時代後期の蘭学医。1798生。

徳川家慶　とくがわいえよし　1853没(61歳)。江戸時代末期の江戸幕府第12代の将軍。1793生。

内山隆佐　うちやまたかすけ　1864没(53歳)。江戸時代末期の蝦夷地開拓者。1812生。

リバス公爵　1865没(74歳)。スペインの劇作家，詩人。1791生。

ガラシャニン　1874没(62歳)。セルビアの政治家。1812生。

ムハンマド・アフマド（マフディー，救世主）1885没(40歳)。スーダンの宗教運動の指導者。1844生。

シャウディン，フリッツ・リヒャルト　1906没(34歳)。ドイツの微生物学者。1871生。

田中芳男　たなかよしお　1916没(79歳)。明治時代の植物学者。1838生。

松本楓湖　まつもとふうこ　1923没(84歳)。明治時代の日本画家日。1840生。

クライン，フェリックス　1925没(76歳)。ドイツの数学者。1849生。

ダールマン，ヨーゼフ　1930没(68歳)。ドイツ人イエズス会司祭。1861生。

ファリエール　1931没(89歳)。フランスの政治家。1841生。

グライン，J.T.　1935没(72歳)。オランダ人の劇作家，劇評家。1862生。

シュリック，モーリッツ　1936没(54歳)。ドイツの哲学者。1882生。

ケッペン，ヴラディミル・ペーター　1940没(93歳)。ロシア生れのドイツの気候学者。1846生。

馬場孤蝶　ばばこちょう　1940没(72歳)。明治〜昭和時代の英文学者，翻訳家，随筆家。1869生。

佐藤功一　さとうこういち　1941没(64歳)。大正・昭和時代の建築家。早稲田大学教授。1878生。

ジャンブール・ジャバーエフ　1945没(99歳)。ソ連邦の人民遊歴詩人。1846生。

デ・ラ・メア，ウォルター　1956没(83歳)。イギリスの詩人，小説家。1873生。

村雨退二郎　むらさめたいじろう　1959没(56歳)。昭和時代の小説家。1903生。

野村兼太郎　のむらかねたろう　1960没(64歳)。大正・昭和時代の経済史学者。1896生。

和田清　わだせい　1963没(72歳)。大正・昭和時代の東洋史学者。東京大学教授。1890生。

セルズニック，デイヴィッド・O　1965没(63歳)。アメリカの映画製作者。1902生。

仁井田陞　にいだのぼる　1966没(62歳)。昭和時代の東洋史学者。東京大学教授。1904生。

山岡万之助　やまおかまんのすけ　1968没(92歳)。明治〜昭和時代の官僚，政治家。日本大学総長，貴院議員。1876生。

ガーランド，ジュディ　1969没(47歳)。アメリカのポピュラー歌手，女優。1922生。

宗像誠也　むなかたせいや　1970没(62歳)。昭和時代の教育学者。東京大学教授。1908生。

ミヨー，ダリユス　1974没(81歳)。フランスの作曲家。1892生。

松村一人　まつむらかずと　1977没(71歳)。昭和時代の哲学者。1905生。

ロージー，ジョーゼフ　1984没(75歳)。アメリカ出身のイギリスの映画監督。1909生。

アステア，フレッド　1987没(88歳)。アメリカのミュージカル俳優。1899生。

蕭軍　しょうぐん　1988没(80歳)。中国の小説家。1907生。

マラーシキン，セルゲイ・イワノヴィチ　1988没(99歳)。ソ連の作家。1888生。

フランク，イリヤ・ミハイロヴィチ　1990没(81歳)。ソ連の物理学者。1908生。

渡辺暁雄　わたなべあけお　1990没(71歳)。昭和時代の指揮者。1919生。

ゲオルギウ，ヴィルジル　1992没(75歳)。ルーマニアの作家。1916生。

増田四郎　ますだしろう　1997没(88歳)。昭和・平成時代の歴史学者。1908生。

オサリバン，モーリーン　1998没(87歳)。アメリカの女優。1911生。

高田好胤　たかだこういん　1998没(74歳)。昭和・平成時代の僧侶。薬師寺管主，法相宗管長。1924生。

滝沢修　たきざわおさむ　2000没(93歳)。昭和・平成時代の俳優，演出家。劇団民芸代表取締役。1906生。

6月22日

359

6月23日

○記念日○ オリンピックデー
○出来事○ 噴火で昭和新山誕生（1944）
沖縄守備隊が全滅（1945）
東北新幹線、大宮-盛岡間開業（1982）

ウェスパシアーヌス，ティトゥス・フラーウィウス 79没（69歳）。ローマ皇帝（在位69〜79）。9生。

エゼルドレーダ 679没（49?歳）。イギリスのノーサンブリアの女王、聖人。630頃生。

多治比県守 たじひのあがたもり 737没（70歳）。飛鳥時代・奈良時代の官人。668生。

藤原宇比良古 ふじわらのおひらこ 762没。奈良時代の女性。贈太政大臣藤原房前の娘。

藤原国章 ふじわらのくにあき 985没。平安時代中期の公卿。

平重衡 たいらのしげひら 1185没（29歳）。平安時代後期の武将。1157生。

阿野全成 あのぜんじょう 1203没（51歳）。平安時代後期・鎌倉時代前期の僧籍の武将。1153生。

稲毛重成 いなげしげなり 1205没。平安時代後期・鎌倉時代前期の武蔵国の在地領主。

後藤基政 ごとうもとまさ 1267没（54歳）。鎌倉時代前期の武将、後藤基綱の嫡子、越前国守護。1214生。

北条随時 ほうじょうゆきとき 1321没。鎌倉時代後期の鎮西探題。

坊門信良 ぼうもんのぶよし 1330没（62歳）。鎌倉時代後期の公卿。1269生。

ヤーコポ・ガエターノ・ステファネスキ 1343没（73?歳）。イタリアの枢機卿、著述家。1270頃生。

山井言範 やまのいことのり 1352没（50歳）。鎌倉時代後期・南北朝時代の公卿。1303生。

エウゲニコス，マルコス 1445没（53?歳）。ギリシア正教会エフェソス府主教、神学者。1392頃生。

長尾景信 ながおかげのぶ 1473没（61歳）。室町時代の武将。1413生。

細川政元 ほそかわまさもと 1507没（42歳）。戦国時代の武将、室町幕府管領。1466生。

今川氏親 いまがわうじちか 1526没（56歳）。戦国時代の武将。1471生。

タリコナ 1536没。戦国時代の蝦夷地西部の首長。

坊城俊名 ぼうじょうとしな 1540没（78歳）。戦国時代の公卿。1463生。

島津貴久 しまづたかひさ 1571没（58歳）。戦国時代の薩摩の大名。1514生。

久室玄長 きゅうしつげんちょう 1585没。安土桃山時代の曹洞宗の僧。

戸田忠次 とだただつぐ 1597没（67歳）。戦国時代・安土桃山時代の武将。1531生。

中川紹益（初代）なかがわじょうえき 1622没（66歳）。安土桃山時代・江戸時代前期の鋳金工。1557生。

本多成重 ほんだなりしげ 1647没（76歳）。安土桃山時代・江戸時代前期の大名。1572生。

中江常省 なかえじょうせい 1709没（62歳）。江戸時代前期の儒学者。1648生。

シュリューター，アンドレアス 1714没（50歳）。ドイツ、バロックの代表的建築家、彫刻家。1664生。

井上通女 いのうえつうじょ 1738没（79歳）。江戸時代中期の女性。歌人、文学者。1660生。

松永良弼 まつながよしすけ 1744没（53?歳）。江戸時代中期の和算家。1692頃生。

バーラージー・バージー・ラーオ 1761没（40歳）。インド、マラータ王国の3代目宰相（在職1740〜61）。1721生。

レストック 1767没（75歳）。ロシア女帝エリザヴェータの寵人。1692生。

エイキンサイド，マーク 1770没（48歳）。イギリスの詩人、医者。1721生。

松島半二（2代目）まつしまはんじ 1825没。江戸時代後期の歌舞伎作者。

ホール，サー・ジェイムズ 1832没（71歳）。スコットランドの地質学者。1761生。

ミル，ジェイムズ 1836没（63歳）。イギリスの歴史家、経済学者、心理学者。1773生。

関喜内 せききない 1837没（79歳）。江戸時代中期・後期の出羽国雄勝郡川連村の肝煎。

1759生。
ザゴースキン, ミハイル・ニコラエヴィチ　1852没(62歳)。ロシアの小説家。1789生。
色川三中　いろかわみなか　1855没(55歳)。江戸時代末期の国学者, 薬商。1801生。
喜多村信節　きたむらのぶよ　1856没(74歳)。江戸時代後期の国学者。1783生。
ファン・デン・ブルック　1865没(51歳)。オランダの長崎出島商館医。1814生。
灰屋三郎助　はいやさぶろうすけ　1874没(65歳)。江戸・明治時代の商人。1810生。
シュライデン, マティアス・ヤコプ　1881没(77歳)。ドイツの植物学者。1804生。
阿部茂兵衛　あべもへえ　1885没(59歳)。江戸・明治時代の商人, 開拓事業家。1827生。
ヴェーバー, ヴィルヘルム・エドゥアルト　1891没(86歳)。ドイツの物理学者。1804生。
高橋正作　たかはししょうさく　1894没(92歳)。江戸・明治時代の篤農家。1803生。
石川総管　いしかわふさかね　1899没(59歳)。江戸・明治時代の幕府官僚。下館藩知事。1841生。
国木田独歩　くにきだどっぽ　1908没(38歳)。明治時代の詩人, 小説家。1871生。
武田範之　たけだはんし　1911没(48歳)。明治時代の僧。越後顕聖寺住職, 韓国十三道仏寺総顧問。1864生。
荻野吟子　おぎのぎんこ　1913没(63歳)。明治時代の医師。1851生。
ハチンソン, サー・ジョナサン　1913没(84歳)。イギリスの外科医, 病理学者。1828生。
井上伝蔵　いのうえでんぞう　1918没(65歳)。明治時代の自由民権運動家。1854生。
伍廷芳　ごていほう　1922没(80歳)。中国の政治家。1842生。
物集高見　もずめたかみ　1928没(82歳)。明治・大正時代の国学者。1847生。
曾樸　そうぼく　1935没(63歳)。中国, 清末民国初の小説家, 翻訳家。1872生。
水野敏之丞　みずのとしのじょう　1944没(83歳)。明治時代の物理学者。京都帝国大学教授。1862生。
牛島満　うしじまみつる　1945没(59歳)。大正・昭和時代の陸軍軍人。大将。1887生。
長勇　ちょういさむ　1945没(51歳)。大正・昭和時代の陸軍軍人。陸軍中将。1895生。
ハート, ウィリアム・S.　1946没(75歳)。アメリカの映画俳優。1870生。

矢野道也　やのみちや　1946没(71歳)。明治～昭和時代の印刷工学者。1876生。
グリエール, レインゴリド・モリツェヴィチ　1956没(81歳)。ソ連邦の作曲家。1875生。
ヴィアン, ボリス　1959没(39歳)。フランスの小説家, 劇作家, ジャズ演奏家。1920生。
青野季吉　あおのすえきち　1961没(71歳)。大正・昭和時代の文芸評論家。日本文芸家協会会長。1890生。
尾山篤二郎　おやまとくじろう　1963没(73歳)。大正・昭和時代の歌人, 国文学者, 書家。1889生。
石川登喜治　いしかわときじ　1964没(84歳)。明治～昭和時代の冶金学者, 機械学者。早稲田大学鋳物研究所所長。1879生。
清水宏　しみずひろし　1966没(63歳)。大正・昭和時代の映画監督。1903生。
壺井栄　つぼいさかえ　1967没(66歳)。昭和時代の小説家。1900生。
田辺南鶴(12代目)　たなべなんかく　1968没(72歳)。大正・昭和時代の講談師。1895生。
矢部長克　やべひさかつ　1969没(90歳)。大正・昭和時代の地質学者, 古生物学者。東北帝国大学教授。1878生。
岡田光玉　おかだこうたま　1974没(73歳)。昭和時代の宗教家。世界真光文明教団教組。1901生。
林武　はやしたけし　1975没(78歳)。大正・昭和時代の洋画家。東京芸術大学教授。1896生。
入野義朗　いりのよしろう　1980没(58歳)。昭和時代の作曲家。桐朋学園大教授。1921生。
スティル, クリフォード　1980没(75歳)。アメリカの画家。1904生。
桜田一郎　さくらだいちろう　1986没(82歳)。昭和時代の高分子化学者。京都大学教授, 同志社大学教授。1904生。
梁漱溟　りょうそうめい　1988没(94歳)。中国の社会運動家。1893生。
林良平　はやしりょうへい　1995没(76歳)。昭和・平成時代の法学者。近畿大学労働問題研究所教授, 京都大学教授。1919生。
パパンドレウ, アンドレアス　1996没(77歳)。ギリシャの政治家。1919生。
長沢節　ながさわせつ　1999没(82歳)。昭和・平成時代のイラストレーター。セツモードセミナー主宰。1917生。

6月23日

6月24日

○記念日○ UFO記念日
　　　　　ドレミの日
○出来事○ 壬申の乱始まる（672）
　　　　　阿蘇山大爆発（1958）

誉謝女王　よさのじょおう　706没。飛鳥時代の女性。万葉歌人。

久米若売　くめわかめ　780没。奈良時代の女性。正六位上久米連奈保麻呂の娘。

石上宅嗣　いそのかみのやかつぐ　781没（53歳）。奈良時代の文人，官人。729生。

業子内親王　なりこないしんのう　815没。平安時代前期の女性。嵯峨天皇の皇女。

ムハンマド・ブン・トゥグジュ　946没（64歳）。エジプトのイフシード朝初代スルタン（935～46）。882生。

藤原公成　ふじわらのきんなり　1043没（45歳）。平安時代中期の公卿。999生。

近衛経平　このえつねひら　1318没（32歳）。鎌倉時代後期の公卿。1287生。

菅原在兼　すがわらのありかね　1321没（73歳）。鎌倉時代後期の公卿。1249生。

光明天皇　こうみょうてんのう　1380没（60歳）。南北朝時代の北朝第2代の天皇。1321生。

三条実継　さんじょうさねつぐ　1388没（77歳）。南北朝時代の公卿。1312生。

足利義教　あしかがよしのり　1441没（48歳）。室町幕府第6代の将軍。1394生。

京極高数　きょうごくたかかず　1441没（66歳）。南北朝時代・室町時代の守護大名。1376生。

温中宗純　おんちゅうそうじゅん　1499没。戦国時代の禅僧。

賢仲繁哲　けんちゅうはんてつ　1512没（75歳）。戦国時代の曹洞宗の僧。1438生。

ボルジア，ルクレツィア　1519没（38歳）。ローマ教皇アレクサンデル6世の娘，チェーザレ・ボルジアの妹。1480生。

ガフォーリ，フランキーノ　1522没（71歳）。イタリアの音楽理論家，作曲家。1451生。

古嶽宗亘　こがくそうこう　1548没（84歳）。戦国時代の臨済宗大徳寺派の僧。1465生。

高畠長直　たかはたながただ　1549没。戦国時代の武将，伊豆守。

南岑宗菊　なんしんそうきく　1568没。戦国時代の臨済宗の僧。

葉室頼房　はむろよりふさ　1576没（50歳）。戦国時代・安土桃山時代の公卿。1527生。

アクニャ　1606没。スペイン人のフィリピン群島長官。

加藤清正　かとうきよまさ　1611没（50歳）。安土桃山時代・江戸時代前期の武将，大名。1562生。

ハンプデン，ジョン　1643没（49歳）。イギリスの下院議員，愛国者。1594生。

タイレ，ヨーハン　1724没（77歳）。ドイツの作曲家。1646生。

テイラー，エドワード　1729没（87?歳）。アメリカの詩人，牧師。1642頃生。

陶山鈍翁　すやまどんおう　1732没（76歳）。江戸時代前期・中期の儒学者。1657生。

サンマルティーニ，ジュゼッペ　1751没（58歳）。イタリアの音楽家。1693生。

マリー・レシチンスカ　1768没（65歳）。フランス国王ルイ15世の妃。1703生。

市川団蔵（3代目）　いちかわだんぞう　1772没（64歳）。江戸時代中期の歌舞伎役者。1709生。

松宮観山　まつみやかんざん　1780没（95歳）。江戸時代中期の兵学者。1686生。

中村伝次郎（3代目）　なかむらでんじろう　1783没。江戸時代中期の江戸歌舞伎の振付師。

河村秀根　かわむらひでね　1792没（70歳）。江戸時代中期の国学者。1723生。

カウニッツ公爵，ヴェンツェル・アントン　1794没（83歳）。オーストリアの政治家。1711生。

リガス-ヴェレスティンリス　1798没（41歳）。ギリシアの啓蒙思想家，民族主義者。1757生。

杵屋勝五郎（初代）　きねやかつごろう　1839没。江戸時代後期の長唄三味線方，唄方。

河合寸翁　かわいすんおう　1841没（75歳）。江戸時代中期・後期の播磨姫路藩家老。1767生。

加納諸平　かのうもろひら　1857没（52歳）。江戸時代後期の国学者，歌人，紀伊和歌山藩国

学所総裁。1806生。

ボナパルト, ジェローム 1860没(75歳)。ナポレオン1世の弟。1784生。

喜多岡勇平 きたおかゆうへい 1865没(45歳)。江戸時代末期の筑前福岡藩士。1821生。

ラブルースト, アンリ 1875没(74歳)。フランスの建築家。1801生。

リサジュー, ジュール・アントワーヌ 1880没(58歳)。フランスの物理学者。1822生。

ラフ, ヨアヒム 1882没(60歳)。ドイツ(スイス生れ)の作曲家, ピアニスト, 教師。1822生。

渡辺驥 わたなべき 1896没(61歳)。江戸・明治時代の信濃松代藩士, 官僚。貴族院議員。1836生。

鶴賀新内(6代目) つるがしんない 1907没(60歳)。江戸・明治時代の新内節太夫。鶴賀新内〔6代〕家元。1848生。

ジューイット, セアラ・オーン 1909没(59歳)。アメリカの女流小説家, 詩人。1849生。

川合清丸 かわいきよまる 1917没(70歳)。明治時代の社会教育家。太一垣神社社掌。1848生。

桜間伴馬 さくらまばんま 1917没(83歳)。明治・大正時代の能役者。1835生。

山木千賀(初代) やまきせんが 1921没(76歳)。明治・大正時代の山田流箏曲家元。1846生。

ラーテナウ, ヴァルター 1922没(54歳)。ドイツの政治家, 実業家。1867生。

ソーデルグラーン, エディス 1923没(31歳)。フィンランドの女流詩人。1892生。

向忠発 こうちゅうはつ 1931没(43歳)。中国の政治家。1888生。

井深梶之助 いぶかかじのすけ 1940没(87歳)。明治〜昭和時代のプロテスタント教育家。明治学院総理。1854生。

鈴木喜三郎 すずききさぶろう 1940没(74歳)。大正・昭和時代の司法官僚, 政治家。検事総長, 法相, 内相。1867生。

アショフ, カール・アルベルト・ルードヴィヒ 1942没(76歳)。ドイツの病理学者。1866生。

ゲーデ 1945没(67歳)。ドイツの実験物理学者。1878生。

シメリョーフ, イワン・セルゲーヴィチ 1950没(76歳)。ロシア生れの作家。1873生。

松方幸次郎 まつかたこうじろう 1950没(83歳)。明治〜昭和時代の実業家, 美術品収集家。1866生。

グレーズ, アルベール・レオン 1953没(71歳)。フランスの画家。1881生。

小畑源之助 おばたげんのすけ 1959没(83歳)。大正・昭和時代の実業家。日本ペイント社長, 大阪府工業懇話会会長。1875生。

デイヴィス, スチェアート 1964没(69歳)。アメリカの代表的抽象画家。1894生。

高野悦子 たかのえつこ 1969没(20歳)。昭和時代の大学生。自殺後に刊行された『二十歳の原点』で知られる。1949生。

黒田重太郎 くろだじゅうたろう 1970没(82歳)。大正・昭和時代の洋画家, 美術史家。京都市立芸術大学教授。1887生。

メルスマン, ハンス 1971没(79歳)。ドイツの音楽学者。1891生。

中野与之助 なかのよのすけ 1974没(86歳)。大正・昭和時代の宗教家。三五教祖, 精神文化国際機構総裁。1887生。

成田順 なりたじゅん 1976没(88歳)。大正・昭和時代の家政学者。文化女子大学長。1887生。

ケールディシュ, ムスチスラフ 1978没(66歳)。ソ連の数学者, 物理学者。1911生。

ギリ 1980没(85歳)。インドの政治家, 第4代大統領。1894生。

早川徳次 はやかわとくじ 1980没(86歳)。大正・昭和時代の実業家。シャープ会長。1893生。

柴田白葉女 しばたはくようじょ 1984没(77歳)。昭和時代の俳人。1906生。

ウォーナー, レックス 1986没(81歳)。イギリスの古典学者, 小説家。1905生。

今井田勲 いまいだいさお 1989没(73歳)。昭和時代の評論家, 編集者。文化学園出版局局長。1915生。

ミシェル・アフラク 1989没(79歳)。シリアの政治理論家, 政治家。1910生。

美空ひばり みそらひばり 1989没(52歳)。昭和時代の歌手, 歌謡界の女王。1937生。

京山幸枝若 きょうやまこうしわか 1991没(64歳)。昭和・平成時代の浪曲師。1926生。

タマヨ, ルフィノ 1991没(91歳)。メキシコの画家。1899生。

別所毅彦 べっしょたけひこ 1999没(76歳)。昭和時代の野球評論家, プロ野球選手。1922生。

6月24日

6月25日

○記念日○　住宅デー
○出来事○　士農工商の身分制廃止(1869)
　　　　　朝鮮戦争勃発(1950)
　　　　　巨人-阪神戦で天覧試合(1959)

プロスペルス, ティロ　463没(63?歳)。キリスト教の神学者, 聖人。400頃生。

アーダルベルト(助祭)　705没。イギリス王家出身の宣教師, 聖人。

但馬皇女　たじまのひめみこ　708没。飛鳥時代の女性。万葉歌人。

藤原家依　ふじわらのいえより　785没(43?歳)。奈良時代の官人。0743頃生。

藤原真友　ふじわらのまとも　797没(56歳)。奈良時代・平安時代前期の公卿。742生。

秀子内親王　しゅうしないしんのう　850没。平安時代前期の女性。嵯峨天皇の皇女。

源潔姫　みなもとのきよひめ　856没(47歳)。平安時代前期の女性。嵯峨天皇の皇女。810生。

フックバルト　930没(90?歳)。フランス中世の音楽理論家。840頃生。

任証　にんしょう　1189没(77歳)。平安時代後期の真言宗の僧。1113生。

トゥースィー, ナスィーロッディーン　1274没(73歳)。イランの哲学者, 天文学者, 政治家。1201生。

エレナー(プロヴァンスの)　1291没(68歳)。イギリス王ヘンリ3世の王妃。1223生。

平信輔　たいらののぶすけ　1296没。鎌倉時代後期の公卿。

ヘンリ(ハークレの)　1317没(47?歳)。イングランドのスコラ学者, 聖職者。1270頃生。

後宇多天皇　ごうだてんのう　1324没(58歳)。第91代の天皇。1267生。

フェデリコ3世　1337没(65歳)。シチリア王。1272生。

渋川幸子　しぶかわこうし　1392没(61歳)。室町幕府第2代将軍足利義詮の正室。1332生。

リバーズ　1483没(43?歳)。イングランドの貴族。1440頃生。

日朝　にっちょう　1500没(79歳)。室町時代・戦国時代の日蓮宗の僧。1422生。

ラステル, ジョン　1536没(61?歳)。イングランドの弁護士, 著述家, 印刷出版者。1475頃生。

お鍋の方　おなべのかた　1612没。安土桃山時代・江戸時代前期の女性。織田信長の側室。

尊照　そんしょう　1620没(59歳)。安土桃山時代・江戸時代前期の浄土宗の僧。1562生。

マーストン, ジョン　1634没(57歳)。イギリスの諷刺詩人, 劇作家, 牧師。1576生。

鈴木正三　すずきしょうさん　1655没(77歳)。安土桃山時代・江戸時代前期の仮名草紙作者。1579生。

久世広之　くぜひろゆき　1679没(71歳)。江戸時代前期の大名, 老中。1609生。

安藤有益　あんどうゆうえき　1708没(85歳)。江戸時代前期・中期の歴算家, 和算家。1624生。

十寸見蘭洲(初代)　ますみらんしゅう　1731没。江戸時代中期の河東節の太夫。

黒川亀玉(初代)　くろかわきぎょく　1756没(25歳)。江戸時代中期の南蘋派の画家。1732生。

テレマン, ゲオルク・フィリップ　1767没(86歳)。ドイツの作曲家。1681生。

カドゥダル　1804没(33歳)。フランスの王党反乱指導者。1771生。

ホフマン, エルンスト・テーオドア・アマデーウス　1822没(46歳)。ドイツの小説家, 作曲家, 音楽評論家, 画家, 法律家。1776生。

喜多七太夫(9代目)　きたしちだゆう　1829没(88歳)。江戸時代中期・後期の能役者。1742生。

スタンケーヴィチ, ニコライ・ウラジーミロヴィチ　1840没(26歳)。ロシアの詩人, 思想家。1813生。

シスモンディ　1842没(69歳)。スイスの歴史家, 経済学者。1773生。

高橋新五郎(2代目)　たかはししんごろう　1857没(67歳)。江戸時代末期の機業家。1791生。

アブドゥル・マジド1世　1861没(38歳)。オスマントルコ帝国の第31代スルタン(在位1839～61)。1823生。

久世広周　くぜひろちか　1864没（46歳）。江戸時代末期の大名、老中。1819生。

バリー、アントワーヌ - ルイ　1875没（78歳）。フランスの彫刻家。1796生。

カスター、ジョージ・アームストロング　1876没（36歳）。アメリカの軍人。1839生。

クック、サー・ウィリアム・フォザギル　1879没（73歳）。イギリスの電気技術者。1806生。

松沢求策　まつざわきゅうさく　1887没（33歳）。明治時代の自由民権家。1855生。

佐々木弘綱　ささきひろつな　1891没（64歳）。江戸・明治時代の歌人、国文学者。東京大学講師。1828生。

オリファント、マーガレット　1897没（69歳）。スコットランドの女流作家。1828生。

コーン、フェルディナント・ユーリウス　1898没（70歳）。ドイツの植物学者。1828生。

キダー、メアリ・エディ　1910没（76歳）。アメリカの女性宣教師。フェリス和英女学校を創立。1834生。

アルマ - タデマ、サー・ローレンス　1912没（76歳）。イギリス（オランダ生れ）の画家。1836生。

沢辺琢磨　さわべたくま　1913没（80歳）。明治時代の日本正教会司祭。1834生。

ゲオルク2世　1914没（88歳）。ザクセン＝マイニンゲン公。1826生。

イーキンズ、トマス　1916没（71歳）。アメリカの画家。1844生。

柏井園　かしわいえん　1920没（51歳）。明治・大正時代の牧師、神学者。1870生。

トルベツコーイ、ニコライ・セルゲーヴィチ　1938没（48歳）。ロシアの言語学者。1890生。

リーツマン、ハンス　1942没（67歳）。ドイツのプロテスタント神学者、教会史家。1875生。

細野三千雄　ほそのみちお　1955没（58歳）。大正・昭和時代の労働運動家、弁護士、政治家。衆議院議員（社会党）。1897生。

宮城道雄　みやぎみちお　1956没（62歳）。大正・昭和時代の箏曲家。東京音楽学校教授。1894生。

河辺虎四郎　かわべとらしろう　1960没（69歳）。大正・昭和時代の陸軍軍人。中将。1890生。

バーデ、ヴィルヘルム・ハインリヒ・ヴァルター　1960没（67歳）。ドイツの天文学者。1893生。

宮田文子　みやたふみこ　1966没（77歳）。大正・昭和時代の随筆家。1888生。

磯野長蔵　いそのちょうぞう　1967没（93歳）。明治〜昭和時代の実業家。麒麟麦酒社長、明治屋社長。1874生。

ヴィルドラック、シャルル　1971没（88歳）。フランスの詩人、劇作家。1882生。

ボイド・オア、ジョン、男爵　1971没（90歳）。イギリスの農業科学者。1880生。

クランコ、ジョン　1973没（45歳）。イギリスのバレエ振付師。1927生。

安川第五郎　やすかわだいごろう　1976没（90歳）。大正・昭和時代の実業家。安川電機製作所創立者。1886生。

小沢愛圀　おざわよしくに　1978没（90歳）。大正・昭和時代の演劇研究家。1887生。

青木一男　あおきかずお　1982没（92歳）。大正・昭和時代の官僚、政治家。貴族院議員、参議院議員。1889生。

フーコー、ミシェル　1984没（57歳）。フランスの哲学者。1926生。

尾上松緑（2代目）　おのえしょうろく　1989没（76歳）。大正・昭和時代の歌舞伎役者。1913生。

おのちゅうこう　1990没（82歳）。昭和・平成時代の詩人、児童文学作家。1908生。

川尻泰司　かわじりたいじ　1994没（80歳）。昭和・平成時代の人形劇演出家・脚本家。人形劇団プーク代表、日本人形劇研究所所長。1914生。

ウォルトン、アーネスト・トーマス・シントン　1995没（91歳）。アイルランドの物理学者。1903生。

クーストー、ジャック・イヴ　1997没（87歳）。フランスの海中探検家。1910生。

高松次郎　たかまつじろう　1998没（62歳）。昭和・平成時代の美術家。1936生。

池見酉次郎　いけみゆうじろう　1999没（84歳）。昭和時代の医学者。1915生。

ライト、ジュディス　2000没（85歳）。オーストラリアの詩人。1915生。

長新太　ちょうしんた　2005没（77歳）。昭和・平成時代の絵本作家。1927生。

ベノワ、クリス　2007没（40歳）。カナダの格闘家。1967生。

6月25日

6月26日

○記念日○ 国際麻薬乱用撲滅デー
○出来事○ 国際連合設立が決定（1945）
小笠原諸島が日本復帰（1968）

ユリアヌス，フラウィウス・クラウディウス 363没（30歳）。ローマ皇帝（在位361～3）。332生。

源厳子 みなもとのいずこ 878没（19?歳）。平安時代前期の女性。清和天皇の女御。0860頃生。

無空 むくう 916没。平安時代前期・中期の真言宗の僧。

藤原清貫 ふじわらのきよぬき 930没（64歳）。平安時代前期・中期の公卿。867生。

藤原忠文 ふじわらのただぶみ 947没（75歳）。平安時代前期・中期の公卿。873生。

藤原頼忠 ふじわらのよりただ 989没（66歳）。平安時代中期の公卿。924生。

明尊 みょうそん 1063没（93歳）。平安時代中期の天台宗寺門派の僧。971生。

源義国 みなもとのよしくに 1155没（67歳）。平安時代後期の武将。1089生。

泉忠衡 いずみただひら 1189没（23歳）。平安時代後期の武将。1167生。

八条院 はちじょういん 1211没（75歳）。平安時代後期・鎌倉時代前期の女性。鳥羽天皇の第3皇女。1137生。

葉室定嗣 はむろさだつぐ 1272没（65歳）。鎌倉時代前期の公卿。1208生。

北条業時 ほうじょうなりとき 1287没（47歳）。鎌倉時代後期の武将。1241生。

月船琛海 げっせんしんかい 1308没（78歳）。鎌倉時代後期の禅僧。1231生。

日弁 にちべん 1311（閏6月）没（73歳）。鎌倉時代後期の日蓮宗の僧。1239生。

三条実重 さんじょうさねしげ 1327没（68歳）。鎌倉時代後期の公卿。1260生。

昭訓門院 しょうくんもんいん 1336没（64歳）。鎌倉時代後期・南北朝時代の女性。亀山天皇の宮人。1273生。

厳中周噩 げんちゅうしゅうがく 1428没（70歳）。室町時代の臨済宗の僧。1359生。

希世霊彦 きせいれいげん 1488没（86歳）。室町時代・戦国時代の五山文学僧。1403生。

栽松青牛 さいしょうしょうご 1506没。室町時代・戦国時代の曹洞宗の僧。

赤沢朝経 あかざわともつね 1507没。戦国時代の武将，室町幕府管領細川政元の内衆。

ピサロ，フランシスコ 1541没（63?歳）。スペインのインカ帝国発見，征服者。1478頃生。

フェルナンデス，ジョアン 1567没（42歳）。ポルトガルの人。1525生。

日根野高吉 ひねのたかよし 1600没。安土桃山時代の武将，大名。

徳光屋覚左衛門 とくこうやかくざえもん 1634没。江戸時代前期の越後村上茶栽培の元祖。

リッチォーリ，ジョヴァンニ・バティスタ 1671没（73歳）。イタリアの天文学者。1598生。

清水貞徳 しみずさだのり 1717没（73歳）。江戸時代前期・中期の測量家。1645生。

アレクセイ2世 1718没（28歳）。ロシア皇太子。1690生。

平敷屋朝敏 へしきやちょうびん 1734没（35歳）。江戸時代中期の和文物語作者。1700生。

田中桐江 たなかとうこう 1742没（75歳）。江戸時代中期の漢詩人。1668生。

ギュンター，イグナーツ 1775没（49歳）。ドイツ，ババリアの彫刻家。1725生。

ホワイト，ギルバート 1793没（72歳）。イギリスの博物学者，聖職者。1720生。

モーリッツ，カール・フィーリップ 1793没（36歳）。ドイツの小説家。1756生。

モンゴルフィエ，ジョゼフ・ミシェル 1810没（69歳）。フランスの発明家。1740生。

只野真葛 ただのまくず 1825没（63歳）。江戸時代中期・後期の女性。国学者。1763生。

クロンプトン，サミュエル 1827没（73歳）。イギリスの発明家。1753生。

ティシュバイン，ハインリヒ・ヴィルヘルム 1829没（78歳）。ドイツ，ヘッセンの画家。1751生。

ジョージ4世　1830没(67歳)。イギリス, ハノーバー朝第4代国王(在位1820〜30)。1762生。

カーエム・マカーム　1835没(56歳)。カージャール朝期のイランの政治家, 散文作者, 詩人。1779生。

グロ, アントワーヌ・ジャン, 男爵　1835没(64歳)。フランスの画家。1771生。

八木美穂　やぎよしほ　1854没(55歳)。江戸時代末期の国学者。1800生。

シュティルナー, マックス　1856没(49歳)。ドイツの哲学者。1806生。

桂文治(3代目)　かつらぶんじ　1857没。江戸時代末期の落語家。

シャファーリク, パヴォル・ヨゼフ　1861没(66歳)。スロバキアのスラブ文献学者, 歴史家。1795生。

桂文治(4代目)　かつらぶんじ　1867没(49歳)。江戸時代末期の落語家。1819生。

山田方谷　やまだほうこく　1877没(73歳)。江戸時代末期・明治時代の儒学者。1805生。

セイビン, サー・エドワード　1883没(94歳)。イギリスの陸軍軍人, 物理学者。1788生。

飯田年平　いいだとしひら　1886没(67歳)。江戸・明治時代の国学者, 歌人。1820生。

モンティセリ, アドルフ　1886没(61歳)。イタリア系のフランスの画家。1824生。

野口幽谷　のぐちゆうこく　1898没(74歳)。江戸・明治時代の南画家。1825生。

尾上多賀之丞(2代目)　おのえたがのじょう　1899没(51歳)。江戸・明治時代の歌舞伎役者。1849生。

ロッシュ, レオン　1901没(93歳)。フランスの駐日公使。1808生。

オーヴァベク, フランツ・カミーユ　1905没(67歳)。ドイツの教会史学者。1837生。

ローゼガー, ペーター　1918没(74歳)。オーストリアの小説家。1843生。

アルベール1世　1922没(73歳)。モナコ君主, 海洋学者。1848生。

高尾平兵衛　たかおへいべえ　1923没(28歳)。大正時代の社会運動家。1896生。

ブライアン, ウィリアム・ジェニングズ　1925没(65歳)。アメリカの政治家。1860生。

ギヨーマン, アルマン　1927没(86歳)。フランスの印象派画家。1841生。

山川健次郎　やまかわけんじろう　1931没(78歳)。明治時代の物理学者, 教育家。1854生。

内藤湖南　ないとうこなん　1934没(69歳)。明治〜昭和時代の東洋史学者。1866生。

スヌーク・ヒュルフロニエ　1936没(79歳)。オランダのイスラム研究家, 蘭領インドネシアの行政官。1857生。

村田実　むらたみのる　1937没(44歳)。大正・昭和時代の映画監督。1894生。

ジョンソン, ジェイムズ・ウェルドン　1938没(67歳)。アメリカの著述家。1871生。

ルーカス, エドワード・ヴェラル　1938没(70歳)。イギリスの随筆家。1868生。

フォード, フォード・マドックス　1939没(65歳)。イギリスの小説家, 詩人。1873生。

ラントシュタイナー, カール　1943没(75歳)。オーストリアの病理学者。1868生。

チェレプニン, ニコライ　1945没(72歳)。ソ連の指揮者, 作曲家。1873生。

横河民輔　よこがわたみすけ　1945没(82歳)。明治〜昭和時代の建築家, 実業家。1864生。

金九　きんきゅう　1949没(74歳)。朝鮮の独立運動家, 政治家。1875生。

福田正夫　ふくだまさお　1952没(59歳)。大正・昭和時代の詩人。1893生。

デーブリーン, アルフレート　1957没(78歳)。ドイツのユダヤ系小説家。1878生。

パッサルゲ　1958没(91歳)。ドイツの地理学者, 医者, 地質学者。1867生。

パウケル　1960没(66歳)。ルーマニアの政治家。1893生。

田村文吉　たむらぶんきち　1963没(76歳)。昭和時代の実業家, 政治家。参院議員, 北越製紙社長。1886生。

大島正満　おおしままさみつ　1965没(81歳)。大正・昭和時代の動物学者, 随筆家。1884生。

山崎巌　やまざきいわお　1968没(73歳)。昭和時代の官僚, 政治家。衆院議員, 自治相。1894生。

高畠達四郎　たかばたけたつしろう　1976没(80歳)。大正・昭和時代の洋画家。1895生。

滝沢克己　たきざわかつみ　1984没(75歳)。昭和時代の哲学者, 神学者。1909生。

平垣美代司　ひらがきみよし　1984没(66歳)。昭和時代の労働運動家。1917生。

前川国男　まえかわくにお　1986没(81歳)。昭和時代の建築家。1905生。

フォエ, マルク・ヴィヴィアン　2003没(28歳)。カメルーンのサッカー選手。1975生。

6月26日

6月27日

○記念日○ 演説の日
日照権の日
○出来事○ ソ連で世界初の原子力発電所が運転開始(1954)
日照権を認める判決(1972)

キュリロス 444没(68歳)。教会博士, 聖人, アレクサンドリアの司教。376生。

賀陽豊年 かやのとよとし 815没(65歳)。奈良時代・平安時代前期の官人, 文人。751生。

孟子内親王 もうしないしんのう 901没。平安時代前期・中期の女性。清和天皇の皇女。

アリアルドゥス 1066没(66?歳)。イタリアのミラーノの助祭, 教会改革者, 聖人。1000頃生。

ゲルホー(ライヒャスベルクの) 1169没(76?歳)。ドイツの神学的著述家。1093頃生。

絶崖宗卓 ぜつがいそうたく 1334没。鎌倉時代後期の僧。

遠谿祖雄 えんけいそゆう 1344没(59歳)。鎌倉時代後期・南北朝時代の臨済宗幻住派の僧。1286生。

日静 にちじょう 1369没(72歳)。鎌倉時代後期・南北朝時代の日蓮宗の僧。1298生。

日乗 にちじょう 1380没(111歳)。鎌倉時代後期・南北朝時代の日蓮宗の僧。1270生。

華叟宗曇 かそうそうどん 1428没(77歳)。南北朝時代・室町時代の臨済宗の僧。1352生。

畠山満慶 はたけやまみつのり 1432没(61歳)。南北朝時代・室町時代の武将。1372生。

アルフォンソ5世 1458没(62歳)。アラゴン王(在位1416〜58)。1396生。

養叟宗頤 ようそうそうい 1458没(83歳)。南北朝時代・室町時代の臨済宗の僧。1376生。

然誉 ねんよ 1534没。戦国時代の浄土宗の僧。

フィレンツオーラ, アーニョロ 1543没(49歳)。イタリアの文学者。1493生。

ヴァザーリ, ジョルジョ 1574没(62歳)。イタリアの画家, 建築家, 文筆家。1511生。

大久保忠隣 おおくぼただちか 1628没(76歳)。安土桃山時代・江戸時代前期の大名, 老中。1553生。

藤堂正高 とうどうまさたか 1629没(42歳)。江戸時代前期の武将。1588生。

ルカリス, キュリロス 1638没(65歳)。ギリシア正教の神学者。1572生。

松平康重 まつだいらやすしげ 1640没(73歳)。安土桃山時代・江戸時代前期の大名。1568生。

東郷重位 とうごうちゅうい 1643没(83歳)。安土桃山時代・江戸時代前期の武士。1561生。

ロトルー, ジャン 1650没(40歳)。フランスの劇作家。1609生。

伊奈忠治 いなただはる 1653没(62歳)。江戸時代前期の関東郡代。1592生。

アンドレーエ, ヨハン・ヴァレンティン 1654没(67歳)。ドイツのルター派神学者, 宗教的著作家, 詩人。1586生。

古市胤子 ふるいちたねこ 1658没(76歳)。安土桃山時代・江戸時代前期の女性。後陽成天皇の宮人。1583生。

山岡元隣 やまおかげんりん 1672(閏6月)没(42歳)。江戸時代前期の俳人, 仮名草子作者。1631生。

デュレンヌ, アンリ・ド・ラ・トゥール・ド・ヴェルニュ, 子爵 1675没(63歳)。フランスの軍人。1611生。

浄厳 じょうごん 1702没(64歳)。江戸時代前期・中期の真言宗の僧。1639生。

県宗知 あがたそうち 1721没(66歳)。江戸時代中期の庭師, 茶人。1656生。

メリエ, ジャン 1729没(65歳)。フランスの聖職者, 自由主義者。1664生。

西村重長 にしむらしげなが 1756没(64?歳)。江戸時代中期の浮世絵師。1693頃生。

メルク, ヨハン・ハインリヒ 1791没(50歳)。ドイツの小説家, 評論家。1741生。

高山彦九郎 たかやまひこくろう 1793没(47歳)。江戸時代中期の勤王家。1747生。

松本幸四郎(4代目) まつもとこうしろう 1802没(66歳)。江戸時代中期・後期の歌舞伎役者。1737生。

桜田治助(初代)　さくらだじすけ　1806没(73歳)。江戸時代中期・後期の歌舞伎作者。1734生。

上田秋成　うえだあきなり　1809没(76歳)。江戸時代中期・後期の歌人、国学者、読本作者。1734生。

スミスソン，ジェイムズ・ルイス・メイシー　1829没(64歳)。イギリスの科学者。1765生。

ランジート・シング　1839没(58歳)。インド，シク教徒王国の王。1780生。

スミス，ジョゼフ　1844没(38歳)。アメリカのモルモン教教祖。1805生。

新見正路　しんみまさみち　1848没(58歳)。江戸時代後期の幕臣、蔵書家。1791生。

チョッケ，ハインリヒ　1848没(77歳)。ドイツ系スイスの小説家、劇作家。1771生。

菊池五山　きくちござん　1849没(81歳)。江戸時代後期の漢詩人。1769生。

田辺南竜(初代)　たなべなんりゅう　1857没(48歳)。江戸時代後期の講釈師。1810生。

マクミラン，ダニエル　1857没(43歳)。スコットランドの出版業者。1813生。

佐久良東雄　さくらあずまお　1860没(50歳)。江戸時代末期の歌人、志士。1811生。

カニング　1862没(49歳)。イギリスの政治家。1812生。

エーレンベルク，クリスティアン・ゴットフリート　1876没(81歳)。ドイツの生物学者。1795生。

マーティノー，ハリエット　1876没(74歳)。イギリスの女流文学者。1802生。

ボアソナード・ド・フォンタラビー，ギュスターブ・エミール　1910没(85歳)。フランスの法学者。1825生。

シュモラー　1917没(79歳)。ドイツ歴史学派の代表的経済学者。1838生。

依仁親王　よりひとしんのう　1922没(56歳)。明治・大正時代の海軍軍人。大将。1867生。

小山作之助　こやまさくのすけ　1927没(64歳)。明治～昭和時代の作曲家，音楽教育家。1864生。

鈴木三重吉　すずきみえきち　1936没(55歳)。明治・大正時代の小説家，童話作家。1882生。

小野玄妙　おのげんみょう　1939没(57歳)。大正・昭和時代の僧侶，仏教学者。1883生。

林権助　はやしごんすけ　1939没(80歳)。明治・大正時代の外交官。男爵。1860生。

津村信夫　つむらのぶお　1944没(36歳)。昭和時代の詩人。1909生。

モファット，ジェイムズ　1944没(73歳)。スコットランドの聖書学者。1870生。

松岡洋右　まつおかようすけ　1946没(67歳)。大正・昭和時代の外交官，政治家。衆議院議員，南満州鉄道総裁。1880生。

ベネット，リチャード・ベッドフォード・ベネット，初代子爵　1947没(76歳)。カナダの政治家。1870生。

ハンセン，マーチン・A．　1955没(45歳)。デンマークの小説家。1909生。

久留島武彦　くるしまたけひこ　1960没(86歳)。明治～昭和時代の児童文学者。1874生。

アウエーゾフ，ムフタル・オマルハノヴィチ　1961没(63歳)。ソ連邦カザフ共和国の作家。1897生。

クラーク，J.M.　1963没(78歳)。アメリカの経済学者。1884生。

ウェイリー，アーサー　1966没(76歳)。イギリスの東洋文学研究者，詩人。1889生。

清瀬一郎　きよせいちろう　1967没(82歳)。大正・昭和時代の政治家，弁護士。衆議院議長，文部大臣。1884生。

マッコルラン，ピエール　1970没(88歳)。フランスの小説家。1882生。

テイラー，サー・ジェフフリー・イングラム　1975没(89歳)。イギリスの気象学者，物理学者。1886生。

長谷川幸延　はせがわこうえん　1977没(73歳)。昭和時代の小説家，劇作家。1904生。

江上フジ　えがみふじ　1980没(69歳)。昭和時代の婦人問題研究家。1911生。

寿岳しづ　じゅがくしづ　1981没(79歳)。昭和時代の翻訳家，随筆家。1901生。

島本久恵　しまもとひさえ　1985没(92歳)。大正・昭和時代の小説家，歌人。1893生。

陶希聖　とうきせい　1988没(95歳)。中国の政治家・経済史家。1893生。

エア，サー・A・J　1989没(78歳)。イギリスの哲学者。1910生。

吉識雅夫　よしきまさお　1993没(85歳)。昭和時代の船舶工学者。東京大学教授。1908生。

ヤンソン，トーベ　2001没(86歳)。フィンランドの女流童話作家，画家。1914生。

レモン，ジャック　2001没(76歳)。アメリカの俳優。1925生。

6月27日

6月28日

○記念日○ にわとりの日
　　　　　貿易記念日
○出来事○ サラエボ事件(1914)
　　　　　ベルサイユ条約調印(1919)
　　　　　藤本英雄が史上初の完全試合(1950)

犬上王　いぬがみおう　709没。飛鳥時代の官僚。
百済敬福　くだらのけいふく　766没(69歳)。奈良時代の百済の帰化人・官人。698生。
報恩　ほうおん　795没。奈良時代・平安時代前期の法相宗の僧。
広寿　こうじゅ　1013没(66歳)。平安時代中期の真言宗の僧。948生。
藤原師通　ふじわらのもろみち　1099没(38歳)。平安時代後期の公卿。1062生。
頼恵　らいえ　1235(閏6月)没(68歳)。平安時代後期・鎌倉時代前期の僧。1168生。
道慶　どうけい　1285没(81歳)。鎌倉時代後期の僧。1205生。
恵尋　えじん　1289没。鎌倉時代の天台宗の僧。
平成俊　たいらのなりとし　1292没(76歳)。鎌倉時代後期の公卿。1217生。
痴鈍空性　ちどんくうしょう　1301没。鎌倉時代後期の臨済宗の僧。
大炊御門冬信　おおいのみかどふゆのぶ　1350没(42歳)。鎌倉時代後期・南北朝時代の公卿。1309生。
隆雅　りゅうが　1357没。南北朝時代の僧。
柏庭清祖　はくていせいそ　1398没(45歳)。南北朝時代・室町時代の臨済宗の僧。1354生。
大内盛見　おおうちもりみ　1431没(55歳)。室町時代の武将、周防・長門・豊前の守護。1377生。
ユスティニアーニ、パーオロ　1528没(52歳)。イタリアのカマルドリ会修道院の改革者。1476生。
同念　どうねん　1587没(70歳)。戦国時代・安土桃山時代の時宗の遊行上人。1518生。
オルテリウス、アブラハム　1598没(71歳)。ベルギーの骨董品収集家、製図家、地理学者。1527生。
舟橋秀賢　ふなはしひでかた　1614没(40歳)。安土桃山時代・江戸時代前期の公家、明経博士。1575生。

土方雄氏　ひじかたかつうじ　1638没(56歳)。江戸時代前期の大名。1583生。
久保利世　くぼとしよ　1640没(70歳)。江戸時代前期の侘び茶人。1571生。
井伊直孝　いいなおたか　1659没(70歳)。江戸時代前期の大名。1590生。
お振の方　おふりのかた　1667没(19歳)。江戸時代前期の女性。4代将軍徳川家綱の側室。1649生。
ブヴェー、ジョアシャン　1730没(73歳)。フランス出身のイエズス会宣教師。1656生。
水野忠恒　みずのただつね　1739没(39歳)。江戸時代中期の大名。1701生。
マヤー、ジョゼフ・アン　1748没(78歳)。フランスのイエズス会士。1669生。
板倉勝清　いたくらかつきよ　1780没(75歳)。江戸時代中期の大名、老中。1706生。
木室卯雲　きむろぼううん　1783没(70歳)。江戸時代中期の狂歌・噺本作者。1714生。
リンリー、エリザベス・アン　1792没(37歳)。イギリスのソプラノ歌手。1754生。
ヴェッリ、ピエートロ　1797没(68歳)。イタリアの経済学者、文学者。1728生。
元木網　もとのもくあみ　1811没(88歳)。江戸時代中期・後期の狂歌師。1724生。
シャルンホルスト、ゲルハルト・ヨハン・ダーフィト・フォン　1813没(57歳)。プロシアの軍人。1755生。
増田五郎右衛門　ますだごろうえもん　1818没(42歳)。江戸時代後期の義民。1777生。
マディソン、ジェイムズ　1836没(85歳)。アメリカの第4代大統領。1751生。
歌川国直　うたがわくになお　1854没(62歳)。江戸時代末期の浮世絵師。1793生。
中島棕隠　なかじまそういん　1855没(77歳)。江戸時代後期の漢詩人、儒者。1779生。
尾上菊五郎(4代目)　おのえきくごろう　1860没(53歳)。江戸時代末期の歌舞伎役者。1808生。

バーク, ロバート・オハラ　1861没(41歳)。アイルランドの探検家。1820生。

田口留兵衛　たぐちるへえ　1864没(64歳)。江戸時代末期の蚕種製造家。1801生。

牧野権六郎　まきのごんろくろう　1869没(51歳)。江戸時代末期の備前岡山藩士。1819生。

アンブロス, アウグスト・ヴィルヘルム　1876没(59歳)。オーストリアの音楽史家, 音楽批評家, 作曲家。1816生。

瀬川如皐(3代目)　せがわじょこう　1881没(76歳)。江戸・明治時代の歌舞伎作者。1806生。

フランツ・フェルディナント大公　1914没(50歳)。オーストリアの大公。皇位継承者。1863生。

ホテク, ゾフィー　1914没(46歳)。オーストリアの皇位継承者フランツ・フェルディナントの妻。1868生。

プリングスハイム, エルンスト　1917没(57歳)。ドイツの物理学者。1859生。

フレーブニコフ, ヴェリミール　1922没(36歳)。ロシア, ソ連の詩人。1885生。

カーペンター, エドワード　1929没(84歳)。イギリスの述家, 社会改革家。1844生。

田島錦治　たじまきんじ　1934没(68歳)。明治・大正時代の経済学者。1867生。

アドラー　1937没(64歳)。オーストリアの社会民主主義者。1873生。

バルボ, イタロ　1940没(44歳)。イタリアの軍人, 飛行家, ファシスト政治家。1896生。

クパーラ, ヤンカ　1942没(60歳)。白ロシアの詩人。1882生。

山崎覚次郎　やまざきかくじろう　1945没(78歳)。明治〜昭和時代の経済学者。1868生。

ノイマン, スタニスラフ・コスカ　1947没(72歳)。チェコの社会主義詩人。1875生。

林芙美子　はやしふみこ　1951没(47歳)。昭和時代の小説家。1903生。

渡辺勇次郎　わたなべゆうじろう　1956没(68歳)。明治〜昭和時代のボクシング指導者。1887生。

室伏高信　むろぶせこうしん　1970没(78歳)。大正・昭和時代の評論家。1892生。

マハーラノビス　1972没(78歳)。インドの統計学者。1893生。

ブッシュ, ヴァニーヴァー　1974没(84歳)。アメリカの電気工学者。1890生。

ドクシアディス, コンスタンティノス　1975没(62歳)。ギリシャの都市計画家。1913生。

田中長三郎　たなかちょうざぶろう　1976没(90歳)。大正・昭和時代の農学者。大阪府立大学教授。1885生。

尾津喜之助　おづきのすけ　1977没(79歳)。昭和時代の露天商。関東尾津組組長。1898生。

杵屋和吉(5代目)　きねやわきち　1977没(89歳)。大正・昭和時代の長唄三味線方。1888生。

デッサウ, パウル　1979没(84歳)。ドイツの指揮者, 作曲家。1894生。

イトゥルビ, ホセ　1980没(84歳)。スペインのピアニスト, 指揮者。1895生。

ポルトマン　1982没(85歳)。スイスの動物学者。1897生。

渡部義通　わたなべよしみち　1982没(80歳)。昭和時代の日本史学者, 社会運動家。1901生。

沖雅也　おきまさや　1983没(31歳)。昭和時代の俳優。1952生。

イヴェンス, ヨリス　1989没(90歳)。オランダの記録映画監督。1898生。

市井三郎　いちいさぶろう　1989没(67歳)。昭和時代の哲学者。成蹊大学教授。1922生。

ルフェーヴル, アンリ　1991没(90歳)。フランスの哲学者。1901生。

銭三強　せんさんきょう　1992没(82歳)。中国の原子核物理学者。1910生。

クリストフ, ボリス　1993没(79歳)。ブルガリアのバス歌手。1914生。

神吉拓郎　かんきたくろう　1994没(65歳)。昭和・平成時代の小説家, 劇作家, 随筆家。1928生。

山形勲　やまがたいさお　1996没(80歳)。昭和・平成時代の俳優。1915生。

佐貫亦男　さぬきまたお　1997没(89歳)。昭和・平成時代の航空宇宙評論家, 航空工学者。1908生。

田中千代　たなかちよ　1999没(92歳)。昭和・平成時代のファッションデザイナー。1906生。

野沢尚　のざわひさし　2004没(44歳)。昭和/平成時代の作家・脚本家。1960生。

宮澤喜一　みやざわきいち　2007没(87歳)。昭和・平成時代の政治家。第78代内閣総理大臣。1919生。

6月28日

6月29日

○記念日○ 佃煮の日
○出来事○ 治安維持法改正(1928)
ビートルズ来日(1966)
礼宮文仁、川嶋紀子と結婚(1990)

藤原諸姉　ふじわらのもろあね　786没。奈良時代の女官。

菅野真道　すがののまみち　814没(74歳)。奈良時代・平安時代前期の公卿。741生。

紀内親王　きのないしんのう　886没(88歳)。平安時代前期の女性。桓武天皇の第15皇女。799生。

藤原国経　ふじわらのくにつね　908没(81歳)。平安時代前期・中期の公卿。828生。

源昇　みなもとののぼる　918没(71歳)。平安時代前期・中期の公卿。848生。

高階信順　たかしなののぶのり　1001没。平安時代中期の官人。

ノートカー・ラーベオ　1022没(72?歳)。ドイツの修道士。950頃生。

フィリップ1世　1108没(56歳)。フランス王(在位1060～1108)。1052生。

アンドレーイ　1174没(63?歳)。ロシアの東北ルーシ, スズダリの公(在位1157～74)。1111頃生。

藤原基教　ふじわらもとのり　1213没(18歳)。鎌倉時代前期の公卿。1196生。

アンリ・ド・ガン　1293没(76?歳)。フランスのスコラ哲学者。1217頃生。

鷹司冬基　たかつかさふゆもと　1309没(23歳)。鎌倉時代後期の公卿。1287生。

ルルス, ライムンドゥス　1316没(81?歳)。スペインの哲学者, 神学者, 神秘家。1235頃生。

明石覚一　あかしかくいち　1371没(72?歳)。鎌倉時代後期・南北朝時代の平家琵琶演奏者。1300頃生。

ミリーチ, ヤン　1374没。モラビアのカトリック神学者。

山科教遠　やましなのりとお　1421没(61歳)。南北朝時代・室町時代の公卿。1361生。

河野通久　こうのみちひさ　1435没。室町時代の武将, 阿波富田城主。

ヴェギウス, マフェーウス　1458没(51歳)。イタリアの人文学者。1407生。

柳本賢治　やなぎもとかたはる　1530没。戦国時代の武将。

トゥルバル, プリモジュ　1586没(78歳)。スロバキアの聖職者, 文学者。1508生。

安藤重信　あんどうしげのぶ　1621没(65歳)。安土桃山時代・江戸時代前期の大名。1557生。

堀直寄　ほりなおより　1639没(63歳)。安土桃山時代・江戸時代前期の大名。1577生。

重頼　しげより　1680没(79歳)。江戸時代前期の俳人。1602生。

野宮定基　ののみやさだもと　1711没(43歳)。江戸時代中期の公家。1669生。

ヌーデンフリュクト, ヘドヴィグ・シャロッタ　1763没(44歳)。スウェーデンの女流詩人。1718生。

メングス, アントン・ラファエル　1779没(51歳)。ドイツの画家。1728生。

細井平洲　ほそいへいしゅう　1801没(74歳)。江戸時代中期・後期の尾張藩儒。1728生。

大塚蒼梧　おおつかそうご　1803没(73歳)。江戸時代中期・後期の有職故実家。1731生。

ゴロヴニーン, ワシーリー・ミハイロヴィチ　1831没(55歳)。ロシアの海軍将官。1776生。

シュタイン, カール・ライヒスフライヘル・フォム・ウント・ツム　1831没(73歳)。プロシアの政治家。1757生。

田能村竹田　たのむらちくでん　1835没(59歳)。江戸時代後期の南画家。1777生。

ボナパルト, リュシアン　1840没(65歳)。ナポレオン1世の弟。1775生。

松浦静山　まつらせいざん　1841没(82歳)。江戸時代中期・後期の大名。1760生。

野村篁園　のむらこうえん　1843没(69歳)。江戸時代後期の漢詩人。1775生。

バラトゥインスキー, エヴゲーニー・アブラモヴィチ　1844没(44歳)。ロシアの詩人。1800生。

クレイ, ヘンリー 1852没(75歳)。アメリカの政治家。1777生。
ジュシュー, アドリアン 1853没(55歳)。フランスの植物学者。1797生。
ジラルダン夫人 1855没(51歳)。フランスの文学者。1804生。
アディソン, トマス 1860没(67歳)。イギリスの医師。1793生。
榊原政令 さかきばらまさのり 1861没(86歳)。江戸時代後期の大名。1776生。
ブラウニング, エリザベス・バレット 1861没(55歳)。イギリスの女流詩人。1806生。
ダット, マイケル・マドゥー・スダン 1873没(49歳)。インドのベンガル語詩人。1824生。
フェルディナント1世 1875没(82歳)。オーストリア皇帝(在位3～48)。1793生。
富士田音蔵(4代目) ふじたおとぞう 1885没。江戸・明治時代の長唄唄方。
パークス, アレグザンダー 1890没(76歳)。イギリスの化学技術者, ゴムの冷加硫法のちのセルロイドの前身を発明。1813生。
ハックスリー, T.H. 1895没(70歳)。イギリスの生物学者, 哲学者。1825生。
臥雲辰致 がうんたつち 1900没(59歳)。明治時代の発明家。1842生。
滝廉太郎 たきれんたろう 1903没(25歳)。明治時代の作曲家。1879生。
ソレル, A. 1906没(63歳)。フランスの歴史家。1842生。
内藤魯一 ないとうろいち 1911没(66歳)。明治時代の自由民権家。衆議院議員。1846生。
ブルークマン, カール 1919没(70歳)。ドイツの言語学者。1849生。
内田魯庵 うちだろあん 1929没(62歳)。明治・大正時代の批評家, 小説家。1868生。
立花家橘之助 たちばなやきつのすけ 1935没(68歳)。明治～昭和時代の寄席音曲演奏家。1868生。
林不忘 はやしふぼう 1935没(36歳)。大正・昭和時代の小説家, 翻訳家。1900生。
クレー, パウル 1940没(60歳)。スイスの画家。1879生。
今泉嘉一郎 いまいずみかいちろう 1941没(75歳)。明治～昭和時代の鉄鋼技術者, 実業家。衆議院議員。1867生。
パデレフスキ, イグナツィ・ヤン 1941没(80歳)。ポーランドの政治家, 作曲家, ピアニスト。1860生。
梅若万三郎(初代) うめわかまんざぶろう 1946没(78歳)。明治～昭和時代の能楽師。1869生。
石原修 いしはらおさむ 1947没(63歳)。大正・昭和時代の衛生学者。大阪医科大学教授。1885生。
幣原坦 しではらひろし 1953没(82歳)。昭和時代の教育者, 官僚。枢密顧問官, 台北帝国大学総長。1870生。
ペヒシュタイン, マックス 1955没(73歳)。ドイツの画家。1881生。
真杉静枝 ますぎしずえ 1955没(53歳)。昭和時代の小説家。1901生。
橋本欣五郎 はしもときんごろう 1957没(67歳)。大正・昭和時代の陸軍軍人, 政治家。大佐, 衆議院議員(無所属倶楽部)。1890生。
苫米地義三 とまべちぎそう 1959没(78歳)。大正・昭和時代の実業家, 政治家。衆議院議員, 日産化学社長。1880生。
チョンベ, モイズ 1969没(49歳)。ザイールの政治家。1919生。
アンドレス, シュテファン 1970没(64歳)。ドイツの小説家, 詩人。1906生。
室原知幸 むろはらともゆき 1970没(70歳)。昭和時代の住民運動家。1899生。
岩崎民平 いわさきたみへい 1971没(78歳)。大正・昭和時代の英語学者。東京外国語大学学長, 神奈川大学教授。1892生。
結城哀草果 ゆうきあいそうか 1974没(80歳)。大正・昭和時代の歌人, 随筆家。斎藤茂吉記念館初代館長。1893生。
森三千代 もりみちよ 1977没(76歳)。昭和時代の詩人, 小説家。1901生。
バルマン, ピエール 1982没(68歳)。フランスの服飾デザイナー。1914生。
皆吉爽雨 みなよしそうう 1983没(81歳)。大正・昭和時代の俳人。「雪解」主宰。1902生。
下村治 しもむらおさむ 1989没(78歳)。昭和時代の経済評論家。日本経済研究所会長。1910生。
森一生 もりかずお 1989没(78歳)。昭和時代の映画監督。1911生。
三尾公三 みおこうぞう 2000没(76歳)。昭和・平成時代の洋画家。1924生。
川端実 かわばたみのる 2001没(90歳)。昭和・平成時代の洋画家。1911生。
ヘップバーン, キャサリン 2003没(93歳)。アメリカの舞台, 映画女優。1909生。

6月29日

6月30日

○記念日○ 夏越の祓（大祓）
○出来事○ タワーブリッジ完成（1894）
相対性理論が発表される（1905）
村山連立内閣発足（1994）

藤原沢子　ふじわらのたくし　839没。平安時代前期の女性。仁明天皇の女御。

藤原胤子　ふじわらのいんし　896没（21歳）。平安時代前期の女性。宇多天皇の女御。876生。

アルフォンソ6世　1109没（79歳）。レオン王（在位1065～1109），カスティリア王（在位1072～1109）。1030生。

寛遍　かんぺん　1166没（67歳）。平安時代後期の真言宗の僧。1100生。

三幡　さんまん　1199没（14歳）。鎌倉時代前期の女性。源頼朝の2女。1186生。

大仏宣時　おさらぎのぶとき　1323没（86歳）。鎌倉時代後期の武士，連署。1238生。

名和長年　なわながとし　1336没。鎌倉時代後期・南北朝時代の武将，伯耆守，行高の子。

賢宝　げんぽう　1398没（66歳）。南北朝時代・室町時代の真言宗の僧。1333生。

大愚性智　たいぐしょうち　1439没。室町時代の僧。

近衛忠嗣　このえただつぐ　1454没（72歳）。室町時代の公卿。1383生。

モンテスマ2世　1520没（54歳）。アステカ王国最後の王（在位1502～20）。1466生。

ロイヒリン，ヨハネス　1522没（67歳）。ドイツの代表的な人文学者，法律学者，詩人，古典語学者。1455生。

宇喜多能家　うきたよしいえ　1534没。戦国時代の武将。

五条為学　ごじょうためたか　1543没（72歳）。戦国時代の公卿。1472生。

プロープスト，ヤーコプ　1562没（67?歳）。ドイツのルター派神学者，ブレーメンの改革者。1495頃生。

由良成繁　ゆらなりしげ　1578没（73歳）。戦国時代・安土桃山時代の武将。1506生。

策彦周良　さくげんしゅうりょう　1579没（79歳）。戦国時代・安土桃山時代の臨済宗の僧。1501生。

ゾイロ　1592没（55?歳）。イタリアの作曲家。1537頃生。

竹内久盛　たけのうちひさもり　1595没（93歳）。戦国時代・安土桃山時代の武術家。1503生。

バレンツ，ヴィレム　1597没（47?歳）。オランダの航海者。1550頃生。

バロニウス，カエサル　1607没（68歳）。イタリアのカトリック教会史家。1538生。

山家清兵衛　やんべせいべえ　1620没（42歳）。安土桃山時代・江戸時代前期の武士。1579生。

ヴーエ，シモン　1649没（59歳）。フランスの画家。1590生。

オートレッド，ウィリアム　1660没（85歳）。イギリスの数学者。1575生。

クリーガー，アーダム　1666没（32歳）。ドイツの作曲家，オルガン奏者。1634生。

アンリエッタ・アン，オルレアン公爵夫人　1670没（26歳）。イギリス国王チャールズ1世の娘。1644生。

大橋重政　おおはししげまさ　1672（閏6月）没（55歳）。江戸時代前期の書家。1618生。

アーガイル，アーチボルド・キャンベル，9代伯爵　1685没（56歳）。スコットランドの王党派貴族。1629生。

吉弘元常　よしひろもとつね　1694没（52歳）。江戸時代前期・中期の修史家。1643生。

谷秦山　たにしんざん　1718没（56歳）。江戸時代中期の儒学者，神道家。1663生。

シドニ　1800没（67歳）。イギリスの政治家。1733生。

ヴェルナー，アブラハム・ゴットロープ　1817没（66歳）。ドイツの地質，鉱物学者。1750生。

ドービニー　1857没（54歳）。フランスの古生物学者，層序学者。1802生。

荻江露友（4代目）　おぎえろゆう　1884没（49歳）。明治時代の荻江節の家元。1836生。

梅亭金鵞　ばいていきんが　1893没（73歳）。江戸・明治時代の戯作者。1821生。

テイラー，ジェイムズ・ハドソン　1905没（73歳）。イギリスの牧師。1832生。

ロシュフォール　1913没（80歳）。フランスの作家，論客，政治家。1832生。

マスペロ，ガストン　1916没（70歳）。フランスの考古学者。1846生。

小田頼造　おだらいぞう　1918没（38歳）。明治・大正時代の社会主義者，宗教家。1881生。

レイリー，ジョン・ウィリアム・ストラット，3代男爵　1919没（76歳）。イギリスの物理学者。1842生。

ポターニン　1920没（84歳）。ロシアの探検家，地理学者，民族学者。1835生。

八代六郎　やしろろくろう　1930没（71歳）。明治・大正時代の海軍軍人。大将，枢密顧問官。1860生。

カール　1934没（71歳）。ドイツの政治家。1862生。

シュトラッサー，グレーゴル　1934没（42歳）。ドイツのジャーナリスト，政治家。1892生。

シュライヒャー，クルト・フォン　1934没（51歳）。ドイツの軍人，政治家。1882生。

レーム，エルンスト　1934没（46歳）。ドイツの軍人。1887生。

ドーデ，レオン　1942没（74歳）。フランスの小説家，評論家。1867生。

吉田晴風　よしだせいふう　1950没（58歳）。大正・昭和時代の尺八奏者，作曲家。1891生。

今井嘉幸　いまいよしゆき　1951没（73歳）。大正・昭和時代の弁護士，政治家。衆議院議員，東京地裁判事。1878生。

プドフキン，フセヴォロド　1953没（60歳）。ソ連の映画監督。1893生。

ベスコヴ，エルサ　1953没（79歳）。スウェーデンの画家，童話作家。1874生。

三宅克己　みやけかつみ　1954没（80歳）。明治〜昭和時代の洋画家。1874生。

川合玉堂　かわいぎょくどう　1957没（83歳）。明治〜昭和時代の日本画家。1873生。

バスコンセロス，ホセ　1959没（77歳）。メキシコの教育家。1882生。

デ・フォレスト，リー　1961没（87歳）。アメリカの電気工学者。1873生。

春日政治　かすがまさじ　1962没（84歳）。大正・昭和時代の国語学者。九州帝国大学教授。1878生。

井之口政雄　いのぐちまさお　1967没（72歳）。大正・昭和時代の政治家，社会運動家。衆議院議員。1895生。

クワトリー　1967没（75歳）。シリアの政治家，初代大統領。1892生。

大倉長右衛門　おおくらちょうえもん　1968没（79歳）。大正・昭和時代の能楽囃子方，家元。大蔵流小鼓宗家（13代目）。1888生。

花柳有洸　はなやぎゆうこう　1971没（47歳）。昭和時代の日本舞踊家。1924生。

丸山二郎　まるやまじろう　1972没（72歳）。昭和時代の日本史学者。千葉大学教授，『新訂増補国史大系』編修会代表。1899生。

朝比奈泰彦　あさひなやすひこ　1975没（94歳）。明治〜昭和時代の天然物有機化学者。東京大学教授。1881生。

加藤謙一　かとうけんいち　1975没（79歳）。大正・昭和時代の編集者。「少年倶楽部」編集長。1896生。

金子光晴　かねこみつはる　1975没（79歳）。大正・昭和時代の詩人。1895生。

柴田錬三郎　しばたれんざぶろう　1978没（61歳）。昭和時代の小説家。1917生。

本多顕彰　ほんだあきら　1978没（79歳）。昭和時代の英文学者，文芸評論家。法政大学教授。1898生。

赤地友哉　あかじゆうさい　1984没（78歳）。昭和時代の漆芸家。人間国宝。1906生。

ヘルマン，リリアン　1984没（77歳）。アメリカの女流劇作家。1907生。

高橋秀俊　たかはしひでとし　1985没（70歳）。昭和時代の物理学者。慶応義塾大学客員教授，東京大学教授。1915生。

田村孝之介　たむらこうのすけ　1986没（82歳）。昭和時代の洋画家。二紀会理事長。1903生。

所三男　ところみつお　1989没（88歳）。昭和時代の日本史学者。徳川林政史研究所所長。1900生。

旗田巍　はただたかし　1994没（85歳）。昭和・平成時代の東洋史学者。東京都立大学教授，専修大学教授。1908生。

八島太郎　やしまたろう　1994没（85歳）。昭和時代の絵本作家。1908生。

和泉元秀　いずみもとひで　1995没（57歳）。昭和・平成時代の狂言師。和泉流19代目宗家。1937生。

マックロスキー，ロバート　2003没（89歳）。アメリカの絵本作家。1914生。

小倉昌男　おぐらまさお　2005没（85歳）。昭和・平成時代の実業家。宅急便の生みの親。1924生。

フライ，クリストファー　2005没（97歳）。イギリスの劇作家。1907生。

6月30日

7月

July

文月

◎忌　日◎

鴎外忌(7.9) ／ 河童忌(7.24)

蝸牛忌(7.30) ／ 潤一郎忌(7.30)

7月1日

○記念日○ 国民安全の日
　　　　　山開き
○出来事○ 東海道線が全線開通（1889）
　　　　　第1回衆議院議員総選挙（1890）
　　　　　香港が英国から返還（1997）

金庾信　きんゆしん　673没（78歳）。朝鮮，新羅の武人，政治家。595生。

文武王　ぶんぶおう　681没（55歳）。朝鮮，新羅の第30代王（在位661〜681）。626生。

伊福吉部徳足比売　いふきべのとこたりひめ　708没。飛鳥時代の女官。

大伴道足　おおとものみちたり　741没。奈良時代の官人。

阿倍仲麻呂　あべのなかまろ　770没（73歳）。奈良時代の遣唐留学生。698生。

藤原蔵下麻呂　ふじわらのくらじまろ　775没（42歳）。奈良時代の官人。734生。

藤原小黒麻呂　ふじわらのおぐろまろ　794没（62歳）。奈良時代の官人。733生。

依子内親王　いしないしんのう　936没（42歳）。平安時代中期の女性。宇多天皇の皇女。895生。

源兼忠　みなもとのかねただ　958没（58歳）。平安時代中期の公卿。901生。

アブル・ワファー　998没（58歳）。イスラム教徒の数学，天文学者。940生。

藤原公定　ふじわらのきんさだ　1099没（51歳）。平安時代中期・後期の公卿。1049生。

林豪　りんごう　1099没（67歳）。平安時代中期・後期の天台宗の僧。1033生。

完顔阿骨打　かんがんあくだ　1123没（55歳）。中国，金の初代皇帝（在位1115〜23）。1068生。

宗沢　そうたく　1128没（69歳）。中国，北宋末南宋初期の政治家。1059生。

土御門親定　つちみかどちかさだ　1315没（49歳）。鎌倉時代後期の公卿。1267生。

智得　ちとく　1320没（60歳）。鎌倉時代後期の時宗の僧。1261生。

宥範　ゆうはん　1352没（83歳）。鎌倉時代後期・南北朝時代の真言宗の僧。1270生。

サルマーン・サーヴァジー，ジャマーロッディーン　1376没（76?歳）。ペルシアの頌詩詩人。1300頃生。

妙定尼　みょうじょうに　1428没。室町時代の日蓮宗の尼僧。

ジョコンド，フラ・ジョバンニ　1515没（82?歳）。イタリアの建築家，古典学者。1433頃生。

ルイーニ，ベルナルディーノ　1532没（57?歳）。イタリアの画家。1475頃生。

シナン　1578没（89歳）。トルコの建築家。1489生。

一条兼定　いちじょうかねさだ　1585没（43歳）。安土桃山時代の武将。1543生。

プランタン，クリストフ　1589没（69?歳）。フランスの製本家，印刷者，出版者。1520頃生。

京極マリア　きょうごくまりあ　1618没（77?歳）。安土桃山時代・江戸時代前期の女性。キリシタン。1542頃生。

支倉常長　はせくらつねなが　1622没（52歳）。安土桃山時代・江戸時代前期の武士。1571生。

戴震　たいしん　1777没（53歳）。中国，清の学者，考証学の研究法の確立者。1723生。

ロッキンガム，チャールズ・ウォトソン・ウェントワース，2代侯爵　1782没（52歳）。イギリスの政治家。1730生。

バッハ，ヴィルヘルム・フリーデマン　1784没（73歳）。ドイツのオルガン奏者，作曲家。1710生。

オーグルソープ，ジェイムズ・エドワード　1785没（88歳）。イギリスの軍人，博愛事業家。1696生。

ウィルキンソン，ジェマイマ　1819没（66歳）。アメリカの"シェイカー派"女性指導者。1752生。

マフムト2世　1839没（54歳）。オスマン・トルコ帝国の第31代スルタン（在位1808〜39）。1784生。

ロスミーニ-セルバーティ，アントーニオ　1855没（58歳）。イタリアの哲学者，司祭。1797生。

ギューレンブーウ、トマシーネ　1856没（82歳）。デンマークの女性作家。1773生。
中村歌六（初代）　なかむらかろく　1859没（81歳）。江戸時代後期の歌舞伎役者。1779生。
グッドイヤー、チャールズ　1860没（59歳）。アメリカの発明家。1800生。
バクーニン、ミハイル・アレクサンドロヴィチ　1876没（62歳）。ロシア生れの無政府主義思想家。1814生。
ロッツェ、ルドルフ・ヘルマン　1881没（64歳）。ドイツの哲学者、医学者。1817生。
フェーリング、ヘルマン・フォン　1885没（73歳）。ドイツの化学者。1812生。
ミナーエフ　1890没（49歳）。ロシアの東洋学者。1840生。
永井尚志　ながいなおのぶ　1891没（76歳）。江戸・明治時代の幕臣、官吏。1816生。
ストー、ハリエット・ビーチャー　1896没（85歳）。アメリカの女流小説家。1811生。
ウォッツ、ジョージ・フレデリック　1904没（87歳）。イギリスの画家、彫刻家。1817生。
ヘイ、ジョン　1905没（66歳）。アメリカの政治家。1838生。
児島惟謙　こじまいけん　1908没（72歳）。明治時代の裁判官。衆議院議員。1837生。
サティ、エリック　1925没（59歳）。フランスの作曲家。1866生。
モライス、ヴェンセズラウ・デ　1929没（75歳）。ポルトガルの海軍士官、外交官。1854生。
三岸好太郎　みぎしこうたろう　1934没（32歳）。大正・昭和時代の洋画家。1903生。
山本実彦　やまもとさねひこ　1952没（67歳）。大正・昭和時代の出版人、政治家。改造社創業者、東京毎日新聞社長、衆議員。1885生。
ラバン、ルドルフ・フォン　1958没（78歳）。オーストリア＝ハンガリー生れの舞踊理論家。1879生。
植村諦　うえむらたい　1959没（55歳）。昭和時代の詩人、アナキスト。1903生。
セリーヌ、ルイ-フェルディナン　1961没（67歳）。フランスの小説家。1894生。
ショータン　1963没（78歳）。フランスの政治家。1885生。
パウンド、ロスコー　1964没（93歳）。アメリカの法学者、司法行政改革の指導者。1870生。
モントゥー、ピエール　1964没（89歳）。フランス生れのアメリカの指揮者。1875生。

リッター、ゲーアハルト　1967没（79歳）。西ドイツの歴史家。1888生。
ボーリング　1968没（81歳）。アメリカの心理学者。1886生。
ブラッグ、サー・ウィリアム・ローレンス　1971没（81歳）。イギリスの物理学者。1890生。
田中義麿　たなかよしまろ　1972没（87歳）。大正・昭和時代の遺伝学者。九州大学教授。1884生。
大山定一　おおやまていいち　1974没（70歳）。昭和時代のドイツ文学者、評論家。京都大学教授。1904生。
ペロン、ホアン・ドミンゴ　1974没（78歳）。アルゼンチンの軍人、大統領。1895生。
滝口修造　たきぐちしゅうぞう　1979没（75歳）。昭和時代の美術評論家。美術評論家連盟会長。1903生。
スノー、C.P.　1980没（74歳）。イギリスの小説家、物理学者。1905生。
ブロイヤー、マルセル　1981没（79歳）。ハンガリー生れのアメリカの建築家。1902生。
フラー、バックミンスター　1983没（87歳）。アメリカの技術家、建築家。1895生。
横田正俊　よこたまさとし　1984没（85歳）。昭和時代の裁判官。最高裁長官、公正取引委員会委員長。1899生。
井上友一郎　いのうえともいちろう　1997没（88歳）。昭和・平成時代の小説家、実業家。霞台カントリークラブ社長。1909生。
エンコモ、ジョシュア　1999没（82歳）。ローデシアの黒人解放勢力の指導者。1917生。
宇都宮徳馬　うつのみやとくま　2000没（93歳）。昭和・平成時代の政治家。衆議院議員、日中友好協会会長。1906生。
チェルニー・ステファニスカ、ハリナ　2001没（78歳）。ポーランドのピアニスト。1922生。
バソフ、ニコライ・ゲンナジエヴィチ　2001没（78歳）。ソ連の物理学者。1922生。
ブランド、マーロン　2004没（80歳）。アメリカの映画俳優。1924生。
橋本龍太郎　はしもとりゅうたろう　2006没（68歳）。昭和・平成時代の政治家。第82・83代内閣総理大臣。1937生。

7月1日

7月2日

○記念日○　たわしの日
　　　　　　ユネスコ加盟記念の日
○出来事○　国宝・金閣炎上（1950）
　　　　　　南北ベトナム統一（1976）

聖スウィジン　862没（60?歳）。イギリス、アングロ・サクソン時代の聖職者。802生。

重子内親王　しげこないしんのう　865没。平安時代前期の女性。仁明天皇の皇女。

十世王　とおよおう　916没（84歳）。平安時代前期・中期の公卿。833生。

ハインリヒ1世　936没（60?歳）。ドイツ王（在位919～936）。876頃生。

淳祐　しゅんにゅう　953没（64歳）。平安時代中期の真言宗の僧。890生。

藤原兼家　ふじわらのかねいえ　990没（62歳）。平安時代中期の公卿。929生。

源基子　みなもとのもとこ　1134没（86歳）。平安時代中期・後期の女性。後三条天皇の女御。1049生。

張俊　ちょうしゅん　1154没（69歳）。中国、南宋初の武将。1085生。

鳥羽天皇　とばてんのう　1156没（54歳）。第74代の天皇。1103生。

後藤基清　ごとうもときよ　1221没（67歳）。平安時代後期・鎌倉時代前期の武将。1155生。

佐々木広綱　ささきひろつな　1221没。鎌倉時代前期の武将。

アドルフ・フォン・ナッサウ　1298没（50?歳）。ドイツ王（在位1292～?）。1248頃生。

八坂検校　やさかけんぎょう　1318没。鎌倉時代後期の平家琵琶演奏者。

六条有房　ろくじょうありふさ　1319没（69歳）。鎌倉時代後期の歌人・公卿。1251生。

新田義貞　にったよしさだ　1338没（閏7月）（38歳）。鎌倉時代後期・南北朝時代の武将。1301生。

明叟斎哲　みょうそうさいてつ　1347没。鎌倉時代後期・南北朝時代の僧。

真阿　しんあ　1440没（56歳）。南北朝時代・室町時代の僧。1385生。

聖観　しょうかん　1479没（66歳）。室町時代の僧。1414生。

ジローラモ・ダイ・リブリ　1555没（81歳）。イタリアの画家、写本装飾画家。1474生。

中御門宣治　なかみかどのぶはる　1555没（39歳）。戦国時代の公卿。1517生。

ノストラダムス　1566没（62歳）。フランスの占星家、医者。1503生。

ガリレイ、ヴィンチェンツォ　1591没（71?歳）。イタリアの作曲家、音楽理論家、リュート奏者。1520生。

佐野房綱　さのふさつな　1601没。安土桃山時代の武将。

熊谷元直　くまがいもとなお　1605没（51歳）。安土桃山時代・江戸時代前期のキリシタン、武将、長州（萩）藩士。1555生。

セール、オリヴィエ・ド　1619没（80?歳）。フランスの農業改革者。1539頃生。

ハリオット、トマス　1621没（61歳）。イギリスの数学者、天文学者、測量家。1560生。

三浦為春　みうらためはる　1652没（80歳）。安土桃山時代・江戸時代前期の仮名草子作者。1573生。

小栗山喜四郎　おぐりやまきしろう　1722没（47歳）。江戸時代中期の奥州南山御蔵人騒動の義民。1676生。

荷田春満　かだのあずままろ　1736没（68歳）。江戸時代中期の国学者。1669生。

山下金作（初代）　やましたきんさく　1750没。江戸時代中期の歌舞伎役者。

シーラージ・ウッダウラー　1757没（25?歳）。インドの太守。1732頃生。

ルソー、ジャン-ジャック　1778没（66歳）。フランスの文学者、思想家。1712生。

水木歌仙（初代）　みずきかせん　1779没（70歳）。江戸時代中期の女性。水木流舞踊の創始者。1710生。

蜂須賀載　はちすかつく　1795没（25歳）。江戸時代後期の女性。画家。1771生。

西洞院時名　にしのとういんときな　1798没（69歳）。江戸時代中期の堂上公家。1730生。

フィッチ、ジョン　1798没（55歳）。アメリカ初期の汽船開発家。1743生。

細田栄之　ほそだえいし　1829没（74歳）。江戸時代中期・後期の浮世絵師。1756生。

幡崎鼎　はたざきかなえ　1842没（36歳）。江戸時代後期の水戸藩の蘭学者。1807生。

ハーネマン，サムエル　1843没（88歳）。ドイツの医師。1755生。

土井利位　どいとしつら　1848没（60歳）。江戸時代後期の大名。1789生。

ピール，サー・ロバート　1850没（62歳）。イギリスの政治家。1788生。

尾上松助(3代目)　おのえまつすけ　1851没（47歳）。江戸時代末期の歌舞伎役者。1805生。

野村安趙　のむらあんちょう　1871没（67歳）。江戸・明治時代の沖縄古典音楽奏者。1805生。

林屋正蔵(4代目)　はやしやしょうぞう　1879没。江戸・明治時代の落語家。

トゥーレ，S.　1900没（70?歳）。アフリカの支配者，国家建設者。1830生。

チェーホフ，アントン・パーヴロヴィチ　1904没（44歳）。ロシアの小説家，劇作家。1860生。

チェンバレン，ジョゼフ　1914没（77歳）。イギリスの政治家。1836生。

ディアス，ポルフィリオ　1915没（84歳）。メキシコの軍人，独裁者，大統領（1877～80，84～1911）。1830生。

ナオロジー　1917没（91歳）。インドの政治家。1825生。

松方正義　まつかたまさよし　1924没（90歳）。江戸・明治時代の鹿児島藩士，政治家，財政家。民部大丞，首相。1835生。

ヘフディング，ハーラル　1931没（88歳）。デンマークの哲学者。1843生。

マヌエル2世　1932没（42歳）。ポルトガル王（在位1908～10）。1889生。

ミンスキー　1937没（82歳）。ロシアの詩人，小説家。1855生。

山梨半造　やまなしはんぞう　1944没（81歳）。明治～昭和時代の陸軍軍人。陸軍大臣。1864生。

ディミトロフ，ゲオルギ・ミハイロヴィチ　1949没（67歳）。ブルガリアの政治家。1882生。

ジャック-ダルクローズ，エーミール　1950没（84歳）。スイスの音楽教育家，作曲家。1865生。

ザウエルブルフ　1951没（75歳）。ドイツの外科医。1875生。

保科孝一　ほしなこういち　1955没（82歳）。明治～昭和時代の国語学者。東京文理科大学教授，国語審議会幹事長。1872生。

蓼胡蝶(初代)　たでこちょう　1958没（88歳）。明治～昭和時代の小唄の家元。1869生。

ヘミングウェイ，アーネスト　1961没（61歳）。アメリカの小説家。1899生。

ニコルソン，セス・バーンズ　1963没（71歳）。アメリカの天文学者。1891生。

成瀬巳喜男　なるせみきお　1969没（63歳）。昭和時代の映画監督。1905生。

ゲッツィ，B.フォン　1971没（74歳）。ハンガリー系ドイツのヴァイオリン奏者，指揮者。1897生。

袋一平　ふくろいっぺい　1971没（73歳）。大正・昭和時代のソ連映画・文化研究者，ロシア文学者。1897生。

ナボコフ，ヴラジミル　1977没（88歳）。アメリカの小説家，詩人，評論家，昆虫学者。1889生。

キルポーチン，ワレーリー・ヤコヴレヴィチ　1980没（81歳）。ソ連邦の社会思想史家，文芸批評家。1898生。

高橋幸八郎　たかはしこうはちろう　1982没（70歳）。昭和時代の経済史学者。創価大学教授，東京大学教授。1912生。

丸山静　まるやましずか　1987没（72歳）。昭和時代の文芸評論家。1914生。

荻昌弘　おぎまさひろ　1988没（62歳）。昭和時代の映画評論家。1925生。

グロムイコ，アンドレイ・アンドレエヴィチ　1989没（79歳）。ソ連の外交官。1909生。

福武直　ふくたけただし　1989没（72歳）。昭和時代の社会学者。東京大学教授。1917生。

田中慎次郎　たなかしんじろう　1993没（92歳）。昭和時代のジャーナリスト，評論家。朝日新聞社取締役出版局長。1900生。

エスコバル，アンドレス　1994没（27歳）。コロンビアのサッカー選手。1967生。

ステュアト，ジェイムズ　1997没（89歳）。アメリカの俳優。1908生。

林家正楽(2代目)　はやしやしょうらく　1998没（62歳）。昭和・平成時代の寄席芸人。1935生。

青江三奈　あおえみな　2000没（54歳）。昭和・平成時代の歌手。1945生。

川嶋至　かわしまいたる　2001没（66歳）。昭和・平成時代の文芸評論家。昭和女子大学教授，東京工業大学教授。1935生。

7月2日

7月3日

○記念日○　ソフトクリームの日
　　　　　　通天閣の日
　　　　　　波の日
○出来事○　国際劇場、開場（1937）
　　　　　　エイズを発見（1981）

アナトリオス　458没（58?歳）。コンスタンティノポリス総主教（450～没年）。400頃生。
レオ2世　683没。シチリア生れの教皇（在位682～3）、聖人。
藤原長良　ふじわらのながら　856没（55歳）。平安時代前期の公卿。802生。
長意　ちょうい　906没（71歳）。平安時代前期の僧。836生。
藤原定国　ふじわらのさだくに　906没（40歳）。平安時代前期・中期の公卿。867生。
源清蔭　みなもとのきよかげ　950没（67歳）。平安時代中期の公卿。884生。
宗源　そうげん　1251没（84歳）。鎌倉時代前期の浄土宗の僧。1168生。
藤原光定　ふじわらみつさだ　1305没（32歳）。鎌倉時代後期の公卿。1274生。
島津貞久　しまづさだひさ　1363没（95歳）。鎌倉時代後期・南北朝時代の武将、三郎左衛門尉、上総介。1269生。
建撕　けんぜい　1475没（61歳）。室町時代の曹洞宗の僧。1415生。
高辻継長　たかつじつぎなが　1475没（62歳）。室町時代の公卿。1414生。
カプラーニカ、アンジェロ　1478没（78?歳）。イタリアの司教、枢機卿。1400頃生。
パレアーリオ，アオーニオ　1570没（67?歳）。イタリアの人文主義者、宗教改革者。1503頃生。
尼子勝久　あまこかつひさ　1578没（26歳）。安土桃山時代の武将。1553生。
甲斐宗運　かいそううん　1585没（71歳）。戦国時代・安土桃山時代の肥後益城郡の国人領主。1515生。
宣安明言　せんあんみょうげん　1597没（90歳）。戦国時代・安土桃山時代の曹洞宗の僧。1508生。
フィゲレド　1597没（67歳）。ポルトガルのイエズス会宣教師。1530生。

ピティスクス　1613没（51歳）。ドイツの聖職者，数学者。1561生。
本多正重　ほんだまさしげ　1617没（73歳）。安土桃山時代・江戸時代前期の大名。1545生。
子々姫　ねねひめ　1622没（24歳）。江戸時代前期の女性。加賀藩主前田利常の妻。1599生。
中和門院　ちゅうかもんいん　1630没（56歳）。安土桃山時代・江戸時代前期の女性。後陽成天皇の女御。1575生。
カヴァリエーレ・ダルピーノ，イル　1640没（72歳）。イタリアの画家。1568生。
チェザーリ，ジュゼッペ　1640没（72?歳）。イタリアの画家。1568頃生。
マリー（メディシス，メディチの）　1642没（69歳）。フランス国王アンリ4世の妃。1573生。
ベジャール，ジュヌビエーブ　1675没（33歳）。フランスの女優。1642生。
松平忠輝　まつだいらただてる　1683没（92歳）。江戸時代前期の大名。1592生。
慈山　じざん　1690没（54歳）。江戸時代前期の僧。1637生。
福子内親王　とみこないしんのう　1707没（32歳）。江戸時代中期の女性。霊元天皇の第4皇女。1676生。
市川八百蔵（2代目）　いちかわやおぞう　1777没（43歳）。江戸時代中期の歌舞伎役者。1735生。
四方竜文（初代）　しかたりゅうぶん　1798没（67歳）。江戸時代中期の鋳金家。1732生。
羅聘　らへい　1799没（66歳）。中国，清中期の画家。1733生。
市川八百蔵（4代目）　いちかわやおぞう　1844没（73歳）。江戸時代後期の歌舞伎役者。1772生。
有馬頼永　ありまよりとお　1846没（25歳）。江戸時代後期の大名。1822生。

イヴァーノフ，アレクサンドル・アンドレエヴィチ　1858没(51歳)。ロシアの画家。1806生。

白石長忠　しらいしながただ　1862没(68歳)。江戸時代末期の和算家。1795生。

羽倉簡堂　はぐらかんどう　1862没(73歳)。江戸時代末期の儒学者，代官。1790生。

三宅艮斎　みやけごんさい　1868没(52歳)。江戸・明治時代の外科医。1817生。

禽語楼小さん(2代目)　きんごろうこさん　1898没(50歳)。明治時代の落語家。1849生。

ヘルツル，テオドール　1904没(44歳)。オーストリアのユダヤ人作家。1860生。

イグナチエフ，ニコライ・パヴロヴィチ，伯爵　1908没(76歳)。ロシアの外交官，政治家。1832生。

ハリス，ジョーエル・チャンドラー　1908没(59歳)。アメリカの小説家。1848生。

徳川昭武　とくがわあきたけ　1910没(58歳)。江戸・明治時代の水戸藩主，開拓者。1853生。

メフメット5世　1918没(73歳)。オスマン・トルコ帝国の第35代スルタン(1909～18)。1844生。

日下部四郎太　くさかべしろうた　1924没(50歳)。明治・大正時代の物理学者。東北帝国大学教授。1875生。

イリゴージェン，イポリト　1933没(80歳)。アルゼンチンの政治家。1852生。

東屋三郎　あずまやさぶろう　1935没(44歳)。大正・昭和時代の新劇俳優。1892生。

相沢三郎　あいざわさぶろう　1936没(48歳)。大正・昭和時代の陸軍軍人。中佐。1889生。

喜田貞吉　きたさだきち　1939没(69歳)。明治・大正時代の歴史学者。京都帝国大学教授。1871生。

大橋光吉　おおはしこうきち　1946没(72歳)。明治～昭和時代の印刷事業家。共同印刷社主。1875生。

ボロフスキ，タデウシュ　1951没(28歳)。ポーランドの詩人，小説家。1922生。

シュミットボン，ヴィルヘルム　1952没(76歳)。ドイツの劇作家，童話作家。1876生。

マーシュ，レジナルド　1954没(56歳)。アメリカの画家。1898生。

藤原猶雪　ふじわらゆうせつ　1958没(67歳)。大正・昭和時代の僧侶，仏教学者。東洋大学学長，共立女子大学教授。1891生。

ボイエル，ヨーハン　1959没(87歳)。ノルウェーの小説家。1872生。

小川菊松　おがわきくまつ　1962没(74歳)。明治～昭和時代の出版人。誠文堂新光社社長。1888生。

岸井明　きしいあきら　1965没(54歳)。昭和時代の映画俳優。1910生。

近藤栄蔵　こんどうえいぞう　1965没(82歳)。大正・昭和時代の社会運動家。全国戦災者事業団理事長，春陽会理事長。1883生。

長谷川路可　はせがわろか　1967没(69歳)。昭和時代の画家。1897生。

ジョーンズ，ブライアン　1969没(27歳)。イギリスのギタリスト(ローリング・ストーンズ)。1942生。

志田重男　しだしげお　1971没(59歳)。昭和時代の社会運動家。1911生。

モリソン，ジム　1971没(27歳)。アメリカのミュージシャン(ドアーズ)，詩人。1943生。

原虎一　はらとらいち　1972没(74歳)。大正・昭和時代の政治家，労働運動家。参議院議員，日本労働会館理事長。1897生。

アンチェルル，カレル　1973没(65歳)。チェコスロバキアの指揮者。1908生。

ランサム，ジョン・クロー　1974没(86歳)。アメリカの詩人，評論家。1888生。

レルネト-ホレーニア，アレクサンダー　1976没(78歳)。オーストリアの詩人，小説家，劇作家。1897生。

酒井田柿右衛門(13代目)　さかいだかきえもん　1982没(75歳)。昭和時代の陶芸家。柿右衛門製陶技術保存会会長。1906生。

美作太郎　みまさかたろう　1989没(85歳)。昭和時代の出版人。新評論会長，日本出版学会常任理事。1903生。

加藤楸邨　かとうしゅうそん　1993没(88歳)。昭和・平成時代の俳人。「寒雷」主宰，青山学院女子短期大学教授。1905生。

吉田忠雄　よしだただお　1993没(84歳)。昭和時代の実業家。吉田工業社長。1908生。

土家由岐雄　つちやゆきお　1999没(95歳)。昭和・平成時代の児童文学作家。1904生。

観世銕之丞(8代目)　かんぜてつのじょう　2000没(69歳)。昭和・平成時代の能楽師シテ方。1931生。

スバンドリオ　2004没(90歳)。インドネシアの政治家・外交官。1914生。

ラットゥアーダ，アルベルト　2005没(90歳)。イタリアの映画監督。1914生。

7月3日

7月4日

○記念日○ 梨の日
○出来事○ アメリカ合衆国独立（1776）
フィリピン共和国独立（1946）
第1回プロ野球オールスターゲーム（1951）

アンドレアス（クレタの） 740没（80?歳）。クレタ島ゴルテュナの大主教, 神学者, 讃美歌作者, 聖人。660頃生。

佐伯全成 さえきのまたなり 757没。奈良時代の官人。

義真 ぎしん 833没（53歳）。平安時代前期の天台宗の僧。781生。

源勝 みなもとのまさる 886没。平安時代前期の官人, 学僧。

ウルリヒ（アウクスブルクの） 973没（83歳）。教皇により公式に列聖された最初の人。890生。

道命 どうみょう 1020没（47歳）。平安時代中期の僧, 歌人。父は藤原道綱, 総持寺阿闍梨, 天王寺別当。974生。

藤原良教 ふじわらよしのり 1287没（64歳）。鎌倉時代後期の公卿。1224生。

チマブーエ, ジョヴァンニ 1302没（62?歳）。イタリア・ルネサンス最初の画家。1240頃生。

顕智 けんち 1310没（85歳）。鎌倉時代後期の真宗の僧。1226生。

在庵普在 ざいあんふざい 1376（閏7月）没（79歳）。南北朝時代の臨済宗の僧。1298生。

山名時熙 やまなときひろ 1435没（69歳）。南北朝時代・室町時代の武将。1367生。

喜山性讃 きざんしょうさん 1442没（66歳）。室町時代の曹洞宗の僧。1377生。

陳叟明邉 ちんそうみょうじゅん 1507没。室町時代・戦国時代の曹洞宗の僧。

フリス, ジョン 1533没（30?歳）。イギリスのプロテスタントの宗教改革者, 殉教者。1503頃生。

アルバラード, ペドロ・デ 1541没（56?歳）。スペインの中央アメリカ征服者。1485頃生。

諏訪頼重 すわよりしげ 1542没（27歳）。戦国時代の信濃国の武将。1516生。

三好長慶 みよしながよし 1564没（43歳）。戦国時代の武将。1522生。

油屋常祐 あぶらやじょうゆう 1579没。戦国時代・安土桃山時代の堺商人, 茶人。

モンテ, フィリップ・デ 1603没（82歳）。フランドルの作曲家。1521生。

バード, ウィリアム 1623没（80歳）。イギリスの作曲家, オルガン奏者。1543生。

エスコバル・イ・メンドーサ, アントニオ・デ 1669没（80歳）。スペインのイエズス会士, 倫理学者。1589生。

花山院定好 かざんいんさだよし 1673没（75歳）。江戸時代前期の公家。1599生。

良恵 りょうえ 1674没（76歳）。江戸時代前期の融通念仏宗の僧。1599生。

度会常彰 わたらいつねあきら 1752没（78歳）。江戸時代中期の祠官。1675生。

リチャードソン, サミュエル 1761没（71歳）。イギリスの小説家。1689生。

文亨女王 ぶんこうじょおう 1770没（25歳）。江戸時代中期の女性。有栖川宮職仁親王の娘。1746生。

福永十三郎 ふくながじゅうざぶろう 1774没（54歳）。江戸時代中期の義民。1721生。

加藤民吉 かとうたみきち 1824没（53歳）。江戸時代後期の瀬戸窯の磁祖とされる陶工。1772生。

アダムズ, ジョン 1826没（90歳）。アメリカの政治家, 法律家。第2代大統領。1735生。

ジェファソン, トマス 1826没（83歳）。アメリカの政治家, 第3代大統領。1743生。

モンロー, ジェイムズ 1831没（73歳）。アメリカの政治家, 外交官, 第5代大統領（1816～25）。1758生。

狩谷棭斎 かりやえきさい 1835（閏7月）没（61歳）。江戸時代後期の国学者, 書家。1775生。

鹿子木量平 かのこぎりょうへい 1841没（89歳）。江戸時代後期の干拓指導者。1753生。

笹川繁蔵 ささがわのしげぞう 1847没（38歳）。江戸時代後期の侠客。1810生。

シャトーブリヤン, フランソワ-ルネ・ド 1848没(79歳)。フランスの小説家, 政治家。1768生。

アイヒホルン, カール・フリードリヒ 1854没(72歳)。ドイツの法学者。1781生。

ピーサレフ, ドミートリー・イワノヴィチ 1868没(27歳)。ロシアの社会評論家, 革命的民主主義者。1840生。

佐古高郷 さこたかさと 1883没(54歳)。江戸時代末期・明治時代の大和十津川郷士。1830生。

シュトルム, テーオドア 1888没(70歳)。ドイツの詩人, 小説家。1817生。

テイト, ピーター・ガスリー 1901没(70歳)。スコットランドの数学者, 物理学者。1831生。

フィスク, ジョン 1901没(59歳)。アメリカの歴史家。1842生。

ヴィヴェーカーナンダ 1902没(40歳)。インドの哲学者, 宗教家。1862生。

フェー, エルヴェ・オーギュスト・エティエンヌ 1902没(87歳)。フランスの天文学者。1814生。

潮田千勢子 うしおだちせこ 1903没(60歳)。明治時代の婦人運動家。矯風会会頭。1844生。

ルクリュ 1905没(75歳)。フランスの地理学者。1830生。

スキャパレリ, ジョヴァンニ・ヴィルジーニョ 1910没(75歳)。イタリアの天文学者。1835生。

井上頼圀 いのうえよりくに 1914没(76歳)。江戸・明治時代の国学者, 歌人。学習院教授。1839生。

クリンガー, マックス 1920没(63歳)。ドイツの版画家, 画家, 彫刻家。1857生。

添田寿一 そえだじゅいち 1929没(66歳)。明治～昭和時代の財政経済学者, 官僚。貴族院議員。1864生。

キュリー, マリー 1934没(66歳)。フランスの女流化学者。1867生。

ビアリック, ハイム・ナフマン 1934没(61歳)。ロシア系ユダヤ人のヘブライ詩人。1873生。

バウアー, オットー 1938没(55歳)。オーストリア社会民主党の指導的理論家。1882生。

ブール, マルセラン 1942没(81歳)。フランスの考古学者。1861生。

アーベル 1946没(71歳)。古生物学者。1875生。

ブック 1950没(70歳)。デンマークの体操家。1880生。

佐藤垢石 さとうこうせき 1956没(68歳)。昭和時代の随筆家, 釣り師。1888生。

三木武吉 みきぶきち 1956没(71歳)。大正・昭和時代の政治家。衆院議員。1884生。

川上多助 かわかみたすけ 1959没(74歳)。大正・昭和時代の歴史学者。東京商科大学教授。1884生。

ウッドワース 1962没(92歳)。アメリカの心理学者。1869生。

小林躋造 こばやしせいぞう 1962没(84歳)。明治～昭和時代の海軍軍人, 政治家。海軍大将, 貴族院議員。1877生。

マルシャーク, サムイル・ヤーコヴレヴィチ 1964没(76歳)。ソ連の詩人。1887生。

ニューマン, バーネット 1970没(65歳)。アメリカの画家, 彫刻家。1905生。

フセイニー, A.アル 1974没(79歳)。ヨルダンの宗教家, 政治家。1895生。

石原謙 いしはらけん 1976没(93歳)。大正・昭和時代のキリスト教学者。東京女子大学学長, 青山学院大学教授。1882生。

沢田節蔵 さわだせつぞう 1976没(91歳)。明治～昭和時代の外交官。ブラジル大使。1884生。

木村功 きむらいさお 1981没(58歳)。昭和時代の俳優。1923生。

斎藤勇 さいとうたけし 1982没(95歳)。昭和時代の英文学者。東京大学教授, 東京女子大学学長。1887生。

佐藤美子 さとうよしこ 1982没(79歳)。昭和時代の声楽家。創作オペラ協会会長。1903生。

田尻宗昭 たじりむねあき 1990没(62歳)。昭和・平成時代の公害問題評論家, 反公害活動家。東京都公害研究所次長。1928生。

植田正治 うえだしょうじ 2000没(87歳)。昭和・平成時代の写真家。植田正治写真美術館館長, 九州産業大学教授。1913生。

飯田深雪 いいだみゆき 2007没(103歳)。昭和・平成時代の料理研究家。1903生。

児玉幸多 こだまこうた 2007没(97歳)。昭和・平成時代の歴史学者。1909生。

7月4日

7月5日

○記念日○ ビキニスタイルの日
○出来事○ 下山事件(1949)
後楽園球場で初ナイター(1950)
沢松和子、ウィンブルドン優勝(1975)

蕭何　しょうか　前193没。中国、漢の開国の功臣。

鏡王女　かがみのおおきみ　683没。飛鳥時代の女性。万葉歌人。

橘古那可智　たちばなのこなちち　759没。奈良時代の女性。聖武天皇の妃。

李光弼　りこうひつ　764没(56歳)。中国、唐中期の武将。708生。

藤原継業　ふじわらのつぎかず　842没(64歳)。平安時代前期の公卿。779生。

明救　みょうぐ　1020没(75歳)。平安時代中期の天台宗の僧。946生。

栄西　えいさい　1215没(75歳)。平安時代後期・鎌倉時代前期の臨済宗の僧。1141生。

一条信能　いちじょうのぶよし　1221没(32?歳)。鎌倉時代前期の公卿。1190頃生。

大炊御門頼実　おおいみかどよりざね　1225没(71歳)。平安時代後期・鎌倉時代前期の歌人・公卿。1155生。

藤原能成　ふじわらのよしなり　1238没(76歳)。平安時代後期・鎌倉時代前期の公卿。1163生。

退耕行勇　たいこうぎょうゆう　1241没(79歳)。平安時代後期・鎌倉時代前期の僧。1163生。

承明院　しょうめいもんいん　1257没(87歳)。平安時代後期・鎌倉時代前期の女性。後鳥羽天皇の宮人。1171生。

平高兼　たいらのたかかね　1281没(63歳)。鎌倉時代後期の公卿。1219生。

細川顕氏　ほそかわあきうじ　1352没。南北朝時代の武将。

宇都宮氏綱　うつのみやうじつな　1370没(45歳)。南北朝時代の武将。1326生。

聞渓良聡　もんけいりょうそう　1372没。南北朝時代の僧。

伊勢貞行　いせさだゆき　1410没(53歳)。室町時代の武将。1358生。

尭孝　ぎょうこう　1455没(65歳)。室町時代の歌人。1391生。

太安梵守　たいあんぼんしゅ　1482没(76歳)。室町時代・戦国時代の僧。1407生。

景趙宗諗　けいちょうそうしん　1520没。戦国時代の臨済宗の僧。

ヅァッカリーア,アントーニオ・マリーア　1539没(37歳)。イタリアのバルナバ会の創立者。1502生。

長尾政景　ながおまさかげ　1564没。戦国時代の武将。

マドルッツォ,クリストーフォロ　1578没(79歳)。イタリア出身のカトリック聖職者。1512生。

カラッチョリ,ガレアッツォ・マルケーゼ・ディ・ヴィーコ　1586没(69歳)。イタリアのプロテスタント亡命者。1517生。

良尚入道親王　りょうしょうにゅうどうしんのう　1693没(72歳)。江戸時代前期の天台宗の僧。1622生。

永秀女王　えいしゅうじょおう　1725没(49歳)。江戸時代中期の女性。霊元天皇の第5皇女。1677生。

細川興文　ほそかわおきのり　1785没(63歳)。江戸時代中期の大名。1723生。

荻江露友(初代)　おぎえろゆう　1787没。江戸時代中期の長唄立唄。

蒲生君平　がもうくんぺい　1813没(46歳)。江戸時代後期の学者、尊王家。1768生。

都太夫一中(5代目)　みやこだゆういっちゅう　1822没(63歳)。江戸時代中期・後期の一中節都派の家元。1760生。

プルースト,ジョゼフ・ルイ　1826没(71歳)。フランスの化学者。1754生。

ラッフルズ,トマス・スタンフォード　1826没(65歳)。イギリスの植民地統治者。1781生。

ニエプス,ジョゼフ・ニセフォア　1833没(68歳)。フランスの写真発明家。1765生。

カニャール・ド・ラ・トゥール,シャルル　1859没(82歳)。フランスの物理学者、技術者。

1777生。

鈴木千里　すずきせんり　1859没（53歳）。江戸時代末期の志士、蘭学医。1807生。

ストレンジ　1889没（35歳）。近代スポーツを日本に伝えたイギリス人。1854生。

レヤード，オーステン・ヘンリー　1894没（77歳）。イギリスの考古学者，外交官。1817生。

神田孝平　かんだたかひら　1898没（69歳）。江戸・明治時代の啓蒙的官僚，学者。兵庫県令。1830生。

ドルーデ　1906没（42歳）。ドイツの理論物理学者。1863生。

フィッシャー　1907没（82歳）。ドイツの哲学者，哲学史家。1824生。

リー，ヨナス　1908没（74歳）。ノルウェーの小説家。1833生。

ストーニー，ジョージ・ジョンストン　1911没（85歳）。アイルランドの物理学者。1826生。

有栖川宮威仁親王　ありすがわのみやたけひとしんのう　1913没（52歳）。明治・大正時代の皇族，海軍軍人。元帥。1862生。

塚原渋柿園　つかはらじゅうしえん　1917没（70歳）。明治時代の小説家。1848生。

都筑馨六　つづきけいろく　1923没（63歳）。江戸・明治時代の内務官僚。男爵，貴族院議員。1861生。

ルンマー，オットー　1925没（64歳）。ドイツの物理学者。1860生。

コッセル，アルブレヒト　1927没（73歳）。ドイツの生化学者。1853生。

ベルナノス，ジョルジュ　1948没（60歳）。フランスの小説家。1888生。

児島喜久雄　こじまきくお　1950没（62歳）。大正・昭和時代の美術史家，美術評論家。東京大学教授，長尾美術館館長。1887生。

斎藤瀏　さいとうりゅう　1953没（74歳）。明治〜昭和時代の歌人，陸軍軍人。少将。1879生。

秦豊吉　はたとよきち　1956没（64歳）。昭和時代の演劇プロデューサー，随筆家。1892生。

斎藤惣一　さいとうそういち　1960没（73歳）。大正・昭和時代の宗教家，YMCA運動指導者。日本YMCA同盟総主事。1886生。

カルマン，テオドール・フォン　1963没（82歳）。アメリカの流体力学，航空力学の理論家。1881生。

ヘヴェシー，ゲオルク・カール・フォン　1966没（80歳）。ハンガリーの化学者。1885生。

グロピウス，ヴァルター　1969没（86歳）。ドイツ生れのアメリカの建築家。1883生。

バックハウス，ヴィルヘルム　1969没（85歳）。ドイツ生れのピアニスト。1884生。

戸川貞雄　とがわさだお　1974没（79歳）。大正・昭和時代の小説家。1894生。

務台理作　むたいりさく　1974没（83歳）。大正・昭和時代の哲学者。東京教育大学教授，日本哲学会会長。1890生。

二反長半　にたんおさなかば　1977没（69歳）。昭和時代の児童文学者，児童文学作家。1907生。

水原弘　みずはらひろし　1978没（42歳）。昭和時代の歌手。1935生。

ウルティア，マヌエル　1981没（79歳）。キューバの政治家。1902生。

池田弥三郎　いけだやさぶろう　1982没（67歳）。昭和時代の国文学者，民俗学者。1914生。

ジェームズ，ハリー　1983没（67歳）。アメリカのジャズ・トランペッター。1916生。

黒沼健　くろぬまけん　1985没（83歳）。昭和時代の翻訳家，小説家。1902生。

安田理貴子　やすだりきこ　1987没（78歳）。大正・昭和時代の社会運動家。1909生。

中村伸郎　なかむらのぶお　1991没（82歳）。昭和・平成時代の俳優。1908生。

ネメロフ，ハワード　1991没（71歳）。アメリカの詩人。1920生。

近江俊郎　おうみとしろう　1992没（73歳）。昭和時代の歌手，映画監督。1918生。

ピアソラ，アストル　1992没（71歳）。アルゼンチンのタンゴ楽団指揮者・バンドネオン奏者・作曲家。1921生。

高山岩男　こうやまいわお　1993没（88歳）。昭和・平成時代の哲学者。1905生。

宮口しづえ　みやぐちしづえ　1994没（86歳）。昭和・平成時代の児童文学作家。1907生。

福田赳夫　ふくだたけお　1995没（90歳）。昭和・平成時代の政治家。衆議院議員，首相。1905生。

桜内義雄　さくらうちよしお　2003没（91歳）。昭和・平成時代の政治家。衆院議員，衆院議長。1912生。

7月5日

7月6日

○記念日○　ピアノの日
　　　　　記念日の日
　　　　　公認会計士の日
○出来事○　浅間山が大噴火（1783）
　　　　　田中角栄が最年少総理に（1972）

舎人皇女　とねりのこうじょ　603没。飛鳥時代の女性。欽明天皇の皇女。

武三思　ぶさんし　707没。中国，唐代の権臣。

太安麻呂　おおのやすまろ　723没。飛鳥時代・奈良時代の官人。

伊勢継子　いせのつぐこ　812没（41歳）。平安時代前期の女性。平城天皇の宮人。772生。

菅原内親王　すがわらのないしんのう　825没。平安時代前期の女性。桓武天皇の皇女。

良岑安世　よしみねのやすよ　830没（46歳）。平安時代前期の公卿。785生。

聖宝　しょうぼう　909没（78歳）。平安時代前期・中期の真言宗の僧。832生。

ヘンリー2世　1189没（56歳）。イングランド王（在位1154～89）。1133生。

良忠　りょうちゅう　1287没（89歳）。鎌倉時代前期の浄土宗の僧。1199生。

九条道教　くじょうみちのり　1349没（35歳）。鎌倉時代後期・南北朝時代の公卿。1315生。

西園寺実俊　さいおんじさねとし　1389没（55歳）。南北朝時代の公卿。1335生。

フス，ヤン　1415没（46?歳）。ボヘミアの神学者，宗教改革家。1369頃生。

レギオモンタヌス　1476没（40歳）。ドイツの天文学者，数学者。1436生。

スクアルチャルーピ，アントーニオ　1480没（64歳）。イタリアのオルガン奏者，作曲家。1416生。

エドワード5世　1483没（12歳）。イングランド王（在位1483.4.9～6.25）。1470生。

アリオスト，ルドヴィーコ　1533没（58歳）。イタリアの詩人，劇作家。1474生。

モア，トマス　1535没（57歳）。イギリスの人文学者，政治家。1478生。

エドワード6世　1553没（15歳）。イングランド王（在位1547～53）。1537生。

オポリヌス　1568没（61歳）。ドイツの出版業者，古典語学者。1507生。

ジグムント2世　1572没（51歳）。ポーランド国王（在位1548～72）。1520生。

グリンダル，エドマンド　1583没（64?歳）。カンタベリーの大主教。1519頃生。

モンターヌス，アリアス　1598没（71歳）。スペインの神学者，東洋学者。1527生。

コルベール，ジャン・バティスト　1683没（63歳）。フランスの政治家。1619生。

稲生若水　いのうじゃくすい　1715没（61歳）。江戸時代中期の本草学者。1655生。

喜多七太夫（3代目）　きたしちだゆう　1731没（81歳）。江戸時代前期・中期の能役者。1651生。

野呂元丈　のろげんじょう　1761没（69歳）。江戸時代中期の医師，本草学者，蘭学者。1693生。

藤間勘兵衛（初代）　ふじまかんべえ　1769没。江戸時代中期の女性。舞踊藤間流創始者。

典仁親王　すけひとしんのう　1794没（62歳）。江戸時代中期の閑院宮直仁親王の第2皇子。1733生。

木村謙次　きむらけんじ　1811没（60歳）。江戸時代後期の北方探検家。1752生。

山梨稲川　やまなしとうせん　1826没（56歳）。江戸時代後期の漢学者。1771生。

マーシャル，ジョン　1835没（79歳）。アメリカの法学者，政治家。1755生。

石川桃蹊　いしかわとうけい　1837没（82歳）。江戸時代後期の儒学者。1756生。

新待賢門院　しんたいけんもんいん　1856没（54歳）。江戸時代末期の女性。仁孝天皇の宮人。1803生。

亀井小琴　かめいしょうきん　1857没（60歳）。江戸時代末期の女性。漢詩人。1798生。

徳川家定　とくがわいえさだ　1858没（35歳）。江戸時代末期の江戸幕府第13代の将軍。1824生。

桜任蔵　さくらじんぞう　1859没（48歳）。江戸時代末期の水戸藩吏。1812生。

アルヴェス, カストロ 1871没(24歳)。ブラジルのロマン派の詩人。1847生。

松田道之 まつだみちゆき 1882没(44歳)。明治時代の官僚。内務大書記官, 東京府知事。1839生。

菅沼貞風 すがぬまていふう 1889没(25歳)。明治時代の歴史家。北松浦郡衙書記。1865生。

モーパッサン, ギー・ド 1893没(42歳)。フランスの作家。1850生。

高橋由一 たかはしゆいち 1894没(67歳)。江戸・明治時代の洋画家。1828生。

ホーエンローエ 1901没(82歳)。ドイツの政治家。1819生。

アバイ・クナンバーエフ 1904没(58歳)。カザフの詩人, 啓蒙家。1845生。

アグスティニ, デルミラ 1914没(27歳)。ウルグアイの女性詩人。1886生。

ルドン, オディロン 1916没(76歳)。フランスの画家, 版画家。1840生。

ズーパン 1920没(73歳)。オーストリアの地理学者。1847生。

ヴォルインスキー, A.L. 1926没(65歳)。ロシアの文芸批評家。1861生。

アチソン, エドワード・グッドリッチ 1931没(75歳)。アメリカの化学者, 発明家。1856生。

グレアム, ケネス 1932没(73歳)。イギリスの小説家。1859生。

カヤヌス, ロベルト 1933没(76歳)。フィンランドの作曲家, 指揮者。1856生。

柳亭燕枝(2代目) りゅうていえんし 1935没(67歳)。明治～昭和時代の落語家。1869生。

富田渓仙 とみたけいせん 1936没(58歳)。大正・昭和時代の日本画家。1879生。

御木徳一 みきとくはる 1938没(68歳)。大正・昭和時代の宗教家。1871生。

ゴールデンワイザー 1940没(60歳)。アメリカの人類学者。1880生。

岩田富美夫 いわたふみお 1943没(53歳)。明治～昭和時代の国家主義者。「やまと新聞」社長。1891生。

牧田環 まきたたまき 1943没(73歳)。明治～昭和時代の実業家, 技術者。三池炭鉱会長。1871生。

下山定則 しもやまさだのり 1949没(49歳)。昭和時代の運輸官僚。国鉄総裁。1901生。

グロス, ゲオルゲ 1959没(65歳)。ドイツ生れのアメリカの画家, 版画家。1893生。

橘外男 たちばなそとお 1959没(64歳)。大正・昭和時代の小説家。1894生。

ベヴァン, アナイリン 1960没(62歳)。イギリスの政治家。1897生。

ラレータ, エンリケ・ロドリゲス 1961没(86歳)。アルゼンチンの小説家。1875生。

フォークナー, ウィリアム 1962没(64歳)。アメリカの小説家。1897生。

海野普吉 うんのふきち 1968没(82歳)。大正・昭和時代の弁護士。第二東京弁護士会会長, 自由人権協会会長。1885生。

アダムズ, ロジャー 1971没(82歳)。アメリカの有機化学者。1889生。

アームストロング, ルイ 1971没(69歳)。アメリカのジャズ・トランペット奏者, 歌手, 指揮者。1901生。

サウスワース 1972没(81歳)。アメリカの物理学者, 電気学者。1890生。

野村愛正 のむらあいせい 1974没(82歳)。大正・昭和時代の小説家, 俳人。義仲寺連句会主宰。1891生。

朱徳 しゅとく 1976没(89歳)。中国の軍事指導者。1886生。

竹本相生太夫(3代目) たけもとあいおいだゆう 1976没(87歳)。明治～昭和時代の浄瑠璃太夫。1888生。

モレッティ, マリーノ 1979没(93歳)。イタリアの詩人, 小説家。1885生。

平塚英吉 ひらつかひできち 1984没(96歳)。大正・昭和時代の農芸化学者, 蚕糸学者。東京大学教授, 大日本蚕糸会蚕糸科学研究所長。1888生。

カーダール, ヤーノシュ 1989没(77歳)。ハンガリーの政治家。1912生。

杉本春生 すぎもとはるお 1990没(64歳)。昭和時代の詩人, 評論家。広島文教女子大学教授。1926生。

森瑶子 もりようこ 1993没(52歳)。昭和・平成時代の小説家。1940生。

フランケンハイマー, ジョン 2002没(72歳)。アメリカの映画監督。1930生。

シモン, クロード 2005没(91歳)。フランスの小説家。1913生。

マクベイン, エド 2005没(78歳)。アメリカの小説家。1926生。

7月6日

7月7日

○記念日○ 七夕
　　　　　川の日
○出来事○ 盧溝橋事件（1937）
　　　　　アメリカで初のカラーテレビ放映（1950）

プロコピウス　303没。ローマ時代の殉教者。
坂合部薬　さかいべのくすり　672没。飛鳥時代の壬申の乱時の近江方の将。
大伴駿河麻呂　おおとものするがまろ　776没。奈良時代の官人。
平城天皇　へいぜいてんのう　824没（51歳）。第51代の天皇。774生。
桑原腹赤　くわばらのはらか　825没（37歳）。平安時代前期の漢詩人。789生。
藤原三守　ふじわらのみもり　840没（56歳）。平安時代前期の公卿。785生。
真紹　しんじょう　873没（77歳）。平安時代前期の真言宗の僧。797生。
源最子　みなもとのさいし　886没。平安時代前期の女性。光孝天皇の皇女。
李煜　りいく　978没（57歳）。中国、五代十国南唐の第3代王（在位961〜975）。937生。
昭子女王　しょうしじょおう　994没。平安時代中期の女性。醍醐天皇皇子有明親王の第2王女。
津守国基　つもりのくにもと　1102没（80歳）。平安時代中期・後期の歌人、住吉社第39代神主。1023生。
ピエール（隠遁者）　1115没（65?歳）。フランスの隠修士、説教家。1050頃生。
フローレンス・オブ・ウースター　1118没。イギリス中世の修道士、年代記作者。
白河天皇　しらかわてんのう　1129没（77歳）。第72代の天皇。1053生。
証入　しょうにゅう　1245没（50歳）。鎌倉時代前期の僧。1196生。
チボー・ド・シャンパーニュ　1253没（52歳）。ナバール王チボー4世（在位1234〜53）。1201生。
ベネディクツス11世　1304没（64歳）。教皇（在位1303〜04）。1240生。
エドワード1世　1307没（68歳）。イングランド王（在位1272〜1307）。1239生。

鷹司基忠　たかつかさもとただ　1313没（67歳）。鎌倉時代後期の公卿。1247生。
杲宝　ごうほう　1362没（57歳）。鎌倉時代後期・南北朝時代の真言宗の学僧。1306生。
光厳天皇　こうごんてんのう　1364没（52歳）。南北朝時代の北朝初代の天皇。1313生。
パッハー，ミヒャエル　1498没（63?歳）。ドイツの木彫家、後期ゴシック様式の画家。1435頃生。
観世信光　かんぜのぶみつ　1516没（82歳）。室町時代・戦国時代の観世座の能役者。1435生。
リーメンシュナイダー，ティルマン　1531没（71?歳）。ドイツの彫刻家。1460頃生。
ターナー，ウィリアム　1568没（60?歳）。イギリスの牧師、医者、博物学者。1508頃生。
ヴィニョーラ，ジャチント・バロッツィ・ダ　1573没（65歳）。イタリアの建築家。1507生。
デュ・ファイユ，ノエル　1591没（71?歳）。フランスの物語作家、法律家。1520頃生。
森忠政　もりただまさ　1634没（65歳）。安土桃山時代・江戸時代前期の大名。1570生。
フッカー，トマス　1647没（61歳）。アメリカの組合教会牧師。1586生。
智忠親王　としただしんのう　1662没（44歳）。江戸時代前期の八条宮智仁親王の第1王子。1619生。
前田利次　まえだとしつぐ　1674没（58歳）。江戸時代前期の大名。1617生。
池田光仲　いけだみつなか　1693没（64歳）。江戸時代前期の大名。1630生。
恋川春町　こいかわはるまち　1789没（46歳）。江戸時代中期の黄表紙・洒落本・狂歌師。1744生。
アトウッド　1807没（62歳）。イギリスの数学者、物理学者。1745生。
シェリダン，リチャード・ブリンズリー　1816没（64歳）。イギリスの劇作家、政治家。1751生。

並木五瓶(2代目) なみきごへい 1819没(52歳)。江戸時代後期の歌舞伎作者。1768生。

石田春律 いしだはるのり 1826没(70歳)。江戸時代中期・後期の農学者, 庄屋。1757生。

ニーマイアー, アウグスト・ヘルマン 1828没(73歳)。ドイツのプロテスタント神学者。1754生。

オーム, ゲオルク・ジーモン 1854没(67歳)。ドイツの物理学者。1787生。

バーチュシコフ, コンスタンチン・ニコラエヴィチ 1855没(68歳)。ロシアの詩人。1787生。

ディースタヴェーク, フリードリヒ・アードルフ・ヴィルヘルム 1866没(75歳)。ドイツの教育家。1790生。

沢村田之助(3代目) さわむらたのすけ 1878没(34歳)。江戸・明治時代の歌舞伎役者。1845生。

スコベレフ 1882没(38歳)。ロシアの将軍。1843生。

シュピーリ, ヨハンナ 1901没(74歳)。スイスの女流作家。1827生。

リッツ 1909没(31歳)。スイスの物理学者。1878生。

コンバリュー, ジュール 1916没(57歳)。フランスの音楽学者。1859生。

ジュンケイロ, ゲーラ 1923没(72歳)。ポルトガルの詩人。1850生。

ドイル, アーサー・コナン 1930没(71歳)。イギリスの作家。1859生。

チチェリン, ゲオルギー・ワシリエビッチ 1936没(63歳)。ソ連の政治家。1872生。

浅野研真 あさのけんしん 1939没(42歳)。昭和時代の教育運動家, 浄土真宗大谷派僧侶。1898生。

塩沢昌貞 しおざわまささだ 1945没(76歳)。明治〜昭和時代の経済学者。早稲田大学総長。1870生。

阪東妻三郎 ばんどうつまさぶろう 1953没(51歳)。大正・昭和時代の俳優。1901生。

ベン, ゴットフリート 1956没(70歳)。ドイツの詩人。1886生。

佐々元十 ささげんじゅう 1959没(56歳)。昭和時代の映画運動家, 編集者。1903生。

ニューマン, アーネスト 1959没(90歳)。イギリスの音楽評論家。1868生。

伊藤吉之助 いとうきちのすけ 1961没(76歳)。大正・昭和時代の哲学者。北海道帝国大学教授。1885生。

梅原真隆 うめはらしんりゅう 1966没(80歳)。大正・昭和時代の僧侶, 仏教学者。浄土真宗本願寺派執行, 富山大学学長。1885生。

山元一郎 やまもといちろう 1972没(61歳)。昭和時代の哲学者, 言語学者。立命館大学教授。1910生。

クレンペラー, オットー 1973没(88歳)。ドイツの指揮者。1885生。

ホルクハイマー, マックス 1973没(78歳)。西ドイツの社会学者, 哲学者。1895生。

チェーピン 1974没(86歳)。アメリカの社会学者。1888生。

ビャークネス, ヤコブ・アール・ボヌヴィー 1975没(77歳)。ノルウェー系アメリカ人の気象学者。1897生。

ホッジ, サー・ウィリアム・ヴァランス・ダグラス 1975没(72歳)。イギリスの数学者。1903生。

ハイネマン, グスタフ 1976没(76歳)。ドイツ連邦共和国の政治家。1899生。

上沢謙二 うえさわけんじ 1978没(87歳)。昭和時代の児童文学者。1890生。

泉山三六 いずみやまさんろく 1981没(85歳)。昭和時代の政治家。参議院議員, 衆議院議員。1896生。

シャービ 1981没(61歳)。イエメン民主人民共和国の政治家。1920生。

坪田譲治 つぼたじょうじ 1982没(92歳)。大正・昭和時代の児童文学作家, 小説家。1890生。

カーン 1983没(61歳)。アメリカの物理学者, 数学者, 戦略研究家。1922生。

ロブスン, フローラ 1984没(82歳)。イギリスの女優。1902生。

佐々木直 ささきただし 1988没(81歳)。昭和時代の銀行家。日本銀行総裁, 経済同友会代表幹事。1907生。

奥むめお おくむめお 1997没(101歳)。大正・昭和時代の女性運動家。主婦連名誉長, 参議院議員。1895生。

佐々木達三 ささきたつぞう 1998没(92歳)。昭和・平成時代の工業デザイナー。武蔵野美術大学教授。1906生。

光瀬竜 みつせりゅう 1999没(71歳)。昭和・平成時代のSF作家。1928生。

バレット, シド 2006没(60歳)。イギリスのミュージシャン(ピンク・フロイド)。1946生。

7月7日

7月8日

○記念日○ 屋根の日
○出来事○ 刀狩令(1588)
初のプロ野球ナイター実況中継
(1950)

キリアヌス 689没(49?歳)。アイルランド生れの聖職者, 聖人。640頃生。

吉備泉 きびのいずみ 814(閏7月)没(72歳)。奈良時代・平安時代前期の公卿。743生。

貞慶 じょうけい 944没(72歳)。平安時代前期・中期の真言宗の僧。873生。

エドガー 975没(32歳)。アングロ・サクソン時代のイギリス王(在位959～75)。943生。

観修 かんしゅ 1008没(64歳)。平安時代中期の天台宗の僧。945生。

蓮待 れんたい 1098没(86歳)。平安時代中期・後期の真言宗の僧。1013生。

エウゲニウス3世 1153没。教皇(在位1145～53)。

建春門院 けんしゅんもんいん 1176没(35歳)。平安時代後期の女性。後白河天皇の女御。1142生。

源通資 みなもとのみちすけ 1205没。平安時代後期・鎌倉時代前期の公卿。

北陸宮 ほくりくのみや 1230没(66歳)。平安時代後期・鎌倉時代前期の以仁王の子。1165生。

アードルフ4世 1261没(56?歳)。ドイツのシャウムブルクの伯爵, のちフランシスコ会士。1205生。

真空 しんくう 1268没(65歳)。鎌倉時代前期の三論・真言・律・浄土宗兼学の僧。1204生。

大炊御門家嗣 おおいみかどいえつぐ 1271没(75歳)。鎌倉時代前期の公卿。1197生。

良空 りょうくう 1297没。鎌倉時代後期の浄土宗の僧。

今出川実富 いまでがわさねとみ 1428没。室町時代の公卿。

ヴェルジェーリオ, ピエール・パーオロ 1444没(73歳)。イタリアの人文学者。1370生。

雲谷玄祥 うんこくげんしょう 1456没(55歳)。室町時代の臨済宗の僧。1402生。

英岩希雄 えいがんきゆう 1491没(75歳)。室町時代の曹洞宗の僧。1417生。

断江周恩 だんこうしゅうおん 1495没。室町時代・戦国時代の曹洞宗の僧。

ボンフィーリ, ベネデット 1496没(76?歳)。イタリアの画家。1420頃生。

九条尚経 くじょうなおつね 1530没(63歳)。戦国時代の公卿。1468生。

フォーテスキュー, アドリアン 1539没(63?歳)。イングランドの聖ヨハネ騎士団騎士。1476頃生。

フロイス, ルイス 1597没(65?歳)。ポルトガルの宣教師。1532頃生。

万江宗程 まんこうそうてい 1614没(73歳)。安土桃山時代・江戸時代前期の臨済宗の僧。1542生。

グレゴリウス15世 1623没(69歳)。教皇(在位1621～23)。1554生。

松前公広 まつまえきみひろ 1641没(44歳)。江戸時代前期の大名。1598生。

人見卜幽軒 ひとみぼくゆうけん 1670没(72歳)。江戸時代前期の儒学者。1599生。

明子女王 あきこじょおう 1680没(43歳)。江戸時代前期の女性。高松宮好仁親王の第1王女。1638生。

ホイヘンス, クリスティアーン 1695没(66歳)。オランダの物理学者, 天文学者, 数学者。1629生。

ベリマン, トルビョルン・オラフ 1784没(49歳)。スウェーデンの化学者, 鉱物学者。1735生。

市川鶴鳴 いちかわかくめい 1795没(56歳)。江戸時代中期の漢学者, 上野高崎藩士。1740生。

徳川重好 とくがわしげよし 1795没(51歳)。江戸時代中期の御三卿の一つ清水家の初代当主。1745生。

常磐津文字太夫(2代目) ときわづもじたゆう 1799没(69歳)。江戸時代中期の常磐津節の太夫。1731生。

志筑忠雄 しづきただお 1806没(47歳)。江戸時代中期・後期の蘭学者。1760生。

栗田土満　くりたひじまろ　1811没(75歳)。江戸時代中期・後期の国学者，歌人。1737生。

デルジャーヴィン，ガヴリーラ・ロマノヴィチ　1816没(73歳)。ロシアの詩人。1743生。

シェリー，パーシー・ビッシュ　1822没(29歳)。イギリスの詩人。1792生。

レイバーン，サー・ヘンリ　1823没(67歳)。スコットランドの画家。1756生。

江馬蘭斎　えまらんさい　1838没(92歳)。江戸時代中期・後期の蘭方医。1747生。

パリー，サー・ウィリアム・エドワード　1855没(64歳)。イギリスの海軍軍人，北極探険家。1790生。

オスカル1世　1859没(60歳)。スウェーデンおよびノルウェー王(1844〜59)。1799生。

フルネロン，ブノワ　1867没(64歳)。フランスの技術者，発明家。1802生。

ケアンズ　1875没(51歳)。イギリスの経済学者。1823生。

関沢房清　せきざわふさきよ　1878没(74歳)。江戸・明治時代の金沢藩士。1805生。

ブローカ，ピエール・ポール　1880没(56歳)。フランスの医者，自然人類学者。1824生。

ロシュミット，ヨハン・ヨゼフ　1895没(74歳)。オーストリアの物理学者。1821生。

伊藤忠兵衛(初代)　いとうちゅうべえ　1903没(62歳)。明治時代の実業家。近江銀行頭取。1842生。

エモン，ルイ　1913没(32歳)。フランスの作家。1880生。

グリーン，アレクサンドル・ステパノヴィチ　1932没(51歳)。ソ連の作家。1880生。

ホープ，アントニー　1933没(70歳)。イギリスの小説家。1863生。

エリス，ハヴロック　1939没(80歳)。イギリスの思想家，心理学者。1859生。

吉行エイスケ　よしゆきえいすけ　1940没(35歳)。昭和時代の小説家。1906生。

南雲忠一　なぐもちゅういち　1944没(58歳)。大正・昭和時代の海軍軍人。中部太平洋方面艦隊長官。1887生。

シュパン，オトゥマル　1950没(71歳)。オーストリアの社会・経済・哲学学者。1878生。

パピーニ，ジョヴァンニ　1956没(75歳)。イタリアの小説家，評論家。1881生。

下総皖一　しもふさかんいち　1962没(64歳)。昭和時代の作曲家，音楽教育家。東京芸術大学教授。1898生。

河野一郎　こうのいちろう　1965没(67歳)。昭和時代の政治家。建設相，衆議院議員。1898生。

リー，ヴィヴィアン　1967没(53歳)。イギリスの女優。1913生。

尾崎翠　おざきみどり　1971没(74歳)。昭和時代の小説家。1896生。

神山茂夫　かみやましげお　1974没(69歳)。昭和時代の社会運動家，政治家。日本共産党中央委員，衆議院議員。1905生。

岡田宗司　おかだそうじ　1975没(72歳)。昭和時代の社会運動家，政治家。参議院議員。1902生。

ウッドワード，ロバート・バーンズ　1979没(62歳)。アメリカの化学者。1917生。

朝永振一郎　ともながしんいちろう　1979没(73歳)。昭和時代の物理学者。東京教育大学教授，日本学術会議会長。1906生。

ランドルフィ，トンマーゾ　1979没(70歳)。イタリアの小説家。1908生。

高柳重信　たかやなぎしげのぶ　1983没(60歳)。昭和時代の俳人。「俳句評論」代表。1923生。

ブラッサイ　1984没(85歳)。ルーマニア生れのフランスの写真家。1899生。

リッコーヴァー，ハイマン・G　1986没(86歳)。アメリカの海軍軍人，原子力潜水艦の生みの親。1900生。

荒垣秀雄　あらがきひでお　1989没(85歳)。昭和時代のジャーナリスト，社会評論家。日本自然保護協会名誉会長，朝日新聞論説委員。1903生。

都太夫一中(11代目)　みやこだゆういっちゅう　1991没(84歳)。昭和・平成時代の浄瑠璃三味線方。1906生。

金日成　キムイルソン　1994没(82歳)。朝鮮民主主義人民共和国の政治家。1912生。

村社講平　むらこそこうへい　1998没(92歳)。昭和・平成時代の陸上競技選手，指導者。1905生。

宮沢縦一　みやざわじゅういち　2000没(92歳)。昭和・平成時代の音楽評論家。1907生。

市村羽左衛門(17代目)　いちむらうざえもん　2001没(84歳)。大正〜平成時代の歌舞伎役者。1916生。

串田孫一　くしだまごいち　2005没(89歳)。昭和・平成時代の哲学者。1915生。

7月8日

7月9日

○記念日○　くじらの日
○出来事○　日本初の生命保険会社、明治生命開業(1881)
　　　　　　後楽園遊園地オープン(1955)

アナスタシウス1世　518没(87歳)。東ローマ皇帝(在位491～518)。431生。

ヘッダ(ヘッディ)　705没。イギリスのウェセックスの第5代司教, 聖人。

藤原百川　ふじわらのももかわ　779没(48歳)。奈良時代の官人。732生。

藤原寛子　ふじわらのかんし　1025没(27歳)。平安時代中期の女性。三条天皇の第1皇子小一条院敦明親王の妃。999生。

源隆国　みなもとのたかくに　1077没(74歳)。平安時代中期の公卿。1004生。

藤原俊忠　ふじわらのとしただ　1123没(53歳)。平安時代後期の歌人・公卿。1071生。

藤原公教　ふじわらのきんのり　1160没(58歳)。平安時代後期の公卿。1103生。

アブド-アルカーディル-アルジーラーニー　1167没(89歳)。イブン・ハンバル派の神学者, 法学者, 神秘主義者。1078生。

藤原成親　ふじわらのなりちか　1177没(40歳)。平安時代後期の公卿。1138生。

藤原定輔　ふじわらのさだすけ　1227没(65歳)。平安時代後期・鎌倉時代前期の公卿。1163生。

ラングトン, スティーヴン　1228没(78?歳)。イギリスの神学者, 枢機卿。1150頃生。

山叟慧雲　さんそうえうん　1301没(75歳)。鎌倉時代後期の臨済宗聖一派の僧。1227生。

頼宝　らいほう　1330没(52歳)。鎌倉時代後期の真言宗の僧。1279生。

孤山至遠　こざんしおん　1366没(89歳)。鎌倉時代後期・南北朝時代の禅僧。1278生。

レオポルト3世　1386没(35歳)。オーストリア公アルブレヒト2世の甥。1351生。

ジョーン(ナヴァールの)　1437没(67?歳)。イングランド王ヘンリー4世の妃。1370頃生。

慧済　えさい　1475没(66歳)。室町時代の曹洞宗の僧。1410生。

南極寿星　なんきょくじゅせい　1490没。室町時代・戦国時代の僧。

狩野正信　かのうまさのぶ　1530没(97?歳)。室町時代・戦国時代の画家。1434頃生。

中御門宣秀　なかみかどのぶひで　1531没(63歳)。戦国時代の公卿。1469生。

ハイデン, ゼーバルト　1561没(61歳)。ドイツの音楽理論家, 教育者。1499生。

芳春院　ほうしゅんいん　1561没。戦国時代の武家女性。北条氏綱の娘で古河公方足利義氏の母。

スミス, リチャード　1563没(63歳)。イングランドのローマ・カトリック教会神学者。1500生。

毛利元清　もうりもときよ　1597没(47歳)。安土桃山時代の武将。1551生。

濃姫　のうひめ　1612没(78歳)。戦国時代・安土桃山時代の女性。斎藤道三の娘、織田信長の正室。1535生。

アンゲルス・ジレージウス　1677没(52歳)。シレジアの神秘主義者, 詩人。1624生。

今村三之丞　いまむらさんのじょう　1696没(87歳)。江戸時代前期の陶工。1610生。

イベルヴィル　1706没(45歳)。カナダ生れのフランスの探検家。1661生。

松崎蘭谷　まつざきらんこく　1735没(62歳)。江戸時代中期の儒学者。1674生。

フェリペ5世　1746没(62歳)。スペイン王(在位1700～24, 24～46)。1683生。

ボノンチーニ, ジョヴァンニ　1747没(77歳)。イタリアの作曲家。1670生。

原武太夫　はらぶだゆう　1776没(80歳)。江戸時代中期の三味線の名人, 随筆家, 狂歌師。1697生。

藤枝外記　ふじえだげき　1785没(28歳)。江戸時代中期の旗本。1758生。

バーク, エドマンド　1797没(68歳)。イギリスの政治家, 著述家, 美学者。1729生。

植村文楽軒(初代)　うえむらぶんらくけん　1810没(60歳)。江戸時代中期・後期の人形浄瑠璃文楽座の始祖。1751生。

乙二　おつに　1823没(68歳)。江戸時代中期・後期の俳人，千手院第10代住職，権大僧都。1756生。

テイラー，ザカリー　1850没(69歳)。アメリカ第12代大統領。1781生。

バーブ・アッ=ディーン　1850没(31歳)。バーブ教の開祖。1819生。

アヴォガドロ，アメデオ　1856没(79歳)。イタリアの物理学者，化学者。1776生。

水野忠徳　みずのただのり　1868没(54歳)。江戸時代末期の幕府官僚。1815生。

緒方郁蔵　おがたいくぞう　1871没(58歳)。江戸・明治時代の蘭方医。1814生。

鷹司輔煕　たかつかさすけひろ　1878没(72歳)。江戸・明治時代の神祇官知事。1807生。

弾直樹　だんなおき　1889没(67歳)。江戸・明治時代の関八州長吏頭。1823生。

市川新蔵(5代目)　いちかわしんぞう　1897没(37歳)。明治時代の歌舞伎役者。1861生。

リポン　1909没(81歳)。イギリスの政治家。1827生。

上田敏　うえだびん　1916没(43歳)。明治時代の詩人，評論家。京都帝国大学教授。1874生。

花房義質　はなぶさよしもと　1917没(76歳)。明治時代の外交官。子爵，日本赤十字社長。1842生。

森鷗外　もりおうがい　1922没(61歳)。明治・大正時代の陸軍軍医，小説家，評論家。陸軍軍医総監。1862生。

崔曙海　さいしょかい　1932没(31歳)。朝鮮の小説家。1901生。

権藤成卿　ごんどうせいきょう　1937没(70歳)。明治～昭和時代の制度学者，農本主義思想家。国学院大学講師，農本連盟顧問。1868生。

カルドーゾ，ベンジャミン　1938没(68歳)。アメリカの法律学者。1870生。

高橋くら子　たかはしくらこ　1938没(32歳)。昭和時代の社会運動家。1907生。

戸川秋骨　とがわしゅうこつ　1939没(70歳)。明治・大正時代の英文学者，随筆家，評論家。慶応義塾大学教授。1870生。

島田墨仙　しまだぼくせん　1943没(77歳)。大正・昭和時代の日本画家。1867生。

岸たまき　きしたまき　1945没(62歳)。明治～昭和時代の画家竹久夢二の妻。1882生。

今井五介　いまいごすけ　1946没(88歳)。明治～昭和時代の家業家。1859生。

藤井甚太郎　ふじいじんたろう　1958没(75歳)。大正・昭和時代の日本史学者。法政大学教授，文部省維新史料首席編纂官。1883生。

バタイユ，ジョルジュ　1962没(64歳)。フランスの思想家，評論家，詩人，小説家。1897生。

阿部真之助　あべしんのすけ　1964没(80歳)。大正・昭和時代のジャーナリスト，政治評論家。明治大学教授，NHK会長。1884生。

オーディベルチ，ジャック　1965没(66歳)。フランスの劇作家，詩人，小説家。1899生。

駒井卓　こまいたく　1972没(86歳)。大正・昭和時代の動物学者，遺伝学者。京都大学教授。1886生。

ウォレン，アール　1974没(83歳)。アメリカの第14代連邦最高裁判所長官。1891生。

青山道夫　あおやまみちお　1978没(76歳)。昭和時代の民法学者，弁護士。九州大学教授。1902生。

野沢吉兵衛(9代目)　のざわきちべえ　1980没(77歳)。昭和時代の義太夫節三味線方。1903生。

ゼーデルマイヤ，ハンス　1984没(88歳)。オーストリアの美術史家。1896生。

クズネッツ，サイモン　1985没(84歳)。ロシア生れのアメリカの経済学者，統計学者。1901生。

シャルロット　1985没(89歳)。ルクセンブルク大公(在位1919～1964)。1896生。

早川清　はやかわきよし　1993没(80歳)。昭和・平成時代の出版実業家。早川書房社長。1912生。

ティンバーゲン，ヤン　1994没(91歳)。オランダの経済学者。1903生。

大塚久雄　おおつかひさお　1996没(89歳)。昭和・平成時代の経済史学者，東京大学教授。"大塚史学"を構築。1907生。

武蔵野次郎　むさしのじろう　1997没(76歳)。昭和・平成時代の文芸評論家。1921生。

アリスン，ジューン　2006没(88歳)。アメリカの女優。1917生。

ジェリー伊藤　じぇりーいとう　2007没(79歳)。昭和・平成時代の歌手，俳優。1927生。

7月9日

7月10日

○記念日○　納豆の日
○出来事○　岩波文庫創刊(1927)
　　　　　『ウルトラマン』放映開始(1966)
　　　　　「ぴあ」創刊(1972)

ハドリアヌス, プブリウス・アエリウス　138没(62歳)。ローマ皇帝(在位117〜138)。76生。

高市皇子　たけちのおうじ　696没(43歳)。飛鳥時代の公卿。654生。

中臣宮処東人　なかとみのみやこのあずまひと　738没。奈良時代の官人。

三原王　みはらおう　752没。奈良時代の公卿。

ベネディクトゥス7世　983没。教皇(在位974〜983)。

源重光　みなもとのしげみつ　998没(76歳)。平安時代中期の公卿。923生。

クヌード4世　1086没(46?歳)。デンマーク王(在位1080〜86)、聖人。1040頃生。

シッド, エル　1099没(56?歳)。中世スペインの名将ロドリーゴ・ディアス・デ・ビバールの通称。1043頃生。

ラースロー4世　1290没(28歳)。ハンガリー王(在位1272〜90)。1262生。

平時継　たいらのときつぐ　1294没(73歳)。鎌倉時代後期の公卿。1222生。

洞院公守　とういんきんもり　1317没(69歳)。鎌倉時代後期の公卿。1249生。

秋磵道泉　しゅうかんどうせん　1323没(61歳)。鎌倉時代後期の臨済宗の僧。1263生。

二階堂行通　にかいどうゆきみち　1351没。南北朝時代の武将。

桂巖英昌　けいがんえいしょう　1412没(92歳)。南北朝時代・室町時代の曹洞宗の僧。1321生。

花山院長親　かざんいんながちか　1429没(84?歳)。南北朝時代・室町時代の歌人、公卿。1346頃生。

ルネ1世　1480没(71歳)。フランスの皇太子。1409生。

コルナーロ　1510没(56歳)。キプロスの女王。1454生。

綾小路俊量　あやのこうじとしかず　1518没(68歳)。戦国時代の公卿。1451生。

蓮秀　れんしゅう　1552没(72歳)。戦国時代の浄土真宗の僧。1481生。

ラムージオ, ジョヴァン・バッティスタ　1557没(71歳)。イタリアの地理学者、歴史家。1485生。

アンリ2世　1559没(40歳)。フランス国王(在位1547〜59)。1519生。

近衛稙家　このえたねいえ　1566没(65歳)。戦国時代の公卿。1502生。

ウィレム1世　1584没(51歳)。スペインに対抗し、オランダの独立に尽した指導者。1533生。

スロックモートン, フランシス　1584没(30歳)。イギリスの陰謀家。1554生。

牧村兵部　まきむらひょうぶ　1593没(49歳)。安土桃山時代の大名、茶人、キリシタン。1545生。

土井利勝　どいとしかつ　1644没(72歳)。安土桃山時代・江戸時代前期の大名、大老。1573生。

一庭融頓　いっていゆうとん　1659没(98歳)。江戸時代前期の曹洞宗の僧。1562生。

フレマール, ベルトレー　1675没(61歳)。フランドルの歴史画家。1614生。

メズレー, フランソワ・ウード・ド　1683没(73歳)。フランスの歴史家。1610生。

フェル, ジョン　1686没(61歳)。英国教会オックスフォード主教。1625生。

嵐三右衛門(3代目)　あらしさんえもん　1754没(61歳)。江戸時代中期の歌舞伎役者、歌舞伎座本。1694生。

竹本政太夫(2代目)　たけもとまさたゆう　1765没(56歳)。江戸時代中期の義太夫節の太夫。1710生。

モンロー, アレクサンダー　1767没(69歳)。スコットランドの医師。1697生。

柏木如亭　かしわぎじょてい　1819没(57歳)。江戸時代後期の漢詩人。1763生。

市河寛斎　いちかわかんさい　1820没(72歳)。江戸時代中期・後期の漢詩人, 儒者, 越中富

山藩士。1749生。

牧野忠精　まきのただきよ　1831没（72歳）。江戸時代後期の老中。1760生。

ソル, フェルナンド　1839没（61歳）。スペインの作曲家, ギター奏者。1778生。

タゲール, ルイ・ジャック・マンデ　1851没（61歳）。フランスの画家。1789生。

関三十郎（4代目）　せきさんじゅうろう　1889没（52歳）。江戸・明治時代の歌舞伎役者。1838生。

ガレ, ヨハン・ゴットフリート　1910没（98歳）。ドイツの天文学者。1812生。

オンケン　1911没（67歳）。ドイツの経済学者。1844生。

林董　はやしただす　1913没（64歳）。明治時代の外交官, 政治家。外務大臣, 伯爵。1850生。

田村宗立　たむらそうりゅう　1918没（73歳）。明治時代の洋画家。1846生。

リーマン, フーゴー　1919没（69歳）。ドイツの音楽学者。1849生。

ユジェニー　1920没（94歳）。ナポレオン3世の皇后（1853～70）。1826生。

シュヴァリエ, アルバート　1923没（62歳）。イギリスのミュージックホールの芸人。1861生。

小金井蘆洲（3代目）　こがねいろしゅう　1925没（50歳）。明治・大正時代の講釈師。1876生。

ジレット, キング・C　1932没（77歳）。アメリカの発明家, 企業家。1855生。

上原真佐喜（初代）　うえはらまさき　1933没（65歳）。明治～昭和時代の山田流箏曲家。1869生。

クラーグ, ヴィルヘルム　1933没（61歳）。ノルウェーの詩人。1871生。

モートン, ジェリー・ロール　1941没（55歳）。アメリカのジャズ・ピアニスト, 作曲家, 歌手。1885生。

尾上菊五郎（6代目）　おのえきくごろう　1949没（65歳）。明治～昭和時代の歌舞伎役者。1885生。

下村為山　しもむらいざん　1949没（85歳）。明治～昭和時代の画家, 俳人。1865生。

海野清　うんのきよし　1956没（71歳）。大正・昭和時代の彫金家。東京芸術大学教授。1884生。

アッシュ, ショーレム　1957没（77歳）。イディシュ文学作家。1880生。

来馬琢道　くるまたくどう　1964没（86歳）。明治～昭和時代の僧侶。曹洞宗宗会議長。1877生。

山下徳治　やましたとくじ　1965没（73歳）。大正・昭和時代の教育者。1892生。

比屋根安定　ひやねあんてい　1970没（77歳）。大正・昭和時代の宗教史学者, 牧師。東京神学大学教授, 日本ルーテル神学大学教授。1892生。

ライシャワー, オーガスト・カール　1971没（91歳）。アメリカの長老会宣教師, 日本研究家。1879生。

荒木俊馬　あらきとしま　1978没（81歳）。大正・昭和時代の天文学者。京都産業大学総長, 京都大学名誉教授。1897生。

ロックフェラー, ジョン・デビソン, III　1978没（72歳）。アメリカの実業家。1906生。

フィードラー, アーサー　1979没（84歳）。アメリカの指揮者。1894生。

木村駒子　きむらこまこ　1980没（92歳）。大正・昭和時代の社会運動家。1887生。

エック, ヴェルナー　1983没（82歳）。ドイツの作曲家。1901生。

エンゲリガールト　1984没（89歳）。ソ連邦の生化学者。1894生。

黒田喜夫　くろだきお　1984没（58歳）。昭和時代の詩人, 評論家。1926生。

坂本正高　ばんのまさたか　1985没（69歳）。昭和時代の政治学者。国際基督教大学大学院教授。1916生。

レ・ズアン　1986没（78歳）。ベトナム社会主義共和国の政治家。1908生。

羽仁説子　はにせつこ　1987没（84歳）。昭和時代の教育評論家, 社会運動家。日本子どもを守る会会長, 婦人之友社取締役。1903生。

影山三郎　かげやまさぶろう　1992没（80歳）。昭和時代の評論家, 新聞記者。「曙光新聞」「朝日ジャーナル」編集長, 立教大学教授。1911生。

井伏鱒二　いぶせますじ　1993没（95歳）。昭和時代の小説家。1898生。

田村一男　たむらかずお　1997没（92歳）。昭和・平成時代の洋画家。光風会理事長。1904生。

7月10日

7月11日

○記念日○　世界人口デー
○出来事○　ジョン万次郎、高知に帰着(1852)
　　　　　御木本幸吉が真珠養殖に成功(1893)

　　　　　総評結成(1950)

紀清人　きのきよひと　753没。奈良時代の官人。
紀広浜　きのひろはま　819没(61歳)。奈良時代・平安時代前期の公卿。759生。
聖オリガ　969没(79?歳)。キエフ公イーゴリ1世の妻。890頃生。
藤原有国　ふじわらのありくに　1011没(69歳)。平安時代中期の公卿。943生。
北条政子　ほうじょうまさこ　1225没(69歳)。平安時代後期・鎌倉時代前期の女性。北条時政の長女、源頼朝の妻。1157生。
狛光真　こまみつざね　1240没(76歳)。平安時代後期・鎌倉時代前期の雅楽家。1165生。
伊行末　いぎょうまつ　1260没。鎌倉時代前期の石工。
九条基家　くじょうもといえ　1280没(78歳)。鎌倉時代前期の歌人・公卿。1203生。
掲傒斯　けいけいし　1344没(70歳)。中国、元の学者、文学者。1274生。
オレーム、ニコル　1382没(60?歳)。フランスの聖職者・科学者。1322頃生。
滅宗宗興　めつじゅうそうこう　1382没(73歳)。南北朝時代の臨済宗大応派の僧。1310生。
日野業子　ひのなりこ　1405没(55歳)。南北朝時代・室町時代の女性。足利義満の正室。1351生。
ミーノ・ダ・フィエーゾレ　1484没(53歳)。イタリアの彫刻家。1431生。
勧修寺教秀　かじゅうじのりひで　1496没(71歳)。室町時代・戦国時代の公卿。1426生。
三浦義同　みうらよしあつ　1516没(66?歳)。戦国時代の武将。1451頃生。
ヨアヒム1世　1535没(51歳)。ブランデンブルク選挙侯(在位1499～1535)。1484生。
エラスムス、デシデリウス　1536没(69歳)。オランダの人文主義者。1466生。
モーリッツ　1553没(32歳)。ザクセン大公ハインリヒの子。1521生。
饅頭屋宗二(初代)　まんじゅうやそうじ　1581没(84歳)。戦国時代・安土桃山時代の商人、学者。1498生。
ムゼーウス、ジーモン　1582没(53歳)。ドイツの純正ルター主義論争神学者。1529生。
北条氏照　ほうじょううじてる　1590没(51?歳)。安土桃山時代の武将。1540頃生。
北条氏政　ほうじょううじまさ　1590没(53歳)。安土桃山時代の武将、相模小田原城主。1538生。
アルチンボルド、ジュゼッペ　1593没(63?歳)。イタリアの画家。1530頃生。
井伊直勝　いいなおかつ　1662没(73歳)。江戸時代前期の大名。1590生。
ボージャン、リュバン　1663没(51?歳)。フランスの画家。1612頃生。
柳川検校　やながわけんぎょう　1680没。江戸時代前期の三弦家。
松雲元慶　しょううんげんけい　1710没(63歳)。江戸時代前期・中期の仏師。1648生。
正親町公通　おおぎまちきんみち　1733没(81歳)。江戸時代前期・中期の神道家、公家。1653生。
松岡恕庵　まつおかじょあん　1746没(79歳)。江戸時代中期の本草・博物学者。1668生。
エリザベッタ・ファルネーゼ　1766没(73歳)。スペイン王妃。1692生。
ジョンソン、サー・ウィリアム　1774没(59歳)。アメリカインディアン監督官。1715生。
カトリノー　1793没(34歳)。バンデーの反乱(1793.5)の指導者。1759生。
マクリン、チャールズ　1797没(97?歳)。アイルランド生れのイギリスの俳優。1700生。
小沢蘆庵　おざわろあん　1801没(79歳)。江戸時代中期・後期の歌人。1723生。
市村羽左衛門(11代目)　いちむらうざえもん　1820没(30歳)。江戸時代後期の歌舞伎役者、歌舞伎座本。1791生。
小原桃洞　おはらとうどう　1825没(80歳)。江戸時代中期・後期の本草学者、紀伊和歌山藩医、本草方。1746生。

森田勘弥（10代目）　もりたかんや　1838没。江戸時代後期の歌舞伎座主，歌舞伎役者。

岡本豊彦　おかもととよひこ　1845没(73歳)。江戸時代後期の四条派の画家。1773生。

ティル，ヨゼフ・カエターン　1856没(52歳)。チェコの劇作家。1804生。

岩瀬忠震　いわせただなり　1861没(44歳)。江戸時代末期の幕府官僚，外国奉行。1818生。

佐久間象山　さくましょうざん　1864没(54歳)。江戸時代末期の思想家，信濃松代藩士。1811生。

伊能頴則　いのうひでのり　1877没(73歳)。江戸・明治時代の国学者。1805生。

千宗室（11代目）　せんのそうしつ　1877没(68歳)。江戸・明治時代の茶道家。裏千家今日庵11世家元。1810生。

柴田花守　しばたはなもり　1890没(82歳)。江戸・明治時代の神道家。不二道の10世教主，実行社初代管長。1809生。

クルティウス，エルンスト　1896没(81歳)。ドイツの考古学者，歴史家。1814生。

ニューカム，サイモン　1909没(74歳)。カナダ出身のアメリカの天文学者。1835生。

ワウテルス，リック　1916没(33歳)。ベルギーの画家，彫刻家。1882生。

マルティン　1925没(61歳)。スイスの人類学者。1864生。

ベル，ガートルード・マーガレット・ロージアン　1926没(58歳)。イギリスの女流考古学者，旅行家。1868生。

須貝快天　すがいかいてん　1929没(69歳)。明治・大正時代の農民運動家。1861生。

フォラン，ジャン-ルイ　1931没(78歳)。フランスの画家。1852生。

ガーシュウィン，ジョージ　1937没(38歳)。アメリカのピアニスト，作曲家。1898生。

ジャック白井　じゃっくしらい　1937没(38?歳)。昭和時代の反戦運動家。1900頃生。

服部宇之吉　はっとりうのきち　1939没(73歳)。明治～昭和時代の漢学者，中国哲学者，文教行政家。国学院大学長。1867生。

エヴァンズ，アーサー・ジョン　1941没(90歳)。イギリスの考古学者。1851生。

ナッシュ，ポール　1946没(47歳)。イギリスの画家。1899生。

ヴァイデンライヒ，フランツ　1948没(75歳)。ドイツの人類学者，解剖学者。1873生。

キッテル，ゲーアハルト　1948没(59歳)。ドイツのプロテスタント新約学者。1888生。

前川正一　まえかわしょういち　1949没(52歳)。大正・昭和時代の農民運動家。衆議院議員。1898生。

アガ・ハーン3世　1957没(79歳)。イスラム，シーア派の指導者。1877生。

水田竹圃　みずたちくほ　1958没(75歳)。明治～昭和時代の日本画家。1883生。

ヤング，O.D.　1962没(87歳)。アメリカの法律家，財務家。1874生。

コルフ　1963没(81歳)。ドイツの文学史家。1882生。

トレーズ　1964没(64歳)。フランス共産党の指導者。1900生。

シュウォーツ，デルモア　1966没(52歳)。アメリカのユダヤ系詩人，評論家。1913生。

キャンベル，ジョン　1971没(61歳)。アメリカのSF作家，雑誌編集者。1910生。

三遊亭小円朝（3代目）　さんゆうていこえんちょう　1973没(80歳)。明治～昭和時代の落語家。1892生。

吉屋信子　よしやのぶこ　1973没(77歳)。大正・昭和時代の小説家。1896生。

ラーゲルクヴィスト，パール　1974没(83歳)。スウェーデンの小説家，詩人，劇作家。1891生。

下村正夫　しもむらまさお　1977没(63歳)。昭和時代の演出家，評論家。1913生。

秋月康夫　あきづきやすお　1984没(81歳)。昭和時代の数学者。京都大学教授。1902生。

戸田藤一郎　とだとういちろう　1984没(69歳)。昭和時代のプロゴルファー。1914生。

オリヴィエ，ローレンス　1989没(82歳)。イギリスの代表的俳優，演出家。1907生。

鄧穎超　とうえいちょう　1992没(90歳)。中国の政治家。1902生。

久慈あさみ　くじあさみ　1996没(74歳)。昭和時代の女優。1922生。

ロックフェラー，ローランス・S.　2004没(94歳)。アメリカの実業家。1910生。

橋本真也　はしもとしんや　2005没(40歳)。昭和・平成時代のプロレスラー。1965生。

7月11日

7月12日

○記念日○ 人間ドックの日
○出来事○ 源頼朝、征夷大将軍に(1192)
東京放送局本放送開始(1925)
北海道南西沖地震(1993)

壱演 いちえん 867没(65歳)。平安時代前期の真言宗の僧。803生。

グアルベルトゥス, ヨアネス 1073没(78?歳)。聖人。995頃生。

藤原親信 ふじわらのちかのぶ 1197没(61歳)。平安時代後期・鎌倉時代前期の公卿。1137生。

藤原光親 ふじわらのみつちか 1221没(46歳)。鎌倉時代前期の公卿。1176生。

尊信 そんしん 1283没(56歳)。鎌倉時代前期の僧。1228生。

三条公親 さんじょうきんちか 1288没(67歳)。鎌倉時代後期の公卿。1222生。

忍性 にんしょう 1303没(87歳)。鎌倉時代後期の僧。1217生。

徳大寺公孝 とくだいじきんたか 1305没(53歳)。鎌倉時代後期の公卿。1253生。

不聞契聞 ふもんかいもん 1369没(68歳)。南北朝時代の臨済宗の僧。1302生。

ジェルソン, ジャン 1429没(65歳)。フランスの神学者。1363生。

ケード 1450没。イングランドの農民一揆の指導者(1450年)。

蠣崎光広 かきざきみつひろ 1518没(63歳)。戦国時代の蝦夷島の武将。1456生。

清原宣賢 きよはらのぶかた 1550没(76歳)。戦国時代の儒学者, 公卿。1475生。

斯波義統 しばよしむね 1554没(42歳)。戦国時代の武将。1513生。

三位局 さんみのつぼね 1558没(62歳)。戦国時代の女性。後奈良天皇の宮人。1497生。

津田信広 つだのぶひろ 1574没。戦国時代・安土桃山時代の武将。

カゾーボン, イザーク 1614没(55歳)。フランスの古典学者。1559生。

角倉了以 すみのくらりょうい 1614没(61歳)。安土桃山時代・江戸時代前期の京都の豪商。1554生。

デュケノワ, フランソワ 1643没(49歳)。フランドル出身の彫刻家。1594生。

平松時庸 ひらまつときつね 1654没(56歳)。江戸時代前期の公家。1599生。

相良清兵衛 さがらせいべえ 1655没(89歳)。安土桃山時代・江戸時代前期の肥後人吉藩士。1567生。

伊達忠宗 だてただむね 1658没(60歳)。江戸時代前期の大名。1599生。

酒井忠勝 さかいただかつ 1662没(76歳)。江戸時代前期の大名, 大老。1587生。

ベラ, ステファノ・デラ 1664没(54歳)。イタリアの銅版画家。1610生。

オーツ, タイタス 1705没(56歳)。イギリス国教会の聖職者。1649生。

公慶 こうけい 1705没(58歳)。江戸時代前期・中期の東大寺三論宗の僧。1648生。

藤井懶斎 ふじいらんさい 1709没(82歳)。江戸時代前期・中期の儒学者。1628生。

クロムウェル, リチャード 1712没(85歳)。イギリスの政治家。1626生。

鴻池善右衛門(3代目) こうのいけぜんえもん 1736没(70歳)。江戸時代中期の大坂の豪商の3代目。1667生。

嵐三五郎(初代) あらしさんごろう 1739没(53歳)。江戸時代中期の歌舞伎役者, 歌舞伎座本。1687生。

桃園天皇 ももぞのてんのう 1762没(22歳)。第116代の天皇。1741生。

阿部正右 あべまさすけ 1769没(47歳)。江戸時代中期の大名。1723生。

クヴァンツ, ヨーハン・ヨーアヒム 1773没(76歳)。ドイツのフルート奏者, 作曲家。1697生。

ラーシャロテー 1785没(84歳)。フランスの法律家。1701生。

尾上菊五郎(2代目) おのえきくごろう 1787没(19歳)。江戸時代中期の歌舞伎役者, 歌舞伎座本。1769生。

日導 にちどう 1789没(66歳)。江戸時代中期の日蓮宗の僧。1724生。

ハミルトン, アレグザンダー　1804没(47歳)。アメリカの政治家。1757生。

名見崎徳治(初代)　なみざきとくじ　1810没。江戸時代後期の豊本節の三味線方。

ハウ, ウィリアム・ハウ, 5代子爵　1814没(84歳)。イギリスの将軍。1729生。

ヴェルグラン, ヘンリック　1845没(37歳)。ノルウェーの詩人。1808生。

村田玉鱗　むらたぎょくりん　1850没。江戸時代後期の女性。画家。

ナヒモフ　1855没(52歳)。ロシアの海軍提督。1803生。

大橋訥庵　おおはしとつあん　1862没(47歳)。江戸時代末期の尊攘派志士, 儒者。1816生。

賀集珉平　かしゅうみんぺい　1871没(76歳)。江戸時代末期・明治時代の陶工。1796生。

市川海老蔵(7代目)　いちかわえびぞう　1874没(42歳)。江戸・明治時代の歌舞伎役者。1833生。

ロイター, フリッツ　1874没(63歳)。ドイツの小説家。1810生。

ヴィルデルムート　1877没(60歳)。ドイツの女流作家。1817生。

フィールド, サイラス・W　1892没(72歳)。アメリカの技術者。1819生。

ドヴェリア　1899没(55歳)。フランスの外交官。1844生。

巌谷一六　いわやいちろく　1905没(72歳)。明治時代の書家。1834生。

山室機恵子　やまむろきえこ　1916没(43歳)。明治・大正時代の社会事業家。1874生。

カップ　1922没(63歳)。ドイツの政治家。1858生。

ヘンリー, ロバート　1929没(64歳)。アメリカの画家。1865生。

グンドルフ, フリードリヒ　1931没(51歳)。ドイツの文学家。1880生。

山元春挙　やまもとしゅんきょ　1933没(63歳)。明治・大正時代の日本画家。1871生。

大石正己　おおいしまさみ　1935没(81歳)。明治・大正時代の政治家。衆議院議員。1855生。

ドレフュス, アルフレッド　1935没(75歳)。ユダヤ系のフランス陸軍将校。1859生。

安藤輝三　あんどうてるぞう　1936没(32歳)。昭和時代の陸軍人。大尉。1905生。

市川中車(7代目)　いちかわちゅうしゃ　1936没(77歳)。明治〜昭和時代の歌舞伎役者。1860生。

満谷国四郎　みつたにくにしろう　1936没(63歳)。明治〜昭和時代の洋画家。1874生。

鳩山春子　はとやまはるこ　1938没(78歳)。明治〜昭和時代の女子教育者。共立女子職業学校校長。1861生。

ハイド, ダグラス　1949没(89歳)。アイルランドのナショナリスト, 作家, 初代大統領。1860生。

竹本大隅太夫(4代目)　たけもとおおすみだゆう　1952没(69歳)。明治〜昭和時代の浄瑠璃太夫。1882生。

中村時蔵(3代目)　なかむらときぞう　1959没(64歳)。明治〜昭和時代の歌舞伎役者。1895生。

ドゥ・ラ・ロシュ, メイゾ　1961没(82歳)。カナダの女流小説家。1879生。

鈴木大拙　すずきだいせつ　1966没(95歳)。明治〜昭和時代の仏教哲学者, 禅思想家。大谷大学教授, 学習院大学教授。1870生。

古田良一　ふるたりょういち　1967没(73歳)。大正・昭和時代の国史学者。東北大学教授。1893生。

石川謙　いしかわけん　1969没(78歳)。昭和時代の教育学者, 教育史家。お茶の水女子大学教授, 日本大学教授。1891生。

山下清　やましたきよし　1971没(49歳)。昭和時代の画家。1922生。

ポレヴォーイ, ボリス・ニコラエヴィチ　1981没(73歳)。ソ連の作家。1908生。

臼井吉見　うすいよしみ　1987没(82歳)。昭和時代の評論家, ジャーナリスト。1905生。

しまねきよし　1987没(56歳)。昭和時代の評論家。1931生。

中村光夫　なかむらみつお　1988没(77歳)。昭和時代の文芸評論家, 小説家。明治大学教授, 日本近代文学館常務理事。1911生。

アイネム, ゴットフリート・フォン　1996没(79歳)。オーストリアの作曲家, 指揮者。1917生。

安川加寿子　やすかわかずこ　1996没(74歳)。昭和・平成時代のピアニスト。東京芸術大学教授。1922生。

岩橋英遠　いわはしえいえん　1999没(96歳)。昭和・平成時代の日本画家。東京芸術大学教授。1903生。

カーター, ベニー　2003没(95歳)。アメリカのジャズ・アルトサックス奏者。1907生。

7月12日

7月13日

○記念日○ 盆迎え火
○出来事○ 東経135度が日本標準時に(1886)
第1回サッカーワールドカップ開催 (1930)
ニューヨーク大停電(1977)

文帝(隋)　ぶんてい　604没(63歳)。中国、隋朝の初代皇帝(在位581〜604)。541生。

アーイシャ　678没(65?歳)。預言者マホメットの3番目の妻。613頃生。

石川大蕤娘　いしかわのおおぬのいらつめ　724没。飛鳥時代・奈良時代の女性。天武天皇の妃。

藤原麻呂　ふじわらのまろ　737没(43歳)。飛鳥時代・奈良時代の官人。695生。

増利　ぞうり　928没(94歳)。平安時代前期・中期の興福寺の学僧。835生。

ハインリヒ2世　1024没(51歳)。ザクセン朝最後のドイツ王、神聖ローマ皇帝(在位1002〜24)。973生。

源頼義　みなもとのよりよし　1075没(88歳)。平安時代中期の武将。988生。

藤原敦家　ふじわらのあついえ　1090没(58歳)。平安時代中期・後期の楽人。1033生。

明実　みょうじつ　1093没(66歳)。平安時代中期・後期の天台宗の僧。1028生。

ラシ　1105没(65歳)。ユダヤ学者、タルムードと聖書の注解者。1040生。

ウォルター、ヒューバート　1205没(65?歳)。イギリスの聖職者、政治家。1140頃生。

源頼茂　みなもとのよりもち　1219没。鎌倉時代前期の武将。

二階堂行実　にかいどうゆきざね　1269没(34歳)。鎌倉時代前期の政所執事。1236生。

少弐資能　しょうにすけよし　1281(閏7月)没(84歳)。鎌倉時代前期の太宰少弐。1198生。

ヤコブス・デ・ウォラギネ　1298没(68?歳)。イタリアのジェノヴァの大司教。1230頃生。

バルトルス　1357没(43?歳)。イタリアの法学者。1314頃生。

斯波高経　しばたかつね　1367没(63歳)。鎌倉時代後期・南北朝時代の武将。1305生。

無礙妙謙　むげみょうけん　1369没。南北朝時代の僧。

ゲクラン、ベルトラン・デュ　1380没(60?歳)。百年戦争前半期のフランスの将軍。1320頃生。

パルラー、ペーター　1399没(69歳)。ドイツの建築家、彫刻家。1330生。

紀良子　きのよしこ　1413没(78歳)。室町幕府2代将軍足利義詮の妻。1336生。

オービュソン、ピエール・ド　1503没(80歳)。フランスの聖職者。1423生。

梅津景久　うめづかげひさ　1529没(64歳)。戦国時代の能役者。1466生。

マサイス、クエンティン　1530没(63歳)。フランドルの画家。1466生。

宮増親賢　みやますちかかた　1556没(74?歳)。戦国時代の小鼓役者。1483頃生。

前田利春　まえだとしはる　1560没。戦国時代の武将。

賢順　けんじゅん　1623没(90?歳)。安土桃山時代・江戸時代前期の筑紫箏の始祖。1534頃生。

福島正則　ふくしままさのり　1624没(64歳)。安土桃山時代・江戸時代前期の武将。1561生。

本多利長　ほんだとしなが　1637没(40歳)。江戸時代前期の大名。1598生。

烏丸光広　からすまるみつひろ　1638没(60歳)。安土桃山時代・江戸時代前期の歌人、公家。1579生。

グールネー、マリ・ル・ジャール・ド　1645没(78歳)。フランスの女流文学者。1566生。

鶴沢探山　つるざわたんざん　1729没(75歳)。江戸時代前期・中期の画家。1655生。

佐渡島長五郎(初代)　さどしまちょうごろう　1757没(58歳)。江戸時代中期の歌舞伎役者。1700生。

ブラッドリー、ジェイムズ　1762没(69歳)。イギリスの位置天文学者。1693生。

ミラボー　1789没(73歳)。フランスの重農主義者。1715生。

マラー、ジャン・ポール　1793没(50歳)。フランス革命の指導者の一人。1743生。

ルイレーエフ, コンドラーチー・フョードロヴィチ　1826没（30歳）。ロシアの詩人。1795生。

六郷新三郎(4代目)　ろくごうしんざぶろう　1850没。江戸時代後期の長唄囃子方。

東条一堂　とうじょういちどう　1857没（80歳）。江戸時代後期の儒学者。1778生。

池田屋惣兵衛　いけだやそうべえ　1864没（42歳）。江戸時代末期の京の旅館池田屋の主人。1823生。

ケッテラー, ヴィルヘルム・エマーヌエル・フォン　1877没（65歳）。ドイツのマインツの司教。1811生。

ベートマン-ホルヴェーク, アウグスト・モーリツ・フォン　1877没（82歳）。ドイツの法律家, 政治家。1795生。

樺山資雄　かばやますけお　1878没（78歳）。江戸・明治時代の国学者。松原神社宮司。1801生。

シュコダ, ヨーゼフ　1881没（75歳）。チェコの医師。1805生。

フリーモント, ジョン・C　1890没（77歳）。アメリカの探検家, 軍人, 政治家。1813生。

柴田是真　しばたぜしん　1891没（85歳）。江戸・明治時代の日本画家。1807生。

ケクレ・フォン・シュトラドニッツ, フリードリヒ・アウグスト　1896没（66歳）。ドイツの化学者。1829生。

リップマン, ガブリエル　1921没（75歳）。フランスの物理学者。1845生。

マーシャル, A.　1924没（81歳）。イギリスの経済学者。1842生。

シュタイン　1930没（70歳）。ドイツの哲学者。1859生。

グレーブナー, フリッツ　1934没（57歳）。ドイツの民族学者。1877生。

ブルガーコフ, セルゲイ・ニコラエヴィチ　1944没（72歳）。ロシアの経済学者, 神学者。1871生。

ナジモヴァ, アラ　1945没（66歳）。ロシアの女優。1879生。

スティーグリッツ, アルフレッド　1946没（82歳）。アメリカの写真家。1864生。

前田林外　まえだりんがい　1946没（83歳）。明治〜昭和時代の詩人。1864生。

常磐津松尾太夫(3代目)　ときわづまつおだゆう　1947没（73歳）。明治〜昭和時代の浄瑠璃太夫。1875生。

野口米次郎　のぐちよねじろう　1947没（73歳）。明治〜昭和時代の詩人。1875生。

望月信亨　もちづきしんこう　1948没（80歳）。明治〜昭和時代の仏教学者。大正大学教授, 浄土宗管長, 知恩院門跡。1869生。

シェーンベルク, アルノルト　1951没（76歳）。オーストリアの作曲家。1874生。

カーロ, フリーダ　1954没（47歳）。メキシコの画家。1907生。

ゴメス・カストロ　1965没（76歳）。コロンビアの政治家, 大統領。1889生。

吉野秀雄　よしのひでお　1967没（65歳）。昭和時代の歌人。1902生。

川口一郎　かわぐちいちろう　1971没（70歳）。昭和時代の劇作家, 演出家。1900生。

越野栄松(2代目)　こしのえいしょう　1974没（82歳）。大正・昭和時代の箏曲家。1892生。

ブラケット, パトリック・メイナード・スチュアート　1974没（76歳）。イギリスの物理学者。1897生。

鳥居清忠(8代目)　とりいきよただ　1976没（75歳）。大正・昭和時代の舞台美術家, 日本画家。鳥居派宗家。1900生。

カーマ, サー・セレツェ　1980没（59歳）。ボツワナの政治家。1921生。

平岡養一　ひらおかよういち　1981没（73歳）。昭和時代の木琴奏者。1907生。

ロワ, ガブリエル　1983没（74歳）。カナダのフランス系女性小説家。1909生。

バッキー白片　ばっきーしらかた　1994没（82歳）。昭和・平成時代のハワイアン演奏家。バッキー白片とアロハ・ハワイアンズ主宰。1912生。

ダニロヴァ, アレクサンドラ・ディオニシエヴナ　1997没（92歳）。ロシアのバレエ・ダンサー。1904生。

ホープ, A.D.　2000没（92歳）。オーストラリアの詩人。1907生。

クライバー, カルロス　2004没（74歳）。オーストリアの指揮者。1930生。

森嶋通夫　2004没（80歳）。昭和・平成時代の理論経済学者。1923生。

寿岳章子　じゅがくあきこ　2005没（81歳）。昭和・平成時代の国語学者, エッセイスト。1924生。

太田省吾　おおたしょうご　2007没（67歳）。昭和・平成時代の劇作家, 演出家。1939生。

7月13日

7月14日

○記念日○ ひまわりの日
 検疫記念日
○出来事○ フランス革命起こる(1789)
 廃藩置県実施(1871)
 ひまわり1号打ち上げ(1977)

デウスデーディトゥス 664没。カンタベリ第6代大司教, 聖人。
藤原保忠 ふじわらのやすただ 936没(47歳)。平安時代中期の公卿。890生。
藤原師氏 ふじわらのもろうじ 970没(58歳)。平安時代中期の歌人・公卿。913生。
ヴァゾン(リエージュの) 1048没(68?歳)。ベルギーのリエージュ司教。980頃生。
ウルリヒ(ツェルの) 1093没(64歳)。ドイツの修道院長, 聖人。1029生。
橘俊綱 たちばなのとしつな 1094没(67歳)。平安時代中期・後期の歌人。1028生。
隆禅 りゅうぜん 1100没(63歳)。平安時代中期・後期の法相宗の僧。1038生。
藤原頼長 ふじわらのよりなが 1156没(37歳)。平安時代後期の公卿。1120生。
ウァルテル(モルターニュの) 1176没(86歳)。フランドルの神学者, 司教。1090生。
大姫 おおひめ 1197没(19?歳)。平安時代後期・鎌倉時代前期の女性。源頼朝・政子の長女。1179頃生。
藤原宗行 ふじわらのむねゆき 1221没(48歳)。鎌倉時代前期の公卿。1174生。
フィリップ2世 1223没(57歳)。フランス王(在位1180~1223)。1165生。
ボニファーティウス(サヴォワの) 1270没(63?歳)。カンタベリー大司教。1207頃生。
フンベルトゥス(ローマの) 1277没(83?歳)。オーストリア出身のドミニコ会第5代総会長。1194頃生。
河野通有 こうのみちあり 1311没(62歳)。鎌倉時代後期の武士。1250生。
新田義宗 にったよしむね 1368没。南北朝時代の南朝方の武将。
久我通相 こがみちすけ 1371没(46歳)。南北朝時代の公卿。1326生。
サドベリー 1381没。イギリスの聖職者。

佐竹義宣 さたけよしのぶ 1389没。南北朝時代の武将。
見玉尼 けんぎょくに 1473没。室町時代の真宗の尼僧。
河野通春 こうのみちはる 1482(閏7月)没。室町時代・戦国時代の武将。
ジェッリ, ジャンバッティスタ 1563没(64歳)。イタリアの文学者。1498生。
二条昭実 にじょうあきざね 1619没(64歳)。安土桃山時代・江戸時代前期の公家。1556生。
前田利政 まえだとしまさ 1633没(56歳)。安土桃山時代・江戸時代前期の武将, 大名。1578生。
沢村勝為 さわむらかつため 1655没(43歳)。江戸時代前期の武士。1613生。
逸然 いつねん 1668没(68歳)。江戸時代前期の渡来僧, 南画伝来者。1601生。
ハンフリー, ペラム 1674没(27歳)。イギリスの作曲家。1647生。
ソフィア・アレクセーエヴナ 1704没(46歳)。ロシアの摂政(在位1682~89)。1657生。
路通 ろつう 1738没(90歳)。江戸時代前期・中期の俳人。1649生。
ベントリー, リチャード 1742没(80歳)。イギリスの古典学者。1662生。
バトゥー, シャルル 1780没(67歳)。フランスの美学者。1713生。
ローネー, ベルナール・ルネ・ド 1789没(49歳)。フランスの貴族。バスティーユ牢獄の司令官。1740生。
ウィルキンソン, ジョン 1808没(80歳)。イギリスの機械技術者, 工場主。1728生。
ハイネ, クリスティアン・ゴットロープ 1812没(82歳)。ドイツの古典学者。1729生。
ミランダ, フランシスコ・デ 1816没(60歳)。ベネズエラの革命家。1756生。
スタール夫人 1817没(51歳)。フランスの女流評論家, 小説家。1766生。

フレネル，オーギュスタン・ジャン　1827没（39歳）。フランスの物理学者。1788生。

林述斎　はやしじゅっさい　1841没（74歳）。江戸時代中期・後期の儒学者。1768生。

ネアンダー，ヨーハン・アウグスト・ヴィルヘルム　1850没（61歳）。ドイツのプロテスタント神学者。1789生。

飯田屋八郎右衛門　いいだやはちろうえもん　1852没（35歳）。江戸時代末期の陶画工。1818生。

会沢正志斎　あいざわせいしさい　1863没（82歳）。江戸時代後期の儒学者，水戸藩士。1782生。

嵐璃珏（2代目）　あらしりかく　1864没（53歳）。江戸時代末期の歌舞伎役者。1812生。

クルップ，アルフレート　1887没（75歳）。ドイツの製鋼業者，兵器工場の経営者。1812生。

メーソン，ルーサー・ホワイティング　1896没（68歳）。アメリカの音楽教育家。1828生。

リントン，イライザ・リン　1898没（76歳）。イギリスの女性作家，ジャーナリスト。1822生。

クリューガー，パウル　1904没（78歳）。南アフリカの政治家。1825生。

パーキン，サー・ウィリアム・ヘンリー　1907没（69歳）。イギリスの有機化学者，化学技術者。1838生。

プティパ，マリウス　1910没（92歳）。フランス生れのロシアの舞踊家。1818生。

デルブリュック　1929没（80歳）。ドイツの軍事史家，政治家。1848生。

藤井武　ふじいたけし　1930没（43歳）。大正・昭和時代のキリスト教伝道者。1888生。

松居松翁　まついしょうおう　1933没（64歳）。明治・大正時代の劇作家。1870生。

ルーセル，レーモン　1933没（56歳）。フランスの小説家，劇作家。1877生。

劉復　りゅうふく　1934没（43歳）。中国の言語学者，民俗学者，文学者。1891生。

川島忠之助　かわしまちゅうのすけ　1938没（86歳）。明治時代の翻訳家，銀行家。1853生。

キャンベル，ウィリアム・ウォレス　1938没（76歳）。アメリカの天文学者。1862生。

ミュシャ，アルフォンス　1939没（79歳）。チェコスロバキアの画家，挿絵画家，舞台美術家。1860生。

中村歌扇（初代）　なかむらかせん　1942没（54歳）。明治〜昭和時代の女優。1889生。

三淵忠彦　みぶちただひこ　1950没（70歳）。明治〜昭和時代の裁判官。最高裁初代長官。1880生。

ミーゼス，リヒャルト・フォン　1953没（70歳）。オーストリアの数学者。1883生。

ベナベンテ，ハシント　1954没（87歳）。スペインの劇作家。1866生。

ヌーリー・アッサイード　1958没（70歳）。イラクの政治家。1888生。

ファイサル2世　1958没（23歳）。イラクの国王（在位1939〜58）。1935生。

宇井伯寿　ういはくじゅ　1963没（81歳）。大正・昭和時代のインド哲学者，仏教学者。東京帝国大学教授，駒沢大学総長。1882生。

ピブーンソンクラーム　1964没（67歳）。タイの軍人，政治家。1897生。

スティーヴンソン，A.　1965没（65歳）。アメリカの政治家。1900生。

アルゲージ，トゥドル　1967没（87歳）。ルーマニアの詩人。1880生。

パウストフスキー，コンスタンチン・ゲオルギエヴィチ　1968没（76歳）。ソ連の小説家。1892生。

日沼倫太郎　ひぬまりんたろう　1968没（43歳）。昭和時代の文芸評論家。1925生。

坂本繁二郎　さかもとはんじろう　1969没（87歳）。明治〜昭和時代の洋画家。1882生。

鈴木正久　すずきまさひさ　1969没（56歳）。昭和時代の牧師。日本基督教団議長。1912生。

久米愛　くめあい　1976没（65歳）。昭和時代の弁護士，婦人運動家。1911生。

長沼賢海　ながぬまけんかい　1980没（97歳）。昭和・平成時代の日本史学者。1883生。

南洋一郎　みなみよういちろう　1980没（87歳）。昭和時代の児童文学作家。1893生。

プレッツォリーニ，ジュゼッペ　1982没（100歳）。イタリアの著作家。1882生。

伊藤幾久造　いとうきくぞう　1985没（84歳）。大正・昭和時代の挿絵画家。1901生。

末広恭雄　すえひろやすお　1988没（84歳）。昭和時代の魚類学者。1904生。

石川利光　いしかわりこう　2001没（87歳）。昭和・平成時代の小説家，評論家。次元社社長。1914生。

バラゲール，ホアキン　2002没（94歳）。ドミニカの弁護士，政治家，著述家。1907生。

7月14日

7月15日

○記念日○ 中元
　　　　　盂蘭盆会
○出来事○ 日本共産党が創立（1922）
　　　　　三鷹事件（1949）
　　　　　ファミコンが発売（1983）

忌部子首　いんべのこびと　719（閏7月）没。飛鳥時代・奈良時代の中級官僚。

嵯峨天皇　さがてんのう　842没（57歳）。第52代の天皇。786生。

アタナシウス（ナーポリの）　872没（40歳）。イタリアの司教、聖人。832生。

ウラジーミル1世　1015没（59歳）。キエフの大公（在位980～1015）。956生。

願西　がんさい　1131没（75歳）。平安時代後期の念仏の行者。1057生。

白川業資王　しらかわなりすけおう　1224（閏7月）没（41歳）。鎌倉時代前期の神祇伯。1184生。

小笠原長清　おがさわらながきよ　1242没（81歳）。平安時代後期・鎌倉時代前期の武将。1162生。

藤原資経　ふじわらのすけつね　1251没（72歳）。鎌倉時代前期の公卿。1180生。

ボナヴェントゥーラ　1274没（53?歳）。イタリアの神学者。1221頃生。

道円法親王　どうえんほっしんのう　1281（閏7月）没（59?歳）。土御門天皇の皇子。1223頃生。

道融　どうゆう　1281（閏7月）没（58歳）。鎌倉時代後期の僧。1224生。

ルドルフ1世　1291没（73歳）。ハプスブルク家最初の神聖ローマ皇帝（在位1273～91）。1218生。

ボール、ジョン　1381没。イギリスの牧師。

フィリップ3世　1467没（70歳）。フランス、第3代ブルゴーニュ公（1419～67）。1396生。

静覚入道親王　じょうかくにゅうどうしんのう　1503没（62歳）。室町時代・戦国時代の入道親王。1442生。

木村常陸介　きむらひたちのすけ　1595没。安土桃山時代の武将、茶人、千利休の台子七人衆の一人。

豊臣秀次　とよとみひでつぐ　1595没（28歳）。安土桃山時代の武将、関白左大臣。1568生。

山岡宗無　やまおかそうむ　1595没（62歳）。安土桃山時代の堺の豪商、茶湯者。1534生。

福王神右衛門　ふくおうじんえもん　1606没（86歳）。戦国時代・安土桃山時代の能役者。1521生。

カラッチ、アンニバル　1609没（48歳）。イタリアの画家。1560生。

ブラントーム、ピエール・ド・ブールデイユ・ド　1614没（84?歳）。フランスの回想録作者、軍人、廷臣。1530頃生。

小倉三省　おぐらさんせい　1654没（51歳）。江戸時代前期の儒学者。1604生。

モンマス、ジェイムズ・スコット、公爵　1685没（36歳）。イギリス国王チャールズ2世の庶子。1649生。

円空　えんくう　1695没（64歳）。江戸時代前期の僧。1632生。

荒木村英　あらきむらひで　1718没（79歳）。江戸時代前期・中期の和算家。1640生。

祐天　ゆうてん　1718没（82歳）。江戸時代前期・中期の浄土宗の僧。1637生。

芳沢あやめ（初代）　よしざわあやめ　1729没（57歳）。江戸時代中期の歌舞伎役者。1673生。

イワン6世　1764没（23歳）。ロシア皇帝（在位1740～41）。1740生。

中村粂太郎（初代）　なかむらくめたろう　1777没（54歳）。江戸時代中期の歌舞伎役者、歌舞伎座本。1724生。

プニャーニ、ガエターノ　1798没（66歳）。イタリアのヴァイオリン奏者、作曲家。1731生。

ウドン、ジャン・アントワーヌ　1828没（87歳）。フランスの彫刻家。1741生。

レールモントフ、ミハイル・ユーリエヴィチ　1841没（26歳）。ロシアの詩人、小説家。1814生。

チェルニー、カール　1857没（66歳）。オーストリアのピアニスト、教育家、作曲家。1791生。

チャルトルィスキ　1861没（91歳）。ポーランドの政治家。1770生。

斎藤拙堂　さいとうせつどう　1865没（69歳）。江戸時代末期の儒学者。1797生。

モートン，ウィリアム・トーマス・グリーン　1868没（48歳）。アメリカの歯科外科医。1819生。

チュッチェフ，フョードル・イワノヴィチ　1873没（69歳）。ロシアの詩人。1803生。

カストロ，ロサリア・デ　1885没（48歳）。スペインの女流詩人。1837生。

ケラー，ゴットフリート　1890没（70歳）。ドイツ系スイスの小説家。1819生。

森川杜園　もりかわとえん　1894没（75歳）。江戸・明治時代の彫刻家。1820生。

セーヤー，アレグザンダー・ウィーロック　1897没（79歳）。アメリカの音楽学者，外交官。1817生。

稲葉正邦　いなばまさくに　1898没（65歳）。江戸時代末期・明治時代の大名，老中。1834生。

秋瑾　しゅうきん　1907没（31歳）。清朝末期の女性革命家，詩人。1875生。

フィッシャー，エミール・ヘルマン　1919没（66歳）。ドイツの有機化学者。1852生。

イェルザレム　1923没（68歳）。オーストリアの哲学者。1854生。

黒田清輝　くろだせいき　1924没（59歳）。明治・大正時代の洋画家。子爵，貴族院議員。1866生。

藤田豊八　ふじたとよはち　1929没（61歳）。明治・大正時代の東洋史学者。東京帝国大学教授。1869生。

ホーフマンスタール，フーゴー・フォン　1929没（55歳）。オーストリアの詩人，劇作家，小説家，随筆家。1874生。

ボルトキェーヴィチ　1931没（62歳）。ドイツの経済学者，統計学者。1868生。

バビット，アーヴィング　1933没（67歳）。アメリカの評論家。1865生。

ブロイラー，オイゲン　1939没（82歳）。スイスの精神医学者。1857生。

聞一多　ぶんいった　1946没（46歳）。中国の学者，文学者。1899生。

今井邦子　いまいくにこ　1948没（59歳）。大正・昭和時代の歌人。1890生。

パーシング，ジョン・J　1948没（87歳）。アメリカの陸軍軍人。1860生。

藤井浩佑　ふじいこうゆう　1958没（75歳）。明治～昭和時代の彫刻家。1882生。

ブロッホ，アーネスト　1959没（78歳）。スイスに生れのユダヤ人作曲家。1880生。

板沢武雄　いたざわたけお　1962没（67歳）。大正・昭和時代の歴史学者。東京帝国大学教授，日本歴史地理学会長。1895生。

ストレイチー，ジョン　1963没（61歳）。イギリスの政治家，労働党の理論家。1901生。

金山平三　かなやまへいぞう　1964没（80歳）。明治～昭和時代の洋画家。1883生。

吉田熊次　よしだくまじ　1964没（90歳）。明治～昭和時代の教育学者。1874生。

フェージン，コンスタンチン・アレクサンドロヴィチ　1977没（85歳）。ソ連の小説家。1892生。

柳亮　やなぎりょう　1978没（75歳）。昭和時代の美術評論家。トキワ松学園女子短期大学学長。1903生。

九津見房子　くつみふさこ　1980没（89歳）。大正・昭和時代の労働運動家。1890生。

辻村太郎　つじむらたろう　1983没（93歳）。大正・昭和時代の地理学者。東京大学教授，日本地理学会会長。1890生。

藪下泰司　やぶしたたいじ　1986没（83歳）。昭和時代のアニメーション作家。東京デザイナー学院顧問教授，東映動画取締役。1903生。

富士正晴　ふじまさはる　1987没（73歳）。昭和時代の小説家，詩人。1913生。

鈴木貞一　すずきていいち　1989没（100歳）。大正・昭和時代の陸軍軍人。中将，企画院総裁。1888生。

前川佐美雄　まえかわさみお　1990没（87歳）。昭和・平成時代の歌人。「日本歌人」主宰。1903生。

宮田輝　みやたてる　1990没（68歳）。昭和時代のアナウンサー。参院議員，NHKアナウンサー。1921生。

吉岡堅二　よしおかけんじ　1990没（83歳）。昭和時代の日本画家。東京芸術大学教授。1906生。

小野田勇　おのだいさむ　1997没（77歳）。昭和・平成時代の劇作家，脚本家。1920生。

岩川隆　いわかわたかし　2001没（68歳）。昭和・平成時代のノンフィクション作家，競馬評論家。1933生。

篠原一男　しのはらかずお　2006没（81歳）。昭和・平成時代の建築家。1925生。

7月16日

○記念日○ 国土交通デー
　　　　　盆送り火
　　　　　閻魔賽日（十王詣）
○出来事○ 東北本線全通（1893）
　　　　　伊東絹子がミス・ユニバース3位
　　　　　（1953）

藤原継縄　ふじわらのつぐただ　796没(70歳)。奈良時代・平安時代前期の公卿。727生。

蓮舟　れんじゅう　933没(73歳)。平安時代前期・中期の真言宗の僧。861生。

荘子女王　そうしじょおう　1008没(79歳)。平安時代中期の女性。村上天皇の妃。930生。

大江匡衡　おおえのまさひら　1012没(61歳)。平安時代中期の学者、官人。952生。

藤原清衡　ふじわらのきよひら　1128没(73歳)。平安時代後期の武将、奥州藤原氏の初代、陸奥国押領使。1056生。

藤原経忠　ふじわらのつねただ　1138没。平安時代後期の公卿。

行慶　ぎょうけい　1165没(65歳)。平安時代後期の天台宗の僧。1101生。

花山院兼雅　かざんいんかねまさ　1200没(56歳)。平安時代後期・鎌倉時代前期の公卿。1145生。

インノケンティウス3世　1216没(56歳)。教皇(在位1198～1216)。1160生。

長厳　ちょうげん　1228没(77歳)。平安時代後期・鎌倉時代前期の天台宗園城寺の僧。1152生。

後深草天皇　ごふかくさてんのう　1304没(62歳)。第89代の天皇。1243生。

竺仙梵僊　じくせんぼんせん　1348没(57歳)。鎌倉時代後期・南北朝時代の臨済宗古林派の僧。1292生。

賢俊　けんしゅん　1357没(59歳)。鎌倉時代後期・南北朝時代の真言宗の僧、歌人。1299生。

尊朝入道親王　そんちょうにゅうどうしんのう　1378没(35歳)。光厳天皇の皇子。1344生。

土御門泰家　つちみかどやすいえ　1417没。室町時代の公卿。

カルカシャンディー　1418没(63歳)。エジプトのマムルーク朝の学者。1355生。

長照姫　おさてるひめ　1426没。室町時代の女性。陸奥国遠田郡の馬放城主大崎政兼の

愛妾。

バーン, ハイメ　1461没(48?歳)。スペインの画家。1413頃生。

宇都宮忠綱　うつのみやただつな　1527没(32歳)。戦国時代の武将。1496生。

倉子　くらこ　1534没。戦国時代の女性。安房国の大名里見義豊の側室。

アスキュー, アン　1546没(25歳)。イギリスのプロテスタント殉教者。1521生。

篠原長房　しのはらながふさ　1573没。戦国時代の武将。

芳春院　ほうしゅんいん　1617没(71歳)。戦国時代～江戸時代前期の女性。加賀藩主前田利家の正室。1547生。

茶屋四郎次郎(3代目)　ちゃやしろうじろう　1622没(38歳)。江戸時代前期の豪商、朱印船貿易家、公儀呉服師。1585生。

松平信一　まつだいらのぶかず　1624没(85歳)。安土桃山時代・江戸時代前期の武将、大名。1540生。

グリューフィウス, アンドレーアス　1664没(47歳)。ドイツの詩人、劇作家。1616生。

ピアスン, ジョン　1686没(74歳)。イギリスの聖職者。1612生。

ルヴォワ, フランソワ・ミシェル・ル・テリエ, 侯爵　1691没(50歳)。フランスの政治家。1641生。

間部詮房　まなべあきふさ　1720没(55歳)。江戸時代中期の大名。1666生。

三宅石庵　みやけせきあん　1730没(66歳)。江戸時代中期の儒学者。1665生。

デュ・フェイ, シャルル・フランソワ・ド・システルニ　1739没(40歳)。フランスの物理学者。1698生。

クレスピ, ジュゼッペ・マリーア　1747没(82歳)。イタリアの風俗画家。1665生。

吉住小三郎(初代)　よしずみこさぶろう　1753没(55歳)。 江戸時代中期の長唄唄方。

1699生。
売茶翁　ばいさおう　1763没(89歳)。江戸時代中期の僧煎茶人。1675生。
カスティリョーネ，ジュゼッペ　1766没(77歳)。イタリアのイエズス会士，画家。1688生。
錦屋惣次(2代目)　にしきやそうじ　1814没。江戸時代後期の江戸長唄三味線の家元。
市川鰕十郎(初代)　いちかわえびじゅうろう　1827没(51歳)。江戸時代後期の歌舞伎役者。1777生。
ゲラン，ピエール・ナルシス，男爵　1833没(59歳)。フランスの画家。1774生。
柴野碧海　しばのへきかい　1835没(63歳)。江戸時代後期の阿波徳島藩儒。1773生。
ベランジェ，ピエール-ジャン・ド　1857没(76歳)。フランスのシャンソン作者。1780生。
島津斉彬　しまづなりあきら　1858没(50歳)。江戸時代末期の大名。1809生。
鷹見泉石　たかみせんせき　1858没(74歳)。江戸時代後期の行政家，蘭学者。1785生。
男谷精一郎　おだにせいいちろう　1864没(67歳)。江戸時代末期の幕臣，剣術家，講武所奉行並。1798生。
笠原研寿　かさはらけんじゅ　1883没(32歳)。明治時代の仏教学者，僧侶。真宗大谷派。1852生。
ゴンクール，エドモン　1896没(74歳)。フランスの作家。1822生。
ゴルトシュミット　1897没(68歳)。ドイツの商法学者。1829生。
フイエ　1912没(73歳)。フランスの哲学者。1838生。
メチニコフ，イリヤ　1916没(71歳)。ロシアの生物学者。1845生。
板垣退助　いたがきたいすけ　1919没(83歳)。江戸・明治時代の民権家。自由党総理。1837生。
クペールス，ルイス　1923没(60歳)。オランダの小説家。1863生。
イワーノフ，ヴァチェスラフ・イワノヴィチ　1949没(83歳)。ロシア象徴派の代表的詩人，神学者，古典学者。1866生。
ベロック，ヒレア　1953没(82歳)。イギリスの詩人，歴史家，随筆家。1870生。
アルコス，ルネ　1959没(77歳)。フランスの詩人。1881生。
ケッセルリング，アルベルト　1960没(74歳)。ドイツ陸軍人。1885生。

マーカンド，J.P.　1960没(66歳)。アメリカの小説家。1893生。
寺尾博　てらおひろし　1961没(77歳)。大正・昭和時代の農学者。農商務省農事試験場長，参院議員(緑風会)。1883生。
リット　1962没(81歳)。ドイツの哲学者，教育学者。1880生。
アセーエフ，ニコライ・ニコラエヴィチ　1963没(74歳)。ソ連邦の詩人。1889生。
井植歳男　いうえとしお　1969没(66歳)。昭和時代の三洋電機創設者。1902生。
石井照久　いしいてるひさ　1973没(66歳)。昭和時代の法学者。成蹊大学学長，東京大学教授。1906生。
デラー，アルフレッド　1979没(67歳)。イギリスのカウンターテノール歌手。1912生。
四家文子　よつやふみこ　1981没(75歳)。昭和時代のアルト歌手。国立音楽大学教授。1906生。
岩切章太郎　いわきりしょうたろう　1985没(92歳)。昭和時代の実業家。宮崎交通社長，宮崎商工会議所会頭。1893生。
ベル，ハインリヒ　1985没(67歳)。ドイツの小説家。1917生。
トニー谷　とにーたに　1987没(69歳)。昭和時代のボードビリアン。1917生。
カラヤン，ヘルベルト・フォン　1989没(81歳)。オーストリアの指揮者。1908生。
ギリェン-バティスタ，ニコラス　1989没(87歳)。キューバの詩人。1902生。
マザーウェル，ロバート　1991没(76歳)。アメリカの画家。1915生。
砂田明　すなだあきら　1993没(65歳)。昭和・平成時代の劇作家，俳優。不知火座(劇団)主宰。1928生。
シュウィンガー，ジュリアン・シーモア　1994没(76歳)。アメリカの理論物理学者。1918生。
スペンダー，スティーヴン　1995没(86歳)。イギリスの詩人，批評家。1909生。
喜屋武真栄　きゃんしんえい　1997没(84歳)。昭和・平成時代の政治家。参議院議員，二院クラブ代表。1912生。
石原八束　いしはらやつか　1998没(78歳)。昭和・平成時代の俳人。「秋」主宰。1919生。
中野孝次　なかのこうじ　2004没(79歳)。昭和・平成時代の作家，ドイツ文学者。1925生。

7月16日

7月17日

○記念日○ 漫画の日
○出来事○ 江戸を東京と改称(1868)
ポツダム会談開催(1945)
『経済白書』で「もはや戦後ではない」(1956)

エンノディウス 521没(48?歳)。中世のラテン文学者, 聖職者。473頃生。
真智王 しんちおう 579没。朝鮮, 新羅の25代王。
淡海三船 おうみのみふね 785没(64歳)。奈良時代の貴族, 文人。722生。
レオ4世 855没(55?歳)。教皇(在位847～55)。800頃生。
源貞姫 みなもとのさだひめ 880没(71歳)。平安時代前期の女性。嵯峨天皇の皇女。810生。
藤原義懐 ふじわらのよしちか 1008没(52歳)。平安時代中期の公卿。957生。
ロベール・ギスカール 1085没(70?歳)。ノルマンのオートビル家タンクレディの3男。1015頃生。
六条天皇 ろくじょうてんのう 1176没(13歳)。第79代の天皇。1164生。
源定房 みなもとのさだふさ 1188没(59歳)。平安時代後期の公卿。1130生。
性信 しょうしん 1275没(89歳)。鎌倉時代前期の真宗の僧。1187生。
二条為藤 にじょうためふじ 1324没(50歳)。鎌倉時代後期の歌人・公卿。1275生。
冷泉為相 れいぜいためすけ 1328没(66歳)。鎌倉時代後期の歌人・公卿。1263生。
楠木正成の妻 くすのきまさしげのつま 1364没(61歳)。鎌倉時代後期・南北朝時代の女性。夫の死後出家した。1304生。
ヤドヴィガ 1399没(30歳)。ポーランド女王(在位1384～99)。1369生。
宥快 ゆうかい 1416没(72歳)。南北朝時代・室町時代の真言宗の僧。1345生。
シュルーズベリー伯 1453没(65?歳)。イギリス中世の貴族, 政治家。1388頃生。
ギルランダイオ 1497没(39歳)。イタリアの画家。1458生。
畠山尚順 はたけやまひさのぶ 1522没(48歳)。戦国時代の武将, 父は政長, 尾張守。1475生。

天叟順孝 てんそうじゅんこう 1532没。戦国時代の曹洞宗の僧。
デュ・ギエ, ペルネット 1545没(25?歳)。フランスの女性詩人。1520生。
ラス-カサス, バルトロメ・デ 1566没(92歳)。スペインの聖職者。1474生。
山中幸盛 やまなかゆきもり 1578没(34?歳)。安土桃山時代の武将, 通称は鹿介, 尼子十勇士の一人。1545頃生。
中村一氏 なかむらかずうじ 1600没。安土桃山時代の武将, 大名。
細川ガラシャ ほそかわがらしゃ 1600没(38歳)。安土桃山時代の女性。丹後国宮津城主細川忠興の正室。1563生。
織田信包 おだのぶかね 1614没(72歳)。安土桃山時代・江戸時代前期の大名, 織田信長の弟。1543生。
貞安 ていあん 1615没(77歳)。安土桃山時代・江戸時代前期の浄土宗の僧。1539生。
保春院 ほしゅんいん 1623没(76歳)。戦国時代～江戸時代前期の女性。伊達政宗の母。1548生。
狩野興以 かのうこうい 1636没。江戸時代前期の画家。
食行身禄 じきぎょうみろく 1733没(63歳)。江戸時代中期の富士護身禄派の祖。1671生。
伊藤東涯 いとうとうがい 1736没(67歳)。江戸時代中期の儒学者。1670生。
梁田蜆巖 やなだぜいがん 1757没(86歳)。江戸時代中期の漢学者, 漢詩人。1672生。
コルデ, シャルロット 1793没(24歳)。フランスのジロンド党支持者の女性。マラーの暗殺者。1768生。
本木良永 もときよしなが 1794没(60歳)。江戸時代中期のオランダ通詞, 蘭学者。1735生。
ローバック 1794没(76歳)。イギリスの発明家。1718生。

円山応挙　まるやまおうきょ　1795没（63歳）。江戸時代中期の画家。1733生。

呉春　ごしゅん　1811没（60歳）。江戸時代中期・後期の画家。1752生。

富本豊前太夫（2代目）　とみもとぶぜんだゆう　1822没（69歳）。江戸時代中期・後期の富本節の太夫。1754生。

グレイ，チャールズ・グレイ，2代伯爵　1845没（81歳）。イギリスの政治家。1764生。

春風亭柳枝（初代）　しゅんぷうていりゅうし　1868没（56歳）。江戸時代末期の落語家。1813生。

タウジヒ，カロル　1871没（29歳）。ポーランドのピアニスト。1841生。

アレアルディ，アレアルド　1878没（65歳）。イタリアの詩人。1812生。

ルコント・ド・リール，シャルル‐マリ‐ルネ　1894没（75歳）。フランスの詩人。1818生。

ホイッスラー，ジェイムズ・マックニール　1903没（69歳）。アメリカの画家。1834生。

マロ，エクトール・アンリ　1907没（77歳）。フランスの小説家，評論家。1830生。

ポワンカレ，アンリ　1912没（58歳）。フランスの数学者，科学思想家。1854生。

アナスタシア・ニコラエヴナ　1918没（17歳）。ロシア皇帝ニコライ2世の四女。1901生。

アレクサンドラ・フョードロヴナ　1918没（46歳）。最後のロシア皇帝ニコライ2世の皇后。1872生。

アレクセイ・ニコラエヴィチ　1918没（13歳）。ロシア皇帝ニコライ2世の長男，皇太子。1904生。

オリガ・ニコラエヴナ　1918没（22歳）。ロシア皇帝ニコライ2世の長女。1895生。

タチアナ・ニコラエヴナ　1918没（21歳）。ロシア皇帝ニコライ2世の二女。1897生。

ニコライ2世　1918没（50歳）。帝制ロシア最後の皇帝（在位1894～1917）。1868生。

マリア・ニコラエヴナ　1918没（19歳）。ロシア皇帝ニコライ2世の三女。1899生。

ケア，W.P.　1923没（67歳）。イギリスの文学者。1855生。

コリント，ロヴィス　1925没（66歳）。ドイツの画家。1858生。

オブレゴン，アルバロ　1928没（48歳）。メキシコ革命指導者，大統領（1920～24）。1880生。

ジョリッティ，ジョヴァンニ　1928没（85歳）。イタリアの自由主義政治家。1842生。

アウアー，レオポルド　1930没（85歳）。ハンガリーのヴァイオリン奏者，教育者。1845生。

ラッセル，ジョージ・ウィリアム　1935没（68歳）。アイルランドの詩人，随筆家，ジャーナリスト。1867生。

ピエルネ，ガブリエル　1937没（73歳）。フランスの作曲家，指揮者。1863生。

川端茅舎　かわばたぼうしゃ　1941没（45歳）。大正・昭和時代の俳人。1897生。

二階堂トクヨ　にかいどうとくよ　1941没（62歳）。大正・昭和時代の女子教育者。1880生。

内田巌　うちだいわお　1953没（53歳）。大正・昭和時代の洋画家。1900生。

ホリデイ，ビリー　1959没（44歳）。アメリカの黒人女流歌手。1915生。

カッブ，タイ　1961没（74歳）。アメリカのプロ野球選手。1886生。

フォールシ，オリガ・ドミトリエヴナ　1961没（88歳）。ソ連邦の女流作家。1873生。

コルトレーン，ジョン　1967没（40歳）。アメリカのジャズ・テナーサックス奏者。1926生。

市川雷蔵（8代目）　いちかわらいぞう　1969没（37歳）。昭和時代の歌舞伎役者，映画俳優。1931生。

嵐三右衛門　あらしさんえもん　1980没（73歳）。大正・昭和時代の歌舞伎役者。1906生。

呂振羽　りょしんう　1980没（80歳）。中国の歴史家。1900生。

水原秋桜子　みずはらしゅうおうし　1981没（88歳）。大正・昭和時代の俳人。「馬酔木」主宰，俳人協会会長。1892生。

江上不二夫　えがみふじお　1982没（71歳）。昭和時代の生化学者。三菱化成生命科学研究所所長，日本学術会議会長。1910生。

ランガー，スーザン・K　1985没（89歳）。アメリカの女流哲学者。1895生。

石原裕次郎　いしはらゆうじろう　1987没（52歳）。昭和時代の俳優。石原プロ代表取締役。1934生。

原田鋼　はらだこう　1992没（82歳）。昭和・平成時代の政治学者。中央大学教授，国際大学特任教授。1909生。

守屋典郎　もりやふみお　1996没（89歳）。昭和・平成時代の弁護士，経済学者。1907生。

ヒース，エドワード　2005没（89歳）。イギリスの政治家，首相。1916生。

7月17日

7月18日

○出来事○ 永平寺建立（1244）
東条英機内閣総辞職（1944）
日本初の光化学スモッグ発生（1970）

路大人　みちのうし　719没。飛鳥時代・奈良時代の官人。

藤原怟子　ふじわらのしし　985没（17歳）。平安時代中期の女性。関白藤原頼忠の娘、花山天皇の女御。969生。

趙普　ちょうふ　992没（70歳）。中国、北宋建国の功臣。922生。

ゴドフロワ・ド・ブイヨン　1100没（39?歳）。バスロレーヌ公（在位1089〜95）。1061頃生。

ブルーノ（セーニ）　1123没（83?歳）。イタリアのモンテ・カッシーノ修道院長、聖人。1040頃生。

仁田忠常の妻　にったただつねのつま　1187没。平安時代後期の女性。御家人の妻。

源頼家　みなもとのよりいえ　1204没（23歳）。鎌倉幕府第2代の将軍。1182生。

一条実経　いちじょうさねつね　1284没（62歳）。鎌倉時代後期の公卿。1223生。

北条熙時　ほうじょうひろとき　1315没（37歳）。鎌倉幕府第12代の執権。1279生。

ラシード-アッディーン　1318没（71歳）。ペルシアの医師、政治家、歴史家。1247生。

メルスヴィン、ルールマン　1382没（75歳）。ドイツの神秘思想家。1307生。

聖聡　しょうそう　1440没（75歳）。南北朝時代・室町時代の浄土宗の僧。1366生。

慶光院守悦　けいこういんしゅえつ　1509没。戦国時代の女性。尼僧。

足利政氏　あしかがまさうじ　1531没（66歳）。戦国時代の第2代の古河公方。1466生。

青巌周陽　せいがんしゅうよう　1542没。戦国時代の曹洞宗の僧。

ガルス、ヤコブ　1591没（41歳）。オーストリアの作曲家。1550生。

松平家忠　まつだいらいえただ　1600没（46歳）。安土桃山時代の武将。1555生。

菅沼定盈　すがぬまさだみつ　1604没（62歳）。安土桃山時代の大名。1543生。

カラヴァッジョ、ミケランジェロ　1610没（36歳）。イタリアの画家。1573生。

ベルンハルト、ヴァイマール公爵　1639没（34歳）。ドイツの三十年戦争新教派将軍。1604生。

幡随院長兵衛　ばんずいいんちょうべえ　1657没（36?歳）。江戸時代前期の町奴の頭領。1622頃生。

セメード、アルヴァレス・デ　1658没（73歳）。ポルトガルのイエズス会宣教師。1585生。

未得　みとく　1669没（83歳）。江戸時代前期の俳人。1587生。

藤堂高吉　とうどうたかよし　1670没（92歳）。安土桃山時代・江戸時代前期の武将、伊勢津藩士。1579生。

ヴィエイラ、アントニオ　1697没（89歳）。ポルトガルの宗教学者。1608生。

ヴァトー、ジャン-アントワーヌ　1721没（36歳）。フランスの画家。1684生。

五井持軒　ごいじけん　1721（閏7月）没（81歳）。江戸時代前期・中期の儒学者。1641生。

ヴィルロア　1730没（86歳）。フランスの軍人。1644生。

クリーガー、ヨーハン　1735没（83歳）。ドイツの作曲家、オルガン奏者。1652生。

ノイマン、ヨハン・バルタザール　1753没（66歳）。ドイツの建築家。1687生。

芳沢あやめ（2代目）　よしざわあやめ　1754没（53歳）。江戸時代中期の歌舞伎役者。1702生。

ピョートル3世　1762没（34歳）。ロシアの皇帝（在位1762.1.〜7.）。1728生。

松平頼恭　まつだいらよりたか　1771没（61歳）。江戸時代中期の大名。1711生。

唐衣橘洲　からごろもきっしゅう　1802没（60歳）。江戸時代中期・後期の狂歌師。1743生。

オースティン、ジェイン　1817没（41歳）。イギリスの女流作家。1775生。

デュロン、ピエール・ルイ　1838没（53歳）。フランスの化学者、物理学者。1785生。

市河米庵　いちかわべいあん　1858没（80歳）。江戸時代後期の書家。1779生。

フアレス、ベニト・パブロ　1872没（66歳）。メキシコの政治家。1806生。

ジムロック、カール　1876没（73歳）。ドイツの文学史家，詩人。1802生。

サンタ・マリア　1889没（63歳）。チリ大統領（1881～86）。1825生。

スタンボロフ　1895没（41歳）。ブルガリアの政治家，首相。1854生。

アルジャー、ホレイショー　1899没（67歳）。アメリカの児童文学者，牧師。1832生。

西郷従道　さいごうつぐみち　1902没（60歳）。江戸・明治時代の軍人，政治家。侯爵。1843生。

和田垣謙三　わだがきけんぞう　1919没（60歳）。明治・大正時代の経済学者。東京帝国大学教授。1860生。

木村鷹太郎　きむらたかたろう　1931没（62歳）。明治・大正時代の評論家，翻訳家。1870生。

セーデルブロム、ナータン　1931没（65歳）。スウェーデンのルター派神学者，大主教。1866生。

アルヘンティーナ、ラ　1936没（46歳）。スペインの舞踊家。1890生。

セリグマン　1939没（78歳）。アメリカの経済学者，財政学者。1861生。

長沼守敬　ながぬままもりよし　1942没（86歳）。明治・大正時代の彫刻家。東京美術学校教授。1857生。

三宅花圃　みやけかほ　1943没（76歳）。明治時代の歌人，小説家。1868生。

松平慶民　まつだいらよしたみ　1948没（67歳）。明治～昭和時代の政治家。宮内府長官，宮内大臣。1882生。

ヴァン・ドーレン、カール・クリントン　1950没（64歳）。アメリカの評論家，文学史家。1885生。

ファルマン、アンリ　1958没（84歳）。フランスの飛行家，飛行機製造家。1874生。

中村清二　なかむらせいじ　1960没（90歳）。明治～昭和時代の物理学者。1869生。

大河内伝次郎　おおこうちでんじろう　1962没（64歳）。大正・昭和時代の俳優。1898生。

三木治朗　みきじろう　1963没（78歳）。大正・昭和時代の労働運動家。参院副議長。1885生。

山田乙三　やまだおとぞう　1965没（83歳）。明治～昭和時代の軍人。関東軍総司令官。1881生。

カステロ・ブランコ　1967没（66歳）。ブラジルの軍人，軍事政権最初の大統領。1900生。

ハイマンス、コルネイユ・ジャン・フランソワ　1968没（76歳）。ベルギーの生理学者。1892生。

カナファーニー、ガッサーン　1972没（36歳）。パレスチナ・PFLPのスポークスマン，作家，ジャーナリスト。1936生。

三島雅夫　みしままさお　1973没（67歳）。昭和時代の俳優。1906生。

宝生九郎（17代目）　ほうしょうくろう　1974没（74歳）。大正・昭和時代の能楽師シテ方。東京音楽学校教授。1900生。

サウアー、カール・O　1975没（85歳）。アメリカの地理学者。1889生。

小野秀雄　おののひでお　1977没（91歳）。大正・昭和時代の新聞学者。日本新聞学会会長，上智大学教授，東京大学新聞研究所所長。1885生。

矢部友衛　やべともえ　1981没（89歳）。大正・昭和時代の洋画家，プロレタリア美術運動家。1892生。

ヤコブソン、ロマン・オーシポヴィチ　1982没（85歳）。ロシア生れの言語学者。1896生。

フレイレ、ジルベルト　1987没（87歳）。ブラジルの思想家，評論家。1900生。

尹潜善　いんふぜん　1990没（92歳）。韓国の政治家，大統領。1897生。

豊口克平　とよぐちかつへい　1991没（85歳）。昭和・平成時代のインダストリアル・デザイナー。豊口デザイン研究所会長，武蔵野美術大学教授。1905生。

笹川良一　ささかわりょういち　1995没（96歳）。昭和時代の右翼運動家。日本船舶振興会会長，笹川記念保健協力財団会長。1899生。

石館守三　いしだてもりぞう　1996没（95歳）。昭和時代の薬学者。東京大学教授，国立衛生試験所長。1901生。

ウェストモーランド、ウィリアム・C　2005没（91歳）。アメリカの軍人。1914生。

宮本顕治　みやもとけんじ　2007没（98歳）。昭和・平成時代の政治家。1908生。

7月18日

7月19日

○記念日○　北壁の日
○出来事○　蛤御門の変(1864)
　　　　　日本初の女性大臣誕生(1960)
　　　　　モスクワ五輪開催(1980)

シンマクス　514没。教皇(在位498～514)，聖人。

紀麻呂　きのまろ　705没(47?歳)。飛鳥時代の廷臣。0659頃生。

藤原宮子　ふじわらのみやこ　754没。奈良時代の女性。文武天皇の妃。

紀飯麻呂　きのいいまろ　762没。奈良時代の官人。

在原行平　ありわらのゆきひら　893没(76歳)。平安時代前期の歌人，公卿。818生。

宇多天皇　うだてんのう　931没(65歳)。第59代の天皇。867生。

源頼光　みなもとのよりみつ　1021没(74歳)。平安時代中期の武将。948生。

ニコラウス2世　1061没(81?歳)。教皇(在位1059～61)。980頃生。

堀河天皇　ほりかわてんのう　1107没(29歳)。第73代の天皇。1079生。

狛行高　こまのゆきたか　1120没(59歳)。平安時代後期の南都楽人。1062生。

顕広王　あきひろおう　1180没(86歳)。平安時代後期の貴族。1095生。

佐々木秀義　ささきひでよし　1184没(73歳)。平安時代後期の武将。1112生。

藤原師長　ふじわらのもろなが　1192没(55歳)。平安時代後期の公卿。1138生。

ペトラルカ，フランチェスコ　1374没(69歳)。イタリアの詩人。1304生。

山科教興　やましなのりおき　1418没。室町時代の公卿。

久我嗣通　こがつぐみち　1466没。室町時代の公卿。

ベーム，ハンス　1476没。中世後期のドイツの熱狂主義者のひとり。

北条氏綱　ほうじょううじつな　1541没(55歳)。戦国時代の武将。1487生。

称念　しょうねん　1554没(42歳)。戦国時代の浄土宗の僧。1513生。

エッシ，ニコラス・ヴァン　1578没(71歳)。オランダの神秘神学者。1507生。

武田元明　たけだもとあき　1582没(31歳)。安土桃山時代の大名。1552生。

大道寺政繁　だいどうじまさしげ　1590没(58歳)。戦国時代・安土桃山時代の武将，駿河守。1533生。

水野忠重　みずのただしげ　1600没(60歳)。安土桃山時代の武将。1541生。

大友義統　おおともよしむね　1605没(48歳)。安土桃山時代の武将。1558生。

立花直次　たちばななおつぐ　1617没(46歳)。安土桃山時代・江戸時代前期の筑後国の大名。1572生。

カンプヘイゼン，ディルク・ラーファエルスゾーン　1627没(41歳)。オランダの詩人，神学者，牧師。1586生。

松倉勝家　まつくらかついえ　1638没(42歳)。江戸時代前期の大名。1597生。

岡村十兵衛　おかむらじゅうべえ　1684没(57歳)。江戸時代前期の義民。1628生。

大和山甚左衛門(初代)　やまとやまじんざえもん　1721(閏7月)没(45歳)。江戸時代中期の歌舞伎役者，歌舞伎座本。1677生。

佐野川万菊　さのがわまんぎく　1747没(58歳)。江戸時代中期の歌舞伎役者，歌舞伎座本。1690生。

西川祐信　にしかわすけのぶ　1750没(80歳)。江戸時代中期の浮世絵師。1671生。

ルイゼ　1810没(34歳)。プロイセン王妃。1776生。

フリンダーズ，マシュー　1814没(40歳)。イギリスの探検家。1774生。

イトゥルビデ，アグスティン・デ　1824没(40歳)。メキシコの軍人，皇帝(在位1822～23)。1783生。

富士田音蔵(初代)　ふじたおとぞう　1827没。江戸時代後期の江戸長唄の唄方。

菅江真澄　すがえますみ　1829没(76歳)。江戸時代中期・後期の執筆家。1754生。

ゲラン, モーリス・ド　1839没(28歳)。フランスの詩人。1810生。

柳亭種彦(初代)　りゅうていたねひこ　1842没(60歳)。江戸時代後期の合巻作者。1783生。

フラー, マーガレット　1850没(40歳)。アメリカの女流評論家, 女権論者。1810生。

牧志朝忠　まきしちょうちゅう　1862没(45歳)。琉球国末期の首里士族, 異国通事。1818生。

入江九一　いりえくいち　1864没(28歳)。江戸時代末期の志士, 長州(萩)藩士。1837生。

上岡胆治　かみおかたんじ　1864没(42歳)。江戸時代末期の医師。1823生。

来島又兵衛　きじままたべえ　1864没(48歳)。江戸時代末期の長州(萩)藩士。1817生。

久坂玄瑞　くさかげんずい　1864没(25歳)。江戸時代末期の尊攘派志士。1840生。

寺島忠三郎　てらじまちゅうざぶろう　1864没(22歳)。江戸時代末期の長州(萩)藩士。1843生。

デルサルト　1871没(59歳)。フランスの教育者。1811生。

バルフォア, フランシス・メイトランド　1882没(30歳)。イギリスの動物形態学者。1851生。

山岡鉄舟　やまおかてっしゅう　1888没(53歳)。江戸・明治時代の剣術家, 政治家, 書家。1836生。

杉田玄端　すぎたげんたん　1889没(72歳)。江戸・明治時代の蘭方医。1818生。

アラルコン-イ-アリーサ, ペドロ・アントニオ・デ　1891没(58歳)。スペインの作家。1833生。

荒井郁之助　あらいいくのすけ　1909没(75歳)。江戸・明治時代の幕臣, 中央気象台長。1835生。

ウクラインカ, レーシャ　1913没(42歳)。ウクライナの女流詩人。1871生。

沼波瓊音　ぬなみけいおん　1927没(51歳)。明治・大正時代の国文学者, 俳人。第一高等学校教授。1877生。

奥保鞏　おくやすかた　1930没(84歳)。明治時代の陸軍軍人。元帥, 伯爵。1847生。

杉山茂丸　すぎやましげまる　1935没(72歳)。明治～昭和時代の浪人。1864生。

ヴェルフリン, ハインリヒ　1945没(81歳)。スイスの美術史家。1864生。

ジャッド　1946没(73歳)。インド生れのアメリカの心理学者, 教育学者。1873生。

アウン・サン　1947没(32歳)。ビルマの政治家, 独立運動指導者。1915生。

デンアール　1947没(80歳)。ドイツの美学者。1867生。

呂運亨　りょうんこう　1947没(62歳)。朝鮮の独立運動家・政治家。1885生。

山崎延吉　やまざきのぶよし　1954没(81歳)。明治～昭和時代の農業教育者, 農政家。帝国農会副会長, 衆院議員, 貴院議員。1873生。

柳亭燕枝(3代目)　りゅうていえんし　1955没(60歳)。昭和時代の落語家。1894生。

マラパルテ, クルツィオ　1957没(59歳)。イタリアの小説家, 記録作家。1898生。

井上秀　いのうえひで　1963没(88歳)。明治～昭和時代の家政学者, 教育家。日本女子大学校長。1875生。

山之口貘　やまのぐちばく　1963没(59歳)。昭和時代の詩人。1903生。

梅崎春生　うめざきはるお　1965没(50歳)。昭和時代の小説家。1915生。

李承晩　りしょうばん　1965没(90歳)。韓国の政治家, 初代大統領。1875生。

浅原健三　あさはらけんぞう　1967没(70歳)。昭和時代の労働運動家, 政治家。衆議院議員。1897生。

子母沢寛　しもざわかん　1968没(76歳)。昭和時代の小説家。1892生。

水町京子　みずまちきょうこ　1974没(82歳)。大正・昭和時代の歌人。1891生。

大木惇夫　おおきあつお　1977没(82歳)。大正・昭和時代の詩人。1895生。

モーゲンソー　1980没(76歳)。ドイツ生れのアメリカの国際政治学者。1904生。

伊藤大輔　いとうだいすけ　1981没(82歳)。大正・昭和時代の映画監督。1898生。

茂山千作(3代目)　しげやませんさく　1986没(89歳)。大正・昭和時代の能楽師狂言方。1896生。

ゴルトベルク, シモン　1993没(84歳)。ポーランド生れのヴァイオリニスト。1909生。

ローマックス, アラン　2002没(87歳)。アメリカの民謡研究者。1915生。

鈴木善幸　すずきぜんこう　2004没(93歳)。昭和・平成時代の政治家。第70代総理大臣。1911生。

河合隼雄　かわいはやお　2007没(79歳)。昭和・平成時代の心理学者。1928生。

7月19日

7月20日

○記念日○ ハンバーガーの日
勤労青少年の日
○出来事○ 国民の祝日に関する法律制定（1948）
アポロ11号、月面着陸（1969）

コンスタンティウス1世　306没（56?歳）。ローマ皇帝（在位305～306）。250頃生。

アンセギス（フォントネルの）　833没（63?歳）。フランスの修道院長、聖人。770頃生。

晏子内親王　やすこないしんのう　900没。平安時代前期の女性。文徳天皇の第1皇女。

ロベール2世　1031没（61?歳）。フランス王（在位996～1031）。970頃生。

藤原道雅　ふじわらのみちまさ　1054没（63歳）。平安時代中期の歌人・公卿。992生。

上西門院　じょうさいもんいん　1189没（64歳）。平安時代後期の女性。鳥羽天皇の皇女。1126生。

寂蓮　じゃくれん　1202没（64?歳）。平安時代後期・鎌倉時代前期の歌人。1139頃生。

千葉胤正　ちばたねまさ　1203没（63歳）。平安時代後期・鎌倉時代前期の御家人。1141生。

中原師重　なかはらもろしげ　1221没（57歳）。鎌倉時代前期の明法家。1165生。

平光盛　たいらのみつもり　1229没（58歳）。鎌倉時代前期の公卿。1172生。

源有資　みなもとのありすけ　1272没（69歳）。鎌倉時代前期の公卿。1204生。

藤原家時　ふじわらいえとき　1282没（89歳）。鎌倉時代前期の公卿。1194生。

日門　にちもん　1293没。鎌倉時代後期の日蓮宗の僧。

明窓宗鑑　めいそうそうかん　1318没（85歳）。鎌倉時代後期の僧。1234生。

モレー　1332没。スコットランドの貴族。

日貞尼　にっていに　1378没。南北朝時代の日蓮宗の信者。

称光天皇　しょうこうてんのう　1428没（28歳）。第101代の天皇。1401生。

蘭庭明玉禅尼　らんていみょうぎょくぜんに　1442没。室町時代の女性。石清水検校大僧都通清の娘、大膳大夫伊達政宗に嫁ぐ。

源朝子　みなもとのあさこ　1492没（56歳）。室町時代・戦国時代の女性。後柏原天皇の生母、贈皇太后。1437生。

レナーヌス、ベアートゥス　1547没（61歳）。アルザス出身の人文学者。1485生。

ツッカリ、フェデリーコ　1609没（66歳）。イタリアの画家。1543生。

結城晴朝　ゆうきはるとも　1614没（81歳）。安土桃山時代・江戸時代前期の武将。1534生。

オニール、ヒュー、3代ダンガノン男爵、2代ティローン伯爵　1616没（76歳）。アイルランドの貴族。1540生。

北楯利長　きただてとしなが　1625没（78歳）。安土桃山時代・江戸時代前期の武将、用水開発者、出羽国山形城主最上義光の家臣。1548生。

樋口信孝　ひぐちのぶたか　1658没（60歳）。江戸時代前期の公家。1599生。

永宗女王　えいそうじょおう　1690没（82歳）。江戸時代前期の女性。後陽成天皇の第6皇女。1609生。

十寸見河東（初代）　ますみかとう　1725没（42歳）。江戸時代中期の河東節の開祖。1684生。

建部賢弘　たけべかたひろ　1739没（76歳）。江戸時代中期の和算家、暦算家。1664生。

ペプーシュ、ヨハン・クリストフ　1752没（85歳）。ドイツ生れのイギリスの音楽理論家、作曲家、オルガン奏者。1667生。

トローガー、パウル　1762没（63歳）。オーストリアの画家。1698生。

ムハンマド・ブン・アブド・アルワッハーブ　1787没（84?歳）。アラビアの復古主義思想家。1703頃生。

プレイフェア、ジョン　1819没（71歳）。イギリスの数学者、地質学者。1748生。

メーヌ・ド・ビラン　1824没（57歳）。フランスの哲学者、政治家。1766生。

山崎美成　やまざきよししげ　1856没（61歳）。江戸時代末期の随筆作者、雑学者。1796生。

平野国臣　ひらのくにおみ　1864没（37歳）。江戸時代末期の筑前福岡藩士、尊攘派志士。1828生。

徳川家茂　とくがわいえもち　1866没（21歳）。江戸幕府第14代の将軍。1846生。

リーマン、ゲオルク・フリードリヒ・ベルンハルト　1866没（39歳）。ドイツの数学者。1826生。

小松帯刀　こまつたてわき　1870没（36歳）。江戸・明治時代の鹿児島藩士、総務局顧問、外国官副知事。1835生。

ブラウン、サミュエル・ロビンズ　1880没（70歳）。アメリカのアメリカン・オランダ改革派教会宣教師。1810生。

岩倉具視　いわくらともみ　1883没（59歳）。江戸・明治時代の政治家。右大臣。1825生。

カトコーフ、ミハイル・ニキフォロヴィチ　1887没（68歳）。ロシアの政治評論家。1818生。

ランゲルハンス　1888没（40歳）。ドイツの病理学者。1847生。

池知退蔵　いけちたいぞう　1890没（60歳）。江戸・明治時代の地方功労者。1831生。

中村雀右衛門（2代目）　なかむらじゃくえもん　1895没（55歳）。江戸・明治時代の歌舞伎役者。1841生。

レオ13世　1903没（93歳）。教皇（在位1878～1903）。1810生。

緒方惟準　おがたこれよし　1909没（67歳）。明治時代の医師。陸軍軍医。1843生。

ラング、アンドルー　1912没（68歳）。スコットランドの古典学者、著述家、人類学者。1844生。

ゾルゲ、ラインハルト・ヨハネス　1916没（24歳）。ドイツの劇作家。1892生。

赤松連城　あかまつれんじょう　1919没（79歳）。明治・大正時代の浄土真宗西本願寺派僧侶。1841生。

内田銀蔵　うちだぎんぞう　1919没（48歳）。明治・大正時代の歴史学者。京都大学教授。1872生。

平戸廉吉　ひらとれんきち　1922没（30歳）。大正時代の詩人、美術評論家。1893生。

マルコフ、アンドレイ・アンドレエヴィチ　1922没（66歳）。ソ連邦の数学者。1856生。

中村伝九郎（6代目）　なかむらでんくろう　1923没（65歳）。明治・大正時代の歌舞伎役者。1859生。

細川潤次郎　ほそかわじゅんじろう　1923没（90歳）。江戸～大正時代の法学者、官僚。貴族院議員、男爵。1834生。

ジェルジンスキー、フェリクス・エドムンドヴィチ　1926没（48歳）。ソ連初期の党活動家、政治家。1877生。

フェルディナント1世　1927没（61歳）。ルーマニア王（在位1914～27）。1865生。

バザン、ルネ　1932没（78歳）。フランスの小説家。1853生。

ツェトキン、クララ　1933没（76歳）。ドイツの女性革命家。1857生。

マルコーニ、グリエルモ　1937没（63歳）。イタリアの電気技師。1874生。

ヴァレリー、ポール　1945没（73歳）。フランスの詩人、思想家、評論家。1871生。

アブド・アッラーフ・ブン・フサイン　1951没（69歳）。ヨルダン国王。1882生。

ヴィルヘルム　1951没（69歳）。前ドイツ帝国およびプロイセン王国皇太子。1882生。

カイルベルト、ヨーゼフ　1968没（60歳）。ドイツの指揮者。1908生。

辻政信　つじまさのぶ　1968没（65歳）。大正・昭和時代の陸軍軍人、政治家。大佐、衆議院議員。1902生。

イサコフスキー、ミハイル・ワシリエヴィチ　1973没（73歳）。ソ連邦の詩人。1900生。

中村歌六（4代目）　なかむらかろく　1973没（48歳）。昭和時代の歌舞伎役者。1925生。

リー、ブルース　1973没（32歳）。アメリカ生まれの中国人俳優。1940生。

藪田貞治郎　やぶたていじろう　1977没（88歳）。大正・昭和時代の農芸化学者。東京大学教授、科研化学会長。1888生。

ユンガー、フリードリヒ・ゲオルク　1977没（78歳）。ドイツの詩人、小説家。1898生。

バタフィールド、サー・ハーバート　1979没（78歳）。イギリスの歴史家。1900生。

野口宇太郎　のだうたろう　1984没（74歳）。昭和時代の詩人、文芸評論家。明治村常任理事。1909生。

有島一郎　ありしまいちろう　1987没（71歳）。昭和時代の俳優、ボードヴィリアン。1916生。

津田恒実　つだつねみ　1993没（32歳）。昭和・平成時代のプロ野球選手。1960生。

デルヴォー、ポール　1994没（96歳）。ベルギーのシュールレアリスムの画家。1897生。

7月20日

7月21日

○記念日○ 月面着陸の日
日本三景の日
○出来事○ 初代駐日総領事ハリス来日(1856)
千代の富士が横綱に(1981)

マルケルス 298没。ローマ帝政期アフリカの軍人殉教者。
アウレーリウス 430没。カルタゴの司教、聖人。
弓削皇子 ゆげのみこ 699没。天武天皇の皇子。
多治比嶋 たじひのしま 701没(78歳)。飛鳥時代の廷臣。624生。
藤原家子 ふじわらのかし 774没。奈良時代の女官。
藤原浄本 ふじわらのじょうもと 830没(60歳)。平安時代前期の公卿。771生。
善原内親王 よしはらのないしんのう 863没。平安時代前期の女性。桓武天皇の皇女。
源和子 みなもとのわし 947没。平安時代前期・中期の女性。醍醐天皇の女御。
宗子内親王 そうしないしんのう 986没(23歳)。平安時代中期の女性。冷泉天皇の皇女。964生。
蔡京 さいけい 1126没(79歳)。中国、北宋末の政治家。1047生。
佐中太常澄 さちゅうだつねずみ 1181没。平安時代後期の武士。
文覚 もんがく 1203没(65歳)。平安時代後期・鎌倉時代前期の真言宗の僧。1139生。
譚子内親王 じゅんしないしんのう 1260没。鎌倉時代前期の女性。土御門天皇の皇女。
マヌエル2世 1425没(75歳)。ビザンチン皇帝(在位1391～1425)。1350生。
足利義勝 あしかがよしかつ 1443没(10歳)。室町幕府第7代の将軍。1434生。
田向重治 たむかいしげはる 1535没(84歳)。戦国時代の公卿。1452生。
ベルンハルディ，バルトロメーウス 1551没(63歳)。宗教改革期のドイツの神学者、牧師。1487生。
日現 にちげん 1561没(66歳)。戦国時代の日蓮宗の僧。1496生。
ソーザ 1564没(64?歳)。ポルトガルの航海者、軍人。1500頃生。

マウロリーコ，フランチェスコ 1575没(80歳)。イタリアの数学者。1494生。
酒井重忠 さかいしげただ 1617没(68歳)。安土桃山時代・江戸時代前期の武将、大名。1550生。
島津義弘 しまづよしひろ 1619没(85歳)。安土桃山時代・江戸時代前期の大名。1535生。
モルガ 1636没(76歳)。スペインのフィリピン群島副総督(1595～1603)。1559生。
ゼンナート 1637没(64歳)。ドイツの医者、自然哲学者。1572生。
岡山 おかやま 1640没。江戸時代前期の女性。越前福井藩主松平(結城)秀康の側室。
マン 1641没(70歳)。イギリスの経済著述家。1571生。
鵜飼石斎 うかいせきさい 1664没(50歳)。江戸時代前期の儒学者。1615生。
ラッセル，ウィリアム，卿 1683没(43歳)。イギリスの政治家。1639生。
バーンズ，ロバート 1796没(37歳)。スコットランドの詩人。1759生。
ビシャ，マリー・フランソワ・クサヴィエ 1802没(30歳)。フランスの解剖、外科医学者。1771生。
森狙仙 もりそせん 1821没(75歳)。江戸時代中期・後期の画家。1747生。
モラティン，レアンドロ・フェルナンデス・デ 1828没(68歳)。スペインの劇作家。1760生。
アッテルボム，ペール・ダニエル・アマデウス 1855没(65歳)。スウェーデンの作家。1790生。
野田笛浦 のだてきほ 1859没(61歳)。江戸時代末期の漢学者。1799生。
梅辻規清 うめつじのりきよ 1861没(64歳)。江戸時代後期の神学者。1798生。
千屋菊次郎 ちやきくじろう 1864没(28歳)。江戸時代末期の志士。1837生。
能勢達太郎 のせたつたろう 1864没(23歳)。江戸時代末期の志士。1842生。

真木和泉　まきいずみ　1864没(52歳)。江戸時代末期の尊攘派志士。1813生。

松山深蔵　まつやましんぞう　1864没(28歳)。江戸時代末期の医師。1837生。

宮部春蔵　みやべはるぞう　1864没(27歳)。江戸時代末期の肥後熊本藩士。1838生。

藤井竹外　ふじいちくがい　1866没(60歳)。江戸時代末期の漢詩人。1807生。

桑田立斎　くわたりゅうさい　1868没(58歳)。江戸・明治時代の蘭方医。小児科。1811生。

シュトラウス，ヨーゼフ　1870没(42歳)。オーストリアの作曲家，指揮者。1827生。

野津鎮雄　のづしずお　1880没(46歳)。江戸・明治時代の陸軍人，薩摩藩士。1835生。

河原崎国太郎(3代目)　かわらざきくにたろう　1887没(35歳)。明治時代の歌舞伎役者。1853生。

松平定敬　まつだいらさだあき　1908没(63歳)。江戸時代末期・明治時代の大名。1846生。

ドリール，レオポルド・ヴィクトール　1910没(83歳)。フランスの歴史家，古文書学者。1826生。

テリー，エレン　1928没(81歳)。イギリスの女優。1847生。

リヨテ，ルイ・ユベール・ゴンザルヴ　1934没(79歳)。フランスの陸軍元帥，植民地行政官。1854生。

菊竹淳　きくたけすなお　1937没(58歳)。明治～昭和時代の新聞記者。福岡日日新聞副社長。1880生。

ウィスター，オーエン　1938没(78歳)。アメリカの作家。1860生。

今井慶松　いまいけいしょう　1947没(77歳)。明治～昭和時代の箏曲家。東京音楽学校教授，日本三曲協会会長。1871生。

菊池幽芳　きくちゆうほう　1947没(78歳)。明治～昭和時代の小説家，新聞記者。1870生。

ゴーキー，アーシル　1948没(43歳)。アルメニア生れのアメリカの画家。1905生。

小西重直　こにししげなお　1948没(74歳)。大正・昭和時代の教育学者。京都帝国大学総長，千葉工業大学長。1875生。

頭山秀三　とうやまひでぞう　1952没(45歳)。昭和時代の国家主義者。天行会長，日本主義青年会議結成者。1907生。

千宗守(武者小路千家9代目)　せんそうしゅ　1953没(63歳)。大正・昭和時代の茶道家。1889生。

犬田卯　いぬたしげる　1957没(65歳)。大正・昭和時代の小説家，農民運動家。1891生。

ロバーツ，ケネス　1957没(71歳)。アメリカのジャーナリスト，歴史小説家。1885生。

河井弥八　かわいやはち　1960没(82歳)。昭和時代の官僚，政治家。参議院議長，侍従次長。1877生。

ボンテンペッリ，マッシモ　1960没(82歳)。イタリアの小説家，詩人。1878生。

アレクサンドロフ　1961没(53歳)。ソ連邦の哲学者。1908生。

トレヴェリアン，G.M.　1962没(86歳)。イギリスの歴史家。1876生。

フォートリエ，ジャン　1964没(66歳)。フランスの画家。1898生。

赤松常子　あかまつつねこ　1965没(67歳)。大正・昭和時代の労働運動家，政治家。参議院議員。1897生。

ルトゥリ，アルバート　1967没(68?歳)。南アフリカの黒人解放運動の指導者。1899頃生。

セント・デニス，ルース　1968没(89歳)。アメリカの女性舞踊家。1879生。

石子順造　いしこじゅんぞう　1977没(48歳)。昭和時代の美術・漫画評論家。1928生。

レン，ルートヴィヒ　1979没(90歳)。東ドイツの小説家。1889生。

江上トミ　えがみとみ　1980没(80歳)。昭和時代の料理研究家。江上料理学院理事長。1899生。

ビタール　1980没(68歳)。シリアの政治家。1912生。

檜山義夫　ひやまよしお　1988没(79歳)。昭和時代の水産学者。東京大学教授，日本水産学会会長。1909生。

高橋義孝　たかはしよしたか　1995没(82歳)。昭和・平成時代のドイツ文学者，文芸評論家。九州大学教授，桐朋学園短期大学教授。1913生。

江藤淳　えとうじゅん　1999没(65歳)。昭和・平成時代の文芸評論家。慶應義塾大学教授。1933生。

渡辺義雄　わたなべよしお　2000没(93歳)。昭和・平成時代の写真家。日本写真家協会会長，日本写真芸術学会会長。1907生。

マコ岩松　まこいわまつ　2006没(72歳)。アメリカの俳優。1933生。

7月21日

7月22日

○記念日○ げたの日
○出来事○ ザビエルが鹿児島に到着（1549）

フェリクス4世　530没。教皇（在位526〜530）、聖人。

隆海　りゅうかい　886没（72歳）。平安時代前期の元興寺の僧。815生。

ロベール1世　1035没。ノルマンディ公（在位1028〜35）。

ロジェール1世　1101没（70?歳）。シチリア伯（1072〜1101）。1031頃生。

藤原宗通　ふじわらのむねみち　1120没（50歳）。平安時代後期の公卿。1071生。

藤原家房　ふじわらいえふさ　1196没（30歳）。平安時代後期・鎌倉時代前期の公卿。1167生。

三条実盛　さんじょうさねもり　1304没。鎌倉時代後期の公卿。

岩松経家　いわまつつねいえ　1335没。鎌倉時代後期・南北朝時代の武士。

小山秀朝　おやまひでとも　1335没。鎌倉時代後期の勤王武将。

広義門院　こうぎもんいん　1357（閏7月）没（66歳）。鎌倉時代後期・南北朝時代の女性。後伏見上皇の女御。1292生。

ランガム　1376没。イングランドの聖職者。

足利満兼　あしかがみつかね　1409没（32歳）。室町時代の第3代の鎌倉公方。1378生。

新田貞方　にったさだかた　1409没（55歳）。南朝時代・室町時代の武将。1355生。

シャルル7世　1461没（58歳）。フランス王（在位1422〜61）。1403生。

山崎宗鑑　やまざきそうかん　1539没（75歳）。戦国時代の俳諧連歌師。1465生。

サポヤイ　1540没（53歳）。ハンガリー王（在位1526〜40）。1487生。

コックス，リチャード　1581没（81歳）。イギリスの牧師，プロテスタントの改革者。1500生。

佐久間信盛　さくまのぶもり　1581没（55歳）。戦国時代・安土桃山時代の武将。1527生。

岩城常隆　いわきつねたか　1590没（24歳）。安土桃山時代の武将。1567生。

レオーニ，レオーネ　1590没（81歳）。イタリアの彫刻家，鋳金家。1509生。

天瑞院　てんずいいん　1592没（80歳）。戦国時代・安土桃山時代の女性。豊臣秀吉の生母。1513生。

酉念　ゆうねん　1598没。安土桃山時代の浄土宗の僧。

オリバレス，ガスパル・デ・グスマン・イ・ピメンタル，伯公爵　1645没（58歳）。スペイン王国の政治家。1587生。

キャメロン，リチャード　1680没（32?歳）。スコットランド教会の分離小派カメロン派の創始者。1648頃生。

河原崎権之助（初代）　かわらさきごんのすけ　1690没（95歳）。江戸時代前期の歌舞伎座本，歌舞伎役者，歌舞伎作者。1596生。

久保太郎右衛門　くぼたろうえもん　1711没（36歳）。江戸時代中期の水利開発者。1676生。

羽川珍重　はねかわちんちょう　1754没（76?歳）。江戸時代中期の浮世絵師。1679頃生。

神田白竜子　かんだはくりゅうし　1760没（81歳）。江戸時代中期の講釈師。1680生。

鶴沢清七（初代）　つるざわせいしち　1826没（79歳）。江戸時代中期・後期の義太夫節三味線弾き。1748生。

ピアッツィ，ジュゼッペ　1826没（80歳）。イタリアの天文学者。1746生。

ナポレオン2世　1832没（21歳）。フランス皇帝ナポレオン（1世）の息子。1811生。

遠山景晋　とおやまかげくに　1837没（74歳）。江戸時代中期・後期の幕臣。1764生。

渓斎英泉　けいさいえいせん　1848没（58歳）。江戸時代後期の浮世絵師，戯作者。1791生。

片岡市蔵（初代）　かたおかいちぞう　1862没（71歳）。江戸時代末期の歌舞伎役者。1792生。

住吉弘貫　すみよしひろつら　1863没（71歳）。江戸時代末期の画家。1793生。

桃井儀八　もものいぎはち　1864没（62歳）。江戸時代末期の農民。1803生。

ローブリング，ジョン・オーガスタス　1869没（63歳）。ドイツ生れのアメリカの橋梁技術者。1806生。

グナイスト　1895没(78歳)。ドイツの法学者，政治家。1816生。
高橋健三　たかはしけんぞう　1898没(44歳)。明治時代の官僚，ジャーナリスト。内閣官報局長。1855生。
レヴィタン，イサク　1900没(39?歳)。ロシアの風景画家。1860生。
クレイ，カシアス・マーセラス　1903没(92歳)。アメリカの奴隷廃止運動家。1810生。
ドモーラン　1907没(55歳)。フランスの社会学者，教育家。1852生。
クリーマー，サー・ランダル　1908没(70歳)。イギリスの労働組合指導者，平和運動家。1838生。
リーリエンクローン，デートレフ・フォン　1909没(65歳)。ドイツの詩人，小説家，劇作家。1844生。
フレミング，サー・サンドフォード　1915没(88歳)。カナダの鉄道技師。1827生。
ライリ，ジェイムズ・ホイットコム　1916没(66歳)。アメリカの詩人。1849生。
若柳寿童(初代)　わかやぎじゅどう　1917没(73歳)。明治・大正時代の日本舞踊家。1845生。
ゴンサレス-プラダ，マヌエル　1918没(70歳)。ペルーの詩人，随筆家。1848生。
ジェマル・パシャ　1922没(61歳)。トルコの軍人，政治家。1861生。
高峰譲吉　たかみねじょうきち　1922没(69歳)。明治・大正時代の応用化学者。1854生。
ヴィーザー　1926没(75歳)。オーストリアの経済学者，社会学者。1851生。
ジーグフェルド，フローレンツ　1932没(63歳)。アメリカの興行師。1869生。
フェッセンデン，レジナルド・オーブリー　1932没(65歳)。アメリカの物理学者，無線工学者。1866生。
マラテスタ，エンリコ　1932没(78歳)。イタリアの無政府主義者。1853生。
松崎天民　まつざきてんみん　1934没(57歳)。明治・大正時代の新聞記者，文筆家。1878生。
岡崎邦輔　おかざきくにすけ　1936没(83歳)。明治〜昭和時代の政治家。衆議院議員。1854生。
ブラウン　1938没(71歳)。アメリカの天文学者。1866生。
キング，W.L.M.　1950没(75歳)。カナダの政治家。1874生。
笑福亭松鶴(5代目)　しょうふくていしょかく　1950没(65歳)。明治〜昭和時代の落語家。1884生。
ロス　1951没(84歳)。アメリカの社会学者。1866生。
京山若丸　きょうやまわかまる　1956没(79歳)。明治〜昭和時代の浪曲師。西宮市議会議員。1877生。
ゾーシチェンコ，ミハイル・ミハイロヴィチ　1958没(62歳)。ソ連の小説家。1895生。
森律子　もりりつこ　1961没(70歳)。明治〜昭和時代の舞台女優。1890生。
河出孝雄　かわでたかお　1965没(64歳)。昭和時代の出版人。河出書房新社社長。1901生。
サンドバーグ，カール　1967没(89歳)。アメリカの詩人。1878生。
グァレスキ，ジョヴァンニ　1968没(60歳)。イタリアの小説家。1908生。
デール，サー・ヘンリー・ハレット　1968没(93歳)。イギリスの医学者，生化学者。1875生。
松岡譲　まつおかゆずる　1969没(77歳)。大正・昭和時代の小説家，随筆家。1891生。
コルトナー，フリッツ　1970没(78歳)。ドイツの俳優，監督。1892生。
根岸佶　ねぎしただし　1971没(96歳)。大正・昭和時代の経済学者。1874生。
モース　1974没(73歳)。アメリカの政治家。1900生。
ウィーラー，モーティマー　1976没(85歳)。イギリスの考古学者。1890生。
ペルブーヒン　1978没(73歳)。ソ連の政治家。1904生。
プイグ，マヌエル　1990没(57歳)。アルゼンチンの小説家。1932生。
後藤得三　ごとうとくぞう　1991没(94歳)。昭和時代の能楽師(喜多流シテ方)。1897生。
遠藤元男　えんどうもとお　1998没(90歳)。昭和・平成時代の日本史学者。明治大学教授，荒川区文化財保護審議会会長。1908生。
プライ，ヘルマン　1998没(69歳)。ドイツのバリトン歌手。1929生。
寺島珠雄　てらしまたまお　1999没(73歳)。昭和・平成時代の詩人，労働運動家。1925生。
草柳大蔵　くさやなぎだいぞう　2002没(78歳)。昭和・平成時代の評論家，ジャーナリスト。1924生。
杉浦日向子　すぎうらひなこ　2005没(46歳)。昭和・平成時代の江戸風俗研究家。1958生。

7月22日

7月23日

○記念日○ ふみの日
○出来事○ 由井正雪らの陰謀発覚（1651）
なだしお事件（1988）
参議院で自民党過半数割れ（1989）

楊素　ようそ　606没。中国, 隋の権臣。
大宅諸姉　おおやけのもろあね　745没。奈良時代の女官。
元稹　げんしん　831没（52歳）。中国, 中唐の文学者, 政治家。779生。
藤原緒嗣　ふじわらのおつぐ　843没（70歳）。平安時代前期の公卿。774生。
鳥栖寺貞崇　とりすでらていそう　944没（79歳）。平安時代中期の真言宗の僧。866生。
円賀　えんが　992没（87歳）。平安時代中期の天台宗の僧。906生。
近衛天皇　このえてんのう　1155没（17歳）。第76代の天皇。1139生。
蓮位　れんい　1278没。鎌倉時代前期の浄土真宗の僧。
嶮崖巧安　けんがいこうあん　1331没（80歳）。鎌倉時代後期の臨済宗の僧。1252生。
護良親王　もりよししんのう　1335没（28歳）。後醍醐天皇の皇子。1308生。
ビルギッタ　1373没（71?歳）。スウェーデンの神秘家, 聖女。1302頃生。
持明院基親　じみょういんもとちか　1419没。室町時代の公卿。
武田信栄　たけだのぶひで　1440没（28歳）。室町時代の武将。1413生。
快尊　かいそん　1466没（76歳）。室町時代の僧。1391生。
大空玄虎　だいくうげんこ　1505没（78歳）。室町時代・戦国時代の僧。1428生。
東洲周道　とうしゅうしゅうどう　1521没（83歳）。室町時代・戦国時代の曹洞宗の僧。1439生。
冷泉為広　れいぜいためひろ　1526没（77歳）。戦国時代の歌人・公卿。1450生。
日運　にちうん　1530没。戦国時代の日蓮宗の僧。
宏善　こうぜん　1557没（83歳）。戦国時代の浄土宗の僧。1475生。
ゲッツ・フォン・ベルリヒンゲン　1562没（82歳）。ドイツ農民戦争の指導者。1480生。

文伯仁　ぶんはくじん　1575没（73歳）。中国, 明代の文人画家。1502生。
ミハイル・ロマノフ　1645没（49歳）。ロシアの皇帝（在位1613〜45）。1596生。
スレイマン2世　1691没（44歳）。オスマン・トルコ帝国の第20代スルタン（1687〜91）。1647生。
宮崎安貞　みやざきやすさだ　1697没（75歳）。江戸時代前期の農学者。1623生。
平野金華　ひらのきんか　1732没（45歳）。江戸時代中期の漢学者。1688生。
スカルラッティ, ドメーニコ　1757没（71歳）。イタリアの作曲家, チェンバロ奏者。1685生。
長久保赤水　ながくぼせきすい　1801没（85歳）。江戸時代中期・後期の地図作者。1717生。
中山文七（初代）　なかやまぶんしち　1813没（83歳）。江戸時代中期の歌舞伎役者。1731生。
頼杏坪　らいきょうへい　1834没（79歳）。江戸時代中期・後期の儒学者。1756生。
プレトリウス, アンドリース　1853没（54歳）。オランダの植民地開発者, 軍人。1799生。
シェーン　1856没（84歳）。プロシアの政治家。1772生。
デボルド-ヴァルモール, マルスリーヌ　1859没（73歳）。フランスのロマン派女流詩人。1786生。
烏亭焉馬（2代目）　うていえんば　1862没（71歳）。江戸時代末期の歌舞伎作者。1792生。
シンガー, アイザック　1875没（63歳）。アメリカの発明家, 企業家。1811生。
ロキタンスキ, カール, 男爵　1878没（74歳）。オーストリアの病理学者。1804生。
グラント, ユリシーズ・S　1885没（63歳）。アメリカの南北戦争時の連邦軍総司令官, 第18代大統領（1869〜77）。1822生。
宇都宮三郎　うつのみやさぶろう　1902没（69歳）。明治時代の蘭学者, 化学技術者。1834生。

児玉源太郎　こだまげんたろう　1906没(55歳)。明治時代の陸軍軍人。1852生。

竹本津太夫(2代目)　たけもとつだゆう　1912没(74歳)。明治時代の義太夫節太夫。1839生。

ナイサー, アルベルト・ルートヴィヒ・ジークムン　1916没(61歳)。ドイツの皮膚科学者, 細菌学者。1855生。

ラムジー, サー・ウィリアム　1916没(63歳)。イギリスの化学者。1852生。

金子文子　かねこふみこ　1926没(25歳)。大正時代の虚無主義者。1902生。

アシュリー　1927没(67歳)。イギリスの経済史家, 経済学者。1860生。

葛西善蔵　かさいぜんぞう　1928没(42歳)。大正時代の小説家。1887生。

カーティス, グレン　1930没(52歳)。アメリカの発明家, 飛行家, 実業家。1878生。

古今亭今輔(4代目)　ここんていいますけ　1935没(50歳)。明治〜昭和時代の落語家。1886生。

本庄陸男　ほんじょうむつお　1939没(35歳)。昭和時代の小説家, 教育評論家。1905生。

パウルセン, ヴァルデマー　1942没(72歳)。デンマークの電気技術者, 発明家。1869生。

グリフィス, デイヴィッド・ウオーク　1948没(73歳)。アメリカの映画監督。1875生。

姉崎正治　あねざきまさはる　1949没(77歳)。明治〜昭和時代の宗教学者, 文明評論家。東京帝国大学教授, 日本宗教学会会長。1873生。

東郷茂徳　とうごうしげのり　1950没(67歳)。大正・昭和時代の外交官, 政治家。外相, 勅選貴院議員。1882生。

フラハティ, ロバート　1951没(67歳)。アメリカの映画監督。1884生。

ペタン, フィリップ　1951没(95歳)。フランスの軍人, 政治家。1856生。

ハル, コーデル　1955没(83歳)。アメリカの政治家。1871生。

石山賢吉　いしやまけんきち　1964没(82歳)。大正・昭和時代の出版人。日本雑誌協会会長, 衆議院議員。1882生。

デル, フロイド　1969没(82歳)。アメリカの小説家, ジャーナリスト。1887生。

藤田尚徳　ふじたひさのり　1970没(89歳)。明治〜昭和時代の侍従長, 海軍軍人。大将。1880生。

タブマン　1971没(75歳)。リベリアの法律家, 政治家。1895生。

赤木蘭子　あかぎらんこ　1973没(59歳)。昭和時代の女優。1914生。

辻永　つじひさし　1974没(90歳)。明治〜昭和時代の洋画家。日展理事長。1884生。

北岸佑吉　きたぎしゆうきち　1976没(72歳)。昭和時代の演劇評論家。大阪芸術大学教授, 文化庁文化財保護審議会専門委員。1903生。

モラン, ポール　1976没(88歳)。フランスの作家。1888生。

ケッセル, ジョゼフ　1979没(81歳)。フランスの小説家, ジャーナリスト。1898生。

前尾繁三郎　まえおしげさぶろう　1981没(75歳)。昭和時代の政治家。衆院議長, 自民党幹事長。1905生。

オーリック, ジョルジュ　1983没(84歳)。フランスの作曲家。1899生。

バーセルミ, ドナルド　1989没(58歳)。アメリカの雑誌編集者, 小説家。1931生。

高柳健次郎　たかやなぎけんじろう　1990没(91歳)。大正・昭和時代の電子工学者。日本ビクター副社長。1899生。

アルレッティ　1992没(94歳)。フランスの女優。1898生。

サトクリフ, ローズマリ　1992没(71歳)。イギリスの児童文学作家。1920生。

南部忠平　なんぶちゅうへい　1997没(93歳)。昭和・平成時代の陸上競技選手, 教育者。鳥取女子短期大学学長, 京都産業大学教授。1904生。

ドゥジンツェフ, ウラジーミル・ドミトリエヴィチ　1998没(79歳)。ソ連の小説家。1918生。

小倉遊亀　おぐらゆき　2000没(105歳)。大正〜平成時代の日本画家。日本美術院理事長。1895生。

黒田清　くろだきよし　2000没(69歳)。昭和・平成時代のジャーナリスト。読売新聞大阪本社編集局次長・社会部長, 黒田ジャーナル代表。1931生。

ウェルティ, ユードラ　2001没(92歳)。アメリカの女流作家。1909生。

7月23日

7月24日

○記念日○ 劇画の日
○出来事○ 日本初のミス・ユニバースに児島明子(1959)
「ガロ」創刊(1964)
北の湖、最年少横綱に(1974)

聖シメオン・ステュリテス　459没(72歳)。大柱頭行者。387生。

房玄齢　ぼうげんれい　648没(70歳)。中国、初唐の宰相。578生。

皇極天皇　こうぎょくてんのう　661没(68?歳)。第35代の天皇。0594頃生。

藤原冬嗣　ふじわらのふゆつぐ　826没(52歳)。平安時代前期の公卿。775生。

藤原綱継　ふじわらのつなつぐ　847没(85歳)。奈良時代・平安時代前期の公卿。763生。

大江以言　おおえのもちとき　1010没(56歳)。平安時代中期の学者。955生。

マティルデ　1115没(69歳)。イタリア、トスカナ侯ボニファチオとロートリンゲン伯女ベアトリーチェの娘。1046生。

道正隆英　どうしょうりゅうえい　1248没(78歳)。鎌倉時代前期の曹洞宗の僧。1171生。

蘭渓道隆　らんけいどうりゅう　1278没(65歳)。中国、宋の臨済宗の僧。1213生。

藤原季範　ふじわらのすえのり　1281没(57歳)。鎌倉時代後期の公卿。1225生。

遊義門院　ゆうぎもんいん　1307没(38歳)。鎌倉時代後期の女性。後深草天皇の皇女。1270生。

恒助法親王　こうじょほっしんのう　1310没(20歳)。鎌倉時代後期の天台宗寺門派の僧。1291生。

菅原房長　すがわらふさなが　1345没。鎌倉時代後期・南北朝時代の公卿。

虎関師錬　こかんしれん　1346没(69歳)。鎌倉時代後期・南北朝時代の臨済宗聖一派の僧。1278生。

唐橋在雅　からはしありまさ　1356没(82歳)。鎌倉時代後期・南北朝時代の公卿。1275生。

細川清氏　ほそかわきよじ　1362没。南北朝時代の武将、執事。

武者小路教光　むしゃのこうじのりみつ　1378没(54歳)。南北朝時代の公卿。1325生。

アイプ　1475没(54歳)。ドイツの人文主義者。1420生。

カルロス　1568没(23歳)。スペイン王位継承者。1545生。

誠仁親王　さねひとしんのう　1586没(35歳)。安土桃山時代の正親町の第1子。1552生。

サンティ・ディ・ティート　1603没(66歳)。イタリアの画家、建築家。1536生。

内藤信成　ないとうのぶなり　1612没(68歳)。安土桃山時代・江戸時代前期の大名。1545生。

春日市右衛門景直　しゅんにちいちえもんかげみち　1638没(61歳)。安土桃山時代・江戸時代前期の能役者。1578生。

大蔵弥太郎(12代目)　おおくらやたろう　1646没(81歳)。安土桃山時代・江戸時代前期の狂言役者。1566生。

ローガウ、フリードリヒ・フォン　1655没(51歳)。ドイツ・バロック時代の詩人。1604生。

別伝宗分　べつでんそうぶん　1668没(71歳)。江戸時代前期の臨済宗の僧。1598生。

浅野長直　あさのながなお　1672没(63歳)。江戸時代前期の大名。1610生。

ボル、フェルディナンド　1680没(64歳)。オランダの画家。1616生。

本阿弥光甫　ほんあみこうほ　1682没(82歳)。江戸時代前期の芸術家。1601生。

市村羽左衛門(3代目)　いちむらうざえもん　1686没(59歳)。江戸時代前期の歌舞伎座本。1628生。

マルチェロ、ベネデット　1739没(52歳)。イタリアの作曲家。1686生。

鶴沢友次郎(初代)　つるざわともじろう　1749没。江戸時代中期の義太夫節三味線弾き。

ゴビル、アントワーヌ　1759没(70歳)。フランスのイエズス会士。1689生。

杉浦乗意　すぎうらじょうい　1761没(61歳)。江戸時代中期の装剣金工家。1701生。

奥平昌鹿　おくだいらまさか　1780没（37歳）。江戸時代中期の大名。1744生。
田沼意次　たぬまおきつぐ　1788没（69歳）。江戸時代中期の大名、老中。1720生。
シマノフスカ, マリア・アガータ　1831没（41歳）。ポーランドの女性ピアニスト, 作曲家。1789生。
矢部定謙　やべさだのり　1842没（54歳）。江戸時代後期の幕臣。1789生。
遠藤勝助　えんどうしょうすけ　1851没（65歳）。江戸時代後期の儒学者。1787生。
ヴァン・ビューレン, マーティン　1862没（79歳）。第8代アメリカ大統領。1782生。
ウェッブ, マシュー　1883没（35歳）。イギリスの冒険家。1848生。
佐倉常七　さくらつねしち　1899没（65歳）。明治時代の西陣織職人。京都府職工場教授。1835生。
楢原陳政　ならはらちんせい　1900没（39歳）。明治時代の中国学者, 外交官。1862生。
川辺御楯　かわべみたて　1905没（68歳）。江戸・明治時代の画家。太政官。1838生。
市川九女八（初代）　いちかわくめはち　1913没（67歳）。明治時代の歌舞伎役者。1847生。
パッテン　1922没（70歳）。アメリカの経済学者。1852生。
芥川龍之介　あくたがわりゅうのすけ　1927没（36歳）。大正時代の小説家。1892生。
サントス-ドゥモント, アルベルト　1932没（59歳）。ブラジルの飛行家。1873生。
日高壮之丞　ひたかそうのじょう　1932没（85歳）。明治～昭和時代の海軍軍人。提督, 大将。1848生。
シリングス, マックス・フォン　1933没（65歳）。ドイツの作曲家, 指揮者。1868生。
ミヒャエーリス, ゲオルク　1936没（78歳）。ドイツのキリスト者政治家。1857生。
リャーシチェンコ　1955没（78歳）。ソ連邦の経済学者。1876生。
ギトリ, サッシャ　1957没（72歳）。フランスの俳優, 劇作家。1885生。
田島隆純　たじまりゅうじゅん　1957没（65歳）。大正・昭和時代の真言宗豊山派僧侶, 仏教学者。大正大学教授, 大僧正。1892生。
阪中正夫　さかなかまさお　1958没（56歳）。昭和時代の劇作家。1901生。
コスミンスキー　1959没（72歳）。ソ連の中世史家。1886生。

笹村吉郎　ささむらきちろう　1960没（93歳）。明治～昭和時代の機械技術者。1867生。
本領信治郎　ほんりょうしんじろう　1971没（67歳）。昭和時代の政治家。改進党中央常任委員, 衆議院議員。1903生。
川島つゆ　かわしまつゆ　1972没（80歳）。大正・昭和時代の俳人, 俳句研究家。1892生。
チャドウィック, サー・ジェイムズ　1974没（82歳）。イギリスの物理学者。1891生。
何其芳　かきほう　1977没（65歳）。中国の詩人, 評論家。1912生。
杉野芳子　すぎのよしこ　1978没（86歳）。大正・昭和時代の服飾デザイナー。杉野学園創立者。1892生。
セラーズ, ピーター　1980没（54歳）。イギリスの俳優。1925生。
尾上菊次郎（4代目）　おのえきくじろう　1981没（76歳）。大正・昭和時代の歌舞伎役者。1904生。
斎藤喜博　さいとうきはく　1981没（70歳）。昭和時代の教育評論家, 歌人。宮城教育大学教授。1911生。
鶴田義行　つるたよしゆき　1984没（80歳）。昭和時代の水泳選手。1903生。
たこ八郎　たこはちろう　1985没（44歳）。昭和時代のタレント, プロボクサー。1940生。
リップマン, フリッツ・アルベルト　1986没（87歳）。アメリカの生化学者。1899生。
牧健二　まきけんじ　1989没（96歳）。大正・昭和時代の法制史学者。京都大学教授, 京都学芸大教授。1892生。
シンガー, アイザック・バシェヴィス　1991没（86歳）。アメリカのユダヤ系文学者。1904生。
橋本宇太郎　はしもとうたろう　1994没（87歳）。大正～平成時代の棋士。囲碁9段, 関西棋院理事長。1907生。
ブレナン, ウィリアム・J, ジュニア　1997没（91歳）。アメリカの法律家, 1952～56年ニューヨーク州最高裁判事, 61年連邦最高裁准判事。1906生。
法眼晋作　ほうげんしんさく　1999没（89歳）。昭和時代の外交官, 弁護士。外務事務次官, 国際協力事業団総裁。1910生。
平塚直秀　ひらつかなおひで　2000没（96歳）。昭和・平成時代の植物病理学者。東京教育大学教授。1903生。

7月24日

7月25日

○記念日○ かき氷の日
　　　　　最高気温記念日
○出来事○ 日清戦争始まる(1894)
　　　　　英国で初の試験管ベビー誕生(1978)
　　　　　バルセロナ五輪開幕(1992)

オリュンピアス　408没(47?歳)。コンスタンティノポリスの寡婦。361頃生。

大伴旅人　おおとものたびと　731没(67歳)。飛鳥時代・奈良時代の歌人, 公卿。665生。

藤原武智麻呂　ふじわらのむちまろ　737没(58歳)。飛鳥時代・奈良時代の官人。680生。

藤原魚名　ふじわらのうおな　783没(63歳)。奈良時代の官人。721生。

藤原教貴　ふじわらのきょうき　789没。奈良時代の女官。

承子内親王　しょうしないしんのう　951没(4歳)。平安時代中期の女性。村上天皇の皇女。948生。

源扶義　みなもとのすけよし　998没(48歳)。平安時代中期の公卿。951生。

佳子内親王　かしないしんのう　1130没(74歳)。平安時代後期の女性。後三条天皇の第6皇女。1057生。

平盛国　たいらのもりくに　1186没(74歳)。平安時代後期の武士。1113生。

ミーズ　1186没。アイルランド司政官。

平範輔　たいらののりすけ　1235没(44歳)。鎌倉時代前期の公卿。1192生。

ショーリアック, ギー・ド　1368没(68?歳)。中世ヨーロッパ最高の伝説的名外科医。1300頃生。

ツァハリーエ, ヨーハン　1428没(66?歳)。ドイツの神学者。1362頃生。

トマス・ア・ケンピス　1471没(92歳)。ドイツの神学者。1379生。

インノケンティウス8世　1492没(60歳)。教皇(在位1484～92)。1432生。

カンペッジョ, ロレンツォ　1539没(64歳)。イタリアの教会政治家。1474生。

フェルディナント1世　1564没(61歳)。ハプスブルク家出身の神聖ローマ皇帝(在位1558～64)。1503生。

アルバレス, バルターザル　1580没(46?歳)。スペインのイエズス会士。1534頃生。

笑巌宗聞　しょうがんそうぎん　1598没。戦国時代・安土桃山時代の曹洞宗の僧。

リバヴィウス, アンドレアス　1616没(76?歳)。ドイツの化学者, 医者。1540頃生。

貴雲嶺胤　きうんれいいん　1619没。安土桃山時代・江戸時代前期の曹洞宗の僧。

上杉春子　うえすぎはるこ　1658没。江戸時代前期の女性。出羽米沢藩主上杉綱勝の妻。

ドービニャック, フランソワ・エドラン　1676没(71歳)。フランスの小説家, 劇評家。1604生。

キアラ　1685没(84歳)。江戸時代前期のイエズス会司祭。1602生。

幸仁親王　ゆきひとしんのう　1699没(44歳)。後西天皇の第2皇子, 有栖川宮第3代。1656生。

竹本播磨少掾　たけもとはりまのしょうじょう　1744没(54歳)。江戸時代中期の義太夫節の太夫。1691生。

バーゼドー, ヨハン・ベルンハルト　1790没(66歳)。ドイツ啓蒙期の教育改革者。1723生。

シェニエ, アンドレ-マリ　1794没(31歳)。フランスの詩人。1762生。

伴蒿蹊　ばんこうけい　1806没(74歳)。江戸時代中期・後期の歌人, 和文作者。1733生。

並木正三(2代目)　なみきしょうぞう　1807没。江戸時代中期・後期の歌舞伎役者, 歌舞伎作者。

カラジョルジェ　1817没(51歳)。セルビア国家の創建者。1766生。

ペステリ　1826没(33歳)。ロシアの軍人, デカブリストの一人。1793生。

コールリッジ, サミュエル・テイラー　1834没(61歳)。イギリスの詩人, 批評家。1772生。

ボナパルト, ルイ　1846没(67歳)。ナポレオン1世の弟。1778生。

渋川敬直　しぶかわひろなお　1851没(37歳)。江戸時代末期の暦学者。1815生。

モンテフィオーレ, サー・モーゼズ　1885没(100歳)。イギリスのユダヤ人博愛主義者。1784生。

松平茂昭　まつだいらもちあき　1890没(55歳)。江戸・明治時代の福井藩主。侯爵。1836生。

セラーオ, マティルデ　1927没(71歳)。イタリアの女流小説家。1856生。

牧野省三　まきのしょうぞう　1929没(52歳)。明治〜昭和時代の映画製作者, 映画監督。1878生。

コティ, フランソワ　1934没(60歳)。フランスの香水・化粧品製造業者, 新聞社主。1874生。

ドルフース, エンゲルベルト　1934没(41歳)。オーストリアの政治家。1892生。

リッケルト, ハインリヒ　1936没(73歳)。ドイツの哲学者, 新カント学派の西南ドイツ学派(バーデン学派)の代表者。1863生。

浜田耕作　はまだこうさく　1938没(58歳)。明治〜昭和時代の考古学者。京都帝国大学総長。1881生。

ドマンジョン　1940没(68歳)。フランスの地理学者。1872生。

コメレル, マックス　1944没(42歳)。ドイツの文学史家, 詩人。1902生。

ユクスキュル　1944没(79歳)。ドイツの動物学者。1864生。

陶行知　とうこうち　1946没(54歳)。中国の社会教育家。1891生。

ランゲッサー, エリーザベト　1950没(51歳)。ドイツの女流詩人, 小説家。1899生。

ドゥナエーフスキー, イサーク・オーシポヴィチ　1955没(55歳)。ソ連邦の作曲家。1900生。

マルトンヌ　1955没(82歳)。フランスの地理学者。1873生。

関口存男　せきぐちつぎお　1958没(63歳)。大正・昭和時代のドイツ語学者。法政大学教授。1894生。

リートフェルト, ヘリット・トマス　1964没(76歳)。オランダの建築家。1888生。

帆足みゆき　ほあしみゆき　1965没(84歳)。大正・昭和時代の社会評論家。1881生。

ゴンブローヴィッチ, ヴィトルド　1969没(64歳)。ポーランドの最も前衛的なユダヤ系小説家, 劇作家。1904生。

ディクス, オットー　1969没(77歳)。ドイツの画家, 版画家。1891生。

サン・ローラン, ルイ　1973没(91歳)。カナダの政治家。1882生。

花菱アチャコ　はなびしあちゃこ　1974没(77歳)。大正・昭和時代の漫才師, 俳優。1897生。

きだみのる　1975没(80歳)。昭和時代の小説家。1895生。

フィンク　1975没(69歳)。ドイツの哲学者。1905生。

スレーター　1976没(75歳)。アメリカの理論物理学者。1900生。

秋元不死男　あきもとふじお　1977没(75歳)。昭和時代の俳人。1901生。

迫水久常　さこみずひさつね　1977没(74歳)。昭和時代の政治家, 大蔵官僚。参議院議員, 衆議院議員, 郵政大臣。1902生。

古賀政男　こがまさお　1978没(73歳)。昭和時代の作曲家。1904生。

岸盛一　きしせいいち　1979没(71歳)。昭和時代の裁判官。最高裁判事。1908生。

時雨音羽　しぐれおとは　1980没(81歳)。大正・昭和時代の作詞家, 詩人。1899生。

岡田謙三　おかだけんぞう　1982没(79歳)。昭和時代の洋画家。1902生。

我妻洋　わがつまひろし　1985没(58歳)。昭和時代の社会心理学者, 文化人類学者。東京工業大学教授。1927生。

ミネリ, ヴィンセント　1986没(76歳)。アメリカの映画監督。1910生。

小山いと子　こやまいとこ　1989没(88歳)。昭和時代の小説家。1901生。

カガノヴィチ, ラザリ・モイセエヴィチ　1991没(97歳)。ソ連の政治家。1893生。

草鹿外吉　くさかそときち　1993没(64歳)。昭和・平成時代の翻訳家, 評論家。日本福祉大学教授。1928生。

井汲卓一　いくみたくいち　1995没(94歳)。昭和時代の経済学者。東京経済大学学長。1901生。

ホーガン, ベン　1997没(84歳)。アメリカのプロゴルファー。1912生。

西嶋定生　にしじまさだお　1998没(79歳)。昭和・平成時代の東洋史学者。東京大学教授, 新潟大学教授。1919生。

シュレージンガー, ジョン　2003没(77歳)。イギリスの映画監督。1926生。

7月25日

7月26日

○記念日○ 幽霊の日
○出来事○ 『東海道四谷怪談』初演(1825)
　　　　　ポツダム宣言発表(1945)
　　　　　スエズ運河国有化(1956)

元良親王　もとよししんのう　943没(54歳)。平安時代中期の公卿,歌人。890生。

藤原穆子　ふじわらのぼくし　1016没(86歳)。平安時代中期の女性。左大臣源雅信の妻。931生。

皇慶　こうけい　1049没(73歳)。平安時代中期の天台宗の僧。977生。

安倍頼時　あべのよりとき　1057没。平安時代中期の東北地方の豪族,俘囚長。

近衛基実　このえもとざね　1166没(24歳)。平安時代後期の公卿。1143生。

源通家　みなもとのみちいえ　1167没(35歳)。平安時代後期の堂上の楽人。1133生。

藤原雅長　ふじわらまさなが　1196没(52歳)。平安時代後期・鎌倉時代前期の公卿。1145生。

平賀朝雅　ひらがともまさ　1205(閏7月)没。平安時代後期・鎌倉時代前期の武将。

藤原親輔　ふじわらのちかすけ　1224没(62歳)。平安時代後期・鎌倉時代前期の公卿。1163生。

良覚　りょうかく　1259没。鎌倉時代前期の僧。

高辻清長　たかつじきよなが　1303没(67歳)。鎌倉時代後期の公卿。1237生。

真栄女王　しんえいじょおう　1453没(40歳)。室町時代の女性。伏見宮治仁王の第2王女。1414生。

パウルス2世　1471没(54歳)。教皇(在位1464～71)。1417生。

朝倉孝景　あさくらたかかげ　1481没(54歳)。室町時代・戦国時代の越前の大名。家景の子。1428生。

太田道灌　おおたどうかん　1486没(55歳)。室町時代・戦国時代の武将。1432生。

持明院基春　じみょういんもとはる　1535没(83歳)。戦国時代の書家,公卿。1453生。

グルエ,ジャーク　1547没。ジュネーヴの反カルヴァン派のひとり。

メリュラ,アンジェルス　1557没(75?歳)。オランダの初期プロテスタント。1482頃生。

川端道喜　かわばたどうき　1592没。安土桃山時代の京都の豪商,菓子司。

ビロン　1592没(68歳)。フランスの軍人。1524生。

本多重次　ほんだしげつぐ　1596没(68歳)。戦国時代・安土桃山時代の武将。1529生。

ベナビデス,ミゲル・デ　1605没(53歳)。スペインのドミニコ会宣教師。1552生。

石川康通　いしかわやすみち　1607没(54歳)。安土桃山時代・江戸時代前期の大名。1554生。

セスペデス,パブロ・デ　1608没(70歳)。スペインの画家,彫刻家。1538生。

カルロ・エマヌエレ1世　1630没(68歳)。サボイア公(1580)。1562生。

由井正雪　ゆいしょうせつ　1651没(47歳)。江戸時代前期の楠流軍学者。1605生。

ウィルモット,ジョン　1680没(33歳)。イギリスの詩人。1647生。

吉田勘兵衛　よしだかんべえ　1686没(76歳)。江戸時代前期の新田開発者。1611生。

カドワース,ラルフ　1688没(71歳)。イギリス,ケンブリッジ・プラトン学派の指導的哲学者。1617生。

中村惕斎　なかむらてきさい　1702没(74歳)。江戸時代前期・中期の朱子学者。1629生。

歌川　かせん　1776没(61歳)。江戸時代中期の女性。俳人。1716生。

嵐小六(初代)　あらしころく　1786没(77歳)。江戸時代中期の歌舞伎役者。1710生。

ギュンデローデ,カロリーネ・フォン　1806没(26歳)。ドイツロマン主義の女流詩人。1780生。

ブーン,ダニエル　1820没(85歳)。アメリカの開拓者。1734生。

井戸弘道　いどひろみち　1855没。江戸時代末期の幕臣,浦賀奉行。

金子孫二郎　かねこまごじろう　1861没(58歳)。江戸時代末期の尊攘派水戸藩士。1804生。

蓮田市五郎　はすだいちごろう　1861没(29歳)。江戸時代末期の水戸藩属吏。1833生。

ヒューストン，サム　1863没(70歳)。アメリカの軍人，政治家，テキサス独立運動の指導者。1793生。

オットー1世　1867没(52歳)。ギリシア王(1832〜62)。1815生。

森田節斎　もりたせっさい　1868没(58歳)。江戸・明治時代の儒学者。1811生。

浅野長訓　あさのながみち　1872没(61歳)。江戸時代末期・明治時代の大名。1812生。

秋元志朝　あきもとゆきとも　1876没(57歳)。江戸時代末期・明治時代の大名。1820生。

ボロー，ジョージ　1881没(78歳)。イギリスの旅行家，文献学者，文筆家。1803生。

木村安兵衛　きむらやすべえ　1889没(73歳)。明治時代の実業家，パン製造業者。1817生。

城常太郎　じょうつねたろう　1905没(43歳)。明治時代の労働運動家，実業家。1863生。

マリー，ジェイムズ　1915没(78歳)。イギリスの言語学者。1837生。

佐藤進　さとうすすむ　1921没(77歳)。明治・大正時代の外科医師。1845生。

フレーゲ，ゴットロープ　1925没(76歳)。ドイツの数学者，論理学者，哲学者。1848生。

山崎直方　やまざきなおまさ　1929没(60歳)。明治〜昭和時代の地理学者。東京帝国大学教授，日本地理学会初代会長。1870生。

内田良平　うちだりょうへい　1937没(64歳)。明治〜昭和時代の右翼運動指導者。大日本共産党総裁。1874生。

伊原青々園　いはらせいせいえん　1941没(72歳)。明治〜昭和時代の演劇評論家，劇作家。1870生。

ウォーフ，ベンジャミン・リー　1941没(44歳)。アメリカ生れの言語学者。1897生。

ルベーグ，アンリ・レオン　1941没(66歳)。フランスの数学者。1875生。

クレメンツ　1945没(70歳)。アメリカの植物生態学者。1874生。

坂田三吉　さかたさんきち　1946没(77歳)。明治〜昭和時代の棋士。将棋八段。1870生。

ペロン，マリア・エヴァ　1952没(33歳)。アルゼンチンの女性政治家，社会運動家。1919生。

伊藤永之介　いとうえいのすけ　1959没(55歳)。昭和時代の小説家。日本農民文学会会長。1903生。

福井繁子　ふくいしげこ　1961没(87歳)。明治〜昭和時代の産婦人科学者。1874生。

山本東次郎(3代目)　やまもととうじろう　1964没(65歳)。昭和時代の能楽師狂言方。1898生。

村田嘉久子　むらたかくこ　1969没(76歳)。明治〜昭和時代の舞台女優。1893生。

レッペ　1969没(76歳)。ドイツの有機化学者。1892生。

アーバス，ダイアン　1971没(48歳)。アメリカの写真家。1923生。

ダヴィ　1976没(92歳)。フランスの社会学者。1883生。

ノーソフ，ニコライ・ニコラエヴィチ　1976没(67歳)。ソ連の児童文学者。1908生。

宮薗千之(4代目)　みやぞのせんし　1977没(85歳)。昭和時代の浄瑠璃三味線方。1891生。

今中次麿　いまなかつぎまろ　1980没(87歳)。大正・昭和時代の政治学者。広島大学教授，九州大学教授。1893生。

鹿地亘　かぢわたる　1982没(79歳)。昭和時代の小説家，評論家。1903生。

玉虫文一　たまむしぶんいち　1982没(83歳)。大正・昭和時代の物理化学者。東京大学教授。1898生。

ハリマン，ウィリアム・アヴァレル　1986没(94歳)。アメリカの政治家。1891生。

タウフィーク・アル・ハキーム　1987没(89歳)。エジプトの代表的作家，戯曲家。1898生。

武智鉄二　たけちてつじ　1988没(75歳)。昭和時代の演出家，映画監督。1912生。

森山啓　もりやまけい　1991没(87歳)。昭和時代の詩人，小説家。1904生。

大山康晴　おおやまやすはる　1992没(69歳)。昭和・平成時代の棋士。将棋第15世名人。1923生。

リッジウェイ，マシュー・B　1993没(98歳)。アメリカの軍人，元帥。1895生。

吉行淳之介　よしゆきじゅんのすけ　1994没(70歳)。昭和・平成時代の小説家。1924生。

小平邦彦　こだいらくにひこ　1997没(82歳)。昭和・平成時代の数学者。東京大学教授。1915生。

中島らも　なかじまらも　2004没(52歳)。昭和・平成時代の作家，コピーライター。1952生。

7月26日

7月27日

○記念日○ 政治を考える日
○出来事○ テルミドールの反動(1794)
世界初のジェット旅客機が飛行(1949)
朝鮮戦争休戦協定調印(1953)

ケレスチヌス1世　432没。第43代教皇(在位422～432)。

穂積親王　ほづみしんのう　715没。飛鳥時代・奈良時代の公卿。

為奈玉足　いなのたまたり　781没。奈良時代の女官。

クリメント(オフリドの)　916没(76?歳)。ブルガリアの宣教師、主教、聖人。840頃生。

童貫　どうかん　1126没(72歳)。中国、北宋の徽宗朝の宦官。1054生。

グイゴ　1136没(52?歳)。バレンシア地方出身の著述家、法制家。1084頃生。

グイゴ(カストロの)　1137没(54?歳)。バレンシア地方出身のカルトゥジオ会の著述家、法制家。1083頃生。

平親宗　たいらのちかむね　1199没(56歳)。平安時代後期・鎌倉時代前期の公卿。1144生。

竹御所　たけのごしょ　1234没(32歳)。鎌倉時代前期の女性。2代将軍源頼家の娘。1203生。

湛空　たんくう　1253没(78歳)。鎌倉時代前期の浄土宗の僧。1176生。

ハイメ1世　1276没(68歳)。アラゴン王(在位1213～76)。1208生。

慈助法親王　じじょほっしんのう　1295没(42歳)。後嵯峨天皇の皇子。1254生。

度会常昌　わたらいつねよし　1339没(77歳)。鎌倉時代後期・南北朝時代の祠官。1263生。

玄円　げんえん　1348没。鎌倉時代後期・南北朝時代の僧。

業海本浄　ごうかいほんじょう　1352没。鎌倉時代後期・南北朝時代の臨済宗の僧。

柳原資明　やなぎはらすけあき　1353没(57歳)。鎌倉時代後期・南北朝時代の公卿。1297生。

澄円　ちょうえん　1371没(82?歳)。鎌倉時代後期・南北朝時代の浄土宗の僧。1290頃生。

竺芳祖裔　じくほうそえい　1394没(83歳)。南北朝時代の僧。1312生。

月庵良円　げつあんりょうえん　1425没(78歳)。南北朝時代・室町時代の僧。1348生。

日野栄子　ひのえいし　1431没(42歳)。室町時代の女性。足利義持の正室。1390生。

ダールベルク, ヨハネス・フォン　1503没(47歳)。ドイツの貴族。1455生。

里見実尭　さとみさねたか　1533没(40歳)。戦国時代の武将。1494生。

卜部兼永　うらべかねなが　1536没(70歳)。戦国時代の公卿。1467生。

高橋紹運　たかはしじょううん　1586没(39歳)。安土桃山時代の武将、三河守。1548生。

茶屋四郎次郎(初代)　ちゃやしろうじろう　1596(閏7月)没(55歳)。安土桃山時代の京都の豪商。1542生。

沈惟敬　ちんいけい　1597没。中国、明の文禄の役の時の使節。

サレ, マリー　1756没(49歳)。フランスの舞踊家。1707生。

モーペルチュイ, ピエール-ルイ・ド　1759没(60歳)。フランスの数学者、天文学者。1698生。

ブーシャルドン, エドム　1762没(64歳)。フランスの彫刻家。1698生。

トゥーサン・ルヴェルテュール　1803没(59?歳)。ハイチの黒人奴隷解放者、将軍。1744頃生。

常磐津兼太夫(3代目)　ときわづかねたゆう　1814没(54歳)。江戸時代中期・後期の常磐津節の太夫、本業は魚商。1761生。

馬場佐十郎　ばばさじゅうろう　1822没(36歳)。江戸時代後期のオランダ通詞。1787生。

ドールトン, ジョン　1844没(77歳)。イギリスの化学者、物理学者。1766生。

不知火諾右衛門(初代)　しらぬいだくえもん　1854没(54歳)。江戸時代末期の力士。1801生。

野沢吉兵衛(3代目)　のざわきちべえ　1862没(42歳)。江戸時代末期の人形浄瑠璃三味線の名手。1821生。

島田一良　しまだいちろう　1878没（31歳）。江戸・明治時代の加賀藩士，陸軍軍人。藩軍士官，大尉。1848生。

ドップラー，アルベルト・フランツ　1883没（61歳）。ポーランド出身のフルート奏者，指揮者，作曲家。1821生。

赤井景韶　あかいかげあき　1885没（27歳）。明治時代の自由民権運動家。1859生。

原坦山　はらたんざん　1892没（74歳）。明治時代の曹洞宗僧侶。1819生。

コッハー，エミール・テオドール　1917没（75歳）。スイスの外科医。1841生。

ブゾーニ，フェルッチョ・ベンヴェヌート　1924没（58歳）。イタリアの作曲家，ピアニスト。1866生。

ピクテー，ラウール・ピエール　1929没（83歳）。スイスの物理学者。1846生。

久米桂一郎　くめけいいちろう　1934没（69歳）。明治・大正時代の洋画家。1866生。

スタイン，ガートルード　1946没（72歳）。アメリカの女流詩人，小説家。1874生。

和田秀豊　わだしゅうほう　1946没（93歳）。明治～昭和時代の牧師，社会事業家。1854生。

グラスペル，スーザン　1948没（66歳）。アメリカの女流劇作家，小説家。1882生。

オールディントン，リチャード　1962没（70歳）。イギリスの詩人，小説家。1892生。

タキン・コードーフマィン　1964没（88歳）。ビルマの小説家，詩人，平和運動家。1876生。

ダニエル-ロプス，アンリ　1965没（64歳）。フランスの文学者，宗教史家。1901生。

一龍斎貞丈（5代目）　いちりゅうさいていじょう　1968没（61歳）。昭和時代の講談師。1906生。

大原総一郎　おおはらそういちろう　1968没（58歳）。昭和時代の実業家，社会・文化事業家。倉敷紡績社長，関西経済連合会副会長。1909生。

サラザル，アントニオ・デ・オリヴェイラ　1970没（81歳）。ポルトガルの政治家。1889生。

クーデンホーフ・カレルギー，リヒャルト　1972没（77歳）。パン・ヨーロッパ運動家。1894生。

クーラント，リヒャルト　1972没（84歳）。アメリカ（ドイツ生れ）のポーランド系の数学者。1888生。

瀬越憲作　せごえけんさく　1972没（83歳）。大正・昭和時代の棋士。囲碁9段，日本棋院理事長。1889生。

石田礼助　いしだれいすけ　1978没（92歳）。昭和時代の実業家。国鉄総裁，三井物産代表取締役。1886生。

オッテルロー，ウィレム・ヴァン　1978没（70歳）。オランダの指揮者，作曲家。1907生。

高木惣吉　たかぎそうきち　1979没（85歳）。大正・昭和時代の海軍軍人，軍事評論家。少将，内閣副書記官長。1893生。

パフラヴィー，モハンマド・レザー　1980没（60歳）。イラン国王。1919生。

ワイラー，ウィリアム　1981没（79歳）。アメリカの映画監督。1902生。

鷲巣繁男　わしすしげお　1982没（67歳）。昭和時代の詩人。1915生。

ギャラップ，ジョージ　1984没（82歳）。アメリカの世論統計家。1901生。

天知茂　あまちしげる　1985没（54歳）。昭和時代の俳優。1931生。

木原均　きはらひとし　1986没（92歳）。昭和時代の遺伝学者。国立遺伝学研究所所長，京都大学教授。1893生。

前田愛　まえだあい　1987没（55歳）。昭和時代の国文学者，評論家。立教大学教授。1932生。

内村直也　うちむらなおや　1989没（79歳）。昭和時代の劇作家。国際演劇協会日本センター会長。1909生。

竹本土佐広　たけもととさひろ　1992没（95歳）。明治～平成時代の女義太夫節太夫。土佐会主宰，義太夫節保存会技芸員代表。1897生。

川喜多かしこ　かわきたかしこ　1993没（85歳）。昭和時代の映画文化活動家。東和映画社長，川喜多記念映画文化財団理事長。1908生。

カーター，ケビン　1994没（33歳）。南アフリカのフォトジャーナリスト。1960生。

白井常　しらいつね　1999没（88歳）。昭和・平成時代の心理学者。東京女子大学教授，聖心女子大学教授。1910生。

ホープ，ボブ　2003没（100歳）。アメリカの喜劇俳優。1903生。

7月27日

7月28日

○記念日○ 菜っ葉の日
○出来事○ 第一次世界大戦始まる(1914)
アムステルダム五輪開催(1928)
ロサンゼルス五輪開催(1984)

テオドシウス2世　450没(49歳)。東ローマ皇帝(在位408～450)。401生。
大中臣清麻呂　おおなかとみのきよまろ　788没(87歳)。奈良時代の官人。702生。
勝子内親王　しょうしないしんのう　871没。平安時代前期の女性。文徳天皇の皇女。
藤原佳美子　ふじわらのかみこ　898没。平安時代前期の女性。光孝天皇の女御。
具平親王　ともひらしんのう　1009没(46歳)。平安時代中期の文人。964生。
ヴィクトル2世　1057没(39歳)。教皇(在位1055～55)。1018生。
蘇軾　そしょく　1101没(64歳)。中国、北宋の文学者、政治家。1036生。
平忠正　たいらのただまさ　1156没。平安時代後期の武士。
藤原実行　ふじわらのさねゆき　1162没(83歳)。平安時代後期の公卿。1080生。
二条天皇　にじょうてんのう　1165没(23歳)。第78代の天皇。1143生。
レオポルト6世　1230没(53歳)。オーストリア公(在位1198～1230)。1176生。
道深法親王　どうしんほっしんのう　1249没(44歳)。鎌倉時代前期の僧。1206生。
世良田義政　せらだよしまさ　1364没。南北朝時代の武将。
大内持世　おおうちもちよ　1441没(48歳)。室町時代の武将、周防・長門・豊前の守護。1394生。
菊池持朝　きくちもちとも　1446没(38歳)。室町時代の肥後国の守護大名。1409生。
尚円　しょうえん　1476没(62歳)。琉球王国の第二尚氏王統の始祖。1415生。
勧修寺政顕　かじゅうじまさあき　1522没(71歳)。戦国時代の公卿。1452生。
紹巴　じょうは　1536没(62歳)。戦国時代の臨済宗の僧。1475生。
クロムウェル, トマス, エセックス伯爵　1540没(55?歳)。イギリスの政治家。1485頃生。

アン(クレーヴズの)　1557没(41歳)。イギリス王ヘンリー8世の4番目の妃。1515生。
仁如集堯　にんじょしゅうぎょう　1574没(92歳)。戦国時代の臨済宗一山派の僧。1483生。
五島純玄　ごとうすみはる　1594没(33歳)。安土桃山時代の大名。1562生。
プラッター　1614没(77歳)。スイスの医者, 精神病理学者。1536生。
スピード, ジョン　1629没(77歳)。イギリスの歴史家, 地図製作者。1552生。
カストロ, ギリェン・デ　1631没(62歳)。スペインの劇作家。1569生。
シラノ・ド・ベルジュラック, サヴィニヤン・ド　1655没(36歳)。フランスの詩人, 劇作家, 小説家。1619生。
二条康道　にじょうやすみち　1666没(60歳)。江戸時代前期の公家。1607生。
カウリー, エイブラハム　1667没(49歳)。イギリスの詩人。1618生。
アーリントン, ヘンリー・ベネット, 初代伯爵　1685没(67歳)。イギリスの政治家。1618生。
鳥居清信(初代)　とりいきよのぶ　1729没(66?歳)。江戸時代中期の絵師。1664頃生。
ヴィヴァルディ, アントーニオ　1741没(63歳)。イタリアの作曲家, ヴァイオリン奏者。1678生。
バッハ, ヨハン・ゼバスティアン　1750没(65歳)。ドイツのオルガン奏者, 作曲家。1685生。
冷泉為村　れいぜいためむら　1774没(63歳)。江戸時代中期の歌人・公家。1712生。
杵屋六三郎(2代目)　きねやろくさぶろう　1791没(82歳)。江戸時代中期の長唄三味線方。1710生。
サン-ジュスト, ルイ・アントワーヌ・ド　1794没(26歳)。フランスの革命家。1767生。
ロベスピエール, マクシミリアン　1794没(36歳)。フランス革命の指導者。1758生。

432

セリム3世　1808没（46歳）。　オスマン・トルコ帝国第28代のスルタン（在位1789～1807）。1761生。

モンジュ，ガスパール，ペリューズ伯爵　1818没（72歳）。フランスの数学者，技術者。1746生。

ロスチャイルド，ネーサン・マイヤー　1836没（58歳）。ユダヤ系の国際的金融資本家。1777生。

ダラム，ジョン・ジョージ・ラムトン，伯爵　1840没（48歳）。イギリスの政治家。1792生。

ブレンターノ，クレーメンス　1842没（63歳）。ドイツ後期ロマン派の詩人，小説家。1778生。

ボナパルト，ジョセフ　1844没（76歳）。ナポレオン1世の兄。1768生。

カルロ‐アルベルト　1849没（60歳）。サルジニア国王（在位1831～49）。1789生。

プルキニェ，ヨハネス・エヴァンゲリスタ　1869没（81歳）。チェコの生理学，組織学，発生学の先覚者。1787生。

シュヴァイツァー　1875没（42歳）。ドイツの労働運動指導者。1833生。

グスマン・ブランコ，アントニオ　1899没（70歳）。ベネズエラの大統領。1829生。

藤本荘太郎　ふじもとそうたろう　1902没（54歳）。江戸・明治時代の実業家。堺市長，堺商法集会所会頭。1849生。

ヴォフチョーク，マルコ　1907没（73歳）。ウクライナの女流作家。1833生。

安達安子　あだちやすこ　1913没（79歳）。明治時代の女子教育家。1835生。

奥原晴湖　おくはらせいこ　1913没（77歳）。明治時代の女流画家。1837生。

ゲード　1922没（76歳）。フランスの社会主義者。1845生。

ガルストランド，アルヴァー　1930没（68歳）。スウェーデンの眼科医。1862生。

ヴァールブルク　1931没（85歳）。ドイツの物理学者。1846生。

西ノ海嘉治郎（3代目）　にしのうみかじろう　1933没（44歳）。大正・昭和時代の力士。横綱。1890生。

池貝庄太郎（初代）　いけがいしょうたろう　1934没（66歳）。明治～昭和時代の実業家。池貝鉄工所社長。1869生。

小泉策太郎　こいずみさくたろう　1937没（66歳）。明治～昭和時代の新聞人，政治家。経済新聞社社長，衆議院議員。1872生。

キルション，ウラジーミル・ミハイロヴィチ　1938没（35歳）。ソ連の劇作家。1902生。

大森義太郎　おおもりよしたろう　1940没（43歳）。大正・昭和時代のマルクス主義哲学者，経済学者。東京帝国大学経済学部助教授。1898生。

ピートリ，ウィリアム・マシュー・フリンダーズ　1942没（89歳）。イギリスの考古学者。1853生。

ファウラー　1944没（55歳）。イギリスの数学者，物理学者。1889生。

上山草人　かみやまそうじん　1954没（70歳）。大正・昭和時代の俳優。1884生。

宮武外骨　みやたけがいこつ　1955没（88歳）。明治～昭和時代のジャーナリスト。1867生。

クラックホーン，クライド・K・M　1960没（55歳）。アメリカの人類学者。1905生。

外村繁　とのむらしげる　1961没（58歳）。昭和時代の小説家。1902生。

コンヴィチュニー，フランツ　1962没（60歳）。ドイツの指揮者。1901生。

三好栄子　みよしえいこ　1963没（69歳）。大正・昭和時代の女優。1894生。

江戸川乱歩　えどがわらんぽ　1965没（70歳）。大正・昭和時代の推理作家。日本推理作家協会理事長。1894生。

ハーン，オットー　1968没（89歳）。ドイツの化学者。1879生。

冠松次郎　かんむりまつじろう　1970没（87歳）。明治～昭和時代の登山家，随筆家。1883生。

トローベル，ヘレン　1972没（73歳）。アメリカのソプラノ歌手。1899生。

田口利八　たぐちりはち　1982没（75歳）。昭和時代の実業家。西濃運輸社長，全日本トラック協会会長。1907生。

ヘルベルト，ズビグニェフ　1998没（73歳）。ポーランドの詩人。1924生。

山田風太郎　やまだふうたろう　2001没（79歳）。昭和・平成時代の小説家。1922生。

マーティン，アーチャー・ジョン・ポーター　2002没（92歳）。イギリスの生化学者。1910生。

クリック，フランシス・ハリー・コンプトン　2004没（88歳）。イギリスの生化学者。1916生。

7月28日

7月29日

○記念日○　アマチュア無線の日
○出来事○　パリの凱旋門完成(1836)
　　　　　英皇太子チャールズとダイアナ結婚(1981)

県犬養大伴　あがたいぬかいのおおとも　701没。飛鳥時代の官人。

藤原芳子　ふじわらのほうし　967没。平安時代中期の女性。村上天皇の女御。

源雅信　みなもとのまさのぶ　993没(74歳)。平安時代中期の公卿。920生。

オーラフ2世　1030没(35?歳)。ノルウェー王(在位1015～30)。995頃生。

ハリナルドゥス(リヨンの)　1052没。フランスの大司教、教会改革者。

ラースロー1世　1095没(55歳)。ハンガリー王(在位1077～95)。1040生。

ウルバヌス2世　1099没(57?歳)。教皇(在位1088～99)。1042頃生。

平重盛　たいらのしげもり　1179没(42歳)。平安時代後期の武将、平清盛の長男。1138生。

スフラワルディー　1191没(36歳)。イラン系アラブの神秘主義者。1155生。

源有雅　みなもとのありまさ　1221没(46歳)。鎌倉時代前期の公卿。1176生。

近衛道経　このえみちつね　1238没(55歳)。鎌倉時代前期の公卿。1184生。

東坊城長遠　ひがしぼうじょうながとお　1422没(58歳)。南北朝時代・室町時代の公卿。1365生。

ベセルリーノ、フランチェスコ　1457没(35?歳)。イタリアの画家。1422頃生。

ベハイム、マルティン　1507没(58歳)。ドイツの航海者、地理学者。1449生。

ブールディション、ジャン　1521没(64?歳)。フランスの画家。1457頃生。

キーズ、ジョン　1573没(63歳)。イギリスの内科医。1510生。

松平家忠　まつだいらいえただ　1582没(28歳)。安土桃山時代の武将。1555生。

今井宗呑　いまいそうどん　1632没。江戸時代前期の茶人。

ウルバヌス8世　1644没(76歳)。教皇(在位1623～44)。1568生。

テニールス、ダーフィト　1649没(67歳)。フランドルの画家。1582生。

ファルコニエーリ、アンドレア　1656没(70歳)。イタリアの作曲家、リュート奏者。1586生。

徳川頼房　とくがわよりふさ　1661没(59歳)。江戸時代前期の大名。1603生。

小笠原忠知　おがさわらただとも　1663没(66歳)。江戸時代前期の大名。1598生。

和田理左衛門　わだりざえもん　1667没。江戸時代前期のトンキン在住の貿易商人。

徳力善雪　とくりきぜんせつ　1680没(82歳)。江戸時代前期の京都の画家。1599生。

ペン、ウィリアム　1718没(73歳)。イギリスのクェーカー教徒、ペンシルバニア植民地の建設者。1644生。

小原慶山　おはらけいざん　1733没。江戸時代中期の画家。

渡辺始興　わたなべしこう　1755没(73歳)。江戸時代中期の京都の画家。1683生。

岩倉恒具　いわくらつねとも　1760没(60歳)。江戸時代中期の公家。1701生。

山脇東門　やまわきとうもん　1782没(47歳)。江戸時代中期の医師。1736生。

中村勘三郎(9代目)　なかむらかんざぶろう　1785没(21歳)。江戸時代中期の歌舞伎座本。1765生。

モープー　1792没(78歳)。フランスの政治家。1714生。

伊藤東所　いとうとうしょ　1804没(75歳)。江戸時代中期・後期の儒学者、三河挙母藩士。1730生。

裏松光世　うらまつみつよ　1804没(69歳)。江戸時代中期・後期の有職故実家。1736生。

松平容頌　まつだいらかたのぶ　1805没(64歳)。江戸時代中期・後期の大名。1742生。

鈴木万里(初代)　すずきばんり　1816没。江戸時代後期の長唄唄方。

バザール　1832没(40歳)。フランス、炭焼党の創立者。1791生。

ウィルバーフォース, ウィリアム　1833没（73歳）。イギリスの政治家，社会事業家。1759生。

中村重助（4代目）　なかむらじゅうすけ　1841没（36歳）。江戸時代後期の歌舞伎作者。1806生。

荒井鳴門　あらいめいもん　1853没（79歳）。江戸時代後期の漢学者。1775生。

シューマン, ロベルト　1856没（46歳）。ドイツ・ロマン派の作曲家。1810生。

大隈言道　おおくまことみち　1868没（71歳）。江戸時代末期の歌人。1798生。

ゴッホ, フィンセント・ファン　1890没（37歳）。オランダの画家。1853生。

木口小平　きぐちこへい　1894没（23歳）。明治時代の軍人。ラッパ手。1872生。

ニューランズ, ジョン・アレグザンダー・レイナ　1898没（60歳）。イギリスの化学者。1837生。

ウンベルト1世　1900没（56歳）。イタリア国王（在位1878〜1900）。1844生。

オプストフェルデル, シーグビョルン　1900没（33歳）。ノルウェーの詩人。1866生。

明治天皇　めいじてんのう　1912没（61歳）。第122代天皇。1852生。

西村天囚　にしむらてんしゅう　1924没（60歳）。明治・大正時代の小説家，新聞記者，漢学者。1865生。

ヒルデブラント・ヒルデブランズソン　1925没（86歳）。スウェーデンの気象学者。1838生。

関野貞　せきのただし　1935没（68歳）。明治〜昭和時代の建築・美術史家。東京大学教授。1868生。

中村七三郎（5代目）　なかむらしちさぶろう　1948没（70歳）。明治〜昭和時代の歌舞伎役者。1879生。

穂積重遠　ほづみしげとお　1951没（68歳）。明治〜昭和時代の民法学者，男爵。最高裁判事，東宮大夫。1883生。

山崎今朝弥　やまざきけさや　1954没（76歳）。明治〜昭和時代の弁護士。1877生。

クラーゲス, ルートヴィヒ　1956没（83歳）。ドイツの哲学者，心理学者。1872生。

フィッシャー, サー・ロナルド・エイルマー　1962没（72歳）。イギリスの統計学者，遺伝学者。1890生。

ワシレフスカヤ, ワンダ・リヴォーヴナ　1964没（59歳）。ソ連邦の女流作家，社会活動家。1905生。

クレイグ, ゴードン　1966没（94歳）。イギリスの俳優，演出家，舞台装置家，演劇理論家。1872生。

范文瀾　はんぶんらん　1969没（78歳）。中国の歴史学者。1891生。

村上武次郎　むらかみたけじろう　1969没（86歳）。大正・昭和時代の金属工学者。東北大学教授。1882生。

セル, ジョージ　1970没（73歳）。ハンガリー生れのアメリカの指揮者。1897生。

バルビローリ, ジョン　1970没（70歳）。イギリスのオーケストラ指揮者。1899生。

神田茂　かんだしげる　1974没（80歳）。大正・昭和時代の天文学者。日本天文研究会会長。1894生。

ケストナー, エーリヒ　1974没（75歳）。ドイツの作家。1899生。

ノビレ, ウンベルト　1978没（93歳）。イタリアの軍人，航空技術者。1885生。

マルクーゼ, ヘルベルト　1979没（81歳）。ドイツ生れのアメリカの哲学者。1898生。

ブニュエル, ルイス　1983没（83歳）。スペインの映画監督。1900生。

森敦　もりあつし　1989没（77歳）。昭和時代の小説家。1912生。

辰巳柳太郎　たつみりゅうたろう　1989没（84歳）。昭和時代の俳優。1905生。

クライスキー, ブルーノ　1990没（79歳）。オーストリアの政治家。1911生。

ホジキン, ドロシー・メアリ　1994没（84歳）。イギリスの結晶学者。1910生。

ロビンズ, ジェローム　1998没（79歳）。アメリカの舞踊家。1918生。

辻邦生　つじくにお　1999没（73歳）。昭和・平成時代の小説家，フランス文学者。東京農工大学教授，学習院大学教授。1925生。

ギェレク, エドヴァルト　2001没（88歳）。ポーランドの政治家。1913生。

網干善教　あぼしよしのり　2006没（78歳）。昭和・平成時代の考古学者。1927生。

7月29日

7月30日

○記念日○ 梅干の日
○出来事○ 北里柴三郎、ペスト菌発見(1894)
明治天皇崩御(1912)
東北自動車道が全面開通(1986)

タトウィン(カンタベリの)　734没。イギリスの聖人、カンタベリの第9代司教。

源為義　みなもとのためよし　1156没(61歳)。平安時代後期の武将。1096生。

源頼賢　みなもとのよりかた　1156没。平安時代後期の武将。

コンラート(マールブルクの)　1233没(53?歳)。ドイツの異端審問官。1180頃生。

バルヘブラエウス　1286没(60歳)。シリアの文学者。1226生。

ヨアネス(フィクトリングの)　1345没(70?歳)。オーストリアのシトー会修院長。1275頃生。

尊悟入道親王　そんごにゅうどうしんのう　1359没(58歳)。伏見天皇の皇子。1302生。

太虚契充　たいこかいじゅう　1380没(68歳)。南北朝時代の曹洞宗の僧。1313生。

宗祇　そうぎ　1502没(82歳)。室町時代・戦国時代の連歌師。1421生。

アンチエタ, フアン・デ　1523没(61歳)。スペインの作曲家。1462生。

パルマ・ヴェッキョ　1528没(48?歳)。イタリアの画家。1480頃生。

葉室頼継　はむろよりつぐ　1529没(38歳)。戦国時代の公卿。1492生。

清庵宗冑　せいあんそうちゅう　1562没(79歳)。戦国時代の臨済宗の僧。1484生。

ロンドレ　1566没(58歳)。フランスの博物学者。1507生。

シュターデン, ジークムント・テオフィール　1655没(47歳)。ドイツのオルガン奏者、作曲家。1607生。

松平光重　まつだいらみつしげ　1668没(47歳)。江戸時代前期の大名。1622生。

マリー・テレーズ　1683没(44歳)。フランス国王ルイ14世の妃。1638生。

モルホフ　1691没(52歳)。ドイツの文学史家。1639生。

テイト, ネイアム　1715没(63歳)。イギリスの劇作家、詩人。1652生。

中川宗瑞　なかがわそうずい　1744没(60歳)。江戸時代中期の俳人。1685生。

グレイ, トマス　1771没(54歳)。イギリスの詩人。1716生。

シャプタル, ジャン・アントワーヌ・クロード　1832没(76歳)。フランスの化学者、政治家。1756生。

松岡行義　まつおかゆきよし　1848没(55歳)。江戸時代後期の有職故実家。1794生。

パーキンズ, ジェイコブ　1849没(83歳)。アメリカの発明家、物理学者。1766生。

ヴェールト, ゲオルク　1856没(34歳)。ドイツの詩人、ジャーナリスト。1822生。

トンパ・ミハーイ　1868没(50歳)。ハンガリーの詩人。1817生。

ヴィニエ, オスムン・オラフソン　1870没(52歳)。ノルウェーの作家。1818生。

坂東蓑助(4代目)　ばんどうみのすけ　1872没(43歳)。江戸・明治時代の歌舞伎役者。1830生。

森鉄之助　もりてつのすけ　1873没(61歳)。江戸・明治時代の狭山藩藩儒。1813生。

石川七財　いしかわしちざい　1882没(55歳)。明治時代の実業家。1828生。

パティスン, マーク　1884没(70歳)。イギリスの人文学者。1813生。

ヴィディヤーサーガル　1891没(71歳)。インドの文学者、教育家、社会改良家。1820生。

ペイター, ウォルター　1894没(54歳)。イギリスの批評家、随筆家。1839生。

関根矢作　せきねやさく　1896没(94歳)。江戸・明治時代の篤農家。1803生。

ケアド, ジョン　1898没(77歳)。イギリスの神学者。1820生。

ビスマルク, オットー・エドゥアルト・レオポルト, 公爵　1898没(83歳)。プロシア, ドイツの政治家。1815生。

アルフレッド　1900没(55歳)。イギリス, ビクトリア女王の2男。1844生。

石川光明　いしかわこうめい　1913没（62歳）。明治時代の彫刻家。東京美術学校教授。1852生。

伊藤左千夫　いとうさちお　1913没（50歳）。明治時代の歌人，小説家。1864生。

キルマー，ジョイス　1918没（31歳）。アメリカの詩人，評論家。1886生。

緒方正規　おがたまさのり　1919没（67歳）。明治・大正時代の医師，細菌学者。東京大学教授。1853生。

ランゲ　1921没（66歳）。ドイツの美学者。1855生。

市川文吉　いちかわぶんきち　1927没（81歳）。明治時代の外務省官吏，ロシア語教師。外務書記官，東京外国語学校教授。1847生。

村井弦斎　むらいげんさい　1927没（65歳）。明治・大正時代の小説家，新聞記者。1863生。

村野常右衛門　むらのつねえもん　1927没（69歳）。明治・大正時代の政治家。衆議院議員。1859生。

上山満之進　かみやまみつのしん　1938没（70歳）。明治・大正時代の内務官僚，政治家。農務次官。1869生。

青柳優　あおやぎゆたか　1944没（41歳）。昭和時代の詩人，文芸評論家。1904生。

モロゾフ，ニコライ　1946没（92歳）。ロシアの革命家，科学者。1854生。

幸田露伴　こうだろはん　1947没（81歳）。明治〜昭和時代の小説家。1867生。

俵国一　たわらくにいち　1958没（86歳）。明治〜昭和時代の金属工学者。東京大学教授，日本鉄鋼協会会長。1872生。

後藤守一　ごとうもりかず　1960没（71歳）。大正・昭和時代の考古学者。明治大学教授，文化財保護委員会専門委員。1888生。

正木不如丘　まさきふじょきゅう　1962没（75歳）。大正・昭和時代の小説家，俳人，医師。慶応義塾大学助教授，信州富士見高原療養所所長。1887生。

ハーリー　1963没（80歳）。アメリカの外交官，軍人。1883生。

早乙女清房　そうとめきよふさ　1964没（88歳）。明治〜昭和時代の天文学者。東京大学教授。1875生。

谷崎潤一郎　たにざきじゅんいちろう　1965没（79歳）。明治〜昭和時代の小説家。1886生。

クルップ，アルフリート　1967没（61歳）。西ドイツの財界人。1906生。

山崎佐　やまざきたすく　1967没（79歳）。大正・昭和時代の弁護士，医事法制学者。日本弁護士連合会会長。1888生。

リーガル万吉　りーがるまんきち　1967没（72歳）。昭和時代の漫才師。1894生。

勝田守一　かつたしゅいち　1969没（60歳）。昭和時代の教育学者，哲学者。東京大学教授。1908生。

スレサー，ケネス　1971没（70歳）。オーストラリアの詩人。1901生。

唐島基智三　からしまきちぞう　1976没（70歳）。昭和時代の政治評論家，ジャーナリスト。東京新聞社論説委員。1906生。

小林大巌　こばやしだいがん　1976没（81歳）。大正・昭和時代の僧侶。浄土宗総本山知恩院副門跡。1894生。

ブルトマン，ルードルフ・カール　1976没（91歳）。ドイツのプロテスタント神学者，聖書学者。1884生。

本田親男　ほんだちかお　1980没（80歳）。昭和時代の新聞記者，新聞経営者。毎日新聞社長，毎日放送会長。1899生。

今日出海　こんひでみ　1984没（80歳）。昭和時代の小説家，演出家。文化庁長官，国際交流基金初代理事長。1903生。

高安国世　たかやすくによ　1984没（70歳）。昭和時代の歌人，ドイツ文学者。京都大学教授，梅花女子大学教授，「塔」主宰。1913生。

辻清明　つじきよあき　1991没（78歳）。昭和時代の政治学者。東京大学教授，日本行政学会理事長。1913生。

吉田光邦　よしだみつくに　1991没（70歳）。昭和・平成時代の科学技術史学者。京都文化博物館館長，京都大学教授。1921生。

コルベール，クローデット　1996没（93歳）。アメリカの女優。1903生。

バオ・ダイ　1997没（83歳）。ベトナム阮朝第13代皇帝（在位1925〜45）。1913生。

アントニオーニ，ミケランジェロ　2007没（94歳）。イタリアの映画監督。1912生。

小田実　おだまこと　2007没（75歳）。昭和・平成時代の作家，平和運動家。1932生。

ベルイマン，イングマール　2007没（89歳）。スウェーデンの映画監督。1918生。

7月30日

7月31日

○記念日○ パラグライダー記念日
蓄音機の日
○出来事○ 日本航空設立（1951）

マルセル-エティエンヌ　1358没（42?歳）。フランスの政治家。1316生。

コートネイ，ウィリアム　1396没（54?歳）。カンタベリー大司教（1381～96）。1342頃生。

フィレルフォ，フランチェスコ　1481没（83歳）。イタリアの詩人。1398生。

イグナティウス・デ・ロヨラ（聖）　1556没（65?歳）。聖人。1491頃生。

ベラスコ，L.　1564没（53歳）。ヌエバーエスパーニャ（現メキシコ）の副王（在位1550～57）。1511生。

ビロン　1602没（40歳）。フランスの軍人。1562生。

カルフ，ウィレム　1693没（71歳）。オランダの画家。1622生。

ジョアン5世　1750没（60歳）。ポルトガル王（在位1706～50）。1689生。

メッソニエ，ジュスト-オレール　1750没（57?歳）。フランスの建築家，室内装飾家，彫刻家，画家，金細工師。1693頃生。

ディドロ，ドニ　1784没（70歳）。フランスの哲学者，文学者。1713生。

イダルゴ・イ・コスティージャ，ミゲル　1811没（58歳）。メキシコの牧師，革命家。1753生。

ノヴィコフ，ニコライ・イワノヴィチ　1818没（74歳）。ロシアの啓蒙思想家。1744生。

クロッホマール　1840没（55歳）。ポーランド出身のユダヤ教の哲学者，歴史家。1785生。

ジャコトー　1840没（70歳）。フランスの教育家。1770生。

ペテーフィ・シャーンドル　1849没（26歳）。ハンガリーの詩人。1823生。

ジョンソン，アンドリュー　1875没（66歳）。アメリカの政治家。第17代大統領。1808生。

リスト，フランツ　1886没（74歳）。オーストリアのピアニスト，作曲家。1811生。

六合新三郎（5代目）　ろくごうしんざぶろう　1887没（73歳）。江戸・明治時代の長唄囃子方演奏家。1815生。

大久保一翁　おおくぼいちおう　1888没（72歳）。江戸・明治時代の政治家。京都町奉行，東京府知事，子爵。1817生。

ウェイド，サー・トマス　1895没（76歳）。イギリスの外交官，中国語学者。1818生。

ハント，リチャード・モリス　1895没（67歳）。アメリカの建築家。1827生。

ブスラーエフ，フョードル・イワノヴィチ　1897没（79歳）。ロシアの言語学者。1818生。

ソロヴィヨフ，ウラジーミル・セルゲーヴィチ　1900没（47歳）。ロシアの哲学者。1853生。

ヒューム　1912没（83歳）。イギリスのインド行政官。1829生。

竹本大隅太夫（3代目）　たけもとおおすみだゆう　1913没（60歳）。明治時代の義太夫節太夫。1854生。

ミルン，ジョン　1913没（62歳）。イギリスの地震学者，鉱山技師。1850生。

ジョレス，ジャン　1914没（54歳）。フランスの政治家。1859生。

ハーバートソン　1914没（49歳）。イギリスの地理学者。1865生。

ジョンストン，サー・ハリー・ハミルトン　1927没（69歳）。イギリスの探検家。1858生。

清水紫琴　しみずしきん　1933没（66歳）。明治時代の小説家。1868生。

ヤングハズバンド，サー・フランシス・エドワード　1942没（79歳）。インド生れのイギリスの探検家，軍人。1863生。

サン-テグジュペリ，アントワーヌ・ド　1944没（44歳）。フランスの小説家，飛行士。1900生。

石山徹郎　いしやまてつろう　1945没（58歳）。大正・昭和時代の国文学者，文芸評論家。1888生。

スッジア，ギレルミナ　1950没（62歳）。スペインの女流チェロ演奏家。1888生。

菱刈隆　ひしかりたかし　1952没（80歳）。明治～昭和時代の陸軍軍人。大将。1871生。

フィービヒ，クラーラ　1952没(92歳)。ドイツの女流小説家。1860生。
ボンゼルス，ヴァルデマル　1952没(71歳)。ドイツの作家。1881生。
タフト，R.A.　1953没(63歳)。アメリカの政治家。1889生。
戸田貞三　とだていぞう　1955没(68歳)。大正・昭和時代の社会学者。東京大学教授。1887生。
生江孝之　なまえたかゆき　1957没(89歳)。明治～昭和時代の宗教家，社会事業家。日本女子大学教授。1867生。
渡辺大濤　わたなべだいとう　1957没(78歳)。明治～昭和時代の思想家。1879生。
スコールズ，パーシー・アルフレッド　1958没(81歳)。オックスフォードの音楽博士。1877生。
武田志麻之輔　たけだしまのすけ　1958没(64歳)。大正・昭和時代の水産学者。北海道大学教授。1894生。
曺奉岩　そうほうがん　1959没(61歳)。韓国の政治家。1898生。
東郷実　とうごうみのる　1959没(77歳)。大正・昭和時代の農学者，政治家。衆議院議員。1881生。
リシエ，ジェルメーヌ　1959没(54歳)。フランスの女流彫刻家。1904生。
伊藤金次郎　いとうきんじろう　1964没(71歳)。大正・昭和時代の新聞人，評論家。東海毎日新聞代表取締役兼主筆。1892生。
高畠華宵　たかばたけかしょう　1966没(78歳)。大正・昭和時代の挿絵画家。1888生。
パウエル，バド　1966没(41歳)。アメリカのジャズ・ピアニスト。1924生。
青木得三　あおきとくぞう　1968没(83歳)。大正・昭和時代の大蔵官僚，財政学者。庶民金庫理事長，中央大学教授。1885生。
天羽英二　あもうえいじ　1968没(80歳)。大正・昭和時代の外交官。外務事務次官，内閣情報局総裁。1887生。
深浦正文　ふかうらせいぶん　1968没(79歳)。大正・昭和時代の浄土真宗本願寺派僧侶，仏教学者。本願寺寮頭，龍谷大学教授。1889生。
スパーク，ポール・アンリ　1972没(83歳)。ベルギーの政治家。1889生。
フィッシャー，エルンスト　1972没(73歳)。オーストリアの作家，政治家。1899生。

東富士謹一　あずまふじきんいち　1973没(51歳)。昭和時代の力士，プロレスラー。第40代横綱。1921生。
加東大介　かとうだいすけ　1975没(64歳)。昭和時代の俳優。1911生。
萩岡松韻(3代目)　はぎおかしょういん　1978没(50歳)。昭和時代の箏曲家。1927生。
ヨルダン，エルンスト・パスクァル　1980没(77歳)。ドイツの理論物理学者。1902生。
川合貞吉　かわいさだきち　1981没(79歳)。昭和時代の著述家，中国研究者。1901生。
トリホス　1981没(52歳)。パナマの軍人，政治家。1929生。
西川鯉三郎(2代目)　にしかわこいさぶろう　1983没(73歳)。昭和時代の日本舞踊家。1909生。
ウィルソン，テディ　1986没(73歳)。アメリカのジャズ・ピアニスト。1912生。
占部都美　うらべくによし　1986没(66歳)。昭和時代の経営学者。神戸大学教授，日本文理大学商経学部長。1920生。
ナヴァラ，アンドレ　1988没(76歳)。フランスのチェロ奏者。1911生。
犬飼哲夫　いぬかいてつお　1989没(91歳)。大正・昭和時代の動物学者。北海道帝国大学教授，函館水産専門学校長。1897生。
桑田笹舟　くわたささふね　1989没(89歳)。昭和時代の書家。日展参事，一楽書芸院会頭。1900生。
周揚　しゅうよう　1989没(81歳)。中国の評論家，政治家。1908生。
小川芳男　おがわよしお　1990没(81歳)。昭和時代の英語学者。神田外語大学学長，東京外国語大学教授。1908生。
山野愛子　やまのあいこ　1995没(86歳)。昭和・平成時代の美容家。山野美容専門学校創立者，山野美容芸術短期大学学長，国際美容協会会長。1909生。
アンダーソン，ポール　2001没(74歳)。アメリカのSF作家，ファンタジー作家，推理小説家，歴史小説家，魔術研究家。1926生。
鶴見和子　つるみかずこ　2006没(88歳)。昭和・平成時代の社会学者。1918生。
吉村昭　よしむらあきら　2006没(79歳)。昭和・平成時代の作家。1929生。

7月31日

439

8月
August
葉月

◎忌　日◎
世阿弥忌(8.8) ／ 西鶴忌(8.10)
定家忌(8.20) ／ 藤村忌(8.22)

8月1日

○記念日○ 観光の日
　　　　　水の日
○出来事○ 東京に市電誕生（1911）
　　　　　甲子園球場竣工（1924）
　　　　　日産・ブルーバード発売（1959）

アントニウス, マルクス　前30没（53?歳）。ローマの軍人, 政治家。前83頃生。

エウセビウス（ヴェルチェルリの）　371没（88歳）。ウェルツェリの最初の司教, 聖人。283生。

ユスティヌス1世　527没（77歳）。ビザンチン皇帝（在位518～27）。450生。

佐為王　さいおう　737没。奈良時代の王族官人。

和気王　わけおう　765没。奈良時代の官人。

橘常子　たちばなのつねこ　817没（30歳）。平安時代前期の女性。桓武天皇の宮人。788生。

イブン-ハンバル　855没（74歳）。イスラムの神学者, 法学者。780生。

源貞恒　みなもとのさだつね　908没（52歳）。平安時代前期・中期の公卿。857生。

エゼルウォルド　984没（76?歳）。イギリスの修道院長, 司教。908頃生。

聖救　しょうく　998没（90歳）。平安時代中期の天台宗の僧。909生。

暹賀　せんが　998没（85歳）。平安時代中期の天台宗の僧。914生。

定朝　じょうちょう　1057没。平安時代中期の仏師。

藤原能季　ふじわらのよしすえ　1077没（39歳）。平安時代中期の公卿。1039生。

アデマール（ル・ピュイの, モンテーユの）　1098没。フランス, ルピュイの司教。

ルイ6世　1137没（56歳）。フランス国王（在位1108～37）。1081生。

藤原光隆　ふじわらのみつたか　1201没（75歳）。平安時代後期・鎌倉時代前期の公卿。1127生。

宗尊親王　むねたかしんのう　1274没（33歳）。鎌倉幕府第6代の将軍。1242生。

瓊子内親王　たまこないしんのう　1339没（24歳）。鎌倉時代後期・南北朝時代の女性。後醍醐天皇の第8皇女。1316生。

長慶天皇　ちょうけいてんのう　1394没（52歳）。第98代（南朝第3代）の天皇。1343生。

観世元雅　かんぜもとまさ　1432没（33?歳）。室町時代の能役者, 能作者。1400頃生。

ヴァッラ, ロレンツォ　1457没（50歳）。イタリアの人文学者。1407生。

メディチ, コジモ・デ　1464没（74歳）。イタリア, フィレンツェの政治家。1389生。

香西元長　こうざいもとなが　1507没。戦国時代の武士。

細川澄之　ほそかわすみゆき　1507没（19歳）。戦国時代の武将, 細川家当主政元の養子。1489生。

志野宗信　しのそうしん　1523没（82歳）。室町時代・戦国時代の香道家。1442生。

オラウス・マグヌス　1557没（66歳）。スウェーデンのカトリック聖職者, 歴史地理学者。1490生。

結城政勝　ゆうきまさかつ　1559没（56歳）。戦国時代の武将。1504生。

アンリ3世　1589没（37歳）。バロア朝最後のフランス国王（在位1574～89）。ユグノー戦争の渦中に即位。1551生。

鳥居元忠　とりいもとただ　1600没（62歳）。安土桃山時代の大名。1539生。

松平忠昌　まつだいらただまさ　1645没（49歳）。江戸時代前期の大名。1597生。

良純入道親王　りょうじゅんにゅうどうしんのう　1669没（67歳）。後陽成天皇の第8皇子。1603生。

安立坊周玉　あんりゅうぼうしゅうぎょく　1685没（79歳）。江戸時代前期の浄土宗高田派安立寺の僧, 池坊の奥義伝承者。1607生。

賀子内親王　がしないしんのう　1696没（65歳）。江戸時代前期の女性。後水尾天皇の第6皇女。1632生。

サヴェッジ, リチャード　1743没（46?歳）。イギリスの詩人。1697頃生。

モンゴルフィエ, ジャック・エティエンヌ　1799没（54歳）。フランスの発明家。1745生。

モリスン, ロバート　1834没(52歳)。イギリスの宣教師, 中国学者。1782生。
政所有緜　まんどころゆうめん　1866没(46歳)。江戸時代末期の修験者。1821生。
徳川慶勝　とくがわよしかつ　1883没(60歳)。江戸・明治時代の名古屋藩主, 名古屋藩知事。1824生。
ラウベ, ハインリヒ　1884没(77歳)。ドイツの作家。1806生。
ジーベル　1895没(77歳)。ドイツの歴史家。1817生。
カラミティ・ジェイン　1903没(51歳)。開拓時代のアメリカ西部の無法女。1852生。
ティラク　1920没(64歳)。インド民族運動の指導者。1856生。
ベル, アレグザンダー・グレアム　1922没(75歳)。アメリカの物理学者。1847生。
カスプロヴィッチ, ヤン　1926没(65歳)。ポーランドの象徴主義詩人。1860生。
ザングウィル, イズレイル　1926没(62歳)。イギリス系ユダヤ人小説家, ジャーナリスト。1864生。
新城新蔵　しんじょうしんぞう　1938没(66歳)。明治〜昭和時代の天文学者。京都帝国大学総長, 中華民国上海自然科学研究所所長。1873生。
林森　りんしん　1943没(81歳)。中国の政治家。1862生。
ケソン, マヌエル　1944没(65歳)。フィリピンの独立運動指導者, 初代大統領。1878生。
プレヴォー, ジャン　1944没(43歳)。フランスの小説家, 評論家。1901生。
結城豊太郎　ゆうきとよたろう　1951没(74歳)。大正・昭和時代の財政家。大蔵大臣, 日本銀行総裁。1877生。
田辺七六　たなべしちろく　1952没(73歳)。大正・昭和時代の政治家, 実業家。衆議院議員, 千代田製紙社長。1879生。
清水六兵衛(5代目)　きよみずろくべえ　1959没(84歳)。明治〜昭和時代の陶芸家。1875生。
クルチコフスキ, レオン　1962没(62歳)。ポーランドの劇作家, 小説家。1900生。
レトキ, シオドア　1963没(55歳)。アメリカの詩人。1908生。
石川寅治　いしかわとらじ　1964没(89歳)。明治〜昭和時代の洋画家。1875生。
信時潔　のぶとききよし　1965没(77歳)。大正・昭和時代の作曲家。東京音楽学校教授。1887生。
ワールブルク, オットー・ハインリヒ　1970没(86歳)。ドイツの生化学者。1883生。
徳川夢声　とくがわむせい　1971没(77歳)。大正・昭和時代の放送芸能家, 随筆家。1894生。
ウルプリヒト, ワルター　1973没(80歳)。東ドイツの政治家。1893生。
松井翠声　まついすいせい　1973没(73歳)。昭和時代の漫談家。1900生。
マリピエロ, ジャン・フランチェスコ　1973没(91歳)。イタリアの作曲家。1882生。
熊谷守一　くまがいもりかず　1977没(97歳)。明治〜昭和時代の洋画家。1880生。
植村甲午郎　うえむらこうごろう　1978没(84歳)。大正・昭和時代の財界人, 官僚。経済団体連合会長, ニッポン放送社長。1894生。
塩谷アイ　しおやあい　1978没(66歳)。昭和時代の保育運動家。労働者クラブ保育園園長。1912生。
神近市子　かみちかいちこ　1981没(93歳)。大正・昭和時代の婦人解放運動家, 政治家。衆議院議員。1888生。
村山古郷　むらやまこきょう　1986没(77歳)。昭和時代の俳人。大磯鳴立庵庵主。1909生。
ネグリ, ポーラ　1987没(88歳)。ポーランド出身の映画女優。1899生。
ユースフ・イドリース　1991没(64歳)。エジプトの作家。1927生。
アリゲール, マルガリータ・ヨシフォヴナ　1992没(76歳)。ソ連の女流詩人。1915生。
マネシエ, アルフレッド　1993没(81歳)。フランスの画家。1911生。
ライヒシュタイン, タデウシュ　1996没(99歳)。スイスの化学者。1897生。
永山則夫　ながやまのりお　1997没(48歳)。昭和・平成時代の人。連続射殺事件を起こし死刑となる。獄中で『無知の涙』などを執筆。1949生。
金剛巌(2代目)　こんごういわお　1998没(73歳)。昭和・平成時代の能楽師シテ方。京都能楽会会長。1924生。
ファハド・イブン・アブドル・アジズ　2005没(82歳)。サウジアラビア国王。1923生。
阿久悠　あくゆう　2007没(70歳)。昭和・平成時代の作詞家, 作家。1937生。

8月1日

8月2日

○記念日○　学制発布記念日
○出来事○　銀座・新宿などで歩行者天国（1970）
　　　　　　電卓カシオミニが発売（1972）
　　　　　　イラクがクウェートに侵攻（1990）

ステファヌス1世　252没。教皇（在位254～257）、聖人。

セヴェリーヌス　640没。教皇（在位640）。

源生　みなもとのいける　872没（52歳）。平安時代前期の公卿。821生。

プレグムンド（カンタベリの）　914没。カンタベリ第19代大司教。

ヨーアンネース8世・クシフィリノス　1075没（70?歳）。コンスタティノポリスの総主教、法律家、修道士。1005頃生。

ウィリアム2世　1100没（44?歳）。ノルマン王朝第2代のイギリス王（在位1087～1100）。1056頃生。

宇都宮信房　うつのみやのぶふさ　1234没（79歳）。平安時代後期・鎌倉時代前期の武将。1156生。

嘉陽門院　かようもんいん　1273没（74歳）。鎌倉時代前期の女性。後鳥羽天皇の第2皇女。1200生。

少弐経資　しょうにつねすけ　1292没（64歳）。鎌倉時代後期の武将。1229生。

西園寺公宗　さいおんじきんむね　1335没（27歳）。鎌倉時代後期・南北朝時代の公卿。1309生。

岳翁集甫　がくおうちょうほ　1362没。南北朝時代の臨済宗の僧。

別峰大殊　べっぽうだいじゅ　1402没（82歳）。南北朝時代・室町時代の僧。1321生。

オスヴァルト・フォン・ヴォルケンシュタイン　1445没（68?歳）。中世ドイツの抒情詩人。1377頃生。

シュテファン　1504没（71?歳）。モルダビアの総督、シュテファン3世（在位1457～1504）。1433頃生。

沈周　ちんしゅう　1509没（81歳）。中国、明の画家、文学者。1427生。

随念院　ずいねんいん　1561没。戦国時代の女性。徳川家康の大おば。

松永長頼　まつながながより　1565没。戦国時代の武将。

津田宗達　つだそうたつ　1566没（63歳）。戦国時代の堺の豪商、茶人、天王寺屋。宗伯の子、宗及の父。1504生。

岩成友通　いわなりともみち　1573没。戦国時代の武将、三好三人衆の一人。

サッバティーニ　1576没（46?歳）。イタリアの画家。1530頃生。

日野輝資　ひのてるすけ　1623（閏8月）没（69歳）。安土桃山時代・江戸時代前期の公家。1555生。

ストロッツィ、ベルナルド　1644没（63歳）。イタリアの画家。1581生。

ボロミーニ、フランチェスコ　1667没（67歳）。イタリアの建築家、彫刻家。1599生。

竜野煕近　たつのひろちか　1693没（78歳）。江戸時代前期の外宮祀官、伊勢神道家。1616生。

鬼貫　おにつら　1738没（78歳）。江戸時代中期の俳人。1661生。

一条兼香　いちじょうかねか　1751没（60歳）。江戸時代中期の公家。1692生。

桂川甫三　かつらがわほさん　1783没（56歳）。江戸時代中期の幕府医師。1728生。

ゲインズバラ、トマス　1788没（61歳）。イギリスの画家。1727生。

和田東郭　わだとうかく　1803没（60歳）。江戸時代中期・後期の医師。1744生。

西川扇蔵（2代目）　にしかわせんぞう　1808没（91歳）。江戸時代中期・後期の歌舞伎の振付師。1718生。

カルノー、ラザール　1823没（70歳）。フランスの政治家、数学者。1753生。

ムハンマド・アリー　1849没（80?歳）。オスマン・トルコ帝国のエジプト太守（1805～48）。1769頃生。

月花永女　つきはなのながめ　1850没。江戸時代後期の女性。狂歌師。

444

マン，ホラス 1859没(63歳)。アメリカの教育家。1796生。

ミハイロフ，ミハイル・ラリオノヴィチ 1865没(36歳)。ロシアの詩人，革命家。1829生。

池田慶徳 いけだよしのり 1877没(41歳)。江戸・明治時代の大名。鳥取藩知事。1837生。

シュタインメッツ 1877没(80歳)。プロシアの軍人，元帥。1796生。

高橋道八(3代目) たかはしどうはち 1879没(69歳)。江戸・明治時代の陶芸家。1811生。

トムソン，ジョゼフ 1895没(37歳)。イギリスの探検家。1858生。

グローヴ，サー・ウィリアム・ロバート 1896没(85歳)。イギリスの法律家，物理学者。1811生。

井上勝 いのうえまさる 1910没(68歳)。明治時代の鉄道創設家。鉄道庁長官，汽車製造合資社長。1843生。

柴田承桂 しばたしょうけい 1910没(62歳)。明治時代の薬学者，官僚。1849生。

三富朽葉 みとみくちは 1917没(29歳)。明治・大正時代の詩人。1889生。

カルーソー，エンリコ 1921没(48歳)。イタリアのテノール歌手。1873生。

ハーディング，ウォレン・G 1923没(57歳)。アメリカの政治家，第29代大統領。1865生。

人見絹枝 ひとみきぬえ 1931没(25歳)。昭和時代の陸上競技選手。1907生。

ザイペル，イグナーツ 1932没(56歳)。オーストリアの政治家，聖職者。1876生。

ヒンデンブルク，パウル・フォン 1934没(86歳)。ドイツの軍人，政治家。1847生。

マスカーニ，ピエートロ 1945没(81歳)。イタリアのオペラ作曲家。1863生。

レズニチェク，エーミル・ニコラウス・フォン 1945没(85歳)。オーストリアの作曲家，指揮者。1860生。

クルト，エルンスト 1946没(60歳)。オーストリアの音楽学者。1886生。

安達謙蔵 あだちけんぞう 1948没(85歳)。明治～昭和時代の政治家。1864生。

スティーヴンズ，ウォレス 1955没(75歳)。アメリカの詩人。1879生。

邦枝完二 くにえだかんじ 1956没(63歳)。大正・昭和時代の小説家。1892生。

篠原助市 しのはらすけいち 1957没(81歳)。大正・昭和時代の教育学者。1876生。

金原省吾 きんばらせいご 1958没(69歳)。昭和時代の美学者，歌人。帝国美術学校教授。1888生。

牟田口廉也 むたぐちれんや 1966没(77歳)。昭和時代の陸軍軍人。中将。1888生。

グッドマン，ポール 1972没(60歳)。アメリカの小説家，精神分析学者，社会評論家。1911生。

トゥン・イスマイル 1973没(57歳)。マレーシアの政治家。1915生。

ベルトラメリ能子 べるとらめりよしこ 1973没(70歳)。昭和時代の声楽家。1903生。

メルヴィル，ジャン・ピエール 1973没(55歳)。フランスの映画監督。1917生。

牛込ちゑ うしごめちえ 1975没(89歳)。昭和・平成時代の教育者。昭和女子大学教授。1886生。

ラング，フリッツ 1976没(85歳)。オーストリアの映画監督。1890生。

チャヴェス，カルロス 1978没(79歳)。メキシコの作曲家，指揮者。1899生。

アヤ・デ・ラ・トーレ，ビクトル・ラウル 1979没(84歳)。ペルーの政治理論家，政治家。1895生。

五条珠実(初代) ごじょうたまみ 1987没(88歳)。大正・昭和時代の日本舞踊家。五条流家元，珠実会主宰。1899生。

岡本良一 おかもとりょういち 1988没(75歳)。昭和時代の歴史家。堺市立博物館初代館長，大阪城天守閣主任。1913生。

カーヴァー，レイモンド 1988没(49歳)。アメリカの短編小説家。1939生。

藤沢朋斎 ふじさわほうさい 1992没(73歳)。昭和時代の囲碁棋士。囲碁9段。1919生。

ドブレ 1996没(84歳)。フランスの政治家。1912生。

バローズ，ウィリアム・S. 1997没(83歳)。アメリカの小説家。1914生。

リヒテル，スヴャトスラフ 1997没(83歳)。ソ連のピアニスト。1914生。

後藤明生 ごとうめいせい 1999没(67歳)。昭和・平成時代の小説家。近畿大学教授。1932生。

村上信夫 むらかみのぶお 2005没(84歳)。昭和・平成時代の料理人。1921生。

8月2日

8月3日

○記念日○ はさみの日
　　　　　はちみつの日
○出来事○ コロンブス、第1回探検に出発(1492)
　　　　　第1回都市対抗野球開催(1927)
　　　　　「週刊TVガイド」発売(1962)

ラブラス　435没。シリア或いはメソポタミアの神学者。

慧能　えのう　713没(75歳)。中国の禅宗第6祖。638生。

藤原不比等　ふじわらのふひと　720没(62歳)。飛鳥時代・奈良時代の官人。659生。

藤原貞子　ふじわらのていし　864没。平安時代前期の女性。仁明天皇の女御。

藤原原子　ふじわらのげんし　1002没。平安時代中期の女性。三条天皇の女御。

藤原忠隆　ふじわらのただたか　1150没(49歳)。平安時代後期の公卿。1102生。

源雅頼　みなもとのまさより　1190没(64歳)。平安時代後期の公卿。1127生。

兼澄　けんちょう　1202没。平安時代後期・鎌倉時代前期の真言宗の僧。

加藤景廉　かとうかげかど　1221没(79歳)。平安時代後期・鎌倉時代前期の武将。1143生。

中院雅忠　なかのいんまさただ　1272没(45歳)。鎌倉時代前期の公卿。1228生。

房海　ぼうかい　1316没。鎌倉時代後期の天台宗の僧。

藤原元範　ふじわらのもとのり　1401没。南北朝時代・室町時代の公卿。

ヘンリー5世　1422没(34歳)。イングランド王(在位1413～22)。1387生。

独秀乾才　どくしゅうけんさい　1514没。室町時代・戦国時代の臨済宗の僧。

サンガッロ・イル・ジョーヴァネ、アントーニオ・ダ　1546没(63歳)。イタリアの建築家。1483生。

ドレ、エチエンヌ　1546没(40歳)。フランスのユマニスト、詩人、出版者。1506生。

カーコディ、ウィリアム(グレインジの)　1573没(53歳)。スコットランドの軍人。1520生。

デュ・ヴェール、ギヨーム　1621没(65歳)。フランスの哲学者、政治家。1556生。

山村良勝　やまむらよしかつ　1634没(72歳)。安土桃山時代・江戸時代前期の木曾代官。1563生。

パチェコ　1640没(67?歳)。ポルトガルの遺日特派使節。1573頃生。

佐川田昌俊　さかわだまさとし　1643没(65歳)。安土桃山時代・江戸時代前期の歌人。1579生。

アレーニ、ジューリオ　1649没(67歳)。イタリアのイエズス会士。1582生。

ギボンズ、グリンリング　1721没(73歳)。イギリスの彫刻家。1648生。

望月玉蟾　もちづきぎょくせん　1755没(64歳)。江戸時代中期の画家。1692生。

寂厳　じゃくごん　1771没(70歳)。江戸時代中期の真言宗の僧。1702生。

コンディヤック、エチエンヌ・ボノ・ド　1780没(64歳)。フランスの哲学者。1715生。

マルティーニ、ジョヴァンニ・バッティスタ　1784没(78歳)。イタリアの作曲家、音楽理論家。1706生。

中村富十郎(初代)　なかむらとみじゅうろう　1786没(68歳)。江戸時代中期の歌舞伎役者、歌舞伎座本。1719生。

鳥山石燕　とりやませきえん　1788没(77歳)。江戸時代中期の町絵師。1712生。

アークライト、サー・リチャード　1792没(59歳)。イギリスの発明家、企業家。1732生。

アマースト、ジェフリー・アマースト、男爵　1797没(80歳)。イギリスの軍人。1717生。

アダンソン、ミシェル　1806没(79歳)。フランスの植物学者。1727生。

シュレーゲル、ドロテーア　1839没(75歳)。ドイツの女流作家。1763生。

シュタール、フリードリヒ・ユーリウス　1855没(53歳)。ドイツの政治学者、ロマン的国家観の代表者。1802生。

446

シュー, ウージェーヌ　1857没(53歳)。フランスの小説家。1804生。

詫間樊六　たくまはんろく　1866没(33歳)。江戸時代末期の志士。1834生。

伊地知季安　いぢちすえやす　1867没(86歳)。江戸時代末期の武士, 歴史家。1782生。

ベック　1867没(81歳)。ドイツの古代学者。1785生。

アケルマン, ルイーズ-ヴィクトリーヌ　1890没(76歳)。フランスの女流詩人。1813生。

吉田清成　よしだきよなり　1891没(47歳)。明治時代の外交官。子爵, 農商務次官。1845生。

イネス, ジョージ　1894没(69歳)。アメリカの風景画家。1825生。

ガルニエ, シャルル　1898没(72歳)。フランスの建築家。1825生。

クニース　1898没(77歳)。ドイツの経済学者。1821生。

ケイスメント, サー・ロジャー・デイヴィド　1916没(51歳)。アイルランドの独立運動家。1864生。

フロベニウス, フェルディナント・ゲオルク　1917没(67歳)。ドイツの数学者。1849生。

コーラー　1919没(70歳)。ドイツの法学者。1849生。

ティチェナー　1927没(60歳)。アメリカの心理学者。1867生。

ヴェブレン, ソースタイン　1929没(72歳)。アメリカの経済学者, 社会学者。1857生。

バーリナー, イーミル　1929没(78歳)。ドイツ系アメリカの発明家。1851生。

ブレリオ, ルイ　1936没(64歳)。フランスの飛行家, 飛行機設計家。1872生。

マルイシキン, アレクサンドル・ゲオルギエヴィチ　1938没(46歳)。ソ連の小説家。1892生。

ヴィルシュテッター, リヒャルト　1942没(69歳)。ドイツの有機化学者。1872生。

中江丑吉　なかえうしきち　1942没(54歳)。大正・昭和時代の中国学者。1889生。

竹下しづの女　たけしたしづのじょ　1951没(64歳)。大正・昭和時代の俳人。1887生。

コレット, シドニー・ガブリエル　1954没(81歳)。フランスの女流小説家。1873生。

中城ふみ子　なかじょうふみこ　1954没(31歳)。昭和時代の歌人。1922生。

オコナー, フラネリ　1964没(39歳)。アメリカ南部の女流作家。1925生。

ロコソフスキー, コンスタンチン　1968没(71歳)。ソ連の軍人。1896生。

時実利彦　ときざねとしひこ　1973没(63歳)。昭和時代の大脳生理学者。東京大学教授, 京都霊長類研究所教授。1909生。

マカリオス3世　1977没(63歳)。キプロスのギリシア正教の大主教, 政治家, 初代大統領。1913生。

真船豊　まふねゆたか　1977没(75歳)。昭和時代の劇作家, 小説家。1902生。

吉田健一　よしだけんいち　1977没(65歳)。昭和時代の英文学者, 文芸評論家。1912生。

加藤常賢　かとうじょうけん　1978没(83歳)。昭和時代の中国哲学者。東京帝国大学教授, 二松学舎大学学長。1894生。

羅瑞卿　らずいきょう　1978没(72歳)。中国の軍人, 政治家。1906生。

オリーン, ベルティル　1979没(80歳)。スウェーデンの経済学者, 政治家。1899生。

水島三一郎　みずしまさんいちろう　1983没(84歳)。昭和時代の物理化学者。東京大学教授。1899生。

テンドリャコーフ, ウラジーミル・フョードロヴィチ　1984没(60歳)。ソ連の小説家。1923生。

向坂正男　さきさかまさお　1987没(72歳)。昭和時代の経済学者。日本エネルギー経済研究所会長。1915生。

石野径一郎　いしのけいいちろう　1990没(81歳)。昭和時代の小説家。1909生。

藤巻卓次　ふじまきたくじ　1990没(91歳)。昭和時代の農業, 安中公害反対運動指導者。1899生。

サブリ　1991没(71歳)。エジプトの軍人, 政治家。1920生。

王洪文　おうこうぶん　1992没(57歳)。中国の政治家。1935生。

関根弘　せきねひろし　1994没(74歳)。昭和時代の詩人, 評論家, 小説家。1920生。

ルピーノ, アイダ　1995没(81?歳)。アメリカの女優, 映画監督。1914頃生。

一条さゆり　いちじょうさゆり　1997没(68歳)。昭和時代のストリッパー。1929生。

苅田久徳　かりたひさのり　2001没(91歳)。昭和時代のプロ野球選手。1910生。

カルティエ-ブレッソン, アンリ　2004没(95歳)。フランスの写真家。1908生。

8月3日

8月4日

○記念日○ 橋の日
　　　　　箸の日
○出来事○ 日本初のビヤホール誕生(1899)
　　　　　竹槍訓練始まる(1944)
　　　　　最高裁判所発足(1947)

孝謙天皇　こうけんてんのう　770没(53歳)。第46代の天皇。718生。

藤原定方　ふじわらのさだかた　932没(60歳)。平安時代前期・中期の公卿。873生。

三善為康　みよしためやす　1139没(91歳)。平安時代中期・後期の文人官僚, 算博士, 諸陵頭。1049生。

藤原範子　ふじわらののりこ　1200没。平安時代後期・鎌倉時代前期の女性。後鳥羽天皇の乳母。

モントフォート, サイモン・ド, レスター伯爵　1265没(57?歳)。イングランドの貴族。1208頃生。

ベルナルドゥス(トリリアの)　1292没(52?歳)。フランスのドミニコ会士, トマス主義哲学者, 神学者。1240頃生。

ベンツェスラウス3世　1306没(17歳)。ハンガリー王(在位1301〜05), ポーランド王, ボヘミア王(在位05〜06)。1289生。

細川持之　ほそかわもちゆき　1442没(43歳)。室町時代の武将, 室町幕府管領。1400生。

天先祖命　てんせんそみょう　1458没(92?歳)。南北朝時代・室町時代の曹洞宗の僧。1367頃生。

京極持清　きょうごくもちきよ　1470没(64歳)。室町時代の武将, 侍所頭人。1407生。

大炊御門信量　おおいのみかどのぶかず　1487没(46歳)。室町時代・戦国時代の公卿。1442生。

デッラ・ロッビア, アンドレーア　1525没(89歳)。イタリアの彫刻家, 陶芸家。1435生。

カノ, ファン・セバスティアン・デル　1526没(66?歳)。スペインの航海者。1460頃生。

毛利隆元　もうりたかもと　1563没(41歳)。戦国時代の武将。1523生。

セバスティアン　1578没(24歳)。ポルトガル王(1557〜78)。1554生。

ラ・ヌー, フランソワ・ド　1591没(60歳)。フランスの軍人。1531生。

セシル, ウィリアム, 初代バーリー男爵　1598没(77歳)。イギリスの政治家。1520生。

山口正弘　やまぐちまさひろ　1600没。安土桃山時代の武将。

堀尾忠氏　ほりおただうじ　1604没(28歳)。安土桃山時代の大名。1577生。

黒田長政　くろだながまさ　1623没(56歳)。安土桃山時代・江戸時代前期の武将, 大名。1568生。

鍋島忠茂　なべしまただしげ　1624没(41歳)。江戸時代前期の大名。1584生。

アボット, ジョージ　1633没(70歳)。カンタベリー大主教。1562生。

ルイス・デ・アラルコン, フアン　1639没(59?歳)。メキシコ生れのスペインの劇作家。1580頃生。

ヘーム, ヤン・デ　1683没(77歳)。オランダの静物画家。1606生。

河原崎権之助(2代目)　かわらさきごんのすけ　1738没。江戸時代中期の歌舞伎役者, 歌舞伎座本。

荷田在満　かだのありまろ　1751没(46歳)。江戸時代中期の国学者, 有職故実家。1706生。

ジルバマン, ゴットフリート　1753没(70歳)。ドイツの鍵盤楽器製作者。1683生。

中村勘三郎(11代目)　なかむらかんざぶろう　1829没(64歳)。江戸時代中期・後期の歌舞伎役者, 歌舞伎座主。1766生。

中神琴渓　なかがみきんけい　1833没(90歳)。江戸時代中期・後期の医師。1744生。

ヘルバルト, ヨハン・フリードリヒ　1841没(65歳)。ドイツの哲学者, 心理学者。1776生。

ハンゼマン　1864没(74歳)。ドイツの政治家。1790生。

多代女　たよじょ　1865没(90歳)。江戸時代後期の女性。俳人。1776生。

アナセン，ハンス・クリスチャン　1875没(70歳)。デンマークの作家。1805生。

マジュラニッチ，イヴァン　1890没(75歳)。ユーゴスラビア，クロアチアの詩人，政治家。1814生。

鶴沢友次郎(5代目)　つるざわともじろう　1895没(82歳)。江戸・明治時代の義太夫節三味線方。1814生。

後藤象二郎　ごとうしょうじろう　1897没(60歳)。江戸・明治時代の高知藩士，政治家。1838生。

ルノワール，ジャン・ジョゼフ・エティエンヌ　1900没(78歳)。フランスの技術者。1822生。

ジクヴァルト　1904没(74歳)。ドイツの哲学者，論理学者。1830生。

フレミング，ヴァルター　1905没(62歳)。ドイツの生物学者，解剖学者，細胞学者。1843生。

中林梧竹　なかばやしごちく　1913没(87歳)。明治・大正時代の書家。1827生。

ペリー　1920没(70歳)。イギリスの数学者。1850生。

エンヴェル・パシャ　1922没(40歳)。オスマン・トルコ帝国末期の軍人，政治家。1881生。

コンラッド，ジョーゼフ　1924没(66歳)。イギリスの小説家。1857生。

アッジェ，ウージェーヌ　1927没(70歳)。フランスの写真家。1857生。

アウアー，カール，ヴェルスバッハ男爵　1929没(70歳)。オーストリアの化学者。1858生。

ヴァーグナー，ジークフリート　1930没(61歳)。ドイツの作曲家，指揮者。1869生。

ビンディング，ルードルフ・ゲオルク　1938没(70歳)。ドイツの詩人，小説家。1867生。

バビッチ，ミハーイ　1941没(57歳)。ハンガリーの詩人，小説家，評論家。1883生。

村山籌子　むらやまかずこ　1946没(44歳)。昭和時代の児童文学作家。1903生。

茅原華山　かやはらかざん　1952没(82歳)。明治～昭和時代の評論家。1870生。

石川欣一　いしかわきんいち　1959没(64歳)。昭和時代のジャーナリスト，翻訳家，評論家。日本ライオンズ・クラブ初代ガバナー。1895生。

妹尾義郎　せのおぎろう　1961没(71歳)。大正・昭和時代の仏教家，社会運動家。社会党平和推進国民会議事務局長。1889生。

コスケンニエミ，ヴェイッコ　1962没(77歳)。フィンランドの近代詩を開いた抒情詩人。1885生。

木下夕爾　きのしたゆうじ　1965没(50歳)。昭和時代の詩人，俳人。1914生。

佐々木惣一　ささきそういち　1965没(87歳)。明治～昭和時代の法学者。京都大学教授，立命館大学学長，貴院議員。1878生。

曹汝霖　そうじょりん　1966没(91歳)。中国の政治家。1875生。

東勇作　あずまゆうさく　1971没(61歳)。昭和時代のバレエ・ダンサー，振付家。1910生。

南里文雄　なんりふみお　1975没(64歳)。昭和時代のジャズトランペット奏者。1910生。

トムソン男爵，ロイ・(ハーバート)　1976没(82歳)。カナダ生まれのイギリスの新聞経営者。1894生。

村岡嘉六　むらおかかろく　1976没(92歳)。大正・昭和時代の実業家。大隈鉄工所会長。1884生。

ブロッホ，エルンスト　1977没(92歳)。ドイツの哲学者。1885生。

今藤長十郎(3代目)　いまふじちょうじゅうろう　1984没(68歳)。昭和時代の長唄三味線方。1915生。

中村梅吉　なかむらうめきち　1984没(83歳)。昭和時代の政治家。衆議院議員，法務大臣。1901生。

橋本義夫　はしもとよしお　1985没(83歳)。昭和時代の歴史家，「ふだん記」運動家。1902生。

土光敏夫　どこうとしお　1988没(91歳)。昭和時代の実業家。日本原子力事業会会長，経団連会長。1896生。

松本清張　まつもとせいちょう　1992没(82歳)。昭和・平成時代の小説家。日本推理作家協会理事長。1909生。

渥美清　あつみきよし　1996没(68歳)。昭和・平成時代の俳優。1928生。

ロビンズ，フレデリック・チャプマン　2003没(86歳)。アメリカの小児科医。1916生。

8月4日

8月5日

○記念日○　タクシーの日
　　　　　月見
○出来事○　連合艦隊が下関を砲撃(1864)
　　　　　岩波書店開業(1913)
　　　　　ロス五輪で南部修平が三段とび優勝(1931)

聖オズワルド　642没(37?歳)。ノーサンブリア(昔のイギリスの一王国)王(634〜42)、聖人。605頃生。

大伴吹負　おおとものふけい　683没。飛鳥時代の武将。

藤原宇合　ふじわらのうまかい　737没(44歳)。飛鳥時代・奈良時代の官人。694生。

マルワーン2世　750没(59?歳)。アラビアのウマイヤ朝第14代、最後のカリフ(744〜50)。691頃生。

エウテュミオス1世　917没(83?歳)。コンスタンティノポリス総主教。834頃生。

藤原嬉子　ふじわらのきし　1025没(19歳)。平安時代中期の女性。東宮敦良親王(後朱雀天皇)の妃。1007生。

克勤　こくごん　1135没(72歳)。中国、宋の禅僧。1063生。

韓世忠　かんせいちゅう　1151没(62歳)。中国、南宋の武将。1089生。

道尊　どうそん　1228没(54歳)。鎌倉時代前期の真言僧。1175生。

花山院忠経　かざんいんただつね　1229没(57歳)。鎌倉時代前期の公卿。1173生。

英祖　えいそ　1299没(71歳)。琉球国黎明期の王。1229生。

二条為世　にじょうためよ　1338没(89歳)。鎌倉時代後期・南北朝時代の歌人・公卿。1250生。

鷹司師平　たかつかさもろひら　1353没(44歳)。鎌倉時代後期・南北朝時代の公卿。1310生。

相山良永　そうざんりょうえい　1386没(68歳)。南北朝時代の僧。1319生。

竹窓智厳　ちくそうちげん　1423没。室町時代の曹洞宗の僧。

江西竜派　こうぜいりゅうは　1446没(72歳)。南北朝時代・室町時代の臨済宗の僧、五山文学僧。1375生。

中院通胤　なかのいんみちたね　1530没(32歳)。戦国時代の公卿。1499生。

万里小路輔房　までのこうじすけふさ　1573没(32歳)。戦国時代の公卿。1542生。

ホシウス、スタニスラウス　1579没(75歳)。ポーランドのカトリック神学者、聖職者。1504生。

伊東義祐　いとうよしすけ　1585没(74歳)。戦国時代・安土桃山時代の日向の大名。1512生。

神保氏張　じんぼうじはる　1592没(65歳)。戦国時代・安土桃山時代の武将。1528生。

今井宗久　いまいそうきゅう　1593没(74歳)。戦国時代・安土桃山時代の堺の豪商、茶湯者。1520生。

木村セバスチャン　きむらせばすちゃん　1622没(57歳)。安土桃山時代・江戸時代前期の宣教師。1566生。

山内忠豊　やまうちただとよ　1669没(61歳)。江戸時代前期の大名。1609生。

顕子女王　あきこじょおう　1676没(38歳)。江戸時代前期の女性。伏見宮貞清親王の第7王女。1639生。

五条庸子　ごじょうようこ　1683没(24歳)。江戸時代前期の女性。霊元天皇の宮人。1660生。

ニューカメン、トマス　1729没(66歳)。イギリスの技術者。1663生。

打越弥八　うちこえやはち　1740没(55歳)。江戸時代中期の学者。1686生。

ギブズ、ジェイムズ　1754没(71歳)。イギリスの建築家。1682生。

中島勘左衛門(2代目)　なかじまかんざえもん　1762没(67歳)。江戸時代中期の歌舞伎役者。1696生。

浅井図南　あさいとなん　1782没(77歳)。江戸時代中期の医師、本草家。1706生。

ノース、フレデリック、8代ノース男爵　1792没(60歳)。イギリスの政治家。1732生。

ハウ、リチャード・ハウ、初代伯爵　1799没(73歳)。イギリスの軍人。1726生。

荒木如元　あらきじょげん　1824（閏8月）没（60歳）。江戸時代後期の長崎系の洋画家。1765生。

ノビリ，レオポルド　1835没（51歳）。イタリアの物理学者。1784生。

奥田頼杖　おくだらいじょう　1849没（50?歳）。江戸時代後期の心学者。1800頃生。

三升屋二三治　みますやにそうじ　1856没（73歳）。江戸時代後期の歌舞伎作者。1784生。

ドローネー　1872没（56歳）。フランスの天文学者。1816生。

芳野金陵　よしのきんりょう　1878没（77歳）。江戸時代末期・明治時代の駿河田中藩儒。1802生。

キングストン，ウィリアム・ヘンリー・ギルス　1880没（66歳）。イギリスの作家。1814生。

ヘブラ　1880没（63歳）。オーストリアの皮膚科医。1816生。

レーヴァルト，ファニー　1889没（78歳）。ドイツの女流小説家。1811生。

マクドナルド　1894没（70歳）。インディアンの血をひいたアメリカの探検家。1824生。

エンゲルス，フリードリヒ　1895没（74歳）。ドイツの経済学者，哲学者，社会主義者。1820生。

ヴィクトリア　1901没（60歳）。プロイセン王妃。ヴィクトリア女王の長女。1840生。

ルメートル，ジュール　1914没（61歳）。フランスの評論家，劇作家。1853生。

佐久間左馬太　さくまさまた　1915没（72歳）。明治時代の陸軍人。大将，伯爵。1844生。

フォーセット，デイム・ミリセント　1929没（82歳）。イギリスの婦人参政権運動の指導者。1847生。

デュ・ボス，シャルル　1939没（56歳）。フランスの評論家。1882生。

クック，フレデリック　1940没（75歳）。アメリカの極地探検家，医者。1865生。

加能作次郎　かのうさくじろう　1941没（57歳）。大正・昭和時代の小説家。「文章世界」主筆。1885生。

マルクス　1946没（83歳）。ドイツの政治家。1863生。

ヴィーラント，ハインリヒ・オットー　1957没（80歳）。ドイツの化学者。1877生。

藤懸静也　ふじかけしずや　1958没（77歳）。大正・昭和時代の美術史学者。文化財保護委員会委員長，東京帝国大学教授。1881生。

ミーエン，アーサー　1960没（86歳）。カナダの政治家。1874生。

北昤吉　きたれいきち　1961没（76歳）。大正・昭和時代の政治家，哲学者。衆議院議員，多摩美術大学創立者。1885生。

ホランド，サー・シドニー・ジョージ　1961没（67歳）。ニュージーランドの政治家。1893生。

ペレス・デ・アヤーラ，ラモン　1962没（80歳）。スペインの詩人，小説家。1881生。

モンロー，マリリン　1962没（36歳）。アメリカの映画女優。1926生。

苅田アサノ　かんだあさの　1973没（68歳）。昭和時代の婦人運動家。衆議院議員（共産党），国際民主婦人連盟各評議員。1905生。

長沖一　ながおきまこと　1976没（72歳）。昭和時代の放送作家。帝塚山学院大学教授，帝塚山学院短期大学学長。1904生。

白木茂　しらきしげる　1977没（67歳）。昭和時代の児童文学翻訳家，児童文学作家。1910生。

ヴェイドレー，ウラジーミル・ワシリエヴィチ　1979没（84歳）。ロシア出身の美術史学・美学者。1895生。

船山馨　ふなやまかおる　1981没（67歳）。昭和時代の小説家。1914生。

中村草田男　なかむらくさたお　1983没（82歳）。昭和時代の俳人。成蹊大学教授。1901生。

ロビンソン，J.V.　1983没（79歳）。イギリスの女流経済学者。1903生。

バートン，リチャード　1984没（58歳）。イギリスの俳優。1925生。

渋澤龍彦　しぶさわたつひこ　1987没（59歳）。昭和時代の文芸評論家，フランス文学者。1928生。

三国玲子　みくにれいこ　1987没（63歳）。昭和時代の歌人。1924生。

本田宗一郎　ほんだそういちろう　1991没（84歳）。昭和時代の技術者，実業家。本田技研工業社長。1906生。

色川幸太郎　いろかわこうたろう　1993没（90歳）。昭和・平成時代の弁護士，裁判官。最高裁判事。1903生。

ジフコフ，トドル　1998没（86歳）。ブルガリアの政治家。1911生。

高沢寅男　たかざわとらお　1999没（72歳）。昭和・平成時代の政治家。衆議院議員，社会党副委員長。1926生。

ギネス，アレック　2000没（86歳）。イギリスの俳優。1914生。

8月5日

8月6日

○記念日○　ハムの日
○出来事○　日本放送協会設立（1926）
　　　　　　広島に原爆投下（1945）

慧遠（廬山の）　えおん　416没（82?歳）。中国、東晋時代の代表的な僧。334生。
布勢内親王　ふせないしんのう　812没。平安時代前期の女性。桓武天皇の第5皇女。
ベレンガーリョ2世　966没。イタリア王（950～963）。
ハインリヒ　1195没（66歳）。ザクセン大公。1129生。
澄憲　ちょうけん　1203没（78歳）。平安時代後期・鎌倉時代前期の天台宗の僧。1126生。
宇都宮朝綱　うつのみやともつな　1204没（83歳）。平安時代後期・鎌倉時代前期の武将。1122生。
聖ドミニクス　1221没（51歳）。ドミニコ会創立者、聖人。1170生。
後堀河天皇　ごほりかわてんのう　1234没（23歳）。第86代の天皇。1212生。
明宗（元）　めいそう　1329没（28歳）。中国、元の第8代皇帝（在位1328～29）。1300生。
島津元久　しまづもとひさ　1411没（69歳）。南北朝時代・室町時代の薩摩・大隅・日向国守護。1343生。
東坊城秀長　ひがしぼうじょうひでなが　1411没（74歳）。南北朝時代・室町時代の公卿。1338生。
ラディスラオ　1414没（37歳）。アンジュー家のナポリ王（在位1386～1414）。1377生。
カリクスツス3世　1458没（79歳）。教皇（在位1455～58）。1378生。
ラウ、ゲオルク　1548没（60歳）。ドイツの出版業者、作曲家。1488生。
マテオ・ダ・バシコ　1552没（57?歳）。イタリアの聖職者。1495頃生。
フラカストーロ、ジロラモ　1553没（75?歳）。イタリアの医者、詩人。1478頃生。
イェルマーク　1585没。西シベリアの征服者。
日重　にちじゅう　1623没（75歳）。安土桃山時代・江戸時代前期の日蓮宗の僧。1549生。
脇坂安治　わきざかやすはる　1626没（73歳）。安土桃山時代・江戸時代前期の武将、大名。1554生。

ジョンソン、ベン　1637没（65歳）。イギリスの劇作家、詩人、批評家。1572生。
ベラスケス、ディエゴ・ロドリゲス・デ・シルバ・イ　1660没（61歳）。スペインの画家。1599生。
長谷川宗也　はせがわそうや　1667没（78歳）。江戸時代前期の画家。1590生。
ベーア、ヨハン　1700没（45歳）。ドイツの小説家。1655生。
霊元天皇　れいげんてんのう　1732没（79歳）。第112代の天皇。1654生。
横谷宗珉　よこやそうみん　1733没（64歳）。江戸時代中期の装剣金工家。1670生。
木下蘭皐　きのしたらんこう　1752没（72歳）。江戸時代中期の漢学者、尾張藩士。1681生。
トレジアコフスキー、ワシーリー・キリロヴィチ　1768没（65歳）。ロシアの詩人。1703生。
藤田貞資　ふじたさだすけ　1807没（74歳）。江戸時代中期・後期の和算家。1734生。
住吉広行　すみよしひろゆき　1811没（57歳）。江戸時代中期・後期の画家。1755生。
ヌムール　1817没（77歳）。フランスの経済学者、政治家。1739生。
岡熊臣　おかくまおみ　1851没（69歳）。江戸時代後期の神官、国学者。1783生。
市川団十郎（8代目）　いちかわだんじゅうろう　1854没（32歳）。江戸時代末期の歌舞伎役者。1823生。
中村福助（2代目）　なかむらふくすけ　1867没（29歳）。江戸時代末期の歌舞伎役者。1839生。
バロー　1873没（82歳）。フランスの政治家。1791生。
ガルシア・モレーノ、ガブリエル　1875没（53歳）。エクアドルの政治家。1821生。
ラモント、ヨハン・フォン　1879没（73歳）。ドイツ（スコットランド生れ）の天文学者、地磁気学者。1805生。
シェーラー　1886没（45歳）。ドイツの言語学者、文学者。1841生。

松野勇雄　まつのいさお　1893没(42歳)。江戸・明治時代の国学者。1852生。

ペドリー，エセル　1898没(39歳)。オーストラリアの女性児童文学者。1859生。

ハンスリック，エードゥアルト　1904没(78歳)。ドイツの音楽美学者。1825生。

斎藤野の人　さいとうののひと　1909没(32歳)。明治時代の評論家。1878生。

エッケルト，フランツ　1916没(64歳)。ドイツ人の軍楽長。1852生。

寺尾寿　てらおひさし　1923没(69歳)。明治・大正時代の天文学者。東京帝国大学教授，日本天文学会初代会長。1855生。

バネルジー，サー・スレーンドラナート　1925没(76歳)。インドの民族運動初期の指導者。1848生。

ル・ベル，ジョゼフ・アシル　1930没(83歳)。フランスの化学者。1847生。

バイダーベック，ビックス　1931没(28歳)。アメリカのジャズ・ピアノ，コルネット奏者。1903生。

シラー　1937没(72歳)。イギリスの哲学者。1864生。

コルチャック，ヤヌシュ　1942没(64歳)。ポーランドの教育者，児童文学者。1878生。

小池敬事　こいけけいじ　1959没(70歳)。大正・昭和時代の解剖学者，人類学者。千葉医科大学学長，新潟大学学長。1889生。

スタージズ，プレストン　1959没(60歳)。アメリカの劇作家，脚本家，映画監督。1898生。

常磐津文字兵衛(3代目)　ときわづもじべえ　1960没(71歳)。明治～昭和時代の浄瑠璃三味線方。1888生。

サンネモーセ，アクセル　1965没(66歳)。デンマーク生れのノルウェーの小説家。1899生。

伊藤友司　いとうともし　1967没(55歳)。昭和時代の宗教家。真如苑主，真言宗醍醐派大僧正。1912生。

アドルノ，テーオドール・ヴィーゼングルント　1969没(65歳)。ドイツの哲学者，美学者，社会学者。1903生。

生方敏郎　うぶかたとしろう　1969没(86歳)。明治～昭和時代の随筆家，評論家。1882生。

近藤憲二　こんどうけんじ　1969没(74歳)。大正・昭和時代のアナキスト。1895生。

バティスタ，フルヘンシォ　1973没(72歳)。キューバの軍人，独裁者。1901生。

ピャティゴルスキー，グレゴール　1976没(73歳)。ロシア生れのアメリカのチェリスト。1903生。

パウルス6世　1978没(80歳)。教皇(在位1963～78)。1897生。

勅使河原霞　てしがはらかすみ　1980没(47歳)。昭和時代の華道家。草月流家元。1932生。

マリーニ，マリーノ　1980没(79歳)。イタリアの彫刻家。1901生。

岡崎義恵　おかざきよしえ　1982没(89歳)。大正・昭和時代の国文学者，歌人。東北大学教授。1892生。

迫静二　さこせいじ　1983没(85歳)。昭和時代の銀行家。安田銀行社長。1898生。

高橋磌一　たかはししんいち　1985没(72歳)。昭和時代の日本史学者。歴史教育者協議会委員長，東京平和委員会会長。1913生。

バーナム，フォーブズ　1985没(62歳)。ガイアナの政治家。1923生。

ハウスマン，マンフレート　1986没(87歳)。ドイツの詩人，小説家。1898生。

フェルナンデス，エミリオ　1986没(82歳)。メキシコの映画監督，俳優。1904生。

ポンジュ，フランシス　1988没(89歳)。フランスの詩人，評論家。1899生。

モドゥーニョ　1994没(66歳)。イタリアのカンツォーネ歌手，作詞・作曲家。1928生。

芳賀幸四郎　はがこうしろう　1996没(88歳)。昭和・平成時代の日本史学者。東京教育大学教授，人間禅教団師家。1908生。

ヴェイユ，アンドレ　1998没(92歳)。フランスの数学者。1906生。

アドラー，ラリー　2001没(87歳)。アメリカのハーモニカ奏者。1914生。

アマード，ジョルジェ　2001没(88歳)。ブラジルの作家。1912生。

ズオン・ヴァン・ミン　2001没(85歳)。ベトナム共和国の政治家，軍人。1916生。

野平祐二　のひらゆうじ　2001没(73歳)。昭和・平成時代の騎手，調教師。1928生。

8月6日

8月7日

○記念日○ バナナの日
　　　　　花の日
　　　　　鼻の日
○出来事○ ソニー、初のトランジスタラジオ発売(1955)
　　　　　有珠山噴火(1977)

百済王俊哲　くだらのこにきししゅんてつ　795没。奈良時代・平安時代前期の武官、陸奥鎮守将軍。

藤原経輔　ふじわらのつねすけ　1074没(69歳)。平安時代中期の公卿。1006生。

郁芳門院　いくほうもんいん　1096没(21歳)。平安時代後期の女性。白河天皇の第1皇女。1076生。

ハインリヒ4世　1106没(55歳)。叙任権論争時代のドイツ王(在位1054〜77)、神聖ローマ皇帝(56〜1106)。1050生。

中原師遠　なかはらのもろとお　1130没(61歳)。平安時代後期の官人。1070生。

大中臣清親　おおなかとみのきよちか　1157没(71歳)。平安時代後期の神官。1087生。

滝　たき　1265没。鎌倉時代前期の女性。後鳥羽天皇の宮人。

道宝　どうほう　1281没(68歳)。鎌倉時代後期の真言宗の僧。1214生。

ヘルヴェーウス・ナターリス　1323没。フランスの神学者。

傑堂能勝　けつどうのうしょう　1427没(73歳)。南北朝時代・室町時代の曹洞宗の僧。1355生。

阿野公熙　あのきみひろ　1472没(56歳)。室町時代の公卿。1417生。

季弘大叔　きこうだいしゅく　1487没(67歳)。室町時代の臨済宗の僧、東福寺の第174世。1421生。

甘露寺親長　かんろじちかなが　1500没(77歳)。室町時代・戦国時代の公卿。1424生。

上杉房能　うえすぎふさよし　1507没。戦国時代の武将。

伊勢貞陸　いせさだみち　1521没(59歳)。戦国時代の幕府吏僚、政所執事。1463生。

カイェターヌス、ティエネ　1547没(66歳)。イタリアのテアティノ修道会の創始者のひとり、聖人。1480生。

ベルク　1563没。ドイツの楽譜出版業者。

飛鳥井雅敦　あすかいまさあつ　1578没(31歳)。安土桃山時代の公卿。1548生。

デュ・コロワ, フランソワ・ユスタシュ　1609没(60歳)。フランスの作曲家。1549生。

ヴールピウス, メルヒオル　1615没(45?歳)。ドイツの教会音楽作曲家。1570頃生。

スカモッツィ, ヴィンチェンツォ　1616没(64歳)。イタリアの建築家、建築学者。1552生。

金春又衛門重家　こんぱるまたえもんしげいえ　1625没(66歳)。安土桃山時代・江戸時代前期の能役者。1560生。

マリヤック　1632没(68歳)。フランスの政治家。1563生。

シュペー・フォン・ランゲンフェルト, フリードリヒ　1635没(44歳)。ドイツの詩人。1591生。

ブローエル　1643没(62歳)。オランダ領東インド総督。1581生。

トロンプ, マールテン　1653没(55歳)。オランダの提督。1598生。

尚寧王妃　しょうねいおうひ　1663没。琉球国王妃。

アルノー, アントワーヌ　1694没(82歳)。フランスの神学博士、哲学者。1612生。

宗義真　そうよしざね　1702没(64歳)。江戸時代前期・中期の大名。1639生。

マルクグラーフ, アンドレアス・ジギスムント　1782没(73歳)。ドイツの化学者。1709生。

十寸見蘭洲(2代目)　ますみらんしゅう　1800没(83歳)。江戸時代中期・後期の河東節の名家。1718生。

毛利高標　もうりたかすえ　1801没(47歳)。江戸時代中期・後期の大名。1755生。

田中玄宰　たなかはるなか　1808没(61歳)。江戸時代中期・後期の陸奥会津藩家老。1748生。

キャロライン・オブ・ブランズウィック　1821没(53歳)。イギリス王ジョージ4世の妃。

1768生。

十返舎一九　じっぺんしゃいっく　1831没（67歳）。江戸時代中期・後期の黄表紙・洒落本・合巻作者。1765生。

ジャカール，ジョゼフ・マリー　1834没（82歳）。フランスの発明家，ジャカード織機の発明者。1752生。

平手造酒　ひらてみき　1844没（36?歳）。江戸時代後期の博徒の用心棒，無宿浪人。1809頃生。

ベルセーリウス，ヨンス・ヤーコブ，男爵　1848没（68歳）。スウェーデンの化学者。1779生。

中原猶介　なかはらなおすけ　1868没（37歳）。江戸・明治時代の軍制家。大砲隊長。1832生。

杵屋六左衛門（11代目）　きねやろくざえもん　1877没（63歳）。江戸・明治時代の長唄三味線方。1815生。

桜田治助（3代目）　さくらだじすけ　1877没（76歳）。江戸・明治時代の歌舞伎作者。1802生。

本間琢斎　ほんまたくさい　1891没（80歳）。江戸・明治時代の鋳金家。1812生。

ホール，ジェイムズ　1898没（86歳）。アメリカの地質学者。1811生。

リープクネヒト　1900没（74歳）。ドイツ社会主義運動の指導者。1826生。

須田盛貞　すだもりさだ　1901没（57歳）。江戸・明治時代の出羽久保田藩士。1845生。

市川左団次（初代）　いちかわさだんじ　1904没（63歳）。江戸・明治時代の歌舞伎役者。明治座座主。1842生。

ブローク，アレクサンドル・アレクサンドロヴィチ　1921没（40歳）。ロシア，ソ連の詩人。1880生。

白山松哉　しらやましょうさい　1923没（71歳）。明治・大正時代の漆工家。東京美術学校教授。1853生。

久津見蕨村　くつみけっそん　1925没（66歳）。明治・大正時代のジャーナリスト。1860生。

リッチ，クルバストロ　1925没（72歳）。イタリアの数学者。1853生。

江原万里　えばらばんり　1933没（44歳）。大正・昭和時代のキリスト教無教会伝道者，経済学者。東京帝国大学助教授。1890生。

スタニスラフスキー，コンスタンチン・セルゲーヴィチ　1938没（75歳）。ソ連の演出家，俳優。1863生。

タゴール，ラビンドラナート　1941没（80歳）。インドの詩人，哲学者，劇作家，作曲家。1861生。

原嘉道　はらよしみち　1944没（78歳）。明治〜昭和時代の弁護士，政治家。法務大臣，中央大学総長。1867生。

アブデルハルデン　1950没（73歳）。スイスの生化学者。1877生。

大塚弥之助　おおつかやのすけ　1950没（47歳）。昭和時代の地質学者。東京大学教授。1903生。

ラシュリー，カール・S　1958没（68歳）。アメリカの心理学者。1890生。

ブックマン，フランク・ネイサン・ダニエル　1961没（83歳）。アメリカの宗教家，MRA（道徳再武装）運動の創始者。1878生。

大島みちこ　おおしまみちこ　1963没（21歳）。昭和時代の女性。恋人との書簡集『愛と死をみつめて』の著者。顔面軟骨肉腫で死去。1942生。

塚原健二郎　つかはらけんじろう　1965没（70歳）。大正・昭和時代の児童文学作家，童話作家。日本児童文学者協会会長。1895生。

菱山修三　ひしやましゅうぞう　1967没（57歳）。昭和時代の詩人，フランス文学者。1909生。

コスマ，ジョゼフ　1969没（63歳）。ハンガリー生まれのフランスの作曲家。1905生。

内田吐夢　うちだとむ　1970没（72歳）。昭和時代の映画監督。1898生。

鈴木安蔵　すずきやすぞう　1983没（79歳）。昭和時代の憲法学者。静岡大学教授，立正大学教授。1904生。

岸信介　きしのぶすけ　1987没（90歳）。昭和時代の政治家。首相，自主憲法制定国民議会会長。1896生。

伊藤律　いとうりつ　1989没（76歳）。昭和時代の社会運動家。日本共産党政治局員。1913生。

スーテル，ジャック　1990没（78歳）。フランスの科学者，政治家。1912生。

宮城千賀子　みやぎちかこ　1996没（73歳）。昭和・平成時代の女優。1922生。

モリナーリ・プラデリ，フランチェスコ　1996没（85歳）。イタリアの指揮者。1911生。

宮川一夫　みやがわかずお　1999没（91歳）。昭和・平成時代の映画カメラマン。大阪芸術大学教授。1908生。

8月7日

8月8日

○記念日○ そろばんの日
ひょうたんの日
ヒゲの日
○出来事○ ソ連、日本に宣戦布告(1945)
金大中事件(1973)

聖コールマン 676没。アイルランドのケルト系キリスト教の聖人。

ロタール2世 869没(43?歳)。フランク王。826頃生。

智鎧 ちがい 929没(81歳)。平安時代前期・中期の華厳宗の僧。849生。

アルトマン(パッサウの) 1091没(76?歳)。パッサウの司教、聖人。1015頃生。

安倍季正 あべのすえまさ 1164没(66歳)。平安時代後期の京都方楽人。1099生。

ヘンリー(ブロウの) 1171没(72?歳)。イギリスのウィンチェスターの司教。1099頃生。

東山湛照 とうざんたんしょう 1291没(61歳)。鎌倉時代後期の臨済宗の僧。1231生。

鷹司兼平 たかつかさかねひら 1294没(67歳)。鎌倉時代後期の公卿。1228生。

中院通頼 なかのいんみちより 1312没(71歳)。鎌倉時代後期の公卿。1242生。

慈妙 じみょう 1368没(78歳)。鎌倉時代後期・南北朝時代の僧。1291生。

檀渓心涼 だんけいしんりょう 1374没(73歳)。鎌倉時代後期・南北朝時代の臨済宗の僧。1302生。

独芳清曇 どくぼうせいどん 1390没。南北朝時代の僧。

用堂 ようどう 1396没。南北朝時代の女性。後醍醐天皇の皇女。

世阿弥 ぜあみ 1443没(81歳)。南北朝時代・室町時代の能役者。1363生。

日野重子 ひのしげこ 1463没(53歳)。室町時代の女性。足利義教の側室。1411生。

雪舟等楊 せっしゅうとうよう 1506没(87歳)。室町時代・戦国時代の僧、画家。1420生。

恒弘法親王 こうこうほっしんのう 1509没(79歳)。室町時代・戦国時代の東大寺別当。1431生。

荒木田守武 あらきだもりたけ 1549没(77歳)。戦国時代の連歌・俳諧作者、伊勢内宮神官。1473生。

フェルトン,ジョン 1570没。イングランドの廷臣。

サンチェス・コエーリョ,アロンソ 1588没(57?歳)。スペインの画家。1531頃生。

宗悦 そうえつ 1589没(72歳)。戦国時代・安土桃山時代の臨済宗の僧。1518生。

北条氏邦 ほうじょううじくに 1597没(57?歳)。安土桃山時代の武将、武蔵鉢形城城主。1541頃生。

大村喜前 おおむらよしあき 1616没(48歳)。安土桃山時代・江戸時代前期の武将、大名。1569生。

ケテル,コルネリス 1616没(68歳)。オランダの肖像、歴史画家。1548生。

ダヴィラ 1631没(54歳)。イタリアの歴史家。1576生。

太宗(清) たいそう 1643没(51歳)。中国、清朝の第2代皇帝(在位1626〜43)。1592生。

黒田正玄 くろだしょうげん 1653没(76歳)。安土桃山時代・江戸時代前期の茶人。1578生。

雲居希膺 うんごきよう 1659没(78歳)。江戸時代前期の臨済宗の僧。1582生。

市村羽左衛門(5代目) いちむらうざえもん 1691没(38歳)。江戸時代前期・中期の歌舞伎座主。1654生。

深見玄岱 ふかみげんたい 1722没(74歳)。江戸時代前期・中期の漢学者。1649生。

ハチソン,フランシス 1746没(79歳)。イギリスの哲学者。1694生。

グラウン,カール・ハインリヒ 1759没(56?歳)。ドイツの作曲家、歌手。1703頃生。

山脇東洋 やまわきとうよう 1762没(58歳)。江戸時代中期の医師。1705生。

源琦 げんき 1797没(51歳)。江戸時代中期の円山派の画家。1747生。

ヴォルフ,F. 1824没(65歳)。ドイツの古典学者。1759生。

キャニング, ジョージ　1827没(57歳)。イギリスの政治家, 外交官, 首相。1770生。
トゥーンベリ, カール・ペール　1828没(84歳)。スウェーデンの医師, 植物学者。1743生。
長谷川勘兵衛(11代目)　はせがわかんべえ　1841没(61歳)。江戸時代後期の歌舞伎大道具方の棟梁。1781生。
菊池教中　きくちきょうちゅう　1862没(35歳)。江戸時代末期の豪商, 志士。1828生。
熊谷直好　くまがいなおよし　1862没(81歳)。江戸時代後期の歌人。1782生。
狩野雅信　かのうただのぶ　1879没(57歳)。江戸・明治時代の画家, 帝国博物館に出仕。1823生。
カノバス-デル-カスティリョ　1897没(69歳)。スペインの政治家。1828生。
ブルクハルト, ヤーコプ　1897没(79歳)。スイスの歴史家, 美術研究家。1818生。
マイアー, ヴィクトール　1897没(48歳)。ドイツの化学者。1848生。
ブーダン, ウージェーヌ　1898没(74歳)。フランスの画家。1824生。
矢田部良吉　やたべりょうきち　1899没(49歳)。明治時代の植物学者, 詩人。東京大学教授。1851生。
ヴィンクラー, クレメンス・アレクサンダー　1904没(65歳)。ドイツの化学者。1838生。
オルブリヒ, ヨーゼフ・マリーア　1908没(40歳)。オーストリアの建築家, デザイナー。1867生。
フォーレル　1912没(71歳)。スイスの湖沼学者。1841生。
上村彦之丞　かみむらひこのじょう　1916没(68歳)。明治時代の軍人。海軍大将。1849生。
山葉寅楠　やまはとらくす　1916没(66歳)。明治・大正時代の実業家。1851生。
アホ, ユハニ　1921没(59歳)。フィンランドの作家。1861生。
ラヴィス, エルネスト　1922没(79歳)。フランスの歴史家, 教育家。1842生。
マイヤー　1924没(78歳)。ドイツ行政法の父と呼ばれる公法学者。1846生。
パワー　1940没(51歳)。イギリスの女流経済史学者。1889生。
デニキン, アントン・イヴァノヴィチ　1947没(74歳)。ロシアの陸軍軍人。1872生。

ミャスコフスキー, ニコライ・ヤコヴレヴィチ　1950没(69歳)。ソ連の作曲家, 教育家。1881生。
前田普羅　まえだふら　1954没(70歳)。大正・昭和時代の俳人。1884生。
梅蘭芳　ばいらんほう　1961没(66歳)。中国, 京劇の俳優。1894生。
柳田国男　やなぎたくにお　1962没(87歳)。明治～昭和時代の民俗学者。国学院大学大学院教授。1875生。
スタンプ, サー・ダドリー　1966没(68歳)。イギリスの地理学者。1898生。
藤原あき　ふじわらあき　1967没(69歳)。昭和時代のタレント, 政治家。参議院議員, 資生堂美容室顧問。1897生。
ムーベリ, ヴィルヘルム　1973没(74歳)。スウェーデンの小説家。1898生。
いわさきちひろ　1974没(55歳)。昭和時代の童画家。1918生。
リューネン, フェオドル　1979没(68歳)。ドイツの生化学者。1911生。
川崎大治　かわさきだいじ　1980没(78歳)。昭和時代の児童文学者。東京家政大学教授, 日本児童文学者協会長。1902生。
田代茂樹　たしろしげき　1981没(90歳)。昭和時代の実業家。東レ会長, , (財)東レ科学振興会会長。1890生。
木村篤太郎　きむらとくたろう　1982没(96歳)。昭和時代の政治家, 弁護士。参議院議員, 東京弁護士会会長。1886生。
ドルジーニン　1986没(100歳)。ソ連の歴史家。1886生。
佐藤佐太郎　さとうさたろう　1987没(77歳)。昭和時代の歌人。現代歌人協会理事。1909生。
鳳啓助　おおとりけいすけ　1994没(71歳)。昭和・平成時代のコメディアン。1923生。
レオノフ, レオニード・マクシモヴィチ　1994没(95歳)。ソ連の小説家。1899生。
モット, サー・ネヴィル・フランシス　1996没(90歳)。イギリスの物理学者。1905生。
萩原吉太郎　はぎわらきちたろう　2001没(98歳)。昭和時代の実業家。北海道炭砿汽船(北炭)社長, 札幌テレビ社長。1902生。

8月8日

8月9日

○記念日○　世界の先住民の国際デー
　　　　　　薬草の日
○出来事○　散髪脱刀令（1871）
　　　　　　長崎に原爆投下（1945）

ウァレンス，フラーウィウス　378没（50歳）。ローマ皇帝（在位364～378）。328生。

石川石足　いしかわのいわたり　729没（63歳）。飛鳥時代・奈良時代の官人。667生。

イレーネ　803没（51歳）。東ローマ皇帝（在位797～802）。752生。

三善康信　みよしやすのぶ　1221没（82歳）。平安時代後期・鎌倉時代前期の官僚。1140生。

信寂　しんじゃく　1244没。鎌倉時代前期の浄土宗の僧。

京極院　きょうごくいん　1272没（28歳）。鎌倉時代前期の女性。亀山天皇の皇后。1245生。

北条宗政　ほうじょうむねまさ　1281没（29歳）。鎌倉時代後期の武将。1253生。

放牛光林　ほうぎゅうこうりん　1373没。南北朝時代の臨済宗の僧。

興国玄晨　こうこくげんしん　1394没。南北朝時代の曹洞宗の僧。

アイイ，ピエール・ド　1420没（70歳）。フランスの枢機卿，神学者。1350生。

今出川公富　いまでがわきんとみ　1421没（26歳）。室町時代の公卿。1396生。

宇都宮持綱　うつのみやもちつな　1423没（29歳）。室町時代の武将。1395生。

ヤクプ（ミースの）　1429没（56歳）。チェコのプラハの神学者。1373生。

虎渓昌隆　こけいしょうりゅう　1505没。室町時代・戦国時代の曹洞宗の僧。

ボッシュ，ヒエロニュムス　1516没（66?歳）。オランダの画家。1450頃生。

カイェターヌス，ヤコーブス　1534没（65歳）。ルネサンスの神学者，ドミニコ会修道士。1469生。

観世宗拶　かんぜそうさつ　1585没（61歳）。戦国時代・安土桃山時代の小鼓打ち。1525生。

大久保忠為　おおくぼただため　1616没（63歳）。安土桃山時代・江戸時代前期の武将，大名。1554生。

呑竜　どんりゅう　1623没（68歳）。安土桃山時代・江戸時代前期の浄土宗の僧。1556生。

青木一重　あおきかずしげ　1628没（78歳）。安土桃山時代・江戸時代前期の武将，大名。1551生。

茶屋小四郎　ちゃやこしろう　1633没（41歳）。江戸時代前期の紀州茶屋の祖。1593生。

ボート，ヤン　1652没（34?歳）。オランダの画家。1618頃生。

アーカート，トマス　1660没（49?歳）。イギリスの文学者。1611頃生。

金沢勘右衛門　かなざわかんえもん　1691（閏8月）没（54歳）。江戸時代前期の測量家，津軽藩主側近。1638生。

藤堂高通　とうどうたかみち　1697没（54歳）。江戸時代前期の大名。1644生。

ベルヌーイ，ニコラス2世　1726没（31歳）。スイスの数学者。1695生。

炭太祇　たんたいぎ　1771没（63歳）。江戸時代中期の俳人。1709生。

宇佐美灊水　うさみしんすい　1776没（67歳）。江戸時代中期の儒者。1710生。

岡田寒泉　おかだかんせん　1816没（77歳）。江戸時代中期・後期の儒学者，幕府代官。1740生。

岡田米山人　おかだべいさんじん　1820没（77?歳）。江戸時代中期・後期の南画家。1744頃生。

マリアット，フレデリック　1848没（56歳）。イギリスの海軍軍人，海洋小説家。1792生。

ギュツラフ，カール・フリードリヒ・アウグスト　1851没（48歳）。ドイツのルター派の牧師。1803生。

藤堂高聴　とうどうたかより　1863没（54歳）。江戸時代後期の大名。1810生。

念仏重兵衛（5代目）　ねんぶつじゅうべえ　1869没（53歳）。江戸時代末期の茶商。1817生。

マルモル，ホセ・ペドロ・クリソロゴ　1871没（53歳）。アルゼンチンの詩人，小説家。1817生。

姉小路局　あねがこうじのつぼね　1880没（86歳）。江戸時代末期・明治時代の女性。江戸城大

奥の女中。1795生。

清水喜助(2代目)　しみずきすけ　1881没(67歳)。江戸・明治時代の建築家, 建設業者。1815生。

吉田一調　よしだいっちょう　1881没(70歳)。江戸・明治時代の尺八奏者。1812生。

大島友之允　おおしまとものじょう　1882没(57歳)。江戸・明治時代の対馬藩士。1826生。

玉乃世履　たまのせいり　1886没(62歳)。明治時代の司法官。1825生。

クロ, シャルル　1888没(45歳)。フランスの詩人, 科学者。1842生。

フランクランド, サー・エドワード　1899没(74歳)。イギリスの化学者。1825生。

稲垣示　いながきしめす　1902没(54歳)。明治時代の政治家。衆議院議員。1849生。

ラッツェル, フリードリヒ　1904没(59歳)。ドイツの地理学者, 人類学者。1844生。

ヘッケル, エルンスト・ハインリヒ　1919没(85歳)。ドイツの生物学者。1834生。

箕作元八　みつくりげんぱち　1919没(58歳)。明治・大正時代の西洋史学者。東京帝国大学教授。1862生。

レオンカヴァロ, ルッジェーロ　1919没(62歳)。イタリアの作曲家。1857生。

中沢臨川　なかざわりんせん　1920没(43歳)。明治・大正時代の文芸評論家。1878生。

宮崎湖処子　みやざきこしょし　1922没(59歳)。明治・大正時代の詩人, 小説家。1864生。

ステフェンズ, リンカーン　1936没(70歳)。アメリカのジャーナリスト。1866生。

尾上松助(5代目)　おのえまつすけ　1937没(51歳)。明治〜昭和時代の歌舞伎役者。1887生。

フロベーニウス, レーオ　1938没(65歳)。ドイツの民族学者。1873生。

トレチャコフ, セルゲイ・ミハイロヴィチ　1939没(47歳)。ソ連の詩人, 劇作家。1892生。

スーティン, シャイム　1943没(50歳)。ロシア系フランスの画家。1893生。

田口掬汀　たぐちきくてい　1943没(69歳)。明治・大正時代の小説家, 美術評論家。1875生。

戸坂潤　とさかじゅん　1945没(46歳)。昭和時代の哲学者, 評論家。1900生。

矢崎弾　やざきだん　1946没(41歳)。昭和時代の文芸評論家。1906生。

小幡酉吉　おばたゆうきち　1947没(75歳)。大正・昭和時代の外交官。駐独大使。1873生。

ソーンダイク, エドワード・L　1949没(74歳)。アメリカの心理学者。1874生。

カークウッド　1959没(52歳)。アメリカの化学者。1907生。

ブリアン, エミル・フランティシェク　1959没(55歳)。チェコの作曲家, 演出家, 著述家。1904生。

浪花亭綾太郎　なにわていあやたろう　1960没(70歳)。大正・昭和時代の浪曲師。1889生。

ヘッセ, ヘルマン　1962没(85歳)。ドイツの詩人, 小説家。1877生。

パウエル, セシル・フランク　1969没(65歳)。イギリスの実験物理学者。1903生。

近藤鶴代　こんどうつるよ　1970没(68歳)。昭和時代の政治家。参議院議員, 衆議院議員。1901生。

遠山元一　とおやまげんいち　1972没(82歳)。大正・昭和時代の実業家。日興証券社長, 日本証券業協会連合会会長。1890生。

細田源吉　ほそだげんきち　1974没(83歳)。大正・昭和時代の小説家。1891生。

ショスタコーヴィチ, ドミートリー・ドミトリエヴィチ　1975没(68歳)。ソ連の作曲家。1906生。

見田石介　みたせきすけ　1975没(69歳)。昭和時代の哲学者。日本福祉大学教授。1906生。

カズンズ, ジェイムズ・ゴールド　1978没(74歳)。アメリカの作家。1903生。

天野元之助　あまのもとのすけ　1980没(79歳)。昭和時代の中国経済史学者。大阪市大教授, 追手門学院大学教授。1901生。

大河内一男　おおこうちかずお　1984没(79歳)。昭和時代の経済学者。東京大学教授, 東京大学総長。1905生。

李箕永　りきえい　1984没(89歳)。北朝鮮の小説家。1895生。

由良君美　ゆらきみよし　1990没(61歳)。昭和・平成時代の英文学者。東洋英和女学院大学教授, 東京大学教授。1929生。

大槻文平　おおつきぶんぺい　1992没(88歳)。昭和時代の実業家, 財界人。日経連会長, 三菱鉱業セメント社長。1903生。

8月9日

8月10日

○記念日○ 宿の日
道の日
帽子の日
○出来事○ ポーツマス会議始まる（1905）
警察予備隊令公布（1950）

トラヤヌス，マルクス・ウルピウス　117没（64?歳）。ローマ皇帝（在位98～117）。53頃生。

梁冀　りょうき　159没。中国，後漢の外戚。

光定　こうじょう　858没(80歳)。平安時代前期の天台宗の僧。779生。

当麻浦虫　たいまのうらむし　859没(90歳)。平安時代前期の女官，従三位尚侍，右京の人。770生。

如無　にょむ　938没(72歳)。平安時代中期の法相宗の僧。867生。

大慧宗杲　だいえそうごう　1163没(74歳)。中国，宋代楊岐派の禅僧。1089生。

関兼衡　せきかねひら　1184没。平安時代後期の武士。

藤原国衡　ふじわらのくにひら　1189没。平安時代後期の武将。

妙蓮　みょうれん　1267没。鎌倉時代前期の女性。日蓮の母と伝えられる。

能念　のうねん　1295没。鎌倉時代後期の浄土宗の僧。

性仁入道親王　しょうにんにゅうどうしんのう　1304没(38歳)。後深草天皇の皇子。1267生。

公紹　こうしょう　1321没。鎌倉時代後期の僧。

順忍　じゅんにん　1326没(62歳)。鎌倉時代後期の律宗の僧。1265生。

持明院基清　じみょういんもときよ　1382没。南北朝時代の公卿。

裏松資康　うらまつもとやす　1390没(43歳)。南北朝時代の公卿。1348生。

日英　にちえい　1423没(78歳)。南北朝時代・室町時代の日蓮宗の僧。1346生。

シュテトハイマー，ハンス　1432没(72?歳)。ドイツ，後期ゴシックの建築家。1360頃生。

アクィラーノ・セラフィーノ　1500没(34歳)。イタリアの詩人，音楽家。1466生。

バーダー，ヨハネス　1545没(58?歳)。ドイツの改革派牧師，神学者。1487頃生。

勘解由小路在富　かでのこうじありとみ　1565没(76歳)。戦国時代の公卿。1490生。

ヌネシュ・バレト　1571没(51歳)。ポルトガル出身のイエズス会士。1520生。

プソーム，ニコラ　1575没(56歳)。フランスの高位聖職者。1518生。

玉崗瑞璵　ぎょくこうずいよ　1578没(79歳)。戦国時代・安土桃山時代の足利学校第7世庠主。1500生。

井上正就　いのうえまさなり　1628没(52歳)。江戸時代前期の大名，老中。1577生。

本多忠政　ほんだただまさ　1631没(57歳)。安土桃山時代・江戸時代前期の大名。1575生。

辻近弘　つじちかひろ　1635没(66歳)。安土桃山時代・江戸時代前期の南都方楽人。1570生。

カロ　1647没(73歳)。スペインの詩人，考古学者。1573生。

丸橋忠弥　まるばしちゅうや　1651没。江戸時代前期の浪士。

井原西鶴　いはらさいかく　1693没(52歳)。江戸時代前期の浮世草子作者，俳人。1642生。

田捨女　でんすてじょ　1698没(66歳)。江戸時代前期・中期の女性。貞徳系の俳人。1633生。

古満休伯（古満家2代目）　こまきゅうはく　1715没。江戸時代中期の蒔絵師。

デュボワ，ギョーム　1723没(66歳)。フランスの枢機卿，政治家。1656生。

西川如見　にしかわじょけん　1724没(77歳)。江戸時代前期・中期の天文学者，地理学者。1648生。

フェルナンド6世　1759没(45歳)。スペイン王（在位1746～59）。1713生。

森田勘弥(7代目)　もりたかんや　1783没。江戸時代中期の歌舞伎座主，歌舞伎役者。

加藤枝直　かとうえなお　1785没(94歳)。江戸時代中期の歌人。1692生。

ハイドン，ミヒャエル　1806没(68歳)。オーストリアの作曲家。1737生。

460

アンナ・アマリア　1807没（67歳）。ザクセン・ヴァイマル（ドイツ）の公妃。1739生。
吉田長淑　よしだちょうしゅく　1824没（46歳）。江戸時代後期の蘭方医。1779生。
フリース, ヤーコプ・フリードリヒ　1843没（69歳）。ドイツの新カント派に属する哲学者。1773生。
田中伝左衛門（6代目）　たなかでんざえもん　1853没。江戸時代末期の歌舞伎囃子方。
清元延寿太夫（3代目）　きよもとえんじゅだゆう　1858没（37歳）。江戸時代末期の清元節の家元。1822生。
長岡監物　ながおかけんもつ　1859没（47歳）。江戸時代末期の肥後熊本藩家老。1813生。
松平左近　まつだいらさこん　1868没（60歳）。江戸・明治時代の武士。1809生。
レイン, エドワード　1876没（74歳）。イギリスのアラビア学者。1801生。
戸田欽堂　とだきんどう　1890没（41歳）。明治時代の小説家。1850生。
荻野独園　おぎのどくおん　1895没（77歳）。明治時代の臨済宗僧侶。相国寺住職。1819生。
リリエンタール, オットー　1896没（48歳）。ドイツ航空のパイオニア。1848生。
ヴァルデク・ルソー　1904没（57歳）。フランスの政治家。1846生。
エンデ, ヘルマン　1907没（78歳）。ドイツの建築家。1829生。
川尻宝岑　かわじりほうきん　1910没（69歳）。明治時代の歌舞伎作者, 劇作家。1842生。
リンナンコスキ, ヨハンネス　1913没（43歳）。フィンランドの小説家。1869生。
西川春洞　にしかわしゅんどう　1915没（69歳）。明治・大正時代の書家。1847生。
モーズリー, ハリー　1915没（27歳）。イギリスの物理学者。1887生。
パンペリー　1923没（85歳）。アメリカの地質学者。1837生。
吉川守圀　よしかわもりくに　1939没（57歳）。明治～昭和時代の社会主義者。1883生。
ゴッダード, ロバート・ハッチングズ　1945没（62歳）。アメリカの液体ロケットの開拓者。1882生。
ヴェブレン　1960没（80歳）。アメリカの数学者。1880生。
シュトラウス, エーミル　1960没（94歳）。ドイツの作家。1866生。
馬場敬治　ばばけいじ　1961没（64歳）。昭和時代の経営学者。東京大学教授, 千葉工業大学学長。1897生。
ヴェニング・マイネツ, フェリックス・アンドリエス　1966没（79歳）。オランダの地球物理学者。1887生。
西山弥太郎　にしやまやたろう　1966没（73歳）。昭和時代の実業家。川崎製鉄社長。1893生。
ツィンマーマン, ベルント・アーロイス　1970没（52歳）。ドイツの作曲家。1918生。
野坂龍　のさかりょう　1971没（74歳）。大正・昭和時代の共産党婦人運動家。共産党婦人部長。1896生。
堀一郎　ほりいちろう　1974没（64歳）。昭和時代の宗教学者。東京大学教授, 日本民族学会代表理事。1910生。
佐佐木行忠　ささきゆきただ　1975没（82歳）。大正・昭和時代の神道家。国学院大学学長。1893生。
シュミット-ロットルフ, カール　1976没（91歳）。ドイツの画家, 版画家。1884生。
石田茂作　いしだもさく　1977没（82歳）。昭和時代の仏教史学者, 仏教考古学者。奈良国立博物館館長。1894生。
山田かまち　やまだかまち　1977没（17歳）。昭和時代の青年。遺作の詩や絵画によって知られる。1960生。
ゲルラハ　1979没（90歳）。ドイツの物理学者。1889生。
山崎種二　やまざきたねじ　1983没（89歳）。昭和時代の実業家。山種証券会長。1893生。
野間省一　のましょういち　1984没（73歳）。昭和時代の出版人。講談社社長, 日本書籍出版協会会長。1911生。
木村荘十二　きむらそとじ　1988没（84歳）。昭和時代の映画監督。1903生。
清水幾太郎　しみずいくたろう　1988没（81歳）。昭和時代の思想家, 評論家。清水研究室主宰, 学習院大学教授。1907生。
プロッティ, アルド　1995没（75歳）。イタリアのバリトン歌手。1920生。
河野健二　かわのけんじ　1996没（79歳）。昭和・平成時代の経済史学者。京都大学教授, 京都市立芸術大学教授。1916生。
江国滋　えくにしげる　1997没（62歳）。昭和・平成時代の随筆家, 俳人。1934生。
オーダム　2002没（88歳）。アメリカの生態学者。1913生。

8月10日

8月11日

○記念日○ ガンバレの日
○出来事○ 足利尊氏、征夷大将軍に(1338)
前畑秀子がベルリン五輪200m平泳ぎで金メダル獲得(1936)

志貴皇子　しきのみこ　716没。飛鳥時代・奈良時代の天智の第7子。
南岳懐譲　なんがくえじょう　744没(67歳)。中国、唐の禅僧。677生。
藤原公能　ふじわらのきんよし　1161没(47歳)。平安時代後期の公卿。1115生。
雅海　がかい　1222没(85歳)。平安時代後期・鎌倉時代前期の真言宗の僧。1138生。
近衛家通　このえいえみち　1224没(21歳)。鎌倉時代前期の公卿。1204生。
クララ(アッシージの, 聖人)　1253没(59歳)。イタリアの修道女。1194生。
藤原頼経　ふじわらのよりつね　1256没(39歳)。鎌倉幕府第4代の将軍。1218生。
仁助法親王　にんじょほっしんのう　1262没(49歳)。土御門天皇の皇子。1214生。
礼阿　らいあ　1297没。鎌倉時代後期の浄土宗の僧。
姉小路実次　あねがこうじさねつぎ　1335没(36歳)。鎌倉時代後期・南北朝時代の公卿。1300生。
如道　にょどう　1340没(88歳)。鎌倉時代後期・南北朝時代の真宗の僧。1253生。
陽徳門院　ようとくもんいん　1352没(65歳)。鎌倉時代後期・南北朝時代の女性。後深草天皇の第5皇女。1288生。
渋川義行　しぶかわよしゆき　1375没(28歳)。南北朝時代の武将。1348生。
明済　みょうさい　1413没。室町時代の東寺の僧。
フニャディ, ヤーノシュ　1456没(69?歳)。ハンガリーの軍人, 政治家。1387頃生。
ニコラス(クザの)　1464没(63歳)。ドイツの哲学者, 宗教家。1401生。
季瓊真蘂　きけいしんずい　1469没(69歳)。室町時代の臨済宗の僧。1401生。
メムリンク, ハンス　1494没(59?歳)。フランドルの画家。1435頃生。
テッツェル, ヨハン　1519没(54?歳)。ドイツのドミニコ会士。1465頃生。

ランツベルガー, ヨーハン・ユストゥス　1539没(49?歳)。中世ドイツのカトリックのカルトゥジオ会修道士。1490頃生。
メーニウス, ユストゥス　1558没(58歳)。ドイツの宗教改革者。1499生。
光国舜玉　こうこくしゅんぎょく　1561没(85歳)。戦国時代の曹洞宗の僧。1477生。
ヌネシュ　1578没(76歳)。ポルトガルの数学者。1502生。
筒井順慶　つついじゅんけい　1584没(36歳)。安土桃山時代の武将。1549生。
柳原淳光　やなぎはらあつみつ　1597没(57歳)。安土桃山時代の公卿。1541生。
諏訪頼忠　すわよりただ　1606没(71歳)。安土桃山時代の武将, 大名。1536生。
塩塚ルイス　しおづかるいす　1637没(61歳)。安土桃山時代・江戸時代前期のキリシタン。1577生。
累　かさね　1647没。江戸時代前期の女性。怪談「累ヶ淵」の主人公。
李参平　りさんぺい　1655没。江戸初期の陶工。
ピッコローミニ　1656没(56歳)。イタリア出身の軍人, 外交官。1599生。
加藤盤斎　かとうばんさい　1674没(50歳)。江戸時代前期の和学者。1625生。
中村勘三郎(3代目)　なかむらかんざぶろう　1678没(30歳)。江戸時代前期の歌舞伎役者, 歌舞伎座本。1649生。
インノケンティウス11世　1689没(78歳)。教皇(在位1676～89)。1611生。
独本性源　どくほんしょうげん　1689没(72歳)。江戸時代前期の黄檗僧。1618生。
鶴賀新内(初代)　つるがしんない　1774没(62歳)。江戸時代中期の新内節の語り手。1713生。
竹本染三夫(初代)　たけもとそめたゆう　1785没。江戸時代中期の義太夫節の太夫。
キュヘリベーケル, ヴィリゲリム・カルロヴィチ　1846没(49歳)。ロシアの詩人。1797生。

オーケン, ローレンツ　1851没（72歳）。ドイツの生理学者, 哲学者。1779生。

ホール, マーシャル　1857没（67歳）。イギリスの生理学者。1790生。

シチェープキン, ミハイル・セミョーノヴィチ　1863没（74歳）。ロシアの俳優。1788生。

スティーヴンズ, サディアス　1868没（76歳）。アメリカの政治家。1792生。

田所寧親　たどころやすちか　1873没（62歳）。江戸時代末期・明治時代の砲術家。1812生。

宇都宮竜山　うつのみやりゅうざん　1886没（84歳）。江戸・明治時代の儒学者。山林奉行, 新谷藩藩校教授, 私塾朝陽館教師。1803生。

ニューマン, ジョン・ヘンリー　1890没（89歳）。アングリカン・チャーチのオックスフォード運動指導者。1801生。

ホッペ-ザイラー, エルンスト・フェリックス　1895没（69歳）。ドイツの医師, 生化学者。1825生。

三遊亭円朝（初代）　さんゆうていえんちょう　1900没（62歳）。江戸～大正時代の落語家。1839生。

クリスピ, フランチェスコ　1901没（81歳）。イタリアの政治家。1819生。

オストス, エウヘニオ・マリア・デ　1903没（64歳）。プエルト・リコの哲学者, 教育家。1839生。

カーネギー, アンドルー　1919没（83歳）。アメリカの鉄鋼王。1835生。

前田正名　まえだまさな　1921没（72歳）。明治時代の官吏, 農政家。山梨県知事, 男爵。1850生。

ソロリャ・イ・バスティダ, ホアキン　1923没（60歳）。スペインの画家。1863生。

古泉千樫　こいずみちかし　1927没（42歳）。大正時代の歌人。1886生。

中村福助（5代目・成駒屋）　なかむらふくすけ　1933没（34歳）。明治～昭和時代の歌舞伎役者。1900生。

三木静次郎　みきしずじろう　1936没（44歳）。大正・昭和時代の部落解放運動家, 農民運動家。全国水平社中央委員。1893生。

ウォートン, イーディス　1937没（76?歳）。アメリカの女流作家。1861頃生。

朝河貫一　あさかわかんいち　1948没（76歳）。明治～昭和時代の歴史学者。エール大学教授。1873生。

ウッド, ロバート・ウィリアムズ　1955没（87歳）。アメリカの実験物理学者。1868生。

ポロック, ジャクソン　1956没（44歳）。アメリカの画家。1912生。

サーヴィス, ロバート・W.　1958没（84歳）。カナダの詩人, 著述家。1874生。

ロータッカー, エーリヒ　1965没（77歳）。ドイツの哲学者。1888生。

大下宇陀児　おおしたうだる　1966没（69歳）。昭和時代の小説家。探偵クラブ会長。1896生。

クーン, リヒャルト　1967没（66歳）。ドイツの有機化学者。1900生。

笠置山勝一　かさぎやまかついち　1971没（60歳）。昭和時代の力士。関脇, 日本相撲協会理事。1911生。

菅井一郎　すがいいちろう　1973没（66歳）。昭和時代の俳優, 映画監督。1907生。

ツィーグラー, カール　1973没（74歳）。ドイツの有機化学者。1898生。

北白川房子　きたしらかわふさこ　1974没（84歳）。明治～昭和時代の伊勢神宮祭主, 神社本庁総裁。1890生。

鴨川清作　かもがわせいさく　1976没（51歳）。昭和時代の演出家。1925生。

秋谷七郎　あきやしちろう　1978没（81歳）。昭和時代の生化学者, 法医学者。東京大学教授, 東京医科歯科大学教授。1896生。

イバルボウロウ, フアナ・デ　1979没（84歳）。ウルグアイの女流詩人。1895生。

フォルスト, ヴィリ　1980没（77歳）。ドイツ, オーストリアの映画監督。1903生。

中桐雅夫　なかぎりまさお　1983没（63歳）。昭和時代の詩人, 英文学者。1919生。

山本薩夫　やまもとさつお　1983没（73歳）。昭和時代の映画監督。1910生。

李維漢　りいかん　1984没（87歳）。中国の政治家。1897生。

荒川豊蔵　あらかわとよぞう　1985没（91歳）。大正・昭和時代の陶芸家。1894生。

ヴァルヒャ, ヘルムート　1991没（83歳）。ドイツのオルガン奏者, チェンバロ奏者。1907生。

邦光史郎　くにみつしろう　1996没（74歳）。昭和・平成時代の小説家。セカンドライフの会代表, グループST代表。1922生。

8月11日

8月12日

○出来事○ 『君が代』祝日の唱歌に(1893)
ソ連、水爆実験に成功(1953)
日航ジャンボ機墜落(1985)

クレオパトラ7世　前30没(39歳)。プトレマイオス朝エジプトの最後の女王(在位前51～30)。前69生。
藤原吉野　ふじわらのよしの　846没(61歳)。平安時代前期の公卿。786生。
ルートヴィッヒ2世　875没(53?歳)。西ローマ皇帝(在位855～875)。822頃生。
イブン・ドゥライド　934没(97歳)。アラブの言語学者, 詩人。837生。
実因　じついん　1000没(56歳)。平安時代中期の天台宗の僧。945生。
心誉　しんよ　1029没(59歳)。平安時代中期の天台宗の僧。971生。
利慶　りきょう　1097没。平安時代中期・後期の天台宗の僧。
アンセルムス(ハーフェルベルクの)　1158没。イタリア出身の大司教, ギリシアへの国家全権公使。
藤原忻子　ふじわらのきんし　1209没(76歳)。平安時代後期・鎌倉時代前期の女性。後白河天皇の皇后。1134生。
円助法親王　えんじょほっしんのう　1282没(47歳)。鎌倉時代後期の僧。1236生。
理子内親王　りしないしんのう　1282没(9歳)。鎌倉時代後期の女性。亀山天皇の第3皇女。1274生。
土御門顕定　つちみかどあきさだ　1283没(69歳)。鎌倉時代後期の公卿。1215生。
道珍　どうちん　1309没(40歳)。鎌倉時代後期の天台宗の僧。1270生。
運良　うんりょう　1341没(75歳)。鎌倉時代後期の浄土宗の僧。1267生。
阿蘇惟武　あそこれたけ　1377没。南北朝時代の武将, 阿蘇大宮司。
春屋妙葩　しゅんおくみょうは　1388没(78歳)。南北朝時代の臨済宗の僧, 五山文学僧。1311生。
無著妙融　むじゃくみょうゆう　1393没(61歳)。南北朝時代の曹洞宗の僧。1333生。

伯英徳俊　はくえいとくしゅん　1403没。南北朝時代・室町時代の臨済宗の僧。
正親町三条公雅　おおぎまちさんじょうきんまさ　1427没(44歳)。室町時代の公卿。1384生。
和気郷成　わけのさとなり　1437没(57歳)。室町時代の公卿。1381生。
甲斐常治　かいつねはる　1459没。室町時代の武将。
キャップグレイヴ, ジョン　1464没(71歳)。イギリスの年代記作者, 神学者, イギリスのアウグスティヌス会の管区長。1393生。
リバーズ　1469没。イングランドの貴族。
ゲオールギオス・トラペズーンティオス　1484没(89歳)。ギリシアの学者。1395生。
シクストゥス4世　1484没(70歳)。教皇(在位1471～84)。1414生。
ビトリア, フランシスコ・デ　1546没(63?歳)。スペインの神学者。1483頃生。
フェラボスコ, アルフォンソ　1588没(45歳)。イタリア生れのイギリスの作曲家。1543生。
シクストゥス5世　1590没(68歳)。教皇(在位1585～90)。1521生。
金森長近　かなもりながちか　1608没(85歳)。戦国時代・安土桃山時代の大名。1524生。
ガブリエリ, ジョヴァンニ　1612没(57?歳)。イタリアのオルガン奏者, 作曲家。1555頃生。
京極高知　きょうごくたかとも　1622没(51歳)。安土桃山時代・江戸時代前期の大名。1572生。
ペーリ, ヤーコポ　1633没(71歳)。イタリアの作曲家。1561生。
アルトフージウス, ヨハネス　1638没(81歳)。ドイツ人の法学者, 政治学者。1557生。
末吉道節　すえよしどうせつ　1654没(47歳)。江戸時代前期の俳人。1608生。
シャンペーニュ, フィリップ・ド　1674没(72歳)。フランスの画家。1602生。

アン　1714没(49歳)。イギリス，スチュアート朝最後の国王(1702～14)。1665生。

山県周南　やまがたしゅうなん　1752没(66歳)。江戸時代中期の古文辞学派の儒者。1687生。

田中藤六　たなかとうろく　1777没。江戸時代中期の瀬戸内塩業の操業短縮提唱者。

カースルレイ，ロバート・スチュワート，子爵　1822没(53歳)。イギリスの政治家。1769生。

ブレイク，ウィリアム　1827没(69歳)。イギリスの詩人，画家，神秘思想家。1757生。

中山作三郎　なかやまさくさぶろう　1844没(60歳)。江戸時代後期のオランダ通詞。1785生。

スティーヴンソン，ジョージ　1848没(67歳)。イギリスの技術者。1781生。

三遊亭円生(2代目)　さんゆうていえんしょう　1862没(57歳)。江戸時代末期の落語家。1806生。

ローウェル，ジェイムズ・ラッセル　1891没(72歳)。アメリカの詩人，評論家。1819生。

向山黄村　むこうやまこうそん　1897没(72歳)。江戸・明治時代の幕臣，漢詩人。1826生。

ノルデンショルド，ニールス・アドルフ・エリック　1901没(68歳)。スウェーデンの科学者，北極探検家。1832生。

川村純義　かわむらすみよし　1904没(69歳)。明治時代の海軍軍人。大将。1836生。

イスラエルス，ヨーゼフ　1911没(87歳)。オランダの画家。1824生。

グリフィス，アーサー　1922没(50歳)。アイルランド独立運動の指導者。1872生。

ヤナーチェク，レオシュ　1928没(74歳)。チェコスロバキアの作曲家。1854生。

ベルラーヘ，ヘンドリック・ペトルス　1934没(78歳)。オランダの建築家。1856生。

永田鉄山　ながたてつざん　1935没(52歳)。大正・昭和時代の陸軍軍人。1884生。

朱自清　しゅじせい　1948没(49歳)。中国の詩人，評論家。1898生。

プラントル，ルートヴィヒ　1953没(78歳)。ドイツの応用物理学者。1875生。

サムナー，ジェイムズ・バチェラー　1955没(67歳)。アメリカの生化学者。1887生。

マン，トーマス　1955没(80歳)。ドイツの小説家，評論家。1875生。

ボーシャン，アンドレ　1958没(85歳)。フランスの画家，舞台装置家。1873生。

フレミング，イアン　1964没(56歳)。イギリスのスパイ小説家。1908生。

森田元子　もりたもとこ　1969没(66歳)。昭和時代の洋画家。女子美術大学教授。1903生。

西条八十　さいじょうやそ　1970没(78歳)。大正・昭和時代の詩人，フランス文学者。早稲田大学教授。1892生。

タイラー，マックス　1972没(73歳)。アメリカの微生物学者。1899生。

ヘス，ヴァルター・ルドルフ　1973没(92歳)。スイスの生理学者。1881生。

中村白葉　なかむらはくよう　1974没(83歳)。大正・昭和時代のロシア文学者，翻訳家。日本ロシヤ文学会会長。1890生。

チェイン，サー・エルンスト・ボリス　1979没(73歳)。イギリスに亡命したドイツの生化学者。1906生。

立原正秋　たちはらまさあき　1980没(54歳)。昭和時代の小説家。1926生。

フォンダ，ヘンリー　1982没(77歳)。アメリカの俳優。1905生。

浦上郁夫　うらかみいくお　1985没(47歳)。昭和時代の実業家。ハウス食品社長。1937生。

北原遥子　きたはらようこ　1985没(24歳)。昭和時代の女優。1961生。

坂本九　さかもときゅう　1985没(43歳)。昭和時代の歌手。1941生。

津村秀夫　つむらひでお　1985没(77歳)。昭和時代の映画評論家。「週刊朝日」編集長。1907生。

塚原仲晃　つかはらなかあきら　1985没(51歳)。生理学者。大阪大学教授。1933生。

中埜肇　なかのはじめ　1985没(63歳)。昭和時代の実業家。阪神タイガース球団社長。1922生。

増本量　ますもとはかる　1987没(92歳)。大正・昭和時代の金属物理学者。1895生。

ショックレー，ウィリアム・ブラッドフォード　1989没(79歳)。アメリカの物理学者。1910生。

ケイジ，ジョン　1992没(79歳)。アメリカの作曲家。1912生。

中上健次　なかがみけんじ　1992没(46歳)。昭和・平成時代の小説家。1946生。

ヤング，ロレッタ　2000没(88歳)。アメリカの女優。1912生。

8月12日

8月13日

○記念日○　左利きの日
○出来事○　東独、ベルリンの壁を構築(1961)

ラーデグンデ　587没(69?歳)。フランク王妃、聖人。518頃生。
マクシモス　662没(82歳)。ビザンチンの神学者、聖人。580生。
阿弖流為　あてるい　802没。平安時代前期の蝦夷の首領。
善議　ぜんぎ　812没(84歳)。奈良時代・平安時代前期の僧。729生。
橘逸勢　たちばなのはやなり　842没。平安時代前期の官人。
仙命　せんみょう　1096没(83歳)。平安時代中期・後期の天台宗の僧。1014生。
長幸　ちょうこう　1173没(72歳)。平安時代後期の真言宗の僧。1102生。
藤原基行　ふじわらのもとゆき　1221没(42歳)。鎌倉時代前期の公卿。1180生。
懐鑑　えかん　1251没。鎌倉時代の曹洞宗の僧。
四条隆盛　しじょうたかもり　1251没(41歳)。鎌倉時代前期の公卿。1211生。
紅蓮尼　こうれんに　1329没。鎌倉時代後期の女性。出羽国象潟の商人の娘。
近衛経忠　このえつねただ　1352没(51歳)。鎌倉時代後期・南北朝時代の公卿。1302生。
了菴清欲　りょうあんせいよく　1363没(75歳)。中国、元の禅僧、号は南堂。1288生。
庭田重資　にわたしげすけ　1389没(85歳)。鎌倉時代後期・南北朝時代の公卿。1305生。
ニーダー、ヨーハン　1438没(58?歳)。ドイツのドミニコ会神学者。1380頃生。
ダーヴィト、ヘーラルト　1523没(63?歳)。フランドルの画家。1460頃生。
正親町公兼　おおぎまちきんかね　1525没(73歳)。戦国時代の公卿。1453生。
雪窓鳳積　せっそうほうせき　1538没。戦国時代の曹洞宗の僧。
証如　しょうにょ　1554没(39歳)。戦国時代の真宗の僧、本願寺10世。1516生。
バーロウ、ウィリアム　1568没。英国教会のチチェスター主教。
バクファルク、バーリント　1576没(69歳)。ハンガリーのリュート奏者、作曲家。1507生。

コルテス、M.　1589没(56歳)。メキシコ(アステカ族)の征服者エルナン・コルテスの子。1533生。
四辻公遠　よつつじきみとお　1595没(56歳)。安土桃山時代の公卿。1540生。
ファーガスン、デイヴィド　1598没(73?歳)。スコットランドの宗教改革者。1525頃生。
蘭叔宗秀　らんしゅくそうしゅう　1599没。戦国時代・安土桃山時代の新義真言宗の僧。
ボローニャ、ジョヴァンニ・ダ　1608没(79歳)。イタリア(フランドル系)の彫刻家。1529生。
鄭週　ていどう　1611没(67歳)。安土桃山時代・江戸時代前期の対馬侵入時の琉球の三司官、謝名親方。1545生。
亀田高綱　かめだたかつな　1633没(76歳)。安土桃山時代・江戸時代前期の武将。1558生。
萩原兼従　はぎわらかねより　1660没(73歳)。江戸時代前期の神道家。1588生。
テイラー、ジェレミー　1667没(53歳)。イギリスの聖職者、著作者。1613生。
マンブール、ルイ　1686没(76歳)。フランスの歴史家。1610生。
鹿野武左衛門　しかのぶざえもん　1699没(51歳)。江戸時代前期の落語家。1649生。
知空　ちくう　1718没(85歳)。江戸時代前期・中期の浄土真宗本願寺派の学匠。1634生。
シュレーゲル、ヨハン・エリーアス　1749没(30歳)。ドイツ啓蒙主義の劇作家、評論家。1719生。
千宗左(7代目)　せんのそうさ　1751没(47歳)。江戸時代中期の茶人。1705生。
アルガン、ジャン-ロベール　1822没(54歳)。スイスの数学者。1768生。
ラエンネック、ルネ・テオフィル・イアサント　1826没(45歳)。フランスの医師。1781生。
菅茶山　かんさざん　1827没(80歳)。江戸時代中期・後期の漢詩人。1748生。
ダーニーロ1世　1860没(34歳)。モンテネグロの君主(在位1851〜60)。1826生。

成島司直　なるしまもとなお　1862没（85歳）。江戸時代後期の儒学者、歌人。1778生。

安居院庄七　あごいんしょうしち　1863没（75歳）。江戸時代後期の報徳運動家、農事指導者。1789生。

ドラクロワ、ウージェーヌ　1863没（65歳）。フランス、ロマン派の画家。1798生。

ゼンメルヴァイス、イグナーツ・フィリップ　1865没（47歳）。ハンガリーの産科医。1818生。

中村善右衛門　なかむらぜんえもん　1880没（71歳）。江戸・明治時代の養蚕技術改良家。1810生。

ジェヴォンズ、ウィリアム・スタンリー　1882没（46歳）。イギリスの経済学者、論理学者。1835生。

中村直三　なかむらなおぞう　1882没（64歳）。江戸・明治時代の農事改良家。1819生。

ミレイ、ジョン・エヴァレット　1896没（67歳）。イギリスの画家。1829生。

フォーゲル、ヘルマン・カール　1907没（66歳）。ドイツの天体物理学開拓者の一人。1841生。

ナイティンゲイル、フローレンス　1910没（90歳）。イギリスの看護婦。1820生。

マスネ、ジュール　1912没（70歳）。フランスの作曲家。1842生。

ベーベル、フェルディナント・アウグスト　1913没（73歳）。ドイツの政治家。1840生。

ブフナー、エドゥアルト　1917没（57歳）。ドイツの生化学者。1860生。

奈良原繁　ならはらしげる　1918没（85歳）。江戸・明治時代の藩士、政治家。沖縄県知事、日本鉄道会社社長、男爵。1834生。

河原崎国太郎（4代目）　かわらざきくにたろう　1919没（32歳）。明治・大正時代の歌舞伎役者。1888生。

三遊亭小円朝（2代目）　さんゆうていこえんちょう　1923没（67歳）。明治・大正時代の落語家。1857生。

金井延　かないのぶる　1933没（69歳）。明治・大正時代の社会政策学者。東京帝国大学教授。1865生。

木村重友（初代）　きむらしげとも　1939没（58歳）。大正・昭和時代の浪曲師。1882生。

ウェルズ、H.G.　1946没（79歳）。イギリスの小説家、評論家。1866生。

渡辺水巴　わたなべすいは　1946没（65歳）。明治〜昭和時代の俳人。1882生。

伊波普猷　いはふゆう　1947没（72歳）。明治〜昭和時代の民俗学者、言語学者。沖縄県立沖縄図書館館長。1876生。

伊沢多喜男　いざわたきお　1949没（81歳）。大正・昭和時代の内務官僚、政治家。枢密顧問官、貴族院議員。1869生。

尾上菊之丞（初代）　おのえきくのじょう　1964没（55歳）。大正・昭和時代の日本舞踊家、歌舞伎役者。1909生。

池田勇人　いけだはやと　1965没（65歳）。昭和時代の政治家。首相。1899生。

上原げんと　うえはらげんと　1965没（50歳）。昭和時代の作曲家。1914生。

玉川勝太郎（2代目）　たまがわかつたろう　1969没（73歳）。大正・昭和時代の浪曲師。1896生。

都一広（2代目）　みやこいちひろ　1970没（91歳）。明治〜昭和時代の浄瑠璃太夫。1879生。

伊井友三郎　いいともさぶろう　1971没（72歳）。明治〜昭和時代の俳優。1899生。

福永武彦　ふくながたけひこ　1979没（61歳）。昭和時代の小説家、評論家。学習院大学教授。1918生。

乙骨淑子　おつこつよしこ　1980没（51歳）。昭和時代の児童文学作家。1929生。

桑田義備　くわたよしなり　1981没（98歳）。大正・昭和時代の植物学者。京都大学教授。1882生。

稲垣達郎　いながきたつろう　1986没（84歳）。昭和時代の評論家、日本文学者。早稲田大学教授、日本近代文学館常務理事。1901生。

細谷松太　ほそやまつた　1990没（90歳）。大正・昭和時代の労働運動家。新産別中央執行委員。1900生。

山田一雄　やまだかずお　1991没（78歳）。昭和・平成時代の指揮者、作曲家。1912生。

山村若（2代目）　やまむらわか　1991没（86歳）。大正・昭和時代の日本舞踊家。1905生。

グリーン、ジュリヤン　1998没（97歳）。フランスの作家（国籍はアメリカ）。1900生。

ロンギー、デイヴィド　2005没（63歳）。ニュージーランドの政治家。1942生。

8月13日

8月14日

○記念日○　特許の日
○出来事○　『仮名手本忠臣蔵』初演（1748）

藤原忠平　ふじわらのただひら　949没(70歳)。平安時代中期の公卿。880生。

藤原寛子　ふじわらのかんし　1127没(92歳)。平安時代中期・後期の女性。後冷泉天皇の皇后。1036生。

藤原家保　ふじわらのいえやす　1136没(57歳)。平安時代後期の公卿。1080生。

琳賢　りんけん　1150没(77歳)。平安時代後期の真言宗の僧。1074生。

永厳　ようげん　1151没(77歳)。平安時代後期の真言宗の僧。1075生。

ライナルト・フォン・ダセル　1167没(47?歳)。ドイツの聖職者, 政治家。1120頃生。

顕厳　けんごん　1183没(68歳)。平安時代後期の真言宗の僧。1116生。

証玄　しょうげん　1292没(73歳)。鎌倉時代後期の律僧。1220生。

北条時範　ほうじょうときのり　1307没(38歳)。鎌倉時代後期の六波羅探題。1270生。

花山院家雅　かざんいんいえまさ　1308没(32歳)。鎌倉時代後期の公卿。1277生。

ヴァルデマール　1319没(38?歳)。ドイツのブランデンブルク辺境伯(1303〜19)。1281頃生。

中峰明本　ちゅうぼうみんぽん　1323没(59歳)。中国, 元の禅僧。1263生。

経深　きょうじん　1364没(74歳)。鎌倉時代後期・南北朝時代の真言宗の僧。1291生。

鈍夫全快　どんぷぜんかい　1384没(76歳)。鎌倉時代後期・南北朝時代の僧。1309生。

ジョアン1世　1433没(76歳)。ポルトガル王(在位1385〜1433)。1357生。

カプラーニカ, ドメーニコ　1458没(58歳)。イタリア人の枢機卿, 神学者, 教会法学者。1400生。

ピウス2世　1464没(58歳)。教皇(在位1458〜64)。1405生。

足利義澄　あしかがよしずみ　1511没(32歳)。室町幕府第11代の将軍。1480生。

智雲　ちうん　1516没。戦国時代の浄土宗の僧。

中山康親　なかやまやすちか　1538没(54歳)。戦国時代の公卿。1485生。

悟宗圭頓　ごしゅうけいどん　1555没(83歳)。戦国時代の曹洞宗の僧。1473生。

斎藤竜興　さいとうたつおき　1573没(26歳)。戦国時代の美濃国の大名。1548生。

ウルタド-デ-メンドサ, ディエゴ　1575没(72歳)。スペインの外交官, 詩人, 歴史家。1503生。

材岳宗佐　ざいがくそうさ　1586没。安土桃山時代の臨済宗の僧。

松平康元　まつだいらやすもと　1603没(52歳)。安土桃山時代の武将。1552生。

中川秀成　なかがわひでなり　1612没(23歳)。安土桃山時代・江戸時代前期の武将, 大名。1590生。

ロッテンハンマー, ヨハン　1625没(61歳)。ドイツの画家。1564生。

井上因碩(初代)　いのうえいんせき　1630没(49歳)。江戸時代前期の碁士。1582生。

伊奈忠克　いなただかつ　1665没(49?歳)。江戸時代前期の関東郡代。1617頃生。

川村元吉　かわむらもとよし　1692没(71歳)。江戸時代前期の土木治水の功労者。1622生。

水島卜也　みずしまぼくや　1697没(91歳)。江戸時代前期の故実礼法家。1607生。

秋元喬知　あきもとたかとも　1714没(66歳)。江戸時代前期・中期の大名。1649生。

クロフト, ウィリアム　1727没(48歳)。イギリスの作曲家, オルガン奏者。1678生。

室鳩巣　むろきゅうそう　1734没(77歳)。江戸時代前期・中期の儒者。1658生。

土井利里　どいとしさと　1777没(56歳)。江戸時代中期の大名。1722生。

蟹養斎　かにようさい　1778没(74歳)。江戸時代中期の崎門派の儒者。1705生。

コールマン, ジョージ　1794没(62歳)。イギリスの劇作家。1732生。

荒木田久老　あらきだひさおゆ　1804没(59歳)。江戸時代中期・後期の国学者, 歌人, 伊勢内宮権禰宜。1746生。

塩原太助　しおばらたすけ　1816（閏8月）没（74歳）。江戸時代中期・後期の商人。1743生。

市野迷庵　いちのめいあん　1826没（62歳）。江戸時代中期・後期の儒学、考証学者。1765生。

キャンベル，サー・コリン，クライド男爵　1863没（70歳）。イギリスの軍人。1792生。

原市之進　はらいちのしん　1867没（38歳）。江戸時代末期の幕臣。1830生。

河合屏山　かわいへいざん　1876没（74歳）。江戸・明治時代の播磨姫路藩士。一時大参事。1803生。

福羽美静　ふくばびせい　1907没（77歳）。江戸・明治時代の国学者。子爵。1831生。

パウルゼン，フリードリヒ　1908没（62歳）。ドイツの哲学者，教育学者。1846生。

実川延三郎（5代目）　じつかわえんざぶろう　1911没（41歳）。明治時代の歌舞伎役者。1871生。

ノースクリフ　1922没（57歳）。イギリスの新聞経営者。1865生。

左右田喜一郎　そうだきいちろう　1927没（47歳）。明治・大正時代の哲学者，経済学者。貴族院議員。1881生。

クラーブント　1928没（37歳）。ドイツの詩人。1890生。

カジョリ　1930没（71歳）。アメリカ（スイス生れ）の科学史家。1859生。

コルベ，マクシミリアン・マリア　1941没（47歳）。ポーランド生まれの神父。1894生。

三浦新七　みうらしんしち　1947没（71歳）。大正・昭和時代の歴史学者。1877生。

ハースト，ウィリアム・ランドルフ　1951没（88歳）。アメリカの新聞経営者。1863生。

和田信賢　わだしんけん　1952没（40歳）。昭和時代のアナウンサー。1912生。

エッケナー，フーゴ　1954没（86歳）。ドイツの飛行船設計者，操縦者。1868生。

ブレヒト，ベルトルト　1956没（58歳）。ドイツの劇作家，詩人。1898生。

岩上順一　いわがみじゅんいち　1958没（51歳）。昭和時代の文芸評論家，翻訳家。日ソ親善協会理事。1907生。

ジョリオ-キュリー，フレデリック　1958没（58歳）。フランスの核物理学者。1900生。

松岡駒吉　まつおかこまきち　1958没（70歳）。大正・昭和時代の労働運動家，政治家。衆議院議長，総同盟会長。1888生。

五島慶太　ごとうけいた　1959没（77歳）。大正・昭和時代の実業家。東京急行電鉄会長，運輸通信相。1882生。

ブルイユ，アンリ・エドゥアール・プロスペル　1961没（84歳）。フランスの考古学者。1877生。

オデッツ，クリフォード　1963没（57歳）。アメリカの劇作家。1906生。

野島康三　のじまやすぞう　1964没（75歳）。大正・昭和時代の写真家。1889生。

正富汪洋　まさとみおうよう　1967没（86歳）。明治～昭和時代の詩人、歌人。1881生。

モーザー，ハンス・ヨアヒム　1967没（78歳）。ドイツの音楽学者。1889生。

ロマン，ジュール　1972没（86歳）。フランスの詩人，劇作家，小説家。1885生。

柴田道子　しばたみちこ　1975没（41歳）。昭和時代の部落解放運動家，児童文学者。1934生。

ベーム，カール　1981没（86歳）。オーストリアの指揮者。1894生。

プリーストリー，J.B.　1984没（89歳）。イギリスの劇作家，小説家，批評家。1894生。

足立巻一　あだちけんいち　1985没（72歳）。昭和時代の詩人，作家。神戸女子大学教授。1913生。

桐竹勘十郎（2代目）　きりたけかんじゅうろう　1986没（66歳）。昭和時代の人形浄瑠璃の人形遣い。1920生。

石森延男　いしもりのぶお　1987没（90歳）。昭和時代の児童文学者，国語教育家。1897生。

瀬沼茂樹　せぬましげき　1988没（83歳）。昭和時代の文芸評論家。(財)日本近代文学館専務理事，日本大学教授。1904生。

市原豊太　いちはらとよた　1990没（88歳）。昭和時代のエッセイスト。獨協大学学長，東京大学教授。1902生。

カネッティ，エリアス　1994没（89歳）。オーストリアの作家。1905生。

ミーワッシュ　2004没（93歳）。アメリカの作家。1911生。

琴櫻傑將　ことざくらまさかつ　2007没（66歳）。昭和時代の力士。第53代横綱。1940生。

山口小夜子　やまぐちさよこ　2007没（57歳）。昭和・平成時代のファッションモデル，女優。1950生。

8月14日

8月15日

○出来事○ 蝦夷地を北海道と改称（1869）
日本の降伏で太平洋戦争終わる（1945）
ウッドストック・フェスティバル始まる（1969）

ホノリウス，フラウィウス　423没（38歳）。西ローマ皇帝（在位393〜423）。384生。

敏達天皇　びだつてんのう　585没（48歳）。第30代の天皇。538生。

エッバ（大）　683没。イギリスの大修道院長，聖人。

金剛智　こんごうち　741没（70歳）。密教付法相承の第5祖，中国密教の第1祖。671生。

教信　きょうしん　866没（81歳）。平安時代前期の念仏聖。786生。

証如　しょうにょ　867没（87歳）。平安時代前期の僧。781生。

朱雀天皇　すざくてんのう　952没（30歳）。第61代の天皇。923生。

イシュトヴァン1世　1038没（63?歳）。ハンガリー王（997〜1038），聖王。975頃生。

俊豪　しゅんごう　1115没。平安時代後期の天台宗の僧。

アレクシウス1世　1118没（70歳）。東ローマ皇帝（在位1081〜1118）。1048生。

藤原育子　ふじわらのいくし　1173没（28歳）。平安時代後期の女性。二条天皇の皇后。1146生。

鷹司頼平　たかつかさよりひら　1230没（51歳）。鎌倉時代前期の公卿。1180生。

ジャラール-ウッディーン　1231没。ホラズム王朝最後の王（在位1220〜31）。

昱子内親王　あきこないしんのう　1246没（16歳）。鎌倉時代前期の女性。後堀河天皇の第3皇女。1231生。

ヒアキントゥス　1257没（72?歳）。シュレジア出身のカトリック聖職者，聖人。1185頃生。

ソルボン，ロベール・ド　1274没（72歳）。フランスの聖職者。1201生。

隆弁　りゅうべん　1283没（76歳）。鎌倉時代後期の寺門派僧。1208生。

愷子内親王　がいしないしんのう　1284没（36歳）。鎌倉時代後期の女性。後嵯峨天皇の第2皇女。1249生。

瑩山紹瑾　けいざんじょうきん　1325没（62歳）。鎌倉時代後期の曹洞宗の僧。1264生。

洞院実泰　とういんさねやす　1327没（59歳）。鎌倉時代後期の公卿。1269生。

南部政長　なんぶまさなが　1360没。南北朝時代の武将。

フィリッパ・オヴ・エノー　1369没（55歳）。イングランド王エドワード3世の王妃。1314生。

霊波　れいは　1377没（88歳）。鎌倉時代後期・南北朝時代の僧。1290生。

九条教嗣　くじょうのりつぐ　1404没（47歳）。南北朝時代・室町時代の公卿。1358生。

仲方円伊　ちゅうほうえんい　1413没（60歳）。南北朝時代・室町時代の臨済宗大覚派の僧。1354生。

ピッコローミニ，エネーア・シルヴィオ　1464没（58歳）。イタリアの劇作家，詩人。1405生。

逆翁宗順　げきおうそうじゅん　1488没（56歳）。室町時代・戦国時代の曹洞宗の僧。1433生。

印融　いんゆう　1519没（85歳）。室町時代・戦国時代の真言宗の僧。1435生。

北条早雲　ほうじょうそううん　1519没（88歳）。室町時代・戦国時代の武将。1432生。

亀井政矩　かめいまさのり　1619没（30歳）。江戸時代前期の大名。1590生。

肥前忠吉（初代）　ひぜんただよし　1632没（61歳）。安土桃山時代・江戸時代前期の肥前佐賀の刀工。1572生。

シャル・フォン・ベル，ヨーハン・アーダム　1666没（75歳）。ドイツ人のイエズス会士。1591生。

素堂　そどう　1716没（75歳）。江戸時代前期・中期の俳人。1642生。

佐藤直方　さとうなおかた　1719没（70歳）。江戸時代前期・中期の備後福山藩士，上野前橋藩士，儒学者。1650生。

油煙斎貞柳　ゆえんさいていりゅう　1734没（81歳）。江戸時代前期・中期の狂歌師。1654

生。

ブーゲール, ピエール　1758没(60歳)。フランスの天文学者, 数学者。1698生。

パリーニ, ジュゼッペ　1799没(70歳)。イタリアの詩人。1729生。

原南陽　はらなんよう　1820没(68歳)。江戸時代中期・後期の医師。1753生。

大月光興　おおつきみつおき　1834没(69歳)。江戸時代中期・後期の装剣金工家。1766生。

藤井高尚　ふじいたかなお　1840没(77歳)。江戸時代中期・後期の国学者。1764生。

義門　ぎもん　1843没(58歳)。江戸時代後期の真宗の僧。1786生。

藤間勘右衛門(初代)　ふじまかんえもん　1851没(39歳)。江戸時代後期の日本舞踊藤間流の家元。1813生。

ガドリン, ヨハン　1852没(92歳)。フィンランドの化学者。1760生。

徳川斉昭　とくがわなりあき　1860没(61歳)。江戸時代末期の大名。1800生。

枝吉経種　えだよしつねたね　1862没(41歳)。江戸時代末期の志士, 肥前佐賀藩校弘道館教諭。1822生。

鈴木重胤　すずきしげたね　1863没(52歳)。江戸時代末期の国学者。1812生。

コーンハイム, ユリウス・フリードリヒ　1884没(45歳)。ドイツの病理学者。1839生。

ラーマクリシュナ　1886没(50歳)。インドの宗教家。1836生。

岩下方平　いわしたまさひら　1900没(74歳)。江戸・明治時代の鹿児島藩藩士, 政治家。子爵, 貴族院議員。1827生。

珍妃　ちんぴ　1900没(24歳)。清の皇帝光緒帝に寵愛された妃。1876生。

ヨアヒム, ヨーゼフ　1907没(76歳)。ハンガリーのヴァイオリン奏者。1831生。

服部撫松　はっとりぶしょう　1908没(68歳)。明治時代の戯文家, ジャーナリスト。1841生。

クーニャ, エウクリデス・ダ　1909没(43歳)。ブラジルの小説家, ジャーナリスト。1866生。

桐竹紋十郎(初代)　きりたけもんじゅうろう　1910没(66歳)。明治〜昭和時代の文楽人形遣い。1845生。

田尻稲次郎　たじりいなじろう　1923没(74歳)。明治・大正時代の財政学者。子爵。1850生。

郡司成忠　ぐんじしげただ　1924没(65歳)。明治時代の海軍軍人, 開拓者。1860生。

ボルトウッド, バートラム・ボーデン　1927没(57歳)。アメリカの化学者, 物理学者。

1870生。

佐伯祐三　さえきゆうぞう　1928没(31歳)。大正・昭和時代の洋画家。1898生。

宮崎民蔵　みやざきたみぞう　1928没(64歳)。明治・大正時代の社会運動家。1865生。

ランケスター, サー・エドウィン・レイ　1929没(82歳)。イギリスの動物学者。1847生。

伊井蓉峰　いいようほう　1932没(62歳)。明治〜昭和時代の新派俳優。1871生。

シニャック, ポール　1935没(71歳)。フランス, 新印象派の画家。1863生。

ロジャーズ, ウィル　1935没(55歳)。アメリカの俳優。1879生。

井上通泰　いのうえみちやす　1941没(76歳)。明治〜昭和時代の歌人, 国文学者。1866生。

阿南惟幾　あなみこれちか　1945没(59歳)。昭和時代の陸軍軍人。大将。1887生。

宇垣纏　うがきまとめ　1945没(56歳)。大正・昭和時代の海軍軍人。中将。1890生。

石原莞爾　いしはらかんじ　1949没(61歳)。明治〜昭和時代の陸軍軍人。陸軍中尉。1889生。

ジャルー, エドモン　1949没(71歳)。フランスの小説家。1878生。

シローニ, マーリオ　1961没(76歳)。イタリアの画家。1885生。

イワーノフ, フセヴォロド・ヴャチェスラヴォヴィチ　1963没(68歳)。ソ連の作家。1895生。

田子一民　たごいちみん　1963没(81歳)。大正・昭和時代の政治家, 内務官僚。衆議院議員, 衆院議長。1881生。

マグリット, ルネ　1967没(68歳)。ベルギーの画家。1898生。

ストレウフェルス, ステイン　1969没(97歳)。ベルギーの小説家。1871生。

ラフマーン, シェイク・ムジーブル　1975没(55歳)。バングラデシュの政治家。1920生。

橘家円太郎(7代目)　たちばなやえんたろう　1977没(74歳)。大正・昭和時代の落語家。1902生。

日高孝次　ひだかこうじ　1984没(80歳)。昭和時代の海洋物理学者。日高海洋科学振興団理事長, 東京大学教授。1903生。

丸山真男　まるやままさお　1996没(82歳)。昭和・平成時代の政治学者, 思想史学者。東京大学教授。1914生。

8月15日

8月16日

○記念日○ 女子大生の日
○出来事○ 古橋広之進が自由形3種目で世界新記録樹立（1949）

安助　あんじょ　1042没。平安時代中期の天台宗の僧。
藤原経通　ふじわらのつねみち　1051没(70歳)。平安時代中期の公卿。982生。
イブン・ハズム　1064没(69歳)。アラブ系のスペインの小説家, 神学者。994生。
藤原通俊　ふじわらのみちとし　1099没(53歳)。平安時代中期・後期の歌人・公卿。1047生。
戸部清延　こべきよのぶ　1150没(58歳)。平安時代後期の雅楽家。1093生。
源義賢　みなもとのよしかた　1155没。平安時代後期の武将。
藤原高通　ふじわらのたかみち　1222没(54歳)。平安時代後期・鎌倉時代前期の公卿。1169生。
卿局　きょうのつぼね　1229没(75歳)。平安時代後期・鎌倉時代前期の女性。藤原範兼の娘。1155生。
三条公房　さんじょうきんふさ　1249没(71歳)。鎌倉時代前期の公卿。1179生。
洞院実雄　とういんさねお　1273没(55歳)。鎌倉時代前期の公卿。1219生。
冷泉経頼　れいぜいつねより　1293没。鎌倉時代後期の公卿。
大炊御門冬氏　おおいみかどふゆうじ　1324没(43歳)。鎌倉時代後期の公卿。1282生。
守邦親王　もりくにしんのう　1333没(33歳)。鎌倉幕府第9代将軍。1301生。
栄海　えいかい　1347没(70歳)。鎌倉時代後期・南北朝時代の真言宗の僧, 後醍醐天皇の国師, 東寺長者。1278生。
思淳　しじゅん　1363没(86歳)。鎌倉時代後期・南北朝時代の律宗の僧。1278生。
高辻長衡　たかつじながひら　1389没(69歳)。南北朝時代の公卿。1321生。
ウィリアム（ウィッカムの）　1404没(80歳)。イギリスのウィンチェスターの司教。1324生。
ベンツェスラウス4世　1419没(58歳)。ボヘミア王(在位1378～1400, 04～19), 神聖ローマ皇帝(1378～1400)。1361生。
夏景　かしょう　1470没(82歳)。中国, 明代初期の文人画家。1388生。
模堂永範　もどうえいはん　1507没(64歳)。室町時代・戦国時代の曹洞宗の僧。1444生。
アンモーニウス, アンドレーアス　1517没(39歳)。イタリア出身の人文主義者。1478生。
コンペール, ロワゼ　1518没(73?歳)。フランドル楽派の作曲家。1445頃生。
ヨハン（堅忍不抜公）　1532没(64歳)。ザクセンの選挙侯(1525～32)。1468生。
斯波義銀　しばよしかね　1600没(61歳)。安土桃山時代の武将。1540生。
曲直瀬正琳　まなせしょうりん　1611没(47歳)。安土桃山時代・江戸時代前期の医師。1565生。
ヘイウッド, トマス　1641没(67?歳)。イギリスの劇作家, 著述家。1574頃生。
フメリニーツキィ　1657没(62?歳)。ウクライナの農民運動指導者。1595頃生。
サーンレダム, ピーテル　1665没(68歳)。オランダの画家。1597生。
吉川広嘉　きっかわひろよし　1679没(59歳)。江戸時代前期の武士。1621生。
本庄宗資　ほんじょうむねすけ　1699没(71歳)。江戸時代前期の大名。1629生。
ベルヌーイ, ヤーコブ　1705没(50歳)。スイスの数学者。1655生。
ティンダル, マシュー　1733没(77歳)。イギリスの理神論者。1656生。
土肥霞洲　どひかしゅう　1757没(65歳)。江戸時代中期の漢学者。1693生。
大谷友右衛門（初代）　おおたにともえもん　1781没(38歳)。江戸時代中期の歌舞伎役者。1744生。
香川南浜　かがわなんぴん　1792没(59歳)。江戸時代中期・後期の儒学者。1734生。
吉雄耕牛　よしおこうぎゅう　1800没(77歳)。江戸時代中期・後期のオランダ通詞, 蘭方医。1724生。

竹本綱太夫(2代目)　たけもとつなたゆう　1805没（58歳）。江戸時代中期・後期の義太夫節の太夫。1748生。

賢章院　けんしょういん　1824没（34歳）。江戸時代後期の女性。薩摩藩主島津斉彬の母。1791生。

豊沢広助(初代)　とよざわひろすけ　1824（閏8月）没（49歳）。江戸時代後期の義太夫節三味線方。1776生。

杵屋六左衛門(10代目)　きねやろくざえもん　1858没（59歳）。江戸時代末期の長唄三味線方。1800生。

河井継之助　かわいつぐのすけ　1868没（42歳）。江戸時代末期の越後長岡藩家老。1827生。

三遊亭円生(3代目)　さんゆうていえんしょう　1881没（43歳）。明治時代の落語家。1839生。

シャルコー，ジャン・マルタン　1893没（67歳）。フランスの精神医学者。1825生。

ブンゼン，ロベルト・ヴィルヘルム　1899没（88歳）。ドイツの化学者。1811生。

ケイロース，エッサ・デ　1900没（54歳）。ポルトガルの小説家。1845生。

イスヴォルスキー　1919没（63歳）。ロシアの外交官、政治家。1856生。

ロッキアー，サー・ジョゼフ・ノーマン　1920没（84歳）。イギリスの天文学者。1836生。

ペタル1世　1921没（77歳）。セルビア王（在位1903〜21）。1844生。

津田梅子　つだうめこ　1929没（66歳）。明治・大正時代の女子教育者。女子高等師範学校教授。1864生。

デレッダ，グラツィア　1936没（64歳）。イタリアの女流小説家。1871生。

サバティエ，ポール　1941没（86歳）。フランスの有機化学者。1854生。

長与又郎　ながよまたお　1941没（64歳）。明治〜昭和時代の病理学者。伝染病研究所所長、癌研究会癌研究所所長。1878生。

大西滝治郎　おおにしたきじろう　1945没（55歳）。昭和時代の海軍軍人。中将、軍需省航空兵器総局総務局長。1891生。

丸山定夫　まるやまさだお　1945没（45歳）。大正・昭和時代の新劇俳優。1901生。

伏見宮博恭王　ふしみのみやひろやすおう　1946没（72歳）。明治〜昭和時代の皇族。1875生。

ミッチェル，マーガレット　1949没（48歳）。アメリカの女流小説家。1900生。

ジューヴェ，ルイ　1951没（63歳）。フランスの舞台・映画俳優、演出家。1887生。

杜月笙　とげっしょう　1951没（62歳）。中国、チンパンの首領、実業家。1888生。

丸山幹治　まるやまかんじ　1955没（75歳）。明治〜昭和時代のジャーナリスト。1880生。

ルゴシ，ベラ　1956没（72歳）。アメリカの映画俳優。1884生。

ラングミュア，アーヴィング　1957没（76歳）。アメリカの物理化学者。1881生。

梅若実(2代目)　うめわかみのる　1959没（81歳）。明治〜昭和時代の能楽師。1878生。

ランドフスカ，ヴァンダ　1959没（82歳）。ポーランドのチェンバロ奏者。1877生。

孔祥熙　こうしょうき　1967没（86歳）。中国の財政家、資本家。1881生。

熊谷一弥　くまがいいちや　1968没（77歳）。大正・昭和時代のテニス選手。日本庭球協会副会長。1890生。

ワクスマン，セルマン・アブラハム　1973没（85歳）。ロシア生れのアメリカの生化学者。1888生。

硲伊之助　はざまいのすけ　1977没（81歳）。大正・昭和時代の洋画家、陶芸家。一水会創設者、日本美術会委員長。1895生。

プレスリー，エルヴィス　1977没（42歳）。アメリカのポピュラー歌手。1935生。

ディーフェンベイカー，ジョン・G　1979没（83歳）。カナダの政治家。1895生。

璽光尊　じこうそん　1983没（80歳）。昭和時代の宗教家。璽宇教教主。1903生。

栗島すみ子　くりしますみこ　1987没（85歳）。大正・昭和時代の女優、日本舞踊家。栗島派水木流宗家。1902生。

矢内原伊作　やないはらいさく　1989没（71歳）。昭和時代の哲学者、評論家。法政大学教授。1918生。

沢村貞子　さわむらさだこ　1996没（87歳）。昭和時代の女優、随筆家。1908生。

チェリビダッケ，セルジウ　1996没（84歳）。ルーマニアの指揮者。1912生。

アミン，イディ　2003没（78歳）。ウガンダの軍人、政治家。1925生。

黒柳朝　くろやなぎちょう　2006没（95歳）。昭和・平成時代のエッセイスト。1910生。

8月16日

8月17日

○記念日○　パイナップルの日
○出来事○　プロ野球初のナイター開催(1948)
　　　　　　松川事件(1949)
　　　　　　東京・山谷で暴動(1967)

讃岐永直　さぬきのながなお　862没(80歳)。平安時代前期の明法家, 明法博士。783生。

平智　へいち　883没(83歳)。平安時代前期の法相宗の僧。801生。

エルンスト2世　1030没(23歳)。ドイツのシュヴァーベン公。1007生。

藤原歓子　ふじわらのかんし　1102没(82歳)。平安時代中期・後期の女性。後冷泉天皇の皇后。1021生。

藤原道子　ふじわらのどうし　1132没(91歳)。平安時代中期・後期の女性。白河天皇の女御。1042生。

山木兼隆　やまきかねたか　1180没。平安時代後期の武士。

覚海　かくかい　1223没(82歳)。平安時代後期・鎌倉時代前期の真言宗の僧。1142生。

三条実房　さんじょうさねふさ　1225没(79?歳)。平安時代後期・鎌倉時代前期の公卿。1147頃生。

赤橋義宗　あかはしよしむね　1277没(26歳)。鎌倉時代前期の武将, 評定衆。1252生。

クラーラ(モンテファルコの)　1308没(33?歳)。イタリアの修道女, 聖人。1275頃生。

中御門冬定　なかみかどふゆさだ　1337没(58歳)。鎌倉時代後期・南北朝時代の公卿。1280生。

度会朝棟　わたらいともむね　1341没(77歳)。鎌倉時代後期・南北朝時代の神道家。1265生。

哲巌祖済　てつがんそえい　1405没(82歳)。南北朝時代の臨済宗の僧。1324生。

多賀高忠　たがたかただ　1486没(62歳)。室町時代・戦国時代の武将, 武家故実家。1425生。

エンプソン　1510没。イングランドの政治家。

ダッドリ　1510没(48?歳)。イギリスの政治家。1462頃生。

甘露寺元長　かんろじもとなが　1527没(71歳)。戦国時代の歌人, 公卿。1457生。

頼玄　らいげん　1584没(79歳)。戦国時代・安土桃山時代の真言宗の学僧。1506生。

理慶尼　りけいに　1611没(82歳)。安土桃山時代・江戸時代前期の女性。戦記文学作者。1530生。

ゲーアハルト, ヨーハン　1637没(54歳)。ドイツのルター派神学者。1582生。

喜多村弥兵衛　きたむらやへえ　1638没(78歳)。安土桃山時代・江戸時代前期の江戸町年寄の祖。1561生。

ブレイク, ロバート　1657没(58歳)。イギリスの軍人。1599生。

フラーフ, レイニール・デ　1673没(32歳)。オランダの医師, 解剖学者。1641生。

グリンメルスハウゼン, ヨハン・ヤーコプ・クリストフ・フォン　1676没(54?歳)。ドイツの小説家。1622頃生。

野間三竹　のまさんちく　1676没(69歳)。江戸時代前期の儒医。1608生。

土佐局　とさのつぼね　1680没。江戸時代前期の女性。後陽成天皇の後宮。

ニコン　1681没(76歳)。ロシアの総主教。1605生。

熊沢蕃山　くまざわばんざん　1691没(73歳)。江戸時代前期の経世家。1619生。

住友友信　すみともとものぶ　1706没(60歳)。江戸時代前期・中期の豪商, 銅山師。1647生。

近衛家久　このえいえひさ　1737没(51歳)。江戸時代中期の公家。1687生。

加納久通　かのうひさみち　1748没(76歳)。江戸時代中期の御側御用取次, 大名。1673生。

石島筑波　いしじまつくば　1758没(51歳)。江戸時代中期の漢詩人。1708生。

中村吉兵衛(初代)　なかむらきちべえ　1765没(82歳)。江戸時代中期の歌舞伎役者。1684生。

フリードリヒ2世　1786没(74歳)。プロシア王(在位1740〜86)。1712生。

松平康英　まつだいらやすひで　1808没(41歳)。江戸時代中期・後期の長崎奉行。1768生。

北条霞亭　ほうじょうかてい　1823没(44歳)。江戸時代後期の漢詩人。1780生。

清水浜臣　しみずはまおみ　1824（閏8月）没（49歳）。江戸時代後期の国学者、歌人。1776生。

ダ・ポンテ, ロレンツォ　1838没（89歳）。イタリアの歌劇台本作者。1749生。

土生玄碩　はぶげんせき　1848没（87歳）。江戸時代中期・後期の眼科医。1762生。

サン・マルティン, ホセ・デ　1850没（72歳）。アルゼンチンの軍人、政治家。1778生。

上野俊之丞　うえのとしのじょう　1851没（62歳）。江戸時代末期の蘭学者、技術者。1790生。

広瀬旭荘　ひろせきょくそう　1863没（57歳）。江戸時代末期の儒者、詩人。1807生。

小出兼政　こいでかねまさ　1865没（69歳）。江戸時代末期の暦学者、算学者、阿波徳島藩士。1797生。

佐々槻子　さっさつきこ　1867没（73歳）。江戸時代末期の女性。歌人、画家。1795生。

大国隆正　おおくにたかまさ　1871没（80歳）。江戸・明治時代の国学者。内国事務局権刑事。1792生。

アップジョン, リチャード　1878没（76歳）。アメリカの建築家。1802生。

ブトレロフ, アレクサンドル・ミハイロヴィチ　1886没（57歳）。ロシアの有機化学者。1828生。

福田理軒　ふくだりけん　1889没（75歳）。江戸・明治時代の数学者。1815生。

与謝野礼厳　よさのれいごん　1898没（76歳）。江戸・明治時代の僧侶、歌人。1823生。

ボッチョーニ, ウンベルト　1916没（33歳）。イタリアの画家、彫刻家。1882生。

ミットフォード, B.F.　1916没（79歳）。イギリスの外交官、著作家。1837生。

岩村透　いわむらとおる　1917没（48歳）。明治・大正時代の美術評論家。男爵、東京美術学校教授。1870生。

ナートルプ, パウル　1924没（70歳）。ドイツの哲学者、社会教育学者。1854生。

フレドホルム, エリック・イヴァル　1927没（61歳）。スウェーデンの数学者。1866生。

ウラジーミルツォフ　1931没（47歳）。ソ連の東洋学者。1884生。

ブレモン, アンリ　1933没（68歳）。フランスの宗教、文学の研究家。1865生。

ギルマン, シャーロット・アナ　1935没（75歳）。アメリカのフェミニスト、作家。1860生。

戸塚文卿　とつかぶんけい　1939没（48歳）。大正・昭和時代のカトリック司祭、医師。1892生。

島木健作　しまきけんさく　1945没（43歳）。昭和時代の小説家。1903生。

レジェ, フェルナン　1955没（74歳）。フランスの画家。1881生。

シュミット, フロラン　1958没（87歳）。フランスの作曲家。1870生。

マーシャル, サー・ジョン・ヒューバート　1958没（82歳）。イギリスの考古学者。1876生。

佐田啓二　さだけいじ　1964没（37歳）。昭和時代の俳優。1926生。

高見順　たかみじゅん　1965没（58歳）。昭和時代の小説家、詩人。日本ペンクラブ専務理事、日本近代文学館理事長。1907生。

新村出　しんむらいずる　1967没（90歳）。明治〜昭和時代の言語学者、国語学者。京都帝国大学教授。1876生。

シュターン, オットー　1969没（81歳）。ドイツ系のアメリカの物理学者。1888生。

ミース, ヴァン・デル・ローエ, ルートヴィヒ　1969没（83歳）。ドイツの建築家。1886生。

大川博　おおかわひろし　1971没（74歳）。昭和時代の実業家。東映社長。1896生。

前田山頴五郎　まえだやまえいごろう　1971没（57歳）。昭和時代の力士。39代目横綱。1914生。

エイキン, コンラッド　1973没（84歳）。アメリカの詩人、小説家。1889生。

ドッブ　1976没（76歳）。イギリスの代表的マルクス経済学者。1900生。

寒川道夫　さがわみちお　1977没（68歳）。昭和時代の教育者。明星学園小学校校長。1909生。

中島雅楽之都　なかじまうたしと　1979没（83歳）。大正・昭和時代の地唄箏曲家（生田流）。1896生。

ヘス, ルドルフ　1987没（93歳）。ナチスドイツの政治家。1894生。

堀内誠一　ほりうちせいいち　1987没（54歳）。昭和時代のイラストレーター、絵本作家。1932生。

秋山邦晴　あきやまくにはる　1996没（67歳）。昭和・平成時代の音楽評論家、詩人。多摩美術大学教授。1929生。

山崎正一　やまざきまさかず　1997没（84歳）。昭和・平成時代の哲学者。東京大学教授、日本カント学会会長。1912生。

8月17日

8月18日

○記念日○ 高校野球記念日
○出来事○ ワシントンへ桜の木を寄贈(1909)
第1回全国中等学校優勝野球大会開催(1915)

シクスツス3世　440没。教皇(在位432〜440)。
ワラフリド・ストラボー　849没(40歳)。ドイツのベネディクト会修道院長, 神学者, 詩人。809生。
絹子内親王　しゅうしないしんのう　970没。平安時代中期の女性。村上天皇の第8皇女。
覚源　かくげん　1065没(67歳)。平安時代中期の真言宗の僧。999生。
源運　げんうん　1180没(69歳)。平安時代後期の真言宗の僧。1112生。
仏御前　ほとけごぜん　1180没(21歳)。平安時代後期の女性。白拍子。1160生。
ハドリアヌス5世　1276没。教皇(在位1276.7〜8)。
忠助　ちゅうじょ　1290没。鎌倉時代の天台宗の僧。
良助法親王　りょうじょほっしんのう　1318没(51歳)。鎌倉時代後期の皇族。亀山天皇の第7皇子。1268生。
白川資茂王　しらかわすけしげおう　1327没(86歳)。鎌倉時代後期の神祇伯。1242生。
斯波義重　しばよししげ　1418没(48歳)。南北朝時代・室町時代の武将, 室町幕府管領。1371生。
アレクサンデル6世　1503没(72歳)。教皇(在位1492〜1503)。1431生。
柳原量光　やなぎはらかずみつ　1510没(63歳)。室町時代・戦国時代の公卿。1448生。
メガンダー, カスパル　1545没(50歳)。スイス(ベルン)の宗教改革者。1495生。
蓮淳　れんじゅん　1550没(87歳)。戦国時代の僧。1464生。
リンジー, サー・デイヴィド　1555没(69歳)。スコットランドの詩人, 政治家。1486生。
パウルス4世　1559没(83歳)。教皇(在位1555〜59)。1476生。
天啓　てんけい　1562没。戦国時代の浄土宗の僧。
ラ・ボエシー, エチエンヌ・ド　1563没(32歳)。フランスの法律家, 哲学者。1530生。

フィッツジェラルド　1579没。アイルランドの反乱の指導者。
豊臣秀吉　とよとみひでよし　1598没(62歳)。安土桃山時代の武将, 関白太政大臣。1537生。
織田秀雄　おだひでお　1610没(28歳)。安土桃山時代・江戸時代前期の武将, 大名。1583生。
アルトゥージ, ジョヴァンニ・マリア　1613没(73?歳)。イタリアの音楽理論家, 作曲家。1540頃生。
南部利直　なんぶとしなお　1632没(57歳)。安土桃山時代・江戸時代前期の大名。1576生。
蒲生忠知　がもうただとも　1634没(30歳)。江戸時代前期の大名。1605生。
レーニ, グイード　1642没(66歳)。イタリアの画家。1575生。
マーヴェル, アンドルー　1678没(57歳)。イギリスの詩人, 政治家。1621生。
黒川寿庵　くろかわじゅあん　1697没。江戸時代前期の伝道師。
コッツェイ　1719没(75歳)。ドイツの法学者。1644生。
今村英生　いまむらえいせい　1736没(66歳)。江戸時代中期のオランダ通詞。1671生。
乙由　おつゆう　1739没(65歳)。江戸時代中期の俳人。1675生。
デュ・アルド, ジャン=バティスト　1743没(69歳)。フランスの聖職者。1674生。
水野忠辰　みずのただとき　1752没(31歳)。江戸時代中期の大名。1722生。
フランツ1世　1765没(56歳)。神聖ローマ皇帝マリア・テレジアの夫, ロートリンゲン公。1708生。
ボールトン, マシュー　1809没(80歳)。イギリスの技術者, 企業家。1728生。
中山愛親　なかやまなるちか　1814没(74歳)。江戸時代中期・後期の公家。1741生。

476

シュトローマイヤー, フリードリヒ　1835没（59歳）。ドイツの化学者, 薬学者, 鉱物分析家。1776生。

バルザック, オノレ・ド　1850没（51歳）。フランスの小説家。1799生。

前田利保　まえだとしやす　1859没（60歳）。江戸時代末期の大名。1800生。

フレイザー, サイモン　1862没（86歳）。カナダの探検家, 毛皮商人。1776生。

エルショーフ, ピョートル・パーヴロヴィチ　1869没（54歳）。ロシアの作家。1815生。

中村雀右衛門（初代）　なかむらじゃくえもん　1871没（66歳）。江戸・明治時代の歌舞伎役者。1806生。

フェアベアン, サー・ウィリアム　1874没（85歳）。イギリスの技術家。1789生。

ヴィリエ・ド・リラダン, オーギュスト・ド　1889没（49歳）。フランスの小説家, 劇作家。1840生。

アヴェナーリウス, リヒャルト　1896没（52歳）。ドイツの哲学者。1843生。

丸山作楽　まるやまさくら　1899没（60歳）。明治時代の政治家, 歌人。貴族院議員。1840生。

サマン, アルベール　1900没（42歳）。フランス象徴派の詩人。1858生。

西村茂樹　にしむらしげき　1902没（75歳）。江戸・明治時代の道徳思想家, 官僚。1828生。

カー, ジョン　1907没（82歳）。イギリスの物理学者。1824生。

織田得能　おだとくのう　1911没（52歳）。明治時代の仏教学者。真宗大谷派。1860生。

ハドソン, W.H.　1922没（81歳）。イギリスの文筆家, 博物学者。1841生。

三笑亭可楽（6代目）　さんしょうていからく　1924没（79歳）。明治・大正時代の落語家。1846生。

細井和喜蔵　ほそいわきぞう　1925没（29歳）。大正時代の小説家。1897生。

九鬼隆一　くきりゅういち　1931没（80歳）。明治時代の美術行政家。帝国博物館総長。1852生。

テールマン　1944没（58歳）。ドイツの政治家。1886生。

ルーマン, ジャック　1944没（37歳）。ハイチ現代文学の始祖。1907生。

ボース, スバース・チャンドラ　1945没（48歳）。インドの民族独立運動家。1897生。

佐藤義亮　さとうぎりょう　1951没（73歳）。明治～昭和時代の出版人。冨士印刷社長。1878生。

寒川鼠骨　さむかわそこつ　1954没（79歳）。明治～昭和時代の俳人, 写生文作家。1874生。

杉浦非水　すぎうらひすい　1965没（89歳）。明治～昭和時代の商業美術家, グラフィックデザイナー。多摩美術短大大学理事長。1876生。

中西功　なかにしこう　1973没（62歳）。昭和時代の社会運動家, 政治家。参議院議員。1910生。

益谷秀次　ますたにしゅうじ　1973没（85歳）。大正・昭和時代の政治家, 弁護士。衆議院議長, 副総理, 衆議院議員。1888生。

パラッツェスキ, アルド　1974没（89歳）。イタリアの詩人, 小説家。1885生。

デーリ・ティボル　1977没（82歳）。ハンガリーの小説家。1894生。

鍋山貞親　なべやまさだちか　1979没（77歳）。大正・昭和時代の社会主義運動家, 政治評論家。1901生。

ツヴォリキン, ウラディミール・コズマ　1982没（93歳）。ロシア生れのアメリカの物理学者。1889生。

テオレル, アクセル・フーゴー・テオドール　1982没（79歳）。スウェーデンの生化学者。1903生。

ペヴスナー, ニコラウス　1983没（81歳）。ドイツ生れのイギリスの美術史家, 建築史家。1902生。

堀口捨己　ほりぐちすてみ　1984没（89歳）。大正・昭和時代の建築家, 建築史家。明治大学教授, 神奈川大学教授。1895生。

深沢七郎　ふかざわしちろう　1987没（73歳）。昭和時代の小説家。1914生。

アシュトン, サー・フレデリック　1988没（81歳）。イギリスの振付師, ロイヤル・バレエ団芸術監督。1906生。

おおば比呂司　おおばひろし　1988没（66歳）。昭和時代の漫画家, デザイナー。1921生。

古関裕而　こせきゆうじ　1989没（80歳）。昭和時代の作曲家。1909生。

スキナー, B.F.　1990没（86歳）。アメリカの心理学者。1904生。

シング, リチャード・ローレンス・ミリントン　1994没（79歳）。イギリスの生化学者, 色層分析の研究で, ノーベル化学賞を受く（1952）。1914生。

8月18日

8月19日

○記念日○ バイクの日
　　　　　俳句の日
○出来事○ 飛行船ツェッペリン号が霞ケ浦に着陸（1929）
　　　　　中京商対明石中延長25回（1933）

アウグストゥス, ガイユス・ユリウス・カエサル・オクタウィアヌス　14没（75歳）。ローマ帝国初代皇帝（在位前27～後14）。前63生。

裴矩　はいく　627没（70歳）。中国, 隋・唐初の名臣。557生。

大伴古慈斐　おおとものこしび　777没（83歳）。奈良時代の官人。695生。

藤原長実　ふじわらのながざね　1133没（59歳）。平安時代後期の公卿。1075生。

グウェリクス（イニーの）　1157没（87?歳）。ベルギーのシトー会修道士, 霊性神学者。1070頃生。

安田義定　やすだよしさだ　1194没（61歳）。平安時代後期の武将。1134生。

諏訪頼重　すわよりしげ　1335没。鎌倉時代後期・南北朝時代の武将。

洞院実世　とういんさねよ　1358没（51歳）。鎌倉時代後期・南北朝時代の公卿。1308生。

京極高光　きょうごくたかみつ　1413没（39歳）。南北朝時代・室町時代の守護大名。1375生。

カスターニョ, アンドレア・デル　1457没（36?歳）。イタリアの画家。1421頃生。

勘解由小路在盛　かげゆこうじありもり　1478没。室町時代の公卿。

フリードリヒ3世　1493没（77歳）。神聖ローマ皇帝（在位1440～93）。1415生。

功巌玄策　こうがんげんさく　1514没。戦国時代の曹洞宗の僧。

ビルニ, トマス　1531没（36?歳）。イングランドの初代プロテスタント, 殉教者。1495頃生。

ピルクハイマー, カリタス　1532没（66?歳）。ドイツのクラーク会女子修道院の院長。1466頃生。

亀洞宗鑑　きょうそうかん　1563没（77歳）。戦国時代の曹洞宗の僧。1487生。

パラーディオ, アンドレア　1580没（71歳）。イタリアの建築家。1508生。

良迦　りょうが　1585没（79歳）。戦国時代・安土桃山時代の浄土宗の僧。1507生。

中野村清介　なかのむらせいすけ　1589没。安土桃山時代の近江国中野村の百姓。

ミハイ　1601没（43歳）。ワラキアの公（1593～1601）。1558生。

スニガ, ペドロ・デ　1622没。スペインの宣教師。

フロレス　1622没。スペインのドミニコ会宣教師。

狩野山楽　かのうさんらく　1635没（77歳）。安土桃山時代・江戸時代前期の画家。1559生。

一柳直盛　ひとつやなぎなおもり　1636没（73歳）。安土桃山時代・江戸時代前期の大名。1564生。

恵仙女王　えせんじょおう　1644没（50歳）。江戸時代前期の女性。後陽成天皇の第4皇女。1595生。

スネイデルス, フランス　1657没（77歳）。フランドルの画家。1579生。

松栄女王　しょうえいじょおう　1662没（64歳）。江戸時代前期の女性。伏見宮貞清親王の王女。1599生。

パスカル, ブレーズ　1662没（39歳）。フランスの科学者, 思想家。1623生。

至道無難　しどうぶなん　1676没（74歳）。江戸時代前期の臨済宗の僧。1603生。

米川操軒　よねかわそうけん　1678没（53歳）。江戸時代前期の儒学者。1626生。

後水尾天皇　ごみずのおてんのう　1680没（85歳）。第108代の天皇。1596生。

荻野沢之丞　おぎのさわのじょう　1704没（49歳）。江戸時代中期の歌舞伎役者。1656生。

卍山道白　まんざんどうはく　1715没（80歳）。江戸時代前期・中期の曹洞宗の僧。1636生。

日寛　にちかん　1726没（62歳）。江戸時代中期の日蓮宗の学僧。1665生。

江尻喜多右衛門　えじりきたえもん　1739没。江戸時代中期の公益家。

八文字屋其笑　はちもんじやきしょう　1750没。江戸時代中期の書肆、浮世草子作者。

クローンステット，アクセル・フレドリック，男爵　1765没(42歳)。スェーデンの鉱物学者，化学者。1722生。

藤貞幹　とうていかん　1797没(66歳)。江戸時代中期の国学者。1732生。

中山文五郎(初代)　なかやまぶんごろう　1814没(54歳)。江戸時代中期・後期の歌舞伎役者。1761生。

ワット，ジェイムズ　1819没(83歳)。スコットランドの技術者。1736生。

桃林亭東玉　とうりんていとうぎょく　1849没(64歳)。江戸時代後期の講釈師。1786生。

ジェラール，シャルル・フレデリック　1856没(39歳)。フランスの化学者。1816生。

宝井馬琴(初代)　たからいばきん　1857没(57歳)。江戸時代末期の講釈師。1801生。

鹿持雅澄　かもちまさずみ　1858没(68歳)。江戸時代末期の国学者、歌人。1791生。

クラーク　1887没(83歳)。アメリカの天文機械製造家。1804生。

藤間勘十郎(4代目)　ふじまかんじゅうろう　1888没(23歳)。江戸・明治時代の舞踊家。1866生。

藤田茂吉　ふじたもきち　1892没(41歳)。明治時代の新聞記者、政治家。衆議院議員。1852生。

尚泰　しょうたい　1901没(59歳)。琉球最後の国王。1843生。

木内喜八　きうちきはち　1902没(76歳)。江戸・明治時代の木工。1827生。

グンプロヴィッツ　1909没(71歳)。オーストリアの社会学者。1838生。

菊池大麓　きくちだいろく　1917没(63歳)。明治・大正時代の数学者，政治家。東京帝国大学教授。1855生。

ホールデイン，リチャード・バードン，初代子爵　1928没(72歳)。イギリスの政治家。1856生。

ディアギレフ，セルゲイ・パーヴロヴィチ　1929没(57歳)。ロシアのバレエのプロデューサー，舞台美術家。1872生。

ガルシア-ロルカ，フェデリコ　1936没(37歳)。スペインの詩人，劇作家。1899生。

北一輝　きたいっき　1937没(55歳)。大正・昭和時代の社会活動家，著述家。1883生。

西田税　にしだみつぎ　1937没(37歳)。大正・昭和時代の国家主義運動家，陸軍軍人。1901生。

市川松蔦(2代目)　いちかわしょうちょう　1940没(55歳)。明治〜昭和時代の歌舞伎役者。1886生。

ウッド，ヘンリー　1944没(75歳)。イギリスの作曲家，音楽指揮者。1869生。

デ・ガスペリ　1954没(73歳)。イタリアの政治家。1881生。

ロスビー，カール-グスタフ・アーヴィッド　1957没(58歳)。スウェーデンの気象学者，海洋学者。1898生。

エプスタイン，サー・ジェイコブ　1959没(78歳)。イギリスの彫刻家。1880生。

木村錦花　きむらきんか　1960没(83歳)。大正・昭和時代の演劇研究家，劇作家。松竹取締役。1877生。

ネイミア，ルイス　1960没(72歳)。イギリスの歴史家。1888生。

真島利行　まじまりこう　1962没(87歳)。明治〜昭和時代の有機化学者。1874生。

ドイッチャー，アイザック　1967没(60歳)。イギリスのソ連社会研究家。1907生。

若山喜志子　わかやまきしこ　1968没(80歳)。明治〜昭和時代の歌人。1888生。

奥村喜和男　おくむらきわお　1969没(69歳)。昭和時代の官僚。内閣情報局次長。1900生。

中山義秀　なかやまぎしゅう　1969没(68歳)。昭和時代の小説家。1900生。

マルクス，グルーチョ　1977没(81歳)。アメリカの喜劇映画俳優。1895生。

土屋喬雄　つちやたかお　1988没(91歳)。大正・昭和時代の経済学者。東京大学教授。1896生。

瑳峨三智子　さがみちこ　1992没(53歳)。昭和時代の女優。1939生。

ポーリング，ライナス・カール　1994没(93歳)。アメリカの物理化学者。1901生。

千宗守(武者小路千家10代目)　せんそうしゅ　1999没(86歳)。昭和・平成時代の茶道家。1913生。

伊谷純一郎　いたにじゅんいちろう　2001没(75歳)。昭和・平成時代の霊長類・人類学者。京都大学教授，神戸学院大学教授。1926生。

南風洋子　みなかぜようこ　2007没(77歳)。昭和・平成時代の女優。1930生。

8月19日

8月20日

○記念日○ 交通信号の日
○出来事○ 『南総里見八犬伝』が完成(1842)
チェコ事件(1968)
バルト三国が独立宣言(1991)

リーキメル, フラーウィルス　472没。西ローマの将軍。

オスウィン　651没。アングロ・サクソン王。

フィリベルトゥス(ルベーの)　684没(68?歳)。フランスの修院長, 聖人。616頃生。

水主内親王　みぬしないしんのう　737没。奈良時代の女性。天智天皇の第10皇女。

酒人内親王　さかひとないしんのう　829没(76歳)。奈良時代・平安時代前期の女性。桓武天皇の妃。754生。

ブルカルドゥス(ヴォルムスの)　1025没(60歳)。ドイツのヴォルムスの司教, 教会法学者。965生。

イマーム-アルハラマイン　1085没(57歳)。イスラム法学, 神学の大家。1028生。

正子内親王　まさこないしんのう　1114没(70歳)。平安時代中期・後期の女性。斎院。1045生。

ベルナルドゥス(クレルヴォーの, 聖人)　1153没(63歳)。フランスの神秘家, 修道院改革者, 聖人。1090生。

ヤークート　1229没(50歳)。イスラムの地理学者。1179生。

藤原定家　ふじわらのさだいえ　1241没(80歳)。平安時代後期・鎌倉時代前期の歌人・公卿。1162生。

長空　ちょうくう　1269没。鎌倉時代の浄土宗の僧。

小槻有家　おづきありいえ　1280没。鎌倉時代前期の官人。

陳国峻　ちんこくしゅん　1300没(68歳)。ベトナムの民族英雄。1232生。

定任　じょうにん　1309没(48歳)。鎌倉時代後期の真言宗の僧。1262生。

託何　たくが　1354没(70歳)。鎌倉時代後期・南北朝時代の僧。1285生。

東林友丘　とうりんゆうきゅう　1369没。南北朝時代の臨済宗の僧。

大拙祖能　だいせつそのう　1377没(65歳)。南北朝時代の臨済宗幻住派の僧。1313生。

フローテ, ヘールト・デ　1384没(43歳)。オランダの神秘家, 修道会「共同生活の兄弟団」の創設者。1340生。

マルシリウス　1396没(66?歳)。ドイツのスコラ学者。1330頃生。

天真融適　てんしんゆうてき　1413没。南北朝時代・室町時代の曹洞宗の僧。

明兆　みんちょう　1431没(80歳)。南北朝時代・室町時代の画僧。1352生。

畠山義統　はたけやまよしむね　1497没(55歳)。室町時代・戦国時代の武将。父は義有, 能登守護, 左衛門佐。1443生。

円如　えんにょ　1521没(31歳)。戦国時代の浄土真宗の僧。1491生。

豊原統秋　とよはらむねあき　1524没(75歳)。戦国時代の雅楽演奏者。1450生。

フルンツベルク　1528没(54歳)。ハプスブルク家に仕えたドイツの軍人。1473生。

ビュデ, ギヨーム　1540没(72歳)。フランスのヒューマニスト, 古典学者。1468生。

レガスピ　1572没(62?歳)。スペインの政治家, 軍人。1510頃生。

細川幽斎　ほそかわゆうさい　1610没(77歳)。安土桃山時代・江戸時代前期の武将。1534生。

バハーウッ・ディーン・アル・アーミリー　1622没(76歳)。イランの哲学者, 神学者。1546生。

オーピッツ, マルティン　1639没(41歳)。ドイツの詩人, 文学者。1597生。

ハーバート, エドワード　1648没(65歳)。イギリスの哲学者, 軍人, 外交官, 詩人, 歴史家。1583生。

ローダーデイル, ジョン・メイトランド, 公爵　1682没(66歳)。イギリスの政治家, スコットランド貴族の出身。1616生。

鉄牛道機　てつぎゅうどうき　1700没(73歳)。江戸時代前期・中期の黄檗僧。1628生。

倫子女王　ともこじょおう　1771没(34歳)。江戸時代中期の女性。10代将軍徳川家治の正

室。1738生。

清原雄風　きよはらおかぜ　1810没(64歳)。江戸時代中期・後期の歌人。1747生。

ブーガンヴィル, ルイ-アントワーヌ・ド　1811没(81歳)。フランスの航海者，軍人。1729生。

ピウス7世　1823没(81歳)。教皇(在位1800～23)。1742生。

ブロックハウス, フリードリヒ・アルノルト　1823没(51歳)。ドイツの出版業者。1772生。

芳村伊三郎(3代目)　よしむらいさぶろう　1833没(80?歳)。江戸時代後期の長唄唄方。1754頃生。

市村羽左衛門(12代目)　いちむらうざえもん　1851没(40歳)。江戸時代末期の歌舞伎役者，歌舞伎座本。1812生。

シェリング, フリードリヒ・ヴィルヘルム・ヨーゼフ・フォン　1854没(79歳)。ドイツの哲学者。1775生。

奥野小山　おくのしょうざん　1858没(59歳)。江戸時代後期の儒学者。1800生。

本間精一郎　ほんませいいちろう　1862(閏8月)没(29歳)。江戸時代末期の尊攘派志士。1834生。

ラフォルグ, ジュール　1887没(27歳)。フランスの詩人。1860生。

徳川茂承　とくがわもちつぐ　1906没(63歳)。明治時代の幕末の大名，華族。紀州和歌山藩知事, 貴族院議員。1844生。

三好退蔵　みよしたいぞう　1908没(64歳)。明治時代の官僚, 弁護士。貴族院議員。1845生。

神山郡廉　こうやまくにきよ　1909没(81歳)。江戸・明治時代の高知藩士, 官僚。貴族院議員。1829生。

ブース, ウィリアム　1912没(83歳)。イギリスの救世軍創立者。1829生。

ピウス10世　1914没(79歳)。教皇(在位1903～14)。聖人。1835生。

エールリヒ, パウル　1915没(61歳)。ドイツの細菌学者, 化学者。1854生。

バイヤー, ヨハン・フリードリヒ・アドルフ・フォン　1917没(81歳)。ドイツの有機化学者。1835生。

パレート, ヴィルフレード　1923没(75歳)。イタリアの経済学者, 社会学者。1848生。

廖仲愷　りょうちゅうがい　1925没(48歳)。中国の革命家。1877生。

滝本誠一　たきもとせいいち　1932没(76歳)。大正時代の経済史学者。同志社大学教授, 慶応義塾大学教授。1857生。

ウェストン　1936没(86歳)。アメリカの電気技術者。1850生。

甘粕正彦　あまかすまさひこ　1945没(55歳)。大正・昭和時代の陸軍軍人。憲兵大尉。1891生。

渥美清太郎　あつみせいたろう　1959没(66歳)。大正・昭和時代の日本舞踊・演劇評論家, 日本舞踊・演劇研究家。1892生。

クービン, アルフレート　1959没(82歳)。オーストリアの画家。1877生。

菅野序遊(5代目)　すがのじょゆう　1961没(75歳)。明治～昭和時代の一中節演奏家。一中節菅野派家元。1886生。

ブリッジマン, パーシー・ウィリアムズ　1961没(79歳)。アメリカの物理学者。1882生。

浮谷東次郎　うきやとうじろう　1965没(23歳)。昭和時代のレーシングドライバー。1942生。

ガモフ, ジョージ　1968没(64歳)。アメリカの物理学者, 科学啓蒙家。1904生。

クライン, A.M.　1972没(63歳)。カナダの詩人。1909生。

橘ノ円都　たちばなのえんと　1972没(89歳)。明治～昭和時代の落語家。1883生。

鶴沢寛治(6代目)　つるさわかんじ　1974没(86歳)。明治～昭和時代の浄瑠璃三味線方。1887生。

小泉文夫　こいずみふみお　1983没(56歳)。昭和時代の音楽学者。東京芸術大学教授。1927生。

新明正道　しんめいまさみち　1984没(86歳)。昭和時代の社会学者。東北大学教授, 日本社会学会会長。1898生。

桐竹亀松(4代目)　きりたけかめまつ　1988没(82歳)。大正・昭和時代の人形浄瑠璃の人形遣い。1905生。

ジャンドロン, モーリス　1990没(69歳)。フランスのチェロ奏者, 指揮者。1920生。

柴生田稔　しぼうたみのる　1991没(87歳)。昭和時代の歌人, 国文学者。明治大学教授。1904生。

ロジェストヴェンスキー, ロベルト・イワノヴィチ　1994没(62歳)。ソ連の詩人。1932生。

8月20日

8月21日

○記念日○ 献血記念日
　　　　　噴水の日
○出来事○ 生麦事件(1862)
　　　　　第1回内国勧業博覧会開催(1877)

保子内親王　やすこないしんのう　987没(39歳)。平安時代中期の女性。村上天皇の皇女。949生。

寂禅　じゃくぜん　1067没(83歳)。平安時代中期の天台宗の僧。985生。

藤原生子　ふじわらのせいし　1068没(55歳)。平安時代中期の女性。後朱雀天皇の女御。1014生。

ボードゥアン2世　1131没。エルサレム王(在位1118～31)。

澄豪　ちょうごう　1133没(86歳)。平安時代後期の天台宗の僧。1048生。

四条隆宗　しじょうたかむね　1229没(49歳)。鎌倉時代前期の公卿。1181生。

良遍　りょうへん　1232没(83歳)。平安時代後期・鎌倉時代前期の僧。1150生。

アレクサンデル・ハレシウス　1245没(75?歳)。フランスのスコラ学者。1170頃生。

仙華門院　せんかもんいん　1262没(39歳)。鎌倉時代前期の女性。土御門天皇の皇女。1224生。

北条長時　ほうじょうながとき　1264没(35歳)。鎌倉幕府第6代の執権。1230生。

一翁院豪　いちおういんごう　1281没(72歳)。鎌倉時代後期の臨済宗仏光派の僧。1210生。

粟田口教経　あわたぐちたかつね　1292没。鎌倉時代後期の公卿。

グィットーネ・ダレッツォ　1294没(59?歳)。イタリアの俗語詩人。1235頃生。

寒巌義尹　かんがんぎいん　1300没(84歳)。鎌倉時代後期の曹洞宗の僧。1217生。

今出川実尹　いまでがわさねただ　1342没(27歳)。鎌倉時代後期・南北朝時代の公卿。1316生。

源行直　みなもとのゆきなお　1342没。鎌倉時代後期・南北朝時代の公卿。

正為　しょうい　1368没。南北朝時代の僧。

頼重　らいじゅう　1384没。南北朝時代の真言宗の僧。

良瑜　りょうゆ　1397没(65歳)。南北朝時代・室町時代の園城寺の僧。1333生。

フィラートル, ギヨーム　1473没(73?歳)。フランスの司教, 政治家。1400頃生。

白川資益王　しらかわすけますおう　1484没(68歳)。室町時代・戦国時代の神祇伯。1417生。

勘解由小路在重　かでのこうじありしげ　1517没(59歳)。戦国時代の公卿。1459生。

ホーフマイスター, ヨーハン　1547没(38?歳)。ドイツのカトリック教会法学者, アウグスティヌス会隠修士。1509頃生。

竹堂利賢　ちくどうりけん　1557没。戦国時代の曹洞宗の僧。

ラ・ヴァレット, ジャン・パリゾー・ド　1568没(74歳)。イェルサレムの聖ヨハネ騎士団(マルタ騎士団)の指導者。1494生。

日諦　にったい　1585没。安土桃山時代の日蓮宗の僧。

バートリ, エリーザベト　1614没(54歳)。ハンガリーの貴族。"血の伯爵夫人"などと呼ばれる。1560生。

金春安照　こんぱるやすてる　1621没(73歳)。安土桃山時代・江戸時代前期の能楽師。1549生。

モデュイ, ジャック　1627没(69歳)。フランスの作曲家。1557生。

お振の方　おふりのかた　1640没。江戸時代前期の女性。3代将軍徳川家光の側室。

クラショー, リチャード　1649没(36?歳)。イギリスの形而上詩人。1613頃生。

万安英種　ばんなんえいしゅ　1654没(64歳)。江戸時代前期の曹洞宗の僧。1591生。

三宅観瀾　みやけかんらん　1718没(45歳)。江戸時代中期の儒学者。1674生。

カンテミール, ディミトリエ　1723没(49歳)。ルーマニアの文学者, 政治家。1673生。

モンタギュー, メアリー　1762没(73歳)。イギリスの女流作家。1689生。

東久世通積　ひがしくぜみちつむ　1764没(57歳)。江戸時代中期の公家。1708生。

穂積以貫　ほづみいかん　1769没(78歳)。江戸時代中期の儒学者。1692生。

ピガル, ジャン・バティスト　1785没(71歳)。フランスの彫刻家。1714生。

板谷桂舟(板谷家1代目)　いたやけいしゅう　1797没(69歳)。江戸時代中期の画家。1729生。

トンプソン, サー・ベンジャミン, ランフォード伯爵　1814没(61歳)。ドイツ(アメリカ生れ)の政治家, 物理学者。1753生。

松井幸三(初代)　まついこうぞう　1828没(51歳)。江戸時代後期の歌舞伎作者。1778生。

シャミッソー, アーデルベルト・フォン　1838没(57歳)。ドイツの詩人, 植物学者。1781生。

柳下亭種員　りゅうかていたねかず　1858没(52歳)。江戸時代末期の戯作者。1807生。

ホジスキン　1869没(81歳)。イギリスの社会思想家, 評論家。1787生。

九条尚忠　くじょうひさただ　1871没(74歳)。江戸時代末期・明治時代の公家。1798生。

守田勘弥(12代目)　もりたかんや　1897没(52歳)。江戸・明治時代の歌舞伎座主, 歌舞伎作者。1846生。

ドッジ, メリー・メイプス　1905没(74歳)。アメリカの児童文学者, 児童雑誌編集者。1831生。

奥田義人　おくだよしと　1917没(58歳)。明治・大正時代の政治家, 法学者。衆議院議員, 中央大学学長。1860生。

岡村金太郎　おかむらきんたろう　1935没(69歳)。明治～昭和時代の海藻学者, 水産学者。水産講習所教授。1867生。

ダビ, ウージェーヌ　1936没(37歳)。フランスの小説家。1898生。

久慈次郎　くじじろう　1939没(42歳)。大正・昭和時代の野球人。1898生。

トロツキー, レフ・ダヴィドヴィチ　1940没(60歳)。ロシアの革命家。1879生。

ポントピダン, ヘンリック　1943没(86歳)。デンマークの小説家。1857生。

園井恵子　そのいけいこ　1945没(33歳)。昭和時代の女優。1913生。

ランバート, コンスタント　1951没(45歳)。イギリスの作曲家, 指揮者, 音楽評論家。1905生。

スヴェルドルップ　1957没(68歳)。ノルウェーの海洋学者, 気象学者。1888生。

トリアッチ, パルミーロ　1964没(71歳)。イタリア共産党の指導者。1893生。

桐竹紋十郎(2代目)　きりたけもんじゅうろう　1970没(69歳)。大正・昭和時代の人形浄瑠璃の人形遣い。1900生。

松村謙三　まつむらけんぞう　1971没(88歳)。大正・昭和時代の政治家。衆院議員, 農相, 文相, 厚相。1883生。

湊守篤　みなともりあつ　1972没(63歳)。昭和時代の経営者。日興リサーチセンター社長。1908生。

ボガーダス　1973没(91歳)。アメリカの社会学者。1882生。

トゥルンアイゼン, エードゥアルト　1974没(86歳)。スイスの改革派神学者, 牧師。1888生。

イームズ, チャールズ　1978没(71歳)。アメリカのデザイナー。1907生。

瀬田貞二　せたていじ　1979没(63歳)。昭和時代の児童文学者, 翻訳家。1916生。

大日方伝　おびなたでん　1980没(73歳)。昭和時代の俳優。1907生。

大野林火　おおのりんか　1982没(78歳)。大正・昭和時代の俳人。俳人協会会長。1904生。

ソブザ2世　1982没(83歳)。スワジランド王国の国王。1899生。

アキノ, ベニグノ・"ニノイ"　1983没(50歳)。フィリピンの政治家。1932生。

後藤隆之助　ごとうりゅうのすけ　1984没(95歳)。大正・昭和時代の政治家。昭和研究会代表世話人。1888生。

高橋浩一郎　たかはしこういちろう　1991没(78歳)。昭和時代の気象学者。気象庁長官, 筑波大学教授。1913生。

ヒルデスハイマー, ヴォルフガング　1991没(74歳)。西ドイツの小説家, 劇作家。1916生。

猪俣浩三　いのまたこうぞう　1993没(99歳)。昭和・平成時代の政治家, 弁護士。衆議院議員, アムネスティ・インターナショナル日本支部長。1894生。

藤山一郎　ふじやまいちろう　1993没(82歳)。昭和・平成時代の歌手, 指揮者。1911生。

チャンドラセカール, スブラマニヤン　1995没(84歳)。アメリカの理論天文学者。1910生。

8月21日

8月22日

○出来事○　新橋-品川間に東京初の路面電車（1903）
日韓協約調印（1904）

スティリコ，フラウィウス　408没（49?歳）。ローマ帝国の将軍。359頃生。
猷憲　ゆうけん　894没（68歳）。平安時代前期の僧。827生。
待賢門院　たいけんもんいん　1145没（45歳）。平安時代後期の女性。鳥羽天皇の皇后，崇徳・後白河両天皇の母。1101生。
澄慧　ちょうえ　1169没。平安時代後期の真言宗の僧。
藤原定能　ふじわらのさだよし　1209没（62歳）。平安時代後期・鎌倉時代前期の公卿。1148生。
尾藤景綱　びとうかげつな　1234没。鎌倉時代前期の武士。
藤原家信　ふじわらのいえのぶ　1236没（55歳）。鎌倉時代前期の公卿。1182生。
グレゴリウス9世　1241没（96歳）。教皇（在位1227〜41）。1145生。
ニコラウス3世　1280没（64?歳）。教皇（在位1277〜80）。1216頃生。
日仏尼　にちぶつに　1299没（69歳）。鎌倉時代後期の日蓮宗の信者。1231生。
二階堂行藤　にかいどうゆきふじ　1302没（57歳）。鎌倉時代後期の政所執事。1246生。
フィリップ6世　1350没（57歳）。フランス王（在位1328〜50）。1293生。
安居院行兼　あんごいんゆきかね　1352没（37歳）。鎌倉時代後期・南北朝時代の公卿。1316生。
太白真玄　たいくしんげん　1415没（59歳）。南北朝時代・室町時代の僧。1357生。
リチャード3世　1485没（32歳）。イングランド王（在位1483〜85）。1452生。
富樫政親　とがしまさちか　1488没（34歳）。室町時代・戦国時代の武将。1455生。
桂質䔥芳　けいしつついほう　1538没。戦国時代の曹洞宗の僧。
ダッドリー　1553没（51?歳）。イギリスの貴族。1502頃生。

パーシ，トマス　1572没（44歳）。イングランドのノーサンバーランド伯爵。1528生。
朝倉義景　あさくらよしかげ　1573没（41歳）。戦国時代の越前の大名。1533生。
コハノフスキ，ヤン　1584没（54歳）。ポーランドの詩人。1530生。
白庵秀関　はくあんしゅうかん　1599没。安土桃山時代の曹洞宗の僧。
マレンツィオ，ルカ　1599没（46歳）。イタリアの作曲家。1553生。
村上武吉　むらかみたけよし　1604没（73歳）。安土桃山時代の武士。1532生。
ゴスノールド　1607没。イギリスの航海者。
桑山一直　くわやまかずなお　1636没（59歳）。安土桃山時代・江戸時代前期の武将，大名。1578生。
お万の方　おまんのかた　1653没（74歳）。江戸時代前期の女性。徳川家康の側室（蔭山殿）。1580生。
ボイム，ミハウ　1659没（47歳）。ポーランドのイエズス会士。1612生。
尭然入道親王　ぎょうねんにゅうどうしんのう　1661（閏8月）没（60歳）。江戸時代前期の僧。1602生。
打它光軌　うだみつのり　1731没（58歳）。江戸時代中期の歌人。1674生。
嵐勘四郎（初代）　あらしかんしろう　1739没。江戸時代中期の歌舞伎役者。
藤井右門　ふじいうもん　1767没（48歳）。江戸時代中期の武士。1720生。
山県大弐　やまがただいに　1767没（43歳）。江戸時代中期の儒学者，尊王家。1725生。
大潮元皓　だいちょうげんこう　1768没（93歳）。江戸時代中期の黄檗僧。1676生。
ティッシュバイン，ヨハン・ハインリヒ　1789没（66歳）。ドイツ，ヘッセンの画家。1722生。
フラゴナール，ジャン・オノレ　1806没（74歳）。フランスの画家。1732生。

ヘイスティングズ, ウォレン 1818没（85歳）。イギリスの初代インド総督。1732生。

内山真竜 うちやままたつ 1821没（82歳）。江戸時代中期・後期の国学者。1740生。

浅尾工左衛門（初代） あさおくざえもん 1824没（67歳）。江戸時代中期・後期の歌舞伎役者。1758生。

神保綱忠 じんぼつなただ 1826没（84歳）。江戸時代中期・後期の出羽米沢藩儒。1743生。

ガル, フランツ・ヨーゼフ 1828没（70歳）。ドイツの解剖学者, 生理学者。1758生。

カジンツィ・フェレンツ 1831没（71歳）。ハンガリーの作家。1759生。

ランディ, ベンジャミン 1839没（50歳）。アメリカの博愛主義者。1789生。

レーナウ, ニコラウス 1850没（48歳）。オーストリアの詩人。1802生。

鵜飼幸吉 うがいこうきち 1859没（32歳）。江戸時代末期の水戸藩士。1828生。

マリア・クリスティナ 1878没（72歳）。スペイン王フェルナンド7世の妃。1806生。

ツルゲーネフ, イワン・セルゲーヴィチ 1883没（64歳）。ロシアの小説家。1818生。

アレクサンドリ, ヴァシーレ 1890没（72?歳）。ルーマニアの劇作家, 詩人。1818生。

ネルダ, ヤン 1891没（57歳）。チェコの詩人, 小説家。1834生。

エルンスト2世 1893没（75歳）。ドイツのザクセン・コーブルク・ゴータ公。1818生。

ロップス, フェリシアン 1898没（65歳）。ベルギーの画家, 銅版画家。1833生。

ソールズベリ 1903没（73歳）。イギリスの政治家, 首相。1830生。

ショパン, ケイト 1904没（53歳）。アメリカの女流小説家。1851生。

プシカリ, エルネスト 1914没（30歳）。フランスの小説家, 軍人。1883生。

ソーン, アンデシュ・レオナード 1920没（60歳）。スウェーデンの画家, 版画家, 彫刻家。1860生。

コリンズ, マイケル 1922没（31歳）。アイルランドの革命家。1890生。

ロッジ, サー・オリヴァー・ジョゼフ 1940没（89歳）。イギリスの物理学者。1851生。

長谷川時雨 はせがわしぐれ 1941没（63歳）。明治・大正時代の劇作家, 小説家。1879生。

フォーキン, ミハイル 1942没（62歳）。ロシアの舞踊家。1880生。

島崎藤村 しまざきとうそん 1943没（72歳）。明治〜昭和時代の詩人, 小説家。1872生。

千石興太郎 せんごくこうたろう 1950没（76歳）。大正・昭和時代の産業組合指導者。1874生。

平沼騏一郎 ひらぬまきいちろう 1952没（84歳）。明治〜昭和時代の司法官僚, 政治家。総理大臣, 男爵。1867生。

西原亀三 にしはらかめぞう 1954没（81歳）。明治〜昭和時代の実業家。1873生。

マルタン・デュ・ガール, ロジェ 1958没（77歳）。フランスの小説家。1881生。

和田三造 わださんぞう 1967没（84歳）。明治〜昭和時代の洋画家, 色彩研究家。1883生。

正木亮 まさきあきら 1971没（79歳）。大正・昭和時代の刑事政策学者, 弁護士。名古屋控訴院検事長, 第二東京弁護士会会長。1892生。

ホグベン, ランスロット 1975没（79歳）。イギリスの生物学者, 自然科学解説者。1895生。

クビチェック, ジュセリーノ 1976没（73歳）。ブラジルの政治家。1902生。

ケニヤッタ, ジョモ 1978没（89?歳）。ケニアの政治家。1889頃生。

シローネ, イニャツィオ 1978没（78歳）。イタリアの小説家。1900生。

野溝勝 のみぞまさる 1978没（79歳）。昭和時代の農民運動家, 政治家。衆議院議員, 参議院議員。1898生。

ファレル, ジェイムズ・T. 1979没（75歳）。アメリカの小説家。1904生。

向田邦子 むこうだくにこ 1981没（51歳）。昭和時代の小説家。1929生。

鹿児島寿蔵 かごしまじゅぞう 1982没（83歳）。大正・昭和時代の歌人, 人形作家。1898生。

観世銕之丞（7代目） かんぜてつのじょう 1988没（90歳）。大正・昭和時代の能楽師シテ方。

重兼芳子 しげかねよしこ 1993没（66歳）。昭和・平成時代の小説家。1927生。

嵐芳三郎（6代目） あらしよしさぶろう 1996没（84歳）。昭和・平成時代の歌舞伎役者。1935生。

石桁真礼生 いしけたまれお 1996没（79歳）。昭和・平成時代の作曲家。東京芸術大学教授。1915生。

若月俊一 わかつきとしかず 2006没（96歳）。昭和・平成時代の医師。1910生。

8月22日

8月23日

○出来事○ 第1次世界大戦で日本がドイツに宣戦布告（1914）
プロ野球ナイターをテレビ初中継（1953）

アブー・バクル　634没(61?歳)。イスラム国家の初代カリフ(在位632～634)。573頃生。
源資通　みなもとのすけみち　1060没(56歳)。平安時代中期の公卿。1005生。
定厳　じょうごん　1153没。平安時代後期の真言宗の僧。
藤原季行　ふじわらのすえゆき　1162没(49歳)。平安時代後期の公卿。1114生。
藤原親隆　ふじわらのちかたか　1165没(67歳)。平安時代後期の公卿。1099生。
房光　ぼうこう　1178没(65歳)。平安時代後期の真言宗の僧。1114生。
佐奈田義忠　さなだよしただ　1180没(25歳)。平安時代後期の武士。1156生。
堀川高定　ほりかわたかさだ　1280没(49歳)。鎌倉時代前期の公卿。1232生。
正親町院　おおぎまちいん　1285没(73歳)。鎌倉時代前期の女性。土御門天皇の第1皇女。1213生。
ベニーツィ，フィリッポ　1285没(52歳)。イタリアの「マリアのしもべ会」第5代会長、聖人。1233生。
一遍　いっぺん　1289没(51歳)。鎌倉時代後期の時宗の僧。1239生。
ウォレス，サー・ウィリアム　1305没(35?歳)。スコットランドの愛国者。1270頃生。
大炊御門良宗　おおいのみかどよしむね　1307没(48歳)。鎌倉時代後期の公卿。1260生。
憲淳　けんじゅん　1308没(51歳)。鎌倉時代後期の真言宗の僧。1258生。
ストラットフォード，ジョン・ド　1348没。イギリスのカンタベリ大司教。
実算　じつさん　1352没。南北朝時代の新義真言宗の僧。
アルボルノス，ヒル・アルバレス・カリリョ・デ　1367没(67?歳)。スペインの聖職者。1300頃生。
昌庵恠豊　しょうあんこうほう　1441没。室町時代の曹洞宗の僧。

リトルトン　1481没(74?歳)。イギリスの法律家。1407頃生。
モリネ，ジャン　1507没(72歳)。フランスの年代記作家，詩人。1435生。
ウォーラム，ウィリアム　1532没(76?歳)。イギリスのカンタベリ大司教。1456頃生。
ムルナー，トマス　1537没(61歳)。ドイツの諷刺詩人。1475生。
玉姫宮　たまひめのみや　1547没(37歳)。戦国時代の女性。伏見宮邦高親王第3王女。1511生。
レオン，ルイス・デ　1591没(64?歳)。スペインの神秘文学者。1527頃生。
石川五右衛門　いしかわごえもん　1594没。安土桃山時代の盗賊。
ブレーデロー，ヘルブラント・アドリアーンスゾーン　1618没(33歳)。オランダの詩人，画家。1585生。
バッキンガム，ジョージ・ヴィラーズ，初代公爵　1628没(36歳)。イギリスの貴族。1592生。
蒔田広定　まきたひろさだ　1636没(61歳)。安土桃山時代・江戸時代前期の武将，大名。1576生。
英勝院　えいしょういん　1642没(65歳)。安土桃山時代・江戸時代前期の女性。徳川家康の側室。1578生。
畠山義春　はたけやまよしはる　1643没(127歳)。戦国時代・安土桃山時代の武士。1517生。
竜渓性潜　りゅうけいしょうせん　1670没(69歳)。江戸時代前期の僧。1602生。
マザー，インクリース　1723没(84歳)。アメリカの牧師。1639生。
露川　ろせん　1743没(83歳)。江戸時代中期の俳人。1661生。
羽鳥一紅　はといっこう　1795没(72歳)。江戸時代中期の女性。俳人。1724生。
高嵩谷　こうすうこく　1804没(75歳)。江戸時代中期・後期の画家。1730生。
クーロン，シャルル・オーギュスタン・ド　1806没(70歳)。フランスの物理学者。1736生。

近松徳三　ちかまつとくぞう　1810没(60歳)。江戸時代中期・後期の歌舞伎作者。1751生。

中山来助(4代目)　なかやまらいすけ　1815没(48歳)。江戸時代中期・後期の歌舞伎役者。1768生。

ペリー, オリヴァー・ハザード　1819没(34歳)。アメリカの海軍軍人。1785生。

津阪東陽　つさかとうよう　1825没(69歳)。江戸時代中期・後期の漢学者。1757生。

田上菊舎尼　たがみきくしゃに　1826没(74歳)。江戸時代中期・後期の女性。俳人。1753生。

グナイゼナウ, アウグスト, ナイトハルト伯爵　1831没(70歳)。プロシアの軍人。1760生。

ナヴィエ, クロード　1836没(51歳)。フランスの工学者。1785生。

福田半香　ふくだはんこう　1864没(61歳)。江戸時代末期の南画家。1804生。

津崎矩子　つざきのりこ　1873没(88歳)。江戸時代後期の女性。勤王家。1786生。

笠原白翁　かさはらはくおう　1880没(72歳)。江戸・明治時代の医者。福井蘭医。1809生。

富本豊前太夫(5代目)　とみもとぶぜんだゆう　1880没(20歳)。江戸・明治時代の富本節家元。1861生。

ママリー　1895没(39歳)。イギリスの登山家。1855生。

黒田清隆　くろだきよたか　1900没(61歳)。明治時代の政治家。総理大臣。1840生。

山口半六　やまぐちはんろく　1900没(43歳)。明治時代の建築家, 都市計画家。1858生。

ザグルール・パシャ　1927没(77?歳)。エジプトの政治家, 民族運動指導者。1850頃生。

サッコ　1927没(36歳)。イタリア生れの政治的急進主義者。1891生。

志村源太郎　しむらげんたろう　1930没(64歳)。明治・大正時代の銀行家。貴族院議員。1867生。

江木千之　えぎかずゆき　1932没(80歳)。明治・大正時代の官僚, 政治家。貴族院議員, 文相。1853生。

ロース, アドルフ　1933没(62歳)。オーストリアの建築家。1870生。

ルーセル, アルベール　1937没(68歳)。フランスの作曲家。1869生。

坂本嘉治馬　さかもとかじま　1938没(73歳)。明治〜昭和時代の出版人。1866生。

ハワード, シドニー　1939没(48歳)。アメリカの劇作家, 小説家。1891生。

竹内栖鳳　たけうちせいほう　1942没(79歳)。明治〜昭和時代の日本画家。京都市立絵画専門学校教授。1864生。

シュテファニー　1945没(81歳)。オーストリアのルドルフ皇太子妃。ベルギー王女。1864生。

ハマスタイン2世, オスカー　1960没(65歳)。アメリカのミュージカルの作詞家, 台本作者。1895生。

磯井如真　いそいじょしん　1964没(81歳)。明治〜昭和時代の漆芸家。岡山大学教授。1883生。

三笑亭可楽(8代目)　さんしょうていからく　1964没(66歳)。大正・昭和時代の落語家。1898生。

ナハス・パシャ　1965没(86歳)。エジプトの政治家。1879生。

木山捷平　きやましょうへい　1968没(64歳)。昭和時代の小説家, 詩人。1904生。

竹本小津賀(初代)　たけもとこつが　1972没(73歳)。大正・昭和時代の女義太夫の太夫。1899生。

栗本義彦　くりもとよしひこ　1974没(77歳)。大正・昭和時代のマラソン選手, 体育行政家。日本体育大学長, 日本体操協会会長。1897生。

岩田藤七　いわたとうしち　1980没(87歳)。昭和時代のガラス工芸家。岩田工芸硝子会長。1893生。

杵屋六左衛門(14代目)　きねやろくざえもん　1981没(80歳)。明治〜昭和時代の長唄唄方。1900生。

ムーア, スタンフォード　1982没(68歳)。アメリカの化学者。1913生。

レイン, ロナルド・デヴィッド　1989没(61歳)。イギリスの精神医学者, 精神分析者。1927生。

ヴォルポーニ, パーオロ　1994没(70歳)。イタリアの小説家。1924生。

ソーク, ジョナス・エドワード　1995没(80歳)。アメリカのウイルス学者。1914生。

ケンドリュー, サー・ジョン・カウドリー　1997没(80歳)。イギリスの物理化学者, 分子生物学者。1917生。

関敬六　せきけいろく　2006没(78歳)。昭和・平成時代のタレント。1928生。

8月23日

8月24日

○記念日○　ラグビーの日
○出来事○　火山の大噴火でポンペイ埋没(79)
　　　　　三宅島大噴火(1962)
　　　　　ウインドウズ95発売(1995)

ウァン(オドワン)　684没(74?歳)。フランスのルアンの大司教、聖人。610頃生。

百済河成　くだらのかわなり　853没(72歳)。平安時代前期の画家。782生。

シシニオス2世　998没。ギリシア正教のコンスタンティノポリス総主教。

日野資業　ひのすけなり　1070没(81歳)。平安時代中期の学者、公卿。990生。

良深　りょうしん　1077没(53歳)。平安時代中期の真言宗の僧。1025生。

マグヌス3世　1103没(30歳)。ノルウェー王(在位1093～1103)。1073生。

方臘　ほうろう　1121没。中国、北宋末の農民一揆"方臘の乱"の首謀者。

定兼　じょうけん　1140没(40歳)。平安時代後期の天台宗の僧。1101生。

工藤茂光　くどうしげみつ　1180没。平安時代後期の武士。

能円　のうえん　1199没(60歳)。平安時代後期・鎌倉時代前期の天台宗の僧。1140生。

菅原良頼　すがわらのよしより　1278没(85歳)。鎌倉時代前期の公卿。1194生。

孤雲懐奘　こうんえじょう　1280没(83歳)。鎌倉時代前期の曹洞宗の僧。1198生。

ハインリヒ7世　1313没(38?歳)。ルクセンブルク家のドイツ王(在位1308～13)、神聖ローマ皇帝(在位08～13)。1275頃生。

実済　じっさい　1403没(75歳)。南北朝時代・室町時代の真言宗の僧。1329生。

定玄　じょうげん　1415没(72歳)。南北朝時代・室町時代の浄土宗の僧。1344生。

東陽英朝　とうようえいちょう　1504没(77歳)。室町時代・戦国時代の臨済宗妙心寺派の僧。1428生。

長尾景春　ながおかげはる　1514没(72歳)。室町時代・戦国時代の武将。1443生。

武者小路縁光　むしゃのこうじよりみつ　1524没(84歳)。室町時代・戦国時代の公卿。1441生。

徳大寺実淳　とくだいじさねあつ　1533没(89歳)。室町時代・戦国時代の公卿。1445生。

パルミジャニーノ　1540没(37歳)。イタリアの画家。1503生。

パグニヌス、サンテス　1541没(71?歳)。イタリアのドミニコ会修道士、聖書学者。1470頃生。

コンタリーニ、ガスパーロ　1542没(58歳)。イタリアの政治家、学者、カトリック改革者。1483生。

大休宗休　だいきゅうそうきゅう　1549没(82歳)。戦国時代の臨済宗妙心寺派の僧。1468生。

メドラー、ニーコラウス　1551没(49歳)。ドイツの宗教改革者。1502生。

経光　きょうこう　1569没(67歳)。戦国時代の浄土真宗の僧。1503生。

コリニー、ガスパール2世、シャティヨン卿　1572没(53歳)。フランスの提督。1519生。

島井宗室　しまいそうしつ　1615没(77歳)。安土桃山時代・江戸時代前期の筑前博多の豪商、茶人。1539生。

位子女王　いしじょおう　1616没(88歳)。戦国時代～江戸時代前期の女性。伏見宮貞敦親王の王女。1529生。

ロサ・デ・リマ　1617没(31歳)。ペルーの聖女。1586生。

許筠　きょきん　1618没(49歳)。朝鮮、李朝の文臣、小説家。1569生。

ハルス、フランス　1666没(86?歳)。オランダの画家。1580頃生。

メーロ、マヌエル・デ　1666没(57歳)。ポルトガルの作家。1608生。

鳳林承章　ほうりんじょうしょう　1668没(76歳)。江戸時代前期の臨済宗の僧。1593生。

レス、ジャン・フランソワ・ポル・ド・ゴンディ　1679没(65歳)。フランスの政治家、文筆家。1614生。

潮音道海　ちょうおんどうかい　1695没(68歳)。江戸時代前期・中期の黄檗僧。1628生。

伊藤坦庵　いとうたんあん　1708没（86歳）。江戸時代前期・中期の漢学者、越前福井藩儒。1623生。

チャタートン, トマス　1770没（17歳）。イギリスの詩人。1752生。

坂田藤十郎（3代目）　さかたとうじゅうろう　1774没（74歳）。江戸時代中期の歌舞伎役者。1701生。

仙石政辰　せんごくまさとき　1779没（58歳）。江戸時代中期の大名。1722生。

大草公弼　おおくさこうひつ　1817没（43歳）。江戸時代後期の国学者。1775生。

坂部広胖　さかべこうはん　1824没（66歳）。江戸時代中期・後期の和算家。1759生。

カルノー, ニコラ・レオナール・サディ　1832没（36歳）。フランスの物理学者。1796生。

クルーゼンシュテルン　1846没（75歳）。ロシアの探検家、海軍士官。1770生。

鶴峯戊申　つるみねしげのぶ　1859没（72歳）。江戸時代後期の国学者、究理学者。1788生。

小田海僊　おだかいせん　1862（閏8月）没（78歳）。江戸時代後期の南画家。1785生。

樺山十兵衛　かばやまじゅうべえ　1868没（24歳）。江戸時代末期の薩摩藩士。1845生。

小林虎三郎　こばやしとらさぶろう　1877没（51歳）。江戸・明治時代の越後長岡藩士。長岡藩大参事。1827生。

諸岳奕堂　もろたけえきどう　1879没（75歳）。江戸・明治時代の曹洞宗僧侶。大宅寺住持、総持寺独住1世。1805生。

三条西季知　さんじょうにしすえとも　1880没（70歳）。江戸・明治時代の公家。1811生。

シャンボール　1883没（62歳）。フランス、ブルボン家最後の王位相続人。1820生。

クラウジウス, ルドルフ・ユリウス・エンマヌエル　1888没（66歳）。ドイツの物理学者。1822生。

ペロー　1892没（82歳）。フランスの舞踊家。1810生。

カルノー　1894没（57歳）。フランスの政治家。1837生。

陸奥宗光　むつむねみつ　1897没（54歳）。明治時代の外交官。衆議院議員、伯爵。1844生。

助高屋小伝次（初代）　すけたかやこでんじ　1899没（16歳）。明治時代の歌舞伎役者。1884生。

ナウマン, フリードリヒ　1919没（59歳）。ドイツの政治家、ルター派の神学者。1860生。

グミリョーフ, ニコライ・ステパノヴィチ　1921没（35歳）。ロシアの詩人。1886生。

ヴァレンティノ, ルドルフ　1926没（31歳）。アメリカの映画俳優。1895生。

張謇　ちょうけん　1926没（73歳）。中国の実業家、政治家。1853生。

ニプコー, パウル　1940没（80歳）。ロシア生れのドイツのテレビジョンの開拓者。1860生。

ヴェイユ, シモーヌ　1943没（34歳）。フランスの社会思想家、神秘家。1909生。

アレッサンドリ・パルマ　1950没（81歳）。チリの大統領（20～24, 25）。1868生。

ヴィーヒェルト, エルンスト　1950没（63歳）。ドイツの作家。1887生。

バルガス, ジェトゥリオ・ドルネーレス　1954没（71歳）。ブラジルの政治家。1883生。

溝口健二　みぞぐちけんじ　1956没（58歳）。昭和時代の映画監督。1898生。

安西冬衛　あんざいふゆえ　1965没（67歳）。大正・昭和時代の詩人。1898生。

老舎　ろうしゃ　1966没（67歳）。中国の小説家、劇作家。1899生。

丸岡明　まるおかあきら　1968没（61歳）。昭和時代の小説家、能楽評論家。1907生。

中原綾子　なかはらあやこ　1969没（71歳）。大正・昭和時代の歌人、詩人。1898生。

荒木万寿夫　あらきますお　1973没（72歳）。昭和時代の政治家。国家公安委員長、衆議院議員。1901生。

小野木学　おのぎがく　1976没（52歳）。昭和時代の洋画家、版画家。1924生。

ガボ, ナウム　1977没（87歳）。ロシア出身の抽象彫刻家。1890生。

佐藤一英　さとういちえい　1979没（79歳）。大正・昭和時代の詩人。中部日本詩人連盟委員長。1899生。

中野重治　なかのしげはる　1979没（77歳）。昭和時代の詩人、小説家。参議院議員。1902生。

若杉慧　わかすぎさとし　1987没（83歳）。昭和時代の小説家。1903生。

アイゼンシュタット, アルフレート　1995没（96歳）。ドイツ生れのアメリカの写真家。1898生。

フグ, アンディ　2000没（35歳）。スイスの空手家、キックボクサー。1964生。

8月24日

8月25日

○記念日○　川柳発祥の日
○出来事○　日本に鉄砲伝来(1543)
　　　　　　ピンク・レディーがデビュー(1976)

グラティアーヌス, フラーウィウス・アウグストゥス　383没(24歳)。ローマ皇帝(在位367～383)。359生。

中臣金　なかとみのかね　672没。飛鳥時代の廷臣。

グレゴリウス(ユートレヒトの)　776没(69?歳)。ドイツ生れのフリースラントへの宣教師, 聖人。707頃生。

源融　みなもとのとおる　895没(74歳)。平安時代前期の公卿。822生。

安養尼　あんように　1034没(82歳)。平安時代中期の女性。恵心僧都源信の妹または姉といわれる人。953生。

教覚　きょうかく　1117没。平安時代後期の真言宗の僧。

陳東　ちんとう　1127没(41歳)。中国, 北宋末の忠臣。1086生。

定兼　じょうけん　1184没(79歳)。平安時代後期の真言宗の僧。1106生。

ヴィーヒマン　1192没(77?歳)。中世ドイツの聖職者。1115頃生。

守覚法親王　しゅかくほっしんのう　1202没(53歳)。平安時代後期・鎌倉時代前期の真言宗の僧。1150生。

武藤資頼　むとうすけより　1228没(69歳)。平安時代後期・鎌倉時代前期の大宰少弐。1160生。

中条家長　なかじょういえなが　1236没(72歳)。平安時代後期・鎌倉時代前期の武将。1165生。

ルイ9世　1270没(56歳)。フランス国王(在位1226～70)。1214生。

アフマド-アルバダウィー　1276没(77歳)。イスラム教スーフィー(神秘主義)派の聖者。1199生。

トマス・ド・カンテループ　1282没(64?歳)。イギリスの聖職者, 聖人。1218頃生。

叡尊　えいそん　1290没(90歳)。鎌倉時代後期の律宗の僧。1201生。

鷹司兼忠　たかつかさかねただ　1301没(40歳)。鎌倉時代後期の公卿。1262生。

後二条天皇　ごにじょうてんのう　1308没(24歳)。第94代の天皇。1285生。

ダグラス　1330没(44?歳)。スコットランドの貴族。1286頃生。

二条兼基　にじょうかねもと　1334没(67歳)。鎌倉時代後期の公卿。1268生。

オルカーニャ, アンドレーア　1368没(60?歳)。イタリアの建築家, 彫刻家, 画家。1308頃生。

佐々木高氏　ささきたかうじ　1373没(78歳)。鎌倉時代後期・南北朝時代の守護大名。1296生。

愚中周及　ぐちゅうしゅうきゅう　1409没(87歳)。南北朝時代・室町時代の臨済宗の僧。1323生。

上杉朝宗　うえすぎともむね　1414没(76?歳)。南北朝時代・室町時代の武将, 関東管領。1339頃生。

マルグリット　1482没(52歳)。イングランド王ヘンリ6世の妃。1430生。

毛利興元　もうりおきもと　1516没(24歳)。戦国時代の武将。1493生。

相良義滋　さがらよししげ　1546没(58歳)。戦国時代の武将, 相良家当主。1489生。

ヨーリス, ダーヴィト　1556没(55?歳)。ベルギーの再洗礼派教徒。1501頃生。

半井瑞策　なからいずいさく　1596没(75?歳)。戦国時代・安土桃山時代の医師。1522頃生。

浅野幸長　あさのよしなが　1613没(38歳)。安土桃山時代・江戸時代前期の大名。1576生。

ソテロ, ルイス　1624没(49歳)。スペイン出身の司祭, フランシスコ会士。1574生。

吉野太夫　よしのだゆう　1643没(38歳)。江戸時代前期の女性。京都の遊女。1606生。

中江藤樹　なかえとうじゅ　1648没(41歳)。江戸時代前期の儒学者。1608生。

彭城百川　さかきひゃくせん　1752没(56歳)。江戸時代中期の南画家。1697生。

ヨンメッリ, ニッコロ　1774没(59歳)。イタリアの作曲家。1714生。

ヒューム, デイヴィッド　1776没(65歳)。スコットランドの外交官, 歴史家, 哲学者。1711生。

市村羽左衛門(9代目)　いちむらうざえもん　1785没(61歳)。江戸時代中期の歌舞伎役者, 歌舞伎座本。1725生。

徳川家治　とくがわいえはる　1786没(50歳)。江戸幕府第10代の将軍。1737生。

モンタギュー, エリザベス　1800没(79歳)。イギリスの女流文学者。1720生。

ハーシェル, ウィリアム　1822没(83歳)。ドイツ生れのイギリスの天文学者。1738生。

インマーマン, カール・レーベレヒト　1840没(44歳)。ドイツの作家。1796生。

ハイベア, ヨハン・ルドヴィ　1860没(68歳)。デンマークの評論家, 劇作家。1791生。

ファラデイ, マイケル　1867没(75歳)。イギリスの化学者, 物理学者。1791生。

日柳燕石　くさなぎえんせき　1868没(52歳)。江戸時代末期の勤皇博徒。1817生。

小室信介　こむろしんすけ　1885没(34歳)。明治時代の政治家。外務省准奏任御用掛。1852生。

ニーチェ, フリードリヒ・ヴィルヘルム　1900没(55歳)。ドイツの哲学者。1844生。

ファンタン-ラトゥール, アンリ　1904没(68歳)。フランスの肖像, 静物画家。1836生。

ベックレル, アントワーヌ・アンリ　1908没(55歳)。フランスの物理学者。1852生。

梅謙次郎　うめけんじろう　1910没(51歳)。明治時代の法学者。帝国法科大学教授。1860生。

加藤友三郎　かとうともさぶろう　1923没(61歳)。明治・大正時代の子爵, 海軍軍人, 元帥。総理大臣。1863生。

カーメネフ, レフ・ボリソヴィチ　1936没(53歳)。ソ連の政治家。1883生。

ジノヴィエフ, グリゴリー・エフセエヴィチ　1936没(52歳)。ソ連の政治家。1883生。

クプリーン, アレクサンドル・イワノヴィチ　1938没(67歳)。ロシアの小説家。1870生。

ウィスラー　1947没(76歳)。アメリカの人類学者。1870生。

垣内松三　かいとまつぞう　1952没(74歳)。大正・昭和時代の国語教育学者, 国文学者。1878生。

杉山長谷夫　すぎやまはせお　1952没(63歳)。大正・昭和時代のバイオリニスト, 作曲家。1889生。

北沢楽天　きたざわらくてん　1955没(79歳)。明治〜昭和時代の漫画家。漫画奉公会会長。1876生。

河本大作　こうもとだいさく　1955没(73歳)。昭和時代の陸軍軍人。1882生。

キンゼイ, アルフレッド・チャールズ　1956没(62歳)。アメリカの動物学者。1894生。

サーバ, ウンベルト　1957没(74歳)。イタリアの詩人。1883生。

トラヴァーズ, モリス・ウィリアム　1961没(89歳)。イギリスの化学者。1872生。

三遊亭円歌(2代目)　さんゆうていえんか　1964没(73歳)。大正・昭和時代の落語家。1891生。

緒方知三郎　おがたともさぶろう　1973没(90歳)。大正・昭和時代の病理学者。東京帝国大学教授, 東京医科大学学長。1883生。

ユーンソン, エイヴィンド　1976没(76歳)。スウェーデンの小説家。1900生。

朝比奈宗源　あさひなそうげん　1979没(88歳)。大正・昭和時代の僧侶。円覚寺管長。1891生。

ケントン, スタン　1979没(67歳)。アメリカのジャズ楽団指揮者, 作曲, 編曲家。1912生。

カポーティ, トルーマン　1984没(59歳)。アメリカの作家。1924生。

キャラハン, モーリー　1990没(87歳)。カナダの作家。1903生。

滝田ゆう　たきたゆう　1990没(58歳)。昭和・平成時代の漫画家。1932生。

芝木好子　しばきよしこ　1991没(77歳)。昭和・平成時代の小説家。1914生。

松前重義　まつまえしげよし　1991没(89歳)。昭和時代の電気工学者, 政治家。東海大学教授, 衆院議員。1901生。

平川唯一　ひらかわただいち　1993没(91歳)。昭和時代のアナウンサー。1902生。

永田耕衣　ながたこうい　1997没(97歳)。昭和・平成時代の俳人。「琴座」主宰。1900生。

アリーヤ　2001没(22歳)。アメリカの歌手, 女優。1979生。

高木東六　たかぎとうろく　2006没(122歳)。昭和・平成時代の作曲家。1904生。

8月25日

8月26日

○出来事○　支倉常長が7年ぶりに帰国(1620)
フランス国民会議が人権宣言を採択(1789)

穂積老　ほづみのおゆ　749没。奈良時代の官人。

光孝天皇　こうこうてんのう　887没(58歳)。第58代の天皇。830生。

藤原為輔　ふじわらのためすけ　986没(67歳)。平安時代中期の公卿。920生。

良子内親王　ながこないしんのう　1077没(49歳)。平安時代中期・後期の女性。後朱雀天皇の第1皇女。1029生。

平時信　たいらのときのぶ　1149没。平安時代後期の貴族。

崇徳天皇　すとくてんのう　1164没(46歳)。第75代の天皇。1119生。

花山院忠雅　かざんいんただまさ　1193没(70歳)。平安時代後期の公卿。1124生。

藤原宗長　ふじわらのむねなが　1225没(62歳)。平安時代後期・鎌倉時代前期の公卿。1164生。

オタカル2世　1278没(48?歳)。プルシェミスル朝最盛期の王(在位1253～78)。1230頃生。

定清　じょうせい　1280没(96歳)。鎌倉時代前期の真言宗の僧。1185生。

実伊　じつい　1281没(59歳)。鎌倉時代後期の天台宗の僧。1223生。

藤原家教　ふじわらいえのり　1297没(37歳)。鎌倉時代後期の公卿。1261生。

ヨハン(盲目王)　1346没(50歳)。ベーメン王(在位1310～46)。1296生。

ブラッドワディーン，トマス　1349没(49?歳)。カンタベリーの大司教，数学者。1300頃生。

西華門院　せいかもんいん　1355没(87歳)。鎌倉時代後期・南北朝時代の女性。後宇多天皇の宮人。1269生。

少弐冬資　しょうにふゆすけ　1375没(43歳)。南北朝時代の武将，太宰少弐，頼尚の子。1333生。

鄭道伝　ていどうでん　1398没。朝鮮，高麗末李朝初期の政治家，儒学者。

俊増　しゅんぞう　1456没(67歳)。室町時代の真言宗の僧。1390生。

長尾景仲　ながおかげなか　1463没(76歳)。室町時代の武将。1388生。

山科保宗　やましなやすむね　1463没(53歳)。室町時代の公卿。1411生。

大森氏頼　おおもりうじより　1494没(77歳)。室町時代・戦国時代の武将。1418生。

理秀女王　りしゅうじょおう　1532没(44歳)。戦国時代の女性。後土御門天皇の皇女。1489生。

近衛尚通　このえひさみち　1544没(73歳)。戦国時代の公卿。1472生。

ラムス，ペトルス　1572没(57歳)。フランスの人文主義者，論理学者。1515生。

モンリュック，ブレーズ・ド　1577没(78?歳)。フランスの軍人。1499頃生。

五島ルイス　ごとうるいす　1579没。安土桃山時代・江戸時代前期の肥前五島の領主。

西尾吉次　にしおよしつぐ　1606没(77歳)。安土桃山時代・江戸時代前期の武将，大名。1530生。

宝蔵院胤栄　ほうぞういんいんえい　1607没(87歳)。戦国時代・安土桃山時代の宝蔵院槍術の祖。1521生。

木下家定　きのしたいえさだ　1608没(66歳)。安土桃山時代・江戸時代前期の武将，大名。1543生。

武野宗瓦　たけのそうが　1614没(65歳)。安土桃山時代・江戸時代前期の茶湯者。1550生。

亀屋栄任　かめやえいにん　1616没(54?歳)。安土桃山時代・江戸時代前期の呉服商。1563頃生。

後陽成天皇　ごようぜいてんのう　1617没(47歳)。第107代の天皇。1571生。

廓山　かくざん　1625没(54歳)。江戸時代前期の浄土宗鎮西義の学僧。1572生。

大沢四郎右衛門　おおさわしろうえもん　1639没。江戸時代前期の海外貿易商人。

中村勘三郎(2代目)　なかむらかんざぶろう　1674没(28歳)。江戸時代前期の歌舞伎役者、歌舞伎座主。1647生。

理忠女王　りちゅうじょおう　1689没(49歳)。江戸時代前期・中期の女性。尼僧。1641生。

極印千右衛門　ごくいんせんえもん　1702没(23歳)。江戸時代中期の大坂の侠客五人男の一人。1680生。

許六　きょりく　1715没(60歳)。江戸時代前期・中期の俳人、近江彦根藩士、彦根俳壇の指導者。1656生。

バード2世　1744没(70歳)。アメリカ植民地時代の政治家。1674生。

嵐三右衛門(6代目)　あらしさんえもん　1785没(26歳)。江戸時代中期の歌舞伎役者、歌舞伎座本。1760生。

佐野川市松(2代目)　さのがわいちまつ　1785没(39歳)。江戸時代中期の歌舞伎役者。1747生。

ロドリーゲス・ティソン、ベントゥーラ　1785没(68歳)。スペインの建築家。1717生。

カリオストロ、アレッサンドロ、伯爵　1795没(52歳)。イタリアの眼科医、錬金術師、魔術師。1743生。

芳沢あやめ(5代目)　よしざわあやめ　1810没(56歳)。江戸時代中期・後期の歌舞伎役者、歌舞伎座本。1755生。

ケルナー、テーオドア　1813没(21歳)。ドイツの詩人。1791生。

ルイ-フィリップ　1850没(76歳)。フランス国王(在位1830〜48)。1773生。

ジルヒャー、フィーリップ・フリードリヒ　1860没(71歳)。ドイツの作曲家。1789生。

鈴鹿甚右衛門　すずかじんえもん　1861没(43歳)。江戸時代末期の商人。1819生。

前田夏蔭　まえだなつかげ　1864没(72歳)。江戸時代末期の歌人、国学者。1793生。

エンケ、ヨハン・フランツ　1865没(73歳)。ドイツの天文学者。1791生。

ガルシア-グティエレス、アントニオ　1884没(71歳)。スペインの劇作家。1813生。

飯田武郷　いいだたけさと　1900没(74歳)。江戸・明治時代の国学者、信濃高島藩士。1827生。

楠本イネ　くすもといね　1903没(77歳)。江戸・明治時代の医師。産婦人科、宮内庁御用掛。1827生。

ジェイムズ、ウィリアム　1910没(68歳)。アメリカの哲学者、心理学者。1842生。

エルツベルガー、マティアス　1921没(45歳)。ドイツ中央党の政治家。1875生。

トーマ、ルートヴィヒ　1921没(54歳)。ドイツの小説家、劇作家。1867生。

サートウ、アーネスト・メイスン　1929没(86歳)。イギリスの外交官。1843生。

浜口雄幸　はまぐちおさち　1931没(62歳)。大正・昭和時代の財政家、政治家。総理大臣、大蔵大臣。1870生。

ハリス、フランク　1931没(75歳)。アメリカの文筆家、法律家。1856生。

メロン、アンドリュー・W　1937没(82歳)。アメリカの財政家。1855生。

ヴェルフェル、フランツ　1945没(54歳)。ドイツの作家。1890生。

リャシコー、ニコライ・ニコラエヴィチ　1953没(68歳)。ソ連の小説家。1884生。

ヴォーン・ウィリアムズ、ラーフ　1958没(85歳)。イギリスの作曲家。1872生。

平野零児　ひらのれいじ　1961没(64歳)。昭和時代の小説家。1897生。

ステファンソン、ヴィルヒャルマー　1962没(82歳)。アメリカの地理学者。1879生。

チチェスター、サー・フランシス　1972没(70歳)。イギリスの航行者、海洋冒険家。1901生。

長谷川昇　はせがわのぼる　1973没(87歳)。大正・昭和時代の洋画家。日展理事。1886生。

リンドバーグ、チャールズ・A　1974没(72歳)。アメリカの飛行家。1902生。

レーマン、ロッテ　1976没(88歳)。ドイツ生れのアメリカのソプラノ歌手。1888生。

ボワイエ、シャルル　1978没(78歳)。フランスの映画俳優。1899生。

ワルタリ、ミカ　1979没(70歳)。フィンランドの小説家。1908生。

小倉朗　おぐらろう　1990没(74歳)。昭和時代の作曲家。1916生。

観世元正　かんぜもとまさ　1990没(60歳)。昭和時代の能楽師シテ方。1930生。

本田実　ほんだみのる　1990没(77歳)。昭和時代のアマチュア天文家。倉敷天文台長。1913生。

田村隆一　たむらりゅういち　1998没(75歳)。昭和・平成時代の詩人。1923生。

サイデンステッカー、エドワード　2007没(86歳)。アメリカの日本文学者。1921生。

8月26日

8月27日

○記念日○　仏壇の日
○出来事○　金星探査ロケット号打ち上げ（1962）
『男はつらいよ』第1作公開（1969）

カエサリウス（アルルの）　542没（73歳）。フランスの司教、聖人。469生。
エウゲニウス2世　827没。教皇（在位824～7）。
文徳天皇　もんとくてんのう　858没（32歳）。第55代の天皇。827生。
忠貞王　たださだおう　884没（65歳）。平安時代前期の公卿。820生。
アマデウス（ロザンヌの）　1159没（49?歳）。フランスのシトー会修道士、司教、聖人。1110頃生。
三浦義明　みうらよしあき　1180没（89歳）。平安時代後期の武士。1092生。
善法寺成清　ぜんぽうじじょうせい　1199没（78歳）。鎌倉時代前期の僧。1122生。
宣厳　せんごん　1251没。鎌倉時代前期の真言宗の僧。
アグネス（アッシジの）　1253没（56歳）。イタリアのクララ会修道女、聖人。1197生。
ヒュー（リンカンの）　1255没。イギリスのリンカンで虐殺された少年。
大中臣隆世　おおなかとみのたかよ　1259没（36歳）。鎌倉時代前期の神官。1224生。
天桂宗杲　てんけいそうこう　1332没。鎌倉時代後期の臨済宗の僧。
日念　にちねん　1334没。鎌倉時代後期の日蓮宗の僧。
久我長通　こがながみち　1353没（74歳）。鎌倉時代後期・南北朝時代の公卿。1280生。
御子左為遠　みこひだりためとお　1381没（40歳）。南北朝時代の公卿。1342生。
経覚　きょうかく　1473没（79歳）。室町時代の法相宗の僧、興福寺別当。1395生。
ジョスカン・デプレ　1521没（81歳）。フランドル楽派最大の作曲家。1440生。
アマデオ，ジョヴァンニ・アントニオ　1522没（75歳）。イタリア・ルネサンスの建築家、彫刻家。1447生。
グリューネヴァルト，マティアス　1528没（58?歳）。ドイツの画家。1470生。

ドッソ，ドッシ　1542没（63?歳）。イタリアの画家。1479頃生。
グディメル，クロード　1572没（58?歳）。フランスの作曲家。1514頃生。
浅井久政　あさいひさまさ　1573没（50歳）。戦国時代の北近江の大名。1524生。
エウスタキオ，バルトロメオ　1574没（54歳）。イタリアの解剖学者。1520生。
ティツィアーノ・ヴェチェッリオ　1576没（86?歳）。イタリアの画家。1490頃生。
松平重吉　まつだいらしげよし　1580没（88歳）。戦国時代・安土桃山時代の武士。1493生。
日珖　にっこう　1598没（67歳）。戦国時代・安土桃山時代の日蓮宗の僧。1532生。
ビクトリア，トマス・ルイス・デ　1611没（63?歳）。スペインの作曲家。1548頃生。
菊隠　きくいん　1620没。江戸時代前期の臨済宗の僧。
常高院　じょうこういん　1633没（65歳）。安土桃山時代・江戸時代前期の女性。浅井長政の2女。1569生。
松田ミゲル　まつだみげる　1633没（56歳）。安土桃山時代・江戸時代前期のイエズス会宣教師。1578生。
ベガ，ロペ・デ　1635没（72歳）。スペインの劇作家。1562生。
スルバラン，フランシスコ・デ　1664没（65歳）。スペインの画家。1598生。
嵐蘭　らんらん　1693没（47歳）。江戸時代前期の俳人。1647生。
貝原益軒　かいばらえきけん　1714没（85歳）。江戸時代前期・中期の儒学者、博物学者。1630生。
レーウェンフック，アントニー・ファン　1723没（90歳）。オランダの顕微鏡学者、博物学者。1632生。
トムソン，ジェイムズ　1748没（47歳）。イギリスの詩人。1700生。
ダルジャンソン，マルク・ピエール　1764没（68歳）。フランスの貴族。1696生。

市場通笑 いちばつうしょう 1812没（76歳）。江戸時代中期・後期の戯作者。1737生。

セギュール, ルイ・フィリップ 1830没（76歳）。フランスの外交官, 政治家。1753生。

安島帯刀 あじまたてわき 1859没（48歳）。江戸時代末期の水戸藩家老。1812生。

鵜飼吉左衛門 うがいきちざえもん 1859没（62歳）。江戸時代末期の水戸藩京都留守居役。1798生。

宗淵 しゅうえん 1859没（74歳）。江戸時代後期の天台宗大原流の声明家。1786生。

長野主膳 ながのしゅぜん 1862没（48歳）。江戸時代末期の国学者, 近江彦根藩士, 号は桃廼舎。1815生。

宮城彦助 みやぎひこすけ 1863没（51歳）。江戸時代末期の長州（萩）藩士, 奇兵隊士。1813生。

ハリバートン, T.C. 1865没（68歳）。カナダの諷刺作家。1796生。

哥沢芝金（初代） うたざわしばきん 1874没（47歳）。江戸・明治時代の邦楽家。うた沢芝派家元。1828生。

フロマンタン, ウージェーヌ 1876没（55歳）。フランスの画家, 小説家, 美術批評家。1820生。

ヒル, サー・ローランド 1879没（83歳）。イギリスの教育家, 改革者。1795生。

中御門経之 なかみかどつねゆき 1891没（72歳）。江戸・明治時代の公卿, 侯爵。1820生。

藤間勘十郎（5代目） ふじまかんじゅうろう 1892没（61歳）。江戸・明治時代の舞踊家。1832生。

島田篁村 しまだこうそん 1898没（61歳）。江戸・明治時代の漢学者。東京大学教授。1838生。

ベーム・バヴェルク 1914没（63歳）。オーストリアの経済学者。1851生。

尾上菊次郎（3代目） おのえきくじろう 1919没（38歳）。明治・大正時代の歌舞伎役者。1882生。

渡辺千秋 わたなべちあき 1921没（79歳）。江戸・明治時代の信濃高島藩士, 官僚。伯爵, 貴族院議員。1843生。

ベイリス, サー・ウィリアム・マドック 1924没（64歳）。イギリスの生理学者。1860生。

カフタン, ユーリウス 1926没（77歳）。ドイツのルター派神学者。1848生。

沢村四郎五郎（5代目） さわむらしろごろう 1932没（56歳）。明治～昭和時代の歌舞伎役者, 映画俳優。1877生。

ヒューズ, C.E. 1948没（86歳）。アメリカの法律家, 政治家。1862生。

上村松園 うえむらしょうえん 1949没（75歳）。明治～昭和時代の日本画家。1875生。

パヴェーゼ, チェーザレ 1950没（41歳）。イタリアの小説家, 詩人。1908生。

三遊亭円右（2代目） さんゆうていえんう 1951没（59歳）。大正・昭和時代の落語家。1891生。

暁烏敏 あけがらすはや 1954没（77歳）。明治～昭和時代の僧侶, 仏教学者。明達寺（浄土真宗大谷派）住職, 東本願寺の宗務総長。1877生。

ローレンス, アーネスト・オーランドー 1958没（57歳）。アメリカの物理学者。1901生。

デュ・ボイス, ウィリアム・エドワード・バーガート 1963没（95歳）。アメリカの著述家, 編集者, 黒人運動指導者。1868生。

ル・コルビュジエ 1965没（77歳）。スイスの建築家, 都市設計家。1887生。

コンプトン-バーネット, アイヴィ 1969没（77歳）。イギリスの女流小説家。1892生。

バーク-ホワイト, マーガレット 1971没（65歳）。アメリカの女流写真家。1906生。

白鳥省吾 しらとりしょうご 1973没（83歳）。大正・昭和時代の詩人。日本農民文学会会長。1890生。

ハイレ・セラシエ1世 1975没（84歳）。エチオピア皇帝。1891生。

青木均一 あおききんいち 1976没（78歳）。昭和時代の実業家。東京電力社長。1898生。

青山圭男 あおやまよしお 1976没（73歳）。昭和時代の舞踊振付師, 演出家。1903生。

マウントバッテン, ルイス・マウントバッテン, 初代伯爵 1979没（79歳）。イギリスの軍人。1900生。

砂原美智子 すなはらみちこ 1987没（64歳）。昭和時代の声楽家。昭和音楽大学教授。1923生。

堀秀彦 ほりひでひこ 1987没（85歳）。昭和時代の評論家, 翻訳家。東洋大学教授・学長。1902生。

堀江薫雄 ほりえしげお 2000没（97歳）。昭和時代の銀行家。東京銀行頭取。1903生。

8月27日

8月28日

○記念日○ バイオリンの日
○出来事○ テレビCM第1号が放映（1953）
ワシントン大行進（1963）
外国為替の変動相場制採用（1971）

マクシムス，マグヌス　388没。ローマ皇帝（在位383～8）。

アウグスティヌス，アウレリウス　430没（75歳）。初期西方キリスト教会最大の教父。354生。

大伴家持　おおとものやかもち　785没（68?歳）。奈良時代の歌人，官人。0718頃生。

ルートウィヒ2世　876没（72?歳）。東フランク王（在位843～76），ドイツ王国の建設者。804頃生。

親宥　しんゆう　928没（85歳）。平安時代前期・中期の華厳宗の僧。844生。

藤原嫄子　ふじわらのげんし　1039没（24歳）。平安時代中期の女性。後朱雀天皇の中宮。1016生。

源経頼　みなもとのつねより　1039没（64歳）。平安時代中期の公卿。976生。

藤原公房　ふじわらのきんふさ　1102没（73歳）。平安時代中期・後期の公卿。1030生。

張浚　ちょうしゅん　1164没（67歳）。中国，南宋初めの政治家。1097生。

俊円　しゅんえん　1166没（60歳）。平安時代後期の天台宗の僧。1107生。

良遍　りょうへん　1252没（57歳）。鎌倉時代前期の僧。1196生。

道元　どうげん　1253没（54歳）。鎌倉時代前期の僧。1200生。

東里弘会　とうりこうえ　1318没。鎌倉時代後期の臨済宗の僧。

源鸞　げんらん　1347没（29歳）。南北朝時代の浄土真宗の僧。1319生。

善忠　ぜんちゅう　1395没。南北朝時代の浄土宗の僧。

油小路隆信　あぶらのこうじたかのぶ　1419没（55歳）。南北朝時代・室町時代の公卿。1365生。

慶仲周賀　けいちゅうしゅうが　1425没（63歳）。南北朝時代・室町時代の禅僧。1363生。

籌山了運　ちゅうざんりょううん　1432没（83歳）。南北朝時代・室町時代の曹洞宗の僧。1350生。

アフォンソ5世　1481没（49歳）。ポルトガル王（在位1438～81）。1432生。

黙巌為契　もくがんいかい　1522没。戦国時代の曹洞宗の僧。

桂巌慧芳　けいがんえほう　1546没。戦国時代の曹洞宗の僧。

グランヴェル，ニコラ・ペルノー・ド　1550没（66?歳）。フランスの政治家。1484頃生。

和田惟政　わだこれまさ　1571没（42歳）。戦国時代の武将。1530生。

浅井長政　あざいながまさ　1573没（29歳）。戦国時代の北近江の大名。1545生。

足利義昭　あしかがよしあき　1597没（61歳）。室町幕府の第15代将軍。1537生。

伝通院　でんづういん　1602没（75歳）。戦国時代・安土桃山時代の女性。徳川家康の生母。1528生。

尼子義久　あまこよしひさ　1610没。戦国時代の出雲の武将。

荒木又右衛門　あらきまたえもん　1638没（41歳）。江戸時代前期の播磨姫路藩士，因幡鳥取藩士，剣術家。1598生。

グロティウス，フーゴ　1645没（62歳）。オランダの政治家，法律家，神学者，詩人。1583生。

斎藤徳元　さいとうとくげん　1647没（89歳）。安土桃山時代・江戸時代前期の俳人，仮名草子作者。1559生。

青木賢清　あおきけんせい　1656没（77歳）。江戸時代前期の神道家。1580生。

稲葉正休　いなばまさやす　1684没（45歳）。江戸時代前期の大名。1640生。

堀田正俊　ほったまさとし　1684没（51歳）。江戸時代前期の大名，大老。1634生。

富永仲基　とみながなかもと　1746没（32歳）。江戸時代中期の儒学者。1715生。

ハートリー, デイヴィド　1757没(51歳)。イギリスの医者, 心理学者。1705生。

ショーベルト, ヨーハン　1767没(27?歳)。ドイツの作曲家, チェンバロ奏者。1740頃生。

ウィルソン, ジェイムズ　1798没(55歳)。アメリカの法律学者, 政治家。1742生。

中村伝九郎(4代目)　なかむらでんくろう　1799没(26歳)。江戸時代中期・後期の歌舞伎役者。1774生。

クラプロート　1835没(51歳)。ドイツの東洋学者, 中国学者。1783生。

スミス, ウィリアム　1839没(70歳)。イギリスの地質学者。1769生。

ハント, リー　1859没(74歳)。イギリスの詩人, 批評家, ジャーナリスト。1784生。

マッケンジー, ウィリアム・ライアン　1861没(66歳)。スコットランド出身のカナダのジャーナリスト, 政治家, 反乱指導者。1795生。

ミッチェルリッヒ, アイルハルト　1863没(69歳)。ドイツの化学者。1794生。

塩谷宕陰　しおのやとういん　1867没(59歳)。江戸時代末期の儒学者。1809生。

橘曙覧　たちばなあけみ　1868没(57歳)。江戸時代末期の歌人。1812生。

尾上芙雀(7代目)　おのえふじゃく　1894没。明治時代の歌舞伎役者。

シジウィック, ヘンリー　1900没(62歳)。イギリスの倫理学者。1838生。

オルムステッド, フレデリック・ロー　1903没(81歳)。アメリカの農業実際家, 庭園建築家。1822生。

リチャード, アナトーリー・コンスタンチーノヴィチ　1914没(59歳)。ロシアの作曲家。1855生。

橘旭翁(初代)　たちばなきょくおう　1919没(72歳)。明治・大正時代の筑前琵琶演奏家。1848生。

ボータ, ルイス　1919没(56歳)。南アフリカの軍人, 政治家。1862生。

小茂田青樹　おもだせいじゅ　1933没(43歳)。大正・昭和時代の日本画家。1891生。

クーデンホーフ光子　くーでんほーふみつこ　1941没(68歳)。明治～昭和時代の伯爵夫人。1874生。

ボリス3世　1943没(49歳)。ブルガリア国王(在位1918～43)。1894生。

小日山直登　こひやまなおと　1949没(64歳)。大正・昭和時代の実業家, 政治家。運輸相, 南満州鉄道総裁。1886生。

マルティヌー, ボフスラフ　1959没(68歳)。チェコスロバキアの作曲家。1890生。

ルフェーヴル　1959没(85歳)。フランスの歴史家。1874生。

犬養健　いぬかいたける　1960没(64歳)。大正・昭和時代の政治家, 小説家。法相, 衆議院議員。1896生。

十返肇　とがえりはじめ　1963没(49歳)。昭和時代の評論家, 小説家。1914生。

貝島太市　かいじまたいち　1966没(85歳)。大正・昭和時代の経営者。日本石炭鉱業会会長。1880生。

中沢良夫　なかざわよしお　1966没(82歳)。大正・昭和時代の応用化学者, 野球功労者。京都帝国大学教授, 全国高校野球連盟会長。1883生。

中村研一　なかむらけんいち　1967没(72歳)。大正・昭和時代の洋画家。1895生。

中村霞仙(2代目)　なかむらかせん　1969没(76歳)。明治～昭和時代の歌舞伎役者。1893生。

レーボヴィッツ, ルネ　1972没(59歳)。ポーランド生れのフランスの作曲家, 理論家, 指揮者。1913生。

シーモノフ, コンスタンチン・ミハイロヴィチ　1979没(63歳)。ソ連の小説家, 劇作家。1915生。

上林暁　かんばやしあかつき　1980没(77歳)。昭和時代の小説家。1902生。

ナギーブ, ムハンマド　1984没(83歳)。エジプトの軍人, 政治家, 初代大統領。1901生。

真野毅　まのつよし　1986没(98歳)。大正・昭和時代の弁護士, 裁判官。最高裁判事。1888生。

ヒュ ーストン, ジョン　1987没(81歳)。アメリカの映画監督。1906生。

岩藤雪夫　いわとうゆきお　1989没(87歳)。昭和時代の小説家。1902生。

エンデ, ミヒャエル　1995没(65歳)。ドイツの作家, 俳優。1929生。

ナンシー梅木　なんしーうめき　2007没(78歳)。昭和・平成時代の歌手, 女優。1929生。

プエルタ, アントニオ　2007没(22歳)。スペインのサッカー選手。1984生。

8月28日

8月29日

○記念日○ ケーブルカーの日
文化財保護法施行記念日
○出来事○ 朝鮮総督府を設置(1910)
プロ野球、テレビ本放送開始(1951)

プリニウス・セクンドゥス,ガイユス(大プリニウス) 79没(56歳)。ローマの百科全書学者。23生。
多治比今麻呂 たじひのいままろ 825没(73歳)。奈良時代・平安時代前期の公卿。753生。
バシリウス1世 886没(74?歳)。東ローマ皇帝(在位867〜886)。812頃生。
ナサーイー 915没(85歳)。イスラム伝承学者。830生。
雅子内親王 がしないしんのう 954没(45歳)。平安時代中期の女性。醍醐天皇の第10皇女。910生。
円範 えんはん 1092没(66歳)。平安時代中期・後期の天台宗の僧。1027生。
仁厳 にんごん 1152没(71歳)。平安時代後期の真言宗の僧。1082生。
基舜 きしゅん 1164没。平安時代後期の真言宗の僧。
良海 りょうかい 1218没(22歳)。鎌倉時代前期の僧。1197生。
西園寺公経 さいおんじきんつね 1244没(74歳)。鎌倉時代前期の公卿。1171生。
修明門院 しゅめいもんいん 1264没(83歳)。鎌倉時代前期の女性。順徳天皇の母。1182生。
カヴァルカンティ,グィード 1300没(70?歳)。清新体派の詩人。1230頃生。
永嘉門院 えいかもんいん 1329没(58歳)。鎌倉時代後期の女性。後宇多天皇の宮人。1272生。
道宗 どうしゅう 1360没。鎌倉時代後期・南北朝時代の浄土宗の僧。
甘露寺清長 かんろじきよなが 1414没(34歳)。室町時代の公卿。1381生。
パウルス(ブルゴスの) 1435没(84?歳)。スペインのブルゴスの大司祭を務めたユダヤ人。1351頃生。
心関清通 しんかんせいつう 1449没(75歳)。室町時代の臨済宗の僧。1375生。

貞成親王 さだふさしんのう 1456没(85歳)。南北朝時代・室町時代の伏見宮栄仁親王の子。1372生。
バルドヴィネッティ,アレッソ 1499没(73歳)。イタリアの画家。1425生。
フッテン,ウルリヒ・フォン 1523没(35歳)。ドイツの人文主義者、諷刺詩人、騎士。1488生。
ラヨシュ2世 1526没(20歳)。ハンガリー王(在位1516〜26)。1506生。
エンシナ,ファン・デル 1529没(61歳)。スペインの劇作家、詩人。1468生。
シャンビージュ,マルタン 1532没。フランスの建築家。
アタワルパ 1533没(33?歳)。インカ帝国の最後の王(在位1532〜33)。1500頃生。
三条公頼 さんじょうきんより 1551没(54歳)。戦国時代の公卿。1498生。
大谷新左衛門 おおたにしんざえもん 1578没(50?歳)。戦国時代・安土桃山時代の殖産興業家。1529頃生。
築山殿 つきやまどの 1579没(38歳)。戦国時代・安土桃山時代の女性。徳川家康の正室。1542生。
加藤光泰 かとうみつやす 1593没(57歳)。安土桃山時代の武将、豊臣秀吉の臣。1537生。
振姫 ふりひめ 1617没(38歳)。安土桃山時代・江戸時代前期の女性。徳川家康の三女。1580生。
フレッチャー,ジョン 1625没(45歳)。イギリスの劇作家。1579生。
秋元長朝 あきもとながとも 1628没(83歳)。安土桃山時代・江戸時代前期の大名。1546生。
朽木元綱 くつきもとつな 1632没(84歳)。安土桃山時代・江戸時代前期の武将。1549生。
リルバーン,ジョン 1657没(43?歳)。イギリス、清教徒革命における平等派(レベラーズ)の指導者。1614頃生。

河辺精長　かわべきよなが　1688没（88歳）。江戸時代前期の伊勢大宮* 司。1601生。

キング　1712没（63歳）。イギリスの統計家, 系譜紋章学者。1648生。

中西宗助　なかにしそうすけ　1733没（58歳）。江戸時代中期の三井家越後屋呉服店の最高重役。1676生。

スフロ, ジャック・ジェルマン　1780没（67歳）。フランスの建築家。1713生。

ピウス6世　1799没（81歳）。教皇（在位1775～99）。1717生。

赤崎海門　あかさきかいもん　1802没（64歳）。江戸時代中期・後期の漢学者。1739生。

松平信明　まつだいらのぶあきら　1817没（58歳）。江戸時代中期・後期の大名。1760生。

相馬大作　そうまだいさく　1822没（34歳）。江戸時代後期の武士。1789生。

北野鞠塢　きたのきくう　1831没（70歳）。江戸時代中期・後期の文人, 本草家。1762生。

渋江抽斎　しぶえちゅうさい　1858没（54歳）。江戸時代末期の儒医, 考証学者。1805生。

秋元正一郎　あきもとしょういちろう　1862没（40歳）。江戸時代末期の国学者, 洋学家。1823生。

野崎武左衛門　のざきぶざえもん　1864没（76歳）。江戸時代後期の塩業家。1789生。

杉百合之助　すぎゆりのすけ　1865没（62歳）。江戸時代末期の吉田松陰の実父。1804生。

レマーク, ロベルト　1865没（50歳）。ドイツ生理学者, 神経病学者。1815生。

シェーンバイン, クリスティアン・フリードリヒ　1868没（68歳）。スイスの化学者。1799生。

ハンケル　1873没（34歳）。ドイツの数学者。1839生。

ヤング, ブリガム　1877没（76歳）。アメリカのモルモン教会指導者。1801生。

新居日薩　あらいにっさつ　1888没（58歳）。江戸・明治時代の日蓮宗僧侶。一致派管長。1831生。

ムラト5世　1904没（63歳）。オスマン・トルコ帝国の第33代スルタン（1876.5～同.9）。1840生。

黒川真頼　くろかわまより　1906没（78歳）。江戸・明治時代の国学者。帝国大学教授。1829生。

渋沢喜作　しぶさわきさく　1912没（75歳）。江戸・明治時代の実業家。1838生。

ダウテンダイ, マックス　1918没（51歳）。ドイツの小説家, 詩人。1867生。

ベディエ, ジョゼフ　1938没（74歳）。フランスの文学研究家, 文献学者。1864生。

郁達夫　いくたっふ　1945没（48歳）。中国の作家。1896生。

茅野蕭々　ちのしょうしょう　1946没（64歳）。明治～昭和時代のドイツ文学者, 歌人。1883生。

大河内正敏　おおこうちまさとし　1952没（73歳）。大正・昭和時代の応用化学者, 実業家。理化学研究所所長, 理研コンツェルン創始者。1878生。

洪深　こうしん　1955没（60歳）。中国の劇作家, 演出家。1894生。

ボーム, ヴィッキ　1960没（72歳）。オーストリアの女流作家。1888生。

山下陸奥　やましたむつ　1967没（71歳）。大正・昭和時代の歌人。「一路」創刊者。1895生。

山内清男　やまのうちすがお　1970没（68歳）。昭和時代の考古学者。成城大学教授。1902生。

デ・ヴァレーラ, エイモン　1975没（93歳）。アイルランドの政治家, 首相, 大統領。1882生。

千宗左（表千家13代目）　せんそうさ　1979没（78歳）。大正・昭和時代の茶道家。茶道表千家13世家元, 不審庵理事長。1901生。

竹鶴政孝　たけつるまさたか　1979没（85歳）。大正・昭和時代の実業家。ニッカウヰスキー会長。1894生。

バーグマン, イングリッド　1982没（67歳）。アメリカ, イタリアで活躍したスウェーデン出身の映画女優。1915生。

ノートン, メアリー　1992没（88歳）。イギリスの女流童話作家。1903生。

古島敏雄　ふるしまとしお　1995没（83歳）。昭和・平成時代の農業経済史学者。東京大学教授, 農業経済学会会長。1912生。

藤田敏八　ふじたとしや　1997没（65歳）。昭和・平成時代の映画監督, 俳優。1932生。

村松貞次郎　むらまつていじろう　1997没（73歳）。昭和・平成時代の建築史家。博物館明治村館長, 東京大学教授。1924生。

種村季弘　たねむらすえひろ　2004没（71歳）。昭和・平成時代のドイツ文学者, 文芸評論家, 翻訳家。1933生。

メスメル, ピエール　2007没（91歳）。フランスの政治家。1916生。

8月29日

8月30日

○記念日○　富士山測候所記念日
○出来事○　マッターホルン初登頂(1865)
　　　　　　廃藩置県実施(1871)
　　　　　　ひまわり1号打ち上げ(1977)

マルケラ　410没(85?歳)。ローマの貴婦人。325頃生。

テオドリクス　526没(70?歳)。東ゴート国王(在位471～526)。456頃生。

安濃内親王　あののないしんのう　841没。平安時代前期の女性。桓武天皇の第4皇女。

菅原是善　すがわらのこれよし　880没(69歳)。平安時代前期の学者、公卿。812生。

アレクサンデル3世　1181没(76?歳)。教皇(在位1159～81)。1105頃生。

平棟範　たいらのむねのり　1194(閏8月)没(45歳)。平安時代後期の官人。1150生。

大中臣隆通　おおなかとみたかみち　1249没(42歳)。鎌倉時代前期の神官。1208生。

玄輝門院　げんきもんいん　1329没(84歳)。鎌倉時代後期の女性。後深草天皇の宮人。1246生。

飛鳥井雅宗　あすかいまさむね　1343没。鎌倉時代後期・南北朝時代の公卿。

蒙山智明　もうざんちみょう　1366没(90歳)。鎌倉時代後期・南北朝時代の臨済宗の僧。1277生。

ルイ11世　1483没(60歳)。フランス国王(在位1461～83)。1423生。

ムスクールス，ヴォルフガング　1563没(65歳)。ドイツの福音主義神学者。1497生。

ヨウンソン，ギスリ　1587没(72歳)。アイスランドのルター派教会監督、宗教改革者。1515生。

パーキエ，エチエンヌ　1615没(86歳)。フランスの司法官、文筆家。1529生。

狩野孝信　かのうたかのぶ　1618没(48歳)。安土桃山時代・江戸時代前期の画家。1571生。

橋本テクル　はしもとてくる　1619没。江戸時代前期の女性。キリシタン。

カルプツオフ，ベーネディクト　1666没(71歳)。ドイツの刑法学者。1595生。

敬法門院　けいほうもんいん　1732没(76歳)。江戸時代前期・中期の女性。霊元天皇の宮人。1657生。

プールヘム　1751没(89歳)。スウェーデンの技術者、発明家。1661生。

中村重助(初代)　なかむらじゅうすけ　1755没(58歳)。江戸時代中期の歌舞伎作者。1698生。

朽木玄綱　くつきとうつな　1770没(62歳)。江戸時代中期の大名。1709生。

沢村宗十郎(2代目)　さわむらそうじゅうろう　1770没(51歳)。江戸時代中期の歌舞伎役者。1720生。

目黒道琢　めぐろどうたく　1798没(60歳)。江戸時代中期の医師。1739生。

オコンナー　1855没(61歳)。アイルランドのチャーティスト運動指導者。1794生。

ロス，サー・ジョン　1856没(79歳)。スコットランド海軍軍人、北極探検家。1777生。

岡泰安　おかたいあん　1858没(63歳)。江戸時代末期の蘭方医、周防岩国藩主侍医。1796生。

セムズ，ラフアエル　1877没(67歳)。アメリカ海軍軍人。1809生。

フッド，ジョン・B　1879没(48歳)。アメリカ南部連合国軍の将軍。1831生。

林研海　はやしけんかい　1882没(39歳)。江戸・明治時代の陸軍軍医、漢方医。陸軍軍医総監。1844生。

大炊御門家信　おおいみかどいえこと　1885没(68歳)。江戸・明治時代の公家。右大臣、国事御用掛。1818生。

マンロー　1885没(65歳)。イギリスの古典学者。1819生。

グリース，ペーター・ヨハン　1888没(58歳)。ドイツの有機化学者。1829生。

万亭応賀　まんていおうが　1890没(72歳)。江戸・明治時代の戯作者。1819生。

松田秀次郎　まつだひでじろう　1896没(66歳)。江戸・明治時代の幕末の志士。弥彦神社宮司。1831生。

ロバーノフ・ロストーフスキィ　1896没(71歳)。ロシアの政治家、外交官。1824生。

ファットーリ, ジョヴァンニ　1908没（82歳）。イタリアの画家。1825生。

田島象二　たじましょうじ　1909没（58歳）。明治時代の戯文家、ジャーナリスト。1852生。

サムソノフ, アレクサンドル　1914没（54歳）。ロシアの将軍。1859生。

サルモン　1914没（64歳）。アメリカの獣医学者、病理学者。1850生。

ライマン　1920没（84歳）。アメリカの地質学者。1835生。

ソレル, ジョルジュ　1922没（74歳）。フランスの社会思想家。1847生。

名和靖　なわやすし　1926没（70歳）。明治・大正時代の昆虫学者。1857生。

ヴィーン, ヴィルヘルム・カール・ヴェルナー・オットー・フリッツ・フランツ　1928没（64歳）。ドイツの物理学者。1864生。

シュトゥック, フランツ・フォン　1928没（65歳）。ドイツの画家、彫刻家、建築家。1863生。

彭湃　ほうはい　1929没（32歳）。中国の革命家、農民運動指導者、中国最初のソ連創設者。1896生。

箕浦勝人　みのうらかつんど　1929没（76歳）。明治・大正時代の政治家。衆議院副議長。1854生。

バルビュス, アンリ　1935没（62歳）。フランスの小説家。1873生。

トムソン, サー・ジョゼフ・ジョン　1940没（83歳）。イギリスの物理学者。1856生。

長谷川天渓　はせがわてんけい　1940没（65歳）。明治～昭和時代の文芸評論家、英文学者。1876生。

頴原退蔵　えばらたいぞう　1948没（55歳）。昭和時代の日本文学者。京都帝国大学教授。1894生。

ハイム, カール　1958没（84歳）。ドイツの福音主義的神学者。1874生。

助高屋高助（5代目）　すけたかやたかすけ　1962没（63歳）。明治～昭和時代の歌舞伎役者。1899生。

聴濤克巳　きくなみかつみ　1965没（61歳）。昭和時代の労働運動家、ジャーナリスト。全日本新聞通信放送労組委員長。1904生。

ラインハート, アド　1967没（53歳）。アメリカの画家。1913生。

左近司政三　さこんじせいぞう　1969没（90歳）。大正・昭和時代の海軍軍人、政治家。中将、貴族院議員。1879生。

月形龍之介　つきがたりゅうのすけ　1970没（68歳）。大正・昭和時代の映画俳優。1902生。

堅田喜惣治（3代目）　かたたきそうじ　1974没（81歳）。大正・昭和時代の長唄囃子方。堅田流家元。1893生。

ラザースフェルト, ポール　1976没（75歳）。アメリカの社会心理学者。1901生。

赤松勇　あかまついさむ　1982没（72歳）。昭和時代の政治家、労働運動家。衆議院議員。1910生。

有吉佐和子　ありよしさわこ　1984没（53歳）。昭和時代の小説家、劇作家。1931生。

田間　でんかん　1985没（69歳）。中国の詩人。1916生。

陣内伝之助　じんないでんのすけ　1987没（74歳）。昭和時代の外科学者。近畿大学教授、大阪大学教授。1912生。

兪鎮午　ゆちんご　1987没（81歳）。朝鮮の小説家・法学者。1906生。

小津次郎　おづじろう　1988没（68歳）。昭和時代の英文学者。明星大学教授、東京大学教授。1920生。

浮田克躬　うきたかつみ　1989没（59歳）。昭和時代の洋画家。1930生。

吉田洋一　よしだよういち　1989没（91歳）。昭和時代の数学者、随筆家。立教大学教授。1898生。

タングリー, ジャン　1991没（66歳）。スイスの彫刻家。1925生。

五社英雄　ごしゃひでお　1992没（63歳）。昭和・平成時代のフジTVプロデューサー、映画監督。五社プロ代表。1929生。

天谷直弘　あまやなおひろ　1994没（68歳）。昭和・平成時代の経済評論家。国際経済交流財団会長、電通総研社長・所長。1925生。

山口瞳　やまぐちひとみ　1995没（68歳）。昭和・平成時代の小説家。1926生。

木下光三　きのしたみつぞう　1996没（83歳）。昭和・平成時代のサーカス経営者。木下サーカス社長。1912生。

古波蔵保好　こばくらやすよし　2001没（91歳）。昭和時代の新聞記者、評論家。毎日新聞論説委員。1910生。

ブロンスン, チャールズ　2003没（82歳）。アメリカの俳優。1920生。

8月30日

8月31日

○記念日○　野菜の日
○出来事○　キティ台風襲来(1949)

ヨハネス3世(スコラスティクス)　577没。コンスタンチノープル総大司教(565〜77)。

聖アイダン　651没(46歳)。ノーサンブリア司教。605生。

フィナン　661没。イギリスのリンディスファーンの司教, 聖人。

ブハーリー　870没(60歳)。イラン系のイスラム伝承学者。810生。

ライムンドゥス・ノンナートゥス　1240没(36?歳)。スペインの修道士, 聖人。1204頃生。

コンラート(マゾフシェの)　1247没(60?歳)。ポーランドの国王(1229, 41〜43)。1187生。

コンラート・フォン・ヴュルツブルク　1287没(57?歳)。ドイツの中世の詩人。1230頃生。

アンドレーア・ドッティ　1315没(59歳)。イタリアの聖母下僕会士, 福者。1256生。

ダヴァンテス　1561没(35歳)。フランスの言語学者, 人文主義者。1526生。

リスト, ヨーハン　1667没(60歳)。ドイツの詩人, 劇作家。1607生。

アンリエッタ・マリア　1669没(59歳)。イギリス王チャールズ1世(在位1625〜49)の王妃。1609生。

バニヤン, ジョン　1688没(59歳)。イギリスの説教者, 宗教文学者。1628生。

ポッツォ, アンドレア　1709没(66歳)。イタリアの画家。1642生。

ジャルダン, ニコラ-アンリ　1799没(79歳)。フランスの建築家。1720生。

フィリップ, アーサー　1814没(75歳)。イギリスの海軍軍人。1738生。

ラサール, フェルディナント　1864没(39歳)。ドイツの初期労働運動の指導者。1825生。

ボードレール, シャルル　1867没(46歳)。フランスの詩人, 評論家。1821生。

坂東寿太郎(3代目)　ばんどうじゅうたろう　1873没(31歳)。江戸・明治時代の歌舞伎役者。1843生。

ペッシェル　1875没(49歳)。ドイツの地理学者。1826生。

逸見又一　へんみまたいち　1875没(51歳)。江戸・明治時代の町役人, 官吏。駅逓権判事。1825生。

坂本乙女　さかもとおとめ　1879没(48歳)。江戸・明治時代の女性。坂本龍馬の姉。1832生。

白石正一郎　しらいししょういちろう　1880没(69歳)。江戸時代末期・明治時代の豪商, 志士。1812生。

トレンズ, サー・ロバート・リチャード　1884没(70歳)。オーストラリアの政治家。1814生。

エグジェール　1885没(72歳)。フランスの古典学者。1813生。

ローズ, サー・ジョン・ベネット　1900没(85歳)。イギリスの農学者。1814生。

橘周太　たちばなしゅうた　1904没(40歳)。明治時代の陸軍軍人。1865生。

タマーニョ, フランチェスコ　1905没(54歳)。イタリアの歌劇歌手。1850生。

杵屋宗家(12代目)　きねやそうけ　1912没(74歳)。明治時代の長唄三味線方, 唄方。1839生。

杵屋六左衛門(12代目)　きねやろくざえもん　1912没(74歳)。江戸〜大正時代の長唄三味線方, 唄方。1839生。

西郷孤月　さいごうこげつ　1912没(40歳)。明治時代の日本画家。東京美術学校助教授。1873生。

ベルツ　1913没(64歳)。ドイツの医師。1849生。

ブラック　1915没(79歳)。アメリカの歯科医, 歯科病理学者, 細菌学者。1836生。

ヴント, ヴィルヘルム　1920没(88歳)。ドイツの心理学者, 哲学者。1832生。

林家正楽(6代目)　はやしやしょうらく　1929没(72歳)。大正時代の落語家。1858生。

マイアー, エードゥアルト　1930没(75歳)。ドイツの歴史家。1855生。

蒋光慈　しょうこうじ　1931没(29歳)。中国の小説家, 詩人, 評論家。1901生。

スミス, アーサー・ヘンダスン　1932没(87歳)。アメリカの宣教師。1845生。

ハイム　1937没(88歳)。スイスの地質学者。1849生。

王独清　おうどくせい　1940没(41歳)。中国の劇作家・詩人。1898生。

ツヴェターエワ, マリーナ・イワノヴナ　1941没(48歳)。ソ連の女流詩人。1892生。

ヘットナー　1941没(82歳)。ドイツの地理学者。1859生。

バナッハ, ステファン　1945没(53歳)。ポーランドの数学者。1892生。

グランヴィル-バーカー, ハーリー　1946没(68歳)。イギリスの演出家, 俳優, 劇作家。1877生。

ジダーノフ, アンドレイ・アレクサンドロヴィチ　1948没(52歳)。ソ連の政治家。1896生。

林弥三吉　はやしやさきち　1948没(73歳)。明治〜昭和時代の陸軍軍人。中将。1876生。

バウマイスター, ヴィリー　1955没(66歳)。ドイツの画家。1889生。

北沢栄　きたざわさかえ　1956没(48歳)。昭和時代の声楽家。1908生。

ナット, イヴ　1956没(65歳)。フランスのピアニスト, 作曲家。1890生。

真崎甚三郎　まざきじんざぶろう　1956没(79歳)。大正・昭和時代の陸軍軍人。大将, 教育総監。1876生。

マッケー, パーシー・ウォーレス　1956没(81歳)。アメリカの詩人, 劇作家。1875生。

桂光春　かつらこうしゅん　1962没(90歳)。明治〜昭和時代の彫金家。1871生。

ブラック, ジョルジュ　1963没(81歳)。フランスの画家。1882生。

スミス, E.E.　1965没(75歳)。アメリカのSF作家。1890生。

エートシュミット, カージミール　1966没(75歳)。ドイツの作家。1890生。

エレンブルグ, イリヤ・グリゴリエヴィチ　1967没(76歳)。ソ連の作家。1891生。

グーチ　1968没(94歳)。イギリスの歴史家。1873生。

ギンズバーグ　1970没(81歳)。イギリスの社会学者。1889生。

佐賀潜　さがせん　1970没(61歳)。昭和時代の小説家, 弁護士。1909生。

白木秀雄　しらきひでお　1972没(39歳)。昭和時代のジャズドラマー。1933生。

フォード, ジョン　1973没(79歳)。アメリカの映画監督。1894生。

阿部静枝　あべしずえ　1974没(75歳)。大正・昭和時代の歌人, 政治家。1899生。

カーク, ノーマン・エリック　1974没(51歳)。ニュージーランドの政治家。1923生。

田中比左良　たなかひさら　1974没(83歳)。大正・昭和時代の挿絵画家, 漫画家。1891生。

マンツィーニ, ジャンナ　1974没(78歳)。イタリアの女流小説家。1896生。

津田青楓　つだせいふう　1978没(97歳)。明治〜昭和時代の洋画家, 随筆家。1880生。

菊地庄次郎　きくちしょうじろう　1984没(72歳)。昭和時代の実業家。日本郵船社長。1912生。

バーネット, サー・フランク・マクファーレン　1985没(85歳)。オーストラリアの医師, 免疫学者。1899生。

アレッサンドリ　1986没(90歳)。チリの政治家, 実業家, 経済学者。1896生。

ケッコネン, ウルホ・K　1986没(85歳)。フィンランドの政治家。1900生。

ムア, ヘンリー　1986没(88歳)。イギリスの彫刻家。1898生。

小川環樹　おがわたまき　1993没(82歳)。昭和・平成時代の中国文学者。京都大学教授, 京都産業大学教授。1910生。

松本員枝　まつもとかずえ　1994没(94歳)。昭和時代の女性運動家。婦人民主新聞大阪支局長。1899生。

ダイアナ　1997没(36歳)。英国皇太子妃。1961生。

飛鳥井雅道　あすかいまさみち　2000没(65歳)。昭和・平成時代の文芸評論家, 坂本龍馬研究家。京都大学教授。1934生。

カーメン, マーティン・デヴィッド　2002没(89歳)。アメリカの生化学者。1913生。

ハンプトン, ライオネル　2002没(93歳)。アメリカのジャズ・バイブ, ドラム奏者, ビッグ・バンドリーダー。1909生。

ポーター, サー・ジョージ　2002没(81歳)。イギリスの化学者。1920生。

クラヴェー, アントニ　2005没(92歳)。スペインの画家。1913生。

8月31日

9月
September
長月

◎忌　日◎
鏡花忌(9.7) ／ 子規忌(9.19)
賢治忌(9.21) ／ 八雲忌(9.26)

9月1日

○記念日○ キウイの日
　　　　　防災の日
○出来事○ 関東大震災（1923）
　　　　　第2次世界大戦開戦（1939）
　　　　　日赤の献血運動始める（1961）

ウィクトゥリウス（ルマンの）　490没（40?歳）。フランスの北西部ルマンの司教，聖人。450生。
藤原師成　ふじわらのもろなり　1081没（73歳）。平安時代中期・後期の公卿。1009生。
藤原忠宗　ふじわらのただむね　1132没（47歳）。平安時代後期の公卿。1086生。
ハドリアヌス4世　1159没（59?歳）。唯一のイギリス人教皇（在位1154～59）。1100頃生。
宝心　ほうしん　1174没（83歳）。平安時代後期の真言宗の僧。1092生。
多忠節　おおのただとき　1193没（84歳）。平安時代後期の宮廷楽人。1110生。
ドゥセリーヌ（ミディの）　1274没（60?歳）。フランスのベギン会の聖人。1214頃生。
藤原能清　ふじわらのよしきよ　1295没（70歳）。鎌倉時代後期の公卿。1226生。
寂室元光　じゃくしつげんこう　1367没（78歳）。鎌倉時代後期・南北朝時代の臨済宗の禅僧。1290生。
斯波義健　しばよしたけ　1452没（18歳）。室町時代の武将。1435生。
冷泉持為　れいぜいもちため　1454没（54歳）。室町時代の歌人・公卿。1401生。
唐橋在治　からはしありはる　1489没（76歳）。室町時代・戦国時代の公卿。1414生。
大内義隆　おおうちよしたか　1551没（45歳）。戦国時代の武将。1507生。
二条尹房　にじょうただふさ　1551没（56歳）。戦国時代の公卿。1496生。
ロット，ロレンツォ　1556没（76?歳）。イタリアの画家。1480頃生。
カルチエ，ジャック　1557没（66歳）。フランスの探検家，航海者。1491生。
ハラー，ヨハネス　1575没（52歳）。スイスのベルン教会の福音主義主任牧師。1523生。
ハウトマン　1599没（59歳）。ネーデルラントの航海者。1540生。

エルキシア　1633没（44歳）。スペインのドミニコ会宣教師。1589生。
松丸殿　まつのまるどの　1634没（78?歳）。安土桃山時代・江戸時代前期の女性。豊臣秀吉の側室。1557頃生。
霊巌　れいがん　1641没（88歳）。安土桃山時代・江戸時代前期の浄土宗の僧。1554生。
榊原職直　さかきばらもとなお　1648没（63歳）。江戸時代前期の幕臣。1586生。
メルセンヌ，マラン　1648没（59歳）。フランスの哲学者，数学者。1588生。
林梅洞　はやしばいどう　1666没（24歳）。江戸時代前期の儒学者，漢詩人。1643生。
モア，ヘンリー　1687没（72歳）。イギリスの哲学者。1614生。
ジラルドン，フランソワ　1715没（85歳）。フランスの彫刻家。1630生。
ルイ14世　1715没（76歳）。フランス国王（在位1643～1715）。1638生。
松浦霞沼　まつうらかしょう　1728没（53歳）。江戸時代中期の対馬府中藩の儒者。1676生。
スティール，リチャード　1729没（57歳）。イギリスのジャーナリスト，劇作家。1672生。
宮古路豊後掾（初代）　みやこじぶんごのじょう　1740没（81歳）。江戸時代中期の宮古路節，豊後節の始祖。1660生。
吉田篁墩　よしだこうとん　1798没（54歳）。江戸時代中期の儒者。1745生。
杵屋正次郎（2代目）　きねやしょうじろう　1820没。江戸時代後期の長唄三味線方。
クラーク，ウィリアム　1838没（68歳）。アメリカ開拓期の軍人，探検家，行政官。1770生。
アンファンタン，バルテルミ-プロスペル　1864没（68歳）。フランスの社会主義者。1796生。
細川護久　ほそかわもりひさ　1893没（55歳）。江戸・明治時代の政治家。1839生。
田崎草雲　たざきそううん　1898没（84歳）。明治時代の日本画家。1815生。

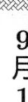

ツィンメルマン　1898没(73歳)。プラハ生れのオーストリアの美学者, 哲学者。1824生。

ル・ジャンドル　1899没(69歳)。フランス生れのアメリカの外交官。1830生。

ルヌヴィエ, シャルル　1903没(88歳)。フランスの哲学者。1815生。

コールリッジ-テイラー, サミュエル　1912没(37歳)。イギリスの作曲家。1875生。

シューマン　1913没(71歳)。ドイツの実験物理学者。1841生。

井上馨　いのうえかおる　1915没(81歳)。江戸～大正時代の政治家。外務卿, 外相。1835生。

シュトラム, アウグスト　1915没(41歳)。ドイツの詩人。1874生。

辻村伊助　つじむらいすけ　1923没(38歳)。明治・大正時代の登山家, 園芸家。1886生。

富田木歩　とみたもっぽ　1923没(27歳)。明治・大正時代の俳人。1897生。

竹久夢二　たけひさゆめじ　1934没(51歳)。明治・大正時代の画家, 詩人。1884生。

山本東次郎(2代目)　やまもとうじろう　1935没(72歳)。明治・大正時代の狂言師。狂言大蔵流山本家[2代]。1864生。

大谷友右衛門(6代目)　おおたにともえもん　1943没(58歳)。明治～昭和時代の歌舞伎役者。1886生。

レブリャヌ, リヴィウ　1944没(58歳)。ルーマニアの小説家。1885生。

ビーアド, チャールズ・オースティン　1948没(73歳)。アメリカの政治学者, 歴史学者。1874生。

メーヨー　1949没(68歳)。オーストラリア生れ, アメリカの産業心理学者。1880生。

ヴォルス　1951没(38歳)。ベルリン生まれのパリ派の画家。1913生。

久村清太　くむらせいた　1951没(70歳)。明治～昭和時代の化学者, 実業家。帝国人造絹糸社長, 化繊協会会長。1880生。

ラヴェル, ルイ　1951没(68歳)。フランスの唯心論哲学者。1883生。

新井章治　あらいしょうじ　1952没(70歳)。大正・昭和時代の実業家。東京電力会長。1881生。

小杉天外　こすぎてんがい　1952没(86歳)。明治～昭和時代の小説家。1865生。

ティボー, ジャック　1953没(72歳)。フランスのヴァイオリン奏者, 教育者。1880生。

ドップラー, アールパード　1953没(85歳)。ポーランド出身のピアニスト, 作曲家。1868生。

川村花菱　かわむらかりょう　1954没(70歳)。大正・昭和時代の劇作家, 演出家。1884生。

加藤武雄　かとうたけお　1956没(68歳)。大正・昭和時代の小説家。1888生。

中西伊之助　なかにしいのすけ　1958没(71歳)。大正・昭和時代の社会主義運動家, 小説家。1887生。

サーリネン, エーロ　1961没(51歳)。フィンランド生れのアメリカの建築家。1910生。

フォスター, W.　1961没(80歳)。アメリカの政治家。1881生。

三宅晴輝　みやけせいき　1966没(70歳)。昭和時代の経済評論家。1896生。

サスーン, シーグフリード　1967没(80歳)。イギリスの詩人。1886生。

坂倉準三　さかくらじゅんぞう　1969没(68歳)。昭和時代の建築家。日本建築家協会会長。1901生。

モーリヤック, フランソワ　1970没(84歳)。フランスの小説家, 詩人, エッセイスト。1885生。

川上澄生　かわかみすみお　1972没(77歳)。大正・昭和時代の版画家。1895生。

池田義信　いけだよしのぶ　1973没(81歳)。大正・昭和時代の映画監督, 映画プロデューサー。1892生。

杉狂児　すぎきょうじ　1975没(72歳)。大正・昭和時代の俳優, コメディアン。1903生。

武田長兵衛(6代目)　たけだちょうべえ　1980没(75歳)。昭和時代の実業家。1905生。

シュペーア, アルベルト　1981没(76歳)。ナチス・ドイツ軍需相。1905生。

カーゾン, サー・クリフォード　1982没(75歳)。イギリスの代表的ピアニスト。1907生。

ゴムウカ, ヴワディスワフ　1982没(77歳)。ポーランドの政治家。1905生。

杉原荘介　すぎはらそうすけ　1983没(69歳)。昭和時代の考古学者。明治大学教授。1913生。

アルヴァレス, ルイス・ウォルター　1988没(77歳)。アメリカの物理学者。1911生。

ライシャワー, エドウィン　1990没(79歳)。アメリカの歴史学者。1910生。

石堂清倫　いしどうきよとも　2001没(97歳)。昭和時代の評論家。1904生。

9月1日

○記念日○　宝くじの日
○出来事○　日本が降伏文書に調印（1945）

9月2日

コンスタンチウス3世　421没。ローマ皇帝（在位421）。
ヨハネス4世（断食者）　595没。コンスタンチノープル総大司教（582～95）。
藤原良房　ふじわらのよしふさ　872没（69歳）。平安時代前期の公卿。804生。
黄筌　こうせん　965没。中国、五代宋初の画家。
イムレ（ハンガリーの）　1031没（24歳）。ハンガリーの皇太子、聖人。1007生。
徳大寺実能　とくだいじさねよし　1157没（62歳）。平安時代後期の公卿。1096生。
藤原伊実　ふじわらのこれざね　1160没（37歳）。平安時代後期の公卿。1124生。
比企能員　ひきよしかず　1203没。平安時代後期・鎌倉時代前期の武将。
土御門通具　つちみかどみちとも　1227没（57歳）。鎌倉時代前期の歌人・公卿。1171生。
李奎報　りけいほう　1241没（72歳）。朝鮮、高麗中期の政治家、学者。1168生。
闡提正具　せんだいしょうぐ　1329没。鎌倉時代後期の臨済宗の僧。
近衛兼教　このえかねのり　1336没（70歳）。鎌倉時代後期・南北朝時代の公卿。1267生。
弘顕　こうけん　1382没（64歳）。南北朝時代の真言宗の僧。1319生。
赤松氏範　あかまつうじのり　1386没（57歳）。南北朝時代の南鮮の武将、弾正少弼。1330生。
ランディーニ，フランチェスコ　1397没（72?歳）。イタリアの作曲家。1325頃生。
聖中周光　しょうちゅうしゅうこう　1465没（95歳）。室町時代の臨済宗の僧。1371生。
二条政嗣　にじょうまさつぐ　1480没（38歳）。室町時代・戦国時代の公卿。1443生。
賢舜　けんしゅん　1527没。戦国時代の日蓮宗の僧。
ヴァーグナー，ヴァーレンティーン　1557没（47?歳）。ドイツの宗教改革者。1510頃生。
ツッカーリ，タッデオ　1566没（37歳）。イタリアの画家。1529生。

マンデル，カレル・ヴァン　1606没（58歳）。オランダの画家，詩人，美術史家。1548生。
吉田兼見　よしだかねみ　1610没（76歳）。安土桃山時代・江戸時代前期の公家。1535生。
慶光院周清　けいこういんしゅせい　1648没。江戸時代前期の女性。臨済宗の尼僧，慶光院5世。
明石次郎　あかしじろう　1679没（60歳）。江戸時代前期の伝説上の人物。1620生。
盤珪永琢　ばんけいようたく　1693没（72歳）。江戸時代前期の僧。1622生。
中根元圭　なかねげんけい　1733没（72歳）。江戸時代中期の天文暦学者，和算の大家。1662生。
瀬川菊之丞（初代）　せがわきくのじょう　1749没（57歳）。江戸時代中期の歌舞伎役者。1693生。
加藤千蔭　かとうちかげ　1808没（74歳）。江戸時代中期・後期の歌人，国学者。1735生。
テルフォード，トマス　1834没（77歳）。スコットランドの建築，土木技術者。1757生。
ヘンリー，ウィリアム　1836没（61歳）。イギリスの化学者。1774生。
吉雄俊蔵　よしおしゅんぞう　1843没（57歳）。江戸時代後期の蘭学者。1787生。
リバダビア，ベルナルディーノ　1845没（65歳）。アルゼンチンの政治家，初代大統領。1780生。
ニコル，ウィリアム　1851没（83歳）。イギリスの物理学者。1768生。
梁川星巌　やながわせいがん　1858没（70歳）。江戸時代後期の詩人。1789生。
ハミルトン，サー・ウィリアム・ローワン　1865没（60歳）。イギリスの数学者，物理学者，天文学者。1805生。
グルントヴィ，ニコライ・フレデリック・セヴェリン　1872没（88歳）。デンマークの宗教家，詩人。1783生。
八田知紀　はったとものり　1873没（75歳）。江戸・明治時代の歌人。1799生。

508

静寛院宮　せいかんいんのみや　1877没(32歳)。江戸・明治時代の皇族、第14代将軍徳川家茂の正室。1846生。

柳原前光　やなぎはらさきみつ　1894没(45歳)。江戸・明治時代の公卿、外交官。宮中顧問官、伯爵。1850生。

ジャコーザ, ジュゼッペ　1906没(58歳)。イタリアの劇作家。1847生。

陸羯南　くがかつなん　1907没(51歳)。明治時代のジャーナリスト。日本新聞社主筆兼社長。1857生。

ルソー, アンリ・ジュリアン・フェリックス　1910没(66歳)。フランスの画家。1844生。

岡倉天心　おかくらてんしん　1913没(51歳)。明治時代の美術評論家, 思想家。東京美術学校校長。1863生。

山口孤剣　やまぐちこけん　1920没(38歳)。明治・大正時代の社会主義者。1883生。

福本日南　ふくもとにちなん　1921没(65歳)。明治・大正時代のジャーナリスト, 史論家。九州日報社長, 衆議院議員。1857生。

ローソン, ヘンリー　1922没(55歳)。オーストラリアの短篇小説家, 詩人。1867生。

厨川白村　くりやがわはくそん　1923没(44歳)。大正時代の英文学者, 評論家。京都帝国大学教授。1880生。

梅ケ谷藤太郎(2代目)　うめがたにとうたろう　1927没(50歳)。明治・大正時代の力士。二十代横綱。1878生。

ブラッドリー, A.C.　1935没(84歳)。イギリスの文学者, 批評家。1851生。

クーベルタン　1937没(74歳)。フランスの教育家。1863生。

岩永裕吉　いわながゆうきち　1939没(57歳)。大正・昭和時代の実業家。貴族院議員。1883生。

朴泳孝　ぼくえいこう　1939没(79歳)。明治〜昭和時代の政治家。貴族院議員, 侯爵。1861生。

茅野雅子　ちのまさこ　1946没(67歳)。明治〜昭和時代の歌人。1880生。

上司小剣　かみつかさしょうけん　1947没(74歳)。明治〜昭和時代の小説家。読売新聞編集局長。1874生。

東浦庄治　ひがしうらしょうじ　1949没(52歳)。大正・昭和時代の農政学者, 政治家。参議院議員。1898生。

岡田武松　おかだたけまつ　1956没(82歳)。明治〜昭和時代の気象学者。中央気象台長, 東京帝国大学教授。1874生。

クレイギー, サー・ウィリアム・アレグザンダー　1957没(90歳)。イギリスの言語学者。1867生。

ボブロフスキー, ヨハネス　1965没(48歳)。東ドイツの詩人。1917生。

岡村寧次　おかむらやすじ　1966没(82歳)。明治〜昭和時代の陸軍軍人。大将。1884生。

中村ハル　なかむらはる　1971没(87歳)。明治〜昭和時代の女子教育家。全国料理学校協会長。1884生。

トールキン, J.R.R.　1973没(81歳)。イギリスの文献学者, 小説家。1892生。

坂根田鶴子　さかねたづこ　1975没(70歳)。昭和時代の映画監督。1904生。

長谷川国雄　はせがわくにお　1980没(78歳)。昭和時代の出版人。サラリーマン社長, 時局月報社長。1901生。

古賀逸策　こがいっさく　1982没(82歳)。昭和時代の電気通信工学者。東京大学名誉教授, KDD参与。1899生。

葛原妙子　くずはらたえこ　1985没(78歳)。昭和時代の歌人, 随筆家。1907生。

バンティ, アンナ　1985没(90歳)。イタリアの女流作家。1895生。

宮薗千寿(4代目)　みやぞのせんじゅ　1985没(85歳)。昭和時代の浄瑠璃三味線方。1899生。

松浪信三郎　まつなみしんざぶろう　1989没(76歳)。昭和時代の哲学者。工学院大学教授。1913生。

上田五千石　うえだごせんごく　1997没(63歳)。昭和・平成時代の俳人。1933生。

上崎美恵子　こうざきみえこ　1997没(72歳)。昭和・平成時代の児童文学作家。1924生。

福田一　ふくだはじめ　1997没(95歳)。昭和時代の政治家。衆議院議長。1902生。

フランクル, ヴィクトル・エーミール　1997没(92歳)。オーストリアの精神分析学者。1905生。

畑山博　はたやまひろし　2001没(66歳)。昭和・平成時代の小説家, 放送作家。1935生。

バーナード, クリスティアン・ニースリング　2001没(78歳)。南アフリカの心臓外科医。1922生。

朝吹登水子　あさぶきとみこ　2005没(88歳)。昭和・平成時代の作家、翻訳家。1917生。

9月2日

9月3日

○記念日○　ベッドの日
　　　　　草野球の日
○出来事○　ジェーン台風襲来（1950）
　　　　　王貞治、756号ホームラン（1977）

コンスタンティウス2世　361没（44歳）。ローマ皇帝（在位337～361）。317生。
実敏　じつびん　856没（69歳）。平安時代前期の三論宗の僧。788生。
藤原誠信　ふじわらのしげのぶ　1001没（38歳）。平安時代中期の公卿。964生。
源顕基　みなもとのあきもと　1047没（48歳）。平安時代中期の公卿。1000生。
長狭常伴　ながさつねとも　1180没。平安時代後期の武士。
城資永　じょうすけなが　1181没。平安時代後期の武将。
尊性法親王　そんしょうほっしんのう　1239没（46歳）。鎌倉時代前期の後高倉院の王子。1194生。
中山兼宗　なかやまかねむね　1242没（80歳）。平安時代後期・鎌倉時代前期の歌人・公卿。1163生。
タンピエ　1279没（69?歳）。フランスの聖職者。1210頃生。
無学祖元　むがくそげん　1286没（61歳）。鎌倉時代後期の南宋から渡来した僧。1226生。
日向　にこう　1314没（62歳）。鎌倉時代後期の僧。1253生。
伏見天皇　ふしみてんのう　1317没（53歳）。第92代の天皇。1265生。
大館氏明　おおだちうじあき　1342没。南北朝時代の武将。
西園寺公重　さいおんじきんしげ　1367没（51歳）。南北朝時代の公卿。1317生。
ヴィスコンティ，ジャン・ガレアッツォ　1402没（50歳）。ミラノ公。1351生。
四辻善成　よつつじよしなり　1402没（77歳）。南北朝時代・室町時代の歌人・公卿。1326生。
大内教弘　おおうちのりひろ　1465没（46歳）。室町時代の武将、周防・長門・豊前の守護。1420生。
正親町三条実雅　おおぎまちさんじょうさねまさ　1467没（59歳）。室町時代の公卿。1409生。

コネリアーノ　1517没（58?歳）。イタリアの歴史画家。1459頃生。
クリー・クトゥプ・シャー　1543没（98?歳）。インドのデッカンのクリー・クトゥプ・シャー王朝の創始者。1445頃生。
チーク，サー・ジョン　1557没（43歳）。イギリスのギリシア語学者。1514生。
プフルーク，ユーリウス・フォン　1564没（65歳）。ドイツのカトリック司教。1499生。
スコット　1572没（67?歳）。イタリアの楽譜出版業者。1505頃生。
阿南の方　おなんのかた　1581没（72歳）。戦国時代・安土桃山時代の女性。大隅国高山城主肝付河内守兼続の妻。1510生。
サッセッティ，フィリッポ　1588没（47歳）。イタリアの文学者、商人。1540生。
タールトン，リチャード　1588没。イギリスの俳優。
グリーン，ロバート　1592没（34歳）。イギリスの劇作家、物語作家、詩人、パンフレット作家。1558生。
稲葉貞通　いなばさだみち　1603没（58歳）。安土桃山時代の大名。1546生。
浅野長晟　あさのながあきら　1632没（47歳）。江戸時代前期の大名。1586生。
コーク，サー・エドワード　1634没（82歳）。イギリスの法律家。1552生。
多胡真益　たごまねます　1665没。江戸時代前期の石見津和野藩家老。
カノ，アロンソ　1667没（66歳）。スペインの画家、彫刻家、建築家。1601生。
海北友雪　かいほうゆうせつ　1677没（80歳）。江戸時代前期の画家。1598生。
西村市郎右衛門（初代）　にしむらいちろうえもん　1696没。江戸時代前期の京都書肆の初代。
奈良屋茂左衛門（2代目）　ならやもざえもん　1725没（31歳）。江戸時代中期の材木商。1695生。
リロー，ジョージ　1739没（46歳）。イギリスの劇作家。1693生。

奥村良竹　おくむらりょうちく　1760没(75歳)。江戸時代中期の医師。1686生。

中村蘭林　なかむららんりん　1761没(65歳)。江戸時代中期の漢学者。1697生。

中村七三郎(2代目)　なかむらしちさぶろう　1774没(72歳)。江戸時代中期の歌舞伎役者。1703生。

ランバール公爵夫人　1792没(42歳)。フランスの貴婦人。マリー・アントワネットの女官長。1749生。

功存　こうぞん　1796没(77歳)。江戸時代中期の真宗本願寺派の学僧。1720生。

辰岡万作　たつおかまんさく　1809没(68歳)。江戸時代中期・後期の歌舞伎作者。1742生。

シュレーダー　1816没(71歳)。ドイツの俳優。1744生。

ラトローブ, ベンジャミン・ヘンリー　1820没(56歳)。イギリス生れのアメリカの建築家, エンジニア。1764生。

梅暮里谷峨(初代)　うめぼりこくが　1821没(72歳)。江戸時代中期・後期の戯作者。1750生。

三笑亭可楽(2代目)　さんしょうていからく　1847没。江戸時代後期の落語家。

赤松小三郎　あかまつこさぶろう　1867没(37歳)。江戸時代末期の洋学者, 兵法家, 信濃上田藩士。1831生。

本木昌造　もときしょうぞう　1875没(52歳)。江戸・明治時代の蘭学者。1824生。

チエール, アドルフ　1877没(80歳)。フランスの政治家, 歴史家。1797生。

坂東橘十郎(2代目)　ばんどうきちじゅうろう　1891没(54歳)。江戸・明治時代の歌舞伎役者。1838生。

若山儀一　わかやまのりかず　1891没(52歳)。明治時代の経済学者。1840生。

クリザンダー, フリードリヒ　1901没(75歳)。ドイツの音楽史家, ヘンデルの伝記作者, 楽譜編集者。1826生。

エグルストン, エドワード　1902没(64歳)。アメリカの作家。1837生。

津田真道　つだまみち　1903没(75歳)。明治時代の官僚, 啓蒙思想家。貴族院議員。1829生。

河野常吉　こうのつねきち　1930没(68歳)。明治・大正時代の歴史家。北海道史編纂主任, 小樽市立図書館長。1863生。

シャルク, フランツ　1931没(68歳)。オーストリアの指揮者。1863生。

槇村浩　まきむらひろし　1938没(27歳)。昭和時代の詩人。1912生。

ベネシュ, エドヴァルト　1948没(64歳)。チェコスロバキアの政治家。1884生。

黒正巌　こくしょういわお　1949没(55歳)。大正・昭和時代の経済史学者。京都帝国大学教授。1895生。

張人傑　ちょうじんけつ　1950没(77歳)。中国の政治家。1873生。

折口信夫　おりくちしのぶ　1953没(66歳)。大正・昭和時代の国文学者, 民俗学者, 歌人, 詩人。1887生。

ヘルタイ, イェネー　1957没(86歳)。ハンガリーの劇作家, 小説家。1871生。

カミングズ, e.e.　1962没(67歳)。アメリカの詩人, 小説家, 画家。1894生。

マクニース, ルイ　1963没(55歳)。イギリスの詩人。1907生。

ホー・チ・ミン　1969没(77歳)。北ベトナムの政治家。1892生。

杉本直治郎　すぎもとなおじろう　1973没(83歳)。昭和時代の東洋史学者。広島大学教授。1890生。

入江美法　いりえよしのり　1975没(79歳)。大正・昭和時代の能面作家。1896生。

ウィリー, バジル　1978没(81歳)。イギリスの学者。1897生。

三遊亭円生(6代目)　さんゆうていえんしょう　1979没(78歳)。大正・昭和時代の落語家。1900生。

オニール, バーバラ　1980没(71歳)。アメリカの女優。1909生。

クイーン, エラリー　1982没(76歳)。アメリカの推理小説家。1905生。

斎藤磯雄　さいとういそお　1985没(73歳)。昭和時代のフランス文学者。明治大学教授。1912生。

ネクラーソフ, ヴィクトル・プラトノヴィチ　1987没(76歳)。ソ連の作家。1911生。

フェルドマン, モートン　1987没(61歳)。アメリカの作曲家。1926生。

梶谷善久　かじたによしひさ　1990没(79歳)。昭和時代の国際問題評論家。日朝文化交流協会理事長, ジャーナリスト懇話会会長。1911生。

キャプラ, フランク　1991没(94歳)。アメリカの映画監督。1897生。

9月3日

9月4日

○記念日○ くしの日
クラシック音楽の日
○出来事○ スタルヒン、史上初の300勝（1955）
新電電3社がスタート（1987）
関西国際空港開港（1994）

鈴鹿王　すずかおう　745没。奈良時代の公卿。

常騰　じょうとう　815没(76歳)。奈良時代・平安時代前期の学僧。740生。

馨子内親王　けいしないしんのう　1093没(65歳)。平安時代中期・後期の女性。後三条天皇の中宮、賀茂斎院。1029生。

聡子内親王　そうしないしんのう　1131没(82歳)。平安時代中期・後期の女性。後三条天皇の第1皇女。1050生。

ポレ　1154没(84歳)。フランスのスコラ哲学者、神学者。1070生。

実賢　じつけん　1249没(74歳)。鎌倉時代前期の僧。1176生。

安嘉門院　あんかもんいん　1283没(75歳)。鎌倉時代前期の女性。高倉天皇の第2皇子守貞親王の2女。1209生。

鷲尾隆嗣　わしのおたかつぐ　1325没。鎌倉時代後期の公卿。

大歇勇健　たいかつゆうけん　1383没(53歳)。南北朝時代の五山禅僧。1331生。

大初継覚　だいしょけいかく　1413没(69歳)。南北朝時代・室町時代の僧。1345生。

ハルム、ロバート　1417没。イングランドの司教。

ソリース、フワン・ディアス・デ　1516没(46歳)。カスティリャ王国の水先案内人、探検家。1470生。

少弐資元　しょうにすけもと　1536没(46歳)。戦国時代の武将、太宰少弐。政資の子、高経の弟。1491生。

ディーテンベルガー、ヨーハン　1537没(62?歳)。ドイツのカトリック神学者、聖書翻訳者。1475頃生。

レスター、ロバート・ダドリー、伯爵　1588没(56?歳)。イギリス女王エリザベス1世の寵臣。1532頃生。

狩野安信　かのうやすのぶ　1685没(73歳)。江戸時代前期の画家。1613生。

北島検校　きたじまけんぎょう　1690没。江戸時代前期・中期の箏曲演奏者・作曲家。

ルニャール、ジャン-フランソワ　1709没(54歳)。フランスの喜劇作家。1655生。

山口雪渓　やまぐちせっけい　1732没(85歳)。江戸時代前期・中期の画家。1648生。

タウンゼンド、チャールズ　1767没(42歳)。イギリスの政治家。1725生。

原双桂　はらそうけい　1767没(50歳)。江戸時代中期の儒学者。1718生。

松平乗佑　まつだいらのりすけ　1769没(55歳)。江戸時代中期の大名。1715生。

ワイアット、ジェイムズ　1813没(67歳)。イギリスの建築家。1746生。

浦上玉堂　うらがみぎょくどう　1820没(76歳)。江戸時代後期の南画家。1745生。

カレラ、J.M.　1821没(35歳)。チリの政治家、独立運動の指導者。1785生。

小林義兄　こばやしよしえ　1821没(79歳)。江戸時代中期・後期の国学者。1743生。

円通　えんつう　1834没(81歳)。江戸時代後期の天台宗の学僧。1754生。

奥劣斎　おくれっさい　1835没(56歳)。江戸時代後期の産科医。1780生。

増島蘭園　ますじまらんえん　1839没(71歳)。江戸時代中期・後期の漢学者。1769生。

ロワイエ・コラール　1845没(82歳)。フランスの政治家、哲学者。1763生。

歌沢笹丸　うたざわささまる　1857没(61歳)。江戸時代末期の歌沢初代家元。1797生。

石川依平　いしかわよりひら　1859没(69歳)。江戸時代末期の歌人。1791生。

江馬細香　えまさいこう　1861没(75歳)。江戸時代末期の女性。漢詩人、南画家。1787生。

安達幸之助　あだちこうのすけ　1869没(46歳)。江戸時代末期・明治時代の蘭学者。1824生。

阿部豪逸　あべごういつ　1882没(49歳)。江戸・明治時代の英彦山修験奉行。1834生。

高畠五郎　たかばたけごろう　1884没(60歳)。江戸・明治時代の翻訳官。蕃書調所教授。1825生。

近藤真琴　こんどうまこと　1886没(56歳)。江戸・明治時代の洋学者、教育者。1831生。

アウトナソン、ヨウン　1888没(69歳)。アイスランドの民話収集家、民俗学者。1819生。

パリ　1894没(56歳)。オルレアン公フェルディナンの長子、フランス王ルイ・フィリップの孫。1838生。

グリーグ、エドヴァルド・ハーゲループ　1907没(64歳)。ノルウェーの作曲家、ピアニスト。1843生。

鈴木藤三郎　すずきとうざぶろう　1913没(59歳)。明治時代の実業家。日本精糖社長、日本醤油醸造社長。1855生。

田中正造　たなかしょうぞう　1913没(73歳)。明治時代の政治家、社会運動家。衆議院議員。1841生。

五姓田義松　ごせだよしまつ　1915没(61歳)。明治・大正時代の洋画家。1855生。

川合義虎　かわいよしとら　1923没(22歳)。大正時代の労働運動家。南葛労働会理事。1902生。

平沢計七　ひらさわけいしち　1923没(35歳)。大正時代の労働運動家、劇作家、小説家。1889生。

フリーチェ、ウラジーミル・マクシモヴィチ　1929没(58歳)。ソ連の評論家。1870生。

アルセーニエフ、ウラジーミル・クラヴジエヴィチ　1930没(58歳)。ソ連の探検家、民俗学者。1872生。

ポルト-リッシュ、ジョルジュ・ド　1930没(81歳)。フランスの劇作家。1849生。

モーリツ・ジグモンド　1942没(63歳)。ハンガリーの小説家。1879生。

白瀬矗　しらせのぶ　1946没(86歳)。明治時代の探検家。1861生。

市川厚一　いちかわこういち　1948没(61歳)。大正・昭和時代の病理学者、畜産学者。北海道帝大農学部教授。1888生。

オイレンベルク、ヘルベルト　1949没(73歳)。ドイツの劇作家。1876生。

スフォルツァ　1952没(79歳)。イタリアの政治家、外交官。1872生。

田中惣五郎　たなかそうごろう　1961没(67歳)。昭和時代の歴史家、社会運動家。1894生。

シューマン、ロベール　1963没(77歳)。フランスの政治家。1886生。

菅楯彦　すがたてひこ　1963没(85歳)。明治〜昭和時代の日本画家。1878生。

ベルゲングリューン、ヴェルナー　1964没(71歳)。ドイツの詩人、小説家。1892生。

シュヴァイツァー、アルベルト　1965没(90歳)。フランスのプロテスタント神学者、音楽家、哲学者、医師。1875生。

高瀬荘太郎　たかせそうたろう　1966没(74歳)。大正・昭和時代の会計学者、政治家。文部大臣、参議院議員(緑風会)。1892生。

アシャール、マルセル　1974没(75歳)。フランスの劇作家。1899生。

壺井繁治　つぼいしげじ　1975没(76歳)。大正・昭和時代の詩人。1898生。

宮沢俊義　みやざわとしよし　1976没(77歳)。昭和時代の憲法学者。東京大学教授、プロ野球コミッショナー。1899生。

シューマッハー、E.F.　1977没(66歳)。ドイツ生れの経済思想家。1911生。

桑山正一　くわやましょういち　1983没(61歳)。昭和時代の俳優、演出家。「民衆舞台」主宰。1922生。

猫田勝敏　ねこたかつとし　1983没(39歳)。昭和時代のバレーボール選手。バレーボール監督(専売広島)。1944生。

倉沢剛　くらさわたかし　1986没(82歳)。昭和時代の教育学者。東京学芸大学教授。1903生。

シムノン、ジョルジュ　1989没(86歳)。ベルギー生れのフランスの小説家。1903生。

大石真　おおいしまこと　1990没(64歳)。昭和時代の児童文学作家。1925生。

反町茂雄　そりまちしげお　1991没(90歳)。昭和時代の書誌学者、古書籍商。弘文荘(古書肆)代表取締役、文車の会会長。1901生。

アイゼンク、ハンス　1997没(81歳)。イギリスの心理学者。1916生。

萩元晴彦　はぎもとはるひこ　2001没(71歳)。昭和・平成時代のテレビプロデューサー、音楽プロデューサー。テレビマンユニオン会長、カザルスホール顧問。1930生。

ペルルミュテール、ヴラド　2002没(98歳)。フランスのピアニスト。1904生。

阿部謹也　あべきんや　2006没(71歳)。昭和・平成時代の歴史学者。1935生。

瀬島龍三　せじまりゅうぞう　2007没(95歳)。昭和・平成時代の軍人、実業家。1911生。

9月4日

9月5日

○記念日○ 石炭の日
○出来事○ 日露講和条約調印（1905）
　　　　　初の南北朝鮮首相会談（1990）

ベルタン　700没。フランスのモリニ人への宣教師、聖人。
藤原美都子　ふじわらのみつこ　828没(38歳)。平安時代前期の女官。791生。
百済貴命　くだらのきみょう　851没。平安時代前期の女性。嵯峨天皇の女御。
藤原仲平　ふじわらのなかひら　945没(71歳)。平安時代前期・中期の公卿。875生。
ハティーブ・アルバグダーディー　1071没(69歳)。アラブの歴史家。1002生。
藤原信長　ふじわらののぶなが　1094没(73歳)。平安時代中期・後期の公卿。1022生。
源顕房　みなもとのあきふさ　1094没(58歳)。平安時代中期・後期の公卿。1037生。
堀親家　ほりちかいえ　1203没。平安時代後期・鎌倉時代前期の武士。
道誉　どうよ　1240没(62歳)。鎌倉時代前期の天台宗の僧。1179生。
マネッセ、リューディガー　1304没。チューリヒの貴族で騎士参事会員。
凝然　ぎょうねん　1321没(82歳)。鎌倉時代後期の律僧、東大寺戒壇院主。1240生。
行観　ぎょうかん　1325没(85歳)。浄土宗西山派の僧。1241生。
良殿　りょうでん　1336没(73歳)。鎌倉時代後期・南北朝時代の僧。1264生。
宣光門院　せんこうもんいん　1360没(64歳)。鎌倉時代後期・南北朝時代の女性。花園天皇の宮人。1297生。
吉良満貞　きらみつさだ　1384没。南北朝時代の武将。
久我清通　こがきよみち　1453没(61歳)。室町時代の公卿。1393生。
瑞巌竜惺　ずいがんりゅうせい　1460(閏9月)没(77歳)。室町時代の僧。1384生。
隆済　りゅうさい　1470没(62歳)。室町時代の真言宗の僧。1409生。
唐橋在長　からはしありなが　1488没。室町時代・戦国時代の公卿。

絶方祖筩　ぜっぽうそちょう　1502没。室町時代・戦国時代の曹洞宗の僧。
プロディ、レモン　1505没(70歳)。フランス出身の枢機卿。1435生。
日護　にちご　1532没(97歳)。室町時代・戦国時代の日蓮宗の僧。1436生。
竜崇　りゅうそう　1536没(67歳)。戦国時代の臨済宗の僧。1470生。
後奈良天皇　ごならてんのう　1557没(62歳)。第105代の天皇。1496生。
尭尊　ぎょうそん　1559没。戦国時代の天台宗の僧。
ツェル、カタリーナ　1562没(65?歳)。ストラスブールの宗教改革者の妻。1497頃生。
タッソ、ベルナルド　1569没(75歳)。イタリアの詩人。1493生。
ブリューゲル、ピーテル　1569没(49?歳)。フランドルの画家。1520頃生。
ボナー、エドマンド　1569没(69?歳)。イギリスの聖職者。1500頃生。
円也　えんや　1584没。安土桃山時代の浄土宗の僧。
デュ・ペロン、ジャック・ダヴィ　1618没(61歳)。フランスの枢機卿。1556生。
鳥居忠政　とりいただまさ　1628没(63歳)。安土桃山時代・江戸時代前期の大名。1566生。
松本一指　まつもといっし　1660没(75歳)。江戸時代前期の槍術家。1586生。
柳沢淇園　やなぎさわきえん　1758没(55歳)。江戸時代中期の武士。1704生。
ラクロ、ピエール・コデルロス・ド　1803没(61歳)。フランスの作家、軍人。1741生。
ヒューム、ジョン　1808没(86歳)。スコットランドの牧師、劇作家。1722生。
ダリュ伯爵、ピエール・アントワーヌ　1829没(62歳)。フランスの軍事行政官。1767生。
最上徳内　もがみとくない　1836没(82歳)。江戸時代中期・後期の北方探検家。1755生。
ライムント、フェルディナント　1836没(46歳)。オーストリアの劇作家、演出家。

1790生。

菊池袖子　きくちそでこ　1838没（54歳）。江戸時代後期の女性。歌人。1785生。

ペルシエ，シャルル　1838没（74歳）。フランスの建築家，家具デザイナー。1764生。

ムハンマド・シャー　1848没（38歳）。イランにおけるカージャール朝第3代の王（1835～48）。1810生。

コント，オーギュスト　1857没（59歳）。フランスの実証派哲学者。1798生。

清岡治之助　きよおかじのすけ　1864没（39歳）。江戸時代末期の勤王志士。1826生。

清岡道之助　きよおかみちのすけ　1864没（32歳）。江戸時代末期の勤王志士。1833生。

アリ・パシャ　1871没（56歳）。オスマントルコ帝国の指導的政治家。1815生。

クレイジー・ホース　1877没（35?歳）。アメリカ・インディアン，オグララ・スー族の酋長。1842生。

左宗棠　さそうとう　1885没（73歳）。中国，清末の軍人，政治家。1812生。

本島藤太夫　もとじまとうだゆう　1888没（77歳）。江戸時代末期・明治時代の造兵家，肥前佐賀藩士。1812生。

フィルヒョウ，ルドルフ・カール　1902没（80歳）。ドイツの病理学者，人類学者，政治家。1821生。

須田泰嶺　すだたいれい　1908没（84歳）。江戸・明治時代の医学者。江戸医学所外科教授。1825生。

川之辺一朝　かわのべいっちょう　1910没（81歳）。明治時代の蒔絵師。東京美術学校教授。1830生。

マッカーサー，アーサー　1912没（67歳）。アメリカの軍人，フィリピン軍政長官。1845生。

ペギー，シャルル　1914没（41歳）。フランスの詩人，評論家。1873生。

スモルコフスキー　1917没（45歳）。ポーランドの物理化学者。1872生。

尾上松助（4代目）　おのえまつすけ　1928没（86歳）。明治〜昭和時代の歌舞伎役者。1843生。

巖谷小波　いわやさざなみ　1933没（64歳）。明治・大正時代の小説家，児童文学作家。1870生。

カーン，ギュスターヴ　1936没（76歳）。フランスの象徴派の詩人，小説家。1859生。

串田万蔵　くしだまんぞう　1939没（73歳）。明治〜昭和時代の銀行家。三菱銀行会長。

1867生。

フルドリチカ，アーレシュ　1943没（74歳）。アメリカの自然人類学者。1869生。

田辺朔郎　たなべさくお　1944没（84歳）。明治〜昭和時代の土木工学者。東京帝国大学教授，京都帝国大学教授。1861生。

中村吉右衛門（初代）　なかむらきちえもん　1954没（68歳）。明治〜昭和時代の歌舞伎役者。1886生。

カザミアン，ルイ　1965没（88歳）。フランスの文学者。1877生。

堂本印象　どうもといんしょう　1975没（83歳）。大正・昭和時代の日本画家。京都市立絵画専門学校教授。1891生。

ワン・ワンタヤコーン　1976没（85歳）。タイの政治家。1891生。

吉田竜夫　よしだたつお　1977没（45歳）。昭和時代の漫画家，アニメーション作家。竜の子プロダクション社長。1932生。

勅使河原蒼風　てしがわらそうふう　1979没（78歳）。昭和時代の華道家。日本いけばな芸術協会理事長。1900生。

田中克己　たなかかつみ　1982没（71歳）。昭和時代の詩人，東洋史学者。成城大学教授。1911生。

中田ダイマル　なかただいまる　1982没（68歳）。昭和時代の漫才師。1913生。

伊藤武雄　いとうたけお　1984没（89歳）。大正・昭和時代の中国研究家。日中友好協会副会長。1895生。

笑福亭松鶴（6代目）　しょうふくていしょうかく　1986没（68歳）。昭和時代の落語家。1918生。

入江徳郎　いりえとくろう　1989没（76歳）。昭和時代のジャーナリスト，経済・政治評論家。TBSニュースキャスター。1913生。

ライバー，フリッツ　1992没（81歳）。アメリカの作家。1910生。

山村美紗　やまむらみさ　1996没（62歳）。昭和・平成時代の推理作家。1934生。

ショルティ，サー・ゲオルク　1997没（84歳）。イギリスの指揮者。1912生。

堀田善衛　ほったよしえ　1998没（80歳）。昭和・平成時代の作家，文芸評論家。1918生。

大野力　おおのつとむ　2001没（72歳）。昭和・平成時代の経済評論家。思想の科学社社長。1928生。

9月5日

9月6日

○記念日○ 黒の日
　　　　　黒豆の日
○出来事○ マゼラン一行が世界一周を達成
　　　　　（1522）

マグヌス（フュッセンの）　772没（73?歳）。ドイツの聖人。699頃生。

アブー・バクル・アッ・ズバイディー　989没（71歳）。スペインにおけるサラセンのアラブ系言語学者。918生。

藤原威子　ふじわらのいし　1036没（38歳）。平安時代中期の女性。後一条天皇の皇后。999生。

藤原顕季　ふじわらのあきすえ　1123没（69歳）。平安時代後期の歌人・公卿。1055生。

エスキール　1181没（81?歳）。デンマーク、ルンドの初代大司教（1138～77）。1100頃生。

仁田忠常　にったただつね　1203没（37歳）。平安時代後期・鎌倉時代前期の武士。1167生。

憲深　けんじん　1263没（72歳）。鎌倉時代前期の真言僧。1192生。

実深　じつじん　1277没（72歳）。鎌倉時代前期の僧。1206生。

四条隆親　しじょうたかちか　1279没（78歳）。鎌倉時代前期の公卿。1202生。

足利貞氏　あしかがさだうじ　1331没（59歳）。鎌倉時代後期の武将。1273生。

恒明親王　つねあきしんのう　1351没（49歳）。亀山天皇の皇子。1303生。

天徳曇貞　てんとくどんてい　1429没（98歳）。南北朝時代・室町時代の僧。1332生。

志玉　しぎょく　1463没（81歳）。室町時代の僧。1383生。

上杉持朝　うえすぎもちとも　1467没（50歳）。室町時代の武将。1418生。

泉屋道栄　いずみやどうえい　1484没（73歳）。室町時代・戦国時代の豪商、会合衆の一人。1412生。

悟渓宗頓　ごけいそうとん　1500没（86歳）。室町時代・戦国時代の僧。1415生。

ガロファロ、ベンヴェヌート・ダ　1559没（78歳）。イタリアの画家。1481生。

スレイマン1世　1566没（72歳）。オスマン・トルコ帝国第10代のスルタン（在位1520～66）。1494生。

ポステル、ギヨーム　1581没（71歳）。フランスの人文主義者、神秘主義者。1510生。

カンビアーゾ、ルーカ　1585没（57歳）。イタリアの画家。1527生。

袁宏道　えんこうどう　1610没（42歳）。中国、明末の文学者。1568生。

高台院　こうだいいん　1624没（76歳）。戦国時代～江戸時代前期の女性。豊臣秀吉の正室。1549生。

池田長常　いけだながつね　1641没（33歳）。江戸時代前期の大名。1609生。

大西浄清（大西家2代目）　おおにしじょうせい　1682没（89歳）。江戸時代前期の釜師。1594生。

稲葉正則　いなばまさのり　1696没（74歳）。江戸時代前期の大名、老中。1623生。

ベルナール、カトリーヌ　1712没（50歳）。フランスの女性小説家、劇作家、詩人。1662生。

野田忠粛　のだただのり　1719没（72歳）。江戸時代前期・中期の国学者。1648生。

ギブソン、エドマンド　1748没（79歳）。イギリスの神学者。1669生。

池田瑞仙（初代）　いけだずいせん　1816没（82歳）。江戸時代中期・後期の痘科医、幕府医師。1735生。

鈴木道彦　すずきみちひこ　1819没（63歳）。江戸時代中期・後期の俳人。1757生。

藤間勘兵衛（5代目）　ふじまかんべえ　1840没。江戸時代後期の女性。舞踊藤間流本家。

青山延于　あおやまのぶゆき　1843没（68歳）。江戸時代後期の儒学者、水戸藩士。1776生。

坂井虎山　さかいこざん　1850没（53歳）。江戸時代末期の儒学者。1798生。

シュヴァイガー、ヨハン・ザロモ・クリストフ　1857没（78歳）。ドイツの物理学者。1779生。

歌川広重（初代）　うたがわひろしげ　1858没（62歳）。江戸時代末期の浮世絵師。1797生。

前田元温　まえだげんおん　1901没(81歳)。江戸・明治時代の医師。1821生。

エイベル，サー・フレデリック・オーガスタス　1902没(75歳)。イギリスの化学者。1827生。

ボルツマン，ルートヴィヒ・エドゥアルト　1906没(62歳)。オーストリアの物理学者。1844生。

シュリ・プリュドム，アルマン　1907没(68歳)。フランスの詩人。1839生。

名村泰蔵　なむらたいぞう　1907没(68歳)。明治時代の裁判官，実業家。大審院長心得。1840生。

坂本直寛　さかもとなおひろ　1911没(59歳)。明治時代の自由民権家，牧師。1853生。

下瀬雅允　しもせまさちか　1911没(52歳)。明治時代の化学技術者。海軍下瀬火薬製造所長。1860生。

阿部守太郎　あべもりたろう　1913没(42歳)。明治・大正時代の外交官。清国駐在一等書記官，政務局長。1872生。

ベリズフォード，チャールズ・ウィリアム・ド・ラ・ポーア・ベリズフォード，男爵　1919没(73歳)。イギリス(アイルランド生れ)の提督。1846生。

ヴィヴィアニ，ルネ　1925没(63歳)。フランスの政治家。1862生。

マイル　1925没(84歳)。ドイツの統計学者，経済学者。1841生。

小川一真　おがわかずまさ　1929没(70歳)。明治～昭和時代の写真家。1860生。

三浦周行　みうらひろゆき　1931没(61歳)。明治～昭和時代の歴史学者。京都帝国大学教授。1871生。

浜田国松　はまだくにまつ　1939没(72歳)。明治～昭和時代の弁護士，政治家。衆議院議員・議長。1868生。

ラッカム，アーサー　1939没(71歳)。イギリスの挿絵画家。1867生。

麻生久　あそうひさし　1940没(50歳)。大正・昭和時代の社会運動家，政治家。衆議院議員，日本労農党書記長，社会大衆党委員長。1891生。

レヴィーン，フェーブス・アーロン・テオドール　1940没(71歳)。ロシア生れのアメリカの生化学者。1869生。

ローレンス，ガートルード　1952没(50歳)。アメリカの女優。1902生。

ヴェントリス，マイクル　1956没(34歳)。イギリスの考古学者。1922生。

サルヴェミーニ　1957没(83歳)。イタリアの歴史学者。1873生。

山田わか　やまだわか　1957没(77歳)。大正・昭和時代の婦人運動家。1879生。

アイスラー，ハンス　1962没(64歳)。ドイツの作曲家。1898生。

宮島清次郎　みやじませいじろう　1963没(84歳)。大正・昭和時代の実業家。1879生。

サンガー　1966没(82歳)。アメリカの産児制限運動指導者。1883生。

チェッキ，エミーリオ　1966没(82歳)。イタリアの評論家，文学史家。1884生。

フェルヴールト，ヘンドリック　1966没(64歳)。南アフリカ共和国の政治家。1901生。

富本豊前(3代目)　とみもとぶぜん　1970没(74歳)。昭和時代の浄瑠璃家元継承者。1896生。

徳川義親　とくがわよしちか　1976没(89歳)。明治～昭和時代の政治家，植物学者。侯爵，貴族院議員。1886生。

幸宣佳　こうのぶよし　1977没(81歳)。昭和時代の能楽囃子方(幸流小鼓方)。1896生。

リトルウッド，ジョン・エンザー　1977没(92歳)。イギリスの数学者。1885生。

史良　しりょう　1985没(85歳)。中国の女性政治家。1900生。

ポーター，ロドニー・ロバート　1985没(67歳)。イギリスの医学者。1917生。

中野英治　なかのえいじ　1990没(85歳)。昭和時代の俳優。1904生。

干刈あがた　ひかりあがた　1992没(49歳)。昭和・平成時代の小説家。1943生。

細見綾子　ほそみあやこ　1997没(90歳)。昭和・平成時代の俳人。「風」編集・発行人。1907生。

黒澤明　くろさわあきら　1998没(88歳)。昭和・平成時代の映画監督。1910生。

ナスティオン　2000没(81歳)。インドネシアの軍人，政治家。1918生。

巖谷大四　いわやだいし　2006没(91歳)。昭和・平成時代の文芸評論家，編集者。1915生。

パヴァロッティ，ルチアーノ　2007没(71歳)。イタリアの声楽家。1935生。

9月6日

9月7日

○記念日○ 国際青年デー
○出来事○ 安政の大獄始まる（1858）
ボクシング最初のタイトルマッチ（1892）
ドイツ連邦共和国発足（1949）

慶命　けいみょう　1038没（74歳）。平安時代中期の天台宗の僧。965生。

ジョフロア・プランタジュネ　1151没（38歳）。アンジュー伯（在位1129～51）。1113生。

平範家　たいらののりいえ　1161没（48歳）。平安時代後期の公卿。1114生。

藤原淳範　ふじわらのあつのり　1315没。鎌倉時代後期の公卿。

顕誉　けんよ　1325没（51歳）。鎌倉時代後期の僧。1275生。

大仏維貞　おさらぎこれさだ　1327没（43歳）。鎌倉時代後期の幕府連署。1285生。

小倉実教　おぐらさねのり　1349没（85歳）。鎌倉時代後期・南北朝時代の公卿。1265生。

葉室長光　はむろながみつ　1365（閏9月）没（56歳）。南北朝時代の公卿。1310生。

京極高詮　きょうごくたかのり　1401没（50歳）。南北朝時代・室町時代の守護大名、評定衆、侍所頭人。1352生。

白崖宝生　びゃくがいほうしょう　1414没（72歳）。南北朝時代・室町時代の臨済宗の禅僧。1343生。

梅山聞本　ばいさんもんぽん　1417没。室町時代の曹洞宗の僧。

字堂覚卍　じどうかくまん　1437没（81歳）。南北朝時代・室町時代の曹洞宗の僧。1357生。

隆阿　りゅうあ　1481没（69歳）。室町時代・戦国時代の浄土宗の僧。1413生。

日野政資　ひのまさすけ　1495没（27歳）。戦国時代の公卿。1469生。

シュペングラー、ラザルス　1534没（55歳）。ドイツの宗教改革者。1479生。

キャサリン・パー　1548没（36歳）。イギリス国王ヘンリー8世の6番目の妃。1512生。

エティエンヌ、ロベール　1559没（56歳）。フランスの出版業者。1503生。

千少庵　せんのしょうあん　1614没（69歳）。安土桃山時代・江戸時代前期の茶湯者。1546生。

原マルチノ　はらまるちの　1629没（62?歳）。安土桃山時代・江戸時代前期の天正遣欧少年使節の副使。1568頃生。

オクセンシェルナ、アクセル・グスタフソン、伯爵　1654没（71歳）。スウェーデンの政治家。1583生。

片山良庵　かたやまりょうあん　1668没（68歳）。江戸時代前期の軍学者。1601生。

エヴドキヤ　1731没（61歳）。ロシアの皇后。1670生。

並木宗輔　なみきそうすけ　1751没（57歳）。江戸時代中期の歌舞伎作者、浄瑠璃作者。1695生。

滋野井公麗　しげのいきんかず　1781没（49歳）。江戸時代中期の公家。1733生。

オイラー、レオンハルト　1783没（76歳）。スイスの数学者。1707生。

戸板保佑　といたやすすけ　1784没（77歳）。江戸時代中期の陸奥仙台藩の天文家、和算家。1708生。

大島蓼太　おおしまりょうた　1787没（70歳）。江戸時代中期の俳人。1718生。

インヘンホウス、ヤン　1799没（68歳）。オランダの医者。1730生。

ゲヒハウゼン　1807没（55歳）。ザクセン・ヴァイマル公妃アマーリアの侍女。1752生。

ラーマ1世　1809没（74歳）。タイ国チャクリ朝創始者（在位1782～1809）。1735生。

山東京伝　さんとうきょうでん　1816没（56歳）。江戸時代中期・後期の黄表紙・洒落本・読本・合巻作者。1761生。

モア、ハンナ　1833没（88歳）。イギリスの女流劇作家、小説家、社会運動家。1745生。

寺田屋登勢　てらだやとせ　1877没（48歳）。江戸・明治時代の女将。1830生。

ラニアー、シドニー　1881没（39歳）。アメリカの詩人。1842生。

ホイッティア、ジョン　1892没（84歳）。アメリカの詩人、奴隷廃止論者。1807生。

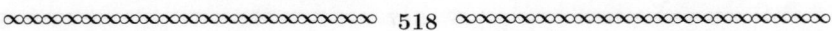

北尾次郎　きたおじろう　1907没(55歳)。明治時代の気象学者。1853生。

ハント，ホルマン　1910没(83歳)。イギリスの画家。1827生。

田岡嶺雲　たおかれいうん　1912没(42歳)。明治時代の文芸評論家，中国文学者。「中国民報」主筆。1871生。

若林逸平　わかおいっぺい　1913没(94歳)。江戸・明治時代の実業家。貴族院議員。1820生。

高倉藤平　たかくらとうへい　1917没(44歳)。明治・大正時代の実業家。堂島米穀取引所理事長。1874生。

ハルステッド，ウィリアム・スチュワート　1922没(69歳)。アメリカの外科医。1852生。

グレー　1933没(71歳)。イギリスの政治家。1862生。

高橋五郎　たかはしごろう　1935没(80歳)。明治・大正時代の評論家，英語学者，翻訳家。1856生。

井上八千代(3代目)　いのうえやちよ　1938没(101歳)。明治～昭和時代の日本舞踊家。京舞井上流3世家元。1838生。

泉鏡花　いずみきょうか　1939没(67歳)。明治～昭和時代の小説家。1873生。

永田広志　ながたひろし　1947没(44歳)。昭和時代の哲学者，唯物論者。1904生。

シュアレス，アンドレ　1948没(80歳)。フランスの詩人，随筆家，劇作家。1868生。

岡麓　おかふもと　1951没(74歳)。明治～昭和時代の歌人，書家。大日本歌道会幹事。1877生。

阿部信行　あべのぶゆき　1953没(77歳)。明治～昭和時代の陸軍軍人，政治家。大将，首相。1875生。

エヴレイノフ，ニコライ・ニコラエヴィチ　1953没(74歳)。ソ連の劇作家。1879生。

ピーク，ヴィルヘルム　1960没(84歳)。ドイツ民主共和国の政治家，初代大統領。1876生。

ブリクセン，カーレン　1962没(77歳)。デンマークの女流作家。1885生。

松村秀逸　まつむらしゅういつ　1962没(62歳)。大正・昭和時代の軍人，政治家。参院議員。1900生。

吉川英治　よしかわえいじ　1962没(70歳)。大正・昭和時代の小説家。1892生。

ルイス，モリス　1962没(49歳)。アメリカの画家。1912生。

千宗室(裏千家14代目)　せんそうしつ　1964没(71歳)。明治～昭和時代の茶道家。茶道裏千家14世家元。1893生。

フォンターナ，ルーチョ　1968没(69歳)。イタリアの画家，彫刻家。1899生。

御手洗辰雄　みたらいたつお　1975没(80歳)。大正・昭和時代のジャーナリスト，政治評論家。1895生。

木下良順　きのしたりょうじゅん　1977没(83歳)。昭和時代の病理学者。シティ・オブ・ホープ医学研究所所長，大阪市立医科大学学長。1893生。

木原孝一　きはらこういち　1979没(57歳)。昭和時代の詩人。1922生。

リチャーズ，I.A.　1979没(86歳)。イギリスの批評家，詩人。1893生。

福島慶子　ふくしまけいこ　1983没(83歳)。昭和時代の随筆家，画廊主。1900生。

オフラハティ，リーアム　1984没(87歳)。アイルランドの作家。1897生。

田辺貞之助　たなべていのすけ　1984没(79歳)。昭和時代のフランス文学者。東京大学教授。1905生。

鴨居玲　かもいれい　1985没(57歳)。昭和時代の洋画家。1928生。

島袋光裕　しまぶくろこうゆう　1987没(94歳)。昭和時代の琉球舞踊家，琉球芸能家。沖縄俳優協会会長，沖縄芸能協会会長。1893生。

庄司浅水　しょうじせんすい　1991没(87歳)。昭和時代の書物研究家，ノンフィクション作家。ミズノ・プリンティング・ミューゼアム名誉館長。1903生。

マクミラン，エドウィン・マッティソン　1991没(83歳)。アメリカの物理学者。1907生。

鶴見正夫　つるみまさお　1995没(69歳)。昭和・平成時代の童謡詩人，児童文学作家。1926生。

中谷孝雄　なかたにたかお　1995没(93歳)。昭和・平成時代の小説家。1901生。

原文兵衛　はらぶんべえ　1999没(86歳)。昭和・平成時代の官僚，政治家。参議院議員，警視総監。1913生。

見沢知廉　みさわちれん　2005没(46歳)。昭和・平成時代の作家。1959生。

9月7日

9月8日

○記念日○　国際識字デー
○出来事○　元号を「明治」と定める（1868）
　　　　　　イタリア無条件降伏（1943）
　　　　　　サンフランシスコ講和条約調印
　　　　　　（1951）

コルビニアーヌス（フライジングの）　725没（55歳）。ドイツの司教、修道院長、聖人。670生。
多治比池守　たじひのいけもり　730没。奈良時代の官人。
僕固懐恩　ぼくこかいおん　765没。中国、唐に仕えたトルコ系武将。
石川豊成　いしかわのとよなり　772没。奈良時代の官人。
レオ4世　780没（30?歳）。ビザンチン皇帝（在位775～80）。750頃生。
菅原文時　すがわらのふみとき　981没（83歳）。平安時代中期の歌人、学者、公卿。899生。
クレーメンス3世　1100没。対立教皇。
朱勔　しゅめん　1126没。中国、北宋末の佞臣。
藤原為隆　ふじわらのためたか　1130没（61歳）。平安時代後期の公卿。1070生。
大神基政　おおがもとまさ　1138没（60歳）。平安時代後期の雅楽演奏者。1079生。
ギヨーム・ド・サン・ティエリ　1149没（69?歳）。フランスの哲学者、神学者。1080頃生。
二階堂行光　にかいどうゆきみつ　1219没（56歳）。平安時代後期・鎌倉時代前期の吏僚。1164生。
中御門経季　なかみかどつねすえ　1346没（48歳）。鎌倉時代後期・南北朝時代の公卿。1299生。
光範門院　こうはんもんいん　1440没（57歳）。室町時代の女性。後小松天皇の宮人。1384生。
日延　にちえん　1444没。室町時代の日蓮宗の僧。
アラーヌス（ルペの）　1475没（47?歳）。フランスのドミニコ会士。1428頃生。
蠣崎義広の妻　かきざきよしひろのつま　1545没。戦国時代の女性。初代蝦夷松前藩主松前慶広の祖母。
朝倉教景　あさくらのりかげ　1555没（82歳）。戦国時代の越前の武将。1474生。

トマス（ビリャヌエバの）　1555没（67歳）。スペインの宗教家。1488生。
四条隆益　しじょうたかます　1567没（37歳）。戦国時代の公卿。1531生。
レイ、ミコワイ　1569没（64歳）。ポーランドの作家。1505生。
八板金兵衛　やいたきんべえ　1570没。戦国時代の鉄砲鍛冶。
太田資正　おおたすけまさ　1591没（70歳）。戦国時代・安土桃山時代の武将。1522生。
毛利勝信　もうりかつのぶ　1611没。安土桃山時代・江戸時代前期の武将、大名。
ジェズアルド、ドン・カルロ、ヴェノーザ公爵　1613没（53?歳）。イタリアの作曲家。1560頃生。
フラッド、ロバート　1637没（63歳）。イギリスの医者、神秘思想家。1574生。
クォールズ、フランシス　1644没（52歳）。イギリスの詩人。1592生。
ケベード、フランシスコ・ゴメス・デ　1645没（64歳）。スペインの詩人、小説家。1580生。
堅野永俊　たてのえいしゅん　1649没（76歳）。安土桃山時代・江戸時代前期の女性。キリシタン。1574生。
早雲長太夫（初代）　はやくもちょうだゆう　1704没。江戸時代前期・中期の歌舞伎座主。
マゼーパ　1709没（65?歳）。ウクライナのコサックの首長（1687～1709）。1644頃生。
木下俊長　きのしたとしなが　1716没（69歳）。江戸時代前期・中期の大名。1648生。
天野信景　あまのさだかげ　1733没（71歳）。江戸時代中期の国学者。1663生。
祇園南海　ぎおんなんかい　1751没（76歳）。江戸時代中期の漢詩人、文人画家。1676生。
加賀千代　かがのちよ　1775没（73歳）。江戸時代中期の女性。俳人。1703生。
小堀政方　こぼりまさかた　1803没（62歳）。江戸時代中期・後期の大名。1742生。

パルラース, ペーター・ジーモン　1811没（69歳）。ドイツの博物学者。1741生。

マリア・カロリーナ　1814没（62歳）。ハプスブルク＝ロートリンゲン家出身のナポリ王妃。1752生。

福森久助（初代）　ふくもりきゅうすけ　1818没（52歳）。江戸時代後期の歌舞伎作者。1767生。

塩谷大四郎　しおのやだいしろう　1836没（68歳）。江戸時代中期・後期の西国筋郡代。1769生。

上田琴風　うえだきんぷう　1843没（56歳）。江戸時代後期の女性。画家。1788生。

オザナン, アントワーヌ-フレデリク　1853没（40歳）。フランスの文学史家, カトリック運動主導者。1813生。

松崎渋右衛門　まつざきしぶえもん　1869没（43歳）。江戸・明治時代の讃岐高松藩士。1827生。

葛原勾当　くずはらこうとう　1882没（71歳）。江戸・明治時代の箏曲家。1812生。

リュヴィル, ジョゼフ　1882没（73歳）。フランスの数学者。1809生。

ヘルムホルツ, ヘルマン・ルートヴィヒ・フェルディナンド・フォン　1894没（73歳）。ドイツの生理学者, 物理学者。1821生。

長与専斎　ながよせんさい　1902没（65歳）。明治時代の医学者, 医政家。東京医学校校長, 衛生局長, 貴族院議員。1838生。

石川理紀之助　いしかわりきのすけ　1915没（71歳）。明治時代の農業指導者, 勧農家。1845生。

トローベル, ホレス　1919没（60歳）。アメリカのジャーナリスト, 社会主義者。1858生。

野呂景義　のろかげよし　1923没（70歳）。明治・大正時代の冶金学者。東京帝国大学教授。1854生。

エーレンフェルス　1932没（73歳）。ドイツの哲学者。1859生。

ファイサル1世　1933没（48歳）。イラクの国王（在位1921～33）。1885生。

床次竹二郎　とこなみたけじろう　1935没（69歳）。大正・昭和時代の政治家。鉄道院総裁, 衆議院議員。1867生。

ボーデンシュタイン, マックス・エルンスト・アンクスト　1942没（71歳）。ドイツの化学者。1871生。

フチーク, ユリウス　1943没（40歳）。チェコスロバキアの政治家, ジャーナリスト。1903生。

オルタ, ヴィクトル, 男爵　1947没（86歳）。ベルギーの建築家。1861生。

シュトラウス, リヒャルト　1949没（85歳）。ドイツの作曲家, 指揮者。1864生。

スローン, ジョン　1951没（80歳）。アメリカの画家。1871生。

ヴィンソン　1953没（63歳）。アメリカの政治家。1890生。

ドラン, アンドレ　1954没（74歳）。フランスの画家。1880生。

吉田鉄郎　よしだてつろう　1956没（62歳）。昭和時代の建築家。1894生。

中沢弘光　なかざわひろみつ　1964没（90歳）。明治～昭和時代の洋画家。1874生。

小原直　おはらなおし　1966没（89歳）。大正・昭和時代の司法官僚, 弁護士, 政治家。法相, 内相。1877生。

斎藤昇　さいとうのぼる　1972没（69歳）。昭和時代の官僚, 政治家。参議院議員, 運輸大臣。1903生。

ヴィントガッセン, ヴォルフガング　1974没（60歳）。スイスのテノール歌手。1914生。

セバーグ, ジーン　1979没（40歳）。アメリカの女優。1938生。

リビー, ウィラード・フランク　1980没（71歳）。アメリカの化学者。1908生。

湯川秀樹　ゆかわひでき　1981没（74歳）。昭和時代の理論物理学者。京都大学教授, 大阪大学教授。1907生。

エンダーズ, ジョン・フランクリン　1985没（88歳）。アメリカのウイルス学者。1897生。

水上武　みなかみたけし　1985没（76歳）。昭和時代の火山学者。東京大学教授。1909生。

八木保太郎　やぎやすたろう　1987没（84歳）。昭和時代の脚本家。1903生。

東野英治郎　とうのえいじろう　1994没（86歳）。昭和・平成時代の俳優, 随筆家。日本新劇俳優協会会長。1907生。

音丸耕堂　おとまるこうどう　1997没（99歳）。大正・昭和時代の漆芸家。1898生。

リーフェンシュタール, レニ　2003没（101歳）。ドイツの映画監督。1902生。

水上勉　みずかみつとむ　2004没（85歳）。昭和・平成時代の小説家。1919生。

9月8日

9月9日

○記念日○　救急の日
○出来事○　朝鮮民主主義人民共和国成立（1948）
　　　　　　イラン・イラク戦争始まる（1980）

天武天皇　てんむてんのう　686没（56歳）。第40代の天皇。631生。

セルギウス1世　701没（66?歳）。教皇（在位687～701）。聖人、神恵誦（しんこうしょう）をミサ典礼に取入れた。635頃生。

延祥　えんしょう　853没（85歳）。奈良時代・平安時代前期の法相宗の僧。769生。

源連子　みなもとのれんし　905没。平安時代前期・中期の女性。光孝天皇の皇女。

オラーフ1世　1000没（35?歳）。ノルウェー王（在位995～999）。965頃生。

ウィリアム1世　1087没（59?歳）。ノルマン王朝初代のイギリス王（在位1066～87）。1028頃生。

藤原長房　ふじわらのながふさ　1099没（70歳）。平安時代中期・後期の公卿。1030生。

ダニイール・パロームニク　1122没。ロシア正教会の典院、巡礼者。

信空　しんくう　1228没（83歳）。平安時代後期・鎌倉時代前期の僧。1146生。

定親　じょうしん　1266没（64歳）。鎌倉時代前期の真言僧。1203生。

大炊御門冬忠　おおいのみかどふゆただ　1268没（51歳）。鎌倉時代前期の公卿。1218生。

大宮院　おおみやいん　1292没（68歳）。鎌倉時代前期の女性。後嵯峨天皇の皇后。1225生。

竜湫周沢　りゅうしゅうしゅうたく　1388没（81歳）。南北朝時代の臨済宗夢窓派の僧。1308生。

グロスター　1397没（42歳）。イギリスの大貴族。1355生。

万里小路嗣房　までのこうじつぎふさ　1401没（61歳）。南北朝時代・室町時代の公卿。1341生。

実山永秀　じつざんえいしゅう　1487没。室町時代・戦国時代の僧。

ジェームズ4世（スコットランド王）　1513没（40歳）。スコットランド王（在位1488～1513年）。1473生。

ヨシフ・ヴォロツキー　1515没（76歳）。ロシア正教の聖人（克肖者）、教会改革者。1439生。

鷹司兼輔　たかつかさかねすけ　1552没（73歳）。戦国時代の公卿。1480生。

ギルバート，サー・ハンフリー　1583没（44?歳）。イギリスの軍人、航海者。1539頃生。

滝川一益　たきがわかずます　1586没（62歳）。戦国時代・安土桃山時代の武将。1525生。

康継　やすつぐ　1621没。江戸時代前期の刀工。

ストロード　1645没（46?歳）。イギリスの議員。1599頃生。

安井算哲　やすいさんてつ　1652没（63歳）。江戸時代前期の囲碁棋士、暦学者。1590生。

ダーラー・シコー　1659没（44歳）。インドのイスラム教徒の学者。1615生。

市川五郎兵衛　いちかわごろべえ　1665没（94歳）。江戸時代前期の新田開発者。1572生。

三井殊法　みついしゅほう　1676没（87歳）。江戸時代前期の女性。商人。1590生。

鶴屋南北（初代）　つるやなんぼく　1736没（65歳）。江戸時代中期の歌舞伎役者。1672生。

プロコポーヴィチ，フェオファーン　1736没（55歳）。ロシアの宗教家、政治家、作家。1681生。

シュレーツァー　1809没（74歳）。ドイツの歴史家。1735生。

コプリー，ジョン・シングルトン　1815没（77歳）。アメリカの画家。1738生。

カンドル，オーギュスタン・ピラム・ド　1841没（63歳）。スイスの植物学者。1778生。

ギャラデット，トマス　1851没（63歳）。アメリカの聾唖学校創設者。1787生。

ヤーン，オットー　1869没（56歳）。ドイツの考古学、古典学者。1813生。

エリオット　1875没（74歳）。イギリスの外交官。1801生。

山中新十郎　やまなかしんじゅうろう　1877没（60歳）。江戸時代末期・明治時代の商人。1818生。

生駒親敬　いこまちかゆき　1880没（32歳）。江戸・明治時代の武士。矢島藩大名。1849生。

杵屋佐吉（3代目）　きねやさきち　1881没（61歳）。江戸・明治時代の長唄演奏家。1821生。

久世治作　くぜじさく　1882没（58歳）。明治時代の化学者, 官吏。1825生。

マラルメ, ステファーヌ　1898没（56歳）。フランスの詩人。1842生。

シンパー, アンドレアス・フランツ・ヴィルヘルム　1901没（45歳）。ドイツの植物学者。1856生。

トゥールーズ-ロートレック, アンリ-マリー-レイモン・ド　1901没（36歳）。フランスの画家。1864生。

山勢松韻（初代）　やませしょういん　1908没（64歳）。江戸・明治時代の山田流箏曲家。山勢派家元, 東京音楽学校教授。1845生。

ハリマン　1909没（61歳）。アメリカの実業家。1848生。

ヴルフリツキー, ヤロスラフ　1912没（59歳）。チェコの詩人。1853生。

土居通夫　どいみちお　1917没（81歳）。明治・大正時代の実業家。大阪電灯及び京阪電鉄社長など。1837生。

吉田玉造（3代目）　よしだたまぞう　1926没（67歳）。明治・大正時代の文楽人形遣い。1860生。

ブレンターノ, ルーヨ　1931没（86歳）。ドイツの経済学者。1844生。

フライ, ロジャー　1934没（67歳）。イギリスの画家, 美術評論家。1866生。

ヴェステルマルク, エドヴァルド　1939没（76歳）。ヘルシンキ生れの社会学者, 社会人類学者。1862生。

アンドルーズ　1943没（80歳）。アメリカの歴史家, 教育者。1863生。

ギッピウス, ジナイーダ・ニコラエヴナ　1945没（75歳）。ロシアの女流詩人。1869生。

建川美次　たてかわよしつぐ　1945没（66歳）。明治〜昭和時代の陸軍軍人。1880生。

谷中安規　たになかやすのり　1946没（50歳）。大正・昭和時代の版画家。1897生。

大幸勇吉　おおさかゆうきち　1950没（83歳）。明治〜昭和時代の化学者。京都帝国大学教授。1866生。

菊池契月　きくちけいげつ　1955没（75歳）。明治〜昭和時代の日本画家。東京芸術大学教授, 日本芸術院会員。1879生。

相良和子　さがらやすこ　1956没（43歳）。昭和時代の童話作家。1913生。

ビョルリング, ユッシ　1960没（49歳）。スウェーデンのテノール歌手。1911生。

前田晃　まえだあきら　1961没（82歳）。明治〜昭和時代の小説家, 翻訳家。電通出版部長。1879生。

勝田蕉琴　かつたしょうきん　1963没（83歳）。大正・昭和時代の日本画家。1879生。

安藤鶴夫　あんどうつるお　1969没（60歳）。昭和時代の演劇評論家, 小説家。1908生。

塚本虎二　つかもととらじ　1973没（88歳）。大正・昭和時代のキリスト教伝道者, 聖書学者。1885生。

ベアマン, S.N.　1973没（80歳）。アメリカの劇作家。1893生。

毛沢東　もうたくとう　1976没（82歳）。中国の政治家, 思想家。1893生。

榊山潤　さかきやまじゅん　1980没（79歳）。昭和時代の小説家。1900生。

ラカン, ジャック　1981没（80歳）。フランスの精神分析学者。1901生。

フローリー, ポール・ジョン　1985没（75歳）。アメリカの物理化学者。1910生。

井上幸治　いのうえこうじ　1989没（79歳）。昭和時代の歴史学者。津田塾大学教授, 立教大学教授。1910生。

津久井龍雄　つくいたつお　1989没（88歳）。大正・昭和時代の国家社会主義者, ジャーナリスト。青年日本同盟会長, 国論社社長。1901生。

朝海浩一郎　あさかいこういちろう　1995没（89歳）。昭和時代の外交官。駐米大使。1906生。

高木彬光　たかぎあきみつ　1995没（74歳）。昭和・平成時代の推理作家。1920生。

メレディス, バージェス　1997没（87歳）。アメリカの俳優。1909生。

関根正雄　せきねまさお　2000没（88歳）。昭和・平成時代の聖書学者。無教会新宿集会主宰, 東京教育大学教授。1912生。

相米慎二　そうまいしんじ　2001没（53歳）。昭和・平成時代の映画監督。1948生。

テラー, エドワード　2003没（95歳）。ハンガリー生まれのアメリカの原子物理学者。1908生。

9月9日

9月10日

○記念日○ 下水道の日
○出来事○ 川中島の戦い(1561)
『羅生門』がベネチア映画祭金獅子賞(1951)
カラーテレビ本放送開始(1960)

斉世親王 ときよしんのう 927没(42歳)。宇多天皇の第3皇子。886生。

ルイ4世 954没(33歳)。フランス、カロリング朝の国王(在位936〜54)。921生。

婉子内親王 えんしないしんのう 969没(66歳)。平安時代中期の女性。醍醐天皇の第3皇女。904生。

広平親王 ひろひらしんのう 971没(22歳)。村上天皇の第1皇子。950生。

桓舜 かんしゅん 1057没(80歳)。平安時代中期の天台宗の僧。978生。

実範 じっぱん 1144没。平安時代後期の真言宗、律宗の僧。

マティルダ 1167没(65歳)。イングランド王ヘンリ1世の娘。1102生。

藤原家良 ふじわらのいえよし 1264没(73歳)。鎌倉時代前期の歌人・公卿。1192生。

八条禅尼 はちじょうぜんに 1274没(82歳)。鎌倉時代前期の女性。源実朝の妻。1193生。

西園寺実兼 さいおんじさねかね 1322没(74歳)。鎌倉時代後期の公卿。1249生。

綾小路信有 あやのこうじのぶあり 1324没(67歳)。鎌倉時代後期の公卿。1258生。

デュラン・ド・サン・プルサン 1334没(59?歳)。フランスのスコラ哲学者。1275頃生。

佐竹貞義 さたけさだよし 1352没(66歳)。鎌倉時代後期・南北朝時代の武将。1287生。

仁木義長 にきよしなが 1376没。南北朝時代の武将。

王蒙 おうもう 1385没(87歳)。中国、元代の画家。1298生。

行助入道親王 ぎょうじょにゅうどうしんのう 1386没(27歳)。南北朝時代の後光厳院の第3皇子。1360生。

ジャン 1419没(48歳)。フランスの百年戦争中のブルゴーニュ公(在位1404〜19)。1371生。

赤松満祐 あかまつみつすけ 1441没(69歳)。室町時代の武将、播磨・備前・美作守護。1373生。

承道法親王 しょうどうほっしんのう 1453没(46歳)。室町時代の僧。1408生。

禅傑 ぜんけつ 1506没(88歳)。室町時代・戦国時代の臨済宗の僧。1419生。

マロ、クレマン 1544没(47歳)。フランスの詩人。1497生。

以船文済 いせんぶんさい 1547没(91歳)。戦国時代の曹洞宗の僧。1457生。

ピエル・ルイジ(ファルネーゼの) 1547没(44歳)。パルマ=ピアチェンツァ公国の初代公。1503生。

慶秀 けいしゅう 1559没(84歳)。戦国時代の僧。1476生。

武田信繁 たけだのぶしげ 1561没(37歳)。戦国時代の武将。1525生。

山本勘助 やまもとかんすけ 1561没(69歳)。戦国時代の武将。1493生。

レスコー、ピエール 1578没(63?歳)。フランスの建築家。1515頃生。

オウドンネル、ヒュー・ロウ 1602没(29歳)。アイルランドのティルコーネルの首長。1572生。

モーガン、ウィリアム 1604没(63?歳)。イギリスの主教、聖書翻訳者。1541頃生。

オルファネール、ヤシント 1622没(43歳)。スペインのドミニコ会宣教師、殉教者。1578生。

スピノーラ、カルロ 1622没(58歳)。イエズス会士。1564生。

松平忠直 まつだいらただなお 1650没(56歳)。江戸時代前期の大名。1595生。

運敞 うんしょう 1693没(80歳)。江戸時代前期の真言宗の僧。1614生。

戸田忠昌 とだただまさ 1699没(68歳)。江戸時代前期の大名、老中。1632生。

向井去来 むかいきょらい 1704没(54歳)。江戸時代前期・中期の俳人。1651生。

竹本義太夫(初代)　たけもとぎだゆう　1714没(64歳)。江戸時代前期・中期の浄瑠璃一流の始祖。1651生。

シャトレ-ロモン, ガブリエル・エミリー・ル-トヌリエ・ド・ブルトイユ, 侯爵夫人　1749没(42歳)。フランスの女流数学者, 物理学者, 哲学者。1706生。

諸九尼　しょきゅうに　1781没(68歳)。江戸時代中期の女性。俳人。1714生。

豊竹若太夫(2代目)　とよたけわかたゆう　1784没。江戸時代中期の義太夫節の太夫。

荻江露友(2代目)　おぎえろゆう　1795没(69歳)。江戸時代中期の荻江節家元。1727生。

ウルストンクラーフト, メアリー　1797没(38歳)。イギリスの女権拡張論者。1759生。

伊藤若冲　いとうじゃくちゅう　1800没(85歳)。江戸時代中期・後期の画家。1716生。

普寛　ふかん　1801没(71歳)。江戸時代中期・後期の修験者, 御岳講・御岳教の開祖。1731生。

フォスコロ, ウーゴ　1827没(49歳)。イタリアの詩人, 小説家。1778生。

ストーリー, ジョゼフ　1845没(65歳)。アメリカの法律家。1779生。

椿椿山　つばきちんざん　1854没(54歳)。江戸時代末期の南画家。1801生。

鈴木其一　すずききいつ　1858没(63歳)。江戸時代末期の画家。1796生。

ロペス, カルロス・アントニオ　1862没(71歳)。パラグアイの政治家, 独裁者。1790生。

土屋蕭海　つちやしょうかい　1864没(36歳)。江戸時代末期の長州(萩)藩寄組。1829生。

岩下貞融　いわしたさだあき　1867没(67歳)。江戸時代末期の国学者。1801生。

三笑亭可楽(4代目)　さんしょうていからく　1869没。江戸時代末期の落語家。

細木香以　さいきこうい　1870没(49歳)。江戸・明治時代の俳人。1822生。

コンシェンス, ヘンドリック　1883没(70歳)。ベルギーの小説家。1812生。

田沢稲舟　たざわいなぶね　1896没(23歳)。明治時代の小説家。1874生。

エリーザベト　1898没(60歳)。オーストリア皇后, ハンガリー王妃。1837生。

坂東蓑助(5代目)　ばんどうみのすけ　1910没(51歳)。明治時代の歌舞伎役者。1860生。

星野恒　ほしのひさし　1917没(79歳)。明治時代の史学者, 漢学者。東京帝国大学教授。1839生。

目賀田種太郎　めがたたねたろう　1926没(74歳)。明治・大正時代の官僚。貴族院議員, 大蔵省主税局長。1853生。

古賀春江　こがはるえ　1933没(39歳)。大正・昭和時代の洋画家。1895生。

ロング, ヒューイ　1935没(42歳)。アメリカの政治家。1893生。

桐生悠々　きりゅうゆうゆう　1941没(69歳)。明治～昭和時代のジャーナリスト。1873生。

影佐禎昭　かげさただあき　1948没(56歳)。昭和時代の陸軍軍人。第三八団長。1893生。

フェルディナント1世　1948没(87歳)。ブルガリア王(在位1908～18)。1861生。

長沼妙佼　ながぬまみょうこう　1957没(67歳)。昭和時代の宗教家。1889生。

パンフョーロフ, フョードル・イワノヴィチ　1960没(63歳)。ソ連の小説家。1896生。

シュタウディンガー, ヘルマン　1965没(84歳)。ドイツの化学者。1881生。

小熊捍　おぐままもる　1971没(86歳)。大正・昭和時代の遺伝学者, 動物学者。北海道帝国大学教授, 国立遺伝学研究所所長。1885生。

トムソン, サー・ジョージ・ペイジェット　1975没(83歳)。イギリスの物理学者。1892生。

阿部みどり女　あべみどりじょ　1980没(93歳)。大正・昭和時代の俳人。「駒草」主宰。1886生。

フォルスター, ジョン　1983没(67歳)。南アフリカ共和国の法律家, 政治家。1915生。

ブロッホ, フェリックス　1983没(77歳)。アメリカの物理学者。1905生。

島耕二　しまこうじ　1986没(85歳)。昭和時代の映画監督, 俳優。1901生。

ソフローノフ, アナトーリー・ウラジーミロヴィチ　1990没(79歳)。ソ連邦の詩人で劇作家。1911生。

ハナ肇　はなはじめ　1993没(63歳)。昭和・平成時代の俳優, テレビコメディアン。クレージーキャッツリーダー。1930生。

高橋正雄　たかはしまさお　1995没(93歳)。昭和・平成時代の経済学者, 社会運動家。九州大学教授, 東北学院大学教授。1901生。

ツポウ4世　2006没(88歳)。トンガ国王。1918生。

9月10日

9月11日

○記念日○ 警察相談の日
　　　　　 公衆電話の日
○出来事○ 後楽園球場開場（1937）
　　　　　 岩宿遺跡の発掘開始（1949）
　　　　　 ニューヨーク同時多発テロ（2001）

吉備姫王　きびつひめのおおきみ　643没。飛鳥時代の女性。皇極・孝徳両天皇の母。

藤原久須麻呂　ふじわらのくすまろ　764没。奈良時代の官人。

藤原仲成　ふじわらのなかなり　810没（47歳）。平安時代前期の公卿。764生。

護命　ごみょう　834没（85歳）。奈良時代・平安時代前期の僧。750生。

真然　しんぜん　891没（88歳）。平安時代前期の真言宗の僧。804生。

源興基　みなもとのおきもと　891没（47歳）。平安時代前期の公卿。845生。

紀淑光　きのよしみつ　939没（71歳）。平安時代前期・中期の公卿。869生。

空也　くうや　972没（70歳）。平安時代中期の浄土教の民間布教僧。903生。

アルドレッド（ヨークの）　1069没。イギリスの国家に忠実に仕えたヨークの大司教。

モリース（シュリの）　1196没（76?歳）。パリの司教, 神学者。1120頃生。

聖兼　しょうけん　1293没（52歳）。鎌倉時代後期の学僧。1242生。

三条公明　さんじょうきんあき　1336没（56歳）。鎌倉時代後期・南北朝時代の公卿。1281生。

示導　じどう　1346没（61歳）。鎌倉時代後期・南北朝時代の浄土宗西山派の学僧。1286生。

ラヨシュ1世　1382没（56歳）。ハンガリー王（在位1342〜82）。1326生。

ルートヴィッヒ1世　1382没（56歳）。ハンガリー王（在位1342〜82）, ポーランド王（1370〜82）。1326生。

昭覚　しょうかく　1384没。南北朝時代の僧。

国阿　こくあ　1405没（92歳）。室町時代の僧。1314生。

伊達尚宗の妻　だてなおむねのつま　1513没。戦国時代の女性。大名伊達尚宗の妻。

伊勢貞孝　いせさだたか　1562没。戦国時代の幕府吏僚, 政所執事。

ローレ, チプリアーノ・デ　1565没（50?歳）。フランドルの作曲家。1515頃生。

ブレンツ, ヨハン　1570没（71歳）。ドイツの宗教改革者。1499生。

武田信吉　たけだのぶよし　1603没（21歳）。安土桃山時代の大名。1583生。

加賀山隼人　かがやまはやと　1619没（54歳）。安土桃山時代・江戸時代前期のキリシタン, 武士。1566生。

杵屋勘五郎（初代）　きねやかんごろう　1643没（70歳）。江戸時代前期の長唄三味線・唄方の宗家である杵屋の始祖。1574生。

フェイト, ヤン　1661没（50歳）。フランドルの画家。1611生。

ハッチンスン, ジョン　1664没（48歳）。イギリスの清教徒, 軍人。1615生。

ハリントン　1677没（66歳）。イギリスのユートピア思想家。1611生。

カメラリウス, ルドルフ・ヤーコプ　1721没（56歳）。ドイツの植物学者, 医者。1665生。

金子吉左衛門　かねこきちざえもん　1728没。江戸時代中期の歌舞伎役者, 歌舞伎作者。

クープラン, フランソワ　1733没（64歳）。フランスの作曲家, オルガン奏者。1668生。

チッペンデイル, トマス　1779没（61歳）。イギリスの家具意匠家。1718生。

エルネスティ, ヨーハン・アウグスト　1781没（74歳）。ドイツの神学者, 文献学者。1707生。

那波魯堂　なわろどう　1789没（63歳）。江戸時代中期の儒学者。1727生。

杵屋六左衛門（9代目）　きねやろくざえもん　1819没。江戸時代後期の長唄三味線方。

片倉鶴陵　かたくらかくりょう　1822没（72歳）。江戸時代後期の産科医。1751生。

リカード, デイヴィド　1823没（51歳）。イギリス古典派経済学の完成者。1772生。

本居大平　もとおりおおひら　1833没（78歳）。江戸時代中期・後期の国学者。1756生。

平田篤胤　ひらたあつたね　1843（閏9月）没（68歳）。江戸時代後期の出羽久保田藩士、備中松山藩士、国学者。1776生。

浅尾工左衛門（2代目）　あさおくざえもん　1845没（60歳）。江戸時代後期の歌舞伎役者。1786生。

八重崎検校　やえざきけんぎょう　1848没（73?歳）。江戸時代後期の箏曲家。1776頃生。

グレアム，トマス　1869没（63歳）。イギリスの化学者。1805生。

坂東三津五郎（6代目）　ばんどうみつごろう　1873没（28歳）。江戸・明治時代の歌舞伎役者。1846生。

サルミエント，ドミンゴ・ファウスティノ　1888没（77歳）。アルゼンチンの政治家、作家、教育者。1811生。

ケンタル，アンテーロ・デ　1891没（49歳）。ポルトガルの詩人。1842生。

榊原鍵吉　さかきばらけんきち　1894没（65歳）。江戸・明治時代の剣術家。1830生。

アムラン　1907没（51歳）。フランスの哲学者。1856生。

カロ，ハインリヒ　1910没（76歳）。ドイツの有機化学技術者。1834生。

森村市左衛門（6代目）　もりむらいちざえもん　1919没（81歳）。明治・大正時代の実業家。1839生。

バーラティ，スブラマンヤ　1921没（38歳）。インドのタミル語の詩人。1882生。

尾上松之助（2代目）　おのえまつのすけ　1926没（52歳）。明治時代の歌舞伎役者、映画俳優。1875生。

スヴェーヴォ，イータロ　1928没（66歳）。イタリアの小説家。1861生。

井上剣花坊　いのうえけんかぼう　1934没（65歳）。明治〜昭和時代の川柳作家。1870生。

シュテーア，ヘルマン　1940没（76歳）。ドイツの作家。1864生。

荒木十畝　あらきじっぽ　1944没（73歳）。大正・昭和時代の日本画家。1872生。

スヘンデル，アルトゥール・ファン　1946没（72歳）。オランダの小説家。1874生。

ジンナー，ムハンマド・アリー　1948没（71歳）。パキスタン建国の祖、初代総督（1947〜48）。1876生。

スマッツ，ヤン・クリスティアーン　1950没（80歳）。南アフリカの政治家、軍人。1870生。

末弘厳太郎　すえひろいずたろう　1951没（62歳）。大正・昭和時代の民法学者、労働法学者。中労委会長、東京帝国大学教授。1888生。

ボーウェン，ノーマン・L　1956没（69歳）。アメリカの岩石学者。1887生。

植田謙吉　うえだけんきち　1962没（87歳）。明治〜昭和時代の陸軍軍人。陸軍大将。1875生。

山本礼三郎　やまもとれいざぶろう　1964没（61歳）。昭和時代の映画俳優。1902生。

ジャラール・アーレ・アフマド　1969没（46歳）。イランの作家。1923生。

アジェンデ，サルバドル　1973没（65歳）。チリの大統領。1908生。

エヴァンズ-プリチャード，サー・エドワード・エヴァン　1973没（70歳）。イギリスの社会人類学者。1902生。

石橋正二郎　いしばししょうじろう　1976没（87歳）。大正・昭和時代の実業家。ブリジストンタイヤ社長、日本合成ゴム社長。1889生。

中平康　なかひらこう　1978没（52歳）。昭和時代の映画監督。1926生。

遠山啓　とおやまひらく　1979没（70歳）。昭和時代の数学者、数学教育運動家。東京工業大学教授。1909生。

ネト，アゴスティノ　1979没（56歳）。アンゴラの詩人、解放運動の指導者、初代大統領。1922生。

赤尾好夫　あかおよしお　1985没（78歳）。昭和時代の出版人、放送事業家。旺文社社長、テレビ朝日社長。1907生。

夏目雅子　なつめまさこ　1985没（27歳）。昭和時代の女優。1957生。

ラルティーグ，ジャック-アンリ　1986没（92歳）。フランスの写真家。1894生。

蔡暢　さいちょう　1990没（90歳）。中国の婦人運動指導者。1900生。

ラインズドルフ，エーリヒ　1993没（81歳）。オーストリアの指揮者。1912生。

タンディ，ジェシカ　1994没（85歳）。イギリス生れのアメリカの女優。1909生。

猪野謙二　いのけんじ　1997没（84歳）。昭和・平成時代の日本文学研究者、文芸評論家。神戸大学教授、学習院大学教授。1913生。

平畑静塔　ひらはたせいとう　1997没（92歳）。昭和・平成時代の俳人、医師。精神科、宇都宮病院院長。1905生。

9月11日

9月12日

○記念日○ 宇宙の日
　　　　　水路記念日
○出来事○ 織田信長、延暦寺を焼き討ち（1571）
　　　　　新橋-横浜間の鉄道開通（1872）

古人大兄皇子　ふるひとのおおえのおうじ　645没。舒明天皇と法提郎媛の子。

藤原薬子　ふじわらのくすこ　810没。平安時代前期の女官。

ギー（アンデルレヒトの）　1012没（62?歳）。ベルギーの信徒聖人。950頃生。

ペドロ2世　1213没（39歳）。アラゴン王（在位1196～1213）。1174生。

順徳天皇　じゅんとくてんのう　1242没（46歳）。第84代の天皇。1197生。

藤原実光　ふじわらさねみつ　1247没（46歳）。鎌倉時代前期の公卿。1202生。

藤原実隆　ふじわらさねたか　1270没（68歳）。鎌倉時代前期の公卿。1203生。

キルウォードビ，ロバート　1279没（69?歳）。イギリスの神学者。1210頃生。

シャイフ・サフィー　1334没（82?歳）。イランのサファヴィー朝の祖。1252頃生。

八条清季　はちじょうきよすえ　1349没（55歳）。鎌倉時代後期・南北朝時代の公卿。1295生。

メシノ，ジャン　1491没（71?歳）。フランス大押韻派の詩人。1420頃生。

細川成之　ほそかわしげゆき　1511没（78歳）。室町時代・戦国時代の武将、讃岐守護。1434生。

山科言綱　やましなときつな　1530没（45歳）。戦国時代の公卿。1486生。

西園寺実宣　さんおんじさねのぶ　1541没（46歳）。戦国時代の公卿。1496生。

ミクロニウス，マルティーニュス　1559没（37?歳）。オランダ出身の改革派教会の牧師。1522頃生。

雅業王　まさなりおう　1560没（73歳）。戦国時代の神祇伯。1488生。

ラマザン・ザーデ　1571没。オスマン・トルコ帝国の歴史家、政治家。

ヘルヴェトゥス，ゲンティアーヌス　1584没（85歳）。フランスのカトリック神学者。1499生。

ヴァシーリィ4世　1612没（60歳）。ロシアのツァーリ（1606～10）。1552生。

藤原惺窩　ふじわらせいか　1619没（59歳）。安土桃山時代・江戸時代前期の儒学者。1561生。

万里小路充房　までのこうじあつふさ　1626没（65歳）。安土桃山時代・江戸時代前期の公家。1562生。

加藤嘉明　かとうよしあき　1631没（69歳）。安土桃山時代・江戸時代前期の武将。1563生。

サン・マール　1642没（22歳）。フランス、ルイ13世の寵臣。1620生。

光聚院　こうしゅういん　1653没。江戸時代前期の女性。武蔵忍藩主阿部忠秋の妻。

石谷貞清　いしがやさだきよ　1672没（79歳）。江戸時代前期の旗本、江戸の町奉行。1594生。

アルフォンソ6世　1683没（40歳）。ポルトガル王（在位1656～67）。1643生。

カイザー，ラインハルト　1739没（65歳）。ドイツの作曲家。1674生。

大槻伝蔵　おおつきでんぞう　1748没（46歳）。江戸時代中期の加賀藩士。1703生。

ブレイスガードル，アン　1748没（85?歳）。イギリスの女優。1663頃生。

多田南嶺　ただなんれい　1750没（53歳）。江戸時代中期の神道家、国学者、故実家、浮世草紙作者。1698生。

ラモー，ジャン-フィリップ　1764没（80歳）。後期バロック時代のフランスの作曲家、音楽理論家。1683生。

山下金作（2代目）　やましたきんさく　1799没（67歳）。江戸時代中期の歌舞伎役者。1733生。

湖出市十郎（初代）　こいでいちじゅうろう　1800没。江戸時代中期・後期の長唄唄方。

ラジーシチェフ，アレクサンドル・ニコラエヴィチ　1802没（53歳）。ロシアの小説家、思想家。1749生。

観世鉄之丞（2代目）　かんぜてつのじょう　1815没（55歳）。江戸時代中期・後期の能役者。

1761生。

ブリュッハー，ゲープハルト・レベレヒト・フォン，ヴァールシュタット公爵　1819没（76歳）。プロシアの軍人。1742生。

塙保己一　はなわほきいち　1821没（76歳）。江戸時代中期・後期の国学者。1746生。

グラッベ，クリスティアン・ディートリヒ　1836没（34歳）。ドイツの劇作家。1801生。

島津斉興　しまづなりおき　1859没（69歳）。江戸時代末期の大名。1791生。

ディニス，ジュリオ　1871没（32歳）。ポルトガルの小説家。1838生。

市川門之助（5代目）　いちかわもんのすけ　1878没（58歳）。江戸・明治時代の歌舞伎役者。1821生。

池田長発　いけだながおき　1879没（43歳）。江戸時代末期・明治時代の幕臣。1837生。

フォルカード，テオドール・オギュスタン　1885没（69歳）。フランスのカトリック司祭，司教。1816生。

フュステル・ド・クーランジュ，ニュマ＝ドニ　1889没（59歳）。フランスの歴史家。1830生。

上田寅吉　うえだとらきち　1890没（68歳）。江戸・明治時代の造船技術者。横須賀造船所大工長。1823生。

市川団蔵（7代目）　いちかわだんぞう　1911没（76歳）。江戸・明治時代の歌舞伎役者。1836生。

アンドレーエフ，レオニード・ニコラエヴィチ　1919没（48歳）。ロシアの小説家，劇作家。1871生。

大江卓　おおえたく　1921没（75歳）。明治・大正時代の政治家，社会事業家。衆議院議員。1847生。

ライニス，ヤーニス　1929没（64歳）。ラトヴィアの作家。1865生。

ドクロリー，オヴィド　1932没（61歳）。ベルギーの教育学者，心理学者，医学者。1871生。

大迫尚道　おおさこなおみち　1934没（81歳）。明治・大正時代の陸軍軍人。大将，陸大教官。1854生。

川上俊彦　かわかみとしひこ　1935没（74歳）。明治〜昭和時代の外交官，実業家。北樺太鉱業社長。1862生。

中村歌右衛門（5代目）　なかむらうたえもん　1940没（75歳）。明治〜昭和時代の歌舞伎役者。1866生。

シュペーマン，ハンス　1941没（72歳）。ドイツの生物学者。1869生。

杉山元　すぎやまはじめ　1945没（66歳）。昭和時代の陸軍軍人。1880生。

二村定一　ふたむらていいち　1948没（49歳）。大正・昭和時代のジャズ歌手，俳優。1900生。

カロッサ，ハンス　1956没（77歳）。ドイツの詩人，小説家。1878生。

麻生豊　あそうゆたか　1961没（63歳）。大正・昭和時代の漫画家。1898生。

前田蓮山　まえだれんざん　1961没（87歳）。明治〜昭和時代の新聞記者，政治評論家。1874生。

川上貫一　かわかみかんいち　1968没（80歳）。昭和時代の政治家。衆議院議員，共産党中央委員。1888生。

ヴァイナー　1970没（78歳）。アメリカ（カナダ生れ）の経済学者。1892生。

春日弘　かすがひろし　1970没（85歳）。大正・昭和時代の実業家。ダイキン工業会長，住友金属工業社長，日本陸連会長。1885生。

永田靖　ながたやすし　1972没（64歳）。昭和時代の新劇俳優。1907生。

山口将吉郎　やまぐちしょうきちろう　1972没（76歳）。大正・昭和時代の挿絵画家。1896生。

藤永元作　ふじながもとさく　1973没（70歳）。昭和時代の水産学者。水産庁調査研究部長，藤永くるまえび研究所理事長。1903生。

佐藤達夫　さとうたつお　1974没（70歳）。昭和時代の官僚。人事院総裁。1904生。

ビーコ，スティーブ　1977没（30歳）。南アフリカの政治活動家。1946生。

ローウェル，ロバート　1977没（60歳）。アメリカの詩人。1917生。

モンターレ，エウジェーニオ　1981没（84歳）。イタリアの詩人。1896生。

源氏鶏太　げんじけいた　1985没（73歳）。昭和時代の小説家。日本文芸家協会理事。1912生。

海原お浜　うなばらおはま　1994没（78歳）。昭和時代の漫才師。1916生。

ガイゼル，エルネスト　1996没（88歳）。ブラジルの軍人，政治家。1908生。

菊原初子　きくはらはつこ　2001没（102歳）。昭和・平成時代の地唄箏曲家。1899生。

キャッシュ，ジョニー　2003没（71歳）。アメリカのカントリー・ミュージック歌手，作詞・作曲家。1932生。

9月12日

9月13日

○記念日○　月見
　　　　　世界法の日
○出来事○　明治天皇の大葬(1912)
　　　　　林彪事件(1971)
　　　　　ハーグ事件(1974)

豊安　ぶあん　840没(77歳)。奈良時代・平安時代前期の律宗の僧。764生。

禔子内親王　ばいしないしんのう　1096没(58歳)。平安時代中期・後期の女性。後朱雀天皇の第4皇女。1039生。

穆千　もくせん　1263没(83歳)。鎌倉時代前期の天台宗の僧。1181生。

ギヨーム・ド・サン-タムール　1272没(70?歳)。フランスの神学者，托鉢修道会の反対者。1202頃生。

寂円　じゃくえん　1299没(93歳)。鎌倉時代後期の曹洞宗の渡来禅僧。1207生。

日源　にちげん　1315没。鎌倉時代後期の日蓮宗の僧。

細川和氏　ほそかわかずうじ　1342没(47歳)。南北朝時代の武将。1296生。

日貞　にってい　1369没。南北朝時代の日蓮宗の僧。

道叟道愛　どうそうどうあい　1379没。南北朝時代の僧。

中御門宣俊　なかみかどのぶとし　1414没(44歳)。南北朝時代・室町時代の公卿。1371生。

マンテーニャ，アンドレア　1506没(75?歳)。イタリアの画家。1431頃生。

リー，エドワード　1544没(62?歳)。英国教会の大主教。1482頃生。

尊鎮法親王　そんちんほうしんのう　1550没(47歳)。後柏原天皇の第5皇子。1504生。

アマバハ，ファイト　1557没(54歳)。ドイツの人文主義者。1503生。

バンデッロ，マッテーオ　1561没(76?歳)。イタリアの小説家。1485頃生。

ファレル，ギヨーム　1565没(76歳)。フランスの宗教改革者。1489生。

モンテーニュ，ミシェル・ド　1592没(59歳)。フランスのモラリスト，政治家。1533生。

フェリペ2世　1598没(71歳)。スペイン王(1556〜98)。1527生。

井上正継　いのうえまさつぐ　1646没。江戸時代前期の砲術家。

カンペン，ヤーコプ・ファン　1657没(62歳)。オランダの建築家，画家。1595生。

豊蔵坊信海　ほうぞうぼうしんかい　1688没(63歳)。江戸時代前期の狂歌師。1626生。

テケリ　1705没(47歳)。ハンガリーのプロテスタントの指導者。1657生。

浜田酒堂　はまだしゃどう　1737没(70?歳)。江戸時代中期の俳人。1668頃生。

ウルフ，ジェイムズ　1759没(32歳)。イギリスの軍人。1727生。

豊竹越前少掾　とよたけえちぜんのしょうじょう　1764没(84歳)。江戸時代中期の義太夫節の太夫。1681生。

加舎白雄　かやしらお　1791没(54歳)。江戸時代中期の俳人，中興五傑の一人。1738生。

フロリヤン，ジャン-ピエール・クラリス・ド　1794没(39歳)。フランスの寓話作家，小説家。1755生。

フォックス，チャールズ・ジェイムズ　1806没(57歳)。イギリスの政治家。1749生。

ランドルフ，エドマンド　1813没(60歳)。アメリカの法律家。1753生。

大石千引　おおいしちびき　1834没(65歳)。江戸時代後期の国学者。1770生。

荒木田守訓　あらきだもりのり　1842没(78歳)。江戸時代中期・後期の神官，国学者。1765生。

高良斎　こうりょうさい　1846没(48歳)。江戸時代後期の播磨明石藩士。1799生。

ウーディノ　1847没(80歳)。レジオ公。1767生。

シナースィ，イブラヒム　1871没(45歳)。トルコのジャーナリスト，詩人。1826生。

フォイアバハ，ルートヴィヒ・アンドレーアス　1872没(68歳)。ドイツの唯物論哲学者。1804生。

エルクラーノ，アレシャンドレ　1877没（67歳）。ポルトガルの小説家，詩人，歴史家。1810生。

宇治紫文(2代目)　うじしぶん　1879没（59歳）。江戸時代末期・明治時代の一中節宇治派の家元。1821生。

シャブリエ，エマニュエル　1894没（53歳）。フランスの作曲家。1841生。

杵屋勝三郎(3代目)　きねやかつさぶろう　1903没（38歳）。明治時代の長唄演奏家。1866生。

ブッセ　1907没（44歳）。ドイツの哲学者。1862生。

曽禰荒助　そねあらすけ　1910没（62歳）。明治時代の政治家，官僚。子爵，衆議議員，貴族院議員。1849生。

シエラ・メンデス，フスト　1912没（64歳）。メキシコの歴史家，詩人，教育者，政治家。1848生。

乃木静子　のぎしずこ　1912没（54歳）。江戸～大正時代の女性。乃木希典の妻。1859生。

乃木希典　のぎまれすけ　1912没（64歳）。明治時代の陸軍軍人。大将，伯爵。1849生。

ファーフィ，ジョーゼフ　1912没（68歳）。オーストラリアの作家。1843生。

井上密　いのうえみつ　1916没（50歳）。明治・大正時代の法律学者，政治家。京都大学教授，京都市市長。1867生。

早速整爾　はやみせいじ　1926没（59歳）。明治・大正時代の政治家。農林水産大臣，大蔵大臣。1868生。

横井時雄　よこいときお　1927没（71歳）。明治・大正時代の牧師，政治家，教育家。同志社社長，衆議院議員。1857生。

ラウファー，ベルトルト　1934没（59歳）。ドイツ生れのアメリカの東洋学者。1874生。

アレグザンダー，サミュエル　1938没（79歳）。イギリスの哲学者。1859生。

ドゥーン，オーラヴ　1939没（62歳）。ノルウェーの小説家。1876生。

歌川八重子　うたがわやえこ　1943没（41歳）。大正・昭和時代の女優。1903生。

小泉親彦　こいずみちかひこ　1945没（62歳）。大正・昭和時代の陸軍軍医，政治家。1884生。

酒井隆　さかいたかし　1946没（60歳）。大正・昭和時代の陸軍軍人。中将。1887生。

望月太左衛門(9代目)　もちづきたざえもん　1946没（45歳）。大正・昭和時代の歌舞伎囃方。1902生。

ヴェーゲナー，パウル　1948没（73歳）。ドイツの俳優。1874生。

クローグ，シャック・アウグスト・ステーンベルク　1949没（74歳）。デンマークの生理学者。1874生。

矢代東村　やしろとうそん　1952没（63歳）。大正・昭和時代の歌人。1889生。

布施辰治　ふせたつじ　1953没（72歳）。明治～昭和時代の弁護士，社会運動家。1880生。

林彪　りんぴょう　1971没（63歳）。中国の軍人，政治家。1908生。

孫科　そんか　1973没（81歳）。中華民国の政治家。1891生。

高野実　たかのみのる　1974没（73歳）。大正・昭和時代の労働運動家。総評事務局長，全国金属労働組合副委員長。1901生。

棟方志功　むなかたしこう　1975没（72歳）。昭和時代の版画家。1903生。

ストコフスキー，レオポルド　1977没（95歳）。イギリス生れのアメリカの指揮者。1882生。

天津羽衣　あまつはごろも　1982没（54歳）。昭和時代の浪曲家。日本浪曲協会副会長。1928生。

金原亭馬生(10代目)　きんげんていばしょう　1982没（54歳）。昭和時代の落語家。1928生。

宝月圭吾　ほうげつけいご　1987没（81歳）。昭和時代の日本史学者。東京大学教授，日本古文書学会会長。1906生。

ル・ロイ，マーヴィン　1987没（86歳）。アメリカの映画監督。1900生。

赤木由子　あかぎよしこ　1988没（60歳）。昭和時代の児童文学作家。1927生。

堀江しのぶ　ほりえしのぶ　1988没（23歳）。昭和時代のタレント。1965生。

名和好子　なわよしこ　1994没（74歳）。昭和・平成時代の美容家。日本ヘアデザイン協会理事長。1920生。

ウォレス，G.　1998没（79歳）。アメリカの政治家。1919生。

渡久地政信　とくちまさのぶ　1998没（81歳）。昭和・平成時代の作曲家。日本作曲家協会常務理事。1916生。

山口修　やまぐちおさむ　1998没（74歳）。昭和・平成時代の東洋史学者。聖心女子大学教授，仏教大学教授。1924生。

9月13日

9月14日

○記念日○ グリーンデー
○出来事○ 津田梅子、女子英学塾を開校（1900）

キュプリアヌス，タスキウス・カエキリウス　258没（58?歳）。カルタゴの司教。200頃生。

クリュソストモス，聖ヨアンネス　407没（60?歳）。コンスタンチノープルの大司教、説教家、聖書注釈家、聖人、教会博士。347生。

コンスタンティヌス5世　775没（56歳）。東ローマ皇帝（在位741～75）。719生。

重明親王　しげあきらしんのう　954没（49歳）。醍醐天皇の皇子。906生。

藤原妍子　ふじわらのけんし　1027没（34歳）。平安時代中期の女性。三条天皇の皇后。994生。

深覚　じんかく　1043没（89歳）。平安時代中期の真言宗の僧。955生。

隆明　りゅうみょう　1104没（86歳）。平安時代中期・後期の天台宗の僧。1019生。

藤原宗子　ふじわらのむねこ　1155没（67歳）。平安時代後期の貴族女性。関白藤原忠通の妻。1089生。

熊谷直実　くまがいなおざね　1208没（68歳）。平安時代後期・鎌倉時代前期の武士。1141生。

葛西清重　かさいきよしげ　1238没（77歳）。平安時代後期・鎌倉時代前期の武将、奥州惣奉行。1162生。

二条為氏　にじょうためうじ　1286没（65歳）。鎌倉時代後期の歌人・公卿。1222生。

徹通義介　てっつうぎかい　1309没（91歳）。鎌倉時代後期の曹洞宗の僧。1219生。

ノートブルガ　1313没（48?歳）。農夫や女中の守護聖女。1265頃生。

ダンテ・アリギエーリ　1321没（56歳）。イタリア最大の詩人。1265生。

伊達政宗　だてまさむね　1405没（53歳）。南北朝時代・室町時代の武将。1353生。

大岳周崇　だいがくしゅうすう　1423没（79歳）。南北朝時代・室町時代の臨済宗の僧。1345生。

広橋兼宣　ひろはしかねのぶ　1429没（64歳）。南北朝時代・室町時代の公卿。1366生。

青岑珠鷹　せいしんしゅよう　1472没（111歳）。室町時代の曹洞宗の僧。1362生。

ハドリアヌス6世　1523没（64歳）。唯一のオランダ人教皇（在位1522～23）。1459生。

キルヒナー，ティモーテウス　1587没（54歳）。ドイツのルター派の神学者。1533生。

狩野永徳　かのうえいとく　1590没（48歳）。安土桃山時代の画家。1543生。

存易　ぞんえき　1614没（76歳）。安土桃山時代・江戸時代前期の浄土宗の僧。1539生。

ヴェルニエ，ピエール　1637没（57?歳）。フランスの数学者。1580頃生。

長沢道寿　ながさわどうじゅ　1637没。江戸時代前期の医師。

ハーヴァード，ジョン　1638没（30歳）。ハーバード大学基金寄贈者。1607生。

春日局　かすがのつぼね　1643没（65歳）。安土桃山時代・江戸時代前期の女性。3代将軍徳川家光の乳母。1579生。

エセックス，ロバート・デヴルー，3代伯爵　1646没（55歳）。イギリスの貴族，軍人。1591生。

徳川綱重　とくがわつなしげ　1678没（35歳）。江戸時代前期の大名。1644生。

高野幽山　たかのゆうざん　1702没。江戸時代前期・中期の俳人。

カッシーニ，ジョヴァンニ・ドメニコ　1712没（87歳）。イタリア生れのフランスの天文学者、地図学者。1625生。

近衛基煕　このえもとひろ　1722没（75歳）。江戸時代前期・中期の公家。1648生。

露沾　ろせん　1733没（79歳）。江戸時代前期・中期の俳人。1655生。

ランクレ，ニコラ　1745没（55歳）。フランスの画家。1690生。

松平輝貞　まつだいらてるさだ　1747没（83歳）。江戸時代中期の大名。1665生。

岡昌名　おかまさな　1759没(79歳)。江戸時代中期の大坂四天王寺の楽人。1681生。

モンカルム侯爵, ルイ・ジョゼフ・ド・モンカルム－グロゾン　1759没(47歳)。フランスの軍人。1712生。

大西浄元(大西家6代目)　おおにしじょうげん　1762没(74歳)。江戸時代中期の釜師。1689生。

賀川玄悦　かがわげんえつ　1777没(78歳)。江戸時代中期の産科医。1700生。

大谷広右衛門(3代目)　おおたひろえもん　1790没(65歳)。江戸時代中期の歌舞伎役者。1726生。

バー, エアロン　1836没(80歳)。アメリカの政治家。1756生。

アルセ　1847没(64?歳)。中央アメリカ連邦初代大統領(1825～29)。1783頃生。

クーパー, ジェイムズ・フェニモア　1851没(61歳)。アメリカの小説家。1789生。

ウェリントン, アーサー・ウェルズリー, 初代公爵　1852没(83歳)。イギリスの軍人, 政治家。1769生。

ピュージン, オーガスタス・ウェルビー・ノースモアー　1852没(40歳)。イギリスの建築家, 著述家。1812生。

梅田雲浜　うめだうんぴん　1859没(45歳)。江戸時代末期の尊攘派志士。1815生。

村田恒光　むらたつねみつ　1870没。江戸時代末期・明治時代の算学者。

フィッシャー, フリードリヒ・テーオドア　1887没(80歳)。ドイツの美学者。1807生。

井上安治　いのうえやすじ　1889没(26歳)。明治時代の木版画家。1864生。

マッキンリー, ウィリアム　1901没(58歳)。アメリカ合衆国25代大統領。1843生。

綱島梁川　つなしまりょうせん　1907没(35歳)。明治時代の宗教思想家, 評論家。1873生。

マッキム, チャールズ・フォレン　1909没(62歳)。アメリカの建築家。1847生。

デュエム, ピエール・モーリス・マリー　1916没(55歳)。フランスの理論物理学者, 哲学者, 科学史家。1861生。

ロイス, ジョサイア　1916没(60歳)。アメリカの哲学者, 教育家。1855生。

ダンカン, イザドラ　1927没(50歳)。アメリカの女流舞踊家。1877生。

楳茂都扇性(2代目)　うめもとせんしょう　1928没(65歳)。明治～昭和時代の上方舞舞踊家。1864生。

富井政章　とみいまさあき　1935没(78歳)。明治～昭和時代の法律学者。東京帝国大学教授, 枢密顧問官。1858生。

マサリック, トマーシュ・ガリッグ　1937没(87歳)。チェコスロバキアの哲学者, 政治家。1850生。

橋田邦彦　はしだくにひこ　1945没(64歳)。大正・昭和時代の生理学者, 政治家。東京帝国大学教授, 文部大臣。1882生。

中村大三郎　なかむらだいざぶろう　1947没(50歳)。大正・昭和時代の日本画家。1898生。

ブッシュ, フリッツ　1951没(61歳)。ドイツの指揮者。1890生。

佐藤朝山　さとうちょうざん　1963没(75歳)。大正・昭和時代の彫刻家。1888生。

グロスマン, ワシーリー・セミョーノヴィチ　1964没(58歳)。ソ連の小説家。1905生。

ギュルセル　1966没(71歳)。トルコの軍人, 政治家。1895生。

チェルカーソフ, ニコライ　1966没(63歳)。ソ連の俳優。1903生。

カルナップ, ルドルフ　1970没(79歳)。ドイツ生まれのアメリカの論理学者, 論理実証主義あるいは論理経験主義の代表者。1891生。

清瀬保二　きよせやすじ　1981没(81歳)。昭和時代の作曲家。1900生。

ガードナー, ジョン　1982没(49歳)。アメリカの小説家。1933生。

ケリー, グレース　1982没(53歳)。アメリカの映画女優, モナコ大公妃。1929生。

山根銀二　やまねぎんじ　1982没(76歳)。昭和時代の音楽評論家。1906生。

ベック, ジュリアン　1985没(60歳)。アメリカの俳優, 演出家。1925生。

フェアバンク, ジョン・K　1991没(84歳)。アメリカの歴史家, 中国研究者。1907生。

岡田英次　おかだえいじ　1995没(75歳)。昭和・平成時代の俳優。1920生。

宝生英雄　ほうしょうふさお　1995没(75歳)。昭和・平成時代の能楽師(宝生流シテ方)。宝生流宗家(18代目)。1920生。

楊尚昆　ようしょうこん　1998没(91歳)。中国の政治家。1907生。

ワイズ, ロバート　2005没(91歳)。アメリカの映画監督。1914生。

9月14日

9月15日

○記念日○　ひじきの日
○出来事○　関ケ原の戦い（1600）
　　　　　英国で世界初の都市間旅客鉄道の開通式（1830）

コンスタンス2世　668没（38歳）。東ローマ皇帝（在位641～668）。630生。

ロベール　866没。フランス，カペー王家の祖先にあたる人物。

聖ルドミラ　921没（61?歳）。チェコの聖人。860頃生。

信覚　しんかく　1084没（74歳）。平安時代中期・後期の真言宗の僧。1011生。

覚猷　かくゆう　1140没（88歳）。平安時代後期の天台宗の僧。1053生。

河野通清　こうのみちきよ　1181没。平安時代後期の武士。

正親町三条公氏　おおぎまちさんじょうきんうじ　1237没（56歳）。鎌倉時代前期の公卿。1182生。

土御門顕実　つちみかどあきざね　1279没。鎌倉時代前期の公卿。

平範賢　たいらののりかた　1282没。鎌倉時代後期の公卿。

亀山天皇　かめやまてんのう　1305没（57歳）。第90代の天皇。1249生。

中院通重　なかのいんみちしげ　1322没（53歳）。鎌倉時代後期の公卿。1270生。

唱名　しょうみょう　1359没（89歳）。鎌倉時代後期・南北朝時代の浄土宗の僧。1271生。

鉄舟徳済　てっしゅうとくさい　1366没。南北朝時代の僧，画家。

酉仰　ゆうこう　1459没（42歳）。室町時代の浄土宗の僧。1418生。

カタリーナ（ジェーノヴァの）　1510没（63歳）。イタリアの神秘家，聖女。1447生。

了庵桂悟　りょうあんけいご　1514没（90歳）。室町時代・戦国時代の臨済宗の僧。1425生。

朝山日乗　あさやまにちじょう　1577没。戦国時代・安土桃山時代の僧。

松平信康　まつだいらのぶやす　1579没（21歳）。安土桃山時代の武将。1559生。

大久保忠世　おおくぼただよ　1594没（62歳）。戦国時代・安土桃山時代の大名。1533生。

日養　にちよう　1596没（81歳）。戦国時代・安土桃山時代の日蓮宗の僧。1516生。

大谷吉継　おおたによしつぐ　1600没（42歳）。安土桃山時代の武士。1559生。

川尻秀長　かわじりひでなが　1600没。安土桃山時代の武将。

島勝猛　しまかつたけ　1600没。安土桃山時代の武将。

オーヴァベリー，トマス　1613没（32歳）。イギリスの詩人。1581生。

崇源院　すうげんいん　1626没（54歳）。安土桃山時代・江戸時代前期の女性。浅井長政の3女，徳川秀忠の正室。1573生。

九鬼守隆　くきもりたか　1632没（60歳）。江戸時代前期の大名。1573生。

島田利正　しまだとしまさ　1642没（67歳）。安土桃山時代・江戸時代前期の江戸町奉行。1576生。

ル・ノートル，アンドレ　1700没（87歳）。フランスの造園家。1613生。

ゴドルフィン，シドニー　1712没（67歳）。イギリスの政治家。1645生。

三桝大五郎(初代)　みますだいごろう　1780没（63歳）。江戸時代中期の歌舞伎役者，歌舞伎座本。1718生。

片岡仁左衛門(6代目)　かたおかにざえもん　1789没（59歳）。江戸時代中期の歌舞伎役者。1731生。

月居　げっきょ　1824没（69歳）。江戸時代中期・後期の俳人。1756生。

ハスキッソン，ウィリアム　1830没（60歳）。イギリスの政治家，財政家。1770生。

モラサーン，フランシスコ　1842没（42歳）。中央アメリカ連邦大統領（1830～40）。1799生。

フーゴー　1844没（79歳）。ドイツの法学者。1764生。

ブルーネル，イザンバード・キングダム　1859没（53歳）。イギリスの造船，土木技術者。1806生。

534

沢村源之助(3代目)　さわむらげんのすけ　1863没(60歳)。江戸時代末期の歌舞伎役者。1804生。

スピーク，ジョン・ハニング　1864没(37歳)。イギリスのアフリカ探検家。1827生。

カラコーゾフ　1866没(25歳)。ロシアのテロリスト，革命家。1840生。

安達清風　あだちせいふう　1884没(50歳)。江戸・明治時代の鳥取藩士。1835生。

嘉納治郎作　かのうじろさく　1885没(73歳)。江戸・明治時代の廻船業者。1813生。

ゴンチャローフ，イワン・アレクサンドロヴィチ　1891没(79歳)。ロシアの小説家。1812生。

宇都宮黙霖　うつつのみやもくりん　1897没(74歳)。江戸・明治時代の勤王僧。1824生。

町田久成　まちだひさなり　1897没(60歳)。江戸・明治時代の鹿児島藩士，官僚，僧侶。初代帝国博物館館長。1838生。

ヴァーンベーリ，アルミニウス　1913没(81歳)。ハンガリーの東洋学者。1832生。

グリーン，ダニエル・クロスビ　1913没(70歳)。アメリカの組合派教会宣教師。1843生。

ルー，ヴィルヘルム　1924没(74歳)。ドイツの解剖学者，動物発生学者。1850生。

ギル，ルネ　1925没(62歳)。ベルギー生れのフランスの詩人。1862生。

寺尾亨　てらおとおる　1925没(67歳)。明治・大正時代の国際法学者。東京帝国大学教授。1859生。

ホルテル，ヘルマン　1927没(62歳)。オランダの詩人。1864生。

ウルフ，トマス　1938没(37歳)。アメリカの作家。1900生。

ヴェーベルン，アントン　1945没(61歳)。オーストリアの作曲家。1883生。

タルデュー　1945没(68歳)。フランスの政治家。1876生。

メンデルゾーン，エーリヒ　1953没(66歳)。アメリカで活躍したユダヤ系の建築家。1887生。

槙本楠郎　まきもとくすろう　1956没(58歳)。大正・昭和時代の児童文学者，歌人。1898生。

次田大三郎　つぎただいさぶろう　1960没(77歳)。明治～昭和時代の内務官僚，政治家。茨城県知事，内務次官。1883生。

藤林敬三　ふじばやしけいぞう　1962没(61歳)。昭和時代の経済学者。中労委会長，慶應義塾大学教授。1900生。

橋岡久太郎　はしおかきゅうたろう　1963没(79歳)。明治～昭和時代の能楽師シテ方。1884生。

アスゲールソン　1972没(78歳)。アイスランド大統領(1952～68)。1894生。

グスタフ6世　1973没(90歳)。スウェーデン国王。1882生。

松方三郎　まつかたさぶろう　1973没(74歳)。大正・昭和時代の登山家，ジャーナリスト。日本山岳会会長，共同通信社専務理事。1899生。

有島生馬　ありしまいくま　1974没(91歳)。大正・昭和時代の洋画家，小説家。1882生。

大蔵貢　おおくらみつぎ　1978没(78歳)。昭和時代の映画企業家。新東宝社長，大蔵映画社長。1899生。

波多野勤子　はたのいそこ　1978没(72歳)。昭和時代の児童心理学者。波多野ファミリー・スクール理事長，国立音楽大学教授。1905生。

メッサーシュミット，ウィリー　1978没(80歳)。ドイツの航空機設計者，航空機製造業者。1898生。

エヴァンズ，ビル　1980没(51歳)。アメリカのジャズ・ピアニスト。1929生。

松本謙三　まつもとけんぞう　1980没(81歳)。大正・昭和時代の能楽師ワキ方。1899生。

青地晨　あおちしん　1984没(75歳)。昭和時代の編集者，評論家。1909生。

坂本藤良　さかもとふじよし　1986没(59歳)。昭和時代の経営評論家。環境科学研究所会長，日本ビジネススクール学長。1926生。

ウォレン，ロバート・ペン　1989没(84歳)。アメリカの詩人，小説家，批評家。1905生。

土門拳　どもんけん　1990没(80歳)。昭和時代の写真家。1909生。

山根寿子　やまねひさこ　1990没(69歳)。昭和時代の女優。1921生。

渡辺美智雄　わたなべみちお　1995没(72歳)。昭和・平成時代の政治家。衆院議員，副総理，外相，蔵相。1923生。

三国一朗　みくにいちろう　2000没(79歳)。昭和・平成時代の司会者。1921生。

ラモーン，ジョニー　2004没(55歳)。アメリカのロック・ギタリスト。1948生。

9月15日

9月16日

○記念日○　マッチの日
　　　　　国連・国際平和デー
○出来事○　大森貝塚が発掘される(1877)
　　　　　日本中央競馬会設立(1954)

マルティヌス1世　655没。教皇(在位649〜55)，聖人。
藤原縄主　ふじわらのただぬし　817没(58歳)。奈良時代・平安時代前期の公卿。760生。
藤原愛発　ふじわらのちかなり　843没(57歳)。平安時代前期の公卿。787生。
多自然麻呂　おおのじねんまろ　886没。平安時代前期の雅楽家。
英子内親王　えいしないしんのう　946没(26歳)。平安時代中期の女性。醍醐天皇の皇女。921生。
藤原義孝　ふじわらのよしたか　974没(21歳)。平安時代中期の官人，歌人。954生。
楽子内親王　らくしないしんのう　998没(47歳)。平安時代中期の女性。村上天皇の第6皇女。952生。
源朝任　みなもとのともとう　1034没(46歳)。平安時代中期の公卿。989生。
ヴィクトル3世　1087没(60歳)。教皇(在位1086〜87)。1027生。
藤原伊房　ふじわらのこれふさ　1096没(67歳)。平安時代中期・後期の公卿。1030生。
藤原敦宗　ふじわらのあつむね　1111没(70歳)。平安時代中期・後期の学者，漢詩人。1042生。
行厳　ぎょうごん　1123没。平安時代後期の天台宗の僧。
パンダルフ　1226没。イタリアの聖職者。
七条院　しちじょういん　1228没(72歳)。平安時代後期・鎌倉時代前期の女性。高倉天皇の宮人。1157生。
チェッコ・ダスコリ　1327没(58?歳)。イタリアの詩人，天文学者。1269頃生。
壷庵至簡　こあんしかん　1341没。鎌倉時代後期・南北朝時代の華厳宗の僧。
平田慈均　へいでんじきん　1364没。南北朝時代の僧。
シャルル5世　1380没(42歳)。フランス王(在位1364〜80)。1338生。

クレメンス7世　1394没(52歳)。対立教皇(在位1378〜94)。1342生。
希明清良　きみょうせいりょう　1445没。室町時代の曹洞宗の僧。
トルケマダ，トマス・デ　1498没(78歳)。スペインの神学者。1420生。
コレット，ジョン　1519没(52歳)。イギリスの聖職者。1467生。
正親町実胤　おおぎまちさねたね　1566没(77歳)。戦国時代の公卿。1490生。
来島通総　くるしまみちふさ　1597没(37歳)。安土桃山時代の武将，大名。1561生。
英甫永雄　えいほえいゆう　1602没(56歳)。安土桃山時代の臨済宗無窓派の僧。1547生。
スマラガ　1622没。スペインの宣教師，殉教者。
チリーノ　1635没(78歳)。スペインの宣教師。1557生。
お亀の方　おかめのかた　1642没(70歳)。安土桃山時代・江戸時代前期の女性。徳川家康の側室。1573生。
本因坊算悦　ほんいんぼうさんえつ　1658没(48歳)。江戸時代前期の囲碁家元。1611生。
ブラッドストリート，アン　1672没(60?歳)。アメリカ最初の女流詩人。1612頃生。
メイヨー，ジョン　1679没(39?歳)。イギリスの医者，化学者。1640頃生。
山崎闇斎　やまざきあんさい　1682没(65歳)。江戸時代前期の儒学者，神道家。1618生。
ファーレンハイト，ガブリエル・ダニエル　1736没(50歳)。ドイツの物理学者。1686生。
クノーベルスドルフ，ゲオルク・ヴェンツェスラウス・フォン　1753没(56歳)。ドイツの画家，建築家。1697生。
服部蘇門　はっとりそもん　1769没(46歳)。江戸時代中期の漢学者。1724生。
ルイ18世　1824没(68歳)。フランス国王(在位1814〜15, 15〜24)。1755生。
古賀穀堂　こがこくどう　1836没(60歳)。江戸時代後期の儒学者。1777生。

ケアリ, マシュー 1839没(79歳)。アメリカの出版者, 政治評論家。1760生。

田中大秀 たなかおおひで 1847没(71歳)。江戸時代後期の国学者。1777生。

魚住源次兵衛 うおずみげんじべえ 1880没(64歳)。江戸時代末期・明治時代の肥後熊本藩士。1817生。

大蔵弥太郎(22代目) おおくらやたろう 1881没(41歳)。江戸・明治時代の大蔵流狂言師家元。1841生。

ピュージ, エドワード・ブーヴェリ 1882没(82歳)。イギリスの神学者, オックスフォード運動の指導者。1800生。

橋本実梁 はしもとさねやな 1885没(52歳)。江戸・明治時代の公卿。伯爵。1834生。

境川浪右衛門 さかいがわなみえもん 1887没(47歳)。江戸・明治時代の力士。横綱。1841生。

キャロル, ジェイムズ 1907没(53歳)。アメリカ陸軍の軍医。1854生。

箕作佳吉 みつくりかきち 1909没(52歳)。明治時代の動物学者。東京大学動物学教授。1858生。

ウィンパー, エドワード 1911没(71歳)。イギリスの木版画家, 登山家。1840生。

菱田春草 ひしだしゅんそう 1911没(38歳)。明治時代の日本画家。1874生。

田辺太一 たなべたいち 1915没(85歳)。江戸・明治時代の外交官。貴族院議員。1831生。

アンダション, ダーン 1920没(32歳)。スウェーデンの詩人, 小説家。1888生。

伊藤野枝 いとうのえ 1923没(29歳)。大正時代の婦人運動家, 無政府主義者。1895生。

大杉栄 おおすぎさかえ 1923没(39歳)。大正時代の社会運動家, 著述家。無政府主義者。1885生。

オイケン, ルドルフ・クリストフ 1926没(80歳)。ドイツの哲学者。1846生。

ウマル・ムフタル 1931没(69歳)。リビアの宗教・社会運動家。1862生。

ムフタール 1931没(69歳)。リビアの宗教・社会運動家。1862生。

ロス, サー・ロナルド 1932没(75歳)。イギリスの病理学者, 寄生虫学者。1857生。

渋谷黎子 しぶやれいこ 1934没(26歳)。昭和時代の社会運動家。1909生。

西村五雲 にしむらごうん 1938没(62歳)。大正・昭和時代の日本画家。1877生。

嶋中雄三 しまなかゆうぞう 1940没(61歳)。大正・昭和時代の社会運動家。社会民衆党中央執行委員, 東京市議会議員。1880生。

ジンツハイマー 1945没(70歳)。ドイツの法学者。1875生。

マコーマック, ジョン 1945没(61歳)。アイルランド生れのテナー歌手。1884生。

ジーンズ, サー・ジェイムズ・ホップウッド 1946没(69歳)。イギリスの数学者, 天文学者。1877生。

斉璜 せいこう 1957没(97歳)。中国の画家。1860生。

シュピッツァ, レオ 1960没(73歳)。オーストリアの言語学者。1887生。

小菅丹治 こすげたんじ 1961没(79歳)。大正・昭和時代の実業家。1882生。

バーナル, ジョン・デズモンド 1971没(70歳)。イギリスの生物物理学者。1901生。

金島桂華 かなしまけいか 1974没(82歳)。大正・昭和時代の日本画家。1892生。

亀高文子 かめたかふみこ 1977没(91歳)。明治〜昭和時代の洋画家。1886生。

カラス, マリア 1977没(53歳)。アメリカ生れのギリシアのソプラノ歌手。1923生。

ボラン, マーク 1977没(29歳)。イギリスのミュージシャン(T.Rex)。1947生。

ポンティ, ジオ 1979没(87歳)。イタリアの建築家。1891生。

ピアジェ, ジャン 1980没(84歳)。スイスの心理学者。1896生。

岩崎昶 いわさきあきら 1981没(77歳)。昭和時代の映画評論家, 映画プロデューサー。1903生。

氷上英広 ひかみひでひろ 1986没(75歳)。昭和時代のドイツ文学者。東京大学教授。1911生。

バンディ, マクジョージ 1996没(77歳)。アメリカの国際問題専門家。1919生。

牛島憲之 うしじまのりゆき 1997没(97歳)。昭和・平成時代の洋画家。東京芸術大学教授。1900生。

市川右太衛門 いちかわうたえもん 1999没(92歳)。大正・昭和時代の俳優。1907生。

9月16日

9月17日

○出来事○　枕崎台風襲来（1945）
　　　　　浜松町-羽田空港間にモノレール開業（1964）
　　　　　ソウル五輪開催（1988）

ランベルト（マーストリヒトの）　705没（70?歳）。オランダの殉教者、マーストリヒトの貴族出身の司教、聖人。635頃生。

コルンバ（コルドバの）　853没（23歳）。スペインの殉教者。830生。

安勅内親王　あてのないしんのう　855没。平安時代前期の女性。桓武天皇の第13皇女。

婉子女王　えんしじょおう　998没（27歳）。平安時代中期の女性。花山天皇の女御。972生。

安倍貞任　あべのさだとう　1062没（44歳）。平安時代中期の東北地方の豪族。1019生。

二条院　にじょういん　1105没（80歳）。平安時代中期・後期の女性。後一条天皇第1皇女。1026生。

公顕　こうけん　1193没（84歳）。平安時代後期の僧。1110生。

一条高能　いちじょうたかよし　1198没（23歳）。平安時代後期・鎌倉時代前期の公卿。1176生。

大友頼泰　おおともよりやす　1300没（79歳）。鎌倉時代後期の武士。1222生。

世良親王　よししんのう　1330没。皇族。後醍醐天皇の皇子。

覚助法親王　かくじょほっしんのう　1336没（87歳）。鎌倉時代後期・南北朝時代の真言宗の僧。1250生。

中山定親　なかやまさだちか　1459没（59歳）。室町時代の公卿。1401生。

日親　にっしん　1488没（82歳）。室町時代・戦国時代の日蓮宗の僧。1407生。

赤松義村　あかまつよしむら　1521没（50歳）。戦国時代の武将、播磨・備前・美作守護。1472生。

メネンデス・デ・アビレース　1574没（55歳）。スペインの航海者。1519生。

ブリンガー、ハインリヒ　1575没（71歳）。スイスの宗教改革者。1504生。

ベラルミーノ、聖ロベルト・フランチェスコ・ロモロ　1621没（78歳）。イタリアの枢機卿、神学者、聖人。1542生。

稲葉正成　いなばまさなり　1628没（58歳）。安土桃山時代・江戸時代前期の武将、大名。1571生。

浄光院　じょうこういん　1635没（52歳）。江戸時代前期の女性。徳川秀忠の側室。1584生。

平岡次郎右衛門　ひらおかじろうえもん　1643没（60歳）。江戸時代前期の甲斐国の代官触頭。1584生。

古林見宜　ふるばやしけんぎ　1657没（79歳）。安土桃山時代・江戸時代前期の儒医。1579生。

フェリペ4世　1665没（60歳）。スペイン王（在位1621〜65）。1605生。

ドン・フアン・デ・アウストリア　1679没（50歳）。スペインの軍人。1629生。

西玄甫　にしげんぽ　1684没。江戸時代前期の南蛮・オランダ通詞、蘭方医。

大高坂維佐子　おおたかさかいさこ　1699没（40歳）。江戸時代前期・中期の女性。文筆家。1660生。

ジェームズ2世　1701没（67歳）。イギリス、スチュアート朝の国王（在位1685〜88）。1633生。

阿部正武　あべまさたけ　1704没（56歳）。江戸時代前期・中期の大名。1649生。

森田勘弥（4代目）　もりたかんや　1743没。江戸時代中期の座主、歌舞伎役者。

ジェミニアーニ、フランチェスコ　1762没（74歳）。イタリアのヴァイオリン奏者、作曲家。1687生。

面山瑞方　めんざんずいほう　1769没（87歳）。江戸時代中期の曹洞宗の僧。1683生。

スモレット、トバイアス　1771没（50歳）。イギリスの小説家。1721生。

スミス、アダム　1790没（67歳）。イギリスの経済学者、哲学者。1723生。

イリアルテ、トマス・デ　1791没（40歳）。スペインの詩人。1750生。

楽了入（楽家9代目）　らくりょうにゅう　1834没（79歳）。江戸時代中期・後期の京都楽焼の

陶工。1756生。

ジュシュー，アントワーヌ-ローラン・ド　1836没（88歳）。フランスの植物学者。1748生。

ブオナロッティ　1837没（75歳）。イタリア生れのフランスの革命家。1761生。

小谷三志　こだにさんし　1841没（77歳）。江戸時代中期・後期の不二道の開祖。1765生。

菅野序遊（3代目）　すがのじょゆう　1851没。江戸時代後期の一中節浄瑠璃菅野派の家元。

スコット，ドレッド　1858没（63?歳）。アメリカの黒人奴隷。〈ドレッド・スコット事件〉の中心人物。1795頃生。

林復斎　はやしふくさい　1859没（60歳）。江戸時代末期の儒学者。1800生。

ヴィニー，アルフレッド・ド　1863没（66歳）。フランスの詩人，小説家。1797生。

ランドー，ウォルター・サヴェッジ　1864没（89歳）。イギリスの詩人。1775生。

日高凉台　ひだかりょうだい　1868没（72歳）。江戸時代末期の蘭方医。1797生。

歌川広重（2代目）　うたがわひろしげ　1869没（44歳）。江戸時代末期の浮世絵師。1826生。

トールボット，ウィリアム・ヘンリー・フォックス　1877没（77歳）。イギリスの科学者，写真の発明者，言語学者。1800生。

ヴィオレ-ル-デュック，ウージェーヌ-エマニュエル　1879没（65歳）。フランスの建築家。1814生。

イェーリング，ルドルフ・フォン　1892没（74歳）。ドイツの法学者。1818生。

カルティニ，R.A.　1904没（25歳）。ジャワ上級貴族の娘。1879生。

当山久三　とうやまきゅうぞう　1910没（43歳）。明治時代の民権運動家。1868生。

本野一郎　もとのいちろう　1918没（57歳）。明治・大正時代の外交官。子爵。1862生。

若山牧水　わかやまぼくすい　1928没（44歳）。明治～昭和時代の歌人。1885生。

ル・シャトリエ，アンリ　1936没（85歳）。フランスの化学者。1850生。

村上鬼城　むらかみきじょう　1938没（74歳）。明治～昭和時代の俳人。1865生。

山中貞雄　やまなかさだお　1938没（30歳）。昭和時代の映画監督。1909生。

スピアマン，チャールズ・エドワード　1945没（82歳）。イギリスの心理学者。1863生。

ベネディクト，ルース　1948没（61歳）。アメリカの女流文化人類学者。1887生。

ベルナドット，フォルケ，伯爵　1948没（53歳）。スウェーデンの政治家。1895生。

星野天知　ほしのてんち　1950没（88歳）。明治～昭和時代の評論家，小説家。1862生。

メンデレス，アドナン　1961没（62歳）。トルコの政治家。1899生。

フローラ，フランチェスコ　1962没（70歳）。イタリアの評論家。1891生。

シュプランガー，エードゥアルト　1963没（81歳）。ドイツの哲学者，心理学者，教育学者。1882生。

カソーナ，アレハンドロ・ロドリゲス　1965没（62歳）。スペインの劇作家。1903生。

桜井忠温　さくらいただよし　1965没（86歳）。明治～昭和時代の軍人，小説家。1879生。

村上直次郎　むらかみなおじろう　1966没（98歳）。明治～昭和時代の日本史学者。上智大学教授。1868生。

吉田蕘文　よしだたかふみ　1970没（61歳）。昭和時代の茶道家。表千家流吉田家5代目。1908生。

スゴンザック，アンドレ・デュノワイエ・ド　1974没（90歳）。フランスの画家。1884生。

八田元夫　はったもとお　1976没（72歳）。昭和時代の演出家，劇作家。全国映画従業員組合東京支部委員長。1903生。

吉田満　よしだみつる　1979没（56歳）。昭和時代の小説家。日本銀行監事。1923生。

内村祐之　うちむらゆうし　1980没（82歳）。昭和時代の精神医学者。東京大学教授，プロ野球コミッショナー。1897生。

ソモサ・デバイレ　1980没（54歳）。ニカラグアの軍人，政治家。1925生。

志賀暁子　しがあきこ　1990没（80歳）。昭和時代の映画女優。1910生。

藤原定　ふじわらさだむ　1990没（85歳）。昭和時代の詩人，評論家。法政大学教授，「オルフェ」発行人。1905生。

フランシェスカッティ，ジノ　1991没（86歳）。フランスのヴァイオリン奏者。1905生。

竹崎有斐　たけざきゆうひ　1993没（70歳）。昭和・平成時代の児童文学作家。1923生。

中川勝彦　なかがわかつひこ　1994没（32歳）。昭和・平成時代の歌手，俳優。1962生。

アグニュー，スパイロ・T　1996没（77歳）。アメリカの政治家。1918生。

会田雄次　あいだゆうじ　1997没（81歳）。昭和・平成時代の歴史学者，評論家。京都大学教授。1916生。

9月17日

9月18日

○記念日○　かいわれ大根の日
○出来事○　満州事変（1931）
　　　　　日清カップヌードル発売（1971）

ドミティアーヌス，ティートゥス・フラーウィウス　96没（44歳）。ローマ皇帝（在位81〜96）。51生。

ペラヨ　737没。アストゥリアス初代の王（在位718頃〜737頃）。

塩焼王　しおやきおう　764没（50?歳）。奈良時代の公卿。0715頃生。

藤原朝獦　ふじわらのあさかり　764没。奈良時代の官人。

藤原仲麻呂　ふじわらのなかまろ　764没（59歳）。奈良時代の官人。706生。

藤原良継　ふじわらのよしつぐ　777没（62歳）。奈良時代の官人。716生。

親子内親王　ちかこないしんのう　851没。平安時代前期の女性。仁明天皇の皇女。

島田清田　しまだのきよた　855没（77歳）。平安時代前期の官人。779生。

平惟範　たいらのこれのり　909没（55歳）。平安時代前期・中期の公卿。855生。

ルイ7世　1180没（59?歳）。フランス国王（在位1137〜80）。1121頃生。

頌子内親王　しょうしないしんのう　1208没（64歳）。平安時代後期・鎌倉時代前期の女性。鳥羽天皇の第7皇女。1145生。

藻璧門院　そうへきもんいん　1233没（25歳）。鎌倉時代前期の女性。後堀河天皇の皇后。1209生。

陰明門院　おんめいもんいん　1243没（59歳）。鎌倉時代前期の女性。土御門天皇の中宮。1185生。

北条兼時　ほうじょうかねとき　1295没（32歳）。鎌倉時代後期の武将。1264生。

ルードヴィヒ（長子伯）　1361没（46歳）。バイエルン公（1347〜61），ブランデンブルク辺境伯（1323〜51）。1315生。

エイク，ヒューベルト・ヴァン　1426没（56?歳）。フランドルの画家。1370頃生。

大内政弘　おおうちまさひろ　1495没（50歳）。室町時代・戦国時代の武将。1446生。

竹内季治　たけうちすえはる　1571没（54歳）。戦国時代の公卿。1518生。

石田正澄　いしだまさずみ　1600没。安土桃山時代の武将。

垣見一直　かきみかずなお　1600没。安土桃山時代の武将。

成富兵庫　なるとみひょうご　1634没（75歳）。安土桃山時代・江戸時代前期の武士。1560生。

松花堂昭乗　しょうかどうしょうじょう　1639没（56歳）。江戸時代前期の学僧，書画家。1584生。

大住院以信　だいじゅういんいしん　1696没（90歳）。江戸時代前期の僧，名人立花師と称された，京都本能寺の塔頭高俊院4世。1607生。

藤村庸軒　ふじむらようけん　1699没（87歳）。江戸時代前期の茶人。1613生。

元総尼　げんそうに　1711没（66歳）。江戸時代前期・中期の女性。黄檗宗の尼僧。1646生。

プライアー，マシュー　1721没（57歳）。イギリスの詩人，外交官。1664生。

プランタウアー，ヤーコプ　1726没（68?歳）。オーストリアの建築家。1658頃生。

後藤艮山　ごとうこんざん　1733没（75歳）。江戸時代前期・中期の医師。1659生。

村田春郷　むらたはるさと　1768没（30歳）。江戸時代中期の歌人。1739生。

烏丸光胤　からすまるみつたね　1780没（60歳）。江戸時代中期の公家。1721生。

岩本昆寛　いわもとこんかん　1801没（58歳）。江戸時代中期・後期の装剣金工家。1744生。

コルヴィサール，ジャン‐ニコラ　1821没（46歳）。フランスの医学者。1775生。

ハズリット，ウィリアム　1830没（52歳）。イギリスの批評家，随筆家。1778生。

和田寧　わだねい　1840没（54歳）。江戸時代後期の数学者。1787生。

稲葉雍通　いなばてるみち　1847没（72歳）。江戸時代後期の大名。1776生。

グリーノー，ホレイシオ　1852没（47歳）。アメリカの彫刻家。1805生。

永楽保全　えいらくほぜん　1854没（60歳）。江戸時代末期の京焼の名工。1795生。

芹沢鴨　せりざわかも　1863没（37歳）。江戸時代末期の新撰組局長。1827生。

海保漁村　かいほぎょそん　1866没（69歳）。江戸時代末期の儒学者、幕府医学館直舎儒学教授。1798生。

ウォラー，オーガスタス　1870没（53歳）。イギリスの生理学者。1816生。

斎藤大之進　さいとうだいのしん　1871没（50歳）。江戸・明治時代の旗本。1822生。

竹沢弥七（7代目）　たけざわやしち　1876没（46歳）。江戸・明治時代の義太夫節三味線方。1831生。

実川延若（初代）　じつかわえんじゃく　1885没（55歳）。江戸・明治時代の歌舞伎役者。1831生。

フェレル，ウィリアム　1891没（74歳）。アメリカの気象学者。1817生。

フィゾー，アルマン・イポリット・ルイ　1896没（76歳）。フランスの物理学者。1819生。

マクドナルド，ジョージ　1905没（80歳）。スコットランドの小説家、詩人。1824生。

中村時蔵（2代目）　なかむらときぞう　1909没（34歳）。明治時代の歌舞伎役者。1876生。

ストルイピン，ピョートル・アルカジエヴィチ　1911没（49歳）。ロシアの政治家。1862生。

知里幸恵　ちりゆきえ　1922没（20歳）。大正時代のアイヌ文学伝承者。1903生。

ブラッドリー，F.H.　1924没（78歳）。イギリスの哲学者。1846生。

徳冨蘆花　とくとみろか　1927没（60歳）。明治・大正時代の小説家。1868生。

桂文治（7代目）　かつらぶんじ　1928没（81歳）。明治・大正時代の落語家。1848生。

江木翼　えぎたすく　1932没（60歳）。大正・昭和時代の政治家、官僚。貴族院議員、法相。1873生。

ヴィトキエヴィッチ，スタニスワフ・イグナツィ　1939没（54歳）。ポーランドの劇作家、小説家、文芸評論家、哲学者、画家。1885生。

岸沢式佐（7代目・8代目）　きしざわしきさ　1944没（86歳）。明治〜昭和時代の三味線奏者。1859生。

島津保次郎　しまづやすじろう　1945没（49歳）。大正・昭和時代の映画監督。1897生。

朝永三十郎　ともながさんじゅうろう　1951没（80歳）。明治〜昭和時代の哲学者。1871生。

粟谷益二郎　あわやますじろう　1957没（66歳）。明治〜昭和時代の能楽師（喜多流シテ方）。1890生。

ハマーショルド，ダグ　1961没（56歳）。スウェーデンの政治家。1905生。

遠藤柳作　えんどうりゅうさく　1963没（77歳）。大正・昭和時代の官僚，政治家。内閣書記官長、参議院議員。1886生。

オケイシー，ショーン　1964没（84歳）。アイルランドの劇作家。1880生。

コッククロフト，サー・ジョン・ダグラス　1967没（70歳）。イギリスの実験物理学者。1897生。

糸賀一雄　いとがかずお　1968没（54歳）。昭和時代の児童福祉活動家。1914生。

ヘンドリックス，ジミ　1970没（27歳）。アメリカのギタリスト。1942生。

ヴィグマン，マリー　1973没（86歳）。ドイツの舞踊家。1886生。

須田禎一　すだていいち　1973没（64歳）。昭和時代のジャーナリスト、評論家。北海道新聞論説委員、日中友好協会正統本部理事。1908生。

斎藤秀雄　さいとうひでお　1974没（72歳）。昭和時代の指揮者、音楽教育者、チェリスト。桐朋学園大学学長。1902生。

ぬやまひろし　1976没（72歳）。昭和時代の詩人、社会運動家。1903生。

石田退三　いしだたいぞう　1979没（90歳）。昭和時代の実業家。トヨタ自動車工業社長。1888生。

木村毅　きむらき　1979没（85歳）。大正・昭和時代の文芸評論家、小説家。松陰女子大学教授，明治文化研究会会長。1894生。

ポーター，キャサリン・アン　1980没（90歳）。アメリカの女流小説家。1890生。

千葉泰樹　ちばやすき　1985没（75歳）。昭和時代の映画監督。1910生。

斎藤真一　さいとうしんいち　1994没（72歳）。昭和・平成時代の洋画家。1922生。

ポッパー，サー・カール・ライムンド　1994没（92歳）。オーストリア生まれのイギリスの哲学者。1902生。

浅羽英子　あさばさやこ　2006没（53歳）。昭和・平成時代の翻訳家。1953生。

9月18日

9月19日

○記念日○　苗字の日
○出来事○　フランスで死刑廃止法案可決
　　　　　　（1981）

テオドーロス（カンタベリの，タルソスの）　690没（88?歳）。イギリスの高僧。602頃生。
中臣名代　なかとみのなしろ　745没。奈良時代の官人。
藤原是公　ふじわらのこれきみ　789没（63歳）。奈良時代の官人。727生。
南淵弘貞　みなぶちのひろさだ　833没（58歳）。平安時代前期の公卿。776生。
伊都内親王　いとないしんのう　861没（61?歳）。平安時代前期の女性。桓武天皇の第7皇女、在原業平の母。0801頃生。
九条院　くじょういん　1176没（46歳）。平安時代後期の女性。近衛天皇の中宮。1131生。
成賢　せいけん　1231没（70歳）。平安時代後期・鎌倉時代前期の真言宗の僧。1162生。
多治見国長　たじみくになが　1324没（36歳）。鎌倉時代後期の武士。1289生。
土岐頼兼　ときよりかね　1324没。鎌倉時代後期の武士。
上杉憲顕　うえすぎのりあき　1368没（63歳）。鎌倉時代後期・南北朝時代の武将、関東管領、関東上杉氏の祖。1306生。
畠山満家　はたけやままついえ　1433没（62歳）。南北朝時代・室町時代の武将、室町幕府管領。1372生。
叔英宗播　しゅくえいそうは　1441没。室町時代の僧。
バルボ，ルドヴィーコ　1443没（62?歳）。イタリアのベネディクト会改革者、トレヴィーゾの司教。1381頃生。
四条隆量　しじょうたかかず　1503没（75歳）。室町時代・戦国時代の公卿。1429生。
長尾能景　ながおよしかげ　1506没（48歳）。戦国時代の武将。1459生。
日順　にちじゅん　1511没（83歳）。室町時代・戦国時代の日蓮宗の僧。1429生。
フェルラリエンシス　1528没（54?歳）。イタリアのドミニコ会神学者。1474頃生。
ボメリウス，ヘンリクス　1570没（70?歳）。オランダのルター派神学者。1500頃生。

プールビュス，フランス1世　1581没（36歳）。オランダの画家。1545生。
尚寧　しょうねい　1620没（57歳）。琉球王国第二尚氏7代目の国王。1564生。
今大路道三　いまおおじどうさん　1626没（50歳）。安土桃山時代・江戸時代前期の医師。1577生。
中浦ジュリアン　なかうらじゅりあん　1633没（64歳）。安土桃山時代・江戸時代前期の天正遣欧少年使節の副使。1570生。
立花忠茂　たちばなただしげ　1675没（64歳）。江戸時代前期の大名。1612生。
桃水雲渓　とうすいうんけい　1683没（72歳）。江戸時代前期の曹洞宗の僧。1612生。
内藤風虎　ないとうふうこ　1685没（67歳）。江戸時代前期の大名。1619生。
中村勘三郎（5代目）　なかむらかんざぶろう　1701没（36歳）。江戸時代中期の歌舞伎役者、歌舞伎座主。1666生。
レーマー，オーレ・クリステンセン　1710没（65歳）。デンマークの天文学者。1644生。
ヴァンロー，ジャン・バティスト　1745没（61歳）。フランスの画家。1684生。
月光院　げっこういん　1752没（68歳）。江戸時代中期の女性。6代将軍徳川家宣の側室。1685生。
堀景山　ほりけいざん　1757没（70歳）。江戸時代中期の儒医。1688生。
成島錦江　なるしまきんこう　1760没（72歳）。江戸時代中期の歌人、儒学者、詩人。1689生。
ミュッセンブルーク，ピーター・ファン　1761没（69歳）。オランダの物理学者。1692生。
オシュ　1797没（29歳）。革命期のフランスの将軍。1768生。
伊良子光顕　いらこみつあき　1799没（63歳）。江戸時代中期の外科医。1737生。
水野忠友　みずのただとも　1802没（72歳）。江戸時代中期・後期の大名。1731生。
山村才助　やまむらさいすけ　1807没（38歳）。江戸時代中期・後期の蘭学者、世界地理学者。

1770生。

ロートシルト，マイアー　1812没（69歳）。ユダヤ系の国際的金融資本家。1743生。

コリオリ，ギュスターヴ-ガスパール　1843没（51歳）。フランスの物理学者。1792生。

穂井田忠友　ほいだただとも　1847没（57歳）。江戸時代後期の国学者，考古学者，歌人。1791生。

内藤広前　ないとうひろさき　1866没（76歳）。江戸時代末期の国学者。1791生。

新門辰五郎　しんもんたつごろう　1875没（84歳）。江戸時代末期・明治時代の侠客。1792生。

ガーフィールド，ジェイムズ・A　1881没（49歳）。第20代アメリカ大統領。1831生。

中野梧一　なかのごいち　1883没（42歳）。明治時代の官僚，実業家。1842生。

バルマセダ，ホセ・マヌエル　1891没（53歳）。チリの政治家。1838生。

正岡子規　まさおかしき　1902没（36歳）。明治時代の俳人，歌人。1867生。

呉文聡　くれぶんそう　1918没（68歳）。明治時代の統計学者。1851生。

快楽亭ブラック　かいらくていぶらっく　1923没（66歳）。明治・大正時代の落語家。1858生。

ジョーダン　1931没（80歳）。アメリカの教育家。1851生。

ツィオルコフスキー，コンスタンチン・エドゥアルドヴィチ　1935没（78歳）。ロシア，ソ連の物理学者。1857生。

桂ざこば（初代）　かつらざこば　1938没（72歳）。明治～昭和時代の落語家。1867生。

ピトエフ　1939没（51歳）。フランスの俳優，演出家。1888生。

ミレス，カール　1955没（80歳）。スウェーデンの彫刻家。1875生。

デーリー　1957没（86歳）。アメリカの地質学者。1871生。

池尾芳蔵　いけおよしぞう　1959没（81歳）。大正・昭和時代の事業家。日本電力会社社長，日本発送電総裁。1878生。

本間憲一郎　ほんまけんいちろう　1959没（69歳）。昭和時代の国家主義者。1889生。

井上知治　いのうえともはる　1962没（76歳）。昭和時代の政治家。衆議院議員，参議院議員。1886生。

ポゴージン，ニコライ・フョードロヴィチ　1962没（61歳）。ソ連の劇作家。1900生。

ロー，サー・デイヴィド　1963没（72歳）。ニュージーランド生れのイギリスの漫画家。1891生。

海老原喜之助　えびはらきのすけ　1970没（66歳）。昭和時代の洋画家。1904生。

オールブライト，ウィリアム・フォックスウェル　1971没（80歳）。アメリカの考古学者，聖書研究者。1891生。

カザドシュ，ロベール　1972没（73歳）。フランスのピアニスト，作曲家。1899生。

木村庄之助（24代目）　きむらしょうのすけ　1973没（72歳）。明治～昭和時代の相撲行司。1901生。

崔庸健　さいようけん　1976没（76歳）。北朝鮮の政治家。1900生。

今東光　こんとうこう　1977没（79歳）。大正・昭和時代の小説家，僧侶。天台宗権大僧正，中尊寺貫主。1898生。

内藤濯　ないとうあろう　1977没（94歳）。大正・昭和時代のフランス文学者，翻訳家。昭和女子大学教授。1883生。

ジルソン，エチエンヌ　1978没（94歳）。フランスの哲学者，哲学史家。1884生。

町田嘉章　まちだかしょう　1981没（93歳）。大正・昭和時代の邦楽研究家，作曲家。1888生。

カルヴィーノ，イータロ　1985没（61歳）。イタリアの作家。1923生。

ゲルハルセン　1987没（90歳）。ノルウェーの政治家。1897生。

淀かおる　よどかおる　1993没（63歳）。昭和時代の舞台女優。1930生。

パイエルス，サー・ルドルフ・エルンスト　1995没（88歳）。イギリス（ドイツ生れ）の理論物理学者。1907生。

アナベラ　1996没（86歳）。フランスの女優。1910生。

ハイセンビュッテル，ヘルムート　1996没（75歳）。西ドイツの詩人，評論家。1921生。

後藤田正晴　ごとうだまさはる　2005没（91歳）。昭和・平成時代の政治家，警察官僚。1914生。

中内功　なかうちいさお　2005没（83歳）。昭和・平成時代の実業家。ダイエー創業者。1922生。

9月19日

9月20日

○記念日○　バスの日
　　　　　　空の日
○出来事○　東京六大学野球始まる（1925）
　　　　　　第1回カンヌ映画祭（1946）
　　　　　　国産ロケット発射成功（1957）

恒貞親王　つねさだしんのう　884没（60歳）。淳和天皇の皇子。825生。

尾張時兼　おわりのときかね　1134没（60歳）。平安時代後期の雅楽家。1075生。

源俊雅　みなもとのとしまさ　1149没（45歳）。平安時代後期の公卿。1105生。

佐藤忠信　さとうただのぶ　1186没（26歳）。平安時代後期の武士。1161生。

公円　こうえん　1235没（68歳）。平安時代後期・鎌倉時代前期の僧。1168生。

姉小路顕朝　あねがこうじあきとも　1266没（55歳）。鎌倉時代前期の公卿。1212生。

豪鎮　ごうちん　1372没。南北朝時代の天台宗の僧。

フィローズ・シャー・トゥグルク　1388没（80?歳）。インドのトゥグルク朝第3代王（在位1351～88）。1308頃生。

アダム・イーストン　1397没（67歳）。イギリスの司教、枢機卿。1330生。

澄照良源　ちょうしょうりょうげん　1427没（74歳）。南北朝時代・室町時代の曹洞宗の僧。1354生。

バンショワ、ジル　1460没（60?歳）。フランドルの作曲家。1400頃生。

薬師寺元一　やくしじもとかず　1504没。戦国時代の武将、細川政元の被官。

喜州玄欣　きしゅうげんきん　1536没。戦国時代の曹洞宗の僧。

グスタフ1世　1560没（64歳）。スウェーデン王（在位1523～60）。1496生。

悟宗純嘉　ごしゅうじゅんか　1560没。戦国時代の曹洞宗の僧。

森可成　もりよしなり　1570没（48歳）。戦国時代の武将。1523生。

バビントン、アントニー　1586没（24歳）。エリザベス1世の暗殺を企てた陰謀家。1561生。

ガルニエ、ロベール　1590没（45?歳）。フランスの悲劇作家。1545頃生。

大透圭徐　だいとうけいじょ　1598没（74歳）。戦国時代・安土桃山時代の曹洞宗の僧。1525生。

山内一豊　やまのうちかずとよ　1605没（60歳）。安土桃山時代の武将、大名。1546生。

堀尾忠晴　ほりおただはる　1633没（35歳）。江戸時代前期の大名。1599生。

トマス・デ・サン・アウグスチノ　1637没（36?歳）。江戸時代前期の殉教者。1602頃生。

後光明天皇　ごこうみょうてんのう　1654没（22歳）。第110代の天皇。1633生。

サン-テヴルモン、シャルル・ド　1703没（93歳）。フランスの思想家、評論家、劇作家。1610生。

中甚兵衛　なかじんべえ　1730没（92歳）。江戸時代前期・中期の水利功労者。1639生。

エメット、ロバート　1803没（25歳）。アイルランドの愛国者。1778生。

中村重助（2代目）　なかむらじゅうすけ　1803没（55歳）。江戸時代中期・後期の歌舞伎作者。1749生。

喜多川歌麿　きたがわうたまろ　1806没（54?歳）。江戸時代中期・後期の浮世絵師。1753頃生。

窪俊満　くぼしゅんまん　1820没（64歳）。江戸時代後期の浮世絵師、狂歌師、戯作者。1757生。

フランシア、ホセ・ガスパール・ロドリゲス　1840没（74歳）。パラグアイの独裁者。1766生。

ニッコリーニ、ジョヴァンニ・バッティスタ　1861没（78歳）。イタリアの悲劇作家。1782生。

グリム、ヤーコプ・ルートヴィヒ・カール　1863没（78歳）。ドイツの言語学者。1785生。

モント　1880没（71歳）。チリの政治家、法学者。1809生。

梶常吉　かじつねきち　1883没（81歳）。江戸・明治時代の工芸家。七宝工芸。1803生。

猪子吉人　いのこきちんど　1893没(28歳)。明治時代の薬物学者。1866生。
ホフマン, ハインリヒ　1894没(85歳)。ドイツの精神病医, 作家。1809生。
フォンターネ, テーオドア　1898没(78歳)。ドイツの詩人, 小説家, 劇評家。1819生。
サラサーテ, パブロ・デ　1908没(64歳)。スペインのヴァイオリン奏者, 作曲家。1844生。
カインツ, ヨーゼフ　1910没(52歳)。ドイツの俳優。1858生。
ハート　1911没(77歳)。イギリスの外交官。1834生。
エヴァルト　1915没(69歳)。ドイツの医者。1845生。
岡内重俊　おかうちしげとし　1915没(74歳)。明治時代の官僚。高等法院陪席判事。1842生。
大迫尚敏　おおさこなおとし　1927没(84歳)。明治～昭和時代の軍人。学習院院長。1844生。
スレーフォークト, マックス　1932没(63歳)。ドイツの画家。1868生。
ベザント, アニー　1933没(85歳)。イギリスの女性社会改革家。1847生。
カラハン　1937没(48歳)。ソ連邦の外交官。1889生。
クルイーモフ, ユーリー・ソロモノヴィチ　1941没(33歳)。ソ連邦の作家。1908生。
児玉花外　こだまかがい　1943没(70歳)。明治時代の詩人。1874生。
鈴木梅太郎　すずきうめたろう　1943没(70歳)。明治～昭和時代の農芸化学者, 栄養化学者。東京帝国大学教授。1874生。
レーミュ, ジュール　1946没(62歳)。フランスの俳優。1883生。
ラ・ガーディア, フィオレロ・H　1947没(64歳)。アメリカの政治家, 弁護士。1882生。
草川信　くさかわしん　1948没(56歳)。大正・昭和時代の作曲家, バイオリニスト。ポリドール専属。1893生。
紀平正美　きひらただよし　1949没(76歳)。大正・昭和時代の哲学者。学習院大学教授。1874生。
野沢吉兵衛(8代目)　のざわきちべえ　1950没(74歳)。明治～昭和時代の浄瑠璃三味線方。1888生。
荒井竜男　あらいたつお　1955没(50歳)。昭和時代の洋画家。1905生。

ラ・クール, ポール　1956没(53歳)。デンマークの詩人。1902生。
シベリウス, ジャン　1957没(91歳)。フィンランドの作曲家。1865生。
小笠原長生　おがさわらながなり　1958没(90歳)。明治～昭和時代の軍人。1867生。
内山完造　うちやまかんぞう　1959没(74歳)。大正・昭和時代の日中友好運動家。1885生。
グッドパスチャー, アーネスト・ウィリアム　1960没(73歳)。アメリカの病理学者。1886生。
九条日浄　くじょうにちじょう　1962没(65歳)。大正・昭和時代の尼僧。瑞竜寺(日蓮宗)門跡, 村雲婦人会総裁。1896生。
レヴィ, ラザール　1964没(82歳)。フランスのピアニスト, 作曲家。1882生。
ホームズ, アーサー　1965没(75歳)。イギリスの岩石学者。1890生。
鈴木栄太郎　すずきえいたろう　1966没(72歳)。昭和時代の社会学者。北海道大学教授。1894生。
セフェリアデス, イオルゴス　1971没(71歳)。ギリシアの外交官, 詩人。1900生。
芳村伊十郎(7代目)　よしむらいじゅうろう　1973没(72歳)。大正・昭和時代の長唄唄方。長唄協会会長。1901生。
小寺健吉　こでらけんきち　1977没(90歳)。大正・昭和時代の洋画家。日展参事。1887生。
スヴォボダ, ルドヴィーク　1979没(83歳)。チェコスロバキアの軍人, 政治家。1895生。
林家三平　はやしやさんぺい　1980没(54歳)。昭和時代の落語家, テレビタレント。1925生。
石井光次郎　いしいみつじろう　1981没(92歳)。昭和時代の政治家。衆議院議員, 衆議院議長。1889生。
西春彦　にしはるひこ　1986没(93歳)。大正・昭和時代の外交官。駐英大使, ホテルニューグランド会長。1893生。
陳伯達　ちんはくたつ　1989没(85歳)。中国の政治家, 社会科学者。1904生。
中村汀女　なかむらていじょ　1989没(89歳)。昭和時代の俳人。1900生。
ゴルバチョフ, ライサ　1999没(67歳)。ゴルバチョフソ連大統領夫人。1932生。
徳間康快　とくまやすよし　2000没(78歳)。昭和・平成時代の映画プロデューサー。徳間書店社長, 大映社長。1921生。

9月20日

9月21日

○記念日○ 国際平和デー,世界停戦日
世界アルツハイマーデー
○出来事○ フランスで王政廃止と共和政樹立を宣言(1792)
室戸台風襲来(1934)

ウェルギリウス・マロ, プブリウス 前19没(50歳)。ローマの叙事詩人。前70生。

アポローニウス 184没。ローマの殉教者。

文禰麻呂 ふみのねまろ 707没。飛鳥時代の官人, 壬申の乱で活躍。

高駢 こうへん 887没。中国, 唐末期の節度使。

玄覚 げんかく 1138没(40歳)。平安時代後期の法相宗の僧。1099生。

エドワード2世 1327没(43歳)。イングランド王(在位1307～27)。1284生。

日心 にっしん 1343没(88歳)。鎌倉時代後期・南北朝時代の日蓮宗の僧。1256生。

佐竹義盛 さたけよしもり 1407没(43歳)。南北朝時代・室町時代の武将。1365生。

謙巌原冲 けんがんげんちゅう 1421没。室町時代の臨済宗の僧。

赤松義則 あかまつよしのり 1427没(70歳)。南北朝時代・室町時代の武将, 侍所頭人。1358生。

フリードリヒ1世 1440没(69歳)。ブランデンブルクの総督。1371生。

蒲庵宗睦 ほあんそうぼく 1479没(91歳)。室町時代の曹洞宗の僧。1389生。

ヴェーヘ, ヨハネス 1504没(73?歳)。オランダの神学者。1431頃生。

智円 ちえん 1513没(28歳)。戦国時代の女性。後土御門天皇の第5皇女。1486生。

バックオッフェン, ハンス 1519没(69?歳)。ドイツの彫刻家。1450頃生。

冷泉政為 れいぜいまさため 1523没(78歳)。室町時代・戦国時代の歌人・公卿。1446生。

玄秀 げんしゅう 1527没(93歳)。室町時代・戦国時代の浄土真宗の僧。1435生。

ボスカン, フアン 1542没(52?歳)。スペインの詩人。1490頃生。

コルテーゼ, グレゴーリオ 1548没(65歳)。イタリアの修道院改革者, 神学者, 枢機卿。1483生。

カール5世 1558没(58歳)。神聖ローマ皇帝(在位1519～56), スペイン国王カルロス1世(在位16～56)。1500生。

カルダーノ, ジロラモ 1576没(74歳)。イタリアの数学者, 医者。1501生。

グランヴェル, アントワーヌ・ペルノー・ド 1586没(69歳)。スペイン皇帝フェリペ2世時代の枢機卿。1517生。

建部賢文 たけべかたぶみ 1590没(69歳)。戦国時代・安土桃山時代の武将。1522生。

モラレス, フランシスコ・デ 1622没(54歳)。スペイン出身のドミニコ会士, 殉教者, 福者。1567生。

吉川広家 きっかわひろいえ 1625没(65歳)。安土桃山時代・江戸時代前期の毛利氏の武将。1561生。

クーン, ヤン・ピーテルスゾーン 1629没(42歳)。東インド会社の第4代および第6代総督。1587生。

大賀九郎左衛門 おおがくろうざえもん 1641没。江戸時代前期の朱印船貿易家。

戸次庄左衛門 べつきしょうざえもん 1652没。江戸時代前期の武士, 元越前大野藩士。

朝山意林庵 あさやまいりんあん 1664没(76歳)。江戸時代前期の儒者。1589生。

伊藤小太夫(2代目) いとうこだゆう 1689没(39歳)。江戸時代前期の若女形の歌舞伎役者。1651生。

劉東閣 りゅうとうかく 1695没(63歳)。江戸時代前期の儒学者。1633生。

マルソー 1796没(27歳)。フランスの軍人。1769生。

リード 1798没(65歳)。アメリカの政治家。1733生。

シカネーダー, エマーヌエル 1812没(61歳)。オーストリアの台本作家, 劇場支配人。1751生。

スコット, ウォルター 1832没(61歳)。スコットランド生れの詩人, 小説家。1771生。

アンベール, ロラン・ジョゼフ・マリー　1839没(42歳)。フランスの宣教師。1797生。

薗田悠機子　そのだゆきこ　1841没(50歳)。江戸時代後期の女性。歌人。1792生。

亜元　あげん　1842没(70歳)。江戸時代後期の歌人。1773生。

城戸千楯　きどちたて　1845没(68歳)。江戸時代後期の京都本屋、国学者。1778生。

ベンティンク, ロード・ジョージ　1848没(46歳)。イギリスの政治家。1802生。

石川一夢(初代)　いしかわいちむ　1854没(51歳)。江戸時代後期の講釈師。1804生。

ショーペンハウアー, アルトゥーア　1860没(72歳)。ドイツの哲学者。1788生。

ウォード　1862没(30歳)。アメリカの軍人。1831生。

リュードベリ, ヴィクトル　1895没(66歳)。スウェーデンの小説家、詩人。1828生。

市川雷蔵(5代目)　いちかわらいぞう　1901没(26歳)。明治時代の歌舞伎役者。1876生。

荒尾成章　あらおしげあきら　1903没(78歳)。江戸・明治時代の鳥取藩士。大神山神社宮司。1826生。

フェノロサ, アーネスト　1908没(55歳)。アメリカの哲学者、日本美術研究家。1853生。

アフマド・アラービー　1911没(72歳)。エジプトの軍人、独立運動の指導者。1839生。

ヘボン, ジェイムズ・カーティス　1911没(96歳)。アメリカ長老派の医療宣教師。1815生。

デューリング　1921没(88歳)。ドイツの哲学者、経済学者。1833生。

宮沢賢治　みやざわけんじ　1933没(38歳)。大正・昭和時代の詩人、童話作家。1896生。

メイエ, アントワーヌ　1936没(69歳)。フランスの言語学者。1866生。

棚橋絢子　たなはしあやこ　1939没(101歳)。明治〜昭和時代の教育者。1839生。

伊丹万作　いたみまんさく　1946没(47歳)。昭和時代の映画監督、脚本家。1900生。

ミルン, エドワード・アーサー　1950没(54歳)。イギリスの天文学者。1896生。

斎田愛子　さいだあいこ　1954没(44歳)。昭和時代の声楽家。1910生。

御木本幸吉　みきもとこうきち　1954没(96歳)。明治〜昭和時代の実業家。1858生。

ホーコン7世　1957没(85歳)。ノルウェー王(在位1905〜57)。1872生。

ロウィー, ロバート・ハリー　1957没(74歳)。オーストリア生れのアメリカの文化人類学者。1883生。

宇野浩二　うのこうじ　1961没(70歳)。大正・昭和時代の小説家。1891生。

欧陽予倩　おうようよせん　1962没(73歳)。中国の劇作家。1889生。

グローテヴォール　1964没(70歳)。ドイツの政治家。1894生。

三木行治　みきゆきはる　1964没(61歳)。昭和時代の官僚、政治家。岡山県知事。1903生。

レノー, ポール　1966没(87歳)。フランスの政治家。1878生。

西田隆男　にしだたかお　1967没(65歳)。昭和時代の実業家、政治家。衆議院議員、国務相。1901生。

広津和郎　ひろつかずお　1968没(76歳)。大正・昭和時代の小説家、評論家。1891生。

ウッサイ, ベルナルド・アルベルト　1971没(84歳)。アルゼンチンの生理学者。1887生。

モンテルラン, アンリ・ド　1972没(76歳)。フランスの小説家、劇作家。1896生。

古今亭志ん生(5代目)　ここんていしんしょう　1973没(83歳)。大正・昭和時代の落語家。1890生。

ドッド, チャールズ・ハロルド　1973没(89歳)。イギリスのプロテスタント神学者。1884生。

プルーマー, ウィリアム　1973没(69歳)。イギリスの詩人、小説家。1903生。

山本嘉次郎　やまもとかじろう　1974没(72歳)。昭和時代の映画監督。1902生。

中村翫右衛門(3代目)　なかむらかんえもん　1982没(81歳)。大正・昭和時代の歌舞伎役者。1901生。

哥沢芝金(5代目)　うたざわしばきん　1986没(52歳)。昭和時代のうた沢節演奏家。1934生。

千葉源蔵　ちばげんぞう　1988没(73歳)。昭和時代の出版人。文芸春秋社社長、雑誌協会理事長。1915生。

初井言栄　はついことえ　1990没(61歳)。昭和時代の女優。1929生。

尾崎秀樹　おざきほつき　1999没(70歳)。昭和・平成時代の文芸評論家、小説家。1928生。

小此木啓吾　おこのぎけいご　2003没(73歳)。昭和・平成時代の精神科医。1930生。

9月21日

9月22日

○出来事○ リンカーンが奴隷解放宣言(1862)
プラザ合意(1985)
千代の富士が通算最多勝記録(1989)

長訓　ちょうくん　855没(82歳)。平安時代前期の僧。774生。

明達　みょうたつ　955没(85歳)。平安時代前期・中期の天台宗の僧。871生。

藤原賢子　ふじわらのけんし　1084没(28歳)。平安時代後期の女性。白河天皇の皇后。1057生。

オットー・フォン・フライジング　1158没(47?歳)。ドイツのスコラ哲学者、神学者。1111頃生。

ペトルス・カントール　1197没。パリのスコラ神学者、聖書釈義家。

スノッリ・ストゥルルソン　1241没(62歳)。アイスランドの歴史家、詩人、政治家。1179生。

ベンツェスラウス1世　1253没(48歳)。ボヘミア王(在位1230～53)。1205生。

行覚法親王　ぎょうかくほっしんのう　1293没(20歳)。後深草天皇の皇子。1274生。

ジャン・ド・パリ　1306没(66?歳)。ドミニコ会士、哲学者。1240頃生。

北条師時　ほうじょうもろとき　1311没(37歳)。鎌倉幕府第10代の執権。1275生。

日善　にちぜん　1332没(70歳)。鎌倉時代後期の日蓮宗の僧。1263生。

ランカスター伯　1345没(64?歳)。イングランドの貴族。1281頃生。

藤原嗣家　ふじわらのつぐいえ　1346没(37歳)。鎌倉時代後期・南北朝時代の公卿。1310生。

恭愍王　きょうびんおう　1374没(44歳)。朝鮮、高麗朝の第31代王(在位1352～74)。1330生。

元章周郁　げんしょうしゅういく　1386没(66歳)。南北朝時代の臨済宗の僧。1321生。

景南英文　けいなんえいぶん　1454没(83歳)。南北朝時代・室町時代の臨済宗の僧。1372生。

安叟宗楞　あんそうそうりょう　1484没(98歳)。室町時代の曹洞宗の僧。1387生。

日応　にちおう　1508没(76歳)。室町時代・戦国時代の日蓮宗の僧。1433生。

セリム1世　1520没(53歳)。オスマン・トルコ帝国第9代のスルタン(在位1512～20)。1467生。

ルイーズ・ド・サボア　1531没(55歳)。フランス、アングレーム公妃。1476生。

クリヒトヴェーウス、ヨドークス　1543没(71?歳)。フランドル出身の人文主義者、神学者。1472頃生。

谷宗牧　たにそうぼく　1545没。戦国時代の連歌師。

コロナド、フランシスコ・バスケス・デ　1554没(44歳)。スペインの探検家、軍人。1510生。

アグリーコラ、ヨハネス　1566没(74歳)。ドイツ人のルター派の宗教改革者。1492生。

クルエ、フランソワ　1572没(56?歳)。フランスの画家。1516頃生。

トムセン、ハンス　1573没(41歳)。デンマークの讃美歌作者。1532生。

エセックス(初代伯)　1576没(35?歳)。イギリスの貴族。1541頃生。

曾呂利新左衛門　そろりしんざえもん　1603没。安土桃山時代の御伽衆といわれる人物。

益田元祥　ますだもとよし　1640没(83歳)。安土桃山時代・江戸時代前期の長州(萩)藩永代家老。1558生。

ビドル、ジョン　1662没(47歳)。イギリスの宗教改革者。1615生。

おさん・茂兵衛　おさん・もへえ　1683没。江戸時代中期の京都で起きた姦通事件の男女。

ヴィヴィアーニ、ヴィンチェンツォ　1703没(81歳)。イタリアの物理学者、数学者。1622生。

瑞光女王　ずいこうじょおう　1706没(33歳)。江戸時代中期の女性。後西天皇の第13皇女。1674生。

吉子内親王　よしこないしんのう　1758没(45歳)。江戸時代中期の女性。霊元天皇の第12皇女。1714生。

クレメンス14世　1774没（68歳）。教皇（在位1769～74）。1705生。

開明門院　かいめいもんいん　1789没（73歳）。江戸時代中期の女性。桜町天皇の宮人。1717生。

片山北海　かたやまほっかい　1790没（68歳）。江戸時代中期の儒学者、漢詩人。1723生。

イフラント，アウグスト・ヴィルヘルム　1814没（55歳）。ドイツの俳優、劇作家。1759生。

ヘーベル，ヨハン・ペーター　1826没（66歳）。ドイツの詩人、小説家。1760生。

テューネン　1850没（67歳）。ドイツの農業経済学者。1783生。

マニン　1857没（53歳）。イタリア、ベネチアの愛国的政治家。1804生。

ダーリ，ウラジーミル・イワノヴィチ　1872没（70歳）。ロシアの作家、辞書編纂者。1801生。

ケルネル　1911没（60歳）。ドイツの農芸化学者。1851生。

アラン-フルニエ，アンリ　1914没（27歳）。フランスの作家。1886生。

ヴァゾフ，イヴァン　1921没（71歳）。ブルガリアの小説家、民族詩人、劇作家。1850生。

田丸卓郎　たまるたくろう　1932没（61歳）。明治・大正時代の物理学者。東京帝国大学教授。1872生。

陳炯明　ちんけいめい　1933没（58歳）。中国の軍閥。1875生。

坂東秀調（3代目）　ばんどうしゅうちょう　1935没（56歳）。明治～昭和時代の歌舞伎役者。1880生。

藤原咲平　ふじわらさくへい　1950没（65歳）。明治～昭和時代の気象学者。中央気象台長、東京帝国大学教授。1884生。

ストールベリ，カールロ・ユホ　1952没（87歳）。フィンランドの法律家、政治家。1865生。

ソディー，フレデリック　1956没（79歳）。イギリスの化学者。1877生。

豊田副武　とよだそえむ　1957没（72歳）。昭和時代の海軍軍人。海軍総司令長官、軍令部総長。1885生。

カザケーヴィチ，エマヌイル・ゲンリホヴィチ　1962没（49歳）。ソ連の作家。1913生。

佐々木邦　ささきくに　1964没（81歳）。明治～昭和時代の小説家、英文学者。明治学院大学教授。1883生。

尾竹紅吉　おたけこうきち　1966没（73歳）。明治～昭和時代の随筆家、文芸評論家。「風花」発行人。1893生。

長谷川かな女　はせがわかなじょ　1969没（81歳）。大正・昭和時代の俳人。「水明」主宰。1887生。

久留島秀三郎　くるしまひでさぶろう　1970没（82歳）。昭和時代の実業家。同和鉱業社長、ボーイスカウト連盟理事長。1888生。

田部重治　たなべじゅうじ　1972没（88歳）。大正・昭和時代の英文学者、登山家。東洋大学教授、実践女子大学教授。1884生。

ゲーノ，ジャン　1978没（88歳）。フランスの小説家、評論家。1890生。

河上徹太郎　かわかみてつたろう　1980没（78歳）。昭和時代の文芸評論家。1902生。

河原崎長十郎（2代目）　かわらさきちょうじゅうろう　1981没（78歳）。大正・昭和時代の歌舞伎役者。1902生。

佐分利信　さぶりしん　1982没（73歳）。昭和時代の映画俳優、映画監督。1909生。

エマニュエル，ピエール　1984没（68歳）。フランスの詩人、評論家。1916生。

シュプリンガー，アクセル・ツェーザル　1985没（73歳）。西ドイツのマスコミ・コンツェルンの支配者。1912生。

坪井誠太郎　つぼいせいたろう　1986没（93歳）。大正・昭和時代の地質学者、鉱物学者。東京大学教授、岡山大教授。1893生。

岡崎嘉平太　おかざきかへいた　1989没（92歳）。昭和時代の実業家。全日本空輸社長。1897生。

前川春雄　まえかわはるお　1989没（78歳）。昭和・平成時代の銀行家、経営者。国際電信電話会長、日本銀行総裁。1911生。

荻江露友（5代目）　おぎえろゆう　1993没（100歳）。昭和・平成時代の荻江節家元。1892生。

フランセ，ジャン　1997没（85歳）。フランスの作曲家。1912生。

横井庄一　よこいしょういち　1997没（82歳）。昭和時代の軍人。1915生。

淡谷のり子　あわやのりこ　1999没（92歳）。昭和・平成時代の歌手。1907生。

スターン，アイザック　2001没（81歳）。ソ連生れのアメリカのバイオリニスト。1920生。

マルソー，マルセル　2007没（84歳）。フランスの俳優、パントマイム役者。1923生。

9月22日

9月23日

○記念日○ 不動産の日
　　　　　万年筆の日
○出来事○ 海王星発見(1846)
　　　　　王貞治、55本塁打の新記録(1964)

藤原種継　ふじわらのたねつぐ　785没(49歳)。奈良時代の官人。737生。
藤原道雄　ふじわらのみちお　818没(53歳)。奈良時代・平安時代前期の公卿。766生。
ミカエル3世　867没(31?歳)。ビザンチン皇帝(在位842〜67)。836頃生。
恵運　えうん　869没(72歳)。平安時代前期の真言宗の僧。798生。
藤原頼子　ふじわらのらいし　936没。平安時代前期・中期の女性。清和天皇の女御。
西法　さいほう　1126没(73歳)。平安時代後期の天台宗の僧。1054生。
藤原親雅　ふじわらちかまさ　1210没(66歳)。平安時代後期・鎌倉時代前期の公卿。1145生。
菅原在高　すがわらのありたか　1232没(74歳)。平安時代後期・鎌倉時代前期の公卿。1159生。
源資平　みなもとのすけひら　1284没(62歳)。鎌倉時代後期の歌人・公卿。1223生。
吉良満義　きらみつよし　1356没。南北朝時代の武将。
尊円入道親王　そんえんにゅうどうしんのう　1356没(59歳)。鎌倉時代後期・南北朝時代の僧。1298生。
ロッセリーノ，ベルナルド　1464没(55歳)。イタリアの建築家，彫刻家。1409生。
九条政忠　くじょうまさただ　1488没(49歳)。室町時代・戦国時代の公卿。1440生。
三浦時高　みうらときたか　1494没(79歳)。室町時代の相模国の豪族。1416生。
天隠竜沢　てんいんりゅうたく　1500没(79歳)。室町時代・戦国時代の臨済宗の僧、五山文学僧。1422生。
道興　どうこう　1501没(72歳)。室町時代・戦国時代の天台宗の僧。1430生。
ジューエル，ジョン　1571没(49歳)。英国教会の聖職、ソールズベリ主教。1522生。
チヤール，ポンチュス・ド　1605没(84歳)。フランスの詩人。1521生。

望月清兵衛　もちづきせいべえ　1629没(89歳)。安土桃山時代・江戸時代前期の製紙業者。1541生。
加藤正方　かとうまさかた　1648没(69歳)。江戸時代前期の肥後熊本藩士、俳人。1580生。
マンサール，フランソワ　1666没(68歳)。フランスの建築家。1598生。
柳生宗冬　やぎゅうむねふゆ　1675没(63歳)。江戸時代前期の大名、剣術家。1613生。
牧野親成　まきのちかしげ　1677没(71歳)。江戸時代前期の大名。1607生。
トマージウス，クリスティアン　1728没(73歳)。ドイツの哲学者，法学者。1655生。
ブールハーフェ，ヘルマン　1738没(69歳)。オランダの医学者。1668生。
水木辰之助(初代)　みずきたつのすけ　1745没(73歳)。江戸時代中期の歌舞伎役者。1673生。
ドズリー，ロバート　1764没(60歳)。イギリスの出版業者。1704生。
ディーン，サイラス　1789没(51歳)。最初のアメリカ使節。1737生。
柄井川柳　からいせんりゅう　1790没(73歳)。江戸時代中期の前句付点者。1718生。
ケレルマン　1820没(85歳)。フランスの将軍。1735生。
カートライト，ジョン　1824没(84歳)。イギリスの議会改革主義者。1740生。
頼山陽　らいさんよう　1832没(53歳)。江戸時代後期の儒学者。1780生。
ベッリーニ，ヴィンチェンツォ　1835没(33歳)。イタリアのオペラ作曲家。1801生。
ベンケンドールフ　1844没(61歳)。ロシアのドイツ系軍人，政治家。1783生。
岡本花亭　おかもとかてい　1850没(84歳)。江戸時代中期・後期の幕臣、漢詩人、勘定奉行。1767生。
鶴沢清七(3代目)　つるざわせいしち　1856没。江戸時代末期の義太夫節の三味線方。

宮負定雄　みやおいやすお　1858没（62歳）。江戸時代末期の国学者。1797生。

ホミャコーフ，アレクセイ・ステパノヴィチ　1860没（56歳）。帝政ロシアの哲学者，神学者，スラブ主義者。1804生。

河原崎権之助（6代目）　かわらさきごんのすけ　1868没（55歳）。江戸時代末期の歌舞伎座本。1814生。

メリメ，プロスペール　1870没（66歳）。フランスの小説家。1803生。

グェッラッツィ，フランチェスコ・ド メーニコ　1873没（69歳）。イタリアの小説家。1804生。

宜湾朝保　ぎわんちょうほ　1876没（54歳）。琉球の政治家。1823生。

安井息軒　やすいそくけん　1876没（78歳）。江戸・明治時代の儒学者。1799生。

ルヴェリエ，ユルバン・ジャン・ジョゼフ　1877没（66歳）。フランスの天文学者。1811生。

ヴェーラー，フリードリヒ　1882没（82歳）。ドイツの化学者。1800生。

パゼーヌ，アシル　1888没（77歳）。フランスの将軍。1811生。

コリンズ，ウィルキー　1889没（65歳）。イギリスの小説家。1824生。

シュタイン　1890没（74歳）。ドイツの国家学者，社会学者。1815生。

オーセン，イーヴァル　1896没（83歳）。ノルウェーの言語学者，詩人。1813生。

ガレ，エミール　1904没（58歳）。フランスのガラス工芸家。1846生。

横山作次郎　よこやまさくじろう　1912没（49歳）。明治時代の柔道家。1864生。

ガフキー，ゲオルク・テオドール・アウグスト　1918没（68歳）。ドイツの細菌学者。1850生。

菅野序遊（4代目）　すがのじょゆう　1919没（79歳）。江戸・明治時代の一中節三味線方。1841生。

赤松則良　あかまつのりよし　1920没（80歳）。江戸・明治時代の造船技術者，海軍軍人。中将，男爵。1841生。

住田又兵衛（3代目）　すみだまたべえ　1921没（63歳）。明治・大正時代の長唄囃子笛方。1859生。

モーリー，ジョン・モーリー，初代子爵　1923没（84歳）。イギリスの伝記作家，政治家。1838生。

奥田艶子　おくだつやこ　1936没（57歳）。大正・昭和時代の女子教育家。東京女子高等職業学校長。1880生。

井上角五郎　いのうえかくごろう　1938没（79歳）。明治〜昭和時代の政治家，実業家。衆議院議員，日本製鉄会社長。1860生。

岡田三郎助　おかだざぶろうすけ　1939没（71歳）。明治〜昭和時代の洋画家。1869生。

フロイト，ジークムント　1939没（83歳）。オーストリアの神経科医。1856生。

浅野応輔　あさのおうすけ　1940没（82歳）。明治〜昭和時代の電気工学者。1859生。

矢野恒太　やのつねた　1951没（84歳）。明治〜昭和時代の実業家。1866生。

久保山愛吉　くぼやまあいきち　1954没（40歳）。昭和時代の漁船員。第五福竜丸無線長。1914生。

野田高梧　のだこうご　1968没（74歳）。昭和時代のシナリオライター。シナリオ作家協会初代会長。1893生。

趙樹理　ちょうじゅり　1970没（63歳）。中国の小説家。1906生。

菅円吉　かんえんきち　1972没（76歳）。大正・昭和時代の神学者，聖公会司祭。1895生。

ニール，アレグザンダー・サザーランド　1973没（89歳）。イギリスの教育家。1883生。

ネルーダ，パブロ　1973没（69歳）。チリの詩人。1904生。

花田清輝　はなだきよてる　1974没（65歳）。昭和時代の評論家，小説家，劇作家。「新日本文学」編集長。1909生。

島村ふさの　しまむらふさの　1977没（72歳）。昭和時代の服飾デザイナー。1905生。

篠田実（初代）　しのだみのる　1985没（87歳）。大正・昭和時代の浪曲師。1898生。

フォッシー，ボブ　1987没（60歳）。アメリカの映画監督，振付師。1927生。

平田寛　ひらたゆたか　1993没（82歳）。昭和・平成時代の科学史家。1910生。

京塚昌子　きょうづかまさこ　1994没（64歳）。昭和時代の女優。1930生。

ルノー，マドレーヌ　1994没（91歳）。フランスの女優。1903生。

藤子F・不二雄　ふじこえふふじお　1996没（62歳）。昭和・平成時代の漫画家。1933生。

9月23日

9月24日

○記念日○　清掃の日
○出来事○　西南戦争終結(1877)
　　　　　大日本相撲協会設立(1925)
　　　　　みどりの窓口開設(1965)

リベリウス　366没。教皇(在位352～66)。

ピピン3世　768没(54?歳)。フランク王国カロリング朝の王。714頃生。

大伴継人　おおとものつぐひと　785没。奈良時代の官人、左少弁。

豊階安人　とよしなのやすひと　861没(65歳)。平安時代前期の学者、官人。797生。

ルートウィヒ4世　911没(18歳)。カロリング朝最後の東フランク王(在位900～11)。893生。

ヘルマヌス・コントラクトゥス　1054没(41歳)。中世ドイツの年代記作者。1013生。

イノケンティウス2世　1143没。教皇(在位1130～43)。

マヌエル1世　1180没(60?歳)。東ローマ皇帝(在位1143～80)。1120頃生。

定豪　じょうごう　1238没(87歳)。鎌倉時代前期の真言僧。1152生。

能子内親王　よしこないしんのう　1245没(46歳)。鎌倉時代前期の女性。高倉天皇皇子守貞親王の王女。1200生。

鉄牛円心　てつぎゅうえんしん　1326没(73歳)。鎌倉時代後期の僧。1254生。

大喜法忻　だいきほうきん　1368没。南北朝時代の臨済宗の僧。

約菴徳久　やくあんとくきゅう　1376没(64歳)。南北朝時代の僧。1313生。

大法大闡　だいほうだいせん　1384没(79歳)。南北朝時代・室町時代の僧。1306生。

ウィカム　1404没(80歳)。イギリスの聖職者。1324生。

スリューテル、クラウス　1405没(55?歳)。オランダの彫刻家。1350頃生。

楠木光正　くすのきみつまさ　1429没。室町時代の武将。

イザボー　1435没(64歳)。フランス王シャルル6世の妃。1371生。

ランディーノ、クリストーフォロ　1498没(74歳)。イタリアの人文主義者。1424生。

パラツェルズス、フィリプス・アウレオールス　1541没(47歳)。スイスの錬金術士、医師。1493生。

アルブレヒト2世(ブランデンブルク、またはマインツの)　1545没(55歳)。マインツの大司教。1490生。

トゥパク・アマル1世　1572没(18?歳)。インカ族最後の皇帝。1554頃生。

百川治兵衛　ももかわじへえ　1638没(59?歳)。江戸時代前期の和算家。1580頃生。

石村検校　いしむらけんぎょう　1642没。江戸時代前期の三味線組歌の創始者。

池西言水　いけにしごんすい　1722没(73歳)。江戸時代前期・中期の俳人。1650生。

石田梅岩　いしだばいがん　1744没(60歳)。江戸時代中期の石門心学の始祖。1685生。

市川団十郎(2代目)　いちかわだんじゅうろう　1758没(71歳)。江戸時代中期の歌舞伎役者。1688生。

デファン夫人、マリー・ド・ヴィシー・シャンロン　1780没(82歳)。フランスの女流文学者、侯爵夫人。1697生。

岸沢式佐(初代)　きしざわしきさ　1783没(54歳)。江戸時代中期の常磐津節の三味線弾き。1730生。

グレトリー、アンドレ・エルネスト・モデスト　1813没(72歳)。ベルギーのオペラ作曲家。1741生。

ペドロ1世　1834没(35歳)。ブラジル初代皇帝(在位1822～31)。1798生。

山東京山　さんとうきょうざん　1858没(90歳)。江戸時代中期・後期の戯作者。1769生。

佐藤一斎　さとういっさい　1859没(88歳)。江戸時代後期の儒学者、林家塾頭、昌平坂学問所教官。1772生。

岡本秋暉　おかもとしゅうき　1862没(56歳)。江戸時代末期の画家。1807生。

那須信吾　なすしんご　1863没(35歳)。江戸時代末期の土佐藩の郷士、勤王運動家。1829生。

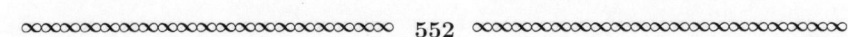

杉谷雍助　すぎたにようすけ　1866没（47歳）。江戸時代末期の洋学者，造兵家，肥前佐賀藩士。1820生。

パピノー，ルイ・ジョゼフ　1871没（84歳）。カナダの政治家。1786生。

モレル　1871没（29歳）。イギリスの鉄道技師。1841生。

桂久武　かつらひさたけ　1877没（48歳）。江戸・明治時代の鹿児島藩士。都城県参事。1830生。

桐野利秋　きりのとしあき　1877没（40歳）。江戸・明治時代の鹿児島藩士，陸軍軍人。1838生。

西郷隆盛　さいごうたかもり　1877没（51歳）。江戸・明治時代の鹿児島藩士，政治家。陸軍元帥。1827生。

別府晋介　べっぷしんすけ　1877没（31歳）。江戸・明治時代の陸軍軍人，鹿児島藩士。1847生。

辺見十郎太　へんみじゅうろうた　1877没（29歳）。江戸・明治時代の陸軍軍人，鹿児島藩士。1849生。

村田新八　むらたしんぱち　1877没（42歳）。江戸・明治時代の鹿児島藩士，軍人。宮内大丞。1836生。

池田草庵　いけだそうあん　1878没（66歳）。江戸・明治時代の儒学者，漢学者。1813生。

竹本綱太夫(6代目)　たけもとつなだゆう　1883没（44歳）。江戸・明治時代の義太夫節太夫。1840生。

フィンセン，ニルス・リュベア　1904没（43歳）。デンマークの医師。1860生。

高田実　たかたみのる　1916没（46歳）。明治時代の新派劇俳優。1871生。

竹内久一　たけうちきゅういち　1916没（60歳）。明治時代の彫刻家。東京美術学校教授。1857生。

深井仁子　ふかいじんこ　1918没（78歳）。江戸・明治時代の女子教育家。1841生。

伊東陶山(初代)　いとうとうざん　1920没（75歳）。江戸・明治時代の陶工。帝室技芸員。1846生。

フロート　1921没（67歳）。オランダの中国学者。1854生。

エストラーダ・カブレラ　1924没（66歳）。グアテマラの政治家。1857生。

ミューラー，オットー　1930没（55歳）。ドイツの画家，版画家。1874生。

木村清四郎　きむらせいしろう　1934没（74歳）。明治〜昭和時代の実業家。日本銀行副総裁。1861生。

ニッコデーミ，ダーリオ　1934没（60歳）。イタリアの劇作家。1874生。

中田重治　なかだじゅうじ　1939没（70歳）。明治〜昭和時代のキリスト教伝道者。東京ホーリネス教会初代監督。1870生。

ガイガー，ハンス・ヴィルヘルム　1945没（62歳）。ドイツの物理学者。1882生。

小泉又次郎　こいずみまたじろう　1951没（86歳）。明治〜昭和時代の政治家。1865生。

杉本栄一　すぎもとえいいち　1952没（51歳）。昭和時代の理論経済学者。一橋大学教授。1901生。

坂東寿三郎(3代目)　ばんどうじゅさぶろう　1954没（67歳）。明治〜昭和時代の歌舞伎役者。1886生。

クライン，メラニー　1960没（78歳）。イギリスの女流精神分析家。1882生。

落合太郎　おちあいたろう　1969没（83歳）。大正・昭和時代のフランス文学者。奈良女子大学学長，京都大学教授。1886生。

サン・ジョン・ペルス　1975没（88歳）。フランスの詩人，外交官。1887生。

三隅研次　みすみけんじ　1975没（54歳）。昭和時代の映画監督。1921生。

田中新一　たなかしんいち　1976没（83歳）。大正・昭和時代の陸軍軍人。陸軍中将。1893生。

鳥養利三郎　とりかいりさぶろう　1976没（89歳）。大正・昭和時代の電気工学者。京都大学総長，電気学会会長。1887生。

辻直四郎　つじなおしろう　1979没（79歳）。大正・昭和時代の言語学者。東京大学教授，東洋文庫理事長。1899生。

寺田ヒロオ　てらだひろお　1992没（61歳）。昭和時代の漫画家。1931生。

太田薫　おおたかおる　1998没（86歳）。昭和時代の労働運動家。1912生。

鮎川哲也　あゆかわてつや　2002没（83歳）。昭和・平成時代の推理作家。1919生。

芦原義信　あしはらよしのぶ　2003没（85歳）。昭和・平成時代の建築家。1918生。

サガン，フランソワーズ　2004没（69歳）。フランスの女流小説家，劇作家。1935生。

丹波哲郎　たんばてつろう　2006没（84歳）。昭和・平成時代の俳優。1922生。

9月24日

9月25日

○記念日○　介護の日
○出来事○　アウグスブルクの和議(1555)
　　　　　　沢村栄治がノーヒットノーラン(1936)

新田部皇女　にいたべのこうじょ　699没。飛鳥時代の女性。天武天皇の妃。

トスティグ　1066没。イギリス、アングロ・サクソン時代末期の貴族。

ハロルド3世　1066没(51歳)。ノルウェー王(在位1045～66)。1015生。

藤原教通　ふじわらののりみち　1075没(80歳)。平安時代中期の公卿。996生。

高階重仲　たかしなのしげなか　1120没(52歳)。平安時代後期の貴族、伊予守高階泰仲の長男、出雲守。1069生。

藤原公保　ふじわらのきんやす　1176没(45歳)。平安時代後期の公卿。1132生。

慈円　じえん　1225没(71歳)。平安時代後期・鎌倉時代前期の天台宗の僧。1155生。

ゴーチエ・ド・コワンシー　1236没(59?歳)。フランスの吟遊詩人。1177頃生。

藤原頼嗣　ふじわらのよりつぐ　1256没(18歳)。鎌倉幕府第5代の将軍。1239生。

波木井実長　はきいさねなが　1297没(76歳)。鎌倉時代後期の武士。1222生。

西園寺公衡　さいおんじきんひら　1315没(52歳)。鎌倉時代後期の公卿。1264生。

二階堂行朝　にかいどうゆきとも　1353没。南北朝時代の吏僚、貞綱の子、左衛門尉、信濃守。

石室善玖　せきしつぜんきゅう　1389没(97歳)。鎌倉時代後期・南北朝時代の臨済宗の五山禅僧。1293生。

セルギー・ラドネーシスキー　1392没(78歳)。ロシアの修道院改革者、聖人。1314生。

惟忠通恕　いちゅうつうじょ　1429没(81歳)。室町時代の臨済宗の僧。1349生。

月因性初　げついんしょうしょ　1433没。室町時代の曹洞宗の僧。

栄峰覚秀　えいほうかくしゅう　1453没。室町時代の曹洞宗の僧。

フェリペ1世　1506没(28歳)。カスティリア王(在位1504～06)。1478生。

ヴァイス、アーダム　1534没(44?歳)。ドイツの宗教改革者。1490頃生。

クレメンス7世　1534没(56歳)。教皇(在位1523～34)。1478生。

ナバーロ、ホアン　1580没(50?歳)。スペインの作曲家。1530頃生。

蜂屋頼隆　はちやよりたか　1589没(56歳)。安土桃山時代の武将。1534生。

ポイツァー、カスパル　1602没(77歳)。ドイツのプロテスタント神学者。1525生。

ピアーニ　1605没(67歳)。イタリアのイエズス会宣教師。1538生。

スチュアート、アラベラ　1615没(40歳)。イギリスの王位継承者の一人。1575生。

スアレス、フランシスコ　1617没(69歳)。スペインの哲学者、神学者。1548生。

ペンブルック　1621没(64歳)。イギリスの女流作家。1557生。

アンドルーズ、ランスロット　1626没(71歳)。イギリス国教会の司祭。1555生。

ヴィヨー、テオフィル・ド　1626没(36歳)。フランスのバロック詩人。1590生。

バトラー、サミュエル　1680没(68歳)。イギリスの諷刺詩人。1612生。

土佐光起　とさみつおき　1691没(75歳)。江戸時代前期の土佐派の画家。1617生。

吉益東洞　よしますとうどう　1773没(72歳)。江戸時代中期の医師。1702生。

ランバート、ヨハン・ハインリヒ　1777没(49歳)。ドイツの哲学者、物理学者、天文学者、数学者。1728生。

林東溟　はやしとうめい　1780没(73歳)。江戸時代中期の漢学者。1708生。

中村伝次郎(2代目)　なかむらでんじろう　1781没。江戸時代中期の劇場振付師。

シュトラウス、ヨハン　1849没(45歳)。オーストリアの作曲家、指揮者、ヴァイオリン奏者。1804生。

藤本鉄石　ふじもとてっせき　1863没(48歳)。江戸時代末期の尊攘派志士。1816生。

松本奎堂　まつもとけいどう　1863没（33歳）。江戸時代末期の三河刈谷藩士、尊攘派志士。1831生。

グリゴーリエフ, アポロン・アレクサンドロヴィチ　1864没（42歳）。ロシアの評論家、詩人。1822生。

サンタ-クルース, アンドレス　1865没（72歳）。ボリビアの軍人、政治家。1792生。

長谷川宗右衛門　はせがわそうえもん　1870没（68歳）。江戸時代末期・明治時代の讃岐高松藩士。1803生。

ペーテルマン　1878没（56歳）。ドイツの地理学者、地図作製家。1822生。

五代友厚　ごだいともあつ　1885没（50歳）。明治時代の実業家。1836生。

モルティエ　1898没（77歳）。フランスの考古学者。1821生。

リヒター, ヒエロニムス・テオドール　1898没（73歳）。ドイツの化学者。1824生。

東海散士　とうかいさんし　1922没（70歳）。明治・大正時代の政治家、小説家、ジャーナリスト。衆議院議員。1853生。

コッテ, シャルル　1925没（62歳）。フランスの画家。1863生。

浜尾新　はまおあらた　1925没（77歳）。明治時代の教育家。東京大学総長、枢密院議長、子爵。1849生。

ヴィラモーヴィッツ-メレンドルフ, ウルリヒ・フォン　1931没（82歳）。ドイツの古典文献学者。1848生。

エーレンフェスト　1933没（53歳）。オーストリアの理論物理学者。1880生。

ラードナー, リング　1933没（48歳）。アメリカのジャーナリスト、小説家。1885生。

市村亀蔵（3代目）　いちむらかめぞう　1935没（46歳）。明治〜昭和時代の歌舞伎役者。1890生。

伊藤痴遊（初代）　いとうちゆう　1938没（72歳）。明治〜昭和時代の講釈師、政治家。1867生。

タイーロフ, アレクサンドル・ヤーコヴレヴィチ　1950没（65歳）。ソ連の演出家。1885生。

ブランカーティ, ヴィタリアーノ　1954没（47歳）。イタリアの小説家、評論家。1907生。

大達茂雄　おおだちしげお　1955没（63歳）。大正・昭和時代の政治家。参議院議員。1892生。

フェーヴル, リュシアン　1956没（78歳）。フランスの歴史家。1878生。

ウォトソン, ジョン・B　1958没（80歳）。アメリカの心理学者。1878生。

塚本閤治　つかもとこうじ　1965没（69歳）。大正・昭和時代の記録映画作家、写真家。日本山岳写真協会会長。1896生。

ウルリッチ, コーネル　1968没（64歳）。アメリカの推理小説家。1903生。

加藤土師萌　かとうはじめ　1968没（68歳）。昭和時代の陶芸家。東京芸術大学教授、人間国宝。1900生。

松村武雄　まつむらたけお　1969没（86歳）。大正・昭和時代の神話学者。1883生。

レマルク, エーリヒ・マリーア　1970没（72歳）。ドイツの小説家。1898生。

シーグバーン, カール・マンネ・イエオリ　1978没（91歳）。スウェーデンの物理学者。1886生。

周立波　しゅうりっぱ　1979没（71歳）。中国の小説家。1908生。

ウンテル, マリエ　1980没（97歳）。エストニアの女流詩人。1883生。

ボーナム, ジョン　1980没（32歳）。イギリスのロックドラマー（レッド・ツェッペリン）。1948生。

レオポルド3世　1983没（81歳）。ベルギーの国王（在位1934〜51）。1901生。

ブローティガン, リチャード　1984没（49歳）。アメリカの小説家。1935生。

更科源蔵　さらしなげんぞう　1985没（81歳）。昭和時代のアイヌ文化研究家、詩人。北海学園大学教授、北海道文学館理事長。1904生。

セミョーノフ, ニコライ・ニコラエヴィチ　1986没（90歳）。ソ連の化学者。1896生。

奥村土牛　おくむらどぎゅう　1990没（101歳）。大正・昭和時代の日本画家。1889生。

高橋展子　たかはしのぶこ　1990没（74歳）。昭和時代の評論家、官僚。女性職業財団会長、駐デンマーク大使。1916生。

松尾和子　まつおかずこ　1992没（57歳）。昭和・平成時代の歌手。1935生。

田村正敏　たむらまさとし　1998没（51歳）。昭和・平成時代の学生運動家、酪農業者。日大全共闘書記長。1947生。

サイード, エドワード　2003没（67歳）。アメリカの文芸評論家。1935生。

9月25日

9月26日

○記念日○　ワープロ記念日
○出来事○　青函連絡船洞爺丸が遭難(1954)
　　　　　　伊勢湾台風(1959)

狄仁傑　てきじんけつ　700没(70歳)。中国、則天武后朝の名臣。630生。

因幡内親王　いなばのないしんのう　824没。平安時代前期の女性。桓武天皇の皇女。

石上内親王　いそのかみのないしんのう　846没。平安時代前期の女性。平城天皇の皇女。

兼明親王　かねあきらしんのう　987没(74歳)。平安時代中期の公卿。914生。

安倍晴明　あべのせいめい　1005没(85歳)。平安時代中期の陰陽家。921生。

源隆綱　みなもとのたかつな　1074没(42歳)。平安時代中期の公卿。1033生。

栄朝　えいちょう　1247没(83歳)。平安時代後期・鎌倉時代前期の臨済宗の僧。1165生。

北条実泰　ほうじょうさねやす　1263没(56歳)。鎌倉時代前期の武将。1208生。

性覚法親王　しょうかくほっしんのう　1297没(31歳)。亀山天皇の皇子。1267生。

鏡堂覚円　きょうどうかくえん　1306没(63歳)。鎌倉時代後期の臨済宗の中国人僧。1244生。

復庵宗己　ふくあんそうき　1358没(79歳)。鎌倉時代後期・南北朝時代の武将、禅僧。1280生。

大全一雅　だいぜんいちが　1395没(55歳)。南北朝時代の僧。1341生。

今川泰範　いまがわやすのり　1409没(76歳)。南北朝時代・室町時代の武将、侍所頭人。1334生。

赤松義祐　あかまつよしすけ　1421没。南北朝時代・室町時代の武将。

金蔵主　こんぞうす　1443没。室町時代の南朝皇族の後裔。

日野有光　ひのありみつ　1443没(57歳)。室町時代の公卿。1387生。

トルケマーダ、ホアン・デ　1468没(80歳)。スペイン出身のドミニコ会士。1388生。

月翁周鏡　げつおうしゅうきょう　1500没。室町時代・戦国時代の臨済宗の禅僧、五山文学者。

雲鷹玄俊　うんようげんしゅん　1516没。戦国時代の曹洞宗の僧。

メルラン、ジャーク　1541没(61?歳)。フランスのカトリック神学者。1480頃生。

覚鎮女王　かくちんじょおう　1550没(65歳)。戦国時代の女性。後柏原天皇の第1皇女。1486生。

秋月種実　あきづきたねざね　1596没(52歳)。安土桃山時代の武将。1545生。

立入宗継　たてりむねつぐ　1622没(95歳)。戦国時代・安土桃山時代の商人。1528生。

花山院忠長　かざんいんただなが　1662没(75歳)。江戸時代前期の公家。1588生。

江村専斎　えむらせんさい　1664没(100歳)。安土桃山時代・江戸時代前期の医師。1565生。

山鹿素行　やまがそこう　1685没(64歳)。江戸時代前期の儒学者、兵学者。1622生。

荒木田盛員　あらきだもりかず　1687没(56歳)。江戸時代前期の国学者、伊勢内宮権禰宜。1632生。

荻原重秀　おぎわらしげひで　1713没(56歳)。江戸時代前期・中期の幕臣、勘定頭。1658生。

増穂残口　ますほざんこう　1742没(88歳)。江戸時代前期・中期の神道家。1655生。

向山周慶　さきやましゅうけい　1819没(74歳)。江戸時代中期・後期の讃岐国大内郡湊村の医師。1746生。

嵐吉三郎(2代目)　あらしきちさぶろう　1821没(53歳)。江戸時代中期・後期の歌舞伎役者。1769生。

小笠原長昌　おがさわらながまさ　1823没(28歳)。江戸時代後期の大名。1796生。

ウェルズリー、リチャード、初代侯爵　1842没(82歳)。イギリスの政治家。1760生。

クラークスン、トマス　1846没(86歳)。イギリスの奴隷廃止論者。1760生。

ジョベルティ、ヴィンチェンツォ　1852没(51歳)。イタリアの哲学者、政治家。1801生。

清元延寿太夫(2代目)　きよもとえんじゅだゆう　1855没(54歳)。江戸時代後期の清元節の

家元。1802生。

ミロス・オブレノビチ　1860没(80歳)。セルビア公(1815～39, 58～60)。1780生。

周布政之助　すふまさのすけ　1864没(42歳)。江戸時代末期の長州(萩)藩の指導者。1823生。

アルムクヴィスト, カール・ユーナス・ルーヴェ　1866没(72歳)。スウェーデンの作家。1793生。

メビウス, アウグスト・フェルディナント　1868没(77歳)。ドイツの天文学者, 数学者。1790生。

グラスマン, ヘルマン　1877没(68歳)。ドイツの数学者, 言語学者。1809生。

東条琴台　とうじょうきんだい　1878没(84歳)。江戸・明治時代の儒学者, 考証学者。1795生。

プレシチェーエフ, アレクセイ・ニコラエヴィチ　1893没(67歳)。ロシアの詩人。1825生。

大木喬任　おおきたかとう　1899没(68歳)。明治時代の政治家。東京府知事。1832生。

ハーン, ラフカディオ　1904没(54歳)。イギリスの文学者, 随筆家。1850生。

マッケ, アウグスト　1914没(27歳)。ドイツの画家。1887生。

レーンス, ヘルマン　1914没(48歳)。ドイツの詩人, 小説家。1866生。

ハーディ, キア　1915没(59歳)。イギリス労働党の指導者。1856生。

ドガ, エドガー　1917没(83歳)。フランスの画家。1834生。

ジンメル, ゲオルク　1918没(60歳)。ドイツの哲学者, 社会学者。1858生。

コズロフ, ピョートル　1935没(71歳)。ソ連の軍人, 探検家。1863生。

スミス, ベッシー　1937没(39?歳)。アメリカの黒人ブルース歌手。1898頃生。

デイヴィス, W.H.　1940没(69歳)。イギリスの詩人。1871生。

木村栄　きむらひさし　1943没(74歳)。明治～昭和時代の天文学者。水沢緯度観測所所長。1870生。

バルトーク, ベーラ　1945没(64歳)。ハンガリーの作曲家。1881生。

松井簡治　まついかんじ　1945没(83歳)。明治～昭和時代の国文学者。東京文理大学教授。1863生。

三木清　みききよし　1945没(49歳)。昭和時代の哲学者, 評論家, 思想家。法政大学教授。1897生。

サンタヤナ, ジョージ　1952没(88歳)。アメリカの哲学者, 詩人, 評論家。1863生。

菊川忠雄　きくかわただお　1954没(53歳)。昭和時代の労働運動家, 政治家。総同盟総主事, 衆議院議員。1901生。

冨吉栄二　とみよしえいじ　1954没(55歳)。大正・昭和時代の農民運動家, 政治家。衆議院議員。1899生。

バンダラナイケ, ソロモン・ウェスト・リッジウェイ・ディアス　1959没(60歳)。スリランカの政治家。1899生。

アイケルバーガー　1961没(75歳)。アメリカの陸軍軍人。1886生。

松永和風(4代目)　まつながわふう　1962没(88歳)。明治～昭和時代の長唄唄方。1874生。

豊道春海　ぶんどうしゅんかい　1970没(92歳)。明治～昭和時代の書家, 僧侶。天台宗大僧正。1878生。

マニャーニ, アンナ　1973没(65歳)。イタリアの女優。1908生。

鈴木翠軒　すずきすいけん　1976没(87歳)。大正・昭和時代の書家。1889生。

ルチツカ, レオポルト　1976没(89歳)。スイスの化学者。1887生。

シャンカール　1977没(77歳)。インドの舞踊家。1900生。

宮原誠一　みやはらせいいち　1978没(69歳)。昭和時代の教育学者。東京大学教授。1909生。

ロッシ, ティノ　1983没(76歳)。フランスのシャンソン歌手。1907生。

池田遙邨　いけだようそん　1988没(92歳)。大正・昭和時代の日本画家。青塔社主宰。1895生。

モラーヴィア, アルベルト　1990没(82歳)。イタリアの小説家, 評論家。1907生。

井上武吉　いのうえぶきち　1997没(66歳)。昭和・平成時代の彫刻家。武蔵野美術大学教授。1930生。

カーター, ベティー　1998没(68歳)。アメリカの女性ジャズ歌手。1930生。

高田真理　たかだまり　2006没(59歳)。昭和時代の歌手(青い三角定規)。1947生。

9月26日

9月27日

○記念日○ 世界観光の日
○出来事○ 日独伊三国同盟調印(1940)
　　　　　天皇、マッカーサーを訪問(1945)
　　　　　フランスTGVが営業開始(1981)

ネクタリオス(コンスタンティノポリスの) 397没。コンスタンティノポリスの主教、聖人。

和気真綱　わけのまつな　846没(64歳)。平安時代前期の公卿。783生。

平貞文　たいらのさだぶみ　923没(53?歳)。平安時代前期・中期の官人、歌人。0871頃生。

性信　しょうしん　1085没(81歳)。平安時代中期・後期の真言宗の僧。1005生。

蔵俊　ぞうしゅん　1180没(77歳)。平安時代後期の興福寺法相宗の学僧。1104生。

小槻季継　おづきのすえつぐ　1244没(53歳)。鎌倉時代前期の官人。1192生。

レイモン7世　1249没(52歳)。中世初期から続いた南フランスのツールーズ伯家最後の伯。1197生。

エッツェリーノ・ダ・ロマーノ　1259没(65歳)。イタリアの大領主。1194生。

北畠師親　きたばたけもろちか　1305没(62歳)。鎌倉時代後期の公卿。1244生。

エルゼアル(サブランの)　1323没(38?歳)。フランスの聖人。1285頃生。

明極楚俊　みんきそしゅん　1336没(75歳)。鎌倉時代後期・南北朝時代に渡来した禅僧。1262生。

宗規　しゅうき　1361没(77歳)。鎌倉時代後期・南北朝時代の臨済宗の僧。1285生。

聖尊　しょうそん　1370没(68歳)。鎌倉時代後期・南北朝時代の真言声明醍醐流の声明家。1303生。

聖冏　しょうげい　1420没(80歳)。南北朝時代・室町時代の浄土宗の僧。1341生。

竹馬光篤　ちくばこうとく　1471没(53歳)。室町時代の僧。1419生。

亀泉集証　きせんしゅうしょう　1493没(70歳)。室町時代・戦国時代の臨済宗の僧、五山文学者。1424生。

クローナカ　1508没(50歳)。イタリア、ルネサンス期の建築家。1457生。

ヴィーダ、マルコ・ジローラモ　1566没(81歳)。イタリアの人文主義者。1485生。

ウルバーヌス7世　1590没(69歳)。ローマ教皇。1521生。

大久保忠佐　おおくぼただすけ　1613没(77歳)。安土桃山時代・江戸時代前期の大名。1537生。

アネーリオ、フェリーチェ　1614没(54歳)。イタリアの作曲家。1560生。

山口直友　やまぐちなおとも　1622没(77歳)。安土桃山時代・江戸時代前期の武士。1546生。

マクシミリアン1世　1651没(78歳)。バイエルン大公(1597〜1651)。1573生。

聖ヴァンサン・ド・ポール　1660没(80?歳)。カトリック聖職者、聖人。1580頃生。

トラハーン、トマス　1674没(36歳)。イギリスの詩人。1637生。

インノケンティウス12世　1700没(85歳)。教皇(在位1691〜1700)。1615生。

坂田藤十郎(2代目)　さかたとうじゅうろう　1724没(56歳)。江戸時代中期の歌舞伎役者。1669生。

パルナン、ドミニーク　1741没(76歳)。フランスのイエズス会宣教師。1665生。

土屋安親(初代)　つちややすちか　1744没(75歳)。江戸時代中期の装剣金工家。1670生。

ヘラスコフ、ミハイル・マトヴェーヴィチ　1807没(73歳)。ロシアの詩人、小説家。1733生。

ヴェストリス　1808没(79歳)。イタリア生れの舞踊家。1729生。

クラウゼ、カール・クリスティアン・フリードリヒ　1832没(51歳)。ドイツの哲学者。1781生。

ラム・モハン・ロイ　1833没(59歳)。近代インドの先駆的な社会改革運動の指導者。1774生。

二川松陰　ふたがわしょういん　1836没(70歳)。江戸時代後期の儒学者、歌人。1767生。

クールトワ、ベルナール　1838没(61歳)。フランスの化学者。1777生。

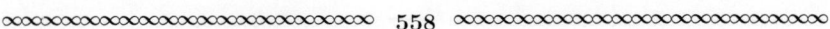

中川五郎治　なかがわごろうじ　1848没（81歳）。江戸時代後期の漁民。1768生。

吉村寅太郎　よしむらとらたろう　1863没（27歳）。江戸時代末期の土佐藩士，天誅組幹部。1837生。

ヴァレフスキ，アレクサンドル・フロリアン・ジョゼフ・コロナ，伯爵　1868没（58歳）。ナポレオン1世の私生児。1810生。

新渡戸伝　にとべつとう　1871没（79歳）。江戸・明治時代の篤農家，岡山藩士。1793生。

沢宣嘉　さわのぶよし　1873没（39歳）。江戸・明治時代の公卿。1835生。

染崎延房　そめざきのぶふさ　1886没（69歳）。江戸・明治時代の戯作者。1818生。

光明寺三郎　こうみょうじさぶろう　1893没（47歳）。明治時代の官僚，政治家。衆議院議員。1847生。

佐久間纘　さくまつづき　1896没（77歳）。江戸・明治時代の数学者，数学教育家。1820生。

グールモン，レミ・ド　1915没（57歳）。フランスの評論家，小説家。1858生。

エチェガライ，ホセ　1916没（84歳）。スペインの劇作家，数学者，政治家。1832生。

パッティ，アデリーナ　1919没（76歳）。イタリアのソプラノ歌手。1843生。

フンパーディンク，エンゲルベルト　1921没（67歳）。ドイツの作曲家。1854生。

湯本武比古　ゆもとたけひこ　1925没（70歳）。明治・大正時代の教育学者。学習院教授。1856生。

高松豊吉　たかまつとよきち　1937没（86歳）。明治・大正時代の応用化学者。東京大学教授，東京工業試験所所長。1852生。

杉本良吉　すぎもとりょうきち　1939没（33歳）。昭和時代の演出家。1907生。

ヴァグナー-ユアレック，ユリウス　1940没（83歳）。オーストリアの精神病医。1857生。

ベンヤミン，ヴァルター　1940没（48歳）。ドイツの評論家。1892生。

ロフティング，ヒュー　1947没（61歳）。イギリスの鉄道技師，児童文学者。1886生。

オロスコ，ホセ・クレメンテ　1949没（65歳）。メキシコの画家。1883生。

グリム，ハンス　1959没（84歳）。ドイツの国粋主義的作家。1875生。

ノール，ヘルマン　1960没（80歳）。ドイツの哲学者，美学者，教育学者。1879生。

ドゥーリトル，ヒルダ　1961没（75歳）。アメリカの女流詩人。1886生。

市川団之助（6代目）　いちかわだんのすけ　1963没（87歳）。明治〜昭和時代の歌舞伎役者。1876生。

河田烈　かわだいさお　1963没（80歳）。大正・昭和時代の大蔵官僚。大蔵大臣，貴院議員（勅選），台湾拓殖社長。1883生。

ボー，クララ　1965没（60歳）。アメリカの映画女優。1905生。

グルニツキー　1969没（56歳）。トーゴ共和国の政治家。1913生。

フサイニー，アリー・アッバース　1969没（72歳）。インドのウルドゥー語作家。1897生。

福田豊四郎　ふくだとよしろう　1970没（65歳）。昭和時代の日本画家。1904生。

バック　1975没（84歳）。アメリカの農業経済学者。1890生。

常磐津菊三郎　ときわづきくさぶろう　1976没（79歳）。大正・昭和時代の常磐津節三味線方，作曲家。1897生。

市川翠扇　いちかわすいせん　1978没（64歳）。昭和時代の新派女優。1913生。

加藤勘十　かとうかんじゅう　1978没（86歳）。大正・昭和時代の政治家，労働運動家。衆議院議員，労相。1892生。

鶴岡政男　つるおかまさお　1979没（72歳）。昭和時代の洋画家。1907生。

リージン，ウラジーミル・ゲルマノヴィチ　1979没（85歳）。ソ連の小説家。1894生。

モントゴメリー，ロバート　1981没（77歳）。アメリカの映画監督，俳優。1904生。

バーチェット　1983没（72歳）。オーストラリアのジャーナリスト。1911生。

大友柳太朗　おおともりゅうたろう　1985没（73歳）。昭和時代の俳優。1912生。

谷川徹三　たにかわてつぞう　1989没（94歳）。昭和時代の哲学者，文芸・美術評論家。「婦人公論」主幹，法政大学総長。1895生。

フラー，ロイ　1991没（79歳）。イギリスの詩人，小説家。1912生。

ドゥーリトル，ジェイムズ・H　1993没（96歳）。アメリカの飛行家で軍人。1896生。

ジェーラス・レストレーポ　1994没（86歳）。コロンビアの政治家。1908生。

森村桂　もりむらかつら　2004没（64歳）。昭和・平成時代の小説家。1940生。

9月27日

9月28日

○記念日○　パソコン記念日
○出来事○　ウィリアム1世がイングランド侵攻
　　　　　（1066）
　　　　　ダッカ日航機ハイジャック事件
　　　　　（1977）

ポンペーイウス・マグヌス,グナエウス　前48没（57歳）。ローマの軍人,政治家。前106生。
リーオバ　782没(72?歳)。アングロ・サクソン人の女子大修道院長,聖女。710頃生。
藤原順子　ふじわらのじゅんし　871没(63歳)。平安時代前期の女性。仁明天皇の女御。809生。
ヴァーツラフ　929没(18歳)。チェコ人の民族的聖人,殉教者。911生。
源博雅　みなもとのひろまさ　980没(63歳)。平安時代中期の公卿。918生。
ヘルマン　1088没。ドイツ皇帝ハインリヒ4世の対立国王。
平明　ひょうみょう　1129没(77歳)。平安時代後期の天台宗の僧。1053生。
ハインリヒ6世　1197没(32歳)。ホーエンシュタウフェン家の王(在位1169～97),神聖ローマ皇帝(在位90～97)。1165生。
平親範　たいらのちかのり　1220没(84歳)。平安時代後期・鎌倉時代前期の公卿。1137生。
三条局　さんじょうのつぼね　1244没。鎌倉時代前期の女性。源頼朝の女房。
寛乗　かんじょう　1286没(81歳)。鎌倉時代後期の天台宗の僧。1206生。
土御門雅房　つちみかどまさふさ　1302没(40歳)。鎌倉時代後期の公卿。1263生。
慈厳　じごん　1359没(62歳)。鎌倉時代後期・南北朝時代の天台宗の僧。1298生。
佐々木氏詮　ささきうじあき　1361没。南北朝時代の武将。
赤松教康　あかまつのりやす　1441没(19歳)。室町時代の武将。1423生。
日野資親　ひのすけちか　1443没。室町時代の公卿。
後土御門天皇　ごつちみかどてんのう　1500没(59歳)。第103代の天皇。1442生。
宗球　そうきゅう　1502没(66歳)。室町時代・戦国時代の臨済宗の僧。1437生。

クラーレンバハ,アードルフ　1529没(29?歳)。ドイツの反ローマ的著述家。1500頃生。
フリーステデン,ペーター　1529没(29?歳)。ドイツの宗教改革期殉教者。1500頃生。
タウレルス,ニコラウス　1606没(58歳)。ドイツの哲学者,医学者。1547生。
溝口秀勝　みぞぐちひでかつ　1610没(63歳)。安土桃山時代・江戸時代前期の大名。1548生。
ゲレイロ　1617没(67歳)。ポルトガルのイエズス会宣教師。1550生。
シルベスター　1618没(55歳)。イギリスの詩人,翻訳家。1563生。
デュケノワ,ヒエロニムス2世　1654没(52歳)。フランドルの彫刻家。1602生。
ル・ミュエ,ピエール　1669没(77歳)。フランスの建築家。1591生。
グロノビウス　1671没(60歳)。ドイツの古典文献学者,ラテン語学者。1611生。
サンダランド　1702没(62歳)。イギリスの政治家。1640生。
ヘイデン,ヤン・ファン・デル　1712没(75歳)。オランダの画家。1637生。
武者小路実陰　むしゃのこうじさねかげ　1738没(78歳)。江戸時代中期の歌人・公家。1661生。
コールデン　1776没(88歳)。アメリカの医師,哲学者,歴史家,政治家,植民地行政官。1688生。
池玉瀾　いけのぎょくらん　1784没(57歳)。江戸時代中期の女性。画家。1728生。
エステルハージ,ニコラウス　1790没(75歳)。オーストリアの将軍。1714生。
芳沢あやめ(4代目)　よしざわあやめ　1792没(56歳)。江戸時代中期の歌舞伎役者。1737生。
渡辺政香　わたなべまさか　1840没(65歳)。江戸時代後期の国学者,漢学者。1776生。
リッター,カール　1859没(80歳)。ドイツの地理学者。1779生。

560

嵐吉三郎(3代目)　あらしきちさぶろう　1864没(55歳)。江戸時代末期の歌舞伎役者。1810生。

ガボリヨ, エミール　1873没(38?歳)。フランス推理小説の先駆的作家。1835頃生。

トルストイ, アレクセイ・コンスタンチノヴィチ　1875没(58歳)。ロシアの小説家, 劇作家, 詩人。1817生。

フェデルブ, ルイ・レオン・セザール　1889没(71歳)。フランスの軍人。1818生。

黒川良安　くろかわりょうあん　1890没(74歳)。江戸・明治時代の蘭学者, 医師。1817生。

メルヴィル, ハーマン　1891没(72歳)。アメリカの小説家。1819生。

パストゥール, ルイ　1895没(72歳)。フランスの化学者, 細菌学者。1822生。

滝和亭　たきかてい　1901没(60歳)。明治時代の南画家。1842生。

ロイド, ヘンリー・デマレスト　1903没(56歳)。アメリカのジャーナリスト, 弁護士。1847生。

佐々友房　さっさともふさ　1906没(53歳)。明治時代の政治家。衆議院議員。1854生。

シアーズ, リチャード・ウォレン　1914没(50歳)。アメリカの企業家。1863生。

ペールマン　1914没(61歳)。ドイツの古代史家。1852生。

ヒューム, T.E.　1917没(34歳)。イギリスの詩人, 批評家, 哲学者。1883生。

カイザーリング, エードゥアルト・フォン　1918没(63歳)。ドイツの作家。1855生。

朝日平吾　あさひへいご　1921没(32歳)。明治・大正時代の右翼浪人。1890生。

安田善次郎(初代)　やすだぜんじろう　1921没(84歳)。江戸〜大正時代の実業家。安田財閥創立者。1838生。

ハッブル, エドウィン・パウエル　1953没(63歳)。アメリカの天文学者。1889生。

マッカラン　1954没(78歳)。アメリカの法律家, 政治家。1876生。

カンドウ, ソヴール　1955没(58歳)。カトリックのパリ外国宣教会士。1897生。

ボーイング, ウィリアム・E　1956没(74歳)。アメリカの航空機企業の創立者。1881生。

ジェニーナ, アウグスト　1957没(65歳)。イタリアの映画監督。1892生。

マルクス, ハーポ　1964没(70歳)。アメリカの喜劇映画俳優。1893生。

ブルトン, アンドレ　1966没(70歳)。フランスの詩人。1896生。

笠置季男　かさぎすえお　1967没(66歳)。昭和時代の彫刻家。1901生。

荘清彦　しょうきよひこ　1967没(72歳)。昭和時代の実業家。三菱商事社長。1894生。

淡野安太郎　だんのやすたろう　1967没(65歳)。昭和時代の哲学者, 社会思想史家。東京大学教授, 学習院大学教授。1902生。

ドス・パソス, ジョン　1970没(74歳)。アメリカの小説家。1896生。

ナーセル, ガマール・アブド　1970没(52歳)。エジプトの軍人, 政治家。1918生。

プシュヴァラ, エーリヒ　1972没(82歳)。ドイツの神学者, 哲学者。1889生。

ヨハネ・パウロ1世　1978没(65歳)。ローマ教皇。1912生。

榊原仟　さかきばらしげる　1979没(68歳)。昭和時代の医師。心臓外科, 東京女子医科大学教授。1910生。

ベタンクール　1981没(73歳)。ベネズエラの政治家。1908生。

ケルテス, アンドレ　1985没(91歳)。ハンガリーの写真家。1894生。

ヘルプマン, ロバート　1986没(77歳)。オーストラリア生れの舞踊家。1909生。

吉田とし　よしだとし　1988没(63歳)。昭和時代の児童文学作家。1925生。

マルコーニ, プリーニオ　1989没(72歳)。フィリピンの政治家。1917生。

デーヴィス, マイルズ　1991没(65歳)。アメリカのジャズ・トランペット奏者。1926生。

中本たか子　なかもとたかこ　1991没(87歳)。昭和時代の小説家。1903生。

胡喬木　こきょうぼく　1992没(87歳)。中国のジャーナリスト, 政治家。1905生。

山本明　やまもとあきら　1999没(66歳)。昭和・平成時代の社会学者。同志社大学教授。1932生。

トルドー, ピエール　2000没(80歳)。カナダの政治家。1919生。

猪熊功　いのくまいさお　2001没(63歳)。昭和・平成時代の柔道選手, 実業家。東海大学教授, 東海建設社長。1938生。

カザン, エリア　2003没(94歳)。アメリカの演出家, 映画監督。1909生。

アーナンド, M.R.　2004没(98歳)。インドの小説家。1905生。

9月28日

9月29日

○記念日○　招き猫の日
○出来事○　横浜に初のガス灯(1872)
　　　　　　日中国交正常化(1972)

法進　ほうしん　778没(70歳)。奈良時代の律宗の渡来僧。709生。

ロタール1世　855没(60歳)。カロリング朝の西ローマ皇帝(在位840～55)。795生。

醍醐天皇　だいごてんのう　930没(46歳)。第60代の天皇。885生。

陽成天皇　ようぜいてんのう　949没(82歳)。第57代の天皇。868生。

源師忠　みなもとのもろただ　1114没(61歳)。平安時代後期の公卿。1054生。

大中臣親隆　おおなかとみのちかたか　1187没(83歳)。平安時代後期の神官。1105生。

親覚　しんかく　1213没(58歳)。平安時代後期・鎌倉時代前期の真言宗の僧。1156生。

ヨアネス(モンミレーユの)　1217没(49歳)。フランスの城主、のちシトー会修道者、福者。1168生。

コンラドゥス(ウラシュの)　1227没(50?歳)。ベルギーのシトー会士、枢機卿。1177頃生。

一条師良　いちじょうもろよし　1293没(36歳)。鎌倉時代後期の公卿。1258生。

導御　どうご　1311没(89歳)。鎌倉時代後期の律宗の僧。1223生。

イブン・タイミーヤ　1328没(65歳)。ハンバル派のイスラム神学者、法学者。1263生。

ロール、リチャード(ハンポールの)　1349没(59?歳)。イギリスの作家、隠者。1290頃生。

阿蘇惟澄　あそこれずみ　1364没。南北朝時代の武将、阿蘇大宮司。

良禅　りょうぜん　1398没。南北朝時代・室町時代の天台宗の僧。

月江応雲　げっこうおううん　1438没。室町時代の曹洞宗の僧。

日有　にちう　1482没(74歳)。室町時代・戦国時代の日蓮宗の僧。1409生。

順如　じゅんにょ　1483没(42歳)。室町時代の僧。1442生。

ポリツィアーノ、アンジェロ　1494没(40歳)。イタリアの詩人、人文主義者、古典学者。1454生。

天桂禅長　てんけいぜんちょう　1524没(63歳)。戦国時代の曹洞宗の僧。1462生。

ヴレンヴェーヴァ　1537没(49?歳)。ドイツハンザ同盟の政治家。1488生。

万里小路房子　までのこうじふさこ　1580没。戦国時代・安土桃山時代の女性。正親町天皇の後宮。

ブキャナン、ジョージ　1582没(76歳)。スコットランドの歴史家、学者。1506生。

保科正直　ほしなまさなお　1601没(60歳)。安土桃山時代の武将。1542生。

坂崎直盛　さかざきなおもり　1616没。安土桃山時代・江戸時代前期の武将、大名。

士峰宋山　しほうそうざん　1635没(93歳)。安土桃山時代・江戸時代前期の曹洞宗の僧。1543生。

有馬豊氏　ありまとようじ　1642(閏9月)没(74歳)。安土桃山時代・江戸時代前期の大名。1569生。

安藤重長　あんどうしげなが　1657没(58歳)。江戸時代前期の大名。1600生。

グエン・フエ　1792没(40歳)。ベトナムのタイソン(西山)運動の指導者。1752生。

本居宣長　もとおりのりなが　1801没(72歳)。江戸時代中期・後期の国学者。1730生。

シェイズ、ダニエル　1825没(78歳)。アメリカの軍人。1747生。

フェルナンド7世　1833没(48歳)。スペイン王(在位1808, 14～33)。1784生。

モース、フリードリヒ　1839没(66歳)。ドイツの鉱物学者。1773生。

青山延光　あおやまのぶみつ　1871没(65歳)。江戸・明治時代の儒学者。彰考館編集総裁、弘道館教授。1807生。

広瀬久兵衛　ひろせきゅうべえ　1871没(82歳)。江戸・明治時代の実業家。1790生。

562

セガンティーニ, ジョヴァンニ　1899没(41歳)。イタリアの画家。1858生。

坂東秀調(2代目)　ばんどうしゅうちょう　1901没(54歳)。江戸・明治時代の歌舞伎役者。1848生。

ゾラ, エミール　1902没(62歳)。フランスの小説家。1840生。

マシャード・デ・アーシス, ジョアキン・マリーア　1908没(69歳)。ブラジルの作家, 詩人。1839生。

ホーマー, ウィンズロー　1910没(74歳)。アメリカの画家。1836生。

ディーゼル, ルドルフ・クリスティアン・カール　1913没(55歳)。ドイツの機械技術者。1858生。

笹森儀助　ささもりぎすけ　1915没(71歳)。明治時代の探検家。青森市長。1845生。

ブールジョア　1925没(74歳)。フランスの政治家。1851生。

アイントホーフェン, ヴィレム　1927没(67歳)。オランダの生理学者。1860生。

田中義一　たなかぎいち　1929没(66歳)。明治～昭和時代の陸軍軍人, 政治家。貴族院議員, 首相。1864生。

ツィグモンディー, リヒャルト・アドルフ　1929没(64歳)。オーストリアの化学者。1865生。

レーピン, イリヤ・エフィモヴィチ　1930没(86歳)。ロシアの画家。1844生。

クラパレド, エドゥアール　1940没(67歳)。スイスの心理学者。1873生。

鬼頭仁三郎　きとうにさぶろう　1947没(48歳)。昭和時代の経済学者。東京商大附属商学専門部長, 東京商大商業教育養成所長。1900生。

サーストン, ルイス・リーオン　1955没(68歳)。アメリカの心理学者。1887生。

明石照男　あかしてるお　1956没(75歳)。大正・昭和時代の銀行家, 財界人。帝国銀行会長, 貴族院議員。1881生。

ソモサ, アナスタシオ　1956没(60歳)。ニカラグアの軍人, 政治家。1896生。

ウッドヘッド　1959没(76歳)。イギリスのジャーナリスト。1883生。

ヘーバリーン, パウル　1960没(82歳)。スイスの哲学者, 心理学者, 教育学者。1878生。

園部ひでを　そのべひでお　1963没(93歳)。明治～昭和時代の武道家。1870生。

佐野碩　さのせき　1966没(61歳)。昭和時代の演出家。1905生。

マカラーズ, カーソン　1967没(50歳)。アメリカの女流小説家。1917生。

オーデン, W.H.　1973没(66歳)。イギリスの詩人。1907生。

北原武夫　きたはらたけお　1973没(66歳)。昭和時代の小説家, 評論家。1907生。

ワディントン, コンラッド・ハル　1975没(69歳)。イギリスの動物学者, 遺伝学者。1905生。

波多野鼎　はたのかなえ　1976没(80歳)。大正・昭和時代の経済学者, 政治家。九州帝国大学教授, 参議院議員。1896生。

チェレプニン, アレクサンドル　1977没(78歳)。ロシアのピアニスト, 作曲家。1899生。

力久辰斎　りきひさたつさい　1977没(70歳)。昭和時代の宗教家。善隣会教祖。1906生。

イェイツ, フランセス・A.　1981没(81歳)。イギリスの女流歴史学者。1899生。

井口基成　いぐちもとなり　1983没(75歳)。昭和時代のピアニスト, 教育家。桐朋学園大学学長。1908生。

都家かつ江　みやこやかつえ　1983没(74歳)。昭和時代の漫談家。1909生。

入江相政　いりえすけまさ　1985没(80歳)。昭和時代の官僚, 随筆家。宮内庁侍従長。1905生。

竹本津太夫(4代目)　たけもとつだゆう　1987没(71歳)。昭和時代の義太夫節の太夫。1916生。

フォード, ヘンリー(2世)　1987没(70歳)。アメリカの実業家。1917生。

遠藤周作　えんどうしゅうさく　1996没(73歳)。昭和・平成時代の小説家。1923生。

リヒテンスタイン, ロイ　1997没(73歳)。アメリカの画家。1923生。

北森嘉蔵　きたもりかぞう　1998没(82歳)。昭和・平成時代の神学者。東京神学大学教授, 日本基督教団千歳船橋教会牧師。1916生。

ムナリ, ブルーノ　1998没(91歳)。イタリアの美術家, 絵本作家。1907生。

グエン・ヴァン・ティウ　2001没(78歳)。ベトナム共和国の政治家。1923生。

猿橋勝子　さるはしかつこ　2007没(87歳)。昭和・平成時代の地球科学者。1920生。

9月29日

9月30日

○記念日○　くるみの日
　　　　　クレーンの日
○出来事○　遣唐使を廃止（894）
　　　　　京都市の市電廃止（1978）

ヒエロニュムス，エウセビウス　420没（78?歳）。アンチオキアの司教。342頃生。

ホノーリウス（カンタベリの）　653没。イギリスの第5代カンタベリ大司教，聖人。

新田部親王　にいたべしんのう　735没。天武天皇の第7皇子。

石川年足　いしかわのとしたり　762没（75歳）。飛鳥時代・奈良時代の学者，官人。688生。

アブドゥル・ラフマーン1世　788没（57歳）。イベリア半島の後ウマイヤ朝の創始者（在位756～788）。731生。

長信　ちょうしん　1072没（59歳）。平安時代中期の真言宗の僧。1014生。

黄庭堅　こうていけん　1105没（60歳）。中国，北宋の詩人，書家。1045生。

寛性入道親王　かんしょうにゅうどうしんのう　1346没（58歳）。鎌倉時代後期・南北朝時代の仁和寺御室。1289生。

夢窓疎石　むそうそせき　1351没（77歳）。鎌倉時代後期・南北朝時代の臨済宗の僧。1275生。

斯波義郷　しばよしさと　1436没（27歳）。室町時代の武将。1410生。

足利成氏　あしかがしげうじ　1497没（64歳）。室町時代・戦国時代の初代の古河公方。1434生。

カノ，メルチョル　1560没（51歳）。スペインの神学者。1509生。

ヘルディング，ミヒャエル　1561没（55歳）。ドイツのカトリック司教。1506生。

フランシスコ（ボルハの）　1572没（61歳）。第3代イエズス会総会長，聖人。1510生。

ボルジャ，フランチェスコ　1572没（61歳）。スペインのイエズス会修道士，教会政治家，聖人。1510生。

ランゲー，ユベール　1581没（63歳）。フランスの外交官。1518生。

長束正家　なつかまさいえ　1600没（39歳）。安土桃山時代の大名。1562生。

バロッチ，フェデリーゴ　1612没（84?歳）。イタリアの画家。1528頃生。

文之玄昌　ぶんしげんしょう　1620没（66歳）。安土桃山時代・江戸時代前期の臨済宗の僧，儒僧。1555生。

グレヴィル，フルク　1628没（73歳）。イギリスの詩人，劇作家，政治家。1554生。

野々口立圃　ののぐちりゅうほ　1669没（75歳）。江戸時代前期の俳人。1595生。

心越興儔　しんえつこうちゅう　1695没（57歳）。江戸時代前期の来朝した中国の禅僧。1639生。

谷木因　たにぼくいん　1725没（80歳）。江戸時代前期・中期の俳人。1646生。

ドゥランテ，フランチェスコ　1755没（71歳）。イタリアの作曲家。1684生。

ウィットフィールド，ジョージ　1770没（55歳）。イギリスの説教者。1714生。

ブリンドリー，ジェイムズ　1772没（56歳）。イギリスの技術者。1716生。

パーシー，トマス　1811没（82歳）。イギリスの聖職者，古典研究家。1729生。

ミュラー，ヴィルヘルム　1827没（32歳）。ドイツの詩人。1794生。

村山たか　むらやまたか　1876没（68?歳）。江戸時代末期・明治時代の女性。井伊直弼の侍女。1809頃生。

大山綱良　おおやまつなよし　1877没（53歳）。江戸・明治時代の政治家，鹿児島県令。1825生。

津田三蔵　つださんぞう　1891没（37歳）。明治時代の巡査。1855生。

ブーランジェ，ジョルジュ　1891没（54歳）。フランスの将軍，政治家。1837生。

ドロービッシュ　1896没（94歳）。ドイツの哲学者，数学者。1802生。

テレーズ　1897没（24歳）。フランスの修道女。1873生。

中西梅花　なかにしばいか　1898没（33歳）。明治時代の詩人，小説家。1866生。

564

パーヴロフ　1908没(39歳)。ロシアの歴史家。1869生。
中井敬所　なかいけいしょ　1909没(79歳)。江戸・明治時代の篆刻家。1831生。
フィッツ　1913没(70歳)。アメリカの医者。1843生。
大浦兼武　おおうらかねたけ　1918没(69歳)。明治時代の政治家，官僚。熊本県知事，警視総監，子爵。1850生。
三井八郎次郎　みついはちろうじろう　1919没(71歳)。明治・大正時代の実業家。三井物産社長。1849生。
バルト　1922没(64歳)。ドイツの哲学者，教育学者，社会学者。1858生。
伊能嘉矩　いのうかのり　1925没(59歳)。明治・大正時代の歴史学者，民族学者。1867生。
パストーア，ルートヴィヒ・フォン　1928没(74歳)。ドイツの教会史家。1854生。
桃川如燕(2代目)　ももかわじょえん　1929没(64歳)。江戸〜大正時代の講釈師。1866生。
唐紹儀　とうしょうぎ　1938没(77歳)。中国，清末・民国初期の外交官，政治家。1861生。
ハドフィールド，サー・ロバート・アボット　1940没(81歳)。イギリスの冶金学者。1858生。
オッペンハイマー　1943没(79歳)。ユダヤ系のドイツ社会学者。1864生。
ヨトゥニ，マリア　1943没(63歳)。フィンランドの女流小説家。1880生。
柳家小さん(4代目)　やなぎやこさん　1947没(60歳)。大正・昭和時代の落語家。落語協会会長。1888生。
ヴォズネセーンスキー　1950没(46歳)。ソ連の経済学者，政治家。1903生。
ディーン，ジェイムズ　1955没(24歳)。アメリカの映画俳優。1931生。
竹岡勝也　たけおかかつや　1958没(64歳)。大正・昭和時代の日本史学者。北海道大学教授，東北大学教授。1893生。
ハリソン，ロス・グランヴィル　1959没(89歳)。アメリカの生物学者。1870生。
津田治子　つだはるこ　1963没(51歳)。昭和時代の歌人。1912生。
武岡鶴代　たけおかつるよ　1966没(71歳)。大正・昭和時代のソプラノ歌手。1895生。
バートレット，サー・フレデリック　1969没(82歳)。イギリスの心理学者。1886生。

コンラド，ニコライ・ヨシフォヴィチ　1970没(79歳)。ソ連の東洋学者。1891生。
長坂好子　ながさかよしこ　1970没(79歳)。大正・昭和時代の声楽家。1891生。
吉田暎二　よしだてるじ　1972没(71歳)。大正・昭和時代の浮世絵・歌舞伎研究家。1901生。
ミス・ワカサ　1974没(53歳)。昭和時代の漫才師。1921生。
山岡荘八　やまおかそうはち　1978没(71歳)。昭和時代の小説家。1907生。
椎名悦三郎　しいなえつさぶろう　1979没(81歳)。昭和時代の政治家。衆議院議員。1898生。
ニール，ボイド　1981没(76歳)。イギリスの指揮者。1905生。
譚震林　たんしんりん　1983没(78歳)。中国の政治家。1905生。
シニョレ，シモーヌ　1985没(64歳)。フランスの女優。1921生。
安里積千代　あさとつみちよ　1986没(83歳)。昭和時代の政治家，弁護士。衆議院議員，沖縄社会大衆党委員長。1903生。
熊谷恒子　くまがいつねこ　1986没(93歳)。昭和時代の書家。日展参与，堅香子会(かたかごかい)主宰。1893生。
横山美智子　よこやまみちこ　1986没(81歳)。昭和時代の小説家，児童文学作家。1905生。
山田清三郎　やまだせいざぶろう　1987没(91歳)。大正・昭和時代の小説家，評論家。1896生。
チュオン・チン　1988没(81歳)。ベトナム民主共和国の政治家。1907生。
トムソン，ヴァージル　1989没(92歳)。アメリカの作曲家，指揮者，音楽評論家。1896生。
フイン・タン・ファット　1989没(76歳)。ベトナム社会主義共和国の政治家。1913生。
ホワイト，パトリック　1990没(78歳)。オーストラリアの小説家。1912生。
レーリス，ミシェル　1990没(89歳)。フランスの詩人，エッセイスト，民俗学者。1901生。
ルウオフ，アンドレ・ミシェル　1994没(92歳)。フランスの微生物学者。1902生。
中川米造　なかがわよねぞう　1997没(71歳)。昭和・平成時代の医事評論家。大阪大学教授。1926生。
蠟山芳郎　ろうやまよしろう　1999没(91歳)。昭和時代の外交評論家。1907生。

9月30日

10月
October
神無月

◎忌　日◎
蛇笏忌(10.3) ／ 芭蕉忌(10.12)
直哉忌(10.21) ／ 紅葉忌(10.30)

10月1日

○記念日○ 衣替え(更衣)
国際音楽の日
○出来事○ 国勢調査始まる(1920)
110番設置(1948)
中華人民共和国誕生(1949)

関羽　かんう　219没。中国，三国時代・蜀の武将。

バーヴォ　660没(60?歳)。ベルギーのベネディクト会士，聖人。600頃生。

アブー・ザイド・アルバルヒー　934没(84?歳)。アラビアのアッパース朝の地理学者。850頃生。

覚尋　かくじん　1081没(69歳)。平安時代中期・後期の天台宗の僧。1013生。

篤子内親王　あつこないしんのう　1114没(55歳)。平安時代後期の女性。後三条天皇の皇女。1060生。

毅宗(高麗)　きそう　1173没(46歳)。朝鮮，高麗の第18代王(在位1146〜70)。1127生。

足利義清　あしかがよしきよ　1183(閏10月)没。平安時代後期の武将。

禎喜　ていき　1183没(85歳)。平安時代後期の僧。1099生。

今林准后　いまばやしじゅごう　1302没(107歳)。鎌倉時代の女性。太政大臣西園寺実氏の妻。1196生。

元瑜　げんゆ　1319没(92歳)。鎌倉時代後期の真言宗の僧。1228生。

一条内経　いちじょううちつね　1325没(35歳)。鎌倉時代後期の公卿。1291生。

ボニファーティウス9世　1404没(49?歳)。ローマ教皇。1355頃生。

信中以篤　しんちゅういとく　1451没。室町時代の臨済宗の僧。

義山等仁　ぎざんとうにん　1462没(77歳)。室町時代の曹洞宗の僧。1386生。

フィチーノ，マルシーリオ　1499没(65歳)。イタリアのプラトン主義哲学者。1433生。

オールコック，ジョン　1500没(70歳)。イギリスの学者，司教。1430生。

ブリースマン，ヨハネス　1549没(60?歳)。宗教改革期のドイツの神学者。1488生。

陶晴賢　すえはるかた　1555没(35歳)。戦国時代の武将。1521生。

フローリス，フランス　1570没(54歳)。フランドルの画家。1516生。

ヘルベルト，ペーター　1571没(36歳)。モラヴィア兄弟団の牧師，讃美歌作詞者。1535頃生。

ヘームスケルク，マルテンス・ヤーコプス・ヴァン　1574没(76歳)。オランダの画家。1498生。

安国寺恵瓊　あんこくじえけい　1600没(63?歳)。安土桃山時代の臨済宗の僧，大名。1538頃生。

石田三成　いしだみつなり　1600没(41歳)。安土桃山時代の武将。1560生。

小西行長　こにしゆきなが　1600没(46?歳)。安土桃山時代の大名。1555頃生。

桑山重晴　くわやましげはる　1606没(83歳)。戦国時代・安土桃山時代の武将，大名。1524生。

応其　おうご　1608没(73歳)。安土桃山時代・江戸時代前期の木食僧，連歌師。1536生。

江月宗玩　こうげつそうがん　1643没(70歳)。安土桃山時代・江戸時代前期の臨済宗の僧。1574生。

愚堂東寔　ぐどうとうしょく　1661没(85歳)。江戸時代前期の臨済宗の僧。1577生。

コルネイユ，ピエール　1684没(78歳)。フランスの劇作家。1606生。

河村若芝　かわむらじゃくし　1707没(70歳)。江戸時代前期・中期の画家，金工家。1638生。

ブロー，ジョン　1708没(59歳)。イギリスの作曲家，オルガン奏者。1649生。

マールバラ　1744没(84歳)。マールバラ公ジョン・チャーチルの妻。1660生。

スマローコフ，アレクサンドル・ペトローヴィチ　1777没(59歳)。ロシア古典主義の代表的劇作家。1717生。

ベイクウェル，ロバート　1795没(70歳)。イギリスの家畜改良家。1725生。

ラングハンス，カール・ゴットハート　1808没(75歳)。ドイツの建築家。1732生。

ビッドル　1848没(65歳)。アメリカの海軍軍人。1783生。

桜井梅室　さくらいばいしつ　1852没(84歳)。江戸時代中期・後期の俳人。1769生。

原采蘋　はらさいひん　1859没(62歳)。江戸時代末期の女性。漢詩人。1798生。

鮎沢伊太夫　あゆざわいだゆう　1868没(45歳)。江戸時代末期の志士。1824生。

ラーマ4世　1868没(63歳)。タイ，チャクリ朝の第4代王(在位1851～68)。1804生。

シャフツベリー，アントニー・アシュリー・クーパー，7代伯爵　1885没(84歳)。イギリスの政治家。1801生。

ジョーエット，ベンジャミン　1893没(76歳)。イギリスの古典学者，神学者，教育者。1817生。

アブドゥル・ラフマーン　1901没(71?歳)。アフガニスタンのバーラクザーイー朝第4代の王(在位1880～1901)。1830頃生。

宍戸璣　ししどたまき　1901没(73歳)。江戸・明治時代の萩藩士，政治家。貴族院議員，子爵。1829生。

大和田建樹　おおわだたけき　1910没(54歳)。明治時代の詩人，国文学者。女高師教授。1857生。

ディルタイ，ヴィルヘルム　1911没(77歳)。ドイツの哲学者。1833生。

マルティ　1914没(66歳)。スイスの哲学者，言語学者。1847生。

尾形月耕　おがたげっこう　1920没(62歳)。明治時代の日本画家。1859生。

ハン　1921没(82歳)。オーストリアの気象学者，気候学者。1839生。

広井勇　ひろいいさむ　1928没(67歳)。明治・大正時代の土木工学者。東京帝国大学教授，土木学会会長。1862生。

長谷川勘兵衛(14代目)　はせがわかんべえ　1929没(83歳)。江戸～昭和時代の歌舞伎大道具師。1847生。

ブールデル，エミール-アントワーヌ　1929没(67歳)。フランスの彫刻家，画家。1861生。

ドリーゴ，リッカルド　1930没(84歳)。イタリアの作曲家，指揮者。1846生。

小堀鞆音　こぼりともと　1931没(68歳)。明治・大正時代の日本画家。東京美術学校教授。1864生。

元田肇　もとだはじめ　1938没(81歳)。明治～昭和時代の政治家。衆議院議長。1858生。

キャノン，ウォルター・ブラッドフォード　1945没(73歳)。アメリカの生理学者。1871生。

尾佐竹猛　おさたけたけし　1946没(67歳)。明治～昭和時代の司法官僚，日本史学者。大審院検事。1880生。

マルティネス-シエラ，グレゴリオ　1947没(66歳)。スペインの劇作家。1881生。

カチャーロフ　1948没(73歳)。ソ連の俳優。1875生。

マリン，ジョン　1953没(82歳)。アメリカの画家。1870生。

ハーンパー，ペンティ　1955没(49歳)。フィンランドの小説家。1905生。

塩入松三郎　しおいりまつさぶろう　1962没(72歳)。大正・昭和時代の農学者。東京大学教授。1889生。

グァルディーニ，ロマーノ　1968没(83歳)。ドイツのカトリック神学者，哲学者。1885生。

リーキー，ルイス・シーモア・バゼット　1972没(69歳)。ケニヤ生れのイギリスの古生物学者，人類学者。1903生。

石黒敬七　いしぐろけいしち　1974没(77歳)。大正・昭和時代の柔道家，随筆家。1897生。

ハリス，ロイ　1979没(81歳)。アメリカの作曲家。1898生。

水谷八重子　みずたにやえこ　1979没(74歳)。大正・昭和時代の女優。1905生。

カルドア，ニコラス，男爵　1986没(78歳)。ハンガリー系イギリスの経済学者。1908生。

近藤乾三　こんどうけんぞう　1988没(97歳)。明治～昭和時代の能楽師(宝生流シテ方)。宝生会常務理事，日本芸術院会員。1890生。

シットウェル，サシェヴェレル　1988没(90歳)。イギリスの詩人，美術批評家。1897生。

佐藤亮一　さとうりょういち　1994没(86歳)。昭和・平成時代の翻訳家。日本翻訳家協会会長，共立女子短期大学教授。1907生。

古今亭志ん朝(2代目)　ここんていしんちょう　2001没(63歳)。昭和・平成時代の落語家。1938生。

アヴェドン，リチャード　2004没(81歳)。アメリカの写真家。1923生。

米澤嘉博　よねざわよしひろ　2006没(53歳)。昭和・平成時代の漫画評論家。1953生。

10月1日

10月2日

○記念日○　豆腐の日
　　　　　　望遠鏡の日
○出来事○　望遠鏡を発明し特許申請(1608)
　　　　　　安政の大地震(1855)
　　　　　　関越自動車道全線開通(1985)

アタラリクス　534没(18歳)。東ゴート王(在位526～534)。516生。

レオデガリウス(オタンの)　678没(62?歳)。フランスのオタンの司教、殉教者。616頃生。

道慈　どうじ　744没。奈良時代の僧。

吉備真備　きびのまきび　775没(81歳)。奈良時代の学者、官人。695生。

敦美親王　あつみしんのう　1007没(27歳)。平安時代中期の歌人、冷泉天皇の皇子。981生。

平致頼　たいらのむねより　1011没。平安時代中期の武将。

藤原俊家　ふじわらのとしいえ　1082没(64歳)。平安時代中期・後期の公卿。1019生。

敏覚　びんかく　1181没。平安時代後期の三論宗の僧。

伊達朝宗の妻　だてともむねのつま　1251没。鎌倉時代前期の女性。伊達氏の始祖の妻。

静忠　じょうちゅう　1263没(74歳)。鎌倉時代前期の天台宗の僧。1190生。

ウルバヌス4世　1264没(64?歳)。教皇(在位1261～4)。1200頃生。

二階堂行泰　にかいどうゆきやす　1265没(55歳)。鎌倉時代前期の政所執事。1211生。

入阿　にゅうあ　1281没(83歳)。鎌倉時代前期の浄土宗の僧。1199生。

房暁　ぼうぎょう　1309没(69歳)。鎌倉時代後期の天台宗の僧。1241生。

慈信　じしん　1324没(68歳)。鎌倉時代後期の僧。1257生。

俊才　しゅんさい　1353没(95歳)。鎌倉時代後期・南北朝時代の僧。1259生。

弘智　こうち　1363没(83歳)。鎌倉時代後期・南北朝時代の行者。1281生。

大年法延　だいねんほうえん　1363。南北朝時代の僧。

義賢　ぎけん　1468(閏10月)没(70歳)。室町時代の真言宗の僧。1399生。

ムルメリウス、ヨハネス　1517没(37歳)。オランダの修道院長。1480生。

陳淳　ちんじゅん　1544没(60歳)。中国、明代の画家。1484生。

種子島時尭　たねがしまときたか　1579没(52歳)。戦国時代・安土桃山時代の武将、種子島の領主。1528生。

テレージオ、ベルナルディーノ　1588没(80歳)。イタリアの自然哲学者。1508生。

仙岳宗洞　せんがくそうとう　1595没(51歳)。戦国時代・安土桃山時代の臨済宗の僧。1545生。

竜造寺政家　りゅうぞうじまさいえ　1607没(52歳)。安土桃山時代・江戸時代前期の武士。1556生。

オリヴァー、アイザック　1617没(57?歳)。イギリスのミニアチュール肖像画家。1560頃生。

松下重綱　まつしたしげつな　1627没(49歳)。安土桃山時代・江戸時代前期の大名。1579生。

ベリュル、ピエール・ド　1629没(54歳)。フランスの聖職者、政治家。1575生。

斎藤小左衛門　さいとうこざえもん　1633没(58歳)。安土桃山時代・江戸時代前期のイエズス会司祭、殉教者。1576生。

天海　てんかい　1643没(108歳)。安土桃山時代・江戸時代前期の天台宗の僧。1536生。

富士谷成章　ふじたになりあきら　1779没(42歳)。江戸時代中期の国学者。1738生。

僧鎔　そうよう　1783没(61歳)。江戸時代中期の浄土真宗本願寺派の学僧。1723生。

稲葉小僧　いなばこぞう　1785没(34歳)。江戸時代中期の盗賊。1752生。

森田勘弥(5代目)　もりたかんや　1802没。江戸時代中期の歌舞伎座主。

アダムズ、サミュエル　1803没(81歳)。アメリカ独立戦争における愛国派の指導者。1722生。

キュニョー, ニコラ・ジョゼフ　1804没(79歳)。フランスの軍事技術者。1725生。
モンロー, アレクサンダー　1817没(84歳)。スコットランドの医師。1733生。
華岡青洲　はなおかせいしゅう　1835没(76歳)。江戸時代中期・後期の漢蘭折衷外科医。1760生。
チャニング, ウィリアム・エラリー　1842没(62歳)。アメリカの牧師, 著述家。1780生。
アラゴ, ドミニク・フランソワ・ジャン　1853没(67歳)。フランスの天文学者, 物理学者。1786生。
松林伯円(初代)　しょうりんはくえん　1855没(44歳)。江戸時代末期の講釈師。1812生。
戸田銀次郎　とだぎんじろう　1855没(52歳)。江戸時代末期の改革派水戸藩士。1804生。
藤田東湖　ふじたとうこ　1855没(50歳)。江戸時代末期の水戸藩士, 天保改革派の中心人物, 後期水戸学の大成者。1806生。
歌沢寅右衛門(2代目)　うたざわとらえもん　1875没(63歳)。明治時代の邦楽家。うた沢派初代家元。1813生。
北原稲雄　きたはらいなお　1881没(57歳)。江戸・明治時代の国学者。伊那県出仕。1825生。
ルナン, ジョゼフ-エルネスト　1892没(69歳)。フランスの思想家, 宗教学者。1823生。
浦田長民　うらたながたみ　1893没(54歳)。江戸・明治時代の神道家。伊勢神宮少宮司。1840生。
柳沢保申　やなぎさわやすのぶ　1893没(48歳)。江戸・明治時代の郡山藩主。伯爵。1846生。
有村連寿尼　ありむられんじゅに　1895没(87歳)。江戸時代後期〜明治時代の女性。桜田門外の変の有村兄弟を育てた母。1809生。
ケーニッヒ　1901没(68歳)。ドイツの印刷技術者。1832生。
山口定雄　やまぐちさだお　1907没(47歳)。江戸・明治時代の新派俳優。1861生。
キッド　1916没(58歳)。イギリスの社会哲学者。1858生。
ブルッフ, マックス　1920没(82歳)。ドイツの作曲家, 指揮者。1838生。
アレニウス, スヴァンテ・アウグスト　1927没(68歳)。スウェーデンの化学者, 物理学者。1859生。
リプトン, サー・トマス・ジョンストン　1931没(81歳)。イギリスの商人。1850生。
小橋一太　こばしいちた　1939没(70歳)。大正・昭和時代の官僚, 政治家。衆議院議員, 東京市長。1870生。
谷津直秀　やつなおひで　1947没(71歳)。明治〜昭和時代の動物学者。1877生。
市村羽左衛門(16代目)　いちむらうざえもん　1952没(47歳)。明治〜昭和時代の歌舞伎役者。1905生。
ストープス, マリー　1958没(77歳)。イギリスの生物学者。1880生。
岩本素白　いわもとそはく　1961没(78歳)。昭和時代の日本文学者, 随筆家。1883生。
レペシンスカヤ　1963没(92歳)。ソ連邦の女流医学者。1871生。
山村新治郎　やまむらしんじろう　1964没(56歳)。昭和時代の政治家。1908生。
ランゲ　1965没(61歳)。ポーランドの経済学者。1904生。
デュシャン, マルセル　1968没(81歳)。フランスの画家, 彫刻家。1887生。
三上秀吉　みかみひできち　1970没(77歳)。昭和時代の小説家。1893生。
ヌルミ, パーヴォ　1973没(76歳)。フィンランドの陸上競技選手。1897生。
ザイデル, イーナ　1974没(89歳)。ドイツの女流詩人, 小説家。1885生。
シュクシーン, ワシーリー・マカーロヴィチ　1974没(45歳)。ソ連の映画監督, 俳優。1929生。
カーマラージ　1975没(72歳)。インドの政治家。1903生。
颯田琴次　さったことじ　1975没(89歳)。昭和時代の音声学者, 医師。1886生。
宮尾しげを　みやおしげお　1982没(80歳)。大正・昭和時代の漫画家, 江戸風俗研究家。1902生。
井口秋子　いぐちあきこ　1984没(78歳)。昭和時代のピアニスト, 教育家。1905生。
喜多実　きたみのる　1986没(86歳)。昭和時代の能楽師シテ方。喜多流15代目家元。1900生。
駒井健一郎　こまいけんいちろう　1986没(85歳)。昭和時代の実業家。日立製作所社長。1900生。
香山彬子　かやまあきこ　1999没(75歳)。昭和・平成時代の児童文学者。1924生。
フェドレンコ, ニコライ　2000没(87歳)。ソ連の文芸評論家, 外交官。1912生。

10月2日

10月3日

○記念日○ 登山の日
○出来事○ 日本武道館開館（1964）
三宅島、大噴火（1983）
東西ドイツ統一（1990）

道宣　どうせん　667没（71歳）。中国、唐代の南山律宗の祖。596生。

大津皇子　おおつのみこ　686没（24歳）。天武天皇の第3皇子。663生。

山辺皇女　やまのべのひめみこ　686没。飛鳥時代の女性。天智天皇の皇女。

エウァルド　690没。アングロ・サクソン人宣教師。

国中公麻呂　くになかのきみまろ　774没。奈良時代の大仏師、造東大寺次官。

佐伯今毛人　さえきのいまえみし　790没（72歳）。奈良時代の官人。719生。

紀勝長　きのかつなが　806没（53歳）。奈良時代・平安時代前期の公卿。754生。

物部広泉　もののべのひろいずみ　860没（76歳）。平安時代前期の医師。785生。

上東門院　じょうとうもんいん　1074没（87歳）。平安時代中期の女性。一条天皇の皇后。988生。

蘇轍　そてつ　1112没（73歳）。中国、北宋の文学者。1039生。

妍子内親王　けんしないしんのう　1161没。平安時代後期の女性。鳥天皇の第3皇女。

北白河院　きたしらかわいん　1238没（66歳）。鎌倉時代前期の女性。後高倉院の妃。1173生。

三善康連　みよしやすつら　1256没（64歳）。鎌倉時代前期の幕府官僚。1193生。

定済　じょうさい　1282没（63歳）。鎌倉時代後期の僧。1220生。

北条時国　ほうじょうときくに　1284没（22歳）。鎌倉時代後期の六波羅探題。1263生。

赤松光範　あかまつみつのり　1381没（62歳）。南北朝時代の武将。1320生。

上杉定正　うえすぎさだまさ　1494没（52歳）。室町時代・戦国時代の武将。1443生。

秀峰繁俊　しゅうほうはんしゅん　1508没。戦国時代の曹洞宗の僧。

コーベルガー　1513没（73?歳）。ドイツの印刷者。1440頃生。

バルデス，アルフォンソ・デ　1532没（42?歳）。イタリアの人文主義者。1490頃生。

三条西実隆　さんじょうにしさねたか　1537没（83歳）。戦国時代の歌人・公卿。1455生。

少伝宗聞　しょうでんそうぎん　1541没。戦国時代の浄土宗の僧。

エリザベト・ド・バロア　1568没（22歳）。スペイン国王フェリペ2世の王妃。1545生。

北条氏康　ほうじょううじやす　1571没（57歳）。戦国時代の武将。1515生。

稲葉重通　いなばしげみち　1598没。安土桃山時代の武将，大名。

毛利秀元　もうりひでもと　1650（閏10月）没（72歳）。安土桃山時代・江戸時代前期の大名。1579生。

鷹司教平　たかつかさのりひら　1668没（60歳）。江戸時代前期の公家。1609生。

カレーニョ・デ・ミランダ，フアン　1685没（71歳）。スペインの宮廷画家。1614生。

バークリー，ロバート　1690没（41歳）。イギリスのクエーカー教徒。1648生。

鉄心道胖　てっしんどうはん　1710没（70歳）。江戸時代前期・中期の黄檗僧。1641生。

小西来山　こにしらいざん　1716没（63歳）。江戸時代前期・中期の俳人。1654生。

比宮培子　なみのみやますこ　1733没（23歳）。江戸時代中期の女性。徳川家重の妻。1711生。

近衛家熙　このえいえひろ　1736没（70歳）。江戸時代中期の公家。1667生。

鶴沢友次郎（2代目）　つるざわともじろう　1807没。江戸時代中期・後期の義太夫節三味線弾き。

脇愚山　わきぐざん　1814没（51歳）。江戸時代中期・後期の儒学者。1764生。

尾崎雅嘉　おざきまさよし　1827没（73歳）。江戸時代中期・後期の国学者。1755生。

坂東三津五郎（2代目）　ばんどうみつごろう　1829没（80歳）。江戸時代中期・後期の歌舞伎役

者。1750生。

ドミートリエフ，イワン・イワノヴィチ　1837没（77歳）。ロシアの詩人。1760生。

桜田虎門　さくらだこもん　1839没（66歳）。江戸時代後期の儒学者。1774生。

ハウ，イライアス　1867没（48歳）。アメリカの発明家。1819生。

鳥居耀蔵　とりいようぞう　1873没（78歳）。江戸時代末期・明治時代の幕臣。1796生。

ガベレンツ，ハンス・コノン・フォン・デア　1874没（66歳）。ドイツの言語学者，民族学者。1807生。

中根雪江　なかねゆきえ　1877没（71歳）。江戸時代末期・明治時代の越前福井藩士。1807生。

淑子内親王　すみこないしんのう　1881没（53歳）。江戸・明治時代の皇族。1829生。

マカルト，ハンス　1888没（48歳）。オーストリアの画家。1840生。

広田亀次　ひろたかめじ　1896没（57歳）。江戸・明治時代の農業技術改良家。1840生。

モリス，ウィリアム　1896没（62歳）。イギリスの詩人，画家，社会主義者。1834生。

根本通明　ねもとみちあき　1906没（85歳）。江戸・明治時代の儒学者。1822生。

ランデール，マックス　1925没（41歳）。フランスの喜劇映画俳優，監督。1883生。

シュトレーゼマン，グスタフ　1929没（51歳）。ドイツの政治家。1878生。

ニルセン，カール　1931没（66歳）。デンマークの作曲家。1865生。

ヴォルフ，マクシミリアン・フランツ・ヨーゼフ・コルネリウス　1932没（69歳）。ドイツの天文学者。1863生。

芳村伊十郎（6代目）　よしむらいじゅうろう　1935没（77歳）。明治～昭和時代の長唄唄方。1859生。

チャヤーノフ，アレクサンドル・ワシリエヴィチ　1937没（49歳）。ロシアの農業経済学者。1888生。

ヘルトヴィッヒ　1937没（87歳）。ドイツの動物学者。1850生。

杉村楚人冠　すぎむらそじんかん　1945没（74歳）。明治・大正時代の新聞人，評論家。東京朝日新聞社相談役。1872生。

島津源蔵（2代目）　しまづげんぞう　1951没（82歳）。明治～昭和時代の発明家，実業家。島津製作所社長。1869生。

浅見仙作　あさみせんさく　1952没（84歳）。明治～昭和時代の宗教家。1868生。

塩野義三郎　しおのぎさぶろう　1953没（71歳）。大正・昭和時代の実業家。塩野義製薬社長。1881生。

栃木山守也　とちぎやまもりや　1959没（67歳）。大正・昭和時代の力士。第27代横綱。1892生。

飯田蛇笏　いいだだこつ　1962没（77歳）。明治～昭和時代の俳人。1885生。

萩岡松韻（2代目）　はぎおかしょういん　1966没（73歳）。大正・昭和時代の箏曲家。1893生。

市川左団次（3代目）　いちかわさだんじ　1969没（71歳）。明治～昭和時代の歌舞伎役者。1898生。

プリチャード，キャサリン　1969没（85歳）。オーストラリアの女流小説家。1883生。

モレ，ギー　1975没（69歳）。フランスの政治家。1905生。

バンヴェニスト，エミール　1976没（74歳）。フランスの言語学者。1902生。

有馬大五郎　ありまだいごろう　1980没（80歳）。昭和時代の音楽教育家，作曲家。NHK交響楽団副理事長。1900生。

十河信二　そごうしんじ　1981没（97歳）。大正・昭和時代の官僚。国鉄総裁，日本交通協会会長。1884生。

西尾末広　にしおすえひろ　1981没（90歳）。大正・昭和時代の政治家。衆議院議員。1891生。

メーリング，ヴァルター　1981没（85歳）。ドイツの詩人，劇作家。1896生。

花登筺　はなとこばこ　1983没（55歳）。昭和時代の放送作家，劇作家。1928生。

ブベンノフ，ミハイル・セミョーノヴィチ　1983没（73歳）。ソ連の小説家。1909生。

勝目テル　かつめてる　1984没（90歳）。昭和時代の婦人運動家，消費組合運動家。1894生。

シュトラウス　1988没（73歳）。ドイツ連邦共和国の政治家。1915生。

松本克平　まつもとかっぺい　1995没（89歳）。昭和・平成時代の俳優，新劇史家。1906生。

犬養孝　いぬかいたかし　1998没（91歳）。昭和・平成時代の日本文学者。1907生。

盛田昭夫　もりたあきお　1999没（78歳）。昭和・平成時代の経営者。ソニー社長。1921生。

リー，ジャネット　2004没（77歳）。アメリカの女優。1927生。

10月3日

10月4日

○記念日○ 104の日
証券投資の日
○出来事○ ソ連が世界初の人工衛星打ち上げに成功(1957)
『笑っていいとも!』放送開始(1982)

アブドゥッラー・イブヌッ・ズバイル 692没(70?歳)。アラビアの貴族。622頃生。

開成 かいじょう 781没(58歳)。奈良時代の山林修行僧。724生。

藤原貞敏 ふじわらのさだとし 867没(61歳)。平安時代前期の雅楽演奏者。807生。

藤原時光 ふじわらのときみつ 1015没(68歳)。平安時代中期の公卿。948生。

仁豪 にんごう 1121没(71歳)。平安時代後期の天台宗の僧。1051生。

源光信 みなもとのみつのぶ 1145没(55歳)。平安時代後期の武将。1091生。

隆勝 りゅうしょう 1158没(71歳)。平安時代後期の真言宗の僧。1088生。

藤原季経 ふじわらのすえつね 1221(閏10月)没(91歳)。平安時代後期・鎌倉時代前期の歌人・公卿。1131生。

フランシスコ、ジョバンニ 1226没(45歳)。フランシスコ修道会の創立者。1181生。

史弥遠 しびえん 1233没(69歳)。中国、南宋の寧宗、理宗両朝の宰相。1164生。

松殿師家 まつどのもろいえ 1238没(67歳)。鎌倉時代前期の公卿。1172生。

東明慧日 とうみょうえにち 1340没(69歳)。鎌倉時代後期・南北朝時代の曹洞宗宏智派の渡来禅僧。1272生。

サンチェス・デ・アレバロ、ロドリーゴ 1470没(66歳)。スペインの司教、教会法学者、神学者。1404生。

ウェッセル、ガンスフォルト 1489没(70?歳)。オランダの神秘思想家。1419頃生。

ゴッツォリ、ベノッツォ 1497没(77歳)。イタリア画家。1420生。

中山宣親 なかやまのぶちか 1517没(60歳)。戦国時代の公卿。1458生。

宗牧 そうもく 1535没。戦国時代の曹洞宗の僧。

クニプストロ、ヨーハン 1556没(59歳)。ドイツの神学者、ポンメルンの宗教改革者。1497生。

半井明孝 なからいあきたか 1559没(70歳)。戦国時代の公卿。1490生。

ヴェルジェーリオ、ピエートロ・パーオロ 1565没(67?歳)。イタリアのプロテスタント神学者。1498頃生。

テレーサ・デ・ヘスス、サンタ 1582没(67歳)。スペインのキリスト教神秘家、女子カルメル会改革者。聖女、最初の女性教会博士。1515生。

クーヤキウス 1590没(68歳)。フランスの法学者。1522生。

玄宥 げんゆう 1605没(77歳)。戦国時代・安土桃山時代の新義真言宗の学僧。1529生。

アルバーニ、フランチェスコ 1660没(82歳)。イタリアの画家、ボローニャ派。1578生。

レンブラント、ハルメンス・ヴァン・レイン 1669没(63歳)。オランダの画家。1606生。

コーニンク、フィリップス・デ 1688没(68歳)。オランダの画家。1619生。

狩野探信 かのうたんしん 1718没(66歳)。江戸時代前期・中期の画家。1653生。

今井似閑 いまいじかん 1723没(67歳)。江戸時代前期・中期の国学者。1657生。

霊空 れいくう 1739没(88歳)。江戸時代前期・中期の天台宗の僧。1652生。

紀海音 きのかいおん 1742没(80歳)。江戸時代中期の浄瑠璃作者、俳人、狂歌師。1663生。

アーガイル、ジョン・キャンベル、2代公爵 1743没(64歳)。スコットランドの貴族。1678生。

松平宗衍 まつだいらむねのぶ 1782没(54歳)。江戸時代中期の大名。1729生。

田中道麿 たなかみちまろ 1784没(61歳)。江戸時代中期の国学者。1724生。

瀬名貞雄 せなさだお 1796没(81歳)。江戸時代中期の幕臣、故実家。1716生。

豊竹此太夫(2代目)　とよたけこのたゆう　1796没(71歳)。江戸時代中期の義太夫節の太夫。1726生。

川上不白(初代)　かわかみふはく　1807没(89歳)。江戸時代中期・後期の茶匠。1719生。

松永和風(初代)　まつながわふう　1808没。江戸時代後期の長唄唄方。

曾根原六蔵　そねはらろくぞう　1810没(68歳)。江戸時代中期・後期の出羽国酒田町の豪商、砂防植林の功労者。1743生。

上河淇水　うえかわきすい　1817没(70歳)。江戸時代中期・後期の心学者。1748生。

レニー, ジョン　1821没(60歳)。イギリスの土木技師。1761生。

グラノフスキー, チモフェイ・ニコラエヴィチ　1855没(42歳)。ロシアの歴史学者。1813生。

本居内遠　もとおりうちとお　1855没(64歳)。江戸時代末期の国学者。1792生。

神田伯山(初代)　かんだはくざん　1873没。江戸・明治時代の講釈師。

桜田済美　さくらださいび　1876没(80歳)。江戸・明治時代の仙台藩士。1797生。

ソロヴィヨフ, セルゲイ・ミハイロヴィチ　1879没(59歳)。ロシアの歴史学者。1820生。

ジャネ　1899没(76歳)。フランスの哲学者。1823生。

ジョンソン, ライオネル　1902没(35歳)。イギリスの詩人、批評家。1867生。

ヴァイニンガー, オットー　1903没(23歳)。オーストリアの哲学者。1880生。

佐田白茅　さだはくぼう　1907没(76歳)。江戸・明治時代の筑後久留米藩士。1832生。

鳩山和夫　はとやまかずお　1911没(56歳)。明治時代の政治家、弁護士。外務大臣。1856生。

マルグレス　1920没(64歳)。オーストリアの気象学者。1856生。

富士松加賀太夫(7代目)　ふじまつかがたゆう　1930没(75歳)。明治・大正時代の新内節の家元。1856生。

千葉亀雄　ちばかめお　1935没(58歳)。大正・昭和時代の文芸評論家、新聞記者。1878生。

林鶴一　はやしつるいち　1935没(63歳)。明治・大正時代の数学者。1873生。

池野成一郎　いけのせいいちろう　1943没(78歳)。明治～昭和時代の植物学者、遺伝学者。東京帝国大学教授。1866生。

イーリ, リチャード・セアドア　1943没(89歳)。アメリカの経済学者、社会改良家。1854生。

スミス, アルフレッド・エマニュエル　1944没(70歳)。アメリカの政治家。1873生。

クィスリング, ビドクン　1945没(58歳)。ノルウェーの政治家。1887生。

プランク, マックス・カール・エルンスト・ルートヴィヒ　1947没(89歳)。ドイツの理論物理学者。1858生。

ささきふさ　1949没(53歳)。大正・昭和時代の小説家。1897生。

野口兼資　のぐちかねすけ　1953没(73歳)。明治～昭和時代の能楽師シテ方。1879生。

ガスリー, ウッディ　1967没(55歳)。アメリカのシンガー・ソングライター。1912生。

今村均　いまむらひとし　1968没(82歳)。明治～昭和時代の陸軍軍人。陸軍大将。1886生。

ハーン　1968没(78歳)。ドイツの銀行家、経済学者。1889生。

ヴィノグラードフ, ヴィクトル・ウラジーミロヴィチ　1969没(74歳)。ソ連邦の言語学者。1894生。

ジョプリン, ジャニス　1970没(27歳)。アメリカの女性ロック歌手。1943生。

東海林太郎　しょうじたろう　1972没(73歳)。昭和時代の歌手。1898生。

高野素十　たかのすじゅう　1976没(83歳)。大正・昭和時代の俳人、法医学者。奈良医科大学教授、「芹」主宰。1893生。

エイドリアン, エドガー・ダグラス　1977没(87歳)。イギリスの生理学者。1889生。

保田与重郎　やすだよじゅうろう　1981没(71歳)。昭和時代の文芸評論家。1910生。

グールド, グレン　1982没(50歳)。カナダのピアニスト。1932生。

住谷悦治　すみやえつじ　1987没(91歳)。昭和時代の経済学者。1895生。

小林正樹　こばやしまさき　1996没(80歳)。昭和時代の映画監督。1916生。

庭野日敬　にわのにっきょう　1999没(92歳)。昭和・平成時代の宗教家。立正佼成会会長。1906生。

ビュッフェ, ベルナール　1999没(71歳)。フランスの画家。1928生。

玉川勝太郎(3代目)　たまがわかつたろう　2000没(67歳)。昭和・平成時代の浪曲師。日本浪曲協会会長。1933生。

10月4日

10月5日

○記念日○ レモンの日
　　　　　時刻表記念日
○出来事○ 東京音楽学校開校(1887)
　　　　　山口百恵、ラストコンサート(1980)

ユスティヌス2世　578没。ビザンチン皇帝(在位565〜78)。

フォーカス　610没(63?歳)。東ローマ皇帝(602〜10)。547頃生。

柳宗元　りゅうそうげん　819没(46歳)。中国、中唐の文学者。773生。

紀深江　きのふかえ　840没(51歳)。平安時代前期の官人。790生。

儀子内親王　ぎしないしんのう　879(閏10月)没。平安時代前期の女性。文徳天皇の皇女、賀茂斎院。

藤原述子　ふじわらのじゅつし　947没(15歳)。平安時代中期の女性。村上天皇の女御。933生。

鎮朝　ちんちょう　964没。平安時代中期の天台宗の僧。

ハインリヒ3世　1056没(38歳)。ドイツ王(在位1028〜56)、神聖ローマ皇帝(在位39〜56)。1017生。

義範　ぎはん　1088(閏10月)没(66歳)。平安時代後期の真言宗の僧。1023生。

義天　ぎてん　1101没(46歳)。朝鮮の天台宗の開祖。1055生。

シゲベルトゥス　1112没(82?歳)。ジャンブルー修道院の修道士。1030頃生。

フィリップ3世　1285没(40歳)。フランス王(在位1270〜85)。1245生。

察度　さっと　1395没(75歳)。琉球王国の黎明期の王。1321生。

ライムンドゥス(カプアの)　1399没(69?歳)。イタリアのドミニコ会総長、改革者。1330頃生。

豪尊　ごうそん　1400没。南北朝時代・室町時代の天台宗の僧。

祐尊　ゆうそん　1412没(84歳)。南北朝時代・室町時代の東寺の僧。1329生。

飛鳥井雅縁　あすかいまさより　1428没(71歳)。南北朝時代・室町時代の歌人、公卿。1358生。

一条教房　いちじょうのりふさ　1480没(58歳)。室町時代・戦国時代の公卿。1423生。

今出川季孝　いまでがわすえたか　1519没(41歳)。戦国時代の公卿。1479生。

パティニール、ヨアヒム　1524没(39?歳)。フランドルの画家。1485頃生。

フォックス、リチャード　1528没(80?歳)。イギリスの司教、政治家。1448頃生。

エルコレ2世　1559没(51歳)。フェララ公。1508生。

祚棟　そとう　1560没。戦国時代の曹洞宗の僧。

飛鳥井雅綱　あすかいまさつな　1563没(75歳)。戦国時代の公卿。1489生。

マンシクール、ピエール・ド　1564没(54?歳)。フランドル楽派の作曲家。1510頃生。

フェラリ　1565没(43歳)。イタリアの代数学者。1522生。

トゥサン、ピエール　1573没(74歳)。フランスの改革派神学者。1499生。

南部信直　なんぶのぶなお　1599没(54歳)。安土桃山時代の大名。1546生。

デポルト、フィリップ　1606没(60歳)。フランスの詩人。1546生。

教如　きょうにょ　1614没(57歳)。安土桃山時代・江戸時代前期の真宗の僧。1558生。

亀寿　かめじゅ　1630没(60歳)。安土桃山時代・江戸時代前期の女性。島津義久の三女で島津家久の正室。1571生。

藤堂高虎　とうどうたかとら　1630没(75歳)。安土桃山時代・江戸時代前期の武将、大名。1556生。

フリードリヒ・アウグスト2世　1763没(66歳)。ザクセン選帝侯。1696生。

コーンウォリス、チャールズ・コーンウォリス、初代侯爵　1805没(66歳)。イギリスの軍人。1738生。

ボアルネ、オルタンス・ユージェニー・セシル　1837没(54歳)。オランダ王妃(1806〜10)。1783生。

ポミャロフスキー，ニコライ・ゲラシモヴィチ　1863没（28歳）。ロシアの作家。1835生。

マダーチ，イムレ　1864没（41歳）。ハンガリーの詩人，劇作家。1823生。

オフェンバック，ジャック　1880没（61歳）。フランスのオペラ・ブッファの作曲家。1819生。

平田鉄胤　ひらたかねたね　1880没（82歳）。江戸・明治時代の国学者，神道家。1799生。

ラッセル，ウィリアム　1880没（81歳）。イギリスの天文学者。1799生。

鷲津毅堂　わしづきどう　1882没（58歳）。江戸・明治時代の儒学者。1825生。

歌川芳盛　うたがわよしもり　1885没（56歳）。江戸・明治時代の浮世絵師。1830生。

富松正安　とまつまさやす　1886没（38歳）。明治時代の自由民権家。1849生。

中山慶子　なかやまよしこ　1907没（73歳）。江戸・明治時代の女官。1835生。

穂積八束　ほづみやつか　1912没（53歳）。明治時代の法学者。貴族院議員。1860生。

末松謙澄　すえまつけんちょう　1920没（66歳）。明治時代の政治家，評論家。貴族院議員，内務大臣。1855生。

小西六右衛門　こにしろくえもん　1921没（75歳）。明治・大正時代の実業家。1847生。

今尾景年　いまおけいねん　1924没（80歳）。明治・大正時代の日本画家。1845生。

ブレナン，クリストファー　1932没（61歳）。オーストラリアの詩人，学者。1870生。

ユデーニチ　1933没（71歳）。ロシアの陸軍軍人。1862生。

ブランダイス，ルイス　1941没（84歳）。アメリカの法律家。1856生。

頭山満　とうやまみつる　1944没（90歳）。明治～昭和時代の国家主義者。1855生。

大谷光瑞　おおたにこうずい　1948没（73歳）。明治～昭和時代の僧侶，探検家。真宗本願寺派（西本願寺）第22世法主。1876生。

クーレンカンプ，ゲオルク　1948没（50歳）。ドイツのヴァイオリン奏者。1898生。

小平浪平　おだいらなみへい　1951没（77歳）。大正・昭和時代の実業家。日立製作所社長。1874生。

ヴォルフ，フリードリヒ　1953没（64歳）。東ドイツの劇作家，小説家。1888生。

クローバー，アルフレッド・ルイス　1960没（84歳）。アメリカの文化人類学者。1876生。

清宮彬　せいみやひとし　1969没（82歳）。大正・昭和時代の洋画家，版画家。1886生。

馬島僩　まじまかん　1969没（76歳）。大正・昭和時代の医師，社会運動家。1893生。

中山たま　なかやまたま　1971没（82歳）。明治～昭和時代の医師，政治家。1889生。

エフレーモフ，イワン・アントノヴィチ　1972没（65歳）。ソ連のSF作家，古生物学者。1907生。

細田民樹　ほそだたみき　1972没（80歳）。大正・昭和時代の小説家。1892生。

井上晴丸　いのうえはるまる　1973没（64歳）。昭和時代の経済学者。1908生。

花井忠　はないただし　1973没（78歳）。昭和時代の弁護士，検察官。中央大学教授。1894生。

清水将夫　しみずまさお　1975没（65歳）。昭和時代の俳優。1908生。

オンサーガー，ラース　1976没（72歳）。アメリカの化学者，物理学者。1903生。

武田泰淳　たけだたいじゅん　1976没（64歳）。昭和時代の小説家，中国文学研究家。1912生。

浜口雄彦　はまぐちかつひこ　1976没（80歳）。昭和時代の銀行家。東京銀行頭取，国際商業会議所日本国内委員会会長。1896生。

和田芳恵　わだよしえ　1977没（71歳）。昭和時代の小説家，評論家。1906生。

三遊亭小円遊（4代目）　さんゆうていこえんゆう　1980没（43歳）。昭和時代の落語家。1937生。

アヌイ，ジャン　1987没（77歳）。フランスの劇作家。1910生。

佐伯勇　さえきいさむ　1989没（86歳）。昭和時代の実業家。大阪商工会議所会頭，近畿日本鉄道会長。1903生。

岡義武　おかよしたけ　1990没（87歳）。昭和時代の政治史学者。東京大学教授。1902生。

中条静夫　ちゅうじょうしずお　1994没（68歳）。昭和・平成時代の俳優。1926生。

島田一男　しまだかずお　1995没（72歳）。昭和・平成時代の社会心理学者。1923生。

瀬長亀次郎　せながかめじろう　2001没（94歳）。昭和・平成時代の政治家，衆議院議員。1907生。

ウィルキンズ，モーリス・ヒュー・フレデリック　2004没（87歳）。イギリスの生物物理学者。1916生。

10月5日

10月6日

○記念日○ 国際協力の日
○出来事○ 世界初のトーキー映画公開(1927)
中国の文化大革命終結(1976)

エウドクシア　404没。東ローマ皇帝アルカディウスの妃。
藤原内麻呂　ふじわらのうちまろ　812没(57歳)。奈良時代・平安時代前期の公卿。756生。
カルル2世　877没(54歳)。西フランク王(在位843～877)。823生。
サムイル　1014没。ブルガリアの皇帝(在位976～1014)。
成尋　じょうじん　1081没(71歳)。平安時代中期・後期の入宋僧。1011生。
定賢　じょうけん　1100没(77歳)。平安時代後期の真言宗の僧。1024生。
聖ブルーノ(ケルンの)　1101没(71?歳)。カトリック聖職者、聖人。1030頃生。
藤原資長　ふじわらのすけなが　1195没(77歳)。平安時代後期・鎌倉時代前期の公卿。1119生。
慶政　けいせい　1268没(80歳)。鎌倉時代前期の僧、説話集編者。1189生。
斎藤資定　さいとうすけさだ　1274没。鎌倉時代前期の武士。
宗助国　そうすけくに　1274没(68歳)。鎌倉時代前期の対馬国の武士。1207生。
藤原範房　ふじわらののりふさ　1278没(67歳)。鎌倉時代前期の公卿。1212生。
四条隆宗　しじょうたかむね　1358没。南北朝時代の公卿。
土岐康行　ときやすゆき　1404没。南北朝時代・室町時代の武将、美濃国・伊勢国守護、左馬助、大膳大夫。
小笠原長基　おがさわらながもと　1407没(61歳)。南北朝時代・室町時代の武将、信濃守護。1347生。
吾宝宗璨　ごほうそうさん　1457没(70歳)。室町時代の曹洞宗の僧。1388生。
ティンダル，ウィリアム　1536没(42?歳)。イギリスの宗教改革家、聖書翻訳家。1494頃生。
狩野元信　かのうもとのぶ　1559没(84歳)。戦国時代の画家。1476生。

蘆名盛隆　あしなもりたか　1584没(24歳)。安土桃山時代の武将。1561生。
下山殿　しもやまどの　1591没(27歳)。安土桃山時代の女性。徳川家康の側室。1565生。
ゼロニモ・デ・ゼズス　1601没。ポルトガル人。来日宣教師。
日裕　にちゆう　1606没。安土桃山時代・江戸時代前期の日蓮宗の僧。
アルベルト，ハインリヒ　1651没(47歳)。ドイツの詩人、オルガン奏者、作曲家。1604生。
松浦鎮信　まつらしげのぶ　1703没(82歳)。江戸時代前期・中期の大名。1622生。
渋川春海　しぶかわはるみ　1715没(77歳)。江戸時代前期・中期の天文暦学者。1639生。
光子内親王　みつこないしんのう　1727没(94歳)。江戸時代前期・中期の女性。後水尾天皇の皇女。1634生。
寺坂吉右衛門　てらさかきちえもん　1747没(83歳)。江戸時代中期の播磨赤穂藩士。1665生。
嶺春泰　みねしゅんたい　1793没(48歳)。江戸時代中期の医師。1746生。
徳本　とくほん　1818没(61歳)。江戸時代後期の浄土宗の僧。1758生。
楢林宗建　ならばやしそうけん　1852没(51歳)。江戸時代末期の蘭方医。1802生。
クレレ　1855没(75歳)。ドイツの数学者。1780生。
三条実万　さんじょうさねつむ　1859没(58歳)。江戸時代末期の公家。1802生。
大野規周　おおののりちか　1886没(67歳)。江戸・明治時代の精密機械技師。1820生。
デュプレ，ジュール　1889没(78歳)。フランスの風景画家。1811生。
パーネル，チャールズ・スチュワート　1891没(45歳)。アイルランドの政治家。1846生。
テニソン，アルフレッド　1892没(83歳)。イギリスの詩人。1809生。
デュ・モーリエ，ジョージ　1896没(62歳)。イギリスの画家、小説家。1834生。

578

片平信明　かたひらのぶあき　1898没（69歳）。明治時代の農政家。1830生。

フォン・リヒトホーフェン，フェルディナント　1905没（72歳）。ドイツの地理地質学者。1833生。

スキート，ウォルター・ウィリアム　1912没（76歳）。イギリスの言語学者。1835生。

海野勝珉　うんのしょうみん　1915没（72歳）。明治時代の彫金家。東京美術学校教授，帝室技芸員。1844生。

パルマ，リカルド　1919没（86歳）。ペルーの作家，政治家。1833生。

黒岩涙香　くろいわるいこう　1920没（59歳）。明治・大正時代の新聞人，翻訳家。1862生。

西川扇蔵（8代目）　にしかわせんぞう　1923没（65歳）。明治・大正時代の振付師，日本舞踊家。1859生。

郡虎彦　こおりとらひこ　1924没（35歳）。明治・大正時代の劇作家，小説家。1890生。

鈴木泉三郎　すずきせんざぶろう　1924没（32歳）。大正時代の劇作家。1893生。

セリュジエ，ポール　1927没（64歳）。フランスの画家。1863生。

渡辺政之輔　わたなべまさのすけ　1928没（30歳）。大正・昭和時代の労働運動家。共産党中央委員長。1899生。

桂春団治（初代）　かつらはるだんじ　1934没（57歳）。明治〜昭和時代の上方落語家。1878生。

友田恭助　ともだきょうすけ　1937没（39歳）。大正・昭和時代の新劇俳優。1899生。

巌本善治　いわもとよしはる　1942没（80歳）。明治〜昭和時代の女子教育家。明治女学院校長，「基督教新聞」主筆。1863生。

マイヨール，アリスティード　1944没（82歳）。フランスの彫刻家。1861生。

窪田静太郎　くぼたしずたろう　1946没（82歳）。明治〜昭和時代の官僚，社会事業家。1865生。

森本薫　もりもとかおる　1946没（35歳）。昭和時代の劇作家。1912生。

中西利雄　なかにしとしお　1948没（49歳）。大正・昭和時代の洋画家。1900生。

リンド，ロバート　1949没（70歳）。イギリスの随筆家，ジャーナリスト。1879生。

マイアーホフ，オットー・フリッツ　1951没（67歳）。ドイツの生化学者。1884生。

尾崎行雄　おざきゆきお　1954没（95歳）。明治〜昭和時代の政治家。1858生。

マール，エミール　1954没（92歳）。フランスの美術史家。1862生。

久生十蘭　ひさおじゅうらん　1957没（55歳）。昭和時代の小説家，劇作家。1902生。

ベレンソン，バーナード　1959没（94歳）。アメリカの美術史家。1865生。

田中仙樵　たなかせんしょう　1960没（85歳）。明治〜昭和時代の茶道家。1875生。

門馬直衛　もんまなおえ　1961没（64歳）。大正・昭和時代の音楽評論家。武蔵野音楽大学教授。1897生。

加藤柔子　かとうじゅうこ　1965没（90歳）。明治〜昭和時代の地歌・箏曲家。1875生。

プシボシ，ユリアン　1970没（69歳）。ポーランドの詩人。1901生。

川島理一郎　かわしまりいちろう　1971没（85歳）。大正・昭和時代の洋画家。1886生。

シロキ　1971没（69歳）。チェコスロバキアの政治家。1902生。

巌谷槇一　いわやしんいち　1975没（75歳）。昭和時代の劇作家，演出家。1900生。

ライル，ギルバート　1976没（76歳）。イギリスの哲学者。1900生。

ビショップ，エリザベス　1979没（68歳）。アメリカの詩人。1911生。

稲垣昌子　いながきまさこ　1981没（74歳）。昭和時代の児童文学者。1907生。

サダト，アンワル　1981没（62歳）。エジプトの軍人，政治家。1918生。

シンプソン，ジョージ・ゲイロード　1984没（82歳）。アメリカの古生物学者。1902生。

安倍源基　あべげんき　1989没（95歳）。昭和時代の官僚。内相，警視総監。1894生。

デイヴィス，ベティ　1989没（81歳）。アメリカの映画女優。1908生。

デ・ミル，アグネス　1993没（88歳）。アメリカの舞踊家，振付師。1905生。

岡本文弥　おかもとぶんや　1996没（101歳）。大正・昭和時代の新内節演奏家・作曲家。新内節岡本流家元。1895生。

牛山純一　うしやまじゅんいち　1997没（67歳）。昭和・平成時代のテレビプロデューサー。日本映像記録センター社長。1930生。

内海好江　うつみよしえ　1997没（61歳）。昭和・平成時代の漫才師。漫才協団理事長。1936生。

ロドリゲス，アマリア　1999没（79歳）。ポルトガルの女性歌手。1920生。

10月6日

10月7日

○記念日○ ミステリー記念日
○出来事○ レパントの海戦（1571）
アフガニスタン戦争（2001）

栗栖王　くるすのおおきみ　753没（72歳）。飛鳥時代・奈良時代の官人。682生。

清原夏野　きよはらのなつの　837没（56歳）。平安時代前期の学者，公卿。782生。

藤原菅根　ふじわらのすがね　908没（53歳）。平安時代前期・中期の公卿。856生。

シャルル3世　929没（50歳）。カロリング朝末期のフランス王（在位893～923）。879生。

清海　せいかい　1017没。平安時代中期の法相宗の僧。

サンチョ2世（強力王）　1072没（34?歳）。カスティリア王（在位1065～72）。1038頃生。

フーゴ（ディの）　1106没（66?歳）。教皇グレゴリウス7世の教会改革の推進者。1040頃生。

畠山義純　はたけやまよしずみ　1210没（36歳）。平安時代後期・鎌倉時代前期の武将。遠江守，足利義兼の子，畠山氏の祖。1175生。

虚堂智愚　きどうちぐ　1269没（84歳）。中国，南宋の禅僧。1185生。

南山士雲　なんざんしうん　1335没（82歳）。鎌倉時代後期・南北朝時代の臨済宗聖一派の僧。1254生。

三条実冬　さんじょうさねふゆ　1411没（58歳）。南北朝時代・室町時代の公卿。1354生。

在中中淹　ざいちゅうちゅうえん　1428没（87歳）。南北朝時代・室町時代の臨済宗の僧。1342生。

細川持賢　ほそかわもちかた　1468没（66歳）。室町時代の武将。1403生。

ミケロッツォ・ディ・バルトロメオ　1472没（76歳）。イタリアの彫刻家，建築家。1396生。

久我通博　こがみちひろ　1482没（75歳）。室町時代・戦国時代の公卿。1408生。

ヴェロッキオ，アンドレア・デル　1488没（53?歳）。イタリアの画家。1435頃生。

フェルディナンド2世　1496没（29歳）。アラゴン家出身のナポリ王。1467生。

ルチェライ　1514没（65歳）。イタリアの学者。フィレンツェの人。1449生。

足利義明　あしかがよしあき　1538没。戦国時代の武将。

ホルバイン，ハンス　1543没（25歳）。ドイツの画家。1497生。

興意法親王　こういほっしんのう　1620没（45歳）。安土桃山時代・江戸時代前期の誠仁親王の第5王子。1576生。

モンクレチヤン，アントワーヌ・ド　1621没（46?歳）。フランスの劇作家，経済学者。1575頃生。

ブリル，パウル　1626没（72歳）。フランドルの風景画家。1554生。

山名豊国　やまなとよくに　1626没（79歳）。安土桃山時代・江戸時代前期の武将。1548生。

保科正光　ほしなまさみつ　1631没（71歳）。安土桃山時代・江戸時代前期の大名。1561生。

金森重頼　かなもりしげより　1650（閏10月）没（57歳）。江戸時代前期の大名。1594生。

スカロン，ポール　1660没（50歳）。フランスの詩人，小説家，劇作家。1610生。

狩野探幽　かのうたんゆう　1674没（73歳）。江戸時代前期の画家。1602生。

ウルマン，ジョン　1772没（51歳）。アメリカのクェーカー伝道者。1720生。

リード，トマス　1796没（86歳）。イギリスの哲学者，常識学派の創始者。1710生。

ブリュギエール，バルテルミー　1835没（43歳）。パリ外国宣教会所属カトリック司祭。1792生。

仙厓義梵　せんがいぎぼん　1837没（88歳）。江戸時代中期・後期の臨済宗妙心寺の僧。1750生。

ブロンニャール，アレクサンドル　1847没（77歳）。フランスの地質学者，鉱物学者。1770生。

ポー，エドガー・アラン　1849没（40歳）。アメリカの詩人，評論家，小説家。1809生。

ゴドイ，マヌエル・デ　1851没（84歳）。スペインの政治家。1767生。

マジャンディ, フランソワ 1855没(72歳)。フランスの実験生理学者。1783生。
飯泉喜内 いいずみきない 1859没(55歳)。江戸時代末期の志士。1805生。
橋本左内 はしもとさない 1859没(26歳)。江戸時代末期の越前福井藩士、改革論者。1834生。
頼三樹三郎 らいみきさぶろう 1859没(35歳)。江戸時代末期の儒学者,志士。1825生。
モスケラ 1878没(80歳)。コロンビアの軍人, 大統領(1845～49, 61～64, 66～67)。1798生。
プティジャン, ベルナール・タデー 1882没(53歳)。フランス人宣教師。1829生。
ホームズ, オリヴァー・ウェンデル 1894没(85歳)。アメリカの医師, 詩人, ユーモア作家。1809生。
中上川彦次郎 なかみがわひこじろう 1901没(48歳)。明治時代の実業家。外務省公信局長, 三井銀行理事。1854生。
市川鰕十郎(5代目) いちかわえびじゅうろう 1903没(52歳)。明治時代の歌舞伎役者。1852生。
バード 1904没(72歳)。イギリスの女性旅行家。1831生。
ジャクソン, ジョン・ヒューリングズ 1911没(76歳)。イギリスの神経病学者。1835生。
デュシャン-ヴィヨン, レモン 1918没(41歳)。フランスの彫刻家。1876生。
パリー, チャールズ・ヒューバート・ヘースティングズ 1918没(70歳)。イギリスの作曲家。1848生。
オッペンハイム 1919没(61歳)。ドイツ生れのイギリスの法学者。1858生。
ディーキン, アルフレッド 1919没(63歳)。オーストラリアの政治家。1856生。
ボイムカー, クレーメンス 1924没(71歳)。ドイツの哲学史家。1853生。
山脇玄 やまわきげん 1925没(77歳)。明治・大正時代の法律学者, 政治家。法学博士太政官権少書記官。1849生。
クレッペリン, エーミール 1926没(70歳)。ドイツの精神医学者。1856生。
フィッセル 1930没(54歳)。オランダの日本学者。1875生。
クッシング, ハーヴィー・ウィリアムズ 1939没(70歳)。アメリカの外科医。1869生。
手塚岸衛 てづかきしえ 1941没(62歳)。大正時代の教育家。1880生。

中川小十郎 なかがわこじゅうろう 1944没(79歳)。明治～昭和時代の官僚, 教育家。貴族院議員, 立命館大学総長。1866生。
斎藤隆夫 さいとうたかお 1949没(80歳)。明治～昭和時代の政治家, 弁護士。衆議院議員。1870生。
フィリップス, アントン 1951没(77歳)。オランダの弱電企業の経営者。1874生。
竹友藻風 たけともそうふう 1954没(63歳)。大正・昭和時代の詩人, 英文学者。1891生。
ラウントリー, ベンジャミン・シーボーム 1954没(83歳)。イギリスの社会学者。1871生。
柳原極堂 やなぎはらきょくどう 1957没(90歳)。明治～昭和時代の俳人, 新聞人。1867生。
ランツァ, マリオ 1959没(38歳)。イタリア系アメリカのテノール歌手。1921生。
グリュントゲンス, グスタフ 1963没(63歳)。ドイツの俳優, 演出家。1899生。
馮文炳 ふうぶんぺい 1967没(65歳)。中国の小説家。1901生。
佐藤幸治 さとうこうじ 1971没(66歳)。昭和時代の心理学者。京都大学教授。1905生。
森雅之 もりまさゆき 1973没(62歳)。昭和時代の俳優。1911生。
クリシュナ・メノン, ヴェーンガリール・クリシュナン 1974没(78歳)。インドの政治家。1896生。
小山冨士夫 こやまふじお 1975没(75歳)。昭和時代の陶磁史学者, 陶芸家。和光大学教授, 出光美術館理事。1900生。
岩野市兵衛(8代目) いわのいちべえ 1976没(75歳)。昭和時代の手漉和紙製紙家。1901生。
伊奈信男 いなのぶお 1978没(85歳)。昭和時代の写真評論家。1893生。
石坂洋次郎 いしざかようじろう 1986没(86歳)。昭和時代の小説家。1900生。
劉伯承 りゅうはくしょう 1986没(94歳)。中国の軍人。1892生。
アレバロ 1990没(86歳)。グアテマラの政治家, 教育者。1904生。
三木鶏郎 みきとりろう 1994没(80歳)。昭和時代の作詞・作曲家。1914生。
ポリトコフスカヤ, アンナ 2006没(48歳)。ロシアのジャーナリスト。1958生。
阿部典史 あべのりふみ 2007没(32歳)。平成時代のオートバイレーサー。1975生。

10月7日

10月8日

○記念日○　骨と関節の日
　　　　　木の日
○出来事○　シカゴ大火（1871）

賀陽親王　かやしんのう　871没（78歳）。桓武天皇の子。794生。
明観　みょうかん　1021没（68歳）。平安時代中期の真言宗の僧。954生。
永遷　えいせん　1108没。平安時代後期の新義真言宗の僧。
高宗（宋）　こうそう　1187没（80歳）。中国，南宋の初代皇帝（在位1127〜62）。1107生。
悟空敬念　ごくうけいねん　1272没（56歳）。鎌倉時代前期の臨済宗の僧。1217生。
朔平門院　さくへいもんいん　1310没（24歳）。鎌倉時代後期の女性。伏見天皇の皇女。1287生。
象先文岑　しょうせんぶんしん　1342没（68歳）。鎌倉時代後期・南北朝時代の臨済宗の僧。1275生。
コーラ・ディ・リエンツォ　1354没（41歳）。イタリアの政治改革者。1313生。
リエンツォ，コラ・ディ　1354没（41歳）。イタリアの愛国者。1313生。
日調　にっちょう　1501没（74歳）。室町時代・戦国時代の日蓮宗の僧。1428生。
足利高基　あしかがたかもと　1535没（51?歳）。戦国時代の第3代の古河公方。1485頃生。
源雅　げんが　1562没（72歳）。戦国時代の真言宗の僧。1491生。
マテジウス，ヨハネス　1565没（61歳）。ドイツのプロテスタント神学者。1504生。
易誉　えきよ　1566没（77歳）。戦国時代の曹洞宗の僧。1490生。
足利義維　あしかがよしつな　1573没（65歳）。戦国時代の武将。1509生。
伊達輝宗　だててるむね　1585没（42歳）。安土桃山時代の武将。1544生。
二本松義継　にほんまつよしつぐ　1585没（33歳）。安土桃山時代の武将。1553生。
尭雅　ぎょうが　1592没（82歳）。戦国時代・安土桃山時代の真言宗の僧。1511生。
浮翁全樵　ふおうぜんしょう　1592没。安土桃山時代の曹洞宗の僧。

山崎家盛　やまざきいえもり　1614没（47歳）。安土桃山時代・江戸時代前期の武将，大名。1568生。
鉄山宗鈍　てっさんそうどん　1617没（86歳）。安土桃山時代・江戸時代前期の臨済宗妙心寺派の僧。1532生。
ヨハン・ゲオルク1世　1656没（71歳）。ザクセン選帝侯（在位1611〜56）。1585生。
コルドモア　1684没（64歳）。フランスの哲学者。1620生。
コルネイユ，トマ　1709没（84歳）。フランスの劇作家。1625生。
王原祁　おうげんき　1715没（73歳）。中国，清初期の文人画家。1642生。
フィールディング，ヘンリー　1754没（47歳）。イギリスの小説家，劇作家。1707生。
徳川宗春　とくがわむねはる　1764没（69歳）。江戸時代中期の大名。1696生。
賀川玄迪　かがわげんてき　1779没（41歳）。江戸時代中期の産科医，阿波藩医。1739生。
ハンコック，ジョン　1793没（56歳）。アメリカ独立戦争の指導者。1737生。
アルフィエーリ，ヴィットーリオ　1803没（54歳）。イタリアの詩人，劇作家。1749生。
クルップ，フリードリヒ　1826没（39歳）。ドイツの製鋼業者。1787生。
ボワエルデュー，フランソワ・アドリアン　1834没（58歳）。フランスの作曲家。1775生。
斎藤方策　さいとうほうさく　1849没（79歳）。江戸時代後期の蘭方医。1771生。
柴田方庵　しばたほうあん　1856没（57歳）。江戸時代末期の蘭方医。1800生。
シャセリオー，テオドール　1856没（37歳）。フランスの画家。1819生。
三浦梧門　みうらごもん　1860没（53歳）。江戸時代末期の画家。1808生。
藤森弘庵　ふじもりこうあん　1862没（64歳）。江戸時代末期の儒学者。1799生。
ピアース，フランクリン　1869没（64歳）。第14代アメリカ大統領。1804生。

安藤信正　あんどうのぶまさ　1871没(53歳)。江戸時代末期・明治時代の大名。1819生。

ハーレック, ヴィーチェスラフ　1874没(39歳)。チェコの詩人。1835生。

江木鰐水　えぎがくすい　1881没(72歳)。江戸・明治時代の儒学者。1810生。

入江長八　いりえちょうはち　1889没(75歳)。江戸・明治時代の左官。1815生。

中村宗十郎(初代)　なかむらそうじゅうろう　1889没(55歳)。明治時代の歌舞伎役者。1835生。

閔妃　びんひ　1895没(44歳)。朝鮮, 李朝末期, 高宗の妃。1851生。

コノプニツカ, マリア　1910没(68歳)。ポーランドの女流児童文学者, 詩人。1842生。

中野武営　なかのぶえい　1918没(71歳)。明治・大正時代の実業家, 政治家。関西鉄道社長, 東京商業会議所会頭, 衆議院議員。1848生。

ウェッブ, メアリー　1927没(46歳)。イギリスの小説家, 詩人。1881生。

グイラルデス, リカルド　1927没(41歳)。アルゼンチンの詩人, 小説家。1886生。

黒木勘蔵　くろきかんぞう　1930没(49歳)。大正・昭和時代の演劇研究家。1882生。

バング・カウプ　1934没(65歳)。ドイツの言語学者。1869生。

下田歌子　しもだうたこ　1936没(83歳)。明治～昭和時代の女子教育家。愛国婦人会会長。1854生。

プレームチャンド　1936没(56歳)。インド, ヒンディー語の小説家。1880生。

ウィルキー, ウェンデル　1944没(52歳)。アメリカの実業家, 政治家。1892生。

ザルテン, フェーリクス　1945没(76歳)。オーストリアの作家。1869生。

山本鼎　やまもとかなえ　1946没(65歳)。大正・昭和時代の洋画家, 版画家。1882生。

鶴沢友次郎(6代目)　つるざわともじろう　1951没(77歳)。明治～昭和時代の浄瑠璃三味線方。1874生。

フェリア, キャスリーン　1953没(41歳)。イギリスのアルト歌手。1912生。

田辺南竜(5代目)　たなべなんりゅう　1954没(76歳)。明治～昭和時代の講談師。1878生。

松本烝治　まつもとじょうじ　1954没(76歳)。明治～昭和時代の商法学者, 政治家。国務相, 貴院議員(勅選)。1877生。

石上露子　いそのかみつゆこ　1959没(77歳)。明治～昭和時代の歌人。1882生。

春風亭柳枝(8代目)　しゅんぷうていりゅうし　1959没(53歳)。大正・昭和時代の落語家。1905生。

ヴァルガ　1964没(84歳)。ハンガリー生れのソ連の経済学者。1879生。

アトリー, クレム　1967没(84歳)。イギリスの政治家, 首相。1883生。

ゴルドマン, リュシヤン　1970没(57歳)。フランスの哲学者, 評論家。1913生。

マルセル, ガブリエル　1973没(83歳)。フランスの哲学者, 劇作家。1889生。

福田蘭童　ふくだらんどう　1976没(71歳)。昭和時代の尺八奏者, 作曲家。1905生。

ナーラーヤン　1979没(76歳)。インドの政治家, 社会運動家。1902生。

マルトノ, モーリス　1980没(81歳)。フランスの音楽教育家, 楽器発明家。1898生。

岩堀喜之助　いわほりきのすけ　1982没(72歳)。昭和時代の出版人, 実業家。平凡出版社社長。1910生。

ノエル - ベイカー, フィリップ, 男爵　1982没(92歳)。イギリスの政治家, 国際平和運動家。1889生。

バッケッリ, リッカルド　1985没(94歳)。イタリアの詩人, 小説家, 劇作家, 評論家。1891生。

小出正吾　こいでしょうご　1990没(93歳)。昭和時代の児童文学作家。明治学院大学教授, 日本児童文学者協会会長。1897生。

ギンツブルグ, ナタリーア　1991没(75歳)。イタリアの女流小説家。1916生。

ブラント, ウィリー　1992没(78歳)。ドイツ連邦共和国の政治家。1913生。

小野十三郎　おのとおざぶろう　1996没(93歳)。大正～平成時代の詩人。大阪文学学校校長, 帝塚山学院短期大学教授。1903生。

三鬼陽之助　みきようのすけ　2002没(95歳)。昭和・平成時代の経営評論家。1907生。

デリダ, ジャック　2004没(74歳)。フランスの哲学者。1930生。

早船ちよ　はやふねちよ　2005没(91歳)。昭和・平成時代の児童文学作家。1914生。

10月8日

10月9日

○記念日○　世界郵便デー
○出来事○　万国郵便連合発足（1874）
　　　　　ラングーン事件（1983）

舒明天皇　じょめいてんのう　641没（49歳）。第34代の天皇。593生。

フリデスウィデ　735没（85?歳）。オックスフォードの町と大学の守護聖人。650頃生。

文室浄三　ふんやのきよみ　770没（78歳）。奈良時代の官人。693生。

君子内親王　きみこないしんのう　902没。平安時代前期・中期の女性。宇多天皇の第3皇女。

藤原慶子　ふじわらのけいし　951没。平安時代中期の女性。朱雀天皇の女御。

クレメンス2世　1047没。教皇（在位1046～47）。

グローステスト，ロバート　1253没（78?歳）。イギリスの聖職者，スコラ学者。1175頃生。

覚山尼　かくさんに　1306没（55歳）。鎌倉時代後期の女性。執権北条時宗の妻。1252生。

文観　もんかん　1357没（80歳）。鎌倉時代後期・南北朝時代の真言宗の僧，律僧。1278生。

青山慈永　せいざんじえい　1369没（68歳）。鎌倉時代後期・南北朝時代の僧。1302生。

ウワイス　1374没（33?歳）。ジャラーイル朝2代目の王（在位1356～74）。1341頃生。

橘以繁　たちばなのもちしげ　1379没（56歳）。南北朝時代の公卿。1324生。

言外宗忠　ごんがいそうちゅう　1390没（86歳）。鎌倉時代後期・南北朝時代の禅僧。1305生。

西園寺実永　さいおんじさねなが　1431没（55歳）。室町時代の公卿。1377生。

良頓　りょうとん　1432没。室町時代の浄土宗の僧。

鷲尾隆遠　わしのおたかとお　1457没（50歳）。室町時代の公卿。1408生。

リッピ，フラ・フィリッポ　1469没（63?歳）。イタリアの画家。1406頃生。

大寧了忍　だいねいりょうにん　1505没（54歳）。戦国時代の僧。1452生。

ヨーナス，ユストゥス　1555没（62歳）。ドイツのプロテスタント。1493生。

ファロピウス，ガブリエル　1562没（39歳）。イタリアの解剖学者。1523生。

トレメルリオ，インマヌエル　1580没（70歳）。イタリア出身のヘブル学者，宗教改革者。1510生。

ベルトラン，ルイス　1581没（55歳）。スペインのドミニコ会士，聖人。1526生。

田村清顕　たむらきよあき　1586没。安土桃山時代の武将，隆顕の子。

高橋元種　たかはしもとたね　1614没（44歳）。安土桃山時代・江戸時代前期の大名。1571生。

竹中重門　たけなかしげかど　1631（閏10月）没（59歳）。安土桃山時代・江戸時代前期の武将。1573生。

高橋源助　たかはしげんすけ　1681没。江戸時代前期の用水開削者。

ペロー，クロード　1688没（75歳）。フランスの建築家，科学者。1613生。

浪化　ろうか　1703没（33歳）。江戸時代中期の僧，俳人。1671生。

カンバーランド，リチャード　1718没（87歳）。イギリスの宗教家，倫理学者。1631生。

桂川甫筑（初代）　かつらがわほちく　1747没（87歳）。江戸時代中期の蘭方医，幕府医師。1661生。

市川団蔵（4代目）　いちかわだんぞう　1808没（64歳）。江戸時代中期・後期の歌舞伎役者。1745生。

塚田五郎右衛門　つかだごろうえもん　1827没（60歳）。江戸時代中期・後期の越後国高田城下の惣年寄。1768生。

小野高潔　おのたかきよ　1829没（83歳）。江戸時代中期・後期の国学者。1747生。

カポ-ディストリアス　1831没（55歳）。ギリシアとロシアの外交官，政治家。1776生。

賀茂季鷹　かものすえたか　1841没（88歳）。江戸時代中期・後期の歌人，国学者。1754生。

シンケル，カール・フリードリヒ　1841没（60歳）。ドイツの建築家。1781生。

斎藤宜長　さいとうぎちょう　1844没(61歳)。江戸時代後期の和算家。1784生。

光永平蔵　みつながへいぞう　1862没(59歳)。江戸時代末期の治水功労者。1804生。

三浦乾也　みうらけんや　1889没(69歳)。江戸・明治時代の陶工。1821生。

佐双左仲　さそうさちゅう　1905没(54歳)。明治時代の造船技師。造船総監。1852生。

リストーリ　1906没(84歳)。イタリアの女優。1822生。

竹本摂津大掾(2代目)　たけもとせっつだいじょう　1917没(82歳)。江戸・明治時代の義太夫節太夫。1836生。

佐々木東洋　ささきとうよう　1918没(80歳)。江戸・明治時代の蘭方医。東京医会長。1839生。

ブリューソフ，ワレーリー・ヤーコヴレヴィチ　1924没(50歳)。ロシアの詩人，評論家。1873生。

林紓　りんじょ　1924没(71歳)。中国，清末民国初の文学者，翻訳家。1852生。

プロイス　1925没(64歳)。ドイツの政治家。1860生。

ゲーベル　1932没(77歳)。ドイツの植物学者。1855生。

アレクサンダル1世　1934没(45歳)。ユーゴスラヴィア王(1921～34)。1888生。

バルトゥー　1934没(72歳)。フランスの政治家，弁護士。1862生。

ゼーマン，ピーテル　1943没(78歳)。オランダの物理学者。1865生。

薄田泣菫　すすきだきゅうきん　1945没(69歳)。明治・大正時代の詩人，随筆家。1877生。

桜内幸雄　さくらうちゆきお　1947没(68歳)。大正・昭和時代の政治家，実業家。衆議院議員，出雲電気社長。1880生。

田川大吉郎　たがわだいきちろう　1947没(79歳)。明治～昭和時代の政治家，ジャーナリスト。衆議院議員。1869生。

池田成彬　いけだしげあき　1950没(83歳)。明治～昭和時代の銀行家，政治家。日銀総裁，大蔵相兼商工相。1867生。

ハルトマン，ニコライ　1950没(68歳)。ドイツの哲学者。1882生。

ピウス12世　1958没(82歳)。教皇(在位1939～58)。1876生。

石井四郎　いしいしろう　1959没(67歳)。昭和時代の陸軍軍医，細菌医学者。中将。1892生。

李済深　りさいしん　1959没(74歳)。中国の軍人，政治家。1885生。

オールポート，ゴードン・ウィラード　1967没(69歳)。アメリカの心理学者。1897生。

ゲバラ，エルネスト・チェ　1967没(39歳)。キューバの革命家。1928生。

ヒンシェルウッド，サー・シリル・ノーマン　1967没(70歳)。イギリスの物理化学者。1897生。

モーロワ，アンドレ　1967没(82歳)。フランスの作家。1885生。

ポーラン，ジャン　1968没(83歳)。フランスの評論家，小説家。1884生。

正力松太郎　しょうりきまつたろう　1969没(84歳)。大正・昭和時代の実業家，政治家。読売新聞社主，衆議院議員。1885生。

カポグロッシ，ジュゼッペ　1972没(72歳)。イタリアの抽象画家。1900生。

シンドラー，オスカー　1974没(66歳)。ナチスからユダヤ人を救ったドイツ人。1908生。

橋本夢道　はしもとむどう　1974没(71歳)。昭和時代の俳人。現代俳句協会顧問。1903生。

豊増昇　とよますのぼる　1975没(63歳)。昭和時代のピアニスト。東京音楽学校教授。1912生。

林房雄　はやしふさお　1975没(72歳)。昭和時代の小説家，評論家。1903生。

アントコリスキー，パーヴェル・グリゴリエヴィチ　1978没(82歳)。ソ連邦の詩人。1896生。

フロイト，アンナ　1982没(86歳)。イギリスの精神分析学者。1895生。

稲山嘉寛　いなやまよしひろ　1987没(83歳)。昭和時代の実業家。新日本製社長，経団連会長。1904生。

ルース，クレア・ブース　1987没(84歳)。アメリカの女流劇作家。1903生。

村瀬幸子　むらせさちこ　1993没(88歳)。昭和時代の女優。1905生。

飯沢匡　いいざわただす　1994没(85歳)。昭和・平成時代の劇作家，演出家。1909生。

クックリット・プラーモート　1995没(84歳)。タイの政治家，小説家。1911生。

ジャクソン，ミルト　1999没(76歳)。アメリカのジャズ(ビブラフォーン)演奏者。1923生。

10月9日

10月10日

○記念日○　パソコン資格の日
　　　　　目の愛護デー
○出来事○　日本銀行が開業（1882）
　　　　　金田正一400勝達成（1969）

ゲルマニクス・ユリウス・カエサル　19没（33歳）。ローマの軍人，政治家。前15生。

アッティコス　425没。コンスタンティノポリス総主教（406〜425），聖人。

パウリヌス　644没（60?歳）。イギリス，アングロ・サクソン時代の聖職者。584頃生。

孝徳天皇　こうとくてんのう　654没（59?歳）。第36代の天皇。0596頃生。

フサイン　680没（55?歳）。イスラム教シーア派第3代目のイマーム。625頃生。

ハサン-アルバスリー　728没（86歳）。西アジア，イスラム初期のバスラの思想家。642生。

藤原良相　ふじわらのよしみ　867没（55歳）。平安時代前期の公卿。813生。

藤原在衡　ふじわらのありひら　970没（79歳）。平安時代中期の公卿。892生。

禧子内親王　きしないしんのう　1133没（12歳）。平安時代後期の女性。鳥羽天皇の第1皇女。1122生。

無住　むじゅう　1312没（87歳）。鎌倉時代後期の臨済宗聖一派の僧。1226生。

章義門院　しょうぎもんいん　1336没。鎌倉時代後期・南北朝時代の女性。伏見天皇の皇女。

新田義興　にったよしおき　1358没（28歳）。南北朝時代の武将。1331生。

別源円旨　べつげんえんし　1364没（71歳）。鎌倉時代後期・南北朝時代の曹洞宗の禅僧。1294生。

木戸満範　きどみつのり　1416没。室町時代の武将。

二条尚基　にじょうひさもと　1497没（27歳）。戦国時代の公卿。1471生。

吉徳門院　きっとくもんいん　1522没。戦国時代の女性。後奈良天皇の宮人。

太原崇孚　たいげんすうふ　1555（閏10月）没（60歳）。戦国時代の臨済宗妙心寺派の僧。1496生。

トレス，コスメ・デ　1570没（60歳）。スペインのイエズス会司祭，日本布教長。1510生。

松永久秀　まつながひさひで　1577没（68歳）。戦国時代・安土桃山時代の武将。1510生。

ベレス-デ-ゲバーラ，ルイス　1644没（65歳）。スペインの劇作家，小説家。1579生。

宇都宮遯庵　うつのみやとんあん　1709没（77歳）。江戸時代前期・中期の蘭学者。1633生。

ボワギルベール，ピエール・ル・プザン・ド　1714没（68歳）。フランスの行政官，経済学者。1646生。

市村羽左衛門（4代目）　いちむらうざえもん　1718没（65歳）。江戸時代前期の歌舞伎役者，歌舞伎座本。1654生。

山本常朝　やまもとつねとも　1719没（61歳）。江戸時代前期・中期の思想家。1659生。

コワズヴォックス，アントワーヌ　1720没（80歳）。フランスの彫刻家。1640生。

谷川士清　たにかわことすが　1776没（68歳）。江戸時代中期の国学者，神道家。1709生。

シューバルト，クリスティアン・フリードリヒ・ダーニエル　1791没（52歳）。ドイツの詩人，ジャーナリスト，音楽家。1739生。

ボルトニャンスキー，ドミートリー・スチェパーノヴィチ　1825没（74歳）。ロシアの音楽家。1751生。

ネイピア，W.J.　1834没（47歳）。イギリスの海軍軍人。1786生。

フーリエ，シャルル　1837没（65歳）。フランスの空想的社会主義者。1772生。

オドエフスキー，アレクサンドル・イワノヴィチ　1839没（36歳）。ロシアの詩人。1802生。

フォンテーヌ，ピエール-フランソワ-レオナール　1853没（91歳）。フランスの建築家。1762生。

金正喜　きんせいき　1856没（70歳）。朝鮮の思想家，考古学者，書家，画家。1786生。

梅村真一郎　うめむらしんいちろう　1864没（25歳）。江戸時代末期の肥前島原藩士。1840生。

シーワド，ウィリアム・H　1872没(71歳)。アメリカの政治家。1801生。

川手文治郎　かわてぶんじろう　1883没(70歳)。江戸・明治時代の宗教家。金光教教祖。1814生。

中井弘　なかいひろし　1894没(57歳)。江戸・明治時代の政治家。1838生。

ヴェセロフスキー，アレクサンドル・ニコラエヴィチ　1906没(68歳)。ロシアの文芸学者, 文学史家。1838生。

スターソフ，ウラジーミル・ワシリエヴィチ　1906没(82歳)。ロシアの美術および音楽批評家, 芸術史家, 文学史家。1824生。

大下藤次郎　おおしたとうじろう　1911没(42歳)。明治時代の洋画家。1870生。

桂太郎　かつらたろう　1913没(66歳)。明治時代の政治家。陸軍大将。1848生。

カロル1世　1914没(75歳)。ルーマニア初代の国王(在位1881～1914)。1839生。

サンテーリア，アントーニオ　1916没(28歳)。イタリアの建築家。1888生。

ギールゲ　1921没(80歳)。ドイツの法学者。1841生。

ビゴー，ジョルジュ　1927没(67歳)。フランスの画家。1860生。

エングラー，ハインリヒ・グスタフ・アドルフ　1930没(86歳)。ドイツの植物分類学者, 植物地理学者。1844生。

高村光雲　たかむらこううん　1934没(83歳)。明治～昭和時代の彫刻家。東京美術学校教授。1852生。

小砂丘忠義　ささおかただよし　1937没(41歳)。昭和時代の民間教育運動家。1897生。

ヴェントゥーリ，アドルフォ　1941没(85歳)。イタリアの美術史家。1856生。

勝田主計　しょうだかずえ　1948没(80歳)。明治～昭和時代の官僚, 政治家。1869生。

中尾都山(初代)　なかおとざん　1956没(80歳)。明治～昭和時代の尺八奏者, 作曲家。1876生。

崔南善　さいなんぜん　1957没(67歳)。朝鮮の歴史家, 文学者。1890生。

板谷波山　いたやはざん　1963没(91歳)。明治～昭和時代の陶芸家。帝展工芸部審査員。1872生。

パニッカル　1963没(69歳)。インドの外交官。1894生。

岡崎勝男　おかざきかつお　1965没(68歳)。昭和時代の政治家, 外交官。衆議院議員。1897生。

清水金一　しみずきんいち　1966没(54歳)。昭和時代の喜劇俳優。1912生。

八代斌助　やしろひんすけ　1970没(70歳)。昭和時代のキリスト教伝道者。日本聖公会主教。1900生。

ラパツキ　1970没(60歳)。ポーランドの政治家。1909生。

ミーゼス　1973没(92歳)。アメリカの経済学者。1881生。

カシュニッツ，マリー・ルイーゼ　1974没(73歳)。ドイツの女流作家。1901生。

江島伊兵衛　えじまいへえ　1975没(80歳)。昭和時代の出版人, 能楽研究家。わんや書店会長, 室生会理事。1895生。

芝祐泰　しばすけひろ　1982没(84歳)。大正・昭和時代の雅楽師, 雅楽研究家。国立音楽大学教授, 宮内庁式部職楽部楽長。1898生。

リチャードソン，ラルフ　1983没(80歳)。イギリスの俳優。1902生。

ウェルズ，オーソン　1985没(70歳)。アメリカの俳優, 演出家, 映画監督。1915生。

ブリンナー，ユル　1985没(65歳)。アメリカの俳優。1920生。

金沢嘉市　かなざわかいち　1986没(78歳)。昭和時代の教育評論家, 児童教育研究者。文民教育協会子どもの文化研究所長。1908生。

木村秀政　きむらひでまさ　1986没(82歳)。昭和時代の航空工学者。航空政策研究会会長, 日本大学教授。1904生。

信夫清三郎　しのぶせいざぶろう　1992没(83歳)。昭和時代の日本史学者。名古屋大学教授。1909生。

春山行夫　はるやまゆきお　1994没(92歳)。昭和・平成時代の詩人, 随筆家。1902生。

井本農一　いもとのういち　1998没(85歳)。昭和・平成時代の日本文学者, 俳人。お茶の水女子大学教授, 実践女子大学学長。1913生。

中村元　なかむらはじめ　1999没(86歳)。昭和・平成時代のインド哲学者, 仏教学者。東方研究会理事長, 東京大学教授。1912生。

バンダラナイケ，シリマボ　2000没(84歳)。スリランカの政治家。1916生。

オボテ，ミルトン　2005没(81歳)。ウガンダの政治家。1924生。

柳家小せん(4代目)　やなぎやこせん　2006没(83歳)。昭和・平成時代の落語家。1923生。

10月10日

10月11日

○記念日○　ウィンクの日
　　　　　　鉄道安全確認の日
○出来事○　古代都市トロイアを発掘(1871)
　　　　　　上野アメ横開店(1946)

藤原真夏　ふじわらのまなつ　830没(57歳)。平安時代前期の公卿。774生。

テオファネース・グラプトス　845没(70?歳)。ギリシア教会の修道士、ニカイアの府主教。775頃生。

藤原緒夏　ふじわらのおなつ　855没。平安時代前期の女性。嵯峨天皇の妃。

聖ブルーノ　965没(40歳)。ドイツの聖職者、聖人。925生。

寛静　かんじょう　979没(79歳)。平安時代中期の真言宗の僧。901生。

源心　げんしん　1053没(85歳)。平安時代中期の天台宗の僧。969生。

土御門天皇　つちみかどてんのう　1231没(37歳)。第83代の天皇。1195生。

斎藤長定　さいとうながさだ　1239没(43歳)。鎌倉時代前期の幕府評定衆。1197生。

ボニファキウス8世　1303没(68?歳)。教皇(在位1294～1303)。1235頃生。

松嶺智義　しょうれいちぎ　1326没。鎌倉時代後期の臨済宗の僧。

土居通増　どいみちます　1336没。鎌倉時代後期・南北朝時代の武将。

ルートウィヒ4世　1347没(60歳)。バイエルン公(1294～1347)、神聖ローマ皇帝(在位14～47)。1287生。

佐々木高秀　ささきたかひで　1391没(64歳)。南北朝時代の守護大名。1328生。

ジシュカ、ヤン　1424没(54?歳)。ボヘミアのフス派指導者、民族的英雄。1370頃生。

モンターニャ、バルトロメオ　1523没(73?歳)。イタリアの画家。1450頃生。

ツウィングリ、フルドライヒ　1531没(47歳)。スイスの宗教改革指導者、チューリヒ教会司祭。1484生。

ガルシラソ・デ・ラ・ベガ　1536没(35?歳)。スペインの詩人、軍人。1501頃生。

ワイアット、トマス　1542没(39歳)。イギリスの詩人、外交官。1503生。

ペンツ、ゲオルク　1550没(50?歳)。ドイツの画家、銅板画家。1500頃生。

ソコルル・メフメット・パシャ　1579没(71歳)。オスマン・トルコ帝国の大宰相。1508生。

伊東祐兵　いとうすけたか　1600没(42歳)。安土桃山時代の大名。1559生。

フィラレート　1633没(80?歳)。ロシア皇帝ミハイルの父、モスクワ総主教。1553頃生。

サン‐シラン、アベー・ド　1643没(62歳)。フランスの神学者、ジャンセニスト。1581生。

近衛信尋　このえのぶひろ　1649没(51歳)。江戸時代前期の公家。1599生。

フェレイラ　1650没(71?歳)。江戸時代前期のポルトガル人日本準管区長。1580頃生。

大道寺直次　だいどうじなおつぐ　1651没(81歳)。安土桃山時代・江戸時代前期の武将。1571生。

ル・ヴォー、ルイ　1670没(58歳)。フランスの建築家。1612生。

アモントン、ギョーム　1705没(42歳)。フランスの実験物理学者。1663生。

チルンハウゼン　1708没(57歳)。ドイツの哲学者、数学者、科学者。1651生。

お万の方　おまんのかた　1711没(88歳)。江戸時代前期・中期の女性。3代将軍徳川家光の側室。1624生。

西善三郎　にしぜんざぶろう　1768没(52歳)。江戸時代中期のオランダ通詞。1717生。

中村里好(初代)　なかむらりこう　1786没(45歳)。江戸時代中期の歌舞伎役者。1742生。

渡辺華山　わたなべかざん　1841没(49歳)。江戸時代後期の武士、画家、経世家。1793生。

中村勘三郎(12代目)　なかむらかんざぶろう　1851没(52歳)。江戸時代末期の歌舞伎役者、歌舞伎座本。1800生。

アイゼンシュタイン　1852没(29歳)。ドイツの数学者。1823生。

カルポー、ジャン‐バティスト　1875没(48歳)。フランスの彫刻家。1827生。

三遊亭円馬（初代）　さんゆうていえんば　1880没（53歳）。江戸・明治時代の落語家。1828生。

ジュール，ジェイムズ・プレスコット　1889没（70歳）。イギリスの物理学者。1818生。

ブラウン，フォード・マドックス　1893没（72歳）。イギリスの画家。1821生。

小中村清矩　こなかむらきよのり　1895没（75歳）。江戸・明治時代の国学者。1821生。

ブルックナー，アントン　1896没（72歳）。オーストリアの作曲家，オルガン奏者。1824生。

フルトヴェングラー，アドルフ　1907没（54歳）。ドイツの考古学者。1853生。

嵐芳三郎（4代目）　あらしよしさぶろう　1912没（41歳）。明治時代の歌舞伎役者。1872生。

ファーブル，ジャン-アンリ・カジミール　1915没（91歳）。フランスの自然科学者，詩人。1823生。

ゲーラロップ，カール　1919没（62歳）。デンマークの小説家。1857生。

バーバンク，ルーサー　1926没（77歳）。アメリカの園芸家。1849生。

麻生義輝　あそうよしてる　1938没（38歳）。昭和時代の美学者，日本哲学史家，アナーキスト。1901生。

ケマル・アタチュルク，ムスタファ　1938没（56歳）。トルコ共和国建国の父，初代大統領。1881生。

ヴォルテラ，ヴィト　1940没（80歳）。イタリアの数学者，物理学者。1860生。

種田山頭火　たねださんとうか　1940没（59歳）。大正・昭和時代の俳人。1882生。

福士幸次郎　ふくしこうじろう　1946没（58歳）。大正・昭和時代の詩人。1889生。

山口良忠　やまぐちよしただ　1947没（35歳）。昭和時代の裁判官。1913生。

岡本一平　おかもといっぺい　1948没（63歳）。大正・昭和時代の漫画家。洋漫画。1886生。

三浦謹之助　みうらきんのすけ　1950没（86歳）。明治〜昭和時代の内科学者。1864生。

ライマン，セオドア　1954没（79歳）。アメリカの物理学者。1874生。

ヴラマンク，モーリス・ド　1958没（82歳）。フランスの画家。1876生。

フリートレンダー，マックス　1958没（91歳）。ドイツの美術史家。1867生。

ベッヒャー，ヨハネス・ローベルト　1958没（67歳）。東ドイツの詩人，小説家。1891生。

片山敏彦　かたやまとしひこ　1961没（62歳）。昭和時代の詩人，評論家，ドイツ文学者。法政大学教授。1898生。

マルクス，シコ　1961没（70歳）。アメリカの喜劇映画俳優。1891生。

チェルマーク　1962没（90歳）。オーストリアの植物学者。1871生。

コクトー，ジャン　1963没（74歳）。フランスの小説家，詩人。1889生。

杉山元治郎　すぎやまもとじろう　1964没（78歳）。大正・昭和時代の農民運動指導者，政治家。1885生。

呉晗　ごかん　1969没（60歳）。中国の歴史学者。1909生。

ダラディエ，エドゥアール　1970没（86歳）。フランスの政治家。1884生。

玉の海正洋　たまのうみまさひろ　1971没（27歳）。昭和時代の力士。1944生。

長谷川巳之吉　はせがわみのきち　1973没（79歳）。大正・昭和時代の出版人，詩人。1893生。

中山マサ　なかやままさ　1976没（85歳）。昭和時代の政治家。衆議院議員。1891生。

小畑忠良　おばたただよし　1977没（84歳）。昭和時代の平和運動家，実業家，官僚。大阪府原水協会長，大阪日ソ協会長。1893生。

遠藤三郎　えんどうさぶろう　1984没（91歳）。大正・昭和時代の陸軍軍人，平和運動家。中将，日中友好元軍人の会代表。1893生。

増原恵吉　ますはらけいきち　1985没（82歳）。昭和時代の官僚，政治家。1903生。

ラ・グーマ，アレックス　1985没（60歳）。南アフリカの小説家。1925生。

デュメジル，ジョルジュ　1986没（88歳）。フランスの言語学者，神話学者。1898生。

郷司浩平　ごうしこうへい　1989没（88歳）。昭和時代の財界人。日本生産性本部会長。1900生。

飛鳥田一雄　あすかたいちお　1990没（75歳）。昭和時代の政治家，弁護士。社会党委員長，横浜市長。1915生。

河原崎国太郎（5代目）　かわらざきくにたろう　1990没（80歳）。昭和・平成時代の歌舞伎役者。1909生。

秋野不矩　あきのふく　2001没（93歳）。昭和・平成時代の日本画家。1908生。

10月11日

10月12日

○記念日○ 石油機器点検の日
○出来事○ コロンブスの船隊が西インド諸島に到達(1492)
　　　　　大政翼賛会、発会式(1940)
　　　　　浅沼稲次郎暗殺(1960)

聖エドウィン　633没(49歳)。イギリスのノーサンブリア王(在位616〜32)、聖人。584生。

ホノリウス1世　638没。教皇(在位625〜38)。

南淵永河　みなぶちのながかわ　857没(81歳)。平安時代前期の官人。777生。

遍救　へんぐ　1030没。平安時代中期の天台宗の僧。

西園寺公相　さいおんじきんすけ　1267没(45歳)。鎌倉時代前期の公卿。1223生。

義雲　ぎうん　1333没(81歳)。鎌倉時代後期の曹洞宗の僧。1253生。

礼成門院　れいせいもんいん　1333没(31歳)。鎌倉時代後期の女性。後醍醐天皇の中宮。1303生。

光宗　こうしゅう　1350没(75歳)。鎌倉時代後期・南北朝時代の天台宗の学僧。1276生。

ベルナウアー　1435没。ドイツの女性。ヘッベルの戯曲の題材として有名。

ピエロ・デラ・フランチェスカ　1492没(72?歳)。イタリアの画家。1420頃生。

モートン、ジョン　1500没(80?歳)。イギリス、カンタベリー大司教、枢機卿、政治家。1420頃生。

高倉永継　たかくらながつぐ　1510没(84歳)。室町時代・戦国時代の公卿。1427生。

徳大寺公胤　とくだいじきんたね　1526没(40歳)。戦国時代の公卿。1487生。

林英宗甫　りんえいそうほ　1531没。戦国時代の曹洞宗の僧。

彭叔守仙　ほうしゅくしゅせん　1555没(66歳)。戦国時代の臨済宗聖一派の禅僧。1490生。

リボー　1565没(45?歳)。フランスのアメリカ植民者。1520頃生。

マクシミリアン2世　1576没(49歳)。神聖ローマ帝国皇帝(在位1564〜76)。1527生。

九鬼嘉隆　くきよしたか　1600没(59歳)。安土桃山時代の武将、大名。1542生。

モリナ、ルイス・デ　1600没(65歳)。スペインの神学者。1535生。

松前慶広　まつまえよしひろ　1616没(69歳)。安土桃山時代・江戸時代前期の大名。1548生。

ファブリティウス、カレル　1654没(30?歳)。オランダの画家。1624頃生。

前田利常　まえだとしつね　1658没(66歳)。江戸時代前期の大名。1593生。

飛鳥井雅章　あすかいまさあき　1679没(69歳)。江戸時代前期の歌人、公家。1611生。

ピカール、ジャン　1682没(62歳)。フランスの天文学者。1620生。

ヴィターリ、ジョヴァンニ・バッティスタ　1692没(60歳)。イタリアの音楽家。1632生。

松尾芭蕉　まつおばしょう　1694没(51歳)。江戸時代前期の俳諧師。1644生。

安藤為章　あんどうためあきら　1716没(58歳)。江戸時代前期・中期の国学者。1659生。

フレデリク4世　1730没(59歳)。デンマーク、ノルウェー王(在位1699〜1730)。1671生。

青木昆陽　あおきこんよう　1769没(72歳)。江戸時代中期の儒学者、書誌学者、蘭学者。1698生。

盛化門院　せいかもんいん　1783没(25歳)。江戸時代中期の女性。後桃園天皇の妃。1759生。

野沢吉兵衛(初代)　のざわきちべえ　1815没。江戸時代後期の義太夫節の三味線方。

フライ、エリザベス　1845没(65歳)。イギリスの女性博愛家。1780生。

スティーヴンソン、ロバート　1859没(55歳)。イギリスの技術学者。1803生。

トーニー、ロジャー・ブルック　1864没(87歳)。アメリカの第5代連邦最高裁判所長官。1777生。

林桜園　はやしおうえん　1870没(73歳)。江戸・明治時代の国学者。1798生。

リー, ロバート・E　1870没（63歳）。アメリカの軍人, 教育者。1807生。

ギゾー, フランソワ　1874没（87歳）。フランスの政治家, 歴史家。1787生。

春風亭柳枝（2代目）　しゅんぷうていりゅうし　1874没（53歳）。江戸・明治時代の落語家。1822生。

ミュロック　1887没（61歳）。イギリスの女流作家。1826生。

ロージャーズ　1890没（67歳）。イギリスの経済学者。1823生。

吉田玉造（初代）　よしだたまぞう　1905没（77歳）。江戸・明治時代の文楽の人形遣い。1829生。

ヒルティ, カール　1909没（76歳）。スイスの法学者, 哲学者。1833生。

大野洒竹　おおのしゃちく　1913没（42歳）。明治時代の医師, 俳諧研究家。1872生。

高松凌雲　たかまつりょううん　1916没（81歳）。明治・大正時代の医師。1836生。

柳寛順　りゅうかんじゅん　1920没（16歳）。朝鮮、三・一運動の殉国の少女。1904生。

ノックス, P.　1921没（68歳）。アメリカの法律家, 政治家。1853生。

フランス, アナトール　1924没（80歳）。フランスの小説家, 評論家。1844生。

長谷川利行　はせがわとしゆき　1940没（50歳）。大正・昭和時代の洋画家。1891生。

ヴェルトハイマー, マックス　1943没（63歳）。ドイツの心理学者。1880生。

スティルウェル, ジョゼフ・W　1946没（63歳）。アメリカの軍人。1883生。

ケル, アルフレート　1948没（80歳）。ドイツの評論家。1867生。

河上清　かわかみきよし　1949没（77歳）。明治〜昭和時代のジャーナリスト。1873生。

ブラックウッド, アルジャーノン　1951没（82歳）。イギリスの小説家。1869生。

シュリューター　1959没（86歳）。ドイツの人文地理学者。1872生。

ブロンネン, アルノルト　1959没（64歳）。オーストリアの劇作家, 小説家。1895生。

浅沼稲次郎　あさぬまいねじろう　1960没（61歳）。大正・昭和時代の政治家。日本社会党委員長, 衆議院議員。1898生。

ピアフ, エディット　1963没（47歳）。フランスのシャンソン歌手。1915生。

ヘニー, ソニヤ　1969没（57歳）。ノルウェー生まれの女優, プロ・スケーター。1912生。

大神一　おおかみはじめ　1970没（73歳）。昭和時代の実業家。山一證券社長。1897生。

アチソン, ディーン・グッドラム　1971没（78歳）。アメリカの国務長官, 弁護士。1893生。

砂川捨丸　すながわすてまる　1971没（80歳）。明治〜昭和時代の漫才師。1890生。

中尾都山（2代目）　なかおとざん　1974没（30歳）。昭和時代の尺八奏者。1944生。

佐竹五三九　さたけごさく　1977没（59歳）。昭和時代の労働運動家。総評副議長。1918生。

伊吹武彦　いぶきたけひこ　1982没（81歳）。昭和時代のフランス文学者。京都大学教授。1901生。

堀内敬三　ほりうちけいぞう　1983没（85歳）。昭和時代の音楽評論家。音楽之友社会長。1897生。

御手洗毅　みたらいたけし　1984没（83歳）。昭和時代の実業家。キヤノン創業者。1901生。

和田伝　わだつとう　1985没（85歳）。昭和時代の小説家。1900生。

木村健二郎　きむらけんじろう　1988没（92歳）。昭和時代の分析化学者。1896生。

永井龍男　ながいたつお　1990没（86歳）。昭和時代の小説家。1904生。

大江満雄　おおえみつお　1991没（85歳）。昭和時代の詩人。1906生。

佐伯梅友　さえきうめとも　1994没（95歳）。昭和・平成時代の国語学者。1899生。

佐多稲子　さたいねこ　1998没（94歳）。昭和・平成時代の小説家。1904生。

三門博　みかどひろし　1998没（91歳）。昭和時代の浪曲師。1907生。

三浦綾子　みうらあやこ　1999没（77歳）。昭和・平成時代の小説家。1922生。

レオーニ, レオ　1999没（89歳）。オランダ生まれのグラフィックデザイナー, さし絵画家, 絵本作家。1910生。

ミヤコ蝶々　みやこちょうちょう　2000没（80歳）。昭和・平成時代の漫才師, 女優。1920生。

サムソン・クツワダ　さむそんくつわだ　2004没（57歳）。昭和時代のプロレスラー。1947生。

黒川紀章　くろかわきしょう　2007没（73歳）。昭和・平成時代の建築家。1934生。

10月12日

10月13日

○記念日○ サツマイモの日
引越しの日
麻酔の日
○出来事○ 華岡青洲が日本初の麻酔手術に成功(1804)
明治天皇が江戸城入城(1868)

クラウディウス, ネロ・ゲルマーニクス・ティベリウス　54没(63歳)。ローマ皇帝(在位41〜54)。前10生。

ゴデスカールクス(オルベの)　867没(64?歳)。ドイツのベネディクト会修道士。803頃生。

ゴットシャルク　868没(63?歳)。ドイツの神学者, 詩人。805頃生。

ゲラルドゥス(オリアクの)　909没(54歳)。フランスの信徒の聖人。855生。

源顕雅　みなもとのあきまさ　1136没(63歳)。平安時代後期の公卿。1074生。

一条能保　いちじょうよしやす　1197没(51歳)。平安時代後期・鎌倉時代前期の公卿。1147生。

藤原光国　ふじわらみつくに　1270没(65歳)。鎌倉時代前期の公卿。1206生。

日蓮　にちれん　1282没(61歳)。鎌倉時代後期の僧。1222生。

覚心　かくしん　1298没(92歳)。鎌倉時代後期の臨済宗の僧。1207生。

浄賀　じょうが　1356没(82歳)。鎌倉時代後期の画僧。1275生。

仁木頼章　にきよりあき　1359没(61歳)。鎌倉時代後期・南北朝時代の武将。1299生。

伊賀局　いがのつぼね　1384没。南北朝時代の女官。

嶂山融硅　しょうざんゆうけい　1416没。室町時代の曹洞宗の僧。

山入与義　やまいりともよし　1422没。室町時代の武将。

幸阿弥(初代)　こうあみ　1478没(69歳)。室町時代の蒔絵師。1410生。

エーバリーン, ヨーハン　1533没(63?歳)。ドイツの宗教改革者。1470頃生。

セルミジ, クロダン・ド　1562没(72?歳)。フランスの作曲家。1490頃生。

ビュラン, ジャン　1578没(63?歳)。フランスの建築家, 著述家。1515頃生。

リゴリオ, ピッロ　1583没(33?歳)。イタリアの建築家。1550頃生。

加賀殿　かがどの　1605没(34歳)。安土桃山時代の女性。豊臣秀吉の側室。1572生。

ベーズ, テオドール・ド　1605没(86歳)。フランスの改革派神学者。1519生。

原主水　はらもんど　1623没(37歳)。江戸時代前期のキリシタン, 武士。1587生。

後藤徳乗　ごとうとくじょう　1631没(82歳)。安土桃山時代・江戸時代前期の彫金工。1550生。

内藤忠興　ないとうただおき　1674没(83歳)。江戸時代前期の大名。1592生。

伊藤信徳　いとうしんとく　1698没(66歳)。江戸時代前期の俳人。1633生。

嵐雪　らんせつ　1707没(54歳)。江戸時代前期・中期の俳人。1654生。

マルブランシュ, ニコラ　1715没(77歳)。フランスの哲学者。1638生。

王翬　おうき　1717没(85歳)。中国, 清代の画家。1632生。

竹本綱太夫(初代)　たけもとつなたゆう　1776没。江戸時代中期の義太夫節の太夫。

芳村伊三郎(初代)　よしむらいさぶろう　1808没(90歳)。江戸時代後期の長唄唄方。1719生。

正親町公明　おおぎまちきんあき　1813没(70歳)。江戸時代中期・後期の公家。1744生。

カノーヴァ, アントニオ　1822没(64歳)。イタリアの彫刻家。1757生。

モンティ, ヴィンチェンツォ　1828没(74歳)。イタリアの詩人, 劇作家。1754生。

新朔平門院　しんさくへいもんいん　1847没(37歳)。江戸時代後期の女性。仁孝天皇の妃。1811生。

阮元　げんげん　1849没(85歳)。中国, 清の学者, 書家, 文学者。1764生。

是枝柳右衛門　これえだりゅうえもん　1864没(48歳)。江戸時代末期の歌人。1817生。

サント-ブーヴ, シャルル-オーギュスタン 1869没(64歳)。フランスの評論家, 詩人, 小説家。1804生。

坂東彦三郎(5代目) ばんどうひこさぶろう 1877没(46歳)。江戸・明治時代の歌舞伎役者。1832生。

川路利良 かわじとしよし 1879没(46歳)。江戸・明治時代の内務省官吏。大警視。1834生。

ケアリー, H.C. 1879没(85歳)。アメリカの経済学者, 社会学者。1793生。

ゴビノー, ジョゼフ-アルチュール・ド 1882没(66歳)。フランスの東洋学者, 人類学者, 外交官, 小説家。1816生。

橘東世子 たちばなとせこ 1882没(77歳)。江戸・明治時代の歌人。1806生。

ミュラー, レーオポルト・ベンヤミン・カール 1893没(69歳)。ドイツの陸軍軍医。1824生。

アーヴィング, ヘンリー 1905没(67歳)。イギリスの俳優。1838生。

尾崎三良 おざきさぶろう 1918没(77歳)。明治時代の官吏。太政官, 泉炭鉱社長。1842生。

ヒンク, ハンス 1926没(61歳)。ノルウェーの小説家。1865生。

楠瀬幸彦 くすのせさちひこ 1927没(70歳)。明治・大正時代の陸軍軍人。陸軍大臣。1858生。

マリア・フョードロブナ 1928没(80歳)。ロシア皇帝アレクサンドル3世の妃。1847生。

ホール, ハリー 1930没(57歳)。イギリスの考古学者。1873生。

アフマド・シャウキー 1932没(64歳)。エジプトの詩人, 小説家, 劇作家。1868生。

バナーマン, ヘレン・ブロディー 1946没(84歳)。イギリスの絵本作家。1862生。

ウェッブ, シドニー 1947没(88歳)。イギリスのフェビアン主義の指導的理論家。1859生。

バチ, ガストン 1952没(67歳)。フランスの演出家。1885生。

辻善之助 つじぜんのすけ 1955没(78歳)。明治～昭和時代の日本史学者。1877生。

上田辰之助 うえだたつのすけ 1956没(64歳)。昭和時代の経済学者。一橋大学教授。1892生。

アウアーバッハ, エーリヒ 1957没(64歳)。ドイツの文芸学者。1892生。

井川洗厓 いがわせんがい 1961没(85歳)。明治～昭和時代の日本画家。1876生。

ミュラー, パウル・ヘルマン 1965没(66歳)。スイスの化学者。1899生。

サドゥール, ジョルジュ 1967没(63歳)。フランスのジャーナリスト, 映画評論家。1904生。

バンデイラ, マヌエル 1968没(82歳)。ブラジルの詩人。1886生。

クルプ 1970没(89歳)。オランダのアルト歌手。1881生。

クリプス, ヨーゼフ 1974没(72歳)。オーストリアの指揮者。1902生。

宮本三郎 みやもとさぶろう 1974没(69歳)。昭和時代の洋画家。金沢美術工芸大学教授, 日本美術家連盟理事長。1905生。

千葉省三 ちばしょうぞう 1975没(82歳)。大正・昭和時代の児童文学者。1892生。

工藤昭四郎 くどうしょうしろう 1977没(83歳)。昭和時代の銀行家, 財界人。東京都民銀行頭取, 復興金融公庫理事長。1894生。

アダチ竜光 あだちりゅうこう 1982没(86歳)。昭和時代の奇術師。日本奇術協会会長。1896生。

川上宗薫 かわかみそうくん 1985没(61歳)。昭和時代の小説家。1924生。

山内恭彦 やまのうちたかひこ 1986没(84歳)。昭和時代の物理学者。1902生。

ブラッタン, ウォルター・ハウザー 1987没(85歳)。アメリカの物理学者。1902生。

ザヴァッティーニ, チェーザレ 1989没(87歳)。イタリア・ネオレアリズモの代表的なシナリオライター。1902生。

市川門之助(7代目) いちかわもんのすけ 1990没(62歳)。昭和・平成時代の歌舞伎役者。1928生。

レ・ドゥック・ト 1990没(79歳)。ベトナム社会主義共和国の政治家。1911生。

ストルガツキー, アルカディ 1991没(66歳)。ソ連のSF作家, 日本語専攻の言語学者。1925生。

太地喜和子 たいちきわこ 1992没(48歳)。昭和・平成時代の女優。1943生。

今村成和 いまむらしげかず 1996没(83歳)。昭和・平成時代の法学者。1913生。

香川進 かがわすすむ 1998没(88歳)。昭和・平成時代の歌人。「地中海」代表。1910生。

藤井将雄 ふじいまさお 2000没(31歳)。平成時代のプロ野球選手。1968生。

10月13日

10月14日

○記念日○ 国際標準化デー
　　　　　鉄道の日
○出来事○ ヘイスティングスの戦い（1066）
　　　　　長嶋茂雄が引退（1974）

黄文大伴　きぶみのおおとも　710没。飛鳥時代の壬申の乱の大海人皇子側の功臣。
県犬養石次　あがたのいぬかいのいわすき　742没。奈良時代の官人。
県犬養広刀自　あがたいぬかいのひろとじ　762没。奈良時代の女性。聖武天皇の妃。
難波内親王　なにわのないしんのう　773没。奈良時代の女性。光仁天皇の姉。
ハロルド2世　1066没(44?歳)。アングロ・サクソン時代最後のイングランド王(在位1066)。1022頃生。
済延　さいえん　1071没(60歳)。平安時代中期の真言宗の僧。1012生。
シメオン(ダラムの)　1130没(70?歳)。ベネディクト修道会士, イギリス中世の年代記作者。1060頃生。
忠尋　ちゅうじん　1138没(74歳)。平安時代後期の天台宗の僧。1065生。
ヘンリ・マーダク　1153没。イギリスのシトー会修道士, ヨークの大司教。
アラーヌス(オセールの, フランドルの)　1185没。フランスのシトー会修道士。
フィッツピーター　1213没。イギリス最高司法官。
藤原秀康　ふじわらのひでやす　1221没。鎌倉時代前期の武将, 検非違使。
ラズィッヤ　1240没。インドの奴隷王朝第5代の女王(1236～40)。
順助法親王　じゅんじょほっしんのう　1320没(44歳)。亀山天皇の皇子。1277生。
久明親王　ひさあきしんのう　1328没(53歳)。鎌倉幕府第8代の将軍。1276生。
巧如　ぎょうにょ　1440没(65歳)。室町時代の僧。1376生。
恵応　えおう　1504没(81歳)。室町時代・戦国時代の曹洞宗の僧。1424生。
乾叟禅亨　けんそうぜんこう　1506没。室町時代・戦国時代の曹洞宗の僧。
ミコーニウス, オスヴァルト　1552没(64歳)。スイスの宗教改革者。1488生。

アルカデルト, ジャック　1568没(68歳)。ネーデルラントの作曲家。1500生。
コンラート(ヘレスバハの)　1576没(80歳)。ドイツのギリシア語学者, 人文主義者。1496生。
頼慶　らいけい　1610没(49歳)。安土桃山時代・江戸時代前期の真言宗の学僧。1562生。
片倉景綱　かたくらかげつな　1615没(60歳)。安土桃山時代・江戸時代前期の武将。1556生。
田付景澄　たづけかげずみ　1619没(64歳)。安土桃山時代・江戸時代前期の砲術家。1556生。
ダニエル, サミュエル　1619没(57歳)。イギリスの詩人, 劇作家。1562生。
キアブレーラ, ガブリエッロ　1638没(86歳)。イタリアの詩人。1552生。
儀間真常　ぎましんじょう　1644没(88歳)。琉球の殖産興業家。1557生。
チェスティ, ピエトロ　1669没(46歳)。イタリアの作曲家。1623生。
ザントラルト, ヨアヒム・フォン　1688没(82歳)。ドイツ, バロック期の画家。1606生。
キンゴ, トーマス　1703没(68歳)。デンマークの詩人。1634生。
徳川家宣　とくがわいえのぶ　1712没(51歳)。江戸幕府第6代の将軍。1662生。
アルベルティ, ドメニコ　1740没(30?歳)。イタリアの作曲家, 歌手, チェンバロ奏者。1710頃生。
安藤昌益　あんどうしょうえき　1762没(60歳)。江戸時代中期の農本思想家, 漢方医。1703生。
普寂　ふじゃく　1781没(75歳)。江戸時代中期の浄土宗律僧。1707生。
堀麦水　ほりばくすい　1783没(66歳)。江戸時代中期の俳人, 実録作者。1718生。
サン-マルタン, ルイ-クロード・ド　1803没(60歳)。フランスの光明派神秘家。1743生。
各務文献　かがみぶんけん　1819没(65歳)。江戸時代中期・後期の整骨医。1755生。

ポン，ジャン・ルイ　1831没(69歳)。フランスの天文学者。1761生。

伴信友　ばんのぶとも　1846没(74歳)。江戸時代後期の国学者。1773生。

並木五瓶(3代目)　なみきごへい　1855没(67歳)。江戸時代後期の歌舞伎作者。1789生。

河上弥市　かわかみやいち　1863没(21歳)。江戸時代末期の志士，奇兵隊総督。1843生。

白石廉作　しらいしれんさく　1863没(36歳)。江戸時代末期の志士。1828生。

美玉三平　みたまさんぺい　1863没(42歳)。江戸時代末期の尊王攘夷家。1822生。

南里有鄰　なんりゆうりん　1864没(53歳)。江戸時代末期の国学者，肥前藩士。1812生。

リーチ，ジョン　1864没(47歳)。イギリスの諷刺漫画家。1817生。

黒駒勝蔵　くろこまのかつぞう　1871没(41歳)。江戸時代末期・明治時代の侠客。1831生。

本因坊秀甫　ほんいんぼうしゅうほ　1886没(49歳)。江戸・明治時代の囲碁家元。1838生。

笑福亭福松(初代)　しょうふくていふくまつ　1904没(47歳)。江戸・明治時代の落語家。1858生。

藤浪与兵衛(初代)　ふじなみよへえ　1906没(78歳)。江戸・明治時代の演劇小道具製作者。1829生。

シュスター，サー・アーサー　1934没(83歳)。ドイツ系のイギリスの物理学者。1851生。

ゲーリング，ラインハルト　1936没(49歳)。ドイツの劇作家，小説家。1887生。

斯波貞吉　しばていきち　1939没(71歳)。明治～昭和時代のジャーナリスト，政治家。万朝報社取締役，衆議院議員。1869生。

本居長世　もとおりながよ　1945没(61歳)。大正・昭和時代の作曲家。1885生。

徳田球一　とくだきゅういち　1953没(59歳)。大正・昭和時代の政治家。日本共産党書記長，衆議院議員。1894生。

安藤正純　あんどうまさずみ　1955没(79歳)。大正・昭和時代の政治家，僧侶。文部大臣，国務大臣。1876生。

カマチョ　1955没(58歳)。メキシコの軍人，大統領(1940～46)。1897生。

安藤広太郎　あんどうひろたろう　1958没(87歳)。明治～昭和時代の農学者，農事改良指導者。1871生。

ザボロツキー，ニコライ・アレクセーヴィチ　1958没(55歳)。ソ連の詩人。1903生。

フリン，エロル　1959没(50歳)。アメリカの映画俳優。1909生。

ヨッフェ　1960没(79歳)。ソ連邦の物理学者。1880生。

ラマディエ　1961没(73歳)。フランスの政治家。1888生。

北川千代　きたがわちよ　1965没(71歳)。大正・昭和時代の児童文学作家，小説家。1894生。

ジャレル，ランダル　1965没(51歳)。アメリカの詩人，批評家。1914生。

沢瀉久孝　おもだかひさたか　1968没(78歳)。大正・昭和時代の国文学者。1890生。

羽黒山政司　はぐろやままさじ　1969没(54歳)。昭和時代の力士。第36代横綱，日本相撲協会理事。1914生。

クロスビー，ビング　1977没(73歳)。アメリカの歌手，映画俳優。1904生。

依田郁子　よだいくこ　1983没(45歳)。昭和時代の陸上競技選手。1938生。

ライル，サー・マーティン　1984没(66歳)。イギリスの物理学者，電波天文学者。1918生。

荻須高徳　おぎすたかのり　1986没(84歳)。大正・昭和時代の洋画家。1901生。

東京ぼん太　とうきょうぼんた　1986没(47歳)。昭和時代のコメディアン。1939生。

バーンスタイン，レナード　1990没(72歳)。アメリカの指揮者，作曲家。1918生。

石田博英　いしだひろひで　1993没(78歳)。昭和時代の政治家。衆議院議員，労働大臣。1914生。

藤間藤子　ふじまふじこ　1998没(90歳)。大正・昭和時代の日本舞踊家。日本舞踊協会副会長。1907生。

ニエレレ，ジュリアス　1999没(77歳)。タンザニアの政治家。1922生。

岩佐凱実　いわさよしざね　2001没(95歳)。昭和・平成時代の実業家。富士銀行頭取，経済同友会代表幹事。1906生。

張学良　ちょうがくりょう　2001没(100歳)。台湾の軍人，政治家。1901生。

弓削達　ゆげとおる　2006没(82歳)。昭和・平成時代の歴史学者。1924生。

10月14日

10月15日

○記念日○ たすけあいの日
　　　　　人形の日
　　　　　きのこの日
○出来事○ キューバ危機(1962)

因幡国造浄成女　いなばのくにのみやつこきよなりめ　796没。奈良時代・平安時代前期の女性。采女。

百済明信　くだらのみょうしん　815没。奈良時代・平安時代前期の女性。桓武天皇の女官。

藤原師尹　ふじわらのもろただ　969没(50歳)。平安時代中期の公卿。920生。

ザルカーリー　1100没(71?歳)。スペインの天文学者。1029頃生。

大江親通　おおえのちかみち　1151没。平安時代後期の貴族。

恵珍　えちん　1169没(52歳)。平安時代後期の三論宗の僧。1118生。

ヘートヴィヒ　1243没(69歳)。中世ドイツの女子修道者。1174生。

ステイプルドン, ウォールター・ド　1326没(65?歳)。イギリスの司教, オックスフォードのエクセター・コレッジ創立者。1261頃生。

九条隆教　くじょうたかのり　1348没(78歳)。鎌倉時代後期・南北朝時代の公卿。1271生。

房玄　ぼうげん　1351没。南北朝時代の真言宗の僧。

興雅　こうが　1387没。南北朝時代の真言宗の僧。

ウルバヌス6世　1389没(71?歳)。教皇(在位1378〜89)。1318頃生。

道意　どうい　1429没。室町時代の僧。

冷泉永親　れいぜいながちか　1472没(55歳)。室町時代の公卿。1418生。

ピエートロ(ベルガモの)　1482没。イタリアの神学者, ドミニコ会士。

州庵宗彭　しゅうあんそうほう　1490没。室町時代の曹洞宗の僧。

ヴェサリウス, アンドレアス　1564没(49歳)。ベルギーの解剖学者。1514生。

畠山高政　はたけやまたかまさ　1576没(50歳)。戦国時代・安土桃山時代の武将。1527生。

南英宗頓　なんえいそうとん　1582没。戦国時代・安土桃山時代の臨済宗の僧。

聞秀　もんしゅう　1582没。安土桃山時代の浄土宗の僧。

サバレッラ　1589没(56歳)。イタリアの論理学者, 自然哲学者。1533生。

グレゴリウス14世　1591没(55歳)。ローマ教皇。1535生。

ヴァンドヴィル, ジャン　1592没(65歳)。フランスの司教, 宣教師養成神学校創設の主唱者。1527生。

ファイズィー, アブル・ファズル　1595没(47歳)。インドのペルシャ語詩人。1548生。

鈴木重成　すずきしげなり　1653没(67歳)。江戸時代前期の代官。1587生。

ヘリック, ロバート　1674没(83歳)。イギリスの詩人。1591生。

バルデス・レアール, フアン・デ　1690没(68歳)。スペインの画家。1622生。

山岡浚明　やまおかまつあけ　1780没(55歳)。江戸時代中期の国学者。1726生。

ボーメ, アントワーヌ　1804没(76歳)。フランスの化学者。1728生。

アンダーソン　1808没(69歳)。スコットランドの篤農家。1739生。

コシチューシコ, タデウシュ・ボナヴェントゥラ　1817没(71歳)。ポーランドの軍人, 政治家。1746生。

ブルクハルト, J.L.　1817没(32歳)。スイスの東洋学者。1784生。

シュヴァルツェンベルク, カール・フィリップ, 公爵　1820没(49歳)。オーストリアの軍人。1771生。

ヤーン, フリードリヒ・ルートヴィヒ　1852没(74歳)。ドイツの教育者, 愛国者。1778生。

ムーサンデル, カール・グスタフ　1858没(61歳)。スウェーデンの化学者, 鉱物学者, 医師。1797生。

橘家円太郎(初代)　たちばなやえんたろう　1871没。江戸時代末期・明治時代の落語家。

松岡小鶴　まつおかこつる　1873没(68歳)。江戸・明治時代の医師。1806生。

横山松三郎　よこやままつさぶろう　1884没(47歳)。江戸・明治時代の写真家、洋画家。1838生。

ブラキストン　1891没(58歳)。イギリスの軍人、動物学者。1832生。

フィビフ, ズデニェク　1900没(49歳)。チェコスロバキアの作曲家。1850生。

関寛斎　せきかんさい　1913没(84歳)。江戸・明治時代の蘭方医。1830生。

シェーアバルト, パウル　1915没(52歳)。ドイツの作家。1863生。

ボヴェリ, テオドール・ハインリヒ　1915没(53歳)。ドイツの動物学者。1862生。

松永和風(3代目)　まつながわふう　1916没(78歳)。江戸～大正時代の長唄唄方。1839生。

マタ・ハリ　1917没(41歳)。国籍不明のダンサー。1876生。

大井憲太郎　おおいけんたろう　1922没(80歳)。明治時代の政治家、社会運動家。代言人。1843生。

古田大次郎　ふるただいじろう　1925没(26歳)。大正時代のアナキスト。1900生。

広津柳浪　ひろつりゅうろう　1928没(68歳)。明治時代の小説家。1861生。

新渡戸稲造　にとべいなぞう　1933没(72歳)。明治～昭和時代の農学者、教育者。第一高等学校校長、東京女子大学初代総長。1862生。

ポワンカレ, レモン　1934没(74歳)。フランスの政治家、弁護士。1860生。

キュストナー　1936没(80歳)。ドイツの天文学者。1856生。

ヨフコフ, ヨルダン　1937没(56歳)。ブルガリアの短篇小説家、劇作家。1880生。

ヴォッバミーン, エルンスト・グスタフ・ゲオルク　1943没(73歳)。ドイツのプロテスタント神学者、宗教心理学者。1869生。

ロンメル, エルヴィン　1944没(52歳)。ドイツの軍人。1891生。

木下杢太郎　きのしたもくたろう　1945没(61歳)。明治～昭和時代の詩人、劇作家、医学者。1885生。

靇甲斎虎丸(2代目)　べっこうさいとらまる　1945没(74歳)。明治～昭和時代の浪曲師。1872生。

ラヴァル, ピエール　1945没(62歳)。フランスの政治家。1883生。

ミス・ワカナ　1946没(37歳)。昭和時代の漫才師。1910生。

早坂文雄　はやさかふみお　1955没(41歳)。昭和時代の作曲家。1914生。

志賀廼家淡海　しがのやたんかい　1956没(73歳)。明治～昭和時代の喜劇俳優。1883生。

上野陽一　うえのよういち　1957没(73歳)。大正・昭和時代の産業心理学者。産業能率短期大学長。1883生。

酒井米子　さかいよねこ　1958没(59歳)。明治～昭和時代の女優。1898生。

ニラーラー　1961没(65歳)。インド、ヒンディー語の詩人。1896生。

野崎清二　のざきせいじ　1962没(65歳)。昭和時代の部落解放運動家。岡山県水平社委員長、部落解放全国委員会中央本部書記長。1897生。

ポーター, コール　1964没(72歳)。アメリカのポピュラー音楽作曲家。1892生。

南助松　みなみすけまつ　1964没(91歳)。明治・大正時代の労働運動家。1873生。

熊谷宣夫　くまがいのぶお　1972没(72歳)。昭和時代の美術史家。九州芸術工科大学教授、東京国立文化財研究所第一研究室長。1900生。

スミス, ユージン　1978没(59歳)。アメリカの写真家。1918生。

大塚敬節　おおつかよしのり　1980没(80歳)。昭和時代の医師。漢方医、北里研究所付属東洋医学総合研究所長。1900生。

ギレリス, エミール・グリゴリエヴィチ　1985没(68歳)。ソ連のピアニスト。1916生。

内田忠夫　うちだただお　1986没(63歳)。昭和時代の経済学者。東京大学教授。1923生。

安田武　やすだたけし　1986没(63歳)。昭和時代の評論家。思想の科学研究会会長、日本戦没学生記念会常任理事。1922生。

中原実　なかはらみのる　1990没(97歳)。大正・昭和時代の洋画家。日本歯科大学長。1893生。

俞平伯　ゆへいはく　1990没(90歳)。中国の文学者。1900生。

渡辺慧　わたなべさとし　1993没(83歳)。昭和・平成時代の物理学者。ハワイ大学教授、国際時間学会会長。1910生。

ブロッホ, コンラート・エミール　2000没(88歳)。アメリカの生化学者。1912生。

10月15日

10月16日

○記念日○　ボスの日
　　　　　　世界食糧デー
○出来事○　国鉄上野駅開業（1885）
　　　　　　阪神タイガースが優勝（1985）

ガルス　645没（95?歳）。アイルランドの聖人。550頃生。

藤原鎌足　ふじわらのかまたり　669没（56歳）。飛鳥時代の廷臣。614生。

ルルス　786没（76?歳）。マインツの大司教，聖人。710頃生。

アブドゥル・ラフマーン3世　961没（70歳）。後ウマイヤ朝第8代の君主（在位912～961）。891生。

藤原道綱　ふじわらのみちつな　1020没（66歳）。平安時代中期の公卿。955生。

ルドルフ・フォン・ラインフェルデン　1080没。ドイツの皇帝（在位1077～80）。

ネザーモル・モルク　1092没（75?歳）。ペルシアの政治家。1017頃生。

恂子内親王　じゅんしないしんのう　1132没（40歳）。平安時代後期の女性。白河天皇の第6皇女。1093生。

覚忠　かくちゅう　1177没（60歳）。平安時代後期の天台宗の僧。1118生。

承円　しょうえん　1236没（57歳）。鎌倉時代前期の天台宗の僧。1180生。

ニコラウス5世　1333没。ヨハネス22世の対立教皇（1328～30）。

東海竺源　とうかいじくげん　1344没（75歳）。鎌倉時代後期・南北朝時代の僧。1270生。

ガッティ，アニョロ　1396没（46?歳）。イタリアの画家。1350頃生。

細川満元　ほそかわみつもと　1426没（49歳）。室町時代の武将，室町幕府管領。1378生。

シニョレリ，ルカ　1523没（82?歳）。イタリアの画家。1441頃生。

クラーナハ，ルーカス　1553没（81歳）。ドイツの画家。1472生。

ラティマー，ヒュー　1555没（70?歳）。イギリスの主教，宗教改革家。1485頃生。

リドリー，ニコラス　1555没（55?歳）。イギリスの宗教改革者，殉教者。1500頃生。

アレン，ウィリアム　1594没（62歳）。イギリスの枢機卿，神学者。1532生。

スヴェーリンク，ヤン・ピーテルスゾーン　1621没（59歳）。オランダのオルガン奏者，ハープ奏者，作曲家。1562生。

マレルブ，フランソワ・ド　1628没（73歳）。フランスの詩人。1555生。

オスターデ，イサーク・ファン　1649没（28歳）。オランダの風景画家。1621生。

公海　こうかい　1695没（89歳）。江戸時代前期の天台宗の僧。1607生。

高泉性潡　こうせんしょうとん　1695没（63歳）。江戸時代前期の渡来僧。1633生。

遊佐木斎　ゆさぼくさい　1734没（77歳）。江戸時代前期・中期の陸奥仙台藩儒。1658生。

粟田口慶羽　あわたぐちけいう　1791没（69歳）。江戸時代中期の画家。1723生。

ポチョムキン，グリゴリー・アレクサンドロヴィチ　1791没（52歳）。ロシアの政治家，軍人，元帥，公爵。1739生。

山彦源四郎（2代目）　やまびこげんしろう　1792没。江戸時代中期の河東節の三味線方。

ハンター，ジョン　1793没（65歳）。スコットランドの外科医，解剖学者。1728生。

マリー-アントワネット　1793没（37歳）。フランス国王ルイ16世の妃。1755生。

ビットリオ・アマデオ3世　1796没（70歳）。サヴォイア公，サルデーニャ王（1773～96）。1726生。

田中伝左衛門（3代目）　たなかでんざえもん　1801没。江戸時代中期・後期の歌舞伎囃子田中流の宗家。

尾上松助（初代）　おのえまつすけ　1815没（72歳）。江戸時代中期・後期の歌舞伎役者。1744生。

ニキーチン，イワン・サヴィチ　1861没（37歳）。ロシアの詩人。1824生。

大久保甚五左衛門　おおくぼじんござえもん　1864没（63歳）。江戸時代末期の水戸藩士。1802生。

ベリョ, アンドレス　1865没（83歳）。ベネズエラの詩人, 法学者, 文法学者。1781生。

鷹司政通　たかつかさまさみち　1868没（80歳）。江戸時代後期の公家。1789生。

プチャーチン　1883没（79歳）。帝政ロシアの海軍将官, 幕末の日露和親・通商条約の締結使節。1803生。

秋良貞温　あきらさだあつ　1890没（80歳）。江戸時代末期・明治時代の志士。1811生。

石河正竜　いしかわせいりゅう　1895没（71歳）。江戸・明治時代の紡績技術者。奉任4等技師。1825生。

尾崎忠治　おざきただはる　1905没（75歳）。明治時代の司法官, 枢密顧問官。1831生。

新井章吾　あらいしょうご　1906没（51歳）。明治時代の政治家。衆議院議員。1856生。

佐野経彦　さのつねひこ　1906没（73歳）。明治時代の宗教家。1834生。

クローグ, クリスチャン　1925没（73歳）。ノルウェーの画家。1852生。

片岡仁左衛門（11代目）　かたおかにざえもん　1934没（78歳）。江戸〜昭和時代の大阪の歌舞伎役者。1857生。

野間清治　のまきよじ　1938没（61歳）。大正・昭和時代の実業家, 出版人。1878生。

柳原愛子　やなぎはらなるこ　1943没（85歳）。明治天皇の典侍。大正天皇の生母。1859生。

小金井良精　こがねいよしきよ　1944没（86歳）。明治〜昭和時代の解剖学者, 人類学者。帝国大学医科大学教授。1859生。

スヴェンソン, ヨウン・ステファウン　1944没（86歳）。アイスランドの童話作家。1857生。

田中正平　たなかしょうへい　1945没（84歳）。明治〜昭和時代の音楽学者, 物理学者。1862生。

カイテル, ヴィルヘルム　1946没（64歳）。ドイツの軍人。1882生。

ゲーリング, ヘルマン　1946没（53歳）。ナチス・ドイツの政治家。1893生。

ザイス-インクヴァルト, アルトゥル　1946没（54歳）。オーストリアの政治家。1892生。

バントック, グランヴィル　1946没（78歳）。イギリスの作曲家。1868生。

リッベントロープ, ヨアヒム・フォン　1946没（53歳）。ドイツの政治家。1893生。

ローゼンベルク, アルフレート　1946没（53歳）。ドイツの国家社会主義理論家, 政治家。1893生。

リアカト・アリー　1951没（56歳）。パキスタンの政治家。1895生。

秋葉隆　あきばたかし　1954没（66歳）。昭和時代の文化人類学者。九州大学教授。1888生。

レッドフィールド, ロバート　1958没（60歳）。アメリカの文化人類学者。1897生。

マーシャル, G.C.　1959没（78歳）。アメリカの軍人, 政治家。1880生。

小坂順造　こさかじゅんぞう　1960没（79歳）。明治〜昭和時代の実業家, 政治家。信越化学工業社長。1881生。

バシュラール, ガストン　1962没（78歳）。フランスの哲学者。1884生。

ゴーガルテン, フリードリヒ　1967没（80歳）。ドイツの福音派の神学者。1887生。

富田常雄　とみたつねお　1967没（63歳）。昭和時代の小説家。1904生。

坂田昌一　さかたしょういち　1970没（59歳）。昭和時代の物理学者。1911生。

三瓶孝子　さんぺいこうこ　1978没（75歳）。昭和時代の経済史学者。1903生。

ダヤン, モシェ　1981没（66歳）。イスラエルの軍人, 政治家。1915生。

セリエ, ハンス　1982没（75歳）。オーストリア生れ, カナダに帰化した内分泌学者。1907生。

デル・モナコ, マリオ　1982没（67歳）。イタリアのオペラ歌手。1915生。

河野謙三　こうのけんぞう　1983没（82歳）。昭和時代の政治家。参議院議長, 日本体育協会会長。1901生。

グリュミオー, アルチュール　1986没（65歳）。ベルギーのヴァイオリン奏者。1921生。

相良守峯　さがらもりみね　1989没（94歳）。昭和時代のドイツ文学者。東京大学教授, 日本独文学会理事長。1895生。

ブレイキー, アート　1990没（71歳）。アメリカのジャズドラマー。1919生。

三宅泰雄　みやけやすお　1990没（82歳）。昭和時代の地球化学者。1908生。

福沢一郎　ふくざわいちろう　1992没（94歳）。大正・昭和時代の洋画家。1898生。

ミッチェナー, ジェイムズ　1997没（90歳）。アメリカの小説家。1907生。

カー, デボラ　2007没（86歳）。イギリスの女優。1921生。

10月16日

10月17日

○記念日○ 沖縄そばの日
　　　　　上水道の日
　　　　　貯蓄の日
○出来事○ 学習院開設（1877）
　　　　　川端康成ノーベル文学賞受賞決定（1968）

山背王　やましろおう　763没（77歳）。飛鳥時代・奈良時代の官人。687生。

高麗福信　こまのふくしん　789没（81歳）。奈良時代の官人。709生。

菅原清公　すがわらのきよとも　842没（73歳）。平安時代前期の公卿。770生。

源多　みなもとのまさる　888没（58歳）。平安時代前期の公卿。831生。

宮道列子　みやじのれっし　907没。平安時代前期・中期の女性。宮道朝臣弥益の娘。

隆子女王　たかこじょおう　974（閏10月）没。平安時代中期の女性。醍醐天皇の皇子二品弾正尹章明親王の長女、斎宮。

藤原行成の妻　ふじわらのゆきなりのつま　1002没（27歳）。平安時代中期の女性。醍醐天皇の孫左京大夫源泰清の娘。976生。

藤原公季　ふじわらのきんすえ　1029没（73歳）。平安時代中期の公卿。957生。

波多野義常　はたのよしつね　1180没。平安時代後期の武士。

土佐房昌俊　とさぼうしょうしゅん　1185没（43歳）。平安時代後期の僧。1143生。

ジョン　1216没（48歳）。イングランド王（在位1199～1216）。1167生。

円爾　えんに　1280没（79歳）。鎌倉時代前期の臨済宗の僧。1202生。

無隠元晦　むいんげんかい　1358没。南北朝時代の臨済宗幻住派の僧。

恵厳　えごん　1386没。南北朝時代の女性。光厳天皇の皇女。

大坪慶秀　おおつぼよしひで　1407没（84歳）。南北朝時代・室町時代の馬術家。1324生。

一条政房　いちじょうまさふさ　1469没。室町時代の公卿。

ジュリアーノ・ダ・マイアーノ　1490没（58?歳）。イタリアの建築家、インターリオ（装飾彫り）作家。1432頃生。

スユーティー　1505没（60歳）。エジプトのイスラム学者。1445生。

大洞存長　だいとうそんちょう　1519没。戦国時代の曹洞宗の僧。

オジアンダー、アンドレーアス　1552没（53歳）。ドイツのルター派神学者。1498生。

ヘーディオ、カスパル　1552没（58歳）。ドイツの人文主義者、宗教改革者。1494生。

ゲオルク3世（敬虔公）　1553没（46歳）。ドイツ宗教改革期のアンハルト・デッサウ公、聖職者。1507生。

シドニー、フィリップ　1586没（31歳）。イギリスの軍人、政治家、詩人、批評家。1554生。

アクバル、ジャラール・ウッディーン・ムハンマド　1605没（62歳）。インド、ムガル帝国第3代皇帝（在位1556～1605）。1542生。

内藤政長　ないとうまさなが　1634没（67歳）。安土桃山時代・江戸時代前期の大名。1568生。

酒井忠勝　さかいただかつ　1647没（54歳）。江戸時代前期の大名。1594生。

真田信之　さなだのぶゆき　1658没（93歳）。安土桃山時代・江戸時代前期の大名。1566生。

アンナ・イヴァノヴナ　1740没（47歳）。ロシア女帝（在位1730～40）。1693生。

法霖　ほうりん　1741没（49歳）。江戸時代中期の浄土真宗本願寺派の学僧。1693生。

橘守国　たちばなもりくに　1748没（70歳）。江戸時代中期の画家。1679生。

三井高房　みついたかふさ　1748没（65歳）。江戸時代中期の豪商、三井惣領家の3代目。1684生。

レオミュール、ルネ・アントワーヌ・フェルショー・ド　1757没（74歳）。フランスの物理学者。1683生。

ブラウン、ジョン　1788没（53?歳）。イギリスの医師。1735頃生。

前野良沢　まえのりょうたく　1803没（81歳）。江戸時代中期・後期の蘭学者、蘭方医。1723生。

デサリーヌ，ジャン・ジャック　1806没(48?歳)。ハイチ独立運動の指導者，皇帝(1804～06)。1758頃生。

フンメル，ヨーハン・ネーポムク　1837没(58歳)。オーストリアのピアニスト，作曲家。1778生。

ショパン，フレデリク・フランソワ　1849没(39歳)。ポーランドの作曲家。1810生。

後藤一乗　ごとういちじょう　1876没(86歳)。江戸時代末期・明治時代の装剣金工家。1791生。

キルヒホッフ，グスタフ・ロベルト　1887没(63歳)。ドイツの物理学者。1824生。

チェルヌイシェフスキー，ニコライ・ガブリーロヴィチ　1889没(61歳)。ロシアの小説家，哲学者。1828生。

岩倉具経　いわくらともつね　1890没(38歳)。明治時代の官吏。外務書記官，男爵。1853生。

菊池三渓　きくちさんけい　1891没(73歳)。江戸・明治時代の漢学者，随筆作者。和歌山藩名教館教授。1819生。

グノー，シャルル・フランソワ　1893没(75歳)。フランスの作曲家。1818生。

マクマオン，マリー・エドム・パトリス・モーリス・ド，マジェンタ公爵　1893没(85歳)。フランスの軍人，政治家。1808生。

デイナ，チャールズ・A　1897没(78歳)。アメリカの新聞編集者，社会改革者。1819生。

松平頼聰　まつだいらよりとし　1903没(70歳)。江戸・明治時代の讃岐高松藩主。伯爵。1834生。

秋月種樹　あきづきたねたつ　1904没(72歳)。江戸・明治時代の政治家。貴族院議員。1833生。

マンスフェルト　1912没(82歳)。オランダの海軍軍医。1830生。

リップス，テーオドア　1914没(63歳)。ドイツの心理学者，哲学者。1851生。

ラモン・イ・カハル，サンティアゴ　1934没(82歳)。スペインの組織学者，病理解剖学者。1852生。

中村太八郎　なかむらたはちろう　1935没(68歳)。明治～昭和時代の社会運動家。1868生。

カウツキー，カール・ヨーハン　1938没(84歳)。ドイツのマルクス主義経済学者，政治家。1854生。

小村雪岱　こむらせったい　1940没(54歳)。大正・昭和時代の日本画家。1887生。

黒島伝治　くろしまでんじ　1943没(46歳)。昭和時代の小説家。1898生。

シュミット　1944没(84歳)。ドイツの地磁気学者。1860生。

ハンティントン　1947没(71歳)。アメリカの地理学者。1876生。

ケラーマン，ベルンハルト　1951没(72歳)。東ドイツの小説家。1879生。

岡田啓介　おかだけいすけ　1952没(84歳)。明治～昭和時代の軍人，政治家。首相。1868生。

チャイルド，ゴードン　1957没(65歳)。オーストラリア生まれの考古学者。1892生。

鄭振鐸　ていしんたく　1958没(60歳)。中国の文学史家。1898生。

中村富十郎(4代目)　なかむらとみじゅうろう　1960没(52歳)。昭和時代の歌舞伎役者。1908生。

ゴンチャロヴァ，ナタリヤ・セルゲエヴナ　1962没(81歳)。ロシアの女流画家，舞台美術家。1881生。

アダマール，ジャーク・サロモン　1963没(97歳)。フランスの数学者。1865生。

加藤武男　かとうたけお　1963没(86歳)。大正・昭和時代の銀行家。1877生。

松本健次郎　まつもとけんじろう　1963没(93歳)。明治～昭和時代の実業家。1870生。

愛新覚羅溥儀　あいしんかくらふぎ　1967没(61歳)。中国，清朝最後の皇帝宣統帝(在位1908～12)。1906生。

バッハマン，インゲボルク　1973没(47歳)。オーストリアの女流詩人，小説家。1926生。

田坂具隆　たさかともたか　1974没(73歳)。大正・昭和時代の映画監督。1901生。

アロン，レーモン　1983没(78歳)。フランスの政治・社会学者，ジャーナリスト。1905生。

富田砕花　とみたさいか　1984没(93歳)。昭和・平成時代の歌人，詩人。1890生。

ローゼンストック，ジョゼフ　1985没(90歳)。アメリカの指揮者。1895生。

鮎川信夫　あゆかわのぶお　1986没(66歳)。昭和時代の詩人，評論家。1920生。

小野忠重　おのただしげ　1990没(81歳)。昭和時代の版画家，版画史研究家。1909生。

和田春生　わだはるお　1999没(80歳)。昭和時代の労働運動家，政治家。衆院議員，参院議員。1919生。

巴金　はきん　2005没(100歳)。中国の作家，エスペラント学者。1904生。

10月17日

10月18日

○記念日○ 統計の日
○出来事○ 大隈重信襲われる(1889)
東条英機内閣成立(1941)

藤原貴子 ふじわらのきし 962没(59歳)。平安時代中期の女性。醍醐天皇の皇太子保明親王の妃。904生。

サンチョ3世 1035没(43?歳)。ナバラ王(在位1005～35)。992生。

藤原明衡 ふじわらのあきひら 1066没(78歳)。平安時代中期の学者、漢詩人。989生。

藤原顕長 ふじわらのあきなが 1167没(50歳)。平安時代後期の公卿。1118生。

ジョン・ド・グレイ 1214没。イングランドの司教、アイルランドの大司法官。

葉室資頼 はむろすけより 1255没(62歳)。鎌倉時代前期の公卿。1194生。

吉田経俊 よしだつねとし 1276没(63歳)。鎌倉時代前期の公卿。1214生。

覚雲法親王 かくうんほっしんのう 1323没(52歳)。鎌倉時代後期の天台宗の僧。1272生。

玉山徳璇 ぎょくさんとくせん 1334没(80歳)。鎌倉時代後期の臨済宗の僧。1255生。

ハインリヒ(フリーマールの) 1340没(95?歳)。ドイツの神秘主義的神学者。1245頃生。

万里小路宣房 までのこうじのぶふさ 1348没(91歳)。鎌倉時代後期・南北朝時代の公卿。1258生。

仁叟浄熙 にんそうじょうき 1364没。南北朝時代の曹洞宗の僧。

起山師振 きざんししん 1386没(69歳)。南北朝時代の臨済宗の僧。1318生。

グレゴリウス12世 1417没(90?歳)。教皇(在位1406～15)。1327頃生。

六条有定 ろくじょうありさだ 1448没(64歳)。室町時代の公卿。1385生。

李瑢 りよう 1453没(35歳)。朝鮮、李朝の文人。1418生。

麟翁永祥 りんおうえいしょう 1475没(72歳)。室町時代の曹洞宗の僧。1404生。

ピウス3世 1503没(64歳)。教皇(在位1503.9.～10.)。1439生。

コミーヌ、フィリップ・ド 1511没(66歳)。フランスの政治家、歴史家。1445生。

鷹司政平 たかつかさまさひら 1517(閏10月)没(73歳)。室町時代・戦国時代の公卿。1445生。

マーガレット・チューダー 1541没(51歳)。イングランド王ヘンリ7世の長女。1489生。

タヴァナー、ジョン 1545没(55?歳)。イギリスの作曲家、オルガン奏者。1490頃生。

サドレート、ジャーコポ 1547没(70歳)。枢機卿、人文主義的教育学者。1477生。

ノブレガ、マヌエル・ダ 1570没(57歳)。ポルトガルの宣教師。1517生。

小野木重次 おのぎしげつぐ 1600没。安土桃山時代の武将、豊臣秀吉の家人。

小早川秀秋 こばやかわひであき 1602没(21歳)。安土桃山時代の大名。1582生。

本多忠勝 ほんだただかつ 1610没(63歳)。安土桃山時代・江戸時代前期の大名。1548生。

城間清豊 ぐすくませいほう 1644没(31歳)。琉球の絵師。1614生。

小笠原忠真 おがさわらただざね 1667没(72歳)。江戸時代前期の大名。1596生。

ヨルダーンス、ヤーコプ 1678没(85歳)。フランドルの画家。1593生。

嵐三右衛門(初代) あらしさんえもん 1690没(56歳)。江戸時代前期の歌舞伎役者、歌舞伎座本。1635生。

津軽信政 つがるのぶまさ 1710没(65歳)。江戸時代前期・中期の大名。1646生。

ハウブラーケン、アルノルト 1719没(59歳)。オランダの画家。1660生。

観世銕之丞(初代) かんぜてつのじょう 1782没(56歳)。江戸時代中期の能楽師。1727生。

佐藤晩得 さとうばんとく 1792没(62歳)。江戸時代中期の俳人。1731生。

谷真潮 たにましお 1797没(69歳)。江戸時代中期の国学者。1729生。

メユール、エティエンヌ-ニコラ 1817没(54歳)。フランスの作曲家。1763生。

大久保鶖山 おおくぼしゅうざん 1852没(56歳)。江戸時代後期の儒学者。1797生。

小島成斎　こじませいさい　1862没（67歳）。江戸時代末期の儒者，書家，備後福山藩士。1796生。

千秋藤篤　せんしゅうふじあつ　1864没（50歳）。江戸時代末期の尊皇論者，儒学者。1815生。

パーマストン，ヘンリー・ジョン・テンプル，3代子爵　1865没（80歳）。イギリスの政治家。1784生。

ジーボルト，フィリップ・フランツ・フォン　1866没（70歳）。ドイツの医者。1796生。

琳瑞　りんずい　1867没（38歳）。江戸時代末期の浄土宗の勤王僧。1830生。

新見正興　しんみまさおき　1869没（48歳）。江戸・明治時代の幕臣，外国奉行。1822生。

小出光教　こいでみつのり　1876没（57歳）。江戸・明治時代の算学者，暦学者。櫓奉行，讃岐師範学校一等助教授。1820生。

来島恒喜　くるしまつねき　1889没（31歳）。明治時代の国粋主義者。1859生。

内田政風　うちだまさかぜ　1893没（79歳）。江戸・明治時代の鹿児島藩士。島津家家老，石川県令。1815生。

ストーン，ルーシー　1893没（75歳）。アメリカの婦人参政権論者。1818生。

ポロンスキー，ヤーコフ・ペトローヴィチ　1898没（78歳）。ロシアの詩人。1819生。

バイルシュタイン，フリードリヒ・コンラート　1906没（68歳）。ドイツの化学者。1838生。

野津道貫　のづみちつら　1908没（68歳）。明治時代の陸軍軍人。元帥，侯爵。1841生。

オリアーニ，アルフレード　1909没（57歳）。イタリアの小説家，思想家。1852生。

ビネ，アルフレッド　1911没（54歳）。フランスの心理学者。1857生。

楠瀬喜多　くすのせきた　1920没（85歳）。明治時代の女性民権家。1836生。

小室三吉　こむろさんきち　1920没（58歳）。明治・大正時代の実業家。1863生。

エディソン，トマス・アルヴァ　1931没（84歳）。アメリカの発明家。1847生。

ラシェーズ，ガストン　1935没（53歳）。アメリカの彫刻家，画家。1882生。

サン-ポル-ルー　1940没（79歳）。フランスの詩人。1861生。

葉山嘉樹　はやまよしき　1945没（52歳）。大正・昭和時代の小説家。1894生。

水野広徳　みずのひろのり　1945没（71歳）。明治～昭和時代の軍人，軍事評論家。1875生。

牧野虎雄　まきのとらお　1946没（57歳）。大正・昭和時代の洋画家。1890生。

オルテガ-イ-ガセー，ホセ　1955没（72歳）。スペインの哲学者。1883生。

加藤精神　かとうせいしん　1956没（84歳）。明治～昭和時代の仏教学者，僧侶。東洋大学長。1872生。

中山太一　なかやまたいち　1956没（74歳）。明治～昭和時代の実業家。産業経理協会理事，大阪実業クラブ理事長。1881生。

松野鶴平　まつのつるへい　1962没（78歳）。大正・昭和時代の政治家。衆議院議員，参議院議長。1883生。

ニコラーエワ，ガリーナ・エヴゲニエヴナ　1963没（52歳）。ソ連の女流小説家。1911生。

森有正　もりありまさ　1976没（64歳）。昭和時代のフランス文学者，哲学者。パリ大学教授，パリ日本館館長。1911生。

芦田泰三　あしだたいぞう　1979没（76歳）。昭和時代の実業家。住友生命社長。1903生。

須藤克三　すとうかつぞう　1982没（75歳）。昭和時代の児童文学者，教育者。宮城学院大学講師，山形新聞論説委員。1906生。

マンデス-フランス，ピエール　1982没（75歳）。フランスの政治家。1907生。

玉野井芳郎　たまのいよしろう　1985没（67歳）。昭和時代の経済学者。沖縄国際大学教授。1918生。

朱牟田夏雄　しゅむたなつお　1987没（81歳）。昭和時代の英文学者。東京大学教授。1906生。

阿部孝次郎　あべこうじろう　1990没（93歳）。昭和時代の実業家。東洋紡績社長。1897生。

波多野爽波　はたのそうは　1991没（68歳）。昭和・平成時代の俳人，実業家。「青」主宰，藤沢薬品工業監査役。1923生。

清水慎三　しみずしんぞう　1996没（83歳）。昭和時代の評論家，労働運動家。日本鉄鋼産業労働組合連合会書記長，日本福祉大学教授。1913生。

杵屋佐登代　きねやさとよ　1997没（86歳）。大正～平成時代の長唄唄方。1911生。

木原光知子　きはらみちこ　2007没（58歳）。昭和・平成時代の水泳選手，タレント。1948生。

10月18日

10月19日

○記念日○　バーゲンの日
　　　　　海外旅行の日
○出来事○　日ソ国交回復に関する共同宣言
　　　　　（1956）

佐味虫麻呂　さみのむしまろ　759没。奈良時代の官人。

安倍兄雄　あべのあにお　808没。平安時代前期の公卿。

仲算　ちゅうざん　976没（42歳）。平安時代中期の法相宗の僧。935生。

公範　こうはん　1086没（78歳）。平安時代中期・後期の法相宗の僧。1009生。

アンドレーアス（サン-ヴィクトールの）　1175没（65?歳）。イギリス出身の修道参事会員、大修道院長、聖書注釈者。1110頃生。

アブール・フサイン・ビン・マトゥルーフ　1251没（55歳）。エジプトのアラブ系詩人。1196生。

藤原経業　ふじわらのつねなり　1289没（64歳）。鎌倉時代後期の公卿。1226生。

持親院基孝　じみょういんもとたか　1322没。鎌倉時代後期の公卿。

菅原在成　すがわらありなり　1352没（55歳）。鎌倉時代後期・南北朝時代の公卿。1298生。

正親町公蔭　おおぎまちきんかげ　1360没（64歳）。鎌倉時代後期・南北朝時代の公卿。1297生。

細川氏春　ほそかわうじはる　1387没。南北朝時代の武将、淡路守護。

姜希顔　きょうきがん　1464没（47歳）。朝鮮、李朝の画家。1417生。

近衛房嗣　このえふさつぐ　1488没（87歳）。室町時代・戦国時代の公卿。1402生。

万里小路賢房　までのこうじかたふさ　1507没（42歳）。戦国時代の公卿。1466生。

バーガ　1547没（46歳）。イタリアの画家。1501生。

ボニファーチョ・ヴェロネーゼ　1553没（66歳）。イタリアの画家。1487生。

ペトルス（アルカンタラの）　1562没（63歳）。スペインの神秘的宗教家、聖人。1499生。

アウリファーバー、ヨハネス（ブレスラウの）　1568没（51歳）。ドイツの神学者、牧師。1517生。

クラート（クラフトハイムの）　1585没（65歳）。ドイツの宗教改革者。1519生。

ハワード、フィリップ　1595没（38歳）。イングランドのアンデル伯爵。1557生。

前野長康　まえのながやす　1595没（68?歳）。戦国時代・安土桃山時代の大名。1528頃生。

朝意　ちょうい　1599没（82歳）。戦国時代・安土桃山時代の真言宗南山進流の声明家。1518生。

アルミニウス、ヤコブス　1609没（49歳）。オランダの神学者。1560生。

岩城貞隆　いわきさだたか　1620没（38歳）。安土桃山時代・江戸時代前期の大名。1583生。

岡部宣勝　おかべのぶかつ　1668没（72歳）。江戸時代前期の大名。1597生。

ファン・ホーホストラーテン、サミュエル　1678没（51歳）。オランダの画家。1627生。

ボノンチーニ、ジョヴァンニ・マリア　1678没（36歳）。イタリアの音楽家。1642生。

ブラウン、トマス　1682没（77歳）。イギリスの医者、作家。1605生。

本木庄太夫　もときしょうだゆう　1697没（70歳）。江戸時代前期のオランダ通詞。1628生。

小勘太郎次（初代）　こかんたろうじ　1711没（68歳）。江戸時代中期の歌舞伎役者。1644生。

クネラー、サー・ゴドフリー　1723没（77歳）。ドイツ生れのイギリスの肖像画家。1646生。

スウィフト、ジョナサン　1745没（77歳）。イギリスの作家、政治評論家。1667生。

市川八百蔵（初代）　いちかわやおぞう　1759没（30歳）。江戸時代中期の歌舞伎役者。1730生。

ヴィットーネ、ベルナルド・アントニオ　1770没（65歳）。イタリアの建築家。1705生。

市川門之助（2代目）　いちかわもんのすけ　1794没（52歳）。江戸時代中期の歌舞伎役者。1743生。

ノヴェール、ジャン-ジョルジュ　1810没（83歳）。フランスの舞踊家。1727生。

ポニャトフスキ，ユーゼフ　1813没(50歳)。ポーランドの貴族。1763生。

タルマ，フランソワ・ジョゼフ　1826没(63歳)。フランスの俳優。1763生。

ドゥーフ，ヘンドリック　1835没(57歳)。オランダの長崎出島商館長。1777生。

ドロステ・ツー・フィッシャリング，クレーメンス・アウグスト　1845没(72歳)。ドイツのカトリック聖職者。1773生。

市川鰕十郎(4代目)　いちかわえびじゅうろう　1858没(50歳)。江戸時代末期の歌舞伎役者。1809生。

後藤松陰　ごとうしょういん　1864没(68歳)。江戸時代末期の儒学者。1797生。

竹本長門太夫(3代目)　たけもとながとだゆう　1864没(65歳)。江戸時代末期の浄瑠璃作者，歌舞伎作者。1800生。

ウィートストン，サー・チャールズ　1875没(73歳)。イギリスの物理学者。1802生。

中村喜代三郎(4代目)　なかむらきよさぶろう　1877没。明治時代の歌舞伎役者。

三瀬周三　みせしゅうぞう　1877没(39歳)。江戸・明治時代の蘭方医。1839生。

小田切春江　おだぎりしゅんこう　1888没(79歳)。江戸・明治時代の画家。1810生。

ルイシュ1世　1889没(51歳)。ポルトガル王。1838生。

木村曙　きむらあけぼの　1890没(19歳)。明治時代の小説家。1872生。

プルマン，ジョージ　1897没(66歳)。アメリカの発明家，企業家。1831生。

フレデリック，ハロルド　1898没(42歳)。アメリカの小説家，新聞記者。1856生。

ロンブローゾ，チェーザレ　1909没(72歳)。イタリアの精神病学者，法医学者。1836生。

大島貞益　おおしまさだます　1914没(70歳)。明治時代の経済学者。1845生。

渡辺重石丸　わたなべいかりまろ　1915没(79歳)。江戸～大正時代の国学者。1837生。

松林伯円(3代目)　まつばやしはくえん　1919没(66歳)。明治・大正時代の講釈師。1854生。

リード，ジョン　1920没(32歳)。アメリカのジャーナリスト，社会主義者。1887生。

高橋健自　たかはしけんじ　1929没(59歳)。明治～昭和時代の考古学者。1871生。

魯迅　ろじん　1936没(55歳)。中国の文学者，思想家。1881生。

ヤコービ　1937没(87歳)。ドイツのインド学者，言語学者。1850生。

ラザフォード，アーネスト　1937没(66歳)。イギリスの物理学者。1871生。

シロコゴロフ　1939没(50歳)。ロシアの人類学，民族学者。1889生。

岸田辰弥　きしだたつや　1944没(53歳)。大正・昭和時代の劇作・演出家。1892生。

ミレー，エドナ・セント・ヴィンセント　1950没(58歳)。アメリカの女流詩人，劇作家。1892生。

土井晩翠　どいばんすい　1952没(80歳)。明治～昭和時代の詩人，英文学者。1871生。

上田庄三郎　うえだしょうざぶろう　1958没(63歳)。大正・昭和時代の教育評論家。1894生。

コットル・オットリーリエンフェルト　1958没(89歳)。ドイツの経済学者。1868生。

本山荻舟　もとやまてきしゅう　1958没(77歳)。明治～昭和時代の随筆家。1881生。

オスメニア　1961没(82歳)。フィリピンの政治家。1878生。

サドヴャヌ，ミハイル　1961没(80歳)。ルーマニアの小説家。1880生。

今関天彭　いまぜきてんぽう　1970没(88歳)。明治～昭和時代の詩人，中国学術文芸研究家。1882生。

カルデナス，ラサロ　1970没(75歳)。メキシコ大統領(1934～40)。1895生。

原久一郎　はらひさいちろう　1971没(81歳)。大正・昭和時代のロシア文学者，翻訳家。1890生。

高橋進　たかはしすすむ　1984没(82歳)。大正・昭和時代の能楽師。人間国宝(重要無形文化財)，宝生流シテ方。1902生。

ミショー，アンリ　1984没(85歳)。フランスの詩人。1899生。

マシェル，サモラ・モイゼス　1986没(53歳)。モザンビークの政治家，初代大統領。1933生。

水品春樹　みずしなはるき　1988没(89歳)。大正・昭和時代の舞台監督。日本舞台監督協会会長。1899生。

チェルニーク　1994没(72歳)。チェコスロバキアの政治家。1921生。

丸木位里　まるきいり　1995没(94歳)。昭和・平成時代の日本画家。1901生。

サロート，ナタリー　1999没(97歳)。フランスの女流小説家。1902生。

10月19日

10月20日

○記念日○ リサイクルの日
新聞広告の日
頭髪の日
○出来事○ 日比谷公会堂開場(1929)
『きけわだつみのこえ』出版(1949)

義淵　ぎえん　728没。飛鳥時代・奈良時代の法相宗の僧。
美努岡麻呂　みののおかまろ　728没(68歳)。飛鳥時代・奈良時代の官人。661生。
同子内親王　どうしないしんのう　860(閏10月)没。平安時代前期の女性。淳和天皇の皇女。
義叡　ぎえい　892没(80歳)。平安時代前期の僧。813生。
太祖(宋)　たいそ　976没(48歳)。中国、北宋の初代皇帝(在位960～976)。928生。
源義光　みなもとのよしみつ　1127没(83歳)。平安時代中期・後期の武将。1045生。
ウルバヌス3世　1187没。ローマ教皇(在位1185～87)。
高峰顕日　こうほうけんにち　1316没(76歳)。鎌倉時代後期の臨済宗仏光派の僧。1241生。
宇都宮公綱　うつのみやきんつな　1356没(55歳)。鎌倉時代後期・南北朝時代の武将。1302生。
了堂素安　りょうどうそあん　1360没(69歳)。鎌倉時代後期・南北朝時代の臨済宗の僧。1292生。
峨山韶碩　がさんじょうせき　1366没(91歳)。鎌倉時代後期・南北朝時代の曹洞宗の僧。1276生。
後小松天皇　ごこまつてんのう　1433没(57歳)。第100代(北朝第6代)の天皇。1377生。
クエルチャ、ヤコポ・デラ　1438没(64?歳)。イタリアの彫刻家。1374頃生。
サンガッロ、ジュリアーノ・ダ　1516没(71歳)。イタリアの建築家。1445生。
シェリフ、ローレンス　1567没。イギリスのラグビー校創立者。
バーロス、ジョアン・デ　1570没(74歳)。ポルトガルの歴史家。1496生。
吉田宗桂　よしだそうけい　1572没(61歳)。戦国時代の医師。1512生。
フローリス、コルネリス2世　1575没(61?歳)。フランドルの建築家、彫刻家。1514頃生。

カペロ　1587没(39歳)。トスカナ大公妃。1548生。
狩野松栄　かのうしょうえい　1595没(77歳)。戦国時代・安土桃山時代の画家。1519生。
内藤清成　ないとうきよなり　1608没(54歳)。安土桃山時代・江戸時代前期の武士。1555生。
関一政　せきかずまさ　1625没。安土桃山時代・江戸時代前期の大名。
安東省庵　あんどうせいあん　1701没(80歳)。江戸時代前期・中期の儒学者。1622生。
栗崎道有(2代目)　くりさきどうう　1726没(67歳)。江戸時代中期の外科医、幕府官医。1660生。
市川団蔵(2代目)　いちかわだんぞう　1740没(31歳)。江戸時代中期の歌舞伎役者。1710生。
カルル6世　1740没(55歳)。神聖ローマ皇帝(在位1711～40)。1685生。
浪岡鯨児　なみおかげいじ　1780没。江戸時代中期の上方の浄瑠璃作者、雑俳宗匠。
アダム、ジェイムズ　1794没(62歳)。イギリスの建築家、室内装飾家。1732生。
銭大昕　せんだいきん　1804没(76歳)。中国、清の学者。1728生。
朴趾源　ぼくしげん　1805没(68歳)。朝鮮、李朝の思想家、文学者。1737生。
奈河七五三助(初代)　ながわしめすけ　1814没(61歳)。江戸時代中期・後期の歌舞伎作者。1754生。
野村軍記　のむらぐんき　1834没(61歳)。江戸時代後期の陸奥八戸藩士。1774生。
二宮尊徳　にのみやそんとく　1856没(70歳)。江戸時代後期の農政家。1787生。
バルフ、マイケル・ウィリアム　1870没(62歳)。アイルランドの歌手、オペラ作曲家。1808生。
バベッジ、チャールズ　1871没(80歳)。イギリスの数学者。1791生。
清宮秀堅　せいみやひでかた　1879没(71歳)。江戸・明治時代の国学者。1809生。

606

キルヒマン 1884没(81歳)。ドイツの法律家, 哲学者, 政治家。1802生。

バートン, リチャード 1890没(69歳)。イギリスの探検家, 外交官, 東洋学者。1821生。

フルード, ジェイムズ 1894没(76歳)。イギリスの歴史家。1818生。

フラシャリ, ナイム 1900没(54歳)。アルバニアの詩人。1846生。

正親町三条実愛 おおぎまちさんじょうさねなる 1909没(90歳)。江戸・明治時代の公家。議定・内国事務総監。1820生。

コラン, ラファエル 1916没(66歳)。フランスの画家。1850生。

オズボーン 1926没(67歳)。アメリカの行刑改良家。1859生。

ベロー, ゲオルク 1927没(69歳)。ドイツの歴史家。1858生。

中村雄次郎 なかむらゆうじろう 1928没(77歳)。明治〜昭和時代の陸軍軍人。中将, 男爵。1852生。

バジェ・イ・オルドニェス, ホセ 1929没(73歳)。ウルグアイのジャーナリスト, 政治家。1856生。

ヘンダーソン 1935没(72歳)。イギリスの政治家。1863生。

アスプルンド, エリック・グンナル 1940没(55歳)。スウェーデンの建築家。1885生。

カジェス, プルタルコ・エリーアス 1945没(68歳)。メキシコの政治家。1877生。

コポー, ジャック 1949没(70歳)。フランスの演出家。1879生。

スティムソン, ヘンリー・L 1950没(83歳)。アメリカの共和党政治家, 弁護士。1867生。

ロストフツェフ, ミハイル 1952没(81歳)。ロシアの考古学者, 歴史学者。1870生。

阿部次郎 あべじろう 1959没(76歳)。大正・昭和時代の哲学者, 美学者。東北帝国大学教授。1883生。

クラウス, ヴェルナー 1959没(75歳)。オーストリアの俳優。1884生。

フーバー, ハーバート・クラーク 1964没(90歳)。アメリカの政治家, 第31代大統領。1874生。

鴨下晁湖 かもしたちょうこ 1967没(77歳)。明治〜昭和時代の日本画家。1890生。

吉田茂 よしだしげる 1967没(89歳)。明治〜昭和時代の外交官, 政治家。首相, 自由党総裁。1878生。

竹本土佐太夫(7代目) たけもととさたゆう 1968没(74歳)。昭和時代の浄瑠璃太夫。1894生。

シャプリー, ハーロー 1972没(86歳)。アメリカの天文学者。1885生。

金子大栄 かねこだいえい 1976没(95歳)。大正・昭和時代の僧侶, 仏教学者。東洋大学教授, 大谷大学教授。1881生。

瀬藤象二 せとうしょうじ 1977没(86歳)。大正・昭和時代の電気工学者。1891生。

藤舎呂船(初代) とうしゃろせん 1977没(68歳)。昭和時代の歌舞伎囃子方。1909生。

カールグレン 1978没(89歳)。スウェーデンの中国語学者。1889生。

ニーグレン, アンデシュ・テーオドール・サーミュエル 1978没(87歳)。スウェーデンの神学者。1890生。

久留間鮫造 くるまさめぞう 1982没(89歳)。大正・昭和時代の経済学者。1893生。

コリ, カール・フェルディナント 1984没(87歳)。アメリカの生理学者, 生化学者, 薬理学者。1896生。

ディラック, ポール・エイドリアン・モーリス 1984没(82歳)。イギリスの理論物理学者。1902生。

マキノ智子 まきのともこ 1984没(77歳)。大正・昭和時代の女優。1907生。

浦山桐郎 うらやまきりお 1985没(54歳)。昭和時代の映画監督。1930生。

コルモゴロフ, アンドレイ・ニコラエヴィチ 1987没(84歳)。ソ連の数学者。1903生。

デュ・プレ, ジャクリーヌ 1987没(42歳)。イギリス生れのチェリスト。1945生。

杉山寧 すぎやまやすし 1993没(88歳)。昭和時代の日本画家。日展顧問。1909生。

山本安英 やまもとやすえ 1993没(86歳)。昭和時代の女優。1906生。

ボンダルチュク, セルゲイ 1994没(74歳)。ソ連の映画俳優, 監督。1920生。

ランカスター, バート 1994没(80歳)。アメリカの映画俳優。1913生。

伊藤海彦 いとううみひこ 1995没(70歳)。昭和・平成時代の詩人, シナリオライター。1925生。

藤岡琢也 ふじおかたくや 2006没(76歳)。昭和・平成時代の俳優。1930生。

10月20日

10月21日

○記念日○ あかりの日
　　　　　 国際反戦デー
○出来事○ トラファルガーの海戦（1805）
　　　　　 神宮外苑で出陣学徒壮行会（1943）

慶滋保胤　よししげのやすたね　1002没（72?歳）。平安時代中期の下級官人，文人。0931頃生。

エッケハルト4世　1060没（80歳）。中世ドイツの聖ガレン修道院修道士。980生。

橘為仲　たちばなのためなか　1085没。平安時代中期・後期の歌人。

藤原親子　ふじわらのしんし　1093没（73歳）。平安時代中期・後期の女性。歌人。1021生。

覚猷　かくじょう　1198没（73歳）。平安時代後期・鎌倉時代前期の僧。1126生。

土御門通親　つちみかどみちちか　1202没（54歳）。平安時代後期・鎌倉時代前期の歌人・公卿。1149生。

法性　ほうしょう　1245没。鎌倉時代前期の高野山の僧。

シャルル6世　1422没（53歳）。フランス王（在位1380〜1422）。1368生。

栄助　えいじょ　1424没（82歳）。南北朝時代・室町時代の真言宗の僧。1343生。

トラヴェルサーリ，アンブロージョ　1439没（53歳）。イタリアのカマルドリ会総長，人文主義者。1386生。

リンドウッド，ウィリアム　1446没（71?歳）。イギリスの教会法学者。1375頃生。

スクリプトーリス，パウル　1505没（55?歳）。ドイツのカトリック神学者。1450頃生。

六角高頼　ろっかくたかより　1520没（59歳）。戦国時代の大名。1462生。

リナカー，トマス　1524没（64?歳）。イギリスの医師，古典学者，人文主義者。1460頃生。

ディートリヒ　1548没（56?歳）。ドイツの作曲家。1492頃生。

アレティーノ，ピエートロ　1556没（64歳）。イタリアの詩人，劇作家。1492生。

スカリジェ，ユリウス・カエサル　1558没（74歳）。イタリア出身の人文学者，自然科学者。1484生。

山田道安　やまだどうあん　1573没。戦国時代の武将。

和渓宗順　わけいそうじゅん　1576没（81歳）。戦国時代・安土桃山時代の臨済宗の僧。1496生。

ブリストウ，リチャード　1581没（43歳）。イングランドのローマ・カトリック教会神学者。1538生。

ヴィーガント，ヨーハン　1587没（64歳）。ドイツのルター派神学者。1523生。

伊東マンショ　いとうまんしょ　1612没（44?歳）。安土桃山時代・江戸時代前期の天正遣欧少年使節正使，神父。1569頃生。

ローズ，ヘンリー　1662没（66歳）。イギリスの作曲家。1596生。

ウォラー，エドマンド　1687没（81歳）。イギリスの詩人。1606生。

杵屋勘五郎（2代目）　きねやかんごろう　1699没（81?歳）。江戸時代前期の長唄三味線方。1619頃生。

花山院定誠　かざんいんさだのぶ　1704没（65歳）。江戸時代前期・中期の公家。1640生。

パンニーニ，ジョヴァンニ・パーオロ　1765没（74歳）。イタリアの画家。1691生。

住吉広守　すみよしひろもり　1777没（73歳）。江戸時代中期の画家。1705生。

蔀関月　しとみかんげつ　1797没（51歳）。江戸時代中期の画家。1747生。

ネルソン，ホレイシオ　1805没（47歳）。イギリスの海軍人。1758生。

司馬江漢　しばこうかん　1818没（72歳）。江戸時代中期・後期の洋風画家。1747生。

芳沢いろは（2代目）　よしざわいろは　1819没（37歳）。江戸時代後期の歌舞伎役者。1783生。

ブロディー，サー・ベンジャミン・コリンズ　1862没（79歳）。イギリスの外科医。1783生。

高橋作也　たかはしさくや　1865没（41歳）。江戸時代末期の近江膳所藩士。1825生。

ヴェルハーヴェン，ヨーハン・セバスチアン　1873没(65歳)。ノルウェーの詩人。1807生。

ブルンチュリ，ヨハネス・カスパル　1881没(73歳)。スイスの法学者，政治家。1808生。

エルナンデス，ホセ　1886没(51歳)。アルゼンチンの詩人，政治家。1834生。

ウスペンスキー，ニコライ・ワシリエヴィチ　1889没(52歳)。ロシアの作家。1837生。

宇治紫文(3代目)　うじしぶん　1903没(70歳)。江戸・明治時代の一中節宇治派太夫。三代家元。1834生。

陣幕久五郎　じんまくきゅうごろう　1903没(75歳)。江戸・明治時代の力士。1829生。

松田緑山　まつだろくざん　1903没(67歳)。江戸・明治時代の銅版画家，画家。1837生。

呉沃堯　ごよくぎょう　1910没(44歳)。中国，清末の小説家。1866生。

シゲーレ　1913没(45歳)。イタリアの社会心理学者。1868生。

シュニッツラー，アルトゥール　1931没(69歳)。オーストリアの劇作家，小説家。1862生。

チャプイギン，アレクセイ・パーヴロヴィチ　1937没(67歳)。ソ連の小説家。1870生。

アントワーヌ，アンドレ　1943没(85歳)。フランスの俳優，演出家。1858生。

深井英五　ふかいえいご　1945没(75歳)。大正・昭和時代の銀行家。日本銀行総裁，貴族院議員。1871生。

小泉丹　こいずみまこと　1952没(69歳)。大正・昭和時代の寄生虫学者，随筆家。1882生。

樺山愛輔　かばやまあいすけ　1953没(88歳)。明治〜昭和時代の実業家，政治家。1865生。

鵜沢総明　うざわふさあき　1955没(83歳)。明治〜昭和時代の弁護士，政治家。明治大学総長，衆議院議員。1872生。

多忠朝　おおのただとも　1956没(73歳)。明治〜昭和時代の雅楽師，作曲家。宮内省楽部楽長。1883生。

小倉金之助　おぐらきんのすけ　1962没(77歳)。大正・昭和時代の数学者，随筆家。1885生。

クレッシー　1963没(66歳)。アメリカの地理学者。1896生。

ヘルツスプルング，エイナー　1967没(94歳)。デンマークの天文学者。1873生。

ケルアック，ジャック　1969没(47歳)。アメリカの小説家，詩人。1922生。

浅田長平　あさだちょうへい　1970没(83歳)。大正・昭和時代の実業家，技術者。神戸製鋼所社長。1887生。

志賀直哉　しがなおや　1971没(88歳)。大正・昭和時代の小説家。1883生。

我妻栄　わがつまさかえ　1973没(76歳)。大正・昭和時代の民法学者。東京大学教授。1897生。

丸山薫　まるやまかおる　1974没(75歳)。昭和時代の詩人。1899生。

山口益　やまぐちすすむ　1976没(81歳)。大正・昭和時代の仏教学者，真宗大谷派僧侶。大谷大学学長。1895生。

宮川淳　みやかわあつし　1977没(44歳)。昭和時代の美術評論家。成城大学教授。1933生。

ミコヤン，アナスタス・イヴァノヴィチ　1978没(82歳)。ソ連の政治家。1895生。

嵐寛寿郎　あらしかんじゅうろう　1980没(76歳)。昭和時代の俳優。1903生。

チェルベンコフ　1980没(80歳)。ブルガリアの政治家。1900生。

東畑四郎　とうはたしろう　1980没(71歳)。昭和時代の官僚。農政調査委員会理事長，全国食糧事業協同組合連合会会長。1908生。

原安三郎　はらやすさぶろう　1982没(98歳)。大正・昭和時代の実業家。日本化薬社長，経団連税制委員会委員長。1884生。

トリュフォー，フランソワ　1984没(52歳)。フランスの映画監督。1932生。

黒田寿男　くろだひさお　1986没(87歳)。昭和時代の弁護士，政治家。労農党主席。1899生。

何応欽　かおうきん　1987没(98歳)。中国の軍人。1889生。

宮地伝三郎　みやぢでんざぶろう　1988没(87歳)。昭和時代の動物生態学者。1901生。

山内みな　やまうちみな　1990没(89歳)。大正・昭和時代の社会運動家。1900生。

西野辰吉　にしのたつきち　*1999没(83歳)。昭和・平成時代の小説家，評論家。「民主文学」編集長。1916生。

笹沢左保　ささざわさほ　2002没(71歳)。昭和・平成時代の小説家。1930生。

川崎洋　かわさきひろし　2004没(74歳)。昭和・平成時代の詩人，脚本家。1930生。

10月21日

10月22日

○記念日○　パラシュートの日
○出来事○　明治神宮外苑完成(1926)
　　　　　パステルナークがノーベル文学賞辞退(1958)

シャルル・マルテル　741没(53?歳)。フランク王国の宮宰(在職714〜741)。688頃生。
広瀬女王　ひろせのじょおう　767没。奈良時代の女性。天武天皇皇子那我親王の女王。
阿保親王　あぼしんのう　842没(51歳)。平城天皇の第1子。792生。
春徳　しゅんとく　870没。平安時代前期の法相宗の僧。
狛光季　こまのみつすえ　1112没(88歳)。平安時代中期・後期の南都楽人。1025生。
藤原信通　ふじわらののぶみち　1120没(30歳)。平安時代後期の公卿。1091生。
秦檜　しんかい　1155没(65歳)。中国,南宋の政治家。1090生。
藤原親能　ふじわらのちかよし　1207没。平安時代後期・鎌倉時代前期の公卿。
藤原孝道　ふじわらのたかみち　1237没(72歳)。平安時代後期・鎌倉時代前期の雅楽演奏者。1166生。
円照　えんしょう　1277没(57歳)。鎌倉時代前期の律宗の僧。1221生。
承澄　しょうちょう　1282没(78歳)。鎌倉時代後期の天台密教の僧。1205生。
畑時能　はたときよし　1341没。南北朝時代の南朝方の武将。
菅原公時　すがわらのきみとき　1342没(59歳)。鎌倉時代後期・南北朝時代の公卿。1284生。
智翁永宗　ちおうえいしゅう　1426没(55歳)。南北朝時代・室町時代の曹洞宗の僧。1372生。
真慧　しんね　1512没(79歳)。室町時代・戦国時代の真宗の僧。1434生。
五条為康　ごじょうためやす　1563没(63歳)。戦国時代の公卿。1501生。
シロエ,ディエゴ・デ　1563没(68?歳)。スペインの彫刻家,建築家。1495頃生。
グロリエ,ジャン,アギジ子爵　1565没(86歳)。フランス中世末の愛書家。1479生。
菅沼定利　すがぬまさだとし　1602没。安土桃山時代の武将,大名。

バニェス,ドミンゴ　1604没(76歳)。スペインの神学者。1528生。
景轍玄蘇　けいてつげんそ　1611没(75歳)。安土桃山時代・江戸時代前期の外交僧。1537生。
稲垣長茂　いながきながしげ　1612没(74歳)。安土桃山時代・江戸時代前期の武将,大名。1539生。
レニエ,マチュラン　1613没(39歳)。フランスの諷刺詩人。1573生。
ヴァンドーム,セザール・ド・ブルボン　1665没(71歳)。フランスの貴族ヴァンドーム家の祖。1594生。
堀内仙鶴　ほりのうちせんかく　1748(閏10月)没(74歳)。江戸時代中期の茶匠。1675生。
富本豊前太夫(初代)　とみもとぶぜんだゆう　1764没(49歳)。江戸時代中期の富本節の創始者。1716生。
ルクレール,ジャン-マリー　1764没(67歳)。フランスのヴァイオリン奏者,作曲家。1697生。
有栖川宮職仁親王　ありすがわのみやよりひとしんのう　1769没(57歳)。江戸時代中期の皇族。有栖川宮家第5代。1713生。
鵜殿士寧　うどのしねい　1774没(65歳)。江戸時代中期の儒者,漢詩者。1710生。
細川重賢　ほそかわしげかた　1785没(66歳)。江戸時代中期の大名。1720生。
智洞　ちどう　1805没(70歳)。江戸時代中期・後期の浄土真宗本願寺派の学僧。1736生。
シェラトン,トマス　1806没(55歳)。イギリスの家具デザイナー。1751生。
カンペ,ヨアヒム・ハインリヒ　1818没(72歳)。ドイツの教育家,文学者。1746生。
大島有隣　おおしまうりん　1836没(82歳)。江戸時代中期・後期の心学者。1755生。
ホランド,ヘンリー・リチャード・ヴァッサル・フォックス,3代男爵　1840没(66歳)。イギリスの政治家。1773生。
ゴットヘルフ,イェレミーアス　1854没(57歳)。スイスの小説家。1797生。

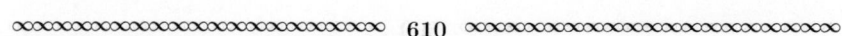

シュポア, ルイス　1859没(75歳)。ドイツ・ロマン派初期の作曲家。1784生。

市川団蔵(6代目)　いちかわだんぞう　1871没(72歳)。江戸・明治時代の歌舞伎役者。1800生。

マーチソン, サー・ロデリック・インピー　1871没(79歳)。イギリスの地質学者。1792生。

アラニュ, ヤーノシュ　1882没(65歳)。ハンガリーの詩人。1817生。

藤川三渓　ふじかわさんけい　1889没(74歳)。江戸・明治時代の高松藩士, 実業家。1816生。

リコール　1889没(88歳)。フランス(アメリカ生れ)の皮膚泌尿器科医。1800生。

菅政友　かんまさとも　1897没(74歳)。江戸・明治時代の歴史学者。大和石上神社大宮司。1824生。

シャーマン　1900没(77歳)。アメリカの政治家。1823生。

レッキー, ウィリアム・エドワード・ハートポール　1903没(65歳)。アイルランドの歴史家。1838生。

セザンヌ, ポール　1906没(67歳)。フランスの画家。1839生。

ブリンクリー　1912没(70歳)。イギリスの海軍士官。1841生。

ヴィンデルバント, ヴィルヘルム　1915没(67歳)。ドイツの哲学者, 哲学史家。1848生。

ダンロップ, ジョン・ボイド　1921没(81歳)。イギリスの空気タイヤ発明家。1840生。

阿部泰蔵　あべたいぞう　1924没(76歳)。明治・大正時代の実業家。明治生命社長, 明治火災保険社長。1849生。

井上勤　いのうえつとむ　1928没(79歳)。明治時代の翻訳家。1850生。

中原中也　なかはらちゅうや　1937没(31歳)。大正・昭和時代の詩人。1907生。

西川光二郎　にしかわこうじろう　1940没(65歳)。明治・大正時代の社会主義者, 精神修養家。1876生。

市川翠扇(2代目)　いちかわすいせん　1944没(64歳)。明治～昭和時代の舞踊家。市川流家元。1881生。

八浜徳三郎　はちはまとくさぶろう　1951没(80歳)。明治～昭和時代の社会事業家。1871生。

跡見泰　あとみゆたか　1953没(69歳)。明治～昭和時代の洋画家。跡見学園理事。1884生。

ノイマン　1962没(58歳)。アメリカに帰化したドイツの政治学者。1904生。

大曽根辰夫　おおそねたつお　1963没(59歳)。昭和時代の映画監督。1904生。

ナジムッ・ディーン　1964没(70歳)。パキスタンの政治家。1894生。

ティリヒ, パウル・ヨハンネス　1965没(79歳)。ドイツ生まれの神学者, 哲学者。1886生。

ジョンソン, ヒューレット　1966没(92歳)。イギリス国教会聖職者, 司祭者。1874生。

フランソワ, サンソン　1970没(46歳)。フランスのピアニスト。1924生。

柳家金語楼　やなぎやきんごろう　1972没(71歳)。大正・昭和時代の落語家, 喜劇俳優。1901生。

カサルス, パブロ　1973没(96歳)。スペインのチェリスト。1876生。

春日井梅鶯(初代)　かすがいばいおう　1974没(69歳)。昭和時代の浪曲師。1905生。

トインビー, アーノルド　1975没(86歳)。イギリスの歴史家。1889生。

浅原六朗　あさはらろくろう　1977没(82歳)。昭和時代の小説家。日本大学教授。1895生。

神谷美恵子　かみやみえこ　1979没(65歳)。昭和時代の精神医学者。津田塾大学教授。1914生。

ブーランジェ, ナディア　1979没(92歳)。フランスの女流作曲家, 指揮者。1887生。

セント - ジョルジ, アルベルト・フォン・ナジラポルト　1986没(93歳)。アメリカの生化学者。1893生。

葉剣英　ようけんえい　1986没(88歳)。中国の政治家, 軍人。1898生。

アルチュセール, ルイ　1990没(72歳)。フランスの哲学者。1918生。

春日八郎　かすがはちろう　1991没(67歳)。昭和時代の歌手。1924生。

高岡智照尼　たかおかちしょうに　1994没(98歳)。明治～昭和時代の舞妓, 尼僧。真言宗大覚寺派祇王寺庵主。1896生。

エイミス, キングズリー　1995没(73歳)。イギリスの小説家, 評論家。1922生。

アンブラー, エリック　1998没(89歳)。イギリスのスパイ小説作家。1909生。

高田三郎　たかたさぶろう　2000没(86歳)。昭和・平成時代の作曲家, 指揮者。国立音楽大学教授。1913生。

アルマン, フェルナンデス　2005没(76歳)。フランスの美術家。1928生。

10月22日

10月23日

○記念日○ 津軽弁の日
電信電話記念日
○出来事○ ハンガリー事件（1956）
モスクワ劇場占拠事件（2002）

ブルトゥス, マルクス・ユニウス　前42没（43歳）。古代ローマの人。前85生。
淳仁天皇　じゅんにんてんのう　765没（33歳）。第47代の天皇。733生。
広井女王　ひろいじょおう　859没。平安時代前期の女官。
イグナチウス　877没（79?歳）。コンスタンチノープル総大主教（在職846～857, 868～878）。798頃生。
真興　しんこう　1004没（70歳）。平安時代中期の南都の僧。935生。
菅原在良　すがわらのありよし　1121没（81?歳）。平安時代中期・後期の歌人、漢詩人。1041頃生。
藤原経実　ふじわらのつねざね　1131没（64歳）。平安時代後期の公卿。1068生。
賢海　けんかい　1237没（76歳）。平安時代後期・鎌倉時代前期の真言宗の僧。1162生。
宏教　こうぎょう　1255没（72歳）。鎌倉時代前期の真言僧。1184生。
尊守法親王　そんしゅほっしんのう　1260没（52歳）。土御門天皇の皇子。1209生。
無為信房　むいしんぼう　1264没（79歳）。鎌倉時代前期の親鸞二十四輩の一。1186生。
北条実時　ほうじょうさねとき　1276没（53歳）。鎌倉時代前期の武将。1224生。
藤原良忠　ふじわらのよしただ　1299没。鎌倉時代後期の公卿。
日実　にちじつ　1314没。鎌倉時代後期の日蓮宗の僧。
大炊御門嗣雄　おおいのみかどつぐお　1325没。鎌倉時代後期の公卿。
定暁　じょうぎょう　1327没。鎌倉時代後期の真言宗の僧。
悦翁建聞　えつおうけんぎん　1418没（99歳）。南北朝時代・室町時代の臨済宗の僧。1320生。
菊池為邦　きくちためくに　1488没（59歳）。室町時代の武将。1430生。
忠義　ちゅうぎ　1498没（73歳）。室町時代・戦国時代の真言宗の僧。1426生。

覚道　かくどう　1527没（28歳）。戦国時代の真言宗の僧。1500生。
ケンペ, シュテファン　1540没。ドイツのルター派教会牧師, ハンブルクの宗教改革者。
ツヴィック, ヨハネス　1542没（46?歳）。コンスタンツの宗教改革者, 讃美歌作者。1496頃生。
フレットナー, ペーター　1546没（61?歳）。ドイツの彫刻家, 工芸家, 建築家。1485頃生。
潜竜慧湛　せんりゅうえたん　1566没。戦国時代の曹洞宗の僧。
戸田勝隆　とだかつたか　1594没。安土桃山時代の武将, 民部少輔・駿河守。
秋元泰朝　あきもとやすとも　1642没（63歳）。江戸時代前期の大名。1580生。
プライド, サー・トマス　1658没。イギリス清教徒革命の議会派の軍人。
シャクシャイン　1669没。江戸時代前期の蝦夷メナシルの首長。
デュ・カンジュ, シャルル　1688没（77歳）。フランスの歴史家, 辞書編纂者。1610生。
エーレンシュトラール, ダーヴィト・クレッカー・フォン　1698没（69歳）。スウェーデンの画家。1629生。
几董　きとう　1789没（49歳）。江戸時代中期の俳人。1741生。
青木夙夜　あおきしゅくや　1802没。江戸時代中期の南画家。
奥文鳴　おくぶんめい　1813没。江戸時代後期の四条派の画家。
オヒギンス, ベルナルド　1842没（64歳）。チリの軍人, 政治家。1778生。
尾崎惣左衛門　おざきそうざえもん　1865没（54歳）。江戸時代末期の筑前福岡藩士。1812生。
海津幸一　かいづこういち　1865没（62歳）。江戸時代末期の武士。1804生。
月形洗蔵　つきがたせんぞう　1865没（38歳）。江戸時代末期の筑前福岡藩士。1828生。

ボップ, フランツ　1867没（76歳）。ドイツの言語学者。1791生。

ダービー, エドワード・ジェフリー・スミス・スタンリー, **14代伯爵**　1869没（70歳）。イギリスの保守党政治家, 首相。1799生。

アファナーシエフ, アレクサンドル・ニコラエヴィチ　1871没（45歳）。ロシアの民族学者。1826生。

ゴーチエ, テオフィル　1872没（61歳）。フランスの詩人, 小説家。1811生。

リカーソリ, ベッティーノ　1880没（71歳）。イタリアの政治家。1809生。

佐竹義堯　さたけよしたか　1884没（60歳）。江戸・明治時代の出羽久保田藩主, 侯爵。1825生。

三島通庸　みしまみちつね　1888没（54歳）。江戸・明治時代の鹿児島藩士, 官僚。警視総監, 子爵。1835生。

深川栄左衛門　ふかがわえいざえもん　1889没（58歳）。明治時代の陶業家。1832生。

シャッフ, フィリップ　1893没（74歳）。スイス生れのアメリカの神学者, 教会史学者。1819生。

古今亭今輔（**2代目**）　ここんていいますけ　1898没（40歳）。明治時代の落語家, 音曲師。1859生。

ラーマ5世　1910没（57歳）。タイ, チャクリ王朝の第5代王（在位1868～1910）。1853生。

クレプス　1913没（79歳）。ドイツの細菌学者, 病理学者。1834生。

高山甚太郎　たかやまじんたろう　1914没（59歳）。明治時代の応用化学者。日本化学会・工業化学会会長。1856生。

田中恭吉　たなかきょうきち　1915没（24歳）。大正時代の版画家。1892生。

片山東熊　かたやまとうくま　1917没（64歳）。明治・大正時代の建築家。1854生。

伊庭貞剛　いばていごう　1926没（80歳）。明治時代の実業家, 政治家。衆議院議員, 大阪商業学校校長。1847生。

オーラル　1928没（79歳）。フランス革命研究家。1849生。

タウト　1929没（74歳）。イギリスの歴史家。1855生。

デムース, チャールズ　1935没（51歳）。アメリカの水彩画家。1883生。

グレイ, ゼイン　1939没（64歳）。アメリカの小説家。1875生。

バークラ, チャールズ・グラヴァー　1944没（67歳）。イギリスの物理学者。1877生。

吉満義彦　よしみつよしひこ　1945没（42歳）。大正・昭和時代のカトリック哲学者。1904生。

シートン, アーネスト・トムソン　1946没（86歳）。アメリカの作家。1860生。

ジョルソン, アル　1950没（64歳）。アメリカのポピュラー歌手。1886生。

福井久蔵　ふくいきゅうぞう　1951没（83歳）。明治～昭和時代の国語学者。1867生。

神野金之助（**2代目**）　かみのきんのすけ　1961没（68歳）。大正・昭和時代の実業家。1893生。

スピンデン, ハーバート　1967没（88歳）。アメリカの人類学者。1879生。

久布白落実　くぶしろおちみ　1972没（89歳）。大正・昭和時代のキリスト教婦人運動家, 牧師。日本基督教婦人矯風会会頭。1882生。

伊達里子　だてさとこ　1972没（62歳）。昭和時代の女優。1910生。

バクスター, ジェイムズ・K.　1972没（46歳）。ニュージーランドの詩人, 劇作家, 批評家。1926生。

前谷惟光　まえたにこれみつ　1974没（56歳）。昭和時代の漫画家。1917生。

森喜作　もりきさく　1977没（69歳）。昭和時代のキノコ栽培研究者。森産業社長。1908生。

氏家寿子　うじいえひさこ　1985没（87歳）。昭和時代の家政学者。日本女子大学教授。1898生。

朝潮太郎（**3代目**）　あさしおたろう　1988没（58歳）。昭和時代の力士。1929生。

近藤東　こんどうあずま　1988没（84歳）。大正・昭和時代の詩人。日本詩人会会長。1904生。

玉ノ海梅吉　たまのうみうめきち　1988没（75歳）。昭和時代の力士, 相撲解説者。1912生。

久保喬　くぼたかし　1998没（91歳）。昭和・平成時代の児童文学作家, 小説家。1906生。

山本夏彦　やまもとなつひこ　2002没（87歳）。昭和・平成時代のコラムニスト, 作家。1915生。

宋美齢　そうびれい　2003没（102歳）。蒋介石国府総統夫人。1901生。

10月23日

10月24日

○記念日○ 国連デー
○出来事○ 世界恐慌始まる(1929)
レイテ沖、戦艦武蔵の最期(1944)

多可浄日 たかのきよひ 780没。奈良時代の女性。渡来氏族の典侍。
冷泉天皇 れいぜいてんのう 1011没(62歳)。第63代の天皇。950生。
妹尾兼康 せのおかねやす 1183没。平安時代後期の武士。
二階堂頼綱 にかいどうよりつな 1283没(45歳)。鎌倉時代後期の武将。1239生。
坊門忠世 ぼうもんただよ 1291没。鎌倉時代後期の公卿。
一山一寧 いっさんいちねい 1317没(71歳)。鎌倉時代後期に元から渡来した僧、南禅寺住持。1247生。
李衎 りかん 1320没(75歳)。中国、元の画家。1245生。
日禅 にちぜん 1335没(71歳)。鎌倉時代後期・南北朝時代の日蓮宗の僧。1265生。
ヴァルデマール4世 1375没(58?歳)。デンマーク王(在位1340〜75)。1317頃生。
上杉憲方 うえすぎのりかた 1394没(60歳)。南北朝時代の武将、関東管領、憲顕の子。1335生。
尊観 そんかん 1400没(52歳)。南北朝時代・室町時代の時宗の僧。1349生。
愚丘妙智 ぐきゅうみょうち 1487没。室町時代の曹洞宗の僧。
大宮長興 おおみやながおき 1499没(88歳)。室町時代・戦国時代の官人。1412生。
泰雲守琛 たいうんしゅそう 1501没(69歳)。室町時代・戦国時代の曹洞宗の僧。1433生。
聖然 しょうねん 1509没(74歳)。室町時代・戦国時代の浄土宗の僧。1436生。
フェアファクス、ロバート 1521没(57歳)。イギリスの作曲家。1464生。
ロイ、ハンス(子) 1531没(41?歳)。スイスの画家、版画家。1490頃生。
ジェイン・シーモア 1537没(28?歳)。イングランド王ヘンリー8世の第3の妃。1509頃生。
町資将 まちすけまさ 1555没(38歳)。戦国時代の公卿。1518生。
滋野井公古 しげのいきみふる 1565没(46歳)。戦国時代の公卿。1520生。
顕誓 けんせい 1570没(72歳)。戦国時代の浄土真宗の僧。1499生。
アルブレヒト5世 1579没(51歳)。バイエルン公(1550〜79)。1528生。
中川秀政 なかがわひでまさ 1593没(25歳)。安土桃山時代の武将。1569生。
ティコ・ブラーヘ 1601没(54歳)。デンマークの天文学者。1546生。
ティトルーズ、ジャン 1633没(70歳)。フランスのオルガン音楽の創始者ともいえる重要な作曲家、オルガン奏者。1563生。
吉良義弥 きらよしみつ 1643没(58歳)。江戸時代前期の武士。1586生。
ガッサンディ、ピエール 1655没(63歳)。フランスの哲学者、科学者、司祭。1592生。
メツー、ハブリエル 1667没(38歳)。オランダの風俗画家。1629生。
プリン、ウィリアム 1669没(69歳)。イギリス清教徒の政論家。1600生。
深田正室 ふかだせいしつ 1707没(69歳)。江戸時代前期の儒学者。1639生。
関孝和 せきたかかず 1708没(69?歳)。江戸時代前期・中期の和算家、暦算家。1640頃生。
お須磨の方 おすまのかた 1713没(18歳)。江戸時代中期の女性。8代将軍徳川吉宗の側室、9代将軍徳川家重の生母。1696生。
スカルラッティ、アレッサンドロ 1725没(65歳)。イタリアの歌劇および教会音楽の作曲家。1660生。
壷井義知 つぼいよしちか 1735没(79歳)。江戸時代前期・中期の故実家。1657生。
菊岡沾涼 きくおかせんりょう 1747没(68歳)。江戸時代中期の俳人。1680生。
ディッタースドルフ、カール・ディッタース・フォン 1799没(59歳)。オーストリアの作曲家、ヴァイオリン奏者。1739生。
アルガン、エメ 1803没(48歳)。スイスの化学者。1755生。

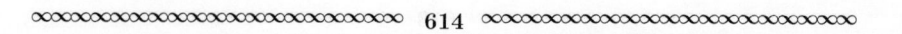

山口素絢　やまぐちそけん　1818没(60歳)。江戸時代中期・後期の円山派の画家。1759生。

植村角左衛門　うえむらかくざえもん　1822没(84歳)。江戸時代中期・後期の越後長岡藩栃堀村の割元，縞紬の興産家。1739生。

ランカスター，ジョゼフ　1838没(59歳)。イギリスの教育者。1778生。

ウェブスター，ダニエル　1852没(70歳)。アメリカの法律家。1782生。

大浦教之助　おおうらのりのすけ　1864没(72歳)。江戸時代末期の対馬藩家老。1793生。

斎藤弥九郎(初代)　さいとうやくろう　1871没(74歳)。江戸・明治時代の剣術家，会計官権判事。1798生。

ミーニュ，ジャーク・ポル　1875没(74歳)。フランスのカトリック司祭，神学書の出版者。1800生。

種田政明　たねだまさあき　1876没(40歳)。江戸時代末期・明治時代の薩摩藩士，軍人。1837生。

ボイスト，フリードリヒ・フェルディナント，伯爵　1886没(77歳)。オーストリアの政治家。1809生。

フランツ，ローベルト　1892没(77歳)。ドイツの作曲家。1815生。

パルグレイヴ，フランシス・ターナー　1897没(73歳)。イギリスの詩人。1824生。

ピュヴィス・ド・シャヴァンヌ，ピエール　1898没(73歳)。フランスの画家。1824生。

平岡浩太郎　ひらおかこうたろう　1906没(56歳)。明治時代の実業家，政治家。衆議院議員，玄洋社社長。1851生。

山田美妙　やまだびみょう　1910没(43歳)。明治時代の小説家，詩人，国語学者。1868生。

ヴィーズ，グスタヴ　1914没(56歳)。デンマークの作家。1858生。

ピレンヌ，アンリ　1935没(72歳)。ベルギーの歴史学者。1862生。

バルラッハ，エルンスト　1938没(68歳)。ドイツの彫刻家，版画家，著作家。1870生。

ワイス　1940没(75歳)。フランスの物理学者。1865生。

南梅吉　みなみうめきち　1947没(71歳)。大正・昭和時代の部落解放運動家。全国水平社初代委員長。1877生。

レハール，フランツ　1948没(78歳)。オーストリアの作曲家。1870生。

ニン，ホアキン　1949没(70歳)。キューバの作曲家，ピアニスト。1879生。

ピストン堀口　ぴすとんほりぐち　1950没(36歳)。昭和時代のプロボクサー。1914生。

ラドクリフ・ブラウン，アルフレッド・レジナルド　1955没(74歳)。イギリスの社会人類学者。1881生。

浅井十三郎　あさいじゅうざぶろう　1956没(47歳)。昭和時代の詩人。1908生。

ディオール，クリスチャン　1957没(52歳)。パリのオートクチュール・デザイナー。1905生。

ムア，G.E.　1958没(84歳)。イギリスの哲学者。1873生。

ビューラー　1963没(84歳)。ドイツ，オーストリア，アメリカの心理学者。1879生。

久保田豊　くぼたゆたか　1965没(60歳)。昭和時代の農民運動家，政治家。韮山村長。1905生。

西沢笛畝　にしざわてきほ　1965没(76歳)。大正・昭和時代の日本画家，人形工芸家。日本伝統工芸展初代理事長。1889生。

ホーフスタッター，リチャード　1970没(54歳)。アメリカの歴史家。1916生。

ロビンソン，ジャッキー　1972没(53歳)。アメリカのプロ野球選手。1919生。

オイストラフ，ダヴィド・フョードロヴィチ　1974没(66歳)。ソ連のバイオリニスト。1908生。

竹沢弥七(10代目)　たけざわやしち　1976没(66歳)。大正・昭和時代の浄瑠璃三味線方。1910生。

お葉　およう　1980没(76歳)。大正時代のモデル。竹久夢二の恋人。1904生。

永田雅一　ながたまさいち　1985没(79歳)。昭和時代の映画プロデューサー。日本テレビ放送網取締役，大毎オリオンズオーナー。1906生。

神保光太郎　じんぼこうたろう　1990没(84歳)。昭和時代の詩人，ドイツ文学者。日本大学教授。1905生。

湯浅芳子　ゆあさよしこ　1990没(93歳)。大正・昭和時代のロシア文学者，翻訳家。1896生。

シェレーピン　1994没(76歳)。ソ連の政治家。1918生。

萩原延寿　はぎはらのぶとし　2001没(75歳)。昭和・平成時代の歴史家，評論家。1926生。

パークス　2005没(92歳)。アメリカの女性公民権運動家。1913生。

10月24日

10月25日

○記念日○ 民間航空記念日
○出来事○ 島原の乱起こる(1637)
　　　　　神風特攻隊、初出撃(1944)

雅慶　がけい　1012没(87歳)。平安時代中期の真言宗の僧。926生。

マグヌス1世　1047没(12歳)。ノルウェー王(在位1035~47)。1035生。

コスマス(プラハの)　1125没(86?歳)。ボヘミアの年代記作家。1039頃生。

藤原忠教　ふじわらのただのり　1141没(66歳)。平安時代後期の公卿。1076生。

スティーヴン　1154没(64?歳)。ノルマン朝最後のイングランド王(在位1135~54)。1090頃生。

増延　ぞうえん　1165没。平安時代後期の真言宗の僧。

ジョン・オヴ・ソールズベリー　1180没(65?歳)。イギリスのスコラ哲学者。1115頃生。

ウサーマ・イブン・ムンキズ　1188没(93歳)。シリアの軍人、文学者。1095生。

獣円　ゆうえん　1232没(72歳)。平安時代後期・鎌倉時代前期の天台宗の僧。1161生。

ホスティエンシス(セグジオの)　1271没。イタリアの教会法学者。

バーネル　1292没。中世イギリスの政治家、聖職者。

真空妙応　しんくうみょうおう　1351没。鎌倉時代後期・南北朝時代の臨済宗の僧。

法仁法親王　ほうにんほっしんのう　1352没(28歳)。後醍醐天皇の皇子。1325生。

チョーサー、ジェフリー　1400没(57?歳)。イギリスの詩人。1343頃生。

ヨーク、エドマンド　1415没(74歳)。初代ヨーク公。1341生。

ヨーク、エドワード・プランタジネット　1415没(42?歳)。イングランドの貴族。1373頃生。

ジョアン2世　1495没(40歳)。ポルトガル王(在位1481~95)。1455生。

庭田重経　にわだしげつね　1501没(37歳)。戦国時代の公卿。1465生。

赤松政秀　あかまつまさひで　1502没(82?歳)。室町時代・戦国時代の武将、播磨西域の守護代。1421頃生。

京極政経　きょうごくまさつね　1508没(56歳)。戦国時代の守護大名。1453生。

エルフィンストン、ウィリアム　1514没(83?歳)。スコットランドの司教、大法官。1431頃生。

オウドンネル、エドマンド　1572没(30歳)。アイルランドのイエズス会士、殉教者。1542生。

ロアイサ、ヘロニモ・デ　1575没(77歳)。ペルーの初代大司教。1498生。

金剛兵衛尉氏正　こんごうひょうえのじょううじまさ　1576没(70歳)。戦国時代・安土桃山時代の能役者。1507生。

吉川経家　きっかわつねいえ　1581没(35歳)。安土桃山時代の毛利氏の武将。1547生。

新発田重家　しばたしげいえ　1587没。安土桃山時代の武将。

ダスマリニャス　1593没。スペインの植民地行政官。

お仙の方　おせんのかた　1619没。安土桃山時代・江戸時代前期の女性。徳川家康の側室。

トリチェリ、エヴァンジェリスタ　1647没(39歳)。イタリアの物理学者。1608生。

了性　りょうしょう　1649没(58歳)。江戸時代前期の京都の戒律僧。1592生。

ルノード、テオフラスト　1653没(67歳)。フランスの医師、ジャーナリスト。1586生。

ダッドリー　1684没(85歳)。イギリスの製鉄業者。1599生。

中村伝九郎(初代)　なかむらでんくろう　1713没(52歳)。江戸時代中期の歌舞伎役者、歌舞伎座主。1662生。

ロットマイア・フォン・ローゼンブルン、ヨハン・ミヒャエル　1730没(75歳)。オーストリアの画家。1654生。

サッケリ　1733没(66歳)。イタリアの数学者。1667生。

ジョージ2世　1760没(76歳)。イギリス、ハノーバー朝第2代国王(在位1727~60)。1683生。

ゾルガー, カール・ヴィルヘルム・フェルディナント 1819没（38歳）。ドイツ・ロマン主義の美学者。1780生。

お登勢の方 おとせのかた 1832没。江戸時代後期の女性。11代将軍徳川家斉の側室。

キレーエフスキー, ピョートル・ワシリエヴィチ 1856没（48歳）。ロシアの哲学者, 歴史家。1808生。

グレアム, サー・ジェイムズ・ロバート・ジョージ, 准男爵 1861没（69歳）。イギリスの政治家。1792生。

ザヴィニー, フリードリヒ・カール・フォン 1861没（82歳）。ドイツの歴史法学派の創始者。1779生。

加藤徳成 かとうとくなり 1865没（36歳）。江戸時代末期の尊王攘夷派志士。1830生。

太田黒伴雄 おおたぐろともお 1876没（43歳）。江戸・明治時代の志士。1834生。

オージエ, エミール 1889没（69歳）。フランスの劇作家。1820生。

チャイコフスキー, ピョートル・イリイチ 1893没（53歳）。ロシアの作曲家。1840生。

ノリス, フランク 1902没（32歳）。アメリカの小説家。1870生。

樽井藤吉 たるいとうきち 1922没（73歳）。明治時代の政治家, 社会運動家。衆議院議員。1850生。

ズィヤ・ギョカルプ 1924没（48歳）。トルコの社会学者, 思想家。1876生。

真下飛泉 ましもひせん 1926没（49歳）。明治・大正時代の歌人, 詩人。1878生。

ドローネー, ロベール 1941没（56歳）。フランスの画家。1885生。

橘樸 たちばなしらき 1945没（65歳）。大正・昭和時代のジャーナリスト, 中国問題研究家。1881生。

泉二新熊 もとじしんくま 1947没（72歳）。明治～昭和時代の司法官。大審院長, 検事総長, 枢密顧問官。1876生。

リットン 1947没（71歳）。イギリスの政治家。1876生。

高島米峰 たかしまべいほう 1949没（75歳）。明治～昭和時代の仏教運動家。1875生。

佐々木禎子 ささきさだこ 1955没（12歳）。昭和時代の原爆被爆者。1943生。

比嘉秀平 ひがしゅうへい 1956没（55歳）。昭和時代の官僚, 政治家。琉球政府行政主席（初代）。1901生。

ヴァン・ド・ヴェルド, アンリ・クレマン 1957没（94歳）。ベルギーの画家, 建築家, デザイナー。1863生。

ダンセイニ, ロード 1957没（79歳）。アイルランドの詩人, 劇作家。1878生。

渋沢敬三 しぶさわけいぞう 1963没（67歳）。昭和時代の実業家, 財界人。1896生。

デゾルミエール, ロジェ 1963没（65歳）。フランスのオーケストラ指揮者。1898生。

クナッパーツブッシュ, ハンス 1965没（77歳）。ドイツの指揮者。1888生。

シュランベルジェ, ジャン 1968没（91歳）。フランスの小説家, 随筆家。1877生。

村岡花子 むらおかはなこ 1968没（75歳）。大正・昭和時代の児童文学者。1893生。

北沢敬二郎 きたざわけいじろう 1970没（81歳）。大正・昭和時代の実業家。大丸百貨店社長, 大阪日米協会長。1889生。

立野信之 たてののぶゆき 1971没（68歳）。昭和時代の小説家, 評論家。1903生。

三上卓 みかみたく 1971没（66歳）。昭和時代の軍人, 国家主義者。1905生。

アベベ・ビキラ 1973没（41歳）。エチオピアのマラソン選手。1932生。

クノー, レーモン 1976没（73歳）。フランスの小説家, 詩人。1903生。

レイモンド, アントニン 1976没（88歳）。チェコスロバキア生れのアメリカの建築家。1888生。

稲垣足穂 いながきたるほ 1977没（76歳）。大正・昭和時代の小説家, 詩人。1900生。

グアン 1977没（93歳）。フランスの政治家, 弁護士。1884生。

加藤タカ かとうたか 1979没（92歳）。大正・昭和時代の社会運動家。1887生。

マカーシー, メアリー 1989没（77歳）。アメリカの女流小説家。1912生。

武者小路房子 むしゃのこうじふさこ 1989没（97歳）。明治～平成時代の作家。武者小路実篤の妻。1892生。

松平頼則 まつだいらよりつね 2001没（94歳）。昭和・平成時代の作曲家。1907生。

トム, ルネ・フレデリック 2002没（79歳）。フランスの数学者。1923生。

10月25日

10月26日

○記念日○ 原子力の日
○出来事○ ソビエト成立(1905)
伊藤博文狙撃される(1909)
JR東日本が上場(1993)

ケッド(ケッダ) 664没。東サクソン人の司教、聖人。
勇山文継 いさやまのふみつぐ 828没(56歳)。平安時代前期の学者, 漢詩人。773生。
円澄 えんちょう 837没(66歳)。平安時代前期の天台宗の僧。772生。
有智子内親王 うちこないしんのう 847没(41歳)。平安時代前期の女性。嵯峨天皇の第8皇女。807生。
和迩部太田麿 わにべのおおたまろ 865没(68歳)。平安時代前期の雅楽家。798生。
アルフレッド大王 899没(50歳)。イギリス・ウェセックスの王(在位871～899)。849生。
大庭景親 おおばかげちか 1180没。平安時代後期の武将。
三善康持 みよしやすもち 1257没(52歳)。鎌倉時代前期の幕府問注所執事, 評定衆。1206生。
源雅言 みなもとのまさこと 1300没(74歳)。鎌倉時代後期の公卿。1227生。
堀川具俊 ほりかわともとし 1303没(31歳)。鎌倉時代後期の公卿。1273生。
北条貞時 ほうじょうさだとき 1311没(41歳)。鎌倉幕府第9代の執権。1271生。
義演 ぎえん 1314没。鎌倉時代後期の曹洞宗の僧。
寛尊法親王 かんそんほっしんのう 1382没(81歳)。亀山天皇の皇子。1302生。
レイ, ジル・ド 1440没(36歳)。フランスの軍人。1404生。
杜瓊 とけい 1474没(77歳)。中国, 明代前・中期の詩人, 文人画家。1396生。
無外珪言 むがいけいごん 1507没(72歳)。室町時代・戦国時代の曹洞宗の僧。1436生。
飛鳥井雅康 あすかいまさやす 1509没(74歳)。室町時代・戦国時代の歌人, 公卿。1436生。
フローベン, ヨーハン 1527没(67?歳)。ドイツの印刷業者, 書籍出版者。1460頃生。
助翁永扶 じょおうえいふ 1548没。戦国時代の曹洞宗の僧。

ペートリ, ラウレンツィウス 1573没(74歳)。スウェーデンの宗教改革の指導者。1499生。
フリードリヒ3世 1576没(61歳)。プファルツ選帝侯。1515生。
里見義頼 さとみよしより 1587没(33歳)。安土桃山時代の武将。1555生。
長谷川藤広 はせがわふじひろ 1617没(51歳)。安土桃山時代・江戸時代前期の長崎奉行兼堺奉行。1567生。
村山等安 むらやまとうあん 1619没(58?歳)。安土桃山時代・江戸時代前期の長崎代官。1562頃生。
ベーコン, ナサニエル 1676没(34?歳)。アメリカのベーコンの乱の指導者。1642頃生。
プッフェンドルフ, サムエル, 男爵 1694没(62歳)。ドイツの法学者, 歴史家。1632生。
岡西惟中 おかにしいちゅう 1711没(73歳)。江戸時代前期・中期の俳人。1639生。
ホーガース, ウィリアム 1764没(66歳)。イギリスの画家, 著作者。1697生。
会田安明 あいだやすあき 1817没(71歳)。江戸時代中期の和算家。1747生。
勝川春英 かつかわしゅんえい 1819没(58歳)。江戸時代中期・後期の浮世絵師。1762生。
ピネル, フィリープ 1826没(81歳)。フランスの精神病医。1745生。
テーア 1828没(76歳)。ドイツの農学者。1752生。
コルネリウス, ペーター 1874没(49歳)。ドイツの作曲家, 詩人, 著述家。1824生。
勝能進(初代) かつのうしん 1886没(67歳)。江戸・明治時代の歌舞伎作者。1820生。
コッローディ, カルロ 1890没(63歳)。イタリアの児童文学者。1826生。
ヴィントシャイト 1892没(75歳)。ドイツの民法学者。1817生。
スタントン, エリザベス 1902没(86歳)。アメリカの婦人参政権運動指導者。1815生。

618

榎本武揚　えのもとたけあき　1908没(73歳)。江戸・明治時代の政治家。子爵、外相。1836生。

伊藤博文　いとうひろぶみ　1909没(69歳)。明治時代の政治家。初代首相。1841生。

明石元二郎　あかしもとじろう　1919没(56歳)。明治・大正時代の陸軍軍人。大将。1864生。

ノット　1922没(66歳)。イギリスの地震学者。1856生。

ヘルトヴィッヒ　1922没(73歳)。ドイツの動物学者。1849生。

スタインメッツ, チャールズ　1923没(58歳)。ドイツ系アメリカの電気工学者。1865生。

デブズ, ユージン・ビクター　1926没(70歳)。アメリカの労働運動指導者, 社会主義者。1855生。

八木重吉　やぎじゅうきち　1927没(30歳)。大正時代の詩人。1898生。

ヴァールブルク, アビー　1929没(63歳)。ドイツの美術史家, 文化史家。1866生。

ホルツ, アルノー　1929没(66歳)。ドイツの詩人, 劇作家。1863生。

山本滝之助　やまもとたきのすけ　1931没(59歳)。明治〜昭和時代の社会教育家。1873生。

上田万年　うえだかずとし　1937没(71歳)。明治〜昭和時代の言語学者。帝国大学教授, 神宮皇學館館長。1867生。

ガイダール, アルカージー・ペトローヴィチ　1941没(37歳)。ソ連の童話作家。1904生。

スタイン, オーレル　1943没(80歳)。ハンガリー生れのイギリスの考古学者, 東洋学者, 探検家。1862生。

ペリオ, ポール　1945没(67歳)。フランスの東洋学者。1878生。

嵯峨の屋おむろ　さがのやおむろ　1947没(85歳)。明治〜昭和時代の小説家, 詩人。1863生。

林家正蔵(7代目)　はやしやしょうぞう　1949没(56歳)。大正・昭和時代の落語家。1894生。

羽仁吉一　はによしかず　1955没(75歳)。明治〜昭和時代の教育者。婦人之友社社主, 自由学園創設者。1880生。

ギーゼキング, ヴァルター　1956没(60歳)。ドイツのピアニスト。1895生。

大泉黒石　おおいずみこくせき　1957没(63歳)。大正・昭和時代の小説家, ロシア文学者。1894生。

カザンザキス, ニコス　1957没(74歳)。ギリシアの詩人, 小説家, 劇作家。1883生。

谷正之　たにまさゆき　1962没(73歳)。昭和時代の外交官。1889生。

川喜田半泥子　かわきたはんでいし　1963没(84歳)。大正・昭和時代の実業家, 陶芸家。1878生。

ミーゲル, アグネス　1964没(85歳)。ドイツの女流詩人。1879生。

安藤更生　あんどうこうせい　1970没(70歳)。大正・昭和時代の美術史家。早稲田大学教授, 中国文化振興会理事長。1900生。

シコルスキー, イーゴー　1972没(83歳)。ロシア生れのアメリカの航空技術者。1889生。

朴正煕　パクチョンヒ　1979没(62歳)。韓国の軍人, 政治家。1917生。

中河幹子　なかがわみきこ　1980没(85歳)。大正・昭和時代の歌人。共立女子大学教授。1895生。

伴淳三郎　ばんじゅんざぶろう　1981没(73歳)。昭和時代の喜劇俳優。1908生。

灰田勝彦　はいだかつひこ　1982没(71歳)。昭和時代の歌手, 俳優。日本自動車連盟理事。1911生。

宝井馬琴(5代目)　たからいばきん　1985没(81歳)。昭和時代の講談師。講談協会会長。1903生。

利倉幸一　としくらこういち　1985没(80歳)。昭和時代の演劇評論家。演劇出版社会長。1905生。

南部圭之助　なんぶけいのすけ　1987没(83歳)。昭和時代の映画評論家。1904生。

浦辺粂子　うらべくめこ　1989没(87歳)。大正・昭和時代の女優。1902生。

北村太郎　きたむらたろう　1992没(69歳)。昭和・平成時代の詩人, 翻訳家。1922生。

ジェニングズ, エリザベス　2001没(75歳)。イギリスの女流詩人。1926生。

10月26日

10月27日

○記念日○ 世界新記録の日
　　　　　読書の日
○出来事○ 横浜で近代的上水道配水開始（1887）
　　　　　霧社事件（1930）

藤原佐世　ふじわらのすけよ　898没（52歳）。平安時代前期の儒学者。847生。

ラージー　925没（60歳）。イスラムの医学者，哲学者，錬金術師。865生。

アル・マイダーニー　1124没。イラン系のアラビア言語学者。

長谷部信連　はせべのぶつら　1218没。鎌倉時代前期の武士。

日野家宣　ひのいえのぶ　1222没（38歳）。鎌倉時代前期の公卿。1185生。

尊覚法親王　そんかくほっしんのう　1264没（50歳）。順徳天皇の第1皇子。1215生。

アブー・アル・フィダー　1331没（58歳）。アラブの歴史，地理学者。1273生。

二条為明　にじょうためあき　1364没（70歳）。鎌倉時代後期・南北朝時代の歌人・公卿。1295生。

ビータウタス　1430没（80歳）。リトアニア大公（在位1401～30）。1350生。

アルブレヒト2世　1439没（42歳）。ドイツ王。1397生。

ウルグ・ベグ　1449没（55歳）。ティムール王家のサマルカンド王（在位1447～9）。1394生。

マネッティ，ジャンノッツォ　1459没（63歳）。イタリアの人文学者。1396生。

アグリコラ，ルドルフス　1485没（42歳）。オランダの人文主義者。1443生。

崇芝性岱　すうししょうたい　1496没（83歳）。室町時代の曹洞宗の僧。1414生。

イヴァン3世　1505没（65歳）。モスクワ大公（1462～1505）。1440生。

中明栄主　ちゅうみょうえいしゅ　1521没。戦国時代の曹洞宗の僧。

相阿弥　そうあみ　1525没（54歳）。戦国時代の足利将軍家の同朋。1472生。

キニョーネス，フランシスコ・デ　1540没（60歳）。スペインの枢機卿。1480生。

ダンティシェク，ヤン　1548没（62歳）。ポーランドの人文主義者，外交官。1485生。

セルヴェトゥス，ミカエル　1553没（42歳）。スペインの医学者，神学者。1511生。

大内輝弘　おおうちてるひろ　1569没（50?歳）。戦国時代の武将。1520頃生。

花山院家輔　かざんいんいえすけ　1580没（62歳）。戦国時代・安土桃山時代の公卿。1519生。

江馬輝盛　えまてるもり　1582没。安土桃山時代の武将。

アルフォンソ2世　1597没（63歳）。フェララ，モデナ，レッジオの公。1533生。

勧修寺光豊　かじゅうじみつとよ　1612没（38歳）。安土桃山時代・江戸時代前期の公家。1575生。

日乾　にっけん　1635没（76歳）。安土桃山時代・江戸時代前期の日蓮宗の僧。1560生。

三浦正次　みうらまさつぐ　1641没（43歳）。江戸時代前期の大名。1599生。

大西浄林（大西家1代目）　おおにしじょうりん　1663没（74歳）。江戸時代前期の釜師。1590生。

千宗左（4代目）　せんのそうさ　1671没（59歳）。江戸時代前期の茶人。1613生。

ピエトルソン，ハットルグリームル　1674没（60歳）。アイスランドの宗教詩人。1614生。

尊昊女王　そんこうじょおう　1719没（45歳）。江戸時代中期の女性。後西天皇の第14皇女。1675生。

井上蘭台　いのうえらんだい　1761没（57歳）。江戸時代中期の漢学者，備前岡山藩士。1705生。

レーヌワール，フランソワ　1836没（75歳）。フランスの劇作家，ロマンス語学者。1761生。

貞松斎一馬（初代）　ていしょうさいいちば　1838没（75?歳）。江戸時代中期・後期の挿花宗匠。1764頃生。

田中伝左衛門（5代目）　たなかでんざえもん　1840没。江戸時代後期の歌舞伎囃子田中流の宗家。

ペルティエ，ジャン・シャルル・アタナーズ　1845没（60歳）。フランスの物理学者，気象学者。1785生。

吉田松陰　よしだしょういん　1859没（30歳）。江戸時代末期の長州（萩）藩士。1830生。

宇津木六之丞　うつきろくのじょう　1862没（54歳）。江戸時代末期の近江彦根藩士。1809生。

広瀬元恭　ひろせげんきょう　1870没（50歳）。江戸・明治時代の蘭学者，医師。官軍病院院長。1821生。

野村文夫　のむらふみお　1891没（56歳）。江戸・明治時代のジャーナリスト。1836生。

勝源蔵（3代目）　かつげんぞう　1902没（59歳）。江戸・明治時代の歌舞伎作者，狂言作者。1844生。

海江田信義　かえだのぶよし　1906没（75歳）。江戸・明治時代の子爵，貴族院議員。薩摩藩士，奈良県知事。1832生。

ロイド，アーサー　1911没（59歳）。イギリスのSPG宣教師。1852生。

厳復　げんぷく　1921没（67歳）。中国の啓蒙思想家，翻訳家。1853生。

安藤太郎　あんどうたろう　1924没（79歳）。明治時代の外交官，禁酒運動家。1846生。

上野岩太郎　うえのいわたろう　1925没（59歳）。明治・大正時代の新聞記者。1867生。

滝田樗陰　たきたちょいん　1925没（44歳）。明治・大正時代の雑誌編集者。「中央公論」主幹。1882生。

アバクロンビー，ラッセルズ　1938没（57歳）。イギリスの詩人，評論家。1881生。

中野正剛　なかのせいごう　1943没（58歳）。大正・昭和時代の政治家。衆議院議員。1886生。

任弼時　にんひつじ　1950没（46歳）。中国の政治家。1904生。

太田喜二郎　おおたきじろう　1951没（67歳）。昭和時代の洋画家。1883生。

ヒューズ，W.M.　1952没（88歳）。イギリス生れのオーストラリアの政治家。1864生。

マッテイ　1962没（56歳）。イタリアの実業家。1906生。

ブレーデル，ヴィリー　1964没（63歳）。東ドイツの小説家。1901生。

時枝誠記　ときえだもとき　1967没（66歳）。昭和時代の国語学者。東京大学教授，早稲田大学教授。1900生。

マイトナー，リーゼ　1968没（89歳）。オーストリアの物理学者。1878生。

正野重方　しょうのしげかた　1969没（57歳）。昭和時代の気象学者。東京大学教授。1911生。

今和次郎　こんわじろう　1973没（85歳）。大正・昭和時代の建築学者，風俗研究家。早稲田大学教授。1888生。

ブジョーンヌイ，セミョーン・ミハイロヴィチ　1973没（90歳）。ソ連の軍人，元帥。1883生。

角川源義　かどかわげんよし　1975没（58歳）。昭和時代の出版人，俳人，国文学者。1917生。

秋田実　あきたみのる　1977没（72歳）。昭和時代の漫才作家。1905生。

ケイン，ジェイムズ・M.　1977没（85歳）。アメリカの小説家。1892生。

前田青邨　まえだせいそん　1977没（92歳）。明治～昭和時代の日本画家。1885生。

ヴァン・ヴレック，ジョン・ハスブルーク　1980没（81歳）。アメリカの理論物理学者。1899生。

広瀬秀雄　ひろせひでお　1981没（72歳）。昭和時代の天文学者。東京天文台長。1909生。

小佐野賢治　おさのけんじ　1986没（69歳）。昭和時代の実業家。国際興行社主。1917生。

馬場正雄　ばばまさお　1986没（63歳）。昭和時代の経済学者。1923生。

マッソン，アンドレ　1987没（91歳）。フランスの画家。1896生。

三浦つとむ　みうらつとむ　1989没（78歳）。昭和時代の哲学者，言語学者。1911生。

クガート，ザヴィア　1990没（90歳）。アメリカのラテン・バンドの指揮者。1900生。

バーカー，ジョージ・グランヴィル　1991没（78歳）。イギリスの詩人。1913生。

八杉竜一　やすぎりゅういち　1997没（86歳）。昭和時代の生物学史家，生物学啓蒙家。1911生。

鈴木均　すずきひとし　1998没（76歳）。昭和時代の評論家，ジャーナリスト。1922生。

大林清　おおばやしきよし　1999没（91歳）。昭和・平成時代の小説家，劇作家。1908生。

ベリー，ヴァルター　2000没（71歳）。オーストリアのバス歌手。1929生。

10月27日

10月28日

○記念日○　速記記念日
○出来事○　ハーバード大学創立（1636）
　　　　　カンカンとランラン来日（1972）
　　　　　サッカー"ドーハの悲劇"（1993）

マクセンティウス，マールクス・アウレーリウス・ヴァレーリウス　312没(32歳)。ローマ皇帝（在位306～12）。280生。

イーバス（エデッサの）　457没。エデッサの主教。

阿部古美奈　あべのこみな　784没。奈良時代の女性。桓武天皇の皇后藤原乙牟漏の母。

レーミギウス（リヨンの）　875没。フランスのリヨンの大司教。

延性　えんしょう　929没(71歳)。平安時代前期・中期の真言宗の僧。859生。

源公忠　みなもとのきんただ　948没(60歳)。平安時代中期の歌人。889生。

陽生　ようしょう　990没(87歳)。平安時代中期の天台宗の僧。904生。

成典　せいてん　1044没(87歳)。平安時代中期の真言宗の僧。958生。

ボレスワフ3世　1138没(52歳)。ポーランド国王（在位1102～38）。1086生。

藤原敦光　ふじわらのあつみつ　1144没(82歳)。平安時代後期の文人貴族，対策及第後，儒官。1063生。

清水谷公持　しみずだにきんもち　1268没(42歳)。鎌倉時代前期の公卿。1227生。

西礀子曇　せいかんしどん　1306没(57歳)。鎌倉時代後期の臨済宗松源派の渡来禅僧。1249生。

アタナシオス1世　1310没(80歳)。コンスタンティノポリス総主教。1230生。

ルーポルト（ベーベンブルクの）　1363没(66?歳)。ドイツの中世紀の聖職者。1297頃生。

アッ・ダミーリー　1405没(61?歳)。エジプトの博物学者，神学者，詩人。1344頃生。

マルグレーテ　1412没(59歳)。ノルウェー（1384～1412），デンマーク（1387～1412），スウェーデン王国（1309～1412）の王妃，摂政。1353生。

春巌祖東　しゅんがんそとう　1414没(63歳)。南北朝時代・室町時代の曹洞宗の僧。1352生。

吉田兼名　よしだかねな　1460没。室町時代の公卿。

桃源瑞仙　とうげんずいせん　1489没(60歳)。室町時代・戦国時代の臨済宗夢窓派の僧。1430生。

伊勢貞宗　いせさだむね　1509没(66歳)。室町時代・戦国時代の幕府吏僚，政所執事。1444生。

五辻諸仲　いつつじもろなか　1540没(54歳)。戦国時代の公卿。1487生。

ボイルリーン，ヤーコプ　1561没(41歳)。ドイツの神学者。1520生。

フンク，ヨハネス　1566没(48歳)。ドイツのルター派神学者，説教家。1518生。

ガルダーノ，アントニオ　1569没(60?歳)。イタリアの楽譜出版業者，作曲家。1509頃生。

酒井忠次　さかいただつぐ　1596没(70歳)。戦国時代・安土桃山時代の武将。1527生。

富田知信　とみたとものぶ　1599没。安土桃山時代の大名。

ローリー，ウォルター　1618没(66歳)。イギリスの軍人，海洋探検家，廷臣，詩人，散文作家。1552生。

神谷宗湛　かみやそうたん　1635没(83歳)。安土桃山時代・江戸時代前期の筑前博多の豪商，茶人。1553生。

モレート，アグスティン　1669没(51歳)。スペインの劇作家。1618生。

ウォリス，ジョン　1703没(86歳)。イギリスの数学者，物理学者，神学者。1616生。

ロック，ジョン　1704没(72歳)。イギリスの哲学者。1632生。

水野忠周　みずのただちか　1718没(46歳)。江戸時代中期の大名。1673生。

勝川春好　かつかわしゅんこう　1812没(70歳)。江戸時代中期・後期の浮世絵師。1743生。

アフェドソン　1841没(49歳)。スウェーデンの化学者。1792生。

カヴェニャック　1857没(55歳)。フランスの将軍。1802生。

坪井九右衛門　つぼいくえもん　1863没(64歳)。江戸時代末期の長州(萩)藩士。1800生。

栗原信充　くりはらのぶみつ　1870没(77歳)。江戸時代末期・明治時代の故実家。1794生。

宮崎車之助　みやざきくるまのすけ　1876没(42歳)。明治時代の反乱指導者。1835生。

エリス, アレグザンダー・ジョン　1890没(76歳)。イギリスの数学者, 音響学者, 音楽理論家。1814生。

原忠順　はらただゆき　1894没(61歳)。江戸・明治時代の官吏, 殖産家。佐賀鹿島藩士。1834生。

北白川宮能久親王　きたしらかわのみやよしひさしんのう　1895没(49歳)。江戸・明治時代の皇族, 陸軍軍人。中将。1847生。

ミュラー, フリードリヒ・マックス　1900没(76歳)。ドイツ生れ, イギリスに帰化した東洋学者, 比較言語学者。1823生。

アッベ, クリーヴランド　1916没(77歳)。アメリカの気象学者。1838生。

ビューロー公爵, ベルンハルト　1929没(80歳)。ドイツの政治家, 外交官。1849生。

グリュンヴェーデル, アルバート　1935没(79歳)。ドイツの人類学者。1856生。

浮田和民　うきたかずたみ　1946没(87歳)。明治〜昭和時代の政治学者。早稲田大学教授。1860生。

デスビオ, シャルル　1946没(71歳)。フランスの彫刻家。1874生。

ヌヴー, ジネット　1949没(30歳)。フランスのバイオリニスト。1919生。

麻生慶次郎　あそうけいじろう　1953没(78歳)。明治〜昭和時代の農芸化学者。東京大学教授, 東京農林学校長。1875生。

岩橋武夫　いわはしたけお　1954没(56歳)。昭和時代の盲人福祉事業家。日本盲人会連合会会長。1898生。

高山毅　たかやまつよし　1961没(50歳)。昭和時代の文芸評論家, 児童文学評論家。1911生。

正宗白鳥　まさむねはくちょう　1962没(83歳)。明治〜昭和時代の小説家, 劇作家, 評論家。1879生。

松根東洋城　まつねとうようじょう　1964没(86歳)。明治〜昭和時代の俳人。「渋柿」主宰。1878生。

板垣政参　いたがきまさみ　1967没(84歳)。大正・昭和時代の生理学者。1882生。

チュコフスキー, コルネイ・イワノヴィチ　1969没(87歳)。ソ連の評論家, 詩人。1882生。

沢田教一　さわだきょういち　1970没(34歳)。昭和時代の報道カメラマン。1936生。

ターハー・フサイン　1973没(83歳)。エジプトの文学者。1889生。

サイヤン　1974没(63歳)。フランスの労働運動家。1910生。

ジョーンズ, デイヴィッド　1974没(78歳)。イギリスの詩人, 画家。1895生。

上原専禄　うえはらせんろく　1975没(76歳)。昭和時代の歴史学者, 思想家。1899生。

高木貞二　たかぎさだじ　1975没(81歳)。大正・昭和時代の心理学者。1893生。

芥川比呂志　あくたがわひろし　1981没(61歳)。昭和時代の俳優, 演出家。1920生。

小林中　こばやしあたる　1981没(82歳)。昭和時代の実業家, 財界人。アラビア石油相談役, 日本開発銀行初代総裁。1899生。

タルスキー, アルフレッド　1983没(81歳)。ポーランド生れのアメリカの論理学者, 数学者。1902生。

ブレイン, ジョン　1986没(64歳)。イギリスの小説家。1922生。

洲之内徹　すのうちとおる　1987没(74歳)。昭和時代の美術評論家, 画商。現代画廊経営者。1913生。

鹿内信隆　しかないのぶたか　1990没(78歳)。昭和・平成時代の実業家。サンケイ新聞社長。1911生。

宇野信夫　うののぶお　1991没(87歳)。昭和時代の劇作家, 演出家。1904生。

天野忠　あまのただし　1993没(84歳)。昭和・平成時代の詩人, 随筆家。1909生。

ロートマン, ユーリー・ミハイロヴィチ　1993没(71歳)。ソ連邦の文芸学者, 記号学者。1922生。

伊丹秀子　いたみひでこ　1995没(86歳)。大正・昭和時代の浪曲師。1909生。

ヒューズ, テッド　1998没(68歳)。イギリスの詩人。1930生。

アルベルティ, ラファエル　1999没(96歳)。スペインの詩人。1902生。

10月28日

10月29日

○記念日○ 東佃の日
○出来事○ トルコ共和国成立(1923)
　　　　　 第1回宝くじ発売(1945)
　　　　　 日本初のオートレース開催(1950)

ペトロス・モンゴス　490没。アレクサンドリアの主教、単性論者。

智儼　ちごん　668没(66歳)。中国、華厳宗の第2祖。602生。

大和長岡　やまとのながおか　769没(81歳)。飛鳥時代・奈良時代の官人、学者。689生。

大伴潔足　おおとものきよたり　792没(77歳)。奈良時代の官人。716生。

橘峯継　たちばなのみねつぐ　860没(57歳)。平安時代前期の公卿。804生。

藤原多美子　ふじわらのたみこ　886没。平安時代前期の女性。清和天皇の女御。

円珍　えんちん　891没(78歳)。平安時代前期の天台宗の僧。814生。

勝算　しょうさん　1011没(73歳)。平安時代中期の天台宗の僧。939生。

エゼルノス(カンタベリの)　1038没。イギリスのカンタベリ大司教、聖人。

坂上明兼　さかのうえのあきかね　1147没(69歳)。平安時代後期の明法家。1079生。

藤原秀衡　ふじわらのひでひら　1187没(66歳)。平安時代後期の武将。1122生。

院尊　いんそん　1198没(79歳)。平安時代後期・鎌倉時代前期の院派系仏師。1120生。

小槻隆職　おづきのたかもと　1198没(64歳)。平安時代後期・鎌倉時代前期の官人、官務、小槻氏壬生流の祖。1135生。

コンラディーン　1268没(16歳)。ドイツ皇帝フリードリヒ2世の孫。1252生。

グイゴ・デ・ポンテ　1297没。カルトゥジオ会の神秘的著述家。

ゴドフロワ(フォンテーヌの)　1306没(56?歳)。ソルボンヌの教授。1250生。

清原良賢　きよはらのよしかた　1432没。室町時代の儒学者。

菊池重朝　きくちしげとも　1493没(45歳)。室町時代・戦国時代の肥後国の守護大名。1449生。

武野紹鴎　たけのじょうおう　1555(閏10月)没(54歳)。戦国時代の茶湯者、堺の豪商。1502生。

石川家成　いしかわいえなり　1609没(76歳)。戦国時代・安土桃山時代の武将。1534生。

シャーリー, ジェイムズ　1666没(70歳)。イギリスの劇作家。1596生。

後桃園天皇　ごももぞのてんのう　1779没(22歳)。第118代の天皇。1758生。

ダランベール, ジャン-バチスト-ル-ロン　1783没(65歳)。フランスの物理学者、数学者、哲学者。1717生。

中村歌右衛門(初代)　なかむらうたえもん　1791没(78歳)。江戸時代中期の歌舞伎役者、歌舞伎作者。1714生。

スコヴォロダー, フリホリイ・サヴィチ　1794没(71歳)。ロシア(ウクライナ)の哲学者、宗教的思想家、詩人。1722生。

コリツォーフ, アレクセイ・ワシリエヴィチ　1842没(33歳)。ロシアの詩人。1809生。

都々逸坊扇歌(初代)　どどいつぼうせんか　1852没(49歳)。江戸時代末期の音曲家。1804生。

草場佩川　くさばはいせん　1867没(81歳)。江戸時代後期の漢詩人、肥前佐賀藩の儒官。1787生。

ヨハン　1873没(71歳)。ザクセン王(在位1854～73)。1801生。

ノッテボーム, マルティン・グスタフ　1882没(64歳)。ドイツの音楽学者。1817生。

マックレラン, ジョージ・B　1885没(58歳)。アメリカの陸軍軍人。1826生。

久邇宮朝彦親王　くにのみやあさひこしんのう　1891没(68歳)。江戸・明治時代の皇族。1824生。

中村勘三郎(13代目)　なかむらかんざぶろう　1895没(68歳)。江戸・明治時代の歌舞伎役者、。1828生。

ジョージ, ヘンリー　1897没(58歳)。アメリカの社会改革論者。1839生。

小野友五郎　おのともごろう　1898没(82歳)。江戸・明治時代の数学者,実業家。軍艦操練所教授方。1817生。

謝花昇　じゃはなのぼる　1908没(44歳)。明治時代の自由民権運動家。1865生。

ピュリッツァ,ジョーゼフ　1911没(64歳)。ハンガリー生れのアメリカの新聞経営者。1847生。

ブラックモン,フェリックス　1914没(81歳)。フランスの画家,版画家。1833生。

ミュラー・リアー　1916没(59歳)。ドイツの社会学者,心理学者。1857生。

常磐津文字兵衛(2代目)　ときわづもじべえ　1924没(68歳)。明治・大正時代の常磐津三味線方。1857生。

バーネット,フランシス・ホジソン　1924没(74歳)。イギリス系アメリカの女流小説家。1849生。

カルメット,アルベール　1933没(70歳)。フランスの細菌学者。1863生。

岸清一　きしせいいち　1933没(67歳)。大正・昭和時代の日本体育協会設立者,弁護士。1867生。

パンルヴェ　1933没(69歳)。フランスの数学者,政治家。1863生。

フォール,エリ　1937没(64歳)。フランスの美術史家,批評家。1873生。

ファン・ボイ・チャウ　1940没(73歳)。ベトナムの民族主義運動の指導者,儒学者。1867生。

アフィノゲーノフ,アレクサンドル・ニコラエヴィチ　1941没(37歳)。ソ連邦の劇作家。1904生。

岡鬼太郎　おかおにたろう　1943没(72歳)。明治〜昭和時代の劇作家,演劇評論家。1872生。

山崎楽堂　やまざきがくどう　1944没(60歳)。大正・昭和時代の建築家,能楽評論家。1885生。

成田為三　なりたためぞう　1945没(53歳)。大正・昭和時代の作曲家。1893生。

ミッチェル　1946没(72歳)。アメリカの経済学者。1874生。

中島知久平　なかじまちくへい　1949没(66歳)。大正・昭和時代の実業家,政治家。衆議院議員。1884生。

グスタフ5世　1950没(92歳)。スウェーデン王(1907〜50)。1858生。

エイトケン,ロバート・グラント　1951没(86歳)。アメリカの天文学者。1864生。

シサバン・ボン　1959没(74歳)。ラオスのルアンプラバン王国第12代の国王(在位1904〜45, 46〜53)。1885生。

アンデルソン,ヨハン・グンナル　1960没(86歳)。スウェーデンの考古学者,地質学者。1874生。

長与善郎　ながよしろう　1961没(73歳)。大正・昭和時代の小説家,評論家。1888生。

エーメ,マルセル　1967没(65歳)。フランスの作家。1902生。

シュナイダー　1967没(80歳)。ドイツの精神病理学者。1887生。

ティセリウス,ヴィルヘルム　1971没(69歳)。スウェーデンの生化学者。1902生。

和島誠一　わじませいいち　1971没(62歳)。昭和時代の考古学者。1909生。

草笛美子　くさぶえよしこ　1977没(68歳)。昭和時代の女優。1909生。

千代ノ山雅信　ちよのやままさのぶ　1977没(51歳)。昭和時代の力士。1926生。

小牧近江　こまきおうみ　1978没(84歳)。大正・昭和時代の評論家,フランス文学者。1894生。

ブラッサンス,ジョルジュ　1981没(60歳)。フランスのシャンソン歌手,作詞・作曲家。1921生。

宮之原貞光　みやのはらさだみつ　1983没(66歳)。昭和時代の労働運動家。1917生。

伊東多三郎　いとうたさぶろう　1984没(75歳)。昭和時代の日本史学者。1909生。

清水脩　しみずおさむ　1986没(74歳)。昭和時代の作曲家。1911生。

ハーマン,ウッディ　1987没(74歳)。アメリカのクラリネット奏者。1913生。

マクミラン,サー・ケネス　1992没(62歳)。イギリスの舞踊家,振付師。1929生。

マキノ雅弘　まきのまさひろ　1993没(85歳)。昭和時代の映画監督。1908生。

コレッリ,フランコ　2003没(82歳)。イタリアのテノール歌手。1921生。

谷口千吉　たにぐちせんきち　2007没(95歳)。昭和・平成時代の映画監督。1912生。

10月29日

10月30日

○記念日○ 初恋の日
○出来事○ 教育勅語発布（1890）
GATT調印（1947）

紀男人 きのおひと 738没（57歳）。飛鳥時代・奈良時代の官人、太宰府大弐。682生。

イブン・クタイバ 889没（61歳）。イラン系のアラビア語文学者。828生。

覚運 かくうん 1007没（55歳）。平安時代中期の天台宗の僧。953生。

イブン・ハッリカーン 1282没（71歳）。アラブの伝記作者。1211生。

惟康親王 これやすしんのう 1326没（63歳）。鎌倉幕府第7代の将軍。1264生。

白雲慧崇 はくうんえすう 1346没（84歳）。鎌倉時代後期・南北朝時代の臨済宗の僧。1263生。

ポッジョ・ブラッチョリーニ、ジョヴァンニ・フランチェスコ 1459没（79歳）。イタリアの人文学者、文献学の開拓者。1380生。

竹屋冬俊 たけやふゆとし 1464没。室町時代の公卿。

ムトン、ジャン・ド・オルイーグ 1522没（63歳）。フランスの作曲家。1459生。

シュトゥルム、ヤーコプ 1553没（64歳）。ドイツの政治家、宗教改革の指導者。1489生。

一条房通 いちじょうふさみち 1556没（48歳）。戦国時代の公卿。1509生。

カルル9世 1611没（61歳）。スウェーデン王（在位1604～11）。1550生。

ウェッブ、ジョン 1672没（61?歳）。イギリスの建築家。1611生。

ファーズル・アフメト・パシャ 1676没（41歳）。オスマン・トルコの宰相（1661～76）。1635生。

ブリニョン、アントワネット 1680没（64歳）。ベルギーの宗教家、静寂主義者。1616生。

ル・テリエ 1685没（82歳）。フランスの政治家。1603生。

谷善右衛門 たにぜんえもん 1741没（67歳）。江戸時代中期の知識人、趣味人。1675生。

惣慶忠義 そけいちゅうぎ 1749没（64歳）。江戸時代中期の歌人。1686生。

賀茂真淵 かものまぶち 1769没（73歳）。江戸時代中期の国学者、歌人。1697生。

ガリアーニ、フェルディナンド 1787没（58歳）。イタリアの文筆家、経済学者。1728生。

伊藤松軒 いとうしょうけん 1794没（86歳）。江戸時代中期の歌人。1709生。

ベンティンク、ウィリアム・ヘンリー・キャヴェンディッシュ、3代ポートランド伯爵 1809没（71歳）。イギリスの政治家。1738生。

カートライト、エドマンド 1823没（80歳）。イギリスの自動織機の発明者。1743生。

マチューリン、チャールズ・ロバート 1824没（42歳）。アイルランド生れの小説家。1782生。

高野長英 たかのちょうえい 1850没（47歳）。江戸時代末期の蘭学者。1804生。

コクラン 1860没（84歳）。イギリスの海軍大将。1775生。

ウォルター、トーマス・アースティック 1887没（83歳）。アメリカの建築家。1804生。

荒尾精 あらおせい 1896没（38歳）。明治時代の軍人、アジア主義者。1859生。

尾崎紅葉 おざきこうよう 1903没（36歳）。明治時代の小説家。1868生。

竹本弥太夫（5代目） たけもとやだゆう 1906没（70歳）。明治時代の義太夫節の太夫。1837生。

嘉悦氏房 かえつうじふさ 1908没（76歳）。江戸・明治時代の政治家。衆議院議員、憲政党東北支部長。1833生。

デュナン、ジャン・アンリ 1910没（82歳）。スイスの人道主義者、国際赤十字の創始者。1828生。

シュタードラー、エルンスト 1914没（31歳）。ドイツの文学史家、詩人。1883生。

黄興 こうこう 1916没（42歳）。中国、近代の革命家。1874生。

マードック 1921没（65歳）。イギリスの日本研究家。1856生。

ガールドニ, ゲーザ　1922没(59歳)。ハンガリーの作家。1863生。

ロー, ボナー　1923没(65歳)。イギリスの政治家, 首相。1858生。

永田錦心　ながたきんしん　1927没(43歳)。明治・大正時代の琵琶楽演奏家, 作曲家。1885生。

ハルデン, マクシミーリアン　1927没(66歳)。ドイツのユダヤ系ジャーナリスト, 評論家。1861生。

ランシング, ロバート　1928没(64歳)。アメリカの政治家, 国際法学者。1864生。

豊田佐吉　とよだささきち　1930没(64歳)。明治・大正時代の織機発明家。1867生。

仙石貢　せんごくみつぐ　1931没(75歳)。明治〜昭和時代の政治家。衆議院議員, 鉄道相。1857生。

平福百穂　ひらふくひゃくすい　1933没(57歳)。大正時代の日本画家, 歌人。東京美術学校教授。1877生。

ギルバート, サー・アルフレッド　1934没(80歳)。イギリスの彫刻家。1854生。

レヴィ　1935没(72歳)。フランスの東洋学者, インド学者。1863生。

谷口尚真　たにぐちなおみ　1941没(72歳)。大正・昭和時代の海軍軍人。大将。1870生。

ラインハルト, マックス　1943没(70歳)。ドイツの演出家。1873生。

イェスナー, レーオポルト　1945没(67歳)。ドイツの表現主義の代表的演出家。1878生。

スロアガ, イグナシオ　1945没(75歳)。スペインの画家。1870生。

アスラン　1947没(65歳)。フランスの画家。1882生。

カールマーン, イムレ　1953没(71歳)。ハンガリーの作曲家。1882生。

クロイツァー, レオニード　1953没(69歳)。ロシアのピアニスト, 指揮者, 作曲家。1884生。

呉敬恒　ごけいこう　1953没(88歳)。中国の国民党の政治家, 思想家。1865生。

バローハ, ピオ　1956没(83歳)。スペインの小説家。1872生。

中野金次郎　なかのきんじろう　1957没(75歳)。大正・昭和時代の実業家。興亜火災海上社長。1882生。

岡田忠彦　おかだただひこ　1958没(80歳)。大正・昭和時代の政治家。衆議院議員。1878生。

エイナウディ　1961没(87歳)。イタリアの政治家, 経済学者。1874生。

植田清次　うえだせいじ　1963没(61歳)。昭和時代の哲学者。早稲田大学教授。1902生。

百武三郎　ひゃくたけさぶろう　1963没(91歳)。明治〜昭和時代の海軍軍人。大将。1872生。

石倉小三郎　いしくらこさぶろう　1965没(84歳)。大正・昭和時代の音楽評論家, ドイツ文学者。相愛女子短期大学教授。1881生。

シュレージンガー, アーサー・M　1965没(77歳)。アメリカの歴史学者。1888生。

佐佐木隆　ささきたかし　1967没(58歳)。昭和時代の新劇演出家。1909生。

古田晁　ふるたあきら　1973没(67歳)。昭和時代の出版人。筑摩書房社長。1906生。

吉田栄三(2代目)　よしだえいざ　1974没(71歳)。大正・昭和時代の文楽の人形遣。1903生。

ヘルツ, グスタフ　1975没(88歳)。ドイツの物理学者。1887生。

野尻抱影　のじりほうえい　1977没(91歳)。昭和時代の天文研究家, 随筆家。研究社編集部長, 五島天文博物館理事。1885生。

能見正比古　のみまさひこ　1981没(56歳)。昭和時代の血液型研究家。学習研究社百科事典編集長。1925生。

斎藤隆介　さいとうりゅうすけ　1985没(68歳)。昭和時代の児童文学作家。1917生。

河北倫明　かわきたみちあき　1995没(80歳)。昭和・平成時代の美術評論家。1914生。

カルネ, マルセル　1996没(87歳)。フランスの映画監督。1909生。

神田山陽(2代目)　かんださんよう　2000没(91歳)。昭和・平成時代の講談師。講談協会会長, 日本講談協会会長。1909生。

南条範夫　なんじょうのりお　2004没(95歳)。昭和・平成時代の小説家, 経済学者。1908生。

木下順二　きのしたじゅんじ　2006没(92歳)。昭和・平成時代の劇作家。1914生。

白川静　しらかわしずか　2006没(96歳)。昭和・平成時代の漢文学者, 漢字学者。1910生。

10月30日

10月31日

○記念日○　ガス記念日
　　　　　世界勤倹デー
　　　　　日本茶の日
○出来事○　ルター「95ヶ条の論題」を掲ич、宗教改革が幕開け(1517)

ヴォルフガング(レーゲンスブルクの、ラティスボナの)　994没(70?歳)。ベネディクト会士。924頃生。

グロスター　1147没(57歳)。イギリス王ヘンリー1世の庶子。1090生。

リコルドゥス(モンテ・クローチェの)　1320没(78歳)。イタリアのドミニコ会宣教師。1242生。

ヨアンネス8世　1448没(57歳)。東ローマ皇帝(在位1425～48)。1391生。

バルトロメオ、フラ　1517没(45歳)。イタリアの画家。1472生。

スライダーヌス、ヨハネス　1556没(50?歳)。ドイツの歴史家。1506頃生。

マルロラート、アウグスティーン　1562没(56歳)。フランスの宗教改革者。1506生。

ロドリゲス、アルフォンソ　1617没(86歳)。スペインの神秘思想家、聖人。1531生。

スネル、ヴィレブロルト・ファン・ローエン　1626没(46歳)。オランダの数学者。1580生。

ブラッドショー、ジョン　1659没(56歳)。イギリスの裁判官。1602生。

ビットリオ・アマデオ2世　1732没(66歳)。イタリアのサヴォイア公(在位1675～1730)。1666生。

レオ、レオナルド　1744没(50歳)。イタリアの作曲家。1694生。

ローガン、ジェイムズ　1751没(77歳)。アメリカ、ペンシルバニア植民地の政治家、学者。1674生。

ヴェルニョー、ピエール・ヴィクテュルニアン　1793没(40歳)。フランスの政治家。1753生。

ブリソー、ジャック・ピエール　1793没(39歳)。フランス革命期のジロンド派の指導者。1754生。

ブレンターノ、ゾフィー　1806没(36歳)。ドイツの女流作家。1770生。

ザルツマン、クリスチャン・ゴットヒルフ　1811没(67歳)。ドイツの福音派神学者、牧師、教育家。1744生。

メッケル　1833没(52歳)。ドイツの解剖学者。1781生。

ニェゴシュ、ペタル・ペトロヴィチ　1851没(37歳)。モンテネグロ(ユーゴスラビア)の作家、国王(在位1830～51)。1813生。

ロス、ウィリアム・パーソンズ(ロス伯爵三代公)　1867没(67歳)。イギリスの天文学者。1800生。

ガルニエ・パジェス　1878没(75歳)。フランスの政治家。1803生。

アボット、ジェイコブ　1879没(75歳)。アメリカの牧師、児童文学者。1803生。

フッカー、ジョゼフ　1879没(64歳)。アメリカ、南北戦争の北軍将軍。1814生。

古賀謹一郎　こがきんいちろう　1884没(69歳)。江戸時代末期・明治時代の幕臣。1816生。

バシキールツェワ、マリヤ・コンスタンチノヴナ　1884没(23歳)。ロシアの女流画家、音楽家、作家。1860生。

オーバネル、テオドール　1886没(57歳)。フランスの詩人。1829生。

杵屋正次郎(3代目)　きねやしょうじろう　1895没(70歳)。江戸・明治時代の長唄三味線方。1826生。

カヴァルカセッレ、ジョヴァンニ・バッティスタ　1897没(77歳)。イタリアの美術史学者。1820生。

伊庭想太郎　いばそうたろう　1903没(53歳)。明治時代の教育者、テロリスト。東京農学校校長、日本貯蓄銀行頭取。1851生。

片岡健吉　かたおかけんきち　1903没(60歳)。江戸・明治時代の政治家。土佐藩士、衆議院議員。1844生。

バウマン　1905没(32歳)。ロシアの革命家。1873生。

フェスカ　1917没(71歳)。ドイツの農学者。1846生。

シーレ, エゴン　1918没(28歳)。オーストリアの画家。1890生。

ティサ　1918没(57歳)。ハンガリーの政治家。1861生。

フルーンゼ　1925没(40歳)。ソ連邦の将軍。1885生。

村上専精　むらかみせんしょう　1929没(79歳)。明治・大正時代の仏教史学者。大谷大学学長。1851生。

岡倉由三郎　おかくらよしさぶろう　1936没(69歳)。明治〜昭和時代の英語学者。1868生。

ダシンスキ　1936没(70歳)。ポーランドの政治家。1866生。

ヴァルデン, ヘルヴァルト　1941没(63歳)。ドイツの芸術評論家。1878生。

ティラー, アルフレッド・エドワード　1945没(75歳)。イギリスの哲学者。1869生。

川村麟也　かわむらりんや　1947没(69歳)。大正・昭和時代の病理学者。1879生。

ステッティニアス　1949没(49歳)。アメリカの実業家。1900生。

デュジャルダン, エドワール　1949没(88歳)。フランスの詩人, 小説家, 評論家。1861生。

窪田忠彦　くぼたただひこ　1952没(67歳)。明治〜昭和時代の数学者。東北大学教授。1885生。

鶯亭金升　おうていきんしょう　1954没(86歳)。明治・大正時代の新聞記者, 戯作者。1868生。

ケラー　1956没(82歳)。アメリカの社会学者。1874生。

サイモン, サー・フランシス・オイゲン　1956没(63歳)。ドイツの物理学者。1893生。

ジョン, オーガスタス　1961没(83歳)。イギリスの画家。1878生。

マシニョン, ルイ　1962没(79歳)。フランスの近東学者。1883生。

ヴント　1963没(84歳)。ドイツの哲学者。1879生。

佐々木隆興　ささきたかおき　1966没(88歳)。明治〜昭和時代の医学者。1878生。

ズバルバロ, カミッロ　1967没(79歳)。イタリアの詩人。1888生。

デュヴィヴィエ, ジュリヤン　1967没(70歳)。フランスの映画監督。1896生。

木々高太郎　きぎたかたろう　1969没(72歳)。昭和時代の探偵小説家, 生理学者。慶応大学教授。1897生。

森田たま　もりたたま　1970没(75歳)。大正・昭和時代の随筆家。参院議員。1894生。

佐波甫　さわはじめ　1971没(69歳)。昭和時代の美術評論家, 美術史家。1901生。

チアウレーリ, ミハイル　1974没(80歳)。ソ連の映画監督。1894生。

石川湧　いしかわゆう　1976没(69歳)。昭和時代の翻訳家。東京学芸大学教授。1906生。

寺村五一　てらむらごいち　1977没(75歳)。昭和時代の出版人。白水社社長, 日本書籍協会理事。1902生。

安泰　やすたい　1979没(76歳)。昭和時代の童画家。1903生。

村上信彦　むらかみのぶひこ　1983没(74歳)。昭和時代の女性史研究家, 小説家。1909生。

ガーンディー, I.　1984没(66歳)。インドの政治家。1917生。

デ・フィリッポ, エドゥアルド　1984没(84歳)。イタリアの俳優, 劇作家。1900生。

マリケン, ロバート・サンダーソン　1986没(90歳)。アメリカの物理化学者。1896生。

ウーレンベック, ジョージ・ユージン　1988没(87歳)。アメリカの物理学者。1900生。

幸田文　こうだあや　1990没(86歳)。昭和時代の小説家, 随筆家。1904生。

パップ, ジョー　1991没(70歳)。アメリカの演出家。1921生。

新村猛　しんむらたけし　1992没(87歳)。昭和・平成時代のフランス文学者, 平和運動家。名古屋大学教授。1905生。

高田力蔵　たかだりきぞう　1992没(92歳)。大正・昭和時代の洋画家。1900生。

フェッリーニ, フェデリーコ　1993没(73歳)。イタリアの映画監督。1920生。

フェニックス, リヴァー　1993没(23歳)。アメリカの俳優。1970生。

ローリング, サー・ウォレス・エドワード　1995没(67歳)。ニュージーランドの政治家。1927生。

久保貞次郎　くぼさだじろう　1996没(87歳)。昭和・平成時代の美術評論家, 美術収集家。1909生。

真鍋博　まなべひろし　2000没(68歳)。昭和・平成時代のイラストレーター。1932生。

10月31日

11月
November
霜月

◎忌　日◎
白秋忌(11.2) ／ 一茶忌(11.19)
一葉忌(11.23) ／ 憂国忌(11.25)

11月1日

○記念日○ 犬の日
自衛隊記念日
点字記念日
○出来事○ 山手線が環状運転開始(1925)
ラジオ体操放送開始(1928)

オメール(テルアンヌの) 670没。フランスのテルアンヌの宣教司教, 聖人。

藤原広嗣 ふじわらのひろつぐ 740没。奈良時代の官人, 藤原広嗣の乱の指導者。

ラーズィー 955没(67歳)。アンダルシアのアラブ歴史家。888生。

ボーゾ(レーゲンスブルクの) 970没。ドイツ人のスラヴ宣教者。

藤原伊尹 ふじわらのこれただ 972没(49歳)。平安時代中期の公卿。924生。

ハーラル1世 985没(75?歳)。デンマーク王(在位940頃〜985)。910頃生。

藤原懐忠 ふじわらのちかただ 1020没(86歳)。平安時代中期の公卿。935生。

藤原定隆 ふじわらのさだたか 1170没(37歳)。平安時代後期の公卿。1134生。

藤原家通 ふじわらのいえみち 1187没(45歳)。平安時代後期の公卿。1143生。

慶範 けいはん 1221没(67歳)。平安時代後期・鎌倉時代前期の天台宗の僧。1155生。

覚朝 かくちょう 1231没(72歳)。鎌倉時代前期の天台宗の僧。1160生。

藤原基定 ふじわらのもとさだ 1237没(67歳)。鎌倉時代前期の公卿。1171生。

宇都宮泰綱 うつのみややすつな 1261没(59歳)。鎌倉時代前期の武将, 勅撰歌人。1203生。

日寂 にちじゃく 1286没。鎌倉時代後期の日蓮宗の僧。

ドゥランドゥス 1296没(66?歳)。フランスの教会法, 典礼学者。1230頃生。

花山院師信 かざんいんもろのぶ 1321没(48歳)。鎌倉時代後期の公卿。1274生。

日隆 にちりゅう 1334没(70歳)。鎌倉時代後期の日蓮宗の僧。1265生。

雪心真昭 せっしんしんしょう 1395没。南北朝時代の曹洞宗の僧。

ペレイラ 1431没(71歳)。ポルトガルの軍人。1360生。

土御門有盛 つちみかどありもり 1433没。室町時代の公卿。

フォスカリ 1457没(85歳)。ヴェネツィアの統領(1423〜57)。1372生。

如光 にょこう 1467没。室町時代の浄土真宗の僧。

ウルリヒ 1480没(47歳)。ドイツのヴュルテンベルク伯。1433生。

ロマーノ, ジューリオ 1546没(47歳)。イタリアの画家, 建築家。1499生。

尼子国久 あまこくにひさ 1554没。戦国時代の武将。

ドン・ファン・デ・アウストリア 1578没(31歳)。スペインの軍人。1547生。

ドラ, ジャン 1588没(78?歳)。フランスのユマニスト, 詩人。1510頃生。

守随信義 しゅずいのぶよし 1608没。安土桃山時代・江戸時代前期の秤師。

テルブルッヘン, ヘンドリック 1629没(41歳)。オランダの画家。1588生。

キョプリュリュ・メフメト・パシャ 1661没(78歳)。メフメット4世の宰相(1651〜61)。1583生。

保科正貞 ほしなまさだ 1661没(74歳)。江戸時代前期の大名。1588生。

ファン・ライスダール, サロモン 1670没(70?歳)。オランダの風景画家。1600生。

ヴート, ヒスベルト 1676没(88歳)。オランダの神学者。1588生。

向井元升 むかいげんしょう 1677没(69歳)。江戸時代前期の医師, 儒者。1609生。

カルロス2世 1700没(38歳)。ハプスブルク家最後のスペイン王(在位1665〜1700)。1661生。

坂田藤十郎(初代) さかたとうじゅうろう 1709没(63歳)。江戸時代前期・中期の歌舞伎役者, 歌舞伎座本。1647生。

英岳 えいがく 1712没(74歳)。江戸時代前期・中期の真言宗の僧。1639生。

片岡仁左衛門(初代)　かたおかにざえもん　1715没(60歳)。江戸時代中期の歌舞伎役者,歌舞伎座本。1656生。

木村高敦　きむらたかあつ　1742没(63歳)。江戸時代中期の幕臣,歴史考証学者。1680生。

広瀬淡窓　ひろせたんそう　1856没(75歳)。江戸時代後期の儒者,教育家。1782生。

竹川竹斎　たけがわちくさい　1882没(74歳)。江戸・明治時代の商人。1809生。

馬場辰猪　ばばたつい　1888没(39歳)。明治時代の政治家,民権論者。1850生。

プルジェヴァリスキー,ニコライ・ミハイロヴィチ　1888没(49歳)。ロシアの探検家,帝政ロシアの将校。1839生。

大沼枕山　おおぬまちんざん　1891没(74歳)。江戸・明治時代の漢詩人。1818生。

マテイコ,ヤン　1893没(55歳)。ポーランドの画家。1838生。

アレクサンドル3世　1894没(49歳)。ロマノフ朝最後の皇帝(在位1881〜94)。1845生。

住田又兵衛(2代目)　すみたまたべえ　1903没(63歳)。江戸・明治時代の歌舞伎囃子方。1841生。

モムゼン,テーオドア　1903没(85歳)。ドイツの歴史家,古典学者。1817生。

ジャリ,アルフレッド　1907没(34歳)。フランスの劇作家,詩人。1873生。

ケアド,エドワード　1908没(73歳)。イギリスの哲学者。1835生。

釈宗演　しゃくそうえん　1919没(60歳)。明治・大正時代の臨済宗僧侶。1860生。

横井時敬　よこいときよし　1927没(68歳)。明治・大正時代の農学指導者。東京帝国大学教授,東京農業大学初代学長。1860生。

ジャム,フランシス　1938没(69歳)。フランスの詩人。1868生。

曾我廼家五郎　そがのやごろう　1948没(72歳)。明治〜昭和時代の喜劇俳優。1877生。

池内宏　いけうちひろし　1952没(74歳)。明治〜昭和時代の東洋史学者。1878生。

レナード-ジョーンズ,サー・ジョン・エドワード　1954没(60歳)。イギリスの化学者,物理学者。1894生。

黒田英雄　くろだひでお　1956没(77歳)。明治〜昭和時代の官僚,政治家。参議院議員,東洋火災海上保険社長。1879生。

バドリオ,ピエトロ　1956没(85歳)。イタリアの軍人,政治家。1871生。

メッツァンジェ,ジャン　1956没(73歳)。フランスの画家。1883生。

信夫淳平　しのぶじゅんぺい　1962没(91歳)。明治〜昭和時代の国際法学者。早稲田大学教授。1871生。

ゴー・ディン・ジェム　1963没(62歳)。ベトナム共和国の政治家,初代大統領。1901生。

リンド　1970没(78歳)。アメリカの社会学者。1892生。

ル・フォール,ゲルトルート・フォン　1971没(95歳)。ドイツの女流詩人,小説家。1876生。

海後勝雄　かいごかつお　1972没(67歳)。昭和時代の教育学者。福島大学学長,埼玉大学教授。1905生。

パウンド,エズラ　1972没(87歳)。アメリカの詩人。1885生。

鶴見祐輔　つるみゆうすけ　1973没(88歳)。大正・昭和時代の政治家,評論家。参議院議員。1885生。

大谷藤子　おおたにふじこ　1977没(73歳)。昭和時代の小説家。1903生。

加藤まさを　かとうまさを　1977没(80歳)。大正・昭和時代の挿絵画家,童謡詩人,小説家。1897生。

比嘉春潮　ひがしゅんちょう　1977没(94歳)。大正・昭和時代の郷土史家。1883生。

ヴィダー,キング　1982没(88歳)。アメリカの映画監督。1894生。

モイーズ,マルセル　1984没(95歳)。フランスのフルート奏者。1889生。

岩間正男　いわまさお　1989没(95歳)。昭和時代の政治家,歌人。参議院議員。1905生。

オチョア,セベロ　1993没(88歳)。スペイン生れのアメリカの生化学者。1905生。

モリーニ,エリカ　1995没(89歳)。オーストリアの女流ヴァイオリン演奏家。1906生。

小坂一也　こさかかずや　1997没(62歳)。昭和・平成時代の歌手,俳優。1935生。

千秋実　ちあきみのる　1999没(82歳)。昭和・平成時代の俳優。1917生。

ボッシュ,フアン　2001没(92歳)。ドミニカの政治家,著作家。1909生。

11月1日

11月2日

○記念日○　キッチン・バスの日
○出来事○　ベーブ・ルース来日(1934)
　　　　　　日本社会党結成(1945)
　　　　　　阪神タイガース、初の日本一(1985)

大野東人　おおののあずまひと　742没。奈良時代の武将、官人。
永観　ようかん　1111没(79歳)。平安時代中期・後期の浄土教の僧。1033生。
聖マラキ　1148没(54?歳)。アイルランドの聖職者。1094頃生。
最珍　さいちん　1219没(77歳)。平安時代後期・鎌倉時代前期の天台宗の僧。1143生。
親厳　しんごん　1236没(86歳)。平安時代後期・鎌倉時代前期の僧。1151生。
清原満定　きよはらのみつさだ　1263没(69歳)。鎌倉時代前期の幕府評定衆。1195生。
ハイメ2世　1327没(60歳)。アラゴン王(在位1291〜1327)。1267生。
定助　じょうじょ　1346没(84歳)。鎌倉時代後期・南北朝時代の僧。1263生。
達智門院　たっちもんいん　1348没(63歳)。鎌倉時代後期・南北朝時代の女性。後宇多天皇の第1皇女、尊称皇后奨子内親王。1286生。
昭慧　しょうえ　1371没。南北朝時代の華厳宗の僧。
夢巌祖応　むがんそおう　1374没。南北朝時代の臨済宗の僧。
ネッター, トマス(ウォールデンの)　1430没(60?歳)。イギリスのカルメル会神学者。1370頃生。
蓮田兵衛　はすだひょうえ　1462没。室町時代の土豪。
芸阿弥　げいあみ　1485没(55歳)。室町時代・戦国時代の足利将軍家の同朋。1431生。
慈範　じはん　1489没(44歳)。室町時代の浄土真宗の僧。1446生。
チョーンドラー, トマス　1490没(73?歳)。イングランドの古典学者。1417頃生。
大森藤頼　おおもりふじより　1503没。室町時代・戦国時代の武将。
ティンクトリス, ヨハンネス　1511没(76?歳)。音楽理論家、作曲家。1435頃生。

玄室守腋　げんしつしゅえき　1514没(70歳)。室町時代・戦国時代の曹洞宗の僧。1445生。
宗翔　そうしょう　1522没(74歳)。室町時代・戦国時代の臨済宗の僧。1449生。
長恵　ちょうえ　1524没(67歳)。戦国時代の真言声明南山進流の声明家。1458生。
フッカー, リチャード　1600没(46歳)。アングリカン・チャーチの神学者。1554生。
バンクロフト, リチャード　1610没(66歳)。イギリス、カンタベリー大主教。1544生。
御薗意斎　みそのいさい　1616没(60歳)。安土桃山時代・江戸時代前期の鍼術家。1557生。
慈昌　じしょう　1620没(77歳)。安土桃山時代・江戸時代前期の浄土宗の僧。1544生。
真超　しんちょう　1659没(64歳)。江戸時代前期の天台宗の学僧。1596生。
范道生　はんどうせい　1670没(34歳)。江戸時代前期の清国の仏師。1637生。
誠子内親王　ともこないしんのう　1686没(33歳)。江戸時代前期の女性。後西天皇の第1皇女。1654生。
只丸　しがん　1712没(73歳)。江戸時代前期・中期の浄土真宗の僧、俳人。1640生。
柳沢吉保　やなぎさわよしやす　1714没(57歳)。江戸時代前期・中期の大名、老中上座(大老格)。1658生。
ケンペル　1716没(65歳)。ドイツの医者、博物学者。1651生。
大道寺友山　だいどうじゆうざん　1730没(92歳)。江戸時代前期・中期の兵法家。1639生。
松木淡々　まつきたんたん　1761没(88歳)。江戸時代中期の俳人。1674生。
鳥居清倍(2代目)　とりいきよます　1763没(58歳)。江戸時代中期の浮世絵師。1706生。
根本武夷　ねもとぶい　1764没(66歳)。江戸時代中期の漢学者。1699生。
後桜町天皇　ごさくらまちてんのう　1813(閏11月)没(74歳)。第117代の天皇。1740生。

634

市川団之助（3代目） いちかわだんのすけ　1817没（32歳）。江戸時代後期の歌舞伎役者。1786生。

木下幸文　きのしたたかふみ　1821没（43歳）。江戸時代後期の歌人。1779生。

ピンクニー，トマス　1828没（78歳）。アメリカの政治家，外交官。1750生。

杉田立卿　すぎたりゅうけい　1845没（60歳）。江戸時代後期の蘭方医。1786生。

テングネール，エサイアス　1846没（63歳）。スウェーデンの詩人。1782生。

中村芝翫（3代目）　なかむらしかん　1847没（38歳）。江戸時代後期の歌舞伎役者。1810生。

ブリッジマン，イライジャ・コウルマン　1861没（60歳）。プロテスタント会衆派宣教師。1801生。

リンド，ジェニー　1887没（67歳）。イギリス（スウェーデン生れ）のソプラノ歌手。1820生。

オールコック，サー・ジョン・ラザフォード　1897没（88歳）。イギリスの外交官。1809生。

大西祝　おおにしはじめ　1900没（37歳）。明治時代の哲学者，教員。高等師範学校講師。1864生。

ケリカー，ルドルフ・アルベルト・フォン　1905没（88歳）。スイスの動物学者，解剖学者。1817生。

マーミン・シビリャーク，ドミートリー・ナルキンヴィチ　1912没（60歳）。ロシアの小説家。1852生。

坪井玄道　つぼいげんどう　1922没（71歳）。明治・大正時代の体育家。1852生。

三遊亭円右（初代）　さんゆうていえんう　1924没（65歳）。明治・大正時代の落語家。1860生。

段祺瑞　だんきずい　1936没（71歳）。中国の軍閥。1865生。

北原白秋　きたはらはくしゅう　1942没（58歳）。明治～昭和時代の歌人，童謡作家。1885生。

ショー，ジョージ・バーナード　1950没（94歳）。イギリスの劇作家。1856生。

茂田井武　もだいたけし　1956没（48歳）。昭和時代の童画家。1908生。

徳富蘇峰　とくとみそほう　1957没（94歳）。明治～昭和時代のジャーナリスト，評論家。1863生。

ミトロプロス，ディミトリ　1960没（64歳）。ギリシア生れのアメリカの指揮者。1896生。

山口二矢　やまぐちおとや　1960没（17歳）。昭和時代の右翼運動家。1943生。

サーバー，ジェイムズ・グローヴァー　1961没（66歳）。アメリカのユーモア作家。1894生。

エヴァット，ハーヴァート・ヴィア　1965没（71歳）。オーストラリアの政治家。1894生。

荒木貞夫　あらきさだお　1966没（89歳）。大正・昭和時代の政治家。陸軍大臣，文部大臣。1877生。

デバイ，ペーター・ジョゼフ・ウィリアム　1966没（82歳）。オランダ生れのアメリカの物理化学者。1884生。

恒藤恭　つねとうきょう　1967没（78歳）。大正・昭和時代の法哲学者。大阪市立大学総長，日本法哲学会理事長。1888生。

李広田　りこうでん　1968没（62歳）。中国の詩人，小説家。1906生。

ベズイメンスキー，アレクサンドル・イリイチ　1972没（74歳）。ソ連の詩人。1898生。

パゾリーニ，ピエール・パーオロ　1975没（53歳）。イタリアの映画監督，詩人，小説家。1922生。

ノサック，ハンス・エーリヒ　1977没（76歳）。西ドイツの小説家。1901生。

ベルト，ジュゼッペ　1978没（63歳）。イタリアの小説家。1914生。

戸村一作　とむらいっさく　1979没（70歳）。昭和時代の社会運動家，彫刻家。三里塚芝山連合空港反対同盟委員長。1909生。

山川菊栄　やまかわきくえ　1980没（89歳）。大正・昭和時代の女性運動家，評論家。労働省婦人少年局長。1890生。

金素雲　きむそうん　1981没（73歳）。朝鮮の詩人，児童文学者，随筆家。1907生。

田村泰次郎　たむらたいじろう　1983没（71歳）。昭和時代の小説家。1911生。

直良信夫　なおらのぶお　1985没（83歳）。昭和時代の考古学者，古生物学者。早稲田大学教授。1902生。

メダワー，サー・ピーター・ブライアン　1987没（72歳）。イギリスの生物学者。1915生。

滝内礼作　たきうちれいさく　1993没（88歳）。昭和時代の弁護士。1905生。

ゴッホ，テオ・ファン　2004没（47歳）。オランダの映画監督。1957生。

11月2日

11月3日

○記念日○ 文化の日
○出来事○ 日本国憲法が公布（1946）
湯川秀樹、日本人初のノーベル賞受賞が発表（1949）
映画『ゴジラ』公開（1954）

崇峻天皇　すしゅんてんのう　592没。第32代の天皇。
ビルミーニウス　753没。ライヒェナウの初代の修道院長、聖人。
大江音人　おおえのおとんど　877没（67歳）。平安時代前期の公卿。811生。
相応　そうおう　918没（88歳）。平安時代前期・中期の天台宗の僧。831生。
イブヌル・クーティーヤ　977没。イスラム教徒の文法学者、歴史学者。
惟宗孝言　これむねのたかこと　1096没（82歳）。平安時代中期・後期の漢詩人。1015生。
寛慶　かんけい　1123没（80歳）。平安時代中期・後期の天台宗の僧。1044生。
悰子内親王　そうしないしんのう　1162没（64歳）。平安時代後期の女性。堀河天皇の皇女。1099生。
一幡　いちまん　1203没（6歳）。鎌倉幕府2代将軍源頼家の子。1198生。
ギヨーム・ドーセール　1231没（81?歳）。フランスの神学者、哲学者。1150頃生。
念阿　ねんあ　1251没（95歳）。鎌倉時代前期の浄土宗の僧。1157生。
ヨアンネス3世　1254没（61歳）。ビザンチン帝国皇帝（在位1222～54）。1193生。
北条重時　ほうじょうしげとき　1261没（64歳）。鎌倉時代前期の武将。1198生。
東巌慧安　とうがんえあん　1277没（53歳）。鎌倉時代前期の播磨国の臨済宗の僧。1225生。
道玄　どうげん　1304没（68歳）。鎌倉時代後期の僧。1237生。
厳家　ごんけ　1306没（32歳）。鎌倉時代後期の真言僧。1275生。
藤原有通　ふじわらのありみち　1333没（76歳）。鎌倉時代後期の公卿。1258生。
愚谷常賢　ぐこくじょうけん　1339没。鎌倉時代後期・南北朝時代の曹洞宗の僧。
了実　りょうじつ　1386没（83歳）。鎌倉時代後期・南北朝時代の僧。1304生。

二条持基　にじょうもちもと　1445没（56歳）。室町時代の公卿。1390生。
疋田検校　ひきたけんぎょう　1455没。室町時代の琵琶法師。
春岡慧成　しゅんこうえじょう　1496没。室町時代の曹洞宗の僧。
吉田兼満　よしだかねみつ　1528没（44歳）。戦国時代の公卿。1485生。
ハウスマン，ニーコラウス　1538没（60?歳）。ドイツの宗教改革者。1478頃生。
佐竹義昭　さたけよしあき　1565没（35歳）。戦国時代の武将、常陸太田城城主、義篤の子。1531生。
船橋良雄　ふなばしよしお　1566没（68歳）。戦国時代の公卿。1499生。
ボロメオ，聖カルロ　1584没（46歳）。イタリアのカトリック聖職者、聖人。1538生。
ペレス　1611没（72歳）。スペインの政治家。1539生。
ディオダーティ，ジョヴァンニ　1649没（73歳）。スイスのカルバン派の牧師。1576生。
白井権八　しらいごんぱち　1679没（25?歳）。江戸時代前期の情話の主人公。1655頃生。
森田治郎兵衛　もりたじろべえ　1744没（62歳）。江戸時代中期の機業家。1683生。
杵屋正次郎（初代）　きねやしょうじろう　1803没。江戸時代中期・後期の長唄の三味線方。
ジュルダン，ジャン－バティスト，伯爵　1833没（71歳）。フランスの軍人。1762生。
岡研介　おかけんかい　1839没（41歳）。江戸時代後期の蘭方医。1799生。
松本幸四郎（6代目）　まつもとこうしろう　1849没（39歳）。江戸時代後期の歌舞伎役者。1811生。
リュード，フランソワ　1855没（71歳）。フランスの彫刻家。1784生。
立原春沙　たちはらしゅんさ　1858没（41歳）。江戸時代後期・末期の女性。画家、華山門十哲の一人。1818生。

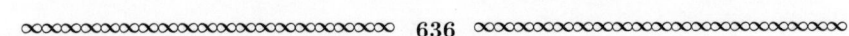

ディアス, ゴンサルヴェス　1864没(41歳)。ブラジルの詩人。1823生。

カッポーニ, ジーノ　1876没(84歳)。イタリアの歴史家, 政治家。1792生。

プラルト, ヨセフ　1879没(62歳)。ベルギーの建築家。1817生。

大橋佐平　おおはしさへい　1901没(66歳)。明治時代の実業家。出版業者。1836生。

鈴木利亨　すずきとしゆき　1914没(77歳)。明治・大正時代の官僚, 銀行家。1838生。

トラークル, ゲオルク　1914没(27歳)。オーストリアの詩人。1887生。

ブロワ, レオン　1917没(71歳)。フランスの小説家, ジャーナリスト。1846生。

寺内正毅　てらうちまさたけ　1919没(68歳)。明治〜昭和時代の陸軍軍人。初代朝鮮総督, 伯爵。1852生。

オークリー, アニー　1926没(66歳)。アメリカ西部開拓時代の伝説的な女射撃手。1860生。

永井繁子　ながいしげこ　1928没(67歳)。明治時代の教育者, 東京音楽学校教授。1862生。

ボードゥアン・ド・クルトネ, ヤン・イグナツィ・ニェツィスワフ　1929没(84歳)。ポーランドの言語学者。1845生。

ラゲー, エミール　1929没(77歳)。ベルギーの宣教師。1852生。

片山国嘉　かたやまくにか　1931没(77歳)。明治・大正時代の医学者。1855生。

岩田義道　いわたよしみち　1932没(35歳)。昭和時代の社会運動家。1898生。

ルー, ポール・エミール　1933没(79歳)。フランスの細菌学者。1853生。

江見水蔭　えみすいいん　1934没(66歳)。明治・大正時代の劇作家, 小説家。1869生。

コストラーニ・デジェー　1936没(51歳)。ハンガリーの詩人, 小説家。1885生。

木島桜谷　このしまおうこく　1938没(62歳)。明治・大正時代の日本画家。1877生。

リンドグレン　1939没(79歳)。アメリカ(スウェーデン生れ)の地質学者。1860生。

シュテルンハイム, カール　1942没(64歳)。ドイツの劇作家。1878生。

ドニ, モーリス　1943没(72歳)。フランスの画家。1870生。

田中英光　たなかひでみつ　1949没(37歳)。昭和時代の小説家。1913生。

小磯国昭　こいそくにあき　1950没(70歳)。大正・昭和時代の陸軍軍人, 政治家。朝鮮総督, 首相。1880生。

マティス, アンリ　1954没(84歳)。フランスの画家。1869生。

ディ・ビットリオ, G.　1957没(65歳)。イタリアの労働運動家。1892生。

ライヒ, ヴィルヘルム　1957没(60歳)。オーストリア, アメリカの精神分析学者。1897生。

ジョーンズ, サー・ハロルド・スペンサー　1960没(70歳)。イギリスの天文学者。1890生。

ホジソン, ラーフ　1962没(91歳)。イギリスの詩人。1871生。

ペータル2世　1970没(47歳)。ユーゴスラヴィアの王(在位1934〜45)。1923生。

富士田音蔵(6代目)　ふじたおとぞう　1972没(73歳)。大正・昭和時代の長唄唄方。1899生。

除村吉太郎　よけむらよしたろう　1975没(78歳)。大正・昭和時代のロシア文学者。1897生。

瀬川菊之丞(6代目)　せがわきくのじょう　1976没(69歳)。大正・昭和時代の歌舞伎役者。1907生。

沢村宗之助(2代目)　さわむらそうのすけ　1978没(60歳)。大正・昭和時代の歌舞伎俳優, 映画俳優。1918生。

カー, E.H.　1982没(90歳)。イギリスの国際政治学者, 歴史学者。1892生。

坪内美詠子　つぼうちみえこ　1985没(70歳)。昭和時代の女優。1915生。

ルッサン, アンドレ　1987没(76歳)。フランスの劇作家。1911生。

赤堀四郎　あかぼりしろう　1992没(92歳)。昭和時代の生化学者。1900生。

トマ, アンリ　1993没(80歳)。フランスの詩人, 小説家, 翻訳家。1912生。

ボカサ　1996没(75歳)。中央アフリカ共和国の軍人, 政治家。1921生。

佐治敬三　さじけいぞう　1999没(80歳)。昭和・平成時代の実業家。サントリー会長, TBSブリタニカ会長。1919生。

ゴンブリック, サー・エルンスト・ハンス・ヨーゼフ　2001没(92歳)。イギリスの美術史学者。1909生。

モーリア, ポール　2006没(81歳)。フランスの作曲家、指揮者。1925生。

11月3日

11月4日

○記念日○　ユネスコ憲章記念日
○出来事○　広島、初の日本一に(1979)
　　　　　王貞治が引退(1980)

藤原当幹　ふじわらのあてもと　941没(78歳)。平安時代前期・中期の公卿。864生。

源経基　みなもとのつねもと　961没(45歳)。平安時代中期の武将。917生。

頼豪　らいごう　1084没(82歳)。平安時代中期・後期の天台宗園城寺の僧。1003生。

佐竹忠義　さたけただよし　1180没。平安時代後期の武将。

フェリクス　1212没(85歳)。フランスのキリスト教聖職者、聖人。1127生。

阿波局　あわのつぼね　1227没。鎌倉時代前期の女性。北条時政の娘、北条政子の妹。

禅勝房　ぜんしょうぼう　1258没(85歳)。鎌倉時代前期の僧。1174生。

清閑寺資房　せいかんじもとふさ　1344没(41歳)。鎌倉時代後期・南北朝時代の公卿。1304生。

鑑翁士昭　かんおうししょう　1360没。鎌倉時代後期・南北朝時代の臨済宗の僧。

西洞院行時　にしのとういんゆきとき　1369没(46歳)。南北朝時代の公卿。1324生。

ペドロ・デ・アラゴン　1381没(76歳)。スペインのアラゴン連合王国国王ハイメ2世の王子。1305生。

足利氏満　あしかがうじみつ　1398没(40歳)。南北朝時代・室町時代の第2代の鎌倉公方。1359生。

日霽　にっせい　1405没(57歳)。南北朝時代・室町時代の日蓮宗の僧。1349生。

正親町公澄　おおぎまちきんずみ　1470没(41歳)。室町時代の公卿。1430生。

コレオーニ　1475没(75歳)。イタリアの傭兵隊長。1400生。

妙康　みょうこう　1485没(80歳)。室町時代・戦国時代の曹洞宗の僧。1406生。

一州正伊　いっしゅうしょうい　1487没(72歳)。室町時代・戦国時代の曹洞宗の僧。1416生。

賢窓常俊　けんそうじょうしゅん　1507没。室町時代・戦国時代の曹洞宗の僧。

ヘス、ヘーリウス・エオバーヌス　1540没(52歳)。ドイツの人文主義者、詩人。1488生。

尊海　そんかい　1543没(72歳)。戦国時代の真言宗の僧。1472生。

北条氏直　ほうじょううじなお　1591没(30歳)。安土桃山時代の武将、相模小田原城主。1562生。

服部半蔵　はっとりはんぞう　1596没(55歳)。安土桃山時代の武士。1542生。

フォンセーカ、ペテール・ダ　1599没(71歳)。ポルトガルのイエズス会士、哲学者。1528生。

メスクイタ　1614没(60歳)。ポルトガルのイエズス会宣教師。1554生。

ポレス、マルティン・デ　1639没(59歳)。ペルーのドミニコ会修道士、聖人。1579生。

フェルデ　1641没(48?歳)。オランダの画家一族の一人。1593頃生。

テーラー　1652没(67?歳)。イギリスの俳優。1585頃生。

ル・メートル、アントワーヌ　1658没(50歳)。フランスのヤンセン派信者。1608生。

コクツェーユス、ヨハネス　1669没(66歳)。ドイツの改革派神学者。1603生。

クルトワ、ジャック　1676没(55歳)。フランスの画家。1621生。

グランヴィル、ジョゼフ　1680没(44歳)。イギリスの哲学者、王立学会会員。1636生。

黒川道祐　くろかわどうゆう　1691没(69?歳)。江戸時代前期・中期の史家、安芸広島藩医。1623頃生。

沢村音右衛門(初代)　さわむらおとえもん　1741没(55歳)。江戸時代中期の歌舞伎役者。1687生。

竹田出雲(2代目)　たけだいずも　1756没(66歳)。江戸時代中期の人形浄瑠璃興行主、作者。1691生。

望月三英　もちづきさんえい　1769没(72歳)。江戸時代中期の医師。1698生。

638

浜村蔵六(初代)　はまむらぞうろく　1794没(60歳)。江戸時代中期の篆刻家。1735生。

杵屋佐吉(初代)　きねやさきち　1807没。江戸時代中期・後期の長唄三味線方。

瀬川如皐(2代目)　せがわじょこう　1833没(77歳)。江戸時代中期・後期の歌舞伎作者。1757生。

実川額十郎(初代)　じつかわがくじゅうろう　1835没(54歳)。江戸時代後期の歌舞伎役者。1782生。

メンデルスゾーン - バルトルディ, ヤーコプ・ルートヴィヒ・フェーリクス　1847没(38歳)。ドイツの作曲家, 指揮者, ピアニスト。1809生。

シュヴァープ, グスタフ　1850没(58歳)。ドイツの作家。1792生。

ドラローシュ, ポール　1856没(59歳)。フランスの歴史画家。1797生。

ピーボディ, ジョージ　1869没(74歳)。アメリカの実業家, 慈善家。1795生。

松井源水(13代目)　まついげんすい　1870没。江戸・明治時代の大道芸人, 香具師。

セッテンブリーニ, ルイージ　1876没(63歳)。イタリアの評論家, 文学史家。1813生。

橘家円太郎(4代目)　たちばなやえんたろう　1898没(54歳)。明治時代の落語家。1845生。

デイヴィス, ジェローム・ディーン　1910没(72歳)。アメリカのアメリカン・ボード宣教師。1838生。

オーエン, ウィルフレッド　1918没(25歳)。イギリスの詩人。1893生。

土方久元　ひじかたひさもと　1918没(86歳)。江戸・明治時代の政治家, 高知藩士。帝室制度取調局総裁, 伯爵。1833生。

田中義成　たなかよしなり　1919没(60歳)。明治・大正時代の歴史学者。東京帝国大学教授。1860生。

原敬　はらたかし　1921没(66歳)。明治・大正時代の政治家。1856生。

モンテリウス　1921没(78歳)。スウェーデンの考古学者。1843生。

フォーレ, ガブリエル　1924没(79歳)。フランスの作曲家。1845生。

秋山好古　あきやまよしふる　1930没(72歳)。明治・大正時代の陸軍軍人。大将。1859生。

アサーニャ, マヌエル　1940没(60歳)。スペイン第2共和制下の政治家。1880生。

シューマッハー, フリッツ　1947没(78歳)。ドイツの建築家。1869生。

福原信三　ふくはらしんぞう　1948没(66歳)。大正・昭和時代の写真家, 実業家。1883生。

石渡荘太郎　いしわたりそうたろう　1950没(59歳)。大正・昭和時代の官僚, 政治家。貴族院議員, 大蔵大臣。1891生。

ダーゲルマン, スティーグ　1954没(31歳)。スウェーデンの小説家, 劇作家。1923生。

テータム, アート　1956没(46歳)。アメリカのジャズ・ピアニスト。1910生。

ヴェーバー, マックス　1961没(80歳)。アメリカの画家。1881生。

坂東三津五郎(7代目)　ばんどうみつごろう　1961没(79歳)。明治～昭和時代の歌舞伎役者。1882生。

ジョーンズ, ダニエル　1967没(86歳)。イギリスの音声学者。1881生。

野上彰　のがみあきら　1967没(58歳)。昭和時代の詩人, 編集者。日本童謡協会事務局長, 東京シャンソン協会会長。1908生。

橘瑞超　たちばなずいちょう　1968没(78歳)。明治～昭和時代の僧, 探検家。1890生。

ヴァッゲルル, カール・ハインリヒ　1973没(75歳)。オーストリアの小説家。1897生。

小林和作　こばやしわさく　1974没(86歳)。大正・昭和時代の洋画家。1888生。

新見吉治　しんみきちじ　1974没(100歳)。明治～昭和時代の日本史学者。1874生。

神田伯山(5代目)　かんだはくざん　1976没(78歳)。大正・昭和時代の講談師。1898生。

吉野せい　よしのせい　1977没(78歳)。昭和時代の小説家。1899生。

野村芳兵衛　のむらよしべえ　1986没(90歳)。大正・昭和時代の生活綴方教育運動家。1896生。

隆慶一郎　りゅうけいいちろう　1989没(66歳)。昭和・平成時代の脚本家, 小説家。1923生。

三宅邦子　みやけくにこ　1992没(76歳)。昭和時代の映画女優。1916生。

フランシス, サム　1994没(71歳)。アメリカの画家。1923生。

ドゥルーズ, ジル　1995没(70歳)。フランスの哲学者。1925生。

ラビン, イツハーク　1995没(73歳)。イスラエルの軍人, 政治家。1922生。

青田昇　あおたのぼる　1997没(72歳)。昭和・平成時代のプロ野球選手, 野球評論家。大洋監督。1924生。

11月4日

11月5日

○記念日○　縁結びの日
　　　　　雑誌広告の日
　　　　　電報の日
○出来事○　NHK初の全国中継放送（1928）
　　　　　東京科学博物館開館（1931）

勤子内親王　きんしないしんのう　938没（35歳）。平安時代中期の女性。醍醐天皇の第4皇女。904生。

大江匡房　おおえのまさふさ　1111没（71歳）。平安時代中期・後期の学者，歌人，公卿。1041生。

藤原全子　ふじわらのぜんし　1150没（91歳）。平安時代後期の藤原俊家の娘。1060生。

頼西　らいさい　1151没（84歳）。平安時代後期の真言宗の僧。1068生。

行玄　ぎょうげん　1155没（59歳）。平安時代後期の天台宗の僧。1097生。

行舜　ぎょうしゅん　1208没（64歳）。平安時代後期・鎌倉時代前期の天台宗の僧。1145生。

長乗　ちょうじょう　1323没（80歳）。鎌倉時代後期の天台宗の僧。1244生。

カジーミエシュ3世　1370没（61歳）。ポーランド国王（在位1333～70）。1309生。

藤波清世　ふじなみきよよ　1409没（69歳）。南北朝時代・室町時代の公卿。1341生。

西胤俊承　せいいんしゅんしょう　1422没（65歳）。室町時代の臨済宗の僧。1358生。

金岡用兼　きんこうようけん　1513没（76歳）。室町時代・戦国時代の曹洞宗の僧。1438生。

アルベルティネッリ，マリオット　1515没（40歳）。イタリアのフィレンツェ派の画家。1474生。

里村昌休　さとむらしょうきゅう　1552没（43歳）。戦国時代の連歌師。1510生。

プラーテンシス，フェーリクス　1558没。イタリア出身の聖書編纂者。

グレヴァン，ジャック　1570没（32歳）。フランスの詩人，劇作家，医者。1538生。

心月女王　しんげつじょおう　1590没（11歳）。安土桃山時代の女性。陽光太上天皇の第3王女。1580生。

ペトリス，フランチェスコ・デ　1593没（30歳）。イタリアの来中国イエズス会士。1563生。

南陽紹弘　なんようしょうこう　1652没。江戸時代前期の臨済宗の僧。

ロード，アレクサンドル・ド　1660没（69歳）。フランスのイエズス会司祭，宣教師。1591生。

トゥンダー，フランツ　1667没（53歳）。ドイツの作曲家。1614生。

吉野彦助　よしのひこすけ　1701没（86歳）。江戸時代前期・中期の篤農家。1616生。

ラマッツィーニ，ベルナルディーノ　1714没（81歳）。イタリアの医師。1633生。

豊竹筑前少掾　とよたけちくぜんのしょうじょう　1768没（69歳）。江戸時代中期の義太夫節の太夫。1700生。

難波宗建　なんばむねたけ　1768没（72歳）。江戸時代中期の公家。1697生。

本光　ほんこう　1773没（64歳）。江戸時代中期の曹洞宗の僧。1710生。

嵐七五郎(3代目)　あらしちごろう　1798没（38歳）。江戸時代中期の歌舞伎役者。1761生。

西山拙斎　にしやませっさい　1798没（64歳）。江戸時代中期の儒学者，漢詩人。1735生。

ラムズデン，ジェス　1800没（65歳）。イギリスの天文機械製造業者。1735生。

カウフマン，アンゲリカ　1807没（66歳）。スイスの女流画家。1741生。

秋山章　あきやまあきら　1808没（86歳）。江戸時代中期・後期の国学者。1723生。

大谷友右衛門(3代目)　おおたにともえもん　1839没（47歳）。江戸時代後期の歌舞伎役者。1793生。

ホールマイル　1848没（66歳）。オーストリアの歴史家。1782生。

フェリアー，スーザン　1854没（72歳）。イギリスの女性作家。1782生。

足代弘訓　あじろひろのり　1856没（73歳）。江戸時代後期の国学者。1784生。

オドンネル　1867没（59歳）。スペインの軍人，政治家。1808生。

フールド　1867没(66歳)。フランスの政治家。1800生。

大村益次郎　おおむらますじろう　1869没(46歳)。江戸・明治時代の兵学者、萩藩士。軍制改革のリーダー。1824生。

マクスウェル、ジェイムズ・クラーク　1879没(48歳)。イギリスの物理学者。1831生。

徳大寺公純　とくだいじきんいと　1883没(63歳)。江戸時代末期・明治時代の公家。1821生。

狩野芳崖　かのうほうがい　1888没(61歳)。明治時代の日本画家。図画取調掛雇い。1828生。

北田薄氷　きただうすらい　1900没(25歳)。明治時代の小説家。1876生。

ヴァイスマン、アウグスト・フリードリヒ・レオポルト　1914没(80歳)。ドイツの動物学者。1834生。

島村抱月　しまむらほうげつ　1918没(48歳)。明治・大正時代の評論家、劇作家。1871生。

野村隈畔　のむらわいはん　1921没(38歳)。明治・大正時代の評論家、思想家。1884生。

エイクマン、クリスティアーン　1930没(72歳)。オランダの生理学者。1858生。

片山潜　かたやません　1933没(75歳)。明治～昭和時代の社会主義者、社会運動家。万国社会党大会日本代表。1859生。

櫛田民蔵　くしだたみぞう　1934没(50歳)。大正・昭和時代の経済学者。同志社大学教授、東京帝国大学講師。1885生。

シャーリエ　1934没(72歳)。スウェーデンの天文学者。1862生。

木下尚江　きのしたなおえ　1937没(69歳)。明治～昭和時代のジャーナリスト、小説家。1869生。

ユルバン、ジョルジュ　1938没(66歳)。フランスの化学者。1872生。

清浦奎吾　きようらけいご　1942没(93歳)。明治・大正時代の官僚、政治家。貴族院議員、伯爵。1850生。

コーアン、ジョージ　1942没(64歳)。アメリカの劇作家、劇場支配人。1878生。

カレル、アレクシス　1944没(71歳)。フランスの外科医、社会学者、生物学者。1873生。

ステラ、ジョゼフ　1946没(69歳)。アメリカの画家。1877生。

吉沢義則　よしざわよしのり　1954没(78歳)。明治～昭和時代の国語学者、歌人。京都帝国大学教授、帚木会を主宰。1876生。

ユトリロ、モーリス　1955没(71歳)。フランスの画家。1883生。

小園安名　こぞのやすな　1960没(58歳)。昭和時代の海軍軍人。大佐。1902生。

セネット、マック　1960没(80歳)。カナダの映画監督、プロデューサー、俳優。1880生。

昔々亭桃太郎(初代)　せきせきていももたろう　1970没(60歳)。昭和時代の落語家。日本喜劇人協会会長。1910生。

ローマー、アルフレッド・シャーウッド　1973没(78歳)。アメリカの古生物学者。1894生。

テータム、エドワード・ローリー　1975没(65歳)。アメリカの生化学者。1909生。

南部正太郎　なんぶしょうたろう　1976没(57歳)。昭和時代の漫画家。1918生。

木村友衛(初代)　きむらともえ　1977没(77歳)。大正・昭和時代の浪曲師。日本浪曲協会会長。1900生。

熊谷寛夫　くまがいひろお　1977没(66歳)。昭和時代の物理学者。東京大学教授、日本物理学会会長。1911生。

飯守重任　いいもりしげとう　1980没(74歳)。昭和時代の裁判官。鹿児島家裁所長。1906生。

渡辺邦男　わたなべくにお　1981没(82歳)。昭和時代の映画監督。1899生。

タチ、ジャック　1982没(74歳)。フランスの喜劇俳優、監督。1908生。

山本太郎　やまもとたろう　1988没(62歳)。昭和時代の詩人。法政大学教授、日本現代詩人会長。1925生。

榎一雄　えのきかずお　1989没(75歳)。昭和時代の東洋史学者。東洋文庫理事長、東京大学教授。1913生。

ホロヴィッツ、ヴラディミア　1989没(85歳)。ロシア生れのアメリカのピアニスト。1904生。

オールト、ヤン・ヘンドリック　1992没(92歳)。オランダの天文学者。1900生。

バーリン、アイザイア　1997没(88歳)。イギリスの政治哲学者、政治思想史家。1909生。

河内桃子　こうちももこ　1998没(66歳)。昭和・平成時代の女優。1932生。

沢木欣一　さわききんいち　2001没(82歳)。昭和・平成時代の俳人、国文学者。東京芸術大学教授。1919生。

ファウルズ、ジョン　2005没(79歳)。イギリスの小説家。1926生。

11月5日

11月6日

○記念日○ お見合い記念日
アパート記念日
○出来事○ GHQが財閥解体指令（1945）

ウィンノク 715没。フランドルへのコルンバン修道会の宣教師、聖人。
興世書主 おきよのふみぬし 850没（73歳）。平安時代前期の官人。778生。
大江斉光 おおえなりみつ 987没（54歳）。平安時代中期の公卿。934生。
ベルトルト1世 1078没。ツェーリンゲル家興隆の始祖。
ヒュー 1200没（60?歳）。イギリスの聖職者、聖人。1140頃生。
藤原兼高 ふじわらのかねたか 1239没。鎌倉時代前期の公卿。
良祐 りょうゆう 1242没（83歳）。鎌倉時代前期の僧。1160生。
可庵円慧 かあんえんえ 1343没（75歳）。鎌倉時代後期・南北朝時代の僧。1269生。
持明院家藤 じみょういんいえふじ 1348没。鎌倉時代後期・南北朝時代の公卿。
河野通朝 こうのみちとも 1364没。南北朝時代の武将。
ソレスビ, ジョン 1374没。イギリスのヨーク大司教。
河野通尭 こうのみちたか 1379没（34歳）。南北朝時代の武将。1346生。
イノケンティウス7世 1406没（70?歳）。大分裂期のローマ教皇（在位1404～06）。1336頃生。
フィラトール, ギヨーム 1428没（80?歳）。フランスの枢機卿、人文主義者。1348頃生。
ビュノワ, アントワーヌ 1492没（62?歳）。フランドルの作詞家、作曲家。1430頃生。
ラハマン, ヨーハン 1538没（47歳）。ドイツのハイルブロンの宗教改革者。1491生。
一条房冬 いちじょうふさふゆ 1541没（54歳）。戦国時代の土佐国司・権中納言。1488生。
受天栄祐 じゅてんえいゆう 1544没（81歳）。戦国時代の曹洞宗の僧。1464生。
ウルリヒ 1550没（63歳）。ビュルテンベルク公。1487生。

諏訪御寮人 すわごりょうにん 1555没。戦国時代の女性。武田信玄の側室。
イングラシア 1580没（70歳）。イタリアの解剖学者。1510生。
フロマン, アントワーヌ 1581没（72歳）。フランスの宗教改革者。1509生。
円誉 えんよ 1584没（81歳）。戦国時代・安土桃山時代の浄土宗の僧。1504生。
日精 にっせい 1584没。安土桃山時代の日蓮宗の僧。
妙心尼 みょうしんに 1594没（81歳）。戦国時代・安土桃山時代の女性。上野国館林青柳城主赤井家堅の娘。1514生。
ロー 1644没（63?歳）。イギリスの外交官。1581頃生。
オウニール, オウエン・ロウ 1649没（67歳）。アイルランドの独立運動戦士、武将。1582生。
片桐為次 かたぎりためつぐ 1655没（15歳）。江戸時代前期の大名。1641生。
ジョアン4世 1656没（52歳）。ポルトガル王（在位1640～56）。1604生。
大島伴六 おおしまばんろく 1657没（70歳）。江戸時代前期の槍術家。1588生。
シュッツ, ハインリヒ 1672没（87歳）。ドイツの作曲家。1585生。
戴曼公 たいまんこう 1672没（77歳）。江戸時代前期に明から渡来した医師。1596生。
独立 どくりゅう 1672没（76歳）。中国、明末清初の医師、禅僧。1596生。
伊藤宗看（初代） いとうそうかん 1694没（77歳）。江戸時代前期の将棋棋士。1618生。
ダヴェナント 1714没（58歳）。イギリスの経済学者。1656生。
藤波時綱 ふじなみときつな 1717没（70歳）。江戸時代中期の神道家。1648生。
イムホフ 1750没（45歳）。オランダの東インド会社総督（1743～50）。1705生。
ジュシュー, ベルナール・ド 1777没（78歳）。フランスの植物学者。1699生。

642

ベンダ, イルジー・アントニーン 1795没（73歳）。ドイツの作曲家。1722生。

モリス, ガヴァヌーア 1816没（64歳）。アメリカの政治家。1752生。

ベルトレ, クロード・ルイ, 伯爵 1822没（73歳）。フランスの化学者。1748生。

シャルル10世 1836没（78歳）。フランス王。1757生。

マーハ, カレル・ヒネック 1836没（25歳）。チェコの詩人。1810生。

滝沢馬琴 たきざわばきん 1848没（82歳）。江戸時代中期・後期の読本・合巻作者。1767生。

大西椿年 おおにしちんねん 1851没（60歳）。江戸時代末期の画家。1792生。

堀利熙 ほりとしひろ 1860没（43歳）。江戸時代末期の幕臣。1818生。

野村望東 のむらぼうとう 1867没（62歳）。江戸時代末期の女性。歌人。1806生。

玉木文之進 たまきぶんのしん 1876没（67歳）。江戸時代末期・明治時代の長州（萩）藩士。1810生。

申在孝 しんざいこう 1884没（56歳）。朝鮮, 李朝のパンソリ作家。1812生。

佐久間貞一 さくまていいち 1898没（51歳）。明治時代の実業家。東京市議会議員。1848生。

グリーナウェイ, ケイト 1901没（55歳）。イギリスの女流画家, 絵本作家。1846生。

ウィリアムズ, サー・ジョージ 1905没（84歳）。イギリスの〈Y.M.C.A〉創立者。1821生。

ゴルツ 1905没（69歳）。ドイツの農政学者。1836生。

出口なお でぐちなお 1918没（82歳）。明治・大正時代の宗教家。1837生。

呉昌碩 ごしょうせき 1927没（83歳）。中国, 清末から中華民国初めの書家, 画家, 篆刻家。1844生。

マクシミリアン 1929没（62歳）。ドイツの政治家。1867生。

土肥慶蔵 どひけいぞう 1931没（66歳）。明治〜昭和時代の医学者。東京帝国大学医科大学教授。1866生。

オズボーン, ヘンリー・フェアフィールド 1935没（78歳）。アメリカの古生物学者。1857生。

富士川游 ふじかわゆう 1940没（76歳）。明治〜昭和時代の医史学者。中山文化研究所所長, 日本医師学会理事長。1865生。

ルブラン, モーリス 1941没（76歳）。フランスの探偵小説家。1864生。

ラウレル 1959没（68歳）。フィリピンの政治家。1891生。

伊藤道郎 いとうみちお 1961没（68歳）。明治〜昭和時代の舞踊家。1893生。

サモスード, サムイル 1964没（80歳）。ソ連の指揮者。1884生。

ピエロン 1964没（83歳）。フランスの心理学者。1881生。

ヴァレーズ, エドガー 1965没（79歳）。フランス生れのアメリカの作曲家。1885生。

斎藤五百枝 さいとういおえ 1966没（84歳）。大正・昭和時代の挿絵画家。1881生。

野辺地勝久 のべちかつひさ 1966没（56歳）。昭和時代のピアニスト。東京芸術大学教授, 桐朋学園教授。1910生。

金重陶陽 かねしげとうよう 1967没（71歳）。昭和時代の陶芸家 。1896生。

ミュンシュ, シャルル 1968没（77歳）。フランスの指揮者。1891生。

石川桂郎 いしかわけいろう 1975没（66歳）。昭和時代の俳人, 小説家, 随筆家。「風土」主宰者。1909生。

ウィーナー 1976没（69歳）。アメリカの血清学者。1907生。

川崎長太郎 かわさきちょうたろう 1985没（83歳）。大正・昭和時代の小説家。1901生。

クラウス, リリ 1986没（78歳）。ハンガリー, のちイギリスのピアニスト。1908生。

松田優作 まつだゆうさく 1989没（39歳）。昭和・平成時代の俳優。1950生。

千葉徳爾 ちばとくじ 2001没（85歳）。昭和・平成時代の地理学者, 民俗学者。筑波大学教授, 日本民俗学会代表理事。1916生。

原健三郎 はらけんざぶろう 2004没（97歳）。昭和・平成時代の政治家。衆議院議員, 衆議院議長。1907生。

本田美奈子 ほんだみなこ 2005没（38歳）。昭和・平成時代の歌手、女優。1967生。

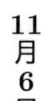

11月6日

11月7日

○記念日○ 国有財産の日
知恵の日
鍋の日
○出来事○ ロシア革命が成立（1917）

聖ウィリブロード 739没（81?歳）。イギリス中世初期の伝道者。658頃生。

緒継女王 おつぐじょおう 847没（61歳）。平安時代前期の女性。淳和天皇の後宮。787生。

菅原善主 すがわらのよしぬし 852没（50歳）。平安時代前期の官人。803生。

為平親王 ためひらしんのう 1010没（59歳）。村上天皇の第4皇子。952生。

祐子内親王 ゆうしないしんのう 1105没（68歳）。平安時代中期・後期の女性。後朱雀天皇の第3皇女。1038生。

エンゲルベルト1世 1225没（40?歳）。ドイツのケルン大司教（1216～）、聖人。1185頃生。

イブン・ダーニヤール 1310没（45?歳）。エジプトの眼科医、詩人、バイバルス1世時代の影絵芝居作者。1265頃生。

堀川具信 ほりかわとものぶ 1356没（25歳）。南北朝時代の公卿。1332生。

中山法頴 ちゅうざんほうえい 1390没（74歳）。南北朝時代の臨済宗の僧。1317生。

梅枝 うめがえ 1505没。戦国時代の三条西実隆の任女。

宗悦 そうえつ 1529没。戦国時代の浄土宗の僧。

阿蘇惟豊 あそこれとよ 1559没（67?歳）。戦国時代の阿蘇大宮司。1493頃生。

ロティキウス 1560没（32歳）。ドイツの新ラテン語詩人。1528生。

ヘッセルス、ヤン 1566没（44歳）。宗教改革期のカトリック神学者。1522生。

デイヴィス、リチャード 1581没（80?歳）。ウェールズ聖公会のセント・デイヴィズ（St.David's）主教、聖書翻訳者。1501頃生。

タリャコッツィ 1599没（53歳）。イタリアの外科医。1546生。

武田五兵衛 たけだごひょうえ 1603没（35歳）。安土桃山時代の武士。1569生。

成田氏宗 なりたうじむね 1622没。江戸時代前期の大名。

ジャハンギール 1627没（58歳）。インド、ムガル帝国第4代皇帝（在位1605～27）。1569生。

小野忠明 おののただあき 1628没（64歳）。安土桃山時代・江戸時代前期の剣術家。1565生。

荒木宗太郎 あらきそうたろう 1636没。江戸時代前期の朱印船貿易家。

アニオー 1645没。江戸時代前期の女性。長崎の貿易商荒木宗太郎の妻。

久田宗利 ひさだそうり 1685没（75歳）。江戸時代前期の茶人。1611生。

遠山頼直 とおやまよりなお 1693没（69歳）。江戸時代前期の大名。1625生。

嵐三右衛門（2代目） あらしさんえもん 1701没（41歳）。江戸時代中期の歌舞伎役者、歌舞伎座本。1661生。

蜂須賀綱矩 はちすかつなのり 1730没（70歳）。江戸時代中期の大名。1661生。

前田利理 まえだとしただ 1756没（58歳）。江戸時代中期の大名。1699生。

ナティエ、ジャン・マルク 1766没（81歳）。フランスの画家。1685生。

千葉芸閣 ちばうんかく 1792没（66歳）。江戸時代中期・後期の儒者。1727生。

中村仲蔵（2代目） なかむらなかぞう 1796没（36歳）。江戸時代中期の歌舞伎役者。1761生。

黒井半四郎 くろいはんしろう 1799没（53歳）。江戸時代中期の水利事業家。1747生。

岸本武太夫 きしもとぶだゆう 1810没（69歳）。江戸時代後期の代官。1742生。

リエゴ・イ・ヌニェス 1823没（37歳）。スペインの革命家、軍人。1785生。

本居春庭 もとおりはるにわ 1828没（66歳）。江戸時代中期・後期の国学者。1763生。

ラヴジョイ、エライジャ・パリシュ 1837没（34歳）。アメリカの奴隷制廃止論者。1802生。

バハードゥル・シャー2世　1862没(87歳)。インドのムガル王朝最後の王(1837～58)。1775生。

一条忠香　いちじょうただか　1863没(52歳)。江戸時代末期の公家。1812生。

クレプシュ　1872没(39歳)。ドイツの数学者，数理物理学者。1833生。

村松友松　むらまつともまつ　1880没(57歳)。江戸時代末期・明治時代の殖産家。1824生。

田中久重(初代)　たなかひさしげ　1881没(83歳)。江戸・明治時代の技術者。1799生。

ダニレフスキー，ニコライ・ヤーコヴレヴィチ　1885没(62歳)。ロシアの思想家，社会学者。1822生。

李鴻章　りこうしょう　1901没(78歳)。中国，清末の政治家。1823生。

サンチェス，フロレンシオ　1910没(35歳)。ウルグアイの劇作家。1875生。

トルストイ，レフ・ニコラエヴィチ　1910没(82歳)。ロシアの小説家，思想家。1828生。

ウォレス，アルフレッド・ラッセル　1913没(90歳)。イギリスの博物学者。1823生。

桃中軒雲右衛門(初代)　とうちゅうけんくもえもん　1916没(44歳)。明治・大正時代の浪曲師。1873生。

トーマ，ハンス　1924没(85歳)。ドイツの画家。1839生。

田村虎蔵　たむらとらぞう　1943没(71歳)。明治・大正時代の作曲家，教育家。1873生。

尾崎秀実　おざきほつみ　1944没(44歳)。昭和時代の政治運動家，中国問題研究家。1901生。

ゾルゲ　1944没(49歳)。ドイツのジャーナリスト，共産主義者。1895生。

近藤万太郎　こんどうまんたろう　1946没(64歳)。大正・昭和時代の農学者。1883生。

川瀬巴水　かわせはすい　1957没(74歳)。大正・昭和時代の版画家。1883生。

松村松年　まつむらしょうねん　1960没(88歳)。明治～昭和時代の昆虫学者。1872生。

ルーズヴェルト，A.E.　1962没(78歳)。F.ルーズベルト・アメリカ大統領の妻，著述家，外交官。1884生。

オイラー-ケルピン，ハンス・カール・アウグスト・シモン・フォン　1964没(91歳)。ドイツ系スウェーデンの生化学者。1873生。

木内キヤウ　きうちきょう　1964没(80歳)。明治～昭和時代の教育家，政治家。参議院議員，鳩の家園長。1884生。

戸叶里子　とかのさとこ　1971没(62歳)。昭和時代の政治家。衆議院議員，社会党代議士会長。1908生。

奥村綱雄　おくむらつなお　1972没(69歳)。昭和時代の実業家。野村証券社長。1903生。

トリリング，ライオネル　1975没(70歳)。アメリカの英文学者，評論家。1905生。

松本恵子　まつもとけいこ　1976没(85歳)。昭和時代の翻訳家。1891生。

加茂儀一　かもぎいち　1977没(78歳)。昭和時代の技術史家，評論家。東京工業大学教授，小樽商科大学学長，日本科学史学会会長。1899生。

中山玄雄　なかやまげんゆう　1977没(75歳)。大正・昭和時代の僧侶，仏教音楽研究家。天台宗探題。1902生。

朝山新一　あさやましんいち　1978没(70歳)。昭和時代の性学，発生生物学者。大阪市立大学教授。1908生。

越路吹雪　こしじふぶき　1980没(56歳)。昭和時代の歌手，女優。1924生。

マクウィーン，スティーヴ　1980没(50歳)。アメリカの俳優。1930生。

赤木健介　あかぎけんすけ　1989没(82歳)。昭和時代の歌人，詩人，出版編集者，歴史学者。「起点」主宰。1907生。

ダレル，ロレンス　1990没(78歳)。イギリスの小説家，詩人。1912生。

マクレナン，ヒュー　1990没(83歳)。イギリス系のカナダの小説家。1907生。

ドプチェク，アレクサンドル　1992没(70歳)。チェコスロバキアの政治家。

戸塚文子　とつかあやこ　1997没(84歳)。昭和・平成時代の旅行評論家，随筆家。「旅」編集長。1913生。

藤田圭雄　ふじたたまお　1999没(93歳)。昭和・平成時代の童謡詩人，児童文学作家。日本児童文学者協会会長，日本童謡協会会長。1905生。

吉村公三郎　よしむらこうざぶろう　2000没(89歳)。昭和時代の映画監督。1911生。

左幸子　ひだりさちこ　2001没(71歳)。昭和・平成時代の女優。1930生。

11月7日

11月8日

○記念日○ 世界都市計画の日
○出来事○ レントゲンがX線を発見（1895）
日本がサッカーアジア杯初優勝（1992）

マルティヌス　397没（81?歳）。フランス，ツールの司教，聖人。316頃生。

賀茂比売　かものひめ　735没。奈良時代の女性。藤原不比等の妻。

エゼルベルト（ヨークの）　781没。イギリスのヨーク大司教。

ウィレハッド（ブレーメンの）　789没（59?歳）。ドイツのブレーメン司教，聖人。730頃生。

賢憬　けんけい　793没（80歳）。奈良時代の法相宗の僧。714生。

藤原兼通　ふじわらのかねみち　977没（53歳）。平安時代中期の公卿。925生。

ラザロス　1054没（86歳）。柱上の聖人。968生。

実仁親王　さねひとしんのう　1085没（15歳）。後三条天皇の第2皇子。1071生。

ゴドフロワ（アミアンの）　1115没。フランスのアミアンの司教，聖人。

源雅兼　みなもとのまさかね　1143没（65歳）。平安時代後期の歌人・公卿。1079生。

春華門院　しゅんかもんいん　1211没（17歳）。鎌倉時代前期の女性。後鳥羽天皇の第1皇女。1195生。

ルイ8世　1226没（39歳）。フランス国王（在位1223～26）。1187生。

二条道良　にじょうみちなが　1259没（26歳）。鎌倉時代前期の公卿。1234生。

ゲラルドゥス（アブヴィルの）　1272没（52?歳）。フランスの神学教師。1220頃生。

藤原顕氏　ふじわらのあきうじ　1274没（68歳）。鎌倉時代前期の歌人・公卿。1207生。

ドゥンス・スコトゥス，ジョン　1308没（43?歳）。イギリス中世最大の神学者，哲学者。1265頃生。

ランベルトゥス（ボローニャの）　1308没（58?歳）。イタリアのドミニコ会士，トマス主義の神学者，大司教。1250頃生。

葉室定藤　はむろさだふじ　1315没。鎌倉時代後期の公卿。

ヴィスラフ3世　1325没（60?歳）。古いスラヴの貴族で，リューゲン島領主。1265頃生。

冷泉為守　れいぜいためもり　1328没（64歳）。鎌倉時代後期の歌人。1265生。

山井景光　やまのいかげみつ　1354没（82歳）。鎌倉時代後期・南北朝時代の京都方楽人。1273生。

温老宗興　おんろうそうこう　1406没（74歳）。南北朝時代・室町時代の曹洞宗の僧。1333生。

日億　にちおく　1422没。室町時代の日蓮宗の僧。

禅信　ぜんしん　1467没（68歳）。室町時代の真言宗の僧。1400生。

メロッツォ・ダ・フォルリ　1494没（56歳）。イタリアの画家。1438生。

祐崇　ゆうそう　1509没（86歳）。室町時代・戦国時代の浄土宗の僧。1424生。

ヒメネス・デ・シズネロ，フランシスコ　1517没（81歳）。スペインの政治家，フランシスコ修道会士。1436生。

ゲレーロ，フランシスコ　1599没（71歳）。スペインの作曲家。1528生。

ケイツビー，ロバート　1605没（32歳）。イギリスの火薬陰謀事件の主犯。1573生。

ミルトン，ジョン　1674没（65歳）。イギリスの詩人。1608生。

エフェルディンヘン，アラルト・ファン　1675没（54歳）。オランダの風景画家，エッチング師。1621生。

ロル　1719没（67歳）。フランスの数学者。1652生。

竹本大和掾　たけもとやまとのじょう　1766没（65歳）。江戸時代中期の義太夫節の太夫。1702生。

岡白駒　おかはっく　1767没（76歳）。江戸時代中期の漢学者，肥前蓮池藩儒。1692生。

ロラン夫人　1793没（39歳）。フランスの革命家。"ジロンド派の女王"と呼ばれた。1754生。

唐橋君山　からはしくんざん　1800没(65歳)。江戸時代中期・後期の漢学者。1736生。

ビューイック，トマス　1828没(75歳)。イギリスの版画家。1753生。

坪井信道　つぼいしんどう　1848没(54歳)。江戸時代後期の蘭方医。1795生。

カベ，エチエンヌ　1856没(68歳)。フランスの空想的社会主義者。1788生。

松本玄々堂　まつもとげんげんどう　1867没(82歳)。江戸時代後期の銅版画家。1786生。

天野八郎　あまのはちろう　1868没(38歳)。江戸時代末期の佐幕派志士，影義隊士。1831生。

ホール，チャールズ・フランシス　1871没(50歳)。アメリカの探検家。1821生。

フランク，セザール-オーギュスト　1890没(67歳)。フランスのベルギー生れの作曲家，オルガン奏者。1822生。

ワグネル　1892没(61歳)。ドイツの化学者，工芸家。1831生。

パークマン，フランシス　1893没(70歳)。アメリカの歴史家。1823生。

ドクチャエフ，ヴァシリィ・ヴァシリエヴィッチ　1903没(57歳)。ロシアの土壌学者。1846生。

林友幸　はやしともゆき　1907没(85歳)。江戸・明治時代の萩藩士，官僚。貴族院議員，枢密顧問官，伯爵。1823生。

エアトン，ウィリアム・エドワード　1908没(61歳)。イギリスの電気工学者，物理学者。1847生。

サルドゥー，ヴィクトリヤン　1908没(77歳)。フランスの劇作家。1831生。

ヴァーグナー，アードルフ・ハインリヒ・ゴットヒルフ　1917没(82歳)。ドイツの経済学者，政治家。1835生。

カイパー，アーブラハーム　1920没(83歳)。オランダの改革派神学者，政治家。1837生。

田村成義　たむらなりよし　1920没(70歳)。明治・大正時代の興行師。1851生。

フヴィエズドスラフ，パヴォル・オルシャーグ　1921没(72歳)。スロバキアの代表的詩人。1849生。

大森房吉　おおもりふさきち　1923没(56歳)。明治・大正時代の地震学者。1868生。

スティレル，マウリッツ　1928没(45歳)。スウェーデンの無声映画時代を代表する監督。1883生。

上原勇作　うえはらゆうさく　1933没(78歳)。明治〜昭和時代の陸軍軍人。子爵，元帥。1856生。

尾上梅幸(6代目)　おのえばいこう　1934没(65歳)。明治〜昭和時代の歌舞伎役者。1870生。

ボールドウィン，ジェイムズ　1934没(73歳)。アメリカの哲学者，心理学者。1861生。

入沢達吉　いりさわたつきち　1938没(74歳)。明治・大正時代の医学者。東京帝国大学教授，宮内省侍医頭。1865生。

瀬戸口藤吉　せとぐちとうきち　1941没(74歳)。明治・大正時代の軍楽隊指揮者，作曲家。海軍軍楽隊楽長。1868生。

モスカ　1941没(83歳)。イタリアの政治学者。1858生。

ブーニン，イワン・アレクセーヴィチ　1953没(83歳)。ロシアの詩人，小説家。1870生。

オーダム　1954没(70歳)。アメリカの社会学者。1884生。

帰山教正　かえりやまのりまさ　1964没(71歳)。大正時代の映画監督，映画技術研究者。1893生。

三遊亭金馬(3代目)　さんゆうていきんば　1964没(70歳)。大正・昭和時代の落語家。1894生。

黒田チカ　くろだちか　1968没(84歳)。大正・昭和時代の化学者。お茶の水女子大学教授。1884生。

三角寛　みすみかん　1971没(68歳)。昭和時代の小説家。文芸坐創設者。1903生。

シャンソン，アンドレ　1983没(83歳)。フランスの小説家。1900生。

モロトフ，ヴャチェスラフ・ミハイロヴィチ　1986没(96歳)。ソ連の政治家。1890生。

小沼丹　おぬまたん　1996没(78歳)。昭和・平成時代の小説家。早稲田大学教授。1918生。

ハント，ジョン，男爵　1998没(88歳)。イギリスの軍人，登山家。1910生。

マレー，ジャン　1998没(84歳)。フランスの舞台，映画俳優。1913生。

横山隆一　よこやまりゅういち　2001没(92歳)。昭和・平成時代の漫画家。おとぎプロダクション社長。1909生。

桂吉朝　かつらきっちょう　2005没(50歳)。昭和・平成時代の落語家。1954生。

11月8日

11月9日

○記念日○ 119番の日
歯ぐきの日
太陽暦採用記念日
○出来事○ ベルリンの壁、崩壊（1989）

コンスタンティヌス7世　959没（54歳）。ビザンチン皇帝（在位913～959），著述家。905生。

藤原長家　ふじわらのながいえ　1064没（60歳）。平安時代中期の歌人・公卿。1005生。

長勢　ちょうせい　1091没（82歳）。平安時代中期・後期の仏師。1010生。

ハリーリー　1122没（68歳）。アラビアの文学者。1054生。

快賢　かいけん　1135没。平安時代後期の天台宗の僧。

三条局　さんじょうのつぼね　1138没。平安時代後期の女性。鳥羽天皇の宮人。

蔵有　ぞうゆう　1221没。鎌倉時代前期の真言宗の僧。

フィッツウォルター　1235没。イングランドの貴族。

定勝　じょうしょう　1283没（39歳）。鎌倉時代後期の僧。1245生。

菅原在輔　すがわらのありすけ　1320没（74歳）。鎌倉時代後期の公卿。1247生。

堀川光藤　ほりかわみつふじ　1325没。鎌倉時代後期の公卿。

厚東武実　こうとうたけざね　1348没。鎌倉時代後期・南北朝時代の武将。

日叡　にちえい　1397没（64歳）。南北朝時代の日蓮宗の僧。1334生。

ジャーミー，ヌーロッディーン・アブドゥラフマーン　1492没（78歳）。ペルシアの神秘主義詩人，学者。1414生。

ビッビエーナ　1520没（50歳）。イタリアの劇作家。1470生。

海覚　かいかく　1531没（33歳）。戦国時代の真言宗の僧。1499生。

ポリトゥス　1553没（69?歳）。イタリアのカトリックの論争者。1484頃生。

三条西公国　さんじょうにしきんくに　1587没（32歳）。安土桃山時代の公卿。1556生。

経範　きょうはん　1591没（33歳）。安土桃山時代の浄土真宗の僧。1559生。

島津忠長　しまづただなが　1610没（60歳）。安土桃山時代・江戸時代前期の武士。1551生。

多賀谷重経　たがやしげつね　1618没（61歳）。安土桃山時代・江戸時代前期の大名。1558生。

キャムデン，ウィリアム　1623没（72歳）。イギリスの好古家，歴史家。1551生。

孫承宗　そんしょうそう　1638没（75歳）。中国，明末期の官僚。1563生。

シェルドン，ギルバート　1677没（79歳）。英国教会のカンタベリ大主教。1598生。

ネール，アールナウト・ファン・デル　1677没（74?歳）。オランダの風景画家。1603頃生。

井上真改　いのうえしんかい　1682没（52歳）。江戸時代前期の刀工。1631生。

白川雅冬　しらかわまさふゆ　1734没（56歳）。江戸時代中期の神祇伯。1679生。

松室敦子　まつむろあつこ　1746没。江戸時代中期の女性。霊元天皇の後宮。

百合　ゆり　1764没（71歳）。江戸時代中期の女性。歌人。1694生。

松平忠恒　まつだいらただつね　1768没（49歳）。江戸時代中期の大名。1720生。

ピラネージ，ジョヴァンニ・バッティスタ　1778没（58歳）。イタリアの版画家。1720生。

ガーティン，トマス　1802没（27歳）。イギリスの水彩風景画家。1775生。

サンドビー，ポール　1809没（84歳）。イギリスの風景画家。1725生。

月峰　げっぽう　1839没（80歳）。江戸時代後期の画僧。1760生。

クルイローフ，イワン・アンドレーヴィチ　1844没（75?歳）。ロシアの寓話作家，劇作家。1769頃生。

ブルム　1848没（43歳）。ドイツの政治家。1804生。

伊藤常足　いとうつねたる　1858没（85歳）。江戸時代後期の国学者。1774生。

648

庭田嗣子　にわたつぐこ　1867没（48歳）。江戸時代末期の女性。和宮の補導を務めた。1820生。

荒尾成裕　あらおなりひろ　1878没（61歳）。江戸・明治時代の鳥取藩士。1818生。

岡本監輔　おかもとかんすけ　1904没（66歳）。明治時代の樺太探検家。開拓使判官。1839生。

大塚楠緒子　おおつかくすおこ　1910没（36歳）。明治時代の歌人，小説家。1875生。

パイル，ハワード　1911没（58歳）。アメリカの画家，著述家。1853生。

安部井磐根　あべいいわね　1916没（85歳）。江戸・明治時代の陸奥二本松藩士，政治家。1832生。

河原崎権之助(8代目)　かわらさきごんのすけ　1917没（57歳）。明治・大正時代の歌舞伎役者・座本。1861生。

アポリネール，ギヨーム　1918没（38歳）。フランスの詩人。1880生。

ロッジ，ヘンリー・キャボット　1924没（74歳）。アメリカの政治家。1850生。

南条文雄　なんじょうぶんゆう　1927没（79歳）。明治・大正時代の梵語学者，僧侶。真宗大学学長。1849生。

斎藤秀三郎　さいとうひでさぶろう　1929没（64歳）。明治・大正時代の英語学者。1866生。

浅野総一郎(初代)　あさのそういちろう　1930没（83歳）。明治・大正時代の実業家。浅野財閥創業者。1848生。

マクドナルド，J.R.　1937没（71歳）。イギリスの政治家。1866生。

チェンバレン，アーサー・ネヴィル　1940没（71歳）。イギリスの政治家。1869生。

白柳秀湖　しらやなぎしゅうこ　1950没（66歳）。明治〜昭和時代の小説家，評論家。1884生。

ロンバーグ，シグマンド　1951没（64歳）。ハンガリー生れのアメリカの作曲家。1887生。

マレー　1952没（66歳）。アメリカの労働運動指導者。1886生。

ワイツマン，ハイム・アズリエル　1952没（78歳）。イスラエルの化学者，政治家，初代大統領。1874生。

イブン・サウード，アブド・アルアジーズ　1953没（73歳）。サウジアラビア王国の建設者（在位1932〜53）。1880生。

トマス，ディラン　1953没（39歳）。イギリスの詩人。1914生。

カッラス，アイノ　1956没（78歳）。フィンランドの作家。1878生。

キャンフィールド，ドロシー　1958没（79歳）。アメリカの女流作家。1879生。

竹脇昌作　たけわきしょうさく　1959没（49歳）。昭和時代のニュースショー解説者，ニュース映画ナレーター。1910生。

正田貞一郎　しょうだていいちろう　1961没（91歳）。明治〜昭和時代の実業家。日清製粉社長。1870生。

三枝博音　さいぐさひろと　1963没（71歳）。大正・昭和時代の哲学者，日本科学史家。1892生。

小沢治三郎　おざわじさぶろう　1966没（80歳）。昭和時代の海軍軍人。中将。1886生。

石田英一郎　いしだえいいちろう　1968没（65歳）。昭和時代の民族学者，文化人類学者。1903生。

ヒューバーマン　1968没（65歳）。アメリカのマルクス主義経済学者。1903生。

川島正次郎　かわしましょうじろう　1970没（80歳）。昭和時代の政治家。衆院議員（自民党），自民党副総裁。1890生。

ド・ゴール，シャルル　1970没（79歳）。フランスの軍人，政治家。1890生。

ヴェレス，エゴン・ヨーゼフ　1974没（89歳）。オーストリアの音楽学者，作曲家。1885生。

白井喬二　しらいきょうじ　1980没（91歳）。大正・昭和時代の小説家。1889生。

茅誠司　かやせいじ　1988没（89歳）。昭和時代の物理学者。1898生。

坪野哲久　つぼのてつきゅう　1988没（79歳）。大正・昭和時代の歌人。「氷河」主宰。1909生。

モンタン，イヴ　1991没（70歳）。フランスのシャンソン歌手，映画俳優。1921生。

井本台吉　いもとだいきち　1995没（90歳）。昭和・平成時代の弁護士，検察官。検事総長。1905生。

尾崎宏次　おざきひろつぐ　1999没（84歳）。昭和・平成時代の演劇評論家。1914生。

八木義徳　やぎよしのり　1999没（88歳）。昭和・平成時代の小説家。1911生。

11月9日

11月10日

○記念日○ エレベーターの日
技能の日
○出来事○ 天皇在位50年式典（1976）
中央自動車道全線開通（1982）

レオ1世　461没（71?歳）。大教皇の名をもつ教皇（在位440～61）、聖人。390頃生。
ユストゥス　627没。イギリスのローマ人聖職者、聖人。
藤原葛野麻呂　ふじわらのかどのまろ　818没（64歳）。奈良時代・平安時代前期の公卿。755生。
橘影子　たちばなのかげこ　864没。平安時代前期の女性。仁明天皇の女御。
良岑長松　よしみねのながまつ　879没（66歳）。平安時代前期の官人。遣唐使准判官。814生。
馬殷　ばいん　930没（78歳）。中国、五代十国・楚の建国者（在位896～930）。852生。
藤原永範　ふじわらのながのり　1180没（81歳）。平安時代後期の公卿。1100生。
明任　みょうにん　1229没（82歳）。平安時代後期・鎌倉時代前期の真言宗の僧。1148生。
ケレスティーヌス4世　1241没。ローマ教皇。
滋野井公光　しげのいきんみつ　1255没（33歳）。鎌倉時代前期の公卿。1223生。
二階堂行頼　にかいどうゆきより　1263没（34歳）。鎌倉時代前期の政所執事。1230生。
藤原親康　ふじわらちかやす　1332没（49歳）。鎌倉時代後期の公卿。1284生。
実庵融参　じつあんゆうさん　1431没。室町時代の曹洞宗の僧。
ヴラディスラフ3世　1444没（20歳）。ポーランド王（在位1434～44）。1424生。
チェザリーニ, ジュリアーノ　1444没（46歳）。イタリアの枢機卿、教皇遣外使節。1398生。
オルシーニ, ジョルジョ　1475没。イタリアの建築家、彫刻家。
大虚自円　だいこじえん　1489没。室町時代・戦国時代の曹洞宗の僧。
メッケネム, イスラエル・ファン　1503没（53?歳）。ドイツの銅版画家。1450頃生。
アウロガルス, マテーウス　1543没（53?歳）。ドイツのヘブル語学者。1490頃生。

パウルス3世　1549没（81歳）。教皇（在位1534～49）。1468生。
チャンセラー, リチャード　1556没。イギリスの航海家。
ウェントワース, ピーター　1596没（66歳）。イギリス議会の指導者、清教徒。1530生。
リッチ　1617没（77歳）。イギリスの軍人、作家。1540生。
亮汰　りょうたい　1680没（59歳）。江戸時代前期の新義真言宗の僧。1622生。
タルマン・デ・レオー, ジェデオン　1692没（73歳）。フランスの作家。1619生。
明正天皇　めいしょうてんのう　1696没（74歳）。第109代の天皇。1623生。
園基福　そのもとふく　1699没（78歳）。江戸時代前期の歌人・公家。1622生。
稲垣重定　いながきしげさだ　1707没（60歳）。江戸時代前期・中期の大名。1648生。
立花実山　たちばなじつざん　1708没（54歳）。江戸時代前期・中期の筑前国黒田家の臣。1655生。
万里小路淳房　までのこうじあつふさ　1709没（58歳）。江戸時代前期・中期の公家。1652生。
忍澂　にんちょう　1711没（67歳）。江戸時代前期・中期の浄土宗学僧。1645生。
稲葉迂斎　いなばうさい　1760没（77歳）。江戸時代中期の儒学者、肥前唐津藩士。1684生。
デュプレクス　1763没（66歳）。フランスの植民地政治家。1697生。
古川古松軒　ふるかわこしょうけん　1807没（82歳）。江戸時代中期・後期の地理学者。1726生。
早川正紀　はやかわまさとし　1808没（70歳）。江戸時代中期・後期の代官。1739生。
中山信名　なかやまのぶな　1836没（50歳）。江戸時代後期の国学者。1787生。
マコーリー, キャサリン　1841没（54歳）。アイルランドの宗教活動家。1787生。
トランブル, ジョン　1843没（87歳）。アメリカの画家。1756生。

広大夫人　こうだいふじん　1844没(72歳)。江戸時代後期の女性。11代将軍徳川家斉の正室。1773生。

猪飼敬所　いかいけいしょ　1845没(85歳)。江戸時代中期・後期の儒学者。1761生。

イブラヒム-パシャ　1848没(62?歳)。エジプトの将軍。1786頃生。

ヴャーゼムスキー, ピョートル・アンドレーヴィチ　1878没(86歳)。ロシアの詩人, 批評家。1792生。

ランボー, アルチュール　1891没(37歳)。フランスの詩人。1854生。

久米幹文　くめもとぶみ　1894没(67歳)。江戸・明治時代の歌人, 国学者。東京大学講師, 第一高等中学校教授。1828生。

ランボー　1905没(63歳)。フランスの歴史家。1842生。

酒井忠惇　さかいただとし　1907没(69歳)。江戸時代末期・明治時代の大名。1839生。

渡辺昇　わたなべのぼる　1913没(76歳)。江戸・明治時代の肥前大村藩士, 官僚。会計検査院院長。1838生。

山彦栄子　やまびこえいし　1922没(85歳)。江戸〜大正時代の河東節の三味線方。1838生。

ヒス　1934没(70歳)。ドイツの解剖学者。1863生。

アタテュルク, ムスタファ・ケマル　1938没(56歳)。トルコ共和国初代大統領。1881生。

高橋栄清(初代)　たかはしえいせい　1939没(72歳)。明治〜昭和時代の筝曲家。山田流筝曲協会副会長。1868生。

汪兆銘　おうちょうめい　1944没(61歳)。中国の政治家。1883生。

堤千代　つつみちよ　1955没(38歳)。昭和時代の小説家。1917生。

ヤング, ヴィクター　1956没(56歳)。アメリカのポピュラー音楽作曲家。1900生。

福島繁太郎　ふくしましげたろう　1960没(65歳)。昭和時代の美術評論家, 美術蒐集家。1895生。

伊藤誠哉　いとうせいや　1962没(79歳)。大正・昭和時代の植物病理学者, 菌学者。北海道大学教授。1883生。

井上貞治郎　いのうえていじろう　1963没(81歳)。明治〜昭和時代の実業家。全国段ボール協同組合連合会理事長。1882生。

勝沼精蔵　かつぬませいぞう　1963没(77歳)。大正・昭和時代の医学者。名古屋大学学長。1886生。

畑中武夫　はたなかたけお　1963没(49歳)。昭和時代の天文学者。東京大学教授, 国連宇宙空間平和利用特別委員会政府代表代理。1914生。

フラーケ, オットー　1963没(83歳)。ドイツの小説家。1880生。

于右任　うゆうじん　1964没(85歳)。中国の政治家。1879生。

市川団十郎(11代目)　いちかわだんじゅうろう　1965没(56歳)。大正・昭和時代の歌舞伎役者。1909生。

後藤末雄　ごとうすえお　1967没(81歳)。明治〜昭和時代の小説家, フランス文学者。慶応義塾大学教授。1886生。

柴田勝太郎　しばたかつたろう　1975没(86歳)。大正・昭和時代の科学技術者, 実業家。東洋高圧工業社長。1889生。

ガンス, アベル　1981没(92歳)。フランスの映画監督, 劇作家, 俳優。1889生。

ブレジネフ, レオニード・イリイチ　1982没(75歳)。ソ連の政治家。1906生。

勝見勝　かつみまさる　1983没(74歳)。昭和時代の美術評論家。グラフィックデザイン社代表, 日本デザイン学会会長。1909生。

青木市五郎　あおきいちごろう　1985没(84歳)。昭和時代の農民, 社会運動家。砂川基地拡張反対同盟第一行動隊長。1900生。

遠山静雄　とおやましずお　1986没(91歳)。大正・昭和時代の舞台照明家。日本大学教授。1895生。

早川種三　はやかわたねぞう　1991没(94歳)。昭和時代の実業家。仙台放送社長, 日本建鉄管財人。1897生。

森芳雄　もりよしお　1997没(88歳)。昭和・平成時代の洋画家。武蔵野美術大学教授。1908生。

シャバン-デルマス, ジャック　2000没(85歳)。フランスの政治家。1915生。

西銘順治　にしめじゅんじ　2001没(80歳)。昭和・平成時代の政治家。衆議院議員(自民党), 沖縄県知事。1921生。

はらたいら　2006没(63歳)。昭和・平成時代の漫画家。1943生。

メイラー, ノーマン　2007没(84歳)。アメリカの作家。1923生。

11月10日

11月11日

○記念日○ 鏡の日
世界平和記念日
○出来事○ 第1次大戦終結(1918)
京都・山崎に日本初のウイスキー工場(1924)

ヴェラヌス(カヴァヨンの) 589没。フランスの聖人。

翟譲 てきじょう 617没。中国,隋末動乱時の群雄の一人。

ヨーアンネース(施与者) 619没(59?歳)。アレクサンドリア総主教,ギリシア教会の聖人。560頃生。

有間皇子 ありまのみこ 658没(19歳)。孝徳天皇の皇子。640生。

塩屋鯯魚 しおやのこのしろ 658没。飛鳥時代の官人。

安倍寛麻呂 あべのひろまろ 820没。平安時代前期の公卿。

テオドロス(ストゥディオスの) 826没(67歳)。東方教会の修道士,聖人。759生。

増命 ぞうみょう 927没(85歳)。平安時代前期・中期の天台宗の僧。843生。

覚助 かくじょ 1063没(51歳)。平安時代中期の天台宗の僧。1013生。

明算 めいざん 1106没(86歳)。平安時代中期・後期の僧。1021生。

寂因 じゃくいん 1150没(83歳)。平安時代後期の天台宗の僧。1068生。

行恵 ぎょうえ 1153没(88歳)。平安時代後期の新義真言宗の僧。1066生。

フーゴ(アミアンの) 1164没(84?歳)。フランスの大司教。1080頃生。

藤原定長 ふじわらのさだなが 1195没(47歳)。平安時代後期・鎌倉時代前期の公卿。1149生。

藤原親経 ふじわらのちかつね 1210没(60歳)。平安時代後期・鎌倉時代前期の公卿。1151生。

九条良輔 くじょうよしすけ 1218没(34歳)。鎌倉時代前期の公卿。1185生。

工藤吉隆 くどうよしたか 1264没(32歳)。鎌倉時代前期の武士。1233生。

有厳 うごん 1275没(90歳)。鎌倉時代前期の律宗の僧。1186生。

関宗祐 せきむねすけ 1342没。鎌倉時代後期・南北朝時代の武将。

花園天皇 はなぞのてんのう 1348没(52歳)。第95代の天皇。1297生。

古源邵元 こげんしょうげん 1364没(70歳)。鎌倉時代後期・南北朝時代の臨済宗の僧。1295生。

倪瓚 げいさん 1374没(73歳)。中国,元末の画家。1301生。

実導 じつどう 1388没(80歳)。南北朝時代の浄土宗西山派の学僧。1309生。

西大路隆仲 にしおおじたかなか 1397没(56歳)。南北朝時代・室町時代の公卿。1342生。

北山院 きたやまいん 1419没(51歳)。南北朝時代・室町時代の女性。将軍足利義満の後妻。1369生。

天祐 てんゆう 1487没(118歳)。南北朝時代・室町時代の浄土宗の僧。1370生。

ロブコヴィッツ 1510没(50?歳)。ボヘミアの人文主義者。1460頃生。

タウセン,ハンス 1561没(67歳)。デンマークの宗教改革家。1494生。

寛欽 かんきん 1563没(50歳)。戦国時代の真言宗の僧。1514生。

サルヴィアーティ,チェッキーノ 1563没(53歳)。イタリアの画家。1510生。

モンモランシー,アン・リュク・ド 1567没(74歳)。フランスの貴族。1493生。

デュ・プレッシ-モルネー,フィリップ 1623没(74歳)。フランス,ユグノーの指導者。1549生。

董其昌 とうきしょう 1636没(81歳)。中国,明代の書家,画家。1555生。

コルネリス・ファン・ハールレム 1638没(76歳)。オランダの画家,版画家。1562生。

永井尚政 ながいなおまさ 1668没(82歳)。江戸時代前期の大名,老職。1587生。

ウィリス，トマス　1675没(54歳)。イギリスの解剖学者，医師。1621生。

園文英　そのぶんえい　1680没(72歳)。江戸時代前期の女性。円通寺の尼僧。1609生。

コンデ，ブルボンのルイ2世，親王　1686没(65歳)。アンガン公。1621生。

八文字屋自笑　はちもんじやじしょう　1745没。江戸時代中期の書肆，浮世草子作者。

ラ・メトリ，ジュリヤン・オフロワ・ド　1751没(41歳)。フランスの医者，唯物論哲学者。1709生。

ルイス，メリウェザー　1809没(35歳)。アメリカの探検家。1774生。

馬淵嘉平　まぶちかへい　1851没(59歳)。江戸時代末期の土佐藩士。1793生。

キアケゴー，セーレン　1855没(42歳)。デンマークの哲学者，神学者。1813生。

ペドロ5世　1861没(24歳)。ポルトガル王(在位1853～61)。1837生。

マカロック　1864没(75歳)。イギリスの経済学者。1789生。

益田右衛門介　ますだうえもんのすけ　1864没(32歳)。江戸時代末期の長州(萩)藩家老。1833生。

山田宇右衛門　やまだうえもん　1867没(55歳)。江戸時代末期の長州(萩)藩士。1813生。

モット，ルクリーシア　1880没(87歳)。アメリカの社会改革運動家，女権運動家。1793生。

ベール，ポール　1886没(53歳)。フランスの生理学者，政治家。1833生。

山田顕義　やまだあきよし　1892没(49歳)。江戸・明治時代の萩藩士，陸軍軍人，政治家。中将，伯爵。1844生。

田中伝左衛門(9代目)　たなかでんざえもん　1909没。江戸・明治時代の歌舞伎囃子方田中流家元。

川上音二郎　かわかみおとじろう　1911没(48歳)。明治時代の俳優，興行師。1864生。

リリウオカラーニ，リディア・カメケハ　1917没(79歳)。独立ハワイの最後の女王。1838生。

フォーサイス，ピーター・テイラー　1921没(74歳)。スコットランド会衆派の代表的神学者。1847生。

ヨハンセン，ヴィルヘルム・ルードヴェイ　1927没(70歳)。デンマークの植物学者。1857生。

三宅米吉　みやけよねきち　1929没(70歳)。明治～昭和時代の考古学者。東京文理科大学初代学長。1860生。

渋沢栄一　しぶさわえいいち　1931没(92歳)。明治・大正時代の実業家。陸軍奉行支配調役，子爵。1840生。

村上華岳　むらかみかがく　1939没(52歳)。大正・昭和時代の日本画家。1888生。

タウシッグ　1940没(80歳)。アメリカの経済学者。1859生。

松旭斎天勝(初代)　しょうきょくさいてんかつ　1944没(59歳)。明治～昭和時代の女流奇術師。1886生。

カーン，ジェローム　1945没(60歳)。アメリカのミュージカル作曲家。1885生。

臼田亜浪　うすだあろう　1951没(72歳)。大正・昭和時代の俳人。1879生。

ル・ロワ，エドゥアール　1954没(84歳)。フランスの哲学者。1870生。

カメンスキー，ワシーリー・ワシリエヴィチ　1961没(77歳)。ソ連の詩人，小説家。1884生。

長谷川如是閑　はせがわにょぜかん　1969没(93歳)。明治～昭和時代の評論家，ジャーナリスト。大阪朝日新聞社社会部長。1875生。

インベル，ヴェーラ・ミハイロヴナ　1972没(82歳)。ソ連の女流詩人。1890生。

ヴィルタネン，アルトゥリ・イルマリ　1973没(78歳)。フィンランドの生化学者。1895生。

コールダー，アレクサンダー　1976没(78歳)。アメリカの彫刻家。1898生。

平野威馬雄　ひらのいまお　1986没(86歳)。昭和時代の詩人，小説家。1900生。

赤城宗徳　あかぎむねのり　1993没(88歳)。昭和時代の政治家。衆議院議員。1904生。

長門美保　ながとみほ　1994没(83歳)。昭和・平成時代の声楽家。1911生。

淀川長治　よどがわながはる　1998没(89歳)。昭和・平成時代の映画評論家。1909生。

フックス，サー・ヴィヴィアン・アーネスト　1999没(91歳)。イギリスの地理学者，探検家。1908生。

アラファト，ヤセル　2004没(75歳)。パレスチナ・ゲリラの指導者。1929生。

ドラッカー，ピーター・F　2005没(95歳)。オーストリア生まれのアメリカの経営学者。1909生。

11月11日

11月12日

○記念日○ 皮膚の日
○出来事○ 初の女子留学生渡米（1871）
ワシントン海軍軍縮会議（1921）
東京裁判で25被告に有罪判決（1948）

レブイーヌス　780没。フリージア人とサクソン人に宣教したイギリスのベネディクト会宣教師、聖人。

壱志濃王　いしのおう　805没（73歳）。奈良時代・平安時代前期の公卿。733生。

伊予親王　いよしんのう　807没。桓武天皇の皇子。

藤原吉子　ふじわらのよしこ　807没。奈良時代・平安時代前期の女性。桓武天皇の妃。

大伴国道　おおとものくにみち　828没（61歳）。奈良時代・平安時代前期の公卿。768生。

覚慶　かくけい　1014没（87歳）。平安時代中期の天台宗の僧。928生。

クヌート1世　1035没（40歳）。シャフツベリ＝イングランド王（在位1016/17〜35）。995生。

源俊房　みなもとのとしふさ　1121没（87歳）。平安時代中期・後期の公卿。1035生。

河越重頼　かわごえしげより　1185没。平安時代後期の武将。

クヌート6世　1202没（34歳）。デンマーク王（在位1182〜1202）。1168生。

宇都宮頼綱　うつのみやよりつな　1259没（82?歳）。鎌倉時代前期の武将、歌人。1178頃生。

観勇　かんゆう　1269没（70歳）。鎌倉時代前期の天台宗の僧。1200生。

島津忠宗　しまづただむね　1325没（75歳）。鎌倉時代後期の武将。1251生。

定慧　じょうえ　1370没（75歳）。鎌倉時代後期・南北朝時代の浄土宗の僧。1296生。

九峰韶奏　きゅうほうしょうそう　1405没（81歳）。南北朝時代・室町時代の禅僧。1325生。

ディエゴ（アルカラの）　1463没（63?歳）。スペイン生れのフランシスコ会士。1400頃生。

町資広　まちすけひろ　1469没（80歳）。室町時代の公卿。1390生。

勘解由小路在貞　かげゆこうじありさだ　1473没。室町時代の公卿。

鷹岳宗俊　ようがくそうしゅん　1492没（83歳）。室町時代・戦国時代の曹洞宗の僧。1410生。

ガードナー，スティーヴン　1555没（72?歳）。イギリスのウインチェスターの主教、大法官。1483頃生。

アークヴィラ，カスパル　1560没（72歳）。ドイツのルター派説教者。1488生。

万里小路秀房　までのこうじひでふさ　1563没（72歳）。戦国時代の公卿。1492生。

広橋国光　ひろはしくにみつ　1568没（43歳）。戦国時代の公卿。1526生。

フォルスター，ゲオルク　1568没（58?歳）。ドイツの医者、作曲家、出版者。1510頃生。

三木嗣頼　みつきつぐより　1572没。戦国時代の公卿。

スタンカーロ，フランチェスコ　1574没（73歳）。イタリアの反三一論神学者、ヘブル語学者。1501生。

日秀　にっしゅう　1577没（83歳）。戦国時代の真言宗の僧。1495生。

ホーキンズ，サー・ジョン　1595没（63歳）。イギリスの軍人。1532生。

土方雄久　ひじかたかつひさ　1608没（56歳）。安土桃山時代・江戸時代前期の大名。1553生。

佐久間勝之　さくまかつゆき　1634没（67歳）。江戸時代前期の大名。1568生。

フェアファックス，トマス，3代男爵　1671没（59歳）。イギリス清教徒革命の議会軍総司令官。1612生。

灰屋紹益　はいやじょうえき　1691没（82歳）。江戸時代前期の京都の豪商、文人。1610生。

細川綱利　ほそかわつなとし　1714没（72歳）。江戸時代前期・中期の大名。1643生。

市川小団次（初代）　いちかわこだんじ　1726没（51歳）。江戸時代中期の歌舞伎役者。1676生。

ホフマン，フリードリヒ　1742没（82歳）。ドイツの医学者。1660生。

佐野川市松（初代）　さのがわいちまつ　1762没（41歳）。江戸時代中期の歌舞伎役者。1722生。

654

バイイ, ジャン・シルヴァン　1793没(57歳)。フランスの政治家, 天文学者。1736生。

ケルロイター　1806没(73歳)。ドイツの植物学者。1733生。

クレヴクール, セント・ジョン・ド　1813没(78歳)。フランス系アメリカの著述家。1735生。

菊岡検校　きくおかけんぎょう　1847没(56歳)。江戸時代後期の京都の地歌箏曲家。1792生。

遠藤高璟　えんどうたかのり　1864没(81歳)。江戸時代後期の天文暦算家。1784生。

国司信濃　くにししなの　1864没(23歳)。江戸時代末期の長州(萩)藩家老。1842生。

宍戸左馬之介　ししどさまのすけ　1864没(61歳)。江戸時代末期の長州(萩)藩の藩士。1804生。

福原越後　ふくはらえちご　1864没(50歳)。江戸時代末期の長州(萩)藩家老。1815生。

ギャスケル, エリザベス　1865没(55歳)。イギリスの女流作家。1810生。

オーヴェルベック, ヨハン・フリードリヒ　1869没(80歳)。ドイツの画家。1789生。

天璋院　てんしょういん　1883没(48歳)。江戸時代末期・明治時代の女性。13代将軍徳川家定の正室。1836生。

市川海老蔵(8代目)　いちかわえびぞう　1886没(42歳)。江戸・明治時代の歌舞伎役者。1845生。

レオンチェフ, コンスタンチン・ニコラエヴィチ　1891没(60歳)。ロシアの宗教思想家, 文学者。1831生。

中浜万次郎　なかはままんじろう　1898没(72歳)。江戸・明治時代の漁民, 翻訳家。開成学校教授。1827生。

ローウェル, パーシヴァル　1916没(61歳)。アメリカの天文学者。1855生。

アードラー　1918没(66歳)。オーストリアの社会民主主義者。1852生。

富永太郎　とみながたろう　1925没(25歳)。大正時代の詩人。1901生。

ビュッヒャー　1930没(83歳)。ドイツの経済学者, 新歴史学派の代表者。1847生。

ベチューン, ノーマン　1939没(40歳)。カナダの外科医。1899生。

バーコフ, ジョージ・デヴィッド　1944没(60歳)。アメリカの数学者。1884生。

町田忠治　まちだちゅうじ　1946没(84歳)。明治〜昭和時代の政治家。山口銀行総理事, 報知新聞社長。1863生。

オルツィ, エムスカ, 女男爵　1947没(82歳)。イギリス(ハンガリー生れの)女流作家。1865生。

山本達雄　やまもとたつお　1947没(92歳)。明治〜昭和時代の銀行家, 政治家。日銀総裁。1856生。

ジョルダーノ, ウンベルト　1948没(81歳)。イタリアの作曲家。1867生。

田中寛一　たなかかんいち　1962没(80歳)。大正・昭和時代の教育心理学者。田中教育研究所所長, 日本大学教授。1882生。

由比忠之進　ゆいちゅうのしん　1967没(73歳)。昭和時代のエスペランティスト, 反戦運動家。1894生。

劉少奇　りゅうしょうき　1969没(70歳)。中国の政治家。1898生。

フリムル, ルドルフ　1972没(92歳)。チェコ生れのアメリカの作曲家, ピアニスト。1879生。

菊池正士　きくちせいし　1974没(72歳)。昭和時代の物理学者。大阪大学教授, 東京大学原子核研究所所長。1902生。

ピストン, ウォルター　1976没(82歳)。アメリカの作曲家。1894生。

吉田奈良丸(3代目)　よしだならまる　1978没(80歳)。大正・昭和時代の浪曲師。1898生。

鶴沢道八(2代目)　つるざわどうはち　1981没(66歳)。昭和時代の浄瑠璃三味線方。1915生。

マジェア, エドゥアルド　1982没(79歳)。アルゼンチンの小説家。1903生。

島尾敏雄　しまおとしお　1986没(69歳)。昭和時代の小説家。鹿児島純心女子短期大学教授。1917生。

草野心平　くさのしんぺい　1988没(85歳)。大正・昭和時代の詩人。1903生。

イバルリ, ドロレス　1989没(93歳)。スペイン共産党議長。1895生。

工藤哲巳　くどうてつみ　1990没(55歳)。昭和時代の画家, オブジェ作家。東京芸術大学教授。1935生。

石垣綾子　いしがきあやこ　1996没(93歳)。昭和・平成時代の評論家。石垣記念館理事長。1903生。

11月12日

11月13日

○記念日○　うるしの日
○出来事○　ネバドデルルイス火山爆発(1985)

エウヘニオ(トレードの)　657没。スペインのトレード大司教, 聖人。

実慧　じつえ　847没(62歳)。平安時代前期の真言宗の僧。786生。

ニコラウス1世　867没(47?歳)。教皇(在位858～67)。820頃生。

アッボー　1004没(59歳)。フランスの神学者, 聖人。945生。

マルカム3世　1093没(62?歳)。スコットランド王。1031頃生。

ホモボーヌス(クレモーナの)　1197没。イタリアの商人, 聖人。

イブン・ジュバイル　1217没(72歳)。スペインのアラブ系旅行家, 文筆家。1145生。

承覚　しょうかく　1248没(68歳)。鎌倉時代前期の天台宗の僧。1181生。

無隠円範　むいんえんぱん　1307没(78歳)。鎌倉時代後期の僧。1230生。

日像　にちぞう　1342没(74歳)。鎌倉時代後期・南北朝時代の日蓮宗の僧。1269生。

竜山徳見　りゅうざんとくけん　1358没(76歳)。鎌倉時代後期・南北朝時代の臨済宗黄竜派の僧。1283生。

イヴァン2世　1359没(33歳)。モスクワ大公(在位1353～59)。1326生。

金山明昶　きんざんみょうちょう　1413没(65歳)。南北朝時代・室町時代の臨済宗の僧。1349生。

虎渓良乳　こけいりょうにゅう　1422没(70歳)。南北朝時代・室町時代の曹洞宗の僧。1353生。

赤松持貞　あかまつもちさだ　1427没。室町時代の武将。

エンリケ　1460没(66歳)。ポルトガルの王子。1394生。

アンニウス, ヨアネス　1502没(70?歳)。イタリアの人文主義者, ドミニコ会の神学者, 歴史家, オリエント学者。1432頃生。

一条房家　いちじょうふさいえ　1539没(65歳)。戦国時代の土佐国司・権大納言。1475生。

尼子経久　あまこつねひさ　1541没(84歳)。戦国時代の出雲の武将。1458生。

ファーギウス, パウル　1549没(45歳)。ドイツのプロテスタント神学者, ヘブル学者。1504生。

妙尭尼　みょうぎょうに　1583没。安土桃山時代の日蓮宗の信者。

小田氏治　おだうじはる　1602(閏11月)没(72?歳)。戦国時代・安土桃山時代の武将, 常陸小田城主。1531頃生。

メルビル　1617没(82歳)。スコットランドの外交官。1535生。

カラッチ, ルドヴィコ　1619没(64歳)。イタリアの画家。1555生。

黒田高政　くろだたかまさ　1639没(28歳)。江戸時代前期の大名。1612生。

メー　1650没(55歳)。イギリスの詩人, 劇作家, 翻訳家, 歴史家。1595生。

糸屋随右衛門　いとやずいえもん　1651没(66歳)。江戸時代前期の長崎の朱印船の船長。1586生。

心霊牛道　しんれいぎゅうどう　1655没。江戸時代前期の曹洞宗の僧。

ツェーゼン, フィーリップ　1689没(70歳)。ドイツの詩人, 作家。1619生。

義山　ぎざん　1717没(70歳)。江戸時代前期・中期の浄土宗学僧。1648生。

康煕帝　こうきてい　1722没(68歳)。中国, 清の第4代皇帝(在位1661～1722)。1654生。

宮川長春　みやがわちょうしゅん　1752没(71歳)。江戸時代中期の肉筆浮世絵師。1682生。

瀬川菊次郎(初代)　せがわきくじろう　1757(閏11月)没(43?歳)。江戸時代中期の歌舞伎役者。1715頃生。

グレンヴィル, ジョージ　1770没(58歳)。イギリスの政治家, 首相。1712生。

アッカーマン, コンラート・エルンスト　1771没(59歳)。ドイツの俳優。1712生。

大魯　たいろ　1778没(49?歳)。江戸時代中期の俳人。1730頃生。

656

市川荒五郎(初代)　いちかわあらごろう　1813(閏11月)没(55歳)。江戸時代中期・後期の歌舞伎役者。1759生。

ミュラ，ジョアシム　1815没(48歳)。フランスの軍人，ナポレオン1世の義弟。1767生。

中島三甫右衛門(4代目)　なかじまみほえもん　1822没(44歳)。江戸時代後期の歌舞伎役者。1779生。

エティー，ウィリアム　1849没(62歳)。イギリスの画家。1787生。

クラフ，アーサー・ヒュー　1861没(42歳)。イギリスの詩人。1819生。

ウーラント，ルートヴィヒ　1862没(75歳)。ドイツロマン派の詩人。1787生。

コモンフォルト　1863没(51歳)。メキシコ大統領(1855～58)。1812生。

竹本大隅太夫(初代)　たけもとおおすみだゆう　1864没(68歳)。江戸時代後期の義太夫節の太夫。1797生。

ロッシーニ，ジョアッキーノ　1868没(76歳)。イタリアの作曲家。1792生。

池尻始　いけじりはじめ　1877没(76歳)。江戸・明治時代の久留米藩士。1802生。

デーヴィス　1890没(95歳)。イギリスの外交官，植民地政治家。1795生。

ピサロ，カミーユ　1903没(73歳)。フランスの画家。1830生。

ユルヨ・コスキネン　1903没(72歳)。フィンランドの歴史家，政治家。1830生。

トムソン，フランシス　1907没(47歳)。イギリスの詩人。1859生。

光緒帝　こうしょてい　1908没(37歳)。中国清朝の11代皇帝。1871生。

デュルケム，エミール　1917没(59歳)。フランス社会学の創設者。1858生。

ブールジュ，エレミール　1925没(73歳)。フランスの小説家，詩人。1852生。

チェケッティ，エンリコ　1928没(78歳)。イタリアの舞踊家，舞踊教師。1850生。

チョカーノ，ホセ・サントス　1934没(67歳)。ペルーの詩人。1867生。

孫伝芳　そんでんぽう　1935没(50歳)。中国の軍人。1885生。

ライヒテントリット，フーゴー　1951没(77歳)。ドイツの音楽学者。1874生。

デヴォート，バーナード　1955没(58歳)。アメリカの評論家，歴史家。1897生。

ザーポトツキー　1957没(72歳)。チェコスロバキアの政治家，ジャーナリスト。1884生。

ベッカー　1964没(75歳)。ドイツの哲学者，美学者。1889生。

杵屋六三郎(11代目)　きねやろくさぶろう　1967没(77歳)。大正・昭和時代の長唄三味線方。1890生。

辻徳光　つじとくみつ　1968没(76歳)。大正・昭和時代の調理師。辻学園創立者，辻調理師学校校長。1892生。

佐伯米子　さえきよねこ　1972没(75歳)。大正・昭和時代の洋画家。1897生。

サトウハチロー　1973没(70歳)。大正・昭和時代の詩人，児童文学作家。1903生。

スキャパレリ，エルザ　1973没(77歳)。パリで活躍したイタリアの女流デザイナー。1896生。

マデルナ，ブルーノ　1973没(53歳)。イタリア，のちにドイツの指揮者，作曲家。1920生。

デ・シーカ，ヴィットーリオ　1974没(73歳)。イタリアの映画監督，俳優。1901生。

ベルゴーリツ，オリガ・フョードロヴナ　1975没(65歳)。ソ連の女流詩人。1910生。

石井満　いしいみつる　1977没(86歳)。昭和時代の社会評論家，出版人。日本出版協会会長。1891生。

石原吉郎　いしはらよしろう　1977没(62歳)。昭和時代の詩人。1915生。

豊田四郎　とよだしろう　1977没(71歳)。昭和時代の映画監督。1906生。

山高しげり　やまたかしげり　1977没(78歳)。大正・昭和時代の女性運動家。参院議員，全国地域婦人団体連絡協議会会長。1899生。

金栗四三　かなぐりしぞう　1983没(92歳)。明治～昭和時代のマラソン選手。全国マラソン連盟会長。1891生。

木村資生　きむらもとお　1994没(83歳)。昭和・平成時代の集団遺伝学者。国立遺伝学研究所教授，日本遺伝学会会長。1924生。

町春草　まちしゅんそう　1995没(73歳)。昭和・平成時代の書家，俳人。なにはづ書芸社主宰。1922生。

江戸英雄　えどひでお　1997没(94歳)。昭和・平成時代の実業家。三井不動産社長，東京家政学院理事長。1903生。

稲尾和久　いなおかずひさ　2007没(70歳)。昭和・平成時代のプロ野球選手・監督。1937生。

11月13日

11月14日

○記念日○　いい石の日
　　　　　　ウーマンリブの日
○出来事○　浜口雄幸首相狙撃される（1930）
　　　　　　関門橋開通（1973）

ユスティニアヌス1世　565没（83歳）。ビザンチン皇帝（在位527～65）。482生。
法蔵　ほうぞう　712没（69歳）。中国、唐の僧。643生。
舎人親王　とねりしんのう　735没（60歳）。飛鳥時代・奈良時代の歌人、久郷。676生。
藤原多賀幾子　ふじわらのたかきこ　858没。平安時代前期の女性。文徳天皇の女御。
藤原能長　ふじわらのよしなが　1082没（61歳）。平安時代中期・後期の公卿。1022生。
清原家衡　きよはらのいえひら　1087没。平安時代後期の豪族。
清原武衡　きよはらのたけひら　1087没。平安時代中期・後期の豪族。
藤原公実　ふじわらのきんざね　1107没（55歳）。平安時代後期の公卿。1053生。
ラウレンティウス（ダブリンの）　1180没（52?歳）。アイルランドのダブリンの大司教、聖人。1128頃生。
顕真　けんしん　1192没（62歳）。平安時代後期の天台宗の僧。1131生。
阿観　あかん　1207没（72歳）。平安時代後期・鎌倉時代前期の真言宗の僧。1136生。
藤原掄子　ふじわらのりんし　1251没（60歳）。鎌倉時代前期の女性。公卿九条道家の室。1192生。
アレクサンドル・ネフスキー　1263没（45歳）。古代ロシアの英雄、聖人。1218生。
レオ（アッシージの）　1271没。イタリアの修道士。
グィニツェッリ，グィード　1276没（41?歳）。イタリアの詩人。1235頃生。
葉室季頼　はむろすえより　1293没（81歳）。鎌倉時代後期の公卿。1213生。
綾小路有時　あやのこうじありとき　1318没。鎌倉時代後期の公卿。
パラマス，グレゴリオス　1359没（63?歳）。ビザンチン時代の神学者。1296頃生。
清算　しょうさん　1362没（65歳）。鎌倉時代後期・南北朝時代の真言律宗の僧。1298生。

土岐直氏　ときなおうじ　1380没（50歳）。南北朝時代の武将、頼宗の子、宮内少輔、伊予守。1331生。
雲渓支山　うんけいしざん　1391没（62歳）。南北朝時代の臨済宗の僧。1330生。
房聖　ぼうしょう　1396没（75歳）。南北朝時代の天台宗の僧。1322生。
渋川義俊　しぶかわよしとし　1434没（35歳）。室町時代の武将。1400生。
アンヌ・ド・フランス　1522没（62?歳）。フランス王ルイ11世の長女。1460頃生。
ロッソ，フィオレンティーノ　1540没（45歳）。イタリアの画家。1495生。
デッラ・カーサ，ジョヴァンニ　1556没（53歳）。イタリアの詩人，思想家。1503生。
蜷川親俊　にながわちかとし　1569没。戦国時代の幕府吏僚。
横田村詮　よこたむらあき　1603没。安土桃山時代の武将。
トリゴー，ニコラ　1628没（51歳）。フランスのイエズス会士。1577生。
野間玄琢　のまげんたく　1645没（56歳）。江戸時代前期の医師。1590生。
阿部正次　あべまさつぐ　1647没（79歳）。安土桃山時代・江戸時代前期の大名，大坂城代。1569生。
シルヴィウス，フランシスクス　1672没（58歳）。ドイツの医師，解剖学者。1614生。
グウィン，ネル　1687没（37歳）。イギリスの女優。1650生。
ライプニッツ，ゴットフリート・ヴィルヘルム　1716没（70歳）。ドイツの哲学者，数学者。1646生。
ツィック，ヤヌアリウス　1797没（65歳）。ドイツの画家。1732生。
戸崎淡園　とさきたんえん　1806没（83歳）。江戸時代中期・後期の漢学者。1724生。
小原春造　おはらしゅんぞう　1822没（61歳）。江戸時代中期・後期の本草家。1762生。

ジャン・パウル　1825没（62歳）。ドイツの作家。1763生。

ヴォクラン, ニコラ・ルイ　1829没（66歳）。フランスの化学者。1763生。

ヘーゲル, ゲオルク・ヴィルヘルム・フリードリヒ　1831没（61歳）。ドイツの哲学者。1770生。

ラスク, ラスムス　1832没（44歳）。デンマークの言語学者。1787生。

清麿　きよまろ　1855没（43歳）。江戸時代末期の刀工。1813生。

浮田一蕙　うきたいっけい　1859没（65歳）。江戸時代末期の復古大和絵派の画家, 志士。1795生。

ミゲル　1866没（64歳）。ポルトガル王位要求者。1802生。

坂東亀蔵（初代）　ばんどうかめぞう　1873没（74歳）。江戸・明治時代の歌舞伎役者。1800生。

森田思軒　もりたしけん　1897没（37歳）。明治時代の翻訳者, 新聞記者。1861生。

春風亭柳枝（3代目）　しゅんぷうていりゅうし　1900没（49歳）。明治時代の落語家。1852生。

ホワイトヘッド　1905没（82歳）。イギリスの工学者。1823生。

ラ・ファージュ, ジョン　1910没（75歳）。アメリカの画家。1835生。

高島嘉右衛門　たかしまかえもん　1914没（83歳）。明治時代の実業家。1832生。

ウォシントン, ブッカー・トリヴァー　1915没（59歳）。アメリカの黒人教育家。1856生。

サキ　1916没（45歳）。イギリスの小説家。1870生。

島田三郎　しまださぶろう　1923没（72歳）。明治・大正時代のジャーナリスト, 政治家。衆議院議員, 毎日新聞社長。1852生。

中村雀右衛門（3代目）　なかむらじゃくえもん　1927没（53歳）。明治〜昭和時代の歌舞伎役者。1875生。

原六郎　はらろくろう　1933没（92歳）。明治・大正時代の実業家。1842生。

ファリャ, マヌエル・デ　1946没（69歳）。スペインの作曲家。1876生。

松平恒雄　まつだいらつねお　1949没（73歳）。明治〜昭和時代の外交官, 政治家。宮内相。1877生。

シャーウッド, ロバート　1955没（59歳）。アメリカの劇作家。1896生。

三輪寿壮　みわじゅそう　1956没（61歳）。大正・昭和時代の政治家, 弁護士。1894生。

亀井勝一郎　かめいかついちろう　1966没（59歳）。昭和時代の文芸評論家。1907生。

中山正善　なかやましょうぜん　1967没（62歳）。大正・昭和時代の宗教家。天理教真柱（2代目）。1905生。

メネンデス-ピダル, ラモン　1968没（99歳）。スペインの言語学者, 文学史家。1869生。

金田一京助　きんだいちきょうすけ　1971没（89歳）。明治〜昭和時代の言語学者, 国語学者。1882生。

堀久作　ほりきゅうさく　1974没（74歳）。昭和時代の実業家, 映画製作者。日活社長, 江ノ島振興社長。1900生。

倉石武四郎　くらいしたけしろう　1975没（78歳）。昭和時代の中国語学者, 中国文学者。1897生。

嵐芳三郎（5代目）　あらしよしさぶろう　1977没（70歳）。大正・昭和時代の歌舞伎役者。1907生。

山室民子　やまむろたみこ　1981没（81歳）。昭和時代の社会事業家。1900生。

円地文子　えんちふみこ　1986没（81歳）。昭和時代の小説家。1905生。

秋山清　あきやまきよし　1988没（84歳）。大正・昭和時代の詩人, 評論家。1904生。

ドラティ, サー・アンタル　1988没（82歳）。アメリカの指揮者, 作曲家。1906生。

三木武夫　みきたけお　1988没（81歳）。昭和時代の政治家。衆院議員, 首相。1907生。

依田義賢　よだよしかた　1991没（82歳）。昭和時代の脚本家。大阪芸術大学教授。1909生。

リチャードソン, トニー　1991没（63歳）。イギリスの演出家, 映画監督。1928生。

野坂参三　のさかさんぞう　1993没（101歳）。大正・昭和時代の政治家, 社会運動家。日本共産党議長, 衆議院議員。1892生。

フィニイ, ジャック　1995没（84歳）。アメリカの小説家。1911生。

向井潤吉　むかいじゅんきち　1995没（93歳）。大正〜平成時代の洋画家。1901生。

萩原尊礼　はぎわらたかひろ　1999没（91歳）。昭和・平成時代の地震学者。1908生。

緑川洋一　みどりかわよういち　2001没（86歳）。昭和・平成時代の写真家。「風の会」主宰。1915生。

11月14日

11月15日

○記念日○ 七五三
○出来事○ 自由民主党結成(1955)
　　　　　上越新幹線開業(1982)

伊福部女王　いおきべのじょおう　778没。奈良時代の女官。

橘恒平　たちばなのつねひら　983没(62歳)。平安時代中期の公卿。922生。

良意　りょうい　1103没(70歳)。平安時代中期・後期の天台宗の僧。1034生。

レーオポルト3世(オーストリアの)　1136没(63?歳)。オーストリア辺境伯(在位1095～没年)、聖人。1073頃生。

相馬師常　そうまもろつね　1205没(67歳)。平安時代後期・鎌倉時代前期の東国武士。1139生。

聖アルベルトゥス・マグヌス、ボルシュテット伯爵　1280没(80?歳)。聖人、教会博士、ドミニコ会士。1200頃生。

談天門院　だんてんもんいん　1319没(52歳)。鎌倉時代後期の女性。後宇多天皇の後宮。1268生。

日目　にちもく　1333没(74歳)。鎌倉時代後期の日蓮宗の僧。1260生。

乗伊　じょうい　1338没(65歳)。鎌倉時代後期の天台宗の僧。1274生。

平親時　たいらのちかとき　1339没(56歳)。鎌倉時代後期・南北朝時代の公卿。1284生。

大内弘世　おおうちひろよ　1380没。南北朝時代の武将、周防・長門・石見の守護。

長覚　ちょうかく　1416没(77歳)。南北朝時代・室町時代の真言宗の僧。1340生。

ファストルフ、サー・ジョン　1459没(81歳)。イギリスの軍人。1378生。

和庵清順　わあんしょうじゅん　1464没(57歳)。室町時代の曹洞宗の僧。1408生。

江父徳源　こうふとくげん　1496没(76歳)。室町時代の曹洞宗の僧。1421生。

デンク、ハンス　1527没(32?歳)。ドイツの人文主義者。1495頃生。

恕岳文忠　じょがくぶんちゅう　1548没(87歳)。戦国時代の曹洞宗の僧。1462生。

泰秀宗韓　たいしゅうそうかん　1551没。戦国時代の臨済宗の僧。

ソト、ドミンゴ・デ　1560没(66歳)。スペイン生れの論理学者、自然哲学者。1494生。

ベイル、ジョン　1563没(67歳)。イギリスの聖職者、劇作家。1495生。

伊丹親興　いたみちかおき　1574没。戦国時代・安土桃山時代の武将。

吉川元春　きっかわもとはる　1586没(57歳)。戦国時代・安土桃山時代の武将。毛利元就の次男、毛利の両川の一人。1530生。

清原枝賢　きよはらのえだかた　1590没(71歳)。戦国時代・安土桃山時代の公卿。1520生。

ベトレン、ガーボル　1629没(49歳)。トランシルバニア公(在位1613～29)。1580生。

ケプラー、ヨハネス　1630没(58歳)。ドイツの天文学者。1571生。

シュターデン、ヨハン　1634没(53歳)。ドイツの作曲家、オルガン奏者。1581生。

松永貞徳　まつながていとく　1654没(84歳)。安土桃山時代・江戸時代前期の俳人、歌学者。1571生。

コメンスキー、ヤン・アモス　1670没(78歳)。ボヘミアの教育思想家、教育改革者。1592生。

コイプ、アルベルト　1691没(71歳)。オランダの画家。1620生。

エーゲデ、ハンス　1758没(72歳)。ノルウェーの伝道家。1686生。

十寸見河東(4代目)　ますみかとう　1771没。江戸時代中期の河東節太夫。

中村伝九郎(2代目)　なかむらでんくろう　1777没(59歳)。江戸時代中期の歌舞伎役者、歌舞伎座本。1719生。

グルック、クリストフ・ヴィリバルト　1787没(73歳)。ドイツの作曲家。1714生。

栗山孝庵　くりやまこうあん　1791没(64歳)。江戸時代中期の医師。1728生。

ロラン・ド・ラ・プラティエール、ジャン・マリー　1793没(59歳)。フランスの政治家。1734生。

ロムニー, ジョージ 1802没(67歳)。イギリスの肖像画家。1734生。

嵐小六(4代目) あらしころく 1826没(44歳)。江戸時代後期の歌舞伎役者。1783生。

セー, ジャン・バティスト 1832没(65歳)。フランスの経済学者。1767生。

原在中 はらざいちゅう 1837没(88歳)。江戸時代中期・後期の画家。1750生。

マードック, ウィリアム 1839没(85歳)。イギリスの発明家。1754生。

沢村宗十郎(5代目) さわむらそうじゅうろう 1853没(52歳)。江戸時代末期の歌舞伎役者。1802生。

マリア2世 1853没(34歳)。ポルトガル女王(在位1826～53)。1819生。

フレデリク7世 1863没(55歳)。デンマーク王(1848～63)。1808生。

中山忠光 なかやまただみつ 1864没(20歳)。江戸時代末期の公家。1845生。

坂本竜馬 さかもとりょうま 1867没(33歳)。江戸時代末期の志士。1835生。

岸良兼養 きしらかねやす 1883没(47歳)。明治時代の司法官。大審院長, 元老院議官。1837生。

中丸精十郎 なかまるせいじゅうろう 1895没(56歳)。明治時代の洋画家。1840生。

セーチェノフ 1905没(76歳)。ロシアの生理学者。1829生。

おりょう 1906没(65歳)。幕末の志士坂本龍馬の妻。1841生。

山本芳翠 やまもとほうすい 1906没(57歳)。明治時代の洋画家。1850生。

西太后 せいたいごう 1908没(72歳)。中国, 清朝の咸豊帝の側室。1835生。

ラーベ, ヴィルヘルム 1910没(79歳)。ドイツの小説家。1831生。

シェンキエヴィッチ, ヘンリク 1916没(70歳)。ポーランドの小説家。1846生。

ヴェルナー, アルフレート 1919没(52歳)。アルザス地方生れの化学者。1866生。

難波大助 なんばだいすけ 1924没(26歳)。明治・大正時代の無政府主義者。1899生。

チェンバレン, トーマス・クローダー 1928没(85歳)。アメリカの地質学者。1843生。

プラサード, ジャエシャンカル 1937没(48歳)。インドのヒンディー語詩人, 劇作家。1889生。

小川琢治 おがわたくじ 1941没(72歳)。明治～昭和時代の地質学者, 地理学者。京都帝国大学地理学講座教授。1870生。

フレッシュ, カール 1944没(71歳)。ハンガリーのヴァイオリン奏者。1873生。

新居格 にいいたる 1951没(63歳)。大正・昭和時代の評論家, 社会運動家。杉並区長, 日本ユネスコ協会理事。1888生。

イリーン, M. 1953没(57歳)。ソ連の作家。1895生。

バリモア, ライオネル 1954没(76歳)。アメリカの俳優。1878生。

ウィルソン, チャールズ・トムソン・リース 1959没(90歳)。イギリスの物理学者。1869生。

ライナー, フリッツ 1963没(74歳)。ハンガリーの指揮者。1888生。

ラランド 1963没(96歳)。フランスの合理主義哲学者。1867生。

河竹繁俊 かわたけしげとし 1967没(78歳)。大正・昭和時代の演劇研究家。早稲田大学教授・演劇博物館初代館長。1889生。

北村徳太郎 きたむらとくたろう 1968没(82歳)。昭和時代の政治家, 実業家。衆議院議員, 親和銀行頭取。1886生。

伊藤整 いとうせい 1969没(64歳)。昭和時代の小説家, 評論家。日本近代文学館理事長, 東京工業大学教授。1905生。

泉靖一 いずみせいいち 1970没(55歳)。昭和時代の文化人類学者。東京大学教授, 東洋文化研究所所長。1915生。

松田恒次 まつだつねじ 1970没(74歳)。昭和時代の実業家。東洋工業社長。1895生。

ギャバン, ジャン 1976没(72歳)。フランスの代表的映画俳優。1904生。

フリードマン 1977没(75歳)。フランスの社会学者。1902生。

ミード, マーガレット 1978没(76歳)。アメリカの女性人類学者。1901生。

ハイトラー 1981没(77歳)。ドイツの理論物理学者。1904生。

バーヴェー, ヴィノーバー 1982没(87歳)。インドの社会活動家。1895生。

顧維鈞 こいきん 1985没(97歳)。中国の国民党政府の外交官出身の政治家。1888生。

カーマイケル, ストークリー 1998没(57歳)。アメリカの黒人解放運動家。1941生。

孫基禎 そんきてい 2002没(90歳)。韓国のマラソン選手。1912生。

11月15日

11月16日

○記念日○ 国際寛容デー
　　　　　幼稚園記念日
○出来事○ 日比谷図書館開館（1908）
　　　　　「現代かなづかい」と「当用漢字表」
　　　　　発表（1946）

良弁　ろうべん　774（閏11月）没（86歳）。飛鳥時代・奈良時代の僧。689生。

橘房子　たちばなのふさこ　893没。平安時代前期の女性。宇多天皇の女御。

平伊望　たいらのよしもち　939没（59歳）。平安時代中期の公卿。881生。

マルガレータ（スコットランドの）　1093没（47?歳）。スコットランド王マルコム3世の妃、聖人。1046頃生。

覚快法親王　かくかいほっしんのう　1181没（48歳）。平安時代後期の天台宗の僧。1134生。

道禅　どうぜん　1235没（46歳）。鎌倉時代前期の真言僧。1190生。

イブン・アル・アラビー　1240没（75歳）。スペインのアラブ系神秘派思想家、詩人。1165生。

エドムンド,リッチ　1240没（70?歳）。イギリスの高位聖職者、神学者。1170頃生。

ヘンリー3世　1272没（65歳）。イングランド王（在位1216〜72）。1207生。

能禅　のうぜん　1289没（86歳）。鎌倉時代前期の真言宗の僧。1204生。

剣阿　けんな　1338没（78歳）。鎌倉時代後期の真言密教の学僧。1261生。

フィッツラルフ,リチャード　1360没（65?歳）。アイルランドのアーマー大司教、神学者。1295頃生。

菊池武光　きくちたけみつ　1373没（45?歳）。南北朝時代の南朝方の武将。1329頃生。

鷹司房平　たかつかさふさひら　1472没（62歳）。室町時代の公卿。1411生。

益之宗箴　えきしそうしん　1487没（78歳）。室町時代・戦国時代の臨済宗の僧。1410生。

斯波義敏　しばよしとし　1508没（72歳）。室町時代・戦国時代の武将。1437生。

フェッロ　1526没（61歳）。イタリアの数学者。1465生。

クルーツィガー,カスパル　1548没（44歳）。ドイツの宗教改革者。1504生。

日覚　にちがく　1550没（65歳）。戦国時代の日蓮宗の僧。1486生。

三好義継　みよしよしつぐ　1573没。戦国時代の武士。

里見義康　さとみよしやす　1603没（31歳）。安土桃山時代の大名。1573生。

シャロン,ピエール　1603没（62歳）。フランスの哲学者、神学者。1541生。

玉仲宗琇　ぎょくちゅうそうしゅう　1604没（83歳）。戦国時代・安土桃山時代の臨済宗の僧。1522生。

ボッカリーニ,トライアーノ　1613没（57歳）。イタリアの文学者。1556生。

ベーメ,ヤーコブ　1624没（49歳）。ドイツの神秘主義的哲学者。1575生。

毛利高政　もうりたかまさ　1628没（70歳）。安土桃山時代・江戸時代前期の大名。1559生。

松倉重政　まつくらしげまさ　1630没（57歳）。安土桃山時代・江戸時代前期の大名。1574生。

グスタフ2世　1632没（37歳）。スウェーデン王（在位1611〜32）。1594生。

相馬義胤　そうまよしたね　1635没（88歳）。安土桃山時代・江戸時代前期の大名。1548生。

ウィルキンズ,ジョン　1672没（58歳）。イギリスの神学者、科学者。1614生。

ブルス,エサイアス　1672没（41歳）。オランダの画家。1631生。

藤堂高次　とうどうたかつぐ　1676没（76歳）。江戸時代前期の大名。1601生。

モンテクッコリ　1680没（71歳）。イタリア系のオーストリアの軍人。1609生。

独吼性獅　どくしょうし　1688没（65歳）。江戸時代前期の黄檗宗の渡来僧。1624生。

ニコル,ピエール　1695没（70歳）。フランスのジャンセニスト神学者、文法学者。1625生。

吉川惟足　よしかわこれたり　1695没（80歳）。江戸時代前期の神道学者。1616生。

土屋政直　つちやまさなお　1722没（82歳）。江戸時代前期・中期の大名。1641生。

お俊・伝兵衛　おしゅん・でんべえ　1738没。江戸時代の心中物戯曲の主人公。

ヒルデブラント，ヨハン・ルーカス・フォン　1745没(77歳)。オーストリアの建築家。1668生。

ツィンマーマン，ドミニクス　1766没(81歳)。ドイツの建築家。1685生。

樗良　ちょら　1780没(52歳)。江戸時代中期の俳人。1729生。

フリードリヒ・ウィルヘルム2世　1797没(53歳)。プロシア王(在位1786～97)。1744生。

釧雲泉　くしろうんせん　1811没(53歳)。江戸時代後期の南画家。1759生。

ウォルター，ジョン　1812没(73歳)。イギリスの印刷業者。1739生。

クラウゼウィッツ，カルル・フォン　1831没(51歳)。プロシアの軍人，戦史家。1780生。

月照　げっしょう　1858没(46歳)。江戸時代末期の勤王僧。1813生。

早川弥五左衛門　はやかわやござえもん　1883没(65歳)。江戸・明治時代の探検家。1819生。

リエル，ルイ　1885没(41歳)。カナダの反乱指導者。1844生。

中野逍遙　なかのしょうよう　1894没(28歳)。明治時代の漢詩人。1867生。

リール，ヴィルヘルム・ハインリヒ　1897没(74歳)。ドイツの文化史家，民俗学者，小説家。1823生。

谷森善臣　たにもりよしおみ　1911没(95歳)。江戸・明治時代の国学者。修史館修撰。1817生。

押川春浪　おしかわしゅんろう　1914没(39歳)。明治時代の小説家。1876生。

榎本虎彦　えのもととらひこ　1916没(51歳)。明治・大正時代の劇作家。歌舞伎狂言作者。1866生。

ブース，チャールズ　1916没(76歳)。イギリスの海運業経営者，統計学者，社会改良家。1840生。

石川素堂　いしかわそどう　1920没(80歳)。江戸～大正時代の曹洞宗僧侶。曹洞宗管長。1841生。

アブラハム　1922没(47歳)。ドイツの理論物理学者。1875生。

岸本能武太　きしもとのぶた　1928没(63歳)。明治・大正時代の宗教学者。早稲田大学教授。1866生。

田健治郎　でんけんじろう　1930没(76歳)。明治・大正時代の官僚，政治家。貴族院議員，衆議院議員，枢密官顧問。1855生。

リンデ，カール・フォン　1934没(92歳)。ドイツの工学者。1842生。

野沢喜左衛門(初代)　のざわきざえもん　1936没(77歳)。明治～昭和時代の義太夫節の三味線方。1860生。

パーマー　1949没(72歳)。イギリスの音声学者，語学教育家。1877生。

モーラス，シャルル　1952没(84歳)。フランスの作家，政治家。1868生。

ブレイクスリー，アルバート・フランシス　1954没(80歳)。アメリカの植物学者，遺伝学者。1874生。

鳳谷五郎　おおとりたにごろう　1956没(69歳)。大正時代の力士。24代横綱。1887生。

ゲイブル，クラーク　1960没(59歳)。アメリカの映画俳優。1901生。

滝川幸辰　たきがわゆきとき　1962没(71歳)。大正・昭和時代の刑法学者。京都大学総長，日本刑法学会理事長。1891生。

河崎なつ　かわさきなつ　1966没(77歳)。大正・昭和時代の教育者，婦人運動家。参議院議員(社会党)。1889生。

友松円諦　ともまつえんたい　1973没(78歳)。昭和時代の宗教家，仏教学者。全日本仏教会初代事務総長，神田寺主管。1895生。

ホールデン，ウィリアム　1981没(63歳)。アメリカの俳優。1918生。

福本和夫　ふくもとかずお　1983没(89歳)。昭和時代の社会思想家。日本共産党中央委員政治部長。1894生。

三遊亭円馬(4代目)　さんゆうていえんば　1984没(85歳)。大正・昭和時代の落語家。1899生。

マルシェ，ジョルジュ　1997没(77歳)。フランスの政治家。1920生。

ネイサンズ，ダニエル　1999没(71歳)。アメリカの微生物学者。1928生。

フラナガン，トミー　2001没(71歳)。アメリカのジャズ・ピアニスト。1930生。

フリードマン，ミルトン　2006没(94歳)。アメリカの経済学者。1912生。

仲谷昇　なかやのぼる　2006没(77歳)。昭和・平成時代の俳優。1929生。

11月16日

11月17日

○記念日○　将棋の日
○出来事○　スエズ運河開通(1869)
　　　　　　プロ野球第1回ドラフト会議(1965)
　　　　　　雲仙普賢岳噴火(1990)

ヴァレンティニアヌス1世　375没(54歳)。ローマ皇帝(在位364～375)。321生。

グレゴワール・ド・トゥール　594没(55歳)。フランクの歴史家, 聖職者, 聖人。538生。

恵妙　えみょう　680没。飛鳥時代の僧。

聖ヒルダ　680没(66歳)。イギリスの女子修道院院長。614生。

山村王　やまむらおう　767没(46歳)。奈良時代の官人。722生。

藤原基忠　ふじわらのもとただ　1098没(43歳)。平安時代中期・後期の公卿。1056生。

藤原信隆　ふじわらののぶたか　1179没(54歳)。平安時代後期の公卿。1126生。

エリーザベト(ハンガリーの, テューリンゲンの)　1231没(24歳)。ハンガリー王アンドレアス2世の娘, 聖女。1207生。

隆澄　りゅうちょう　1266没(86歳)。鎌倉時代前期の真言僧。1181生。

悟阿　ごあ　1283没。鎌倉時代後期の華厳宗の僧。

安達泰盛　あだちやすもり　1285没(55歳)。鎌倉時代後期の武将。1231生。

二階堂行景　にかいどうゆきかげ　1285没。鎌倉時代後期の引付衆。

武藤景泰　むとうかげやす　1285没。鎌倉時代後期の武士。

道意　どうい　1336没(66歳)。鎌倉時代後期・南北朝時代の僧。1271生。

鷲尾隆右　わしおたかすけ　1404没(81歳)。南北朝時代・室町時代の公卿。1324生。

六角満高　ろっかくみつたか　1416没(48歳)。南北朝時代・室町時代の守護大名。1369生。

一条経嗣　いちじょうつねつぐ　1418没(61歳)。南北朝時代・室町時代の公卿。1358生。

嫩桂祐栄　どんけいゆうえい　1443没。室町時代の曹洞宗の僧。

横川景三　おうせんけいさん　1493没(65歳)。室町時代・戦国時代の臨済宗の僧, 五山文学僧。1429生。

ピーコ・デッラ・ミランドラ, ジョヴァンニ　1494没(31歳)。イタリアの人文主義者。1463生。

荒木田守晨　あらきだもりとき　1516没(51歳)。戦国時代の伊勢内宮の禰宜, 神宮学者。1466生。

中御門宣胤　なかみかどのぶたね　1525没(84歳)。室町時代・戦国時代の歌人・公卿。1442生。

ヴィンプフェリング, ヤーコブ　1528没(78歳)。ドイツの人文主義者。1450生。

土岐頼純　ときよりずみ　1547没(49歳)。戦国時代の武将。1499生。

プール, レジナルド, 枢機卿　1558没(58歳)。イギリス, カンタベリー大司教。1500生。

メアリー1世　1558没(42歳)。イギリス, チューダー朝の女王(在位1553～58)。1516生。

コルレ　1566没(71?歳)。イタリアの画家。1495頃生。

宗甫　そうほ　1598没。戦国時代・安土桃山時代の浄土宗の僧。

足立重信　あだちしげのぶ　1625没(66?歳)。安土桃山時代・江戸時代前期の武将。1560頃生。

パッペンハイム　1632没(38歳)。ドイツの将軍。1594生。

アール, ジョン　1665没(64歳)。イギリスの宗教家, ソールズベリーの監督。1601生。

松平光長　まつだいらみつなが　1707没(93歳)。江戸時代前期・中期の大名。1615生。

バックホイセン, ルドルフ　1708没(76歳)。オランダの海洋画家, 版画家。1631生。

ルサージュ, アラン-ルネ　1747没(79歳)。フランスの小説家, 劇作家。1668生。

エカテリーナ2世　1796没(67歳)。ロシアの女帝(在位1762～96)。1729生。

マクファーソン, ジェイムズ　1796没(60歳)。スコットランド生れの詩人。1736生。

福原五岳　ふくはらごがく　1799没(70歳)。江戸時代中期の南画家。1730生。

アレムダル・ムスタファ・パシャ　1808没(53?歳)。オスマン・トルコ帝国の宰相。1755頃生。

ブルーセ　1838没(65歳)。フランスの医師。1772生。

オーウェン, ロバート　1858没(87歳)。イギリスの社会思想家。1771生。

ドブロリューボフ, ニコライ・アレクサンドロヴィチ　1861没(25歳)。ロシアの評論家。1836生。

中岡慎太郎　なかおかしんたろう　1867没(30歳)。江戸時代末期の尊攘・討幕派志士, 土佐藩郷士。1838生。

長谷部恕連　はせべよしつら　1873没(56歳)。江戸時代末期・明治時代の志士。1818生。

石河正養　いしこまさかい　1891没(71歳)。江戸・明治時代の国学者。1821生。

アレクサンドル1世　1893没(36歳)。ブルガリア公(1879〜86)。1857生。

ショー, リチャード・ノーマン　1912没(81歳)。イギリスの建築家。1831生。

マルケージ・デ・カストローネ, マティルデ　1913没(92歳)。ドイツのメゾ・ソプラノ歌手, 声楽教師。1821生。

ロダン, オーギュスト　1917没(77歳)。フランスの彫刻家。1840生。

高瀬羽皐　たかせこう　1924没(70歳)。明治・大正時代のジャーナリスト, 社会事業家。1855生。

ヨッフェ　1927没(44歳)。ソ連の革命家, 外交官。1883生。

ラーイ, L.L.　1928没(63歳)。インド民族解放運動の指導者。1865生。

ホレリス, ハーマン　1929没(69歳)。アメリカの機械技術者。1860生。

シューマン-ハインク, アーネスティン　1936没(75歳)。オーストリア生れのアメリカのアルト歌手。1861生。

田中智学　たなかちがく　1939没(79歳)。明治〜昭和時代の仏教者。1861生。

ギル, エリック　1940没(58歳)。イギリスの彫刻家, 美術評論家。1882生。

フーフ, リカルダ・オクターヴィア　1947没(83歳)。ドイツの新ロマン主義を代表する女流作家, 歴史家。1864生。

弘田龍太郎　ひろたりゅうたろう　1952没(60歳)。昭和時代の作曲家。1892生。

斎藤佳三　さいとうよしぞう　1955没(68歳)。大正・昭和時代の図案装飾家。1887生。

ヴィラ-ロボス, エイトル　1959没(72歳)。ブラジルの作曲家。1887生。

前川千帆　まえかわせんぱん　1960没(72歳)。大正・昭和時代の版画家, 漫画家。1888生。

近藤平三郎　こんどうへいざぶろう　1963没(85歳)。明治〜昭和時代の薬学者。1877生。

レーマン, ヴィルヘルム　1968没(86歳)。ドイツの詩人, 小説家。1882生。

広瀬謙三　ひろせけんぞう　1970没(75歳)。昭和時代のスポーツ研究家。1895生。

畠山一清　はたけやまいっせい　1971没(89歳)。大正・昭和時代の実業家, 政治家。貴族院議員。1881生。

ミンコフスキー　1972没(87歳)。フランスの精神医学者。1885生。

雅川滉　つねかわひろし　1973没(67歳)。昭和時代の近代文学研究家。1906生。

楢橋渡　ならはしわたる　1973没(71歳)。昭和時代の政治家, 弁護士。衆議院議員。1902生。

浜田広介　はまだひろすけ　1973没(80歳)。大正・昭和時代の児童文学作家。1893生。

バーシャーニー　1976没(93歳)。バングラデシュの政治家。1883生。

渡辺寧　わたなべやすし　1976没(80歳)。大正・昭和時代の電気・電子工学者。1896生。

ロン・ノル　1985没(72歳)。カンボジアの軍人, 大統領。1913生。

木村義雄　きむらよしお　1986没(81歳)。大正・昭和時代の棋士。将棋第14世名人, 日本将棋連盟会長。1905生。

辻嘉一　つじかいち　1988没(81歳)。昭和時代の料理人。辻留主人。1907生。

ホーフスタッター, ロバート　1990没(75歳)。アメリカの物理学者。1915生。

森万紀子　もりまきこ　1992没(57歳)。昭和・平成時代の小説家。1934生。

井上長三郎　いのうえちょうざぶろう　1995没(89歳)。昭和・平成時代の洋画家。1906生。

ネール, ルイ・ユージェーヌ・フェリックス　2000没(95歳)。フランスの物理学者。1904生。

エバン, アッバ　2002没(87歳)。イスラエルの政治家。1915生。

プスカシュ, フェレンツ　2006没(79歳)。ハンガリーのサッカー選手。1927生。

11月17日

11月18日

○記念日○ 音楽著作権の日
　　　　　土木の日
○出来事○ ミッキーマウス、初登場（1928）
　　　　　フォード米大統領が来日（1974）

イブヌッ・スィッキート　857没。クーファ派のアラビア語学者。
藤原良世　ふじわらのよしよ　900没（77歳）。平安時代前期の公卿。824生。
オド　942没（64歳）。フランスの修道士、聖人。878生。
オドン・ド・クリュニー　942没（63?歳）。クリュニーの大修道院長。879頃生。
覚行法親王　かくぎょうほっしんのう　1105没（31歳）。白河天皇の第3皇子。1075生。
教真　きょうしん　1109没。平安時代後期の天台宗の僧。
藤原資信　ふじわらのすけのぶ　1158没（77歳）。平安時代後期の公卿。1082生。
アルブレヒト1世　1170没（70?歳）。ブランデンブルク辺境伯。1100頃生。
中山忠定　なかやまたださだ　1256没（69歳）。鎌倉時代前期の公卿。1188生。
アダム・マーシュ　1258没。イギリスのフランシスコ会神学者。
園基氏　そのもとうじ　1282没（72歳）。鎌倉時代後期の公卿。1211生。
俊聖　しゅんじょう　1287没（49歳）。鎌倉時代後期の念仏僧。1239生。
西園寺実衡　さいおんじさねひら　1326没（37歳）。鎌倉時代後期の公卿。1290生。
象外禅鑑　ぞうがいぜんかん　1355没（77歳）。鎌倉時代後期・南北朝時代の僧。1279生。
天境霊致　てんきょうれいち　1381没（91歳）。鎌倉時代後期・南北朝時代の僧。1291生。
ゲルラハ、ペーテルス　1411没（33歳）。オランダ出身で、ドイツに移住した共同生活兄弟団の神秘的神学者。1378生。
ベッサリオン、ヨハネス　1472没（69歳）。ビザンチン出身の人文主義者、神学者。1403生。
上原元秀　うえはらもとひで　1493没。室町時代・戦国時代の武将、室町幕府管領細川政元の内衆。

融舜　ゆうしゅん　1523没。戦国時代の浄土宗の僧。
畠山義統　はたけやまよしむね　1525（閏11月）没。戦国時代の武将。
タンスタル、カスバート　1559没（85歳）。イギリスの聖職者、学者、外交官。1474生。
谷宗養　たにそうよう　1563没（38歳）。戦国時代の連歌師。1526生。
亮慧　りょうえ　1566没（77歳）。戦国時代の真言宗の僧。1490生。
アウリファーバー、ヨハネス（ヴァイマルの）　1575没（56歳）。ドイツのルター派牧師。1519生。
梵舜　ぼんしゅん　1632没（80歳）。安土桃山時代・江戸時代前期の神道家、僧。1553生。
宮部長熈　みやべながひろ　1635没（55歳）。江戸時代前期の大名。1581生。
庄司甚右衛門　しょうじじんえもん　1644没（70歳）。安土桃山時代・江戸時代前期の町人。1575生。
寺沢堅高　てらざわかたたか　1647没（39歳）。江戸時代前期の大名。1609生。
狩野長信　かのうながのぶ　1654没（78歳）。安土桃山時代・江戸時代前期の画家。1577生。
中川謙叔　なかがわけんしゅく　1658没（35歳）。江戸時代前期の儒学者。1624生。
ズリーニ・ミクローシュ　1664没（44歳）。ハンガリーの詩人、軍人。1620生。
芳沢あやめ（3代目）　よしざわあやめ　1774没（55歳）。江戸時代中期の歌舞伎役者。1720生。
ハウフ、ヴィルヘルム　1827没（24歳）。ドイツの詩人、小説家。1802生。
エルンスト・アウグスト　1851没（80歳）。ハノーバー王（在位1837～51）。1771生。
フォーブズ、エドワード　1854没（39歳）。スコットランドの博物学者。1815生。
坂東三津五郎（4代目）　ばんどうみつごろう　1863没（62歳）。江戸時代末期の歌舞伎座主、歌舞伎役者。1802生。

666

伊東甲子太郎　いとうきねたろう　1867没（33歳）。江戸時代末期の新撰組参謀。1835生。

伊藤竜太郎　いとうりゅうたろう　1867没（33歳）。江戸時代末期の剣術家。1835生。

藤堂平助　とうどうへいすけ　1867没（24歳）。江戸時代末期の新撰組八番隊隊長。1844生。

モナーガス　1868没（84歳）。ベネズエラの軍人，政治家。1784生。

井上文雄　いのうえふみお　1871没（72歳）。江戸・明治時代の国学者，歌人。1800生。

ディアズ・ド・ラ・ペーニャ，ナルシス・ヴィルジル　1876没（69歳）。フランスの画家。1807生。

ドレーク　1881没（62歳）。アメリカの石油掘鑿者。1819生。

高畠藍泉　たかばたけらんせん　1885没（48歳）。明治時代の戯作者。1838生。

アーサー，チェスター・A　1886没（56歳）。アメリカ第21代大統領（1881～85）。1830生。

フェヒナー，グスタフ・テオドール　1887没（86歳）。ドイツの科学者，哲学者，心理学者。1801生。

プルースト，マルセル　1922没（51歳）。フランスの小説家。1871生。

ガスパルリ，ピエートロ　1934没（82歳）。イタリアのカトリック教理学者，教会政治家。1852生。

藤浪鑑　ふじなみあきら　1934没（65歳）。明治・大正時代の病理学者。京都帝大医科大学教授。1870生。

ネルンスト，ヴァルター・ヘルマン　1941没（77歳）。ドイツの物理化学者。1864生。

徳田秋声　とくだしゅうせい　1943没（72歳）。明治～昭和時代の小説家。1872生。

牧口常三郎　まきぐちつねさぶろう　1944没（74歳）。明治～昭和時代の宗教家，教育者。創価教育学会会長。1871生。

安藤正次　あんどうまさつぐ　1952没（74歳）。明治～昭和時代の国語学者，言語学者。東洋大学学長，台北帝国大学総長。1878生。

エリュアール，ポール　1952没（56歳）。フランスの詩人。1895生。

木村荘八　きむらしょうはち　1958没（65歳）。大正・昭和時代の洋画家，随筆家。1893生。

豊田三郎　とよださぶろう　1959没（52歳）。昭和時代の小説家。1907生。

ボーア，ニールス・ヘンドリック・ダヴィド　1962没（77歳）。デンマークの物理学者。1885生。

市川段四郎　いちかわだんしろう　1963没（55歳）。昭和時代の俳優。1908生。

ウォレス，H.A.　1965没（77歳）。アメリカの元副大統領。1888生。

河井寛次郎　かわいかんじろう　1966没（76歳）。大正・昭和時代の陶芸家，随筆家。1890生。

細川護立　ほそかわもりたつ　1970没（87歳）。大正・昭和時代の美術収集家。東洋文庫理事長，国宝保存会会長，貴族院議員。1883生。

ハーバ，アロイス　1973没（80歳）。チェコスロバキアの作曲家。1893生。

本庄栄治郎　ほんじょうえいじろう　1973没（85歳）。大正・昭和時代の経済学者。京都大学教授，大阪府立大学教授。1888生。

北条誠　ほうじょうまこと　1976没（58歳）。昭和時代の小説家，放送作家。1918生。

レイ，マン　1976没（86歳）。アメリカの画家，彫刻家，写真家，映画作家。1890生。

シュシュニク，クルト・フォン　1977没（79歳）。オーストリアの政治家。1897生。

前田鉄之助　まえだてつのすけ　1977没（81歳）。大正・昭和時代の詩人。1896生。

オクラドニコフ，アレクセイ　1981没（73歳）。ソ連の考古学者。1908生。

横山白虹　よこやまはくこう　1983没（84歳）。昭和時代の俳人。「自鳴鐘」主宰，現代俳句協会会長，北九州市議会議長。1899生。

城戸幡太郎　きどまんたろう　1985没（92歳）。大正・昭和時代の心理学者，教育者。北海道大学教授，北海道教育大学学長。1893生。

宮脇紀雄　みやわきとしお　1986没（79歳）。昭和時代の児童文学作家。日本児童文芸家協会理事。1907生。

フサーク，グスターフ　1991没（78歳）。チェコスロバキアの政治家。1913生。

キップハルト，ハイナー　1992没（70歳）。西ドイツの劇作家，小説家。1922生。

井上頼豊　いのうえよりとよ　1996没（83歳）。昭和・平成時代のチェリスト。1912生。

平塚運一　ひらつかうんいち　1997没（102歳）。大正～平成時代の版画家，洋画家。1895生。

渡辺茂男　わたなべしげお　2006没（78歳）。昭和・平成時代の児童文学作家、翻訳家。1928生。

11月18日

11月19日

○記念日○ 農協記念日
○出来事○ リンカーンがゲティスバーグ演説（1863）
レーガンとゴルバチョフが会談（1985）

アナスタシウス2世　498没。ローマ教皇（在位496～498）。

エグベルトゥス（ヨークの）　766没（88歳）。ヨークの初代大司教。678生。

マリク・シャー　1092没（39?歳）。セルジューク帝国第3代のスルタン（在位1072/3～92）。1053頃生。

円恵法親王　えんえほっしんのう　1183没（33歳）。平安時代後期の僧。1151生。

明雲　みょううん　1184没（70歳）。平安時代後期の天台宗の僧。1115生。

ボールドウィン　1190没。イギリスのカンタベリ大司教。

信円　しんえん　1224没（72歳）。平安時代後期・鎌倉時代前期の僧。1153生。

長沼宗政　ながぬまむねまさ　1241没（80歳）。平安時代後期・鎌倉時代前期の武士。1162生。

ジョスリン（ウェルズの）　1242没。イングランドの司教、王室付司法官。

近衛基平　このえもとひら　1268没（23歳）。鎌倉時代前期の歌人・公卿。1246生。

ダーヴィト（アウクスブルクの）　1272没（72?歳）。中世ドイツの優れた説教家。1200頃生。

メヒトヒルト（ハッケボルンの）　1299没（58歳）。ドイツのベネディクト会修道女、聖女。1241生。

京極貞氏　きょうごくさだうじ　1355没。南北朝時代の武将。

覚増　かくぞう　1390没。南北朝時代の天台宗の僧。

霊叟宗俊　がくそうそうしゅん　1465没。室町時代の曹洞宗の僧。

クレイモンド、ジョン　1537没（69歳）。イングランドの古典学者、初期人文主義者。1468生。

四条隆重　しじょうたかしげ　1539没（33歳）。戦国時代の公卿。1507生。

稲葉一鉄　いなばいってつ　1589没（75歳）。戦国時代・安土桃山時代の武将、西美濃三人衆の一人。1515生。

ザンキウス、ヒエローニムス　1590没（74歳）。イタリアのプロテスタント神学者。1516生。

李舜臣　りしゅんしん　1598没（54歳）。朝鮮、李朝の武将。1544生。

西尾光教　にしおみつのり　1615没（73歳）。安土桃山時代・江戸時代前期の大名。1543生。

鷹司信尚　たかつかさのぶひさ　1621没（32歳）。江戸時代前期の公家。1590生。

稲葉典通　いなばのりみち　1626没（60歳）。安土桃山時代・江戸時代前期の武将、大名。1567生。

シャイン、ヨーハン・ヘルマン　1630没（44歳）。ドイツの作曲家。1586生。

ウェーニクス、ヤン・バプティスト　1660没（39歳）。オランダの画家。1621生。

プーサン、ニコラ　1665没（71歳）。フランスの画家。1594生。

ユーニウス、フランツィスクス　1677没（88歳）。イギリスのゲルマン学者、言語学者。1589生。

シャドウェル、トマス　1692没（50?歳）。イギリスの劇作家。1642頃生。

梅峰竺信　ばいほうじくしん　1707没（75歳）。江戸時代前期・中期の曹洞宗の僧、禅定家、思想家。1633生。

鍋島直朝　なべしまなおとも　1709没（88歳）。江戸時代前期の大名。1622生。

松波勘十郎　まつなみかんじゅうろう　1711没（74?歳）。江戸時代前期・中期の水戸藩士、備後三次藩士、財政家。1638頃生。

毛利元次　もうりもとつぐ　1719没（53歳）。江戸時代中期の大名。1667生。

大石りく　おおいしりく　1736没（68歳）。江戸時代中期の女性。大石内蔵助良雄の妻。1669生。

プファフ, クリストフ・マテーウス　1761没（74歳）。ドイツのルター派神学者。1686生。

中村新五郎（2代目）　なかむらしんごろう　1777没（31歳）。江戸時代中期の歌舞伎役者。1747生。

中村のしほ（初代）　なかむらのしお　1777没（26歳）。江戸時代中期の歌舞伎役者。1752生。

トーン, ウルフ　1798没（35歳）。アイルランド独立運動者。1763生。

シャー・アーラム2世　1806没。インド, ムガル帝国の皇帝（在位1759～1806）。

ルドゥー, クロード・ニコラ　1806没（70歳）。フランスの建築家。1736生。

夏目成美　なつめせいび　1817没（69歳）。江戸時代中期・後期の俳人。1749生。

小林一茶　こばやしいっさ　1828没（66歳）。江戸時代中期・後期の俳人。1763生。

シューベルト, フランツ　1828没（31歳）。ドイツ・ロマン派の代表的作曲家の一人。1797生。

光格天皇　こうかくてんのう　1840没（70歳）。第119代の天皇。1771生。

ヴェレシュマルティ・ミハーイ　1855没（54歳）。ハンガリーの詩人。1800生。

小林良典　こばやしよしすけ　1859没（54歳）。江戸時代末期の公家臣。1806生。

大石進　おおいしすすむ　1863没（67歳）。江戸時代後期の剣術家。1797生。

シーメンズ, チャールズ・ウィリアム　1883没（60歳）。ドイツ生れのイギリス人。1823生。

ラザラス, エマ　1887没（38歳）。アメリカの女流詩人。1849生。

フィッティヒ, ルドルフ　1910没（74歳）。ドイツの化学者。1835生。

インス, トマス・ハーパー　1924没（42歳）。アメリカの映画制作者, 監督。1882生。

徐志摩　じょしま　1931没（34歳）。中国の詩人。1897生。

田所輝明　たどころてるあき　1934没（35歳）。大正・昭和時代の社会運動家。1900生。

山脇房子　やまわきふさこ　1935没（69歳）。明治～昭和時代の女子教育者。山脇女子実修学校校長。1867生。

シュルツ, ブルーノ　1942没（50歳）。ポーランドのユダヤ系小説家。1892生。

高勢実乗　たかせみのる　1947没（58歳）。大正・昭和時代の映画俳優。1890生。

柴田桂太　しばたけいた　1949没（73歳）。明治～昭和時代の生化学者。東京帝国大学教授, 岩田植物生理化学研究所所長。1877生。

トールマン, エドワード・C　1959没（73歳）。アメリカの心理学者。1886生。

宮城タマヨ　みやぎたまよ　1960没（68歳）。大正・昭和時代の社会事業家。参院議員。1892生。

吉井勇　よしいいさむ　1960没（74歳）。明治～昭和時代の歌人, 劇作家, 小説家。1886生。

エルミーロフ, ウラジーミル・ウラジーミロヴィチ　1965没（61歳）。ソ連の文芸批評家, ジャーナリスト。1904生。

旭堂南陵（2代目）　きょくどうなんりょう　1965没（88歳）。明治～昭和時代の講談師。1877生。

大久保留次郎　おおくぼとめじろう　1966没（79歳）。昭和時代の政治家。衆議院議員。1887生。

ギマランイス・ローザ, ジョアン　1967没（59歳）。ブラジルの小説家。1908生。

フンク, カジミエシュ　1967没（83歳）。アメリカ（ポーランド生れ）の化学者。1884生。

三島徳七　みしまとくしち　1975没（82歳）。大正・昭和時代の金属工学者。東京大学教授。1893生。

スリオ　1979没（87歳）。フランスの哲学者, 美学者。1892生。

ゴフマン, アーヴィング　1982没（60歳）。アメリカの社会学者。1922生。

坪井忠二　つぼいちゅうじ　1982没（80歳）。昭和時代の地球物理学者。東京大学教授, 測地審議会会長。1902生。

ファイズ, ファイズ・アフマド　1984没（73歳）。パキスタンのウルドゥー語詩人。1911生。

香取正彦　かとりまさひこ　1988没（89歳）。昭和時代の鋳金家。日本工芸会常任理事・金工部会長, 人間国宝。1899生。

バーク, ケネス　1993没（96歳）。アメリカの文芸評論家。1897生。

シモンズ, ジュリアン　1994没（82歳）。イギリスの詩人。1912生。

松島詩子　まつしまうたこ　1996没（91歳）。昭和時代の歌手。1905生。

山村正夫　やまむらまさお　1999没（68歳）。昭和・平成時代の推理作家。日本推理作家協会理事長。1931生。

11月19日

11月20日

○記念日○ ピザの日
　　　　　ホテルの日
　　　　　毛皮の日
○出来事○ 岩波新書刊行開始(1938)
　　　　　ニュルンベルク裁判始まる(1945)

アガピオス　307没。4世紀初めの大迫害の時の殉教者。
ベルンヴァルト　1022没(62?歳)。中世ドイツの画家, 建築家, 工芸家。960頃生。
吉見義世　よしみよしよ　1296没。鎌倉時代後期の武士。
公什　こうじゅう　1314没(77歳)。鎌倉時代後期の天台宗の僧。1238生。
グレゴリウス(リーミニの)　1357没(57?歳)。スコラ哲学者。1300頃生。
大本良中　だいほんりょうちゅう　1368没(44歳)。南北朝時代の臨済宗の僧。1325生。
太源宗真　たいげんそうしん　1371没。南北朝時代の曹洞宗の僧。
栄仁親王　よしひとしんのう　1416没(66歳)。南北朝時代・室町時代の皇族。北朝崇光天皇の第1皇子。1351生。
万里小路時房　までのこうじときふさ　1457没(64歳)。室町時代の公卿。1394生。
冷泉為富　れいぜいためとみ　1497没(73歳)。室町時代・戦国時代の公卿。1425生。
宗朝　そうちょう　1518没(64歳)。戦国時代の臨済宗の僧。1455生。
ラ・リュー, ピエール・ド　1518没(58?歳)。ネーデルラントの作曲家。1460頃生。
ミルティツ, カール・フォン　1529没(39?歳)。ドイツの騎士, 教皇の使者。1490頃生。
菊池義武　きくちよしたけ　1554没(50歳)。戦国時代の肥後国主。1505生。
泰翁徳陽　たいおうとくよう　1555没(79歳)。戦国時代の曹洞宗の僧。1477生。
カーロ, アンニーバレ　1566没(59歳)。イタリア後期ルネサンスの人文主義者, 詩人。1507生。
トーダル・マル　1589没(66歳)。インド, ムガル帝国アクバル大帝の行政官, 軍人。1523生。
ハットン　1591没(51歳)。イギリスの大法官。1540生。

リリー, ジョン　1606没(52?歳)。イギリスの小説家, 劇作家。1554頃生。
ハリントン, サー・ジョン　1612没(51歳)。イギリスの作家。1561生。
日誉　にちよ　1641没(86歳)。安土桃山時代・江戸時代前期の新義真言宗の僧。1556生。
堀杏庵　ほりきょうあん　1643没(59歳)。江戸時代前期の尾張藩士, 安芸広島藩士, 儒学者。1585生。
宇喜多秀家　うきたひでいえ　1655没(84歳)。安土桃山時代の大名, 五大老。1572生。
マナセ・ベン・イスラエル　1657没(53歳)。ユダヤ教の神学者。1604生。
片桐石州　かたぎりせきしゅう　1673没(66歳)。江戸時代前期の大名, 茶人。1608生。
向象賢　しょうしょうけん　1676没(60歳)。琉球国の政治家。1617生。
デュジャルダン, カーレル　1678没(56?歳)。オランダの画家。1622頃生。
中川久清　なかがわひさきよ　1681没(67歳)。江戸時代前期の大名。1615生。
本庄宗長　ほんじょうむねなが　1709没(23歳)。江戸時代中期の大名。1687生。
本多忠次　ほんだただつぐ　1711没(33歳)。江戸時代中期の大名。1679生。
神戸分左衛門　かんどぶんざえもん　1712没。江戸時代中期の名古屋屈指の材木商, 新田開発者。
早川伝五郎　はやかわでんごろう　1719没(50歳)。江戸時代中期の歌舞伎役者。1670生。
鷹司兼煕　たかつかさかねひろ　1725没(67歳)。江戸時代前期・中期の公家。1659生。
キャロライン(アンスバッハの), ヴィルヘルミーナ　1737没(54歳)。イギリス王ジョージ2世の妃。1683生。
ポリニャク, メルキョール・ド　1741没(80歳)。フランスの貴族。1661生。
ステュアート　1780没(68歳)。イギリスの経済学者。1712生。

鵜殿余野子　うどのよのこ　1788没（60歳）。江戸時代中期の女性。歌人。1729生。

フロリダブランカ　1808没（79歳）。スペインの宰相（1777～92）。1729生。

長谷川寛　はせがわひろし　1839没（58歳）。江戸時代後期の和算家。1782生。

石坂宗哲　いしざかそうてつ　1842没（73歳）。江戸時代後期の鍼術家。1770生。

エルフィンストン　1859没（80歳）。イギリスのインド行政官、歴史家。1779生。

エルギン　1863没（52歳）。イギリスの外交官。1811生。

本庄宗秀　ほんじょうむねひで　1873没（65歳）。江戸・明治時代の大名。1809生。

ルビンシテイン，アントン・グリゴリエヴィチ　1894没（64歳）。ロシアの作曲家、ピアニスト。1829生。

モーダーゾーン-ベッカー，パウラ　1907没（31歳）。ドイツの女流画家。1876生。

シュタウディンガー　1921没（72歳）。ドイツの社会主義哲学者。1849生。

ジェロムスキ，ステファン　1925没（61歳）。ポーランドの小説家。1864生。

マルゲリータ（サボイアの）　1926没（75歳）。イタリア王国の初代王妃。1851生。

ド・シッテル，ヴィレム　1934没（62歳）。オランダの天文学者、宇宙学者。1872生。

小野宮吉　おのみやきち　1936没（37歳）。大正・昭和時代の俳優、演出家。1900生。

プリモ・デ・リベラ，J.A.　1936没（33歳）。スペインの政治家。1903生。

シェストーフ，レーフ・イサアーコヴィチ　1938没（72歳）。ロシアの哲学者、批評家。1866生。

ホール，エドウィン・ハーバート　1938没（83歳）。アメリカの物理学者。1855生。

小熊秀雄　おぐまひでお　1940没（40歳）。昭和時代の詩人。1901生。

キャルヴァートン，V.F.　1940没（40歳）。アメリカの評論家。1900生。

アストン，フランシス・ウィリアム　1945没（68歳）。イギリスの化学者、物理学者。1877生。

本庄繁　ほんじょうしげる　1945没（70歳）。大正・昭和時代の陸軍軍人。1876生。

コルベ，ゲオルク　1947没（70歳）。ドイツの彫刻家。1877生。

ボルヒェルト，ヴォルフガング　1947没（26歳）。ドイツの詩人、小説家。1921生。

若槻礼次郎　わかつきれいじろう　1949没（84歳）。大正・昭和時代の政治家。内閣総理大臣、憲政党総裁。1866生。

クローチェ，ベネデット　1952没（86歳）。イタリアの哲学者，文芸評論家，政治家。1866生。

山田孝雄　やまだよしお　1958没（85歳）。明治～昭和時代の国語学者。神宮皇学館大学学長、東京帝国大学教授。1873生。

小倉正恒　おぐらまさつね　1961没（86歳）。明治～昭和時代の実業家、政治家。住友財閥総帥、貴族院議員。1875生。

中村岳陵　なかむらがくりょう　1969没（79歳）。大正・昭和時代の日本画家。東京美術学校教授。1890生。

貴司山治　きしやまじ　1973没（73歳）。昭和時代の小説家。1899生。

フランコ・バアモンデ，フランシスコ　1975没（82歳）。スペインの軍人、政治家。1892生。

駒井哲郎　こまいてつろう　1976没（56歳）。昭和時代の銅版画家。東京芸術大学教授。1920生。

ルイセンコ，トロフィム・デニソヴィチ　1976没（78歳）。ソ連の生物学者、農学者。1898生。

デ・キーリコ，ジョルジョ　1978没（90歳）。イタリアの画家、散文家。1888生。

菅忠道　かんただみち　1979没（70歳）。昭和時代の児童文学評論家、児童文化運動の指導者。日本子どもを守る会副会長。1909生。

小林勇　こばやしいさむ　1981没（78歳）。大正・昭和時代の出版人、随筆家。岩波書店会長。1903生。

福田恆存　ふくだつねあり　1994没（82歳）。昭和時代の評論家、劇作家。1912生。

ファンファーニ，アミントーレ　1999没（91歳）。イタリアの政治家、経済学者。1908生。

村上三島　むらかみさんとう　2005没（93歳）。昭和・平成時代の書家。1912生。

アルトマン，ロバート　2006没（81歳）。アメリカの映画監督。1925生。

斎藤茂太　さいとうしげた　2006没（90歳）。昭和・平成時代の精神科医、エッセイスト。1916生。

11月20日

11月21日

○記念日○ インターネット記念日
○出来事○ 平賀源内投獄される(1779)
第1回早慶戦(1903)

ゲラシウス1世　496没。教皇(在位492〜496)。
述子内親王　じゅつしないしんのう　897没。平安時代前期の女性。文徳天皇の皇女。
浄蔵　じょうぞう　964没(74歳)。平安時代中期の天台宗の僧。891生。
アブー・アル・ファラジ・アル・イスファハーニー　967没(70歳)。アラブの文学者。897生。
道法法親王　どうほうほっしんのう　1214没(49歳)。平安時代後期・鎌倉時代前期の真言宗の僧。1166生。
足利義氏　あしかがよしうじ　1255没(67歳)。鎌倉時代前期の武士。1189生。
永安門院　えいあんもんいん　1279没(64歳)。鎌倉時代前期の女性。順徳天皇の第2皇女。1216生。
法助　ほうじょ　1284没(58歳)。鎌倉時代後期の真言僧。1227生。
二階堂行忠　にかいどうゆきただ　1290没(71歳)。鎌倉時代の武士。1220生。
白川資頼王　しらかわすけあきおう　1302没。鎌倉時代後期の公卿。
静泉　じょうせん　1330没(82歳)。鎌倉時代後期の天台宗の僧。1249生。
双峰宗源　そうほうそうげん　1335没(73歳)。鎌倉時代後期の臨済宗の僧。1263生。
結城宗広　ゆうきむねひろ　1339没。鎌倉時代後期・南北朝時代の武将。
在庵円有　ざいあんえんう　1349没(84歳)。鎌倉時代後期・南北朝時代の臨済宗の僧。1266生。
二条基冬　にじょうもとふゆ　1382没(42歳)。南北朝時代の公卿。1341生。
明巌鏡昭　みょうがんきょうしょう　1410没(80歳)。南北朝時代・室町時代の曹洞宗の僧。1331生。
香林宗簡　こうりんそうかん　1453没。室町時代の臨済宗の僧。
一休宗純　いっきゅうそうじゅん　1481没(88歳)。室町時代の臨済宗の僧。1394生。

シカンダル・ローディー　1517没。インド,ローディー朝の第2代の王(在位1489〜1517)。
宗縁　そうえん　1521没(64歳)。戦国時代の曹洞宗の僧。1458生。
アグリコラ,ゲオルギウス　1555没(61?歳)。ドイツの医学,哲学,博物学者。1494頃生。
瑞渓院　ずいけいいん　1571没。戦国時代の女性。今川氏親の娘。
秋山信友　あきやまのぶとも　1575没(45歳)。戦国時代の武将。1531生。
遠山景任の妻　とおやまかげとうのつま　1575没。戦国時代・安土桃山時代の女性。織田信長の叔母。
グレシャム,サー・トマス　1579没(60歳)。イギリスの商人,王室財務官。1519生。
烏丸光宣　からすまるみつのぶ　1611没(63歳)。安土桃山時代・江戸時代前期の書家,公家。1549生。
カンプス　1623没。オランダの平戸商館長。
服部左近衛門　はっとりさこんえもん　1628没(80歳)。安土桃山時代・江戸時代前期の薩摩藩煙草奉行。1549生。
清巌宗渭　せいがんそうい　1661没(74歳)。江戸時代前期の臨済宗の僧。1588生。
吉田光由　よしだみつよし　1673没(76歳)。江戸時代前期の和算家。1598生。
長沼宗敬　ながぬまむねよし　1690没(56歳)。江戸時代前期の兵学者。1635生。
パーセル,ヘンリー　1695没(36歳)。イギリスの作曲家。1659生。
松田勘右衛門　まつだかんえもん　1741没(44歳)。江戸時代中期の農民。1698生。
木食養阿　もくじきようあ　1763没。江戸時代中期の木食僧。
モルパ　1781没(80歳)。フランスの政治家。1701生。
海量　かいりょう　1807没(85歳)。江戸時代中期・後期の漢学者。1723生。
クライスト,ハインリヒ・フォン　1811没(34歳)。ドイツの劇作家。1777生。

672

松浦検校　まつうらけんぎょう　1823没。江戸時代後期の京都の地歌箏曲家。

キシュファルディ・カーロイ　1830没（42歳）。ハンガリーの劇作家,小説家。1788生。

ホッグ,ジェイムズ　1835没（64歳）。イギリスの詩人,小説家。1770生。

銭屋五兵衛　ぜにやごへえ　1852没（80歳）。江戸時代後期の豪商,海運業者。1773生。

安積艮斎　あさかごんさい　1861没（71歳）。江戸時代末期の儒学者,陸奥二本松藩士。1791生。

鳥居清満（2代目）　とりいきよみつ　1868没（82歳）。江戸時代後期の浮世絵師。1787生。

エルベン,カレル・ヤロミール　1870没（59歳）。チェコの詩人,民俗学者,歴史学者。1811生。

森一鳳　もりいっぽう　1872没（75歳）。江戸時代末期・明治時代の画家。1798生。

ランゲ,フリードリヒ・アルベルト　1875没（47歳）。ドイツの哲学者,哲学史家。1828生。

ネチャーエフ,セルゲイ・ゲンナジエヴィチ　1882没（35歳）。ロシアの陰謀的革命家。1847生。

アダムズ,チャールズ・フランシス　1886没（79歳）。アメリカの外交官。1807生。

森春涛　もりしゅんとう　1889没（71歳）。江戸・明治時代の漢詩人。1819生。

磯山清兵衛　いそやませいべえ　1891没（40歳）。明治時代の自由民権運動家。1852生。

フェート,アファナシー・アファナシエヴィチ　1892没（72歳）。ロシアの詩人。1820生。

フランツ・ヨーゼフ1世　1916没（86歳）。オーストリア皇帝（在位1848〜1916）。1830生。

久原躬弦　くはらみつる　1919没（64歳）。明治・大正時代の有機科学者。東京大学教授。1856生。

半井桃水　なからいとうすい　1926没（66歳）。明治・大正時代の小説家,作詞家。1861生。

ズーダーマン,ヘルマン　1928没（71歳）。ドイツの劇作家,小説家。1857生。

ヴェーゲナー,アルフレッド・ロタール　1930没（50歳）。ドイツの地質学者,気象学者。1880生。

ゴドフスキー,レオポルド　1938没（68歳）。アメリカのピアニスト,作曲家。1870生。

ヘルツォーク,ジェイムズ・バリー・マニク　1942没（76歳）。南アフリカの政治家,1924年首相に就任。1866生。

ベルヒトールト　1942没（79歳）。オーストリアの政治家。1863生。

エディントン,サー・アーサー・スタンリー　1944没（61歳）。イギリスの天文学者,物理学者。1882生。

グラスゴー,エレン　1945没（72歳）。アメリカの女流小説家。1873生。

グリーン　1952没（79歳）。アメリカの労働運動指導者。1873生。

会津八一　あいづやいち　1956没（75歳）。大正・昭和時代の歌人,美術史家,書家。早稲田大学教授。1881生。

豊田貞次郎　とよだていじろう　1961没（76歳）。大正・昭和時代の海軍軍人,政治家。海軍大将,貴族院議員。1885生。

中田薫　なかだかおる　1967没（90歳）。明治〜昭和時代の法制史学者。東京帝国大学教授。1877生。

石田波郷　いしだはきょう　1969没（56歳）。昭和時代の俳人。1913生。

ムテサ2世　1969没（45歳）。ウガンダ王国の国王,初代大統領。1924生。

ラマン,サー・チャンドラセカーラ・ヴェンカタ　1970没（82歳）。インドの物理学者。1888生。

マルタン,フランク　1974没（84歳）。スイスの作曲家。1890生。

グンナルソン,グンナル　1975没（86歳）。アイスランドの小説家。1889生。

長沢規矩也　ながさわきくや　1980没（78歳）。昭和時代の書誌学者。法政大学教授。1902生。

滝井孝作　たきいこうさく　1984没（90歳）。大正・昭和時代の小説家,俳人。芥川賞選考委員。1894生。

ヒュッシュ,ゲルハルト　1984没（83歳）。ドイツのバリトン歌手。1901生。

上野英信　うえのひでのぶ　1987没（64歳）。昭和時代のノンフィクション作家。1923生。

サラム,アブダス　1996没（70歳）。パキスタンの物理学者。1926生。

高円宮憲仁　たかまどのみやのりひと　2002没（47歳）。昭和・平成時代の皇族。三笠宮崇仁親王第三男子。1954生。

11月21日

11月22日

○記念日○　いい夫婦の日
　　　　　　ペットたちに「感謝」する日
○出来事○　日本初の乗合バス運転(1903)
　　　　　　ケネディ米大統領暗殺(1963)

ヒルドゥイヌス(サン・ドニーの)　844没(69?歳)。フランスのサン・ドニーの修道院長(814〜)。775頃生。

源仁　げんにん　887没(71歳)。平安時代前期の真言宗の僧。817生。

是忠親王　これただしんのう　922没(66歳)。平安時代前期・中期の公卿。857生。

源宗于　みなもとのむねゆき　940没。平安時代中期の歌人。

隆姫子女王　たかひめこにょおう　1087没(93歳)。平安時代中期・後期の女性。関白藤原頼通の室。995生。

滋野井実宣　しげのいさねのぶ　1228没(52歳)。鎌倉時代前期の公卿。1177生。

北条時頼　ほうじょうときより　1263没(37歳)。鎌倉幕府第5代の執権。1227生。

信瑞　しんずい　1279没。鎌倉時代前期の浄土宗の僧。

痴兀大慧　ちこつたいえ　1312没(84歳)。鎌倉時代後期の臨済宗の僧。1229生。

ラングマン, アーデルハイト　1375没(63歳)。ドイツの神秘思想家。1312生。

二条師嗣　にじょうもろつぐ　1400没(45歳)。南北朝時代・室町時代の歌人・公卿。1356生。

ヨハネス23世　1419没(49?歳)。三教皇鼎立期の対立教皇(在位1410〜5)。1370頃生。

ゲルハールト, ニコラウス　1473没(43歳)。ドイツのゴシック彫刻家。1430生。

壬生雅久　みぶまさひさ　1504没。戦国時代の官人。

ベーハム, ハンス・ゼーバルト　1550没(50歳)。ドイツの画家。1500生。

フロビッシャー, サー・マーティン　1594没(59?歳)。イギリスの航海者。1535頃生。

宇都宮国綱　うつのみやくにつな　1608没(41歳)。安土桃山時代・江戸時代前期の武将。1568生。

日経　にっきょう　1620没(61歳)。安土桃山時代・江戸時代前期の日蓮宗の僧。1560生。

米津田政　よねきつたまさ　1624没(61歳)。安土桃山時代・江戸時代前期の武士。1564生。

最上義俊　もがみよしとし　1632没(27歳)。江戸時代前期の大名。1606生。

小野寺義道　おのでらよしみち　1645没(80歳)。安土桃山時代・江戸時代前期の出羽国の武将。1566生。

松井儀長　まついのりなが　1657没(89?歳)。安土桃山時代・江戸時代前期の日向飫肥藩士。1569頃生。

多田嘉助　ただかすけ　1687没(49歳)。江戸時代前期の義民。1639生。

ティロットスン, ジョン　1694没(64歳)。イギリスの聖職者, 説教家。1630生。

ブリュアン, リベラル　1697没(62?歳)。フランスの建築家。1635頃生。

近松門左衛門(初代)　ちかまつもんざえもん　1725没(73歳)。江戸時代中期の京都・大坂の歌舞伎作者, 浄瑠璃作者。1653生。

リッパ, マッテーオ　1745没(63歳)。イタリアのカトリック宣教師。1682生。

クライブ, ロバート　1774没(49歳)。イギリスの軍人, 政治家。1725生。

マイモーン, シュロモー　1800没(47歳)。ドイツのユダヤ人哲学者。1753生。

ラコルデール, アンリ・ドミニーク　1861没(59歳)。フランスの聖職者, 説教家。1802生。

片岡仁左衛門(9代目)　かたおかにざえもん　1871没(33歳)。江戸・明治時代の歌舞伎役者。1839生。

塩谷処　しおのやさだむ　1890没(66歳)。江戸・明治時代の周防岩国藩士, 儒学者。藩学養老館教授, 福岡県大参事。1825生。

サリヴァン, アーサー　1900没(58歳)。イギリスの作曲家。1842生。

仁礼景範　にれかげのり　1900没(70歳)。明治時代の海軍軍人。中将, 子爵。1831生。

コヴァレフスキー, アレクサンドル・オヌフリエヴィチ　1901没(61歳)。ロシアの動物学者。1840生。

ホール, アサフ　1907没(78歳)。アメリカの天文学者。1829生。

アストン, ウィリアム・ジョージ　1911没(70歳)。イギリスの外交官。1841生。

セローフ, ヴァレンティン・アレクサンドロヴィチ　1911没(46歳)。ロシアの画家。1865生。

橘家円喬(4代目)　たちばなやえんきょう　1912没(48歳)。明治時代の落語家。1865生。

徳川慶喜　とくがわよしのぶ　1913没(77歳)。江戸幕府15代将軍, 公爵。1837生。

ロンドン, ジャック　1916没(40歳)。アメリカの小説家。1876生。

ハインドマン　1921没(79歳)。イギリスの社会民主主義者。1842生。

ブトルー, エティエンヌ・エミール　1921没(76歳)。フランスの唯心論哲学者。1845生。

クニッピング　1922没(78歳)。ドイツの気象学者。1844生。

ハイエルマンス, ヘルマン　1924没(59歳)。ユダヤ系オランダ人の劇作家, 小説家。1864生。

萩原恭次郎　はぎわらきょうじろう　1938没(40歳)。大正・昭和時代の詩人。1899生。

秦佐八郎　はたさはちろう　1938没(66歳)。明治〜昭和時代の細菌学者。慶応義塾大学教授。1873生。

山本秀煌　やまもとひでてる　1943没(87歳)。明治〜昭和時代の牧師。明治学院教授。1857生。

カイヨー, ジョゼフ　1944没(81歳)。フランスの政治家。1863生。

ヴイシンスキー, アンドレイ・ヤヌアリエヴィチ　1954没(70歳)。ソ連の法律家, 外交官。1883生。

昇曙夢　のぼるしょむ　1958没(80歳)。明治〜昭和時代のロシア文学者。1878生。

コティ, ルネ　1962没(80歳)。フランスの政治家, 第4共和制最後の大統領。1882生。

ケネディ, ジョン・フィッツジェラルド　1963没(46歳)。アメリカの政治家, 第35代大統領。1917生。

ハックスリー, オールダス　1963没(69歳)。イギリスの小説家。1894生。

ルイス, C.S.　1963没(64歳)。イギリスの学者, 作家。1898生。

松本治一郎　まつもとじいちろう　1966没(79歳)。大正・昭和時代の社会運動家, 政治家。部落解放同盟初代委員長, 参院副議長。1887生。

鰭崎英朋　ひれざきえいほう　1968没(87歳)。明治〜昭和時代の挿絵画家。1881生。

岩畔豪雄　いわくろひでお　1970没(73歳)。昭和時代の陸軍軍人, 評論家。陸軍少将, 京都産業大学世界問題研究所所長。1897生。

大宅壮一　おおやそういち　1970没(70歳)。昭和時代の評論家。1900生。

駒井和愛　こまいかずちか　1971没(66歳)。昭和時代の東洋考古学者。東京大学教授。1905生。

ウェスト, メイ　1980没(87歳)。アメリカの女優, コメディアン。1893生。

クレブス, サー・ハンス・アドルフ　1981没(81歳)。イギリスの生化学者。1900生。

白井晟一　しらいせいいち　1983没(78歳)。昭和時代の建築家。1905生。

生沢朗　いくさわろう　1984没(78歳)。昭和時代の挿絵画家。1906生。

海後宗臣　かいごときおみ　1987没(86歳)。昭和時代の教育学者。東京大学教授。1901生。

前田陽一　まえだよういち　1987没(76歳)。昭和時代のフランス文学者。東京大学教授。1911生。

ダート, レイモンド・アーサー　1988没(95歳)。オーストリア生まれの人類学者。1893生。

今井正　いまいただし　1991没(79歳)。昭和・平成時代の映画監督。1912生。

野口冨士男　のぐちふじお　1993没(82歳)。昭和・平成時代の小説家。日本文芸家協会理事長。1911生。

バージェス, アントニー　1993没(76歳)。イギリスの作家。1917生。

松浦竹夫　まつうらたけお　1998没(72歳)。大正・昭和時代の演出家。テアトロ海主宰。1926生。

ザトペック, エミル　2000没(78歳)。チェコスロバキアの陸上競技長距離選手。1922生。

江藤隆美　えとうたかみ　2007没(82歳)。昭和・平成時代の政治家。1925生。

ベジャール, モーリス　2007没(80歳)。フランスのバレエ振付家。1927生。

11月22日

11月23日

○記念日○　手袋の日
　　　　　分散投資の日
○出来事○　富士山大噴火（1707）
　　　　　貴乃花、横綱昇進（1994）

コルンバーヌス　615没（72?歳）。アイルランドの聖人、カトリック伝道者。543頃生。

池上内親王　いけのえないしんのう　868没。平安時代前期の女性。桓武天皇の皇女。

仁皎　にんこう　959没（87歳）。平安時代中期の真言宗の僧。873生。

オットロー　1070没（60?歳）。ドイツのレーゲンスブルクのベネディクト会修道士、神学者。1010頃生。

珍海　ちんかい　1152没（62歳）。平安時代後期の三論宗の僧。1091生。

美福門院　びふくもんいん　1160没（44歳）。平安時代後期の女性。鳥羽天皇の皇后。1117生。

高階泰経　たかしなのやすつね　1201没（72歳）。平安時代後期・鎌倉時代前期の公卿。1130生。

イラーキー-ハマダーニー　1289没（78歳）。ペルシアの神秘主義詩人。1211生。

エラーキー、ファフロッディーン・エブラーヒーム　1289没（78歳）。イランのイスラーム神秘主義者、詩人。1211生。

実衍　じつえん　1290没（74歳）。鎌倉時代後期の天台宗の僧。1217生。

カピストラヌス　1456没（73歳）。聖人。1383生。

ラースロー5世　1457没（17歳）。ハンガリー王（在位1452～7）。1440生。

マハムード・シャー・ベーガラー　1511没（66?歳）。インドのグジャラート第6代の王（1458～1511）。1445頃生。

エコランパディウス、ヨハネス　1531没（49歳）。ドイツの人文主義者、教父学者、バーゼル市の宗教改革指導者。1482生。

ブルーンフェルス、オットー　1534没（46?歳）。ドイツの神学者、植物学者。1488頃生。

良筠　りょうきん　1541没（84歳）。戦国時代の曹洞宗の僧。1458生。

才翁総芸　さいおうそうげい　1560没。戦国時代の曹洞宗の僧。

ブロンツィーノ、イル　1572没（69歳）。イタリアの画家、詩人。1503生。

高倉永家　たかくらながいえ　1578没（83歳）。戦国時代・安土桃山時代の公卿。1496生。

タリス、トマス　1585没（80?歳）。イギリスの作曲家。1505頃生。

アルピーニ、プロスペロ　1616没（43歳）。イタリアの植物学者。1553生。

ロラン、クロード　1682没（82歳）。フランスの画家。1600生。

お満流の方　おまるのかた　1689没（30歳）。江戸時代前期・中期の女性。4代将軍徳川家綱の側室。1660生。

ベルクヘイデ、ヨブ　1693没（63歳）。オランダの画家。1630生。

ベンティンク、ウィリアム、初代ポートランド伯爵　1709没（60歳）。イギリスの政治家。1649生。

左近伊兵衛　さこんいへえ　1715没。江戸時代中期の歌舞伎役者。

メンシコフ　1729没（56歳）。ロシアの軍人、政治家。1673生。

草野又六　くさのまたろく　1731没（54歳）。江戸時代中期の地方功者。1678生。

薮内紹智（薮内流5代目）　やぶのうちじょうち　1745没（68歳）。江戸時代中期の茶道薮内流5代紹智。1678生。

ゼッケンドルフ　1763没（90歳）。ドイツの軍人、外交官。1673生。

ボルドゥ　1776没（54歳）。フランスの医師。1722生。

ロセンコ、アントン・パヴロヴィッチ　1777没（40歳）。ロシアの画家。1737生。

有馬頼僮　ありまよりゆき　1783没（70歳）。江戸時代中期の和算家、大名。1714生。

ルーベル　1807没（60歳）。フランスの政治家。1747生。

ゲリー、エルブリッジ　1814没（70歳）。アメリカの政治家。1744生。

ボーデ, ヨハン・エラート 1826没(79歳)。ドイツの天文学者。1747生。
片岡直次郎 かたおかなおじろう 1832没(40歳)。江戸時代後期の小悪党。1793生。
山彦河良(4代目) やまびこかりょう 1833没。江戸時代後期の河東節演奏者。
ボナルド, ルイ-ガブリエル-アンブロワーズ・ド 1840没(86歳)。フランスの哲学者, 政治家。1754生。
ヘンダーソン, トーマス 1844没(45歳)。スコットランドの天文学者。1798生。
ハンマー-プルクシュタル, ヨーゼフ 1856没(82歳)。オーストリアの東洋学者, 外交官。1774生。
ストルーヴェ, フリードリヒ・ゲオルク・ヴィルヘルム 1864没(71歳)。ドイツ生れのロシアの天文学者。1793生。
バウアリング, ジョン 1872没(80歳)。イギリスの外交官, 言語学者, 著作家。1792生。
村上忠順 むらかみただまさ 1884没(73歳)。江戸・明治時代の国学者, 歌人。1812生。
ウィレム3世 1890没(73歳)。ネーデルラント国王(在位1849〜90)。1817生。
樋口一葉 ひぐちいちよう 1896没(25歳)。明治時代の小説家, 歌人。1872生。
リード, ウォルター 1902没(51歳)。アメリカの陸軍軍医。1851生。
フェルヴォルン 1921没(58歳)。ドイツの生理学者。1863生。
ピネロー, アーサー 1934没(79歳)。イギリスの劇作家。1855生。
木村久寿弥太 きむらくすやた 1935没(70歳)。明治〜昭和時代の実業家。三菱合資総理事。1866生。
スレイマン・スタリスキー 1937没(68歳)。ソ連邦のダゲスタン(カフカス)の遊歴詩人。1869生。
ボース, サー・ジャガディーシュ・チャンドラ 1937没(78歳)。インドの物理学者。1858生。
関屋敏子 せきやとしこ 1941没(38歳)。昭和時代のソプラノ歌手。1904生。
ダヴ, アーサー・ガーフィールド 1946没(66歳)。アメリカの画家。1880生。
佐伯定胤 さえきじょういん 1952没(85歳)。明治〜昭和時代の法相宗僧侶, 仏教学者。法隆寺住職。1867生。

名取洋之助 なとりようのすけ 1962没(52歳)。昭和時代の写真家, アートディレクター。1910生。
董作賓 とうさくひん 1963没(68歳)。中国の考古学者。1895生。
オケリー, ショーン・T 1966没(84歳)。アイルランドの政治家。1882生。
草鹿龍之介 くさかりゅうのすけ 1971没(79歳)。大正・昭和時代の海軍軍人。海軍中将, 第5航空隊司令長官。1892生。
安藤一郎 あんどういちろう 1972没(65歳)。昭和時代の詩人, 英米文学者。青山学院大学教授。1907生。
愛知揆一 あいちきいち 1973没(66歳)。昭和時代の官僚, 政治家。参議院議員, 衆議院議員。1907生。
早川雪洲 はやかわせっしゅう 1973没(87歳)。大正・昭和時代の映画俳優。1886生。
マルロー, アンドレ 1976没(75歳)。フランスの小説家, 政治家。1901生。
ヨースト, ハンス 1978没(88歳)。ドイツの劇作家。1890生。
仁木悦子 にきえつこ 1986没(58歳)。昭和時代の推理作家。1928生。
増村保造 ますむらやすぞう 1986没(62歳)。昭和時代の映画監督。1924生。
サラクルー, アルマン 1989没(90歳)。フランスの劇作家。1899生。
ダール, ロアルド 1990没(74歳)。アメリカの短編小説作家。1916生。
上原謙 うえはらけん 1991没(82歳)。昭和時代の俳優。1909生。
マル, ルイ 1995没(63歳)。フランスの映画監督。1932生。
鹿島一谷 かしまいっこく 1996没(98歳)。昭和・平成時代の彫金家。人間国宝, 日本工芸会理事。1898生。
井上清 いのうえきよし 2001没(87歳)。昭和・平成時代の歴史家。京都大学教授。1913生。
マッタ, ロベルト 2002没(91歳)。チリ出身の画家。1911生。
灰谷健次郎 はいたにけんじろう 2006没(72歳)。昭和・平成時代の児童文学作家。1934生。

11月23日

11月24日

○記念日○ オペラ記念日
鰹節の日
○出来事○ ダーウィン『種の起源』出版(1859)
東京天文台設置(1921)
米爆撃機B29東京を初空襲(1944)

ペルシウス・フラックス，アウルス　62没(27歳)。ローマの詩人。34生。
智顗　ちぎ　597没(59歳)。中国，天台宗の開祖。538生。
ユーゴ・カペー　996没(58?歳)。フランス国王(在位987〜96)。938頃生。
アルプ・アルスラーン　1072没(42歳)。セルジューク朝第2代の統治者。1030生。
平実親　たいらのさねちか　1149没(62歳)。平安時代後期の公卿。1088生。
藤原公頼　ふじわらのきんより　1250没(79歳)。鎌倉時代前期の公卿。1172生。
良恵　りょうえ　1268没(77歳)。鎌倉時代前期の真言宗の僧。1192生。
兀庵普寧　ごったんふねい　1276没(80歳)。鎌倉時代前期の宋の渡来僧。1197生。
覚信尼　かくしんに　1283没(60歳)。鎌倉時代後期の女性。浄土真宗の開祖親鸞の第7子。1224生。
清渓通徹　せいけいつうてつ　1385没(86歳)。鎌倉時代後期・南北朝時代の僧。1300生。
九条氏房　くじょううじふさ　1403没。南北朝時代・室町時代の公卿。
十声　じっしょう　1427没(79?歳)。南北朝時代・室町時代の浄土宗の僧。1349頃生。
直翁宗廉　じきおうそうれん　1446没。室町時代の曹洞宗の僧。
デュノワ，ジャン・ドルレアン，伯爵　1468没(65歳)。フランスの軍人，外交官。1403生。
聖欽　しょうきん　1487没。室町時代の真言宗の僧。
希雲慧沢　きうんえたく　1516没。戦国時代の臨済宗の僧。
伊勢貞忠　いせさだただ　1535没(53歳)。戦国時代の幕府吏僚，政所執事。1483生。
ツァージウス，ウルリヒ　1535没(74歳)。ドイツの法学者，人文主義者。1461生。

クーリオ，セリウス・セクンドゥス　1569没(66歳)。イタリアの宗教改革者。1503生。
ブラホスラフ，ヤン　1571没(48歳)。ボヘミア(ベーメン)の一致兄弟団の指導者。1523生。
ノックス，ジョン　1572没(59?歳)。スコットランドにおける宗教改革の指導者，歴史家。1513頃生。
リベーラ，フランシスコ・デ　1591没(54歳)。スペインのイエズス会士，神学者，聖書研究の専門家。1537生。
顕如　けんにょ　1592没(50歳)。安土桃山時代の真宗の僧。1543生。
カルヴィシウス，ゼトゥス　1615没(59歳)。ドイツの音楽理論家，作曲家，数学者，天文学者。1556生。
後藤宗印　ごとうそういん　1627没(83?歳)。安土桃山時代・江戸時代前期の長崎町年寄，キリシタン。1545頃生。
山内忠義　やまうちただよし　1665没(74歳)。江戸時代前期の大名。1592生。
松平定政　まつだいらさだまさ　1673没(64歳)。江戸時代前期の大名。1610生。
サンクロフト，ウィリアム　1693没(77歳)。イギリスの聖職者。1616生。
マース，ニコラス　1693没(59歳)。オランダの画家。1634生。
竹島幸左衛門(初代)　たけしまこうざえもん　1712没。江戸時代中期の歌舞伎役者，歌舞伎座本。
ラインケン，ヨーハン・アーダム　1722没(99歳)。ドイツのオルガン奏者，作曲家。1623生。
レジース，ジャン-バティスト　1738没(75歳)。フランスのイエズス会宣教師。1663生。
ブラント，ジョゼフ　1807没(65歳)。アメリカインディアン，モホーク族の酋長。1742生。
市川鰕十郎(2代目)　いちかわえびじゅうろう　1829没(24歳)。江戸時代後期の歌舞伎役

者。1806生。
村田整珉　むらたせいみん　1837没(77歳)。江戸時代中期・後期の鋳金家。1761生。
メルバーン, ウィリアム・ラム, 2代子爵　1848没(69歳)。イギリスの政治家。1779生。
シリマン, ベンジャミン　1864没(85歳)。アメリカの化学者, 地質学者。1779生。
ガヴァルニ, ポール　1866没(62歳)。フランスの版画家, 水彩画家。1804生。
ロートレアモン, 伯爵　1870没(24歳)。フランスの詩人。1846生。
芳村伊三郎(5代目)　よしむらいさぶろう　1882没(51歳)。江戸・明治時代の長唄唄方演奏家。1832生。
古今亭志ん生(2代目)　ここんていしんしょう　1889没(58歳)。江戸・明治時代の落語家。1832生。
リットン, ロバート・ブルワー　1891没(60歳)。イギリスの外交官, 詩人。1831生。
四条隆謌　しじょうたかうた　1898没(71歳)。江戸・明治時代の公卿, 陸軍軍人。侯爵。1828生。
マクシム, サー・ハイラム　1916没(76歳)。アメリカ生れ, イギリスの兵器発明家。1840生。
クラーク　1923没(39歳)。オランダの建築家。1884生。
サルヴィオリ　1928没(71歳)。イタリアの法制史家。1857生。
クレマンソー, ジョルジュ　1929没(88歳)。フランスの政治家。1841生。
村山龍平　むらやまりょうへい　1933没(84歳)。明治〜昭和時代の新聞人。1850生。
ネフスキー, ニコライ・アレクサンドロヴィチ　1937没(45歳)。ソ連の東洋学者。1892生。
西園寺公望　さいおんじきんもち　1940没(92歳)。明治〜昭和時代の政治家。公爵, 内閣総理大臣。1849生。
田沢義鋪　たざわよしはる　1944没(60歳)。昭和時代の官僚, 教育家。貴族院議員, 大日本連合青年団理事長。1885生。
辻潤　つじじゅん　1944没(61歳)。大正・昭和時代の評論家。1884生。
モホイ・ナジ　1946没(51歳)。ハンガリー生れのアメリカの画家, 写真家, 美術教育家。1895生。
ファルグ, レオン-ポール　1947没(71歳)。フランスの詩人, 評論家。1876生。

若松若太夫(初代)　わかまつわかたゆう　1948没(75歳)。明治〜昭和時代の説経浄瑠璃太夫。1874生。
山崎晃嗣　やまざきあきつぐ　1949没(27歳)。昭和時代の金融業者。光クラブ社長。1923生。
赤松麟作　あかまつりんさく　1953没(75歳)。明治〜昭和時代の洋画家。1878生。
セシル, E.A.R.　1958没(94歳)。イギリスの政治家。1864生。
エイヘンバウム, ボリス・ミハイロヴィチ　1959没(73歳)。ソ連邦の文芸学者, ロシア文学史家。1886生。
竹本綾之助(2代目)　たけもとあやのすけ　1959没(74歳)。明治〜昭和時代の女義太夫。1885生。
リベジンスキー, ユーリー・ニコラエヴィチ　1959没(60歳)。ソ連の小説家。1898生。
オズワルド, リー・ハーヴィー　1963没(24歳)。ケネディ大統領の暗殺容疑者。1939生。
後宮淳　うしろくじゅん　1973没(89歳)。明治〜昭和時代の陸軍軍人。大将。1884生。
田中親美　たなかしんび　1975没(100歳)。明治〜昭和時代の古筆研究家, 古美術研究家。1875生。
宮入行平　みやいりゆきひら　1977没(64歳)。昭和時代の刀工。1913生。
大松博文　だいまつひろふみ　1978没(57歳)。昭和時代のバレーボール監督。東京五輪女子バレーボール代表監督, 参議院議員。1921生。
太田静子　おおたしずこ　1982没(69歳)。昭和時代の太宰治の『斜陽』のモデル。1913生。
李健吾　りけんご　1982没(76歳)。中国の劇作家, 小説家。1906生。
岸田稚魚　きしだちぎょ　1988没(70歳)。昭和時代の俳人。「琅玕」主宰。1918生。
ゼーフリート, イルムガルト　1988没(69歳)。オーストリアのソプラノ歌手。1919生。
西谷啓治　にしたにけいじ　1990没(90歳)。昭和時代の宗教哲学者。1900生。
ロールズ, ジョン　2002没(81歳)。アメリカの哲学者。1921生。
ヘイリー, アーサー　2004没(84歳)。イギリス出身の小説家。1920生。

11月24日

11月25日

○記念日○　OLの日
女性に対する暴力廃絶のための国際デー
○出来事○　『学問のすゝめ』出版（1876）
日独防共協定調印（1936）

山代真作　やましろのまつくり　728没。飛鳥時代・奈良時代の官人。

済高　さいこう　942没（73歳）。平安時代前期・中期の真言宗の僧。870生。

源能俊　みなもとのよしとし　1138没（68歳）。平安時代後期の公卿。1071生。

ルキウス3世　1185没（88?歳）。教皇（在位1181~5）。1097頃生。

尚祚　しょうそ　1245没。鎌倉時代前期の真言宗の僧。

五条院　ごじょういん　1294没（33歳）。鎌倉時代後期の女性。後嵯峨天皇の第3皇女。1262生。

藤原実秀　ふじわらのさねひで　1339没（69歳）。鎌倉時代後期・南北朝時代の公卿。1271生。

智泉聖通　ちせんしょうつう　1388没（80歳）。鎌倉時代後期・南北朝時代の女性。尼僧。1309生。

クール　1456没（61?歳）。フランスの大商人，実業家。1395頃生。

西園寺実遠　さいおんじさねとお　1495没（62歳）。室町時代・戦国時代の公卿。1434生。

ドリア，アンドレア　1560没（93歳）。イタリアの傭兵隊長。1466生。

北畠具教　きたばたけとものり　1576没（49歳）。戦国時代・安土桃山時代の武将，伊勢国司。1528生。

隆達　りゅうたつ　1611没（85歳）。戦国時代・安土桃山時代の流行歌謡，隆達節の創始者。1527生。

近衛信尹　このえのぶただ　1614没（50歳）。安土桃山時代・江戸時代前期の公家。1565生。

古田重治　ふるたしげはる　1625没（48歳）。安土桃山時代・江戸時代前期の武将，大名。1578生。

アレン，エドワード　1626没（60歳）。イギリスの名優。1566生。

ファーナビー，ジャイルズ　1640没（80?歳）。イギリスの作曲家。1560頃生。

立花宗茂　たちばなむねしげ　1643没（75歳）。安土桃山時代・江戸時代前期の武将，大名。1569生。

松浦マンシャ　まつらまんしゃ　1656没（86歳）。安土桃山時代・江戸時代前期の女性。キリシタン。1571生。

ウォッツ，アイザック　1748没（74歳）。イギリスの讃美歌作者，非国教徒神学者。1674生。

沢村宗十郎〔遥波宗十郎〕　さわむらそうじゅうろう　1748没。江戸時代中期の歌舞伎役者。

姉川新四郎（初代）　あねかわしんしろう　1750没（66歳）。江戸時代中期の歌舞伎役者。1685生。

鍋島宗茂　なべしまむねしげ　1754没（69歳）。江戸時代中期の大名。1686生。

中村勘三郎（6代目）　なかむらかんざぶろう　1757没（70歳）。江戸時代中期の歌舞伎役者，歌舞伎座本。1688生。

プレヴォー，アントワーヌ・フランソワ　1763没（66歳）。フランスの作家。1697生。

飯島珈涼尼　いいじまかりょうに　1771没（76歳）。江戸時代中期の女性。俳人。1696生。

エイモリー，トマス　1788没（97?歳）。イギリスの作家。1691頃生。

エステルハージ，ニコラウス2世　1833没（68歳）。オーストリアの元帥。1765生。

チャントリー，フランシス・レガット　1841没（60歳）。イギリスの彫刻家。1781生。

ロックハート，ジョン　1854没（60歳）。スコットランド生れの伝記作者。1794生。

武蔵石寿　むさしせきじゅ　1861没（96歳）。江戸時代中期・後期の貝類研究家。1766生。

尼子長三郎　あまごちょうざぶろう　1863没（46歳）。江戸時代末期の水戸藩士。1818生。

バルト，ハインリヒ　1865没（44歳）。ドイツの地理学者，歴史学，言語学者，アフリカ探検家。1821生。

物外不遷　もつがいふせん　1867没(73歳)。江戸時代末期の曹洞宗の僧, 武術家。1795生。

楢林栄建　ならばやしえいけん　1875没(76歳)。江戸・明治時代の蘭方医。1800生。

ベーム, テオバルト　1881没(87歳)。ドイツのフルート奏者, 作曲家。1794生。

コルベ, アドルフ・ヴィルヘルム・ヘルマン　1884没(66歳)。ドイツの有機化学者。1818生。

アルフォンソ12世　1885没(27歳)。スペイン王(在位1874～85)。1857生。

バッハオーフェン, ヨハン・ヤーコブ　1887没(71歳)。スイスの法律家, 民族学者。1815生。

デュリュイ　1894没(83歳)。フランスの歴史家。1811生。

ラインベルガー, ヨーゼフ　1901没(62歳)。ドイツの作曲家, オルガン奏者。1839生。

新田邦光　にったくにてる　1902没(74歳)。江戸・明治時代の宗教家。1829生。

デルンブルク　1907没(78歳)。ドイツの法学者。1829生。

稲垣満次郎　いながきまんじろう　1908没(48歳)。明治時代の外交官。1861生。

杉本かね　すぎもとかね　1915没(78歳)。明治時代の看護婦。順天堂医院看護婦取締。1838生。

ブレアル, ミシェル　1915没(83歳)。フランスの言語学者。1832生。

李人稙　りじんちょく　1916没(54歳)。朝鮮, 大韓帝国時代の小説家, ジャーナリスト。1862生。

佐々醒雪　さっさせいせつ　1917没(46歳)。明治・大正時代の国文学者, 俳人。東京高等師範学校教授。1872生。

カルタイヤック, エミール　1921没(76歳)。フランスの先史考古学者。1845生。

グルサ　1936没(78歳)。フランスの数学者。1858生。

グラネ, マルセル　1940没(56歳)。フランスの中国学者。1884生。

アギーレ・セルダ　1941没(62歳)。チリの政治家。1879生。

水野錬太郎　みずのれんたろう　1949没(82歳)。明治～昭和時代の政治家。1868生。

イェンセン, ヨハネス・ヴィルヘルム　1950没(77歳)。デンマークの小説家。1873生。

ラムステット, グスタフ　1950没(77歳)。フィンランドの東洋語学者。1873生。

膳桂之助　ぜんけいのすけ　1951没(64歳)。大正・昭和時代の実業家。経済安定本部総務長官, 貴族院議員。1887生。

タンズリー, サー・アーサー・ジョージ　1955没(84歳)。イギリスの植物学者。1871生。

ドヴジェンコ, アレクサンドル　1956没(62歳)。ソ連の映画監督。1894生。

リベラ, ディエゴ　1957没(70歳)。メキシコの画家。1886生。

小山松寿　こやましょうじゅ　1959没(83歳)。大正・昭和時代の政治家。衆議院議員, 名古屋新聞社長。1876生。

フィリップ, ジェラール　1959没(36歳)。フランスの俳優。1922生。

白滝幾之助　しらたきいくのすけ　1960没(87歳)。明治～昭和時代の洋画家。1873生。

ヘス, デイム・マイラ　1965没(75歳)。イギリスのピアニスト。1890生。

遊佐幸平　ゆさこうへい　1966没(83歳)。明治～昭和時代の軍人, 馬術家。1883生。

ザツキン, オシップ　1967没(77歳)。ロシアに生まれ, フランスで活躍した彫刻家。1890生。

シンクレア, アプトン　1968没(90歳)。アメリカの小説家。1878生。

木村庄之助(21代目)　きむらしょうのすけ　1970没(81歳)。明治～昭和時代の相撲行司。1889生。

三島由紀夫　みしまゆきお　1970没(45歳)。昭和時代の小説家。1925生。

森田必勝　もりたまさかつ　1970没(25歳)。昭和時代の人。楯の会のメンバー。1945生。

ウ・タント　1974没(65歳)。ビルマの政治家, 第3代国際連合事務総長。1909生。

荒船清十郎　あらふねせいじゅうろう　1980没(73歳)。昭和時代の政治家。衆議院議員, 運輸大臣。1907生。

モランテ, エルサ　1985没(73歳)。イタリアの女流作家。1912生。

芳村五郎治(2代目)　よしむらごろうじ　1993没(92歳)。大正～平成時代の長唄唄方。1901生。

11月25日

11月26日

○記念日○　ペンの日
○出来事○　横綱双葉山引退(1945)
　　　　　田中角栄首相辞任(1974)

シリキウス　399没(65?歳)。教皇(在位384～399)、聖人。334頃生。

則天武后　そくてんぶこう　705没(80?歳)。中国、唐朝の第3代高宗の皇后。625生。

清原長谷　きよはらのはせ　834没(61歳)。平安時代前期の公卿。774生。

明宗(後唐)　めいそう　933没(66歳)。中国、五代後唐の第2代皇帝(在位926～933)。867生。

済暹　さいせん　1115没(91歳)。平安時代中期・後期の真言宗の僧。1025生。

証空　しょうくう　1247没(71歳)。鎌倉時代前期の浄土宗の僧。1177生。

シルヴェステル・ゴッツォリーニ　1267没(90歳)。イタリアのシルヴェステル修道会の創立者、聖人。1177生。

円実　えんじつ　1272没(59歳)。鎌倉時代前期の僧。1214生。

俊誉　しゅんよ　1301没。鎌倉時代後期の真言宗の僧。

隆勝　りゅうしょう　1314没(51歳)。鎌倉時代後期の真言宗の僧。1264生。

河野通盛　こうのみちもり　1364没。南北朝時代の武将。

源長具　みなもとのながとも　1373没。南北朝時代の公卿。

定山祖禅　じょうざんそぜん　1374没(77歳)。南北朝時代の臨済宗の僧。1298生。

日英　にちえい　1401没。南北朝時代・室町時代の日蓮宗の僧。

洞院実信　とういんさねのぶ　1413没。室町時代の公卿。

中叟顕正　ちゅうそうけんしょう　1456没。室町時代の臨済宗の僧。

建綱　けんこう　1469没(58歳)。室町時代の曹洞宗の僧。1412生。

鄭麟趾　ていりんし　1478没(82歳)。朝鮮、李朝初期の学者。1396生。

イサベル1世　1504没(53歳)。カスティリア女王(在位1474～1504)。1451生。

能山聚芸　のうざんしゅげい　1512没(71歳)。室町時代・戦国時代の僧。1442生。

良潜　りょうせん　1568没。戦国時代の浄土宗の僧。

坂井政尚　さかいまさひさ　1570没。戦国時代の武将。

藤波朝忠　ふじなみともただ　1570没(73歳)。戦国時代の公卿。1498生。

梅隠宗香　ばいいんそうこう　1589没(66歳)。戦国時代・安土桃山時代の臨済宗の僧。1524生。

谷宗臨　たにそうりん　1601没(70歳)。戦国時代・安土桃山時代の商人、茶人。1532生。

徳大寺実久　とくだいじさねひさ　1616没(34歳)。安土桃山時代・江戸時代前期の公家。1583生。

サンチェス、フランシスコ　1623没(73?歳)。ポルトガル生れの医学者、哲学者。1550頃生。

アイアトン、ヘンリー　1651没(40歳)。イギリスのピューリタン革命期の軍人、政治家。1611生。

道者超元　どうしゃちょうげん　1662没(61歳)。江戸時代前期の渡来僧。1602生。

キノー、フィリップ　1688没(53歳)。フランスの詩人、劇作家。1635生。

松原清介　まつばらせいすけ　1712没(22歳)。江戸時代中期の長州(萩)藩宝永7年一揆の指導者。1691生。

土井利実　どいとしざね　1736没(47歳)。江戸時代中期の大名。1690生。

岩井半四郎(3代目)　いわいはんしろう　1759没(62歳)。江戸時代中期の歌舞伎役者、歌舞伎座本。1698生。

伏屋素狄　ふせやそてき　1812没(66歳)。江戸時代中期・後期の蘭方医。1747生。

ハルデンベルク、カール・アウグスト、公爵　1822没(72歳)。プロシアの政治家。1750生。

マカダム, ジョン・ラウドン　1836没(80歳)。スコットランドの発明家。1756生。

ロテック　1840没(65歳)。ドイツの歴史家, 政治家。1775生。

ミツキエヴィッチ, アダム　1855没(56歳)。ポーランドの詩人。1798生。

アイヒェンドルフ, ヨーゼフ・フォン　1857没(69歳)。ドイツの詩人, 小説家。1788生。

平林盈淑　ひらばやしみつよし　1861没(72歳)。江戸時代末期の農村指導者。1790生。

市川栄之助　いちかわえいのすけ　1872没(42歳)。明治時代の日本語教師。1831生。

アンドリューズ, トマス　1885没(71歳)。アイルランドの化学者。1813生。

チェブイショフ, パフヌチー・リヴォヴィチ　1894没(73歳)。ロシアの数学者。1821生。

パトモア, コヴェントリー　1896没(73歳)。イギリスの詩人。1823生。

三遊亭円遊(初代)　さんゆうていえんゆう　1907没(58歳)。明治時代の落語家。初代。1850生。

小村寿太郎　こむらじゅたろう　1911没(57歳)。明治時代の外交官。外務大臣, 公爵。1855生。

ラーマ6世　1925没(45歳)。タイのチャクリ朝第6代の王(在位1910～25)。1880生。

ブラウニング, ジョン・モーゼズ　1926没(71歳)。アメリカの銃器発明家。1855生。

スヴェルドルプ　1930没(76歳)。ノルウェーの北極探検家。1854生。

ジェミエ, フィルマン　1933没(64歳)。フランスの俳優, 演出家。1869生。

ロザミア　1940没(72歳)。イギリスの新聞経営者。1868生。

三宅雪嶺　みやけせつれい　1945没(86歳)。明治～昭和時代の評論家, 哲学者。1860生。

松本慎一　まつもとしんいち　1947没(47歳)。昭和時代の社会運動家。全日本印刷出版労働組合書記長。1901生。

楠山正雄　くすやままさお　1950没(66歳)。明治～昭和時代の演劇評論家, 児童文学者。1884生。

ヘディン, スヴェン・アンデシュ　1952没(87歳)。スウェーデンの地理学者, 探検家。1865生。

ジョーンズ, ロバート・エドモンド　1954没(66歳)。アメリカの舞台装置家, 演出家。1887生。

小寺菊子　こでらきくこ　1956没(72歳)。明治～昭和時代の小説家。1884生。

ドーシー, トミー　1956没(51歳)。アメリカのジャズ・トランペット, トロンボーン奏者。1905生。

レーミゾフ, アレクセイ・ミハイロヴィチ　1957没(80歳)。ロシアの小説家。1877生。

サロー　1962没(90歳)。フランス急進社会党の政治家。1872生。

福原百之助(5代目)　ふくはらひゃくのすけ　1962没(78歳)。大正・昭和時代の歌舞伎囃子方。1884生。

ガリ=クルチ, アメリータ　1963没(81歳)。イタリアのソプラノ歌手。1882生。

クラカウアー, ジークフリート　1966没(77歳)。アメリカの社会学者。1889生。

杵屋栄蔵(3代目)　きねやえいぞう　1967没(77歳)。明治～昭和時代の長唄三味線方。1890生。

ツヴァイク, アルノルト　1968没(81歳)。東ドイツのユダヤ人作家。1887生。

コノリー, シリル　1974没(71歳)。イギリスの批評家。1903生。

沢村国太郎　さわむらくにたろう　1974没(69歳)。大正・昭和時代の映画俳優。1905生。

土居光知　どいこうち　1979没(93歳)。大正・昭和時代の英文学者, 古典学者。東北大学教授, 津田塾大学教授。1886生。

村野藤吾　むらのとうご　1984没(93歳)。大正・昭和時代の建築家。日本建築家協会会長。1891生。

神崎ひで　かんざきひで　1985没(86歳)。昭和時代の日本舞踊家。神崎流宗家(1代目)。1899生。

馮友蘭　ふうゆうらん　1990没(96歳)。中国の哲学者。1894生。

庄野英二　しょうのえいじ　1993没(78歳)。昭和・平成時代の児童文学作家, 小説家。帝塚山学院大学学長。1915生。

奥野健男　おくのたけお　1997没(71歳)。昭和・平成時代の文芸評論家。多摩美術大学教授。1926生。

小坂善太郎　こさかぜんたろう　2000没(88歳)。昭和・平成時代の政治家。日本国際連合協会会長, 衆議院議員。1912生。

宮城音弥　みやぎおとや　2005没(97歳)。昭和・平成時代の心理学者。1908生。

マッキンリー, ハーバート　2007没(85歳)。ジャマイカの陸上競技選手。1922生。

11月26日

11月27日

○記念日○　いい鮒の日
　　　　　ノーベル賞制定記念日
○出来事○　皇太子と美智子さんの婚約決定
　　　　　（1958）

ホラティウス・フラックス，クゥイントゥス　前8没（56歳）。古代ローマの詩人。前65生。
クローヴィス1世　511没（46?歳）。メロビング朝フランク王国の初代の王（481～511）。465頃生。
藤原豊成　ふじわらのとよなり　766没（63歳）。奈良時代の官人。704生。
ヴィルギリウス（ザルツブルクの）　784没（84?歳）。ザルツブルクに大聖堂を設立したアイルランド人の司教，聖人。700頃生。
神日　じんにち　916没（57歳）。平安時代前期・中期の真言宗の僧。860生。
大友能直　おおともよしなお　1223没（52歳）。鎌倉時代前期の武士。1172生。
康勝　こうしょう　1237没。鎌倉時代前期の仏師。
北条義政　ほうじょうよしまさ　1282没（41歳）。鎌倉時代後期の御家人。1242生。
高辻高長　たかつじたかなが　1284没（75歳）。鎌倉時代後期の公卿。1210生。
聖守　しょうしゅ　1291没（77歳）。鎌倉時代の学僧。1215生。
グレゴリオス（シナイの）　1346没。ギリシア正教会の聖人，静寂主義の神秘家。
アルテフェルデ　1382没（42歳）。フランドルの愛国者。1340生。
日妙　にちみょう　1387没（18歳）。南北朝時代の日蓮宗の僧。1370生。
無雑融純　むざつゆうじゅん　1424没（87歳）。南北朝時代・室町時代の曹洞宗の僧。1338生。
デュファイ，ギョーム　1474没（74?歳）。ブルゴーニュ楽派の作曲家。1400頃生。
金春七郎元氏　こんぱるしちろうもとうじ　1480没（49歳）。室町時代・戦国時代の能役者。1432生。
希庵玄密　きあんげんみつ　1501没。戦国時代の臨済宗の僧。
シスネーロス，ガルシア・デ　1510没（55?歳）。スペインのベネディクト会修道院長。1455頃生。

一宗紹麟　いっそうしょうりん　1516没（62歳）。戦国時代の臨済宗の僧。1455生。
クルツィウス，ヴァーレンティーン　1567没（74歳）。ドイツの宗教改革者。1493生。
サンソヴィーノ，ヤコポ　1570没（84歳）。イタリアの彫刻家，建築家。1486生。
ロープヴァッサー，アンブロージウス　1585没（70歳）。ドイツの讃美歌作者。1515生。
ヨハン3世　1592没（54歳）。スウェーデン王（在位1568～92）。1537生。
カステリャーノス，ホアン・デ　1607没（85歳）。スペインの聖職者，歴史家。1522生。
碓氷殿　うすいどの　1612没。安土桃山時代・江戸時代前期の女性。三河国の武将松平清康の娘。
ブリット　1617没（48歳）。ポルトガルの歴史家，システム会修道士。1569生。
エリオット，サー・ジョン　1632没（40歳）。イギリスの政治家，弁論家。1592生。
ブランダウン　1637没（53歳）。ポルトガルの年代記作家，聖ベルナルド会修道士。1584生。
安部信盛　あべのぶもり　1673没（90歳）。江戸時代前期の大名。1584生。
キルヒャー，アタナージウス　1680没（78歳）。スイスの自然科学者，数学者，考古学者。1602生。
三田浄久　さんだじょうきゅう　1688没（81歳）。江戸時代前期の俳人。1608生。
田中治兵衛　たなかじへえ　1728没（31歳）。江戸時代中期の堺の豪商。1698生。
三井高平　みついたかひら　1738（閏11月）没（86歳）。江戸時代前期・中期の豪商。1653生。
ド・モワヴル，アブラアム　1754没（87歳）。イギリスの数学者。1667生。
ホベリャノス，ガスパル・メルチョル・デ　1811没（67歳）。スペインの政治家，詩人。1744生。

鶴屋南北（4代目）　つるやなんぼく　1829没（75歳）。江戸時代中期・後期の歌舞伎作者。1755生。

長沢伴雄　ながさわともお　1859没（52歳）。江戸時代末期の国学者，歌人。1808生。

山本亡羊　やまもとぼうよう　1859没（82歳）。江戸時代後期の本草家。1778生。

泉十郎　いずみじゅうろう　1865没（27歳）。江戸時代末期の長門長府藩士。1839生。

木内順二　きうちじゅんじ　1867没（57歳）。江戸時代末期の勤王儒家。1811生。

キャリントン，リチャード・クリストファー　1875没（49歳）。イギリスの天文学者。1826生。

クルティウス　1879没（66歳）。オランダの外交官。1813生。

エルスラー　1884没（74歳）。オーストリアのバレリーナ。1810生。

佐々木太郎　ささきたろう　1888没（71歳）。江戸・明治時代の国学者。和歌山藩国学所総裁。1818生。

デュマ，アレクサンドル　1895没（71歳）。フランスの劇作家，小説家。1824生。

ヘゼッレ，ヒド　1899没（69歳）。ベルギーの詩人。1830生。

川崎千虎　かわさきちとら　1902没（66歳）。明治時代の日本画家。博物館御用掛，東京美術学校教授。1837生。

タンヌリ，ポール　1904没（60歳）。フランスの科学哲学史家，数学史家。1843生。

ガーリン-ミハイロフスキー，ニコライ・ゲオルギエヴィチ　1906没（54歳）。ロシアの作家。1852生。

ヴェラーレン，エミール　1916没（61歳）。ベルギーの詩人。1855生。

柏扇之助（初代）　かしわせんのすけ　1917没（50歳）。明治・大正時代の歌舞伎囃子方。囃子頭。1868生。

一戸直蔵　いちのへなおぞう　1920没（44歳）。明治・大正時代の天文学者，科学啓蒙家。1877生。

マイノング，アレクシウス　1920没（67歳）。オーストリアの哲学者，心理学者。1853生。

メネル，アリス　1922没（75歳）。イギリスの女流詩人，随筆家。1847生。

ラ・フレネー，ロジェ・ド　1925没（40歳）。フランスの画家。1885生。

ブルース，サー・デイヴィド　1931没（76歳）。イギリスの病理，細菌学者。1855生。

藤村義朗　ふじむらよしろう　1933没（63歳）。明治～昭和時代の実業家，政治家。大正日日新聞社長，男爵。1871生。

ザハーロフ，サー・バジル　1936没（87歳）。イギリスの実業家。1849生。

ヨルガ，ニコラエ　1940没（69歳）。ルーマニアの歴史家，ジャーナリスト，政治家。1871生。

小野塚喜平次　おのづかきへいじ　1944没（74歳）。明治～昭和時代の政治学者。東京帝国大学教授，貴族院議員。1871生。

平生釟三郎　ひらおはちさぶろう　1945没（80歳）。明治～昭和時代の実業家，政治家。1866生。

オニール，ユージン　1953没（65歳）。アメリカの劇作家。1888生。

ベルンスタン，アンリ　1953没（77歳）。フランスの劇作家。1876生。

ポーイス，T.F.　1953没（77歳）。イギリスの小説家。1875生。

オネゲル，アルテュール　1955没（63歳）。フランス生れのスイスの作曲家。1892生。

小泉苳三　こいずみとうぞう　1956没（62歳）。大正・昭和時代の歌人，国文学者。1894生。

ロジンスキー，アルトゥール　1958没（66歳）。ポーランド生れのアメリカの指揮者。1892生。

ウォッシュバーン　1968没（78歳）。アメリカの教育家。1889生。

植田寿蔵　うえだじゅぞう　1973没（87歳）。大正・昭和時代の美術評論家。1886生。

真田しん　さなだしん　1975没（92歳）。昭和時代の箏曲家（松代八橋流）。1883生。

城左門　じょうさもん　1976没（72歳）。大正・昭和時代の詩人，小説家。1904生。

中井信彦　なかいのぶひこ　1990没（74歳）。昭和・平成時代の日本史学者。1916生。

福田信之　ふくだのぶゆき　1994没（74歳）。昭和・平成時代の物理学者。筑波大学教授。1920生。

ヴァイニング，エリザベス・ジャネット　1999没（97歳）。アメリカの児童文学作家。皇太子の英語の家庭教師として滞日（1946～50）。1902生。

ブラッドベリー，マルカム　2000没（68歳）。イギリスの小説家。1932生。

11月27日

11月28日

○記念日○ 税関記念日
　　　　　太平洋記念日
○出来事○ 徴兵令の詔書(1872)
　　　　　鹿鳴館開館(1883)

曹植　そうしょく　232没(40歳)。中国、三国時代魏の文学者。192生。

文室大市　ふんやのおおち　780没(77歳)。奈良時代の官人。704生。

長保　ちょうほ　1034没(80歳)。平安時代中期の法相宗の僧。955生。

輔仁親王　すけひとしんのう　1119没(47歳)。後三条天皇の第3皇子。1073生。

山内首藤俊通　やまのうちすどうとしみち　1160没。平安時代後期の武士。

安田義資　やすだよしすけ　1193没。平安時代後期の武将。

実慶　じっけい　1207没。鎌倉時代前期の僧。

里見義成　さとみよしなり　1234没(78歳)。平安時代後期・鎌倉時代前期の武将。新田一族の里見義俊の子、伊賀守。1157生。

後藤基綱　ごとうもとつな　1256没(76歳)。鎌倉時代前期の4代将軍藤原頼経の側近、歌人。1181生。

親鸞　しんらん　1263没(91歳)。鎌倉時代前期の僧。1173生。

高井時茂　たかいときもち　1277没。鎌倉時代前期の武士。

エレナー(カスティリャの)　1290没(44歳)。イギリス王エドワード1世の王妃。1246生。

如大無著尼　にょだいむじゃくに　1298没(57歳)。鎌倉時代後期の臨済宗の尼僧。1242生。

北条久時　ほうじょうひさとき　1307没(36歳)。鎌倉時代後期の武将。1272生。

一色教親　いっしきのりちか　1451没(33歳)。室町時代の武将、持所頭人。1419生。

中院通淳　なかのいんみちあつ　1451没(63歳)。室町時代の公卿。1389生。

ジャーコモ(ラ・マルカの)　1476没(83歳)。イタリアのフランシスコ会修道士、巡回説教者、聖人。1393生。

シェーデル、ハルトマン　1514没(74歳)。ドイツの医者、人文学者。1440生。

忍室文勝　にんしつぶんしょう　1556没。戦国時代の曹洞宗の僧。

サルケリウス、エラスムス　1559没(58歳)。ドイツのルター派神学者。1501生。

マーヨル、ゲオルク　1574没(72歳)。ドイツのルター派神学者。1502生。

松井道珍　まついどうちん　1590没(63歳)。戦国時代・安土桃山時代の墨工。1528生。

真田信吉　さなだのぶよし　1634没(42歳)。江戸時代前期の大名。1593生。

松平重直　まつだいらしげなお　1642没(42歳)。江戸時代前期の大名。1601生。

テヴノ、ジャン　1667没(34歳)。フランスの旅行家。1633生。

烏丸資慶　からすまるすけよし　1669没(48歳)。江戸時代前期の歌人、公家。1622生。

グリマルディ、ジョヴァンニ・フランチェスコ　1680没(74歳)。イタリアの画家、建築家、彫刻家。1606生。

ベルニーニ、ジョヴァンニ・ロレンツォ　1680没(81歳)。イタリアの彫刻家、建築家。1598生。

フロントナック、ルイ・ド・ビュアド、伯爵　1698没(78歳)。フランスの軍人。1620生。

安代　やすよ　1728没(49歳)。江戸時代中期の薩摩の刀工。1680生。

お久免の方　おくめのかた　1777没。江戸時代中期の女性。8代将軍徳川吉宗の側室。

ストゥーベン、フレデリック・ウィリアム、男爵　1794没(64歳)。プロシアの軍人。1730生。

ベッカリーア、チェーザレ　1794没(56歳)。イタリアの刑法学者、哲学者、経済学者。1738生。

式守伊之助(初代)　しきもりいのすけ　1823没(84歳)。江戸時代中期・後期の行司。1740生。

ヘイスティングズ、フランシス・ロードン-ヘイスティングズ、初代侯爵　1826没(71歳)。イギリスの軍人、植民地行政官。1754生。

柳川重信(初代)　やながわしげのぶ　1833(閏11月)没(47歳)。江戸時代後期の浮世絵師。1787生。

鳳朗　ほうろう　1845没(84歳)。江戸時代後期の俳人。1762生。

アーヴィング, ワシントン　1859没(76歳)。アメリカの作家。1783生。

田内衛吉　たのうちえきち　1864没(30歳)。江戸時代末期の志士。1835生。

六人部是香　むとべよしか　1864没(59歳)。江戸時代末期の国学者, 神道家, 歌学者。1806生。

ベーア, カール・エルンスト・フォン　1876没(84歳)。ドイツの動物学者。1792生。

間部詮勝　まなべあきかつ　1884没(81歳)。江戸・明治時代の鯖江藩主。1804生。

尺振八　せきしんぱち　1886没(48歳)。江戸・明治時代の英語学者, 教育者。1839生。

カニンガム, アレグザンダー　1893没(79歳)。イギリスの軍人, インド史研究家。1814生。

マイアー, コンラート・フェルディナント　1898没(73歳)。スイスの小説家, 詩人。1825生。

山本東次郎(初代)　やまもととうじろう　1902没(67歳)。江戸・明治時代の狂言師。1836生。

ヴィスピャンスキ, スタニスワフ　1907没(38歳)。ポーランドの劇作家, 詩人, 画家。1869生。

ブラーム, オットー　1912没(56歳)。ドイツの文芸批評家, 劇団主宰者。1856生。

ヒットルフ, ヨハン・ヴィルヘルム　1914没(90歳)。ドイツの物理学者, 物理化学者。1824生。

小林清親　こばやしきよちか　1915没(69歳)。明治時代の版画家。1847生。

マクドゥーガル, ウィリアム　1938没(67歳)。イギリス, アメリカの心理学者。1871生。

鶴沢道八(初代)　つるざわどうはち　1944没(76歳)。明治〜昭和時代の義太夫節三味線方。1869生。

デイヴィス, ドワイト・F　1945没(66歳)。アメリカの政治家。1879生。

柳田新太郎　やなぎだしんたろう　1948没(46歳)。昭和時代の歌人。1903生。

フェルミ, エンリコ　1954没(53歳)。イタリア系アメリカの物理学者。1901生。

石川三四郎　いしかわさんしろう　1956没(80歳)。明治〜昭和時代の社会運動家, 評論家。1876生。

常ノ花寛市　つねのはなかんいち　1960没(64歳)。明治〜昭和時代の力士。横綱, 相撲協会理事長。1896生。

ライト, リチャード　1960没(52歳)。アメリカの黒人小説家。1908生。

津村謙　つむらけん　1961没(37歳)。昭和時代の歌手。1923生。

ウィルヘルミナ　1962没(82歳)。オランダの女王(在位1890〜1948)。1880生。

金正米吉　かねまさよねきち　1963没(71歳)。大正・昭和時代の労働運動家。総同盟会長。1892生。

赤岩栄　あかいわさかえ　1966没(63歳)。昭和時代のキリスト教思想家, 牧師。1903生。

桂小文治　かつらこぶんじ　1967没(74歳)。大正・昭和時代の落語家。1893生。

伊木寿一　いぎひさいち　1970没(87歳)。明治〜昭和時代の歴史家。日本古文書学会会長。1883生。

ヴェッキョ　1970没(92歳)。イタリアの法学者。1878生。

ウンルー, フリッツ・フォン　1970没(85歳)。ドイツの劇作家。1885生。

ヴェリッシモ, エリコ　1975没(69歳)。ブラジルの小説家。1905生。

田中彰治　たなかしょうじ　1975没(72歳)。昭和時代の政治家, 実業家。衆議院議員。1903生。

坂東好太郎　ばんどうこうたろう　1981没(70歳)。昭和時代の俳優。1911生。

藤川栄子　ふじかわえいこ　1983没(83歳)。昭和時代の洋画家。1900生。

ゲラーシモフ, セルゲイ　1984没(78歳)。ソ連の映画監督, 脚本家。1906生。

白洲次郎　しらすじろう　1985没(83歳)。昭和時代の実業家。帝国水産統制会理事, 貿易庁長官。1902生。

ブローデル, フェルナン　1985没(83歳)。フランスの歴史家。1902生。

喜多川平朗　きたがわへいろう　1988没(90歳)。昭和時代の染織工芸家。俵屋17代目。1898生。

三津田健　みつだけん　1997没(95歳)。昭和・平成時代の俳優。1902生。

佐藤誠三郎　さとうせいざぶろう　1999没(67歳)。昭和・平成時代の政治学者。東京大学教授。1932生。

11月28日

11月29日

○記念日○ いい服の日
議会開設記念日
○出来事○ 第1回帝国議会開かれる(1890)
大韓航空機爆破事件(1987)

百済教法 くだらのきょうほう 840没。平安時代前期の女性。桓武天皇の宮人。
源舒 みなもとののぶる 881没(54歳)。平安時代前期の公卿。828生。
行禅 ぎょうぜん 1082没(57歳)。平安時代中期の真言宗の僧。1026生。
陳与義 ちんよぎ 1138没(48歳)。中国、南宋初の詩人。1090生。
俊厳 しゅんごん 1254没。鎌倉時代前期の真言宗の僧。
クレメンス4世 1268没。教皇(在位1265～68)。
二条良実 にじょうよしざね 1270没(55歳)。鎌倉時代前期の公卿。1216生。
信慧 しんえ 1281没(77歳)。鎌倉時代後期の浄土宗の僧。1205生。
大休正念 だいきゅうしょうねん 1290没(76歳)。鎌倉時代後期の臨済宗松源派の渡来禅僧。1215生。
久我通基 こがみちもと 1308没(69歳)。鎌倉時代後期の公卿。1240生。
五辻親氏 いつつつじちかうじ 1312没。鎌倉時代後期の公卿。
フィリップ4世 1314没(46歳)。フランス王(在位1285～1314)。1268生。
ハインリヒ・フラウエンロープ 1318没(68?歳)。中世高地ドイツ語の詩人。1250頃生。
フラウエンロープ 1318没(68?歳)。ミンネゼンガー。1250頃生。
モーティマー, ロジャー 1330没(43歳)。イングランドの貴族。1287生。
ミカエル(チェゼーナの) 1342没(72?歳)。フランシスコ会総会長。1270頃生。
赤松則祐 あかまつのりすけ 1372没(62歳)。南北朝時代の武将、播磨・摂津・備前守護。1311生。
カルル4世 1378没(62歳)。神聖ローマ皇帝(在位1347～78)。1316生。
紹岳堅隆 しょうがくけんりゅう 1485没。室町時代・戦国時代の曹洞宗の僧。

弘典 こうてん 1486没(80歳)。室町時代の真言宗の僧。1407生。
フランチェスコ・ディ・ジョルジョ 1502没(63歳)。イタリアの画家、彫刻家、建築家。1439生。
ベリーニ, ジョヴァンニ 1516没(86?歳)。イタリアの画家。1430頃生。
クルムバッハ, ハンス・ジュース・フォン 1522没(47?歳)。ドイツの画家。1475頃生。
王陽明 おうようめい 1529没(57歳)。中国、明代の哲学者, 政治家。1472生。
ウルジー, トマス, 枢機卿 1530没(55?歳)。イギリスの聖職者, 政治家。1475頃生。
フェレイラ, アントニオ 1569没(41歳)。ポルトガルの詩人, 劇作家。1528生。
任助 にんじょ 1584没(60歳)。戦国時代・安土桃山時代の真言宗の僧。1525生。
フリッシュリン, ニコデームス 1590没(43歳)。ドイツの詩人, 文献学者。1547生。
分部光嘉 わけべみつよし 1601没(50歳)。安土桃山時代の武将, 大名。1552生。
フリードリヒ5世 1632没(36歳)。ライン・ファルツ選帝侯兼ボヘミア王。1596生。
モンテヴェルディ, クラウディオ 1643没(76歳)。イタリアの作曲家。1567生。
カリーム, ミールザー・アブー・ターレブ 1651没(69?歳)。イランの詩人。1582頃生。
前田検校 まえだけんぎょう 1656没。江戸時代前期の前田流平曲の祖。
秋田実季 あきたさねすえ 1660没(85歳)。安土桃山時代・江戸時代前期の大名。1576生。
ケーザル 1679没。オランダの出島商館長。
マルピーギ, マルチェロ 1694没(66歳)。イタリアの生理学者, 顕微解剖学の創始者。1628生。
久留島義太 くるしまよしひろ 1758没。江戸時代中期の和算家。
ワイアット 1766没(66歳)。イギリスの発明家。1700生。

マリア・テレジア　1780没（63歳）。オーストリア大公（在位1740〜80）。1717生。

バルナーヴ，アントワーヌ　1793没（32歳）。フランスの革命家。1761生。

瀬川菊之丞（4代目）　せがわきくのじょう　1812没（31歳）。江戸時代後期の歌舞伎役者。1782生。

桂文治（初代）　かつらぶんじ　1815没（42歳）。江戸時代後期の上方落語家。1774生。

芳村伊三郎（2代目）　よしむらいさぶろう　1820没（86歳）。江戸時代後期の長唄唄方。1735生。

酒井抱一　さかいほういつ　1829没（69歳）。江戸時代中期・後期の琳派の画家。1761生。

山村舞扇斎　やまむらぶせんさい　1845没（65歳）。江戸時代後期の歌舞伎役者，振付師。1781生。

グリーリー，ホラス　1872没（61歳）。アメリカの新聞編集者，政治指導者。1811生。

山城屋和助　やましろやわすけ　1872没（36歳）。明治時代の商人。1837生。

手塚律蔵　てづかりつぞう　1878没（57歳）。江戸・明治時代の洋学者。1822生。

田母野秀顕　たものひであき　1883没（35歳）。明治時代の自由民権家。1849生。

富士松魯中（2代目）　ふじまつろちゅう　1896没（45歳）。江戸・明治時代の新内節富士松派演奏家。1852生。

箕作麟祥　みつくりりんしょう　1897没（52歳）。明治時代の洋学者，法学者。貴族院議員，和仏法律学校校長。1846生。

レッグ，ジェイムズ　1897没（81歳）。イギリスの宣教師，中国学者。1815生。

ガニベー，アンヘル　1898没（32歳）。スペインの小説家，随筆家。1865生。

カプアーナ，ルイージ　1915没（76歳）。イタリアの小説家，評論家。1839生。

プッチーニ，ジャーコモ　1924没（65歳）。イタリアの作曲家。1858生。

柳家小さん（3代目）　やなぎやこさん　1930没（74歳）。明治・大正時代の落語家。1857生。

鄧演達　とうえんたつ　1931没（36歳）。中国の軍人，政治家。1895生。

松本長　まつもとながし　1935没（59歳）。明治〜昭和時代の能役者。1877生。

倉田白羊　くらたはくよう　1938没（58歳）。大正・昭和時代の洋画家。1881生。

シャイデマン，フィリップ　1939没（74歳）。ドイツの政治家。1865生。

松村介石　まつむらかいせき　1939没（81歳）。明治・大正時代のキリスト教指導者，牧師。1859生。

ノスケ　1946没（78歳）。ドイツの政治家。1868生。

馬占山　ばせんざん　1950没（66歳）。中国の軍閥の頭領。1884生。

イパーチェフ，ウラジーミル・ニコラエヴィチ　1952没（85歳）。アメリカ（ロシア生れ）の工業化学者。1867生。

ガントレット恒　がんとれっとつね　1953没（80歳）。明治〜昭和時代のキリスト教婦人運動家。日本基督教婦人矯風会会頭，日本婦人参政権協会会長。1873生。

王統照　おうとうしょう　1957没（60歳）。中国の小説家，詩人。1897生。

徳川武定　とくがわたけさだ　1957没（69歳）。大正・昭和時代の造船工学者，軍人。1888生。

大西愛治郎　おおにしあいじろう　1958没（77歳）。大正・昭和時代の宗教家。1881生。

ヤーン，ハンス・ヘニー　1959没（64歳）。ドイツの小説家，劇作家。1894生。

滝沢英輔　たきざわえいすけ　1965没（63歳）。昭和時代の映画監督。1902生。

田村栄太郎　たむらえいたろう　1969没（76歳）。昭和時代の日本史家。1893生。

橘旭翁（3代目）　たちばなきょくおう　1971没（69歳）。大正・昭和時代の琵琶演奏家。1902生。

一ノ瀬泰造　いちのせたいぞう　1973没（26歳）。昭和時代の報道カメラマン。1947生。

グラント，ケーリー　1986没（82歳）。アメリカの俳優。1904生。

田中千禾夫　たなかちかお　1995没（90歳）。昭和・平成時代の劇作家，演出家。桐朋学園大学教授。1905生。

キノトール　1999没（77歳）。昭和・平成時代の劇作家，演出家。1922生。

伊藤憲治　いとうけんじ　2001没（86歳）。昭和・平成時代のグラフィックデザイナー。1915生。

ハリソン，ジョージ　2001没（58歳）。イギリスのロック・ギタリスト，歌手。1943生。

家永三郎　いえながさぶろう　2002没（89歳）。昭和・平成時代の歴史学者。1913生。

実相寺昭雄　じっそうじあきお　2006没（69歳）。昭和・平成時代の演出家、映画監督。1937生。

11月29日

11月30日

○記念日○　カメラの日
○出来事○　初のサッカー公式国際試合(1872)
　　　　　オランダで安楽死法成立(1993)

常暁　じょうぎょう　867没。平安時代前期の真言宗の僧。
フナイン-ブン-イスハーク　873没(64?歳)。アラビアの学者。809頃生。
エドマンド2世　1016没(36?歳)。アングロ・サクソン時代のイングランド王(在位1016)。980頃生。
景雅　けいが　1185没(83歳)。平安時代後期の華厳宗の僧。1103生。
興然　こうねん　1204没(84歳)。平安時代後期・鎌倉時代前期の真言宗の僧。1121生。
藤原俊成　ふじわらのとしなり　1204没(91歳)。平安時代後期・鎌倉時代前期の歌人・公卿。1114生。
湛睿　たんえい　1347没(77歳)。鎌倉時代後期・南北朝時代の学僧。1271生。
芳賀禅可　はがぜんか　1372没(82歳)。鎌倉時代後期・南北朝時代の武将。1291生。
花山院兼定　かざんいんかねさだ　1378没(41歳)。南北朝時代の公卿。1338生。
マチェイ(ヤノフの)　1393没(43?歳)。チェコのプラハの宗教改革者。1350頃生。
マティアス(ヤーノーの)　1394没。オーストリアの宗教改革者。
叔芳周仲　しゅくほうしゅうちゅう　1432没(75歳)。南北朝時代・室町時代の臨済宗の僧。1358生。
カレピーノ、アンブロージョ　1511没(76歳)。イタリアの辞書編集者、アウグスティノ会修道士。1435生。
ヴォルゲムート、ミヒェル　1519没(85歳)。ドイツの画家。1434生。
宗珉　そうみん　1519没。戦国時代の臨済宗の僧。
模外惟俊　もがいいしゅん　1541没。戦国時代の曹洞宗の僧。
グラナッチ、フランチェスコ　1543没(66歳)。イタリアの画家。1477生。
メイン、カスバート　1577没(33歳)。イギリスのローマ・カトリック教会司祭、聖人、殉教者。1544生。
ファラント、リチャード　1580没(50?歳)。イギリスの作曲家。1530頃生。
ナバレテ　1597没。スペインの遣日特派使節。
ギルバート、ウィリアム　1603没(59歳)。イギリスの医者、物理学者。1544生。
高木正次　たかぎまさつぐ　1630没(68歳)。安土桃山時代・江戸時代前期の武将、大名。1563生。
准如　じゅんにょ　1631没(55歳)。安土桃山時代・江戸時代前期の僧、本願寺第12世宗主。1577生。
カヴァリエリ、フランチェスコ・ボナヴェンチュラ　1647没(49歳)。イタリアの学僧数学者。1598生。
ランフランコ、ジョヴァンニ　1647没(65歳)。イタリアの画家。1582生。
ハビントン　1654没(49歳)。イギリスの詩人。1605生。
嵐山甫安　あらしやまほあん　1693没(61歳)。江戸時代前期の紅毛流の外科医、肥前平戸藩医。1633生。
グリニー、ニコラ・ド　1703没(31歳)。フランスのオルガン奏者、作曲家。1672生。
松平頼隆　まつだいらよりたか　1707没(79歳)。江戸時代前期・中期の大名。1629生。
ニヴェール、ギヨーム・ガブリエル　1714没(82歳)。フランスのオルガン奏者、作曲家、理論家。1632生。
湯山弥五右衛門　ゆやまやごえもん　1718没(69歳)。江戸時代前期・中期の相模国足柄上郡川村山北名主。1650生。
ジャルトゥー、ピエール　1720没(52歳)。フランスのイエズス会宣教師。1668生。
サックス、モーリス、伯爵　1750没(54歳)。フランスの軍人。1696生。
ノイバー、フリデリーケ・カロリーネ　1760没(63歳)。ドイツの女優。1697生。
ドロンド、ジョン　1761没(55歳)。イギリスの光学者。1706生。

理秀女王　りしゅうにょおう　1764没（40歳）。江戸時代中期の臨済宗の尼僧。1725生。

赤松沙鴎　あかまつさおう　1767没（100歳）。江戸時代中期の儒学者。1668生。

恭礼門院　きょうらいもんいん　1795没（53歳）。江戸時代中期・後期の女性。桃園天皇の女御。1743生。

カロンヌ　1802没（68歳）。フランスの政治家。1734生。

ボドーニ，ジャンバッティスタ　1813没（73歳）。イタリアの印刷者，活字彫刻者。1740生。

ピウス8世　1830没（69歳）。教皇（在位1829〜30）。1761生。

リスト　1846没（57歳）。ドイツの経済学者。1789生。

ヘス，ジェルマン・アンリ　1850没（48歳）。スイスの化学者。1802生。

ブース，ジューニアス・ブルータス　1852没（56歳）。イギリス生れのアメリカの俳優。1796生。

杵屋六三郎（4代目）　きねやろくさぶろう　1856没（77歳）。江戸時代後期の長唄三味線方。1780生。

ブルノンヴィル，オーギュスト　1879没（74歳）。デンマークの舞踊家，振付師。1805生。

ムラヴィヨフ　1881没（72歳）。ロシアの将軍，政治家，伯爵。1809生。

成島柳北　なるしまりゅうほく　1884没（48歳）。江戸・明治時代の漢詩人，随筆家，新聞記者。1837生。

ワイルド，オスカー　1900没（46歳）。イギリスの文学者。1854生。

イナマ・シュテルネック　1908没（65歳）。ドイツ歴史学派の経済学者。1843生。

西ノ海嘉治郎（初代）　にしのうみかじろう　1908没（54歳）。明治時代の力士。16代横綱。1855生。

ダット　1909没（61歳）。インドの歴史家，文学者。1848生。

辻新次　つじしんじ　1915没（74歳）。明治時代の教育行政家。大日本教育会長，男爵。1842生。

シュヴァルツ　1921没（78歳）。ドイツの数学者。1843生。

嘉村礒多　かむらいそた　1933没（37歳）。昭和時代の小説家。1897生。

安川敬一郎　やすかわけいいちろう　1934没（86歳）。明治・大正時代の実業家。1849生。

曽我祐準　そがすけのり　1935没（92歳）。明治・大正時代の陸軍軍人，政治家。貴族院議員，日本鉄道社長，子爵。1844生。

ペソア，フェルナンド　1935没（47歳）。ポルトガルの詩人。1888生。

ハルベ，マックス　1944没（79歳）。ドイツの劇作家。1865生。

ルビッチ，エルンスト　1947没（55歳）。ドイツ，アメリカの映画監督。1892生。

富本豊前（2代目）　とみもとぶぜん　1952没（66歳）。大正・昭和時代の浄瑠璃三味線方。1886生。

ピカビア，フランシス　1953没（74歳）。フランスの画家。1879生。

フルトヴェングラー，ヴィルヘルム　1954没（68歳）。ドイツの指揮者。1886生。

大山郁夫　おおやまいくお　1955没（75歳）。大正・昭和時代の政治学者，政治家。早稲田大学教授，参・衆議院議員。1880生。

ジーリ，ベニアミーノ　1957没（67歳）。イタリアのテノール歌手。1890生。

小堀甚二　こぼりじんじ　1959没（58歳）。昭和時代の小説家，評論家。1901生。

哥沢芝勢以（2代目）　うたざわしばせい　1971没（88歳）。明治〜昭和時代のうた沢節演奏家。1883生。

ツルニャンスキー，ミロシュ　1977没（84歳）。ユーゴスラヴィアの小説家。1893生。

ラティガン，テレンス　1977没（66歳）。イギリスの劇作家。1911生。

マルクス，ゼッポ　1979没（78歳）。アメリカの喜劇映画俳優。1901生。

オノサトトシノブ　1986没（74歳）。昭和時代の洋画家。1912生。

アヒジョ，アフマドゥ　1989没（65歳）。カメルーンの大統領兼首相，初代大統領。1924生。

カズンズ，ノーマン　1990没（78歳）。アメリカのジャーナリスト，平和運動家。1912生。

田宮高麿　たみやたかまろ　1995没（52歳）。昭和・平成時代の赤軍派活動家。共産同赤軍派軍事委員長。1943生。

小林宏治　こばやしこうじ　1996没（89歳）。昭和・平成時代の実業家。日本電気会長。1907生。

横井英樹　よこいひでき　1998没（85歳）。昭和・平成時代の実業家。ホテルニュージャパン社長。1913生。

11月30日

12月
December
師走

◎忌　日◎
漱石忌(12.9) ／ 蕪村忌(12.25)
横光忌(12.30) ／ 寅彦忌(12.31)

12月1日

○記念日○　映画の日
　　　　　　世界エイズデー
○出来事○　初の年賀切手発行（1935）
　　　　　　国立近代美術館開館（1952）

エリギウス　660没（70?歳）。北フランスのノアイヨンの司教，金工家。590頃生。

サハヌーン　854没（78歳）。アフリカのイスラム法学者。776生。

明哲　みょうてつ　868没。平安時代前期の華厳宗の僧。

直子女王　ちょくしじょおう　892没。平安時代前期の女性。文徳天皇の孫，斎院。

昌子内親王　しょうしないしんのう　1000没（51歳）。平安時代中期の女性。冷泉天皇の皇后。950生。

ティエトマール　1018没（43歳）。ドイツの年代記作者。975生。

善子内親王　よしこないしんのう　1133没（57歳）。平安時代後期の女性。白河天皇の第2皇女。1077生。

ヘンリー1世　1135没（67歳）。イングランド王（在位1100～35）。1068生。

源師子　みなもとのしし　1149没（80歳）。平安時代後期の女性。白河天皇の宮人。1070生。

尊助法親王　そんじょほっしんのう　1291没（75歳）。鎌倉時代後期の天台宗の僧。1217生。

月江正印　げっこうしょういん　1295没（56歳）。中国，元の禅僧。1239生。

土岐頼遠　ときよりとお　1342没。鎌倉時代後期・南北朝時代の武将。美濃国守護，頼貞の子，弾正少弼。

日野有範　ひのありのり　1364没（63歳）。鎌倉時代後期・南北朝時代の公卿。1302生。

マグヌス2世　1374没（58歳）。スウェーデン王（在位1319～56，59～63），ノルウェー王（マグヌス7世，在位19～43）。1316生。

斯波義淳　しばよしあつ　1433没（37歳）。室町時代の武将。1397生。

ギベルティ，ロレンツォ　1455没（77歳）。イタリアの彫刻家，画家，建築家，文筆家。1378生。

レオ10世　1521没（45歳）。教皇（在位1513～21）。1475生。

マルガレーテ・フォン・エステルライヒ　1530没（50歳）。ネーデルラント総督（1507～30）。1480生。

キャンピオン，聖エドマンド　1581没（41歳）。イギリスのイエズス会士。1540生。

ウィールクス，トマス　1623没（48?歳）。イギリスの作曲家，オルガン奏者。1575頃生。

板倉重宗　いたくらしげむね　1657没（72歳）。江戸時代前期の大名，京都所司代。1586生。

石川善右衛門　いしかわぜんえもん　1670没（64歳）。江戸時代前期の水利土木家。1607生。

浅見絅斎　あさみけいさい　1712没（61歳）。江戸時代中期の儒学者。1652生。

セントリーヴァー，スザナ　1723没（56?歳）。イギリスの劇作家。1667頃生。

フォンヴィージン，デニス・イワノヴィチ　1792没（47歳）。ロシアの作家。1745生。

柴野栗山　しばのりつざん　1807没（72歳）。江戸時代中期・後期の儒学者。1736生。

常磐津文字太夫（3代目）　ときわづもじたゆう　1820没（29歳）。江戸時代後期の常磐津節の太夫，2代目文字太夫の子。1792生。

アレクサンドル1世　1825没（47歳）。ロシア皇帝（在位1801～25）。1777生。

藤田幽谷　ふじたゆうこく　1826没（53歳）。江戸時代後期の儒学者，水戸藩士，彰考館総裁立原翠軒門下。1774生。

オースティン，ジョン　1859没（69歳）。イギリスの法学者。1790生。

レーテル，アルフレート　1859没（43歳）。ドイツの画家。1816生。

エヴェレスト，サー・ジョージ　1866没（76歳）。イギリスの数学者，測地学者。1790生。

松平定安　まつだいらさだやす　1882没（48歳）。江戸・明治時代の松江藩主。1835生。

マハン，アルフレッド・セアー　1914没（74歳）。アメリカの海軍軍人，歴史家。1840生。

池田蕉園　いけだしょうえん　1917没（32歳）。明治・大正時代の日本画家。1886生。

大井才太郎　おおいさいたろう　1924没（69歳）。明治・大正時代の電気工学者。1856生。

林田亀太郎　はやしだかめたろう　1927没（65歳）。明治・大正時代の政治家。衆議院議員,衆議院書記官長。1863生。

リベーラ,ホセ・エウスタシオ　1928没（39歳）。コロンビアの詩人,小説家。1889生。

長原孝太郎　ながはらこうたろう　1930没（67歳）。明治〜昭和時代の洋画家。東京美術学校教授。1864生。

キーロフ,セルゲイ・ミロノヴィチ　1934没（48歳）。ロシアの革命運動家,ソ連初期の共産党指導者。1886生。

シュミット,ベルンハルト・フォルデマー　1935没（56歳）。ドイツの光学機械製作者。1879生。

桂三木助（2代目）　かつらみきすけ　1943没（60歳）。明治〜昭和時代の落語家。1884生。

田中阿歌麿　たなかあかまろ　1944没（76歳）。明治〜昭和時代の湖沼学者。1869生。

村上浪六　むらかみなみろく　1944没（80歳）。明治・大正時代の小説家。1865生。

殷汝耕　いんじょこう　1947没（58歳）。中国の親日政治家。1889生。

ハーディ,ゴッドフリー・ハロルド　1947没（70歳）。イギリスの数学者。1877生。

赤木格堂　あかぎかくどう　1948没（70歳）。明治〜昭和時代の俳人,歌人,政治家。衆議院議員。1879生。

フィッシャー　1948没（71歳）。ドイツの化学者。1877生。

バック,サー・ピーター　1951没（72歳）。ニュージーランドのマオリ学者,作家。1879生。

オルランド　1952没（92歳）。イタリアの政治家,法律家。1860生。

藤村作　ふじむらつくる　1953没（78歳）。明治〜昭和時代の国文学者。1875生。

栗田元次　くりたもとつぐ　1955没（65歳）。大正・昭和時代の日本史学者。1890生。

朴憲永　ぼくけんえい　1955没（55歳）。朝鮮の共産主義運動家,政治家。1900生。

ウィルキンズ,G.H.　1958没（70歳）。イギリスの探検家。1888生。

川村文子　かわむらふみこ　1960没（85歳）。大正・昭和時代の女子教育家。川村女学院創立者。1875生。

ワロン　1962没（83歳）。フランスの心理学者,精神医学者。1879生。

吉田石松　よしだいしまつ　1963没（84歳）。大正・昭和時代の冤罪被害者。1879生。

ホールデン,ジョン・バードン・サンダーソン　1964没（72歳）。イギリスの生理学者,遺伝学者,生物統計学者。1892生。

佐佐木茂索　ささきもさく　1966没（72歳）。大正・昭和時代の小説家,出版経営者。文芸春秋社社長。1894生。

高柳光寿　たかやなぎみつとし　1969没（77歳）。大正・昭和時代の日本史学者。1892生。

ベン-グリオン,ダヴィド　1973没（87歳）。イスラエルの政治家。1886生。

海音寺潮五郎　かいおんじちょうごろう　1977没（76歳）。昭和時代の小説家。1901生。

望月優子　もちづきゆうこ　1977没（60歳）。昭和時代の女優。参院議員。1917生。

松田竹千代　まつだたけちよ　1980没（92歳）。昭和時代の政治家。衆議院議長,ベトナム孤児福祉教育財団理事長。1888生。

小浪義明　こなみよしあき　1981没（69歳）。昭和時代の経営者。1912生。

ジョーダン,タフト　1981没（66歳）。アメリカのジャズ・トランペッター,歌手。1915生。

井口愛子　いぐちあいこ　1984没（74歳）。昭和時代のピアニスト,ピアノ教育家。1910生。

ボールドウィン,ジェイムズ　1987没（63歳）。アメリカの黒人小説家。1924生。

エイリー,アルヴィン　1989没（58歳）。アメリカの黒人舞踊家。1931生。

パンディット,ヴィジャヤ・ラクシュミー　1990没（90歳）。インドの政治家,外交官。1900生。

益田喜頓　ますだきいとん　1993没（84歳）。昭和・平成時代のコメディアン,俳優。1909生。

柳亭痴楽　りゅうていちらく　1993没（72歳）。昭和時代の落語家。1921生。

森田子竜　もりたしりゅう　1998没（86歳）。昭和時代の書家。1912生。

井尻正二　いじりしょうじ　1999没（86歳）。昭和時代の古生物学者,科学作家。1913生。

三橋敏雄　みつはしとしお　2001没（81歳）。昭和・平成時代の俳人。1920生。

マグレガー,ケン　2007没（78歳）。オーストラリアのテニス選手。1929生。

12月1日

12月2日

○記念日○ 原子炉の日
奴隷制度廃止国際デー
○出来事○ ナポレオンが皇帝に即位（1804）
初の日本人宇宙飛行士が宇宙へ
（1990）

シルヴェリウス　537没。教皇（在位536～537）, 聖人。

韓愈　かんゆ　824没（56歳）。中国, 中唐の文学者, 思想家, 政治家。768生。

藤原朝忠　ふじわらのあさただ　966没（57歳）。平安時代中期の歌人・公卿。910生。

源俊明　みなもとのとしあきら　1114没（71歳）。平安時代中期・後期の公卿。1044生。

藤原季範　ふじわらのすえのり　1155没（66歳）。平安時代後期の熱田大宮司。1090生。

白川資邦王　しらかわすけくにおう　1298没。鎌倉時代後期の神祇伯。

道耀　どうよう　1304没（71歳）。鎌倉時代後期の僧。1234生。

北条貞房　ほうじょうさだふさ　1309没（38歳）。鎌倉時代後期の武将。1272生。

雪村友梅　せっそんゆうばい　1347没（58歳）。鎌倉時代後期・南北朝時代の臨済宗の僧。1290生。

レイズブルーク, ヤン・ヴァン　1381没（88歳）。オランダの神秘思想家。1293生。

蘭洲良芳　らんしゅうりょうほう　1384没（80歳）。南北朝時代の臨済宗一山派の僧。1305生。

卓然宗立　たくねんそうりゅう　1385没。南北朝時代の僧。

一庵一麟　いちあんいちりん　1407没（79歳）。南北朝時代・室町時代の僧。1329生。

北山宮　きたやまのみや　1457没。室町時代の皇族。

忠義王　ちゅうぎおう　1457没。室町時代の皇族。

シャイバーニー　1510没（59歳）。ウズベク汗国の創立者。1451生。

ゴンサルボ・デ・コルドバ　1515没（72歳）。スペイン軍の指揮者。1443生。

唐寅　とういん　1523没（53歳）。中国, 明の画家, 文学者。1470生。

ゼンフル, ルートヴィヒ　1542没（56?歳）。スイスの作曲家。1486生。

コルテス, エルナン　1547没（62歳）。スペインのメキシコ征服者。1485生。

フランシスコ・ザビエル　1552没（46歳）。スペインの宣教師。日本に初めてキリスト教を伝えた。1506生。

三条西公条　さんじょうにしきんえだ　1563没（77歳）。戦国時代の歌人・公卿。1487生。

メルカトル, ゲラルドゥス　1594没（82歳）。ルネサンス期最大の地理学者。1512生。

細川忠興　ほそかわただおき　1646没（84歳）。安土桃山時代・江戸時代前期の武将, 歌人。1563生。

お楽の方　おらくのかた　1652没（32歳）。江戸時代前期の女性。3代将軍徳川家光の側室。1621生。

山浦玄蕃　やまうらげんば　1653没。江戸時代前期のキリシタン。

ランブイエ, カトリーヌ・ド・ヴィヴォンヌ, 侯爵夫人　1665没（77歳）。フランスの文芸庇護者。1588生。

ピュジェ, ピエール　1694没（74歳）。フランスの彫刻家, 画家, 建築家。1620生。

多紀元簡　たきげんかん　1810没（56歳）。江戸時代中期・後期の幕府医師。1755生。

ルンゲ, フィリップ・オットー　1810没（33歳）。ドイツの画家。1777生。

サド, ドナシヤン-アルフォンス-フランソワ-ド　1814没（74歳）。フランスの小説家。1740生。

西沢一鳳　にしざわいっぽう　1853没（53歳）。江戸時代末期の歌舞伎作者。1801生。

ブラウン, ジョン　1859没（59歳）。アメリカの奴隷制廃止論者。1800生。

バウル, フェルディナント・クリスティアン　1860没（68歳）。ドイツの神学者。1792生。

横山由清　よこやまよしきよ　1879没（54歳）。江戸・明治時代の国学者。1826生。

ケマル, ナームク　1888没（47歳）。トルコの民族主義思想家, 詩人, 小説家。1840生。

原田豊吉　はらだとよきち　1894没(34歳)。明治時代の地質学者。男爵。1861生。

ロエスレル　1894没(59歳)。ドイツの法学者，経済学者。1834生。

ウィリアムズ，チャニング・ムーア　1910没(81歳)。アメリカの聖公会宣教師。1829生。

川崎正蔵　かわさきしょうぞう　1912没(76歳)。明治時代の実業家，造船業者。1837生。

鶴原定吉　つるはらさだきち　1914没(58歳)。明治時代の政治家。衆議院議員，大阪市長。1857生。

トスティ，フランチェスコ・パオロ　1916没(70歳)。イタリアの作曲家。1846生。

ロスタン，エドモン　1918没(50歳)。フランスの劇作家，詩人。1868生。

ゼーリガー　1924没(75歳)。ドイツの天文学者。1849生。

安達憲忠　あだちけんちゅう　1930没(74歳)。明治・大正時代の社会事業家。東京市養育院幹事。1857生。

ダンディ，ポール-マリー-テオドール・ヴァンサン　1931没(80歳)。フランスの作曲家，指揮者，教育家。1851生。

メイエルソン　1933没(74歳)。ポーランド生れのフランスの哲学者。1859生。

ブレステッド，ジェイムズ・ヘンリー　1935没(70歳)。アメリカの歴史家，近東学者。1865生。

木村重松(初代)　きむらしげまつ　1938没(62歳)。明治～昭和時代の浪曲師。1877生。

ヴェショールイ，アルチョム　1939没(40歳)。ソ連の小説家。1899生。

グリーグ，ノルダール　1943没(41歳)。ノルウェーの詩人，劇作家。1902生。

沢村栄治　さわむらえいじ　1944没(28歳)。昭和時代のプロ野球選手。1917生。

マリネッティ，フィリッポ・トンマーゾ　1944没(67歳)。イタリアの詩人。1876生。

岩崎小弥太　いわさきこやた　1945没(67歳)。大正・昭和時代の実業家。三菱合資会社社長。1879生。

安井てつ　やすいてつ　1945没(76歳)。明治～昭和時代の女子教育者。1870生。

リパッティ，ディヌ　1950没(33歳)。ルーマニアのピアニスト。1917生。

岩崎久弥　いわさきひさや　1955没(90歳)。明治～昭和時代の実業家。1865生。

植原悦二郎　うえはらえつじろう　1962没(85歳)。大正・昭和時代の政治家。衆議院議員。1877生。

細川嘉六　ほそかわかろく　1962没(74歳)。昭和時代の評論家，社会運動家。参議院議員(共産党)。1888生。

佐佐木信綱　ささきのぶつな　1963没(91歳)。明治～昭和時代の歌人，歌学者。1872生。

青木正児　あおきまさる　1964没(77歳)。大正・昭和時代の中国文学者。京都帝国大学教授。1887生。

白崇禧　はくすうき　1966没(73歳)。中国の軍人・広西軍閥の領袖。1893生。

ブラウアー，ロイツェン・エグベルトゥス・ヤン　1966没(85歳)。オランダの数学者。1881生。

スペルマン，フラーンシス・ジョウゼフ　1967没(78歳)。アメリカの宗教家。1889生。

ヴォローシロフ，クリメント・エフレモヴィチ　1969没(88歳)。ソ連の軍人，政治家。1881生。

リモン，ホセ　1972没(64歳)。メキシコ生れのアメリカの舞踊家。1908生。

植草甚一　うえくさじんいち　1979没(71歳)。昭和時代の評論家，エッセイスト。1908生。

麻生太賀吉　あそうたかきち　1980没(69歳)。昭和時代の実業家，政治家。麻生セメント会長，衆議院議員。1911生。

森谷司郎　もりたにしろう　1984没(53歳)。昭和時代の映画監督。1931生。

ラーキン，フィリップ　1985没(63歳)。イギリスの詩人。1922生。

伊藤武雄　いとうたけお　1987没(82歳)。昭和時代の声楽家。桐朋学園大学教授。1905生。

レロワール，ルイス・フェデリコ　1987没(81歳)。アルゼンチンの生化学者。1906生。

コープランド，アーロン　1990没(90歳)。アメリカの作曲家。1900生。

浜口庫之助　はまぐちくらのすけ　1990没(73歳)。昭和時代の作曲家，作詞家。1917生。

藤島宇内　ふじしまうだい　1997没(73歳)。昭和・平成時代の詩人，評論家。1924生。

織田幹雄　おだみきお　1998没(93歳)。昭和・平成時代のスポーツ評論家，三段跳び選手。日本陸上競技連盟会長。1905生。

マルコヴァ，デイム・アリシア　2004没(94歳)。イギリスのバレリーナ。1910生。

12月2日

12月3日

○記念日○ カレンダーの日
国際障害者デー
○出来事○ JIS規格スタート（1945）
マルタ会談で東西冷戦の終結を宣言（1989）

レントゥルス　前63没。ローマのコルネリウス氏出身の政治家。

ディオクレティアーヌス，ガーイウス・アウレーリウス・ウァレリウス　316没（71歳）。ローマ皇帝（在位284～305）。245生。

船王後　ふねのおうご　641没。飛鳥時代の官人。

李勣　りせき　669没（75歳）。中国，唐初の名将。594生。

天智天皇　てんぢてんのう　672没（47歳）。第38代の天皇。626生。

大江皇女　おおえのひめみこ　699没。飛鳥時代の女性。天武天皇の妃。

泰舜　たいしゅん　949没（73歳）。平安時代中期の真言宗の僧。877生。

千到　せんとう　989没（72歳）。平安時代中期の法相宗の僧。918生。

オスムンド　1099没。イギリスのノルマンの聖職者，ウィリアム1世の甥で，チャプレン。

ロタール3世　1137没（62歳）。ザクセン家出身のドイツ国王（在位1125～37），神聖ローマ皇帝（在位33～7）。1075生。

大友貞宗　おおともさだむね　1334没。鎌倉時代後期の武将，豊後守護。

正親町三条実任　おおぎまちさんじょうさねとう　1338没（75歳）。鎌倉時代後期・南北朝時代の公卿。1264生。

大林善育　だいりんぜんいく　1372没（82歳）。鎌倉時代後期・南北朝時代の僧。1291生。

メディチ，ピエロ・デ　1469没（53歳）。ルネサンス朝フィレンツェの大金融業者。1416生。

武田元信　たけだもとのぶ　1521没（67歳）。戦国時代の武将。国信の次男，伊豆守，大膳大夫。1455生。

ワシーリー3世　1533没（54歳）。モスクワ大公（1505～33），イワン3世の子。1479生。

ハビエル，フランシスコ　1552没（46歳）。スペイン出身のイエズス会士。1506生。

惟高妙安　いこうみょうあん　1568没（89歳）。戦国時代の臨済宗の僧。1480生。

ファルネーゼ，アレッサンドロ　1592没（47歳）。パルマ公（在位1586～92）。1545生。

新納忠元　にいろただもと　1611没（86歳）。戦国時代・安土桃山時代の武将，対馬氏の臣。1526生。

脇坂安元　わきざかやすもと　1654没（71歳）。江戸時代前期の大名。1584生。

岡上景能　おかのぼりかげよし　1688没（62?歳）。江戸時代前期の民武家，江戸幕府代官。1627頃生。

高梨利右衛門　たかなしりえもん　1688没。江戸時代前期の出羽国屋代郷二井宿村の義民。

聖安女王　しょうあんじょおう　1712没（45歳）。江戸時代中期の女性。後西天皇の第9皇女。1668生。

井沢蟠竜　いざわばんりゅう　1730没（63歳）。江戸時代中期の神道家。1668生。

ヴェルネ，クロード・ジョゼフ　1789没（75歳）。フランスの画家。1714生。

石黒信由　いしぐろのぶよし　1837没（78歳）。江戸時代中期・後期の算学者。1760生。

フレデリク6世　1839没（71歳）。デンマーク王（在位1808～39），ノルウェー王（在位1808～14）。1768生。

国友藤兵衛　くにともとうべえ　1840没（63歳）。江戸時代後期の鉄砲鍛冶，科学技術者。1778生。

巖垣東園　いわがきとうえん　1849没（76歳）。江戸時代後期の漢学者。1774生。

エッカーマン，ヨハン・ペーター　1854没（62歳）。ゲーテの晩年10年間の秘書。1792生。

木村黙老　きむらもくろう　1856没（83歳）。江戸時代後期の讃岐高松藩家老。1774生。

ラウホ，クリスティアン・ダニエル　1857没（80歳）。ドイツの彫刻家。1777生。

萩原広道　はぎわらひろみち　1864没（50歳）。江戸時代末期の国学者。1815生。

土井利忠　どいとしただ　1869没（59歳）。江戸時代末期の大名。1811生。

愛宕通旭　おたぎみちてる　1872没（27歳）。江戸・明治時代の公家。1846生。

外山光輔　とやまみつすけ　1872没（30歳）。江戸・明治時代の公家。1843生。

前原一誠　まえばらいっせい　1876没（43歳）。江戸・明治時代の萩藩士，政治家。1834生。

箕作秋坪　みつくりしゅうへい　1886没（62歳）。江戸・明治時代の洋学者，教育指導者。1825生。

ツァイス，カール　1888没（72歳）。ドイツの光学機械製作者。1816生。

カンプハウゼン　1890没（87歳）。ドイツの政治家。1803生。

根岸友山　ねぎしゆうざん　1890没（82歳）。江戸・明治時代の志士。1809生。

平野富二　ひらのとみじ　1892没（47歳）。江戸・明治時代の実業家，技術者。1846生。

スティーヴンソン，ロバート・ルイス　1894没（44歳）。イギリスの小説家，詩人，随筆家。1850生。

根岸武香　ねぎしたけか　1902没（64歳）。江戸・明治時代の国学者，考古学者。1839生。

ブッセ，カール　1918没（46歳）。ドイツの詩人，小説家，評論家。1872生。

ルノワール，ピエール・オーギュスト　1919没（78歳）。フランスの画家。1841生。

肥塚龍　こいづかりゅう　1920没（73歳）。明治・大正時代の政治家。衆議院議員。1848生。

花井卓蔵　はないたくぞう　1931没（64歳）。明治〜昭和時代の弁護士，政治家。衆議院議員，東京弁護士会会長。1868生。

高田早苗　たかだきなえ　1938没（79歳）。明治〜昭和時代の教育家，政治家。早稲田大学総長，衆議院議員。1860生。

岩下壮一　いわしたそういち　1940没（52歳）。大正・昭和時代の司祭，カトリック神学者。神山復生病院院長。1889生。

近角常観　ちかずみじょうかん　1941没（72歳）。明治・大正時代の真宗大谷派僧侶。1870生。

秋田清　あきたきよし　1944没（64歳）。大正・昭和時代の政治家。衆議院議員。1881生。

エリン・ペリン　1949没（72歳）。ブルガリアの作家。1877生。

バジョーフ，パーヴェル・ペトローヴィチ　1950没（71歳）。ソ連の作家。1879生。

クレメンティス，ヴラジミール　1952没（50歳）。チェコスロバキアの政治家。1902生。

スラーンスキー　1952没（51歳）。チェコスロバキアの政治家。1901生。

ロドチェンコ，アレクサンドル・ミハイロヴィチ　1956没（64歳）。ロシアの画家，デザイナー。1891生。

セルゲーエフ-ツェンスキー，セルゲイ・ニコラエヴィチ　1958没（83歳）。ソ連の小説家。1875生。

河上丈太郎　かわかみじょうたろう　1965没（76歳）。昭和時代の政治家。日本社会党委員長，衆議院議員。1889生。

金井章次　かないしょうじ　1967没（81歳）。大正・昭和時代の医学者，官僚。1886生。

沢村田之助（5代目）　さわむらたのすけ　1968没（66歳）。明治〜昭和時代の歌舞伎役者。1902生。

長谷部言人　はせべことんど　1969没（87歳）。大正・昭和時代の人類学者，解剖学者。1882生。

岡部楠男　おかべくすお　1972没（78歳）。昭和時代の実業家。日本鉱業社長。1894生。

鹿島守之助　かじまもりのすけ　1975没（79歳）。昭和時代の実業家，政治家，外交史研究家。鹿島建設社長，参議院議員。1896生。

鈴木万平　すずきまんぺい　1975没（72歳）。昭和時代の実業家，政治家。三共製薬社長，参議院議員（自民党）。1903生。

小原国芳　おばらくによし　1977没（90歳）。大正・昭和時代の教育家。玉川大学学長。1887生。

モーズリー，サー・オズワルド　1980没（84歳）。イギリスの政治家。1896生。

プラド，ペレス　1983没（60歳）。キューバの楽団指揮者，作曲家，ピアニスト。1922生。

各務鉱三　かがみこうぞう　1985没（89歳）。昭和時代のガラス工芸家。1896生。

東君平　ひがしくんぺい　1986没（46歳）。昭和時代の漫画家，イラストレーター。1940生。

中村芳子　なかむらよしこ　1987没（67歳）。昭和時代の女優。1920生。

アタースィー　1992没（63歳）。シリアの政治家。1929生。

イリッチ，イヴァン　2002没（76歳）。オーストリア生まれの社会思想家。1926生。

12月3日

12月4日

○記念日○ 破傷風血清療法の日
○出来事○ 藤原道長が太政大臣に(1017)
　　　　　 小石川養生所開設(1722)

ヘーラクラス　248没(68?歳)。アレクサンドリアの主教。180頃生。
高宗(唐)　こうそう　683没(55歳)。中国, 唐の第3代皇帝(在位649～683)。628生。
清和天皇　せいわてんのう　881没(32歳)。第56代の天皇。850生。
藤原道長　ふじわらのみちなが　1028没(63歳)。平安時代中期の公卿。966生。
藤原行成　ふじわらのゆきなり　1028没(57歳)。平安時代中期の書家, 公卿。972生。
トゥグリル-ベク　1063没(70歳)。セルジューク朝の始祖(在位1037～63)。993生。
アンノー2世　1075没(65?歳)。ケルンの大司教, 聖人(1183)。1010頃生。
源師頼　みなもとのもろより　1139没(72歳)。平安時代後期の歌人・公卿。1068生。
クリスティアン(プロイセンの)　1245没。ドイツのシトー会修道士, プロイセン最初の司教。
坊城俊定　ぼうじょうとしさだ　1310没(59歳)。鎌倉時代後期の公卿。1252生。
ヨハネス22世　1334没(85?歳)。教皇(在位1316～34)。1249頃生。
ゼルボルト, ヘーラルト(ジュトフェンの)　1398没(31歳)。オランダの共同生活兄弟団の指導者。1367生。
性曇　しょうどん　1438没(71歳)。南北朝時代・室町時代の浄土真宗の僧。1368生。
グァリーノ・デ・グァリーニ　1460没(86?歳)。初期人文主義の学者, 教育者。1374頃生。
ゲンナージイ(ノーヴゴロトの)　1504没。ロシア正教会のモスクヴァの修道院長, 聖人。
頼誉　らいよ　1531没(73歳)。戦国時代の真言宗の僧。1459生。
李滉　りこう　1570没(69歳)。朝鮮, 李朝中期の儒学者。1501生。
レティクス　1576没(62歳)。オーストリアの数学者, 天文学者。1514生。
土岐頼芸　ときよりなり　1582没(82歳)。戦国時代・安土桃山時代の武将。美濃国守護, 政房の子, 左京大夫。1501生。
サラサル, フランシスコ・ドミンゴ・デ　1594没(82歳)。スペインの宗教家。1512生。
見性院　けんしょういん　1617没(61歳)。安土桃山時代・江戸時代前期の女性。山内一豊の正室。1557生。
アンジェリス, ジローラモ・デ　1623没(56歳)。イタリア人イエズス会士。1567生。
リシュリュー, アルマン・ジャン・デュ・プレシ, 公爵　1642没(57歳)。フランスの政治家, 枢機卿。1585生。
ドラモンド(ホーソーンデンの), ウィリアム　1649没(63歳)。スコットランドの詩人。1585生。
伊達宗勝　だてむねかつ　1679没(59歳)。江戸時代前期の大名。1621生。
ホッブズ, トマス　1679没(91歳)。イギリスの哲学者, 政治思想家。1588生。
ゲイ, ジョン　1732没(47歳)。イギリスの劇作家, 詩人。1685生。
タンサン夫人　1749没(67歳)。フランスのルイ15世時代の貴婦人, 作家。ダランベールの母。1682生。
バーリントン, リチャード・ボイル, 3代伯爵　1753没(59歳)。イギリスの建築家。1694生。
中島三甫右衛門(3代目)　なかじまみほえもん　1783没(48歳)。江戸時代中期の歌舞伎役者。1736生。
月岡雪鼎　つきおかせってい　1787没(78歳)。江戸時代中期の画家。1710生。
吉田文三郎(2代目)　よしだぶんざぶろう　1790没(59歳)。江戸時代中期の義太夫節の人形遣い。1732生。
桂川甫粲　かつらがわほさん　1810没(55?歳)。江戸時代中期・後期の蘭学者, 戯作者, 蘭方医。1756頃生。
瀬川菊之丞(3代目)　せがわきくのじょう　1810没(60歳)。江戸時代中期・後期の歌舞伎役者。1751生。

宇田川玄真　うだがわげんしん　1835没（67歳）。江戸時代中期・後期の蘭方医。1769生。

スタージョン，ウィリアム　1850没（67歳）。イギリスの電気学者。1783生。

河上彦斎　かわかみげんさい　1872没（39歳）。江戸・明治時代の熊本藩士。1834生。

鮫島尚信　さめしまなおのぶ　1880没（36歳）。明治時代の外交官。1845生。

ティンダル，ジョン　1893没（73歳）。アイルランドの物理学者。1820生。

ライブル，ヴィルヘルム　1900没（56歳）。ドイツの画家。1844生。

杉亨二　すぎこうじ　1917没（90歳）。江戸～大正時代の統計学者。スタチスチック社社長。1828生。

山崎弁栄　やまざきべんねい　1920没（62歳）。明治・大正時代の僧。1859生。

バレス，モーリス　1923没（61歳）。フランスの小説家，政治家。1862生。

曽我廼家十郎　そがのやじゅうろう　1925没（57歳）。明治・大正時代の喜劇俳優。1869生。

マイリンク，グスタフ　1932没（64歳）。オーストリアの小説家。1868生。

ゲオルゲ，シュテファン　1933没（65歳）。ドイツの詩人。1868生。

ベナール，アルベール　1934没（85歳）。フランスの画家。1849生。

リシェ，シャルル・ロベール　1935没（85歳）。フランスの生理学者。1850生。

玉錦三右衛門　たまにしきさんえもん　1938没（36歳）。昭和時代の力士。1903生。

呉佩孚　ごはいふ　1939没（65歳）。中国，湖南，湖北を地盤とする直隷派軍閥の総帥。1874生。

中島敦　なかじまあつし　1942没（34歳）。昭和時代の小説家。1909生。

永井柳太郎　ながいりゅうたろう　1944没（64歳）。大正・昭和時代の政治家。早稲田大学教授，拓務相，逓信相，鉄道相。1881生。

モーガン，トマス・ハント　1945没（79歳）。アメリカの生物学者。1866生。

コルネマン　1946没（78歳）。ドイツの古代史家。1868生。

サリナス，ペドロ　1951没（60歳）。スペインの詩人，大学教授。1891生。

ボルジェーゼ，ジュゼッペ・アントーニオ　1952没（70歳）。イタリアの小説家，評論家。1882生。

ホルネー，カレン　1952没（67歳）。ドイツ生れのアメリカの女流精神分析学者。1885生。

小田内通敏　おだうちみちとし　1954没（79歳）。大正・昭和時代の地理学者。1875生。

マーティン，グレン・L　1955没（69歳）。アメリカの飛行機設計家，製造業者，飛行家。1886生。

室積徂春　むろづみそしゅん　1956没（69歳）。明治～昭和時代の俳人。1886生。

前田河広一郎　まえだこうひろいちろう　1957没（69歳）。大正・昭和時代の小説家。1888生。

津田左右吉　つだそうきち　1961没（88歳）。明治～昭和時代の歴史学者，思想史家。早稲田大学教授。1873生。

ロートン，チャールズ　1962没（63歳）。イギリスの俳優。1899生。

笠信太郎　りゅうしんたろう　1967没（66歳）。昭和時代のジャーナリスト。朝日新聞論説主幹。1900生。

飯塚浩二　いいづかこうじ　1970没（64歳）。昭和時代の地理学者。1906生。

岡敬純　おかたかずみ　1973没（83歳）。大正・昭和時代の海軍軍人。中尉。1890生。

平井太郎　ひらいたろう　1973没（68歳）。昭和時代の実業家，政治家。四国商工会議所連合会長。1905生。

アーレント，ハンナ　1975没（69歳）。アメリカの女流政治哲学者。1906生。

大井広介　おおいひろすけ　1976没（63歳）。昭和時代の評論家。1912生。

ブリテン，ベンジャミン　1976没（63歳）。イギリスの作曲家。1913生。

ハウトスミット，サムエル・アブラハム　1978没（76歳）。オランダ生れのアメリカの物理学者。1902生。

ファッツィーニ，ペリクレ　1987没（74歳）。イタリアの彫刻家。1913生。

マムーリアン，ルーベン　1987没（89歳）。ロシア生れのアメリカの演出家。1898生。

田島直人　たじまなおと　1990没（78歳）。昭和時代の三段跳び選手。中京大学教授，日本陸連常務理事。1912生。

荻村伊智朗　おぎむらいちろう　1994没（62歳）。昭和・平成時代の卓球選手。国際卓球連盟会長。1932生。

12月4日

12月5日

○記念日○ 経済・社会開発のための国際ボランティアデー
○出来事○ 冠位十二階制を制定(604)
日本軍が203高地占領(1904)
原爆ドームが世界遺産に(1996)

クリスピーナ(タゴラの) 304没。ディオクレティアーヌス帝の迫害による北アフリカの殉教者。

サバス 532没(93歳)。カッパドキア出身の聖人。439生。

ニケーティウス(トリーアの) 566没。フランク王国時代のトリーア司教、聖人。

卜部平麻呂 うらべのひらまろ 881没(75歳)。平安時代前期の亀卜家。807生。

穆子内親王 ぼくしないしんのう 903没。平安時代前期・中期の女性。光孝天皇の皇女。

真範 しんぱん 1054没(69歳)。平安時代中期の法相宗の僧。986生。

藤原資平 ふじわらのすけひら 1068没(82歳)。平安時代中期の公卿。987生。

ヴァルデマール1世 1182没(51歳)。デンマーク王(在位1157~82)。1131生。

皇嘉門院 こうかもんいん 1182没(61歳)。平安時代後期の女性。崇徳天皇の中宮。1122生。

三浦義村 みうらよしむら 1239没。鎌倉時代前期の武士。

トマ 1246没(46?歳)。フランスのスコラ哲学者、サンビクトル修道院長。1200生。

武田信光 たけだのぶみつ 1248没(87歳)。平安時代後期・鎌倉時代前期の武将。1162生。

四条隆良 しじょうたかよし 1296没。鎌倉時代後期の公卿。

良従 りょうじゅう 1513没(77歳)。室町時代・戦国時代の曹洞宗の僧。1437生。

松平清康 まつだいらきよやす 1535没(25歳)。戦国時代の武将。1511生。

フランソア2世 1560没(16歳)。フランス王(在位1559~60)。1544生。

スホーレル,ヤン・ヴァン 1562没(67歳)。オランダの画家。1495生。

伊達晴宗 だてはるむね 1577没(59歳)。戦国時代・安土桃山時代の武将。1519生。

観世宗節 かんぜそうせつ 1584没(76歳)。戦国時代・安土桃山時代の能役者。1509生。

ハーバマン,ヨーハン 1590没(74歳)。ドイツのルター派神学者。1516生。

竹澗宗紋 ちくかんそうもん 1599没(73歳)。戦国時代・安土桃山時代の臨済宗の僧。1527生。

津軽為信 つがるためのぶ 1608没(59歳)。安土桃山時代・江戸時代前期の大名。1550生。

淀屋个庵 よどやこあん 1643没(68歳)。安土桃山時代・江戸時代前期の豪商。1576生。

山中新六 やまなかしんろく 1651没(82歳)。安土桃山時代・江戸時代前期の大坂の豪商鴻池善右衛門家の始祖。1570生。

竹内式部 たけのうちしきぶ 1768没(57歳)。江戸時代中期の尊王思想家、垂加神道家。1712生。

錦屋惣次(初代) にしきやそうじ 1770没。江戸時代中期の長唄三味線方。

モーツァルト,ヴォルフガング・アマデウス 1791没(35歳)。オーストリアの作曲家。1756生。

法岸 ほうがん 1815没(72歳)。江戸時代中期・後期の浄土宗の捨世僧。1744生。

シュトルベルク-シュトルベルク,フリードリヒ・レーオポルト・ツー 1819没(69歳)。ドイツの詩人。1750生。

豊田貢 とよだみつぎ 1829没(56歳)。江戸時代後期の人。1774生。

プラーテン,アウグスト・フォン 1835没(39歳)。ドイツの詩人。1796生。

岸駒 がんく 1839没(84歳)。江戸時代中期・後期の画家。1756生。

ヴェストリス,オーギュスト 1842没(82歳)。イタリアの舞踊家、舞踊教師。1760生。

井上八千代(初代) いのうえやちよ 1854没(88歳)。江戸時代後期の女性。日本舞踊家、京舞井上流創始者。1767生。

ポアンソー　1859没(82歳)。フランスの数学者。1777生。

ダールマン　1860没(75歳)。ドイツの歴史家, 政治家。1785生。

矢野元隆　やのもとたか　1865没(51?歳)。江戸時代末期の日本国内での最初の日本人プロテスタント受洗者。1815頃生。

フルーラン, ジャン・ピエール・マリー　1867没(73歳)。フランスの生理学者。1794生。

デュマ, アレクサンドル　1870没(68歳)。フランスの小説家, 劇作家。1802生。

酒井忠義　さかいただあき　1873没(61歳)。江戸・明治時代の小浜藩知事。1813生。

二条斉敬　にじょうなりゆき　1878没(63歳)。江戸・明治時代の公卿。左大臣関白。1816生。

ペドロ2世　1891没(66歳)。ブラジル第2代皇帝(在位1831～89)。1825生。

松平容保　まつだいらかたもり　1893没(59歳)。江戸・明治時代の会津藩主。1835生。

ヴィスリツェヌス, ヨハンネス　1902没(67歳)。ドイツの化学者。1835生。

奥野昌綱　おくのまさつな　1910没(88歳)。明治時代の牧師, 基督教。1823生。

リヒター, ハンス　1916没(73歳)。ドイツの指揮者。1843生。

レイモント, ヴワディスワフ・スタニスワフ　1925没(58歳)。ポーランドの小説家。1867生。

ソログープ, フョードル・クジミッチ　1927没(64歳)。ロシアの詩人, 小説家。1863生。

リンゼイ, ヴェイチェル　1931没(52歳)。アメリカの詩人。1879生。

北条民雄　ほうじょうたみお　1937没(24歳)。昭和時代の小説家。1914生。

渡辺幽香　わたなべゆうこう　1942没(87歳)。明治～昭和時代の洋画家。1856生。

吉田草紙庵　よしだそうしあん　1946没(72歳)。大正・昭和時代の作曲家。1875生。

トマス, W.I.　1947没(84歳)。アメリカの社会学者。1863生。

横井福次郎　よこいふくじろう　1948没(37歳)。昭和時代の漫画家。1912生。

ロトカ　1949没(69歳)。オーストリア生れのアメリカの数理生物学者。1880生。

佐野利器　さのとしかた　1956没(76歳)。明治～昭和時代の建築構造学者。1880生。

高木逸磨　たかぎいつま　1960没(76歳)。大正・昭和時代の細菌学者, 伝染病学者。1884生。

田中万逸　たなかまんいつ　1963没(81歳)。大正・昭和時代の政治家。衆議院議員, 国務大臣。1882生。

古賀マサノ　こがまさの　1964没(75歳)。大正・昭和時代の教育者, 婦人運動家。1888生。

山下勝治　やましたかつじ　1969没(63歳)。昭和時代の会計学者。神戸大学教授。1906生。

広瀬豊一　ひろせとよいち　1970没(83歳)。大正・昭和時代の産婦人科学者。1887生。

星野あい　ほしのあい　1972没(88歳)。大正・昭和時代の女子教育家。1884生。

ジェルミ, ピエートロ　1974没(60歳)。イタリアの映画監督。1914生。

スタンク, ザハリア　1974没(72歳)。ルーマニアの小説家。1902生。

ヴァシレーフスキー　1977没(82歳)。ソ連邦の軍人, 元帥。1895生。

ドローネー, ソニア　1979没(94歳)。ロシア生れの画家。1885生。

シクロフスキー, ヴィクトル・ボリソヴィチ　1984没(91歳)。ソ連の文芸評論家。1893生。

太田典礼　おおたてんれい　1985没(85歳)。昭和時代の医師, 政治家。産婦人科, 衆議院議員。1900生。

藤間勘十郎(7代目)　ふじまかんじゅうろう　1990没(90歳)。大正・昭和時代の振付師, 日本舞踊家。1900生。

艾蕪　がいぶ　1992没(88歳)。中国の作家。1904生。

木内信胤　きうちのぶたね　1993没(94歳)。昭和時代の経済評論家, 政治評論家。1899生。

キケロ, オイゲン　1997没(57歳)。ルーマニアのジャズ・ピアニスト。1940生。

佐藤勝　さとうまさる　1999没(71歳)。昭和・平成時代の作曲家。1928生。

嵐徳三郎(7代目)　あらしとくさぶろう　2000没(66歳)。昭和・平成時代の歌舞伎役者。1933生。

シュトックハウゼン, カールハインツ　2007没(79歳)。ドイツの作曲家。1928生。

12月5日

12月6日

○記念日○ 音の日
姉の日
○出来事○ 『心中天網島』初演（1721）
フィンランドが独立宣言（1917）

聖アーデルハイト　999没（68歳）。神聖ローマ皇帝オットー1世（大王）の后、ブルグント王ルドルフ2世の娘、聖女。931生。

覚法法親王　かくほうほっしんのう　1153没（63歳）。平安時代後期の真言宗の僧。1091生。

アフォンソ1世　1185没（75歳）。ポルトガル建国の王（在位1143～85）。1110生。

平康盛　たいらのやすもり　1191没。平安時代後期・鎌倉時代前期の武士。

藤原公敦　ふじわらのきんあつ　1286没（53歳）。鎌倉時代後期の公卿。1234生。

玄慶　げんけい　1299没（82歳）。鎌倉時代後期の真言宗醍醐流の声明家。1218生。

葦航道然　いこうどうねん　1301没（83歳）。鎌倉時代の臨済宗の僧。1219生。

桃渓徳悟　とうけいとくご　1306没（67歳）。鎌倉時代後期の臨済宗の僧。1240生。

クレメンス6世　1352没（61歳）。教皇（在位1342～52）。1291生。

無外円照　むがいえんしょう　1381没（71歳）。南北朝時代の曹洞宗の僧。1311生。

良日　りょうにち　1383没（70歳）。南北朝時代の浄土宗の僧。1314生。

道淵　どうえん　1384没（78歳）。鎌倉時代後期・南北朝時代の僧。1307生。

承先道欽　しょうせんどうきん　1385没（74歳）。南北朝時代の臨済宗の僧。1312生。

スキアヴォーネ、ジョルジョ　1504没（71?歳）。イタリアの画家。1433頃生。

宗義盛　そうよしもり　1520没（45?歳）。戦国時代の武将、対馬守護、初名盛順。1476頃生。

湖月信鏡　こげつしんきょう　1534没。戦国時代の臨済宗の僧。

ファン・アールスト、ピーテル　1550没（48歳）。フランドルの画家、建築家。1502生。

ブラーラー、アンブロシウス　1564没（72歳）。ドイツの宗教改革者。1492生。

お万の方　おまんのかた　1620没（73歳）。安土桃山時代・江戸時代前期の女性。徳川家康の側室（小督局）、結城秀康の生母。1548生。

徳川忠長　とくがわただなが　1634没（29歳）。江戸時代前期の大名。1606生。

グラシアン、バルタサル　1658没（57歳）。スペインの作家。1601生。

ステノ、ニコラウス　1686没（48歳）。デンマークの解剖学者、地質学者、鉱物学者、神学者。1638生。

徳川光圀　とくがわみつくに　1701没（74歳）。江戸時代前期・中期の大名。1628生。

ロー、ニコラス　1718没（44歳）。イギリスの劇作家、詩人。1674生。

マシャム、レイディ・アビゲイル　1734没。イギリスのアン女王の寵人。

モルガーニ、ジョヴァンニ・バッティスタ　1771没（89歳）。イタリアの解剖学者。1682生。

シャルダン、ジャン・バティスト・シメオン　1779没（80歳）。フランスの画家。1699生。

レポート　1788没（65歳）。フランスの数学者で天文学者、フランスで最初の女性学者。1723生。

黒沢雉岡　くろさわちこう　1797没（85歳）。江戸時代中期の儒学者。1713生。

ブラック、ジョゼフ　1799没（71歳）。スコットランドの化学者。1728生。

村瀬栲亭　むらせこうてい　1819没（76歳）。江戸時代中期・後期の漢学者。1744生。

桂川甫賢　かつらがわほけん　1845没（49歳）。江戸時代後期の蘭方医。1797生。

正司考祺　しょうじこうき　1857没（65歳）。江戸時代末期の経世家。1793生。

シュライヒャー、アウグスト　1868没（47歳）。ドイツの言語学者。1821生。

ロトベルトゥス、ヨハン・カール　1875没（70歳）。ドイツの経済学者、社会主義者。1805生。

ゴナール　1876没（58歳）。ブラジルの政治家。1818生。

トロロップ、アントニー　1882没（67歳）。イギリスの小説家。1815生。

ブラン, ルイ　1882没(71歳)。フランスの政治家, 歴史家。1811生。

森立之　もりりっし　1885没(79歳)。江戸・明治時代の医師。1807生。

島津久光　しまづひさみつ　1887没(71歳)。江戸・明治時代の政治家。1817生。

シャンフルーリ　1889没(68歳)。フランスの大衆小説家。1821生。

デイヴィス, ジェファソン　1889没(81歳)。アメリカの政治家。南部連合の大統領。1808生。

ジーメンス, エルンスト・ヴェルナー・フォン　1892没(75歳)。ドイツの電気技術者, 電信事業経営者。1816生。

ヴォルフ, ヨハン・ルドルフ　1893没(77歳)。スイスの天文学者。1816生。

歌沢寅右衛門(3代目)　うたざわとらえもん　1904没(67歳)。江戸・明治時代の邦楽家。うた沢寅派家元。1838生。

重野安繹　しげのやすつぐ　1910没(84歳)。江戸・明治時代の漢学者, 歴史学者。帝国大学文科大学教授, 貴族院議員。1827生。

ホイットマン　1910没(67歳)。アメリカの動物学者。1842生。

小野鵞堂　おのがどう　1922没(61歳)。明治・大正時代の書家。大蔵省書記, 東宮御用掛。1862生。

モネ, クロード　1926没(86歳)。フランスの画家。1840生。

フォルレンダー　1928没(68歳)。ドイツの哲学者。1860生。

リード　1931没(83歳)。イギリスの哲学者。1848生。

ブリュー, ウージェーヌ　1932没(74歳)。フランスの劇作家。1858生。

浜岡光哲　はまおかこうてつ　1936没(84歳)。明治・大正時代の実業家。京都商工会議所会頭, 衆議院議員。1853生。

曽禰達蔵　そねたつぞう　1937没(85歳)。明治・大正時代の建築家。1853生。

ベルトラン, ルイ-マリ-エミール　1941没(75歳)。フランスの小説家, 評論家。1866生。

石井研堂　いしいけんどう　1943没(79歳)。明治・大正時代の明治文化研究家, ジャーナリスト。1865生。

尹致昊　いんちこう　1945没(80歳)。朝鮮の開化派の政治家。1865生。

中井猛之進　なかいたけのしん　1952没(70歳)。明治～昭和時代の植物学者。国立科学博物館館長, 東京帝国大学教授。1882生。

ガウチンスキ, コンスタンティ・イルデフォンス　1953没(48歳)。ポーランドの詩人。1905生。

アンベードカル, B.R.　1956没(63歳)。インドの政治家。1893生。

ファノン, フランツ　1961没(36歳)。アルジェリア独立運動で指導的役割を果たした黒人の精神科医。1925生。

神保格　じんぼかく　1965没(82歳)。大正・昭和時代の言語学者, 音声学者。東京文理科大学教授, 東洋大学教授。1883生。

シック　1967没(90歳)。アメリカの小児科医, 細菌学者。1877生。

山鹿泰治　やまがたいじ　1970没(78歳)。大正・昭和時代のアナキスト, エスペランティスト。1892生。

北村一郎　きたむらいちろう　1973没(74歳)。大正・昭和時代の能楽囃子方。1899生。

高山義三　たかやまぎぞう　1974没(82歳)。大正・昭和時代の政治家, 弁護士。国立京都国際会館初代館長。1892生。

鈴木武雄　すずきたけお　1975没(74歳)。昭和時代の経済学者。武蔵大学長。1901生。

正木ひろし　まさきひろし　1975没(79歳)。昭和時代の弁護士。1896生。

フリッシュ, カール・フォン　1982没(96歳)。オーストリアの動物心理学者。1886生。

ボアイエ, リュシエンヌ　1983没(80?歳)。フランスのシャンソン歌手。1903頃生。

ルージュモン, ドニ・ド　1985没(79歳)。スイスの哲学者, 評論家。1906生。

増谷文雄　ますたにふみお　1987没(85歳)。昭和時代の宗教学者。都留文科大学学長, 東京外国語大学教授。1902生。

レストン　1995没(86歳)。スコットランド生れのアメリカのジャーナリスト。1909生。

川喜田愛郎　かわきたよしお　1996没(87歳)。昭和時代のウイルス学者。千葉大学教授。1909生。

山下耕作　やましたこうさく　1998没(68歳)。昭和・平成時代の映画監督。1930生。

ホッター, ハンス　2003没(94歳)。ドイツのバスおよびバリトン歌手。1909生。

山路ふみ子　やまじふみこ　2004没(92歳)。女優, 社会事業家。1912生。

12月6日

12月7日

○記念日○　クリスマスツリーの日
　　　　　国際民間航空デー
○出来事○　東南海地震（1944）

元明天皇　げんめいてんのう　721没（61歳）。第43代の天皇。661生。

承俊　しょうしゅん　905没。平安時代前期・中期の僧。

三善清行　みよしきよゆき　919没（73歳）。平安時代前期・中期の学者、公卿。847生。

オットー2世　983没（28歳）。ドイツ、ザクセン朝第3代の王（在位961〜983）。955生。

恵子女王　けいしじょおう　992没（68歳）。平安時代中期の女性。歌人。925生。

林逋　りんぽ　1028没（61歳）。中国、北宋の詩人。967生。

イブヌッ・タアーウィージー　1187没（62歳）。アッバース朝のアラビア語詩人。1125生。

テオバルドゥス（ヴォ－ド－セルネの）　1247没（47?歳）。フランスのシトー会修道院長、聖人。1200頃生。

インノケンティウス4世　1254没（54?歳）。教皇（在位1243〜54）。1200頃生。

頼賢　らいけん　1273没（78歳）。鎌倉時代前期の僧。1196生。

頼誉　らいよ　1280没。鎌倉時代前期の僧。

和徳門院　かとくもんいん　1289没（56歳）。鎌倉時代後期の女性。仲恭天皇の皇女。1234生。

グロスター　1295没（52歳）。ヘンリー3世時代のイギリスの大貴族。1243生。

北条実政　ほうじょうさねまさ　1302没（54歳）。鎌倉時代後期の武将、長門・周防両国守護、鎮西探題。1249生。

足利義詮　あしかがよしあきら　1367没（38歳）。室町幕府第2代の将軍。1330生。

ビール、ガーブリエール　1495没（77?歳）。ドイツのスコラ哲学者、神学者。1418頃生。

ヘーギウス、アレクサンデル　1498没（65?歳）。ドイツのルネサンス期の人文主義教育者。1433頃生。

ケット　1549没。イギリスノーフォークの農民反乱の指導者。

ヴィラールト、アドリアン　1562没（72?歳）。ネーデルラントの作曲家。1490頃生。

貞把　ていは　1574没（60歳）。戦国時代の僧。1515生。

リーリー、サー・ピーター　1680没（62歳）。オランダ生れのイギリスの画家。1618生。

シドニー、アルジャーノン　1683没（61歳）。イギリスの政治家。1622生。

松下見林　まつしたけんりん　1704没（68歳）。江戸時代前期・中期の歴史家。1637生。

ホッベマ、メインデルト　1709没（71歳）。オランダの画家。1638生。

黒柳召波　くろやなぎしょうは　1772没（46歳）。江戸時代中期の俳人。1727生。

ハイダル・アリー　1782没（60歳）。南インド、マイソール王国の支配者（存位1759〜82）。1722生。

樋口道立　ひぐちどうりゅう　1813没（76歳）。江戸時代中期・後期の俳人、儒者。1738生。

ネー、ミシェル、エルヒンゲン公爵　1815没（46歳）。フランスの陸軍軍人。1769生。

フラクスマン、ジョン　1826没（71歳）。イギリスの彫刻家。1755生。

アーヴィング、エドワード　1834没（42歳）。スコットランド教会の牧師、説教者。1792生。

アクサーコフ、コンスタンチン・セルゲーヴィチ　1860没（43歳）。ロシアの思想家、歴史家、文学者。1817生。

寺地強平　てらちきょうへい　1875没（67歳）。江戸・明治時代の蘭方医。福山藩医学校付属同仁館病院長。1809生。

シギュルドソン、ヨウン　1879没（68歳）。アイスランド独立運動の指揮者。1811生。

レセップス、フェルディナン、子爵　1894没（89歳）。フランスの外交官。1805生。

マセオ・イ・グラハレス　1896没（51歳）。キューバの独立運動家。1845生。

佐野常民　さのつねたみ　1902没（81歳）。江戸・明治時代の佐賀藩士、政治家。伯爵、初代日本赤十字社社長、農商務相。1822生。

水野忠弘　みずのただひろ　1905没(50歳)。江戸・明治時代の山形藩主。貴族院議員，子爵。1856生。

ダーウィン，サー・ジョージ・ハワード　1912没(67歳)。イギリスの天文学者。1845生。

新井石禅　あらいせきぜん　1927没(63歳)。明治・大正時代の曹洞宗僧侶。1865生。

ゴメス　1935没(78歳)。ベネズエラの政治家，大統領。1857生。

井上哲次郎　いのうえてつじろう　1944没(90歳)。明治〜昭和時代の哲学者。東京帝国大学教授，大東文化学院総長。1855生。

清水登之　しみずとし　1945没(59歳)。昭和時代の洋画家。1887生。

川上貞奴　かわかみさだやっこ　1946没(76歳)。明治時代の新派女優。1871生。

バトラー，ニコラス　1947没(85歳)。アメリカの教育家。1862生。

ベルナール，トリスタン　1947没(81歳)。フランスの劇作家，小説家。1866生。

清水南山　しみずなんざん　1948没(74歳)。明治〜昭和時代の彫金家。東京美術学校教授。1875生。

モールトン，フォレスト・レイ　1952没(80歳)。アメリカの天文学者。1872生。

ギュンテキン，レシャト・ヌリ　1956没(67歳)。トルコの小説家，国会議員。1889生。

正岡容　まさおかいるる　1958没(53歳)。大正・昭和時代の小説家，演芸評論家。1904生。

吉植庄亮　よしうえしょうりょう　1958没(74歳)。大正・昭和時代の歌人，政治家。1884生。

杉浦義勝　すぎうらよしかつ　1960没(65歳)。大正・昭和時代の物理学者。立教大学教授。1895生。

ノダック，ヴァルター　1960没(67歳)。ドイツの化学者。1893生。

葛原しげる　くずはらしげる　1961没(75歳)。大正・昭和時代の童謡詩人，童話作家。至誠女子高校長。1886生。

フラグスタート，ヒルステン　1962没(67歳)。ノルウェーのソプラノ歌手。1895生。

一龍斎貞山(7代目)　いちりゅうさいていざん　1966没(59歳)。昭和時代の講談師。1907生。

暉峻義等　てるおかぎとう　1966没(77歳)。大正・昭和時代の医学者。日本労働科学研究所顧問。1889生。

富岡定俊　とみおかさだとし　1970没(73歳)。昭和時代の海軍軍人。海軍軍令部第一部長，史料調査会理事長。1897生。

牧田与一郎　まきたよいちろう　1971没(68歳)。昭和時代の実業家。三菱重工業社長。1903生。

川俣清音　かわまたせいおん　1972没(73歳)。大正・昭和時代の社会運動家。衆議院議員(社会党)。1899生。

プリングスハイム，クラウス　1972没(89歳)。ドイツの指揮者，作曲家，音楽学者。1883生。

ワイルダー，ソーントン　1975没(78歳)。アメリカの小説家，劇作家。1897生。

岡野保次郎　おかのやすじろう　1976没(85歳)。昭和時代の実業家。三菱重工業社長。1891生。

金丸重嶺　かなまるしげね　1977没(77歳)。昭和時代の写真家，写真教育者。日本写真協会副会長，日本大学教授。1900生。

観世寿夫　かんぜひさお　1978没(53歳)。昭和時代の能楽師(観世流シテ方)。1925生。

松岡洋子　まつおかようこ　1979没(63歳)。昭和時代のジャーナリスト，婦人運動家。婦人民主クラブ委員長，日本ペンクラブ事務局長。1916生。

早川崇　はやかわたかし　1982没(66歳)。昭和時代の政治家。衆議院議員(自民党)，労相。1916生。

大川橋蔵　おおかわはしぞう　1984没(55歳)。昭和時代の俳優。1929生。

グレイヴズ，ロバート　1985没(90歳)。イギリスの詩人，小説家。1895生。

アルトゥング，ハンス　1989没(85歳)。ドイツ生れのフランスの抽象画家。1904生。

ベネット，ジョーン　1990没(80歳)。アメリカの女優。1910生。

ウフエ-ボワニ，フェリックス　1993没(88歳)。コートジボアールの大統領。1905生。

ドノーソ，ホセ　1996没(68歳)。チリの作家。1928生。

増見利清　ますみとしきよ　2001没(73歳)。昭和・平成時代の演出家。劇団俳優座演出部長。1928生。

しかたしん　2003没(75歳)。昭和・平成時代の劇作家，児童文学者。1928生。

12月7日

12月8日

○記念日○ 成道会
○出来事○ 日本初の日刊新聞創刊(1870)
太平洋戦争開戦(1941)
高速増殖炉「もんじゅ」事故(1995)

武烈天皇　ぶれつてんのう　507没。上代の第25代の天皇。

ドローゴ(メスの)　855没(54歳)。フランスのカロリング朝改革の指導的聖職者。801生。

アルヌルフ・フォン・ケルンテン　899没(49?歳)。ケルンテン大公、東フランク王(在位887〜899)。850頃生。

藤原通基　ふじわらのみちもと　1040没(20歳)。平安時代中期の公卿。1021生。

叡子内親王　えいしないしんのう　1148没(14歳)。平安時代後期の女性、鳥羽天皇の第4皇女。1135生。

ペッカム, ジョン　1292没(52?歳)。イギリスのスコラ哲学者, 聖職者。1240頃生。

日進　にっしん　1346没(76歳)。鎌倉時代後期の日蓮宗の僧。1271生。

物外可什　もつがいかじゅう　1363没(78歳)。鎌倉時代後期・南北朝時代の臨済宗大応派の僧。1286生。

コンラート(ヴァルトハウゼンの)　1369没(49?歳)。ウィーンの説教家。1320生。

蘆名盛高　あしなもりたか　1517没。戦国時代の武将。

菊隠瑞潭　きくいんずいたん　1524没(78歳)。室町時代・戦国時代の曹洞宗の僧。1447生。

月舟寿桂　げっしゅうじゅけい　1533没(64歳)。戦国時代の臨済宗の僧、五山文学僧。1470生。

トリッシノ, ジャン・ジョルジョ　1550没(72歳)。イタリアの文学者。1478生。

勧修寺晴豊　かじゅうじはるとよ　1603没(60歳)。安土桃山時代の公卿。1544生。

グンドゥリッチ, イヴァン　1638没(49歳)。中世のドブロブニーク(ユーゴスラビア)の劇詩人。1589生。

ピム, ジョン　1643没(59歳)。イギリス清教徒革命初期の指導者。1584生。

悦巌不禅　えつがんふぜん　1681没(66歳)。江戸時代前期の曹洞宗の僧。1616生。

テルボルフ, ヘラルド　1681没(64歳)。オランダの画家。1617生。

菊池耕斎　きくちこうさい　1682没(65歳)。江戸時代前期の儒学者。1618生。

バクスター, リチャード　1691没(76歳)。イギリスの神学者。1615生。

シャルロッテ・エリザベト　1722没(70歳)。フランス王ルイ14世の弟、オルレアン公フィリップの妃。1652生。

程順則　ていじゅんそく　1735没(73歳)。琉球の政治家, 儒者。1663生。

シャトールー　1744没(27歳)。フランスのルイ15世の寵妃。1717生。

嵐吉三郎(初代)　あらしきさぶろう　1781没(45歳)。江戸時代中期の歌舞伎役者。1737生。

勝川春章　かつかわしゅんしょう　1793没(68歳)。江戸時代中期の浮世絵師。1726生。

デュ・バリー, マリー・ジャンヌ・ゴマール・ド・ヴォーベルニエ, 伯爵夫人　1793没(50歳)。ルイ15世の寵妾。1743生。

沢村宗十郎(4代目)　さわむらそうじゅうろう　1812没(29歳)。江戸時代後期の歌舞伎役者。1784生。

ジロデ-トリオゾン　1824没(57歳)。フランスの画家。1767生。

コンスタン, バンジャマン　1830没(63歳)。フランスの小説家, 政治家。1767生。

ダンネッカー, ヨハン・ハインリヒ・フォン　1841没(83歳)。ドイツ新古典主義の彫刻家。1758生。

鎌田出雲　かまたいずも　1858没(43歳)。江戸時代末期の勤王家。1816生。

ド・クインシー, トマス　1859没(74歳)。イギリスの批評家, 随筆家。1785生。

ブール, ジョージ　1864没(49歳)。イギリスの数学者, 論理学者。1815生。

ブタシェーヴィチ-ペトラシェフスキー, ミハイル・ワシリエヴィチ　1866没(45歳)。ロシアの革命家。1821生。

クーコリニク, ネストル・ワシリエヴィチ 1868没(59歳)。ロシアの作家。1809生。

小泉信吉 こいずみのぶきち 1894没(46歳)。明治時代の銀行家。慶応義塾塾長。1849生。

エンゲル 1896没(75歳)。ドイツの統計学者。1821生。

スペンサー, ハーバート 1903没(83歳)。イギリスの哲学者。1820生。

陳天華 ちんてんか 1905没(30歳)。中国, 清末の革命家。1875生。

オスカル2世 1907没(78歳)。スウェーデン王(在位1872〜1907), ノルウェー王(在位1872〜1905)。1829生。

原田一道 はらだいちどう 1910没(81歳)。江戸・明治時代の兵学者。少将, 東京砲兵工廠長, 男爵。1830生。

ルグロ, アルフォンス 1911没(74歳)。フランスの画家, 銅版画家。1837生。

ロックヒル 1914没(60歳)。アメリカの東洋学者, 外交官。1854生。

メンデレ・モイヘル・スフォリム 1917没(81歳)。ユダヤ人のイディシュおよびヘブライ文学作家。1835生。

原亮三郎 はらりょうざぶろう 1919没(72歳)。明治時代の出版業者。東京書籍出版営業組合初代頭取。1848生。

戸川残花 とがわざんか 1924没(70歳)。明治〜昭和時代の詩人, 評論家。日本女子大学教授。1855生。

山村暮鳥 やまむらぼちょう 1924没(41歳)。大正時代の詩人, 伝道師。1884生。

麻生太吉 あそうたきち 1933没(76歳)。明治〜昭和時代の実業家, 政治家。九州水力電気社長, 衆議院議員。1858生。

ジョリー, ジョン 1933没(76歳)。アイルランドの地質学者。1857生。

山本権兵衛 やまもとごんべえ 1933没(82歳)。明治・大正時代の海軍軍人, 政治家。大将, 伯爵, 内閣総理大臣。1852生。

モーリッシュ 1937没(81歳)。ドイツの植物学者。1856生。

カーン, アルバート 1942没(73歳)。ドイツ生れのアメリカの建築家。1869生。

米田庄太郎 よねだしょうたろう 1945没(73歳)。明治〜昭和時代の社会学者。1873生。

藤田五郎 ふじたごろう 1952没(37歳)。昭和時代の経済史学者。1915生。

キーナン 1954没(66歳)。アメリカの法律家。1888生。

セヴェーリ 1961没(82歳)。イタリアの数学者。1879生。

タナラット 1963没(55歳)。タイの軍人, 政治家。1908生。

フリーズ 1967没(80歳)。アメリカの言語学者。1887生。

杉森孝次郎 すぎもりこうじろう 1968没(87歳)。大正・昭和時代の評論家, 哲学者。1881生。

生田花世 いくたはなよ 1970没(82歳)。大正・昭和時代の小説家, 詩人。1888生。

インゴルド, サー・クリストファー・ケルク 1970没(77歳)。イギリスの化学者。1893生。

沢田廉三 さわだれんぞう 1970没(82歳)。大正・昭和時代の外交官。外務次官。1888生。

山井基清 やまのいもときよ 1970没(85歳)。明治〜昭和時代の雅楽家。1885生。

三松正夫 みまつまさお 1977没(89歳)。明治〜昭和時代の火山研究家。1888生。

小川栄一 おがわえいいち 1978没(78歳)。昭和時代の実業家。1899生。

メイル, ゴルダ 1978没(80歳)。イスラエルの政治家。1898生。

レノン, ジョン 1980没(40歳)。イギリス人のロック歌手。1940生。

春野鶴子 はるのつるこ 1981没(66歳)。昭和時代の消費者運動家, 婦人運動家。主婦連合会副会長。1915生。

三波伸介 みなみしんすけ 1982没(52歳)。昭和時代のコメディアン。1930生。

諸橋轍次 もろはしてつじ 1982没(99歳)。大正・昭和時代の漢学者。1883生。

原田伴彦 はらだともひこ 1983没(66歳)。昭和時代の日本史学者。1917生。

鳥蘭夫 うらんふ 1988没(82歳)。中国の政治家。1906生。

カントール, タデウシュ 1990没(75歳)。ポーランドの演出家, 舞台装置家。1915生。

土屋文明 つちやぶんめい 1990没(100歳)。大正・昭和時代の歌人, 国文学者。1890生。

ジョビン, アントニオ・カルロス 1994没(67歳)。ブラジルの作曲家, ピアノ, ギター奏者。1927生。

柏戸剛 かしわどつよし 1996没(58歳)。昭和時代の力士。第47代横綱。1938生。

12月8日

12月9日

○記念日○　障害者の日
○出来事○　初のレコード吹き込み（1911）
法隆寺など日本初の世界遺産に（1993）

セルギウス　638没。コンスタンチノーブル総大司教（在位610〜38）。

繁子内親王　はんしないしんのう　851没。平安時代前期の女性。嵯峨天皇の皇女。

空晴　くうせい　957没（80歳）。平安時代中期の学僧。878生。

藤原実宗　ふじわらのさねむね　1213没（69?歳）。平安時代後期・鎌倉時代前期の公卿。1145頃生。

二階堂行盛　にかいどうゆきもり　1253没（65歳）。鎌倉時代前期の政所執事。1189生。

聖基　しょうき　1267没（64歳）。鎌倉時代前期の三論宗・真言宗兼学の僧。1204生。

藤原重氏　ふじわらのしげうじ　1277没（43歳）。鎌倉時代前期の公卿。1235生。

文天祥　ぶんてんしょう　1282没（46歳）。中国、南宋末の宰相。1236生。

ジギスムント　1437没（69歳）。ハンガリー王（在位1387〜1437）、神聖ローマ皇帝（在位1411〜37）、ボヘミア王（在位19〜37）。1368生。

雲岫宗竜　うんしゅうそうりゅう　1478没（85歳）。室町時代の曹洞宗の僧。1394生。

フォレンゴ，テオーフィロ　1544没（53歳）。イタリアの詩人。1491生。

ピウス4世　1565没（66歳）。教皇（在位1559〜65）。1499生。

バルデース，フェルナンド・デ　1568没（85歳）。スペインの大司教、異端審問所総長。1483生。

ブロス，サロモン・ド　1626没（61歳）。フランスの建築家。1565生。

観世黒雪　かんぜこくせつ　1627没（62歳）。安土桃山時代・江戸時代前期の能役者。1566生。

ヴァン・ダイク，アントニー　1641没（42歳）。フランドルの画家。1599生。

加納直盛　かのうなおもり　1674没（63歳）。江戸時代前期の治水開墾家、伊勢津藩分担奉行。1612生。

クラレンドン，エドワード・ハイド，初代伯爵　1674没（65歳）。イギリスの政治家。1609生。

牛込忠左衛門　うしごめちゅうざえもん　1688没（67歳）。江戸時代前期の長崎奉行。1622生。

ペドロ2世　1706没（58歳）。ポルトガル王（在位1683〜1706）。1648生。

桃隣　とうりん　1720没（82歳）。江戸時代前期・中期の俳人。1639生。

ポリニャック伯爵夫人　1793没（44歳）。フランスの貴族。マリー・アントワネットの寵臣。1749生。

小松屋百亀　こまつやひゃっき　1794没（75歳）。江戸時代中期の浮世絵師。1720生。

大江磐代　おおえいわしろ　1813没（70歳）。江戸時代中期・後期の女性。光格天皇の生母。1744生。

ブラマ，ジョゼフ　1814没（66歳）。イギリスの技術家、発明家。1748生。

荻野伊三郎（3代目）　おぎのいさぶろう　1828没（43歳）。江戸時代後期の歌舞伎役者。1786生。

仙石左京　せんごくさきょう　1836没（50歳）。江戸時代後期の但馬出石藩家老。1787生。

浅尾与六（初代）　あさおよろく　1851没（54歳）。江戸時代末期の歌舞伎役者。1798生。

アルメイダ-ガレート，ジョアン・バプティスタ・ダ・シルヴァ・レイタン　1854没（55歳）。ポルトガルの作家、政治家。1799生。

ガレット，アルメイダ　1854没（55歳）。ポルトガルの小説家，詩人，劇作家，政治家。1799生。

ボールドウィン，ロバート　1858没（54歳）。カナダの政治家、弁護士。1804生。

栗栖天山　くりすてんざん　1867没（28歳）。江戸時代末期の武士。1840生。

ジラール，プリュダンス・セラファン・バルテルミー　1867没（46歳）。フランスのパリ外国宣教会宣教師。1821生。

佐田介石　さだかいせき　1882没(65歳)。江戸・明治時代の真宗本願寺派僧侶, 国粋主義者。1818生。

チャーチ, リチャード・ウィリアム　1890没(75歳)。イギリスの神学者。1815生。

黒田桃民　くろだとうみん　1895没(58歳)。江戸・明治時代の医師, 尊攘派志士。1838生。

酒井雄三郎　さかいゆうざぶろう　1900没(41歳)。明治時代の政治評論家。1860生。

木村芥舟　きむらかいしゅう　1901没(72歳)。明治時代の幕臣。1830生。

ジェッブ　1905没(64歳)。イギリスの古典学者。1841生。

ブリュンチエール, フェルディナン　1906没(57歳)。フランスの評論家。1849生。

魚住折蘆　うおずみせつろ　1910没(28歳)。明治時代の評論家。1883生。

夏目漱石　なつめそうせき　1916没(50歳)。明治・大正時代の小説家, 英文学者, 評論家。第一高等学校教授。1867生。

リボー　1916没(76歳)。フランスの心理学者。1839生。

岡谷繁実　おかのやしげざね　1920没(86歳)。江戸・明治時代の志士。館林藩士。1835生。

戸張孤雁　とばりこがん　1927没(46歳)。明治・大正時代の彫刻家, 版画家, 挿絵画家。1882生。

堀江帰一　ほりえきいち　1927没(52歳)。明治・大正時代の経済学者。1876生。

ダレン, ニールス・グスタフ　1937没(68歳)。スウェーデンの技術者。1869生。

メレシコフスキー, ドミートリー・セルゲーヴィチ　1941没(76歳)。ロシアの詩人, 小説家, 評論家。1865生。

吉田栄三(初代)　よしだえいざ　1945没(74歳)。明治～昭和時代の文楽人形遣。1872生。

村山俊太郎　むらやまとしたろう　1948没(44歳)。昭和時代の教育運動家。1905生。

芦田恵之助　あしだえのすけ　1951没(78歳)。明治～昭和時代の教育家。1873生。

吉田茂　よしだしげる　1954没(69歳)。大正・昭和時代の官僚, 政治家。厚相, 貴院議員, 内閣調査局長官。1885生。

ヴァイル, ヘルマン　1955没(70歳)。ドイツ生れの数学者。1885生。

下村海南　しもむらかいなん　1957没(82歳)。大正・昭和時代の新聞人, 政治家。朝日新聞副社長, 貴族院議員。1875生。

マキノ光雄　まきのみつお　1957没(48歳)。昭和時代の映画プロデューサー。東映映画専務兼企画本部長。1909生。

ミラー, ペリー　1963没(58歳)。アメリカの批評家, 思想家。1905生。

原島宏治　はらしまこうじ　1964没(55歳)。昭和時代の宗教家, 政治家。参議院議員, 創価学会理事長。1909生。

シャポーリン, ユーリー・アレクサンドロヴィチ　1966没(79歳)。ソ連邦の作曲家。1887生。

高坂正顕　こうさかまさあき　1969没(69歳)。昭和時代の哲学者。東京学芸大学学長, 京都大学人文科学研究所長。1900生。

ミコヤン, アルチョム・イヴァノヴィチ　1970没(65歳)。ソ連の政治家。1905生。

田辺三重松　たなべみえまつ　1971没(74歳)。昭和時代の洋画家。1897生。

バンチ, ラルフ　1971没(67歳)。アメリカの政治学者。1904生。

ウエルマン, ウイリアム・A　1975没(79歳)。アメリカの映画監督。1896生。

リスペクトール, クラリッセ　1977没(51歳)。ブラジルの女流作家。1925生。

堀柳女　ほりりゅうじょ　1984没(87歳)。大正・昭和時代の人形作家。1897生。

芹沢博文　せりざわひろふみ　1987没(51歳)。昭和時代の棋士。将棋9段。1936生。

開高健　かいこうたけし　1989没(58歳)。昭和時代の小説家。芥川賞選考委員。1930生。

霜川遠志　しもかわえんじ　1991没(75歳)。昭和時代の劇作家。1916生。

坂口謹一郎　さかぐちきんいちろう　1994没(97歳)。昭和時代の農芸化学者。東京大学応用微生物研究所所長, 農林省米穀利用研究所所長。1897生。

ビル, マックス　1994没(85歳)。スイスの建築家, 彫刻家, デザイナー。1908生。

鈴木竹雄　すずきたけお　1995没(90歳)。昭和・平成時代の商法学者弁護士。東京大学教授。1905生。

滝田実　たきたみのる　2000没(87歳)。昭和・平成時代の労働運動家。ゼンセン同盟名誉会長, 同盟会長。1912生。

原智恵子　はらちえこ　2001没(86歳)。昭和時代のピアニスト。1915生。

トー・フウ　2002没(82歳)。ベトナムの国民詩人。1920生。

12月9日

12月10日

○記念日○ 世界人権デー
○出来事○ 田中正造、天皇に足尾鉱毒を直訴（1901）
3億円強奪事件（1968）

エウラリア（バルセローナの） 304没。スペインの聖女。

エウラリア（メリダの） 304没（13?歳）。スペインの聖女。291頃生。

フィロクセノス（マッブークの） 523没（73?歳）。シリアの主教、キリスト単性論を唱導した重要な神学者。450頃生。

グレゴリウス3世 741没。教皇（在位731～741）。

ニケフォルス2世 969没（56歳）。東ローマ皇帝（在位963～969）。913生。

ミカエル4世 1041没。ビザンチン皇帝（在位1034～41）。

経暹 きょうせん 1123没（85歳）。平安時代中期・後期の法相宗・真言宗兼学の僧。1039生。

最寛 さいかん 1210没（80歳）。平安時代後期・鎌倉時代前期の真言宗の僧。1131生。

公雅 こうが 1220没（78歳）。平安時代後期・鎌倉時代前期の天台宗の僧。1143生。

玄忍 げんにん 1247没（36歳）。鎌倉時代前期の律僧。1212生。

洞院公尹 とういんきんただ 1299没。鎌倉時代後期の公卿。

泉恵 せんえ 1361没（77歳）。鎌倉時代後期・南北朝時代の天台宗の僧。1285生。

大智 だいち 1367没（78歳）。鎌倉時代後期・南北朝時代の曹洞宗の僧。1290生。

少室慶芳 しょうしつけいほう 1381没。南北朝時代の臨済宗の僧。

ウッチェロ、パオロ 1475没（78歳）。イタリアの画家。1397生。

全巌東純 ぜんがんとうじゅん 1495没。室町時代の曹洞宗の僧。

ハインリヒ（チュトフェンの） 1524没（36歳）。オランダの最初のプロテスタント殉教者。1488生。

ジョーヴィオ、パーオロ 1552没（69歳）。イタリアの歴史家、人文主義者。1483生。

シュヴェンクフェルト、カスパル・フォン 1561没（72歳）。ドイツの宗教改革者、説教家。1489生。

コンディーヴィ、アスカーニオ 1574没（49?歳）。イタリアの画家、彫刻家。1525頃生。

羽柴秀勝 はしばひでかつ 1586没（18歳）。安土桃山時代の武将。1569生。

施薬院全宗 やくいんぜんそう 1600没（75歳）。戦国時代・安土桃山時代の医師。1526生。

カッチーニ、ジューリオ 1618没（68?歳）。イタリアの作曲家、歌手。1550頃生。

曲直瀬玄朔 まなせげんさく 1632没（84歳）。安土桃山時代・江戸時代前期の医師。1549生。

土岐頼行 ときよりゆき 1685没（78歳）。江戸時代前期の大名。1608生。

天桂伝尊 てんけいでんそん 1736没（89歳）。江戸時代前期・中期の曹洞宗の僧。1648生。

安積澹泊 あさかたんぱく 1738没（83歳）。江戸時代前期・中期の儒学者。1656生。

宮崎筠圃 みやざきいんぽ 1775没（59歳）。江戸時代中期の漢学者。1717生。

工藤平助 くどうへいすけ 1801没（68歳）。江戸時代中期・後期の経世家、医師。1734生。

典海 てんかい 1818没（80歳）。江戸時代中期・後期の浄土宗の僧。1739生。

ゼーベック、トマス・ヨハン 1831没（61歳）。ドイツの物理学者。1770生。

伊東燕晋（初代） いとうえんしん 1841没（81歳）。江戸時代後期の講釈師伊東派の祖。1761生。

堀親𥶡 ほりちかしげ 1849没（64歳）。江戸時代後期の大名。1786生。

小野善兵衛 おのぜんべえ 1861没（80歳）。江戸時代後期の沼田藩の豪農商、慈善家。1782生。

鶴沢友次郎（4代目） つるざわともじろう 1861没。江戸時代末期の義太夫節の三味線方。

大田垣蓮月 おおたがきれんげつ 1875没（85歳）。江戸・明治時代の歌人。1791生。

田辺南龍(2代目) たなべなんりゅう 1884没(46歳)。江戸・明治時代の講釈師。1839生。

バスティアン-ルパージュ, ジュール 1884没(36歳)。フランスの画家。1848生。

アンツェングルーバー, ルートヴィヒ 1889没(50歳)。オーストリアの劇作家, 小説家。1839生。

新納中三 にいろなかぞう 1889没(58歳)。江戸・明治時代の藩政家, 裁判官。1832生。

富士松加賀太夫(5代目) ふじまつかがたゆう 1892没(38歳)。明治時代の新内節の家元。1855生。

ノーベル, アルフレッド・ベルンハルト 1896没(63歳)。スウェーデンの化学者, 事業家。1833生。

ズラトヴラツキー, ニコライ・ニコラエヴィチ 1911没(65歳)。ロシアのナロードニキ作家。1845生。

フッカー, サー・ジョゼフ・ドルトン 1911没(94歳)。イギリスの植物学者。1817生。

大山巌 おおやまいわお 1916没(75歳)。明治・大正時代の陸軍軍人, 元帥。公爵。1842生。

鈴木力 すずきちから 1926没(60歳)。明治時代の政治家。衆議院議員。1867生。

マッキントッシュ, チャールズ・レニー 1928没(60歳)。スコットランドの建築家, デザイナー, 水彩画家。1868生。

アトキンソン 1929没(79歳)。イギリスの化学者。1850生。

桑田熊蔵 くわたくまぞう 1932没(65歳)。明治〜昭和時代の社会政策学者。1868生。

スミス, シオボルド 1934没(75歳)。アメリカの獣医学者, 病理学者。1859生。

ピランデッロ, ルイージ 1936没(69歳)。イタリアの劇作家, 小説家。1867生。

国崎定洞 くにさきていどう 1937没(44歳)。大正・昭和時代の社会医学者, 社会運動家。1894生。

ラニヤン, デイモン 1946没(62歳)。アメリカのジャーナリスト, 小説家。1884生。

赤木桁平 あかぎこうへい 1949没(59歳)。大正・昭和時代の評論家, 政治家。衆議院議員。1891生。

伊藤好道 いとうこうどう 1956没(55歳)。昭和時代の社会運動家, 政治家。衆議院議員, 日本社会党政策審議会長。1901生。

愛新覚羅慧生 あいしんかくらえいせい 1957没(19歳)。昭和時代の女性。満州国皇帝溥儀の弟溥傑の長女。1938生。

大田洋子 おおたようこ 1963没(60歳)。昭和時代の小説家。1903生。

カウエル, ヘンリー・ディクソン 1965没(68歳)。アメリカの作曲家, ピアニスト。1897生。

中野友礼 なかのとものり 1965没(78歳)。大正・昭和時代の実業家。日本曹達社長, 興亜石油会長。1887生。

田漢 でんかん 1968没(70歳)。中国の劇作家。1898生。

バルト, カール 1968没(82歳)。スイスの神学者。1886生。

キルサーノフ, セミョーン・イサーコヴィチ 1972没(66歳)。ソ連邦の詩人。1906生。

鄧子恢 とうしかい 1972没(76歳)。中国の政治家, 革命家。1896生。

古今亭今輔(5代目) ここんていいますけ 1976没(78歳)。大正・昭和時代の落語家。1898生。

田中吉六 たなかきちろく 1985没(78歳)。昭和時代の哲学者。1907生。

中村吉治 なかむらきちじ 1986没(81歳)。昭和時代の経済史学者。1905生。

アルピーノ, ジョヴァンニ 1987没(60歳)。イタリアの作家。1927生。

金子日威 かねこにちい 1987没(80歳)。昭和時代の僧侶, 教育者。日蓮宗管長, 池上本門寺貫首(80世), 立正大学学園財団総裁。1906生。

スチュアート, スラム 1987没(73歳)。アメリカのジャズ・ベース奏者。1914生。

山本七平 やまもとしちへい 1991没(69歳)。昭和時代の出版経営者, 評論家。山本書店主。1921生。

田中清玄 たなかきよはる 1993没(87歳)。昭和・平成時代の実業家。田中技術開発社長, 総合人間科学研究会理事長。1906生。

石井幸之助 いしいこうのすけ 1997没(81歳)。昭和時代の写真家。首相官邸写真室長。1916生。

井手文子 いでふみこ 1999没(79歳)。昭和・平成時代の婦人史研究家。1920生。

江戸家猫八(3代目) えどやねこはち 2001没(80歳)。昭和・平成時代の寄席芸人。1921生。

マカーシー, E 2005没(89歳)。アメリカの政治家。1916生。

桑原甲子雄 くわばらきねお 2007没(94歳)。昭和・平成時代の写真家。1913生。

12月10日

12月11日

○記念日○ タンゴの日
ユニセフ創立記念日
胃腸の日
○出来事○ イギリス連邦発足(1931)
非核三原則を表明(1967)

ダマスス1世　384没(80?歳)。教皇(在位366〜384)、聖人。304頃生。

覚性法親王　かくしょうほうしんのう　1169没(41歳)。平安時代後期の真言宗の僧。1129生。

ダヴィドゥス(ヒンメロートの)　1179没(79?歳)。イタリア生れのシトー会修道士、福者。1100頃生。

運慶　うんけい　1224没(77歳)。平安時代後期・鎌倉時代前期の仏師。1148生。

イダ(ニヴェルの)　1231没(41?歳)。ベルギーのシトー会修道女、福者。1190頃生。

道乗　どうじょう　1273没(59歳)。鎌倉時代前期の僧。1215生。

ミカエル8世　1282没(58?歳)。ビザンチン皇帝(在位1259〜82)。1224頃生。

一条家経　いちじょういえつね　1293没(46歳)。鎌倉時代後期の公卿。1248生。

中御門為方　なかみかどためかた　1306没(52歳)。鎌倉時代後期の公卿。1255生。

久我通雄　こがみちお　1329没(73歳)。鎌倉時代後期の公卿。1257生。

小田治久　おだはるひさ　1353没(71?歳)。鎌倉時代後期・南北朝時代の武将。1283頃生。

乾峰士曇　けんぽうしどん　1362没(78歳)。鎌倉時代後期・南北朝時代の臨済宗の僧。1285生。

竜泉令淬　りゅうせんれいさい　1366没。南北朝時代の臨済宗の僧。

安禅寺宮　あんぜんじのみや　1490没(57歳)。室町時代・戦国時代の女性。後花園天皇の第1皇女。1434生。

ピントリッキオ　1513没(59歳)。イタリアの画家。1454生。

尚真　しょうしん　1527没(63歳)。琉球王国の第二尚氏王朝3代の王。1465生。

悦巌東怡　えつがんとうよ　1529没(72歳)。戦国時代の臨済宗の僧。1458生。

法鮮尼　ほうせんに　1594没。戦国時代・安土桃山時代の女性。宇喜多秀家の母。

成田氏長　なりたうじなが　1596没(55歳)。安土桃山時代の大名。1542生。

エルスハイマー、アダム　1610没(32歳)。ドイツの画家。1578生。

金道　きんみち　1630没。江戸時代前期の京の刀工。

石川三長　いしかわみつなが　1642没(89歳)。安土桃山時代・江戸時代前期の大名。1554生。

セーリス　1643没(64?歳)。イギリスの東インド会社貿易船隊司令官。1579頃生。

沢庵宗彭　たくあんそうほう　1646没(74歳)。安土桃山時代・江戸時代前期の臨済宗の僧。1573生。

ロンゴバルディ、ニコラウス　1654没(95歳)。イタリアのイエズス会士。1559生。

岩城重隆　いわきしげたか　1707没(80歳)。江戸時代前期・中期の大名。1628生。

カルル12世　1718没(36歳)。スウェーデン王(在位1697〜1718)。1682生。

クライスト　1748没(48歳)。ドイツの物理学者。1700生。

白隠慧鶴　はくいんえかく　1769没(85歳)。江戸時代中期の僧。1685生。

山路主住　やまじぬしずみ　1773没(70歳)。江戸時代中期の暦学者、数学者。1704生。

シェンケンドルフ、マックス・フォン　1817没(71歳)。ドイツの愛国詩人。1783生。

谷三山　たにさんざん　1868没(67歳)。江戸時代末期の儒学者。1802生。

平福穂庵　ひらふくすいあん　1890没(47歳)。明治時代の日本画家。1844生。

青山景通　あおやまかげみち　1891没(73歳)。江戸・明治時代の国学者。神祇少祐。1819生。

落合直亮　おちあいなおあき　1894没(68歳)。江戸・明治時代の勤王家。刑法官監察司。1827生。

クラフチンスキー、セルゲイ・ミハイロヴィチ　1895没(43歳)。ロシアの作家、革命家。1852生。

714

田原直助　たはらなおすけ　1896没(84歳)。江戸・明治時代の造艦技師。1813生。

片岡市蔵(3代目)　かたおかいちぞう　1906没(56歳)。明治時代の歌舞伎役者。1851生。

モンド, ルートヴィヒ　1909没(70歳)。イギリス(ドイツ生れ)の化学者。1839生。

三浦安　みうらやすし　1910没(82歳)。江戸・明治時代の和歌山藩士, 政治家。貴族院議員。1829生。

ツァンカル, イヴァン　1918没(42歳)。スロベニア(ユーゴスラビア)の詩人, 小説家, 劇作家。1876生。

土居光華　どいこうか　1918没(72歳)。明治時代の漢学者, 自由民権家, ジャーナリスト。北辰社社長, 衆議院議員。1847生。

ティルデン, サー・ウィリアム・オーガスタス　1926没(84歳)。イギリスの化学者。1842生。

青山熊治　あおやまくまじ　1932没(47歳)。明治～昭和時代の洋画家。1886生。

森恪　もりかく　1932没(51歳)。大正・昭和時代の政治家。衆議院議員, 書記官長。1882生。

フォーコンネ　1938没(64歳)。フランスの社会学者。1874生。

ランゲ, クリスティアン・ロウス　1938没(69歳)。ノルウェーの国際平和運動家。1869生。

ピカール, エミール　1941没(85歳)。フランスの数学者。1856生。

ファブリ, マリー・ポール・オーギュスト・シャルル　1945没(78歳)。フランスの物理学者。1867生。

デュラン, シャルル　1949没(64歳)。フランスの俳優, 演出家。1885生。

長岡半太郎　ながおかはんたろう　1950没(85歳)。明治～昭和時代の物理学者。1865生。

コーツ, アルバート　1953没(71歳)。イギリス(ロシア生れ)の指揮者, 作曲家。1882生。

福岡青嵐　ふくおかせいらん　1954没(75歳)。昭和時代の日本画家。1879生。

棚橋寅五郎　たなはしとらごろう　1955没(89歳)。明治～昭和時代の工業化学者, 実業家。1866生。

シットウェル, イーディス　1964没(77歳)。イギリスの女流詩人。1887生。

マーラー, アルマ　1964没(85歳)。作曲家グスタフ・マーラーの妻。1879生。

サバタ, ヴィクトル・デ　1967没(75歳)。イタリアの指揮者, 作曲家。1892生。

川南豊作　かわなみとよさく　1968没(66歳)。昭和時代の国家主義者。川南工業社長。1902生。

西口彰　にしぐちあきら　1970没(44歳)。昭和時代の死刑囚。佐木隆三の小説『復讐するは我にあり』のモデル。1925生。

藤木九三　ふじきくぞう　1970没(83歳)。大正・昭和時代の登山家, ジャーナリスト。1887生。

伊藤保次郎　いとうやすじろう　1972没(82歳)。昭和時代の実業家。三菱鉱業社長。1890生。

土方梅子　ひじかたうめこ　1973没(71歳)。大正・昭和時代の舞台衣裳家。1902生。

鈴木保徳　すずきやすのり　1974没(83歳)。大正・昭和時代の洋画家。1891生。

デュ・ヴィニョー, ヴィンセント　1978没(77歳)。アメリカの生化学者。1901生。

田辺茂一　たなべもいち　1981没(76歳)。昭和時代の出版人, 随筆家。紀伊国屋書店社長。1905生。

中西悟堂　なかにしごどう　1984没(89歳)。大正・昭和時代の僧侶, 野鳥研究家。日本野鳥の会会長, 天台宗権僧正。1895生。

宮柊二　みやしゅうじ　1986没(74歳)。昭和時代の歌人。「コスモス」主宰。1912生。

ハイフェッツ, ヤーシャ　1987没(86歳)。ロシア生れのアメリカのバイオリニスト。1901生。

ルンドクヴィスト, アットゥール　1991没(85歳)。現代スウェーデンの抒情詩人, 評論家。1906生。

岸洋子　きしようこ　1992没(57歳)。昭和・平成時代の歌手。1935生。

中村武志　なかむらたけし　1992没(83歳)。昭和・平成時代の小説家, 随筆家。1909生。

五来重　ごらいしげる　1993没(85歳)。昭和・平成時代の宗教民俗学者。1908生。

江崎真澄　えさきますみ　1996没(81歳)。昭和・平成時代の政治家。衆議院議員。1915生。

白石勝巳　しらいしかつみ　2000没(82歳)。昭和時代のプロ野球選手, 監督。1918生。

千石剛賢　せんごくたけよし　2001没(78歳)。昭和・平成時代の宗教家。イエスの方舟主宰。1923生。

12月11日

12月12日

○記念日○ バッテリーの日
　　　　　漢字の日
○出来事○ 高杉晋作、英国公使館を焼き討ち
　　　　　（1862）

源経房　みなもとのつねふさ　1023没（55歳）。平安時代中期の公卿。969生。

院助　いんじょ　1109没。平安時代後期の院派系仏師。

タンクレッド　1112没（34?歳）。ノルマン人の勇士。1078頃生。

覚鑁　かくばん　1144没（50歳）。平安時代後期の真言宗の僧、新義真言宗の開祖。1095生。

ヴィツェリーン（オルデンブルクの）　1154没（64?歳）。宣教者、宣教地司教。1090生。

源智　げんち　1239没（57歳）。鎌倉時代前期の浄土宗の僧。1183生。

浄因　じょういん　1271没（55歳）。鎌倉時代前期の律宗の僧。1217生。

専慧　せんえ　1279没（94歳）。鎌倉時代前期の浄土真宗の僧。1186生。

無関普門　むかんふもん　1292没（81歳）。鎌倉時代後期の臨済宗聖一派の僧。1212生。

藤原茂通　ふじわらのしげみち　1293没（63歳）。鎌倉時代後期の公卿。1231生。

日徳　にっとく　1325没。鎌倉時代後期の日蓮宗の僧。

二条為冬　にじょうためふゆ　1335没。鎌倉時代後期・南北朝時代の廷臣歌人。

賢仙　けんせん　1352没（86歳）。鎌倉時代後期・南北朝時代の禅僧。1267生。

関山慧玄　かんざんえげん　1361没（85歳）。鎌倉時代後期・南北朝時代の臨済宗の僧。1277生。

豪猷　ごうゆう　1424没（91歳）。南北朝時代・室町時代の天台宗の僧。1334生。

隆尭　りゅうぎょう　1449没（81歳）。南北朝時代・室町時代の僧。1369生。

畠山義就　はたけやまよしなり　1491没（55歳）。室町時代・戦国時代の武将。1437生。

アウリファーバー、アンドレーアス　1559没（45歳）。ドイツの自然科学者。1514生。

ヴェルミーリ、ピエートロ・マルティーレ　1562没（62歳）。イタリアの宗教改革家。1500生。

イシュトバン・バトリ　1586没（53歳）。ポーランド国王（在位1576～86）。1533生。

宗義調　そうよししげ　1588没（57歳）。戦国時代・安土桃山時代の大名。1532生。

稲葉道通　いなばみちとお　1607没（38歳）。安土桃山時代・江戸時代前期の武将、大名。1570生。

牧野康成　まきのやすなり　1610没（56歳）。安土桃山時代・江戸時代前期の大名。1555生。

戸田康長　とだやすなが　1633没（72歳）。安土桃山時代・江戸時代前期の大名。1562生。

古河善兵衛　ふるかわぜんべえ　1637没（62歳）。安土桃山時代・江戸時代前期の出羽米沢藩士、福島奉行兼群代。1576生。

松平輝綱　まつだいらてるつな　1671没（52歳）。江戸時代前期の大名。1620生。

コンリング、ヘルマン　1681没（75歳）。ドイツの学者。1606生。

ルートベック、ウーロヴ　1702没（72歳）。スウェーデンの医学者、植物学者。1630生。

セルカーク、アレグザンダー　1721没（45歳）。スコットランド生れの船員。1676生。

有馬氏倫　ありまうじのり　1736没（69歳）。江戸時代中期の大名。1668生。

セント・ジョン、ヘンリー　1751没（73歳）。イギリスの政治家、文人。1678生。

シバー、コリー　1757没（86歳）。イギリスの俳優、劇作家。1671生。

秋山玉山　あきやまぎょくざん　1764没（63歳）。江戸時代中期の漢学者。1702生。

ゴットシェート、ヨハン・クリストフ　1766没（66歳）。ドイツの文学理論家、評論家。1700生。

ハラー、アルブレヒト　1777没（69歳）。スイスの解剖学者、生理学者、詩人。1708生。

鎌田魚妙　かまだぎょみょう　1797没（71歳）。江戸時代中期の刀剣の研究家。1727生。

716

朱楽菅江　あけらかんこう　1799没（62歳）。江戸時代中期・後期の狂歌師。1738生。

小野高尚　おのたかひさ　1800没（81歳）。江戸時代中期の国学者。1720生。

中村重助（3代目）　なかむらじゅうすけ　1805没。江戸時代中期・後期の歌舞伎帳元。

菅野序遊（初代）　すがのじょゆう　1824没（64歳）。江戸時代中期・後期の一中節中興の祖。1761生。

西村定雅　にしむらていが　1827没（84歳）。江戸時代中期・後期の俳人，狂歌師，洒落本作者。1744生。

ウィレム1世　1843没（71歳）。ネーデルラント国王（在位1814～40）。1772生。

ブルーネル，サー・マーク・イザンバード　1849没（80歳）。イギリス（フランス生れ）の技術者，発明家。1769生。

松亭金水　しょうていきんすい　1863没（67歳）。江戸時代末期の戯作者。1797生。

アレンカール，ジョゼ・デ　1877没（48歳）。ブラジルの小説家，ジャーナリスト，政治家，法曹家。1829生。

県信緝　あがたのぶつぐ　1881没（59歳）。江戸・明治時代の宇都宮藩士。司法省判事。1823生。

ブラウニング，ロバート　1889没（77歳）。イギリスの詩人。1812生。

アメリカ彦蔵　あめりかひこぞう　1897没（61歳）。明治時代の漂流者，通訳，貿易商。1837生。

池田茂政　いけだもちまさ　1899没（61歳）。江戸時代末期・明治時代の大名。1839生。

クルムバハー，カール　1909没（53歳）。ドイツのビザンチン学者。1856生。

前田香雪　まえだこうせつ　1916没（76歳）。明治時代の鑑識家，収集家，新聞記者。1841生。

レヴィット，ヘンリエッタ・スワン　1921没（53歳）。アメリカの女流天文学者。1868生。

ワナメーカー　1922没（84歳）。アメリカの大百貨店主。1838生。

ラディゲ，レーモン　1923没（20歳）。フランスの小説家，詩人。1903生。

リシュパン，ジャン　1926没（77歳）。フランスの詩人，小説家，劇作家。1849生。

ジュリアン　1933没（74歳）。フランスの古代学者。1859生。

高橋帚庵　たかはしそうあん　1937没（77歳）。明治～昭和時代の実業家，数奇者。1861生。

フェアバンクス，ダグラス　1939没（56歳）。アメリカの映画俳優。1883生。

布施現之助　ふせげんのすけ　1946没（67歳）。明治～昭和時代の解剖学者。1880生。

ミュラー・フライエンフェルス　1949没（67歳）。ドイツの心理学者，哲学者。1882生。

フロズニー　1952没（73歳）。チェコスロバキアの言語学者。1879生。

安斎桜磈子　あんざいおうかいし　1953没（67歳）。明治～昭和時代の俳人。1886生。

百田宗治　ももたそうじ　1955没（62歳）。大正・昭和時代の詩人。1893生。

藤田亮策　ふじたりょうさく　1960没（68歳）。大正・昭和時代の考古学者，朝鮮史学者。東京芸術大学教授，奈良国立文化財研究所所長。1892生。

小津安二郎　おづやすじろう　1963没（80歳）。昭和時代の映画監督。1903生。

福井直秋　ふくいなおあき　1963没（86歳）。明治～昭和時代の音楽教育家。武蔵野音楽大学創立者。1877生。

ホイス，テオドール　1963没（79歳）。西ドイツの政治家，初代大統領。1884生。

ドッジ　1964没（74歳）。アメリカの銀行家，財政金融専門家。1890生。

ギュルヴィチ，ジョルジュ　1965没（71歳）。フランスの社会学者。1894生。

呉玉章　ごぎょくしょう　1966没（87歳）。中国の教育家，政治家。1878生。

伊井弥四郎　いいやしろう　1971没（66歳）。昭和時代の労働運動家。日本共産党中央委員。1905生。

桂文楽（8代目）　かつらぶんらく　1971没（79歳）。大正・昭和時代の落語家。落語協会会長。1892生。

野村直邦　のむらなおくに　1973没（88歳）。大正・昭和時代の海軍軍人。大将，愛郷連盟会長。1885生。

田河水泡　たがわすいほう　1989没（90歳）。昭和時代の漫画家。1899生。

三好豊一郎　みよしとよいちろう　1992没（72歳）。昭和時代の詩人。1920生。

中河与一　なかがわよいち　1994没（97歳）。大正・昭和時代の小説家。1897生。

ヘラー，ジョーゼフ　1999没（76歳）。アメリカの小説家，劇作家。1923生。

シトレ，ヌダバニンギ師　2000没（80歳）。ローデシアの解放勢力の指導者。1920生。

12月12日

12月13日

○記念日○ ビタミンの日
双子の日
○出来事○ 隅田川に両国橋完成（1659）
日本軍が南京占領（1937）

ティトゥス，フラーウィウス・ウェスパシアーヌス　81没（41歳）。ローマ皇帝（在位79～81）。39生。

坂上犬養　さかのうえのいぬかい　765没（84歳）。飛鳥時代・奈良時代の官人。682生。

藤原縄麻呂　ふじわらのただまろ　780没（52歳）。奈良時代の官人。729生。

コンラート1世　918没。ドイツ国王（在位911～918）。

千観　せんかん　984没（67歳）。平安時代中期の天台宗の僧。918生。

藤原通憲　ふじわらのみちのり　1160没（55歳）。平安時代後期の政治家。1106生。

全玄　ぜんげん　1192没（80歳）。平安時代後期・鎌倉時代前期の僧。1113生。

マイモニデス，モーセス　1204没（69歳）。ユダヤ人哲学者，立法学者，医者，ユダヤ教ラビ。1135生。

建礼門院　けんれいもんいん　1214没（60歳）。平安時代後期・鎌倉時代前期の女性。平清盛の第2女。1155生。

隆寛　りゅうかん　1228没（81歳）。平安時代後期・鎌倉時代前期の浄土宗の僧。1148生。

オタカル1世　1230没。チェコ人プルシェミスル朝ボヘミアの国王（在位1191～93, 1197～1230）。

フリードリヒ2世　1250没（55歳）。ドイツ王（在位1212～50），神聖ローマ皇帝（在位20～50）。1194生。

忠成王　ただなりおう　1281没（60歳）。鎌倉時代前期の順徳上皇の皇子。1222生。

源盛　げんせい　1359没（57歳）。鎌倉時代後期・南北朝時代の天台宗の僧。1303生。

大掾満幹　だいじょうみつもと　1430没。室町時代の武将。常陸大掾，高幹の孫，詮国の子。

ドナテーロ　1466没（80歳）。イタリアの彫刻家。1386生。

クラフト，アダム　1508没（48?歳）。ドイツの彫刻家。1460頃生。

トリテミウス，ヨハネス　1516没（54歳）。ドイツの人文学者，聖職者。1462生。

竜玄　りゅうげん　1520没（76歳）。室町時代・戦国時代の浄土真宗の僧。1445生。

マヌエル1世　1521没（52歳）。ポルトガル王（在位1495～1521）。1469生。

禅愉　ぜんゆ　1561没。戦国時代の臨済宗の僧。

島津忠良　しまづただよし　1568没（77歳）。戦国時代の薩摩の武将。1492生。

大久保忠員　おおくぼただかず　1582没（72歳）。戦国時代・安土桃山時代の武士。1511生。

聖興女王　しょうこうじょおう　1594没（5歳）。安土桃山時代の女性。陽成天皇の第1皇女。1590生。

ヴィエト，フランソワ　1603没（63歳）。フランスの数学者。1540生。

織田有楽斎　おだうらくさい　1622没（76歳）。安土桃山時代・江戸時代前期の大名，茶人。1547生。

シャンタル，ジャンヌ・フランソワ・フレミオー　1641没（69歳）。フランスの宗教家，聖女。1572生。

ラ・フォッス，シャルル・ド　1716没（80歳）。フランスの画家。1636生。

コリンズ，ジョン・アンソニ　1729没（53歳）。イギリスの理神論者，自由思想家。1676生。

チェヴァ，トマス　1734没（87?歳）。イタリアの数学者。1647生。

ゲラート，クリスティアン・フュルヒテゴット　1769没（54歳）。ドイツの詩人。1715生。

ブライティンガー，ヨハン・ヤーコプ　1776没（75歳）。スイスの神学者，哲学者，教育者，美学者。1701生。

クォーコ，ヴィンチェンツォ　1823没（53歳）。イタリアの歴史家，小説家。1770生。

マルサス，トマス・ロバート　1834没（68歳）。イギリスの経済学者。1766生。

辻蘭室　つじらんしつ　1836没（81歳）。江戸時代中期・後期の蘭学者。1756生。

大槻玄幹　おおつきげんかん　1838没(54歳)。江戸時代後期の蘭方医、陸奥仙台藩医。1785生。

箕作省吾　みつくりしょうご　1847没(27歳)。江戸時代後期の世界地理学者。1821生。

千葉周作　ちばしゅうさく　1856没(63歳)。江戸時代末期の剣術家。1794生。

大久保要　おおくぼかなめ　1860没(63歳)。江戸時代末期の尊王派志士。1798生。

ヘッベル、フリードリヒ　1863没(50歳)。ドイツの詩人、劇作家。1813生。

パーカー　1866没(85歳)。イギリスの軍人。1781生。

シェノア、アウグスト　1881没(43歳)。クロアチア(ユーゴスラビア)の小説家。1838生。

スタース、ジャン・セルヴェ　1891没(78歳)。ベルギーの化学者。1813生。

中江兆民　なかえちょうみん　1901没(55歳)。明治時代の自由民権思想家、評論家。東京外国語学校校長、衆議院議員。1847生。

元良勇次郎　もとらゆうじろう　1912没(55歳)。明治時代の心理学者。帝大文科大学教授。1858生。

フォークト　1919没(69歳)。ドイツの理論物理学者。1850生。

ゴンパーズ、サミュエル　1924没(74歳)。アメリカの労働運動指導者。1850生。

プレーグル、フリッツ　1930没(61歳)。オーストリアの化学者。1869生。

ポール、ウィリアム　1934没(82歳)。イギリスの俳優、演出家。1852生。

カンディンスキー、ワシーリー・ワシリエヴィチ　1944没(78歳)。ロシア出身の画家。1866生。

杵屋佐吉(4代目)　きねやさきち　1945没(62歳)。明治〜昭和時代の長唄三味線方。1884生。

狩野直喜　かのうなおき　1947没(80歳)。明治〜昭和時代の中国学者。京都帝国大学教授。1868生。

ボールドウィン、S.　1947没(80歳)。イギリスの政治家、首相。1867生。

小島烏水　こじまうすい　1948没(76歳)。明治〜昭和時代の登山家、銀行家。日本山岳会初代会長。1873生。

ウォールド　1950没(48歳)。アメリカ(ルーマニア生れ)の数理経済学者、推計学者。1902生。

赤松克麿　あかまつかつまろ　1955没(61歳)。大正・昭和時代の社会運動家、政治家。衆議院議員、社会民衆党書記長。1894生。

モニス　1955没(81歳)。ポルトガルの神経学者、政治家。1874生。

マントゥー　1956没(79歳)。フランスの歴史家。1877生。

行友李風　ゆきともりふう　1959没(82歳)。明治〜昭和時代の小説家、劇作家。1877生。

モーゼズ、アンナ・メアリ　1961没(101歳)。アメリカの女流画家。1860生。

矢田挿雲　やだそううん　1961没(79歳)。大正・昭和時代の小説家、俳人。俳誌「挿雲」を主宰。1882生。

ミコワイチク　1966没(65歳)。ポーランドの政治家。1901生。

小笠原三九郎　おがさわらさんくろう　1967没(82歳)。昭和時代の政治家。衆議院議員。1885生。

佐藤千夜子　さとうちやこ　1968没(71歳)。昭和時代の歌手。1897生。

獅子文六　ししぶんろく　1969没(76歳)。昭和時代の小説家、劇作家。1893生。

メル、マックス　1971没(89歳)。オーストリアの劇作家、小説家。1882生。

グリーン、ヘンリー　1973没(68歳)。イギリスの小説家。1905生。

長谷川潔　はせがわきよし　1980没(89歳)。大正・昭和時代の版画家。サロン・ドートンヌ版画部会員。1891生。

安岡正篤　やすおかまさひろ　1983没(85歳)。大正・昭和時代の思想家、陽明学者。1898生。

ピエール・ド・マンディアルグ、アンドレ　1991没(82歳)。フランスの詩人、作家。1909生。

滑川道夫　なめかわみちお　1992没(86歳)。昭和時代の児童文学者、児童文化評論家。東京成徳短期大学教授、日本児童文学学会会長。1906生。

小糸のぶ　こいとのぶ　1995没(90歳)。昭和時代の小説家。1905生。

曹禺　そうぐう　1996没(86歳)。中国の劇作家。1910生。

結城孫三郎(10代目)　ゆうきまごさぶろう　1997没(90歳)。昭和時代の糸操り人形遣い。1907生。

メイ牛山　めいうしやま　2007没(96歳)。昭和・平成時代の美容家。1911生。

12月13日

12月14日

○記念日○ 南極の日
○出来事○ 赤穂浪士、討ち入り(1702)
アムンゼン、南極点到達(1911)
米の輸入を一部開放(1993)

巨勢野足 こせののたり 817没(69歳)。奈良時代・平安時代前期の公卿。749生。

幽仙 ゆうせん 899没(65歳)。平安時代前期の天台宗の僧。835生。

本康親王 もとやすしんのう 902没。平安時代前期・中期の官人、仁明天皇の第5皇子。

誨子内親王 かいしないしんのう 952没。平安時代中期の女性。宇多天皇の第7皇女。

アダルベロ2世(メスの) 1005没(50?歳)。メスの司教、修道院改革者。955頃生。

アグネス・フォン・ポアトゥー 1077没。神聖ローマ帝国皇帝ハインリヒ3世の2度目の皇后。

カリクスツス2世 1124没。教皇(在位1119～24)。

勝遍 しょうへん 1192没(63歳)。平安時代後期・鎌倉時代前期の真言宗の僧。1130生。

藤原家光 ふじわらいえみつ 1236没(38歳)。鎌倉時代前期の公卿。1199生。

ベルトールト(レーゲンスブルクの) 1272没(62?歳)。中世ドイツの民衆説教家。1210頃生。

西園寺公基 さいおんじきんもと 1275没(56歳)。鎌倉時代前期の公卿。1220生。

オールドカッスル, サー・ジョン 1417没(39歳)。ヘレフォードシャー出身の宗教改革者。1378生。

シモン(クラモーの) 1422没(62?歳)。教会分裂時代のフランスの枢機卿。1360頃生。

ストゥーレ, ステン(大) 1503没(63歳)。スウェーデンの貴族, 政治家。1440生。

土御門泰清 つちみかどやすきよ 1511没(79歳)。室町時代・戦国時代の公卿。1433生。

ジェームズ5世 1542没(30歳)。スコットランド王(在位1513～42年)。1512生。

タルタリヤ, ニッコロ 1557没(57歳)。イタリアの数学者。1500生。

奇文禅才 きもんぜんさい 1571没。戦国時代の臨済宗の僧。

亮叡 りょうえい 1587没。安土桃山時代の浄土宗の僧。

クルス, 聖フアン・デ・ラ 1591没(49歳)。スペインの詩人。1542生。

ホアン(十字架の) 1591没(49歳)。スペインの神秘家, 詩人, 聖人。1542生。

秦宗巴 はたそうは 1607没(58歳)。江戸時代前期の医師。1550生。

松平重勝 まつだいらしげかつ 1620没(72歳)。安土桃山時代・江戸時代前期の大名。1549生。

ハワード, チャールズ, 初代ノッティンガム伯爵 1624没(88歳)。イギリスの貴族, 軍人。1536生。

バルトリン 1680没(64歳)。デンマークの解剖学者。1616生。

吉良義央 きらよしなか 1703没(63歳)。江戸時代前期・中期の高家。1641生。

ライマー, トマス 1713没(72歳)。イギリスの文学者。1641生。

奈良利寿 ならとしなが 1737没(71歳)。江戸時代中期の装剣金工家。1667生。

宮川一笑 みやがわいっしょう 1780没(92歳)。江戸時代中期の浮世絵師。1689生。

チプリアーニ, ジョヴァンニ・バッティスタ 1785没(58歳)。イタリアの画家, 銅版画家。1727生。

カルロス3世 1788没(72歳)。スペイン王(在位1759～88)。1716生。

バッハ, カール・フィーリプ・エマーヌエル 1788没(74歳)。ドイツの作曲家。1714生。

ワシントン, ジョージ 1799没(67歳)。アメリカの軍人, 政治家, 合衆国初代大統領。1732生。

尾藤二洲 びとうじしゅう 1814没(68歳)。江戸時代中期・後期の儒学者。1747生。

平山子竜 ひらやましりょう 1829没(71歳)。江戸時代中期・後期の兵学者。1759生。

谷文晁 たにぶんちょう 1841没(79歳)。江戸時代中期・後期の南画家。1763生。

村田了阿　むらたりょうあ　1844没(73歳)。江戸時代後期の考証学者。1772生。

アバディーン，ジョージ・ハミルトン・ゴードン，4代伯爵　1860没(76歳)。イギリスの政治家，首相。1784生。

アルバート公　1861没(42歳)。イギリス女王ヴィクトリアの夫。1819生。

マルシュナー，ハインリヒ　1861没(66歳)。ドイツの作曲家。1795生。

アガシ，ルイ　1873没(66歳)。アメリカの地質学者，動物学者。1807生。

井上省三　いのうえしょうぞう　1886没(42歳)。明治時代の農商務省官吏，技術者。千住製絨所初代所長。1845生。

黒田麹廬　くろだきくろ　1892没(66歳)。江戸・明治時代の洋学者。1827生。

島村俊明　しまむらしゅんめい　1896没(42歳)。江戸・明治時代の彫刻家。1855生。

花井お梅　はないおうめ　1916没(53歳)。明治時代の芸者。1864生。

スタンラン，テオフィル-アレクサンドル　1923没(64歳)。スイス生れのフランスの挿絵画家，版画家。1859生。

山本悌二郎　やまもとていじろう　1937没(68歳)。明治〜昭和時代の実業家，政治家。台湾製糖社長，衆議院議員。1870生。

小久保喜七　こくぼきしち　1939没(75歳)。明治・大正時代の自由民権家，政治家。衆議院議員。1865生。

森田草平　もりたそうへい　1949没(69歳)。明治〜昭和時代の小説家，翻訳家。1881生。

ローリングズ，マージョリー・キナン　1953没(57歳)。アメリカの女流小説家。1896生。

川尻清潭　かわじりせいたん　1954没(78歳)。明治〜昭和時代の演劇評論家。1876生。

安井曽太郎　やすいそうたろう　1955没(67歳)。大正・昭和時代の洋画家。1888生。

江崎悌三　えさきていぞう　1957没(58歳)。昭和時代の昆虫学者。1899生。

中山博道　なかやまひろみち　1958没(85歳)。明治〜昭和時代の剣道家。1873生。

スペンサー，サー・スタンリー　1959没(68歳)。イギリスの画家。1891生。

ファース，ジョン・ルパート　1960没(70歳)。イギリスの言語学者。1890生。

オレンハウアー　1963没(62歳)。ドイツの政治家。1901生。

カナロ，フランシスコ　1964没(76歳)。アルゼンチンタンゴの楽団指揮者。1888生。

杉道助　すぎみちすけ　1964没(80歳)。大正・昭和時代の実業家，財界人。八木商店社長，大阪商工会議所会頭。1884生。

寺内万治郎　てらうちまんじろう　1964没(74歳)。大正・昭和時代の洋画家。1890生。

式守伊之助(19代目)　しきもりいのすけ　1966没(79歳)。明治〜昭和時代の相撲行司。1886生。

亀井俊雄　かめいとしお　1969没(73歳)。大正・昭和時代の能楽囃子方(葛野流大鼓方)。1896生。

内田祥三　うちだよしぞう　1972没(87歳)。大正・昭和時代の建築学者。1885生。

大木よね　おおきよね　1973没(66歳)。昭和時代の成田空港反対運動家。1907生。

服部伸　はっとりしん　1974没(94歳)。明治〜昭和時代の講談師，浪曲師。1880生。

リップマン，ウォルター　1974没(85歳)。アメリカのジャーナリスト，評論家。1889生。

日高第四郎　ひだかだいしろう　1977没(81歳)。昭和時代の教育者，官僚。1896生。

マダリアガ，サルバドル・デ　1978没(92歳)。スペインの評論家，外交官。1886生。

鈴木東民　すずきとうみん　1979没(84歳)。昭和時代のジャーナリスト。釜石市長，読売新聞編集局長。1895生。

藤井丙午　ふじいへいご　1980没(74歳)。昭和時代の実業家，政治家。参議院議員。1906生。

アレイクサンドレ，ビセンテ　1984没(86歳)。スペインの詩人。1898生。

勝間田清一　かつまたせいいち　1989没(81歳)。昭和時代の官僚，政治家。衆議院副議長，日本社会党委員長。1908生。

サハロフ，アンドレイ・ドミトリエヴィチ　1989没(68歳)。ソ連の原子物理学者，人権擁護運動の活動家。1921生。

張群　ちょうぐん　1990没(101歳)。中国の政治家。1889生。

デュレンマット，フリードリヒ　1990没(69歳)。スイスの劇作家。1921生。

町村金五　まちむらきんご　1992没(92歳)。昭和・平成時代の官僚，政治家。参議院議員，北海道知事。1900生。

ロイ，マーナ　1993没(88歳)。アメリカの女優。1905生。

おおえひで　1996没(84歳)。昭和・平成時代の児童文学作家。1912生。

12月14日

12月15日

○記念日○　観光バス記念日
　　　　　　年賀郵便特別扱い開始
○出来事○　映画『風と共に去りぬ』公開(1939)
　　　　　　政見放送始まる(1969)

高季興　こうきこう　928没(70歳)。中国, 五代十国・荊南の始祖(在位907～28)。858生。
紀斉名　きのただな　1000没(44歳)。平安時代中期の文人。957生。
バシリウス2世　1025没(67?歳)。東ローマ皇帝(在位976～1025)。958頃生。
バルトロマエウス(エクセターの)　1184没(74?歳)。イギリスの教会法学者, エクセターの司教。1110頃生。
大江親広　おおえのちかひろ　1241没。鎌倉時代前期の武将, 京都守護。
ホーコン4世　1263没(59歳)。ノルウェー王(1217～63)。1204生。
行遍　ぎょうへん　1264没(84歳)。鎌倉時代前期の真言宗の僧。1181生。
高辻長成　たかつじながなり　1281没(77歳)。鎌倉時代後期の公卿。1205生。
久我具房　こがともふさ　1290没(53歳)。鎌倉時代後期の公卿。1238生。
藤原為理　ふじわらのためすけ　1316没。鎌倉時代後期の歌人・公卿。
道猷　どうゆう　1358没(80歳)。鎌倉時代後期・南北朝時代の天台宗の僧。1279生。
顕重　けんじゅう　1359没(87歳)。鎌倉時代後期・南北朝時代の天台宗の僧。1273生。
山科教言　やましなのりとき　1411没(84歳)。南北朝時代・室町時代の公卿。1328生。
房誉　ぼうよ　1420没(79歳)。南北朝時代・室町時代の天台宗の僧。1342生。
土御門有季　つちみかどありすえ　1465没。室町時代の公卿。
烏丸資任　からすまるすけとう　1483没(67歳)。室町時代・戦国時代の公卿。1417生。
パウル(ミデルビュルフの)　1534没(79?歳)。オランダ出身の司教。1455頃生。
メーリウス, ペーテル　1572没(57歳)。ハンガリーの宗教改革者, 著作家。1515生。
日辰　にっしん　1577没(70歳)。戦国時代・安土桃山時代の日蓮宗の僧, 茶人。1508生。

金森宗和　かなもりそうわ　1657没(74歳)。江戸時代前期の武士, 茶匠。1584生。
野中兼山　のなかけんざん　1664没(50歳)。江戸時代前期の土佐藩士, 政治家, 儒者。1615生。
ヴェルメール, ヤン　1675没(43歳)。オランダの画家。1632生。
ウォルトン, アイザック　1683没(90歳)。イギリスの随筆家, 伝記作者。1593生。
マラッティ, カルロ　1713没(88歳)。イタリアの画家。1625生。
シドッティ, ジョヴァンニ・バッティスタ　1715没(47歳)。イエズス会士。1668生。
シャーフー　1749没(67?歳)。インド, マラータ王国の第5代の王(在位1708～49)。1682頃生。
ウェイン, アンソニー　1796没(51歳)。アメリカの軍人。1745生。
本多忠籌　ほんだただかず　1813没(75歳)。江戸時代中期・後期の大名。1739生。
スタナップ, チャールズ・スタナップ, 3代伯爵　1816没(63歳)。イギリスの政治家, 自然科学者。1753生。
グローテフェント　1853没(78歳)。ドイツの言語学者。1775生。
西島蘭渓　にしじまらんけい　1853没(74歳)。江戸時代後期の儒学者。1780生。
ケイリー, サー・ジョージ　1857没(83歳)。イギリスの航空科学者。1773生。
住田又兵衛(初代)　すみだまたべえ　1861没(48歳)。江戸時代後期の歌舞伎囃子方。1814生。
石塚豊芥子　いしづかほうかいし　1862没(64歳)。江戸時代末期の雑学者。1799生。
歌川国貞(初代)　うたがわくにさだ　1865没(80歳)。江戸時代後期の浮世絵師。1786生。
碓井治郎左衛門　うすいじろうざえもん　1868没(69歳)。江戸時代末期の富豪, 勤王家。1800生。

鉄翁祖門　てっとうそもん　1872没(82歳)。江戸・明治時代の画僧。春徳寺住職。1791生。

シッティング・ブル　1890没(56歳)。アメリカインディアン部族の族長。1834生。

嵯峨寿安　さがじゅあん　1898没(59歳)。明治時代のロシア語学者。内閣官報局。1840生。

コンドラテンコ　1904没(47歳)。ロシアの軍人。1857生。

タレガ, フランシスコ　1909没(57歳)。スペインの作曲家, ギター奏者。1852生。

岡松参太郎　おかまつさんたろう　1921没(51歳)。明治・大正時代の法学者。京都帝国大学教授。1871生。

ル・ボン　1931没(90歳)。フランスの思想家, 社会心理学者。1841生。

ランソン, ギュスターヴ　1934没(77歳)。フランスの評論家, 文学史家。1857生。

ウォラー, ファッツ　1943没(39歳)。アメリカのジャズ・ピアニスト, 歌手, 作曲家。1904生。

江渡狄嶺　えとてきれい　1944没(65歳)。明治〜昭和時代の農民, 評論家。1880生。

ミラー, グレン　1944没(40歳)。アメリカのジャズ楽団指揮者, トロンボーン奏者。1904生。

桑木厳翼　くわきげんよく　1946没(73歳)。明治〜昭和時代の哲学者。東京帝国大学教授。1874生。

伊藤伝右衛門　いとうでんえもん　1947没(87歳)。明治〜昭和時代の実業家, 衆議院議員。1861生。

マッケン, アーサー　1947没(84歳)。イギリスの幻想小説作家。1863生。

パテール　1950没(75歳)。インドの政治家。1875生。

平尾貴四男　ひらおきしお　1953没(46歳)。昭和時代の作曲家。1907生。

郡場寛　こおりばかん　1957没(75歳)。大正・昭和時代の植物学者。弘前大学学長, 京都大学教授。1882生。

パウリ, ヴォルフガング　1958没(58歳)。スイスの理論物理学者。1900生。

水守亀之助　みずもりかめのすけ　1958没(72歳)。大正・昭和時代の小説家。1886生。

グルリット, ヴィリバルト　1963没(74歳)。ドイツの音楽学者。1889生。

力道山光浩　りきどうざんみつひろ　1963没(39歳)。昭和・平成時代のプロレスラー。1924生。

鈴々舎馬風　れいれいしゃばふう　1963没(59歳)。昭和時代の落語家。1904生。

アーランガー, ジョゼフ　1965没(91歳)。アメリカの生理学者。1874生。

ディズニー, ウォルト　1966没(65歳)。アメリカの漫画家。1901生。

青柳瑞穂　あおやぎみずほ　1971没(72歳)。昭和時代のフランス文学者, 詩人。1899生。

アイメルト, ヘルベルト　1972没(75歳)。ドイツの音楽理論家, 作曲家, 評論家。1897生。

井上成美　いのうえしげよし　1975没(85歳)。明治〜昭和時代の海軍軍人。海軍大将。1889生。

竹内茂代　たけうちしげよ　1975没(94歳)。明治〜昭和時代の医師, 政治家。衆議院議員。1881生。

チャップリン, チャールズ　1977没(78歳)。イギリスの喜劇俳優, 映画監督。1899生。

グールドナー　1980没(60歳)。アメリカの社会学者。1920生。

岡正雄　おかまさお　1982没(84歳)。昭和時代の民俗学者。東京外国語大学アジア・アフリカ言語文化研究所長。1898生。

ピアース, ジャン　1984没(80歳)。アメリカのテノール歌手。1904生。

ロムロ　1985没(86歳)。フィリピンの政治家。1899生。

リファール, セルジュ　1986没(81歳)。ロシア生れのフランスの舞踊家。1905生。

山口青邨　やまぐちせいそん　1988没(96歳)。大正・昭和時代の俳人, 鉱山学者。「夏草」主宰, 東京大学教授。1892生。

ヴァン・デル・ポスト, ロレンス・ヤン　1996没(90歳)。南アフリカ出身のイギリスの小説家。1906生。

もののべながおき　1996没(80歳)。昭和・平成時代の市民運動家。1916生。

関寛治　せきひろはる　1997没(70歳)。昭和・平成時代の国際政治学者。東京大学教授, 立命館大学教授。1927生。

ネ・ウィン, ウー　2002没(91歳)。ビルマの軍人, 政治家。1911生。

仰木彬　おおぎあきら　2005没(70歳)。昭和・平成時代のプロ野球選手・監督。1935生。

12月15日

12月16日

○記念日○ 紙の記念日
　　　　　電話の日
○出来事○ 山手線運転開始(1909)
　　　　　浅草オペラ館開場(1931)
　　　　　戦艦大和竣工(1941)

ピピン2世　714没(79?歳)。フランク王国の宮宰。635頃生。

アドー　875没(75?歳)。フランスのヴィエンヌの司教, 歴史家, 聖人。800頃生。

ヨハネス8世　882没(62?歳)。教皇(在位872～82)。820頃生。

源高明　みなもとのたかあきら　983没(70歳)。平安時代中期の公卿。914生。

穆算　もくさん　998没(65歳)。平安時代中期の天台宗の僧。934生。

藤原定子　ふじわらのていし　1001没(26歳)。平安時代中期の女性。一条天皇の皇后。976生。

高陽院　かやのいん　1156没(62歳)。平安時代後期の女性。鳥羽天皇の皇后。1095生。

暹与　せんよ　1165没。平安時代後期の真言宗の僧。

徳大寺実定　とくだいじさねさだ　1192(閏12月)没(54歳)。平安時代後期の歌人・公卿。1139生。

ルーミー, ジャラーロッディーン・モハンマド　1273没(66歳)。ペルシアの詩人。1207生。

花山院長雅　かざんいんながまさ　1287没(52歳)。鎌倉時代後期の公卿。1236生。

ウルジャーイトゥー　1316没(35歳)。イル・ハン国第8代のハン(在位1305～16)。1281生。

信堅　しんけん　1322没(64歳)。鎌倉時代後期の真言僧。1259生。

シャルル・ド・バロア　1325没(55歳)。バロア伯(在位1285～1325)。1270生。

春芳院　しゅんほういん　1507没。戦国時代の女性。歌人。

アルブケルケ, アフォンソ・デ　1515没(62歳)。ポルトガル領インド第2代総督。1453生。

フランデス, ホアン・デ　1519没(54?歳)。フランドル出身のスペインの画家。1465頃生。

デュイフォプリュカール, ガスパール　1571没(57歳)。バイエルン地方の小村ティーフェンブルック出身の弦楽器製造者。1514生。

牧野忠成　まきのただなり　1654没(74歳)。江戸時代前期の大名。1581生。

園田道閑　そのだどうかん　1668没(43歳)。江戸時代前期の義民。1626生。

ヘルスト, バルトロマーウス・ファン・デル　1670没(57歳)。オランダの画家。1613生。

ヤン2世　1672没(63歳)。ポーランド王(在位1648～68)。1609生。

ペティ, サー・ウィリアム　1687没(64歳)。イギリスの経済学者, 統計学者。1623生。

本多利長　ほんだとしなが　1693没(59歳)。江戸時代前期の大名。1635生。

荒木与次兵衛(初代)　あらきよじべえ　1700没(64?歳)。江戸時代前期・中期の歌舞伎役者, 歌舞伎座本。1637頃生。

ケネー, フランソワ　1774没(80歳)。フランスの医者, 経済学者。1694生。

フールクロワ, アントワーヌ・フランソワ・ド　1809没(54歳)。フランスの化学者。1755生。

花沢伊左衛門(初代)　はなざわいざえもん　1819没。江戸時代後期の義太夫節の三味線方。

富士谷御杖　ふじたにみつえ　1824没(57歳)。江戸時代中期・後期の国学者。1768生。

グリム, ヴィルヘルム・カール　1859没(73歳)。ドイツの言語学者。1786生。

青木周弼　あおきしゅうすけ　1864没(62歳)。江戸時代末期の医師, 蘭学者, 長州(萩)藩士。1803生。

佐々木元俊　ささきげんしゅん　1874没(57歳)。江戸・明治時代の医師, 蘭学者。弘前藩藩医, 蘭学堂教授。1818生。

グツコー, カール　1878没(67歳)。ドイツの小説家, 劇作家。1811生。

ミシュレ　1893没(92歳)。ドイツの哲学者。1801生。

ドーデ, アルフォンス　1897没(57歳)。フランスの小説家, 劇作家。1840生。

落合直文　おちあいなおぶみ　1903没（43歳）。明治時代の歌人，国文学者。東京帝国大学講師。1861生。
浅井忠　あさいちゅう　1907没（52歳）。明治時代の洋画家。京都高等工芸学校教授，関西美術院初代会長。1856生。
ミュンスターベルク　1916没（53歳）。ドイツ生れのアメリカの心理学者，哲学者。1863生。
ラスプーチン，グリゴーリイ・エフィーモヴィチ　1916没（45歳）。ロシアの神秘家。1871生。
大内青巒　おおうちせいらん　1918没（74歳）。明治時代の曹洞宗僧侶。東洋大学学長。1845生。
サン-サーンス，カミユ　1921没（86歳）。フランスの作曲家，ピアニスト，オルガン奏者。1835生。
ワイリー，エリノア　1928没（43歳）。アメリカの女流詩人，小説家。1885生。
ヤセンスキー，ブルーノ　1939没（38歳）。ポーランド，のちソ連邦の作家。1901生。
デュボア，マリー・ウジューヌ・フランソワ・トーマス　1940没（82歳）。オランダの医学者，人類学者。1858生。
ケメラー　1945没（70歳）。アメリカの経済学者。1875生。
近衛文麿　このえふみまろ　1945没（55歳）。昭和時代の政治家。貴族院議員，首相。1891生。
多田駿　ただはやお　1948没（67歳）。大正・昭和時代の陸軍軍人。陸軍大将。1882生。
ドンナン，フレデリック・ジョージ　1956没（86歳）。イギリス（アイルランド）の化学者。1870生。
三好十郎　みよしじゅうろう　1958没（56歳）。昭和時代の劇作家。1902生。
ジェニー，フランソワ　1959没（97歳）。フランスの法学者。1861生。
須田国太郎　すだくにたろう　1961没（70歳）。昭和時代の洋画家，美術史家。京都市立美術大学教授。1891生。
羅栄桓　らえいかん　1963没（68歳）。中国共産党の政治家，軍人。1895生。
青木健作　あおきけんさく　1964没（81歳）。明治〜昭和時代の小説家。1883生。
川村多実二　かわむらたみじ　1964没（81歳）。大正・昭和時代の動物学者。京都帝国大学教授，京都岡崎動物園長。1883生。
スキーパ，ティート　1965没（75歳）。イタリアのテノール歌手。1890生。

モーム，ウィリアム・サマセット　1965没（91歳）。イギリスの小説家，劇作家。1874生。
馬連良　ばれんりょう　1966没（65歳）。京劇の俳優。1901生。
市村清　いちむらきよし　1968没（68歳）。昭和時代の実業家。理研光学工業社長。1900生。
佐藤義美　さとうよしみ　1968没（63歳）。昭和時代の童謡詩人，童話作家。1905生。
双葉山定次　ふたばやまさだじ　1968没（56歳）。昭和時代の力士。35代横綱，日本相撲協会理事長。1912生。
ルイス，オスカー　1970没（55歳）。アメリカの文化人類学者。1914生。
松本芳翠　まつもとほうすい　1971没（78歳）。大正・昭和時代の書家。「書海」主宰。1893生。
後藤武男　ごとうたけお　1974没（81歳）。大正・昭和時代の新聞人。茨城放送社長。1893生。
康生　こうせい　1975没（72歳）。中国の政治家。1903生。
今井誉次郎　いまいたかじろう　1977没（71歳）。昭和時代の綴方教育研究家，児童文学作家。1906生。
荘原達　しょうばらとおる　1977没（83歳）。大正・昭和時代の社会運動家。1893生。
関川秀雄　せきがわひでお　1977没（69歳）。昭和時代の映画監督。1908生。
小磯良平　こいそりょうへい　1988没（85歳）。昭和時代の洋画家。東京芸術大学教授。1903生。
ヴァン・クリーフ，リー　1989没（64歳）。アメリカの俳優。1925生。
西田長寿　にしだたけとし　1989没（90歳）。昭和時代の明治ジャーナリズム研究家。1899生。
田中角栄　たなかかくえい　1993没（75歳）。昭和時代の政治家。内閣総理大臣。1918生。
鶴見良行　つるみよしゆき　1994没（68歳）。昭和・平成時代の評論家。龍谷大学教授，アジア太平洋資料センター理事。1926生。
竹内直一　たけうちなおかず　2001没（83歳）。昭和・平成時代の消費者運動家。日本消費者連盟代表。1918生。
山口牧生　やまぐちまきお　2001没（74歳）。昭和・平成時代の彫刻家。1927生。

12月16日

12月17日

○記念日○　飛行機の日
○出来事○　ライト兄弟、動力飛行に成功（1903）
ペルー日本大使公邸人質事件（1996）

ストゥルミウス　779没（69歳）。フルダ修道院初代の院長。710生。
藤原伊衡　ふじわらのこれひら　938没（63歳）。平安時代前期・中期の歌人・公卿。876生。
敦康親王　あつやすしんのう　1019没（21歳）。一条天皇の第1皇子。999生。
隆遍　りゅうへん　1205没（61歳）。平安時代後期・鎌倉時代前期の真言宗の僧。1145生。
ヨアネス（マタの）　1213没（53歳）。三位一体会の創始者。1160生。
成宝　じょうほう　1227没（69歳）。平安時代後期・鎌倉時代前期の僧。1159生。
良快　りょうかい　1242没（58歳）。鎌倉時代前期の僧。1185生。
一条内実　いちじょううちざね　1304没（29歳）。鎌倉時代後期の公卿。1276生。
藤原雅俊　ふじわらのまさとし　1322没（54歳）。鎌倉時代後期の公卿。1269生。
範憲　はんけん　1339没（92歳）。鎌倉時代後期・南北朝時代の僧。1248生。
四辻実仲　よつつじさねなか　1511没（85歳）。室町時代・戦国時代の公卿。1427生。
バタイユ、ガブリエル　1630没（55?歳）。フランスのリュート奏者、作曲家。1575頃生。
ヌール・ジャハーン　1645没（68歳）。インド、ムガル帝国第4代皇帝ジャハーンギールの妃。1577生。
メフメット4世　1692没（50歳）。オスマン・トルコ帝国の第19代スルタン（1648〜87）。1641生。
東山天皇　ひがしやまてんのう　1710没（36歳）。第113代の天皇。1675生。
海北若冲　かいほうじゃくちゅう　1752没（78歳）。江戸時代中期の国学者。1675生。
中島三甫右衛門（2代目）　なかじまみほえもん　1782没（59歳）。江戸時代中期の歌舞伎役者。1724生。
ボリーバル、シモン　1830没（47歳）。ラテンアメリカ独立運動の指導者、大コロンビア共和国大統領。1783生。
ハウザー、カスパー　1833没（21歳）。ドイツ人の捨て子、"野生児"。1812生。
青柳種信　あおやぎたねのぶ　1836没（71歳）。江戸時代中期・後期の国学者、筑前福岡藩士。1766生。
寺村百池　てらむらひゃくち　1836没（89歳）。江戸時代中期・後期の俳人。1748生。
沼田順義　ぬまたゆきよし　1850没（59歳）。江戸時代後期の国学者。1792生。
ボーフォート、サー・フランシス　1857没（83歳）。イギリスの海軍軍人、気象学者、海洋学者。1774生。
日下部伊三次　くさかべいそうじ　1859没（46歳）。江戸時代末期の薩摩藩士、水戸藩士。1814生。
デジレ　1860没（83歳）。スウェーデン王カルル14世の妃。1777生。
モーガン、L.H.　1881没（63歳）。アメリカの法律家、民族学者。1818生。
ギーゼブレヒト　1889没（75歳）。ドイツの歴史家。1814生。
春木義彰　はるきよしあき　1904没（59歳）。江戸・明治時代の司法官。検事総長、貴族院議員。1846生。
トムスン、ウィリアム　1907没（83歳）。イギリスの物理学者。1824生。
レオポルド2世　1909没（74歳）。ベルギーの国王（在位1865〜1909）。1835生。
マーティン、ウィリアム・アレグザーンダ・パースンズ　1916没（89歳）。アメリカの長老派宣教師。1827生。
アンダーソン、エリザベス・ギャレット　1917没（81歳）。イギリスの女医の草分け。1836生。
エーレンベルク　1921没（64歳）。ドイツの経済学者。1857生。
勝本勘三郎　かつもとかんざぶろう　1923没（58歳）。明治・大正時代の刑法学者、弁護士。

京都帝国大学教授。1866生。

ファイインガー, ハンス　1933没(81歳)。ドイツの哲学者。1852生。

小川芋銭　おがわうせん　1938没(71歳)。明治～昭和時代の画家。日本美術院同人, 帝国美術院参与。1868生。

タンマン　1938没(77歳)。ドイツの物理化学者。1861生。

一木喜徳郎　いちききとくろう　1944没(78歳)。明治～昭和時代の法学者, 政治家。東京帝国大学教授, 枢密院議長。1867生。

ニコルズ, ロバート　1944没(51歳)。イギリスの詩人, 劇作家。1893生。

ブレンステズ, ヨハネス・ニコラウス　1947没(68歳)。デンマークの物理化学者。1879生。

林毅陸　はやしきろく　1950没(78歳)。明治～昭和時代の外交史家。1872生。

ナウコフスカ, ゾフィア　1954没(70歳)。20世紀ポーランドを代表する女流作家。1884生。

跡見李子　あとみももこ　1956没(88歳)。明治～昭和時代の女子教育家。跡見学園初代理事長。1868生。

セイヤーズ, ドロシー・L.　1957没(64歳)。イギリスの女流小説家, 劇作家。1893生。

飯塚琅玕斎　いいづかろうかんさい　1958没(68歳)。大正・昭和時代の竹工芸家。1890生。

水谷長三郎　みずたにちょうざぶろう　1960没(63歳)。大正・昭和時代の政治家。衆院議員, 商工相。1897生。

隈部英雄　くまべひでお　1964没(59歳)。昭和時代の結核病学者。結核予防会結核研究所長。1905生。

ヘス, ヴィクトル・フランシス　1964没(81歳)。オーストリア系アメリカの物理学者。1883生。

久保田不二子　くぼたふじこ　1965没(79歳)。大正・昭和時代の歌人。1886生。

善竹弥五郎　ぜんちくやごろう　1965没(82歳)。明治～昭和時代の狂言師(大蔵流)。1883生。

山田三良　やまださぶろう　1965没(96歳)。明治～昭和時代の国際私法学者。1869生。

山梨勝之進　やまなしかつのしん　1967没(90歳)。明治～昭和時代の軍人。学習院院長。1877生。

アボット, チャールズ・グリーリー　1973没(101歳)。アメリカの天文学者。1872生。

山内義雄　やまのうちよしお　1973没(79歳)。大正・昭和時代のフランス文学者。1894生。

原彪　はらひょう　1975没(81歳)。昭和時代の政治家。衆議院議員, 日中国交回復特別委員長。1894生。

深代惇郎　ふかしろじゅんろう　1975没(46歳)。昭和時代の新聞人。1929生。

観世喜之(2代目)　かんぜよしゆき　1977没(75歳)。大正・昭和時代の能楽師シテ方。1902生。

吉阪隆正　よしざかたかまさ　1980没(63歳)。昭和時代の建築家。1917生。

ドヴィンガー, エトヴィン・エーリヒ　1981没(83歳)。ドイツの小説家, 年代記作家。1898生。

平野力三　ひらのりきぞう　1981没(83歳)。大正・昭和時代の農民運動家, 政治家。衆議院議員, 日刊農業新聞社長。1898生。

アレクサンドロフ, パーヴェル・セルゲエヴィチ　1982没(86歳)。ソ連の数学者。1896生。

コーガン, レオニード・ボリーソヴィチ　1982没(58歳)。ソ連のヴァイオリニスト。1924生。

橋川文三　はしかわぶんぞう　1983没(61歳)。昭和時代の評論家, 政治学者。1922生。

前田義典　まえだよしのり　1983没(77歳)。昭和時代のジャーナリスト, 放送人。NHK会長。1906生。

ユルスナール, マルグリット　1987没(84歳)。ベルギー生れのフランスの女流小説家。1903生。

楠本憲吉　くすもとけんきち　1988没(65歳)。昭和時代の俳人。「野の会」主宰, 日本近代文学館常任理事。1922生。

沢野久雄　さわのひさお　1992没(79歳)。昭和時代の小説家。1912生。

山川惣治　やまかわそうじ　1992没(84歳)。昭和時代の絵物語作家。1908生。

安井琢磨　やすいたくま　1995没(86歳)。昭和・平成時代の経済学者。1909生。

平林英子　ひらばやしえいこ　2001没(99歳)。昭和・平成時代の小説家。1902生。

南博　みなみひろし　2001没(87歳)。昭和・平成時代の社会心理学者。1914生。

岸田今日子　きしだきょうこ　2006没(76歳)。昭和・平成時代の女優。1930生。

12月17日

12月18日

○出来事○ 東京駅開業(1914)
日本の国連加盟案可決(1956)
戦後初の国産旅客機YS11完成(1962)

ウィニバルド 761没(60歳)。ドイツのハイデンハイム初代修道院長、聖人。701生。

藤原良縄 ふじわらのよしただ 869没(56歳)。平安時代前期の公卿。814生。

イブン・コルラ 901没(65歳)。アラブの数学者、天文学者、力学者、医者で哲学者。836生。

平随時 たいらのよりとき 953没(64歳)。平安時代中期の公卿。890生。

安倍吉平 あべのよしひら 1027没(74歳)。平安時代中期の陰陽家。954生。

ガザーリー、アブー・ハーミド 1111没(53歳)。アシュアリー派のイスラム神学者。1058生。

ヒルデベルト(ラヴァルダンの) 1133没(77?歳)。トゥールの大司教、ラテン語詩人、教会法学者。1056頃生。

公伊 こうい 1135(閏12月)没(84歳)。平安時代後期の天台宗園城寺の僧。1052生。

行海 ぎょうかい 1180没(72歳)。平安時代後期の真言宗の僧。1109生。

定遍 じょうへん 1185没(53歳)。平安時代後期の僧。1133生。

中原親能 なかはらちかよし 1209没(67歳)。平安時代後期・鎌倉時代前期の御家人。1143生。

ジェフリ(ヨークの) 1212没(60?歳)。イギリスの大臣、ヨークの大司教。1152頃生。

佐竹秀義 さたけひでよし 1226没(76歳)。平安時代後期・鎌倉時代前期の常陸国の武将。1151生。

四条隆衡 しじょうたかひら 1255没(84歳)。鎌倉時代前期の公卿。1172生。

インノケンティウス6世 1362没。教皇(在位1352〜62)。

上杉憲定 うえすぎのりさだ 1413没(39歳)。室町時代の武将、関東管領、憲方の子。1375生。

覚隠永本 かくいんえいほん 1453没(74歳)。室町時代の曹洞宗の僧。1380生。

東坊城益長 ひがしぼうじょうますなが 1474没(68歳)。室町時代の公卿。1407生。

清水谷実久 しみずだにさねひさ 1498没(67歳)。室町時代・戦国時代の公卿。1432生。

安室永忍 あんしつえいにん 1529没。戦国時代の曹洞宗の僧。

ヴァルキ、ベネデット 1565没(62歳)。イタリアの詩人、宮廷学者。1503生。

清原国賢 きよはらのくにかた 1614没(71歳)。安土桃山時代・江戸時代前期の公家。1544生。

成田長忠 なりたおさただ 1616没。安土桃山時代・江戸時代前期の武将、大名。

広橋兼勝 ひろはしかねかつ 1623没(66歳)。安土桃山時代・江戸時代前期の公家。1558生。

町田寿安 まちだじゅあん 1632没。江戸時代前期のキリシタン。

保科正之 ほしなまさゆき 1673没(63歳)。江戸時代前期の大名。1611生。

ゼッケンドルフ、ファイト・ルートヴィヒ・フォン 1692没(65歳)。ドイツの政治家、歴史、経済学者。1626生。

ストラディヴァリ、アントニオ 1737没(93?歳)。イタリアのヴァイオリン製作者。1644頃生。

周藤弥兵衛 すどうやへえ 1753没(103歳)。江戸時代前期・中期の切通水路の開削、新田開発の功労者。1651生。

平賀源内 ひらがげんない 1780没(53歳)。江戸時代中期の物産学者、戯作者、浄瑠璃作者。1728生。

一宮長常 いちのみやながつね 1786没(65歳)。江戸時代中期の装剣金工家。1722生。

宇田川玄随 うだがわげんずい 1798没(44歳)。江戸時代中期の蘭方医。1755生。

ヘルダー、ヨハン・ゴットフリート 1803没(59歳)。ドイツの哲学者、美学者、批評家、言語学者。1744生。

藤堂高兌　とうどうたかさわ　1825没(45歳)。江戸時代後期の大名。1781生。

ビルデルデイク，ウィレム　1831没(75歳)。オランダの詩人，弁護士。1756生。

フリノー，フィリップ　1832没(80歳)。アメリカの詩人。1752生。

マリー・ルイーズ　1847没(56歳)。フランス皇帝ナポレオン1世の皇后。1791生。

ボルツァーノ，ベルナルト　1848没(67歳)。オーストリアの哲学者，論理学者，数学者。1781生。

調所広郷　ずしょひろさと　1849没(74歳)。江戸時代後期の薩摩藩の財政家。1776生。

ストゥルム，シャルル・フランソワ　1855没(52歳)。フランスの数学者。1803生。

ブライト，リチャード　1858没(69歳)。イギリスの医師。1789生。

シャール，ミシェル　1880没(87歳)。フランスの数学者，数学史家。1793生。

矢田堀鴻　やたぼりこう　1887没(59歳)。江戸・明治時代の海軍人。海軍総裁。1829生。

オーウェン，サー・リチャード　1892没(88歳)。イギリスの動物学者，古生物学者。1804生。

ロスコー，サー・ヘンリー　1915没(82歳)。イギリスの化学者。1833生。

三遊亭円馬(2代目)　さんゆうていえんば　1918没(65歳)。明治・大正時代の落語家。1854生。

遠藤清子　えんどうきよこ　1920没(39歳)。明治・大正時代の小説家，婦人運動家。1882生。

カペー，リュシアン　1928没(55歳)。フランスのヴァイオリン奏者。1873生。

デュギ　1928没(69歳)。フランスの法学者。1859生。

ベルンシュタイン，エドゥアルト　1932没(82歳)。ドイツ社会民主党の理論家，修正主義の提唱者。1850生。

加藤介春　かとうかいしゅん　1946没(62歳)。明治・大正時代の詩人。1885生。

本多熊太郎　ほんだくまたろう　1948没(75歳)。明治～昭和時代の外交官。1874生。

アンソール，ジェイムズ　1949没(89歳)。ベルギーの画家。1860生。

ベネッリ，セム　1949没(72歳)。イタリアの劇作家，詩人。1877生。

山野一郎　やまのいちろう　1958没(59歳)。大正・昭和時代の漫談家，講談師。1899生。

東条操　とうじょうみさお　1966没(82歳)。大正・昭和時代の国語学者。1884生。

ガロッド，ドロシー　1968没(76歳)。イギリスの考古学者。1892生。

佐藤尚武　さとうなおたけ　1971没(89歳)。大正・昭和時代の外交官，政治家。1882生。

ジョーンズ，ボビー　1971没(69歳)。米のゴルファー，弁護士。1902生。

トワルドフスキー，アレクサンドル　1971没(61歳)。ソ連の詩人。1910生。

杉市太郎　すぎいちたろう　1977没(88歳)。明治～昭和時代の能楽囃子方(森田流笛方)。1889生。

ラスウェル，ハロルド・ドワイト　1978没(76歳)。アメリカの政治学者。1902生。

シェーフ　1981没(68歳)。アルバニアの軍人，政治家。1913生。

安部栄四郎　あべえいしろう　1984没(82歳)。昭和時代の手漉和紙製作者。1902生。

楠部弥弌　くすべやいち　1984没(87歳)。大正・昭和時代の陶芸家。1897生。

田中美知太郎　たなかみちたろう　1985没(83歳)。昭和時代の文明批評家，哲学者。京都大学教授。1902生。

トルトリエ，ポール　1990没(76歳)。フランスのチェロ奏者，指揮者，作曲家。1914生。

林忠彦　はやしただひこ　1990没(72歳)。昭和時代の写真家。日本写真学園校長。1918生。

堀田庄三　ほったしょうぞう　1990没(91歳)。昭和時代の経営者。住友銀行相談役会長。1899生。

伊藤逸平　いとういっぺい　1992没(80歳)。昭和時代の漫画・写真評論家。1912生。

吉田瑞穂　よしだみずほ　1996没(98歳)。昭和時代の詩人，児童文学者。1898生。

井上正治　いのうえまさはる　1997没(77歳)。昭和・平成時代の弁護士。1920生。

ブレッソン，ロベール　1999没(92歳)。フランスの映画監督。1907生。

ベコー，ジルベール　2001没(74歳)。フランスのシャンソン歌手。1927生。

高松宮喜久子　たかまつのみやきくこ　2004没(92歳)。昭和・平成時代の皇族。高松宮宣仁親王妃。1911生。

12月18日

12月19日

○記念日○　日本初飛行の日
○出来事○　日本二十六聖人が殉教(1597)
　　　　　世界初の個人向けコンピュータ発売(1974)

藤原園人　ふじわらのそのんど　819没(64歳)。奈良時代・平安時代前期の公卿。756生。
橘氏公　たちばなのうじきみ　848没(66歳)。平安時代前期の公卿。783生。
観宿　かんしゅく　928没(85歳)。平安時代前期・中期の真言宗の僧。844生。
藤原実綱　ふじわらのさねつな　1180没(53?歳)。平安時代後期の公卿。1128頃生。
花山院忠頼　かざんいんただより　1212没(14歳)。鎌倉時代前期の公卿。1199生。
姉小路忠方　あねがこうじただかた　1282没(42歳)。鎌倉時代後期の公卿。1241生。
性助入道親王　しょうじょにゅうどうしんのう　1282没(34歳)。後嵯峨天皇の第6皇子。1249生。
ウルバヌス5世　1370没(60?歳)。教皇(在位1362〜70)。1310頃生。
牧翁性欽　ぼくおうしょうきん　1455没(72歳)。室町時代の曹洞宗の僧。1384生。
三条実量　さんじょうさねかず　1483没(69歳)。室町時代・戦国時代の公卿。1415生。
ボイアルド,マッテーオ・マリーア　1494没(53歳)。イタリアの詩人。1441生。
ヤムニッツァー,ヴェンツェル　1585没(77歳)。オーストリアの金工。1508生。
三木パウロ　みきぱうろ　1597没(34歳)。安土桃山時代のイエズス会修士。1564生。
新庄直頼　しんじょうなおより　1612没(75歳)。安土桃山時代・江戸時代前期の武将,大名。1538生。
遠山友政　とおやまともまさ　1619没(64歳)。安土桃山時代・江戸時代前期の大名。1556生。
直江兼続　なおえかねつぐ　1620没(61歳)。安土桃山時代・江戸時代前期の武将。1560生。
千宗旦　せんのそうたん　1659没(82歳)。安土桃山時代・江戸時代前期の茶人。1578生。
千宗守(初代)　せんのそうしゅ　1676没(84歳)。江戸時代前期の茶人。1593生。
ベーリング,ヴィトゥス　1741没(60歳)。デンマーク生れのロシアの航海者。1681生。

大岡忠相　おおおかただすけ　1752没(76歳)。江戸時代中期の大名,町奉行,幕臣。1677生。
津金文左衛門　つがねぶんざえもん　1802没(76歳)。江戸時代中期・後期の尾張藩士。1727生。
グリム,フリードリヒ-メルヒオール　1807没(83歳)。ドイツ生れの文芸評論家。1723生。
新庄道雄　しんじょうみちお　1836没(61歳)。江戸時代後期の国学者。1776生。
ブロンテ,エミリー　1848没(30歳)。イギリスの女流小説家。1818生。
ターナー,J.M.W.　1851没(76歳)。イギリスの風景画家。1775生。
ダルハウジー,ジェイムズ・アンドリュー・ブラウン・ラムジー,初代侯爵　1860没(48歳)。イギリスの政治家。1812生。
前田孫右衛門　まえだまごえもん　1865没(48歳)。江戸時代末期の長州(萩)藩士。1818生。
松島剛蔵　まつしまごうぞう　1865没(41歳)。江戸時代末期の長州(萩)藩士。1825生。
山田亦介　やまだまたすけ　1865没(56歳)。江戸時代末期の長州(萩)藩士。1810生。
大和国之助　やまとくにのすけ　1865没(31歳)。江戸時代末期の長州(萩)藩士。1835生。
渡辺内蔵太　わたなべくらた　1865没(30歳)。江戸時代末期の長州(萩)藩士。1836生。
岸沢式佐(5代目)　きしざわしきさ　1867没(62歳)。江戸時代末期の常磐津節の三味線方。1806生。
吉原重俊　よしはらしげとし　1887没(43歳)。明治時代の銀行家,大蔵官僚。日本銀行総裁,旧鹿児島藩士。1845生。
河田小龍　かわたしょうりょう　1898没(75歳)。江戸・明治時代の画家。1824生。
メイトランド,フレデリク・ウィリアム　1906没(56歳)。イギリスの法史学者,歴史家。1850生。

平出鏗二郎　ひらでこうじろう　1911没（43歳）。明治時代の国史・国文学者。東京帝国大学史料編纂員。1869生。

小川義綏　おがわよしやす　1912没（82歳）。明治時代の基督教牧師。1831生。

デーリッチュ，フリードリヒ　1922没（72歳）。ドイツのアッシリア学者。1850生。

ヴィノグラードフ　1925没（71歳）。ロシア生れのイギリスの法律学者，中世史学者。1854生。

ハウスクネヒト　1927没（74歳）。ドイツの教育家。1853生。

桜井ちか子　さくらいちかこ　1928没（74歳）。明治・大正時代の教育者。1855生。

山本森之助　やまもともりのすけ　1928没（52歳）。明治〜昭和時代の洋画家。1877生。

ヴィーガント，テオドル　1936没（72歳）。ドイツの考古学者。1864生。

藤山雷太　ふじやまらいた　1938没（76歳）。明治〜昭和時代の実業家。大日本製糖社長，貴族院議員。1863生。

大関松三郎　おおぜきまつさぶろう　1944没（19歳）。昭和時代の詩人，生活綴方児童。1926生。

ランジュヴァン，ポール　1946没（74歳）。フランスの物理学者。1872生。

ミリカン，ロバート・アンドリューズ　1953没（85歳）。アメリカの物理学者。1868生。

池田亀鑑　いけだきかん　1956没（60歳）。昭和時代の国文学者，小説家。東京大学教授。1896生。

新島繁　にいじましげる　1957没（56歳）。昭和時代の文化・教育運動家，文芸評論家。神戸大学教授。1901生。

トマス，ノーマン・マトゥーン　1968没（84歳）。アメリカの政治家，社会改革家。1884生。

三品彰英　みしなしょうえい　1971没（69歳）。昭和時代の古代史学者。大阪市立博物館長。1902生。

中島董一郎　なかじまとういちろう　1973没（90歳）。大正・昭和時代の実業家。キユーピー（株）創業者。1883生。

藤森栄一　ふじもりえいいち　1973没（62歳）。昭和時代の考古学者。長野県考古学会長。1911生。

木谷実　きたにみのる　1975没（66歳）。大正・昭和時代の棋士。囲碁9段。1909生。

辻まこと　つじまこと　1975没（62歳）。昭和時代の画家，詩人。1913生。

ドブジャンスキー，テオドシウス　1975没（75歳）。アメリカ（ロシア系）の動物学者。1900生。

紺野与次郎　こんのよじろう　1977没（67歳）。昭和時代の政治家，社会運動家。衆議院議員。1910生。

コスイギン，アレクセイ・ニコラエヴィチ　1980没（76歳）。ソ連の政治家，首相。1904生。

向井忠晴　むかいただはる　1982没（97歳）。昭和時代の実業家。蔵相，三井物産会長，ゼネラル石油顧問。1885生。

歌沢寅右衛門（5代目）　うたざわとらえもん　1983没（82歳）。大正・昭和時代のうた沢節演奏家，作曲家。1901生。

村井米子　むらいよねこ　1986没（85歳）。大正・昭和時代の登山家，食生活研究家。1901生。

内田俊一　うちだしゅんいち　1987没（92歳）。昭和時代の化学工学者。東京工業大学学長。1895生。

三宅藤九郎（9代目）　みやけとうくろう　1990没（89歳）。明治〜昭和時代の能楽師。和泉流シテ方。1901生。

宮城喜代子　みやぎきよこ　1991没（86歳）。大正・昭和時代の箏曲家。宮城道雄記念館理事長，東京芸術大学教授。1905生。

鳩山威一郎　はとやまいいちろう　1993没（75歳）。昭和・平成時代の官僚，政治家。参議院議員。1918生。

栗原一登　くりはらかずと　1994没（83歳）。昭和・平成時代の児童劇作家，演出家。日本児童演劇協会会長，国際児童青少年演劇協会（アシテジ）日本センター会長。1911生。

細川隆元　ほそかわりゅうげん　1994没（94歳）。昭和時代の政治評論家。1900生。

マストロヤンニ，マルチェロ　1996没（72歳）。イタリアの映画俳優。1924生。

井深大　いぶかまさる　1997没（89歳）。昭和・平成時代の実業家，電子工学者。ソニー社長，ソニー教育振興財団理事長。1908生。

如月小春　きさらぎこはる　2000没（44歳）。昭和・平成時代の劇作家，演出家。アジア女性演劇会議実行委員長。1956生。

大辻清司　おおつじきよし　2001没（78歳）。昭和・平成時代の写真家。筑波大学教授。1923生。

テバルディ，レナータ　2004没（82歳）。イタリアのソプラノ歌手。1922生。

12月20日

○記念日○ シーラカンスの日
　　　　　霧笛記念日
○出来事○ 三越呉服店開業(1904)
　　　　　マカオが中国に返還(1999)

ウィテリウス, アウルス　69没(54歳)。ローマ皇帝(在位69)。15生。
葛野王　かどののおう　706没(38歳)。飛鳥時代の皇族, 文人。669生。
下毛野古麻呂　しもつけぬのこまろ　710没。飛鳥時代の官人。
アルフォンソ3世　910没(58?歳)。アストゥリアス王(在位866〜910)。852頃生。
王女御の母　おうにょうごのはは　945没。平安時代中期の女性。醍醐天皇の皇子保明親王の妃。
高階為章　たかしなのためあき　1104没(46歳)。平安時代後期の貴族。1059生。
喜海　きかい　1251没(74歳)。鎌倉時代前期の華厳宗の僧。1178生。
日印　にちいん　1329没(66歳)。鎌倉時代後期の日蓮宗の僧。1264生。
中院通顕　なかのいんみちあき　1343没(53歳)。鎌倉時代後期・南北朝時代の公卿。1291生。
上杉重能　うえすぎしげよし　1350没。南北朝時代の武将。
ドゥシャン　1355没(47歳)。セルビア王(在位1331〜46), のち皇帝(46〜55)。1308生。
九条忠基　くじょうただもと　1397没(53歳)。南北朝時代・室町時代の公卿。1345生。
シェッファー, ペーター　1502没(77?歳)。ドイツの印刷業者。1425頃生。
趙光祖　ちょうこうそ　1519没(37歳)。朝鮮, 李朝の学者, 文臣。1482生。
大内義興　おおうちよしおき　1529没(53歳)。戦国時代の武将, 管領代。1477生。
東坊城和長　ひがしぼうじょうかずなが　1529没(70歳)。戦国時代の公卿。1460生。
カタリーナ・フォン・ボーラ　1552没(53歳)。ルターの妻。1499生。
ブルンナー, レーオンハルト　1558没(58?歳)。ドイツの人文主義者, 厳格なルター派牧師。1500頃生。
細川氏綱　ほそかわうじつな　1564没。戦国時代の武将, 室町幕府最後の管領。

パレ, アンブロワーズ　1590没(80?歳)。フランスの医者。1510頃生。
ロレンソ　1592没(67歳)。戦国時代・安土桃山時代のイエズス会日本人修道士。1526生。
山岡景友　やまおかかげとも　1604没(63歳)。安土桃山時代の武将。1542生。
西洞院時慶　にしのとういんときよし　1640没(89歳)。安土桃山時代・江戸時代前期の公家。1552生。
円忍　えんにん　1677没(69歳)。江戸時代前期の律宗の僧。1609生。
ジャスワント・スィンフ　1678没(53歳)。インドのマールワールの王。1625生。
ジョンソン, サミュエル　1784没(75歳)。イギリスの批評家, 詩人。1709生。
片岡万平　かたおかまんぺい　1818没(49歳)。江戸時代後期の常陸国の百姓一揆の指導者, 義民。1770生。
藤間勘兵衛(3代目)　ふじまかんべえ　1822没。江戸時代後期の日本舞踊主要流派の祖, 劇場振付師。
跡部良弼　あとべよしすけ　1869没。江戸時代末期の旗本, 若年寄。
ホーフマン, ヨーハン・クリスティアン・コンラート・フォン　1877没(66歳)。ドイツのルター派神学者, 歴史家。1810生。
ルームコルフ　1877没(74歳)。ドイツの物理学者。1803生。
三井高福　みついたかよし　1885没(78歳)。江戸・明治時代の実業家。第一国立銀行頭取。1808生。
伊達宗城　だてむねなり　1892没(75歳)。江戸・明治時代の宇和島藩主, 外国事務総督。1818生。
富永有隣　とみながゆうりん　1900没(80歳)。江戸・明治時代の幕末の萩藩士。1821生。
宝山左衛門(2代目)　たからさんざえもん　1910没(76歳)。明治時代の長唄囃子方。1835生。

和田維四郎　わだつなしろう　1920没(65歳)。明治・大正時代の地質・鉱物学者。初代地質調査所所長。1856生。

モース, エドワード・シルヴェスター　1925没(87歳)。アメリカの動物学者。1838生。

岸田劉生　きしだりゅうせい　1929没(39歳)。明治〜昭和時代の洋画家。1891生。

橋田東声　はしだとうせい　1930没(45歳)。大正・昭和時代の歌人。1886生。

マール, ニコライ・ヤーコヴレヴィチ　1934没(69歳)。ソ連の言語学者, 考古学者。1864生。

荻原雲来　おぎわらうんらい　1937没(69歳)。明治〜昭和時代の仏教学者, 梵語学者。大正大教授。1869生。

ルーデンドルフ, エーリヒ・フォン　1937没(72歳)。ドイツの軍人。1865生。

傅斯年　ふしねん　1950没(54歳)。中国の歴史学者。1896生。

原石鼎　はらせきてい　1951没(65歳)。大正・昭和時代の俳人。1886生。

ヒルトン, ジェイムズ　1954没(54歳)。イギリスの小説家。1900生。

ドルーテン, ジョン・ヴァン　1957没(56歳)。イギリス生れのアメリカの劇作家。1901生。

グラトコーフ, フョードル・ワシリエヴィチ　1958没(75歳)。ソ連の小説家。1883生。

風見章　かざみあきら　1961没(75歳)。昭和時代の政治家。法相, 衆議院議員。1886生。

ハート, モス　1961没(57歳)。アメリカの劇作家, 演出家。1904生。

アルティン, エーミール　1962没(64歳)。ドイツの数学者。1898生。

中村清太郎　なかむらせいたろう　1967没(79歳)。明治〜昭和時代の山岳画家, 登山家。1888生。

スタインベック, ジョン　1968没(66歳)。アメリカの小説家。1902生。

ブロート, マックス　1968没(84歳)。オーストリア系イスラエルの作家, 評論家。1884生。

加藤鐐五郎　かとうりょうごろう　1970没(87歳)。大正・昭和時代の政治家, 医師。衆議院議長, 喜安病院長。1883生。

蟹江一太郎　かにえいちたろう　1971没(96歳)。明治〜昭和時代の実業家。カゴメ株式会社社長。1875生。

アイヒ, ギュンター　1972没(65歳)。ドイツの詩人, 放送劇作家。1907生。

池田種生　いけだたねお　1974没(77歳)。大正・昭和時代の教育運動家。1897生。

ジョリヴェ, アンドレ　1974没(69歳)。フランスの作曲家。1905生。

ダット　1974没(78歳)。イギリスの共産党指導者, ジャーナリスト。1896生。

浜村米蔵　はまむらよねぞう　1978没(88歳)。大正・昭和時代の演劇評論家。舞台芸術学院学長, 大勢新聞社会部長。1890生。

有賀喜左衛門　あるがきざえもん　1979没(82歳)。昭和時代の社会学者, 民俗学者。1897生。

渋谷実　しぶやみのる　1980没(73歳)。昭和時代の映画監督。1907生。

ルビンシュタイン, アルトゥル　1982没(95歳)。ポーランド生れのアメリカのピアニスト。1887生。

武見太郎　たけみたろう　1983没(79歳)。昭和時代の医師。日本医師会会長。1904生。

藤原審爾　ふじわらしんじ　1984没(63歳)。昭和時代の小説家。1921生。

坂東秀調(4代目)　ばんどうしゅうちょう　1985没(84歳)。明治〜昭和時代の歌舞伎役者。1901生。

小田切進　おだぎりすすむ　1992没(68歳)。昭和・平成時代の文芸評論家。1924生。

ラスク, ディーン　1994没(85歳)。アメリカの政治家。1909生。

セーガン, カール・エドワード　1996没(62歳)。アメリカの宇宙科学者, 科学ジャーナリスト。1934生。

伊丹十三　いたみじゅうぞう　1997没(64歳)。昭和・平成時代の映画監督, 俳優。1933生。

レヴァトフ, デニーズ　1997没(74歳)。イギリス生まれの詩人。1923生。

ホジキン, アラン・ロイド　1998没(84歳)。イギリスの生理学者。1914生。

サンゴール, レオポール・セダール　2001没(95歳)。セネガルの詩人, 政治家, 言語学者, 初代大統領。1906生。

福永光司　ふくながみつじ　2001没(83歳)。昭和・平成時代の中国哲学者。1918生。

青島幸男　あおしまゆきお　2006没(74歳)。昭和・平成時代の放送作家, タレント, 東京都知事。1932生。

12月20日

12月21日

○記念日○ 回文の日
○出来事○ 紀貫之が『土佐日記』を起筆（934）
首都高速1号線完成（1963）

穴穂部間人皇女　あなほべのはしひとのひめみこ　622没。飛鳥時代の女性。欽明天皇の皇女。
ヒンクマル　882没(76?歳)。ランスの大司教。806頃生。
藤原有穂　ふじわらのありほ　907没(70歳)。平安時代前期・中期の公卿。838生。
延幸　えんこう　1066没(82歳)。平安時代中期の華厳宗の僧。985生。
行遅　ぎょうせん　1124没(94歳)。平安時代後期の真言宗の僧。1031生。
円勢　えんせい　1135(閏12月)没。平安時代後期の円派系の仏師、法印。
琳助　りんじょ　1159没(77歳)。平安時代後期の真言宗の僧。1083生。
藤原重家　ふじわらのしげいえ　1181没(54歳)。平安時代後期の公卿。1128生。
東一条院　ひがしいちじょういん　1248没(57歳)。鎌倉時代前期の女性。順徳天皇の皇后。1192生。
長井泰秀　ながいやすひで　1254没(43歳)。鎌倉時代前期の御家人。1212生。
大中臣隆蔭　おおなかとみのたかかげ　1279没。鎌倉時代前期の神官。
ピョートル　1326没。ロシア正教会の府主教、聖人。
ボッカッチョ, ジョヴァンニ　1375没(62歳)。イタリアの小説家、詩人。1313生。
大内義弘　おおうちよしひろ　1400没(45歳)。南北朝時代・室町時代の武将。1356生。
大輝祖璨　だいきそさん　1420没。南北朝時代・室町時代の臨済宗の僧。
北畠満雅　きたばたけみつまさ　1429没(51歳)。室町時代の武将、伊勢国司。1379生。
守鑁　しゅばん　1483没(68歳)。室町時代の真言宗の僧。1416生。
万里小路冬房　までのこうじふゆふさ　1485没(63歳)。室町時代・戦国時代の公卿。1423生。
ベルトルト（ヘンネベルクの）　1504没(62歳)。ドイツのマインツ大司教、選帝侯。1442生。

アブドゥル・ガフール・ラーリー　1506没。イランのティムール朝後期の詩人。
マルグリット・ド・ナヴァール　1549没(57歳)。フランス, ナバル公妃。1492生。
フーバー, カスパル　1553没(88歳)。宗教改革期ドイツの宗教文書執筆者。1500生。
ホアーネス, ホアン・デ　1579没(56?歳)。スペインの画家。1523生。
畠山義綱　はたけやまよしつな　1594没(27歳)。安土桃山時代の武将。父は義続、能登守護、修理大夫。1568生。
カニーシウス, ペトルス　1597没(76歳)。ドイツの神学者, 教会博士, 聖人。1521生。
ドミトリー2世　1610没。ポーランドの権力者。
安倍季尚　あべすえひさ　1709没(88歳)。江戸時代前期・中期の雅楽演奏者。1622生。
淀屋辰五郎　よどやたつごろう　1717没。江戸時代中期の豪商。
津田玄仙　つだげんせん　1810没(74歳)。江戸時代中期・後期の医師。1737生。
パーキンソン, ジェイムズ　1824没(69歳)。イギリスの医者。1755生。
歌川豊広　うたがわとよひろ　1830没(57歳)。江戸時代後期の浮世絵師。1774生。
国定忠治　くにさだちゅうじ　1851没(42歳)。江戸時代末期の侠客。1810生。
ガルニエ, フランシス　1873没(34歳)。フランスの海軍士官, 探検家。1839生。
百武兼行　ひゃくたけかねゆき　1884没(43歳)。江戸・明治時代の洋画家, 官吏。1842生。
ゲーゼ, ニルス・ヴィルヘルム　1890没(73歳)。デンマークの作曲家。1817生。
鶴沢清六(2代目)　つるざわせいろく　1901没(64歳)。江戸・明治時代の義太夫三味線方。1838生。
鳥谷部春汀　とやべしゅんてい　1908没(44歳)。明治時代の評論家, ジャーナリスト。1865生。
フィリップ, シャルル-ルイ　1909没(35歳)。フランスの小説家。1874生。

734

山尾庸三　やまおようぞう　1917没（81歳）。江戸・明治時代の萩藩士，政治家。子爵。1837生。

中島力造　なかじまりきぞう　1918没（61歳）。明治・大正時代の倫理学者。東京帝国大学教授。1858生。

池谷信三郎　いけたにしんざぶろう　1933没（34歳）。昭和時代の小説家，劇作家。1900生。

ラスムッセン，クヌード　1933没（54歳）。デンマークの探検家，民族学者。1879生。

トゥホルスキー，クルト　1935没（45歳）。ドイツの小説家，評論家。1890生。

馬場鍈一　ばばえいいち　1937没（59歳）。大正・昭和時代の官僚，財政家，政治家。貴族院議員，日本勧業銀行総裁。1879生。

ドゥヴィヴェーディー，マハーヴィールプラサード　1938没（74歳）。インドのヒンディー語編集者，評論家。1864生。

フィッツジェラルド，F. スコット　1940没（44歳）。アメリカの小説家。1896生。

ボアズ，フランツ　1942没（84歳）。アメリカの文化人類学者。1858生。

パットン，ジョージ・S　1945没（60歳）。アメリカの陸軍軍人。1885生。

黒板勝美　くろいたかつみ　1946没（73歳）。明治〜昭和時代の歴史学者。東京帝国大学教授。1874生。

杉山平助　すぎやまへいすけ　1946没（52歳）。昭和時代の評論家。1895生。

島田俊雄　しまだとしお　1947没（71歳）。大正・昭和時代の政治家，弁護士。衆議院議員。1877生。

額田六福　ぬかだろっぷく　1948没（59歳）。大正・昭和時代の劇作家。1890生。

トリルッサ　1950没（79歳）。イタリアの詩人。1871生。

ターマン，ルイス・M　1956没（79歳）。アメリカの心理学者。1877生。

長谷健　はせけん　1957没（53歳）。昭和時代の小説家，児童文学者。東京作家クラブ事務局長。1904生。

フォイヒトヴァンガー，リーオン　1958没（74歳）。ドイツの小説家，劇作家。1884生。

北大路魯山人　きたおおじろさんじん　1959没（76歳）。大正・昭和時代の陶芸家，料理研究家。1883生。

中島弥団次　なかじまやだんじ　1962没（76歳）。大正・昭和時代の官僚，政治家。衆議院議員。1886生。

黄炎培　こうえんばい　1965没（86歳）。中国の教育家，政治家。1879生。

沢木興道　さわきこうどう　1965没（85歳）。明治〜昭和時代の僧侶（曹洞宗），仏教学者。駒沢大学教授。1880生。

森於菟　もりおと　1967没（77歳）。大正・昭和時代の解剖学者，随筆家。1890生。

福田雅之助　ふくだまさのすけ　1974没（77歳）。大正・昭和時代のテニス選手，テニス評論家。1897生。

カイヨワ，ロジェ　1978没（65歳）。フランスの評論家。1913生。

佐野周二　さのしゅうじ　1978没（66歳）。昭和時代の俳優。1912生。

ウスチーノフ　1984没（76歳）。ソ連の政治家。1908生。

坂崎乙郎　さかざきおつろう　1985没（57歳）。昭和時代の美術評論家，美術史家。早稲田大学教授。1928生。

藤原釜足　ふじわらかまたり　1985没（80歳）。昭和時代の俳優。1905生。

増田甲子七　ますだかねしち　1985没（87歳）。昭和時代の政治家，弁護士。衆議院議員，防衛庁長官。1898生。

ティンバーゲン，ニコラース　1988没（81歳）。オランダ生まれのイギリスの動物行動学者。1907生。

ミルスタイン，ネイサン　1992没（87歳）。ロシアのヴァイオリニスト。1904生。

千田是也　せんだこれや　1994没（90歳）。昭和・平成時代の俳優，演出家。劇団俳優座代表，日本演出家協会理事長。1904生。

曾宮一念　そみやいちねん　1994没（101歳）。大正・昭和時代の画家，随筆家。1893生。

冨田博之　とみたひろゆき　1994没（72歳）。昭和・平成時代の演劇評論家。白百合女子大学教授，日本児童文学学会会長。1922生。

井野川潔　いのかわきよし　1995没（86歳）。昭和・平成時代の評論家。教育運動史研究会会長。1909生。

寺田透　てらだとおる　1995没（80歳）。昭和・平成時代の文芸評論家，フランス文学者。東京大学教授。1915生。

大川慶次郎　おおかわけいじろう　1999没（70歳）。昭和・平成時代の競馬評論家。1929生。

今西祐行　いまにしすけゆき　2004没（81歳）。昭和・平成時代の児童文学作家。1923生。

12月21日

12月22日

○出来事○ 日本初の内閣発足（1885）
労働組合法公布（1945）
ルーマニア革命（1989）

和帝（後漢）　わてい　105没（26歳）。中国，後漢の第4代皇帝（在位88～105）。79生。

持統天皇　じとうてんのう　703没（59歳）。第41代の天皇。645生。

多治比長野　たじひのながの　789没（84歳）。奈良時代の官人。706生。

小野篁　おののたかむら　853没（52歳）。平安時代前期の漢学者，歌人，公卿。802生。

円宗　えんしゅう　883没。平安時代前期の僧。

東三条院　ひがしさんじょういん　1002（閏12月）没（41歳）。平安時代中期の女性。一条天皇の母。962生。

慶祚　けいそ　1020没（68歳）。平安時代中期の天台宗の僧。953生。

平広常　たいらのひろつね　1183没。平安時代後期の武士，大豪族。

エギディウス（ローマの）　1316没（73?歳）。イタリアのアウグスティヌス会士，スコラ哲学者，神学者。1243頃生。

コロンナ　1316没（69歳）。イタリアの神学者。1247生。

宗峰妙超　しゅうほうみょうちょう　1338没（57歳）。鎌倉時代後期・南北朝時代の僧。1282生。

道昭　どうしょう　1356没（76歳）。鎌倉時代後期・南北朝時代の僧。1281生。

中御門宗重　なかみかどむねしげ　1367没（64歳）。鎌倉時代後期・南北朝時代の公卿。1304生。

大川通衍　だいせんつうえん　1421没。室町時代の臨済宗の僧。

飛鳥井雅親　あすかいまさちか　1491没（75歳）。室町時代・戦国時代の歌人，公卿。1417生。

滋野井教国　しげのいのりくに　1500没（66歳）。室町時代・戦国時代の公卿。1435生。

明江徳舜　みょうこうとくしゅん　1505没。戦国時代の曹洞宗の僧。

ピルクハイマー，ヴィリバルト　1530没（60歳）。ドイツの人文主義者。1470生。

モレット　1554没（56?歳）。イタリアの画家。1498頃生。

アッコラムボニ　1585没（28歳）。イタリアの女流詩人。1557生。

飛鳥井雅庸　あすかいまさつね　1616没（48歳）。安土桃山時代・江戸時代前期の歌人，公家。1569生。

堀忠俊　ほりただとし　1622没（27歳）。江戸時代前期の大名。1596生。

皆川広照　みながわひろてる　1627没（80歳）。安土桃山時代・江戸時代前期の大名。1548生。

シュリー，マクシミリアン・ド・ベテューン，公爵　1641没（81歳）。フランスの政治家。1560生。

ゲルチーノ，イル　1666没（75歳）。イタリアの画家。1591生。

田中丘隅　たなかきゅうぐ　1730没（69歳）。江戸時代中期の農政家。1662生。

徳川宗尹　とくがわむねただ　1765没（45歳）。江戸時代中期の一橋家の初代当主。1721生。

慈雲　じうん　1805没（88歳）。江戸時代中期・後期の真言宗の僧。1718生。

モレーロス・イ・パボン，ホセ・マリア　1815没（50歳）。メキシコ独立運動の指導者。1765生。

本多利明　ほんだとしあき　1821没（79歳）。江戸時代中期・後期の経世家。1743生。

ウォラストン，ウィリアム・ハイド　1828没（62歳）。イギリスの化学者，物理学者。1766生。

田中伝左衛門（4代目）　たなかでんざえもん　1831没。江戸時代後期の歌舞伎囃子方。

宮薗千之（初代）　みやぞのせんし　1835没。江戸時代後期の宮薗節の三味線方。

為永春水（初代）　ためながしゅんすい　1844没（55歳）。江戸時代後期の人情本・読本・合巻作者。1790生。

豊沢広助（3代目）　とよざわひろすけ　1846没（41歳）。江戸時代後期の人形浄瑠璃三味線方。1806生。

塙忠宝　はなわただとみ　1863没(57歳)。江戸時代末期の和学者。1807生。

ルソー，テオドール　1867没(55歳)。フランスの画家，版画家。1812生。

ベッケル，グスタボ・アドルフォ　1870没(34歳)。スペインの詩人。1836生。

エリオット，ジョージ　1880没(61歳)。イギリスの女流作家。1819生。

グリゴローヴィチ，ドミートリー・ワシリエヴィチ　1899没(77歳)。ロシアの作家。1822生。

ムーディ，ドワイト・ライマン　1899没(62歳)。アメリカの福音伝道者。1837生。

クラフト-エービング，リヒャルト，男爵　1902没(62歳)。ドイツの精神病学者。1840生。

古沢滋　ふるさわしげる　1911没(65歳)。江戸・明治時代の政治家，民権論者。大阪日報社長。1847生。

メネリク2世　1913没(69歳)。エチオピアの皇帝(在位1889〜1913)。1844生。

西郷四郎　さいごうしろう　1922没(57歳)。明治時代の柔道家。1866生。

岡野敬次郎　おかのけいじろう　1925没(61歳)。明治・大正時代の法学者，政治家。帝国大学教授，文部大臣。1865生。

オストロフスキー，ニコライ・アレクセーヴィチ　1936没(32歳)。ソ連の作家。1904生。

ケロッグ，フランク・B　1937没(81歳)。アメリカの政治家。1856生。

山崎紫紅　やまざきしこう　1939没(65歳)。明治・大正時代の劇作家。1875生。

ウェスト，ナサニエル　1940没(37歳)。アメリカの作家。1903生。

狩野亨吉　かのうこうきち　1942没(78歳)。明治時代の哲学者，教育者。1865生。

ポッター，ビアトリックス　1943没(77歳)。イギリスの童話作家，挿絵家。1866生。

ノイラート，オットー　1945没(63歳)。オーストリアの哲学者，社会学者。1882生。

ダムロッシュ，ヴァルター　1950没(88歳)。アメリカの指揮者。1862生。

河村黎吉　かわむられいきち　1952没(55歳)。大正・昭和時代の俳優。1897生。

ヘクシャー　1952没(73歳)。スウェーデンの経済史家。1879生。

加藤道夫　かとうみちお　1953没(35歳)。昭和時代の劇作家。1918生。

田熊常吉　たくまつねきち　1953没(81歳)。明治〜昭和時代の発明家，実業家。1872生。

高橋竜太郎　たかはしりゅうたろう　1967没(92歳)。昭和時代の実業家，政治家。大日本麦酒社長，参議院議員。1875生。

スターンバーグ，ヨーゼフ・フォン　1969没(75歳)。アメリカの映画監督。1894生。

浪花千栄子　なにわちえこ　1973没(65歳)。昭和時代の女優。1908生。

堀米庸三　ほりごめようぞう　1975没(62歳)。昭和時代の西洋史学者。東京大学教授。1913生。

水田三喜男　みずたみきお　1976没(71歳)。昭和時代の政治家。蔵相，通産相，衆院議員。1905生。

ティース，フランク　1977没(87歳)。ドイツの小説家，劇作家。1890生。

ザナック，ダリル・F　1979没(77歳)。アメリカの映画製作者。1902生。

沢村源之助(5代目)　さわむらげんのすけ　1982没(75歳)。昭和時代の歌舞伎役者。1907生。

白井鉄造　しらいてつぞう　1983没(83歳)。大正・昭和時代の演出家。宝塚歌劇団理事。1900生。

ヤンソンス，アルヴィド　1984没(70歳)。ソヴィエトの指揮者。1914生。

ベケット，サミュエル　1989没(83歳)。アイルランドの劇作家，小説家。1906生。

阿波野青畝　あわのせいほ　1992没(93歳)。大正・昭和時代の俳人。1899生。

乙羽信子　おとわのぶこ　1994没(70歳)。昭和・平成時代の女優。1924生。

川谷拓三　かわたにたくぞう　1995没(54歳)。昭和・平成時代の俳人。1941生。

ミード，ジェイムズ・エドワード　1995没(88歳)。イギリスの経済学者。1907生。

若城希伊子　わかしろきいこ　1998没(71歳)。昭和・平成時代の脚本家，小説家。1927生。

千田夏光　せんだかこう　2000没(76歳)。昭和・平成時代の評論家，ノンフィクション作家。1924生。

加藤シヅエ　かとうしづえ　2001没(104歳)。昭和・平成時代の女性運動家，政治家。日本家族計画連盟会長，家族計画国際協力財団会長，衆院議員(社会党)，参院議員。1897生。

ストラマー，ジョー　2002没(50歳)。イギリスのロック歌手。1952生。

コラー，ハンス　2003没(82歳)。ドイツのテナーサックス，クラリネット奏者。1921生。

12月22日

12月23日

○記念日○ テレホンカードの日
　　　　　天皇誕生日
○出来事○ A級戦犯7人絞首刑(1948)
　　　　　東京タワー完成(1958)

定恵　じょうえ　666没(24歳)。飛鳥時代の僧。643生。

円方女王　まどかたのじょう　774没。奈良時代の女性。長屋王の娘。

河内女王　かわちのじょう　779没。奈良時代の女性。高市皇子の娘。

光仁天皇　こうにんてんのう　782没(74歳)。第49代の天皇。709生。

賢誉　けんせん　1112没(84歳)。平安時代中期・後期の天台宗の僧。1029生。

イーヴォ・ド・シャルトル　1117没(77?歳)。聖人、神学者。1040頃生。

藤原仲実　ふじわらのなかざね　1121没。平安時代後期の公卿。

トールラク・トールハルソン　1193没(60歳)。アイスランドの司教、聖人。1133生。

中院通成　なかのいんみちなり　1287没(66歳)。鎌倉時代後期の公卿。1222生。

上杉清子　うえすぎきよこ　1343没。鎌倉時代後期・南北朝時代の女性。足利尊氏・直義兄弟の母。

ヨハン・フォン・ノイマルクト　1380没(70?歳)。ドイツの人文主義者、カルル4世の枢機官。1310頃生。

大中臣基直　おおなかとみのもとなお　1393没。南北朝時代の神官。

ユーダル、ニコラス　1556没(52歳)。イギリスの劇作家。1504生。

デュブール、アーン　1559没(39?歳)。フランスのプロテスタント殉教者。1520頃生。

フォスカラーリ、エギディオ　1564没(51歳)。イタリアの宗教改革期カトリック聖職者。1512生。

津田算長　つだかずなが　1567没。戦国時代の砲術家。

津田監物　つだけんもつ　1568没。戦国時代の武将。

ジルヴァン、ヨハネス　1572没。ドイツの反三位一体論者。

高倉永相　たかくらながすけ　1585没(56歳)。戦国時代・安土桃山時代の公卿。1530生。

東坊城盛長　ひがしぼうじょうもりなが　1607没(70歳)。安土桃山時代・江戸時代前期の公家。1538生。

谷衛友　たにもりとも　1628没(66歳)。安土桃山時代・江戸時代前期の武将、大名。1563生。

ドレイトン、マイケル　1631没(68歳)。イギリスの詩人。1563生。

コットン、ジョン　1652没(67歳)。イギリスの牧師。1585生。

木下順庵　きのしたじゅんあん　1699没(79歳)。江戸時代前期の儒学者。1621生。

細井広沢　ほそいこうたく　1736没(79歳)。江戸時代前期・中期の儒者、書家。1658生。

無著道忠　むじゃくどうちゅう　1744没(92歳)。江戸時代前期・中期の臨済宗の僧。1653生。

鶴屋南北(2代目)　つるやなんぼく　1762没(62歳)。江戸時代中期の歌舞伎役者。1701生。

エペ、シャルル・ミシェル、アベ・ド・ラ　1789没(77歳)。フランスの聾唖教育家。1712生。

石川大浪　いしかわたいろう　1817没(53歳)。江戸時代後期の洋風画家。1765生。

渡辺重名　わたなべしげな　1831没(73歳)。江戸時代中・後期の国学者、豊前中津藩校進脩館教授。1759生。

ベルシェ、ジョヴァンニ　1851没(57歳)。イタリアの詩人。1783生。

オブライエン　1864没(59歳)。アイルランドの社会運動家、雑誌編集者。1805生。

ポンスレ、ジャン-ヴィクトール　1867没(79歳)。フランスの数学者、機械工学者。1788生。

グリムケ、セアラ・ムーア　1873没(81歳)。アメリカの奴隷廃止運動家。1792生。

トカチョーフ、ピョートル・ニキーチチ　1885没(41歳)。ロシアの革命家、ナロードニキの理論家。1844生。

ゲルバー　1891没(68歳)。ドイツの法学者、政治家。1823生。

毛利元徳　もうりもとのり　1896没(58歳)。江戸・明治時代の山口藩主。貴族院議員、公爵。1839生。

ギルバート　1901没(84歳)。イギリスの農芸化学者。1817生。

ジャンセン，ピエール・ジュール・セザール　1907没(83歳)。フランスの天体物理学者。1824生。

船越衛　ふなこしまもる　1913没(74歳)。江戸・明治時代の広島藩士、官僚。貴族院議員、男爵。1840生。

楠本碩水　くすもとせきすい　1916没(85歳)。江戸・明治時代の儒学者。平戸藩維新館教授。1832生。

青山胤通　あおやまたねみち　1917没(59歳)。明治・大正時代の医学者。東京帝国大学教授、男爵。1859生。

野村素介　のむらもとすけ　1927没(86歳)。明治〜昭和時代の官吏、政治家。男爵。1842生。

高畠素之　たかばたけもとゆき　1928没(43歳)。大正時代の国家社会主義者。1886生。

ラプラード，ピエール　1931没(56歳)。フランスの画家、版画家。1875生。

藤沢利喜太郎　ふじさわりきたろう　1933没(73歳)。明治・大正時代の数理学者。東京帝国大学教授、貴族院議員。1861生。

ミュラー　1934没(84歳)。ドイツの心理学者。1850生。

ヘリック，ロバート　1938没(70歳)。アメリカの小説家、英文学者。1868生。

フォッカー，アントニー・ヘルマン・ゲラルト　1939没(49歳)。オランダの航空設計家、飛行機製作者。1890生。

板垣征四郎　いたがきせいしろう　1948没(64歳)。大正・昭和時代の陸軍軍人。大将。1885生。

木村兵太郎　きむらへいたろう　1948没(61歳)。昭和時代の陸軍軍人。1888生。

土肥原賢二　どいはらけんじ　1948没(66歳)。昭和時代の陸軍軍人。1883生。

東条英機　とうじょうひでき　1948没(65歳)。昭和時代の陸軍軍人、政治家。太平洋戦争開戦時の首相、陸相、内相。1884生。

広田弘毅　ひろたこうき　1948没(71歳)。大正・昭和時代の外交官、政治家。総理大臣。1878生。

松井石根　まついいわね　1948没(71歳)。大正・昭和時代の陸軍軍人。大将。1878生。

武藤章　むとうあきら　1948没(57歳)。昭和時代の陸軍軍人。中将。1892生。

鹿子木員信　かのこぎかずのぶ　1949没(66歳)。大正・昭和時代の思想家。ベルリン大学教授。1884生。

エロシェンコ，ワシーリー・ヤーコヴレヴィチ　1952没(62歳)。ロシアの盲目詩人、童話作家。1889生。

ハリファックス，エドワード・フレデリック・リンドリー・ウッド，初代伯爵　1959没(78歳)。イギリスの政治家。1881生。

瀬戸英一(2代目)　せとえいいち　1962没(61歳)。昭和時代の舞台俳優。1901生。

板倉卓造　いたくらたくぞう　1963没(84歳)。明治〜昭和時代のジャーナリスト、国際法学者。1879生。

ドーデラー，ハイミート・フォン　1966没(70歳)。オーストリアの小説家。1896生。

武藤糸治　むとういとじ　1970没(67歳)。昭和時代の実業家。鐘紡社長。1903生。

ツポレフ，アンドレイ　1972没(84歳)。ソ連の空軍将校、航空機設計技術者。1888生。

カイパー，ジェラード・ピーター　1973没(68歳)。アメリカの天文学者。1905生。

高木市之助　たかぎいちのすけ　1974没(86歳)。大正・昭和時代の国文学者。1888生。

原田淑人　はらだよしと　1974没(89歳)。大正・昭和時代の考古学者。1885生。

大宮敏充　おおみやとしみつ　1976没(63歳)。昭和時代の喜劇俳優。デン助劇団座長。1913生。

土方定一　ひじかたていいち　1980没(75歳)。昭和時代の美術評論家、美術史家。神奈川県立近代美術館館長。1904生。

浦松佐美太郎　うらまつさみたろう　1981没(80歳)。昭和時代の評論家、登山家。1901生。

荒川秀俊　あらかわひでとし　1984没(77歳)。昭和時代の気象学者。1907生。

クルシェネック，エルンスト　1991没(91歳)。ユダヤ系アメリカの作曲家。1900生。

村川堅太郎　むらかわけんたろう　1991没(84歳)。昭和時代の西洋史学者。1907生。

ルイバコフ，アナトーリー・ナウモヴィチ　1998没(87歳)。ソ連の小説家。1911生。

マイヨール，ジャック　2001没(74歳)。フランスのフリーダイバー。1927生。

12月23日

12月24日

○記念日○ クリスマスイブ
学校給食記念日
締めの地蔵
○出来事○ アポロ8号世界初の月周回飛行（1968）

ゲオルギオス（カッパドキアの） 361没。アリウス派の司教。
シシニオス1世 427没。コンスタンティノポリスの総主教、聖人。
会理 えり 936没（85歳）。平安時代前期・中期の真言宗の僧。852生。
菅原輔正 すがわらのすけまさ 1009没（85歳）。平安時代中期の文人、公卿。925生。
藤原実季 ふじわらのさねすえ 1091没（57歳）。平安時代中期・後期の公卿。1035生。
源行宗 みなもとのゆきむね 1143没（80歳）。平安時代後期の歌人・公卿。1064生。
藤原家明 ふじわらのいえあき 1172没（45歳）。平安時代後期の公卿。1128生。
藤原多子 ふじわらのまさるこ 1202没（63歳）。平安時代後期・鎌倉時代前期の女性。近衛天皇の皇后。1140生。
久我通忠 こがみちただ 1250没（35歳）。鎌倉時代前期の公卿。1216生。
ジョワンヴィル，ジャン・ド 1317没（93?歳）。フランス，ジョアンビルの領主，年代記作者。1224頃生。
少弐頼尚 しょうによりひさ 1372没（79歳）。鎌倉時代後期・南北朝時代の武将，太宰少弐。1294生。
三条公忠 さんじょうきんただ 1384没（39歳）。南北朝時代の公卿。1346生。
ダンスタブル，ジョン 1453没（63?歳）。イギリスの作曲家。1390頃生。
佐竹義人 さたけよしひと 1468没（69歳）。室町時代の武将，常陸太田城城主，義盛の養嗣子。1400生。
庭田重親 にわただしげちか 1533没（39歳）。戦国時代の公卿。1495生。
コルドゥス，エウリキウス 1535没（49歳）。ドイツの人文主義者，医者。1486生。
尼子晴久 あまこはるひさ 1561没（48歳）。戦国時代の武将。1514生。

北小路俊直 きたこうじとしなお 1586没（57歳）。戦国時代・安土桃山時代の公卿。1530生。
デービソン 1608没（67?歳）。イギリスの政治家。1541頃生。
山中長俊 やまなかながとし 1608没（62歳）。安土桃山時代・江戸時代前期の武将，豊臣秀吉の演奏者，右筆。1547生。
石川忠総 いしかわただふさ 1651没（70歳）。江戸時代前期の大名。1582生。
京極高国 きょうごくたかくに 1676没（61歳）。江戸時代前期の大名。1616生。
樋口権右衛門 ひぐちごんえもん 1684没（84歳）。江戸時代前期の測量家，天文家。1601生。
礒村吉徳 いそむらよしのり 1711没。江戸時代中期の和算家。
モンフォーコン，ベルナール・ド 1741没（86歳）。フランスの古典学者，ベネディクト会修道士。1655生。
蝶夢 ちょうむ 1796没（65歳）。江戸時代中期の俳人。1732生。
バーロー，ジョーエル 1812没（58歳）。アメリカの詩人。1754生。
藤間勘十郎（2代目） ふじまかんじゅうろう 1841没（46歳）。江戸時代後期の劇場振付師。1796生。
バスティア 1850没（49歳）。フランスの経済学者，自由貿易論者。1801生。
宇宿彦右衛門 うじゅくひこえもん 1863没（44歳）。江戸時代末期の薩摩藩士。1820生。
サッカリー，ウィリアム・メイクピース 1863没（52歳）。イギリスの小説家。1811生。
スタントン，エドウィン 1869没（55歳）。アメリカの法律家，政治家。1814生。
ランキン，ウィリアム・ジョン・マッコーン 1872没（52歳）。イギリスの工学者，物理学者。1820生。

中村仲蔵(3代目)　なかむらなかぞう　1886没(78歳)。江戸・明治時代の歌舞伎役者。1809生。

古橋暉皃　ふるはしてるのり　1892没(66歳)。江戸・明治時代の篤農家。1827生。

小宮山綏介　こみやまやすすけ　1896没(68歳)。江戸・明治時代の漢学者。弘道館教授。1829生。

高山樗牛　たかやまちょぎゅう　1902没(32歳)。明治時代の評論家。1871生。

加藤正義　かとうまさよし　1923没(70歳)。明治・大正時代の官吏，実業家。湖南汽船社長。1854生。

ネヴェーロフ，アレクサンドル・セルゲーヴィチ　1923没(37歳)。ソ連の小説家。1886生。

中村彝　なかむらつね　1924没(38歳)。大正時代の洋画家。1887生。

郭松齢　かくしょうれい　1925没(41歳)。中国の軍閥。1884生。

沢柳政太郎　さわやなぎまさたろう　1927没(63歳)。明治・大正時代の教育家。東北帝国大学・京都帝国大学総長。1865生。

ベーフテレフ，ウラジーミル・ミハイロヴィチ　1927没(70歳)。ロシアの神経病理学者。1857生。

金素月　きんそげつ　1934没(32歳)。朝鮮の詩人。1902生。

ベルク，アルバン　1935没(50歳)。オーストリアの作曲家。1885生。

タウト，ブルーノ　1938没(58歳)。ドイツの建築家。1880生。

湯浅倉平　ゆあさくらへい　1940没(67歳)。大正・昭和時代の官僚，政治家。貴族院議員，内務大臣。1874生。

大江季雄　おおえすえお　1941没(28歳)。昭和時代の陸上選手。1914生。

中村吉蔵　なかむらきちぞう　1941没(65歳)。明治〜昭和時代の劇作家，演劇研究家。1877生。

バーリモント，コンスタンチン・ドミトリエヴィチ　1942没(75歳)。ロシアの詩人。1867生。

松本亦太郎　まつもとまたたろう　1943没(79歳)。明治〜昭和時代の心理学者。1865生。

白石元治郎　しらいしもとじろう　1945没(79歳)。明治〜昭和時代の実業家。1867生。

藤浪与兵衛(3代目)　ふじなみよへえ　1952没(61歳)。大正・昭和時代の演劇・舞踊の小道具方。1891生。

リントン，ラルフ　1953没(60歳)。アメリカの社会人類学者。1893生。

大川周明　おおかわしゅうめい　1957没(71歳)。大正・昭和時代の国家主義者。1886生。

ツァラ，トリスタン　1963没(67歳)。ルーマニア生れのフランスの詩人。1896生。

カサド，ガスパル　1966没(69歳)。スペインのチェリスト，作曲家。1897生。

柿内三郎　かきうちさぶろう　1967没(85歳)。明治〜昭和時代の生化学者。1882生。

デファント　1974没(90歳)。オーストリアの海洋学者，気象学者。1884生。

ベラスコ・アルバラード　1977没(67歳)。ペルーの軍人，政治家。1910生。

アラゴン，ルイ　1982没(85歳)。フランスの詩人，小説家，評論家。1897生。

美濃部亮吉　みのべりょうきち　1984没(80歳)。昭和時代の経済学者，政治家。参議院議員，東京都知事。1904生。

アッバース，フェルハト　1985没(86歳)。アルジェリア民族主義運動の指導者。1899生。

加藤唐九郎　かとうとうくろう　1985没(88歳)。大正・昭和時代の陶芸家。1897生。

佐々木更三　ささきこうぞう　1985没(85歳)。昭和時代の政治家。衆議院議員，日本社会党委員長。1900生。

松下正寿　まつしたまさとし　1986没(85歳)。大正・昭和時代の国際法学者，政治家。立教大学総長，参議院議員。1901生。

山田無文　やまだむもん　1988没(88歳)。昭和時代の僧。花園大学学長。1900生。

保科善四郎　ほしなぜんしろう　1991没(100歳)。大正・昭和時代の政治家，海軍中将。衆議院議員(自民党)。1891生。

オズボーン，ジョン　1994没(65歳)。イギリスの劇作家。1929生。

グエン・フウ・トオ　1996没(86歳)。ベトナム社会主義共和国の政治家。1910生。

三船敏郎　みふねとしろう　1997没(77歳)。昭和・平成時代の映画俳優。1920生。

クーヴ・ド・ミュルヴィル，モーリス　1999没(92歳)。フランスの外交官，政治家。1907生。

菅原謙次　すがわらけんじ　1999没(73歳)。昭和・平成時代の俳優。1926生。

12月24日

12月25日

○記念日○ クリスマス
　　　　　終い天神
○出来事○ 『およげ!たいやきくん』発売(1975)
　　　　　ソビエト連邦消滅(1991)

ハドリアヌス1世　795没。教皇(在位772～795)。
レオ5世　820没。ビザンチン皇帝(在位813～20)。
藤原尊子　ふじわらのそんし　1022没(39歳)。平安時代中期の女性。一条天皇の女御。984生。
マタエウス(アルバーノの)　1135没(50?歳)。フランスの司教枢機卿。1085頃生。
ペトルス・ヴェネラビリス　1156没(62?歳)。第8代目クリュニー大修道院長。1094頃生。
フーケ・ド・マルセイユ　1231没(76?歳)。プロヴァンス地方のトルバドゥール。1155頃生。
ペトルス・ノラスクス　1256没(67?歳)。カトリックの聖職者,聖人。1189頃生。
白雲慧暁　はくうんえぎょう　1298没(76歳)。鎌倉時代後期の臨済宗の僧。1223生。
ヤコポーネ・ダ・トーディ　1306没(76?歳)。イタリア13世紀最大の宗教詩人。1230頃生。
斯波家長　しばいえなが　1338没。鎌倉時代後期・南北朝時代の武将。
高山慈照　こうざんじしょう　1343没(78歳)。鎌倉時代後期・南北朝時代の禅僧。1266生。
土岐頼康　ときよりやす　1388没(71歳)。南北朝時代の武将,美濃・尾張・伊勢3カ国守護。1318生。
アマバハ,ヨハネス　1514没(69?歳)。ドイツの印刷業者。1445頃生。
永寿女王　えいじゅじょおう　1535没(17歳)。戦国時代の女性。後奈良天皇の第2皇女。1519生。
カールシュタット　1541没(61?歳)。ドイツのピューリタニズムの先駆者。1480頃生。
ビイー,ジャーク・ド　1581没(46歳)。フランスの教父学者,ベネディクト会士。1535生。
コメンドーネ,ジョヴァンニ・フランチェスコ　1584没(60歳)。イタリアの枢機卿,教皇使節。1524生。

グヴァルター,ルードルフ　1586没(67歳)。スイスの神学者,教会指導者。1519生。
ギーズ,アンリ,3代公爵　1588没(37歳)。フランスの将軍。1550生。
シャンプラン,サミュエル・ド　1635没(68歳)。フランスの探検家。1567生。
松平定綱　まつだいらさだつな　1652没(61歳)。江戸時代前期の大名。1592生。
キャヴェンディッシュ,ウィリアム,ニューカッスル公爵　1676没(84歳)。イギリスの貴族,軍人。1592生。
カラ・ムスタファ・パシャ　1683没(49歳)。オスマン・トルコの政治家。1634生。
馬場文耕　ばばぶんこう　1759没(42歳)。江戸時代中期の講釈師。1718生。
与謝蕪村　よさぶそん　1784没(69歳)。江戸時代中期の俳人,画家。1716生。
莅戸太華　のぞきだいか　1804没(70歳)。江戸時代中期・後期の出羽米沢藩士。1735生。
小石元俊　こいしげんしゅん　1809没(67歳)。江戸時代中期・後期の医師,解剖家。1743生。
フーシェ,ジョゼフ,オトラント公爵　1820没(61歳)。フランスの政治家。1759生。
原羊遊斎　はらようゆうさい　1846没(78歳)。江戸時代中期・後期の蒔絵師。1769生。
孝明天皇　こうめいてんのう　1867没(37歳)。第121代の天皇。1831生。
井上清直　いのうえきよなお　1868没(60歳)。江戸時代末期の幕府官僚,町奉行。1809生。
ロデンバック,ジョルジュ　1898没(43歳)。ベルギーの詩人。1855生。
シェッフレ　1903没(72歳)。ドイツの社会学者,経済学者,財政学者。1831生。
長田秋涛　おさだしゅうとう　1915没(45歳)。明治・大正時代のフランス文学者,劇作家。1871生。
コロレンコ,ウラジーミル・ガラクチオノヴィチ　1921没(68歳)。ロシアの小説家。1853生。

鈴木馬左也　すずきまさや　1922没(62歳)。明治・大正時代の官僚。1861生。
大正天皇　たいしょうてんのう　1926没(48歳)。第123代天皇。1879生。
小山内薫　おさないかおる　1928没(48歳)。明治・大正時代の演出，小説家。慶応義塾大学教授，松竹キネマ研究所。1881生。
サゾーノフ　1927没(67歳)。ロシアの外交官，政治家。1860生。
ゴルトシュタイン，オイゲン　1930没(80歳)。ドイツの物理学者。1850生。
ネルデケ，テーオドーア　1930没(94歳)。ドイツのセム語学者。1836生。
グリニャール，フランソワ　1935没(64歳)。フランスの化学者。1871生。
ブールジェ，ポール　1935没(83歳)。フランスの小説家，評論家。1852生。
チャペック，カレル　1938没(48歳)。チェコスロバキアの小説家，劇作家。1890生。
フィッシャー，テオドル　1938没(76歳)。ドイツの建築家。1862生。
マンギャン，アンリ　1943没(69歳)。フランスの画家。1874生。
片岡鉄兵　かたおかてっぺい　1944没(51歳)。昭和時代の小説家，評論家。1894生。
王克敏　おうこくびん　1945没(72歳)。中国の政治家。1873生。
ヴァルザー，ローベルト　1956没(78歳)。スイスの詩人，小説家。1878生。
矢内原忠雄　やないはらただお　1961没(68歳)。大正・昭和時代の経済学者。東京大学総長。1893生。
レーヴィ，オットー　1961没(88歳)。アメリカ(ドイツ生れ)の薬学者。1873生。
邵力子　しょうりきし　1967没(85歳)。中国の政治家。1882生。
倉田主税　くらたちから　1969没(80歳)。昭和時代の実業家。日立製作所会長。1889生。
ラージャゴーパーラーチャーリー　1972没(93歳)。インドの政治家。1879生。
イノニュ，イスメト　1973没(89歳)。トルコの政治家。1884生。
沢村宗十郎(8代目)　さわむらそうじゅうろう　1975没(67歳)。大正・昭和時代の歌舞伎役者。1908生。
江口隆哉　えぐちたかや　1977没(77歳)。昭和時代の舞踊家。1900生。
神谷正太郎　かみやしょうたろう　1980没(82歳)。昭和時代の経営者。トヨタ自動車販売社長。1898生。
顧頡剛　こけつごう　1980没(87歳)。中国の歴史学者。1893生。
デーニッツ，カール　1980没(89歳)。ドイツの海軍軍人。1891生。
ミロ，ジョアン　1983没(90歳)。スペインの画家。1893生。
宮川寅雄　みやがわとらお　1984没(76歳)。昭和時代の美術史家。1908生。
梅沢浜夫　うめざわはまお　1986没(72歳)。昭和時代の細菌学者，生化学者。1914生。
桃裕行　ももひろゆき　1986没(76歳)。昭和時代の日本史学者。東京大学教授。1910生。
大岡昇平　おおおかしょうへい　1988没(79歳)。昭和時代の小説家，フランス文学者。1909生。
チャウシェスク，エレナ　1989没(70歳)。ルーマニアの元首チャウシェスクの妻。1919生。
チャウシェスク，ニコラエ　1989没(71歳)。ルーマニアの政治家，国家評議会議長(元首)。1918生。
逸見政孝　いつみまさたか　1993没(48歳)。昭和・平成時代の司会者，アナウンサー。1945生。
矢野健太郎　やのけんたろう　1993没(81歳)。昭和時代の数学者。1912生。
伊達秋雄　だてあきお　1994没(85歳)。昭和・平成時代の裁判官，法学者。1909生。
マーチン，ディーン　1995没(78歳)。アメリカのポピュラー歌手，映画俳優。1917生。
ストレーレル，ジョルジョ　1997没(76歳)。イタリアの演出家。1921生。
中村真一郎　なかむらしんいちろう　1997没(79歳)。昭和・平成時代の小説家，文芸評論家。1918生。
東敦子　あずまあつこ　1999没(63歳)。昭和・平成時代の声楽家。1936生。
池田貴族　いけだきぞく　1999没(36歳)。平成時代のミュージシャン，評論家。1963生。
クワイン，ウィラード・ヴァン・オーマン　2000没(92歳)。アメリカの論理学者，哲学者。1908生。
浜口陽三　はまぐちようぞう　2000没(91歳)。昭和・平成時代の版画家。1909生。

12月25日

12月26日

○記念日○　プロ野球誕生の日
○出来事○　「報知新聞」発刊（1894）
　　　　　シンザンが5冠制す（1965）

ディオニシウス　268没。教皇（在位259～268）。

ゾーシムス　418没。聖人（祝日12.26.），教皇（在位417～418）。

芳子内親王　ほうしないしんのう　838没。平安時代前期の女性。嵯峨天皇の第5皇女。

エルメンリヒ（パッサウの）　874没（60?歳）。ドイツのベネディクト会士，パッサウの司教。814頃生。

源直　みなもとのなおし　899没（70歳）。平安時代前期の公卿。830生。

幸金　こうこん　1288没。鎌倉時代後期の天台宗の僧。

萵助　ちょうじょ　1290没（74歳）。鎌倉時代後期の僧。1217生。

園基顕　そのもとあき　1318没（81歳）。鎌倉時代後期の公卿。1238生。

壺天玄晟　こてんげんじょう　1430没。室町時代の曹洞宗の僧。

スフォルツァ，ガレアッツォ・マリア　1476没（32歳）。ミラノ公。1444生。

妙慶　みょうけい　1493没（72歳）。室町時代・戦国時代の曹洞宗の僧。1422生。

中院通世　なかのいんみちよ　1519没（55歳）。戦国時代の公卿。1465生。

バーブル，ザヒールッディーン・ムハンマド　1530没（47歳）。インド，ムガル帝国の創始者（在位1526～30）。1483生。

ピギウス，アルベルトゥス　1542没（52?歳）。オランダのカトリック神学者，人文主義者。1490頃生。

ギーズ，シャルル・ド・ロレーヌ　1574没（50歳）。フランスの司教。1524生。

マリウス　1624没（51歳）。ドイツの天文学者。1573生。

半井卜養　なからいぼくよう　1679没（73歳）。江戸時代前期の狂歌師，俳人。1607生。

貝原東軒　かいばらとうけん　1713没（62歳）。江戸時代中期の女性。学者。1652生。

住友友芳　すみともともよし　1720没（51歳）。江戸時代中期の鉱業家。1670生。

カルダーラ，アントニオ　1736没（66歳）。イタリアの作曲家。1670生。

エルヴェシウス，クロード－アドリヤン　1771没（56歳）。フランスの哲学者。1715生。

ゴッツィ，ガスパロ　1786没（73歳）。イタリアの詩人。1713生。

ウィルクス，ジョン　1797没（70歳）。イギリスの急進主義政論家，政治家。1727生。

足立長雋　あだちちょうしゅん　1837没（63歳）。江戸時代後期の西洋産科医。1775生。

古今亭志ん生（初代）　ここんていしんしょう　1856没（48歳）。江戸時代後期の落語家。1809生。

ガズデン，ジェイムズ　1858没（70歳）。アメリカの政治家。1788生。

河合総兵衛　かわいそうべえ　1864没（49歳）。江戸時代末期の志士。1816生。

黒川春村　くろかわはるむら　1867没（69歳）。江戸時代後期の国学者，狂歌師。1799生。

プラーガ，エミーリオ　1875没（36歳）。イタリアの詩人，画家。1839生。

アベジャネーダ　1885没（48歳）。アルゼンチンの政治家，大統領（1874～80）。1837生。

岡本健三郎　おかもとけんざぶろう　1885没（44歳）。明治時代の実業家，民権論者。太政権判事。1842生。

オッポルツァー　1886没（45歳）。オーストリアの理論天文学者。1841生。

シュリーマン，ハインリヒ　1890没（68歳）。ドイツの考古学者。1822生。

シェルシェル　1893没（89歳）。フランスの政治家。1804生。

デュ・ボワ－レモン，エーミール　1896没（78歳）。ドイツの動物生理学者。1818生。

島津忠義　しまづただよし　1897没（58歳）。江戸・明治時代の鹿児島藩主，公爵。1840生。

原田直次郎　はらだなおじろう　1899没（37歳）。明治時代の洋画家。1863生。

744

ラムルー, シャルル　1899没(65歳)。フランスの音楽家。1834生。

長谷信篤　ながたにのぶあつ　1902没(85歳)。江戸・明治時代の公卿, 政治家。貴族院議員, 子爵。1818生。

古川太四郎　ふるかわたしろう　1907没(63歳)。明治時代の盲唖教育者。大阪盲唖院院長。1845生。

レミントン, フレデリック　1909没(48歳)。アメリカの画家, 彫刻家。1861生。

ゴーチエ, ジュディット　1917没(67歳)。フランスの女流小説家。1850生。

小松原英太郎　こまつばらえいたろう　1919没(68歳)。明治・大正時代の新聞人, 政治家。文部大臣, 枢密顧問官。1852生。

富士田音蔵(5代目)　ふじたおとぞう　1928没(55歳)。明治・大正時代の長唄唄方。1874生。

デューイ, メルヴィル　1931没(80歳)。アメリカの図書館員。1851生。

田口運蔵　たぐちうんぞう　1933没(42歳)。大正・昭和時代の社会運動家。1892生。

ルナチャルスキー, アナトーリー・ワシリエヴィチ　1933没(58歳)。ソ連の評論家。1875生。

安藤和風　あんどうわふう　1936没(71歳)。明治～昭和時代のジャーナリスト, 俳人。秋田魁新報社長。1866生。

チッテンデン, ラッセル・ヘンリー　1943没(87歳)。アメリカの生理化学者。1856生。

木村富子　きむらとみこ　1944没(55歳)。大正・昭和時代の劇作家。1890生。

吉江琢児　よしえたくじ　1947没(74歳)。明治～昭和時代の数学者。1874生。

小寺房治郎　こでらふさじろう　1949没(78歳)。明治～昭和時代の化学者。1872生。

青山杉作　あおやますぎさく　1956没(67歳)。大正・昭和時代の演出家, 俳優。1889生。

和辻哲郎　わつじてつろう　1960没(71歳)。大正・昭和時代の哲学者, 倫理学者。東京帝国大学教授。1889生。

小倉武之助　おぐらたけのすけ　1964没(94歳)。明治～昭和時代の実業家。1870生。

西田直二郎　にしだなおじろう　1964没(78歳)。大正・昭和時代の日本史学者。京都帝国大学教授, 京都女子大学教授。1886生。

上田仁　うえだまさし　1966没(62歳)。昭和時代の指揮者, ファゴット奏者。1904生。

シュティレ　1966没(90歳)。ドイツの地質学者。1876生。

川上三太郎　かわかみさんたろう　1968没(77歳)。大正・昭和時代の川柳作家。1891生。

ラトゥアレット, ケネス・スコット　1968没(84歳)。アメリカの東洋学者, 歴史家, バプテスト教会宣教師。1884生。

下飯坂潤夫　しもいいざかますお　1971没(77歳)。大正・昭和時代の裁判官。最高裁判所判事。1894生。

飯田蝶子　いいだちょうこ　1972没(75歳)。大正・昭和時代の女優。1897生。

トルーマン, ハリー・S　1972没(88歳)。アメリカの政治家, 第33代大統領(1945～53)。1884生。

岡田要　おかだよう　1973没(82歳)。大正・昭和時代の動物学者。東京帝国大学教授, 国立科学博物館長。1891生。

船木枳郎　ふなきしろう　1973没(70歳)。昭和時代の児童文学評論家。1903生。

ドレーパー　1974没(80歳)。アメリカの実業家。1894生。

ヤシパール　1976没(73歳)。インドのヒンディー語小説家, 編集者。1903生。

ハッセ　1979没(81歳)。ドイツの数学者。1898生。

アイリング, ヘンリー　1981没(80歳)。アメリカの物理化学者。1901生。

中谷千代子　なかたにちよこ　1981没(51歳)。昭和時代の童画家。1930生。

福田勝治　ふくだかつじ　1991没(92歳)。昭和時代の写真家。1899生。

諏訪優　すわゆう　1992没(67歳)。昭和・平成時代の詩人。日本福祉大学教授。1925生。

竹内昭夫　たけうちあきお　1996没(67歳)。昭和・平成時代の商法学者。東京大学教授, 筑波大学教授。1929生。

白洲正子　しらすまさこ　1998没(88歳)。昭和・平成時代の随筆家, 評論家。こうげい社社長。1910生。

白井義男　しらいよしお　2003没(80歳)。昭和・平成時代のプロボクサー, ボクシング評論家。1923生。

ペトローフ, イワン・イワーノヴィチ　2003没(83歳)。ソヴィエトのバス歌手。1920生。

石垣りん　いしがきりん　2004没(84歳)。昭和・平成時代の詩人。1920生。

フォード, ジェラルド　2006没(93歳)。アメリカの第38代大統領。1913生。

12月26日

12月27日

○記念日○ 浅草仲見世記念日
○出来事○ 往復ハガキ発行(1884)
国民所得倍増計画を発表(1960)
ソ連軍、アフガン侵攻(1979)

アエネーアス(パリの) 870没。禿頭王カール2世の宮廷記録官(843〜56)、パリ司教(56〜没年)。

小野道風 おののとうふう 967没(74歳)。平安時代中期の能書家、公卿。894生。

フェルナンド1世 1065没(49?歳)。カスティリア王(在位1035〜65)、レオン王(37〜65)。1016頃生。

山内首藤俊綱 やまのうちすどうとしつな 1159没。平安時代後期の武士。

藤原信頼 ふじわらののぶより 1160没(28歳)。平安時代後期の公卿。1133生。

藤原実長 ふじわらのさねなが 1183没(56?歳)。平安時代後期の公卿。1128頃生。

近衛家実 このえいえざね 1243没(65歳)。鎌倉時代前期の公卿。1179生。

宏弁若訥 こうべんじゃくとつ 1293没(77歳)。鎌倉時代後期の臨済宗の僧。1217生。

神仙門院 しんせんもんいん 1301没(71歳)。鎌倉時代の女性。後堀河天皇の皇女。1231生。

度会行忠 わたらいゆきただ 1306(閏12月)没(71歳)。鎌倉時代後期の祠官。1236生。

六条有忠 ろくじょうありただ 1339没(59歳)。鎌倉時代後期・南北朝時代の公卿。1281生。

エーブナー、クリスティーナ 1356没(79歳)。ドイツのドミニコ会修道女、神秘家。1277生。

通陽門院 つうようもんいん 1407没(57歳)。南北朝時代・室町時代の女性。後小松天皇の母。1351生。

二条満基 にじょうみつもと 1410没(28歳)。室町時代の公卿。1383生。

直伝正祖 じきでんしょうそ 1446没。室町時代の曹洞宗の僧。

上杉憲忠 うえすぎのりただ 1455没(23歳)。室町時代の武将、関東管領。1433生。

後花園天皇 ごはなぞのてんのう 1471没(53歳)。第102代の天皇。1419生。

ジャンノッティ 1573没(81歳)。イタリアの文学者、外交官。1492生。

有馬義貞 ありまよしさだ 1576没(56歳)。戦国時代・安土桃山時代の武将。1521生。

水野信元 みずののぶもと 1576没。戦国時代・安土桃山時代の武将。

ロンサール、ピエール・ド 1585没(61歳)。フランスの詩人。1524生。

西笑承兌 せいしょうじょうたい 1607没(60歳)。安土桃山時代・江戸時代前期の臨済宗夢窓派の僧。1548生。

マビヨン、ジャン 1707没(75歳)。フランスの文献学者。1632生。

水野忠任 みずのただとう 1812没(77歳)。江戸時代中期・後期の大名。1736生。

坂東三津五郎(3代目) ばんどうみつごろう 1832没(58歳)。江戸時代後期の歌舞伎役者。1775生。

ラム、チャールズ 1834没(59歳)。イギリスの随筆家。1775生。

ネクラーソフ、ニコライ・アレクセーヴィチ 1877没(56歳)。ロシアの詩人。1821生。

正親町公董 おおぎまちきんただ 1879没(41歳)。江戸・明治時代の公家、陸軍軍人。奥羽追討総督府参謀。1839生。

得能良介 とくのうりょうすけ 1883没(59歳)。明治時代の官僚。紙幣局長。1825生。

コンシデラン、ヴィクトール 1893没(85歳)。フランスの社会主義者。1808生。

フランチェスコ2世 1894没(58歳)。両シチリア国王、最後のナポリ王(在位1859〜61)。1836生。

アームストロング、ウィリアム・ジョージ、男爵 1900没(90歳)。イギリスの発明家、企業家。1810生。

江口三省 えぐちさんせい 1900没(43歳)。明治時代の新聞記者、政治家。衆議院議員。1858生。

畔上楳仙 あぜがみばいせん 1901没(77歳)。江戸・明治時代の曹洞宗僧侶。大本山総持寺

独住二世貫首。1825生。
依田学海　よだがくかい　1909没（77歳）。明治時代の演劇評論家，劇作家。1833生。
ホール，チャールズ・マーティン　1914没（51歳）。アメリカの化学者，冶金学者。1863生。
リス・デーヴィッズ　1922没（79歳）。イギリスの仏教学者。1843生。
アーチャー，ウィリアム　1924没（68歳）。イギリスの演劇評論家。1856生。
バクスト，レオン　1924没（58歳）。ロシアの舞台装置家。1866生。
宝井馬琴（4代目）　たからいばきん　1928没（77歳）。明治・大正時代の講談師。1852生。
リース，ルートウィヒ　1928没（67歳）。ユダヤ系ドイツ人の歴史学者。1861生。
ヤールネフェルト，アルヴィッド　1932没（71歳）。ソ連生れのフィンランドの小説家。1861生。
ゼークト　1936没（70歳）。ドイツの軍人。1866生。
ゲイル，ゾーナ　1938没（64歳）。アメリカの女流小説家。1874生。
ブリッジズ　1938没（49歳）。アメリカの遺伝学者。1889生。
マンデリシターム，オーシプ・エミリエヴィチ　1938没（47歳）。ソ連の詩人。1891生。
ベックマン，マックス　1950没（66歳）。ドイツの画家。1884生。
トゥヴィム，ユリアン　1953没（59歳）。ポーランドの詩人。1894生。
清野謙次　きよのけんじ　1955没（70歳）。大正・昭和時代の病理学者，人類学者。京都大学教授，東京医科大学教授。1885生。
砂田重政　すなだしげまさ　1957没（73歳）。大正・昭和時代の政治家，弁護士。衆議院議員（自民党），全国遺族援護協議会会長。1884生。
山崎猛　やまざきたけし　1957没（71歳）。大正・昭和時代の政治家。衆議院議長，内相，運輸相，民主自由党幹事長。1886生。
レイエス，アルフォンソ　1959没（70歳）。メキシコの批評家，作家。1889生。
北村喜八　きたむらきはち　1960没（62歳）。大正・昭和時代の演出家，演劇評論家。国際演劇協会日本センター理事長。1898生。
プレオブラジェンスカ　1962没（92歳）。ロシアの舞踊家。1870生。
キースラー，フレデリック・ジョン　1965没（69歳）。アメリカの建築家。1896生。

バージェス　1966没（80歳）。アメリカの都市社会学者。1886生。
シェルフォード　1968没（91歳）。アメリカの動物学者。1877生。
大谷竹次郎　おおたにたけじろう　1969没（92歳）。明治～昭和時代の実業家，演劇興行主。松竹社長。1877生。
ピアソン，レスター・ボールズ　1972没（75歳）。カナダの政治家。1897生。
大類伸　おおるいのぶる　1975没（91歳）。大正・昭和時代の歴史学者。日本女子大教授，明治大学教授。1884生。
ガリマール　1975没（94歳）。フランスの大出版社の創業者。1881生。
高田稔　たかだみのる　1977没（78歳）。大正・昭和時代の俳優。1899生。
渡辺照宏　わたなべしょうこう　1977没（70歳）。昭和時代の仏教学者。成田山仏教研究所首席研究員。1907生。
ブーメディエン，ウアリ　1978没（51歳）。アルジェリアの軍人，政治家。1927生。
嵐璃珏（5代目）　あらしりかく　1980没（80歳）。明治～昭和時代の歌舞伎役者。1900生。
山田盛太郎　やまだもりたろう　1980没（83歳）。大正・昭和時代の経済学者。東京大学教授。1897生。
カーマイケル，ホーギー　1981没（82歳）。アメリカのジャズ・ピアニスト，作曲家，俳優。1899生。
恩地三保子　おんちみおこ　1984没（67歳）。昭和時代の翻訳家。1917生。
アリー，レーウィ　1987没（90歳）。ニュージーランドの工業家。1897生。
椋鳩十　むくはとじゅう　1987没（82歳）。昭和時代の児童文学作家。1905生。
ボイル，ケイ　1992没（90歳）。アメリカの女流小説家・詩人。1902生。
駒田信二　こまだしんじ　1994没（80歳）。昭和・平成時代の小説家，中国文学者。桜美林大学教授，早稲田大学客員教授。1914生。
松井やより　まついやより　2002没（68歳）。昭和・平成時代のジャーナリスト。1934生。
ベイツ，アラン　2003没（69歳）。イギリスの俳優。1934生。
ブット，ベナジル　2007没（54歳）。パキスタンの首相。1953生。

12月27日

12月28日

○記念日○ シネマトグラフの日
　　　　　身体検査の日
○出来事○ お七火事（1682）
　　　　　大日本相撲協会設立（1925）

高野新笠　たかののにいがさ　790没。奈良時代の女性。光仁天皇の妃。

レイドラドゥス（リヨンの）　817没。リヨンの大司教。

守印　しゅいん　843没（61歳）。平安時代前期の法相宗の僧。783生。

源信　みなもとのまこと　869（閏12月）没（60歳）。平安時代前期の公卿。810生。

識子内親王　さとこないしんのう　906没（33歳）。平安時代前期・中期の女性。清和天皇の皇女。874生。

大江朝綱　おおえのあさつな　958没（73歳）。平安時代中期の書家、公卿。886生。

平兼盛　たいらのかねもり　991没。平安時代中期の官人、歌人。

儇子内親王　かんしないしんのう　1097没（80歳）。平安時代中期・後期の女性。小一条院敦明親王の王女。1018生。

藤原基房　ふじわらのもとふさ　1231没（87歳）。平安時代後期・鎌倉時代前期の公卿。1145生。

宜秋門院　ぎしゅうもんいん　1239没（67歳）。平安時代後期・鎌倉時代前期の女性。後鳥羽天皇の中宮。1173生。

中院通方　なかのいんみちかた　1239没（51歳）。鎌倉時代前期の公卿。1189生。

神子栄尊　しんしえいそん　1272没（78歳）。鎌倉時代前期の天台兼修の臨済僧。1195生。

北条公時　ほうじょうきんとき　1296没。鎌倉時代後期の評定衆、引付頭人、得宗家の寄合衆、名越時章の子。

二階堂貞藤　にかいどうさだふじ　1335没（69歳）。鎌倉時代後期の吏僚、鎌倉幕府政所執事。1267生。

ウィクリフ、ジョン　1384没（54?歳）。宗教改革の先駆者。1330頃生。

月泉性印　げっせんしょういん　1470没（63歳）。室町時代の曹洞宗の僧。1408生。

ベルトルド・ディ・ジョヴァンニ　1491没（71?歳）。イタリアの彫刻家。1420頃生。

シュタウピツ、ヨハネス・フォン　1524没（64?歳）。ドイツの神学者。1460生。

ポイティンガー、コンラート　1547没（82歳）。ドイツ人の人文主義者。1465生。

デュムラン、シャルル　1566没（66歳）。フランスの法学者。1500生。

今川氏真　いまがわうじざね　1615没（78歳）。安土桃山時代・江戸時代前期の武将、歌人。1538生。

サル、サン・フランソワ・ド　1622没（55歳）。フランスの宗教家、教会博士、聖人。1567生。

グリマルディ、フランチェスコ・マリーア　1663没（45歳）。イタリアの数学者。1618生。

メアリー2世　1694没（32歳）。イギリス、スチュアート朝の女王（在位1689～94）。1662生。

モリノス、ミゲル・デ　1696没（68?歳）。スペインの聖職者。1628生。

ベール、ピエール　1706没（59歳）。フランスの懐疑論的哲学者。1647生。

トゥルヌフォール、ジョゼフ・ピトン・ド　1708没（52歳）。フランスの植物学者。1656生。

ビローン　1772没（82歳）。ラトビア生れのロシアの政治家。1690生。

熊代熊斐　くましろゆうひ　1773没（62歳）。江戸時代中期の南蘋派の画家。1712生。

星布尼　せいふに　1815没（84歳）。江戸時代中期・後期の女性。俳人。1732生。

浅草市人　あさくさのいちひと　1821没（67歳）。江戸時代後期の狂歌師。1755生。

ラマルク、ジャン・バティスト・ピエール・アントワーヌ・ド・モネ、シュヴァリエ・ド　1829没（85歳）。フランスの博物学者。1744生。

マコーリー、トマス・バビントン　1859没（59歳）。イギリスの歴史家、政治家。1800生。

平賀元義　ひらがもとよし　1866没（67歳）。江戸時代末期の歌人、国学者。1800生。

雲井竜雄　くもいたつお　1871没（28歳）。江戸・明治時代の米沢藩士。1844生。

嶺田楓江　みねたふうこう　1883没(67歳)。江戸・明治時代の丹後藩士。1817生。

山本覚馬　やまもとかくま　1892没(65歳)。江戸・明治時代の会津藩士, 政治家。1828生。

ギッシング, ジョージ　1903没(46歳)。イギリスの小説家, 随筆家。1857生。

アフメト・ミドハト　1912没(68歳)。トルコの作家, 啓蒙家。1844生。

リーベルマン　1914没(72歳)。ドイツの化学者。1842生。

馮国璋　ふうこくしょう　1919没(62歳)。中国の軍人・直隷軍閥の首領。1857生。

リュードベリ, ヨハネス・ロベルト　1919没(65歳)。スウェーデンの物理学者。1854生。

エッフェル, アレクサンドル-ギュスターヴ　1923没(91歳)。フランスの建築家。1832生。

エセーニン, セルゲイ・アレクサンドロヴィチ　1925没(30歳)。ロシア, ソ連の詩人。1895生。

マクドネル　1930没(76歳)。イギリスのサンスクリット学者。1854生。

デイ, クラレンス　1935没(61歳)。アメリカの随筆家。1874生。

ラヴェル, モーリス　1937没(62歳)。フランスの作曲家。1875生。

坂東彦三郎(6代目)　ばんどうひこさぶろう　1938没(53歳)。明治〜昭和時代の歌舞伎役者。1886生。

益田孝　ますだたかし　1938没(91歳)。明治・大正時代の実業家。三井物産社長, 三井合名理事長。1848生。

菊池恭三　きくちきょうぞう　1942没(84歳)。明治〜昭和時代の実業家。大日本紡績社長。1859生。

ドライサー, シオドア　1945没(74歳)。アメリカの小説家。1871生世

ビットリオ・エマヌエレ3世　1947没(78歳)。イタリア国王(在位1900〜46)。1869生。

青木信光　あおきのぶみつ　1949没(81歳)。明治〜昭和時代の政治家。貴族院議員, 子爵。1869生。

アレン, ハーヴェイ　1949没(60歳)。アメリカの詩人, 小説家。1889生。

北脇昇　きたわきのぼる　1951没(50歳)。昭和時代の洋画家。日本美術会京都支部長。1901生。

デリンジャー　1962没(76歳)。アメリカの物理学者。1886生。

ヒンデミット, パウル　1963没(68歳)。ドイツ生れのアメリカの作曲家。1895生。

北村サヨ　きたむらさよ　1967没(67歳)。昭和時代の宗教家。天照皇大神宮教教祖。1900生。

原駒子　はらこまこ　1968没(58歳)。大正・昭和時代の女優。1910生。

峰地光重　みねじみつしげ　1968没(78歳)。大正・昭和時代の教育者。1890生。

内山賢次　うちやまけんじ　1971没(82歳)。昭和時代の翻訳家。1889生。

加藤輝男　かとうてるお　1974没(64歳)。昭和時代の児童文学作家。1910生。

高木卓　たかぎたく　1974没(67歳)。昭和時代の小説家, ドイツ文学者。東京大学教授, 独協大学教授。1907生。

三島海雲　みしまかいうん　1974没(96歳)。大正・昭和時代の実業家。カルピス食品創立者。1878生。

呉茂一　くれしげいち　1977没(80歳)。昭和時代の西洋古典文学者。東京大学教授, 名古屋大教授。1897生。

田宮二郎　たみやじろう　1978没(43歳)。昭和時代の俳優。1935生。

栗木幹　くりきかん　1981没(85歳)。昭和時代の実業家。三井鉱山社長, 三井アルミニウム工業社長。1896生。

横溝正史　よこみぞせいし　1981没(79歳)。昭和時代の小説家。1902生。

岸田森　きしだしん　1982没(43歳)。昭和時代の俳優。1939生。

ペキンパー, サム　1984没(59歳)。アメリカの映画監督。1925生。

黄克誠　こうこくせい　1986没(84歳)。中国の政治家。1902生。

佐々木孝丸　ささきたかまる　1986没(88歳)。大正・昭和時代の演出家, 俳優。1898生。

石川淳　いしかわじゅん　1987没(88歳)。昭和時代の小説家。1899生。

久松静児　ひさまつせいじ　1990没(78歳)。昭和時代の映画監督。1912生。

望月衛　もちづきまもる　1993没(83歳)。昭和・平成時代の心理学者。千葉大学教授。1910生。

嵯峨信之　さがのぶゆき　1997没(95歳)。昭和・平成時代の詩人。1902生。

ソンタグ, スーザン　2004没(71歳)。アメリカの作家, 批評家。1933生。

12月28日

12月29日

○記念日○　シャンソンの日
○出来事○　小林一茶『おらが春』成立（1820）
　　　　　翌春の東大入試中止を決定（1968）

イブン・アルムータッズ　908没（47歳）。アッバース朝の王子，詩人。861生。

ニーロス（ロッサーノの）　1005没（100?歳）。イタリアでのギリシア修道院制度の普及者，聖人。905頃生。

源懿子　みなもとのいし　1079没。平安時代中期の女房。

永超　えいちょう　1096没（83歳）。平安時代中期・後期の学僧。1014生。

源朝長　みなもとのともなが　1160没（17歳）。平安時代後期の武士。1144生。

ベケット，トマス　1170没（52歳）。イギリスの聖職者，政治家，殉教者。1118生。

南浦紹明　なんぽしょうみょう　1309没（75歳）。鎌倉時代後期の臨済宗の僧。1235生。

ジベルトゥス（ベーカ）　1332没。ドイツ出身のカルメル会の神学者。

祐覚　ゆうかく　1336没。鎌倉時代後期・南北朝時代の僧。

ヨーアンネース14世・カレカス　1347没（64?歳）。コンスタンティノポリス総主教。1283頃生。

平心処斉　へいしんしょせい　1369没（83歳）。鎌倉時代後期・南北朝時代の臨済宗の僧。1287生。

大内弘茂　おおうちひろしげ　1402没。南北朝時代・室町時代の武将，周防・長門の守護。

ブーツバハ，ヨハネス　1516没（38歳）。ドイツの人文主義者。1478生。

宗真　そうしん　1518没。戦国時代の臨済宗の僧。

フィンク，ヘルマン　1558没（31歳）。ドイツの作曲家，オルガン奏者，著述家。1527生。

カステリヨン，セバスチヤン　1563没（48歳）。フランスの神学者，人文主義者。1515生。

ナオゲオルク，トマス　1563没（52歳）。ドイツの新ラテン語詩人，劇作家，プロテスタントの牧師。1511生。

布州東播　ふしゅうとうは　1573没（81歳）。戦国時代の曹洞宗の僧。1493生。

城親賢　じょうちかまさ　1582没。安土桃山時代の肥後の国人領主。

ダミアン　1586没（45?歳）。戦国時代・安土桃山時代のキリシタン。1542頃生。

デイヴィス，ジョン　1605没（55?歳）。イギリスの航海者。1550頃生。

ボチカイ，イシュトヴァーン　1606没（49歳）。ハンガリーのプロテスタント指導者（国民的英雄）。1557生。

永井直勝　ながいなおかつ　1626没（64歳）。安土桃山時代・江戸時代前期の大名。1563生。

谷時中　たにじちゅう　1650没（53歳）。江戸時代前期の儒学者。1598生。

サン‐タマン，アントワーヌ・ジラール・ド　1661没（67歳）。フランスの詩人。1594生。

森田太郎兵衛　もりたたろべえ　1664没。江戸時代前期の江戸森田座の創始者。

シデナム，トマス　1689没（65歳）。イギリスの実地医家。1624生。

新崇賢門院　しんすうけんもんいん　1709没（35歳）。江戸時代中期の女性。中御門天皇の母。1675生。

野中婉　のなかえん　1726没（67歳）。江戸時代中期の女性。医師。1660生。

テイラー，ブルック　1731没（46歳）。イギリスの数学者。1685生。

リゴー，イアサント　1743没（84歳）。フランスの画家。1659生。

蔡温　さいおん　1762没（81歳）。琉球の政治家。1682生。

尾上菊五郎（初代）　おのえきくごろう　1784没（68歳）。江戸時代中期の歌舞伎役者。1717生。

ヴェッセル，ヨハン・ヘアマン　1785没（43歳）。ノルウェー生れのデンマークの作家。1742生。

ダヴィド，ジャック・ルイ　1825没（77歳）。フランスの画家。1748生。

デ・サンクティス，フランチェスコ　1883没（66歳）。イタリアの文学史家，評論家。

1817生。

フイエ, オクターヴ　1890没(69歳)。フランスの小説家, 劇作家。1821生。

鹿島万平　かしままんぺい　1891没(70歳)。明治時代の実業家。1822生。

クロネッカー, レオポルト　1891没(68歳)。ドイツの数学者。1823生。

ロセッティ, クリスティーナ　1894没(64歳)。イギリスの女流詩人。1830生。

オスラー, サー・ウィリアム　1919没(70歳)。イギリスの内科医。1849生。

パウル　1921没(75歳)。ドイツの言語学者。1846生。

林有造　はやしゆうぞう　1921没(80歳)。明治時代の政治家。衆議院議員。1842生。

河野広中　こうのひろなか　1923没(75歳)。明治・大正時代の政治家。衆議院議長, 農商務大臣。1849生。

シュピッテラー, カール　1924没(79歳)。スイスの詩人, 小説家。1845生。

ヴァロトン, フェリックス　1925没(60歳)。スイス出身のフランスの画家。1865生。

リルケ, ライナー・マリーア　1926没(51歳)。オーストリアの詩人。1875生。

岡本帰一　おかもときいち　1930没(43歳)。大正時代の画家, 童画家。1888生。

西川喜洲(初代)　にしかわきしゅう　1931没(58歳)。明治・大正時代の日本舞踊家。1874生。

春山作樹　はるやまさくき　1935没(60歳)。明治〜昭和時代の教育学者。東京帝国大学教授。1876生。

シュトゥンプフ, カルル　1936没(88歳)。ドイツの心理学者, 音楽学者, 音声学者。1848生。

南方熊楠　みなかたくまぐす　1941没(75歳)。明治〜昭和時代の生物学者, 人類学者, 民俗学者。1867生。

レヴィ・チヴィータ, トゥリオ　1941没(68歳)。イタリアの数学者。1873生。

ヴァルツェル　1944没(80歳)。ドイツの文学史家。1864生。

末次信正　すえつぐのぶまさ　1944没(65歳)。昭和時代の海軍軍人。1880生。

山川秀峰　やまかわしゅうほう　1944没(47歳)。大正・昭和時代の日本画家。1898生。

村田峰次郎　むらたみねじろう　1945没(89歳)。明治〜昭和時代の歴史家。1857生。

鈴木忠治　すずきちゅうじ　1950没(75歳)。明治〜昭和時代の経営者。1875生。

ヘンダーソン, フレッチャー　1952没(55歳)。アメリカのジャズ・ピアニスト, 楽団指揮者。1897生。

椿貞雄　つばきさだお　1957没(61歳)。大正・昭和時代の洋画家。1896生。

石井柏亭　いしいはくてい　1958没(76歳)。明治〜昭和時代の洋画家, 美術評論家。1882生。

ハンフリー, ドリス　1958没(63歳)。アメリカの舞踊家。1895生。

フィルポッツ, イーデン　1960没(98歳)。イギリスの小説家, 劇作家。1862生。

広沢虎造(2代目)　ひろさわとらぞう　1964没(65歳)。大正・昭和時代の浪曲師。1899生。

三木露風　みきろふう　1964没(75歳)。明治〜昭和時代の詩人。1889生。

山田耕筰　やまだこうさく　1965没(79歳)。大正・昭和時代の作曲家。1886生。

米川正夫　よねかわまさお　1965没(74歳)。大正・昭和時代のロシア文学者。1891生。

ホワイトマン, ポール　1967没(77歳)。アメリカのジャズ・バンドリーダー。1890生。

三升家小勝(6代目)　みますやこかつ　1971没(63歳)。昭和時代の落語家。1908生。

ホークス, ハウアド　1977没(81歳)。アメリカの映画監督。1896生。

寿々木米若　すずきよねわか　1979没(80歳)。大正・昭和時代の浪曲師, 俳人。日本浪曲協会長。1899生。

クルレジャ, ミロスラヴ　1981没(88歳)。クロアチア(ユーゴスラヴィア)の詩人, 劇作家, 小説家。1893生。

タルコフスキー, アンドレイ・アルセニエヴィチ　1986没(54歳)。ソ連の映画監督。1932生。

マクミラン, ハロルド, 初代ストックトン伯爵　1986没(92歳)。イギリスの政治家, 首相。1894生。

小夜福子　さよふくこ　1989没(80歳)。大正・昭和時代の女優。1909生。

朝比奈隆　あさひなたかし　2001没(93歳)。昭和・平成時代の指揮者。1908生。

ムイ, アニタ　2003没(40歳)。香港の女優, 歌手。1963生。

アクセルロッド, ジュリアス　2004没(92歳)。アメリカの薬理学者。1912生。

12月29日

12月30日

○出来事○ 漢字タイプライター発明(1907)
上野-浅草間で日本初の地下鉄開通(1927)

日羅　にちら　584没。飛鳥時代の日系の百済官人。

李密　りみつ　618没(36歳)。中国, 隋末の群雄の一人。582生。

源基綱　みなもとのもとつな　1117没(68歳)。平安時代後期の公卿。1050生。

キフティー　1248没(76歳)。アラブ系歴史家。1172生。

マルゲリータ・コロンナ　1280没(26?歳)。イタリアの神秘家, 福者。1254頃生。

ベルナルドゥス・ギドーニス　1331没(71?歳)。フランスのカトリック聖職者, 宗教裁判判事, ドミニコ会士。1260頃生。

山名氏清　やまなうじきよ　1392没(49歳)。南北朝時代の武将。1344生。

朴中梵淳　ぼくちゅうぼんじゅん　1433没。室町時代の臨済宗の僧。

ヨーク, リチャード, 3代公爵　1460没(49歳)。ヨーク公家の第3代。1411生。

烏丸益光　からすまるますみつ　1475没(36歳)。室町時代の公卿。1440生。

ラッセル, ジョン　1494没。イングランドのローマ・カトリック教会司教, 大法官。

フッガー, ヤーコプ2世　1525没(66歳)。ドイツ, アウクスブルクの大商人。1459生。

甘露寺伊長　かんろじこれなが　1548没(65歳)。戦国時代の公卿。1484生。

アスカム, ロジャー　1568没(53歳)。イギリスの教育家, 人文学者。1515生。

アレッシ, ガレアッツォ　1572没(60歳)。イタリアの建築家。1512生。

ジラルディ・チンツィオ, ジャンバッティスタ　1573没(69歳)。イタリアの劇作家, 詩人。1504生。

キッド, トマス　1594没(36歳)。イギリスの劇作家。1558生。

平岩親吉　ひらいわちかよし　1612没(71歳)。安土桃山時代・江戸時代前期の大名。1542生。

蜂須賀家政　はちすかいえまさ　1639没(82歳)。安土桃山時代・江戸時代前期の大名。1558生。

ヘルモント, ヤン・バプティスタ・ヴァン　1644没(65歳)。オランダの生理学者, 化学者, 医師。1579生。

栗崎道喜(初代)　くりさきどうき　1652没(71?歳)。江戸時代前期の外科医。1582頃生。

ボイル, ロバート　1691没(64歳)。イギリスの物理学者。1627生。

野沢吉兵衛(4代目)　のざわきちべえ　1881没(52歳)。江戸・明治時代の義太夫節三味線演奏者。1830生。

ユール　1889没(69歳)。イギリスの歴史地理学者。1820生。

ベイカー, サー・サミュエル　1893没(72歳)。イギリスの探検家。1821生。

リサール, ホセ　1896没(35歳)。フィリピンの愛国者, 医者, 著作家。1861生。

パジェット, サー・ジェイムズ　1899没(85歳)。イギリスの外科医, 生理学者。1814生。

渡辺清　わたなべきよし　1904没(70歳)。江戸・明治時代の肥前大村藩士, 地方官。貴族院議員。1835生。

バトラー, ジョゼフィーン・エリザベス　1906没(78歳)。イギリスの女流社会改革家。1828生。

キュルペ　1915没(53歳)。ドイツの心理学者, 哲学者。1862生。

重宗芳水　しげむねほうすい　1917没(45歳)。明治・大正時代の実業家, 電気機械技術者。明電舎社長。1873生。

マルグリット, ポール　1918没(58歳)。フランスの小説家。1860生。

神田乃武　かんだないぶ　1923没(67歳)。明治・大正時代の英学者。東京帝国大学教授。1857生。

本山彦一　もとやまひこいち　1932没(80歳)。明治・大正時代の新聞経営者。毎日新聞社社長。1853生。

大川平三郎　おおかわへいざぶろう　1936没(77歳)。明治～昭和時代の実業家。1860生。

リシツキー, エル　1941没(51歳)。ロシアの画家, デザイナー, 建築家。1890生。

ロラン, ロマン　1944没(78歳)。フランスの小説家, 劇作家。1866生。

ホワイトヘッド, A.N.　1947没(86歳)。イギリスの哲学者, 数学者。1861生。

横光利一　よこみつりいち　1947没(50歳)。大正・昭和時代の小説家。1898生。

オルブラフト, イヴァン　1952没(70歳)。チェコスロバキアの作家, ジャーナリスト。1882生。

中山晋平　なかやましんぺい　1952没(65歳)。大正・昭和時代の作曲家。日本音楽著作権協会会長。1887生。

和崎ハル　わざきはる　1952没(67歳)。大正・昭和時代の婦人運動家。衆院議員。1885生。

水島爾保布　みずしまにおう　1958没(74歳)。大正・昭和時代の日本画家, 随筆家, 漫画家。1884生。

足利紫山　あしかがしざん　1959没(100歳)。明治～昭和時代の臨済宗方広寺派僧侶。万寿寺住職。1859生。

芦乃家雁玉　あしのやがんぎょく　1960没(66歳)。大正・昭和時代の漫才師。1894生。

三宮吾郎　さんのみやごろう　1961没(62歳)。昭和時代の実業家。いすゞ自動車社長。1899生。

杉山誠　すぎやままこと　1968没(61歳)。昭和時代の演劇評論家。共立女子大学教授。1907生。

原竜三郎　はらりゅうざぶろう　1968没(80歳)。大正・昭和時代の応用化学者。東北帝国大学教授, 日本化学会会長。1888生。

リー, T.　1968没(72歳)。ノルウェーの政治家。1896生。

トゥルンカ, イジー　1969没(57歳)。チェコスロバキアのアニメーション作家, 挿絵画家。1912生。

由起しげ子　ゆきしげこ　1969没(69歳)。昭和時代の小説家。1900生。

カソ, アルフォンソ　1970没(74歳)。メキシコの考古学者, 人類学者。1896生。

平木信二　ひらきしんじ　1971没(61歳)。昭和時代の実業家。全日本計理士協会会長。1910生。

ビュッセール, アンリ　1973没(101歳)。フランスの作曲家, 指揮者, オルガン奏者。1872生。

尾上鯉三郎(3代目)　おのえこいさぶろう　1974没(77歳)。大正・昭和時代の歌舞伎役者。1897生。

稲富栄次郎　いなとみえいじろう　1975没(78歳)。昭和時代の哲学者, 教育哲学者。上智大学教授, 日本教育学会会長。1897生。

福田昌子　ふくだまさこ　1975没(63歳)。昭和時代の医師, 政治家。産婦人科, 東和大学理事長。1912生。

久野寧　くのやす　1977没(95歳)。明治～昭和時代の生理学者。名古屋大学教授, 京都府立医科大学教授。1882生。

塚田正夫　つかだまさお　1977没(63歳)。昭和時代の棋士。将棋名人, 日本将棋連盟会長。1914生。

野間仁根　のまひとね　1979没(78歳)。昭和時代の洋画家。1901生。

平櫛田中　ひらぐしでんちゅう　1979没(107歳)。明治～昭和時代の彫刻家。東京美術学校教授。1872生。

ロジャーズ, リチャード　1979没(77歳)。アメリカのミュージカル作曲家。1902生。

堅山南風　かたやまなんぷう　1980没(93歳)。昭和・平成時代の日本画家。1887生。

立川清登　たちかわすみと　1985没(56歳)。昭和時代の声楽家。洗足学園大学客員教授, 二期会理事。1929生。

ノグチ, イサム　1988没(84歳)。日系アメリカ人の彫刻家。1904生。

柿本豊次　かきもととよじ　1989没(96歳)。大正・昭和時代の能楽囃子方(金春流太鼓方)。人間国宝, 日本能楽会会員。1893生。

菅谷規矩雄　すがやきくお　1989没(53歳)。昭和時代の詩人, 文芸評論家。1936生。

ミュラー, ハイナー　1995没(66歳)。東ドイツの劇作家。1929生。

星新一　ほししんいち　1997没(71歳)。昭和・平成時代のSF作家。1926生。

木下恵介　きのしたけいすけ　1998没(86歳)。昭和・平成時代の映画監督, 脚本家。木下恵介プロ代表取締役。1912生。

沼田真　ぬまたまこと　2001没(84歳)。昭和・平成時代の生物学者。千葉大学教授, 日本自然保護協会会長。1917生。

ショー, アーティー　2004没(94歳)。アメリカのダンス・バンド指揮者, クラリネット奏者。1910生。

フセイン, サダム　2006没(69歳)。イラクの政治家。1937生。

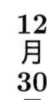

12月30日

753

12月31日

○記念日○ 大晦日
 大祓
 追儺
○出来事○ NHK、紅白歌合戦初の公開放送（1953）

コンモドゥス, ルキウス・アウレリウス 192没(31歳)。ローマ皇帝(在位180～192)。161生。

シルヴェステル1世 335没。教皇(在位314～335)、聖人。

メラニア 438?没(55?歳)。ローマの女性、聖人。383頃生。

マリウス(アヴァーンシュの) 594没(64?歳)。スイスの年代記者、アヴァーンシュの司教、聖人。530頃生。

フロドベルトゥス 673没(80?歳)。メロヴィング朝初期のフランク人修道院長、聖人。593頃生。

アットー(ヴェルチェリの) 961没(76?歳)。イタリアのヴェルチェリの司教、教会法学者、神学者。885頃生。

オーディロ 1048没(86歳)。フランスの修道士、聖人。962生。

マイラント 1577没(35歳)。ドイツの作曲家。1542生。

グラナダ, ルイス・デ 1588没(84歳)。スペインの宗教家。1504生。

ケーレン, ルドルフ・ファン 1610没(70歳)。オランダの数学者。1540生。

クルヴェリウス, フィリップ 1622没(42歳)。ドイツの地理学者、古代学者。1580生。

トラバーチ, ジョヴァンニ・マリーア 1647没(72?歳)。イタリアの作曲家、オルガン奏者。1575頃生。

アパーツァイ・チェレ, ヤーノシュ 1659没(34歳)。ハンガリーの改革派教会の神学者、教育者、哲学者。1625生。

ボレルリ, ジョヴァンニ・アルフォンソ 1679没(71歳)。イタリアの数学、物理学、天文学、生理学者。1608生。

ムスタファ2世 1703没(39歳)。オスマン・トルコ帝国の第22代スルタン(在位1695～1703)。1664生。

キャサリン 1705没(67歳)。ポルトガル王女。1638生。

マルタン 1706没(66?歳)。フランスの植民地建設者。1640頃生。

フラムスティード, ジョン 1719没(73歳)。イギリスの天文学者。1646生。

マルモンテル, ジャン-フランソワ 1799没(76歳)。フランスの作家、文学者。1723生。

ギフォード, ウィリアム 1826没(70歳)。イギリスの批評家。1756生。

デュラン, ジャン・ニコラ・ルイ 1834没(74歳)。フランスの建築家、理論家、教育者。1760生。

ブレーメル, フレドリーカ 1865没(64歳)。スウェーデンの女流作家。1801生。

キヴィ, アレクシス 1872没(38歳)。フィンランドの小説家、劇作家。1834生。

ルドリュ・ローラン 1874没(67歳)。フランスの政治家。1807生。

クールベ, ギュスターヴ 1877没(58歳)。フランスの画家。1819生。

ルーゲ, アルノルト 1880没(78歳)。ドイツの思想家、ジャーナリスト。1802生。

ガンベッタ, レオン 1882没(44歳)。フランスの政治家。1838生。

清水谷公考 しみずだにきんなる 1882没(38歳)。江戸・明治時代の公家。伯爵、箱館府知事。1845生。

クリャンガ, イオン 1889没(50歳)。ルーマニアの作家。1839生。

ポポフ, アレクサンドル・ステパノヴィチ 1905没(46歳)。ロシアの物理学者。1859生。

チャンドラー, セス・カルロ 1913没(67歳)。アメリカの天文学者。1846生。

ハーリー, アルターフ・フサイン 1914没(77歳)。インドのウルドゥー語詩人、散文家、批評家。1837生。

サルヴィーニ 1915没(86歳)。イタリアの俳優。1829生。

上野理一　うえのりいち　1919没(72歳)。明治・大正時代の新聞経営者。朝日新聞社社長。1848生。

笠井順八　かさいじゅんぱち　1919没(85歳)。明治時代の実業家。1835生。

富岡鉄斎　とみおかてっさい　1924没(89歳)。明治・大正時代の日本画家。1836生。

石川舜台　いしかわしゅんたい　1931没(90歳)。明治時代の僧侶。真宗大谷派寺務総長。1842生。

高木正年　たかぎまさとし　1934没(78歳)。明治・大正時代の政治家。1857生。

寺田寅彦　てらだとらひこ　1935没(58歳)。明治～昭和時代の物理学者，随筆家。東京帝国大学教授。1878生。

ウナムノ，ミゲル・デ　1936没(72歳)。スペインの哲学者，文学者。1864生。

大島宇吉　おおしまうきち　1940没(89歳)。明治～昭和時代の政治家，新聞経営者。「国民新聞」経営者。1852生。

中塚一碧楼　なかつかいっぺきろう　1946没(60歳)。明治～昭和時代の俳人。1887生。

塚越停春　つかごしていしゅん　1947没(84歳)。明治～昭和時代の文学者，歴史家。1864生。

ケクラン，シャルル　1950没(83歳)。フランスの作曲家。1867生。

高野佐三郎　たかのささぶろう　1950没(88歳)。明治～昭和時代の剣道家。1862生。

三上義夫　みかみよしお　1950没(75歳)。明治～昭和時代の数学史家。東京物理学校教授。1875生。

レンナー，カール　1950没(80歳)。オーストリアの政治家，法社会学者。1870生。

リトビノフ，マクシム・マクシーモビッチ　1951没(75歳)。ソ連の外交官。1876生。

久坂葉子　くさかようこ　1952没(21歳)。昭和時代の小説家，シナリオライター。1931生。

デレヴャーンコ　1954没(51歳)。占領期の対日理事会(連合国日本管理理事会)ソ連代表。1903生。

ルイゾーン　1955没(73歳)。アメリカの小説家，批評家。1882生。

氏原大作　うじはらだいさく　1956没(51歳)。昭和時代の児童文学作家。1905生。

ドミンゲス，オスカル　1957没(51歳)。スペイン生れのフランスの画家。1906生。

山崎益洲　やまさきえきじゅう　1961没(79歳)。明治～昭和時代の僧。臨済宗仏通寺派管長。1882生。

今沢慈海　いまざわじかい　1968没(86歳)。明治～昭和時代の図書館学者。日比谷図書館館頭，成田図書館館長。1882生。

スコット，シリル・マイア　1970没(91歳)。イギリスの作曲家，詩人。1879生。

松尾静磨　まつおしずま　1972没(69歳)。昭和時代の実業家，運輸官僚。日本航空社長，航空保安庁長官。1903生。

田中良　たなかりょう　1974没(90歳)。大正・昭和時代の画家，舞台美術家。1884生。

羽生能太郎　はぶよしたろう　1977没(71歳)。昭和時代の新聞経営者。大阪毎日新聞社取締役。1906生。

引田天功(初代)　ひきたてんこう　1979没(45歳)。昭和時代の奇術師。1934生。

マクルーハン，マーシャル　1980没(69歳)。カナダの社会学者，教育家。1911生。

永田年　ながたすすむ　1981没(84歳)。昭和時代の土木技術者。電源開発(株)理事。1897生。

牛場信彦　うしばのぶひこ　1984没(75歳)。昭和時代の外交官。対外経済担当相，駐アメリカ大使。1909生。

明石照子　あかしてるこ　1985没(56歳)。昭和時代の女優。1929生。

金子武蔵　かねこたけぞう　1987没(82歳)。昭和時代の哲学者，倫理学者。東京帝国大学教授，国際基督教大学教授国際基督教大学教授。1905生。

シュレーダー　1989没(79歳)。西ドイツの政治家。1910生。

上間郁子　うえまいくこ　1991没(85歳)。大正・昭和時代の琉球舞踊家，演出家。乙姫劇団座長。1906生。

多岐川恭　たきがわきょう　1994没(74歳)。昭和・平成時代の推理作家。1920生。

大久保利謙　おおくぼとしあき　1995没(95歳)。明治～平成時代の日本史学者。名古屋大学教授，立教大学教授。1900生。

石井均　いしいきん　1997没(70歳)。昭和時代の俳優。1927生。

渡辺はま子　わたなべはまこ　1999没(89歳)。昭和・平成時代の歌手。1910生。

エンライト，D.J.　2002没(82歳)。イギリスの詩人，文学者。1920生。

12月31日

人名索引

人名索引

【あ】

アイアトン, ヘンリー 11.26(1651)
アイイ, ピエール・ド 8.9(1420)
アイヴズ, チャールズ 5.19(1954)
相川春喜 4.29(1953)
アイケルバーガー 9.26(1961)
相沢三郎 7.3(1936)
会沢正志斎 7.14(1863)
相沢忠洋 5.22(1989)
愛沢寧堅 3.4(1929)
アーイシャ 7.13(678)
愛新覚羅慧生 12.10(1957)
愛新覚羅浩 6.20(1987)
愛新覚羅溥儀 10.17(1967)
愛新覚羅溥傑 2.28(1994)
アイスナー 2.21(1919)
アイスラー, ハンス 9.6(1962)
アイゼンク, ハンス 9.4(1997)
アイゼンシュタイン 10.11(1852)
アイゼンシュタット, アルフレート 8.24(1995)
アイゼンハワー, ドワイト・デビット 3.28(1969)
会田安明 10.26(1817)
会田由 2.27(1971)
会田雄次 9.17(1997)
聖アイダン 8.31(651)
愛知揆一 11.23(1973)
会津八一 11.21(1956)
アイネム, ゴットフリート・フォン 7.12(1996)
アイヒェンドルフ, ヨーゼフ・フォン 11.26(1857)
アイヒ, ギュンター 12.20(1972)
アイヒホルン, カール・フリードリヒ 7.4(1854)
アイヒホルン, ヨーハン 6.16(1856)

アイヒマン, カール・アドルフ 5.31(1962)
アイヒンガー, グレーゴル 2.21(1628)
アイブ 7.24(1475)
アイマー 5.30(1898)
靉光 1.19(1946)
アイメルト, ヘルベルト 12.15(1972)
アイラー, ヤーコブ 3.26(1605)
アイリング, ヘンリー 12.26(1981)
アインシュタイン, アルフレート 2.16(1952)
アインシュタイン, アルベルト 4.18(1955)
アイントホーフェン, ヴィレム 9.29(1927)
アインハルト 3.14(840)
アウアー, カール, ヴェルスバッハ男爵 8.4(1929)
アヴァクーム, ペトローヴィチ 4.14(1682)
アウアーバッハ, エーリヒ 10.13(1957)
アウアー, レオポルド 7.17(1930)
アーヴィング, エドワード 12.7(1834)
アーヴィング, ヘンリー 10.13(1905)
アーヴィング, ワシントン 11.28(1859)
アーヴィン, スン・ジョン 1.24(1971)
アウエーゾフ, ムフタル・オマルハノヴィチ 6.27(1961)
アヴェドン, リチャード 10.1(2004)
アヴェナーリウス, リヒャルト 8.18(1896)
アヴェリー, オズワルド・セオドア 2.20(1955)
アヴェロエス 2.10(1198)
アヴェンティーヌス, ヨハネス 1.9(1534)
アウエンブルッガー, レオポルト 5.17(1809)
アヴォガドロ, アメデオ 7.9(1856)

アウグスタ 1.7(1890)
アウグスティヌス, アウレリウス 8.28(430)
アウグスティヌス(カンタベリーの, 聖人) 5.26(604)
アウグスティーヌス・トリウムフス(アンコーナの) 4.2(1328)
アウグスト1世 2.11(1586)
アウグストゥス, ガイユス・ユリウス・カエサル・オクタウィアヌス 8.19(14)
アウトナソン, ヨウン 9.4(1888)
アウト, ヤコブス・ヨハネス・ピーテル 4.5(1963)
アウフレヒト 4.3(1907)
アウラングゼーブ, ムヒー・ウッディーン・ムハンマド 3.3(1707)
アウリファーバー, アンドレアス 12.12(1559)
アウリファーバー, ヨハネス(ヴァイマルの) 11.18(1575)
アウリファーバー, ヨハネス(ブレスラウの) 10.19(1568)
アウレーリアーヌス(アルルの) 6.16(551)
アウレーリウス 7.21(430)
アウロガルス, マテーウス 11.10(1543)
アウン・サン 7.19(1947)
アエギディウス(アッシージの) 4.22(1262)
アエネーアス(パリの) 12.27(870)
饗庭篁村 6.20(1922)
アエピヌス, ヨハネス 5.13(1553)
亜欧堂田善 5.7(1822)
青江舜二郎 4.30(1983)
青江三奈 7.2(2000)
青木市五郎 11.10(1985)
青木一男 6.25(1982)
青木一重 8.9(1628)
青木均一 8.27(1976)
青木月斗 3.17(1949)
青木健作 12.16(1964)
青木賢清 8.28(1656)

青木昆陽　*10.12*(1769)
青木繁　*3.25*(1911)
青木茂　*3.27*(1982)
青木周弼　*12.16*(1864)
青木周蔵　*2.16*(1914)
青木夙夜　*10.23*(1802)
青木孝義　*1.14*(1962)
青木得三　*7.31*(1968)
青木信光　*12.28*(1949)
青木日出雄　*6.8*(1988)
青木正児　*12.2*(1964)
青木木米　*5.15*(1833)
青木鷺水　*3.26*(1733)
青島幸男　*12.20*(2006)
青田昇　*11.4*(1997)
青地晨　*9.15*(1984)
青地林宗　*2.22*(1833)
青野季吉　*6.23*(1961)
青柳種信　*12.17*(1836)
青柳瑞穂　*12.15*(1971)
青柳優　*7.30*(1944)
青山景通　*12.11*(1891)
青山熊治　*12.11*(1932)
青山杉雨　*2.13*(1993)
青山杉作　*12.26*(1956)
青山忠俊　*4.15*(1643)
青山忠成　*2.28*(1613)
青山忠裕　*3.27*(1836)
青山胤通　*12.23*(1917)
青山虎之助　*2.3*(1989)
青山延光　*9.29*(1871)
青山延于　*9.6*(1843)
青山道夫　*7.9*(1978)
青山圭男　*8.27*(1976)
青山幸成　*2.16*(1643)
赤井景韶　*7.27*(1885)
赤井直正　*3.9*(1578)
赤井米吉　*2.26*(1974)
アーガイル、アーチボルド・キャンベル、9代伯爵　*6.30*(1685)
アーガイル、アーチボルド・キャンベル、侯爵兼8代伯爵　*5.27*(1661)
アーガイル、ジョン・キャンベル、2代公爵　*10.4*(1743)
赤岩栄　*11.28*(1966)
赤尾敏　*2.6*(1990)
赤尾好夫　*9.11*(1985)
赤木格堂　*12.1*(1948)
赤木圭一郎　*2.21*(1961)

赤木健介　*11.7*(1989)
赤木桁平　*12.10*(1949)
赤木忠春　*4.16*(1865)
赤城宗徳　*11.11*(1993)
赤城泰舒　*1.31*(1955)
赤木由子　*9.13*(1988)
赤木蘭子　*7.23*(1973)
赤崎海門　*8.29*(1802)
赤沢朝経　*6.26*(1507)
アガシ、アレグザンダー　*3.27*(1910)
明石海人　*6.9*(1939)
明石覚一　*6.29*(1371)
明石国助　*1.27*(1959)
明石次郎　*9.2*(1679)
明石照男　*9.29*(1956)
明石照子　*12.31*(1985)
明石博高　*6.20*(1910)
明石元二郎　*10.26*(1919)
赤地友哉　*6.30*(1984)
アガシ、ルイ　*12.14*(1873)
県犬養大伴　*7.29*(701)
県犬養橘三千代　*1.11*(733)
県犬養広刀自　*10.14*(762)
県犬養八重　*5.7*(760)
県宗知　*6.27*(1721)
県犬養石次　*10.14*(742)
県信緇　*12.12*(1881)
アガッツァーリ、アゴスティーノ　*4.10*(1640)
アガト　*1.10*(681)
アーカート、トマス　*8.9*(1660)
赤根武人　*1.25*(1866)
赤橋登子　*5.4*(1365)
赤橋英時　*5.25*(1333)
赤橋守時　*5.18*(1333)
赤橋義宗　*8.17*(1277)
赤埴源蔵　*2.4*(1703)
赤羽一　*3.1*(1912)
アガ・ハーン3世　*7.11*(1957)
アガピオス　*11.20*(307)
アガペー(テッサロニーキの)　*4.1*(304)
赤堀四郎　*11.3*(1992)
赤松勇　*8.30*(1982)
赤松氏範　*9.2*(1386)
赤松克麿　*12.13*(1955)
赤松小三郎　*9.3*(1867)
赤松沙鴎　*11.30*(1767)
赤松祐則　*4.24*(1445)

赤松滄洲　*1.8*(1801)
赤松常子　*7.21*(1965)
赤松俊秀　*1.24*(1979)
赤松則祐　*11.29*(1372)
赤松範資　*4.8*(1351)
赤松則尚　*5.12*(1455)
赤松則村　*1.13*(1350)
赤松教康　*9.28*(1441)
赤松則良　*9.23*(1920)
赤松政則　*4.25*(1496)
赤松政秀　*10.25*(1502)
赤松満祐　*9.10*(1441)
赤松光範　*10.3*(1381)
赤松満政　*4.24*(1445)
赤松持貞　*11.13*(1427)
赤松義祐　*2.15*(1576)
赤松義祐　*9.26*(1421)
赤松義則　*9.21*(1427)
赤松義村　*9.17*(1521)
赤松麟作　*11.24*(1953)
赤松連城　*7.20*(1919)
アーガー・ムハマンド・ハーン　*6.17*(1797)
阿観　*11.14*(1207)
秋岡芳夫　*4.18*(1997)
顕子女王　*8.5*(1676)
明子女王　*7.8*(1680)
昱子内親王　*8.15*(1246)
秋子内親王　*3.29*(1756)
秋篠室子　*5.8*(829)
秋篠安人　*1.10*(821)
秋田雨雀　*5.12*(1962)
秋田清　*12.3*(1944)
秋田実季　*11.29*(1660)
秋田静臥　*3.14*(1900)
秋田実　*10.27*(1977)
明月　*2.7*(1578)
秋月種実　*9.26*(1596)
秋月種樹　*10.17*(1904)
秋月種殷　*3.18*(1874)
秋月種長　*6.13*(1614)
秋月悌次郎　*1.5*(1900)
秋月康夫　*7.11*(1984)
アギナルド、エミリオ　*2.6*(1964)
安芸海節男　*3.25*(1979)
秋野不矩　*10.11*(2001)
アキノ、ベニグノ・"ニノイ"　*8.21*(1983)
秋葉隆　*10.16*(1954)
顕広王　*7.19*(1180)

秋広平六　*4.22*（1807）
アーキペンコ，アレグザンダー・ポルフィリエヴィチ　*2.25*（1964）
秋元正一郎　*8.29*（1862）
秋元喬知　*8.14*（1714）
秋元長朝　*8.29*（1628）
秋元礼朝　*6.13*（1883）
秋元不死男　*7.25*（1977）
秋元松代　*4.24*（2001）
秋元泰朝　*10.23*（1642）
秋元志朝　*7.26*（1876）
秋谷七郎　*8.11*（1978）
秋山章　*11.5*（1808）
秋山玉山　*12.12*（1764）
秋山清　*11.14*（1988）
秋山邦晴　*8.17*（1996）
秋山謙蔵　*3.5*（1978）
秋山光彪　*2.6*（1832）
秋山さと子　*1.5*（1992）
秋山真之　*2.4*（1918）
秋山庄太郎　*1.16*（2003）
秋山定輔　*1.19*（1950）
秋山光夫　*1.6*（1977）
秋山信友　*11.21*（1575）
秋山安三郎　*6.19*（1975）
秋山好古　*11.4*（1930）
秋好馨　*3.25*（1989）
秋良貞温　*10.16*（1890）
アギーレ・セルダ　*11.25*（1941）
アクアヴィーヴァ，クラウディウス　*1.31*（1615）
アクィラーノ・セラフィーノ　*8.10*（1500）
アークヴィラ，カスパル　*11.12*（1560）
アクサーコフ，コンスタンチン・セルゲーヴィチ　*12.7*（1860）
アクサーコフ，セルゲイ・チモフェーヴィチ　*4.30*（1859）
アグスティニ，デルミラ　*7.6*（1914）
アクセルロッド，ジュリアス　*12.29*（2004）
芥川比呂志　*10.28*（1981）
芥川也寸志　*1.31*（1989）
芥川龍之介　*7.24*（1927）
アクトン，ジョン・エマリチ・エドワード・ダルバーグ　*6.19*（1902）
アクニャ　*6.24*（1606）
アグニュー，スパイロ・T　*9.17*（1996）
アグネス（アッシジの）　*8.27*（1253）
アグネス・フォン・ポアトゥー　*12.14*（1077）
アグネス（ボヘミアの）　*3.2*（1282）
アグネス（モンテプルチャーノの）　*4.4*（1317）
アグネルス（ピーサの）　*3.3*（1232）
アグノン，シュムエル・ヨセフ　*2.17*（1970）
アクバル，ジャラール・ウッディーン・ムハンマト　*10.17*（1605）
阿久悠　*8.1*（2007）
アークライト，サー・リチャード　*8.3*（1792）
アグリコラ，ゲオルギウス　*11.21*（1555）
アグリーコラ，シュテファン　*4.10*（1547）
アグリコラ，マルティン　*6.10*（1556）
アグリコラ，ミーカエル・オラヴィ　*4.9*（1557）
アグリーコラ，ヨハネス　*9.22*（1566）
アグリコラ，ルドルフス　*10.27*（1485）
アグリッパ・フォン・ネッテスハイム，ヘンリクス・コルネリウス　*2.18*（1535）
暁烏敏　*8.27*（1954）
明智秀満　*6.14*（1582）
明智煕子　*6.14*（1582）
明智光秀　*6.13*（1582）
朱楽菅江　*12.12*（1799）
アケルマン，ルイーズ・ヴィクトリーヌ　*8.3*（1890）
亜元　*9.21*（1842）
安居院庄七　*8.13*（1863）
阿江与助　*1.17*（1634）
アコスタ，ホセ・デ　*2.11*（1600）
浅井十三郎　*10.24*（1956）
浅井亮政　*1.6*（1542）
浅井忠　*12.16*（1907）
浅井図南　*8.5*（1782）
浅井長政　*8.28*（1573）
阿佐井野宗瑞　*5.19*（1532）
浅井久政　*8.27*（1573）
浅井了意　*1.1*（1691）
アーサー王子　*4.2*（1502）
朝岡興禎　*4.27*（1856）
浅尾工左衛門（初代）　*8.22*（1824）
浅尾工左衛門（2代目）　*9.11*（1845）
浅尾為十郎（初代）　*4.7*（1804）
浅尾与六（初代）　*12.9*（1851）
朝海浩一郎　*9.9*（1995）
安積艮斎　*11.21*（1861）
安積親王　*1.13*（744）
安積澹泊　*12.10*（1738）
浅賀ふさ　*3.3*（1986）
朝河貫一　*8.11*（1948）
朝川善庵　*2.7*（1849）
浅草市九　*12.28*（1821）
朝倉景鏡　*4.14*（1574）
朝倉貞景　*3.25*（1512）
朝倉季雄　*4.11*（2001）
朝倉孝景　*3.22*（1548）
朝倉孝景　*7.26*（1481）
朝倉高景　*5.2*（1372）
朝倉教景　*9.8*（1555）
朝倉文夫　*4.18*（1964）
朝倉義景　*8.22*（1573）
朝潮太郎（3代目）　*10.23*（1988）
アーサー，ジーン　*6.19*（1991）
麻田剛立　*5.22*（1799）
朝田善之助　*4.29*（1983）
浅田宗伯　*3.16*（1894）
浅田長平　*10.21*（1970）
アーサー，チェスター・A　*11.18*（1886）
浅妻検校　*1.1*（1690）
アーザード　*2.22*（1958）
安里積千代　*9.30*（1986）
アサーニャ，マヌエル　*11.4*（1940）
浅沼稲次郎　*10.12*（1960）
朝寝坊むらく（初代）　*1.17*（1831）
浅野晃　*1.29*（1990）
浅野応輔　*9.23*（1940）
浅野研真　*7.7*（1939）

浅野順一　6.10(1981)
浅野総一郎(初代)　11.9(1930)
浅野長晟　9.3(1632)
浅野長勲　2.1(1937)
浅野長直　7.24(1672)
浅野長矩　3.14(1701)
浅野長政　4.7(1611)
浅野長訓　7.26(1872)
朝野鹿取　6.11(843)
浅野吉長　1.13(1752)
浅野幸長　8.25(1613)
浅羽英子　9.18(2006)
浅原健三　7.19(1967)
浅原為頼　3.9(1290)
朝原内親王　4.25(817)
浅原六朗　10.22(1977)
朝日茂　2.14(1964)
朝日丹波　4.10(1783)
朝比奈宗源　8.25(1979)
朝比奈隆　12.29(2001)
朝比奈知泉　5.22(1939)
朝比奈泰彦　6.30(1975)
朝方　1.14(1590)
朝日平吾　9.28(1921)
アサーフィエフ, ボリース・ウラジーミロヴィチ　1.27(1949)
朝吹英二　1.31(1918)
朝吹登水子　9.2(2005)
浅見絅斎　12.1(1712)
浅見仙作　10.3(1952)
浅見淵　3.28(1973)
浅見緑蔵　6.19(1984)
アザム, エーギット・クヴィリン　4.29(1750)
アザム, コスマス・ダミアン　5.10(1739)
朝山意林庵　9.21(1664)
朝山新一　11.7(1978)
朝山日乗　9.15(1577)
浅利検校　5.13(1698)
アザール, ポール　4.12(1944)
アジェンデ, サルバドル　9.11(1973)
足利氏満　11.4(1398)
足利義昭　3.13(1441)
足利貞氏　9.6(1331)
足利成氏　9.30(1497)
足利紫山　12.30(1959)
足利尊氏　4.30(1358)

足利高基　10.8(1535)
足利直義　2.16(1352)
足利晴氏　5.27(1560)
足利春王　5.16(1441)
足利政氏　7.18(1531)
足利政知　4.3(1491)
足利満詮　5.14(1418)
足利満兼　7.22(1409)
足利満貞　2.10(1439)
足利満隆　1.10(1417)
足利満直　6.10(1440)
足利持氏　2.10(1439)
足利持仲　1.10(1417)
足利基氏　4.26(1367)
足利安王　5.16(1441)
足利義昭　8.28(1597)
足利義明　10.7(1538)
足利義詮　12.7(1367)
足利義氏　1.21(1583)
足利義氏　11.21(1255)
足利義量　2.27(1425)
足利義勝　7.21(1443)
足利義兼　3.8(1199)
足利義清　閏10.1(1183)
足利義澄　8.14(1511)
足利義稙　4.7(1523)
足利義嗣　1.24(1418)
足利義維　10.8(1573)
足利義輝　5.19(1565)
足利義教　6.24(1441)
足利義晴　5.4(1550)
足利義尚　3.26(1489)
足利義政　1.7(1490)
足利義視　1.7(1491)
足利義満　5.6(1408)
足利義持　1.18(1428)
足利義康　5.29(1157)
足利頼氏　4.24(1262)
アジキウェ, ヌナムディ　5.11(1996)
芦田恵之助　12.9(1951)
芦田伸介　1.9(1999)
芦田泰三　10.18(1979)
芦田均　6.20(1959)
葦津珍彦　6.10(1992)
蘆塚忠右衛門　2.27(1638)
蘆東山　6.2(1776)
蘆名盛詮　3.14(1466)
蘆名盛氏　6.17(1580)
蘆名盛重　6.7(1631)
蘆名盛高　12.8(1517)

蘆名盛隆　10.6(1584)
芦乃家雁玉　12.30(1960)
蘆原英了　3.2(1981)
葦原邦子　3.13(1997)
芦原義信　9.24(2003)
芦部信喜　6.12(1999)
安島帯刀　8.27(1859)
安島直円　4.5(1798)
アシモフ, アイザック　4.6(1992)
アジャーエフ, ワシーリー・ニコラエヴィチ　4.27(1968)
アシャール, フランツ　4.20(1821)
アシャール, マルセル　9.4(1974)
足利義昭　8.28(1597)
アシュクロフト, ペギー　6.14(1991)
アシュトン, サー・フレデリック　8.18(1988)
アシュモール, イライアス　5.18(1692)
アシュリー　7.23(1927)
アショフ, カール・アルベルト・ルードヴィヒ　6.24(1942)
足代弘訓　11.5(1856)
アスエラ, マリアノ　3.1(1952)
飛鳥井経有　5.4(1343)
飛鳥井教定　4.8(1266)
飛鳥井雅章　10.12(1679)
飛鳥井雅敦　8.7(1578)
飛鳥井雅有　1.11(1301)
飛鳥井雅孝　5.17(1353)
飛鳥井雅親　12.22(1491)
飛鳥井雅綱　10.5(1563)
飛鳥井雅経　3.11(1221)
飛鳥井雅庸　12.22(1616)
飛鳥井雅俊　4.11(1523)
飛鳥井雅道　8.31(2000)
飛鳥井雅宗　8.30(1343)
飛鳥井雅康　10.26(1509)
飛鳥井雅世　2.1(1452)
飛鳥井雅縁　10.5(1428)
飛鳥田一雄　10.11(1990)
飛鳥田女王　6.9(782)
飛鳥皇女　4.4(700)
アスカム, ロジャー　12.30(1568)
アスキス, ハーバート・ヘンリー, 初代オックスフォード伯

爵 2.15(1928)
アスキュー, アン 7.16(1546)
足助重氏 5.22(1333)
足助重範 5.3(1332)
アスゲールソン 9.15(1972)
アスター, ジョン・ジェイコブ 3.29(1848)
アステア, フレッド 6.22(1987)
アストゥリアス, ミゲル・アンヘル 6.9(1974)
アストリュク, ジャン 5.5(1766)
アストン, ウィリアム・ジョージ 11.22(1911)
アストン, フランシス・ウィリアム 11.20(1945)
アスビョルンセン, ペーテル・クリステン 1.6(1885)
アスプディン, ジョゼフ 3.20(1855)
アスプルンド, エリック・グンナル 10.20(1940)
アズベリー, フランシス 3.31(1816)
東敦子 12.25(1999)
東富士謹一 7.31(1973)
東屋三郎 7.3(1935)
東家楽燕 3.8(1950)
東家楽遊(2代目) 3.10(1960)
東勇作 8.4(1971)
東龍太郎 5.26(1983)
アスラン 10.30(1947)
足羽敬明 2.10(1759)
アセーエフ, ニコライ・ニコラエヴィチ 7.16(1963)
畔上楳仙 12.27(1901)
アゼーフ 4.24(1918)
麻生慶次郎 10.28(1953)
麻生三郎 4.5(2000)
麻生太賀吉 12.2(1980)
麻生太吉 12.8(1933)
麻生久 9.6(1940)
麻生豊 9.12(1961)
麻生良方 2.21(1995)
麻生義輝 10.11(1938)
阿蘇惟澄 9.29(1364)
阿蘇惟武 8.12(1377)
阿蘇惟豊 11.7(1559)
阿蘇惟直 3.2(1336)
アソリン 3.2(1967)

アタースィー 12.3(1992)
安達景盛 5.18(1248)
足立巻一 8.14(1985)
足立源一郎 3.31(1973)
安達謙蔵 8.2(1948)
安達憲忠 12.2(1930)
安達幸之助 9.4(1869)
足立重信 11.17(1625)
安達清風 9.15(1884)
足立正 3.29(1973)
安達潮花 6.5(1969)
足立長雋 12.26(1837)
安達時顕 5.22(1333)
安達時盛 6.10(1285)
足立文太郎 4.1(1945)
足立正声 4.19(1907)
安達盛長 4.26(1200)
安達安子 7.28(1913)
安達泰盛 11.17(1285)
安達義景 6.3(1253)
アダチ竜光 10.13(1982)
アタテュルク, ムスタファ・ケマル 11.10(1938)
聖アタナシウス 5.2(373)
アタナシウス(ナーポリの) 7.15(872)
アタナシオス1世 10.28(1310)
アダマール, ジャーク・サロモン 10.17(1963)
アダム・イーストン 9.20(1397)
アダム, ジェイムズ 10.20(1794)
アダムズ 5.18(1949)
アダムズ, アンセル 4.22(1984)
アダムズ, ウィリアム 5.16(1620)
アダムズ, ウォルター・シドニー 5.11(1956)
アダムズ, サミュエル 10.2(1803)
アダムズ, ジェイン 5.21(1935)
アダムズ, ジョン 7.4(1826)
アダムズ, ジョン・クインシー 2.23(1848)
アダムズ, ジョン・クーチ 1.21(1892)

アダムズ, チャールズ・フランシス 11.21(1886)
アダムズ, ヘンリー 3.27(1918)
アダムズ, ロジャー 7.6(1971)
アダムスン・パトリク 2.19(1592)
アダム・マーシュ 11.18(1258)
アダム, ロバート 3.3(1792)
アダモフ, アルチュール 3.14(1970)
アタラリクス 10.2(534)
アダラール 6.5(754)
アーダルダーク 4.28(988)
アーダルハルト 1.2(826)
アーダルベルト(マクデブルクの) 6.20(981)
アーダルベルト(助祭) 6.25(705)
アダルベルト 3.16(1072)
聖アダルベルト 4.23(997)
アダルベロ1世(メスの) 4.26(962)
アダルベロ2世(メスの) 12.14(1005)
アタワルパ 8.29(1533)
アダン, アドルフ・シャルル 5.3(1856)
アダンソン, ミシェル 8.3(1806)
アダン, ポール 1.2(1920)
アチソン, エドワード・グッドリッチ 7.6(1931)
アチソン, ディーン・グッダラム 10.12(1971)
アーチャー, ウィリアム 12.27(1924)
アーチャー, トマス 5.23(1743)
阿茶局 1.22(1637)
敦明親王 1.8(1051)
アッカーマン, コンラート・エルンスト 11.13(1771)
アッギェーエ, サッチダーナンド・ヒラーナンド・ヴァーツヤーヤン 4.4(1987)
篤子内親王 10.1(1114)
敦子内親王 1.13(930)
アッコラムボニ 12.22(1585)
アッザーム 6.2(1976)

アッジェ, ウージェーヌ 8.4(1927)
アッシュ, ショーレム 7.10(1957)
アッスマン 5.28(1918)
アッセンシオン 2.5(1597)
アッ・ダミーリー 10.28(1405)
アッティクス, テイトゥス・ポンポニウス 3.31(前32)
アッティコス 10.10(425)
アッテルボム, ペール・ダニエル・アマデウス 7.21(1855)
アットー(ヴェルチェルリの) 12.31(961)
アッバース1世 1.27(1629)
アッバース, フェルハト 12.24(1985)
アッピア, アードルフ 2.29(1928)
アップジョン, リチャード 8.17(1878)
アップルトン, サー・エドワード・ヴィクター 4.21(1965)
アッベ, エルンスト 1.14(1905)
アッベ, クリーヴランド 10.28(1916)
アッヘンヴァール 5.1(1772)
アッボー 11.13(1004)
吾妻藤蔵(3代目) 6.15(1798)
吾妻徳穂 4.23(1998)
吾妻ひな子 3.8(1980)
渥美契縁 4.16(1906)
渥美清 8.4(1996)
敦実親王 3.2(967)
渥美清太郎 8.20(1959)
敦道親王 10.2(1007)
敦康親王 12.17(1019)
アッラール‐アルファーシー 5.12(1974)
アッレグリ, グレゴリオ 2.17(1652)
アディ・エンドレ 1.27(1919)
アディソン, ジョーゼフ 6.17(1719)
アディソン, トマス 6.29(1860)
アデナウアー, コンラート 4.19(1967)
安勅内親王 9.17(855)

アデマール(ル・ピュイの, モンテーユの) 8.1(1098)
阿弖流為 8.13(802)
聖アーデルハイト 12.6(999)
アドー 12.16(875)
アトウッド 7.7(1807)
アトキンソン 12.10(1929)
アトキンソン, ブルックス 1.13(1984)
跡部良顕 1.27(1729)
跡部良弼 12.20(1869)
跡見花蹊 1.10(1926)
跡見李子 12.17(1956)
跡見泰 10.22(1953)
アードラー 11.12(1918)
アドラー 1.2(1960)
アドラー 6.28(1937)
アドラー, アルフレート 5.28(1937)
アードラー, グイード 2.15(1941)
アドラー, ラリー 8.6(2001)
アトリー, クレム 10.8(1967)
アドルノ, テーオドール・ヴィーゼングルント 8.6(1969)
アードルフ4世 7.8(1261)
アドルフ・フォン・ナッサウ 7.2(1298)
アナクレートゥス2世 1.25(1138)
穴沢喜美男 2.26(1974)
アナスタシア・ニコラエヴナ 7.17(1918)
アナスタシウス1世 7.9(518)
アナスタシウス2世 11.19(498)
アナセン, ハンス・クリスチャン 8.4(1875)
アナトリオス 7.3(458)
アナベラ 9.19(1996)
穴穂部間人皇女 12.21(622)
穴穂部皇子 6.7(587)
阿南惟幾 8.15(1945)
穴山信君 6.2(1582)
アーナンタマヒドン 6.9(1946)
アーナンド, M.R. 9.28(2004)
アニアンズ, チャールズ・トールバット 1.8(1965)
アニオー 11.7(1645)

アニムッチャ, ジョヴァンニ 3.25(1571)
アヌイ, ジャン 10.5(1987)
姉小路顕朝 9.20(1266)
姉小路公知 5.20(1863)
姉小路実次 8.11(1335)
姉小路高基 3.2(1358)
姉小路忠方 12.19(1282)
姉小路済継 5.29(1518)
姉小路局 8.9(1880)
姉小路基綱 4.23(1504)
姉小路頼綱 4.25(1587)
姉川新四郎(初代) 11.25(1750)
姉川新四郎(4代目) 4.19(1853)
姉崎正治 7.23(1949)
アネーリオ, フェリーチェ 9.27(1614)
阿野公煕 8.7(1472)
阿野全成 6.23(1203)
アノトー 4.11(1944)
阿野時元 2.22(1219)
阿野局 6.2(1582)
安濃内親王 8.30(841)
アーノルド, トマス 6.12(1842)
アーノルド, マシュー 4.15(1888)
阿野廉子 4.29(1359)
アバイ・クナンバーエフ 7.6(1904)
アバーカー 4.1(1282)
アバクロンビ 6.21(1897)
アバクロンビー, ラッセルズ 10.27(1938)
アーバス, ダイアン 7.26(1971)
アーバスノット, ジョン 2.27(1735)
アパーツァイ・チェレ, ヤーノシュ 12.31(1659)
アバディーン, ジョージ・ハミルトン・ゴードン, 4代伯爵 12.14(1860)
アハド・ハ‐アム 1.2(1927)
アバナシ, ラルフ・デイヴィド 4.17(1990)
アパフィ・ミハーイー1世 4.15(1690)
アピアヌス 4.21(1552)

アヒジョ, アフマドゥ　*11.30*（1989）
アビントン, ファニー　*3.4*（1815）
アブー-アルアラーイ　*5.10*（1057）
アファナーシエフ, アレクサンドル・ニコラエヴィチ　*10.23*（1871）
アブー・アル・ファラジ・アル・イスファハーニー　*11.21*（967）
アブー・アル・フィダー　*10.27*（1331）
アフィノゲーノフ, アレクサンドル・ニコラエヴィチ　*10.29*（1941）
アフェドソン　*10.28*（1841）
アフォンソ1世　*12.6*（1185）
アフォンソ3世　*2.16*（1279）
アフォンソ5世　*8.28*（1481）
アフガーニー　*3.9*（1897）
アブー・サアイード・ブン・アビル・ハイル　*1.12*（1049）
アブー・ザイド・アルバルヒー　*10.1*（934）
アブサロン　*3.21*（1201）
アブー・シャーマ　*6.13*（1268）
安冨祖正元　*1.26*（1865）
アブー・ダーウード　*2.22*（889）
阿仏尼　*4.8*（1283）
阿仏房　*3.21*（1279）
アブデュル-アジズ　*6.4*（1876）
アブデルハルデン　*8.7*（1950）
アブド-アルカーディル-アルジーラーニー　*7.9*（1167）
アブド・アッラーフ・ブン・フサイン　*7.20*（1951）
アブド・アル-カーディル　*5.26*（1883）
アブド・アル・カリーム　*2.6*（1963）
アブドゥッラー・イブヌッ・ズバイル　*10.4*（692）
アブドゥル・ガフール・ラーリー　*12.21*（1506）
アブドゥル・ハック・ハミト　*4.12*（1937）
アブドゥル・ハミト2世　*2.10*（1918）

アブドゥル・マジド1世　*6.25*（1861）
アブドゥル・ラフマーン　*10.1*（1901）
アブドゥル・ラフマーン1世　*9.30*（788）
アブドゥル・ラフマーン3世　*10.16*（961）
アブー・バクル　*8.23*（634）
アブー・バクル・アッ・ズバイディー　*9.6*（989）
アブー・マーシャル　*3.8*（886）
アフマド-アルバダウィー　*8.25*（1276）
アフマド・アラービー　*9.21*（1911）
アフマド・シャウキー　*10.13*（1932）
アフマド・ハーン, サル・サイイッド　*3.28*（1898）
アフマートワ, アンナ・アンドレーヴナ　*3.5*（1966）
アフメト・ジェヴデト・パシャ　*5.24*（1895）
アフメト・ミドハト　*12.28*（1912）
アブー・ユースフ　*4.21*（798）
油小路隆家　*4.3*（1367）
油小路隆信　*8.28*（1419）
アブラハム　*11.16*（1922）
油屋常祐　*7.4*（1579）
アブール・フサイン・ビン・トゥルーフ　*10.19*（1251）
アブル・ワファー　*7.1*（998）
阿部昭　*5.19*（1989）
安部井磐根　*11.9*（1916）
安部磯雄　*2.10*（1949）
安部栄四郎　*12.18*（1984）
阿部謹也　*9.4*（2006）
安倍源基　*10.6*（1989）
阿部豪逸　*9.4*（1882）
阿部孝次郎　*10.18*（1990）
阿部行蔵　*4.28*（1981）
安部公房　*1.22*（1993）
阿部重孝　*6.5*（1939）
阿部重次　*4.20*（1651）
阿部静枝　*8.31*（1974）
アベジャネーダ　*12.26*（1885）
阿部将翁　*1.26*（1753）
阿部次郎　*10.20*（1959）
阿部真造　*3.21*（1878）

安倍晋太郎　*5.15*（1991）
阿部真之助　*7.9*（1964）
安倍季尚　*12.21*（1709）
阿部泰蔵　*10.22*（1924）
安倍英　*4.26*（2005）
阿部忠秋　*5.3*（1675）
阿部知二　*4.23*（1973）
安倍兄雄　*10.19*（808）
阿倍倉梯麻呂　*3.17*（649）
阿部古美奈　*10.28*（784）
安倍貞任　*9.17*（1062）
阿倍沙弥麻呂　*4.20*（758）
安倍季正　*8.8*（1164）
阿倍宿奈麻呂　*1.27*（720）
安倍晴明　*9.26*（1005）
阿倍仲麻呂　*7.1*（770）
阿倍広庭　*2.22*（732）
安倍寛麻呂　*11.11*（820）
安部信盛　*11.27*（1673）
阿部信行　*9.7*（1953）
阿倍御主人　閏*4.1*（703）
安倍安仁　*4.23*（859）
安倍吉平　*12.18*（1027）
安倍頼時　*7.26*（1057）
阿部典史　*10.7*（2007）
阿部彦太郎　*5.5*（1904）
アベベ・ビキラ　*10.25*（1973）
阿部正右　*7.12*（1769）
阿部正武　*9.17*（1704）
阿部正次　*11.14*（1647）
阿部正弘　*6.17*（1857）
阿部正之　*3.12*（1651）
阿部みどり女　*9.10*（1980）
阿部茂兵衛　*6.23*（1885）
阿部守太郎　*9.6*（1913）
阿部豊　*1.3*（1977）
安倍能成　*6.7*（1966）
アベラール, ピエール　*4.21*（1142）
アーベル　*7.4*（1946）
アーベル, カール・フリードリヒ　*6.20*（1787）
アベル, ケル　*3.5*（1961）
アベール, ニコラ・フランソワ　*6.3*（1841）
アーベル, ニルス・ヘンリック　*4.6*（1829）
アーベントロート, ヘルマン　*5.29*（1956）
安保清種　*6.8*（1948）
網干善教　*7.29*（2006）

あほ　　　　　　　　　　　　　　人名索引

阿保親王　*10.22*（842）
アボット，ジェイコブ　*10.31*（1879）
アボット，ジョージ　*1.31*（1995）
アボット，ジョージ　*8.4*（1633）
アボット，チャールズ・グリーリー　*12.17*（1973）
アボ（トビリシの）　*1.6*（786）
アホ，ユハニ　*8.8*（1921）
アポリネール，ギヨーム　*11.9*（1918）
アポローニウス　*9.21*（184）
甘粕正彦　*8.20*（1945）
天草四郎　*2.28*（1638）
尼子勝久　*7.3*（1578）
尼子国久　*11.1*（1554）
尼子長三郎　*11.25*（1863）
尼子経久　*11.13*（1541）
尼子晴久　*12.24*（1561）
尼子義久　*8.28*（1610）
アマースト，ウィリアム・ピット，初代伯爵　*3.13*（1857）
アマースト，ジェフリー・アマースト，男爵　*8.3*（1797）
天田勝正　*2.27*（1965）
天田愚庵　*1.17*（1904）
天知茂　*7.27*（1985）
天津乙女　*5.30*（1980）
天津羽衣　*9.13*（1982）
アマーティ，ニコラ　*4.12*（1684）
アマデウス（ロザンヌの）　*8.27*（1159）
アマデオ1世　*1.13*（1890）
アマデオ，ジョヴァンニ・アントニオ　*8.27*（1522）
アマード，ジョルジェ　*8.6*（2001）
アマヌッラー・ハーン　*4.25*（1960）
天野信景　*9.8*（1733）
天野宗歩　*5.14*（1859）
天野忠　*10.28*（1993）
天野辰夫　*1.20*（1974）
天野為之　*3.26*（1938）
天野貞祐　*3.6*（1980）
天野八郎　*11.8*（1868）
天野元之助　*8.9*（1980）
天野康景　*2.24*（1613）
天野屋利兵衛　*1.27*（1727）

アマバハ，ファイト　*9.13*（1557）
アマバハ，ボニファーティウス　*4.24*（1562）
アマバハ，ヨハネス　*12.25*（1514）
天谷直弘　*8.30*（1994）
アマラスンタ　*4.30*（535）
アマン・ジャン，エドモン・フランソワ　*1.25*（1936）
アマンドゥス　*2.6*（679）
アマン，ヨースト　*5.17*（1591）
アミエル，アンリ・フレデリック　*5.11*（1881）
阿弥陀房　*3.15*（1278）
アミーチ，ジョヴァンニ・バッティスタ　*4.10*（1868）
アーミテージ，ケネス　*1.22*（2002）
網野菊　*5.15*（1978）
網野善彦　*2.27*（2004）
阿妙尼　*3.11*（1104）
アミヨ，ジャック　*2.7*（1593）
アミン，イディ　*8.16*（2003）
アムスドルフ，ニーコラウス・フォン　*5.14*（1565）
アームストロング，ウィリアム・ジョージ，男爵　*12.27*（1900）
アームストロング，エドウィン・H　*2.1*（1954）
アームストロング，ルイ　*7.6*（1971）
アムラン　*9.11*（1907）
アムンゼン，ロアルド　*6.18*（1928）
雨宮敬次郎　*1.20*（1911）
雨森芳洲　*1.6*（1755）
雨宮育作　*2.14*（1984）
アメリカ彦蔵　*12.12*（1897）
天羽英二　*7.31*（1968）
アモントン，ギヨーム　*10.11*（1705）
アヤ・デ・ラ・トーレ，ビクトル・ラウル　*8.2*（1979）
綾小路敦有　*2.15*（1400）
綾小路有時　*11.14*（1318）
綾小路茂賢　*6.3*（1325）
綾小路俊量　*7.10*（1518）
綾小路成賢　*4.5*（1391）
綾小路信有　*9.10*（1324）

綾小路信俊　*6.18*（1429）
アユイ，ルネ・ジュスト　*6.3*（1822）
鮎川哲也　*9.24*（2002）
鮎川信夫　*10.17*（1986）
鮎川義介　*2.13*（1967）
鮎沢伊太夫　*10.1*（1868）
アユーブ・カーン，ムハンマド　*4.19*（1974）
アラー・ウッディーン・ハルジー　*1.2*（1316）
荒井郁之助　*7.19*（1909）
新井奥邃　*6.16*（1922）
荒井寛方　*4.16*（1945）
新井将敬　*2.19*（1998）
新井章吾　*10.16*（1906）
新井章治　*9.1*（1952）
新井石禅　*12.7*（1927）
荒井竜男　*9.20*（1955）
新井直之　*5.13*（1999）
新居日薩　*8.29*（1888）
新井白蛾　*5.14*（1792）
新井白石　*5.19*（1725）
荒井鳴門　*7.29*（1853）
アラウ，クラウディオ　*6.9*（1991）
アラー・ウッディーン・ジュワイニー　*3.6*（1283）
荒尾成章　*9.21*（1903）
荒尾精　*10.30*（1896）
荒尾成裕　*11.9*（1878）
荒垣秀雄　*7.8*（1989）
新垣弓太郎　*3.19*（1964）
荒川豊蔵　*8.11*（1985）
荒川秀俊　*12.23*（1984）
荒川文六　*2.9*（1970）
新木栄吉　*1.1*（1959）
荒木寛畝　*6.2*（1915）
荒木元融　*4.18*（1794）
荒木古童（初代）　*4.27*（1851）
荒木古童（2代目）　*1.17*（1908）
荒木古童（3代目）　*5.2*（1935）
荒木貞夫　*11.2*（1966）
荒木十畝　*9.11*（1944）
荒木正三郎　*6.16*（1969）
荒木如元　関*8.5*（1824）
荒木宗太郎　*11.7*（1636）
荒木田氏経　*1.12*（1487）
荒木田経雅　*3.13*（1805）
荒木田久老　*8.14*（1804）
荒木田盛員　*9.26*（1687）

766

荒木田守武　8.8（1549）
荒木田守晨　11.17（1516）
荒木田守訓　9.13（1842）
荒木田麗　1.12（1806）
荒木俊馬　7.10（1978）
荒木寅三郎　1.28（1942）
荒木暢夫　2.27（1966）
荒木万寿夫　8.24（1973）
荒木又右衛門　8.28（1638）
荒木道子　3.24（1989）
荒木村重　5.4（1586）
荒木村英　7.15（1718）
荒木元清　5.23（1610）
安良城盛昭　4.12（1993）
荒木与次兵衛（初代）　12.16（1700）
アラクチェーエフ　4.21（1834）

アラゴ，ドミニク・フランソワ・ジャン　10.2（1853）
アラゴン，ルイ　12.24（1982）
嵐音八（初代）　3.25（1769）
嵐寛寿郎　10.21（1980）
嵐勘四郎（初代）　8.22（1739）
嵐吉三郎（初代）　12.8（1781）
嵐吉三郎（2代目）　9.26（1821）
嵐吉三郎（3代目）　9.28（1864）
嵐吉三郎（7代目）　2.11（1973）
嵐小六（初代）　7.26（1786）
嵐小六（4代目）　11.15（1826）
嵐三右衛門　7.17（1980）
嵐三右衛門（初代）　10.18（1690）
嵐三右衛門（2代目）　11.7（1701）
嵐三右衛門（3代目）　7.10（1754）
嵐三右衛門（6代目）　8.26（1785）
嵐三五郎（初代）　7.12（1739）
嵐三五郎（2代目）　5.2（1803）
嵐七五郎（3代目）　11.5（1798）
嵐徳三郎（7代目）　12.5（2000）
嵐雛助（初代）　3.29（1796）
嵐雛助（2代目）　2.4（1801）
嵐山甫安　11.30（1693）
嵐芳三郎（4代目）　10.11（1912）
嵐芳三郎（5代目）　11.14（1977）
嵐芳三郎（6代目）　8.22（1996）

嵐璃珏（2代目）　7.14（1864）
嵐璃珏（5代目）　12.27（1980）
嵐璃寛（2代目）　6.13（1837）
嵐璃寛（4代目）　5.21（1894）
嵐和歌野（初代）　5.20（1728）
嵐和歌野（2代目）　2.9（1763）
新珠三千代　3.17（2001）
アラーニャ　1.27（1960）
アラニュ，ヤーノシュ　10.22（1882）
アラーヌス（オセールの，フランドルの）　10.14（1185）
アラーヌス（ルベの）　9.8（1475）
荒畑寒村　3.6（1981）
アラファト，ヤセル　11.11（2004）
荒船清十郎　11.25（1980）
荒正人　6.9（1979）
アラマンニ，ルイージ　4.18（1556）
アラマン，ルーカス　6.2（1853）
アラルコン・イ・アリーサ，ペドロ・アントニオ・デ　7.19（1891）
アラン　6.2（1951）
アラン-フルニエ，アンリ　9.22（1914）
アーランガー，ジョゼフ　12.15（1965）
アランデル，トマス　2.19（1414）
アリー　1.23（1963）
アリー　1.24（661）
アリー・アーディル・シャー　4.9（1580）
アリアルドゥス　6.27（1066）
アリエンティ，ジョヴァンニ・サバディーノ・デッリ　6.3（1510）
アリオスト，ルドヴィーコ　7.6（1533）
有賀鉄太郎　5.25（1977）
有賀長雄　5.17（1921）
有賀美智子　4.22（1999）
アリゲール，マルガリータ・ヨシフォヴナ　8.1（1992）
有坂成章　1.12（1915）
有坂秀世　3.13（1952）
有沢広巳　3.7（1988）

有島生馬　9.15（1974）
有島一郎　7.20（1987）
有島武郎　6.9（1923）
有末精三　2.14（1992）
有栖川宮貞子　1.9（1872）
有栖川宮幟仁親王　1.24（1886）
有栖川宮威仁親王　7.5（1913）
有栖川宮董子　2.7（1923）
有栖川宮熾仁親王　1.15（1895）
有栖川宮職仁親王　10.22（1769）
アリスン，ジューン　7.9（2006）
有田八郎　3.4（1965）
アリー・パシャ　2.5（1822）
アリ・パシャ　9.5（1871）
アリー・ベイ　4.20（1773）
アリボ（マインツの）　4.6（1031）
有馬氏倫　12.12（1736）
有馬新七　4.23（1862）
有馬大五郎　10.3（1980）
有馬豊氏　閏9.29（1642）
有馬直純　4.25（1641）
有間皇子　11.11（658）
有馬晴純　2.28（1566）
有馬晴信　5.6（1612）
有馬義貞　12.27（1576）
有馬頼義　4.15（1980）
有馬頼永　7.3（1846）
有馬頼旨　4.8（1706）
有馬頼寧　1.10（1957）
有馬頼徸　11.23（1783）
有馬良橘　5.1（1944）
有村次左衛門　3.3（1860）
有村連寿尼　10.2（1895）
有元佐弘　4.3（1333）
有元佐光　4.3（1333）
有元佐吉　4.3（1333）
有本芳水　1.21（1976）
アリーヤ　8.25（2001）
有吉佐和子　8.30（1984）
アリー，レーウィ　12.27（1987）
在原友于　4.20（910）
在原業平　5.28（880）
在原行平　7.19（893）
アーリントン，ヘンリー・ベネット，初代伯爵　7.28（1685）

ある　　　　　　　　　　人名索引

アルヴァレス, ルイス・ウォルター　9.1(1988)
アルヴァーロ, コッラード　6.11(1956)
アルヴェス, カストロ　7.6(1871)
有賀喜左衛門　12.20(1979)
有賀長伯　6.2(1737)
アルカディウス, フラーウィウス　5.1(408)
アルカデルト, ジャック　10.14(1568)
アルガルディ, アレッサンドロ　6.10(1654)
アルガロッティ, フランチェスコ　5.3(1764)
アルガン, エメ　10.24(1803)
アルガン, ジャン-ロベール　8.13(1822)
アルクイン　5.19(804)
アルグン-ハン　3.9(1291)
アルゲージ, トゥドル　7.14(1967)
アルゲランダー, フリードリヒ・ヴィルヘルム・アウグスト　2.17(1875)
アルコス, ルネ　7.16(1959)
アルジャー, ホレイショー　7.18(1899)
アール, ジョン　11.17(1665)
アルセ　9.14(1847)
アルセーニエフ, ウラジーミル・クラヴジエヴィチ　9.4(1930)
アルダー, クルト　6.20(1958)
アルタミラ・イ・クレベア　6.1(1951)
アルチュセール, ルイ　10.22(1990)
アルチンボルド, ジュゼッペ　7.11(1593)
アルツイバーシェフ, ミハイル・ペトローヴィチ　3.3(1927)
アルティガス, ホセ・ヘルバシオ　6.19(1850)
アルティン, エーミール　12.20(1962)
アルテフェルデ　11.27(1382)
アルテンベルク, ペーター　1.8(1919)

アルトー, アントナン　3.4(1948)
アルトゥージ, ジョヴァンニ・マリア　8.18(1613)
アルトゥング, ハンス　12.7(1989)
アルトドルファー, アルブレヒト　2.12(1538)
アールト, フーゴー・アルヴァー・ヘンリック　5.11(1976)
アルトフージウス, ヨハネス　8.12(1638)
聖アルドヘルム　5.25(709)
アルトマン(パッサウの)　8.8(1091)
アルトマン, ロバート　11.20(2006)
アルドリクス(ル・マンの)　3.24(856)
アルドレッド(ヨークの)　9.11(1069)
アルドロヴァンディ, ウリッセ　5.1(1605)
アルニム, アヒム・フォン　1.21(1831)
アルニム, ベッティーナ・フォン　1.20(1859)
アルヌルドソン　2.20(1916)
アルヌルフ・フォン・ケルンテン　12.8(899)
アールネ, アンティ　2.5(1925)
アルノー, アンジェリーク・ド・サン-ジャン　1.29(1684)
アルノー, アントワーヌ　8.7(1694)
アルノー(ザルツブルクの)　1.24(821)
アルノー(ライヒャスベルクの)　1.30(1175)
アルノルフォ・ディ・カンビオ　3.8(1302)
アルバ公爵, フェルナンド・アルバレス・デ・トレド　1.12(1582)
アルバート公　12.14(1861)
アルバーニ, フランチェスコ　10.4(1660)
アルバラード, ペドロ・デ　7.4(1541)

アルバレス-キンテロ, セラフィン　4.12(1938)
アルバレス-キンテロ, ホアキン　6.14(1944)
アルバレス, ディエゴ　1.17(1620)
アルバレス, バルターザル　7.25(1580)
アルビーニ, プロスペロ　11.23(1616)
アルピーノ, ジョヴァンニ　12.10(1987)
アルビノーニ, トマゾ　1.17(1751)
アルプ・アルスラーン　11.24(1072)
アルフィエーリ, ヴィットーリオ　10.8(1803)
アルフヴェン, ハンス・ウーラフ・イェースタ　4.2(1995)
アルフェジ(カンタベリの)　4.19(1012)
アルフェ, フアン　4.1(1603)
アルフォンソ2世　10.27(1597)
アルフォンソ3世　12.20(910)
アルフォンソ5世　6.27(1458)
アルフォンソ6世　6.30(1109)
アルフォンソ6世　9.12(1683)
アルフォンソ10世　4.4(1284)
アルフォンソ12世　11.25(1885)
アルフォンソ13世　2.28(1941)
アルブケルケ, アフォンソ・デ　12.16(1515)
アルブーゾフ, アレクセイ・ニコラエヴィチ　4.20(1986)
アルプ, ハンス　6.7(1966)
アルフレッド　7.30(1900)
アルフレッド大王　10.26(899)
アルブレヒツベルガー, ヨハン・ゲオルグ　3.7(1809)
アルブレヒト　3.20(1568)
アルブレヒト1世　5.1(1308)
アルブレヒト1世　11.18(1170)
アルブレヒト2世　10.27(1439)

768

アルブレヒト2世（ブランデンブルク、またはマインツの）9.24（1545）
アルブレヒト5世 10.24（1579）
アルベニス、イサーク 5.18（1909）
アルベリク 1.26（1108）
アルベール1世 2.17（1934）
アルベール1世 6.26（1922）
アルベルス、エラスムス 5.5（1553）
アルベルティ、ドメニコ 10.14（1740）
アルベルティネッリ、マリオット 11.5（1515）
アルベルディ、フアン・バウティスタ 6.19（1884）
アルベルティ、ラファエル 10.28（1999）
アルベルティ、レオン・バッティスタ 4.25（1472）
アルベルトゥス1世（リガの） 1.17（1229）
聖アルベルトゥス・マグヌス、ボルシュテット伯爵 11.15（1280）
アルベルト、ハインリヒ 10.6（1651）
アルヘンソーラ、バルトロメ・ルオナルド・デ 2.4（1631）
アルヘンソーラ、ルペルシオ・デ 2.28（1613）
アルヘンティーナ、ラ 7.18（1936）
アルボルノス、ヒル・アルバレス・カリリョ・デ 8.23（1367）
アルマ-タデマ、サー・ローレンス 6.25（1912）
アル・マイダーニー 10.27（1124）
アルマグロ、ディエゴ・デ 4.26（1538）
アルマン、フェルナンデス 10.22（2005）
アルミニウス、ヤコブス 10.19（1609）
アルムクヴィスト、カール・ユーナス・ルーヴェ 9.26（1866）

アルメイダ-ガレート、ジョアン・バプティスタ・ダ・シルヴァ・レイタン 12.9（1854）
アルメイダ、フィアーリョ・デ 3.4（1911）
アルメイダ、フランシスコ・デ 3.1（1510）
アルラン、マルセル 1.12（1986）
アルレッティ 7.23（1992）
アルント、エルンスト・モーリッツ 1.29（1860）
アルント、ヨーハン 5.11（1621）
アレアルディ、アレアルド 7.17（1878）
アレアンドロ、ジローラモ 1.31（1542）
アレイクサンドレ、ビセンテ 12.14（1984）
アレヴィ、ジャック・フロマンタル 3.17（1862）
アレヴィ、ダニエル 2.4（1962）
アレグザンダー・オヴ・チュニス、サー・ハロルド、初代伯爵 6.16（1969）
アレグザンダー、サミュエル 9.13（1938）
アレグザンダー、フランツ 3.8（1964）
アレクサンダル1世 10.9（1934）
アレクサンダル・オブレノビッチ5世 6.11（1903）
アレクサンデル2世 4.21（1073）
アレクサンデル3世 8.30（1181）
アレクサンデル4世 5.25（1261）
アレクサンデル5世 5.3（1410）
アレクサンデル6世 8.18（1503）
アレクサンデル7世 5.22（1667）
アレクサンデル8世 2.1（1691）
アレクサンデル・セウェールス、マールクス・アウレーリウス

5.18（235）
アレクサンデル・ハレシウス 8.21（1245）
アレクサンドラ・フョードロヴナ 7.17（1918）
アレクサンドリ、ヴァシーレ 8.22（1890）
アレクサンドル1世 11.17（1893）
アレクサンドル1世 12.1（1825）
アレクサンドル2世 3.13（1881）
アレクサンドル3世 11.1（1894）
アレクサンドル・ネフスキー 11.14（1263）
アレクサンドロス 4.17（328）
アレクサンドロス3世 6.13（前323）
アレクサンドロフ 7.21（1961）
アレクサンドロフ、パーヴェル・セルゲエヴィチ 12.17（1982）
アレクシウス1世 8.15（1118）
アレクセイ1世 1.30（1676）
アレクセイ2世 6.26（1718）
アレクセイ・ニコラエヴィチ 7.17（1918）
アレグリア、シロ 2.17（1967）
アレッサンドリ 8.31（1986）
アレッサンドリ・パルマ 8.24（1950）
アレッシ、ガレアッツォ 12.30（1572）
アレーティウス、ベネディクトゥス 3.22（1574）
アレティーノ、ピエートロ 10.21（1556）
アレニウス、スヴァンテ・アウグスト 10.2（1927）
アレーニ、ジューリオ 8.3（1649）
アレバロ 10.7（1990）
アレムダル・ムスタファ・パシャ 11.17（1808）
アレン、イーサン 2.21（1789）
アレン、ウィリアム 10.16（1594）

アレン, エドワード 11.25(1626)
アレンカール, ジョゼ・デ 12.12(1877)
アレンスキー, アントン・ステパノヴィチ 2.12(1906)
アーレント, ハンナ 12.4(1975)
アレン, ハーヴェイ 12.28(1949)
アレン, ヤング・ジョン 5.30(1907)
アロンソ, ダマソ 1.24(1990)
アロンソ・デ・カストロ 2.3(1558)
アロン, レーモン 10.17(1983)
淡島寒月 2.23(1926)
粟田口慶羽 10.16(1791)
粟田口教経 8.21(1292)
粟田女王 5.4(764)
粟田人上 6.8(738)
粟田真人 2.5(719)
安房直子 2.25(1993)
阿波野青畝 12.22(1992)
阿波局 11.4(1227)
淡谷のり子 9.22(1999)
粟谷益二郎 9.18(1957)
アン 8.12(1714)
アン・ブーリン 5.19(1536)
アンヴィル, ジャン・バティスト・ブルギニョン・ド 1.28(1782)
安慧 4.3(868)
安嘉門院 9.4(1283)
安喜門院 2.6(1286)
アンギルベルト 2.18(814)
アンクティル-デュペロン, アブラアム・ヤサント 1.17(1805)
アングル, ジャン・オーギュスト・ドミニク 1.14(1867)
アンクル, リュシニ男爵, 侯爵 4.24(1617)
アン(クレーヴズの) 7.28(1557)
アングレーム, ルイ・アントワーヌ・ド・ブルボン, 公爵 6.3(1844)
アンゲルス・ジレージウス 7.9(1677)

アンゲルブレシュト, デジレ-エミール 2.14(1965)
安居院行兼 8.22(1352)
安国寺恵瓊 10.1(1600)
安斎桜磈子 12.12(1953)
安在鴻 3.1(1965)
安西均 2.8(1994)
安西冬衛 8.24(1965)
安西正夫 4.24(1972)
アンジェイエフスキ, イエジィ 4.19(1983)
アンジェラ 1.4(1309)
アンジェリス, ジローラモ・デ 12.4(1623)
安室永忍 12.18(1529)
安秀 4.26(971)
安重根 3.26(1910)
安助 8.16(1042)
安昌浩 3.10(1938)
聖アンスガール 2.3(865)
アンセギス(フォントネルの) 7.20(833)
聖アンセルム 4.21(1109)
アンセルムス2世(ルッカの) 3.18(1086)
アンセルムス(ハーフェルベルクの) 8.12(1158)
アンセルムス(リエージュの) 3.3(1056)
アンセルメ, エルネスト 2.20(1969)
安禅寺宮 6.11(1497)
安禅寺宮 12.11(1490)
安叟宗楞 9.22(1484)
アンソニー, スーザン・B 3.13(1906)
アンソール, ジェイムズ 12.18(1949)
アンタイル, ジョージ 2.12(1959)
アンダ, ゲーザ 6.14(1976)
アンダション, ダーン 9.16(1920)
アンダーソン 10.15(1808)
アンダーソン, エリザベス・ギャレット 12.17(1917)
アンダーソン, カール・デヴィッド 1.11(1991)
アンダーソン, シャーウッド 3.8(1941)

アンダーソン, デイム・ジュディス 1.3(1992)
アンダーソン, ポール 7.31(2001)
アンダーソン, マックスウェル 2.28(1959)
アンダーソン, マリアン 4.8(1993)
アンダソン, リロイ 5.18(1975)
アンチエタ, フアン・デ 7.30(1523)
アンチエタ, ホセ 6.9(1597)
アンチェルル, カレル 7.3(1973)
安澄 3.1(814)
アンツィロン, ヨーハン・ペータ・フリードリヒ 4.19(1837)
アンツェングルーバー, ルートヴィヒ 12.10(1889)
アンデルシュ, アルフレート 2.21(1980)
アンデルソン, ヨハン・グンナル 10.29(1960)
アン(デンマークの) 3.2(1619)
安藤一郎 11.23(1972)
安藤紀三郎 5.10(1954)
安藤幸 4.8(1963)
安藤更生 10.26(1970)
安藤重長 9.29(1657)
安藤重信 6.29(1621)
安藤照 5.25(1945)
安藤昌益 10.14(1762)
安東仁兵衛 4.24(1998)
安東省庵 10.20(1701)
安東忠家 6.14(1221)
安藤為章 10.12(1716)
安藤太郎 10.27(1924)
安藤鶴夫 9.9(1969)
安藤輝三 7.12(1936)
安藤東野 4.13(1719)
安藤直次 5.13(1635)
安藤野雁 3.24(1867)
安藤信正 10.8(1871)
安藤広太郎 10.14(1958)
安藤正純 10.14(1955)
安藤正次 11.18(1952)
安藤美紀夫 3.17(1990)
安藤百福 1.5(2007)

安藤有益 *6.25*(1708)
安藤利吉 *4.19*(1946)
安東蓮聖 *6.19*(1329)
安藤和風 *12.26*(1936)
安德天皇 *3.24*(1185)
アントコリスキー、パーヴェル・グリゴリエヴィチ *10.9*(1978)
アントニウス（パードヴァの、聖人） *6.13*(1231)
アントニウス、マルクス *8.1*（前30）
アントニオーニ、ミケランジェロ *7.30*(2007)
アントニヌス *5.2*(1459)
アントーニーヌス・ピウス、ティトゥス *3.7*(161)
アントネスク、イオン *6.1*(1946)
アントネロ・ダ・メッシナ *2.14*(1479)
アントーノフ、セルゲイ・ペトローヴィチ *4.29*(1995)
アーン、トマス・オーガスティン *3.5*(1778)
アンドラーシ、ジュラ、伯爵 *2.18*(1890)
アンドラデ、アントニオ・デ *3.19*(1634)
アンドラーデ、マリオ・デ *2.25*(1945)
アンドリッチ、イヴォ *3.13*(1975)
アンドリューズ、トマス *11.26*(1885)
アンドルーズ *9.9*(1943)
アンドルーズ、ランスロット *9.25*(1626)
アンドレーアス-ザロメ、ルー *2.5*(1937)
アンドレアス（クレタの） *7.4*（740）
アンドレーアス（サン・ヴィクトールの） *10.19*(1175)
アンドレーア・ドッティ *8.31*（1315）
アンドレーイ *6.29*(1174)
アンドレーエフ、レオニード・ニコラエヴィチ *9.12*(1919)

アンドレーエ、ヨハン・ヴァレンティン *6.27*(1654)
アンドレス、シュテファン *6.29*(1970)
アンドロニクス3世 *6.15*(1341)
アンドロポフ、ユーリー *2.9*(1984)
アントワーヌ、アンドレ *10.21*(1943)
アンナ・アマリア *8.10*(1807)
アンナ・イヴァノヴナ *10.17*(1740)
アンニウス、ヨアネス *11.13*(1502)
アンニバーレ・パドヴァーノ *3.15*(1575)
アンヌ・ドートリシュ *1.20*(1666)
アンヌ・ド・フランス *11.14*(1522)
アンヌ・ド・ブルターニュ *1.9*(1514)
安然 *2.15*(915)
アンネンコフ、パーヴェル・ワシリエヴィチ *3.8*(1887)
アンノー2世 *12.4*(1075)
アンファンタン、バルテルミ・プロスペル *9.1*(1864)
アンブラー、エリック *10.22*(1998)
アンブロシウス、アウレリウス *4.4*(397)
アンブロス、アウグスト・ヴィルヘルム *6.28*(1876)
アンベードカル、B.R. *12.6*(1956)
アンペール、アンドレ-マリー *6.10*(1836)
アンベール、ロラン・ジョゼフ・マリー *9.21*(1839)
アンマナーティ、バルトロメーオ *4.22*(1592)
アンマーバッハ、エリーアス・ニコラウス *1.29*(1597)
アンモーニウス、アンドレアス *8.16*(1517)
安養尼 *8.25*(1034)
安楽庵策伝 *1.8*(1642)
安楽尼 *1.1*(1011)
アンリ2世 *7.10*(1559)

アンリ3世 *8.1*(1589)
アンリ4世 *5.14*(1610)
アンリエッタ・アン、オルレアン公爵夫人 *6.30*(1670)
アンリエッタ・マリア *8.31*(1669)
アンリ・ド・ガン *6.29*(1293)
安立坊周玉 *8.1*(1685)
アーン、レイナルド *1.28*(1947)
安禄山 *1.2*(757)

【い】

以安智察 *2.26*(1587)
飯岡助五郎 *4.14*(1859)
飯篠長威斎 *4.15*(1488)
飯沢匡 *10.9*(1994)
飯島魁 *3.14*(1921)
飯島珈涼尼 *11.25*(1771)
飯島清 *4.26*(1996)
飯島正 *1.5*(1996)
飯島夏樹 *3.1*(2005)
飯泉喜内 *10.7*(1859)
飯高諸高 *5.28*(777)
飯田武郷 *8.26*(1900)
飯田蛇笏 *10.3*(1962)
飯田忠彦 *5.27*(1860)
飯田蝶子 *12.26*(1972)
飯田徳治 *6.19*(2000)
飯田年平 *6.26*(1886)
飯田深雪 *7.4*(2007)
飯田屋八郎右衛門 *7.14*(1852)
飯田善国 *4.19*(2006)
飯田龍太 *2.25*(2007)
飯塚浩二 *12.4*(1970)
飯塚琅玕斎 *12.17*(1958)
伊井友三郎 *8.13*(1971)
井伊直勝 *7.11*(1662)
井伊直弼 *3.3*(1860)
井伊直孝 *6.28*(1659)
井伊直幸 *2.30*(1789)
井伊直政 *2.1*(1602)
飯沼助宗 *4.22*(1293)
飯沼慾斎 閏*5.5*(1865)
飯野吉三郎 *2.3*(1944)
飯守重任 *11.5*(1980)
伊井弥四郎 *12.12*(1971)

伊井蓉峰　8.15(1932)
イヴァーノフ，アレクサンドル・アンドレエヴィチ　7.3(1858)
イヴァン1世　3.31(1340)
イヴァン2世　11.13(1359)
イヴァン3世　10.27(1505)
井植歳男　7.16(1969)
イヴェンス，ヨリス　6.28(1989)
イーヴォ・ド・シャルトル　12.23(1117)
イーヴリン，ジョン　2.27(1706)
イェイツ，W.B.　1.28(1939)
イェイツ，フランセス・A.　9.29(1981)
家城巳代治　2.22(1976)
イエス・キリスト　4.7(30)
イエスナー，レーオポルト　10.30(1945)
イェスペルセン，オットー　4.30(1943)
家永三郎　11.29(2002)
イエペス，ナルシソ　5.4(1997)
イェリネック　1.12(1911)
イェーリング，ルドルフ・フォン　9.17(1892)
イェルザレム　7.15(1923)
イェルサン，アレクサンドル・エミール・ジョン　3.2(1943)
イェルマーク　8.6(1585)
イェルムスレウ，ルイス　5.30(1965)
イェンシュ　1.12(1940)
イェンゼン　5.20(1965)
イェンセン，ヨハネス・ヴィルヘルム　11.25(1950)
イェンゼン，ヨハネス・ハンス・ダニエル　2.11(1973)
伊福部女王　11.15(778)
伊賀家長　3.24(1185)
猪飼敬所　11.10(1845)
イカーサ，ホルヘ　5.26(1978)
伊賀局　10.13(1384)
伊賀光季　5.15(1221)
伊賀光宗　1.23(1257)
猪谷六合雄　1.10(1986)
五十嵐篤好　1.24(1861)
五十嵐力　1.11(1947)

五十嵐道甫（初代）　5.26(1678)
いかりや長介　3.20(2004)
井川洗厓　10.13(1961)
伊木忠澄　3.23(1886)
伊岐是雄　4.24(872)
伊木寿一　11.28(1970)
生松敬三　5.24(1984)
伊行末　7.11(1260)
イーキンズ，トマス　6.25(1916)
生沢朗　11.22(1984)
生島治郎　3.2(2003)
生田検校　6.14(1715)
生田春月　5.19(1930)
生田長江　1.11(1936)
生田蝶介　5.3(1976)
郁達夫　8.29(1945)
生田花世　12.8(1970)
生田万　6.1(1837)
井口愛子　12.1(1984)
井口秋子　10.2(1984)
井口基成　9.29(1983)
イグナチウス　10.23(877)
イグナチエフ，ニコライ・パヴロヴィチ，伯爵　7.3(1908)
イグナティウス・デ・ロヨラ（聖）　7.31(1556)
イクバール，ムハンマド　4.21(1938)
郁芳門院　8.7(1096)
井汲卓一　7.25(1995)
怡渓宗悦　5.2(1714)
池内大学　1.22(1863)
池内宏　11.1(1952)
池尾芳蔵　9.19(1959)
池貝庄太郎（初代）　7.28(1934)
池上秀畝　5.26(1944)
池上太郎左衛門　2.15(1798)
池上雪枝　5.2(1891)
池内蔵太　5.2(1866)
池島信平　2.13(1973)
池尻始　11.13(1877)
池田亀三郎　4.2(1977)
池田亀鑑　12.19(1956)
池田菊苗　5.3(1936)
池田貴族　12.25(1999)
池田謙斎　4.30(1918)
池田幸　6.16(1865)
池田小菊　3.9(1967)

池田孤村　2.13(1866)
池田成彬　10.9(1950)
池田蕉園　12.1(1917)
池田瑞仙（初代）　9.6(1816)
池田草庵　9.24(1878)
池田大伍　1.8(1942)
池田泰真　3.7(1903)
池田忠雄　5.12(1964)
池田忠継　2.23(1615)
池田種生　12.20(1974)
池田恒興　4.9(1584)
池田輝政　1.25(1613)
池田長発　9.12(1879)
池田長常　9.6(1641)
池谷信三郎　12.21(1933)
池田勇人　8.13(1965)
池田満寿夫　3.8(1997)
池田光仲　7.7(1693)
池田光政　5.22(1682)
池田茂政　12.12(1899)
池田弥三郎　7.5(1982)
池田屋惣兵衛　7.13(1864)
池田遙邨　9.26(1988)
池田義信　9.1(1973)
池田慶徳　8.2(1877)
池田蘭子　1.4(1976)
池知退蔵　7.20(1890)
池波正太郎　5.3(1990)
池西言水　9.24(1722)
池内友次郎　3.9(1991)
池上内親王　11.23(868)
池玉瀾　9.28(1784)
池野成一郎　10.4(1943)
池大雅　4.13(1776)
池辺陽　2.10(1979)
池辺三山　2.28(1912)
池宮城秀意　5.25(1989)
池宮彰一郎　5.6(2007)
池見酉次郎　6.25(1999)
葦航道然　12.6(1301)
惟高妙安　12.3(1568)
生駒一正　3.18(1610)
生駒高俊　6.16(1659)
生駒親正　2.13(1603)
生駒親敬　9.9(1880)
生駒吉乃　3.13(1566)
イサアクス，ホルヘ　4.17(1895)
イザイ，ウジェーヌ　5.12(1931)
井坂孝　6.19(1949)

いし

伊作久義　*1.29*（1422）
イザーク，ヘンリクス　*3.26*（1517）
伊佐幸琢（初代）　*6.11*（1745）
イサコフスキー，ミハイル・ワシリエヴィチ　*7.20*（1973）
イサベル1世　*11.26*（1504）
イサベル2世　*4.9*（1904）
イザベル（フランスの）　*2.23*（1270）
イザボー　*9.24*（1435）
勇山文継　*10.26*（828）
伊沢家景　*3.12*（1215）
伊沢修二　*5.3*（1917）
井沢淳　*3.15*（1976）
伊沢多喜男　*8.13*（1949）
井沢八郎　*1.17*（2007）
井沢蟠竜　*12.3*（1730）
井沢弥惣兵衛　*3.1*（1738）
伊沢蘭軒　*3.17*（1829）
伊沢蘭奢　*6.8*（1928）
石射猪太郎　*2.8*（1954）
伊志井寛　*4.29*（1972）
石井菊次郎　*5.25*（1945）
石井均　*12.31*（1997）
石井研堂　*12.6*（1943）
石井幸之助　*12.10*（1997）
石井小浪　*2.9*（1978）
石井十次　*1.30*（1914）
石井四郎　*10.9*（1959）
石井鶴三　*3.17*（1973）
石井照久　*7.16*（1973）
石井漠　*1.7*（1962）
石井柏亭　*12.29*（1958）
石井光次郎　*9.20*（1981）
石井満　*11.13*（1977）
石井亮一　*6.13*（1937）
石井良助　*1.12*（1993）
石垣綾子　*11.12*（1996）
石垣栄太郎　*1.23*（1958）
石垣純二　*1.30*（1976）
石垣りん　*12.26*（2004）
石谷貞清　*9.12*（1672）
石川家成　*10.29*（1609）
石川一夢（初代）　*9.21*（1854）
石川一郎　*1.20*（1970）
石川王　*3.9*（679）
石川碓治　*2.14*（1956）
石川欣一　*8.4*（1959）
石川桂郎　*11.6*（1975）
石川謙　*7.12*（1969）

石川光明　*7.30*（1913）
石川五右衛門　*8.23*（1594）
石川三四郎　*11.28*（1956）
石川七財　*7.30*（1882）
石川淳　*12.28*（1987）
石川準十郎　*2.22*（1980）
石川舞台　*12.31*（1931）
石川照勤　*1.31*（1924）
石川丈山　*5.23*（1672）
石河正竜　*10.16*（1895）
石川善右衛門　*12.1*（1670）
石川素堂　*11.16*（1920）
石川大浪　*12.23*（1817）
石川啄木　*4.13*（1912）
石川武美　*1.5*（1961）
石川忠総　*12.24*（1651）
石川達三　*1.31*（1985）
石川千代松　*1.17*（1935）
石川桃蹊　*7.6*（1837）
石川登喜治　*6.23*（1964）
石川豊信　*5.25*（1785）
石川寅治　*8.1*（1964）
石川石足　*8.9*（729）
石川大薐娘　*7.13*（724）
石川垣守　*5.5*（786）
石川年足　*9.30*（762）
石川豊成　*9.8*（772）
石川名足　*6.10*（788）
石川総管　*6.23*（1899）
石川雅望　閏*3.24*（1830）
石川光男　*4.10*（1981）
石川三長　*12.11*（1642）
石川康通　*7.26*（1607）
石川湧　*10.31*（1976）
石川依平　*9.4*（1859）
石川理紀之助　*9.8*（1915）
石川利光　*7.14*（2001）
石蔵卯平　*3.4*（1868）
石倉小三郎　*10.30*（1965）
石黒敬七　*10.1*（1974）
石黒忠篤　*3.10*（1960）
石黒忠悳　*4.26*（1941）
石黒俊夫　*6.15*（1964）
石黒信由　*12.3*（1837）
石黒宗麿　*6.3*（1968）
石桁真礼生　*8.22*（1996）
石子順造　*7.21*（1977）
石河正養　*11.17*（1891）
石坂宗哲　*11.20*（1842）
石坂泰三　*3.6*（1975）
石坂昌孝　*1.13*（1907）

石坂洋次郎　*10.7*（1986）
石崎融思　*2.28*（1846）
石島筑波　*8.17*（1758）
位子女王　*8.24*（1616）
イジー・ス・ポジェブラド　*3.22*（1471）
石田アヤ　*2.18*（1988）
石田一松　*1.11*（1956）
石田英一郎　*11.9*（1968）
石田和外　*5.9*（1979）
石田退三　*9.18*（1979）
石立鉄男　*6.1*（2007）
石館守三　*7.18*（1996）
石田梅岩　*9.24*（1744）
石田波郷　*11.21*（1969）
石田春律　*7.7*（1826）
石田博英　*10.14*（1993）
石田正澄　*9.18*（1600）
石田幹之助　*5.25*（1974）
石田三成　*10.1*（1600）
石田茂作　*8.10*（1977）
石田幽汀　*5.25*（1786）
石田礼助　*7.27*（1978）
石塚竜麿　*6.13*（1823）
石塚友二　*2.8*（1986）
石塚豊芥子　*12.15*（1862）
石塚庸三　*4.24*（1982）
石津謙介　*5.24*（2005）
石津亮澄　*2.9*（1840）
石堂清倫　*9.1*（2001）
イシドルス　*4.4*（636）
イシドロ（農夫）　*5.15*（1130）
依子内親王　*7.1*（936）
為子内親王　*3.14*（899）
石野径一郎　*8.3*（1990）
石野広通　*5.21*（1800）
石ノ森章太郎　*1.28*（1998）
石橋思案　*1.28*（1927）
石橋正二郎　*9.11*（1976）
石橋湛山　*4.25*（1973）
石橋忍月　*2.1*（1926）
石原修　*6.29*（1947）
石原莞爾　*8.15*（1949）
石原謙　*7.4*（1976）
石原広一郎　*4.16*（1970）
石原忍　*1.3*（1963）
石原純　*1.19*（1947）
石原正明　*1.7*（1821）
石原八束　*7.16*（1998）
石原裕次郎　*7.17*（1987）
石原吉郎　*11.13*（1977）

井島勉　5.12(1978)
石丸梧平　4.8(1969)
石丸定次　5.11(1679)
石光真清　5.15(1942)
石村検校　9.24(1642)
石母田正　1.18(1986)
石森直人　5.31(1961)
石森延男　8.14(1987)
イシャウッド，クリストファー　1.4(1986)
石山賢吉　7.23(1964)
石山脩平　6.18(1960)
石山徹郎　7.31(1945)
伊集院忠棟　3.9(1599)
伊集院彦吉　4.26(1924)
イシュトヴァン1世　8.15(1038)
イシュトバン・バトリ　12.12(1586)
惟肖得巌　4.20(1437)
井尻正二　12.1(1999)
石渡荘太郎　11.4(1950)
以心崇伝　1.20(1633)
イスヴォルスキー　8.16(1919)

イーストマン，ジョージ　3.14(1932)
イストラチ，パナイト　4.16(1935)
イーストレイク，フランク・ウォリントン　2.18(1905)
イスマーイール1世　5.23(1524)
イスマーイール・パシャ　3.2(1895)
泉鏡花　9.7(1939)
泉重千代　2.21(1986)
泉十郎　11.27(1865)
泉靖一　11.15(1970)
いずみたく　5.11(1992)
泉忠衞　6.26(1189)
泉内親王　2.8(734)
和泉元秀　6.30(1995)
泉屋道栄　9.6(1484)
泉山三六　7.7(1981)
イスラエルス，ヨーゼフ　8.12(1911)
伊勢貞国　5.27(1454)
伊勢貞孝　9.21(1562)
伊勢貞丈　5.28(1784)
伊勢貞忠　11.24(1535)

伊勢貞親　2.21(1473)
伊勢貞継　3.29(1391)
伊勢貞陸　8.7(1521)
伊勢貞宗　10.28(1509)
伊勢貞行　7.5(1410)
伊勢継子　7.6(812)
惟然　2.9(1711)
以船文済　9.10(1547)
磯井如真　8.23(1964)
磯谷久次　2.9(1578)
磯田光一　2.5(1987)
石上露子　10.8(1959)
石上内親王　9.26(846)
石上麻呂　3.3(717)
石上宅嗣　6.24(781)
磯野小右衛門　6.11(1903)
磯野長蔵　6.25(1967)
磯村英一　4.5(1997)
磯村乙巳　3.16(1981)
磯村春子　1.31(1918)
磯村吉徳　12.24(1711)
磯山清兵衛　11.21(1891)
板垣征四郎　12.23(1948)
板垣退助　7.16(1919)
板垣直子　1.21(1977)
板垣政参　10.28(1967)
板橋聊爾斎　6.9(1698)
板倉勝明　4.10(1857)
板倉勝清　6.28(1780)
板倉勝静　4.6(1889)
板倉勝重　4.29(1624)
板倉重矩　5.29(1673)
板倉重昌　1.1(1638)
板倉重宗　12.1(1657)
板倉卓造　12.23(1963)
板沢武雄　7.15(1962)
イダ(ニヴェルの)　12.11(1231)
伊谷純一郎　8.19(2001)
板部岡江雪　6.3(1609)
伊丹十三　12.20(1997)
伊丹親興　11.15(1574)
伊丹秀子　10.28(1995)
伊丹万作　9.21(1946)
伊丹康勝　6.3(1653)
板谷桂舟(板谷家1代目)　8.21(1797)
板谷波山　10.10(1963)
イダ(ルーヴェンの)　4.13(1300)

イダルゴ・イ・コスティージャ，ミゲル　7.31(1811)
一庵一麟　12.2(1407)
市井三郎　6.28(1989)
一宇俊箇　1.29(1508)
壱演　7.12(867)
一翁院豪　8.21(1281)
市岡猛彦　2.21(1827)
市川荒五郎(初代)　閏11.13(1813)
市川荒次郎(2代目)　6.16(1957)
市川右太衛門　9.16(1999)
市川栄之助　11.26(1872)
市川鰕十郎(初代)　7.16(1827)
市川鰕十郎(2代目)　11.24(1829)
市川鰕十郎(4代目)　10.19(1858)
市川鰕十郎(5代目)　10.7(1903)
市川海老蔵(7代目)　7.12(1874)
市川海老蔵(8代目)　11.12(1886)
市川猿翁　6.12(1963)
市川猿之助(2代目)　6.12(1963)
市川鶴鳴　7.8(1795)
市河寛斎　7.10(1820)
市川九女八(初代)　7.24(1913)
市川厚一　9.4(1948)
市川小太夫(2代目)　1.9(1976)
市川小団次(初代)　11.12(1726)
市川小団次(4代目)　5.8(1866)
市川小文治(3代目)　1.9(1976)
市川五郎兵衛　9.9(1665)
市川左団次(初代)　8.7(1904)
市川左団次(2代目)　2.23(1940)
市川左団次(3代目)　10.3(1969)
市河三喜　3.17(1970)
市川三左衛門　4.3(1869)
市川寿海(3代目)　4.3(1971)

いち

市川正一　*3.15*（1945）
市川松蔦（2代目）　*8.19*（1940）
市川新蔵（5代目）　*7.9*（1897）
市川翠扇　*9.27*（1978）
市川翠扇（2代目）　*10.22*（1944）
市川寿美蔵（5代目）　*5.7*（1906）
市川寿美蔵（7代目）　*3.7*（1985）
市川団十郎（初代）　*2.19*（1704）
市川団十郎（2代目）　*9.24*（1758）
市川団十郎（3代目）　*2.27*（1742）
市川団十郎（4代目）　*2.25*（1778）
市川団十郎（6代目）　*5.13*（1799）
市川団十郎（8代目）　*8.6*（1854）
市川団十郎（10代目）　*2.1*（1956）
市川団十郎（11代目）　*11.10*（1965）
市川段四郎　*11.18*（1963）
市川段四郎（初代）　*5.2*（1717）
市川段四郎（2代目）　*2.6*（1922）
市川団蔵（初代）　*4.5*（1740）
市川団蔵（2代目）　*10.20*（1740）
市川団蔵（3代目）　*6.24*（1772）
市川団蔵（4代目）　*10.9*（1808）
市川団蔵（5代目）　*6.6*（1845）
市川団蔵（6代目）　*10.22*（1871）
市川団蔵（7代目）　*9.12*（1911）
市川団蔵（8代目）　*6.4*（1966）
市川団之助（3代目）　*11.2*（1817）
市川団之助（6代目）　*9.27*（1963）
市川中車（7代目）　*7.12*（1936）
市川中車（8代目）　*6.20*（1971）
市川照蔵（2代目）　*6.19*（1955）
市川房枝　*2.11*（1981）
市川文吉　*7.30*（1927）
市河米庵　*7.18*（1858）
市川百々之助　*1.15*（1978）

市川門之助（2代目）　*10.19*（1794）
市川門之助（5代目）　*9.12*（1878）
市川門之助（7代目）　*10.13*（1990）
市川八百蔵（初代）　*10.19*（1759）
市川八百蔵（2代目）　*7.3*（1777）
市川八百蔵（4代目）　*7.3*（1844）
市川八百蔵（9代目）　*1.18*（1987）
市川雷蔵（初代）　*4.12*（1767）
市川雷蔵（2代目）　*1.7*（1778）
市川雷蔵（5代目）　*9.21*（1901）
市川雷蔵（8代目）　*7.17*（1969）
一木喜徳郎　*12.17*（1944）
一木権兵衛　*6.18*（1679）
市来四郎　*2.21*（1903）
一源会統　*4.25*（1399）
壱志濃王　*11.12*（805）
一定　*2.9*（947）
一条家経　*12.11*（1293）
一条内実　*12.17*（1304）
一条内経　*10.1*（1325）
一条兼香　*8.2*（1751）
一条兼定　*7.1*（1585）
一条兼冬　*2.1*（1554）
一条兼良　*4.2*（1481）
一条実家　*5.28*（1314）
一条実経　*7.18*（1284）
一条実雅　*4.1*（1228）
一条さゆり　*8.3*（1997）
一条高能　*9.17*（1198）
一条忠香　*11.7*（1863）
一条忠頼　*6.16*（1184）
一条経嗣　*11.17*（1418）
一条経通　*3.10*（1365）
一条天皇　*6.22*（1011）
一条信能　*7.5*（1221）
一条教房　*10.5*（1480）
一条房家　*11.13*（1539）
一条房冬　*11.6*（1541）
一条房通　*10.30*（1556）
一条房基　*4.12*（1549）
一条冬良　*3.27*（1514）
一条政房　*10.17*（1469）
一条師良　*9.29*（1293）
一条能保　*10.13*（1197）

一条能保の妻　*4.13*（1190）
伊地知貞馨　*4.15*（1887）
伊地知季安　*8.3*（1867）
伊地知正治　*5.23*（1886）
一ノ瀬泰造　*11.29*（1973）
一戸直蔵　*11.27*（1920）
一宮長常　*12.18*（1786）
市野迷庵　*8.14*（1826）
市場通笑　*8.27*（1812）
市原豊太　*8.14*（1990）
一万田尚登　*1.22*（1984）
市丸　*2.17*（1997）
一幡　*11.3*（1203）
市村羽左衛門（3代目）　*7.24*（1686）
市村羽左衛門（4代目）　*10.10*（1718）
市村羽左衛門（5代目）　*8.8*（1691）
市村羽左衛門（7代目）　*4.22*（1698）
市村羽左衛門（8代目）　*5.7*（1762）
市村羽左衛門（9代目）　*8.25*（1785）
市村羽左衛門（10代目）　*2.15*（1799）
市村羽左衛門（11代目）　*7.11*（1820）
市村羽左衛門（12代目）　*8.20*（1851）
市村羽左衛門（15代目）　*5.6*（1945）
市村羽左衛門（16代目）　*10.2*（1952）
市村羽左衛門（17代目）　*7.8*（2001）
市村亀蔵（3代目）　*9.25*（1935）
市村清　*12.16*（1968）
市村瓚次郎　*2.23*（1947）
惟忠守勤　*3.25*（1447）
惟忠通恕　*9.25*（1429）
一竜斎貞山（2代目）　*3.14*（1874）
一龍斎貞山（3代目）　*3.21*（1889）
一龍斎貞山（5代目）　*1.7*（1935）
一龍斎貞山（6代目）　*3.10*（1945）

一龍斎貞山(7代目) 12.7(1966)
一龍斎貞丈(5代目) 7.27(1968)
一華碩由 3.4(1507)
一休宗純 11.21(1481)
一渓宗統 5.2(1491)
一山一寧 10.24(1317)
一色詮範 6.7(1406)
一色次郎 5.25(1988)
一色範氏 2.18(1369)
一色教親 11.28(1451)
一色範光 1.25(1388)
一色藤長 4.7(1596)
一色満範 1.6(1409)
一色義貫 5.15(1440)
一志茂樹 2.27(1985)
一糸文守 3.19(1646)
一州正伊 11.4(1487)
イッショルチョンドロ・グプト 1.23(1859)
一宗紹麟 11.27(1516)
一柱禅易 4.11(1598)
五辻諸仲 10.28(1540)
五辻親氏 11.29(1312)
井筒俊彦 1.7(1993)
一庭融頓 7.10(1659)
イッテン, ヨハネス 3.25(1967)
一凍紹滴 4.23(1612)
逸然 7.14(1668)
一遍 8.23(1289)
イッポリートフ・イワーノフ, ミハイール・ミハイーロヴィチ 1.28(1935)
逸見政孝 12.25(1993)
井出一太郎 6.2(1996)
出隆 3.9(1980)
井手文子 12.10(1999)
出光佐三 3.7(1981)
イーデン, サー・アントニー, 初代エイヴォン伯爵 1.14(1977)
以天宗清 1.19(1554)
伊藤一長 4.18(2007)
伊藤逸平 12.18(1992)
伊藤卯四郎 5.1(1974)
伊藤海彦 10.20(1995)
伊藤永之介 7.26(1959)
伊東燕晋(初代) 12.10(1841)
伊藤幾久造 7.14(1985)

伊藤喜朔 3.31(1967)
伊藤吉之助 7.7(1961)
伊東甲子太郎 11.18(1867)
伊藤金次郎 7.31(1964)
伊藤錦里 3.9(1772)
伊藤圭介 1.20(1901)
伊藤憲治 11.29(2001)
伊東玄朴 1.2(1871)
伊藤好道 12.10(1956)
伊藤小左衛門(5代目) 5.21(1879)
伊藤小太夫(2代目) 9.21(1689)
伊藤左千夫 7.30(1913)
伊東三郎 3.7(1969)
伊藤静雄 3.12(1953)
伊東若冲 9.10(1800)
伊藤松軒 10.30(1794)
伊藤証信 1.14(1963)
伊藤仁斎 3.12(1705)
伊東深水 5.8(1972)
伊藤慎蔵 6.17(1880)
伊藤信徳 10.13(1698)
伊東祐兵 10.11(1600)
伊東祐親 2.14(1182)
伊東祐慶 4.4(1636)
伊東祐亨 1.16(1914)
伊藤整 11.15(1969)
伊藤誠哉 11.10(1962)
伊藤宗看(初代) 11.6(1694)
伊藤大輔 7.19(1981)
伊藤武雄 2.24(1971)
伊藤武雄 9.5(1984)
伊藤武雄 12.2(1987)
伊藤多三郎 10.29(1984)
伊藤坦庵 8.24(1708)
伊藤痴遊(初代) 9.25(1938)
伊東忠太 4.7(1954)
伊藤忠兵衛 5.29(1973)
伊藤忠兵衛(初代) 7.8(1903)
伊藤常足 11.9(1858)
伊藤伝右衛門 5.23(1785)
伊藤伝右衛門 12.15(1947)
伊藤東涯 7.17(1736)
伊藤陶山(初代) 9.24(1920)
伊藤東所 7.29(1804)
伊藤俊人 5.24(2002)
伊藤友司 8.6(1967)
伊藤長次 2.17(1629)
伊藤野枝 9.16(1923)
伊藤博文 10.26(1909)

伊藤正徳 4.21(1962)
伊藤正義 5.20(1994)
伊東マンショ 10.21(1612)
伊藤道郎 11.6(1961)
伊東巳代治 2.19(1934)
伊藤保次郎 12.11(1972)
伊藤雄之助 3.11(1980)
伊東義祐 8.5(1585)
伊東蘭嶼 3.27(1778)
伊東藍田 4.2(1809)
伊藤律 8.7(1989)
伊藤竜太郎 11.18(1867)
伊藤竜洲 2.11(1755)
イトゥルビデ, アグスティン・デ 7.19(1824)
イトゥルビ, ホセ 6.28(1980)
伊藤六郎兵衛 3.30(1894)
糸賀一雄 9.18(1968)
糸川英夫 2.21(1999)
井戸覚弘 4.7(1858)
糸園和三郎 6.15(2001)
伊都内親王 9.19(861)
井戸弘道 7.26(1855)
井戸平左衛門 5.26(1733)
糸屋随右衛門 11.13(1651)
イドリス1世 5.25(1983)
イドルス 5.18(1979)
李東輝 2.13(1935)
稲尾和久 11.13(2007)
稲垣重定 11.10(1707)
稲垣史生 2.27(1996)
稲垣示 8.9(1902)
稲垣達郎 8.13(1986)
稲垣足穂 10.25(1977)
稲垣稔次郎 6.10(1963)
稲垣長茂 10.22(1612)
稲垣浩 5.21(1980)
稲垣平太郎 4.23(1976)
稲垣昌子 10.6(1981)
稲垣満次郎 11.25(1908)
稲毛金七 3.14(1946)
稲毛重成 6.23(1205)
伊奈忠克 8.14(1665)
伊奈忠次 6.13(1610)
伊奈忠順 2.29(1712)
伊奈忠治 6.27(1653)
稲田竜吉 2.27(1950)
稲富栄次郎 12.30(1975)
稲富直家 2.6(1611)
威奈大村 4.24(707)
為奈玉足 7.27(781)

伊奈信男 *10.7*(1978)
稲葉一鉄 *11.19*(1589)
稲葉迂斎 *11.10*(1760)
稲葉小僧 *10.2*(1785)
稲葉貞通 *9.3*(1603)
稲葉重通 *10.3*(1598)
稲畑勝太郎 *3.29*(1949)
稲葉雍通 *9.18*(1847)
因幡国造浄成女 *10.15*(796)
因幡内親王 *9.26*(824)
稲葉典通 *11.19*(1626)
稲葉秀三 *4.17*(1996)
稲葉正勝 *1.25*(1634)
稲葉正邦 *7.15*(1898)
稲葉正成 *9.17*(1628)
稲葉正則 *9.6*(1696)
稲葉正休 *8.28*(1684)
稲葉道通 *12.12*(1607)
イナマ・シュテルネック *11.30*(1908)
稲嶺一郎 *6.19*(1989)
稲村喜勢子 *5.3*(1860)
稲村三伯 *1.16*(1811)
稲村順三 *2.21*(1955)
稲山嘉寛 *10.9*(1987)
猪苗代兼載 *6.6*(1510)
乾孝 *3.27*(1994)
いぬいとみこ *1.16*(2002)
乾局 *2.11*(1634)
犬養孝 *10.3*(1998)
犬養健 *8.28*(1960)
犬養毅 *5.15*(1932)
犬飼哲夫 *7.31*(1989)
犬上王 *6.28*(709)
犬田卯 *7.21*(1957)
イネス, ジョージ *8.3*(1894)
井上円了(初代) *8.14*(1630)
井上円了 *6.5*(1919)
井上馨 *9.1*(1915)
井上薫 *4.18*(1993)
井上角五郎 *9.23*(1938)
井上清 *11.23*(2001)
井上清直 *12.25*(1868)
井上金峨 *6.16*(1784)
井上剣花坊 *9.11*(1934)
井上幸治 *9.9*(1989)
井上毅 *3.17*(1895)
井上成美 *12.15*(1975)
井上準之助 *2.9*(1932)
井上省三 *12.14*(1886)
井上真改 *11.9*(1682)

井上長三郎 *11.17*(1995)
井上通女 *6.23*(1738)
井上勤 *10.22*(1928)
井上貞治郎 *11.10*(1963)
井上哲次郎 *12.7*(1944)
井上伝 *4.26*(1869)
井上伝蔵 *6.23*(1918)
井上友一 *6.12*(1919)
井上友一郎 *7.1*(1997)
井上知治 *9.19*(1962)
井上日召 *3.4*(1967)
井上播磨掾 *5.19*(1685)
井上晴丸 *10.5*(1973)
井上秀 *7.19*(1963)
井上武吉 *9.26*(1997)
井上文雄 *11.18*(1871)
井上正夫 *2.7*(1950)
井上正鉄 *2.18*(1849)
井上政重 *2.27*(1661)
井上正継 *9.13*(1646)
井上正就 *8.10*(1628)
井上正治 *12.18*(1997)
井上正岑 *5.17*(1722)
井上勝 *8.2*(1910)
井上通泰 *8.15*(1941)
井上密 *9.13*(1916)
井上光貞 *2.27*(1983)
井上光晴 *5.30*(1992)
井上宗和 *1.1*(2000)
井上安治 *9.14*(1889)
井上靖 *1.29*(1991)
井上康文 *4.18*(1973)
井上八千代(初代) *12.5*(1854)
井上八千代(2代目) *3.1*(1868)
井上八千代(3代目) *9.7*(1938)
井上良馨 *3.22*(1929)
井上頼圀 *7.4*(1914)
井上頼豊 *11.18*(1996)
井上蘭台 *10.27*(1761)
伊能嘉矩 *9.30*(1925)
稲生若水 *7.6*(1715)
伊能忠敬 *4.18*(1818)
伊能穎則 *7.11*(1877)
井上内親王 *4.27*(775)
飯尾貞連 *2.21*(1455)
飯尾為数 *6.11*(1467)
飯尾為種 *5.20*(1458)
飯尾元連 *5.10*(1492)

井野川潔 *12.21*(1995)
井口阿くり *3.26*(1931)
井口在屋 *3.25*(1923)
井之口政雄 *6.30*(1967)
猪熊功 *9.28*(2001)
猪熊弦一郎 *5.17*(1993)
猪野謙二 *9.11*(1997)
イノケンティウス2世 *9.24*(1143)
イノケンティウス7世 *11.6*(1406)
猪子吉人 *9.20*(1893)
猪野省三 *1.8*(1985)
イノニュ, イスメト *12.25*(1973)
井野辺茂雄 *1.20*(1954)
猪俣公章 *6.10*(1993)
猪俣浩三 *8.21*(1993)
猪俣津南雄 *1.19*(1942)
伊庭可笑 *6.3*(1783)
イーバス(エデッサの) *10.28*(457)
伊庭想太郎 *10.31*(1903)
伊庭孝 *2.25*(1937)
イパーチェフ, ウラジーミル・ニコラエヴィチ *11.29*(1952)
伊庭貞剛 *10.23*(1926)
伊庭八郎 *5.12*(1869)
伊波普猷 *8.13*(1947)
茨木のり子 *2.19*(2006)
茨木パウロ *2.5*(1597)
茨木ルイス *2.5*(1597)
井原西鶴 *8.10*(1693)
伊原青々園 *7.26*(1941)
イバルボウロウ, フアナ・デ *8.11*(1979)
イバルリ, ドロレス *11.12*(1989)
伊平タケ *2.24*(1977)
井深梶之助 *6.24*(1940)
井深大 *12.19*(1997)
伊吹武彦 *10.12*(1982)
伊福吉部徳足比売 *7.1*(708)
伊福部昭 *2.8*(2006)
イプシランティ *1.3*(1832)
イプシランディス *1.31*(1828)
井伏鱒二 *7.10*(1993)
イプセン, ヘンリック *5.23*(1906)

いふ　　　　　　　　　　　　　　人名索引

イブヌッ・スィッキート　*11.18*（857）
イブヌッ・タアーウィージー　*12.7*（1187）
イブヌル・クーティーヤ　*11.3*（977）
イブヌル・ハッジャージュ　*4.25*（1001）
イブラヒム - パシャ　*11.10*（1848）
イブラーヒーム・ミールザー　*2.24*（1577）
イフラント，アウグスト・ヴィルヘルム　*9.22*（1814）
飯降伊蔵　*6.9*（1907）
イブン - アルアッバール　*1.2*（1260）
イブン - タイミーヤ　*9.29*（1328）
イブン - バシュクワール　*1.5*（1183）
イブン - ハンバル　*8.1*（855）
イブン・アサーキル　*1.25*（1176）
イブン・アブド・ラッビヒ　*3.3*（940）
イブン・アル・アシール　*5.4*（1234）
イブン・アル・アラビー　*11.16*（1240）
イブン・アルファラディー　*4.22*（1012）
イブン・アルムータッズ　*12.29*（908）
イブン・クタイバ　*10.30*（889）
イブン・コルラ　*12.18*（901）
イブン・サアド　*2.17*（845）
イブン・サウード，アブド・アル - アジーズ　*11.9*（1953）
イブン・ジュバイル　*11.13*（1217）
イブン・ジンニー　*1.15*（1002）
イブン・スィーナー，アブー・アリー　*6.18*（1037）
イブン・ダーニヤール　*11.7*（1310）
イブン・ドゥライド　*8.12*（934）
イブン・ハズム　*8.16*（1064）
イブン・ハッリカーン　*10.30*（1282）
イブン・ハビーブ　*4.5*（854）

イブン・ハルドゥーン，アブドゥル・ラフマーン　*3.16*（1406）
イベルヴィル　*7.9*（1706）
イベール，ジャック　*2.5*（1962）
今井兼平　*1.20*（1184）
今井邦子　*7.15*（1948）
今井慶松　*7.21*（1947）
今井兼次　*5.20*（1987）
今井五介　*7.9*（1946）
今井似閑　*10.4*（1723）
今泉篤男　*1.19*（1984）
今泉今右衛門（12代目）　*5.2*（1975）
今泉嘉一郎　*6.29*（1941）
今井宗久　*8.5*（1593）
今井宗薫　*4.11*（1627）
今井宗呑　*7.29*（1632）
今井田勳　*6.24*（1989）
今井誉次郎　*12.16*（1977）
今井正　*11.22*（1991）
今井登志喜　*3.21*（1950）
今井嘉幸　*6.30*（1951）
今大路道三　*9.19*（1626）
今尾景年　*10.5*（1924）
今川氏真　*12.28*（1615）
今川氏親　*6.23*（1526）
今川氏輝　*3.17*（1536）
今川範国　*5.27*（1384）
今川範忠　*5.26*（1461）
今川範政　*5.27*（1433）
今川泰範　*9.26*（1409）
今川義忠　*4.6*（1476）
今川義元　*5.19*（1560）
今北洪川　*1.16*（1892）
今城婧子　*6.7*（1875）
今里広記　*5.30*（1985）
今沢慈海　*12.31*（1968）
今関天彭　*10.19*（1970）
今出河院　*4.25*（1318）
今出川兼季　*1.16*（1339）
今出川公富　*8.9*（1421）
今出川公行　*6.13*（1421）
今出川実尹　*8.21*（1342）
今出川実富　*7.8*（1428）
今出川実直　*5.15*（1396）
今出川季孝　*10.5*（1519）
今出川晴季　*3.28*（1617）
今中次麿　*7.26*（1980）
今西錦司　*6.15*（1992）
今西祐行　*12.21*（2004）
今西龍　*5.20*（1932）

今林准后　*10.1*（1302）
伊馬春部　*3.17*（1984）
今藤長十郎（2代目）　*6.9*（1945）
今藤長十郎（3代目）　*8.4*（1984）
今参局　*1.19*（1459）
今道潤三　*5.25*（1979）
イマーム - アルハラマイン　*8.20*（1085）
今村明恒　*1.1*（1948）
今村英生　*8.18*（1736）
今村三之丞　*7.9*（1696）
今村成和　*10.13*（1996）
今村紫紅　*2.28*（1916）
今村昌平　*5.30*（2006）
今村太平　*2.26*（1986）
今村均　*10.4*（1968）
今村力三郎　*6.12*（1954）
イームズ，チャールズ　*8.21*（1978）
イムホフ　*11.6*（1750）
イムレ（ハンガリーの）　*9.2*（1031）
井本台吉　*11.9*（1995）
井本農一　*10.10*（1998）
井本稔　*1.15*（1999）
以翼長佑　*4.27*（1502）
伊予親王　*11.12*（807）
イヨネスコ，ウージェーヌ　*3.28*（1994）
イラーキー・ハマダーニー　*11.23*（1289）
伊良子清白　*1.10*（1946）
伊良子光顕　*9.19*（1799）
イラーセック，アロイス　*3.12*（1930）
イリアルテ，トマス・デ　*9.17*（1791）
入江九一　*7.19*（1864）
入江相政　*9.29*（1985）
入江泰吉　*1.16*（1992）
入江たか子　*1.12*（1995）
入江長八　*10.8*（1889）
入江徳郎　*9.5*（1989）
入江殿　*3.1*（1415）
入江南溟　*5.28*（1765）
入江波光　*6.9*（1948）
入江文郎　*1.30*（1878）
入江美法　*9.3*（1975）

778

イリゴージェン, イポリト *7.3*
(1933)
入沢達吉 *11.8*(1938)
イリッチ, イヴァン *12.3*(2002)
入野義朗 *6.23*(1980)
イーリ, リチャード・セアドア *10.4*(1943)
イリーン, M. *11.15*(1953)
イレートミシュ *4.2*(1236)
イレーネ *8.9*(803)
イレムニツキー, ペテル *5.19*(1949)
色川幸太郎 *8.5*(1993)
色川武大 *4.10*(1989)
色川三中 *6.23*(1855)
五郎八姫 *5.8*(1661)
岩井章 *2.18*(1997)
岩井半四郎(初代) *4.3*(1699)
岩井半四郎(3代目) *11.26*(1759)
岩井半四郎(4代目) *3.29*(1800)
岩井半四郎(5代目) *4.6*(1847)
岩井半四郎(6代目) *4.8*(1836)
岩井半四郎(7代目) *4.1*(1845)
岩井半四郎(8代目) *2.19*(1882)
岩井半四郎(9代目) *4.13*(1945)
岩内とみゑ *3.26*(1986)
岩生成一 *3.21*(1988)
巌垣東園 *12.3*(1849)
岩垣宏 *5.18*(1971)
岩上順一 *8.14*(1958)
岩川隆 *7.15*(2001)
岩城貞松 *10.19*(1620)
岩城重隆 *12.11*(1707)
岩城常隆 *7.22*(1590)
岩城宏之 *6.13*(2006)
岩切章太郎 *7.16*(1985)
岩倉恒具 *7.29*(1760)
岩倉具定 *3.31*(1910)
岩倉具経 *10.17*(1890)
岩倉具視 *7.20*(1883)
岩倉政治 *5.6*(2000)
岩畔豪雄 *11.22*(1970)
岩崎昶 *9.16*(1981)

岩崎灌園 *1.29*(1842)
岩崎小弥太 *12.2*(1945)
岩崎純孝 *2.27*(1971)
岩崎卓爾 *5.18*(1937)
岩崎民平 *6.29*(1971)
いわさきちひろ *8.8*(1974)
岩崎久弥 *12.2*(1955)
岩崎弥太郎 *2.7*(1885)
岩崎弥之助 *3.25*(1908)
岩佐作太郎 *2.12*(1967)
岩佐純 *1.5*(1912)
岩佐東一郎 *5.31*(1974)
岩佐又兵衛 *6.22*(1650)
岩佐凱実 *10.14*(2001)
イワシキエヴィッチ, ヤロスワフ *3.2*(1980)
岩下貞融 *9.10*(1867)
岩下俊作 *1.30*(1980)
岩下清周 *3.19*(1928)
岩下壮一 *12.3*(1940)
岩下方平 *8.15*(1900)
岩住良治 *2.10*(1958)
岩瀬英一郎 *3.22*(1963)
岩瀬順三 *5.18*(1986)
岩瀬忠震 *7.11*(1861)
岩瀬徳三郎 *2.2*(1971)
岩田愛之助 *3.15*(1950)
岩田専太郎 *2.19*(1974)
岩田宙造 *2.22*(1966)
岩田藤七 *8.23*(1980)
岩田富美夫 *7.6*(1943)
岩田義道 *11.3*(1932)
岩槻信治 *5.9*(1947)
岩藤雪夫 *8.28*(1989)
岩永裕吉 *9.2*(1939)
岩波茂雄 *4.25*(1946)
岩成友通 *8.2*(1573)
岩野市兵衛(8代目) *10.7*(1976)
イワーノフ, ヴァチェスラフ・イワノヴィチ *7.16*(1949)
イワーノフ, フセヴォロド・ヴャチェスラヴォヴィチ *8.15*(1963)
岩野泡鳴 *5.9*(1920)
岩橋英遠 *7.12*(1999)
岩橋善兵衛 *5.25*(1811)
岩橋武夫 *10.28*(1954)
岩淵悦太郎 *5.19*(1978)
岩堀喜之助 *10.8*(1982)
岩松助左衛門 *5.31*(1872)

岩松経家 *7.22*(1335)
岩松満純 閏*5.13*(1417)
岩間正男 *11.1*(1989)
岩見重太郎 *5.5*(1615)
岩村忍 *6.1*(1988)
岩村高俊 *1.3*(1906)
岩村透 *8.17*(1917)
岩村三千夫 *5.16*(1977)
岩村通俊 *2.20*(1915)
岩村通世 *3.13*(1965)
岩本昆寛 *9.18*(1801)
岩本素白 *10.2*(1961)
巌本真理 *5.11*(1979)
巌本善治 *10.6*(1942)
巌谷一六 *7.12*(1905)
巌谷小波 *9.5*(1933)
巌谷槇一 *10.6*(1975)
巌谷大四 *9.6*(2006)
岩谷松平 *3.10*(1920)
イワン4世 *3.18*(1584)
イワン5世 *1.29*(1696)
イワン6世 *7.15*(1764)
イング, ウィリアム・ラーフ *2.26*(1954)
イング, ジョン *6.4*(1920)
イングラシア *11.6*(1580)
イングラム *5.1*(1907)
インゲマン, ベアンハート・セヴェリン *2.24*(1862)
院源 *5.24*(1028)
隠元 *4.3*(1673)
殷元良 *3.29*(1767)
インゴルド, サー・クリストファー・ケルク *12.8*(1970)
インジ, ウィリアム *6.10*(1973)
院助 *12.12*(1109)
殷汝耕 *12.1*(1947)
インス, トマス・ハーパー *11.19*(1924)
院尊 *10.29*(1198)
インダイク *5.4*(1664)
尹致昊 *12.6*(1945)
インノケンティウス1世 *3.12*(417)
インノケンティウス3世 *7.16*(1216)
インノケンティウス4世 *12.7*(1254)
インノケンティウス5世 *6.22*(1276)

インノケンティウス6世 12.18（1362）
インノケンティウス8世 7.25（1492）
インノケンティウス10世 1.7（1655）
インノケンティウス11世 8.11（1689）
インノケンティウス12世 9.27（1700）
インノケンティウス13世 3.7（1724）
インフェルト 1.15（1968）
殷富門院 4.2（1216）
忌部子首 閏7.15（719）
忌部色弗 6.2（701）
インベル、ヴェーラ・ミハイロヴナ 11.11（1972）
インヘンホウス、ヤン 9.7（1799）
インマーマン、カール・レーベレヒト 8.25（1840）
印融 8.15（1519）

【う】

ヴァイアー、ヨハネス 2.24（1588）
ヴァイエルシュトラス、カール・ヴィルヘルム・テオドール 2.19（1897）
ヴァイゲル、ヴァーレンティーン 6.10（1588）
ヴァイゲル、ヘレーネ 5.6（1971）
ヴァイス、アーダム 9.25（1534）
ヴァイスコップ 4.21（2002）
ヴァイス、ペーター 5.10（1982）
ヴァイスマン、アウグスト・フリードリヒ・レオポルト 11.5（1914）
ヴァイツ 3.21（1864）
ヴァイツ、ゲオルク 5.24（1886）
ヴァイデンライヒ、フランツ 7.11（1948）

ヴァイデン、ロヒール・ファン・デル 6.18（1464）
ヴァイトリング、ヴィルヘルム 1.22（1871）
ヴァイナー 9.12（1970）
ヴァイニンガー、オットー 10.4（1903）
ヴァイニング、エリザベス・ジャネット 11.27（1999）
ヴァイヤン、ロジェ 5.12（1965）
ヴァイル、クルト 4.3（1950）
ヴァイル、ヘルマン 12.9（1955）
ヴァインガルトナー、フェーリクス・パウル・フォン 5.7（1942）
ヴァインヘーバー、ヨーゼフ 4.8（1945）
ヴァヴィロフ 1.25（1951）
ヴァヴィロフ、ニコライ・イヴァノヴィチ 1.26（1943）
ヴァウヴェルマン、フィリップス 5.19（1668）
ヴァグナー・ユアレック、ユリウス 9.27（1940）
ヴァーグナー、アードルフ・ハインリヒ・ゴットヒルフ 11.8（1917）
ヴァーグナー、ヴァーレンティーン 9.2（1557）
ヴァーグナー、ヴィルヘルム・リヒャルト 2.13（1883）
ヴァーグナー、オットー 4.12（1918）
ヴァーグナー、コジマ 4.1（1930）
ヴァーグナー、ジークフリート 8.4（1930）
ヴァーゲンザイル、ゲオルク・クリストフ 3.1（1777）
ヴァザーリ、ジョルジョ 6.27（1574）
ヴァシーリィ4世 9.12（1612）
ヴァージル、ポリドア 4.18（1555）
ヴァシレーフスキー 12.5（1977）
ウァスキ、ヤン 1.8（1560）
ヴァゾフ、イヴァン 9.22（1921）

ヴァゾン（リエージュの）7.14（1048）
ヴァターブル、フランソワ 3.15（1547）
ヴァッゲルル、カール・ハインリヒ 11.4（1973）
ヴァッケンローダー、ヴィルヘルム・ハインリヒ 2.13（1798）
ヴァッサーマン、ヤーコプ 1.1（1934）
ヴァッセルマン、アウグスト・パウル・フォン 3.16（1925）
ヴァーツラフ 9.28（929）
ヴァッラ、ロレンツォ 8.1（1457）
ヴァディアーン、ヨーアヒム 4.6（1551）
ヴァディム、ロジェ 2.11（2000）
ヴァトー、ジャン・アントワーヌ 7.18（1721）
ヴァニーニ、ルチーリオ 2.9（1619）
ヴァニョーニ、アルフォンソ 4.19（1640）
ヴァーベック、ギード・ヘルマン・フリードリーン 3.10（1898）
ヴァラッハ、オットー 2.26（1931）
ヴァラドン、シュザンヌ 4.7（1938）
ヴァリニャーノ、アレッサンドロ 1.20（1606）
ヴァルガ 10.8（1964）
ヴァルキ、ベネデット 12.18（1565）
ヴァルザー、ローベルト 12.25（1956）
ヴァール、ジャン 6.19（1974）
ヴァルダイヤー・ハルツ、ハインリヒ・ヴィルヘルム・ゴットフリート・フォン 1.23（1921）
ヴァルター、ブルーノ 2.17（1962）
ヴァルター、ヨーハン 3.25（1570）
ヴァルツェル 12.29（1944）

ヴァルデク・ルソー 8.10(1904)
ウァルデトルーディス 4.9(688)
ヴァルデマール 8.14(1319)
ヴァルデマール1世 12.5(1182)
ヴァルデマール2世 3.21(1241)
ヴァルデマール4世 10.24(1375)
ウァルテル(ブリュッヘの) 1.21(1307)
ウァルテル(モルターニュの) 7.14(1176)
ヴァルデン, ヘルヴァルト 10.31(1941)
ヴァルドー 3.29(814)
ヴァルトトイフェル, エミール 2.12(1915)
ヴァルトマン 4.6(1489)
ヴァルヒャ, ヘルムート 8.11(1991)
ヴァールブルク 7.28(1931)
ヴァールブルク, アビー 10.26(1929)
ヴァルラム(ナウムベルクの) 4.12(1111)
ヴァレーズ, エドガー 11.6(1965)
ヴァレス, ジュール 2.14(1885)
ヴァレフスキ, アレクサンドル・フロリアン・ジョゼフ・コロナ, 伯爵 9.27(1868)
ヴァレリー, ポール 7.20(1945)
ヴァレンシュタイン, アルブレヒト・ヴェンツェル・オイゼービウス・フォン 2.25(1634)
ウァレンス, フラーウィウス 8.9(378)
ヴァレンティニアヌス1世 11.17(375)
ヴァレンティニアヌス2世 5.15(392)
ヴァレンティニアヌス3世 3.1(455)
ヴァレンティノ, ルドルフ 8.24(1926)

ヴァロトン, フェリックス 12.29(1925)
ヴァン・ヴレック, ジョン・ハスブルーク 10.27(1980)
ウァン(オドワン) 8.24(684)
ヴァンクーヴァー, ジョージ 5.10(1798)
ヴァン・クリーフ, リー 12.16(1989)
聖ヴァンサン・ド・ポール 9.27(1660)
ヴァン・ジェネップ, アルノルト 5.7(1957)
ヴァン・スライク 5.4(1971)
ヴァン・ダイク, アントニー 12.9(1641)
ヴァン・ダイン, S.S. 4.11(1939)
ヴァンダービルト, コーニーリアス 1.4(1877)
ヴァンチュラ, ヴラジスラフ 6.1(1942)
ヴァン・デ・グラーフ, ロバート・ジェミソン 1.16(1967)
ヴァン・デル・ポスト, ロレンス・ヤン 12.15(1996)
ヴァンデンバーグ, アーサー・H 4.18(1951)
ヴァンドヴィル, ジャン 10.15(1592)
ヴァン・ド・ヴェルド, アンリ・クレマン 10.25(1957)
ヴァンドーム, セザール・ド・ブルボン 10.22(1665)
ヴァンドーム, ルイ・ジョゼフ, 公爵 6.11(1712)
ヴァン・ドーレン, カール・クリントン 7.18(1950)
ヴァン・ドンゲン, キース 5.28(1968)
ヴァン・ビューレン, マーティン 7.24(1862)
ヴァンブラ, ジョン 3.26(1726)
ヴァン・ベイヌム, エドゥアルト 4.1(1959)
ヴァーンベーリ, アルミニウス 9.15(1913)
ヴァン・ルーン, ヘンドリック・ウィレム 3.11(1944)

ヴァンロー, ジャン・バティスト 9.19(1745)
ヴィアダーナ, ロドヴィーコ 5.2(1627)
ヴィアトール 2.1(1524)
ヴィヴァルディ, アントーニオ 7.28(1741)
ヴィヴィアーニ, ヴィンチェンツォ 9.22(1703)
ヴィヴィアニ, ルネ 9.6(1925)
ヴィヴェーカーナンダ 7.4(1902)
ヴィエイラ 6.6(1634)
ヴィエイラ, アントニオ 7.18(1697)
ヴィエト, フランソワ 12.13(1603)
ヴィエニャフスキ, ヘンリク 3.19(1880)
ヴィオッティ, ジョヴァンニ・バッティスタ 3.3(1824)
ヴィオレ・ル・デュック, ウージェーヌ・エマニュエル 9.17(1879)
ウィカム 9.24(1404)
ヴィーガント, テオドル 12.19(1936)
ヴィーガント, ヨーハン 10.21(1587)
ヴィギリウス 6.7(555)
ウィクセル, ヨハン・グスタフ・クニュート 5.3(1926)
ウィクトゥリウス(ルマンの) 9.1(490)
ヴィクトリア 1.22(1901)
ヴィクトリア 8.5(1901)
ヴィクトル2世 7.28(1057)
ヴィクトル3世 9.16(1087)
ヴィクトル4世 4.20(1164)
ウィグナー, ユージン・ポール 1.1(1995)
ヴィグマン, マリー 9.18(1973)
ウィグモア, ジョン・ヘンリー 4.20(1943)
ウィクリフ, ジョン 12.28(1384)
ウィグルズワース, マイケル 6.10(1705)
ヴィーゲラン, アドルフ・グスタヴ 3.12(1943)

ヴィーコ, ジャンバッティスタ 1.22(1744)
ヴイゴツキー, レフ・セミョーノヴィチ 6.11(1934)
ヴィーザー 7.22(1926)
ウィザー, ジョージ 5.2(1667)
ヴィジェ・ルブラン, エリザベト 3.30(1842)
ヴィシネフスキー, フセヴォロド・ヴィタリエヴィチ 2.28(1951)
ヴィジュネール, ブレーズ・ド 2.19(1596)
ヴイシンスキー, アンドレイ・ヤヌアリエヴィチ 11.22(1954)
ヴィシンスキ, ステファン, 枢機卿 5.28(1981)
ヴィーズ, グスタヴ 10.24(1914)
ヴィスコンティ, ジャン・ガレアッツォ 9.3(1402)
ヴィスコンティ, ルキーノ 3.17(1976)
ウィスター, オーエン 7.21(1938)
ヴィスピャンスキ, スタニスワフ 11.28(1907)
ヴィース, ヨハン・ルドルフ 3.21(1830)
ウィスラー 8.25(1947)
ヴィスラフ3世 11.8(1325)
ヴィスリツェヌス, ヨハンネス 12.5(1902)
ヴィーゼ 1.11(1969)
ウィーダ 1.25(1908)
ウィダー, キング 11.1(1982)
ヴィーダ, マルコ・ジローラモ 9.27(1566)
ヴィターリ 2.29(1932)
ヴィタリアーヌス 1.27(672)
ヴィターリ, ジョヴァンニ・バッティスタ 10.12(1692)
ヴィターリ, トンマーゾ・アントニオ 5.9(1745)
ヴィダル 1.14(1929)
ヴィダル・ド・ラ・ブラシュ, ポール 4.5(1918)
ウィチャリー, ウィリアム 1.1(1716)

ヴィツェリーン(オルデンブルクの) 12.12(1154)
ウィッシャート, ジョージ 3.1(1546)
ウィッテ 3.13(1915)
ウィットギフト, ジョン 2.29(1604)
ウィットニー, イーライ 1.8(1825)
ウィットニー, ウィリアム・ドワイト 6.7(1894)
ヴィットーネ, ベルナルド・アントニオ 10.19(1770)
ウィットフィールド, ジョージ 9.30(1770)
ヴィットリオ・エマヌエレ2世 1.9(1878)
ヴィットリーニ, エーリオ 2.12(1966)
ヴィットリーノ・ダ・フェルトレ 2.2(1446)
ウィットワース, サー・ジョセフ 1.22(1887)
ヴィディヤーサーガル 7.30(1891)
ヴィーデマン 3.23(1899)
ウィテリウス, アウルス 12.20(69)
ヴィトキェヴィチ, スタニスワフ・イグナツィ 9.18(1939)
ヴィトゲンシュタイン, ルートヴィヒ 4.29(1951)
ウィートストン, サー・チャールズ 10.19(1875)
ヴィトラック, ロジェ 1.22(1952)
ヴィドール, シャルル・マリー 3.12(1937)
ウィーナー 11.6(1976)
ウィーナー, ノーバート 3.18(1964)
ヴィーナー, パウル 4.16(1554)
ヴィニー, アルフレッド・ド 9.17(1863)
ヴィニェ, オスムン・オラフソン 7.30(1870)
ウィニバルド 12.18(761)
ヴィニョーラ, ジャチント・バロッツィ・ダ 7.5(1573)

ヴィノグラードフ 12.19(1925)
ヴィノグラードフ, イワン・マトレーヴィッチ 3.20(1983)
ヴィノグラードフ, ヴィクトル・ウラジーミロヴィチ 10.4(1969)
宇井伯寿 7.14(1963)
ヴィーヒェルト, エルンスト 8.24(1950)
ヴィーヒマン 8.25(1192)
ヴィーヘルト 3.19(1928)
ウィムズハースト 1.13(1903)
ヴィヤン, ボリス 6.23(1959)
ヴィヨー, テオフィル・ド 9.25(1626)
ヴィヨン, エメ 5.1(1932)
ヴィヨン, ジャック 6.9(1963)
ヴィヨン, フランソワ 1.5(1463)
ヴィラ・ロボス, エイトル 11.17(1959)
ヴィラ, クラウディオ 2.7(1987)
ヴィラモーヴィッツ・メレンドルフ, ウルリヒ・フォン 9.25(1931)
ウィーラー, モーティマー 7.22(1976)
ヴィラール, クロード・ルイ・エクトール, 公爵 6.17(1734)
ヴィラール, ジャン 5.28(1971)
ヴィラールト, アドリアン 12.7(1562)
ヴィーラント, クリストフ・マルティン 1.20(1813)
ヴィーラント, ハインリヒ・オットー 8.5(1957)
ウィリアム1世 9.9(1087)
ウィリアム2世 8.2(1100)
ウィリアム3世 3.8(1702)
ウィリアム4世 6.20(1837)
ウィリアム(ウィッカムの) 8.16(1404)
ウィリアムズ, ウィリアム・カーロス 3.4(1963)
ウィリアムズ, エリック 3.29(1981)

ウィリアムズ, サー・ジョージ 11.6(1905)
ウィリアムズ, サミュエル・ウェルズ 2.17(1884)
ウィリアムズ, チャニング・ムーア 12.2(1910)
ウィリアムズ, チャールズ 5.15(1945)
ウィリアムズ, テネシー 2.25(1983)
ウィリアムズ, ハンク 1.1(1953)
ウィリアムズ, レイモンド 1.26(1988)
ウィリアムソン, アレグザンダー・ウィリアム 5.6(1904)
ウィリアム(ノーリジの) 3.22(1144)
ウィリアム(ヨークの) 6.8(1154)
ヴィリエ・ド・リラダン, オーギュスト・ド 8.18(1889)
ヴィリギス(マインツの) 2.23(1011)
ウイリス 2.14(1894)
ウィリス, トマス 11.11(1675)
ウィリー, バジル 9.3(1978)
聖ウィリブロード 11.7(739)
ウィルキー, ウェンデル 10.8(1944)
ウィルキー, サー・デイヴィド 6.1(1841)
ヴィルギリウス(ザルツブルクの) 11.27(784)
ウィルキンズ, G.H. 12.1(1958)
ウィルキンズ, ジョン 11.16(1672)
ウィルキンズ, モーリス・ヒュー・フレデリック 10.5(2004)
ウィルキンスン, ジェマイマ 7.1(1819)
ウィルキンソン, エレン・シシリー 2.6(1947)
ウィルキンソン, ジョン 7.14(1808)
ウィルクス, ジョン 12.26(1797)

ウィールクス, トマス 12.1(1623)
ヴィルシュテッター, リヒャルト 8.3(1942)
ウィルソン, J.H. 5.24(1995)
ウィルソン, アンガス 5.31(1991)
ウィルソン, エドマンド 6.12(1972)
ウィルソン, エドマンド・ビーチャー 3.3(1939)
ウィルソン, ジェイムズ 8.28(1798)
ウィルソン, ジョン・ドーヴァー 1.5(1969)
ウィルソン, チャールズ・トムソン・リース 11.15(1959)
ウィルソン, テディ 7.31(1986)
ウィルソン, トマス・ウッドロウ 2.3(1924)
ウィルソン, リチャード 5.15(1782)
ヴィルター, ニコライ・エヴゲニエヴィチ 1.3(1976)
ヴィルタネン, アルットゥリ・イルマリ 11.11(1973)
ヴィルデルムート 7.12(1877)
ヴィルデンブルッフ, エルンスト・フォン 1.15(1909)
ヴィルドラック, シャルル 6.25(1971)
ヴィルヌーヴ, ピエール・ド 4.22(1806)
ウィルバーフォース, ウィリアム 7.29(1833)
聖ウィルフリド 4.24(709)
ウィルヘルミナ 11.28(1962)
ヴィルヘルム 1.28(1256)
ヴィルヘルム 7.20(1951)
ウィルヘルム1世 3.9(1888)
ウィルヘルム2世 6.4(1941)
ウィルヘルム4世 3.7(1550)
ヴィルヘルム(エーベルホルトの) 4.6(1203)
ヴィルマン, アベル‐フランソワ 5.8(1870)
ウィルモット, ジョン 7.26(1680)

ヴィルロア 7.18(1730)
ウィレハッド(ブレーメンの) 11.8(789)
ヴィレー, ピエール 5.4(1571)
ウィレム1世 7.10(1584)
ウィレム1世 12.12(1843)
ウィレム2世 3.17(1849)
ウィレム3世 11.23(1890)
ウィレム5世 4.9(1806)
ヴィーン, ヴィルヘルム・カール・ヴェルナー・オットー・フリッツ・フランツ 8.30(1928)
ヴィンクラー, クレメンス・アレクサンダー 8.8(1904)
ヴィンクラー, フーゴー 4.19(1913)
ヴィンケルマン, ヨハン・ヨアヒム 6.8(1768)
ヴィンケンティウス・フェレリウス 4.5(1419)
ウィンザー公爵夫人(シンプソン, ウォリス) 4.24(1986)
ウィンズロー, エドワード 5.8(1655)
ウィンスロップ, ジョン 3.26(1649)
ヴィンソン 9.8(1953)
ヴィンダウス, アドルフ・オットー・ラインホルト 6.9(1959)
ウィンダム, ジョン 3.11(1969)
ウィンチェルシー 5.11(1313)
ヴィンデルバント, ヴィルヘルム 10.22(1915)
ヴィントガッセン, ヴォルフガング 9.8(1974)
ヴィントシャイト 10.26(1892)
ヴィントホルスト, ルートヴィヒ 3.14(1891)
ウィントン, アンドルー 2.3(1423)
ウィンノク 11.6(715)
ウィンパー, エドワード 9.16(1911)
ヴィーンバルク, ルードルフ 1.2(1872)

ヴィンピナ, コンラート・コッホ　6.16(1531)
ヴィンプフェリング, ヤーコブ　11.17(1528)
ウィンワロー(ランデヴァネクの)　3.3(532)
ウェイヴェル, アーチボルド・パーシヴァル・ウェイヴェル, 初代伯爵　5.24(1950)
ウェイガン, マクシム　1.18(1965)
ウェイクフィールド, エドワード・ギボン　5.16(1862)
ウェイド, サー・トマス　7.31(1895)
ヴェイドレー, ウラジーミル・ワシリエヴィチ　8.5(1979)
ヴェイユ, アンドレ　8.6(1998)
ヴェイユ, シモーヌ　8.24(1943)
ウェイリー, アーサー　6.27(1966)
ウェイン, アンソニー　12.15(1796)
ヴェイン, サー・ヘンリー　6.14(1662)
ウェイン, ジョン　5.24(1994)
ウェイン, ジョン　6.11(1979)
上河淇水　10.4(1817)
ヴェギウス, マフェーウス　6.29(1458)
植木枝盛　1.23(1892)
植木庚子郎　3.11(1980)
植木等　3.27(2007)
植草甚一　12.2(1979)
ヴェーゲナー, アルフレッド・ロタール　11.21(1930)
ヴェーゲナー, パウル　9.13(1948)
上真葛　5.20(1288)
上真行　2.28(1937)
ヴェサリウス, アンドレアス　10.15(1564)
上沢謙二　7.7(1978)
ヴーエ, シモン　6.30(1649)
ヴェショールイ, アルチョム　12.2(1939)
上杉顕定　6.20(1510)
上杉顕房　1.24(1455)
上杉氏憲　1.10(1417)

上杉景勝　3.20(1623)
上杉景虎　3.24(1579)
上杉清子　12.23(1343)
上杉謙信　3.13(1578)
上杉佐一郎　5.10(1996)
上杉定実　2.26(1550)
上杉定正　10.3(1494)
上杉重能　12.20(1350)
上杉慎吉　4.7(1929)
上杉朝興　4.27(1537)
上杉朝定　3.9(1352)
上杉朝定　4.20(1546)
上杉朝宗　8.25(1414)
上杉朝良　4.21(1518)
上杉斉定　2.2(1839)
上杉斉憲　5.20(1889)
上杉憲顕　9.19(1368)
上杉憲方　10.24(1394)
上杉憲定　12.18(1413)
上杉憲実　閏2.6(1466)
上杉憲忠　12.27(1455)
上杉憲春　3.8(1379)
上杉憲房　1.27(1336)
上杉憲房　3.25(1525)
上杉憲政　3.17(1579)
上杉憲基　1.4(1418)
上杉春子　7.25(1658)
上杉治憲　3.12(1822)
上杉房顕　2.12(1466)
上杉房能　8.7(1507)
上杉持朝　9.6(1467)
上杉茂憲　4.18(1919)
上杉持房　2.10(1490)
上杉能憲　4.17(1378)
ウェスティングハウス, ジョージ　3.12(1914)
ヴェステルマルク, エドヴァルド　9.9(1939)
ウェスト　1.10(1908)
ウェスト, ナサニエル　12.22(1940)
ヴェストファール, ヨーアヒム　1.16(1574)
ウェスト, ベンジャミン　3.11(1820)
ウェスト, メイ　11.22(1980)
ウェストモーランド, ウィリアム・C　7.18(2005)
ヴェストリス　9.27(1808)
ヴェストリス, オーギュスト　12.5(1842)

ウェストレーク　4.14(1913)
ウェスト, レベッカ　3.15(1983)
ウェストン　8.20(1936)
ウェストン, ウォールター　3.18(1940)
ウェストン, エドワード　1.1(1958)
ウェスパシアーヌス, ティトゥス・フラーウィウス　6.23(79)
ヴェスプッチ, アメリゴ　2.22(1512)
ウェズリー, ジョン　3.2(1791)
ウェズリー, チャールズ　3.29(1788)
ヴェセロフスキー, アレクサンドル・ニコラエヴィチ　10.10(1906)
ヴェーソース, タリエイ　3.15(1970)
上田秋成　6.27(1809)
上田音市　1.21(1999)
上田万年　10.26(1937)
上田琴風　9.8(1843)
植田謙吉　9.11(1962)
上田五千石　9.2(1997)
上田重安　5.1(1650)
植田寿蔵　11.27(1973)
殖田俊吉　5.23(1960)
上田庄三郎　10.19(1958)
植田正治　7.4(2000)
上田進　2.24(1947)
植田清次　10.30(1963)
上田辰之助　10.13(1956)
上田帯刀　5.2(1863)
上田貞次郎　5.8(1940)
上田寅吉　9.12(1890)
上田広　2.27(1966)
上田敏　7.9(1916)
上田仁　12.26(1966)
上田三四二　1.8(1989)
ヴェッカーリン　2.13(1653)
ヴェッキエッタ　6.6(1480)
ヴェッキ, オラツィオ　2.19(1605)
植月重佐　4.3(1333)
ヴェッキョ　11.28(1970)
ウェッジウッド, ジョサイア　1.3(1795)

ウェッセル，ガンスフォルト　*10.4*(1489)
ウェッセル，ホルスト　*2.23*(1930)
ウェッセル，ヨハン・ヘアマン　*12.29*(1785)
ヴェッツェラ，マリー　*1.30*(1889)
ウェッブ，シドニー　*10.13*(1947)
ウェッブ，ジョン　*10.30*(1672)
ウェッブ，ビアトリス　*4.30*(1943)
ウェッブ，フィリップ　*4.17*(1915)
ウェッブ，マシュー　*7.24*(1883)
ウェッブ，メアリー　*10.8*(1927)
ヴェッリ，ピエートロ　*6.28*(1797)
ヴェーデキント，フランク　*3.9*(1918)
ウェーニクス，ヤン・バプティスト　*11.19*(1660)
ヴェニング・マイネツ，フェリックス・アンドリエス　*8.10*(1966)
ヴェーネルト　*2.15*(1944)
上野岩太郎　*10.27*(1925)
上野英三郎　*5.22*(1925)
上野景範　*4.11*(1888)
上野精一　*4.19*(1970)
上野照夫　*1.17*(1976)
上野俊之丞　*8.17*(1851)
上野直昭　*4.11*(1973)
上野彦馬　*5.22*(1904)
上野英信　*11.21*(1987)
上野益三　*6.17*(1989)
上野満　*3.4*(1985)
上野陽一　*10.15*(1957)
上野理一　*12.31*(1919)
上野瞭　*1.27*(2002)
ウェーバー　*5.2*(1958)
ウェーバー　*5.17*(1913)
ウェーバー　*5.18*(1871)
ヴェーバー，ヴィルヘルム・エドゥアルト　*6.23*(1891)
ヴェーバー，エルンスト・ハインリヒ　*1.26*(1878)

ヴェーバー，カール・マリーア・フォン　*6.5*(1826)
ヴェーバー，マックス　*6.14*(1920)
ヴェーバー，マックス　*11.4*(1961)
植原悦二郎　*12.2*(1962)
上原謙　*11.23*(1991)
上原げんと　*8.13*(1965)
上原正吉　*3.12*(1983)
上原専禄　*10.28*(1975)
上原真佐喜(初代)　*7.10*(1933)
上原真佐喜(2代目)　*5.11*(1996)
上原元秀　*11.18*(1493)
上原勇作　*11.8*(1933)
上原六四郎　*4.1*(1913)
ウェブスター，ジーン　*6.11*(1916)
ウェブスター，ダニエル　*10.24*(1852)
ウェブスター，ノア　*5.28*(1843)
ヴェブレン　*8.10*(1960)
ヴェブレン，ソースタイン　*8.3*(1929)
ヴェーヘ，ヨハネス　*9.21*(1504)
ヴェーベルン，アントン　*9.15*(1945)
上間郁子　*12.31*(1991)
植松有信　*6.20*(1813)
植松茂岳　*3.20*(1876)
植松自謙　*5.4*(1810)
植村角左衛門　*10.24*(1822)
植村甲午郎　*8.1*(1978)
上村松園　*8.27*(1949)
上村松篁　*3.11*(2001)
植村諦　*7.1*(1959)
植村鷹千代　*2.26*(1998)
植村環　*5.26*(1982)
植村直己　*2.13*(1984)
植村文楽軒(初代)　*7.9*(1810)
植村政勝　*1.8*(1777)
植村正久　*1.8*(1925)
植村益蔵　*1.14*(1969)
右衛門佐局　*2.11*(1706)
ヴェラヌス(カヴァヨンの)　*11.11*(589)

ヴェーラー，フリードリヒ　*9.23*(1882)
ヴェラーレン，エミール　*11.27*(1916)
ヴェリッシモ，エリコ　*11.28*(1975)
ウェリントン，アーサー・ウェルズリー，初代公爵　*9.14*(1852)
ヴェルガ，ジョヴァンニ　*1.27*(1922)
ウェルギリウス・マロ，ププリウス　*9.21*(前19)
ヴェルゲラン，ヘンリック　*7.12*(1845)
ヴェルコール　*6.10*(1991)
ヴェルジェーリオ，ピエートロ・パーオロ　*10.4*(1565)
ヴェルジェーリオ，ピエール・パーオロ　*7.8*(1444)
ウェルズ，H.G.　*8.13*(1946)
ウェルズ，オーソン　*10.10*(1985)
ウェルズ，ニム　*1.11*(1997)
ウェルズリー，リチャード，初代侯爵　*9.26*(1842)
ウエルタ　*1.13*(1916)
ウェルチ，ウィリアム・ヘンリー　*5.1*(1934)
ウェルツェル　*5.5*(1977)
ヴェルデ，アドリエン　*1.21*(1672)
ヴェルディ，ジュゼッペ　*1.27*(1901)
ウェルティ，ユードラ　*7.23*(2001)
ヴェールト，ゲオルク　*7.30*(1856)
ヴェルト，ジャッシュ・ド　*5.6*(1596)
ヴェルトハイマー，マックス　*10.12*(1943)
ヴェルトフ，ジガ　*2.12*(1954)
ヴェルナー　*5.14*(1964)
ヴェルナー，アブラハム・ゴットロープ　*6.30*(1817)
ヴェルナー，アルフレート　*11.15*(1919)
ヴェルナツキー，ウラジーミル・イワノヴィチ　*1.6*(1945)

ヴェルニエ, ピエール 9.14(1637)
ヴェルニッケ, カール 6.13(1905)
ヴェルニョー, ピエール・ヴィクチュルニアン 10.31(1793)
ヴェルヌ, ジュール 3.24(1905)
ヴェルネ, クロード・ジョゼフ 12.3(1789)
ヴェルハーヴェン, ヨーハン・セバスチアン 10.21(1873)
ヴェルハウゼン, ユリウス 1.7(1918)
ヴェルビースト, フェルディナント 1.28(1688)
ヴェルフェル, フランツ 8.26(1945)
ヴェルフリン, ハインリヒ 7.19(1945)
ウエルマン, ウイリアム・A 12.9(1975)
ヴェルミーリ, ピエートロ・マルティーレ 12.12(1562)
ヴェルメール, ヤン 12.15(1675)
ヴェルレーヌ, ポール・マリ 1.8(1896)
ヴェレサーエフ, ヴィケンチー 6.3(1945)
ヴェレシチャーギン, ヴァシリー 4.13(1904)
ヴェレシュマルティ・ミハーイ 11.19(1855)
ヴェレス, エゴン・ヨーゼフ 11.9(1974)
ヴェロッキオ, アンドレア・デル 10.7(1488)
ヴェロネーゼ, パオロ 4.19(1588)
ヴェントゥーリ, アドルフォ 10.10(1941)
ヴェントリス, マイクル 9.6(1956)
ウェントワース, ピーター 11.10(1596)
ウォー, イーヴリン 4.10(1966)
ヴォーヴナルグ, リュック・ド・クラピエ・ド 5.28(1747)
ウォーカー, ジョン 5.1(1859)

ヴォクラン, ニコラ・ルイ 11.14(1829)
ウォーゲ, ペーター 1.13(1900)
ヴォージュラ, クロード・ファヴル・ド 2.27(1650)
ウォシントン, ブッカー・トリヴァー 11.14(1915)
ヴォス, コルネリス・デ 5.9(1651)
ヴォズネセーンスキー 9.30(1950)
魚住源次兵衛 9.16(1880)
魚住折蘆 12.9(1910)
魚澄惣五郎 3.26(1959)
ウォーターズ, モンティー 4.29(1983)
ウォッシュバーン 11.27(1968)
ウォッツ, アイザック 11.25(1748)
ウォッツ, ジョージ・フレデリック 7.1(1904)
ヴォッパミーン, エルンスト・グスタフ・ゲオルク 10.15(1943)
ウォード 9.21(1862)
ウォード, L. 4.18(1913)
ウォード, ジェイムズ 3.4(1925)
ウォトソン 6.19(1956)
ウォトソン, ジョン・B 9.25(1958)
ウォード, メアリ 1.20(1645)
ウォートン, イーディス 8.11(1937)
ウォートン, トマス 5.20(1790)
ウォーナー, ウィリアム・ロイド 5.20(1970)
ウォーナー, ラングドン 6.9(1955)
ウォーナー, レックス 6.24(1986)
ヴォーバン, セバスティアン・ル・プレトル・ド 3.30(1707)
ヴォフチョーク, マルコ 7.28(1907)
ウォーフ, ベンジャミン・リー 7.26(1941)

ウォーホル, アンディ 2.22(1987)
ウォラー, エドマンド 10.21(1687)
ウォラー, オーガスタス 9.18(1870)
ウォラストン, ウィリアム・ハイド 12.22(1828)
ウォラー, ファッツ 12.15(1943)
ウォーラム, ウィリアム 8.23(1532)
ヴォーリズ, ウィリアム・メリル 5.7(1964)
ウォリス, ジョン 10.28(1703)
ウォリック, ジョン・リッチ, 2代伯爵 4.19(1658)
ウォリック, リチャード・ネヴィル, 伯爵 4.14(1471)
ヴォリンガー, ヴィルヘルム 3.29(1965)
ヴォルインスキー, A.L. 7.6(1926)
ヴォルゲムート, ミヒェル 11.30(1519)
ウォルシンガム, サー・フランシス 4.6(1590)
ヴォルス 9.1(1951)
ヴォルタ, アレッサンドロ 3.5(1827)
ウォルター, ジョン 11.16(1812)
ウォルター, トーマス・アースティック 10.30(1887)
ウォルター, ヒューバート 7.13(1205)
ヴォルテラ, ヴィト 10.11(1940)
ヴォルテール 5.30(1778)
ウォールド 12.13(1950)
ウォルド, ジョージ 4.12(1997)
ウォルトン, アイザック 12.15(1683)
ウォルトン, アーネスト・トーマス・シントン 6.25(1995)
ウォルトン, ウィリアム 3.8(1983)
ヴォルフ, F. 8.8(1824)
ヴォルフ・フェラーリ, エルマンノ 1.21(1948)

ヴォルフ, カスパール・フリードリヒ 2.22(1794)
ヴォルフガング(レーゲンスブルクの、ラティスボナの) 10.31(994)
ヴォルフ, クリスティアン 4.9(1754)
ヴォルフ, フーゴー 2.22(1903)
ヴォルフ, フリードリヒ 10.5(1953)
ヴォルフ, マクシミリアン・フランツ・ヨーゼフ・コルネリウス 10.3(1932)
ヴォルフ, ヨハン・ルドルフ 12.6(1893)
ウォールボウル, ヘンリ 4.7(1595)
ヴォルポーニ, パーオロ 8.23(1994)
ウォルポール, サー・ロバート, オーフォード伯爵 3.18(1745)
ウォルポール, ヒュー 6.1(1941)
ウォルポール, ホラス 3.2(1797)
ウォルムス 2.12(1926)
ウォレス, G. 9.13(1998)
ウォレス, H.A. 11.18(1965)
ウォレス, アルフレッド・ラッセル 11.7(1913)
ウォレス, サー・ウィリアム 8.23(1305)
ウォレス, ルー 2.15(1905)
ウォレン, アール 7.9(1974)
ウォレン, レナード 4.4(1960)
ウォレン, ロバート・ペン 9.15(1989)
ヴォローシロフ, クリメント・エフレモヴィチ 12.2(1969)
ヴォロフスキー, ワツラフ・ワツラヴォヴィチ 5.10(1923)
ヴォロンコーワ, リュボーフィ・フョードロヴナ 1.20(1976)
ヴォワチュール, ヴァンサン 5.24(1648)
ウォンウィチット 1.7(1994)

ヴォーン・ウィリアムズ, ラーフ 8.26(1958)
ヴォーン, サラ 4.3(1990)
ヴォンデル, ヨースト・ヴァン・デン 2.5(1679)
ヴォーン, ハーバート・アルフレッド 6.19(1903)
ヴォーン, ヘンリー 4.23(1695)
鵜飼吉左衛門 8.27(1859)
鵜飼玉川 5.12(1887)
鵜飼幸吉 8.22(1859)
鵜飼石斎 7.21(1664)
養鸕徹定 3.15(1891)
鵜飼信成 5.10(1987)
鵜飼錬斎 4.11(1693)
宇垣一成 4.30(1956)
宇垣纏 8.15(1945)
浮田一蕙 11.14(1859)
浮田和民 10.28(1946)
浮田克躬 8.30(1989)
宇喜多直家 2.14(1581)
宇喜多秀家 11.20(1655)
宇喜多能家 6.30(1534)
浮谷東次郎 8.20(1965)
右京大夫 2.10(1509)
ウクラインカ, レーシャ 7.19(1913)
有厳 11.11(1275)
ウサーマ・イブン・ムンキズ 10.25(1188)
宇佐美瀛水 8.9(1776)
宇佐美毅 1.19(1991)
宇佐美洵 2.19(1983)
鵜沢総明 10.21(1955)
氏家寿子 10.23(1985)
氏家卜全 5.12(1571)
氏家行広 5.8(1615)
潮恵之輔 1.9(1955)
潮田千勢子 7.4(1903)
宇治加賀掾 1.21(1711)
氏子内親王 4.2(885)
牛込ちゑ 8.2(1975)
牛込忠左衛門 12.9(1688)
宇治紫文(初代) 2.22(1858)
宇治紫文(2代目) 9.13(1879)
宇治紫文(3代目) 10.21(1903)
宇治紫文(5代目) 1.7(1970)
宇治紫文(6代目) 1.22(1974)
牛島ノシ 2.23(1887)

牛島憲之 9.16(1997)
牛島満 6.23(1945)
牛場信彦 12.31(1984)
牛原虚彦 5.20(1985)
氏原大作 12.31(1956)
ウシャクルギル, ハリト・ズィヤ 3.27(1945)
牛山純一 10.6(1997)
宇治山哲平 6.18(1986)
宇宿彦右衛門 12.24(1863)
後宮淳 11.24(1973)
ウシンスキー 1.3(1871)
碓井治郎左衛門 12.15(1868)
碓氷殿 11.27(1612)
薄以量 5.5(1496)
臼井吉見 7.12(1987)
臼田亜浪 11.11(1951)
ウスチーノフ 12.21(1984)
ウスペンスキー, グレープ・イワノヴィチ 3.24(1902)
ウスペンスキー, ニコライ・ワシリエヴィチ 10.21(1889)
ウスマーン 6.17(656)
歌川国貞(初代) 12.15(1865)
歌川国直 6.28(1854)
歌川国久(2代目) 2.5(1891)
歌川国芳 3.5(1861)
宇田川玄真 12.4(1835)
宇田川玄随 12.18(1798)
歌川豊国(初代) 1.7(1825)
歌川豊春 1.12(1814)
歌川豊広 12.21(1830)
歌川広重(初代) 9.6(1858)
歌川広重(2代目) 9.17(1869)
歌川広重(3代目) 3.28(1894)
宇田川文海 1.6(1930)
歌川八重子 9.13(1943)
宇田川榕庵 6.22(1846)
歌川芳盛 10.5(1885)
歌沢笹丸 9.4(1857)
哥沢芝金(初代) 8.27(1874)
哥沢芝金(3代目) 5.27(1911)
哥沢芝金(4代目) 2.19(1981)
哥沢芝金(5代目) 9.21(1986)
哥沢芝勢以(2代目) 11.30(1971)
歌沢寅右衛門(2代目) 10.2(1875)
歌沢寅右衛門(3代目) 12.6(1904)

歌沢寅右衛門(4代目) 3.7(1943)
歌沢寅右衛門(5代目) 12.19(1983)
歌沢能六斎 2.28(1886)
宇多天皇 7.19(931)
打它光軏 8.22(1731)
ウ・タント 11.25(1974)
打木村治 5.29(1990)
打越弥八 8.5(1740)
有智子内親王 10.26(847)
内田五観 3.29(1882)
内田巌 7.17(1953)
内田嘉吉 1.3(1933)
内田銀蔵 7.20(1919)
内田九一 2.17(1875)
内田康哉 3.12(1936)
内田俊一 12.19(1987)
内田清之助 4.28(1975)
内田忠夫 10.15(1986)
内田吐夢 8.7(1970)
内田信也 1.7(1971)
内田百閒 4.20(1971)
内田政風 10.18(1893)
内田祥三 12.14(1972)
内田義彦 3.18(1989)
内田莉莎子 3.22(1997)
内田良平 7.26(1937)
内田魯庵 6.29(1929)
内村鑑三 3.28(1930)
内村直也 7.27(1989)
内村祐之 9.17(1980)
内山完造 9.20(1959)
内山愚童 1.24(1911)
内山賢次 12.28(1971)
内山隆佐 6.22(1864)
内山彦次郎 5.20(1864)
内山真竜 8.22(1821)
内山真弓 5.28(1852)
宇津木六之丞 10.27(1862)
ウッサイ、ベルナルド・アルベルト 9.21(1971)
ウッズ、ロバート・アーチ 2.18(1925)
ウッチェロ、パオロ 12.10(1475)
ウッド、グラント・デヴォルソン 2.12(1942)
ウッド、ジョン 5.23(1754)
ウッドハウス, P.G. 2.14(1975)

ウッドハウス、トマス 6.19(1573)
ウッドヘッド 9.29(1959)
ウッド、ヘンリー 8.19(1944)
ウッド、ロバート・ウィリアムズ 8.11(1955)
ウッドワース 7.4(1962)
ウッドワード、ロバート・バーンズ 7.8(1979)
宇都宮氏綱 7.5(1370)
宇都宮景綱 5.1(1298)
宇都宮公綱 10.20(1356)
宇都宮国綱 11.22(1608)
宇都宮三郎 7.23(1902)
宇都宮忠綱 7.16(1527)
宇都宮太郎 2.15(1922)
宇都宮徳馬 7.1(2000)
宇都宮朝綱 8.6(1204)
宇都宮遯庵 10.10(1709)
宇都宮信房 8.2(1234)
宇都宮黙霖 9.15(1897)
宇都宮持綱 8.9(1423)
宇都宮泰綱 11.1(1261)
宇都宮頼綱 11.12(1259)
宇都宮竜山 8.11(1886)
内海好江 10.6(1997)
海住山清房 6.18(1448)
烏亭焉馬(初代) 6.2(1822)
烏亭焉馬(2代目) 7.23(1862)
ウーディノ 9.13(1847)
ウーデ、フリッツ・フォン 2.25(1911)
ウーテンハイム、クリストフ・フォン 3.16(1527)
鵜殿士寧 10.22(1774)
鵜殿余野子 11.20(1788)
ヴート、ヒスベルト 11.1(1676)
ウドン、ジャン・アントワーヌ 7.15(1828)
海上胤平 3.29(1916)
海原お浜 9.12(1994)
ウナムノ、ミゲル・デ 12.31(1936)
ウー・ヌ 2.14(1995)
宇野円空 1.1(1949)
宇野浩二 9.21(1961)
宇野弘蔵 2.22(1977)
宇野重吉 1.9(1988)
宇野宗佑 5.19(1998)
宇野千代 6.10(1996)

宇野哲人 2.19(1974)
宇野信夫 10.28(1991)
宇野明霞 4.14(1745)
ウバルド(グッピオの) 5.16(1160)
ウビコ・カスタニェーダ 6.14(1946)
ウフエ・ボワニ、フェリックス 12.7(1993)
生方たつゑ 1.18(2000)
生方敏郎 8.6(1969)
ウマル・ムフタル 9.16(1931)
梅枝 11.7(1505)
梅ケ谷藤太郎(初代) 6.15(1928)
梅ケ谷藤太郎(2代目) 9.2(1927)
梅北国兼 6.17(1592)
梅謙次郎 8.25(1910)
梅崎春生 7.19(1965)
梅沢純夫 3.30(2000)
梅沢浜夫 12.25(1986)
梅田雲浜 9.14(1859)
埋忠明寿 5.18(1631)
梅津景久 7.13(1529)
梅辻規清 7.21(1861)
梅津政景 3.10(1633)
梅津美治郎 1.8(1949)
梅根悟 3.13(1980)
梅根常三郎 3.17(1956)
梅原真隆 7.7(1966)
梅原末治 2.19(1983)
梅原北明 4.5(1946)
梅原龍三郎 1.16(1986)
梅暮里谷峨(初代) 9.3(1821)
梅村真一郎 10.10(1864)
梅村蓉子 3.20(1944)
梅本克己 1.14(1974)
楳茂都扇性(2代目) 9.14(1928)
楳茂都陸平 2.4(1985)
梅若万三郎(初代) 6.29(1946)
梅若万三郎(2代目) 4.21(1991)
梅若実(初代) 1.19(1909)
梅若実(2代目) 8.16(1959)
梅若六郎(55代目) 2.18(1979)
ヴァーゼムスキー、ピョートル・アンドレーヴィチ 11.10(1

878)
ヴュイヤール，エドゥアール 6.21(1940)
于右任 11.10(1964)
ヴュータン，アンリ 6.6(1881)
ヴュルツ，シャルル・アドルフ 5.10(1884)
浦上郁夫 8.12(1985)
浦上玉堂 9.4(1820)
浦上春琴 5.2(1846)
浦上則宗 6.11(1502)
浦上村宗 6.4(1531)
ウラジーミル1世 7.15(1015)
ウラジーミル2世 5.19(1125)
ウラジーミルツォフ 8.17(1931)
ヴラジミレスク 5.27(1821)
浦田長民 10.2(1893)
裏辻公仲 6.7(1403)
ヴラディスラフ1世 3.2(1333)
ヴラディスラフ2世 5.31(1434)
ヴラディスラフ3世 11.10(1444)
ウラーノヴァ，ガリーナ・セルゲエヴナ 3.21(1998)
卜部兼永 7.27(1536)
占部都美 7.31(1986)
浦辺粂子 10.26(1989)
卜部平麻呂 12.5(881)
浦松佐美太郎 12.23(1981)
裏松光世 7.29(1804)
裏松資康 8.10(1390)
ヴラマンク，モーリス・ド 10.11(1958)
浦山桐郎 10.20(1985)
浦靱負 6.1(1870)
ウランゲリ，ピョートル・ニコラエヴィチ，男爵 4.25(1928)
ウーラント，ルートヴィヒ 11.13(1862)
烏蘭夫 12.8(1988)
ウーリ，チャールズ・レナード 2.20(1960)
瓜生岩 4.19(1897)
瓜生卓造 6.2(1982)
瓜生保 1.11(1337)
瓜生瀧 2.23(1913)

ウルキーサ 4.11(1870)
ウルグ・ベグ 10.27(1449)
ウルシス，サッバティーノ・デ 5.3(1620)
ウルジー，トマス，枢機卿 11.29(1530)
ウルジーヌス，ツァハリーアス 3.6(1583)
ウルジャーイトゥー 12.16(1316)
ウルストンクラーフト，メアリー 9.10(1797)
ウルタド・デ・メンドサ，ディエゴ 8.14(1575)
ウルダネータ，アンドレス・デ 6.3(1568)
ウルティア，マヌエル 7.5(1981)
ウルバヌス2世 7.29(1099)
ウルバヌス3世 10.20(1187)
ウルバヌス4世 10.2(1264)
ウルバヌス5世 12.19(1370)
ウルバヌス6世 10.15(1389)
ウルバーヌス7世 9.27(1590)
ウルバヌス8世 7.29(1644)
ヴールピウス，メルヒオル 8.7(1615)
ウルフ，ヴァージニア 3.28(1941)
ウルフ，ジェイムズ 9.13(1759)
ウルフスタン 5.28(1023)
ウルフスタン(ウースターの) 1.18(1095)
ウルフ，トマス 9.15(1938)
ヴルフリツキー，ヤロスラフ 9.9(1912)
ウルプリヒト，ワルター 8.1(1973)
ヴルーベリ，ミハイル・アレクサンドロヴィチ 4.1(1910)
ウルマン，ジョン 10.7(1772)
ウルリッチ，コーネル 9.25(1968)
ウルリヒ 11.1(1480)
ウルリヒ 11.6(1550)
ウルリヒ(アウクスブルクの) 7.4(973)
ウルリヒ(ツェルの) 7.14(1093)
ヴレンヴェーヴァ 9.29(1537)

ウーレンベック，ジョージ・ユージン 10.31(1988)
上井覚兼 6.12(1589)
ウワイス 10.9(1374)
雲屋慧輪 5.10(1321)
ウンガレッティ，ジュゼッペ 6.2(1970)
運慶 12.11(1224)
雲渓支山 11.14(1391)
雲鼓 5.2(1728)
雲岡舜徳 5.15(1516)
雲居希膺 8.8(1659)
雲谷玄祥 7.8(1456)
雲谷等益 2.14(1644)
雲谷等顔 5.3(1618)
雲山智越 5.21(1358)
雲岫宗竜 12.9(1478)
雲叔宗慶 1.9(1566)
運敞 9.10(1693)
雲章一慶 1.23(1463)
ウンセット，シーグリ 6.10(1949)
ウンテル，マリエ 9.25(1980)
ヴント 10.31(1963)
ヴント，ヴィルヘルム 8.31(1920)
海野清 7.10(1956)
海野十三 5.17(1949)
海野勝珉 10.6(1915)
海野普吉 7.6(1968)
ウンベルト1世 7.29(1900)
ウンベルト2世 3.18(1983)
雲鷹玄俊 9.26(1516)
雲竜久吉 6.15(1891)
運良 8.12(1341)
ウンルー，フリッツ・フォン 11.28(1970)

【え】

エア，サー・A・J 6.27(1989)
エアトン，ウィリアム・エドワード 11.8(1908)
エアハルト，ルートヴィヒ 5.5(1977)
エアリー，サー・ジョージ・ビデル 1.4(1892)
永安門院 11.21(1279)
永円 5.20(1044)

永衍 2.24(1450)
永応女王 5.22(1754)
栄海 8.16(1347)
英岳 11.1(1712)
永嘉門院 8.29(1329)
英岩希雄 7.8(1491)
英暉女王 5.9(1845)
瑛九 3.10(1960)
エイキン, コンラッド 8.17(1973)
エイキンサイド, マーク 6.23(1770)
叡空 3.23(1412)
叡空 4.2(1179)
エイク, ヒューベルト・ヴァン 9.18(1426)
エイクマン, クリスティアーン 11.5(1930)
エイク, ヤン・ヴァン 6.9(1441)
永賢 3.25(1382)
永高女王 3.2(1551)
永皎女王 閏6.13(1808)
栄西 7.5(1215)
永山本興 4.3(1534)
エイジー, ジェイムズ 5.16(1955)
叡子内親王 12.8(1148)
英子内親王 9.16(946)
永秀女王 7.5(1725)
永寿女王 12.25(1535)
栄助 10.21(1424)
永昭 3.21(1030)
英勝院 8.23(1642)
英照皇太后 1.11(1897)
英照女王 4.16(1580)
永尋 1.30(1129)
エイステイン・エルレンソン 1.26(1188)
永暹 10.8(1108)
エイゼンシテイン, セルゲイ・ミハイロヴィチ 2.11(1948)

英祖 8.5(1299)
永宗女王 7.20(1690)
叡尊 8.25(1290)
永智 3.20(1440)
永忠 4.5(816)
英仲法俊 2.26(1416)
栄朝 9.26(1247)
永超 12.29(1096)

エイデ, サムエル 6.21(1940)
エイトケン, ロバート・グラント 10.29(1951)
エイドリアン, エドガー・ダグラス 10.4(1977)
エイナウディ 10.30(1961)
永福門院 5.7(1342)
エイベル, サー・フレデリック・オーガスタス 9.6(1902)
エイヘンバウム, ボリス・ミハイロヴィチ 11.24(1959)
栄峰覚秀 9.25(1453)
英甫永雄 9.16(1602)
エイミス, キングズリー 10.22(1995)
エイモリー, トマス 11.25(1788)
永陽門院 4.25(1346)
永楽保全 9.18(1854)
エイリー, アルヴィン 12.1(1989)
エインズワース, ウィリアム・ハリソン 1.3(1882)
エーヴァース, ハンス・ハインツ 6.12(1943)
エヴァット, ハーヴァート・ヴィア 11.2(1965)
エウァルド 10.3(690)
エヴァルト 9.20(1915)
エーヴァルト, ハインリヒ・ゲオルク・アウグスト 5.4(1875)
エーヴァル, ヨハネス 3.17(1781)
エヴァレット, エドワード 1.15(1865)
エヴァンズ-プリチャード, サー・エドワード・エヴァン 9.11(1973)
エヴァンズ, アーサー・ジョン 7.11(1941)
エヴァンズ, ウォーカー 4.10(1975)
エヴァンズ, オリヴァー 4.15(1819)
エヴァンズ, ギル 3.20(1988)
エヴァンズ, ビル 9.15(1980)
エーヴェルラン, アルヌルフ 3.25(1968)
エヴェレスト, サー・ジョージ 12.1(1866)

エウゲニウス2世 8.27(827)
エウゲニウス3世 7.8(1153)
エウゲニウス4世 2.23(1447)
エウゲニコス, マルコス 6.23(1445)
エウスタキオ, バルトロメオ 8.27(1574)
エウスタシウス 4.2(629)
エウセビウス(ヴェルチェルリの) 8.1(371)
エウセビオス(サモサタの) 6.22(380)
エウテュキオス 5.11(940)
エウテュミオス1世 8.5(917)
エウテュミオス(大) 1.20(473)
エヴドキヤ 9.7(1731)
エウドクシア 10.6(404)
エウヘニオ(トレードの) 11.13(657)
エウラリア(バルセローナの) 12.10(304)
エウラリア(メリダの) 12.10(304)
エヴレイノフ, ニコライ・ニコラエヴィチ 9.7(1953)
エウロギウス(コルドバの) 3.11(859)
恵運 9.23(869)
恵応 10.14(1504)
エオバ 6.5(754)
慧遠(廬山の) 8.6(416)
エオン・ド・ボーモン 5.21(1810)
エカテリーナ1世 5.17(1727)
エカテリーナ2世 11.17(1796)
江上トミ 7.21(1980)
江上フジ 6.27(1980)
江上不二夫 7.17(1982)
江川太郎左衛門(36代目) 1.16(1855)
穎川入徳 6.20(1674)
懐鑑 8.13(1251)
江木鰐水 10.8(1881)
江木千之 8.23(1932)
江木欣々 2.20(1930)
益之宗箴 11.16(1487)
江木翼 9.18(1932)
エギディウス(ローマの) 12.22(1316)

易誉 *10.8*(1566)
江木理一 *2.16*(1970)
絵金 *3.8*(1876)
エグジェール *8.31*(1885)
エクスナー *2.7*(1930)
江口渙 *1.18*(1975)
江口三省 *12.27*(1900)
江口榛一 *4.18*(1979)
江口隆哉 *12.25*(1977)
江口朴郎 *3.15*(1989)
江国滋 *8.10*(1997)
エクベルト *3.9*(993)
エグベルト(イオナの) *4.24*(729)
エグベルトゥス(ヨークの) *11.19*(766)
エークホフ、コンラート *6.16*(1778)
エークマン、ヴァグン・ヴァルフリッド *3.9*(1954)
エグモント伯 *6.5*(1568)
エグルストン、エドワード *9.3*(1902)
エーゲデ、ハンス *11.15*(1758)
エーケベリ、アンデルス・グスタフ *2.11*(1813)
エーゲル、パウル *1.10*(1752)
エコランパディウス、ヨハネス *11.23*(1531)
恵厳 *10.17*(1386)
慧済 *7.9*(1475)
江崎善左衛門 *3.26*(1675)
江崎悌三 *12.14*(1957)
江崎誠致 *5.24*(2001)
江崎真澄 *12.11*(1996)
江崎利一 *2.2*(1980)
恵慈 *2.22*(623)
絵島 *4.10*(1741)
江島伊兵衛 *10.10*(1975)
江島其磧 *6.1*(1735)
エシュコル *2.26*(1969)
慧春尼 *5.25*(1408)
江尻喜多右衛門 *8.19*(1739)
恵尋 *6.28*(1289)
恵眕 *2.26*(900)
エスキル *9.6*(1181)
エスコバル、アンドレス *7.2*(1994)
エスコバル・イ・メンドーサ、アントニオ・デ *7.4*(1669)

エステルハージ、ニコラウス *9.28*(1790)
エステルハージ、ニコラウス2世 *11.25*(1833)
エストベリ、ラングナール *2.6*(1945)
エストラーダ・カブレーラ *9.24*(1924)
エストレ、ガブリエル *4.10*(1599)
エスパルテロ *1.9*(1879)
エスピー、ジェイムズ・ポラード *1.24*(1860)
エスピナス *2.24*(1922)
エスピネル、ビセンテ・マルティネス・デ *2.4*(1624)
エスプロンセダ、ホセ・デ *5.23*(1842)
エスマルヒ *2.23*(1908)
エセックス(初代伯) *9.22*(1576)
エセックス、ロバート・デヴルー、2代伯爵 *2.25*(1601)
エセックス、ロバート・デヴルー、3代伯爵 *9.14*(1646)
エセーニン、セルゲイ・アレクサンドロヴィチ *12.28*(1925)
エゼルウォルド *8.1*(984)
エゼルドレーダ *6.23*(679)
エゼルノス(カンタベリの) *10.29*(1038)
エゼルバート *2.24*(616)
エゼルハルド *5.2*(805)
エゼルベルト(ヨークの) *11.8*(781)
エセルレッド1世 *4.23*(871)
エセルレッド2世 *4.23*(1016)
恵仙女王 *8.19*(1644)
江田国通 *3.4*(1877)
江田三郎 *5.22*(1977)
枝吉経種 *8.15*(1862)
エチェガライ、ホセ *9.27*(1916)
エチャンブル、ルネ *1.7*(2002)
恵珍 *10.15*(1169)
悦翁建閭 *10.23*(1418)
エッカート、ジョン・プロスパー2世 *6.3*(1995)

エッカーマン、ヨハン・ペーター *12.3*(1854)
悦嚴東忩 *12.11*(1529)
悦嚴不禅 *12.8*(1681)
エック、ヴェルナー *7.10*(1983)
エックベルト(シェーナウの) *3.28*(1184)
エック、ヨーハン・フォン *2.10*(1543)
エックルズ、サー・ジョン・カルー *5.4*(1997)
エックルズ、ジョン *1.12*(1735)
越渓秀格 *4.19*(1413)
悦渓宗悟 *5.26*(1525)
エッケナー、フーゴ *8.14*(1954)
エッケハルト1世 *1.14*(973)
エッケハルト2世 *4.23*(990)
エッケハルト4世 *10.21*(1060)
エッケルト、フランツ *8.6*(1916)
エッシェンブルク *2.29*(1820)
エッシャー、モーリス *3.27*(1972)
エッシュ、ニコラス・ヴァン *7.19*(1578)
エッジワース *2.13*(1926)
エッジワース、マライア *5.22*(1849)
エッツェリーノ・ダ・ロマーノ *9.27*(1259)
悦堂英穆 *4.23*(1512)
悦堂常喜 *1.1*(1407)
エッバ(大) *8.15*(683)
エッフェル、アレクサンドル-ギュスターヴ *12.28*(1923)
エッボ(ランスの) *3.20*(851)
エティー、ウィリアム *11.13*(1849)
エティエンヌ、ロベール *9.7*(1559)
エディソン、トマス・アルヴァ *10.18*(1931)
エディントン、サー・アーサー・スタンリー *11.21*(1944)
エーデン、フレデリック・ファン *6.16*(1932)

江戸アケミ 1.27(1990)
聖エドウィン 10.12(633)
エトヴェシュ・ヨージェフ 2.2(1871)
エートヴェシュ, ローランド・フォン 4.8(1919)
江藤淳 7.21(1999)
江藤新平 4.13(1874)
江藤隆美 11.22(2007)
エドガー 7.8(975)
江戸川乱歩 7.28(1965)
江戸重通 3.1(1598)
エートシュミット, カージミール 8.31(1966)
エドストレム 3.19(1964)
江渡狄嶺 12.15(1944)
江戸英雄 11.13(1997)
エドマンド2世 11.30(1016)
エドムンド, リッチ 11.16(1240)
江戸家猫八(初代) 4.6(1932)
江戸家猫八(2代目) 5.27(1986)
江戸家猫八(3代目) 12.10(2001)
エドワーズ, ジョナサン 3.22(1758)
エドワード1世 7.7(1307)
エドワード2世 9.21(1327)
エドワード3世 6.21(1377)
エドワード4世 4.9(1483)
エドワード5世 7.6(1483)
エドワード6世 7.6(1553)
エドワード7世 5.6(1910)
エドワード8世(ウィンザー公) 5.28(1972)
エドワード黒太子 6.8(1376)
エドワード(告解王, 証聖者) 1.5(1066)
エドワード(殉教者) 3.18(978)
叡努内親王 4.14(835)
エネスコ, ジョルジュ 5.4(1955)
慧能 8.3(713)
榎一雄 11.5(1989)
榎本健一 1.7(1970)
榎本武揚 10.26(1908)
榎本虎彦 11.16(1916)
江幡五郎 5.1(1879)
江原素六 5.20(1921)

穎原退蔵 8.30(1948)
江原万里 8.7(1933)
エーバリーン, ヨーハン 10.13(1533)
エバン, アッバ 11.17(2002)
エピスコピウス, シモン 4.4(1643)
海老名弾正 5.22(1937)
エピネ 4.15(1783)
海老原喜之助 9.19(1970)
海老原博幸 4.20(1991)
聖エピファニオス 5.12(403)
エピファニオス(コンスタンティノポリスの) 6.5(535)
エビングハウス, ヘルマン 2.26(1909)
エフェルディンヘン, アラルト・ファン 11.8(1675)
エプスタイン, サー・ジェイコブ 8.19(1959)
エプスタン, ジャン 4.3(1953)
エーブナー・エッシェンバッハ, マリー・フォン 3.12(1916)
エーブナー, クリスティーナ 12.27(1356)
エーブナー, マルガレータ 6.20(1351)
エフラエム 2.1(378)
エフレーモフ, イワン・アントノヴィチ 10.5(1972)
エペ, シャルル・ミシェル, アベ・ド・ラ 12.23(1789)
エベール, ジャック・ルネ 3.24(1794)
エーベルト, フリードリヒ 2.28(1925)
エーベルハルト2世 3.15(1392)
エーベルハルト5世 2.24(1496)
エボリ 2.2(1592)
江馬細香 9.4(1861)
江間章子 3.12(2005)
エマソン, ラルフ・ウォルドー 4.27(1882)
江馬務 5.10(1979)
江馬輝盛 10.27(1582)
江馬修 1.23(1975)
エマニュエル, ピエール 9.22(1984)

江馬三枝子 5.10(1983)
江馬蘭斎 7.8(1838)
江見水蔭 11.3(1934)
エミネスク, ミハイ 6.15(1889)
恵妙 11.17(680)
江村専斎 9.26(1664)
江村北海 2.2(1788)
エメケン, ゲルト 3.25(1562)
エメット, ロバート 9.20(1803)
エーメ, マルセル 10.29(1967)
エモン, ルイ 7.8(1913)
エラーキー, ファフロッディーン・エブラーヒーム 11.23(1289)
エラストゥス, トマス 1.1(1583)
エラスムス, デシデリウス 7.11(1536)
会理 12.24(936)
エリーアス(コルトーナの) 4.22(1253)
エリーアス, レヴィータ 1.28(1549)
エリアーデ, ミルチャ 4.22(1986)
エリオ, エドゥアール 3.26(1957)
エリオット 9.9(1875)
エリオット, T.S. 1.4(1965)
エリオット, サー・ジョン 11.27(1632)
エリオット, ジョージ 12.22(1880)
エリオット, ジョン 5.21(1690)
エリオット, トマス 3.26(1546)
エリギウス 12.1(660)
エリクソン, エリック 5.12(1994)
エリクソン, ジョン 3.8(1889)
エリザヴェータ・ペトロヴナ 1.5(1762)
エリザベス1世 3.24(1603)
エリザベス・ウッドヴィル 6.7(1492)

エリザベッタ・ファルネーゼ 7.11(1766)
エリーザベト 3.2(1916)
エリーザベト 9.10(1898)
エリーザベト（シェーナウの） 6.18(1164)
エリザベト・ド・バロア 10.3(1568)
エリーザベト（ハンガリーの, テューリンゲンの） 11.17(1231)
エリス, アレグザンダー・ジョン 10.28(1890)
エリス, ハヴロック 7.8(1939)
エリセーエフ, セルゲイ・グリゴリエヴィチ 4.13(1975)
エリソン, ラルフ 4.16(1994)
江利チエミ 2.13(1982)
エリツィン, ボリス 4.23(2007)
エーリック7世 6.16(1459)
エーリック9世 5.18(1160)
エーリック14世 2.26(1577)
エリティス, オジッセフス 3.18(1996)
エリュアール, ポール 11.18(1952)
恵亮 5.6(860)
エリントン, デューク 5.24(1974)
エリン・ペリン 12.3(1949)
エルヴェシウス, クロード・アドリヤン 12.26(1771)
エルガー, エドワード・ウィリアム 2.23(1934)
エルキシア 9.1(1633)
エルギン 11.20(1863)
エルクラーノ, アレシャンドレ 9.13(1877)
エル・グレコ 4.7(1614)
エルケル, フェレンツ 6.15(1893)
エルコレ1世 1.25(1505)
エルコレ2世 10.5(1559)
エルコンワルド（ロンドンの） 4.30(693)
エルショーフ, ピョートル・パーヴロヴィチ 8.18(1869)
エルスター, ユリウス 4.8(1920)

エルステッド, ハンス・クリスティアン 3.9(1851)
エルスハイマー, アダム 12.11(1610)
エルズミーア 3.15(1617)
エルスラー 11.27(1884)
エルズワース, リンカーン 5.26(1951)
エルゼアル（サブランの） 9.27(1323)
エルツベルガー, マティアス 8.26(1921)
エルトマン 1.7(1921)
エルトマン 6.12(1892)
エルドン 1.13(1838)
エルトン, チャールズ・サザーランド 5.11(1991)
エルナンデス, ホセ 10.21(1886)
エルナンド・デ・サン・ホセ 6.1(1617)
エルネスティ, ヨーハン・アウグスト 9.11(1781)
エルフィンストン 11.20(1859)
エルフィンストン, ウィリアム 10.25(1514)
エルフレッド 2.8(714)
エルベルフェルト 4.22(1722)
エルベン, カレル・ヤロミール 11.21(1870)
エルー, ポール・ルイ・トゥサン 5.9(1914)
エルマン, ミーシャ 4.5(1967)
エルミート, シャルル 1.14(1901)
エルミーロフ, ウラジーミル・ウラジーミロヴィチ 11.19(1965)
エルメネヒルド 4.13(585)
エルメンリヒ（パッサウの） 12.26(874)
エルヤセーテル, トーレ 2.29(1968)
エルランデル 6.21(1985)
エールリヒ, パウル 8.20(1915)
エルレンマイヤー, エミール 1.22(1909)

エルンスト1世 3.26(1675)
エルンスト2世 8.17(1030)
エルンスト2世 8.22(1893)
エルンスト・アウグスト 11.18(1851)
エルンスト, パウル 5.13(1933)
エルンスト, マックス 4.1(1976)
エレオノール（アキテーヌの, ギュイエンヌの） 4.1(1204)
エレット, チャールズ 6.21(1862)
エレディア, ホセ・マリア 5.7(1839)
エレナー（カスティリャの） 11.28(1290)
エレナー（プロヴァンスの） 6.25(1291)
エレーラ・イ・グティエレス・デ・ラ・ベーガ, ファン・デ 1.15(1597)
エレーラ・イ・トルデシーリャス, アントニオ・デ 3.29(1625)
エーレンシュトラール, ダヴィト・クレッカー・フォン 10.23(1698)
エーレンシュレーヤー, アーダム 1.20(1850)
エーレンフェスト 9.25(1933)
エーレンフェルス 9.8(1932)
エレンブルグ, イリヤ・グリゴリエヴィチ 8.31(1967)
エーレンベルク 12.17(1921)
エーレンベルク, クリスティアン・ゴットフリート 6.27(1876)
エレンボーク, ニーコラウス 6.6(1543)
エロイーザ 5.14(1164)
エロシェンコ, ワシーリー・ヤーコヴレヴィチ 12.23(1952)
エロール, ルイ・ジョゼフ・フェルディナン 1.19(1833)
延殷 3.26(1050)
エンヴェル・パシャ 8.4(1922)
円恵法親王 11.19(1183)
円賀 7.23(992)

えん

円観 3.1(1356)
延鑑 3.27(965)
円行 3.6(852)
延救 1.14(1067)
円空 7.15(1695)
エングラー, ハインリヒ・グスタフ・アドルフ 10.10(1930)
遠谿祖雄 6.27(1344)
エンケ, ヨハン・フランツ 8.26(1865)
エンゲリガールト 7.10(1984)
エンゲル 12.8(1896)
エンゲルス, フリードリヒ 8.5(1895)
エンゲルブレクト 4.27(1436)
エンゲルベルト1世 11.7(1225)
エンゲルベルト（アドモントの） 5.12(1331)
円元 2.26(782)
延幸 12.21(1066)
延杲 3.12(1206)
袁宏道 9.6(1610)
エンコモ, ジョシュア 7.1(1999)
エンジェル 3.4(1949)
婉子女王 9.17(998)
円実 11.26(1272)
婉子内親王 9.10(969)
エンシナ, ファン・デル 8.29(1529)
閻錫山 5.23(1960)
円宗 12.22(883)
円照 10.22(1277)
円浄 4.19(1256)
延暹 2.13(929)
延昌 1.15(964)
延祥 9.9(853)
延性 10.28(929)
円助法親王 8.12(1282)
延信 4.3(1372)
延尋 5.2(1049)
エンジンゲン, ウルリヒ・フォン 2.10(1419)
円勢 閏12.21(1135)
袁世凱 6.6(1916)
延政門院 2.10(1332)

エンダーズ, ジョン・フランクリン 9.8(1985)
円知 2.29(1658)
円智 3.27(1357)
円地文子 11.14(1986)
円澄 10.26(837)
円超 6.19(925)
円珍 10.29(891)
エンツィオ 3.14(1272)
円通 9.4(1834)
エンデ, ヘルマン 8.10(1907)
エンデ, ミヒャエル 8.28(1995)
遠藤清子 12.18(1920)
遠藤三郎 10.11(1984)
遠藤周作 9.29(1996)
遠藤勝助 7.24(1851)
遠藤高璟 11.12(1864)
遠藤利貞 4.20(1915)
遠藤豊吉 5.8(1997)
遠藤波津子（初代） 6.2(1933)
遠藤元男 7.22(1998)
遠藤柳作 9.18(1963)
円爾 10.17(1280)
円如 8.20(1521)
円仁 1.14(864)
円忍 12.20(1677)
円能 1.24(1151)
エンノディウス 7.17(521)
円範 8.29(1092)
エンプソン 8.17(1510)
エンプソン, ウィリアム 4.15(1984)
袁牧之 1.30(1978)
エンマ 3.6(1052)
円也 9.5(1584)
塩冶高貞 3.20(1341)
円融天皇 2.12(991)
円誉 11.6(1584)
エンライト, D.J. 12.31(2002)
エンリケ 11.13(1460)
延朗 1.12(1208)

【お】

及川古志郎 5.9(1958)
及川平治 1.1(1939)

オイゲン, サヴォワ公爵 4.21(1736)
オイケン, ルドルフ・クリストフ 9.16(1926)
オイストラフ, ダヴィド・フョードロヴィチ 10.24(1974)
笈田光吉 6.8(1964)
お市 3.10(1601)
オイラー－ケルピン, ハンス・カール・アウグスト・シモン・フォン 11.7(1964)
オイラー, レオンハルト 9.7(1783)
オイレンブルク 6.2(1881)
オイレンベルク, ヘルベルト 9.4(1949)
オーヴァベック, フランツ・カミーユ 6.26(1905)
オーヴァベリー, トマス 9.15(1613)
応胤法親王 5.17(1598)
王芸生 5.30(1980)
オヴェーチキン, ワレンチン・ウラジーミロヴィチ 1.27(1968)
オーウェル, ジョージ 1.21(1950)
オーヴェルベック, ヨハン・フリードリヒ 11.12(1869)
オーウェン, サー・リチャード 12.18(1892)
オーウェンズ, ジェシー 3.31(1980)
オーウェン, ロバート 11.17(1858)
オーウェン, ロバート・デイル 6.17(1877)
王稼祥 1.25(1974)
王翬 10.13(1717)
扇谷正造 4.10(1992)
王原祁 10.8(1715)
応其 10.1(1608)
王洪文 8.3(1992)
王国維 6.2(1927)
王克敏 12.25(1945)
王士禎 5.11(1711)
王時敏 6.7(1680)
王重陽 1.4(1170)
応真 5.25(1537)
横川景三 11.17(1493)
汪兆銘 11.10(1944)

鶯亭金升 10.31(1954)
王統照 11.29(1957)
王独清 8.31(1940)
オウドンネル，エドマンド 10.25(1572)
オウドンネル，ヒュー・ロウ 9.10(1602)
王女御の母 12.20(945)
オウニール，オウエン・ロウ 11.6(1649)
オウファイリ，モリス 3.25(1513)
王紱 2.6(1416)
淡海槐堂 6.19(1879)
近江俊郎 7.5(1992)
淡海三船 7.17(785)
王蒙 9.10(1385)
王陽明 11.29(1529)
欧陽予倩 9.21(1962)
オーエン，ウィルフレッド 11.4(1918)
大麻唯男 2.20(1957)
大井憲太郎 10.15(1922)
大井才太郎 12.1(1924)
大石内蔵助 2.4(1703)
大石順教 4.21(1968)
大石進 11.19(1863)
大石誠之助 1.24(1911)
大石主税 2.4(1703)
大石千引 9.13(1834)
大石真 9.4(1990)
大石正己 7.12(1935)
大石真虎 4.14(1833)
大石ヨシヱ 6.7(1971)
大石りく 11.19(1736)
大泉黒石 10.26(1957)
大炊御門嗣雄 10.23(1325)
大炊御門信量 8.4(1487)
大炊御門冬忠 9.9(1268)
大炊御門冬信 6.28(1350)
大炊御門宗氏 4.6(1421)
大炊御門良宗 8.23(1307)
大井広介 12.4(1976)
大井夫人 5.7(1552)
大炊御門家信 8.30(1885)
大炊御門家嗣 7.8(1271)
大炊御門信嗣 3.20(1311)
大炊御門冬氏 8.16(1324)
大炊御門師経 1.25(1259)
大炊御門頼実 7.5(1225)
大内青巒 12.16(1918)

大内輝弘 10.27(1569)
大内教弘 9.3(1465)
大内兵衛 5.1(1980)
大内弘茂 12.29(1402)
大内弘世 11.15(1380)
大内政弘 9.18(1495)
大内持世 7.28(1441)
大内盛見 6.28(1431)
大内熊耳 4.28(1776)
大内義興 12.20(1529)
大内義隆 9.1(1551)
大内義長 4.18(1557)
大内義弘 12.21(1400)
大浦兼武 9.30(1918)
大浦慶 4.17(1884)
大浦教之助 10.24(1864)
大江磐代 12.9(1813)
大江重房 3.12(1292)
大江季雄 12.24(1941)
大江スミ 1.6(1948)
大江卓 9.12(1921)
大江斉光 11.6(987)
大江朝綱 12.28(958)
大江音人 11.3(877)
大江維時 6.7(963)
大江親広 12.15(1241)
大江親通 10.15(1151)
大江皇女 12.3(699)
大江広元 6.10(1225)
大江匡衡 7.16(1012)
大江匡房 11.5(1111)
大江以言 7.24(1010)
おおえひで 12.14(1996)
大江宏 3.3(1989)
大江丸 3.18(1805)
大江美智子(初代) 1.6(1939)
大江満雄 10.12(1991)
大岡育造 1.26(1928)
大岡春卜 6.19(1763)
大岡昇平 12.25(1988)
大岡忠相 12.19(1752)
大岡忠光 4.26(1760)
大音青山 4.19(1886)
大賀一郎 6.15(1965)
大賀九郎左衛門 9.21(1641)
大梶七兵衛(初代) 5.25(1689)
大神一 10.12(1970)
大神基政 9.8(1138)
大河兼任 3.10(1190)
大川慶次郎 12.21(1999)

大川周明 12.24(1957)
大川橋蔵 12.7(1984)
大川博 8.17(1971)
大川平三郎 12.30(1936)
仰木彬 12.15(2005)
大木惇夫 7.19(1977)
大木遠吉 2.14(1926)
大木喬任 9.26(1899)
大来佐武郎 2.9(1993)
大分稚見 3.6(679)
正親町院 8.23(1285)
正親町公明 10.13(1813)
正親町公蔭 10.19(1360)
正親町公兼 8.13(1525)
正親町公澄 11.4(1470)
正親町公董 12.27(1879)
正親町公通 7.11(1733)
正親町実明 1.17(1351)
正親町実胤 9.16(1566)
正親町三条公氏 9.15(1237)
正親町三条公兄 1.20(1578)
正親町三条公積 6.2(1777)
正親町三条公貫 2.29(1315)
正親町三条公雅 8.12(1427)
正親町三条公躬 4.11(1342)
正親町三条実音 2.16(1384)
正親町三条実蔭 5.5(1241)
正親町三条実任 12.3(1338)
正親町三条実豊 4.10(1404)
正親町三条実愛 10.20(1909)
正親町三条実治 5.17(1353)
正親町三条実雅 9.3(1467)
正親町三条実望 3.5(1530)
正親町天皇 1.5(1593)
正親町町子 3.11(1724)
大木実 4.17(1996)
大木よね 12.14(1973)
大草公弼 8.24(1817)
大国隆正 8.17(1871)
大久保一翁 7.31(1888)
大久保要 12.13(1860)
大久保作次郎 2.28(1973)
大窪詩仏 2.11(1837)
大久保鷲山 10.18(1852)
大久保甚五左衛門 10.16(1864)
大久保忠員 12.13(1582)
大久保忠真 3.19(1837)
大久保忠佐 9.27(1613)
大久保忠為 8.9(1616)
大久保忠隣 6.27(1628)

大久保忠世　*9.15*（1594）
大久保利謙　*12.31*（1995）
大久保利通　*5.14*（1878）
大久保留次郎　*11.19*（1966）
大久保彦左衛門　*2.1*（1639）
大久保康雄　*1.12*（1987）
大熊氏広　*3.20*（1934）
大隈言道　*7.29*（1868）
大隈重信　*1.10*（1922）
大熊信行　*6.20*（1977）
大倉喜七郎　*2.2*（1963）
大倉喜八郎　*4.22*（1928）
大倉長右衛門　*6.30*（1968）
大倉桃郎　*4.22*（1944）
大蔵虎明　*1.13*（1662）
大蔵貢　*9.15*（1978）
大蔵弥太郎（12代目）　*7.24*（1646）
大蔵弥太郎（22代目）　*9.16*（1881）
大河内一男　*8.9*（1984）
大河内伝次郎　*7.18*（1962）
大河内正敏　*8.29*（1952）
大社義規　*4.27*（2005）
大坂志郎　*3.3*（1989）
大幸勇吉　*9.9*（1950）
大迫貞清　*4.27*（1896）
大迫尚敏　*9.20*（1927）
大迫尚道　*9.12*（1934）
大薩摩主膳太夫（初代）　*5.8*（1759）
大里忠一郎　*6.7*（1898）
大沢昌助　*5.15*（1997）
大沢四郎右衛門　*8.26*（1639）
大沢豊子　*6.15*（1937）
大塩平八郎　*3.27*（1837）
大鹿卓　*2.1*（1959）
大下宇陀児　*8.11*（1966）
大下藤次郎　*10.10*（1911）
大下弘　*5.23*（1979）
大島宇吉　*12.31*（1940）
大島有隣　*10.22*（1836）
大島健一　*3.24*（1947）
大島鎌吉　*3.30*（1985）
大島貞益　*10.19*（1914）
大島高任　*3.29*（1901）
大島友之允　*8.9*（1882）
大島伯鶴（2代目）　*4.2*（1946）
大島伴六　*11.6*（1657）
大島浩　*6.6*（1975）
大島正徳　*4.21*（1947）

大島正満　*6.26*（1965）
大島みちこ　*8.7*（1963）
大島亮吉　*3.25*（1928）
大島蓼太　*9.7*（1787）
大須賀乙字　*1.20*（1920）
大杉勝男　*4.30*（1992）
大杉栄　*9.16*（1923）
大洲鉄然　*4.25*（1902）
大隅健一郎　*3.19*（1998）
大関早苗　*3.22*（1989）
大関定増　*4.1*（1607）
大関松三郎　*12.19*（1944）
大瀬久左衛門　*4.13*（1700）
大瀬甚太郎　*5.29*（1944）
大曽根辰夫　*10.22*（1963）
太田亮　*5.27*（1956）
太田薫　*9.24*（1998）
太田垣士郎　*3.16*（1964）
大田垣蓮月　*12.10*（1875）
大高源五　*2.4*（1703）
大高坂維佐子　*9.17*（1699）
大高坂芝山　*5.2*（1713）
大高又次郎　*6.5*（1864）
太田喜二郎　*10.27*（1951）
太田玉茗　*4.6*（1927）
大田錦城　*4.23*（1825）
太田黒伴雄　*10.25*（1876）
太田黒元雄　*1.23*（1979）
太田三郎　*5.1*（1969）
太田静子　*11.24*（1982）
太田省吾　*7.13*（2007）
太田乗明　*4.26*（1283）
太田資清　*2.2*（1492）
太田資正　*9.8*（1591）
太田全斎　*6.16*（1829）
大館明宗　*9.3*（1342）
大達茂雄　*9.25*（1955）
太田典礼　*12.5*（1985）
太田道灌　*7.26*（1486）
太田時連　*2.9*（1345）
大田南畝　*4.6*（1823）
大谷嘉兵衛　*2.3*（1933）
大谷紀子　*4.1*（1974）
大谷光瑩　*2.8*（1923）
大谷光演　*2.6*（1943）
大谷光瑞　*10.5*（1948）
大谷光尊　*1.18*（1903）
大谷新左衛門　*8.29*（1578）
大谷竹次郎　*12.27*（1969）
大谷東平　*5.5*（1977）

大谷友右衛門（初代）　*8.16*（1781）
大谷友右衛門（2代目）　閏*3.24*（1830）
大谷友右衛門（3代目）　*11.5*（1839）
大谷友右衛門（4代目）　*1.6*（1861）
大谷友右衛門（6代目）　*9.1*（1943）
大谷広右衛門（3代目）　*9.14*（1790）
大谷広次（初代）　*5.25*（1747）
大谷広次（2代目）　*6.2*（1757）
大谷広次（3代目）　*5.11*（1802）
大谷広次（5代目）　*2.1*（1873）
大谷藤子　*11.1*（1977）
大谷吉継　*9.15*（1600）
大谷米太郎　*5.19*（1968）
太田水穂　*1.1*（1955）
太田康有　*5.11*（1290）
太田康宗　*3.22*（1265）
大田洋子　*12.10*（1963）
太田善麿　*1.31*（1997）
大田原晴清　*2.5*（1631）
大塚金之助　*5.9*（1977）
大塚楠緒子　*11.9*（1910）
大塚蒼梧　*6.29*（1803）
大塚久雄　*7.9*（1996）
大塚弥之助　*8.7*（1950）
大塚敬節　*10.15*（1980）
大槻玄幹　*12.13*（1838）
大槻玄沢　*3.30*（1827）
大槻俊斎　*4.9*（1862）
大槻如電　*1.12*（1931）
大槻西磐　*2.24*（1857）
大槻健　*1.30*（2001）
大月照江　*3.8*（1971）
大槻伝蔵　*1.12*（1748）
大槻磐渓　*6.13*（1878）
大槻文彦　*2.17*（1928）
大槻文平　*8.9*（1992）
大月光興　*8.15*（1834）
大辻清司　*12.19*（2001）
大辻司郎　*4.9*（1952）
大砲万右衛門　*5.27*（1918）
大津大浦　*5.17*（775）
大津皇子　*10.3*（686）
大坪砂男　*1.12*（1965）
大坪慶秀　*10.17*（1407）
大妻コタカ　*1.3*（1970）

大手拓次　*4.18*（1934）	大西浄元（大西家6代目）　*9.14*（1762）	大浜英子　*3.25*（1982）
大寺安純　*1.30*（1895）		大庭みな子　*5.24*（2007）
大友氏時　*3.21*（1368）	大西浄清（大西家2代目）　*9.6*（1682）	大林清　*10.27*（1999）
大友貞載　*1.12*（1336）		大林太良　*4.12*（2001）
大友貞宗　*12.3*（1334）	大西浄林（大西家1代目）　*10.27*（1663）	大林芳五郎　*1.24*（1916）
大友宗麟　*5.23*（1587）		大原重徳　*4.1*（1879）
大友親世　*2.25*（1418）	大西滝治郎　*8.16*（1945）	大原浄子　*3.25*（841）
大伴牛養　閏*5.29*（749）	大西民子　*1.5*（1994）	大原総一郎　*7.27*（1968）
大伴伯麻呂　*2.3*（782）	大西椿年　*11.6*（1851）	大原富枝　*1.27*（2000）
大伴弟麻呂　*5.28*（809）	大西祝　*11.2*（1900）	大原内親王　*1.19*（863）
大伴潔足　*10.29*（792）	大西克礼　*2.6*（1959）	大原孫三郎　*1.18*（1943）
大伴国道　*11.12*（828）	大西良慶　*2.15*（1983）	大原幽学　*3.7*（1858）
大伴古慈斐　*8.19*（777）	大沼枕山　*11.1*（1891）	大姫　*7.14*（1197）
大伴駿河麻呂　*7.7*（776）	多自然麻呂　*9.16*（886）	大平正芳　*6.12*（1980）
大伴旅人　*7.25*（731）	大野洒竹　*10.12*（1913）	大前田英五郎　*2.26*（1874）
大伴継人　*9.24*（785）	多資忠　*6.15*（1100）	大町桂月　*6.10*（1925）
大伴吹負　*8.5*（683）	多忠方　*6.16*（1135）	大道憲二　*5.18*（1970）
大伴馬来田　*6.3*（683）	多忠節　*9.1*（1193）	大宮院　*9.9*（1292）
大伴道足　*7.1*（741）	多忠朝　*10.21*（1956）	大宮敏充　*12.23*（1976）
大伴御行　*1.15*（701）	多忠宗　*6.5*（1588）	大宮長興　*10.24*（1499）
大伴家持　*8.28*（785）	多近方　*5.4*（1152）	大神高市麻呂　*2.6*（706）
大伴安麻呂　*5.1*（714）	多忠力　*9.5*（2001）	大村嘉代子　*5.3*（1953）
大友義鑑　*2.12*（1550）	大野東人　*11.2*（742）	大村純忠　*4.18*（1587）
大友能直　*11.27*（1223）	大野仲仟　*3.10*（781）	大村純凞　*1.12*（1882）
大友義統　*7.19*（1605）	大野誠夫　*2.7*（1984）	大村清一　*5.24*（1968）
大友頼泰　*9.17*（1300）	大野規周　*10.6*（1886）	大村西崖　*3.7*（1927）
大友柳太朗　*9.27*（1985）	大野治長　*5.8*（1615）	大村能章　*1.23*（1962）
大鳥圭介　*6.15*（1911）	大野伴睦　*5.29*（1964）	大村はま　*4.17*（2005）
鳳啓助　*8.8*（1994）	太安麻呂　*7.6*（723）	大村益次郎　*11.5*（1869）
鴻雪爪　*6.18*（1904）	大野林火　*8.21*（1982）	大村由己　*5.7*（1596）
鳳谷五郎　*11.16*（1956）	大場磐雄　*6.7*（1975）	大村喜前　*8.8*（1616）
大中臣隆通　*8.30*（1249）	大庭景親　*10.26*（1180）	大森氏頼　*8.26*（1494）
大中臣時具　*3.5*（1559）	大庭景義　*4.9*（1210）	大森啓助　*3.31*（1987）
大中臣清親　*8.7*（1157）	大庭源之丞　*2.9*（1702）	大森荘蔵　*2.17*（1997）
大中臣清麻呂　*7.28*（788）	大庭さち子　*3.15*（1997）	大森房吉　*11.8*（1923）
大中臣子老　*1.25*（789）	大橋乙羽　*6.1*（1901）	大森藤頼　*11.2*（1503）
大中臣輔親　*6.22*（1038）	大橋国一　*3.21*（1974）	大森義太郎　*7.28*（1940）
大中臣隆蔭　*12.21*（1279）	大橋光吉　*7.3*（1946）	大矢市次郎　*5.28*（1972）
大中臣隆世　*8.27*（1259）	大橋佐平　*11.3*（1901）	大宅内親王　*2.14*（849）
大中臣親隆　*9.29*（1187）	大橋重政　閏*6.30*（1672）	大宅諸姉　*7.23*（745）
大中臣時令　*2.29*（1752）	大橋重保　*2.4*（1645）	大屋晋三　*3.9*（1980）
大中臣通直　*4.20*（1428）	大橋慎　*6.2*（1872）	大宅壮一　*11.22*（1970）
大中臣基直　*12.23*（1393）	大橋新太郎　*5.5*（1944）	大矢透　*3.16*（1928）
大中臣諸魚　*2.21*（797）	大橋宗桂　*3.9*（1634）	大屋裏住　*5.11*（1810）
大中臣師盛　*6.14*（1424）	大橋正　*4.10*（1998）	大藪春彦　*2.26*（1996）
大中臣能隆　*4.4*（1234）	大橋訥庵　*7.12*（1862）	大山郁夫　*11.30*（1955）
大中寅二　*4.19*（1982）	大橋八郎　*6.4*（1968）	大山巌　*12.10*（1916）
大西愛治郎　*11.29*（1958）	大姥局　*1.26*（1613）	大山政子　*1.16*（1999）
大錦卯一郎　*5.13*（1941）	おおば比呂司　*8.18*（1988）	大山捨松　*2.18*（1919）
大西伍一　*5.26*（1992）	大場政夫　*1.25*（1973）	大山為起　*3.17*（1713）
	大浜信泉　*2.13*（1976）	大山綱良　*9.30*（1877）

大山定一　7.1 (1974)
大山倍達　4.26 (1994)
大山康晴　7.26 (1992)
大類伸　12.27 (1975)
大和田建樹　10.1 (1910)
大渡順二　6.4 (1989)
丘浅次郎　5.2 (1944)
岡内重俊　9.20 (1915)
岡鬼太郎　10.29 (1943)
岡一太　6.12 (1986)
岡潔　3.1 (1978)
岡邦雄　5.22 (1971)
岡熊臣　8.6 (1851)
岡倉士朗　2.22 (1959)
岡倉天心　9.2 (1913)
岡倉由三郎　10.31 (1936)
岡研介　11.3 (1839)
岡崎勝男　10.10 (1965)
岡崎嘉平太　9.22 (1989)
岡崎邦輔　7.22 (1936)
岡崎清一郎　1.28 (1986)
岡崎範嗣　3.3 (1351)
岡崎文夫　3.24 (1950)
岡崎屋勘亭　2.8 (1805)
岡崎義恵　8.6 (1982)
岡崎義実　6.21 (1200)
岡三郎　2.16 (1999)
小笠原貞宗　5.26 (1347)
小笠原貞慶　5.10 (1595)
小笠原三九郎　12.13 (1967)
小笠原忠真　10.18 (1667)
小笠原忠知　7.29 (1663)
小笠原長清　7.15 (1242)
小笠原長時　2.25 (1583)
小笠原長生　9.20 (1958)
小笠原長昌　9.26 (1823)
小笠原長行　1.22 (1891)
小笠原長基　10.6 (1407)
小笠原信嶺　2.19 (1598)
小笠原秀政　5.7 (1615)
小笠原持長　6.15 (1462)
岡鹿之助　4.28 (1978)
岡島冠山　1.2 (1728)
岡泰安　8.30 (1858)
緒方郁蔵　7.9 (1871)
岡田以蔵　5.11 (1865)
岡田英次　9.14 (1995)
岡敬純　12.4 (1973)
岡田寒泉　8.9 (1816)
岡田啓介　10.17 (1952)
尾形月耕　10.1 (1920)

尾形乾山　6.2 (1743)
岡田謙三　7.25 (1982)
緒方洪庵　6.10 (1863)
岡田光玉　6.23 (1974)
尾形光琳　6.2 (1716)
緒方惟準　7.20 (1909)
岡田三郎助　9.23 (1939)
岡田佐平治　3.3 (1878)
緒方春朔　1.21 (1810)
岡田信一郎　4.4 (1932)
岡田宗司　7.8 (1975)
岡田隆彦　2.26 (1997)
緒方竹虎　1.28 (1956)
岡田武松　9.2 (1956)
岡田忠彦　10.30 (1958)
岡田為恭　5.5 (1864)
岡田禎子　1.10 (1990)
岡田時彦　1.16 (1934)
緒方富雄　3.31 (1989)
緒方知三郎　8.25 (1973)
岡田半江　1.4 (1846)
岡田米山人　8.9 (1820)
岡田正利　6.15 (1744)
緒方正規　7.30 (1919)
岡田眞澄　5.29 (2006)
岡田茂吉　2.10 (1955)
岡田弥一郎　4.28 (1976)
岡田八十次（初代）　5.25 (1650)
岡田八千代　2.10 (1962)
岡田有希子　4.8 (1986)
岡田要　12.26 (1973)
岡田善同　5.29 (1631)
岡田嘉子　2.10 (1992)
岡田良一郎　1.1 (1915)
岡田良平　3.23 (1934)
岡西惟中　10.26 (1711)
岡野加穂留　10.5 (2006)
岡野喜太郎　6.6 (1965)
岡野清豪　5.14 (1981)
岡野金次郎　2.14 (1958)
岡野敬次郎　12.22 (1925)
岡野直七郎　4.27 (1986)
岡上景能　12.3 (1688)
岡谷繁実　12.9 (1920)
岡野保次郎　12.7 (1976)
岡白駒　11.8 (1767)
岡麓　9.7 (1951)
岡部金治郎　4.8 (1984)
岡部楠男　12.3 (1972)
岡部長景　5.30 (1970)

岡部宣勝　10.19 (1668)
岡部又右衛門　6.2 (1582)
岡正雄　12.15 (1982)
岡昌名　9.14 (1759)
岡松甕谷　2.18 (1895)
岡松参太郎　12.15 (1921)
岡村金太郎　8.21 (1935)
岡村柿紅　5.6 (1925)
岡村十兵衛　7.19 (1684)
岡村千曳　5.5 (1964)
岡村寧次　9.2 (1966)
お亀の方　9.16 (1642)
岡本一平　10.11 (1948)
岡本花亭　9.23 (1850)
岡本かの子　2.18 (1939)
岡本監輔　11.9 (1904)
岡本帰一　12.29 (1930)
岡本綺堂　3.1 (1939)
岡本喜八　2.19 (2005)
岡本健三郎　12.26 (1885)
岡本玄冶　4.20 (1645)
岡本黄石　4.12 (1898)
岡本秋暉　9.24 (1862)
岡本潤　2.16 (1978)
岡本甚左衛門　6.21 (1842)
岡本大八　3.21 (1612)
岡本忠成　2.16 (1990)
岡本太郎　1.7 (1996)
岡本唐貴　3.28 (1986)
岡本豊彦　7.11 (1845)
岡本文弥　10.6 (1996)
岡本文弥（初代）　1.11 (1694)
岡本保孝　4.5 (1878)
岡本良雄　2.6 (1963)
岡本良一　8.2 (1988)
岡山巌　6.14 (1969)
岡義武　10.5 (1990)
オガリョーフ, ニコライ・プラトノヴィチ　5.31 (1877)
岡鹿門　2.28 (1914)
小川芋銭　12.17 (1938)
小川栄一　12.8 (1978)
小川可進　5.2 (1855)
小河一敏　1.31 (1886)
小川一真　9.6 (1929)
小川菊松　7.3 (1962)
小川郷太郎　4.1 (1945)
小河滋次郎　4.2 (1925)
小川笙船　6.14 (1760)
小川松民　5.29 (1891)

小川紳介 2.7(1992)	オクセンシェルナ，アクセル・グスタフソン，伯爵 9.7(1654)	小栗虫太郎 2.10(1946)
小川琢治 11.15(1941)		小栗山喜四郎 7.2(1722)
小川環樹 8.31(1993)	奥平信昌 3.14(1615)	オーグルソープ，ジェイムズ・エドワード 7.1(1785)
小川太郎 1.31(1974)	奥平昌鹿 7.24(1780)	
小川鼎三 4.29(1984)	奥田顗川 4.27(1811)	奥劣斎 9.4(1835)
小川徹 2.10(1991)	奥田三角 5.4(1783)	オケイシー，ショーン 9.18(1964)
小川破笠 6.3(1747)	奥田艶子 9.23(1936)	
小川平吉 2.5(1942)	奥田正香 1.31(1921)	桶谷繁雄 2.12(1983)
小川未明 5.11(1961)	奥田義人 8.21(1917)	オケリー，ショーン・T 11.23(1966)
小川芳男 7.31(1990)	奥田頼杖 8.5(1849)	
小川義綏 12.19(1912)	奥寺八左衛門 1.7(1686)	オーケン，ローレンツ 8.11(1851)
荻江露友(初代) 7.5(1787)	オグデン，C.K. 3.20(1957)	
荻江露友(2代目) 9.10(1795)	奥野小山 8.20(1858)	オコナー，フラネリ 8.3(1964)
荻江露友(4代目) 6.30(1884)	奥野健男 11.26(1997)	
荻江露友(5代目) 9.22(1993)	奥野昌綱 12.5(1910)	オコナー，フランク 3.10(1966)
沖牙太郎 5.29(1906)	奥宮健之 1.24(1911)	
荻須高徳 10.14(1986)	奥原晴湖 7.28(1913)	小此木啓吾 9.21(2003)
沖田総司 5.30(1868)	オグバーン 4.27(1959)	お駒・才三郎 2.25(1727)
沖田浩之 3.27(1999)	奥文鳴 10.23(1813)	お古牟の方 6.2(1766)
沖禎介 4.21(1904)	小熊秀雄 11.20(1940)	オコンナー 8.30(1855)
沖中重雄 4.20(1992)	小熊捍 11.10(1971)	オコンネル，ダニエル 5.15(1847)
翁久允 2.14(1973)	奥むめお 7.7(1997)	
荻野伊三郎(3代目) 12.9(1828)	奥村五百子 2.5(1907)	刑部親王 5.7(705)
	奥村喜和男 8.19(1969)	尾崎一雄 3.31(1983)
沖野岩三郎 1.31(1956)	奥村綱雄 11.7(1972)	尾崎喜八 2.4(1974)
荻野久作 1.1(1975)	奥村土牛 9.25(1990)	尾崎久弥 6.2(1972)
荻野吟子 6.23(1913)	奥村政信 2.11(1764)	尾崎孝子 4.22(1970)
荻野元凱 4.20(1806)	奥村良竹 9.3(1760)	尾崎紅葉 10.30(1903)
荻野検校 6.22(1801)	お久免の方 11.28(1777)	尾崎三良 10.13(1918)
荻野沢之丞 8.19(1704)	奥保鞏 7.19(1930)	尾崎士郎 2.19(1964)
荻野独園 8.10(1895)	奥好義 3.9(1933)	尾崎惣左衛門 10.23(1865)
荻野八重桐(2代目) 6.15(1763)	小倉金之助 10.21(1962)	尾崎忠治 10.16(1905)
	小倉実教 9.7(1349)	尾崎宏次 11.9(1999)
荻野安重 6.7(1690)	小倉三省 7.15(1654)	尾崎放哉 4.17(1926)
オキーフ，ジョージア 3.6(1986)	小倉進平 2.8(1944)	尾崎秀樹 9.21(1999)
	小倉季煕 4.17(1529)	尾崎秀実 11.7(1944)
荻昌弘 7.2(1988)	小倉武之助 12.26(1964)	尾崎雅嘉 10.3(1827)
沖雅也 6.28(1983)	オクラドニコフ，アレクセイ 11.18(1981)	尾崎翠 7.8(1971)
荻村伊智朗 12.4(1994)		尾崎行雄 10.6(1954)
宇喜也嘉 3.1(1505)	小倉宮 5.9(1443)	尾崎豊 4.25(1992)
荻生徂徠 1.19(1728)	小倉昌男 6.30(2005)	長田新 4.18(1961)
大給恒 1.6(1910)	小倉正恒 11.20(1961)	尾佐竹猛 10.1(1946)
興世王 2.19(940)	小倉遊亀 7.23(2000)	長田秋涛 12.25(1915)
興世書主 11.6(850)	小倉朗 8.26(1990)	お定の方 1.25(1847)
荻原雲来 12.20(1937)	オークリー，アニー 11.3(1926)	長照姫 7.16(1426)
荻原重秀 9.26(1713)		小山内薫 12.25(1928)
荻原井泉水 5.20(1976)	小栗忠順 閏4.6(1868)	小山内宏 1.4(1978)
荻原守衛 4.22(1910)	小栗風葉 1.15(1926)	オザナン，アントワーヌ・フレデリク 9.8(1853)
奥井復太郎 2.16(1965)	小栗正信 6.6(1661)	
オクジャワ，ブラート・シャルヴォヴィチ 6.12(1997)	小栗美作 6.22(1681)	小佐野賢治 10.27(1986)
		他戸親王 4.27(775)

大仏維貞　9.7（1327）
大仏貞直　5.22（1333）
大仏次郎　4.30（1973）
大仏高直　3.21（1334）
大仏朝直　5.3（1264）
大仏宣時　6.30（1323）
大仏宗宣　6.12（1312）
オサリバン, モーリーン　6.22（1998）
オザル, トゥルグト　4.17（1993）
小沢栄太郎　4.23（1988）
小沢治三郎　11.9（1966）
小沢愛圀　6.25（1978）
小沢蘆庵　7.11（1801）
オザンファン, アメデ　5.4（1966）
おさん・茂兵衛　9.22（1683）
オジアンダー, アンドレーアス　10.17（1552）
オージエ, エミール　10.25（1889）
オジェシュコヴァ, エリザ　5.18（1910）
オシエツキー, カール・フォン　5.4（1938）
小塩力　6.12（1958）
押川春浪　11.16（1914）
押川方義　1.10（1928）
オシュ　9.19（1797）
お俊・伝兵衛　11.16（1738）
オスヴァルト・フォン・ヴォルケンシュタイン　8.2（1445）
オスウィン　8.20（651）
オスカル1世　7.8（1859）
オスカル2世　12.8（1907）
オスターデ, アドリアーン・ファン　5.2（1685）
オスターデ, イサーク・ファン　10.16（1649）
オースティン, ジェイン　7.18（1817）
オースティン, ジョン　12.1（1859）
オースティン, ジョン・ラングシャム　2.8（1960）
オステルマン　5.31（1747）
オストヴァルト, フリードリヒ・ヴィルヘルム　4.4（1932）
オストス, エウヘニオ・マリア・デ　8.11（1903）

オーストラル, フローレンス　5.18（1968）
オストロヴィチャノフ　2.9（1969）
オストロフスキー, アレクサンドル・ニコラエヴィチ　6.2（1886）
オストロフスキー, ニコライ・アレクセーヴィチ　12.22（1936）
オズボーン　10.20（1926）
オズボーン, ジョン　12.24（1994）
オズボーン, ヘンリー・フェアフィールド　11.6（1935）
お須磨の方　10.24（1713）
オスマン2世　5.20（1622）
オスマン, ジョルジュ・ウジェーヌ　1.12（1891）
オスムンド　12.3（1099）
オスメニア　10.19（1961）
オスラー, サー・ウィリアム　12.29（1919）
オスワルド　2.29（992）
聖オズワルド　8.5（642）
オズワルド, リー・ハーヴィー　11.24（1963）
オーセン, イーヴァル　9.23（1896）
お仙の方　10.25（1619）
お染・久松　1.3（1710）
小田宅子　2.29（1870）
小平浪平　10.5（1951）
小田氏治　閏11.13（1602）
小田内通敏　12.4（1954）
織田有楽斎　12.13（1622）
尾高惇忠　1.2（1901）
小田海僊　閏8.24（1862）
織田一磨　3.8（1956）
尾高朝雄　5.15（1956）
尾高尚忠　2.16（1951）
尾高豊作　1.4（1944）
オタカル1世　12.13（1230）
オタカル2世　8.26（1278）
愛宕通旭　12.3（1872）
小田切春江　10.19（1888）
小田切進　12.20（1992）
小田切秀雄　5.24（2000）
尾竹紅吉　9.22（1966）
お竹の方　3.12（1637）
小田穀山　6.6（1804）

織田作之助　1.10（1947）
織田貞置　6.2（1705）
織田純一郎　2.3（1919）
小田孝朝　6.16（1414）
小田岳夫　6.2（1979）
織田得能　8.18（1911）
小田朝久　閏4.24（1455）
男谷精一郎　7.16（1864）
小谷の方　4.24（1583）
小野直武　5.17（1780）
織田信雄　4.30（1630）
織田信包　7.17（1614）
織田信孝　5.2（1583）
織田信忠　6.2（1582）
織田信長　6.2（1582）
織田信長の母　1.7（1594）
織田信則　1.2（1630）
織田信秀　3.3（1551）
織田信良　5.17（1626）
小田治久　12.11（1353）
織田秀雄　8.18（1610）
織田秀信　5.8（1605）
小田実　7.30（2007）
織田幹雄　12.2（1998）
オーダム　8.10（2002）
オーダム　11.8（1954）
織田万　5.25（1945）
小田頼造　6.30（1918）
落合聡三郎　2.26（1995）
落合太郎　9.24（1969）
落合直亮　12.11（1894）
落合直澄　1.6（1891）
落合直文　12.16（1903）
落合芳幾　2.6（1904）
越智家栄　2.27（1500）
越智維通　3.27（1439）
オチョア, セベロ　11.1（1993）
お蝶の方　6.7（1852）
小槻有家　8.20（1280）
小槻季継　9.27（1244）
尾津喜之助　6.28（1977）
小槻隆職　10.29（1198）
小槻広房　6.15（1202）
緒継女王　11.7（847）
乙骨淑子　8.13（1980）
小津次郎　8.30（1988）
オーツ, タイタス　7.12（1705）
オッテルロー, ウィレム・ヴァン　7.27（1978）
オットー1世　5.7（973）
オットー1世　7.26（1867）

人名索引　おの

オットー2世　*12.7*(983)
オットー3世　*1.23*(1002)
オットー4世　*5.19*(1218)
オットー，ニコラウス　*1.26*(1891)
オットー・フォン・フライジング　*9.22*(1158)
オットマン，フランソワ　*2.12*(1590)
オットー，ルドルフ　*3.6*(1937)
オットロー　*11.23*(1070)
乙二　*7.9*(1823)
オッペンハイマー　*9.30*(1943)
オッペンハイマー，ジュリアス・ロバート　*2.20*(1967)
オッペンハイム　*10.7*(1919)
オッポルツァー　*12.26*(1886)
小津安二郎　*12.12*(1963)
乙由　*8.18*(1739)
オーティス，ジェイムズ　*5.23*(1783)
オーディベルチ，ジャック　*7.9*(1965)
オーディロ　*12.31*(1048)
オデッツ，クリフォード　*8.14*(1963)
オーデブレヒト　*5.31*(1945)
オーデュボン，ジョン・ジェイムズ　*1.27*(1851)
オーデン，W.H.　*9.29*(1973)
お伝の方　*6.9*(1738)
オド　*11.18*(942)
オドアケル　*3.15*(493)
オトウェイ，トマス　*4.14*(1685)
オドエフスキー，アレクサンドル・イワノヴィチ　*10.10*(1839)
オドエフスキー，ウラジーミル・フォードロヴィチ　*2.27*(1869)
オド（カンタベリの）　*6.2*(959)
オド（カンブレーの）　*6.19*(1113)
オド（シャトルーの）　*1.26*(1273)
お登勢の方　*10.25*(1832)
乙竹岩造　*6.17*(1953)
音丸　*1.18*(1976)

オトー，マルクス・サルウィウス　*4.15*(69)
音丸耕堂　*9.8*(1997)
オードラン，クロード3世　*5.27*(1734)
オードラン，ジャン　*5.17*(1756)
オドリック　*1.14*(1331)
オードリー，トマス，男爵　*4.30*(1544)
オートレッド，ウィリアム　*6.30*(1660)
乙羽信子　*12.22*(1994)
オドン・ド・クリュニー　*11.18*(942)
オドンネル　*11.5*(1867)
小名木綱夫　*3.19*(1948)
オナシス　*3.15*(1975)
オナシス，ジャクリーヌ・ケネディ　*5.19*(1994)
お鍋の方　*6.25*(1612)
阿南の方　*9.3*(1581)
鬼貫　*8.2*(1738)
オニール，バーバラ　*9.3*(1980)
オニール，ヒュー，3代ダンガノン男爵，2代ティローン伯爵　*7.20*(1616)
オニール，ユージン　*11.27*(1953)
小沼正　*1.17*(1978)
小沼丹　*11.8*(1996)
オネゲル，アルテュール　*11.27*(1955)
オネッティ，ファン・カルロス　*5.30*(1994)
小野梓　*1.11*(1886)
尾上菊五郎（初代）　*12.29*(1784)
尾上菊五郎（2代目）　*7.12*(1787)
尾上菊五郎（4代目）　*6.28*(1860)
尾上菊五郎（5代目）　*2.18*(1903)
尾上菊五郎（6代目）　*7.10*(1949)
尾上菊次郎（2代目）　*6.14*(1875)
尾上菊次郎（3代目）　*8.27*(1919)

尾上菊次郎（4代目）　*7.24*(1981)
尾上菊之丞（初代）　*8.13*(1964)
尾上鯉三郎（3代目）　*12.30*(1974)
尾上柴舟　*1.13*(1957)
尾上松緑（2代目）　*6.25*(1989)
尾上新七（2代目）　*6.18*(1818)
尾上多賀之丞（2代目）　*6.26*(1899)
尾上多賀之丞（3代目）　*6.20*(1978)
尾上辰之助（初代）　*3.28*(1987)
尾上梅幸（6代目）　*11.8*(1934)
尾上梅幸（7代目）　*3.24*(1995)
尾上芙雀（7代目）　*8.28*(1894)
尾上松助（初代）　*10.16*(1815)
尾上松助（3代目）　*7.2*(1851)
尾上松助（4代目）　*9.5*(1928)
尾上松助（5代目）　*8.9*(1937)
尾上松之助（2代目）　*9.11*(1926)
小野鵞堂　*12.6*(1922)
小野川喜三郎　*3.12*(1806)
小野木学　*8.24*(1976)
小野木重次　*10.18*(1600)
小野金六　*3.11*(1923)
小野玄妙　*6.27*(1939)
小野湖山　*4.10*(1910)
オノサトトシノブ　*11.30*(1986)
小野清一郎　*3.9*(1986)
小野善兵衛　*12.10*(1861)
小野田勇　*7.15*(1997)
小野高潔　*10.9*(1829)
小野高尚　*12.12*(1800)
小野武夫　*6.5*(1949)
小野忠明　*11.7*(1628)
小野忠重　*10.17*(1990)
小野竹喬　*5.10*(1979)
おのちゅうこう　*6.25*(1990)
小野塚喜平次　*11.27*(1944)
小野寺十内　*2.4*(1703)
小野寺丹　*6.18*(1703)
小野寺百合子　*3.31*(1998)
小野寺義道　*11.22*(1645)
小野十三郎　*10.8*(1996)
小野友五郎　*10.29*(1898)
小野お通　*3.5*(1616)

801

小野篁 12.22(853)
小野恒柯 5.18(860)
小野道風 12.27(967)
小野岑守 4.19(830)
小野好古 2.14(968)
小野原善言 5.13(1873)
小野秀雄 7.18(1977)
小野三千麿 2.2(1956)
小野宮吉 11.20(1936)
小野義成 閏4.3(1208)
小野蘭山 1.27(1810)
小長谷女王 1.8(767)
小幡景憲 2.25(1663)
小畑源之助 6.24(1959)
小畑忠良 10.11(1977)
小幡篤次郎 4.16(1905)
小畑敏四郎 1.10(1947)
小畑実 4.24(1979)
小幡酉吉 8.9(1947)
お初・徳兵衛 4.7(1703)
オーバネル、テオドール 10.31(1886)
小汀利得 5.28(1972)
小原国芳 12.3(1977)
小原慶山 7.29(1733)
小原春造 11.14(1822)
オハーラ、ジョン 4.11(1970)
小原鉄五郎 1.27(1989)
小原鉄心 4.15(1872)
小原桃洞 7.11(1825)
小原直 9.8(1966)
小原豊雲 3.18(1995)
オパーリン、アレクサンドル・イヴァノヴィッチ 4.21(1980)
オヒギンズ、ベルナルド 10.23(1842)
オーピー、ジョン 4.9(1807)
オーピッツ、マルティン 8.20(1639)
大日方伝 8.21(1980)
オービュソン、ピエール・ド 7.13(1503)
お不宇の方 4.23(1611)
オフェイロン、ショーン 4.20(1991)
オフェンバック、ジャック 10.5(1880)
オプストフェルデル、シーグビョルン 7.29(1900)
小渕恵三 5.14(2000)

オブライエン 12.23(1864)
オブライエン、ウィリアム 2.26(1928)
オブライエン、ウィリアム・スミス 6.18(1864)
オブラスツォフ、セルゲイ・V. 5.8(1992)
オフラハティ、リーアム 9.7(1984)
お振の方 6.28(1667)
お振の方 8.21(1640)
オーブルチェフ、ウラジーミル・アファナシエヴィチ 6.19(1956)
オブレゴン、アルバロ 7.17(1928)
オーベール、ジャック 5.17(1753)
オベール、ダニエル-フランソワ-エスプリ 5.13(1871)
オー・ヘンリー 6.5(1910)
オボテ、ミルトン 10.10(2005)
オボリヌス 7.6(1568)
オボリン、レフ 1.5(1974)
お満流の方 11.23(1689)
オーマンディ、ユージン 3.12(1985)
お万の方 8.22(1653)
お万の方 10.11(1711)
お万の方 12.6(1620)
オーム、ゲオルク・ジーモン 7.7(1854)
オメール(テルアンヌの) 11.1(670)
沢瀉久孝 10.14(1968)
小茂田青樹 8.28(1933)
小山田与清 3.25(1847)
小山田宗徳 5.13(1986)
尾山篤二郎 6.23(1963)
小山朝郷 4.13(1346)
小山朝政 3.30(1238)
小山久二郎 1.12(1984)
小山秀朝 7.22(1335)
小山義政 4.13(1382)
小山若犬丸 1.15(1397)
お葉 10.24(1980)
オラウス・マグヌス 8.1(1557)
お楽の方 12.2(1652)
オラーフ1世 9.9(1000)

オーラフ2世 7.29(1030)
オラフ5世 1.17(1991)
オーラル 10.23(1928)
オリアーニ、アルフレード 10.18(1909)
オリヴァー、アイザック 10.2(1617)
オリヴィエ、ローレンス 7.11(1989)
オリーヴィ、ペトルス・ヨアニス 3.14(1298)
オリエ、ジャン-ジャーク 4.2(1657)
オリオル、ヴァンサン 1.1(1966)
聖オリガ 7.11(969)
オリガ・ニコラエヴナ 7.17(1918)
折口信夫 9.3(1953)
オーリック、ジョルジュ 7.23(1983)
オリバレス、ガスパル・デ・グスマン・イ・ピメンタル、伯公爵 7.22(1645)
オリファント、マーガレット 6.25(1897)
オリュンピアス 7.25(408)
おりょう 11.15(1906)
オリンピオ 1.13(1963)
オリーン、ベルティ 8.3(1979)
オルカーニャ、アンドレーア 8.25(1368)
オルガンティーノ、ニェッキ-ソルディ 4.22(1609)
オルグレン、ネルソン 5.9(1981)
オールコック、サー・ジョン・ラザフォード 11.2(1897)
オールコック、ジョン 10.1(1500)
オールコット、エイモス・ブロンソン 3.4(1888)
オールコット、ルイーザ・メイ 3.6(1888)
オルシーニ、ジョルジョ 11.10(1475)
オルジョニキーゼ 2.18(1937)
オルセオーロ、ペトルス 1.10(987)

人名索引　　　　　　かい

オルタ，ヴィクトル，男爵　9.8（1947）
オルツィ，エムスカ，女男爵　11.12（1947）
オールディントン，リチャード　7.27（1962）
オルテガ・イ・ガセー，ホセ　10.18（1955）
オルデガール　3.1（1137）
オルテリウス，アブラハム　6.28（1598）
オルデリークス・ヴィーリス　2.3（1143）
オルデンバルネヴェルト　5.13（1619）
オルテンブルク　2.18（1934）
オルデンブルク　3.18（1920）
オールドカッスル，サー・ジョン　12.14（1417）
オールト，ヤン・ヘンドリック　11.5（1992）
オールドリッチ，トマス・ベイリー　3.19（1907）
オルバース，ハインリヒ　3.2（1840）
オルファネール，ヤシント　9.10（1622）
オルフ，カール　3.29（1982）
オールブライト，ウィリアム・フォックスウェル　9.19（1971）
オルブラフト，イヴァン　12.30（1952）
オルブリヒ，ヨーゼフ・マリーア　8.8（1908）
オールポート，ゴードン・ウィラード　10.9（1967）
オルムステッド，フレデリック・ロー　8.28（1903）
オルランド　12.1（1952）
オレヴィアーヌス，カスパル　3.15（1587）
オレーシャ，ユーリー・カルロヴィチ　5.10（1960）
オレーム，ニコル　7.11（1382）
オレンテ，ペドロ　1.19（1645）
オレンハウアー　12.14（1963）
オロスコ，ホセ・クレメンテ　9.27（1949）
尾張時秀　9.20（1134）
音阿弥　1.2（1467）

オングストレーム，アンデルス・ヨンス　6.21（1874）
オンケン　7.10（1911）
オンサーガー，ラース　10.5（1976）
恩田鉄弥　6.10（1946）
恩田木工　1.6（1762）
恩地孝四郎　6.3（1955）
遠地輝武　6.14（1967）
恩地三保子　12.27（1984）
温中宗純　6.24（1499）
陰明門院　9.18（1243）
温老宗興　11.8（1406）

【か】

カー，E.H.　11.3（1982）
カーアーニー　5.1（1854）
可庵円慧　11.6（1343）
芥隠　5.16（1495）
カイエ　5.17（1838）
カイエターヌス，ティエネ　8.7（1547）
カイエターヌス，ヤコーブス　8.9（1534）
海音寺潮五郎　12.1（1977）
ガイガー　6.16（1952）
快雅　2.26（1433）
海覚　11.9（1531）
ガイガー，ハンス・ヴィルヘルム　9.24（1945）
界厳繁越　4.27（1510）
快賢　11.9（1135）
快元　4.21（1469）
開高健　12.9（1989）
海後勝雄　11.1（1972）
海後宗臣　11.22（1987）
カイザー，ヴォルフガング　1.23（1960）
カイザー，ゲオルク　6.4（1945）
カイザー，ヤーコプ　5.29（1529）
カイザー，ラインハルト　9.12（1739）
カイザーリング，エードゥアルト・フォン　9.28（1918）
カイザーリング，ヘルマン　4.26（1946）

戒算　1.27（1053）
艾思奇　3.22（1966）
愷子内親王　8.15（1284）
誨子内親王　12.14（952）
貝島太市　8.28（1966）
開成　10.4（781）
ガイスラー，ハインリヒ　1.24（1879）
艾青　5.5（1996）
ガイセリック　1.25（477）
ガイゼル，エルネスト　9.12（1996）
快川紹喜　4.3（1582）
甲斐宗運　7.3（1585）
快尊　7.23（1466）
貝谷八百子　3.5（1991）
ガイダール，アルカージー・ペトローヴィチ　10.26（1941）
ガイタン　4.9（1948）
貝塚茂樹　2.9（1987）
海津幸一　10.23（1865）
甲斐常治　8.12（1459）
カイテル，ヴィルヘルム　10.16（1946）
快道　2.22（1810）
垣内松三　8.25（1952）
戒能通孝　3.22（1975）
カイパー，アーブラハーム　11.8（1920）
カイパー，ジェラード・ピーター　12.23（1973）
貝原益軒　8.27（1714）
貝原東軒　12.26（1713）
艾蕪　12.5（1992）
回夫慶文　4.20（1524）
ガイベル，エマーヌエル　4.6（1884）
カイペルス，ペトルス・ヨゼフス・ヒュベルトゥス　3.3（1921）
海北若冲　12.17（1752）
海北友松　6.2（1615）
海北友雪　9.3（1677）
海保漁村　9.18（1866）
海保青陵　5.29（1817）
開明門院　9.22（1789）
海門興徳　1.26（1476）
海門承朝　5.9（1443）
カイユテ，ルイ・ポール　1.5（1913）

803

カイヨー, ジョゼフ 11.22(1944)
カイヨワ, ロジェ 12.21(1978)
快楽亭ブラック 9.19(1923)
ガイラー・フォン・カイザースベルク, ヨハネス 3.10(1510)
海量 11.21(1807)
カイルベルト, ヨーゼフ 7.20(1968)
カインツ, ヨーゼフ 9.20(1910)
カーヴァー, ジョン 4.5(1621)
カヴァッリ, ピエル・フランチェスコ 1.14(1676)
カヴァデイル, マイルズ 2.19(1568)
カヴァフィス, コンスタンディノス 4.29(1933)
カヴァリエリ, エミリオ・デ 3.11(1602)
カヴァリエリ, フランチェスコ・ボナヴェンチュラ 11.30(1647)
カヴァリエーレ・ダルピーノ, イル 7.3(1640)
カヴァルカセッレ, ジョヴァンニ・バッティスタ 10.31(1897)
カヴァルカンティ, グイード 8.29(1300)
ガヴァルニ, ポール 11.24(1866)
カーヴァー, レイモンド 8.2(1988)
ガーヴェイ, マーカス 6.10(1940)
カヴェニャック 10.28(1857)
カヴェーリン 5.15(1885)
カヴェーリン, ヴェニアミン・アレクサンドロヴィチ 5.2(1989)
カウエル, ヘンリー・ディクソン 12.10(1965)
ガウス, カール・フリードリヒ 2.23(1855)
ガウチンスキ, コンスタンティ・イルデフォンス 12.6(1953)

カウツキー, カール・ヨーハン 10.17(1938)
ガウディ・イ・コルネ, アントニ 6.10(1926)
カウニッツ公爵, ヴェンツェル・アントン 6.24(1794)
カウフマン 1.1(1947)
カウフマン 5.16(1882)
カウフマン, アンゲリカ 11.5(1807)
カウリー, エイブラハム 7.28(1667)
カウリー, マルカム 3.27(1989)
カヴール, カミーロ・ベンソ, 伯爵 6.6(1861)
臥雲辰致 6.29(1900)
カエサリウス(アルルの) 8.27(542)
カエサル, ガイユス・ユリウス 3.15(前44)
海江田信義 10.27(1906)
嘉悦氏房 10.30(1908)
カーエム・マカーム 6.26(1835)
帰山教正 11.8(1964)
雅縁 2.21(1223)
夏衍 2.6(1995)
何応欽 10.21(1987)
可翁宗然 4.25(1345)
雅海 8.11(1222)
加々爪忠澄 1.30(1641)
加賀殿 10.13(1605)
カガノヴィチ, ラザリ・モイセエヴィチ 7.25(1991)
加賀千代 9.8(1775)
各務鎌吉 5.27(1939)
各務鉱三 12.3(1985)
各務支考 2.7(1731)
加賀美遠光 4.19(1230)
鏡王女 7.5(683)
鏡久綱 6.6(1221)
各務文献 10.14(1819)
加賀美光章 5.29(1782)
加賀山隼人 9.11(1619)
ガガーリン, ユーリー 3.27(1968)
香川景樹 3.27(1843)
賀川玄悦 9.14(1777)
賀川玄迪 10.8(1779)
香川茂 5.13(1991)

香川修徳 2.13(1755)
香川進 10.13(1998)
賀川豊彦 4.23(1960)
香川南浜 8.16(1792)
賀川ハル 5.5(1982)
柿内三郎 12.24(1967)
蠣崎季広 4.20(1595)
蠣崎波響 6.22(1826)
蠣崎光広 7.12(1518)
蠣崎義広の妻 9.8(1545)
何其芳 7.24(1977)
垣見一直 9.18(1600)
柿本豊次 12.30(1989)
覚意 3.21(1107)
郭威 1.17(954)
覚印 4.14(1164)
覚隠永本 12.18(1453)
鄂隠慧䆩 2.18(1425)
カークウッド 8.9(1959)
覚運 10.30(1007)
覚雲法親王 10.18(1323)
覚恵 4.12(1307)
覚英 2.17(1157)
覚円 4.16(1098)
覚縁 4.29(1002)
覚雄 6.18(1369)
覚翁慧等 5.18(1610)
格翁桂逸 2.23(1573)
岳翁長甫 8.2(1362)
覚海 8.17(1223)
覚快法親王 11.16(1181)
覚教 1.8(1242)
覚行法親王 11.18(1105)
覚慶 11.12(1014)
覚賢 2.16(1306)
覚顕 4.17(1290)
覚源 8.18(1065)
賀来惟熊 2.25(1880)
廓山 8.26(1625)
覚山尼 10.9(1306)
覚樹 2.14(1139)
学宗 3.9(1539)
覚俊 3.29(1126)
覚助 11.11(1063)
覚恕 1.3(1574)
覚成 10.21(1198)
覚晴 5.17(1148)
覚盛 5.19(1249)
覚性法親王 12.11(1169)
郭松齢 12.24(1925)
覚助法親王 9.17(1336)

覚信 *5.8*(1121)
覚心 *10.13*(1298)
覚尋 *10.1*(1081)
覚信尼 *11.24*(1283)
覚深入道親王 閏*1.21*(1648)
覚済 *1.22*(1303)
覚増 *11.19*(1390)
覚叟宗俊 *11.19*(1465)
覚忠 *10.16*(1177)
覚朝 *11.1*(1231)
覚超 *1.24*(1034)
覚鎮女王 *9.26*(1550)
覚道 *10.23*(1527)
覚如 *1.19*(1351)
覚仁 *5.8*(1110)
覚任 *3.1*(1152)
覚仁法親王 *4.12*(1266)
カーク, ノーマン・エリック *8.31*(1974)
覚鑁 *12.12*(1144)
覚法法親王 *12.6*(1153)
郭沫若 *6.12*(1978)
覚猷 *9.15*(1140)
覚誉法親王 *5.28*(1382)
加倉井秋を *6.2*(1988)
神楽坂はん子 *6.10*(1995)
雅慶 *10.25*(1012)
筧克彦 *2.27*(1961)
影佐禎昭 *9.10*(1948)
梯明秀 *4.14*(1996)
陰山元質 *5.12*(1732)
影山三郎 *7.10*(1992)
景山民夫 *1.27*(1998)
影山正治 *5.25*(1979)
勘解由小路在貞 *11.12*(1473)
勘解由小路在盛 *8.19*(1478)
勘解由小路経光 *4.15*(1273)
ガーゲルン *5.22*(1880)
鹿児島寿蔵 *8.22*(1982)
カーコディ, ウィリアム(グレインジャー) *8.3*(1573)
ガゴ, バルタザール *1.9*(1583)
雅西 *1.4*(1201)
葛西清貞 *3.16*(1350)
葛西清重 *9.14*(1238)
笠井順八 *12.31*(1919)
葛西善蔵 *7.23*(1928)
カサヴブ *3.24*(1969)
笠置シヅ子 *3.30*(1985)
笠置季男 *9.28*(1967)

笠置山勝一 *8.11*(1971)
カザケーヴィチ, エマヌイル・ゲンリホヴィチ *9.22*(1962)
カーザック, ヘルマン *1.10*(1966)
カサット, メアリ *6.14*(1926)
カサド, ガスパル *12.24*(1966)
カザドシュ, ロベール *9.19*(1972)
累 *8.11*(1647)
カサノーヴァ, ジョヴァンニ・ジャーコモ *6.4*(1798)
風早八十二 *6.19*(1989)
笠原研寿 *7.16*(1883)
笠原白翁 *8.23*(1880)
風巻景次郎 *1.4*(1960)
風間丈吉 *5.24*(1968)
笠松謙吾 *2.18*(1872)
風見章 *12.20*(1961)
カザミアン, ルイ *9.5*(1965)
笠森お仙 *1.29*(1827)
ガザーリー, アブー・ハーミド *12.18*(1111)
カサルス, パブロ *10.22*(1973)
ガザン・ハン *5.17*(1304)
花山院家定 *4.28*(1342)
花山院家輔 *10.27*(1580)
花山院家雅 *8.14*(1308)
花山院兼定 *11.30*(1378)
花山院兼雅 *7.16*(1200)
花山院定誠 *10.21*(1704)
花山院定雅 *2.30*(1294)
花山院定好 *7.4*(1673)
花山院忠輔 *1.20*(1542)
花山院忠経 *8.5*(1229)
花山院忠長 *9.26*(1662)
花山院忠雅 *8.26*(1193)
花山院忠頼 *12.19*(1212)
花山院経定 *1.29*(1326)
花山院長親 *7.10*(1429)
花山院長雅 *12.16*(1287)
花山院冬雅 *6.7*(1325)
花山院政長 *3.18*(1525)
花山院通定 *4.14*(1400)
花山院通雅 *5.4*(1276)
花山院師継 *4.9*(1281)
花山院師信 *11.1*(1321)
カザン, エリア *9.28*(2003)

カザンザキス, ニコス *10.26*(1957)
峨山韶碩 *10.20*(1366)
花山天皇 *2.8*(1008)
梶井基次郎 *3.24*(1932)
カジェス, プルタルコ・エリーアス *10.20*(1945)
樫尾忠雄 *3.4*(1993)
梶谷善久 *9.3*(1990)
梶田半古 *4.23*(1917)
梶常吉 *9.20*(1883)
佳子内親王 *7.25*(1130)
賀子内親王 *8.1*(1696)
雅子内親王 *8.29*(954)
鹿島一谷 *11.23*(1996)
鹿島万平 *12.29*(1891)
鹿島鳴秋 *6.7*(1954)
鹿島守之助 *12.3*(1975)
カジーミエシュ2世(公正王) *5.5*(1194)
カジーミエシュ3世 *11.5*(1370)
カジーミエシュ4世, ヤギェロニチク *6.7*(1492)
カーシム, アブド・アル・カリーム *2.9*(1963)
樫山純三 *6.1*(1986)
梶山季之 *5.11*(1975)
カシャン *2.12*(1958)
ガーシュウィン, ジョージ *7.11*(1937)
勧修寺尹豊 *2.1*(1594)
勧修寺経顕 *1.5*(1373)
勧修寺経郷 *2.17*(1504)
勧修寺経茂 *5.21*(1500)
勧修寺教秀 *7.11*(1496)
勧修寺晴豊 *12.8*(1603)
勧修寺晴秀 *1.1*(1577)
勧修寺政顕 *7.28*(1522)
勧修寺光豊 *10.27*(1612)
賀集珉平 *7.12*(1871)
カシュニッツ, マリー・ルイーゼ *10.10*(1974)
夏景 *8.16*(1470)
カジョリ *8.14*(1930)
カー, ジョン *8.18*(1907)
カー, ジョン・ディクソン *2.27*(1977)
柏井園 *6.25*(1920)
柏木義円 *1.8*(1938)
柏木如亭 *7.10*(1819)

柏扇之助（初代） 11.27(1917)
膳王 2.12(729)
膳部菩岐岐美郎女 2.21(622)
柏戸剛 12.8(1996)
柏原瓦全 1.27(1825)
柏原兵三 2.13(1972)
梶原一騎 1.21(1988)
梶原景季 1.20(1200)
梶原景時 1.20(1200)
梶原性全 1.22(1337)
梶原緋佐子 1.3(1988)
雅真 3.21(999)
カジンツィ・フェレンツ 8.22(1831)
春日顕国 2.9(1344)
春日一幸 5.2(1989)
春日井梅鶯（初代） 10.22(1974)
春日正一 2.22(1995)
春日庄次郎 4.9(1976)
春日潜庵 3.23(1878)
春日とよ 4.13(1962)
春日局 9.14(1643)
春日八郎 10.22(1991)
春日弘 9.12(1970)
春日政治 6.30(1962)
ガスコイン, トマス 3.13(1458)
上総秀胤 6.7(1247)
カスー, ジャン 1.16(1986)
カスター, ジョージ・アームストロング 6.25(1876)
カスタニェダ 3.23(1559)
カスターニョ, アンドレア・デル 8.19(1457)
カスティージャ, ラモン 5.30(1867)
カスティリョーネ, ジュゼッペ 7.16(1766)
カスティーリョーネ, バルダッサーレ, ノヴィラーラ伯爵 1.17(1529)
カステリャーノス, ホアン・デ 11.27(1607)
カステリヨン, セバスチヤン 12.29(1563)
カステルヴェートロ, ルドヴィーコ 2.21(1571)
カステルヌオーヴォ-テデスコ, マリオ 3.16(1968)

カステロ・ブランコ 7.18(1967)
カステーロ・ブランコ, カミーロ 6.1(1890)
ガズデン, ジェイムズ 12.26(1858)
カストラー 1.7(1984)
カストレン 5.7(1852)
カストロ 6.6(1548)
カストロ 6.9(1592)
カストロ, ギリェン・デ 7.28(1631)
カストロ, ロサリア・デ 7.15(1885)
カスナー, ルードルフ 4.1(1959)
聖カスバート 3.20(687)
ガスパルリ, ピエートロ 11.18(1934)
カスプロヴィッチ, ヤン 8.1(1926)
粕谷義三 5.4(1930)
ガスリ, ウィリアム 5.15(1971)
ガスリー, ウッディ 10.4(1967)
カースルレイ, ロバート・スチュワート, 子爵 8.12(1822)
カズンズ, アレグザンダー 4.23(1786)
カズンズ, ジェイムズ・グールド 8.9(1978)
カズンズ, ノーマン 11.30(1990)
カゼッラ, アルフレード 3.5(1947)
歌川 7.26(1776)
カソ, アルフォンソ 12.30(1970)
華叟正蕚 6.6(1482)
華叟宗曇 6.27(1428)
カソーナ, アレハンドロ・ロドリゲス 9.17(1965)
カゾーボン, イザーク 7.12(1614)
カーゾン, サー・クリフォード 9.1(1982)
カーゾン, ジョージ・ナサニエル, 侯爵 3.20(1925)
カーソン, レイチェル 4.14(1964)

カーター, アンジェラ 2.16(1992)
カタエフ, ワレンチン・ペトローヴィチ 4.12(1986)
片岡愛之助（4代目） 5.16(1927)
片岡市蔵（初代） 7.22(1862)
片岡市蔵（3代目） 12.11(1906)
片岡健吉 10.31(1903)
片岡千恵蔵 3.31(1983)
片岡鉄兵 12.25(1944)
片岡直次郎 11.23(1832)
片岡直温 5.21(1934)
片岡仁左衛門（初代） 11.1(1715)
片岡仁左衛門（6代目） 9.15(1789)
片岡仁左衛門（7代目） 3.1(1837)
片岡仁左衛門（8代目） 2.16(1863)
片岡仁左衛門（9代目） 11.22(1871)
片岡仁左衛門（10代目） 4.16(1895)
片岡仁左衛門（11代目） 10.16(1934)
片岡仁左衛門（12代目） 3.16(1946)
片岡仁左衛門（13代目） 3.26(1994)
片岡万平 12.20(1818)
片岡弥吉 2.21(1980)
片岡良一 3.25(1957)
片上伸 3.5(1928)
片桐且元 5.28(1615)
片桐石州 11.20(1673)
片桐為次 11.6(1655)
片倉鶴陵 9.11(1822)
片倉景綱 10.14(1615)
片倉兼太郎（初代） 2.13(1917)
カーター, ケビン 7.27(1994)
加太こうじ 3.13(1998)
堅田喜惣治（3代目） 8.30(1974)
荷田春満 7.2(1736)
荷田在満 8.4(1751)
荷田蒼生子 2.2(1786)

カーター, ハワード　3.2(1939)
片平信明　10.6(1898)
カーター, ベティー　9.26(1998)
カーター, ベニー　7.12(2003)
片山国嘉　11.3(1931)
片山兼山　3.29(1782)
片山潜　11.5(1933)
片山哲　5.30(1978)
片山東熊　10.23(1917)
片山敏彦　10.11(1961)
堅山南風　12.30(1980)
片山北海　9.22(1790)
片山正夫　6.11(1961)
片山良庵　9.7(1668)
カタリナ(シエーナの, 聖人)　4.29(1380)
カタリーナ(ジェーノヴァの)　9.15(1510)
カタリーナ(スウェーデンの, ヴァステーナの)　3.24(1381)
カタリーナ・フォン・ボーラ　12.20(1552)
カタリーナ(ボローニャの)　3.9(1463)
カタリーナ(リッチの)　2.2(1590)
カダルソ, ホセ　2.27(1782)
カタルディ　2.11(1626)
カーダール, ヤーノシュ　7.6(1989)
カチャーロフ　10.1(1948)
華頂宮郁子　1.14(1908)
華頂宮博経親王　5.24(1876)
鹿地亘　7.26(1982)
勝海舟　1.19(1899)
勝川春英　10.26(1819)
勝川春好　10.28(1812)
勝川春章　12.8(1793)
香月牛山　3.16(1740)
香月経五郎　4.13(1874)
勝木保次　3.6(1994)
勝諺蔵(3代目)　10.27(1902)
ガッサー, ハーバート・スペンサー　5.11(1963)
葛三　6.12(1818)
ガッサンディ, ピエール　10.24(1655)
葛飾北斎　4.18(1849)

カッシーニ, ジョヴァンニ・ドメニコ　9.14(1712)
カッシーラー, エルンスト　4.13(1945)
勝新太郎　6.21(1997)
カッセル, グスタフ　1.15(1945)
カッソーラ, カルロ　1.29(1987)
ガッダ, カルロ・エミーリオ　3.21(1973)
勝田守一　7.30(1969)
勝田蕉琴　9.9(1963)
カッターネオ, ラッザロ　1.19(1640)
ガッタメラータ　1.16(1443)
カッチェン, ジュリアス　4.29(1969)
カッチーニ, ジューリオ　12.10(1618)
カッツ　2.10(1953)
カッツ, サー・バーナード　4.20(2003)
ガッティ, アニョロ　10.16(1396)
カッテル　1.20(1944)
カッテンディーケ　2.6(1866)
勝沼精蔵　11.10(1963)
勝能進(初代)　10.26(1886)
カップ　7.12(1922)
カッフィエーリ, ジャン・ジャコモ　5.21(1792)
カップ, タイ　7.17(1961)
カッポーニ, ジーノ　11.3(1876)
勝間田清一　12.14(1989)
勝見二柳　3.28(1803)
勝見勝　11.10(1983)
勝目テル　10.3(1984)
勝本勘三郎　12.17(1923)
勝本清一郎　3.23(1967)
勝本正晃　4.17(1993)
桂川甫賢　12.6(1845)
桂川甫三　8.2(1783)
桂川甫粲　12.4(1810)
桂川甫周(4代目)　6.21(1809)
桂川甫筑(初代)　10.9(1747)
桂吉朝　11.8(2005)
桂光春　8.31(1962)
桂小南　5.4(1996)
桂小文治　11.28(1967)

桂ざこば(初代)　9.19(1938)
桂枝雀(2代目)　4.19(1999)
カッラス, アイノ　11.9(1956)
桂田富士郎　4.5(1946)
桂太郎　10.10(1913)
葛原親王　6.4(853)
桂春団治(初代)　10.6(1934)
桂春団治(2代目)　2.25(1953)
桂久武　9.24(1877)
桂文左衛門　5.16(1916)
桂文治(初代)　11.29(1815)
桂文治(3代目)　6.26(1857)
桂文治(4代目)　6.26(1867)
桂文枝(5代目)　3.12(2005)
桂文治(6代目)　2.16(1911)
桂文治(7代目)　9.18(1928)
桂文治(8代目)　5.20(1955)
桂文治(9代目)　3.8(1978)
桂文朝　4.18(2005)
桂文楽(8代目)　12.12(1971)
桂三木助(2代目)　12.1(1943)
桂三木助(3代目)　1.16(1961)
桂ゆき　2.5(1991)
ガッレン-カッレラ, アクセリ　3.7(1931)
カーティス, グレン　7.23(1930)
カーティス, チャールズ　3.10(1953)
カーティス, マイケル　4.11(1962)
ガーディナー, サミュエル・ローソン　2.23(1902)
ガーティン, トマス　11.9(1802)
勘解由小路在重　8.21(1517)
勘解由小路在富　8.10(1565)
カー, デボラ　10.16(2007)
ガーデン, メアリ　1.3(1967)
葛井親王　4.2(850)
加藤明成　1.21(1661)
加藤一郎　6.19(1994)
カドゥウベク, ヴィンツェンティ　3.8(1223)
加藤美樹　6.10(1777)
加藤枝直　8.10(1785)
加藤介春　12.18(1946)
加藤景廉　8.3(1221)
加藤景延　2.2(1632)
加藤一夫　1.25(1951)
加藤完治　3.30(1967)

加藤勘十 9.27(1978)
加藤恭平 6.13(1962)
加藤清正 6.24(1611)
加藤謙一 6.30(1975)
加藤元一 5.1(1979)
加藤玄智 5.8(1965)
加藤貞泰 5.22(1623)
加藤繁 3.7(1946)
加藤シヅエ 12.22(2001)
加藤柔子 10.6(1965)
加藤楸邨 7.3(1993)
加藤春岱 3.18(1877)
加藤常賢 8.3(1978)
加藤精神 10.18(1956)
加藤泰 6.17(1985)
加東大介 7.31(1975)
加藤タカ 10.25(1979)
加藤高明 1.28(1926)
加藤武男 10.17(1963)
加藤武雄 9.1(1956)
加藤正 2.3(1949)
加藤忠広 閏6.8(1653)
加藤民吉 7.4(1824)
カドゥダル 6.25(1804)
加藤千蔭 9.2(1808)
加藤輝男 12.28(1974)
加藤唐九郎 12.24(1985)
加藤時次郎 5.30(1930)
加藤德成 10.25(1865)
加藤咄堂 4.2(1949)
加藤友三郎 8.25(1923)
加藤土師萌 9.25(1968)
加藤盤斎 8.11(1674)
加藤寛治 2.9(1939)
加藤弘之 2.9(1916)
加藤文麗 3.5(1782)
加藤まさを 11.1(1977)
加藤正方 9.23(1648)
加藤正治 3.16(1952)
加藤将之 6.9(1975)
加藤正義 12.24(1923)
加藤道夫 12.22(1953)
加藤光泰 8.29(1593)
加藤六月 2.28(2006)
加藤嘉 3.1(1988)
加藤嘉明 9.12(1631)
加藤芳郎 1.6(2006)
加藤鐐五郎 12.20(1970)
角川源義 10.27(1975)
ガードギール 5.3(1971)
和德門院 12.7(1289)

カトコーフ,ミハイル・ニキフォロヴィチ 7.20(1887)
ガードナー,アール・スタンリー 3.11(1970)
ガードナー,エヴァ 1.25(1990)
ガードナー,ジョン 9.14(1982)
ガードナー,スティーヴン 11.12(1555)
ガードナー,ヘレン 6.4(1986)
カトナ・ヨージェフ 4.16(1830)
門野重九郎 4.24(1958)
葛野王 12.20(706)
角屋七郎次郎 6.19(1614)
角屋七郎兵衛 1.19(1672)
カートライト,エドマンド 10.30(1823)
カートライト,ジョン 9.23(1824)
楫取魚彦 3.23(1782)
カトリーヌ・ド・ヴァロワ 1.3(1437)
カトリーヌ・ド・メディシス 1.5(1589)
カトリノー 7.11(1793)
香取秀真 1.31(1954)
香取正彦 11.19(1988)
ガドリン,ヨハン 8.15(1852)
カトルファージュ 1.12(1892)
門脇禎二 6.12(2007)
カドワース,ラルフ 7.26(1688)
金井烏洲 1.14(1857)
金井喜久子 2.17(1986)
金井三笑 6.16(1797)
金井章次 12.3(1967)
金井直 6.10(1997)
金井延 8.13(1933)
金井之恭 5.13(1907)
鼎金城 5.30(1863)
ガーナー,エロール 1.2(1977)
金倉円照 1.24(1987)
金栗四三 11.13(1983)
金沢嘉市 10.10(1986)
金沢勘右衛門 閏8.9(1691)
金沢庄三郎 6.2(1967)
金島桂華 9.16(1974)

金関丈夫 2.27(1983)
カナファーニー,ガッサーン 7.18(1972)
金丸重嶺 12.7(1977)
金森重頼 閏10.7(1650)
金森宗和 12.15(1657)
金森德次郎 6.16(1959)
金森長近 8.12(1608)
金森通倫 3.4(1945)
金森可重 閏6.3(1615)
金谷範三 6.6(1933)
金山平三 7.15(1964)
金山穆韶 6.11(1958)
カナレット 4.20(1768)
カナロ,フランシスコ 12.14(1964)
蟹江一太郎 12.20(1971)
蟹江義丸 6.19(1904)
カニーシウス,ペトルス 12.21(1597)
カニッツァーロ,スタニスラオ 5.9(1910)
ガニベー,アンヘル 11.29(1898)
カニャール・ド・ラ・トゥール,シャルル 7.5(1859)
蟹養斎 8.14(1778)
カニンガム 6.10(1919)
カニンガム,アレグザンダー 11.28(1893)
カニング 6.27(1862)
兼明親王 9.26(987)
カーネギー,アンドルー 8.11(1919)
金子馬治 6.1(1937)
金子吉左衛門 9.11(1728)
金子喜代太 6.6(1971)
金子金治郎 5.31(1999)
金子金陵 2.8(1817)
金子薫園 3.30(1951)
金子堅太郎 5.16(1942)
金子重輔 1.11(1855)
金子大栄 10.20(1976)
金子武蔵 12.31(1987)
金子直吉 2.27(1944)
金子日威 12.10(1987)
金子信雄 1.20(1995)
金子文子 7.23(1926)
金子孫二郎 7.26(1861)
金子みすゞ 3.10(1930)
金子光晴 6.30(1975)

かま

金子洋文 *3.21*(1985)
金子美雄 *5.9*(1993)
金沢貞顕 *5.22*(1333)
金沢貞将 *5.22*(1333)
兼重寛九郎 *6.5*(1989)
金重陶陽 *11.6*(1967)
カネッティ, エリアス *8.14*(1994)
ガーネット, デイヴィッド *2.17*(1981)
兼常清佐 *4.25*(1957)
懐良親王 *3.27*(1383)
金正米吉 *11.28*(1963)
金丸信 *3.28*(1996)
金光庸夫 *3.5*(1955)
カノ, アロンソ *9.3*(1667)
カノーヴァ, アントニオ *10.13*(1822)
狩野一渓 *1.20*(1662)
狩野永徳 *9.14*(1590)
狩野永納 *3.7*(1697)
狩野養信 *5.19*(1846)
狩野興以 *7.17*(1636)
狩野亨吉 *12.22*(1942)
加納御前 *5.27*(1625)
加能作次郎 *8.5*(1941)
狩野山雪 *3.12*(1651)
狩野山楽 *8.19*(1635)
嘉納治五郎 *5.4*(1938)
狩野昌運 *5.2*(1702)
狩野松栄 *10.20*(1595)
嘉納治郎作 *9.15*(1885)
狩野孝信 *8.30*(1618)
狩野雅信 *8.8*(1879)
狩野探信 *10.4*(1718)
狩野探美 *6.19*(1893)
狩野探幽 *10.7*(1674)
狩野周信 *1.6*(1728)
狩野常信 *1.27*(1713)
狩野内膳 *4.3*(1616)
狩野直喜 *12.13*(1947)
狩野尚信 *4.7*(1650)
加納直盛 *12.9*(1674)
狩野長信 *11.18*(1654)
加納夏雄 *2.3*(1898)
加納久朗 *2.21*(1963)
加納久周 *6.2*(1811)
加納久通 *8.17*(1748)
狩野芳崖 *11.5*(1888)
狩野正信 *7.9*(1530)
狩野光信 *6.4*(1608)

狩野元信 *10.6*(1559)
加納諸平 *6.24*(1857)
狩野安信 *9.4*(1685)
鹿子木員信 *12.23*(1949)
鹿子木寂心 *3.3*(1549)
鹿子木孟郎 *4.3*(1941)
鹿子木量平 *7.4*(1841)
カノバス-デル-カスティリョ *8.8*(1897)
カノ, ファン・セバスティアン・デル *8.4*(1526)
カノ, メルチョル *9.30*(1560)
樺島勝一 *5.31*(1965)
カバニス, ジョルジュ *5.5*(1808)
カバネル, アレクサンドル *1.23*(1889)
樺山愛輔 *10.21*(1953)
樺山十兵衛 *8.24*(1868)
樺山資雄 *7.13*(1878)
樺山資紀 *2.8*(1922)
賀原夏子 *2.20*(1991)
ガバリェロ, フェルナン *4.7*(1877)
カバレーフスキー, ドミートリー・ボリーソヴィチ *2.17*(1987)
カピストラヌス *11.23*(1456)
カピーツァ, ピョートル・レオニードヴィチ *4.8*(1984)
カービ, ルーク *5.30*(1582)
カプアーナ, ルイージ *11.29*(1915)
ガーフィールド, ジェイムズ・A *9.19*(1881)
ガフォーリ, フランキーノ *6.24*(1522)
カフカ, フランツ *6.3*(1924)
ガフキー, ゲオルク・テオドール・アウグスト *9.23*(1918)
カプタイン, ヤコブス・コルネリウス *6.18*(1922)
カフタン, ユーリウス *8.27*(1926)
鏑木清方 *3.2*(1972)
鏑木梅渓 *1.2*(1803)
カプラーニカ, アンジェロ *7.3*(1478)
カプラーニカ, ドメーニコ *8.14*(1458)
カブラル *1.20*(1973)

カプリーヴィ, ゲオルク・レオ, 伯爵 *2.6*(1899)
ガブリエリ, ジョヴァンニ *8.12*(1612)
ガブリエル, ジャック・アンジュ *1.4*(1782)
カプリリョ *1.3*(1543)
カブレ, アンドレ *4.22*(1925)
カブレオルス, ヨアネス *4.7*(1444)
カブレラ-インファンテ, ギリェルモ *2.21*(2005)
カベ, エチエンヌ *11.8*(1856)
カベソン, アントニオ・デ *3.26*(1566)
カペー, リュシアン *12.18*(1928)
ガベレンツ, ハンス・コノン・フォン・デア *10.3*(1874)
カペロ *10.20*(1587)
カーペンター, エドワード *6.28*(1929)
カーペンター, カレン *2.4*(1983)
カーペンター, ジョン・オールデン *4.26*(1951)
カーペンター, メアリ *6.14*(1877)
カポ-ディストリアス *10.9*(1831)
雅宝 *5.13*(1190)
カボグロッシ, ジュゼッペ *10.9*(1972)
カポーティ, トルーマン *8.25*(1984)
ガボ, ナウム *8.24*(1977)
カボ, アル *1.25*(1947)
ガボリヨ, エミール *9.28*(1873)
ガーボルグ, アーネ・エヴェンソン *1.14*(1924)
ガボール, デニス *2.9*(1979)
ガボーン, ゲオールギイ・アポローノヴィチ *4.10*(1906)
カーマイケル, ストークリー *11.15*(1998)
カーマイケル, ホーギー *12.27*(1981)
カーマ, サー・セレツェ *7.13*(1980)
鎌田出雲 *12.8*(1858)

809

鎌田一窓　*6.5*(1804)
鎌田魚妙　*12.12*(1797)
鎌田正清　*1.3*(1160)
鎌田光政　*2.19*(1185)
鎌田柳泓　*3.11*(1821)
カマチョ　*10.14*(1955)
カーマラージ　*10.2*(1975)
カマルゴ, マリア・アンナ・ド　*4.27*(1770)
上岡胆治　*7.19*(1864)
神風正一　*5.15*(1990)
紙恭輔　*3.24*(1981)
神島二郎　*4.5*(1998)
神近市子　*8.1*(1981)
上司小剣　*9.2*(1947)
神永昭夫　*3.21*(1993)
神野金之助 (2代目)　*10.23*(1961)
上村一夫　*1.11*(1986)
上村進　*5.19*(1969)
上村彦之丞　*8.8*(1916)
神谷正太郎　*12.25*(1980)
神谷宗湛　*10.28*(1635)
神山茂夫　*7.8*(1974)
上山草人　*7.28*(1954)
上山満之進　*7.30*(1938)
神谷美恵子　*10.22*(1979)
カミュ, アルベール　*1.4*(1960)
カミングズ, e.e.　*9.3*(1962)
カーム, ジョージ・オリヴァー　*4.29*(1948)
嘉村礒多　*11.30*(1933)
ガムラン, モーリス・ギュスターヴ　*4.18*(1958)
亀井勝一郎　*11.14*(1966)
亀井貫一郎　*4.7*(1987)
亀井茲矩　*1.26*(1612)
亀井茲監　*3.23*(1885)
亀井小琴　*7.6*(1857)
亀井昭陽　*5.17*(1836)
亀井俊雄　*12.14*(1969)
亀井南冥　*3.2*(1814)
亀井文夫　*2.27*(1987)
亀井政矩　*8.15*(1619)
亀倉雄策　*5.11*(1997)
亀寿　*10.5*(1630)
亀高文子　*9.16*(1977)
亀田高綱　*8.13*(1633)
亀田鵬斎　*3.9*(1826)

カーメネフ, レフ・ボリソヴィチ　*8.25*(1936)
亀姫　*1.17*(1681)
亀屋栄任　*8.26*(1616)
亀山天皇　*9.15*(1305)
亀山直人　*3.28*(1963)
カメラリウス, ヨアヒム　*4.17*(1574)
カメラリウス, ルドルフ・ヤーコブ　*9.11*(1721)
カーメルリング・オンネス, ヘイケ　*2.21*(1926)
カメロ, ジョン　*5.15*(1625)
カメンスキー, ワシーリー・ワシリエヴィチ　*11.11*(1961)
カーメン, マーティン・デヴィド　*8.31*(2002)
鴨居羊子　*3.18*(1991)
鴨居玲　*9.7*(1985)
蒲生氏郷　*2.7*(1595)
蒲生賢秀　*4.17*(1584)
蒲生君平　*7.5*(1813)
蒲生忠知　*8.18*(1634)
蒲生秀行　*5.14*(1612)
鴨川清作　*8.11*(1976)
加茂儀一　*11.7*(1977)
賀茂重保　*1.12*(1191)
鴨下晁湖　*10.20*(1967)
鹿持雅澄　*8.19*(1858)
賀茂季鷹　*10.9*(1841)
鴨長明〔閏〕*6.8*(1216)
賀茂比売　*11.8*(735)
賀茂真淵　*10.30*(1769)
賀茂光栄　*6.7*(1015)
賀茂保憲　*2.22*(977)
賀茂能久　*6.10*(1223)
ガモフ, ジョージ　*8.20*(1968)
カモンイス, ルイース・ヴァズ・デ　*6.10*(1580)
賀屋興宣　*4.28*(1977)
加舎白雄　*9.13*(1791)
賀陽親王　*10.8*(871)
茅誠司　*11.9*(1988)
カヤヌス, ロベルト　*7.6*(1933)
高陽院　*12.16*(1156)
萱野権兵衛　*5.18*(1869)
萱野三平　*1.14*(1702)
萱野茂　*5.6*(2006)
賀陽豊年　*6.27*(815)
萱野長知　*4.14*(1947)

茅原華山　*8.4*(1952)
香山彬子　*10.2*(1999)
香山滋　*2.7*(1975)
香山蕃　*5.3*(1969)
加山又造　*4.6*(2004)
嘉陽門院　*8.2*(1273)
ガライ　*3.20*(1583)
柄井川柳　*9.23*(1790)
カーライル, トマス　*2.5*(1881)
カラヴァッジョ, ミケランジェロ　*7.18*(1610)
カラヴェロフ, リュベン　*1.21*(1879)
カラカラ, マールクス・アウレーリウス・セウェールス・アントーニーヌス　*4.6*(217)
カラ, カルロ　*4.13*(1966)
唐木順三　*5.27*(1980)
嘉楽門院　*4.28*(1488)
華羅庚　*6.12*(1985)
カラコーゾフ　*9.15*(1866)
唐衣橘洲　*7.18*(1802)
唐崎彦明　*4.22*(1758)
唐沢俊樹　*3.14*(1967)
カラジッチ, ヴーク・ステファノヴィチ　*2.7*(1864)
唐島基智三　*7.30*(1976)
ガラシャニン　*6.22*(1874)
カラジャーレ, イオン・ルカ　*6.9*(1912)
カラジョルジェ　*7.25*(1817)
カラス, アントン　*1.10*(1985)
カラス, ジャン　*3.10*(1762)
カラス, マリア　*9.16*(1977)
烏丸資任　*12.15*(1483)
烏丸資慶　*11.28*(1669)
烏丸豊光　*2.18*(1429)
烏丸冬光　*5.5*(1516)
烏丸益光　*12.30*(1475)
烏丸光胤　*9.18*(1780)
烏丸光宣　*11.21*(1611)
烏丸光広　*7.13*(1638)
烏丸光康　*4.27*(1579)
カラッチ, アゴスティノ　*3.22*(1602)
カラッチ, アンニバル　*7.15*(1609)
カラッチョリ, ガレアッツォ・マルケーゼ・ディ・ヴィーコ　*7.5*(1586)

人名索引　かる

カラッチョリ, フランチェスコ　6.4(1608)
カラッチ, ルドヴィコ　11.13(1619)
カラテオドリ　2.2(1950)
賀楽内親王　2.3(874)
唐橋在長　9.5(1488)
唐橋在治　9.1(1489)
唐橋在熙　2.30(1812)
唐橋在雅　7.24(1356)
唐橋君山　11.8(1800)
カラハン　9.20(1937)
カラミティ・ジェイン　8.1(1903)
カラムジン, ニコライ・ミハイロヴィチ　5.22(1826)
カラ・ムスタファ・パシャ　12.25(1683)
カラヤン, ヘルベルト・フォン　7.16(1989)
カラワーエワ, アンナ・アレクサンドロヴナ　5.21(1979)
ガラン, アントワーヌ　2.17(1715)
カランサ, バルトロメ・デ　5.2(1576)
カランサ, ベヌスティアーノ　5.20(1920)
ガーランド, ジュディ　6.22(1969)
ガーランド, ハムリン　3.4(1940)
ガリ・クルチ, アメリータ　11.26(1963)
ガリアーニ, フェルディナンド　10.30(1787)
ガリェゴス, ロムロ　4.4(1969)
ガリエニ, ジョゼフ・シモン　5.27(1916)
カリエーラ, ロザルバ　4.15(1757)
カリエール, ユージェーヌ　3.27(1906)
カリオストロ, アレッサンドロ, 伯爵　8.26(1795)
カリクスツス2世　12.14(1124)
カリクスツス3世　8.6(1458)
カリクストゥス, ゲオルク　3.19(1656)

カリグラ, ガーイウス・ユーリウス・カエサル・ゲルマニクス　1.24(41)
苅田久徳　8.3(2001)
カリッシミ, ジャーコモ　1.12(1674)
カリーニン　6.3(1946)
ガリバルディ, ジュゼッペ　6.2(1882)
ガーリブ, アサドゥッラー・ハーン　2.15(1869)
ガリマール　12.27(1975)
カリーム, ミールザー・アブー・ターレブ　11.29(1651)
狩谷棭斎　閏7.4(1835)
ガリレイ, ヴィンチェンツォ　7.2(1591)
ガリレオ・ガリレイ　1.8(1642)
ガーリン・ミハイロフスキー, ニコライ・ゲオルギエヴィチ　11.27(1906)
カール　6.30(1934)
カール5世　9.21(1558)
カール・アウグスト　6.14(1828)
カルヴァーリョ, ディエゴ・デ　2.22(1624)
カルヴァールト, デニス　3.17(1619)
カルヴァン, ジャン　5.27(1564)
カルヴィシウス, ゼトゥス　11.24(1615)
カルヴィーノ, イータロ　9.19(1985)
カルヴィン, メルヴィン　1.8(1997)
カルヴェ, エンマ　1.6(1942)
カルカシャンディー　7.16(1418)
カールグレン　10.20(1978)
カルコ, フランシス　5.26(1958)
カルサヴィナ, タマーラ　5.26(1978)
ガルシア　2.5(1597)
ガルシア　6.14(1971)
ガルシア・グティエレス, アントニオ　8.26(1884)

ガルシア-ロルカ, フェデリコ　8.19(1936)
ガルシア, マヌエル　6.9(1832)
ガルシア・モレーノ, ガブリエル　8.6(1875)
カールシュタット　12.25(1541)
ガルシラソ-デ-ラ-ベガ　10.11(1536)
ガルシン, フセヴォロド・ミハイロヴィチ　3.24(1888)
ガルス　10.16(645)
カルステンス, アスムス・ヤーコブ　5.25(1798)
ガルストランド, アルヴァー　7.28(1930)
ガルス, ニーコラウス　6.14(1570)
カルスーム, ウンム　2.3(1975)
ガルス, ヤコブ　7.18(1591)
カルーソー, エンリコ　8.2(1921)
カール大帝　1.28(814)
カルタイヤック, エミール　11.25(1921)
ガルダーノ, アントニオ　10.28(1569)
カルダーノ, ジロラモ　9.21(1576)
カルダーラ, アントニオ　12.26(1736)
カルダレッリ, ヴィンチェンツォ　6.15(1959)
カルタン, エリー・ジョゼフ　5.6(1951)
カルチエ, ジャック　9.1(1557)
ガルッピ, バルダッサーロ　1.3(1785)
カルティエ-ブレッソン, アンリ　8.3(2004)
カルティニ, R.A.　9.17(1904)
カルディム　4.30(1659)
カルデナス, ラサロ　10.19(1970)
カルデリ　2.10(1979)
ガルデル, カルロス　6.14(1935)
カルデロン-デ-ラ-バルカ, ペドロ　5.25(1681)

811

カルドア, ニコラス, 男爵 *10.1*(1986)
カルドゥッチ, ジョズエ *2.16*(1907)
カルドーゾ, ベンジャミン *7.9*(1938)
ガールドニ, ゲーザ *10.30*(1922)
カルー, トマス *3.22*(1639)
カールトン, ウィリアム *1.30*(1869)
カルナップ, ルドルフ *9.14*(1970)
ガルニエ, シャルル *8.3*(1898)
ガルニエ, トニー *1.19*(1948)
ガルニエ・パジェス *10.31*(1878)
ガルニエ, フランシス *12.21*(1873)
ガルニエ, ロベール *9.20*(1590)
カルネ, マルセル *10.30*(1996)
カルノー *8.24*(1894)
カルノー, ニコラ・レオナール・サディ *8.24*(1832)
ガルノー, フランソワ・グザヴィエ *2.3*(1866)
カルノー, ラザール *8.2*(1823)
ガルバ, セルウィウス・スルピキウス *1.15*(69)
カルパントラ *6.14*(1548)
カルフ, ウィレム *7.31*(1693)
カールフェルト, エーリック・アクセル *4.8*(1931)
カルプツォフ, ベーネディクト *8.30*(1666)
ガル, フランツ・ヨーゼフ *8.22*(1828)
ガルブレイス, ジョン・ケネス *4.29*(2006)
カルフーン, ジョン・C *3.31*(1850)
カルペンティエル, アレーホ *4.24*(1980)
ガルボ, グレタ *4.15*(1990)
カルポー, ジャン・バティスト *10.11*(1875)
カルマニョーラ *4.5*(1432)

カールマーン, イムレ *10.30*(1953)
カルマン, テオドール・フォン *7.5*(1963)
カルメット, アルベール *10.29*(1933)
カルル *4.30*(1847)
カルル1世 *4.1*(1922)
カルル2世 *10.6*(877)
カルル3世 *1.13*(888)
カルル4世 *11.29*(1378)
カルル6世 *10.20*(1740)
カルル7世 *1.20*(1745)
カルル9世 *10.30*(1611)
カルル10世 *2.13*(1660)
カルル11世 *4.15*(1697)
カルル12世 *12.11*(1718)
カルル14世 *3.8*(1844)
カルロ - アルベルト *7.28*(1849)
カルロ・エマヌエレ1世 *7.26*(1630)
カルロス *7.24*(1568)
カルロス1世 *1.2*(1908)
カルロス2世 *11.1*(1700)
カルロス3世 *12.14*(1788)
カルロス4世 *1.19*(1819)
カルロタ *1.7*(1830)
カレーエフ *2.18*(1931)
ガレ, エミール *9.23*(1904)
カレツキ, ミハウ *4.17*(1970)
ガレット, アルメイダ *12.9*(1854)
カレーニョ・デ・ミランダ, ファン *10.3*(1685)
カレピーノ, アンブロージョ *11.30*(1511)
ガレ, ヨハン・ゴットフリート *7.10*(1910)
カレーラ, J.M. *9.4*(1821)
カレーラ, ラファエル *4.14*(1865)
ガレリウス, ウァレリウス・マクシミアーヌス *5.5*(311)
カレル, アレクシス *11.5*(1944)
カレン, ウィリアム *2.5*(1790)
カロ *8.10*(1647)
カーロ, アンニーバレ *11.20*(1566)

カーロイ *3.21*(1955)
唐牛健太郎 *3.4*(1984)
カロザース, ウォーレス・ヒューム *4.29*(1937)
カロ, ジャック *3.24*(1635)
カロッサ, ハンス *9.12*(1956)
ガロッド, ドロシー *12.18*(1968)
カローニン, S. *5.12*(1892)
カロ, ハインリヒ *9.11*(1910)
ガロファロ, ベンヴェヌート・ダ *9.6*(1559)
カーロ, フリーダ *7.13*(1954)
カロリーネ(ヘッセン・ダルムシュタットの) *3.30*(1774)
カロル1世 *10.10*(1914)
カロル2世 *4.3*(1953)
ガロワ, エヴァリスト *5.31*(1832)
カロン *4.5*(1673)
カロンヌ *11.30*(1802)
河合卯之助 *1.14*(1969)
河合栄治郎 *2.15*(1944)
可愛かずみ *5.9*(1997)
河井寛次郎 *11.18*(1966)
川合玉堂 *6.30*(1957)
川合清丸 *6.24*(1917)
河合貞吉 *7.31*(1981)
河合新蔵 *2.15*(1936)
河井酔茗 *1.17*(1965)
河合寸翁 *6.24*(1841)
河合総兵衛 *12.26*(1864)
河合曾良 *5.22*(1710)
河合武雄 *3.21*(1942)
河井継之助 *8.16*(1868)
河合隼雄 *7.19*(2007)
河合屏山 *8.14*(1876)
河井道 *2.11*(1953)
河井弥八 *7.21*(1960)
川合義虎 *9.4*(1923)
河合良成 *5.14*(1970)
川上音二郎 *11.11*(1911)
川上嘉市 *4.6*(1964)
川上貫一 *9.12*(1968)
河上清 *10.12*(1949)
河上彦斎 *12.4*(1872)
河上弘一 *2.3*(1957)
川上貞奴 *12.7*(1946)
川上三太郎 *12.26*(1968)
河上丈太郎 *12.3*(1965)
河上鈴子 *2.11*(1988)

川上澄生 *9.1*(1972)	川尻秀長 *9.15*(1600)	河村瑞賢 *6.16*(1699)
川上宗薫 *10.13*(1985)	川尻宝岑 *8.10*(1910)	川村純義 *8.12*(1904)
川上操六 *5.11*(1899)	川路龍子 *4.20*(1996)	川村多実二 *12.16*(1964)
川上多助 *7.4*(1959)	川路柳虹 *4.17*(1959)	河村秀穎 *6.16*(1783)
河上徹太郎 *9.22*(1980)	川瀬一馬 *2.1*(1999)	河村秀根 *6.24*(1792)
川上冬崖 *5.3*(1881)	河瀬菅雄 *2.23*(1725)	川村文子 *12.1*(1960)
川上俊彦 *9.12*(1935)	川瀬太宰 *6.7*(1866)	川村元吉 *8.14*(1692)
河上肇 *1.30*(1946)	川瀬巴水 *11.7*(1957)	川村麟也 *10.31*(1947)
川上眉山 *6.15*(1908)	河瀬秀治 *4.2*(1928)	河村黎吉 *12.22*(1952)
川上不白(初代) *10.4*(1807)	川田烈 *9.27*(1963)	河目悌二 *4.23*(1958)
川上正光 *5.15*(1996)	川田甕江 *2.2*(1896)	川本宇之介 *3.15*(1960)
河上弥市 *10.14*(1863)	河竹繁俊 *11.15*(1967)	川本幸民 *6.1*(1871)
川喜多かしこ *7.27*(1993)	河竹新七(初代) *3.14*(1795)	河本杜太郎 *1.15*(1862)
川喜多長政 *5.24*(1981)	河竹新七(3代目) *1.10*(1901)	河盛好蔵 *3.27*(2000)
川喜田半泥子 *10.26*(1963)	河竹黙阿弥 *1.22*(1893)	河原崎国太郎(初代) *4.21*(1867)
河北倫明 *10.30*(1995)	河田重 *2.17*(1974)	河原崎国太郎(3代目) *7.21*(1887)
川喜田愛郎 *12.6*(1996)	川田順 *1.22*(1966)	河原崎国太郎(4代目) *8.13*(1919)
川口一郎 *7.13*(1971)	河田小龍 *12.19*(1898)	河原崎国太郎(5代目) *10.11*(1990)
河口慧海 *2.24*(1945)	川谷拓三 *12.22*(1995)	河原崎権十郎(2代目) *1.11*(1955)
川口軌外 *6.5*(1966)	川田晴久 *6.21*(1957)	河原崎権十郎(3代目) *2.18*(1998)
川口信任 *4.26*(1811)	河内女王 *12.23*(779)	河原崎権之助(初代) *7.22*(1690)
川口松太郎 *6.9*(1985)	川面凡児 *2.23*(1929)	河原崎権之助(2代目) *8.4*(1738)
河越重頼 *11.12*(1185)	河出孝雄 *7.22*(1965)	河原崎権之助(4代目) *1.4*(1796)
川崎九淵 *1.24*(1961)	川手文治郎 *10.10*(1883)	河原崎権之助(6代目) *9.23*(1868)
川崎定孝 *6.6*(1767)	カワード, ノーエル *3.26*(1973)	河原崎権之助(8代目) *11.9*(1917)
川崎紫山 *5.12*(1943)	河鍋暁斎 *4.26*(1889)	河原崎長十郎(2代目) *9.22*(1981)
川崎正蔵 *12.2*(1912)	河南豊作 *12.11*(1968)	河原田稼吉 *1.22*(1955)
川崎大治 *8.8*(1980)	河野健二 *8.10*(1996)	カーン *7.7*(1983)
河崎蕫 *4.27*(1871)	川之辺一朝 *9.5*(1910)	観阿弥 *5.19*(1384)
川崎千虎 *11.27*(1902)	川端玉章 *2.14*(1913)	カーン, アルバート *12.8*(1942)
川崎長太郎 *11.6*(1985)	川端道喜 *7.26*(1592)	寛意 *6.15*(1101)
河崎なつ *11.16*(1966)	川端茅舎 *7.17*(1941)	閑院宮載仁親王 *5.20*(1945)
川崎秀二 *2.22*(1978)	川端実 *6.29*(2001)	寛胤法親王 *4.3*(1376)
川崎弘子 *6.3*(1976)	川端康成 *4.16*(1972)	関羽 *10.1*(219)
川崎洋 *10.21*(2004)	川端龍子 *4.10*(1966)	菅円吉 *9.23*(1972)
川路聖謨 *3.15*(1868)	河東碧梧桐 *2.1*(1937)	鑑翁士昭 *11.4*(1360)
川路利良 *10.13*(1879)	河辺精長 *8.29*(1688)	神尾春央 *5.5*(1753)
河島醇 *4.28*(1911)	河辺貞吉 *1.17*(1953)	完顔阿骨打 *7.1*(1123)
川嶋至 *7.2*(2001)	河辺四郎 *6.25*(1960)	
川島正次郎 *11.9*(1970)	川辺御楯 *7.24*(1905)	
川島甚兵衛(2代目) *5.5*(1910)	川又克二 *3.29*(1986)	
川島武宜 *5.21*(1992)	川俣清音 *12.7*(1972)	
川島忠之助 *7.14*(1938)	川村迂叟 *6.4*(1885)	
川島つゆ *7.24*(1972)	川村音次郎 *2.12*(1973)	
川島浪速 *6.14*(1949)	川村花菱 *9.1*(1954)	
川島雄三 *6.11*(1963)	川村清雄 *5.16*(1934)	
川島芳子 *3.25*(1948)	河村殷根 *6.4*(1768)	
川島理一郎 *10.6*(1971)	河村若元 *5.19*(1744)	
川尻清潭 *12.14*(1954)	河村若芝 *10.1*(1707)	
川尻泰司 *6.25*(1994)	川村重吉 閏*1.27*(1648)	

寒巌義尹 *8.21*(1300)
観規 *2.15*(782)
神吉敬三 *4.18*(1996)
神吉拓郎 *6.28*(1994)
神吉晴夫 *1.24*(1977)
カーン, ギュスターヴ *9.5*(1936)
寛暁 *1.8*(1159)
願暁 *3.27*(874)
寛欽 *11.11*(1563)
岸駒 *12.5*(1839)
寛空 *2.6*(972)
寛慶 *11.3*(1123)
顔恵慶 *5.23*(1950)
観賢 *6.11*(925)
願西 *7.15*(1131)
神崎清 *3.2*(1979)
神崎ひで *11.26*(1985)
神崎与五郎 *2.4*(1703)
菅茶山 *8.13*(1827)
ガンサー, ジョン *5.29*(1970)
関山慧玄 *12.12*(1361)
カーン, ジェローム *11.11*(1945)
閑室元佶 *5.20*(1612)
儇子内親王 *12.28*(1097)
簡子内親王 *4.10*(914)
観修 *7.8*(1008)
観宿 *12.19*(928)
桓舜 *9.10*(1057)
寛助 *1.15*(1125)
寛乗 *9.28*(1286)
寛静 *10.11*(979)
願性 *4.23*(1276)
寛性入道親王 *9.30*(1346)
寛信 *3.7*(1153)
観真 *3.19*(1029)
鑑真 *5.6*(763)
ガンス, アベル *11.10*(1981)
韓世忠 *8.5*(1151)
観世華雪 *1.6*(1959)
観世黒雪 *12.9*(1627)
観世左近(24代目) *3.21*(1939)
観世宗拶 *8.9*(1585)
観世宗節 *12.5*(1584)
観世銕之丞(初代) *10.18*(1782)
観世銕之丞(2代目) *9.12*(1815)

観世銕之丞(6代目) *1.6*(1959)
観世銕之丞(7代目) *8.22*(1988)
観世銕之丞(8代目) *7.3*(2000)
観世信光 *7.7*(1516)
観世寿夫 *12.7*(1978)
観世栄夫 *6.8*(2007)
観世元章 *1.18*(1774)
観世元雅 *8.1*(1432)
観世元正 *8.26*(1990)
観世元頼 *6.9*(1574)
観世喜之(初代) *4.4*(1940)
観世喜之(2代目) *12.17*(1977)
寛尊法親王 *10.26*(1382)
苅田アサノ *8.5*(1973)
神田喜一郎 *4.10*(1984)
神田山陽(2代目) *10.30*(2000)
神田茂 *7.29*(1974)
神田松鯉(初代) *4.27*(1921)
神田松鯉(2代目) *4.22*(1967)
神田孝平 *7.5*(1898)
菅忠道 *11.20*(1979)
神田乃武 *12.30*(1923)
神田伯山(初代) *10.4*(1873)
神田伯山(3代目) *1.30*(1932)
神田伯山(5代目) *11.4*(1976)
神田伯竜 *5.17*(1949)
神田白竜子 *7.22*(1760)
願知 *1.28*(1527)
寛忠 *4.2*(977)
寰中元志 *3.13*(1428)
観中中諦 *4.3*(1406)
寛朝 *6.12*(998)
関通 *2.2*(1770)
ガーンディー, I. *10.31*(1984)
ガンディー, M.K. *1.30*(1948)
カンディディウス, ゲオルギウス *4.30*(1647)
カンティヨン *5.15*(1734)
ガンディー, ラジーヴ *5.21*(1991)
カンディンスキー, ワシーリー・ワシリエヴィチ *12.13*(1944)
カンテミール, アンチオフ・ドミトリエヴィチ *3.31*(1744)

カンテミール, ディミトリエ *8.21*(1723)
カンテループ *2.12*(1266)
カント, イマーヌエル *2.12*(1804)
管道昇 *5.10*(1319)
カンドウ, ソヴール *9.28*(1955)
ガントナー, ヨーゼフ *4.7*(1988)
神戸分左衛門 *11.20*(1712)
カント, ミンナ *5.12*(1897)
ガン, トム *4.25*(2004)
カンドル *3.9*(1893)
カンドル, オーギュスタン・ピラム・ド *9.9*(1841)
カントール, ゲオルク・フェルディナント・ルートヴィヒ・フィリップ *1.6*(1918)
カントール, タデウシュ *12.8*(1990)
カントル, モーリッツ *4.10*(1920)
ガントレット恒 *11.29*(1953)
カントロヴィチ, レオニード・ヴィタリエヴィチ *4.7*(1986)
カントロヴィッツ *2.12*(1940)
カントン, ジョン *3.22*(1772)
甘南備内親王 *2.21*(817)
カンナビヒ, ヨーハン・クリスティアン *1.20*(1798)
金成マツ *4.6*(1961)
管野すが *1.25*(1911)
菅野八郎 *1.2*(1888)
カンパーナ, ディーノ *3.1*(1932)
カンパネッラ, トンマーゾ *5.21*(1639)
樺美智子 *6.15*(1960)
上林暁 *8.28*(1980)
上林久茂 *6.7*(1606)
蒲原有明 *2.3*(1952)
ガンバラ, ヴェローニカ *6.13*(1550)
カンバーランド, リチャード *10.9*(1718)
カンバランド, リチャード *5.7*(1811)

カンパン, グヴュズムンドル・ヨウンソン 5.5(1945)
カンパン, ロベール 4.26(1444)
カンビアーゾ, ルーカ 9.6(1585)
カンピーリ, マッシモ 6.3(1971)
カンプス 11.21(1623)
カンプハウゼン 5.18(1896)
カンプハウゼン 12.3(1890)
カンプヘイゼン, ディルク・ラーファエルスゾーン 7.19(1627)
カンブラ, アンドレ 6.14(1744)
カンペッジョ, ロレンツォ 7.25(1539)
ガンベッタ, レオン 12.31(1882)
カンペ, ヨアヒム・ハインリヒ 10.22(1818)
カンペル 4.7(1789)
寛遍 6.30(1166)
カンペンドンク, ハインリヒ 6.9(1957)
カンペン, ヤーコプ・ファン 9.13(1657)
菅政友 10.22(1897)
桓武天皇 3.17(806)
冠松次郎 7.28(1970)
寛瑜 2.8(1214)
韓愈 12.2(824)
観勇 11.12(1269)
韓竜雲 5.9(1944)
カーン, ルイス・イザドア 3.17(1974)
甘露寺清長 8.29(1414)
甘露寺伊長 12.30(1548)
甘露寺親長 8.7(1500)
甘露寺経元 5.8(1585)
甘露寺藤長 5.4(1361)
甘露寺元長 8.17(1527)
感和亭鬼武 2.21(1818)

【 き 】

キアケゴー, セーレン 11.11(1855)
キアブレーラ, ガブリエッロ 10.14(1638)
キアラ 7.25(1685)
喜安 閑 6.18(1653)
希庵玄密 11.27(1501)
規庵祖円 4.2(1313)
ギー(アンデルレヒトの) 9.12(1012)
徽安門院 4.2(1358)
紀逸 5.8(1762)
キヴィ, アレクシス 12.31(1872)
木内喜八 8.19(1902)
木内キヤウ 11.7(1964)
木内順二 11.27(1867)
木内石亭 3.11(1808)
木内信胤 12.5(1993)
義雲 10.12(1333)
季雲永岳 2.15(1526)
希雲慧沢 11.24(1516)
儀雲示教 4.5(1527)
希雲楚見 4.6(1536)
貴雲嶺胤 7.25(1619)
義叙 10.20(892)
ギェレク, エドヴァルト 7.29(2001)
義円 3.10(1181)
義演 10.26(1314)
義演 閑 4.21(1626)
義淵 10.20(728)
キオッソーネ, エドアルド 4.11(1898)
祇園南海 9.8(1751)
喜海 12.20(1251)
義海 5.10(946)
其角 2.30(1707)
木川田一隆 3.4(1977)
木々高太郎 10.31(1969)
菊隠 8.27(1620)
菊隠瑞潭 12.8(1524)
祇空 4.23(1733)
義空 4.30(1241)
菊岡久利 4.22(1970)
菊岡検校 11.12(1847)
菊岡沾涼 10.24(1747)
菊川英山 6.16(1867)
菊川忠雄 9.26(1954)
菊島隆三 3.18(1989)
菊田一夫 4.4(1973)
菊竹淳 7.21(1937)
菊池海荘 1.16(1881)
菊池一雄 4.30(1985)
菊池寛 3.6(1948)
菊池恭三 12.28(1942)
菊池教中 8.8(1862)
菊池契月 9.9(1955)
菊池耕斎 12.8(1682)
菊池五山 6.27(1849)
木口小平 7.29(1894)
菊池三渓 10.17(1891)
菊池重朝 10.29(1493)
菊地庄次郎 8.31(1984)
菊池正士 11.12(1974)
菊池袖子 9.5(1838)
菊池大麓 8.19(1917)
菊池武時 3.13(1333)
菊池武朝 3.18(1407)
菊池武房 3.26(1285)
菊池武政 5.26(1374)
菊池武光 11.16(1373)
菊池武吉 5.25(1336)
菊池為邦 10.23(1488)
菊池知勇 5.8(1972)
菊池豊三郎 5.31(1971)
菊池芳文 1.18(1918)
菊池持朝 7.28(1446)
菊池幽芳 7.21(1947)
菊池容斎 6.16(1878)
菊池能運 2.15(1504)
菊池義武 11.20(1554)
聴濤克巳 8.30(1965)
菊原初子 9.12(2001)
菊村到 4.3(1999)
季瓊真蕊 8.11(1469)
キケロ, オイゲン 12.5(1997)
義賢 閑 10.2(1468)
季弘大叔 8.7(1487)
喜斎ディエゴ 2.5(1597)
木佐木勝 1.10(1979)
如月小春 12.19(2000)
木沢長政 3.17(1542)
義山 11.13(1717)
起山師振 10.18(1386)
喜山性讃 7.4(1442)
喜山宗忻 2.29(1556)
輝山宗珠 1.12(1528)
義山等仁 10.1(1462)
岸井明 7.3(1965)
器之為璠 5.24(1468)
岸沢式佐(初代) 9.24(1783)
岸沢式佐(5代目) 12.19(1867)

岸沢式佐(7代目・8代目) 9.18（1944）
煕子女王 5.5(950)
岸清一 10.29(1933)
岸盛一 7.25(1979)
岸田今日子 12.17(2006)
岸田吟香 6.7(1905)
岸田国士 3.5(1954)
岸田森 12.28(1982)
岸田辰弥 10.19(1944)
岸田稚魚 11.24(1988)
岸田俊子 5.25(1901)
岸田日出刀 5.3(1966)
岸たまき 7.9(1945)
岸田劉生 12.20(1929)
岸輝子 5.10(1990)
岸俊男 1.21(1987)
儀子内親王 閏10.5(879)
禧子内親王 10.10(1133)
岸信介 8.7(1987)
来島又兵衛 7.19(1864)
岸道三 3.14(1962)
岸本辰雄 4.4(1912)
岸本能武太 11.16(1928)
岸本武太夫 11.7(1810)
岸本由豆流 閏5.17(1846)
岸本芳秀 6.3(1890)
喜舎場永珣 4.2(1972)
貴司山治 11.20(1973)
帰住 4.10(1145)
喜州玄欣 9.20(1536)
宜秋門院 12.28(1239)
キシュファルディ・カーロイ 11.21(1830)
喜純 3.5(1401)
基舜 8.29(1164)
義照 1.3(969)
岸洋子 12.11(1992)
岸良兼養 11.15(1883)
祈親 2.2(1047)
義真 7.4(833)
キージンガー, クルト・ゲオルク 3.9(1988)
ギーズ, アンリ, 3代公爵 12.25(1588)
ギーズ, クロード・ド・ロレーヌ, 初代公爵 4.12(1550)
キース, サー・アーサー 1.7(1955)
キーズ, シドニー 4.29(1943)

ギーズ, シャルル・ド・ロレーヌ 12.26(1574)
キーズ, ジョン 7.29(1573)
ギーズ, フランソワ, 2代公爵 2.24(1563)
キースラー, フレデリック・ジョン 12.27(1965)
キスリング, モイーズ 4.30(1953)
希世霊彦 6.26(1488)
ギーゼキング, ヴァルター 10.26(1956)
ギーゼブレヒト 12.17(1889)
亀泉集証 9.27(1493)
毅宗(高麗) 10.1(1173)
徽宗 4.21(1135)
ギゾー, フランソワ 10.12(1874)
木曾義昌 3.17(1595)
北一輝 8.19(1937)
亀台尼 5.31(1810)
北大路魯山人 12.21(1959)
喜多岡勇平 6.24(1865)
北尾重政 1.24(1820)
北尾次郎 9.7(1907)
北尾政美 3.22(1824)
北垣国道 1.16(1916)
北風六右衛門 6.16(1789)
喜多川歌麿 9.20(1806)
北川民次 4.26(1989)
北川千代 10.14(1965)
北川殿 5.26(1529)
北川冬彦 4.12(1990)
喜多川平朗 11.28(1988)
北川義行 3.5(1971)
北岸佑吉 7.23(1976)
北小路俊直 12.24(1586)
喜田貞吉 7.3(1939)
北里柴三郎 6.13(1931)
北沢敬二郎 10.25(1970)
北沢栄 8.31(1956)
北沢新次郎 1.3(1980)
北沢伴助 3.22(1884)
北沢楽天 8.25(1955)
喜多七太夫(初代) 1.7(1653)
喜多七太夫(3代目) 7.6(1731)
喜多七太夫(9代目) 6.25(1829)
北島織衛 4.27(1980)
北島検校 9.4(1690)

北島雪山 閏2.14(1697)
北白河院 10.3(1238)
北白川宮富子 3.10(1936)
北白川宮能久親王 10.28(1895)
北白川房子 8.11(1974)
北添佶摩 6.5(1864)
北園克衛 6.6(1978)
北薄氷 11.5(1900)
北楯利長 7.20(1625)
城多虎雄 2.20(1887)
木谷千ּ種 1.24(1947)
木谷実 12.19(1975)
北野鞠塢 8.29(1831)
北野善朗 5.30(1975)
北畠顕家 5.22(1338)
北畠親房 4.17(1354)
北畠具教 11.25(1576)
北畠具行 6.19(1332)
北畠教具 3.23(1471)
北畠雅家 3.22(1274)
北畠満雅 12.21(1429)
北畠師重 1.13(1321)
北畠師親 9.27(1305)
北畠師行 4.3(1296)
北畠八穂 3.18(1982)
北原稲雄 10.2(1881)
北原謙二 1.26(2005)
北原怜子 1.23(1958)
北原泰作 1.3(1981)
北原武夫 9.29(1973)
北原白秋 11.2(1942)
北原遥子 8.12(1985)
喜多文子 5.10(1950)
北見志保子 5.4(1955)
きだみのる 7.25(1975)
喜多実 10.2(1986)
北向道陳 1.18(1562)
北村一郎 12.6(1973)
北村和夫 5.6(2007)
北村季吟 6.15(1705)
北村喜八 12.27(1960)
北村湖春 1.15(1697)
北村小松 4.27(1964)
北村サヨ 12.28(1967)
北村季晴 6.17(1931)
北村西望 3.4(1987)
北村太郎 10.26(1992)
北村透谷 5.16(1894)
北村徳太郎 11.15(1968)
喜多村信節 6.23(1856)

北村寿夫 　*1.3*（1982）
喜多村弥兵衛 　*8.17*（1638）
喜多村緑郎 　*5.16*（1961）
キダー，メアリ・エディ 　*6.25*（1910）
北森嘉蔵 　*9.29*（1998）
北山院 　*11.11*（1419）
北山茂夫 　*1.30*（1984）
北山宮 　*12.2*（1457）
北吟吉 　*8.5*（1961）
喜多六平太 　*1.11*（1971）
北脇昇 　*12.28*（1951）
吉川経家 　*10.25*（1581）
吉川経幹 　*3.20*（1867）
吉川広家 　*9.21*（1625）
吉川広嘉 　*8.16*（1679）
吉川元長 　*6.5*（1587）
吉川元春 　*11.15*（1586）
吉川霊華 　*3.25*（1929）
吉州梵貞 　*6.20*（1558）
キッシュ，エーゴン・エルヴィン 　*3.31*（1948）
ギッシュ，リリアン 　*2.27*（1993）
キーツ，ジョン 　*2.23*（1821）
ギッシング，ジョージ 　*12.28*（1903）
キッチナー，ハーバート，初代伯爵 　*6.5*（1916）
キッテル，ゲーアハルト 　*7.11*（1948）
キッド 　*10.2*（1916）
キッド，ウィリアム 　*5.23*（1701）
吉徳門院 　*10.10*（1522）
キッド，トマス 　*12.30*（1594）
ギッピウス，ジナイーダ・ニコラエヴナ 　*9.9*（1945）
キッピング，フレデリック・スタンレイ 　*4.30*（1949）
キップハルト，ハイナー 　*11.18*（1992）
キップリング，ラドヤード 　*1.18*（1936）
喜連川国朝 　*2.1*（1593）
ギーディオン，ジークフリート 　*4.9*（1968）
ギディングズ 　*6.11*（1931）
義天 　*10.5*（1101）
義天玄詔 　*3.18*（1462）
几董 　*10.23*（1789）

義堂周信 　*4.4*（1388）
虚堂智愚 　*10.7*（1269）
鬼頭仁三郎 　*9.29*（1947）
木戸幸一 　*4.6*（1977）
木戸蓊 　*6.10*（2000）
城戸四郎 　*4.18*（1977）
木戸孝允 　*5.26*（1877）
城戸千楯 　*9.21*（1845）
木戸松子 　*4.10*（1886）
城戸幡太郎 　*11.18*（1985）
木戸満範 　*10.10*（1416）
ギトリ，サッシャ 　*7.24*（1957）
ギトリー，リュシアン・ジェルマン 　*6.1*（1925）
ギトン・ド・モルヴォー男爵，ルイ・ベルナール 　*1.2*（1816）
キートン，バスター 　*2.1*（1966）
キーナン 　*12.8*（1954）
キニョーネス，フランシスコ・デ 　*10.27*（1540）
衣笠貞之助 　*2.26*（1982）
衣笠冬良 　*6.4*（1308）
キネ，エドガール 　*3.27*（1875）
ギネス，アレック 　*8.5*（2000）
杵屋栄左衛門 　*1.12*（1982）
杵屋栄蔵（3代目） 　*11.26*（1967）
杵屋栄蔵（4代目） 　*6.20*（1988）
杵屋勝五郎（初代） 　*6.24*（1839）
杵屋勝五郎（2代目） 　*5.19*（1853）
杵屋勝三郎（2代目） 　*2.5*（1896）
杵屋勝三郎（3代目） 　*9.13*（1903）
杵屋勝太郎（4代目） 　*4.22*（1966）
杵屋勘五郎（初代） 　*9.11*（1643）
杵屋勘五郎（2代目） 　*10.21*（1699）
杵屋勘五郎（5代目） 　*3.24*（1917）
杵屋喜三郎（3代目） 　*5.12*（1715）
稀音家幸 　*1.8*（1985）
杵屋佐吉（初代） 　*11.4*（1807）
杵屋佐吉（3代目） 　*9.9*（1881）

杵屋佐吉（4代目） 　*12.13*（1945）
杵屋佐登代 　*10.18*（1997）
杵屋佐之助 　*3.31*（1968）
稀音家浄観（2代目） 　*5.28*（1956）
杵屋正次郎（初代） 　*11.3*（1803）
杵屋正次郎（2代目） 　*9.1*（1820）
杵屋正次郎（3代目） 　*10.31*（1895）
杵屋正次郎（4代目） 　*2.12*（1940）
杵屋正邦 　*2.16*（1996）
杵屋宗家（12代目） 　*8.31*（1912）
杵屋弥十郎（5代目） 　*1.1*（1873）
杵屋弥十郎（6代目） 　*5.13*（1897）
杵屋六一朗 　*6.17*（1974）
杵屋六左衛門（9代目） 　*9.11*（1819）
杵屋六左衛門（10代目） 　*8.16*（1858）
杵屋六左衛門（11代目） 　*8.7*（1877）
杵屋六左衛門（12代目） 　*8.31*（1912）
杵屋六左衛門（13代目） 　*3.23*（1940）
杵屋六左衛門（14代目） 　*8.23*（1981）
杵屋六三郎（初代） 　*3.19*（1734）
杵屋六三郎（2代目） 　*7.28*（1791）
杵屋六三郎（4代目） 　*11.30*（1856）
杵屋六三郎（11代目） 　*11.13*（1967）
杵屋和吉（5代目） 　*6.28*（1977）
紀阿閇麻呂 　*2.14*（674）
紀飯麻呂 　*7.19*（762）
紀家守 　*4.19*（784）
紀今守 　*3.29*（872）
紀大人 　*6.2*（683）
木内克 　*3.8*（1977）
紀乙魚 　*5.5*（840）
紀男人 　*10.30*（738）

紀海音　*10.4*（1742）
紀形名　*4.28*（779）
紀勝長　*10.3*（806）
紀清人　*7.11*（753）
紀伊国屋文左衛門　*4.24*（1734）
紀古佐美　*4.4*（797）
木下家定　*8.26*（1608）
木下和夫　*2.13*（1999）
木下恵介　*12.30*（1998）
木下茂　*3.31*（1966）
木下順庵　*12.23*（1699）
木下順二　*10.30*（2006）
木下孝則　*3.29*（1973）
木下幸文　*11.2*（1821）
木下竹次　*2.14*（1946）
木下長嘯子　*6.15*（1649）
木下東作　*6.19*（1952）
木下俊長　*9.8*（1716）
木下利房　*6.21*（1637）
木下尚江　*11.5*（1937）
木下光三　*8.30*（1996）
木下杢太郎　*10.15*（1945）
木下夕爾　*8.4*（1965）
木下蘭皐　*8.6*（1752）
木下利玄　*2.15*（1925）
木下良順　*9.7*（1977）
紀上太郎　*4.23*（1799）
紀斉名　*12.15*（1000）
キノトール　*11.29*（1999）
紀内親王　*6.29*（886）
紀名虎　*6.16*（847）
紀二位　*1.10*（1166）
紀長谷雄　*2.10*（912）
紀広純　*3.22*（780）
紀広庭　*6.12*（777）
紀広浜　*7.11*（819）
キノー，フィリップ　*11.26*（1688）
紀深江　*10.5*（840）
紀船守　*4.2*（792）
紀麻呂　*7.19*（705）
紀安雄　*5.28*（886）
紀良子　*7.13*（1413）
紀吉継　*1.25*（784）
紀淑光　*9.11*（939）
奇伯瑞龐　*4.7*（1547）
木原孝一　*9.7*（1979）
木原均　*7.27*（1986）
木原光知子　*10.18*（2007）
義範　関*10.5*（1088）

吉備姫王　*9.11*（643）
吉備内親王　*2.12*（729）
吉備泉　関*7.8*（814）
吉備真備　*10.2*（775）
吉備由利　*1.2*（774）
紀平正美　*9.20*（1949）
ギフォード，ウィリアム　*12.31*（1826）
ギブズ，ジェイムズ　*8.5*（1754）
ギブズ，ジョサイア・ウィラード　*4.28*（1903）
ギブソン，エドマンド　*9.6*（1748）
キフティー　*12.30*（1248）
黄文大伴　*10.14*（710）
キー，フランシス・スコット　*1.11*（1843）
キーブル，ジョン　*3.29*（1866）
ギベルティ，ロレンツォ　*12.1*（1455）
ギベルトゥス（ジャンブルーの）　*2.22*（1213）
ギボン，エドワード　*1.16*（1794）
ギボンズ，オーランドー　*6.5*（1625）
ギボンズ，グリンリング　*8.3*（1721）
儀間真常　*10.14*（1644）
木俣修　*4.4*（1983）
ギマランイス・ローザ，ジョアン　*11.19*（1967）
君子内親王　*10.9*（902）
希明清良　*9.16*（1445）
金日成　*7.8*（1994）
金素雲　*11.2*（1981）
金達寿　*5.24*（1997）
木村曙　*10.19*（1890）
木村功　*7.4*（1981）
木村伊兵衛　*5.31*（1974）
木村芥舟　*12.9*（1901）
木村亀二　*3.15*（1972）
木村毅　*9.18*（1979）
木村禧八郎　*5.13*（1975）
木村京太郎　*6.11*（1988）
木村錦花　*8.19*（1960）
木村謹治　*1.13*（1948）
木村久寿弥太　*11.23*（1935）
木村蒹葭堂　*1.25*（1802）
木村謙次　*7.6*（1811）

木村健二郎　*10.12*（1988）
木村小左衛門　*2.28*（1952）
木村駒子　*7.10*（1980）
木村貞子　*5.10*（1926）
木村重友（初代）　*8.13*（1939）
木村重成　*5.6*（1615）
木村重松（初代）　*12.2*（1938）
木村小舟　*4.20*（1954）
木村庄之助（19代目）　*5.30*（1932）
木村庄之助（21代目）　*11.25*（1970）
木村庄之助（24代目）　*9.19*（1973）
木村荘八　*11.18*（1958）
木村清四郎　*9.24*（1934）
木村セバスチャン　*8.5*（1622）
木村荘十二　*8.10*（1988）
木村泰賢　*5.16*（1930）
木村高敦　*11.1*（1742）
木村鷹太郎　*7.18*（1931）
木村探元　*2.3*（1767）
木村篤太郎　*8.8*（1982）
木村富子　*12.26*（1944）
木村友衛（初代）　*11.5*（1977）
木村栄　*9.26*（1943）
木村常陸介　*7.15*（1595）
木村秀政　*10.10*（1986）
木村表斎　*2.14*（1885）
木村兵太郎　*12.23*（1948）
木村正辞　*4.14*（1913）
木村黙老　*12.3*（1856）
木村資生　*11.13*（1994）
木村安兵衛　*7.26*（1889）
木村義雄　*11.17*（1986）
木室卯雲　*6.28*（1783）
義門　*8.15*（1843）
奇文禅才　*12.14*（1571）
キャヴェンディッシュ，ウィリアム，ニューカッスル公爵　*12.25*（1676）
キャヴェンディッシュ，ヘンリー　*2.28*（1810）
キャグニー，ジェイムズ　*3.30*（1986）
キャザー，ウィラ　*4.24*（1947）
キャサリン　*1.7*（1536）
キャサリン　*12.31*（1705）
キャサリン・パー　*9.7*（1548）
キャサリン・ハワード　*2.13*（1542）

ギャスケル, エリザベス *11.12*
（1865）
キャス, ルイス *6.17*（1866）
キャッシュ, ジョニー *9.12*（2
003）
キャット, キャリー・チャップマ
ン *3.9*（1947）
キャップグレイヴ, ジョン *8.12*
（1464）
カナン *4.8*（1935）
キャニング, ジョージ *8.8*（18
27）
キャノン, ウォルター・ブラッ
ドフォード *10.1*（1945）
キャバ, ロバート *5.25*（1954）
ギャバン, ジャン *11.15*（1976）
キャプラ, フランク *9.3*（199
1）
キャベル, ジェイムズ・ブラン
チ *5.5*（1958）
木山捷平 *8.23*（1968）
キャムデン, ウィリアム *11.9*
（1623）
キャメロン, ジュリア・マーガ
レット *2.26*（1879）
キャメロン, リチャード *7.22*
（1680）
ギャラップ, ジョージ *7.27*（1
984）
ギャラデット, トマス *9.9*（18
51）
キャラハン, ジェイムズ, 男爵
 3.26（2005）
キャラハン, モーリー *8.25*（1
990）
ギャリソン, ウィリアム・ロイ
ド *5.24*（1879）
ギャリック, デイヴィッド *1.20*
（1779）
キャリントン, リチャード・ク
リストファー *11.27*（1875）
キャルヴァートン, V.F. *11.20*
（1940）
キャロライン（アンスバッハの）
, ヴィルヘルミーナ *11.20*（1
737）
キャロライン・オブ・ブランズ
ウィック *8.7*（1821）
キャロル, ジェイムズ *9.16*（1
907）
キャロル, ルイス *1.14*（1898）

喜屋武真栄 *7.16*（1997）
キャンピオン, 聖エドマンド
 12.1（1581）
キャンピオン, トマス *3.1*（16
20）
キャンフィールド, ドロシー
 11.9（1958）
キャンベル-バナマン, サー・
ヘンリー *4.22*（1908）
キャンベル, アレグザンダー
 3.4（1866）
キャンベル, ウィリアム・ウォ
レス *7.14*（1938）
キャンベル, サー・コリン, ク
ライド男爵 *8.14*（1863）
キャンベル, ジョン *7.11*（197
1）
キャンベル, トマス *6.15*（184
4）
キャンベル, パトリック夫人
 4.9（1940）
キャンベル, ロイ *4.23*（1957）
キュイ, ツェザリ・アントノヴ
ィチ *3.24*（1918）
ギュイヤール, マリ *4.30*（167
2）
ギュイヨー, ジャン-マリ *3.31*
（1888）
ギュイヨン, ジャンヌ・マリー・
ド・ラ・モット *6.9*（1717）
キュヴィエ, ジャン-フランソ
ワ・ド *4.14*（1768）
キュヴィエ, ジョルジュ, 男爵
 5.13（1832）
キュヴィリエ *4.23*（1973）
九淵竜瞌 *3.11*（1474）
炭往 *3.23*（1596）
久室玄長 *6.23*（1585）
久子内親王 *6.18*（876）
九峰韶奏 *11.12*（1405）
九峰信慶 *6.13*（1381）
久峰文昌 *2.25*（1529）
キュストナー *10.15*（1936）
ギュツラフ, カール・フリード
リヒ・アウグスト *8.9*（185
1）
キュニョー, ニコラ・ジョゼフ
 10.2（1804）
キュプリアヌス, タスキウス・
カエキリウス *9.14*（258）

キューブリック, スタンリー
 3.7（1999）
キュヘリベーケル, ヴィリゲリ
ム・カルロヴィチ *8.11*（18
46）
ギユラーグ, ガブリエル-ジョ
ゼフ・ド・ラヴェルニュ・ド
 3.4（1685）
キュリッロス *2.14*（869）
キュリー, ピエール *4.19*（190
6）
キュリー, マリー *7.4*（1934）
キュリロス *3.18*（386）
キュリロス *6.27*（444）
ギュルヴィチ, ジョルジュ *12.12*
（1965）
ギュルセル *9.14*（1966）
キュルペ *12.30*（1915）
キュレル, フランソワ・ド *4.26*
（1928）
ギューレンブーウ, トマシーネ
 7.1（1856）
ギュンター, イグナーツ *6.26*
（1775）
ギュンター, ヨハン・クリステ
ィアン *3.15*（1723）
ギュンテキン, レシャト・ヌリ
 12.7（1956）
ギュンデローデ, カロリーネ・
フォン *7.26*（1806）
堯胤 *3.26*（1530）
行恵 *11.11*（1153）
教円 *6.10*（1047）
慶円 *1.27*（1223）
行円 *1.8*（1047）
堯雅 *10.8*（1592）
行賀 *2.8*（803）
教懐 *5.28*（1093）
行海 *12.18*（1180）
教覚 *8.25*（1117）
経覚 *8.27*（1473）
行覚法親王 *9.22*（1293）
教寛 *1.20*（1337）
慶岩 *1.21*（1617）
行観 *3.28*（1073）
行観 *9.5*（1325）
行基 *2.2*（749）
姜希顔 *10.19*（1464）
慶堯 *3.15*（1568）
経救 *5.2*（1044）
行慶 *7.16*（1165）

きよ　人名索引

教外得蔵　1.3 (1365)
経玄　閏1.17 (1231)
行玄　11.5 (1155)
尭孝　7.5 (1455)
経光　8.24 (1569)
京極院　8.9 (1272)
京極貞氏　11.19 (1355)
京極高数　6.24 (1441)
京極高国　12.24 (1676)
京極高次　5.3 (1609)
京極高知　8.12 (1622)
京極高詮　9.7 (1401)
京極高広　4.22 (1677)
京極高光　8.19 (1413)
京極高吉　1.25 (1581)
京極忠高　6.12 (1637)
京極為兼　3.21 (1332)
京極為教　5.24 (1279)
京極政経　10.25 (1508)
京極マリア　7.1 (1618)
京極持清　8.4 (1470)
行厳　9.16 (1123)
行之正順　6.9 (1515)
敬宗　3.11 (1311)
行舜　11.5 (1208)
経助　2.6 (1114)
行助　3.24 (1469)
尭恕入道親王　4.16 (1695)
行助入道親王　9.10 (1386)
教信　8.15 (866)
教真　11.18 (1109)
教尋　3.23 (1141)
慶信　5.9 (1095)
経深　8.14 (1364)
慶遵　4.24 (1064)
経遹　12.10 (1123)
行禅　11.29 (1082)
行遥　12.21 (1124)
亀洋宗鑑　8.19 (1563)
尭尊　9.5 (1559)
行尊　2.5 (1135)
暁台　1.20 (1792)
行智　3.13 (1841)
京塚昌子　9.23 (1994)
鏡堂覚円　9.26 (1306)
教如　10.5 (1614)
巧如　10.14 (1440)
尭仁法親王　4.21 (1430)
凝然　9.5 (1321)
凝念　5.24 (1533)
行然　4.18 (1531)

尭然入道親王　閏8.22 (1661)
卿局　8.16 (1229)
卿内侍　3.7 (1543)
経範　11.9 (1591)
恭愍王　9.22 (1374)
行遍　12.15 (1264)
敬法　3.28 (1400)
岐陽方秀　2.3 (1424)
京山幸枝若　6.24 (1991)
京山若丸　7.22 (1956)
恭礼門院　11.30 (1795)
清浦奎吾　11.5 (1942)
清岡治之助　9.5 (1864)
清岡卓行　6.3 (2006)
清岡道之助　9.5 (1864)
清川八郎　4.13 (1863)
清川正二　4.13 (1999)
許筠　8.24 (1618)
玉翁融林　6.5 (1409)
玉崗瑞璵　8.10 (1578)
玉山徳璇　10.18 (1334)
玉室宗珀　5.14 (1641)
玉泉　2.17 (1588)
玉泉院　2.24 (1623)
玉仲宗琇　11.16 (1604)
玉田存麟　4.26 (1586)
玉堂宗条　1.17 (1561)
旭堂南陵 (2代目)　11.19 (1965)
許広平　3.3 (1968)
清崎敏郎　5.12 (1999)
清沢洌　5.21 (1945)
清沢満之　6.6 (1903)
清瀬一郎　6.27 (1967)
清瀬保二　9.14 (1981)
ギヨタン, ジョゼフ・イニャス　3.26 (1814)
許滌新　2.8 (1988)
清野謙次　12.27 (1955)
清野勉　3.10 (1904)
清原雄風　8.20 (1810)
清原家衡　11.14 (1087)
清原枝賢　11.15 (1590)
清原国賢　12.18 (1614)
清原武衡　11.14 (1087)
清原夏野　10.7 (837)
清原業忠　4.28 (1467)
清原長谷　11.26 (834)
清原宣賢　7.12 (1550)
清原満定　11.2 (1263)
清原峯成　2.29 (861)

清原良賢　10.29 (1432)
清原頼業　閏4.14 (1189)
清原雪信　4.29 (1682)
キョプリュリュ・メフメト・パシャ　11.1 (1661)
清麿　11.14 (1855)
ギヨーマン, アルマン　6.26 (1927)
清水六兵衛 (3代目)　6.4 (1883)
清水六兵衛 (5代目)　8.1 (1959)
清水六兵衛 (6代目)　4.17 (1980)
ギヨーム (アキテーヌの)　5.28 (812)
ギヨーム (ヴォリヨンの)　1.22 (1463)
ギヨーム, シャルル・エドゥアール　6.13 (1938)
ギヨーム・ダキテーヌ　2.10 (1127)
ギヨーム・ドーヴェルニュ　3.30 (1249)
ギヨーム・ド・サン-タムール　9.13 (1272)
ギヨーム・ド・サン-ベニーニュ　1.1 (1031)
ギヨーム・ド・サン-ティエリ　9.8 (1149)
ギヨーム・ド・シャンポー　1.18 (1121)
ギヨーム・ドーセール　11.3 (1231)
ギヨーム・ド・ピエール・ド・ゴダン　6.14 (1326)
ギヨーム・ド・マショー　4.13 (1377)

清元梅吉 (初代)　2.1 (1907)
清元梅吉 (2代目)　5.14 (1911)
清元梅吉 (3代目)　6.1 (1966)
清元栄寿郎　3.10 (1963)
清元延寿太夫 (初代)　5.26 (1825)
清元延寿太夫 (2代目)　9.26 (1855)
清元延寿太夫 (3代目)　8.10 (1858)

清元延寿太夫(5代目)　*5.22*(1943)
清元延寿太夫(6代目)　*2.5*(1987)
清元お葉　*5.2*(1901)
清元志寿太夫　*1.2*(1999)
許蘭雪軒　*3.19*(1589)
許六　*8.26*(1715)
雲英晃耀　*2.14*(1910)
吉良長氏　*6.18*(1290)
吉良満貞　*9.5*(1384)
吉良満義　*9.23*(1356)
吉良義央　*12.14*(1703)
吉良義弥　*10.24*(1643)
ギリ　*6.24*(1980)
キリアヌス　*7.8*(689)
キリアン　*2.24*(1921)
ギリェン・バティスタ, ニコラス　*7.16*(1989)
ギリェン, ホルヘ　*2.6*(1984)
霧島昇　*4.24*(1984)
桐竹亀松(4代目)　*8.20*(1988)
桐竹勘十郎(2代目)　*8.14*(1986)
桐竹紋十郎(初代)　*8.15*(1910)
桐竹紋十郎(2代目)　*8.21*(1970)
霧立のぼる　*3.22*(1972)
キリノ　*2.29*(1955)
桐野利秋　*9.24*(1877)
桐原葆見　*5.2*(1968)
起竜永春　*5.29*(1470)
桐生悠々　*9.10*(1941)
キリレンコ　*5.12*(1990)
キーリン, デイヴィド　*2.27*(1963)
キルウォードビ, ロバート　*9.12*(1279)
ギル, エリック　*11.17*(1940)
ギールゲ　*10.10*(1921)
ギル, サー・デイヴィド　*1.24*(1914)
キルサーノフ, セミョーン・イサーコヴィチ　*12.10*(1972)
キルション, ウラジーミル・ミハイロヴィチ　*7.28*(1938)
ギルバート　*12.23*(1901)
ギルバート, W.S.　*5.29*(1911)

ギルバート, ウィリアム　*11.30*(1603)
ギルバート・オヴ・センプリンガム　*2.4*(1189)
ギルバート, グローヴ　*5.1*(1918)
ギルバート, サー・アルフレッド　*10.30*(1934)
ギルバート, サー・ハンフリー　*9.9*(1583)
キルパトリック　*2.13*(1965)
キルヒシュレーガー　*3.30*(2000)
キルヒナー, エルンスト・ルートヴィヒ　*6.15*(1938)
キルヒナー, ティモーテウス　*9.14*(1587)
キルヒホッフ, グスタフ・ロベルト　*10.17*(1887)
キルヒマン　*10.20*(1884)
キルヒャー, アタナージウス　*11.27*(1680)
ギルピン, バーナード　*5.4*(1583)
ギルブレス, フランク　*6.14*(1924)
ギルベール, イヴェット　*2.3*(1944)
キルポーチン, ワレーリー・ヤコヴレヴィチ　*7.2*(1980)
キルマー, ジョイス　*7.30*(1918)
ギルマン, シャーロット・アナ　*8.17*(1935)
ギルランダイオ　*7.17*(1497)
ギルランダイオ, ダーヴィド　*4.14*(1525)
ギルランダイオ, ドメニコ　*1.11*(1494)
ギルランダイオ, リドルフォ　*1.6*(1561)
ギル, ルネ　*9.15*(1925)
ギルレイ, ジェイムズ　*6.1*(1815)
キレーエフスキー, イワン・ワシリエヴィチ　*6.11*(1856)
キレーエフスキー, ピョートル・ワシリエヴィチ　*10.25*(1856)
ギレスピー, ディジー　*1.6*(1993)

ギレリス, エミール・グリゴリエヴィチ　*10.15*(1985)
キローガ, オラシオ　*2.19*(1937)
キローガ, バスコ・デ　*3.14*(1565)
キーロフ, セルゲイ・ミロノヴィチ　*12.1*(1934)
宜湾朝保　*9.23*(1876)
金一　*3.9*(1984)
キーン, エドマンド　*5.15*(1833)
金九　*6.26*(1949)
金玉均　*3.28*(1894)
キング　*4.29*(1827)
キング　*8.29*(1712)
キング, W.L.M.　*7.22*(1950)
キングストン, ウィリアム・ヘンリ・ギルス　*8.5*(1880)
キングズリー, シドニー　*3.20*(1995)
キングズリー, チャールズ　*1.23*(1875)
キングズリー, ヘンリー　*5.24*(1876)
キング, マーティン・ルーサー　*4.4*(1968)
金原亭馬の助　*2.6*(1976)
金原亭馬生(10代目)　*9.13*(1982)
金岡用兼　*11.5*(1513)
キンゴ, トーマス　*10.14*(1703)
禽語楼小さん(2代目)　*7.3*(1898)
金策　*1.30*(1951)
金山明昶　*11.13*(1413)
勤子内親王　*11.5*(938)
均子内親王　*2.25*(910)
ギンズバーグ　*8.31*(1970)
ギンズバーグ, アレン　*4.5*(1997)
キンゼイ, アルフレッド・チャールズ　*8.25*(1956)
金正喜　*10.10*(1856)
金性洙　*2.18*(1955)
金素月　*12.24*(1934)
金田一京助　*11.14*(1971)
金田一春彦　*5.19*(2004)
ギンツブルグ, ナタリーア　*10.8*(1991)

金東里　*6.17*（1995）
キンナ，ガイユス・ヘルウィウス　*3.20*（前44）
金原省吾　*8.2*（1958）
金原明善　*1.14*（1923）
金道　*12.11*（1630）
欽明天皇　*4.15*（571）
金庾信　*7.1*（673）

【く】

クアウテモク　*2.26*（1525）
クァジーモド，サルヴァトーレ　*6.14*（1968）
クァラントッティ・ガンビーニ，ピエール・アントーニオ　*4.22*（1965）
グアリーニ，グアリーノ　*3.6*（1683）
グァリーノ・デ・グァリーニ　*12.4*（1460）
グァルディーニ，ロマーノ　*10.1*（1968）
グアルディ，フランチェスコ　*1.1*（1793）
グアルベルトゥス，ヨアネス　*7.12*（1073）
グァレスキ，ジョヴァンニ　*7.22*（1968）
グアン　*10.25*（1977）
グイゴ　*7.27*（1136）
グイゴ（カストロの）　*7.27*（1137）
グイゴ・デ・ポンテ　*10.29*（1297）
クィスリング，ビドクン　*10.4*（1945）
グィッチャルディーニ，フランチェスコ　*5.22*（1540）
グィットーネ・ダレッツォ　*8.21*（1294）
グイード・ダレッツォ　*5.17*（1050）
グィニツェッリ，グイード　*11.14*（1276）
クイビシェフ　*1.25*（1935）
クィラー・クーチ，アーサー　*5.12*（1944）

グイラルデス，リカルド　*10.8*（1927）
クイン，アンソニー　*6.3*（2001）
クイーン，エラリー　*4.3*（1971）
クイーン，エラリー　*9.3*（1982）
空阿　*1.15*（1228）
クヴァラン，エイナル・ヒョルレイフスソン　*5.21*（1938）
グヴァルター，ルードルフ　*12.25*（1586）
クヴァンツ，ヨーハン・ヨーアヒム　*7.12*（1773）
グウィン，ネル　*11.14*（1687）
グウェリクス（イニーの）　*8.19*（1157）
空海　*3.21*（835）
空谷明応　*1.16*（1407）
空晴　*12.9*（957）
クーヴ・ド・ミュルヴィル，モーリス　*12.24*（1999）
空仏　*4.14*（1380）
空也　*9.11*（972）
グェッラッツィ，フランチェスコ・ドメーニコ　*9.23*（1873）
クエルチャ，ヤコポ・デラ　*10.20*（1438）
グエン・ヴァン・ティュウ　*9.29*（2001）
グエン・ズイ・チン　*4.20*（1985）
グエン・バン・ロック　*5.31*（1991）
グエン・フウ・トオ　*12.24*（1996）
グエン・フエ　*9.29*（1792）
クォーコ，ヴィンチェンツォ　*12.13*（1823）
クォールズ，フランシス　*9.8*（1644）
陸井三郎　*1.13*（2000）
陸羯南　*9.2*（1907）
クガート，ザヴィア　*10.27*（1990）
九鬼周造　*5.6*（1941）
九鬼守隆　*9.15*（1632）
愚丘妙智　*10.24*（1487）
公暁　*1.27*（1219）
愚極礼才　*6.6*（1452）

九鬼嘉隆　*10.12*（1600）
九鬼隆一　*8.18*（1931）
愚谷常賢　*11.3*（1339）
クーコリニク，ネストル・ワシリエヴィチ　*12.8*（1868）
クーザ　*5.15*（1873）
救済　*3.8*（1378）
日下圭介　*2.11*（2006）
久坂玄機　*2.27*（1854）
久坂玄瑞　*7.19*（1864）
草鹿外吉　*7.25*（1993）
日下部伊三次　*12.17*（1859）
日下部四郎太　*7.3*（1924）
日下部子麻呂　*5.17*（773）
日下部鳴鶴　*1.27*（1922）
日下誠　*6.3*（1839）
久坂葉子　*12.31*（1952）
草鹿龍之介　*11.23*（1971）
草川信　*9.20*（1948）
日柳燕石　*8.25*（1868）
草野心平　*11.12*（1988）
草野又六　*11.23*（1731）
草場佩川　*10.29*（1867）
草笛美子　*10.29*（1977）
草間直方　*2.25*（1831）
草柳大蔵　*7.22*（2002）
クーザン，ヴィクトール　*1.14*（1867）
久慈あさみ　*7.11*（1996）
久慈次郎　*8.21*（1939）
櫛田民蔵　*11.5*（1934）
櫛田フキ　*2.5*（2001）
串田孫一　*7.8*（2005）
串田万蔵　*9.5*（1939）
クーシネン　*5.17*（1964）
瞿秋白　*6.18*（1935）
クーシュ，ポリカープ　*3.20*（1993）
九条院　*9.19*（1176）
九条氏房　*11.24*（1403）
九条兼実　*4.5*（1207）
九条隆教　*10.15*（1348）
九条武子　*2.7*（1928）
九条忠家　*6.9*（1275）
九条忠教　*5.6*（1332）
九条忠基　*12.20*（1397）
九条稙通　*1.5*（1594）
九条経教　*5.21*（1400）
九条尚経　*7.8*（1530）
九条日浄　*9.20*（1962）
九条教実　*3.28*（1235）

九条教嗣　8.15（1404）
九条尚忠　8.21（1871）
九条房実　3.13（1327）
九条房忠　9.23（1488）
九条政基　4.4（1516）
九条道家　2.21（1252）
九条道孝　1.4（1906）
九条道教　7.6（1349）
九条満家　5.4（1449）
九条基家　7.11（1280）
九条行家　1.11（1275）
九条良輔　11.11（1218）
九条良経　3.7（1206）
九条良平　3.17（1240）
九条良通　2.20（1188）
釧雲泉　11.16（1811）
城間清豊　10.18（1644）
グスタフ1世　9.20（1560）
グスタフ2世　11.16（1632）
グスタフ3世　3.29（1792）
グスタフ4世　2.7（1837）
グスタフ5世　10.29（1950）
グスタフ6世　9.15（1973）
クーストー，ジャック・イヴ　6.25（1997）
クズネツォーフ　6.5（1990）
クズネツォーフ，アナトーリー・ワシリエヴィチ　6.13（1979）
クズネッツ，サイモン　7.9（1985）
楠木正家　1.5（1348）
楠木正成　5.25（1336）
楠木正成の妻　7.17（1364）
楠木正季　5.25（1336）
楠木正行　1.5（1348）
楠木正時　1.5（1348）
楠虎　1.11（1596）
楠木光正　9.24（1429）
楠瀬喜多　10.18（1920）
楠瀬幸彦　10.13（1927）
楠葉西忍　2.14（1486）
葛原勾当　9.8（1882）
葛原しげる　12.7（1961）
葛原妙子　9.2（1985）
楠部弥一　12.18（1984）
グスマン　1.10（1605）
グスマン・ブランコ，アントニオ　7.28（1899）
久須美疎安　5.8（1728）

クズミーン，ミハイル・アレクセーヴィチ　3.3（1936）
楠本イネ　8.26（1903）
楠本憲吉　12.17（1988）
楠本碩水　12.23（1916）
楠本端山　3.18（1883）
楠本正隆　2.7（1902）
楠山正雄　11.26（1950）
グスラック　4.11（714）
クーセヴィツキー，サージ　6.4（1951）
久世治作　9.9（1882）
久世光彦　3.2（2006）
クセナキス，イアンニス　2.4（2001）
久世広周　6.25（1864）
久世広之　6.25（1679）
グーセンス，サー・ユージェーヌ　6.13（1962）
百済河成　8.24（853）
百済貴命　9.5（851）
百済教法　11.29（840）
百済慶命　1.22（849）
百済敬福　6.28（766）
百済王俊哲　8.7（795）
百済足人　5.12（770）
百済明信　10.15（815）
グーチ　8.31（1968）
愚中周及　8.25（1409）
クーチュール，トマ　3.30（1879）
朽木玄綱　8.30（1770）
朽木昌綱　4.17（1802）
朽木元綱　8.29（1632）
クック，サー・ウィリアム・フォザギル　6.25（1879）
クック，ジェイムズ　2.14（1779）
クック，フレデリック　8.5（1940）
クックリット・プラーモート　10.9（1995）
グッゲンハイム，マイアー　3.15（1905）
グツコー，カール　12.16（1878）
クッシング，ケイレブ　1.2（1879）
クッシング，ハーヴィー・ウィリアムズ　10.7（1939）

グッデン，ベルンハルト・フォン　6.13（1886）
グッドイヤー，チャールズ　7.1（1860）
グットゥーゾ，レナート　1.17（1987）
グッドスピード，エドガー・ジョンスン　1.13（1962）
グッドパスチャー，アーネスト・ウィリアム　9.20（1960）
グッドマン，ベニー　6.13（1986）
グッドマン，ポール　8.2（1972）
久津見蕨村　8.7（1925）
九津見房子　7.15（1980）
グーツムーツ　5.21（1839）
愚底　4.11（1516）
愚底　6.6（1517）
グティエレス - ナヘラ，マヌエル　2.3（1895）
グディメル，クロード　8.27（1572）
グデーリアン，ハインツ　5.14（1954）
グーテンベルク，ベーノ　1.25（1960）
グーテンベルク，ヨハネス　2.3（1468）
クーデンホーフ・カレルギー，リヒャルト　7.27（1972）
クーデンホーフ光子　8.28（1941）
工藤三助　4.4（1758）
工藤茂光　8.24（1180）
工藤昭四郎　10.13（1977）
工藤祐経　5.28（1193）
クトゥーゾフ，ミハイル・イラリオノヴィチ，公爵　4.28（1813）
工藤他山　2.27（1889）
工藤哲巳　11.12（1990）
愚堂東寔　10.1（1661）
工藤平助　12.10（1801）
工藤行幹　4.21（1904）
工藤吉隆　11.11（1264）
愚咄　1.22（1352）
クートー，リュシアン　6.21（1977）
グナイスト　7.22（1895）

グナイゼナウ, アウグスト, ナイトハルト伯爵 8.23（1831）
クーナウ, ヨーハン 6.5（1722）
クナッパーツブッシュ, ハンス 10.25（1965）
クナップ 2.20（1926）
邦枝完二 8.2（1956）
国枝史郎 4.8（1943）
国木田独歩 6.23（1908）
クニグンデ 3.3（1033）
国崎定洞 12.10（1937）
国定忠治 12.21（1851）
国沢新九郎 3.12（1877）
国司信濃 11.12（1864）
クニース 8.3（1898）
クニッピング 11.22（1922）
クニッペル・チェーホワ 3.22（1959）
国友藤兵衛 12.3（1840）
邦良親王 3.20（1326）
国中公麻呂 10.3（774）
久邇宮朝彦親王 10.29（1891）
クニプストロ, ヨーハン 10.4（1556）
邦光史郎 8.11（1996）
クーニャ, エウクリデス・ダ 8.15（1909）
国吉康雄 5.14（1953）
クヌシェヴィツキー, スヴャトスラフ 2.19（1963）
クヌッセン, ヤコブ 1.21（1917）
クヌート1世 11.12（1035）
クヌード4世 7.10（1086）
クヌート6世 11.12（1202）
クネラー, サー・ゴドフリー 10.19（1723）
久野収 2.9（1999）
グノー, シャルル・フランソワ 10.17（1893）
クノーベルスドルフ, ゲオルク・ヴェンツェスラウス・フォン 9.16（1753）
久野寧 12.30（1977）
クノー, レーモン 10.25（1976）
クーパー, G 5.13（1961）
クーパー, アーチボルド・スコット 3.11（1892）
クーパー, ウィリアム 4.25（1800）
クーパー, サー・アストリー 2.12（1841）
クーパー, サミュエル 5.5（1672）
クーパー, ジェイムズ・フェニモア 9.14（1851）
クーパー, トマス 4.29（1594）
クーパー, ピーター 4.4（1883）
久原房之助 1.29（1965）
久原躬弦 11.21（1919）
クバーラ, ヤンカ 6.28（1942）
クビチェック, ジュセリーノ 8.22（1976）
クービン, アルフレート 8.20（1959）
クプカ, フランチシェク 6.21（1957）
久布白落実 10.23（1972）
クープラン, フランソワ 9.11（1733）
クプリーン, アレクサンドル・イワノヴィチ 8.25（1938）
クプレー, フィリップ 5.15（1692）
クペールス, ルイス 7.16（1923）
クーベルタン 9.2（1937）
窪川鶴次郎 6.15（1974）
久保栄 3.15（1958）
久保貞次郎 10.31（1996）
窪俊満 9.20（1820）
窪田空穂 4.12（1967）
久保喬 10.23（1998）
窪田静太郎 10.6（1946）
窪田章一郎 4.15（2001）
窪田忠彦 10.31（1952）
久保田不二子 12.17（1965）
久保田米僊 5.19（1906）
久保田正文 6.6（2001）
久保田万太郎 5.6（1963）
久保田豊 10.24（1965）
久保太郎右衛門 7.22（1711）
久保天随 6.1（1934）
久保利世 6.28（1640）
久保全雄 5.16（1989）
久保山愛吉 9.23（1954）
久保亮五 3.31（1995）
熊谷一弥 8.16（1968）
熊谷岱蔵 2.19（1962）
熊谷太三郎 1.15（1992）
熊谷恒子 9.30（1986）
熊谷直実 9.14（1208）
熊谷直彦 3.7（1913）
熊谷直好 8.8（1862）
熊谷宣夫 10.15（1972）
熊谷尚夫 6.11（1996）
熊谷寛夫 11.5（1977）
熊谷元直 7.2（1605）
熊谷守一 8.1（1977）
熊沢蕃山 8.17（1691）
熊沢寛道 6.11（1966）
神代辰巳 2.24（1995）
熊代熊斐 12.28（1773）
熊野広浜 4.6（769）
隈部親永 5.27（1588）
隈部英雄 12.17（1964）
隈元謙次郎 1.25（1978）
グミリョーフ, ニコライ・ステパノヴィチ 8.24（1921）
久村清太 9.1（1951）
久米愛 7.14（1976）
久米邦武 2.24（1931）
久米桂一郎 7.27（1934）
久米正雄 3.1（1952）
久米通賢 5.7（1841）
久米幹文 11.10（1894）
グメリン 5.20（1755）
久米若売 6.24（780）
雲井竜雄 12.28（1871）
クーヤキウス 10.4（1590）
倉石武四郎 11.14（1975）
クライスキー, ブルーノ 7.29（1990）
クライスト 12.11（1748）
クライスト, ハインリヒ・フォン 11.21（1811）
クライスラー, フリッツ 1.29（1962）
クライバー, エーリヒ 1.27（1956）
クライバー, カルロス 7.13（2004）
クライブ, ロバート 11.22（1774）
グライム, ヨハン・ヴィルヘルム・ルートヴィヒ 2.18（1803）
クライン, A.M. 8.20（1972）
クライン, J.T. 6.22（1935）

クライン, イーヴ 6.6(1962)
グラインドル, ヨーゼフ 4.16（1993）
クライン, フェリックス 6.22(1925)
クライン, フランツ 5.13(1962)
クライン, メラニー 9.24(1960)
クラーヴィウス, クリストーフォロス 2.6(1612)
グラヴィーナ, ジャン・ヴィンチェンツォ 1.6(1718)
クラヴェー, アントニ 8.31(2005)
クラウジウス, ルドルフ・ユリウス・エンマヌエル 8.24(1888)
クラウス, ヴェルナー 10.20(1959)
クラウス, カール 6.12(1936)
クラウス, クレメンス 5.16(1954)
クラウス, ヨハネス・バプティスタ 3.3(1946)
クラウス, リリ 11.6(1986)
クラウゼヴィッツ, カルル・フォン 11.16(1831)
クラウゼ, カール・クリスティアン・フリードリヒ 9.27(1832)
クラウディウス, ネロ・ゲルマーニクス・ティベリウス 10.13(54)
クラウディウス, マティーアス 1.21(1815)
グラウバー, ヨハン・ルドルフ 3.10(1668)
グラウプナー, ヨーハン・クリストフ 5.10(1760)
クラウベルク, ヨーハン・クリストフ 1.31(1665)
グラウン, カール・ハインリヒ 8.8(1759)
クラカウアー, ジークフリート 11.26(1966)
クラーク 3.21(1938)
クラーク 8.19(1887)
クラーク 11.24(1923)
クラーク, J.M. 6.27(1963)

クラーク, ウィリアム 9.1(1838)
クラーク, ウィリアム・スミス 3.9(1886)
クラーグ, ヴィルヘルム 7.10(1933)
クラーク, ケネス 5.21(1983)
クラーク, サミュエル 5.17(1729)
クラーク, ジョージ・ロジャーズ 2.13(1818)
クラークスン, トマス 9.26(1846)
クラーク, フランク 5.23(1931)
クラーゲス, ルートヴィヒ 7.29(1956)
倉子 7.16(1534)
クラーコ, ゲオルク 3.17(1575)
倉沢剛 9.4(1986)
グラシアン, バルタサル 12.6(1658)
クラシェフスキ, ユゼフ・イグナツィ 3.19(1887)
クラシツキ, イグナツィ 3.14(1801)
クラショー, リチャード 8.21(1649)
クラシンスキ, ジグムント 2.23(1859)
グラスゴー, エレン 11.21(1945)
グラズノーフ, アレクサンドル・コンスタンチーノヴィチ 3.21(1936)
グラスペル, スーザン 7.27(1948)
グラスマン, ヘルマン 9.26(1877)
倉田主税 12.25(1969)
倉田白羊 11.29(1938)
倉田百三 2.12(1943)
グラタン, ヘンリー 6.4(1820)
クラックホーン, クライド・K M 7.28(1960)
クラッスス, マルクス・リキニウス 6.9(前53)
グラッツィーニ, アントン・フランチェスコ 2.18(1584)

グラッドストン, ウィリアム・ユーアート 5.19(1898)
グラッフ, アントン 6.22(1813)
クラップ, ジョージ 2.3(1832)
グラッベ, クリスティアン・ディートリヒ 9.12(1836)
グラティアーヌス, フラーウィウス・アウグストゥス 8.25(383)
クラート（クラフトハイムの）10.19(1585)
グラトコーフ, フョードル・ワシリエヴィチ 12.20(1958)
クラドニ, エルンスト・フロレンス・フリードリヒ 4.3(1827)
倉富勇三郎 1.26(1948)
グラトリ, オギュスト・アルフォンス 2.7(1872)
グラナダ, ルイス・デ 12.31(1588)
グラナッチ, フランチェスコ 11.30(1543)
クラーナハ, ルーカス 10.16(1553)
クラーナハ, ルーカス（子）1.25(1586)
グラニット, ラグナル・アートゥル 3.12(1991)
グラネ, マルセル 11.25(1940)
倉野たけ 4.27(1644)
グラノフスキー, チモフェイ・ニコラエヴィチ 10.4(1855)
倉橋惣三 4.21(1955)
倉橋健 5.17(2000)
倉橋由美子 6.10(2005)
クラバム 3.29(1946)
倉林誠一郎 5.2(2000)
蔵原惟人 1.25(1991)
蔵原惟郭 1.8(1949)
蔵原伸二郎 3.16(1965)
クラパレド, エドゥアール 9.29(1940)
クラフ, アーサー・ヒュー 11.13(1861)
グラーフ, アルトゥーロ 5.30(1913)

クラフチンスキー, セルゲイ・ミハイロヴィチ *12.11*(1895)
クラフト-エービング, リヒャルト, 男爵 *12.22*(1902)
クラフト, アダム *12.13*(1508)
グラープマン, マルティーン *1.9*(1949)
クラプロート *8.28*(1835)
クラプロート, マルティン・ハインリヒ *1.1*(1817)
クラーブント *8.14*(1928)
クラペイロン, ブノワ・ポール・エミール *1.28*(1864)
クラマース *4.26*(1952)
倉俣史朗 *2.1*(1991)
クラーマー, ヨーハン・バプティスト *4.16*(1858)
グラムシ, アントーニオ *4.25*(1937)
クラムスコーイ, イヴァン・ニコラエヴィチ *3.24*(1887)
クラム, ゼノブ・テオフィル *1.20*(1901)
クラーユス, ヨハネス *4.11*(1592)
クララ(アッシージの, 聖人) *8.11*(1253)
クラーラ(モンテファルコの) *8.17*(1308)
グラレアーヌス, ヘンリクス *3.28*(1563)
クラレンドン, エドワード・ハイド, 初代伯爵 *12.9*(1674)
クラーレンバハ, アードルフ *9.28*(1529)
グランヴィル *1.22*(1763)
グランヴィル-バーカー, ハーリー *8.31*(1946)
グランヴィル, ジョゼフ *11.4*(1680)
グランヴェル, アントワーヌ・ペルノー・ド *9.21*(1586)
グランヴェル, ニコラ・ペルノー・ド *8.28*(1550)
クランコ, ジョン *6.25*(1973)
グラント *3.7*(1875)
グラント *4.18*(1674)
グラント, ケーリー *11.29*(1986)

グラント, ユリシーズ・S *7.23*(1885)
クーラント, リヒャルト *7.27*(1972)
クランプトン, トマス・ラッセル *3.19*(1888)
クランマー, トマス *3.21*(1556)
クーリー *5.8*(1929)
グリアソン, ジョン *2.19*(1972)
グリアソン, ハーバート *2.19*(1960)
グリヴァス, ゲオルギオス *1.27*(1974)
クリーヴランド, グローヴァー *5.24*(1908)
クリーヴランド, ジョン *4.29*(1658)
クーリエ, ポール・ルイ *4.10*(1825)
グリエール, レインゴリド・モリツェヴィチ *6.23*(1956)
クーリオ, セリウス・セクンドゥス *11.24*(1569)
クリーガー, アーダム *6.30*(1666)
クリーガー, ヨーハン *7.18*(1735)
栗木幹 *12.28*(1981)
クリーク *3.19*(1947)
グリーグ, エドヴァルド・ハーゲループ *9.4*(1907)
クリー・クトゥブ・シャー *9.3*(1543)
グリーグ, ノルダール *12.2*(1943)
グリゴーリエフ, アポロン・アレクサンドロヴィチ *9.25*(1864)
グリゴローヴィチ, ドミートリー・ワシリエヴィチ *12.22*(1899)
栗崎道有(2代目) *10.20*(1726)
栗崎道喜(初代) *12.30*(1652)
クリザロウ, マーガレット *3.25*(1586)
クリザンダー, フリードリヒ *9.3*(1901)
グリジ *5.20*(1899)

栗島すみ子 *8.16*(1987)
クリシャン・チャンダル *3.8*(1977)
クリシュナ・メノン, ヴェーンガリール・クリシュナン *10.7*(1974)
クリスタラー, ヴァルター *3.9*(1969)
クリスチャン1世 *5.21*(1481)
クリスティ, アガサ *1.12*(1976)
クリスティアン2世 *1.25*(1559)
クリスティアン3世 *1.1*(1559)
クリスティアン4世 *2.28*(1648)
クリスティアン8世 *1.20*(1848)
クリスティアン9世 *1.29*(1906)
クリスティアン, チャーリー *3.2*(1942)
クリスティアン(プロイセンの) *12.4*(1245)
クリスティナ *4.19*(1689)
栗栖天山 *12.9*(1867)
クリストフ, ボリス *6.28*(1993)
クリスピーナ(タゴラの) *12.5*(304)
クリスピ, フランチェスコ *8.11*(1901)
グリス, フアン *5.11*(1927)
グリース, ペーター・ヨハン *8.30*(1888)
グリーゼ, フリードリヒ *6.1*(1975)
栗田土満 *7.8*(1811)
栗田寛 *1.25*(1899)
栗田元次 *12.1*(1955)
クリック, フランシス・ハリー・コンプトン *7.28*(2004)
クーリッジ, ウィリアム・D *2.3*(1975)
クーリッジ, カルヴィン *1.5*(1933)
クリップス, サー・スタッフォード *4.21*(1952)
グリーナウェイ, ケイト *11.6*(1901)

グリニー, ニコラ・ド　*11.30*（1703）
グリニャール, フランソワ　*12.25*（1935）
グリーノー, ホレイショ　*9.18*（1852）
栗林一石路　*5.25*（1961）
栗林次兵衛　*6.12*（1700）
栗原一登　*12.19*（1994）
栗原貞子　*3.6*（2005）
栗原信充　*10.28*（1870）
栗原百寿　*5.24*（1955）
グリハルバ　*1.27*（1527）
クリヒトヴェーウス, ヨドークス　*9.22*（1543）
グリフィス, アーサー　*8.12*（1922）
グリフィス, ウィリアム・エリオット　*2.5*（1928）
グリフィス, デイヴィッド・ウオーク　*7.23*（1948）
クリフォード, ウイリアム　*3.3*（1879）
クリプス, ヨーゼフ　*10.13*（1974）
グリボエードフ, アレクサンドル・セルゲーヴィチ　*1.30*（1829）
クリーマー, サー・ランダル　*7.22*（1908）
グリマルディ, ジョヴァンニ・フランチェスコ　*11.28*（1680）
グリマルディ, フランチェスコ・マリーア　*12.28*（1663）
グリム　*6.16*（1901）
グリム, ヴィルヘルム・カール　*12.16*（1859）
グリムケ, セアラ・ムーア　*12.23*（1873）
クリムト, グスタフ　*2.6*（1918）
グリム, ハンス　*9.27*（1959）
グリム, フリードリヒ・メルヒオール　*12.19*（1807）
グリム, ヤーコプ・ルートヴィヒ・カール　*9.20*（1863）
クリメント（オフリドの）　*7.27*（916）
栗本順三　*4.28*（1979）
栗本鋤雲　*3.6*（1897）
栗本瑞見　*3.25*（1834）

栗本義彦　*8.23*（1974）
厨川白村　*9.2*（1923）
栗山孝庵　*11.15*（1791）
栗山潜鋒　*4.7*（1706）
栗山大膳　*3.2*（1652）
クリャンガ, イオン　*12.31*（1889）
クリュイタンス, アンドレ　*6.3*（1967）
クリュヴィエ, ジャン　*3.6*（1874）
クリューガー, パウル　*7.14*（1904）
クリューガー, フェーリクス　*2.25*（1948）
クリューガー, ヨーハン　*2.23*（1663）
クリューゲル　*3.12*（1932）
クリュソストモス, 聖ヨアンネス　*9.14*（407）
クリュソロラス, マヌエル　*4.15*（1415）
クリュチェフスキー, ワシーリー・オーシポヴィチ　*5.12*（1911）
グリューネヴァルト, マティアス　*8.27*（1528）
グリューフィウス, アンドレーアス　*7.16*（1664）
グリュミオー, アルチュール　*10.16*（1986）
グリュンヴェーデル, アルバート　*10.28*（1935）
グリュントゲンス, グスタフ　*10.7*（1963）
グリーリー, ホラス　*11.29*（1872）
クリーリー, ロバート　*3.30*（2005）
グリルパルツァー, フランツ　*1.21*（1872）
グリーン　*3.7*（1883）
グリーン　*11.21*（1952）
グリーン, アレクサンドル・ステパノヴィチ　*7.8*（1932）
グリーンウッド, ジョン　*4.6*（1593）
クリンガー, フリードリヒ・マクシミーリアン　*3.9*（1831）
クリンガー, マックス　*7.4*（1920）

グリンカ, ミハイル・イワノヴィチ　*2.3*（1857）
グリーン, グレアム　*4.3*（1991）
グリーン, ジュリヤン　*8.13*（1998）
グリーン, ジョージ　*3.31*（1841）
グリーン, ダニエル・クロスビ　*9.15*（1913）
グリンダル, エドマンド　*7.6*（1583）
グリーン, トマス・ヒル　*3.26*（1882）
クリントン, デ・ウィット　*2.11*（1828）
グリーン, ナサニエル　*6.19*（1786）
グリーン, ヘンリー　*12.13*（1973）
グリーン, ポール　*5.4*（1981）
グリンメルスハウゼン, ヨハン・ヤーコプ・クリストフ・フォン　*8.17*（1676）
グリーン, ロバート　*9.3*（1592）
クール　*11.25*（1456）
グルー　*5.25*（1965）
（グル・）アルジャン　*5.30*（1606）
クルイーモフ, ユーリー・ソロモノヴィチ　*9.20*（1941）
クルイローフ, イワン・アンドレーヴィチ　*11.9*（1844）
クルヴェリウス, フィリップ　*12.31*（1622）
グルエ, ジャーク　*7.26*（1547）
クルエ, フランソワ　*9.22*（1572）
グルサ　*11.25*（1936）
クルシェネック, エルンスト　*12.23*（1991）
久留島武彦　*6.27*（1960）
来島恒喜　*10.18*（1889）
来島長親　*3.25*（1612）
久留島秀三郎　*9.22*（1970）
久留島通祐　*5.13*（1791）
来島通総　*9.16*（1597）
久留島義太　*11.29*（1758）
来栖三郎　*4.7*（1954）

グルーズ, ジャン・バティスト 3.21（1805）
クルス, 聖フアン・デ・ラ 12.14（1591）
栗栖越夫 5.10（1966）
栗栖王 10.7（753）
クルス, フアナ・イネス・デ・ラ 4.17（1695）
来栖良夫 6.6（2001）
クルス, ラモン・デ・ラ 3.5（1794）
クルーセンシャーナ, アグネス・フォン 3.10（1940）
クルーゼンシュテルン 8.24（1846）
クルーゾ, アンリ・ジョルジュ 1.12（1977）
クールソン, チャールズ・アルフレッド 1.7（1974）
クルチコフスキ, レオン 8.1（1962）
クルーチ, ジョーゼフ・ウッド 5.22（1970）
クルチャトフ, イゴール・ヴァシリェヴィッチ 2.7（1960）
クルツィウス, ヴァーレンティーン 11.27（1567）
クルツィウス, エルンスト・ローベルト 4.19（1956）
クルーツィガー, エリーザベト 5.2（1535）
クルーツィガー, カスパル 4.16（1597）
クルーツィガー, カスパル 11.16（1548）
グルック, クリストフ・ヴィリバルト 11.15（1787）
クルックシャンク, ジョージ 2.1（1878）
クルックス, サー・ウィリアム 4.4（1919）
クルップ, アルフリート 7.30（1967）
クルップ, アルフレート 7.14（1887）
クルップ, グスタフ 1.16（1950）
クルップ, フリードリヒ 10.8（1826）
クルティウス 11.27（1879）

クルティウス, エルンスト 7.11（1896）
クルティウス, テオドール 2.9（1928）
クルト, エルンスト 8.2（1946）
グールド, グレン 10.4（1982）
グールドナー 12.15（1980）
グールド, モートン 2.21（1996）
クルトワ, ジャック 11.4（1676）
クールトワ, ベルナール 9.27（1838）
クールナン, アンドレ・フレデリック 2.19（1988）
グルニエ, ジャン 3.4（1971）
グルニツキー 9.27（1969）
グルー, ニーマイア 3.25（1712）
グールネー, マリ・ル・ジャール・ド 7.13（1645）
クールノー 3.31（1877）
グルーバー, フランツ・クサーヴァー 6.7（1863）
クルプ 10.13（1970）
クループスカヤ 2.27（1939）
クールブリス, アイナ 2.29（1928）
クールベ, ギュスターヴ 12.31（1877）
グルベルグ, カトー・マキシミリアン 1.14（1902）
久留間鮫造 10.20（1982）
来馬琢道 7.10（1964）
胡桃沢耕史 3.22（1994）
クルムス 5.29（1745）
クルムバッハ, ハンス・ジュース・フォン 11.29（1522）
クルムバハー, カール 12.12（1909）
グールモン, レミ・ド 9.27（1915）
グルリット, ヴィリバルト 12.15（1963）
グルリット, マンフレート 4.29（1972）
クルレジャ, ミロスラヴ 12.29（1981）
グルントヴィ, ニコライ・フレデリック・セヴェリン 9.2（1

872）
グレー 9.7（1933）
クレア, ジョン 5.20（1864）
グレアム, ケネス 7.6（1932）
グレアム, サー・ジェイムズ・ロバート・ジョージ, 准男爵 10.25（1861）
グレアム, トマス 9.11（1869）
グレアム, マーサ 4.1（1991）
グレイ, イライシャ 1.21（1901）
グレイヴズ, ロバート 12.7（1985）
グレイ, エイサ 1.30（1888）
グレイ, カシアス・マーセラス 7.22（1903）
クレイギー, サー・ウィリアム・アレグザンダー 9.2（1957）
クレイグ, ゴードン 7.29（1966）
クレイジー・ホース 9.5（1877）
グレイシャー, ジェイムズ 2.7（1903）
グレイ, スティーヴン 2.25（1736）
グレイ, ゼイン 10.23（1939）
グレイ, チャールズ・グレイ, 2代伯爵 7.17（1845）
グレイ, トマス 7.30（1771）
クレイ, ヘンリー 6.29（1852）
クレイマー, スタンリー 2.19（2001）
クレイモンド, ジョン 11.19（1537）
クレイ, ルーシャス 4.16（1978）
グレイ, レイディ・ジェイン 2.12（1554）
クレイロー, アレクシ・クロード 5.17（1765）
クレイン, ウォルター 3.15（1915）
クレイン, スティーヴン 6.5（1900）
クレイン, ハート 4.27（1932）
グレヴァン, ジャック 11.5（1570）
グレヴィル, フルク 9.30（1628）

クレーヴェ, ペール・テオドール 6.18（1905）
クレヴクール, セント・ジョン・ド 11.12（1813）
クレオパトラ7世 8.12（前30）
クレーギー 5.16（1959）
グレーコ, エミーリオ 4.5（1995）
グレゴリー, イザベラ・オーガスタ・レイディ 5.22（1932）
グレゴリウス1世 3.12（604）
グレゴリウス2世 2.11（731）
グレゴリウス3世 12.10（741）
グレゴリウス4世 1.25（844）
グレゴリウス5世 2.18（999）
グレゴリウス7世 5.25（1085）
グレゴリウス9世 8.22（1241）
グレゴリウス10世 1.10（1276）
グレゴリウス11世 3.27（1378）
グレゴリウス12世 10.18（1417）
グレゴリウス13世 4.10（1585）
グレゴリウス14世 10.15（1591）
グレゴリウス15世 7.8（1623）
グレゴリウス16世 6.1（1846）
グレゴリウス（ユートレヒトの） 8.25（776）
グレゴリウス（リーミニの） 11.20（1357）
グレゴリオス（シナイの） 11.27（1346）
グレゴワール, アンリ 5.28（1831）
グレゴワール・ド・トゥール 11.17（594）
呉茂一 12.28（1977）
グレシャム, サー・トマス 11.21（1579）
呉秀三 3.26（1932）
クレショフ, レフ 3.29（1970）
グレーズ, アルベール・レオン 6.24（1953）
クレスピ, ジュゼッペ・マリーア 7.16（1747）
グレチャニーノフ, アレクサンドル・チーホノヴィチ 1.4（1956）

クレッシー 10.21（1963）
クレッチマー 2.8（1964）
クレッチュマー, ヘルマン 5.10（1924）
クレッペリン, エーミール 10.7（1926）
クレーディ, ロレンツォ・ディ 1.12（1537）
クレトリー, アンドレ・エルネスト・モデスト 9.24（1813）
グレーナー 5.4（1939）
クレー, パウル 6.29（1940）
クレビヨン, クロード・プロスペール・ジョリヨ・ド 4.12（1777）
クレビヨン, プロスペール・ジョリヨ・ド 6.13（1762）
クレプシュ 11.7（1872）
クレプス 10.23（1913）
クレブス, サー・ハンス・アドルフ 11.22（1981）
グレーブナー, フリッツ 7.13（1934）
呉文聡 9.19（1918）
グレーベ, カール 1.19（1927）
クレーベル, ジャン・バティスト 6.14（1800）
クレマンソー, ジョルジュ 11.24（1929）
クレマン, ルネ 3.17（1996）
クレメンス2世 10.9（1047）
クレーメンス3世 9.8（1100）
クレメンス3世 3.20（1191）
クレメンス4世 11.29（1268）
クレメンス5世 4.20（1314）
クレメンス6世 12.6（1352）
クレメンス7世 9.16（1394）
クレメンス7世 9.25（1534）
クレメンス8世 3.5（1605）
クレメンス11世 3.19（1721）
クレメンス12世 2.6（1740）
クレメンス13世 2.2（1769）
クレメンス14世 9.22（1774）
クレメンツ 7.26（1945）
クレメンティス, ヴラジミール 12.3（1952）
クレメンティ, ムジオ 3.10（1832）
クレモナ 6.10（1903）
クレリウス, パウル 5.24（1579）

クレール, ルネ 3.15（1981）
クレレ 10.6（1855）
クレロン嬢 1.29（1803）
グレンヴィル, ウィリアム・グレンヴィル, 男爵 1.12（1834）
グレンヴィル, ジョージ 11.13（1770）
クーレンカンプ, ゲオルク 10.5（1948）
グレンジャー, パーシー・オールドリッジ 2.20（1961）
グレンフェル, バーナード・パイン 5.18（1926）
クレンペラー, オットー 7.7（1973）
グロ, アントワーヌ・ジャン, 男爵 6.26（1835）
黒板勝美 12.21（1946）
クロイツァー, ゲオルク・フリードリヒ 2.16（1858）
クロイツァー, レオニード 10.30（1953）
クロイツベルク 4.25（1968）
黒井半四郎 11.7（1799）
黒岩重吾 3.7（2003）
黒岩涙香 10.6（1920）
クローヴィオ, ジューリオ 1.4（1578）
クローヴィス1世 11.27（511）
グローヴ, サー・ウィリアム・ロバート 8.2（1896）
グローヴ, ジョージ 5.28（1900）
クロウリ, ロバート 6.18（1588）
黒川亀玉（初代） 6.25（1756）
黒川紀章 10.12（2007）
黒川寿庵 8.18（1697）
黒川道祐 11.4（1691）
黒川利雄 2.21（1988）
黒川春村 12.26（1867）
黒川真頼 8.29（1906）
黒川良安 9.28（1890）
黒木勘蔵 10.8（1930）
黒木為楨 2.3（1923）
クローゲ, クリスチャン 10.16（1925）
クローグ, シャック・アウグスト・ステーンベルク 9.13（1949）

クロケット, デイヴィー 3.6(1836)
黒駒勝蔵 10.14(1871)
黒崎幸吉 6.6(1970)
黒澤明 9.6(1998)
黒沢翁満 4.19(1859)
黒沢清 3.30(1990)
黒沢琴古(初代) 4.23(1771)
黒沢琴古(2代目) 6.12(1811)
黒沢琴古(3代目) 6.22(1816)
黒沢琴古(4代目) 1.15(1860)
黒沢雉岡 12.6(1797)
黒沢酉蔵 2.6(1982)
黒島伝治 10.17(1943)
クロ, シャルル 8.9(1888)
クーロシュ 5.18(1971)
クロス 1.8(1914)
グロース 4.3(1946)
クロース, ウィレム 3.31(1938)
グロス, ゲオルゲ 7.6(1959)
グロスター 9.9(1397)
グロスター 10.31(1147)
グロスター 12.7(1295)
グロスター, ハンフリー, 公爵 2.27(1447)
クロス, チャールズ・フレデリック 4.15(1935)
グローステスト, ロバート 10.9(1253)
クロスビー, ビング 10.14(1977)
クロスマン, リチャード 4.5(1974)
グロスマン, ワシーリー・セミョーノヴィチ 9.14(1964)
黒住宗和 5.13(1973)
黒住宗忠 2.25(1850)
クロスランド, トニー 2.19(1977)
黒田喜夫 7.10(1984)
黒田麹廬 12.14(1892)
黒田清 7.23(2000)
黒田清隆 8.23(1900)
黒田清綱 3.23(1917)
黒田三郎 1.8(1980)
黒田重太郎 6.24(1970)
黒田正玄 8.8(1653)
畔田翠山 6.18(1859)
黒田清輝 7.15(1924)
黒田高政 11.13(1639)

黒田辰秋 6.4(1982)
黒田チカ 11.8(1968)
黒田桃民 12.9(1895)
黒田俊雄 1.26(1993)
黒田長溥 3.7(1887)
黒田長政 8.4(1623)
黒田長礼 4.16(1978)
黒田寿男 10.21(1986)
黒田英雄 11.1(1956)
黒田孝高 3.20(1604)
クローチェ, ジョヴァンニ 5.15(1609)
クローチェ, ベネデット 11.20(1952)
グロッセ 1.26(1927)
グロッパー, ヨーハン 3.13(1559)
クロップシュトク, フリードリヒ・ゴットリープ 3.14(1803)
クロッホマール 7.31(1840)
クロディウス 1.18(前52)
グロティウス, フーゴ 8.28(1645)
クロディオン 3.28(1814)
聖クロティルド 6.3(545)
グローテヴォール 9.21(1964)
グローテフェント 12.15(1853)
クローデガング 3.6(766)
クローデル, ポール 2.23(1955)
グロート 6.18(1871)
クロード, アルベール 5.22(1983)
グロート, クラウス 6.1(1899)
クロード, ジョルジュ 5.23(1960)
グロトフスキ, イエジィ 1.14(1999)
クローナカ 9.27(1508)
クローニン, A.J. 1.6(1981)
黒沼健 7.5(1985)
クロネッカー 6.6(1914)
クロネッカー, レオポルト 12.29(1891)
グロノビウス 9.28(1671)
クローバー, アルフレッド・ルイス 10.5(1960)

クロパトキン, アレクセイ・ニコラエヴィチ 1.16(1925)
グロピウス, ヴァルター 7.5(1969)
グローフェ, ファーデ 4.3(1972)
クローフォド, ジョーン 5.10(1977)
クロフツ, F.W. 4.11(1957)
クロフト, ウィリアム 8.14(1727)
クロプリス, ヨーハン 2.1(1535)
クロポトキン, ピョートル・アレクセーヴィチ 2.8(1921)
クローマー, イヴリン・ベアリング 1.29(1917)
グロムイコ, アンドレイ・アンドレエヴィチ 7.2(1989)
クロムウェル, トマス, エセックス伯爵 7.28(1540)
クロムウェル, リチャード 7.12(1712)
クローム, ジョン 4.21(1821)
グロメール, マルセル 4.11(1971)
クロメル, マルチン 3.23(1589)
黒柳召波 12.7(1772)
黒柳朝 8.16(2006)
畔柳二美 1.13(1965)
グロリエ, ジャン, アギジ子爵 10.22(1565)
クローロ, カール 6.21(1999)
クロワザ, クレール 5.2(1946)
クーロン, シャルル・オーギュスタン・ド 8.23(1806)
クローンステット, アクセル・フレドリック, 男爵 8.19(1765)
クロンプトン, サミュエル 6.26(1827)
クワイン, ウィラード・ヴァン・オーマン 12.25(2000)
桑木或雄 5.16(1945)
桑木厳翼 12.15(1946)
桑沢洋子 4.12(1977)
桑田熊蔵 12.10(1932)
桑田笹舟 7.31(1989)
桑田忠親 5.5(1987)

桑田義備 *8.13*（1981）
桑田立斎 *7.21*（1868）
クワトリー *6.30*（1967）
桑原甲子雄 *12.10*（2007）
桑原隲蔵 *5.24*（1931）
桑原武夫 *4.10*（1988）
桑原腹赤 *7.7*（825）
桑山一直 *8.22*（1636）
桑山一晴 *2.28*（1604）
桑山玉洲 *4.13*（1799）
桑山重晴 *10.1*（1606）
桑山正一 *9.4*（1983）
グンケル, ヘルマン *3.11*（1932）
郡司成忠 *8.15*（1924）
郡司正勝 *4.15*（1998）
クント, アウグスト・エドゥアルト・エーベルハルト・アドルフ *5.21*（1894）
グンドゥリッチ, イヴァン *12.8*（1638）
クーン, トマス *6.17*（1996）
グンドルフ, フリードリヒ *7.12*（1931）
グンナルソン, グンナル *11.21*（1975）
グンプロヴィッツ *8.19*（1909）
クンマー, エルンスト・エドゥアルト *5.14*（1893）
クーン, ヤン・ピーテルスゾーン *9.21*（1629）
クーン, リヒャルト *8.11*（1967）

【け】

ゲー・リュサック, ジョゼフ・ルイ *5.9*（1850）
ケア, W.P. *7.17*（1923）
ケアド, エドワード *11.1*（1908）
ケアド, ジョン *7.30*（1898）
ゲーアハルト, パウル *5.27*（1676）
ゲーアハルト, ヨーハン *8.17*（1637）
ケアリー, H.C. *10.13*（1879）
ケアリー, ウィリアム *6.9*（1834）

ケアリー, ジョイス *3.29*（1957）
ケアリ, マシュー *9.16*（1839）
ケアンズ *7.8*（1875）
芸阿弥 *11.2*（1485）
圭庵伊白 *1.9*（1538）
桂庵玄樹 *6.15*（1508）
ケイ, エレン *4.25*（1926）
慶屋定紹 *6.20*（1407）
景雅 *11.30*（1185）
桂巌英昌 *7.10*（1412）
桂巌慧芳 *8.28*（1546）
慶闇尼 *4.14*（1600）
掲俣斯 *7.11*（1344）
倪元璐 *3.17*（1644）
慶光院守悦 *7.18*（1509）
慶光院周清 *9.2*（1648）
慶光院周養 *4.25*（1611）
慶光院清順 *4.3*（1566）
渓斎英泉 *7.22*（1848）
倪瓚 *11.11*（1374）
瑩山紹瑾 *8.15*（1325）
恵子女王 *12.7*（992）
ケイジ, ジョン *8.12*（1992）
桂質鴬芳 *8.22*（1538）
ゲイジ, トマス *4.2*（1787）
馨子内親王 *9.4*（1093）
慶子内親王 *2.19*（923）
慧子内親王 *1.6*（881）
掲子内親王 *2.23*（914）
慶寿院 *5.19*（1565）
慶秀 *9.10*（1559）
桂昌院 *6.22*（1705）
景徐周麟 *3.2*（1518）
ゲイ, ジョン *12.4*（1732）
ケイシー, リチャード・ガーディナー・ケイシー, 男爵 *6.18*（1976）
ケイスメント, サー・ロジャー・デイヴィド *8.3*（1916）
慶政 *10.6*（1268）
桂節宗昌 *5.2*（1496）
ケイゼル, ヘンドリック・デ *5.15*（1621）
景川宗隆 *3.1*（1500）
慶祚 *12.22*（1020）
ケイタ *5.16*（1977）
ケイ, ダニー *3.3*（1987）
契沖 *2.25*（1701）
慶仲周象 *8.28*（1425）
景趙宗詡 *7.5*（1520）

ゲイツケル, ヒュー *1.18*（1963）
ケイツビー, ロバート *11.8*（1605）
ゲイツ, ホレイシオ *4.10*（1806）
景轍玄蘇 *10.22*（1611）
恵棟 *5.22*（1758）
景南英文 *9.22*（1454）
ケイ, ノラ *2.28*（1987）
慶範 *11.1*（1221）
経範 *3.17*（1104）
ゲイブル, クラーク *11.16*（1960）
ケイブル, ジョージ・ワシントン *1.31*（1925）
敬法門院 *8.30*（1732）
慶命 *9.7*（1038）
ケイリー, アーサー *1.26*（1895）
ケイリー, サー・ジョージ *12.15*（1857）
ゲイル, ゾーナ *12.27*（1938）
ケイロース, エッサ・デ *8.16*（1900）
ケイン, ジェイムズ・M. *10.27*（1977）
ケインズ, ジョン・メイナード *4.21*（1946）
ゲインズバラ, トマス *8.2*（1788）
ゲオルギウ・デジ, ゲオルゲ *3.18*（1965）
ゲオルギウ, ヴィルジル *6.22*（1992）
ゲオルギオス1世 *3.18*（1913）
ゲオルギオス2世 *4.1*（1947）
ゲオルギオス（カッパドキアの） *12.24*（361）
ゲオールギオス・トラペズーンティオス *8.12*（1484）
ゲオルク2世 *6.25*（1914）
ゲオルク3世（敬虔公） *10.17*（1553）
ゲオルク（髭公） *4.17*（1539）
ゲオルゲ, シュテファン *12.4*（1933）
逆翁宗順 *8.15*（1488）
ケーグラー, イグナーツェ *3.30*（1746）

ケクラン, シャルル 12.31(1950)
ゲクラン, ベルトラン・デュ 7.13(1380)
ケクレ・フォン・シュトラドニッツ, フリードリヒ・アウグスト 7.13(1896)
ゲーゲンバウエル, カール 6.14(1903)
ケーザル 11.29(1679)
ケーシャブ・チャンドラ・セーン 1.8(1884)
ゲース, アルブレヒト 2.23(2000)
ケステン, ヘルマン 5.3(1996)
ケストナー, エーリヒ 7.29(1974)
ケストラー, アーサー 3.3(1983)
ゲスナー, コンラート・フォン 3.13(1565)
ケスラー, ヨハネス 2.24(1574)
ゲーゼ, ニルス・ヴィルヘルム 12.21(1890)
ゲゼル 3.11(1930)
ゲゼル, アーノルド 5.29(1961)
華蔵義曇 4.1(1455)
ケソン, マヌエル 8.1(1944)
ゲタールディ 4.11(1627)
月庵良円 7.27(1425)
月因性初 9.25(1433)
月翁周鏡 9.26(1500)
傑翁是英 3.12(1378)
月華門院 3.1(1269)
月居 9.15(1824)
月光院 9.19(1752)
月江応雲 9.29(1438)
月江正印 12.1(1295)
月江正文 1.22(1463)
ケッコネン, ウルホ・K 8.31(1986)
傑山道逸 5.8(1565)
月舟寿桂 12.8(1533)
月舟宗胡 1.10(1696)
月照 11.16(1858)
月性 5.11(1858)
月渚永乗 2.9(1541)
月尋堂 2.21(1715)

ケッセル, ジョゼフ 7.23(1979)
ケッセルリング, アルベルト 7.16(1960)
月僊 1.12(1809)
月泉性印 12.28(1470)
月船琛海 6.26(1308)
月泉良印 2.23(1400)
月庵宗光 3.22(1389)
ゲッツィ, B.フォン 7.2(1971)
ゲッツ, スタン 6.6(1991)
ゲッツ・フォン・ベルリヒンゲン 7.23(1562)
ケッテラー, ヴィルヘルム・エマーヌエル・フォン 7.13(1877)
ケット 12.7(1549)
傑堂能勝 8.7(1427)
ケッド(ケッダ) 10.26(664)
ケットラー, ゴットハルト 5.17(1587)
ゲッベルス, ヨーゼフ 5.1(1945)
ケッヘル, ルートヴィヒ・フォン 6.3(1877)
ケッペン, ヴラディミル・ペーター 6.22(1940)
月峰 11.9(1839)
月林道皎 2.25(1351)
ゲーデ 6.24(1945)
ゲディス, サー・パトリック 4.17(1932)
ゲーテ, ヨーハン・ヴォルフガング 3.22(1832)
ゲーデル, クルト 1.14(1978)
ケテル, コルネリス 8.8(1616)
ケード 7.12(1450)
ゲード 7.28(1922)
ケトレ, ランベール・アドルフ・ジャック 2.17(1874)
ケードロフ 3.22(1972)
ケナン, ジョージ・フロスト 3.17(2005)
ケナーン・パシャ 2.17(1659)
ケーニッヒ 1.17(1833)
ケーニッヒ 10.2(1901)
ケニヤッタ, ジョモ 8.22(1978)
ケネディ, R. 6.5(1968)

ケネディ, ジョン・フィッツジェラルド 11.22(1963)
ケネー, フランソワ 12.16(1774)
ケネリー, アーサー・エドウィン 6.18(1939)
ゲーノ, ジャン 9.22(1978)
ゲバーラ, アントニオ・デ 4.3(1545)
ゲバラ, エルネスト・チェ 10.9(1967)
気比氏治 3.6(1337)
気比斉晴 3.6(1337)
ゲヒハウゼン 9.7(1807)
ケプラー, ヨハネス 11.15(1630)
ケプロン 2.22(1885)
ケベード, フランシスコ・ゴメス・デ 9.8(1645)
ケーベル 1.31(1533)
ケーベル 10.9(1932)
ケーベル, ラファエル・フォン 6.14(1923)
食満南北 5.14(1957)
ケマル・アタチュルク, ムスタファ 10.11(1938)
ケマル, ナームク 12.2(1888)
ケマル・パシャ・ザーデ 4.6(1535)
ケムニッツ, マルティン 4.8(1586)
煙山専太郎 3.21(1954)
ケメラー 12.16(1945)
華陽院 5.6(1560)
ケラー 10.31(1956)
ケーラー, ヴォルフガング 6.11(1967)
ケラー, ゴットフリート 7.15(1890)
ゲラシウス1世 11.21(496)
ゲラシモス 3.5(475)
ゲラーシモフ, セルゲイ 11.28(1984)
ゲラート, クリスティアン・フュルヒテゴット 12.13(1769)
ケラー, ヘレン 6.1(1968)
ケラーマン, ベルンハルト 10.17(1951)
ゲラルドゥス(アブヴィルの) 11.8(1272)

ゲラルドゥス（オリアクの） *10.13*（909）
ゲラルドゥス（ソヴ-マジュールの） *4.5*（1095）
ゲラルドゥス（ボローニャの） *4.17*（1317）
ゲーラロップ, カール *10.11*（1919）
ゲラン, ウージェニー・ド *5.31*（1848）
ゲランジェ, プロスペール *1.30*（1875）
ゲラン, シャルル *3.17*（1907）
ゲラン, ピエール・ナルシス, 男爵 *7.16*（1833）
ゲラン, モーリス・ド *7.19*（1839）
ゲリー, エルブリッジ *11.23*（1814）
ケリカー, ルドルフ・アルベルト・フォン *11.2*（1905）
ケリー, グレース *9.14*（1982）
ゲーリケ, オットー・フォン *5.11*（1686）
ケリー, ジーン *2.2*（1996）
ゲーリッグ, ルー *6.2*（1941）
ゲリブランド, ヘンリー *2.16*（1636）
ゲーリング, ヘルマン *10.16*（1946）
ゲーリング, ラインハルト *10.14*（1936）
ケルアック, ジャック *10.21*（1969）
ケル, アルフレート *10.12*（1948）
ゲルヴィーヌス, ゲオルク・ゴットフリート *3.18*（1871）
ケルシェンシュタイナー *1.15*（1932）
ゲルシュテッカー, フリードリヒ *5.31*（1872）
ゲルソニデス *4.20*（1344）
ゲルチーノ, イル *12.22*（1666）
ゲルツェン, アレクサンドル・イワノヴィチ *1.9*（1870）
ケールディシュ, ムスチスラフ *6.24*（1978）
ケルテス, アンドレ *9.28*（1985）

ゲルトナー, フリードリヒ・フォン *4.21*（1847）
ゲルドロード, ミシェル・ド *4.1*（1962）
ケルナー, テーオドア *8.26*（1813）
ケルナー, ユスティーヌス *2.21*（1862）
ケルネル *9.22*（1911）
ゲルバー *12.23*（1891）
ゲルハルセン *9.19*（1987）
ゲルハルト, エレナ *1.11*（1961）
ゲルハールト, ニコラウス *11.22*（1473）
ケルビーニ, ルイージ・カルロ・ザノービオ・サルヴァトーレ・マリーア *3.13*（1842）
ゲルベルト, マルティン *5.13*（1793）
ゲルホー（ライヒャスベルクの） *6.27*（1169）
ゲルマニクス・ユリウス・カエサル *10.10*（19）
ゲルマーヌス（パリの） *5.28*（576）
ゲルモゲーン *2.17*（1612）
ゲルラハ *8.10*（1979）
ゲルラハ, ペーテルス *11.18*（1411）
ゲルラハ, ルートヴィヒ・フォン *2.18*（1877）
ケルロイター *11.12*（1806）
ゲレイロ *9.28*（1617）
ケレスチヌス1世 *7.27*（432）
ケレスチヌス3世 *1.8*（1198）
ケレスチヌス5世 *5.19*（1296）
ケレスティーヌス2世 *3.8*（1144）
ケレスティーヌス4世 *11.10*（1241）
ゲレス, ヨーゼフ *1.29*（1848）
ケレーニー, カール *4.14*（1973）
ケレルマン *9.23*（1820）
ゲレロ *2.14*（1831）
ゲレーロ, フランシスコ *11.8*（1599）
ゲーレン *1.30*（1976）
ケレンスキー, アレクサンドル・フョードロヴィチ *6.11*

（1970）
ケーレン, ルドルフ・ファン *12.31*（1610）
ケロッグ, フランク・B *12.22*（1937）
ケロール, ジャン *2.10*（2005）
賢安 *2.4*（858）
顕意 *5.19*（1304）
源運 *8.18*（1180）
玄慧 *3.2*（1350）
玄円 *7.27*（1348）
賢応 *3.6*（868）
源雅 *10.8*（1562）
兼海 *5.10*（1155）
賢海 *10.23*（1237）
源海 *2.23*（1278）
玄海 *3.17*（1347）
嶮崖巧安 *7.23*（1331）
賢覚 *3.16*（1156）
源覚 *4.7*（1136）
玄覚 *9.21*（1138）
謙巌原冲 *9.21*（1421）
賢季 *1.30*（1358）
源琦 *8.8*（1797）
玄輝門院 *8.30*（1329）
見玉尼 *7.14*（1473）
賢憬 *11.8*（793）
玄慶 *12.6*（1299）
源賢 *6.18*（1020）
阮元 *10.13*（1849）
兼毫 *1.22*（1189）
建綱 *11.26*（1469）
元杲 *2.27*（995）
玄興 *5.20*（1604）
顕厳 *8.14*（1183）
源氏鶏太 *9.12*（1985）
玄室守脇 *11.2*（1514）
妍子内親王 *10.3*（1161）
娟子内親王 *3.12*（1103）
元寿 *1.13*（1648）
顕重 *12.15*（1359）
玄秀 *9.21*（1527）
憲淳 *8.23*（1308）
賢俊 *7.16*（1357）
賢舜 *9.2*（1527）
賢順 *7.13*（1623）
建春門院 *7.8*（1176）
憲静 *4.17*（1295）
玄昭 *2.3*（917）
玄奘 *2.5*（664）
見性院 *5.9*（1622）

833

見性院　*12.4*(1617)
賢章院　*8.16*(1824)
元章周郁　*9.22*(1386)
元正天皇　*4.21*(748)
源性入道親王　*1.29*(1353)
憲深　*9.6*(1263)
賢信　*4.8*(1187)
顕真　*11.14*(1192)
元積　*7.23*(831)
源信　*6.10*(1017)
源心　*10.11*(1053)
顕親門院　*2.13*(1336)
建撕　*7.3*(1475)
顕誓　*10.24*(1570)
元政　*2.18*(1668)
源盛　*12.13*(1359)
賢仙　*12.12*(1352)
賢遅　*12.23*(1112)
源泉　*3.18*(1055)
顕窓慶字　*1.22*(1433)
賢窓常俊　*11.4*(1507)
乾叟禅亨　*10.14*(1506)
元総尼　*9.18*(1711)
顕尊　*3.3*(1599)
ケンタル，アンテーロ・デ　*9.11*（1891）
顕智　*7.4*(1310)
源智　*12.12*(1239)
厳中周噩　*6.26*(1428)
賢仲繁哲　*6.24*(1512)
兼澄　*8.3*(1202)
ゲンツ，フリードリヒ　*6.9*(1832)
聖ケンティガン　*1.13*(603)
ケント，ウィリアム　*4.12*(1748)
ケンドラー，ヨハン・ヨアヒム　*5.18*(1775)
ケンドリュー，サー・ジョン・カウドリー　*8.23*(1997)
ケンドール，エドワード・カルヴィン　*5.4*(1972)
ケントン，スタン　*8.25*(1979)
剣阿　*11.16*(1338)
ゲンナージイ（ノーヴゴロトの）　*12.4*(1504)
顕如　*11.24*(1592)
源仁　*11.22*(887)
玄忍　*12.10*(1247)
顕恵　*2.23*(1175)
源翁心昭　*1.27*(1400)

玄賓　*6.17*(818)
ケンプ，ヴィルヘルム　*5.23*(1991)
厳復　*10.27*(1921)
ケンプ，ジョン　*3.22*(1454)
ケンブル，ジョン・フィリップ　*2.26*(1823)
ケンペ，シュテファン　*10.23*(1540)
ケンベル　*11.2*(1716)
ケンペ，ルドルフ　*5.11*(1976)
賢宝　*6.30*(1398)
玄昉　*6.18*(746)
乾峰士曇　*12.11*(1362)
原璞慧珣　*3.15*(1429)
元明天皇　*12.7*(721)
剣持勇　*6.3*(1971)
元瑜　*10.1*(1319)
玄宥　*10.4*(1605)
顕誉　*9.7*(1325)
源鸞　*8.28*(1347)
賢隆　*2.28*(1284)
彦竜周興　*6.3*(1491)
乾隆帝　*1.3*(1799)
建礼門院　*12.13*(1214)

【こ】

悟阿　*11.17*(1283)
ゴア，チャールズ　*1.17*(1932)
壷庵至簡　*9.16*(1341)
コーアン，ジョージ　*11.5*(1942)
呉偉　*6.13*(1508)
恋川春町　*7.7*(1789)
顧維鈞　*11.15*(1985)
小池朝雄　*3.23*(1985)
小池敬事　*8.6*(1959)
小池厚之助　*1.2*(1985)
五井持軒　閏*7.18*(1721)
小石元俊　*12.25*(1809)
小石元瑞　*2.10*(1849)
小泉明　*2.8*(1977)
小泉策太郎　*7.28*(1937)
小泉信三　*5.11*(1966)
古泉千樫　*8.11*(1927)
小泉親彦　*9.13*(1945)
小泉苳三　*11.27*(1956)
小泉信吉　*12.8*(1894)

小泉文夫　*8.20*(1983)
小泉丹　*10.21*(1952)
小泉又次郎　*9.24*(1951)
小磯国昭　*11.3*(1950)
小磯良平　*12.16*(1988)
後一条天皇　*4.17*(1036)
肥塚龍　*12.3*(1920)
湖出市十郎（初代）　*9.12*(1800)
小出兼政　*8.17*(1865)
小出正吾　*10.8*(1990)
小出粲　*4.15*(1908)
小出楢重　*2.13*(1931)
小出秀政　*3.22*(1604)
小出三尹　*4.29*(1642)
小出光教　*10.18*(1876)
小出吉政　*2.29*(1613)
小絲源太郎　*2.6*(1978)
小糸のぶ　*12.13*(1995)
コイプ，アルベルト　*11.15*(1691)
五井蘭洲　*3.17*(1762)
コイレ，アレクサンドル　*4.28*（1964）
小岩井浄　*2.19*(1959)
幸阿弥（初代）　*10.13*(1478)
幸阿弥（10代目）　*2.21*(1651)
コヴァレフスキー，アレクサンドル・オヌフリエヴィッチ　*11.22*(1901)
コヴァレーフスキィ　*4.5*(1916)
公伊　閏*12.18*(1135)
興意法親王　*10.7*(1620)
興胤　*5.27*(1428)
公胤　閏*6.20*(1216)
恒恵　*4.29*(1206)
興円　*4.26*(1317)
公円　*9.20*(1235)
豪円　*6.5*(1611)
黄炎培　*12.21*(1965)
興雅　*10.15*(1387)
公雅　*12.10*(1220)
公海　*10.16*(1695)
業海本浄　*7.27*(1352)
光格天皇　*11.19*(1840)
甲賀源吾　*3.25*(1869)
甲賀三郎　*2.14*(1945)
皇嘉門院　*12.5*(1182)
功巌玄策　*8.19*(1514)
杲観祖眸　*3.27*(1502)

こう

高季興　*12.15*（928）
康熙帝　*11.13*（1722）
広義門院　閏*7.22*（1357）
光教　*5.6*（1503）
宏教　*10.23*（1255）
皇極天皇　*7.24*（661）
公慶　*7.12*（1705）
皇慶　*7.26*（1049）
向警予　*5.1*（1928）
洪景来　*4.19*（1812）
江月宗玩　*10.1*（1643）
公顕　*9.17*（1193）
弘顕　*9.2*（1382）
孝謙天皇　*8.4*（770）
黄興　*10.30*（1916）
光孝天皇　*8.26*（887）
恒弘法親王　*8.8*（1509）
郷古潔　*4.28*（1961）
興国女晨　*8.9*（1394）
光国舜玉　*8.11*（1561）
康克清　*4.22*（1992）
黄克誠　*12.28*（1986）
黄谷柳　*1.2*（1977）
幸金　*12.26*（1288）
光厳天皇　*7.7*（1364）
光済　閏*4.22*（1379）
幸西　*4.14*（1247）
康済　*2.8*（899）
香西元長　*8.1*（1507）
高坂虎綱　*5.7*（1578）
高坂正顕　*12.9*（1969）
高坂正堯　*5.15*（1996）
上崎美恵子　*9.2*（1997）
高山慈照　*12.25*（1343）
孝山祚養　*3.11*（1520）
郷司浩平　*10.11*（1989）
広寿　*6.28*（1013）
光宗　*10.12*（1350）
公什　*11.20*（1314）
光聚院　*9.12*（1653）
洪秀全　*6.1*（1864）
興宗宗松　*6.21*（1522）
香淳皇后　*6.16*（2000）
興昭　*1.28*（883）
光定　*8.10*（858）
公紹　*8.10*（1321）
康勝　*11.27*（1237）
康正　*1.10*（1621）
孔祥熙　*8.16*（1967）
光緒帝　*11.13*（1908）
恒助法親王　*7.24*（1310）

興信　*4.5*（1391）
洪深　*8.29*（1955）
高信　*6.5*（1264）
高嵩谷　*8.23*（1804）
康生　*12.16*（1975）
江青　*5.14*（1991）
郷誠之助　*1.19*（1942）
江西竜派　*8.5*（1446）
黄筌　*9.2*（965）
宏善　*7.23*（1557）
高泉性激　*10.16*（1695）
高祖（唐）　*5.6*（635）
孝宗（宋）　*6.9*（1194）
高宗（宋）　*10.8*（1187）
高宗（唐）　*12.4*（683）
孝蔵主　*4.14*（1626）
功存　*9.3*（1796）
豪尊　*10.5*（1400）
幸田文　*10.31*（1990）
高台院　*9.6*（1624）
広大夫人　*11.10*（1844）
小唄勝太郎　*6.21*（1974）
幸田成友　*5.15*（1954）
後宇多天皇　*6.25*（1324）
幸田延　*6.14*（1946）
幸田露伴　*7.30*（1947）
光智　*3.10*（979）
弘智　*10.2*（1363）
河内桃子　*11.5*（1998）
剛中玄柔　*5.27*（1388）
亨仲崇泉　*4.5*（1549）
向忠発　*6.24*（1931）
江中梵巴　*3.23*（1446）
豪鎮　*9.20*（1372）
上月晃　*3.25*（1999）
高庭春繁　*5.4*（1973）
黄庭堅　*9.30*（1105）
弘典　*11.29*（1486）
厚東武実　*11.9*（1348）
幸堂得知　*3.22*（1913）
幸徳秋水　*1.24*（1911）
孝徳天皇　*10.10*（654）
光仁天皇　*12.23*（782）
興然　*11.30*（1204）
鴻池善右衛門（初代）　*1.26*（1693）
鴻池善右衛門（3代目）　*7.12*（1736）
河野一郎　*7.8*（1965）
河野謙三　*10.16*（1983）
河野顕三　*1.15*（1862）

河野省三　*1.8*（1963）
河野鷹思　*3.23*（1999）
河野通勢　*3.31*（1950）
河野常吉　*9.3*（1930）
河野禎造　*2.10*（1871）
河野鉄兜　*2.6*（1867）
河野敏鎌　*4.24*（1895）
河野教通　*1.20*（1500）
幸野楳嶺　*2.2*（1895）
河野広中　*12.29*（1923）
河野広躰　*1.24*（1941）
幸宣佳　*9.6*（1977）
河野通有　*7.14*（1311）
河野通清　*9.15*（1181）
河野通堯　*11.6*（1379）
河野通朝　*11.6*（1364）
河野通信　*5.19*（1223）
河野通春　閏*7.14*（1482）
河野通久　*6.29*（1435）
河野通盛　*11.26*（1364）
河野密　*1.4*（1981）
高師詮　*6.12*（1353）
高師直　*2.26*（1351）
高師冬　*1.17*（1351）
高師泰　*2.26*（1351）
高師世　*2.26*（1351）
耕治人　*1.6*（1988）
公範　*10.19*（1086）
光範門院　*9.8*（1440）
豪姫　*5.23*（1634）
江父徳源　*11.15*（1496）
高芙蓉　*4.24*（1784）
高駢　*9.21*（887）
宏弁若訥　*12.27*（1293）
公弁法親王　*4.17*（1716）
光宝　*4.20*（1239）
呆宝　*7.7*（1362）
高峰顕日　*10.20*（1316）
功加玄勲　*4.26*（1524）
光明皇后　*6.7*（760）
光明寺三郎　*9.27*（1893）
光明天皇　*6.24*（1380）
神鞭知常　*6.21*（1905）
洪命憙　*3.5*（1968）
孝明天皇　*12.25*（1867）
河本大作　*8.25*（1955）
河本敏夫　*5.24*（2001）
高山岩男　*7.5*（1993）
神山郡廉　*8.20*（1909）
香山健一　*3.21*（1997）
豪猷　*12.12*（1424）

835

康有為　3.31(1927)
幸祥光　4.6(1977)
高良とみ　1.17(1993)
甲良宗広　3.17(1646)
高力正長　4.22(1599)
高良斎　9.13(1846)
香林宗簡　11.21(1453)
紅蓮尼　8.13(1329)
孤雲懐奘　8.24(1280)
ゴエス，ベント・デ　4.11(1607)
コエリョ，ガスパル　5.7(1590)
コエーリョ，クラウディオ　4.20(1693)
悟円　2.20(1041)
コーエン，M.R.　1.28(1947)
顧炎武　1.9(1682)
後円融天皇　4.26(1393)
虚屋性宙　4.29(1560)
郡虎彦　10.6(1924)
郡場寛　12.15(1957)
珊海仲珊　1.24(1469)
古賀逸策　9.2(1982)
ゴガ，オクタヴィアン　5.7(1938)
久我清通　9.5(1453)
古賀謹一郎　10.31(1884)
古嶽宗亘　6.24(1548)
久我邦通　6.8(1531)
古賀穀堂　9.16(1836)
後柏原天皇　4.7(1526)
古賀精里　5.3(1817)
古賀忠道　4.25(1986)
久我嗣通　7.19(1466)
古賀侗庵　1.30(1847)
久我具房　12.15(1290)
久我具基　3.16(1397)
久我具通　8.27(1353)
小金井喜美子　1.26(1956)
小金井小次郎　6.9(1881)
小金井良精　10.16(1944)
小金井蘆州(2代目)　5.3(1908)
小金井蘆洲(3代目)　7.10(1925)
小金井蘆洲(4代目)　1.8(1949)
小金井蘆洲(5代目)　6.14(1961)
古賀春江　9.10(1933)
古賀政男　7.25(1978)

古賀マサノ　12.5(1964)
久我通雄　12.11(1329)
久我通相　7.14(1371)
久我通忠　12.24(1250)
久我通嗣　2.10(1353)
久我通宣　2.26(1352)
久我通博　10.7(1482)
久我通光　1.18(1248)
久我通基　11.29(1308)
古賀峯一　4.1(1944)
後亀山天皇　4.12(1424)
御粥安本　2.4(1862)
ゴーガルテン，フリードリヒ　10.16(1967)
ゴーカレー　2.19(1915)
呉晗　10.11(1969)
虎関師錬　7.24(1346)
小勘太郎次(初代)　10.19(1711)
コーガン，ピョートル・セミョーノヴィチ　5.2(1932)
ゴーガン，ポール　5.8(1903)
胡漢民　5.12(1936)
コーガン，レオニード・ボリソヴィチ　12.17(1982)
ゴーキー，アーシル　7.21(1948)
胡喬木　9.28(1992)
古鏡明千　5.22(1360)
呉玉章　12.12(1966)
国阿　9.11(1405)
極印千右衛門　8.26(1702)
悟空敬念　10.8(1272)
国巌大佐　6.1(1616)
克勤　8.5(1135)
コーク，サー・エドワード　9.3(1634)
黒正巌　9.3(1949)
コクツェーユス，ヨハネス　11.4(1669)
コクトー，ジャン　10.11(1963)
国府犀東　2.27(1950)
国分青厓　3.5(1944)
国分一太郎　2.12(1985)
克補契縁　5.28(1523)
小久保喜七　12.14(1939)
コクラン　10.30(1860)
コクラン，エディ　4.17(1960)
コクラン，サー・チャールズ・ブレイク　1.31(1951)

コクラン，ブノワ・コンスタン　1.27(1909)
コクリコ，アドリアン・プティ　2.9(1563)
国領五一郎　3.19(1943)
木暮正夫　1.10(2007)
木暮実千代　6.13(1990)
木暮理太郎　5.7(1944)
呉敬恒　10.30(1953)
虎渓昌隆　8.9(1505)
古渓宗陳　1.17(1597)
悟渓宗頓　9.6(1500)
虎渓良乳　11.13(1422)
顧頡剛　12.25(1980)
湖月信鏡　12.6(1534)
古月禅材　4.25(1751)
古源邵元　11.11(1364)
古剣智訥　5.17(1382)
後光厳天皇　1.29(1374)
後光明天皇　9.20(1654)
辜鴻銘　4.30(1928)
ココシュカ，オスカー　2.22(1980)
後小松天皇　10.20(1433)
ゴーゴリ，ニコライ・ワシリエヴィチ　2.21(1852)
古今亭今輔(2代目)　10.23(1898)
古今亭今輔(4代目)　7.23(1935)
古今亭今輔(5代目)　12.10(1976)
古今亭志ん生(初代)　12.26(1856)
古今亭志ん生(2代目)　11.24(1889)
古今亭志ん生(3代目)　5.10(1918)
古今亭志ん生(4代目)　1.29(1926)
古今亭志ん生(5代目)　9.21(1973)
古今亭志ん朝(2代目)　10.1(2001)
コサ　2.28(1510)
虎哉　5.8(1611)
後西天皇　2.22(1685)
古在由重　3.6(1990)
古在由直　6.18(1934)
小酒井五一郎　5.2(1962)
小酒井不木　4.1(1929)

こつ

小坂一也　*11.1*（1997）
小坂順造　*10.16*（1960）
小坂善太郎　*11.26*（2000）
後嵯峨天皇　*2.17*（1272）
小崎トマス　*2.5*（1597）
小崎弘道　*2.26*（1938）
小崎道雄　*6.18*（1973）
後桜町天皇　閏*11.2*（1813）
ゴーサルズ，ジョージ・ワシントン　*1.21*（1928）
固山一鞏　*2.12*（1360）
孤山至遠　*7.9*（1366）
後三条天皇　*5.7*（1073）
古山良空　*3.1*（1415）
ゴーシェン　*2.7*（1907）
コーシー，オーギュスタイン・ルイ，男爵　*5.23*（1857）
越路吹雪　*11.7*（1980）
コシチューシコ，タデウシュ・ボナヴェントゥラ　*10.15*（1817）
小篠綾子　*3.26*（2006）
越野栄松（初代）　*6.1*（1965）
越野栄松（2代目）　*7.13*（1974）
高志内親王　*5.7*（809）
コージブスキー，アルフレッド　*3.1*（1950）
児島惟謙　*7.1*（1908）
小島烏水　*12.13*（1948）
古島一雄　*5.26*（1952）
児島喜久雄　*7.5*（1950）
小島剛夕　*1.5*（2000）
小島成斎　*10.18*（1862）
児島善三郎　*3.22*（1962）
児島虎次郎　*3.8*（1929）
小島法師　*4.28*（1374）
小島政二郎　*3.24*（1994）
五社英雄　*8.30*（1992）
ゴーシュ　*1.13*（1962）
孤舟　*2.29*（1620）
悟宗圭頓　*8.14*（1555）
悟宗純嘉　*9.20*（1560）
コシュート，ラヨシュ　*3.20*（1894）
呉春　*7.17*（1811）
五条院　*11.25*（1294）
五条季長　*3.2*（1313）
呉昌碩　*11.6*（1927）
五条珠実（初代）　*8.2*（1987）
五条為学　*6.30*（1543）
五条為康　*10.22*（1563）

五条長経　*2.28*（1315）
五条庸子　*8.5*（1683）
五条頼元　*5.20*（1367）
五所平之助　*5.1*（1981）
後白河天皇　*3.13*（1192）
コジンスキー，ジャージ　*5.3*（1991）
コスイギン，アレクセイ・ニコラエヴィチ　*12.19*（1980）
ゴス，エドマンド　*5.16*（1928）
小杉勇　*4.8*（1983）
小杉玄適　*1.7*（1791）
小杉榲邨　*3.29*（1910）
小杉天外　*9.1*（1952）
小杉放庵　*4.16*（1964）
小菅丹治　*9.16*（1961）
コスケンニエミ，ヴェイッコ　*8.4*（1962）
後朱雀天皇　*1.18*（1045）
コスタ，ロレンツォ　*5.3*（1535）
コステラネッツ，アンドレ　*1.13*（1980）
コステロ，ジョン　*1.5*（1976）
コストラーニ・デジェー　*11.3*（1936）
コストレ，ギヨーム　*2.1*（1606）
ゴスノールド　*8.22*（1607）
コスマ，ジョゼフ　*8.7*（1969）
コスマス（プラハの）　*10.25*（1125）
コスミンスキー　*7.24*（1959）
コズローフ，イワン・イワノヴィチ　*1.30*（1840）
コズロフ，ピョートル　*9.26*（1935）
小関三英　*5.17*（1839）
古関裕而　*8.18*（1989）
五姓田芳柳（初代）　*2.1*（1892）
五姓田義松　*9.4*（1915）
ゴセック，フランソワ・ジョゼフ　*2.16*（1829）
巨勢邑治　*6.6*（724）
巨勢紫檀　*3.16*（685）
巨勢堺麻呂　*4.9*（761）
巨勢多益須　*6.2*（710）
巨勢徳太古　*1.13*（658）
巨勢奈弖麻呂　*3.30*（753）
巨勢野足　*12.14*（817）
巨勢麻呂　*1.18*（717）

古先印元　*1.24*（1374）
コーソー，グレゴリー　*1.17*（2001）
小園安名　*11.5*（1960）
後醍醐天皇　*4.16*（1339）
コダーイ，ゾルターン　*3.6*（1967）
五代友厚　*9.25*（1885）
小平邦彦　*7.26*（1997）
後高倉院　*5.14*（1223）
古武弥四郎　*5.30*（1968）
小谷喜美　*2.9*（1971）
小谷三志　*9.17*（1841）
児玉花外　*9.20*（1943）
児玉源太郎　*7.23*（1906）
児玉幸多　*7.4*（2007）
児玉隆也　*5.22*（1975）
児玉誉士夫　*1.17*（1984）
ゴダール，バンジャマン　*1.10*（1895）
ゴーチエ，ジュディット　*12.26*（1917）
ゴーチエ，テオフィル　*10.23*（1872）
ゴーチエ・ド・コワンシー　*9.25*（1236）
コーツ，アルバート　*12.11*（1953）
コックロフト，サー・ジョン・ダグラス　*9.18*（1967）
コックス　*3.27*（1624）
コックス，リチャード　*7.22*（1581）
コッセル，アルブレヒト　*7.5*（1927）
コッセル，ヴァルター　*5.22*（1956）
ゴッセン　*2.13*（1858）
ゴッソン　*2.13*（1624）
ゴッダード，ロバート・ハッチングズ　*8.10*（1945）
兀庵普寧　*11.24*（1276）
後土御門天皇　*9.28*（1500）
コッツァレッリ，ジャコモ　*3.23*（1515）
ゴッツィ，ガスパロ　*12.26*（1786）
ゴッツィ，カルロ　*4.14*（1806）
コッツェイ　*8.18*（1719）
コッツェブー，アウグスト　*3.23*（1819）

837

コッツェブー, オットー 2.5(1846)
ゴッツォリ, ベノッツォ 10.4(1497)
コッテ, シャルル 9.25(1925)
ゴットヴァルト, クレメント 3.14(1953)
ゴットシェート, ヨハン・クリストフ 12.12(1766)
ゴットシャルク 10.13(868)
ゴットヘルフ, イェレミーアス 10.22(1854)
コットル・オットリーリエンフェルト 10.19(1958)
コットン, サー・ロバート・ブルース 5.6(1631)
コットン, ジョン 12.23(1652)
コッハー, エミール・テオドール 7.27(1917)
ゴッビ, ティート 3.5(1984)
コップ, ヘルマン・フランツ・モリッツ 2.20(1892)
ゴッホ, テオ・ファン 11.2(2004)
コッホ, ハインリヒ・ヘルマン・ロベルト 5.27(1910)
ゴッホ, フィンセント・ファン 7.29(1890)
コッホ, ヨーゼフ・アントン 1.12(1839)
コッホレーウス, ヨハネス 1.11(1552)
コツュビンスキー, ミハイロ・ミハイロヴィチ 4.12(1913)

コーツ, ロジャー 6.5(1716)
コッローディ, カルロ 10.26(1890)
コーディ, ウィリアム・フレデリック 1.10(1917)
コティ, フランソワ 7.25(1934)
伍廷芳 6.23(1922)
コティ, ルネ 11.22(1962)
ゴー・ディン・ジェム 11.1(1963)
胡適 2.24(1962)
ゴデスカルクス(オルベの) 10.13(867)
篭手田安定 3.30(1899)
ゴーデハルト 5.5(1038)

小寺菊子 11.26(1956)
小寺健吉 9.20(1977)
小寺房治郎 12.26(1949)
小寺融吉 3.29(1945)
壷天玄晟 12.26(1430)
ゴドイ, マヌエル・デ 10.7(1851)
後藤一乗 10.17(1876)
ゴドウィン, ウィリアム 4.7(1836)
五島慶太 8.14(1959)
後藤顕乗 1.22(1663)
後藤光乗 3.14(1620)
後藤艮山 9.18(1733)
古幡周勝 2.12(1433)
後藤松陰 10.19(1864)
後藤象二郎 8.4(1897)
後藤乗真 3.6(1562)
後藤新平 4.13(1929)
後藤末雄 11.10(1967)
五島純玄 7.28(1594)
後藤宗印 11.24(1627)
伍堂卓雄 4.7(1956)
後藤武男 12.16(1974)
後藤田正晴 9.19(2005)
後藤丹治 5.1(1963)
後藤宙外 6.12(1938)
後藤徳乗 10.13(1631)
後藤得三 7.22(1991)
ゴトゥノーフ, ボリース・フォードロヴィチ 4.13(1605)
五島昇 3.20(1989)
五島玄雅 3.8(1612)
後藤文夫 5.13(1980)
小藤文次郎 3.8(1935)
五島美代子 4.15(1978)
後藤明生 8.2(1999)
後藤基清 7.2(1221)
後藤基次 5.6(1615)
後藤基綱 11.28(1256)
後藤基政 6.23(1267)
後藤守一 7.30(1960)
後藤靖 3.4(1998)
後藤祐乗 5.7(1512)
後藤梨春 4.8(1771)
後藤隆之助 8.21(1984)
五島ルイス 8.26(1579)
顧徳輝 3.14(1369)
琴櫻傑將 8.14(2007)
コートネイ, ウィリアム 7.31(1396)

後鳥羽天皇 2.22(1239)
ゴドフスキー, レオポルド 11.21(1938)
ゴドフロワ(アミアンの) 11.8(1115)
ゴドフロワ・ド・ブイヨン 7.18(1100)
ゴドフロワ(フォンテーヌの) 10.29(1306)
ゴドルフィン, シドニー 9.15(1712)
コトン, チャールズ 2.16(1687)
ゴードン, チャールズ・ジョージ 1.26(1885)
小中村清矩 10.11(1895)
小浪義明 12.1(1981)
後奈良天皇 9.5(1557)
コナント, ジェイムズ・ブライアント 2.11(1978)
小西重直 7.21(1948)
小西得郎 6.9(1977)
小西行長 10.1(1600)
後二条天皇 8.25(1308)
小西来山 10.3(1716)
小西六右衛門 10.5(1921)
コニンク, ジル・ド 5.31(1633)
コニンクスロー, ヒリス・ヴァン 1.4(1607)
コーニンク, フィリップス・デ 10.4(1688)
コネフ, イヴァン・ステパノヴィチ 5.21(1973)
コネリアーノ 9.3(1517)
コーネル, キャサリン 6.9(1974)
近衛篤麿 1.2(1904)
近衛家実 12.27(1243)
近衛家久 8.17(1737)
近衛家平 5.15(1324)
近衛家熙 10.3(1736)
近衛家通 8.11(1224)
近衛家基 6.19(1296)
近衛兼嗣 3.26(1388)
近衛兼経 5.4(1259)
近衛兼教 9.2(1336)
近衛前久 5.8(1612)
近衛実香 4.19(1325)
近衛十四郎 5.24(1977)
近衛忠嗣 6.30(1454)

近衛忠熙　3.18(1898)
近衛稙家　7.10(1566)
近衛経忠　8.13(1352)
近衛経平　6.24(1318)
近衛天皇　7.23(1155)
近衛信尹　11.25(1614)
近衛信尋　10.11(1649)
近衛尚通　8.26(1544)
近衛秀麿　6.2(1973)
近衛房嗣　10.19(1488)
近衛文麿　12.16(1945)
近衛政家　6.19(1505)
近衛道嗣　3.17(1387)
近衛道経　7.29(1238)
近衛基実　7.26(1166)
近衛基嗣　4.8(1354)
近衛基平　11.19(1268)
近衛基熙　9.14(1722)
近衛基通　5.29(1233)
木島桜谷　11.3(1938)
コノート，プリンス・アーサー，公爵　1.16(1942)
コノプニツカ，マリア　10.8(1910)
コノリー，ジェイムズ　5.12(1916)
コノリー，シリル　11.26(1974)
呉佩孚　12.4(1939)
古波蔵保好　8.30(2001)
小橋一太　10.2(1939)
後花園天皇　12.27(1471)
コハノフスキ，ヤン　8.22(1584)
小早川茂平　2.15(1264)
小早川隆景　6.12(1597)
小早川則平　1.26(1433)
小早川秀秋　10.18(1602)
小林中　10.28(1981)
小林勇　11.20(1981)
小林一三　1.25(1957)
小林一茶　11.19(1828)
小林橘川　3.16(1961)
小林清親　11.28(1915)
小林吟右衛門(2代目)　5.5(1873)
小林宏治　11.30(1996)
小林古径　4.3(1957)
小林躋造　7.4(1962)
小林大巖　7.30(1976)
小林太市郎　5.6(1963)

小林多喜二　2.20(1933)
小林剛　5.26(1969)
小林武　4.4(1987)
小林正　3.30(1975)
小林徳三郎　4.19(1949)
小林虎三郎　8.24(1877)
小林秀雄　3.1(1983)
小林正樹　10.4(1996)
小林勝　3.25(1971)
小林行雄　2.2(1989)
小林義兄　9.4(1821)
小林良典　11.19(1859)
小林和作　11.4(1974)
コバーン，カート　4.5(1994)
古筆了佐　1.28(1662)
ゴビノー，ジョゼフ・アルチュール・ド　10.13(1882)
小日山直登　8.28(1949)
ゴビル，アントワーヌ　7.24(1759)
ゴフ　3.2(1869)
胡風　6.8(1985)
コープ，エドワード・ドリンカー　4.12(1897)
後深草天皇　7.16(1304)
後伏見天皇　4.6(1336)
コブデン，リチャード　4.2(1865)
ゴフマン，アーヴィング　11.19(1982)
コーフマン，ジョージ・S.　6.2(1961)
コープマンズ，チャリング・C　2.26(1985)
コープランド，アーロン　12.2(1990)
コブリー，ジョン・シングルトン　9.9(1815)
ゴフリドゥス(ヴァンドームの)　3.26(1132)
戸部清延　8.16(1150)
ゴベッティ，ピエーロ　2.15(1926)
コベット，ウィリアム　6.18(1835)
コペ，フランソワ　5.23(1908)
コーベルガー　10.3(1513)
コペルニクス，ニコラウス　5.24(1543)
孤峰覚明　5.24(1361)
吾宝宗璨　10.6(1457)

コポー，ジャック　10.20(1949)
小堀杏奴　4.2(1998)
小堀遠州　2.6(1647)
後堀河天皇　8.6(1234)
小堀甚二　11.30(1959)
小堀鞆音　10.1(1931)
小堀誠　3.5(1957)
小堀政方　9.8(1803)
小堀政次　2.29(1604)
駒井和愛　11.22(1971)
駒井健一郎　10.2(1986)
駒井卓　7.9(1972)
駒井哲郎　11.20(1976)
駒井徳三　5.13(1961)
小牧近江　10.29(1978)
古満休伯(古満家2代目)　8.10(1715)
駒田信二　12.27(1994)
狛近真　1.25(1242)
小松清　6.5(1962)
小松耕輔　2.3(1966)
小松摂郎　5.9(1975)
小松帯刀　7.20(1870)
小松宮彰仁親王　2.18(1903)
小松原英太郎　12.26(1919)
小松姫　2.24(1620)
小松屋百亀　12.9(1794)
小松芳喬　2.7(2000)
狛朝葛　3.9(1331)
高麗福信　10.17(789)
狛光季　10.22(1112)
狛行高　7.19(1120)
狛光真　7.11(1240)
狛光高　3.1(1048)
狛光近　4.29(1182)
狛光時　5.4(1159)
五味川純平　2.8(1995)
コミサージェフスキー，シオドア　4.17(1954)
コミサルジェーフスカヤ　2.10(1910)
後水尾天皇　8.19(1680)
コミーヌ，フィリップ・ド　10.18(1511)
五味康祐　4.1(1980)
五味保義　5.27(1982)
小宮豊隆　5.3(1966)
小宮山昌世　閏3.20(1773)
小宮山昌秀　3.2(1840)
小宮山綏介　12.24(1896)
小宮義孝　2.4(1976)

839

こみ

護命 9.11(834)
ゴムウカ, ヴワディスワフ 9.1(1982)
ゴムウカ, ミコワイ 3.5(1591)
後村上天皇 3.11(1368)
小村寿太郎 11.26(1911)
小村雪岱 10.17(1940)
小室三吉 10.18(1920)
小室信夫 6.5(1898)
小室信介 8.25(1885)
小室翠雲 3.30(1945)
五明楼玉輔(初代) 5.30(1868)
ゴメス 12.7(1935)
ゴメス‐デ‐ラ‐セルナ, ラモン 1.12(1963)
ゴメス・カストロ 7.13(1965)
ゴメス, ルイス 6.6(1634)
コメレル, マックス 7.25(1944)
コメンスキー, ヤン・アモス 11.15(1670)
コメンドーネ, ジョヴァンニ・フランチェスコ 12.25(1584)
コモ, ペリー 5.12(2001)
後桃園天皇 10.29(1779)
小森和子 1.8(2005)
小森宗太郎 6.12(1975)
小森桃塢 3.23(1843)
コモンズ, ジョン・ロジャーズ 5.11(1945)
コモンフォルト 11.13(1863)
ゴヤ・イ・ルシエンテス, フランシスコ・ホセ・デ 4.16(1828)
子安峻 1.15(1898)
胡也頻 2.7(1931)
小山いと子 7.25(1989)
児山敬一 4.22(1972)
小山敬三 2.7(1987)
小山作之助 6.27(1927)
小山松寿 11.25(1959)
小山正太郎 1.7(1916)
小山冨士夫 10.7(1975)
小山祐士 6.10(1982)
後陽成天皇 8.26(1617)
胡耀邦 4.15(1989)
呉沃堯 10.21(1910)
コーラー 8.3(1919)

五来重 12.11(1993)
コライス, アザマンディオス 4.6(1833)
コラッツィーニ, セルジョ 6.18(1907)
コーラ・ディ・リエンツォ 10.8(1354)
コラー, ハンス 12.22(2003)
コラム, パードリック 1.11(1972)
ゴラール 12.6(1876)
牛欄鑑心 3.5(1487)
コラン, ラファエル 10.20(1916)
コリア, ジョン 4.6(1980)
コリオリ, ギュスターヴ‐ガスパール 9.19(1843)
コリ, カール・フェルディナント 10.20(1984)
ゴーリキー, マクシム 6.18(1936)
コリツォーフ, アレクセイ・ワシリエヴィチ 10.29(1842)
コリツォーフ, ミハイル・エフィモヴィチ 4.4(1942)
コリニー, ガスパール2世, シャティヨン卿 8.24(1572)
コリンウッド, カスバート, 男爵 3.7(1810)
コリングウッド, R.G. 1.9(1943)
コリンズ, ウィリアム 6.12(1759)
コリンズ, ウィルキー 9.23(1889)
コリンズ, ジョン・アンソニ 12.13(1729)
コリンズ, マイケル 8.22(1922)
コリント, ロヴィス 7.17(1925)
ゴル, イヴァン 2.27(1950)
コルヴィサール, ジャン‐ニコラ 9.18(1821)
コルヴィッツ, ケーテ 4.22(1945)
コルヴィーヌス, アントーニウス 4.5(1553)
コルサコフ 5.14(1900)
ゴルジ, カミロ 1.21(1926)

ゴールズワージー, ジョン 1.31(1933)
コールダー, アレクサンダー 11.11(1976)
コルダ, サー・アレグザンダー 1.23(1956)
コルタサル, フリオ 2.12(1984)
コルダートゥス, コンラート 3.25(1547)
コルチャーク, アレクサンドル・ヴァシリエヴィチ 2.7(1920)
ゴルチャコフ, アレクサンドル・ミハイロヴィチ公爵 3.11(1883)
ゴルチャコフ, ミハイル公爵 5.30(1861)
コルチャック, ヤヌシュ 8.6(1942)
ゴルツ 5.4(1902)
ゴルツ 11.6(1905)
コルディエ 3.16(1925)
コルディコット, ランドルフ 1.12(1886)
ゴールディング, ウィリアム 6.19(1993)
コルデ, シャルロット 7.17(1793)
コルテス, M. 8.13(1589)
コルテス, エルナン 12.2(1547)
コルテーゼ, グレゴーリオ 9.21(1548)
コールデン 9.28(1776)
ゴールデンワイザー 7.6(1940)
コルトー, アルフレッド 6.15(1962)
ゴールドウイン, サミュエル 1.31(1974)
コールドウェル, アースキン 4.11(1987)
ゴールドウォーター, バリー・M 5.29(1998)
コルドゥス, エウリキウス 12.24(1535)
コルト, サミュエル 1.10(1862)
ゴルトシュタイン, オイゲン 12.25(1930)

ゴルトシュミット 7.16(1897)
ゴルトシュミット, ヴィクトール・モリッツ 3.20(1947)
ゴルトシュミット, ハンス 5.21(1923)
ゴルトシュミット, リヒャルト・ベネディクト 4.24(1958)
ゴールドスミス, オリヴァー 4.4(1774)
コルトーナ, ピエトロ・ダ 5.16(1669)
コルトナー, フリッツ 7.22(1970)
ゴルドーニ, カルロ 1.6(1793)
ゴールドバーグ, アーサー・J 1.19(1990)
ゴルトベルク, シモン 7.19(1993)
コール, トマス 2.11(1848)
ゴルドマルク, カーロイ 1.2(1915)
ゴールドマン, エマ 5.14(1940)
ゴルドマン, リュシヤン 10.8(1970)
コルドモア 10.8(1684)
コルトレーン, ジョン 7.17(1967)
ゴールトン, サー・フランシス 1.17(1911)
コール, ナット・キング 2.15(1965)
コルナーロ 7.10(1510)
コルニュ 4.12(1902)
コルニロフ, ラヴル・ゲオルギエヴィチ 4.13(1918)
コルネイチューク, アレクサンドル・エヴドキモヴィチ 5.14(1972)
コルネイユ, トマ 10.8(1709)
コルネイユ, ピエール 10.1(1684)
コルネマン 12.4(1946)
コルネリウス・ア・ラピーデ 3.12(1637)
コルネリウス, ペーター 10.26(1874)
コルネリウス, ペーター・フォン 3.6(1867)

コルネリス・ファン・ハールレム 11.11(1638)
コールハーゼ 3.22(1540)
ゴルバチョフ, ライサ 9.20(1999)
ゴルバートフ, ボリス・レオンチェヴィチ 1.20(1954)
コルビエール, トリスタン 3.1(1875)
コルビニアーヌス(フライジングの) 9.8(725)
コルフ 7.11(1963)
コルベ, アドルフ・ヴィルヘルム・ヘルマン 11.25(1884)
コルベ, ゲオルク 11.20(1947)
コルベ, マクシミリアン・マリア 8.14(1941)
コルベール, クローデット 7.30(1996)
コルベール, ジャン・バティスト 7.6(1683)
コルベンハイアー, エルヴィン・グイード 4.12(1962)
聖コールマン 8.8(676)
コールマン, ジョージ 8.14(1794)
コールマン, ロナルド 5.19(1958)
コルモゴロフ, アンドレイ・ニコラエヴィチ 10.20(1987)
コールラウシュ, フリードリヒ・ヴィルヘルム・ゲオルク 1.17(1910)
コールリッジ-テイラー, サミュエル 9.1(1912)
コールリッジ, サミュエル・テイラー 7.25(1834)
コルレ 11.17(1566)
コルレッジョ, アントーニオ 3.5(1534)
聖コルンバ 6.9(597)
コルンバ(コルドバの) 9.17(853)
コルンバーヌス 11.23(615)
惟明親王 5.3(1221)
後冷泉天皇 4.19(1068)
是枝柳右衛門 10.13(1864)
コレオーニ 11.4(1475)
惟喬親王 2.20(897)
是忠親王 11.22(922)

コレット, カミッラ 3.6(1895)
コレット, シドニー-ガブリエル 8.3(1954)
コレット, ジョン 9.16(1519)
コレット, ニコレット・ボワレ 3.6(1447)
コレッリ, フランコ 10.29(2003)
惟宗孝言 11.3(1096)
惟宗允正 6.22(1015)
惟康親王 10.30(1326)
コレリ, アルカンジェロ 1.8(1713)
コレ, ルイーズ 3.9(1876)
コレンス, カール・エーリヒ 2.14(1933)
コレンゾー, ジョン・ウィリアム 6.20(1883)
ゴロヴニーン, ワシーリー・ミハイロヴィチ 6.29(1831)
コロー, ジャン-バティスト-カミーユ 2.22(1875)
ゴロデツキー, セルゲイ・ミトロファノヴィチ 6.7(1967)
コロー・デルボワ, ジャン・マリー 1.8(1796)
コロナド, フランシスコ・バスケス・デ 9.22(1554)
コロレンコ, ウラジーミル・ガラクチオノヴィチ 12.25(1921)
コロンタイ, アレクサンドラ・ミハイロヴナ 3.9(1952)
コロンナ 12.22(1316)
コロンナ, ヴィットーリア 2.25(1547)
コロンブス 2.24(1526)
コロンブス, クリストファー 5.20(1506)
コワズヴォクス, アントワヌ 10.10(1720)
コワレフスカヤ, ソフィヤ・ワシリエヴナ 1.29(1891)
コーン 1.12(1947)
コンヴィチュニー, フランツ 7.28(1962)
コンウェー 4.19(1937)
コーンウォリス, チャールズ・コーンウォリス, 初代侯爵 10.5(1805)
厳海 4.25(1251)

言外宗忠　*10.9*(1390)
厳覚　関*5.8*(1121)
コングリーヴ，ウィリアム　*1.19*(1729)
コングリーヴ，サー・ウィリアム　*5.16*(1828)
ゴンクール，エドモン　*7.16*(1896)
ゴンクール，ジュール　*6.20*(1870)
厳家　*11.3*(1306)
金剛巌（初代）　*3.21*(1951)
金剛巌（2代目）　*8.1*(1998)
金剛右京　*3.27*(1936)
金光摂胤　*4.13*(1963)
金剛智　*8.15*(741)
金剛兵衛尉氏正　*10.25*(1576)
金光房　*3.25*(1217)
コンコーネ，ジュゼッペ　*6.1*(1861)
ゴンゴラ，ルイス・デ　*5.29*(1627)
ゴンザーガ，ジューリア　*4.16*(1566)
ゴンザーガ，ルイジ（聖）　*6.21*(1591)
ゴンサルヴス・ヒスパーヌス　*4.13*(1313)
ゴンサルボ・デ・コルドバ　*12.2*(1515)
ゴンサレス　*2.23*(1601)
ゴンサレス-デ-クラビホ，ルイ　*4.2*(1412)
ゴンサレス-プラダ，マヌエル　*7.22*(1918)
ゴンサーレス・デ・メンドーサ，ペドロ　*1.11*(1495)
ゴンサレス，フリオ　*3.27*(1942)
コンシェンス，ヘンドリック　*9.10*(1883)
コンシデラン，ヴィクトール　*12.27*(1893)
コンスタブル，ジョン　*5.30*(1837)
コンスタンス2世　*9.15*(668)
コンスタンス，フラーウィウス・ユーリウス　*1.18*(350)
コンスタンチウス3世　*9.2*(421)
コンスタンチノス1世　*1.11*(1923)
コンスタンティウス1世　*7.20*(306)
コンスタンティウス2世　*9.3*(361)
コンスタンティーヌス1世　*4.9*(715)
コンスタンティヌス1世　*5.22*(337)
コンスタンティヌス5世　*9.14*(775)
コンスタンティヌス7世　*11.9*(959)
コンスタンティヌス9世　*1.11*(1055)
コンスタンティヌス11世　*5.29*(1453)
コンスタン，バンジャマン　*12.8*(1830)
勤操　*5.8*(827)
金蔵主　*9.26*(1443)
コンダー，チャールズ・エドワード　*2.9*(1909)
権田直助　*6.8*(1887)
権田雷斧　*2.7*(1934)
コンタリーニ，ガスパーロ　*8.24*(1542)
ゴンチャロヴァ，ナタリヤ・セルゲエヴナ　*10.17*(1962)
ゴンチャローフ，イワン・アレクサンドロヴィチ　*9.15*(1891)
コンチャロフスキー，ピョートル　*2.2*(1956)
コンディーヴィ，アスカーニオ　*12.10*(1574)
コンディヤック，エチエンヌ・ボノ・ド　*8.3*(1780)
コンデ，ブルボンのルイ1世，親王　*3.13*(1569)
コンデ，ブルボンのルイ2世，親王　*11.11*(1686)
コンデ，ルイ・ジョゼフ　*5.13*(1818)
近藤東　*10.23*(1988)
近藤勇　*4.25*(1868)
近藤栄蔵　*7.3*(1965)
近藤益雄　*5.17*(1964)
近藤憲二　*8.6*(1969)
近藤乾三　*10.1*(1988)
今東光　*9.19*(1977)
近藤紘一　*1.27*(1986)
近藤浩一路　*4.27*(1962)
近藤朔風　*1.15*(1915)
近藤重蔵　*6.16*(1829)
権藤成卿　*7.9*(1937)
近藤宗悦　*2.7*(1867)
近藤忠義　*4.30*(1976)
近藤長次郎　*1.14*(1866)
近藤鶴代　*8.9*(1970)
近藤富蔵　*6.1*(1887)
近藤信男　*4.17*(1973)
近藤日出造　*3.23*(1979)
近藤平三郎　*11.17*(1963)
近藤真柄　*3.18*(1983)
近藤真琴　*9.4*(1886)
近藤万太郎　*11.7*(1946)
近藤芳樹　*2.29*(1880)
近藤廉平　*2.9*(1921)
コント，オーギュスト　*9.5*(1857)
コントノー，ジョルジュ　*3.22*(1964)
コンドラーシン，キリール・ペトローヴィチ　*3.7*(1981)
コンドラテンコ　*12.15*(1904)
コンドル，ジョサイア　*6.21*(1920)
コンドルセ，マリ・ジャン・アントワーヌ・ニコラ・ド・カリタ・ド　*4.7*(1794)
混沌軒国丸　*2.14*(1790)
今野大力　*6.19*(1935)
紺野与次郎　*12.19*(1977)
コーンハイム，ユリウス・フリードリヒ　*8.15*(1884)
ゴンパーズ，サミュエル　*12.13*(1924)
コンバリュー，ジュール　*7.7*(1916)
金春七郎元氏　*11.27*(1480)
金春八条　*5.17*(1962)
金春又衛門重家　*8.7*(1625)
金春安照　*8.21*(1621)
金春喜勝　*5.26*(1583)
今日出海　*7.30*(1984)
コーン，フェルディナント・ユーリウス　*6.25*(1898)
コンプトン-バーネット，アイヴィ　*8.27*(1969)

人名索引　　さい

コンプトン, アーサー・ホリー　3.15(1962)
ゴンブリック, サー・エルンスト・ハンス・ヨーゼフ　11.3(2001)
ゴンブローヴィッチ, ヴィトルド　7.25(1969)
コンペール, ロワゼ　8.16(1518)
コンペーレ　2.24(1913)
コンモドゥス, ルキウス・アウレリウス　12.31(192)
コンラッド, ジョーゼフ　8.4(1924)
コンラディーン　10.29(1268)
コンラート1世　12.13(918)
コンラート2世　6.4(1039)
コンラート4世　5.21(1254)
コンラート(ヴァルトハウゼンの)　12.8(1369)
コンラドゥス(ウラシュの)　9.29(1227)
コンラート(ゲルンハウゼンの)　4.13(1390)
コンラド, ニコライ・ヨシフォヴィチ　9.30(1970)
コンラート・フォン・ヴュルツブルク　8.31(1287)
コンラート・フォン・メーゲンベルク　4.14(1374)
コンラート(ヘレスバハの)　10.14(1576)
コンラート(マゾフシェの)　8.31(1247)
コンラート(マールブルクの)　7.30(1233)
コンリング, ヘルマン　12.12(1681)
今和次郎　10.27(1973)

【 さ 】

サ, M.de　3.12(1572)
サアラブ　4.8(904)
在庵円有　11.21(1349)
在庵普在　閏7.4(1376)
西因　6.1(1121)
最雲法親王　2.16(1162)
柴栄　6.19(959)
済延　10.14(1071)
佐為王　8.1(737)
才翁総芸　11.23(1560)
蔡温　12.29(1762)
西園寺公顕　2.8(1321)
西園寺公一　4.22(1993)
西園寺公重　9.3(1367)
西園寺公相　10.12(1267)
西園寺公経　8.29(1244)
西園寺公朝　6.22(1590)
西園寺公名　5.22(1468)
西園寺公衡　9.25(1315)
西園寺公藤　6.19(1512)
西園寺公益　2.17(1640)
西園寺公宗　8.2(1335)
西園寺公望　11.24(1940)
西園寺公基　12.14(1275)
西園寺実氏　6.7(1269)
西園寺実材　2.9(1267)
西園寺実兼　9.10(1322)
西園寺実遠　11.25(1495)
西園寺実俊　7.6(1389)
西園寺実永　10.9(1431)
西園寺実長　2.28(1355)
西園寺実衡　11.18(1326)
西園寺実益　3.12(1632)
西園寺綸子　3.11(1251)
材岳宗佐　8.14(1586)
最寛　12.10(1210)
細木香以　9.10(1870)
西行　2.16(1190)
三枝博音　11.9(1963)
蔡京　7.21(1126)
済源　4.5(960)
蔡元培　3.5(1940)
済高　11.25(942)
西光　6.1(1177)
西郷孤月　8.31(1912)
西郷四郎　12.22(1922)
西郷隆盛　9.24(1877)
西郷頼母　4.28(1903)
西郷従道　7.18(1902)
西郷局　5.19(1589)
西光万吉　3.20(1970)
済俊　3.1(1179)
税所敦子　2.4(1900)
税所篤　6.21(1910)
栽松青牛　6.26(1506)
西条凡児　5.31(1993)
西条八十　8.12(1970)
崔曙海　7.9(1932)
最助法親王　2.4(1293)
済信　6.11(1030)
ザイス-インクヴァルト, アルトゥル　10.16(1946)
済暹　11.26(1115)
在先希譲　3.4(1403)
斎田愛子　9.21(1954)
斎田喬　5.1(1976)
在中中淹　10.7(1428)
最澄　6.4(822)
蔡暢　9.11(1990)
最珍　11.2(1219)
ザイツェフ, ボリス・コンスタンチノヴィチ　1.28(1972)
蔡廷鍇　4.25(1968)
ザイデル, イーナ　10.2(1974)
サイデンステッカー, エドワード　8.26(2007)
在天宗鳳　1.23(1572)
済棟　6.18(905)
斎藤五百枝　11.6(1966)
斎藤磯雄　9.3(1985)
斎藤宜長　10.9(1844)
斎藤喜博　7.24(1981)
斎藤清衛　3.4(1981)
斎藤月岑(9代目)　3.6(1878)
斎藤監物　3.8(1860)
斎藤香玉　3.29(1870)
斎藤小左衛門　10.2(1633)
斎藤実盛　5.21(1183)
西東三鬼　4.1(1962)
斎藤茂男　5.28(1999)
斎藤茂太　11.20(2006)
斎藤真一　9.18(1994)
斎藤資定　10.6(1274)
斎藤拙堂　7.15(1865)
斎藤惣一　7.5(1960)
斎藤素巌　2.2(1974)
斎藤大之進　9.18(1871)
斎藤隆夫　10.7(1949)
斎藤高行　6.12(1894)
斎藤勇　7.4(1982)
斎藤竜興　8.14(1573)
斎藤知一郎　2.16(1961)
斎藤竹堂　閏2.11(1852)
斎藤道三　4.20(1556)
斎藤徳元　8.28(1647)
斎藤利三　6.17(1582)
斎藤留次郎　2.24(1860)
斎藤寅二郎　5.1(1982)
斎藤長定　10.11(1239)

843

斎藤野の人 8.6(1909)
斎藤昇 9.8(1972)
斎藤秀雄 9.18(1974)
斎藤秀三郎 11.9(1929)
斎藤方策 10.8(1849)
斎藤実 2.26(1936)
斎藤妙椿 2.21(1480)
斎藤茂吉 2.25(1953)
斎藤基恒 3.19(1471)
斎藤弥九郎(初代) 10.24(1871)
斎藤悠輔 3.26(1981)
斎藤義重 6.13(2001)
斎藤佳三 11.17(1955)
斎藤義竜 5.11(1561)
斎藤与里 5.3(1959)
斎藤瀏 7.5(1953)
斎藤隆介 10.30(1985)
斎藤緑雨 4.13(1904)
サイード、エドワード 9.25(2003)
サイード・パシャ 1.17(1863)
崔南善 10.10(1957)
最仁法親王 2.22(1295)
西念 3.15(1289)
サイフェルト、ヤロスラフ 1.10(1986)
西仏 1.28(1241)
ザイペル、イグナーツ 8.2(1932)
西法 9.23(1126)
才麿 1.2(1738)
サイミントン、ウィリアム 3.22(1831)
西武 3.12(1682)
サイモン、サー・フランシス・オイゲン 10.31(1956)
サイモン、ジョン、初代子爵 1.11(1954)
サイモン、ハーバート 2.9(2001)
サイヤン 10.28(1974)
崔庸健 9.19(1976)
ザウアー、エーミール・フォン 4.27(1942)
サウアー、カール・O 7.18(1975)
ザヴァッティーニ、チェーザレ 10.13(1989)
サヴァール、フェリックス 3.16(1841)

サーヴィス、ロバート・W. 8.11(1958)
ザヴィニー、フリードリヒ・カール・フォン 10.25(1861)
サヴィル、サー・ヘンリー 2.19(1622)
サヴィンビ、ジョナス 2.22(2002)
サヴェッジ、リチャード 8.1(1743)
ザウエルブルフ 7.2(1951)
サヴォナローラ、ジローラモ 5.23(1498)
サウジー、ロバート 3.21(1843)
サウスウェル、ロバート 2.21(1595)
サウスワース 7.6(1972)
サウード・ブン・アブド・アルアズィーズ 2.23(1969)
佐伯勇 10.5(1989)
佐伯梅友 10.12(1994)
佐伯定胤 11.23(1952)
佐伯孝夫 3.18(1981)
佐伯今毛人 10.3(790)
佐伯全成 7.4(757)
佐伯三野 2.6(779)
佐伯祐三 8.15(1928)
佐伯米子 11.13(1972)
酒井朝彦 5.25(1969)
酒井家次 3.15(1618)
坂井泉水 5.27(2007)
境川浪右衛門 9.16(1887)
阪井久良伎 4.3(1945)
坂井虎山 9.6(1850)
酒井重忠 7.21(1617)
酒泉竹軒 5.15(1718)
酒井田柿右衛門(初代) 6.19(1666)
酒井田柿右衛門(13代目) 7.3(1982)
酒井隆 9.13(1946)
酒井忠義 12.5(1873)
酒井忠篤 5.13(1737)
酒井忠勝 7.12(1662)
酒井忠勝 10.17(1647)
酒井忠清 5.19(1681)
酒井忠次 10.28(1596)
酒井忠惇 11.10(1907)
酒井忠世 3.19(1636)
堺為子 1.2(1959)

堺利彦 1.23(1933)
酒井敏房 2.20(1577)
坂合部薬 7.7(672)
酒井抱一 11.29(1829)
酒井正親 6.6(1576)
坂井政尚 11.26(1570)
酒井雄三郎 12.9(1900)
酒井米子 10.15(1958)
榊原鍵吉 9.11(1894)
榊原篁洲 1.3(1706)
榊原仟 9.28(1979)
榊原紫峰 1.7(1971)
榊原ジョアチン 2.5(1572)
榊原忠政 4.3(1601)
榊原政倫 2.27(1683)
榊原政令 6.29(1861)
榊原職直 9.1(1648)
榊原康勝 5.27(1615)
榊原康政 5.14(1606)
彭城百川 8.25(1752)
榊山小四郎(初代) 6.15(1747)
榊山小四郎(2代目) 1.9(1768)
榊山潤 9.9(1980)
坂口安吾 2.17(1955)
坂口謹一郎 12.9(1994)
坂倉準三 9.1(1969)
坂崎乙郎 12.21(1985)
坂崎直盛 9.29(1616)
坂崎斌 2.17(1913)
坂士仏 3.3(1415)
嵯峨寿安 12.15(1898)
サガスタ 1.5(1903)
佐賀潜 8.31(1970)
坂田一男 5.28(1956)
坂田三吉 7.26(1946)
坂田昌一 10.16(1970)
坂田藤十郎(初代) 11.1(1709)
坂田藤十郎(2代目) 9.27(1724)
坂田藤十郎(3代目) 8.24(1774)
阪谷朗廬 1.15(1881)
坂田半五郎(初代) 4.23(1735)
坂田半五郎(2代目) 5.17(1787)
坂田兵四郎(初代) 6.11(1749)

さ

阪田寛夫　*3.22*（2005）
酒詰仲男　*5.31*（1965）
嵯峨天皇　*7.15*（842）
阪中正夫　*7.24*（1958）
坂西志保　*1.14*（1976）
坂根田鶴子　*9.2*（1975）
嵯峨根遼吉　*4.16*（1969）
坂上明兼　*10.29*（1147）
坂上明基　*5.7*（1210）
坂上犬養　*12.13*（765）
坂上苅田麻呂　*1.7*（786）
坂上田村麻呂　*5.23*（811）
嵯峨信之　*12.28*（1997）
嵯峨の屋おむろ　*10.26*（1947）
酒人内親王　*8.20*（829）
坂部広胖　*8.24*（1824）
瑳峨三智子　*8.19*（1992）
阪本越郎　*6.10*（1969）
坂本乙女　*8.31*（1879）
坂本嘉治馬　*8.23*（1938）
坂本九　*8.12*（1985）
坂本賢三　*1.9*（1991）
坂本孝三郎　*3.4*（1935）
坂本四方太　*5.15*（1917）
阪本清一郎　*2.19*（1987）
坂本清馬　*1.15*（1975）
坂元雪鳥　*2.5*（1938）
坂本太郎　*2.16*（1987）
坂本天山　*2.29*（1803）
坂本藤吉　*6.7*（1839）
坂本直寛　*9.6*（1911）
坂本繁二郎　*7.14*（1969）
坂本藤良　*9.15*（1986）
阪本勝　*3.22*（1975）
坂本万七　*4.19*（1974）
坂本遼　*5.27*（1970）
坂本竜馬　*11.15*（1867）
相良清兵衛　*7.12*（1655）
相楽総三　*3.3*（1868）
相良为続　*6.4*（1500）
相良知安　*6.10*（1906）
相良長毎　*6.13*（1636）
相良長頼　*3.10*（1254）
相良守峯　*10.16*（1989）
相良和子　*9.2*（1956）
相良義滋　*8.25*（1546）
ザカリーアス　*2.21*（631）
聖ザカリアス　*3.15*（752）
佐川田昌俊　*8.3*（1643）
寒川道夫　*8.17*（1977）

サガン，フランソワーズ　*9.24*（2004）
サキ　*11.14*（1916）
向坂逸郎　*1.22*（1985）
向坂正男　*8.3*（1987）
鷺沢萠　*6.20*（2004）
鷺仁右衛門　*4.24*（1650）
咲村観　*4.24*（1988）
向山周慶　*9.26*（1819）
作阿　*4.2*（1294）
策彦周良　*6.30*（1579）
ザクス，ユリウス・フォン　*5.29*（1897）
ザクセン公フリードリヒ　*5.5*（1525）
朔平門院　*10.8*（1310）
佐久間勝之　*11.12*（1634）
佐久間鼎　*1.9*（1970）
佐久間左馬太　*8.5*（1915）
佐久間象山　*7.11*（1864）
佐久間纘　*9.27*（1896）
佐久間勉　*4.15*（1910）
佐久間貞一　*11.6*（1898）
佐久間洞巌　*2.11*（1736）
佐久間信盛　*7.22*（1581）
佐久間不干斎　*4.27*（1631）
佐久間盛政　*5.12*（1583）
佐久間安政　*4.25*（1627）
佐久良東雄　*6.27*（1860）
桜井錠二　*1.28*（1939）
桜井雪館　*2.21*（1790）
桜井忠興　*4.29*（1895）
桜井忠温　*9.17*（1965）
桜井ちか子　*12.19*（1928）
桜井梅室　*10.1*（1852）
桜井兵五郎　*2.11*（1951）
桜内幸雄　*10.9*（1947）
桜内義雄　*7.5*（2003）
桜任蔵　*7.6*（1859）
桜田一郎　*6.23*（1986）
桜田虎門　*10.3*（1839）
桜田済美　*10.4*（1876）
桜田治助（初代）　*6.27*（1806）
桜田治助（2代目）　*4.14*（1829）
桜田治助（3代目）　*8.7*（1877）
桜田武　*4.29*（1985）
桜田百衛　*1.18*（1883）
佐倉常七　*7.24*（1899）
桜間弓川　*3.1*（1957）
桜町天皇　*4.23*（1750）
桜間伴馬　*6.24*（1917）

桜間道雄　*5.27*（1983）
桜山茲俊　*1.21*（1332）
ザグルール・パシャ　*8.23*（1927）
鮭延秀綱　*6.21*（1646）
佐郷屋嘉昭　*4.14*（1972）
ザゴースキン，ミハイル・ニコラエヴィチ　*6.23*（1852）
迫静二　*8.6*（1983）
佐古高郷　*7.4*（1883）
迫水久常　*7.25*（1977）
左近伊兵衛　*11.23*（1715）
左近司政三　*8.30*（1969）
小砂丘忠義　*10.10*（1937）
笹川繁蔵　*7.4*（1847）
笹川良一　*7.18*（1995）
笹川臨風　*4.13*（1949）
佐々木氏詮　*9.28*（1361）
佐々木氏信　*5.3*（1295）
佐々木氏頼　*6.7*（1370）
佐々木基一　*4.25*（1993）
佐々木邦　*9.22*（1964）
佐々木月樵　*3.6*（1926）
佐々木元俊　*12.16*（1874）
佐々木更三　*12.24*（1985）
佐々木小次郎　*4.13*（1612）
佐々木禎子　*10.25*（1955）
佐々木定綱　*4.9*（1205）
佐々木重綱　*6.14*（1267）
佐々木志頭磨　*1.19*（1695）
佐々木象堂　*1.26*（1961）
佐々木千里　*5.15*（1961）
佐々木惣一　*8.4*（1965）
佐々木高氏　*8.25*（1373）
佐々木隆興　*10.31*（1966）
佐佐木隆　*10.30*（1967）
佐々木高秀　*10.11*（1391）
佐々木孝丸　*12.28*（1986）
佐佐木高行　*3.2*（1910）
佐々木直　*7.7*（1988）
佐々木たづ　*4.3*（1998）
佐々木達三　*7.7*（1998）
佐々木太郎　*11.27*（1888）
佐々木中沢　*4.1*（1846）
佐々木長淳　*1.25*（1916）
佐々木経高　*6.16*（1221）
佐々木哲蔵　*5.25*（1994）
佐々木到一　*5.30*（1955）
佐々木東洋　*10.9*（1918）
佐々城豊寿　*6.15*（1901）
佐々木信綱　*3.6*（1242）

佐佐木信綱　12.2(1963)
佐々木秀綱　6.13(1353)
佐々木秀義　7.19(1184)
佐々木広綱　7.2(1221)
佐々木弘綱　6.25(1891)
ささきふさ　10.4(1949)
佐々木文山　5.7(1735)
佐々木味津三　2.6(1934)
佐々木茂索　12.1(1966)
佐佐木安五郎　1.1(1934)
佐々木行忠　8.10(1975)
佐々木良作　3.9(2000)
佐々元十　7.7(1959)
笹沢左保　10.21(2002)
笹沢美明　3.29(1984)
笹村吉郎　7.24(1960)
笹森儀助　9.29(1915)
笹森順造　2.13(1976)
サザランド，アール　5.9(1974)
サザーランド，グレアム・ヴィヴィアン　2.17(1980)
山茶花究　3.4(1971)
サージェント，ジョン・シンガー　4.15(1925)
佐治敬三　11.3(1999)
佐治賢使　6.14(1999)
佐須景満　3.11(1590)
サーストン，ルイス・リーオン　9.29(1955)
ザスーリチ，ヴェーラ・イワノヴナ　5.8(1919)
サスーン，シーグフリード　9.1(1967)
佐瀬与次右衛門　6.11(1711)
佐双左仲　10.9(1905)
左宗棠　9.5(1885)
サゾーノフ　12.25(1927)
佐多稲子　10.12(1998)
佐田介石　12.9(1882)
沙宅紹明　閏6.6(673)
佐田啓二　8.17(1964)
佐竹五三九　10.12(1977)
佐竹貞義　9.10(1352)
佐竹曙山　6.1(1785)
佐竹隆義　5.20(1183)
佐竹忠義　11.4(1180)
佐竹晴記　4.24(1962)
佐竹秀義　12.18(1226)
佐竹義昭　11.3(1565)
佐竹義篤　1.12(1362)

佐竹義舜　3.13(1517)
佐竹義重　4.19(1612)
佐竹義堯　10.23(1884)
佐竹義宣　1.25(1633)
佐竹義宣　7.14(1389)
佐竹義人　12.24(1468)
佐竹義盛　9.21(1407)
貞子内親王　5.22(834)
貞子内親王　6.16(1675)
貞純親王　5.7(916)
サダト，アンワル　10.6(1981)
佐田白茅　10.4(1907)
貞成親王　8.29(1456)
貞保親王　6.19(924)
佐中太常澄　7.21(1181)
サッカリー，ウィリアム・メイクピース　12.24(1863)
サッキ，アンドレア　6.21(1661)
ザツキン，オシップ　11.25(1967)
サックヴィル‐ウェスト，ヴィタ　6.2(1962)
サックヴィル，トマス　4.19(1608)
ザックス，クルト　2.5(1959)
ザックス，ネリー　5.12(1970)
ザックス，ハンス　1.19(1576)
サックス，モーリス，伯爵　11.30(1750)
サッケリ　10.25(1733)
サッコ　8.23(1927)
ザッコーニ　3.23(1627)
佐々竹　6.3(1698)
佐々醒雪　11.25(1917)
佐々槻子　8.17(1867)
佐々友房　9.28(1906)
佐々成政　閏5.14(1588)
サッセッティ，フィリッポ　9.3(1588)
颯田琴次　10.2(1975)
サッター，ジョン・オーガスタス　6.18(1880)
察度　10.5(1395)
ザットラー，ミヒャエル　5.18(1527)
ザッハー‐マゾッホ，レーオポルト・フォン　3.9(1895)
ザッパー，アグネス　3.19(1929)
サッバティーニ　8.2(1576)

ザッハー，パウル　5.26(1999)
薩摩外記(初代)　4.3(1672)
薩摩浄雲　4.3(1672)
薩摩治郎八　2.22(1976)
サッラール　3.5(1994)
サティ，エリック　7.1(1925)
サーデク・ヘダーヤト　4.9(1951)
サートウ，アーネスト・メイスン　8.26(1929)
佐藤一英　8.24(1979)
佐藤一斎　9.24(1859)
佐藤栄作　6.3(1975)
佐藤観次郎　3.3(1970)
佐藤喜一郎　5.24(1974)
佐藤義亮　8.18(1951)
佐藤敬　5.8(1978)
佐藤解記　6.19(1859)
佐藤賢了　2.6(1975)
佐藤功一　6.22(1941)
佐藤幸治　10.7(1971)
佐藤垢石　7.4(1956)
佐藤紅緑　6.3(1949)
佐藤佐太郎　8.8(1987)
佐藤重臣　2.27(1988)
佐藤誠実　3.11(1908)
佐藤進　7.26(1921)
佐藤誠三郎　11.28(1999)
佐藤惣之助　5.15(1942)
佐藤泰然　4.10(1872)
佐藤忠信　9.20(1186)
佐藤達夫　9.12(1974)
佐藤千夜子　12.13(1968)
佐藤中陵　6.6(1848)
佐藤朝山　9.14(1963)
佐藤継信　2.19(1185)
佐藤得二　2.5(1970)
佐藤直方　12.18(1719)
佐藤尚武　12.18(1971)
佐藤業時　6.11(1249)
佐藤信淵　1.6(1850)
佐藤昇　3.19(1993)
サトウハチロー　11.13(1973)
佐藤春夫　5.6(1964)
佐藤晩得　10.18(1792)
佐藤勝　12.5(1999)
佐藤三喜蔵　2.4(1870)
佐藤やい　2.27(1964)
サドヴャヌ，ミハイル　10.19(1961)
佐藤美子　7.4(1982)

人名索引　　　さら

佐藤義美　*12.16*（1968）
佐藤亮一　*10.1*（1994）
サドゥール, ジョルジュ　*10.13*（1967）
サトクリフ, ローズマリ　*7.23*（1992）
識子内親王　*12.28*（906）
佐渡島長五郎（初代）　*7.13*（1757）
サド, ドナシヤン・アルフォンス・フランソワ・ド　*12.2*（1814）
ザトペック, エミル　*11.22*（2000）
サドベリー　*7.14*（1381）
里見勝蔵　*5.13*（1981）
里見実堯　*7.27*（1533）
里見弴　*1.21*（1983）
里見義実　*4.7*（1488）
里見義堯　*6.1*（1574）
里見義成　*11.28*（1234）
里見義弘　*5.20*（1578）
里見義康　*11.16*（1603）
里見義頼　*10.26*（1587）
里村欣三　*2.23*（1945）
里村昌休　*11.5*（1552）
里村昌琢　*2.5*（1636）
里村紹巴　*4.12*（1602）
サドラー　*3.30*（1587）
サドレート, ジャーコポ　*10.18*（1547）
サートン, ジョージ・アルフレッド・レオン　*3.22*（1956）
真田しん　*11.27*（1975）
真田信之　*10.17*（1658）
真田信吉　*11.28*（1634）
真田昌幸　*6.4*（1611）
真田幸隆　*5.19*（1574）
真田幸貫　*6.3*（1852）
真田幸村　*5.7*（1615）
佐奈田義忠　*8.23*（1180）
ザナック, ダリル・F　*12.22*（1979）
真宮理子　*6.4*（1710）
佐成謙太郎　*3.4*（1966）
讃岐永直　*8.17*（862）
佐貫亦男　*6.28*（1997）
実藤恵秀　*1.2*（1985）
実仁親王　*11.8*（1085）
誠仁親王　*7.24*（1586）
人康親王　*5.5*（872）

佐野氏忠　*4.8*（1593）
佐野川市松（初代）　*11.12*（1762）
佐野川市松（2代目）　*8.26*（1785）
佐野川万菊　*7.19*（1747）
佐野周二　*12.21*（1978）
佐野碩　*9.29*（1966）
佐野長寛　*3.2*（1856）
佐野常民　*12.7*（1902）
佐野経彦　*10.16*（1906）
佐野利器　*12.5*（1956）
佐野房綱　*7.2*（1601）
佐野政言　*4.3*（1784）
佐野学　*3.9*（1953）
佐野美津男　*5.9*（1987）
サーバ, ウンベルト　*8.25*（1957）
サーバー, ジェイムズ・グローヴァー　*11.2*（1961）
佐橋滋　*5.31*（1993）
サバス　*12.5*（532）
サバス（ゴート人の）　*4.12*（372）
サバ（セルビアの）　*1.14*（1235）
サバタ, ヴィクトル・デ　*12.11*（1967）
サバタ, エミリアーノ　*4.10*（1919）
サバティエ, ポール　*8.16*（1941）
サバティエ, ルイ・オギュスト　*4.12*（1901）
サハヌーン　*12.1*（854）
ザハビー　*2.5*（1348）
サハ, メグナード　*2.16*（1956）
サバレータ, ニカノル　*3.31*（1993）
サバレッラ　*10.15*（1589）
サハロフ, アンドレイ・ドミトリエヴィチ　*12.14*（1989）
ザハーロフ, サー・バジル　*11.27*（1936）
サピア, エドワード　*2.4*（1939）
サービト・ビン・クッラ　*2.18*（901）
サビーニアーヌス　*2.22*（606）
サブリ　*8.3*（1991）
佐分利信　*9.22*（1982）

佐分真　*4.23*（1936）
サブレ夫人　*1.16*（1678）
サーベドラ・ラマス　*5.5*（1959）
サペーニョ, ナタリーノ　*4.11*（1990）
ザーポトツキー　*11.13*（1957）
サポヤイ　*7.22*（1540）
ザボロツキー, ニコライ・アレクセーヴィチ　*10.14*（1958）
サマヴィル　*1.8*（1994）
サマーセット, エドワード・シーモア, 公爵　*1.22*（1552）
ザマフシェリー　*6.14*（1144）
サマン, アルベール　*8.18*（1900）
佐味虫麻呂　*10.19*（759）
ザミャーチン, エヴゲーニー・イワノヴィチ　*3.10*（1937）
サムアーニー　*1.5*（1167）
サムイル　*10.6*（1014）
寒川光太郎　*1.25*（1977）
寒川鼠骨　*8.18*（1954）
寒河尼　*2.4*（1228）
サムソノフ, アレクサンドル　*8.30*（1914）
サムソン・クツワダ　*10.12*（2004）
サムナー, ウィリアム・グレイアム　*4.12*（1910）
サムナー, ジェイムズ・バチェラー　*8.12*（1955）
サムナー, チャールズ　*3.11*（1874）
鮫島尚信　*12.4*（1880）
ザメンホフ, ラザルス・ルードヴィク　*4.14*（1917）
サモスード, サムイル　*11.6*（1964）
佐山検校　*2.14*（1694）
小夜福子　*12.29*（1989）
サラガート　*6.11*（1988）
サラクルー, アルマン　*11.23*（1989）
サラサーテ, パブロ・デ　*9.20*（1908）
サラザル, アントニオ・デ・オリヴェイラ　*7.27*（1970）
サラサル, フランシスコ・ドミンゴ・デ　*12.4*（1594）
更科源蔵　*9.25*（1985）

847

サラゼン *5.13*(1999)
サラチェーニ, カルロ *6.16*(1620)
サラディン *3.4*(1193)
サラビア, ハドリアン・ア *1.15*(1613)
サラム, アブダス *11.21*(1996)
サリヴァン, アーサー *11.22*(1900)
サリヴァン, ハリ・スタック *1.15*(1949)
サリヴァン, ルイス・ヘンリー *4.14*(1924)
サリエリ, アントニオ *5.7*(1825)
サリーナス, フランシスコ・デ *1.13*(1590)
サリナス, ペドロ *12.4*(1951)
サーリネン, エーロ *9.1*(1961)
サリー, ヘンリー・ハワード *1.21*(1547)
ザーリン *5.17*(1974)
サルヴィアーティ, チェッキーノ *11.11*(1563)
サルヴィオリ *11.24*(1928)
サルヴィーニ *12.31*(1915)
サルヴィ, ニッコロ *2.8*(1751)
サルヴェミーニ *9.6*(1957)
ザルカーリー *10.15*(1100)
サルケリウス, エラスムス *11.28*(1559)
サル, サン・フランソワ・ド *12.28*(1622)
サルターティ, リーノ・コルッチョ *5.4*(1406)
ザルツマン, クリスチャン・ゴットヒルフ *10.31*(1811)
ザルテン, フェーリクス *10.8*(1945)
サルト, アンドレア・デル *1.22*(1531)
サルトゥイコフ・シチェドリン, ミハイル・エウグラフォヴィチ *4.28*(1889)
サルドゥー, ヴィクトリヤン *11.8*(1908)
サルトル, ジャン=ポール *4.15*(1980)
猿橋勝子 *9.29*(2007)

サルバトル・アブ・ホルタ *3.18*(1567)
サルピ, パーオロ *1.7*(1623)
サルマーン・サーヴァジー, ジャマーロッディーン *7.1*(1376)
サルマン, ジャン *3.29*(1976)
サルミエント, ドミンゴ・ファウスティノ *9.11*(1888)
サルメロン, アルフォンソ *2.13*(1585)
サルモン *8.30*(1914)
ザルリーノ, ジョゼッフォ *2.14*(1590)
サレ, マリー *7.27*(1756)
サレーユ *3.3*(1912)
サロー *11.26*(1962)
サロイアン, ウィリアム *5.18*(1981)
サロート, ナタリー *10.19*(1999)
沢木欣一 *11.5*(2001)
沢木興道 *12.21*(1965)
沢田教一 *10.28*(1970)
沢田正二郎 *3.4*(1929)
沢田政広 *5.1*(1988)
沢田節蔵 *7.4*(1976)
沢田東江 *6.15*(1796)
沢田名垂 *4.30*(1845)
沢田美喜 *5.12*(1980)
沢田廉三 *12.8*(1970)
沢太郎左衛門 *5.9*(1898)
沢野久雄 *12.17*(1992)
沢宣嘉 *9.27*(1873)
佐波甫 *10.31*(1971)
沢辺正修 *6.19*(1886)
沢辺琢磨 *6.25*(1913)
沢村栄治 *12.2*(1944)
沢村音右衛門(初代) *11.4*(1741)
沢村勝為 *7.14*(1655)
沢村紀久八 *6.18*(1931)
沢村国太郎 *11.26*(1974)
沢村源之助(3代目) *9.15*(1863)
沢村源之助(4代目) *4.20*(1936)
沢村源之助(5代目) *12.22*(1982)
沢村貞子 *8.16*(1996)

沢村四郎五郎(5代目) *8.27*(1932)
沢村宗十郎〔遥波宗十郎〕 *11.25*(1748)
沢村宗十郎(初代) *1.3*(1756)
沢村宗十郎(2代目) *8.30*(1770)
沢村宗十郎(3代目) *3.27*(1801)
沢村宗十郎(4代目) *12.8*(1812)
沢村宗十郎(5代目) *11.15*(1853)
沢村宗十郎(6代目, 7代目) *3.2*(1949)
沢村宗十郎(8代目) *12.25*(1975)
沢村宗十郎(9代目) *1.12*(2001)
沢村宗之助(2代目) *11.3*(1978)
沢村田之助(2代目) *1.28*(1817)
沢村田之助(3代目) *7.7*(1878)
沢村田之助(4代目) *4.3*(1899)
沢村田之助(5代目) *12.3*(1968)
沢村訥子(8代目) *3.28*(1963)
沢柳政太郎 *12.24*(1927)
沢山保羅 *3.27*(1887)
佐和隆研 *1.5*(1983)
サン=サーンス, カミーユ *12.16*(1921)
サン=シモン, クロード・アンリ・ド・ルーヴロワ, 伯爵 *5.19*(1825)
サン=シモン, ルイ・ド・ルーヴロワ・ド *3.2*(1755)
サン=ジュスト, ルイ・アントワーヌ・ド *7.28*(1794)
サン=シラン, アベー・ド *10.11*(1643)
サン=タマン, アントワーヌ・ジラール・ド *12.29*(1661)
サン=テヴルモン, シャルル・ド *9.20*(1703)
サン=テグジュペリ, アントワーヌ・ド *7.31*(1944)

848

サン‐ピエール，シャルル・イレネ・カステル・ド　*4.29*（1743）
サン‐ファール，ニキ・ド　*5.22*（2002）
サン‐フォア，マリー‐オリヴィエ・ジョルジュ・ブーラン・ド　*5.26*（1954）
サン‐ポル‐ルー　*10.18*（1940）
サン‐マルタン，ルイ・クロード・ド　*10.14*（1803）
西園寺実宣　*9.12*（1541）
サンガー　*9.6*（1966）
サンガッロ・イル・ジョーヴァネ，アントーニオ・ダ　*8.3*（1546）
サンガッロ，ジュリアーノ・ダ　*10.20*（1516）
ザンキウス，ヒエローニムス　*11.19*（1590）
三休　*4.27*（1570）
ザングウィル，イズレイル　*8.1*（1926）
山宮允　*1.22*（1967）
サンクロフト，ウィリアム　*11.24*（1693）
サンゴール，レオポール・セダール　*12.20*（2001）
山々亭有人　*1.24*（1902）
サンシア　*3.13*（1229）
サンジャール　*5.8*（1157）
三修　*5.12*（899）
三条公明　*9.11*（1336）
三条公教　*4.8*（1507）
三条公茂　*1.9*（1324）
三条公忠　*12.24*（1384）
三条公親　*7.12*（1288）
三条公宣　*3.28*（1410）
三条公房　*8.16*（1249）
三条公冬　*5.17*（1459）
三条公頼　*8.29*（1551）
三条実香　*2.25*（1559）
三条実量　*12.19*（1483）
三条実重　*6.26*（1327）
三条実忠　*1.4*（1347）
三条実親　*3.4*（1263）
三条実継　*6.24*（1388）
三条実綱　*2.7*（1581）
三条実万　*10.6*（1859）
三条実美　*2.18*（1891）
三条実房　*8.17*（1225）

三条実冬　*10.7*（1411）
三条実盛　*7.22*（1304）
三笑亭可楽（初代）　*3.8*（1833）
三笑亭可楽（2代目）　*9.3*（1847）
三笑亭可楽（3代目）　*4.6*（1857）
三笑亭可楽（4代目）　*9.10*（1869）
三笑亭可楽（6代目）　*8.18*（1924）
三笑亭可楽（7代目）　*4.12*（1944）
三笑亭可楽（8代目）　*8.23*（1964）
三条天皇　*5.9*（1017）
三条西公条　*12.2*（1563）
三条西公国　*11.9*（1587）
三条西公時　*3.11*（1383）
三条西公保　*1.28*（1460）
三条西実隆　*10.3*（1537）
三条西実世　*1.24*（1579）
三条西季知　*8.24*（1880）
三条局　*9.28*（1244）
三条局　*11.9*（1138）
サン・ジョン・ペルス　*9.24*（1975）
サンソヴィーノ，ヤコポ　*11.27*（1570）
山叟慧雲　*7.9*（1301）
サンソム，ウィリアム　*4.20*（1976）
サンソム，ジョージ　*3.8*（1965）
サンタ・アナ，アントニオ・ロペス・デ　*6.20*（1876）
サンタ・クルース，アンドレス　*9.25*（1865）
三田浄久　*11.27*（1688）
サンタナ　*6.14*（1864）
サンタ・マリア　*5.13*（1669）
サンタ・マリア　*7.18*（1889）
サンタヤナ，ジョージ　*9.26*（1952）
サンダランド　*9.28*（1702）
サンタンデル，フランシスコ・デ・パウラ　*5.6*（1840）
サンチェス・コエーリョ，アロンソ　*8.8*（1588）
サンチェス・デ・アレバロ，ロドリーゴ　*10.4*（1470）

サンチェス，フランシスコ　*11.26*（1623）
サンチェス，フロレンシオ　*11.7*（1910）
サンチョ2世（強力王）　*10.7*（1072）
サンチョ3世　*10.18*（1035）
サンチョ4世（勇猛王）　*4.25*（1295）
サンチョ6世　*1.27*（1194）
サンチョ7世　*4.7*（1234）
サンティ・ディ・ティート　*7.24*（1603）
サンディーノ，アウグスト・セサル　*2.21*（1934）
サンティリャナ侯爵　*3.25*（1458）
サンテーリア，アントニオ　*10.10*（1916）
サンテール　*2.6*（1809）
サント‐ブーヴ，シャルル‐オーギュスタン　*10.13*（1869）
サンドウィッチ，エドワード・モンタギュー，初代伯爵　*5.28*（1672）
山東京山　*9.24*（1858）
山東京伝　*9.7*（1816）
サンド，ジョルジュ　*6.8*（1876）
サントス‐ドゥモン，アルベルト　*7.24*（1932）
サントス，ロペ・K.　*5.1*（1963）
サンドバーグ，カール　*7.22*（1967）
サンドビー，ポール　*11.9*（1809）
ザントラルト，ヨアヒム・フォン　*10.14*（1688）
サンドラール，ブレーズ　*1.21*（1961）
サントリオ　*2.24*（1636）
サンナザーロ，ヤーコポ　*4.27*（1530）
サンネモーセ，アクセル　*8.6*（1965）
三宮吾郎　*12.30*（1961）
サンプスン，トマス　*4.9*（1589）
三瓶孝子　*10.16*（1978）
サン・マール　*9.12*（1642）
サンマルティーニ，ジュゼッペ　*6.24*（1751）

849

さん

サンマルティーニ, ジョヴァンニ・バッティスタ　*1.15*（1775）
サン・マルティン, ホセ・デ　*8.17*（1850）
三幡　*6.30*（1199）
三位局　*7.12*（1558）
サン・ユ　*1.28*（1996）
三遊亭円右（初代）　*11.2*（1924）
三遊亭円右（2代目）　*8.27*（1951）
三遊亭円右（3代目）　*3.22*（2006）
三遊亭円歌（2代目）　*8.25*（1964）
三遊亭円生（初代）　*3.21*（1838）
三遊亭円生（2代目）　*8.12*（1862）
三遊亭円生（3代目）　*8.16*（1881）
三遊亭円生（4代目）　*1.27*（1904）
三遊亭円生（5代目）　*1.23*（1940）
三遊亭円生（6代目）　*9.3*（1979）
三遊亭円朝（初代）　*8.11*（1900）
三遊亭円馬（初代）　*10.11*（1880）
三遊亭円馬（2代目）　*12.18*（1918）
三遊亭円馬（3代目）　*1.13*（1945）
三遊亭円馬（4代目）　*11.16*（1984）
三遊亭円遊（初代）　*11.26*（1907）
三遊亭円遊（2代目）　*5.31*（1924）
三遊亭円遊（3代目）　*3.17*（1945）
三遊亭円遊（6代目）　*1.9*（1984）
三遊亭歌笑（3代目）　*5.30*（1950）
三遊亭金馬（2代目）　*5.3*（1926）
三遊亭金馬（3代目）　*11.8*（1964）
三遊亭小円朝（2代目）　*8.13*（1923）
三遊亭小円朝（3代目）　*7.11*（1973）
三遊亭小円遊（4代目）　*10.5*（1980）
サーンレダム, ピーテル　*8.16*（1665）
サン・ローラン, ルイ　*7.25*（1973）

【し】

ジアウル・ラフマーン　*5.30*（1981）
シアーズ, リチャード・ウォレン　*9.28*（1914）
シアラー, ノーマ　*6.12*（1983）
椎尾弁匡　*4.7*（1971）
椎名悦三郎　*9.30*（1979）
椎名道三　*5.5*（1858）
椎名麟三　*3.28*（1973）
シヴァージー　*4.14*（1680）
慈雲　*12.22*（1805）
慈雲妙意　*6.3*（1345）
シェーアバルト, パウル　*10.15*（1915）
シェイクスピア, ウィリアム　*4.23*（1616）
ジェイ, ジョン　*5.17*（1829）
シェイズ, ダニエル　*9.29*（1825）
ジェイムズ, ウィリアム　*8.26*（1910）
ジェイムズ, ヘンリー　*2.28*（1916）
ジェイン・シーモア　*10.24*（1537）
ジェインズ, リロイ・ランシング　*3.27*（1909）
ジェヴォンズ, ウィリアム・スタンリー　*8.13*（1882）
ジェズアルド, ドン・カルロ, ヴェノーザ公爵　*9.8*（1613）
シエース, エマニュエル・ジョゼフ, 伯爵　*6.20*（1836）
シェストーフ, レーフ・イサアーコヴィチ　*11.20*（1938）
ジェップ　*12.9*（1905）
シェッファー, ペーター　*12.20*（1502）
シェッフェル, ヨーゼフ・ヴィクトーア　*4.9*（1886）
シェッフレ　*12.25*（1903）
ジェッリ, ジャンバッティスタ　*7.14*（1563）
シェーデル, ハルトマン　*11.28*（1514）
シェーナー　*1.16*（1547）
ジェニー, ウィリアム・ル・バロン　*6.15*（1907）
シェニエ, アンドレ-マリ　*7.25*（1794）
ジェニーナ, アウグスト　*9.28*（1957）
ジェニー, フランソワ　*12.16*（1959）
ジェニングズ, エリザベス　*10.26*（2001）
シェノア, アウグスト　*12.13*（1881）
シェフ　*12.18*（1981）
シェーファー　*1.12*（1929）
シェーファー, ヴィルヘルム　*1.19*（1952）
ジェファーズ, ロビンソン　*1.20*（1962）
ジェファソン, トマス　*7.4*（1826）
シェフチェンコ, タラス・フリホロヴィチ　*3.10*（1861）
ジェフリーズ, サー・ハロルド　*3.18*（1989）
ジェフリ・ハーデビ　*3.21*（1385）
ジェフリ（ヨークの）　*12.18*（1212）
ジェマル・パシャ　*7.22*（1922）
ジェミエ, フィルマン　*11.26*（1933）
ジェミニアーニ, フランチェスコ　*9.17*（1762）
ジェームズ1世　*2.20*（1437）
ジェームズ1世　*3.27*（1625）
ジェームズ2世　*9.17*（1701）
ジェームズ3世（スコットランド王）　*6.11*（1488）

ジェームズ4世（スコットランド王） 9.9(1513)
ジェームズ5世 12.14(1542)
ジェームズ, ハリー 7.5(1983)
ジェム・スルタン 2.24(1495)
シェーラー 8.6(1886)
ジェーラス・レストレーポ 9.27(1994)
ジェラード（ヨークの） 3.21(1108)
シェラトン, トマス 10.22(1806)
シェーラー, マックス 5.19(1928)
シエラ・メンデス, フスト 9.13(1912)
ジェラール, シャルル・フレデリック 8.19(1856)
ジェラルディーニ, アレハンドロ 3.8(1524)
ジェラルディ, ポール 3.10(1983)
ジェラール, フランソワ 1.11(1837)
ジェリー伊藤 7.9(2007)
ジェリコー, テオドール 1.26(1824)
シェリダン, リチャード・ブリンズリー 7.7(1816)
シェリー, パーシー・ビッシュ 7.8(1822)
シェリフ, ローレンス 10.20(1567)
シェリー, メアリー 2.1(1851)
シェリング, アルノルト 3.7(1941)
シェリング, フリードリヒ・ヴィルヘルム・ヨーゼフ・フォン 8.20(1854)
シェリング, ヘンリク 3.2(1988)
シェリントン, サー・チャールズ・スコット 3.4(1952)
シェール・アリー 2.21(1879)
シェルシェネーヴィチ, ワジム・ガブリエーレヴィチ 5.18(1942)
シェルシェル 12.26(1893)

ジェルジンスキー, フェリクス・エドムンドヴィチ 7.20(1926)
ジェルソン, ジャン 7.12(1429)
シェルダン, シドニィ 1.30(2007)
シェルドン, ギルバート 11.9(1677)
シェルバーン, ウィリアム・ペティ・フィッツモーリス, 2代伯爵 5.7(1805)
ジェルビヨン, ジャン・フランソワ 3.22(1703)
シェルフォード 12.27(1968)
ジェルベール 5.12(1003)
シェルヘン, ヘルマン 6.12(1966)
ジェルマン, ソフィ・マリ 6.17(1831)
ジェルミ, ピエートロ 12.5(1974)
シェーレ, カール・ヴィルヘルム 5.21(1786)
シェレーピン 10.24(1994)
ジェロニモ 2.17(1909)
ジェローム, ジェローム・K. 6.14(1927)
ジェローム, ジャン・レオン 1.10(1904)
ジェロムスキ, ステファン 11.20(1925)
シェーン 7.23(1856)
慈円 9.25(1225)
シェンキエヴィッチ, ヘンリク 11.15(1916)
シェンケンドルフ, マックス・フォン 12.11(1817)
ジェンティーリ 6.19(1608)
ジェンティーレ, ジョヴァンニ 4.15(1944)
ジェンナー, エドワード 1.26(1823)
シェーンバイン, クリスティアン・フリードリヒ 8.29(1868)
シェーンヘル, カール 3.15(1943)
シェーンベルク, アルノルト 7.13(1951)
シェーンライン 1.23(1864)

塩入松三郎 10.1(1962)
ジオーク, ウィリアム・フランシス 3.28(1982)
塩沢とき 5.17(2007)
塩沢昌貞 7.7(1945)
塩尻公明 6.12(1969)
塩田広重 5.11(1965)
塩塚ルイス 8.11(1637)
塩野義三郎 10.3(1953)
塩野季彦 1.7(1949)
塩谷温 6.3(1962)
塩谷処 11.22(1890)
塩谷大四郎 9.8(1836)
塩野谷九十九 6.4(1983)
塩谷宕陰 8.28(1867)
塩谷不二雄 5.31(1963)
塩原太助 閏8.14(1816)
塩原又策 1.7(1955)
塩谷アイ 8.1(1978)
塩焼王 9.18(764)
塩屋鯛魚 11.11(658)
志賀暁子 9.17(1990)
志賀潔 1.25(1957)
志賀昂 4.6(1927)
しかたしん 12.7(2003)
志方益三 5.8(1964)
四方竜文（初代） 7.3(1798)
鹿都部真顔 6.6(1829)
鹿内信隆 10.28(1990)
志賀直哉 10.21(1971)
シカネーダー, エマーヌエル 9.21(1812)
鹿野武左衛門 8.13(1699)
志賀廼家淡海 10.15(1956)
史可法 4.20(1645)
四賀光子 3.23(1976)
志賀山勢以（9代目） 3.21(1802)
志賀義雄 3.6(1989)
シーガル, ジョージ 6.9(2000)
シカルドゥス（クレモーナの） 6.8(1215)
慈観 3.2(1419)
只丸 11.2(1712)
シカンダル・ローディー 11.21(1517)
直翁宗廉 11.24(1446)
直翁智侃 4.14(1322)
食行身禄 7.17(1733)
式乾門院 1.2(1251)

しき　人名索引

式子内親王　1.25(1201)
ジギスムント　12.9(1437)
敷田年治　1.30(1902)
式亭三馬　閏1.6(1822)
直伝正祖　12.27(1446)
志貴皇子　8.11(716)
式守伊之助(初代)　11.28(1823)
式守伊之助(19代目)　12.14(1966)
式守蝸牛(7代目)　4.1(1946)
シグュルドソン, ヨウン　12.7(1879)
志玉　9.6(1463)
自空　3.11(1412)
ジクヴァルト　8.4(1904)
竺雲等連　1.7(1471)
竺可楨　2.7(1974)
竺山得仙　3.18(1413)
シクスッス3世　8.18(440)
シクスッス4世　8.12(1484)
シクストゥス5世　8.12(1590)
竺仙梵僊　7.16(1348)
シーグバーン, カール・マンネ・イエオリ　9.25(1978)
ジーグフェルド, フローレンツ　7.22(1932)
シーグフリード　3.28(1959)
竺芳祖裔　7.27(1394)
ジグムント1世　4.1(1548)
ジグムント2世　7.6(1572)
ジグムント3世　4.30(1632)
時雨音羽　7.25(1980)
シクロフスキー, ヴィクトル・ボリソヴィチ　12.5(1984)
重明親王　9.14(954)
シケイロス, ダビード・アルファロ　1.7(1974)
滋岳川人　5.27(874)
重兼芳子　8.22(1993)
重子内親王　7.2(865)
シゲティ, ヨーゼフ　2.20(1973)
重富平左衛門　2.18(1681)
滋野井公古　10.24(1565)
滋野井公麗　9.7(1781)
滋野井公尚　閏2.8(1344)
滋野井公光　11.10(1255)
滋野井実国　1.2(1183)
滋野井実宣　11.22(1228)
滋野井実前　3.3(1327)

滋野井実益　4.29(1447)
滋野井季国　6.18(1535)
滋野井教国　12.22(1500)
滋野井冬季　2.23(1302)
滋野内親王　4.7(857)
滋野貞主　2.8(852)
重野安繹　12.6(1910)
重仁親王　1.28(1162)
シゲベルトゥス　10.5(1112)
重光葵　1.26(1957)
重宗芳水　12.30(1917)
重宗雄三　3.13(1976)
重森三玲　3.12(1975)
茂山千作(3代目)　7.19(1986)
重頼　6.29(1680)
ジーゲル　4.4(1981)
シゲーレ　10.21(1913)
慈賢　3.3(1241)
芝岡宗田　3.3(1500)
璽光尊　8.16(1983)
シコルスキー, イーゴリ　10.26(1972)
慈厳　9.28(1359)
シサバン・ボン　10.29(1959)
慈山　7.3(1690)
只山宗友　5.9(1557)
自山曉吾　5.16(1522)
此山妙在　1.12(1377)
シジウィック, ネヴィル・ヴィンセント　3.15(1952)
シジウィック, ヘンリー　8.28(1900)
シシコーフ, ヴァチェスラフ・ヤーコヴレヴィチ　3.6(1945)
慈実　5.9(1300)
宍戸左馬之介　11.12(1864)
宍戸璣　10.1(1901)
褆内親王　閏1.29(1048)
資子内親王　4.26(1015)
シシニオス1世　12.24(427)
シシニオス2世　8.24(998)
獅子文六　12.13(1969)
史思明　3.3(761)
ジシュカ, ヤン　10.11(1424)
思淳　8.16(1363)
慈昌　11.2(1620)
四条隆謌　11.24(1898)
四条隆蔭　3.14(1364)
四条隆量　9.19(1503)
四条隆重　11.19(1539)

四条隆資　5.11(1352)
四条隆親　9.6(1279)
四条隆永　4.16(1538)
四条隆衡　12.18(1255)
四条隆益　9.8(1567)
四条隆宗　8.21(1229)
四条隆宗　10.6(1358)
四条隆持　3.19(1383)
四条隆盛　2.21(1466)
四条隆盛　8.13(1251)
四条隆康　2.24(1291)
四条隆良　12.5(1296)
四条天皇　1.9(1242)
四条房衡　6.18(1357)
四条頼基　3.15(1296)
慈助法親王　7.27(1295)
慈信　10.2(1324)
シスネーロス, ガルシア・デ　11.27(1510)
シスモンディ　6.25(1842)
シスレー, アルフレッド　1.29(1899)
ジータ　4.27(1272)
志田重男　7.3(1971)
ジダーノフ, アンドレイ・アレクサンドロヴィチ　8.31(1948)
志田林三郎　1.4(1892)
シダル, エリザベス　2.11(1862)
実運　2.24(1160)
シチェープキン, ミハイル・セミョーノヴィチ　8.11(1863)
七条院　9.16(1228)
シチパチョーフ, ステパン・ペトローヴィチ　1.2(1980)
実庵融参　11.10(1431)
実伊　8.26(1281)
実因　8.12(1000)
実慧　11.13(847)
実円　4.11(1306)
実衍　11.23(1290)
実翁聡秀　3.27(1371)
シッカート, ウォルター・リチャード　1.22(1942)
実川延三郎(5代目)　8.14(1911)
実川延若(初代)　9.18(1885)
実川延若(2代目)　2.22(1951)
実川延若(3代目)　5.14(1991)

実川額十郎（初代） 11.4（1835）
志筑忠雄 7.8（1806）
ジッキンゲン, フランツ・フォン 5.7（1523）
シック 12.6（1967）
実慶 11.28（1207）
実継 1.21（1204）
シッケレ, ルネ 1.31（1940）
実賢 2.29（1356）
実賢 9.4（1249）
室子女王 6.21（1756）
実済 8.24（1403）
実算 8.23（1352）
実山永秀 9.9（1487）
実勝 3.13（1291）
十声 11.24（1427）
実深 9.6（1277）
実全 5.10（1221）
実相寺昭雄 11.29（2006）
実尊 2.19（1236）
シッティング・ブル 12.15（1890）
実伝宗真 4.8（1507）
ジッド, アンドレ 2.19（1951）
実導 11.11（1388）
シットウェル, イーディス 12.11（1964）
シットウェル, オズバート 5.4（1969）
シットウェル, サシェヴェレル 10.1（1988）
シッド, エル 7.10（1099）
実如 2.2（1525）
実任 4.27（1169）
実範 9.10（1144）
実敏 9.3（856）
十返舎一九 8.7（1831）
実峰良秀 6.12（1405）
実融 1.19（1339）
シッランパー, フランス・エーミル 6.3（1964）
シデナム, トマス 12.29（1689）
幣原喜重郎 3.10（1951）
幣原坦 6.29（1953）
ジード 3.13（1932）
示導 9.11（1346）
シド・ヴィシャス 2.2（1979）
字堂覚卍 9.7（1437）
志道軒（初代） 3.7（1765）

持統天皇 12.22（703）
至道無難 8.19（1676）
慈道法親王 4.11（1341）
シトゥール, リュドヴィート 1.12（1856）
シドッティ, ジョヴァンニ・バッティスタ 12.15（1715）
シドニ 6.30（1800）
シドニー 5.5（1586）
シドニー, アルジャーノン 12.7（1683）
シドニー, フィリップ 10.17（1586）
蔀関月 10.21（1797）
シトレ, ヌダバニンギ師 12.12（2000）
シートン, アーネスト・トムソン 10.23（1946）
シドンズ, セアラ 6.8（1831）
品川弥二郎 2.26（1900）
シナースィ, イブラヒム 9.13（1871）
シナトラ, フランク 5.14（1998）
シナン 7.1（1578）
シーニアー 6.4（1864）
シニズガッリ, レオナルド 1.31（1981）
シニャック, ポール 8.15（1935）
シニョレ, シモーヌ 9.30（1985）
シニョレリ, ルカ 10.16（1523）
ジノヴィエフ, グリゴリー・エフセエヴィチ 8.25（1936）
篠崎小竹 5.8（1851）
篠島秀雄 2.11（1975）
志野宗信 8.1（1523）
篠田一士 4.13（1989）
篠田実（初代） 9.23（1985）
篠原一男 7.15（2006）
篠原国幹 3.4（1877）
篠原助市 8.2（1957）
篠原長房 7.16（1573）
篠原孫左衛門 3.23（1625）
信夫淳平 11.1（1962）
信夫清三郎 10.10（1992）
斯波家兼 6.13（1356）
斯波家長 12.25（1338）
芝木好子 8.25（1991）

慈伯道順 3.18（1491）
司馬江漢 10.21（1818）
シバー, コリー 12.12（1757）
斯波四郎 4.29（1989）
芝祐泰 10.10（1982）
芝全交（初代） 5.27（1793）
柴田勝家 4.24（1583）
柴田勝太郎 11.10（1975）
斯波高経 7.13（1367）
柴田鳩翁 5.3（1839）
柴田桂太 11.19（1949）
新発田重家 10.25（1587）
新発田収蔵 4.10（1859）
柴田承桂 8.2（1910）
芝田進午 3.14（2001）
柴田是真 7.13（1891）
柴田白葉女 6.24（1984）
柴田花守 7.11（1890）
柴田方庵 10.8（1856）
柴田道子 8.14（1975）
柴田南雄 2.2（1996）
柴田睦陸 2.19（1988）
柴田雄次 1.28（1980）
柴田錬三郎 6.30（1978）
芝辻理右衛門 2.15（1634）
斯波貞吉 10.14（1939）
柴野碧海 7.16（1835）
柴野栗山 12.1（1807）
芝不器男 2.24（1930）
柴山伊兵衛 5.15（1703）
柴山兼四郎 1.23（1956）
芝山持豊 2.20（1815）
柴山良助 1.9（1868）
斯波義淳 12.1（1433）
斯波義銀 8.16（1600）
斯波義郷 9.30（1436）
斯波義重 8.18（1418）
斯波義健 9.1（1452）
斯波義種 2.3（1408）
斯波義敏 11.16（1508）
斯波義将 5.7（1410）
斯波義統 7.12（1554）
司馬凌海 3.11（1879）
司馬遼太郎 2.12（1996）
慈範 11.2（1489）
史弥遠 10.4（1233）
ジファド, ゴドフリ 1.26（1302）
ジファール, アンリ 4.14（1882）
渋井太室 6.14（1788）

渋江抽斎　8.29(1858)
渋江長伯　4.19(1830)
渋川景佑　6.20(1856)
渋川暁　1.24(1993)
渋川幸子　6.25(1392)
渋川春海　10.6(1715)
渋川敬直　7.25(1851)
渋川満頼　3.13(1446)
渋川義俊　11.14(1434)
渋川義行　8.11(1375)
ジフコフ, トドル　8.5(1998)
渋沢栄一　11.11(1931)
渋沢喜作　8.29(1912)
渋沢敬三　10.25(1963)
渋沢青花　5.19(1983)
渋沢孝輔　2.8(1998)
渋澤龍彦　8.5(1987)
渋沢秀雄　2.15(1984)
渋沢元治　2.22(1975)
ジプシー・ローズ　4.20(1967)
渋谷定輔　1.3(1989)
渋谷天外(2代目)　3.18(1983)
渋谷実　12.20(1980)
渋谷黎子　9.16(1934)
シベリウス, ジャン　9.20(1957)
ジーベル　8.1(1895)
ジベルトゥス (ベーカの)　12.29(1332)
士峰宋山　9.29(1635)
柴生田稔　8.20(1991)
シーボーグ, グレン・セオドア　2.25(1999)
シーボーム　2.6(1912)
シーボルト　1.23(1911)
ジーボルト, カール・テオドール・エルンスト・フォン　4.7(1885)
ジーボルト, フィリップ・フランツ・フォン　10.18(1866)
島井宗室　8.24(1615)
島尾敏雄　11.12(1986)
島勝猛　9.15(1600)
島上善五郎　1.2(2001)
島木赤彦　3.27(1926)
島木健作　8.17(1945)
島耕二　9.10(1986)
島小太郎　2.23(1948)
島崎静子　4.29(1973)
島崎藤村　8.22(1943)
島薗順次郎　4.27(1937)

島田一良　7.27(1878)
島田一男　6.16(1996)
島田一男　10.5(1995)
島田謹二　4.20(1993)
島田啓三　2.11(1973)
島田筆村　8.27(1898)
島田三郎　11.14(1923)
嶋田繁太郎　6.7(1976)
島田清次郎　4.29(1930)
嶋田青峰　5.31(1944)
島田俊雄　12.21(1947)
島田利正　9.15(1642)
島田清田　9.18(855)
島田墨仙　7.9(1943)
島地黙雷　2.3(1911)
島津家久　2.23(1638)
島津家久　6.5(1587)
島津氏久　閏5.4(1387)
シマック, クリフォード　4.25(1988)
島津源蔵(2代目)　10.3(1951)
島津伊久　5.4(1407)
島津貞久　7.3(1363)
島津重豪　1.15(1833)
島津貴久　6.23(1571)
島津忠国　1.20(1470)
島津忠時　4.10(1272)
島津忠長　11.9(1610)
島津忠久　6.18(1227)
島津忠寛　6.20(1896)
島津忠昌　2.15(1508)
島津忠宗　11.12(1325)
島津忠義　12.26(1897)
島津忠良　12.13(1568)
島津斉彬　7.16(1858)
島津斉興　9.12(1859)
島津久経　閏4.21(1284)
島津久治　1.4(1872)
島津久光　12.6(1887)
島津久基　4.8(1949)
島津元久　8.6(1411)
島津師久　3.21(1376)
島津保次郎　9.18(1945)
島津以久　4.9(1610)
島津義久　1.21(1611)
島津義弘　7.21(1619)
嶋中鵬二　4.3(1997)
嶋中雄作　1.17(1949)
嶋中雄三　9.16(1940)
しまねきよし　7.12(1987)

シマノフスカ, マリア・アガータ　7.24(1831)
シマノフスキ, カロル　3.29(1937)
島秀雄　3.18(1998)
島袋光裕　9.7(1987)
島村俊明　12.14(1896)
島村ふさの　9.23(1977)
島村抱月　11.5(1918)
島村光津　2.13(1904)
島本久恵　6.27(1985)
島義勇　4.13(1874)
シミアン　4.13(1935)
清水幾太郎　8.10(1988)
清水脩　10.29(1986)
清水喜助(2代目)　8.9(1881)
清水金一　10.10(1966)
清水金太郎　4.30(1932)
清水慶子　3.11(1991)
清水崑　3.27(1974)
清水貞徳　6.26(1717)
清水紫琴　7.31(1933)
清水慎三　10.18(1996)
清水善造　4.12(1977)
清水多嘉示　5.5(1981)
清水谷公考　12.31(1882)
清水谷公広　6.16(1377)
清水谷公持　10.28(1268)
清水谷実秋　4.21(1420)
清水谷実有　4.17(1260)
清水谷実連　3.15(1314)
清水谷実久　12.18(1498)
清水道閑　6.21(1648)
清水登之　12.7(1945)
清水南山　12.7(1948)
清水次郎長　6.12(1893)
清水浜臣　閏8.17(1824)
清水宏　6.23(1966)
清水誠　2.8(1899)
清水将夫　10.5(1975)
清水三男　1.27(1947)
清水宗治　6.4(1582)
清水良雄　1.29(1954)
清水義高　4.26(1184)
慈妙　8.8(1368)
慈猛　4.21(1277)
持明院家藤　11.6(1348)
持明院基清　8.10(1382)
持明院基子　1.2(1644)
持明院基孝　10.19(1322)
持明院基親　7.23(1419)

持明院基長　6.21（1335）
持明院基春　7.26（1535）
シムズ, ウィリアム・ギルモア　6.11（1870）
シムノン, ジョルジュ　9.4（1989）
志村源太郎　8.23（1930）
志村喬　2.11（1982）
志村立美　5.4（1980）
ジムロック, カール　7.18（1876）
シメオン　3.12（1022）
聖シメオン・ステュリテス　7.24（459）
シメオン（ダラムの）　10.14（1130）
シメオン・バル・サバエ　4.17（341）
シメリョーフ, イワン・セルゲーヴィチ　6.24（1950）
ジーメンス, エルンスト・ヴェルナー・フォン　12.6（1892）
シーメンズ, チャールズ・ウィリアム　11.19（1883）
シーモア, トマス, 男爵　3.20（1549）
下飯坂潤夫　12.26（1971）
下岡蓮杖　3.3（1914）
霜川遠志　12.9（1991）
下川凹天　5.26（1973）
下河辺長流　6.3（1686）
子母沢寛　7.19（1968）
下瀬雅允　9.6（1911）
下田歌子　10.8（1936）
下田武三　1.22（1995）
下毛野古麻呂　12.20（710）
下間少進　5.15（1616）
下間蓮崇　3.28（1499）
下中弥三郎　2.21（1961）
シーモノフ, コンスタンチン・ミハイロヴィチ　8.28（1979）
下総皖一　7.8（1962）
下村為山　7.10（1949）
下村治　6.29（1989）
下村海南　12.9（1957）
下村観山　5.10（1930）
下村兼史　4.27（1967）
下村湖人　4.20（1955）
下村定　3.25（1968）
下村千秋　1.31（1955）

下村寅太郎　1.22（1995）
下村正夫　7.11（1977）
下山定則　7.6（1949）
下山順一郎　2.12（1912）
下山殿　10.6（1591）
シモン　1.27（前134）
シモン　5.16（1265）
シモン（クラモーの）　12.14（1422）
シモン, クロード　7.6（2005）
シモンズ, アーサー　1.22（1945）
シモンズ, ジュリアン　11.19（1994）
シモンズ, ジョン・アディントン　4.9（1893）
シモン（トレントの）　3.23（1475）
ジャアファル・アルバルマキー　1.27（803）
シャー・アーラム2世　11.19（1806）
ジャイアント馬場　1.31（1999）
シャイデマン, フィリップ　11.29（1939）
シャイト, ザームエール　3.24（1654）
シャイナー, クリストフ　6.18（1650）
シャイバーニー　12.2（1510）
シャイフ・サフィー　9.12（1334）
ジャイルズ, ハーバート・アレン　2.13（1935）
シャイン, ヨーハン・ヘルマン　11.19（1630）
シャヴァンヌ, エドワール　1.29（1918）
シャーウッド, ロバート　11.14（1955）
シャウディン, フリッツ・リヒャルト　6.22（1906）
シャウプ　3.23（2000）
謝覚哉　6.15（1971）
ジャカール, ジョゼフ・マリー　8.7（1834）
シャガール, マルク　3.28（1985）
シャギニャン, マリエッタ・セルゲーヴナ　3.21（1982）

寂因　11.11（1150）
釈雲照　4.13（1909）
寂円　9.13（1299）
寂源　3.2（1024）
寂厳　8.3（1771）
寂室元光　9.1（1367）
シャクシャイン　10.23（1669）
寂禅　8.21（1067）
釈宗演　11.1（1919）
ジャクソン, アンドリュー　6.8（1845）
ジャクソン, ジョン・ヒューリングズ　10.7（1911）
ジャクソン, トマス・ジョナサン　5.10（1863）
ジャクソン, マヘリア　1.27（1972）
ジャクソン, ミルト　10.9（1999）
ジャーク・ド・モレー　3.18（1314）
綽如　4.24（1393）
寂門崇祐　6.6（1422）
シャクルトン, サー・アーネスト・ヘンリー　1.5（1922）
寂蓮　7.20（1202）
ジャコーザ, ジュゼッペ　9.2（1906）
ジャコトー　7.31（1840）
ジャコブ, マックス　3.5（1944）
ジャコメッティ, アントーニオ・アウグスト　1.11（1966）
ジャーコモ（ラ・マルカの）　11.28（1476）
シャー・ジャハーン　2.1（1666）
シャーストリー, ラール　1.11（1966）
ジャスワント・スィンフ　12.20（1678）
シャセリオー, テオドール　10.8（1856）
ジャック・ダルクローズ, エーミール　7.2（1950）
ジャック白井　7.11（1937）
ジャッド　7.19（1946）
ジャッド, ドナルド　2.12（1994）
シャップ, クロード　1.23（1805）
シャッフ, フィリプ　10.23（1893）

シャドウェル, トマス 11.19(1692)
シャドウ, ヨハン・ゴットフリート 1.28(1850)
ジャドソン, アドナイラム 4.12(1850)
シャトーブリヤン, アルフォンス・ド 5.2(1951)
シャトーブリヤン, フランソワ-ルネ・ド 7.4(1848)
シャトールー 12.8(1744)
シャトレ-ロモン, ガブリエル・エミリー・ル・トヌリエ・ド・ブルトイユ, 侯爵夫人 9.10(1749)
ジャネ 10.4(1899)
ジャネ, ピエール 2.24(1947)
シャネル, ココ 1.10(1971)
シャノン, クロード・エルウッド 2.24(2001)
シャハト, ヒャルマー 6.3(1970)
謝花昇 10.29(1908)
シャーバン 6.20(1962)
シャバン-デルマス, ジャック 11.10(2000)
ジャハンギール 11.7(1627)
シャービ 7.7(1981)
謝冰心 2.28(1999)
シャピロ, カール 5.14(2000)
シャーフー 12.15(1749)
シャファーリク, パヴォル・ヨゼフ 6.26(1861)
シャーフィイー 1.20(820)
シャプタル, ジャン・アントワーヌ・クロード 7.30(1832)
シャフツベリー, アントニー・アシュリー・クーパー, 3代伯爵 2.15(1713)
シャフツベリー, アントニー・アシュリー・クーパー, 7代伯爵 10.1(1885)
シャフツベリー, アントニー・アシュリー・クーパー, 初代伯爵 1.21(1683)
シャブドレーヌ, オギュスト 2.29(1856)
シャブラン, ジャン 2.22(1674)
シャフラン, ダニイル 2.7(1997)

シャブリエ, エマニュエル 9.13(1894)
シャプリー, ハーロー 10.20(1972)
シャポーリン, ユーリー・アレクサンドロヴィチ 12.9(1966)
ジャマルライル, サイド・プトラ 4.16(2000)
シャーマン 10.22(1900)
ジャマン 2.12(1886)
シャーマン, ウィリアム・テカムサ 2.14(1891)
シャミッソー, アーデルベルト・フォン 8.21(1838)
シャミナード, セシル 4.13(1944)
ジャーミー, ヌーロッディーン・アブドゥラフマーン 11.9(1492)
ジャム, フランシス 11.1(1938)
暹羅屋勘兵衛 4.3(1649)
ジャラール-ウッディーン 8.15(1231)
ジャラール-アーレ・アフマド 9.11(1969)
シャリアピン, フョードル・イヴァノヴィチ 4.12(1938)
ジャリ, アルフレッド 11.1(1907)
シャーリエ 11.5(1934)
シャーリー, ジェイムズ 10.29(1666)
ジャルー, エドモン 8.15(1949)
シャルガフ, エルウィン 6.20(2002)
シャルク, フランツ 9.3(1931)
シャルグラン, ジャン-フランソワ-テレーズ 1.20(1811)
シャル, クリフォード・グレンウッド 3.31(2001)
シャルコー, ジャン・マルタン 8.16(1893)
シャルダン, ジャン・バティスト・シメオン 12.6(1779)
ジャルダン, ニコラ-アンリ 8.31(1799)

ジャルトゥー, ピエール 11.30(1720)
シャルドネ, イレール・ベリニョー, 伯爵 3.12(1924)
シャルドンヌ, ジャック 5.30(1968)
シャルパンティエ, ギュスターヴ 2.18(1956)
シャルパンティエ, マルカントワーヌ 2.24(1704)
シャー・ルフ 3.12(1447)
シャル・フォン・ベル, ヨハン・アーダム 8.15(1666)
シャール, ミシェル 12.18(1880)
シャルル1世 1.7(1285)
シャルル3世 10.7(929)
シャルル4世 1.31(1328)
シャルル5世 9.16(1380)
シャルル6世 10.21(1422)
シャルル7世 7.22(1461)
シャルル8世 4.7(1498)
シャルル9世 5.30(1574)
シャルル10世 11.6(1836)
シャルル豪胆公 1.5(1477)
シャルル, ジャック・アレクサンドル・セザール 4.7(1823)
シャルル・ド・バロア 12.16(1325)
シャール, ルネ 2.19(1988)
シャルル・マルテル 10.22(741)
シャルロッテ 1.19(1927)
シャルロッテ・エリザベト 12.8(1722)
シャルロット 7.9(1985)
シャルンホルスト, ゲルハルト・ヨハン・ダーフィト・フォン 6.28(1813)
ジャレル, ランダル 10.14(1965)
シャロン, ピエール 11.16(1603)
ジャン 9.10(1419)
ジャン2世 4.8(1364)
シャーンイェルム, イェオリ 4.22(1672)
シャンカール 9.26(1977)
ジャンケレヴィッチ, ヴラディミール 6.6(1985)

ジャンスキー，カール・ガス 2.14(1950)
ジャンセン，ピエール・ジュール・セザール 12.23(1907)
シャンソン，アンドレ 11.8(1983)
シャンタル，ジャンヌ・フランソワ・フレミオー 12.13(1641)
シャンデュ，アントワーヌ・ド・ラ・ロシュ 2.23(1591)
ジャン・ド・パリ 9.22(1306)
ジャンドロン，モーリス 8.20(1990)
聖ジャンヌ・ダルク 5.30(1431)
ジャンヌ・ダルブレー 6.9(1572)
ジャンヌ(フランスの，ヴァロワの) 2.4(1505)
ジャンヌ・マリー・ド・メイエ 3.28(1414)
ジャンノッティ 12.27(1573)
ジャンノーネ，ピエートロ 3.7(1748)
ジャン・パウル 11.14(1825)
シャンピオン・ド・シャンボニエール，ジャック 5.4(1672)
シャンビージュ，ピエール1世 1.19(1544)
シャンビージュ，マルタン 8.29(1532)
シャンフォール，セバスティアン・ロシュ・ニコラ 4.13(1794)
シャンプラン，サミュエル・ド 12.25(1635)
ジャンブール・ジャバーエフ 6.22(1945)
シャンフルーリ 12.6(1889)
シャンペーニュ，フィリップ・ド 8.12(1674)
シャーン，ベン 3.14(1969)
シャンポリオン 5.9(1867)
シャンポリヨン，ジャン・フランソワ 3.4(1832)
シャンボール 8.24(1883)
シャンメレ，マリ 5.15(1698)
シュアレス，アンドレ 9.7(1948)

ジュアン，アルフォンス 1.27(1967)
ジュアンドー，マルセル 4.7(1979)
ジューイット，セアラ・オーン 6.24(1909)
守印 12.28(843)
シュヴァイガー，ヨハン・ザロモ・クリストフ 9.6(1857)
シュヴァイツァー 7.28(1875)
シュヴァイツァー，アルベルト 9.4(1965)
シュヴァープ，グスタフ 11.4(1850)
シュヴァーベ，ハインリヒ・ザムエル 4.11(1875)
シュヴァリエ，アルバート 7.10(1923)
シュヴァリエ，モーリス 1.1(1972)
シュヴァルツ 11.30(1921)
シュヴァルツェンベルク，カール・フィリップ，公爵 10.15(1820)
シュヴァルツシルト，カール 5.11(1916)
シュヴァルベ 4.23(1916)
シュヴァーロフ 3.22(1889)
州庵宗彭 10.15(1490)
シュヴァン，テオドール 1.11(1882)
十一谷義三郎 4.2(1937)
シュヴィッタース，クルト 1.8(1948)
シュウィンガー，ジュリアン・シーモア 7.16(1994)
シュヴィント，モーリッツ・フォン 2.8(1871)
宗叡 3.26(884)
シュヴェーグラー，アルベルト 1.5(1857)
ジューヴェ，ルイ 8.16(1951)
宗淵 8.27(1859)
修円 6.13(834)
シュヴェンクフェルト，カスパル・フォン 12.10(1561)
シュウォーツ，デルモア 7.11(1966)
シュウォブ，マルセル 2.12(1905)
従覚 6.20(1360)

秋磵道泉 7.10(1323)
宗規 9.27(1361)
秋瑾 7.15(1907)
周仰 3.19(1551)
周作人 5.6(1967)
シュー，ウージェーヌ 8.3(1857)
秋色 4.15(1725)
修子内親王 2.5(933)
秀子内親王 6.25(850)
柔子内親王 1.2(959)
絹子内親王 8.18(970)
脩子内親王 2.7(1049)
柔石 2.7(1931)
宗遷 4.14(1348)
周敦頤 6.7(1073)
重如 5.18(1299)
ジューヴ，ピエール・ジャン 1.9(1976)
周仏海 2.28(1948)
什弁 4.23(1351)
秀峰繁俊 10.3(1508)
宗峰妙超 12.22(1338)
十文字こと 5.17(1955)
周揚 7.31(1989)
周立波 9.25(1979)
シュヴルール，ミシェル・ユージェーヌ 4.9(1889)
住蓮 2.9(1207)
シューエル，アナ 4.25(1878)
ジューエル，ジョン 9.23(1571)
ジューオー 4.28(1954)
授翁宗弼 3.28(1380)
主恩 6.11(989)
寿岳章子 7.13(2005)
寿岳しづ 6.27(1981)
朱学範 1.8(1996)
寿岳文章 1.16(1992)
守覚法親王 8.25(1202)
珠巌道珍 3.3(1387)
叔英宗播 9.19(1441)
宿城広朗 6.17(2006)
粛親王善耆 3.29(1922)
シュクシーン，ワシーリー・マカーロヴィチ 10.2(1974)
叔芳周伸 11.30(1432)
寿桂尼 3.24(1568)
シュコダ，ヨーゼフ 7.13(1881)

しゆ　　　人名索引

ジューコフ, ゲオルギー・コンスタンチノヴィチ　6.18(1974)
ジュコーフスキー　3.17(1921)
ジュコフスキー, ワシーリー・アンドレーヴィチ　4.12(1852)
朱子　3.9(1200)
シュジェル　1.12(1151)
朱自清　8.12(1948)
守子内親王　3.29(1156)
ジュシュー　4.22(1758)
ジュシュー, アドリアン　6.29(1853)
ジュシュー, アントワーヌ・ローラン・ド　9.17(1836)
シュシュニク, クルト・フォン　11.18(1977)
ジュシュー, ベルナール・ド　11.6(1777)
朱舜水　4.17(1682)
寿章尼　3.5(1677)
守随憲治　2.7(1983)
守随信義　11.1(1608)
ジュース, エドゥアルト　4.26(1914)
シュスター, サー・アーサー　10.14(1934)
ジュスティ, ジュゼッペ　3.31(1850)
ジュースミル　3.22(1767)
朱全忠　6.2(912)
シュタイガー, エーミル　4.28(1987)
シュタイナハ　5.13(1944)
シュタイナー, ヤーコプ　4.1(1863)
シュタイナー, ルードルフ　3.30(1925)
シュタイン　7.13(1930)
シュタイン　9.23(1890)
シュタイン, カール・ライヒスフライヘル・フォム・ウント・ツム　6.29(1831)
シュタイン, シャルロッテ・フォン　1.6(1827)
シュタインタール　3.14(1899)
シュタインメッツ　8.2(1877)

シュタウディンガー　11.20(1921)
シュタウディンガー, ヘルマン　9.10(1965)
シュタウト　6.1(1867)
シュタウピツ, ヨハネス・フォン　12.28(1524)
シュターダー, マリア　4.27(1999)
シュターディオン, クリストフ・フォン　4.15(1543)
シュターデン, ジークムント・テオフィール　7.30(1655)
シュターデン, ヨハン　11.15(1634)
シュタードラー, エルンスト　10.30(1914)
シュタフィルス, フリードリヒ　3.5(1564)
シュターミツ, ヨハン・ヴェンツェル・アントン　3.27(1757)
シュタムラー　5.25(1938)
シュタルク, ヨハネス　6.21(1957)
シュタール, ゲオルク・エルンスト　5.14(1734)
シュタール, フリードリヒ・ユーリウス　8.3(1855)
シュターン, オットー　8.17(1969)
守澄入道親王　5.16(1680)
述子内親王　11.21(897)
シュッツ, アルフレッド　5.20(1959)
シュッツ, ハインリヒ　11.6(1672)
シュテーア, ヘルマン　9.11(1940)
シュティーフェル, ミヒャエル　4.19(1567)
シュティフター, アーダルベルト　1.28(1868)
シュティルナー, マックス　6.26(1856)
シュティレ　12.26(1966)
シュティンネス　4.10(1924)
シュティンマー, トビアス　1.4(1584)
シュテッカー, アードルフ　2.7(1909)

シュテッセル, ヨハン　3.18(1576)
シュテトハイマー, ハンス　8.10(1432)
シュテファニー　8.23(1945)
シュテファン　4.8(1897)
シュテファン　8.2(1504)
シュテファン, ヨーゼフ　1.7(1893)
シュテフェンス, ヘンリク　2.13(1845)
シュテルン　3.27(1938)
シュテルンハイム, カール　11.3(1942)
受天栄祐　11.6(1544)
シュトゥック, フランツ・フォン　8.30(1928)
シュトゥルム, ヤーコプ　10.30(1553)
シュトゥルム, ヨハネス　3.3(1589)
シュトゥンプフ, カルル　12.29(1936)
朱徳　7.6(1976)
朱徳潤　6.17(1365)
シュトックハウゼン, カールハインツ　12.5(2007)
シュトライヒ, リータ　3.20(1987)
シュトラウス　10.3(1988)
シュトラウス・ウント・トルナイ　6.19(1956)
シュトラウス, エーミル　8.10(1960)
シュトラウス, ダーフィト・フリードリヒ　2.8(1874)
シュトラウス, ヨーゼフ　7.21(1870)
シュトラウス, ヨーハン　6.3(1899)
シュトラウス, ヨハン　9.25(1849)
シュトラウス, リヒャルト　9.8(1949)
シュトラウベ, カール　4.27(1950)
シュトラスブルガー, エドゥアルト　5.18(1912)
シュトラースマン, フリッツ　4.22(1980)

858

しゅ

シュトラッサー, グレーゴル 6.30(1934)
シュトラム, アウグスト 9.1(1915)
シュトリーゲル, ベルンハルト 5.4(1528)
シュトルベルク-シュトルベルク, フリードリヒ・レーオポルト・ツー 12.5(1819)
シュトルム, テーオドア 7.4(1888)
シュトレーゼマン, グスタフ 10.3(1929)
シュトローマイヤー, フリードリヒ 8.18(1835)
シュナイダー 4.26(1955)
シュナイダー 10.29(1967)
シュナイダーハン, ヴォルフガング 5.18(2002)
シュナイダー, ラインホルト 4.6(1958)
シュナイダー, ロミー 5.29(1982)
シュニッツラー, アルトゥール 10.21(1931)
ジュネ, ジャン 4.15(1986)
シュパーラティーン, ゲオルク 1.16(1545)
シューバルト, クリスティアン・フリードリヒ・ダーニエル 10.10(1791)
守鐩 12.21(1483)
シュバン, オトゥマル 7.8(1950)
シュパンゲンベルク, ツィーリアクス 2.10(1604)
ジュパンチッチ, オトン 6.11(1949)
シュピース 5.9(1858)
シュヒター, ヴィルヘルム 5.27(1974)
シュピッタ, フィーリップ 4.13(1894)
シュピッツァ, レオ 9.16(1960)
シュピッテラー, カール 12.29(1924)
シュピートホフ 4.4(1957)
シュピーリ, ヨハンナ 7.7(1901)

シュピールハーゲン, フリードリヒ 2.25(1911)
ジュフラール 2.11(1879)
シュブランガー, エードゥアルト 9.17(1963)
シュプリンガー, アクセル・ツェーザル 9.22(1985)
シュプリンガー, アントーン 5.31(1891)
シュプルング 1.16(1909)
シュプレンゲル 4.7(1816)
シュペーア, アルベルト 9.1(1981)
シュペーナー, フィーリップ・ヤーコプ 2.5(1705)
シュペー・フォン・ランゲンフェルト, フリードリヒ 8.7(1635)
シュペーマン, ハンス 9.12(1941)
シュペルヴィエル, ジュール 5.17(1960)
シューベルト, フランツ 11.19(1828)
シュペングラー, オスヴァルト 5.8(1936)
シュペングラー, ラザルス 9.7(1534)
シュボア, ルイス 10.22(1859)
シューマッハー, E.F. 9.4(1977)
シューマッハー, フリッツ 11.4(1947)
シュマーレンバッハ 2.20(1955)
シューマン 9.1(1913)
シューマン-ハインク, アーネスティン 11.17(1936)
シューマン, ウィリアム 2.15(1992)
シューマン, エリーザベト 4.23(1952)
シューマン, クララ 5.20(1896)
シューマン, ロベール 9.4(1963)
シューマン, ロベルト 7.29(1856)
シュミット 2.1(1950)
シュミット 10.17(1944)

シュミット-イッサーシュテット, ハンス 5.28(1973)
シュミット-ロットルフ, カール 8.10(1976)
シュミット, ヴィルヘルム 2.10(1954)
シュミット, カルル 4.7(1985)
シュミット, フランツ 2.11(1939)
シュミット, フロラン 8.17(1958)
シュミット, ベルンハルト・フォルデマー 12.1(1935)
シュミットボン, ヴィルヘルム 7.3(1952)
朱牟田夏雄 10.18(1987)
修明門院 8.29(1264)
朱勔 9.8(1126)
シュモラー 6.27(1917)
シュライアーマッハー, フリードリヒ 2.12(1834)
シュライデン, マティアス・ヤコプ 6.23(1881)
シュライヒャー, アウグスト 12.6(1868)
シュライヒャー, クルト・フォン 6.30(1934)
シューラー, エーミール 4.30(1910)
シュラーギントヴァイト, ヘルマン 1.19(1882)
シュラーフ, ヨハネス 2.2(1941)
シュランベルジェ, ジャン 10.25(1968)
ジュリアーナ・デイ・ファルコニエーリ 6.19(1341)
ジュリアーノ・ダ・マイアーノ 10.17(1490)
ジュリアン 2.14(1873)
ジュリアン 12.12(1933)
シュリック, モーリッツ 6.22(1936)
ジュリーニ, カルロ・マリア 6.14(2005)
シューリヒト, カール 1.7(1967)
シュリーフェン, アルフレート, 伯爵 1.4(1913)
シュリ・プリュドム, アルマン 9.6(1907)

シュリー, マクシミリアン・ド・ベテューン, 公爵 *12.22*(1641)
シュリーマン, ハインリヒ *12.26*(1890)
シュリューター *10.12*(1959)
シュリューター, アンドレアス *6.23*(1714)
ジュリュー, ピエール *1.11*(1713)
ジュール, ジェイムズ・プレスコット *10.11*(1889)
シュルスヌス, ハインリヒ *6.18*(1952)
シュルーズベリー伯 *7.17*(1453)
ジュルダン, ジャン-バティスト, 伯爵 *11.3*(1833)
シュルツェ・デリッチ *4.29*(1883)
シュルツェ, マックス・ヨーハン・ジギスムント *1.16*(1874)
シュルツ, チャールズ・M. *2.12*(2000)
シュルツ, ブルーノ *11.19*(1942)
シュレーカー, フランツ *3.21*(1934)
シュレーゲル, アウグスト・ヴィルヘルム *5.12*(1845)
シュレーゲル, カール・ヴィルヘルム・フリードリヒ・フォン *1.12*(1829)
シュレーゲル, ドロテーア *8.3*(1839)
シュレーゲル, ヨハン・エリアス *8.13*(1749)
シュレージンガー, アーサー・M *10.30*(1965)
シュレージンガー, ジョン *7.25*(2003)
シュレーダー *9.3*(1816)
シュレーダー *12.31*(1989)
シュレーツァー *9.9*(1809)
シュレーディンガー, エルヴィン *1.4*(1961)
シュワルツ, エヴゲーニー・リヴォヴィチ *1.15*(1958)
舜恵 *2.9*(1382)
俊円 *8.28*(1166)

春屋宗園 *2.9*(1611)
春屋妙葩 *8.12*(1388)
春華門院 *11.8*(1211)
春巌祖東 *10.28*(1414)
ジュンケイロ, ゲーラ *7.7*(1923)
俊豪 *8.15*(1115)
春興 *3.6*(875)
春岡慧成 *11.3*(1496)
俊厳 *11.29*(1254)
俊才 *10.2*(1353)
遵西 *2.9*(1207)
恂子内親王 *10.16*(1132)
俊子内親王 閏*4.5*(1132)
惇子内親王 *5.3*(1172)
譚子内親王 *7.21*(1260)
俊芿 閏*3.8*(1227)
俊証 *3.17*(1192)
俊聖 *11.18*(1287)
舜昌 *1.14*(1335)
順証 *6.16*(1390)
順助法親王 *10.14*(1320)
順信 *3.10*(1250)
醇親王載灃 *3.30*(1951)
俊増 *8.26*(1456)
春沢永恩 *3.6*(1592)
春庭見芳 *1.8*(1440)
春徳 *10.22*(870)
順徳天皇 *9.12*(1242)
淳和天皇 *5.8*(840)
春日市右衛門景道 *7.24*(1638)
淳祐 *7.2*(953)
准如 *11.30*(1631)
順如 *9.29*(1483)
順忍 *8.10*(1326)
淳仁天皇 *10.23*(765)
順翁慶随 *6.20*(1525)
順波 *2.29*(1661)
春風亭柳橋(6代目) *5.16*(1979)
春風亭柳好(3代目) *3.14*(1956)
春風亭柳枝(初代) *7.17*(1868)
春風亭柳枝(2代目) *10.12*(1874)
春風亭柳枝(3代目) *11.14*(1900)
春風亭柳枝(4代目) *4.20*(1927)

春風亭柳枝(6代目) *3.1*(1932)
春風亭柳枝(7代目) *1.14*(1941)
春風亭柳枝(8代目) *10.8*(1959)
春風亭柳朝(5代目) *2.7*(1991)
ジュンブラート, カマール *3.16*(1977)
シュンペーター, ジョーゼフ・アロイス *1.8*(1950)
春芳院 *12.16*(1507)
春浦宗熙 *1.14*(1496)
春明師透 *4.3*(1520)
純瑜 *6.16*(1582)
俊誉 *11.26*(1301)
俊鷹道青 *3.8*(1467)
ショー, アーウィン *5.16*(1984)
ショア, ダイナ *2.24*(1994)
ジョアッキーノ・ダ・フィオーレ *3.30*(1202)
ショー, アーティー *12.30*(2004)
ジョアン1世 *8.14*(1433)
ジョアン2世 *10.25*(1495)
ジョアン3世 *6.1*(1557)
ジョアン4世 *11.6*(1656)
ジョアン5世 *7.31*(1750)
ジョアン6世 *3.10*(1826)
ジョイス, ジェイムズ *1.13*(1941)
静安 *3.3*(844)
昌庵怜丰 *8.23*(1441)
定庵殊禅 *3.27*(1432)
聖安女王 *12.3*(1712)
ジョヴァンニ(パルマの) *3.19*(1289)
ジョヴァンネッリ, ルッジェロ *1.7*(1625)
乗伊 *11.15*(1338)
正為 *8.21*(1368)
ジョーヴィオ, パーオロ *12.10*(1552)
浄因 *12.12*(1271)
承胤法親王 *4.9*(1377)
乗運 *4.27*(1386)
松雲元慶 *7.11*(1710)
聖雲法親王 *6.15*(1314)
昭慧 *11.2*(1371)

性恵　5.28(1441)	性慶　6.6(1737)	勝子内親王　7.28(871)
定恵　12.23(666)	聖冏　9.27(1420)	承子内親王　7.25(951)
定慧　11.12(1370)	静慶　3.16(1243)	昌子内親王　12.1(1000)
松栄女王　8.19(1662)	貞慶　2.3(1213)	韶子内親王　1.18(980)
聶栄臻　5.14(1992)	貞慶　7.8(944)	頌子内親王　9.18(1208)
聖恵法親王　2.11(1137)	蒋経国　1.13(1988)	常寂　4.13(1074)
静恵法親王　3.13(1203)	昭慶門院　3.12(1324)	清寿　4.27(1016)
定恵法親王　4.18(1196)	勝賢　6.22(1196)	聖守　11.27(1291)
尚円　7.28(1476)	照玄　6.5(1358)	定秀　3.3(1076)
承円　10.16(1236)	証賢　6.2(1345)	承秋門院　2.10(1720)
春屋宗能　3.19(1456)	証玄　8.14(1292)	正宗竜統　1.23(1498)
浄賀　10.13(1356)	聖兼　9.11(1293)	承俊　12.7(905)
浄雅　4.7(1319)	聖憲　5.29(1392)	定舜　3.5(1244)
蕭何　7.5(前193)	聖賢　1.4(1147)	定助　4.13(957)
聖戒　2.15(1323)	定兼　8.24(1140)	定助　11.2(1346)
定海　4.12(1149)	定兼　8.25(1184)	性承　2.29(1678)
蒋介石　4.5(1975)	定賢　10.6(1100)	性証　4.25(1265)
性海霊見　3.21(1396)	定顕　5.24(1464)	定勝　11.9(1283)
勝覚　4.1(1129)	定玄　8.24(1415)	定照　3.21(983)
承覚　11.13(1248)	昭憲皇太后　4.11(1914)	向象賢　11.20(1676)
昭覚　9.11(1384)	勝虞　6.6(811)	性助入道親王　12.19(1282)
紹岳堅隆　11.29(1485)	勝皎　5.22(890)	尚真　12.11(1527)
静覚入道親王　7.15(1503)	聖皐　6.21(1402)	性信　7.17(1275)
性覚法親王　9.26(1297)	定豪　9.24(1238)	性信　9.27(1085)
松花堂昭乗　9.18(1639)	蕭紅　1.22(1942)	性真　2.7(1299)
証観　2.11(1136)	常高院　8.27(1633)	成尋　10.6(1081)
聖観　6.1(1369)	浄光院　2.9(1709)	聖信　3.8(1592)
聖観　7.2(1479)	浄光院　9.17(1635)	聖深　1.9(1458)
松岸旨淵　6.5(1363)	蒋光慈　8.31(1931)	定親　9.9(1266)
笑巌宗聞　7.25(1598)	聖興女王　12.13(1594)	城資永　9.3(1181)
聖基　12.9(1267)	称光天皇　7.20(1428)	定清　8.26(1280)
章義門院　10.10(1326)	上甲米太郎　3.22(1987)	乗専　6.5(1357)
常久　3.14(1213)	浄厳　6.27(1702)	静泉　11.21(1330)
聖久女王　2.7(1631)	定厳　8.23(1153)	承先道欽　12.6(1385)
常暁　11.30(867)	定済　10.3(1282)	象先文岑　10.8(1342)
聖慶　3.6(1175)	上西門院　7.20(1189)	尚祚　11.25(1245)
定暁　10.23(1327)	松颯　4.17(1534)	浄蔵　11.21(964)
松旭斎天一(初代)　6.14(1912)	城左門　11.27(1976)	聖聡　7.18(1440)
松旭斎天勝(初代)　11.11(1944)	城10.29(1011)	聖尊　9.27(1370)
	清算　11.14(1362)	尚泰　8.19(1901)
荘清彦　9.28(1967)	定算　2.29(1296)	尚泰久　6.5(1460)
聖欽　11.24(1487)	定山祖禅　11.26(1374)	向太后　1.13(1101)
聖救　8.1(998)	嶂山融硅　10.13(1416)	上代タノ　4.8(1982)
証空　11.26(1247)	庄司吉之助　4.30(1985)	勝田主計　10.10(1948)
性空　3.10(1007)	聖竺女王　6.4(1670)	正田建次郎　3.20(1977)
正空　3.19(1519)	正司考祺　12.6(1857)	正田篠枝　6.15(1965)
蕭軍　6.22(1988)	昭子女王　7.7(994)	城達也　2.25(1995)
昭訓門院　6.26(1336)	庄司甚右衛門　11.18(1644)	正田貞一郎　11.9(1961)
尚敬　1.29(1751)	庄司浅水　9.7(1991)	正田英三郎　6.18(1999)
常慶　5.29(1635)	東海林太郎　10.4(1972)	荘田平五郎　4.30(1922)
	少室慶芳　12.10(1381)	城親賢　12.29(1582)

しよ 人名索引

静忠 *10.2*(1263)
聖中周光 *9.2*(1465)
承澄 *10.22*(1282)
定朝 *8.1*(1057)
聖珍法親王 閏*1.18*(1382)
城常太郎 *7.26*(1905)
松亭金水 *12.12*(1863)
正徹 *5.9*(1459)
少伝宗聞 *10.3*(1541)
勝道 *3.1*(817)
常騰 *9.4*(815)
松堂高盛 *2.11*(1505)
承道法親王 *9.10*(1453)
上東門院 *10.3*(1074)
聖徳太子 *2.22*(622)
性曇 *12.4*(1438)
城夏子 *1.13*(1995)
少弐貞経 *2.29*(1336)
少弐貞頼 *6.20*(1404)
少弐資元 *9.4*(1536)
少弐資能 閏*7.13*(1281)
少弐経資 *8.2*(1292)
少弐時尚 *1.11*(1559)
少弐冬資 *8.26*(1375)
証入 *7.7*(1245)
証如 *8.13*(1554)
証如 *8.15*(867)
少弐頼尚 *12.24*(1372)
定仁 *3.15*(1171)
定任 *8.20*(1309)
性仁入道親王 *8.10*(1304)
承仁法親王 *4.27*(1197)
静仁法親王 *4.10*(1296)
尚寧 *9.19*(1620)
尚寧王妃 *8.7*(1663)
称念 *7.19*(1554)
聖然 *10.24*(1509)
庄野英二 *11.26*(1993)
生野幸吉 *3.31*(1991)
正野重方 *10.27*(1969)
生野祥雲斎 *1.10*(1974)
紹蓓 *3.26*(1499)
肖柏 *4.4*(1527)
尚巴志 *4.20*(1439)
荘原達 *12.16*(1977)
勝範 *1.18*(1077)
紹怒 *7.28*(1536)
笑福亭松鶴(6代目) *9.5*(1986)
笑福亭松鶴(3代目) *3.30*(1909)

笑福亭松鶴(5代目) *7.22*(1950)
笑福亭福松(初代) *10.14*(1904)
章炳麟 *6.14*(1936)
勝遍 *12.14*(1192)
静遍 *4.20*(1224)
定遍 *12.18*(1185)
成宝 *12.17*(1227)
聖宝 *7.6*(909)
唱名 *9.15*(1359)
聖武天皇 *5.2*(756)
承明門院 *7.5*(1257)
成雄 *5.8*(1451)
盛誉 *1.21*(1362)
聖誉 *2.29*(1167)
邵力子 *12.25*(1967)
正力松太郎 *10.9*(1969)
少林如春 *4.5*(1411)
松林伯円(初代) *10.2*(1855)
松嶺智義 *10.11*(1326)
松嶺道秀 *2.14*(1417)
昭和天皇 *1.7*(1989)
ジョーエット、ベンジャミン *10.1*(1893)
助翁永扶 *10.26*(1548)
恕岳文忠 *11.15*(1548)
諸九尼 *9.10*(1781)
ジョコンド、フラ・ジョバンニ *7.1*(1515)
徐載弼 *1.5*(1951)
ショー、サー・ネイピア *3.23*(1945)
ジョージ1世 *6.11*(1727)
ジョージ2世 *10.25*(1760)
ジョージ3世 *1.29*(1820)
ジョージ4世 *6.26*(1830)
ジョージ5世 *1.20*(1936)
ジョージ6世 *2.6*(1952)
聖ジョージ *4.23*(303)
ジョージ、ヘンリー *10.29*(1897)
徐志摩 *11.19*(1931)
ジョーシュ *2.22*(1982)
ショー、ジョージ・バーナード *11.2*(1950)
ジョスカン・デプレ *8.27*(1521)
ショスタコーヴィチ、ドミートリー・ドミトリエヴィチ *8.9*(1975)

ショーストレーム、ヴィクトル *1.3*(1960)
ジョスリン(ウェルズの) *11.19*(1242)
ジョゼ1世 *2.24*(1777)
ジョゼフィーヌ・ド・ボアルネ *5.29*(1814)
ショーソン、アメデ・エルネスト *6.10*(1899)
ショータン *7.1*(1963)
ジョーダン *9.19*(1931)
ジョーダン、タフト *12.1*(1981)
如仲天誾 *2.5*(1440)
ショックレー、ウィリアム・ブラッドフォード *8.12*(1989)
ショットキー *3.4*(1976)
ジョット・ディ・ボンドーネ *1.8*(1337)
汝南慧徹 *5.27*(1507)
ショパン、ケイト *8.22*(1904)
ショパン、フレデリク・フランソワ *10.17*(1849)
ジョビン、アントニオ・カルロス *12.8*(1994)
ジョプリン、ジャニス *10.4*(1970)
ジョフル、ジョゼフ・ジャック・セゼール *1.3*(1931)
ジョフロア・プランタジュネ *9.7*(1151)
ジョフロワ・サン・ティレール、エティエンヌ *6.12*(1844)
ジョベルティ、ヴィンチェンツォ *9.26*(1852)
ショーベルト、ヨーハン *8.28*(1767)
ジョベール、モーリス *6.19*(1940)
ショーペンハウアー、アルトゥーア *9.21*(1860)
ジョミニ、アントアーヌ・アンリ *3.23*(1869)
舒明天皇 *10.9*(641)
如儡子 *3.8*(1674)
ショラン、エミール *6.20*(1995)
ショーリアック、ギー・ド *7.25*(1368)
ジョリヴェ、アンドレ *12.20*(1974)

しら

ジョリオ‐キュリー, イレーヌ 3.16(1956)
ジョリオ‐キュリー, フレデリック 8.14(1958)
ジョリー, ジョン 12.8(1933)
ショー, リチャード・ノーマン 11.17(1912)
ジョリッティ, ジョヴァンニ 7.17(1928)
ショル, ゾフィー 2.22(1943)
ジョルソン, アル 10.23(1950)
ジョルダーノ, ウンベルト 11.12(1948)
ジョルダーノ, ルカ 1.12(1705)
ジョルダン, カミーユ 1.20(1922)
ショルツ, ヴィルヘルム・フォン 5.29(1969)
ショルティ, サー・ゲオルク 9.5(1997)
ショル, ハンス 2.22(1943)
ジョレス, ジャン 7.31(1914)
ショレム・アレイヘム 5.13(1916)
ショーレム, ゲーアハルト・ゲルショム 2.20(1982)
ショー, ロバート 1.25(1999)
ショーロホフ, ミハイル・アレクサンドロヴィチ 2.21(1984)
ショワズル, エティエンヌ・フランソワ, 公爵 5.8(1785)
ジョワンヴィル, ジャン・ド 12.24(1317)
ジョン 10.17(1216)
ジョン・オヴ・ゴーント 2.3(1399)
ジョン・オヴ・ソールズバリー 10.25(1180)
ジョン, オーガスタス 10.31(1961)
ジョン(オックスフォードの) 6.2(1200)
ショーンガウアー, マルティン 2.2(1491)
ジョーンズ 1.26(1855)
ジョーンズ, イニゴー 6.21(1652)

ジョーンズ, イーライ・スタンリー 1.26(1973)
ジョーンス, サー・ウィリアム 4.27(1794)
ジョーンズ, サー・ハロルド・スペンサー 11.3(1960)
ジョーンズ, ジェイムズ 5.9(1977)
ジョーンズ, ダニエル 11.4(1967)
ジョーンズ, デイヴィッド 10.28(1974)
ジョンストン, サー・ハリー・ハミルトン 7.31(1927)
ジョンストン, メアリ 5.9(1936)
ジョーンズ, ブライアン 7.3(1969)
ジョーンズ, ヘンリー・アーサー 1.7(1929)
ジョーンズ, ボビー 12.18(1971)
ジョーンズ, ロバート・エドモンド 11.26(1954)
ジョンソン 2.24(1944)
ジョンソン, L. 1.22(1973)
ジョンソン, アンドリュー 7.31(1875)
ジョンソン, サー・ウィリアム 7.11(1774)
ジョンソン, サミュエル 12.20(1784)
ジョンソン, ジェイムズ・ウェルドン 6.26(1938)
ジョンソン, ヒューレット 10.22(1966)
ジョンソン, フィリップ 1.25(2005)
ジョンソン, ベン 8.6(1637)
ジョンソン, ライオネル 10.4(1902)
ショーン, テッド 1.9(1972)
ジョン・ド・グレイ 10.18(1214)
ジョーン(ナヴァールの) 7.9(1437)
シラー 8.6(1937)
白井織部 6.21(1865)
白井喬二 11.9(1980)
白井権八 11.3(1679)
白石勝巳 12.11(2000)

白石正一郎 8.31(1880)
白石長忠 7.3(1862)
白石凡 3.21(1984)
白石元治郎 12.24(1945)
白石廉作 10.14(1863)
白井晟一 11.22(1983)
白井常 7.27(1999)
白井鉄造 12.22(1983)
白井松次郎 1.23(1951)
白井光太郎 5.30(1932)
白井義男 12.26(2003)
白川顕邦王 3.13(1393)
白川静 10.30(2006)
白川資顕王 11.21(1302)
白川資邦王 12.2(1298)
白川資茂王 8.18(1327)
白川資継王 4.24(1371)
白川資益王 8.21(1484)
白河天皇 7.7(1129)
白川業資王 閏7.15(1224)
白川雅冬 11.9(1734)
白川義則 5.26(1932)
白木茂 8.5(1977)
白木秀雄 8.31(1972)
シーラージ・ウッ‐ダウラー 7.2(1757)
白洲次郎 11.28(1985)
白洲正子 12.26(1998)
白瀬矗 9.4(1946)
白滝幾之助 11.25(1960)
シーラー, チャールズ 5.7(1965)
白鳥映雪 6.15(2007)
ジラード, リーオ 5.30(1964)
白鳥庫吉 4.1(1942)
白鳥省吾 8.27(1973)
白鳥敏夫 6.3(1949)
白鳥由栄 2.24(1979)
不知火諾右衛門(初代) 7.27(1854)
不知火光右衛門 2.24(1879)
白根専一 6.14(1898)
シラノ・ド・ベルジュラック, サヴィニヤン・ド 7.28(1655)
シラー, フリードリヒ 5.9(1805)
白柳秀湖 11.9(1950)
白山松哉 8.7(1923)
ジラルダン, エミール・ド 4.27(1881)
ジラルダン夫人 6.29(1855)

ジラルディ・チンツィオ, ジャン バッティスタ 12.30(1573)
ジラルドン, フランソワ 9.1(1715)
ジラール, プリュダンス・セラファン・バルテルミー 12.9(1867)
ジリエロン, ジュール 4.26(1926)
シリキウス 11.26(399)
シーリ, ジョン・ロバート 1.13(1895)
ジーリ, ベニアミーノ 11.30(1957)
シリマン, ベンジャミン 11.24(1864)
史良 9.6(1985)
シリングス, マックス・フォン 7.24(1933)
シル 5.31(1809)
シルヴァースタイン, シェル 5.10(1999)
ジルヴァン, ヨハネス 12.23(1572)
シルヴィウス 1.3(1555)
シルヴィウス, フランシスクス 11.14(1672)
シルヴェスター, ジェイムズ・ジョゼフ 3.15(1897)
シルヴェステル1世 12.31(335)
シルヴェステル・ゴッツォリーニ 11.26(1267)
シルヴェリウス 12.2(537)
シルエット, エティエンヌ・ド 1.20(1767)
シールズフィールド, チャールズ 5.26(1864)
ジルソン, エチエンヌ 9.19(1978)
シルバ 4.19(1616)
シルバ, ホセ・アスンシオン 5.24(1896)
ジルバマン, ゴットフリート 8.4(1753)
ジルヒャー, フィーリップ・フリードリヒ 8.26(1860)
シルベスター 9.28(1618)
ジルムンスキー, ヴィクトル・マクシモヴィチ 1.31(1971)

シーレ, エゴン 10.31(1918)
ジレット, キング・C 7.10(1932)
ジロー, アンリ・オノレ 3.13(1949)
士朗 5.16(1812)
シロエ, ディエゴ・デ 10.22(1563)
シロキ 10.6(1971)
ジロー, クロード 5.4(1722)
シロコゴロフ 10.19(1939)
シロタ 2.25(1965)
ジロデ・トリオゾン 12.8(1824)
ジロドゥー, ジャン 1.31(1944)
シローニ, マーリオ 8.15(1961)
シローネ, イニャツィオ 8.22(1978)
城間栄喜 6.9(1992)
城山三郎 3.22(2007)
ジローラモ・ダイ・リブリ 7.2(1555)
シーワド, ウィリアム・H 10.10(1872)
真阿 7.2(1440)
神彰 5.28(1998)
信慧 11.29(1281)
真恵 5.16(1347)
親慧 5.14(1360)
真栄女王 7.26(1453)
心越興儔 9.30(1695)
信円 11.19(1224)
真翁宗見 5.24(1516)
真雅 1.3(879)
シンガー, アイザック 7.23(1875)
シンガー, アイザック・バシェヴィス 7.24(1991)
秦檜 10.22(1155)
親快 5.26(1276)
新海竹蔵 6.13(1968)
新海竹太郎 3.12(1927)
信覚 9.15(1084)
深覚 9.14(1043)
親覚 9.29(1213)
心岳通知 5.10(1413)
信願 3.15(1268)
深寛 1.17(1287)
真観 6.2(1341)

心関清通 8.29(1449)
真喜 2.7(1000)
真教 1.27(1319)
真慶 3.12(1280)
シング, J.M. 3.24(1909)
信空 1.26(1316)
信空 9.9(1228)
真空 7.8(1268)
真空妙応 10.25(1351)
新宮涼庭 1.9(1854)
シング, リチャード・ローレンス・ミリントン 8.18(1994)
シンクレア, アプトン 11.25(1968)
心敬 4.16(1475)
心月女王 11.5(1590)
シンケル, カール・フリードリヒ 10.9(1841)
信堅 12.16(1322)
真源 6.19(1758)
親玄 3.16(1322)
真興 10.23(1004)
真光 5.8(1333)
新皇嘉門院 4.3(1823)
親厳 11.2(1236)
神西清 3.11(1957)
申在孝 11.6(1884)
新朔平門院 10.13(1847)
神子栄尊 12.28(1272)
禛子内親王 1.5(1156)
新子内親王 1.24(897)
真子内親王 5.5(870)
仁子内親王 1.24(889)
申師任堂 5.17(1551)
信寂 8.9(1244)
申叔舟 6.21(1475)
信証 4.8(1142)
真紹 7.7(873)
真性 2.1(1304)
真性 6.14(1230)
尋清 6.18(1051)
信松院 4.16(1616)
新上西門院 4.14(1712)
新城新蔵 8.1(1938)
新庄直定 4.21(1618)
新庄直忠 1.25(1620)
新庄直頼 12.19(1612)
深性法親王 6.6(1299)
新庄道雄 12.19(1836)
信瑞 11.22(1279)
新崇賢門院 12.29(1709)

すえ

ジーンズ, サー・ジェイムズ・ホップウッド 9.16(1946)
真済 2.25(860)
真盛 2.30(1495)
新清和院 6.20(1846)
真然 9.11(891)
尋禅 2.17(990)
神仙門院 12.27(1301)
仁祖 5.8(1649)
真宗(宋) 2.19(1022)
神宗(宋) 3.5(1085)
仁宗(宋) 3.30(1063)
尋尊 5.2(1508)
新待賢門院 7.6(1856)
真智王 7.17(579)
信中以篤 10.1(1451)
新中和門院 1.20(1720)
真超 11.2(1659)
ジンツハイマー 9.16(1945)
進藤英太郎 2.18(1977)
進藤純孝 5.9(1999)
シンドラー, オスカー 10.9(1974)
陣内伝之助 8.30(1987)
ジンナー, ムハンマド・アリー 9.11(1948)
信日 2.24(1307)
神日 11.27(916)
真慧 10.22(1512)
ジンネマン, フレッド 3.14(1997)
真翁宗竜 4.7(1603)
シンパー, アンドレアス・フランツ・ヴィルヘルム 9.9(1901)
榛葉英治 2.20(1999)
ジンバリスト, エフレム 2.22(1985)
真範 12.5(1054)
シンプスン, ジェイムズ・ヤング 5.6(1870)
シンプソン, サー・ジョージ・クラーク 1.1(1965)
シンプソン, ジョージ・ゲイロード 10.6(1984)
シンプソン, トマス 5.14(1761)
真仏 3.8(1258)
シンプリキウス 3.2(483)
神保格 12.6(1965)
神保氏張 8.5(1592)

神保光太郎 10.24(1990)
神保小虎 1.18(1924)
神保綱忠 8.22(1826)
陣幕久五郎 10.21(1903)
シンマクス 7.19(514)
新見吉治 11.4(1974)
新見正興 10.18(1869)
新見正路 6.27(1848)
新名丈夫 4.30(1981)
新村出 8.17(1967)
新村猛 10.31(1992)
新室町院 5.14(1337)
新明正道 8.20(1984)
ジンメル, ゲオルク 9.26(1918)
新門辰五郎 9.19(1875)
親有 8.28(928)
心誉 8.12(1029)
真誉 1.15(1137)
新陽明門院 1.22(1296)
申翼熙 5.5(1956)
親鸞 11.28(1263)
心霊牛道 11.13(1655)
心蓮 4.18(1181)

【す】

ズー・アンヌーン 1.19(861)
スアレス, フランシスコ 9.25(1617)
スアン・トゥイ 6.18(1985)
瑞巌竜惺 閣9.5(1460)
瑞渓院 11.21(1571)
瑞渓周鳳 5.8(1473)
瑞見 6.21(1518)
瑞光女王 9.22(1706)
推古天皇 3.7(628)
瑞室 2.20(1429)
綏子内親王 4.2(925)
水藤錦穣 4.25(1973)
ズイートベルト 3.1(713)
スィナン・パシャ 3.1(1486)
随念院 8.2(1561)
ズィヤ・ギョカルプ 10.25(1924)
ズィヤ・パシャ 5.17(1880)
随流 2.11(1708)
スヴァンメルダム, ヤン 2.15(1680)

スウィージー 2.27(2004)
聖スウィジン 7.2(862)
鄒一桂 3.27(1772)
スウィート, ヘンリー 4.30(1912)
スウィフト, ジョナサン 10.19(1745)
スウィンバーン, アルジャーノン・チャールズ 4.10(1909)
スウェイン1世 2.3(1014)
スウェイン2世 4.28(1074)
スヴェーヴォ, イータロ 9.11(1928)
スヴェーデンボリ, エマヌエル 3.29(1772)
スヴェードベリ, テオドル 2.26(1971)
スヴェリル・シーグルソン 3.9(1202)
スヴェーリンク, ヤン・ピーテルスゾーン 10.16(1621)
スヴェルドルップ 8.21(1957)
スヴェルドルプ 11.26(1930)
スヴェンソン, ヨウン・ステファウン 10.16(1944)
スウォヴァツキ, ユリウシュ 4.3(1849)
スヴォボダ, ルドヴィーク 9.20(1979)
スヴォーロフ, アレクサンドル・ヴァシリエヴィチ 5.18(1800)
崇源院 9.15(1626)
崇山居中 2.6(1345)
崇芝性岱 10.27(1496)
陶興房 4.18(1539)
末川博 2.16(1977)
末次信正 12.29(1944)
末次平蔵 5.25(1630)
末永雅雄 5.7(1991)
陶晴賢 10.1(1555)
末弘厳太郎 9.11(1951)
末広鉄腸 2.5(1896)
陶弘護 5.28(1482)
末広恭雄 7.14(1988)
末松謙澄 10.5(1920)
末松保和 4.10(1992)
末吉道節 8.12(1654)
末吉利方 3.5(1607)
末吉長方 2.24(1639)
末吉孫左衛門 3.26(1617)

ズオン・ヴァン・ミン 8.6(2001)
ズーカー 6.10(1976)
菅井一郎 8.11(1973)
須貝快天 7.11(1929)
菅井汲 5.14(1996)
菅井梅関 1.11(1844)
菅江真澄 7.19(1829)
菅楯彦 9.4(1963)
菅沼奇淵 5.18(1834)
菅沼定利 10.22(1602)
菅沼定盈 7.18(1604)
菅沼貞風 7.6(1889)
菅野序遊(初代) 12.12(1824)
菅野序遊(2代目) 1.10(1841)
菅野序遊(3代目) 9.17(1851)
菅野序遊(4代目) 9.23(1919)
菅野序遊(5代目) 8.20(1961)
菅野真道 6.29(814)
菅原通済 6.13(1981)
スカモッツィ、ヴィンチェンツォ 8.7(1616)
菅谷規矩雄 12.30(1989)
スカリジェ、ユリウス・カエサル 10.21(1558)
スカリジェール、ジョゼフ・ジュスト 1.21(1609)
スカルヴィーニ、ジョヴィータ 1.1(1843)
スカルノ、アフマド 6.21(1970)
スカルラッティ、アレッサンドロ 10.24(1725)
スカルラッティ、ドメーニコ 7.23(1757)
菅礼之助 2.18(1971)
スカロン、ポール 10.7(1660)
菅原淳高 5.24(1250)
菅原在成 10.19(1352)
菅原克己 3.31(1988)
菅原謙次 12.24(1999)
菅原卓 5.3(1970)
菅原淳茂 1.11(926)
菅原在淳 5.18(1354)
菅原在兼 6.24(1321)
菅原在公 4.19(1287)
菅原在輔 11.9(1320)
菅原在高 9.23(1232)
菅原在嗣 4.12(1308)
菅原在富 4.16(1375)
菅原在登 5.16(1350)

菅原在良 10.23(1121)
菅原公時 10.22(1342)
菅原清公 10.17(842)
菅原是善 8.30(880)
菅原輔正 12.24(1009)
菅原高能 3.14(1288)
菅原為長 3.28(1246)
菅原時親 3.19(1378)
菅原内親王 7.6(825)
菅原長方 3.11(1422)
菅原文時 9.8(981)
菅原道真 2.25(903)
菅原岑嗣 3.30(870)
菅原善主 11.7(852)
菅原良頼 8.24(1278)
菅原房長 7.24(1345)
スカンデロ、アントーニオ 1.18(1580)
スキアヴォーネ、ジョルジョ 12.6(1504)
杉市太郎 12.18(1977)
杉浦茂 4.23(2000)
杉浦重剛 2.13(1924)
杉浦乗意 7.24(1761)
杉浦翠子 2.16(1960)
杉浦非水 8.18(1965)
杉浦日向子 7.22(2005)
杉浦真崎 2.29(1754)
杉浦明平 3.14(2001)
杉浦義勝 12.7(1960)
杉贋阿弥 5.13(1917)
杉木普斎 6.11(1706)
杉狂児 9.1(1975)
杉亨二 12.4(1917)
杉田玄端 7.19(1889)
杉田玄白 4.17(1817)
杉田成卿 2.19(1859)
杉田定一 3.23(1929)
杉谷雍助 9.24(1866)
杉田伯元 5.21(1833)
杉田久女 1.21(1946)
杉田立卿 11.2(1845)
スキート、ウォルター・ウィリアム 10.6(1912)
スキナー、B.F. 8.18(1990)
杉野芳子 7.24(1978)
スキーパ、ティート 12.16(1965)
杉原荘介 9.1(1983)
杉孫七郎 5.3(1920)
杉全直 1.23(1994)

杉道助 12.14(1964)
杉村広蔵 1.18(1948)
杉村楚人冠 10.3(1945)
杉村直記 3.3(1808)
杉村春子 4.4(1997)
杉村濬 5.21(1906)
杉本栄一 9.24(1952)
杉本かね 11.25(1915)
杉本キクイ 3.30(1983)
杉本直治郎 9.3(1973)
杉本春生 7.6(1990)
杉本良吉 9.27(1939)
杉森孝次郎 12.8(1968)
杉森久英 1.20(1997)
スキャパレリ、エルザ 11.13(1973)
スキャパレリ、ジョヴァンニ・ヴィルジーニョ 7.4(1910)
杉山杉風 6.13(1732)
杉山茂丸 7.19(1935)
杉山宗立 2.29(1858)
杉山直治郎 2.15(1966)
杉山元 9.12(1945)
杉山長谷夫 8.25(1952)
杉山平助 12.21(1946)
杉山誠 12.30(1968)
杉山元治郎 10.11(1964)
杉山寧 10.20(1993)
杉山和一 5.18(1694)
杉生十右衛門 5.6(1830)
スキュデリー、ジョルジュ・ド 5.14(1667)
スキュデリー、マドレーヌ・ド 6.2(1701)
杉百合之助 8.29(1865)
スクアルチャルーピ、アントーニオ 7.6(1480)
スーク、ユゼフ 5.29(1935)
スクラム、アマーリー 3.15(1905)
スクリバ 1.3(1905)
スクリーブ、ウージェーヌ 2.20(1861)
スクリプトーリス、パウル 10.21(1505)
スクリャービン、アレクサンドル・ニコラエヴィチ 4.14(1915)
スクレ、アントニオ・ホセ・デ 6.4(1830)

866

すた

助高屋小伝次（初代） 8.24(1899)
助高屋高助（4代目） 2.2(1886)
助高屋高助（5代目） 8.30(1962)
典仁親王 7.6(1794)
輔仁親王 11.28(1119)
助広（2代目） 3.14(1682)
スケルトン, ジョン 6.21(1529)
スコヴォローダ, フリホリイ・サヴィチ 10.29(1794)
崇光天皇 1.13(1398)
周郷博 2.28(1980)
スコット 9.3(1572)
スコット, R.F. 3.27(1912)
スコット, ウィンフィールド 5.29(1866)
スコット, ウォルター 9.21(1832)
スコット, サー・ジョージ・ギルバート 3.27(1878)
スコット, シリル・マイア 12.31(1970)
スコット, トマス 5.29(1500)
スコット, ドレッド 9.17(1858)
スコベレフ 7.7(1882)
スコールズ, パーシー・アルフレッド 7.31(1958)
スゴンザック, アンドレ・デュノワイエ・ド 9.17(1974)
朱雀天皇 8.15(952)
スーザ, ジョン・フィリップ 3.6(1932)
崇峻天皇 11.3(592)
調所広郷 12.18(1849)
鈴江言一 3.15(1945)
鈴鹿王 9.4(745)
鈴鹿甚右衛門 8.26(1861)
鈴木腹 6.6(1837)
鈴木いづみ 2.14(1986)
鈴木梅四郎 4.15(1940)
鈴木梅太郎 9.20(1943)
鈴木栄太郎 9.20(1966)
鈴木治 4.9(2001)
鈴木貫太郎 4.17(1948)
鈴木其一 9.10(1858)
鈴木喜三郎 6.24(1940)
鈴木清 2.18(1993)

鈴木御水 5.17(1982)
鈴木九郎 3.27(1438)
鈴木鴻一郎 4.22(1983)
鈴木鼓村 3.11(1931)
鈴木三郎助 6.19(1973)
鈴木三郎助（2代目） 3.29(1931)
鈴木成高 3.7(1988)
鈴木重胤 8.15(1863)
鈴木重成 10.15(1653)
鈴木春山 5.10(1846)
鈴木正三 6.25(1655)
鈴木鎮一 1.26(1998)
鈴木信太郎 3.4(1970)
鈴木信太郎 5.13(1989)
鈴木翠軒 9.26(1976)
鈴木朱雀 5.4(1972)
鈴木澄子 1.18(1985)
鈴木善幸 7.19(2004)
鈴木泉三郎 10.6(1924)
鈴木千里 7.5(1859)
鈴木大拙 7.12(1966)
薄田兼相 5.6(1615)
薄田泣菫 10.9(1945)
鈴木竹雄 12.9(1995)
鈴木武雄 12.6(1975)
薄田研二 5.26(1972)
鈴木主税 2.10(1856)
鈴木力 12.10(1926)
鈴木忠治 12.29(1950)
鈴木貞一 7.15(1989)
鈴木伝明 5.13(1985)
鈴木藤三郎 9.4(1913)
鈴木東民 12.14(1979)
鈴木徳次郎 3.26(1881)
鈴木利亨 11.3(1914)
鈴木虎雄 1.20(1963)
鈴木乃婦 3.31(1970)
鈴木春信 6.15(1770)
鈴木万里（初代） 7.29(1816)
鈴木均 10.27(1998)
鈴木ヒロミツ 3.14(2007)
鈴木芙蓉 5.27(1816)
鈴木文治 3.12(1946)
鈴木文史朗 2.23(1951)
鈴木文太郎 1.9(1921)
鈴木牧之 5.15(1842)
鈴木政吉 1.31(1944)
鈴木正久 7.14(1969)
鈴木馬左也 12.25(1922)
鈴木雅之 4.21(1871)

鈴木万平 12.3(1975)
鈴木三重吉 6.27(1936)
鈴木道彦 9.6(1819)
鈴木茂三郎 5.7(1970)
薄以緒 5.28(1555)
鈴木安蔵 8.7(1983)
鈴木保徳 12.11(1974)
寿々木米若 12.29(1979)
鈴木力衛 6.14(1973)
スースロフ, ミハイル・アンドレエヴィチ 1.25(1982)
スタイケン, エドワード 3.25(1973)
スタイン, ウィリアム・ハワード 2.2(1980)
スタイン, オーレル 10.26(1943)
スタイン, ガートルード 7.27(1946)
スタインバーグ, ソール 5.12(1999)
スタインベック, ジョン 12.20(1968)
スタインメッツ, チャールズ 10.26(1923)
スタヴィスキー, アレクサンドル 1.9(1934)
須田官蔵（初代） 5.15(1826)
須田国太郎 12.16(1961)
スタージズ, プレストン 8.6(1959)
スタージョン, ウィリアム 12.4(1850)
スタース, ジャン・セルヴェ 12.13(1891)
スターソフ, ウラジーミル・ワシリエヴィチ 10.10(1906)
須田泰嶺 9.5(1908)
スタッケンバーグ 5.28(1903)
スタッフォード, ジョン 5.25(1452)
スタッフォード, ジーン 3.26(1979)
スタッブズ, ウィリアム 4.22(1901)
スタッフ, レオポルド 5.31(1957)
須田禎一 9.18(1973)
スターテヴァント, アルフレッド 4.6(1970)

スタナップ, チャールズ・スタナップ, 3代伯爵 12.15(1816)
スタニスラフスキー, コンスタンチン・セルゲーヴィチ 8.7(1938)
スタニスワフ 5.8(1079)
スタニスワフ1世 2.23(1766)
スタニスワフ2世 2.12(1798)
ズーダーマン, ヘルマン 11.21(1928)
須田盛貞 8.7(1901)
スターリング 4.22(1865)
スターリング, アーネスト・ヘンリー 5.3(1927)
スターリン, ヨシフ・ヴィサリオノヴィチ 3.5(1953)
スタール, ニコラ・ド 3.16(1955)
スタルヒン 1.12(1957)
スタール夫人 7.14(1817)
スターン, アイザック 9.22(2001)
スタンウィック, バーバラ 1.20(1990)
スタンカーロ, フランチェスコ 11.12(1574)
スタンク, ザハリア 12.5(1974)
スタンケーヴィチ, ニコライ・ウラジーミロヴィチ 6.25(1840)
スタンダール 3.23(1842)
スタントン, エドウィン 12.24(1869)
スタントン, エリザベス 10.26(1902)
スタンパ, ガスパラ 4.23(1554)
スターンバーグ, ヨーゼフ・フォン 12.22(1969)
スタンフォード, リーランド 6.21(1893)
スタンプ, サー・ダドリー 8.8(1966)
スタンボロフ 7.18(1895)
スタンラン, テオフィル・アレクサンドル 12.14(1923)
スタンリー, サー・ヘンリー・モートン 5.10(1904)

スタンレー, ウェンデル・メレディス 6.15(1971)
スターン, ロレンス 3.18(1768)
スチュアート, アラベラ 9.25(1615)
スチュアート, ジェイムズ, 王子 1.2(1766)
スチュアート, スラム 12.10(1987)
スチュワート, ジュリアン・H 2.6(1972)
スッジア, ギレルミナ 7.31(1950)
ズットナー, ベルタ, 男爵夫人 6.21(1914)
ズッペ, フランツ・フォン 5.21(1895)
スティーヴン 10.25(1154)
スティーヴンズ, J. 3.6(1838)
スティーヴンズ, アルフレッド 5.1(1875)
スティーヴンズ, アレグザンダー・H 3.4(1883)
スティーヴンズ, ウォレス 8.2(1955)
スティーヴンズ, サディアス 8.11(1868)
スティーヴンズ, シアカ 5.29(1988)
スティーヴンズ, ジェイムズ 4.29(1901)
スティーヴンズ, ジョージ 3.8(1975)
スティーヴンズ, スタンリー・スミス 1.18(1973)
スティーヴンソン, A. 7.14(1965)
スティーヴンソン, ジョージ 8.12(1848)
スティーヴンソン, ロバート 10.12(1859)
スティーヴンソン, ロバート・ルイス 12.3(1894)
スティーヴン, レズリー 2.22(1904)
スティガンド 2.22(1072)
スティーグリッツ, アルフレッド 7.13(1946)
スティード 1.13(1956)

ステイプルドン, ウォールタード 10.15(1326)
スティムソン, ヘンリー・L 10.20(1950)
スティリコ, フラウィウス 8.22(408)
スティルウェル, ジョゼフ・W 10.12(1946)
スティル, クリフォード 6.23(1980)
スティール, リチャード 9.1(1729)
スティレル, マウリッツ 11.8(1928)
スーティン, シャイム 8.9(1943)
ステッセル 1.28(1915)
ステッティニアス 10.31(1949)
ステッド, クリスティナ 3.31(1983)
ステッファーニ, アゴスティーノ 2.12(1728)
スデーヌ, ミシェル・ジャン 5.17(1797)
ステノ, ニコラウス 12.6(1686)
ステファヌス1世 8.2(252)
ステファヌス2世(3世) 4.26(757)
ステファヌス3世(4世) 1.24(772)
ステファヌス9世(10世) 3.29(1058)
ステファンソン, ヴィルヒャルマー 8.26(1962)
ステフェンズ, リンカーン 8.9(1936)
ステュアート 11.20(1780)
ステュアート, ジェイムズ 7.2(1997)
ステュアート, ダグラス 2.14(1985)
ステラ, ジョゼフ 11.5(1946)
スーテル, ジャック 8.7(1990)
ステーン, ヤン 2.3(1679)
ストイカ 2.18(1975)
須藤克三 10.18(1982)
角藤定憲 1.20(1907)
ストゥーチカ 1.25(1932)
須藤南翠 2.4(1920)

ストゥーベン, フレデリック・ウィリアム, 男爵 *11.28*(1794)
周藤弥兵衛 *12.18*(1753)
ストゥルミウス *12.17*(779)
ストゥルム, シャルル・フランソワ *12.18*(1855)
ストゥーレ, ステン(大) *12.14*(1503)
ストーカー, ブラム *4.20*(1912)
ストークス *1.7*(1878)
ストークス, サー・ジョージ・ゲイブリエル *2.1*(1903)
崇徳天皇 *8.26*(1164)
ストコフスキー, レオポルド *9.13*(1977)
ストックトン, フランク・リチャード *4.20*(1902)
ストーニー, ジョージ・ジョンストン *7.5*(1911)
ストー, ハリエット・ビーチャー *7.1*(1896)
ストープス, マリー *10.2*(1958)
ストモ *5.30*(1938)
ストラヴィンスキー, イーゴリ *4.6*(1971)
ストラスバーグ, リー *2.17*(1982)
ストラットフォード, ジョン・ド *8.23*(1348)
ストラディヴァリ, アントニオ *12.18*(1737)
ストラデラ, アレッサンドロ *2.25*(1682)
ストラフォード, トマス・ウェントワース, 初代伯爵 *5.12*(1641)
ストラマー, ジョー *12.22*(2002)
ストーリー, ジョゼフ *9.10*(1845)
ストーリィ, ジョン *6.1*(1571)
ストリンドベリ, アウグスト *5.14*(1912)
ストルイピン, ピョートル・アルカジエヴィチ *9.18*(1911)
ストルーヴェ, オットー *4.6*(1963)
ストルーヴェ, フリードリヒ・ゲオルク・ヴィルヘルム *11.23*(1864)
ストルガツキー, アルカディ *10.13*(1991)
ストルーベ, オットー・ウィルヘルム *4.14*(1905)
ストールベリ, カールロ・ユホ *9.22*(1952)
ストレイチー, ジョン *7.15*(1963)
ストレイチー, リットン *1.21*(1932)
ストレウフェルス, ステイン *8.15*(1969)
ストレーレル, ジョルジョ *12.25*(1997)
ストレンジ *7.5*(1889)
ストロッツィ, ジューリオ *3.31*(1652)
ストロッツィ, ベルナルド *8.2*(1644)
ストロード *9.9*(1645)
ストロング *3.29*(1970)
ストーン, イシドア・ファインスタイン *6.18*(1989)
ストーン, ルーシー *10.18*(1893)
砂川捨丸 *10.12*(1971)
砂田明 *7.16*(1993)
砂田重政 *12.27*(1957)
ズナニエツキ *3.23*(1958)
砂原美智子 *8.27*(1987)
スニガ, ペドロ・デ *8.19*(1622)
スヌーク・ヒュルフロニエ *6.26*(1936)
スネイデルス, フランス *8.19*(1657)
スネル, ヴィレブロルト・ファン・ローエン *10.31*(1626)
スネレン *1.18*(1908)
スノー, C.P. *7.1*(1980)
洲之内徹 *10.28*(1987)
スノー, エドガー *2.15*(1972)
スノッリ・ストゥルルソン *9.22*(1241)
スノーデン *5.15*(1937)
スパウェンタ *2.20*(1883)
スパーク *3.4*(1975)
スパークス, ジャレッド *3.14*(1866)
スパーク, ポール・アンリ *7.31*(1972)
スパランツァーニ, ラザロ *2.11*(1799)
ズバルバロ, カミッロ *10.31*(1967)
ズーパン *7.6*(1920)
スパンドリオ *7.3*(2004)
スピアマン, チャールズ・エドワード *9.17*(1945)
スピーク, ジョン・ハニング *9.15*(1864)
スピッツァー, ライマン, ジュニア *3.31*(1997)
スピード, ジョン *7.28*(1629)
スピネロ・アレティーノ *3.14*(1410)
スピノザ, バルフ・デ *2.21*(1677)
スピノーラ, カルロ *9.10*(1622)
スピファム, ジャーク・ポル *3.23*(1566)
スピンデン, ハーバート *10.23*(1967)
スピンヒューブド *2.29*(1944)
スファヌヴォン *1.9*(1995)
スフォルツァ *9.4*(1952)
スフォルツァ, ガレアッツォ・マリア *12.26*(1476)
スフォルツァ, ジャコムッツォ・アッテンドロ *1.4*(1424)
スフォルツァ, ルドヴィーコ *5.27*(1508)
スフバートル *2.22*(1923)
周布政之助 *9.26*(1864)
スフラワルディー *7.29*(1191)
スフロ, ジャック・ジェルマン *8.29*(1780)
スペランスキー, ミハイル・ミハイロヴィチ, 伯爵 *2.23*(1839)
スペリー, エルマー・アンブローズ *6.16*(1930)
スペルビア, コンチータ *3.30*(1936)

スペルマン, フラーンシス・ジョウゼフ　12.2(1967)
スペンサー, エドマンド　1.13(1599)
スペンサー, サー・スタンリー　12.14(1959)
スペンサー, ハーバート　12.8(1903)
スペンダー, スティーヴン　7.16(1995)
スヘンデル, アルトゥール・ファン　9.11(1946)
スポック, ベンジャミン・マクレイン　3.15(1998)
スーポー, フィリップ　3.12(1990)
スホムリーノフ　2.2(1926)
スホーレル, ヤン・ヴァン　12.5(1562)
スポンティーニ, ガスパーレ　1.24(1851)
スポンド, ジャン・ド　3.18(1595)
スマイルズ, サミュエル　4.16(1904)
スマーク, サー・ロバート　4.18(1867)
スマッツ, ヤン・クリスティアーン　9.11(1950)
スマート, クリストファー　5.21(1771)
寿万宮　5.1(1861)
須磨弥吉郎　4.30(1970)
スマラガ　9.16(1622)
スマラガ, ホアン・デ　6.3(1548)
スマローコフ, アレクサンドル・ペトローヴィチ　10.1(1777)
住井すゑ　6.16(1997)
淑子内親王　10.3(1881)
スミス　2.12(1874)
スミス, E.E.　8.31(1965)
スミス, アーサー・ヘンダスン　8.31(1932)
スミス, アダム　9.17(1790)
スミス, アルフレッド・エマニュエル　10.4(1944)
スミス, ウィリアム　8.28(1839)

スミス, ウィリアム・ロバートスン　3.31(1894)
スミス, シオボルド　12.10(1934)
スミス, シドニー　2.22(1845)
スミス, ジョセフ　6.27(1844)
スミス, ジョン　6.21(1631)
スミスソン, ジェイムズ・ルイス・メイシー　6.27(1829)
スミス, デイヴィッド　5.23(1965)
スミス, ベッシー　9.26(1937)
スミス, ユージン　10.15(1978)
スミス, リチャード　7.9(1563)
住田又兵衛(初代)　12.15(1861)
住田又兵衛(2代目)　11.1(1903)
住田又兵衛(3代目)　9.23(1921)
住友友信　8.17(1706)
住友友芳　12.26(1720)
角倉素庵　6.22(1632)
角倉了以　7.12(1614)
住谷悦治　10.4(1987)
住谷寅之介　6.13(1867)
住吉具慶　4.3(1705)
住吉如慶　6.2(1670)
住吉弘貫　7.22(1863)
住吉広守　10.21(1777)
住吉広行　8.6(1811)
スムルコフスキー　1.15(1974)
スメタナ, ベドジヒ　5.12(1884)
スメドリー, アグニス　5.7(1950)
スメリー, ウィリアム　3.5(1763)
スモール　5.24(1926)
スモルコフスキー　9.5(1917)
スモレット, トバイアス　9.17(1771)
須山計一　4.17(1975)
陶山鈍翁　6.24(1732)
陶山南涛　6.10(1766)
スユーティー　10.17(1505)
スライダーヌス, ヨハネス　10.31(1556)

スーラ, ジョルジュ-ピエール　3.29(1891)
ズラトヴラツキー, ニコライ・ニコラエヴィチ　12.10(1911)
スラミー　4.2(1262)
スラーンスキー　12.3(1952)
スーリウス, ラウレンティウス　5.23(1578)
スリオ　11.19(1979)
スーリコフ, ヴァシリー・イヴァノヴィチ　3.6(1916)
ズリーニ・ミクローシュ　11.18(1664)
スリヤニングラット　4.26(1959)
スリューテル, クラウス　9.24(1405)
駿河内親王　6.20(820)
スルコーフ, アレクセイ・アレクサンドロヴィチ　6.14(1983)
ズルツァー, ヨハン・ゲオルク　2.27(1779)
スルバラン, フランシスコ・デ　8.27(1664)
スルビク　2.16(1951)
スレイター, サミュエル　4.21(1835)
スレイマン1世　9.6(1566)
スレイマン2世　7.23(1691)
スレイマン・スタリスキー　11.23(1937)
スレイマン・チェレビー　2.27(1411)
スレザーク, レオ　6.1(1946)
スレサー, ケネス　7.30(1971)
スレーター　7.25(1976)
スレーフォークト, マックス　9.20(1932)
スレプツォーフ, ワシーリー・アレクセーヴィチ　3.23(1878)
スロアガ, イグナシオ　10.30(1945)
スロックモートン, フランシス　7.10(1584)
スローン, A.P.　2.17(1966)
スローン, ジョン　9.8(1951)
諏訪勝右衛門の妻　3.2(1582)
諏訪御寮人　11.6(1555)

諏訪優 *12.26*(1992)
諏訪頼重 *7.4*(1542)
諏訪頼重 *8.19*(1335)
諏訪頼忠 *8.11*(1606)
スワン, サー・ジョゼフ・ウィルソン *5.27*(1914)
スワンソン, グロリア *4.4*(1983)
スンスネギ, ファン・アントニオ・デ *5.31*(1982)

【 せ 】

セー *3.10*(1936)
世阿弥 *8.8*(1443)
是庵 *1.4*(1581)
清庵宗胄 *7.30*(1562)
西胤俊承 *11.5*(1422)
清海 *10.7*(1017)
聖覚 *3.5*(1235)
盛化門院 *10.12*(1783)
西華門院 *8.26*(1355)
静寛院宮 *9.2*(1877)
西礀正置 *10.28*(1306)
清閑寺資房 *11.4*(1344)
青巌周陽 *7.18*(1542)
清巌宗渭 *11.21*(1661)
青綺門院 *1.29*(1790)
清渓 *6.4*(1382)
清渓通徹 *11.24*(1385)
清家清 *4.8*(2005)
成賢 *9.19*(1231)
清源院 *4.11*(1794)
斉璜 *9.16*(1957)
西湖良景 *3.25*(1502)
青山慈永 *10.9*(1369)
西笑承兌 *12.27*(1607)
青岑珠鷹 *9.14*(1472)
清拙正澄 *1.17*(1339)
盛宣懐 *4.27*(1916)
盛禅洞㮼 *2.8*(1518)
成尊 *1.7*(1074)
西太后 *11.15*(1908)
清田儋叟 *3.23*(1785)
成典 *10.28*(1044)
清野善兵衛 *5.18*(1978)
清範 閏*3.22*(999)

セイビン, サー・エドワード *6.26*(1883)
星布尼 *12.28*(1815)
成仿吾 *5.17*(1984)
清宮秀堅 *10.20*(1879)
清宮彬 *10.5*(1969)
セイヤーズ, ドロシー・L. *12.17*(1957)
勢誉 *3.23*(1612)
清和天皇 *12.4*(881)
セインツベリー, ジョージ *1.28*(1933)
セヴィニェ, マリー・ド・ラビュタン・シャンタル, 侯爵夫人 *4.17*(1696)
セヴェーリ *12.8*(1961)
セヴェリーニ, ジーノ *2.26*(1966)
セウェリヌス *1.8*(482)
セヴェリーヌス *8.2*(640)
セウェルス, ルキウス・セプティミウス *2.4*(211)
セウェーロス(セウェロス, アンティオキアの) *2.8*(538)
ゼーガース, アンナ *6.1*(1983)
瀬川菊次郎(初代) 閏*11.13*(1757)
瀬川菊之丞(初代) *9.2*(1749)
瀬川菊之丞(2代目) 閏*3.13*(1773)
瀬川菊之丞(3代目) *12.4*(1810)
瀬川菊之丞(4代目) *11.29*(1812)
瀬川菊之丞(5代目) *1.7*(1832)
瀬川菊之丞(6代目) *11.3*(1976)
瀬川清子 *2.20*(1984)
瀬川如皐(初代) *1.23*(1794)
瀬川如皐(2代目) *11.4*(1833)
瀬川如皐(3代目) *6.28*(1881)
セーガン, カール・エドワード *12.20*(1996)
セガンティーニ, ジョヴァンニ *9.29*(1899)
関鑑子 *5.2*(1973)
石庵周鑑 *6.5*(1524)
石屋真梁 *5.11*(1423)
関一政 *10.20*(1625)

関兼衡 *8.10*(1184)
関秀雄 *12.16*(1977)
関寛斎 *10.15*(1913)
関喜内 *6.23*(1837)
関口柔心 *3.7*(1670)
関口泰 *4.14*(1956)
関口存男 *7.25*(1958)
関口開 *4.12*(1884)
関敬吾 *1.26*(1990)
関桂三 *5.2*(1963)
石敬瑭 *6.13*(942)
関敬六 *8.23*(2006)
関沢明清 *1.9*(1897)
関沢房清 *7.8*(1878)
関三十郎(4代目) *7.10*(1889)
石室善玖 *9.25*(1389)
尺振八 *11.28*(1886)
昔々亭桃太郎(初代) *11.5*(1970)
関孝和 *10.24*(1708)
関鉄之介 *5.11*(1862)
関淑子 *1.27*(1935)
関直彦 *4.21*(1934)
関根金次郎 *3.12*(1946)
関根正二 *6.16*(1919)
関根弘 *8.3*(1994)
関根正雄 *9.9*(2000)
関根正直 *5.26*(1932)
関根矢作 *7.30*(1896)
関野貞 *7.29*(1935)
堰八安高 *4.14*(1609)
関英雄 *4.12*(1996)
瀬木博尚 *1.22*(1939)
関寛治 *12.15*(1997)
関宗祐 *11.11*(1342)
関谷清景 *1.8*(1896)
関屋敏子 *11.23*(1941)
関山利一 *1.15*(1970)
セギュール, ソフィ・ド *1.31*(1874)
セギュール, ルイ・フィリップ *8.27*(1830)
ゼークト *12.27*(1936)
セグレ, エミリオ・ジーノ *4.22*(1989)
セゴヴィア, アンドレス *6.2*(1987)
世耕弘一 *4.27*(1965)
瀬越憲作 *7.27*(1972)
セザンヌ, ポール *10.22*(1906)

せし　人名索引

セジウィック, アダム　1.27(1873)
瀬島龍三　9.4(2007)
セー, ジャン・バティスト　11.15(1832)
セシル　5.24(1612)
セシル, E.A.R.　11.24(1958)
セシル, ウィリアム, 初代バーリー男爵　8.4(1598)
セシル, デイヴィッド　1.1(1986)
セスペデス, パブロ・デ　7.26(1608)
セーセル, クロード・ド　5.31(1520)
世尊寺行尹　1.14(1350)
世尊寺行俊　4.10(1407)
世尊寺行康　1.10(1478)
瀬田貞二　8.21(1979)
セーチェーニ　4.8(1860)
セーチェノフ　11.15(1905)
絶崖宗卓　6.27(1334)
絶海中津　4.5(1405)
雪巌侑松　5.24(1486)
セッキ, ピエトロ・アンジェロ　2.26(1878)
ゼッケンドルフ　11.23(1763)
ゼッケンドルフ, ファイト・ルートヴィヒ・フォン　12.18(1692)
雪江宗深　6.2(1486)
節香徳忠　2.15(1570)
雪舟等楊　8.8(1506)
セッションズ, ロジャー　3.16(1985)
雪心真昭　11.1(1395)
雪叟一純　4.15(1455)
雪窓鳳積　8.13(1538)
雪村友梅　12.2(1347)
拙庵徳光　3.20(1203)
説通智幢　3.9(1442)
摂津親致　4.14(1303)
セッテンブリーニ, ルイージ　11.4(1876)
絶方祖衝　9.5(1502)
セーデルブロム, ナータン　7.18(1931)
ゼーデルマイヤ, ハンス　7.9(1984)
瀬戸象二　10.20(1977)
瀬戸英一(初代)　4.11(1934)

瀬戸英一(2代目)　12.23(1962)
瀬戸口藤吉　11.8(1941)
瀬長亀次郎　10.5(2001)
瀬名貞雄　10.4(1796)
セナナヤカ, ドン・スティーヴン　3.22(1952)
セナンクール, エチエンヌ・ピヴェール・ド　1.10(1846)
銭屋五兵衛　11.21(1852)
セーニョボス　5.2(1942)
瀬沼茂樹　8.14(1988)
セネット, マック　11.5(1960)
ゼーネフェルダー, アロイス　2.26(1834)
ゼノ　4.24(1982)
ゼーノー(ヴェローナの)　4.12(371)
妹尾兼康　10.24(1183)
妹尾義郎　8.4(1961)
ゼノン　4.9(491)
セバーグ, ジーン　9.8(1979)
セバスティアーノ・デル・ピオンボ　6.21(1547)
セバスティアン　8.4(1578)
セービン, アルバート・ブルース　3.3(1993)
セフェリアデス, イオルゴス　9.20(1971)
セプティミウス・セウェールス　2.4(211)
ゼーフリート, イルムガルト　11.24(1988)
ゼブロウスキ, ゼノ　4.24(1982)
ゼーベック, トマス・ヨハン　12.10(1831)
ゼーマン, ピーテル　10.9(1943)
セミョーノフ・チャンシャンスキー　3.11(1914)
セミョーノフ, ニコライ・ニコラエヴィチ　9.25(1986)
セムズ, ラフェアル　8.30(1877)
セメード, アルヴァレス・デ　7.18(1658)
セーヤー, アレグザンダー・ウィーロック　7.15(1897)
セラーオ, マティルデ　7.25(1927)

世良修蔵　閏4.20(1868)
セラーズ, ピーター　7.24(1980)
世良田義政　7.28(1364)
セラフィモーヴィチ, アレクサンドル・セラフィーモヴィチ　1.19(1949)
セラフィン, トゥッリオ　2.3(1968)
セラーヤ　5.17(1919)
セリヴィンスキー, イリヤ・リヴォーヴィチ　3.22(1968)
セリエ, ハンス　10.16(1982)
ゼーリガー　12.2(1924)
セリグマン　7.18(1939)
芹沢鴨　9.18(1863)
芹沢銈介　4.5(1984)
芹沢光治良　3.23(1993)
芹沢博文　12.9(1987)
セーリス　12.11(1643)
セリーヌ, ルイ・フェルディナン　7.1(1961)
セリム1世　9.22(1520)
セリム3世　7.28(1808)
セリュジエ, ポール　10.6(1927)
セルウァティウス　5.13(384)
セルヴァンテス, ミゲール・デ　4.22(1616)
セルウィン, ジョージ・オーガスタス　4.11(1878)
セルヴェトゥス, ミカエル　10.27(1553)
セール, オリヴィエ・ド　7.2(1619)
セルカーク, アレグザンダー　12.12(1721)
セルカンビ, ジョヴァンニ　5.27(1424)
セルギイ　5.15(1944)
セルギウス　12.9(638)
セルギウス1世　9.9(701)
セルギウス2世　1.27(847)
セルギウス3世　4.14(911)
セルギウス4世　5.12(1012)
セルギー・ラドネーシスキー　9.25(1392)
ゼルキン, ルドルフ　5.8(1991)
セルケイラ, ルイス・デ　2.16(1614)

872

セルゲーエフ　4.2(1992)
セルゲーエフ・ツェンスキー，セルゲイ・ニコラエヴィチ　12.3(1958)
セルゲル，ユーハン・トビアス　2.26(1814)
セルシウス，アンデシュ　4.25(1744)
セル，ジョージ　7.29(1970)
セルズニック，デイヴィド・O　6.22(1965)
ゼルチュルナー，フリードリヒ・ヴィルヘルム・アダム・フェルディナント　2.20(1841)
ゼルニケ，フリッツ　3.10(1966)
ゼルネッカー，ニーコラウス　5.24(1592)
ゼルボルト，ヘーラルト（ジュトフェンの）　12.4(1398)
セルミジ，クロダン・ド　10.13(1562)
セーレンセン，ソーレン・ペーテル・ラウリッツ　2.13(1939)
ゼロニモ・デ・ゼズス　10.6(1601)
セローフ，ヴァレンティン・アレクサンドロヴィチ　11.22(1911)
宣安明言　7.3(1597)
専慧　12.12(1279)
泉恵　12.10(1361)
逞賀　8.1(998)
仙厓義梵　10.7(1837)
禅覚　2.13(1214)
仙岳宗洞　10.2(1595)
仙華門院　8.21(1262)
千観　12.13(984)
全厳東純　12.10(1495)
善議　8.13(812)
禅喜　6.9(955)
禅暁　4.15(1220)
銭杏邨　6.17(1977)
潜渓処謙　5.2(1330)
膳桂之助　11.25(1951)
千家尊福　1.3(1918)
禅傑　9.19(1506)
千家元麿　3.14(1948)
全玄　12.13(1192)

銭玄同　1.17(1939)
専行院お美代　6.21(1872)
宣光門院　9.5(1360)
千石興太郎　8.22(1950)
仙石左京　12.9(1836)
仙石佐多雄　2.27(1863)
千石剛賢　12.11(2001)
仙石秀久　5.6(1614)
仙石政辰　8.24(1779)
仙石貢　10.30(1931)
センコフスキー，オーシプ・イワノヴィチ　3.4(1858)
宣厳　8.27(1251)
瞻西　6.20(1127)
銭三強　6.28(1992)
媾子女王　6.16(1081)
禅室珍目　3.3(1473)
選子内親王　6.22(1035)
善謝　5.11(804)
善珠　4.21(797)
千秋藤篤　10.18(1864)
千手前　4.25(1188)
専順　3.20(1476)
詮舜　2.19(1600)
善俊　3.3(1282)
禅助　2.12(1330)
泉奘　5.18(1588)
禅勝房　11.4(1258)
禅信　11.8(1467)
宣政門院　5.7(1362)
千宗恩　3.6(1600)
千宗左（表千家13代目）　8.29(1979)
千宗室（裏千家14代目）　9.7(1964)
千宗守（武者小路千家9代目）　7.21(1953)
千宗守（武者小路千家10代目）　8.19(1999)
銭大昕　10.20(1804)
闡提正具　9.2(1329)
千田夏光　12.22(2000)
千田是也　12.21(1994)
善竹弥五郎　12.17(1965)
善仲　2.15(768)
善忠　8.28(1395)
セント・ジョルジ，アルベルト・フォン・ナジラポルト　10.22(1986)
セント・ジョン，ヘンリー　12.12(1751)

千到　12.3(989)
沾徳　5.30(1726)
セント・デニス，ルース　7.21(1968)
セントリーヴァー，スザナ　12.1(1723)
ゼンナート　7.21(1637)
禅爾　1.8(1325)
善如　2.29(1389)
宣仁門院　1.5(1262)
千少庵　9.7(1614)
千宗左（4代目）　10.27(1671)
千宗左（7代目）　8.13(1751)
千宗室（4代目）　1.23(1697)
千宗室（8代目）　2.2(1771)
千宗室（11代目）　7.11(1877)
千宗守（初代）　12.19(1676)
千宗守（4代目）　12.6(1782)
千宗旦　12.19(1659)
千道安　2.17(1607)
千利休　2.28(1591)
ゼンパー，ゴットフリート　5.15(1879)
千姫　2.6(1666)
ゼンフル，ルートヴィヒ　12.2(1542)
善法寺成清　8.27(1199)
仙命　8.13(1096)
ゼンメリング　3.2(1830)
ゼンメルヴァイス，イグナーツ・フィリップ　8.13(1865)
宣瑜　2.29(1325)
禅愉　12.13(1561)
専誉　5.5(1604)
禅誉　3.17(1126)
逞与　12.16(1165)
宣陽門院　6.8(1252)
善鸞　3.6(1286)
銭鏐　3.28(932)
潜竜慧潨　10.23(1566)
仙林性菊　5.8(1516)

【そ】

ゾイゼ，ハインリヒ　1.25(1366)
ゾイロ　6.30(1592)
相阿弥　10.27(1525)
宗意　5.19(1148)

そう　　　　　　　　　　　　　人名索引

総一検校　3.29(1462)
宗悦　8.8(1589)
宗悦　11.7(1529)
宗縁　11.21(1521)
増延　10.25(1165)
相応　11.3(918)
増賀　6.9(1003)
蔵海性珍　6.11(1409)
象外禅鑑　11.18(1355)
宗器　3.11(1533)
宗祇　7.30(1502)
宗球　9.28(1502)
宗九　4.13(1556)
宋教仁　3.22(1913)
曹禺　12.13(1996)
宋慶齢　5.29(1981)
宗謙　2.10(1570)
宗賢　3.10(1178)
宗源　7.3(1251)
曾国藩　2.4(1872)
宗左近　6.19(2006)
宗貞盛　6.22(1452)
蔵山順空　5.9(1308)
象山徐芸　5.24(1619)
相山良永　8.5(1386)
宗重正　5.25(1902)
荘子女王　7.16(1008)
宋紫石　3.11(1786)
悰子内親王　11.3(1162)
宗子内親王　3.20(854)
宗子内親王　7.21(986)
聡子内親王　9.4(1131)
宗秋月　5.26(1964)
増俊　2.11(1165)
蔵俊　9.27(1180)
宗性　6.8(1278)
宗翔　11.2(1522)
曹植　11.28(232)
象初中㲀　3.11(1453)
曹汝霖　8.4(1966)
宋時烈　6.8(1689)
宗真　12.29(1518)
宗助国　10.6(1274)
宗碩　4.24(1533)
宗佺　5.14(1552)
蔵叟朗誉　6.4(1277)
左右田喜一郎　8.14(1927)
宗沢　7.1(1128)
増忠　1.24(1298)
宗朝　11.20(1518)
宗長　3.6(1532)

宋哲元　4.5(1940)
桑田道海　1.8(1309)
早乙女清房　7.30(1964)
曹丕　5.17(226)
宋美齢　10.23(2003)
曹彬　6.7(999)
藻壁門院　9.18(1233)
宗甫　11.17(1598)
曹奉岩　7.31(1959)
双峰宗源　11.21(1335)
曾樸　6.23(1935)
相馬愛蔵　2.14(1954)
相米慎二　9.9(2001)
相馬御風　5.8(1950)
相馬黒光　3.2(1955)
相馬重胤　4.16(1336)
相馬大作　8.29(1822)
相馬泰三　5.15(1952)
相馬半治　1.7(1946)
相馬師常　11.15(1205)
相馬義胤　11.16(1635)
増命　11.11(927)
宗珉　11.30(1519)
宗牧　4.19(1517)
宗牧　10.4(1535)
総融　4.21(1386)
増祐　1.30(976)
蔵有　11.9(1221)
増誉　1.29(1116)
僧鎔　10.2(1783)
桑楊庵光　4.12(1796)
宗義真　8.7(1702)
宗義調　12.12(1588)
宗義智　1.3(1615)
宗義盛　12.6(1520)
増利　7.13(928)
副島種臣　1.31(1905)
添田唖蝉坊　2.8(1944)
添田さつき　3.18(1980)
添田寿一　7.4(1929)
曾我蕭白　1.7(1781)
曾我祐成　5.28(1193)
曽我祐準　11.30(1935)
曾我時致　5.29(1193)
蘇我稲目　3.1(570)
蘇我入鹿　6.12(645)
蘇我馬子　5.20(626)
蘇我蝦夷　6.13(645)
曾我廼家五郎　11.1(1948)
曾我廼家五郎八　1.20(1998)
曽我廼家十郎　12.4(1925)

曽我廼家十吾　4.7(1974)
曾我廼家明蝶　4.13(1999)
曾我古祐　4.21(1658)
曽我量深　6.20(1971)
ゾグ1世　4.9(1961)
足翁永満　3.8(1505)
足室円給　2.17(1458)
ソーク，ジョナス・エドワード　8.23(1995)
則天武后　11.26(705)
即非如一　5.20(1671)
惣慶忠義　10.30(1749)
十河一存　3.18(1561)
十河信二　10.3(1981)
ソコルル・メフメット・パシャ　10.11(1579)
ソコロフスキー　5.10(1968)
ソーザ　7.21(1564)
ゾーシチェンコ，ミハイル・ミハイロヴィチ　7.22(1958)
ゾーシムス　12.26(418)
ソシュール　4.18(1845)
ソシュール，オラス・ベネディクト・ド　1.22(1799)
ソシュール，フェルディナン・ド　2.22(1913)
蘇軾　7.28(1101)
祖心尼　3.11(1675)
ソツィーニ，ファウスト・パオロ　3.3(1604)
ソツィーニ，レリオ　5.16(1562)
ソディー，フレデリック　9.22(1956)
蘇轍　10.3(1112)
ソーデルグラーン，エディス　6.24(1923)
ソテロ，ルイス　8.25(1624)
素堂　8.15(1716)
祚棟　10.5(1560)
ソト，ドミンゴ・デ　11.15(1560)
ソト，ペドロ・デ　4.20(1563)
ソドマ，イル　2.15(1549)
曽禰荒助　9.13(1910)
曽祢益　4.25(1980)
曽禰達蔵　12.6(1937)
曾根原六蔵　10.4(1810)
園井恵子　8.21(1945)
薗田宗恵　1.3(1922)
園田直　4.2(1984)

874

園田道閑 12.16(1668)
薗田守良 6.18(1840)
薗田悠機子 9.21(1841)
園文英 11.11(1680)
園部三郎 5.25(1980)
園部ひでを 9.29(1963)
園女 4.20(1726)
園基顕 12.26(1318)
園基氏 11.18(1282)
園基福 11.10(1699)
園山俊二 1.20(1993)
ソービー、ヘンリー・クリフトン 3.9(1908)
ソフィア・アレクセーエヴナ 7.14(1704)
ソーフィヤ・パレオローグ 4.7(1503)
ソブクウェ、ロバート・マンガリソ 2.26(1978)
ソブザ2世 8.21(1982)
ソープ、サー・トーマス・エドワード 2.23(1925)
ソブレロ、アスカーニオ 5.6(1888)
ソーフロニオス 3.11(638)
ソフローノフ、アナトーリー・ウラジーミロヴィチ 9.10(1990)
ソマーズ、ジョン、男爵 4.26(1716)
蘇曼殊 5.2(1918)
曾宮一念 12.21(1994)
ゾムバルト 5.19(1941)
ゾーム、ルードルフ 5.16(1917)
染崎延房 9.27(1886)
ソモサ、アナスタシオ 9.29(1956)
ソモサ・デバイレ 9.17(1980)
ゾラ、エミール 9.29(1902)
ソリース、フワン・ディアス・デ 9.4(1516)
反町茂雄 9.4(1991)
ソリーリャ、ホセ 1.23(1893)
ソルヴェー、エルネスト 5.26(1922)
ゾルガー、カール・ヴィルヘルム・フェルディナント 10.25(1819)
ゾルゲ 11.7(1944)

ゾルゲ、ラインハルト・ヨハネス 7.20(1916)
ソールズベリ 8.22(1903)
ソル、フェルナンド 7.10(1839)
ソルボン、ロベール・ド 8.15(1274)
ゾルマ、アグネス 2.10(1927)
ソレスビ、ジョン 11.6(1374)
ソレル、A. 6.29(1906)
ソレル、シャルル 3.7(1674)
ソレル、ジョルジュ 8.30(1922)
ソロヴィヨフ、ウラジーミル・セルゲーヴィチ 7.31(1900)
ソロヴィヨフ、セルゲイ・ミハイロヴィチ 10.4(1879)
ソローキン、ピチリム・A 2.10(1968)
ソログープ、フョードル・クジミッチ 12.5(1927)
ソロー、ヘンリー・デイヴィッド 5.6(1862)
曾呂利新左衛門 9.22(1603)
ソロリャ・イ・バスティダ、ホアキン 8.11(1923)
ソーン、アンデシュ・レオナード 8.22(1920)
尊意 2.24(940)
尊胤法親王 5.3(1358)
存易 9.14(1614)
尊恵法親王 4.10(1192)
尊円入道親王 9.23(1356)
孫科 9.13(1973)
尊海 11.4(1543)
尊快入道親王 4.2(1246)
存覚 2.28(1373)
尊覚女王 6.15(1694)
尊覚法親王 10.27(1264)
尊観 3.14(1316)
尊観 10.24(1400)
孫基禎 11.15(2002)
存間 3.4(1499)
尊興 5.27(1424)
尊杲女王 10.27(1719)
尊悟入道親王 7.30(1359)
ソーン、サー・ジョン 1.20(1837)
尊子内親王 5.1(985)
尊守法親王 10.23(1260)

尊純法親王 5.26(1653)
尊照 6.25(1620)
孫承宗 11.9(1638)
尊性法親王 9.3(1239)
尊助法親王 12.1(1291)
尊信 4.22(1380)
尊信 7.12(1283)
ソーンダイク、エドワード・L 8.9(1949)
ソンタグ、スーザン 12.28(2004)
尊長 6.7(1227)
尊朝入道親王 7.16(1378)
尊朝法親王 2.13(1597)
尊鎮法親王 9.13(1550)
存貞 5.18(1574)
孫伝芳 11.13(1935)
存如 6.18(1457)
ソーンヒル、サー・ジェイムズ 5.13(1734)
孫文 3.12(1925)
ゾンマーフェルト、アーノルト・ヨハネス・ヴィルヘルム 4.26(1951)

【 た 】

ダイアナ 8.31(1997)
太安梵守 7.5(1482)
太安養康 4.22(1549)
大院君 2.2(1898)
ダイヴァース 4.8(1912)
大雲永瑞 4.22(1562)
泰雲守琮 10.24(1501)
大恵 2.30(1803)
大慧宗杲 8.10(1163)
泰翁徳陽 11.20(1555)
大覚 4.3(1364)
大岳周崇 9.14(1423)
大岳祖益 4.18(1503)
大岳文禎 2.25(1527)
大雅崇匡 4.26(1518)
大歇勇健 9.4(1383)
大巌宗梅 6.4(1502)
大儀院 2.16(1604)
大輝祖粲 12.21(1420)
大喜法忻 9.24(1368)
大休正念 11.29(1290)
大休宗休 8.24(1549)

大輝霊曜 4.15(1446)	大透宗的 5.18(1565)	平忠度 2.7(1184)
大空玄虎 7.23(1505)	大洞存長 10.17(1519)	平忠正 7.28(1156)
大愚性智 6.30(1439)	大道長安 6.15(1908)	平忠盛 1.15(1153)
大工原銀太郎 3.9(1934)	大納言典侍近子 5.5(1259)	平親国 1.7(1208)
太原崇孚 閏10.10(1555)	大寧了忍 10.9(1505)	平親時 11.15(1339)
太源宗真 11.20(1371)	大年法延 10.2(1363)	平親信 6.12(1017)
待賢門院 8.22(1145)	対御方 2.23(1372)	平親範 9.28(1220)
大功円忠 3.27(1473)	太白真玄 8.22(1415)	平親宗 7.27(1199)
退耕行勇 7.5(1241)	大福御前 5.10(1593)	平経正 2.7(1184)
大綱明宗 1.14(1437)	大方元恢 6.9(1368)	平経盛 3.24(1185)
太虚契充 7.30(1380)	大法大闡 9.24(1384)	平時家 5.10(1193)
大黒梅陰 5.13(1851)	大朴玄素 1.28(1346)	平時子 3.24(1185)
大黒屋光太夫 4.15(1828)	大本良中 11.20(1368)	平時実 1.28(1213)
大虚自円 11.10(1489)	大松博文 11.24(1978)	平時忠 2.24(1189)
醍醐天皇 9.29(930)	当麻浦虫 8.10(859)	平時継 7.10(1294)
ダイシー 4.7(1922)	戴曼公 11.6(1672)	平時信 8.26(1149)
大室永廓 2.19(1605)	ダイムラー, ゴットリーブ・ヴィルヘルム 3.6(1900)	平時望 3.25(938)
泰室宗慧 1.4(1579)		平知信 2.19(1144)
大住院以信 9.18(1696)	大用慧堪 5.25(1347)	平知度 5.12(1183)
泰秀宗韓 11.15(1551)	大陽義冲 1.11(1356)	平知盛 3.24(1185)
泰舜 12.3(949)	平有親 1.4(1261)	平成輔 5.22(1332)
大正天皇 12.25(1926)	タイラー, エドワード 1.2(1917)	平成俊 6.28(1292)
大掾満幹 12.13(1430)		平信輔 6.25(1296)
大初継覚 9.4(1413)	大楽源太郎 3.16(1871)	平信範 2.12(1187)
大初啓原 3.1(1407)	平良幸市 3.5(1982)	平範家 9.7(1161)
戴震 7.1(1777)	タイラー, ジョン 1.18(1862)	平範賢 9.15(1282)
大清宗渭 6.19(1391)	平良辰雄 4.11(1969)	平範輔 7.25(1235)
大拙祖能 8.20(1377)	平親顕 4.4(1378)	平教経 3.24(1185)
大全一雅 9.26(1395)	平貞蔵 5.28(1978)	平教盛 3.24(1185)
大尖淳甫 3.18(1565)	平時兼 5.17(1249)	平広常 12.22(1183)
大川通衍 12.22(1421)	平時高 3.26(1254)	平将門 2.14(940)
大川道通 2.1(1339)	平敦盛 2.7(1184)	平通盛 2.7(1184)
太祖(宋) 10.20(976)	平有盛 3.24(1185)	平光盛 7.20(1229)
太宗(清) 8.8(1643)	平家貞 5.28(1167)	平宗経 2.13(1349)
太宗(宋) 3.29(997)	平兼宗 12.28(991)	平宗宣 5.17(1232)
太宗(唐) 5.26(649)	平清宗 6.21(1185)	平棟範 閏8.30(1194)
代宗(唐) 5.20(779)	平清盛 閏2.4(1181)	平宗盛 6.21(1185)
大蘇芳年 6.9(1892)	平惟有 2.23(1419)	平致頼 10.2(1011)
大智 12.10(1367)	平惟仲 3.14(1005)	平基盛 3.17(1162)
太地喜和子 10.13(1992)	平惟範 9.18(909)	平盛国 7.25(1186)
袋中 1.21(1639)	平維盛 3.28(1184)	平盛子 6.17(1179)
泰澄 3.18(767)	平維良 4.13(1022)	平盛俊 2.7(1184)
大潮元皓 8.22(1768)	平貞文 9.27(923)	平師盛 2.7(1184)
大朝宗賀 5.13(1528)	平実親 11.24(1149)	平康盛 12.6(1191)
戴伝賢 2.12(1949)	平重衡 6.23(1185)	平行盛 3.24(1185)
大道一以 2.26(1270)	平重盛 7.29(1179)	平伊望 11.16(939)
大等一祐 5.24(1415)	平資盛 3.24(1185)	平頼綱 4.22(1293)
大透圭徐 9.20(1598)	平高兼 7.5(1281)	平随時 12.18(953)
大道寺直次 10.11(1651)	平高棟 5.19(867)	平頼盛 6.2(1186)
大道寺政繁 7.19(1590)	平忠常 6.6(1031)	平六代 2.5(1198)
大道寺友山 11.2(1730)		

タイラー, マックス　8.12(1972)
平良良松　3.19(1990)
タイラー, ワット　6.15(1381)
大林正通　4.19(1484)
大林善育　12.3(1372)
大林宗套　1.27(1568)
タイレ, ヨーハン　6.24(1724)
大魯　11.13(1778)
大路一遵　4.6(1518)
タイーロフ, アレクサンドル・ヤーコヴレヴィチ　9.25(1950)
ダヴ, アーサー・ガーフィールド　11.23(1946)
タヴァナー, ジョン　10.18(1545)
ダヴァンテス　8.31(1561)
ダヴィ　7.26(1976)
ダヴィソン, クリントン・ジョゼフ　2.1(1958)
ダーヴィト(アウクスブルクの)　11.19(1272)
ダヴィドゥス(ヒンメロートの)　12.11(1179)
ダヴィド, ジャック・ルイ　12.29(1825)
ダヴィドフ, デニス・ワシリエヴィチ　4.22(1839)
ダーヴィト, ヘーラルト　8.13(1523)
ダヴィナント, ウィリアム　4.7(1668)
ダヴィラ　8.8(1631)
ダーウィン, エラズマス　4.18(1802)
ダーウィン, サー・ジョージ・ハワード　12.7(1912)
ダーウィン, チャールズ　4.19(1882)
ダヴェナント　11.6(1714)
タウシッグ　11.11(1940)
タウジヒ, カロル　7.17(1871)
タウセン, ハンス　11.11(1561)
ダウソン, アーネスト　2.23(1900)
ダウテンダイ, マックス　8.29(1918)
タウト　10.23(1929)

タウト, ブルーノ　12.24(1938)
タウバー, リヒャルト　1.8(1948)
タウフィーク・アル・ハキーム　7.26(1987)
タウフィーク・パシャ, ムハンマド　1.7(1892)
タウラー, ヨハネス　6.16(1361)
ダウランド, ジョン　2.20(1626)
ダヴー, ルイ・ニコラ　6.1(1823)
タウレルス, ニコラウス　9.28(1606)
タウンゼント, C.　6.21(1738)
タウンゼンド, サー・ジョン・シーリィ・エドワード　2.16(1957)
タウンゼンド, チャールズ　9.4(1767)
田岡嶺雲　9.7(1912)
高石真五郎　2.25(1967)
高井時茂　11.28(1277)
高丘カネ　2.12(1945)
高岡智照尼　10.22(1994)
高尾平兵衛　6.26(1923)
高垣勝次郎　4.30(1967)
高垣眸　4.2(1983)
高木彬光　9.9(1995)
高木市之助　12.23(1974)
高木逸磨　12.5(1960)
高木兼寛　4.13(1920)
高木作太　1.31(1966)
高木貞二　10.28(1975)
高木史朗　2.12(1985)
高木惣吉　7.27(1979)
高木卓　12.28(1974)
高木健夫　6.7(1981)
高木貞治　2.28(1960)
高木東六　8.25(2006)
高木正次　11.30(1630)
高木正年　12.31(1934)
高木壬太郎　1.27(1921)
高木八尺　4.28(1984)
高久靄厓　4.8(1843)
高楠順次郎　6.21(1945)
高倉輝　4.2(1986)
高倉天皇　1.14(1181)
高倉藤平　9.7(1917)

高倉徳太郎　4.3(1934)
高倉永家　11.23(1578)
高倉永定　1.21(1306)
高倉永季　2.18(1392)
高倉永相　12.23(1585)
高倉永継　10.12(1510)
高倉永康　1.1(1302)
高倉永康　4.16(1512)
高倉範久　5.5(1546)
喬子女王　1.16(1840)
隆子女王　閏10.17(974)
高子内親王　6.16(866)
崇子内親王　5.15(848)
高坂王　6.6(683)
高碕達之助　2.24(1964)
高崎正風　2.28(1912)
高砂浦五郎(初代)　4.4(1900)
高沢寅男　8.5(1999)
高階重仲　9.25(1120)
高階為章　12.20(1104)
高階遠成　3.21(818)
高階信順　6.29(1001)
高階泰経　11.23(1201)
高島嘉右衛門　11.14(1914)
高島秋帆　1.14(1866)
高島善哉　1.10(1990)
高島鞆之助　1.11(1916)
高島春雄　5.31(1962)
高島平三郎　2.15(1946)
高島米峰　10.25(1949)
高島北海　1.10(1931)
高杉晋作　4.14(1867)
高須梅渓　2.2(1948)
高瀬羽皐　11.17(1924)
高瀬荘太郎　9.4(1966)
高勢実乗　11.19(1947)
多賀高忠　8.17(1486)
高田好胤　6.22(1998)
高田早苗　12.3(1938)
高田三郎　10.22(2000)
高田せい子　3.19(1977)
高田保　2.20(1952)
高田敏子　5.28(1989)
高田なほ子　5.19(1991)
田形内親王　3.5(728)
高田博厚　6.17(1987)
高田又兵衛　1.23(1671)
高田真理　9.26(2006)
高田実　9.24(1916)
高田稔　12.27(1977)
高田屋嘉兵衛　4.5(1827)

たか　　　　　　　　　　　　　　人名索引

高田保馬　2.2(1972)
高田力蔵　10.31(1992)
鷹司院　2.11(1275)
鷹司和子　5.26(1989)
鷹司兼輔　9.9(1552)
鷹司兼忠　8.25(1301)
鷹司兼平　8.8(1294)
鷹司兼煕　11.20(1725)
鷹司伊頼　6.4(1283)
鷹司輔煕　7.9(1878)
鷹司忠冬　4.12(1546)
鷹司信尚　11.19(1621)
鷹司教平　10.3(1668)
鷹司房平　11.16(1472)
鷹司冬家　5.26(1428)
鷹司冬経　6.18(1319)
鷹司冬教　1.26(1337)
鷹司冬平　1.19(1327)
鷹司冬通　6.19(1386)
鷹司冬基　6.29(1209)
鷹司政平　閏10.18(1517)
鷹司政通　10.16(1868)
鷹司宗嗣　5.4(1326)
鷹司宗平　3.24(1346)
鷹司基忠　7.7(1313)
鷹司師平　8.5(1353)
鷹司頼平　8.15(1230)
高辻章長　1.4(1525)
高辻清長　7.26(1303)
高辻国長　3.16(1370)
高辻髙長　11.27(1284)
高辻継長　7.3(1475)
高辻長成　12.15(1281)
高辻長衡　8.16(1389)
高津正道　1.9(1974)
高津内親王　4.17(841)
高頭仁兵衛　4.6(1958)
鷹取種佐　4.3(1333)
尊良親王　3.6(1337)
高梨利右衛門　12.3(1688)
高野岩三郎　4.5(1949)
高野悦子　6.24(1969)
多可浄日　10.24(780)
高野佐三郎　12.31(1950)
高野松山　3.5(1976)
高野素十　10.4(1976)
高野辰之　1.25(1947)
高野長英　10.30(1850)
高野新笠　12.28(790)
貴ノ花利彰　5.30(2005)
高野房太郎　3.12(1904)

高野実　9.13(1974)
高野幽山　9.14(1702)
高場乱　3.31(1891)
高橋栄清(初代)　11.10(1939)
高橋栄清(2代目)　1.22(1989)
高橋お伝　1.31(1879)
高橋景保　2.16(1829)
高橋和巳　5.3(1971)
高橋亀吉　2.10(1977)
高橋掬太郎　4.9(1970)
高橋くら子　7.9(1938)
高橋健自　10.19(1929)
高橋健二　3.2(1998)
高橋源助　10.9(1681)
高橋健三　7.22(1898)
高橋浩一郎　8.21(1991)
高橋幸八郎　7.2(1982)
高橋是清　2.26(1936)
高橋五郎　9.7(1935)
高橋作也　10.21(1865)
高橋俊乗　6.16(1948)
高橋紹運　7.27(1586)
高橋正作　6.23(1894)
高橋碩一　8.6(1985)
高橋新吉　6.5(1987)
高橋新五郎(2代目)　6.25(1857)
高橋進　10.19(1984)
高橋誠一郎　2.9(1982)
高橋箒庵　12.12(1937)
高橋多一郎　3.23(1860)
高橋高見　5.10(1989)
高橋竹山　2.5(1998)
高橋千代　3.3(1969)
高橋泥舟　2.13(1903)
高橋鉄　5.31(1971)
高橋道八(2代目)　5.26(1855)
高橋道八(3代目)　8.2(1879)
高橋とよ　3.14(1981)
高橋展子　9.25(1990)
高橋秀俊　6.30(1985)
高橋文右衛門　5.27(1855)
高橋正雄　9.10(1995)
高橋元吉　1.28(1965)
高橋元種　10.9(1614)
高橋由一　7.6(1894)
高橋良明　1.23(1989)
高橋義孝　7.21(1995)
高橋至時　1.5(1804)
高橋竜太郎　12.22(1967)
高畠華宵　7.31(1966)

高畠五郎　9.4(1884)
高畠達四郎　6.26(1976)
高畠素之　12.23(1928)
高畠藍泉　11.18(1885)
高畠長直　6.24(1549)
高浜虚子　4.8(1959)
隆姫子女王　11.22(1087)
高間惣七　1.26(1974)
高松院　6.13(1176)
高松次郎　6.25(1998)
高松豊吉　9.27(1937)
高松宮喜久子　12.18(2004)
高松宮宣仁親王　2.3(1987)
高松凌雲　10.12(1916)
高円宮憲仁　11.21(2002)
田上菊舎尼　8.23(1826)
高見順　8.17(1965)
鷹見泉石　7.16(1858)
高峰譲吉　7.22(1922)
高峰筑風　4.21(1936)
高嶺秀夫　2.22(1910)
高峰三枝子　5.27(1990)
高宮晋　5.12(1986)
高村光雲　10.10(1934)
高村光太郎　4.2(1956)
高村象平　5.11(1989)
高村豊周　6.2(1972)
高群逸枝　6.7(1964)
多賀谷重経　11.9(1618)
高安国世　7.30(1984)
高安月郊　2.26(1944)
高安久雄　3.31(1996)
高屋窓秋　1.1(1999)
高柳健次郎　7.23(1990)
高柳賢三　6.11(1967)
高柳重信　7.8(1983)
高柳光寿　12.1(1969)
高山右近　1.8(1615)
高山義三　12.6(1974)
高山甚太郎　10.23(1914)
高山宗砌　1.16(1455)
高山樗牛　12.24(1902)
高山毅　10.28(1961)
高山彦九郎　6.27(1793)
宝井馬琴(初代)　8.19(1857)
宝井馬琴(4代目)　12.27(1928)
宝井馬琴(5代目)　10.26(1985)
宝山左衛門(初代)　1.25(1844)

878

人名索引　たけ

宝山左衛門（2代目）　12.20（1910）
宝山左衛門（3代目）　2.11（1914）
財部彪　1.13（1949）
田河水泡　12.12（1989）
田川大吉郎　10.9（1947）
田川飛旅子　4.25（1999）
ダカン, ルイ‐クロード　6.15（1772）
滝　8.7（1265）
滝井孝作　11.21（1984）
滝内礼作　11.2（1993）
滝鶴台　1.24（1773）
滝和亭　9.28（1901）
滝川一益　9.9（1586）
滝川雄利　2.26（1610）
多岐川恭　12.31（1994）
滝川政次郎　1.29（1992）
滝川幸辰　11.16（1962）
滝口修造　7.1（1979）
多紀元簡　12.2（1810）
多紀元堅　2.14（1857）
多紀元悳　5.10（1801）
滝沢英輔　11.29（1965）
滝沢修　6.22（2000）
滝沢克己　6.26（1984）
滝沢馬琴　11.6（1848）
滝精一　5.17（1945）
滝善三郎　2.9（1868）
滝田樗陰　10.27（1925）
滝田実　12.9（2000）
滝田ゆう　8.25（1990）
滝花久子　2.12（1985）
滝瓢水　5.17（1762）
滝本誠一　8.20（1932）
滝山　1.4（1876）
滝廉太郎　6.29（1903）
タキン・コードーフマイン　7.27（1964）
ターキントン, ブース　5.19（1946）
沢庵宗彭　12.11（1646）
託何　8.20（1354）
田鎖綱紀　5.3（1938）
田口卯吉　4.13（1905）
田口運蔵　12.26（1933）
田口掬汀　8.9（1943）
田口利八　7.28（1982）
田口留兵衛　6.28（1864）
卓然宗立　12.2（1385）

田久保英夫　4.14（2001）
田熊常吉　12.22（1953）
詫間樊六　8.3（1866）
ダグラス　8.25（1330）
ダグラス, S.A.　6.3（1861）
ダグラス, ドナルド・ウィリス　2.1（1981）
ダグラス, ノーマン　2.9（1952）
ダグラス, フレデリック　2.20（1895）
武井柯亭　5.23（1895）
武井大助　3.30（1972）
武井武雄　2.7（1983）
竹内昭夫　12.26（1996）
竹内久一　9.24（1916）
竹内茂代　12.15（1975）
竹内季治　9.18（1571）
竹内栖鳳　8.23（1942）
武内つなよし　4.17（1988）
武内俊子　4.7（1945）
竹内直一　12.16（2001）
竹内好　3.3（1977）
竹内理三　3.2（1997）
武内了温　1.15（1968）
竹岡勝也　9.30（1958）
武岡鶴代　9.30（1966）
竹川竹斎　11.1（1882）
竹越与三郎　1.12（1950）
竹崎順子　3.7（1905）
竹崎有斐　9.17（1993）
竹沢弥七（初代）　6.17（1754）
竹沢弥七（7代目）　9.18（1876）
竹沢弥七（10代目）　10.24（1976）
竹下しづの女　8.3（1951）
竹下登　6.19（2000）
竹柴其水　2.10（1923）
竹島幸左衛門（初代）　11.24（1712）
武島羽衣　2.3（1967）
竹添進一郎　3.31（1917）
竹田出雲（初代）　6.4（1747）
竹田出雲（2代目）　11.4（1756）
武田勝頼　3.11（1582）
武田勝頼の妻　3.11（1582）
武田国信　6.21（1490）
武田耕雲斎　2.4（1865）
武田五兵衛　11.7（1603）
武田志麻之輔　7.31（1958）
竹田昌慶　5.25（1380）

武田信玄　4.12（1573）
武田信玄の娘　6.17（1569）
武田泰淳　10.5（1976）
武田長兵衛（6代目）　9.1（1980）
武田千代三郎　5.26（1932）
竹田恒徳　5.11（1992）
武田成章　1.28（1880）
武谷三男　4.22（2000）
武田信賢　6.2（1471）
武田信勝　3.11（1582）
武田信実　5.21（1575）
武田信繁　9.10（1561）
武田信時　2.9（1289）
武田信虎　3.5（1574）
武田信栄　7.23（1440）
武田信広　5.20（1494）
武田信光　12.5（1248）
武田信満　2.6（1417）
武田信義　3.9（1186）
武田信吉　9.11（1603）
武田範之　6.23（1911）
武田久吉　6.7（1972）
武田法印定盛　6.20（1508）
武田元明　7.19（1582）
武田元信　12.3（1521）
武田祐吉　3.29（1958）
武田麟太郎　3.31（1946）
武市瑞山　閏5.11（1865）
武市健人　2.16（1986）
武智鉄二　7.26（1988）
高市皇子　7.10（696）
竹鶴政孝　8.29（1979）
竹友藻風　10.7（1954）
竹中郁　3.7（1982）
竹中重門　閏10.9（1631）
竹中半兵衛　6.13（1579）
竹内貞心　1.12（1880）
竹内貞基　5.28（1863）
竹内式部　12.5（1768）
竹内綱　1.9（1922）
竹内久盛　6.30（1595）
竹乙女　2.15（769）
竹御所　7.27（1234）
武野紹鴎　閏10.29（1555）
武野宗瓦　8.26（1614）
竹林唯七　2.4（1703）
武林無想庵　3.27（1962）
武原はん　2.5（1998）
竹久夢二　9.1（1934）
建部綾足　3.18（1774）

879

建部賢弘　*7.20*(1739)
建部賢文　*9.21*(1590)
建部清庵　*3.8*(1782)
建部遜吾　*2.18*(1945)
建部昌興　*4.18*(1655)
武俣六蔵　*1.19*(1958)
竹俣当綱　*4.5*(1793)
武見太郎　*12.20*(1983)
武満徹　*2.20*(1996)
竹本相生太夫(3代目)　*7.6*(1976)
竹本綾之助(初代)　*1.31*(1942)
竹本綾之助(2代目)　*11.24*(1959)
竹本大隅太夫(初代)　*11.13*(1864)
竹本大隅太夫(3代目)　*7.31*(1913)
竹本大隅太夫(4代目)　*7.12*(1952)
竹本大隅太夫(5代目)　*2.11*(1980)
竹本義太夫(初代)　*9.10*(1714)
竹本越路太夫(3代目)　*3.18*(1924)
竹本小津賀(初代)　*8.23*(1972)
竹本小土佐　*1.1*(1977)
竹本三蝶　*6.13*(1971)
竹本住太夫(初代)　*3.20*(1810)
竹本住太夫(4代目)　*1.22*(1889)
竹本住太夫(6代目)　*1.15*(1959)
竹本摂津大掾(2代目)　*10.9*(1917)
竹本染太夫(初代)　*8.11*(1785)
竹本染太夫(6代目)　*5.1*(1869)
竹本染太夫(7代目)　*6.11*(1883)
竹本津太夫(初代)　*6.7*(1855)
竹本津太夫(2代目)　*7.23*(1912)
竹本津太夫(3代目)　*5.7*(1941)

竹本津太夫(4代目)　*9.29*(1987)
竹本綱太夫(初代)　*10.13*(1776)
竹本綱太夫(2代目)　*8.16*(1805)
竹本綱太夫(6代目)　*9.24*(1883)
竹本綱太夫(8代目)　*1.3*(1969)
竹本土佐太夫(7代目)　*10.20*(1968)
竹本土佐広　*7.27*(1992)
竹本長門太夫(3代目)　*10.19*(1864)
竹本長門太夫(4代目)　*1.23*(1890)
竹本播磨少掾　*7.25*(1744)
竹本春子太夫(3代目)　*4.26*(1969)
竹本雛太夫(5代目)　*2.29*(1980)
竹本政太夫(2代目)　*7.10*(1765)
竹本素女　*5.9*(1966)
竹本弥太夫(初代)　*5.13*(1820)
竹本弥太夫(5代目)　*10.30*(1906)
竹本大和掾　*11.8*(1766)
竹屋冬俊　*10.30*(1464)
竹山道雄　*6.15*(1984)
ダーゲルマン，スティーグ　*11.4*(1954)
タゲール，ルイ・ジャック・マンデ　*7.10*(1851)
竹脇昌作　*11.9*(1959)
田子一民　*8.15*(1963)
多胡真益　*9.3*(1665)
たこ八郎　*7.24*(1985)
ダゴベルト1世　*1.9*(639)
タゴール　*1.19*(1905)
タゴール，ラビンドラナート　*8.7*(1941)
ダーザー　*3.27*(1589)
太宰治　*6.13*(1948)
太宰春台　*5.30*(1747)
田坂具隆　*10.17*(1974)
田崎草雲　*9.1*(1898)
田崎広助　*1.28*(1984)
田崎勇三　*5.24*(1963)

田沢稲舟　*9.10*(1896)
田沢義鋪　*11.24*(1944)
多治比県守　*6.23*(737)
多治比池守　*9.8*(730)
多治比今麻呂　*8.29*(825)
多治比嶋　*7.21*(701)
多治比高子　*3.2*(825)
多治比長野　*12.22*(789)
多治比土作　*6.10*(771)
多治比広足　*1.21*(760)
多治比広成　*4.7*(739)
多治比真宗　*6.11*(823)
多治比水守　*4.15*(711)
田島錦治　*6.28*(1934)
田島象二　*8.30*(1909)
田島直人　*12.4*(1990)
但馬皇女　*6.25*(708)
田島ひで　*1.12*(1976)
田島隆純　*7.24*(1957)
多治見国長　*9.19*(1324)
田尻稲次郎　*8.15*(1923)
田尻宗昭　*7.4*(1990)
田代栄助　*5.17*(1885)
田代三喜　*2.19*(1537)
田代茂樹　*8.8*(1981)
田代重栄　*3.14*(1687)
田代文久　*2.29*(1996)
ダシンスキ　*10.31*(1936)
ダース　*6.16*(1925)
ダスマリニャス　*10.25*(1593)
ダゼッリオ，マッシモ・タパレッリ　*1.15*(1866)
田添鉄二　*3.19*(1908)
多田かおる　*3.11*(1999)
多田嘉助　*11.22*(1687)
但木土佐　*5.19*(1869)
忠子女王　*5.12*(904)
忠貞王　*8.27*(884)
多田等観　*2.18*(1967)
忠成王　*12.13*(1281)
多田南嶺　*9.12*(1750)
只野真葛　*6.26*(1825)
多田駿　*12.16*(1948)
多田昌綱　*1.20*(1605)
タチアナ・ニコラエヴナ　*7.17*(1918)
立川清登　*12.30*(1985)
立作太郎　*5.13*(1943)
タチ，ジャック　*11.5*(1982)
橘秋子　*5.14*(1971)
立花鑑任　*5.13*(1721)

たな

橘曙覧 *8.28*(1868)
橘旭翁(初代) *8.28*(1919)
橘旭翁(3代目) *11.29*(1971)
立花闇千代 *1.17*(1602)
橘耕斎 *5.31*(1885)
橘孝三郎 *3.30*(1974)
立花実山 *11.10*(1708)
橘周太 *8.31*(1904)
橘樸 *10.25*(1945)
橘瑞超 *11.4*(1968)
橘外男 *7.6*(1959)
立花忠茂 *9.19*(1675)
橘東世子 *10.13*(1882)
立花直次 *7.19*(1617)
橘南谿 *4.10*(1805)
橘娘 *2.29*(681)
橘氏公 *12.19*(848)
橘ノ円都 *8.20*(1972)
橘影子 *11.10*(864)
橘嘉智子 *5.4*(850)
橘公頼 *2.20*(941)
橘古那可智 *7.5*(759)
橘為仲 *10.21*(1085)
橘常子 *8.1*(817)
橘常主 *6.2*(826)
橘恒平 *11.15*(983)
橘俊綱 *7.14*(1094)
橘知任 *3.27*(1361)
橘永名 *5.11*(866)
橘以繁 *10.9*(1379)
橘逸勢 *8.13*(842)
橘広相 *5.16*(890)
橘房子 *11.16*(893)
橘道貞 *4.16*(1016)
橘峯継 *10.29*(860)
橘諸兄 *1.6*(757)
橘良殖 *2.28*(920)
橘良基 *6.8*(887)
立花北枝 *5.12*(1718)
橘三喜 *3.7*(1703)
立花宗茂 *11.25*(1643)
橘守国 *10.17*(1748)
橘守部 *5.24*(1849)
橘家円喬(4代目) *11.22*(1912)
橘家円太郎(初代) *10.15*(1871)
橘家円太郎(4代目) *11.4*(1898)
橘家円太郎(7代目) *8.15*(1977)

立花家橘之助 *6.29*(1935)
立原杏所 *5.20*(1840)
立原春沙 *11.3*(1858)
立原翠軒 *3.14*(1823)
立原正秋 *8.12*(1980)
立原道造 *3.29*(1939)
太刀山峰右衛門 *4.3*(1941)
辰岡万作 *9.3*(1809)
タッカー,ソフィー *2.9*(1966)
田付景澄 *10.14*(1619)
タッソ,トルクァート *4.25*(1595)
タッソーニ,アレッサンドロ *4.25*(1635)
タッソ,ベルナルド *9.5*(1569)
タッソー,マリー *4.16*(1850)
達智門院 *11.2*(1348)
ダット *11.30*(1909)
ダット *12.20*(1974)
ダット,マイケル・マドゥー・スダン *6.29*(1873)
ダドリ *8.17*(1510)
ダッドリー *8.22*(1553)
ダッドリー *10.25*(1684)
辰野金吾 *3.25*(1919)
竜野煕近 *8.2*(1693)
辰野隆 *2.28*(1964)
ダッハ,ジーモン *4.15*(1659)
ダッハシュタイン,ヴォルフガング *3.7*(1553)
辰松八郎兵衛(初代) *5.9*(1734)
巽聖歌 *4.24*(1973)
辰巳柳太郎 *7.29*(1989)
竜村平蔵 *4.11*(1962)
伊達秋雄 *12.25*(1994)
立石一真 *1.12*(1991)
建川美次 *9.9*(1945)
伊達邦直 *1.12*(1891)
蓼胡蝶(初代) *7.2*(1958)
伊達里子 *10.23*(1972)
伊達忠宗 *7.12*(1658)
伊達稙宗 *6.19*(1565)
伊達千広 *5.18*(1877)
伊達綱宗 *6.4*(1711)
伊達綱村 *6.20*(1719)
伊達輝宗 *10.8*(1585)
伊達得夫 *1.16*(1961)
伊達朝宗の妻 *10.2*(1251)
伊達尚宗の妻 *9.11*(1513)

竪野永俊 *9.8*(1649)
立野信之 *10.25*(1971)
建畠大夢 *3.22*(1942)
伊達晴宗 *12.5*(1577)
伊達秀宗 *6.8*(1658)
伊達政宗 *5.24*(1636)
伊達政宗 *9.14*(1405)
伊達政宗の娘 *4.22*(1635)
伊達宗勝 *12.4*(1679)
伊達宗城 *12.20*(1892)
伊達持宗 *1.8*(1469)
館山漸之進 *2.17*(1916)
伊達行朝 *5.9*(1348)
立入宗継 *9.26*(1622)
帯刀貞代 *3.31*(1990)
タトウィン(カンタベリの) *7.30*(734)
田所太郎 *6.6*(1975)
田所輝明 *11.19*(1934)
田所寧親 *8.11*(1873)
タートリン,ヴラディミル・エヴグラフォヴィチ *5.31*(1953)
ダート,レイモンド・アーサー *11.22*(1988)
ターナー *1.2*(1802)
ターナー,J.M.W. *12.19*(1851)
ターナー,ウィリアム *7.7*(1568)
田中阿歌麿 *12.1*(1944)
田中伊三次 *4.11*(1987)
田中一松 *4.19*(1983)
田中一光 *1.10*(2002)
田中栄三 *6.13*(1968)
田中王堂 *5.9*(1932)
田中大秀 *9.16*(1847)
田中角栄 *12.16*(1993)
田中克己 *9.5*(1982)
田中河内介 *5.1*(1862)
田中寛一 *11.12*(1962)
田中義一 *9.29*(1929)
田中吉六 *12.10*(1985)
田中絹代 *3.21*(1977)
田中丘隅 *12.22*(1730)
田中恭吉 *10.23*(1915)
田中希代子 *2.26*(1996)
田中清玄 *12.10*(1993)
田中国重 *3.9*(1941)
田中啓爾 *1.5*(1975)
田中謙助 *4.24*(1862)

881

たな　　人名索引

田中玄蕃(9代目)　6.15(1811)
田中耕太郎　3.1(1974)
田中貢太郎　2.1(1941)
田中小実昌　2.27(2000)
田中治兵衛　11.27(1728)
田中彰治　11.28(1975)
田中正造　9.4(1913)
田中正平　10.16(1945)
田中二郎　1.16(1982)
田中新一　9.24(1976)
田中慎次郎　7.2(1993)
田中親美　11.24(1975)
田中新兵衛　5.26(1863)
田中澄江　3.1(2000)
田中寿美子　3.15(1995)
田中仙樵　10.6(1960)
田中惣五郎　9.4(1961)
田中宗清　6.9(1237)
田中竜夫　3.30(1998)
田中舘愛橘　5.21(1952)
田中千禾夫　11.29(1995)
田中智学　11.17(1939)
田中千代　6.28(1999)
田中長三郎　6.28(1976)
田中伝左衛門(3代目)　10.16(1801)
田中伝左衛門(4代目)　12.22(1831)
田中伝左衛門(5代目)　10.27(1840)
田中伝左衛門(6代目)　8.10(1853)
田中伝左衛門(9代目)　11.11(1909)
田中伝左衛門(10代目)　2.22(1955)
田中伝左衛門(11代目)　3.16(1997)
田中桐江　6.26(1742)
田中道清　1.3(1206)
田中藤六　8.12(1777)
田中訥言　3.21(1823)
田中豊蔵　4.26(1948)
田中玄宰　8.7(1808)
田中久重(初代)　11.7(1881)
田中久重(2代目)　2.23(1905)
田中比左良　8.31(1974)
田中英光　11.3(1949)
田中百畝　2.11(1964)
田中不二麿　2.1(1909)
田中筆子　2.23(1981)

田中冬二　4.9(1980)
田中平八　6.8(1884)
田中万逸　12.5(1963)
田中路子　5.18(1988)
田中美知太郎　12.18(1985)
田中道麿　10.4(1784)
田中光顕　3.28(1939)
田中芳男　6.22(1916)
田中義能　3.4(1946)
田中義成　11.4(1919)
田中吉政　2.18(1609)
田中義麿　7.1(1972)
田中頼庸　4.10(1897)
田中蘭陵　2.25(1734)
田中隆吉　6.5(1972)
田中良　12.31(1974)
田中六助　1.31(1985)
ターナー, シリル　2.28(1626)
棚橋絢子　9.21(1939)
棚橋源太郎　4.3(1961)
棚橋小虎　2.20(1973)
棚橋寅五郎　12.11(1955)
ターナー, フレデリック・ジャクソン　3.14(1932)
田辺至　1.14(1968)
田辺朔郎　9.5(1944)
田辺繁子　6.8(1986)
田辺七六　8.1(1952)
田部重治　9.22(1972)
田辺太一　9.16(1915)
田辺竹雲斎(2代目)　2.24(2000)
田辺貞之助　9.7(1984)
田辺南鶴(12代目)　6.23(1968)
田辺南竜(初代)　6.27(1857)
田辺南龍(2代目)　12.10(1884)
田辺南竜(5代目)　10.8(1954)
田辺元　4.29(1962)
田辺治通　1.30(1950)
田辺尚雄　3.5(1984)
田辺三重松　12.9(1971)
田辺茂一　12.11(1981)
田辺茂啓　1.30(1768)
タナラット　12.8(1963)
谷一斎　3.25(1695)
ダニイール・バロームニク　9.9(1122)
谷内六郎　1.23(1981)

ダニエル-ロプス, アンリ　7.27(1965)
ダニエル, サミュエル　10.14(1619)
ダニエル, ジョン・フレデリック　3.13(1845)
谷岡ヤスジ　6.14(1999)
谷風梶之助(2代目)　1.9(1795)
谷川雁　2.2(1995)
谷川士清　10.10(1776)
谷川徹三　9.27(1989)
谷口千吉　10.29(2007)
谷口善太郎　6.8(1974)
谷口尚真　10.30(1941)
谷口雅春　6.17(1985)
谷口吉郎　2.2(1979)
谷崎潤一郎　7.30(1965)
谷崎松子　2.1(1991)
谷三山　12.11(1868)
谷時中　12.29(1650)
谷秋香　5.16(1832)
谷泰山　6.30(1718)
谷善右衛門　10.30(1741)
谷宗牧　9.22(1545)
谷宗養　11.18(1563)
谷宗臨　11.26(1601)
谷素外　2.8(1823)
谷干城　5.13(1911)
谷中安規　9.9(1946)
谷文晁　12.14(1841)
谷木因　9.30(1725)
谷正之　10.26(1962)
谷真潮　10.18(1797)
谷本富　2.1(1946)
谷衛友　12.23(1628)
谷森善臣　11.16(1911)
谷洋子　4.19(1999)
ダニレフスキー, ニコライ・ヤーコヴレヴィチ　11.7(1885)
ダーニーロ1世　8.13(1860)
ダニロヴァ, アレクサンドラ・ディオニシエヴナ　7.13(1997)
田沼意次　7.24(1788)
田沼意知　3.26(1784)
タネーエフ, セルゲイ・イワーノヴィチ　6.18(1915)
種子島時尭　10.2(1579)
種田山頭火　10.11(1940)

882

種田政明 *10.24*（1876）
種村季弘 *8.29*（2004）
田内衛吉 *11.28*（1864）
田能村竹田 *6.29*（1835）
田能村直入 *1.21*（1907）
田畑茂二郎 *3.8*（2001）
田畑忍 *3.14*（1994）
ターハー・フサイン *10.28*（1973）
田原直助 *12.11*（1896）
タバリー *2.16*（923）
ダービー *4.21*（1893）
ダービー1世 *3.8*（1717）
ダービー2世 *3.31*（1763）
ダビ, ウージェーヌ *8.21*（1936）
ダービー, エドワード・ジェフリー・スミス・スタンリー, 14代伯爵 *10.23*（1869）
タピオヴァーラ, ニルキ *2.29*（1940）
ダファリン *2.12*（1902）
ダフィ, サー・チャールズ・ガヴァン *2.9*（1903）
田淵行男 *5.30*（1989）
タフト, R.A. *7.31*（1953）
タフト, ウィリアム・ハワード *3.8*（1930）
タフマースプ1世 *5.14*（1576）
タブマン *7.23*（1971）
ターベル, アイダ・M *1.6*（1944）
田保橋潔 *2.26*（1945）
ダ・ポンテ, ロレンツォ *8.17*（1838）
玉楮象谷 *2.1*（1869）
玉川勝太郎（2代目）*8.13*（1969）
玉川勝太郎（3代目）*10.4*（2000）
玉川庄右衛門 *6.6*（1695）
玉木文之進 *11.6*（1876）
玉城朝薫 *1.26*（1734）
瓊子内親王 *8.1*（1339）
ダマスス1世 *12.11*（384）
ダーマット・マクマロー *5.1*（1171）
玉手則清 *2.28*（1133）
玉錦三右衛門 *12.4*（1938）
タマーニョ, フランチェスコ *8.31*（1905）

玉野井芳郎 *10.18*（1985）
玉ノ海梅吉 *10.23*（1988）
玉の海正洋 *10.11*（1971）
玉乃世履 *8.9*（1886）
玉姫宮 *8.23*（1547）
玉松一郎 *5.30*（1963）
玉松操 *2.15*（1872）
玉虫左太夫 *4.9*（1869）
玉虫文一 *7.26*（1982）
圭室諦成 *5.15*（1966）
タマヨ, ルフィノ *6.24*（1991）
田丸稲之衛門 *2.4*（1865）
田丸卓郎 *9.22*（1932）
ターマン, ルイス・M *12.21*（1956）
ダミア *1.30*（1978）
ダミアーニ, ピエール *2.22*（1072）
ダミアン *12.29*（1586）
ダミアン, ジョゼフ神父 *4.15*（1889）
田宮嘉右衛門 *4.13*（1959）
田宮如雲 *4.19*（1871）
田宮二郎 *12.28*（1978）
田宮高麿 *11.30*（1995）
田宮虎彦 *4.9*（1988）
田宮博 *3.20*（1984）
田宮裕 *1.12*（1999）
タム, イーゴリ・エヴゲニエヴィチ *4.12*（1971）
田向重治 *7.21*（1535）
ダム, カール・ペーター・ヘンリック *4.24*（1976）
ダムディンスレン, ツェンディーン *5.27*（1986）
田村秋子 *2.3*（1983）
田村栄太郎 *11.29*（1969）
田村一男 *7.10*（1997）
田村清顕 *10.9*（1586）
田村魚菜 *3.25*（1991）
田村孝之介 *6.30*（1986）
田村宗立 *7.10*（1918）
田村泰次郎 *11.2*（1983）
田村高廣 *5.16*（2006）
田村俊子 *4.16*（1945）
田村虎蔵 *11.7*（1943）
田村直臣 *1.7*（1934）
田村成義 *11.8*（1920）
田村文吉 *6.26*（1963）
田村正敏 *9.25*（1998）
田村藍水 *3.23*（1776）

田村隆一 *8.26*（1998）
ダムロッシュ, ヴァルター *12.22*（1950）
為永春水（初代）*12.22*（1844）
為平親王 *11.7*（1010）
田母野秀顕 *11.29*（1883）
田安宗武 *6.4*（1771）
田山花袋 *5.13*（1930）
田谷力三 *3.30*（1988）
ダヤン, モシェ *10.16*（1981）
多代女 *8.4*（1865）
タラシオス *2.18*（806）
ダーラー・シコー *9.9*（1659）
ダラディエ, エドゥアール *10.11*（1970）
ダラピッコラ, ルイジ *2.19*（1975）
タラベラ, エルナンド・デ *5.14*（1507）
ダラム, ジョン・ジョージ・ラムトン, 伯爵 *7.28*（1840）
ダランベール, ジャン‐バチスト‐ル‐ロン *10.29*（1783）
タリアヴィーニ, フェルッチョ *1.28*（1995）
ダーリ, ウラジーミル・イワノヴィチ *9.22*（1872）
タリオーニ *4.27*（1884）
ダリーオ, ルベン *2.6*（1916）
タリコナ *6.23*（1536）
ダリ, サルバドール *1.23*（1989）
タリス, トマス *11.23*（1585）
タリヒ, ヴァーツラフ *3.16*（1961）
タリャコッツィ *11.7*（1599）
ダリュ伯爵, ピエール・アントワーヌ *9.5*（1829）
樽井藤吉 *10.25*（1922）
タルヴィオ, マイラ *1.6*（1951）
タルコフスキー, アンドレイ・アルセニエヴィチ *12.29*（1986）
ダルゴムイシスキー, アレクサンドル・セルゲエヴィチ *1.17*（1869）
タル, ジェスロ *2.21*（1741）
ダルジャンソン, マルク・ピエール *8.27*（1764）
ダルー, ジュール *4.15*（1902）

タルスキー, アルフレッド 10.28(1983)
タルタリヤ, ニッコロ 12.14(1557)
タルティーニ, ジュゼッペ 2.26(1770)
タルデュー 9.15(1945)
タルド, ・ガブリエル 5.13(1904)
タールトン, リチャード 9.3(1588)
ダルハウジー, ジェイムズ・アンドリュー・ブラウン・ラムジー, 初代侯爵 12.19(1860)
ダールバーグ, エドワード 2.27(1977)
ダルブー 2.23(1917)
ダールベルク, ヨハネス・フォン 7.27(1503)
タルマ, フランソワ・ジョゼフ 10.19(1826)
ダールマン 12.5(1860)
タルマン・デ・レオー, ジェデオン 11.10(1692)
ダールマン, ヨーゼフ 6.22(1930)
ダル・モンテ, トーティ 1.26(1975)
タルレ 1.5(1955)
ダール, ロアルド 11.23(1990)
タレガ, フランシスコ 12.15(1909)
ダレス, アレン・W 1.29(1969)
ダレス, ジョン・フォスター 5.24(1959)
タレーラン・ペリゴール, シャルル・モーリス・ド 5.17(1838)
ダレル, ロレンス 11.7(1990)
ダレン, ニールス・グスタフ 12.9(1937)
タロー, ジェローム 1.28(1953)
タロー, ジャン 4.9(1952)
俵国一 7.30(1958)
田原淳 1.19(1952)
俵孫一 6.17(1944)
団伊玖磨 5.17(2001)

湛睿 11.30(1347)
湛海 1.16(1716)
檀一雄 1.2(1976)
団勝磨 5.18(1996)
ダンカン, イザドラ 9.14(1927)
タンギー, イヴ 1.15(1955)
段祺瑞 11.2(1936)
湛空 7.27(1253)
タングマル(ヒルデスハイムの) 5.25(1003)
タングリー, ジャン 8.30(1991)
ダングルベール, ジャン・アンリ 4.23(1691)
タンクレッド 12.12(1112)
湛慶 5.19(1256)
檀渓心涼 8.8(1374)
丹下キヨ子 5.4(1998)
丹下健三 3.22(2005)
断江周恩 7.8(1495)
タンサン夫人 12.4(1749)
団芝清麿 4.10(1563)
談洲楼燕枝(初代) 2.11(1900)
ダン, ジョン 3.31(1631)
譚震林 9.30(1983)
ダンスタブル, ジョン 12.24(1453)
ダンスター, ヘンリ 2.27(1659)
タンスタル, カスバート 11.18(1559)
聖ダンスタン 5.19(988)
タンズリー, サー・アーサー・ジョージ 11.25(1955)
弾誓 5.25(1613)
ダンセイニ, ロード 10.25(1957)
炭太祇 8.9(1771)
団琢磨 3.5(1932)
湛澄 2.29(1712)
ダンテ・アリギエーリ 9.14(1321)
ターンティア・トーピー 4.18(1859)
ダンティ, ヴィンチェンツォ 5.26(1576)
ダンティシェク, ヤン 10.27(1548)

タンディ, ジェシカ 9.11(1994)
ダンディ, ポール・マリー・テオドール・ヴァンサン 12.2(1931)
ダーンデルス 5.2(1818)
談天門院 11.15(1319)
淡徳三郎 5.20(1977)
ダンドロ, エリンコ 6.14(1205)
ダントン, ジョルジュ・ジャック 4.5(1794)
弾直樹 7.9(1889)
タンヌリ, ポール 11.27(1904)
ダンヌンツィオ, ガブリエーレ 3.1(1938)
ダンネッカー, ヨハン・ハインリヒ・フォン 12.8(1841)
丹野セツ 5.29(1987)
淡野安太郎 9.28(1967)
ダンバー 5.24(1367)
丹波哲郎 9.24(2006)
丹波雅忠 2.18(1088)
丹波康頼 4.19(995)
ダンバー, ポール・ロレンス 2.9(1906)
丹波盛長 4.11(1457)
タンピエ 9.3(1279)
譚平山 4.2(1956)
タンボ, オリヴァー 4.24(1993)
タンマン 12.17(1938)
ダーンリー, ヘンリー・スチュワート, 卿 2.10(1567)
ダンロップ, ジョン・ボイド 10.22(1921)

【ち】

チアウレーリ, ミハイル 10.31(1974)
千秋実 11.1(1999)
チーヴァー, ジョン 6.18(1982)
智雲 8.14(1516)
智藴 5.12(1448)
チェイス, サミュエル 6.19(1811)

チェイン, サー・エルンスト・ボリス *8.12*(1979)
チェインバーズ, ロバート *3.17*(1871)
チェヴァ, トマス *12.13*(1734)
チェケッティ, エンリコ *11.13*(1928)
チェザーリ, ジュゼッペ *7.3*(1640)
チェザリーニ, ジュリアーノ *11.10*(1444)
チェザルピーノ, アンドレア *2.23*(1603)
チェスタトン, G.K. *6.14*(1936)
チェスターフィールド, フィリップ・ドーマー・スタナップ, 4代伯爵 *3.24*(1773)
チェスティ, ピエトロ *10.14*(1669)
チェズニー, フランシス・ロードン *1.30*(1872)
チェッキ, エミーリオ *9.6*(1966)
チェッコ・ダスコリ *9.16*(1327)
チェッリーニ, ベンヴェヌート *2.13*(1571)
智恵内子 *6.20*(1807)
チェーピン *7.7*(1974)
チェブイショフ, パフヌチー・リヴォヴィチ *11.26*(1894)
チェフ, スヴァトプルク *2.23*(1908)
チェーホフ, アントン・パーヴロヴィチ *7.2*(1904)
チェリー, オーギュスタン *5.22*(1856)
チェリビダッケ, セルジュ *8.16*(1996)
チエール, アドルフ *9.3*(1877)
チェルカーソフ, ニコライ *9.14*(1966)
チェルニー, カール *7.15*(1857)
チェルニーク *10.19*(1994)
チェルニー・ステファニスカ, ハリナ *7.1*(2001)
チェルヌイシェフスキー, ニコライ・ガブリーロヴィチ *10.17*(1889)
チェルネンコ, コンスタンチン・ウスチノヴィチ *3.10*(1985)
チェルノーフ *4.15*(1952)
チェルベンコフ *10.21*(1980)
チェルマーク *5.4*(1927)
チェルマーク *10.11*(1962)
チェレプニン, アレクサンドル *9.29*(1977)
チェレプニン, ニコライ *6.26*(1945)
チェレンコフ, パーヴェル・アレクセイエヴィチ *1.6*(1990)
チェーン *1.31*(1836)
智円 *9.21*(1513)
チェンバーズ, イーフレイム *5.15*(1740)
チェンバーズ, サー・ウィリアム *3.8*(1796)
チェンバリン, H.S. *1.9*(1927)
チェンバリン, J.A. *3.16*(1937)
チェンバレン, アーサー・ネヴィル *11.9*(1940)
チェンバレン, ジョゼフ *7.2*(1914)
チェンバレン, トーマス・クローダー *11.15*(1928)
チェンバレン, バジル・ホール *2.15*(1935)
智翁永宗 *10.22*(1426)
智海 *4.27*(1306)
智鎧 *8.8*(929)
親子内親王 *9.18*(851)
近角常観 *12.3*(1941)
近松秋江 *4.23*(1944)
近松徳三 *8.23*(1810)
近松半二 *2.4*(1783)
近松門左衛門(初代) *11.22*(1725)
智顗 *11.24*(597)
竹庵大縁 *4.23*(1439)
知空 *8.13*(1718)
竹澗宗紋 *12.5*(1599)
チーク, サー・ジョン *9.3*(1557)
千種忠顕 *6.7*(1336)
千種雅光 *1.29*(1420)

竹窓智厳 *8.5*(1423)
竹堂利賢 *8.21*(1557)
竹馬光篤 *9.27*(1471)
智眼 *3.27*(1597)
痴兀大慧 *11.22*(1312)
チーゴリ, ロドヴィーコ・カルディ・ダ *6.8*(1613)
智儼 *10.29*(668)
智泉 *2.14*(825)
智遷 *5.14*(1768)
智泉聖通 *11.25*(1388)
智短 *3.15*(1563)
チチェスター, サー・フランシス *8.26*(1972)
チチェリ, ヘンリー *4.12*(1443)
チチェリン, ゲオルギー・ワシリエビッチ *7.7*(1936)
智通 *5.1*(1403)
チッテンデン, ラッセル・ヘンリー *12.26*(1943)
チッペンデイル, トマス *9.11*(1779)
智洞 *10.22*(1805)
智得 *7.1*(1320)
チトー, ヨシップ・ブロズ *5.4*(1980)
痴鈍空性 *6.28*(1301)
千子 *5.15*(1688)
知念績高 *6.15*(1828)
千野栄一 *3.19*(2002)
茅野蕭々 *8.29*(1946)
茅野雅子 *9.2*(1946)
千葉芸閣 *11.7*(1792)
千葉兼胤 *6.17*(1430)
千葉亀雄 *10.4*(1935)
千葉源蔵 *9.21*(1988)
千葉貞胤 *1.1*(1351)
千葉周作 *12.13*(1856)
千葉省三 *10.13*(1975)
千葉胤綱 *5.28*(1228)
千葉胤秀 *2.4*(1849)
千葉胤正 *7.20*(1203)
千葉常重 *5.3*(1180)
千葉常胤 *3.24*(1201)
千葉徳爾 *11.6*(2001)
千葉宗胤 *1.16*(1294)
千葉泰樹 *9.18*(1985)
千葉勇五郎 *4.21*(1946)
チプリアーニ, ジョヴァンニ・バッティスタ *12.14*(1785)

チボーデ, アルベール 4.16(1936)
チボー・ド・シャンパーニュ 7.7(1253)
チーホノフ, ニコライ・アレクサンドロヴィチ 6.1(1997)
チーホノフ, ニコライ・セミョーノヴィチ 2.8(1979)
チマブーエ, ジョヴァンニ 7.4(1302)
チマローザ, ドメーニコ 1.11(1801)
チミリャーゼフ 4.28(1920)
チモシェンコ, セミョーン・コンスタンチノヴィチ 3.31(1970)
チャアダーエフ, ピョートル・ヤーコヴレヴィチ 4.14(1856)
茶阿局 6.12(1621)
チャイコーフスキィ 4.30(1926)
チャイコフスキー, ピョートル・イリイチ 10.25(1893)
チャイルド 6.22(1699)
チャイルド, ゴードン 10.17(1957)
チャヴェス, カルロス 8.2(1978)
チャウシェスク, エレナ 12.25(1989)
チャウシェスク, ニコラエ 12.25(1989)
千屋菊次郎 7.21(1864)
チャタートン, トマス 8.24(1770)
チャーチ, リチャード・ウィリアム 12.9(1890)
チャーチル, ウィンストン 1.24(1965)
チャーチル, ウィンストン 3.12(1947)
チャーチル, ロード・ランドルフ 1.24(1895)
チャップマン, シドニー 6.16(1970)
チャップマン, ジョージ 5.12(1634)
チャップリン, チャールズ 12.15(1977)
聖チャド 3.2(672)

チャドウィック, サー・ジェイムズ 7.24(1974)
チャドウィック, リン 4.25(2003)
チャーニー, ジュール・グレゴリー 6.16(1981)
チャニング 1.18(1931)
チャニング, ウィリアム・エラリー 10.2(1842)
チャーノ, ガレアッツォ, コルテラッツォ伯爵 1.11(1944)
チャプイギン, アレクセイ・パーヴロヴィチ 10.21(1937)
チャベス, シーザー 4.23(1993)
チャペック, カレル 12.25(1938)
チャマーズ 5.31(1825)
チャーマーズ, トマス 5.30(1847)
茶屋明延 5.25(1591)
茶屋小四郎 8.9(1633)
茶屋四郎次郎(初代) 閏7.27(1596)
茶屋四郎次郎(2代目) 4.1(1603)
茶屋四郎次郎(3代目) 7.16(1622)
チャヤーノフ, アレクサンドル・ワシリエヴィチ 10.3(1937)
チャールズ1世 1.30(1649)
チャールズ2世 2.6(1685)
チャールズ, レイ 6.10(2004)
チャルトルィスキ 7.15(1861)
チヤール, ポンチュス・ド 9.23(1605)
チャンセラー, リチャード 11.10(1556)
チャンドラセカール, スブラマニヤン 8.21(1995)
チャンドラー, セス・カルロ 12.31(1913)
チャンドラー, レイモンド 3.26(1959)
チャントリー, フランシス・レガット 11.25(1841)
チャン, レスリー 4.1(2003)
智幽 5.13(1752)
忠縁 3.26(1115)
仲翁守邦 6.6(1445)

忠快 3.16(1227)
中和門院 7.3(1630)
中巌円月 1.8(1375)
忠義 10.23(1498)
忠義王 12.2(1457)
仲恭天皇 5.20(1234)
仲算 10.19(976)
中山法穎 11.7(1390)
籌山了運 8.28(1432)
忠室宗孝 1.9(1533)
忠助 8.18(1290)
中条静夫 10.5(1994)
忠尋 10.14(1138)
中曳顕正 11.26(1456)
中尊寺ゆつこ 1.31(2005)
仲方円伊 8.15(1413)
中峰明本 8.14(1323)
中明栄主 10.27(1521)
中明見方 3.25(1440)
チュオン・チン 9.30(1988)
チュコフスキー, コルネイ・イワノヴィチ 10.28(1969)
チューダー, アントニー 4.19(1987)
チュッチェフ, フョードル・イワノヴィチ 7.15(1873)
チューディ 2.28(1572)
チュリゲーラ, ドン・ホセ 3.2(1725)
チューリング, アラン・マシソン 6.8(1954)
朝意 10.19(1599)
長意 7.3(906)
長勇 6.23(1945)
澄慧 8.22(1169)
長恵 11.2(1524)
重円 6.22(1249)
澄円 7.27(1371)
長宴 4.2(1081)
潮音道海 8.24(1695)
鳥海青児 6.11(1972)
長覚 11.15(1416)
澄覚法親王 4.28(1289)
張学良 10.14(2001)
蝶花楼馬楽(6代目) 6.3(1987)
張居正 6.20(1582)
長空 8.20(1269)
長訓 9.22(855)
張群 12.14(1990)
長慶天皇 8.1(1394)

澄月　5.2(1798)
重源　6.4(1206)
澄憲　8.6(1203)
澄賢　3.11(1158)
張謇　8.24(1926)
朝源　5.9(1050)
長厳　7.16(1228)
澄豪　8.21(1133)
長幸　8.13(1173)
趙光祖　12.20(1519)
長西　1.6(1266)
張作霖　6.4(1928)
長三洲　3.13(1895)
朝山芳敷　4.1(1558)
趙樹理　9.23(1970)
張俊　7.2(1154)
張浚　8.28(1164)
長俊　1.23(1134)
長舜　4.9(1226)
蔄助　12.26(1290)
澄助　6.20(1346)
長乗　11.5(1323)
澄照良源　9.20(1427)
長助法親王　2.8(1361)
澄心　2.25(1014)
長信　9.30(1072)
張人傑　9.3(1950)
長新太　6.25(2005)
朝晴　4.1(1021)
長勢　11.9(1091)
長宗我部国親　6.15(1560)
長宗我部元親　5.19(1599)
長宗我部盛親　5.15(1615)
長連竜　2.3(1619)
張天翼　4.28(1985)
蔄然　3.16(1016)
超然　2.29(1868)
趙普　7.18(992)
長保　11.28(1034)
蝶夢　12.24(1796)
趙孟頫　6.15(1322)
長楽門院　2.1(1352)
張瀾　2.9(1955)
チョカーノ, ホセ・サントス　11.13(1934)
直子女王　12.1(892)
チョーサー, ジェフリー　10.25(1400)
チョッケ, ハインリヒ　6.27(1848)
千代ノ山雅信　10.29(1977)

樗良　11.16(1780)
チョーンシ, チャールズ　2.19(1672)
チョーンドラー, トマス　11.2(1490)
チョンベ, モイズ　6.29(1969)
チーリコフ, エヴゲーニー・ニコラエヴィチ　1.18(1932)
知里波　5.30(1964)
チリーノ　9.16(1635)
知里真志保　6.9(1961)
知里幸恵　9.18(1922)
チリングワース, ウィリアム　1.30(1644)
チルンハウゼン　10.11(1708)
知蓮　5.8(1513)
沈惟敬　7.27(1597)
陳雲　4.10(1995)
珍海　11.23(1152)
陳毅　1.6(1972)
沈鈞儒　6.11(1963)
陳烱明　9.22(1933)
珍玄　2.19(1204)
陳元贇　6.9(1671)
陳国峻　8.20(1300)
珍子内親王　4.24(877)
沈周　8.2(1509)
沈従文　5.10(1988)
陳淳　10.2(1544)
陳書　3.7(1736)
陳紹禹　3.27(1974)
陳汝秩　4.1(1385)
珍西　3.15(1136)
陳誠　3.5(1965)
陳叟明遵　7.4(1507)
珍田捨巳　1.16(1929)
鎮朝　10.5(964)
椿庭海寿　1.12(1401)
陳天華　12.8(1905)
陳東　8.25(1127)
陳独秀　5.27(1942)
陳伯達　9.20(1989)
珍妃　8.15(1900)
陳銘枢　5.15(1965)
陳与義　11.29(1138)

【つ】

ツァイス, カール　12.3(1888)

ツァージウス, ウルリヒ　11.24(1535)
ヴァッカリーア, アントーニオ・マリーア　7.5(1539)
ツァハリーエ, ヨーハン　7.25(1428)
ツァラ, トリスタン　12.24(1963)
ツァンカル, イヴァン　12.11(1918)
ツィオルコフスキー, コンスタンチン・エドゥアルドヴィチ　9.19(1935)
ツィグモンディー, リヒァルト・アドルフ　9.29(1929)
ツィーグラー, カール　8.11(1973)
ツィック, ヤヌアリウス　11.14(1797)
ツィランキエヴィチ, ユゼフ　1.20(1989)
ツィルヒャー, ヘルマン　1.1(1948)
ツィンツェンドルフ, ニコラウス・ルートヴィヒ・フォン　5.9(1760)
ツィンマーマン, ドミニクス　11.16(1766)
ツィンマーマン, ベルント・アーロイス　8.10(1970)
ツィンメルマン　9.1(1898)
ツヴァイク, アルノルト　11.26(1968)
ツヴァイク, シュテファン　2.23(1942)
ツヴィッキー, フリッツ　2.8(1974)
ツヴィック, ヨハネス　10.23(1542)
ツヴィリング, ガーブリエル　5.1(1558)
ツウィングリ, フルドライヒ　10.11(1531)
ツヴェターエワ, マリーナ・イワノヴナ　8.31(1941)
通翁鏡円　1.27(1325)
ツヴォリキン, ウラディミール・コズマ　8.18(1982)
通幻寂霊　5.5(1391)
津打治兵衛(2代目)　1.20(1760)

通陽門院 12.27(1407)
ツェーゼン, フィーリップ 11.3(1689)
ツェッペリン, フェルディナント, 伯爵 3.8(1917)
ツェトキン, クララ 7.20(1933)
ツェムリンスキ, アレクサンダー・フォン 3.15(1942)
ツェラー, エードゥアルト 3.19(1908)
ツェラーン, パウル 4.20(1970)
ツェル, カタリーナ 9.5(1562)
ツェルティス, コンラート 2.4(1508)
ツェル, マテーウス 1.9(1548)
ツェルメロ, エルンスト・フリードリヒ・フェルディナント 5.21(1953)
塚越停春 12.31(1947)
司忠 5.1(1986)
塚田五郎右衛門 10.9(1827)
冢田大峯 3.21(1832)
塚田正夫 12.30(1977)
津金文左衛門 12.19(1802)
塚原健二郎 8.7(1965)
塚原渋柿園 7.5(1917)
塚原仲晃 8.12(1985)
塚原亮一 4.24(1993)
塚本閤治 9.25(1965)
塚本善隆 1.30(1980)
塚本虎二 9.9(1973)
津軽為信 12.5(1608)
津軽為信の母 3.8(1560)
津軽信明 6.22(1791)
津軽信政 10.18(1710)
津軽寧親 6.14(1833)
津川主一 5.3(1971)
月岡雪鼎 12.4(1787)
月形洗蔵 10.23(1865)
月形龍之介 8.30(1970)
次田大三郎 9.15(1960)
月輪家輔 4.1(1455)
月花永女 8.2(1850)
築山殿 8.29(1579)
津久井龍雄 9.9(1989)
筑紫広門 4.23(1623)
津阪東陽 8.23(1825)

津崎矩子 8.23(1873)
辻維岳 1.4(1894)
辻嘉一 11.17(1988)
辻清明 7.30(1991)
辻邦生 7.29(1999)
辻静雄 3.2(1993)
辻潤 11.24(1944)
辻新次 11.30(1915)
辻善之助 10.13(1955)
辻辰之助 1.2(1875)
辻近弘 8.10(1635)
辻徳光 11.13(1968)
辻直四郎 9.24(1979)
辻永 7.23(1974)
辻まこと 12.19(1975)
辻政信 7.20(1968)
津島寿一 2.7(1967)
対馬忠行 4.11(1979)
辻村伊助 9.1(1923)
辻村太郎 7.15(1983)
辻本満丸 4.24(1940)
辻蘭室 12.13(1836)
津田出 6.2(1905)
津田梅子 8.16(1929)
津田算長 12.23(1567)
津田恭介 6.17(1999)
津田玄仙 12.21(1810)
津田監物 12.23(1568)
津田三蔵 9.30(1891)
津田信夫 2.17(1946)
津田信吾 4.18(1948)
津田青楓 8.31(1978)
津田仙 4.23(1908)
津田左右吉 12.4(1961)
津田宗及 4.20(1591)
津田宗達 8.2(1566)
津田恒実 7.20(1993)
津田永忠 2.25(1707)
津田信広 7.12(1574)
津田治子 9.30(1963)
蔦文也 4.28(2001)
津田真道 9.3(1903)
蔦谷喜一 2.24(2005)
蔦屋重三郎 5.6(1797)
土川平兵衛 4.25(1843)
土川元夫 1.27(1974)
土田杏村 4.25(1934)
土田直鎮 1.24(1993)
土田麦僊 6.10(1936)
槌田竜太郎 5.9(1962)
土橋八千太 3.11(1965)

土御門顕定 8.12(1283)
土御門顕実 3.19(1329)
土御門顕実 9.15(1279)
土御門有季 12.15(1465)
土御門有宣 2.13(1514)
土御門有春 6.19(1569)
土御門有盛 11.1(1433)
土御門有脩 1.2(1577)
土御門有世 1.29(1405)
土御門定実 3.30(1306)
土御門定具 2.20(1398)
土御門定通 1.28(1247)
土御門親定 7.1(1315)
土御門天皇 10.11(1231)
土御門藤子 6.14(1875)
土御門雅房 9.28(1302)
土御門通親 10.21(1202)
土御門通具 9.2(1227)
土御門通房 1.29(1345)
土御門通持 閏3.15(1276)
土御門泰家 7.16(1417)
土御門泰清 12.14(1511)
土御門泰邦 5.9(1784)
土御門泰福 6.17(1717)
土屋清 3.22(1987)
土屋蕭海 9.10(1864)
土屋喬雄 8.19(1988)
土屋忠直 4.9(1612)
土屋文明 12.8(1990)
土屋政直 11.16(1722)
土屋宗遠 5.3(1213)
土屋安親(初代) 9.27(1744)
土家由岐雄 7.3(1999)
土屋義清 5.3(1213)
筒井定次 3.5(1615)
筒井順永 4.5(1476)
筒井順慶 8.11(1584)
筒井順昭 6.20(1550)
筒井政憲 6.8(1859)
ツッカーリ, タッデオ 9.2(1566)
ツッカリ, フェデリーコ 7.20(1609)
都筑馨六 7.5(1923)
都築正男 4.5(1961)
ツックマイアー, カール 1.18(1977)
堤磯右衛門 1.28(1891)
堤千代 11.10(1955)
堤康次郎 4.26(1964)
網島梁川 9.14(1907)

網淵謙錠 4.14（1996）
恒明親王 9.6（1351）
雅川混 11.17（1973）
恒貞親王 9.20（884）
恒藤恭 11.2（1967）
恒良親王 3.6（1338）
常ノ花寛市 11.28（1960）
常康親王 5.14（869）
恒世親王 5.1（826）
角田喜久雄 3.26（1994）
津戸為守 1.15（1243）
椿貞雄 12.29（1957）
椿椿山 9.10（1854）
円谷英二 1.25（1970）
円谷幸吉 1.9（1968）
坪井九右衛門 10.28（1863）
坪井九馬三 1.21（1936）
坪井玄道 11.2（1922）
壺井栄 6.23（1967）
壺井繁治 9.4（1975）
坪井正五郎 5.26（1913）
坪井信道 11.8（1848）
坪井誠太郎 9.22（1986）
坪井忠二 11.19（1982）
坪井杜国 3.20（1690）
壷井義知 10.24（1735）
ツボウ4世 9.10（2006）
坪内士行 3.19（1986）
坪内逍遙 2.28（1935）
坪内美詠子 11.3（1985）
坪田譲治 7.7（1982）
坪野哲久 11.9（1988）
ツポレフ，アンドレイ 12.23（1972）
津村謙 11.28（1961）
津村信夫 6.27（1944）
津村秀夫 8.12（1985）
津守国基 7.7（1102）
津山検校（初代） 3.6（1836）
鶴岡一人 3.7（2000）
鶴岡政男 9.27（1979）
鶴賀新内（初代） 8.11（1774）
鶴賀新内（6代目） 6.24（1907）
鶴賀新内（7代目） 5.21（1911）
鶴賀鶴吉（初代） 4.26（1827）
鶴賀若狭掾（初代） 3.22（1786）
ツルゲーネフ，イワン・セルゲーヴィチ 8.22（1883）
鶴沢寛治（6代目） 8.20（1974）
鶴沢清七（初代） 7.22（1826）

鶴沢清七（3代目） 9.23（1856）
鶴沢清六（初代） 5.24（1878）
鶴沢清六（2代目） 12.21（1901）
鶴沢清六（3代目） 1.19（1922）
鶴沢清六（4代目） 5.8（1960）
鶴沢探山 7.13（1729）
鶴沢道八（初代） 11.28（1944）
鶴沢道八（2代目） 11.12（1981）
鶴沢友次郎（初代） 7.24（1749）
鶴沢友次郎（2代目） 10.3（1807）
鶴沢友次郎（4代目） 12.10（1861）
鶴沢友次郎（5代目） 8.4（1895）
鶴沢友次郎（6代目） 10.8（1951）
都留重人 2.5（2006）
鶴田皓 4.15（1888）
鶴田錦史 4.4（1995）
鶴田浩二 6.16（1987）
鶴田吾郎 1.6（1969）
鶴田知也 4.1（1988）
鶴田義行 7.24（1984）
ツルニャンスキー，ミロシュ 11.30（1977）
鶴原定吉 12.2（1914）
鶴姫 6.7（1575）
鶴見和子 7.31（2006）
鶴峯戊申 8.24（1859）
鶴見正夫 9.7（1995）
鶴見祐輔 11.1（1973）
鶴見良行 12.16（1994）
鶴屋南北（初代） 9.9（1736）
鶴屋南北（2代目） 12.23（1762）
鶴屋南北（4代目） 11.27（1829）
鶴屋南北（5代目） 1.21（1852）

【て】

テーア 10.26（1828）
デアーク，フェレンツ 1.29（1876）

デ・アミーチス，エドモンド 3.11（1908）
デイ・ルイス，セシル 5.22（1972）
ディアギレフ，セルゲイ・パーヴロヴィチ 8.19（1929）
ディアシュ，エマヌエル 3.1（1659）
ディアス 2.29（1928）
ディアス，ゴンサルヴェス 11.3（1864）
ディアズ・ド・ラ・ペーニャ，ナルシス・ヴィルジル 11.18（1876）
ディアス，バルトロメウ 5.29（1500）
ディアス，ポルフィリオ 7.2（1915）
ディアベッリ，アントン 4.8（1858）
ディアリング，リチャード 3.22（1630）
貞安 4.19（1552）
貞安 7.17（1615）
ディアンヌ・ド・ポワティエ 4.25（1566）
デイヴィー，サー・ハンフリー 5.29（1829）
デイヴィス，W.H. 9.26（1940）
デイヴィス，ウィリアム・モリス 2.5（1934）
デイヴィス，ジェファソン 12.6（1889）
デイヴィス，ジェローム・ディーン 11.4（1910）
デイヴィス，ジョン 12.29（1605）
デイヴィス，スチュアート 6.24（1964）
デイヴィス，ドワイト・F 11.28（1945）
デイヴィス，ベティ 10.6（1989）
デイヴィス，リチャード 11.7（1581）
ディエゴ（アルカラの） 11.12（1463）
ティエトマール 12.1（1018）
ティエポロ，ジョヴァンニ・バッティスタ 3.27（1770）

889

ディオクレティアーヌス, ガーイウス・アウレーリウス・ウァレリウス 12.3(316)
ディオダーティ, ジョヴァンニ 11.3(1649)
ディオニシウス 12.26(268)
ディオニシウス・カルトゥシアヌス 3.12(1471)
ディオリ 4.23(1989)
ディオール, クリスチャン 10.24(1957)
ティーガーデン, ジャック 1.15(1964)
禎喜 10.1(1183)
ディーキン, アーサー 5.1(1955)
ディーキン, アルフレッド 10.7(1919)
ディキンソン, エミリー 5.15(1886)
ディクス, オットー 7.25(1969)
ディグビー, サー・ケネルム 6.11(1665)
デイ, クラレンス 12.28(1935)
ティーク, ルードヴィヒ 4.28(1853)
鄭経 1.28(1681)
程硯秋 3.10(1958)
ディケンズ, チャールズ 6.9(1870)
ティコ・ブラーヘ 10.24(1601)
ティサ 10.31(1918)
提室智閑 4.2(1536)
丁若鏞 2.22(1836)
ディ・ジャーコモ, サルヴァトーレ 4.4(1934)
ティシュバイン, ハインリヒ・ヴィルヘルム 6.26(1829)
程順則 12.8(1735)
貞松斎一馬(初代) 10.27(1838)
丁汝昌 2.12(1895)
鄭振鐸 10.17(1958)
ディースタヴェーケ, フリードリヒ・アードルフ・ヴィルヘルム 7.7(1866)
ティーズデイル, セアラ 1.29(1933)

ディズニー, ウォルト 12.15(1966)
ティース, フランク 12.22(1977)
ディズレイリ, ベンジャミン 4.19(1881)
鄭成功 5.8(1662)
ティセリウス, ヴィルヘルム 10.29(1971)
ディーゼル, ルドルフ・クリスティアン・カール 9.29(1913)
ティチェナー 8.3(1927)
ティツィアーノ・ヴェチェッリオ 8.27(1576)
ティツィング 2.9(1812)
ディック, フィリップ・K. 3.2(1982)
ディック・ミネ 6.10(1991)
ディーツゲン 4.15(1888)
ティッシュバイン, ヨハン・ハインリヒ 8.22(1789)
ディッタースドルフ, カール・ディッタース・フォン 10.24(1799)
ディーテンベルガー, ヨーハン 9.4(1537)
鄭週 8.13(1611)
ティトゥス, フラーウィウス・ウェスパシアーヌス 12.13(81)
鄭道伝 8.26(1398)
テイト, ネイアム 7.30(1715)
テイト, ピーター・ガスリー 7.4(1901)
ディートリヒ 10.21(1548)
ディートリヒ, ファイト 3.25(1549)
ディートリヒ, マルレーネ 5.6(1992)
テイトルーズ, ジャン 10.24(1633)
ディトレウセン, トーヴェ 3.7(1976)
ディドロ, ドニ 7.31(1784)
ディナ, ジェイムズ・ドワイト 4.15(1895)
デイナ, チャールズ・A 10.17(1897)
デイナ, リチャード・ヘンリー, 2世 1.6(1882)

ディニス 1.7(1325)
ディニス, ジュリオ 9.12(1871)
ティーネマン 4.22(1960)
貞把 12.7(1574)
ティバルディ, ペッレグリーノ 5.27(1596)
ディ・ビットリオ, G. 11.3(1957)
ティファニー, ルイス・カムフォート 1.17(1933)
ディーフェンベイカー, ジョン・G 8.16(1979)
ティープー・スルターン 5.4(1799)
ディベリウス, カール・フリードリヒ・オットー 1.31(1967)
ティベリウス, ユーリウス・カエサル・アウグストゥス 3.16(37)
ディペンドラ・ビル・ビクラム 6.4(2001)
ティボー 3.28(1840)
ティボー, ジャック 9.1(1953)
ディマジオ, ジョー 3.8(1999)
ティマン, ヨハネス 2.17(1557)
ディミートリィ・ドンスコーイ 5.19(1389)
ディミトロフ, ゲオルギ・ミハイロヴィチ 7.2(1949)
ティムール 2.18(1405)
貞明皇后 5.17(1951)
ディモフ, ディミタル 4.1(1966)
テイヤール・ド・シャルダン, ピエール 4.10(1955)
テイラー, アルフレッド・エドワード 10.31(1945)
テイラー, エドワード 6.24(1729)
ティラク 8.1(1920)
テイラー, ザカリー 7.9(1850)
テイラー, サー・ジェフフリー・イングラム 6.27(1975)
テイラー, ジェイムズ・ハドスン 6.30(1905)
テイラー, ジェレミー 8.13(1667)

ディラック, ポール・エイドリアン・モーリス 10.20(1984)
テイラー, ブルック 12.29(1731)
テイラー, フレデリック・W 3.21(1915)
テイラー, マクスウェル・D 4.19(1987)
テイラー, ロバート 6.8(1969)
ディーリアス, フレデリック 6.10(1934)
ディリクレ, ペーター・グスタフ・ルジューヌ 5.5(1859)
ティリヒ, パウル・ヨハンネス 10.22(1965)
ティリヤード, E.M.W. 5.24(1962)
ティリ, ヨハン・ツェルクラエス, 伯爵 4.30(1632)
鄭麟趾 11.26(1478)
ディルク, サー・チャールズ・ウェントワース 1.26(1911)
ディールス 6.4(1922)
ディールス, オットー 3.7(1954)
ティルソ・デ・モリーナ 2.24(1648)
ディルタイ, ヴィルヘルム 10.1(1911)
ティルデン, サー・ウィリアム・オーガスタス 12.11(1926)
ティルデン, ビル 6.5(1953)
ティルピッツ, アルフレート・フォン 3.6(1930)
ティル, ヨゼフ・カエターン 7.11(1856)
丁玲 3.4(1986)
ティーレ, コルネーリス・ペトリュス 1.11(1902)
ティレル 5.6(1502)
ティロットスン, ジョン 11.22(1694)
ティンクトリス, ヨハンネス 11.2(1511)
ディーン, サイラス 9.23(1789)
ディーン, ジェイムズ 9.30(1955)

ティンダル, ウィリアム 10.6(1536)
ティンダル, ジョン 12.4(1893)
ティンダル, マシュー 8.16(1733)
ディーンツェンホーファー, ヨハン 6.20(1726)
ティントレット 5.31(1594)
ティンバーゲン, ニコラース 12.21(1988)
ティンバーゲン, ヤン 7.9(1994)
ティンメルマンス, フェリックス 1.24(1947)
デ・ヴァレーラ, エイモン 8.29(1975)
デーヴィス 11.13(1890)
デーヴィス, サミー・ジュニア 5.16(1990)
デーヴィス, マイルズ 9.28(1991)
デーヴィド1世 5.24(1153)
デーヴィド2世 2.22(1371)
デヴォート, バーナード 11.13(1955)
デウスデーディトゥス 7.14(664)
テヴノ, ジャン 11.28(1667)
テオダハト 6.12(536)
テオドシウス1世 1.17(395)
テオドシウス2世 7.28(450)
テオドシオス 6.19(566)
テオドシオス(パレスティナの) 1.11(529)
テオドリクス 8.30(526)
テオドリヒ(プラハの) 3.11(1381)
テオドール2世 4.10(1868)
テオドルス1世 5.13(649)
テオドーロス(カンタベリの, タルソスの) 9.19(690)
テオドーロス(シュケオンの) 4.22(613)
テオドロス(ストゥディオスの) 11.11(826)
テオバルド 4.18(1161)
テオバルドゥス(ヴォ・ド・セルネの) 12.7(1247)
テオファネース・グラプトス 10.11(845)

テオフィルス 1.20(842)
テオレル, アクセル・フーゴー・テオドール 8.18(1982)
デ・ガスペリ 8.19(1954)
デカルト, ルネ 2.11(1650)
翟譲 11.11(617)
狄仁傑 9.26(700)
デ・キーリコ, ジョルジョ 11.20(1978)
出口王仁三郎 1.19(1948)
出口なお 11.6(1918)
デ・クーニング, ヴィレム 3.19(1997)
テケリ 9.13(1705)
デザギュリエ, ジョン・シオフィラス 2.29(1744)
デサリーヌ, ジャン・ジャック 10.17(1806)
デ・サンクティス, フランチェスコ 12.29(1883)
デ・サンティス, ジュゼッペ 5.16(1997)
デ・シーカ, ヴィットーリオ 11.13(1974)
勅使河原霞 8.6(1980)
勅使河原蒼風 9.5(1979)
勅使河原宏 4.14(2001)
手島精一 1.23(1918)
手島堵庵 2.9(1786)
手島右卿 3.27(1987)
弟子丸泰仙 4.30(1982)
デジレ 12.17(1860)
デスチュット・ド・トラシー, アントワーヌ・ルイ・クロード 3.9(1836)
デスノス, ロベール 6.8(1945)
デスビオ, シャルル 10.28(1946)
テスラ, ニコラ 1.7(1943)
テスラン・ド・ボー, レオン・フィリップ 1.2(1913)
デズリエール夫人 2.17(1694)
デソアール 7.19(1947)
デ・ソート, エルナンド 5.21(1542)
デズルミエール, ロジェ 10.25(1963)
デタディング 2.4(1939)
テータム, アート 11.4(1956)

テータム, エドワード・ローリー　11.5(1975)
手塚治虫　2.9(1989)
手塚岸衛　10.7(1941)
手塚富雄　2.12(1983)
手塚律蔵　11.29(1878)
哲厳祖涔　8.17(1405)
鉄牛円心　9.24(1326)
鉄牛道機　8.20(1700)
鉄眼道光　3.20(1682)
デッサウアー, フリードリヒ　2.16(1963)
デッサウ, パウル　6.28(1979)
鉄山宗鈍　10.8(1617)
鉄舟徳済　9.15(1366)
鉄心道印　1.28(1680)
鉄心道胖　10.3(1710)
テッシーン, ニコデムス　5.10(1728)
哲宗(北宋)　1.12(1100)
徹通義介　9.14(1309)
テッツェル, ヨハン　8.11(1519)
徹翁義亨　5.15(1369)
鉄翁祖門　12.15(1872)
デッラ・カーサ, ジョヴァンニ　11.14(1556)
デッラ・ポルタ, ジャンバッティスタ　2.4(1615)
デッラ・ロッビア, アンドレア　8.4(1525)
デデキント, リヒャルト　2.12(1916)
テトマイエル, カジミェシュ・プシェルヴァ　1.18(1940)
デナム, ジョン　3.10(1669)
テナール, ルイ・ジャック　6.21(1857)
テナント, スミスソン　2.22(1815)
テニエス, フェルディナント　4.9(1936)
テニエル, ジョン　2.25(1914)
デニキン, アントン・イヴァノヴィチ　8.8(1947)
デニス, ジョン　1.6(1734)
テニソン, アルフレッド　10.6(1892)
デーニッツ, カール　12.25(1980)

デーニフレ, ハインリヒ・ゾイゼ　6.10(1905)
テニールス, ダヴィッド　4.25(1690)
テニールス, ダーフィト　7.29(1649)
テーヌ, イポリット-アドルフ　3.5(1893)
デバイ, ペーター・ジョゼフ・ウィリアム　11.2(1966)
デ・ハヴィランド, サー・ジェフリー　5.21(1965)
テバルディ, レナータ　12.19(2004)
デヒーオ, ゲオルク　3.19(1932)
デービソン　12.24(1608)
デファント　12.24(1974)
デファン夫人, マリー・ド・ヴィシー-シャンロン　9.24(1780)
デ・フィリッポ, エドゥアルド　10.31(1984)
デフォー, ダニエル　4.24(1731)
デ・フォレスト, リー　6.30(1961)
デブズ, ユージン・ビクター　10.26(1926)
デーブリーン, アルフレート　6.26(1957)
デーベライナー, ヨハン・ヴォルフガング　3.24(1849)
デ・ボーノ, エミリオ　1.11(1944)
デボーリン　3.8(1963)
デボルド-ヴァルモール, マルスリーヌ　7.23(1859)
デボルト, フィリップ　10.5(1606)
デマンティウス, クリストフ　4.20(1643)
デ・ミル, アグネス　10.6(1993)
デミル, セシル・B　1.21(1959)
テミン, ハワード・マーティン　2.9(1994)
デムース, チャールズ　10.23(1935)
デムーラン, カミーユ　4.5(1794)

デーメル, リヒャルト　2.8(1920)
デュアー, サー・ジェイムズ　3.27(1923)
デュアメル, ジョルジュ　4.13(1966)
デュ・アルド, ジャン-バティスト　8.18(1743)
デューイ, T.E.　3.16(1971)
デューイ, ジョージ　1.16(1917)
デューイ, ジョン　6.1(1952)
デュイフォプリュカール, ガスパール　12.16(1571)
デューイ, メルヴィル　12.26(1931)
デュヴァリエ, フランソワ　4.21(1971)
デュヴァル, クロード　1.21(1670)
デュヴィヴィエ, ジュリヤン　10.31(1967)
デュ・ヴィニョー, ヴィンセント　12.11(1978)
デュ・ヴェール, ギヨーム　8.3(1621)
デュエム, ピエール・モーリス・マリー　9.14(1916)
デュカ, ポール　5.17(1935)
デュ・カンジュ, シャルル　10.23(1688)
デュギ　12.18(1928)
デュ・ギエ, ペルネット　7.17(1545)
デュクロ　4.25(1975)
デュケーヌ, アブラアム, 侯爵　2.2(1688)
デュケノワ, ヒエロニムス2世　9.28(1654)
デュケノワ, フランソワ　7.12(1643)
デュ・コロワ, フランソワ-ユスタシュ　8.7(1609)
デュシェーヌ, アンドレ　5.30(1640)
デュジャルダン, エドワール　10.31(1949)
デュジャルダン, カーレル　11.20(1678)
デュシャン-ヴィヨン, レモン　10.7(1918)

デュシャン, マルセル　10.2(1968)
テュッセン　2.8(1951)
デュナン, ジャン・アンリ　10.30(1910)
テューネン　9.22(1850)
デュノワ, ジャン・ドルレアン, 伯爵　11.24(1468)
デュ・バリー, マリー・ジャンヌ・ゴマール・ド・ヴォーベルニエ, 伯爵夫人　12.8(1793)
デュパルク, アンリ　2.12(1933)
デュピュイトラン, ギヨーム, 男爵　2.8(1835)
デュビュフェ, ジャン　5.12(1985)
デュファイ, ギヨーム　11.27(1474)
デュ・ファイユ, ノエル　7.7(1591)
デュフイ, ラウル　3.23(1953)
デュ・フェイ, シャルル・フランソワ・ド・システルニ　7.16(1739)
デュブール, アーン　12.23(1559)
デュプレクス　11.10(1763)
デュ・プレ, ジャクリーヌ　10.20(1987)
デュプレ, ジュール　10.6(1889)
デュ・プレッシ・モルネー, フィリップ　11.11(1623)
デュプレ, マルセル　5.30(1971)
デュフレンヌ　6.10(1995)
デュ・ベレー, ギヨーム　1.9(1543)
デュ・ベレー, ジャン　2.15(1560)
デュ・ベレー, ジョアシャン　1.1(1560)
デュ・ペロン, ジャック・ダヴィ　9.5(1618)
デュボア　1.13(1555)
デュボア, マリー・ウジューヌ・フランソワ・トーマス　12.16(1940)
デュ・ボイス, ウィリアム・エドワード・バーガート　8.27(1963)
デュ・ボス, シャルル　8.5(1939)
デュボス, ルネ・ジュール　2.20(1982)
デュ・ボワ・レモン, エーミール　12.26(1896)
デュボワ, ギヨーム　8.10(1723)
デュボワ, フランソワ・クレマン・テオドール　6.11(1924)
デュマ, アレクサンドル　11.27(1895)
デュマ, アレクサンドル　12.5(1870)
デュマ, ジャン・バティスト・アンドレ　4.11(1884)
デュムラン, シャルル　12.28(1566)
デュムーリエ, シャルル・フランソワ　3.14(1823)
デュメジル, ジョルジュ　10.11(1986)
デュ・モーリエ, ジョージ　10.6(1896)
デュ・モーリエ, ダフネ　4.19(1989)
デューラー, アルブレヒト　4.6(1528)
デュラス, マルグリット　3.3(1996)
デュラフォア, マルセル　2.24(1920)
デュラン, シャルル　12.11(1949)
デュラン, ジャン・ニコラ・ルイ　12.31(1834)
デュランチー, ルイ・エドモン　4.10(1880)
デュラン・ド・サン・プルサン　9.10(1334)
デュリュイ　11.25(1894)
デューリング　9.21(1921)
デュルケム, エミール　11.13(1917)
デュルゴー, アンヌ・ロベール・ジャック　3.20(1781)
デュルフェ, オノレ　6.1(1625)
デュレンヌ, アンリ・ド・ラ・トゥール・ドーヴェルニュ, 子爵　6.27(1675)

デュレンマット, フリードリヒ　12.14(1990)
デュロン, ピエール・ルイ　7.18(1838)
テーラー　11.4(1652)
デラー, アルフレッド　7.16(1979)
寺内寿一　6.12(1946)
寺内正毅　11.3(1919)
寺内万治郎　12.14(1964)
テラー, エドワード　9.9(2003)
寺尾威夫　5.25(1974)
寺尾亨　9.15(1925)
寺尾とし　1.30(1972)
寺尾寿　8.6(1923)
寺尾博　7.16(1961)
寺門静軒　3.24(1868)
寺坂吉右衛門　10.6(1747)
寺崎広業　2.21(1919)
寺沢堅高　11.18(1647)
寺沢広高　4.11(1633)
寺島紫明　1.12(1975)
寺島珠雄　7.22(1999)
寺島忠三郎　7.19(1864)
寺島宗則　6.6(1893)
寺田透　12.21(1995)
寺田寅彦　12.31(1935)
寺田ヒロオ　9.24(1992)
寺田屋登勢　9.7(1877)
寺地強平　12.7(1875)
寺西封元　2.18(1827)
寺村五一　10.31(1977)
寺村輝夫　5.21(2006)
寺村百池　12.17(1836)
デ・ラ・メア, ウォルター　6.22(1956)
寺山修司　5.4(1983)
デーリ　9.19(1957)
テリー, エレン　7.21(1928)
デリダ, ジャック　10.8(2004)
デーリッチュ, フリードリヒ　12.19(1922)
デーリ・ティボル　8.18(1977)
デリンガー, ヨハン・ヨーゼフ・イグナーツ・フォン　1.10(1890)
デリンジャー　12.28(1962)
デルヴォー, ポール　7.20(1994)
暉峻義等　12.7(1966)

暉峻康隆　4.2(2001)
デルカッセ，テオフィル　2.22(1923)
照国万蔵　3.20(1977)
デール，サー・ヘンリー・ハレット　7.22(1968)
デルサルト　7.19(1871)
デルジャーヴィン，ガヴリーラ・ロマノヴィチ　7.8(1816)
テルフォード，トマス　9.2(1834)
デルプフェルト，ヴィルヘルム　4.25(1940)
デルブリュック　1.3(1922)
デルブリュック　2.1(1903)
デルブリュック　7.14(1929)
デルブリュック，マックス　3.9(1981)
テルブルッヘン，ヘンドリック　11.1(1629)
デル，フロイド　7.23(1969)
テルボルフ，ヘラルド　12.8(1681)
テールマン　8.18(1944)
デル・モナコ，マリオ　10.16(1982)
デルーレード，ポール　1.30(1914)
デルンブルク　11.25(1907)
デレヴァーンコ　12.31(1954)
デ・レオン，ダニエル　5.11(1914)
テレーサ・デ・ヘスス，サンタ　10.4(1582)
テレサ・テン　5.9(1995)
テレジア(ポルトガルの)　6.17(1250)
テレージオ，ベルナルディーノ　10.2(1588)
テレーズ　9.30(1897)
デレッダ，グラツィア　8.16(1936)
テレマン，ゲオルク・フィリップ　6.25(1767)
テレンツ，ジャン　5.11(1630)
出羽ケ嶽文治郎　6.10(1950)
出羽錦忠雄　1.1(2005)
天庵懐義　3.16(1361)
天蔭徳樹　4.16(1526)
天隠竜沢　9.23(1500)
天英院　2.28(1741)

典海　12.10(1818)
天海　10.2(1643)
田漢　12.10(1968)
田間　8.30(1985)
天岸慧広　3.8(1335)
天関慧沖　2.5(1385)
天鑑存円　4.11(1401)
天境霊致　11.18(1381)
天愚孔平　4.1(1817)
テングネール，エサイアス　11.2(1846)
デンク，ハンス　11.15(1527)
天啓　8.18(1562)
天桂禅長　9.29(1524)
天啓宗歆　4.28(1551)
天桂宗栗　8.27(1332)
天桂伝尊　12.10(1736)
田健治郎　11.16(1930)
天光軒満月(初代)　4.30(1949)
恬子内親王　6.8(913)
天秀尼　2.7(1645)
天璋院　11.12(1883)
天親院　6.10(1848)
天真融適　8.20(1413)
天瑞院　7.22(1592)
田捨女　8.10(1698)
天先祖命　8.4(1458)
天叟順孝　7.17(1532)
天巽慶順　3.4(1498)
天智天皇　12.3(672)
天中軒雲月(初代)　4.6(1945)
天中軒雲月(4代目)　3.31(1995)
伝通院　8.28(1602)
天徳曇貞　9.6(1429)
テンドリャコーフ，ウラジーミル・フョードロヴィチ　8.3(1984)
デンプシー，ジャック　5.31(1983)
テンプル，サー・ウィリアム　1.27(1699)
天武天皇　9.9(686)
天日　4.26(1308)
天祐　11.11(1487)
天祐宗派　2.4(1532)
典嶺　2.29(1659)

【と】

ド・ラバル　2.2(1913)
土井誓牙　6.11(1880)
土居光華　12.11(1918)
土居光知　11.26(1979)
土肥春曙　3.2(1915)
土井辰雄　2.21(1970)
戸板康二　1.24(1993)
戸板保佑　9.7(1784)
ドイッチャー，アイザック　8.19(1967)
土井利勝　7.10(1644)
土井利里　8.14(1777)
土井利実　11.26(1736)
土井利忠　12.3(1869)
土井利位　7.2(1848)
土肥原賢二　12.23(1948)
土井晩翠　10.19(1952)
ドイブラー，テーオドア　6.13(1934)
土井正治　5.3(1997)
土井勝　3.7(1995)
土居まさる　1.18(1999)
土居通夫　9.9(1917)
土居通増　10.11(1336)
ドイル，アーサー・コナン　7.7(1930)
トインビー，アーノルド　3.9(1883)
トインビー，アーノルド　10.22(1975)
道阿弥　5.9(1413)
ド・ヴァロワ　3.8(2001)
桃庵禅洞　3.12(1485)
道意　10.15(1429)
道意　11.17(1336)
ドゥイスベルク　3.19(1935)
東井義雄　4.18(1991)
唐寅　12.2(1523)
ドヴィンガー，エトヴィン・エーリヒ　12.17(1981)
洞院公賢　4.6(1360)
洞院公定　6.15(1399)
洞院公尹　12.10(1299)
洞院公宗　3.21(1263)
洞院公守　7.10(1317)
洞院公頼　5.10(1367)

洞院実雄 8.16 (1273)
洞院実夏 6.1 (1367)
洞院実信 11.26 (1413)
洞院実守 4.11 (1372)
洞院実泰 8.15 (1327)
洞院実世 8.19 (1358)
ドゥヴィヴェーディー, マハーヴィールプラサード 12.21 (1938)
トゥヴィム, ユリアン 12.27 (1953)
桃雲宗源 3.19 (1516)
鄧穎超 7.11 (1992)
ドゥーエ, ジュリオ 2.15 (1930)
道恵法親王 4.25 (1168)
ドヴェリア 7.12 (1899)
道淵 12.6 (1384)
鄧演達 11.29 (1931)
道円法親王 閏7.15 (1281)
トウォート, フレデリック・ウィリアム 3.20 (1950)
ドヴォルジャーク, アントニーン 5.1 (1904)
ドヴォルジャーク, マックス 2.8 (1921)
道隠 6.4 (1813)
東海義易 3.29 (1497)
東海散士 9.25 (1922)
東海竺589 10.16 (1344)
東海周洋 4.24 (1515)
道覚入道親王 1.11 (1250)
童貫 7.27 (1126)
東巌慧安 11.3 (1277)
等凞 6.11 (1462)
董其昌 11.11 (1636)
東儀季兼 1.24 (1616)
陶希聖 6.27 (1988)
東儀鉄笛 2.4 (1925)
道教 5.26 (1236)
道鏡 4.7 (772)
東京ぼん太 10.14 (1986)
トゥーク 2.26 (1858)
トゥグリル・ベク 12.4 (1063)
道慶 6.28 (1285)
唐継堯 5.23 (1927)
桃渓徳悟 12.6 (1306)
峠三吉 3.10 (1953)
道元 8.28 (1253)
道玄 11.3 (1304)
桃源瑞仙 10.28 (1489)

導御 9.29 (1311)
道興 9.23 (1501)
道光 3.29 (1330)
東郷茂徳 7.23 (1950)
東郷青児 4.25 (1978)
陶行知 7.25 (1946)
東郷重位 6.27 (1643)
道光帝 1.14 (1850)
東郷平八郎 5.30 (1934)
道晃法親王 6.18 (1679)
東郷実 7.31 (1959)
董作賓 11.23 (1963)
東山湛照 8.8 (1291)
トゥサン, ピエール 10.5 (1573)
トゥーサン・ルヴェルテュール 7.27 (1803)
道慈 10.2 (744)
ドヴジェンコ, アレクサンドル 11.25 (1956)
鄧子恢 12.10 (1972)
ドゥシーク, ヤン・ラジスラフ 3.20 (1812)
東子女王 6.10 (865)
同子内親王 閏10.20 (860)
道綽 4.27 (645)
道者超元 11.26 (1662)
トゥー, ジャック・オーギュスト・ド 5.7 (1617)
藤舎呂船 (初代) 10.20 (1977)
ドゥシャン 12.20 (1355)
道宗 8.29 (1360)
東洲周道 7.23 (1521)
道俊 2.8 (1309)
道昌 2.9 (875)
道昭 3.10 (700)
道昭 12.22 (1356)
道乗 12.11 (1273)
東条一堂 7.13 (1857)
唐紹儀 9.30 (1938)
東条琴台 9.26 (1878)
東沼周曮 1.2 (1462)
陶晶孫 2.12 (1952)
東条英機 12.23 (1948)
鄧小平 2.19 (1997)
東条操 12.18 (1966)
道正隆英 7.24 (1248)
道助入道親王 1.15 (1249)
唐人お吉 3.27 (1890)
ドゥジンツェフ, ウラジーミル・ドミトリエヴィチ 7.23 (198)

道深法親王 7.28 (1249)
桃水雲渓 9.19 (1683)
トゥースィー, ナスィーロッディーン 6.25 (1274)
ドゥースブルフ, テオ・ファン 3.7 (1931)
ドゥーゼ, エレオノーラ 4.21 (1924)
ドゥセリーヌ (ミディの) 9.1 (1274)
道璿 4.18 (760)
道宣 10.3 (667)
道詮 3.2 (873)
道善 3.16 (1276)
道禅 11.16 (1235)
東漸健易 4.17 (1423)
東漸宗震 3.23 (1602)
道叟道愛 9.13 (1379)
道尊 8.5 (1228)
董卓 4.23 (192)
道智 3.3 (1269)
道忠 1.29 (1281)
桃中軒雲右衛門 (初代) 11.7 (1916)
道珍 8.12 (1309)
藤貞幹 8.19 (1797)
東伝士啓 4.11 (1374)
藤堂明保 2.26 (1985)
藤堂高兌 12.18 (1825)
藤堂高次 11.16 (1676)
藤堂高虎 10.5 (1630)
藤堂高通 8.9 (1697)
藤堂高吉 7.18 (1670)
藤堂高聰 8.9 (1863)
藤堂平助 11.18 (1867)
藤堂正高 6.27 (1629)
ドゥドック, ヴィレム・マリヌス 4.6 (1974)
ドゥナエーフスキー, イサーク・オーシポヴィチ 7.25 (1955)
道入 2.23 (1656)
道仁法親王 1.14 (1263)
同念 6.28 (1587)
東野英治郎 9.8 (1994)
トゥパク・アマル1世 9.24 (1572)
トゥパク・アマル2世 5.18 (1781)
東畑四郎 10.21 (1980)

東畑精一 5.6(1983)
トゥハチェフスキー, ミハイル・ニコラエヴィチ 6.11(1937)

道範 5.22(1252)
董必武 4.2(1975)
東福門院 6.15(1678)
ドゥーフ, ヘンドリック 10.19(1835)
道宝 8.7(1281)
東峰通川 2.23(1353)
道法法親王 11.21(1214)
トゥホルスキー, クルト 12.21(1935)
銅脈先生 6.2(1801)
道命 7.4(1020)
東明慧日 10.4(1340)
百目鬼恭三郎 3.31(1991)
ドゥメール 5.7(1932)
ドゥーメルグ 6.18(1937)
陶孟和 4.17(1960)
堂本印象 9.5(1975)
当山久三 9.17(1910)
頭山秀三 7.21(1952)
頭山満 10.5(1944)
道獣 12.15(1358)
道祐 6.18(1345)
道雄 6.8(851)
道融 閏7.15(1281)
道誉 9.5(1240)
道耀 12.2(1304)
東洋允澎 5.21(1454)
東陽英朝 8.24(1504)
唐来参和 1.25(1810)
ドゥ・ラ・ロシュ, メイゾ 7.12(1961)
ドゥランテ, フランチェスコ 9.30(1755)
ドゥランドゥス 11.1(1296)
東里弘会 8.28(1318)
ドゥーリトル, ジェイムズ・H 9.27(1993)
ドゥーリトル, ヒルダ 9.27(1961)
トゥリーナ, ホアキン 1.14(1949)
東陵永璵 5.6(1365)
桃隣 12.9(1720)
桃林亭東玉 8.19(1849)
東林友丘 8.20(1369)

トゥルヴィル, アンヌ・イラリオン・ド・コンタンタン, 伯爵 5.28(1701)
トゥールーズ-ロートレック, アンリ-マリー-レイモン・ド 9.9(1901)
ドゥルーズ, ジル 11.4(1995)
トゥルヌフォール, ジョゼフ・ピトン・ド 12.28(1708)
トゥルネブス, アドリアーヌス 6.12(1565)
トゥルノン, シャルル・トマ・マヤール・ド 6.8(1710)
トゥルバル, プリモジュ 6.29(1586)
トゥルン 1.28(1640)
トゥルンアイゼン, エードゥアルト 8.21(1974)
トゥルンカ, イジー 12.30(1969)
トゥルンバルト 1.19(1954)
トゥーレ, S. 7.2(1900)
ドゥーロワ, ナデージダ・アンドレーヴナ 3.29(1866)
トゥン・イスマイル 8.2(1973)
ドゥーン, オーラヴ 9.13(1939)
ドゥンゲルスハイム, ヒエローニムス 3.2(1540)
ドゥンス・スコトゥス, ジョン 11.8(1308)
トゥンダー, フランツ 11.5(1667)
トゥンプ, ペーター 3.4(1766)
トゥーンベリ, カール・ペール 8.8(1828)
十市遠忠 3.16(1545)
十市皇女 4.7(678)
遠山景晋 7.22(1837)
遠山景任の妻 11.21(1575)
遠山景元 2.29(1855)
遠山元一 8.9(1972)
遠山静雄 11.10(1986)
遠山利景 5.20(1614)
遠山友政 12.19(1619)
遠山啓 9.11(1979)
遠山頼直 11.7(1693)
十世王 7.2(916)
ドガ, エドガー 9.26(1917)
十返肇 8.28(1963)

戸賀崎熊太郎(3代目) 5.29(1865)
富樫政親 8.22(1488)
トカチョーフ, ピョートル・ニキーチチ 12.23(1885)
栂尾祥雲 5.27(1953)
戸叶里子 11.7(1971)
戸川貞雄 7.5(1974)
戸川残花 12.8(1924)
戸川秋骨 7.9(1939)
時枝誠記 10.27(1967)
時子内親王 2.12(847)
土岐定政 3.3(1597)
時実利彦 8.3(1973)
土岐善麿 4.15(1980)
土岐直氏 11.14(1380)
土岐持頼 5.16(1440)
土岐康行 10.6(1404)
斉世親王 9.10(927)
土岐頼兼 9.19(1324)
土岐頼貞 2.22(1339)
土岐頼純 11.17(1547)
土岐頼遠 12.1(1342)
土岐頼芸 12.4(1582)
土岐頼益 4.4(1414)
土岐頼康 12.25(1388)
土岐頼行 12.10(1685)
常盤大定 5.5(1945)
常磐津兼太夫(2代目) 6.16(1802)
常磐津兼太夫(3代目) 7.27(1814)
常磐津菊三郎 9.27(1976)
常磐津松尾太夫(3代目) 7.13(1947)
常磐津文字太夫(初代) 2.1(1781)
常磐津文字太夫(2代目) 7.8(1799)
常磐津文字太夫(3代目) 12.1(1820)
常磐津文字太夫(6代目) 2.15(1930)
常磐津文字太夫(7代目) 5.4(1951)
常磐津文字太夫(8代目) 3.19(1991)
常磐津文字兵衛(初代) 1.16(1905)
常磐津文字兵衛(2代目) 10.29(1924)

常磐津文字兵衛（3代目） 8.6（1960）
常磐津林中（初代） 5.6（1906）
ド・クインシー，トマス 12.8（1859）
徳翁正呈 3.12（1400）
徳岡神泉 6.9（1972）
徳川昭武 7.3（1910）
徳川家定 7.6（1858）
徳川家達 6.5（1940）
徳川家重 6.12（1761）
徳川家継 4.30（1716）
徳川家綱 5.8（1680）
徳川家斉 閏1.7（1841）
徳川家宣 10.14（1712）
徳川家治 8.25（1786）
徳川家正 2.18（1963）
徳川家光 4.20（1651）
徳川家茂 7.20（1866）
徳川家基 2.24（1779）
徳川家康 4.17（1616）
徳川家慶 6.22（1853）
徳川重好 7.8（1795）
徳川武定 11.29（1957）
徳川忠長 12.6（1634）
徳川綱重 9.14（1678）
徳川綱吉 1.10（1709）
徳川斉昭 8.15（1860）
徳川秀忠 1.24（1632）
徳川光圀 12.6（1701）
徳川夢声 8.1（1971）
徳川宗尹 12.22（1765）
徳川宗春 10.8（1764）
徳川宗敬 5.1（1989）
徳川茂承 8.20（1906）
徳川茂徳 3.6（1884）
徳川慶勝 8.1（1883）
徳川義親 9.6（1976）
徳川義直 5.7（1650）
徳川慶喜 11.22（1913）
徳川義寛 2.2（1996）
徳川吉宗 6.20（1751）
徳川頼宣 1.10（1671）
徳川頼房 7.29（1661）
徳光屋覚左衛門 6.26（1634）
ドクシアディス，コンスタンティノス 6.28（1975）
独秀乾才 8.3（1514）
徳照祖輝 3.24（1335）
徳大寺公有 1.26（1486）
徳大寺公純 11.5（1883）

徳大寺公清 6.8（1360）
徳大寺公孝 7.12（1305）
徳大寺公胤 10.12（1526）
徳大寺公継 1.30（1227）
徳大寺公俊 6.19（1428）
徳大寺実淳 8.24（1533）
徳大寺実定 閏12.16（1192）
徳大寺実孝 1.17（1322）
徳大寺実則 6.4（1919）
徳大寺実時 2.27（1404）
徳大寺実久 11.26（1616）
徳大寺実通 4.9（1545）
徳大寺実基 2.14（1273）
徳大寺実盛 4.23（1428）
徳大寺実能 9.2（1157）
徳田球一 10.14（1953）
徳田秋声 11.18（1943）
渡久地政信 9.13（1998）
ドクチャエフ，ヴァシリイ・ヴァシリエヴィッチ 11.8（1903）
徳富一敬 5.26（1914）
徳富蘇峰 11.2（1957）
徳冨蘆花 9.18（1927）
徳永直 2.15（1958）
徳永恕 1.11（1973）
得能良介 12.27（1883）
督姫 2.5（1615）
独芳清曇 8.8（1390）
特峰妙奇 3.8（1378）
徳本 10.6（1818）
独本性源 8.11（1689）
徳間康快 9.20（2000）
徳力善雪 7.29（1680）
独立 11.6（1672）
ドクロリー，オヴィド 9.12（1932）
杜瓊 10.26（1474）
杜月笙 8.16（1951）
土光敏夫 8.4（1988）
床次竹二郎 9.8（1935）
ド・ゴール，シャルル 11.9（1970）
所三男 6.30（1989）
戸坂潤 8.9（1945）
戸崎淡園 11.14（1806）
土佐局 8.17（1680）
土佐房昌俊 10.17（1185）
土佐光起 9.25（1691）
土佐光則 1.16（1638）
土佐光吉 5.5（1613）
戸沢政盛 閏1.22（1648）

ドージ 4.29（1883）
利倉幸一 10.26（1985）
智忠親王 7.7（1662）
ド・シッテル，ヴィレム 11.20（1934）
ドーシー，トミー 11.26（1956）
智仁親王 4.7（1629）
ドージャー，チャールズ・ケルゼイ 5.31（1933）
杜如晦 3.19（630）
トスカニーニ，アルトゥーロ 1.16（1957）
トスカネリ，パオロ 5.15（1482）
ドーズ，チャールズ・G 4.23（1951）
トスティグ 9.25（1066）
トスティ，フランチェスコ・パオロ 12.2（1916）
ドストエフスキー，フョードル・ミハイロヴィチ 1.28（1881）
ドス・パソス，ジョン 9.28（1970）
ドズリー，ロバート 9.23（1764）
トゼリ，エンリーコ 1.15（1926）
ドーソン，クリストファー 5.25（1970）
戸田氏鉄 2.14（1655）
戸田氏共 2.17（1936）
戸田勝隆 10.23（1594）
戸田旭山 2.28（1769）
戸田銀次郎 10.2（1855）
戸田欽堂 8.10（1890）
富田重政 4.19（1625）
戸田城聖 4.2（1958）
戸田忠次 6.23（1597）
戸田忠昌 9.10（1699）
戸田忠至 3.30（1883）
戸田忠恕 5.28（1868）
戸田貞三 7.31（1955）
戸田藤一郎 7.11（1984）
戸田茂睡 4.14（1706）
戸田康長 12.12（1633）
トーダル・マル 11.20（1589）
栃木山守也 10.3（1959）
栃錦清隆 1.10（1990）
戸塚文子 11.7（1997）

戸塚静海　*1.29*(1876)
戸塚文卿　*8.17*(1939)
トックヴィル, アレクシス・ド　*4.16*(1859)
独吼性獅　*11.16*(1688)
ドッジ　*12.12*(1964)
ドッジ, メリー・メイプス　*8.21*(1905)
ドッソ, ドッシ　*8.27*(1542)
トッツィ, フェデリーゴ　*3.21*(1920)
トッド, アレグザンダー・ロバート　*1.10*(1997)
ドッド, チャールズ・ハロルド　*9.21*(1973)
ドップ　*8.17*(1976)
ドップラー, アールバード　*9.1*(1953)
ドップラー, アルベルト・フランツ　*7.27*(1883)
ドップラー, クリスティアン・ヨハン　*3.17*(1853)
ドーデ, アルフォンス　*12.16*(1897)
ドーデラー, ハイミート・フォン　*12.23*(1966)
ドーデ, レオン　*6.30*(1942)
都々逸坊扇歌(初代)　*10.29*(1852)
十時梅厓　*1.23*(1804)
トトネス伯　*3.27*(1629)
トドハンター　*3.1*(1884)
魚屋北渓　*4.9*(1850)
轟夕起子　*5.11*(1967)
ドナテーロ　*12.13*(1466)
ドニゼッティ, ガエターノ　*4.8*(1848)
トニー谷　*7.16*(1987)
ドニ, モーリス　*11.3*(1943)
トーニー, リチャード・ヘンリー　*1.16*(1962)
トーニー, ロジャー・ブルック　*10.12*(1864)
利根山光人　*4.14*(1994)
ドネリー, イグネイシャス　*1.1*(1901)
舎人親王　*11.14*(735)
舎人皇女　*7.6*(603)
ドノーソ・コルテス, フアン　*5.3*(1853)
ドノーソ, ホセ　*12.7*(1996)

外村繁　*7.28*(1961)
殿山泰司　*4.30*(1989)
ドーノワ夫人, マリー・カトリーヌ・ル・ジュメル・ド・バルヌヴィル　*1.13*(1705)
土橋治重　*6.20*(1993)
鳥羽天皇　*7.2*(1156)
鳥羽屋三右衛門(初代)　*2.27*(1767)
戸張孤雁　*12.9*(1927)
登張竹風　*1.6*(1955)
ド・バリー, ハインリヒ・アントン　*1.19*(1888)
土肥霞洲　*8.16*(1757)
土肥慶蔵　*11.6*(1931)
土肥二三　*1.6*(1732)
飛田穂洲　*1.26*(1965)
ドービニー　*6.30*(1857)
ドービニエ, アグリッパ　*5.9*(1630)
ドービニー, シャルル・フランソワ　*2.21*(1878)
ドービニャック, フランソワ・エドラン　*7.25*(1676)
トビー, マーク　*4.24*(1976)
ドビュッシー, クロード　*3.25*(1918)
ドビュロー, ジャン-バチスト-ガスパール　*6.17*(1846)
トービン, ジェイムズ　*3.11*(2002)
ド・フーイェ　*5.17*(1909)
トー・フウ　*12.9*(2002)
ドブジャンスキー, テオドシウス　*12.19*(1975)
トフストノーゴフ, ゲオールギー・アレクサンドロヴィチ　*5.23*(1989)
ドプチェク, アレクサンドル　*11.7*(1992)
ド・フリース, フーゴー　*5.21*(1935)
ドブレ　*8.2*(1996)
ドブレ, ガブリエル・オーギュスト　*5.29*(1896)
ドブロリューボフ, ニコライ・アレクサンドロヴィチ　*11.17*(1861)
トペリウス, サカリアス　*3.12*(1898)
土芳　*1.18*(1730)

ドホナーニ, エルンスト・フォン　*2.9*(1960)
トマ　*5.7*(1932)
トマ　*12.5*(1246)
トマ, アンブロワーズ　*2.12*(1896)
トマ, アンリ　*11.3*(1993)
ドーマク, ゲルハルト　*4.24*(1964)
トマージウス, クリスティアン　*9.23*(1728)
トマス, W.I.　*12.5*(1947)
トマス・アクィナス　*3.7*(1274)
トマス・ア・ケンピス　*7.25*(1471)
トマス, エドワード　*4.9*(1917)
トーマス, クルト　*3.31*(1973)
トーマス, シドニー・ギルクリスト　*2.1*(1885)
トマス, ディラン　*11.9*(1953)
トマス・デ・サン・アウグスチノ　*9.20*(1637)
トマス・ド・カンテループ　*8.25*(1282)
トマス, ノーマン・マトゥーン　*12.19*(1968)
トマス(ビリャヌエバの)　*9.8*(1555)
富松正安　*10.5*(1886)
トーマ, ハンス　*11.7*(1924)
苫米地義三　*6.29*(1959)
トーマ, ルートヴィヒ　*8.26*(1921)
ドーマル, ルネ　*5.21*(1944)
ドマンジョン　*7.25*(1940)
富井政章　*9.14*(1935)
ドーミエ, オノレ　*2.10*(1879)
富岡定俊　*12.7*(1970)
富岡惣一郎　*5.31*(1994)
富岡鉄斎　*12.31*(1924)
福子内親王　*7.3*(1707)
富崎春昇　*2.2*(1958)
富沢有為男　*1.15*(1970)
富沢赤黄男　*3.7*(1962)
富島健夫　*2.5*(1998)
戸水寛人　*1.20*(1935)
富田渓仙　*7.6*(1936)
富田砕花　*10.17*(1984)
富田高慶　*1.5*(1890)
富田常雄　*10.16*(1967)

富田鉄之助 2.27(1916)
富田知信 10.28(1599)
富田信高 2.29(1633)
冨田博之 12.21(1994)
冨田満 1.15(1961)
富田木歩 9.1(1923)
ドミティアーヌス, ティートゥス・フラーウィウス 9.18(96)
ドミトリー1世 5.27(1606)
ドミトリー2世 12.21(1610)
ドミートリエフ, イワン・イワノヴィチ 10.3(1837)
富永惣一 6.4(1980)
富永太郎 11.12(1925)
富永仲基 8.28(1746)
富永有隣 12.20(1900)
聖ドミニクス 8.6(1221)
ドミニチ, ジョヴァンニ 6.10(1419)
富小路脩 2.17(1337)
富小路禎子 1.2(2002)
富本憲吉 6.8(1963)
富本豊前(2代目) 11.30(1952)
富本豊前(3代目) 9.6(1970)
富本豊前太夫(初代) 10.22(1764)
富本豊前太夫(2代目) 7.17(1822)
富本豊前太夫(3代目) 5.2(1876)
富本豊前太夫(5代目) 8.23(1880)
富森助右衛門 2.4(1703)
富安風生 2.22(1979)
冨吉栄二 9.26(1954)
ドミンゲス, オスカル 12.31(1957)
トムキンズ, トマス 6.9(1656)
トムスン, ウィリアム 12.17(1907)
トムスン, ハンス・ペーテル・ヨルゲン・ユリウス 2.13(1909)
トムセン 5.12(1927)
トムセン, クリスティアン・イェアゲンセン 5.21(1865)
トムセン, ハンス 9.22(1573)
トムソン 3.28(1833)

トムソン, イライヒュー 3.13(1937)
トムソン, ヴァージル 9.30(1989)
トムソン, サー・ジョージ・ペイジェット 9.10(1975)
トムソン, サー・ジョゼフ・ジョン 8.30(1940)
トムソン, サー・チャールズ・ワイヴィル 3.10(1882)
トムソン, ジェイムズ 6.3(1882)
トムソン, ジェイムズ 8.27(1748)
トムソン, ジョゼフ 8.2(1895)
トムソン男爵, ロイ・(ハーバート) 8.4(1976)
トムソン, フランシス 11.13(1907)
戸村一作 11.2(1979)
トム, ルネ・フレデリック 10.25(2002)
留岡清男 2.3(1977)
留岡幸助 2.5(1934)
ドメニキーノ 4.15(1641)
ドメニコ・ヴェネツィアーノ 5.15(1461)
ド・モーガン, ウィリアム 1.15(1917)
ド・モーガン, オーガスタス 3.18(1871)
倫子女王 8.20(1771)
誠子内親王 11.2(1686)
友田恭助 10.6(1937)
朝永三十郎 9.18(1951)
朝永振一郎 7.8(1979)
伴保平 4.16(954)
伴林光平 2.16(1864)
具平親王 7.28(1009)
ドモフスキ 1.2(1939)
友松円諦 11.16(1973)
ドモーラン 7.22(1907)
ド・モワヴル, アブラアム 11.27(1754)
土門拳 9.15(1990)
鳥谷部春汀 12.21(1908)
外山卯三郎 3.21(1980)
外山亀太郎 3.29(1918)
外山脩造 1.13(1916)
外山正一 3.8(1900)

外山光輔 12.3(1872)
豊川良平 6.12(1920)
豊口克平 7.18(1991)
豊沢団平(2代目) 4.1(1898)
豊沢団平(3代目) 5.5(1921)
豊沢広助(初代) 閏8.16(1824)
豊沢広助(3代目) 12.22(1846)
豊沢広助(5代目) 2.18(1904)
豊沢広助(6代目) 3.19(1924)
豊沢広助(7代目) 1.22(1957)
豊沢松太郎(2代目) 5.12(1968)
豊階安人 9.24(861)
豊島与志雄 6.18(1955)
豊田勝秋 4.22(1972)
豊田喜一郎 3.27(1952)
豊竹越前少掾 9.13(1764)
豊竹此太夫(2代目) 10.4(1796)
豊竹筑前少掾 11.5(1768)
豊竹肥前掾 1.5(1758)
豊竹山城少掾 4.22(1967)
豊竹呂昇 6.7(1930)
豊竹若太夫(2代目) 9.10(1784)
豊竹若太夫(4代目) 4.24(1835)
豊竹若太夫(10代目) 4.18(1967)
豊田佐吉 10.30(1930)
豊田三郎 11.18(1959)
豊田四郎 11.13(1977)
豊田副武 9.22(1957)
豊田貞次郎 11.21(1961)
豊田天功 1.21(1864)
豊田貢 12.5(1829)
豊田穣 1.30(1994)
豊臣秀次 7.15(1595)
豊臣秀吉 8.18(1598)
豊臣秀頼 5.8(1615)
豊原時元 6.22(1123)
豊原統秋 8.20(1524)
豊平良顕 1.27(1990)
豊増昇 10.9(1975)
ドライアー, カール・テオドア 3.20(1968)
ドライサー, シオドア 12.28(1945)

899

トライチュケ, ハインリヒ・フォン 4.28(1896)
ドライデン, ジョン 5.1(1700)
トラヴァーズ, P.L. 4.23(1996)
トラヴァーズ, モリス・ウィリアム 8.25(1961)
トラヴェルサーリ, アンブロージョ 10.21(1439)
トラー, エルンスト 5.22(1939)
トラークル, ゲオルク 11.3(1914)
ドラクロワ, ウージェーヌ 8.13(1863)
ドラコニテス, ヨハネス 4.18(1566)
虎沢検校 4.12(1654)
ドラ, ジャン 11.1(1588)
ドラシュコヴィチ, ユライ 1.31(1587)
ドラッカー, ピーター・F 11.11(2005)
ドラックマン, ホルガー 1.14(1908)
ドラティ, サー・アンタル 11.14(1988)
トラバーチ, ジョヴァンニ・マリーア 12.31(1647)
トラハーン, トマス 9.27(1674)
ドラモンド（ホーソーンデンの）, ウィリアム 12.4(1649)
トラヤヌス, マルクス・ウルピウス 8.10(117)
ドラランド, ミシェル・リシャール 6.18(1726)
ドラローシュ, ポール 11.4(1856)
ドラン, アンドレ 9.8(1954)
トーランド, ジョン 3.11(1722)
トランブル, ジョン 11.10(1843)
ドリア, アンドレア 11.25(1560)
トリアッチ, パルミーロ 8.21(1964)
鳥居清忠(8代目) 7.13(1976)

鳥居清長 5.21(1815)
鳥居清信(初代) 7.28(1729)
鳥居清倍(2代目) 11.2(1763)
鳥居清満(初代) 4.3(1785)
鳥居清満(2代目) 11.21(1868)
鳥井駒吉 5.24(1909)
鳥井信治郎 2.20(1962)
鳥居強右衛門 5.16(1575)
鳥居素川 3.10(1928)
鳥居忠政 9.5(1628)
鳥居元忠 8.1(1600)
鳥居耀蔵 10.3(1873)
鳥居竜蔵 1.14(1953)
ドリオ 2.23(1945)
鳥尾小弥太 4.13(1905)
鳥養利三郎 9.24(1976)
鳥潟右一 6.5(1923)
トリゴー, ニコラ 11.14(1628)
ドリーゴ, リッカルド 10.1(1930)
ドリーシュ, ハンス・アドルフ・エドゥアルト 4.17(1941)
鳥栖寺貞崇 7.23(944)
トリチェリ, エヴァンジェリスタ 10.25(1647)
トリッシノ, ジャン・ジョルジョ 12.8(1550)
トリテミウス, ヨハネス 12.13(1516)
トリビオ・アルフォンソ(リマの, モグロベホの) 3.23(1606)
ドリーブ, クレマン・フィリベール・レオ 1.16(1891)
トリホス 7.31(1981)
鳥山芝軒 6.11(1715)
鳥山石燕 8.3(1788)
トリュフォー, フランソワ 10.21(1984)
ドリュ・ラ・ロシェル, ピエール 3.16(1945)
トリヨレ, エルザ 6.16(1970)
トリリング, ライオネル 11.7(1975)
ドリール, ジャック 5.1(1813)
ドリルッサ 12.21(1950)
ドリール, レオポルド・ヴィクトール 7.21(1910)

ドリンクウォーター, ジョン 3.25(1937)
トリントン 4.14(1716)
ドール 6.9(1926)
トルヴァルセン, ベアテル 3.24(1844)
トールキン, J.R.R. 9.2(1973)
トルケマダ, トマス・デ 9.16(1498)
トルケマーダ, ホアン・デ 1.1(1624)
トルケマーダ, ホアン・デ 9.26(1468)
ドルジーニン 8.8(1986)
ドルジュレス, ロラン 3.19(1973)
ドルスチウス, パウルス 3.9(1589)
トルストイ, アレクセイ・コンスタンチノヴィチ 9.28(1875)
トルストイ, アレクセイ・ニコラエヴィチ 2.23(1945)
トルストイ, レフ・ニコラエヴィチ 11.7(1910)
ドルチ, カルロ 1.17(1686)
ドルチ, ジョヴァンニ・デイ・ピエートロ・デ 2.26(1486)
ドルチーノ, フラ 6.1(1307)
ドルーデ 7.5(1906)
ドルーテン, ジョン・ヴァン 12.20(1957)
トルードー, ピエール 9.28(2000)
トルトリエ, ポール 12.18(1990)
ドールトン, ジョン 7.27(1844)
ドールトン, ヒュー・ドールトン, 男爵 2.13(1962)
トルネ, シャルル 2.19(2001)
ドルバック, ポール-アンリ・チリ 1.21(1789)
トルヒージョ・モリナ 5.31(1961)
ドルフース, エンゲルベルト 7.25(1934)
トルベッケ 6.4(1872)
トルベツコーイ, ニコライ・セルゲーヴィチ 6.25(1938)

トールボット, ウィリアム・ヘンリー・フォックス　*9.17*（1877）
トールマン, エドワード・C　*11.19*（1959）
トルーマン, ハリー・S　*12.26*（1972）
ドルメッチ, アーノルド　*2.28*（1940）
トールラク・トールハルソン　*12.23*（1193）
ドルレアン公爵, シャルル　*1.5*（1465）
ドレイク, サー・フランシス　*1.28*（1596）
トレイシー, スペンサー　*6.10*（1967）
ドレイトン, マイケル　*12.23*（1631）
ドレイパー, ジョン・ウィリアム　*1.4*（1882）
トレヴァー・ローパー, ヒュー　*1.26*（2003）
トレヴィシック, リチャード　*4.22*（1833）
トレヴィラーヌス　*2.16*（1837）
トレヴェリアン, G.M.　*7.21*（1962）
トレヴォー, ジョン　*4.10*（1410）
ドレ, エチエンヌ　*8.3*（1546）
ドレ, ギュスターヴ　*1.23*（1883）
ドレーク　*11.18*（1881）
トレジアコフスキー, ワシーリー・キリロヴィチ　*8.6*（1768）
トレーズ　*7.11*（1964）
トレス, コスメ・デ　*10.10*（1570）
トレチャコフ, セルゲイ・ミハイロヴィチ　*8.9*（1939）
トレッリ, ジャーコモ　*6.17*（1678）
トレッリ, ジュゼッペ　*2.8*（1709）
トレニョーフ, コンスタンチン・アンドレーヴィチ　*5.19*（1945）
ドレーパー　*12.26*（1974）

ドレフュス, アルフレッド　*7.12*（1935）
トレメルリオ, インマヌエル　*10.9*（1580）
トレルチュ, エルンスト　*2.1*（1923）
トレンズ　*5.27*（1864）
トレンズ, サー・ロバート・リチャード　*8.31*（1884）
トレンデレンブルク, フリードリヒ・アードルフ　*1.24*（1872）
ドロイゼン　*6.19*（1884）
トローガー, パウル　*7.20*（1762）
ドローゴ（メスの）　*12.8*（855）
ドロステ・ヒュルスホフ, アンネッテ・フォン　*5.24*（1848）
ドロステ・ツー・フィッシャリング, クレーメンス・アウグスト　*10.19*（1845）
トロツキー, レフ・ダヴィドヴィチ　*8.21*（1940）
トロッツェンドルフ, ヴァーレンティーン　*4.26*（1556）
トーロップ, ヤン　*3.3*（1928）
ドーロテ・エンゲルブレッツダッテル　*2.19*（1716）
ドローネー　*8.5*（1872）
ドローネー, ソニア　*12.5*（1979）
ドローネー, ロベール　*10.25*（1941）
ドロービッシュ　*9.30*（1896）
トローベル, ヘレン　*7.28*（1972）
トローベル, ホレス　*9.8*（1919）
トロメイ　*3.23*（1555）
ドロ, ルイ　*4.19*（1931）
ドロルム, フィリベール　*1.8*（1570）
トロロップ, アントニー　*12.6*（1882）
トロワイヤ, アンリ　*3.2*（2007）
トロワイヨン, コンスタン　*3.20*（1865）
ドロンド, ジョン　*11.30*（1761）

トロンプ, マールテン　*8.7*（1653）
ドワイト, ティモシー　*1.11*（1817）
十和田操　*1.15*（1978）
トワルドフスキー, アレクサンドル　*12.18*（1971）
頓阿　*3.13*（1372）
トーン, ウルフ　*11.19*（1798）
呑海　*2.18*（1327）
ドン・カルロス　*1.13*（1861）
ドン・カルロス　*3.10*（1855）
曇希　*6.17*（1350）
嫩桂祐栄　*11.17*（1443）
曇照　*2.21*（1259）
曇仲道芳　*3.29*（1409）
トン・ドゥック・タン　*3.30*（1980）
ドンナー, ゲオルク・ラファエル　*2.15*（1741）
ドンナン, フレデリック・ジョージ　*12.16*（1956）
トンパ・ミハーイ　*7.30*（1868）
ドン・ファン・デ・アウストリア　*11.1*（1578）
ドン・フアン・デ・アウストリア　*9.17*（1679）
鈍夫全快　*8.14*（1384）
トンプソン, サー・ダーシー　*6.21*（1948）
トンプソン, サー・ベンジャミン, ランフォード伯爵　*8.21*（1814）
トンプソン, デイヴィド　*2.10*（1857）
トンプソン, ハンター・S　*2.20*（2005）
ドンブロフスカ, マリア　*5.19*（1965）
ドンブロフスキ　*6.6*（1818）
トンボー, クライド・ウィリアム　*1.17*（1997）
トンマゼーオ, ニッコロ　*5.1*（1874）
呑竜　*8.9*（1623）

【 な 】

ナイ, エリー　*3.31*（1968）

ナイエンローデ *1.31*（1633）
ナイサー, アルベルト・ルートヴィヒ・ジークムン *7.23*（1916）
ナイティンゲイル, フローレンス *8.13*（1910）
内藤濯 *9.19*（1977）
内藤清成 *10.20*（1608）
内藤湖南 *6.26*（1934）
ナイドゥ, サロウジニ *3.1*（1949）
内藤ジュリア *2.11*（1627）
内藤丈草 *2.24*（1704）
内藤多喜夫 *5.12*（1976）
内藤忠興 *10.13*（1674）
内藤耻叟 *6.7*（1903）
内藤信成 *7.24*（1612）
内藤信正 *4.28*（1626）
内藤春治 *5.23*（1979）
内藤広前 *9.19*（1866）
内藤風虎 *9.19*（1685）
内藤政長 *10.17*（1634）
内藤正苗 *2.30*（1802）
内藤鳴雪 *2.20*（1926）
内藤誉三郎 *3.16*（1986）
内藤魯一 *6.29*（1911）
ナヴァーイー, アリー・シール *1.3*（1501）
ナヴァラ, アンドレ *7.31*（1988）
ナヴィエ, クロード *8.23*（1836）
ナウクレールス, ヨハネス *1.5*（1510）
ナウコフスカ, ゾフィア *12.17*（1954）
ナウマン, エドムント *2.1*（1927）
ナウマン, フリードリヒ *8.24*（1919）
直江兼続 *12.19*（1620）
直木三十五 *2.24*（1934）
ナオゲオルク, トーマス *12.29*（1563）
直仁親王 *5.14*（1398）
直仁親王 *6.2*（1753）
直世王 *1.4*（834）
直良信夫 *11.2*（1985）
ナオロジー *7.2*（1917）
長井雅楽 *2.6*（1863）
永井荷風 *4.30*（1959）

中井敬所 *9.30*（1909）
永井建子 *3.13*（1940）
中伊三郎 *5.3*（1860）
永井繁子 *11.3*（1928）
中井甃庵 *6.17*（1758）
中井太一郎 *5.21*（1913）
永井隆 *5.1*（1951）
中井猛之進 *12.6*（1952）
永井龍男 *10.12*（1990）
中井竹山 *2.5*（1804）
長井時広 *5.28*（1241）
永井智雄 *6.17*（1991）
永井直勝 *12.29*（1626）
永井直清 *1.9*（1671）
永井尚志 *7.1*（1891）
永井直敬 *6.3*（1711）
永井尚政 *11.11*（1668）
長井長義 *2.10*（1929）
中井信彦 *11.27*（1990）
中井弘 *10.10*（1894）
中井正一 *5.18*（1952）
中井正清 *1.21*（1619）
永井松三 *4.19*（1957）
永井道雄 *3.17*（2000）
長井泰秀 *12.21*（1254）
中井履軒 *2.15*（1817）
永井柳太郎 *12.4*（1944）
中内功 *9.19*（2005）
中浦ジュリアン *9.19*（1633）
中江丑吉 *8.3*（1942）
中江常省 *6.23*（1709）
中江兆民 *12.13*（1901）
中江藤樹 *8.25*（1648）
長岡外史 *4.21*（1933）
長尾景仲 *8.26*（1463）
長尾景長 *1.15*（1528）
長尾景信 *6.23*（1473）
長尾景春 *8.24*（1514）
長岡謙吉 *6.11*（1872）
長岡監物 *8.10*（1859）
中岡慎太郎 *11.17*（1867）
永岡鶴蔵 *2.10*（1914）
長岡半太郎 *12.11*（1950）
永岡久茂 *1.12*（1877）
長沖一 *8.5*（1976）
中尾都山（初代） *10.10*（1956）
中尾都山（2代目） *10.12*（1974）
長尾政景 *7.5*（1564）
長尾能景 *9.19*（1506）
中神琴渓 *8.4*（1833）

中上健次 *8.12*（1992）
中川一郎 *1.9*（1983）
中川一政 *2.5*（1991）
中川勝彦 *9.17*（1994）
中川紀元 *2.9*（1972）
中川清秀 *4.20*（1583）
中川謙叔 *11.18*（1658）
中川小十郎 *10.7*（1944）
中川五郎治 *9.27*（1848）
中川淳庵 *6.7*（1786）
中川紹益（初代） *6.23*（1622）
中川末吉 *4.9*（1959）
中川善之助 *3.20*（1975）
中川宗瑞 *7.30*（1744）
中川信夫 *6.17*（1984）
中川久清 *11.20*（1681）
中川秀成 *8.14*（1612）
中川秀政 *10.24*（1593）
中河幹子 *10.26*（1980）
中河与一 *12.12*（1994）
中川米造 *9.30*（1997）
中勘助 *5.3*（1965）
中桐雅夫 *8.11*（1983）
長久保赤水 *7.23*（1801）
永倉新八 *1.5*（1915）
良子内親王 *8.26*（1077）
那珂梧楼 *5.1*（1879）
長坂好子 *9.30*（1970）
長崎英造 *4.29*（1953）
長崎高貞 *3.21*（1334）
長崎高重 *5.22*（1333）
長崎高資 *5.22*（1333）
長崎高綱 *5.22*（1333）
長狭常伴 *9.3*（1180）
中里介山 *4.28*（1944）
中里恒子 *4.5*（1987）
長沢規矩也 *11.21*（1980）
長沢節 *6.23*（1999）
長沢道寿 *9.14*（1637）
中沢道二 *6.11*（1803）
長沢伴雄 *11.27*（1859）
中沢弘光 *9.8*（1964）
中沢不二雄 *6.9*（1965）
中沢堅夫 *2.13*（1985）
中沢良夫 *8.28*（1966）
中沢臨川 *8.9*（1920）
長沢蘆雪 *6.8*（1799）
中島敦 *12.4*（1942）
中島歌子 *1.30*（1903）
中島雅楽之都 *8.17*（1979）
中島河太郎 *5.5*（1999）

中島勘左衛門（初代） 4.22(1716)	永谷義弘 5.17(1778)	中院通守 2.10(1418)
中島勘左衛門（2代目） 8.5(1762)	長田秀雄 5.5(1949)	中院通世 12.26(1519)
中島久万吉 4.25(1960)	永田広志 9.7(1947)	中院通頼 8.8(1312)
中島健蔵 6.11(1979)	永田雅一 10.24(1985)	中院光顕 1.9(1404)
中島孤島 4.9(1946)	長田幹彦 5.6(1964)	中野英治 9.6(1990)
中島重 5.29(1946)	永田靖 9.12(1972)	永野修身 1.5(1947)
永島慎二 6.10(2005)	仲田好江 4.11(1995)	中野金次郎 10.30(1957)
中島棕隠 6.28(1855)	中田喜直 5.3(2000)	中野梧一 9.19(1883)
中島知久平 10.29(1949)	中塚一碧楼 12.31(1946)	中野孝次 7.16(2004)
中島董一郎 12.19(1973)	長塚節 2.8(1915)	永野重雄 5.4(1984)
中島藤右衛門 4.8(1825)	中天游 3.26(1835)	中野重治 8.24(1979)
中島信行 3.26(1899)	永富独嘯庵 3.5(1766)	中能島欣一 3.19(1984)
中島広足 1.21(1864)	中臣大嶋 3.11(693)	中能島慶子 6.8(1988)
中島三甫右衛門（初代） 3.23(1762)	中臣意美麻呂 閏6.22(711)	中能島松声 1.2(1894)
中島三甫右衛門（2代目） 12.17(1782)	中臣勝海 4.2(587)	長野主膳 8.27(1862)
中島三甫右衛門（3代目） 12.4(1783)	中臣金 8.25(672)	中野逍遙 11.16(1894)
中島三甫右衛門（4代目） 11.13(1822)	中臣名代 9.19(745)	仲野親王 1.17(867)
中島弥団次 12.21(1962)	中臣宮処東人 7.10(738)	中野鈴子 1.5(1958)
中島らも 7.26(2004)	長門美保 11.11(1994)	中野正剛 10.27(1943)
中島力造 12.21(1918)	中西伊之助 9.1(1958)	中野碩翁 5.12(1842)
中条家長 8.25(1236)	中西功 8.18(1973)	長野草風 2.6(1949)
中城ふみ子 8.3(1954)	中西耕石 1.9(1884)	中野友礼 12.10(1965)
中甚兵衛 9.20(1730)	中西悟堂 12.11(1984)	長野業政 6.21(1561)
長洲一二 5.4(1999)	中西深斎 3.22(1803)	中埜肇 8.12(1985)
永積安明 1.1(1995)	中西宗助 8.29(1733)	中野秀人 5.13(1966)
永瀬清子 2.17(1995)	中西利雄 10.6(1948)	中野武営 10.8(1918)
長瀬真幸 5.28(1835)	中西梅花 9.30(1898)	永野護 1.3(1970)
永瀬義寛 3.8(1978)	中沼葵園 5.1(1896)	長皇子 6.4(715)
仲宗根政善 2.14(1995)	長沼賢海 7.14(1980)	中野実 1.3(1973)
中田薫 11.21(1967)	長沼弘毅 4.27(1977)	中野村清介 8.19(1589)
永田錦心 10.30(1927)	長沼左京 2.27(1655)	中野好夫 2.20(1985)
永田耕衣 8.25(1997)	長沼妙佼 9.10(1957)	中野与之助 6.24(1974)
永田衡吉 2.27(1990)	長沼宗政 11.19(1241)	中橋徳五郎 3.25(1934)
中田重治 9.24(1939)	長沼宗敬 11.21(1690)	長橋局 5.11(1352)
永田春水 5.1(1970)	長沼守敬 7.18(1942)	中浜哲 4.15(1926)
永田年 12.31(1981)	中根元圭 9.2(1733)	中浜万次郎 11.12(1898)
中田ダイマル 9.5(1982)	中根東里 2.7(1765)	中林梧竹 8.4(1913)
永田武 6.3(1991)	中根雪江 10.3(1877)	中林竹渓 4.22(1867)
永田鉄山 8.12(1935)	中院俊通 5.12(1304)	中林竹洞 3.20(1853)
永田徳本 2.14(1630)	中院雅忠 8.3(1272)	中原章房 4.1(1330)
中谷泰 5.31(1993)	中院通顕 12.20(1343)	中原綾子 8.24(1969)
中谷孝雄 9.7(1995)	中院通淳 11.28(1451)	長原孝太郎 12.1(1930)
中谷千代子 12.26(1981)	中院通方 12.28(1239)	中原淳一 4.19(1983)
長谷信篤 12.26(1902)	中院通勝 3.25(1610)	中原季時 4.6(1236)
長谷幸輝 4.11(1920)	中院通重 9.15(1322)	中原親能 12.18(1209)
	中院通茂 3.21(1710)	中原中也 10.22(1937)
	中院通胤 8.5(1530)	中原悌二郎 3.28(1921)
	中院通成 12.23(1287)	中原猶介 8.7(1868)
	中院通秀 6.22(1494)	中原師員 6.22(1251)
	仲院通冬 閏1.25(1363)	中原師連 5.4(1283)
	中院通村 2.29(1653)	中原師遠 8.7(1130)

中原実　*10.15*（1990）
中原師重　*7.20*（1221）
中原康富　*2.16*（1457）
中平康　*9.11*（1978）
中部幾次郎　*5.19*（1946）
中部謙吉　*1.14*（1977）
中丸精十郎　*11.15*（1895）
中御門為方　*12.11*（1306）
中御門経季　*9.8*（1346）
中御門経宣　*5.6*（1340）
中御門経之　*8.27*（1891）
中御門天皇　*4.11*（1737）
中御門宣明　*6.3*（1365）
中御門宣胤　*11.17*（1525）
中御門宣俊　*9.13*（1414）
中御門宣治　*7.2*（1555）
中御門宣秀　*7.9*（1531）
中御門冬定　*8.17*（1337）
中御門宗兼　*2.17*（1337）
中御門宗重　*12.22*（1367）
中御門宗雅　*1.28*（1269）
中上川彦次郎　*10.7*（1901）
那珂通世　*3.2*（1908）
中牟田倉之助　*3.30*（1916）
中村歌右衛門（初代）　*10.29*（1791）
中村歌右衛門（2代目）　*3.22*（1798）
中村歌右衛門（4代目）　*1.17*（1852）
中村歌右衛門（5代目）　*9.12*（1940）
中村歌右衛門（6代目）　*3.31*（2001）
中村梅吉　*8.4*（1984）
中村岳陵　*11.20*（1969）
中村一氏　*7.17*（1600）
中村歌扇（初代）　*7.14*（1942）
中村霞仙（2代目）　*8.28*（1969）
中村歌六（初代）　*7.1*（1859）
中村歌六（3代目）　*5.17*（1919）
中村歌六（4代目）　*7.20*（1973）
中村鴈右衛門（初代）　*4.27*（1919）
中村鴈右衛門（3代目）　*9.21*（1982）
中村勘三郎（初代）　*6.9*（1658）
中村勘三郎（2代目）　*8.26*（1674）
中村勘三郎（3代目）　*8.11*（1678）

中村勘三郎（5代目）　*9.19*（1701）
中村勘三郎（6代目）　*11.25*（1757）
中村勘三郎（7代目）　*2.28*（1775）
中村勘三郎（9代目）　*7.29*（1785）
中村勘三郎（10代目）　*5.3*（1810）
中村勘三郎（11代目）　*8.4*（1829）
中村勘三郎（12代目）　*10.11*（1851）
中村勘三郎（13代目）　*10.29*（1895）
中村鴈治郎（初代）　*2.1*（1935）
中村鴈治郎（2代目）　*4.13*（1983）
中村きい子　*5.30*（1996）
中村菊男　*5.17*（1977）
中村吉右衛門（初代）　*9.5*（1954）
中村吉治　*12.10*（1986）
中村吉蔵　*12.24*（1941）
中村吉兵衛　*8.17*（1765）
中村精男　*1.3*（1930）
中村喜代三郎（初代）　*6.18*（1777）
中村喜代三郎（4代目）　*10.19*（1877）
中村草田男　*8.5*（1983）
中村粂太郎（初代）　*7.15*（1777）
中村研一　*8.28*（1967）
中村憲吉　*5.5*（1934）
中村篁渓　*1.8*（1712）
中村孝也　*2.5*（1970）
中村芝翫（3代目）　*11.2*（1847）
中村芝翫（4代目）　*1.16*（1899）
中村七三郎（初代）　*2.3*（1708）
中村七三郎（2代目）　*9.3*（1774）
中村七三郎（5代目）　*7.29*（1948）
中村雀右衛門（初代）　*8.18*（1871）
中村雀右衛門（2代目）　*7.20*（1895）

中村雀右衛門（3代目）　*11.14*（1927）
中村重助（初代）　*8.30*（1755）
中村重助（2代目）　*9.20*（1803）
中村重助（3代目）　*12.12*（1805）
中村重助（4代目）　*7.29*（1841）
中村十蔵（初代）　*6.17*（1770）
中村十蔵（2代目）　*6.12*（1788）
中村四郎五郎（初代）　*1.5*（1712）
中村真一郎　*12.25*（1997）
中村新五郎（2代目）　*11.19*（1777）
中村星湖　*4.13*（1974）
中村清二　*7.18*（1960）
中村清太郎　*12.20*（1967）
中村善右衛門　*8.13*（1880）
中村宗十郎（初代）　*10.8*（1889）
中村宗哲（3代目）　*1.22*（1776）
中村大吉　*3.22*（1823）
中村大三郎　*9.14*（1947）
中村武志　*12.11*（1992）
中村竹弥（2代目）　*5.28*（1990）
中村太八郎　*10.17*（1935）
中村彝　*12.24*（1924）
中村汀女　*9.20*（1989）
中村惕斎　*7.26*（1702）
中村伝九郎（初代）　*10.25*（1713）
中村伝九郎（2代目）　*11.15*（1777）
中村伝九郎（4代目）　*8.28*（1799）
中村伝九郎（6代目）　*7.20*（1923）
中村伝次郎（初代）　*2.28*（1729）
中村伝次郎（2代目）　*9.25*（1781）
中村伝次郎（3代目）　*6.24*（1783）
中村時蔵（2代目）　*9.18*（1909）
中村時蔵（3代目）　*7.12*（1959）
中村時蔵（4代目）　*1.28*（1962）
中村富十郎（初代）　*8.3*（1786）
中村富十郎（2代目）　*2.13*（1855）
中村富十郎（3代目）　*2.21*（1901）

中村富十郎（4代目） 10.17（1960）
中村直勝 2.23（1976）
中村直三 8.13（1882）
中村仲蔵（初代） 4.23（1790）
中村仲蔵（2代目） 11.7（1796）
中村仲蔵（3代目） 12.24（1886）
中村仲蔵（4代目） 1.31（1916）
中村のしほ（初代） 11.19（1777）
中村伸郎 7.5（1991）
中村梅玉（2代目） 6.8（1921）
中村梅玉（3代目） 3.18（1948）
中村白葉 8.12（1974）
中村元 10.10（1999）
中村八大 6.10（1992）
中村ハル 9.2（1971）
中村栄孝 1.4（1984）
中村福助（2代目） 8.6（1867）
中村福助（3代目・成駒屋） 5.5（1888）
中村福助（5代目） 1.1（1969）
中村福助（5代目・成駒屋） 8.11（1933）
中村不折 6.6（1943）
中村正直 6.7（1891）
中村正也 6.6（2001）
中村正義 4.16（1977）
中村又五郎（初代） 3.19（1920）
中村光夫 7.12（1988）
中村武羅夫 5.13（1949）
中村弥八（初代） 6.6（1777）
中村雄次郎 10.20（1928）
中村芳子 12.3（1987）
中村蘭林 9.3（1761）
中村里好（初代） 10.11（1786）
中本たか子 9.28（1991）
中谷宇吉郎 4.11（1962）
長屋王 2.12（729）
中屋健一 3.28（1987）
仲谷昇 11.16（2006）
中山あい子 5.1（2000）
中山伊知郎 4.9（1980）
中山岩太 1.20（1949）
中山兼宗 9.3（1242）
中山義秀 8.19（1969）
中山玄雄 11.7（1977）
中山高陽 3.12（1780）
中山胡民 1.8（1870）

中山作三郎 8.12（1844）
中山定親 9.17（1459）
中山定宗 3.15（1371）
中山省三郎 5.30（1947）
中山正善 11.14（1967）
中山新九郎（初代） 4.3（1775）
中山晋平 12.30（1952）
中山太一 10.18（1956）
中山孝親 1.16（1578）
永山武四郎 5.27（1904）
中山忠定 11.18（1256）
中山忠親 3.12（1195）
中山忠光 11.15（1864）
中山忠能 6.12（1888）
中山たま 10.5（1971）
中山太郎 6.13（1947）
中山親雅 5.27（1402）
中山親通 5.25（1462）
中山愛親 8.18（1814）
中山宣親 10.4（1517）
中山信名 11.10（1836）
永山則夫 8.1（1997）
中山博道 12.14（1958）
中山文五郎（初代） 8.19（1814）
中山文七（初代） 7.23（1813）
中山文七（2代目） 2.19（1798）
中山文七（3代目） 2.15（1853）
中山平次郎 4.29（1956）
中山マサ 10.11（1976）
中山みき 2.18（1887）
中山満親 4.26（1421）
中山元成 6.3（1892）
中山康親 8.14（1538）
中山慶子 10.5（1907）
中山来助（4代目） 8.23（1815）
長与専斎 9.8（1902）
長与又郎 8.16（1941）
長与善郎 10.29（1961）
半井明孝 10.4（1559）
半井明親 4.7（1547）
半井瑞策 8.25（1596）
半井桃水 11.21（1926）
半井卜養 12.26（1679）
ナーガル，アムリットラール 2.23（1990）
奈河七五三助（初代） 10.20（1814）
奈河篤助（初代） 2.3（1842）
ナギーブ，ムハンマド 8.28（1984）

南雲忠一 7.8（1944）
名越家昌 4.14（1629）
名古屋玄医 4.18（1696）
名古屋山三郎 4.10（1603）
ナサーイー 8.29（915）
ナジ，イムレ 6.16（1958）
梨木祐為 6.17（1801）
ナーシーフ・アルヤージジー 2.5（1871）
ナジムッ・ディーン 10.22（1964）
ナジモヴァ，アラ 7.13（1945）
梨本守正 1.1（1951）
ナシュワーン 6.14（1178）
ナーシル・ウッディーン 5.1（1896）
ナズィール・アフマド 5.3（1912）
那須信吾 9.24（1863）
那須資胤 2.11（1583）
那須資晴 6.19（1609）
那須辰造 4.5（1975）
奈須恒徳 1.28（1841）
ナスティオン 9.6（2000）
那須博之 2.27（2005）
ナズム・ヒクメト・ラン 6.3（1963）
那須良輔 2.22（1989）
ナーセル，ガマール・アブド 9.28（1970）
ナゾル，ヴラディミル 6.19（1949）
灘尾弘吉 1.22（1994）
ナダール 3.20（1910）
長束正家 9.30（1600）
夏川嘉久次 4.8（1959）
夏川静枝 1.24（1999）
ナッシュ，ジョン 5.13（1835）
ナッシュ，ポール 7.11（1946）
ナッタ，ジュリオ 5.2（1979）
ナット，イヴ 8.31（1956）
夏堀正元 1.4（1999）
夏目成美 11.19（1817）
夏目漱石 12.9（1916）
夏目雅子 9.11（1985）
ナティエ，ジャン・マルク 11.7（1766）
ナーディル・シャー 6.8（1747）
ナデージジン，ニコライ・イワノヴィチ 1.11（1856）

ナドソン, セミョーン・ヤーコヴレヴィチ　1.19（1887）
名取洋之助　11.23（1962）
ナートルプ, パウル　8.17（1924）
浪花千栄子　12.22（1973）
浪花亭綾太郎　8.9（1960）
難波内親王　10.14（773）
ナハス・パシャ　8.23（1965）
ナハティガル　4.20（1885）
ナバレテ　5.22（1617）
ナバレテ　11.30（1597）
ナバレーテ, フアン・フェルナンデス・デ　3.28（1579）
ナバーロ, ホアン　9.25（1580）
ナヒモフ　7.12（1855）
ナービー, ユースフ　4.12（1712）
ナブーコ・デ・アラウージョ, ジョアキン　1.17（1910）
鍋井克之　1.11（1969）
鍋島勝茂　3.24（1657）
鍋島忠茂　8.4（1624）
鍋島直茂　6.3（1618）
鍋島直朝　11.19（1709）
鍋島直大　6.19（1921）
鍋島直正　1.18（1871）
鍋島宗茂　11.25（1754）
鍋山貞親　8.18（1979）
ナボコフ, ヴラジミル　7.2（1977）
ナポレオン1世　5.5（1821）
ナポレオン2世　7.22（1832）
ナポレオン3世　1.9（1873）
生江孝之　7.31（1957）
浪岡鯨児　10.20（1780）
並河誠所　3.10（1738）
涛川惣助　2.9（1910）
並河天民　4.8（1718）
並河萬里　5.7（2006）
並河靖之　5.28（1927）
並木五瓶（初代）　2.2（1808）
並木五瓶（2代目）　7.7（1819）
並木五瓶（3代目）　10.14（1855）
並木正三（初代）　2.17（1773）
並木正三（2代目）　7.25（1807）
並木宗輔　9.7（1751）
並木路子　4.7（2001）
名見崎徳治（初代）　7.12（1810）

比宮培子　10.3（1733）
ナムジュン・パイク　1.29（2006）
名村泰蔵　9.6（1907）
滑川道夫　12.13（1992）
ナモーラ, フェルナンド　1.31（1989）
名寄岩静男　1.26（1971）
奈良専二　5.4（1892）
奈良利寿　12.14（1737）
楢橋渡　11.17（1973）
楢林栄建　11.25（1875）
楢林宗建　10.6（1852）
楢林鎮山　3.29（1711）
奈良原繁　8.13（1918）
楢原陳政　7.24（1900）
奈良光枝　5.14（1977）
奈良本辰也　3.22（2001）
奈良屋道汐　4.28（1630）
奈良屋茂左衛門（初代）　6.13（1714）
奈良屋茂左衛門（2代目）　9.3（1725）
ナーラーヤン　10.8（1979）
ナラーヤン, R.K.　5.13（2001）

業子内親王　6.24（815）
成田氏長　12.11（1596）
成田氏宗　11.7（1622）
成田長忠　12.18（1616）
成田順　6.24（1976）
成田蒼虬　3.13（1842）
成田為三　10.29（1945）
成田知巳　3.9（1979）
成田屋宗兵衛　5.12（1835）
成良親王　1.6（1344）
成島錦江　9.19（1760）
成島司直　8.13（1862）
成島柳北　11.30（1884）
成瀬仁蔵　3.4（1919）
成瀬正恭　1.17（1625）
成瀬巳喜男　7.2（1969）
成瀬無極　1.4（1958）
ナルディーニ, ピエトロ　5.7（1793）
成富兵庫　9.18（1634）
ナルバエス　4.23（1868）
成毛滋　3.29（2007）
鳴山草平　3.7（1972）
那波活所　1.3（1648）
名和長年　6.30（1336）

名和靖　8.30（1926）
名和好子　9.13（1994）
那波魯堂　9.11（1789）
南英周宗　4.15（1438）
南英宗頓　10.15（1582）
南岳懐譲　8.11（744）
南漢宸　2.4（1967）
南極寿星　7.9（1490）
南宮大湫　3.3（1778）
南山士雲　10.7（1335）
ナンシー梅木　8.28（2007）
南松院　4.25（1566）
南条範夫　10.30（2004）
南条文雄　11.9（1927）
南岑宗竺　6.24（1568）
南仙笑楚満人　3.9（1807）
ナンセン, フリチョフ　5.13（1930）
南都雄二　3.19（1973）
南日　3.7（1976）
難波大助　11.15（1924）
難波英夫　3.7（1972）
難波宗清　4.11（1361）
難波宗建　11.5（1768）
南原繁　5.19（1974）
南部圭之助　10.26（1987）
南部正太郎　11.5（1976）
南部忠平　7.23（1997）
南部利直　8.18（1632）
南部信直　10.5（1599）
南部信光　1.23（1376）
南部政長　8.15（1360）
南部師行　5.22（1338）
南浦紹明　12.29（1309）
南陽紹弘　11.5（1652）
南里文雄　8.4（1975）
南里有鄰　10.14（1864）

【に】

新居格　11.15（1951）
新島繁　12.19（1957）
新島襄　1.23（1890）
新関八洲太郎　5.30（1978）
新関良三　4.27（1979）
仁井田南陽　6.14（1848）
仁井田陞　6.22（1966）
新田部親王　9.30（735）
新田部皇女　9.25（699）

にし

新居藤右衛門　*2.8*（1756）
新美南吉　*3.22*（1943）
新納忠元　*12.3*（1611）
新納忠之介　*4.13*（1954）
新納中三　*12.10*（1889）
ニヴェール，ギヨーム・ガブリエル　*11.30*（1714）
ニエーヴォ，イッポーリト　*3.4*（1861）
ニェゴシュ，ペタル・ペトロヴィチ　*10.31*（1851）
ニエプス，ジョゼフ・ニセフォア　*7.5*（1833）
ニェムツェーヴィチ　*5.21*（1841）
ニェムツォヴァー，ボジェナ　*1.21*（1862）
ニエレレ，ジュリアス　*10.14*（1999）
二階堂貞衡　*1.7*（1332）
二階堂貞084　*12.28*（1335）
二階堂進　*2.3*（2000）
二階堂トクヨ　*7.17*（1941）
二階堂行景　*11.17*（1285）
二階堂行方　*6.8*（1267）
二階堂行貞　*2.2*（1329）
二階堂行実　*7.13*（1269）
二階堂行忠　*11.21*（1290）
二階堂行綱　*6.7*（1281）
二階堂行朝　*9.25*（1353）
二階堂行直　*6.5*（1348）
二階堂行藤　*8.22*（1302）
二階堂行通　*7.10*（1351）
二階堂行光　*9.8*（1219）
二階堂行村　*2.16*（1238）
二階堂行盛　*12.9*（1253）
二階堂行泰　*10.2*（1265）
二階堂行頼　*11.10*（1363）
二階堂頼綱　*10.24*（1283）
仁賀保挙誠　*2.14*（1624）
仁木悦子　*11.23*（1986）
ニキシュ，アルトゥール　*1.23*（1922）
和田賢秀　*1.5*（1348）
ニキーチン，イワン・サヴィチ　*10.16*（1861）
仁木義長　*9.10*（1376）
仁木頼章　*10.13*（1359）
ニクソン，リチャード・ミルハウス　*4.22*（1994）
ニグリ　*1.13*（1953）

ニーグレン，アンデシュ・テーオドール・サーミュエル　*10.20*（1978）
ニケーティウス（トリーアの）　*12.5*（566）
ニケフォルス2世　*12.10*（969）
ニケーフォロス・クームノス　*1.16*（1327）
日向　*9.3*（1314）
ニコ，ジャン　*5.5*（1600）
ニコデーモス（モモラの，ツィロの）　*3.25*（990）
ニコラ1世　*3.1*（1921）
ニコライ　*2.16*（1912）
ニコライ1世　*3.2*（1855）
ニコライ2世　*7.17*（1918）
ニコライ，オットー　*5.11*（1849）
ニコライ，クリストフ・フリードリヒ　*1.8*（1811）
ニコラウス1世　*11.13*（867）
ニコラウス2世　*7.19*（1061）
ニコラウス3世　*8.22*（1280）
ニコラウス4世　*4.4*（1292）
ニコラウス5世　*3.24*（1455）
ニコラウス5世　*10.16*（1333）
ニコラウス（ディンケルスビュールの）　*3.7*（1433）
ニコラウス（フリューエの）　*3.21*（1487）
ニコラーエワ，ガリーナ・エヴゲニエヴナ　*10.18*（1963）
ニコラオス1世・ミュスティコス　*5.15*（925）
ニコラス（クザの）　*8.11*（1464）
ニコル　*4.17*（1976）
ニコル，ウィリアム　*9.2*（1851）
ニコル，シャルル・ジュール・アンリ　*2.28*（1936）
ニコルズ　*5.28*（1672）
ニコルズ，ロバート　*12.17*（1944）
ニコルソン，ウィリアム　*5.21*（1815）
ニコルソン，セス・バーンズ　*7.2*（1963）
ニコルソン，ハロルド　*5.1*（1968）
ニコルソン，ベン　*2.6*（1982）

ニコル，ピエール　*11.16*（1695）
ニコン　*8.17*（1681）
ニザ，マルコス・デ　*3.25*（1558）
ニザン，ポール　*5.23*（1940）
西周　*1.31*（1897）
西大路隆仲　*11.11*（1397）
西岡虎之助　*2.26*（1970）
西尾末広　*10.3*（1981）
西尾忠永　*1.14*（1620）
西尾光教　*11.19*（1615）
西尾実　*4.16*（1979）
西尾吉次　*8.26*（1606）
西川嘉義　*3.21*（1921）
西川喜洲（初代）　*12.29*（1931）
西川鯉三郎（初代）　*2.25*（1899）
西川鯉三郎（2代目）　*7.31*（1983）
西川光二郎　*10.22*（1940）
西川春洞　*8.10*（1915）
西川正治　*1.5*（1952）
西川如見　*8.10*（1724）
西川甚五郎（13代目）　*5.16*（1967）
西川祐信　*7.19*（1750）
西川正休　*5.1*（1756）
西川扇蔵（2代目）　*8.2*（1808）
西川扇蔵（4代目）　*3.2*（1845）
西川扇蔵（8代目）　*10.6*（1923）
西川たつ　*6.1*（1959）
西川文子　*1.23*（1960）
西川正身　*1.25*（1988）
西川寧　*5.16*（1989）
錦小路頼徳　*4.27*（1864）
錦屋惣次（初代）　*12.5*（1770）
錦屋惣次（2代目）　*7.16*（1814）
西口彰　*12.11*（1970）
西玄哲　*2.8*（1760）
西玄甫　*9.17*（1684）
西郡の方　*5.14*（1606）
西崎緑（初代）　*2.18*（1957）
西沢一風　*5.24*（1731）
西沢一鳳　*12.2*（1853）
西沢笛畝　*10.24*（1965）
西沢文隆　*4.16*（1986）
西嶋定生　*7.25*（1998）
西島八兵衛　*3.20*（1680）
西島蘭渓　*12.15*（1853）
西善三郎　*10.11*（1768）

西田幾多郎　*6.7*(1945)
西竹一　*3.17*(1945)
西田修平　*4.13*(1997)
西田隆男　*9.21*(1967)
西田長寿　*12.16*(1989)
西田天香　*2.29*(1968)
西田直養　*3.18*(1865)
西田直二郎　*12.26*(1964)
西谷啓治　*11.24*(1990)
西谷能雄　*4.29*(1995)
西田ハル　*3.26*(1945)
西田税　*8.19*(1937)
西角井正慶　*1.22*(1971)
仁科盛遠　*6.14*(1221)
仁科盛信　*3.11*(1582)
仁科芳雄　*1.10*(1951)
西ノ海嘉治郎(初代)　*11.30*(1908)
西ノ海嘉治郎(2代目)　*1.27*(1931)
西ノ海嘉治郎(3代目)　*7.28*(1933)
西野辰吉　*10.21*(1999)
西洞院時名　*7.2*(1798)
西洞院時秀　*4.19*(1566)
西洞院時慶　*12.20*(1640)
西洞院行時　*11.4*(1369)
西原亀三　*8.22*(1954)
西原寛一　*2.29*(1976)
西原小まつ　*3.19*(1984)
西春彦　*9.20*(1986)
西堀栄三郎　*4.13*(1989)
西村伊作　*2.11*(1963)
西村市郎右衛門(初代)　*9.3*(1696)
西村栄一　*4.27*(1971)
西村勝三　*1.31*(1907)
西村晃　*4.15*(1997)
西村五雲　*9.16*(1938)
西村茂樹　*8.18*(1902)
西村重長　*6.27*(1756)
西村七右衛門　*1.31*(1895)
西村真次　*5.27*(1943)
西村総左衛門　*5.16*(1935)
西村太沖　*5.21*(1835)
西村定雅　*12.12*(1827)
西村天囚　*7.29*(1924)
西村陽吉　*3.22*(1959)
西銘順治　*11.10*(2001)
西山夘三　*4.2*(1994)
西山翠嶂　*3.30*(1958)

西山拙斎　*11.5*(1798)
西山宗因　*3.28*(1682)
西山弥太郎　*8.10*(1966)
二条昭実　*7.14*(1619)
二条院　*9.17*(1105)
二条兼基　*8.25*(1334)
二条定高　*1.16*(1243)
二条尹房　*9.1*(1551)
二条為明　*10.27*(1364)
二条為氏　*9.14*(1286)
二条為定　*3.14*(1360)
二条為重　*2.15*(1385)
二条為藤　*7.17*(1324)
二条為冬　*12.12*(1335)
二条為世　*8.5*(1338)
二条天皇　*7.28*(1165)
二条斉敬　*12.5*(1878)
二条晴良　*4.29*(1579)
二条尚基　*10.10*(1497)
二条政嗣　*9.2*(1480)
二条道良　*11.8*(1259)
二条道平　*2.4*(1335)
二条満基　*12.27*(1410)
二条持通　*1.12*(1493)
二条持基　*11.3*(1445)
二条基冬　*11.21*(1382)
二条師忠　*1.14*(1341)
二条師嗣　*11.22*(1400)
二条師基　*1.26*(1365)
二条師良　*5.1*(1382)
二条康道　*7.28*(1666)
二条良実　*11.29*(1270)
二条良基　*6.13*(1388)
西類子　*1.15*(1646)
西脇順三郎　*6.5*(1982)
ニジンスカ，ブロニスラヴァ　*2.22*(1972)
ニジンスキー，ヴァツラフ　*4.8*(1950)
ニーダム，ジョゼフ　*3.24*(1995)
ニーダー，ヨーハン　*8.13*(1438)
ニタルト　*5.15*(843)
二反長半　*7.5*(1977)
日位　*4.23*(1318)
日意　*2.3*(1519)
日意　*4.9*(1473)
日印　*12.20*(1329)
日胤　*4.6*(1306)
日有　*9.29*(1482)

日運　*7.23*(1530)
日慧　*3.13*(1424)
日叡　*11.9*(1397)
日栄　*4.18*(1308)
日栄　*11.26*(1401)
日英　*8.10*(1423)
ニーチェ，フリードリヒ・ヴィルヘルム　*8.25*(1900)
日延　*4.26*(1461)
日延　*9.8*(1444)
日奥　*3.10*(1630)
日応　*9.22*(1508)
日億　*11.8*(1422)
日遠　*3.5*(1642)
日覚　*11.16*(1550)
日寛　*8.19*(1726)
日輝　*2.23*(1859)
日義尼　*4.12*(1298)
日鏡　*4.25*(1559)
日尭　*4.9*(1396)
日暁　閏*2.6*(1466)
日慶　*3.19*(1478)
日賢　*3.17*(1338)
日元　*1.1*(1277)
日源　*3.8*(1386)
日源　*9.13*(1315)
日現　*7.21*(1561)
日護　*9.5*(1532)
日講　*3.10*(1698)
日高　*4.26*(1314)
日厳　*4.21*(1445)
日実　*4.22*(1458)
日実　*10.23*(1314)
日寂　*11.1*(1286)
日寿　*4.4*(1452)
日樹　*5.19*(1631)
日什　*2.28*(1392)
日重　*8.6*(1623)
日純　*3.21*(1550)
日遵　*1.2*(1521)
日順　*9.19*(1511)
日乗　*6.27*(1380)
日常　*3.20*(1299)
日成　*4.16*(1337)
日静　*6.27*(1369)
日尋　*3.2*(1538)
日陣　*5.21*(1419)
日善　*9.22*(1332)
日禅　*10.24*(1335)
日像　*11.13*(1342)
日存　*3.26*(1421)

日台 *3.7*(1366)	日霽 *11.4*(1405)	入阿 *10.2*(1281)
日伝 *3.6*(1341)	日詮 *3.4*(1500)	入信 *3.25*(1251)
日伝 *4.1*(1409)	日暹 *3.1*(1327)	ニューカム, サイモン *7.11*(1909)
日導 *7.12*(1789)	日諦 *8.21*(1585)	ニューカメン, トマス *8.5*(1729)
日念 *8.27*(1334)	仁田勇 *1.16*(1984)	ニュートン, アイザック *3.20*(1727)
日白残夢 *3.29*(1576)	新田邦光 *11.25*(1902)	ニューマン, アーネスト *7.7*(1959)
日範 *3.15*(1320)	新田貞方 *7.22*(1409)	ニューマン, ジョン・ヘンリー *8.11*(1890)
日仏尼 *8.22*(1299)	新田潤 *5.14*(1978)	ニューマン, バーネット *7.4*(1970)
日弁 閏*6.26*(1311)	新田次郎 *2.15*(1980)	ニューランズ, ジョン・アレグザンダー・レイナ *7.29*(1898)
日満 *3.21*(1360)	仁田忠常 *9.6*(1203)	ニューランド, ジュリアス・アーサー *6.11*(1936)
日妙 *2.29*(1301)	仁田忠常の妻 *7.18*(1187)	如一 *3.6*(1321)
日妙 *11.27*(1387)	新田義顕 *3.6*(1337)	如意尼 *3.20*(835)
日明 *3.5*(1317)	新田義興 *10.10*(1358)	如円 *3.2*(1292)
日目 *11.15*(1333)	新田義貞 閏*7.2*(1338)	如幻宗悟 *5.26*(1530)
日門 *7.20*(1293)	新田義重 *1.14*(1202)	如光 *11.1*(1467)
日祐 *5.19*(1374)	新田義宗 *7.14*(1368)	如信 *1.4*(1300)
日裕 *10.6*(1606)	日澄 *2.9*(1510)	如大無著尼 *11.28*(1298)
日誉 *11.20*(1641)	日澄 *3.14*(1310)	如道 *8.11*(1340)
日養 *9.15*(1596)	日朝 *6.25*(1500)	如宝 *1.7*(815)
日羅 *12.30*(584)	日調 *10.8*(1501)	如無 *8.10*(938)
日隆 *2.25*(1464)	日頂 *3.8*(1317)	ニラーラー *10.15*(1961)
日隆 *11.1*(1334)	ニッティ *2.20*(1953)	ニール, アレグザンダー・サザーランド *9.23*(1973)
日輪 *4.4*(1359)	日貞 *9.13*(1369)	ニールゼン, アスタ *5.25*(1972)
日蓮 *10.13*(1282)	日貞尼 *7.20*(1378)	ニルセン, カール *10.3*(1931)
日朗 *1.21*(1320)	日典 *4.21*(1463)	ニールソン *1.18*(1865)
日観 *3.28*(1021)	日東祖旭 *4.5*(1413)	ニール, ボイド *9.30*(1981)
日教 *4.18*(1493)	日徳 *12.12*(1325)	仁礼景範 *11.22*(1900)
日経 *11.22*(1620)	日法 *1.5*(1341)	ニーロス (ロッサーノの) *12.29*(1005)
日乾 *10.27*(1635)	日峰宗舜 *1.26*(1448)	丹羽正伯 *4.14*(1756)
日琉 *8.27*(1598)	新渡戸稲造 *10.15*(1933)	庭田重資 *8.13*(1389)
日興 *2.7*(1333)	新渡戸伝 *9.27*(1871)	庭田重親 *12.24*(1533)
ニッコデーミ, ダーリオ *9.24*(1934)	蜷川親俊 *11.14*(1569)	庭田重経 *10.25*(1501)
ニッコリーニ, ジョヴァンニ・バッティスタ *9.20*(1861)	蜷川親元 *5.25*(1488)	庭田重通 *6.17*(1598)
	蜷川虎三 *2.27*(1981)	庭田嗣子 *11.9*(1867)
日宗 *4.5*(1291)	二宮敬作 *3.12*(1862)	庭田雅行 *2.20*(1495)
日秀 *1.10*(1334)	二宮尊徳 *10.20*(1856)	丹羽長国 *1.15*(1904)
日秀 *5.8*(1450)	二宮忠八 *4.8*(1936)	丹羽長重 閏*3.6*(1637)
日秀 *11.12*(1577)	ニーバー, ラインホルト *6.1*(1971)	丹羽長秀 *4.16*(1585)
日祝 *4.12*(1513)	ニーブア, バルトルト・ゲオルク *1.2*(1831)	庭野日敬 *10.4*(1999)
日秀尼 *4.24*(1625)	ニプコー, パウル *8.24*(1940)	
日出 *4.9*(1459)	日保 *4.12*(1340)	
日春 *3.16*(1311)	日本左衛門 *3.11*(1747)	
日昭 *3.26*(1323)	二本松義継 *10.8*(1585)	
日心 *9.21*(1343)	ニーマイアー, アウグスト・ヘルマン *7.7*(1828)	
日真 *3.29*(1528)	ニミッツ, チェスター・W *2.20*(1966)	
日真 *4.22*(1626)	ニーメラー, マルティーン *3.6*(1984)	
日親 *9.17*(1488)		
日進 *12.8*(1346)		
日辰 *12.15*(1577)		
日精 *11.6*(1584)		

丹羽文雄　*4.20*(2005)
丹羽保次郎　*2.28*(1975)
丹羽嘉言　*3.16*(1786)
ニン, アナイス　*1.14*(1977)
仁恵法親王　*4.12*(1298)
仁海　*5.16*(1046)
仁覚　*3.28*(1102)
任覚　*2.12*(1181)
仁源　*3.9*(1109)
仁敍　*6.2*(949)
仁豪　*10.4*(1121)
仁皎　*11.23*(959)
仁孝天皇　*1.26*(1846)
仁厳　*8.29*(1152)
仁実　*6.8*(1131)
忍室文勝　*11.28*(1556)
任助　*11.29*(1584)
任証　*6.25*(1189)
忍性　*7.12*(1303)
仁如集堯　*7.28*(1574)
仁助法親王　*8.11*(1262)
仁叟浄煕　*10.18*(1364)
忍澂　*11.10*(1711)
任弼時　*10.27*(1950)
ニン, ホアキン　*10.24*(1949)
仁明天皇　*3.21*(850)
仁隆　*1.9*(1205)

【ぬ】

ヌヴー, ジネット　*10.28*(1949)
額田六福　*12.21*(1948)
貫名海屋　*5.6*(1863)
ヌシッチ, ブラニスラヴ　*1.19*(1938)
ヌーデンフリュクト, ヘドヴィグ・シャロッタ　*6.29*(1763)
沼波瓊音　*7.19*(1927)
ヌネシュ　*8.11*(1578)
ヌネシュ・バレト　*8.10*(1571)
布川角左衛門　*1.29*(1996)
沼尻墨儒　*4.26*(1856)
沼田稲次郎　*5.16*(1997)
沼田真　*12.30*(2001)
沼田順義　*12.17*(1850)
沼間守一　*5.17*(1890)
ヌムール　*8.6*(1817)
ぬやまひろし　*9.18*(1976)

ヌーリー・アッサイード　*7.14*(1958)
ヌール・ウッディーン　*5.15*(1174)
ヌール・ジャハーン　*12.17*(1645)
ヌルミ, パーヴォ　*10.2*(1973)
ヌレーエフ, ルドルフ　*1.6*(1993)
ヌワイリー　*6.17*(1332)

【ね】

ネアンダー, ミヒャエル　*4.26*(1595)
ネアンダー, ヨーハン・アウグスト・ヴィルヘルム　*7.14*(1850)
ネイサン, ジョージ　*4.8*(1958)
ネイサンズ, ダニエル　*11.16*(1999)
ネイサン, ロバート　*5.25*(1985)
ネイスミス, ジェイムズ　*5.7*(1890)
ネイピア, W.J.　*10.10*(1834)
ネイピア, ジョン　*4.4*(1617)
ネイミア, ルイス　*8.19*(1960)
ネ・ウィン, ウー　*12.15*(2002)
ネーヴェルソン, ルイーズ　*4.17*(1988)
ネヴェーロフ, アレクサンドル・セルゲーヴィチ　*12.24*(1923)
根岸武香　*12.3*(1902)
根岸佶　*7.22*(1971)
根岸友山　*12.3*(1890)
ネクセー, マーティン・アナセン　*6.1*(1954)
ネクタリオス(コンスタンティノポリスの)　*9.27*(397)
ネクラーソフ, ヴィクトル・プラトノヴィチ　*9.3*(1987)
ネクラーソフ, ニコライ・アレクセーヴィチ　*12.27*(1877)
ネーグリ, アーダ　*1.11*(1945)
ネグリ, ポーラ　*8.1*(1987)

ネーゲリ, カール・ヴィルヘルム・フォン　*5.10*(1891)
猫田勝敏　*9.4*(1983)
ねこぢる　*5.10*(1998)
ネザーモル・モルク　*10.16*(1092)
ネズヴァル, ヴィーチェスラフ　*4.6*(1958)
ネストロイ, ヨハン・ネーポムク　*5.25*(1862)
ネズビット, イーディス　*5.4*(1924)
ねずまさし　*4.1*(1986)
ネスメヤーノフ　*1.17*(1980)
ネーター, エミー　*4.14*(1935)
ネチャーエフ, セルゲイ・ゲンナジエヴィチ　*11.21*(1882)
根津嘉一郎(初代)　*1.4*(1940)
ネッケル, ジャック　*4.9*(1804)
ネッケール・ド・ソシュール夫人　*4.13*(1841)
ネッセリローデ, カルル・ヴァシリエヴィチ, 伯爵　*3.23*(1862)
ネッター, トマス(ウォールデンの)　*11.2*(1430)
ネッチャー, カスパル　*1.15*(1684)
ネト, アゴスティノ　*9.11*(1979)
子々姫　*7.3*(1622)
ネフスキー, ニコライ・アレクサンドロヴィチ　*11.24*(1937)
ネポス, ユリウス　*5.9*(480)
ネー, ミシェル, エルヒンゲン公爵　*12.7*(1815)
ネミローヴィチ-ダンチェンコ, ウラジーミル・イワノヴィチ　*4.25*(1943)
ネメロフ, ハワード　*7.5*(1991)
根本博　*5.24*(1966)
根本武夷　*11.2*(1764)
根本通明　*10.3*(1906)
ネモラリウス　*2.13*(1236)
ネーリ, 聖フィリッポ　*5.26*(1595)
ネール, アールナウト・ファン・デル　*11.9*(1677)

ネルウァ, マルクス・コッケイウス　*1.25*(98)
ネルヴァル, ジェラール・ド　*1.26*(1855)
ネルヴィ, ピエール・ルイジ　*1.9*(1979)
ネルー, ジャワハルラール　*5.27*(1964)
ネルソン, ホレイショ　*10.21*(1805)
ネルーダ, パブロ　*9.23*(1973)
ネルダ, ヤン　*8.22*(1891)
ネルデケ, テーオドーア　*12.25*(1930)
ネルボ, アマード・ルイス・デ　*5.24*(1919)
ネルー, モーティーラール　*2.6*(1931)
ネール, ルイ・ユージェーヌ・フェリックス　*11.17*(2000)
ネルンスト, ヴァルター・ヘルマン　*11.18*(1941)
ネロ, クラウディウス・カエサル・アウグストゥス・ゲルマニクス　*6.9*(68)
念阿　*11.3*(1251)
念信　*3.16*(1245)
ネンニ, ピエトロ　*1.1*(1980)
念仏重兵衛(5代目)　*8.9*(1869)
然誉　*6.27*(1534)

【の】

ノアイユ, アドリアン・モーリス　*4.30*(1933)
ノアイユ, ルイ・マリー・アントアヌ　*1.9*(1804)
ノイジードラー, ハンス　*2.2*(1563)
ノイトラ, リチャード・ジョーゼフ　*4.16*(1970)
ノイバー, フリデリーケ・カロリーネ　*11.30*(1760)
ノイマン　*10.22*(1962)
ノイマン, カール　*3.27*(1925)
ノイマン, スタニスラフ・コストカ　*6.28*(1947)
ノイマン, フランツ　*5.23*(1895)
ノイマン, ヨハン・バルタザール　*7.18*(1753)
ノイラート, オットー　*12.22*(1945)
ノヴァーリス　*3.25*(1801)
ノヴィコフ-プリボイ, アレクセイ・シールイチ　*4.29*(1944)
ノヴィコフ, ニコライ・イワノヴィチ　*7.31*(1818)
ノヴェール, ジャン-ジョルジュ　*10.19*(1810)
能円　*8.24*(1199)
ノヴォトニー, アントニーン　*1.28*(1975)
能覚　*5.12*(1182)
能山聚芸　*11.26*(1512)
能禅　*11.16*(1289)
納富介次郎　*3.9*(1918)
納富寿童　*2.24*(1976)
能念　*8.10*(1295)
濃姫　*7.9*(1612)
ノエル-ベイカー, フィリップ, 男爵　*10.8*(1982)
野上彰　*11.4*(1967)
野上素一　*2.4*(2001)
野上豊一郎　*2.23*(1950)
野上弥生子　*3.30*(1985)
乃木静子　*9.13*(1912)
乃木希典　*9.13*(1912)
ノグチ, イサム　*12.30*(1988)
野口雨情　*1.27*(1945)
野口援太郎　*1.11*(1941)
野口兼資　*10.4*(1953)
野口遵　*1.15*(1944)
野口小蘋　*2.17*(1917)
野口寧斎　*5.12*(1905)
野口久光　*6.13*(1994)
野口英世　*5.21*(1928)
野口冨士男　*11.22*(1993)
野口弥太郎　*3.23*(1976)
野口幽谷　*6.26*(1898)
野口幽香　*1.27*(1950)
野口米次郎　*7.13*(1947)
野坂参三　*11.14*(1993)
野坂龍　*8.10*(1971)
野崎清二　*10.15*(1962)
野崎武左衛門　*8.29*(1864)
ノサック, ハンス・エーリヒ　*11.2*(1977)
野沢喜左衛門　*5.9*(1976)
野沢喜左衛門(初代)　*11.16*(1936)
野沢吉兵衛(初代)　*10.12*(1815)
野沢吉兵衛(3代目)　*7.27*(1862)
野沢吉兵衛(4代目)　*12.30*(1881)
野沢吉兵衛(5代目)　*2.22*(1911)
野沢吉兵衛(6代目)　*6.4*(1924)
野沢吉兵衛(7代目)　*5.23*(1942)
野沢吉兵衛(8代目)　*9.20*(1950)
野沢吉兵衛(9代目)　*7.9*(1980)
野沢喜八郎(9代目)　*2.17*(1964)
野沢節子　*4.9*(1995)
野沢尚　*6.28*(2004)
野沢松之輔　*1.13*(1975)
ノーサンバーランド伯　*4.14*(1471)
野島康三　*8.14*(1964)
野尻抱影　*10.30*(1977)
ノースクリフ　*8.14*(1922)
ノスケ　*11.29*(1946)
ノストラダムス　*7.2*(1566)
ノース, フレデリック, 8代ノース男爵　*8.5*(1792)
ノースロップ, ジョン・ハワード　*5.27*(1987)
能勢朝次　*2.25*(1955)
能勢達太郎　*7.21*(1864)
野副鉄男　*4.4*(1996)
荘戸太華　*12.25*(1804)
ノーソフ, ニコライ・ニコラエヴィチ　*7.26*(1976)
野田宇太郎　*7.20*(1984)
野田卯太郎　*2.23*(1927)
野田高梧　*9.23*(1968)
野田忠粛　*9.6*(1719)
ノダック, ヴァルター　*12.7*(1960)
野田笛浦　*7.21*(1859)
野田英夫　*1.12*(1939)

野田律太　*3.16*(1948)
ノックス, P.　*10.12*(1921)
ノックス, ジョン　*11.24*(1572)
野津鎮雄　*7.21*(1880)
ノッテボーム, マルティン・グスタフ　*10.29*(1882)
ノット　*10.26*(1922)
野津道貫　*10.18*(1908)
ノディエ, シャルル　*1.27*(1844)
ノートカー・ラーベオ　*6.29*(1022)
ノートケ, ベルント　*5.12*(1509)
ノートケル　*4.10*(1008)
ノトケル・バルブルス　*4.6*(912)
能登女王　*2.17*(781)
ノートブルガ　*9.14*(1313)
ノートン, キャロライン　*6.15*(1877)
ノートン, トマス　*3.10*(1584)
ノートン, メアリー　*8.29*(1992)
野中至　*2.28*(1955)
野中婉　*12.29*(1726)
野中金右衛門　関*5.6*(1846)
野中兼山　*12.15*(1664)
野中四郎　*2.29*(1936)
野中助継　*5.28*(1868)
野長瀬晩花　*3.31*(1964)
野長瀬正夫　*4.22*(1984)
野々口立圃　*9.30*(1669)
野宮定基　*6.29*(1711)
野宮初枝　*4.2*(1978)
野々村一雄　*1.12*(1998)
ノーノ, ルイジ　*5.8*(1990)
野平祐二　*8.6*(2001)
ノビリ, レオポルド　*8.5*(1835)
ノービリ, ロベルト・デ　*1.16*(1651)
ノビレ, ウンベルト　*7.29*(1978)
ノーフォーク公　*6.2*(1572)
宣子内親王　関*6.9*(920)
野淵昶　*2.1*(1968)
信時潔　*8.1*(1965)
ノブレガ, マヌエル・ダ　*10.18*(1570)
野辺地勝久　*11.6*(1966)

野辺地天馬　*4.24*(1965)
ノーベル, アルフレッド・ベルンハルト　*12.10*(1896)
昇曙夢　*11.22*(1958)
野間寛二郎　*2.5*(1975)
野間玄琢　*11.14*(1645)
野間三竹　*8.17*(1676)
野間省一　*8.10*(1984)
野間清治　*10.16*(1938)
野間仁根　*12.30*(1979)
野間宏　*1.2*(1991)
ノーマン, ダニエル　*6.19*(1941)
ノーマン, ハーバート　*4.4*(1957)
野溝七生子　*2.12*(1987)
野溝勝　*8.22*(1978)
能見正比古　*10.30*(1981)
野村愛正　*7.6*(1974)
野村安趙　*7.2*(1871)
野村兼太郎　*6.22*(1960)
野村吉三郎　*5.8*(1964)
野村軍記　*10.20*(1834)
野村光一　*5.23*(1988)
野村篁園　*6.29*(1843)
野村胡堂　*4.14*(1963)
野村宗十郎　*4.23*(1925)
野村徳七　*1.15*(1945)
能村登四郎　*5.24*(2001)
野村直邦　*12.12*(1973)
野村秀雄　*6.20*(1964)
野村文夫　*10.27*(1891)
野村平爾　*1.22*(1979)
野村望東　*11.6*(1867)
野村万斎(初代)　*1.14*(1938)
野村万蔵(6代目)　*5.6*(1978)
野村素介　*12.23*(1927)
野村靖　*1.24*(1909)
野村芳兵衛　*11.4*(1986)
野村隈畔　*11.5*(1921)
野依秀市　*3.31*(1968)
ノーランド　*2.23*(1974)
ノリス, フランク　*10.25*(1902)
ノルヴィト, ツィプリアン・カミル　*5.23*(1883)
ノルデ, エーミール　*4.13*(1956)
ノルデンショルド, ニールス・アドルフ・エリック　*8.12*(1901)

ノルベルト　*6.6*(1134)
ノール, ヘルマン　*9.27*(1960)
ノレ, ジャン・アントワーヌ　*4.12*(1770)
野呂栄太郎　*2.19*(1934)
野呂介石　*3.14*(1828)
野呂景義　*9.8*(1923)
野呂邦暢　*5.7*(1980)
野呂元丈　*7.6*(1761)

【 は 】

バイアー　*2.29*(1712)
ハイアット, ジョン・ウェズリー　*5.10*(1920)
唄庵義梵　*1.30*(1431)
バイイ　*4.10*(1947)
バイイ, ジャン・シルヴァン　*11.12*(1793)
梅隠宗香　*11.26*(1589)
ハイエク, フリードリヒ・A　*3.23*(1992)
バイエルス, サー・ルドルフ・エルンスト　*9.19*(1995)
ハイエルマンス, ヘルマン　*11.22*(1924)
梅巌義東　*4.1*(1423)
梅堯臣　*4.25*(1060)
裴矩　*8.19*(627)
裴行倹　*4.28*(682)
売茶翁　*7.16*(1763)
梅山聞本　*9.7*(1417)
パイジェッロ, ジョヴァンニ　*6.5*(1816)
禖子内親王　*9.13*(1096)
ハイジンハ, ヨハン　*2.1*(1945)
ハイゼ, パウル　*4.2*(1914)
ハイセンビュッテル, ヘルムート　*9.19*(1996)
ハイゼンベルク, ヴェルナー・カール　*2.1*(1976)
梅荘顕常　*3.8*(1801)
灰田勝彦　*10.26*(1982)
灰谷健次郎　*11.23*(2006)
バイダーベック, ビックス　*8.6*(1931)
ハイダル・アリー　*12.7*(1782)
梅亭金鵞　*6.30*(1893)

ハイデガー, マルティン 5.26(1976)
ハイデガー, ヨーハン・ハインリヒ 1.18(1698)
ハイデン, ゼーバルト 7.9(1561)
ハイド, ダグラス 7.12(1949)
ハイトラー 11.15(1981)
ハイドン, フランツ・ヨーゼフ 5.31(1809)
ハイドン, ミヒャエル 8.10(1806)
ハイネ, クリスティアン・ゴットロープ 7.14(1812)
ハイネ, ハインリヒ 2.17(1856)
ハイネマン, グスタフ 7.7(1976)
ハイフェッツ, ヤーシャ 12.11(1987)
ハイベア, ヨハン・ルドヴィ 8.25(1860)
梅峰竺信 11.19(1707)
ハイマンス, コルネイユ・ジャン・フランソワ 7.18(1968)
ハイム 8.31(1937)
ハイム, カール 8.30(1958)
ハイム, ゲオルク 1.16(1912)
ハイメ1世 7.27(1276)
ハイメ2世 11.2(1327)
ハイモ(ハルバシュタットの) 3.28(853)
灰屋三郎助 6.23(1874)
灰屋紹益 11.12(1691)
灰屋紹由 3.16(1622)
ハイヤット 1.15(1902)
バイヤー, フェルディナント 5.14(1863)
バイヤー, ヨハン 3.7(1625)
バイヤー, ヨハン・フリードリヒ・アドルフ・フォン 8.20(1917)
梅蘭芳 8.8(1961)
ハイリル・アンワル 4.28(1949)
パイル, アーニー 4.18(1945)
パイルシュタイン, フリードリヒ・コンラート 10.18(1906)
パイル, ハワード 11.9(1911)

ハイレ・セラシエ1世 8.27(1975)
バイロン, ジョージ・ゴードン 4.19(1824)
馬殷 11.10(930)
ハインケル, エルンスト 1.30(1958)
馬寅初 5.10(1982)
ハインズ, アール 4.22(1983)
ハインゼ, ヴィルヘルム 6.22(1803)
ハインドマン 11.22(1921)
ハインライン, ロバート・A. 5.8(1988)
ハインリヒ 8.6(1195)
ハインリヒ1世 7.2(936)
ハインリヒ2世 7.13(1024)
ハインリヒ3世 10.5(1056)
ハインリヒ4世 8.7(1106)
ハインリヒ5世 5.23(1125)
ハインリヒ6世 9.28(1197)
ハインリヒ7世 8.24(1313)
ハインリヒ(アーハウスの) 2.14(1439)
ハインリヒ(チュトフェンの) 12.10(1524)
ハインリヒ・ハインブーヘ(ランゲンシュタインの) 2.11(1397)
ハインリヒ・フラウエンローブ 11.29(1318)
ハインリヒ(フリーマールの) 10.18(1340)
バウアー, オットー 7.4(1938)
ハーヴァード, ジョン 9.14(1638)
バウアー, ブルーノ 4.13(1882)
バウアリング, ジョン 11.23(1872)
パヴァロッティ, ルチアーノ 9.6(2007)
ハーヴィー, ウィリアム 6.3(1657)
ハウ, イライアス 10.3(1867)
ハウ, ウィリアム・ハウ, 5代子爵 7.12(1814)
バーヴェー, ヴィノーバー 11.15(1982)

パヴェーゼ, チェーザレ 8.27(1950)
パヴェル, オタ 3.31(1973)
ハウエルズ, ウィリアム・ディーン 5.11(1920)
パウエル, セシル・フランク 8.9(1969)
パウエル, バド 7.31(1966)
バーヴォ 10.1(660)
パウケル 6.26(1960)
ハウザー, カスパー 12.17(1833)
ハウ, サミュエル 1.9(1876)
ハウス, エドワード・M 3.28(1938)
ハウスクネヒト 12.19(1927)
パウストフスキー, コンスタンチン・ゲオルギエヴィチ 7.14(1968)
ハウスドルフ, フェリックス 1.26(1942)
ハウスホーファー 3.13(1946)
ハウスマン, A.E. 4.30(1936)
ハウスマン, ニーコラウス 11.3(1538)
ハウスマン, マンフレート 8.6(1986)
ハウスマン, ロレンス 2.20(1959)
バウツ, ディーリック 5.6(1475)
ハウトスミット, サムエル・アブラハム 12.4(1978)
ハウトマン 9.1(1599)
ハウフ, ヴィルヘルム 11.18(1827)
ハウプトマン, カール 2.4(1921)
ハウプトマン, ゲーアハルト 6.6(1946)
ハウブラーケン, アルノルト 10.18(1719)
バウマイスター, ヴィリー 8.31(1955)
バウマン 10.31(1905)
バウマン, コンラート 1.24(1473)
バウムガルテン・クルージウス, ルートヴィヒ・フリードリヒ・オットー 5.31(1843)

バウムガルテン, アレクサンダー・ゴットリーブ　*5.26*(1762)
パウラ　*1.26*(404)
パウリ, ヴォルフガング　*12.15*(1958)
ハウ, リチャード・ハウ, 初代伯爵　*8.5*(1799)
パウリヌス　*6.22*(431)
パウリヌス　*10.10*(644)
パウル　*12.29*(1921)
パウルス2世　*7.26*(1471)
パウルス3世　*11.10*(1549)
パウルス4世　*8.18*(1559)
パウルス5世　*1.28*(1621)
パウルス6世　*8.6*(1978)
パウルス(ブルゴスの)　*8.29*(1435)
パウルセン, ヴァルデマー　*7.23*(1942)
パウルゼン, フリードリヒ　*8.14*(1908)
パウル, フェルディナント・クリスティアン　*12.2*(1860)
パウル(ミデルビュルフの)　*12.15*(1534)
パヴレンコ, ピョートル・アンドレーヴィチ　*6.16*(1951)
パヴロヴァ, アンナ　*1.23*(1931)
パーヴロフ　*9.30*(1908)
パヴロフ, イヴァン・ペトロヴィチ　*2.27*(1936)
パウンド, エズラ　*11.1*(1972)
パウンド, ロスコー　*7.1*(1964)
バー, エアロン　*9.14*(1836)
パエス, ホセ・アントニオ　*5.7*(1873)
バオ・ダイ　*7.30*(1997)
パオロッツィ, エデュアルド　*4.22*(2005)
バーガ　*10.19*(1547)
パーカー　*12.13*(1866)
芳賀幸四郎　*8.6*(1996)
バーカー, サー・アーネスト　*2.17*(1960)
バーカー, シオドア　*5.10*(1860)
バーカー, ジョージ・グランヴィル　*10.27*(1991)

パーカースト　*4.14*(1959)
芳賀禅可　*11.30*(1372)
パーカー, チャーリー　*3.12*(1955)
ハガード, ライダー　*5.14*(1925)
パーカー, ドロシー　*6.7*(1967)
パガニーニ, ニッコロ　*5.27*(1840)
パーカー, マシュー　*5.17*(1575)
袴田里見　*5.10*(1990)
芳賀矢一　*2.6*(1927)
バカン, ジョン　*2.11*(1940)
バーキー　*4.7*(1600)
波木井実長　*9.25*(1297)
パーキエ, エチエンヌ　*8.30*(1615)
萩岡松韻(2代目)　*10.3*(1966)
萩岡松韻(3代目)　*7.31*(1978)
萩野由之　*2.1*(1924)
萩野延寿　*10.24*(2001)
萩元晴彦　*9.4*(2001)
萩原兼従　*8.13*(1660)
萩原吉太郎　*8.8*(2001)
萩原恭次郎　*11.22*(1938)
萩原朔太郎　*5.11*(1942)
萩原尊礼　*11.14*(1999)
萩原タケ　*5.27*(1936)
萩原広道　*12.3*(1864)
萩原雄祐　*1.29*(1979)
巴金　*10.17*(2005)
パーキン, サー・ウィリアム・ヘンリー　*7.14*(1907)
ハギンズ, サー・ウィリアム　*5.12*(1910)
パーキンズ, ジェイコブ　*7.30*(1849)
ハギンズ, チャールズ・ブレントン　*1.12*(1997)
パーキンズ, フランシス　*5.14*(1965)
パーキンソン, ジェイムズ　*12.21*(1824)
パーキンソン, シリル・ノースコート　*3.9*(1993)
バーク-ホワイト, マーガレット　*8.27*(1971)
白庵秀関　*8.22*(1599)

白隠慧鶴　*12.11*(1769)
白雲慧暁　*12.25*(1298)
白雲慧崇　*10.30*(1346)
伯英徳俊　*8.12*(1403)
バーク, エドマンド　*7.9*(1797)
バーク, ケネス　*11.19*(1993)
パークス　*10.24*(2005)
パークス, アレグザンダー　*6.29*(1890)
白崇禧　*12.2*(1966)
バクスター, ジェイムズ・K.　*10.23*(1972)
バクスター, リチャード　*12.8*(1691)
バクスト, レオン　*12.27*(1924)
バクストン, サー・ジョゼフ　*6.8*(1865)
パークス, ハリー・スミス　*3.21*(1885)
ハクスレー, サー・ジュリアン・ソレル　*2.14*(1975)
朴正熙　*10.26*(1979)
柏庭清祖　*6.28*(1398)
柏庭宗松　*5.5*(1527)
パグニヌス, サンテス　*8.24*(1541)
バクーニン, ミハイル・アレクサンドロヴィチ　*7.1*(1876)
バクファルク, バーリント　*8.13*(1576)
バーグマン, イングリッド　*8.29*(1982)
パークマン, フランシス　*11.8*(1893)
羽倉簡堂　*7.3*(1862)
バークラ, チャールズ・グラヴァー　*10.23*(1944)
バークリー, アルベン・W　*4.30*(1956)
バークリー, アレグザンダー　*6.10*(1552)
バークリー, ジョージ　*1.14*(1753)
バグリッキー, エドゥアルド・ゲオルギエヴィチ　*2.16*(1934)
羽栗翼　*5.27*(798)
バークリー, ロバート　*10.3*(1690)

パーク, ロバート・E　2.7(1944)	バシキールツェワ, マリヤ・コンスタンチノヴナ　10.31(1884)	バジーレ, ジャンバッティスタ　2.23(1632)
パーク, ロバート・オハラ　6.28(1861)	橋口五葉　2.4(1921)	パーシング, ジョン・J　7.15(1948)
羽黒山政司　10.14(1969)	橋口壮介　4.24(1862)	パス・エステンソロ, ビクトル　6.7(2001)
ハーゲスハイマー, ジョーゼフ　4.25(1954)	ハーシー, ジョン　3.24(1993)	パス, オクタビオ　4.19(1998)
ハーゲンベック　4.14(1913)	土師清二　2.4(1977)	パスカーシウス, ラドベルトゥス　4.26(860)
箱田六輔　1.19(1888)	橋田邦彦　9.14(1945)	パスカリス2世　1.21(1118)
バーコフ, ジョージ・デヴィッド　11.12(1944)	橋田東声　12.20(1930)	パスカル, ブレーズ　8.19(1662)
聖パコミウス　5.14(346)	パーシー, トマス　9.30(1811)	ハスキッソン, ウィリアム　9.15(1830)
硲伊之助　8.16(1977)	パーシ, トマス　8.22(1572)	バスキン, ジュール　6.5(1930)
間重富　3.24(1816)	羽柴秀勝　12.10(1586)	パスクアル・バイロン　5.15(1592)
間十次郎　2.4(1703)	羽柴秀長　1.22(1591)	ハースコヴィッツ, メルヴィル・J　2.25(1963)
間秀矩　1.23(1876)	間人皇女　2.25(665)	パスコリ, ジョヴァンニ　4.6(1912)
バザール　7.29(1832)	橋本宇太郎　7.24(1994)	バスコンセロス, ホセ　6.30(1959)
ハサン・アルバスリー　10.10(728)	橋本英吉　4.20(1978)	蓮田市五郎　7.26(1861)
ハサン・サッバーフ　5.23(1124)	橋本雅邦　1.13(1908)	蓮田兵衛　11.2(1462)
ハサン・アルバンナー　2.12(1949)	橋本関雪　2.26(1945)	パース, チャールズ・サンダーズ　4.19(1914)
バザン, エルヴェ　2.17(1996)	橋本凝胤　3.25(1978)	バスティア　12.24(1850)
バザン, ルネ　7.20(1932)	橋本欣五郎　6.29(1957)	バスティアニーニ, エットーレ　1.25(1967)
パシ　6.12(1912)	橋本国彦　5.6(1949)	バスティアン・ルパージュ, ジュール　12.10(1884)
ハーシェイ, アルフレッド・デイ　5.22(1997)	橋本圭三郎　2.14(1959)	バスティアン, アドルフ　2.2(1905)
バジェ・イ・オルドニェス, ホセ　10.20(1929)	橋本左内　10.7(1859)	パステルナーク, ボリス・レオニードヴィチ　5.30(1960)
ハシェク, ヤロスラフ　1.3(1923)	橋本実梁　9.16(1885)	パストーア, ルートヴィヒ・フォン　9.30(1928)
バージェス　12.27(1966)	橋本進吉　1.30(1945)	ハースト, ウィリアム・ランドルフ　8.14(1951)
バージェス, アントニー　11.22(1993)	橋本真也　7.11(2005)	パストゥール, ルイ　9.28(1895)
バジェット, サー・ジェイムズ　12.30(1899)	橋本宗吉　5.1(1836)	バーズマーニ, ベーテ　3.19(1637)
バシェ・ド・メジリアク　2.25(1632)	橋本多佳子　5.29(1963)	ハスラー, ハンス・レーオ　6.8(1612)
ハーシェル, ウィリアム　8.25(1822)	橋本綱常　2.18(1909)	ハズリット, ウィリアム　9.18(1830)
ハーシェル, サー・ジョン・フレデリック・ウィリアム　5.11(1871)	橋本経亮　6.20(1805)	長谷川昭道　1.30(1897)
パーシェン　2.25(1947)	橋本テクル　8.30(1619)	長谷川角行　6.3(1646)
橋岡久太郎　9.15(1963)	橋本徳寿　1.15(1989)	
箸尾為量　4.11(1439)	橋本登美三郎　1.19(1990)	
橋川文三　12.17(1983)	橋本増吉　5.19(1956)	
パーシキヴィ, ユホ・クスティ　6.12(1956)	橋本峰雄　3.7(1984)	
	橋本夢道　10.9(1974)	
	橋本明治　3.25(1991)	
	橋本義夫　8.4(1985)	
	橋本龍太郎　7.1(2006)	
	バーシャーニー　11.17(1976)	
	バシュラール, ガストン　10.16(1962)	
	バジョット, ウォルター　3.24(1877)	
	バジョーフ, パーヴェル・ペトローヴィチ　12.3(1950)	
	バージー・ラーオ1世　5.9(1740)	
	バシリウス1世　8.29(886)	
	バシリウス2世　12.15(1025)	

長谷川一夫 *4.6*(1984)
長谷川かな女 *9.22*(1969)
長谷川勘兵衛(初代) *3.4*(1659)
長谷川勘兵衛(11代目) *8.8*(1841)
長谷川勘兵衛(14代目) *10.1*(1929)
長谷川勘兵衛(16代目) *1.16*(1964)
長谷川久蔵 *6.15*(1593)
長谷川潔 *12.13*(1980)
長谷川国雄 *9.2*(1980)
長谷川幸延 *6.27*(1977)
長谷川才次 *3.10*(1978)
長谷川三郎 *3.11*(1957)
長谷川時雨 *8.22*(1941)
長谷川四郎 *4.19*(1987)
長谷川伸 *6.11*(1963)
長谷川雪旦 *1.28*(1843)
長谷川千四 *4.20*(1733)
長谷川宗右衛門 *9.25*(1870)
長谷川宗仁 *2.9*(1606)
長谷川宗也 *8.6*(1667)
長谷川泰 *3.11*(1912)
長谷川テル *1.14*(1947)
長谷川天渓 *8.30*(1940)
長谷川伝次郎 *1.15*(1976)
長谷川等伯 *2.24*(1610)
長谷川利行 *10.12*(1940)
長谷川長綱 *4.12*(1604)
長谷川如是閑 *11.11*(1969)
長谷川昇 *8.26*(1973)
長谷川周重 *1.3*(1998)
長谷川寛 *11.20*(1839)
長谷川藤広 *10.26*(1617)
長谷川平蔵 *5.19*(1795)
長谷川町子 *5.27*(1992)
長谷川巳之吉 *10.11*(1973)
長谷川好道 *1.27*(1924)
長谷川路可 *7.3*(1967)
支倉常長 *7.1*(1622)
長谷健 *12.21*(1957)
バセドー *4.11*(1854)
バーゼドー, ヨハン・ベルンハルト *7.25*(1790)
バゼーヌ, アシル *9.23*(1888)
長谷場純孝 *3.15*(1914)
長谷部言人 *12.3*(1969)
長谷部信連 *10.27*(1218)
長谷部文雄 *6.13*(1979)

長谷部恕連 *11.17*(1873)
パーセル, エドワード・ミルズ *3.7*(1997)
パーセル, ヘンリー *11.21*(1695)
バーセルミ, ドナルド *7.23*(1989)
ハーゼンクレーヴァー, ヴァルター *6.21*(1940)
馬占山 *11.29*(1950)
馬祖道一 *2.4*(788)
バーソ, ハイメ *7.16*(1461)
バソフ, ニコライ・ゲンナジエヴィチ *7.1*(2001)
パゾリーニ, ピエール・パーオロ *11.2*(1975)
パーソンズ, サー・チャールズ・アルジャーノン *2.11*(1931)
パーソンズ, タルコット *5.8*(1979)
パーソンズ, ロバート *4.18*(1610)
バーダー, アウグスティーン *3.30*(1530)
畑井新喜司 *4.19*(1963)
秦逸三 *5.25*(1944)
バタイユ, アンリ *3.2*(1922)
バタイユ, ガブリエル *12.17*(1630)
バタイユ, ジョルジュ *7.9*(1962)
畑英太郎 *5.30*(1930)
秦慧玉 *1.2*(1985)
羽田恭輔 *3.30*(1914)
畠山一清 *11.17*(1971)
畠山箕山 *6.21*(1704)
畠山重忠 *6.22*(1205)
畠山重保 *6.22*(1205)
畠山高国 *2.12*(1351)
畠山高政 *10.15*(1576)
畠山稙長 *5.15*(1545)
畠山尚順 *7.17*(1522)
畠山政長 閏*4.25*(1493)
畠山満家 *9.19*(1433)
畠山満慶 *6.27*(1432)
畠山持国 *3.26*(1455)
畠山基国 *1.17*(1406)
畠山義純 *10.7*(1210)
畠山義綱 *12.21*(1594)
畠山義就 *12.12*(1491)

畠山義春 *8.23*(1643)
畠山義英 *6.17*(1532)
畠山義統 *8.20*(1497)
畠山義統 閏*11.18*(1525)
波多腰ヤス *6.8*(1972)
幡崎鼎 *7.2*(1842)
秦佐八郎 *11.22*(1938)
畑俊六 *5.10*(1962)
秦宗巴 *12.14*(1607)
秦蔵六 *4.14*(1890)
パタソン, A.B. *2.5*(1941)
パターソン, ウィリアム *1.22*(1719)
パターソン, フロイド *5.11*(2006)
旗田巍 *6.30*(1994)
畑時能 *10.22*(1341)
秦豊吉 *7.5*(1956)
畑中武夫 *11.10*(1963)
畑中政春 *3.6*(1973)
波多野秋子 *6.9*(1923)
波多野勤子 *9.15*(1978)
波多野鼎 *9.29*(1976)
波多野完治 *5.23*(2001)
秦公春 *1.19*(1153)
波多野検校 *1.6*(1651)
秦嶋麻呂 *6.4*(747)
波多野精一 *1.17*(1950)
波多野爽波 *10.18*(1991)
波多野鶴吉 *2.23*(1918)
波多野秀治 *6.2*(1579)
波多野義常 *10.17*(1180)
バタフィールド, サー・ハーバート *7.20*(1979)
バーダー, フランツ・クサーヴァー・フォン *5.23*(1841)
畑山博 *9.2*(2001)
バーダー, ヨハネス *8.10*(1545)
バーチ *1.31*(1992)
パチェコ *8.3*(1640)
バーチェット *9.27*(1983)
バチェラー, ジョン *4.2*(1944)
バチェラー八重子 *4.29*(1962)
バチ, ガストン *10.13*(1952)
八条院 *6.26*(1211)
八条院三位局 *3.30*(1218)
八条清季 *9.12*(1349)
八条禅尼 *9.10*(1274)
蜂須賀家政 *12.30*(1639)

蜂須賀忠英 *4.4*(1652)
蜂須賀載 *7.2*(1795)
蜂須賀綱矩 *11.7*(1730)
蜂須賀正勝 *5.22*(1586)
蜂須賀宗英 *2.30*(1743)
蜂須賀茂韶 *2.10*(1918)
蜂須賀至鎮 *2.26*(1620)
ハチソン,フランシス *8.8*(1746)
八浜徳三郎 *10.22*(1951)
八文字屋其笑 *8.19*(1750)
八文字屋自笑 *11.11*(1745)
ハチャトゥリャン,アラム・イリイチ *5.1*(1978)
蜂屋頼隆 *9.25*(1589)
バーチュシコフ,コンスタンチン・ニコラエヴィチ *7.7*(1855)
ハチンソン,サー・ジョナサン *6.23*(1913)
初井言栄 *9.21*(1990)
バッキー白片 *7.13*(1994)
バッキンガム,ジョージ・ヴィラーズ,初代公爵 *8.23*(1628)
バッキンガム,ジョージ・ヴィラーズ,2代公爵 *4.16*(1687)
バック *9.27*(1975)
バックオッフェン,ハンス *9.21*(1519)
バック,サー・ピーター *12.1*(1951)
ハックスリー,T.H. *6.29*(1895)
ハックスリー,オールダス *11.22*(1963)
バックハウス,ヴィルヘルム *7.5*(1969)
バック,パール *3.6*(1973)
バックホイセン,ルドルフ *11.17*(1708)
バックル *5.29*(1862)
バッケッリ,リッカルド *10.8*(1985)
バッサーニ,ジョルジョ *4.13*(2000)
バッサーノ,ヤコポ・ダ *2.13*(1592)
バッサルゲ *6.26*(1958)
バッジ,ドン *1.26*(2000)

抜隊得勝 *2.20*(1387)
ハッセ *12.26*(1979)
泊瀬部内親王 *3.28*(741)
ハッセル,オッド *5.11*(1981)
ハッタ *3.14*(1980)
八田一朗 *4.15*(1983)
八田知紀 *9.2*(1873)
八田元夫 *9.17*(1976)
八田嘉明 *4.26*(1964)
ハッチンズ *5.14*(1977)
ハッチンスン,ジョン *9.11*(1664)
ハッチンソン,T. *6.3*(1780)
パッティ,アデリーナ *9.27*(1919)
パッテン *7.24*(1922)
ハットー1世 *5.15*(913)
ハットー2世 *1.18*(970)
ハット(ライヒェナウの) *3.17*(836)
服部安休 *5.29*(1681)
服部宇之吉 *7.11*(1939)
服部金太郎 *3.1*(1934)
服部左近衛門 *11.21*(1628)
服部静夫 *4.17*(1970)
服部之総 *3.4*(1956)
服部四郎 *1.29*(1995)
服部伸 *12.14*(1974)
服部蘇門 *9.16*(1769)
服部卓四郎 *4.30*(1960)
服部達 *1.1*(1956)
服部智恵子 *3.30*(1984)
服部富子 *5.17*(1981)
服部中庸 *3.14*(1824)
服部南郭 *6.21*(1759)
服部半蔵 *11.4*(1596)
服部撫松 *8.15*(1908)
服部嘉香 *5.10*(1975)
服部竜太郎 *6.18*(1977)
服部良一 *1.30*(1993)
ハットン *11.20*(1591)
ハットン,ジェイムズ *3.26*(1797)
パットン,ジョージ・S *12.21*(1945)
バッハ,ヴィルヘルム・フリーデマン *7.1*(1784)
バッハオーフェン,ヨハン・ヤーコブ *11.25*(1887)
バッハ,カール・フィーリプ・エマーヌエル *12.14*(1788)

バッハマン,インゲボルク *10.17*(1973)
バッハマン,ヴラディミル・ド *1.6*(1933)
バッハー,ミヒャエル *7.7*(1498)
バッハ,ヨーハン・クリスティアン *1.1*(1782)
バッハ,ヨーハン・クリストフ・フリードリヒ *1.26*(1795)
バッハ,ヨハン・ゼバスティアン *7.28*(1750)
バッフィン,ウィリアム *1.23*(1622)
バップ,ジョー *10.31*(1991)
ハッブル,エドウィン・パウエル *9.28*(1953)
パッヘルベル,ヨハン *3.9*(1706)
パッペンハイム *11.17*(1632)
初山滋 *2.12*(1973)
パッラヴィチーノ,ピエートロ・スフォルツァ *6.5*(1667)
ハーディ,キア *9.26*(1915)
ハーディ,ゴッドフリー・ハロルド *12.1*(1947)
バティスタ,フルヘンシォ *8.6*(1973)
バティスン,マーク *7.30*(1884)
ハーディ,トマス *1.11*(1928)
パティニール,ヨアヒム *10.5*(1524)
ハーティ,ハミルトン *2.19*(1941)
ハティーブ・アルバグダーディー *9.5*(1071)
パディリャ,フアン・デ *4.24*(1521)
ハーディング,ウォレン・G *8.2*(1923)
ハーディング,聖スティーヴン *3.28*(1134)
バーディーン,ジョン *1.30*(1991)
バーデ,ヴィルヘルム・ハインリヒ・ヴァルター *6.25*(1960)
パテール *12.15*(1950)
パデレフスキ,イグナツィ・ヤン *6.29*(1941)

ハーデン, サー・アーサー *6.17*（1940）
ハート *9.20*（1911）
バード *10.7*（1904）
バード2世 *8.26*（1744）
バード, ウィリアム *7.4*（1623）
ハート, ウィリアム・S. *6.23*（1946）
バトゥー, シャルル *7.14*（1780）
ハドソン, W.H. *8.18*（1922）
ハドソン, ヘンリー *6.22*（1611）
バトーニ, ポンペオ・ジロラモ *2.4*（1787）
バドビ, ジョン *3.1*（1410）
ハドフィールド, サー・ロバート・アボット *9.30*（1940）
ハート, ブレット *5.5*（1902）
パトモア, コヴェントリー *11.26*（1896）
ハート, モス *12.20*（1961）
鳩山威一郎 *12.19*（1993）
鳩山一郎 *3.7*（1959）
鳩山和夫 *10.4*（1911）
鳩山春子 *7.12*（1938）
鳩山秀夫 *1.29*（1946）
ハートラウプ, ヨハネス *3.16*（1340）
バトラー, サミュエル *6.18*（1902）
バトラー, サミュエル *9.25*（1680）
バトラー, ジョゼフ *6.16*（1752）
バトラー, ジョゼフィーン・エリザベス *12.30*（1906）
バトラー, ニコラス *12.7*（1947）
バトラー, リチャード・オースティン, バトラー男爵 *3.8*（1982）
バートリ *3.27*（1613）
ハドリアヌス1世 *12.25*（795）
ハドリアヌス4世 *9.1*（1159）
ハドリアヌス5世 *8.18*（1276）
ハドリアヌス6世 *9.14*（1523）
ハドリアーヌス（カンタベリの） *1.9*（709）

ハドリアヌス, プブリウス・アエリウス *7.10*（138）
羽鳥一紅 *8.23*（1795）
バートリ, エリーザベト *8.21*（1614）
バドリオ, ピエトロ *11.1*（1956）
パトリキウス, マゴヌス・スカトゥス *3.17*（461）
ハドリー, ジョン *2.14*（1744）
ハートリー, ダグラス・レイナ― *2.12*（1958）
バード, リチャード・イヴリン *3.11*（1957）
ハートリー, デイヴィド *8.28*（1757）
バートレット, サー・フレデリック *9.30*（1969）
バートン, エリザベス *4.20*（1534）
バートン, クララ *4.12*（1912）
バートン, サー・デレク・ハロルド・リチャード *3.16*（1998）
バートン, リチャード *8.5*（1984）
バートン, リチャード *10.20*（1890）
バートン, ロバート *1.25*（1640）
花井お梅 *12.14*（1916）
花井卓蔵 *12.3*（1931）
花井忠 *10.5*（1973）
花井蘭子 *5.21*（1961）
パナーエフ, イワン・イワノヴィチ *2.19*（1862）
花岡菊子 *6.12*（1984）
華岡青洲 *10.2*（1835）
花岡大学 *1.29*（1988）
花桐豊松（3代目） *2.29*（1796）
花沢伊左衛門（初代） *12.16*（1819）
花沢伊左衛門（2代目） *4.16*（1829）
鼻山人 *3.25*（1858）
花園天皇 *11.11*（1348）
花田清輝 *9.23*（1974）
バナッハ, ステファン *8.31*（1945）
バーナード *1.24*（1951）
バーナード, エドワード・エマーソン *2.6*（1923）

バーナード, クリスティアン・ニースリング *9.2*（2001）
花登筺 *10.3*（1983）
ハナ肇 *9.10*（1993）
花菱アチャコ *7.25*（1974）
英一蝶（初代） *1.13*（1724）
英百合子 *2.7*（1970）
花房義質 *7.9*（1917）
ハナ, マーク *2.15*（1904）
バナーマン, ヘレン・ブロディー *10.13*（1946）
バーナム, ダニエル・ハドソン *6.1*（1912）
バーナム, フォーブズ *8.6*（1985）
花村仁八郎 *1.4*（1997）
花森安治 *1.14*（1978）
花柳寿輔（初代） *1.28*（1903）
花柳寿輔（2代目） *1.22*（1970）
花柳寿楽（2代目） *1.7*（2007）
花柳章太郎 *1.6*（1965）
花柳寿美（初代） *2.8*（1947）
花柳徳兵衛 *5.24*（1968）
花柳有洸 *6.30*（1971）
花山信勝 *3.20*（1995）
バーナル, ジョン・デズモンド *9.16*（1971）
塙忠宝 *12.22*（1863）
塙保己一 *9.12*（1821）
バニェス, ドミンゴ *10.22*（1604）
パニガローラ, フランチェスコ *5.31*（1594）
羽仁五郎 *6.8*（1983）
羽仁説子 *7.10*（1987）
バーニー, チャールズ *4.12*（1814）
パニッカル *10.10*（1963）
パニッツィ, サー・アントニー *4.8*（1879）
バーニー, ファニー *1.6*（1840）
羽仁もと子 *4.7*（1957）
埴谷雄高 *2.19*（1997）
バニヤン, ジョン *8.31*（1688）
羽仁吉一 *10.26*（1955）
パニョル, マルセル *4.18*（1974）
バーニン *4.11*（1783）
羽川珍重 *7.22*（1754）
羽田健太郎 *6.2*（2007）

羽田亨　*4.13*（1955）
バーネット，ギルバート　*3.17*（1715）
バーネット，サー・フランク・マクファーレン　*8.31*（1985）
バーネット，サミュエル・オーガスタス　*6.17*（1913）
バーネット，ジョン　*5.26*（1928）
バーネット，フランシス・ホジソン　*10.29*（1924）
ハーネマン，サムエル　*7.2*（1843）
バーネル　*10.25*（1292）
バネルジー，サー・スレーンドラナート　*8.6*（1925）
パーネル，チャールズ・スチュワート　*10.6*（1891）
パノフスキー，エルヴィン　*3.15*（1968）
パノムヨン　*5.2*（1983）
パノワ，ヴェーラ・フョードロヴナ　*3.3*（1973）
バーバー　*1.24*（1966）
バハー・アッラー　*5.29*（1892）
ハーバ，アロイス　*11.18*（1973）
バハーウッ・ディーン・アル・アーミリー　*8.20*（1622）
馬場鎮一　*12.21*（1937）
馬場敬治　*8.10*（1961）
馬場孤蝶　*6.22*（1940）
馬場佐十郎　*7.27*（1822）
バーバー，サミュエル　*1.23*（1981）
バーバー，ジョン　*3.13*（1395）
馬場辰猪　*11.1*（1888）
馬場恒吾　*4.5*（1956）
ハーバー，ヴィクター　*5.26*（1924）
バハードゥル・シャー　*2.14*（1537）
バハードゥル・シャー1世　*2.27*（1712）
バハードゥル・シャー2世　*11.7*（1862）
ハーバート，エドワード　*8.20*（1648）
ハーバート，ジョージ　*3.1*（1633）
ハーバートソン　*7.31*（1914）

パパーニン　*1.30*（1986）
馬場信春　*5.21*（1575）
馬場のぼる　*4.7*（2001）
ハーバー，フリッツ　*1.29*（1934）
馬場文耕　*12.25*（1759）
馬場正雄　*10.27*（1986）
馬場正通　*3.17*（1805）
ハーバマン，ヨーハン　*12.5*（1590）
馬場義続　*2.24*（1977）
羽原又吉　*3.19*（1969）
バハール，ミールザー・モハンマド・タキー　*4.22*（1951）
バーバンク，ルーサー　*10.11*（1926）
パパンドレウ，アンドレアス　*6.23*（1996）
ハビエル，フランシスコ　*12.3*（1552）
バビッチ，ミハーイ　*8.4*（1941）
バビット，アーヴィング　*7.15*（1933）
パピーニ，ジョヴァンニ　*7.8*（1956）
パピノー，ルイ・ジョゼフ　*9.24*（1871）
ハビーブッラー　*2.19*（1919）
ハビントン　*11.30*（1654）
バビントン，アントニー　*9.20*（1586）
バーブ・アッ・ディーン　*7.9*（1850）
土生玄碩　*8.17*（1848）
パープスト，ゲオルク・ヴィルヘルム　*5.29*（1967）
バフチン，ミハイル・ミハイロヴィチ　*3.7*（1975）
バブーフ，フランソワ・ノエル　*5.27*（1797）
羽生能太郎　*12.31*（1977）
パフラヴィー，モハンマド・レザー　*7.27*（1980）
バーブル，ザヒールッディーン・ムハンマド　*12.26*（1530）
バベッジ，チャールズ　*10.20*（1871）
バーベッジ，リチャード　*3.13*（1619）

バーベリ，イサーク・エマヌイロヴィチ　*3.17*（1941）
バーベル1世　*3.24*（1801）
ハーベルラント　*1.30*（1945）
パーペン，フランツ・フォン　*5.2*（1969）
バーボールド，アナ・レティシア　*3.9*（1825）
パーマー　*11.16*（1949）
浜尾新　*9.25*（1925）
浜岡光哲　*12.6*（1936）
浜口雄幸　*8.26*（1931）
浜口雄彦　*10.5*（1976）
浜口庫之助　*12.2*（1990）
浜口梧陵　*4.21*（1885）
浜口陽三　*12.25*（2000）
浜口隆一　*1.2*（1995）
パーマー，サミュエル　*5.24*（1881）
ハマーショルド，ダグ　*9.18*（1961）
ハマスタイン2世，オスカー　*8.23*（1960）
パーマストン，ヘンリー・ジョン・テンプル，3代子爵　*10.18*（1865）
浜田国太郎　*3.15*（1958）
浜田国松　*9.6*（1939）
浜田耕作　*7.25*（1938）
浜田洒堂　*9.13*（1737）
浜田庄司　*1.5*（1978）
浜田広介　*11.17*（1973）
浜辺黒人　*5.18*（1790）
浜松歌国　*2.19*（1827）
浜村蔵六（初代）　*11.4*（1794）
浜村米蔵　*12.20*（1978）
浜谷浩　*3.6*（1999）
ハーマン，ウッディ　*10.29*（1987）
ハーマン，ヨハン・ゲオルク　*6.21*（1788）
ハミルトン，アレグザンダー　*7.12*（1804）
ハミルトン，エマ　*1.15*（1815）
ハミルトン，サー・ウィリアム　*5.6*（1856）
ハミルトン，サー・ウィリアム・ローワン　*9.2*（1865）
ハミルトン，ジョン　*4.7*（1571）

ハミルトン, パトリック *2.29*（1528）
ハムザ・ビン・アブドゥル・ムッタリブ *3.23*（625）
ハムスン, クヌート *2.19*（1952）
葉室定嗣 *6.26*（1272）
葉室定藤 *11.8*（1315）
葉室季頼 *11.14*（1293）
葉室資頼 *10.18*（1255）
葉室長顕 *2.21*（1390）
葉室長隆 *3.8*（1344）
葉室長光 閏*9.7*（1365）
葉室光忠 閏*4.29*（1493）
葉室頼親 *2.5*（1306）
葉室頼継 *7.30*（1529）
葉室頼房 *6.24*（1576）
葉室頼藤 *5.14*（1336）
ハメット, ダシール *1.10*（1961）
バー・モー *5.29*（1977）
ハモンド, J.L. *4.7*（1949）
早川かい *4.30*（1969）
早川清 *7.9*（1993）
早川幸男 *2.5*（1992）
早川雪洲 *11.23*（1973）
早川崇 *12.7*（1982）
早川種三 *11.10*（1991）
早川伝五郎 *11.20*（1719）
早川徳次 *6.24*（1980）
早川初瀬 *5.15*（1730）
早川正紀 *11.10*（1808）
早川弥五左衛門 *11.16*（1883）
早雲長太夫（初代） *9.8*（1704）
早坂文雄 *10.15*（1955）
林歌子 *3.24*（1946）
林遠里 *1.30*（1906）
林桜園 *10.12*（1870）
林鶴梁 *1.16*（1878）
林鵞峰 *5.5*（1680）
林吉左衛門 *4.6*（1646）
林きむ子 *2.2*（1967）
林毅陸 *12.17*（1950）
林研海 *8.30*（1882）
林賢徳 *6.13*（1914）
林権助 *6.27*（1939）
林倭衛 *1.26*（1945）
林子平 *6.21*（1793）
林述斎 *7.14*（1841）
林譲治 *4.5*（1960）
林銑十郎 *2.4*（1943）

林田亀太郎 *12.1*（1927）
林竹二 *4.1*（1985）
林武 *6.23*（1975）
林董 *7.10*（1913）
林忠彦 *12.18*（1990）
林忠正 *4.10*（1906）
林達夫 *4.25*（1984）
バヤジット1世 *3.8*（1403）
林鶴一 *10.4*（1935）
林貞三 *1.23*（1964）
林洞海 *2.2*（1895）
林東溟 *9.25*（1780）
林友幸 *11.8*（1907）
林梅洞 *9.1*（1666）
林裕章 *1.3*（2005）
林博太郎 *4.28*（1968）
林広守 *4.5*（1896）
林復斎 *9.17*（1859）
林房雄 *10.9*（1975）
林不忘 *6.29*（1935）
林芙美子 *6.28*（1951）
林鳳岡 *6.1*（1732）
林家小染（4代目） *1.31*（1984）
林弥三吉 *8.31*（1948）
林家三平 *9.20*（1980）
林屋正蔵（初代） *6.5*（1842）
林屋正蔵（4代目） *7.2*（1879）
林家正蔵（7代目） *10.26*（1949）
林家正蔵（8代目） *1.29*（1982）
林家正楽（2代目） *7.2*（1998）
林家正楽（6代目） *8.31*（1929）
林家染丸（3代目） *6.15*（1968）
林屋辰三郎 *2.11*（1998）
林有造 *12.29*（1921）
早矢仕有的 *2.18*（1901）
林頼三郎 *5.7*（1958）
林羅山 *1.23*（1657）
林良斎 *5.4*（1849）
林良平 *6.23*（1995）
林霊法 *3.7*（2000）
早田文蔵 *1.13*（1934）
早野寿郎 *2.20*（1983）
早野巴人 *6.6*（1742）
早船ちよ *10.8*（2005）
葉山嘉樹 *10.18*（1945）
速水御舟 *3.20*（1935）
速水堅曹 *1.18*（1913）
早速整爾 *9.13*（1926）
バヤール, ピエール・デュ・テライユ, 騎士 *4.30*（1524）

原阿佐緒 *2.21*（1969）
ハラー, アルブレヒト *12.12*（1777）
原市之進 *8.14*（1867）
原勝郎 *1.14*（1924）
ハラー, カール・ルートヴィヒ *5.21*（1854）
原吉平 *5.30*（1986）
バラキレフ, ミリー・アレクセエヴィチ *5.29*（1910）
原邦造 *3.30*（1958）
バラゲール, ホアキン *7.14*（2002）
原健三郎 *11.6*（2004）
原玄琢 *5.20*（1718）
原駒子 *12.28*（1968）
原在中 *11.15*（1837）
原采蘋 *10.1*（1859）
バラ, ジェイムズ・ハミルトン *1.29*（1920）
パラシオ - バルデス, アルマンド *1.29*（1938）
原静枝 *1.8*（1935）
バーラージー・バージー・ラーオ *6.23*（1761）
原島宏治 *12.9*（1964）
バラ, ジャコモ *3.1*（1958）
バラス, ポール・フランソワ・ジャン・ニコラ, 伯爵 *1.29*（1829）
原石鼎 *12.20*（1951）
原泉 *5.21*（1989）
原善三郎 *2.6*（1899）
原双桂 *9.4*（1767）
原田一道 *12.8*（1910）
はらたいら *11.10*（2006）
原田甲斐 *3.27*（1671）
原敬 *11.4*（1921）
原田鋼 *7.17*（1992）
原田二郎 *5.5*（1930）
原田大六 *5.27*（1985）
原田武一 *6.12*（1978）
原忠順 *10.28*（1894）
原田敏明 *1.17*（1983）
原田伴彦 *12.8*（1983）
原田豊吉 *12.2*（1894）
原田直次郎 *12.26*（1899）
原田直政 *5.3*（1576）
原胤昭 *2.23*（1942）
ハラタマ *1.19*（1888）
原民喜 *3.13*（1951）

原田三夫 *6.13*(1977)
原田実 *1.6*(1975)
原田淑人 *12.23*(1974)
原坦山 *7.27*(1892)
原智恵子 *12.9*(2001)
パラツェルズス, フィリップス・アウレオールス *9.24*(1541)
パラッキー *5.26*(1876)
パラッシャ, バーリント *5.30*(1594)
パラッツェスキ, アルド *8.18*(1974)
パラーディオ, アンドレア *8.19*(1580)
バーラティ, スブラマンヤ *9.11*(1921)
バラトゥインスキー, エヴゲーニー・アブラモヴィチ *6.29*(1844)
原虎一 *7.3*(1972)
原南陽 *8.15*(1820)
バーラーニ, ロベルト *4.8*(1936)
原念斎 *3.19*(1820)
原信子 *2.15*(1979)
原久一郎 *10.19*(1971)
原彪 *12.17*(1975)
原弘 *3.26*(1986)
原武太夫 *7.9*(1776)
パラフ, ヤン *1.19*(1969)
原文兵衛 *9.7*(1999)
パラマス, グレゴリオス *11.14*(1359)
パラマス, コスティス *2.28*(1943)
原マルチノ *9.7*(1629)
バラム, リチャード・ハリス *6.17*(1845)
原主水 *10.13*(1623)
原安三郎 *10.21*(1982)
原羊遊斎 *12.25*(1846)
原嘉道 *8.7*(1944)
ハラー, ヨハネス *9.1*(1575)
原竜三郎 *12.30*(1968)
原亮三郎 *12.8*(1919)
ハーラル1世 *11.1*(985)
バラール, アントワーヌ・ジェローム *4.30*(1876)
原六郎 *11.14*(1933)
バランシン, ジョルジュ *4.30*(1983)

バランタイン, R.M. *2.8*(1894)
ハーリー *7.30*(1963)
パリ *9.4*(1894)
バリー, J.M. *6.19*(1937)
ハーリー, アルターフ・フサイン *12.31*(1914)
バリー, アントワーヌ‐ルイ *6.25*(1875)
バリェ・インクラン, ラモン・デル *1.5*(1936)
ハリー, エドモンド *1.14*(1742)
バリェーホ, セサル・アブラム *4.15*(1938)
ハリオット, トマス *7.2*(1621)
バリー, サー・ウィリアム・エドワード *7.8*(1855)
バリー, サー・チャールズ *5.12*(1860)
パリス, ガストン *3.5*(1903)
ハリス, ジョーエル・チャンドラー *7.3*(1908)
ハリス, タウンセンド *2.25*(1878)
ハリス, フランク *8.26*(1931)
ハリス, ロイ *10.1*(1979)
ハリソン, ウィリアム・ヘンリー *4.4*(1841)
ハリソン, ジョージ *11.29*(2001)
ハリソン, ジョン *3.24*(1776)
ハリソン, ベンジャミン *3.13*(1901)
ハリソン, レックス *6.2*(1990)
ハリソン, ロス・グランヴィル *9.30*(1959)
バリー, チャールズ・ヒューバート・ヘースティングズ *10.7*(1918)
ハリデ・エディプ *1.9*(1964)
ハーリド *6.13*(1982)
バーリナー, イーミル *8.3*(1929)
ハリナルドゥス (リヨンの) *7.29*(1052)
バリーニ, ジュゼッペ *8.15*(1799)

ハリバートン, T.C. *8.27*(1865)
ハリファックス *4.5*(1695)
ハリファックス, エドワード・フレデリック・リンドリー・ウッド, 初代伯爵 *12.23*(1959)
ハリファックス, チャールズ・モンタギュー, 初代伯爵 *5.19*(1715)
ハリマン *9.9*(1909)
ハリマン, ウィリアム・アヴァレル *7.26*(1986)
バリモア, エセル *6.18*(1959)
バリモア, ジョン *5.30*(1942)
バリモア, ライオネル *11.15*(1954)
バーリモント, コンスタンチン・ドミトリエヴィチ *12.24*(1942)
ハリーリー *11.9*(1122)
パリリャ *2.5*(1597)
バーリン, アイザイア *11.5*(1997)
バーリンゲーム *2.23*(1870)
ハリントン *9.11*(1677)
パリントン, ヴァーノン・ルイス *6.16*(1929)
ハリントン, サー・ジョン *11.20*(1612)
バーリントン, リチャード・ボイル, 3代伯爵 *12.4*(1753)
ハルヴァックス *6.20*(1922)
パルヴィーン・エッテサーミー *4.5*(1941)
バルガス, ジェトゥリオ・ドルネーレス *8.24*(1954)
春木義彰 *12.17*(1904)
バルクハウゼン, ハインリヒ・ゲオルク *2.20*(1956)
バルーク, バーナード *6.20*(1965)
バルクライ・ド・トーリー, ミハイル・ボグダノヴィチ, 公爵 *5.14*(1818)
ハル, クラーク *5.10*(1952)
バルグレイヴ, フランシス・ターナー *10.24*(1897)
ハル, コーデル *7.23*(1955)
バルザック, オノレ・ド *8.18*(1850)

バルザック, ジャン‐ルイ・ゲ・ド 2.18(1654)
ハルシュタイン, ヴァルター 3.9(1982)
ハルステッド, ウィリアム・スチュワート 9.7(1922)
ハルス, フランス 8.24(1666)
春澄善縄 2.19(870)
バルダス, カイサル 4.21(865)
バルツ, ヨーハン・フォン 3.13(1511)
バルディヌッチ, フィリッポ 6.3(1696)
バルデス, アルフォンソ・デ 10.3(1532)
バルデース, フェルナンド・デ 12.9(1568)
バルデス・レアール, フアン・デ 10.15(1690)
バルテュス 2.18(2001)
ハルデンベルク, アルベルト 5.18(1574)
ハルデンベルク, カール・アウグスト, 公爵 11.26(1822)
ハルデン, マクシミーリアン 10.30(1927)
バルト 9.30(1922)
バルド‐バサン, エミリア 5.12(1921)
バルトゥー 10.9(1934)
バルドヴィネッティ, アレッソ 8.29(1499)
バルドゥイーン 1.21(1354)
バルドゥス 4.28(1400)
バルト, カール 12.10(1968)
バルトーク, ベーラ 9.26(1945)
バルト, ハインリヒ 11.25(1865)
ハルトマン, エードゥアルト・フォン 6.5(1906)
ハルトマン, ニコライ 10.9(1950)
バルトリ, ダニエッロ 1.12(1685)
バルトリン 6.11(1738)
バルトリン 12.14(1680)
バルトリン, エラスムス 1.14(1698)
バルトルス 7.13(1357)

バルトロッツィ, フランチェスコ 3.7(1815)
バルトロマエウス(エクセターの) 12.15(1184)
バルトロマエウス(ピーサの) 6.11(1347)
バルトロメオ, フラ 10.31(1517)
バルト, ロラン 3.26(1980)
バルナーヴ, アントワーヌ 11.29(1793)
ハルナック, アードルフ・フォン 6.10(1930)
バルナン, ドミニーク 9.27(1741)
春野鶴子 12.8(1981)
春野百合子(初代) 3.26(1946)
ハルバースタム, デービッド 4.23(2007)
春原五百枝 2.15(829)
バルバロ, エルモーラオ(小) 5.21(1493)
バルバロ, ダニエーレ 4.12(1570)
治仁王 2.11(1417)
バルビュス, アンリ 8.30(1935)
バルビローリ, ジョン 7.29(1970)
バルフォア, アーサー・ジェイムズ・バルフォア, 初代伯爵 3.19(1930)
バルフォア, フランシス・メイトランド 7.19(1882)
バルフ, マイケル・ウィリアム 10.20(1870)
バルベー・ドールヴィイ, ジュール‐アメデ 4.23(1889)
バルヘブラエウス 7.30(1286)
ハルベ, マックス 11.30(1944)
バール, ヘルマン 1.15(1934)
バルボ, イタロ 6.28(1940)
バルボサ 5.1(1521)
バルボ, チェーザレ 4.3(1853)
バルボ, ルドヴィーコ 9.19(1443)

バルマ・ヴェッキョ 7.30(1528)
バルマセダ, ホセ・マヌエル 9.19(1891)
バルマー, ヨハン・ヤーコプ 3.12(1898)
バルマ, リカルド 10.6(1919)
バルマン, ピエール 6.29(1982)
バルミエーリ, マッテオ 4.13(1475)
バルミジャニーノ 8.24(1540)
ハルム, ロバート 9.4(1417)
バルメ, オーロフ 2.28(1986)
春山作樹 12.29(1935)
春山行夫 10.10(1994)
バルラース, ペーター・ジーモン 9.8(1811)
バルラッハ, エルンスト 10.24(1938)
バルラー, ペーター 7.13(1399)
ハールーン・アッ‐ラシード 3.24(809)
バレアーリオ, アオーニオ 7.3(1570)
パレ, アンブロワーズ 12.20(1590)
バーレ, シアド 1.2(1995)
パレストリーナ, ジョヴァンニ・ピエールルイージ・ダ 2.2(1594)
バレス, モーリス 12.4(1923)
ハーレック, ヴィーチェスラフ 10.8(1874)
バレット, シド 7.7(2006)
パレート, ヴィルフレード 8.20(1923)
バレーラ, フアン 4.18(1905)
バレール, ベルトラン 1.14(1841)
バレワ, サー・アブバカル・タファワ 1.15(1966)
バレンシアーガ, クリストバル 3.23(1972)
バレンシア, マルティン・デ 3.21(1534)
バレンツ, ヴィレム 6.30(1597)
馬連良 12.16(1966)

人名索引　　　　はん

バロー　8.6(1873)
バロー，アイザック　5.4(1677)
バーロウ，ウィリアム　8.13(1568)
バロー，ジャン・ルイ　1.22(1994)
バーロー，ジョーエル　12.24(1812)
ハーロー，ジーン　6.7(1937)
バローズ，ウィリアム・S.　8.2(1997)
バローズ，エドガー・ライス　3.19(1950)
バーロス，ジョアン・デ　10.20(1570)
バロッチ，フェデリーゴ　9.30(1612)
ハロッド，サー・ロイ　3.9(1978)
バロニウス，カエサル　6.30(1607)
バローネ　5.14(1924)
バローハ，ピオ　10.30(1956)
ハロルド1世　3.17(1040)
ハロルド2世　10.14(1066)
ハロルド3世　9.25(1066)
パワー　8.8(1940)
ハワース，サー・ウォルター・ノーマン　3.18(1950)
ハワード　3.21(1864)
ハワード，サー・エビニーザー　5.1(1928)
ハワード，シドニー　8.23(1939)
ハワード，ジョン　1.20(1790)
ハワード，チャールズ，初代ノッティンガム伯爵　12.14(1624)
ハワード，フィリップ　10.19(1595)
パワー，ライオネル　6.5(1445)
ハーン　10.4(1968)
ハン　10.1(1921)
バーン・ジョーンズ，エドワード　6.17(1898)
パンヴィーニオ，オノフリオ　4.7(1568)
バンヴィル，テオドール・ド　3.13(1891)

バンヴェニスト，エミール　10.3(1976)
ハーン，オットー　7.28(1968)
鑁海　4.12(1555)
万休永歳　4.28(1574)
バング・カウプ　10.8(1934)
バンクス，サー・ジョゼフ　6.19(1820)
パンクハースト，エミリーン　6.14(1928)
バング，ヘアマン　1.29(1912)
バンクラートワ　5.25(1957)
バンクロフト，アン　6.6(2005)
バンクロフト，ジョージ　1.17(1891)
バンクロフト，リチャード　11.2(1610)
盤珪永琢　9.2(1693)
ハンケル　8.29(1873)
範憲　12.17(1339)
伴蒿蹊　7.25(1806)
ハンコック，ジョン　10.8(1793)
坂西利八郎　5.31(1950)
班子女王　4.1(900)
繁子内親王　5.26(916)
繁子内親王　12.9(851)
万秋門院　3.26(1338)
範俊　4.24(1112)
伴淳三郎　10.26(1981)
バンショワ，ジル　9.20(1460)
万切道坦　6.9(1775)
幡随院長兵衛　7.18(1657)
バーンズ，ジェイムズ・F　4.9(1972)
バーンスタイン，レナード　10.14(1990)
ハンスリック，エードゥアルト　8.6(1904)
バーンズ，ロバート　7.21(1796)
ハンゼマン　8.4(1864)
パンゼラ，シャルル　6.6(1976)
ハンゼルマン　2.29(1960)
ハンセン　3.28(1874)
ハンセン　6.6(1975)
ハンセン，アルマウエル・ゲルハルト・ヘンリク　2.12(1912)

ハンセン，マーチン・A.　6.27(1955)
ハンソン，ハワード　2.26(1981)
ハンター，ウィリアム　3.30(1783)
バンダ，ジュリヤン　6.7(1956)
ハンター，ジョン　10.16(1793)
バンダラナイケ，シリマボ　10.10(2000)
バンダラナイケ，ソロモン・ウェスト・リッジウェイ・ディアス　9.26(1959)
半田良平　5.19(1945)
パンダルフ　9.16(1226)
パンチェン・ラマ10世　1.28(1989)
ハンチュ，アルトゥル・ルドルフ　3.14(1935)
范仲淹　5.20(1052)
パンチ，ラルフ　12.9(1971)
パンツィーニ，アルフレード　4.10(1939)
バンティ，アンナ　9.2(1985)
バンディット，ヴィジャヤ・ラクシュミー　12.1(1990)
バンディネリ，バッチョ　2.7(1560)
バンディ，マクジョージ　9.16(1996)
バンデイラ，マヌエル　10.13(1968)
バンティング，サー・フレデリック・グラント　2.25(1941)
バンティング，バズル　4.17(1985)
ハンティントン　10.17(1947)
ハンティンドン，セリーナ・ヘイスティングズ，伯爵夫人　6.17(1791)
バンデッロ，マッテーオ　9.13(1561)
坂東家橘　3.18(1893)
坂東亀蔵(初代)　11.14(1873)
坂東橘十郎(2代目)　9.3(1891)
坂東好太郎　11.28(1981)
坂東寿太郎(3代目)　8.31(1873)

坂東秀調(2代目) 9.29(1901)
坂東秀調(3代目) 9.22(1935)
坂東秀調(4代目) 12.20(1985)
坂東寿三郎(3代目) 9.24(1954)
范道生 11.2(1670)
坂東玉三郎(3代目) 1.15(1905)
阪東妻三郎 7.7(1953)
坂東彦三郎(初代) 1.1(1751)
坂東彦三郎(2代目) 5.4(1768)
坂東彦三郎(3代目) 2.18(1828)
坂東彦三郎(5代目) 10.13(1877)
坂東彦三郎(6代目) 12.28(1938)
坂東三津五郎(初代) 4.10(1782)
坂東三津五郎(2代目) 10.3(1829)
坂東三津五郎(3代目) 12.27(1832)
坂東三津五郎(4代目) 11.18(1863)
坂東三津五郎(5代目) 3.6(1855)
坂東三津五郎(6代目) 9.11(1873)
坂東三津五郎(7代目) 11.4(1961)
坂東三津五郎(8代目) 1.16(1975)
坂東三津五郎(9代目) 4.1(1999)
坂東蓑助(4代目) 7.30(1872)
坂東蓑助(5代目) 9.10(1910)
坂東八重之助 1.7(1987)
ハント, ジョン, 男爵 11.8(1998)
バントック, グランヴィル 10.16(1946)
ハント, ホルマン 9.7(1910)
ハント, リー 8.28(1859)
ハント, リチャード・モリス 7.31(1895)
塙直之 4.29(1615)
万安英種 8.21(1654)

パンニーニ, ジョヴァンニ・パーオロ 10.21(1765)
伴信友 10.14(1846)
坂野正高 7.10(1985)
ハーンパー, ペンティ 10.1(1955)
ハンプデン, ジョン 6.24(1643)
ハンプトン, ライオネル 8.31(2002)
パンフォーロフ, フョードル・イワノヴィチ 9.10(1960)
ハンフリー, ドリス 12.29(1958)
ハンフリー, ヒューバート・H 1.13(1978)
ハンフリー, ペラム 7.14(1674)
ハンフリ, ローレンス 2.1(1591)
范文瀾 7.29(1969)
パンペリー 8.10(1923)
ハンマー・プルクシュタル, ヨーゼフ 11.23(1856)
半村良 3.4(2002)
ハーン, ラフカディオ 9.26(1904)
パンルヴェ 10.29(1933)

【 ひ 】

ヒアキントゥス 8.15(1257)
ピアジェ, ジャン 9.16(1980)
ピアース, ジャン 12.15(1984)
ピアース, ジョン・ロビンソン 4.2(2002)
ピアース, パトリック・ヘンリー 5.3(1916)
ピアーズ, ピーター 4.3(1986)
ピアース, フランクリン 10.8(1869)
ビアズリー, オーブリー・ヴィンセント 3.16(1898)
ピアスン, ジョン 7.16(1686)
ピアソラ, アストル 7.5(1992)
ピアソン, カール 4.27(1936)

ピアソン, レスター・ボールズ 12.27(1972)
ピアッツィ, ジュゼッペ 7.22(1826)
ピアッツェッタ, ジョヴァンニ・バッティスタ 4.28(1754)
ビーアド, チャールズ・オースティン 9.1(1948)
ピアーニ 9.25(1605)
ビーアバウム, オットー・ユーリウス 2.1(1910)
ピアフ, エディット 10.12(1963)
ビアボウム, マックス 5.20(1956)
ビアリック, ハイム・ナフマン 7.4(1934)
ピアリー, ロバート 2.20(1920)
ビアンキ, ヴィターリー・ワレンチノヴィチ 6.10(1959)
ビアンキ・フェッラーリ, フランチェスコ 2.8(1510)
ビイー, ジャーク・ド 12.25(1581)
ビーヴァーブルック, マックス・エイトケン, 男爵 6.9(1964)
ピウス2世 8.14(1464)
ピウス3世 10.18(1503)
ピウス4世 12.9(1565)
ピウス5世 5.1(1572)
ピウス6世 8.29(1799)
ピウス7世 8.20(1823)
ピウス8世 11.30(1830)
ピウス9世 2.7(1878)
ピウス10世 8.20(1914)
ピウス11世 2.10(1939)
ピウス12世 10.9(1958)
ピウスツキ 5.21(1918)
ピウスツキ, ユゼフ 5.12(1935)
ピエトルソン, ハットルグリームル 10.27(1674)
ピエートロ（ベルガモの） 10.15(1482)
ヒェラン, アレクサンデル 4.6(1906)
ピエール（隠遁者） 7.7(1115)
ビエルート 3.13(1956)

ピエール・ド・マンディアルグ，アンドレ　*12.13*（1991）
ピエール・ド・モントルイユ　*3.17*（1266）
ピエール・ド・ラ・パリユ　*1.31*（1342）
ピエルネ，ガブリエル　*7.17*（1937）
ピエル・ルイジ（ファルネーゼの）　*9.10*（1547）
ピエロ・デラ・フランチェスカ　*10.12*（1492）
ヒエロニュムス，エウセビウス　*9.30*（420）
ヒエロニュムス（プラハの）　*5.30*（1416）
ピエロン　*11.6*（1964）
ビオー，ジャン・バティスト　*2.3*（1862）
樋貝詮三　*1.1*（1953）
東一条院　*12.21*（1248）
東浦庄治　*9.2*（1949）
東恩納寛惇　*1.24*（1963）
東久世通積　*8.21*（1764）
東久世通禧　*1.4*（1912）
東久邇稔彦　*1.20*（1990）
東くめ　*3.5*（1969）
東君平　*12.3*（1986）
東三条院　詮*12.22*（1002）
東二条院　*1.21*（1304）
東坊城和長　*12.20*（1529）
東坊城茂長　*2.2*（1343）
東坊城長淳　*3.23*（1548）
東坊城長清　*1.4*（1471）
東坊城長綱　*6.15*（1392）
東坊城長遠　*7.29*（1422）
東坊城秀長　*8.6*（1411）
東坊城益長　*12.18*（1474）
東坊城盛長　*12.23*（1607）
東山魁夷　*5.6*（1999）
東山千栄子　*5.8*（1980）
東山天皇　*12.17*（1710）
比嘉秀平　*10.25*（1956）
東由多加　*4.20*（2000）
比嘉春潮　*11.1*（1977）
ピカソ，パブロ　*4.8*（1973）
ピカビア，フランシス　*11.30*（1953）
氷上英広　*9.16*（1986）
干刈あがた　*9.6*（1992）

ピカール，エミール　*12.11*（1941）
ピカール，オーギュスト　*3.25*（1962）
ピカール，ジャン　*10.12*（1683）
ピガル，ジャン・バティスト　*8.21*（1785）
ピカール，ジャン・フェリックス　*1.28*（1963）
ピギウス，アルベルトゥス　*12.26*（1542）
疋田検校　*11.3*（1455）
引田天功（初代）　*12.31*（1979）
比企能員　*9.2*（1203）
ヒギンスン，トマス・ウェントワース・ストロウ　*5.9*（1911）
ピグー　*3.7*（1959）
ピーク，ヴィルヘルム　*9.7*（1960）
樋口一葉　*11.23*（1896）
樋口兼光　*2.2*（1184）
樋口清之　*2.21*（1997）
樋口権右衛門　*12.24*（1684）
樋口真吉　*6.14*（1870）
樋口道立　*12.7*（1813）
樋口信孝　*7.20*（1658）
ピクテー，ラウール・ピエール　*7.27*（1929）
ヒグデン，ラナルフ　*3.12*（1364）
ビクトリア，トマス・ルイス・デ　*8.27*（1611）
彦坂光正　*2.29*（1623）
彦坂元正　*1.8*（1634）
ビゴー，ジョルジュ　*10.10*（1927）
ビーコ，スティーブ　*9.12*（1977）
ピーコック，トマス・ラヴ　*1.23*（1866）
ピーコ・デッラ・ミランドラ，ジョヴァンニ　*11.17*（1494）
久明親王　*10.14*（1328）
久板栄二郎　*6.9*（1976）
久生十蘭　*10.6*（1957）
久田宗利　*11.7*（1685）
久松喜世子　*1.3*（1977）
久松真一　*2.27*（1980）
久松静児　*12.28*（1990）

久松潜一　*3.2*（1976）
久松俊勝　*3.13*（1587）
ピーサレフ，ドミートリー・イワノヴィチ　*7.4*（1868）
ピサロ，カミーユ　*11.13*（1903）
ピサロ，ゴンサロ　*4.10*（1548）
ピサロ，フランシスコ　*6.26*（1541）
土方梅子　*12.11*（1973）
土方雄氏　*6.28*（1638）
土方雄久　*11.12*（1608）
土方成美　*2.15*（1975）
土方巽　*1.21*（1986）
土方定一　*12.23*（1980）
土方歳三　*5.11*（1869）
土方久元　*11.4*（1918）
土方寧　*5.18*（1939）
土方与志　*6.4*（1959）
菱刈隆　*7.31*（1952）
菱川師宣　*6.4*（1694）
菱田春草　*9.16*（1911）
菱田縫子　*5.16*（1801）
菱山修三　*8.7*（1967）
ビシャ，マリー・フランソワ・クサヴィエ　*7.21*（1802）
ビショップ，エリザベス　*10.6*（1979）
ビショップ，サー・ヘンリー・ローリー　*4.30*（1855）
ビショップ，ジョン・ピール　*4.4*（1944）
ヒス　*11.10*（1934）
ヒス，ヴィルヘルム　*5.1*（1904）
ヒース，エドワード　*7.17*（2005）
ピスカートア，エルヴィン　*3.30*（1966）
ピストン，ウォルター　*11.12*（1976）
ピストン堀口　*10.24*（1950）
ビスマルク，オットー・エドゥアルト・レオポルト，公爵　*7.30*（1898）
ビゼー，ジョルジュ　*6.3*（1875）
ピーセムスキー，アレクセイ・フェオフィラクトヴィチ　*1.21*（1881）
肥前忠吉（初代）　*8.15*（1632）

ヒーゼン, ブルース・チャールズ 6.21(1977)
比田井天来 1.4(1939)
ビータウタス 10.27(1430)
日高孝次 8.15(1984)
日高信六郎 6.18(1976)
日高壮之丞 7.24(1932)
日高第四郎 12.14(1977)
日高涼台 9.17(1868)
常陸山谷右衛門 6.19(1922)
敏達天皇 8.15(585)
肥田浜五郎 4.27(1889)
左幸子 11.7(2001)
左ト全 5.26(1971)
ビタール 7.21(1980)
ビーチャム, サー・トマス 3.8(1961)
ピッカリング, エドワード・チャールズ 2.3(1919)
ヒックス, サー・ジョン・リチャード 5.20(1989)
ピックフォード, メアリ 5.29(1979)
ピッコローミニ 8.11(1656)
ピッコローミニ, エネーア・シルヴィオ 8.15(1464)
ヒッチコック, アルフレッド 4.29(1980)
ピッチーニ, ニッコロ 5.7(1800)
ピッツェッティ, イルデブランド 2.13(1968)
ピット, ウィリアム 1.23(1806)
ピット, ウィリアム, 初代チャタム伯爵 5.11(1778)
ビットリオ・アマデオ2世 10.31(1732)
ビットリオ・アマデオ3世 10.16(1796)
ビットリオ・エマヌエレ1世 1.10(1824)
ビットリオ・エマヌエレ3世 12.28(1947)
ビッドル 10.1(1848)
ヒットルフ, ヨハン・ヴィルヘルム 11.28(1914)
ビッビエーナ 11.9(1520)
hide 5.2(1998)
ピティスクス 7.3(1613)
尾藤景綱 8.22(1234)

尾藤二洲 12.14(1814)
ピトエフ 9.19(1939)
ビドー, ジョルジュ 1.27(1983)
一松定吉 6.8(1973)
一柳直末 3.29(1590)
一柳直盛 8.19(1636)
人見絹枝 8.2(1931)
人見東明 2.4(1974)
人見必大 6.16(1701)
人見ト幽軒 7.8(1670)
ヒトラー, アドルフ 4.30(1945)
ビトリア, フランシスコ・デ 8.12(1546)
ピートリ, ウィリアム・マシュー・フリンダーズ 7.28(1942)
ビードル, ジョージ・ウェルズ 6.9(1989)
ビドル, ジョン 9.22(1662)
ビートン, セシル 1.18(1980)
ビートン, デイヴィド 5.29(1546)
日夏耿之介 6.13(1971)
ピニョン, エドゥワール 5.14(1993)
ビニヨン, ロレンス 3.11(1943)
日沼倫太郎 7.14(1968)
ビネ, アルフレッド 10.18(1911)
日根野高吉 6.26(1600)
日根野吉明 3.26(1656)
ピネル, フィリープ 10.26(1826)
ピネロー, アーサー 11.23(1934)
火野葦平 1.24(1960)
日野有範 12.1(1364)
日野有光 9.26(1443)
日野家宣 10.27(1222)
日野家秀 6.1(1432)
日野氏種 2.24(1385)
日野内光 2.13(1527)
日野栄子 7.27(1431)
日野勝光 6.15(1476)
日野熊蔵 1.15(1946)
日野重子 8.8(1463)
日野重光 3.16(1413)
日野資勝 6.15(1639)

日野資実 2.20(1223)
日野資親 9.28(1443)
日野資朝 6.2(1332)
日野資名 5.2(1338)
日野資業 8.24(1070)
日野資宣 4.7(1292)
日野資教 4.29(1428)
日野草城 1.29(1956)
日野鼎哉 5.24(1850)
日野輝子 5.20(1607)
日野輝資 閏8.2(1623)
日野俊光 5.21(1326)
日野富子 5.20(1496)
日野業子 7.11(1405)
日野西資国 3.25(1428)
日野政資 9.7(1495)
日野町資藤 6.5(1409)
日野光慶 1.2(1630)
ビーバー, ハインリヒ・イグナーツ・フランツ・フォン 5.3(1704)
日比野恒次 2.21(1989)
日比谷平左衛門 1.9(1921)
ピピン2世 12.16(714)
ピピン3世 9.24(768)
美福門院 11.23(1160)
美福門院加賀 2.13(1193)
ピープス, サミュエル 5.26(1703)
ピブーンソンクラーム 7.14(1964)
ビーベス, フアン・ルイス 5.6(1540)
ヒペーリウス, アンドレーアス 2.1(1564)
ピーボディ, ジョージ 11.4(1869)
氷見晃堂 2.28(1975)
ピム, ジョン 12.8(1643)
ヒムラー, ハインリヒ 5.24(1945)
ヒメーネス-デ-ケサダ 2.16(1579)
ヒメネス・デ・シズネロ, フランシスコ 11.8(1517)
ヒメネス・デ・ラダ, ロドリーゴ 6.10(1247)
ヒメネス, フアン・ラモン 5.29(1958)
ビーヤ 3.17(1949)
白崖宝生 9.7(1414)

百武兼行　*12.21*（1884）
百武源吾　*1.15*（1976）
百武三郎　*10.30*（1963）
ビャークネス，ウィルヘルム・フリマン・コレン　*4.9*（1951）
ビャークネス，ヤコブ・アール・ボヌヴィー　*7.7*（1975）
ピャティゴルスキー，グレゴール　*8.6*（1976）
比屋根安定　*7.10*（1970）
檜山義夫　*7.21*（1988）
ヒュー　*11.6*（1200）
ビューイック，トマス　*11.8*（1828）
ビュイッソン　*2.16*（1932）
ピュヴィス・ド・シャヴァンヌ，ピエール　*10.24*（1898）
日向方斉　*2.16*（1993）
ヒューエル，ウィリアム　*3.6*（1866）
ヒューゲル，フリードリヒ・フォン　*1.27*（1925）
ピュージ，エドワード・ブーヴェリ　*9.16*（1882）
ピュジェ，ピエール　*12.2*（1694）
ピュージン，オーガスタス・ウェルビー・ノースモア　*9.14*（1852）
ヒューズ, C.E.　*8.27*（1948）
ヒューズ, W.M.　*10.27*（1952）
ヒュースケン　*1.16*（1861）
ヒューズ，デイヴィド　*1.22*（1900）
ヒューズ，テッド　*10.28*（1998）
ヒューズ，トマス　*3.22*（1896）
ヒューストン，サム　*7.26*（1863）
ヒューストン，ジョン　*8.28*（1987）
ヒューズ，ハウアド　*4.5*（1976）
ヒューズ，ラングストン　*5.22*（1967）
ヒューズ，リチャード　*4.28*（1976）
ヒュッケル，エーリヒ・アルマント・アルトゥル・ヨゼフ　*2.16*（1980）

ヒュッシュ，ゲルハルト　*11.21*（1984）
ビュッセール，アンリ　*12.30*（1973）
ビュッチュリ　*2.3*（1920）
ビュッヒャー　*11.12*（1930）
ビュッフェ，ベルナール　*10.4*（1999）
ビュデ，ギヨーム　*8.20*（1540）
ビュノー-ヴァリーヤ，フィリップ・ジャン　*5.18*（1940）
ビュノワ，アントワーヌ　*11.6*（1492）
ヒューバーマン　*11.9*（1968）
ビューヒナー，ゲオルク　*2.19*（1837）
ビューヒナー，ルートヴィヒ　*4.30*（1899）
ピューピン，マイケル　*3.12*（1935）
ビュフォン，ジョルジュ-ルイ・ド　*4.16*（1788）
ピューマ，ジョー　*5.31*（2000）
ヒューム　*2.20*（1855）
ヒューム　*7.31*（1912）
ヒューム, T.E.　*9.28*（1917）
ヒューム，ジョン　*9.5*（1808）
ヒューム，デイヴィッド　*8.25*（1776）
ビューラー　*4.8*（1898）
ビューラー　*10.24*（1963）
ビューラー，シャルロッテ・ベルタ　*2.3*（1974）
ビュラン，ジャン　*10.13*（1578）
ビュリー，ジョン・バグネル　*6.1*（1927）
ピュリッツァ，ジョーゼフ　*10.29*（1911）
ヒュー（リンカンの）　*8.27*（1255）
ビュール，イドレット・ド　*3.29*（1549）
ビュルガー，ゴットフリート・アウグスト　*6.8*（1794）
ビュルギ　*1.31*（1632）
ビュルヌーフ　*5.28*（1852）
ヒューレット，モーリス　*6.15*（1923）
ビューロー公爵，ベルンハルト　*10.28*（1929）

ビューロー，ハンス・グイード・フォン　*2.12*（1894）
兵藤静枝　*2.9*（1934）
平明　*9.28*（1129）
日吉小三八　*2.16*（1995）
ピョートル　*12.21*（1326）
ピョートル1世　*2.8*（1725）
ピョートル2世　*1.29*（1730）
ピョートル3世　*7.18*（1762）
ビョルリング，ユッシ　*9.9*（1960）
ビョルンソン，スヴェイン　*1.25*（1952）
ビョルンソン，ビョルンスチェルネ　*4.26*（1910）
平井収二郎　*6.8*（1863）
平泉澄　*2.18*（1984）
平井太郎　*12.4*（1973）
平出修　*3.17*（1914）
平岩外四　*5.22*（2007）
平岩親吉　*12.30*（1612）
平岡吟舟　*5.6*（1934）
平岡浩太郎　*10.24*（1906）
平岡次郎右衛門　*9.17*（1643）
平岡武夫　*5.31*（1995）
平岡篤頼　*5.18*（2005）
平岡養一　*7.13*（1981）
平岡頼勝　*2.24*（1607）
平尾貴四男　*12.15*（1953）
平生釟三郎　*11.27*（1945）
平垣美代司　*6.26*（1984）
平賀源内　*12.18*（1780）
平賀朝雅　閏*7.26*（1205）
平賀元義　*12.28*（1866）
平賀譲　*2.17*（1943）
平川唯一　*8.25*（1993）
平木信二　*12.30*（1971）
平櫛田中　*12.30*（1979）
平沢和重　*3.7*（1977）
平沢計七　*9.4*（1923）
平沢貞通　*5.10*（1987）
平瀬作五郎　*1.4*（1925）
平瀬与一郎　*5.25*（1925）
平田篤胤　閏*9.11*（1843）
平田鉄胤　*10.5*（1880）
平田玉蘊　*6.20*（1855）
平田郷陽（2代目）　*3.23*（1981）
平田東助　*4.14*（1925）
平田禿木　*3.11*（1943）
平田のぶ　*4.14*（1958）
平田寛　*9.23*（1993）

ひら　　　　　　　　　　　　人名索引

平塚運一　*11.18*（1997）
平塚武二　*3.1*（1971）
平塚常次郎　*4.4*（1974）
平塚直秀　*7.24*（2000）
平塚英吉　*7.6*（1984）
平塚らいてう　*5.24*（1971）
平出鏗二郎　*12.19*（1911）
平手政秀　閏*1.13*（1553）
平手造酒　*8.7*（1844）
平戸廉吉　*7.20*（1922）
平沼騏一郎　*8.22*（1952）
平沼専蔵　*4.6*（1913）
平沼亮三　*2.13*（1959）
ピラネージ, ジョヴァンニ・バッティスタ　*11.9*（1778）
平野威馬雄　*11.11*（1986）
平野金華　*7.23*（1732）
平野国臣　*7.20*（1864）
平野謙　*4.3*（1978）
平野五岳　*3.3*（1893）
平野藤次郎　*6.10*（1638）
平野利太郎　*3.4*（1994）
平野富二　*12.3*（1892）
平野長泰　*5.7*（1628）
平野義太郎　*2.8*（1980）
平野力三　*12.17*（1981）
平野零児　*8.26*（1961）
平畑静塔　*9.11*（1997）
平林英子　*12.17*（2001）
平林たい子　*2.17*（1972）
平林初之輔　*6.15*（1931）
平林盈淑　*11.26*（1861）
平福穂庵　*12.11*（1890）
平福百穂　*10.30*（1933）
平松時庸　*7.12*（1654）
平山子竜　*12.14*（1829）
平山信　*6.2*（1945）
平山省斎　*5.22*（1890）
平山蘆江　*4.18*（1953）
ヒラー, ヨハン・アダム　*6.16*（1804）
ヒラリウス　*2.29*（468）
ピランデッロ, ルイージ　*12.10*（1936）
ヒリアード, ニコラス　*1.7*（1619）
ビリャエスペサ, フランシスコ　*6.20*（1923）
ヒル, アーチボルド・ヴィヴィアン　*6.3*（1977）

ビール, ガーブリエール　*12.7*（1495）
ビルギッタ　*7.23*（1373）
ピルクハイマー, ヴィリバルト　*12.22*（1530）
ピルクハイマー, カリタス　*8.19*（1532）
ピルグリム（パッサウの）　*5.20*（991）
ビルケ　*2.28*（1929）
ビルケラン, クリスティアン　*6.18*（1917）
ピール, サー・ロバート　*7.2*（1850）
ヒル, サー・ローランド　*8.27*（1879）
ヒル, ジェイムズ　*5.29*（1916）
ヒル, ジョージ　*4.16*（1914）
聖ヒルダ　*11.17*（680）
ヒル, デイヴィド・オクテイヴィアス　*5.17*（1870）
ヒルティウス, アウルス　*4.21*（前43）
ヒルティ, カール　*10.12*（1909）
ヒルデスハイマー, ヴォルフガング　*8.21*（1991）
ヒルデブラント　*1.29*（1878）
ヒルデブラント, アドルフ　*1.18*（1921）
ヒルデブランド, ジョエル・ヘンリー　*4.30*（1983）
ヒルデブラント・ヒルデブランズソン　*7.29*（1925）
ヒルデブラント, ヨハン・ルーカス・フォン　*11.16*（1745）
ヒルデベルト（ラヴァルダンの）　*12.18*（1133）
ビルデルデイク, ウィレム　*12.18*（1831）
ヒルト　*1.11*（1927）
ヒルドゥイヌス（サン・ドニーの）　*11.22*（844）
ピール, ドミニク　*1.30*（1969）
ヒルトン, コンラッド　*1.3*（1979）
ヒルトン, ジェイムズ　*12.20*（1954）
ヒルトン, ジョン1世　*3.8*（1608）
ビルニ, トマス　*8.19*（1531）

ヒルファーディング　*2.11*（1941）
ヒルベルト, ダヴィド　*2.14*（1943）
ビル, マックス　*12.9*（1994）
ビルミーニウス　*11.3*（753）
ビルロート, クリスティアン・アルベルト・テオドール　*2.6*（1894）
鰭崎英朋　*11.22*（1968）
ビレンドラ・ビル・ビクラム・シャー　*6.1*（2001）
ピレンヌ, アンリ　*10.24*（1935）
広井勇　*10.1*（1928）
広井女王　*10.23*（859）
広岡久右衛門（9代目）　*6.20*（1909）
広岡柳香　*5.23*（1902）
広川弘禅　*1.7*（1967）
広川晴軒　*1.14*（1884）
広沢真臣　*1.9*（1871）
広沢虎造（2代目）　*12.29*（1964）
広重徹　*1.7*（1975）
広瀬久兵衛　*9.29*（1871）
広瀬旭荘　*8.17*（1863）
弘世現　*1.10*（1996）
広瀬元恭　*10.27*（1870）
広瀬謙三　*11.17*（1970）
弘瀬健太　*6.8*（1863）
広瀬宰平　*1.31*（1914）
広瀬武夫　*3.27*（1904）
広瀬淡窓　*11.1*（1856）
広瀬豊一　*12.5*（1970）
広瀬豊作　*4.12*（1964）
広瀬女王　*10.22*（767）
広瀬久忠　*5.22*（1974）
広瀬秀雄　*10.27*（1981）
広瀬林外　*5.14*（1874）
広田亀次　*10.3*（1896）
広田弘毅　*12.23*（1948）
弘田龍太郎　*11.17*（1952）
広津和郎　*9.21*（1968）
広津柳浪　*10.15*（1928）
広橋兼顕　*5.14*（1479）
広橋兼勝　*12.18*（1623）
広橋兼郷　*4.12*（1446）
広橋兼仲　*1.20*（1308）
広橋兼宣　*9.14*（1429）
広橋国光　*11.12*（1568）

広橋綱光 *2.14*(1477)
広橋仲光 *2.12*(1406)
広橋守光 *4.1*(1526)
広平親王 *9.10*(971)
広松渉 *5.22*(1994)
ビローン *12.28*(1772)
ビロン *7.26*(1592)
ビロン *7.31*(1602)
ビロン, ジェルマン *2.3*(1590)
敏覚 *10.2*(1181)
ビンガム, ハイラム *6.6*(1956)
ピンクニー, トマス *11.2*(1828)
ヒンク, ハンス *10.13*(1926)
ヒンクマル *12.21*(882)
ヒンシェルウッド, サー・シリル・ノーマン *10.9*(1967)
ビンスヴァンガー, ルートヴィヒ *2.5*(1966)
ピンダー, ヴィルヘルム *5.13*(1947)
ピンツァ, エツィオ *5.9*(1957)
ビンディング *4.7*(1920)
ビンディング, ルードルフ・ゲオルク *8.4*(1938)
ヒンデミット, パウル *12.28*(1963)
ヒンデンブルク, パウル・フォン *8.2*(1934)
ピントリッキオ *12.11*(1513)
閔妃 *10.8*(1895)

【ふ】

ファイアストーン, ハーヴィー・S *2.7*(1938)
ファイインガー, ハンス *12.17*(1933)
ファイサル *3.25*(1975)
ファイサル1世 *9.8*(1933)
ファイサル2世 *7.14*(1958)
ファイズィー, アブル・ファズル *10.15*(1595)
ファイズ, ファイズ・アフマド *11.19*(1984)
ファイト, コンラート *4.3*(1943)

ファイニンガー, ライオネル *1.13*(1956)
ファインマン, リチャード・フィリップス *2.15*(1988)
ファヴァール, シャルル・シモン *5.12*(1792)
ファウラー *7.28*(1944)
ファウルズ, ジョン *11.5*(2005)
ファーカー, ジョージ *4.29*(1707)
ファーガスン, ジェームズ *1.9*(1886)
ファーガスン, デイヴィド *8.13*(1598)
ファーガソン, アダム *2.22*(1816)
ファーギウス, パウル *11.13*(1549)
ファゲ, エミール *6.7*(1916)
ファジェーエフ, アレクサンドル・アレクサンドロヴィチ *5.13*(1956)
ファージョン, エリナー *6.5*(1965)
ファース *2.22*(2002)
ファース, ジョン・ルパート *12.14*(1960)
ファースト, ハワード・メルヴィン *3.12*(2003)
ファストルフ, サー・ジョン *11.15*(1459)
ファスビンダー, ライナー・ヴェルナー *6.10*(1982)
ファーズル・アフメト・パシャ *10.30*(1676)
ファッツィーニ, ペリクレ *12.4*(1987)
ファットーリ, ジョヴァンニ *8.30*(1908)
フアード1世 *4.28*(1936)
フアナ *4.11*(1555)
ファーナビー, ジャイルズ *11.25*(1640)
ファノン, フランツ *12.6*(1961)
ファーバー, エドナ *4.16*(1968)
ファハド・イブン・アブドル・アジズ *8.1*(2005)

ファーフィ, ジョーゼフ *9.13*(1912)
ファブリキウス, ヒエロニュムス *5.20*(1619)
ファブリキウス・ヒルダヌス *2.14*(1634)
ファブリツィウス, ダーヴィト *5.7*(1617)
ファブリティウス, カレル *10.12*(1654)
ファブリ, フェーリクス *3.14*(1502)
ファブリ, マリー・ポール・オーギュスト・シャルル *12.11*(1945)
ファーブル, ジャン・アンリ・カジミール *10.11*(1915)
ファム・ヴァン・ドン *4.29*(2000)
ファヤンス, カシミル *5.18*(1975)
ファラー, ジェラルディーン *3.11*(1967)
ファラダ, ハンス *2.5*(1947)
ファラデイ, マイケル *8.25*(1867)
ファラント, リチャード *11.30*(1580)
ファリエール *6.22*(1931)
ファリエーロ *4.17*(1355)
フア, リチャード *4.15*(1237)
ファリヤ, マヌエル・デ *11.14*(1946)
ファールーク1世 *3.18*(1965)
ファルク, ヨハン・ダニエル *2.14*(1826)
ファルグ, レオン・ポール *11.24*(1947)
ファルケンハイン, エーリヒ・フォン *4.8*(1922)
ファルケンボルヒ, ルカス・ファン *2.2*(1597)
ファルコニエーリ, アンドレア *7.29*(1656)
ファルコネ, エティエンヌ・モーリス *1.24*(1791)
ファルネーゼ, アレッサンドロ *12.3*(1592)
ファルマン, アンリ *7.18*(1958)

ふあ　　　　　　　　　　人名索引

ファレス、ベニト・パブロ 7.18 (1872)
ファレル、ギョーム 9.13 (1565)
ファレール、クロード 6.21 (1957)
ファレル、ジェイムズ・T. 8.22 (1979)
ファーレンハイト、ガブリエル・ダニエル 9.16 (1736)
ファロピウス、ガブリエル 10.9 (1562)
豊安 9.13 (840)
ファン・デ・アビラ 5.10 (1569)
ファン・アールスト、ピーテル 12.6 (1550)
ファン・オルレイ、バレント 1.6 (1542)
ファン・ゴイエン、ヤン 4.30 (1656)
ファン・スウィーテン 6.18 (1772)
ファンタン・ラトゥール、アンリ 8.25 (1904)
ファンツァーゴ、コージモ 2.13 (1678)
ファン・ディーメン 4.19 (1645)
ファン・デル・ワールス、ヨハネス・ディデリック 3.9 (1923)
ファン・デン・ブルック 6.23 (1865)
ファント・ホフ、ヤコブス・ヘンリクス 3.1 (1911)
ファンファーニ、アミントーレ 11.20 (1999)
ファン・ボイ・チャウ 10.29 (1940)
ファン・ホーホストラーテン、サミュエル 10.19 (1678)
フアン・マヌエル、ドン 6.13 (1348)
ファン・ライスダール、サロモン 11.1 (1670)
フイエ 7.16 (1912)
フイエ、オクターヴ 12.29 (1890)
フィエスコ 1.2 (1547)
フィーグネル 6.15 (1942)
プイグ、マヌエル 7.22 (1990)

フィゲレス 6.8 (1990)
フィゲレド 7.3 (1597)
ブイコフ 5.13 (1959)
フィスク、ジョン 7.4 (1901)
フィゾー、アルマン・イポリット・ルイ 9.18 (1896)
フィチーノ、マルシーリオ 10.1 (1499)
フィッシャー 4.29 (1947)
フィッシャー 7.5 (1907)
フィッシャー 12.1 (1948)
フィッシャー、エトヴィン 1.24 (1960)
フィッシャー、エミール・ヘルマン 7.15 (1919)
フィッシャー、エルンスト 7.31 (1972)
フィッシャー、サー・ロナルド・エイルマー 7.29 (1962)
フィッシャー、聖ジョン 6.22 (1535)
フィッシャー、テオドル 12.25 (1938)
フィッシャー、ハンス 3.31 (1945)
フィッシャー・フォン・エルラッハ、ヨハン・ベルナルト 4.5 (1723)
フィッシャー、フリードリヒ・テーオドア 9.14 (1887)
フィッシャー、ペーター 1.7 (1529)
フィッシャー、ヘルマン 1.13 (1488)
フィッシャー、ヘルマン 2.11 (1517)
フィッセル 10.7 (1930)
フィッチ、ジョン 7.2 (1798)
フィッツ 9.30 (1913)
フィッツウォルター 11.9 (1235)
フィッツオズバーン 2.20 (1071)
フィッツジェラルド 2.3 (1537)
フィッツジェラルド 8.18 (1579)
フィッツジェラルド、F.スコット 12.21 (1940)
フィッツジェラルド、エドワード 6.14 (1883)

フィッツジェラルド、エラ 6.15 (1996)
フィッツジェラルド、ジョージ・フランシス 2.22 (1901)
フィッツジェラルド、ゼルダ 3.10 (1948)
フィッツピーター 10.14 (1213)
フィッツラルフ、リチャード 11.16 (1360)
フィッティヒ、ルドルフ 11.19 (1910)
フィップス、サー・ウィリアム 2.18 (1695)
フィードラー、アーサー 7.10 (1979)
フィードラー、コンラート 6.3 (1895)
フィナン 8.31 (661)
フィニイ、ジャック 11.14 (1995)
フィニー、レオノール 1.18 (1996)
フィビガー、ヨハネス・アンドレアス・グリブ 1.30 (1928)
フィヒテ、ヨハン・ゴットリープ 1.29 (1814)
フィービヒ、クララ 7.31 (1952)
フィビフ、ズデニェク 10.15 (1900)
フィラートル、ギョーム 8.21 (1473)
フィラートル、ギョーム 11.6 (1428)
フィラレート 10.11 (1633)
フィリッパ・オヴ・エノー 8.15 (1369)
フィリップ1世 3.31 (1567)
フィリップ1世 6.29 (1108)
フィリップ2世 4.27 (1404)
フィリップ2世 7.14 (1223)
フィリップ3世 7.15 (1467)
フィリップ3世 10.5 (1285)
フィリップ4世 11.29 (1314)
フィリップ5世 1.3 (1322)
フィリップ6世 8.22 (1350)
フィリップ、アーサー 8.31 (1814)

930

フィリップ, ジェラール 11.25 (1959)
フィリップ, シャルル・ルイ 12.21 (1909)
フィリップス, アントン 10.7 (1951)
フィリップス, キャサリン 6.22 (1664)
フィリップ・フォン・シュワーベン 6.21 (1208)
フィーリプス, ディルク 1.13 (1568)
フィリベルトゥス(ルベーの) 8.20 (684)
フィールカント 4.24 (1953)
フィールディング, ヘンリー 10.8 (1754)
フィールド, サイラス・W 7.12 (1892)
フィールド, ジョン 1.11 (1837)
フィルヒョウ, ルドルフ・カール 9.5 (1902)
フィルポッツ, イーデン 12.29 (1960)
フィルマー 5.26 (1653)
フィルモア, ミラード 3.8 (1874)
フィレアス(トゥムイスの) 2.4 (306)
フィレルフォ, フランチェスコ 7.31 (1481)
フィレンツオーラ, アーニョロ 6.27 (1543)
フィロクセノス(マッブークの) 12.10 (523)
フィローズ・シャー・トゥグルク 9.20 (1388)
フィンク 7.25 (1975)
フィンク, ハインリヒ 6.9 (1527)
フィンク, ヘルマン 12.29 (1558)
フィンセン, ニルス・リュベア 9.24 (1904)
フイン・タン・ファット 9.30 (1989)
フーヴァー, J.E. 5.2 (1972)
フヴィエズドスラフ, パヴォル・オルシャーグ 11.8 (1921)

ブヴェー, ジョアシャン 6.28 (1730)
馮鏗 2.7 (1931)
馮国璋 12.28 (1919)
馮雪峰 1.31 (1976)
馮道 4.17 (954)
馮文炳 10.7 (1967)
馮友蘭 11.26 (1990)
フェアバンク, ジョン・K 9.14 (1991)
フェアバンクス, ダグラス 12.12 (1939)
フェアバンクス, ダグラス, ジュニア 5.7 (2000)
フェアファクス, ロバート 10.24 (1521)
フェアファックス, トマス, 3代男爵 11.12 (1671)
フェアベアン, サー・ウィリアム 8.18 (1874)
フェイト, ヤン 9.11 (1661)
フェーヴル, リュシアン 9.25 (1956)
フェー, エルヴェ・オーギュスト・エティエンヌ 7.4 (1902)
フェオドーシイ・ペチェールスキイ 5.3 (1074)
フェシュ, ジョゼフ 5.13 (1839)
フェージン, コンスタンチン・アレクサンドロヴィチ 7.15 (1977)
フェスカ 10.31 (1917)
フェスタ, コスタンツォ 4.10 (1545)
フェストデイク, シモン 3.28 (1971)
フェッセンデン, レジナルド・オーブリー 7.22 (1932)
フェッティ, ドメーニコ 4.16 (1624)
フェッラーリ, ガウデンツィオ 1.31 (1546)
フェッリーニ, フェデリーコ 10.31 (1993)
フェッロ 11.16 (1526)
フェーデラー 4.29 (1928)
フェデリコ3世 6.25 (1337)
フェデール, ジャック 5.25 (1948)

フェデルブ, ルイ・レオン・セザール 9.28 (1889)
フェート, アファナシー・アファナシエヴィチ 11.21 (1892)
フェードー, ジョルジュ 6.5 (1921)
フェドレンコ, ニコライ 10.2 (2000)
フェニックス, リヴァー 10.31 (1993)
フェヌロン, フランソワ・ド・サリニャック・ド・ラ・モット 1.7 (1715)
フェノロサ, アーネスト 9.21 (1908)
フェヒナー, グスタフ・テオドール 11.18 (1887)
フェラボスコ, アルフォンソ 8.12 (1588)
フェラボスコ, アルフォンソ2世 3.11 (1628)
フェラリ 10.5 (1565)
フェラー, ロバート 3.30 (1555)
フェランティ, セバスチャン・ジアーニ・ド 1.13 (1930)
フェリ 3.17 (1893)
フェリ 4.12 (1929)
フェリア, キャスリーン 10.8 (1953)
フェリアー, スーザン 11.5 (1854)
フェリクス 11.4 (1212)
フェリクス3世 3.1 (492)
フェリクス4世 7.22 (530)
フェリクス5世 1.7 (1451)
フェリーチェ(カンタリーチェの) 5.18 (1587)
フェリペ1世 9.25 (1506)
フェリペ2世 9.13 (1598)
フェリペ3世 3.31 (1621)
フェリペ4世 9.17 (1665)
フェリペ5世 7.9 (1746)
フェリーペ・デ・ヘスース・カサス・マルティネス 2.5 (1597)
フェーリング, ヘルマン・フォン 7.1 (1885)
フェルヴェイ, アルベルト 3.8 (1937)
フェルヴォルン 11.23 (1921)

フェルヴールト, ヘンドリック 9.6(1966)
フェル, ジョン 7.10(1686)
フェールスマン 5.20(1945)
フェルセン 6.20(1810)
プエルタ, アントニオ 8.28(2007)
フェルデ 11.4(1641)
フェルディナント1世 6.29(1875)
フェルディナント1世 7.20(1927)
フェルディナント1世 7.25(1564)
フェルディナント1世 9.10(1948)
フェルディナント1世 1.3(1825)
フェルディナント1世 1.25(1494)
フェルディナント2世 2.15(1637)
フェルディナント2世 5.22(1859)
フェルディナント2世 10.7(1496)
フェルディナント3世 4.2(1657)
フェルディナント3世 6.17(1824)
フェルデ, ヴィレム・ファン・デ 4.6(1707)
フェルドマン, モートン 9.3(1987)
フェルトン, ジョン 8.8(1570)
フェルナンデス-デ-リサルディ, ホセ・ホアキン 6.21(1827)
フェルナンデス-フロレス, ベンセスラオ 4.29(1964)
フェルナンデス, エミリオ 8.6(1986)
フェルナンデス, グレゴリオ 1.22(1636)
フェルナンデス, ジョアン 6.26(1567)
フェルナンド1世 4.2(1416)
フェルナンド1世 12.27(1065)
フェルナンド3世 5.30(1252)
フェルナンド5世 1.23(1516)

フェルナンド6世 8.10(1759)
フェルナンド7世 9.29(1833)
フェルネル, ジャン・フランソワ 4.26(1558)
フェルマ, ピエール・ド 1.12(1665)
フェルミ, エンリコ 11.28(1954)
フェルラータ, ドメニコ 2.7(1897)
フェルラリエンシス 9.19(1528)
フェレイラ 10.11(1650)
フェレイラ, アントニオ 11.29(1569)
フェレオルス(ユゼの) 1.4(584)
フェレ, ジャンフランコ 6.17(2007)
フェレル, ウィリアム 9.18(1891)
ブエロ-バリェーホ, アントニオ 4.28(2000)
プエンテ 5.31(2000)
フォイアバハ, ルートヴィヒ・アンドレーアス 9.13(1872)
フォイアマン, エマーヌエル 5.25(1942)
フォイエルバッハ 5.29(1833)
フォイエルバッハ, アンゼルム・フォン 1.4(1880)
フォイト 1.31(1908)
フォイヒトヴァンガー, リーオン 12.21(1958)
浮翁全機 10.8(1592)
フォエ, マルク・ヴィヴィアン 6.26(2003)
フォーカス 10.5(610)
フォガッツァーロ, アントーニオ 3.7(1911)
フォーキン, ミハイル 8.22(1942)
フォークス, ガイ 1.31(1606)
フォークト 1.3(1932)
フォークト 5.5(1895)
フォークト 12.13(1919)
フォークナー, ウィリアム 7.6(1962)
フォーゲル, ヘルマン・カール 8.13(1907)
フォーコンネ 12.11(1938)

フォーサイス, ピーター・テイラー 11.11(1921)
フォシウス 3.19(1649)
フォシヨン, アンリ 3.3(1943)
フォス 3.27(1649)
フォスカラーリ, エギディオ 12.23(1564)
フォスカリ 11.1(1457)
フォスコロ, ウーゴ 9.10(1827)
フォースター, E.M. 6.7(1970)
フォスター, W. 9.1(1961)
フォスター, スティーヴン・コリンズ 1.13(1864)
フォス, ヨハン・ハインリヒ 3.29(1826)
フォスラー 5.18(1949)
フォーセット, デイム・ミリセント 8.5(1929)
フォッカー, アントニー・ヘルマン・ゲラルト 12.23(1939)
フォックス 5.8(1952)
フォックス, ジョージ 1.13(1691)
フォックス, ジョン 4.15(1587)
フォックス, チャールズ・ジェイムズ 9.13(1806)
フォックス, リチャード 10.5(1528)
フォッシー, ボブ 9.23(1987)
フォッシュ, フェルディナン 3.20(1929)
フォーテスキュー, アドリアン 7.8(1539)
フォード, ジェラルド 12.26(2006)
フォード, ジョン 8.31(1973)
フォード, フォード・マドックス 6.26(1939)
フォード, ヘンリー 4.7(1947)
フォード, ヘンリー(2世) 9.29(1987)
フォートリエ, ジャン 7.21(1964)
ブオナロッティ 9.17(1837)
フォーブズ, エドワード 11.18(1854)

フォラン, ジャン-ルイ 7.11 (1931)
フォール 2.16(1899)
フォール, エドガール 3.30(1988)
フォール, エリ 10.29(1937)
フォルカード, テオドール・オギュスタン 9.12(1885)
フォルケルト 5.8(1930)
フォールコン 6.5(1688)
フォールシ, オリガ・ドミトリエヴナ 7.17(1961)
フォルスター, ゲオルク 1.10(1794)
フォルスター, ゲオルク 11.12(1568)
フォルスター, ジョン 9.10(1983)
フォルスト, ヴィリ 8.11(1980)
フォルスマン, ヴェルナー 6.1(1979)
フォール, ポール 4.21(1960)
フォルマル 4.13(1181)
フォルモッス 4.4(896)
フォルレンダー 12.6(1928)
フォーレ, ガブリエル 11.4(1924)
フォレスタル, ジェイムズ 5.22(1949)
フォーレル 8.8(1912)
フォレン, カール・テーオドーア・クリスティアン 1.13(1840)
フォレンゴ, テオーフィロ 12.9(1544)
フォンヴィージン, デニス・イワノヴィチ 12.1(1792)
フォン・オイラー, ウルフ・スヴァンテ 3.10(1983)
フォン・シュトロハイム, エリッヒ 5.12(1957)
フォンセーカ, ペテール・ダ 11.4(1599)
フォンターナ, カルロ 2.5(1714)
フォンターナ, ルーチョ 9.7(1968)
フォンタネージ, アントーニオ 4.17(1882)

フォンターネ, テーオドア 9.20(1898)
フォンダ, ヘンリー 8.12(1982)
ブォンタレンティ, ベルナルド 6.6(1608)
フォンテイン, マーゴット 2.21(1991)
フォンテーヌ, ピエール・フランソワ・レオナール 10.10(1853)
フォントネル, ベルナール・ル・ボヴィエ・ド 1.9(1757)
フォン・ノイマン, ジョン 2.8(1957)
フォン・ブッフ, クリスティアン・レオポルト 3.4(1853)
フォン・ブラウン, ヴェルナー 6.16(1977)
フォン・ラウエ, マックス・テオドール・フェリックス 4.24(1960)
フォン・リヒトホーフェン, フェルディナント 10.6(1905)
深井英五 10.21(1945)
深井仁子 9.24(1918)
深浦正文 7.31(1968)
深江蘆舟 4.8(1757)
深尾須磨子 3.31(1974)
深川栄左衛門 10.23(1889)
深作欣二 1.12(2003)
深沢七郎 8.18(1987)
深代惇郎 12.17(1975)
深田久弥 3.21(1971)
深田正室 10.24(1707)
プガチョフ, エメリヤン・イヴァノヴィチ 1.21(1775)
深見玄岱 8.8(1722)
深見十左衛門 3.18(1730)
深見重助(13代目) 2.19(1974)
普寛 9.10(1801)
ブーガンヴィル, ルイ・アントワーヌ・ド 8.20(1811)
蕗谷虹児 5.6(1979)
ブキャナン, ジェイムズ 6.1(1868)
ブキャナン, ジョージ 9.29(1582)
復庵宗己 9.26(1358)
フグ, アンディ 8.24(2000)

福井久蔵 10.23(1951)
福井謙一 1.9(1998)
福井繁子 7.26(1961)
福井敏雄 4.27(2005)
福井直秋 12.12(1963)
福王神右衛門 7.15(1606)
福岡青嵐 12.11(1954)
福岡孝弟 3.7(1919)
福沢一郎 10.16(1992)
福沢桃介 2.15(1938)
福沢諭吉 2.3(1901)
福士幸次郎 10.11(1946)
福島慶子 9.7(1983)
福島繁太郎 11.10(1960)
福島正則 7.13(1624)
福島正実 4.9(1976)
福島安正 2.18(1919)
ブクステフーデ, ディデリック 5.9(1707)
福住正兄 5.20(1892)
福田栄一 2.9(1975)
福田勝治 12.26(1991)
福田行誡 4.25(1888)
福田清人 6.13(1995)
福武直 7.2(1989)
福田須磨子 4.2(1974)
福田赳夫 7.5(1995)
福田恆存 11.20(1994)
福田徳三 5.8(1930)
福田豊四郎 9.27(1970)
福田信之 11.27(1994)
福田一 9.2(1997)
福田半香 8.23(1864)
福田英子 5.2(1927)
福田宏年 6.8(1997)
福田平八郎 3.22(1974)
福田正夫 6.26(1952)
福田昌子 12.30(1975)
福田雅太郎 6.1(1932)
福田雅之助 12.21(1974)
福田蘭童 10.8(1976)
福田理軒 8.17(1889)
福田蓼汀 1.18(1988)
福地源一郎 1.4(1906)
福地泡介 1.5(1995)
フグッチョ(ピーサの) 4.30(1210)
福永健司 5.31(1988)
福永十三郎 7.4(1774)
福永武彦 8.13(1979)
福永光司 12.20(2001)

福羽逸人 *5.19*(1921)
福羽美静 *8.14*(1907)
福原有信 *3.30*(1924)
福原越後 *11.12*(1864)
福原五岳 *11.17*(1799)
福原信三 *11.4*(1948)
福原百之助(5代目) *11.26*(1962)
福原麟太郎 *1.18*(1981)
福本和夫 *11.16*(1983)
福本日南 *9.2*(1921)
福森久助(初代) *9.8*(1818)
福来友吉 *3.13*(1952)
袋一平 *7.2*(1971)
フーケ・ド・マルセイユ *12.25*(1231)
フーケ、ニコラ、ムラン・エ・ド・ヴォー子爵、ベリール侯爵 *3.23*(1680)
フケー、フリードリヒ・ド・ラ・モット *1.23*(1843)
ブーゲール、ピエール *8.15*(1758)
ブーゲンハーゲン、ヨーハン *4.20*(1558)
フーゲンベルク *3.12*(1951)
不見明見 *6.3*(1410)
フーゴー *2.11*(1141)
フーゴー *9.15*(1844)
フーゴ(アミアンの) *11.11*(1164)
フーゴ(クリュニーの) *4.28*(1109)
フーゴ(グルノーブルの) *4.1*(1132)
フーゴ(サン・シェルの) *3.19*(1263)
フーコー、ジャン・ベルナール・レオン *2.11*(1868)
フーゴ(ディの) *10.7*(1106)
フーゴー・フォン・モンフォール *4.5*(1423)
フーコー、ミシェル *6.25*(1984)
フーゴ(ルアンの) *4.8*(730)
フサイニー、アリー・アッバース *9.27*(1969)
フサイン *10.10*(680)
フサイン・ニザーム・シャー1世 *6.6*(1565)
愽作義 *4.19*(1974)

フサーク、グスターフ *11.18*(1991)
ブサンゴー、ジャン・バティスト *5.12*(1887)
武三思 *7.6*(707)
プーサン、ニコラ *11.19*(1665)
普山彭寿 *6.1*(1526)
藤井右門 *8.22*(1767)
藤井乙男 *5.23*(1945)
藤井健次郎 *1.11*(1952)
藤井浩佑 *7.15*(1958)
藤井甚太郎 *7.9*(1958)
藤井高尚 *8.15*(1840)
藤井武 *7.14*(1930)
藤井竹外 *7.21*(1866)
藤井日達 *1.9*(1985)
藤井斉 *2.5*(1932)
藤井丙午 *12.14*(1980)
藤井将雄 *10.13*(2000)
藤井懶斎 *7.12*(1709)
ブーシェイ、トマス *3.10*(1486)
フーシェ、ジョゼフ、オトラント公爵 *12.25*(1820)
藤枝外記 *7.9*(1785)
藤枝静男 *4.16*(1993)
ブーシェ、フランソワ *5.30*(1770)
藤岡市助 *3.5*(1918)
藤岡勝二 *2.28*(1935)
藤岡謙二郎 *4.14*(1985)
藤岡作太郎 *2.3*(1910)
藤岡琢也 *10.20*(2006)
藤岡一 *6.19*(1974)
藤岡由夫 *3.13*(1976)
藤音得忍 *2.29*(1972)
藤懸静也 *8.5*(1958)
藤蔭静樹 *1.2*(1966)
藤懸永勝 *6.5*(1617)
プシカリ、エルネスト *8.22*(1914)
藤川栄子 *11.28*(1983)
藤川三渓 *10.22*(1889)
富士川游 *11.6*(1940)
藤川勇造 *6.15*(1935)
藤木九三 *12.11*(1970)
プーシキン、アレクサンドル・セルゲーヴィチ *1.29*(1837)
藤子F・不二雄 *9.23*(1996)

藤沢浅二郎 *3.3*(1917)
藤沢周平 *1.26*(1997)
藤沢桓夫 *6.12*(1989)
藤沢南岳 *1.31*(1920)
藤沢朋斎 *8.2*(1992)
藤沢衛彦 *5.7*(1967)
藤沢利喜太郎 *12.23*(1933)
藤島宇内 *12.2*(1997)
藤島武二 *3.19*(1943)
藤田巌 *1.15*(1979)
富士田音蔵(初代) *7.19*(1827)
富士田音蔵(2代目) *2.2*(1859)
富士田音蔵(4代目) *6.29*(1885)
富士田音蔵(5代目) *12.26*(1928)
富士田音蔵(6代目) *11.3*(1972)
富士田吉次(初代) *3.29*(1771)
富士田吉次(2代目) *4.19*(1919)
藤田小四郎 *2.4*(1865)
藤田五郎 *12.8*(1952)
藤田貞資 *8.6*(1807)
藤田たき *1.4*(1993)
藤田武雄 *5.31*(1964)
藤田圭雄 *11.7*(1999)
藤田嗣治 *1.29*(1968)
藤田伝三郎 *3.30*(1912)
藤田東湖 *10.2*(1855)
藤田敏八 *8.29*(1997)
藤田豊八 *7.15*(1929)
富士谷成章 *10.2*(1779)
富士谷御杖 *12.16*(1824)
藤田尚徳 *7.23*(1970)
藤田茂吉 *8.19*(1892)
藤田元司 *2.9*(2006)
藤田元春 *4.13*(1958)
藤田幽谷 *12.1*(1826)
藤田亮策 *12.12*(1960)
藤田若雄 *1.2*(1977)
孚子内親王 *4.28*(958)
藤永元作 *9.12*(1973)
藤浪鑑 *11.18*(1934)
藤波清世 *11.5*(1409)
藤波時綱 *11.6*(1717)
藤波朝忠 *11.26*(1570)

ふし

藤浪与兵衛（初代） 10.14（1906）
藤浪与兵衛（2代目） 2.15（1921）
藤浪与兵衛（3代目） 12.24（1952）
藤浪与兵衛（4代目） 5.7（1975）
藤沼庄平 1.2（1962）
傅斯年 12.20（1950）
藤林敬三 9.15（1962）
藤林普山 1.14（1836）
プシボシ，ユリアン 10.6（1970）
藤間勘右衛門（初代） 8.15（1851）
藤間勘右衛門（2代目） 1.23（1925）
藤間勘十郎（2代目） 12.24（1841）
藤間勘十郎（4代目） 8.19（1888）
藤間勘十郎（5代目） 8.27（1892）
藤間勘十郎（7代目） 12.5（1990）
藤間勘兵衛（初代） 7.6（1769）
藤間勘兵衛（2代目） 3.13（1785）
藤間勘兵衛（3代目） 12.20（1822）
藤間勘兵衛（5代目） 9.6（1840）
藤間勘兵衛（6代目） 3.2（1867）
藤巻卓次 8.3（1990）
富士正晴 7.15（1987）
富士松加賀太夫（5代目） 12.10（1892）
富士松加賀太夫（7代目） 10.4（1930）
富士松薩摩掾（初代） 6.6（1757）
富士松紫朝（初代） 3.1（1902）
富士松長門太夫（初代） 5.21（1938）
節松嫁々 1.9（1810）
富士松魯中（初代） 6.20（1861）
富士松魯中（2代目） 11.29（1896）

藤間房子 1.9（1954）
藤間藤子 10.14（1998）
伏見天皇 9.3（1317）
伏見直江 5.16（1982）
伏見宮貞愛親王 2.4（1923）
伏見宮博恭王 8.16（1946）
藤村作 12.1（1953）
藤村トヨ 1.18（1955）
藤村操 5.22（1903）
藤村庸軒 9.18（1699）
藤村義朗 11.27（1933）
藤本定義 2.18（1981）
藤本真澄 5.2（1979）
藤本韶三 4.4（1992）
藤本善右衛門 3.26（1822）
藤本荘太郎 7.28（1902）
藤本鉄石 9.25（1863）
藤本英雄 4.26（1997）
藤森栄一 12.19（1973）
藤森弘庵 10.8（1862）
藤森成吉 5.26（1977）
普寂 10.14（1781）
藤山愛一郎 2.22（1985）
藤山一郎 8.21（1993）
藤山寛美 5.21（1990）
藤山雷太 12.19（1938）
ブーシャルドン，エドム 7.27（1762）
プシュヴァラ，エーリヒ 9.28（1972）
布州東播 12.29（1573）
不二洋子 5.11（1980）
ブジョーンヌイ，セミョーン・ミハイロヴィチ 10.27（1973）
藤原あき 8.8（1967）
藤原顕家 3.10（1306）
藤原家時 7.20（1282）
藤原家教 8.26（1297）
藤原家房 7.22（1196）
藤原家光 12.14（1236）
藤原家行 2.17（1226）
藤原伊織 5.17（2007）
藤原岩市 2.24（1986）
藤原釜足 12.21（1985）
藤原北夫人 1.29（760）
藤原銀次郎 3.17（1960）
藤原公雅 3.20（1248）
藤原咲平 9.22（1950）
藤原定 9.17（1990）
藤原実隆 9.12（1270）

藤原実光 9.12（1247）
藤原審爾 12.20（1984）
藤原惺窩 9.12（1619）
藤原親雅 9.23（1210）
藤原親康 11.10（1332）
藤原言家 2.2（1240）
藤原顕氏 11.8（1274）
藤原顕季 9.6（1123）
藤原顕輔 5.7（1155）
藤原顕隆 1.15（1129）
藤原顕忠 4.24（965）
藤原顕時 3.14（1167）
藤原顕長 10.18（1167）
藤原顕業 5.14（1148）
藤原顕信 5.14（1027）
藤原明衡 10.18（1066）
藤原顕光 5.25（1021）
藤原顕頼 1.5（1148）
藤原明子 5.23（900）
藤原朝獦 9.18（764）
藤原朝忠 12.2（966）
藤原朝光 3.20（995）
藤原教家 7.13（1090）
藤原敦忠 3.7（943）
藤原淳範 9.7（1315）
藤原敦光 10.28（1144）
藤原敦宗 9.16（1111）
藤原当幹 11.4（941）
藤原有家 4.11（1216）
藤原有清 4.26（1310）
藤原有国 7.11（1011）
藤原有実 5.12（914）
藤原有相 5.9（959）
藤原在衡 10.10（970）
藤原有穂 12.21（907）
藤原有通 11.3（1333）
藤原安子 4.29（964）
藤原家明 12.24（1172）
藤原家隆 4.9（1237）
藤原家忠 5.24（1136）
藤原家成 5.29（1154）
藤原家信 8.22（1236）
藤原家政 4.8（1115）
藤原家通 11.1（1187）
藤原家宗 2.20（877）
藤原家保 8.14（1136）
藤原家良 9.10（1264）
藤原家依 6.25（785）
藤原育子 8.15（1173）
藤原威子 9.6（1036）
藤原苡子 1.25（1103）

ふし　人名索引

藤原胤子　6.30(896)	藤原公定　7.1(1099)	藤原定能　8.22(1209)
藤原魚名　7.25(783)	藤原公実　11.14(1107)	藤原定頼　1.19(1045)
藤原氏宗　2.7(872)	藤原忻子　8.12(1209)	藤原実家　3.16(1193)
藤原内麻呂　10.6(812)	藤原公季　10.17(1029)	藤原実兼　4.2(1112)
藤原宇合　8.5(737)	藤原公隆　6.20(1153)	藤原実季　12.24(1091)
藤原枝良　5.27(917)	藤原公任　1.1(1041)	藤原実資　1.18(1046)
藤原延子　4.10(1019)	藤原公成　6.24(1043)	藤原実綱　12.19(1180)
藤原延子　6.9(1095)	藤原公教　7.9(1160)	藤原実遠　4.10(1062)
藤原小黒麻呂　7.1(794)	藤原公衡　2.21(1193)	藤原実時　5.17(1308)
藤原緒嗣　7.23(843)	藤原公房　8.28(1102)	藤原実長　12.27(1183)
藤原乙縄　6.6(781)	藤原公通　4.9(1173)	藤原実秀　11.25(1339)
藤原乙牟漏　閏3.10(790)	藤原公光　1.12(1178)	藤原実衡　2.8(1142)
藤原雄友　4.23(811)	藤原公保　9.25(1176)	藤原実政　2.18(1093)
藤原緒夏　10.11(855)	藤原公世　4.6(1301)	藤原実光　5.21(1147)
藤原宇比良古　6.23(762)	藤原公能　8.11(1161)	藤原実宗　12.9(1213)
藤原温子　6.8(907)	藤原公頼　11.24(1250)	藤原実持　5.8(1256)
藤原穏子　1.4(954)	藤原薬子　9.12(810)	藤原実守　4.25(1185)
藤原懐子　4.3(975)	藤原久須麻呂　9.11(764)	藤原実行　7.28(1162)
藤原楓麻呂　6.13(776)	藤原国章　6.23(985)	藤原実頼　5.18(970)
藤原景高　5.11(1183)	藤原邦綱　閏2.23(1181)	藤原産子　5.22(829)
藤原景経　3.24(1185)	藤原国経　6.29(908)	藤原重家　12.21(1181)
藤原家子　7.21(774)	藤原国衡　8.10(1189)	藤原重氏　4.1(1277)
藤原葛野麻呂　11.10(818)	藤原邦基　3.8(932)	藤原重尹　3.8(1051)
藤原兼家　7.2(990)	藤原蔵下麻呂　7.1(775)	藤原誠信　9.3(1001)
藤原兼茂　3.7(923)	藤原玄上　1.21(933)	藤原重通　6.3(1161)
藤原兼輔　2.18(933)	藤原慶子　10.9(951)	藤原茂通　12.12(1293)
藤原兼高　11.6(1239)	藤原嫄子　8.28(1039)	藤原低子　7.18(985)
藤原兼経　5.2(1043)	藤原賢子　9.22(1084)	藤原淑子　5.28(906)
藤原兼通　11.8(977)	藤原原子　8.3(1002)	藤原述子　10.5(947)
藤原兼光　4.23(1196)	藤原妍子　9.14(1027)	藤原遵子　6.1(1017)
藤原兼頼　3.28(1269)	藤原媓子　6.3(979)	藤原順子　9.28(871)
藤原鎌足　10.16(669)	藤原是公　9.19(789)	藤原浄本　7.21(830)
藤原佳美子　7.28(898)	藤原伊定　4.10(1300)	藤原親子　10.21(1093)
藤原河子　1.13(838)	藤原伊実　9.2(1160)	藤原季兼　5.3(1164)
藤原寛子　1.18(945)	藤原伊尹　11.1(972)	藤原季経　閏10.4(1221)
藤原寛子　7.9(1025)	藤原伊周　1.28(1010)	藤原季仲　6.1(1119)
藤原寛子　8.14(1127)	藤原惟憲　3.26(1033)	藤原季成　2.1(1165)
藤原歓子　8.17(1102)	藤原伊衡　12.17(938)	藤原季範　7.24(1281)
藤原嬉子　8.5(1025)	藤原伊房　9.16(1096)	藤原季範　12.2(1155)
藤原貴子　10.18(962)	藤原伊通　2.15(1165)	藤原季平　6.11(983)
藤原祇子　5.23(1053)	藤原定家　8.20(1241)	藤原季行　8.23(1162)
藤原教貴　7.25(789)	藤原定方　8.4(932)	藤原菅根　10.7(908)
藤原清季　6.1(1227)	藤原定国　7.3(906)	藤原助　5.29(853)
藤原清輔　6.20(1177)	藤原定輔　7.9(1227)	藤原資経　7.15(1251)
藤原清隆　4.17(1162)	藤原定高　1.22(1238)	藤原資長　10.6(1195)
藤原清経　5.23(915)	藤原定隆　11.1(1170)	藤原資信　11.18(1158)
藤原清貫　6.26(930)	藤原貞嗣　1.4(824)	藤原資平　12.5(1068)
藤原清衡　7.16(1128)	藤原定経　2.13(1231)	藤原資房　1.24(1057)
藤原公敦　12.6(1286)	藤原貞敏　10.4(867)	藤原相如　5.29(995)
藤原公蔭　3.4(1271)	藤原定長　11.11(1195)	藤原佐世　10.27(898)
藤原公兼　4.17(1312)	藤原貞守　5.1(859)	藤原純友　6.20(941)

936

ふし

藤原娍子 3.25(1025)	藤原為房 4.2(1115)	藤原長方 3.10(1191)
藤原成子 3.11(1177)	藤原為光 6.16(992)	藤原仲実 3.26(1118)
藤原生子 8.21(1068)	藤原親輔 7.26(1224)	藤原仲実 12.23(1121)
藤原雄雄 2.14(853)	藤原親隆 8.23(1165)	藤原長実 8.19(1133)
藤原鮮子 4.30(915)	藤原懐忠 11.1(1020)	藤原長輔 1.14(1156)
藤原全子 11.5(1150)	藤原親経 11.11(1210)	藤原永手 2.22(771)
藤原琮子 4.6(1231)	藤原愛発 9.16(843)	藤原仲成 9.11(810)
藤原桑子 5.23(921)	藤原親信 7.12(1197)	藤原永範 11.10(1180)
藤原園人 12.19(819)	藤原懐平 4.18(1017)	藤原仲平 9.5(945)
藤原尊子 12.25(1022)	藤原親能 10.22(1207)	藤原長房 1.16(1243)
藤原帯子 5.28(794)	藤原超子 1.28(982)	藤原長房 9.9(1099)
藤原隆家 1.1(1044)	藤原姚子 5.29(989)	藤原仲麻呂 9.18(764)
藤原高子 3.24(910)	藤原継業 7.5(842)	藤原長良 7.3(856)
藤原多賀幾子 11.14(858)	藤原継彦 2.26(828)	藤原成家 6.4(1220)
藤原隆季 1.11(1185)	藤原嗣家 9.22(1346)	藤原成親 7.9(1177)
藤原隆忠 5.22(1245)	藤原継縄 7.16(796)	藤原成経 3.19(1202)
藤原乙叡 6.3(808)	藤原綱継 7.24(847)	藤原済時 4.23(995)
藤原隆信 2.27(1205)	藤原経家 5.25(1068)	藤原成範 3.17(1187)
藤原隆衡 2.29(1201)	藤原経氏 4.9(1285)	藤原信家 4.13(1060)
藤原隆広 3.19(1387)	藤原経定 1.28(1156)	藤原信隆 11.17(1179)
藤原高房 2.25(852)	藤原経実 10.23(1131)	藤原宣孝 4.25(1001)
藤原高藤 3.12(900)	藤原経輔 8.7(1074)	藤原信長 9.5(1094)
藤原孝道 10.22(1237)	藤原恒佐 5.5(938)	藤原信通 10.22(1120)
藤原高通 8.16(1222)	藤原経忠 7.16(1138)	藤原信頼 12.27(1160)
藤原高光 3.10(994)	藤原常嗣 4.23(840)	藤原教家 4.28(1255)
藤原沢子 6.30(839)	藤原経任 1.19(1297)	藤原範兼 4.26(1165)
藤原忠清 5.16(1185)	藤原経任 2.16(1066)	藤原範子 8.4(1200)
藤原忠実 6.18(1162)	藤原経業 10.19(1289)	藤原範茂 6.18(1221)
藤原忠輔 6.4(1013)	藤原経範 1.14(1257)	藤原範季 5.10(1205)
藤原忠隆 8.3(1150)	藤原経通 8.16(1051)	藤原範房 10.6(1278)
藤原縄主 9.16(817)	藤原経光 4.15(1274)	藤原教通 9.25(1075)
藤原斉信 3.23(1035)	藤原経宗 2.18(1189)	藤原範光 4.5(1213)
藤原忠教 10.25(1141)	藤原常行 2.17(875)	藤原範宗 6.18(1233)
藤原忠平 8.14(949)	藤原貞子 8.3(864)	藤原範基 6.20(1226)
藤原忠文 6.26(947)	藤原定子 12.16(1001)	藤原範世 1.1(1308)
藤原縄麻呂 12.13(780)	藤原登子 3.29(975)	藤原浜成 2.18(790)
藤原忠通 2.19(1164)	藤原東子 4.28(816)	藤原氷上娘 1.18(682)
藤原忠光 2.24(1192)	藤原道子 8.17(1132)	藤原秀衡 10.29(1187)
藤原忠宗 9.1(1132)	藤原遠度 3.24(989)	藤原秀康 10.14(1221)
藤原忠基 2.5(1263)	藤原時平 4.4(909)	藤原秀能 5.21(1240)
藤原忠能 3.6(1158)	藤原時光 10.4(1015)	藤原広嗣 11.1(740)
藤原忠良 5.16(1225)	藤原俊家 10.2(1082)	藤原広業 4.13(1028)
藤原種継 9.23(785)	藤原俊忠 7.9(1123)	藤原房前 4.17(737)
藤原旅子 5.4(788)	藤原俊経 1.22(1191)	藤原藤嗣 3.24(817)
藤原田麻呂 3.19(783)	藤原俊成 11.30(1204)	藤原富士麻呂 2.16(850)
藤原多美子 10.29(886)	藤原俊憲 4.10(1167)	藤原不比等 8.3(720)
藤原為家 5.1(1275)	藤原朝方 2.16(1201)	藤原文範 3.28(996)
藤原為季 3.29(1474)	藤原朝成 4.5(974)	藤原冬緒 5.23(890)
藤原為輔 8.26(986)	藤原具良 4.16(1331)	藤原冬嗣 7.24(826)
藤原為理 12.15(1316)	藤原豊成 11.27(766)	藤原芳子 7.29(967)
藤原為隆 9.8(1130)	藤原長家 11.9(1064)	藤原穆子 7.26(1016)

937

ふし 人名索引

藤原雅忠　6.5(1336)
藤原雅俊　12.17(1322)
藤原正光　2.29(1014)
藤原多子　12.24(1202)
藤原真楯　3.12(766)
藤原真友　6.25(797)
藤原真夏　10.11(830)
藤原麻呂　7.13(737)
藤原御楯　6.1(764)
藤原道明　6.17(920)
藤原道雄　9.23(818)
藤原道兼　5.8(995)
藤原通季　6.17(1128)
藤原道隆　4.10(995)
藤原道綱　10.16(1020)
藤原通俊　8.16(1099)
藤原道長　12.4(1028)
藤原通憲　12.13(1160)
藤原通房　4.27(1044)
藤原道雅　7.20(1054)
藤原通基　12.8(1040)
藤原道頼　6.11(995)
藤原光子　4.16(1121)
藤原美都子　9.5(828)
藤原光隆　8.1(1201)
藤原光親　7.12(1221)
藤原光俊　6.9(1276)
藤原光長　6.2(1195)
藤原光雅　3.9(1200)
藤原光泰　3.6(1305)
藤原光能　2.28(1183)
藤原光頼　1.5(1173)
藤原三守　7.7(840)
藤原宮子　7.19(754)
藤原武智麻呂　7.25(737)
藤原宗家　閏4.22(1189)
藤原宗子　9.14(1155)
藤原宗輔　1.30(1162)
藤原宗忠　4.20(1141)
藤原宗俊　5.5(1097)
藤原宗長　8.26(1225)
藤原宗成　4.26(1138)
藤原宗平　4.1(1271)
藤原宗房　3.7(1230)
藤原宗通　7.22(1120)
藤原宗行　7.14(1221)
藤原宗能　2.11(1170)
藤原宗頼　1.29(1203)
藤原茂子　6.22(1062)
藤原元方　3.21(953)
藤原基定　11.1(1237)

藤原基隆　3.19(1132)
藤原基忠　11.17(1098)
藤原基経　1.13(891)
藤原基俊　1.16(1142)
藤原元名　4.18(965)
藤原元範　8.3(1401)
藤原基衡　3.19(1157)
藤原基房　12.28(1231)
藤原基行　8.13(1221)
藤原百川　7.9(779)
藤原百能　4.17(782)
藤原盛兼　1.5(1245)
藤原守義　2.4(974)
藤原諸姉　6.29(786)
藤原師氏　7.14(970)
藤原師兼　3.2(1076)
藤原諸葛　6.20(895)
藤原師実　2.13(1101)
藤原師輔　5.4(960)
藤原師尹　10.15(969)
藤原師経　3.11(1066)
藤原師長　7.19(1192)
藤原師成　9.1(1081)
藤原師通　6.28(1099)
藤原綏子　2.7(1004)
藤原保輔　6.17(988)
藤原保忠　7.14(936)
藤原安親　3.8(996)
藤原保則　4.21(895)
藤原山蔭　2.4(888)
藤原有子　5.28(866)
藤原行隆　3.17(1187)
藤原行成　12.4(1028)
藤原行成の妻　10.17(1002)
藤原能清　9.1(1295)
藤原吉子　11.12(807)
藤原能季　8.1(1077)
藤原義孝　9.16(974)
藤原良忠　10.23(1299)
藤原良縄　12.18(869)
藤原義懐　7.17(1008)
藤原良継　9.18(777)
藤原能長　11.14(1082)
藤原能成　7.5(1238)
藤原吉野　8.12(846)
藤原能信　2.9(1065)
藤原良房　9.2(872)
藤原良相　10.10(867)
藤原良基　閏4.19(1075)
藤原良世　11.18(900)
藤原頼氏　4.5(1248)

藤原頼定　3.18(1181)
藤原頼資　2.30(1236)
藤原頼輔　4.5(1186)
藤原頼忠　6.26(989)
藤原頼嗣　9.25(1256)
藤原頼経　8.11(1256)
藤原頼長　7.14(1156)
藤原頼通　2.2(1074)
藤原頼宗　2.3(1065)
藤原頼子　9.23(936)
藤原範朝　6.22(1237)
藤原掄子　11.14(1251)
藤原弘達　3.3(1999)
藤原雅長　7.26(1196)
藤原道子　4.26(1983)
藤原光国　10.13(1270)
藤原光定　7.3(1305)
藤原宗氏　4.24(1315)
藤原宗隆　3.29(1205)
藤原基家　2.26(1214)
藤原基教　6.29(1213)
藤原猶雪　7.3(1958)
藤原義江　3.22(1976)
藤原良教　7.4(1287)
ブース, ウィリアム　8.20(1912)
ブース, エドウィン・トーマス　6.7(1893)
プスカシュ, フェレンツ　11.17(2006)
ブース, ジューニアス・ブルータス　11.30(1852)
ブース, ジョン・ウィルクス　4.26(1865)
ブース, チャールズ　11.16(1916)
フス, ヤン　7.6(1415)
ブスラーエフ, フョードル・イワノヴィチ　7.31(1897)
フセイニー, A.アル　7.4(1974)
敷政門院　4.13(1448)
フセイン・イブン・タラール　2.7(1999)
フセイン, サダム　12.30(2006)
フセイン・ブン・アリー　6.4(1931)
布施現之助　12.12(1946)
布施健　2.25(1988)
布施辰治　9.13(1953)

938

布勢内親王　8.6（812）
伏屋素狄　11.26（1812）
ブーゼンバウム，ヘルマン　1.31（1668）
ブゾーニ，フェッルッチョ・ベンヴェヌート　7.27（1924）
プソーム，ニコラ　8.10（1575）
二川松陰　9.27（1836）
二川滝子　4.28（1865）
二木謙三　4.27（1966）
ブタシェーヴィチ-ペトラシェフスキー，ミハイル・ワシリエヴィチ　12.8（1866）
二葉かほる　1.22（1948）
二葉亭四迷　5.10（1909）
双葉山定次　12.16（1968）
二村定一　9.12（1948）
ブーダン，ウージェーヌ　8.8（1898）
フチーク，ユリウス　9.8（1943）
フチーニ，レナート　2.25（1921）
プチャーチン　10.16（1883）
ブーツァー，マルティン　2.28（1551）
フッカー，サー・ジョゼフ・ドルトン　12.10（1911）
フッカー，ジョゼフ　10.31（1879）
フッカー，トマス　7.7（1647）
フッガー，ヤーコプ2世　12.30（1525）
フッカー，リチャード　11.2（1600）
ブック　7.4（1950）
フックス　4.26（1902）
フックス　6.16（1949）
フックス，サー・ヴィヴィアン・アーネスト　11.11（1999）
フックス，ヨーハン・ヨーゼフ　2.13（1741）
フックス，レオンハルト　5.10（1566）
フックバルト　6.25（930）
ブックマン，フランク・ネイサン・ダニエル　8.7（1961）
フック，ロバート　3.3（1703）
フッサール，エトムント　4.26（1938）
ブッシュ，アドルフ　6.9（1952）

ブッシュ，ヴァニーヴァー　6.28（1974）
ブッシュ，ヴィルヘルム　1.9（1908）
ブッシュネル，ホラス　2.17（1876）
ブッシュ，フリッツ　9.14（1951）
プッシュマン　4.4（1600）
ブッセ　9.13（1907）
ブッセ，カール　12.3（1918）
ブッダ　2.15（前480頃）
プッチーニ，ジャーコモ　11.29（1924）
ブッツァーティ，ディーノ　1.28（1972）
フッテン，ウルリヒ・フォン　8.29（1523）
フッド，ジョン・B　8.30（1879）
ブット，ズルフィカール・アリ　4.4（1979）
フッド，トマス　5.3（1845）
ブット，ベナジル　12.27（2007）
ブーツバハ，ヨハネス　12.29（1516）
プッフェンドルフ，サムエル，男爵　10.26（1694）
プッペル，ヨーハン（ゴッホの）　3.28（1475）
フツマ　2.9（1943）
プティ，アレクシ・テレーズ　6.21（1820）
プティジャン，ベルナール・タデー　10.7（1882）
プティパ，マリウス　7.14（1910）
ブーテナント，アドルフ・フリードリヒ・ヨハン　1.18（1995）
プドフキン，フセヴォロド　6.30（1953）
ブトルー，エティエンヌ・エミール　11.22（1921）
ブトルス・アルプスターニー　5.1（1883）
ブトレロフ，アレクサンドル・ミハイロヴィチ　8.17（1886）
フートン，アーネスト・A　3.3（1954）

フナイン・ブン・イスハーク　11.30（873）
舟木重信　4.29（1975）
船木枳郎　12.26（1973）
船越英二　3.17（2007）
船越衛　12.23（1913）
船田中　4.12（1979）
船津伝次平　6.15（1898）
舟橋聖一　1.13（1976）
舟橋秀賢　6.28（1614）
船橋良雄　11.3（1566）
船山馨　8.5（1981）
船山信一　3.16（1994）
フニャディ，ヤーノシュ　8.11（1456）
プニャーニ，ガエターノ　7.15（1798）
ブニュエル，ルイス　7.29（1983）
ブーニン，イワン・アレクセーヴィチ　11.8（1953）
船王後　12.3（641）
ブノワ，ピエール　3.3（1962）
フバイ，イェネー　3.12（1937）
フーバー，ヴォルフ　6.3（1553）
フーバー，カスパル　12.21（1553）
フーバー，ジョン　2.9（1555）
フーバー，テレーゼ　6.15（1829）
フーバー，ハーバート・クラーク　10.20（1964）
ブーバー，マルティン　6.13（1965）
ブハーリー　8.31（870）
ブハーリン，ニコライ・イワノヴィチ　3.15（1938）
富弼　6.22（1083）
プファフ，フリードリヒ　4.21（1825）
プファフ，クリストフ・マテウス　11.19（1761）
プフィッツナー，ハンス　5.22（1949）
プフェッファー，ヴィルヘルム・フリードリヒ・フィリップ　1.31（1920）
プフェフィンガー，ヨーハン　1.1（1573）
ブフタ　1.8（1846）

ブフナー, エドゥアルト 8.13 (1917)
フープマイアー, バルターザル 3.10(1528)
フーフ, リカルダ・オクターヴィア 11.17(1947)
プフリューガー 3.16(1910)
プフルーク, ユーリウス・フォン 9.3(1564)
フーヘル, ペーター 4.30(1981)
フベルマン, ブロニスラフ 6.16(1947)
プベンノーフ, ミハイル・セミョーノヴィチ 10.3(1983)
フマーユーン 1.24(1556)
文褥麻呂 9.21(707)
ブーメディエン, ウアリ 12.27(1978)
フメリニーツキイ 8.16(1657)

不聞契ител 7.12(1369)
フュステル・ド・クーランジュ, ニュマ・ドニ 9.12(1889)
フューゼリ, ヘンリー 4.16(1825)
フュルチエール, アントワーヌ 5.14(1688)
フュルベール 4.10(1028)
フョードル1世 1.17(1598)
フョードル2世 6.20(1605)
フョードル3世 5.7(1682)
フョードロフ 5.28(1919)
フラ・アンジェリコ 3.18(1455)
フライアー 1.18(1969)
ブライアー, マシュー 9.18(1721)
ブライアン, ウィリアム・ジェニングズ 6.26(1925)
ブライアント, ウィリアム・カレン 6.12(1878)
フライ, エリザベス 10.12(1845)
ブライキ, ソロモン・チェキソ 6.19(1932)
フライ, クリストファー 6.30(2005)
プライス, ジェームズ 1.22(1922)
ブライズマン 5.23(1591)

プライス, リチャード 4.19(1791)
フライターク, グスタフ 4.30(1895)
フライ, ダゴベルト 5.13(1962)
ブライティンガー, ヨハン・ヤーコプ 12.13(1776)
ブライド, サー・トマス 10.23(1658)
ブライト, ジョン 3.27(1889)
ブライト, リチャード 12.18(1858)
フライ, ノースロップ 1.23(1991)
ブライプトロイ, カール 1.30(1928)
フライ, ヘルマン 7.22(1998)
ブライユ, ルイ 1.6(1852)
フライリヒラート, フェルディナント 3.18(1876)
フライ, ロジャー 9.9(1934)
ブライロフスキー, アレグザンダー 4.25(1976)
ブラウ 3.12(2002)
ブラヴァツキー, ヘレナ・ペトロヴナ 5.8(1891)
ブラウアー, ロイツェン・エグベルトゥス・ヤン 12.2(1966)
フラーヴィオ・ブロンド 6.4(1463)
フラウエンロープ 11.29(1318)
ブラウデン, エドマンド 2.6(1585)
プラウト, ウィリアム 4.9(1850)
ブラウニング, エリザベス・バレット 6.29(1861)
ブラウニング, ジョン・モーゼズ 11.26(1926)
ブラウニング, ロバート 12.12(1889)
ブラウワー, ディルク 1.31(1966)
ブラウン 1.5(1926)
ブラウン 7.22(1938)
ブラウン・セカール, シャルル-エドゥアール 4.2(1894)
ブラウン, エヴァ 4.30(1945)

ブラウン, カール・フェルディナント 4.20(1918)
ブラウン, サミュエル・ロビンズ 7.20(1880)
ブラウン, ジョン 10.17(1788)
ブラウン, ジョン 12.2(1859)
ブラウンソン, オレスティーズ・オーガスタス 4.17(1876)
ブラウン, チャールズ・ブロックデン 2.22(1810)
ブラウン, トマス 10.19(1682)
ブラウン, ネイサン 1.1(1886)
ブラウン, フォード・マドックス 10.11(1893)
ブラウン, フレドリック 3.11(1972)
フラウンホーファー, ヨーゼフ・フォン 6.7(1826)
ブラウン, ランスロット 2.6(1783)
ブラウン, ロバート 6.10(1858)
ブラウン, ロバート 6.2(1633)
プラーガ, エミーリオ 12.26(1875)
フラカストーロ, ジロラモ 8.6(1553)
ブラガ, テオフィロ 1.28(1924)
ブラガンサ 3.29(1602)
フラーキウス・イリーリクス, マティーアス 3.11(1575)
ブラキストン 10.15(1891)
フラグ 2.8(1265)
フラグスタート, ヒルステン 12.7(1962)
フラクスマン, ジョン 12.7(1826)
プラクネット 2.14(1965)
豊楽門院 1.11(1535)
フラーケ, オットー 11.10(1963)
ブラケット, パトリック・メイナード・スチュアート 7.13(1974)

フラゴナール, ジャン・オノレ 8.22(1806)
プラサード, ジャエシャンカル 11.15(1937)
プラサード, ラージェーンドラ 2.26(1963)
プラザ, ピエール・サヴォルニャン・ド 4.19(1905)
フラシャリ, ナイム 10.20(1900)
フラー, ジョン・フレデリック・チャールズ 2.10(1966)
ブラスコ‐イバニェス, ビセンテ 1.28(1928)
プラス, シルヴィア 2.11(1963)
ブラック 6.11(1880)
ブラック 8.31(1915)
ブラックウェル, エリザベス 5.31(1910)
ブラックウッド, アルジャーノン 10.12(1951)
ブラッグ, サー・ウィリアム・ヘンリー 3.12(1942)
ブラッグ, サー・ウィリアム・ローレンス 7.1(1971)
ブラック, ジョゼフ 12.6(1799)
ブラック, ジョルジュ 8.31(1963)
ブラックストン, サー・ウィリアム 2.14(1780)
ブラックモン, フェリックス 10.29(1914)
ブラッサイ 7.8(1984)
ブラッサンス, ジョルジュ 10.29(1981)
ブラッシュ, ハーマン 5.1(1914)
プラッター 7.28(1614)
プラッター, トーマス 1.26(1582)
ブラッタン, ウォルター・ハウザー 10.13(1987)
プラット, E.J. 4.26(1964)
ブラッドショー, ジョン 10.31(1659)
ブラッドストリート, アン 9.16(1672)
ブラッドフォード, ウィリアム 5.9(1657)

ブラッドベリー, マルカム 11.27(2000)
ブラッドリー, A.C. 9.2(1935)
ブラッドリー, F.H. 9.18(1924)
ブラッドリー, O. 4.8(1981)
ブラッドリー, ジェイムズ 7.13(1762)
ブラッドロー, チャールズ 1.30(1891)
ブラッド, ロバート 9.8(1637)
ブラッドワディーン, トマス 8.26(1349)
ブラッハー, ボリス 1.30(1975)
プラーティ, ジョヴァンニ 5.9(1884)
プラーテン, アウグスト・フォン 12.5(1835)
プラーテンシス, フェーリクス 11.5(1558)
プラトヴィチ, ミオドラグ 3.13(1991)
プラトーノフ, アンドレイ・プラトノヴィチ 1.5(1951)
プラトーノフ, セルゲイ・フョードロヴィチ 1.10(1933)
プラド, ペレス 12.3(1983)
プラトリーニ, ヴァスコ 1.11(1991)
ブラナー, H.C. 4.24(1966)
フラナガン, エドワード・ジョゼフ 5.15(1948)
フラナガン, トミー 11.16(2001)
フラー, バックミンスター 7.1(1983)
フラハティ, ロバート 7.23(1951)
フラーフ, レイニール・デ 8.17(1673)
ブラホスラフ, ヤン 11.24(1571)
フラー, マーガレット 7.19(1850)
ブラマ, ジョゼフ 12.9(1814)
フラマリオン, ニコラ・カミーユ 6.7(1925)

ブラマンテ, ドナート 3.11(1514)
ブラーム, オットー 11.28(1912)
フラムスティード, ジョン 12.31(1719)
ブラームス, ヨハネス 4.3(1897)
ブラメル, ジョージ・ブライアン 3.29(1840)
ブラーラー, アンブロシウス 12.6(1564)
ブラーラ, トマス 3.19(1567)
プラルト, ヨゼフ 11.3(1879)
フラー, ロイ 1.1(1928)
フラー, ロイ 9.27(1991)
プラン, アリス 3.23(1953)
ブランカーティ, ヴィタリアーノ 9.25(1954)
ブランキ, オーギュスト 1.1(1881)
フランキー堺 6.10(1996)
フランク 1.13(1957)
フランク 4.22(1821)
フランク, アンネ 3.31(1945)
フランク, イリヤ・ミハイロヴィチ 6.22(1990)
ブラングヴィン, サー・フランク 6.11(1956)
フランク, ジェイムズ 5.21(1964)
ブランクーシ, コンスタンティン 3.16(1957)
フランク, セザール・オーギュスト 11.8(1890)
プーランク, フランシス 1.30(1963)
プランク, マックス・カール・エルンスト・ルートヴィヒ 10.4(1947)
フランクランド, サー・エドワード 8.9(1899)
フランクリン, サー・ジョン 6.11(1847)
フランクリン, ベンジャミン 4.17(1790)
フランクル, ヴィクトル・エーミール 9.2(1997)
フランクル, パウル 1.30(1962)

フランケ, アウグスト・ヘルマン 6.8(1727)
ブランケット 3.26(1932)
ブランケルス‐クーン, ファニー 1.25(2004)
フランケンハイマー, ジョン 7.6(2002)
ブランコ 2.5(1597)
フランコ, イワン・ヤコヴィチ 5.28(1916)
フランコ・バアモンデ, フランシスコ 11.20(1975)
フランシア, ホセ・ガスパール・ロドリゲス 9.20(1840)
ブーランジェ, ジョルジュ 9.30(1891)
フランシェスカッティ, ジノ 9.17(1991)
ブーランジェ, ナディア 10.22(1979)
フランシスコ・ザビエル 12.2(1552)
フランシスコ, ジョバンニ 10.4(1226)
フランシスコ(ボルハの) 9.30(1572)
フランシス, サム 11.4(1994)
ブランシュヴィク, レオン 1.18(1944)
フランス, アナトール 10.12(1924)
フランセ, ジャン 9.22(1997)
フランソア1世 3.31(1547)
フランソア2世 12.5(1560)
フランソワ, サンソン 10.22(1970)
ブランダイス, ルイス 10.5(1941)
ブランタウアー, ヤーコプ 9.18(1726)
ブランダウン 11.27(1637)
フランダン 6.13(1958)
ブランタン, クリストフ 7.1(1589)
フランチェスカ(ローマの) 3.9(1440)
フランチェスコ2世 12.27(1894)
フランチェスコ・ダ・ミラノ 4.15(1543)

フランチェスコ・ディ・ジョジョ 11.29(1502)
聖フランチェスコ(パオラの) 4.2(1507)
フランチャ 1.5(1517)
フランチャビージョ 1.24(1525)
フランツ1世 8.18(1765)
フランツ2世 3.2(1835)
フランツ・フェルディナント大公 6.28(1914)
フランツ・ヨーゼフ1世 11.21(1916)
フランツ, ローベルト 10.24(1892)
ブランディッジ, エイヴァリー 5.8(1975)
ブランティング, カール・ヤルマル 2.24(1925)
ブランテ, ガストン 5.21(1889)
ブランデス, ゲオウ・モリス・コーエン 2.19(1927)
フランデス, ホアン・デ 12.16(1519)
ブランデン, エドマンド 1.20(1974)
ブラント, ウィリー 10.8(1992)
ブラント, ゲオルク 4.29(1768)
ブラント, ジョゼフ 11.24(1807)
ブラント, セバスティアン 5.10(1521)
ブランド, マーロン 7.1(2004)
ブラントーム, ピエール・ド・ブールデイユ・ド 7.15(1614)
フランドラン, イポリット 3.21(1864)
ブラントル, ルートヴィヒ 8.12(1953)
ブランリ 3.25(1940)
ブラン, ルイ 12.6(1882)
ブリアン, エミル・フランティシェク 8.9(1959)
ブリアンション, モーリス 3.5(1979)
フーリエ, J.B.J. 5.16(1830)

フーリエ, シャルル 10.10(1837)
フリエス, エミール‐オトン 1.10(1949)
ブリクセン, カーレン 9.7(1962)
プリゴジン, イリヤ 5.28(2003)
プリーシヴィン, ミハイル・ミハイロヴィチ 1.16(1954)
フリーズ 12.8(1967)
フリーズ‐グリーン, ウィリアム 5.5(1921)
フリス, ジョン 7.4(1533)
フリーステデン, ペーター 9.28(1529)
ブリストウ, リチャード 10.21(1581)
プリーストリー, J.B. 8.14(1984)
プリーストリー, ジョゼフ 2.6(1804)
ブリースマン, ヨハネス 10.1(1549)
フリース, ヤーコプ・フリードリヒ 8.10(1843)
ブリソー, ジャック・ピエール 10.31(1793)
ブリソンネー, ギヨーム 1.24(1534)
フリーダン, ベティ 2.4(2006)
フリーチェ, ウラジーミル・マクシモヴィチ 9.4(1929)
プリチェット, V.S. 3.20(1997)
プリチャード, キャサリン 10.3(1969)
ブリッカ, スティーン・スティーンセン 3.26(1848)
ブリッグズ, ヘンリー 1.26(1630)
ブリッジズ 12.27(1938)
ブリッジズ, ロバート 4.21(1930)
ブリッジタワー, ジョージ・ポルグリーン 2.29(1860)
ブリッジマン, イライジャ・コウルマン 11.2(1861)
ブリッジマン, パーシー・ウィリアムズ 8.20(1961)

フリッシュ　1.31(1973)
フリッシュ，カール・フォン　12.6(1982)
フリッシュ，マックス　4.4(1991)
フリッシュリン，ニコデームス　11.29(1590)
フリッチャイ，フェレンツ　2.20(1963)
フリッチュ，グスタフ・テオドール　6.12(1927)
ブリッティング，ゲオルグ　4.27(1964)
ブリット　11.27(1617)
フリデスウィデ　10.9(735)
フリーデル，シャルル　4.20(1899)
ブリテン，ベンジャミン　12.4(1976)
フリードマン　11.15(1977)
フリードマン，ミルトン　11.16(2006)
フリードリヒ1世　2.25(1713)
フリードリヒ1世　6.10(1190)
フリードリヒ1世　9.21(1440)
フリードリヒ2世　1.24(1708)
フリードリヒ2世　4.6(1147)
フリードリヒ2世　8.17(1786)
フリードリヒ2世　12.13(1250)
フリードリヒ3世　6.15(1888)
フリードリヒ3世　8.19(1493)
フリードリヒ3世　10.26(1576)
フリードリヒ5世　11.29(1632)
フリードリヒ・アウグスト1世　2.1(1733)
フリードリヒ・アウグスト1世　5.5(1827)
フリードリヒ・アウグスト2世　10.5(1763)
フリードリヒ・ヴィルヘルム　5.9(1688)
フリードリヒ・ウィルヘルム1世　5.31(1740)
フリードリヒ・ウィルヘルム2世　11.16(1797)
フリードリヒ・ウィルヘルム3世　6.7(1840)

フリードリヒ・ウィルヘルム4世　2.1(1861)
フリードリヒ，カスパル・ダーヴィト　5.7(1840)
フリートレンダー，マックス　10.11(1958)
プリニウス・セクンドゥス，ガイユス(大プリニウス)　8.29(79)
ブリニョン，アントワネット　10.30(1680)
フリノー，フィリップ　12.18(1832)
振姫　2.5(1659)
振姫　8.29(1617)
プリマティッチオ，フランチェスコ　5.15(1570)
フリーマン　3.16(1892)
フリムル，ルドルフ　11.12(1972)
プリムローズ，ウィリアム　5.1(1982)
プリモ・デ・リベラ，J.A.　11.20(1936)
プリモ・デ・リベラ，M.　3.16(1930)
フリーモント，ジョン・C　7.13(1890)
ブリヤ・サヴァラン，ジャン・アンテルム　2.2(1826)
ブリュアン，リベラル　11.22(1697)
ブリュー，ウージェーヌ　12.6(1932)
ブリュギエール，バルテルミー　10.7(1835)
ブリューゲル，ピーテル　9.5(1569)
ブリューゲル，ヤン1世　1.13(1625)
ブリューソフ，ワレーリー・ヤーコヴレヴィチ　10.9(1924)
プリュッカー，ユリウス　5.22(1868)
ブリュックナー　5.20(1927)
ブリュッハー，ゲープハルト・レベレヒト・フォン，ヴァールシュタット公爵　9.12(1819)
プリュドン，ピエール・ポール　2.16(1823)

ブリューニング，ハインリヒ　3.30(1970)
ブリュノ，フェルディナン・ウージェーヌ　1.31(1938)
ブリュローフ，カルル・パヴロヴィチ　6.11(1852)
ブリュンチエール，フェルディナン　12.9(1906)
ブリル，パウル　10.7(1626)
ブリル，マテイス(子)　6.8(1583)
プリン，ウィリアム　10.24(1669)
フリン，エロル　10.14(1959)
ブリンガー，ハインリヒ　9.17(1575)
プリングスハイム，エルンスト　6.28(1917)
プリングスハイム，クラウス　12.7(1972)
プリンクリー　10.22(1912)
プリンセプ　4.22(1840)
フリンダーズ，マシュー　7.19(1814)
プリンツィプ，ガヴリロ　4.29(1918)
ブリンドリー，ジェイムズ　9.30(1772)
ブリンナー，ユル　10.10(1985)
プール，アーネスト　1.10(1950)
古市公威　1.28(1934)
古市胤子　6.27(1658)
ブルイユ，アンリ・エドゥアール・プロスペル　8.14(1961)
古井喜実　2.3(1995)
古岡秀人　5.17(1994)
古尾谷雅人　3.25(2003)
ブルガーコフ，セルゲイ・ニコラエヴィチ　7.13(1944)
ブルガーコフ，ミハイル・アファナシエヴィチ　3.10(1940)
ブルカルドゥス(ヴォルムスの)　8.20(1025)
古河市兵衛　4.5(1903)
古川氏清　6.13(1820)
古川古松軒　11.10(1807)
古河善兵衛　12.12(1637)
古川太四郎　12.26(1907)
古河虎之助　3.30(1940)

古川緑波 1.16(1961)
プルキニェ, ヨハネス・エヴァンゲリスタ 7.28(1869)
ブルギバ・ジュニア 4.6(2000)
ブルクハルト, J.L. 10.15(1817)
ブルクハルト, カール・ヤーコブ 3.3(1974)
ブルクハルト, ヤーコプ 8.8(1897)
ブルークマン, カール 6.29(1919)
ブルクミュラー, ノルベルト 5.7(1836)
フールクロワ, アントワーヌ・フランソワ・ド 12.16(1809)
フルコ(ヌイイの) 3.2(1201)
フルサ 1.16(648)
ブルザソルチ, ドメーニコ 3.30(1567)
古沢岩美 4.15(2000)
古沢滋 12.22(1911)
プルジェヴァリスキー, ニコライ・ミハイロヴィチ 11.1(1888)
ブールジェ, ポール 12.25(1935)
フルシチョフ, ニキータ・セルゲーヴィチ 4.14(1971)
古島敏雄 8.29(1995)
ブールジュ, エレミール 11.13(1925)
ブールジョア 9.29(1925)
ブール, ジョージ 12.8(1864)
ブル, ジョン 3.12(1628)
ブルシロフ, アレクセイ・アレクセエヴィチ 3.17(1926)
ブルス, エサイアス 11.16(1672)
ブルース, サー・デイヴィド 11.27(1931)
ブルースター, ウィリアム 4.10(1644)
ブルースター, サー・デイヴィド 2.10(1868)
ブルースト, ジョゼフ・ルイ 7.5(1826)
ブルースト, マルセル 11.18(1922)

プルス, ボレスワフ 5.19(1912)
ブルーセ 11.17(1838)
古田晃 10.30(1973)
古田織部 6.11(1615)
古田重勝 6.16(1606)
古田重治 11.25(1625)
古田俊之助 3.23(1953)
古田大次郎 10.15(1925)
古田良一 7.12(1967)
ブルダルー, ルイ 5.13(1704)
ブルック, ジェームズ 6.11(1868)
ブルックス, ヴァン・ワイク 5.2(1963)
ブルックス, クリアンス 5.10(1994)
ブルックナー, アントン 10.11(1896)
ブルック, ルーパート 4.23(1915)
ブルフ, マックス 10.2(1920)
ブールディション, ジャン 7.29(1521)
ブルデュー, ピエール 1.23(2002)
ブールデル, エミール・アントーヌ 10.1(1929)
フルテンバハ, ヨーゼフ 1.17(1667)
フールド 11.5(1867)
フルトヴェングラー, アドルフ 10.11(1907)
フルトヴェングラー, ヴィルヘルム 11.30(1954)
ブルトゥス, マルクス・ユニウス 10.23(前42)
フルード, ジェームズ 10.20(1894)
ブルトマン, ルードルフ・カール 7.30(1976)
フルドリチカ, アーレシュ 9.5(1943)
ブルトン, アンドレ 9.28(1966)
プルードン, ピエール・ジョゼフ 1.19(1865)
フルニエ, ピエール 1.8(1986)

ブルーニ, レオナルド 3.9(1444)
ブルーネル, イザンバード・キングダム 9.15(1859)
ブルーネル, サー・マーク・イザンバード 12.12(1849)
ブルネレスキ, フィリッポ 4.15(1446)
フルネロン, ブノワ 7.8(1867)
聖ブルーノ 2.14(1009)
聖ブルーノ 10.11(965)
古野伊之助 4.24(1966)
聖ブルーノ(ケルンの) 10.6(1101)
ブルーノ, ジョルダーノ 2.17(1600)
ブルーノ(セーニの) 7.18(1123)
ブルノンヴィル, オーギュスト 11.30(1879)
古橋暉皃 12.24(1892)
古畑種基 5.6(1975)
プールバッハ, ゲオルク・フォン 4.8(1461)
プールハーフェ, ヘルマン 9.23(1738)
古林見宜 9.17(1657)
古人大兄皇子 9.12(645)
プールビュス, ピーテル 1.30(1584)
プールビュス, フランス1世 9.19(1581)
プールビュス, フランス2世 2.19(1622)
ブルフィンチ, チャールズ 4.15(1844)
フルブライト, ジェイムズ・ウィリアム 2.9(1995)
プールヘム 8.30(1751)
ブルボン, シャルル・ド 5.6(1527)
ブルマイスター, ヨーアヒム 3.5(1629)
プルーマー, ウィリアム 9.21(1973)
プール, マーガレット 5.27(1541)
フールマノフ, ドミートリー・アンドレーヴィチ 3.15(1926)

ブール, マルセラン　7.4(1942)
ブルーマールト, アブラハム　1.27(1651)
ブルマン　3.31(1741)
プルマン, ジョージ　10.19(1897)
プルム　11.9(1848)
ブルームフィールド　6.13(1928)
ブルームフィールド, レナード　4.18(1949)
ブルーム, ヘンリー・ピーター, ブルーム・アンド・ヴォクス男爵　5.7(1868)
ブルム, レオン　3.31(1950)
ブルーム, ロバート　4.6(1951)
ブルーメンバッハ, ヨハン・フリードリヒ　1.22(1840)
古谷綱武　2.12(1984)
古谷久綱　2.11(1919)
フルーラン, ジャン・ピエール・マリー　12.5(1867)
フルーリー, アンドレ・エルキュール・ド　1.29(1743)
プール, レジナルド, 枢機卿　11.17(1558)
ブルワー・リットン, エドワード　1.18(1873)
フールン　4.29(1742)
フルーンゼ　10.31(1925)
ブルンチュリ, ヨハネス・カスパル　10.21(1881)
フルンツベルク　8.20(1528)
ブルンナー, エミール　4.6(1966)
ブルンナー, レーオンハルト　12.20(1558)
ブルーンフェルス, オットー　11.23(1534)
ブレアル, ミシェル　11.25(1915)
ブレア, ロバート　2.4(1746)
プレイエ　2.3(1952)
プレイエル, マリ　3.30(1875)
ブレイキー, アート　10.16(1990)
ブレイク, ウィリアム　8.12(1827)

ブレイクスリー, アルバート・フランシス　11.16(1954)
ブレイク, ロバート　8.17(1657)
フレイザー, G.S.　1.3(1980)
フレイザー, サイモン　8.18(1862)
フレイザー, ジェイムズ　5.7(1941)
ブレイスガードル, アン　9.12(1748)
ブレイディ, マシュー　1.15(1896)
プレイフェア, ジョン　7.20(1819)
フレイレ, ジルベルト　7.18(1987)
ブレイン, ジェイムズ・G　1.27(1893)
ブレイン, ジョン　10.28(1986)
プレヴァン　1.13(1993)
プレヴェール, ジャック　4.11(1977)
プレヴォー, アントワーヌ・フランソワ　11.25(1763)
プレヴォー, ジャン　8.1(1944)
プレヴォー, マルセル　4.8(1941)
ブレー, エティエンヌ・ルイ　2.6(1799)
プレオブラジェンスカ　12.27(1962)
ブレー, ギー・ド　5.31(1567)
プレグムンド(カンタベリの)　8.2(914)
プレーグル, フリッツ　12.13(1930)
ブレゲ　5.4(1955)
フレーゲ, ゴットロープ　7.26(1925)
フレシエ, ヴァランタン・エスプリ　2.16(1710)
フレシェット, ルイ　5.31(1908)
プレシェルン, フランツェ　2.8(1849)
プレシチェーエフ, アレクセイ・ニコラエヴィチ　9.26(1893)

ブレジネフ, レオニード・イリイチ　11.10(1982)
フレシネ, マリー・ユージェーヌ・レオン　6.8(1962)
プレスコット, ウィリアム・ヒックリング　1.28(1859)
フレスコバルディ, ジロラモ　3.1(1643)
ブレステッド, ジェイムズ・ヘンリー　12.2(1935)
プレストン, ビリー　6.6(2006)
プレスナー, ヘルムート　6.12(1985)
プレスリー, エルヴィス　8.16(1977)
フレーチャ, フライ・マテオ　2.20(1604)
ブレッキンリッジ, ジョン・C　5.17(1875)
フレックスナー, サイモン　5.2(1946)
フレッシュ, カール　11.15(1944)
ブレッソン, ロベール　12.18(1999)
フレッチャー, ジョン　8.29(1625)
フレッチャー, ジョン・グールド　3.20(1950)
プレッツォリーニ, ジュゼッペ　7.14(1982)
武烈天皇　12.8(507)
プレッテンベルク, ヴァルター・フォン　2.28(1535)
フレットナー, ペーター　10.23(1546)
ブレーディヒ, ゲオルク　4.24(1944)
フレーディング, グスタヴ　2.8(1911)
フレデリク1世　3.25(1751)
フレデリク1世　4.10(1533)
フレデリク2世　4.4(1588)
フレデリク3世　2.9(1670)
フレデリク4世　10.12(1730)
フレデリク5世　1.4(1766)
フレデリク6世　12.3(1839)
フレデリク7世　11.15(1863)
フレデリク8世　5.14(1912)
フレデリク9世　1.14(1972)

フレデリック, ハロルド 10.19 (1898)
フレデリック・ヘンドリック 3.14 (1647)
フレデリック, ヨーク公爵 1.5 (1827)
ブレーデル, ヴィリー 10.27 (1964)
ブレドローデ 2.15 (1568)
ブレーデロー, ヘルブラント・アドリアーンスゾーン 8.23 (1618)
ブレトノー, ピエール・フィデール 2.18 (1862)
フレドホルム, エリック・イヴァル 8.17 (1927)
プレトーリウス, アブディアス 1.9 (1573)
プレトリウス, アンドリース 7.23 (1853)
プレトリウス, ミヒャエル 2.15 (1621)
ブレナン, ウィリアム・J, ジュニア 7.24 (1997)
ブレナン, クリストファー 10.5 (1932)
フレネー, ピエール 1.9 (1975)
フレネル, オーギュスタン・ジャン 7.14 (1827)
プレハーノフ, ゲオールギー・ワレンチノヴィチ 5.30 (1918)
プレビッシュ 4.29 (1986)
ブレヒト, ベルトルト 8.14 (1956)
フレーブニコフ, ヴェリミール 6.28 (1922)
プレブーフ, ジャン・ド 3.16 (1649)
フレーベル, フリードリヒ 6.21 (1852)
フレマール, ベルトレー 7.10 (1675)
フレミング, イアン 8.12 (1964)
フレミング, ヴァルター 8.4 (1905)
フレミング, サー・アレグザンダー 3.11 (1955)
フレミング, サー・サンドフォード 7.22 (1915)
フレミング, サー・ジョン・アンブローズ 4.18 (1945)
フレミング, パウル 4.2 (1640)
プレミンジャー, オットー 4.23 (1986)
プレームチャンド 10.8 (1936)
ブレーメル, フレドリーカ 12.31 (1865)
ブレモン, アンリ 8.17 (1933)
ブレリオ, ルイ 8.3 (1936)
フレール・オルバン 1.2 (1896)
プレログ, ヴラディーミル 1.7 (1998)
ブレンステズ, ヨハネス・ニコラウス 12.17 (1947)
フレンセン, グスタフ 4.11 (1945)
ブレンターノ, クレーメンス 7.28 (1842)
ブレンターノ, ゾフィー 10.31 (1806)
ブレンターノ, フランツ 5.17 (1917)
ブレンターノ, ルーヨ 9.9 (1931)
聖ブレンダン 5.16 (577)
ブレンツ, ヨハン 9.11 (1570)
ブロイ, アルベール・ヴィクトル 1.19 (1901)
プロイス 10.9 (1925)
フロイス, ルイス 7.8 (1597)
フロイト, アンナ 10.9 (1982)
フロイト, ジークムント 9.23 (1939)
ブロイヤー, マルセル 7.1 (1981)
ブロイラー, オイゲン 7.15 (1939)
ブロイ, ルイ・ヴィクトル 3.19 (1987)
フロイントリッヒ, ヘルベルト・マックス・フィンレ 3.10 (1941)
ブローエル 8.7 (1643)
ブローカ, ピエール・ポール 7.8 (1880)

ブローク, アレクサンドル・アレクサンドロヴィチ 8.7 (1921)
プロクロス 4.17 (485)
プロコピウス 7.7 (303)
プロコープ (大), アンドレアス 5.30 (1434)
プロコプ (小) 5.30 (1434)
プロコーフィエフ, セルゲイ・セルゲーヴィチ 3.5 (1953)
プロコポーヴィチ, フェオファーン 9.9 (1736)
ブロー, ジョン 10.1 (1708)
プロス, サロモン・ド 12.9 (1626)
フロスト, ロバート・リー 1.29 (1963)
フロズニー 12.12 (1952)
プロスペルス, ティロ 6.25 (463)
ブロツキー, ヨシフ・アレクサンドロヴィチ 1.28 (1996)
ブロック, ジャン - リシャール 3.15 (1947)
ブロックハウス, フリードリヒ・アルノルト 8.20 (1823)
ブロック, マルク 6.16 (1944)
ブロッケス, バルトルト・ハインリヒ 1.16 (1747)
ブロッケルマン, カール 5.6 (1956)
ブロッティ, アルド 8.10 (1995)
ブロッホ, アーネスト 7.15 (1959)
ブロッホ, エルンスト 8.4 (1977)
ブロッホ, コンラート・エミール 10.15 (2000)
ブロッホ, フェリックス 9.10 (1983)
ブロッホ, ヘルマン 5.30 (1951)
ブローティガン, リチャード 9.25 (1984)
ブロディー, サー・ベンジャミン・コリンズ 10.21 (1862)
プロディ, レモン 9.5 (1505)
フローテ, ヘールト・デ 8.20 (1384)

プロテリオス1世（アレクサンドリアの） *3.28*(457)
ブローデル, フェルナン *11.28*(1985)
フロート *9.24*(1921)
フロドアール *3.28*(966)
ブロード, チャーリー・ダンバー *3.11*(1971)
フロトー, フリードリヒ, 男爵 *1.24*(1883)
フロドベルトゥス *12.31*(673)
ブロート, マックス *12.20*(1968)
ブロニェフスキ, ヴワディスワフ *2.10*(1962)
ブロニャール *2.19*(1876)
フロビッシャー, サー・マーティン *11.22*(1594)
プローブスト, ヤーコプ *6.30*(1562)
フロベニウス, フェルディナント・ゲオルク *8.3*(1917)
フロベーニウス, レーオ *8.9*(1938)
フローベルガー, ヨハン・ヤーコプ *5.7*(1667)
フロベール, ギュスターヴ *5.8*(1880)
フローベン, ヨハン *10.26*(1527)
プロホロフ, アレクサンドル・ミハイロヴィチ *1.8*(2002)
フロマン, アントワーヌ *11.6*(1581)
フロマンタン, ウージェーヌ *8.27*(1876)
フロム, エーリヒ *3.18*(1980)
ブロムフィールド, ルイス *3.18*(1956)
フローラ, フランチェスコ *9.17*(1962)
フローリー, サー・ハワード・ウォルター・フローリー, 男爵 *2.21*(1968)
フローリス, コルネリス2世 *10.20*(1575)
フローリス, フランス *10.1*(1570)
フロリダブランカ *11.20*(1808)

フローリー, ポール・ジョン *9.9*(1985)
フロリヤン, ジャン・ピエール・クラリス・ド *9.13*(1794)
フロレス *8.19*(1622)
フローレンス・オブ・ウースター *7.7*(1118)
フローレンツ *4.1*(1939)
フローレンティウス・ラーデウェインス *3.24*(1400)
ブロワ, レオン *11.3*(1917)
ブロンスン, チャールズ *8.30*(2003)
ブロンツィーノ, イル *11.23*(1572)
ブロンテ, アン *5.28*(1849)
ブロンテ, エミリー *12.19*(1848)
ブロンテ, シャーロット *3.31*(1855)
ブロンデル *2.19*(1939)
ブロンデル, ジャック・フランソワ *1.9*(1774)
ブロンデル, ニコラ・フランソワ *1.21*(1686)
ブロンデル, モリース *6.4*(1949)
フロントナック, ルイ・ド・ビュアド, 伯爵 *11.28*(1698)
ブロンニャール, アレクサンドル *10.7*(1847)
ブロンネン, アルノルト *10.12*(1959)
不破数右衛門 *2.4*(1703)
聞一多 *7.15*(1946)
文英 *6.6*(1509)
文英清韓 *3.25*(1621)
文益漸 *6.13*(1398)
フンク, ヴァルター *5.31*(1960)
フンク, カジミエシュ *11.19*(1967)
フンク, ヨハネス *10.28*(1566)
文亨女王 *7.4*(1770)
文察女王 *6.1*(1683)
文之玄昌 *9.30*(1620)
ブンゼン, ロベルト・ヴィルヘルム *8.16*(1899)
ブーン, ダニエル *7.26*(1820)
文智女王 *1.13*(1697)

文徴明 *2.20*(1559)
文帝（隋）*7.13*(604)
文天祥 *12.9*(1282)
文同 *1.21*(1079)
豊道春海 *9.26*(1970)
文伯仁 *7.23*(1575)
フンパーディンク, エンゲルベルト *9.27*(1921)
文武王 *7.1*(681)
フンベルトゥス（ローマの）*7.14*(1277)
フンボルト, アレクサンダー・フォン *5.6*(1859)
フンボルト, ヴィルヘルム・フォン *4.8*(1835)
フンメル, ヨーハン・ネーポムク *10.17*(1837)
文室秋津 *3.2*(843)
文室大市 *11.28*(780)
文室浄三 *10.9*(770)
文室綿麻呂 *4.24*(823)

【 へ 】

ベーア, カール・エルンスト・フォン *11.28*(1876)
ベアートゥス（リエバナの）*2.19*(798)
ベアード, ジョン・ロージー *6.14*(1946)
ペアノ, ジュゼッペ *4.20*(1932)
ヘーアブラント, ヤーコプ *5.22*(1600)
ベアマン, S.N. *9.9*(1973)
ベーア, ヨハン *8.6*(1700)
ヘイウッド, ウィリアム・D *5.18*(1928)
ヘイウッド, トマス *8.16*(1641)
ベイエリンク *1.1*(1931)
ヘイエルダール, トール *4.18*(2002)
平恩 *1.26*(889)
ベイカー, サー・サミュエル *12.30*(1893)
ベイカー, ジョージ・ピアス *1.6*(1935)

ベイカー, ジョセフィン　4.12 (1975)
ベイクウェル, ロバート　10.1 (1795)
平源　5.3 (949)
ベイコン, フランシス　4.9 (1626)
ベイコン, フランシス　4.28 (1992)
ベイコン, ロジャー　6.11 (1292)
ベイシー, カウント　4.26 (1984)
平子内親王　2.14 (877)
ヘイ, ジョン　7.1 (1905)
平心処斉　12.29 (1369)
ヘイスティングズ, ウォレン　8.22 (1818)
ヘイスティングズ, フランシス・ロードン-ヘイスティングズ, 初代侯爵　11.28 (1826)
ヘイズ, ヘレン　3.17 (1993)
ヘイズ, ラザフォード・B　1.17 (1893)
平城天皇　7.7 (824)
ペイター, ウォルター　7.30 (1894)
平智　8.17 (883)
ベイツ, H.E.　1.29 (1974)
ベイツ, アラン　12.27 (2003)
ベイツ, ヘンリー・ウォルター　2.16 (1892)
平田篤胤　9.16 (1364)
ヘイデンスタム, ヴァーネル・フォン　5.20 (1940)
ヘイデン, ヤン・ファン・デル　9.28 (1712)
ベイトソン, ウィリアム　2.6 (1926)
ペイネ　1.14 (1999)
ヘイリー, アーサー　11.24 (2004)
ベイリー, ウィリアム　5.25 (1805)
ベイリス, サー・ウィリアム・マドック　8.27 (1924)
ヘイル, ジョージ・エラリー　2.21 (1938)
ベイル, ジョン　11.15 (1563)
ヘイルズ, スティーヴン　1.4 (1761)

ヘイロフスキー, ヤロスロフ　3.27 (1967)
ヘイワース, リタ　5.14 (1987)
ヘイワード, スーザン　3.14 (1975)
ペイン, アフラ　4.16 (1689)
ペイン, トマス　6.8 (1809)
ベヴァリッジ, ウィリアム・ヘンリー・ベヴァリッジ, 男爵　3.16 (1963)
ベヴァン, アナイリン　7.6 (1960)
ヘヴィサイド, オリヴァー　2.3 (1925)
ベヴィン, アーネスト　4.14 (1951)
ヘヴェシー, ゲオルク・カール・フォン　7.5 (1966)
ヘヴェリウス, ヨハネス　1.28 (1687)
ペヴスナー, アントワーヌ　4.12 (1962)
ペヴスナー, ニコラウス　8.18 (1983)
ベーカー　4.10 (1915)
ベガ, ロペ・デ　8.27 (1635)
ベガン, アルベール　5.3 (1957)
ヘーギウス, アレクサンデル　12.7 (1498)
碧山瑞泉　2.21 (1586)
ペギー, シャルル　9.5 (1914)
ペキンパー, サム　12.28 (1984)
ベギン, メナヘム　3.9 (1992)
ヘクシャー　12.22 (1952)
ヘクト, ベン　4.18 (1964)
ベークランド, レオ・ヘンドリック　2.23 (1944)
平群広成　1.28 (753)
ベーケーシ, ゲオルク・フォン　6.14 (1972)
ベケット, サミュエル　12.22 (1989)
ベケット, トマス　12.29 (1170)
ヘーゲル, ゲオルク・ヴィルヘルム・フリードリヒ　11.14 (1831)
ベコー, ジルベール　12.18 (2001)

ベーコン, サー・ニコラス　2.20 (1579)
ベーコン, ナサニエル　10.26 (1676)
ベザント, アニー　9.20 (1933)
平敷屋朝敏　6.26 (1734)
ベジャール, ジュヌビエーブ　7.3 (1675)
ベジャール, マドレーヌ　2.17 (1672)
ベジャール, モーリス　11.22 (2007)
ヘス　4.6 (1875)
ベズイメンスキー, アレクサンドル・イリイチ　11.2 (1972)
ヘス, ヴァルター・ルドルフ　8.12 (1973)
ヘス, ヴィクトル・フランシス　12.17 (1964)
ベスコヴ, エルサ　6.30 (1953)
ヘス, ジェルマン・アンリ　11.30 (1850)
ヘス, ヘーリウス・エオバーヌス　11.4 (1540)
ペスタロッチ, ヨハン・ハインリヒ　2.17 (1827)
平秩東作 (初代)　3.8 (1789)
ヘス, デイム・マイラ　11.25 (1965)
ベーズ, テオドール・ド　10.13 (1605)
ペステリ　7.25 (1826)
ベストゥージェフ, アレクサン・アレクサンドロヴィチ　6.7 (1837)
ベスト, チャールズ・ハーバート　3.31 (1978)
ベズルチ, ペトル　2.17 (1958)
ヘス, ルドルフ　8.17 (1987)
ヘゼッレ, ヒド　11.27 (1899)
ベセルリーノ, フランチェスコ　7.29 (1457)
ペソア, フェルナンド　11.30 (1935)
ペダーセン, クリスティアーン　1.16 (1554)
聖ベーダ, 尊師　5.26 (735)
ベタートン, トマス　4.28 (1710)
ペタル1世　8.16 (1921)
ペタル2世　11.3 (1970)

へ－と

ベタンクール　9.28(1981)
ベタン，フィリップ　7.23(1951)
ベチューン，ノーマン　11.12(1939)
ヘツァー，ルートヴィヒ　2.4(1529)
ベッカー　11.13(1964)
ベッカー，カール　4.10(1945)
ベッカー，カール・ハインリヒ　2.10(1933)
ベッカネン，トイヴォ　5.30(1957)
ベッカー，パウル　3.7(1937)
ベッカム，ジョン　12.8(1292)
ベッカリーア，チェーザレ　11.28(1794)
戸次庄左衛門　9.21(1652)
ベック　8.3(1867)
ベック，アンリ　5.12(1899)
ベック，グレゴリー　6.12(2003)
ベック，ジュリアン　9.14(1985)
ベックフォード，ウィリアム　5.2(1844)
ベックマン，エルンスト・オットー　6.13(1923)
ベックマン，マックス　12.27(1950)
ベックリン，アルノルト　1.16(1901)
ベックレル，アントワーヌ・アンリ　8.25(1908)
ヘッケル，エーリヒ　1.27(1970)
ヘッケル，エルンスト・ハインリヒ　8.9(1919)
ベッケル，グスタボ・アドルフォ　12.22(1870)
別源円旨　10.10(1364)
鼈甲斎虎丸(2代目)　10.15(1945)
鼈甲斎虎丸(3代目)　5.5(1938)
ベッサリオン，ヨハネス　11.18(1472)
ペッシェル　8.31(1875)
別所梅之助　3.1(1945)
別所重宗　6.6(1591)
別所毅彦　6.24(1999)

別所長治　1.17(1580)
ヘッセ，ヘルマン　8.9(1962)
ベッセマー，サー・ヘンリー　3.15(1898)
ヘッセルス，ヤン　11.7(1566)
ベッセル，フリードリヒ・ヴィルヘルム　3.17(1846)
ヘッダ(ヘッディ)　7.9(705)
ベッチマン，ジョン　5.19(1984)
ベッティ，ウーゴ　6.9(1953)
ベッテルハイム，バーナド・ジーン　2.9(1870)
ペッテンコーフェル，マックス・ヨーゼフ・フォン　2.10(1901)
別伝宗分　7.24(1668)
別当薫　4.16(1999)
ベットガー，ヨーハン・フリードリヒ　3.13(1719)
ヘットナー　8.31(1941)
ベーツ，ニコラース　3.13(1903)
ペッパー，アート　6.15(1982)
ベッヒャー，ヨハネス・ローベルト　10.11(1958)
別府晋介　9.24(1877)
ヘップバーン，オードリー　1.20(1993)
ヘップバーン，キャサリン　6.29(2003)
ヘップワース，バーバラ　5.20(1975)
ヘッベル，フリードリヒ　12.13(1863)
ペッペルマン，マテウス・ダニエル　1.17(1736)
別峰大殊　8.2(1402)
ペッリコ，シルヴィオ　1.31(1854)
ベッリーニ，ヴィンチェンツォ　9.23(1835)
ベディエ，ジョゼフ　8.29(1938)
ヘーディオ，カスパル　10.17(1552)
ペティ，サー・ウィリアム　12.16(1687)
ヘディン，スヴェン・アンデシュ　11.26(1952)

ベーテ，ハンス・アルブレヒト　3.6(2005)
ペテーフィ・シャーンドル　7.31(1849)
ペデルセン，イェブル　3.9(1557)
ペーテルマン　9.25(1878)
ベートーヴェン，ルートヴィヒ・ヴァン　3.26(1827)
ベドーズ，トマス・ラヴェル　1.26(1849)
ベードヌイ，デミヤン　5.25(1945)
ベートマン‐ホルヴェーク，アウグスト・モーリツ・フォン　7.13(1877)
ベートマン・ホルヴェーク，テオバルト・フォン　1.2(1921)
ペトラルカ，フランチェスコ　7.19(1374)
ペトリ，エゴン　5.27(1962)
ペドリー，エセル　8.6(1898)
ペートリ，オラーヴス　4.19(1552)
ペトリス，フランチェスコ・デ　11.5(1593)
ペートリ，ラウレンツィウス　10.26(1573)
ベートリンク　4.1(1904)
ペトルス(アルカンタラの)　10.19(1562)
ペトルス・ヴェネラビリス　12.25(1156)
ペトルス(カステルノーの)　1.15(1208)
ペトルス・カントール　9.22(1197)
ペトルス(セルの)　2.20(1183)
ペトルス・ノラスクス　12.25(1256)
ペトルス・マルティル　4.6(1252)
ペトレイウス　3.18(1550)
ベトレン，ガーボル　11.15(1629)
ペドロ　5.20(1449)
ペドロ1世　1.18(1367)
ペドロ1世　2.23(1369)
ペドロ1世　9.24(1834)

ペドロ2世 *9.12*(1213)
ペドロ2世 *12.5*(1891)
ペドロ2世 *12.9*(1706)
ペドロ4世 *1.5*(1387)
ペドロ5世 *11.11*(1861)
ペトロス・モンゴス *10.29*(490)
ペドロ・デ・アラゴン *11.4*(1381)
ペドロ・バプチスタ *2.5*(1597)
ペトロフ-ヴォトキン, クジマ・セルゲヴィチ *2.15*(1939)
ペトローフ, イワン・イワーノヴィチ *12.26*(2003)
ペトロフスキー *1.15*(1973)
ベナビデス, ミゲル・デ *7.26*(1605)
ベナベンテ, ハシント *7.14*(1954)
ベナール, アルベール *12.4*(1934)
ベニオフ *2.29*(1968)
ベニコー, レオナール *5.3*(1542)
ベニゼロス, エレフセリオス *3.10*(1936)
ヘニー, ソニヤ *10.12*(1969)
ベニーツイ, フィリッポ *8.23*(1285)
ベニヨフスキー *5.23*(1786)
ベネジークトフ, ウラジーミル・グリゴリエヴィチ *4.14*(1873)
ベネシュ, エドヴァルト *9.3*(1948)
ベネー, スティーヴン・ヴィンセント *3.13*(1943)
ベネット, アーノルド *3.27*(1931)
ベネット, ジェイムズ・ゴードン *6.1*(1872)
ベネット, ジョーン *12.7*(1990)
ベネット, リチャード・ベッドフォード・ベネット, 初代子爵 *6.27*(1947)
ベネッリ, セム *12.18*(1949)
ベネディクツス7世 *7.10*(983)

ベネディクツス8世 *4.9*(1024)
ベネディクツス11世 *7.7*(1304)
ベネディクツス12世 *4.25*(1342)
ベネディクツス13世 *2.21*(1730)
ベネディクツス15世 *1.22*(1922)
ベネディクトゥス *3.21*(547)
ベネディクトゥス14世 *5.3*(1758)
ベネディクトゥス(アニアヌの) *2.11*(821)
ベネディクトゥス(黒人) *4.4*(1589)
ベネディクトソン, エイナル *1.12*(1940)
聖ベネディクト・ビスコプ *1.12*(689)
ベネディクト, ルース *9.17*(1948)
ベネッテイ *1.20*(1590)
ベネデン, エドゥアール・ヴァン *4.26*(1910)
ベノワ, クリス *6.25*(2007)
ベハイム, マルティン *7.29*(1507)
ベーハム, ハンス・ゼーバルト *11.22*(1550)
ヘーバリーン, パウル *9.29*(1960)
ベヒシュタイン, フリードリヒ・ヴィルヘルム・カール *3.6*(1900)
ペヒシュタイン, マックス *6.29*(1955)
ベヒシュタイン, ルートヴィヒ *5.14*(1860)
ペプーシュ, ヨハン・クリストフ *7.20*(1752)
ペフツォフ *3.11*(1902)
ヘフディング, ハーラル *7.2*(1931)
ベーフテレフ, ウラジーミル・ミハイロヴィチ *12.24*(1927)
ヘブラ *8.5*(1880)
ベープリンガー, ハンス *1.4*(1482)

ベーベル, フェルディナント・アウグスト *8.13*(1913)
ヘーベル, ヨハン・ペーター *9.22*(1826)
ヘボン, ジェイムズ・カーティス *9.21*(1911)
ヘマンズ, フェリシア *5.16*(1835)
ヘミングウェイ, アーネスト *7.2*(1961)
ヘミングセン, ニールス *5.23*(1600)
ベーム, カール *8.14*(1981)
ベーム, ゲオルク *5.18*(1733)
ヘームスケルク *2.27*(1656)
ヘームスケルク, マルテンス・ヤーコプス・ヴァン *10.1*(1574)
ベーム, テオバルト *11.25*(1881)
ベーム・バヴェルク *8.27*(1914)
ベーム, ハンス *7.19*(1476)
ヘーム, ヤン・デ *8.4*(1683)
ベーメ, ヤーコプ *11.16*(1624)
ベーラ4世 *5.3*(1270)
ベラウンデ・テリ *6.4*(2002)
ヘーラクラス *12.4*(248)
ヘラクリウス *2.10*(641)
ヘラー, ジョーゼフ *12.12*(1999)
ベラスケス, ディエゴ・ロドリゲス・デ・シルバ・イ *8.6*(1660)
ベラスコ, L. *7.31*(1564)
ベラスコ・アルバラード *12.24*(1977)
ベラスコ, デイヴィッド *5.14*(1931)
ヘラスコフ, ミハイル・マトヴェーヴィチ *9.27*(1807)
ベラ, ステファノ・デラ *7.12*(1664)
ベラミー, エドワード *5.22*(1898)
ペラヨ *9.18*(737)
ベラール, クリスティアン *2.11*(1949)
ベラルミーノ, 聖ロベルト・フランチェスコ・ロモロ *9.17*

（1621）
ベランジェ, ピエール-ジャン・ド　7.16(1857)
ベラン, ジャン　1.25(1711)
ベラン, ジャン・バティスト　4.17(1942)
ベーリー　2.23(1851)
ベリー　4.14(1345)
ベリ　1.22(1957)
ベリー　8.4(1920)
ベリー, ヴァルター　10.27(2000)
ベリエ　5.16(1832)
ヘリオガバルス　3.11(222)
ペリオ, ポール　10.26(1945)
ペリー, オリヴァー・ハザード　8.23(1819)
ペリカーヌス, コンラート　4.6(1556)
ヘリゲル　4.18(1955)
ベリサリウス　3.13(565)
ペリシェ　5.30(1983)
ベリー, シャルル・フェルディナン, 公爵　2.13(1820)
ベリー, ジャン・ド・フランス　6.15(1416)
ベリズフォード, チャールズ・ウィリアム・ド・ラ・ポーア・ベリズフォード, 男爵　9.6(1919)
ヘリック, ロバート　10.15(1674)
ヘリック, ロバート　12.23(1938)
ベリーニ, ジェンティーレ　2.20(1507)
ベリーニ, ジョヴァンニ　11.29(1516)
ヘーリベルト(ケルンの)　3.16(1021)
ベリー, マシュー・ガルブレイス　3.4(1858)
ベリマン, ジョン　1.7(1972)
ベリマン, トルビョルン・オラフ　7.8(1784)
ベリマン, ヤルマル　1.1(1931)
ベリャーエフ, アレクサンドル・ロマノヴィチ　1.6(1942)
ペーリ, ヤーコポ　8.12(1633)

ベリュル, ピエール・ド　10.2(1629)
ベリョ, アンドレス　10.16(1865)
ヘリング　1.26(1918)
ベーリング, ヴィトゥス　12.19(1741)
ベーリング, エミール・アドルフ・フォン　3.31(1917)
ベリングスハウゼン, ファビアン・ゴットリープ・ベンヤミン・フォン　1.25(1852)
ヘリンク, ループス　1.14(1541)
ベリンスキー, ヴィサリオン・グリゴリエヴィチ　5.26(1848)
ペルー　6.2(1987)
ベル, アレグザンダー・グレアム　8.1(1922)
ベル, アンドルー　1.27(1832)
ベールイ, アンドレイ　1.8(1934)
ベルイマン, イングマール　7.30(2007)
ヘルヴェーウス・ナターリス　8.7(1323)
ヘルヴェトゥス, ゲンティアーヌス　9.12(1584)
ベル, ガートルード・マーガレット・ロージアン　7.11(1926)
ベルガー, ハンス　6.1(1941)
ベルカン, ルイ・ド　4.27(1529)
ベルギウス, フリードリヒ　3.31(1949)
ベルク　8.7(1563)
ベルク, アルバン　12.24(1935)
ベルクソン, アンリ　1.4(1941)
ベルクヘイデ, ヨブ　11.23(1693)
ベルグラーノ　6.20(1820)
ベルゲテ, ペドロ　1.6(1504)
ベルゲングリューン, ヴェルナー　9.4(1964)
ベルゴーリツ, オリガ・フョードロヴナ　11.13(1975)

ベルゴレージ, ジョヴァンニ・バッティスタ　3.16(1736)
ベル, サー・チャールズ　4.27(1842)
ペルシウス・フラックス, アウルス　11.24(62)
ペルシエ, シャルル　9.5(1838)
ベルシェ, ジョヴァンニ　12.23(1851)
ベルジェニ・ダーニエル　2.24(1836)
ペルシニ　1.13(1872)
ベルジャーエフ, ニコライ・アレクサンドロヴィチ　3.24(1948)
ヘルスト, バルトロマーウス・ファン・デル　12.16(1670)
ベルセーリウス, ヨンス・ヤーコブ, 男爵　8.7(1848)
ヘルタイ, イェネー　9.3(1957)
ヘルダー, ヨハン・ゴットフリート　12.18(1803)
ベルタランフィー　6.12(1972)
ヘルダーリン, ヨハン・クリスティアン・フリードリヒ　6.7(1843)
ベルタン　9.5(700)
ベルツ　8.31(1913)
ベルツィヒ, ハンス　6.14(1936)
ヘルツェグ・フェレンツ　2.24(1954)
ヘルツォーク, ジェイムズ・バリー・マニク　11.21(1942)
ヘルツ, グスタフ　10.30(1975)
ヘルツスプルング, エイナー　10.21(1967)
ペルッツィ, バルダッサーレ　1.6(1536)
ヘルツ, ハインリヒ・ルドルフ　1.1(1894)
ヘルツバーグ, ゲルハルト　3.3(1999)
ヘルツフェルト, エルンスト　1.22(1948)
ペルーツ, マックス・フェルディナント　2.6(2002)

ヘルツル, テオドール 7.3(1904)
ベルティエ, ジャン・シャルル・アタナーズ 10.27(1845)
ペルティナクス 3.28(193)
ヘルディング, ミヒャエル 9.30(1561)
ベルテロー, ピエール・ウジェーヌ・マルスラン 3.18(1907)
ヘルトヴィッヒ 10.3(1937)
ヘルトヴィッヒ 10.26(1922)
ベルト, ジュゼッペ 11.2(1978)
ベルトラム, エルンスト 5.2(1957)
ベルトラメリ能子 8.2(1973)
ベルトラン 6.20(1962)
ベルトラン, アロイジウス 4.29(1841)
ベルトラン, ルイ-マリ-エミール 12.6(1941)
ベルトラン, ルイス 10.9(1581)
ヘルトリング, ゲオルク・フォン 1.4(1919)
ベルトルト1世 11.6(1078)
ベルトルド・ディ・ジョヴァンニ 12.28(1491)
ベルトルト(ヘンネベルクの) 12.21(1504)
ベルトールト(レーゲンスブルクの) 12.14(1272)
ベルトレ, クロード・ルイ, 伯爵 11.6(1822)
ベルナウアー 10.12(1435)
ベルナドット, フォルケ, 伯爵 9.17(1948)
ベルナノス, ジョルジュ 7.5(1948)
ベルナール, カトリーヌ 9.6(1712)
ベルナール, クロード 2.10(1878)
ベルナール, サラ 3.28(1923)
ベルナルダン・ド・サン・ピエール, ジャック-アンリ 1.21(1814)
ベルナルディーノ(シエーナの, 聖人) 5.20(1444)
ベルナルドゥス・ギドーニス 12.30(1331)
ベルナルドゥス(クレルヴォーの, 聖人) 8.20(1153)
ベルナルドゥス(トリリアの) 8.4(1292)
ベルナール, トリスタン 12.7(1947)
ベルナーレ, エミール 4.16(1941)
ベルニーニ, ジョヴァンニ・ロレンツォ 11.28(1680)
ベルニ, フランチェスコ 5.26(1535)
ベルヌーイ, ダニエル 3.17(1782)
ベルヌーイ, ニコラス2世 8.9(1726)
ベルヌーイ, ヤーコブ 8.16(1705)
ベルヌーイ, ヨハン 1.1(1748)
ベルネ, ルートヴィヒ 2.12(1837)
ベルノ(ボームの) 1.13(927)
ベル, ハインリヒ 7.16(1985)
ヘルバルト, ヨハン・フリードリヒ 8.4(1841)
ベール, ピエール 12.28(1706)
ベルヒトールト 11.21(1942)
ヘルフェリッヒ 4.23(1924)
ベルブーヒン 7.22(1978)
ヘルプマン, ロバート 9.28(1986)
ペルペトゥア 3.7(202)
ヘルベルト, ズビグニェフ 7.28(1998)
ヘルベルト, ペーター 10.1(1571)
ベール, ポール 11.11(1886)
ヘルマヌス・コントラクトゥス 9.24(1054)
ヘルマン 9.28(1088)
ペールマン 9.28(1914)
ヘルマン1世 4.25(1217)
ヘルマン, カール・ミカエル 2.11(1795)
ヘルマン, ニーコラウス 5.3(1561)
ヘルマン・フォン・ザルツァ 3.20(1239)
ヘルマン・ヨーゼフ 4.7(1241)
ヘルマン, ヨーハン・ヴィルヘルム 1.3(1922)
ヘルマン, リリアン 6.30(1984)
ヘルムホルツ, ヘルマン・ルートヴィヒ・フェルディナンド・フォン 9.8(1894)
ヘルムボルト, ルートヴィヒ 4.12(1598)
ベルメール, ハンス 2.24(1975)
ヘルモント, ヤン・バプティスタ・ヴァン 12.30(1644)
ベルラーヘ, ヘンドリック・ペトルス 8.12(1934)
ベルリオーズ, エクトール・ルイ 3.8(1869)
ベルリンゲル, エンリコ 6.11(1984)
ペルミュテール, ヴラド 9.4(2002)
ベルンヴァルト 11.20(1022)
ベルンシュタイン, エドゥアルト 12.18(1932)
ベルンスタン, アンリ 11.27(1953)
ベルンハイム 3.3(1942)
ベルンハルディ, バルトロメーウス 7.21(1551)
ベルンハルト, ヴァイマール公爵 7.18(1639)
ペレイラ 11.1(1431)
ペレ, オーギュスト 3.4(1954)
ペレス 11.3(1611)
ペレス-ガルドス, ベニート 1.4(1920)
ペレス-デ-アヤーラ, ラモン 8.5(1962)
ペレス-デ-ゲバーラ, ルイス 10.10(1644)
ペレダ, ホセ・マリア・デ 3.1(1906)
ベレムンドゥス 3.8(1092)
ベレンガリウス 1.6(1088)
ベレンガーリョ2世 8.6(966)

ほあ

ベーレンス, ペーター 2.27(1940)
ベレンソン, バーナード 10.6(1959)
ベロー 8.24(1892)
ベロー, クロード 10.9(1688)
ベロー, ゲオルク 10.20(1927)
ベロー, シャルル 5.15(1703)
ベロー, ソール 4.5(2005)
ベロック, ヒレア 7.16(1953)
ベロフ, ヴァシーリー・グリゴリエヴィチ 5.29(1882)
ベロー, レミ 3.6(1577)
ベロン, ホアン・ドミンゴ 7.1(1974)
ベロン, マリア・エヴア 7.26(1952)
ベン-グリオン, ダヴィド 12.1(1973)
ペン, ウィリアム 7.29(1718)
ベンヴェヌート・デ・ランバルディ・ダ・イーモラ 6.16(1390)
弁雅 2.17(1201)
遍救 10.12(1030)
ペン, クリス 1.24(2006)
弁慶 4.29(1189)
ベンケンドールフ 9.23(1844)
ベン, ゴットフリート 7.7(1956)
遍昭 1.19(890)
ヘンズロー, フィリップ 1.16(1616)
ベンゼ, マックス 4.29(1990)
ベンダ, イルジー・アントニーン 11.6(1795)
ヘンダーソン 10.20(1935)
ヘンダーソン, トーマス 11.23(1844)
ヘンダーソン, フレッチャー 12.29(1952)
ベンタム, ジェレミー 6.6(1832)
ヘンチ, フィリップ・ショワルター 3.30(1965)
弁長 閏2.29(1238)
ベンツェスラウス1世 9.22(1253)
ベンツェスラウス2世 6.21(1305)
ベンツェスラウス3世 8.4(1306)
ベンツェスラウス4世 8.16(1419)
ペンツォルト, エルンスト 1.27(1955)
ベンツ, カール・フリードリヒ 4.5(1929)
ベンツ, ゲオルク 10.11(1550)
ベンティンク, ウィリアム, 初代ポートランド伯爵 11.23(1709)
ベンティンク, ウィリアム・ヘンリー・キャヴェンディッシュ, 3代ポートランド伯爵 10.30(1809)
ベンティンク, ロード・ウィリアム 6.17(1839)
ベンティンク, ロード・ジョージ 9.21(1848)
ヘンデル, ゲオルク・フリードリヒ 4.14(1759)
ベントリー 5.21(1957)
ヘンドリックス, ジミ 9.18(1970)
ベントリー, リチャード 7.14(1742)
ベントン, トーマス・ハート 1.19(1975)
ペン・ヌート 5.18(1985)
ペンブルク 5.14(1219)
ペンブルック 9.25(1621)
ベンボ, ピエートロ 1.18(1547)
辺見十郎太 9.24(1877)
逸見又一 8.31(1875)
逸見猶吉 5.17(1946)
ベンヤミン, ヴァルター 9.27(1940)
ヘンライン, コンラート 4.30(1945)
ヘンリー1世 12.1(1135)
ヘンリー2世 7.6(1189)
ヘンリー3世 11.16(1272)
ヘンリー4世 3.20(1413)
ヘンリー5世 8.3(1422)
ヘンリー6世 5.21(1471)
ヘンリー7世 4.21(1509)
ヘンリー8世 1.28(1547)
ヘンリー, W.E. 6.11(1903)
ヘンリー, ウィリアム 9.2(1836)
ヘンリー, ジョセフ 5.13(1878)
ヘンリ, ジョン 5.29(1593)
ヘンリ(ハークレの) 6.25(1317)
ヘンリー, パトリック 6.6(1799)
ヘンリー(ブロウの) 8.8(1171)
ヘンリ・マーダク 10.14(1153)
ヘンリー, ロバート 7.12(1929)
ヘンレ, フリードリヒ・グスタフ・ヤーコプ 5.13(1885)

【ほ】

ボアイエ, リュシエンヌ 12.6(1983)
帆足杏雨 5.16(1884)
帆足計 2.3(1989)
帆足万里 6.14(1852)
帆足みゆき 7.25(1965)
帆足理一郎 1.1(1963)
ボアズ, フランツ 12.21(1942)
ボアソナード・ド・フォンタラビー, ギュスターブ・エミール 6.27(1910)
ボーア, ニールス・ヘンドリック・ダヴィド 11.18(1962)
ホアーネス, ホアン・デ 12.21(1579)
ボアルネ, オルタンス・ユージェニー・セシル 10.5(1837)
ボアルネ, ユージェーヌ・ローズ・ド 2.21(1824)
ホアン(十字架の) 12.14(1591)
ボアンソー 12.5(1859)
蒲庵宗睦 9.21(1479)
ホアン・バン・ホアン 5.18(1991)

ボイアルド, マッテーオ・マリーア 12.19(1494)
ボイエ, カーリン 4.24(1941)
ボイエル, ヨーハン 7.3(1959)
ボイコット, チャールズ・カニンガム 6.21(1897)
ボイス, T.F. 11.27(1953)
ボイス, ウィリアム 2.7(1779)
ボイズ, サー・チャールズ・ヴァーノン 3.30(1944)
ホイス, テオドール 12.12(1963)
ボイスト, フリードリヒ・フェルディナント, 伯爵 10.24(1886)
ボイス・バロット, クリストフ・ヘンドリック・ディーデリック 2.3(1890)
ボイス, ヨーゼフ 1.23(1986)
穂井田忠友 9.19(1847)
ポイツァー, カスパル 9.25(1602)
ホイッスラー, ジェイムズ・マックニール 7.17(1903)
ホイッティア, ジョン 9.7(1892)
ホイットマン 12.6(1910)
ホイットマン, ウォルト 3.26(1892)
ホイット, ロバート 4.15(1766)
ホイップル, ジョージ・ホイト 2.1(1976)
ポイティンガー, コンラート 12.28(1547)
ボーイト, アッリーゴ 6.10(1918)
ボイド・オア, ジョン, 男爵 6.25(1971)
ボーイネ, ジョヴァンニ 5.16(1917)
ホイヘンス, クリスティアーン 7.8(1695)
ボイムカー, クレーメンス 10.7(1924)
ボイム, ミハウ 8.22(1659)
ボイル, ケイ 12.27(1992)
ホイル, フレッド 6.3(1971)

ボイルリーン, ヤーコプ 10.28(1561)
ボイル, ロバート 12.30(1691)
ボーイング, ウィリアム・E 9.28(1956)
ポインティング, ジョン・ヘンリー 3.30(1914)
ホヴァネス, アラン 6.21(2000)
芳庵祖厳 4.23(1418)
法位 3.30(1357)
ホウィータムステッド, ジョン 1.20(1465)
ホヴェイダー 4.7(1979)
ボヴェ, ダニエル 4.8(1992)
ボヴェリ, テオドール・ハインリヒ 10.15(1915)
ボーウェン, ノーマン・L 9.11(1956)
ボーヴォワール, シモーヌ・ド 4.14(1986)
報恩 6.28(795)
房海 8.3(1316)
法岸 12.5(1815)
奉基 3.11(897)
放牛光林 8.9(1373)
房暁 10.2(1309)
芳郷光隣 6.14(1536)
宝月圭吾 9.13(1987)
房玄 10.15(1351)
法眼晋作 7.24(1999)
房玄齢 7.24(648)
法興 5.22(1271)
房光 8.23(1178)
宝山宗珍 3.23(1395)
鳳山等膳 5.21(1590)
宝山浮玉 3.24(1383)
芳子内親王 12.26(838)
彭叔守仙 10.12(1555)
茅盾 3.27(1981)
芳春院 7.9(1561)
芳春院 7.16(1617)
逢春門院 5.22(1685)
法助 11.21(1284)
法性 10.21(1245)
房聖 11.14(1396)
北条顕時 3.28(1301)
北条氏勝 3.24(1611)
北条氏邦 8.8(1597)
北条氏綱 7.19(1541)

北条氏照 7.11(1590)
北条氏直 11.4(1591)
北条氏長 5.29(1670)
北条氏規 2.8(1600)
北条氏房 4.20(1592)
北条氏政 7.11(1590)
北条氏盛 5.18(1608)
北条氏康 10.3(1571)
北条霞亭 8.17(1823)
北条兼時 9.18(1295)
北条公時 12.28(1296)
宝生九郎(16代目) 3.9(1917)
宝生九郎(17代目) 7.18(1974)
北条貞時 10.26(1311)
北条貞房 12.2(1309)
北条実時 10.23(1276)
北条実政 12.7(1302)
北条実泰 9.26(1263)
北条重時 11.3(1261)
北条茂時 5.22(1333)
宝生新 6.10(1944)
北条早雲 8.15(1519)
北条高家 4.27(1333)
北条高時 5.22(1333)
北条民雄 12.5(1937)
北条団水 1.8(1711)
北条経時 閏4.1(1246)
北条時章 2.11(1272)
北条時氏 6.18(1230)
北条時国 10.3(1284)
北条時定 2.25(1193)
北条時茂 1.27(1270)
北条時輔 2.15(1272)
北条時範 8.14(1307)
北条時房 1.24(1240)
北条時房 1.6(1215)
北条時益 5.7(1333)
北条時宗 4.4(1284)
北条時村 4.23(1305)
北条時盛 5.2(1277)
北条時行 5.20(1353)
北条時頼 11.22(1263)
坊城俊顕 5.10(1471)
坊城俊定 12.4(1310)
坊城俊実 2.23(1350)
坊城俊名 6.23(1540)
坊城俊秀 6.6(1465)
坊城俊冬 3.23(1367)
北条朝時 4.6(1245)
北条仲時 5.9(1333)

北条長時　*8.21*（1264）
北条業時　*6.26*（1287）
北条久時　*11.28*（1307）
北条秀司　*5.19*（1996）
北条熙時　*7.18*（1315）
宝生英雄　*9.14*（1995）
北条誠　*11.18*（1976）
北条政子　*7.11*（1225）
北条政村　*5.27*（1273）
北条宗方　*5.4*（1305）
北条宗政　*8.9*（1281）
北条基時　*5.22*（1333）
北条師時　*9.22*（1311）
宝生弥一　*3.11*（1985）
北条泰時　*6.15*（1242）
北条随時　*6.23*（1321）
北条義時　*6.13*（1224）
北条義政　*11.27*（1282）
宝心　*9.1*（1174）
法進　*9.29*（778）
彭真　*4.26*（1997）
ボウズンキット，バーナード　*2.8*（1923）
朋誠堂喜三二　*5.20*（1813）
峰禅　*6.11*（925）
法鮮尼　*12.11*（1594）
法蔵　*1.3*（969）
法蔵　*11.14*（712）
宝蔵院胤栄　*8.26*（1607）
宝蔵院胤舜　*1.12*（1648）
豊蔵坊信海　*9.13*（1688）
法尊　*2.15*（1418）
鳳潭　*2.26*（1738）
法仁法親王　*10.25*（1352）
法然　*1.25*（1212）
彭湃　*8.30*（1929）
坊門院　*4.12*（1210）
坊門清忠　*3.21*（1338）
坊門隆清　*2.7*（1214）
坊門忠世　*10.24*（1291）
坊門忠信　*6.1*（1274）
坊門信家　*6.1*（1274）
坊門信清　*3.14*（1216）
坊門信良　*6.23*（1330）
房誉　*12.15*（1420）
蓬莱山人帰橋　*2.26*（1789）
法霖　*10.17*（1741）
鳳林承章　*8.24*（1668）
ホウルズ，アンドルー　*4.1*（1470）
ホウルト，ジョン　*6.14*（1504）
方臘　*8.24*（1121）

鳳朗　*11.28*（1845）
ポー，エドガー・アラン　*10.7*（1849）
ホーエ・フォン・ホーエネク，マティーアス　*3.14*（1645）
ポーエル，アントニー　*3.28*（2000）
ボーエン，エリザベス　*2.22*（1973）
ホーエンローエ　*7.6*（1901）
ポカサ　*11.3*（1996）
ホーガース，ウィリアム　*10.26*（1764）
ボガーダス　*8.21*（1973）
ボガード，ダーク　*5.8*（1999）
ボガート，ハンフリー　*1.14*（1957）
ホーガン，ベン　*7.25*（1997）
ホーキンズ　*4.17*（1622）
ホーキンズ，サー・ジョン　*11.12*（1595）
朴泳孝　*9.2*（1939）
牧翁性欽　*12.19*（1455）
朴憲永　*12.1*（1955）
僕固懐恩　*9.8*（765）
ポーク，ジェイムズ・K　*6.15*（1849）
朴趾源　*10.20*（1805）
穆子内親王　*12.5*（903）
ホークス，ハウアド　*12.29*（1977）
ホークスムア，ニコラス　*3.25*（1736）
朴堧　*3.23*（1458）
ボグダノーヴィチ，イッポリート・フョードロヴィチ　*1.6*（1803）
ボグダーノフ，アレクサンドル・アレクサンドロヴィチ　*4.7*（1928）
牧中正授　*6.14*（1511）
朴中梵淳　*12.30*（1433）
ホグベン，ランスロット　*8.22*（1975）
ポー，クララ　*9.27*（1965）
北陸宮　*7.8*（1230）
朴烈　*1.17*（1974）
ポクローフスキー　*4.10*（1932）
ポゴージン，ニコライ・フョードロヴィチ　*9.19*（1962）

ボゴリューボフ，ニコライ・ニコラエヴィッチ　*1.18*（1992）
ホーコン4世　*12.15*（1263）
ホーコン7世　*9.21*（1957）
ホサイン・バーイカラー　*5.5*（1506）
ボーザージ，フランク　*6.19*（1961）
ホシウス，スタニスラウス　*8.5*（1579）
ホジキン，アラン・ロイド　*12.20*（1998）
ホジキン，トマス　*4.5*（1866）
ホジキン，ドロシー・メアリ　*7.29*（1994）
星島二郎　*1.3*（1980）
星新一　*12.30*（1997）
ホジスキン　*8.21*（1869）
ホジソン　*5.23*（1894）
ホジソン，ラーフ　*11.3*（1962）
星亨　*6.21*（1901）
輔子内親王　*3.3*（992）
保科孝一　*7.2*（1955）
保科善四郎　*12.24*（1991）
保科正貞　*11.1*（1661）
保科正直　*9.29*（1601）
保科正光　*10.7*（1631）
保科正之　*12.18*（1673）
星野あい　*12.5*（1972）
星野勘左衛門　*5.6*（1696）
星野立子　*3.3*（1984）
星野天知　*9.17*（1950）
星野直樹　*5.29*（1978）
星野恒　*9.10*（1917）
星野芳樹　*5.31*（1992）
星野良悦　*3.10*（1802）
星一　*1.19*（1951）
ボーシャン，アンドレ　*8.12*（1958）
ボージャン，リュバン　*7.11*（1663）
ボシュエ，ジャック・ベニーニュ　*4.12*（1704）
甫叔　*6.2*（1586）
保春院　*7.17*（1623）
蒲松齢　*1.22*（1715）
星ルイス　*3.10*（2005）
ボス　*1.28*（1844）
ボズウェル，ジェイムズ　*5.19*（1795）

ボスウェル, ジェイムズ・ヘップバーン, 4代伯爵 4.14(1578)
ボスカン, フアン 9.21(1542)
ボスコ, アンリ 5.4(1976)
ボスコヴィチ, ルッジェーロ・ジュゼッペ 2.13(1787)
ボスコフスキー, ヴィリー 4.21(1991)
ボース, サー・ジャガディーシュ・チャンドラ 11.23(1937)
ボース, サチェンドラ・ナス 2.4(1974)
ボース, スバース・チャンドラ 8.18(1945)
ボスティウス, アルノルト 4.4(1499)
ホスティエンシス(セグジオの) 10.25(1271)
ポステル, ギヨーム 9.6(1581)
ボストン, ルーシー 5.25(1990)
ボース, ラス・ビハリ 1.21(1945)
細井広沢 12.23(1736)
細井平洲 6.29(1801)
細井和喜蔵 8.18(1925)
細川顕氏 7.5(1352)
細川氏綱 12.20(1564)
細川氏春 10.19(1387)
細川興文 7.5(1785)
細川興元 3.18(1619)
細川和氏 9.13(1342)
細川勝元 5.11(1473)
細川ガラシャ 7.17(1600)
細川嘉六 12.2(1962)
細川清氏 7.24(1362)
細川重賢 10.22(1785)
細川成之 9.12(1511)
細川潤次郎 7.20(1923)
細川澄元 6.10(1520)
細川澄之 8.1(1507)
細川高国 6.8(1531)
細川忠興 12.2(1646)
細川忠利 3.17(1641)
細川ちか子 3.20(1976)
細川綱利 11.12(1714)
細川晴元 3.1(1563)
細川政元 6.23(1507)
細川マリア 6.5(1618)
細川満元 10.16(1426)
細川持賢 10.7(1468)
細川持之 8.4(1442)
細川護立 11.18(1970)
細川護久 9.1(1893)
細川幽斎 8.20(1610)
細川頼春 閏2.20(1352)
細川頼元 5.7(1397)
細川頼之 3.2(1392)
細川隆元 12.19(1994)
細木原青起 1.27(1958)
細迫兼光 2.11(1972)
細田栄之 7.2(1829)
細田源吉 8.9(1974)
細田民樹 10.5(1972)
細野長良 1.1(1950)
細野三千雄 6.25(1955)
細見綾子 9.6(1997)
細谷松太 8.13(1990)
ボーゾ(レーゲンスブルクの) 11.1(970)
ホーソーン, ナサニエル 5.18(1864)
菩提僊那 2.25(760)
ポーター, エドウイン・ストラトン 4.30(1941)
ポーター, キャサリン・アン 9.18(1980)
ポーター, コール 10.15(1964)
ポーター, サー・ジョージ 8.31(2002)
ポターニン 6.30(1920)
ポターペンコ, イグナーチー・ニコラエヴィチ 5.17(1929)
ボータ, ルイス 8.28(1919)
ポーター, ロドニー・ロバート 9.6(1985)
ボチカイ, イシュトヴァーン 12.29(1606)
ホー・チ・ミン 9.3(1969)
ポチョムキン, グリゴリー・アレクサンドロヴィチ 10.16(1791)
ボッカッチョ, ジョヴァンニ 12.21(1375)
ボッカリーニ, トライアーノ 11.16(1613)
ボック 2.21(1554)
ホッグ, ジェイムズ 11.21(1835)
ボッケリーニ, ルイージ 5.28(1805)
ポッゲンドルフ, ヨハン・クリスティアン 1.24(1877)
ホッジ, サー・ウィリアム・ヴァランス・ダグラス 7.7(1975)
ホッジャ, エンヴェル 4.11(1985)
ボッシュ, カール 4.26(1940)
ボッシュ, ヒエロニュムス 8.9(1516)
ボッシュ, フアン 11.1(2001)
ポッジョ・ブラッチョリーニ, ジョヴァンニ・フランチェスコ 10.30(1459)
ポッセヴィーノ, アントーニオ 2.26(1611)
堀田庄三 12.18(1990)
ポッター, パウル 1.17(1654)
ホッター, ハンス 12.6(2003)
ポッター, ビアトリックス 12.22(1943)
堀田正敦 6.16(1832)
堀田正亮 2.8(1761)
堀田正俊 8.28(1684)
堀田正信 5.20(1680)
堀田正盛 4.20(1651)
堀田正養 5.10(1911)
堀田正睦 3.21(1864)
堀田善衛 9.5(1998)
ホッチキス, ベンジャミン 2.14(1885)
ボッチョーニ, ウンベルト 8.17(1916)
ポッツォ, アンドレア 8.31(1709)
ポッツォ・ディ・ボルゴ 2.15(1842)
ボッティチェリ, サンドロ 5.17(1510)
ホッティンガー, ヨーハン・ハインリヒ 6.5(1667)
ホッパー, エドワード 5.15(1967)
ポッパー, サー・カール・ライムンド 9.18(1994)
ホッブズ, トマス 12.4(1679)
ホップハウス 6.21(1929)

ポップ, フランツ　*10.23*（1867）
ホッペ-ザイラー, エルンスト・フェリックス　*8.11*（1895）
ホッベマ, メインデルト　*12.7*（1709）
穂積以貫　*8.21*（1769）
穂積重遠　*7.29*（1951）
穂積親王　*7.27*（715）
穂積老　*8.26*（749）
穂積陳重　*4.7*（1926）
穂積八束　*10.5*（1912）
没倫紹等　*5.16*（1492）
ボティエ　*3.2*（1772）
ボティオス　*2.6*（891）
ボティンジャー　*3.18*（1856）
ボーテ, ヴァルター　*2.8*（1957）
ホテク, ゾフィー　*6.28*（1914）
ボテフ, フリスト　*5.20*（1876）
ボーデ, ヨハン・エラート　*11.23*（1826）
ボーデン, サー・ロバート　*6.10*（1937）
ボーデンシュタイン, マックス・エルンスト・アンクスト　*9.8*（1942）
ボードイン　*6.7*（1885）
ボードゥアン1世　*4.2*（1118）
ボードゥアン2世　*8.21*（1131）
ボードゥアン・ド・クルトネ, ヤン・イグナツィ・ニェツィスワフ　*11.3*（1929）
ホドヴィエツキ, ダニエル　*2.7*（1801）
仏御前　*8.18*（1180）
ポドゴルヌイ, ニコライ・ヴィクトロヴィチ　*1.12*（1983）
ボドーニ, ジャンバッティスタ　*11.30*（1813）
ボトヒーテル, E.J.　*2.3*（1875）
ボードマー, ヨハン・ヤーコプ　*1.2*（1783）
ボート, ヤン　*8.9*（1652）
ホドラー, フェルディナンド　*5.20*（1918）
ボドリー, ポール・ジャック・エメ　*1.17*（1886）
ボードリヤール, ジャン　*3.6*（2007）

ボードレール, シャルル　*8.31*（1867）
ボナヴェントゥーラ　*7.15*（1274）
ボナー, エドマンド　*9.5*（1569）
ボナパルト, カロリーヌ　*5.18*（1839）
ボナパルト, ジェローム　*6.24*（1860）
ボナパルト, シャルル　*2.21*（1785）
ボナパルト, ジョゼフ　*7.28*（1844）
ボナパルト, ナポレオン・ジョゼフ・シャルル・ポール　*3.17*（1891）
ボナパルト, マリー・ポーリーヌ　*6.9*（1825）
ボナパルト, リュシアン　*6.29*（1840）
ボナパルト, ルイ　*7.25*（1846）
ボーナム, ジョン　*9.25*（1980）
ボナール, アベル　*5.31*（1968）
ボナルド, ルイ-ガブリエル-アンブロワーズ・ド　*11.23*（1840）
ボナール, ピエール　*1.23*（1947）
ボニファキウス8世　*10.11*（1303）
聖ボニファキウス　*6.5*（754）
ボニファシオ　*5.10*（1897）
ボニファーチョ・ヴェロネーゼ　*10.19*（1553）
ボニファーティウス9世　*10.1*（1404）
ボニファーティウス（サヴォワの）　*7.14*（1270）
ポニャトフスキ, ユーゼフ　*10.19*（1813）
骨皮道賢　*3.21*（1468）
ボネ, シャルル　*5.20*（1793）
ホーネッカー, エーリヒ　*5.29*（1994）
ホノリウス1世　*10.12*（638）
ホノリウス2世　*2.13*（1130）
ホノリウス3世　*3.18*（1227）
ホノリウス4世　*4.3*（1287）
ホノーリウス（カンタベリの）　*9.30*（653）

ホノリウス, フラウィウス　*8.15*（423）
ボノンチーニ, ジョヴァンニ　*7.9*（1747）
ボノンチーニ, ジョヴァンニ・マリア　*10.19*（1678）
ホープ, A.D.　*7.13*（2000）
ホーファー, アンドレアス　*2.20*（1810）
ホーファー, カール　*4.3*（1955）
ポープ, アレグザンダー　*5.30*（1744）
ホープ, アントニー　*7.8*（1933）
ボーフォート, サー・フランシス　*12.17*（1857）
ボーフォート, ヘンリー　*4.11*（1447）
ホプキンズ, ジェラード・マンリ　*6.8*（1889）
ホプキンズ, マーク　*6.17*（1887）
ホプキンス, ライトニン　*1.30*（1982）
ホーフスタッター, リチャード　*10.24*（1970）
ホーフスタッター, ロバート　*11.17*（1990）
ホブスン, ベンジャミン　*2.16*（1873）
ホブソン　*4.1*（1940）
ホーフト, P.C.　*5.21*（1647）
ホープ, ボブ　*7.27*（2003）
ホフマイスター, ヴィルヘルム　*1.12*（1877）
ホーフマイスター, ヨーハン　*8.21*（1547）
ホフマン　*1.23*（1878）
ホフマン　*4.1*（1894）
ホフマン, アウグスト・ヴィルヘルム・フォン　*5.5*（1892）
ホフマン, エルンスト・テーオドア・アマデウス　*6.25*（1822）
ホーフマンスタール, フーゴー・フォン　*7.15*（1929）
ホフマン, ハインリヒ　*9.20*（1894）
ホフマン, ハンス　*2.17*（1966）

ホフマン・フォン・ファラースレーベン, アウグスト・ハインリヒ　1.19(1874)

ホーフマン・フォン・ホーフマンスヴァルダウ, クリスティアン　4.18(1679)

ホフマン, フリードリヒ　11.12(1742)

ホフマン, ヨーゼフ　5.7(1956)

ホーフマン, ヨーハン・クリスティアン・コンラート・フォン　12.20(1877)

ボフラン, ガブリエル・ジェルマン　3.18(1754)

ボブロフスキー, ヨハネス　9.2(1965)

ボベドノースツェフ, コンスタンチーン・ペトローヴィチ　3.23(1907)

ボヘムント1世　3.17(1111)

ホベリャノス, ガスパル・メルチョル・デ　11.27(1811)

ポポフ, アレクサンドル・ステパノヴィチ　12.31(1905)

ボマー　5.11(1966)

ホーマー, ウィンズロー　9.29(1910)

ボーマルシェ, ピエール・オーギュスタン・カロン・ド　5.18(1799)

ボーマン, アイザイア　1.6(1950)

ボーマン, サー・ウィリアム　3.29(1892)

ホミャコーフ, アレクセイ・ステパノヴィチ　9.23(1860)

ポミャロフスキー, ニコライ・ゲラシモヴィチ　10.5(1863)

ボーム, ヴィッキ　8.29(1960)

ホームズ, アーサー　9.20(1965)

ホームズ, オリヴァー・ウェンデル　10.7(1894)

ホームズ, オリヴァー・ウェンデル, ジュニア　3.5(1935)

ボーメ, アントワーヌ　10.15(1804)

ホメイニー, アーヤトッラー・ルーホラー　6.3(1989)

ボメリウス, ヘンリクス　9.19(1570)

ホモボーヌス(クレモーナの)　11.13(1197)

ボーモント, ウィリアム　4.25(1853)

ボーモント, フランシス　3.6(1616)

ボヤイ, ヤーノシュ　1.27(1860)

ポライウオロ, アントニオ　2.4(1498)

ホラー, ヴェンツェル　3.28(1677)

ホラティウス・フラックス, クゥイントゥス　11.27(前8)

ホラン, ヴラジミール　3.31(1980)

ポーラン, ジャン　10.9(1968)

ホランド　2.9(1637)

ボランドゥス, ヨハネス　6.12(1665)

ホランド, サー・シドニー・ジョージ　8.5(1961)

ホランド伯　3.9(1649)

ホランド, ヘンリー　6.17(1806)

ホランド, ヘンリー・リチャード・ヴァッサル・フォックス, 3代男爵　10.22(1840)

ポランニー, カール　4.23(1964)

ポランニー, マイケル　2.22(1976)

ボラン, マーク　9.16(1977)

堀一郎　8.10(1974)

堀内氏善　4.10(1615)

堀内敬三　10.12(1983)

堀内誠一　8.17(1987)

堀内素堂　3.18(1854)

堀内千城　5.28(1951)

堀江帰一　12.9(1927)

堀江薫雄　8.27(2000)

堀江しのぶ　9.13(1988)

堀尾忠氏　8.4(1604)

堀尾忠晴　9.20(1633)

堀尾吉晴　6.17(1611)

堀川顕光　4.21(1309)

堀川高定　8.23(1280)

堀河天皇　7.19(1107)

堀川具定　3.5(1236)

堀川具俊　10.26(1303)

堀川具信　11.7(1356)

堀川光藤　11.9(1325)

堀河紀子　5.7(1910)

堀川基俊　4.3(1319)

堀久作　11.14(1974)

堀杏庵　11.20(1643)

堀口捨己　8.18(1984)

堀口大学　3.15(1981)

堀口由己　1.17(1959)

堀景山　9.19(1757)

堀越二郎　1.11(1982)

堀米庸三　12.22(1975)

保利茂　3.4(1979)

ボリス1世　5.7(907)

ボリス3世　8.28(1943)

堀忠俊　12.22(1622)

堀辰雄　5.28(1953)

堀達之助　1.3(1894)

堀親家　9.5(1203)

堀親寚　12.10(1849)

堀親良　5.13(1637)

ポリツィアーノ, アンジェロ　9.29(1494)

堀悌吉　5.12(1959)

ホリデイ, ビリー　7.17(1959)

ポリトゥス　11.9(1553)

ポリトコフスカヤ, アンナ　10.7(2006)

堀利重　4.24(1638)

堀利熙　11.6(1860)

堀直時　2.29(1643)

堀直政　2.26(1608)

堀直寄　6.29(1639)

堀南湖　3.7(1753)

ポリニャク, メルキョール・ド　11.20(1741)

ポリニャック, オーギュスト・ジュール・アルマン・マリー, 公爵　3.22(1847)

ポリニャック伯爵夫人　12.9(1793)

堀内仙鶴　閏10.22(1748)

堀麦水　10.14(1783)

堀場信吉　2.16(1968)

ボリーバル, シモン　12.17(1830)

堀秀治　5.26(1606)

堀秀彦　8.27(1987)

堀秀政　5.27(1590)

堀平太左衛門　4.23(1793)

堀部安兵衛 2.4(1703)
堀部弥兵衛 2.4(1703)
堀柳女 12.9(1984)
ホリー, ロバート・ウィリアム 2.11(1993)
ポリワーノフ, エヴゲーニー・ドミトリエヴィチ 1.25(1938)
ボーリング 7.1(1968)
ボーリング, ライナス・カール 8.19(1994)
ホール, アサフ 11.22(1907)
ポール, ウィリアム 12.13(1934)
ホール, エドウィン・ハーバート 11.20(1938)
ホル, エリアス 1.6(1646)
ホル, カール 5.23(1926)
ポルカーロ, ステーファノ 1.9(1453)
ホルクハイマー, マックス 7.7(1973)
ホール, グランヴィル・スタンリ 4.24(1924)
ボルケナウ 5.22(1957)
ボルコフ 4.15(1763)
ホール, サー・ジェイムズ 6.23(1832)
ボルジア, チェーザレ 3.12(1507)
ボルジア, ルクレツィア 6.24(1519)
ホール, ジェイムズ 8.7(1898)
ボルジェーゼ, ジュゼッペ・アントーニオ 12.4(1952)
ボルジャ, フランチェスコ 9.30(1572)
ポール, ジョン 7.15(1381)
ホールズ, デンジル, 男爵 2.17(1680)
ホールスト, グスターヴ 5.25(1934)
ポルタ, カルロ 1.5(1821)
ポルダ, ジャン・シャルル・ド 2.20(1799)
ポルタレス 6.6(1837)
ホール, チャールズ・フランシス 11.8(1871)
ホール, チャールズ・マーティン 12.27(1914)

ボルツァーノ, ベルナルト 12.18(1848)
ホルツ, アルノー 10.26(1929)
ホルツィウス, ヘンドリック 1.1(1617)
ホルツマン, ルートヴィヒ・エドゥアルト 9.6(1906)
ポルティナーリ, カンディード 2.7(1962)
ホルティ, ミクローシュ 2.9(1957)
ボルティモア, ジョージ・カルヴァート, 男爵 4.15(1632)
ボールディング 3.18(1993)
ボールディング, ジェイムズ・カーク 4.6(1860)
ホールデイン, ジョン・スコット 3.14(1936)
ホールデイン, リチャード・バードン, 初代子爵 8.19(1928)
ボルデー, ジュール 4.6(1961)
ボルテッラ 4.4(1566)
ボルデノーネ 1.14(1539)
ホルテル 3.30(1980)
ホルテル, ヘルマン 9.15(1927)
ホールデン, ウィリアム 11.16(1981)
ホールデン, ジョン・バードン・サンダーソン 12.1(1964)
ポルト・リッシュ, ジョルジュ・ド 9.4(1930)
ボルドー, アンリ 3.29(1963)
ボルドゥ 11.23(1776)
ボールドウィン 11.19(1190)
ボールドウィン, S. 12.13(1947)
ボールドウィン, ジェイムズ 11.8(1934)
ボールドウィン, ジェイムズ 12.1(1987)
ボールドウィン, ロバート 12.9(1858)
ボルトウッド, バートラム・ボーデン 8.15(1927)
ボールト, エードリアン 2.23(1983)

ボルトキエーヴィチ 7.15(1931)
ボルトニャンスキー, ドミートリー・スチェパーノヴィチ 10.10(1825)
ボルドーネ, パリス 1.19(1571)
ポルトマン 6.28(1982)
ボルトラッフィオ, ジョヴァンニ・アントーニオ 6.15(1516)
ボールト, ロバート 2.20(1995)
ボールトン, マシュー 8.18(1809)
ホルネー, カレン 12.4(1952)
ボルノー, オットー・フリードリヒ 2.7(1991)
ホルバイン, ハンス 10.7(1543)
ホール, ハリー 10.13(1930)
ボルヒェルト, ヴォルフガング 11.20(1947)
ボルヒャルト, ルードルフ 1.10(1945)
ボル, フェルディナンド 7.24(1680)
ポルフュリオス 2.26(420)
ホルベア, ルドヴィ 1.28(1754)
ボルヘス, ホルヘ・ルイス 6.14(1986)
ポル・ポト 4.15(1998)
ポルポラ, ニコラ 3.3(1768)
ホールマイル 11.5(1848)
ポール牧 4.22(2005)
ホール, マーシャル 8.11(1857)
ボルマン, マルティン 5.1(1945)
ホルン 6.5(1568)
ホルンボステル, エーリヒ・モーリツ・フォン 6.13(1935)
ボルン, マックス 1.5(1970)
ポレ 9.4(1154)
ポレヴォーイ, ボリス・ニコラエヴィチ 7.12(1981)
ボレジャーエフ, アレクサンドル・イワノヴィチ 1.16(1838)

ポレス, マルティン・デ 11.4 (1639)
ボレスワフ1世 6.17(1025)
ボレスワフ3世 10.28(1138)
ホレリス, ハーマン 11.17(1929)
ボレル, フェリクス 2.4(1956)
ボレルリ, ジョヴァンニ・アルフォンソ 12.31(1679)
ポーレンツ, ゲオルク・フォン 4.28(1550)
ホロヴィッツ, ヴラディミア 11.5(1989)
ボロー, ジョージ 7.26(1881)
ポロック 1.18(1937)
ポロック, ジャクソン 8.11(1956)
ホロックス, ジェレマイア 1.3(1641)
ボロディン 5.29(1951)
ボロディン, アレクサンドル・ポルフィリエヴィチ 2.27(1887)
ボローニャ, ジョヴァンニ・ダ 8.13(1608)
ボロフスキ, タデウシュ 7.3(1951)
ボロミーニ, フランチェスコ 8.2(1667)
ボロメオ, 聖カルロ 11.3(1584)
ポロンスキー, ヤーコフ・ペトローヴィチ 10.18(1898)
ボワイエ, シャルル 8.26(1978)
ホワイト 1.29(1645)
ホワイト 2.27(1913)
ホワイト, ギルバート 6.26(1793)
ホワイト, パトリック 9.30(1990)
ホワイトヘッド 11.14(1905)
ホワイトヘッド, A.N. 12.30(1947)
ホワイトマン, ポール 12.29(1967)
ホワイト, レズリー・A 3.31(1975)
ボワエルデュー, フランソワ・アドリアン 10.8(1834)

ボワギルベール, ピエール・ル・プザン・ド 10.10(1714)
ポワソン, シメオン・ドニ 4.25(1840)
ボワボードラン, ポール・エミール・ルコック・ド 5.18(1912)
ボワロー, ニコラ 3.13(1711)
ポワンカレ, アンリ 7.17(1912)
ポワンカレ, レモン 10.15(1934)
本阿弥光悦 2.3(1637)
本阿弥光甫 7.24(1682)
本因坊算悦 9.16(1658)
本因坊算砂 5.16(1623)
本因坊秀栄 2.10(1907)
本因坊秀哉 1.18(1940)
本因坊秀甫 10.14(1886)
本因坊道策 3.26(1702)
ボンキエッリ, アミルカレ 1.16(1886)
ボンキムチョンドロ・チョットパッダエ 4.8(1894)
本光 11.5(1773)
本郷新 2.13(1980)
ポン, ジャン・ルイ 10.14(1831)
ボンジュ, フランシス 8.6(1988)
梵舜 11.18(1632)
本庄栄治郎 11.18(1973)
本庄重政 2.15(1676)
本庄繁 11.20(1945)
本庄陸男 7.23(1939)
本庄宗資 8.16(1699)
本庄宗長 11.20(1709)
本庄宗秀 11.20(1873)
ボンスレ, ジャン・ヴィクトール 12.23(1867)
ボンゼルス, ヴァルデマル 7.31(1952)
本多顕彰 6.30(1978)
本多猪四郎 2.28(1993)
本多熊太郎 12.18(1948)
本多光太郎 2.12(1954)
本多重次 7.26(1596)
本多秋五 1.13(2001)
本多助実 2.30(1877)
本多静六 1.29(1952)
本田宗一郎 8.5(1991)

本多忠籌 12.15(1813)
本多忠勝 10.18(1610)
本多忠次 11.20(1711)
本多忠政 8.10(1631)
本多忠統 2.29(1757)
本田親男 7.30(1980)
本多利明 12.22(1821)
本多利長 7.13(1637)
本多利長 12.16(1693)
本多成重 6.23(1647)
本多延嘉 3.14(1975)
本多政重 6.3(1647)
本多正重 7.3(1617)
本多正純 3.10(1637)
本多正信 6.7(1616)
本田美奈子 11.6(2005)
本田実 8.26(1990)
本多康重 3.22(1611)
本多康俊 2.7(1621)
本多庸一 3.26(1912)
ホンター, ヨハネス 1.23(1548)
ボンダルチュク, セルゲイ 10.20(1994)
ポンティ, カルロ 1.10(2007)
ポンティ, ジオ 9.16(1979)
ボンテンペッリ, マッシモ 7.21(1960)
ボンド, ジョージ・フィリップス 2.17(1865)
ポントピダン, ヘンリック 8.21(1943)
ホントホルスト, ヘリット・ファン 4.27(1656)
ポントリャーギン, レフ・セミョーノヴィチ 5.3(1988)
ポントルモ, ヤコボ・ダ 1.2(1557)
ポンパドゥール, ジャンヌ・アントワネット・ポワソン, 侯爵夫人 4.15(1764)
ポンバル, セバスティアン・デ・カルヴァリョ, 侯爵 5.8(1782)
ポンピドゥー, ジョルジュ 4.2(1974)
ボンフィーリ, ベネデット 7.8(1496)
ポンペーイウス・マグヌス, グナエウス 9.28(前48)

ボンヘッファー, ディートリヒ　*4.9*（1945）
ボンベリ　*5.5*（1572）
ボンポナッツィ, ピエートロ　*5.18*（1525）
ボンボン, フランソワ　*5.6*（1933）
本間憲一郎　*9.19*（1959）
本間四郎三郎　*6.1*（1801）
本間精一郎　閏*8.20*（1862）
本間棗軒　*2.8*（1872）
本間琢斎　*8.7*（1891）
本間久雄　*6.11*（1981）
本間雅晴　*4.3*（1946）
本理院　*6.8*（1674）
本領信治郎　*7.24*（1971）

【ま】

マイアー‐グレーフェ, ユーリウス　*6.5*（1935）
マイアー‐フェルスター, ヴィルヘルム　*3.17*（1934）
マイアー, アドルフ　*3.17*（1950）
マイアー, ヴィクトール　*8.8*（1897）
マイアー, エードゥアルト　*8.31*（1930）
マイアー, コンラート・フェルディナント　*11.28*（1898）
マイアー, ハインリヒ・アウグスト・ヴィルヘルム　*6.21*（1873）
マイアーベーア, ジャコモ　*5.2*（1864）
マイアーホフ, オットー・フリッツ　*10.6*（1951）
マイエット　*1.9*（1920）
マイ, カール　*3.30*（1912）
マイケルソン, アルバート・エイブラハム　*5.9*（1931）
マイコフ, アポロン・ニコラエヴィチ　*3.8*（1897）
マイツェン　*1.19*（1910）
マイトナー, リーゼ　*10.27*（1968）
マイナルディ, エンリーコ　*4.10*（1976）

マイネッケ, フリードリヒ　*2.6*（1954）
マイノット, ジョージ・リチャーズ　*2.25*（1950）
マイノング, アレクシウス　*11.27*（1920）
マイブリッジ, エドワード　*5.8*（1904）
マイモニデス, モーセス　*12.13*（1204）
マイモーン, シュロモー　*11.22*（1800）
マイヤー　*8.8*（1924）
マイヤー, エルンスト　*2.3*（2005）
マイヤーノ, ベネデット・ダ　*5.27*（1497）
マイヤー, ユリウス・ロタール　*4.12*（1895）
マイヤー, ユリウス・ロバート・フォン　*3.20*（1878）
マイヨール, アリスティード　*10.6*（1944）
マイヨール, ジャック　*12.23*（2001）
マイラント　*12.31*（1577）
マイリンク, グスタフ　*12.4*（1932）
マイル　*9.6*（1925）
マインラード　*1.21*（861）
マーヴェル, アンドルー　*8.18*（1678）
マウラー　*5.9*（1872）
マウリキウス　*1.28*（602）
マウリッツ, オラニエ公爵, ナッサウ伯爵　*4.23*（1625）
マウレル　*2.8*（2000）
マウロリーコ, フランチェスコ　*7.21*（1575）
マウントバッテン, ルイス・マウントバッテン, 初代伯爵　*8.27*（1979）
前尾繁三郎　*7.23*（1981）
前川国男　*6.26*（1986）
前川佐美雄　*7.15*（1990）
前川正一　*7.11*（1949）
前川千帆　*11.17*（1960）
前川春雄　*9.22*（1989）
前川文夫　*1.13*（1984）
前島密　*4.27*（1919）
前田愛　*7.27*（1987）

前田晁　*9.9*（1961）
前大峰　*6.8*（1977）
前田慧雲　*4.29*（1930）
前田寛治　*4.16*（1930）
前田玄以　*5.20*（1602）
前田元温　*9.6*（1901）
前田検校　*11.29*（1656）
前田香雪　*12.12*（1916）
前田河広一郎　*12.4*（1957）
前田雀郎　*1.27*（1960）
前田青邨　*10.27*（1977）
前田多門　*6.4*（1962）
前田綱紀　*5.9*（1724）
前田鉄之助　*11.18*（1977）
前田透　*1.13*（1984）
前田利明　*5.13*（1692）
前田利家　閏*3.3*（1599）
前田利孝　*6.4*（1637）
前田利理　*11.7*（1756）
前田利次　*7.7*（1674）
前田利常　*10.12*（1658）
前田利長　*5.20*（1614）
前田利治　*4.21*（1660）
前田利春　*7.13*（1560）
前田俊彦　*4.16*（1993）
前田利昌　*2.18*（1709）
前田利政　*7.14*（1633）
前田利保　*8.18*（1859）
前田夏蔭　*8.26*（1864）
前田斉泰　*1.16*（1884）
前谷惟光　*10.23*（1974）
前田一　*5.2*（1978）
前田久吉　*5.4*（1986）
前田普羅　*8.8*（1954）
前田孫右衛門　*12.19*（1865）
前田正名　*8.11*（1921）
前田山穎五郎　*8.17*（1971）
前田夕暮　*4.20*（1951）
前田陽一　*11.22*（1987）
前田義典　*12.17*（1983）
前田吉徳　*6.12*（1745）
前田米蔵　*3.18*（1954）
前田林外　*7.13*（1946）
前田蓮山　*9.12*（1961）
前野長康　*10.19*（1595）
前野良沢　*10.17*（1803）
前畑秀子　*2.24*（1995）
前原一誠　*12.3*（1876）
マカーシー, E　*12.10*（2005）
マカーシー, J.　*5.2*（1957）

マカーシー，メアリー　10.25(1989)
マカダム，ジョン・ラウドン　11.26(1836)
マカートニー　3.31(1806)
マカートニー　6.8(1906)
マカパガル　4.21(1997)
真壁仁　1.11(1984)
マカラーズ，カーソン　9.29(1967)
マーガリー　2.21(1875)
マカリオス3世　8.3(1977)
マカルト，ハンス　10.3(1888)
マーガレット王女　2.9(2002)
マーガレット・チューダー　10.18(1541)
マカーレンコ，アントン・セミョーノヴィチ　4.1(1939)
マカロック　11.11(1864)
マカロフ　4.13(1904)
マーカンド，J.P.　7.16(1960)
マキアヴェッリ，ニッコロ　6.21(1527)
槇有恒　5.2(1989)
真木和泉　7.21(1864)
牧口常三郎　11.18(1944)
牧健二　7.24(1989)
牧志朝忠　7.19(1862)
牧島象二　4.30(2000)
マキシモヴィッチ　2.16(1891)
牧田環　7.6(1943)
蒔田広定　8.23(1636)
牧田与一郎　12.7(1971)
牧野英一　4.18(1970)
牧野権六郎　6.28(1869)
牧野周一　5.3(1975)
牧野省三　7.25(1929)
牧野信一　3.24(1936)
牧野忠精　7.10(1831)
牧野忠成　12.16(1654)
牧野親成　9.23(1677)
牧徳右衛門　3.12(1727)
牧野富太郎　1.18(1957)
マキノ智子　10.20(1984)
牧野虎雄　10.18(1946)
牧野成貞　6.5(1712)
牧野伸顕　1.25(1949)
マキノ雅弘　10.29(1993)
マキノ光雄　12.9(1957)
牧野康成　3.8(1599)
牧野康哉　6.13(1863)

牧野康成　12.12(1610)
牧野良三　6.1(1961)
真喜姫　3.30(1571)
牧墨僊　4.8(1824)
牧村兵部　7.10(1593)
槇村浩　9.3(1938)
槇村正直　4.21(1896)
槇本楠郎　9.15(1956)
牧羊子　1.15(2000)
巻菱湖　4.7(1843)
マクウィーン，スティーヴ　11.7(1980)
マグサイサイ　3.17(1957)
マクシミアーヌス　2.21(556)
マクシミリアーヌス　3.12(295)
マクシミリアン　11.6(1929)
マクシミリアン1世　1.12(1519)
マクシミリアン1世　9.27(1651)
マクシミリアン2世　2.26(1726)
マクシミリアン2世　10.12(1576)
マクシミリアン，フェルディナント・ヨーゼフ　6.19(1867)
マクシム，サー・ハイラム　11.24(1916)
マクシムス，マグヌス　8.28(388)
マクシモス　8.13(662)
マクスウェル，ジェイムズ・クラーク　11.5(1879)
マークス兄弟　4.22(1977)
マクセンティウス，マールクス・アウレーリウス・ウァレーリウス　10.28(312)
マクダウェル，エドワード　1.23(1908)
マーク・トウェイン　4.21(1910)
マクドゥーガル，ウィリアム　11.28(1938)
マクドナルド　8.5(1894)
マクドナルド，J.A.　6.6(1891)
マクドナルド，J.R.　11.9(1937)
マクドナルド，ジョージ　9.18(1905)

マクドネル　12.28(1930)
マクニース，ルイ　9.3(1963)
マグヌス1世　10.25(1047)
マグヌス2世　12.1(1374)
マグヌス3世　8.24(1103)
マグヌス5世　6.15(1184)
マグヌス6世　5.9(1280)
マグヌス（フュッセンの）　9.6(772)
マクファーソン，ジェイムズ　11.17(1796)
マクベイン，エド　7.6(2005)
マーク，ペーター　4.16(2001)
マクマオン，マリー・エドム・パトリス・モーリス・ド，マジェンタ公爵　10.17(1893)
マクマスター，ジョン　5.24(1932)
マクマホン，サー・ウィリアム　3.31(1988)
マクミラン，エドウィン・マッティソン　9.7(1991)
マクミラン，サー・ケネス　10.29(1992)
マクミラン，ダニエル　6.27(1857)
マクミラン，ハロルド，初代ストックトン伯爵　12.29(1986)
マクラウド，ジェイムズ・リカード　3.16(1935)
マクラレン，ノーマン　1.26(1987)
マクリージー　2.9(1442)
マクリーシュ，アーチボルド　4.20(1982)
マグリット，ルネ　8.15(1967)
マクリュア　3.22(1949)
マクリーン，アリステア　2.2(1987)
マクリン，チャールズ　7.11(1797)
マクルーハン，マーシャル　12.31(1980)
マグレガー，ケン　12.1(2007)
マクレナン　6.16(1881)
マクレナン，ヒュー　11.7(1990)
マクローリン，コリン　6.14(1746)
マーケット　5.29(1960)

マコ岩松　7.21（2006）
馬越恭平　4.20（1933）
マコーマック, ジョン　9.16（1945）
マコーミック　4.1（1955）
マコーリー, キャサリン　11.10（1841）
マコーリ, ザカリ　5.13（1838）
マコーリー, トマス・バビントン　12.28（1859）
マサイス, クエンティン　7.13（1530）
マザー, インクリース　8.23（1723）
マザーウェル, ロバート　7.16（1991）
正岡容　12.7（1958）
正岡子規　9.19（1902）
正木亮　8.22（1971）
正木清　4.12（1961）
真崎甚三郎　8.31（1956）
間崎滄浪　6.8（1863）
正木ひろし　12.6（1975）
正木不如丘　7.30（1962）
マザー, コトン　2.13（1728）
正子内親王　3.23（879）
正子内親王　8.20（1114）
正富汪洋　8.14（1967）
雅業王　9.12（1560）
雅成親王　2.10（1255）
正躬王　5.1（863）
正宗得三郎　3.14（1962）
正宗白鳥　10.28（1962）
マザラン, ジュール　3.9（1661）
マサリク, ヤン　3.10（1948）
マザー, リチャード　4.12（1669）
マサリック, トマーシュ・ガリッグ　9.14（1937）
マシウス, アンドレアス　4.7（1573）
マジェア, エドゥアルド　11.12（1982）
マシェル, サモラ・モイゼス　10.19（1986）
真境名由康　2.2（1982）
マシス, アンリ　4.11（1970）
真下信一　2.9（1985）
増田長盛　5.27（1615）

マシーナ, ジュリエッタ　3.23（1994）
マシニョン, ルイ　10.31（1962）
マジノ, アンドレ　1.7（1932）
馬島僴　10.5（1969）
馬島清眼　3.19（1379）
真島利行　8.19（1962）
真清水蔵六（初代）　6.12（1877）
真清水蔵六（2代目）　6.13（1936）
真下飛泉　10.25（1926）
マシャード・デ・アーシス, ジョアキン・マリーア　9.29（1908）
マシャム, レイディ・アビゲイル　12.6（1734）
マーシャル, A.　7.13（1924）
マーシャル, G.C.　10.16（1959）
マーシャル, サーグッド　1.24（1993）
マーシャル, サー・ジョン・ヒューバート　8.17（1958）
マーシャル, ジョン　7.6（1835）
マジャンディ, フランソワ　10.7（1855）
マーシュ, オスニエル・チャールズ　3.18（1899）
マシューズ, ブランダー　5.31（1929）
マジュラニッチ, イヴァン　8.4（1890）
マーシュ, レジナルド　7.3（1954）
マシンジャー, フィリップ　3.18（1640）
マシーン, レオニード　3.15（1979）
マスカーニ, ピエートロ　8.2（1945）
真杉静枝　6.29（1955）
マスケリン, ネヴィル　2.9（1811）
増島蘭園　9.4（1839）
益田右衛門介　11.11（1864）
増田甲子七　12.21（1985）
益田兼尭　5.23（1485）
益田喜頓　12.1（1993）
升田幸三　4.5（1991）

増田五郎右衛門　6.28（1818）
増田四郎　6.22（1997）
増田次郎　1.14（1951）
マスターズ, エドガー・リー　3.5（1950）
益田孝　12.28（1938）
益田太郎　5.18（1953）
益谷秀次　8.18（1973）
増谷文雄　12.6（1987）
益田元祥　9.22（1640）
益田好次　2.28（1638）
マストロヤンニ, マルチェロ　12.19（1996）
マーストン, ジョン　6.25（1634）
マース, ニコラス　11.24（1693）
マスネ, ジュール　8.13（1912）
マスハドフ, アスラン　3.8（2005）
増原恵吉　10.11（1985）
マスプラット, ジェイムズ　5.4（1886）
マスペロ　3.17（1945）
マスペロ, ガストン　6.30（1916）
増穂残口　9.26（1742）
十寸見河東（初代）　7.20（1725）
十寸見河東（2代目）　3.5（1734）
十寸見河東（4代目）　11.15（1771）
十寸見河東（11代目）　4.11（1919）
増見利清　12.7（2001）
十寸見蘭洲（初代）　6.25（1731）
十寸見蘭洲（2代目）　8.7（1800）
十寸見蘭洲（3代目）　1.12（1828）
増村益城　4.20（1996）
増村保造　11.23（1986）
増本量　8.12（1987）
マズロウ, エイブラハム・ハロルド　6.8（1970）
マセオ・イ・グラハレス　12.7（1896）
マゼーパ　9.8（1709）

マゼラン，フェルディナンド　4.27(1521)
マタエウス（アルバーノの）　12.25(1135)
マタエウス（クラクフの）　3.5(1410)
マダーチ，イムレ　10.5(1864)
マタチッチ，ロヴロ・フォン　1.4(1985)
俣野景久　5.11(1183)
マタ・ハリ　10.15(1917)
マダリアガ，サルバドル・デ　12.14(1978)
マチェイ（ヤノフの）　11.30(1393)
町口経量　3.10(1380)
町春草　11.13(1995)
町資広　11.12(1469)
町資将　10.24(1555)
マーチソン，サー・ロデリック・インピー　10.22(1871)
町田嘉章　9.19(1981)
町田経宇　1.10(1939)
町田寿安　12.18(1632)
町田忠治　11.12(1946)
町田久成　9.15(1897)
町村金五　12.14(1992)
マーチャーシュ1世　4.6(1490)
マチャード，アントニオ　2.22(1939)
マチャード・イ・モラーレス　3.29(1939)
マチューリン，チャールズ・ロバート　10.30(1824)
マーチン，ディーン　12.25(1995)
松井石根　12.23(1948)
松井簡治　9.26(1945)
松井源水(13代目)　11.4(1870)
松井幸三（初代）　8.21(1828)
松井幸三（2代目）　4.11(1830)
松居松翁　7.14(1933)
松井翠声　8.1(1973)
松井須磨子　1.5(1919)
松井千枝子　4.2(1929)
松井道珍　11.28(1590)
松井直吉　2.1(1911)
松井儀長　11.22(1657)
松井康子　1.23(1612)
松井やより　12.27(2002)

松浦霞沼　9.1(1728)
松浦検校　11.21(1823)
松浦松洞　4.13(1862)
松浦竹夫　11.22(1998)
松浦武四郎　2.10(1888)
松岡映丘　3.2(1938)
松岡小鶴　10.15(1873)
松岡駒吉　8.14(1958)
松岡恕庵　7.11(1746)
松尾和子　9.25(1992)
松岡青蘿　6.17(1791)
松岡利勝　5.28(2007)
松岡信夫　6.21(1993)
松岡寿　4.28(1944)
松岡英夫　4.8(2001)
松岡行義　7.30(1848)
松岡譲　7.22(1969)
松岡洋子　12.7(1979)
松岡洋右　6.27(1946)
松尾国三　1.1(1984)
松尾静磨　12.31(1972)
松尾宗二　5.24(1658)
松尾多勢子　6.10(1894)
松尾芭蕉　10.12(1694)
マッカーサー，アーサー　9.5(1912)
マッカーサー，ジョン　4.11(1834)
マッカーサー，ダグラス　4.5(1964)
松方幸次郎　6.24(1950)
松方三郎　9.15(1973)
松方正義　7.2(1924)
マッカラン　9.28(1954)
松貫四（初代）　5.25(1798)
マッキーヴァー　6.15(1970)
松木謙治郎　2.21(1986)
松本荘左衛門　5.16(1652)
松木淡々　11.2(1761)
マッキム，チャールズ・フォレン　9.14(1909)
松木宗房　6.7(1593)
マッキントッシュ　5.30(1832)
マッキントッシュ，チャールズ・レニー　12.10(1928)
マッキンリー，ウィリアム　9.14(1901)
マッキンリー，ハーバート　11.26(2007)
マックブライド　1.15(1988)
松倉勝家　7.19(1638)

松倉重政　11.16(1630)
マックレラン，ジョージ・B　10.29(1885)
マッグロー，ジョン　2.25(1934)
マックロスキー，ロバート　6.30(2003)
マッケ，アウグスト　9.26(1914)
マッケイ，スティール　2.25(1894)
マッケー，パーシー・ウォーレス　8.31(1956)
マッケン，アーサー　12.15(1947)
マッケンジー，ウィリアム・ライアン　8.28(1861)
マッケンジー，サー・アレグザンダー　3.11(1820)
マッコーミック，サイラス　5.13(1884)
マッコーラン，ピエール　6.27(1970)
松坂広政　1.5(1960)
松崎慊堂　4.21(1844)
松崎渋右衛門　9.8(1869)
松崎天民　7.22(1934)
松崎蘭谷　7.9(1735)
松沢一鶴　1.10(1965)
松沢求策　6.25(1887)
松下見林　12.7(1704)
松下幸之助　4.27(1989)
松下重綱　10.2(1627)
松下大三郎　5.2(1935)
松下正寿　12.24(1986)
松下之綱　2.29(1598)
松下芳男　4.9(1983)
松島詩子　11.19(1996)
松島清重　2.2(1990)
松島剛蔵　12.19(1865)
松島庄五郎（2代目）　3.7(1890)
松島半二（2代目）　6.23(1825)
松瀬青々　1.9(1937)
マッソン，アンドレ　10.27(1987)
松平家忠　7.18(1600)
松平家忠　7.29(1582)
松平家信　1.14(1638)
松平家乗　2.19(1614)
松平容頌　7.29(1805)

まつ

松平容保 *12.5*(1893)	松平慶民 *7.18*(1948)	松木宗綱 *6.3*(1525)
松平勝隆 *2.3*(1666)	松平慶永 *6.2*(1890)	松野鶴平 *10.18*(1962)
松平清康 *12.5*(1535)	松平頼重 *4.12*(1695)	松丸殿 *9.1*(1634)
松平君山 *4.18*(1783)	松平頼恭 *7.18*(1771)	マッハ, エルンスト *2.19*(1916)
松平伊忠 *5.21*(1575)	松平頼隆 *11.30*(1707)	
松平左近 *8.10*(1868)	松平頼則 *10.25*(2001)	松林桂月 *5.22*(1963)
松平定敬 *7.21*(1908)	松平頼聡 *10.17*(1903)	松林左馬助 閏*2.1*(1667)
松平定勝 *3.14*(1624)	松平頼恕 *4.16*(1842)	松林伯円(2代目) *2.8*(1905)
松平定綱 *12.25*(1652)	松田勘右衛門 *11.21*(1741)	松林伯円(3代目) *10.19*(1919)
松平定信 *5.13*(1829)	松田喜一 *2.8*(1965)	
松平定政 *11.24*(1673)	松田毅一 *5.18*(1997)	松原岩五郎 *2.26*(1935)
松平定安 *12.1*(1882)	松田権六 *6.15*(1986)	松原新之助 *2.14*(1916)
松平重勝 *12.14*(1620)	松田竹千代 *12.1*(1980)	松原清介 *11.26*(1712)
松平重直 *11.28*(1642)	松田恒次 *11.15*(1970)	松原操 *6.19*(1984)
松平重吉 *8.27*(1580)	松田秀次郎 *8.30*(1896)	松原至大 *3.15*(1971)
松平忠明 *3.23*(1644)	松田正久 *3.4*(1914)	松原与三松 *4.29*(1975)
松平忠国 *2.20*(1659)	松田ミゲル *8.27*(1633)	松前公広 *7.8*(1641)
松平忠重 *2.12*(1639)	松田道雄 *6.1*(1998)	松前邦広 *4.8*(1743)
松平忠次 *3.29*(1665)	松田道之 *7.6*(1882)	松前重義 *8.25*(1991)
松平忠恒 *11.9*(1768)	松田優作 *11.6*(1989)	松前崇広 *4.25*(1866)
松平忠輝 *7.3*(1683)	松田緑山 *10.21*(1903)	松前慶広 *10.12*(1616)
松平忠直 *9.10*(1650)	マッタ, ロベルト *11.23*(2002)	松宮観山 *6.24*(1780)
松平忠弘 *5.16*(1700)		松村英一 *2.25*(1981)
松平忠昌 *8.1*(1645)	マッツィーニ, ジュゼッペ *3.10*(1872)	松村介石 *11.29*(1939)
松平忠吉 *3.5*(1607)		松村一人 *6.22*(1977)
松平忠良 *5.18*(1624)	マッテイ *10.27*(1962)	松村景文 *4.26*(1843)
松平太郎 *5.24*(1909)	マッティンソン, ハリリィ *2.11*(1978)	松村謙三 *8.21*(1971)
松平恒雄 *11.14*(1949)		松村秀逸 *9.7*(1962)
松平輝貞 *9.14*(1747)	マッテオッティ, ジャコモ *6.10*(1924)	松村松年 *11.7*(1960)
松平輝綱 *12.12*(1671)		松村任三 *5.4*(1928)
松平直矩 *4.15*(1695)	マッテゾン, ヨーハン *4.17*(1764)	松村武雄 *9.25*(1969)
松平直政 *2.3*(1666)		松村みね子 *3.19*(1957)
松平斉民 *3.23*(1891)	松殿忠冬 *3.15*(1348)	松村理兵衛 *4.5*(1785)
松平信明 *8.29*(1817)	松殿師家 *10.4*(1238)	松室敦子 *11.9*(1746)
松平信一 *7.16*(1624)	松永健哉 *2.20*(1996)	粲本一洋 *3.9*(1952)
松平信綱 *3.16*(1662)	松永尺五 *6.2*(1657)	松本一指 *9.5*(1660)
松平信康 *9.15*(1579)	松永貞徳 *11.15*(1654)	松本英子 *4.23*(1928)
松平乗邑 *4.16*(1746)	松永東 *1.22*(1968)	松本学 *3.27*(1974)
松平乗佑 *9.4*(1769)	松永長頼 *8.2*(1565)	松本員枝 *8.31*(1994)
松平治郷 *4.24*(1818)	松永久秀 *10.10*(1577)	松本かつぢ *5.12*(1986)
松平広忠 *3.6*(1549)	松永安左エ門 *6.16*(1971)	松本克平 *10.3*(1995)
松平正綱 *6.22*(1648)	松永良弼 *6.23*(1744)	松本恵子 *11.7*(1976)
松平正直 *4.20*(1915)	松永和風(初代) *10.4*(1808)	松本奎堂 *9.25*(1863)
松平光重 *7.30*(1668)	松永和風(3代目) *10.15*(1916)	松本玄々堂 *11.8*(1867)
松平光永 *2.29*(1705)		松本健次郎 *10.17*(1963)
松平光長 *11.17*(1707)	松永和風(4代目) *9.26*(1962)	松本謙三 *9.15*(1980)
松平宗衍 *10.4*(1782)	松波勘十郎 *11.19*(1711)	松本剛吉 *3.5*(1929)
松平茂昭 *7.25*(1890)	松浪信三郎 *9.2*(1989)	松本幸四郎(初代) *3.25*(1730)
松平康親 *6.27*(1640)	松根図書 *3.4*(1894)	
松平康英 *8.17*(1808)	松根東洋城 *10.28*(1964)	松本幸四郎(4代目) *6.27*(1802)
松平康元 *8.14*(1603)	松野勇雄 *8.6*(1893)	

松本幸四郎（5代目） *5.10*(1838)
松本幸四郎（6代目） *11.3*(1849)
松本幸四郎（7代目） *1.27*(1949)
松本治一郎 *11.22*(1966)
松本重治 *1.10*(1989)
松本重太郎 *6.20*(1913)
松本俊一 *1.25*(1987)
松本潤一郎 *6.12*(1947)
松本竣介 *6.8*(1948)
松本烝治 *10.8*(1954)
松本慎一 *11.26*(1947)
松本清張 *8.4*(1992)
松本たかし *5.11*(1956)
松本長 *11.29*(1935)
松本信広 *3.8*(1981)
松本昇 *6.9*(1954)
松本白鸚（初代） *1.11*(1982)
松本彦次郎 *1.14*(1958)
松本英彦 *2.29*(2000)
松本秀持 *6.5*(1797)
松本楓湖 *6.22*(1923)
松本芳翠 *12.16*(1971)
松本亦太郎 *12.24*(1943)
松本良順 *3.12*(1907)
松森胤保 *4.3*(1892)
松屋久政 *4.4*(1598)
松山省三 *2.2*(1970)
松山深蔵 *7.21*(1864)
松山文雄 *3.3*(1982)
松浦鎮信 *5.26*(1614)
松浦鎮信 *10.6*(1703)
松浦静山 *6.29*(1841)
松浦隆信 *5.24*(1637)
松浦隆信 閏*3.6*(1599)
松浦マンシャ *11.25*(1656)
マティアス *3.20*(1619)
マティアス（ヤーノーの） *11.30*(1394)
マティエ *2.25*(1932)
マティコ，ヤン *11.1*(1893)
マティス，アンリ *11.3*(1954)
マティス，ヤン *4.5*(1534)
マディソン，ジェイムズ *6.28*(1836)
マーティノー，ハリエット *6.27*(1876)
マティルダ *9.10*(1167)
マティルデ *3.14*(968)

マティルデ *7.24*(1115)
マーティン，アーチャー・ジョン・ポーター *7.28*(2002)
マーティン，ウィリアム・アレグザーンダ・パースンズ *12.17*(1916)
マーティン，グレン・L *12.4*(1955)
マーティン，ジョン *2.17*(1854)
マテオ・ダ・バシォ *8.6*(1552)
マテジウス，ヨハネス *10.8*(1565)
万里小路充房 *9.12*(1626)
万里小路淳房 *11.10*(1709)
万里小路賢房 *10.19*(1507)
万里小路惟房 *6.9*(1573)
万里小路季房 *5.20*(1333)
万里小路輔房 *8.5*(1573)
万里小路嗣房 *9.9*(1401)
万里小路時房 *11.20*(1457)
万里小路仲房 *6.2*(1388)
万里小路宣房 *10.18*(1348)
万里小路秀房 *11.12*(1563)
万里小路房子 *9.29*(1580)
万里小路藤房 *3.28*(1380)
万里小路冬房 *12.21*(1485)
万里小路頼房 *4.26*(1389)
マデルナ，カルロ *1.30*(1629)
マデルナ，ブルーノ *11.13*(1973)
マデーロ，フランシスコ *2.22*(1913)
円方女王 *12.23*(774)
マードック *10.30*(1921)
マードック，ウィリアム *11.15*(1839)
マドルッツォ，クリストーフォロ *7.5*(1578)
マートン，ロバート *2.23*(2003)
曲直瀬玄朔 *12.10*(1632)
曲直瀬正琳 *8.16*(1611)
曲直瀬道三（初代） *1.4*(1594)
マナセ・ベン・イスラエル *11.20*(1657)
曲直瀬正純 *3.27*(1605)
間部詮勝 *11.28*(1884)
間部詮房 *7.16*(1720)
真鍋博 *10.31*(2000)

マニャスコ，アレッサンドロ *3.19*(1749)
マニャーニ，アンナ *9.26*(1973)
マニン *9.22*(1857)
マヌエル1世 *9.24*(1180)
マヌエル1世 *12.13*(1521)
マヌエル2世 *7.2*(1932)
マヌエル2世 *7.21*(1425)
マヌエル，ニコラウス *4.28*(1530)
マヌーツィオ，アルド *2.6*(1515)
マヌティウス，パウルス *4.6*(1574)
マネ，エドゥアール *4.30*(1883)
マネシエ，アルフレッド *8.1*(1993)
マネッセ，リューディガー *9.5*(1304)
マネッティ，アントーニオ・ディ・トゥッチョ *5.26*(1497)
マネッティ，ジャンノッツォ *10.27*(1459)
真野毅 *8.28*(1986)
マーハ，カレル・ヒネック *11.6*(1836)
マハムード・シャー・ベーガラー *11.23*(1511)
マハーラノビス *6.28*(1972)
マハン，アルフレッド・セアー *12.1*(1914)
マビーニ *5.13*(1903)
マビヨン，ジャン *12.27*(1707)
馬淵嘉平 *11.11*(1851)
馬淵美意子 *5.28*(1970)
真船豊 *8.3*(1977)
マフムト2世 *7.1*(1839)
マフムード・ガーワーン *4.5*(1481)
マブリー，ガブリエル・ボノ・ド *4.23*(1785)
マヘーンドラ *1.31*(1972)
ママリー *8.23*(1895)
マーマン，エセル *2.15*(1984)
間宮茂輔 *1.12*(1975)
間宮林蔵 *2.26*(1844)
マーミン-シビリャーク，ドミートリー・ナルキソヴィチ

11.2(1912)
マムーリアン, ルーベン 12.4(1987)
マヤコフスキー, ウラジーミル・ウラジーミロヴィチ 4.14(1930)
マヤー, ジョゼフ・アン 6.28(1748)
真山青果 3.25(1948)
マヤール, ロベール 4.5(1940)
黛敏郎 4.10(1997)
マーヨル, ゲオルク 11.28(1574)
マヨールス(クリュニーの) 5.11(994)
マーラー, アルマ 12.11(1964)
マーライ, シャーンドル 2.21(1989)
聖マラキ 11.2(1148)
マーラー, グスタフ 5.18(1911)
マラーシキン, セルゲイ・イワノヴィチ 6.22(1988)
マラー, ジャン・ポール 7.13(1793)
マラッティ, カルロ 12.15(1713)
マラテスタ, エンリコ 7.22(1932)
マラー, ハーマン・ジョゼフ 4.5(1967)
マラパルテ, クルツィオ 7.19(1957)
マラマッド, バーナード 3.18(1986)
マラルメ, ステファーヌ 9.9(1898)
マラン, ダニエル 2.7(1959)
マリー 6.12(1974)
マリー-アントワネット 10.16(1793)
マリア1世 3.20(1816)
マリア2世 11.15(1853)
マリア・カロリーナ 9.8(1814)
マリア・クリスティナ 2.6(1929)
マリア・クリスティナ 8.22(1878)

マリアット, フレデリック 8.9(1848)
マリアテギ, ホセ・カルロス 4.16(1930)
マリア・テレジア 11.29(1780)
マリアナ, フアン・デ 2.16(1624)
マリア・ニコラエヴナ 7.17(1918)
マリア・フョードロブナ 10.13(1928)
マリア・ルイザ 1.2(1819)
マリヴォー, ピエール・ド 2.12(1763)
マリウス 12.26(1624)
マリウス(アヴァーンシュの) 12.31(594)
マリウス, ガイウス 1.13(前86)
マリエット, オーギュスト 1.19(1881)
マリオット, エドム 5.12(1684)
マリー, ギルバート 5.20(1957)
マリク・シャー 11.19(1092)
マリク, ヤコフ・アレクサンドロヴィチ 2.11(1980)
マリケン, ロバート・サンダーソン 10.31(1986)
マリー, ジェイムズ 7.26(1915)
マリー, ジェイムズ・スチュアート 1.21(1570)
マリー, ジョン・ミドルトン 3.13(1957)
マリタン, ジャック 4.28(1973)
マリー・テレーズ 7.30(1683)
マリニー 4.11(1315)
マリーニ, マリーノ 8.6(1980)
マリネッティ, フィリッポ・トンマーゾ 12.2(1944)
マリーノ, ジャンバッティスタ 3.25(1625)
マリノフスキー, ブロニスロー・カスパー 5.16(1942)
マリノフスキー, ロジオン・ヤコヴレヴィチ 3.31(1967)

マリピエロ, ジャン・フランチェスコ 8.1(1973)
マーリー, ボブ 5.11(1981)
マリー(メディシス, メディチの) 7.3(1642)
マリヤック 8.7(1632)
マリュス, エティエンヌ・ルイ 2.23(1812)
マリー・ルイーズ 12.18(1847)
マリー・レシチンスカ 6.24(1768)
マリン, ジョン 10.1(1953)
マルイシキン, アレクサンドル・ゲオルギエヴィチ 8.3(1938)
マルヴェッツィ, クリストファノ 1.22(1599)
マール, エミール 10.6(1954)
丸岡明 8.24(1968)
丸岡桂 2.12(1919)
丸岡秀子 5.25(1990)
マルカスター, リチャード 4.15(1611)
マルカム3世 11.13(1093)
マルガレータ・ド・パルマ 1.18(1586)
マルガレータ(スコットランドの) 11.16(1093)
マルガレータ(ハンガリーの) 1.18(1270)
マルガレーテ・フォン・エステルライヒ 12.1(1530)
マルキアヌス 1.26(457)
丸木位里 10.19(1995)
丸木俊 1.13(2000)
マルク, アウシアス 3.3(1459)
マルクグラーフ, アンドレアス・ジギスムント 8.7(1782)
マルクス 8.5(1946)
マルクス・アウレリウス・アントニヌス 3.17(180)
マルクス, カール 3.14(1883)
マルクス, グルーチョ 8.19(1977)
マルクス, シコ 10.11(1961)
マルクス, ゼッポ 11.30(1979)
マルクス, ハーポ 9.28(1964)

マルクーゼ, ヘルベルト　7.29（1979）
マルク, フランツ　3.4（1916）
マルグリット　8.25（1482）
マルグリット・ド・ナヴァール　12.21（1549）
マルグリット・ド・フランス　3.27（1615）
マルグリット, ポール　12.30（1918）
マルグレス　10.4（1920）
マルグレーテ　10.28（1412）
マルケ, アルベール　6.14（1947）
マルケーヴィチ, イーゴリ・ボリーソヴィチ　3.7（1983）
マルケージ・デ・カストローネ, マティルデ　11.17（1913）
マルケラ　8.30（410）
マルゲリータ（コルトーナの）　2.22（1297）
マルゲリータ・コロンナ　12.30（1280）
マルゲリータ（サボイアの）　11.20（1926）
マルケルス　7.21（298）
マルケルス2世　5.1（1555）
マルコヴァ, デイム・アリシア　12.2（2004）
マルコヴィチ, スヴェトザル　2.26（1875）
マルコーニ, グリエルモ　7.20（1937）
マルコーニ, プリーニオ　9.28（1989）
マルコフ, アンドレイ・アンドレエヴィチ　7.20（1922）
マルコ・ポーロ　1.8（1324）
マルコム・エックス　2.21（1965）
マルサス, トマス・ロバート　12.13（1834）
マルシェ, ジョルジュ　11.16（1997）
マルシャーク, サムイル・ヤーコヴレヴィチ　7.4（1964）
マルシャン, アンドレ　3.30（1987）
マルシャン, ジャン・バティスト　1.14（1934）

マルシュナー, ハインリヒ　12.14（1861）
マルシリウス　8.20（1396）
マルセル-エティエンヌ　7.31（1358）
マルセル, ガブリエル　10.8（1973）
マルゼルブ, クレチヤン-ギョーム・ド・ラモワニョン・ド　4.22（1794）
マルソー　9.21（1796）
マルソー, マルセル　9.22（2007）
マルータス（タグリットの）　5.2（649）
マルタン　12.31（1706）
マルタン・デュ・ガール, ロジェ　8.22（1958）
マルタン, ピエール・エミール　5.24（1915）
マルタン, フランク　11.21（1974）
マルチェロ, ベネデット　7.24（1739）
マルッコ・タルカニオータ, ミケーレ　4.11（1500）
マルティ　10.1（1914）
マルティーニ, ジョヴァンニ・バッティスタ　8.3（1784）
マルティーニ, マルティーノ　6.6（1661）
マルティヌス　6.22（1278）
マルティヌス　11.8（397）
マルティヌス1世　9.16（655）
マルティヌス4世　3.28（1285）
マルティヌス5世　2.20（1431）
マルティヌー, ボフスラフ　8.28（1959）
マルティネス-シエラ, グレゴリオ　10.1（1947）
マルティネス-デ-ラ-ロサ, フランシスコ　2.7（1862）
マルティネス-モンタニェース, ファン　6.18（1649）
マルティノン, ジャン　3.1（1976）
マルティ, ホセ　5.19（1895）
マルティン　7.11（1925）
マルティン・イ・ソレル, ビセンテ　1.30（1806）

マルドナド, ホアン　5.1（1583）
マルトノ, モーリス　10.8（1980）
マルトフ　4.4（1923）
マルトンヌ　7.25（1955）
マール, ニコライ・ヤーコヴレヴィチ　12.20（1934）
マルハイネケ, フィーリプ・コンラート　5.31（1846）
丸橋忠弥　8.10（1651）
マールバラ　10.1（1744）
マールバラ, ジョン・チャーチル, 初代公爵　6.16（1722）
マルピーギ, マルチェロ　11.29（1694）
マルブランシュ, ニコラ　10.13（1715）
丸目蔵人　2.7（1629）
マルモル, ホセ・ペドロ・クリソロゴ　8.9（1871）
マルモンテル, ジャン-フランソワ　12.31（1799）
円山応挙　7.17（1795）
丸山薫　10.21（1974）
丸山幹治　8.16（1955）
丸山邦男　1.24（1994）
丸山作楽　8.18（1899）
丸山定夫　8.16（1945）
丸山静　7.2（1987）
丸山二郎　6.30（1972）
丸山晩霞　3.4（1942）
丸山真男　8.15（1996）
マル, ルイ　11.23（1995）
マルロー, アンドレ　11.23（1976）
マルロラート, アウグスティーン　10.31（1562）
マルワーン2世　8.5（750）
マレー　11.9（1952）
マレイ, サー・ジョン　3.16（1914）
マレーヴィチ, カジミール・ゼヴェリノヴィチ　5.15（1935）
マレシャル, モリス　4.19（1964）
マレー, ジャン　11.8（1998）
マレース, ハンス・フォン　6.5（1887）
マレット, ロバート・ラナルフ　2.18（1943）

マレルブ, フランソワ・ド 10.16(1628)
マレンコフ, ゲオルギー・マクシミリアノヴィチ 1.14(1988)
マレンツィオ, ルカ 8.22(1599)
マロ, エクトール・アンリ 7.17(1907)
マロ, エド・R 4.27(1965)
マーロー, クリストファー 5.30(1593)
マロ, クレマン 9.10(1544)
マロリー 6.7(1924)
マロリー, トマス 3.14(1471)
マローン, エドマンド 5.25(1812)
マン 7.21(1641)
マンガネッリ, ジョルジョ 5.28(1990)
マンキアヴィチュ, ジョーゼフ・L. 2.5(1993)
マンギャン, アンリ 12.25(1943)
万休 6.6(1576)
マン, クラウス 5.21(1949)
卍元師蛮 2.12(1710)
万江宗程 7.8(1614)
満済 6.13(1435)
マンサール, ジュール・アルドゥアン 5.11(1708)
マンサール, フランソワ 9.23(1666)
卍山道白 8.19(1715)
マンシクール, ピエール・ド 10.5(1564)
マンシーニ, ヘンリー 6.14(1994)
饅頭屋宗二(初代) 7.11(1581)
万城目正 4.25(1968)
マンズー, ジャコモ 1.17(1991)
マンスフィールド, キャサリン 1.9(1923)
マンスフェルト 10.17(1912)
マンゾーニ, アレッサンドロ 5.22(1873)
マンソン, サー・パトリック 4.9(1922)
万代順四郎 3.28(1959)

万多親王 4.21(830)
マンチェスター, エドワード・モンタギュー, 2代伯爵 5.5(1671)
マンツィーニ, ジャンナ 8.31(1974)
万亭応賀 8.30(1890)
マンデヴィル, バーナード・ド 1.21(1733)
マンデス - フランス, ピエール 10.18(1982)
マンデス, カチュル 2.7(1909)
マンテーニャ, アンドレア 9.13(1506)
マンデリシタム, オーシプ・エミリエヴィチ 12.27(1938)
マンデル, カレル・ヴァン 9.2(1606)
マントイフェル 6.17(1885)
マントゥー 12.13(1956)
マントヴァーニ, アヌンチョ 3.29(1980)
政所有縣 8.1(1866)
マントー, サアーダット・ハサン 1.18(1955)
マントノン, フランソワーズ・ドービニェ, 侯爵夫人 4.15(1719)
マン, トーマス 8.12(1955)
マンニネン, オット 4.6(1950)
マンネルハイム, カール・グスタヴ, 男爵 1.27(1951)
マンハイム, カール 1.9(1947)
マン, ハインリヒ 3.12(1950)
マンプール, ルイ 8.13(1686)
マンフレート 2.26(1266)
マン, ホラス 8.2(1859)
マンリケ, ホルヘ 3.27(1479)
マンロー 8.30(1885)
マンロー, デーヴィッド 5.15(1976)

【 み 】

ミアズ 1.29(1647)

三浦綾子 10.12(1999)
三浦按針 4.24(1620)
三浦義一 4.10(1971)
三浦謹之助 10.11(1950)
三浦一雄 1.30(1963)
三浦敬三 1.5(2006)
三浦乾也 10.9(1889)
三浦梧門 10.8(1860)
三浦梧楼 1.28(1926)
三浦貞連 1.27(1336)
三浦浄心 3.12(1644)
三浦新七 8.14(1947)
三浦胤義 6.15(1221)
三浦環 5.26(1946)
三浦為春 7.2(1652)
三浦つとむ 10.27(1989)
三浦時高 9.23(1494)
三浦梅園 3.14(1789)
三浦周行 9.6(1931)
三浦正次 10.27(1641)
三浦光子 6.14(1969)
三浦光村 6.5(1247)
三浦命助 2.10(1864)
三浦百重 2.29(1972)
三浦安 12.11(1910)
三浦泰村 6.5(1247)
三浦義明 8.27(1180)
三浦義同 7.11(1516)
三浦義澄 1.23(1200)
三浦義村 12.5(1239)
ミーエン, アーサー 8.5(1960)
三尾公三 6.29(2000)
ミカエル3世 9.23(867)
ミカエル4世 12.10(1041)
ミカエル8世 12.11(1282)
ミカエル(チェゼーナの) 11.29(1342)
三ケ島葭子 3.26(1927)
味方但馬 4.8(1623)
三門博 10.12(1998)
三上於菟吉 2.7(1944)
三上参次 6.7(1939)
三上千那 4.27(1723)
三上卓 10.25(1971)
三上次男 6.6(1987)
三上秀吉 10.2(1970)
三上義夫 12.31(1950)
三木清 9.26(1945)
三岸好太郎 7.1(1934)
三木静次郎 8.11(1936)

三岸節子　4.18（1999）
三木淳　2.22（1992）
三木治朗　7.18（1963）
三木澄子　4.16（1988）
三鬼隆　4.9（1952）
三木武夫　11.14（1988）
三木竹二　1.10（1908）
御木徳近　2.2（1983）
御木徳一　7.6（1938）
三木富雄　2.15（1978）
三木鶏郎　10.7（1994）
三木のり平　1.25（1999）
三木パウロ　12.19（1597）
三木武吉　7.4（1956）
御木本幸吉　9.21（1954）
三木安正　5.31（1984）
三木行治　9.21（1964）
三鬼陽之助　10.8（2002）
三木露風　12.29（1964）
ミクサート・カールマーン　5.28（1910）
三国一朗　9.15（2000）
三国大学　5.31（1896）
三国玲子　8.5（1987）
ミクリッチ・ラデツキ　6.14（1905）
ミクルーハ・マクライ　4.4（1888）
ミクロニウス，マルティーニュス　9.12（1559）
ミケランジェロ・ブオナッローティ　2.18（1564）
ミゲル　11.14（1866）
ミーゲル，アグネス　10.26（1964）
ミケロッツォ・ディ・バルトロメオ　10.7（1472）
ミコーニウス，オスヴァルト　10.14（1552）
御子左為親　6.4（1341）
御子左為遠　8.27（1381）
ミコヤン，アナスタス・イヴァノヴィチ　10.21（1978）
ミコヤン，アルチョム・イヴァノヴィチ　12.9（1970）
ミコワイチク　12.13（1966）
見沢知廉　9.7（2005）
ミシェル・アフラク　6.24（1989）
ミシェル，ルイーズ　1.9（1905）

三品彰英　12.19（1971）
三島海雲　12.28（1974）
三島霜川　3.7（1934）
三島中洲　5.12（1919）
三島徳七　11.19（1975）
三島雅夫　7.18（1973）
三島通庸　10.23（1888）
三島通陽　4.20（1965）
三島通良　3.9（1925）
三島弥太郎　3.7（1919）
三島由紀夫　11.25（1970）
ミシュレ　12.16（1893）
ミシュレ，ジュール　2.9（1874）
ミショー，アンリ　10.19（1984）
ミーズ　7.25（1186）
ミース，ヴァン・デル・ローエ，ルートヴィヒ　8.17（1969）
水上達三　6.16（1989）
水上勉　9.8（2004）
水木歌仙（初代）　7.2（1779）
水木辰之助（初代）　9.23（1745）
水沢謙三　1.20（1978）
水品春樹　10.19（1988）
水島早苗　2.25（1978）
水島三一郎　8.3（1983）
水島爾保布　12.30（1958）
水島卜也　8.14（1697）
水田竹圃　7.11（1958）
水谷長三郎　12.17（1960）
水谷浩　5.16（1971）
水谷まさる　5.25（1950）
水谷八重子　10.1（1979）
水田三喜男　12.22（1976）
ミスタンゲット　1.5（1956）
ミストラル，ガブリエラ　1.10（1957）
ミストラル，フレデリック　3.25（1914）
水沼辰夫　4.15（1965）
水野勝ης　3.15（1651）
水野成夫　5.4（1972）
水野十郎左衛門　3.27（1664）
水野清一　5.25（1971）
水野仙子　5.31（1919）
水野忠成　2.28（1834）
水野忠清　5.28（1647）
水野忠邦　2.10（1851）
水野忠重　7.19（1600）
水野忠周　10.28（1718）

水野忠恒　6.28（1739）
水野忠任　12.27（1812）
水野忠辰　8.18（1752）
水野忠友　9.19（1802）
水野忠央　2.25（1865）
水野忠徳　7.9（1868）
水野忠弘　12.7（1905）
水野忠之　3.18（1731）
水野年方　4.7（1908）
水野敏之丞　6.23（1944）
水野信元　12.27（1576）
水野広徳　10.18（1945）
水谷正村　6.20（1596）
水野葉舟　2.2（1947）
水野利八　3.9（1970）
水野錬太郎　11.25（1949）
水原茂　3.26（1982）
水原秋桜子　7.17（1981）
水原弘　7.5（1978）
水町京子　7.19（1974）
三隅兼連　3.12（1355）
三角寛　11.8（1971）
三隅研次　9.24（1975）
水守亀之助　12.15（1958）
ミス・ワカサ　9.30（1974）
ミス・ワカナ　10.15（1946）
三瀬周三　10.19（1877）
ミーゼス　10.10（1973）
ミーゼス，リヒャルト・フォン　7.14（1953）
溝口健二　8.24（1956）
溝口直諒　6.18（1858）
溝口秀勝　9.28（1610）
溝口善勝　5.2（1634）
御薗意斎　11.2（1616）
美空ひばり　6.24（1989）
三田定則　2.6（1950）
見田石介　8.9（1975）
三谷宗鎮　5.12（1741）
三谷隆正　2.17（1944）
三谷民子　4.1（1945）
三谷十糸子　2.11（1992）
美玉三平　10.14（1863）
三田村鳶魚　5.14（1952）
三田村四郎　6.20（1964）
三田幸夫　2.11（1991）
御手洗毅　10.12（1984）
御手洗辰雄　9.7（1975）
三千風　1.8（1707）
道嶋嶋足　1.8（783）
路大人　7.18（719）

ミチューリン, イヴァン・ウラジーミロヴィチ 6.7(1935)
三井甲之 4.3(1953)
満井佐吉 2.16(1967)
三井殊法 9.9(1676)
三井高利 5.6(1694)
三井高富 5.5(1709)
三井高平 閏11.27(1738)
三井高房 10.17(1748)
三井高棟 2.9(1948)
三井高保 1.4(1922)
三井高福 12.20(1885)
三井八郎次郎 9.30(1919)
三井礼子 1.13(1989)
満川亀太郎 5.12(1936)
ミツキエヴィッチ, アダム 11.26(1855)
三木嗣頼 11.12(1572)
箕作佳吉 9.16(1909)
箕作元八 8.9(1919)
箕作阮甫 6.17(1863)
箕作秋吉 5.10(1971)
箕作秋坪 12.3(1886)
箕作省吾 12.13(1847)
箕作麟祥 11.29(1897)
光子内親王 10.6(1727)
光瀬竜 7.7(1999)
三津田健 11.28(1997)
光田健輔 5.14(1964)
満谷国四郎 7.12(1936)
ミッチェナー, ジェイムズ 10.16(1997)
ミッチェル 10.29(1946)
ミッチェル, サイラス・ウィア 1.4(1914)
ミッチェル, ジョン 4.9(1793)
ミッチェル, ピーター・デニス 4.10(1992)
ミッチェル, マーガレット 8.16(1949)
ミッチェルリッヒ, アイルハルト 8.28(1863)
三土忠造 4.1(1948)
ミッテラン, フランソワ 1.8(1996)
ミットフォード, B.F. 8.17(1916)
ミットフォード, メアリー・ラッセル 1.10(1855)
光永平蔵 10.9(1862)
光永星郎 2.20(1945)

三橋節子 2.24(1975)
三橋鷹女 4.7(1972)
三橋敏雄 12.1(2001)
ミッヘルス 5.2(1936)
弥天永釈 6.5(1406)
未得 7.18(1669)
ミード, ジェイムズ・エドワード 12.22(1995)
ミード, ジョージ・ハーバート 4.26(1931)
三戸部スエ 4.24(1986)
ミード, マーガレット 11.15(1978)
三富朽葉 8.2(1917)
水戸光子 4.5(1981)
緑川洋一 11.14(2001)
ミトレ, バルトロメ 1.18(1906)
ミトロプロス, ディミトリ 11.2(1960)
美土路昌一 5.11(1973)
ミナーエフ 7.1(1890)
南風洋子 8.19(2007)
南方熊楠 12.29(1941)
水上泰生 2.21(1951)
水上滝太郎 3.23(1940)
水上武 9.8(1985)
皆川淇園 5.16(1807)
皆川広照 12.22(1627)
皆川睦男 2.6(2005)
湊長安 6.9(1838)
港野喜代子 4.15(1976)
湊正雄 4.16(1984)
湊守篤 8.21(1972)
南淵年名 4.8(877)
南淵永河 10.12(857)
南淵弘貞 9.19(833)
南梅た 10.24(1947)
南喜一 1.30(1970)
南薫造 1.6(1950)
三波伸介 12.8(1982)
南助松 10.15(1964)
三波春夫 4.14(2001)
南弘 2.8(1946)
南博 12.17(2001)
南洋一郎 7.14(1980)
源顕資 5.2(1317)
源顕仲 3.29(1138)
源顕平 5.24(1248)
源顕房 9.5(1094)
源顕雅 10.13(1136)

源顕通 4.8(1122)
源顕基 9.3(1047)
源顕 7.20(1492)
源有賢 5.5(1139)
源有資 7.20(1272)
源有綱 6.16(1186)
源有仁 2.13(1147)
源有雅 7.29(1221)
源生 8.2(872)
源懿子 12.29(1079)
源厳子 6.26(878)
源伊陟 5.25(995)
源興義 9.11(891)
源兼忠 3.17(1209)
源兼忠 7.1(958)
源清蔭 7.3(950)
源清延 1.17(996)
源潔姫 6.25(856)
源公忠 10.28(948)
源国明 4.17(1105)
源国信 1.10(1111)
源是茂 6.10(941)
源惟正 4.29(980)
源最子 7.7(886)
源貞恒 8.1(908)
源貞姫 7.17(880)
源定房 7.17(1188)
源定 1.3(863)
源実朝 1.27(1219)
源重信 5.8(995)
源重光 7.10(998)
源師子 12.1(1149)
源順子 4.4(925)
源資賢 2.26(1188)
源資綱 1.2(1082)
源資平 9.23(1284)
源資通 8.23(1060)
源扶義 7.25(998)
源冷 2.25(890)
源高明 12.16(983)
源隆国 7.9(1077)
源隆家 9.26(1074)
源隆俊 3.15(1075)
源湛 5.21(915)
源忠清 2.21(988)
源為朝 3.6(1177)
源為義 7.30(1156)
源勤 5.8(881)
源経信 閏1.6(1097)
源経房 12.12(1023)
源経基 11.4(961)

971

みな　　　　　　　　　　　　　　　人名索引

源経頼　8.28(1039)
源貞子　1.20(873)
源融　8.25(895)
源常　6.13(854)
源俊明　12.2(1114)
源俊賢　6.13(1027)
源俊実　6.10(1119)
源俊房　11.12(1121)
源俊雅　9.20(1149)
源朝任　9.16(1034)
源朝長　12.29(1160)
源直　12.26(899)
源仲章　1.27(1219)
源仲興　1.26(1406)
源仲綱　5.26(1180)
源長具　11.26(1373)
源延光　6.17(976)
源舒　11.29(881)
源昇　6.29(918)
源光　3.12(913)
源彦仁　3.23(1298)
源等　3.10(951)
源博雅　9.28(980)
源弘　1.25(863)
源信　閏12.28(869)
源正明　3.9(958)
源雅兼　11.8(1143)
源雅清　4.2(1230)
源雅言　10.26(1300)
源雅定　5.27(1162)
源雅実　2.15(1127)
源雅俊　4.13(1122)
源雅信　7.29(993)
源雅憲　2.5(1326)
源雅通　2.27(1175)
源雅頼　8.3(1190)
源勝　7.4(886)
源多　10.17(888)
源全姫　1.25(882)
源希　1.19(902)
源通家　7.26(1167)
源通資　7.8(1205)
源道良　4.24(1111)
源光信　10.4(1145)
源光行　2.17(1244)
源宗于　11.22(940)
源基子　7.2(1134)
源基綱　12.30(1117)
源基平　5.15(1064)
源庶明　5.20(955)
源師忠　9.29(1114)

源師時　4.6(1136)
源師仲　5.16(1172)
源師房　2.17(1077)
源師頼　12.4(1139)
源保光　5.9(995)
源行家　5.12(1186)
源行直　8.21(1342)
源行宗　12.24(1143)
源能有　6.8(897)
源義賢　8.16(1155)
源義国　6.26(1155)
源義親　1.6(1108)
源義経　閏4.30(1189)
源能俊　11.25(1138)
源義朝　1.3(1160)
源義仲　1.20(1184)
源良姫　2.22(884)
源義平　1.19(1160)
源義光　10.20(1127)
源自明　4.17(958)
源頼家　7.18(1204)
源頼賢　7.30(1156)
源頼定　6.11(1020)
源頼実　6.7(1044)
源頼朝　1.13(1199)
源頼信　4.17(1048)
源頼政　5.26(1180)
源頼光　7.19(1021)
源頼茂　7.13(1219)
源頼義　7.13(1075)
源倫子　6.11(1053)
源麗子　4.3(1114)
源連子　9.9(905)
源和子　7.21(947)
皆吉爽雨　6.29(1983)
ミニェ　3.24(1884)
ミーニー, ジョージ　1.10(1980)
ミニャール, ピエール　5.30(1695)
ミーニュ, ジャーク・ポル　10.24(1875)
水主内親王　8.20(737)
峰地光重　12.28(1968)
嶺春泰　10.6(1793)
嶺田楓江　12.28(1883)
峯村国一　4.28(1977)
ミネリ, ヴィンセント　7.25(1986)
箕浦勝人　8.30(1929)

ミーノ・ダ・フィエーゾレ　7.11(1484)
蓑田胸喜　1.30(1946)
三野王　5.30(708)
美努岡麻呂　10.20(728)
美濃部達吉　5.23(1948)
美濃部洋次　2.28(1953)
美濃部亮吉　12.24(1984)
三野村利左衛門　2.21(1877)
ミハイ　8.19(1601)
ミハイル・ロマノフ　7.23(1645)
ミハイロフスキー, ニコライ・コンスタンチノヴィチ　1.28(1904)
ミハイロフ, ミハイル・ラリオノヴィチ　8.2(1865)
三橋美智也　1.8(1996)
三原王　7.10(752)
三原脩　2.6(1984)
三原順　3.20(1995)
ミヒャエーリス, ゲオルク　7.24(1936)
ミヒヤール・ビン・マルズーヤ　3.27(1037)
壬生院　2.11(1656)
壬生照順　2.18(1987)
壬生匡遠　5.4(1366)
三淵忠彦　7.14(1950)
三船久蔵　1.27(1965)
御船千鶴子　1.19(1911)
三船敏郎　12.24(1997)
壬生雅顕　5.12(1348)
壬生雅久　11.22(1504)
御堀耕助　5.13(1871)
美作太郎　7.3(1989)
美馬順三　6.11(1825)
三益愛子　1.18(1982)
三桝大五郎(初代)　9.15(1780)
三桝大五郎(4代目)　5.13(1859)
三升家小勝(6代目)　12.29(1971)
三升屋二三治　8.5(1856)
三松正夫　12.8(1977)
耳野卯三郎　3.15(1974)
三村伸太郎　4.29(1970)
宮入行平　11.24(1977)
宮内寒弥　3.5(1983)
宮負定雄　9.23(1858)

972

宮尾しげを　*10.2*（1982）
宮川淳　*10.21*（1977）
宮川一笑　*12.14*（1780）
宮川一夫　*8.7*（1999）
宮川長春　*11.13*（1752）
宮川経輝　*2.2*（1936）
宮川寅雄　*12.25*（1984）
宮川泰　*3.21*（2006）
宮城音弥　*11.26*（2005）
宮城喜代子　*12.19*（1991）
宮城タマヨ　*11.19*（1960）
宮城千賀子　*8.7*（1996）
宮城彦助　*8.27*（1863）
宮城道雄　*6.18*（1956）
宮口しづえ　*7.5*（1994）
宮口精二　*4.12*（1985）
三宅克己　*6.30*（1954）
三宅花圃　*7.18*（1943）
三宅観瀾　*8.21*（1718）
三宅寄斎　*6.18*（1649）
三宅邦子　*11.4*（1992）
三宅艮斎　*7.3*（1868）
三宅周太郎　*2.14*（1967）
三宅正一　*5.23*（1982）
三宅尚斎　*1.29*（1741）
三宅嘯山　*4.18*（1801）
三宅正太郎　*3.4*（1949）
三宅正太郎　*4.29*（1992）
三宅晴輝　*9.1*（1966）
三宅石庵　*7.16*（1730）
三宅雪嶺　*11.26*（1945）
三宅艶子　*1.17*（1994）
三宅董庵　*1.21*（1859）
三宅藤九郎（9代目）　*12.19*（1990）
三宅泰雄　*10.16*（1990）
三宅やす子　*1.18*（1932）
三宅米吉　*11.11*（1929）
都一広（2代目）　*8.13*（1970）
宮古路豊後掾（初代）　*9.1*（1740）
都太夫一中（初代）　*5.14*（1724）
都太夫一中（5代目）　*7.5*（1822）
都太夫一中（10代目）　*2.6*（1928）
都太夫一中（11代目）　*7.8*（1991）
ミヤコ蝶々　*10.12*（2000）
都良香　*2.25*（879）

都家かつ江　*9.29*（1983）
宮坂哲文　*1.24*（1965）
宮崎市定　*5.24*（1995）
宮崎筠圃　*12.10*（1775）
宮崎車之助　*10.28*（1876）
宮崎湖処子　*8.9*（1922）
宮崎民蔵　*8.15*（1928）
宮崎八郎　*4.6*（1877）
宮崎安貞　*7.23*（1697）
宮崎竜介　*1.23*（1971）
宮澤喜一　*6.28*（2007）
宮沢賢治　*9.21*（1933）
宮沢縦一　*7.8*（2000）
宮沢俊義　*9.4*（1976）
宮下太吉　*1.24*（1911）
宮道列子　*10.17*（907）
宮嶋資夫　*2.19*（1951）
宮島清次郎　*9.6*（1963）
宮島義勇　*2.21*（1998）
宮柊二　*12.11*（1986）
ミャスコフスキー，ニコライ・ヤコヴレヴィチ　*8.8*（1950）
宮薗千之（初代）　*12.22*（1835）
宮薗千之（4代目）　*7.26*（1977）
宮薗千寿（4代目）　*9.2*（1985）
宮薗鶯鳳軒（初代）　*5.9*（1785）
宮薗鶯鳳軒（2代目）　*1.25*（1812）
宮武外骨　*7.28*（1955）
宮田輝　*7.15*（1990）
宮田東峰　*1.31*（1986）
宮田登　*2.10*（2000）
宮田文子　*6.25*（1966）
宮地嘉六　*4.10*（1958）
宮地伝三郎　*10.21*（1988）
宮地直一　*5.16*（1949）
宮永岳彦　*4.19*（1987）
宮野尹賢　*2.29*（1758）
宮之原貞光　*10.29*（1983）
宮原阿つ子　*3.22*（1985）
宮原二郎　*1.15*（1918）
宮原誠一　*9.26*（1978）
宮部金吾　*3.16*（1951）
宮部継潤　*3.25*（1599）
宮部鼎蔵　*6.5*（1864）
宮部長熈　*11.18*（1635）
宮部春蔵　*7.21*（1864）
宮増親賢　*7.13*（1556）
宮本研　*2.28*（1988）
宮本顕治　*7.18*（2007）
宮本三郎　*10.13*（1974）

宮本常一　*1.30*（1981）
宮本又次　*3.12*（1991）
宮本ミツ　*3.28*（1984）
宮本武蔵　*5.19*（1645）
宮本百合子　*1.21*（1951）
宮脇朝男　*5.2*（1978）
宮脇紀雄　*11.18*（1986）
ミュア，エドウィン　*1.3*（1959）
ミュコーニウス，フリードリヒ　*4.7*（1546）
ミュシャ，アルフォンス　*7.14*（1939）
ミュッセ，アルフレッド・ド　*5.2*（1857）
ミュッセンブルーク，ピーター・ファン　*9.19*（1761）
ミュラー　*3.20*（1931）
ミュラー　*5.21*（1897）
ミュラー　*12.23*（1934）
ミュラー，アーダム・ハインリヒ　*1.17*（1829）
ミュラー，ヴィルヘルム　*9.30*（1827）
ミュラー，エルウィン・ウィルヘルム　*5.17*（1977）
ミューラー，オットー　*9.24*（1930）
ミュラ，ジョアシム　*11.13*（1815）
ミュラー，ハイナー　*12.30*（1995）
ミュラー，パウル・ヘルマン　*10.13*（1965）
ミュラー・フライエンフェルス　*12.12*（1949）
ミュラー，フリードリヒ　*4.23*（1825）
ミュラー，フリードリヒ・マックス　*10.28*（1900）
ミュラー，ヨハネス・フォン　*5.29*（1809）
ミュラー，ヨハネス・ペーター　*4.28*（1858）
ミュラー・リアー　*10.29*（1916）
ミュラー，レーオポルト・ベンヤミン・カール　*10.13*（1893）
ミュルダール，アルヴァ　*2.1*（1986）
ミュルダール，グンナル　*5.17*（1987）

ミュロック 10.12（1887）
ミュンシュ，シャルル 11.6（1968）
ミュンスター，ゼバスティアン 5.23（1552）
ミュンスターベルク 12.16（1916）
ミュンツァー，トーマス 5.27（1525）
ミュンヒハウゼン，カール・フリードリヒ・ヒエロニュムス，男爵 2.22（1797）
ミュンヒンガー，カール 3.13（1990）
明一 3.27（798）
明雲 11.19（1184）
妙雲尼 1.5（1191）
明恵 1.19（1232）
明快 3.18（1070）
明観 10.8（1021）
明巌鏡昭 11.21（1410）
明巌志宣 4.11（1515）
明巌正因 4.8（1369）
妙堯尼 11.13（1583）
明救 7.5（1020）
妙慶 12.26（1493）
妙康 11.4（1485）
明江徳舜 12.22（1505）
明済 8.11（1413）
明実 7.13（1093）
明秀 6.10（1487）
妙春尼 2.7（1598）
妙定尼 7.1（1428）
妙心尼 11.6（1594）
明詮 5.16（868）
明全 5.27（1225）
妙禅 5.2（1242）
明叟斎哲 7.2（1347）
明叟宗普 4.15（1590）
明尊 6.26（1063）
明達 9.22（955）
明哲 12.1（868）
明任 11.10（1229）
明忍 6.7（1610）
明普 4.7（1006）
明遍 6.16（1224）
妙文 3.3（1358）
妙蓮 8.10（1267）
妙蓮尼 1.20（1134）
三好伊平次 1.8（1969）
三好栄子 7.28（1963）

三好京三 5.11（2007）
三善清行 12.7（919）
三好十郎 12.16（1958）
三好退蔵 8.20（1908）
三好達治 4.5（1964）
三善為康 8.4（1139）
三好豊一郎 12.12（1992）
三善長衡 3.25（1244）
三好長慶 7.4（1564）
三好元長 6.20（1532）
三善康連 10.3（1256）
三善康俊 6.14（1238）
三善康信 8.9（1221）
三善康持 10.26（1257）
三好之長 5.11（1520）
三好義賢 3.5（1562）
三好義継 11.16（1573）
ミヨー，ダリユス 6.22（1974）
ミラー 5.20（1880）
ミラー，アーサー 2.10（2005）
ミラー，グレン 12.15（1944）
ミラー，ペリー 12.9（1963）
ミラー，ヘンリー 6.7（1980）
ミラボー 7.13（1789）
ミラボー，オノレ・ガブリエル・リケティ，伯爵 4.2（1791）
ミラー，ホワーキン 2.17（1913）
ミラン・オブレノビッチ4世 2.11（1901）
ミランダ，サ・デ 3.15（1558）
ミランダ，フランシスコ・デ 7.14（1816）
ミリカン，ロバート・アンドリューズ 12.19（1953）
ミリーチ，ヤン 6.29（1374）
ミリューコフ 3.31（1943）
ミリューチン 2.7（1912）
ミル，ジェイムズ 6.23（1836）
ミールジナー，ジョー 5.15（1976）
ミル，ジョン・ステュアート 5.8（1873）
ミルスタイン，ネイサン 12.21（1992）
ミルティツ，カール・フォン 11.20（1529）
ミルトン，ジョン 11.8（1674）
ミルナー，アルフレッド・ミルナー，初代子爵 5.13（1925）

ミールフワーンド 6.22（1498）
ミルボー，オクターヴ 2.16（1917）
ミール・マハムード 4.22（1725）
ミルラン 4.6（1943）
ミルン，A.A. 1.31（1956）
ミルン，ウィリアム・チャールズ 5.15（1863）
ミルン，エドワード・アーサー 9.21（1950）
ミルン，ジョン 7.31（1913）
ミレイ，ジョン・エヴァレット 8.13（1896）
ミレー，エドナ・セント・ヴィンセント 10.19（1950）
ミレー，ジャン・フランソワ 1.20（1875）
ミレス，カール 9.19（1955）
ミロシェビッチ，スロボダン 3.11（2006）
ミロ，ジョアン 12.25（1983）
ミロス・オブレノビチ 9.26（1860）
神王 4.24（806）
三輪執斎 1.25（1744）
三輪寿壮 11.14（1956）
三輪田元道 1.12（1965）
三輪田真佐子 5.3（1927）
ミーワッシュ 8.14（2004）
明極楚俊 9.27（1336）
ミンコフスキー 11.17（1972）
ミンコフスキー，ヘルマン 1.12（1909）
ミンスキー 7.2（1937）
ミンゼンティ，ヨージェフ，枢機卿 5.6（1975）
明兆 8.20（1431）
ミントー 3.1（1914）
ミントー 6.21（1814）

【 む 】

ムア，G.E. 10.24（1958）
ムーア，ジェラルド 3.13（1987）
ムア，ジョージ 1.21（1933）

ムーア, スタンフォード　8.23（1982）
ムア, トマス　2.25（1852）
ムア, ヘンリー　8.31（1986）
ムア, マリアン　2.5（1972）
ムイ, アニタ　12.29（2003）
無為昭元　5.16（1311）
無為信房　10.23（1264）
無隠円範　11.13（1307）
無隠元晦　10.17（1358）
無因宗因　6.4（1410）
無雲義天　5.27（1367）
無外円照　12.6（1381）
向井去来　9.10（1704）
無外珪言　10.26（1507）
向井元升　11.1（1677）
向井敏　1.4（2002）
向井潤吉　11.14（1995）
向井忠晴　12.19（1982）
無涯智洪　5.9（1351）
無涯仁浩　1.5（1359）
無学祖元　9.3（1286）
ムカジョフスキー, ヤン　2.8（1975）
夢厳祖応　11.2（1374）
無関普門　12.12（1292）
無極志玄　2.16（1359）
無空　6.26（916）
ムクティボード, ガジャーナン・マーダヴ　6.4（1964）
椋梨藤太　関5.28（1865）
椋鳩十　12.27（1987）
無礙妙謙　7.13（1369）
向田邦子　8.22（1981）
向山黄村　8.12（1897）
無際純証　4.21（1381）
武蔵川喜偉　5.30（1987）
武蔵石寿　11.25（1861）
武蔵家刀自　4.11（787）
武蔵野次郎　7.9（1997）
武蔵山武　3.15（1969）
ムザッファル・ウッディーン　1.4（1907）
無雑融純　11.27（1424）
ムーサンデル, カール・グスタフ　10.15（1858）
虫明亜呂無　6.15（1991）
無著道忠　12.23（1744）
無著妙融　8.12（1393）
武者小路実篤　4.28（1976）
武者小路実陰　9.28（1738）

武者小路教光　7.24（1378）
武者小路房子　10.25（1989）
武者小路縁光　8.24（1524）
無住　10.10（1312）
無準師範　3.18（1249）
無象静照　5.15（1306）
ムージル, ローベルト　4.15（1942）
ムスクールス, ヴォルフガング　8.30（1563）
ムスタファ2世　12.31（1703）
ムスタファ3世　2.1（1774）
ムスタファ・カーミル・パシャ　2.10（1908）
ムスリム　5.6（875）
ムゼーウス, ジーモン　7.11（1582）
夢窓疎石　9.30（1351）
ムソルグスキー, モデスト・ペトローヴィチ　3.16（1881）
務台理作　7.5（1974）
牟田口元学　1.13（1920）
牟田口廉也　8.2（1966）
ムータシム　1.5（842）
ムダラ, アロンソ　4.1（1580）
無端祖環　2.24（1387）
六浦光雄　6.12（1969）
ムック, カール　3.3（1940）
ムッサート, アルベルティーノ　5.31（1329）
ムッソリーニ, ベニト　4.28（1945）
ムッファト, ゲオルク　2.23（1704）
陸奥宗光　8.24（1897）
ムティアーヌス・ルーフス, コンラードゥス　3.30（1526）
ムーディ, ドワイト・ライマン　12.22（1899）
無底良韶　6.14（1361）
ムテサ2世　11.21（1969）
武藤章　12.23（1948）
武藤糸治　12.23（1970）
武藤景泰　11.17（1285）
武藤清　3.12（1989）
武藤山治　3.10（1934）
武藤資頼　8.25（1228）
武藤富男　2.7（1998）
無徳至孝　1.11（1363）
六人部是香　11.28（1864）

ムトン, ジャン・ド・オルイーグ　10.30（1522）
宗像氏貞　3.4（1586）
棟方志功　9.13（1975）
宗像誠也　6.22（1970）
ムナリ, ブルーノ　9.29（1998）
ムーニエ, エマニュエル　3.23（1950）
ムーニエ, コンスタンタン　4.4（1905）
ムニャチコ, ラジスラウ　2.24（1994）
ムネ＝シュリ　3.1（1916）
宗尊親王　8.1（1274）
棟田博　4.30（1988）
無能　1.2（1719）
ムハンマド　6.8（632）
ムハンマド5世　2.26（1961）
ムハンマド-ブン-アブド-アルワッハーブ　7.20（1787）
ムハンマド・アフマド（マフディー, 救世主）　6.22（1885）
ムハンマド・アリー　8.2（1849）
ムハンマド, イライジャ　2.25（1975）
ムハンマド・シャー　4.27（1748）
ムハンマド・シャー　9.5（1848）
ムハンマド・シャー3世　3.22（1482）
ムハンマド・ビン・トゥグルク　3.20（1351）
ムハンマド・ブン・トゥグジュ　6.24（946）
ムフタール　9.16（1931）
ムーベリ, ヴィルヘルム　8.8（1973）
無夢一清　5.24（1368）
無文元選　関3.22（1390）
村井吉兵衛　1.2（1926）
村井琴山　3.1（1815）
村井弦斎　7.30（1927）
村井貞勝　6.2（1582）
邑井貞吉（4代目）　2.11（1965）
村井知至　2.16（1944）
村井正誠　2.5（1999）
村井米子　12.19（1986）
ムラヴィヨフ　5.10（1843）
ムラヴィヨフ　11.30（1881）

ムラヴィンスキー，エフゲーニー・アレクサンドロヴィチ *1.20*(1988)
村岡嘉六 *8.4*(1976)
村岡典嗣 *4.13*(1946)
村岡花子 *10.25*(1968)
村垣範正 *3.15*(1880)
村上一郎 *3.29*(1975)
村上英俊 *1.10*(1890)
村上華岳 *11.11*(1939)
村上鬼城 *9.17*(1938)
村上三島 *11.20*(2005)
村上重良 *2.11*(1991)
村上専精 *10.31*(1929)
村上武次郎 *7.29*(1969)
村上武吉 *8.22*(1604)
村上忠順 *11.23*(1884)
村上天皇 *5.25*(967)
村上朝一 *2.13*(1987)
村上直次郎 *9.17*(1966)
村上浪六 *12.1*(1944)
村上信夫 *8.2*(2005)
村上信彦 *10.31*(1983)
村上義清 *1.1*(1573)
村上義光 閏*2.1*(1333)
村川堅太郎 *12.23*(1991)
村越直吉 *1.15*(1614)
村社講平 *7.8*(1998)
村雨退二郎 *6.22*(1959)
村瀬栲亭 *12.6*(1819)
村瀬幸子 *10.9*(1993)
村田嘉久子 *7.26*(1969)
村田玉鱗 *7.12*(1850)
村田珠光 *5.15*(1502)
村田省蔵 *3.15*(1957)
村田新八 *9.24*(1877)
村田清風 *5.26*(1855)
村田整珉 *11.24*(1837)
村田武雄 *3.16*(1997)
村田恒光 *9.14*(1870)
村田経芳 *2.9*(1921)
村田春郷 *9.18*(1768)
村田春海 *2.13*(1811)
村田英雄 *6.13*(2002)
村田峰次郎 *12.29*(1945)
村田実 *6.26*(1937)
村田了阿 *12.14*(1844)
ムラト1世 *6.15*(1389)
ムラト2世 *2.5*(1451)
ムラト4世 *2.9*(1640)
ムラト5世 *8.29*(1904)

ムラトーリ, ロドヴィーコ・アントーニオ *1.23*(1750)
村野四郎 *3.2*(1975)
村野常右衛門 *7.30*(1927)
村野藤吾 *11.26*(1984)
村松愛蔵 *4.11*(1939)
村松梢風 *2.13*(1961)
村松剛 *5.17*(1994)
村松貞次郎 *8.29*(1997)
村松友松 *11.7*(1880)
村本福五郎 *1.4*(1820)
村山槐多 *2.20*(1919)
村山籌子 *8.4*(1946)
村山古郷 *8.1*(1986)
村山七郎 *5.13*(1995)
村山四郎次 *1.12*(1713)
村山たか *9.30*(1876)
村山伝兵衛(3代目) *1.8*(1813)
村山等安 *10.26*(1619)
村山俊太郎 *12.9*(1948)
村山知義 *3.22*(1977)
村山又三郎(初代) *3.6*(1652)
村山リウ *6.17*(1994)
村山龍平 *11.24*(1933)
ムリーリョ, バルトロメ・エステバン *4.3*(1682)
ムルタトゥリ *2.19*(1887)
ムルチャー, ハンス *3.13*(1467)
ムルナウ, フリードリヒ・ヴィルヘルム *3.11*(1931)
ムルナー, トマス *8.23*(1537)
ムルメリウス, ヨハネス *10.2*(1517)
ムレトゥス *6.4*(1585)
室生犀星 *3.26*(1962)
室鳩巣 *8.14*(1734)
室田日出男 *6.15*(2002)
室積徂春 *12.4*(1956)
牟漏女王 *1.27*(746)
室原知幸 *6.29*(1970)
室伏高信 *6.28*(1970)
室町院 *5.3*(1300)
ムンカーチ, ミハーイ *5.1*(1900)
ムンク, エドヴァルト *1.23*(1944)
ムンク, カイ *1.4*(1944)
ムンク, ペーテル・アンドレアス *5.25*(1863)

【め】

メー *11.13*(1650)
メアリー1世 *11.17*(1558)
メアリー2世 *12.28*(1694)
メアリ(ギーズの) *6.11*(1560)
メイ牛山 *12.13*(2007)
メイエ, アントワーヌ *9.21*(1936)
メイエルソン *12.2*(1933)
メイエルホリド, フセヴォロド・エミリエヴィチ *2.3*(1940)
明義門院 *3.29*(1243)
明算 *11.11*(1106)
明治天皇 *7.29*(1912)
明正天皇 *11.10*(1696)
メイスフィールド, ジョン *5.12*(1967)
明宗(元) *8.6*(1329)
明宗(後唐) *11.26*(933)
明窓宗鑑 *7.20*(1318)
明帝(魏) *1.1*(239)
メイトランド, フレドリク・ウィリアム *12.19*(1906)
メイトランド(レシントンの), ウィリアム *6.9*(1573)
明峰素哲 *3.28*(1350)
メイヤー, マリア・ゲッパート *2.20*(1972)
メイヨー, ジョン *9.16*(1679)
メイラー, ノーマン *11.10*(2007)
メイル, ゴルダ *12.8*(1978)
メイル・ベン・バールーク *4.27*(1293)
メイン *2.3*(1888)
メイン, カスバート *11.30*(1577)
目賀田種太郎 *9.10*(1926)
メガンダー, カスパル *8.18*(1545)
目黒道琢 *8.30*(1798)
メサジェ, アンドレ *2.24*(1929)
メーザー, ユストゥス *1.8*(1794)

メシアン, オリヴィエ 4.28(1992)
メシエ, シャルル 4.11(1817)
メシノ, ジャン 9.12(1491)
メシュトロヴィチ, イヴァン 1.16(1962)
メスキイタ 11.4(1614)
メーストル, グザヴィエ・ド 6.12(1852)
メーストル, ジョゼフ・ド 2.26(1821)
メスマー, フランツ・アントン 3.5(1815)
メスメル, ピエール 8.29(2007)
メズレー, フランソワ・ウード・ド 7.10(1683)
メーソン 4.28(1871)
メーソン, ルーサー・ホワイティング 7.14(1896)
メタクサス, イオアンニス 1.29(1941)
メタスタージョ, ピエートロ 4.12(1782)
メダワー, サー・ピーター・ブライアン 11.2(1987)
メチニコフ, イリヤ 7.16(1916)
メッケネム, イスラエル・ファン 11.10(1503)
メッケル 10.31(1833)
メッサーシュミット, ウィリー 9.15(1978)
滅宗宗興 7.11(1382)
メッソニエ, ジャン-ルイ-エルネスト 1.31(1891)
メッソニエ, ジュスト-オレル 7.31(1750)
メッタニヒ, クレーメンス・ヴェンツェル・フォン 6.11(1859)
メッツァンジェ, ジャン 11.1(1956)
メツー, ハブリエル 10.24(1667)
メディチ, コジモ1世 4.21(1574)
メディチ, コジモ・デ 8.1(1464)
メディチ, ピエロ・デ 12.3(1469)

メーディチ, ロレンツィーノ・デ 2.26(1548)
メーディチ, ロレンツォ・デ 4.8(1492)
メディナ, バルトロメ・デ 1.29(1580)
メーテルランク, モーリス 5.6(1949)
メトキテス, テオドロス 3.13(1332)
メトディオス1世（コンスタンティノポリスの） 6.14(847)
聖メトディオス 4.6(885)
メドハースト, ウォルター・ヘンリ 1.24(1857)
メドラー, ニーコラウス 8.24(1551)
メーニウス, ユストゥス 8.11(1558)
メニューイン, ユーディ・メニューイン, 男爵 3.12(1999)
メーヌ・ド・ビラン 7.20(1824)
メネリク2世 12.22(1913)
メネル, アリス 11.27(1922)
メネンデス-イ-ペラーヨ, マルセリーノ 5.19(1912)
メネンデス-ピダル, ラモン 11.14(1968)
メネンデス・デ・アビレース 9.17(1574)
メノー・シモンズ 1.31(1561)
メビウス, アウグスト・フェルディナント 9.26(1868)
メヒトヒルト（ハッケボルンの） 11.19(1299)
メフメット1世 5.4(1421)
メフメット2世 5.3(1481)
メフメット4世 12.17(1692)
メフメット5世 7.3(1918)
メフメット6世 5.16(1926)
メムリンク, ハンス 8.11(1494)
メユール, エティエンヌ-ニコラ 10.18(1817)
メーヨー 9.1(1949)
メラー・ヴァン・デン・ブルック 5.30(1925)
メラニア 12.31(438)
メーラー, ヨーハン・アーダム 4.12(1838)

メランヒトン, フィーリップ 4.19(1560)
メリアム 1.8(1953)
メーリウス, ペーター 12.15(1572)
メリエ, ジャン 6.27(1729)
メリエス, ジョルジュ 1.21(1938)
メーリケ, エードゥアルト 6.4(1875)
メーリ・ステュアート 2.8(1587)
メリーチ, アンジェラ 1.27(1540)
メリトゥス 4.24(624)
メーリニコフ, パーヴェル・イワノヴィチ 2.1(1883)
メリメ, プロスペール 9.23(1870)
メリュラ, アンジェルス 7.26(1557)
メリヨン, シャルル 2.14(1868)
メーリング, ヴァルター 10.3(1981)
メーリング, フランツ 1.29(1919)
メルヴィル, ジャン・ピエール 8.2(1973)
メルヴィル, ハーマン 9.28(1891)
メルカトル, ゲラルドゥス 12.2(1594)
メルキオー, ラウリッツ 3.18(1973)
メルク, ヨハン・ハインリヒ 6.27(1791)
メルクーリ, メリナ 3.6(1994)
メルケル 3.30(1896)
メルシエ, デジレー・フェリシアン・フランソワ・ジョゼフ 1.23(1926)
メルスヴィン, ルールマン 7.18(1382)
メルスマン, ハンス 6.24(1971)
メルセンヌ, マラン 9.1(1648)
メルバ, デイム・ネリー 2.23(1931)

メルバーン、ウィリアム・ラム、2代子爵　*11.24*（1848）
メルビル　*11.13*（1617）
メル，マックス　*12.13*（1971）
メルラン，ジャーク　*9.26*（1541）
メルリン，マクシミーリアーン　*4.20*（1584）
メルリン，ヨーアヒム　*5.29*（1571）
メルロ‐ポンティ，モーリス　*5.3*（1961）
メルロ，クラウディオ　*5.4*（1604）
メレシコフスキー，ドミートリー・セルゲーヴィチ　*12.9*（1941）
メーレ，ジャン　*1.31*（1686）
メレディス，ジョージ　*5.18*（1909）
メレディス，バージェス　*9.9*（1997）
メロッツォ・ダ・フォルリ　*11.8*（1494）
メーロ，マヌエル・デ　*8.24*（1666）
メロン，アンドリュー・W　*8.26*（1937）
メンガー　*2.6*（1906）
メンガー　*2.26*（1921）
メングス，アントン・ラファエル　*6.29*（1779）
メンゲルベルク，ヴィレム　*3.22*（1951）
メンゲレ，ヨーゼフ　*2.7*（1979）
メンケン，H.L.　*1.29*（1956）
綿谷周豚　*2.22*（1472）
面山瑞方　*9.17*（1769）
メンシコフ　*11.23*（1729）
メンジーズ，サー・ロバート・ゴードン　*5.15*（1978）
メンツェル，アドルフ・フォン　*2.9*（1905）
メンディエタ，ヘロニモ・デ　*5.9*（1604）
メンデス・モンテネグロ　*4.30*（1996）
メンデル，グレゴール・ヨハン　*1.6*（1884）

メンデルスゾーン‐バルトルディ，ヤーコブ・ルートヴィヒ・フェーリクス　*11.4*（1847）
メンデルスゾーン，モーゼス　*1.4*（1786）
メンデルゾーン，エーリヒ　*9.15*（1953）
メンデレーエフ，ドミトリー・イヴァノヴィチ　*2.2*（1907）
メンデレス，アドナン　*9.17*（1961）
メンデレ・モイヘル・スフォリム　*12.8*（1917）
メンデンホール　*3.22*（1924）

【も】

モアッサン，フェルディナン・フレデリック・アンリ　*2.20*（1907）
モア，トマス　*7.6*（1535）
モア，ハンナ　*9.7*（1833）
モア，ヘンリー　*9.1*（1687）
モア，ポール・エルマー　*3.9*（1937）
モイーズ，マルセル　*11.1*（1984）
モイセイヴィチ，ベンノ　*4.9*（1963）
モイッシ　*3.22*（1935）
モイマン　*4.26*（1915）
蒙山智明　*8.30*（1366）
孟子内親王　*6.27*（901）
毛沢東　*9.9*（1976）
毛利興元　*8.25*（1516）
毛利勝信　*9.8*（1611）
毛利新介　*6.2*（1582）
毛利季光　*6.5*（1247）
毛利高標　*8.7*（1801）
毛利敬親　*3.28*（1871）
毛利高政　*11.16*（1628）
毛利隆元　*8.4*（1563）
毛利輝元　*4.27*（1625）
毛利藤内　*5.23*（1885）
毛利秀包　*3.23*（1601）
毛利秀就　*1.5*（1651）
毛利秀頼　閏*10.3*（1650）
毛利元清　*7.9*（1597）
毛利元次　*11.19*（1719）

毛利元就　*6.14*（1571）
毛利元徳　*12.23*（1896）
毛利与一　*1.30*（1982）
椟外惟俊　*11.30*（1541）
最上徳内　*9.5*（1836）
最上義光　*1.18*（1614）
最上義俊　*11.22*（1632）
モーガン，C.L.　*3.6*（1936）
モーガン，J.P.　*3.31*（1913）
モーガン，L.H.　*12.17*（1881）
モーガン，ウィリアム　*9.10*（1604）
モーガン，チャールズ　*2.6*（1958）
モーガン，トマス・ハント　*12.4*（1945）
モーキ，フランチェスコ　*2.6*（1654）
モギレフスキー，アレクサンドル　*3.7*（1953）
黙庵周諭　*6.17*（1373）
木庵性瑫　*1.20*（1684）
黙巌為契　*8.28*（1522）
穆算　*12.16*（998）
木食五行　*6.5*（1810）
木食養阿　*11.21*（1763）
穆千　*9.13*（1263）
モークリー，ジョン・ウィリアム　*1.8*（1980）
モーゲンソー　*7.19*（1980）
モーゲンソー II，ヘンリー　*2.6*（1967）
モサデク，モハンマド　*3.5*（1967）
モーザー，ハンス・ヨアヒム　*8.14*（1967）
モシェシュ1世　*2.3*（1870）
モシュコフスキー，モーリツ　*3.4*（1925）
モショエショエ2世　*1.15*（1996）
モース　*7.22*（1974）
モース，エドワード・シルヴェスター　*12.20*（1925）
モスカ　*11.8*（1941）
モスクヴィーン　*2.16*（1946）
モスケラ　*10.7*（1878）
モース，フリードリヒ　*9.29*（1839）
モース，マルセル　*2.10*（1950）
物集高見　*6.23*（1928）

物集高世 *1.2*(1883)
万代屋宗安 *4.24*(1594)
モーズリー、サー・オズワルド *12.3*(1980)
モーズリー、ハリー *8.10*(1915)
モーズリー、ヘンリー *2.14*(1831)
モーゼズ、アンナ・メアリ *12.13*(1961)
モゼラーヌス、ペトルス *4.19*(1524)
山際七司 *6.9*(1891)
茂田井武 *11.2*(1956)
モーダーゾーン-ベッカー、パウラ *11.20*(1907)
持田信夫 *6.19*(1986)
望月亀弥太 *6.5*(1864)
望月玉蟾 *8.3*(1755)
望月圭介 *1.1*(1941)
望月三英 *11.4*(1769)
望月信亨 *7.13*(1948)
望月清兵衛 *9.23*(1629)
望月太左衛門(4代目) *4.18*(1861)
望月太左衛門(5代目) *2.12*(1859)
望月太左衛門(6代目) *5.7*(1874)
望月太左衛門(7代目) *5.19*(1938)
望月太左衛門(8代目) *5.26*(1926)
望月太左衛門(9代目) *9.13*(1946)
望月太左衛門(10代目) *5.12*(1987)
望月衛 *12.28*(1993)
望月優子 *12.1*(1977)
望月百合子 *6.9*(2001)
以仁王 *5.26*(1180)
モチャーロフ *3.16*(1848)
モーツァルト、ヴォルフガング・アマデウス *12.5*(1791)
モーツァルト、レオポルト *5.28*(1787)
物外可什 *12.8*(1363)
物外性応 *2.22*(1458)
物外不遷 *11.25*(1867)
モッセ *5.31*(1925)

モット、サー・ネヴィル・フランシス *8.8*(1996)
モット、ジョン・ローリ *1.31*(1955)
モット、ルクリーシア *11.11*(1880)
モーティマー、ロジャー *11.29*(1330)
モディリアーニ、アメデオ *1.25*(1920)
モデュイ、ジャック *8.21*(1627)
模堂永範 *8.16*(1507)
モドゥーニョ *8.6*(1994)
本居内遠 *10.4*(1855)
本居大平 *9.11*(1833)
本居豊穎 *2.15*(1913)
本居長世 *10.14*(1945)
本居宣長 *9.29*(1801)
本居春庭 *11.7*(1828)
本木庄左衛門 *3.15*(1822)
本木昌造 *9.3*(1875)
本木庄太夫 *10.19*(1697)
本木良永 *7.17*(1794)
泉二新熊 *10.25*(1947)
本島藤太夫 *9.5*(1888)
本島百合子 *5.21*(1972)
元田作之進 *4.16*(1928)
元田永孚 *1.22*(1891)
元田肇 *10.1*(1938)
本野一郎 *9.17*(1918)
元木網 *6.28*(1811)
本康親王 *12.14*(902)
本山荻舟 *10.19*(1958)
本山彦一 *12.30*(1932)
元良親王 *7.26*(943)
元良勇次郎 *12.13*(1912)
モトリー *5.27*(1877)
モートン、ウィリアム・トーマス・グリーン *7.15*(1868)
モートン、ジェリー・ロール *7.10*(1941)
モートン、ジョン *10.12*(1500)
モナーガス *11.18*(1868)
モニエ *3.13*(1906)
モニエル・ウィリアムズ *4.11*(1899)
モニス *12.13*(1955)
モーニッケ *1.26*(1887)

モニュシコ、スタニスワフ *6.4*(1872)
モネ、クロード *12.6*(1926)
モネ、ジャン *3.16*(1979)
モノ *4.10*(1912)
モノー、ジャック *5.31*(1976)
もののべながおき *12.15*(1996)
物部広泉 *10.3*(860)
モーパッサン、ギー・ド *7.6*(1893)
モーブ *7.29*(1792)
モファット、ジェイムズ *6.27*(1944)
モーペルチュイ、ピエール・ルイ・ド *7.27*(1759)
モホイ・ナジ *11.24*(1946)
モホロヴィチッチ、アンドリヤ *2.18*(1936)
籾山政子 *4.11*(1989)
モミリアーノ、アッティーリオ *4.2*(1952)
モーム、ウィリアム・サマセット *12.16*(1965)
モムゼン、テーオドア *11.1*(1903)
百川治兵衛 *9.24*(1638)
桃川如燕(初代) *2.28*(1898)
桃川如燕(2代目) *9.30*(1929)
桃園天皇 *7.12*(1762)
百田宗治 *12.12*(1955)
桃田柳栄 *1.13*(1698)
桃井儀八 *7.22*(1864)
桃裕行 *12.25*(1986)
モライス、ヴェンセズラウ・デ *7.1*(1929)
モラーヴィア、アルベルト *9.26*(1990)
モラサーン、フランシスコ *9.15*(1842)
モーラス、シャルル *11.16*(1952)
モラティン、レアンドロ・フェルナンデス・デ *7.21*(1828)
モラレス、フランシスコ・デ *9.21*(1622)
モラーレス、ルイス・デ *5.9*(1586)
モラン、ジャン *2.28*(1659)
モランディ、ジョルジョ *6.18*(1964)

モランテ, エルサ　11.25(1985)
モラン, ポール　7.23(1976)
盛明親王　5.8(986)
森敦　7.29(1989)
モーリア, ポール　11.3(2006)
森有礼　2.12(1889)
森有正　10.18(1976)
森一鳳　11.21(1872)
森岩雄　5.14(1979)
モーリー, エドワード・ウィリアムズ　2.24(1923)
モリエール　2.17(1673)
森鷗外　7.9(1922)
森岡昌純　3.26(1898)
森於菟　12.21(1967)
森槐南　3.7(1911)
森恪　12.11(1932)
森赫子　4.14(1986)
森一生　6.29(1989)
森克己　4.26(1981)
森川重俊　1.24(1632)
森川信　3.26(1972)
森川杜園　7.15(1894)
森川馬谷(初代)　1.8(1791)
森寛斎　6.2(1894)
森喜作　10.23(1977)
森口多里　5.5(1984)
守邦親王　8.16(1333)
モーリー, クリストファー　3.28(1957)
森広蔵　1.12(1944)
森暁　2.12(1982)
森茂好　2.7(1991)
森下雨村　5.16(1965)
森嶋通夫　7.13(2004)
森島守人　2.17(1975)
森春涛　11.21(1889)
森尚謙　3.13(1721)
森正蔵　1.11(1953)
モーリー, ジョン・モーリー, 初代子爵　9.23(1923)
モリス　1.19(1979)
モリス, ウィリアム　10.3(1896)
モリス, ガヴァヌーア　11.6(1816)
モリス, ジェーン　1.26(1914)
モリース(シュリ)　9.11(1196)

モリス, ジョン・フレドリク・デニスン　4.1(1872)
モリスン, ロバート　8.1(1834)
森銑三　3.7(1985)
森宗意軒　2.28(1638)
森狙仙　7.21(1821)
モリゾ, ベルト　3.2(1895)
モリソン　5.30(1920)
モリソン, ジム　7.3(1971)
盛田昭夫　10.3(1999)
森泰吉郎　1.30(1993)
森田勘弥(初代)　2.25(1679)
森田勘弥(2代目)　6.19(1734)
森田勘弥(3代目)　2.24(1722)
森田勘弥(4代目)　9.17(1743)
森田勘弥(5代目)　10.2(1802)
森田勘弥(6代目)　5.19(1780)
森田勘弥(7代目)　8.10(1783)
森田勘弥(10代目)　7.11(1838)
守田勘弥(12代目)　8.21(1897)
守田勘弥(13代目)　6.16(1932)
守田勘弥(14代目)　3.28(1975)
森田久右衛門　3.9(1715)
森田思軒　11.14(1897)
森田子竜　12.1(1998)
森田治郎兵衛　11.3(1744)
森田節斎　7.26(1868)
森田草平　12.14(1949)
森正　5.4(1987)
森田たま　10.31(1970)
森忠政　7.7(1634)
森田太郎兵衛　12.29(1664)
森田恒友　4.8(1933)
森谷司郎　12.2(1984)
森田必勝　11.25(1970)
森田元子　8.12(1969)
森田優三　2.7(1994)
森近運平　1.24(1911)
モーリッツ　3.15(1632)
モーリッツ・ジグモンド　9.4(1942)
モーリッシュ　12.8(1937)
モーリッツ　7.11(1553)
モーリッツ, カール・フィーリップ　6.26(1793)
森恒夫　1.1(1973)

森鉄之助　7.30(1873)
森戸辰男　5.28(1984)
森永太一郎　1.24(1937)
森永太平　3.6(1983)
森永貞一郎　5.30(1986)
森長可　4.9(1584)
モリナーリ・プラデリ, フランチェスコ　8.7(1996)
モリナ, ルイス・デ　10.12(1600)
モリーニ, エリカ　11.1(1995)
モリネ, ジャン　8.23(1507)
モリノス, ミゲル・デ　12.28(1696)
森蟲昶　3.1(1941)
森万紀子　11.17(1992)
森雅之　10.7(1973)
モーリー, マシュー・フォンテイン　2.1(1873)
森茉莉　6.6(1987)
森三千代　6.29(1977)
森村市左衛門(6代目)　9.11(1919)
森村桂　9.27(2004)
森本薫　10.6(1946)
森本治吉　1.12(1977)
森本六爾　1.22(1936)
モーリヤック, クロード　3.22(1996)
モーリヤック, フランソワ　9.1(1970)
守屋典郎　7.17(1996)
森山啓　7.26(1991)
森山新五左衛門　4.24(1862)
森山孝盛　5.14(1815)
森山多吉郎　3.16(1871)
森山芳平　2.27(1915)
森瑤子　7.6(1993)
森芳雄　11.10(1997)
護良親王　7.23(1335)
森可成　9.20(1570)
森蘭丸　6.2(1582)
森律子　7.22(1961)
森立之　12.6(1885)
森脇将光　6.2(1991)
モルガ　7.21(1636)
モルガーニ, ジョヴァンニ・バッティスタ　12.6(1771)
モルガン　4.14(1859)

モルガン, ジャック・ド　6.12 (1924)
モルガン・ユキ　5.18 (1963)
モルゲンシュテルン, クリスティアン　3.31 (1914)
モールス, サミュエル　4.2 (1872)
モルティエ　9.25 (1898)
モルトケ伯, ヘルムート・カル・ベルンハルト　4.24 (1891)
モルトケ, ヘルムート・フォン　6.18 (1916)
モールトン, フォレスト・レイ　12.7 (1952)
モルナール, フェレンツ　4.2 (1952)
モルパ　11.21 (1781)
モール, フーゴー・フォン　4.1 (1872)
モルホーフ　7.30 (1691)
モルレー　3.6 (1905)
モレー　7.20 (1332)
モレアス, ジャン　3.30 (1910)
モレ, ギー　10.3 (1975)
モレスコット　5.20 (1893)
モレッティ, マリーノ　7.6 (1979)
モレット　12.22 (1554)
モレート, アグスティン　10.28 (1669)
モレーノ, ヤーコプ・L.　5.14 (1974)
モレリ, ジョヴァンニ　2.28 (1891)
モレル　9.24 (1871)
モレーロス・イ・パボン, ホセ・マリア　12.22 (1815)
モロ, アルド　5.9 (1978)
諸井貫一　5.21 (1968)
諸井三郎　3.24 (1977)
諸井恒平　2.14 (1941)
モロー, ギュスターヴ　4.18 (1898)
モロゾフ, ニコライ　7.30 (1946)
諸岳奕堂　8.24 (1879)
モロトフ, ヴャチェスラフ・ミハイロヴィチ　11.8 (1986)
モローニ, ジョヴァンニ・バッティスタ　2.5 (1578)

諸橋轍次　12.8 (1982)
モーロワ, アンドレ　10.9 (1967)
文覚　7.21 (1203)
モンカルム侯爵, ルイ・ジョゼフ・ド・モンカルム-グロゾン　9.14 (1759)
文観　10.9 (1357)
モンク　1.3 (1670)
モンク, セロニアス　2.17 (1982)
モンクレチヤン, アントワーヌ・ド　10.7 (1621)
聞渓良聡　7.5 (1372)
モンゴメリー, B.　3.24 (1976)
モンゴメリー, L.M.　4.24 (1942)
モンゴメリー伯　5.27 (1574)
モンゴメリー, モンク　5.20 (1982)
モンゴルフィエ, ジャック・エティエンヌ　8.1 (1799)
モンゴルフィエ, ジョゼフ・ミシェル　6.26 (1810)
聞秀　10.15 (1582)
モンジュ, ガスパール, ペリューズ伯爵　7.28 (1818)
文珠九助　1.3 (1788)
聞証　5.17 (1688)
モンタギュー, エリザベス　8.25 (1800)
モンタギュー, メアリー　8.21 (1762)
モンターニャ, バルトロメオ　10.11 (1523)
モンターヌス, アリアス　7.6 (1598)
モンタランベール, シャルル・ド　3.13 (1870)
モンタルボ, フアン　1.17 (1889)
モンターレ, エウジェーニオ　9.12 (1981)
モンタン, イヴ　11.9 (1991)
モンティ, ヴィンチェンツォ　10.13 (1828)
モンティセリ, アドルフ　6.26 (1886)
モンテヴェルディ, クラウディオ　11.29 (1643)
モンテクッコリ　11.16 (1680)

モンテスキュー, シャルル-ルイ・ド・スゴンダ・ド　2.10 (1755)
モンテスパン, フランソワーズ・アテナイース・ド　5.27 (1707)
モンテスマ2世　6.30 (1520)
モンテス, ローラ　1.17 (1861)
モンテッソリ, マリア　5.6 (1952)
モンテーニュ, ミシェル・ド　9.13 (1592)
モンテ, ピエール　6.18 (1966)
モンテフィオーレ, サー・モーゼズ　7.25 (1885)
モンテマヨル, ホルヘ・デ　2.26 (1561)
モンテ, フィリップ・デ　7.4 (1603)
モンテリウス　11.4 (1921)
モンテルラン, アンリ・ド　9.21 (1972)
門田樸斎　1.11 (1873)
モント　9.20 (1880)
モントゥー, ピエール　7.1 (1964)
文徳天皇　8.27 (858)
モントゴメリー, ロバート　9.27 (1981)
モントフォート, サイモン・ド, レスター伯爵　8.4 (1265)
モンドラーネ　2.3 (1969)
モンドリアン, ピート　2.1 (1944)
モンド, ルートヴィヒ　12.11 (1909)
モントローズ, ジェイムズ・グレアム, 初代侯爵　5.21 (1650)
モンパンシエ, アンヌ・マリー・ルイーズ・ドルレアン, 女公爵　3.5 (1693)
モンフォーコン, ベルナール・ド　12.24 (1741)
モンマス, ジェイムズ・スコット, 公爵　7.15 (1685)
門馬直衛　10.6 (1961)
文武天皇　6.15 (707)
モンモランシー, アン・リュク・ド　11.11 (1567)

もん　　　　　　　　　　人名索引

モンリュック，ブレーズ・ド 8.26(1577)
モンロー，アレクサンダー 7.10(1767)
モンロー，アレクサンダー 10.2(1817)
モンロー，ジェイムズ 7.4(1831)
モンロー，マリリン 8.5(1962)

【や】

八板金兵衛 9.8(1570)
ヤヴレーンスキイ，アレクセーイ・ゲオールギエヴィチ 3.15(1941)
八重崎検校 9.11(1848)
八重崎屋源六 3.8(1749)
八百屋お七 3.29(1683)
屋嘉比朝寄 1.18(1775)
矢川澄子 5.29(2002)
矢川徳光 2.23(1982)
八木秋子 4.30(1983)
八木一夫 2.28(1979)
八木源左衛門 2.29(1871)
八木重吉 10.26(1927)
ヤーキズ 2.3(1956)
八木秀次 1.19(1976)
八木保太郎 9.8(1987)
柳生三厳 3.21(1650)
柳生宗矩 3.26(1646)
柳生宗冬 9.23(1675)
柳生宗厳 4.19(1606)
八木義徳 11.9(1999)
八木美穂 6.26(1854)
八木隆一郎 5.12(1965)
約菴徳久 9.24(1376)
施薬院全宗 12.10(1600)
約翁徳倹 5.19(1320)
薬師寺元一 9.20(1504)
益信 3.7(906)
ヤークート 8.20(1229)
ヤクブ（ミースの） 8.9(1429)
ヤコービ 10.19(1937)
ヤコービ，カール・グスタフ・ヤーコプ 2.18(1851)
ヤコービ，フリードリヒ・ハインリヒ 3.21(1819)

ヤコーブス（ヴィトリの） 4.30(1240)
ヤコブス・デ・ウォラギネ 7.13(1298)
ヤコブセン，J.P. 4.30(1885)
ヤコブセン，アルネ 3.24(1971)
ヤコブソン，ロマン・オーシポヴィチ 7.18(1982)
ヤーコポ・ガエターノ・ステファネスキ 6.23(1343)
ヤーコボス（エデッサの） 6.5(708)
ヤコポーネ・ダ・トーディ 12.25(1306)
八坂検校 7.2(1318)
矢崎弾 8.9(1946)
矢沢頼堯 1.10(1841)
ヤシパール 12.26(1976)
矢島楫子 6.16(1925)
矢島せい子 1.24(1988)
八島太郎 6.30(1994)
矢島敏彦 5.6(1828)
矢代秋雄 4.9(1976)
八代国治 4.1(1924)
矢代静一 1.11(1998)
矢代東村 9.13(1952)
屋代弘賢 閏1.18(1841)
八代斌助 10.10(1970)
矢代幸雄 5.25(1975)
八代六郎 6.30(1930)
保明親王 3.21(923)
安井英二 1.9(1982)
安井郁 3.2(1980)
安井謙 3.10(1986)
保井コノ 3.24(1971)
安井算哲 9.9(1652)
安井誠一郎 1.19(1962)
安井曽太郎 12.14(1955)
安井息軒 9.23(1876)
安井琢磨 12.17(1995)
安井てつ 12.2(1945)
安井道頓 5.8(1615)
安江良介 1.6(1998)
安岡正篤 12.13(1983)
安川加寿子 7.12(1996)
安川敬一郎 11.30(1934)
安川第五郎 6.25(1976)
安川雄之助 2.13(1944)
八杉貞利 2.26(1966)
八杉竜一 10.27(1997)

康子内親王 6.6(957)
保子内親王 8.21(987)
晏子内親王 7.20(900)
安泰 10.31(1979)
安田庄司 2.9(1955)
安田せい 3.3(1952)
安田善次郎（初代） 9.28(1921)
安田武 10.15(1986)
安田徳太郎 4.22(1983)
安田躬弦 1.5(1816)
安田元久 1.23(1996)
安田靫彦 4.29(1978)
安田義定 8.19(1194)
安田義資 11.28(1193)
保田与重郎 10.4(1981)
安田理貴子 7.5(1987)
保田竜門 2.14(1965)
康継 9.9(1621)
安成二郎 4.30(1974)
ヤスパース，カール 2.26(1969)
安場保和 5.23(1899)
安原貞室 2.7(1673)
康仁親王 5.29(1355)
八住利雄 5.22(1991)
安村検校 5.23(1779)
保持研子 5.23(1947)
安代 11.28(1728)
ヤセンスキー，ブルーノ 12.16(1939)
八十島義之助 5.9(1998)
ヤーダスゾーン，ザロモン 2.1(1902)
矢田挿雲 12.13(1961)
矢田津世子 3.14(1944)
矢田部通寿 6.1(1768)
矢田部良吉 8.8(1899)
矢田堀鴻 12.18(1887)
矢次一夫 3.22(1983)
谷津直秀 10.2(1947)
八橋検校 6.12(1685)
ヤドヴィガ 7.17(1399)
矢頭右衛門七 2.4(1703)
矢内原伊作 8.16(1989)
矢内原忠雄 12.25(1961)
柳川一蝶斎（3代目） 2.17(1909)
柳川検校 7.11(1680)
梁川剛一 4.26(1986)

982

柳川重信（初代） 閏11.28（1833）
柳河春三 2.20（1870）
柳川春葉 1.9（1918）
梁川星巌 9.2（1858）
柳川昇 3.22（1975）
柳永二郎 4.24（1984）
柳兼子 6.1（1984）
柳沢淇園 9.5（1758）
柳沢健 5.29（1953）
柳沢保申 10.2（1893）
柳沢吉保 11.2（1714）
柳田泉 6.7（1969）
柳田国男 8.8（1962）
柳田謙十郎 1.16（1983）
柳田新太郎 11.28（1948）
柳つる 2.24（1990）
柳栖悦 1.14（1891）
柳原淳光 8.11（1597）
柳原量光 8.18（1510）
柳原極堂 10.7（1957）
柳原前光 9.2（1894）
柳原資明 7.27（1353）
柳原資定 3.30（1578）
柳原忠光 1.19（1379）
柳原愛子 10.16（1943）
柳原白蓮 2.22（1967）
柳原紀光 1.3（1801）
柳宗悦 5.3（1961）
柳本賢治 6.29（1530）
柳本城西 2.29（1964）
柳家金語楼 10.22（1972）
柳家小さん（3代目） 11.29（1930）
柳家小さん（4代目） 9.30（1947）
柳家小さん（5代目） 5.16（2002）
柳家小せん（初代） 5.26（1919）
柳家小せん（4代目） 10.10（2006）
柳家権太楼（初代） 2.8（1955）
柳家紫朝（初代） 5.12（1918）
柳家つばめ（2代目） 5.31（1927）
柳家三亀松（初代） 1.20（1968）
柳亮 7.15（1978）
柳原忠秀 3.12（1443）
柳瀬正夢 5.25（1945）

柳瀬方塾 5.17（1740）
梁田蛻巌 7.17（1757）
梁田貞 5.9（1959）
ヤナーチェク、レオシュ 8.12（1928）
ヤニグロ、アントニオ 5.1（1989）
ヤニングス、エーミル 1.2（1950）
矢野勘三郎 6.4（1894）
矢野橘村 4.17（1965）
矢野健太郎 12.25（1993）
矢野庄太郎 6.21（1949）
矢野二郎 6.17（1906）
矢野仁一 1.2（1970）
矢野恒太 9.23（1951）
矢野鉄山 3.31（1975）
矢野玄道 5.19（1887）
矢野峰人 5.21（1988）
矢野倫長 2.15（1273）
矢野道也 6.23（1946）
矢野元隆 12.5（1865）
矢野龍渓 6.18（1931）
野坂 1.3（1740）
藪内清 6.2（2000）
藪孤山 4.20（1802）
藪下泰司 7.15（1986）
藪田貞治郎 7.20（1977）
藪内紹智（藪内流5代目） 11.23（1745）
藪内紹智（藪内流1代目） 5.7（1627）
ヤフヤー・ハミード・アッディーン 1.16（1948）
ヤブロチコフ 3.19（1894）
ヤブロンスキー、ダーニエル・エルンスト 5.25（1741）
矢部定謙 7.24（1842）
矢部貞治 5.7（1967）
矢部友衛 7.18（1981）
矢部長克 6.23（1969）
矢部良策 1.24（1973）
ヤーベルク 5.30（1958）
山井昇清 6.12（1364）
山入与義 10.13（1422）
山内忠豊 8.5（1669）
山内忠義 11.24（1665）
山内豊信 6.21（1872）
山内みな 10.21（1990）
山浦玄蕃 12.2（1653）
山岡景友 12.20（1604）

山岡元隣 閏6.27（1672）
山岡荘八 9.30（1978）
山岡宗無 7.15（1595）
山岡鉄舟 7.19（1888）
山岡久乃 2.15（1999）
山岡浚明 10.15（1780）
山岡万之助 6.22（1968）
山尾庸三 12.21（1917）
山鹿素行 9.26（1685）
山県有朋 2.1（1922）
山形勲 6.28（1996）
山鹿泰治 12.6（1970）
山県周南 8.12（1752）
山県大弐 8.22（1767）
山片蟠桃 2.28（1821）
山県昌夫 3.3（1981）
山上伊太郎 6.18（1945）
山川暁夫 2.12（2000）
山川菊栄 11.2（1980）
山川健次郎 6.26（1931）
山川秀峰 12.29（1944）
山川惣治 12.17（1992）
山川智応 6.2（1956）
山川登美子 4.15（1909）
山川均 3.23（1958）
山川浩 2.4（1898）
山川方夫 2.20（1965）
山木兼隆 8.17（1180）
山木検校（2代目） 1.23（1854）
山岸外史 5.7（1977）
山岸徳平 5.22（1987）
山岸巳代蔵 5.3（1961）
山木千賀（初代） 6.24（1921）
山極勝三郎 3.2（1930）
山際淳司 5.29（1995）
山際正道 3.16（1975）
山口修 9.13（1998）
山口二矢 11.2（1960）
山口薫 5.19（1968）
山口華楊 3.16（1984）
山口喜一郎 2.29（1952）
山口孤剣 9.2（1920）
山口定雄 10.2（1907）
山口小夜子 8.14（2007）
山口将吉郎 9.12（1972）
山口益 10.21（1976）
山口誓子 3.26（1994）
山口青邨 12.15（1988）
山口雪渓 9.4（1732）
山口素絢 10.24（1818）
山口長男 4.27（1983）

山口常光　*1.30*（1977）	山科言継　*3.2*（1579）	大和屋甚兵衛（2代目）　*1.10*（1704）
山口直友　*9.27*（1622）	山科言綱　*9.12*（1530）	大和山甚左衛門（初代）　閏*7.19*（1721）
山口尚芳　*6.12*（1894）	山科言経　*2.27*（1611）	山名氏清　*12.30*（1392）
山口半六　*8.23*（1900）	山科教興　*7.19*（1418）	山中貞雄　*9.17*（1938）
山口瞳　*8.30*（1995）	山科教成　*4.13*（1239）	山中新十郎　*9.9*（1877）
山口蓬春　*5.31*（1971）	山科教遠　*6.29*（1421）	山中新六　*12.5*（1651）
山口牧生　*12.16*（2001）	山科教言　*12.15*（1411）	山名勝豊　*4.14*（1459）
山口正弘　*8.4*（1600）	山科保宗　*8.26*（1463）	山中長俊　*12.24*（1608）
山口茂吉　*4.29*（1958）	山科行有　*4.2*（1430）	山中平九郎（初代）　*5.15*（1724）
山口勇子　*1.3*（2000）	山階芳麿　*1.28*（1989）	山中峯太郎　*4.28*（1966）
山口良忠　*10.11*（1947）	山路主住　*12.11*（1773）	山中幸盛　*7.17*（1578）
山崎晃嗣　*11.24*（1949）	山路ふみ子　*12.6*（2004）	山梨勝之進　*12.17*（1967）
山崎闇斎　*9.16*（1682）	山路諧孝　*5.30*（1861）	山梨稲川　*7.6*（1826）
山崎家盛　*10.8*（1614）	山背王　*10.17*（763）	山梨半造　*7.2*（1944）
山崎巌　*6.26*（1968）	山代真作　*11.25*（728）	山名時氏　*2.28*（1371）
山崎益洲　*12.31*（1961）	山城屋和助　*11.29*（1872）	山名時熙　*7.4*（1435）
山崎覚次郎　*6.28*（1945）	山勢松韻（初代）　*9.9*（1908）	山名時義　*5.4*（1389）
山崎楽堂　*10.29*（1944）	山田顕義　*11.11*（1892）	山名豊国　*10.7*（1626）
山崎片家　*3.28*（1591）	山田猪三郎　*4.8*（1913）	山名政豊　*1.23*（1499）
山崎今朝弥　*7.29*（1954）	山田宇右衛門　*11.11*（1867）	山名満幸　*3.10*（1394）
山崎謙　*6.14*（1990）	山田乙三　*7.18*（1965）	山名持豊　*3.18*（1473）
山崎紫紅　*12.22*（1939）	山高しげり　*11.13*（1977）	山名師義　*3.11*（1376）
山崎宗鑑　*7.22*（1539）	山田一雄　*8.13*（1991）	山主敏子　*4.16*（2000）
山崎猛　*12.27*（1957）	山田かまち　*8.10*（1977）	山根銀二　*9.14*（1982）
山崎佐　*7.30*（1967）	山田検校　*4.10*（1817）	山根翠堂　*6.17*（1966）
山崎達之輔　*3.15*（1948）	山田耕筰　*12.29*（1965）	山根寿子　*9.15*（1990）
山崎種二　*8.10*（1983）	山田三良　*12.17*（1965）	山野愛子　*7.31*（1995）
山崎朝雲　*6.4*（1954）	山田重忠　*6.15*（1221）	山井景光　*11.8*（1354）
山崎富栄　*6.13*（1948）	山田抄太郎　*6.8*（1970）	山井言範　*6.23*（1352）
山崎直方　*7.26*（1929）	山田清三郎　*9.30*（1987）	山井崑崙　*1.28*（1728）
山崎延吉　*7.19*（1954）	山田宗徧　*1.22*（1987）	山野一郎　*12.18*（1958）
山崎弁栄　*12.4*（1920）	山田宗徧　*4.2*（1708）	山井基清　*12.8*（1970）
山崎正一　*8.17*（1997）	山田智三郎　*4.11*（1984）	山上宗二　*4.11*（1590）
山崎美成　*7.20*（1856）	山田道安　*10.21*（1573）	山内一豊　*9.20*（1605）
山路愛山　*3.15*（1917）	山田智彦　*4.17*（2001）	山内清男　*8.29*（1970）
山下勝治　*12.5*（1969）	山田美妙　*10.24*（1910）	山内首藤経俊　*6.21*（1225）
山下清　*7.12*（1971）	山田風太郎　*7.28*（2001）	山内首藤俊綱　*12.27*（1159）
山下金作（初代）　*7.2*（1750）	山田方谷　*6.26*（1877）	山内首藤俊通　*11.28*（1160）
山下金作（2代目）　*9.12*（1799）	山田亦介　*12.19*（1865）	山内恭彦　*10.13*（1986）
山下耕作　*12.6*（1998）	山田守　*6.13*（1966）	山内道慶　*3.2*（1778）
山下新太郎　*4.10*（1966）	山田道美　*6.18*（1970）	山内義雄　*12.17*（1973）
山下太郎　*6.9*（1967）	山田無文　*12.24*（1988）	山之口貘　*7.19*（1963）
山下徳治　*7.10*（1965）	山田盛太郎　*12.27*（1980）	山野千枝子　*2.11*（1970）
山下奉文　*2.23*（1946）	山田孝雄　*11.20*（1958）	山辺丈夫　*5.14*（1920）
山下万菊（初代）　*5.13*（1791）	山田わか　*9.6*（1957）	山辺皇女　*10.3*（686）
山下陸奥　*8.29*（1967）	山手樹一郎　*3.16*（1978）	山葉寅楠　*8.8*（1916）
山下りん　*1.26*（1939）	大和国之助　*12.19*（1865）	山花秀雄　*2.8*（1987）
山科家豊　*1.4*（1431）	山登検校（初代）　*2.27*（1863）	山彦栄子　*11.10*（1922）
山科実教　*4.3*（1227）	山登検校（2代目）　*6.17*（1876）	
山科言緒　*2.25*（1620）	和気麻呂　*4.27*（804）	
山科言国　*2.28*（1503）	大和長岡　*10.29*（769）	

山彦河良(4代目) *11.23*(1833)
山彦源四郎(初代) *5.20*(1756)
山彦源四郎(2代目) *10.16*(1792)
山彦源四郎(3代目) *5.7*(1818)
山辺健太郎 *4.16*(1977)
山村王 *11.17*(767)
山村才助 *9.19*(1807)
山村新治郎 *10.2*(1964)
山村聡 *5.26*(2000)
山村舞扇斎 *11.29*(1845)
山村暮鳥 *12.8*(1924)
山村正夫 *11.19*(1999)
山村美紗 *9.5*(1996)
山村良勝 *8.3*(1634)
山村若(2代目) *8.13*(1991)
山室機恵子 *7.12*(1916)
山室軍平 *3.13*(1940)
山室静 *3.23*(2000)
山室民子 *11.14*(1981)
山室千代子 *6.21*(1951)
山本明 *9.28*(1999)
山本五十六 *4.18*(1943)
山元一郎 *7.7*(1972)
山本一清 *1.16*(1959)
山本覚馬 *12.28*(1892)
山本嘉次郎 *9.21*(1974)
山本和夫 *5.25*(1996)
山本鼎 *10.8*(1946)
山本勘助 *9.10*(1561)
山本丘人 *2.10*(1986)
山本熊一 *1.17*(1963)
山本健吉 *5.7*(1988)
山本懸蔵 *4.11*(1942)
山本玄峰 *6.3*(1961)
山本権兵衛 *12.8*(1933)
山本薩夫 *8.11*(1983)
山本実彦 *7.1*(1952)
山本茂実 *3.27*(1998)
山本七平 *12.10*(1991)
山本周五郎 *2.14*(1967)
山本修二 *1.22*(1976)
山元春挙 *7.12*(1933)
山本条太郎 *3.25*(1936)
山本宣治 *3.5*(1929)
山元荘兵衛 *4.27*(1856)
山本滝之助 *10.26*(1931)
山本忠興 *4.21*(1951)

山本達雄 *11.12*(1947)
山本達郎 *1.24*(2001)
山本太郎 *11.5*(1988)
山本常朝 *10.10*(1719)
山本悌二郎 *12.14*(1937)
山本東次郎(初代) *11.28*(1902)
山本東次郎(2代目) *9.1*(1935)
山本東次郎(3代目) *7.26*(1964)
山本豊市 *2.2*(1987)
山本夏彦 *10.23*(2002)
山本梅逸 *1.2*(1856)
山本晴海 *2.15*(1867)
山本秀煌 *11.22*(1943)
山本芳翠 *11.15*(1906)
山本亡羊 *11.27*(1859)
山本北山 *5.18*(1812)
山本森之助 *12.19*(1928)
山本安英 *10.20*(1993)
山本有三 *1.11*(1974)
山本幸彦 *5.23*(1913)
山本礼三郎 *9.11*(1964)
山本露葉 *2.29*(1928)
楊梅兼邦 *2.25*(1420)
山脇和泉(初代・元宣) *2.4*(1659)
山脇玄 *10.7*(1925)
山脇信徳 *1.21*(1952)
山脇東門 *7.29*(1782)
山脇東洋 *8.8*(1762)
山脇房子 *11.19*(1935)
ヤムニッツァー, ヴェンツェル *12.19*(1585)
屋良朝苗 *2.14*(1997)
ヤールネフェルト, アルヴィド *12.27*(1932)
ヤロスラフ1世 *2.2*(1054)
ヤン2世 *12.16*(1672)
ヤン3世 *6.17*(1696)
ヤーン, オットー *9.9*(1869)
ヤング *1.3*(1908)
ヤング, O.D. *7.11*(1962)
ヤング, アーサー *4.20*(1820)
ヤング, ヴィクター *11.10*(1956)
ヤング, エドワード *4.5*(1765)
ヤング, シャーロット *3.24*(1901)

ヤング, トマス *5.10*(1829)
ヤングハズバンド, サー・フランシス・エドワード *7.31*(1942)
ヤング, ブリガム *8.29*(1877)
ヤング, レスター *3.15*(1959)
ヤング, ロレッタ *8.12*(2000)
ヤンセン, コルネーリユス・オットー *5.6*(1638)
ヤンソンス, アルヴィド *12.22*(1984)
ヤンソン, トーベ *6.27*(2001)
ヤン(ネポムクの) *3.20*(1393)
ヤーン, ハンス・ヘニー *11.29*(1959)
ヤン・ファン・レイデン *1.22*(1536)
ヤーン, フリードリヒ・ルートヴィヒ *10.15*(1852)
山家清兵衛 *6.30*(1620)

【ゆ】

湯浅一郎 *2.23*(1931)
湯浅倉平 *12.24*(1940)
湯浅常山 *1.9*(1781)
湯浅年子 *2.1*(1980)
湯浅半月 *2.4*(1943)
湯浅佑一 *4.17*(1994)
湯浅芳子 *10.24*(1990)
唯円 *2.6*(1289)
油井正一 *6.8*(1998)
由井正雪 *7.26*(1651)
唯信 *4.3*(1284)
ユイスマンス, ジョリス‐カルル *5.12*(1907)
唯善 *2.2*(1317)
由比忠之進 *11.12*(1967)
維範 *2.3*(1096)
ユーイング, ウィリアム・モーリス *5.4*(1974)
ユーイング, サー・ジェイムズ・アルフレッド *1.7*(1935)
ユーイング, ジュリアーナ *5.13*(1885)
ユヴァーラ, フィリッポ *1.31*(1736)
猷円 *10.25*(1232)

宥快　7.17(1416)
祐覚　12.29(1336)
遊観　4.17(1298)
結城哀草果　6.29(1974)
結城氏朝　4.16(1441)
結城昌治　1.24(1996)
結城素明　3.24(1957)
結城親光　1.11(1336)
結城ディエゴ　1.10(1636)
結城朝光　2.24(1254)
結城豊太郎　8.1(1951)
結城寅寿　4.25(1856)
結城晴朝　7.20(1614)
結城秀康　関4.8(1607)
結城孫三郎(9代目)　1.11(1947)
結城孫三郎(10代目)　12.13(1997)
結城政勝　8.1(1559)
結城宗広　11.21(1339)
結城基光　5.11(1430)
遊義門院　7.24(1307)
有慶　2.21(1071)
夕霧　1.6(1678)
酉岡　1.15(1507)
猷憲　8.22(894)
酉仰　9.15(1459)
友山思偲　6.1(1370)
有子内親王　2.25(862)
祐子内親王　11.7(1105)
融舜　11.18(1523)
祐助法親王　4.19(1359)
幽仙　12.14(899)
祐崇　11.8(1509)
祐尊　5.27(1222)
祐尊　10.5(1412)
宥伝　4.9(1470)
祐天　7.15(1718)
酉念　7.22(1598)
宥範　7.1(1352)
友峰等益　1.22(1405)
油煙斎貞柳　8.15(1734)
湯川秀樹　9.8(1981)
由起しげ子　12.30(1969)
行友李風　12.13(1959)
幸仁親王　7.25(1699)
ユーグ　6.16(956)
ユクスキュル　7.25(1944)
弓削達　10.14(2006)
弓削皇子　7.21(699)

ユゴー, ヴィクトール　5.22(1885)
ユーゴ・カペー　11.24(996)
遊佐幸平　11.25(1966)
遊佐長教　5.5(1551)
遊佐木斎　10.16(1734)
湯沢三千男　2.21(1963)
ユジェニー　7.10(1920)
ユスティニアーニ, パーオロ　6.28(1528)
ユスティニアヌス1世　11.14(565)
ユスティヌス1世　8.1(527)
ユスティヌス2世　10.5(578)
ユスティノフ, ピーター　3.28(2004)
ユストゥス　11.10(627)
ユースフ・イドリース　8.1(1991)
ユダス・マッカバイオス　4.13(前160)
ユーダル, ニコラス　12.23(1556)
兪鎮午　8.30(1987)
ユッタ(ザンガハウゼンの)　5.12(1260)
ユデーニチ　10.5(1933)
ユーデンキュニヒ, ハンス　3.4(1526)
ユード　1.1(898)
ユトリロ, モーリス　11.5(1955)
ユーニウス, フランツィスクス　11.19(1677)
柚木太淳　2.18(1803)
ユーバーヴェーク　6.9(1871)
ユパンキ　5.23(1992)
兪平伯　10.15(1990)
聖ユベール　5.30(727)
夢野久作　3.11(1936)
湯本武比古　9.27(1925)
湯山八重子　5.8(1932)
湯山弥五右衛門　11.30(1718)
由良君美　8.9(1990)
由良国繁　1.3(1611)
由良成繁　6.30(1578)
百合　11.9(1764)
ユリアナ　3.20(2004)
ユリアヌス, フラウィウス・クラウディウス　6.26(363)

ユリアーネ(リエージュの)　4.5(1258)
ユーリイ, ハロルド・クレイトン　1.5(1981)
ユリウス1世　4.12(352)
ユリウス2世　2.21(1513)
ユリウス3世　3.23(1555)
由利公正　4.28(1909)
由利維平　1.6(1190)
由利徹　5.20(1999)
庾亮　1.1(340)
ユール　12.30(1889)
ユルスナール, マルグリット　12.17(1987)
ユルバン, ジョルジュ　11.5(1938)
ユルフェ, オノレ・ド　6.1(1625)
ユルヨ・コスキネン　11.13(1903)
ユンガー, エルンスト　2.17(1998)
ユンガー, フリードリヒ・ゲオルク　7.20(1977)
ユング-シュティリング, ヨハン・ハインリヒ　4.2(1817)
ユング, カール・グスタフ　6.6(1961)
ユーンソン, エイヴィンド　8.25(1976)
尹潽善　7.18(1990)

【よ】

ヨアキム・デ・フローリス　3.20(1202)
ヨアネス(フィクトリングの)　7.30(1345)
ヨアネス(フォードの)　4.21(1214)
ヨアネス(フライブルクの)　3.10(1314)
ヨアネス(マタの)　12.17(1213)
ヨアネス(モンミレーユの)　9.29(1217)
ヨアヒム1世　7.11(1535)
ヨアヒム2世　1.3(1571)

よし

ヨアヒム, ヨーゼフ 8.15(1907)
ヨアンセン, ヨハネス 5.29(1956)
ヨアンネス1世 1.19(976)
ヨアンネス2世 4.8(1143)
ヨアンネス3世 11.3(1254)
ヨアンネス6世 6.15(1383)
ヨアンネス8世 10.31(1448)
ヨーアンネース8世・クシフィリノス 8.2(1075)
ヨーアンネース14世・カレカス 12.29(1347)
ヨーアンネース(施与者) 11.11(619)
ヨウィアーヌス, フラーウィウス 2.17(364)
ヨーヴィネ, フランチェスコ 4.30(1950)
永縁 4.5(1125)
鷹岳宗俊 11.12(1492)
永観 11.2(1111)
楊貴妃 6.16(756)
永厳 8.14(1151)
葉剣英 10.22(1986)
容山可允 4.23(1360)
姚綬 4.10(1495)
陽生 10.28(990)
葉紹鈞 2.16(1988)
楊尚昆 9.14(1998)
陽成天皇 9.29(949)
楊素 7.23(606)
養叟宗頤 6.27(1458)
煬帝 3.11(618)
葉挺 4.8(1946)
用堂 8.8(1396)
陽徳門院 8.11(1352)
用明天皇 4.9(587)
陽明門院 1.16(1094)
陽禄門院 1.28(1352)
ヨウン・エグムンズスン 4.23(1121)
ヨウンソン, ギスリ 8.30(1587)
ヨーカイ, モール 5.5(1904)
ヨーク, エドマンド 10.25(1415)
ヨーク, エドワード・プランタジネット 10.25(1415)
ヨーク, リチャード, 3代公爵 12.30(1460)

余慶 閏2.18(991)
除村吉太郎 11.3(1975)
横井庄一 9.22(1997)
横井小楠 1.5(1869)
横井玉子 1.4(1903)
横井時雄 9.13(1927)
横井時冬 4.18(1906)
横井時敬 11.1(1927)
横井英樹 11.30(1998)
横井福次郎 12.5(1948)
横井也有 6.16(1783)
横江嘉純 2.14(1962)
横川勘平 2.4(1703)
横川省三 4.21(1904)
横河民輔 6.26(1945)
横瀬夜雨 2.14(1934)
横田喜三郎 2.17(1993)
横田国臣 2.24(1923)
横田成年 1.11(1953)
横田千之助 2.5(1925)
横田正俊 7.1(1984)
横田村詮 11.14(1603)
横溝正史 12.28(1981)
横光利一 12.30(1947)
横谷宗珉 8.6(1733)
横山エンタツ 3.21(1971)
横山源之助 6.3(1915)
横山作次郎 9.23(1912)
横山大観 2.26(1958)
横山時兼 5.4(1213)
横山ノック 5.3(2007)
横山白虹 11.18(1983)
横山又次郎 1.20(1942)
横山松三郎 10.15(1884)
横山操 4.1(1973)
横山美智子 9.30(1986)
横山光輝 4.15(2004)
横山やすし 1.21(1996)
横山由清 12.2(1879)
横山隆一 11.8(2001)
与謝野晶子 5.29(1942)
与謝野秀 1.25(1971)
与謝野鉄幹 3.26(1935)
与謝野礼厳 8.17(1898)
与謝蕪村 12.25(1784)
代明親王 3.29(937)
吉井勇 11.19(1960)
吉井友実 4.22(1891)
吉植庄亮 12.7(1958)
吉江喬松 3.26(1940)

吉江琢児 12.26(1947)
吉岡堅二 7.15(1990)
吉岡隆徳 5.5(1984)
吉岡実 5.31(1990)
吉岡弥生 5.22(1959)
吉雄耕牛 8.16(1800)
吉雄権之助 5.21(1831)
吉雄俊蔵 9.2(1843)
吉雄忠次郎 2.29(1833)
吉尾なつ子 4.4(1968)
芳川顕正 1.10(1920)
吉川英治 9.7(1962)
吉川兼光 3.31(1973)
吉川幸次郎 4.8(1980)
吉川惟足 11.16(1695)
吉川守圀 8.10(1939)
吉識雅夫 6.27(1993)
僖子内親王 3.1(1171)
吉子内親王 9.22(1758)
善子内親王 12.1(1133)
能子内親王 9.24(1245)
吉阪隆正 12.17(1980)
芳沢あやめ(初代) 7.15(1729)
芳沢あやめ(2代目) 7.18(1754)
芳沢あやめ(3代目) 11.18(1774)
芳沢あやめ(4代目) 9.28(1792)
芳沢あやめ(5代目) 8.26(1810)
芳沢いろは(2代目) 10.21(1819)
芳沢謙吉 1.5(1965)
吉沢検校(2代目) 5.19(1872)
吉沢義則 11.5(1954)
慶滋保胤 10.21(1002)
吉住小三郎(初代) 7.16(1753)
吉住小三郎(2代目) 2.11(1854)
吉住小三郎(4代目) 2.27(1972)
吉田石松 12.1(1963)
吉田五十八 3.24(1974)
吉田一穂 3.1(1973)
吉田一調 8.9(1881)
吉田栄三(初代) 12.9(1945)
吉田栄三(2代目) 10.30(1974)

よし

吉田かね　*3.4*（1889）
吉田兼右　*1.10*（1573）
吉田兼倶　*2.19*（1511）
吉田兼名　*10.28*（1460）
吉田兼煕　*5.3*（1402）
吉田兼見　*9.2*（1610）
吉田兼満　*11.3*（1528）
吉田勘兵衛　*7.26*（1686）
吉田甲子太郎　*1.8*（1957）
吉田清成　*8.3*（1891）
吉田国房　*5.18*（1330）
吉田熊次　*7.15*（1964）
吉田健一　*8.3*（1977）
吉田謙吉　*5.1*（1982）
吉田源十郎　*4.4*（1958）
吉田絃二郎　*4.21*（1956）
吉田耕作　*6.20*（1990）
吉田篁墩　*9.1*（1798）
吉田定房　*1.23*（1338）
吉田三郎兵衛（初代）　*3.17*（1747）
吉田重氏　*3.4*（1638）
吉田重賢　*4.3*（1543）
吉田茂　*10.20*（1967）
吉田茂　*12.9*（1954）
吉田松陰　*10.27*（1859）
吉田精一　*6.9*（1984）
吉田晴風　*6.30*（1950）
吉田宗桂　*10.20*（1572）
吉田草紙庵　*12.5*（1946）
吉田宗恂　*4.17*（1610）
吉田隆子　*3.14*（1956）
吉田堯文　*9.17*（1970）
吉田忠雄　*7.3*（1993）
吉田正　*6.10*（1998）
吉田冬夫　*9.5*（1977）
吉田辰五郎（2代目）　*5.27*（1844）
吉田玉五郎（2代目）　*5.13*（1996）
吉田玉造（初代）　*10.12*（1905）
吉田玉造（2代目）　*3.23*（1907）
吉田玉造（3代目）　*9.9*（1926）
吉田玉造（4代目）　*1.26*（1948）
吉田為経　*6.9*（1256）
吉田長淑　*8.10*（1824）
吉田恒三　*5.16*（1957）
吉田経俊　*10.18*（1276）
吉田経長　*6.8*（1309）
吉田経房　閏*2.11*（1200）
吉田鉄郎　*9.8*（1956）

吉田暎二　*9.30*（1972）
吉田東伍　*1.22*（1918）
吉田東洋　*4.8*（1862）
吉田とし　*9.28*（1988）
吉田稔麿　*6.5*（1864）
吉田富三　*4.27*（1973）
吉田友直　*6.19*（1811）
吉田奈良丸（2代目）　*1.20*（1967）
吉田奈良丸（3代目）　*11.12*（1978）
吉田秀雄　*1.27*（1963）
吉田凞生　*5.13*（2000）
吉田博　*4.5*（1950）
吉田史子　*6.7*（1974）
吉田文五郎　*2.21*（1962）
吉田文三郎（初代）　*1.19*（1760）
吉田文三郎（2代目）　*12.4*（1790）
吉田瑞穂　*12.18*（1996）
吉田光邦　*7.30*（1991）
吉田光由　*11.21*（1673）
吉田満　*9.17*（1979）
吉田洋一　*8.30*（1989）
煕永親王　*2.10*（1437）
芳野金陵　*8.5*（1878）
吉野源三郎　*5.23*（1981）
吉野作造　*3.18*（1933）
吉野信次　*5.9*（1971）
吉野せい　*11.4*（1977）
吉野太夫　*8.25*（1643）
吉野彦助　*11.5*（1701）
吉野秀雄　*7.13*（1967）
吉野屋慶寿　*4.28*（1702）
吉原重俊　*12.19*（1887）
吉原治良　*2.10*（1972）
善原内親王　*7.21*（863）
栄仁親王　*11.20*（1416）
好仁親王　*6.3*（1638）
吉弘元常　*6.30*（1694）
ヨシフ・ヴォロツキー　*9.9*（1515）
吉益東洞　*9.25*（1773）
吉益南涯　*6.13*（1813）
吉満義彦　*10.23*（1945）
良岑長松　*11.10*（879）
良岑安世　*7.6*（830）
吉見幸和　*4.26*（1761）
吉見義世　*11.20*（1296）
吉村昭　*7.31*（2006）

芳村伊三郎（初代）　*10.13*（1808）
芳村伊三郎（2代目）　*11.29*（1820）
芳村伊三郎（3代目）　*8.20*（1833）
芳村伊三郎（4代目）　*6.16*（1847）
芳村伊三郎（5代目）　*11.24*（1882）
芳村伊三郎（6代目）　*5.10*（1902）
芳村伊十郎（6代目）　*10.3*（1935）
芳村伊十郎（7代目）　*9.20*（1973）
吉村公三郎　*11.7*（2000）
芳村五郎治（2代目）　*11.25*（1993）
吉村順三　*4.11*（1997）
吉村信吉　*1.21*（1947）
吉村忠夫　*2.17*（1952）
吉村寅太郎　*9.27*（1863）
吉本せい　*3.14*（1950）
吉屋信子　*7.11*（1973）
吉行エイスケ　*7.8*（1940）
吉行淳之介　*7.26*（1994）
吉行理恵　*5.4*（2006）
ヨース，クルト　*5.26*（1979）
ヨースト，ハンス　*11.23*（1978）
ヨーゼフ1世　*4.17*（1711）
ヨーゼフ2世　*2.20*（1790）
依田郁子　*10.14*（1983）
依田学海　*12.27*（1909）
与田凖一　*2.3*（1997）
依田義賢　*11.14*（1991）
四辻公遠　*8.13*（1595）
四辻公彦　*4.13*（1400）
四辻実茂　*3.5*（1405）
四辻実仲　*12.17*（1511）
四辻季経　*3.29*（1524）
四辻善成　*9.3*（1402）
ヨッフェ　*10.14*（1960）
ヨッフェ　*11.17*（1927）
ヨッフム，オイゲン　*3.26*（1987）
四家文子　*7.16*（1981）
ヨトゥニ，マリア　*9.30*（1943）
淀かおる　*9.19*（1993）
淀川長治　*11.11*（1998）

淀殿　*5.8*（1615）
淀屋个庵　*12.5*（1643）
淀屋辰五郎　*12.21*（1717）
米内光政　*4.20*（1948）
ヨーナス, ユストゥス　*10.9*（1555）
米川操軒　*8.19*（1678）
米川文子　*5.31*（1995）
米川正夫　*12.29*（1965）
米津田政　*11.22*（1624）
米窪満亮　*1.16*（1951）
米倉忠仰　*4.8*（1735）
米沢彦八（初代）　*6.3*（1714）
米澤嘉博　*10.1*（2006）
米田庄太郎　*12.8*（1945）
米田富　*5.4*（1988）
米原昶　*5.31*（1982）
米原雲海　*3.25*（1925）
米原万里　*5.25*（2006）
米山梅吉　*4.28*（1946）
ヨハネス1世　*5.18*（526）
ヨハネス3世（スコラスティクス）　*8.31*（577）
ヨハネス4世（断食者）　*9.2*（595）
ヨハネス8世　*12.16*（882）
ヨハネス12世　*5.14*（964）
ヨハネス21世　*5.20*（1277）
ヨハネス22世　*12.4*（1334）
ヨハネス23世　*6.3*（1963）
ヨハネス23世　*11.22*（1419）
ヨハネ・パウロ1世　*9.28*（1978）
ヨハネ・パウロ2世　*4.2*（2005）
ヨハン　*5.11*（1859）
ヨハン　*10.29*（1873）
ヨハン3世　*11.27*（1592）
ヨハン・ゲオルク1世　*10.8*（1656）
ヨハン（堅忍不抜公）　*8.16*（1532）
ヨハン（宏量公）　*3.3*（1554）
ヨハンセン, ヴィルヘルム・ルードヴェイ　*11.11*（1927）
ヨハン・フォン・ノイマルクト　*12.23*（1380）
ヨハン（盲目王）　*8.26*（1346）
ヨフコフ, ヨルダン　*10.15*（1937）
世良親王　*9.17*（1330）

ヨーリス, ダーヴィト　*8.25*（1556）
依仁親王　*6.27*（1922）
頼仁親王　*5.23*（1264）
ヨルガ, ニコラエ　*11.27*（1940）
ヨルダン, エルンスト・パスカル　*7.31*（1980）
ヨルダン（ザクセンの）　*2.13*（1237）
ヨルダーンス, ヤーコプ　*10.18*（1678）
万鉄五郎　*5.1*（1927）
萬屋錦之介　*3.10*（1997）
ヨンキント, ヨハン・バルトルト　*2.9*（1891）
ヨーンゾン, ウーヴェ　*2.23*（1984）
ヨンメッリ, ニッコロ　*8.25*（1774）

【ら】

ラーイ, L.L.　*11.17*（1928）
礼阿　*8.11*（1297）
頼印　*4.26*（1392）
頼恵　閏*6.28*（1235）
ライェ, カマラ　*2.4*（1980）
ライエル, サー・チャールズ　*2.22*（1875）
頼観　*4.6*（1102）
頼杏坪　*7.23*（1834）
頼慶　*10.14*（1610）
頼賢　*12.7*（1273）
頼源　*2.24*（1183）
頼玄　*8.17*（1584）
頼豪　*11.4*（1084）
頼厳　*1.23*（1099）
頼西　*11.5*（1151）
頼山陽　*9.23*（1832）
ライシャワー, エドウィン　*9.1*（1990）
ライシャワー, オーガスト・カール　*7.10*（1971）
頼重　*8.21*（1384）
ライシュ, グレーゴル　*5.9*（1525）
頼春水　*2.19*（1816）
頼助　*2.28*（1296）

頼助　*6.9*（1119）
頼信　*6.21*（1076）
ライス, エルマー　*5.8*（1967）
ライスラー　*5.16*（1691）
頼尊　*4.28*（1091）
ライダー, アルバート・ピンカム　*3.28*（1917）
ライディ　*5.20*（1891）
雷電為右衛門　*2.11*（1825）
ライト, ウィルバー　*5.30*（1912）
ライト, オーヴィル　*1.30*（1948）
ライト, サー・アルムロース・エドワード　*4.30*（1947）
ライト, シューアル　*3.3*（1988）
ライト, ジュディス　*6.25*（2000）
ライト, ジョゼフ　*2.27*（1930）
ライト, フランク・ロイド　*4.9*（1959）
ライト, リチャード　*11.28*（1960）
ライナー, フリッツ　*11.15*（1963）
ライナルト・フォン・ダセル　*8.14*（1167）
ライニス, ヤーニス　*9.12*（1929）
ライネス, ディエゴ　*1.19*（1565）
ライネッケ, カルル　*3.10*（1910）
ライバー, フリッツ　*9.5*（1992）
ライヒ, ヴィルヘルム　*11.3*（1957）
ライヒシュタイン, タデウシュ　*8.1*（1996）
ライヒテントリット, フーゴー　*11.13*（1951）
ライヒ, フェルディナンド　*3.22*（1882）
ライヒャルト, ヨーハン・フリードリヒ　*6.17*（1814）
ライフェンシュタイン, ヨーハン・ヴィルヘルム　*3.19*（1575）
ライプニッツ, ゴットフリート・ヴィルヘルム　*11.14*（1716）

989

ライブル, ヴィルヘルム 12.4 (1900)
ライヘンバッハ, ハンス 4.9(1953)
頼宝 7.9(1330)
ライマー, トマス 12.14(1713)
ライマールス, ヘルマン・ザームエル 3.1(1768)
ライマン 1.18(1977)
ライマン 8.30(1920)
ライマン, セオドア 10.11(1954)
頼三樹三郎 10.7(1859)
ライムンドゥス(カプアの) 10.5(1399)
ライムンドゥス・ノンナートゥス 8.31(1240)
ライムンドゥス(ペニャフォルテの) 1.6(1275)
ライムンド・サブンデ 4.2(1436)
ライモント, フェルディナント 9.5(1836)
頼瑜 1.1(1304)
頼誉 12.4(1531)
頼誉 12.7(1280)
ライリ, ジェイムズ・ホイットコム 7.22(1916)
ライル, ギルバート 10.6(1976)
ライル, サー・マーティン 10.14(1984)
ラインケン, ヨーハン・アーダム 11.24(1722)
ラインズドルフ, エーリヒ 9.11(1993)
ラインハート, アド 8.30(1967)
ラインハルト, ジャンゴ 5.16(1953)
ラインハルト, マックス 10.30(1943)
ラインベルガー, ヨーゼフ 11.25(1901)
ラインホルト, エラスムス 2.19(1553)
ラーヴァター, ヨハン・カスパル 1.2(1801)
ラヴァヤック 5.27(1610)

ラ・ヴァリエール, ルイーズ・ド 6.6(1710)
ラヴァル‐モンモランシー, フランソワ・クサヴィエ 5.6(1708)
ラヴァル, カール・グスタフ・パトリック・ド 2.2(1913)
ラヴァル, ピエール 10.15(1945)
ラ・ヴァレット, ジャン・パリゾー・ド 8.21(1568)
ラヴィス, エルネスト 8.8(1922)
ラヴィニャック, アルベール 5.28(1916)
ラヴェッソン・モリアン 5.18(1900)
ラヴェラン, シャルル 5.18(1922)
ラヴェル, モーリス 12.28(1937)
ラヴェル, ルイ 9.1(1951)
ラヴォワジエ, アントワーヌ・ローラン 5.8(1794)
ラヴクラフト, H.P. 3.15(1937)
ラウ, ゲオルク 8.6(1548)
ラヴジョイ, エライジャ・パリシュ 11.7(1837)
ラウス, フランシス・ペイトン 2.16(1970)
ラウファー, ベルトルト 9.13(1934)
ラウベ, ハインリヒ 8.1(1884)
ラウホ, クリスティアン・ダニエル 12.3(1857)
ラウール, フランソワ・マリー 4.1(1901)
ラヴレニョーフ, ボリス・アンドレーヴィチ 1.7(1959)
ラウレル 11.6(1959)
ラウレンティウス・アンドレー 4.14(1552)
ラウレンティウス(カンタベリの) 2.2(619)
ラウレンティウス(ダブリンの) 11.14(1180)
ラウレンティウス・ユスティニアーニ 1.8(1455)

ラヴローフ, ピョートル・ラヴロヴィチ 1.25(1900)
ラウントリー, ベンジャミン・シーボーム 10.7(1954)
羅栄桓 12.16(1963)
ラエンネック, ルネ・テオフィル・イアサント 8.13(1826)
ラカイユ, ニコラ・ルイ・ド 3.21(1762)
ラ・ガーディア, フィオレロ・H 9.20(1947)
ラカトシュ, イムレ 2.2(1974)
ラカン, オノラ・ド 1.21(1670)
ラカン, ジャック 9.9(1981)
ラーキン, フィリップ 12.2(1985)
ラグーザ, ヴィンチェンツォ 3.13(1927)
ラグーザ玉 4.6(1939)
楽子内親王 9.16(998)
ラクシュミー・バーイー 6.18(1858)
駱賓基 6.11(1994)
ラ・グーマ, アレックス 10.11(1985)
ラグランジュ, ジョゼフ・ルイ, 帝政伯爵 4.10(1813)
楽了入(楽家9代目) 9.17(1834)
ラクルテル, ジャック・ド 1.2(1985)
ラ・クール, ポール 9.20(1956)
ラクロア 5.25(1843)
ラクロ, ピエール・コデルロス・ド 9.5(1803)
ラゲー, エミール 11.3(1929)
ラーゲルクヴィスト, パール 7.11(1974)
ラーゲルレーヴ, セルマ 3.16(1940)
ラーコシ 2.5(1971)
ラーコーツィ・フェレンツ2世 4.8(1735)
ラコルデール, アンリ・ドミニーク 11.22(1861)
ラザク 1.14(1976)
ラザースフェルト, ポール 8.30(1976)

ラザフォード，アーネスト 10.19(1937)
ラザラス，エマ 11.19(1887)
ラ・サール，聖ジャン・バティスト・ド 4.7(1719)
ラサール，フェルディナント 8.31(1864)
ラ・サール，ルネ・ローベル・カヴリエ，卿 3.19(1687)
ラザロス 11.8(1054)
ラージー 10.27(925)
ラシ 7.13(1105)
ラシェーズ，ガストン 10.18(1935)
ラシェル 1.3(1858)
ラジーシチェフ，アレクサンドル・ニコラエヴィチ 9.12(1802)
ラシード・アッディーン 7.18(1318)
ラシーヌ，ジャン 4.21(1699)
ラージャゴーパーラーチャーリー 12.25(1972)
ラーシャロテー 7.12(1785)
ラシュリエ，ジュール 1.16(1918)
ラシュリー，カール・S 8.7(1958)
ラ・ショッセ，ピエール・クロード・ニヴェル・ド 3.14(1754)
ラシルド 4.4(1953)
羅振玉 6.19(1940)
ラージン，ステパン・チモフェエヴィチ 6.16(1671)
ラス・カサス，バルトロメ・デ 7.17(1566)
ラーズィー 11.1(955)
羅瑞卿 8.3(1978)
ラズィッヤ 10.14(1240)
ラスウェル，ハロルド・ドワイト 12.18(1978)
ラスカー・シューラー，エルゼ 1.22(1945)
ラス・カーズ，エマニュエル・ド 5.15(1842)
ラスキーヌ，リリ 1.4(1988)
ラスキ，ハロルド・J. 3.24(1950)
ラスキン，ジョン 1.20(1900)
ラスク 5.26(1915)

ラスク，ディーン 12.20(1994)
ラスク，ラスムス 11.14(1832)
ラステル，ジョン 6.25(1536)
ラストマン，ピーテル 4.4(1633)
ラスパイユ 1.8(1878)
ラスプーチン，グリゴーリイ・エフィーモヴィチ 12.16(1916)
ラスペ 2.16(1247)
ラスムッセン，クヌード 12.21(1933)
ラースロー1世 7.29(1095)
ラースロー4世 7.10(1290)
ラースロー5世 11.23(1457)
ラーダークリシュナン，サー・サルヴェパリー 4.17(1975)
ラツィオーシ，ペレグリーネ 5.1(1345)
ラツェベルガー，マテーウス 1.3(1559)
ラッカム，アーサー 9.6(1939)
ラックスネス，ハルドゥル・キリヤン 2.8(1998)
ラッシュ，オルランド・ド 6.14(1594)
ラッシュ，ベンジャミン 4.19(1813)
ラッセル，J. 5.28(1878)
ラッセル，N. 4.30(1930)
ラッセル，ウィリアム 10.5(1880)
ラッセル，ウィリアム，卿 7.21(1683)
ラッセル，ジョージ・ウィリアム 7.17(1935)
ラッセル，ジョン 12.30(1494)
ラッセル，バートランド 2.2(1970)
ラッセル，ヘンリー・ノリス 2.18(1957)
ラッツェル，フリードリヒ 8.9(1904)
ラットゥアーダ，アルベルト 7.3(2005)
ラッハマン，カール 3.13(1851)

ラッフルズ，トマス・スタンフォード 7.5(1826)
ラティガン，テレンス 11.30(1977)
ラディゲ，レーモン 12.12(1923)
ラディスラオ 8.6(1414)
ラティーヒウス，ヴォルフガング・フォン 4.27(1635)
ラティマー，ヒュー 10.16(1555)
ラティモア，オーウェン 5.31(1989)
ラーデグンデ 8.13(587)
ラーデック，カルル・ベルンガルドヴィチ 5.19(1939)
ラテナウ 6.20(1915)
ラーテナウ，ヴァルター 6.24(1922)
ラテーリウス（ヴェローナの） 4.25(974)
ラト 1.13(1930)
ラトゥアレット，ケネス・スコット 12.26(1968)
ラ・トゥール，ジョルジュ・ド 1.30(1652)
ラ・トゥール，モーリス・カンタン・ド 2.17(1788)
ラドクリフ，アン 2.7(1823)
ラドクリフ・ブラウン，アルフレッド・レジナルド 10.24(1955)
ラードナー，リング 9.25(1933)
ラトームス，バルトロメーウス 1.3(1570)
ラトームス，ヤコブス 5.29(1544)
ラトル・ド・タシニー，ジャン・ド 1.11(1952)
ラドロフ 5.12(1918)
ラトローブ，ベンジャミン・ヘンリー 9.3(1820)
ラーナー，カール 3.31(1984)
ラニアー，シドニー 9.7(1881)
ラニヤン，デイモン 12.10(1946)
ラ・ヌー，フランソワ・ド 8.4(1591)

ラーネッド, ドワイト・ホウィットニ 3.19(1943)
ラバツキ 10.10(1970)
ラバヌス・マウルス 2.4(856)
ラハマン, ヨーハン 11.6(1538)
ラバント 3.23(1918)
ラバン, ルドルフ・フォン 7.1(1958)
ラービ, イジドール・アイザック 1.11(1988)
ラビッシュ, ウージェーヌ 1.23(1888)
ラビン, イツハーク 11.4(1995)
ラ・ファイエット侯爵 5.20(1834)
ラ・ファイエット夫人, マリー・マドレーヌ 5.25(1693)
ラファエリ, ジャン・フランソワ 2.29(1924)
ラファエルロ, サンティ 4.6(1520)
ラ・ファージュ, ジョン 11.14(1910)
ラフィット 5.26(1844)
ラ・フォッス, シャルル・ド 12.13(1716)
ラフォルグ, ジュール 8.20(1887)
ラ・フォレット, ロバート・M 6.18(1925)
ラ・フォンテーヌ, ジャン・ド 4.13(1695)
ラフマニノフ, セルゲイ・ヴァシリエヴィチ 3.28(1943)
ラフマン, アブドル 2.14(2002)
ラフマーン, シェイク・ムジーブル 8.15(1975)
ラフ, ヨアヒム 6.24(1882)
ラプラス 8.3(435)
ラプラス, ピエール・シモン, 侯爵 3.5(1827)
ラプラード, ピエール 12.23(1931)
ラブリオーラ 2.2(1904)
ラ・ブリュイエール, ジャン・ド 5.11(1696)

ラブルースト, アンリ 6.24(1875)
ラ・フレネー, ロジェ・ド 11.27(1925)
ラブレー, フランソワ 4.9(1553)
羅聘 7.3(1799)
ラーベ, ヴィルヘルム 11.15(1910)
ラベ, ルイーズ 4.25(1566)
ラ・ボエシー, エチエンヌ・ド 8.18(1563)
ラ・ポルト, モーリス・ド 4.23(1571)
ラーマ1世 9.7(1809)
ラーマ4世 10.1(1868)
ラーマ5世 10.23(1910)
ラーマ6世 11.26(1925)
ラーマクリシュナ 8.15(1886)
ラマザン・ザーデ 9.12(1571)
ラマッツィーニ, ベルナルディーノ 11.5(1714)
ラマディエ 10.14(1961)
ラマナ・マハリシ 4.14(1950)
ラマヌジャン 4.26(1920)
ラーマラーヤ・サールヴァ 1.25(1565)
ラマルク, ジャン・バティスト・ピエール・アントワーヌ・ド・モネ, シュヴァリエ・ド 12.28(1829)
ラ・マルシュ, オリヴィエ・ド 2.1(1502)
ラマルチーヌ, アルフォンス・ド 2.28(1869)
ラマン, サー・チャンドラセカーラ・ヴェンカタ 11.21(1970)
ラミュ, シャルル・フェルディナン 5.23(1947)
ラミロ1世(アラゴン王) 5.8(1063)
ラーミン, ギュンター 2.27(1956)
ラム, キャロライン 1.26(1828)
ラムジ, アーサー・マイケル 4.23(1988)
ラムージオ, ジョヴァン・バッティスタ 7.10(1557)

ラムジー, サー・ウィリアム 7.23(1916)
ラムステット, グスタフ 11.25(1950)
ラムズデン, ジェス 11.5(1800)
ラムス, ペトルス 8.26(1572)
ラム, チャールズ 12.27(1834)
ラムネー, フェリシテ・ロベール・ド 2.27(1854)
ラム・モハン・ロイ 9.27(1833)
ラムルー, シャルル 12.26(1899)
ラメ 5.1(1870)
ラ・メトリ, ジュリヤン・オフロワ・ド 11.11(1751)
ラーモア, サー・ジョセフ 5.19(1942)
ラモー, ジャン・フィリップ 9.12(1764)
ラ・モット・ル・ヴァイエ, フランソワ・ド 5.9(1672)
ラモン・イ・カハル, サンティアゴ 10.17(1934)
ラモーン, ジョーイ 4.15(2001)
ラモーン, ジョニー 9.15(2004)
ラモンド, フレデリック 2.21(1948)
ラモント, ヨハン・フォン 8.6(1879)
ラヨシュ1世 9.11(1382)
ラヨシュ2世 8.29(1526)
ララ, マリアノ・ホセ・デ 2.13(1837)
ラランド 11.15(1963)
ラランド, ジョゼフ・ジェローム・ル・フランセ・ド 4.4(1807)
ラリ 5.9(1766)
ラリヴェー, ピエール・ド 2.12(1619)
ラリオノフ, ミハイル・フョードロヴィチ 5.10(1964)
ラリック, ルネ 5.5(1945)
ラ・リュー, ピエール・ド 11.20(1518)

ラルジリエール, ニコラ・ド 3.20(1746)
ラルース, ピエール - アタナーズ 1.3(1875)
ラールソン, カール 1.22(1919)
ラルティーグ, ジャック - アンリ 9.11(1986)
ラルテ, エドゥアール・アルマン・イジドール・イッポリート 1.26(1871)
ラルボー, ヴァレリー 2.2(1957)
ラレータ, エンリケ・ロドリゲス 7.6(1961)
ラロ 4.1(1953)
ラロ, エドゥアール 4.22(1892)
ラ・ロシュジャクラン, アンリ 3.4(1794)
ラ・ロシュ, ゾフィー・フォン 2.18(1807)
ラ・ロシュフコー, フランソワ・ド 3.17(1680)
ランガー, スーザン・K 7.17(1985)
ランカスター, ジョゼフ 10.3(1838)
ランカスター伯 6.5(1296)
ランカスター伯 9.22(1345)
ランカスター, バート 10.20(1994)
ランガム 7.22(1376)
ランキン, ウィリアム・ジョン・マッコーン 12.24(1872)
ランキン, ジャネット 5.18(1973)
ラング, アンドルー 7.20(1912)
ランク, ジョゼフ・アーサー・ランク, 男爵 3.29(1972)
ラングトン, スティーヴン 7.9(1228)
ラングハンス, カール・ゴットハート 10.1(1808)
ラング, フリッツ 8.2(1976)
ラング, マテーウス 3.30(1540)
ラングマン, アーデルハイト 11.22(1375)

ラングミュア, アーヴィング 8.16(1957)
ラングリー, サミュエル・ピアポント 2.27(1906)
ラングレ 1.28(1824)
ランクレ, ニコラ 9.14(1745)
ランゲ 7.30(1921)
ランゲ 10.2(1965)
鸞芸 5.15(1447)
蘭渓道隆 7.24(1278)
ランゲ, クリスティアン・ロウ 12.11(1938)
ランケスター, サー・エドウィン・レイ 8.15(1929)
ランゲッサー, エリーザベト 7.25(1950)
ランゲ, フリードリヒ・アルベルト 11.21(1875)
ランゲー, ユベール 9.30(1581)
ランゲルハンス 7.20(1888)
ランケ, レーオポルト 5.23(1886)
闌更 5.3(1798)
ランサム, アーサー 6.3(1967)
ランサム, ジョン・クロー 7.3(1974)
ランジート・シング 6.27(1839)
ランジュヴァン, ポール 12.19(1946)
蘭洲良芳 12.2(1384)
蘭叔宗秀 8.13(1599)
ランシング, ロバート 10.30(1928)
嵐雪 10.13(1707)
ランソン, ギュスターヴ 12.15(1934)
ランダウアー, グスタフ 5.2(1919)
ランダウ, レフ・ダヴィドヴィチ 4.1(1968)
ランダ, ディエゴ・デ 4.29(1579)
ランツァ, マリオ 10.7(1959)
ランツベルガー, ヨーハン・ユストゥス 8.11(1539)
ランディーニ, フランチェスコ 9.2(1397)

ランディーノ, クリストフォロ 9.24(1498)
ランディ, ベンジャミン 8.22(1839)
蘭庭明玉禅尼 7.20(1442)
ランデール, マックス 10.3(1925)
ランドー, ウォルター・サヴェッジ 9.17(1864)
ランド, エドウィン・ハーバート 3.1(1991)
ラントシュタイナー, カール 6.26(1943)
ランドフスカ, ヴァンダ 8.16(1959)
ランドルト, ハンス・ハインリヒ 3.15(1910)
ランドルフィ, トンマーゾ 7.8(1979)
ランドルフ, エドマンド 9.13(1813)
ランナー, ヨーゼフ 4.14(1843)
ランヌ 5.31(1809)
蘭坡景茞 2.28(1501)
ランバート, コンスタント 8.21(1951)
ランバート, デイム・マリー 6.13(1982)
ランバート, ヨハン・ハインリヒ 9.25(1777)
ランバール公爵夫人 9.3(1792)
ランバル, ジャン・ピエール 5.20(2000)
ランファン, ピエール・シャルル 6.14(1825)
ランブイエ, カトリーヌ・ド・ヴィヴォンヌ, 侯爵夫人 12.2(1665)
ランフランク 5.24(1089)
ランフランコ, ジョヴァンニ 11.30(1647)
ランプレヒト 5.10(1915)
ランベルトゥス(ボローニャの) 11.8(1308)
ランベルト(マーストリヒトの) 9.17(705)
ランベール, フランソワ 4.18(1530)
ランボー 11.10(1905)

らん　　　　　　　　　　　人名索引

ランボー, アルチュール　11.10 (1891)
嵐蘭　8.27 (1693)

【り】

リー　6.19 (1794)
リー, T.　12.30 (1968)
リア, エドワード　1.29 (1888)
リアカト・アリー　10.16 (1951)
李維漢　8.11 (1984)
李煜　7.7 (978)
リヴァーズ, ウィリアム・ホールス・リヴァーズ　6.4 (1922)
リーヴァー, チャールズ　6.1 (1872)
リヴァーモア, メアリ・アシュトン　5.23 (1905)
リヴァロール, アントワーヌ　4.13 (1801)
リヴィア, ポール　5.10 (1818)
リー, ヴィヴィアン　7.8 (1967)
リズィエール, ジャック　2.14 (1925)
リーヴィス, F.R.　4.14 (1978)
リヴィングストン, デイヴィド　6.1 (1873)
リヴォフ, ゲオルギー・エヴゲニエヴィチ公爵　3.7 (1925)
リウドゲルス　3.26 (809)
リーヴ, リチャード　6.4 (1989)
リエゴ・イ・ヌニェス　11.7 (1823)
リー, エドワード　9.13 (1544)
リエル, ルイ　11.16 (1885)
リエンツォ, コラ・ディ　10.8 (1354)
リオタール, ジャン－エティエンヌ　6.12 (1789)
リーオバ　9.28 (782)
リオ, ベルナール・フェルディナン　4.2 (1952)
リオラン　2.19 (1657)
リガス-ヴェレスティンリス　6.24 (1798)
リカーソリ, ベッティーノ　10.23 (1880)

リカード, サー・ハリー　5.18 (1974)
リカード, デイヴィド　9.11 (1823)
リーガル千太　5.10 (1980)
リカルドゥス(サン・ヴィクトールの)　3.10 (1173)
リーガル万吉　7.30 (1967)
李衎　10.24 (1320)
李季　3.8 (1980)
李箕永　8.9 (1984)
力道山光浩　12.15 (1963)
力久辰斎　9.29 (1977)
リーキメル, フラーウィルス　8.20 (472)
利慶　8.12 (1097)
リーキー, ルイス・シーモア・バゼット　10.1 (1972)
李垠　5.1 (1970)
陸秀夫　2.6 (1279)
陸象山　1.10 (1192)
陸定一　5.9 (1996)
六如　3.10 (1801)
リーグル, アーロイス　6.17 (1905)
リクール, ポール　5.20 (2005)
李継遷　1.2 (1004)
理慶尼　8.17 (1611)
李奎報　9.2 (1241)
リケッツ, ハワード・テイラー　5.3 (1910)
李健吾　11.24 (1982)
リゴー, イアサント　12.29 (1743)
李綱　1.15 (1140)
李滉　12.4 (1570)
李鴻章　11.7 (1901)
李広田　11.2 (1968)
李光弼　7.5 (764)
李克用　1.4 (908)
リーコック, スティーヴン　3.28 (1944)
リゴリオ, ピッロ　10.13 (1583)
リコール　10.22 (1889)
リコルドゥス(モンテ・クローチェの)　10.31 (1320)
李済深　10.9 (1959)
リサジュー, ジュール・アントワーヌ　6.24 (1880)
リサール, ホセ　12.30 (1896)

李参平　8.11 (1655)
リシエ, ジェルメーヌ　7.31 (1959)
リシェ, シャルル・ロベール　12.4 (1935)
李四光　4.29 (1971)
李士行　6.1 (1328)
リシツキー, エル　12.30 (1941)
理子内親王　8.12 (1282)
リー, ジャネット　10.3 (2004)
理秀女王　8.26 (1532)
理秀女王　11.30 (1764)
リシュパン, ジャン　12.12 (1926)
リシュリュー, アルマン・ジャン・デュ・プレシ, 公爵　12.4 (1642)
李舜臣　11.19 (1598)
理昌女王　1.8 (1656)
李承晩　7.19 (1965)
リージン, ウラジーミル・ゲルマノヴィチ　9.27 (1979)
李人稙　11.25 (1916)
リスター, ジョゼフ　2.10 (1912)
リス・デーヴィッス　12.27 (1922)
リスト　1.11 (1955)
リスト　6.21 (1919)
リスト　11.30 (1846)
リスト, フランツ　7.31 (1886)
リスト, ヨーハン　8.31 (1667)
リストーリ　10.9 (1906)
リース, フリジェシュ　2.28 (1956)
リスペクトール, クラリッセ　12.9 (1977)
リースマン, デイヴィド　5.10 (2002)
リース, ルートウィヒ　12.27 (1928)
リーゼ　3.30 (1559)
李靖　5.18 (649)
李勣　12.3 (669)
李先念　6.21 (1992)
李宗仁　1.30 (1969)
リー, ソフス　2.18 (1899)
李存勗　4.1 (926)
李太王　1.21 (1919)
李大釗　4.28 (1927)

994

李卓吾　3.15(1602)
リーチ，エドマンド・ロナルド　1.6(1989)
リーチ，ジョン　10.14(1864)
リーチ，バーナード　5.6(1979)
リチャーズ，I.A.　9.7(1979)
リチャーズ，セオドア・ウィリアム　4.2(1928)
リチャーズ，ディキンソン・ウッドラフ　2.23(1973)
リチャード　3.30(1302)
リチャード　4.2(1272)
リチャード1世　4.6(1199)
リチャード2世　2.14(1400)
リチャード3世　8.22(1485)
リチャード，アナトーリー・コンスタンチーノヴィチ　8.28(1914)
リチャード（ウォリングフォードの）　5.23(1336)
リチャード（カンタベリの）　2.16(1184)
リチャードソン，サー・オーウェン・ウィランズ　2.15(1959)
リチャードソン，サミュエル　7.4(1761)
リチャードソン，トニー　11.14(1991)
リチャードソン，ドロシー　6.17(1957)
リチャードソン，ヘンリー・ハンデル　3.20(1946)
リチャードソン，ヘンリー・ホブソン　4.27(1886)
リチャードソン，ラルフ　10.10(1983)
リチャード（チチェスターの）　4.3(1253)
リチャード，ティモシ　4.17(1919)
リチャード・ド・モアズ　4.9(1242)
履仲元礼　2.10(1413)
理忠女王　8.26(1689)
リッカティ，ヤコポ　4.15(1754)
リッケルト，ハインリヒ　7.25(1936)
リッコーヴァー，ハイマン・G　7.8(1986)

リッジウェイ，マシュー・B　7.26(1993)
リッター，カール　9.28(1859)
リッター，ゲーアハルト　7.1(1967)
リッター，ヨハン・ヴィムヘルム　1.23(1810)
リッチ　11.10(1617)
リッチォーリ，ジョヴァンニ・バティスタ　6.26(1671)
リッチ，クルバストロ　8.7(1925)
リッチ，セバスティアーノ　5.15(1734)
リッチ，マッテオ　5.11(1610)
リッチュアー，フランツ　2.29(1972)
リッチュル，アルブレヒト・ベンヤミン　3.20(1889)
リッチ，リチャード・リッチ　6.12(1567)
リッツ　7.7(1909)
リッツィオ，ダヴィド　3.9(1566)
リット　7.16(1962)
リットン　10.25(1947)
リットン，ロバート・ブルワー　11.24(1891)
リッパ，マッテオ　11.22(1745)
リッピ，フィリッピーノ　4.18(1504)
リッピ，フラ・フィリッポ　10.9(1469)
リップス，テーオドア　10.17(1914)
リップマン，ウォルター　12.14(1974)
リップマン，ガブリエル　7.13(1921)
リップマン，フリッツ・アルベルト　7.24(1986)
リッベントロープ，ヨアヒム・フォン　10.16(1946)
リーツマン，ハンス　6.25(1942)
リデル・ハート，サー・バジル　1.29(1970)
リデル，ハンナ　2.3(1932)

リデル，フェリークス・クレール　6.20(1884)
リデル，ヘンリー・ジョージ　1.18(1898)
リード　9.21(1798)
リード　12.6(1931)
李燾　2.5(1184)
リード，ウォルター　11.23(1902)
リード，キャロル　4.25(1976)
李徳全　4.23(1972)
リード，ジョン　10.19(1920)
リード，チャールズ　4.11(1884)
リード，トマス　10.7(1796)
リード，ハーバート　6.12(1968)
リトビノフ，マクシム・マクシーモビッチ　12.31(1951)
リートフェルト，ヘリット・トマス　7.25(1964)
リドリー，ニコラス　10.16(1555)
リトルウッド，ジョン・エンザー　9.6(1977)
リトルトン　8.23(1481)
リトレ，エミール　6.2(1881)
リナカー，トマス　10.21(1524)
リー，ナサニエル　5.6(1692)
リヌッチーニ，オッターヴィオ　3.28(1621)
リバヴィウス，アンドレアス　7.25(1616)
リバーズ　6.25(1483)
リバーズ　8.12(1469)
リバス公爵　6.22(1865)
リバダビア，ベルナルディーノ　9.2(1845)
リバッティ，ディヌ　12.2(1950)
リーバーマン，ロルフ　1.2(1999)
リバルタ，フランシスコ　1.12(1628)
リビー，ウィラード・フランク　9.8(1980)
リヒター，アドリアン・ルートヴィヒ　6.19(1884)
リヒター，カール　2.15(1981)
リヒター，ハンス　12.5(1916)

リヒター, ヒエロニムス・テオドール 9.25(1898)
リヒテル, スヴャトスラフ 8.2(1997)
リヒテンスタイン, ロイ 9.29(1997)
リヒテンベルク, ゲオルク・クリストフ 2.24(1799)
リヒトホーフェン, マンフレート, 男爵 4.21(1918)
リービヒ, ユストゥス, 男爵 4.18(1873)
リファール, セルジュ 12.15(1986)
リーフェンシュタール, レニ 9.8(2003)
リープクネヒト 8.7(1900)
リープクネヒト, カール 1.15(1919)
リプシウス, ユストゥス 3.23(1606)
リプシッツ, ジャック 5.27(1973)
李富春 1.9(1975)
リプソン 4.22(1960)
リプトン, サー・トマス・ジョンストン 10.2(1931)
リーフマン 3.21(1941)
リープマン 1.14(1912)
リー, ブルース 7.20(1973)
リベイロ, アキリーノ 5.27(1963)
リベジンスキー, ユーリー・ニコラエヴィチ 11.24(1959)
リベラ, ディエゴ 11.25(1957)
リベーラ, フランシスコ・デ 11.24(1591)
リベーラ, ホセ・エウスタシオ 12.1(1928)
リベリウス 9.24(366)
リーベルマン 12.28(1914)
リーベルマン, マックス 2.8(1935)
リボー 10.12(1565)
リボー 12.9(1916)
李宝嘉 4.9(1906)
リポン 7.9(1909)
李方子 4.30(1989)
リーマン, ゲオルク・フリードリヒ・ベルンハルト 7.20(1866)
リーマン, フーゴー 7.10(1919)
李密 12.30(618)
リムスキー・コルサコフ, ニコライ・アンドレーヴィチ 6.8(1908)
リーメンシュナイダー, ティルマン 7.7(1531)
リモン, ホセ 12.2(1972)
リャザノフ 1.21(1938)
リャシコー, ニコライ・ニコラエヴィチ 8.26(1953)
リャーシチェンコ 7.24(1955)
隆阿 9.7(1481)
柳亜子 6.21(1958)
リュヴィル, ジョゼフ 9.8(1882)
劉隠 5.10(911)
隆雅 6.28(1357)
隆 4.18(1177)
隆海 7.22(886)
隆覚 6.4(1158)
竜岳道門 3.19(1594)
柳下亭種員 8.21(1858)
隆寛 3.13(1429)
隆寛 12.13(1228)
柳寛順 10.12(1920)
隆尭 12.12(1449)
隆暁 2.1(1206)
隆慶一郎 11.4(1989)
竜渓性潜 8.23(1670)
隆憲 6.3(1208)
隆源 3.29(1426)
竜玄 12.13(1520)
隆光 6.7(1724)
隆済 9.5(1470)
竜山徳見 11.13(1358)
竜湫周沢 9.9(1388)
隆舜 1.14(1353)
隆勝 10.4(1158)
隆勝 11.26(1314)
劉少奇 11.12(1969)
立信 4.18(1284)
笠信太郎 12.4(1967)
柳青 6.13(1978)
柳成竜 5.6(1607)
劉石秋 5.29(1869)
隆禅 7.14(1100)
竜泉令淬 12.11(1366)
竜崇 9.5(1536)
柳宗元 10.5(819)
竜造寺隆信 3.24(1584)
竜造寺政家 10.2(1607)
竜草廬 2.2(1792)
隆尊 閏4.18(760)
隆達 11.25(1611)
龍胆寺雄 6.3(1992)
劉知遠 1.27(948)
笠智衆 3.16(1993)
隆澄 11.17(1266)
柳亭燕枝(2代目) 7.6(1935)
柳亭燕枝(3代目) 7.19(1955)
柳亭左楽(5代目) 3.25(1953)
柳亭種彦(初代) 7.19(1842)
柳亭痴楽 12.1(1993)
滝亭鯉丈 6.10(1841)
劉東閣 9.21(1695)
劉伯承 10.7(1986)
竜派禅珠 4.20(1636)
劉復 7.14(1934)
隆遍 12.17(1205)
隆弁 8.15(1283)
隆明 9.14(1104)
リュッケルト, フリードリヒ 1.31(1866)
リューディンガー, エスローム 1.2(1590)
リュード, フランソワ 11.3(1855)
リュードベリ, ヴィクトル 9.21(1895)
リュードベリ, ヨハネス・ロベルト 12.28(1919)
リュネ・ポー 6.9(1940)
リューネン, フェオドル 8.8(1979)
リュプケ, ハインリヒ 4.6(1972)
リュミエール, ルイ 6.6(1948)
リュミエール, ルイニコラス 4.10(1954)
リュリ, ジャン-バチスト 3.22(1687)
リュルサ, ジャン 1.6(1966)
李珞 10.18(1453)
了庵慧明 3.27(1411)
了庵桂悟 9.15(1514)
了菴清欲 8.13(1363)
良意 11.15(1103)
良胤 5.26(1291)

亮慧　*11.18*(1566)
良恵　*4.3*(1148)
良恵　*7.4*(1674)
良恵　*11.24*(1268)
亮叡　*12.14*(1587)
良縁　*3.26*(1589)
良穏　*3.25*(1590)
良迦　*8.19*(1585)
良快　*12.17*(1242)
良海　*8.29*(1218)
了海房　*1.26*(1320)
良覚　*7.26*(1259)
良寛　*1.6*(1831)
霊岩妙英　*4.16*(1407)
梁冀　*8.10*(159)
良暁　*3.1*(1328)
良筠　*11.23*(1541)
良弘　*3.16*(1471)
良空　*7.8*(1297)
良慶　*2.29*(1191)
良岡　*3.5*(1577)
梁啓超　*1.19*(1929)
了顕　*3.28*(1474)
了源　*1.8*(1336)
良源　*1.3*(985)
良察　*4.26*(1468)
霊山道隠　*3.2*(1325)
了実　*11.3*(1386)
良授　*2.8*(1564)
良従　*12.5*(1513)
良純入道親王　*8.1*(1669)
了性　*10.25*(1649)
廖承志　*6.10*(1983)
良尚入道親王　*7.5*(1693)
亮性法親王　*1.30*(1363)
良助法親王　*8.18*(1318)
良深　*8.24*(1077)
良真　*5.13*(1096)
竜粛　*2.25*(1964)
良潜　*11.26*(1568)
良禅　*2.21*(1139)
良禅　*9.29*(1398)
梁漱溟　*6.23*(1988)
良尊　*3.12*(1246)
良尊　*6.13*(1349)
亮汰　*11.10*(1680)
良大　*6.1*(1514)
了知　*2.24*(1452)
良忠　*7.6*(1287)
廖仲愷　*8.20*(1925)
良肇　*5.12*(1438)

良椿　*1.2*(1488)
良殿　*9.5*(1336)
涼菟　*4.28*(1717)
了堂素安　*10.20*(1360)
良頓　*10.9*(1432)
良日　*12.6*(1383)
良忍　*2.1*(1132)
廖平　*6.5*(1932)
了遍　*3.25*(1311)
良遍　*8.21*(1232)
良遍　*8.28*(1252)
良本　*6.4*(1487)
了明尼　*1.23*(1376)
良瑜　*8.21*(1397)
良勇　*3.6*(923)
良祐　*11.6*(1242)
呂運亨　*7.19*(1947)
呂振羽　*7.17*(1980)
リヨテ，ルイ・ユベール・ゴンザルヴ　*7.21*(1934)
リー，ヨナス　*7.5*(1908)
リーランド　*3.17*(1924)
リーランド，ジョン　*4.18*(1552)
リリー，ウィリアム　*2.25*(1522)
リリウオカラーニ，リディア・カメケハ　*11.11*(1917)
リーリエンクローン，デートレフ・フォン　*7.22*(1909)
リリエンソール　*1.14*(1981)
リリエンタール，オットー　*8.10*(1896)
リーリー，サー・ピーター　*12.7*(1680)
リリー，ジョン　*11.20*(1606)
リール，ヴィルヘルム・ハインリヒ　*11.16*(1897)
リルケ，ライナー・マリーア　*12.29*(1926)
リルバーン，ジョン　*8.29*(1657)
李烈鈞　*2.20*(1946)
リロー，ジョージ　*9.3*(1739)
リー，ロバート・E　*10.12*(1870)
林英宗甫　*10.12*(1531)
倫円　*3.11*(1204)
麟翁永祥　*10.18*(1475)
林懐　*4.4*(1025)

リンカーン，エイブラハム　*4.15*(1865)
リング　*5.3*(1839)
琳賢　*8.14*(1150)
林豪　*7.1*(1099)
林語堂　*3.26*(1976)
リンジー，サー・デイヴィド　*8.18*(1555)
林紓　*10.9*(1924)
琳助　*12.21*(1159)
林森　*8.1*(1943)
琳瑞　*10.18*(1867)
リンスホーテン　*2.8*(1611)
リンゼイ，ヴェイチェル　*12.5*(1931)
リーン，デイヴィッド　*4.16*(1991)
リンデ，カール・フォン　*11.16*(1934)
リンデグレン，エーリック　*5.31*(1968)
リンド　*11.1*(1970)
リンドウッド，ウィリアム　*10.21*(1446)
リンドグレン　*11.3*(1939)
リンドグレン，アストリッド　*1.28*(2002)
リンド，ジェニー　*11.2*(1887)
リンドバーグ，チャールズ・A　*8.26*(1974)
リンド，ロバート　*10.6*(1949)
リントン，イライザ・リン　*7.14*(1898)
リントン，ラルフ　*12.24*(1953)
リンナ，ヴァイノ　*4.21*(1992)
リンナンコスキ，ヨハンネス　*8.10*(1913)
リンネ，カール・フォン　*1.10*(1778)
林伯渠　*5.29*(1960)
林彪　*9.13*(1971)
林逋　*12.7*(1028)
リンリー，エリザベス・アン　*6.28*(1792)

【る】

ルイ2世　*4.10*(879)

ルイ4世　9.10(954)
ルイ5世　5.21(987)
ルイ6世　8.1(1137)
ルイ7世　9.18(1180)
ルイ8世　11.8(1226)
ルイ9世　8.25(1270)
ルイ10世　6.5(1316)
ルイ11世　8.30(1483)
ルイ12世　1.1(1515)
ルイ13世　5.14(1643)
ルイ14世　9.1(1715)
ルイ15世　5.10(1774)
ルイ16世　1.21(1793)
ルイ17世　6.8(1795)
ルイ18世　9.16(1824)
ルイ-フィリップ　8.26(1850)
ルイコフ，アレクセイ・イヴァノヴィチ　3.15(1938)
ルイシュ1世　10.19(1889)
ルイス　2.3(1964)
ルイス，C.S.　11.22(1963)
ルイス-デ・アラルコン，フアン　8.4(1639)
ルイス，ウィンダム　3.1(1957)
ルイス，オスカー　12.16(1970)
ルイス，ギルバート・ニュートン　3.24(1946)
ルイス，ジョー　4.12(1981)
ルイス，ジョン・L　6.11(1969)
ルイス，シンクレア　1.10(1951)
ルイーズ・ド・サボア　9.22(1531)
ルイス，ピエール　6.4(1925)
ルイス，マシュー・グレゴリー　5.16(1818)
ルイス，メリウェザー　11.11(1809)
ルイス，モリス　9.7(1962)
ルイゼ　7.19(1810)
ルイセンコ，トロフィム・デニソヴィチ　11.20(1976)
ルイゾーン　12.31(1955)
ルイーニ，ベルナルディーノ　7.1(1532)
ルイバコフ，アナトーリー・ナウモヴィチ　12.23(1998)
ルイレーエフ，コンドラーチー・フォードロヴィチ　7.13(1826)
ルー，ヴィルヘルム　9.15(1924)
ルヴェリエ，ユルバン・ジャン・ジョゼフ　9.23(1877)
ルヴェルディ，ピエール　6.17(1960)
ルウォフ，アンドレ・ミシェル　9.30(1994)
ル・ヴォー，ルイ　10.11(1670)
ルヴォワ，フランソワ・ミシェル・ル・テリエ，侯爵　7.16(1691)
ルエダ，ロペ・デ　3.21(1565)
ルオー，ジョルジュ　2.13(1958)
ルカシェーヴィチ　2.13(1956)
ルーカス，F.L.　6.1(1967)
ルーカス，エドワード・ヴェラル　6.26(1938)
ルカーチ，ジェルジュ　6.4(1971)
ルーガード，フレデリック・ジョン・デルトリー，男爵　4.11(1945)
ルカヌス，マルクス・アンナエウス　4.30(65)
ルカリス，キュリロス　6.27(1638)
ルカン　2.8(1778)
ルキアノス　1.7(312)
ルキウス2世　2.15(1145)
ルキウス3世　11.25(1185)
ルクセンブルク，ローザ　1.15(1919)
ルクリュ　7.4(1905)
ルクレール，ジャン・マリー　10.22(1764)
ルグロ，アルフォンス　12.8(1911)
ルーゲ，アルノルト　12.31(1880)
ルゴシ，ベラ　8.16(1956)
ル・コック，アルバート・フォン　4.21(1930)
ルゴネス，レオポルド　2.18(1938)
ル・コルビュジエ　8.27(1965)
ルコント・ド・リール，シャル
ル・マリ・ルネ　7.17(1894)
ルーサー，ウォルター　5.9(1970)
ルサージュ，アラン・ルネ　11.17(1747)
ルザット，モーゼス・ハイム　5.16(1746)
ルザンテ　3.17(1542)
ル・シャトリエ，アンリ　9.17(1936)
ル・シャプリエ　4.22(1794)
ル・ジャンドル　9.1(1899)
ルジャンドル，アドリアン・マリ　1.10(1833)
ル・シュウール，ウスタッシュ　4.30(1655)
ルジュヌ　2.29(1848)
ルージュモン，ドニ・ド　12.6(1985)
留守家任　2.12(1351)
ルーズヴェルト，A.E.　11.7(1962)
ルーズヴェルト，F.　4.12(1945)
ルスカ　5.30(1988)
ルース，クレア・ブース　10.9(1987)
ルース，ベーブ　4.16(1948)
ルース，ヘンリー　2.28(1967)
留守政景　2.3(1607)
ルーセル，アルベール　8.23(1937)
ルーセル，レーモン　7.14(1933)
ルソー，アンリ・ジュリアン・フェリックス　9.2(1910)
ルソー，ジャン-ジャック　7.2(1778)
ルソー，テオドール　12.22(1867)
ルター，マルティン　2.18(1546)
ルチェッラーイ，ジョヴァンニ　4.3(1525)
ルチェライ　10.7(1514)
ルチツカ，レオポルト　9.26(1976)
ルーツィ，マーリオ　2.28(2005)
ルッサン，アンドレ　11.3(1987)

ルッジエーリ, ミケーレ *5.11*（1607）
ルッソ, フェルディナンド *1.30*（1927）
ルッソロ, ルイージ *2.4*（1947）
ルッフォ, ヴィンチェンツォ *2.9*（1587）
ル・テリエ *10.30*（1685）
ルーデンドルフ, エーリヒ・フォン *12.20*（1937）
ルート, イライヒュー *2.7*（1937）
ルートヴィヒ1世 *9.11*（1382）
ルートヴィヒ2世 *8.12*（875）
ルートウィヒ1世 *2.29*（1868）
ルートウィヒ1世 *6.20*（840）
ルートウィヒ2世 *6.13*（1886）
ルートウィヒ2世 *8.28*（876）
ルードヴィヒ3世（少年王）*1.20*（882）
ルートウィヒ4世 *9.24*（911）
ルートウィヒ4世 *10.11*（1347）
ルートウィヒ7世 *5.1*（1447）
ルートウィヒ9世（富裕公）*1.18*（1479）
ルートヴィヒ, オットー *2.25*（1865）
ルードヴィヒ, カール・フリードリヒ・ヴィルヘルム *4.24*（1895）
ルードヴィ（長子伯）*9.18*（1361）
ルドゥー, クロード・ニコラ *11.19*（1806）
ルトゥリ, アルバート *7.21*（1967）
ルトスワフスキ, ヴィトルト *2.7*（1994）
ルートベック, ウーロヴ *12.12*（1702）
聖ルドミラ *9.15*（921）
ルドリュ・ローラン *12.31*（1874）
ルドルフ *1.30*（1889）
ルドルフ1世 *7.15*（1291）
ルドルフ2世 *1.20*（1612）
ルードルフ（ザクセンの）*4.10*（1377）

ルドルフ・フォン・ラインフェルデン *10.16*（1080）
ルドン, オディロン *7.6*（1916）
ルナ *6.2*（1453）
ルナチャルスキー, アナトーリー・ワシリエヴィチ *12.26*（1933）
ルナール, ジュール *5.22*（1910）
ル・ナン, アントワーヌ *5.25*（1648）
ルナン, ジョゼフ・エルネスト *10.2*（1892）
ル・ナン, マテュー *4.20*（1677）
ル・ナン, ルイ *5.23*（1648）
ルニャール, ジャン・フランソワ *9.4*（1709）
ルニョー, アンリ・ヴィクトル *1.19*（1878）
ルヌヴィエ, シャルル *9.1*（1903）
ルネ1世 *7.10*（1480）
ルネ・ド・フランス *6.12*（1575）
ルーネベリ, ヨハン・ルードヴィグ *5.6*（1877）
ルノード, テオフラスト *10.25*（1653）
ル・ノートル, アンドレ *9.15*（1700）
ルノー, マドレーヌ *9.23*（1994）
ルノルマン, アンリ・ルネ *2.16*（1951）
ルノワール, ジャン *2.12*（1979）
ルノワール, ジャン・ジョゼフ・エティエンヌ *8.4*（1900）
ルノワール, ピエール・オーギュスト *12.3*（1919）
ルビッチ, エルンスト *11.30*（1947）
ルピーノ, アイダ *8.3*（1995）
ルビンシテイン, アントン・グリゴリエヴィチ *11.20*（1894）
ルビンシュタイン, アルトゥル *12.20*（1982）
ルフェーヴル *8.28*（1959）

ルフェーヴル, アンリ *6.28*（1991）
ル・フォール, ゲルトルート・フォン *11.1*（1971）
ループナー, マックス *4.27*（1932）
ルブラン, アルベール *3.6*（1950）
ル・ブラン, シャルル *2.12*（1690）
ルブラン, ニコラ *1.16*（1806）
ルブラン, モーリス *11.6*（1941）
ルブリョフ, アンドレイ *1.29*（1430）
ルプレヒト1世 *5.18*（1410）
ル・プレー, フレデリク・ピエール・ギヨーム *4.13*（1882）
ルベーグ, アンリ・レオン *7.26*（1941）
ルーベル *11.23*（1807）
ル・ベル, ジョゼフ・アシル *8.6*（1930）
ルーペルト（ザルツブルクの）*3.27*（718）
ルーペルト（ドイツの）*3.4*（1129）
ルーベンス *2.17*（1922）
ルーベンス, ペーテル・パウル *5.30*（1640）
ルボック, ジョン（エイヴベリー男爵初代公）*5.28*（1913）
ル・ポートル, ジャン *2.2*（1682）
ルー, ポール・エミール *11.3*（1933）
ルーポルト（ベーベンブルクの）*10.28*（1363）
ル・ボン *12.15*（1931）
ルーマン, ジャック *8.18*（1944）
ルーミー, ジャラーロッディーン・モハンマド *12.16*（1273）
ル・ミュエ, ピエール *9.28*（1669）
ルームコルフ *12.20*（1877）
ルムンバ, パトリス *2.13*（1961）
ルメートル, アッベ・ジョルジュ・エドゥアール *6.20*（196

6)
ル・メートル, アントワーヌ 11.4(1658)
ルメートル, ジュール 8.5(1914)
ルメートル, フレデリック 1.16(1876)
ルメリ, ニコラ 6.19(1715)
ルメルシェ, ジャック 6.4(1654)
ルモニエ, カミーユ 6.13(1913)
ルモワーヌ, フランソワ 6.4(1737)
ルリア, サルヴァドール・エドワード 2.6(1991)
ルルー 4.11(1871)
ルルー, ガストン 4.15(1927)
ルルス 10.16(786)
ルルス, ライムンドゥス 6.29(1316)
ルルフォ, フアン 1.7(1986)
ル・ロイ, マーヴィン 9.13(1987)
ル・ロワ, エドゥアール 11.11(1954)
ルンゲ 1.3(1923)
ルンゲ, フィリップ・オットー 12.2(1810)
ルンゲ, フリードリープ・フェルディナント 3.25(1867)
ルンゲ, ヤーコプ 1.11(1595)
ルーンケン 5.14(1798)
ルンドクヴィスト, アットゥール 12.11(1991)
ルントシュテット, ゲルト・フォン 2.24(1953)
ルンマー, オットー 7.5(1925)

【れ】

レイエス, アルフォンソ 12.27(1959)
霊巌 9.1(1641)
霊空 10.4(1739)
黎元洪 6.3(1928)
霊元天皇 8.6(1732)
令子内親王 4.21(1144)
レイ, ジョン 1.17(1705)
レイ, ジル・ド 10.26(1440)
霊瑞 5.13(1804)
レイズブルーク, ヤン・ヴァン 12.2(1381)
冷泉業家 2.24(1383)
冷泉為相 7.17(1328)
冷泉為純 4.1(1578)
冷泉為尹 1.25(1417)
冷泉為富 11.20(1497)
冷泉為秀 6.11(1372)
冷泉為広 7.23(1526)
冷泉為満 2.14(1619)
冷泉為村 7.28(1774)
冷泉為守 11.8(1328)
冷泉経頼 8.16(1293)
冷泉天皇 10.24(1011)
冷泉永親 10.15(1472)
冷泉政為 9.21(1523)
冷泉持為 9.1(1454)
礼成門院 10.12(1333)
冷泉頼隆 4.13(1329)
霊仲禅英 5.28(1410)
霊帝(後漢) 4.11(189)
レイドラドウス(リヨンの) 12.28(817)
レイトン, フレデリック 1.25(1896)
レイノー 5.14(1867)
レイノ, エイノ 1.10(1926)
レイノルズ, オズボーン 2.21(1912)
霊波 8.15(1377)
レイハ, アントニーン 5.28(1836)
レイバーン, サー・ヘンリ 7.8(1823)
レイ, マン 11.18(1976)
レイマン, ロザモンド 3.12(1990)
レイ, ミコワイ 9.8(1569)
レイモン4世 2.28(1105)
レイモン7世 9.27(1249)
レイモンド, アントニン 10.25(1976)
レイモント, ヴワディスワフ・スタニスワフ 12.5(1925)
レイリー, ジョン・ウィリアム・ストラット, 3代男爵 6.30(1919)
鈴々舎馬風 12.15(1963)
麗々亭柳橋(初代) 4.25(1840)
レインウォーター, レオ・ジェイムズ 5.31(1986)
レイン, エドワード 8.10(1876)
レインズ, クロード 5.30(1967)
レイン, ロナルド・デヴィッド 8.23(1989)
レヴァトフ, デニーズ 12.20(1997)
レーヴァルト, ファニー 8.5(1889)
レヴィ 10.30(1935)
レヴィ・ブリュール, リュシヤン 3.13(1939)
レーヴィ, オットー 12.25(1961)
レーヴィ, カルロ 1.4(1975)
レヴィタン, イサク 7.22(1900)
レヴィ・チヴィータ, トゥリオ 12.29(1941)
レヴィツキー, ドミトリー・グリゴリエヴィチ 4.4(1822)
レヴィット, ヘンリエッタ・スワン 12.12(1921)
レーヴィト, カール 5.24(1973)
レーヴィ, プリーモ 4.11(1987)
レヴィ, ラザール 9.20(1964)
レヴィン 2.12(1947)
レヴィーン, フェーブス・アーロン・テオドール 9.6(1940)
レーヴェ, カール 4.20(1869)
レーウェンフック, アントニー・ファン 8.27(1723)
レオ1世 11.10(461)
レオ1世, フラヴィウス 2.3(474)
レオ2世 7.3(683)
レオ3世 6.12(816)
レオ3世 6.18(741)
レオ4世 7.17(855)
レオ4世 9.8(780)
レオ5世 12.25(820)
レオ6世 5.11(912)
レオ9世 4.19(1054)
レオ10世 12.1(1521)

レオ12世　*2.10*（1829）
レオ13世　*7.20*（1903）
レオ（アッシージの）　*11.14*（1271）
レオデガリウス（オタンの）　*10.2*（678）
レオトー、ポール　*2.22*（1956）
レオナルド・ダ・ヴィンチ　*5.2*（1519）
レオニウス　*1.26*（1163）
レオーニ、レオ　*10.12*（1999）
レオーニ、レオーネ　*7.22*（1590）
レオーノフ、レオニード・マクシモヴィチ　*8.8*（1994）
レオノーラ・クリスティーナ　*3.16*（1698）
レオパルディ、ジャーコモ　*6.14*（1837）
レオポルト1世　*2.28*（1326）
レオポルト1世　*4.9*（1747）
レオポルト1世　*5.5*（1705）
レオポルト1世　*2.10*（1865）
レオポルト2世　*3.1*（1792）
レオポルド2世　*12.17*（1909）
レオポルト3世　*7.9*（1386）
レオポルド3世　*9.25*（1983）
レーオポルト3世（オーストリアの）　*11.15*（1136）
レオポルト6世　*7.28*（1230）
レオミュール、ルネ・アントワーヌ・フェルショー・ド　*10.17*（1757）
レオ、レオナルド　*10.31*（1744）
レオンカヴァロ、ルッジェーロ　*8.9*（1919）
レオンチエフ、コンスタンチン・ニコラエヴィチ　*11.12*（1891）
レオンティエフ、ヴァシリー　*2.5*（1999）
レオン、ルイス・デ　*8.23*（1591）
レガスピ　*8.20*（1572）
レーガー、マックス　*5.11*（1916）
レカミエ、ジュリー　*5.11*（1849）
レーガン、ロナルド　*6.5*（2004）

レギーア　*2.6*（1932）
レギウス、ウルバーヌス　*5.27*（1541）
レギオモンタヌス　*7.6*（1476）
レ・クイ・ドン　*6.2*（1784）
レクスロス、ケネス　*6.6*（1982）
レグレンツィ、ジョヴァンニ　*5.27*（1690）
レザノフ、ニコライ・ペトロビッチ　*3.1*（1807）
レシェートニコフ、フョードル・ミハイロヴィチ　*3.9*（1871）
レジェ、フェルナン　*8.17*（1955）
レジス、ジャン・バティスト　*11.24*（1738）
レジナーリウス、バルタザル　*4.12*（1544）
レジャーヌ　*6.14*（1920）
レジャー、ヒース　*1.22*（2008）
レシーユス、レーオンハルト　*1.15*（1623）
レ・ズアン　*7.10*（1986）
レスキュレル　*5.23*（1304）
レスコー、ピエール　*9.10*（1578）
レスコフ、ニコライ・セミョーノヴィチ　*2.21*（1895）
レス、ジャン・フランソワ・ポール・ド・ゴンディ　*8.24*（1679）
レスター、ロバート・ダドリー、伯爵　*9.4*（1588）
レストック　*6.23*（1767）
レストン　*12.6*（1995）
レズニチェク、エーミル・ニコラウス・フォン　*8.2*（1945）
レスピーギ、オットリーノ　*4.18*（1936）
レスピナス、ジュリ・ジャンヌ・エレオノール・ド　*5.22*（1776）
レズリ、アレグザーンダ　*4.4*（1661）
レズリ、ジョン　*5.30*（1596）
レセップス、フェルディナン、子爵　*12.7*（1894）
レツィウス、アンデルス・アドルフ　*4.18*（1860）
レッキー、ウィリアム・エドワード・ハートポール　*10.22*（1903）

レッグ、ジェイムズ　*11.29*（1897）
レッシング、ゴットホルト・エーフライム　*2.15*（1781）
レッドグレイヴ、マイケル　*3.21*（1985）
レッドフィールド、ロバート　*10.16*（1958）
レッペ　*7.26*（1969）
レティクス　*12.4*（1576）
レティフ、ニコラ・エドム　*2.3*（1806）
レーディ、フランチェスコ　*3.1*（1697）
レーデブーア　*3.31*（1947）
レーデラー　*5.29*（1939）
レーテル、アルフレート　*12.1*（1859）
レ・ドゥック・ト　*10.13*（1990）
レトキ、シオドア　*8.1*（1963）
レーナウ、ニコラウス　*8.22*（1850）
レナータ（フェルラーラの）　*6.12*（1575）
レナード・ジョーンズ、サー・ジョン・エドワード　*11.1*（1954）
レナーヌス、ベアートゥス　*7.20*（1547）
レーナルト、フィリップ・エドゥアルト・アントン　*5.20*（1947）
レーニエ3世　*4.6*（2005）
レニエ、アンリ・ド　*5.23*（1936）
レニエ、マチュラン　*10.22*（1613）
レーニ、グイード　*8.18*（1642）
レニー、ジョン　*10.4*（1821）
レーニン、ヴラジーミル・イリイチ　*1.21*（1924）
レーヌワール、フランソワ　*10.27*（1836）
レノー、ポール　*9.21*（1966）
レノルズ、ジョシュア　*2.23*（1792）
レノン、ジョン　*12.8*（1980）
レハール、フランツ　*10.24*（1948）

レーピン, イリヤ・エフィモヴィチ 9.29(1930)
レ・ファニュ, シェリダン 2.7(1873)
レブイーヌス 11.12(780)
レフラー, フリードリヒ 4.9(1915)
レブリャヌ, リヴィウ 9.1(1944)
レーベジェフ=クマーチ, ワシーリー・イワノヴィチ 2.20(1949)
レペシンスカヤ 10.2(1963)
レベデフ, ピョートル・ニコラエヴィチ 3.14(1912)
レーボヴィッツ, ルネ 8.28(1972)
レポート 12.6(1788)
レーマー, オーレ・クリステンセン 9.19(1710)
レマーク, ロベルト 8.29(1865)
レマルク, エーリヒ・マリーア 9.25(1970)
レーマン, ヴィルヘルム 11.17(1968)
レーマン, リリー 5.16(1929)
レーマン, ロッテ 8.26(1976)
レーミギウス(リヨンの) 10.28(875)
レーミゾフ, アレクセイ・ミハイロヴィチ 11.26(1957)
レミューザ 6.3(1832)
レーミュ, ジュール 9.20(1946)
レミントン, フレデリック 12.26(1909)
レーム, エルンスト 6.30(1934)
レム, スタニスワフ 3.27(2006)
レムゼン, アイラ 3.5(1927)
レームブルック, ヴィルヘルム 3.25(1919)
レモン, ジャック 6.27(2001)
レヤード, オーステン・ヘンリー 7.5(1894)
レーリス, ミシェル 9.30(1990)
レルケ, オスカル 2.24(1941)

レルシュ, ハインリヒ 6.18(1936)
レルネト=ホレーニア, アレクサンダー 7.3(1976)
レルマ公爵 5.18(1625)
レールモントフ, ミハイル・ユーリエヴィチ 7.15(1841)
レヴェル 5.29(1861)
レロワール, ルイス・フェデリコ 12.2(1987)
蓮位 7.23(1278)
蓮教 5.2(1492)
レン, クリストファー 2.25(1723)
レングレン, アンナ・マリーア 3.8(1817)
蓮秀 7.10(1552)
蓮舟 7.16(933)
蓮淳 8.18(1550)
レーンス, ヘルマン 9.26(1914)
蓮待 7.8(1098)
レンツ, ハインリヒ・フリードリヒ・エミール 2.10(1865)
レンツ, ヤーコプ・ミヒャエル・ラインホルト 5.24(1792)
レントゥルス 12.3(前63)
レントゲン, ヴィルヘルム・コンラート・フォン 2.10(1923)
レンナー, カール 12.31(1950)
蓮如 3.25(1499)
レーンバッハ, フランツ・フォン 5.6(1904)
レンブラント, ハルメンス・ヴァン・レイン 10.4(1669)
レン, ルートヴィヒ 7.21(1979)

【ろ】

ロー 3.21(1729)
ロー 11.6(1644)
ロア=バストス, アウグスト 4.26(2005)
ロアイサ, ヘロニモ・デ 10.25(1575)

ロイカルト, カール・ゲオルク・フリードリヒ・ルドルフ 2.6(1898)
ロイス, ジョサイア 9.14(1916)
ロイスダール, ヤーコプ・ファン 3.14(1682)
ロイター, パウル・ユリウス, 男爵 2.25(1899)
ロイター, フリッツ 7.12(1874)
ロイテル, ミヒール・アドリアーンスゾーン・デ 4.29(1676)
ロイド, アーサー 10.27(1911)
ロイド・ジョージ, デビッド 3.26(1945)
ロイド, ハロルド 3.8(1971)
ロイド, ヘンリー・デマレスト 9.28(1903)
ロイ, ハンス(子) 10.24(1531)
ロイヒリン, ヨハネス 6.30(1522)
ロイーブ 1.26(1941)
ロイ, マーナ 12.14(1993)
ロウィー, ロバート・ハリー 9.21(1957)
ローウェル, エイミー 5.12(1925)
ローウェル, ジェイムズ・ラッセル 8.12(1891)
ローウェル, パーシヴァル 11.12(1916)
ローウェル, ロバート 9.12(1977)
浪化 10.9(1703)
老舎 8.24(1966)
老仙元聃 2.9(1399)
ロウバー, ウィリアム 1.4(1578)
良弁 閏11.16(774)
ロウマーニズ, ジョージ・ジョン 5.23(1894)
蝋山政道 5.15(1980)
蝋山芳郎 9.30(1999)
ロエスレル 12.2(1894)
ローエンシュタイン, ダーニエル・カスパー 4.28(1683)

ローガウ, フリードリヒ・フォン 7.24(1655)
ロカテッリ, アンドレーア 3.30(1764)
ロカート, ウィリアム 4.29(1896)
ローガン, ジェイムズ 10.31(1751)
ロキタンスキ, カール, 男爵 7.23(1878)
六郷新三郎(2代目) 6.2(1834)
六郷新三郎(4代目) 7.13(1850)
六合新三郎(5代目) 7.31(1887)
六合新三郎(6代目) 1.6(1927)
六郷政乗 4.28(1634)
六条有定 10.18(1448)
六条有忠 12.27(1339)
六条有房 7.2(1319)
六条天皇 7.17(1176)
ロコソフスキー, コンスタンチン 8.3(1968)
ローザ(ヴィテルボの) 3.6(1252)
ローザ, サルヴァトール 3.15(1673)
ロサス, ホアン・マヌエル 3.14(1877)
ロー, サー・デイヴィド 9.19(1963)
ロサ・デ・リマ 8.24(1617)
ローザノフ, ワシーリー・ワシリエヴィチ 2.5(1919)
ロザミア 11.26(1940)
ロザンタル, マニュエル 6.5(2003)
ロジェストヴェンスキー 1.14(1909)
ロジェストヴェンスキー, ロベルト・イワノヴィチ 8.20(1994)
ロジェール1世 7.22(1101)
ロジェール2世 2.26(1154)
ロージー, ジョーゼフ 6.22(1984)
ロージャー 5.6(1236)
ロー, ジャーコモ 4.26(1638)
ロージャーズ 10.12(1890)

ロジャーズ, ウィリアム・ピアース 1.2(2001)
ロジャーズ, ウィル 8.15(1935)
ロジャーズ, カール・ランサム 2.4(1987)
ロジャーズ, ジョン 2.4(1555)
ロジャーズ, リチャード 12.30(1979)
ロジャーンコ 1.19(1924)
ロシャンボー 5.10(1807)
ロシュフォール 6.30(1913)
ロシュミット, ヨハン・ヨゼフ 7.8(1895)
魯迅 10.19(1936)
ロジンスキー, アルトゥール 11.27(1958)
ローズ 1.22(1927)
ロス 1.30(1836)
ロス 7.22(1951)
ロス, アドルフ 8.23(1933)
ロス, ウィリアム・パーソンズ (ロス伯爵三代公) 10.31(1867)
ローズヴェルト, シーオドア 1.6(1919)
ロスコー, サー・ヘンリー 12.18(1915)
ロスコ, マーク 2.25(1970)
ロス, サー・ジェイムズ・クラーク 4.3(1862)
ロス, サー・ジョン 8.30(1856)
ローズ, サー・ジョン・ベネット 8.31(1900)
ロス, サー・ロナルド 9.16(1932)
ローズ, セシル・ジョン 3.26(1902)
ロスタン, エドモン 12.2(1918)
ロスチャイルド, ネーサン・マイヤー 7.28(1836)
ロストー, ウォルト・ウィットマン 2.13(2003)
ロストフツェフ, ミハイル 10.20(1952)
ロストロポーヴィチ, ムスティスラフ 4.27(2007)
ロスビー, カール・グスタフ・アーヴィッド 8.19(1957)

ローズベリー, アーチボルド・フィリップ・プリムローズ, 5代伯爵 5.21(1929)
ローズ, ヘンリー 10.21(1662)
ロスミーニ・セルバーティ, アントーニオ 7.1(1855)
ローズ, ランディ 3.19(1982)
ローゼガー, ペーター 6.26(1918)
ロセッティ, クリスティーナ 12.29(1894)
ロセッティ, ダンテ・ゲイブリエル 4.9(1882)
ロゼー, フランソワズ 3.28(1974)
ローゼボーム, ヘンドリク・ウィレム・バクウィ 2.8(1907)
ローゼン 1.2(1922)
露川 8.23(1743)
露沾 9.14(1733)
ロセンコ, アントン・パヴロヴィッチ 11.23(1777)
ローゼンストック, ジョゼフ 10.17(1985)
ローゼンバーグ, エセル 6.19(1953)
ローゼンバーグ, ジュリアス 6.19(1953)
ローゼンブッシュ 1.20(1914)
ローゼンベルク, アルトゥーア 2.7(1943)
ローゼンベルク, アルフレート 10.16(1946)
ローソン, ヘンリー 9.2(1922)
ロータッカー, エーリヒ 8.11(1965)
ローダーデイル, ジョン・メイトランド, 公爵 8.20(1682)
ロータ, ニーノ 4.10(1979)
ロタール1世 9.29(855)
ロタール2世 8.8(869)
ロタール3世 12.3(1137)
ロダン, オーギュスト 11.17(1917)
ロチ, ピエール 6.10(1923)
路通 7.14(1738)
六角定頼 1.2(1552)
六角紫水 4.15(1950)
六角寂済 2.3(1424)

六角高頼 10.21（1520）
六角満高 11.17（1416）
六角泰綱 5.17（1276）
六角義賢 3.14（1598）
ロッキアー，サー・ジョゼフ・ノーマン 8.16（1920）
ロッキンガム，チャールズ・ウォトソン・ウェントワース，2代侯爵 7.1（1782）
ロック，ジョン 10.28（1704）
ロックハート，ジョン 11.25（1854）
ロックヒル 12.8（1914）
ロックフェラー2世 5.11（1960）
ロックフェラー，ジョン・デイヴィスン 5.23（1937）
ロックフェラー，ジョン・デビソン，III 7.10（1978）
ロックフェラー，ネルソン・オールドリッチ 1.26（1979）
ロックフェラー，ローランス・S. 7.11（2004）
ロッジ，サー・オリヴァー・ジョゼフ 8.22（1940）
ロッシ，ティノ 9.26（1983）
ロッシーニ，ジョアッキーノ 11.13（1868）
ロッジ，ヘンリー・キャボット 11.9（1924）
ロッシャー 6.4（1894）
ロッシュ，レオン 6.26（1901）
ロッシ，ルイージ 2.19（1653）
ロッセッティ，カルロ 6.9（1937）
ロッセッリ，コージモ 1.7（1507）
ロッセッリーニ，ロベルト 6.3（1977）
ロッセリーノ，ベルナルド 9.23（1464）
ロッソ，フィオレンティーノ 11.14（1540）
ロッソ，メダルド 3.31（1928）
ロッチ 4.7（1912）
ロッチ，ジャウメ 4.1（1478）
ロッツェ，ルドルフ・ヘルマン 7.1（1881）
ロッティ，アントニオ 1.5（1740）
ロッテンハンマー，ヨハン 8.14（1625）

ロットマイア・フォン・ローゼンブルン，ヨハン・ミヒャエル 10.25（1730）
ロット，ロレンツォ 9.1（1556）
ロッビア，ルカ・デラ 2.10（1482）
ロップス，フェリシアン 8.22（1898）
ロティキウス 11.7（1560）
ローデ，エルヴィン 1.11（1898）
ロテック 11.26（1840）
ロデンバック，ジョルジュ 12.25（1898）
ロート 5.27（1939）
ロード，アレクサンドル・ド 11.5（1660）
ロート，アンドレ 1.21（1962）
ロード，ウィリアム 1.10（1645）
ロトカ 12.5（1949）
ロートシルト，マイアー 9.19（1812）
ロドチェンコ，アレクサンドル・ミハイロヴィチ 12.3（1956）
ロドニー，ジョージ・ブリッジズ・ロドニー，男爵 5.24（1792）
ロトベルトゥス，ヨハン・カール 12.6（1875）
ロドー，ホセ・エンリケ 5.1（1917）
ロートマン，ユーリー・ミハイロヴィチ 10.28（1993）
ロドリゲス，アマリア 10.6（1999）
ロドリゲス，アルフォンソ 10.31（1617）
ロドリゲス，アンドレス 4.21（1997）
ロドリゲス，ツツ・ジョアン 3.20（1634）
ロドリーゲス・ティソン，ベントゥーラ 8.26（1785）
ロトルー，ジャン 6.27（1650）
ロートレアモン，伯爵 11.24（1870）
ロートン，チャールズ 12.4（1962）
ロー，ニコラス 12.6（1718）

ロニー，ジョゼフ・アンリ・ボエス 2.15（1940）
ローネー，ベルナール・ルネ・ド 7.14（1789）
ロハス 4.15（1948）
ロハス・ソリーリャ，フランシスコ・デ 1.23（1648）
ロバチェフスキー，ニコライ・イヴァノヴィチ 2.24（1856）
ローバック 7.17（1794）
ロバーツ，ケネス 7.21（1957）
ロバート1世 6.7（1329）
ロバート2世 4.19（1390）
ロバート3世 6.6（1406）
ロバートソン 4.21（1963）
ロバーノフ・ロストーフスキィ 8.30（1896）
ロビケ 4.29（1840）
ロピタル，ミシェル・ド 3.13（1573）
ロビンズ，ジェローム 7.29（1998）
ロビンズ，フレデリック・チャプマン 8.4（2003）
ロビンソン，J.V. 8.5（1983）
ロビンソン，エドウィン・アーリントン 4.6（1935）
ロビンソン，エドワード・G 1.6（1973）
ロビンソン，サー・ロバート 2.9（1975）
ロビンソン，ジャッキー 10.24（1972）
ロビンソン，ジョン 3.1（1625）
ロープヴァッサー，アンブロージウス 11.27（1585）
ロブコヴィツ 11.11（1510）
ローブ，ジャック 2.11（1924）
ロプシン，V. 5.7（1925）
ロブスン，フローラ 7.7（1984）
ロブスン，マーク 6.20（1978）
ロブスン，ポール 1.23（1976）
ロフティング，ヒュー 9.27（1947）
ローブリング，ジョン・オーガスタス 7.22（1869）
ロペス 3.1（1870）

ロペス, カルロス・アントニオ 9.10（1862）
ロペス・デ・メンドーサ, イニーゴ 3.25（1458）
ロベスピエール, マクシミリアン 7.28（1794）
ロベール 1.19（1343）
ロベール 4.17（1111）
ロベール 9.15（866）
ロベール1世 6.15（923）
ロベール1世 7.22（1035）
ロベール2世 7.20（1031）
ロベール・ギスカール 7.17（1085）
ロベルトゥス（ジュミエージュの） 5.26（1055）
ロベルトゥス（ムランの） 2.27（1167）
ローベルト, カール 1.17（1922）
ロベール, ユベール 4.15（1808）
ロー, ボナー 10.30（1923）
ローマー, アルフレッド・シャーウッド 11.5（1973）
ロマショーフ, ボリス・セルゲーヴィチ 5.2（1958）
ローマックス, アラン 7.19（2002）
ロマッツォ, ジョヴァンニ・パオロ 2.13（1600）
ロマニョージ 6.8（1835）
ロマヌス1世 6.8（948）
ロマーノ, ジューリオ 11.1（1546）
ロマン, ジュール 8.14（1972）
ロムアルド 6.19（1027）
ロムニー, ジョージ 11.15（1802）
ロムロ 12.15（1985）
ロモノーソフ, ミハイル・ワシリエヴィチ 4.4（1765）
ローラン, オーギュスト 4.15（1853）
ロラン, クロード 11.23（1682）
ローランサン, マリー 6.8（1956）
ローランス, アンリ 5.5（1954）

ローランス, ジャン‐ポール 3.23（1921）
ローランドソン, トマス 4.22（1827）
ローランド, ヘンリー・オーガスタス 4.16（1901）
ロラン・ド・ラ・プラティエール, ジャン・マリー 11.15（1793）
ロラン夫人 11.8（1793）
ロラン, ロマン 12.30（1944）
ローリー, ウォルター 10.28（1618）
ローリエ, サー・ウィルフリッド 2.17（1919）
ローリング, サー・ウォレス・エドワード 10.31（1995）
ローリングズ, マージョリー・キナン 12.14（1953）
ローリンソン, サー・ヘンリー・クレジック 3.5（1895）
ロル 11.8（1719）
ロールシャッハ, ヘルマン 4.2（1922）
ロルジュ, ベルナール 1.26（1986）
ロールズ, ジョン 11.24（2002）
ロルツィング, アルベルト 1.21（1851）
ロール, リチャード（ハンポールの） 9.29（1349）
ローレ, チプリアーノ・デ 9.11（1565）
ローレンス, アーネスト・オーランドー 8.27（1958）
ローレンス, ガートルード 9.6（1952）
ローレンス, サー・トマス 1.7（1830）
ロレンス, デヴィッド・ハーバート 3.2（1930）
ロレンス, トマス・エドワード 5.19（1935）
ロレンソ 12.20（1592）
ローレンツ, コンラート 2.27（1989）
ローレンツ, ヘンドリック・アントーン 2.4（1928）
ロワイエ・コラール 9.4（1845）

ロワ, ガブリエル 7.13（1983）
ロワジ, アルフレッド・フィルマン 6.1（1940）
ロワ, ジュール 6.15（2000）
ローワー, リチャード 1.17（1691）
ローン, アルブレヒト, 伯爵 2.23（1879）
ロンギー, デイヴィド 8.13（2005）
ロンギ, ピエトロ 5.8（1785）
ロング, ヒューイ 9.10（1935）
ロングフェロー, ヘンリー・ワッズワス 3.24（1882）
ロンゲーナ, バルダッサーレ 2.18（1682）
ロンゴバルディ, ニコラウス 12.11（1654）
ロンサール, ピエール・ド 12.27（1585）
ロンシャン, ウィリアム・ド 1.31（1197）
ロンドレ 7.30（1566）
ロンドン, ジャック 11.22（1916）
ロンドン, フリッツ 3.30（1954）
ロン・ノル 11.17（1985）
ロンバーグ, シグマンド 11.9（1951）
ロンブローゾ, チェーザレ 10.19（1909）
ロンベルク 6.17（1873）
ロン, マルグリット 2.13（1966）
ロンメル, エルヴィン 10.15（1944）
ロンルート, エリアス 3.19（1884）

【 わ 】

和庵清順 11.15（1464）
ワイアット 11.29（1766）
ワイアット, サー・トマス 4.11（1554）
ワイアット, ジェイムズ 9.4（1813）

ワイアット, トマス 10.11(1542)
ワイス 10.24(1940)
ワイズミューラー, ジョニー 1.21(1984)
ワイズ, ロバート 9.14(2005)
ワイツゼッカー, カール・フリードリヒ・フォン 4.28(2007)
ワイツマン, ハイム・アズリエル 11.9(1952)
和井内貞行 5.16(1922)
ワイラー, ウィリアム 7.27(1981)
ワイリ, アレグザーンダ 2.6(1887)
ワイリー, エリノア 12.16(1928)
ワイルダー, ソーントン 12.7(1975)
ワイルダー, ビリー 3.27(2002)
ワイルダー, ローラ・インガルズ 2.10(1957)
ワイルド, オスカー 11.30(1900)
ワインバーガー, キャスパー 3.28(2006)
ワウテルス, リック 7.11(1916)
若井伸之 5.1(1993)
若尾逸平 9.7(1913)
若狭忠季 6.14(1221)
若城希伊子 12.22(1998)
若杉五十八 1.17(1805)
若杉慧 8.24(1987)
若月俊一 8.22(2006)
若槻礼次郎 11.20(1949)
我妻栄 10.21(1973)
我妻洋 7.25(1985)
若林強斎 1.20(1732)
若林真 3.14(2000)
若林忠志 3.5(1965)
若松賤子 2.10(1896)
若松若太夫(初代) 11.24(1948)
若水ヤエ子 5.28(1973)
和歌森太郎 4.7(1977)
若柳寿童(初代) 7.22(1917)
若山喜志子 8.19(1968)
若山セツ子 5.9(1985)

若山富三郎 4.2(1992)
若山儀一 9.3(1891)
若山牧水 9.17(1928)
脇愚山 10.3(1814)
脇坂安治 8.6(1626)
脇坂安元 12.3(1654)
脇村義太郎 4.17(1997)
脇本楽之軒 2.8(1963)
脇屋義助 6.5(1342)
ワクスマン, セルマン・アブラハム 8.16(1973)
ワグナー 5.13(1864)
ワグナー 5.30(1887)
ワグネル 11.8(1892)
ワーグマン, チャールズ 2.8(1891)
和渓宗順 10.21(1576)
和気王 8.1(765)
和気清麻呂 2.21(799)
和気貞説 1.5(1179)
和気郷成 8.12(1437)
和気時雨 3.17(965)
和気広虫 1.19(799)
和気真綱 9.27(846)
分部光嘉 11.29(1601)
和崎ハル 12.30(1952)
和佐大八郎 3.24(1713)
鷲尾雨工 2.9(1951)
鷲尾順敬 1.13(1941)
鷲尾隆右 11.17(1404)
鷲巣繁男 7.27(1982)
鷲津毅堂 10.5(1882)
鷲尾隆嗣 9.4(1325)
鷲尾隆聚 3.4(1912)
鷲尾隆遠 10.9(1457)
鷲尾隆康 3.6(1533)
和島誠一 10.29(1971)
ワシーリー2世 3.27(1462)
ワシーリー3世 12.3(1533)
ワシレフスカヤ, ワンダ・リヴォーヴナ 7.29(1964)
ワシントン 1.7(1934)
ワシントン, ジョージ 12.14(1799)
ワーズワス, ウィリアム 4.23(1850)
ワーズワス, ドロシー 1.25(1855)
和田英作 1.3(1959)
和田垣謙三 7.18(1919)
和田久太郎 2.20(1928)

和田惟政 8.28(1571)
和田小六 6.11(1952)
和田三造 8.22(1967)
和田秀豊 7.27(1946)
和田信賢 8.14(1952)
和田清 6.22(1963)
渡瀬庄三郎 3.8(1929)
和田胤長 5.9(1213)
和達清夫 1.5(1995)
和田伝 10.12(1985)
和田維四郎 12.20(1920)
和田常盛 5.4(1213)
和田東郭 8.2(1803)
和田豊治 3.4(1924)
和田夏十 2.18(1983)
渡辺暁雄 6.22(1990)
渡辺篤 2.27(1977)
渡辺重石丸 10.19(1915)
渡部斧松 6.4(1856)
渡辺海旭 1.26(1933)
渡辺崋山 10.11(1841)
渡辺一夫 5.10(1975)
渡辺霞亭 4.7(1926)
渡辺驥 6.24(1896)
渡辺義介 1.6(1956)
渡辺清 12.30(1904)
渡辺邦男 11.5(1981)
渡辺国武 5.11(1919)
渡辺内蔵太 12.19(1865)
渡辺洪基 5.24(1901)
渡辺慧 10.15(1993)
渡辺茂男 11.18(2006)
渡辺重名 12.23(1831)
渡辺始興 7.29(1755)
渡辺秀石 1.16(1709)
渡辺順三 2.26(1972)
渡辺照宏 12.27(1977)
渡辺錠太郎 2.26(1936)
渡辺省亭 4.2(1918)
渡辺水巴 8.13(1946)
渡辺大濤 7.31(1957)
渡辺高綱 1.11(1564)
渡辺千秋 8.27(1921)
渡辺千冬 4.18(1940)
渡辺銕蔵 4.5(1980)
渡辺綱 2.15(1025)
渡辺昇 11.10(1913)
渡辺白泉 1.30(1969)
渡辺はま子 12.31(1999)
渡辺浩子 6.12(1998)
渡辺政香 9.28(1840)

渡辺政之輔　*10.6*（1928）
渡辺美智雄　*9.15*（1995）
渡辺蒙庵　*2.27*（1775）
渡辺守綱　*4.9*（1620）
渡辺寧　*11.17*（1976）
渡辺幽香　*12.5*（1942）
渡辺勇次郎　*6.28*（1956）
渡辺義雄　*7.21*（2000）
渡部義通　*6.28*（1982）
渡辺世祐　*4.28*（1957）
渡辺了慶　*2.15*（1645）
和田寧　*9.18*（1840）
和田春生　*10.17*（1999）
和田博雄　*3.4*（1967）
和田雄治　*1.5*（1918）
和田芳恵　*10.5*（1977）
和田義盛　*5.3*（1213）
度会常彰　*7.4*（1752）
度会常昌　*7.27*（1339）
度会朝棟　*8.17*（1341）
度会延佳　*1.16*（1690）
度会行忠　閏*12.27*（1306）
和田理左衛門　*7.29*（1667）
渡忠秋　*6.5*（1881）
和辻哲郎　*12.26*（1960）
ワット，ジェイムズ　*8.19*（1819）
和帝（後漢）　*12.22*（105）
ワディントン，コンラッド・ハル　*9.29*（1975）
ワナメーカー　*12.12*（1922）
和迩部太田麿　*10.26*（865）
ワラフリド・ストラボー　*8.18*（849）
ワルタリ，ミカ　*8.26*（1979）
ワルデン，パウル　*1.22*（1957）
ワルトハイム，クルト　*6.14*（2007）
ワールブルク，オットー・ハインリヒ　*8.1*（1970）
ワルラス，マリー・エスプリ・レオン　*1.4*（1910）
ワロン　*12.1*（1962）
ワン・ワンタヤコーン　*9.5*（1976）

【ん】

ンクルマ，クワメ　*4.27*（1972）

367日命日大事典 ―データブック忌日暦

2008年9月25日 第1刷発行

発行者／大高利夫
編集・発行／日外アソシエーツ株式会社
〒143-8550 東京都大田区大森北1-23-8 第3下川ビル
電話(03)3763-5241(代表)　FAX(03)3764-0845
URL http://www.nichigai.co.jp/

発売元／株式会社紀伊國屋書店
〒163-8636 東京都新宿区新宿3-17-7
電話(03)3354-0131(代表)
ホールセール部(営業) 電話(03)6910-0519

電算漢字処理／日外アソシエーツ株式会社
印刷・製本／株式会社平河工業社

不許複製・禁無断転載　《中性紙三菱クリームエレガ使用》
〈落丁・乱丁本はお取り替えいたします〉
ISBN978-4-8169-2133-9　Printed in Japan, 2008

本書はディジタルデータでご利用いただくことができます。詳細はお問い合わせください。

367日誕生日大事典 ―データブック・同じ日生まれの有名人
A5・1,030頁　定価8,800円(本体8,381円)　2007.9刊
誕生日を調べる最強のツール！　紀元前の聖人から現代のスポーツ選手まで、古今東西・世界の著名人28,653人を誕生日ごとに収録。

美術作品レファレンス事典
人物・肖像篇　　　　　　　B5・670頁　定価39,900円(本体38,000円)　2007.2刊
人物・肖像篇Ⅱ神話・宗教　B5・600頁　定価39,900円(本体38,000円)　2007.11刊
美術全集に収録されている肖像画・人物画・彫刻が、モデルとなった人名から探せる図版索引。作品の基礎データのほか、人物の生没年・肩書等も記載。

写真レファレンス事典　人物・肖像篇
東京都写真美術館　監修　B5・880頁　定価44,100円(本体42,000円)　2006.3刊
写真集に収録されている人物写真・ポートレイトを被写体の人名から探せる写真索引。写真全集・人物写真集176冊に掲載された18,902点を収録。

古代中世暦 ―和暦・ユリウス暦月日対照表
A5・510頁　定価5,250円(本体5,000円)　2006.9刊
推古天皇元年（593年）から、西洋でユリウス暦が採用されていた天正10年（1582年）まで990年間の暦を対照できる。

日本暦西暦月日対照表
野島寿三郎 編　A5・310頁　定価3,150円(本体3,000円)　1987.1刊
西洋でグレゴリオ暦が採用された天正10年（1582年）から、日本でも採用された明治5年（1872年）まで291年間の暦を対照できる。

20世紀暦 ―曜日・干支・九星・旧暦・六曜
A5・390頁　定価2,940円(本体2,800円)　1998.11刊
日本で西洋歴が採用された1873年から2000年までの128年間・46,751日の暦（曜日・干支・九星・旧暦・六曜）を収録。

21世紀暦 ―曜日・干支・九星・旧暦・六曜
A5・410頁　定価3,990円(本体3,800円)　2000.10刊
21世紀の100年間・36,524日の暦（曜日・干支・九星・旧暦・六曜）を収録。

データベースカンパニー
日外アソシエーツ　〒143-8550　東京都大田区大森北1-23-8
TEL.(03)3763-5241　FAX.(03)3764-0845　http://www.nichigai.co.jp/